Klaus-Werner Kahl

Wörterbuch
des Münsterländer Platt

HOCHDEUTSCH – PLATTDEUTSCH
PLATTDEUTSCH – HOCHDEUTSCH

Mit Regeln für die plattdeutsche Rechtschreibung

 **Aschendorff**
Verlag

Anregungen und Ergänzungen sind erwünscht. Wenden Sie sich bitte an
Dr. Klaus-Werner Kahl, Bornholtstr. 20 in 48477 Hörstel-Riesenbeck
E-Mail: kwkahl@plattdeutsch.net
Weitere Informationen entnehmen Sie der Homepage www.plattdeutsch.net

Unveränderter Nachdruck der dritten,
überarbeiteten und erweiterten Auflage von 2009

Printed in Europe

ISBN 978-3-402-06747-4

Inhaltsverzeichnis

Vorwort

Trotz vieler Befürchtungen hat die niederdeutsche Sprache das zwanzigste Jahrhundert überlebt. Obwohl sie ihre Bedeutung als Alltagssprache in erheblichem Maße verloren hat,
verstehen noch erfreulich viele Menschen die ursprüngliche Muttersprache. Gleichwohl sind
aber nur noch weit weniger Menschen in der Lage, sie zu sprechen.

Literatur bzw. schriftliche Wiedergaben in Plattdeutscher Sprache gibt es inzwischen unzählig.
Doch genau so vielfältig ist die Schreibweise, da sie als Lautsprache wiedergegeben wird. Be-
dauerlicher Weise ist es aber bis heute noch nicht gelungen, sich auf eine einheitliche
Schreibweise zu verständigen. Die Schreibweise der Lautsprache richtet sich vor allem nach
der Herkunft des Autors. Dabei mag es nicht verwundern, wenn gleiche Begriffe selbst innerhalb eines Satzes unterschiedlich geschrieben werden. Auch ist es nicht ungewöhnlich, wenn
verschiedene Autoren aus dem gleichen Ort die Lautsprache in abweichende Schriftsprachen
umsetzen. Für manche Leser ergibt sich hierdurch unweigerlich eine gewisse Verwirrung, und
vielleicht verliert er sogar die Freude an der doch so wertvollen heimatsprachlichen Literatur.
Daneben ist eine Überfremdung des Plattdeutschen mit hochdeutschen Ausdrücken nicht zu
übersehen.

Dieses Wörterbuch entstand aus der großen Liebe zu der wunderbaren Ausdruckskraft des
Plattdeutschen, aus der Freude an dieser Sprache und auch aus der Sorge um ihren Fortbe-
stand. Außer der hier erfolgten Festlegung einer einfachen einheitlichen Schriftsprache bietet
dieses Buch dem Leser eine Quelle von ca. 16.000 Begriffen und Redewendungen.

Mein besonderer Dank gilt Willi Kamp, Emsdetten, für die große Förderung und Unterstützung
dieser Arbeit sowie Georg Reinermann, Emsdetten und Paul Egbert, Riesenbeck, die an der
mühseligen Fehlerkorrektur tatkräftig mitgewirkt haben. Danken möchte ich auch Prof. Dr.
Hans Taubken für so manchen nützlichen Hinweis. Nicht zuletzt sei der Gesellschaft zur Förderung gemeinnütziger Zwecke im Kreis Steinfurt mbH für die Bezuschussung der
Druckkosten gedankt.

Möge dieses Wörterbuch einen Beitrag dazu leisten, die Plattdeutsche Sprache auch weiterhin
lebendig zu halten.

Hörstel-Riesenbeck, im Juli 2000

Dr. Klaus-Werner Kahl

Vorwort zur zweiten Auflage

Gut zwei Jahre nach dem Erscheinen war die erste Auflage des Wörterbuches durch die unerwartet große Nachfrage bereits vergriffen. Nicht zuletzt haben hierzu die faire Presseberichterstattung sowie die tadellose Zusammenarbeit mit dem Verlag Aschendorff und seinem Verlagsleiter Dr. Dirk Paßmann beigetragen.

Bestärkt durch das Interesse und die vielen wertvollen Kritiken, Zuschriften und Rückmeldungen aus der Leserschaft entstand die nun vorliegende wesentlich erweiterte, ergänzte und überarbeitete zweite Auflage. Hinzugefügt wurden rund viertausend Begriffe, wobei neuere plattdeutsche Wörter als Zeichen für eine lebende Sprache sehr wohl Eingang fanden. Als Quellen dienten unter anderem die vom Heimatverein Riesenbeck herausgegebenen Schriften „Wuorstebraud" von Rosa Verlage und „Düörgemöös" von Heinrich Egbert. Beide Bücher erschienen in der in diesem Buch vorgestellten einheitlichen Schreibweise für das Plattdeutsch. Besonderer Wert lag auch auf der Vervollständigung der Angaben zu den sachlichen Bezügen der aufgeführten Begriffe. Soweit bekannt, erfolgte eine konsequente Beseitigung von Druckfehlern.

Zu tiefem Dank bin ich allen verpflichtet, die einen Beitrag zur Verbesserung dieses Buches leisteten. Besonders hervorheben möchte ich Leo Frahling aus Borghorst, der sich die Mühe machte, die Richtigkeit der Angaben in der ersten Auflage kritisch zu prüfen. Zudem hat er einen erheblichen Anteil an der Erweiterung des nun vorliegenden, etwa 20.000 Begriffe und Redewendungen umfassenden Wortschatzes, indem er sein eigenes Wissen einbrachte und einen Abgleich mit anderen plattdeutschen Wörterbüchern durchführte.
Auch danke ich meiner Frau und meinen Kindern, die mir trotz der zeitraubenden Arbeit an diesem Werk Verständnis und Geduld entgegenbrachten.

Mit der nun vorliegenden zweiten Auflage des Wörterbuches hoffe ich den hohen Erwartungen aus der Leserschaft angemessen gerecht geworden zu sein.

Hörstel-Riesenbeck, im Juli 2003

Dr. Klaus-Werner Kahl

Vorwort zur dritten Auflage

Mit der Herausgabe der dritten Auflage des Wörterbuches bot sich die Gelegenheit, die neue Deutsche Rechtschreibung zu verwenden sowie viele Anregungen von Lesern zu berücksichtigen. Zudem konnte das Werk um jeweils mehr als eintausend platt- bzw. hochdeutsche Stichwörter und Redewendungen vervollständigt werden. Konsequent erfolgte die Bereinigung erkannter Fehler. Allen, die daran mitgewirkt haben, gilt mein großer Dank, besonders auch Herbert Schürmann aus Neuenkirchen, der intensivst an den Korrekturen mitgearbeitet hat!

Ein Schwerpunkt der Ergänzungen betrifft Städte- und Ortsnamen sowie Begriffe, die in *KAHLs platdüütske Naokieksel* (siehe Anhang) verwendet werden. Insofern ergänzen sich die beiden Nachschlagewerke bestens.
Im Anhang ist die plattdeutsche Fallbildung, die Heinz Georg Kreimer aus Marsberg beisteuerte, zu finden. Auch für diese nützliche Ergänzung meinen herzlichsten Dank!

Neben der inhaltlichen Bearbeitung gelang es, die Suche nach Stichworten zu verbessern. Dazu erscheint in dieser Auflage – wie in vergleichbaren Nachschlagewerken auch – jeweils das erste Wort der linken, geraden Seite oben, das letzte Wort der rechten, ungeraden Seite rechts oben.

Den Lesern wünsche ich, dass sie bei der Suche stets erfolgreich sind und viel Freude an diesem Werk haben!

Hörstel-Riesenbeck, im Juni 2009

Dr. Klaus-Werner Kahl

5

Hinweise für den Benutzer

Erstmals werden in diesem Wörterbuch klare, einfache Regeln zur Schreibweise der plattdeutschen Sprache festgelegt und konsequent angewandt (vgl. Schreibweise des Plattdeutschen sowie Aussprache und Betonung).

Obwohl in diesem Wörterbuch ein großer Teil des Wortschatzes des Münsterländer Platt wiedergegeben ist, erhebt es nicht den Anspruch auf Vollständigkeit. So konnten beispielsweise regionale Besonderheiten nur zu einem Teil Berücksichtigung finden.

Viele plattdeutsche Begriffe lassen sich nicht direkt übersetzen, sondern müssen umschrieben werden. Daher empfiehlt es sich bei der Übersetzung der plattdeutschen aus der hochdeutschen Sprache, den gefundenen plattdeutschen Begriff im Plattdeutsch-Hochdeutschen Teil nachzusehen.

Zur schnellen Orientierung ist in der Kopfzeile des Wortteiles jeweils das erste Wort der linken sowie das letzte der rechten Seite angegeben. Zu jedem Wort gibt es eine Erklärung der Wortart, das Geschlecht der Hauptwörter ist angegeben. Auch die Mehrzahlformen und die Beugungsformen sind entweder direkt oder im Anhang dokumentiert. Bei vielen Wörtern ist angegeben, aus welchem Sachgebiet sie stammen, beispielsweise aus der Technik oder der Landwirtschaft. Zur Erleichterung des Lesens bzw. der Aussprache sind die Silbentrennungen stets mit angeben.

Zeitwörter mit unregelmäßiger Beugung sind im Anhang zu finden, wobei Zeitwörter mit Vorsilben – wie beispielsweise *vüörliäsen* – unter dem jeweiligen Stammwort – wie *liäsen* – aufgeführt sind.

Abkürzungen

Abk.	Abkürzung	*med.*	medizinisch
agr.	landwirtschaftlich	*met.*	meteorologisch
allg.	allgemein	*mil.*	militärisch
arch.	architektonisch	*mus.*	musisch
astr.	astronomisch	*Mz.*	Mehrzahl
bes.	besonders	*naut.*	nautisch, Schifffahrt
biol.	biologisch	*o.Mz.*	ohne Mehrzahl
bot.	botanisch	*ON*	Ortsname
BW	Bindewort	*phy.*	physikalisch
chem.	chemisch	*pol.*	politisch
ca.	zirka	*psy.*	psychisch
EW	Eigenschaftswort	*rel.*	religiös
Ez.	Einzahl	*s.*	sächlich
fin.	finanziell	*scherzh.*	scherzhaft
frz.	französisch	*spo.*	Spiel, Sport und Wettbewerbe
FrW	Fragewort	*tech.*	technisch
FW	Fürwort	*tem.*	temporär, Zeitangabe
geog.	geographisch	*trans.*	Transport und Verkehr
geol.	geologisch	*u.a.*	unter anderem
his.	historisch	*u.ä.*	und ähnliche(s)
hyg.	hygienisch	*übertr.*	übertragen, im übertragenen Sinne
insbes.	insbesondere	*usw.*	und so weiter
ital.	italienisch	*UW*	Umstandswort
jemd.	jemand	*uZW*	unregelmäßiges Zeitwort
jur.	juristisch	*VN*	Vorname
kath.	katholisch	*VW*	Verhältniswort
kul.	Essen und Trinken	*w.*	weiblich
kult.	Kultur, Brauchtum und Bildung	*ZaW*	Zahlwort
lat.	lateinisch	*z.B.*	zum Beispiel
m.	männlich	*zool.*	zoologisch
math.	mathematisch	*ZW*	Zeitwort
MW	Mittelwort		

Zeichenerklärung

[ ]	von eckigen Klammern werden eingeschlossen:
	a) Aussprachebezeichnungen
	b) Nebenformen zu Silbentrennungen
( )	von runden Klammern werden eingeschlossen:
	a) Erklärungen und Verdeutlichungen
	b) grammatische Hinweise
·	Silbentrennung
~	Wiederholung des Stichwortes

Wortfolge

Die Worte sind streng alphabetisch aufgeführt. Die Umlaute *ä*, *ö* und *ü* sind eingeordnet wie *a*, *o* und *u*. Das *ß* wird behandelt wie der Doppellaut *ss*.
Zur Erleichterung der Aussprache ist die Silbentrennung durch einen Punkt dargestellt.
In Ergänzung zu den Einzahlformen der Hauptwörter und den Grundformen der Eigenschaftswörter sind die Mehrzahl bzw. Beugung der Wörter mit angegeben.
Wegen der sehr unterschiedlichen Schreibweise der Plattdeutschen Sprache in der Literatur kann es erforderlich sein, Worte unter anderen Buchstaben zu suchen. Besonders betroffen sind:

aa	unter	a	ah	unter	a und aa	ao	unter	o
äö	unter	ö	c	unter	k	ch	unter	k und g
ee	unter	e	eh	unter	e und ee	f	unter	v und w
i	unter	ie	ih	unter	i und ie	ii	unter	i und ie
oh	unter	o	oo	unter	o	q	unter	kw
ß	unter	s	uh	unter	u	uu	unter	u
x	unter	ks	z	unter	s			

Schreibweise des Plattdeutschen

Die hochdeutsche Rechtschreibung, die mehr und mehr in die plattdeutsche Rechtschreibung eingedrungen ist, geht von einem unveränderlichen Wortstamm aus. Auch wenn sich Silbengrenzen ändern bleibt der Wortstamm erhalten. Dadurch sind sehr viele Rechtschreibregeln erforderlich. Da diese für die Plattdeutsche Sprache nicht vorgeschrieben sind, muss es zwangsläufig zu einem Wirrwarr an Schreibweisen kommen. Um dem vorzubeugen bietet es sich an, phonetischen Gesichtspunkten zu folgen. Daher ist der Ausgangspunkt des hier wiedergegebenen Sprachschatzes die gesprochene Silbe in Verbindung mit dem Wortstamm, wie sie in der niederländischen Sprache oder auch im nord-niederdeutschen Sprachraum verbreitet ist. So lassen sich die Regeln auf ein Minimum reduzieren.

§1 **Es gilt die Großschreibung für Wörter am Satzanfang sowie für Hauptwörter und persönliche Anreden.**

§ 2 **Ausgangspunkt ist die gesprochene Silbe. Ändern sich die Silbengrenzen, ändert sich auch die Schreibweise.**
Beispiele: *Baan* = Bahn → *Ba·nen* = Bahnen statt *Baa·nen*; *Schien* = Schein → *Schi·ne* = Scheine statt *Schie·ne*; *Pin* = Stift → *Pin·ne* = Stifte; *plat* = flach → *plat·te* = flache.

§3 **Der Wortstamm wird berücksichtigt.**
Beispiele: *Kuorw* = Korb statt *Kuorf* → *Küör·we* = Körbe; *Kring* = Kreis statt *Krink* → *Krin·ge* = Kreise.

§4 **Worttrennungen erfolgen stets am Silbenende.**
Beispiel: *Püüs·ter* = Gewehr.

§5 **Das Dehnungs-e wird nur beim Selbstlaut *i* geschrieben, um Verwechslungen mit dem Umlaut *ü* bei handgeschriebenen Schriftstücken zu vermeiden.**
Beispiele: *Wien* = Wein; *mien* = mein; *liek* = gleich.

§6 **Das Dehnungs-*h* wird nicht verwendet.**

§7 **Lang gesprochene Selbst- und Umlaute werden am Silbenende einfach geschrieben.**
Beispiele: *Ve* = Vieh; *to* = zu; *mi* = mir; *sü* = siehe.

§8 **Lang gesprochene Selbst- und Umlaute werden in geschlossenen Silben und am Silbenanfang verdoppelt.**
Beispiele: *Muul* = Maul; *uut* = aus.

§9 **Allein gesprochene Selbst- und Umlaute werden einfach geschrieben.**
Beispiele: *A·pe* = Affe; *a·wat* = ach was.

§10 **Kurz gesprochene Selbst- und Umlaute werden einfach geschrieben; daher erübrigt sich die Mitlautverdopplung am Silbenende.**
Beispiele: *Ülk* = Iltis; *of* = ob; *düt* = dies.

§11 **Das gequetschte e wird durch ein e mit einem Trema ausgedrückt.**
Beispiele: *guët* = gut, *Rië·kel* = männlicher Hund.
Anmerkung: Diese Zeichen lässt sich am Computer durch Drücken der Alt-Taste und gleichzeitiger Eingabe der Ziffern 137 auf der rechten Zifferntastatur schreiben oder über Sonderzeichen in einen Text einfügen.

§12 **Eine Mitlautverdopplung innerhalb einer Silbe gibt es nicht.**

Mit diesen Regeln lässt sich der plattdeutsche Wortschatz unter Beachtung der nachfolgenden Erläuterungen der Aussprache und Betonung eindeutig schreiben. Ausnahmen sind nicht erforderlich.

Betonung und Aussprache

Wie im Hochdeutschen wird im Regelfall die erste Silbe des Wortes betont. In allen anderen Fällen sind die jeweils zu betonenden Selbstlaute unterstrichen. Genannt seien beispielsweise: be·kü·ern, vö·driä·gen, Kum·pe·ni.

Die Aussprache der einzelnen Buchstaben und die Betonung der Silben im Plattdeutschen braucht bis auf wenige Ausnahmen nicht wortweise erklärt zu werden. Da die Aussprache aber nicht in allen Fällen mit der der hochdeutschen Sprache übereinstimmt, soll im folgenden unter Zuhilfenahme der internationalen Lautschrift etwas ausführlicher darauf eingegangen werden.

Die Selbstlaute *a, e, i, o* und *u* sowie die Umlaute *ä, ö* und *ü* werden am Silbenanfang und in geschlossenen Silben anders als im Hochdeutschen grundsätzlich kurz ausgesprochen; am Silbenende dann, wenn es sich um auslautende Selbst- bzw. Umlaute handelt. Beispiele hierfür sind:

af	[af]	ab	gesprochen wie das *a* in *Affe*
Bed·de	[bɛdə]	Bett	gesprochen wie das *e* in *Wetter*
Bid·de	[bidə]	Bitte	gesprochen wie das *i* in *Krippe*
Kop	[kɔp]	Kopf	gesprochen wie das *o* in *Kopf*
Doch·ter	['dɔxtə]	Tochter	gesprochen wie das *o* in *kochen*
Tuk	[tuk]	Zuck, Ruck	gesprochen wie das *u* in *Zucker*.

Lang gesprochen werden sie, wenn sie allein gesprochen werden oder sich am Silbenende befinden (nicht als Auslaut). Beispiele hierfür sind:

a·wat	[a'wat]	ach was		e·gen	[e:gən]	eigen
I·le	[i:lə]	Eile		ö·wen	[ø:vən]	foppen
U·le	[u:lə]	Eule		Ve	[fe:]	Vieh
di	[di:]	dir		to	[to:]	zu.

Eine gedehnte Aussprache von Selbst- bzw. Umlauten wird in geschlossenen Silben durch die Verdopplung der Laute angezeigt. Beispiele hierfür sind:

Aal	[a:l]	Gülle	gesprochen wie das *a* in *Tal,*
Ääs	[ɛ:s]	Hinterteil	gesprochen wie das *ä* in *Gesäß,*
beet	[be:t]	mittellos	gesprochen wie das *ee* in *Beet,*
Moos	[mo:s]	Grünkohl	gesprochen wie das *oo* in *Moos,*
smööd	[ʃmø:t]	weich	gesprochen wie das *öh* in *gewöhnt,*
uut	[u:t]	aus	gesprochen wie das *uh* in *Uhr*.

Neben diesen aufeinanderfolgenden Selbstlauten sind auch die Selbstlaut- bzw. Umlautfolgen *ao* bzw. *äö* und *uo* bzw. *üö* häufig vertreten. Die Sprechweise für *ao* ist ein offenes *o* wie in *Knochen*, jedoch langgezogen.

Aos	[ɔ:s]	Aas		Raod	[rɔ:t] Rat.

Das *äö* spricht sich wie ein offenes, langgezogenes *ö* wie in *Mörder*.

A·häön	[ahœn]	Ahorn		Päö·le	[pœ̃lə] Pfähle.

Beim *uo* und *üö* wird das *u* bzw. *ü* lang gesprochen, das *o* bzw. *ö* gequetscht:

Uom	[uəm]	Ofen		fruorn	[fruən] gefroren
üö·wer	['yœwə]	über		büörn	[byœn] heben.

In allen anderen Fällen wird jeder Selbstlaut einzelnen betont:

mö·e	[møə]	müde		wi·er	[wiə] wieder
Rü·en	[ryən]	Hund			

Typisch für die Plattdeutsche Sprache ist die mit einem gequetschten *e* ausgesprochene Selbstlautfolge *ie, ue* und *üe*. Als hilfreich für die eindeutige Unterscheidung der getrennt ausgesprochenen Selbstlaute wie in *wier* [wi·er] *wieder* und die richtige Aussprache erweist sich das Trema. Angewendet wird das Trema über dem *e*, wodurch sich das *ie* als *ië*, das *ue* als *uë* und das *üe* als *üë* ausschreiben. Beispielhaft seien hier einige der vielen Worte aufgeführt:

Bië·be	[biəbə]	Beere		kuëm	[kuəm] komme
Rüëk	[ryək]	Geruch.			

Ebenso typisch im westfälischen Platt ist die Selbst- bzw. Umlautfolge *iä*, die gleichfalls kurz als *i* mit gequetscht folgendem *ä* gesprochen wird. Als Beispiele seien hier genannt:

Miälk	[miɛlk]	Milch		Wiärk	[wiɛrk] Werk.

Die meisten Mitlaute werden im Plattdeutschen wie im Hochdeutschen ausgesprochen. Ausnahmen bilden die Mitlaute *g*, *r* und *s*, das *sch* sowie das *v*.
Steht das *g* am Silbenanfang, spricht es sich wie ein *ch* in *Chemie*. Die Aussprache gilt ebenfalls, wenn es am Silbenende steht und ein Selbstlaut voran geht.

Gaus	[xaʊs]	Gans		gaon	[xɔ:n]	gehen
noog	[no:x]	genug		Toog	[to:x]	Zweig
Hög·te	[hœxtə]	Höhe.				

Erscheint das *g* jedoch zwischen zwei Selbst- bzw. Umlauten innerhalb einer Silbe, klingt es wie im Hochdeutschen.

a·pi·ge	[a:pigə]	affige	hau·ge	[haʊgə]	hoch.

Gleiches gilt, wenn das *g* als Mitlautverdopplung zur kurzen Aussprache des vorangehenden Selbstlautes auftritt.

Pog·ge	[pogə]	Frosch	läg·gen	[lɛgən]	legen.

Am Silbenende spricht sich das *g* wie ein *k*, wenn ihm ein Mitlaut vorangeht.

lang	[laŋ]	lang	Kring	[kriŋ]	Kreis.

Besonders charakteristisch ist die Aussprache des *r*, das als rollender Laut wiedergegeben wird.

Ähnlich nuancenreich wie das *g* ist im Plattdeutschen die Aussprache des *s*. Steht es am Silbenanfang und wird von einem Selbstlaut gefolgt oder steht es am Silbenende, spricht es sich wie ein stimmloses *s* wie in *Kuss*:

sien	[si:n]	sein	Ap·pel·si·ne	[apəl:si:nə]	Apfelsine
Luus	[lu:s]	Laus.			

Ist das *s* von Selbstlauten eingeschlossen spricht es sich wie das stimmhafte *s* in *lesen*:

Kai·se	[kaizə]	Käse	rao·sen	[ro:zən]	rasen.

Bei Mitlautverdopplung des *s* gibt es keine klare Regelung, wobei der Sprachgebrauch zudem regional verschieden ist. Beispielhaft dafür seien hier genannt:

Mus·sik	[muzik]	Musik	mit stimmhaftem *s*
Ab·dis·se	[ap'disə]	Eidechse	mit stimmlosem *s*
wes·seln	[vesəln] oder [vezəln]	wechseln	mit stimmlosem oder stimmhaftem *s*.

Völlig anders, nämlich als *sch*, wird das *s* am Silbenanfang gesprochen, sofern ihm ein Mitlaut außer einem *r* folgt. Beispiele hierfür sind:

Slaif	[ʃlaif]	Schöpflöffel	Spaon	[ʃpo:n]	Span
stü·ern	[ʃty:ərn]	steuern	Swien	[ʃwi:n]	Schwein.

Mit vorangehendem Selbstlaut und folgendem *k* spricht sich das *s* ebenfalls wie *sch*, z.B. in

was·ken	[vaʃkən]	waschen	Ols·ke	[ɔlʃkə]	Alte
Hols·ke	[holʃkə]	Holzschuh.			

Eine Besonderheit stellt das *s* in Verbindung mit *ch*, dem *sch*, und nachfolgendem Selbstlaut dar (ein nachfolgender Mitlaut tritt in der Plattdeutschen Sprache nicht auf). Dann wird es zwar meistens wie im Hochdeutschen als *sch* wie in *Schule* gesprochen, häufig spricht es sich aber auch als *sch* mit folgendem *k* wie in *wasken* [vaʃken]. Hier seien genannt:

Scho·le	[ʃko:lə]	Schule	Schaop	[ʃko:p]	Schaf
schai·ten	[ʃkaitən]	schießen.			

Das *v* wird immer wie *f* und nicht wie im Hochdeutschen als *w* gesprochen, z. B. bei
Vi·si·te   [fi'zitə]   Visite.

Wörterverzeichnis

Hochdeutsch - Plattdeutsch

Rund 21.000 Stichwörter und Redewendungen

Wörterverzeichnis

A

A, a A, a (Buk·stab·be)
Aa Ao, Äö *w. geol.*
Aabach Ao·biëk, -en [Ao·bië·ken] *w. geol.*
Aachen Ao·ken *ON*
Aal Aol, Äö·le *m. zool.*; **frischer ~** grö·nen Aol *kul.*; **gekochter ~** Pot·aol, Pot·äö·le *m. kul.*
aalen ao·len *ZW*
aalglatt aol·glat, -·te, -·ten *EW*, glat äs'n Aol
Aalsuppe Aol·sup, -·pen *w. kul.*
Aas Aos, Äös·ter *s. biol.*
Aaskrähe Aos·krai, -·en *w. zool.*
Aasvogel Aos·vuë·gel, Aos·vüë·gel *m. zool.*
Aaszeug (Schimpfwort) Aos·tüüg, -s *s. o.Mz.*
ab af *UW, VW*; drap *UW, VW*; **~ und zu** af un an, hän un wi·er
abändern af·än·nern *ZW*, vö·än·nern *ZW*
Abänderung Af·än·ne·rung, -en [Af·än·ne·run·gen] *w.*
abarbeiten af·ar·bai·den *ZW*, af·rackern [af·rak·kern] *ZW*, af·vö·dai·nen *uZW*, up·ar·bai·den *ZW*, wäg·ar·bai·den *ZW*
abbacken af·backen [af·bak·ken] *uZW kul.*
abbaubar af·to·bau·en *ZW*; **biologisch ~** to vö·ruo·ten *ZW biol.*
abbauen af·bau·en *ZW*; **biologisch ~** vö·ruo·ten *EW biol.*
abbeißen af·bi·ten *uZW*
abbekommen af·kri·gen *uZW*, met·kri·gen *uZW*; **etwas Gutes ~ haben** guët wäg·häb·ben *uZW*; **etwas Schlechtes ~ haben** wäg·häb·ben *uZW*
abberufen af·ro·pen *uZW*
abbetteln af·biä·deln *ZW psy.*
abbezahlt af·be·taalt, -e, -en [af·be·taal·te] *EW fin.*
abbiegen af·bai·gen *uZW*, bai·gen *uZW tech.*
Abbild Af·beld, Af·bel·ler *s.*
Abbildung Af·beld, Af·bel-

ler *s.*, Beld, Bel·ler *s.*
Abbinden Af·bin·nen *s. o.Mz. tech.*; **~ des Binds beim Spinnen** fis·sen *ZW tech.*
abbinden af·bin·nen *uZW tech.*
Abbitte Af·bid·de, -n *w. psy.*
abbitten af·bid·den *ZW psy.*
abblasen af·blao·sen *uZW*; *übertr.* an'n Na·gel han·gen
abblättern af·bla·dern *ZW*, (Grünkohl) bla·dern *ZW*
abbrausen af·bru·sen *ZW*
abbrechen af·briä·ken *uZW*, af·knap·pen *ZW*, brüë·keln *ZW*, (Gebäude) daal·briä·ken *uZW*, wäg·briä·ken *uZW*
abbrennen af·briä·nen *uZW*, snö·en *ZW*
abbringen af·brän·gen *uZW*, af·hel·pen *uZW*
Abbruch Af·bruok, Af·brüö·ke *m.*
Abbruchfasten Bot·fas·sen *s. oMz. rel.*
abbrühen brö·en *ZW*
Abc-Schütze I-Döts·ken, I-Döts·kes *s.*, I-Män·ken, I-Män·kes *s.*
abdanken af·dan·ken *ZW*, trüg·ge·triä·ten *uZW*
abdecken to·ra·ken *ZW*
Abdecker Fil·ler, -s *m.*, Schin·ner, -s *m.*
Abdeckung Schüör·te, -n *w. tech.*
abdichten dich·ten *ZW tech.*; (Dach) dië·ken *ZW tech.*
abdrehen af·drai·en *ZW tech.*
Abdruck Af·drük, Af·drücke [Af·drük·ke] *m.*
Abend Aomd, -e [Aom·de] *m. tem.*; **einer der vorangegangenen ~e** an·nern·aoms *UW tem.*; **Guten ~!** n' Aomd; **heute ~** van·aomd *UW tem.*
Abendbrot Aomd·iä·ten *s. o.Mz. kul.*
Abenddämmerung; Zeit der ~ U·len·flugt, U·len·flügt *w. tem.*
Abendessen Aomd·iä·ten *s. o.Mz. kul.*
Abendkleid Aomd·kleed, Aomd·kle·der *s.*
Abendläuten Aomd·lü·den *s. o.Mz. rel.*
Abendlied Aomd·leed, Aomd-

le·der *s. mus.*
Abendnebel Aomd·nië·wel, -s *m. met.*
Abendregen Aomd·riän·gen *m. o.Mz. met.*
Abendrot Aomd·raud, Aomd·rai·de *s. met.*
abends aoms *UW tem.*
Abendsegen Aomd·siän·gen, -s *m. rel.*
Abendsonne Aomd·sun·ne, -n *w. met.*
Abendstern Aomd·stään, Aomd·stä·ne *m. astr.*
Abendstunde Aomd·stun·ne, -n *w. tem.*
Abendvorstellung Aomd·vüör·stel·lung, -en [Aomd·vüör·stel·lun·gen] *w. mus.*
Abendwind Aomd·wind, Aomd·win·ne *m. met.*
Abendzeit Aomd·tiet *w. o.Mz. tem.*
Abendzug Aomd·tog, Aomd·tüö·ge *m. trans.*
Abenteuer Be·liäw·nis, -·se *s.*, E·wen·tüür, -s *s.*
abenteuerlich e·wen·tüürsk, -e, -en [e·wen·tüürs·ke] *EW*
aber a·pat *UW BW*, ao·wer *BW*, män *BW*, pat *BW*
Aberglaube Bi·glai·wen *s. o.Mz. rel.*, Üö·wer·glai·wen *s. o.Mz. rel.*
abergläubisch bi·glaiwsk, -e, -en [bi·glaiws·ke] *EW rel.*, üö·wer·glaiwsk, -e, -en [üö·wer·glaiws·ke] *EW rel.*
abermals wi·er *UW tem.*
abessen af·iä·ten *uZW kul.*
abfädeln (z.B. Bohnen) af·fiä·men *ZW*
abfahren af·fö·ern *uZW trans.*, af·sche·sen *ZW trans.*, los·fö·ern *uZW trans.*, pe·geln *ZW trans.*
Abfall Af·fal, Af·fiä·le *m.*, Gam·mel *m. o.Mz.*, Schiet·kraom *m. o.Mz.*; **beim Brechen von Flachs** Sche·we, -n *w. tech.*; **in den ~ werfen** *übertr.* up'n Mes smi·ten
Abfalleimer Af·fal·em·mer, -s *m. tech.*, Ask·em·mer, -s *m. tech.*
abfallen af·fal·len *uZW*
Abfallhaufen Af·fal·haup, Af-

fal·hai·pe *m.*
abfangen af·fan·gen *uZW*
abfärben af·fiär·wen *ZW;* af·gië·wen *uZW,* af·klö·ren *ZW*
abfaulen af·fu·len *ZW biol.*
abfegen af·fiä·gen *ZW hyg.*
abfeilen af·fi·len *ZW tech.*
abfinden af·fin·nen *uZW,* uut·be·ta·len *ZW fin.*; **sich** ~ sik hän·doon *uZW psy.*; **sich unzufrieden mit etwas** ~ sik dum hän·doon *psy.*
Abfluss Af·laup, Af·lai·pe *m. tech.,* (Küche) Guo·ten·lok, Guo·ten·löcker [Guo·ten·lökker] *s. tech.*
abfordern af·füör·dern *ZW*
abfragen af·frao·gen *uZW*
abfressen af·friä·ten *uZW kul.*; **völlig** ~ kaal·friä·ten *uZW kul.*
abfrieren af·frai·sen *uZW met.*
abfühlen af·fö·len *uZW*
Abfuhr Kas·se·ment, -s *s. psy.* (frz. cassement)
abfüttern af·fo·ern *ZW kul.*
Abgabe Tins, -en [Tin·sen] *m. fin.,* Stü·er, -n *w. fin.*; ~ **an die Kirche** Mis·kaorn, Mis·käörns *s. fin. rel.*
Abgang Af·gang, Af·gän·ge *m.*
abgaunern af·luk·sen *ZW*
abgeändert af·än·nert, -e, -en [af·än·ner·te] *EW*
abgearbeitet af·ma·racht, -e, -en [af·ma·rach·te] *EW med.*
abgebaut af·baut, -e, -en [af·bau·te] *EW;* **biologisch** ~ vö·ruot, -e, -en [vö·ruo·te] *EW biol.*
abgeben af·doon *uZW,* af·lao·ten *uZW,* gië·wen *uZW,* wäg·gië·wen *uZW;* (mit etwas) af·gië·wen *uZW;* (mit etwas oder jemd.) in·lao·ten *uZW psy.*
abgebissen af·bië·ten, -e, -en [af·bië·te·ne] *EW*
abgeblasen af·blost, -e, -en [af·blos·te] *EW*
abgeblättert af·bla·dert, -e, -en [af·bla·der·te] *EW*
abgebogen af·buo·gen, -e, -en [af·buo·ge·ne] *EW*
abgebracht (von etwas) af·bragt, -e, -en [af·brag·te] *EW*
abgebrannt af·brant, -e, -en [af·bran·te] *EW*
abgebrochen af·bruo·ken, -e, -en [af·bruo·ke·ne] *EW*

abgefädelt af·fiämt, -e, -en [af·fiäm·te] *EW*
abgefahren af·fö·ert, -e, -en [af·fö·er·te] *EW trans.,* af·scheest, -e, -en [af·schees·te] *EW trans.*
abgefallen af·fal·len, -e, -en [af·fal·le·ne] *EW*
abgefangen af·fan·gen, -e, -en [af·fan·ge·ne] *EW*
abgefärbt af·fiärwt, -e, -en [af·fiärw·te] *EW,* af·gië·wen, -e, -en [af·gië·we·ne] *EW*
abgefault af·fuult, -e, -en [af·fuul·te] *EW biol.*
abgefegt af·fiägt, -e, -en [af·fiäg·te] *EW*
abgefeilt af·fielt, -e, -en [af·fiel·te] *EW tech.*
abgefressen af·friä·ten, -e, -en [af·friä·te·ne] *EW kul.*; **völlig** ~ kaal·friä·ten, -e, -en [kaal·friä·te·ne] *EW kul.*
abgefroren af·fruorn, -e, -en [af·fruor·ne] *EW*
abgefunden af·fun·nen, -e, -en [af·fun·ne·ne] *EW psy., fin.*
abgefüttert af·fo·ert, -e, -en [af·fo·er·te] *EW kul.*
abgegangen af·gaon, -e, -en [af·gao·ne] *EW*
abgegeben af·gië·wen, -e, -en [af·gië·we·ne] *EW*
abgegessen af·giä·ten, -e, -en [af·giä·te·ne] *EW kul.*
abgegossen af·guo·ten, -e, -en [af·guo·te·ne] *EW kul.*
abgeguckt af·lu·ert, -e, -en [af·lu·er·te] *EW*
abgehalten af·hol·len, -e, -en [af·hol·le·ne] *EW,* färn·hol·len, -e, -en [färn·hol·le·ne] *EW*
abgehangen af·han·gen, -e, -en [af·han·ge·ne] *EW*
abgehärtet ru·bäs·tig, -e, -en [ru·bäs·ti·ge] *EW;* ~**er Mensch** *übertr.* Ru·been, Ru·be·ne *s. psy.,* Ru·schuor·ken, Ru·schüör·ken *m. psy.*
abgehauen af·hau·en, -e, -en [af·hau·e·ne] *EW*
abgehäutet af·liä·dert, -e, -en [af·liä·der·te] *EW*
abgehen af·gaon *uZW*
abgehend af·gaond, -e, -en [af·gaon·de] *EW*
abgeholfen af·hol·pen, -e, -en [af·hol·pe·ne] *EW*
abgeholt af·haalt, -e, -en

[af·haal·te] *EW*
abgehört af·lus·tert, -e, -en [af·lus·ter·te] *EW*
abgekauft af·koft, -e, -en [af·kof·te] *EW fin.*
abgekippt af·kipt, -e, -en [af·kip·te] *EW*
abgekocht af·kuokt, -e, -en [af·kuok·te] *EW kul., hyg.*
abgekommen af·kuë·men, -e, -en [af·kuë·me·ne] *EW*
abgekühlt af·köölt, -e, -en [af·kööl·te] *EW,* vö·sla·gen, -e, -en [vö·sla·ge·ne] *EW*
abgekürzt af·küört, -e, -en [af·küör·te] *EW,* vö·küört, -e, -en [vö·küör·te] *EW*
abgelassen af·lao·ten, -e, -en [af·lao·te·ne] *EW*
abgelaufen af·lau·pen, -e, -en [af·lau·pe·ne] *EW*
abgelebt af·liäwt, -e, -en [af·liäw·te] *EW med.*
abgeledert af·liä·dert, -e, -en [af·liä·der·te] *EW hyg.*
abgelegen af·liä·gen, -e, -en [af·liä·ge·ne] *EW geog.,* een·sam, -·me, -·men *EW geog.*
abgelegt af·lägt, -e, -en [af·läg·te] *EW*
abgelesen af·liä·sen, -e, -en [af·liä·se·ne] *EW*
abgelichtet af·lech·tet, -e, -en [af·lech·te·te] *EW tech.*
abgeliefert af·lië·wert, -e, -en [af·lië·wer·te] *EW trans.*
abgemacht af·maakt, -e, -en [af·maak·te] *EW,* uut·maakt, -e, -en [uut·maak·te] *EW*
abgemäht af·mait, -e, -en [af·mai·te] *EW agr.*
abgemeldet af·melt, -e, -en [af·mel·te] *EW*
abgemessen af·miä·ten, -e, -en [af·miä·te·ne] *EW tech.*
abgenagt af·taant, -e, -en [af·taan·te] *EW kul.*
abgenommen af·knöpt, -e, -en [af·knöp·te] *EW,* af·nuo·men, -e, -en [af·nuo·me·ne] *EW*
abgenutzt slië·den, -e, -en [slië·de·ne] *EW,* vö·slië·den, -e, -en [vö·slië·de·ne] *EW*
Abgeordnete(r) Un·ner·händ·ler, -s *m.,* po·liets·ke Vö·triä·ter, -s *m. pol.*
Abgeordnetenhaus Pal·la·ment, -e [Pal·la·men·te] *s. pol.*
abgepackt af·pakt, -e, -en

[af·pak·te] *EW*
abgepflückt af·plükt, -e, -en
[af·plük·te] *EW*
abgerissen af·rië·ten, -e, -en
[af·rië·te·ne] *EW*
abgesägt af·saagt, -e, -en
[af·saag·te] *EW tech.*
abgesagt (Termin) af·blost,
-e, -en [af·blos·te] *EW*
abgesaugt af·suë·gen, -e,
-en [af·suë·ge·ne] *EW*
abgescheuert af·schu·ert, -e,
-en [af·schu·er·te] *EW*
abgeschlachtet af·slach·tet,
-e, -en [af·slach·te·te] *EW
med.*
abgeschlagen af·hau·en, -e,
-en [af·hau·e·ne] *EW*, af-
slaon, -e, -en [af·slao·ne] *EW*
abgeschleppt af·sliëpt, -e,
-en [af·sliëp·te] *EW trans.*
abgeschliffen af·slië·pen, -e,
-en [af·slië·pe·ne] *EW tech.*
abgeschlossen af·sluo·ten,
-e, -en [af·sluo·te·ne] *EW*
abgeschnitten af·schorn, -e,
-en [af·schor·ne] *EW*, af·snië-
den, -e, -en [af·snië·de·ne]
EW
abgeschoben af·schuo·wen,
-e, -en [af·schuo·we·ne] *EW*
abgeschraubt af·schruo·wen,
-e, -en [af·schruo·we·ne] *EW
tech.*
abgeschrieben af·schrië·wen,
-e, -en [af·schrië·we·ne] *EW*
abgeschürft af·bast, -e, -en
[af·bas·te] *EW med.*; **die
Haut ~ haben** dän Bast
draw häb·ben *med.*
abgeschüttelt af·schüë·delt,
-e, -en [af·schüë·del·te] *EW*
abgeschwindelt af·lu·ert, -e,
-en [af·lu·er·te] *EW psy.*
abgesegnet af·siängt, -e,
-en [af·siäng·te] *EW*
abgesessen af·siä·ten, -e,
-en [af·siä·te·ne] *EW*
abgesetzt af·sät, -·te, -·ten
EW
abgesichert af·sië·kert, -e,
-en [af·sië·ker·te] *EW*, sië-
ker, -e, -en [sië·ke·re] *EW*
abgesoffen af·suo·pen, -e,
-en [af·suo·pe·ne] *EW*
abgesondert af·sun·nert, -e,
-en [af·sun·ner·te] *EW*
abgespannt af·spant, -e, -en
[af·span·te] *EW*, läö·sig, -e,
-en [läö·si·ge] *EW*
abgespielt af·spiëlt, -e, -en

[af·spiël·te] *EW*
abgesprochen af·kü·ert, -e,
-en [af·kü·er·te] *EW*
abgesprungen af·sprun·gen,
-e, -en [af·sprun·ge·ne] *EW*
abgespult af·spoolt, -e, -en
[af·spool·te] *EW tech.*
abgespült af·spolt, -e, -en
[af·spol·te] *EW*
abgestanden (Bier) af·staon,
-e, -en [af·stao·ne] *EW kul.*
abgestaubt af·stuuwt, -e, -en
[af·stuuw·te] *EW hyg.*
abgestochen af·stuo·ken,
-e, -en [af·stuo·ke·ne] *EW*
abgestorben af·stuo·wen,
-e, -en [af·stuo·we·ne] *EW
biol.*, saor, -e, -en [sao·re]
EW bot.
abgestoßen af·stot, -·te, -·ten
EW
abgestottert af·stüör·tert, -e,
-en [af·stüör·ter·te] *EW fin.*
abgestreift af·strië·pelt, -e,
-en [af·strië·pel·te] *EW*
abgestumpft vö·su·ert, -e,
-en [vö·su·er·te] *EW psy.*
abgestürzt af·stüört, -e, -en
[af·stüör·te] *EW*
abgesucht af·socht, -e, -en
[af·soch·te] *EW*
abgesungen af·sun·gen, -e,
-en [af·sun·ge·ne] *EW mus.*
abgetan af·daon, -e, -en [af-
dao·ne] *EW*
abgeteilt af·deelt, -e, -en [af-
deel·te] *EW*
abgetreten af·truo·ten, -e,
-en [af·truo·te·ne] *EW*
abgetrieben af·drië·wen, -e,
-en [af·drië·we·ne] *EW*
abgetrocknet af·drüügt, -e,
-en [af·drüüg·te] *EW*
abgewaschen af·was·ket, -e,
-en [af·was·ke·te] *EW hyg.*
abgewendet af·wänt, -e, -en
[af·wän·te] *EW*
abgewiesen af·wië·sen, -e,
-en [af·wië·se·ne] *EW*
abgewinnen af·win·nen *uZW*
abgewischt af·wis·ket, -e,
-en [af·wis·ke·te] *EW hyg.*
abgewogen af·wuo·gen, -e,
-en [af·wuo·ge·ne] *EW*
abgewöhnen af·lä·ern *ZW
psy.*, af·wüë·nen *ZW psy.*;
**das habe ich im abge-
wöhnt!** dat häb ik em af-
lä·ert! *psy.*
abgewonnen af·wun·nen,
-·ne, -·nen *EW*

abgeworfen af·smië·ten, -e,
-en [af·smië·te·ne] *EW*
abgezahlt af·be·taalt, -e, -en
[af·be·taal·te] *EW fin.*
abgezählt af·tält, -e, -en [af-
täl·te] *EW*
abgezapft af·tapt, -e, -en [af-
tap·te] *EW*
abgezeichnet af·teekt, -e,
-en [af·teek·te] *EW tech.*
abgezogen af·trocken, -e,
-en [af·trok·ken], [af·trok·ke-
ne] *EW*
abgießen af·gai·ten *uZW*
abgleiten af·kip·pen *ZW*
Abgott Af·guod, Af·güö·der
m. rel.
Abgrund Af·grund, Af·grün-
ne *m.*
abgucken af·ki·ken *uZW*, af-
lu·ern *ZW*, af·sain *uZW*
abhalftern uut·span·nen *ZW*
abhalten af·hol·len *uZW*
abhandeln af·wacken [af-
wak·ken] *ZW*
abhängen af·han·gen *uZW*
abhaspeln af·has·peln *ZW
tech.*
abhauen af·hau·en *uZW*
abhäuten fil·len *ZW*
abhelfen (von etwas) af·hel-
pen *uZW*
abhetzen af·kla·bas·tern *ZW*
abholen af·ha·len *uZW*, uut-
ha·len *uZW*
abhören af·lus·tern *ZW*, met-
häö·ern *ZW*
abkanten af·bai·gen *uZW
tech.*
abkanzeln run·ner·maken
uZW psy.
abkapseln in·slu·ten *uZW*
abkassieren af·kas·se·ern
ZW fin.
abkaufen af·kau·pen *uZW
fin.*
abkippen af·kip·pen *ZW*, ha-
run·ner·kip·pen *ZW*
abklopfen af·klop·pen *ZW*,
bicken [bik·ken] *ZW tech.*
abknacken af·knap·pen *ZW*
abkneifen af·kni·pen *uZW*,
(mit den Fingern) knib·beln
ZW
abknöpfen af·knöp·pen *ZW*
abkochen af·kuo·ken *ZW
kul., hyg.*
abkommen af·küë·men *uZW*
Abkommen Vö·drag, Vö-
driä·ge *m. jur.*
abkönnen af·küë·nen *uZW*

abkratzen af·schrap·pen *ZW*
abkühlen af·kö·len *ZW*
Abkühlung Af·kö·lung, -en [Af·kö·lun·gen] *w.*
abkürzen stüm·peln *ZW*, vö·küör·ten *ZW*; (Weg) af·küör·ten *ZW*
Abkürzung Af·küör·tung, -en [Af·küör·tun·gen] *w.*, Richtwäg, Richt·wiä·ge *m. trans.*
Abladebereich Af·la·de, -n *w. trans.*
abladen af·la·den *uZW trans.*
Abladestelle Af·la·de, -n *w. trans.*
Ablass Af·laot, Af·läö·te *m. rel. fin.*
ablassen af·lao·ten *uZW*
ablaufen af·lau·pen *uZW*
ableben af·liä·wen *ZW med.*
abledern af·liä·dern *ZW hyg.*
ablegen af·läg·gen *ZW*, läg·gen *ZW*, wäg·läg·gen *ZW*
Ableger Af·läg·ger, -s *m. bot.*
ablehnen af·liä·nen *ZW psy.*, af·wen·ken *ZW psy.*, vö·säg·gen *uZW psy.*; **dankend ~** dan·ken *ZW psy.*
ablernen af·lä·ern *ZW psy.*
ablesen af·liä·sen *uZW*
ablichten af·lech·ten *ZW tech.*
abliefern af·lië·wern *ZW trans.*
ablocken af·luk·sen *ZW psy.*
ablösen los·ma·ken *ZW*
abluchsen lüns·ken *ZW psy.*
abmachen af·ma·ken *uZW*, uut·ma·ken *uZW*
Abmachung Af·ma·ken *s. o.Mz.*, **eine ~ treffen** fastma·ken *uZW*
abmagern *übertr.* uut de Kle·der fal·len *med.*
abmähen af·mai·en *ZW agr.*
abmalen af·mao·len *ZW tech., mus.*, af·te·ken *ZW tech., mus.*
abmarschieren af·mar·scheeern *ZW trans.*
abmelden af·mel·len *ZW*
abmessen af·miä·ten *uZW tech.*, miä·ten *uZW tech.*, päs·sern *ZW tech.*; **mit Schritten ~** af·triä·ten *uZW*
abmühen af·ma·ra·chen *ZW*
abmustern af·müs·tern *ZW*
abnagen af·ta·nen *ZW kul.*
abnähen af·nai·en *ZW tech.*
Abnäher Af·nai·sel, -s *s. tech.*
abnehmen af·nië·men *uZW*,

ha·run·ner·nië·men *uZW*; (Geld usw.) af·knöp·pen *ZW fin.*; (Kleidung usw.) af·läg·gen *ZW*
abnutzen sli·den *uZW tech.*, af·nüt·ten *ZW tech.*, vö·sli·den *uZW tech.*
Abort Schiet·huus, Schiethü·ser *s. arch. hyg.*
abpacken af·packen [af·pak·ken] *uZW*
abpflücken af·plücken [af·plük·ken] *ZW*
abquälen af·kwiä·len *ZW*, af·ma·ra·chen *ZW*
abquetschen af·kwet·ten *ZW hyg.*
abrasieren af·ra·se·ern *ZW hyg.*
abraten af·rao·den *uZW*
abräumen (Geschirr) af·driä·gen *uZW*, af·rü·men *ZW*
abrechnen af·riä·ken *ZW fin., math.*
Abrechnung Af·riäk·nung, -en [Af·riäk·nun·gen] *w. fin.*
abreißen af·ri·ten *uZW*, daalri·ten *uZW*, los·ri·ten *uZW*
abriegeln af·ri·gen *ZW tech.*
abrufen af·ro·pen *uZW*
abrupfen af·rup·pen *ZW*
abrupt bats *UW*
abrutschen af·ruts·ken *uZW*
absäbeln af·säö·beln *ZW*
absacken (Korn u.ä.) afsacken [af·sak·ken] *ZW*, (Erdreich) wäg·sacken [wäg·sak·ken] *ZW*
Absage Af·säg·ge, -n *w.*, Ne·fail, -s *s.*
absägen af·sa·gen *ZW tech.*
absagen af·säg·gen *uZW*, (Termin) af·blao·sen *uZW*
Absatz Af·sat, Af·siä·te *m.*
absaufen af·su·pen *ZW*, vö·su·pen *uZW*
absaugen af·su·gen *uZW*
abschaben af·schrap·pen *ZW*
abschälen (z.B. Möhren) afschrap·pen *ZW*
abschätzen üö·wer·slaon *uZW math.*, tak·se·ern *uZW* (frz. taxer)
abscheren af·schä·ern *uZW*
Abscheu Af·schü *w. o.Mz. psy.*
abscheuern af·schu·ern *ZW*
abscheulich af·schai·lik, af·schai·licke, -n [af·schai·lik·ke] *EW psy.*
abschieben af·schu·wen

uZW; uut·wi·sen *uZW jur.*
Abschied Af·schaid, -e [Afschai·de] *m. psy.*, Kas·sement, -s *s. psy.* (frz. cassement)
Abschiedsgruß: Lass es dir gut ergehen! Do di wat hän! Guët·gaon! Hän·doon! Laot di wat!
Abschiedslied Af·schaidsleed, Af·schaids·le·der *s. mus.*
Abschiedsträne Af·schaidsträö·ne, -n *w. psy.*
Abschiedstrunk Slüë·delsluk, Slüë·del·slücke [Slüëdel·slük·ke] *m. kul.*
abschießen af·schai·ten *uZW*
abschinden af·ma·ra·chen *ZW*, af·rackern [af·rak·kern] *ZW*
abschirmen af·scher·men *ZW tech.*
abschlachten af·murk·sen *ZW med.*, af·slach·ten *ZW med.*
Abschlag Af·slag, Af·sliä·ge *m. fin.*
abschlagen (Ast ö.ä.) afhau·en *uZW*, an'n Grund kri·gen, an'n Grund ma·ken, af·slaon *uZW*; (Einladung) af·säg·gen *uZW*
abschleifen af·sli·pen *uZW tech.*
abschleppen af·slië·pen *ZW trans.*
abschließen af·slu·ten *uZW*, to·schot·ten *ZW*
Abschluss End, En·ne, -n *s.*; **zum ~ bringen** an't End kri·gen
abschmecken af·sma·ken *uZW kul.*
abschneiden af·kni·pen *uZW*, af·sni·den *uZW*, drapsni·den *uZW*, fig·geln *ZW*; (Gras usw.) af·mai·en *ZW agr.*; **grob ~** af·säö·beln *ZW*, säö·beln *ZW*
Abschneider Drap·sni·der, -s *m. tech.*
Abschnitt Af·snid, -·de *m.*; **wechselnder ~ bei der Kartoffelernte oder beim Binden von Garben** Ümlaup·pand, Üm·laup·pän·ner *s. agr.*
abschnüren af·bin·nen *uZW tech.*
abschrauben af·schru·wen *uZW tech.*

abschreiben af·schri·wen *uZW*
Abschrift Af·schriwt, -en [Af·schriw·ten] *w.*
abschürfen af·bas·sen *ZW med.*
Abschürfung Schram·schüë·te, -n *w. med.*
abschüssig scheew, sche·we, -n *EW*
abschütteln af·schüë·deln *ZW*; **das kann man nicht so einfach ~** (gedanklich) *übertr.* dat bliw nich in'ne Klad·den han·gen *psy.*
abschwindeln af·lu·ern *ZW psy.*, af·luk·sen *ZW psy.*
absegnen af·siän·gen *ZW*
absehen af·ki·ken *uZW*, af·sain *uZW*
abseifen se·pen *ZW hyg.*
Abseite Af·si·te, -n *w.*
abseits af·siets *UW*, af·wääds *UW*, bi·siet, bi·si·te *UW*, bu·ten·vüör *UW*, siet·af *UW*
absenden af·sen·nen *ZW*
Absender Af·sen·ner, -s *m.*
absetzen af·sät·ten *ZW*, daal·sät·ten *ZW*, hän·sät·ten *ZW*, läg·gen *ZW*; **Person von einer Funktion ~** af·sa·gen *ZW*
absichern af·sië·kern *ZW*; **vertraglich ~** fast·ma·ken *uZW jur.*
Absicherung Af·sië·ke·rung, -en [Af·sië·ke·run·gen] *w. jur., tech.*
Absicht Af·sicht, -en [Af·sich·ten] *w. psy.*, Vüör·häb·ben, -s *s. psy.*, Vüör·sat, Vüör·siä·te *m. psy.*; **mit (böser) ~** mood·wil·lig, -e, -en [mood·wil·li·ge] *EW psy.*
absichtlich wiel·moods *EW psy.*
absingen af·sin·gen *uZW mus.*
absitzen af·sit·ten *uZW*
absolut af·sluuts *UW*, pa·tu *UW*
absonderlich af·sun·ner·lik, af·sun·ner·licke, -n [af·sun·ner·lik·ke] *EW*, e·wen·tüürsk, -e, -en [e·wen·tüürs·ke] *EW*
absondern af·sun·nern *ZW*; **sich ~** *übertr.* äch·ter'n Uom sit·ten
absorbieren up·su·gen *uZW*
abspalten (Holz) af·klai·ben

ZW tech.
abspannen af·span·nen *ZW*
absparen af·knäp·pen *ZW fin.*
abspeisen af·fo·ern *ZW kul.*
abspenstig machen uut·span·nen *ZW*
absperren af·ri·gen *ZW tech.*
abspielen af·spië·len *ZW*
Absprache; unerlaubte ~ Smu *m. o.Mz. jur.*; **unerlaubte ~n treffen** Smu ma·ken *jur.*
absprechen af·kü·ern *ZW*
abspringen af·sprän·gen *uZW*
abspülen af·spö·len *uZW*
abspulen af·spo·len *ZW tech.*
Abstammung Kum·af *s. o.Mz.*
Abstand Af·stand, Af·stän·ne *m.*
abstauben af·stu·wen *uZW hyg.*, stü·wen *ZW hyg.*
abstechen af·stiä·ken *uZW*, spit·ten *ZW*
Abstecher Af·stiä·ker, -s *m.*
abstecken af·päö·len *ZW*, af·stiä·ken *uZW*
abstehen af·staon *uZW*
abstehend af·staon, -e, -en [af·stao·ne] *EW*
absteigen af·sit·ten *uZW*, af·sti·gen *uZW*
abstellen af·stel·len *ZW*
Abstellraum Rum·pel·ka·mer, -n *w. arch.*
absterben af·stiä·wen *uZW biol.* (Pflanzen, Tiere) in·gaon *uZW biol.*; **die Pflanze ist abgestorben** de Plan·te is uut·gaon *biol.*
Abstieg Af·stiëg, -e [Af·stië·ge] *m.*
abstimmen (mit hellen und dunklen Bohnen) uut·bain·ken *ZW*
abstoßen af·stau·ten *uZW*
abstottern (Schulden) af·stüör·tern *ZW fin.*
abstreichen af·stri·ken *uZW*
abstreifen af·strië·peln *ZW*, af·stri·ken *uZW*, strip·peln *ZW*, strüp·pen *ZW*
abstreiten af·stri·den *uZW psy.*; **heftig ~** wied wäg·smi·ten *psy.*
abstreuen af·strai·en *ZW*
abstumpfen be·stüm·peln *ZW tech.*, vö·su·ern *ZW psy.*
abstürzen af·stüör·ten *ZW*,

daal·su·sen *ZW*, ha·run·ner·stüör·ten *ZW*
abstützen af·stüt·ten *ZW*
absuchen af·sö·ken *uZW*
abtasten af·fö·len *uZW*, be·föl·en *uZW*
Abteil Af·deel, Af·de·le *s.*
abteilen af·de·len *ZW*
Abteilung (auf Heu- oder Strohboden) Ge·fak, Ge·fiä·ker *s. arch.*
Abteilungsleiter Halw·hä·er, -ns *m.*
abtöten af·murk·sen *ZW med.*
Abtrag Af·drag, Af·driä·ge *m.*
abtragen af·driä·gen *uZW*; (Schulden) tig·gen *ZW fin.*
abtreiben af·dri·wen *uZW*, wäg·ma·ken *uZW med.*
abtrennen af·ma·ken *uZW*
abtreten af·triä·ten *uZW*
Abtritt Af·trät, Af·triä·te *m.*
abtrocknen af·drü·gen *ZW*
abtun af·doon *uZW*
abverdienen af·vö·dai·nen *uZW fin., psy.*
abwägen af·wai·gen *uZW psy., übertr.* uut·ta·re·ern *uZW psy.*
abwälzen af·wäl·tern *ZW*
abwarten af·lu·ern *ZW*, af·woch·ten *ZW*, du·ern *ZW*; lu·ern *ZW*, to·woch·ten *ZW*; **warte ab** wocht af
abwartend lu·e·rig, -e, -en [lu·e·ri·ge] *EW psy.*
abwärts af·wääds *UW*
Abwasch Up·wask, Up·wös·ke *m. hyg.*
abwaschen af·was·ken *ZW hyg.*, spö·len *uZW hyg.*, up·was·ken *ZW hyg.*, uut·was·ken *ZW hyg.*
Abwaschwasser Spööl·wa·ter, Spööl·wä·ters *s. hyg.*, Schüë·del·wa·ter, Schüë·del·wä·ters *s. hyg.*
Abwasser Ka·naol·wa·ter, Ka·naol·wä·ters *s. hyg.*
Abwasserkanal Ka·naol, Ka·näö·le *m. hyg.*
Abwechseln Af·wes·seln *s. o.Mz.*
abwechseln af·wes·seln *ZW*
abwechselnd üm·schich·tig, -e, -en [üm·schich·ti·ge] *EW*, wes·sel·wies, wes·sel·wi·se *UW*
Abwechslung Af·wes·se·lung, -en [Af·wes·se·lun·gen] *w.*

abwehren re·mon·stre·ern ZW (frz. remontrer)
abweisen af·wi·sen uZW
abweisend kuort·af EW psy.
abwenden af·wän·nen uZW
abwerfen af·smi·ten uZW, daal·smi·ten uZW, (mit Sandklumpen oder Steinen) af·klü·ten ZW
abwesend sein nich dao sien, wäg sien
abwickeln (Garn) af·haspeln ZW tech.
abwiegen af·wai·gen uZW tech.
abwinken af·wen·ken ZW
abwischen af·wis·ken ZW hyg.
Abwurf Af·smiët, -e [Af·smië·te] m.
abwürgen (z.B. Motor) übertr. in'ne Knai gaon lao·ten tech.
abzahlen af·be·ta·len ZW fin.
abzählen af·täl·len ZW
Abzählreim (beim Spiel) Af·täl·riem·sel, -s s.
abzapfen af·tap·pen ZW
abzäunen af·ri·gen ZW tech.
Abzeichen Af·te·ken, -s s.
abzeichnen af·te·ken ZW tech., mus., jur., un·ner·schriwen uZW jur.
abziehen af·knäp·pen ZW, af·ra·ken ZW, af·trecken [af·trek·ken] uZW, af·wacken [af·wak·ken] ZW, wäg·trecken [wäg·trek·ken] uZW; **Haut, Fell oder Pelle ~** fil·len ZW
Abzieher (Vorrichtung) Af·trecker, -s [Af·trek·ker] m. tech.
Abzug Af·tog, Af·tüö·ge m. mil., tech.; **einen ~ machen** af·trecken [af·trek·ken] uZW tech.
Abzugsrinne Gra·wen, Griä·wen m.
abzweigen af·twi·gen uZW twië·len ZW, twi·gen uZW
abzweigend af·gaond, -e, -en [af·gaon·de] EW
ach aoch; **~ was** a·wat
Achse As·se, -n w. tech.
Achsennagel Lüns, -e [Lün·se] s. tech.
acht acht, -e, -en [ach·te] ZaW; **in ~ nehmen** in·acht·nië·men uZW psy.; **sich in ~ nehmen** sik wa·ren ZW
achtel ach·tel ZaW

Achtel Ach·tel, -s s.
achten ach·ten ZW psy.; **~ auf** af·wa·ren ZW
achtgeben up·pas·sen uZW
achtkantig acht·kän·tig, -e, -en [acht·kän·ti·ge] EW
Achtspänner (Pferdefuhrwerk) Acht·spän·ner, -s m. trans.
achtzehn ach·tain ZaW
achtzehnte ach·tains·te, -n ZaW
achtzig ach·tig ZaW
achtzigste ach·tigs·te, -n ZaW
ächzen gün·seln ZW med., hi·gen ZW med., kra·ken ZW
Acker Acker, -s [Ak·ker] m. agr., Feel, -s s. agr., Feld, Fel·ler s. agr., Land, Län·ner s. agr.; **~ bearbeiten** ackern [ak·kern] ZW agr.
Ackerbauer Acker·man, Ak·ker·lü [Ak·ker·man] m. agr.
Ackerfurche Bau·fuor, Bau·füörs w. agr.
Ackergaul Acker·piärd, -e [Ak·ker·piär·de] s. zool. agr.
Ackergerät Acker·ge·rai, -·e s. agr. tech.
Ackerland Acker·land, Ak·ker·län·ner [Ak·ker·land] s. agr., Bau·stük, Bau·stük·ker s. agr., Kamp, Käm·pe m. agr., Ploog·land, Ploog·län·ner s. agr., Saot·land, Saot·län·ner s. agr.; **zwischenzeitlich als Weide genutztes brachliegendes ~** Draisk, -e [Drais·ke] m. agr.
Ackerpferd Acker·piärd, -e [Ak·ker·piär·de] s. zool. agr.
Ackerrain An·ne·wai·e, -n [An·ne·wai·en] s. agr.
Ackerreihe Fuor, Füörs w. agr.
Ackerschachtelhalm Acker·krockel [Ak·ker·krok·kel] w. bot., Im·kruud s. o.Mz. bot., Hiärmsk m. o.Mz. bot., Kat·ten·stiärt, -s m. bot., Krok·kel, -n [Krok·kel] w. bot., Scharp·rüüs·ken, Scharp·rüüs·kes s. bot.
Ackerschlepper Trecker, -s [Trek·ker] m. trans. agr.
Ackersenf Hiärk m. o.Mz. bot.
Ackerskabiose As·ken·blome, -n w. bot.
Ackerstelle (1/8 Hufe) Ach-

tel·stel, -s s. agr.
Ackerstück Kamp, Käm·pe m. agr.; **kleines ~** Kämpken, Kämp·kes s. agr.
Ackerveilchen Acker·vi·öölken, Acker·vi·ööl·kes [Akkervi·ööl·ken] s. bot.
Ackerwagen Acker·wa·gen, Acker·wiä·gen [Ak·ker·wagen] m. trans. agr.; **~ mit Luftreifen** Gum·mi·wa·gen, Gum·mi·wiä·gen m. trans. agr.; **Verbindung zwischen Vorder- und Hinterteil des ~s** Lang·wa·gen, Lang·wiägen m. tech.
Ackerwalze Wol·ter, -s w. agr. tech.
Ackerwinde Pis·pöt·ken, Pis·pöt·kes s. bot.
addieren to·haup·täl·len ZW math., bi·ne·ne·täl·len ZW math.
Additiv To·sat, To·siä·te m. tech.
Adel Aad·lik, Aad·licken [Aad·lik·ken] s. pol.; **beurkundeter ~** Breew·aad·lik, Breewaad·licken [Breew·aad·lik·ken] s. pol.
adelig aad·lik, aad·licke, -n [aad·lik·ke] EW pol.
Adeliger Aad·lik, Aad·licken [Aad·lik·ken] m. pol., Kabbe·le·er, -s m. pol. (frz. cavalier)
Adelshochzeit Kab·be·le·ern·hoch·tiet, Kab·be·le·ern·hoch·ti·ten w.
Ader Ao·der, -n w. med.; **kleine ~** Äö·der·ken, Äö·der·kes s. med.
Äderchen Äö·der·ken, Äö·der·kes s. med.
Aderhaut Ao·der·huut, Aod·der·hü·te w. med.
adieu ad·jüs (frz. adieu)
Adler Aad·ler, -s m. zool.
Adoleszenz Rün·gel·jao·re Mz. med.
Adolf Dolf, Döl·fe VN; **kleiner ~** Dölf·ken, Dölf·kes VN
Adolfchen Dölf·ken, Dölf·kes VN
adoptieren an·nië·men uZW
Adresse A·dres, -·sen w.
adrett prik, pricke, -n [prik·ke] EW
Adverb Üm·stands·waod, Üm·stands·wäö·der s.
Äffchen Ääp·ken, Ääp·kes

s. zool.

Affe Aap, A·pe, -n *m. zool.*, A·pen·kat, -·ten *w. zool.*

äffen ääp·ken *ZW psy.*, a·pen *ZW psy.*

Affenkäfig A·pen·kas·ten, A·pen·käs·ten *m. tech.*

Affenstall A·pen·schot, -s *s. arch.*

affig aapsk, -e, -en [aaps-ke] *EW psy.*

äffisch aapsk, -e, -en [aaps-ke] *EW psy.*

Afrika Af·ri·ka *geog.*

afrikanisch af·ri·kaansk, -e, -en [af·ri·kaans·ke] *EW kult.*

After Ääs·lok, Ääs·löcker [Ääs-lök·ker] *s. med.*, Gat, Gätter *s. med.*; **der (kindliche) kleine ~** Gät·ken, Gät·kes *s. med.*

agil kwik, kwicke, -n [kwik-ke] *EW*

Agnes An·nes *VN*

Ägypten E·güp·ten *geog.*

Ägypter E·güp·ter, -s *m.*

Ahaus Au·sen *ON*

Ahle Ao·le, -n *w. tech.*, Sü-le, -n *w. tech.*

Ahlen Ao·len *ON*

ähneln li·ken (up) *ZW*

ahnen ao·nen *ZW psy.*, vö-mö·en *ZW psy.*

Ahnen Vuör·öl·lern *Mz.*

ähnlich liek, li·ke, -n *EW*; **~ sehen** gli·ken up

Ahnung Ao·nen *s. o.Mz. psy.*, Ao·nung, -en [Ao·nun-gen] *w. psy.*, Ken·ne *w. o.Mz.*

ahnungslos aon·wië·ten, -e, -en [aon·wië·te·ne] *EW psy.*

Ahorn A·häön *m. o.Mz. bot.*

Ähre Äö·re, -n *w. bot.*

Ährenborste An·gel, -n *w. bot.*

Akkumulator Stroom·spi·ker, -s *m. tech.*

akkurat ak·kraot, -e, -en [ak-krao·te] *EW*, em·pen *EW*, prik, pricke, -n [prik·ke] *EW*, prop·per, -e, -en [prop·pe-re] *EW*

Akt (Theater) Up·tog, Up·tüö-ge *m. mus.*

aktiv krië·gel, -e, -en [krië-ge·le] *EW*

Aktive(r) Met·ma·ker, -s *m. jur.*

Aktuarius Ak·te·var, -s *m. jur.*

akzeptieren hän·nië·men

uZW psy., nië·men äs et is *psy.*

albern ääp·ken *ZW psy.*, al-wern *ZW psy.*; aapsk, -e, -en [aaps·ke] *EW psy.*, al·wern, -e, -en [al·wer·ne] *EW psy.*, flap·sig, -e, -en [flap·si·ge] *EW psy.*, hip·pe·lig, -e, -en [hip·pe·li·ge] *EW psy.*, kal-we·rig, -e, -en [kal·we·ri·ge] *EW psy.*, mal, -·le, -·len *EW psy.*, üö·wer·käpsk, -e, -en [üö·wer·käps·ke] *EW psy.*; **~ Benehmen** Kal·we·ri, -·en *w. psy.*; **~ sein** hip·peln *ZW psy.*; **sich ~ benehmen** mal·len *ZW psy.*

Albernheit Kin·ker·lits·ken, Kin·ker·lits·kes *s. psy.*, Spi-rens·ken, Spi·rens·kes *s. psy.*

Albersloh Abs·lau *ON*, Albs-lau *ON*

albersloher albs·laus·ke, -n *EW*

Albert Ab·bet *VN*

Alimente Un·ner·holt, Un-ner·höl·le *m. fin.*

Alkohol Sprit, -·te *m. chem.*; *übertr.* Spraok·wa·ter, Spraok-wä·ters *s. kul.*; **er trinkt keinen ~ mehr** he is drü-ge *med.*; **redselig durch ~ sein** Spraok·wa·ter häb·ben *med.*; **gesprächig durch ~genuss** kü·er·dik, kü·er-dicke, -n [kü·er·dik·ke] *EW med.*; **unter ~einfluss** in'n dicken Kop

Alkoholiker Sü·per, -s *m. med.*

Alkoven Durk, Dür·ke *m. tech.*

alle al·le *UW*; **~ zusamm-en** al·bi·neen *UW*

Allee Al·lai, -·en *w. trans. bot.* (*frz.* alée)

Alleebaum Al·lai·en·baum, Al·lai·en·bai·me *m. bot.*

allein al·leen, al·le·ne *UW*, een·lai·prig, -e, -en [een·lai-pri·ge] *EW*; **ganz ~e** gaas al·leen; **mutterseelen ~** mo-der·siä·lig al·leen *psy.*; **~ ge-lassen** vö·lao·ten, -e, -en [vö·lao·te·ne] *EW psy.*

Alleinerbe An·iär·we, -n *m. jur.*

alleinlassen al·leen·lao·ten *uZW*, sit·ten·lao·ten *uZW*

Alleinrecht Al·leen·rächt, -e

[Al·leen·räch·te *s. jur.*

Alleinsein Al·leen·sien *s. o.Mz.*

allemal al·le·maol *UW*

allererst 1. al·ler·iärst *UW tem.*, 2. al·ler·iärst, -e, -en [al·ler·iärs·te] *EW tem.*

Allergie Kwië·te·ri, -en *w. med.*

allergisch kwië·te·rig, -e, -en [kwië·te·ri·ge] *EW med.*

allergrößte al·ler·gröts·te, -n *EW*

Allerheiligen Al·ler·hil·gen *rel.*

Allerheiligste Al·ler·hil·ligs-te *s. o.Mz. rel.*

allerhöchste al·ler·högs·te, -n *EW*

allermeiste al·ler·miärst, -e, -en [al·ler·miärs·te] *UW*

Allerseelen Al·ler·siä·len *rel.*

alles aals

allesamt al·to·haup, -e [al-to·hau·pe] *UW*

allgemein al·ge·meen, al-ge·me·ne, -n *EW*, ge·main, -e, -en [ge·mai·ne] *EW*

Allgemeinheit Al·ge·meen-hait *w. o.Mz.*

alljährlich al·jäör·lik, al·jäör-licke, -n [al·jäör·lik·ke] *EW tem.*

allmählich al·mä·lik, al·mä-licke, -n [al·mä·lik·ke] *EW tem.*, suk·sa·siew, suk·sa·si-we, -n *EW tem.*; al·naograd *UW tem.*, to·ge·sam *UW tem.*, van·to·wes *UW tem.*, met·de·wi·le *BW UW tem.*

Alltag Ol·dag, -e [Ol·da·ge] *m. tem.*, Wiär·kel·dag, -e [Wiär·kel·da·ge] *m. tem.*

alltags ol·dags *UW tem.*

Alltagshose Ol·dags·büks, -en [Ol·dags·bük·sen] *w.*

Alltagskleid Ol·dags·kleed, Ol·dags·kle·der *s.*

Alltagskleidung Ol·dags-tüüg, -s *s. o.Mz.*

Alltagsschuh Ol·dags·scho, -·e *m. tech.*

Alltagssprache Ol·dags-sprao·ke, -n *w. kult.*

allzu al·to *UW*, to *UW*

allzuviel niëtsk, -e, -en [niëts-ke] *EW*

Alm Biärg·wies·ke, -n *w. agr.*

Almanach Jaor·book, Jaor-bö·ker *s. his.*

Almosen Biä·del·geld, Biä-

del·gel·ler *s. fin.*
Alois Al·wis *VN*
Aloisius Wi·si·us *VN*
Alp Nacht·miär, -en [Nacht-miä·ren] *w. psy.*
Alpenrose Al·pen·rau·se, -n *m. bot.*
als (vergleichend) äs *BW*
also met·hän *UW BW*
Alstätte Al·steer *ON*
alt olt, ol·le, -n *EW tem.*, gam-me·lig, -e, -en [gam·me·li-ge] *EW biol.*; (Gegenstän-de) lied·schäf·tig, -e, -en [lied-schäf·ti·ge] *EW*; **~e Frau** Ols·ke, -n *w.*; **~er Mann** *übertr.* Gries·baod, Gries-bäö·de *m.*; **~ sein** an de Jao·re sien *tem.*; **~ wer-den** ol·lern *ZW tem.*; **älter** öl·ler; **~ als ein Jahr** üö-wer·jäö·rig, -e, -en [üö·wer-jäö·ri·ge] *EW tem.*; **Haus für ~e Menschen** Ol·len-huus, Ol·len·hü·ser *s. arch.*; **am ältesten** an öls·ten
Altar Aol·taor, Aol·täö·re *m. arch. rel.*
Altarleinen Kiär·ken·wös·ke *w. o.Mz. tech. rel.*
Altbier Olt·be·er, -e [Olt·be-e·re] *s. kul.*
Altbierbrauer Olt·be·er·bru-er, -s *m. tech. kul.*
altdeutsch olt·düütsk, -e, -en [olt·düüts·ke] *EW kult.*
Altdeutsch Olt·düütsk *s. o.Mz. kult.*
Alte(r) Ol·le, -n *m., w. und s. tem.*
Alteingesessener Paol-büör·ger, -s *m.*
Alteisen Olt·i·sen *s. o.Mz. tech.*
Altena Al·te·nao *ON*
Altenberge Ol·len·biärg *ON*
Altenhagen Ol·len·ha·gen *ON*
Altenteil Liew·tucht, -en [Liew·tuch·ten] *w.*
Alter Ol·ler *s. o.Mz. tem.*; **von Altes her** van Ol·lers hiär *tem.*
Ältere(r) Öl·le·re, -n *m., w. und s. tem.*
älterer öl·ler, -e, -en [öl·le-re] *EW tem.*
altern ol·lern *ZW tem.*
Altersheim Ol·len·huus, Ol-len·hü·ser *s. arch.*
Altersruhegeld Pank·schoon, Pank·scho·nen *w. fin.*

altersschwach lied·schäf·tig, -e, -en [lied·schäf·ti·ge] *EW*
Altertum Ol·ler·doom, Ol·ler-dö·mer *s. his.*
Altes Gam·mel *m. o.Mz. biol.*
Älteste Öls·te, -n *m., w. und s. tem.*
Ältestenrat Öls·ten·raod, Öls-ten·räö·de *m. pol.*
altklug olt·klook, -e, -en [olt-klo·ke] *EW psy.*, e·gen-klook, e·gen·klo·ke, -n *EW psy.*, nië·gen·klook, nië·gen-klo·ke, -n *EW psy.*, üö·wer-klook, üö·wer·klo·ke, -n *EW psy.*, (Kind) niër·se·wies, niër-se·wi·se, -n *EW psy.*
ältlich ölt·lik, ölt·licke, -n [ölt-lik·ke] *EW tem.*
Altmetallsammler Plüë·den-pöt·ker, -s *m. tech.*
altmodisch olt·möödsk, -e, -en [olt·mööds·ke] *EW psy.*
altsächsisch olt·sask, -e, -en [olt·sas·ke] *EW kult.*
Altstadt Olt·stad, Olt·stiä·den *w. arch.*
Altweiberfastnacht Olt·wi-wer·fast·aomd, -e [Olt·wi·wer-fast·aom·de] *m. kult.*
Altweibersommer Fiäm·kes-sum·mer, Fiäm·kes·süm·mers *m. met. tem.*, Kra·nen·sum-mer, Kra·nen·süm·mers *m. met. tem.*, Olt·wi·wer·sum-mer, Olt·wi·wer·süm·mers *m. met. tem.*
Aluminium Al·lu·min·ni·um *s. o.Mz. chem.*
Aluminiumfolie Stan·ni·ool *s. o.Mz. tech.*
Aluminiumfolienstreifen Stan·ni·ool·stri·pen, -s *m. tech.*
Alverskirchen As·kiär·ken *ON*
alverskirchisch as·kiärksk, -e, -en [as·kiärks·ke] *EW*
Alzheimersche Krankheit Wi·er·lä·er *w. o.Mz. med.*; **~ haben** *übertr.* in'ne Kind-hait sien *med.*
am an *UW, VW*
Amarant (Zierpflanze) Busk-vi·ge·let·te, -n *w. bot.*
Amboss Am·bold, -e [Am·bol-de] *m. tech.*; **kleiner ~ zum Dengeln** Haar·buk, Haar-bücke [Haar·bük·ke] *m. tech.*, Haar·spet, -te *m. tech.*
Ameise Mieg·am·pe, -n *w.*

zool., Tre·mi·ne, -n *w. zool.*
Ameisenei Mieg·am·pen·ai, -·ers *s. zool.*
Ameisenhaufen Mieg·am-pen·haup, Mieg·am·pen·hai-pe *m. zool.*
Ameisennest Mieg·am·pen-nöst, -er [Mieg·am·pen·nös-ter] *s. zool.*
Amerika A·mer·ri·ka *geog.*
Amerikaner A·mer·ri·ka·ner, -s *m.*
amerikanisch a·mer·ri-kaansk, -e, -en [a·mer·ri-kaans·ke] *EW*
Ammeln Am·meln *ON*
Ammeloe Am·me·lo·e *ON*
Amok laufen düör·drai·en *ZW psy.*
Amsel Gait·ling, -e [Gait·lin-ge] *m. zool.*, Mä·ten·gait-ling, -e [Mä·ten·gait·lin·ge] *m. zool.*
Amt Amt, läm·ter *s.*, Stiär, -n *w.*, *übertr.* Raod·huus, Raod·hü·ser *s.*; **von ~s we-gen** dänst·lik, dänst·licke, -n [dänst·lik·ke] *EW*; **jemd. mit Rang, Würde und ~** Scha-sier·te, -n *m.*
amtlich amt·lik, amt·licke, -n [amt·lik·ke] *EW*, dänst·lik, dänst·licke, -n [dänst·lik·ke] *EW*
Amtmann Amts·man, Amts-lü·de *m. pol.*
Amtshof Amts·how, Amts-hüö·we *m. agr.*
Amtsschreiber Schri·wer, -s *m.*
Amtssprache Amts·sprao-ke, -n *w. kult.*
Amtswappen Amts·wop·pen, -s *s.*
amüsieren amü·se·ern *ZW psy.*, vö·gnö·gen *ZW psy.*
an an *UW, VW*, an·ne; dran *UW, VW*; **~ jemd.** an·ne
anbändeln; jemd., der gern und oft mit Mädchen anbändelt Fri·e·büül, -s *m. psy.*
anbauen an·bau·en *ZW tech.*
anbeißen an·bi·ten *uZW*
anbekommen an·kri·gen *uZW*
anbelangen an·lan·gen *ZW*
anbellen an·blaf·fen *ZW*, an-blië·ken *ZW*
anbeten an·biä·den *ZW rel.*
anbetreffen an·be·driä·pen

uZW, an·lan·gen ZW
anbetteln an·biä·deln ZW psy.
anbieten an·bai·den uZW,
an·driä·gen uZW, of·fe·re·
ern ZW, prä·sen·te·ern ZW
(frz. présenter); (sich zur
Arbeit oder etwas zum Kauf
~) an·dai·nen uZW
anbinden an·bin·nen uZW,
fast·tü·en ZW; (an einen
Pfahl) an·päö·len ZW
anblasen an·blao·sen uZW
Anblick Beld, Beller s.; kläglicher ~ Jao·mer·beld, Jao·
mer·bel·ler s.
anblinken an·blän·kern ZW
anblinzeln an·plin·kern ZW
anbrechen an·briä·ken uZW
anbrennen an·briä·nen uZW,
vö·brao·den uZW
anbringen an·brän·gen uZW;
an·ma·ken uZW
anbrüllen an·bal·lern ZW
psy., an·böl·ken ZW psy.
andauernd al·le·män UW
tem., üm·mer UW tem.; lang
~ lang·wi·lig, -e, -en [lang-
wi·li·ge] EW tem.
Andenken Met·bräng·sel,
-s s.
andere än·ne·re, -n m., w.
und s.
andererseits an·ner·deels
UW
anderes än·ne·res; nichts ~
als niks än·ne·res äs; das
ist nichts ~ übertr. dat is
een än·ner Käörn
ändern än·nern ZW; sich
~ sik üm·doon uZW; daran
lässt sich nichts ~ dao kaas
niks an doon; die Meinung
~ bi·drai·en ZW psy.
andernfalls süs·an·ners UW
anderntags lä·ter·dags UW
tem.
anders än·ners UW
andersherum än·ners·üm
UW
anderswo än·ner·wäg·gen,
-s UW, e·ner·wäg·gen UW
anderthalb an·nert·halw, -e,
-en [an·nert·hal·we] ZaW
Änderung Än·ne·rung, -en
[Än·ne·run·gen] w.
andeuten an·dü·den EW
Andeutung An·dü·dung, -en
[An·dü·dun·gen] w.; ~en
machen an·spië·len ZW
andichten; jemd. etwas ~
an·han·gen uZW psy.

andienen an·dai·nen uZW
andrehen an·drai·en ZW
tech.
Andreher An·drai·er, -s m.
tech.
androhen an·drü·en ZW psy.
anecken an·kuë·men uZW
psy.
aneignen nië·men uZW;
sich ~ af·lu·ern ZW; durch
List ~ af·luk·sen ZW
aneinander an·neen, an·ne·
ne UW
aneinanderfügen stückeln
[stük·keln] ZW tech.
Aneinandergereihtes Ging,
-s s.
Anekdote Dö·ne·ken, Dö·ne·
kes s. mus., Döön·ken,
Döön·kes s. mus., Vö·täl·
sel, -s s. mus.
Anerbe An·iär·we, -n m. jur.
anerkannt an·sain, -e, -en
[an·sai·ne] EW; nicht ~
werden übertr. kien Been
an'n Grund kri·gen psy.
anerkennen luo·wen ZW
psy.
Anerkennung Luow, Lüö·we
s. psy.
anfahren an·fö·ern uZW
trans., los·fö·ern uZW trans.;
(mit voller Fahrt) an·kar·jo·
len ZW trans.
Anfall An·fal, An·fiä·le m.,
To·fal, To·fiä·le m., Tu·er,
-n w. (frz. tour)
anfallen an·sprän·gen uZW
Anfang An·fang, An·fän·ge
m.
anfangen an·fan·gen uZW,
an·tog·ma·ken uZW, los·
gaon uZW, los·läg·gen ZW;
~ etwas zu bewerkstelli-
gen bi·gaon uZW
Anfangen Bi·gaon s. o. Mz.
anfänglich uut·gangs UW
VW tem.
anfangs ärs·ter·tiet, -s UW
tem., iärst UW VW tem.
Anfangsschlag Up·slag, Up·
sliä·ge m.; im Takt den ~
machen vüör·slaon uZW
anfassen an·packen [an·
pak·ken] uZW, be·gri·pen
uZW, fö·len uZW
anfaulen an·fu·len ZW biol.
anfechten tië·gen·an·gaon
uZW
anfertigen ma·ken uZW
Anfeuerholz Prickel·holt,

Prickel·höl·ter [Prik·kel·holt]
s. tech.
anfeuern an·bö·ten uZW
anfliegen an·flai·gen uZW
anfordern be·stel·len ZW
Anfrage An·frao·ge, -n w.
anfragen an·frao·gen uZW
Anfragezeichnung An·frao·
ge·teek·nung, -en [An·frao·
ge·teek·nun·gen] w. tech.
anfressen an·friä·ten uZW
anfreunden mit jemd. übertr.
waam wä·ern met e·nen psy.
anfrieren an·frai·sen uZW
anfühlen an·fö·len uZW
anführen an·fö·ern uZW
Anführer An·fö·e·rer, -s m.
Anführungsstriche Gau·se·
fööt·kes Mz.
anfüttern an·fo·ern ZW kul.
Angabe An·gaaw, An·ga·wen
w.; ~n machen an·gië·wen
uZW
angebaut an·baut, -e, -en
[an·bau·te] EW tech.
angebellt an·blaft, -e, -en
[an·blaf·te] EW, an·bliëkt, -e,
-en [an·bliëk·te] EW
angeben an·gië·wen uZW;
an·re·ken ZW, re·ken ZW,
(mit etwas) dicke·doon (sik)
uZW psy., graut·doon uZW
psy., pug·gen (sik) ZW psy.,
strun·sen ZW psy., up·slaon
uZW psy., up·sni·den uZW
psy., übertr. ne grau·te Snu·
te häb·ben psy.
Angeber An·gië·wer, -s m.
psy., Graut·muul, Graut·mu·
len s. psy., Haug·mi·ger, -s
m. psy., Mög·wul·gään, -s m.
psy., Praol·hans, Praol·hän·
se m. psy., Struns, Strün·se
m. psy., Up·sni·der, -s m.
psy., Wind·büül, -s m. psy.
Angeberei An·gië·we·ri, -·en
w. psy., Haug·mi·ge·ri, -·en
w. psy.
angeberisch wind·bü·lig, -e,
-en [wind·bü·li·ge] EW psy.,
~ sein übertr. ne dicke
Bak häb·ben psy.
angebetet an·biä·det, -e, -en
[an·biä·de·te] EW rel.
angebissen an·bië·ten, -e,
-en [an·bië·te·ne] EW
angeblasen an·blost, -e,
-en [an·blos·te] EW
angeboren an·buorn, -e, -en
[an·buor·ne] EW
Angebot An·ge·bod, -·te s.,

Ge·bod, -·te s.

angeboten an·buo·den, -e, -en [an·buo·de·ne] *EW*

angebracht an·bragt, -e, -en [an·brag·te] *EW*

angebrochen an·bruo·ken, -e, -en [an·bruo·ke·ne] *EW*

angebunden an·bun·nen, -e, -en [an·bun·ne·ne] *EW*

angedient an·dänt, -e, -en [an·dän·te] *EW*

angedreht an·drait, -e, -en [an·drai·te] *EW*

angefahren an·fö·ert, -e, -en [an·fö·er·te] *EW trans.*

angefangen an·fan·gen, -e, -en [an·fan·ge·ne] *EW*, an·tog; ~ **sein** *übertr.* dän Kop draw häb·ben

angefault an·fuult, -e, -en [an·fuul·te] *EW biol.*

angefragt an·frogt, -e, -en [an·frog·te] *EW*

angefressen an·friä·ten, -e, -en [an·friä·te·ne] *EW*

angefroren an·fruorn, -e, -en [an·fruor·ne] *EW*

angefühlt an·folt, -e, -en [an·fol·te] *EW*

angeführt an·fö·ert, -e, -en [an·fö·er·te] *EW*

angegriffen an·grië·pen, -e, -en [an·grië·pe·ne] *EW*

angehalten an·hol·len, -e, -en [an·hol·le·ne] *EW*

angehängt an·han·gen, -e, -en [an·han·ge·ne] *EW*

angeheitert *übertr.* be·nië·welt, -e, -en [be·nië·wel·te] *EW med.*; ~ **sein** *übertr.* e·nen sit·ten häb·ben *med.*, dat Lämp·ken an't Glai·en häb·ben *med.*

angehen an·lan·gen *ZW*, an·gaon *uZW*, be·driä·pen *uZW*; **das geht dich nichts an** *übertr.* dat sint di·ne Bau·nen nich!

angehoben an·büört, -e, -en [an·büör·te] *EW*

Angehörige(r) Bi·häö·ri·ge, -n *m., w. und s.*

angekauft an·koft, -e, -en [an·kof·te] *EW fin.*

angeklagt an·klaogt, -e, -en [an·klaog·te] *EW jur.*, be·schül·ligt, -e, -en [be·schül·lig·te] *EW jur.*

Angeklagte(r) An·klaog·te, -n *m. und w. jur.*, Be·schül·lig·te, -n *m. und w. jur.*

Angel An·gel, -n *w. tech.*

angelassen an·lao·ten, -e, -en [an·lao·te·ne] *EW*

angelaufen an·laup·en, -e, -en [an·lau·pe·ne] *EW*

angelegen üm to doon

Angelegenheit Din·gen, -s *s.*, Kraom *m. o.Mz.*, Saak, Sa·ke, -n *w.*; **schmierige** ~ Smiär·kraom *m. o.Mz.*

Angelmodde An·gel·mu·e *ON*

angeln an·geln *ZW*

Angelrute An·gel, -n *w.*, An·gel·ro·de, -n *w.*

Angelsachse En·gel·sas·se, -n *m. geog.*

Angelsachsen En·gel·sas·sen *geog.*

angemessen an·miä·ten, -e, -en *EW*

angenehm an·stän·nig, -e, -en [an·stän·ni·ge] *EW psy.*, laiw·lik, laiw·licke, -n [laiw·lik·ke] *EW psy.*, laiw·tai·lig, -e, -en [laiw·tai·li·ge] *EW psy.*, net·kes *EW psy.*

angenommen an·nuo·men, -e, -en [an·nuo·me·ne] *EW*

angeordnet be·stemt, -e, -en [be·stem·te] *EW*

angepasst an·miä·ten, -e, -en [an·miä·te·n]e *EW*

angerannt an·flitst, -e, -en [an·flits·te] *EW*

angeschlagen an·slaon, -e, -en [an·slao·ne] *EW*

angeschmutzt äö·sig, -e, -en [äö·si·ge] *EW hyg.*; **von Händen** ~ fut·ke·rig, -e, -en [fut·ke·ri·ge] *EW hyg.*

angeschnauzt an·blaft, -e, -en [an·blaf·te] *EW psy.*

angeschrieben an·schrië·wen, -e, -en [an·schrië·we·ne] *EW*

angesehen an·sain, -e, -en [an·sai·ne] *EW*, be·ropt, -e, -en [be·rop·te] *EW*; ~ **werden** gel·len *ZW psy.*

angesetzt an·sät, -·te, -·ten *EW*

angestellt an·sät, -·te, -·ten *EW*; ~ **bekommen** an·kri·gen *uZW tech.*

angestochen an·stuo·ken, -e, -en [an·stuo·ke·ne] *EW*

angestochert (Feuer) an·stüö·kert, -e, -en [an·stüö·ker·te] *EW*

angestrahlt an·blän·kert, -e,

-en [an·blän·ker·te] *EW*

angetan an·daon, -e, -en [an·dao·ne] *EW*

angetragen an·druo·gen, -e, -en [an·druo·ge·ne] *EW*

angetrieben an·drië·wen, -e, -en [an·drië·we·ne] *EW*

angetrunken *übertr.* be·nië·welt, -e, -en [be·nië·wel·te] *EW med.*

angewachsen an·was·sen, -e, -en [an·was·se·ne] *EW biol.*

angewiesen sein (auf) an·wië·sen (up) *EW*

angewöhnen (sich) an·wiën·seln *ZW psy.*, an·wüë·nen *ZW psy.*

Angewohnheit An·wiën·sel, -s *s. psy.*, An·wüën·de, -n *w. psy.*, Mood *m. o.Mz. psy.*

angewöhnt an·wüënt, -e, -en [an·wüën·te] *EW psy.*

Angewöhnung An·wüë·nung, -en [An·wüë·nun·gen] *w. psy.*

angezogen an·trocken [an·trok·ken] *EW*; ~ **lassen** an·lao·ten *uZW*

Angler An·ge·ler, -s *m.*

angreifen an·gri·pen *uZW*

Angreifer An·gri·per, -s *m.*

Angriff An·griëp, -e [An·grië·pe] *m.*; **in ~ nehmen** an·packen [an·pak·ken] *uZW*, bi'n Kop kri·gen; **sprungbereit kauern zum** ~ wi·er·kräm·pen (sik) *ZW*

angriffslustig an·griëpsk, -e, -en [an·griëps·ke] *EW psy.*

angrinsen an·gne·sen *ZW psy.*

Angst Angst, längs·te *w. psy.*, Bam·mel, -s *m. psy.*, Ban·ge *w. o.Mz. psy.*, Be·suorg·nis, -·se *s. psy.*, Man·schet·ten *Mz. psy.*, Naud, Nai·de *w. psy.*, Schis *m. o.Mz. psy.*, Schrub·ben *Mz. psy.*; ~ **erzeugen** ban·ge·ma·ken *uZW psy.*; ~ **bekommen** *übertr.* in' ne Be·ne kri·gen *psy.*; ~ **haben** Naud häb·ben *psy.*; **um jemd. ~ haben** Angst üm e·nen uut·staon *psy.*; **Erzittern vor** ~ Naw·wel·su·sen *s. o.Mz. psy.*

Angstgefühl Naw·wel·su·sen *s. o.Mz. psy.*

Angsthase Ban·ge·büks, -en [Ban·ge·bük·sen] *w. psy.*

ängstigen (sich) ban·gen (sik) *ZW psy.*
ängstlich äch·ter·bang, -e, -en [äch·ter·ban·ge] *EW psy.*, angs·tig, -e, -en [angs·ti·ge] *EW psy.*, bang, -e, -en [ban·ge] *EW psy.*, be·naud, -e, -en [be·nau·de] *EW psy.*, be·suorgt, -e, -en [be·suorg·te] *EW psy.*, schis·sig, -e, -en [schis·si·ge] *EW psy.*, schü, --e, --en *EW psy.*; ~ **machen** (jemd.) ban·ge·ma·ken *uZW psy.*; ~ **vor dem Spuk** grüw·welsk, -e, -en [grüw·wels·ke] *EW psy.*
Ängstlichkeit Ben·nau·dig·kait, -en [Be·nau·dig·kai·ten] *w. psy.*
Angstschweiß kol·le Sweet *m. o.Mz. psy. med.*
angucken an·ki·ken *uZW*
anhaben an·häb·ben *uZW*
Anhalt An·holt, An·höl·le *m.*, Stuts, Stüt·se *m.*
anhalten an·hol·len *uZW*, in·hol·len *uZW*, hol·len *uZW*, por·re·ern *ZW* (frz. parer); (zu etwas) an·hol·len *uZW*; ~! Holt! **es hält an** et lid wat
anhängen äch·ter·han·gen *uZW*, an·han·gen *uZW*; **jemd. etwas ~** an·schül·li·gen *ZW psy.*
Anhänger Hän·ger, -s *m. trans.*
Anhängerkupplung für LKWs oder Trecker Dis·sel·snu·te, -n *w. trans. tech.*
anhänglich trü, --e, --en *EW psy.*; ~ **sein** *übertr.* an'ne Klad·den han·gen *psy.*
anhäufen hü·pen *ZW*, up·hai·pen *ZW*, up·smi·ten *uZW*, up·sü·men *ZW*, *übertr.* schiär·peln *ZW*
anheben an·büörn *ZW*, an·lich·ten *ZW*, hau·ge·büörn *ZW*, lich·ten *ZW*, up·lich·ten *ZW*
anheizen fü·ern *ZW*
anheuern hü·ern *ZW fin.*
Anhöhe An·biärg, -e [An·biär·ge] *m. geol.*; **kleine ~** Knap, Knäp·pe *m. geol.*
Anholt Aan·holt *ON*
anhören an·häö·ern *ZW*, lu·ten *uZW*; **das hört sich gut an** dat lüt güet; **nicht ~ können** (z.B. Prahlen) *übertr.* nich an'ne Tiä·ne

häb·ben küë·nen *psy.*
anhübschen fien·ma·ken *uZW*
Ankauf An·kaup, An·kai·pe *m. fin.*
ankaufen an·kaupen *uZW fin.*
Ankerzapfen im Fachwerk Tap·pen·slot, Tap·pen·slüö·ter *s. tech.*
anketten kië·den *ZW*; (von Haustieren) an·kië·den *ZW*
Anklage An·klao·ge, -n *w. jur.*, Klao·ge, -n *w. jur.*
Anklagebank Sün·ner·bank, Sün·ner·bän·ke *w. tech. jur.*
anklagen an·klao·gen *ZW jur.*
Ankläger An·kläö·ger, -s *m. jur.*
ankleben an·klië·wen *ZW tech.*; **etw. ~** klië·wen *ZW tech.*
anklingeln an·pin·geln *ZW*
anklopfen an·klop·pen *ZW*, klop·pen *ZW*
anknoten fast·tü·en *ZW*
anknüpfen an·knüp·pen *ZW*
ankommen an·kuë·men *uZW*
ankönnen an·küë·nen *uZW*
ankreiden an·kri·den *ZW*
ankündigen an·kün·ni·gen *ZW*
Ankunft An·kuëmst, An·küëms·te *w.*
ankuppeln äch·ter·han·gen *uZW trans.*, an·han·gen *uZW trans.*
Anlage An·lao·ge, -n *w. fin.*, *tech.*, *agr.*, *psy.*, Bi·stük, Bi·stücke [Bi·stük·ke] *s.*
anlanden lan·nen *ZW naut.*
anlangen an·kuë·men *uZW*
Anlass An·laot, An·läö·te *m.*, Ur·saak, Ur·sa·ken *w.*
anlassen an·lao·ten *uZW*
Anlauf An·laup, An·lai·pe *m.*
anlaufen an·laup·en *uZW*
anlegen an·läg·gen *ZW*, (Kleidung) an·doon *uZW*
Anleger An·läg·ger, -s *m. trans., fin.*
anlehnen an·lië·nen *ZW*; **sich ~** an·bucken [an·buk·ken] *ZW*, lië·nen *ZW*
Anleihe Buorg, -en [Buor·gen] *w. fin.*
anleimen an·li·men *ZW tech.*
anleiten an·hol·len *uZW*
Anleitung An·holt, An·höl·le *m. psy., tech.*

anlernen an·lä·ern *ZW kult.*, to·lä·ern *ZW kult.*, wi·sen, wu et mot
Anliegen An·lig·gen, -s *s.*; **ein ~ vorbringen** vüör·kü·ern *ZW*
anliegen (Kleidung) an·lig·gen *uZW*
Anlieger An·lig·ger, -s *m.*
anlügen an·lai·gen *uZW psy.*
anmachen an·ma·ken *uZW*
anmalen an·mao·len *ZW tech., mus.*, an·stri·ken *uZW tech.*, be·mao·len *ZW tech.*, *mus.*, stri·ken *uZW tech.*
anmaßen an·mao·ten *ZW psy.*; **sich ~** sik kröp·pen *ZW psy.*
anmaßend as·trant, -e, -en [as·tran·te] *EW psy.* (frz. astreindre), un·be·schuuft, -e, -en [un·be·schuuf·te] *EW psy.*
Anmaßung An·mao·tung, -en [An·mao·tun·gen] *w. psy.*
anmeckern *übertr.* an·mi·gen *ZW psy.*
anmelden an·mel·len *ZW*; **sich ~** sik mel·len *ZW*
anmerken an·miä·ken *ZW*
anmessen an·miä·ten *uZW tech.*
anmuten schi·nen *uZW*
Anna Än·ne *VN*
annähen an·nai·en *ZW tech.*
annähernd miärst *UW*; **das kann er nicht einmal ~** *übertr.* dao kan he nich an ticken
Annalen Jaor·book, Jaor·bö·ker *s. his.*
Ännchen Än·ne·ken *VN*
Anne Än·ne *VN*
annehmen an·nië·men *uZW*, in·bel·len *ZW psy.*, mai·nen *ZW psy.*, vö·mö·en *ZW psy.*; **nicht ~** af·lië·nen *ZW*; **eine Stellung ~** an·triä·ten *uZW*; **sich einer Sache ~** in'ne Maak nië·men
annektieren an·nek·te·ern *ZW mil.* (frz. annexer)
Anneliese An·lies *VN*
annoncieren up·gië·wen *uZW*
annullieren an·nu·le·ern *ZW jur.* (frz. annuler)
anordnen be·stem·men *ZW*, fast·läg·gen *ZW*, re·ge·ern *ZW*
anpacken an·läg·gen *ZW*; **fest ~** an·gri·pen *uZW*

anpassen an·miä·ten *uZW*, an·pas·sen *uZW*
anpflanzen an·puor·ten *ZW agr.*
anpinkeln an·mi·gen *ZW*
anpreisen an·pri·sen *ZW*
anprobieren an·pro·be·ern *ZW*
anraten an·rao·den *uZW psy.*, to·rao·den *uZW psy.*
anrechnen an·riä·ken *ZW*
anreden an·kü·ern *uZW*; (laut) an·ro·pen *uZW*
Anredewort An·kü·er·waod, An·kü·er·wäö·der *s.*
anregen vüör·slaon *uZW*
anreichen an·re·ken *ZW*
anrennen an·biä·sen *ZW*, an·flit·sen *ZW*
Anriss An·bruok, Anbrüö·ke *m. tech., med.*
anrollen an·wol·tern *ZW*
Anruf An·roop, An·rö·pe *m.*
anrufen an·pin·geln *ZW*, an·ro·pen *uZW*
Anrufer An·ro·per, -s *m.*
anrühren an·rö·ern *ZW*
Ansage An·säg·ge, -n *w.*
ansagen an·säg·gen *uZW*
Ansager An·säg·ger, -s *m.*, Spriä·ker, -s *m.*
ansammeln up·sümen *ZW*; **sich stückchenweise langsam ~** läp·pern *ZW*
ansaugen an·su·gen *uZW*
ansäuseln snas·seln *ZW kul.*
anschaffen to·läg·gen *ZW*
anschaukeln an·suë·keln *ZW*
Anschein An·schien *m. o.Mz.*; **den ~ haben** schi·nen *uZW psy.*
anscheißen an·schi·ten *uZW psy.*
anschießen an·schai·ten *uZW*
Anschlag An·slag, An·sliä·ge *m.*
anschlagen an·slaon *uZW*; **an etwas ~** an·slaon *uZW*
Anschlagpuffer Staut·fänger, -s *m. tech.*
anschleichen an·sli·ken *uZW*, ran·sli·ken *uZW*, to·sli·ken *uZW*
anschleppen an·slië·pen *ZW*
anschließen an·slu·ten *uZW*
Anschluss An·sluot, An·slüö·te *m.*
Anschlusszug An·sluot·tog,

An·sluot·tüö·ge *m. trans.*
anschmiegen (sich) an·buk·ken *ZW*
anschmiegsam laiw·tai·lig, -e, -en [laiw·tai·li·ge] *EW*
anschmieren an·smiärn *ZW*
anschnallen to·gas·peln *ZW*
anschnauzen an·blaf·fen *ZW psy.*, snau·en *ZW psy.*, sniär·ken *ZW psy.*, sniä·ten *ZW psy.*
anschneiden an·sni·den *uZW*
anschrauben an·schru·wen *uZW tech.*
anschreiben an·schri·wen *uZW*; **~ lassen** up An·sain kau·pen *fin.*
anschreien an·blaf·fen *ZW psy.*, an·böl·ken *ZW psy.*
Anschrift A·dres, -·sen *w.*, An·schriwt, -en [An·schriw·ten] *w.*
anschuldigen an·schül·li·gen *ZW psy., jur.*
anschwärzen vö·klicken [vö·klik·ken] *ZW psy., jur.*, an·schi·ten *uZW jur.*
anschwellen swöl·len *ZW*
Ansehen An·ki·ken *s. o.Mz.*, An·sain *s. o.Mz.*, Luow, Lüö·we *s.*; **hohes ~** grau·te An·sain *s. o.Mz.*; **hohes ~ genießen** haug an·schrië·wen sien *psy.*; **ohne ~ sein** un·nen·düör sien *psy.*
ansehen an·ki·ken *uZW*, an·sain *uZW*, to·ki·ken *uZW*; **genau ~** be·ki·ken *uZW*
ansehnlich an·sain·lik, an·sain·licke, -n [an·sain·lik·ke] *EW*, kum·pao·bel, -e, -en [kum·pao·be·le] *EW (frz. capable)*, se·ke, -n *EW*
ansetzen an·sät·ten *ZW*
Ansicht Mai·nen *s. o.Mz.*; **der ~ sein** mai·nen *ZW*
Ansichtskarte An·sichts·kaat, An·sichts·ka·ten *w.*, Post·kaat, Post·ka·ten *w.*
ansiedeln sät·ten *ZW*
ansitzen (auf dem Hochsitz) an·sit·ten *uZW*
ansonsten süs *UW*
anspannen (Pferd vor den Wagen) an·span·nen *ZW*
anspielen an·spië·len *ZW*
anspinnen an·spin·nen *uZW tech.*
anspitzen spits·ken *ZW*
Anspitzer Bli·pin·spits·ker, -s

m. tech.
anspornen dri·wen *uZW*
Ansprache An·sprao·ke, -n *w.*
ansprechen an·kü·ern *uZW*
anspringen an·sprän·gen *uZW*
Anspruch Rächt, -e [Räch·te] *s. jur.*; **für sich in ~ nehmen** *übertr.* in Be·slag nië·men, *übertr.* sik breed·ma·ken *uZW*
anspucken an·spüë·tern *ZW*
anstacheln his·ken *ZW psy.*; (jemd.) *übertr.* nao·bö·ten *ZW psy.*
Anstalt An·stalt, -en [An·stal·ten] *w.*, In·rich·tung, -en [In·rich·tun·gen] *w.*, Insti·tuut, In·sti·tu·te *s.*
anstand An·stand, An·stän·ne *m. psy.*, Kon·te·nans, -en [Kon·te·nan·sen] *w. psy.* (frz. contenance)
anständig an·stän·nig, -e, -en [an·stän·ni·ge] *EW psy.*, üörn·lik, üörn·licke, -n [üörn·lik·ke] *EW psy.*
anstandshalber schiäms·hal·wer *UW tech.*
anstatt stats *VW BW*, plats *VW*
anstechen an·stiä·ken *uZW*
anstecken an·briä·nen *uZW*, an·ma·ken *uZW*, an·stiä·ken *uZW*; an·sticken [an·stik·ken] *ZW med.*
ansteckend an·stickend, -e, -en [an·stik·kend], [an·stik·ken·de] *EW med.*
anstehen an·staon *uZW*; **hinten ~ lassen** trüg·ge·doon *uZW psy.*
anstellen (Motor) an·lao·ten *uZW*, an·smi·ten *uZW*
Anstellerei Twä·ne·ri *w. o.Mz. psy.*
ansteuern hän·stü·ern *ZW*
anstimmen an·stem·men *ZW*
anstinken an·stin·ken *uZW*
anstochern (Feuer) an·stüö·kern *ZW*
anstoßen an·kuë·men *uZW*, an·stau·ten *uZW*, an·tük·ken *ZW*
anstrahlen an·blän·kern *ZW*
anstreichen an·stri·ken *uZW tech.*, mao·len *ZW tech.*; **jemd. etwas ~** an·stri·ken *uZW psy.*

Anstreicher An·stri·ker, -s *m. tech.*, Mao·ler, Mao·lers *m. tech.*

anstrengen *übertr.* in't Tüüg läg·gen; **sich enorm ~** *übertr.* sik e·nen af·briä·ken

anstrengend *übertr.* stuur, stu·re, -n *EW*; **~ sein** su·er·fal·len *uZW*

Anstrengung Ar·baid, -en [Ar·bai·den] *w.*, Mai·de, -n *w.*, Mö·e, -n *w.*; **die ~ lohnt sich nicht** dat is de Mai·de nich wääd

Anstrich An·striёk, -e [An·striё·ke] *m. tech.*

Anteil An·deel, An·de·le *m.*, Pots·jaun, -en [Pots·jau·nen] *w. (frz. portion);* **~ nehmen** *übertr.* de·len *ZW psy.*; **gerechter ~** (Futter, Speise, Ehre u.ä.) Ge·rak, Ge·racke [Ge·rak·ke] *s.*; **Hälfte eines ~es** Halw·pat, Halw·pät·te *m.*

Anteilnahme Met·ge·fööl *s. o.Mz. psy.*, To·spraok, -en [To·sprao·ken] *w. psy.*

Antenne An·ten, -·nen *w. tech.*

Antlitz Ge·sicht, -er [Ge·sich·ter] *s.*

Anton Tön·ne *VN*, Tüёns *VN*

Antonia To·ni *VN*

Antonius Tön·ne *VN*, Tüёns *VN*; **Heiliger ~** Sünt Tüёns *rel.*, Swi·ne·tüёns *m. rel.*

Antrag An·drag, An·driä·ge *m.*

antragen an·driä·gen *uZW*

antrauen an·tru·en *ZW*

antreffen an·driä·pen *uZW*

antreiben an·dri·wen *uZW*, his·sen *ZW*, kas·jö·nern *ZW psy.*; **ungeduldig ~** blüёks·tern *ZW psy.*

antreibend driewsk, -e, -en [driews·ke] *EW*

Antreiber An·dri·wer, -s *m.*

antreten an·triä·ten *uZW*; **~** (z.B. von Erde) an·pat·ken *ZW*

Antrieb Driew, Dri·we *m. tech.*, Driewt, -en [Driew·ten] *w. psy.*

Antriebsriemen Rai·men, -s *m. tech.*

antun an·doon *uZW*, an·häb·ben *uZW*

Antwort Ant·waod, -en [Ant·wao·den] *w.*

antworten an·fern *ZW*, ant-

wao·den *ZW*, trüg·ge·giё·wen *uZW*; (auf ein Schrei-ben) trüg·ge·schri·wen *uZW*

anvertrauen an·tru·en *ZW psy.*, an·vö·tru·en *ZW psy.*, üö·wer·lao·ten *uZW*

anvisieren pi·len *ZW*

anwachsen an·was·sen *uZW biol.*

anweisen an·wi·sen *uZW*, Uor·der giё·wen

Anweiser Wi·ser, -s *m.*

Anweisung An·wi·sen *s. o.Mz.*, Uor·der, Üör·ders *w.*

anwenden an·wän·nen *uZW*, bru·ken *uZW*

Anwender Bru·ker, -s *m.*

anwerfen an·smi·ten *uZW*

Anwesen An·wiё·sen, -s *s.*

anwesend dao; **~ sien** dao·sien *uZW*

Anwohner An·lig·ger, -s *m.*

Anwuchs An·was, An·wäs·se *m. biol.*

Anzahl Haup, -en, Hai·pe [Hau·pen] *m.*, Stücker [Stük·ker] *Mz.*,Taal, Ta·len *w.*; **große ~** Biärg, -e [Biär·ge] *m.*

Anzahlung Af·slag, Af·sliä·ge *m. fin.*

anzapfen an·stiä·ken *uZW*, an·tappen *ZW*

Anzeichen An·te·ken, -s *s.*

anzeichnen an·te·ken *ZW*

anzeigen an·mel·len *ZW*

Anzeiger Wi·ser, -s *m. tech.*

Anzeigetafel Tao·fel, -n *w. tech.*

anziehen an·kri·gen *uZW*, an·trecken [an·trek·ken] *uZW*, kle·den *ZW*; **ein enges Kleid mühsam ~** (wie Wurst in Pelle) an·wuors·ten *uZW*

Anziehen An·tog, An·tüö·ge *m.*

Anzug (Kleidung) An·tog, An·tüö·ge *m.*

anzünden (Feuer) an·briä·nen *uZW*, an·ma·ken *uZW*, an·sticken [an·stik·ken] *ZW*

anzweifeln *übertr.* een Frao·ge·te·ken äch·ter sät·ten *psy.*

apart a·pad·dig, -e, -en [a·pad·di·ge] *EW*

Apfel Ap·pel, -n, Äp·pel *m. bot.*; **gebackener ~ in Hefeteig** Ap·pel·stu·ten, -s *m. kul.*; **zum Einlagern geeigneter ~** Plük·ap·pel, -n *m. kul.*

Apfelbaum Ap·pel·baum, Ap·pel·bai·me *m. bot.*

Äpfelchen Äp·pel·ken, Äp·pel·kes *s. bot.*

Apfelkerngehäuse Ap·pel·grieps·ke, -n *w. bot.*

Apfelkuchen Ap·pel·ko·ken, Ap·pel·kö·ken *m. kul.*

Apfelmus Ap·pel·kom·pot *s. o.Mz. kul.*

Apfelpflücker (Gerät) Ap·pel·plücker, -s [Ap·pel·plük·ker] *m. tech.*

Apfelrose Ap·pel·rau·se, -n *w. bot.*

Apfelsaft Ap·pel·sap, Ap·pel·siä·pe *m. kul.*

Apfelsaftflasche Ap·pel·sap·pul·le, -n *w. tech.*

Apfelsine Ap·pel·si·ne, -n *w. bot.*

Apfelsinenbaum Ap·pel·si·nen·baum, Ap·pel·si·nen·bai·me *m. bot.*

Apfelsinenpflanze Ap·pel·si·nen·plan·te, -n *w. bot.*

Apfelsinensaft Ap·pel·si·nen·sap, Ap·pel·si·nen·siä·pe *m. kul.*

Apfelsinenschale Ap·pel·si·nen·schel·le, -n *w. bot.*

Apfelstiel Ap·pel·stiёl, -e [Ap·pel·stiё·le] *m. bot.*

Apfeltorte Ap·pel·ta·te, -n *w. kul.*

Aplerbeck Au·wer·biёk *ON*

Apotheke Ap·teek, Ap·te·ken *w. med.*

Apotheker Ap·te·ker, -s *m. med.*; Pil·len·drai·er, -s *m. med.*; **sich laienhaft als Arzt oder ~ betätigen** kwak·sal·wen *ZW med.*

Apparat Ap·pe·raat, Ap·pe·ra·te *m. tech.*

Appelhülsen Ap·lül·sen *ON*

appelhülsener ap·lülsk, -e, -en [ap·lüls·ke] *EW*

Appelhülsener(in) Ap·lülske, -n *m. und w.*

Apperatur Ap·pe·raat, Ap·pe·ra·te *m. tech.*

Appetit Ap·tiet *m. o.Mz. kul.*; **jemd, mit viel ~** lä·te·gään, -s *m. kul.*

appetitlich läcker, -e, -en [läk·ker], [läk·ke·re] *EW kul.*

apportieren ap·por·te·ern *ZW*

April Pril·len, -s *Mz. tem.*

Aprilschauer Pril·len·schu·er, -s *s. met.*

Aprilscherz Pril·len·gek, -s *m. psy.*
Aprilwetter Pril·len·wiär *s. o.Mz. met.*
Aquarell Wa·ter·far·wen·beld, Wa·ter·far·wen·bel·ler *s. kult.*
Aquarellfarbe Wa·ter·far·we, -n *w. tech.*
Arbeit Ar·baid, -en [Ar·bai·den] *w.*, Ge·wiär·we *s. o.Mz.*, Maak *w. o.Mz.*, Wiärk, -s *s. o.Mz.*, Wiärk·doon *s. o.Mz.*; **~ beenden** *übertr.* Rai·men run·ner·smi·ten; **bei der ~ zu·sehen** sling·fi·sen *ZW psy.*; **das sieht nach mehr ~ aus, als es ist** dat is een graut Ge·roop; **eine ~ be·schaffen** an·hel·pen *uZW*; **~ eines Tages** (Maßeinheit) Da·ge·wiärk, -e [Da·ge·wiär·ke] *s.*; **ein großes Stück ~** een Knuuw Ar·baid; **in ~ haben** in'ne Maak häb·ben; **langsames ~en** Klün·ge·le·ri, -en *w.*; **schnutzige ~ ver·richten** *übertr.* klai·ben *ZW*
arbeiten ar·bai·den *ZW*, knüörn *ZW*, lab·be·re·ern *ZW*, wiär·ken *ZW*; **~ als Ge·genleistung** af·ar·bai·den *ZW*; **geschickt handwerk·lich ~** prit·ken *ZW tech.*; **~ ohne vorwärts zu kommen** panko·ken *ZW*; **aus Wut ge·räuschvoll ~** ra·men·te·ern *ZW psy.*; **drauf·los ~** hot·ken *ZW*; **schwer ~** af·ma·ra·chen *ZW*, bäl·gen *ZW*, bol·wiär·ken *ZW*, ma·ra·chen *ZW*, üört·ken *ZW*, wul·lacken [wul·lak·ken] *ZW*; **harmonisch mit·einander ~** *übertr.* Hand in Hand gaon; **hart ~** knüörn *ZW*, schuf·ten *ZW*, *übertr.* knüë·peln *ZW*; **jemd., der körperlich sehr hart ar·beitet** Swil·bast, Swil·bäs·te *m.*; **im Tagelohn ~** dag·lai·nern *ZW fin.*; **Menschen, die körperlich nicht ~ müssen** fi·ne Lü·de; **müh·selig oder behindert ~** ö·len *ZW*; **nachlässig und schnell ~** fus·ken *ZW*; **nicht (regelmäßig) ~** bum·me·le·ern *ZW*; **oberflächlich, un·ordentlich und schnell ~** ru·sen *ZW*; **schlecht ~** *übertr.* fu·cheln *ZW*; **über die Kräf·te ~** af·kwiä·len *ZW*; **um-**

ständlich ~ krao·sen *ZW*; **unentwegt ~** ös·seln *ZW*; **unordentlich ~** *übertr.* mud·deln *ZW*
Arbeiten Wiärk·doon *s. o.Mz.*
Arbeitender; wild ~ Wööl·bra·ker, -s *m.*
Arbeiter Ar·bai·der, -s *m.*, Wiär·ker, -s *m.*; **säumiger ~** Drüë·mel·stiärt, -s *m.*
Arbeiteraufstand Ar·bai·der·up·stand, Ar·bai·der·up·stän·ne *m. pol.*
Arbeiterin Ar·bai·der·ske, -n *w.*
Arbeiterschaft Ar·baids·lü·de *Mz.*
Arbeiterstadt Ar·bai·der·stad, Ar·bai·der·stiä·den *w. geog.*
Arbeiterviertel Ar·bai·der·veer·del, -s *s. geog.*
Arbeitgeber Braud·hä·er, -ns *m. fin.*
Arbeitsgebiet Fak, Fiä·ker *s.*
Arbeitsgruppe Man·schup, -·pen *w.*
Arbeitsjacke Kiel·ken, Kiel·kes *s.*, Wööl·wams, Wööl·wäm·se *s.*
Arbeitskleidung Ar·baids·tüüg, -s *s. o.Mz.*
Arbeitslohn Ar·baids·laun, Ar·baids·lai·ne *m. fin.*, Wiär·ker·laun, Wiär·ker·lai·ne *m. fin.*
arbeitslos; ~ sein *übertr.* up de Strao·te lig·gen
Arbeitsmaschine Ar·baids·ma·schien, Ar·baids·ma·schi·nen *w. tech.*
Arbeitspferd Acker·piärd, -e [Ak·ker·piär·de] *s. zool. agr.* Ar·baids·piärd, -e [Ar·baids·piär·de] *s. zool. agr.*
Arbeitsraum Ar·baids·ruum, Ar·baids·rü·me *m. arch.*, Wiärk·stiär, -n *w. arch. tech.*; **~ im Bauernhaus** Diäl, -en [Diä·len] *w. arch.*
Arbeitsruhe Fi·er·aomd, -e [Fi·er·aom·de] *m.*
arbeitsscheu lög·ge, -n *EW*
Arbeitsschürze Vüör·dook, Vüör·dö·ker *s.*
Arbeitsspeicher Riä·ker·spi·ker, -s *m. tech.*
Arbeitsstelle Ar·baids·stiär, -n *w.*
Arbeitstag Ar·baids·dag, -e [Ar·baids·da·ge] *m. tem.*

Arbeitstag Wiär·kel·dag, -e [Wiär·kel·da·ge] *m. tem.*
Arbeitstisch Wiärk·bank, Wiärk·bän·ke *w. tech.*; **~ in der Küche** Küë·ken·disk, -e [Küë·ken·dis·ke] *m. tech.*
Arbeitstrott; aus dem ~ herauskommen *übertr.* uut de Hols·ken küë·men
Arbeitszeit Ar·baids·tiet, Ar·baids·ti·ten *w. tem.*
Arbeitszeug Ar·baids·tüüg, -s *s. o.Mz.*
Arbeitszimmer Ar·baids·ruum, Ar·baids·rü·me *m. arch.*; **~ (für Büroarbeiten)** Schriew·stuom, Schriew·stüöms *m. arch.*, Stu·de·er·stuom, Stu·de·er·stüöms *m. arch.*
Architekt Bau·mes·ter, -s *m. arch.*
arg helsk, -e, -en [hels·ke] *EW*, iärg, -e, -en [iär·ge] *EW*; **äeger** iär·ger; **am ärgsten** an iärgs·ten
Ärger lär·ger *m. o.Mz. psy.*, Krië·mel, -s *m. psy.*, Schiä·re·ri, -·en *w. psy.*, Vö·drot *m. o.Mz. psy.*, Vö·niem *m. und s. o.Mz. psy.*; **~ machen** frem·peln *ZW psy.*
Ärgerei lär·ge·ri *w. o.Mz. psy.*, Täg·ge·ri, -·en *w. psy.*
Ärgerer Fak·se·er·bro·er, Fak·se·er·brö·ers *m. psy.*
ärgerlich be·läm·mert, -e, -en [be·läm·mer·te] *EW psy.*, gran·tig, -e, -en [gran·ti·ge] *EW psy.*, iär·ger·lik, iär·ger·licke, -n [iär·ger·lik·ke] *EW psy.*, mië·ke·lig, -e, -en [mië·ke·li·ge] *EW psy.*, spit·lik, spit·licke, -n [spit·lik·ke] *EW psy.*, su·er·pötsk, -e, -en [su·er·pöts·ke] *EW psy.*, vö·drait, -e, -en [vö·drai·te] *EW psy.*, vö·drait·lik, vö·drait·licke, -n [vö·drait·lik·ke] *EW psy.*, vö·nië·nig, -e, -en [vö·niëni·ge] *EW psy.*, vö·wänt, -e, -en [vö·wän·te] *EW psy.*
ärgern fak·se·ern *ZW psy.* (frz. vexer), iär·gern *ZW psy.*, mië·keln *ZW psy.*, niët·ken *ZW psy.*, spi·ten *ZW psy.*, täg·gen *ZW psy.*, tiëp·ken *ZW psy.*, triet·sen *ZW psy.*; **jemd. ~** nät·ken *ZW psy.*; **sich ~** fuk·sen *ZW psy.*, *übertr.* Tre·mien·kes kri-

gen *psy.*; **sich ständig ~** *übertr.* äs Kat un Rü·en si·en *psy.*

arglistig un·ner·füünsk, -e, -en [un·ner·füüns·ke] *EW psy.*

Argument; keine ~e mehr haben nich uut·kru·pen küё·nen

Arkade Buo·gen·gang, Buo·gen·gän·ge *m. arch.*

Arm (Körperteil) Arm, -s *m. med., übertr.* Flun·ken, -s *m. med.*; **auf den ~ nehmen** vö·äp·peln *ZW psy.*

arm arm, -e, -en [ar·me] *EW fin.*, *übertr.* klam, -·me, -·men *EW fin.*, *übertr.* naak, na·ke, -n *EW fin.*; **~ sein** *übertr.* nich to breed hä·ben *fin.*, *übertr.* niks up de Naod häb·ben *fin.*, *übertr.* niks in'ne Miälk to krüё·meln häb·ben *fin.*; **~er Mensch** Pot·schräp·per, -s *m. fin.*, arm Blood *s. Mz. fin.*; **sehr ~** ar·mö·dig, -e, -en [ar·mö·di·ge] *EW fin.*; **sehr ~ sein** arm dran sien *fin.*; **ärmer** iär·mer *fin.*; **am ärmsten an** iärms·ten *fin.*

Armbrust Arm·buorst, Arm·büörs·te *w. tech. mil.*, Bol·ten·buo·gen, Bol·ten·büö·gen *m. tech. mil.*

Arme(r) Ar·me, -n *m. und w. fin.*, Knäp·per, -s *m. fin.*

Ärmel Arm, -s *m.*, Mau, -·en *w.*

Armenhaus Ar·men·huus, Ar·men·hü·ser *s. arch. fin.*

Armenkohle Ar·men·küö·le *Mz.*

Armenpfleger Ar·men·pliä·ger, -s *m.*

Armkorb Arms·kuorw, Arms·küör·we *m. tech.*

Armschoner für die Erntearbeit Mau, -·en *w.*

armselig ar·mö·dig, -e, -en [ar·mö·di·ge] *EW fin.*, e·len·nig, -e, -en [e·len·ni·ge] *EW*

Ärmste lärms·te, -n *m., w. und s.*

Armut Ar·mood *w. o.Mz. fin.*

Arnsberg Ans·brig *ON*

Aroma Rüёk, -e [Rüё·ke] *m. biol.*

arrestieren ar·res·te·ern *ZW jur.*

Arreststube Ar·rest·stüöw·ken, Ar·rest·stüöw·kes *s.*

jur. arch.

Arrestzelle Ka·schot, -s *s. arch. jur.* (frz. cachot)

arrogant strun·te·rig, -e, -en [strun·te·ri·ge] *EW psy.*; **~e Frau** Schrek·schru·we, -n *w. psy.*

Arschkriecherei Foot·ä·sen *s. o.Mz. psy.*

Art Aort, -en [Aor·ten] *w.*, Blood *s. o.Mz.*, lärs, -e, -en [lär·se] *w.*, Kar·dans, -en [Kar·dan·sen] *w. o.Mz.* (frz. cadence), Slag, Sliä·ge *m.*, Sort, -en [Sor·ten] *w.*, Wiё·sen, -s *s. psy.*, Wi·se, -n *w.*; **~ und Weise** Hak, Hacken [Hak·ken] *w.*; **auf andere ~** än·ners *EW*; **auf beste ~** pries·lik, pries·licke, -n [pries·lik·ke] *EW*

artig a·rig, -e, -en [a·ri·ge] *EW psy.*

Artillerie A·tol·le·ri, -·en *w. mil.*

Artilleriefeuer A·tol·le·ri·fü·er, -s *s. mil.*

Artist Ko·med·di·gen·ma·ker, -s *m. mus.* (frz. comédie)

Arznei Med·sien, Med·sien·nen *w. med., übertr.* Pül·wer·ken, Pül·wer·kes *s. med.*

Arzt Dok·ter, -s *m. med, übertr.* Med·sien·man, Med·sien·lü·de *m. med., scherzh.* Knüö·kel·briä·ker, -s *m. med.*; **nicht fachmännischer ~** Kwak·sal·wer, -s *m. med.*; **sich laienhaft als Apotheker oder ~ betätigen** kwak·sal·wen *ZW med.*

Asbeck As·biёk *ON*

Asbest Steen·flas *m. o.Mz. tech.*

Asche Ask, -e, -en [As·ke] *w. chem.*, Flüg·up, -s *m. und s.*

Ascheberg As·ke·biärg *ON*

Aschenbecher Äö·se·pöt·ken, Äö·se·pöt·kes *s. tech.*, As·ker, -s *m. tech.*

Aschendorf As·ken·duorp *ON*

Ascheneimer Ask·em·mer, -s *m. tech.*

Aschenhaufen Ask·haup, Ask·hai·pe *m.*

Aschenkreuz As·ke·krüüs, As·ke·krü·se *s. rel.*

Aschenlade des Ofens oder Herdes Ask·trecke, -n [Ask·trek·ke] *w. tech.*

Aschenloch zum Sammeln von Herdfeuerasche As·ken·lok, As·ken·lök·ker *s. tech.*

Aschentonne Ask·tun·ne, -n *w. tech.*

Aschermittwoch As·ke·dag, -e [As·ke·da·ge] *m. rel. tem.*

aschermittwochs as·ke·dags *UW rel. tem.*

aschgrau as·ken·gries, as·ken·gri·se, -n *EW*

Asphalt Ä·er·pik *m. o.Mz. tech.*

Ass (Spielkarte) As, Äs·se *s. spo.*; **Verkleinerungsform von ~** Äs·ken, Äs·kes *s. spo.*

Assistent Höl·per, -s *m.*; **~in** Höl·pers·ke, -s *w.*

Assistenz Bi·stand, Bi·stän·ne *m.*, Höl·pe, -n *w.*

assistieren bi·staon *uZW*

Ast Oost, Öös·te *m. bot.*, Knüё·pel, -s *m. bot.*, Toog, Tö·ge *m. bot.*; **dünne Äste für Besen** Bes·sen·ri·ser, -s *m. tech.*

Astgabel Twiёl, -s *m. bot.*

asthmatisch aom·büörs·tig, -e, -en [aom·büörs·tige] *EW med.*, dam·pig, -e, -en [dam·pi·ge] *EW med.*, dämpsk, -e, -en [dämps·ke] *EW med.*, kuort·äö·mig, -e, -en [kuort·äö·mi·ge] *EW med.*

Astholz Knüё·pel·holt *s. o.Mz. bot.*; **dünnes ~ zum Feuern** Buus·ken·brand, Buus·ken·brän·ne *m.*; **gebündeltes dünnes ~** Buus·ke, -n *w.*

astig oos·tig, -e, -en [oos·ti·ge] *EW*

Astloch Oost, Öös·te *m.*, Oost·huol, Oost·hüö·le *s. bot.*

Astronom Stään·ki·ker, -s *m. astr.*

Asyl Un·ner·dak, Un·ner·diä·ker *s. pol.*

Atem Aom, Äöms *m. med.*, Lucht, Lüch·te *w. med.*, Poos·te, -n *w. med.*; **außer ~** äch·ter Aom *med.*, püüs·te·rig, -e, -en [püüs·te·ri·ge] *EW med.*; **~ holen** Aom·ha·len *s. o.Mz. med.*

atemholen aom·ha·len *uZW med.*

Atemnot Aoms·naud, Aoms-

nai·de *w. med.*
Atlantik *übertr.* grau·te Diek
geol.
atmen äö·men *ZW med.*; **er
atmet mit pfeifenden Ge-
räuschen** he piept uut dat
les·te Lok *med.*; **heftig ~** jappen *ZW med.*, (Pferd) buuk-
slaon *uZW med.*; **schwer
~** kuort·äö·mig, -e, -en [kuort-
äö·mi·ge] *EW med.*; **schwer
und asthmatisch ~** hi·gen
ZW med.; **schnell ~** snuk-
ke·bal·gen [snuk·ke·bal·gen]
ZW med.
Atmungssystem Aom·wiärks
s. o.Mz. med.
ätsch! flai·te·pi·pen!
Attest Be·schi·ni·gung, -en
[Be·schi·ni·gun·gen] *w. jur.,
med.*, Tüüg·nis, -·se *s. jur.*
attestieren be·schi·ni·gen
ZW jur., med.
auch auk *BW*; **~ so** auk so
Auerochse Ur·os·se, -n *m.
zool.*
auf up *VW*; **~ der** up·pe; **~
und nieder** up un daal; **~
einmal** met eens
aufarbeiten up·ar·bai·den
ZW
aufatmen up·äö·men *ZW psy.*
aufbacken up·backen [up-
bak·ken] *ZW kul.*
Aufbau Up·sat, Up·siä·te *m.
tech.*
aufbauen up·bau·en *ZW*; **~**
(z.B. Torfstücke zum Trocknen) up·hü·sen *ZW*
aufbäumen up·bai·men *ZW,
übertr.* up de Äch·ter·be·ne
sät·ten *psy.*; **sich ~** sik up-
niё·men *uZW*
aufbegehren muk·sen *ZW
psy.*, up·liё·nen *ZW psy.*,
up·muk·sen *ZW psy.*
aufbekommen up·kri·gen
uZW
aufbewahren be·wa·ren *ZW*,
vö·wa·ren *ZW*
aufblähen up·kra·nen *ZW*
aufblasen up·blao·sen *uZW*;
sich ~ sik kröp·pen *ZW
psy.*, sik up·kröp·pen *ZW psy.*
aufbleiben up·bli·wen *uZW*,
up·sit·ten *uZW*
aufblühen up·blai·en *ZW bot.*
aufbocken up·bucken [up-
buk·ken] *ZW*
aufbrauchen up·bru·ken
uZW

aufbrausen bru·sen *ZW*,
up·bru·sen *ZW, übertr.* kuo-
ken *ZW*
aufbrausend up·bru·send,
-e, -en [up·bru·sen·de] *EW*
aufbrechen up·briä·ken
uZW, los·briä·ken *uZW*;
(Flachs) **zu Fasern ~** hiё-
keln *ZW tech.*
aufbrennen up·briä·nen *uZW*
aufbringen up·brän·gen
uZW, up·smi·ten *uZW*
**Aufbruch; sich zum ~ berei-
ten** sik rüs·tern *ZW*
aufbürden up·büörn *ZW*
aufdecken up·doon *uZW*
aufdonnern up·dun·nern *ZW*
aufdrängen (sich) an·driä-
gen *uZW psy.*
aufdrehen up·trecken [up-
trek·ken] *uZW tech.*
aufdringlich to·dringsk, -e,
-en [to·drings·ke] *EW psy.*,
to·gaonsk, -e, -en [to·gaons-
ke] *EW psy.*
aufeinander up·e·neen
aufeinanderkleben bap-
pen *ZW*
aufeinmal up·maol *UW*
Aufenthalt Up·ent·holt, Up-
ent·höl·le *m.*, Vö·let, -·ten *s.*
Auferstehung Up·staon *s.
o.Mz. rel.*
aufessen up·iä·ten *uZW kul.*,
vö·tiärn *ZW kul.*; **restlos ~**
beet·iä·ten *uZW kul.*, up-
kri·gen *uZW kul.*
Auffahrt Ramp, -en [Ram-
pen] *w. trans.*
auffallen up·fal·len *uZW*
auffällig up·föl·lig, -e, -en
[up·föl·li·ge] *EW*
auffalten to·haup·läg·gen *ZW*
Auffassung Sin, -·ne *m. psy.*;
anderer ~ sein än·ner'n
Sins sien *psy.*
aufflammen; hell ~ löch-
ten *ZW*
auffliegen up·flai·gen *uZW*
auffliegend up·flai·gend, -e,
-en [up·flai·gen·de] *EW*
auffordern nai·di·gen *ZW
psy.*
auffressen up·friä·ten *uZW
kul.*
aufführen up·fö·ern *ZW*; **sich
~** be·niё·men *uZW psy.*;
sich wie ein Irrer ~ an·gaon
äs e·nen Un·wi·sen *psy.*
auffüttern up·fo·ern *ZW kul.*
Aufgabe Up·ga·we, -n *w.*;

keine ~n haben *übertr.*
niks üm de Fö·te häb·ben;
viele ~n gleichzeitig Bras-
sel *m. o.Mz.*; **viele ~n haben** viёl an'n Hal·se häb·
ben
aufgabeln up·gao·beln *ZW*
Aufgang Up·gang, Up·gän-
ge *m. arch.*; **~ zum oberen
Zimmer** Ka·mer·up·gang,
Ka·mer·up·gän·ge *m. arch.*
aufgeben äch·ter·wiä·ge laoten; af·briä·ken *uZW*, dran-
giё·wen *uZW*, up·giё·wen
uZW, übertr. an'n Na·gel
han·gen; **einen Betrieb ~**
dicht·ma·ken *uZW*
aufgebläht don, -·ne, -·nen
EW med., plüs·sig, -e, -en
[plüs·si·ge] *EW*
aufgeblasen plüs·sig, -e,
-en [plüs·si·ge] *EW*
Aufgebot Up·ge·bod, -·de *s.*
aufgebracht fuch·tig, -e, -en
[fuch·ti·ge] *EW psy.*, kre-
ben·sig, -e, -en [kre·ben·si-
ge] *EW psy.*, wild, wil·le, -n
EW psy.
aufgebraucht al·le *UW VW*,
up *UW VW*; **~ sein** up sien
uZW
aufgebrochen up·bruo·ken,
-e, -en [up·bruo·ke·ne] *EW*
aufgedonnert up·dun·nert,
-e, -en [up·dun·ner·te] *EW*
aufgedunsen plüs·sig, -e,
-en [plüs·si·ge] *EW*, (Gesicht, Haut) up·gi·sig, -e, -en
[up·gi·si·ge] *EW med.*
aufgegangen up·gaon, -e, -en
[up·gao·ne] *EW*; **nicht ~**
(Brot) kat·tig, -e, -en [kat-
ti·ge] *EW kul.*
aufgegessen up·giäten, -e,
-en *EW kul.*; **~ haben** up-
häb·ben *uZW kul.*
aufgehen up·gaon *uZW*
aufgehoben up·huo·ben, -e,
-en [up·huo·be·ne] *EW*
aufgepumpt; sehr hart ~
tun·ken stram
aufgequollen (Gesicht, Haut)
up·gi·sig, -e, -en [up·gi·si-
ge] *EW med.*
aufgeräumt schüs·sig, -e,
-en [schüs·si·ge] *EW*
aufgeregt bies·trig, -e, -en
[bies·tri·ge] *EW psy.*, fik-
ke·rig, -e, -en [fik·ke·rig],
[fik·ke·ri·ge] *EW psy.*, hib-
be·lig, -e, -en [hib·be·li·ge]
EW psy., jag·te·rig, -e, -en

[jag·te·ri·ge] *EW psy.*, kre·ben·sig, -e, -en [kre·ben·si·ge] *EW psy.*, kruus, kru·se, -n *EW psy.*, rap·pe·lig, -e, -en [rap·pe·li·ge] *EW psy.*, ra·buus·te·rig, -e, -en [ra·buus·te·ri·ge] *EW psy.*; up·reegt, -e, -en [up·reeg·te] *EW psy.*, up·rögsk, -e, -en [up·rögs·ke] *EW psy.*

aufgerissen up·rië·ten, -e, -en [up·rië·te·ne] *EW*

Aufgerolltes Rul·le, -n *w.*

aufgeschossen haug·schuo·ten, -e, -en [haug·schuo·te·ne] *EW*, up·schuo·ten, -e, -en [up·schuo·te·ne] *EW*

aufgeschwatzt an·drait, -e, -en [an·drai·te] *EW psy.*

Aufgesetzter Up·ge·sät·ten *m. o.Mz. kul.*

aufgetakelt up·dun·nert, -e, -en [up·dun·ner·te] *EW*; **~e Frau** Schrek·schru·we, -n *w. psy.*

aufgeteilt up·deelt, -e, -en [up·deel·te] *EW*

aufgeweckt klüf·tig, -e, -en [klüf·ti·ge] *EW psy.*, wak·ker, -e, -en [wak·ker], [wak·ke·re] *EW psy.*; **~es Kind** Kiek·in·ne·wiält *m. o.Mz. psy.*

aufgeweicht up·weekt, -e, -en [up·week·te] *EW*

aufgezeichnet up·teekt, -e, -en [up·teek·te] *EW*

aufgezwungen up·dwun·gen, -e, -en [up·dwun·ge·ne] *EW psy.*

aufgießen up·gai·ten *uZW*

aufgraben los·smi·ten *uZW*

aufgreifen up·gri·pen *uZW*

Aufguss Up·güët, -e [Up·güë·te] *m.*

aufhacken hicken [hik·ken] *ZW*

aufhalten hin·nern *ZW*, mö·ten *ZW*; let·ten *ZW*, up·hol·len *uZW*, up·let·ten *ZW*; (Tür oder ähnliches) los·hol·len *uZW*; **sich überall ~d** to·wänsk, -e, -en [to·wäns·ke] *EW*

aufhängen up·böm·meln *ZW*, up·han·gen *uZW*, (an einem Seil) up·knüp·pen *ZW*

Aufhänger Up·häng·sel, -s *s. tech.*

aufhäufen up·hai·pen *ZW*, hai·pen *ZW*, up·hü·pen *ZW*

aufheben hau·ge·büörn *ZW*,

up·büörn *ZW*, up·lich·ten *ZW*, up·kri·gen *uZW*, up·nië·men *uZW*

Aufhebens Be·we·er *s. o.Mz. psy.*, Bra·mi *m. o.Mz. psy.*, Ge·drüüs *s. o.Mz. psy.*, Häs·sek, -s *m. psy.*

aufhelfen up·hel·pen *uZW*, los·lich·ten *ZW*

aufhellen ble·ken *ZW chem.*, up·schiern *ZW met.*

aufhetzen up·his·ken *ZW psy.*, up·stückern [up·stük·kern] *ZW psy.*, vö·his·ken *ZW*; **jemd. ~** *übertr.* nao·bö·ten *ZW psy.*

aufheulen up·hü·len *ZW*

aufhorchen up·lus·tern *ZW*

aufhören dran·gië·wen *uZW*, in·hol·len *uZW*, up·häö·ern *ZW*; **hör auf damit** laot't ge·wä·ern

aufjagen up·ja·gen *uZW*

aufkaufen up·kau·pen *fin.*

Aufkäufer Up·kai·per, -s *m. fin.*

aufkeimen up·ki·men *ZW biol.*

aufklären up·kläö·ren *ZW*

aufklaren up·schiern *ZW met.*, up·kläö·ren *ZW met.*

aufkleben up·klië·wen *ZW tech.*

Aufkleber Up·klië·wer, -s *m. tech.*

aufknoten up·knüp·pen *ZW*, los·bin·nen *uZW*

aufknüpfen up·knüp·pen *ZW*

aufkochen up·kuo·ken *ZW*

aufkommen up·kuë·men *uZW*

aufkrempeln up·krem·pen *ZW*

aufkreuzen up·krü·sen *ZW*

aufkündigen kün·ni·gen *ZW*

aufladen up·büörn *ZW*, up·kniä·den *ZW*, up·la·den *uZW*

Auflage, -n Up·lao·ge, -n *w.*

auflauern af·lu·ern *ZW*, up·lu·ern *ZW*

Auflauf Up·laup, Up·lai·pe *m.*

auflaufen up·lau·pen *uZW*

auflecken licken [lik·ken] *ZW*

auflegen up·läg·gen *ZW*

auflehnen up·lië·nen *ZW*, up·muk·sen *ZW psy.*

aufleuchten bliks·tern *ZW*

Auflieger Up·lig·ger, -s *m. tech.*

auflösen los·ma·ken *uZW*; **Gestricktes oder Gehä-**

keltes wieder **~** af·rib·beln *ZW*, rib·beln *ZW*, up·rib·beln *ZW*, uut·rië·weln *ZW*

aufmachen los·maken *uZW*, up·ma·ken *uZW*; **übertrieben ~** up·dun·nern *ZW*

Aufmachung; mit übertriebener ~ up·dun·nert, -e, -en [up·dun·ner·te] *EW*

aufmauern up·mü·ern *ZW tech.*

aufmerksam (sein) ni·pen (sien) *EW psy.*

aufmucken up·muk·sen *ZW psy.*

aufmuntern up·mün·tern *ZW psy.*, vö·mün·tern *ZW psy.*

aufnageln (Hufeisen) be·slaon *uZW tech.*

aufnähen up·nai·en *ZW tech.*

Aufnahme Up·naom, -en [Up·nao·men] *w.*

aufnehmen up·nië·men *uZW*

Aufnehmer Dwail, -s *m. hyg.*, Up·nië·mer, -s *m. hyg.*

aufpacken up·packen [up·pak·ken] *uZW*

aufpassen hö·den *ZW*, (Kinder) in·hö·den *ZW*, up·pas·sen *uZW*; lus·tern *ZW*

Aufpasser Up·pas·ser, -s *m.*

aufpfropfen up·ri·sen *ZW bot.*

aufpicken hicken [hik·ken] *ZW*

aufplustern up·blao·sen *uZW*, up·plüüs·tern (sik) *ZW*

aufprallen; mit dumpfem Geräusch ~ smun·ken *ZW*

aufpumpen pum·pen *ZW*

aufrappeln up·ris·ken *ZW psy.*

aufräumen krao·men *ZW*, krao·sen *ZW*, up·rü·men *ZW*; **gründlich ~** Rüüm·straot hol·len

aufrechnen up·riä·ken *ZW math.*

aufrecht graod, -e, -en [grao·de] *EW*, liek·up *EW*, piel, pi·le, -n *EW*, risk, -e, -en [ris·ke] *EW*

aufregen hel·li·gen *ZW psy.*, up·re·gen *ZW psy.*, up·rög·gen *ZW psy.*; **sich ~** sik krä·ten *ZW psy.*

Aufregung Krië·mel, -s *m. psy.*, Ra·buus, Ra·bu·se *m. psy.*, Up·re·gung, -en [Up·re·gun·gen] *w. psy.*; **für ~ sor-**

gen *übertr.* de Piär·de schü
ma·ken *psy.*

aufreißen up·ri·ten *uZW*; **den
Mund weit ~** ja·nen *ZW*

aufribbeln af·rib·beln *ZW*

aufrichten ris·ken *ZW*, up-
ris·ken *ZW*; **sich ~** sik töm-
men *ZW*; **sich steil ~** steg-
gen (sik) *ZW*

aufrollen up·rul·len *ZW*, win-
nen *uZW*

aufrücken hum·meln *ZW*,
hum·men *ZW*, up·rüg·gen
ZW; **rücke auf!** hum di!

Aufruf Up·roop, Up·rö·pe *m.*

aufrufen up·ro·pen *uZW*

Aufruhr Up·ro·er *m. o.Mz.*,
We·e·ri, -·en *w.*, Up·stand,
Up·stän·ne *m. pol.*

Aufrührer(in) Up·stän·ni·ge,
-n *m. und w. pol.*

aufrührerisch up·stän·nig,
-e, -en [up·stän·ni·ge] *EW
pol.*

aufsagen up·säg·gen *uZW*

aufsammeln up·sam·meln
ZW

aufsässig obs·ter·näötsk,
-e, -en [obs·ter·näöts·ke]
EW psy.

Aufsatz Up·sat, Up·siä·te *m.*

aufsaugen up·su·gen *uZW*

aufsäumen up·sü·men *ZW*

aufschauen up·ki·ken *uZW*

aufscheuchen up·ja·gen
uZW

aufschieben up·schu·wen
uZW, vö·schu·wen *uZW*

aufschießen up·schai·ten
uZW

Aufschlag Up·slag, Up·sliä-
ge *m.*, Up·geld, Up·gel·ler
s. fin.

aufschlagen up·slaon *uZW*

aufschleißen up·sli·den *uZW
tech.*

aufschließen up·slu·ten *uZW*

aufschmieren up·smiärn *ZW*

aufschnappen up·snap·pen
ZW

aufschneiden los·sni·den
uZW; up·sni·den *uZW*

Aufschneider Up·sni·der, -s
m. psy.

Aufschnitt Up·snid *m. o.Mz.
kul.*

aufschreiben up·schri·wen
uZW

aufschreien kries·ken *ZW
psy.*

Aufschrift Up·schriwt, -en

[Up·schriw·ten] *w.*

Aufschub Uut·stand, Uut-
stän·ne *m.*

aufschürzen up·schüör·ten
ZW

aufschütteln up·schüë·deln
ZW

aufschütten up·schüt·ten
ZW

aufschwatzen an·drai·en
ZW psy., an·kü·ern *uZW psy.*

Aufschwung Up·swung, Up-
swün·ge *m.*

Aufsehen Bo·hai *s. o.Mz.*,
Up·sain *s. o.Mz.*

aufsehen up·ki·ken *uZW*

Aufseher Baas, Biä·se *m.*,
Up·ki·ker, -s *m.*, Up·pas-
ser, -s *m.*

aufsetzen up·sät·ten *ZW*

Aufsicht Up·pas·sung, -en
[Up·pas·sun·gen] *w.*, Up-
sicht, -en [Up·sich·ten] *w.*

**Aufsichtsbeamter, techni-
scher** Bol·ten·ki·ker, -s *m.
tech.*

aufsitzen up·sit·ten *uZW*

aufspannen up·span·nen *ZW*

aufsperren los·ma·ken *uZW*,
das Maul ~ ga·pen *ZW*

aufspielen up·spië·len *ZW
mus., spo., psy.*; **sich ~** sik
tai·men *ZW psy.*, sik dicke-
doon *uZW psy.*, sik kröp-
pen *ZW psy.*, sik up·kröp-
pen *ZW psy.*

aufsprießen uut·spru·ten *ZW
bot.*

aufspringen up·sprän·gen
uZW

aufstacheln his·ken *ZW psy.*,
in·bö·ten *uZW psy.*, up·schü-
nen *ZW psy.*, up·stückern
[up·stük·kern] *ZW psy.*

Aufstand Up·stand, Up·stän-
ne *m. pol.*

aufständisch up·stän·nig, -e,
-en [up·stän·ni·ge] *EW pol.*

Aufständische(r) Up·stän-
ni·ge, *m. und w. pol.*

aufstauen up·stüg·gen *ZW*

aufstechen up·stiä·ken *ZW*

Aufstehen Up·staon *s. o.Mz.*;
beim ~ helfen up·hel·pen
uZW; **Zeit zum ~** Up·staons-
tiet, Up·staons·ti·ten *w. tem.*

aufstehen up·staon *uZW*,
haug·kuë·men *uZW*

aufsteigen ha·rup·gaon *uZW*,
hög·ger·sti·gen *uZW*, up-
sti·gen *uZW*

aufstellen up·sät·ten *ZW*;
sich ~ an·triä·ten *uZW*; **etwas vorsichtig ~** prem-
peln *ZW*; **zu einem Haus
~** up·hü·sen *ZW*

**Aufstellen von Getreide-
hocken** Up·sti·gen *s. o.Mz.
agr.*

Aufstieg Ha·rup·gaon *s.*

aufstoßen los·stau·ten *uZW*,
up·stau·ten *uZW*; **stark ~**
up·böl·ken *ZW med.*

aufstreichen up·stri·ken *uZW
tech.*

aufstützen up·lië·nen *ZW*,
up·stüt·ten *ZW*

aufsuchen up·sö·ken *uZW*

auftauchen up·dü·ken *ZW*

auftauen up·dau·en *ZW*

aufteilen de·len *ZW*, up·de-
len *ZW*; **in der Mitte ~** mid-
deln *ZW*

Aufteilung Up·deel·ge, -n *w.*

auftischen up·dis·ken *ZW
kul.*

Auftrag Be·stel, -s *s.*, Ge-
wiär·we *s. o.Mz.*, Mis·joon,
Mis·jo·nen *w. rel.*, Up·drag,
Up·driä·ge *m.*

auftragen up·driä·gen *uZW*;
(Essen) up·doon *uZW kul.*,
up·schöp·pen *ZW kul.*

Aufträger (für das Essen)
Up·driä·ger, -s *m.*

auftreiben up·dri·wen *uZW*

auftreten up·triä·ten *uZW*

Auftrieb Buom·wa·ter *s.
o.Mz. tech.*

Auftritt (Theater) Up·trät, Up-
triä·te *m. mus.*

auftürmen täö·nen *ZW*, up-
täö·nen *ZW*

aufwachen up·wa·ken *ZW
med.*

aufwachsen up·jun·gen *ZW
biol.*, up·was·sen *uZW biol.*,
graut wä·ern

Aufwand Be·we·er *s. o.Mz.*,
Do·e·ri *w. o.Mz.*, Häs·sek,
-s *m.*, Staod, Stäö·de *m.*,
Up·wand, Up·wänne *m.*; **am
Ende kommt der größte ~**
de les·te End dräg de Last;
übertriebener ~ *übertr.*
Tam·tam *m. o.Mz.*

aufwärmen up·wiä·men *ZW*

Aufwasch Up·wask, Up-
wös·ke *m. hyg.*

aufwaschen up·was·ken *ZW
hyg.*

aufweichen up·we·ken *ZW*

aufweisen up·wi·sen *uZW*
aufwenden up·wän·nen *uZW*
Aufwendung Up·wän·nung,
-en [Up·wän·nun·gen] *w.*
aufwerfen los·smi·ten *uZW*;
up·smi·ten *uZW*
aufwerten ha·rup·sät·ten *ZW*
aufwickeln up·win·nen *uZW*
tech.
aufwiegeln (jemd.) *übertr.*
nao·bö·ten *ZW psy.*
aufwiegen up·wai·gen *uZW*
tech.
aufwirbeln plü·men *ZW*
aufwischen up·wis·ken *ZW*
hyg.
aufwühlen los·wö·len *ZW*,
up·wö·len *ZW*
aufzählen up·täl·len *ZW*
aufzäumen up·tai·men *ZW*
aufzehren up·tiärn *ZW*
aufzeichnen up·te·ken *ZW*
aufzeigen up·wi·sen *uZW*
aufziehen up·trecken [up-
trek·ken] *uZW*; (Jungtiere,
Kinder) graut·ma·ken *uZW*,
graut maakt wä·ern
Aufzucht Up·tucht *w. o.Mz.*
bot., zool.
Aufzug (Theater) Up·tog, Up-
tüö·ge *m. mus.*
aufzwingen up·dü·weln *ZW*
psy., up·dwin·gen *uZW psy.*,
up·kniä·den *ZW psy.*
Augapfel Aug·ap·pel, -n *m.*
med.
Auge Au·ge, -n, Äi·gen *s.*
med., Döp·pe, -n *w. med.*,
Ki·ker, -s *m. med.*; Fältchen um das ~ Krai·en·fö·
te *Mz. med.*; großes lauerndes ~ Glupsk·au·ge,
Glupsk·ai·gen *s. psy.*; scharfe ~n glau·e Ai·gen *med.*;
sehr gute ~n glau·e Ai·gen
med.; verklebtes krankes
~ Kit·au·ge, Kit·ai·gen *s.*
med.; vor aller ~n uo·pen·
baor, -e, -en [uo·pen·bao·re]
EW; vor jemandes ~n
sain·der·aug *UW*; vorstehendes ~ Dop·au·ge, Dop-
ai·gen *s. med.*
äugen ai·gen *ZW*
Augenarzt Ai·gen·dok·ter,
-s *m. med.*
Augenblick Au·gen·slag, Au-
gen·sliä·ge *m. tem.*, Mo-
mang, -s *m. tem.*, Snup,
-·pen *m. tem.*, Sü, -·üs *m.*
tem.; in diesem ~ jüst *UW*

tem.; in einem einzigen ~
in e·nen Sü *tem.*; im selben ~ met eens *tem.*; im
letzten ~ up't Knäp·ken *tem.*
augenblicklich räch·te·forts
UW tem., stan·te·pe *UW*
tem., up·stuns *UW tem.*
Augenbraue Ai·gen·bru·ne,
-n *w. med.*, Bruun, Bru·nen
w. med., Nüë·kel, -s *m. med.*
Augenhaut Au·gen·huut, Au-
gen·hü·te *w. med.*
Augenkammer Au·gen·ka-
mer, -n *w. med.*
Augenlicht Ai·gen·lecht, -er
[Ai·gen·lech·ter] *s. med.*
Augenlid Ai·gen·let, -s *s.*
med., Klü·se, -n *w. med.*
(*frz.* écluse)
Augenmaß Ai·gen·maot, Ai-
gen·mäö·te *s.*
Augenschmerz Ai·gen·pien,
Ai·gen·pi·ne *w. med.*
Augenwasser Au·gen·wa-
ter, Au·gen·wä·ters *s. med.*
Äuglein Aigs·ken, Aigs·kes
s. med.
August Aarnt·maond, -e
[Aarnt·maon·de] *m. tem.*,
Aust·maond, -e [Aust·maon-
de] *m. tem.*; Gust *VN*
Auguste Gus·te *VN*
Aurich Au·erk *ON*
aus al·le *UW VW*, uut *UW*
VW
ausarbeiten uut·ar·bai·den
ZW
ausästen uut·lich·ten *ZW*
ausatmen uut·äö·men *ZW*
med.
ausbacken uut·backen [uut-
bak·ken] *uZW kul.*
ausbaldowern vö·hak·stük-
cken *ZW*
ausbauchen bü·ken *ZW*
tech.
Ausbauchung Buuk, Bü·ke
m.
ausbauen uut·bau·en *ZW*
tech.
ausbessern biä·tern *ZW*
tech., lap·pen *ZW tech.*, üö-
wer·ha·len *uZW tech.*, uut-
biä·tern *ZW tech.*; erneut ~
wi·er·lap·pen *ZW tech.*
ausbezahlen uut·be·ta·len
ZW fin.
ausbilden uut·bel·len *ZW*
kult.
Ausbilder Lä·er·hä·er, -ns
m. kult.

Ausbildung Uut·bil·lung, -en
[Uut·bil·lun·gen] *w. kult.*; die
~ beenden uut·lä·ern *ZW*
kult.
Ausbildungsjahr Lä·er·jaor,
-e [Lä·er·jao·re] *s. tem. kult.*
Ausbildungsmeister Lä-
er·mes·ter, -s *m. kult.*
Ausbildungsplatz Lä·er-
stiär, -n *w. kult.*
Ausbildungszeit Lä·er·tiet,
Lä·er·ti·ten *w. tem. kult.*
ausblasen uut·blao·sen *uZW*
ausbleiben uut·bli·wen *uZW*
Ausblick Uut·kiek, Uut·ki·ke
m.
ausbluten uut·blö·den *uZW*
med., bot.
ausbohren uut·buorn *ZW*
tech.
ausbrechen uut·briä·ken
uZW
Ausbrecher Uut·briä·ker, -s
m. jur.
ausbreiten bre·den *ZW*,
uut·läg·gen *ZW*, uut·sprai-
en *ZW*
ausbrennen uut·briä·nen
uZW
ausbringen uut·brän·gen
uZW
ausbrüten be·sit·ten *uZW*
biol., uut·brö·den *ZW biol.*,
uut·sit·ten *uZW biol.*
ausbuddeln uut·klai·en *ZW*
ausbündig uut·bün·nig, -e,
-en [uut·bün·ni·ge] *EW*
ausbürsten uut·büör·seln *ZW*
ausdampfen uut·dam·pen
ZW
Ausdauer Uut·du·er, -n *w.*
ausdauern uut·du·ern *ZW*
ausdauernd gaiw, -e, -en
[gai·we] *EW*
ausdienen uut·dai·nen *uZW*
ausdreschen uut·düörs·ken
ZW agr.
Ausdruck Uut·drük, Uut-
drücke [Uut·drük·ke] *m.*
ausdrucken uut·drücken
[uut·drük·ken] *ZW tech.*
auseinander uut·e·neen,
uut·e·nan·ner
auseinanderbauen uut·e-
neen·stië·len *ZW tech.*
auseinanderbekommen uut-
e·neen·kri·gen *uZW*
auseinanderbrechen uut-
e·neen·briä·ken *uZW*
auseinanderbringen uut-
e·neen·brän·gen *uZW*

auseinandergehen dig·gen
ZW
auseinanderhalten uut·e-
neen·hol·len uZW
auseinanderlaufen uut·e-
neen·lau·pen uZW
auseinandernehmen uut-
e·neen·nië·men uZW
auseinanderschlagen klaiben ZW
auseinandersetzen kla·mü-
sern ZW psy., uut·e·neen-
sät·ten ZW psy., vö·po·sa-
men·te·ern ZW psy.; **lang**
und breit ~ pros·te·we·ern
ZW psy.
Auseinandersetzung Stried,
Stri·de m. psy.; **laute ~**
übertr. Dun·ner·wiär, -s s.
psy.
auseinanderspritzen uut-
e·neen·sprüts·ken ZW
auseinandertreiben uut·e-
neen·dri·wen uZW
auseinanderziehen uut-
trecken [uut·trek·ken] uZW
auseinanderzupfen up·drö-
seln ZW
ausfahren uut·fö·ern uZW
trans.
Ausfall Uut·fal, Uut·fiä·le m.
ausfallen uut·fal·len uZW;
(gut oder schlecht) met·fal-
len uZW
ausfallend übertr. äö·sig,
-e, -en [äö·si·ge] EW psy.
ausfegen uut·fiä·gen ZW
hyg., uut·kiärn ZW hyg.
ausfeilen uut·fi·len ZW, ha-
rüm·fi·len ZW
ausfindig uut·fin·nig EW; ~
machen ruut·fin·nen uZW,
sö·ken ZW
ausfliegen uut·flai·gen uZW
ausfließen (lassen) af·lao-
ten uZW
Ausflüchte Fik·fäcke·ri, -·en
[Fik·fäk·ke·ri] w. psy., Spi-
rens·ken, Spi·rens·kes s. psy.
Ausflug Uut·flug, Uut·flü·ge
m. trans.
Ausflugsfahrt Lust·faort, -en
[Lust·faor·ten] w. trans., Uut-
flug, Uut·flü·ge m. trans.; ~
mit dem Fahrrad Pät·kes-
faort, -en [Pät·kes·faor·ten]
w. trans., Rad·faort, -en [Rad-
faor·ten] w. trans.
ausforschen uut·füörs·ken
ZW
ausfragen uut·frao·gen uZW

psy., jur., übertr. dat Hiëmd
van't Gat frao·gen psy.; **die**
Absicht haben jemd. aus-
zufragen übertr. dat Fööl-
i·sen in'ne Tas·ke häb·ben
psy.
ausfressen uut·friä·ten uZW
jur., kul.
ausführen be·suor·gen ZW,
uut·fö·ern uZW, (z.B. Handwerk) be·dri·wen uZW
ausführlich uut·för·lik, uut-
för·licke, -n [uut·för·lik·ke] EW
Ausgabe Uut·ga·we, -n w.
Ausgang Uut·gang, Uut·gän-
ge m.; Vö·gang, Vö·gän·ge
m. med.;
(Tür) Düör·lok, Düör·löcker
[Düör·lök·ker] s. arch.; ~
haben van'n Slag kuë·men
ausgangs uut·gangs UW VW
tem.
ausgeben spen·de·ern ZW
fin., uut·doon uZW, uut·gië-
wen uZW; **Geld unnütz ~**
vö·swit·ken ZW fin.
ausgebessert üö·wer·haalt,
-e, -en [üö·wer·haal·te] EW
tech.
ausgedehnt wied·löf·tig, -e,
-en [wied·löf·ti·ge] EW
ausgedient uut·dänt, -e, -en
[uut·dän·te] EW
ausgedörrt kuorks·drü·ge, -n
EW, saor, -e, -en [sao·re]
EW bot.
ausgefallen a·pad·dig, -e,
-en [a·pad·di·ge] EW
ausgefranst fus·se·lig, -e,
-en [fus·se·li·ge] EW
ausgeglichen kit EW, kwit
EW
ausgehen uut·gaon uZW
ausgehend uut·lau·pend, -e,
-en [uut·lau·pen·de] EW
Ausgehkleidung Uut·laups-
tüüg, -s s. o. Mz.
ausgehöhlt huol, -e, -en
[huo·le] EW
ausgehungert uut·smacht, -e,
-en [uut·smach·te] EW med.
ausgelassen un·tö·mig, -e,
-en [un·tö·mi·ge] EW psy.,
uut·lao·ten, -e, -en [uut·lao-
te·ne] EW, wiä·lig, -e, -en
[wiä·li·ge] EW psy.
ausgelegt uut·lägt, -e, -en
[uut·läg·te] EW
ausgeleiert luk·lak, luk·lacke,
-n [luk·lak·ke] EW tech.
ausgemacht uut·maakt, -e,

-en [uut·maak·te] EW
ausgemauert uut·mü·ert, -e,
-en [uut·mü·er·te] EW tech.
ausgemessen uut·miä·ten,
-e, -en [uut·miä·te·ne] EW
tech.
ausgenommen uut·nuo·men,
-e, -en [uut·nuo·me·ne] EW
ausgereift riep, ri·pe, -n EW
biol.; **nicht ~** un·riep, un·ri-
pe, -n EW biol.
ausgerutscht glië·den, -e,
-en [glië·de·ne] EW
ausgeschlafen uut·slao·pen,
-e, -en [uut·slao·pe·ne] EW
med.
ausgeschlissen slië·den, -e,
-en [slië·de·ne] EW, uut·slië-
den, -e, -en [uut·slië·de·ne]
EW
ausgesprochen (im Sinn
von besonders) mä·er äs
ausgestattet uut·staf·fe·ert,
-e, -en [uut·staf·fe·er·te] EW
ausgestellt uut·stelt, -e, -en
[uut·stel·te] EW; **im Schau-**
fenster ~ sein in't Fens·ter
lig·gen
ausgestopft uut·stopt, -e, -en
[uut·stop·te] EW
ausgesucht uut·socht, -e,
-en [uut·soch·te] EW
ausgetrocknet rap, -·pe,
-·pen EW, uut·drüügt, -e, -en
[uut·drüüg·te] EW, saor, -e,
-en [sao·re] EW bot.
ausgewachsen uut·was·sen,
-e, -en [uut·was·se·ne] EW
biol.; **noch nicht ~** halw-
was·sen, -e, -en [halw·was-
se·ne] EW biol.
ausgewählt uut·socht, -e,
-en [uut·soch·te] EW
Ausgeworfenes Uut·smiët,
-e [Uut·smië·te] m.
ausgezeichnet kap·taol, -e,
-en [kap·tao·le] EW, uut·te-
kent, -e, -en [uut·te·ken·te]
EW
ausgießen uut·gai·ten uZW,
uut·schüt·ten ZW, (Wasser
u.ä.) schül·ken ZW
Ausgleich Blan·se·e·rung,
-en [Blan·se·e·run·gen] w.
(frz. balance), Uut·gliek, Uut-
gli·ke m.
ausgleichen uut·gli·ken uZW,
vö·mid·deln ZW
ausgleiten uut·gli·den uZW
ausgraben uut·klai·en ZW,
uut·gra·wen uZW, uut·bud-

deln *ZW*
Ausgrabung Uut·gra·wung, -en [Uut·gra·wun·gen] *w. his.*
Ausguck Kiek·uut, -s *m.*, Uut·kiek, Uut·ki·ke *m.*
Ausguss Hand·steen, Handste·ne *m. tech.*
Ausgussloch Guot·huol, Guot·hüö·le *s. tech.*, Guoten·lok, Guo·ten·löcker [Guoten·lök·ker] *s. tech.*
aushaaren hao·ren *ZW med.*, uut·hao·ren *ZW med.*
aushalten af·hol·len *uZW*, paol·hol·len *uZW*, uut·hollen *uZW*, vö·driä·gen *uZW*
aushandeln uut·han·neln *ZW*
aushändigen uut·gië·wen *uZW*
Aushang Uut·hang, Uut·hänge *m.*
aushängen uut·han·gen *uZW*
aushäusig uut·hü·sig, -e, -en [uut·hü·si·ge] *EW*
aushelfen in·sprän·gen *uZW*, uut·hel·pen *uZW*
Aushilfe Uut·höl·pe, -n *w.*
Aushilfskraft Bi·lai·per, -s *m.*
Aushöhlen Hüö·len *s. o.Mz.*; **Werkzeug zum ~** (z.B. für Holzschuhe) Hüöl·ha·ken, -s *m. tech.*; Hüöl·i·sen, -s *s. tech.*
aushöhlen hüö·len *ZW*, uut·hüö·len *ZW*
ausholen up·ha·len *uZW*, uut·ha·len *uZW*
aushungern uut·hün·gern *ZW med.*, uut·smach·ten *ZW med.*
aushusten uut·ho·sen *ZW med.*, kwalstern *ZW med.*
auskehren fiä·gen *ZW hyg.*, uut·kiärn *ZW hyg.*
auskennen af·ken·nen *uZW*
ausklopfen klop·pen *ZW*, uut·klop·pen *ZW*
ausklügeln fin·ge·le·ern *ZW*, uut·fig·ge·le·ern *ZW*
auskochen uut·kuo·ken *ZW*
Auskommen Be·kümst, -e [Be·küms·te] *s.*, Uut·kuëmen *s. o.Mz.*
auskommen uut·kuë·men *uZW*, (mit Geld, Nahrung) rüm·kuë·men *uZW*; **gut ~** guët to Pas kuë·men
auskömmlich ren·te·er·lik, ren·te·er·licke, -n [ren·te·erlik·ke] *EW fin.*

auskosten ge·nai·ten *uZW kul., psy.*, uut·liä·wen *ZW psy.*
auskramen uut·krao·men *ZW*
auskratzen schrap·pen *ZW*, uut·klai·en *ZW*, uut·schrappen *ZW*
auskundschaften uut·spikke·le·ern *ZW*
Auskunft An·gaaw, An·gawen *w.*, Be·scheed, Be·schede *m.*, Uut·kunft, Uut·künfte *w.*
auslachen uut·la·chen *ZW psy.*
Auslage Uut·lao·ge, -n *w.*
Ausland Bu·ten·land, Buten·län·ner *s. geog., pol.*, Früem·de *w. o.Mz. geog., pol.*, Uut·land *s. o.Mz. geog., pol.*
Ausländer Bu·ten·län·ner, -s *m. pol.*, Früem·de, -n *m. und w. pol.*, Uut·län·ner, -s *m. pol.*
ausländisch bu·ten·ländsk, -e, -en [bu·ten·länds·ke] *EW pol.*, uut·ländsk, -e, -en [uutländs·ke] *EW pol.*
auslassen uut·lao·ten *uZW*
Auslauf Uut·laup, Uut·lai·pe *m.*; **~ für Schweine** Koben, Kö·ben *m. arch. agr.*
auslaufen uut·lau·pen *uZW*
auslaufend uut·lau·pend, -e, -en [uut·lau·pen·de] *EW*
Ausläufer Uut·lai·per, -s *m.*
auslaugen bü·ken *ZW*
ausleben uut·liä·wen *ZW psy.*
auslecken uut·slickern [uutslik·kern] *ZW kul.*; **jemd., der aus dem Topf leckt** Pot·läcker, -s [Pot·läk·ker] *m. kul.*
auslegen üö·wer·sät·ten *ZW*, uut·läg·gen *ZW*
Ausleger Uut·läg·ger, -s *m. tech.*
Auslegung Uut·läg·gung, -en [Uut·läg·gun·gen] *w.*
ausleihen buor·gen *ZW*, lenen *ZW*, pum·pen *ZW*, uutle·nen *ZW*; **wert, ausgeliehen zu werden** le·nenswääd, le·nens·wä·de, -n *EW*
auslernen uut·lä·ern *ZW kult.*
auslesen uut·sö·ken *uZW*
auslichten (Wald) slich·ten *ZW agr.*
ausliefern lië·wern *ZW*, uut-

lië·wern *ZW*
auslosen uut·lau·sen *ZW*
ausmachen be·driä·gen *uZW fin.*, uut·ma·ken *uZW*; **das macht mir nichts aus** dat mäk mi niks uut *psy.*
ausmalen uut·mao·len *ZW tech., mus., psy.*
ausmauern uut·mü·ern *ZW*
ausmessen uut·miä·ten *uZW tech.*
ausmisten mes·sen *ZW agr.*, uut·mes·sen *ZW agr.*
ausmustern uut·müs·tern *ZW*
Ausnahme Uut·naom, -en [Uut·nao·men] *w.*
ausnahmsweise uut·naomswies *UW*
ausnehmen uut·nië·men *uZW*
ausnutzen uut·nüt·ten *ZW*; **auf üble Weise ~** *übertr.* dat Fel üö·wer de Ao·ren trecken *psy.*
auspacken uut·krao·men *ZW*, uut·packen [uut·pak·ken] *uZW*
auspflanzen uut·puor·ten *ZW agr.*
Auspflügen Uut·plö·gen *s. o.Mz. agr.*; **erster Abschnitt beim ~ von Kartoffeln** Inplö·ge·pand, In·plö·ge·pänner *s. agr.*
auspflügen uut·plö·gen *ZW agr.*
ausplaudern kläf·ken *ZW psy.*
ausplündern uut·plün·nern *ZW, übertr.* miäl·ken *ZW*
ausprobieren dok·tern *ZW med.*, fri·meln *ZW tech.*, harüm·tif·teln *ZW tech.*, tif·teln *ZW tech.*, uut·fig·ge·le·ern *ZW tech.*, uut·pro·be·ern *ZW*, vö·sö·ken *uZW*
ausquartieren uut·kwa·teern *ZW*
ausräuchern uut·rai·kern *ZW*
ausräumen uut·rü·men *ZW*
ausrechnen uut·riä·ken *ZW math.*
Ausrede Fik·fäcke·ri, -·en [Fikfäk·ke·ri] *w. psy.*, Uut·flugt, Uut·flüg·te *w. psy.*; **keine ~ mehr haben** nich uut·krupen küë·nen *psy.*
ausregnen uut·ös·seln *ZW met.*
ausreichen hän·re·ken *ZW*,

lan·gen *ZW*, re·ken *ZW*
ausreißen lok·uut·gaon *uZW*,
ruut·ri·ten *uZW*, stif·ten·gaon
uZW, uut·bük·sen *ZW*, uut-
ki·len *ZW*, uut·nai·en *ZW*,
uut·ri·ten *uZW*, übertr. van
ne Faan gaon
ausreiten uut·ri·den *uZW*
trans.
ausrenken uut'n Let gaon
med.
ausrichten be·stel·len *ZW*,
(Fest) gië·wen *uZW*, klaor-
ma·ken *uZW*
Ausritt; einen ~ machen
uut·ri·den *uZW*
ausroden uut·klai·en *ZW*
agr., ruo·den *ZW agr.*
ausrotten uut·ruo·ten *ZW*
ausrufen uut·ro·pen *uZW*
ausruhen res·sen *ZW med.*,
rös·sen *ZW med.*, uut·res-
sen *ZW med.*, vö·ha·len *ZW*
med.; **sich ~** *übertr.* äch-
ter'n Uom sit·ten *med.*
Ausruhen Rös·sen *s. o.Mz.*
med.
ausrutschen uut·ruts·ken
ZW; **stolpernd ~** schö·ren
ZW
Aussaat Af·saot, Af·säöte *w.*
agr., Uut·saot, Uut·säö·te *w.*
agr.
Aussäen Uut·sai·en *s. o.Mz.*
agr.; **Sack zum ~** Sai·e·sak,
Sai·e·siä·ke *m. tech. agr.*;
Wanne zum ~ Sai·e·fat,
Sai·e·fiä·ter *s. tech. agr.*
aussäen uut·sai·en *ZW agr.*
Aussage Uut·säg·gen *s.*
o.Mz.
aussägen uut·sa·gen *ZW*
tech.
aussagen uut·säg·gen *uZW*
jur.
Aussatz Uut·sats *m. o.Mz.*
med.
aussaufen uut·su·pen *uZW*
kul.
aussaugen uut·su·gen *uZW*,
übertr. miäl·ken *ZW*
ausschaben uut·schrap·pen
ZW
ausschachten uut·smi·ten
uZW
ausschalten uut·ma·ken
uZW tech.
ausschelten uut·lüm·meln
ZW psy., uut·schän·nen *ZW*
psy., Be·scheed säg·gen
psy.; **ausgescholten wer-**

den *übertr.* et giw een nat
Jaor *psy.*
ausschießen (Wettkampf)
uut·schai·ten *uZW spo.*
ausschimpfen schan·du-
deln *ZW psy.*, uut·bain·ken
ZW psy., uut·lüm·meln *ZW*
psy., uut·schän·nen *ZW psy.*,
uut·schim·pen *ZW psy.*
ausschlafen uut·slao·pen
uZW med.
Ausschlag Uut·slag, Uut-
sliä·ge *m.*
ausschlagen uut·klop·pen
ZW, uut·slaon *uZW*, (Pferd)
uut·ki·len *ZW*; **~** (Pferd)
äch·ten·uut·ki·len *ZW*
ausschlecken uut·slickern
[uut·slik·kern] *ZW kul.*
ausschleißen sli·den *uZW*
tech., uut·sli·den *uZW tech.*
ausschließlich gaas a·leen
ausschmieren uut·klai·wen
ZW, uut·smiärn *ZW*
ausschneiden uut·sni·den
uZW
Ausschnitt Uut·snid, -·de *m.*
ausschreiben uut·schri·wen
uZW
Ausschuss Uut·schus, Uut-
schüs·se *m.*
ausschütteln uut·schüë-
deln *ZW*
ausschütten uut·schüt·ten
ZW; **das Herz ~** *übertr.*
uut·ös·seln *ZW psy.*
aussegnen uut·siän·gen *ZW*
rel.
Aussehen Uut·kiek, Uut·ki-
ke *m.*, Uut·sain *s. o.Mz.*; **von**
frischem ~ brem·sig, -e, -en
[brem·si·ge] *EW*
aussehen uut·sain *uZW*; **das**
sieht gut aus dat löt guët;
etwas ~ uut·ki·ken *uZW*;
gut ~ een Beld an sien
außen bu·ten *UW*; **~ her-**
um bu·ten·rüm *UW*
Außendeich Bu·ten·diek,
Bu·ten·di·ke *m. tech.*
Außenhandel Bu·ten·han-
nel *m. o.Mz. fin.*
Außentür Bu·ten·düör, -n *w.*
arch.
außenvor bu·ten·vüör *UW*
Außenwand Bu·ten·wand,
Bu·ten·wän·ne *w. arch.*
außer bu·ter *BW VW*, u·ter
BW VW
außerdem bu·ter·däm *UW*

äußere bü·te·re, -n *EW*
Äußere Bü·ters·te *s. o.Mz.*
außergewöhnlich wun·ners
UW; **~ gut** dol, -·le, -·len *EW*
Außergewöhnliches Äks-
traos *s. o.Mz.*
außerhalb bu·ten *UW*
äußerlich bü·ter·lik, bü·ter-
licke, -n [bü·ter·lik·ke] *EW*
außerordentlich helsk, -e,
-en [hels·ke] *EW*
äußerst bü·terst, -e, -en [bü-
ters·te] *EW*, ü·terst, -e, -en
[ü·ters·te] *EW UW*
äußerste bü·tens·te, -n *EW*,
ü·ters·te, -n *EW*
Äußerste Ü·ters·te *s. o.Mz.*;
bis zum ~n bes in't Ü·ters·te
aussetzen uut·sät·ten *ZW*
Aussicht Uut·kiek, Uut·ki·ke
m., Uut·sicht, -en [Uut·sich-
ten] *w.*
Aussichtspunkt Kiek·uut,
-s *m.*
aussitzen uut·sit·ten *uZW*
aussondern sün·nern *ZW*
aussortieren uut·sö·ken *uZW*
ausspähen kun·ke·lu·ern *ZW*
Ausspann für Pferde Uut-
span, Uut·spän·ne *m. trans.*
ausspannen uut·span·nen
ZW
ausspeien uut·spi·gen *uZW*,
uut·spüë·tern *ZW*
ausspielen (beim Kartenspiel) ruut·küë·men *uZW*
spo., uut·spië·len *ZW spo.*
ausspinnen uut·spin·nen
uZW tech., psy.
Aussprache Uut·sprao·ke, -n
w., pol., psy., kult.; Tun·gen-
slag, Tun·gen·sliä·ge *m. kult.*
aussprechen uut·kü·ern *ZW*;
falsch ~ vö·sprä·ken *ZW*
ausspritzen uut·splen·tern
ZW
ausspucken uut·spüë·tern
ZW, spi·gen *uZW*, uut·spi-
gen *uZW*
ausspülen uut·spö·len *uZW*
ausstaffieren uut·staf·fe·ern
ZW
ausstaffiert uut·staf·fe·ert,
-e, -en [uut·staf·fe·er·te] *EW*
Ausstand Uut·stand, Uut-
stän·ne *m.*
ausständig uut·stän·nig, -e,
-en [uut·stän·ni·ge] *EW*
ausstatten uut·staf·fe·ern *ZW*
Ausstattung Mon·de·e·rung,
-en [Mon·de·e·run·gen] *w.*,

Uut·stü·er, -n w. fin.
ausstauben uut·stu·wen uZW
hyg.
ausstechen uut·stiä·ken uZW
ausstehen uut·staon uZW
Aussteifung Vö·sti·wung, -en
[Vö·sti·wun·gen] w. tech.
aussteigen uut·sti·gen uZW
ausstellen uut·stel·len ZW,
wi·sen uZW
Aussteller Uut·stel·ler, -s m.
Ausstellung Be·kiek, Be·ki-
ke s., Uut·stel·lung, -en [Uut-
stel·lun·gen] w.
Ausstellungsraum Uut·stel-
lungs·ruum, Uut·stel·lungs-
rü·me m. arch.
Ausstellungsstück Uut-
stel·lungs·stük, Uut·stel·lungs-
stücke s. [Uut·stel·lun·gs-
stük·ke] s.
aussterben uut·stiä·wen
uZW biol.
Aussteuer Uut·stü·er, -n w.
fin.; **gute ~ haben** übertr.
wat an'ne Fö·te häb·ben fin.;
Bestandteil der ~ Lin·nen
s. o.Mz.; **Schrank für die ~**
Lin·nen·schap, Lin·nen·schiä-
pe s. tech.
aussteuern uut·stü·ern ZW
fin.
Aussteuertruhe Schrap·kist,
-n [Schrap·kis·ten] w. tech.
ausstopfen up·stop·pen ZW,
uut·stop·pen ZW
ausstoßen uut·stau·ten uZW
ausstreichen uut·stri·ken
uZW
ausstreifen uut·stri·pen uZW,
uut·strië·peln ZW
ausstreuen uut·strai·en ZW,
wiär·pen ZW
aussuchen uut·ki·ken uZW,
uut·sö·ken uZW
austarieren uut·ta·re·ern ZW
Austausch Uut·tuusk, Uut-
tüüs·ke m.
austauschen uut·tuus·ken
ZW, uut·wes·seln ZW
austeilen uut·de·len ZW, uut-
doon uZW; **falsch ~** (beim
Kartenspiel) vö·gië·wen uZW
spo.
austragen uut·driä·gen uZW
austreiben uut·dri·wen uZW
austreten uut·triä·ten uZW,
uut·slaon uZW; **~ müssen**
übertr. uut de Bük·se müe-
ten med.
austricksen uut·spië·len ZW

austrinken uut·drin·ken uZW
kul., (derb) uut·su·pen uZW
kul.
austrocknen uut·drü·gen ZW
ausüben (Tätigkeiten oder
Geschäfte) han·neln ZW
Ausverkauf Uut·vö·kaup,
Uut·vö·kai·pe m. fin.
ausverkauft vö·grië·pen, -e,
-en [vö·grië·pe·ne] EW
auswachsen uut·was·sen
uZW biol.
auswählen uut·sö·ken uZW;
ohne auszuwählen stump
up
Auswanderer Uut·wan·ne-
rer, -s m.
auswandern uut·wan·nern
ZW
Auswärtige(r) Früëm·de, -n
m. und w.
auswärts buut·wääds UW,
uut·wääds UW
auswechseln uut·wes·seln
ZW
Ausweg Uut·wäg, Uut·wiä-
ge m.; **einen ~ schaffen**
übertr. een Äch·ter·päört-
ken los·lao·ten; **ohne ~** vö-
böst, -e, -en [vö·bös·te] EW
ausweglos vö·böst, -e, -en
[vö·bös·te] EW
ausweichen uut·wi·ken uZW
ausweiden uut·nië·men uZW
Ausweis Pa·pe·e·re Mz. jur.,
Uut·wies, Uut·wi·se m. jur.
ausweisen uut·wi·sen uZW
jur.
Ausweispapiere (Personalausweis, Führerschein usw.)
Flep·pen Mz. jur.
Ausweisung Uut·wi·sung,
-en [Uut·wi·sun·gen] w. jur.
ausweiten uut·wi·den uZW
auswendig bu·ten·kops EW,
uut·wän·nig EW, uut'n Kop
auswerfen uut·smi·ten uZW
auswiegen uut·wai·gen uZW
tech.
auswintern uut·win·tern ZW
auswischen uut·wis·ken ZW
Auswuchs Hü·ker, -s m.
med.
Auswurf Uut·smiët, -e [Uut-
smië·te] m.; **schleimiger ~**
beim Husten Kwals·ter, -s
m. med.
auszählen uut·täl·len ZW
auszahlen uut·be·ta·len ZW
fin., uut·stü·ern ZW fin.
auszapfen uut·tap·pen ZW

auszehren uut·tiärn ZW med.
Auszehrung Uut·tiä·rung,
-en [Uut·tiä·run·gen] w. med.
auszeichnen ä·ren ZW, uut-
te·ken ZW
Auszeichnung Uut·teek-
nung, -en [Uut·teek·nun·gen]
w.
ausziehen uut·trecken [uut-
trek·ken] uZW
Ausziehtisch Uut·trecke-
disk, -e [Uut·trek·ke·disk],
[Uut·trek·ke·dis·ke] m. tech.
Auszubildende Lä·er·wicht,
-er [Lä·er·wich·ter] s. kult.;
~r Lä·er·jun·gen, -s m. kult.,
Stift, -e [Stif·te] m. kult.
Auszug Kruud, Krü·der s.
biol.
Auto Au·do, -os s. trans.,
Ben·sien·kuts·ke, -n w. trans.,
Ben·sien·wa·gen, Ben·sien-
wiä·gen m. trans., (verächtlich) Kaor, Käörs m. trans.
Autobahn Au·do·baan, Au-
do·ba·nen w. trans.
Autobahnabfahrt Au·do-
baan·af·gang, Au·do·baan-
af·gän·ge m. trans.
Autobahnanschlussstelle
Au·do·baan·to·gang, Au·do-
baan·to·gän·ge m. trans.
Autobahnauffahrt Au·do-
baan·up·gang, Au·do·baan-
up·gän·ge m. trans.
Autobahnbrücke Au·do-
baan·brüg·ge, -n w. trans.
Autobahndreieck Au·do-
baan·twiël, -e [Au·do·baan-
twië·le] m. trans.
Autobahnkreuz Au·do·baan-
krüüs, Au·do·baan·krü·se s.
trans.
Autobahnzubringer Au·do-
baan·to·gangs·strao·te, -n w.
trans.
Autobauer Au·do·ma·ker, -s
m. tech.
Autobus Au·do·bus, -·se m.
trans.
Autofahrer Au·do·di·wer, -s
m. trans.; **hitziger ~** Bra-
ker, -s m. trans.
Automat Au·do·maot, -en
[Au·do·mao·ten] m. tech.
Automobilhersteller Au·do-
ma·ker, -s m. tech.
Automobilindustrie Au·do-
in·nus·tri, -·en w. tech.
Autor Book·schri·wer, -s m.
Autotransporter Au·do·trans-

por·te·e·rer, -s *m. trans.*
Autounfall Rumps, Rümp-
se *m. trans.*
Axt Äk·se, -n *w. tech.*; **mit
der ~ aufspalten** äks·tern
ZW tech.; **~ zum Aus-
höhlen** Hüöl·äks, -en [Hüöl-
äk·sen] *w. tech.*
Axtstiel Äk·sen·stel, -s *s. tech.*

B

B, b B, b (Buk·stab·be)
Baby Mens·ken·knöp·ken,
Mens·ken·knöp·kes *s., übertr.*
Naak·ääs, Naak·ä·se *m.*
Babyflasche Miälk·pül·ken,
Miälk·pül·kes *s. tech. kul.*
Bach Ao, Äö *w. geol.*, Biëk,
-en [Bië·ken] *w. geol.*, Flöt-
te, -n *w. geol.*; **~ der durch
eine Wiese fließt** Wies·ken-
biëk, -en [Wies·ken·bië·ken]
w. geol.; **kleiner ~** Gaus-
ke, -n *w. geol.*
**Bachbett; gepflastertes ~
unterhalb des Wehres**
Flaut·büë·ne, -n *w. tech.*
Bachgabelung Twiël·biëk,
-en [Twiël·bië·ken] *m. geol.*
**Bachlauf; Vertiefung im ~
infolge von Strudeln** Kolk,
Köl·ke *m. geol.*
Bächlein Biëks·ken, Biëks-
kes *s. geol.*
Bachmuschel Ot·ter, -n *w.
zool.*; **Schale der ~** Ot·ter-
schel·le, -n *w. zool.*
Bachstelze Acker·män·ken,
Acker·män·kes [Ak·ker·män-
ken] *s. zool.*, Kwik·stiärt, -s
m. zool., Ploog·dri·wer, -s
m. zool., Wip·stiärt, -s *m.
zool.*, Wüp·stiärt·ken, Wüp-
stiärt·kes *s. zool.*
Bachwasser Biëk·wa·ter,
Biëk·wä·ters *s.*
Bachwiese Biëk·wies·ke, -n
w. agr.
Bäckchen Bäks·ken, Bäks-
kes *s.*
Backe Bak, Backen [Bak·ken]
w. med., Ki·we, -n *w. med.*
backen backen [bak·ken]
uZW kul.
Backenzahn Ku·se·tan, -t,
Ku·se·tiä·ne *m. med.*
Bäcker Bäcker, -s [Bäk·ker]
m. kul.
Bäckerei Bäcke·ri, -·en [Bäk-
ke·ri] *w. tech. kul.*

Bäckerjunge Bäcker·jun·gen,
-s [Bäk·ker·jun·gen] *m. kul.*
Bäckermeister Bäcker·mes-
ter, -s [Bäk·ker·mes·ter] *m.
kul.*
Bäckersfrau Bäckers·ke, -n
[Bäk·kers·ke] *w. kul.*
Backform Ko·ken·i·sen, -s
s. tech. kul.; **~ für Waffeln**
Piep·ko·ken·i·sen, -s *s. tech.
kul.*
Backhaus Bak·huus, Bak·hü-
ser *s. arch.*, Baks, Backes
[Bak·kes] *s. arch.*; **kleines
~** Bak·hüüs·ken, Bak·hüüs-
kes *s. arch.*
Backmulde Bak·trog, Bak-
trüö·ge *m. tech. kul.*
Backofen Bak·uom, Bak-
üöms *m. tech.*; **Stab mit
nassem Lappen zur Rei-
nigung des ~s** Plüë·dens-
ta·ken, -s *m. tech.*; **Feuerraum des ~s** Bööt·lok,
Bööt·lök·ker *s. tech.*
Backpfanne Bak·pan, -·nen
w. tech. kul.
Backpflaume Bak·pru·me,
-n *w. bot.*
Backtrog Bak·trog, Bak-
trüö·ge *m. tech. kul.*, Deek-
trog, Deek·trüö·ge *m. tech.
kul.*
Backwerk Bak·wiärks *s.
o.Mz. kul.*
Bad Baad, Bä·der *s.*
Badehose Ba·de·bük·se, -n
w., Swem·bük·se, -n *w.*;
kleine oder kanppe ~ Ba-
de·büks·ken, Ba·de·büks-
kes *s.*
Bademeister Ba·de·mes·ter,
-s *m.*, Swem·mes·ter, -s *m.
spo.*
baden ba·den *ZW*, vö·rain-
ni·gen *ZW hyg.*
badengehen ba·den·gaon
uZW
Bader Ba·der, -s *m. hyg.*
Badewanne Fat, Fiä·ter *s.
tech. hyg.*, (Kindersprache)
Pul·le·fat, Pul·le·fiä·ter *s. tech.
hyg.*; **~ für Säuglinge** Pul-
le·fät·ken, Pul·le·fät·kes *s.
tech. hyg.*
baff maf, -·fe, -·fen *EW psy.*
Bahn Baan, Ba·nen *w.*,
Spuor, Spüörs *s. trans.*;
reine ~ Rüüm·straot, -en
[Rüüm·strao·ten] *w.*; **schiefe
~** Rië·wel·baan *w. jur.*

Bähnchen Bään·ken, Bään-
kes *s. trans.*
Bahngleis Ge·lais, -e [Ge-
lai·se] *s. trans.*
Bahnhof Baan·how, Baan-
hüö·we *m. trans.*, I·sen-
baan·stas·jaun, -en [I·sen-
baan·stas·jau·nen] *w. trans.*,
Stas·jaun, -en [Stas·jau·nen]
w. trans.
Bahnhofsgebäude Baan-
hows·bau, -·ten *m. arch.*
Bahnhofsvorsteher Baan-
hows·vüör·stao·er, -s *m.*
Bahnmeister Baan·mes·ter,
-s *m. tech.*
Bahnsteig Per·ron, -s *m.
trans.* (frz. perron)
Bahnübergang Baan·üö-
wer·gang, Baan·üö·wer·gän-
ge *m. trans.*, Strao·ten·üö-
wer·gang, Strao·ten·üö·wer-
gän·ge *m. trans.*
Bahre Baar, Ba·ren *w. tech.*,
Büör, -s *w. tech.*
Bajazzo Pa·jats, -e [Pa·jat-
se] *m. mus.* (frz. paillasse)
Balanceakt Blan·se·e·rung,
-en [Blan·se·e·run·gen] *w.*
(frz. balance)
balancieren blan·se·ern *ZW*
(frz. balancer)
bald bol, -·le *UW*, iärst·dags
UW, wan·ners *UW*; **sehr ~**
ärs·ter·dag, -s *UW*
Baldachin Hië·mel, -s *m.
tech. rel.*
Baldrian Bal·ler·jan *m. o.Mz.
bot.*, Kat·ten·kruud, Kat·ten-
krü·der *s. bot.*
Balg Bal·lig, -e [Bäl·li·ge] *m.
med.*
balgen bal·gen *ZW*, bant-
ken *ZW*, kat·hal·sen *ZW*
Balgerei Bank·lam·me·ri, -·en
w.
Balken Bal·ken, -s *m. tech.*
Balkenwaage Bal·ken·wao-
ge, -n *w. tech.*
Ball Bal, Bäl·le *m. spo., mus.*
Bällchen Bäl·le·ken, Bäl·le-
kes *s. spo.*
Ballen Dut, -·ten *m.*, Knuw-
wel, -s *m.*
ballen (Faust) knu·wen *ZW*
Ballenpresse Strau·bin·ner,
-s *m. tech. agr.*, Schauw-
ma·ker, -s *m. tech.*
Ballschlagen Bal·hau·en *s.
o.Mz. spo.*
Banane Ba·naan, Ba·na·nen

w. bot., kul.
Bananenstaude Ba·na·nen-
struuk, Ba·na·nen·strü·ker *m.*
bot.
Band Band, Bän·ner *s. tech.,*
Tai·er, -s *m. tech.;* ~ **zum**
Zubinden des Sackes Sak-
band, Sak·bän·ner *s. tech.;*
kleines ~ Bänd·ken, Bänd-
kes *s. tech.;* **rautiertes** ~
Ru·ten·band, Ru·ten·bän·ner
s. tech.
Bandende Flunk, Flün·ke *m.*
tech.
bändigen bän·ni·gen *ZW*
psy., hal·tern *ZW psy.,* tiä-
men *ZW psy.*
Bändiger Bän·ni·ger, -s *m.*
psy.
Bandmaß Band·maot, Band-
mää·te *s. tech.*
Bandoneon Trecke·büül, -s
[Trek·ke·büül] *m. mus.*
Bandsäge Band·sa·ge, -n
w. tech.
Bandwurm Band·wuorm,
Band·wüör·mer *m. zool.*
bang bang, -e, -en [ban·ge]
EW psy.
Bank Bank, Ban·ken *w. fin.,*
tech. Kas, -·sen *w. fin.*
Bankette Si·ten·stri·pen, -s
m. trans.
Bannspruch Tu·wer·flöök,
Tu·wer·flö·ke *m. psy.*
Bär Bä·er, -n *m. zool.*
bar baar, ba·re, -n *EW,* blank,
-e, -en [blan·ke] *EW*
barbarisch bar·baarsk, -e,
-en [bar·baars·ke] *EW psy.*
Barbier Bar·be·er, -e [Bar-
be·e·re] *m. hyg.*
barbieren bar·be·ern *ZW*
hyg.
Bärenführer Bä·ern·lai·er,
-s *m.*
Bärenkäfig Bä·ern·schot, -s
s. tech.
Bärenklau Suot·ken *m.*
o.Mz. bot.
Barett Bi·ret, -·te *s.*
barfuß bar·wes *EW,* blaud-
fööts *EW,* ha·söcken, -e, -en
[ha·sök·ke·ne] *EW,* plat·ke-
bar·wes *EW*
Bargeld Bar·schup, -·pen *w.*
fin., re Geld *fin.*
Barlo Boor·le *ON*
barmherzig guët·hiär·tig, -e,
-en [guët·hiär·ti·ge] *EW psy.*
Barmherzigkeit Guët·hait,

-en [Guët·hai·ten] *w. psy.*
Barock Ba·rok *m. o.Mz. kult.,*
tem.
barocke ba·roksk, -e, -en
EW kult.
Barometer Per·me·ter, -s *m.*
tech. met.
Barre Dwiärs·baum, Dwiärs-
bai·me *m. tech.*
Barriere Bar·re·er, -n *s.*
tech., Por·re·er·baum, Por·re-
er·bai·me *m. tech.*
Barsch Baos, Bäö·se *m.*
zool.
barsch barsk, -e, -en [bars-
ke] *EW psy.,* but, -·te, -·ten
EW psy., struf, -·fe, -·fen
EW psy.
Barschaft Bar·schup, -·pen
w. fin.
Barsinghausen Bas·se·hu-
sen *ON*
Bart Baod, Bäö·de *m. med.,*
Baod·wiärk, -s *s. o.Mz. med.*
Bärtchen Bäöd·ken, Bäöd-
kes *s. med.*
Barthaar Stöp·pel, -n *w. med.*
Bartholomäus Bat·tel·mä
VN (24. August)
bärtig bäö·dig, -e, -en [bäö-
di·ge] *EW med.*
Bartwuchs Baod, Bäö·de *m.*
med., **erster** ~ Fluum, Flü-
me *m. med.*
Base Nich·te, -n *w.*
Basilikum Bruun·silk *s. o.Mz.*
bot.
Basis *übertr.* Grund·steen,
Grund·ste·ne *m.*
Bastard; ~~**-Murmel** Bas·tert,
-s *m. tech.*
Bastelei Pääs·te·ri, -·en *w.*
tech.
basteln ha·rüm·tif·teln *ZW*
tech., kla·mü·sern *ZW tech.,*
knüs·peln *ZW tech.,* knüsseln *ZW tech.,* knüs·tern
ZW tech., pääs·tern *ZW*
tech., plug·gen *ZW tech.,*
wiär·keln *ZW tech.*
Batterie Stroom·spi·ker, -s
m. tech.
Bauch Bal·lig, Bäl·li·ge *m.*
med., Buuk, Bü·ke *m. med.,*
Un·ner·liew, Un·ner·li·we *m.*
med.; **dicker** ~ Smiär·buuk,
Smiär·bü·ke *m. med.;* **sehr**
dicker ~ Fet·buuk, Fet·bü-
ke *m. med.;* **im** ~ in·tus *UW*
Bauchbinde Buuk·bin·ne, -n
w. med.

Bauchfleisch Buuk·stri·men,
-s *m. med., kul.*
bauchig buukt, -e, -en [buuk-
te] *EW*
Bauchkneifen Buuk·kni·pen
s. o.Mz. med.
Bäuchlein Büüks·ken, Büüks-
kes *s. med.*
Bauchnabel Buuk·nab·bel,
Buuk·näb·bel *m. med.,* Naw-
wel, Niä·wel *m. med.*
Bauchriemen (vom Pferde-
geschirr) Balg·rai·men, -s
m. tech.
Bauchschmerzen Buuk·kni-
pen *s. o.Mz. med.,* Buuk-
pien, Buuk·pi·ne *w. med.,*
Liew·kel·len *Mz. med.,* Liew-
pien, Liew·pi·ne *w. med.;* ~
haben in'n Buuk hä·ben
med.
Bauchspeckstreifen Buuk-
stri·men, -s *m. med., kul.*
bauen bau·en *ZW tech.*
Bauer Bu·er, -n *m. agr.,* Bu-
ers·man, Bu·ers·lü·de *m.*
agr., Land·man, Land·lü·de
m. agr.; ~ **auf Sandboden**
Sänd·ker, -s *m. agr.;* **Familie**
des ~**n** Bu·ers·fa·mil·ge, -n
w. agr.; **kleiner** ~ Brink·sit-
ter, -s *m. agr.,* Bü·er·ken,
Bü·er·kes *s. agr.;* ~**, der alles**
besser weiß la·tiens·ke Bu-
er *agr.;* ~ **mit Pferden** Do-
mien, Do·mi·ne *m. agr.*
Bäuerin Bu·ers·frau, -·en *w.*
agr.
Bäuerlein Bü·er·ken, Bü·er-
kes *s. agr.*
bäuerlich bu·ersk, -e, -en
[bu·ers·ke] *EW agr.*
Bauernfamilie Bu·ers·fa·mil-
ge, -n *w. agr.*
Bauerngarten Bu·ern·gaorn,
Bu·ern·gäörns *m. agr.*
Bauernhaus Bu·ern·huus,
Bu·ern·hü·ser *s. arch. agr.;*
~ **des Schulzen** Schul·ten-
how, Schul·ten·hüö·we *m.*
arch. agr.; **Mittelraum im** ~
Graut·diäl, -en [Graut·diä-
len] *w. arch.*
Bauernhof Bu·ern·how, Bu-
ern·hüö·we *m. arch. agr,*
How, Hüö·we *m. arch. agr.,*
How·stiär, -n *w. arch. agr.;*
kleiner ~ Kuo·ten, Küö·ten
m. arch. agr.; **von Wasse-**
graben umgebener ~ Gräw-
ten·how, Gräw·ten·hüö·we

m. arch. agr.
Bauernjunge Bu·ern·jungen, -s *m. agr.*
Bauernkost Huus·mansköst *w. o.Mz. kul.*
Bauernküche Bu·ern·küëk, -en *w. arch.*
Bauernstolz Bu·ern·stolt *m. o.Mz. psy. agr.*; Bu·ern·trant *m. o.Mz. psy. agr.*
Bauerntochter Bu·ern·dochter, Bu·ern·döch·ter *w. agr.*, Bu·ern·wicht, -er [Bu·ern·wichter] *s. agr.*
Bauernweißbrot Bu·ern·stuten, -s *m. kul.*
Bauerschaft Bu·er·schup, -·pen *w. agr.*; **festgelegte Reihenfolge zur Verbreitung einer Todesnachricht in der ~** Bu·er·sprao·ke, -n *w.*
Bauerschaftsschänke Splenter·kuo·ten, Splen·ter·küö·ten *m. kul.*
Bauerschaftsschule Bu·er·schups·scho·le, -n *w. arch. kult.*
Bauersfrau Bu·ers·ke, -n *w. agr.*, Bu·ern·meers·ke, -s *w. agr.*
Baugewerbe Bau, -·e *m. tech.*; **im ~ arbeiten** up'n Bau ar·bai·den *tech.*
Bauherr Bau·hä·er, -ns *m.*
Bauholz Tim·mer·holt, Timmer·höl·ter *s. tech.*; **Platz zum Zuschneiden und Verzimmern des ~es** Tim·merhook, Tim·mer·hö·ke *m. tech.*
Baum Baum, Bai·me *m. bot.*
Baumberge Baum·biär·ge *Mz. geog.*
Bäumchen Baim·ken, Baimkes *s. bot.*
baumeln bam·meln *ZW*, büm·meln *ZW*
baumelnd büm·melnd, -e, -en [büm·meln·de] *EW*; **~es Ding** Bom·mel, -s *m.*; **kleines ~es Ding** Böm·melken, Böm·mel·kes *s.*
Baumholz Baum·holt, Baumhöl·ter *s. tech.*
Baumlaub Lauw *s. o.Mz. bot.*; **Viehfutter aus ~** Lauwhai *s. o.Mz. bot. kul.*
Baumläufer Spans·ke, -n *w. zool.*
Baumloch Baum·huol, Baumhüöls *s. bot.*

Baummoos Baum·mos, -·se *s. bot.*
Baumpieper Baum·le·wing, -e [Baum·le·win·ge] *m. zool.*
Baumsarg Baum·sark, Baum·siär·ke *m. tech.*
Baumscheibe Has·sel, -n *w.*, Kuë·de, -n *w.*
Baumschule Jung·holt, Junghöl·ter *s. bot.*
Baumstamm Lang·holt, Lang·höl·ter *s. bot.*; **Gerät zum Aufladen von Baumstämmen** Rik, Ricken [Rikken] *s. tech.*; **kleiner ~** Pümpel, -s *m. bot.*
Baumstumpf Baum·stumpen, -s *m. bot.*, Knub·be, -n *w. bot.*, Stub·ben, Stüb·ben *m. bot.*, Stu·ke, -n *w. bot.*
Baumwolle Baum·wul·le, -n *w. bot. tech.*
Baumwollspinnerei Baumwul·spin·ne·ri, -·en *w. tech.*
Baumwollstoff Baum·wuldook, Baum·wul·dö·ker *s. tech.*; **aus schlechtem ~** kamucken, -e, -en [ka·muk·ken], [ka·muk·ke·ne] *EW tech.*
Baumwollweberei Baumwul·wiä·we·ri, -·en *w. tech.*
Baumwurzel Luo·de, -n *w. bot.*; **lange ~** Luorn·ke, -n *w. bot.*
Baumwurzelstock Knub·be, -n *w. bot.*, Stub·ben, Stüben *m. bot.*
Baustein Bau·steen, Bauste·ne *m. tech.*
Bauwerk Bau·wiärk, -e [Bauwiär·ke] *s. arch.*
beabsichtigen vüör·häb·ben *uZW psy.*
beachten nich vö·giä·ten *uZW*
Beamter Bi·am·te, -n *m.*, (abfällig) pa·pe·er·ne Daglai·ner, -s *m.*
bearbeiten; grob ~ schrubben *ZW tech.*
beauftragen up·driä·gen *uZW*
beäugen be·ai·gen *ZW*
beben bië·wern *ZW*; **heftig ~** bib·bern *ZW*
bebend bië·we·rig, -e, -en [bië·we·ri·ge] *EW*
Becher Bië·ker, -s *m. tech.*
Becken Becken, Beckens [Bek·ken] *s. tech.*, Kump, Küm·pe *m. tech.*

Beckum Biä·kem *ON*
Beckumer(in) Biä·kems·ke, -n *m. und w.*
bedächtig sacht·mö·dig, -e, -en [sacht·mö·di·ge] *EW psy.*, sin·nig, -e, -en [sin·ni·ge] *EW psy.*, vüör·sich·tig, -e, -en [vüör·sich·ti·ge] *EW psy.*
bedanken (sich) dan·ken *ZW psy.*
bedauerlich be·du·er·lik, be·du·er·licke, -n [be·du·er·likke] *EW psy.*
bedauern be·du·ern *ZW psy.*
bedauernswert mis·lik, mislicke, -n [mis·lik·ke] *EW psy.*
bedecken dië·ken *ZW*
bedenken be·riä·ken *ZW psy.*; **nich vö·giä·ten** *uZW psy.*
bedenkenlos driest, -e, -en [dries·te] *EW psy.*
Bedenkzeit Üö·wer·läg·genstiet *w. o.Mz. tem.*
bedeuten be·dü·den *ZW*
bedeutend be·dü·dend, -e, -en [be·dü·den·de] *EW*
bedeutsam an·be·tands *EW*
Bedeutung Be·dü·den *s. o.Mz.*
bedienen be·dai·nen *uZW*
Bedienende(r) Be·dai·nende, -n *m. und w.*
Bedienstete(r) Be·däns·te·te, -n *m. und w.*, Dai·ner, -s *m.*
Bediente(r) Be·dän·te, -n *m. und w.*
Bedienung Be·dai·nung, -en [Be·dai·nun·gen] *w.*
bedrängen to·sät·ten *ZW psy.*
Bedrängnis Be·drul·je, -n *w. psy.*; **in ~** to·mao·te *EW psy.*; **in ~ geraten** *übertr.* an't Swe·ten kuë·men *psy.*
bedrucken drücken [drük·ken] *ZW tech.*
bedrückt be·naud, -e, -en [be·nau·de] *EW psy.*, lu·e·rig, -e, -en [lu·e·ri·ge] *EW psy.*
beeiden be·swüö·ren *ZW jur.*, swüö·ren *ZW jur.*
beeilen an·ma·ken *uZW*, be·i·len *ZW*, to·ma·ken *uZW*; **beeile dich** laup to, maak gau to, maak Gäng!
beeindruckt sein plat sien *psy.*
beeinflussen man·ne·pu·lern *ZW psy., tech.*; **die Richtung ~** stü·ern *ZW*

Beelen Bai·len *ON*
beenden up·häö·ern *ZW*, *übertr.* an't End kri·gen
beengt be·naud, -e, -en [be·nau·de] *EW*
beerben be·iär·wen *ZW fin.*
beerdigen ä·ern *ZW*, be·gra·wen *uZW*, bi·sät·ten *ZW*, in·ku·len *ZW*
beerdigt ä·ert, -e, -en [ä·er·te] *EW*
Beerdigte(r) Ä·er·te, -n *m., w. und s.*
Beerdigung Be·griäwt, -en [Be·griäw·ten] *s.*; **an einer ~ teilnehmen** nao·fol·gen *ZW*
Beerdigungsfeier Li·ken·fi·er, -n *w., übertr.* Dau·den·maol, Dau·den·mäö·le *s. kul.*
Beerdigungsmessfeier Siä·len·amt, Siä·len·iäm·ter *s. rel.*
Beere Biär, -n *w. bot.*
Beerenstachel Bit·ten·krat·se, -n *w. bot.*
Beerenstrauch Bit·ten·struuk, Bit·ten·strü·ke *m. bot.*; **kleiner ~** Bit·ten·strüüks·ken, Bit·ten·strüüks·kes *s. bot.*
Beerlage Biär·llag *ON*
Beet Ra·bat·te, -n *w. agr.*; **Rote ~e** Ra·be·te, -n *w. bot.*
befassen af·gië·wen *uZW*
Befehl Be·fiäl, -e [Be·fiä·le] *m.*, Uor·der, Üör·ders *w.*; **~ geben** Uor·der gië·wen
befehlen an·wi·sen *uZW*, be·fiä·len *ZW*, kum·me·de·ern *ZW* (*frz.* commander); Uor·der gië·wen
befestigen an·brän·gen *uZW*, an·ma·ken *uZW*, an·slaon *uZW*, an·stiä·ken *uZW*, fast·ma·ken *uZW*, fast·sät·ten *ZW*; **mit hölzernen Nägeln oder Stiften auf etwas ~** up·pig·gen *EW tech.*
befeuchten nat·ma·ken *uZW*
befinden (sich) af·bli·wen *uZW*
beflecken klackern [klak·kern] *ZW*
befördern spe·de·ern *ZW trans.*, trans·por·te·ern *ZW trans.*; be·füör·dern *ZW*
befragen be·frao·gen *uZW*
befreien af·hel·pen *uZW*, uut de Naud helpen; **sich ~** los·ri·ten *uZW*, uut·briä·ken *uZW*; **befreit werden** fri·kuë·men *uZW*

Befreiung Fri·kuë·men *s. o.Mz.*
befreundet be·frön·det, -e, -en [be·frön·de·te] *EW psy.*; **~ sein** (Junge mit Mädchen) met e·nen gaon *psy.*
befühlen an·fö·len *uZW*, be·föl·en *uZW*, fië·meln *ZW*
begabt plietsk, -e, -en [pliets·ke] *EW psy.*
Begabung An·lao·ge, -n *w. psy.*, Scha·ni, -es *s. psy.* (*frz.* génie), Vö·nül *m. o.Mz. psy.*
begatten bucken [buk·ken] *ZW med.*, bi'n Buk lao·ten *med.*, kop·pe·le·ern *ZW med.*, räm·meln *ZW med.*; (bei Hunden) rië·keln *ZW med.*; (bei Vögeln) triä·ten *uZW med.*
begattet kop·pe·le·ert, -e, -en [kop·pe·le·er·te] *EW med.*
begattungsfreudig (Vogel) triätsk, -e, -en [triäts·ke] *EW med., übertr.* heet, he·te, -n *EW med.*
begaukeln be·ka·keln *ZW*
begaunern af·knöp·pen *ZW jur.*, be·drai·gen *uZW jur.*
Begebenheit Be·giëw·nis, -se *s.*, Han·spiël, -e [Han·spië·le] *s.*
begegnen be·giëg·nen *ZW*, mö·ten *ZW*; (jemd.) driä·pen *uZW*, in'ne Mööt kuë·men
Begegnng Mö·ten *s. o.Mz.*
begehen (eine Tat) be·gaon *uZW*
begehrlich niëtsk, -e, -en [niëts·ke] *EW psy.*
begierig glau, -·e, -·en *EW psy.*
begießen be·gai·ten *uZW*, gai·ten *uZW*
Beginn An·fang, An·fän·ge *m. tem.*; **zu ~** ärs·ter·tiet, -s *UW tem.*
beginnen an·fan·gen *uZW*, an·laup·en *uZW*, an·tog·ma·ken *uZW*, los·gaon *uZW*; **eine Beschäftigung ~** bi·gaon *uZW*; **mit dem Spiel ~** uut·spië·len *ZW spo.*
begleiten bi·lau·pen *uZW*, bi·an·lau·pen *uZW*
beglückwünschen gra·le·ern *ZW*
begnügen be·gnö·gen *ZW psy.*
begonnen an·laup·en, -e, -en [an·lau·pe·ne] *EW*

begraben ä·ern *ZW*, be·gra·wen *uZW*
Begräbnis Be·griäwt, -en [Be·griäw·ten] *s.*
begreifen äch·ter·kuë·men *uZW*, be·gri·pen *uZW*, vö·staon *uZW*
begreiflich be·griep·lik, be·griep·licke, -n [be·griep·lik·ke] *EW psy.*
Begriff Be·griëp, -e [Be·grië·pe] *m.*, Uut·drük, Uut·drücke [Uut·drük·ke] *m.*
begriffsstutzig traon·däö·sig, -e, -en [traon·däö·si·ge] *EW psy.*
begrüßen grö·ten *ZW*
begutachten af·nië·men *uZW*, be·guët·ai·gen *ZW*
behaart häö·rig, -e, -en [häö·ri·ge] *EW*
behäbig breed, bre·de, -n *EW*
behaglich kom·mood, kom·mo·de, -n *EW*, kom·mo·dig, -e, -en [kom·mo·di·ge] *EW* (*frz.* commode), mak·lik, mak·licke, -n [mak·lik·ke] *EW*; **behaglicher** kom·mo·dig·er; **am behaglichsten** an kom·mo·digs·ten
behalten be·hol·len *uZW*, be·wa·ren *ZW*; **übrig ~** üö·wer·hol·len *uZW*
Behälter Pot, Pöt·te *m. tech.*; **durchlöcherter ~ zum Aufbewahren lebender Fische** Hö·de·fat, Hö·de·fiä·ter *s. tech.*; **größerer ~** Fat, Fiä·ter *s. tech.*; **kleiner ~** Fät·ken, Fät·kes *s. tech.*
behandeln be·han·neln *ZW*; **vom Arzt ~ lassen** dok·tern *ZW med.*
beharren, ~ auf be·staon up *psy.*
beharrlich vö·bië·ten, -e, -en [vö·bië·te·ne] *EW psy.*
behaupten wis·se·kü·ern *ZW ,psy.*
Behausung Huus, Hü·ser *s. arch.*
Behelf Be·help, -e [Be·hel·pe] *s.*
behelfen, sich ~ be·hel·pen (sik) *uZW*
Behelferei Be·hel·pe·ri, -·en *w.*
behende be·hen *EW*, hän·nig, -e, -en [hän·ni·ge] *EW*, wacker, -e, -en [wak·ker],

[wak·ke·re] *EW*
beherbergen lo·sche·ern *ZW*
(frz. loger)*;* jemd. ~ up·nië·
men *uZW*
beherrschen küe·nen *uZW,*
in'ne Ge·wolt häb·ben *psy.,*
mil.; **sich ~** an sik hol·len
psy., sik be·tiä·men *ZW*
psy., sik trüg·ge·hol·len *uZW*
psy.; jemd. ~ vö·fös·seln *ZW*
psy.; jemd. **im Kampf ~**
übertr. nat·ma·ken *uZW*
Beherrschung Trüg·ge·hol·
len *s. o.Mz. psy.;* **er hat die**
~ verloren *übertr.* em is de
Sië·ke·rung düör·brant *psy.*
beherzt Mans noog *psy.*
behilflich be·höl·pig, -e, -en
[be·höl·pi·ge] *EW;* **~ sein** an
ne Hand gaon
behindern hin·nern *ZW*
behindert hin·nert, -e, -en
EW; **geistig ~** un·klook, un·
klo·ke, -n *EW med.;* **gei·**
stig ~er Mensch Dööf·ken,
Dööf·kes *s. med.*
Behörde Amt, läm·ter *s.,*
übertr. Raod·huus, Raod·
hü·ser *s.*
behördlich amt·lik, amt·lik·
ke, -n *EW*
behüten be·wa·ren *ZW,* up·
pas·sen *uZW*
behutsam be·hot, -·te, -·ten
EW psy., sacht, -·e, -·en
[sach·te] *EW psy.,* sacht·
sin·nig, -e, -en [sacht·sin·ni·
ge] *EW psy.,* sin·nig, -e,
-en [sin·ni·ge] *EW psy.*
bei bi *UW, VW*
beibehalten bi·be·hol·len
uZW
beibringen bi·bai·gen *uZW,*
bi·brä·ngen *uZW,* wi·sen *uZW*
Beichte Bich·te, -n *w. rel.*
beichten bich·ten *ZW rel.*
Beichtstuhl Bicht·stool, Bicht·
stö·le *m. tech. rel.*
Beichtunterricht Bicht·un·
ne·richt, -e [Bicht·un·ne·rich·
te] *m. rel.*
Beichtvater Bicht·va·der,
Bicht·vä·ers *m. rel.*
beide bai·de *ZaW*
beidrehen bi·drai·en *ZW*
beieinander bi·nan·ner *UW,*
bi·ne·ne *UW,* to·neen *UW;*
gut ~ freed, fre·de, -n *EW*
beieinanderhalten bi·ne·ne·
hol·len *uZW*
beieinandersitzen bi·ne·ne·

sit·ten *uZW*
Beifall Bi·fal, Bi·fiä·le *m.*
beifällig bi·föl·lig, -e, -en
[bi·föl·li·ge] *EW*
beifügen bi·ma·ken *uZW*
beigeben bi·gië·wen *uZW*
Beigeschmack Bi·smaak,
Bi·smiä·ke *m. kul.*
Beihilfe Bi·höl·pe, -n *w.*
Beil Baor, Bäörs *s. tech.,*
Biel, Bi·le *s. tech.,* Bi·le, -n
w. tech.; **kleines ~** Biel·
ken, Biel·kes *s. tech.*
beilassen bi·lao·ten *uZW*
beiläufig bi·lai·pig, -e, -en
[bi·lai·pi·ge] *EW,* bi·löf·tig,
-e, -en [bi·löf·ti·ge] *EW*
Beilchen Biel·ken, Biel·kes
s. tech.
Beileid bezeugen kon·do·
le·ern *ZW psy.*
Bein Been, Be·ne *s. med.,*
tech., Bol·len, -s *m. med.,*
Foot, Fö·te *m. med., tech.,*
übertr. Flun·ken, -s *m. med.,*
(herabsetzend) Schuor·ken,
Schüör·ken *m. med.; übertr.*
Pin, -·ne *m.;* (Tisch u.ä.)
Hes·pel, -n *s. tech.,* Sta·le,
-n *w. tech.;* **auf die ~e kom·**
men *übertr.* in'ne Pin·ne
küe·men *med.;* **dickes ~**
übertr. Püm·pel, -s *m. med.;*
kein ~ auf die Erde be·
kommen kien Been an'n
Grund kri·gen *med.;* **kleines ~**
Fööt·ken, Fööt·kes *s. med.,*
tech.; **offene ~e** los·se Be·
ne *med.;* **steifes ~** Hin·ke·
been, Hin·ke·be·ne *s. med.*
beinahe bi·nao *UW,* bol, -·le
UW, mä·ren·deels *UW,*
miärst *UW,* rö·ers *UW,* so
guët äs, wik·li·wik *UW*
Beiname Bi·naom, -en [Bi·
nao·men] *m.*
Beinbruch Been·bruok,
Been·brüö·ke *m. med.*
Beinchen Been·ken, Been·
kes *s. med., tech.*
Beinkleid Been·kleed, Been·
kle·der *s.*
Beinschmerzen (haben) in
de Be·ne häb·ben *med.*
Beinstellung; krankhafte ~
klem·fö·tig, -e, -en [klem·
fö·ti·ge] *EW med.*
Beinstumpf Been·stump,
Been·stüm·pe *m. med.*
Beirat Bi·raod, Bi·räö·de *m.*
beisammen to·haup, -e [to·

hau·pe] *UW*
Beischlaf Bi·slaop, Bi·slääö·
pe *m. med.;* (außerehe·li·
chen) **~ halten** be·slao·pen
uZW med.
beischlafen bi·slao·pen *uZW*
med.
Beischläfer Bi·slai·per, -s *m.*
beiseite äch·ter·wiä·ge, -s
UW, bi·siet, bi·si·te *UW;* **~**
lassen äch·ter·wiä·ge lao·ten
beisetzen bi·sät·ten *ZW*
Beisitzer Bi·sit·ter, -s *m.*
Beispiel Bi·spiël, -e [Bi·spië·
le] *s.;* **ein ~ nehmen an et·**
was *übertr.* e·nen Rai·men
van af·sni·den *psy.*
Beispielseite Bi·spiël·si·te,
-n *w.*
beißen bi·ten *uZW,* hap·ken
ZW
beißend biëtsk, -e, -en [biëts·
ke] *EW*
Beißer Bi·ter, -s *m. zool.*
Beißerei Bi·te·ri, -·en *w.*
Beißzange Kniep·tang, -en
[Kniep·tan·gen] *w. tech.*
Beistand Bi·stand, Bi·stän·
ne *m.*
beistehen bi·staon *uZW psy.,*
hel·pen *uZW*
Beisteuer Bi·stü·er, -n *w. fin.*
beisteuern bi·stü·ern *ZW,* to·
gië·wen *uZW,* to·stü·ern *ZW*
Beitrag Bi·bat, -s *s.,* Bi·
drag, Bi·driä·ge *m.*
beitragen bi·driä·gen *uZW*
beiweg bi·wäg *UW*
Beiwerk Bi·wiärk, -s *s. o.Mz.*
beizeiten bi·tiet *UW tem.,*
bi·ti·ten *UW tem.,* bi·tiets
UW tem.
bekannt kun·nig, -e, -en
[kun·ni·ge] *EW;* **~ sein** ken·
nen *uZW;* **~ werden** (Neu·
igkeit) ruut·küe·men *uZW;*
~e Dinge ol·le Ka·mel·len
Mz.
bekanntmachen af·ro·pen
uZW; **mündlich ~** üm·säg·
gen *uZW*
Bekanntmacher Af·ro·per,
-s *m.,* Üm·säg·ger, -s *m.*
Bekanntmachung Up·roop,
Up·rö·pe *m.*
Bekassine Hië·mels·sië·ge,
-n *w. zool.,* Mecker·sië·ge,
-n [Mek·ker·sië·ge] *w. zool.*
bekennen; sich ~ in·staon
uZW psy.; **sich zu etwas ~**
to·gië·wen *uZW psy.*

bekleben be·klië·wen *ZW tech.*

beklebt be·kliëwt, -e, -en [be·kliëw·te] *EW tech.*

bekleiden, sich ~ kle·den *ZW*

Bekleidungsgeschäft Tüüg·la·den, Tüüg·lä·den *m. fin. arch.*

Beklemmung Be·nau·dig·kait, -en [Be·nau·dig·kai·ten *w. psy.*

bekloppt ram·däö·sig, -e, -en [ram·däö·si·ge] *EW med.*

bekommen be·kuë·men *uZW,* be·trecken [be·trek·ken] *uZW,* kri·gen *uZW,* to·fal·len *uZW*

bekömmlich vö·driäg·lik, vö·driäg·licke, -n [vö·driäg·lik·ke] *EW kul.*

Beköstigung Köst *w. o.Mz. kul.*

beladen up·packen [up·pak·ken] *uZW*

belanglos; ~es diskutieren wa·ter·düörs·ken *ZW*

belästigen in·kum·me·de·ern *ZW psy.* (frz. inkommoder), tiëp·ken *ZW psy.,* tri·be·le·ern *ZW psy.* (frz. tribulations)

belauern be·lu·ern *ZW*

belauernd spe, -·e, -·en *EW psy.*

belaufen be·lau·pen *uZW;* **~ auf** be·lau·pen up *uZW;* **sich ~ auf** be·driä·gen *uZW fin.*

belauschen be·lus·tern *ZW*

belegen be·läggen *ZW;* **sehr dick ~** düm·ken *ZW kul.;* **sehr dünn ~** (Brot u.ä.) schräöm·ken *ZW kul.*

belegt be·lägt, -e, -en [be·läg·te] *EW*

belehren be·lä·ern *ZW psy.*

beleibt *übertr.* kum·plet, -·te, -·ten *EW med.* (frz. complet)

Beleibtheit Kum·plet·tig·kait, -en [Kum·plet·tig·kai·ten] *w. med.*

beleidigen *übertr.* up dän Stiärt triä·ten *psy.*

beleidigt dul, -·le, -·len *EW psy.,* köpsk, -e, -en [köps·ke] *EW psy.;* **~es Gesicht machen** ne Fläp·pe trecken *psy.;* **einen ~en Mund ziehen** dän Mund up Sip häb·ben *psy.;* **schnell ~** üë·wel·niëmsk, -e, -en [üë·wel-

niëms·ke] *EW psy.;* **~ sein** *übertr.* dat Gat to·drai·en *psy.*

Beleidigte(r) *übertr.* Büm·mel·snu·te, -n *w. psy.*

Beleuchtung Lecht, -er [Lech·ter] *s. tech.*

Belgien Bel·li·gen *geog.*

beliebt be·laiwt, -e, -en [be·laiw·te] *EW psy.*

bellen blaf·fen *ZW,* blië·ken *ZW,* ö·cheln *ZW,* schäf·ken *ZW;* **laut und anhaltend ~** käf·ken *ZW;* **übermütig ~** bels·ken *ZW*

bellend blië·kend, -e, -en [blië·ken·de] *EW;* **stets ~** käf·kig, -e, -en [käf·ki·ge] *EW*

belohnen lau·nen *ZW fin., psy., übertr.* vö·sö·ten *ZW fin., psy.*

Belohnung Laun, Lai·ne *m. fin., psy.*

belügen an·lai·gen *uZW psy.,* be·lai·gen *uZW psy.,* vüör·lai·gen *uZW psy.*

Belustigung Spit·ta·kel, -s *s. psy.*

bemalen be·mao·len *ZW tech., mus.*

bemerken an·miä·ken *ZW psy.,* be·miä·ken *ZW psy.,* miä·ken *ZW psy.,* met·kri·gen *uZW*

bemitleiden be·du·ern *ZW psy.*

bemitleidenswert sein arm dran sein *fin., med.*

bemogeln be·schum·meln *ZW*

bemühen, sich ~ be·mö·en *ZW;* **um etwas ~** be·wiä·wen *ZW*

bemuttern be·mo·dern *ZW psy., übertr.* klucken [kluk·ken] *ZW psy.*

benachrichtigen Be·scheed säg·gen, Nao·richt uö·wer·brän·gen

benachteiligen lak·mai·ern *ZW psy., übertr.* trüg·ge·stau·ten *uZW psy.*

benachteiligt sein trüg·ge·staon *uZW psy.*

benannt näömt, -e, -en [näöm·te] *EW*

benebelt be·nië·welt, -e, -en [be·nië·wel·te] *EW med.*

benehmen be·driä·gen *uZW psy.,* be·häb·ben *ZW psy.;* **sich ~** be·nië·men *uZW psy.;* **ungebührlich ~** bank-

lam·mern *ZW psy.;* **wild ~** an·gaon *uZW psy.;* **sich albern ~** flap·ken *ZW psy.*

Benehmen Be·nië·mig, -s *s. psy.,* Be·nim *m. o.Mz. psy.,* Ma·ne·ern *Mz. psy.;* **albernes ~** Kal·we·ri, -·en *w. psy.;* **schlechtes ~** Bank·lam·me·ri, -·en *w. psy.,* **gutes ~** An·stand, An·stän·ne *m. psy.;* **verrücktes ~** Rap·pel, Räp·pel *m. psy.*

benennen be·näö·men *ZW,* näö·men *ZW*

Bengel Rän·gel, -s *m.*

benommen be·dü·welt, -e, -en [be·dü·wel·te] *EW med.,* be·naud, -e, -en [be·nau·de] *EW med.,* be·nuo·men, -e, -en [be·nuo·me·ne] *EW med.,* be·swië·melt, -e, -en [be·swië·mel·te] *EW med.,* duë·me·lig, -e, -en [duë·me·li·ge] *EW med.,* swië·me·lig, -e, -en [swië·me·li·ge] *EW med.;* **~ machen** du·nen *ZW med.;* **~ sein** druos·seln *ZW med.*

benötigen bru·ken *uZW,* nai·dig häb·ben; **etwas ~** üm wat vö·liä·gen sien

Bentheim, Bad Ben·tem *ON*

Bentlage Bent·lao·ge *ON*

benutzen bru·ken *uZW,* vö·wän·nen *uZW*

Benzin Ben·sien, Ben·si·ne *s. chem.,* Sprit, -·te *m. chem.*

Benzinmotor Ben·sien·ma·schien, Ben·sien·ma·schie·nen *w. tech.*

Benzinpumpe Ben·sien·pump, -en [Ben·sien·pum·pen] *w. tech.,* Sprit·pump, -en [Sprit·pum·pen] *w. tech.*

beobachten be·ai·gen *ZW,* be·lu·ern *ZW,* lus·tern *ZW;* **argwöhnisch ~** up'n Ki·ker häb·ben *psy.*

bepflanzen be·puor·ten *ZW agr.;* **vollständig ~** to·puor·ten *ZW agr.*

bequem gat·lik, gat·licke, -n [gat·lik·ke] *EW,* kom·mood, kom·mo·de, -n *EW,* kom·mo·dig, -e, -en [kom·mo·di·ge] *EW* (frz. commode), mak·lik, mak·licke, -n [mak·lik·ke] *EW;* **bequemer** kom·mo·dig·er; **am bequemsten** an kom·mo·digs·ten

Bequemlichkeit Fuul·hait,

-en *w. psy.*
beraten be·rao·den *uZW,*
spicke·le·ern [spik·ke·le·ern]
ZW
Beratungsgremium Uut-
schus, Uut·schüs·se *m.*
berechnen be·riä·ken *ZW*
math., kal·ku·le·ern *ZW math.*
(*frz.* calculer), riä·ken *ZW*
math.; uut·läg·gen *ZW*
tech.
Berechtigungskarte Kaat,
Ka·te, -n *w.*
bereden be·ka·keln *ZW*
psy., be·kü·ern *ZW psy.,*
be·kwa·tern *ZW psy.,* be-
prao·ten *ZW psy.,* be·spriä-
ken *uZW psy.,* be·wies-
snu·ten *uZW psy.,* vö·hak-
stücken [vö·hak·stük·ken]
ZW psy.; **jemd. ~ etwas zu**
tun rüm·kri·gen *uZW psy.*
Bereich Be·riek, Be·ri·ke *m.*
bereichern (sich) be·ri·kern
(sik) *ZW fin.*
Bereichsleiter Halw·hä·er,
-ns *m.*
bereit re, -·e, -·en *EW,* praot,
-e, -·en [prao·te] *EW;* trächt,
-e [träch·te] *UW;* **sich ~**
machen sik rüs·tern *ZW*
bereithalten praot·hol·len
uZW
bereits aal *UW,* äl *UW*
bereitstehen praot·staon
uZW
bereuen be·rü·en *ZW psy.,*
rü·en *ZW psy., übertr.* dän
Kop un·ner'n Arm nië·men
psy.
Berg Biärg, -e [Biär·ge] *m.*
geol.; **zum ~ hin** biärg·an
UW geol.
Berg Fidel Biärg Fi·deel *ON*
bergab biärg·af *UW geol.*
Bergahorn Bärg·a·häön *m.*
o.Mz. bot.
bergan biärg·an *UW geol.*
bergauf biärg·an *UW geol.*
Bergbau Biärg·bau *m. o.Mz.*
tech.
bergen biär·gen *ZW*
Bergeshövede Biärgs·hai-
we *ON*
Berghänfling gri·se Tücker,
gri·sen Tückers [Tük·ker] *m.*
zool.
Berghaus Biärg·huus, Biärg-
hü·ser *s. arch.*
bergig biär·gig, -·e, -·en [biär-
gi·ge] *EW geol.*

Bergleute Biärg·lü·de *Mz.*
tech.
Bergmann Biärg·man, Biärg-
lü·de *m. tech.*
Bergseite Biärg·si·te, -n *w.*
Bergspitze Biärg·tip, -·pen
m. geol.
Bergsteiger Sti·ger, -s *m.*
Bergwiese Biärg·wies·ke, -n
w. agr.
berichten vö·täl·len *ZW*
beriechen be·ru·ken *uZW;*
sich ~ sik be·ru·ken *uZW*
psy.
Berkel Biëk *w. o.Mz. geol.*
Berlin Ber·lien *ON*
Bernhard Bäänd *VN,* Bän-
nats, Bän·näts·ken *VN,* (Kurzform) Nats, Näts·ken *VN*
Bernhardine Ben·di·ne *VN,*
Di·na *VN*
Bernstein Briän·steen, Briän-
ste·ne *m. geol.*
Bersenbrück Bös·sen·brüg-
ge *ON*
bersten biäs·ten *ZW*
berstendvoll biäs·ten·vul,
-·le, -·len *EW*
berücksichtigen in·be·trecken
[in·be·trek·ken] *uZW,* nich
vö·giä·ten *uZW*
Berücksichtigung In·be-
trecken [In·be·trek·ken] *s.*
o.Mz.
Beruf Be·driew, Be·dri·we
m., Be·roop, Be·rö·pe *m.,*
Tid·del, -s *m.*
berufen be·ropt, -e, -·en [be-
rop·te] *EW;* **sich auf et-**
was ~ be·ro·pen *uZW*
Berufsschule Wiär·ker·school,
Wiär·ker·scho·le, -n *w. kult.*
Berufung Be·roop, Be·rö·pe
m.
beruhigen be·gäus·ken *ZW*
psy., be·rü·i·gen *ZW;* **sich ~**
sik be·kri·gen *uZW psy.*
beruhigend güö·rig, -·e, -·en
[güö·ri·ge] *EW psy.*
beruhigt be·rü·igt, -·e, -·en
[be·rü·ig·te] *EW*
berühmt be·rompt, -·e, -·en
[be·romp·te] *EW,* be·ropt,
-·e, -·en [be·rop·te] *EW*
berühren an·ticken [an·tik-
ken] *ZW,* an·tücken [an·tük-
ken] *ZW,* be·rö·ern *ZW,*
ticken [tik·ken] *ZW,* tücken
[tük·ken] *ZW;* **das berührt**
ihn überhaupt nicht *übertr.*
dao tükt em ki·ne Ääs·ao-

der üm *psy.*
Berwicke Berw·ke *ON*
Besatz Be·sat, Be·sät·te *m.;*
mit ~ versehen be·sät·ten
ZW
Besatzer Be·sät·ter, -s *m.*
mil.
besaufen be·su·pen *uZW*
med. kul.
beschädigen vö·nai·len *ZW,*
ram·po·me·ern *ZW*
beschädigt vö·nailt, -·e, -·en
[vö·nail·te] *EW;* **~es Gut**
Wrak·war, -s *s.*
beschaffen be·suor·gen *ZW,*
bi·kri·gen *uZW*
beschäftigen, sich ~ kwät-
ken *ZW;* **sich geistig ab-**
wesend mit etwas ~ fin-
sel·te·ern *ZW psy.*
beschäftigt in Ar·baid; **~ sein**
üm de Hand häb·ben; **sehr**
~ sein drok sien **er ist sehr**
~ he häw't wat drok
Beschäftigter Met·ar·bai-
der, -s *m.*
Beschäftigung Be·driew,
Be·dri·we *m.*
beschämen in·kum·me·de-
ern *ZW psy.* (*frz.* inkommoder)
beschämend scha·ne·er·lik,
-·e, -·en [scha·ne·er·lik·ke] *EW*
psy., sche·nant, -·e, -·en [sche-
nan·te] *EW psy.*
beschämt vö·liä·gen, -·e, -·en
[vö·liä·ge·ne] *EW psy., übertr.*
sliep·stiärts *EW psy.*
Bescheid Be·scheed, Be-
sche·de *m., Uor·der, Üör-*
ders *w. jur.* (*frz.* ordre); **~**
wissen af·ken·nen *uZW;*
er weiß ~ dao kent he wat
van af!
bescheiden be·sche·den, -·e,
-·en [be·sche·de·ne] *EW psy.,*
een·fak, een·facke, -n [een-
fak·ke] *EW,* ge·nöög·lik, ge-
nöög·licke, -n [ge·nöög·lik-
ke] *EW psy.,* ka·duk, ka·duk-
ke, -n *EW psy.,* sü·nig, -·e,
-·en [sü·ni·ge] *EW psy.*
bescheinigen be·schi·ni·gen
ZW jur.
Bescheinigung Be·schi·ni-
gung, -en [Be·schi·ni·gun·
gen] *w. jur.,* Schien, Schine *m. jur.,* Sië·del, -s *m.,*
Tüüg·nis, -·se *s. jur.*
beschichten up·driä·gen
uZW tech.

Beschichtung Üö·wer·tog, Üö·wer·tüö·ge *m. tech.*

beschießen be·schai·ten *uZW mil.*

beschimpfen uut·schän·nen *ZW psy.*; **sich ~** *übertr.* sik wat an dän Kop smi·ten *psy.*

beschlafen be·slao·pen *uZW med.*, ficken [fik·ken] *ZW med.*, *übertr.* vüë·geln *ZW med.*

Beschlag Be·slag, Be·sliä·ge *m. tech.*

beschlagen an·laup·en, -e, -en [an·lau·pe·ne] *EW*, be·slaon, -e, -en [be·slao·ne] *EW tech.*; an·laup·en *uZW chem.*, be·slaon *uZW tech.*

beschleichen be·sli·ken *uZW*

beschleunigen nao·hel·pen *uZW*, Gas gië·wen *trans.*, nen Tacken to·läg·gen

Beschleunigung (beim Anfahren) An·tog, An·tüö·ge *m. trans.*

beschließen af·slu·ten *uZW*, be·slu·ten *uZW*, fast·ma·ken *uZW*

Beschluss Be·sluët, Be·slüë·te *m.*

beschmieren an·smiärn *ZW*

beschmutzen be·äö·sen *ZW hyg.*, vö·äö·sen *ZW hyg.*; **sich ~** in·klai·en *ZW hyg.*; **mit Händen ~** an·fut·ken *ZW hyg.*, vö·fut·ken *ZW hyg.*; **seinen Rocksaum ~** be·ham·meln *ZW hyg.*

beschmutzt vö·fut·ket, -e, -en [vö·fut·ke·te] *EW hyg.*

beschneiden be·sni·den *uZW*, snib·beln *ZW med.*

beschönigen *übertr.* hän·drai·en *ZW psy.*

beschränkt däö·sig, -e, -en [däö·si·ge] *EW psy.*

beschreiben be·schri·wen *uZW*, be·teek·nen *ZW*

beschreibend be·schri·wend, -e, -n [be·schri·wen·de] *EW*

beschrieben be·schrië·wen, -e, -en [be·schrië·we·ne] *EW*

beschuldigen an·schül·li·gen *ZW psy., jur.*, be·schül·li·gen *ZW psy., jur.*; vüör·hol·len *uZW psy.*

beschuldigt be·schül·ligt, -e, -en [be·schül·lig·te] *EW jur.*

Beschuldigte(r) Be·schül·lig·te, -n *m. und w. jur.*

beschützen be·wa·ren *ZW*

Beschützer Schüt·te, -n *m.*

beschwatzen be·kwa·tern *ZW psy.*, be·tün·deln *ZW psy.*

Beschwerde Pli·te, -n *w.*; **~ einlegen** klao·gen *ZW jur.*

beschweren be·swäörn *ZW psy.*; **sich ~** nüörs·tern *ZW psy.*, süörn *ZW psy.*; **sich heftig ~** *übertr.* Te·ao·ter spië·len *psy.*

beschwerlich be·swäör·lik, be·swäör·licke, -n [be·swäör·lik·ke] *EW psy.*

beschwichtigen be·gäus·ken *ZW psy.*

beschwören be·swüö·ren *ZW jur.*

besehen be·ki·ken *uZW*

beseitigen wäg·ma·ken *uZW*; **Überstehendes ~** af·ra·se·ern *ZW*

Besen Bes·sen, -s *m. tech.*; **dünne Äste für ~** Bes·sen·ri·ser, -s *m. tech.*; **feiner ~ aus Pferdehaar** Haor·bes·sen, -s *m. tech.*; **kleiner ~ aus Heide zur Topfsäuberung** Pot·bes·sen, -s *m. tech.*

Besenbinder Bes·sen·bin·ner, -s *m. tech.*

Besenginster Bes·sen·braom *m. o.Mz. bot.*

besenrein bes·sen·rain, -e, -en [bes·sen·rai·ne] *EW hyg.*

Besenreisig Bes·sen·ri·ser, -s *m.*

Besenstiel Bes·sen·stiël, -e [Bes·sen·stië·le] *m. tech.*

besessen be·siä·ten, -e, -en [be·siä·te·ne] *EW psy.*

Besessener Be·siä·te·ne, -n *m. und w. psy.*

besetzen be·sät·ten *ZW*, *übertr.* in Be·slag nië·men *mil.*, *übertr.* breed·ma·ken *uZW mil.*; (Eier) be·sit·ten *uZW biol.*

Besetzer Be·sät·ter, -s *m., mil.*

besetzt be·sät, -te, -ten *EW*

Besetzung Be·sät·tung, -en [Be·sät·tun·gen] *w. mil.*

besichtigen be·ki·ken *uZW*, vi·si·te·ern *ZW* (frz. visiter)

besinnen (sich) in sik gaon *psy.*; **sich ~ auf** bi·fal·len *uZW psy.*

Besinnung Vö·stand, Vö·stän·ne *m. psy., med.*; **zur**

~ kommen bi·kuë·men *uZW psy.*, *med.*, to Vö·stand kuë·men *psy., med.*

Besitz Goot, Go·te *s.*, Ha·we, Hiä·we *w.*, Kap·taol *s. o.Mz. fin.*, Saak, Sa·ke, -n *w.*; **in ~ nehmen** in Be·slag nië·men, *übertr.* breed·ma·ken *uZW mil.*

besitzen be·sit·ten *uZW*, häb·ben *uZW*

Besitzer Be·sit·ter, -s *w.*, E·gen·dö·mer, -s *m.*; **~ eines Einmannbetriebes** Krau·ter, -s *m.*

Besitzrecht Häw·we·rächt, -e [Häw·we·räch·te] *s. jur.*

Besitztum, bäuerliches ~ An·wië·sen, -s *s.*

besoffen be·suo·pen, -e, -en [be·suo·pe·ne] *EW med.*

besohlen be·suo·len *ZW tech.*, suo·len *ZW tech.*, vö·suo·len *ZW tech.*; **Holzschuhe mit Lederstücken ~** up·klao·nen *ZW tech.*

besohlt vö·suo·lt, -e, -en *EW tech.*

besonder be·sun·ner, -e, -en [be·sun·ne·re] *EW*

Besondere Be·sun·ne·re *s. o.Mz.*

Besonderes Äks·traos *s. o.Mz.*; **etwas ~** wunnerswat *UW*

besonders af·sun·ner·lik, af·sun·ner·licke, -n [af·sun·ner·lik·ke] *EW*, a·pad·dig, -e, -en [a·pad·di·ge] *EW*, un·wies, un·wi·se, -n *EW*; be·sun·ners *UW*, swao·rens *UW*, wun·ners *UW*; (Vorsilbe) krit·ten; **nicht ~** *übertr.* dat is kien Pug·gen

besonnen sacht·sin·nig, -e, -en [sacht·sin·ni·ge] *EW psy.*, sin·nig, -e, -en [sin·ni·ge] *EW psy.*

besorgen be·suor·gen *ZW*, bi·kri·gen *uZW*, kri·gen *uZW*, up·dri·wen *uZW*

Besorgnis Be·suorg·nis, -se *s. psy.*, Suorg, Suor·ge, -n *w. psy.*

besorgt be·hot, -·te, -·ten *EW psy.*, be·suorgt, -e, -en [be·suorg·te] *EW psy.*, ge·doon *EW psy.*, suorg·lik, suorg·licke, -n [suorg·lik·ke] *EW psy.*; **~ sien** suor·gen *ZW psy.*

besprechen be·ka·keln ZW,
be·kü·ern ZW, be·prao·ten
ZW, be·rao·den uZW, be-
spriä·ken uZW; **bis in alle
Einzelheiten ~, ausführ-
lich ~** düör·kau·en ZW
Besprechung Be·spriä·ken
s. o. Mz.
besprengen be·gai·ten uZW
bespringen dië·ken ZW med.
bespritzen be·splen·tern ZW,
be·spüë·tern ZW
bespritzt be·splen·tert, -e,
-en [be·splen·ter·te] EW
bespucken be·spüë·tern ZW
besser biä·ter, -e, -en [biä-
te·re] EW, biä·ter·güët, -e,
-en [biä·ter·güë·te] EW
Bessere(r) Biä·te·re, -n m.,
w. und s.
bessern biä·tern ZW
Besserung Biä·te·rung, -en
[Biä·te·run·gen] w.
Besserwisser Klook·schi-
ter, -s m. psy., Viël·wiët, -e
[Viël·wië·te] m. psy., Wi·se-
pin, -s m. psy.
bessserwisserisch biä·ter-
wiëtsk, -e, -en [biä·ter·wiëts-
ke] EW
Bestand Be·stand, Be·stän-
ne m.
beständig be·stän·nig, -e,
-en [be·stän·ni·ge] EW
bestätigen to·säg·gen uZW,
to·stem·men ZW
bestatten ä·ern ZW
bestäuben be·stu·wen uZW
bot.
bestaunen be·wün·nern ZW
psy.
Beste Best s. o. Mz.; **der ~**
Baas, Biä·se m.; **aufs ~**
best UW
bestechen be·stiä·ken uZW
fin., kau·pen uZW fin.
bestehen (Prüfung) be·staon
uZW; **~ auf etwas** be·staon
up psy.
bestehlen be·gries·vuë·geln
ZW jur.
bestellen be·stel·len ZW,
mel·len ZW
Bestellung Be·stel, -s s.
besten; am ~ al·ler·best, -e,
-en [al·ler·bes·te] EW
bestens best UW, best-
güet UW, hel·ler best; **alles
ist ~** übertr. et is aals in
Buo·ter
Bester, ~ bei Wettkämpfen

Küë·ning, -e [Küë·nin·ge] m.
spo.
Bestie Un·dier, -s s. zool.
bestimmen be·stem·men
ZW; **~ was zu tun ist** dat
Säg·gen häb·ben
Bestimmen Säg·gen s. o. Mz.
bestimmt al·le·maol UW,
be·stemt, -e, -en [be·stem-
te] EW UW, för·wis, wis,
-se EW; **ganz ~** wis·se noog
Bestimmung Be·stem, -s s.
bestrafen be·strao·fen ZW
psy., jur., strao·fen ZW psy.,
jur.; **unverhältnismäßig
hart ~** übertr. drup slaon
äs up kolt l·sen psy., jur.
bestraft be·straoft, -e, -en
[be·straof·te] EW psy., jur.
Bestrafung Be·strao·fung,
-en [Be·strao·fun·gen] w.
psy., jur.
bestreiten af·stri·den uZW
psy.; **heftig ~** wied wäg-
smi·ten psy.
bestreuen be·strai·en ZW
bestürzt baf, -·fe, -·fen EW
psy., be·stot, -·te, -·ten EW
psy., läm·pen, -e, -en [läm-
pe·ne] EW psy.
Besuch An·laup, An·lai·pe
m., Be·söök, Be·sö·ke m.,
Vi·si·te, -n w. (frz. visite);
einen kurzen ~ machen
in·ki·ken uZW; **~ zu Kaffee
und Kuchen** Ko·ken·vi·si-
te, -n w.; **viel ~ von (jungen) Leuten haben** übertr.
Ka·mer·up·gang häb·ben
besuchen be·sö·ken uZW,
rin·ki·ken uZW, to·ki·ken
uZW, vi·si·te·ern ZW (frz.
visiter)
Besucher Be·sö·ker, -s m.,
Gast, Gäst m.
Besucherraum Be·sö·ker-
ruum, Be·sö·ker·rü·me m.
arch.
Besuchertag Kuëm·dag, -e
[Kuëm·da·ge] m. tem.
Besucherzimmer Be·sö·ker-
ruum, Be·sö·ker·rü·me m.
arch.
Besuchstag für den Freier
Kuëm·dag, -e [Kuëm·da·ge]
m. tem.
besudeln be·aö·sen ZW
hyg., be·slab·bern ZW hyg.
betasten fö·len uZW
betäuben dauw ma·ken med.
betäubt be·dü·welt, -e, -en

[be·dü·wel·te] EW med.,
swië·me·lig, -e, -en [swië-
me·li·ge] EW med.
beteiligen (sich) met·doon
uZW, met·mis·ken ZW psy.
Beten Biä·den s. o. Mz. rel.;
**durch ~ etwas ändern
wollen** (z.B. das Wetter)
üm·biä·den ZW rel.
beten biä·den ZW rel., bid-
den ZW rel., de Han·nen
fol·len rel.
betend biä·dend, -e, -en
[biä·den·de] EW rel.
Betende(r) Biä·der, -s m. rel.
Beterei Biä·de·ri, -·en w. rel.
beteuern be·tü·ern ZW psy.,
swüö·ren ZW psy., vö·sië-
kern ZW psy.
Beton Be·tong m. o. Mz. tech.
betören be·tün·deln ZW psy.
betrachten an·sain uZW,
be·ki·ken uZW, ki·ken uZW;
kritisch ~ be·gries·mu·len
ZW psy.
Betrag Be·drag, Be·driä·ge
m. fin.
betragen be·driä·gen uZW
psy., be·lau·pen (up) uZW
fin.
betreffen an·lan·gen ZW, an-
gaon uZW, be·driä·pen uZW
betreiben be·dri·wen uZW
betreuen an·nië·men uZW,
klucken [kluk·ken] EW
Betrieb, lärmender ~ Rummel m. o. Mz.
betriebsam rö·rig, -e, -n [rö-
ri·ge] EW psy.
Betriebsamkeit We·e·ri, -·en
w.
Betriebsleiter Halw·hä·er,
-ns m.
betrinken be·schas·ken ZW
kul., be·su·pen uZW kul.,
vul·su·pen uZW kul., übertr.
e·nen up de Lamp gai·ten
kul.
betroffen be·tukt, -e, -en [be-
tuk·te] EW psy., vö·sla·gen,
-e, -en [vö·sla·ge·ne] EW
psy.; **~ machen** übertr. an
de Naod gaon psy.
betrogen be·tupt, -e, -en
[be·tup·te] EW psy., jur.
betrüben be·drö·wen ZW
psy.
betrübt be·drööwt, -e, -en
[be·drööw·te] EW psy., be-
dröp·pelt, -e, -en [be·dröp-
pel·te] EW psy., be·läm-

mert, -e, -en [be·läm·mer-te] *EW psy.*, be·tukt, -e, -en [be·tuk·te] *EW psy.*, tru·e·rig, -e, -en [tru·e·ri·ge] *EW psy.*, tru·er·kläö·mig, -e, -en [tru·er·kläö·mi·ge] *EW psy.*; ~ **sein** *übertr.* de Ao·ren han·gen lao·ten *psy.*, *übertr.* dän Kop han·gen lao·ten *psy.*
Betrug Be·drug *m. o.Mz. jur.*, Smu *m. o.Mz. jur.*, Swin·nel, -s *m. jur.*
betrügen an·schi·ten *uZW jur.*, an·smiärn *ZW jur., psy.*, be·dral·gen *uZW jur., psy.*, be·schi·ten *uZW jur.*, be·tup·pen *ZW jur.*, lak·mai·ern *ZW jur., psy.*, Smu ma·ken *jur., übertr.* dat Fel üö·wer de Ao·ren trecken *jur., übertr.* in't Aor fö·len *fin.*; **den Partner** ~ früemd·gaon *uZW psy.*
Betrüger Be·drai·ger, -s *m. jur.*, Hals·af·sni·der, -s *m. jur. fin.*, Schiet·kääl, -s *m. jur., psy.*; *scherzh.* Fi·lu, -us *m. jur., psy. (frz. filou)*
betrunken be·suo·pen, -e, -en [be·suo·pe·ne] *EW med.*, be·swië·melt, -e, -en [be·swië·mel·te] *EW med.*, ma·chül, -·le, -·len *EW med.*, *übertr.* af·fo·ert, -e, -en [af·fo·er·te] *EW med., übertr.* dik, dicke, -n [dik·ke] *EW med., übertr.* duun, du·ne, -n *EW med., übertr.* e·nen to·viël häb·ben *med., übertr.* nich al·leen sien *med., übertr.* sien Deel up·häb·ben *med., übertr.* stiew van't Drin·ken sien *med., übertr.* sehr ~ dri·ten·dik, dri·ten·dicke, -n [dri·ten·dik·ke] *EW med.*; ~ **sein** *übertr.* de Pün·te vul häb·ben *med., übertr.* dat Lämp·ken an't Glai·en häb·ben *med.*; ~ **machen** *übertr.* af·fo·ern *ZW kul.*; **stark** ~ strum·pel·dik, strum·pel·dicke, -n [strum·pel·dik·ke] *EW med.*, tun·ken stram, -·me, -·en *med.*; **total** ~ schi·ten·dik, schi·ten·dicke, -n [schi·ten·dik·ke] *EW med.*, stüör·ten·dik, stüör·ten·dicke, -n [stüör·ten·dik·ke] *EW med.*; **völlig** ~ **sein** *übertr.* dän Ka·naol vul häb·ben *med.*,

übertr. de As·se drun·ner wäg häb·ben *med., übertr.* ko·dik, ko·dicke, -n [ko·dik·ke] *EW med.*; ~ **heimkehren** *übertr.* ne Sië·ge met·brän·gen *med.*
Betstunde Biäd·stun·ne, -n *w. tem. rel.*
Bett Bed·de, -n *s. tech.*, Klap·pe, -n *w. tech.*, Slaop·stiär, -n *w. tech., übertr.* Kuorw, Küör·we *m. tech., übertr.* Küs·sen, -s *s. tech.*; **freistehendes** ~ Les·se·kant, -en [Les·se·kan·ten] *s. tech.* (*trz.* lit de camp); **kleines** ~ Kin·ner·bed·ken, Kin·ner·bed·kes *s. tech.*.; ~ **im Schrank** Bed·de·schap, Bed·de·schiä·pe *s. tech.*; **ins** ~ **gehen** nao'n Bed·de gaon, *übertr.* in'n Kuorw gaon; **ins** ~ **legen** bed·den *ZW*; **kleines** ~ Bed·ken, Bed·kes *s. tech.*; **mit Spreu gefüllter Sack als Unterlage im** ~ Kaf·sak, Kaf·siä·ke *m. tech.*; **nicht zu** ~ **gehen** up·bli·wen *uZW*; **schlechtes** ~ Kül·ter, -s *m. tech.*
Bettag Biäd·dag, Biäd·da·ge *m. rel. tem.*
Bettbezug (Inlett) Bed·bü·er, -s *s.*
Bettchen Bed·ken, Bed·kes *s. tech.*
Bettdecke Bed·de·dië·ke, -n *w. tech.*
bettelarm biä·del·arm, -e, -en [biä·del·ar·me] *EW fin.*
Bettelbeutel Biä·del·büül, -s *m. tech. fin.*
Bettelbrief Biä·del·breew, Biä·del·bre·we *m.*
Betteljunge Biä·del·jun·gen, -s *m.*
Bettelkorb (zur Sammlung von Lumpen usw.) Biä·del·kuorw, Biä·del·küör·we *m. tech.*
Bettelmann Biä·del·man, Biä·del·lü *m.*
betteln biä·deln *ZW psy.*, bid·den *ZW psy.*, gam·meln *ZW psy.*, lun·gern *ZW psy.*, prel·len *ZW psy.*, tem·me·ne·ern *ZW psy. (frz.* terminer); **aufdringlich** ~ pra·chen *ZW psy.*; ~**d winseln** kwän·geln *ZW psy.*
Bettelstab Biä·del·stok, Biä-

del·stöcke [Biä·del·stök·ke] *m. tech.*
Bettelvolk Biä·del·volk, Biä·del·völ·ker *s.*
betten bed·den *ZW*
bettenmachen bed·den·ma·ken *uZW*
Bettenmachen Bed·den·ma·ken *s. o.Mz.*
Bettgestell Bed·stiär, -n *w. tech.*
bettlägerig bed·de·hutsk, -e, -en [bed·de·huts·ke] *EW med.*; ~ **sein** daal·lig·gen *uZW med.*; ~ **werden** an't Lig·gen kue·men *med.*
Bettlaken Bed·dook, Bed·dö·ker *s.*, La·ken, -s *s.*
Bettler Biä·del·man, Biä·del·lü *m.*, Biäd·ler, -s *m.*; **aufdringlicher** ~ Pra·cher, -s *m.*
Bettlerin Biäd·lers·ke, -s *w.*
Bettpfanne (wurde mit glühender Kohle zum Wärmen ins Bett gelegt) Bed·de·pan, -·nen *w. tech.*
Bettstelle Bed·stiär, -n *w. tech.*
Betttuch Bed·dook, Bed·dö·ker *s. tech.*, Lien·la·ken, -s *s. tech.*
Bettwäsche Bed·tüüg, -s *s. o.Mz.*
Bettzeug Bed·de·wiärks *s. o.Mz.*
betulich ge·doon *EW psy.*
beugen bai·gen *uZW*, buk·ken *ZW*; **das Knie** ~ knai·en *ZW*, hu·ken *ZW*
Beule Bun·ken, -s *m.*, Knucht, Knücht *m. med.*, (z.B. am Kopf) Düls, -e [Dül·se] *m. med., übertr.* Häön, -s *s. med.*
beurteilen Ur·deel af·gië·wen *psy.*; **kritisch** ~ be·graut·snu·ten *uZW psy.*
Beute Bü·te, -n *w.*; Fang, Fän·ge *m.*; ~ **machen** bü·ten *ZW*
Beutel Bü·del, -s *m. tech.*, Büül, -s *m. tech.*, Püks·ken, Püks·kes *s. tech.*; Pün·gel, -s *m. tech.*
beuteln bü·deln *ZW*
Bever Biä·wer *w. o.Mz. geog.*
Bevergern Biä·we·gern *ON*
bevormunden be·graut·sn·uten *uZW psy.*, vö·fiä·gen *ZW psy.*, vö·kum·me·de·ern *ZW psy.*

bewachen in·hö·den *ZW*
bewachsen 1. be·was·sen *uZW bot.*; 2. be·was·sen, -e, -en *EW bot.*
bewahren be·wa·ren *ZW,* hiä·gen *ZW,* hö·den *ZW,* kon·ser·we·ern *ZW (frz. conserver)*
Bewahrer Hiä·ger, -s *m.*
bewältigen können tië·gen·an kuë·men
bewegen be·wäg·gen *ZW,* rai·en *ZW,* reg·gen *ZW,* wäg·gen *ZW*; **das bewegt** *übertr.* dat bliw nich in'ne Pluë·den han·gen *psy.*; **hin und her ~** sucken [suk·ken] *ZW*; **in die Höhe ~** to·hög·ten *ZW*; **jemand, der sich schnell ~** Fiä·ger, -s *m.*; **langsam ~** an·wäg·gen *ZW*; **nicht ~** stil·le·staon *uZW*; **pendelnd ~** bai·ern *ZW*; **schnell ~** fiä·gen *ZW,* ja·gen *uZW, übertr.* flai·gen *uZW*; **sehr schnell ~** rao·sen *ZW*; **sich ~** gaon *uZW,* sik tük·ken; **sich flatternd ~** tri·seln *ZW*; **sich leicht ~** flud·dern *ZW*; **sich schnell ~** bru·sen *ZW,* sche·sen *ZW*; **sich schwerfällig ~** an·wol·tern *ZW*; **umständlich ~** kra·nen *ZW*
beweglich rö·rig, -e, -en [rö·ri·ge] *EW*; **kleiner, ~er Mensch** Si·se·män·ken, Si·se·män·kes *s.*
bewegt be·wägt, -e, -en [be·wäg·te] *EW*
Bewegung Be·wäg·gung, -en [Be·wäg·gun·gen] *w.*; **eine schnelle ~ machen** schai·ten *uZW*; **in ~ sein** to·gan·ge sien; **in ~ setzen** (Fahr·zeug) los·fö·ern *uZW*; **sehr schnelle ~** Rao·sen *s. o.Mz.*; **heftige ~en mit den Armen machen** rüm·fu·cheln *ZW*
Beweis Be·wies, Be·wi·se *m. jur.*
beweisen be·wi·sen *uZW,* wi·sen *uZW*
bewenden be·wän·nen *uZW*
bewerben be·wiä·wen *ZW*
Bewerber Be·wiä·wer, -s *m.*
Bewerbung Be·wiäwt, -en [Be·wiäw·ten] *s.*
bewerfen be·smi·ten *uZW*; **mit Brocken ~** klü·ten *ZW*; **mit etwas ~** be·äö·sen *ZW*

bewerkstelligen be·schik·ken *ZW,* klaor·kri·gen *uZW,* träch·te·kri·gen *uZW*
bewirten trak·te·ern *ZW kul.* *(frz. traiter)*
Bewirtung Trak·te·ment, -s *s. kul.*
bewohnen be·wuë·nen *ZW*
Bewohner Be·wuë·ner, -s *m.*
bewohnt be·wuënt, -e, -en [be·wuën·te] *EW*
bewölkt be·swuo·ken, -e, -en [be·swuo·ke·ne] *EW met.,* be·trocken, -e, -en [be·trok·ke·ne] *EW met.*
Bewuchs Be·was, Be·wäs·se *m. bot.*
bewundern be·wün·nem *ZW psy.*
Bewunderung Be·wün·ne·rung, -en [Be·wün·ne·run·gen] *w. psy.*
Bewusstlosigkeit Aon·macht, -en [Aon·mach·ten] *w. med.*
bezahlen be·rap·pen *ZW fin.,* be·ta·len *ZW fin.*; **das macht sich bezahlt** dat launt sik *fin., psy.*; **viel Geld ~** hän·bla·dern *ZW fin.*
bezähmen (sich) be·tiä·men (sik) *ZW psy.*
bezeichnen be·näö·men *ZW,* be·teek·nen *ZW,* näö·men *ZW*
bezeichnet näömt, -e, -en [näöm·te] *EW*
Bezeichnung Be·teek·nung, -en [Be·teek·nun·gen] *w.,* Nao·me, -n *m.*
bezeugen be·tü·gen *ZW jur.,* tü·gen *ZW jur.*
beziehen be·trecken [be·trek·ken] *uZW* **etwas auf sich ~** *übertr.* sik an·trek·ken *uZW psy.*
bezogen be·trocken, -e, -en [be·trok·ke·ne] *EW*
bezweifeln be·twië·weln *ZW psy.*
bezwingen dwin·gen *uZW*
Bibel Be·bel, -n *w. rel.*
Biber Biä·wer, -n *m. zool.*
Biberkopf Biä·wer·kop, Biä·wer·köp·pe *m. zool.*
Bibliothek Bö·ke·ri, -en *w. kult.*
biblisch be·belsk, -e, -en [be·bels·ke] *EW rel.*
biegen bai·gen *uZW tech.,* fol·len *ZW*; **nach unten ~** daal·bai·gen *uZW tech.*

biegsam swank, -e, -en [swan·ke] *EW,* weig, -e, -en [wei·ge] *EW*
Biegung Bogt, -en [Bog·ten] *w.,* Bögt, -en [Bög·ten] *w.,* Buo·gen, Büö·gen *m.*
Bielefeld Bi·le·feld *ON*
Biemenhorst Bi·men·horst *ON*
Biene Im, -·me, -·men *w. zool.*; **junge ~** Jung·im, -·men *w. zool.*; **Stich der ~** Im·men·stiëk, -e [Im·men·stië·ke] *m. med.*
Bienenhaus Im·schü·er, -n *w. arch.*
Bienenhonig Im·men·han·nig, -e [Im·men·han·ni·ge] *m. kul.*
Bienenkönigin Im·men·küe·ni·gin, -·nen *w. zool.,* Im·men·mo·er, Im·men·mö·ers *w. zool.*
Bienenkorb Hü·we, -n *w. tech.,* Im·hü·we, -n *w. tech.,* Im·kuorw, Im·küör·we *m. tech.,* Ku·ke·re·ku·se, -n *w. tech.*; **Platte zur Aufnahme von Bienenkörben** Im·men·bank, Im·men·bän·ke *w. tech.*; **Verschlag für Bienekörbe** Im·schü·er, -n *w. arch.*
Bienenschwarm Im·men·laot, Im·men·lää·te *s. zool.*
Bienenstachel Im·stië·kel, -s *m. zool.*
Bienenstich Im·men·stiëk, -e [Im·men·stië·ke] *m. med.*
Bienenstock Im·men·huus, Im·men·hü·ser *s. arch.*
Bienenzeit Im·tiet, Im·ti·ten *w. tem.*
Bienenzüchter Im·ker, -s *m. zool. agr.*
Bier Be·er, -e [Be·e·re] *s. kul.*; **~ brauen** Be·er·bru·en *s. o.Mz. tech. kul.*; **~ zapfen** Be·er·tap·pen *s. o.Mz. kul.,* be·er·tap·pen *ZW kul.*
Bierbauch *übertr.* Be·er·fät·ken, Be·er·fät·kes *s. med.*
Bierchen Be·er·ken, Be·er·kes *s. kul.*
Bierdose Be·er·büs·se, -n *w. tech. kul.*
Bieressig Su·er *s. o.Mz. kul.*
Bierfass Be·er·fat, Be·er·fiä·ter *s. tech. kul.*; **kleines ~** Be·er·fät·ken, Be·er·fät·kes *s. tech. kul.*

Bierfässchen Be·er·fät·ken, Be·er·fät·kes *s. tech. kul.*
Bierflasche Be·er·pul·le, -n *w. tech. kul.*
Bierglas Be·er·glas, Be·er·gliä·ser *s. tech. kul.*; **kleines ~** Be·er·gläs·ken, Be·er·gläs·kes *s. tech. kul.*
Bierhahn Be·er·kraan, Be·er·krä·ne *m. tech. kul.*
Bierkiste Be·er·kas·ten, Be·er·käs·ten *m. tech.*
Bierkrug Be·er·kroos, Be·er·kröös *m. tech. kul.*
Bierseidel Be·er·pot, Be·er·pöt te *m. tech. kul.*
Bierwagenfahrer Be·er·kutsker, -s *m. trans.*
Bierzapfer Be·er·tap·per, -s *m. kul.*
Biest Aos, Äös·ter *s.*; **kleines ~** Äös·ken, Äös·kes *s.*
biestig kat·tig, -e, -en [katti·ge] *EW psy.*
bieten bai·den *uZW*
Bifurkation Twiël·biëk, -en [Twiël·bië·ken] *m. geol.*
Bild Beld, Bel·ler *s.*
Bild-CD Bel·ler·schiew·ken, Bel·ler·schiew·kes *s. tech.*
Bildchen Beld·ken, Beld·kes *s.*
bilden bel·len *ZW kult.*
Bilderbuch Bel·ler·book, Bel·ler·bö·ker *s. kult.*
Bilderrätsel Bel·ler·räöd·sel, -s *s.*
Bilderwerk Bel·ler·wiärks *s. o.Mz.*
bildhaft beld·haf·tig, -e, -en [beld·haf·ti·ge] *EW*
Bildhauer Beld·sliä·ger, -s *m. mus.*
bildhübsch beld·fien, beld·fi·ne, -n *EW*
bildlich beld·haf·tig, -e, -en [beld·haf·ti·ge] *EW*
Bildschirm Beld·schi·we, -n *w. tech.*
Bildstock Beld, Bel·ler *s. rel.*
Bildstock Siän·gens·beld, Siän·gens·bel·ler *s. rel.*, Wiä·ges·beld, Wiä·ges·bel·ler *s. rel.*
Bildung Bel·lung *w. o.Mz. kult.*
Bilk Bilk *ON*
Billard Stöt·ken *s. o.Mz. spo.*; **~ spielen** stöt·ken *ZW spo.*
Billerbeck Bil·ler·biëk *ON*
Billerbecker(in) Bil·ler·biëks-

ke, -n *m. und w.*
Billett Bil·jet, -s *s. trans.*
billig bil·lig, -e, -en [bil·li·ge] *EW fin.*
Bimsstein Bims·steen, Bims·ste·ne *m. geol. tech.*
bin sin *FW*
Binde Bin·ne, -n *w.*
Bindegarn Bin·ne·gaorn, Bin·ne·gäörns *s. tech. agr.*
binden bin·nen *uZW*; **jemd. an sich ~** an·geln *ZW psy.*
Binder Bin·ner, -s *m. tech.*
Bindewort Bin·ne·waod, Bin·ne·wäö·der *s.*
Bindfaden Band, Ban·ner *s. tech.*, Paks·faam, Paksfiäm *m. tech.*, Strau·band, Strau·bän·ner *s. tech.*
Binse Bai·se, -n *w. bot.*, Raist *s. o.Mz. bot.*, Rüüske, -n *w. bot.*
Binsenblatt Bai·sen·blad, Bai·sen·bliä·der *s. bot.*
Binsenflechter Bai·sen·bin·ner, -s *m. tech.*
Binsenstuhl Bai·sen·stool, Bai·sen·stö·le *m. tech.*
biologisch bi·o·loogsk, -e, -en [bi·o·loogs·ke] *EW biol.*, na·tüür·lik, na·tüür·licke, -n [na·tüür·lik·ke] *EW biol.*; **~ abbaubar** to vö·ruo·ten *biol.*; **~ abbauen** vö·ruo·ten *ZW biol.*
Birgte Birg·te *ON*
Birke Biä·ke, -n *w. bot.*
Birkenbaum Biä·ken·baum, Biä·ken·bai·me *m. bot.*
Birkenblatt Biä·ken·blad, Biä·ken·bliä·der *s. bot.*
Birkenbusch Biä·ken·busk, Biä·ken·büs·ke *s. bot.*
Birkengrün Biä·ken·gröön *s. o.Mz. bot.*
Birkenholz Biä·ken·holt, Biä·ken·höl·ter *s. bot.*; **aus ~** biä·ken, -e, -en [biä·ke·ne] *EW bot.*
Birkenreisig Biä·ken·ri·ser, -s *bot.*; **aus ~** biä·ken, -e, -en [biä·ke·ne] *EW bot.*
Birkenrinde Biä·ken·bast, Biä·ken·bäs·te *m. bot.*
Birkensaft Biä·ken·blood *s. o.Mz. bot.*, Biä·ken·wien *s. o.Mz. bot.*
Birkenwald Biä·ken·busk, Biä·ken·büs·ke *m. bot.*; **kleiner ~** Biä·ken·büs·ken, Biä·ken·büs·kes *s. bot.*

Birkenwasser Biä·ken·blood *s. o.Mz. bot.*, Biä·ken·wien *s. o.Mz. bot.*
Birkenzweig Biä·ken·toog, Biä·ken·tö·ge *m. bot.*
Birkhuhn Kur·hoon, Kur·hö·ner *s. zool.*
Birnbaum Biärn·baum, Biärn·bai·me *m. bot.*
Birnchen Biärn·ken, Biärn·kes *s. bot., tech.*
Birne Biärn, -en [Biär·nen] *w. bot., tech.*; **kleine ~** Biärn·ken, Biärn·kes *s. bot., tech.*; **gedörrte ~n** Bak·te·biärn *Mz. kul.*
bis bes *VW*; **~ jetzt** bes nu *tem.*
Bischof Bi·schup, Bi·schüppe *m. rel.*, Doom·hä·er, -ns *m. rel.*
bischöflich bi·schüp·lik, bi·schüp·licke, -n [bi·schüp·lik·ke] *EW rel.*
Bischofskirche Doom, Dome *m. rel. arch.*
Bischofsstab Bi·schups·staw, Bi·schups·stiä·we *m. rel.*
Biss Biët, -e [Bië·te] *m.*
bisschen biët·ken *FW*, kitsken *FW*; **ein ~** een Kits·ken, een Tik *m.*; **kein ~** kien Spier·ken
Bisschen Its·ken *s. o.Mz.*, Schiët·ken *s. o.Mz.*, Snetken *s. o.Mz.*
Bissen Bië·ten, -s *m. kul.*
bissig biëtsk, -e, -en [biëtske] *EW*; (mit Worten) gnadde·rig, -e, -en [gnad·de·ri·ge] *EW psy.*, *übertr.* scharp, -e, -en [schar·pe] *EW psy.*
bist büs *ZW (2.Pers. Einz.)*
bisweilen to·ti·ten *UW tem.*
Bitte Bid·de, -n *w. psy.*
bitten bid·den *ZW psy.*; (um Geld zur Ausleihe) an·pumpen *ZW fin.*; **nachdrücklich ~** pra·chen *ZW psy.*, prellen *ZW psy.*
Bitterklee Gal·len·kruud, Gallen·krü·der *s. bot.*
Blähung Af·wind, Af·win·ne *m. med.*; **voller ~en** don, -·ne, -·nen *EW med.*
blamieren bla·me·ern *ZW psy.* (frz. blamer)
blank blank, -e, -en [blan·ke] *EW*, bos, -·se, -·sen *EW fin.*
blankgescheuert blank·schu-

ert, -e, -en [blank·schu·er·te] *EW tech.*
blankscheuern blank·schu·ern *ZW tech.*, (mit Wiener Kalk) wi·nern *ZW tech.*
Bläschen Bläös·ken, Bläös·kes *s.*; ~ **Mund** Spril, -·len *w. med.*; **nässende** ~ Blab·ber, -n *m. med.*
Blase Blao·se, -n *w.*
Blasebalg Balg, Bäl·ge *m. tech.*, Blao·se·balg, Blao·se·bäl·ge *m. tech.*; **kleiner** ~, ~ **für die Orgel** Püüs·ter, -s *m. tech.*; ~ **treten** Balg·triä·ten *s. o.Mz.*, (für die Orgel) Püüs·ter·triä·ten *s. o.Mz.*
blasen blao·sen *uZW*, po·sen *ZW*, pu·sen *ZW*, träö·ten *ZW mus.*
Blasenentzündung Blao·sen·fe·wer, s *s. med.*
Blasenfieber Blao·sen·fe·wer, -s *s. med.*
Blasenleiden Blao·sen·pien, Blao·sen·pi·ne *w. med.*
Blasenschmerzen Blao·sen·pien, Blao·sen·pi·ne *w. med.*
Bläser Bliä·ser, -s *m. mus.*
Blasinstrument Blaos·dings, Blaos·din·gers *s. tech. mus.*
Blaskapelle Blaos·ka·pel, -·len *w. mus.*
Blasmusik Blaos·mus·sik *w. o.Mz. mus.*; ~ **machen** blao·sen *uZW mus.*
Blasrohr Püüs·ter, -s *m. tech.*, Blaos·pi·pe, -n *w. tech.*; ~ **zum Anfachen des Feuers** Fü·er·püüs·ter, -s *m. tech.*
blass bleek, ble·ke, -n *EW*, kri·de·wit, -·te, -·ten *EW med.*, sle, -·e, -·en *EW*, vö·bliä·ken, -e, -en [vö·bliä·ke·ne] *EW*, wit, -·te, -·ten *EW*, wit·snu·tig, -e, -en [wit·snu·ti·ge] *EW med.*
Blatt Blad, Bliä·der *s. tech.*, *bot.*; **erste grüne Blätter an Bäumen und Sträuchern** Mai·gröön *s. o.Mz. bot.*; **kleines** ~ Bläd·ken, Bläd·kes *s. bot., tech.*
Blättchen Bläd·ken, Bläd·kes *s. bot., tech.*
Blätter (von Bäumen und Sträuchern) Lauw *s. o.Mz. bot.*
blättern bla·dern *ZW*

Blattlaus Blad·luus, Blad·lü·se *w. zool.*, lë·mel, -n *w. zool.*
blau blao, -·e, -·en *EW*
Blaubeere Bik·biär, -n *w. bot.*
Blaubeerstrauch Bik·biärn·busk, Bik·biärn·büs·ke *m. bot.*
Blaudruck Blao·drük, Blao·drücke [Blao·drük·ke] *m. tech.*
Blaufärben Blao·fiär·wen *s. o.Mz. tech.*
Blaufärber Blao·fiär·wer, -s *m. tech.*
blaugestreift blao·strië·pen, -e, -en [blao·strië·pe·ne] *EW*
Blaukehlchen Knecht·vüë·gel·ken, Knecht·vüë·gel·kes *s. zool.*
Blauleinen Blao·lin·nen *s. o.Mz. tech.*
Blaumeise Blao·me·se, -n *w. zool.*
Blaumeisennest Blao·me·sen·nöst, -er [Blao·me·sen·nös·ter] *s. zool.*
Blausäure Blao·su·er *s. o.Mz. chem.*
blauseiden blao·si·den, -e, -en [blao·si·de·ne] *EW*
Blech Blik, Blicke [Blik·ke] *s. tech.*; **aus** ~ **gefertigt** blicken, -e, -en [blik·ken], [blik·ke·ne] *EW tech.*
Blechbiegen Blik·bai·gen *s. o.Mz. tech.*
Blechbieger Blik·bai·ger, -s *m. tech.*
Blechbläser Blik·bliä·ser, -s *m. mus.*
Blechblasinstrument Träö·te, -n *w. tech. mus.*
Blechdach Blik·dak, Blik·diä·ker *s. arch.*
blechern blicken, -e, -en [blik·ken], [blik·ke·ne] *EW tech.*
Blechfass Blik·fat, Blik·fiä·ter *s. tech.*
Blechgabel Blik·gao·bel, -n *w. tech. kul.*
Blechinstrumentenspieler Blik·bliä·ser, -s *m. mus.*
Blechlöffel Blik·liä·pel, -s *m. tech. kul.*
Blechnapf Blik·nap, Blik·näp·pe *m. tech.*
Blechschere Blik·schä·er, -n *w. tech.*
Blechschlosser Blik·bai·ger, -s *m. tech.*

Blechschmied Blik·smet, -s *m. tech.*
Blechschraube Blik·schru·we, -n *w. tech.*
Blechtopf Blik·pot, Blik·pöt·te *m. tech.*
Blechtrommel Blik·trum·mel, -n *w. mus., tech.*
Blei Bli *s. o.Mz. chem.*
bleiben bli·wen *uZW*; **als Rest** ~ nao·bli·wen *uZW*
Bleibiegen Bli·bai·gen *s. o.Mz. tech.*
Bleibieger Bli·bai·ger, -s *m. tech.*
bleich bleek, ble·ke, -n *EW*, kai·sig, -e, -en [kai·si·ge] *EW*, kri·de·wit, -·te, -·ten *EW med.*, wit·snu·tig, -e, -en [wit·snu·ti·ge] *EW med.*
Bleiche Ble·ke, -n *w.*
Bleichen Ble·ken *s. o.Mz. chem.*; **Rasenplatz zum** ~ **der Wäsche** Ble·ke, -n *w.*
bleichen ble·ken *ZW chem.*
Bleichhütte Bleek·hüüs·ken, Bleek·hüüs·kes *s. arch.*
Bleidach Bli·dak, Bli·diä·ker *s. arch.*
bleiern bli·ern, -e, -en [bli·er·ne] *EW*
Bleiklotz Bli·klos, Bli·klös·se *m. tech.*
Bleikugel Bli *s. o.Mz. tech. mil.*
Bleirohr Bli·piep, Bli·pi·pen *w. tech.*, Bli·rör, -s *s. tech.*
Bleischürze Bli·schuör·te, -n *w. tech.*
Bleisoldat Bli·sul·daot, -en [Bli·sul·dao·ten] *m. spo.*
Bleistift Bli·fiär, -n *w. tech.*, Bli·pin, -·ne *m. tech.*
Bleistiftanspitzer Bli·pin·spits·ker, -s *m. tech.*
Bleitrommel Bli·trum·mel, -n *w. tech.*
Bleiwasser Bli·wa·ter, Bli·wä·ters *s. chem. med.*
blenden blen·nen *ZW*, vö·kai·cheln *ZW*
blendend blen·nig, -e, -en [blen·ni·ge] *EW*
Blendlade Blen·nin·ge, -n *w. tech.*; **Spalte in der** ~ Blen·nin·gen·gli·we, -n *w. zool.*
Blesshuhn Sap·pe, -n *w. zool.*
Blick Hän·ki·ken *s. o.Mz.*; **heimlicher, schneller** ~ Gluup, Glu·pe *m. psy.*

blicken ki·ken *uZW*; **lauernd** ~ glu·pen *ZW psy.*,
glup·kern *ZW psy.*; **schielend oder boshaft** ~ lün-
ke·tü·en *ZW psy.*
blind blind, blin·ne, -n *EW*;
~e Kuh (Kinderspiel) blin-
ne Ko *spo.*
Blindschleiche Sli·ke, -n *w.
zool.*
blinkern blän·kern *ZW*
blinzeln glu·pen *ZW*, knib-
beln *ZW*, knip·ai·geln *ZW*,
plin·kern *ZW*
Blitz Blik·sem, -s *m. met.*,
Dun·ner·kiel, -s *m. met.*
blitzen blik·sem *ZW met.*
blockieren blocke·ern [blok-
ke·ern] *ZW*, fast·sät·ten *ZW*,
(Entscheidungen) *übertr.*
dwiärs·läg·gen *ZW psy.*
blockiert blocke·ert, -e, -en
[blok·ke·ert], [blok·ke·er·te]
EW; **~ sein** fast·sit·ten *uZW*
blöde blai, -·e, -·en *EW psy.*,
blööd, blö·de, -n *EW psy.*
blödeln al·wern *ZW psy.*
blöken blad·dern *ZW*
blond blunt, -e, -en [blun·te]
EW; **~er Mensch** Flas-
kop, Flas·köp·pe *m.*
Blondschopf Flas·kop, Flas-
köp·pe *m.*
bloß baar, ba·re, -n *EW*,
blaud, -e, -en [blau·de] *EW*,
naak, na·ke, -n *EW*, na·ken,
-e, -en [na·ke·ne] *EW*; blaus
UW, niks än·ne·res äs
bloßstellen bla·me·ern *ZW
psy.* (frz. blamer), *übertr.*
e·nen met·gië·wen *psy.*
blubbern blob·bern *ZW*
blühen blai·en *ZW bot.*
Blümchen Blööm·ken, Blööm-
kes *s. bot.*
Blume Blo·me, -n *w. bot.*;
(des Hasen) Plü·mer, -s *m.
zool.* (frz. plumet); **~n gießen** blo·men·gai·ten *uZW*
Blumenerde Blo·men·ä·er
w. o.Mz. agr.
Blumengarten Blo·men-
gaorn, Blo·men·gäörns *m.
agr.*
Blumengebinde Krans, Krän-
se *m.*
Blumenkind Blo·men·kind,
Blo·men·kin·ner *s.*
Blumenkranz Blo·men·krans,
Blo·men·krän·se *m.*
Blumenlaube Blo·men·lau-

we, -n *w.*
Blumensaat Blo·men·saot,
Blo·men·säö·te *w. bot.*
Blumensamen Blo·men·saot,
Blo·men·säö·te *s. bot.*
Blumenstrauß Blo·men-
struuk, Blo·men·strü·ke *m.*
Blumentopf Blo·men·pot,
Blo·men·pöt·te *m. tech. agr.*
Blumenwiese Blo·men·wies-
ke, -n *w. bot.*
Bluse Blau·se, -n *w.*
Blut Blood *s. o.Mz. med.*
Blutbär Blood·bä·er, -n *m.
zool.* Blutbär
blutbeschmiert blö·de·rig,
-e, -en [blö·de·ri·ge] *EW med.*
Blutblase Blood·blao·se, -n
w. med.
Blutbuche Blood·böcke, -n
[Blood·bök·ke] *w. bot.*
Blutdruck Blood·drük *m.
o.Mz. med.*
Blüte Blo·me, -n *w. bot.*, Blö·te,
-n *w. bot.*; **kleine ~, zarte ~**
Blööm·ken, Blööm·kes *s. bot.*
Blutegel Blood·e·gel, -s *m.
zool.*, Blood·su·ger, Blood-
sü·gers *m. zool.*, Eg·gel·te,
-n *w. zool.*
bluten blö·den *uZW med.*
Blütenblatt Blo·men·blad,
Blo·men·bliä·der *s. bot.*, Blö-
ten·blad, Blö·ten·bliä·der *s.
bot.*
Blütenpflanze Blö·ten·plan-
te, -n *w. bot.*
Blütensaft Blo·men·sap, Blo-
men·siä·pe *m. bot.*
Blütenstängel Blö·ten·stän-
gel, -s *m. bot.*
Blütenstaub Blö·ten·stow
m. o.Mz. bot.
Blütenzauber Blö·ten·tu·wer
m. o.Mz. bot.
Blutgeschwür Pin·swiär, -s
s. med.
blutig blö·de·rig, -e, -en [blö-
de·ri·ge] *EW med.*
blutjung blood·jung, -e, -en
[blood·jun·ge] *EW*
Blutstropfen Bloods·druo-
pen, Bloods·drüö·pen *m.
med.*
Blutsturz Blood·stüör·tung,
-en [Blood·stüör·tun·gen] *w.
med.*
**blutunterlaufen; ~er Strei-
fen** Stri·me, -n *w. med.*
Blutvergiftung kolle Brand
m. med.

Blutwurst Blood·wuorst,
Blood·wüörs·te *w. kul.*
Bocholt Bo·kelt *ON*
Bochum Bau·kum *ON*
Bochumer Bau·kums·ke, -n
m. und w.
Bock Buk, Bücke [Bük·ke]
m. zool., tech.; **kleiner ~**
Büks·ken, Büks·kes *s. zool.,
tech.*; **auf Böcke stellen**
up·bucken [up·buk·ken] *ZW*
Böckchen Büks·ken, Büks-
kes *s. zool.*
bocken bucken [buk·ken]
ZW med.
bockig obs·ter·näötsk, -e,
-en [obs·ter·näöts·ke] *EW
psy.*
Bockraden Book·rao·den *ON*
Bockshorn; ins ~ jagen vö-
dul·dö·wen *ZW psy.*, vö·dum-
deu·beln *ZW psy.*
Bockstation Buk·stas·jaun,
-en [Buk·stas·jau·nen] *w. agr.*
Bockum-Hövel Bau·kum-
Hüë·wel *ON*
Bockwindmühle Buk·wind-
müël, -en [Buk·wind·müë·len]
w. tech., Paol·müël, -en [Paol-
müë·len] *w. tech.*, Stiärt·müël,
-en [Stiärt·müë·len] *w. tech.*
Bockwurst Bok·wuorst, Bok-
wüörs·te *w. kul.*
Boden Buo·den, Büö·den *m.*,
Grund, Grün·ne *m.*; **zu ~**
der·daal *UW*, to Diäl; **sehr
leichter ~** Haid·buo·den,
Haid·büö·den *m. geol.*
Bodenerhöhung Huckel, -s
[Huk·kel] *m.*
**Bodenfläche, landwirtschaft-
lich genutzte ~** Mark, -en
[Mar·ken] *w. agr.*
Bodenfrost Ru·fuorst, Ru-
füörs·te *m. met.*
Bodenklappe Bal·ken·lu·ke,
-n *w. tech.*
Bodenraum Bal·ken, -s *m.
arch.*; **niedriger ~** Kruup-
büörn, -s *m. arch.*
Bodensatz Dik·sel, -s *s.*
Böe Staut·wind, Staut·win-
ne *m. met.*
Bogen Buo·gen, Büö·gen *m.*;
**~ zum Schießen von Pfei-
len** Flit·se·buo·gen, Flit·se-
büö·gen *m. tech.*
Bogenlampe Piets·ken·la-
tuch·te, -n *w. tech.*
Bogensäge Buo·gen·sa·ge,
-n *w. tech.*

Bohle Buo·le, -n, Büö·le *w. tech.*
Böhnchen Bain·ken Bainkes *s. bot.*
Bohne Bau·ne, -n *w. bot.*; **dicke ~** grau·te Bau·ne *bot.*; **große ~, Türkische ~** Piär·de·bau·ne, -n *w. bot.*; **Zeit der reifen ~n** Bau·nen·tiet, Bau·nen·ti·ten *w. tem. agr.*; **kleine ~** Bainken Bain·kes *s. bot.*
Bohnengemüse Bau·nen·ge·möös *s. o.Mz. kul.*
Bohnenkraut Bau·nen·kruud *s. o.Mz. bot.*
Bohnenpflanzer (Gerät) Bau·nen·püör·ter, -s *m. tech. agr.*
Bohnenstange Fieks·sta·ken, -s *m. tech. agr.*
Bohnenstroh Bau·nen·strau *s. o.Mz. bot.*
Bohnensuppe Bau·nen·sup, -·pen *w. kul.*
Bohnenzeit Bau·nen·tiet, Bau·nen·ti·ten *w. agr. tem.*
bohnern was·sen *uZW*
bohren buorn *ZW tech.*, prüë·keln *ZW*, pruo·keln *ZW*
Bohrer Buor, Büörs *m. tech.*
Böller Kat·ten·kop, Kat·ten·köp·pe *m. tech.*
Bollwerk Bol·wiärk, -e [Bol·wiär·ke] *s. arch. mil.*
Bolzen Bol·ten, -s *m. tech.*; **Sicherungsstift für ~** Splaitna·gel, Splait·niä·gel *m. tech.*
Bombe Bomb, -en [Bom·ben] *w. mil.*
Bombenangriff Bom·ben·an·griëp, -e [Bom·ben·an·grië·pe] *m. mil.*
Bomberflugzeug Bom·ber, -s *m. mil.*
Bommel Büm·mel, -s *m.*
Bonbon Boms, Böm·se *m. kul.*, Klümp·ken, Klümp·kes *s. kul.*; **kleines ~** Böms·ken, Böms·kes *s. kul.*
Bonifatius Bon·ni·fats *VN*
Bonn Bon *ON*
Bonus To·lao·ge, -n *w. fin.*
Boot Boot, Bo·te *s. trans. naut.*, Schip, -·pe *s. trans. naut.*
Borgeln Bor·geln *ON*
borgen buor·gen *ZW*, le·nen *ZW*
Borgholzhausen Borg·holsen *ON*
Borghorst Buorg·huorst *ON*

Bork Buork *ON*
Borke Bark, -en [Bar·ken] *w. bot.*
Borken Buor·ken *ON*
Borkener(in) Buorks·ke, -n *m. und w.*
Borkenwirthe Weer·de *ON*
Börse Geld·büül, -s *m. tech. fin.*, Geld·kniëp, -s *m. tech. fin.*
Borste Buors·te, -n *w. med.*, Strü·be, -n *w. med.*
Borstengras Nai·nao·del·gräs, Nai·nao·del·griä·ser *s. bot.*
Borstenschaber Schrap·häön, -s *s. tech.*
Borte Baor·te, Bäör·te *w.*
bösartig laig·haf·tig, -e, -en [laig·haf·ti·ge] *EW psy.*; **~er Mensch** *übertr.* Dra·ke, -n *m. psy.*
böse aisk, -e, -en [ais·ke] *EW psy.*, bais, -e, -en [bai·se] *EW psy.*, fuch·tig, -e, -en [fuch·ti·ge] *EW psy.*, kwaod, -e, -en [kwao·de] *EW psy.*, laig, -e, -en [lai·ge] *EW psy.*, laig·haf·tig, -e, -en [laig·haf·ti·ge] *EW psy.*, üë·wel, -e, -en [üë·we·le] *EW psy.*, vö·wänt, -e, -en [vö·wän·te] *EW psy.*; (auf jemd.) grä·sig, -e, -en [grä·si·ge] *EW psy.*; **~r Mensch** (Schimpfwort) Aos·liä·der, -s *s. psy.*
Böse Lai·ge *s. o.Mz. psy.*
Bösensell Bai·sen·siäl *ON*
Bösenseller(in) Bai·sen·siäls·ke, -n *m. und w.*
Bösewicht Lai·ge, -n *m. psy.*
boshaft bais·haft, -e, -en [bais·haf·te] *EW psy.*, me·schant, -e, -en [me·schan·te] *EW psy.* (frz. méchant), vö·nië·nig, -e, -en [vö·nië·ni·ge] *EW psy.*
Bosheit Bais·hait, -en [Bais·hai·ten] *w. psy.*, Glu·pe·ri, -·en *w. psy.*, Laig·hait, -en [Laig·hai·ten] *w. psy.*, Spiet, Spi·te *m. psy.*
Boskop Ask·ap·pel, -n *m. bot.*
Boskopbaum Ask·ap·pel·baum, Ask·ap·pel·bai·me *m. bot.*
Bosseln Kloot·smi·ten *s. o.Mz. spo.*
Bote Buo·de, -n *m.*, Lai·per,

-s *m.*, Üm·säg·ger, -s *m.*; **~ Gottes** En·gel, -s *m. rel.*
Botenfuhrwerk; Gehilfe auf ~ Kao·ren·bin·ner, -s *m.*
Botengänger Buo·de, -n *m.*
Botschaft Buod·schup, -·pen *w.*
Böttcher Böd·dicker, -s [Böddik·ker] *m. tech.*, Kü·per, -s *m. tech.*
Bottich Kü·ben, -s *m. tech.*, Tun·ne, -n *w. tech.*
Boulevardzeitung Re·wol·wer·bläd·ken, Re·wol·wer·bläd·kes *s. kult.*
Bovist Fos·puup, Fos·pu·pe *m. bot.*
Boxwettkampf Fuust·wed·stried, Fuust·wed·stri·de *m. spo.*
brabbeln brum·meln *ZW*
brach braok, -e, -en [brao·ke] *EW*
Brachland Brao·ke, -n *w. agr.*, Draisk, -e [Drais·ke] *m. agr.*; **~ zum Weiden von Schafen** Schaop·draisk, -e [Schaop·drais·ke] *m. agr.*
Brachvogel; großer ~ Tüte, -n *w. zool.*, Viën·tü·te, -n *w. zool.*
Brand Brand, Brän·ne *m.*; **einen ~ entfachen** ko·keln *ZW*; **in ~ setzen** *übertr.* waam af·briä·ken
Brandblase Brand·blao·se, -n *w. med.*
brandschatzen *übertr.* dän rau·den Haan up't Dak sät·ten
Brandschutzbehörde Fü·er·pol·sai *w. o.Mz. tech.*
brandstiften *übertr.* dän rau·den Haan up't Dak sät·ten
Brandstifter Fü·er·läg·ger, -s *m.*
Brandwunde Brand, Brän·ne *m. med.*
Brandzeichen Fü·er·te·ken, -s *s.*
Branntwein Bran·ne·wien, Bran·ne·wi·ne *m. kul.*
Brasilien Bra·sil·gen *geog.*
Bratapfel Braod·ap·pel, -n *m. kul.*
braten brao·den *uZW kul.*, rös·tern *ZW kul.*
Braten Brao·den, Bräö·den *m. kul.*
Bratengeruch Brao·den·rüëk, -e [Brao·den·rüë·ke] *m. kul.*

Bratkartoffel Braod·kar·tuf·fel, -n *m. kul.*; **~n aus rohen Kartoffeln** (in Scheiben geschnitten) Schi·wen·ä·er·ap·peln *Mz. kul.*; **kleine ganze ~n** Smöör·kes *Mz. kul.*

Bratpfanne Braod·pan, -·nen *w. tech. kul.*, Pan, -·ne, -·nen *w. tech.*

Bratrost Rös·ter, -s *m. tech.*

Bratwurst Braod·wuorst, Braod·wüörs·te *w. kul.*

Brauch Bruuk, Brü·ke *m. his.*, Mood, Mo·den *w. his.*

brauchbar pa·tent, -e, -en [pa·ten·te] *EW*; **~ sein** dügen *ZW*

brauchen bru·ken *uZW*, naidig häb·ben

Brauchtum Bruuk·doom, Bruuk·dö·mer *s. kult.*

Brauchtumstag Bruuk·dooms·dag, -e [Bruuk·dooms·da·ge] *m. kult.*

brauen (Bier) bras·seln *ZW kul.*, bru·en *ZW kul.*

Brauer Bru·er, -s *m. tech. kul.*

Brauerei Bru·e·ri, -·en *w. tech. kul.*

Brauereimeister Bru·e·ri·mes·ter, -s *m. tech. kul.*

Brauereipferd Bru·e·ri·piärd, -e [Bru·e·ri·piär·de] *s. zool. trans.*

Braumeister Bru·e·ri·mes·ter, -s *m. tech. kul.*

braun bruun, bru·ne, -n *EW*

Braunbär Bruun·bä·er, -n *m. zool.*

Bräune Brü·ne *w. o.Mz.*

Brauneisenstein Bruun·i·sen·steen *s. o.Mz. geol.*

bräunlich brüün·lik, brüün·licke, -n [brüün·lik·ke] *EW*

Braunschweig Brons·wiek *ON*

Brause (zur Verteilung eines Wasserstrahles) Bruus, Brusen *w. tech.*, (Getränk) Bruus·wa·ter, Bruus·wä·ters *s. kul.*

brausen bru·sen *ZW*, gaoren *ZW*, su·sen *ZW trans.*

Braut Bruut, Brü·te *w.*

Brautführer Gië·gen·gän·ger, -s *m.*, Tië·gen·gän·ger, -s *m.*; **~ sein** tië·gen·gaon *uZW*

Bräutigam Brüüm, -s *m.*, Brü·jam, -s *m.*, Fri·er, -s *m.*

Brautkammer Bruut·ka·mer, -n *w. arch.*

Brautkleid Bruut·kleed, Bruut·kle·der *s.*

Brautkutsche Bruut·kutsk, -en [Bruut·kuts·ken] *w. trans.*

Brautleute Bruut·lü·de *Mz.*

Brautmesse Bruut·mis·se, -n *w. rel.*

Brautpaar Bruut·paor, -e [Bruut·pao·re] *s.*

Brautring Bruut·kring, -e [Bruut·krin·ge] *m.*

Brautschatz Bruut·schat, Bruut·schiä·te *m. fin.*

Brautwagen Bruut·wa·gen, Bruut·wiä·gen *m. trans.*

brav a·rig, -e, -en [a·ri·ge] *EW psy.*

brechen briä·ken *uZW*

brechendvoll briä·ken·vul, -·le, -·len *EW*

Brecher Briä·ker, -s *m.*

Brechstange Hiärw·i·sen, -s *s. tech.*; **~ mit Spalt** *übertr.* Ko·foot, Ko·fö·te *m. tech.*

Brei Bri, -·e *m.*, Pap, Päp·pe *m.*, Slam·pamp, -en [Slam·pam·pen] *m.*, Sop·pen, -s *m.*; (abwertend) Päp·ken, Päp·kes *s.*; **zäher ~** Pap·sel, -s *s.*

breiig lob·be·rig, -e, -en [lob·be·ri·ge] *EW*

Breilöffel Bri·liä·pel, -s *m. tech. kul.*

Breischale Bri·schao·le, -n *w. tech. kul.*; **Breischälchen** Im·mel, -s *s. tech. kul.*

Breischüssel Bri·schüë·del, -n *w. tech. kul.*

breit breed, bre·de, -n *EW*; **breiter** bre·der; **~ machen** vö·bred·dern *ZW*; **am breitesten** an breeds·ten

breitbeinig breed·beent, -e, -en [breed·been·te] *EW*

Breitdrescher Breed·düörs·ker, -s *m. agr. tech.*

Breite Bred·te, -n *w.*, Rüüm·te, -n *w.*

breiten bre·den *ZW*

breitmachen breed·ma·ken *uZW*

breitmäulig breed·snu·tig, -e, -en [breed·snu·ti·ge] *EW*

Breitopf Bri·pot, Bri·pöt·te *m. tech. kul.*

Breitseite Breed·si·te, -n *w.*

Bremen Briäm *ON*

Bremse Brems, -en [Brem·sen] *w. tech.*

bremsen brem·sen *ZW*, *übertr.* in'ne l·sen gaon

Brenneisen Briän·i·sen, -s *s. tech.*

brennen briä·nen *uZW*, schrin·nen *ZW med.*; **lichterloh ~** flackers·ken [flak·kers·ken] *ZW*; **schwach ~** glum·men *ZW*; **unruhig ~** flickern [flik·kern] *ZW*

Brenner Briä·ner, -s *m. tech.*, Stüö·ker, -s *m. tech.*

Brennerei Briä·ne·ri, -·en *w. tech.*, Stüö·ke·ri, -·en *w. tech.*

Brennessel Briän·nië·del, -n *w. bot.*, Nië·del, -n *w. bot.*

Brennhaar Briän·haor, -e [Briän·hao·re] *s. bot.*

Brennholz Brand·holt, Brand·höl·ter *s.*, Briän·holt, Briän·höl·ter *s.*, Fü·er·holt, Fü·er·höl·ter *s.*; **Scheune zur Lagerung von allem von ~** Holt·schü·er, -n *w. arch.*; **Vorratsraum für ~** Holt·schop·pen, -s *s. arch.*

Brennmaterial Fü·er·brand *m. o.Mz.*

Brennofen Brand·uom, Brand·üöms *m. tech.*

Brennschere Briän·schä·er, -n *w. tech.*

brenzlig bröns·tig, -e, -en [bröns·ti·ge] *EW*, häö·rig, -e, -en [häö·ri·ge] *EW*

Brett Bräd, Briä·der *s. tech.*, **dickes ~** Buo·le, -n, Büö·le *w. tech.*, **~ mit Nut und Feder** Be·schot, Be·schöt·te *s. tech.*; **schwalbenschwanzförmige Verbindung von ~ern** Swal·wen·stiärt, -s *m. tech.*

Brettchen Bräd·ken, Bräd·kes *s. tech.*

Bretterdach Briä·der·dak, Briä·der·diä·ker *s. arch.*

Brettersäger Bräd·sa·ger, -s *m. tech.*

Bretterwand Briä·der·wand, Briä·der·wän·ne *w. tech.*

Bretterzaun Briä·der·tuun, Briä·der·tü·ne *m. tech.*, Gelind, Ge·lin·ner *s. tech.*

Brettsäge Briä·der·sa·ge, -n *w. tech.*

Brevier Bre·we·er, -s *s. rel.*

Brezel Brit·sel, -n *w. kul.*

Brezelbäcker Brit·sel·bäk·ker, -s *m. kul.*

Brezelteig Brit·sel·deek,

Brit·sel·de·ke *m. kul.*
Brief Breew, Bre·we *m.*
Briefadel Breew·aad·lik,
Breew·aad·licken [Breew-
aad·lik·ken] *s. pol.*
Briefbogen Breew·buo·gen,
Breew·büö·gen *m.*
Briefchen Breew·ken, Breew-
kes *s.*
Briefkasten Breew·kas·ten,
Breew·käs·ten *m. tech.*
Briefklappe Breew·klap, -·pen
s. tech.
Briefmarke Breew·mar·ke,
-n *w.*
Brieftasche Breew·tas·ke, -n
w. tech., Pat·te, -n *w. tech.*
Brieftaube Breew·du·we, -n
w. zool.
Briefträger Breew·driä·ger,
-s *m.*
Briefumschlag Breew·üm-
slag, Breew·üm·sliä·ge *m.*,
Ku·wär, -s *s.* (*frz.* couvert)
Briefwaage Breew·wao·ge,
-n *w. tech.*
Brille Bril, -·len *w. tech. med.*,
Kiek·höl·pe, -n *w. tech. med.*;
jemd. mit ~ Bril·len·ki·ker,
-s *m.*
Brillenetui Bril·len·dai·se, -n
w. tech.; **festes ~** Bril·len-
hüüs·ken, Bril·len·hüüs·kes
s. tech.
Brillenglas Bril·len·glas, Bril-
len·gliä·ser *s. tech.*
Brilon Brai·len *ON*
bringen brän·gen *uZW*; **nahe**
~ vö·klickern [vö·klik·kern]
ZW
Brise Bries, Bri·sen *w. met.*
Brochterbeck Broch·ter·biëk
ON
Brochterbecker(in) Broch-
ter·biëks·ke, -n *m. und w.*
Brock Brok *ON*
Bröckchen Bröks·ken, Bröks-
kes *s.*
bröckeln brüë·keln *ZW*
Brocken, kleine ~ Grut *s.*
o.Mz.
Brockhagen Brook·ha·gen
ON
brodeln brud·deln *ZW*, bül-
wern *ZW*; **Geräusch von**
~dem Essen prüë·deln *ZW*
Brombeerblatt Brum·biärn-
blad, Brum·biärn·bliä·der *s.*
bot.
Brombeere Brum·biär, -n *w.*
bot., Däön, -s *w. bot.*

Brombeerhecke Brum·biärn-
hië·ge, -n *w. bot.*
Brombeerstrauch Brum-
biärn·struuk, Brum·biärn-
strü·ke *m. bot.*
Brombeerzweig Brum·biärn-
toog, Brum·biärn·tö·ge *m. bot.*
Brosche Buorst·nao·del, -n
w. tech. kult.
Brot Braud, Brai·de *s. kul.*;
altes belegtes ~ Ha·sen-
braud, Ha·sen·brai·de *s. kul.*;
~ aus der Kornmenge Men-
ge eines halben Scheffels
Halw·schiär·pels·braud, Halw-
schiär·pels·brai·de *s. kul.*;
~ aus der Kornmenge ei-
nes ganzen Scheffels
Schiär·pels·braud, Schiär-
pels·brai·de *s. kul.*; **dicke**
Scheibe ~ Knief·te, -n *w.*
kul.; **Endstück vom ~** Knäp-
ken, Knäp·kes *s. kul.*; **er-**
ste Scheibe vom ~ La·che-
tim·pen, -s *m. kul.*; **grob-**
körniges ~ Grow·braud,
Grow·brai·de *s. kul.*; **har-**
tes ~ Micke, -n [Mik·ke] *w.*
kul.; **letzte Scheibe vom ~**
Grien·tim·pen, -s *m. kul.*
Brotbeutel Fo·er·sak, Fo-
er·siä·ke *m. tech. kul.*
Brötchen Braid·ken, Braid-
kes *s. kul.*, Müf·ken, Müf-
kes *s. kul.*
Brotesser Braud·iä·ter, -s *m.*
kul.
Brotfabrik Graut·bäcke·ri,
-·en [Graut·bäk·ke·ri] *w. kul.*
tech.
Brotfett Smiär, -en [Smiä-
ren] *s. kul.*
Brotgeber Braud·hä·er, -ns
m. fin.
Brotkorb Braud·kuorw,
Braud·küör·we *m. tech. kul.*;
den ~ höher hängen dän
Braud·kuorw hög·ger han·gen
Brotkorn Braud·kaorn, Braud-
käörns *s. bot.*
Brotkruste Braud·kuors·te,
Braud·küörs·te *w. kul.*, Mik-
ke, -n *w. kul.*
brotlos braud·los, -·se, -·sen
EW
Brotmesser Braud·mest,
Braud·mes·sers *s. tech. kul.*
Brotschieber (für den Back-
ofen) Schü·wer, -s *m. tech.*
kul.
Brotschrank Braud·schap,

Braud·schiä·pe *s. tech.*, Spi-
ne, -n *w. tech.*
Brotsuppe Bam·be·er, -s *s.*
kul.
Brotteig Braud·deek, -e
[Braud·de·ke] *m. kul.*
Bruch Brook, Brö·ke *m.*
geol.; Bruok, Brüö·ke *m.*
med., tech.; Knik, -s *m. tech.*
brüchig brüëksk, -e, -en
[brüëks·ke] *EW*
Brücke Brüg, -·ge, -·gen *w.*
trans., Üö·wer·gang, Üö·wer-
gän·ge *m. trans.*; **schmale ~**
Schem, -·men *w. trans.*,
Specke, -n [Spek·ke] *w.*
trans.
Brückenbogen Brüg·gen-
buo·gen, Brüg·gen·büö·gen
m. arch.
Brückenpfahl Brüg·gen·paol,
Brüg·gen·päö·le *m. arch.*
Brückenpfeiler Brüg·gen-
pi·ler, -s *m. arch.*
Bruder Bro·er, Brö·ers *m.*,
Bro·er·hiärt *s. o.Mz.*
Bruderherz Bro·er·hiärt *s.*
o.Mz.
Brühe Brö·e, -n *w. kul.*
brühen brö·en *ZW*
brüllen böl·ken *ZW*, brüë-
len *ZW*, kra·kai·len *ZW*
brummen gnu·ern *ZW*, nüë-
teln *ZW psy.*
Brummer Brum·flai·ge, -n
w. zool.
brummig grul·le·rig, -e, -en
[grul·le·ri·ge] *EW psy.*, mut,
-·te, -·ten *EW psy.*
Brunnen Büörn·stel, -·len *s.*
agr., Püt, -s *m. tech.* (*frz.*
puits); **Wasser aus dem ~**
holen püt·ten *ZW*
Brunnenbauer Püt·ma·ker,
-s *m. tech.*, Püt·sni·der, -s
m. tech.
Brunnendeckel Püt·dië·kel,
-s *m. tech.*
Brunnenrand Püt·kant, -en
[Püt·kan·ten] *w. tech.*
Brunnenstange Püt·sta·ken,
-s *m. tech.*
Brunnenwasser Püt·wa·ter,
Püt·wä·ters *s.*
brünstig bäsk, -e, -en [bäs-
ke] *EW med.*, büksk, -e, -en
[büks·ke] *EW med.*, (Kuh)
bülsk, -e, -en [büls·ke] *EW*
med., laipsk, -e, -en [laips-
ke] *EW med.*, (Pferd) ros-
sig, -e, -en [ros·si·ge] *EW*

med.; **erneut ~ werden** (Kuh) üm·bul·len ZW med.
brüskieren übertr. vüör dän Kop stau·ten psy.
Brust Buorst, Büörs·te w. med.; **an die ~ legen** an·läg·gen ZW; **in der ~** in Petto (lat.-it.); **kleine ~** Büörst·ken, Büörst·kes s. med.
brüsten prao·len ZW psy.; **sich ~** sik dicke·doon uZW psy., sik kröp·pen ZW psy.
Bruststück des Pferdegeschirrs Buorst·blad, Buorst·bliä·der s. tech.
Brusttasche Buorst·task, -en [Buorst·tas·ken] w.
Brusttuch Buorst·dook, Buorst·dö·ker s.
Brut Brood, Brö·de w. zool.
brüten brö·den ZW zool., klucken [kluk·ken] EW
brutwillig bröödsk, -e, -en [brööds·ke] EW med.
Buch Book, Bö·ker s., (z.B. Roman) Smö·ker, -s m. mus.; **~ ausstehende Zahlungen** An·schri·we·book, An·schri·we·bö·ker s.; **sich in ein ~ vertiefen** smö·kern ZW mus.; **verknickte Blattecke vom ~** lë·sel·aor, -en [lë·sel·ao·ren] s. tech.
Buchbinder Book·bin·ner, -s m. tech.
Buchdeckel Dië·kel, -s m. tech.
Buchdrucken Book·drük·ken s. o.Mz. tech.
Buchdrucker Book·drük·ker, -s m. tech.
Buche Böcke, -n [Bök·ke] w. bot.; **aus ~** böcken, -e, -en [bök·ken], [bök·ke·ne] EW; **junge ~** Hes·ter, -s m. bot., Tel·ge, -n w. bot.
Buchecker Bö·ker, -n w. bot.
Buchenblatt Böcken·blad, Böcken·bliä·der [Bök·ken·blad] s. bot.
Buchenbusch Böcken·busk, Böcken·büs·ke [Bök·ken·busk] m. bot.
Buchenhecke Böcken·hië·ge, -n [Bök·ken·hië·ge] w. bot.
Buchenholz Böcken·holt, Böcken·höl·ter [Bök·ken·holt] s. bot.
Buchenwald Böcken·busk, Böcken·büs·ke [Bök·ken·

busk] m. bot., Böcken·holt, Böcken·höl·ter [Bök·ken·holt] s. bot.
Buchenzweig Böcken·toog, Böcken·tö·ge [Bök·ken·toog] m. bot.
Bücherei Bö·ke·ri, -en w. kult.
Bücherschrank Bö·ker·schap, Bö·ker·schiä·pe s. tech.
Buchfink Book·fink, -en [Book·fin·ken] m. zool., To·fink, -en [To·fin·ken] m. zool.
Buchführung Pa·pe·er·kraom m. o.Mz. fin.
Buchhandel Book·han·nel m. o.Mz. fin.
Büchlein Bööks·ken, Bööks·kes s.
Buchsbaum Bus·baum m. o.Mz. bot., Palm m. o.Mz. bot.
Buchsbaumblatt Bus·baum·blad, Bus·baum·bliä·der s. bot.
Buchsbaumhecke Bus·baum·hië·ge, -n w. bot.
Buchsbaumzweig Bus·baum·toog, Bus·baum·tö·ge m. bot.
Buchschreiber Book·schri·wer, -s m. mus.
Buchse Büs·se, -n w. tech.
Büchse Büs·se, -n w. tech.
Büchsenmacher Büs·sen·ma·ker, -s m. tech.
Büchsenwerfen Büs·sen·smi·ten s. o.Mz. spo.
Buchstabe Buk·stab·be, -n m.
buchstabieren buk·sta·be·ern ZW
Bucht Bogt, -en [Bog·ten] w.
Buchumschlag Book·üm·slag, Book·üm·sliä·ge m. tech.
Buchweizen Book·wait, -en [Book·wai·ten] m. o.Mz. bot.; **Seitentrieb beim ~** Knechte, -n w. bot.
Buchweizengrütze Book·wai·ten·güört w. o.Mz. kul.
Buchweizen-Pfannkuchen Book·wai·ten·pan·ko·ken, Book·wai·ten·pan·kö·ken m. kul.; **~ mit Speckstückchen** Book·wai·ten-Jan·hin·nerk, -s m. kul.
Buckel Puckel, -s [Puk·kel] m. tech.
buckelig pucke·lig, -e, -en

[puk·ke·lig], [puk·ke·li·ge] EW
bücken bucken [buk·ken] ZW; **sich ~** an·bucken [an·buk·ken] ZW
buddeln bud·deln ZW, klaiben ZW
Bude Bu·de, -n w. arch.
Bug (Vorderteil des Schiffes) Boog, Bö·ge m. tech. naut.
Bügel Büë·gel, -s m. tech.
Bügelbrett Büë·gel·bräd, Büë·gel·briä·der s. tech.
Bügeleisen Büë·gel·i·sen, -s s. tech., Striek·i·sen, -s s. tech.; **erhitztes Eisenstück im ~** Bol·ten, -s m. tech., Striek·bol·ten, -s m. tech.
Bügelfalte Büë·gel·fol·le, -n w.
Bügelmaschine Büë·gel·ma·schien, Büë·gel·ma·schi·nen w. tech.
bügeln büë·geln ZW, plät·ten ZW; **mit Hilfe von Wasserdampf ~** däm·pen ZW
Bügelschloss Hän·gel·sluot, Hän·gel·slüö·ter s. tech.
bugsieren buk·se·ern ZW trans.
Bühne Büë·ne, -n w. arch.
Buldern Bul·lern ON
Bummelant Bum·me·le·er, -s m., Drüë·mel·kunt, -en [Drüë·mel·kun·ten] w.
Bummelei Klün·ge·le·ri, -·en w.
bummeln bum·me·le·ern ZW, bum·meln ZW, lod·dern ZW
Bummelzug Bim·mel·baan, Bim·mel·ba·nen w. trans., Pän·gel·an·ton, -s m. trans.
bums bats
bumsen bu·sen ZW
Bund Baor·te, Bäör·te w., (Stroh usw.) Schauw, -e [Schau·we] s.; **~ ungedroschenen Getreides** Gar·we, -n w. agr.
Bündchen Bäört·ken, Bäört·kes s.
Bündel Bund, Bün·ne s. agr., Bün·nel, -s s., Bün·sel, -s s., Puk, -s m., Ris·sen, -s m., Pün·gel, -s m.; **zusammengedrehtes ~ aus Garn, Wolle oder Stroh** Docke, -n [Dok·ke] w. tech.
bündeln bün·neln ZW
Bundesbahn Bun·nes·baan, Bun·nes·ba·nen w. trans.

Bundeskanzler Bun·nes-kans·ler, -s *m. pol.*
Bundeskanzlerin Bun·nes-kans·lers·ke, -s *w. pol.*
Bundesland Bun·nes·land, Bun·nes·län·ner *s. geog., pol.*, Land, Län·ner *s. geog., pol.*
Bundesstraße Bun·nes-strao·te, -n *w. trans.*
Bundestag Bun·nes·dag, -e [Bun·nes·da·ge] *m. pol.*
Bundestagsabgeordneter; ~ **sein** in'n Bun·nes·dag sit·ten *pol.*
Bundeswehr Bund *m. o.Mz. mil.*
bündig bün·nig, -e, -en [bün-ni·ge] *EW*
Büngern Bün·gern *ON*
bunt bünt, -e, -en [bün·te] *EW*, far·wig, -e, -en [far·wi-ge] *EW*, klö·rig, -e, -en [klö-ri·ge] *EW;* ~ **(gelb) und blau schlagen** blunt un blao slaon
Buntspecht bün·te Baum-picker, -s [Baum·pik·ker] *m. zool.*
Bürde Drägt, -en [Dräg·ten] *w.*
Büren Bü·den *ON*
Burg Buorg, -en [Buor·gen] *w. arch.*, Sluot, Slüö·ter *s. arch.*
Bürge Guët·säg·ger, -s *m. jur.*
bürgen büör·gen *ZW jur., fin.*, guët·säg·gen *uZW jur., fin.*
Bürger Büör·ger, -s *m.*
bürgerlich büör·ger·lik, büör-ger·licke, -n [büör·ger·lik-ke] *EW*
Bürgermeister Büör·ger-mes·ter, -s *m. pol.;* **Frau des ~s** Büör·ger·mes·ters-ke, -n *w.*
Bürgermeisterei Büör·ger-mes·te·ri, -·en *w. pol.*
Bürgermeisterkette Büör-ger·mes·ters·kië·de, -n *w. tech. pol.*
Bürgersteig Foot·pat, Foot-pät·te *m. trans.*, Stem·pat, Stem·pät·te *m. trans.*, Stem-wäg, Stem·wiä·ge *m. trans.;* **schmaler ~** Foot·pät·ken, Foot·pät·kes *s. trans.*
Burgherr Buorg·hä·er, -ns *m.*
Burgmann Buorg·man, Buorg·lü·de *m.*

Burgmotte Buorg·mot·te, -n *w. arch.*
Bürgschaft Büörg·schup, -·pen *w. jur.*
Burgsteinfurt Stem·mert *ON*
Burlo Bur·lo *ON*
Büro Kon·toor, -s *s.*, Schriew-stuom, Schriew·stüöms *m. arch.*
Bürschchen Fänt, -en [Fän-ten] *m.*
Bursche Bro·er, Brö·ers *m.;* **junger ~** Fänt, -en [Fän·ten] *m.*, Ka·det, -·ten *m.* (scherzh.)
Bürste Büör·sel, -s *m. tech.;* ~ **zur Reinigung von Kannen** Kan·nen·büör·sel, -s *m. tech.;* **mit grober ~ reinigen** schrub·ben *ZW hyg.*
bürsten büör·seln *ZW*
Bürstenbinder Büör·sel·ma-ker, -s *m. tech.*
Bus Bus, -·se *m. trans.*
Busch Busk, Büs·ke *m. bot.;* ~ **an einer erhöhten Stelle** (z.B. in Wiese oder Sumpf) Pol, -s *m. bot.*
Buschbohne Krü·per, -s *m. bot.*
Buschbohnensuppe Krü-per·dün *s. o.Mz. kul.*
Büschel Top, Töp·pe *m.*, Wisk, -e [Wis·ke] *m.*, (Gras o.ä.) Fus·sen, -s *m.*
Buschwerk Busk·wiärk, -s *s. o.Mz. kul.*
Buschwindröschen wit·te Paos·ke·blo·me, -n *w. bot.*
Busen Buorst, Büörs·te *w. med.*
Bussard Öl·lerk, -s *m. zool.*
büßen in·staon för si·ne Sün·nen *rel.*
Bütte Bü·er, -s *s. tech.*
Butter Buo·ter *w. o.Mz. kul.;* ~ **aus der Milch des Weideviehs** Gräs·buo·ter *w. o.Mz. kul.;* **es ist alles in ~** et is aals in Buo·ter; ~ **herstellen** buo·tern *ZW kul.*, kä·nen *ZW kul.*
Butterbrot Bot·ter, -s *s. kul.*, Buo·te·ram, -s *s. kul.;* **kleines ~** Böt·ter·ken, Böt·ter-kes *s. kul.*
Butterdose Buo·ter·dai·se, -n *w. tech. kul.*
Butterfass Buo·ter·fat, Buo-ter·fiä·ter *s. tech. kul.*, Buo-ter·kä·ne, -n *w. tech. kul.*, Kä-ne, -n *w. tech. kul.;* **Loch-**

scheibe im ~ Kä·ne·ruus-ke, -n *w. tech.;* **Stellplatz für das ~** Kä·ne·hook, Kä·ne-hö·ker *m.*
Butterkuchen Buo·ter·ko-ken, Buo·ter·kö·ken *m. kul.*
Buttermacher Buo·ter·ma-ker, -s *m. kul.*
Buttermaschine Buo·ter·ma-schien, Buo·ter·ma·schi·nen *w. tech.*, Buo·ter·müël, -en [Buo·ter·müë·len] *w. tech. kul.*, Kä·ne, -n *w. tech. kul.*
Buttermilch Kä·ne·miälk *w. o.Mz. kul.*, Buo·ter·miälk *w. o.Mz. kul.*
Buttermilchbrei Kä·ne-miälk·pap, Kä·ne·miälk·päp-pe *m. kul.*
Buttermilchsuppe mit Bier Waam·be·er, -s *s. kul.*
buttern buo·tern *ZW kul.*, kä·nen *ZW kul.*

C

C, c C, c (Buk·stab·be)
Camper Tel·ter, -s *m.*
Capelle Ka·pel·le *ON*
Cappenberg Kap·pen·biärg *ON*
Caroline Kar·li·ne *VN*
Carport Au·do·af·dak, Au·do-af·diä·ker, -s *s. tech.*
Catenhorn Ka·ten·häön *ON*
Cent (Währungseinheit) Sent, -s *m. fin.*
Champagner Scham·pan-ger, -s *m. kul.* (frz. Cham-pagne)
Chance Müëg·lik·kait, -en [Müëg·lik·kai·ten] *w.*
Chaos Dwad·del, Dwäd·del *m.*
Charakter lärs, -, -en [lär-se] *w. psy.*
Chauffeur Schof·föör, -s *m. trans.*
Chaussee Schas·se, -·en *w. trans.* (frz. chaussée)
Chef Hä·er, -ns *m.*
Chemie Ke·mi *w. o.Mz. chem.*
chemisch ke·misk, -e, -en [ke·mis·ke] *EW chem.*
Chilesalpeter (Dünger) Kwa-no *m. o.Mz. biol.*
China Ki·na *geog.*
Chinese Ki·ne·se, -n *m. geog.*
Chirurg Wund·dok·ter, -s *m. med.*
cholerisch kol·lersk, -e, -en

[kol·lers·ke] *EW psy., übertr.*
up·bru·send, -e, -en [up·bru·sen·de] *EW psy.*
Chor Koor, Kö·re *m. mus.*
Choral Kiär·ken·leed, Kiär·ken·le·der *s. rel. mus.*
Chorgestühl der Kirche Kiär·ken·koor, Kiär·ken·kö·re *m. tech. rel.*
Chorhemd Al·be, -n *w. rel.*; **spitzenbesetztes ~ der höheren katholischen Geistlichen** Rö·chel, -s *s. rel.*
Chorstuhl Stal·lum, -s *s. tech. rel.*
Christ Krist, -en [Kris·ten] *m. rel.*
Christbaum Dan·nen·baum, Dan·nen·bai·me *m. bot.*
Christdemokraten *übertr.* Swat·ten *Mz. pol.*
Christenlehre (kirchlicher Unterricht) Kin·ner·lä·er, -n *w. kult. rel.*
Christentum Krist·doom *s. o.Mz. rel.*
Christian Kris·jan *VN*
Christine Sti·na *VN*, Sti·ne *VN*, Ti·na *VN*, Ti·ne *VN*
Christkind Krist·kind·ken *s. o.Mz. rel.*
christlich krist·lik, krist·licke, -n [krist·lik·ke] *EW rel.*
Christoph Stof·fer *VN*
Christsoziale *übertr.* Swatten *Mz. pol.*
Christus Kris·tus *m. o.Mz. rel.*
circa ne wat
Clarholz Klaol·de *ON*
Clematis Kläm·mer·ken, Kläm·mer·kes *s. bot.*
Clemens Kleem *VN*
Cloppenburg Klop·pen·buorg *ON*
Coerde Kör·de *ON*
Coesfeld Koos·feld *ON*
Compact Disc (CD) Schiew·ken, Schiew·kes *s. tech.*
Computer Riä·ker, -s *m. tech.*
Couch Kan·na·pe, -·es *s. tech.* (frz. canapé)
couragiert Mans noog *psy.*
Cut Köt, -s *m.*
Cuxhaven Kuks·ha·wen *ON*

D

D, d D, d (Buk·stab·be)
da dao *UW*, der *UW*; ~

(Ausruf) dä; ~ **sein** dao·sien *uZW*; **hier und** ~ wat·ter·wäg·gen
dabei dao·bi *UW*, dao·to *UW*, der·bi *UW*; ~ **sein** bi·sien *uZW*
dabeistehen bi·staon *uZW*
dableiben dao·bli·wen *uZW*
Dach Dak, Diä·ker *s. arch.*; **mit Ziegeln gedecktes** ~ Pan·nen·dak, Pan·nen·diä·ker *s. arch.*; **weit überhängendes** ~ Af·dak, Af·diä·ker *s. arch.*
Dachboden Bal·ken, -s *m. arch.*, Bal·ken·fak, Bal·ken·fiä·ker *s. arch.*; **Licht auf dem** ~ Bal·ken·lecht, -er [Bal·ken·lech·ter] *s. tech.*; **oberster Teil des ~s** Haan·holt, Haan·höl·ter *s. arch.*
Dachdecken Pan·nen·up·han·gen *s. o.Mz. tech.*
Dachdecker Dak·dië·ker, -s *m. tech.*
Dachfenster Dak·fens·ter, -s *s. arch.*
Dachkante, Verbretterung der Giebel-~ Wind·fiä·der, -n *w. arch.*
Dachkuppel Dak·kop·pel, -n *w. arch.*
Dachlatte Dak·lat·te, -n *w. tech.*
Dachluke Dak·luuk, Dak·lu·ken *w. arch.*
Dachpfanne Dak·pan·ne, -n *w. arch.*, Dak·steen, Dak·ste·ne *m. arch.*, Pan, -·ne, -·nen *w. arch.*; ~ **auflegen** Pan·nen·up·han·gen *s. o.Mz. tech.*; **Brennofen für ~n** Pan·nen·uom, Pan·nen·üöms *m. tech.*; **Stück einer zerbrochenen** ~ Pan·nen·schaot, Pan·nen·schäö·te *s. tech.*; **Trockengebäude für ungebrannte** ~ Pan·nen·schü·er, -n *w. arch.*
Dachpfannenbrenner Pan·nen·bäcker, -s [Pan·nen·bäk·ker] *m. tech.*
Dachpfosten Stän·ner, -s *m. arch.*; ~ **auf der Tenne** Diäl·stän·ner, -s *m. arch.*
Dachrinne Dak·ren·ne, -n *w. arch.*
Dachs Grië·wel, -s *m. zool.*
Dachsparren Speer, -s *s. arch.*
Dachstein Dak·steen, Dak-

ste·ne *m. arch.*
Dachstroh Dak·strau *s. o.Mz. tech.*; **Bündel** ~ Dak·schauw, -e [Dak·schau·we] *s. tech.*
Dachstübchen Dak·stüöw·ken, Dak·stüöw·kes *s. arch.*
Dachstube Dak·stuom, Dak·stüöms *m. arch.*
Dachstuhl; Errichtung des ~es Huus·büörn *s. arch.*
Dachziegel Dak·pan·ne, -n *w. arch.*
Dackel Teckel, -s [Tek·kel] *m. zool.*
dadurch dao·bi *UW*, dao·düör *UW*, dao·met *UW*
dafür dao·för *UW*, dao·to *UW*, der·för *UW*
dagegen dao·gië·gen *UW*, dao·tië·gen *UW*, der·gië·gen *UW*, der·tië·gen *UW*, gië·gen·an *UW*; ~ **halten** Wier·spiël hol·len *psy.*
daheim to·huus, to·hu·se *UW*
daher dao·hiär *UW*, dao·van *UW*, der·hiär *UW*
dahergehen hiär·gaon *uZW*
dahergelaufen hiär·lau·pen, -e, -en [hiär·lau·pe·ne] *EW*
dahin dao·hän *UW*
dahinkommen hän·kuë·men *uZW*
dahinsiechen kwië·nen *ZW bot., med.*
dahinter der·äch·ter *UW*, dräch·ter *UW*
Dahlie Ge·or·gi·ne, -n *w. bot.*
Dakmar Da·mar *ON*
damalig dao·mao·li·g, -e, -en [dao·mao·li·ge] *EW tem.*
damals dao·maols *UW tem.*
Dame Daam, Da·mens *w.*
damit dao·met *UW*
dämlich dääm·lik, dääm·licke, -n [dääm·lik·ke] *EW*
Damm Dam, Däm·me *m.*, Diek, Di·ke *m.*
dämmerig schum·me·rig, -e, -en [schum·me·ri·ge] *EW*
dämmern dims·tern *ZW*
Dämmerung Dims·tri·ge *s. o.Mz. met.*, Schum·mer·lecht *s. o.Mz. met.*, Twi·düüs·tern *s. o.Mz. met.*, **in der** ~ in dat Dims·tri·ge
dämmrig dims·trig, -e, -en [dims·tri·ge] *EW*
Dampf Damp, Däm·pe *m.*
Dampfdrescher Damp·düörs-

ker, -s *m. tech. agr.*
dampfen dam·pen *ZW*;
leicht ~ dämp·ken *ZW*
dämpfen däm·pen *ZW*
Dampfflöte Damp·flai·te, -n
w. tech.
Dampfkessel Damp·kië·del,
-s *m. tech.*
Dampflokomobil (zum Dreschen) Däm·per, -s *m. tech.*
Dampflokomotive Damp-
locke·me·ti·we, -n [Damp-
lok·ke·me·ti·we] *w. trans.*,
(Kurzform) Damp·lok, -s *w.
trans.*
Dampfmaschine Damp·ma-
schien, Damp·ma·schi·nen
w. tech., Döm·per, -s *m.
tech.*, Fucke·pot, Fucke·pöt-
te [Fuk·ke·pot], [Fuk·ke·pöt-
te] *m. tech.*; **Bediener der
~** Döm·per, -s *m.*
Dampfpfeife Damp·flai·te,
-n *w. tech.*
Dampfpflug Damp·ploog,
Damp·plö·ge *m. tech. agr.*
Dampfschiff Dam·per, -s *m.
trans. naut.*, Damp·schip,
-·pe *s. trans. naut.*
Dampfschiffer Damp·schip-
per, -s *m. naut.*
Dampftriebwagen Damp-
wa·gen, Damp·wiä·gen *m.
trans.*
Damwild Dam·wild *s. o.Mz.
zool.*
danach äch·ter·nao *UW,
VW*, dän *UW*; dao·nao *UW*,
naigs·tens *UW*
daneben bi·an *UW*, bi·daal
UW, bi·hiär *UW*, bi·siet, bi-
si·te *UW*, dao·bi *UW*, dao-
niä·ben *UW*, der·niä·ben
UW, gië·gen·an *UW*, mis
UW, vüör·bi *UW*
danebengehen be·drai·gen
uZW, mis·gaon *uZW*,
übertr. in'ne Bim·sen gaon,
übertr. in'ne Bük·se gaon;
alles ist danebengegangen
übertr. de Pe·ter·sil·ge is vö-
ha·gelt
Dänemark Dään·mark *geog.*
dänisch däänsk, -e, -en
[dääns·ke] *EW*
Dank Dank *m. o.Mz. psy.*;
Gott sei ~ guod·luow; **~
Gottes** Guods·laun, Guods-
lai·ne *m. rel.*
dankbar dank·baor, -e, -en
[dank·bao·re] *EW psy.*

Dankbarkeit Dank·baor·kait
w. o.Mz. psy.
danken dan·ken *ZW psy.*,
Dank säg·gen *psy.*
dankenswert dan·kens·wääd,
dan·kens·wä·de, -n *EW psy.*
dann dän *UW*
daran an·to *UW*, dao·an *UW*,
dao·dran *UW*, dran *UW, VW*
darauf dao·drup *UW*, dao-
rup *UW*, drup *UW*
daraufhin dao·rup·hän *UW*
daraus dao·uut *UW*, dao-
druut *UW*
Darfeld Dar·feld *ON*
darin dao·drin *UW*, dao·rin
UW
Darm Darm, Diärm *m. med.*
Darmschmerzen Diär·men-
pien, Diär·men·pi·ne *w. med.*
darreichen hän·re·ken *ZW*,
hän·gië·wen *uZW*
darüber dao·drüö·wer *UW*,
üö·wer·hiär *UW*; **~ hinaus**
buom·an *UW*
darum dao·rüm *UW*, drüm
BW, UW
darunter der·un·ner *UW*,
mank *UW*
Darup Daor·pen *ON*
das dat *GW, FW*
Dasein Dao·sien *s. o.Mz.*
dass dat *BW*
dasselbe dat·söl·wi·ge *FW*
Daten Dao·ten *Mz.*
Datenfilter Dao·ten·siëwt, -e
[Dao·ten·siëw·te] *s.*
Datum Dao·tum *s. o.Mz. tem.*
Dauer Du·er *w. o.Mz. tem.*
dauern du·ern *ZW tem.*
dauernd du·ernd, -e, -en [du-
ern·de] *EW tem.*
Dauerregen Riän·gen·wiär
s. o.Mz. met.
Däumchen Düm·ken, Düm-
kes *s. med.*
Daumen Dum·men, -s *m.
med.*; **kleiner ~** Düm·ken,
Düm·kes *s. med.*
daumenbreit dum·men-
breed, dum·men·bre·de, -n
EW
Daumenbreite, ca. 1 Zoll
(Maß) Dum·men·bred·te, -n
w.
daumendick dum·men·dik,
dum·men·dicke, -n [dum-
men·dik·ke] *EW*
Daumendicke Dum·men-
dik·te, -n *w.*
Daune Duun, Du·ne, -n *w.*

zool.
Davensberg Da·mes·biärg
ON
Davert Da·wert *w. o.Mz.
geog.*
davon der·van *UW*, dao·van
UW, bi·wäg *UW*
davonfließen flai·ten·gaon
uZW
davonlaufen düör·gaon
uZW, uut·bük·sen *ZW*, uut-
nai·en *ZW*
davonschleichen *übertr.* vö-
krüë·meln *ZW*
davontragen wäg·driä·gen
uZW
davor dao·vüör *VW*
davorbauen vüör·bau·en
ZW tech.
davorhängen vüör·han·gen
uZW
dazu an·to *UW*, dao·to *UW*,
der·to *UW*, üö·wer·to *UW*
dazubekommen to·kri·gen
uZW
dazugeben bi·bucken [bi-
buk·ken] *ZW*, bi·doon *uZW*,
bi·stü·ern *ZW*, to·doon *uZW*,
to·gië·wen *uZW*, to·schai-
ten *uZW*, to·stü·ern *ZW*
Dazugehörige(r) Bi·häö·ri-
ge, -n *m., w. und s.*
dazugekauft to·koft, -e, -en
[to·kof·te] *EW fin.*
dazukaufen to·kau·pen *uZW
fin.*
dazukommen to·kuë·men
uZW
dazulernen to·lä·ern *ZW*
dazumachen der·bi·ma·ken
uZW
dazusetzen bi·sät·ten *ZW*
dazutun bi·doon *uZW*
dazuwerfen bi·smi·ten *uZW*
dazwischen dao·tüs·ken *UW*,
der·tüs·ken *UW*, mid·den·in
UW; mank *UW*
dazwischendrängen kwet-
ten *ZW*
dazwischenkommen dao-
tüs·ken·kuë·men *uZW*
dazwischenreden dwiärs-
kwa·tern *ZW*
Debatte Uut·sprao·ke, -n *w.*
Dechant Diä·ken, -s *m. rel.*
Deckchen Diëks·ken, Diëks-
kes *s. tech.*
Decke Be·schot, Be·schöt·te
m. tech., Dië·ke, -n *w. tech.*;
kleine ~ Diëks·ken, Diëks-
kes *s. tech.*

Deckel Dië·kel, -s *m. tech,* Klap, -·pen *s. tech.*
decken dië·ken *ZW;* **von der Seite** ~ flan·ke·ern *ZW mil.*
Deckenlampe Dië·ken·lamp, -en [Dië·ken·lam·pen] *w. tech.*
Deckenlicht Dië·ken·lecht, -er [Dië·ken·lech·ter] *s. tech.*
defekt ka·pot, -·te, -·ten *EW tech.,* lied·schäf·tig, -e, -en [lied·schäf·ti·ge] *EW;* ~ **werden** ka·pot·gaon *uZW tech.*
Defekt Mak, Macken [Makken] *w. tech.*
definieren fast·läg·gen *ZW*
definiert fast·lägt, -·e, -·en [fast·läg·te] *EW*
Degen, breiter ~ Fu·chel, -s *w. mil.*
dehnen lang·trecken [lang·trek·ken] *uZW;* ~ **drücken oder pressen** ~ dië·nen *ZW*
Deich Diek, Di·ke *m. tech.,* Dam, Däm·me *m. tech.*
Deichsel Dis·sel·baum, Dissel·bai·me *m. tech.;* ~ **am Wagen** Dis·sel, -n *w. tech.;* **Vorrichtung zur Besfestigung der** ~ **an der Vorderachse** Tan·gen·stük, Tangen·stük·ker *s. tech.*
dein dien, di·ne, -n *FW*
deinerseits dien·siets *UW*
deinetwegen dient·wiä·gen *UW*
deinige di·ni·ge, -n *FW*
Dekanat Diä·ke·ni, -·en *w. rel.*
Dekolleté Uut·snid, -·de *m.;* **mit tiefem** ~ up·pen·büörs·tig, -e, -en [up·pen·büörs·ti·ge] *EW*
Delikatesse fien läten *s. kul.*
Delle Dürk, Dür·ke *m. tech.*
dem dän *GW*
demnach dao·nao *UW*
demnächst ärs·ter·dag, -s *UW tem.,* bol, -·le *UW tem.,* iärst·dags *UW tem.,* naigs·tens *UW tem.,* to·ge·sam *UW tem.,* van·to·wes *UW tem.*
Demokrat De·mo·kraot, -en [De·mo·krao·ten] *m. pol.*
Demokratie De·mo·krao·ti, -·en *w. pol.*
demokratisch de·mo·kraotsk, -e, -en [de·mo·kraots·ke] *EW pol.*
demolieren dem·me·le·ern *ZW*

demontieren uut·e·neen·niëmen *uZW tech.*
demotiviert vö·druo·ten, -e, -en [vö·druo·te·ne] *EW psy.*
Demut De·mood *m. o.Mz. psy.*
demütig de·mö·dig, -e, -en [de·mö·di·ge] *EW psy.*
demütigen de·mö·di·gen *ZW psy.,* run·ner·maken *uZW psy.*
Demütigung De·mö·di·gen *s. o.Mz. psy.*
den dän *GW*
Dengelhammer Haar·ha·mer, Haar·hä·mers *m. tech.*
Dengeln Ha·ren *s. o.Mz. tech.;* **Werkzeug zum** ~ Haar·tüüg, -s *s. o.Mz. tech.;* **kleiner Amboss zum** ~ Haar·buk, Haar·bücke [Haar·bük·ke] *m. tech.,* Haar·spet, -·te *s. tech.*
dengeln ha·ren *ZW tech.,* klop·pen *ZW tech.*
Denkarbeit Kop·ar·baid, -en [Kop·ar·bai·den] *w. psy.*
denken den·ken *uZW psy.;* **denkste!** flai·te·pi·pen!
Denkmal Denk·maol, Denkmäö·le *s. kult.*
denn dan *BW*
denunzieren an·schi·ten *uZW jur.*
depressiv swaor·mö·dig, -e, -en [swaor·mö·di·ge] *EW psy.*
der de *GW*
derb der·be, -n *EW,* freed, fre·de, -n *EW,* ha·böcken, -e, -en [ha·bök·ken] *EW*
dergleichen der·gli·ken *UW*
derselbe de·söl·wi·ge, -n *FW*
derweil der·wiel *UW tem.*
desertieren de·ser·te·ern *ZW mil.,* *übertr.* van·ne Faan gaon *mil.*
deshalb dao·rüm *UW*
desto; je..., ~... üm so..., üm so...
deswegen dao·rüm *UW*
Detmold Dep·pelt *ON*
deuten dü·den *ZW psy.,* ruut·liä·sen *uZW psy.*
deutlich düüd·lik, düüd·licke, -n [düüd·lik·ke] *EW*
deutsch düütsk, -e, -en [düüts·ke] *EW kult.*
Deutsche(r) Düüts·ke, -n *m., w. und s.*
Deutschland Düütsk·land *geog.*
Deutung Dü·dung, -en [Dü-

dun·gen] *w. psy.*
Dezember De·sem·ber, -s *m. tem.,* Krist·maond, -e [Krist·maon·de] *m. tem.*
Dia Lecht·beld, Lecht·bel·ler *s. tech.*
Dialekt Tun·gen·slag, Tungen·sliä·ge *m. kult.*
Diamant De·mant, -en [De·man·ten] *m. geol.*
Diaprojektor Lecht·beld·wiser, -s *m. tech.*
dich di *FW*
dicht dich·te, -n *EW,* stram, -·me, -·men *EW;* ~ **an etwas** snak, snacke, -n [snak·ke] *EW*
dichten dich·ten *ZW mus.,* *tech.,* ri·men *ZW mus.*
Dichter Dich·ter, -s *m. mus.*
dichtmachen dich·ten *ZW tech.*
dick dik, dicke, -n [dik·ke] *EW,* fet, -·te, -·ten *EW,* mollig, -e, -en [mol·li·ge] *EW med.,* plüs·sig, -e, -en [plüssi·ge] *EW, übertr.* kum·plet, -·te, -·ten *EW med. (frz.* complet);* ~**es Kind** Dik·sak, Dik·siä·ke *m.;* ~**er Mensch** Dik·wams, Dik·wäm·se *m. med.;* ~**er, unsauberer Mann** Smud·ke·bul·li, -es *m.;* **dikker** dicker [dik·ker]; ~ **werden** dig·gen *ZW,* to·niё·men *uZW med.,* to·läg·gen *ZW med.;* **am dicksten** an diks·ten
dickbauchig dik·bal·lig, -e, -en [dik·bal·li·ge] *EW*
Dickdarm En·ne·puns, En·ne·pün·se *m. med.*
Dicke Dik·te, -n *w.*
Dickenberg Dicken·biärg [Dik·ken·biärg] *ON*
dickfellig aor·draitsk, -e, -en [aor·draits·ke] *EW psy.*
dickflüssig lob·be·rig, -e, -en [lob·be·ri·ge] *EW*
Dickicht Un·ner·holt, Un·nerhöl·ter *s. bot.*
Dickkopf Dik·kop, Dik·köppe *m. psy.*
dickköpfig dik·köpsk, -e, -en [dik·köps·ke] *EW psy.,* e·gen·köpsk, -e, -en [e·gen·köps·ke] *EW psy.,* steen·pöt·tig, -e, -en [steen·pöt·ti·ge] *EW psy.*
Dickköpfigkeit E·gen·sin, -·ne *m. psy.*

dickleibig ruum·bal·lig, -e, -en [ruum·bal·li·ge] *EW med.*; ~er kleiner Mensch Pümmel, -s *m. med.*

dicklich püm·me·lig, -e, -en [püm·me·li·ge] *EW med.*

Dickmilch Dik·miälk *w. o.Mz. kul.*

die de *GW*

Dieb Daiw, -e [Dai·we] *m. jur.*, Stiäl·daiw, -e [Stiäl·daiwe] *m. jur.*

Diebstahl Stiä·le·ri, -·en *w. jur.*; ~ begehen dai·wen *ZW jur.*

Diele Diäl, -en [Diä·len] *w. arch.*

Dielentür Diäl·düör, -n *w. arch.*; Anbau neben der großen ~ Kuo·ben, Küö·ben *m. arch.*

dienen dai·nen *uZW*

Diener Dai·ner, -s *m.*, Kalfak·ter, -s *m.*, Tra·bant, -en [Tra·ban·ten] *m.*

dienern duk·nacken [duknak·ken] *ZW psy.*

dienlich dain·lik, dain·licke, -n [dain·lik·ke] *EW*

Dienst Dänst, -e [Däns·te] *m.*; ~ tun dai·nen *uZW*; Hand- und Spanndienst How·dänst, -e [How·dänste] *m. agr.*; in ~ nehmen me·en *ZW fin.*

Dienstag Dings·dag, -e [Dings·da·ge] *m. tem.*

dienstags dings·dags *UW tem.*

dienstfrei dänst·fri, -·e, -·en *EW*

Dienstjahr Dänst·jaor, -e [Dänst·jao·re] *s. tem.*

Dienstleistung Dänst, -e [Däns·te] *m.*

Dienstleute Dänst·lü·de *Mz.*

dienstlich dänst·lik, dänstlicke, -n [dänst·lik·ke] *EW*

Dienstmädchen Dänst·wicht, -er [Dänst·wich·ter] *s.*; ~ in der Küche Küöks·ke, -n *w. kul.*

Dienstmann Dänst·man, Dänst·lü·de *m.*

Dienstverhältnis Dänst, -e [Däns·te] *m.*

dies düt *FW*

diese düs·se *FW*

dieselbe de·söl·wi·ge, -n *FW*

Diesellokomotive Di·sellocke·me·ti·we, -n [Di·sellok·ke·me·ti·we] *w. trans.*, Di·sel·lok, -s *w. trans.*

Dieselmotor Di·sel·maschien, Di·sel·ma·schi·nen *w. tech.*

dieser düs·sen *FW*

dieses düt *FW*

diesig, es wird ~ *übertr.* et wäd so wit in't Holt *met.*

diesmal düt·maol *UW*

diesseits düs·siet *UW*

Diestedde Diäs·te *ON*

Dietrich Nao·slüë·del, -s *m. tech.*

Differenz Un·ner·schaid, -e [Un·ner·schai·de] *m.*

differenzieren un·ner·schaiden *ZW*, uut·e·neen·hol·len *uZW*

dimmen dims·tern *ZW tech.*

Dimmer Dims·ter, -s *m. tech.*

Ding Din·gen, -s *s.*, Kraom *s. o.Mz.*, Saak, Sa·ke, -n *w.*; kleines ~ Schiet·din·gen, Schiet·din·gers *s.*; sehr großes ~ Ka·wäns·man, Kawäns·män·ner *m.*

Dinkel Din·kel *w. o.Mz. geog.*

Diphtherie Hals·brü·ne *w. o.Mz. med.*

dir di *FW*

direkt di·rek·te·mang *EW*, liek, li·ke, -n *EW*, piel, pi·le, -n *EW*, richt, -e, -en [rich·te] *EW*; straks *UW*

Direktor Di·rek·ter, -s *m.*

Direktorin Di·rek·ters·ke, -s *w.*

Dirigent Ka·pel·mes·ter, -s *m. mus.*, Mus·sik·mes·ter, -s *m. mus.*

Dirigentenstab Staw, Stiäwe *m. mus.*

Dirne Dään, Dääns *w.*

Diskette Spi·ker·schiew·ken, Spi·ker·schiew·kes *s. tech.*

Diskothek Mus·sik·schoppen, -s *m. mus.*

Diskussion Dis·kus·jaun, -en [Dis·kus·jau·nen] *w.*, Uutsprao·ke, -n *w.*

diskutieren dis·ku·te·ern *ZW*, pos·sa·men·te·ern *ZW*, praoten *ZW*

Display Tao·fel, -n *w. tech.*

disputieren dis·pel·te·ern *ZW* (frz. disputer)

Distel Di·sel, -n *w. bot.*

Distelfalter Di·sel·mol·ke, -n *w. zool.*

Disziplin Tucht, Tuch·ten *w.*

psy.

Dividende Di·vi·den·ne, -n *w. fin.*

dividieren di·vi·de·ern *ZW math.*

doch a·pat *BW*, jä *BW*, män *BW*, so of so; was ist das ~ wat is di dat

Docht Ducht, Düch·te *m. tech.*

Dohle Duo·le, -n *w. zool.*, Hil·le·ka·ne, -n *w. zool.*

doktern dok·tern *ZW med.*

Doktor Dok·ter, -s *m. med.*

dokumentieren wis·hol·len *uZW*

Dolberg Dol·biärg *ON*

Dolde Pröl·ken, Pröl·kes *s. bot.*

dolmetschen uö·wer·sätten *ZW*

Dolmetscher Üö·wer·sätter, -s *m.*

Dom Doom, Dö·me *m. rel. arch.*

Domherr Doom·hä·er, -ns *m. rel.*

Dompfaff Blood·fink, -en [Blood·fin·ken] *m. zool.*

Donner Dun·ner, -s *m. met.*, Grum·mel, -n *m. met.*

Donnerbesen Dun·er·bessen, -s *m. arch.*

donnern bal·lern *ZW met.*, dun·nern *ZW met.*, gnit·tern *ZW met.*; leise ~ grum·meln *ZW met.*; sehr heftig ~ kniä·tern *ZW met.*

Donnerschlag Dun·ner·slag, Dun·ner·sliä·ge *m. met.*

Donnerstag Dun·ner·dag, -e [Dun·ner·da·ge] *m. tem.*

donnerstags dun·ner·dags *UW tem.*

Donnerwetter Dun·ner·wiär *s. o.Mz. psy.*; ~! (Ausruf der Verwunderung) Dun·ner·litken!

Doppelgänger Dub·bel·gänger, -s *m.*

Doppelkinn Un·ner·muul, Unner·mu·len *s. med.*; kleines ~ Un·ner·müül·ken, Un·nermüül·kes *s. med.*

Doppelkopf Dub·bel·kop *m. spo.*

doppeln dub·beln *ZW*

doppelspurig twe·spüö·rig, -e, -en [twe·spüö·ri·ge] *EW trans.*

doppelt dub·belt, -e, -en

[dub·bel·te] *EW*, twe·dub-bel, -e, -en [twe·dub·bel·te] *EW*; ~ **legen** (Tuch) un-ner·slaon *uZW*; ~ **und drei-fach** drai·dub·belt, -e, -en [drai·dub·bel·te] *EW*
Doppelweiche Dub·bel·we-ke, -n *w. tech.*
Dopplung Dub·be·lung, -en [Dub·be·lun·gen] *w.*
Dörenthe Dörn·te *ON*
Dörenther Klippen; Fels in den ~ (Kreis Steinfurt) dat hucken·de Wiew *geol.*
Dorf Duorp, Düör·per *s. geog.*; **Frau vom** ~ Duorp-frau, -·lü *w.*; **Kind aus ei-nem** ~ Duorp·kind, Duorp-kin·ner *s.*; **kleines** ~ Düörp-ken, Düörp·kes *s. geog.*, Kaf, Käf·fer *s. geog.*; **Mensch vom** ~ Düör·per, -s *m.*; **winziges** ~ Käf·ken, Käf-kes *s. geog.*
Dorfanger Brink, -e [Brin-ke] *m. agr.*
Dörfchen Düörp·ken, Düörp-kes *s. geog.*
Dorffrau Duorp·frau, -·lü *w.*
Dorfgeselle Duorp·ge·sel, -·len *m.*
Dorfhund Duorp·rü·en, -s *m. zool.*
Dorfkind Duorp·kind, Duorp-kin·ner *s.*
Dörfler Düör·per, -s *m.*
dörflich düörpsk, -e, -en [düörps·ke] *EW*
Dorfplatz Brink, -e [Brin·ke] *m.*
Dorfpolizist Duorp·schan-dit, -s *m. jur.*
Dorfschmied Duorp·smet, -s *m. tech.*
Dorfschneider Duorp·sni-der, -s *m. tech.*
Dorfschule Duorp·scho·le, -n *w. kult.*
Dorfschulmeister Duorp-school·mes·ter, -s *m. kult.*
Dorfstraße Duorp·strao·te, -n *w. trans.*
Dorn Däön, -s *m. tech.*
Dorne Däön, -s *m. bot.*; **lange** ~ **zum Verschließen des Wurstdarmes** Wuors-te·pig·ge, -n *w.*
Dornenstrauch Däön·struuk, Däön·strü·ke *m. bot.*
dörren rös·tern *ZW kul.*; **Flachs** ~ rö·ten *ZW tech.*

Dorsch (Fisch) Düörsk, Düörs·ke *m. zool.*
Dorsten Dös·sen *ON*
dort dao *UW*, **von** ~ dao-hiär *UW*
dorthin dao·hän *UW*, dao-nao *UW*
Dortmund Düörp'm *ON*
Dortmund-Ems-Kanal Düörp'm-läms-Ka·naol *m. trans.*
Döschen Düp·ken, Düp·kes *s. tech.*
Dose Büs·se, -n *w. tech.*, Düp·pe, -n *w. tech.*, Dai·se, -n *w. tech.*; ~ **für das Essen** lä·tens·düp·pe, -n *w. tech. kul.*
Dosenbarometer Düp·pen-per·me·ter, -s *s. tech. met.*
Dotter Duë·der, -s *w. biol.*
Dotterblume Buo·ter·blo-me, -n *w. bot.*
Drache Dra·ke, -n *m. zool.*
Drachen Dra·ken, -s *m. tech.*
Draht Draod, Dräö·de *m. tech.*; **verzinkter** ~ Senk-draod, Senk·dräö·de *m. tech.*
Drahtesel Draod·ië·sel, -s *m. trans.*
Drahtgitter Draod·git·ter, -s *s. tech.*
Drahtseil Draod·seel, Draod-se·le *s. tech.*
Drahtstift Draod·pin, -·ne *m. tech.*
Drahtwurm Draod·wuorm, Draod·wüör·mer *m. zool.*
dramatisieren dra·ma·te·se-ern *ZW psy.*
Drang Driewt, -en [Driew·ten] *w. psy.*, Müë·ten *s. o.Mz. psy.*
drängeln kwet·ten *ZW*
drängen nai·di·gen *ZW psy.*; **sich dicht** ~ drub·beln *ZW*
drangsalieren drang·sa·le-ern *ZW psy.*
dranhalten dran·hol·len *uZW*
Draufgänger Drup·gän·ger, -s *m. psy.*, Wil·le, -n *m. psy.*, Wööst·bra·ker, -s *m. psy.*; **wüster** ~, **der mit dem Kopf durch die Wand will** Bal·ler·kop, Bal·ler·köp·pe *m. psy.*
draufgängerisch bal·le·rig, -e, -en [bal·le·ri·ge] *ZW psy.*; ~ **etwas tun** Wööst·bra·ken *s. o.Mz. psy.*, wööst·bra·ken *ZW psy.*; ~ **sein** bal·lern *ZW psy.*

drauflosreden kas·te·bö·nen *ZW*
Drauflostrotten; unachtsa-mes zielloses ~ ba·seln *ZW*
draufschlagen up·slaon *uZW fin.*
Draufsicht Buom·siet, Buom-si·ten *w.*
draußen bu·ten *UW*, to·bu-ten *UW*
drechseln drai·en *ZW tech.*
Drechsler Drai·er, -s *m. tech.*, Pin·kes·drai·er, -s *m. tech.*
Dreck Aos·kraom *m. o.Mz. hyg.*, Driet *m. o.Mz. hyg.*, Dri·te, -n *w. hyg.*, Un·sel *s. o.Mz. hyg.*, Uort, Üört *s. hyg.*, übertr. Klai *m. o.Mz. hyg.*, Küë·del, -s *m. biol.*, Schiet *m. o.Mz. biol.*, Schi-te *w. o.Mz. biol.*, Sla·mas-sel *m. o.Mz.*, Smud·del *m. o.Mz. hyg.*; **nasser** ~ Sot *m. o.Mz.*; **im** ~ **wälzen** sot-ken *ZW*
Dreckecke Mes·hook, Mes-hö·ke *m. hyg.*, Uort·hook, Uort·hö·ke *m. hyg.*
dreckig äö·sig, -e, -en [äö-si·ge] *EW hyg.*, smud·de-lig, -e, -en [smud·de·li·ge] *EW hyg.*, übertr. schië·te-rig, -e, -en [schië·te·ri·ge] *EW hyg.*; ~ **machen** un-seln *ZW hyg.*
Dreckskerl Kääl äs'n Pund Schite *psy.*
Dreckspatz Un·sel·kop, Un-sel·köp·pe *m. hyg.*
Dreh Drai, -s *m.*, Drai·üm-me *s. o.Mz.*
drehen drai·en *ZW tech.*, kiärn *ZW*; **in den Wind** ~ bi·drai·en *ZW*; **sich** ~ sik krän·seln *ZW*; **zu weit** ~ üö·wer·drai·en *ZW tech.*
Dreher Drai·er, -s *m. tech.*
Dreherei Drai·e·ri, -·en *w. tech.*
Drehflügel Drai·flüë·sel, -s *m. tech.*
Drehkreuz Has·pel, -n *s. tech.*; ~ **am Vorderwagen** Scha·mer, Schiä·mer *m. tech.*; ~ **für Fußgänger** Rund·lai·per, -s *m. tech.*
Drehleierspieler Li·ren·drai-er, -s *m. mus.*
Drehmaschine Drai·bank, Drai·bän·ke *w. tech.*

Drehorgel Drai·üör·gel, -s
s. tech. mus., Han·üör·gel,
-n s. tech. mus.
Drehpflug Drai·ploog, Drai·
plö·ge m. tech. agr.
Drehpunkt Kip, -s s., Kip-
pe, -n w. phy.
Drehscheibe Drai·schi·we,
-n w. tech.
Drehstuhl Drai·stool, Drai·
stö·le m. tech.
Drehung Dral m. o.Mz.,
Drai·e·ri, ·-en w., Kiär, -en
[Kiä·ren] w., Tuur, Tu·ren w.
Drehverschluss (z.B. an
Geldbörse) Kniep, -s s. tech.
drei drai ZaW
Dreibein (Melkhocker) Drai·
been, Drai·be·ne s. tech. agr.
dreibeinig drai·beent, -e, -en
[drai·been·te] EW
dreidimensional rüüm·lik,
rüüm·licke, -n [rüüm·lik·ke]
EW
dreieckig drai·tim·pig, -e, -en
[drai·tim·pi·ge] EW
Dreierwalde Dre·ger·wol·de
ON
dreifarbig dri·klö·rig, -e, -en
[dri·klö·ri·ge] EW (frz. tricolore)
dreigeteilt drai·deelt, -e, -en
[drai·deel·te] EW
dreijährig drai·jää·rig, -e, -en
[drai·jää·ri·ge] EW tem.
Dreikant Drai·kant, -s m.
tech.
dreikantig drai·kän·tig, -e,
-en [drai·kän·ti·ge] EW
Dreikäsehoch Döts·ken,
Döts·kes s.
dreimal drai·maol ZaW
dreipfündig drai·pün·nig, -e,
-en [drai·pün·ni·ge] EW
dreiseitig drai·kän·tig, -e, -en
[drai·kän·ti·ge] EW
Dreispitz (Hutform) drai·tim-
pi·gen Hood tech.
dreißig diär·tig ZaW
Dreißiger Diär·ti·ger, -s m.
dreißigjährig diär·tig·jää·rig,
-e, -en [diär·tig·jää·ri·ge] EW
tem.
dreißigste diär·tigs·te, -n
ZaW
dreist bät·sig, -e, -en [bät·
si·ge] EW psy., driest, -e,
-en [dries·te] EW psy., fri·
pös·tig, -e, -en [fri·pös·ti·ge]
EW psy., mu·sig, -e, -en
[mu·si·ge] EW psy., un·be-

schuuft, -e, -en [un·be-
schuuf·te] EW psy.
Dreistigkeit Dries·te, -n w.
psy., Tran·ki·le·täät, Tran·ki·
le·tä·ten w. psy. (frz. tranquillité)
dreiteilig drai·de·lig, -e, -en
[drai·de·li·ge] EW
Dreiwegeweiche Dub·bel·
we·ke, -n w. tech.
dreizähnig (z.B. Gabel) drai·
tant, -e, -en [drai·tan·te] EW
tech.
dreizehn diär·tain ZaW
dreizehnte diär·tains·te, -n
ZaW
dreizehntel diär·tains·tel ZaW
dreizipflig drai·tim·pig, -e,
-en [drai·tim·pi·ge] EW
Drensteinfurt Stew·wert ON
Dreschabend Düörsk·aomd,
-e [Düörsk·aom·de] m. agr.
tem.
Dreschdiele Graut·diäl, -en
[Graut·diä·len] w. arch. agr.
dreschen diärs·ken ZW agr.,
düörs·ken ZW agr.; **mit dem
Dreschflegel** ~ klap·düörs·
ken ZW agr., Käörn af·klop-
pen agr.; ~ **des Korns vom
Getreidehaufen** Bült·düörs·
ken s. o.Mz. agr.; **jemd., der
gegen Bezahlung drischt**
Laun·düörs·ker, -s m. agr.
Drescher Düörs·ker, -s m.
agr. tech.
Drescherei Düörs·ke·ri, ·-en
w. agr.
Dreschflegel Diärsk·flië·gel,
-s m. tech. agr., Holt·flië·gel,
-s m. tech. agr., Klap·düörs·
ker, -s m. tech. agr., Klop-
pe, -n w. tech. agr.; **mit dem
~ dreschen** Käörn af·klop-
pen agr.; **mit dem ~ Dreschender** Klop·düörs·ker,
-s m. agr.
Dreschkasten Düörsk·kas-
ten, Düörsk·käs·ten m. tech.
Dreschlied (zum Takthalten
beim Dreschen mit dem
Flegel) Düörs·ke·leed, Düörs·
ke·le·der s. agr. mus.
Dreschmaschine Düörs·
ker, -s m. agr. tech.; ~ **zum
Einsatz gegen Bezahlung**
Laun·düörs·ker, -s m. tech.
agr.
Dreschmaschinenbediener
Düörs·ke·kääl, -s m. agr.
Dreschtag Düörs·ke·dag, -e

[Düörs·ke·da·ge] m. agr. tem.
Dresden Drees·den ON
drinnen bin·nen UW, der·
in UW, drin UW
drinsitzen in·sit·ten uZW
dritte diär·de, -n ZaW
Drittel Diär·del, -s s. ZaW
drittens diär·dens ZaW
Drogist Se·pen·krao·mer,
Se·pen·kräö·mers m. hyg. fin.
drohen drü·en ZW psy.
Drohne Daornt, -en [Daorn-
ten] w. zool.
dröhnen duns·ken ZW
Drohung Drü·ung, -en [Drü-
un·gen] w. psy.; **Anrede
bei ~** Ved·der·män·ken, Ved-
der·män·kes s.
drüben giën VW, giën·ten
VW; **dort ~** giën·äch·tern,
giën·äch·te·re, -n VW
drüber drüö·wer UW
drüberher drüö·wer·hiär
UW
Druck Drük, Drücke [Drük-
ke] m. tech., psy., Naud,
Nai·de w. psy.; **unter ~ setzen** übertr. in·bö·ten uZW
psy.
drucken drücken [drük·ken]
ZW tech.
drücken drücken [drük·ken]
ZW, knu·sen ZW, kwet·ten
ZW; **aus der Hülle ~** uut·
stri·pen uZW, uut·strië·peln
ZW
drückend lum·me·rig, -e, -en
[lum·me·ri·ge] EW met.
Drucker Drücker, -s [Drük·
ker] m. tech.
Druckerei Drücke·ri, ·-en
[Drük·ke·ri] w. tech.
Druckmaschine Drük·ma-
schien, Drük·ma·schi·nen w.
tech.
Druckstempel Drük·stok,
Drük·stöcker [Drük·stök·ker]
m. tech.
Drum und Dran Ge·räp·pel
s. o.Mz.
drumherum der·üm·to UW
drumherumlaufen üm·to·
lau·pen uZW
drumherumreden üm·to·kü-
ern ZW psy.
drunter drun·ner UW
Drusch Düörsk, Düörs·ke
m. agr.
Drüse Drö·se, -n w. med.;
kleine ~ im Schweinefett
Sä·er, -s m. med.

Dschungel Schun·gel, -s *m.*
bot.
du du *FW*
ducken dücken [dük·ken]
ZW
Duckmäuser Duk·nak, -s *m.*
psy.
duckmäusern duk·nacken
[duk·nak·ken] *ZW psy.*
Dudelsack Pi·pen·sak, Pi-
pen·siä·ke *m. tech. mus.*
Duft Rüëk, -e [Rüë·ke] *m.*
biol.
duften ru·ken *uZW*
Duftseife Ruuk·se·pe, -n *w.*
hyg.
Duftwasser Ruuk·wa·ter,
Ruuk·wä·ters *s. hyg.*
Duisburg Düüs·buorg *ON*
dulden dul·len *ZW psy.,*
hän·nië·men *uZW psy.,* liden *uZW psy.*
duldsam lied·sam, ··me,
··men *EW psy.*
Dülmen Dül·men *ON*
dumm al·wern, -e, -en [al-
wer·ne] *EW psy.,* blööd,
blö·de, -n *EW psy.,* däö-
sig, -e, -en [däö·si·ge] *EW*
psy., dus·se·lig, -e, -en [dus-
se·li·ge] *EW psy.,* ku·sig,
-e, -en [ku·si·ge] *EW psy.,*
un·klook, un·klo·ke, -n *EW*
psy.; **als ~ ansehen** för
dum vö·sli·den *psy.;* **für ~**
verkaufen vö·dul·dö·wen
ZW psy., vö·dum·deu·beln
ZW psy., übertr. met een
stump Mest bar·be·ern *psy.;*
sehr ~ dääm·lik, dääm-
licke, -n [dääm·lik·ke] *EW*
psy.; **~er Mensch** (Schimpfwort) Pat·jak, Pat·jacken
[Pat·jak·ken] *s. psy.;* **~e**
Person Maond·kalw, Maond-
käl·wer *s. psy.*
Dummer Dus·sel, -s *m. psy.*
Dummheit Däö·sig·kait, -en
[Däö·sig·kai·ten] *w. psy.,*
Flïed, -e [Flïe·de] *s. psy.,*
Kwin·te, -n *w. psy.;* **jemd.,**
der ~en macht Kwin·ten-
slïä·ger, -s *m. psy.*
Dummkopf Dä·mel, -s *m.*
psy., Dä·me·lak, -s *m. psy.,*
Däös·kop, Däös·köp·pe *m.*
psy., Dus·sel, -s *m. psy.,*
Dus·sel·dier, -s *s. psy.,* Dus-
sel·kop, Dus·sel·köp·pe *m.*
psy., Pap·kop, Pap·köp·pe
m. psy., Pap·stof·fel, -s *m.*

psy., Slaif, -e [Slai·fe] *m.*
psy., Stum·pachs, -e [Stum-
pach·se] *m. psy., übertr.*
Schaops·kop, Schaops·köp-
pe *m. psy.*
dumpf dump, -e, -en [dum-
pe] *EW*
Dung Dün·ger, -s *m. agr.*
düngen mes·sen *ZW agr.*
Dünger Dün·ger, -s *m. agr.,*
übertr. Mes *m. o.Mz. biol.*
Dungfliege Mes·flai·ge, -n
w. zool.
Dunghaufen Dün·ger·haup,
Dün·ger·hai·pe *m. agr.,* Meshaup, Mes·hal·pe *m. agr.*
dunkel dims·trig, -e, -en
[dims·tri·ge] *EW,* düüs·ter,
-e, -en [düüs·te·re] *EW,*
gnit·ter·swat, ··te, ··ten *EW;*
sehr ~ sta·ken·düüs·ter, -e,
-en [sta·ken·düüs·te·re] *EW;*
völlig ~ pik·düüs·ter, -e, -en
[pik·düüs·te·re] *EW;* **dun-**
keler düüs·te·rer; **am dun-**
kelsten an düüs·ters·ten
Dunkel Düüs·tern *s. o.Mz.*
dunkelgrau dun·kel·gries,
dun·kel·gri·se, -n *EW*
dünkelhaft ha·fäd·dig, -e,
-en [ha·fäd·di·ge] *EW psy.*
Dunkelheit Düüs·tern *s.*
o.Mz.; **Eintritt der ~** Aomd-
lecht *s. o.Mz.;* **völlige ~** Pik-
düüs·tern *s. o.Mz.*
Dunkeln Düüs·ter·wä·ern *s.*
o.Mz. met.
dunkeln düüs·tern *ZW*
Dunkelwerden Düüs·ter·wä-
ern *s. o.Mz. met.*
dünken düch·ten (sik) *ZW*
psy.
dünn dün, ··ne, -n *EW,* kleen,
kle·ne, -n *EW,* schrao, ··e,
··en *EW,* smäch·tig, -e, -en
[smäch·ti·ge] *EW,* spuch·tig,
-e, -en [spuch·ti·ge] *EW,*
(Ton) kwiä·rig, -e, -en [kwiä-
ri·ge] *EW;* **~ und lang** spi-
rig, -e, -en [spi·ri·ge] *EW;*
~es Mädchen oder ~e
Frau Strip·se, -n *w.;* **dün-**
ner kle·ner; **am dünnsten**
an klens·ten
Dünnes (Flüssigkeit) Jül·le
w. o.Mz.
dünnflüssig dün, ··ne, -n *EW*
Dunst Wa·sen *m. o.Mz.*
durch düör *UW,* der·düör
UW
durcharbeiten düör·ar·bai-

den *ZW,* düör·wiär·ken *ZW*
durchaus a·pat *UW,* dicke
[dik·ke] *UW,* düör·gaons
UW, pa·tu *UW* (*frz.* partout), rats *UW,* stump *UW,*
vul·uut *UW*
durchbeißen düör·bi·ten
uZW, twe·bi·ten *uZW*
durchbiegen düör·bai·gen
uZW tech.
durchblättern düör·bla·dern
ZW
durchblicken düör·ki·ken
uZW
Durchblutungsstörung (mit
Absterben von Gliedma-
ßen) kol·le Brand *m. med.*
durchbohren düör·löckern
[düör·lök·kern] *ZW tech.*
durchbrechen briä·ken *uZW,*
düör·bra·ken *ZW,* düör·briä-
ken *uZW*
durchbrennen düör·briä-
nen *uZW;* **~ mit etwas** der-
düör·gaon *uZW*
durchbringen düör·brän·gen
uZW, der·düör·brän·gen *uZW*
Durchbruch Bruok, Brüö·ke
m. tech.
durchdenken üö·wer·läg-
gen *ZW psy.*
durchdrehen düör·drai·en
ZW
durcheinander düör·nan·ner
UW, düör·neen, düör·ne·ne
UW, ko·lo·ne *UW;* tüd·de-
lig, -e, -en [tüd·de·li·ge] *EW*
med., vö·stückert, -e, -en [vö-
stük·kert], [vö·stük·ker·te] *EW*
med.
Durcheinander Düör·ne·ner
s. o.Mz., Dwad·del, Dwäd-
del *m.,* Himp·hamp, -s *s.,*
Kud·del·mud·del *m. o.Mz.,*
Mäng·sel, -s *s.,* Rum·mel
m. o.Mz., Tüd·del, -s *m.,*
Uort, Üört *s.,* We·e·ri, ··en
w., übertr. Sla·mas·sel *m.*
o.Mz.
durcheinanderbringen düör-
ne·ne·brän·gen *uZW,* tüd-
dern *ZW,* vö·ös·seln *ZW*
durcheinandergeraten vö-
tüd·dern *ZW*
durcheinanderkommen uut
de Ri·ge lau·pen
Durchfall (Darmerkrankung)
Düör·fal *m. o.Mz. med.,*
Düör·marsch, Düör·miär·sche
m. med., Kacke·ri, -en [Kak-
ke·ri] *w. med.,* Schi·te·ri, ··en

w. med., übertr. Lau·pe·ri, -·en w. med.; ~ **haben** schiëte·rig, -e, -en [schië·te·ri·ge] EW med.

durchfallen düör·fal·len uZW
durchfeiern düör·fi·ern ZW
durchfragen düör·frao·gen uZW, (zu einem Ziel) hänfrao·gen uZW
durchfressen düör·friä·ten uZW kul.
durchfrieren düör·frai·sen ZW
durchführen ma·ken uZW; **strikt ~** düör·gri·pen uZW
durchfüttern düör·fo·ern ZW kul.
Durchgang Düör·gang, Düörgän·ge m.
Durchgänger (z.B. Pferd) Düör·gän·ger, -s m.
Durchgangsloch für Hühner z.B. in Türen Hö·ner·lok, Hö·ner·löcker [Hö·ner·lökker] s. tech.
durchgearbeitet düör·wiärkt, -e, -en [düör·wiärk·te] EW
durchgebissen düör·bië·ten, -e, -en [düör·bië·te·ne] EW
durchgebrannt düör·brant, -e, -en [düör·bran·te] EW
durchgebrochen düör·bruoken, -e, -en [düör·bruo·kene] EW
durchgedreht düör·drait, -e, -en [düör·drai·te] EW
durchgefallen düör·fal·len, -e, -en [düör·fal·le·ne] EW
durchgefroren düör·fruorn, -e, -en [düör·fruor·ne] EW
durchgegraben düör·grawt, -e, -en [düör·graw·te] EW
durchgehen düör·briä·nen uZW trans., düör·gaon uZW
durchgehend düör·gaons UW
durchgekaut düör·kaut, -e, -en [düör·kau·te] EW
durchgelesen düör·liä·sen, -e, -en [düör·liä·se·ne] EW; **~ haben** düör·häb·ben uZW; **ich habe das Buch (durchgelesen)** ik häb dat Book düör
durchgemessen düör·miäten, -e, -en [düör·miä·te·ne] EW tech.
durchgerissen düör·rië·ten, -e, -en [düör·rië·te·ne] EW
durchgeschlagen düör·slaon, -e, -en [düör·slao·ne] EW

durchgeschnitten düörsnië·den, -e, -en [düör·sniëde·ne] EW
durchgeschrieben düörschrië·wen, -e, -en [düörschrië·we·ne] EW
durchgesetzt düör·sät, -·te, -·ten EW
durchgespielt düörs·piëlt, -e, -en [düör·spiël·te] EW
durchgestochen düör·stuoken, -e, -en [düör·stuo·kene] EW
durchgestoßen düör·stot, -·te, -·ten EW
durchgestrichen düör·striëken, -e, -en [düör·strië·kene] EW
durchgetreten düör·truo·ten, -e, -en [düör·truo·te·ne] EW
durchgetrocknet düör·drüügt, -e, -en [düör·drüüg·te EW
durchgewachsen düör·wassen, -e, -en [düör·was·sene] EW biol.
durchgewunden düör·wunnen, -·ne, -·nen EW
durchgezählt düör·tält, -e, -en [düör·täl·te] EW
durchgezeichnet düör·teeknet, -e, -en [düör·teek·ne·te] EW tech.
durchgießen düör·gai·ten uZW
durchgleiten düör·gli·den uZW
durchglühen düör·briä·nen uZW
durchgraben düör·gra·wen uZW
durchgreifen düör·gri·pen uZW
durchhaben düör·häb·ben uZW
durchhalten düör·hol·len uZW, paol·hol·len uZW
durchhecheln düör·hië·keln ZW tech.
durchkauen düör·kau·en ZW kul.
durchkommen der·düörkuë·men uZW, düör·kuëmen uZW
durchkreuzen; Plan ~ vödiä·wen uZW
durchkriechen düör·kru·pen uZW
durchlassen der·düör·lao·ten uZW, düör·lao·ten uZW
durchlaufen düör·lau·pen uZW

durchlesen (Text, Buch) düör·liä·sen uZW
durchleuchten düör·löch·ten ZW tech.
durchleuchtet düör·löch·tet, -e, -en [düör·löch·te·te] EW tech.
durchliegen düör·lig·gen uZW
durchlöchern düör·löckern [düör·lök·kern] ZW tech.
durchmachen düör·ma·ken uZW psy., med., met·ma·ken uZW psy., med.
Durchmarsch Düör·marsch, Düör·miär·sche m. mil.
durchmessen düör·miä·ten uZW tech.
Durchmesser Dik·te, -n w., Ka·li·wer, -s s.
durchnagen düör·bi·ten uZW
durchnass düör·nat, -·te, -·ten EW
durchnässt düör·nat, -·te, -·ten EW, klad·de·rig, -e, -en [klad·de·ri·ge] EW, klad·dernat, -·te, -·ten EW, pats·kenat, -·te, -·ten EW
durchnehmen düör·nië·men uZW
durchpeitschen düör·pietsken ZW
durchqueren düör·gaon uZW
durchrechnen düör·riä·ken ZW math.
durchreißen düör·ri·ten uZW
durchscheuern düör·schuern ZW
durchschieben düör·schuwen uZW
durchschießen (zu schnelle Blüte z.B. von Salat) düör·schai·ten uZW bot.
durchschlafen düör·slaopen uZW med.
Durchschlag Düör·slag, Düör·sliä·ge m. tech.
durchschlagen, sich ~ düör·slaon uZW
durchschneiden düör·sniden uZW
Durchschnitt Düör·snid, -·de m. math., Mid·del·maot s. o.Mz., Snid, -·de m. math.
durchschnittlich düör·snidlik, düör·snid·licke, -n [düörsnid·lik·ke] EW
Durchschnittsgeschwindigkeit mid·dels·te Gau·igkait w.

durchschossen düör·schuoten, -e, -en [düör·schuo·tene] *EW*
durchschreiben düör·schriwen *uZW*
Durchschrift Düör·schriwt, -en [Düör·schriw·ten] *w.*
durchschwimmen düörswem·men *uZW*
durchschwommen düörswom·men, -e, -en [düörswom·me·ne] *EW*
durchsehen düör·ki·ken *uZW*
durchseihen düör·si·gen *ZW*
durchsetzen düör·säl·ten *ZW*; **sich ~** sik düör·bi·ten *uZW psy.*
durchsichtig blank, -e, -en [blan·ke] *EW*, düör·sich·tig, -e, -en [düör·sich·ti·ge] *EW*, klaor, -e, -en [klao·re] *EW*
durchsingen üö·wer·ha·len *uZW mus.*
durchsitzen düör·sit·ten *uZW*
durchspalten düör·spli·ten *uZW tech.*
durchspielen düör·spië·len *ZW*
durchsprechen düör·kü·ern *ZW*
durchstechen düör·stiä·ken *uZW*
durchstehen düör·staon *uZW*; üö·wer·liä·wen *ZW*
Durchsteige Sti·ge, -n *w.*
Durchstich Düör·stiëk, -e [Düör·stië·ke] *m.*
durchstochen düör·stuoken, -e, -en [düör·stuo·kene] *EW*
durchstoßen düör·stau·ten *uZW*
durchstreichen düör·striken *uZW*, stri·ken *uZW*
durchstreifen stri·ken *uZW*
durchsuchen düör·sö·ken *uZW*
durchsucht düör·socht, -e, -en [düör·soch·te] *EW*
Durchsuchung Düör·sökung, -en [Düör·sö·kun·gen] *w. jur.*
durchtanzen düör·dan·sen *ZW mus.*
durchtanzt düör·danst, -e, -en [düör·dans·te] *EW mus.*
durchtreiben düör·dri·wen *uZW*
durchtreten düör·triä·ten *uZW*

durchtrieben düör·driё·wen, -e, -en [düör·driё·we·ne] *EW psy.*, fi·lu·ig, -e, -en [fi·lu·ige] *EW psy.*, lu·biëtsk, -e, -en [lu·biëts·ke] *EW psy.*, luer·biëtsk, -e, -en [lu·er·biëtske] *EW psy.*; **~er Mensch** Fi·lu, -us *m. psy. (frz. filou)*
durchtrocknen düör·drü·gen *ZW*
durchwachen düör·wa·ken *ZW*
durchwachsen 1. düör·wassen *uZW biol.*; 2. düör·wassen, -e, -en [düör·was·se·ne] *EW biol.*
durchwacht düör·waakt, -e, -en [düör·waak·te] *EW*
durchwärmen düör·wiä·men *ZW*
durchwärmt düör·wiämt, -e, -en [düör·wiäm·te] *EW*
durchweg düör·gaons *UW*
durchweichen düör·we·ken *ZW*
durchweicht düör·weekt. -e, -en [düör·week·te] *EW*
durchwinden düör·win·nen *uZW*
durchwühlen düör·wö·len *ZW*
durchwühlt düör·wöölt, -e, -en [düör·wööl·te] *EW*
durchzählen düör·täl·len *ZW*
durchzechen düör·drais·ken *ZW kul.*; **jemd., der sonntags durchzecht** Sun·dagsswit·kert, -s *m. kul.*
durchzeichnen düör·teeknen *ZW tech.*
durchziehen; etwas ~ düörtrecken [düör·trek·ken] *uZW*; **durch etwas ~** bi·trecken [bi·trek·ken] *uZW*
dürfen drüё·wen *uZW*, müёgen *uZW*
dürftig mau, ‑·e, ‑·en *EW*
dürr saor, -e, -en [sao·re] *EW bot.*, schrao, ‑·e, ‑·en *EW med.*, smäch·tig, -e, -en [smäch·tig·e] *EW med.*, *übertr.* höl·te·rig, -e, -en [höl·te·ri·ge] *EW*; **~er Ast** Hel·ler·tap·pen, -s *m. bot.*
Dürre Drüüg·te, -n *w. met.*
Durst Duorst *m. o.Mz. med.*
dursten düörs·ten *ZW med.*
durstig düörs·tig, -e, -en [düörs·ti·ge] *EW med.*, sipig, -e, -en [si·pi·ge] *EW med.*; **durstiger** düörs·ti·ger;

am durstigsten an düörstigs·ten
Dusche Bru·se, -n *w. tech. hyg.*
duschen af·bru·sen *ZW hyg.*
Dusel Mas·sel *m. o.Mz.*
Düsseldorf Düs·sel·duorp *ON*
Dutzend (12 Stück) Duts, -e [Dut·se] *s. ZaW*
Dynamit Dün·ne·mit *s. o.Mz. chem., tech.*

E

E, e E, e (Buk·stab·be)
Ebbe af·lau·pend Wa·ter *s. o.Mz.*
eben flak, flacke, -n [flak·ke] *EW*, glat, ‑·te, ‑·ten *EW*, liek, li·ke, -n *EW*; ef·fen *UW tem.*, iä·ben, -s *UW tem.*, iäm, -s *UW tem.*
Ebenbild lä·ben·beld, lä·benbel·ler *s.*, Nao·slag, Naosliä·ge *m.*
ebenfalls auk so, liek·wies *UW*
ebenmäßig iä·ben·mäö·tig, -e, -en [iä·ben·mäö·ti·ge] *EW*
ebenso iä·ben, -s *UW*
ebensogroß iä·ben·graut, -e, -en [iä·ben·grau·te] *EW*
ebensoviel iä·ben·viël, -e, -en [iä·ben·viё·le] *EW*
Eber Bä·er, -s *m. zool.*, E·wer, -s *m. zool.*, Swi·nebä·er, -s *m. zool.*; **~ des Wildschweins** Wild·swienbä·er, -n *m. zool.*
Eberesche Kramts·biärnbaum, Kramts·biärn·bai·me *m. bot.*, Kramts·holt *s. o.Mz. bot.*
Echo Ecko, -os [Ek·ko] *s.*
echt kausk, -e, -en [kauske] *EW*
Eckchen Egs·ken, Egs·kes *s.*, Hööks·ken, Hööks·kes *s.*
Ecke Ek, Ecken [Ek·ken] *s.*, Eg·ge, -n *w.*, Hook, Hö·ke *m.*, Kant, Kan·ten [Kan·ten] *w.*; **äußerste ~** Timp·hook, Timp·hö·ke *m.*; **hinterste ~** Äch·ter·hook, Äch·ter·hö·ke *m.*
Eckhaus Ek·huus, Ek·hüser *s. arch.*
eckig kän·tig, -e, -en [känti·ge] *EW*
Eckpfosten Ek·post, Ek·pös-

te *m. arch.*
Eckzahn Ek·tan, Ek·tiä·ne
m. med.
edel ië·del, -e, -en [ië·de·
le] *EW*
Edelmann lë·del·man, lë·
del·lü *m.*
Edelstein lë·del·steen, lë·del·
ste·ne *m. geol.*
Edelsteinschmuck Klun·
ker *m. o. Mz.*
Efeu Ai·lauw *s. o. Mz. bot.*,
Li·lauw *s. o. Mz. bot.*
egal e·gaol, -e, -en [e·gao·le]
EW; e·gäö·lik, e·gäö·licke,
-n [e·gäö·lik·ke] *EW*; **völlig**
~ piep·e·gaol *EW*
egalisieren liek·ma·ken *uZW*
Egge lëg, -en [lë·gen] *w.*
agr. tech.; **hölzerner oder**
eiserner Haken zum He-
ben der Egge Licht·ha·ken,
-s *m. tech. agr.*
eggen ië·gen *ZW agr.*; ~ **mit**
der Löffelegge grub·bern
ZW agr.
Eggenzahn lë·gen·tan, lë·
gen·tiä·ne *m. tech. agr.*
Eggerode Eg·ge·ro *ON*
Egoismus E·gen·socht,
E·gen·söch·te *w. psy.*
Egoist E·gen·söch·ti·ge, -n
m., w. und s. psy.
egoistisch e·gen·söch·tig,
-e, -en [e·gen·söch·ti·ge] *EW*
psy.
Ehebruch Bi·sprung, Bi·
sprün·ge *m. psy.*
Ehefrau Huus·frau, -·en *w.*,
(abfällig) Ols·ke, -n *w.*
ehemalig dao·mao·li·g, -e, -en
[dao·mao·li·ge] *EW tem.*
Ehemann Hos·pes, Hos·pen
m., Man, Mans·lü, -·de *m.*
eher ä·er *UW tem.*
Ehering Bruut·kring, -e [Bruut·
krin·ge] *m. tech.*
Eheschlafzimmer *scherzh.*
Tim·mer·ka·mer, -n *w. arch.*
ehrbar an·stän·nig, -e, -en
[an·stän·ni·ge] *EW psy.*, är·
baor, -e, -en [är·bao·re] *EW*
psy.
Ehre Är, -en [Ä·ren] *w. psy.*;
in ~n halten haug·hol·len
uZW
ehren ä·ren *ZW psy.*
Ehrenamt Pöst·ken, Pöst·
kes *s.*
Ehrenbürger Ä·ren·büör·ger,
-s *m. pol.*

Ehrenmal Denk·maol, Denk·
mäö·le *s. kult.*
Ehrensache Ä·ren·saak,
Ä·ren·sa·ke *w. o. Mz. psy.*
Ehrenvorsitzende(r) Ä·ren·
vüör·sit·ten·de, -n *m. und w.*
Ehrenwache Ä·ren·waak,
Ä·ren·wa·ken *w.*
Ehrenwort Ä·ren·waod,
Ä·ren·wäö·der *s. psy.*
Ehrenzeichen Ä·ren·te·ken,
-s *s.*
ehrerbietig är·dai·nig, -e, -en
[är·dai·ni·ge] *EW psy.*
Ehrerweisung Ha·nüür, -s
w. psy. (*frz.* honneurs)
Ehrgefühl Är·ge·fööl, Är·ge·
fö·le *s. psy.*
Ehrgeiz Är·socht, Är·söch·
te *w. psy.*
ehrgeizig är·söch·tig, -e, -en
[är·söch·ti·ge] *EW psy.*
ehrlich ä·er·lik, ä·er·licke, -n
[ä·er·lik·ke] *EW psy.*, kausk,
-e, -en [kaus·ke] *EW psy.*;
offen und ~ sein liek·uut
sien *psy.*
ehrwürdig ve·ne·ro·bel, -e,
-en [ve·ne·ro·be·le] *EW psy.*
(*frz.* vénérable)
Ei Ai, -·ers *s. zool.*; **keine**
~er mehr legen können
uut·ai·ern *ZW med.*
Eibisch Ki·na·rau·se, -n *w.*
bot.
Eichbaum Eek·baum, Eek·
bai·me *m. bot.*, E·ken·baum,
E·ken·bai·me *m. bot.*;
aus ~ e·ken, -e, -en [e·ke·
ne] *EW*; **Auswuchs an den**
Blättern der ~ Eek·ap·pel,
-n *m. bot.*; **Frucht der ~**
Eckel, -n [Ek·kel] *w. bot.*,
lä·ker, -s *w. bot.*; **junge ~**
Tel·ge, -n *w. bot.*
Eichel Eckel, -n [Ek·kel] *w.*
bot., lä·ker, -s *w. bot.*;
Fruchtbecher der ~ lä·ker·
döp·ken, lä·ker·döp·kes *s.*
bot.
Eichelhäher Fos·iängs·ter,
-n *w. zool.*, Hiëks·ter, -s *m.*
zool., Mar·ko·le, -n *w. zool.*
Eichelnäpfchen lä·ker·döp·
ken, lä·ker·döp·kes *s. bot.*
eichen e·ken, -e, -en [e·ke·
ne] *EW*
Eichenart E·ken·sort, -en
[E·ken·sor·ten] *w. bot.*

Eichenblatt E·ken·blad,
E·ken·bliä·der *s. bot.*
Eichenbrett E·ken·bräd,
E·ken·briä·der *s. tech.*
Eichenbusch E·ken·busk,
E·ken·büs·ke *m. bot.*
Eichenbüschchen E·ken·
büs·ken, E·ken·büs·kes *s.*
bot.
Eichengrün (der Blätter)
E·ken·gröön *s. o. Mz. bot.*
Eichenholz E·ken·holt, E·ken·
höl·ter *s. bot.*
Eichenlaub E·ken·lauw *s.*
o. Mz. bot.
Eichenpfahl E·ken·post,
E·ken·pös·te *m. tech.*
Eichensarg E·ken·sark,
E·ken·siär·ke *m. tech.*
Eichenschrank E·ken·schap,
E·ken·schiä·pe *s. tech.*
Eichensorte E·ken·sort, -en
[E·ken·sor·ten] *w. bot.*
Eichenstubben Kop·stu·ken,
-s *m. bot.*
Eichenstuhl E·ken·stool,
E·ken·stö·le *m. tech.*
Eichentisch E·ken·disk, -e
[E·ken·dis·ke] *m. tech.*
Eichenwald E·ken·busk,
E·ken·büs·ke *m. bot.*
Eichenzweig E·ken·toog,
E·ken·tö·ge *m. bot.*
Eichhörnchen Eek·kät·ken,
Eek·kät·kes *s. zool.*
Eid Eed, E·de *m. jur.*; **fal-**
scher ~ Meen·eed, Meen·
e·de *m. jur.*
Eidechse Ab·dis·se, -n *w.*
zool., Hiëg·dis·se, -n *w. zool.*
eiden e·den *ZW jur.*
Eidotter Duë·der, -n *w. biol.*;
befruchtete Stelle in der ~
Han·en·trat, Ha·nen·triä·te
m. med.
Eierlöffel Ai·er·liä·pel·ken,
Ai·er·liä·pel·kes *s. tech. kul.*
Eierpfannkuchen Ai·er·pan·
ko·ken, Ai·er·pan·kö·ken *m.*
kul.
Eierpflaume Ai·er·pruum,
Ai·er·pru·men *w. bot.*
Eierschale Ai·er·schel·le, -n
w. zool.
Eifer lë·wer *m. o. Mz. psy.*
eifern ië·wern *ZW psy.*, ran·
se·ne·ern *ZW psy.* (*frz.* rai·
sonner)
Eifersucht lë·wer·süëk, -e
[lë·wer·süë·ke] *w. psy.*
eifersüchtig ië·wer·süëksk,

-e, -en [ië·wer·süeks·ke] *EW
psy.*, scha·lu, -·e, -·en *EW
psy. (frz.* jaloux)
eifrig iärnst, -e, -en [iärns·te]
EW psy., ië·we·rig, -e, -en
[ië·we·ri·ge] *EW psy.*
eigen be·sun·ners *UW*,
e·gen, -e, -en [e·ge·ne] *EW*;
~ sein vö·brüüt sien *psy.*;
ihm ~ an·ne *EW*
Eigenart E·gen·aort, -en
[E·gen·aor·ten] *w.*; **~en**
Schrul·len *Mz. psy.*
eigenartig a·pad·ig, -e, -en
[a·pad·di·ge] *EW psy.*, e·gen·
a·rig, -e, -en [e·gen·a·ri·ge]
EW psy., e·wen·tüürsk, -e,
-en [e·wen·tüürs·ke] *EW psy.*,
ge·di·gen, -e, -en [ge·di·ge·
ne] *EW.*, sün·ner·lik, sün·er·
licke, -n [sün·ner·lik·ke] *EW
psy.*, twi·sam, -·me, -·men
EW psy.
Eigenbrödler e·gen Pa·trät·
ken *s. psy.*
eigenbrödlerisch steen·pöt·
tig, -e, -en [steen·pöt·ti·ge]
EW psy.
Eigenkirche E·gen·kiärk, -en
[E·gen·kiär·ken] *w. rel.*
eigens e·gens *UW*
Eigensinn E·gen·sin, -·ne *m.
psy.*
eigensinnig aor·draitsk, -e,
-en [aor·draits·ke] *EW psy.*,
e·gen, -e, -en [e·ge·ne] *EW
psy.*, e·gen·klook, e·gen·klo·
ke, -n *EW psy.*, e·gen·köpsk,
-e, -en [e·gen·köps·ke] *EW
psy.*, e·gen·sin·nig, -e, -en
[e·gen·sin·ni·ge] *EW psy.*,
köpsk, -e, -en [köps·ke] *EW
psy.*, obs·ter·näötsk, -e, -en
[obs·ter·näöts·ke] *EW psy.*,
pötsk, -e, -en [pöts·ke] *EW
psy.*, söl·fär·rig, -e, -en [söl·
fär·ri·ge] *EW psy.*, steen·pöt·
tig, -e, -en [steen·pöt·ti·ge]
EW psy., wi·er·büörs·tig, -e,
-en [wi·er·büörs·ti·ge] *EW
psy.*; **~er Mensch** Dwiärs·
kop, Dwiärs·köp·pe *m. psy.*
eigenständig e·gen·stän·nig,
-e, -en [e·gen·stän·ni·ge] *EW*
Eigenständigkeit E·gen·
stän·nig·kait *w. o.Mz.*
eigentlich eengs·lik, eengs·
licke, -n [eengs·lik·ke] *EW*
Eigentum E·gen·doom,
E·gen·dö·mer *s.*, Goot, Go·
te *s.*, (verächtlich) Prüë·

del *m. o.Mz.*
Eigentümer E·gen·dö·mer,
-s *m.*
eigenwillig a·pad·dig, -e, -en
[a·pad·di·ge] *EW psy.*, obs·
ter·näötsk, -e, -en [obs·ter·
näöts·ke] *EW psy.*, sün·
ner·lik, sün·ner·licke, -n [sün·
ner·lik·ke] *EW psy.*, wun·ner·
lik, wun·ner·licke, -n [wun·
ner·lik·ke] *EW psy.*
Eignung Vö·slag, Vö·sliä·ge
m.
Eilbote Iel·buo·de, -n *w.
trans.*
Eile Bies·ter, -s *w.*, Driewt,
-en [Driew·ten] *w.*, Drok·te,
-n *w.*, I·le *w. o.Mz.*
Eilen Has·se·bas·sen *s.
o.Mz.*; **überhastetes ~**
übertr. een Stüör·ten in·ne
Kar·tuf·feln
eilen has·se·bas·sen *ZW*,
i·len *ZW*, ja·gen *uZW*,
übertr. flai·gen *uZW*
eilends dri·wens *UW*
eilfertig ge·lai·fig, -e, -en [ge·
lai·fi·ge] *EW*
eilig drok, drocke, -n [drok·
ke] *EW*, i·lig, -e, -en [i·li·ge]
EW, jag·te·rig, -e, -en [jag·te·
ri·ge] *EW*; **es sehr ~ haben**
drok sien, wat drok häb·ben,
übertr. up he·te Küö·le staon
Eimer Em·mer, -s *m. tech.*; **~
zum Tränken des Pferdes**
Piär·de·em·mer, -s *m. tech.*
Eimerchen Em·mer·ken, Em·
mer·kes *s. tech.*
eimerweise em·mer·wi·se
UW
ein 1, een *ZaW*; 2. een,
e·ne, -n, -r *FW*, Kurzfom:
ne, nen *FW*; **das ~e oder
andere** dat een of än·ne·re
einander e·nan·ner *UW*
einarbeiten in·ar·bai·den *ZW*,
wi·sen, wu et mot
einarmig een·ar·mig, -e, -en
[een·ar·mi·ge] *EW*
einäschern vö·briä·nen *uZW*
Einäscherung Vö·briä·nung,
-en [Vö·briä·nun·gen] *w.*
einatmen in·äö·men *ZW
med.*
einäugig een·ai·gig, -e, -en
[een·ai·gi·ge] *EW med.*
Einbahnstraße Een·baan·
strao·te, -n *w. trans.*
Einband In·band, In·bän·ne
m. tech.

einbauen in·bau·en *ZW
tech.*
**Einbauschrank unter der
Kleertreppe** Kel·ler·schap,
Kel·ler·schiä·pe *s. tech.*
einbegriffen in·be·grië·pen
EW
einbehalten in·hol·len *uZW*;
bei Abgaben etwas ~ krim·
pen *ZW fin.*
einberufen in·be·ro·pen *uZW*
einbezahlen in·be·ta·len *ZW
fin.*
einbeziehen in·be·trecken
[in·be·trek·ken] *uZW*, in·wol·
we·ern *ZW psy.*
Einbeziehung In·be·trecken
[In·be·trek·ken] *s. o.Mz.*
einbezogen in·wol·we·ert, -e,
-en [in·wol·we·er·te] *EW psy.*
einbiegen in·bai·gen *uZW*
einbilden in·bel·len *ZW psy.*;
**jemd., der etwas dar-
auf einbildet Unsinniges
zu unterstützen ohne es zu
merken** A·pen·kös·ter, -s
m. psy.
Einbildung In·bel·ge, -n *w.
psy.*, In·bel·ge·ri, -en *w. psy.*,
In·bel·lung *w. o.Mz. psy.*
einbrechen in·briä·ken *uZW*
Einbrecher In·briä·ker, -s *m.
jur.*
einbrennen in·briä·nen *uZW*
einbringen in·brän·gen *uZW*,
up·brän·gen *uZW*
Einbruch; eine ~ verüben
in·briä·ken *uZW jur.*
einbürgern in·büör·gern *ZW
pol.*
Einbürgerung In·büör·ge·
rung, -en [In·büör·ge·run·
gen] *w. pol.*
einbüßen to·sät·ten *ZW*
eindecken in·dië·ken *ZW*
Eindruck In·drük, In·drücke,
[In·drük·ke] *m.*
eindrucken in·drücken [in·
drük·ken] *ZW tech.*
einduseln in·due·meln *ZW
med.*
Einen Ei·nen *ON*
einengen (Hose) kni·pen
uZW; krim·pen *ZW tech.*
einer enen, e·ner *FW*; **noch
~** nao·een, nao·e·ne, -n
Einer (Sportboot) E·ner, -s
m. naut. spo.
einerlei eens *EW*, een·doon
EW, e·gaol, -e, -en [e·gao·
le] *EW*, schiet·e·gaol *EW*;

das ist ~ dat is een Doon,
dat is Jak äs Büks; **das ist
alles** ~ dat is aals een Pot-
nat
einerseits een·deels *UW*,
een·siets *UW*
eines eent *ZaW*
einfach een·fak, een·facke,
-n [een·fak·ke] *EW*, e·welt,
-e, -en [e·wel·te] *EW*, ge-
main, -e, -en [ge·mai·ne]
EW, licht, -e, -en [lich·te]
EW; **sehr** ~ kan·di·del *EW*;
~ **so** slank·wäg *UW*
einfachste een·faks·te, -n
EW
einfädeln fiä·men *ZW*, in-
fiä·men *ZW*
einfahren in·fö·ern *uZW
trans.*
Einfahrt In·faort, -en [In·faor-
ten] *w. trans.*
Einfahrtstor Hek, -s *s. tech.*
Einfall Bi·fal, Bi·fiä·le *m. psy.*,
In·fal, In·fiä·le *m. psy.*; **einen** ~ **haben** in·fal·len *uZW*
einfallen bi·fal·len *uZW*, in-
fal·len *uZW*, vö·fal·len *uZW*
einfallsreich an·sliägsk, -e,
-en [an·sliägs·ke] *EW psy.*
Einfalt Daor·hait, -en [Daor·
hai·ten] *w. psy.*
einfältig daor, -e, -en [dao·
re] *EW psy.*
Einfamilienhaus Fa·mil·gen-
huus, Fa·mil·gen·hü·ser *s.
arch.*
einfangen in·fan·gen *uZW*
einfärben in·fiär·wen *ZW*
einfarbig een·klö·rig, -e, -en
[een·klö·ri·ge] *EW*
einfassen sü·men *ZW*
Einfassung Rand, Rän·ner
m.
einfetten in·fet·ten *ZW*
einflügelig een·flüë·ge·lig,
-e, -en [een·flüë·ge·li·ge] *EW*
einfordern af·füör·dern *ZW*
einfrieden af·ri·gen *ZW tech.*
Einfriedigung Fried, -s *s.
tech.*
einfrieren in·frai·sen *uZW*
einführen in·fö·ern *uZW*
Einführung In·fö·rung, -en
[In·fö·run·gen] *w.*
Eingabe In·ga·we, -n *w.*
Eingang In·gang, In·gän·ge
m., To·gang, To·gän·ge *m.*
Eingangstür Huus·düör, -n
w. arch.
eingeben in·doon *uZW*, in-

gië·wen *uZW*
eingebildet e·gen·klook,
e·gen·klo·ke, -n *EW psy.*,
haug·nië·sig, -e, -en [haug-
nië·si·ge] *EW psy.*, in·belsk,
-e, -en [in·bels·ke] *EW psy.*,
strun·te·rig, -e, -en [strun-
te·ri·ge] *EW psy.*, üö·wer-
käpsk, -e, -en [üö·wer·käps-
ke] *EW psy.*; ~ **sein** *übertr.*
hau·ge in'n Kop häb·ben
psy.
Eingebildetheit Strunt *m.
o.Mz. psy.*
Eingeborene(r) Wil·le, -n *m.,
w. und s.*
eingebrannt in·brant, -e, -en
[in·bran·te] *EW*
eingebürgert in·büör·gert, -e,
-en [in·büör·ger·te] *EW pol.*
eingefallen in·fal·len, -e, -en
[in·fal·le·ne] *EW*, vö·fal·len,
-e, -en [vö·fal·le·ne] *EW*
eingefettet in·fet, -·te, -·ten
EW
eingefroren in·fruorn, -e, -en
[in·fruor·ne] *EW*
eingegerbt in·kiärwt, -e, -en
[in·kiärw·te] *EW*
eingehen in·lau·pen *uZW*,
(Pflanzen und Tiere) in·gaon
uZW biol., ka·pot·gaon *uZW
biol.*, kre·pe·ern *ZW med.*
(ital. crepare)
Eingekerbtes Kniëp, Knië-
pe *m.*
eingeklemmt *übertr.* klam,
-·me, -·men *EW*
eingelegt in·lägt, -e, -en [in-
läg·te] *EW*
Eingelegte In·läg·te *s. o.Mz.*
eingenommen be·sät, -·te,
-·ten *EW*; ~ **sein von jemd.**
in·nuo·men, -e, -en [in·nuo-
me·ne] *EW*; **von sich** ~
sein sik mai·nen *ZW psy.*
eingereicht in·reekt, -e, -en
[in·reek·te] *EW*
eingeschlafen (Glieder) li·me-
rig, -e, -en [li·me·ri·ge] *EW
med.*
eingeschnappt dul, -·le, -·len
EW psy., su·er, -e, -en [su-
e·re] *EW psy.*; ~ **sein** dul
sien *psy.*; *übertr.* dat Gat
to·drai·en *psy.*
eingesperrt in·buch·tet, -e,
-en [in·buch·te·te] *EW*
eingestehen bich·ten *ZW
rel.*, in·staon *uZW psy.*, to-
gië·wen *uZW psy.*

eingetragen in·druo·gen, -e,
-en [in·druo·ge·ne] *EW*
eingetrocknet bi·drüügt, -e,
-en [bi·drüüg·te] *EW*
eingewachsen in·was·sen,
-e, -en [in·was·se·ne] *EW
biol.*
eingewandert to·wan·nert,
-e, -en [to·wan·ner·te] *EW*
eingewebt in·wiäwt, -e, -en
[in·wiäw·te] *EW tech.*
eingewechselt in·wes·selt,
-e, -en [in·wes·sel·te] *EW
fin., spo.*
eingeweicht in·weekt, -e,
-en [in·week·te] *EW*
Eingeweide Darm, Diärm *m.
med.*; **insbes. essbare** ~ **der
Tiere** Kal·du·nen *Mz. med.*
eingeweiht in·wi·et, -e, -en
[in·wi·e·te] *EW rel.*
eingezackt in·tackelt, -e, -en
[in·tak·kelt], [in·tak·kel·te] *EW*
eingezapft in·tapt, -e, -en
[in·tap·te] *EW*
eingezäunt in·tüünt, -e, -en
[in·tüün·te] *EW*
eingezogen in·trocken, -e,
-en [in·trok·ken], [in·trok·ke-
ne] *EW*
eingießen in·gai·ten *uZW*
eingraben in·gra·wen *uZW*,
in·klai·en *ZW*, in·ku·len *ZW*,
vö·bud·deln *ZW*
eingreifen in·gri·pen *uZW*
eingrenzen (mit Pfählen) in-
pää·len *ZW tech.*
Eingriff In·griëp, -e [In·grië-
pe] *m.*
Einhalt In·holt *m. o.Mz.*
einhalten in·hol·len *uZW*
einhandeln in·han·neln *ZW*
einhändig een·han·nig, -e,
-en [een·han·ni·ge] *EW*
einhängen in·han·gen *uZW*
einhausen in·hü·sen *ZW*
Einhausung Huus, Hü·ser
s. tech.
einheiraten in·fri·en *ZW*, in-
hi·rao·den *ZW*
Einheit, technische ~ An-
lao·ge, -n *w. tech.*
einheizen in·bö·ten *uZW*;
jemd. ~ e·nen in·bö·ten *psy.*
einholen ha·len *uZW*, in-
ha·len *uZW*, kit·schen *ZW*;
liek·trecken [liek·trek·ken]
uZW
Einhorn Een·häön, -s *s.*
Einhornkopf Een·häön·kop,
Een·häön·köp·pe *m.*

einhüllen in·pucken [in·puk-ken] *ZW*
einhüten in·hö·den *ZW*
einig e·nig *EW*; ~ **sein** üö·wer·een *UW*; ~ **werden** üö·wer·een kuë·men
einige en·ni·ge *FW*, mä·re *FW*, ne wat·ten, wecke, -n [wek·ke] *FW*
einigen (sich) e·ni·gen *ZW*; **sich** ~ sik eens wä·ern
einigermaßen e·ni·ger·mao·ten *UW*
Einigkeit E·nig·kait, -en [E·nig·kai·ten] *w.*
einigwerden klaor kuë·men *uZW*
einjährig een·jäö·rig, -e, -en [een·jäö·ri·ge] *EW tem.*, jäö·rig, -e, -en [jäö·ri·ge] *EW tem.*
Einjährige(r) Een·jäö·ri·ge, -n *m., w. und s. tem.*
Einkauf In·kaup, In·kai·pe *m. fin.*
einkaufen in·ha·len *uZW fin.*, in·kau·pen *uZW fin.*
Einkäufer In·kai·per, -s *m. fin.*
Einkaufspreis In·kaups·pries, In·kaups·pri·se *m. fin.*
Einkaufsrechnung In·kaups·riäk·nung, -en [In·kaups·riäk·nun·gen] *w. fin.*
Einkaufswagen In·kaups·wa·gen, In·kaups·wiä·gen *m. tech.*
Einkaufszeit In·kaups·tiet, In·kaups·ti·ten *w. tem.*
einkehren in·kiärn *ZW*, rin·gaon *uZW*
einkerben in·kiär·wen *ZW*
einkleben in·klië·wen *ZW tech.*
einkleiden in·kle·den *ZW*, kle·den *ZW*
einkochen in·kuo·ken *ZW kul.*
Einkochtopf In·maaks·pot, In·maaks·pöt·te *m. tech. kul.*
Einkommen In·kuë·men *s. o.Mz. fin.*
Einkommensteuer In·kuëms·stü·er, -n *w. fin.*
einkreisen in·krin·geln *ZW*
einkriegen in·kri·gen *uZW*
Einkünfte In·kuë·men *s. o.Mz. fin.*; ~ **ohne** ~ *übertr.* braud·los, -·se, -·sen *EW fin.*
einladen bid·den *ZW*, in·la·den *uZW*, in·vi·te·ern *ZW* (*frz.* inviter), nai·di·gen *ZW*;

jemd., der zu Festen einlädt Gäst·bid·der, -s *m.*
Einladung In·la·dung, -en [In·la·dun·gen] *w.*; **eine ~ aussprechen** in·la·den *uZW*
Einlage 1. (in der Suppe) Dicke [Dik·ke] *s. o.Mz. kul.*; 2. In·lao·ge, -n *w. fin., tech.*; ~ **für die Schuhe** Plat·foot·in·lao·ge, -n *w. tech. med.*
Einlass To·laot, To·läö·te *m.*
einlassen in·lao·ten *uZW*, rin·lao·ten *uZW*
Einlauf In·laup, In·lai·pe *m. med.*
einlaufen in·lau·pen *uZW*, schrum·peln *ZW*
einläuten in·lü·den *ZW*
einleben in·liä·wen *ZW psy.*
einlegen in·läg·gen *ZW*; **sauer ~** in·sü·ern *ZW kul.*
einleimen in·li·men *ZW tech.*
einliefern in·lië·wern *ZW*
Einlieferung In·lië·we·rung, -en [In·lië·we·run·gen] *w.*
Einlieger In·lig·ger, -s *m.*
einmachen in·ma·ken *uZW kul.*
Einmachglas In·maaks·glas, In·maaks·gliä·ser *s. tech. kul.*
einmal äs *UW*, een·maol *UW*, maol *UW*; **~ so, ~ so** bol sau, bol sau; **auf ~** up een·maol; **es war ~...** dao was äs maol...; **noch ~** nao·een·maol *UW*
Einmaleins Een·maol·een *s. o.Mz. math.*
einmalig een·mao·lig, -e, -en [een·mao·li·ge] *EW*
Einmarsch In·marsk, In·miärs·ke *m. mil.*
einmauern in·mü·ern *ZW tech.*
einmeißeln in·bai·teln *ZW tech.*
einmessen in·miä·ten *uZW tech.*
Einmessung Vö·miä·tung, -en [Vö·miä·tun·gen] *w. tech.*
einmischen in·mis·ken *ZW*; **sich ~** män·geln *ZW psy.*; **jemd., der sich in die Angelegenheiten anderer einmischt** *übertr.* Pot·ki·ker, -s *m. psy.*
Einmischung Rin·kü·ern *s. o.Mz. psy.*; **keine ~ erlauben** *übertr.* nich in'ne Holsken pis·sen lao·ten *psy.*

einnähen in·nai·en *ZW tech.*
Einnahme In·nao·me, -n *w. fin.*; **hohe ~ haben** *übertr.* in·sacken [in·sak-ken] *ZW fin.*
einnässen nät·ten *ZW med.*
einnehmen be·sät·ten *ZW mil.*, in·niё·men *uZW fin.*
einnicken in·du·seln *ZW med.*
einnisten in·nös·sen *ZW zool.*
einpacken in·la·den *uZW*, in·packen [in·pak·ken] *uZW*
einpassen fö·gen *ZW*
einpflanzen in·puor·ten *ZW agr.*
einpfropfen in·prop·pen *ZW*
einpökeln in·piё·keln *ZW kul.*
einprägen miä·ken *ZW psy.*; in·drücken [indrük·ken] *ZW tech.*
einquartieren in·kwa·te·ern *ZW*
Einquartierung In·kwa·te·e·rung, -en [In·kwa·te·e·run·gen] *w. mil.*
Einrad Een·rad, Een·riä·der *s. tech. trans.*
einräuchern in·rai·kern *ZW*
einräumen in·rü·men *ZW*
einrechnen in·riä·ken *ZW math.*
Einrede Bi·spraok, -en [Bi·sprao·ken] *w. psy.*
einreden in·pros·te·we·ern *ZW psy.*, wies·ma·ken *uZW psy.*; **mit Nachdruck auf jemd. ~** pricke·dil·gen [prik·ke·dil·gen] *ZW psy.*
einreiben in·ri·wen *uZW*
einreichen in·re·ken *ZW*; **Gesuch oder Protest ~** in·kuë·men *uZW*
einreihen in·ri·gen *ZW*
einreihig een·ri·gig, -e, -en [een·ri·gi·ge] *EW*
einrichten ar·rang·sche·ern *ZW* (*frz.* arranger)
Einrichtung An·stalt, -en [An·stal·ten] *w.*, In·rich·tung, -en [In·rich·tun·gen] *w.*, Insti·tuut, In·sti·tu·te *s.*
einritzen kiär·wen *ZW*
einrühren in·rö·ern *ZW*
eins een *ZaW*
Einsaat In·saot, In·säö·te *w. agr.*
einsacken in·sacken [in·sak-ken] *ZW*

einsalzen in·sol·ten *ZW kul.*, sol·ten *ZW kul.*
einsam een·sam, -·me, -·men *EW psy.*, *geog.*, in·sam, -·me, -·men *EW psy.*, vö·lao·ten, -e, -en [vö·lao·te·ne] *EW psy.*, *geog.*; ~ gelegen f·liä·gen, -e, -en [af·liä·ge·ne] *EW geog.*
Einsamkeit In·sam·kait *w. o.Mz. psy.*, Al·leen·sien *s. o.Mz. psy.*
einsammeln bi·ne·ne·ha·len *uZW*, in·sam·meln *ZW*
einsäuern in·läg·gen *ZW kul.*
einsaugen in·su·gen *uZW*
Einscharpflug Stiärt·ploog, Stiärt·plö·ge *m. tech. agr.*
einschenken in·doon *uZW*, in·gai·ten *uZW*
einschieben in·schu·wen *uZW*
einschießen in·schai·ten *uZW*
einschlafen in·du·seln *ZW med.*, in·slao·pen *uZW med.*, an't Slao·pen kuë·men *med.*
einschläfrig (Bett) een·slaip·rig, -e, -en [een·slaip·ri·ge] *EW tech.*
einschlagen in·slaon *uZW*, (Pfahl) in·pös·ten *ZW*, päö·len *ZW*, rin·slaon *uZW*; auf etwas ~ ha·mern *ZW*
einschlämmen in·sliä·men *ZW tech.*
einschleichen in·sli·ken *uZW*
einschleppen in·slië·pen *ZW trans.*
einschließen in·slu·ten *uZW*
einschmieren in·fet·ten *ZW*, in·smiärn *ZW*
einschneiden in·snib·beln *ZW*, in·sni·den *uZW*, kiär·wen *ZW*
einschneien in·sni·en *ZW met.*
Einschnitt Kiär·we, -n *w.*
einschränken knäp·pen *ZW fin.*; jemd. ~ daal·hol·len *uZW psy.*
Einschreibebrief In·schri·we·breew, In·schri·we·bre·we *m.*
einschreiben in·schri·wen *uZW*
Einschreiben In·schri·wen, -s *s.*
einschrumpfen in·schrum·peln *ZW*
einschüchtern ban·ge·ma-

ken *uZW psy.*
Einschuss In·schuot, In·schüö·te *m. mil.*
einsegnen in·siän·gen *ZW rel.*
Einsehen In·sain *s. o.Mz. psy.*
einsehen in·sain *uZW psy.*
einseifen in·se·pen *ZW hyg.*, se·pen *ZW hyg.*
einseitig een·si·tig, -e, -en [een·si·ti·ge] *EW*
einsetzen in·sät·ten *ZW*; sich ~ sik vö·sät·ten
Einsicht In·sain *s. o.Mz. psy.*, In·sicht, -en [In·sich·ten] *w. psy.*
einsichtig vö·stän·nig, -e, -en [vö·stän·ni·ge] *EW psy.*
Einsiedelei Klu·se, -n *w. rel.*
einsingen in·sin·gen *uZW mus.*
einsinken in·sacken [in·sak·ken] *ZW*
einsitzen in·sit·ten *uZW*
einspannen in·span·nen *ZW*
Einspänner Een·spän·ner, -s *m. trans.*
einsperren fast·sät·ten *ZW jur.*, in·buch·ten *ZW jur.*, in·spin·nen *uZW*
einspringen in·srän·gen *uZW*
Einspruch Bi·spraok, -en [Bi·sprao·ken] *w. jur.*, In·spraok, -en [In·sprao·ken] *w. jur.*
einspurig een·spüö·rig, -e, -en [een·spüö·ri·ge] *EW*
einst frö·er *UW tem.*
einstampfen in·stam·pen *ZW*
Einstand In·stand, In·stän·ne *m.*
einstechen in·stiä·ken *uZW*
einstecken in·stop·pen *ZW*
Einstehen In·staon *s. o.Mz.*
einstehen in·staon *uZW psy.*
einsteigen in·sti·gen *uZW*
einstellen in·stel·len *ZW*; jemd. gegen Lohn zeitweise ~ me·en *ZW fin.*
Einstich Piek·ser, -s *m.*; kleiner ~ Pieks, -e [Piek·se] *m. med.*
einstielen in·stië·len *ZW*
einstimmen in·stem·men *ZW*
einstimmig een·stem·mig, -e, -en [een·stem·mi·ge] *EW*
einstmals frö·er *UW tem.*
einstoßen in·stau·ten *uZW*
einstreichen in·stri·ken *uZW*

einstreuen in·strai·en *ZW*
einstudieren in·stu·de·ern *ZW*
einstürzen in·fal·len *uZW*, in·stüör·ten *ZW*, to·sam·men·briä·ken *uZW*
einstweilen för't iärste *tem.*, iärst äs *tem.*
einstweilig füsk, -e, -en [füs·ke] *EW*
eintauchen stip·pen *ZW*, in·dü·ken *ZW*
Eintausch In·tuusk, In·tüüs·ke *m.*
eintauschen in·tuus·ken *ZW*
einteilen in·de·len *ZW*, *übertr.* huus·hol·len *uZW*
Einteilung In·de·lung, -en [In·de·lun·gen] *w.*
eintönig e·gaol, -e, -en [e·gao·le] *EW*
Eintopf Düör·ge·möös *s. o.Mz. kul.*, Ge·möös·pot, Ge·möös·pöt·te *m. kul.*, Liä·pel·köst *w. o.Mz. kul.*, Mank·moos *s. o.Mz. kul.*
Eintrag In·drag, In·driä·ge *m.*
eintragen an·schri·wen *uZW*, in·driä·gen *uZW*
eintreffen in·driä·pen *uZW*, in·lau·pen *uZW*
eintreiben in·dri·wen *uZW*
Eintreiber In·dri·wer, -s *m.*
eintreten in·triä·ten *uZW*
eintrichtern püt·ken *ZW*
Eintritt In·trit, -·te *m.*
Eintrittsgeld In·trit, -·te *m. fin.*, In·trits·geld, In·trits·gel·ler *s. fin.*
Eintrittskarte In·trits·kaat, In·trits·ka·ten *w.*, Kaat, Ka·ten *w.*
eintrocknen bi·drü·gen *ZW*, in·drü·gen *ZW*
eintunken in·stip·pen *ZW*
einverstanden (sein) in·vö·staon *MW psy.*, kon·tant, -e, -en [kon·tan·te] *EW psy.* (frz. content)
Einverständnis Vö·lööw, Vö·lö·we *s.*
einwachsen in·was·sen *uZW biol.*
Einwand In·wand, In·wän·ne *m.*
einwandern to·wan·nern *ZW*
Einwanderung To·wan·ne·rung, -en [To·wan·ne·run·gen] *w.*
einweben in·wiä·wen *ZW tech.*

einwechseln in·wes·seln *ZW fin., spo.*

Einwechselung In·wes·se·lung, -en [In·wes·se·lun·gen] *w. spo.*

einweichen bü·ken *ZW*, in·we·ken *ZW*; Schrot ~ lassen schräm·pen *ZW*

einweihen in·wi·en *ZW rel.*

Einweihung In·wi·ung, -en [In·wi·un·gen] *w. rel.*

Einweihungsfeier In·wi·ungs·fi·er, -n *w. rel.*

einweisen in·wi·sen *uZW*

Einweisung In·wi·sung, -en [In·wi·sun·gen] *w.*

einwenden in·wän·nen *uZW*

einwerfen in·smi·ten *uZW*

einwickeln (z.B. Kind) in·pucken [in·puk·ken] *ZW*

einwiegen af·wai·gen *uZW*, in·wai·gen *uZW tech.*

Einwohner Be·wuë·ner, -s *m.*, In·wuë·ner, -s *m.*

Einzahl Een·taal *w. o.Mz.*

einzahlen in·be·ta·len *ZW fin.*

einzapfen (z.B. Bier) in·tap·pen *ZW*

einzäunen in·päö·len *ZW tech.*, in·tü·nen *ZW tech.*, to·tü·nen *ZW tech.*, tü·nen *ZW tech.*

Einzäunung Fried, -s *s. tech.*

einzeichnen in·teek·nen *ZW tech.*

Einzelfall En·sel·fal, En·sel·fiä·le *m.*

Einzelgänger *übertr.* Een·spän·ner, -s *m. psy.*

Einzelhandel En·sel·han·nel *m. o.Mz. fin.*

Einzelhandelsgeschäft Kaup·la·den, Kaup·lä·den *m. fin. arch.*

Einzelhandelskaufmann En·sel·han·nels·kaup·man, En·sel·han·nels·kaup·lü·de *m. fin.*

Einzelhaus En·sel·huus, En·sel·hü·ser *s. arch.*

Einzelleine (bei neu angespannten Pferden) Laup·tüë·gel, -s *m. tech.*

einzeln en·kelt, -e, -en [en·kel·te] *EW*, en·seln, -e, -en [en·sel·ne] *EW*

Einzelspiel En·sel·spiël, -e [En·sel·spië·le] *s. spo.*

einziehen ha·rin·trecken [ha·rin·trek·ken] *uZW*, in·trecken

[in·trek·ken] *uZW*

einzig en·sig, en·sigs·te, -n *EW*, rain, -e, -en [rai·ne] *EW*; ein ~es Mal een·maol *UW*

Einzug In·sug, In·süë·ge *m.*, In·tog, In·tüö·ge *m.*, (auf einen Saal o.ä.) In·marsk, In·miärs·ke *m.*

Eis Ies *s. o.Mz. met., kul.*

Eisbahn Ies·baan, Ies·ba·nen *w.*

Eisbär Ies·bä·er, -n *m. zool.*

Eisbein Ies·been, Ies·be·ne *s. kul.*; Swi·ne·kläön·ken, Swi·ne·kläön·kes *s. kul.*

Eisberg Ies·biärg, -e [Ies·biär·ge] *m. met.*

Eisbeutel Ies·büül, -s *m. tech.*

Eisblume Ies·blo·me, -n *w. met.*

Eisbrecher Ies·briä·ker, -s *m. naut. trans.*

Eisdecke Ies·dië·ke, -n *w. met.*; Riss in der ~ Ies·bürst, -e [Ies·bür·ste] *m.*

eiseln i·seln *ZW met.*

Eisen I·sen *s. o.Mz. chem.*; aus ~ i·sern, -e, -en [i·ser·ne] *EW*

Eisenarbeiter I·sen·ar·bai·der, -s *m. tech.*

Eisenbahn Baan; Ba·nen *w. trans.*, I·sen·baan, I·sen·ba·nen *w. trans.*, Tog, Tüö·ge *m. trans.*

Eisenbahnabteil Ku·pe, -es *s. trans. (frz. coupé)*

Eisenbahnarbeiter I·sen·baan·kääl, -s *m.*

Eisenbahnausstellung I·sen·baan·uut·stel·lung, -en [I·sen·baan·uut·stel·lun·gen] *w. tech.*

Eisenbahnbau I·sen·baan·bau *m. o.Mz. tech.*

Eisenbahnbeamter I·sen·baan·bi·am·te,-n *m.*

Eisenbahndamm I·sen·baan·dam, I·sen·baan·däm·me *m. trans.*

Eisenbahner I·sen·ba·ner, -s *m. trans.*

Eisenbahnlinie I·sen·baan·lin·nig, -en *w. trans.*

Eisenbahnsignal I·sen·baan·sig·naol, -e [I·sen·baan·sig·nao·le] *s. tech. trans.*

Eisenbahnstation I·sen·baan·stas·jaun, -en [I·sen·baan·stas·jau·nen] *w. trans.*

Eisenbahnverkehr I·sen·baan·vö·kä·er *m. o.Mz. trans.*

Eisenbahnwagen I·sen·baan·wa·gen, I·sen·baan·wiä·gen *m. trans.*

Eisenblech I·sen·blik, I·sen·blicke [I·sen·blik·ke] *s. tech.*

Eisenbolzen I·sen·bol·ten, -s *m. tech.*

Eisenerz I·sen·steen, I·sen·ste·ne *m. geol.*

Eisenfeile I·sen·fi·le, -n *w. tech.*

Eisenfresser I·sen·friä·ter, -s *m. mus.*

Eisengießer I·sen·gai·ter, -s *m. tech.*

Eisengießerei I·sen·gai·te·ri, -·en *w. tech.*

Eisenhammer I·sen·ha·mer, I·sen·hä·mers *m. tech.*

Eisenhandel I·sen·han·nel *m. o.Mz. fin.*

eisenhart i·sen·hat, -·te, -·ten *EW*

Eisenhut I·sen·hood, I·sen·hö·de *m. tech.*; Kuts·ken·blo·me, -n *w. bot.*

Eisenhütte Staol·wiärk, -e [Staol·wiär·ke] *s. tech.*

Eisenklammer An·ker, -s *m. tech.*

Eisenschmied I·sen·smet, -s *m. tech.*

Eisenschrott Olt·i·sen *s. o.Mz. tech.*

Eisenstange I·sen·sta·ken, -s *m. tech.*

Eisenzeit I·sen·tiet *w. o.Mz. his.*

eisern i·sern, -e, -en [i·ser·ne] *EW*; Eiserne Hochzeit (65 Jahre) I·sen·hoch·tiet, I·sen·hoch·ti·ten *w.*

Eisfläche (zum Schlittschuhlaufen) Ies·baan, Ies·ba·nen *w. spo.*

Eisfreude Ies·frai·de, -n *w. psy. met.*

Eisfuchs Ies·fos, Ies·fös·se *m. zool.*

Eisheilige (11. bis 15. Mai: Mamertus, Pankratius, Servatius, Bonifatius und kalte Sophie) Ies·hil·li·ge, -n *m. und w. rel. met.*

Eishersteller Ies·ma·ker, -s *m. kul.*

eisig i·sig, -e, -en [i·si·ge] *EW*

eiskalt ies·kolt, ies·kol·le, -n *EW*; ~er Fuß Ies·been, Ies-

be·ne *s. med.*
Eiskeller les·kel·ler, -s *m. arch.*
Eiskiste les·schap, les·schiä·pe *s. tech.*
Eisklotz les·klos, les·klös·se *m.*
Eislaufschule les·scho·le, -n *w. spo.*
Eisloch les·lok, les·löcker [les·lök·ker] *s.*
Eisregen les·riän·gen *m. o.Mz. met.*
Eisschicht unter der sich Luft befindet Wind·ies *s. o.Mz. met.*
Eisschrank les·schap, les·schiä·pe *s. tech.*
Eisschuh les·scho, -·e *m. tech.*
Eistorte les·ta·te, -n *w. kul.*
Eisvogel les·vuë·gel, les·vüë·gel *m. zool.*
Eiswasser les·wa·ter, les·wä·ters *s.*
Eiswolke Fiä·der·wul·ke, -n *w. met.*
Eiszapfen les·tap·pen, -s *m. met.*
Eiszeit les·tiet, les·ti·ten *w. met. tem.*
eitel aapsk, -e, -en [aaps·ke] *EW psy.*
eitern swiärn *ZW med.*
Eiterpickel Piëk, -e [Pië·ke] *s. med.*
Eiterstock Piëk, -e [Pië·ke] *s. med.*
Eiweiß Ei·wit·sel, -s *s. kul.*
Ekel Af·schü *w. o.Mz. psy.*; **Ausruf des ~s** i·git·te·git! *psy.*
ekelhaft wi·er·licke, -n [wi·er·lik·ke] *EW psy.*
ekelig ais·lik, ais·licke, -n [ais·lik·ke] *EW psy.*; (Fleisch) gäls·trig, -e, -en [gäls·tri·ge] *EW biol.*
Elan Tüt *m. o.Mz. psy.*, Fuk *m. o.Mz. psy.*
Elbe (Fluss) El·we *w. geol.*
Elch Elk, -e [El·ke] *m. zool.*
Elefant El·le·fant, -en [El·le·fan·ten] *m. zool.*
Elektriker E·lek·tri·ker, -s *m. tech.*, Strip·pen·trecker, -s [Strip·pen·trek·ker] *m. tech.*
elektrisch e·lek·trisk, -e, -en [e·lek·tris·ke] *EW tech.*
Elektroinstallateur Strip·pen·trecker, -s [Strip·pen-

trek·ker] *m. tech.*
Elektrolokomotiove E·lok, -s *w. trans.*
Elektromotor e·lek·tris·ke Ma·schien *w. tech.*
Elektronenmikroskop e·lek·troons·ke Vö·gröt·te·rungs·glas *s. tech.*
elektronisch e·lek·troonsk, -e, -en [e·lek·troons·ke] *EW tech.*
Elektroschweißen E·lek·to·wel·len *s. o.Mz. tech.*
Elektrozaun Schrek·draod, Schrek·dräö·de *m. tech.*
Element Bau·steen, Bau·ste·ne *m. tech., chem.*
elend e·len·nig, -e, -en [e·len·ni·ge] *EW*, jäm·mer·lik, jäm·mer·licke, -n [jäm·mer·lik·ke] *EW*, krüë·pe·lig, -e, -en [krüë·pe·li·ge] *EW med.*, laig, -e, -en [lai·ge] *EW*, mies, mi·se, -n *EW*
Elend E·lend, E·len·ne *s.*, Jao·mer *m. o.Mz., übertr.* Krüüs, Krü·se *s.*; **Haufen ~** Drü·ken, Drü·kes *s.*
elendig e·len·nig, -e, -en [e·len·ni·ge] *EW, übertr.* schië·te·rig, -e, -en [schië·te·ri·ge] *EW med.*
elf el·we *ZaW*
Elfe El·we, -n *w.*
elfjährig elw·jäö·rig, -e, -en [elw·jäö·ri·ge] *EW tem.*
elfmal elw·maol *UW*
elfte elw·te, -n *ZaW*
Elisabeth Lib·bet, Lib·bet·ken *VN*, Lies·bet *VN*, Sät·ta *VN*, Sät·te *VN*, (Koseform) Sät·ken *VN*
Elle (Längenmaß 56 cm) lä·le, -n *w. tech.*
Ellenbogen El·len·tip, -·pen *m. med.*, lä·len·tip, -s *m. med.*; **empfindliche Stelle am ~** Krië·mel·büt·ken, Krië·mel·büt·kes *s. med.*
ellenlang iä·len·lang, -e, -en [iä·len·lan·ge] *EW*
Ellewick El·le·wik *ON*
Elster Eks·ter, -n *w. zool.*, läks·ter, -n *w. zool.*, längs·ter, -n *w. zool.*
Elsternnest läks·tern·pot, läks·tern·pöt·te *m.*
Elte läl·te *ON*
elterlich öl·ler·lik, öl·ler·licke, -n [öl·ler·lik·ke] *EW*
Eltern Öl·lern *Mz.*

Elterngrab Öl·lern·graw, Öl·lern·griä·wer *s.*
Elternhaus Öl·lern·huus, Öl·lern·hü·ser *s.*
Elternrat Öl·lern·raod, Öl·lern·räö·de *m.*
Elternrecht Öl·lern·rächt, -e [Öl·lern·räch·te] *s. jur.*
Email Riä·ker·breew, Riä·ker·bre·we *m.*
Emaille E·mal·ge, -n *w. tech.*
emaillieren e·mal·ge·ern *ZW tech.*
emigrieren uut·wan·nern *ZW*
Emlichheim Em·mel·kamp *ON*
empfangen be·kuë·men *uZW*, kri·gen *uZW*
empfehlen an·rao·den *uZW*
Empfehlung Kum·pel·ment, -e [Kum·pel·men·te] *s.* (*frz.* compliment)
empfinden fö·len *uZW psy.*
empfindlich em·pen *EW psy.*, kië·delsk, -e, -en [kië·dels·ke] *EW psy.*, kwië·te·rig, -e, -en [kwië·te·ri·ge] *EW psy.*, sip·pe·lig, -e, -en [sip·pe·li·ge] *EW psy.*, üë·wel·niëmsk, -e, -en [üë·wel·niëms·ke] *EW psy.*, week·mö·dig, -e, -en [week·mö·di·ge] *EW psy.*; **~es Mädchen** Sip·pel·tri·ne, -n *w. psy.*
Empfindung Ge·fööl, Ge·fö·le *s. psy.*
emporarbeiten hau·ge·ar·bai·den *ZW*, rup·ar·bai·den *ZW*
emporbringen hau·ge·brän·gen *uZW*
Empore Büë·ne, -n *w. arch.*
empören hel·li·gen *ZW psy.*
emporkommen hau·ge·kuë·men *uZW*
empört hel·lig, -e, -en [hel·li·ge] *EW psy.*
emporwinden hau·ge·win·nen *uZW*
Ems läms, läm·se *w. geol.*
Emsdetten Det·ten *ON*
emsdettener detsk, -e, -en [dets·ke] *EW*
emsig ië·we·rig, -e, -en [ië·we·ri·ge] *EW*, tän·ger, -e, -en [tän·ge·re] *EW*; **sehr ~ sein** viël an'n Hal·se häb·ben
Emsigkeit lë·we·rig·kait, -en [lë·we·rig·kai·ten] *w.*
Emsland läms·land *s. o.Mz.*

geog.
Endbrett beim Ackerwagen oder Bett En·ne·bräd, En·ne·briä·der *s. tech.*
Endchen End·ken, Endkes *s.*
Ende End, En·ne, -n *s.*; **am ~** an·en·ne *UW*; **am ~ sein** uut sien; **am ~ kommt der größte Aufwand** dän lesten End dräg de Last; **zu ~** al·le *UW, VW,* an En·ne; **ohne Rücksichten zu ~ bringen** düör·trecken [düör·trek·ken] *uZW*; **zu ~ kommen** en·nen ZW
enden en·nen *ZW*
endgültig en·gül·lig, -e, -en [en·gül·li·ge] *EW*
endlich al·nao·graod *UW tem.*, en·liks *UW tem.*, tolest *UW tem.*, van·to·wes *UW tem.*
endlos en·laus, -e, -en [en·lau·se] *EW*
Endstation En·stas·jaun, -en [En·stas·jau·nen] *w. trans.*
Endstück End, En·ne, -n *m.*
Endung En·nung, -en [En·nun·gen] *w.*
Energie läs·se, -n *w.*, Kafuk *m. o.Mz.*, Kla·fun·nig, -e [Kla·fun·ni·ge] *w.*, Smackes [Smak·kes] *s. o.Mz.*; **hohe ~** Ka·wum *m. o.Mz.*; **das hat eine hohe Energie** dao sit Ka·wum äch·ter
energisch däf·tig, -e, -en [däf·ti·ge] *EW*
eng dich·te, -n *EW*, dicke, -n [dik·ke] *EW psy.*, drank, -e, -en [dran·ke] *EW*, en·ge, -n *EW*, snak, snacke, -n [snak·ke] *EW*, stram, -·me, -·men *EW, übertr.* klam, -·me, -·me, -·men *EW*; **~er Freund** dicke Frönd *psy.*; **~er werden** krim·pen *ZW*; **zu ~ sein** sik stram·men *ZW*
engagieren an·ka·sche·ern *ZW (frz. engager)*
engagiert an·ka·sche·ert, -e, -en [an·ka·sche·er·te] *EW*; **sehr ~ sein** viël an'n Hal·se häb·ben
engbrüstig aom·büörs·tig, -e, -en [aom·büörs·tige] *EW med.*, eng·büörs·tig, -e, -en [eng·büörs·ti·ge] *EW med.*
Enge Eng·te, -n *w.*
Engel En·gel, -s *m. rel.*

Engerling Spek·wuorm, Spek·wüör·mer *m. zool.*
England En·ge·land *geog.*
Engländer En·gels·man *m. o.Mz.*, En·ge·län·ner, -s *m.*, Tom·mi, -es *m.*
englisch en·gelsk, -e, -en [en·gels·ke] *EW kult.*
Enkel Suon·kind, Suon·kin·ner *s.*
Enkelin Doch·ter·kind, Dochter·kin·ner *s.*
Enkelkind Kin·nes·kind, Kinnes·kin·ner *s.*
Enniger län·ni·ger *ON*
Enningerloh län·ni·ger·lau *ON*
entästen; die Spitze ~ töppen *ZW*
entbehren mis·sen *ZW*
entbehrlich uö·wer·schiärig, -e, -en [üö·wer·schiä·ri·ge] *EW*
entblättern blad·ern *ZW*
entblößt blaud, -e, -en [blaude] *EW,* naak, na·ke, -n *EW*
entdecken up·doon *uZW*
Ente (insbesondere weiblich) Aant, län·ten *w. zool.*; **männliche ~** lär·pel, -s *m. zool.*, Wiëk, -s *m. zool.*
enteignen wäg·nië·men *uZW*
Entenbraten län·ten·braoden, län·ten·bräö·den *m. kul.*
Entenbrust län·ten·buorst, län·ten·büörs·te *w. med., kul.*
Entenkraut län·ten·flot *s. o.Mz. bot.*
Ententeich län·ten·diek, länten·di·ke *m.*
Enterich lär·pel, -s *m. zool.*, Wiëk, -s *m. zool.*
entfernen; jemd. aus dem Amt ~ af·sät·ten *ZW*
entfernt af·siets *UW*, färn, -e, -en [fär·ne] *EW*, wiedlöf·tig, -e, -en [wied·löf·ti·ge] *EW*; **im ~esten** in'ne Naohait; **weit ~** wied van af, wied wäg
Entfernung End, En·ne, -n *m.*
entfliehen uut·kni·pen *uZW*
entgegen en·gië·gen *VW, UW*; **jemd. ~ sein** Wi·er·spiël hol·len
entgegentreten mö·ten *ZW*
entgegnen ant·wao·den *ZW*
Entgegnung Ant·waod, -en

[Ant·wao·den] *w.*
enthaupten köp·peln *ZW*
enthäuten af·trecken [aftrek·ken] *uZW*
enthülsen döp·pen *ZW*
entkleiden uut·tai·en *ZW*
entkrauten (insbes. von Gräben) rü·den *ZW agr.*
entlang der·lan·ges *VW,* der·langs *VW,* lan·ges *VW,* langs *VW*
entlangeilen langs·ja·gen *uZW*
entlanggehen hiär·gaon *uZW trans.*
entlangkommen der·langs·kuë·men *uZW,* langs·kuë·men *uZW*
entlanglaufen langs·lau·pen *uZW*
entlassen af·müs·tern *ZW mil.*, druut·smi·ten *uZW*
entleeren uut·rü·men *ZW*
entlohnen lau·nen *ZW fin., psy.*
Entlüftung Af·tog, Af·tüö·ge *m. tech.*
entmannen kas·tre·ern *ZW med.*
entmutigt mood·laus, -e, -en [mood·lau·se] *EW psy.*
entpacken uut·packen [uutpak·ken] *uZW*
enträtseln rao·den *uZW,* ruut·fin·nen *uZW,* ruut·krigen *uZW*
entrinden (Baum) af·bas·sen *ZW*
entrindet af·bast, -e, -en [afbas·te] *EW*
entscheiden ur·de·len *ZW*
Entscheidung Ur·deel, Urde·le *s.*; **~en fällen** dat Sägen häb·ben; **gemeinsame ~** Be·sluët, Be·slüë·te *m.*
entschlacken en·slacken [en·slak·ken] *ZW*
entschließen en·slu·ten *uZW,* res·sel·we·ern *ZW*
entschlossen res·sel·we·ert, -e, -en [res·sel·we·er·te] *EW (frz. résolu)*
entschoten döp·pen *ZW*
entschuldigen en·schül·ligen *ZW psy., übertr.* dän Kop un·ner'n Arm nië·men *psy.*
Entschuldigung En·schülli·gung, -en [En·schül·li·gungen] *w. psy.*
entsetzen; sich ~ sik vö·fe-

ern *ZW psy.*
entsetzlich grü·lik, grü·licke,
-n [grü·lik·ke] *EW psy.*
Entsetzliches Grü·licke [Grü-
lik·ke] *s. psy.*
entsichern scharp·ma·ken
uZW tech.
entspannen uut·span·nen
ZW
entspitzen töp·pen *ZW*, uut-
töp·pen *ZW*
entstauben uut·stu·wen
uZW hyg.
entstehen en·staon *uZW*,
to·stan·ne·kuë·men *uZW*,
ha·ruut·kuë·men *uZW*, sik
bil·len *ZW*
entweidet uut·nuo·men, -e,
-en [uut·nuo·me·ne] *EW*
entwenden klau·en *ZW jur.*,
stiä·len *uZW jur.*, wäg·nië-
men *uZW*
entwerfen kon·stru·e·ern *ZW
tech.* (frz. construire)
entwickeln (sich) sik an·lao-
ten *uZW*, **sich negativ ~**
trüg·ge·gaon *uZW*, **sich positiv ~** sik ma·ken
entwirren up·drö·seln *ZW*
entwischen *übertr.* düör de
Lat·ten gaon
entwöhnen af·wüë·nen *ZW
psy., med.*
entworfen kon·stru·e·ert, -e,
-en [kon·stru·e·er·te] *EW
tech., arch.*
entzündet hel·lig, -e, -en
[hel·li·ge] *EW med.*, seer,
se·re, -n *EW med.*
Entzündung Brand, Brän·ne
m. med., Füer *s. o.Mz. med.*
entzwei ka·pot, -te, -ten *EW
tech,*
entzweibrechen twe·briä-
ken *uZW tech,*
entzweien twe·wen *ZW*
entzweigehen *übertr.* in'n
Dut gaon
entzweischlagen düör·slaon
uZW, ka·pot·slaon *uZW*, twe-
slaon *uZW*
Epe Eep *ON*
eperaner eepsk, -e, -en
[eeps·ke] *EW*
Eperaner(in) Eeps·ke, -n *m.
und w.*
Epilepsie Fal·socht, Fal·söch-
te *w. med.*
epileptisch fal·söch·tig, -e, -en
[fal·söch·ti·ge] *ZW med.*
Episode Tüs·ken·spiël, -e

[Tüs·ken·spië·le] *s. mus.*
Epoche Lang·tiet, Lang·ti·ten
w. tem.
er he *FW*
erahnen *übertr.* in'ne Niër-
se häb·ben *psy.*, *übertr.* ru-
ken *uZW psy.*
erbärmlich *übertr.* schië·te-
rig, -e, -en [schië·te·ri·ge]
EW med.
erbauen kon·stru·e·ern *ZW
tech.* (frz. construire)
Erbe lärw·deel, lärw·de·le *s.
fin.*, lär·we, -n *s. fin.*, lärw-
schup, -·pen *w. fin.*, lärwt
s. o.Mz. fin., biol.
erben iär·wen *ZW fin.*, biol.,
to·fal·len *uZW fin.*
erbetteln af·biä·deln *ZW psy.*
erbeuten bü·ten *ZW*, fangen *uZW*
erblich iärw·lik, iärw·licke, -n
[iärw·lik·ke] *EW biol.*
Erbpacht lärw·pacht, -en
[lärw·pach·ten] *w. fin.*
erbracht af·smië·ten, -e, -en
[af·smië·te·ne] *EW fin.*
erbrechen briä·ken *uZW
med.*, strüör·ten *ZW med.*;
spi·gen *uZW med.*, üö·wer-
gië·wen *uZW med.*
erbringen up·smi·ten *uZW*
Erbschaft lärw·schup, -·pen
w. fin.; **teilen bei ~** schichten *ZW fin.*
Erbschleicher lärw·sli·ker,
-s *m. psy. fin.*
Erbse lärf·te, -n *w. bot.*;
kleine ~ lärft·ken, lärft·kes
s. bot.
Erbsenbeet lärf·ten·ra·bat·te,
-n *w. agr.*
Erbsenblüte lärf·ten·blö·te,
-n *w. bot.*
Erbsenbusch lärf·ten·busk,
lärf·ten·büs·ke *m. bot.*
Erbsendieb lärf·ten·daiw, -e
[lärf·ten·dai·we] *m.*
Erbsengemüse lärf·ten·ge-
möös *s. o.Mz. kul.*
erbsengroß iärf·ten·graut, -e,
-en [iärf·ten·grau·te] *EW*
Erbsenpflanze lärf·ten·plan-
te, -n *w. bot.*
Erbsenpflanzer lärf·ten·püör-
ter, -s *m. tech. agr.*
Erbsenrute lärf·ten·ro·de,
-n *w. agr.*
Erbsenschote lärf·ten·schau-
ne, -n *w. bot.*
Erbsenstroh lärf·ten·strau *s.*

o.Mz. bot.
Erbsensuppe lärf·ten·sup,
-·pen *w. kul.*
Erbsenzeit lärf·ten·tiet *w.
o.Mz. tem. agr.*
Erbstück lärw·stük, lärw-
stücker [lärw·stük·ker] *s. fin.*
Erbteil lärw·deel, lärw·de·le
s. fin., Kinds·deel, Kinds-
de·le *s. fin.*
Erdachse Ä·er·as·se, -n *w.
astr.*
Erdapfel Ä·er·ap·pel, -n *m.
bot., kul.*
Erdbeerblatt Ä·er·bië·ben-
blad, Ä·er·bië·ben·bliä·der *s.
bot.*
Erdbeere Ä·er·bië·be, -n *w.
bot.*, Ä·er·bit·te, -n *w. bot.*
Erdbeerpflanze Ä·er·bië·ben-
ben·plan·te, -n *w. bot.*
Erde Ä·er *w. o.Mz. astr., biol.*
Erdenlicht Ä·ern·lecht, -er
[Ä·ern·lch·ter] *s.*
erdfarben ä·er·far·wen, -e,
-en [ä·er·far·we·ne] *EW*
Erdgeruch Ä·er·rüëk, -e [Ä·er-
rüë·ke] *m. biol.*
Erdhaufen Ä·er·haup, Ä·er-
hai·pe *m.*
Erdhügel Ä·er·haup, Ä·er-
hai·pe *m.*; **kleiner ~** Bült,
-en [Bül·ten] *m.*
Erdkloß Klu·te, -n *w.*
Erdkruste Ä·er·wand, Ä·er-
wän·ne *w. geol.*; **gefrore-
ne ~** Fuorst·ru·sen *Mz. met.*
Erdlager (für Früchte) Kule, -n *w.*
Erdnuss A·pen·nuët, A·pen-
nüë·te *w. bot.*
erdreisten (sich) sik mu·sig
ma·ken *psy.*
Erdschieber Schü·wer, -s
m. tech.
Erdscholle Ru·se, -n *w.*
Erdteil Ä·er·deel, Ä·er·de·le
m. geog.
ereifern up·rög·gen *ZW psy.*
ereifert up·rögsk, -e, -en [up-
rögs·ke] *EW psy.*
ereignen vüör·kuë·men *uZW*
Ereignis Be·liäw·nis, -·se
s., Vüör·fal, Vüör·fiä·le *m.*,
Vüör·kuë·men *s. o.Mz.*
Ererbtes lärw·stük, lärw-
stücker [lärw·stük·ker] *s. fin.*
erfahren 1. äch·ter·kuë·men
uZW, be·liä·wen *ZW*, ge-
waor wä·ern, to wië·ten kri-
gen; 2. kun·nig, -e, -en [kun-

ni·ge] *EW*
Erfahrung Wië·ten *s. o.Mz.*
erfassen be·gri·pen *uZW
psy.*
erfinden er·fin·nen *uZW*,
uut·fin·nen *uZW*, uut·tif·teln
ZW
erfinderisch an·sliägsk, -e,
-en [an·sliägs·ke] *EW psy.*
Erfindung Er·fin·nung, -en
[Er·fin·nun·gen] *w.*
Erfolg Fuk *m. o.Mz. psy.*;
ohne ~ abmühen af·has-
peln *ZW psy.*
erfolglos; ~er Mensch Flit-
sen·fän·ger, -s *m. psy.*
erfolgreich düf·tig, -e, -en
[düf·ti·ge] *EW*; **~ gewesen**
übertr. in drü·ge Dö·ker
häb·ben
erforderlich nai·dig, -e, -en
[nai·di·ge] *EW*; **~ sein** nai-
dig·doon *uZW*
erforschen uut·füörs·ken
ZW, un·ner·sö·ken *uZW*
erfragen nao·frao·gen *uZW*
erfrieren vö·frai·sen *uZW*
erfunden er·fun·nen, -e, -en
[er·fun·nen·ne] *EW*
ergeben 1. gië·wen *uZW*;
das ergibt sich dat giw sik;
2. ka·duk, ka·ducke, -n [ka-
duk·ke] *EW psy.*
**Ergebnis; was wird das ~
sein?** wat kümp dao·bi ha-
ruut?
ergehen (jemd.) hän·schai-
ten *uZW*
ergießen, sich ~ flo·ten *ZW*
ergreifen in·fan·gen *uZW*,
übertr. bi't Sla·fit·ken kri·gen
erhaben haug, -e, -en [hau-
ge] *EW*
erhabenste högs·te, -n *EW*
Erhabenste Högs·te, -n *m.,
w. und s.*
erhalten kon·ser·ve·ern *ZW*
(*frz.* conserver), kri·gen *uZW*
erhängen up·knüp·pen *ZW*
Erhaschen Sno·pe·ri, -·en *w.*
erhaschen sno·pen *ZW*
erheben (sich) up·staon *uZW*
erheitern up·mün·tern *ZW
psy.*
erhitzt brem·sig, -e, -en
[brem·si·ge] *EW med.*
erhoffen sië·nen *ZW psy.*
erhöhen hög·ten *ZW*, up-
slaon *uZW fin.*
Erhöhung Huckel, -s [Huk-
kel] *m.*, Knap, Knäp·pe *m.*

erholen vö·ha·len *ZW*
Erholung Vö·ha·lung *w. o.Mz.
med.*, Vö·haal, Vö·ha·le *m.
med., psy.*
Erika Haid, -e, -en [Hai·de]
w. bot.
erinnern trüg·ge·den·ken
uZW psy.; **sich ~** sik be·sin-
nen *uZW psy.*, in·fal·len
uZW psy.; **sich an (etwas)
~** sik be·sin·nen up
Erinnerung Wi·er·sin *m.
o.Mz. psy.*
erkälten vö·kö·len *ZW med.*
erkaltet kolt, kol·le, -n *EW*,
(Leiche) dau·den·kolt, dau-
den·kol·le, -n *EW med.*
erkältet vö·köölt, -e, -en [vö-
kööl·te] *EW med.*
Erkältung Vö·kö·lung, -en
[Vö·kö·lun·gen] *w. med.*;
fiebrige ~ Vö·kö·lungs·fe-
wer *s. med.*
Erkältungsfieber Vö·kö-
lungs·fe·wer, -s *s. med.*
erkennen ken·nen *uZW*
Erker Kiek·uut, -s *m. arch.*,
Uut·lucht, Uut·lücht *w. arch.*
erklären be·liek·te·ken *ZW*,
vö·kla·mü·sern *ZW*, vö·klää-
ren *ZW*, vö·klickern [vö·klik-
kern] *ZW*, *übertr.* vö·düüts-
ken *ZW*; **etwas ~** wi·sen,
wu et mot
Erklärung Vö·klää·rung, -en
[Vö·klää·run·gen] *w.*
erkunden uut·spicke·le·ern
[uut·spik·ke·le·ern] *ZW*
erlangen be·kuë·men *uZW*,
kri·gen *uZW*
Erlass Be·stem, -s *s.*
erlassen 1. nao·lao·ten *uZW*;
2. nao·lao·ten, -e, -en [nao-
lao·te·ne] *EW*
erlauben vö·gün·nen *ZW
psy.*, vö·lö·wen *ZW jur.*, to-
lao·ten *uZW jur.*, to·staon
uZW jur.; **das erlaubt er
sich davon** dat nimp he
sik dao·van run·ner
Erlaubnis Rächt, -e [Rächt-
te] *s. jur.*, To·laot, To·läö-
te *m. jur.*, Vö·laif, -e [Vö-
lai·fe] *s. jur.*, Vö·lööw, Vö-
lö·we *s. jur.*; **~ haben** drüë-
wen *uZW jur.*
erlaubt to·lao·ten, -e, -en [to-
lao·te·ne] *EW jur.*
erläutern be·liek·te·ken *ZW*,
bi·bai·gen *uZW*
Erle 1. lä·le, -n *w. bot.*, El-

se, -n *w. bot.*; 2. lä·le *ON*
erleben be·liä·wen *ZW psy.*
Erlebnis Be·liäw·nis, -·se *s.
psy.*, E·wen·tüür, -s *s. psy.*
erledigen be·stel·len *ZW*,
be·suor·gen *ZW*; **erledige
das!** do dat!
erlegen schai·ten *uZW*
erleiden düör·ma·ken *uZW
psy., med.*, met·ma·ken *uZW
psy., med.*
Erlenwäldchen lä·len·busk,
lä·len·büs·ke *m. bot.*
erlernen lä·ern *ZW kult.*; **das
erlernt sich** dat lä·ert sik
erleuchten il·lu·mi·ne·ern *ZW
tech.* (*frz.* illuminer)
erlösen red·den *ZW, rel.* uut
de Naud helpen
Erlöser Red·der, -s *m.*
Erlösung Fri·kuë·men *s.
o.Mz.*, Red *w. o.Mz.*
ermahnen be·lä·ern *ZW psy.*
ermorden af·murk·sen *ZW
med. jur.*, daud·ma·ken *uZW
med. jur.*, mör·dern *ZW med.
jur.*; **jemd. ~** *übertr.* e·nen
dat Lecht uut·blao·sen *med.
jur.*
ermüdet ga·pig, -e, -en [ga-
pi·ge] *EW med.*
Ermüdung Kas·se·ment, -s
s. med. (*frz.* cassement)
ermuntern mün·tern *ZW
psy.*, vö·mün·tern *ZW psy.*,
up·mün·tern *ZW psy.*
ermutigen mö·di·gen *ZW
psy.*
ernähren niärn *ZW kul.*
Ernährung Niä·rung, -en
[Niä·run·gen] *w. kul.*
ernennen be·ro·pen *uZW*
erniedrigen de·mö·di·gen
ZW psy.
Ernst lärnst *m. o.Mz. psy.*
ernst iärnst, -e, -en [iärns-
te] *EW psy.*; **~ gemeint** be-
dacht, -e, -en [be·dach·te]
EW psy.; **nicht ~ nehmen**
übertr. nich för vul nië·men
psy.
Ernsthaftigkeit lärnst *m.
o.Mz. psy.*
ernstlich iärnst·lik, iärnst-
licke, -n [iärnst·lik·ke] *EW psy.*
Ernte Aarnt, -en [Aarn·ten]
w. agr., Bau, -·e *m. agr.*
Erntedankfest Aarnt·fi·er,
-n *w. kult. agr.*
Erntefest Aarnt·fi·er, -n *w.*

kult. agr.

Erntefuder; letztes ~ Hakke·mai, -·e *s. agr.*; **~ aus Zusammengeharktem** (z.B. Ähren) Sliëp·fo·er, -s *s. agr.*

Erntemonat Aarnt·maond, -e [Aarnt·maon·de] *m. agr. tem.*, Aust·maond, -e [Aust·maonde] *m. agr. tem.*

ernten aarn·ten *ZW agr.*

erntereif re, -·e, -·en *EW agr.*

Erntewagen Rinks·ten·wagen, Rings·ten·wiä·gen *m. trans. agr.*; **Seitenleiter am ~ Stange** Rinks·te, -n *w. tech.*; **Stange über dem ~ zur Befestigung der Ladung** Rul·knüë·pel, -s *m. tech. agr.*, Wiës·baum, Wiës·baime *m. tech. agr.*

Erntezeit Aarnt·tiet, Aarnt·ti·ten *w. agr. tem.*; **~ der Erbsen** lärf·ten·tiet *w. o.Mz. tem. agr.*

erobern in·nië·men *uZW mil.*, stüör·men *ZW mil.*, *übertr.* in Be·slag nië·men *mil.*, *übertr.* breed·ma·ken *uZW mil.*

Erpel lär·pel, -s *m. zool.*, Wiëk, -s *m. zool.*

erpicht hel·lig, -e, -en [helli·ge] *EW psy.*

erpressen nai·di·gen *ZW psy.*

erproben pro·be·ern *ZW*

erraten rao·den *uZW*

errechnen riä·ken *ZW math.*

erregen; sich ~ *übertr.* kuo·ken *ZW psy.*

erregt bru·sig, -e, -en [brusi·ge] *EW psy.*, fuch·tig, -e, -en [fuch·ti·ge] *EW psy.*; **freudig ~ sein** *übertr.* uut dat Hüüs·ken sien *psy.*; **leicht ~** *psy.* kriw·we·lig, -e, -en [kriw·we·li·ge] *EW psy.*

Erregung Brast *m. o.Mz. psy.*

erreichen af·lan·gen *ZW*, af·re·ken *ZW*, be·schicken [be·schik·ken] *ZW*, bi·kuë·men *uZW*, hän·kuë·men *uZW*, ra·ken *ZW*

erreicht af·reekt, -e, -en [af·reek·te] *EW*

Ersatzkaffee Strül·kof·fi *m. o.Mz. kul.*

Ersatznagel Naud·na·gel, Naud·niä·gel *m. tech.*

erscheinen düch·ten (sik)

ZW psy.; **unverhofft ~** up·krü·sen *ZW*

Erscheinung Waor·draum, Waor·drai·me *m. rel.*

erschießen daud·schai·ten *uZW*, schai·ten *uZW*; **standrechtlich ~** füs·se·le·ern *ZW mil.*

erschöpft al·le *UW med.*, ma·lat, -·te, -·ten *EW med.*, mö·de, -n *EW med.*; **~ sein** äch·ter·han·gen *uZW med.*, *übertr.* fär·rig sien *med.*, et nich mä·er trecken küë·nen *med.*

erschrecken vö·bis·sen *ZW psy.*, vö·fe·ern (sik) *ZW psy.*, vö·ja·gen *uZW psy.* vö·schrecken [vö·schrek·ken] *uZW psy.*; **sich ~** grüggeln (sik) *ZW psy.*

erschreckt vö·jagt, -e, -en [vö·jag·te] *EW psy.*

erschrocken vö·bist, -e, -en [vö·bis·te] *EW psy.*; **zu Tode ~** dau·den·bang, -e, -en [dauden·ban·ge] *EW psy.*

Erschwernis Be·swaör·nis, -·se *s. psy.*, Kwaol, -en [Kwao·len] *w. psy.*

ersetzen er·sät·ten *ZW*

erstatten wi·er·gië·wen *uZW fin.*; **erstattet bekommen** wi·er·kri·gen *uZW*

erstaunen vö·wün·nern *ZW psy.*

erstaunt maf, -·fe, -·fen *EW psy.*

erste iärs·te, -n *ZaW*

erstechen daud·stiä·ken *uZW med.*

ersteinmal iärst·maol *UW tem.*

ersticken däm·pen *ZW med.*, döm·pen *ZW med.*, sticken [stik·ken] *ZW*, uut·bli·wen *uZW med.*

Erstkommunion lärst·kummi·oon, lärst·kum·mi·o·nen *w. rel.*, Kin·ner·kum·mi·oon, Kinner·kum·mi·o·nen *w. rel.*; **Feier zur ~** Kum·mi·oon·fier, -n *w. rel.*; **Kerze zur ~** Kum·mi·oon·kä·se, -n *w. tech. rel.*; **kleines religiöses Bild zur ~** Kum·mi·oon·beld, Kum·mi·oon·beller *s. rel.*; **Kleid zur ~** Kummi·oon·kleed, Kum·mi·oon·klei·der *s. rel.*; **Kranz zur ~** Kum·mi·oon·krans, Kum·mi-

oon·krän·se *m. rel.*

erstmalig iärst·maols *UW tem.*

erstmals iärst·maols *UW tem.*

erstrecken; sich ~ bre·den *ZW*

Ertrag Dragt, Driägt *w.*; **~ bringen** af·smi·ten *uZW fin.*; (Getreide usw.) scho·en *ZW*

ertragen üö·wer·staon *uZW psy.*, uut·hol·len *uZW psy.*, uut·staon *uZW psy.*, vöknu·sen *ZW psy.*, vö·driägen *uZW psy.*; **~ können** af·küë·nen *uZW psy.*

ertränken; sich ~ *übertr.* in't Wa·ter gaon

ertrinken af·su·pen *uZW*, vö·su·pen *uZW*

ertrunken af·suo·pen, -e, -en [af·suo·pe·ne] *EW*, vösuo·pen, -e, -en [vö·suope·ne] *EW*

erwachen wacker wä·ern *med.*, up·wa·ken *ZW med.*

erwachsen uut·was·sen, -e, -en [uut·was·se·ne] *EW med.*, vul·was·sen, -e, -en [vulwas·se·ne] *EW med.*, *übertr.* flüg·ge, -n *EW. psy.*; **~ werden** uut·was·sen *uZW med.*; **halb ~** halw·was·sen, -e, -en [halw·was·se·ne] *EW med.*

erwägen üö·wer·läg·gen *ZW psy.*

erwähnenswert grau·tens *EW*

Erwärmen Up·wiä·men *s. o.MZ*

erwärmen up·wiä·men *ZW*

Erwärmung Up·wiä·men *s. o.MZ*

erwarten huo·pen *ZW psy.*, vö·hö·den *ZW psy.*, vö·wochten *ZW psy.*, dao·met riäken *psy.*; **mehr war nicht zu ~** *übertr.* dao is dän End van wäg *psy.*

Erwartung Lu·er *w. o.Mz. psy.*, Uut·sicht, -en [Uut·sichten] *w. psy.*

erwehren (sich) tië·gen·an küë·men

erweisen; sich ~ wi·sen *uZW*

erweitern wi·den *uZW*, uut·wi·den *uZW*

Erwerb Kaup, Kai·pe *m. fin.*

erwerben kau·pen *uZW fin.*

erwidern ant·wao·den *ZW*,

trüg·ge·gië·wen *uZW*
Erwiderung Ant·waod, -en [Ant·wao·den] *w.*
erwirtschaften ha·ruut·slaon *uZW fin.*
erwirtschaftet ha·ruut·slaon, -e, -en [ha·ruut·slao·ne] *EW fin.*
erwischen *übertr.* bi't Slafit·ken kri·gen
Erwitte Ärf·te *ON*
erwürgen uut·döm·pen *ZW med., übertr.* de Struort afdrai·en *med.*
Erz (in Verbindung mit Metallen) Stoen, Ste ne *m. geol.*
erzählen klö·nen *ZW*, kü·ern *ZW*, vö·täl·len *ZW*; **noch einmal ~** wi·er·vö·tel·len *ZW*; **umständlich und inhaltlos ~** kwao·geln *ZW psy.*; **viel und lebhaft ~** swa·dro·neern *ZW psy.*; **vor sich hin ~** brum·meln *ZW psy.*
Erzählen Vö·täl·len *s. o.Mz.*; **umständliches inhaltloses ~** Kwao·ge·le·ri, -·en *w. psy.*
Erzähler Vö·täl·ler, -s *s. mus.*
Erzählung Ge·schicht, -en [Ge·schich·ten] *w. mus.*, Vö·täl·sel, -s *s. mus.*; **kurze heitere ~** Dö·ne·ken, Dö·ne·kes *s. mus.*, Döönken, Döön·kes *s. mus.*
erziehen er·trecken [er·trekken] *uZW psy.*; **falsch ~** vötrecken [vö·trek·ken] *uZW psy.*
Erzieher Er·trecker, -s [Ertrek·ker] *m. psy.*
Erziehung; eine harte ~ mitmachen *übertr.* düör'n Schu·er·sak gaon *psy.*
Erziehungsrecht Öl·lernrächt, -e [Öl·lern·räch·te] *s. jur.*
Erzkonservative *übertr.* Pikswat·ten *Mz. pol.*
erzogen, gut ~ a·rig, -e, -en [a·ri·ge] *EW psy.*
erzürnen vö·grel·len *ZW psy.*
erzürnt vö·grelt, -e, -en [vögrel·te] *EW psy.*
es et *FW*, dat *GW, FW*; **wenn ~ dir juckt** wan di dat jukt
Esch Esk, -e [Es·ke] *m. agr.*
Esche Es·ke, -n *w. bot.*
Eschenlaub Es·ken·lauw *s. o.Mz. bot.*

E-Schweißen E·lek·to·wellen *s. o.Mz. tech.*
Esel lë·sel, -s *m. zool.*; **kleiner ~** lë·sel·ken, lë·sel·kes *s. zool.*
Eselchen lë·sel·ken, lë·selkes *s. zool.*
Eselfohlen lë·sel·föl·len, -s *s. zool.*
Eselsohr lë·sel·aor, -en [lësel·ao·ren] *s. med.*
Eselstute lë·sel·miär, -en [lësel·miä·ren] *w. zool.*
Eseltreiber lë·sel·dri·wer, -s *m.*
Espel Es·pel *ON*
essbar to iä·ten *kul.*; **nicht mehr ~** vö·duo·wen, -e, -en [vö·duo·we·ne] *EW kul.*
essen iä·ten *uZW kul.*, spi·sen *ZW kul.*, vö·tig·gen *ZW kul.*; **etwas (zu ~) nehmen** tolan·gen *ZW*; **genießerisch ~** sna·bu·le·ern *ZW kul.*; **geräuschvoll ~** knab·beln *ZW kul.*; **gern ~** müë·gen *uZW kul.*; **gut und üppig ~ und trinken** slam·pam·pen *ZW kul.*; **hastig ~** hap·ken *ZW kul.*; **weniger zu ~ geben** *übertr.* dän Braud·kuorw hög·ger han·gen *kul.*; **zu Tode ~** daud·friä·ten *uZW kul.*; **zu viel ~** üö·wer·friäten *uZW*; **mit den Händen ~** uut de Fuust iä·ten *kul.*
Essen lä·ten, -s *s. o.Mz.*, Köst *w. o.Mz. kul.*, Koke·ri, -·en *w. kul.*, Spi·se, -n *w. kul.*; **angebranntes ~ im Topf haben** *übertr.* nen Fos in'n Pot häb·ben *kul.*; **besonders gutes ~** Sundags·iä·ten *s. o.Mz. kul.*; **Dose für das ~** lä·tensdüp·pe, -n *w. tech. kul.*; **eigen beim ~** läksk, -e, -en [läks·ke] *EW kul.*; **lustlos im ~ stochern** üët·ken *ZW psy. kul.*; **wässriges fettarmens ~** Lang·nat *s. o.Mz. kul.*; **weder ~ noch Trinken haben** nich nat nao drü·ge häb·ben *kul.*; **Zeit zum ~** Maol·tiet, Maol·ti·ten *w. kul. tem.*
Essenszeit lä·tens·tiet, lätens·ti·ten *w. kul. tem.*

Essenz Kruud, Krü·der *s. biol.*
Esser lä·ter, -s *m. kul.*
Esserei lä·te·ri, -·en *w. kul.*
Essig Es·sig·su·er *s. o.Mz. kul.*, Su·er *s. o.Mz. kul.*
Essigsäure Es·sig·su·er *s. o.Mz. chem.*
Esskastanie lät·kas·tan·nige, -n *w. bot., kul.*
Esskorb lä·tens·kuorw, lätens·küör·we *m. tech. kul.*
Esslöffel lät·liä·pel, -s *m. tech. kul.*, grau·te Liä·pel *m. tech. kul.*
esslustig niä·rig, -e, -en [niäri·ge] *EW kul.*
Essnapf lät·nap, lät·näp·pe *m. tech. kul.*
Esssachen lä·tens·wiärk *s. o.Mz. kul.*
Essteller lät·tel·ler, -s *m. tech. kul.*
Esstisch lä·tens·disk, -e [lätens·dis·ke] *m. tech.*, Küëken·disk, -e [Küë·ken·diske] *m. tech.*; **kleiner ~ für Kinder** Kat·ten·disk, -e [Katten·dis·ke] *m. tech. kul.*
Esszimmer lä·tens·ka·mer, -n *w. arch.*
etablieren (sich) dao·tüsken·kuë·men *uZW psy.*; **sich nicht ~ können** *übertr.* kien Been an'n Grund kri·gen *psy.*
Etage Stok·wiärk, -e [Stokwiär·ke] *s. arch.*
etliche iäl·ke *FW*
Etui Mäp·ken, Mäp·kes *s. tech.*
etwa ne *UW*
etwas an·ner·wat *FW*, biëtken *FW*, een lük, lür·rek *FW*, wat *FW*; **~ anderes** an·ner·wat; **so ~** so·wat
euch ju, -·e, -·en *FW*
Eule Uul, U·le, -n *w. zool.*, **kleine ~** Üül·ken, Üül·kes *s. zool.*
Eulenloch (Flugloch für Eulen im Giebel) U·len·lok, U·lenlöcker [U·len·lök·ker] *s. arch.*
Eulenschnabel U·len·snawel, U·len·sniä·wel *m. med.*
Eulenspiegel Kwin·ten·sliäger, -s *m. psy.*, U·len·spaigel, -s *m. psy.*
Euro Eu·ro, -os *m. fin.* (Währungseinheit)
Europa Eu·ro·pa *geog.*
Europäer Eu·ro·pä·er, -s *m.*

geog.
europäisch eu·ro·pääsk, -e, -en [eu·ro·pääs·ke] *EW geog.*
Europäische Union Eu·ro·pääs·ke U·ni·oon *w. pol.*
Europaschiff Eu·ro·pa·schip, -·pe *s. trans. naut.*
Euter Gäd·der, -s *m. med.,* Nü·er, Nü·ers *m. med.,* übertr. Bü·del, -s *m. med.,* übertr. Büül, -s *m. med.,* Tit·te, -n *w. med.*
evakuieren e·wa·ku·e·ern *ZW*
evakuiert e·wa·ku·e·ert, -e, -en [e·wa·ku·e·er·te] *EW*
Evakuierte E·wa·ku·e·er·te, -n *m., w. und s.*
evangelisch e·van·gelsk, -e, -en [e·van·gels·ke] *EW rel.*
Evangelische(r) E·van·gels·ke, -n *m., w. und s. rel.*
Evangelium E·van·gel·gen *s. o.Mz. rel.*
Everswinkel lärs·win·kel *ON*
ewig al·tiet *UW tem.,* al·ti·tig, -e, -en [al·ti·ti·ge] *EW tem.;* ~ **in meinem Leben** al·mi·liä·we *UW tem.;* ~ **in seinem Leben** al·si·liä·we *UW tem.;* **seit ~en Zeiten** in Jaor un Dag *tem.*
exakt ak·kraot, -e, -en *EW*
Exempel Bi·spiël, -e [Bi·spië·le] *s.*
Existenz Dao·sien *s. o.Mz.*
existieren liä·wen *ZW,* dao·sien *uZW*
Exklusivrecht Al·leen·rächt, -e [Al·leen·räch·te *s. jur.*
Exklusivverkauf Al·leen·vö·kaup, Al·leen·vö·kai·pe *m. fin.*
Exkrement Küë·del, -s *m. biol.*
expandieren uut·wi·den *uZW*
Experte Ken·ner, -s *m.*
explodieren eks·plo·de·ern *ZW,* in de Lucht flai·gen
explodiert eks·plo·de·ert, -e, -en [eks·plo·de·er·te] *EW,* in 'ne Lucht fluo·gen
Explosion Eks·plo·si·aun, -en [Eks·plo·si·au·nen] *w.*
Exponat Uut·stel·lungs·stük, Uut·stel·lungs·stücke *s.*
Export Bu·ten·han·nel *m. o.Mz. fin.*
extra äks·trao *UW,* e·gens *UW,* slich·tens *UW*
Extrablatt Äks·trao·blad, Äks·trao·bliä·der *s. kult.*

extrem ban·nig, -e, -en [ban·ni·ge] *EW* wööst

F

F, f F, f (Buk·stab·be)
Fabel Bi·spiël, -e [Bi·spië·le] *s.*
Fabrik Fa·brik, Fa·bricken [Fa·brik·ken] *w. tech.,* Wiärk, -e [Wiär·ke] *s. tech.*
Facettenauge (bei Insekten) Wao·wen·au·ge, Wao·wen·ai·gen *s. med.*
Fach Fak, Fiä·ker *s.,* Ge·fak, Ge·fiä·ker *s. arch.*
fächeln fi·cheln *ZW,* wai·en *ZW*
Fachhochschule Fak·haug·school, Fak·haug·scho·le, -n *w. kult.*
Fachmann Ken·ner, -s *m.*
fachmännisch met Ken·ne
Fachwerk Fak·wiärk, -e [Fak·wiär·ke] *s. tech.;* **kleiner Balken im** ~ Rig·ge, -n *w. arch.;* **Rille im Riegel vom** ~ **zum Halt des Flechtwerkes** Grüö·be, -n *w. tech.*
Fachwerkbrücke Fak·wiärk·brüg·ge, -n *w. tech. trans.*
Fachwerkhaus Fak·wiärk·huus, Fak·wiärk·hü·ser *s. arch.*
Fachwerkhaussiedlung Fak·wiärk·sied·lung, -en [Fak·wiärk·sied·lun·gen] *w. arch.*
fad laf, -·fe, -·fen *EW kul.,* lab·be·rig, -e, -en [lab·be·ri·ge] *EW kul.,* plör·rig, -e, -en [plör·ri·ge] *EW kul.*
Faden Faam, Fiäm *m. tech.,* Tai·er, -s *m. tech.;* **kleiner** ~ Fus·sel, -n *m. tech.*
Fadenholer beim Handweben Drüë·mel, -s *m. tech.*
fähig kum·pao·bel, -e, -en [kum·pao·be·le] *EW (frz. capable),* mao·te *EW*
fahl gries, gri·se, -n *EW,* bleek, ble·ke, -n *EW*
Fähnchen Fään·ken, Fään·kes *s.*
fahnden sö·ken *uZW jur.*
Fahne Faan, Fa·nen *w.;* **kleine** ~ Fään·ken, Fään·kes *s.*
Fahrbahn Straot, -e, -en [Strao·te] *w. trans.;* **aufgeschüttete** ~ Dam, Däm-

me *m. trans.*
fahren (mit Fahrzeug) *trans.* fö·ern *uZW trans.,* kuts·ken *ZW trans.;* **etwas von einem Ort zum anderen** ~ üm·föern *uZW trans.;* ~**des Volk** Scham·pal·jen *Mz.;* **gemächlich** ~ schün·geln *ZW trans.;* **langsam** ~ tuckern [tuk·kern] *ZW trans.;* **nachlässig** ~, **schaukelnd** ~ juckeln [juk·keln] *ZW trans.;* **schnell** ~ bra·ken *ZW trans.,* kar·jo·len *ZW trans.,* su·sen *ZW trans.;* **zu schnell** ~ to har·re fö·ern *trans.*
fahrenlassen fö·ern·lao·ten *uZW*
Fahrer Dri·wer, -s *m. trans.,* Schof·föör, -s *m. trans.*
Fahrerlaubnis, amtliche ~ Fö·rer·schien, Fö·rer·schi·ne *m. trans.*
Fahrgast Fö·er·gast, Fö·er·gäst *m. trans.*
Fahrgleis Ge·lais, -e [Ge·lai·se] *s. trans.*
fahrig fip·sig, -e, -en [fip·si·ge] *EW psy.*
Fahrkarte Bil·jet, -s *s. trans.,* Fö·er·schien, Fö·er·schi·ne *m. trans.,* Kaat, Ka·te, -n *w. trans.*
fahrlässig klak·los, -·se, -·sen *EW jur.,* klak·läö·sig, -e, -en [klak·läö·si·ge] *EW jur.*
Fahrlässigkeit Klak·läö·sig·kait, -en [Klak·läö·sig·kai·ten] *w. jur.*
Fahrrad Blit·se·pe, -es *s. trans.,* Draod·ië·sel, -s *m. trans.,* Fiets, -en [Fiet·sen] *w. trans.,* Flos·si·pe, -es *s. trans.* (frz. velociped), Juk·kel·kaor, Juckel·käörs [Juk·kel·kaor] *w. trans.,* Rad, Riä·der *s. trans.;* ~ **mit Halterung für Milchkannen** Düppen·rad, Düp·pen·riä·der *s. trans. agr.*
Fahrradfahrt Rad·faort, -en [Rad·faor·ten] *w. trans.;* ~ **über Wege** Pät·kes·faort, -en [Pät·kes·faor·ten] *w. trans.*
Fahrschein Fö·er·schien, Fö·er·schi·ne *m. trans.*
Fahrstuhl Up·tog, Up·tüö·ge *m. tech.*
Fahrt Faort, -en [Faor·ten] *w. trans.;* **eine** ~ **unterneh-**

men ruut·fö·ern *uZW trans.*;
volle ~ Pläng·kar·je, -es *m.*
trans. (*frz.* Pleine carrière); **in
voller** ~ pläng·kar·je *UW
trans.*
Fahrweg Dam, Däm·me *m.
trans.*; Straot, -e, -en [Strao-
te] *w. trans.*; **durch Baumstämme befestigter** ~ Knüë-
pel·dam, Knüë·pel·däm·me
m. trans.
Fahrzeugführer Dri·wer, -s
m. trans.
Fall Stuort, Stüör·te *m.*; **auf
jeden** ~ pa·tu (*frz.* partout);
auf keinen ~ pa·tu nich
Fallapfel Fal·ap·pel, -n *m.
bot.*
Fallbeil Scha·fut, -·te *s. tech.*
Falle Fang·i·sen, -s *s. tech.*;
in eine ~ **tappen** *übertr.*
up'n Liem gaon
fällen af·slaon *uZW*, (Baum)
daal·kri·gen *uZW*, üm·hau-
en *uZW*
fallen daal·stüör·ten *ZW*, fallen *uZW*, *übertr.* flai·gen
uZW; **auf das Gesicht** ~,
nach vorn über ~ up de
Niër·se fal·len; **auf den Po** ~
up't Gat sät·ten; **geräuschvoll** ~ plum·sen *ZW*; **viele
kleine Gegenstände** ~ **lassen** re·ren *ZW*
Fallholz Sprik *s. o.Mz. bot.*
Fallsucht Fal·socht, Fal·söch-
te *w. med.*
fallsüchtig fal·söch·tig, -e,
-en [fal·söch·ti·ge] *ZW med.*
Fallwind Af·wind, Af·win·ne
m. met.
falsch fa·lik, fa·licke, -n [fa-
lik·ke] *EW*, falsk, -e, -en
[fals·ke] *EW*, kwaod, -e, -en
[kwao·de] *EW*, mis *EW*, nig-
ge·lig, -e, -en [nig·ge·li·ge]
EW psy., vö·kä·ert, -e, -en
[vö·kä·er·te] *EW*, vö·kat, -·te,
-·ten *EW*; **~er Kerl** *übertr.*
Kü·ten·bi·ter, -s *m. psy.*;
**etwas unangenehm ~es
machen** *übertr.* in'ne Schi-
te packen *psy.*
fälschen fäls·ken *ZW*, nao-
ma·ken *uZW*
Fälscher Nao·ma·ker, -s *m.*
Falschgeld nao·maakt Geld
s. fin.
Falschheit Falsk·hait, -en
[Falsk·hai·ten] *w.*
Fältchen Föl·ken, Föl·kes

s. med., tech.
Falte Fol·le, -n *w.*, Knik, -s
m. geol., Krü·se, -n *w.*; ~
im Gesicht Rim·pel, -s *m.
med.*; **kleine** ~ Föl·ken,
Föl·kes *s.*; **kleine ~n werfen** knië·tern *ZW*
falten fol·len *ZW*, krü·sen
ZW; **die Hände** ~ de Han-
nen fol·len *rel.*
faltenreich fol·lig, -e, -en
[fol·li·ge] *EW*
Falter Mol·ke, -n *w. zool.*
faltig fol·lig, -e, -en [fol·li·ge]
EW, kruus, kru·se, -n *EW*,
tüks·te·rig, -e, -en [tüks·te·ri-
ge] *EW*; **~ werden** schrum-
peln *ZW*
Familie Fa·mil·ge, -n *w.* (*frz.*
famille), Fa·mil·lig, -en [Fa-
mil·li·gen] *w.*
Familienname Fa·mil·gen-
nao·me, -n *m.*, Huus· nao-
me, -n *m.*
Familiensache Fa·mil·gen-
saak, Fa·mil·gen·sa·ken *w.*
Familienschande Fa·mil-
gen·schan·ne *w. o.Mz. psy.*
Familienstammbuch Ruo-
nen·book, Ruo·nen·bö·ker *s.*
Familienwappen Fa·mil·gen-
wop·pen, -s *s.*
famos fer·moost, fer·moos-
te, -n *EW*
Fanatiker Be·siä·te·ne, -n
m. und w. psy.
fanatisch be·siä·ten, -e, -en
[be·siä·te·ne] *EW psy.*
Fang Fang, Fän·ge *m.*; **einen
guten** ~ **machen** nen guë-
ten Fang ma·ken
Fangeisen Fang·i·sen, -s *s.
tech.*
fangen fan·gen *uZW*, kit-
schen *ZW*, packen [pak·ken]
uZW; **mit der Schlinge** ~
strüp·pen *ZW*
Fangenspielen Kri·gen·spië-
len *s. o.Mz. spo.*
Farbe Far·we, -n *w.*, Klör,
-s *w.* (*frz.* couleur); **ohne** ~
bleek, ble·ke, -n *EW*; ~
wechseln vö·klörn *ZW*
färben klö·ren *ZW*, fiär·wen
ZW
farbenblind far·wen·blind,
far·wen·blin·ne, -n *EW med.*
farbenfroh iäks·ter·bünt, -e,
-en [iäks·ter·bün·te] *EW*
Farbenkasten Farw·kas·ten,
Farw·käs·ten *m. tech.*

farbenreich far·wen·riek, far-
wen·ri·ke, -n *EW*
Färber Fiär·wer, -s *m. tech.*
Färberei Fiär·we·ri, -·en *w.
tech.*
Farbfernsehgerät Bünt·bel-
ler·kas·ten, Bünt·bel·ler·käs-
ten *m. tech.*
farbig bünt, -e, -en [bün·te]
EW, far·wig, -e, -en [far·wi-
ge] *EW*, klö·rig, -e, -en [klö-
ri·ge] *EW*
Färbmittel Fiär·we·mid·del,
-s *s. chem.*
Farbpinsel Far·wen·kwas,
Far·wen·kwäs·se *m. tech.*
Farbstoff Far·we, -n *w.
chem.*; **pflanzlicher blauer**
~ Lak·moos *s. o.Mz. chem.*
Farbtönung Klör, -s *w.* (*frz.*
couleur)
Färbung Fiär·wung, -en [Fiär-
wun·gen] *w.*
Farn Faon, Fääns *s. bot.*
Farnkraut Faon·kruud, Faon-
krü·der *s. bot.*
Farnstrauch Faon·struuk,
Faon·strü·ke *m. bot.*
Fasan Fi·san, -e [Fi·sa·ne]
m. zool.
Fasanerie Fi·sa·ne·ri, -·en *w.*
Faser Fus·sel, -n *m.*
faserig fus·se·lig, -e, -en [fus-
se·li·ge] *EW*
Faserpflanze Fus·sel·plan-
te, -n *w. bot.*
Fass Fat, Fiä·ter *s. tech.*,
Tun·ne, -n *w. tech.*; **~ zum
Blechen von Leinen** Bü-
ke·fat, Bü·ke·fiä·ter *s. tech.*;
großes ~ Kü·ben, -s *m.
tech.*
Fassband Fat·band, Fat·bän-
ner *s. tech.*
Fassbrett Fat·bräd, Fat·briä-
der *s. tech.*
Fässchen Fät·ken, Fät·kes
s. tech., Tün·ken, Tün·kes *s.
tech.*
fassen fan·gen *uZW*, gri-
pen *uZW*, kit·schen *ZW*,
kri·gen *uZW*, packen [pak-
ken] *uZW*; **von der Seite** ~
flan·ke·ern *ZW*; **sich vor
Spaß nicht** ~ **können** be-
uë·meln *ZW psy.*
Fassreifen Fat·band, Fat-
bän·ner *s. tech.*, Tun·nen-
band, Tun·nen·bän·ner *s.
tech.*
Fassung Kon·te·nans, -en

[Kon·te·nan·sen] *w. psy. (frz.* contenance)
fassungslos baf, -·fe, -·fen *EW psy.*, plat, -·te, -·ten *EW psy.*
fast bol, -·le *UW*, so guët äs
fasten fas·sen *ZW med.*, smach·ten *ZW med.*, niks iä·ten *med.*
Fastenbeginn; Abend vor ~ Fast·aomd, -e [Fast·aom·de] *m. tem.*
Fastensonntag Fas·sen·sun·dag, -e [Fas·sen·sun·da·ge] *m. rel. tem.*
Fastenzeit Fas·sen *s. o.Mz. rel. tem.*, Fas·sen·tiet, Fas·sen·ti·ten *w. rel. tem.*
Fastnacht un·wi·se Fast·aomd *kult.*
Fasttag Fas·sen·dag, -e [Fas·sen·da·ge] *m. rel. tem.*; **an ~en** fas·sen·dags *UW tem.*
fauchen snau·en *ZW*
faul dië·lig, -e, -en [dië·li·ge] *EW psy.*, drao, -·e, -·en *EW psy.*, fuul, fu·le, -n *EW psy.*, biol.*, lög·ge, -n *EW psy.*, mu·che·lig, -e, -en [mu·che·li·ge] *EW biol.*, tö·mig, -e, -en [tö·mi·ge] *EW psy.*; **~er, ungepflegter, hochnäsiger Mensch** Schab·be·lün·ter, -s *m. psy.*; **fauler** fuler; **am faulsten** an fuuls·ten
Faulbaum (Pulverholz) Spriä·kel, -n *m. bot.*
faulen fu·len *ZW biol.*, hüngs·ken *ZW biol.*
faulenzen bum·meln *ZW psy.*, fu·len·sen *ZW psy.*, lun·gern *ZW psy.*, niks·doon *uZW psy.*, tö·mig·gaon *uZW psy.*
Faulenzen Tö·mig·gaon *s. o.Mz. psy.*, Niks·doon *s. o.Mz psy.*
Faulenzer Fuul·wams, Fuul·wäm·se *s. psy.*, Rüm·dri·wer, -s *m. psy.*, Li·ren·drai·er, -s *m. psy.* (abfällig), Tö·mig·gän·ger, -s *m. psy.*; **herungergekommener ~** Gam·ler, -s *m. psy.*
Faulheit Fuul·hait, -n *w. psy.*
faulig fu·lig, -e, -en [fu·li·ge] *EW biol.*, fuul, fu·le, -n *EW biol.*
Fäulnis Fü·le *w. o.Mz. biol.*
Faulpelz Fuul·jak, -s *s. psy.*,

Fuul·wams, Fuul·wä·mse *s. psy.*, Lög·ge·wams, Lög·ge·wäm·se *s. psy.*, Slaif, -e [Slai·fe] *m. psy.*
Faulschlamm So·he, -n *w. biol.*
Faust Fuust, Füüs·te *w. med.*; **geballte ~** knuuw·te Fuust; **kleine ~** Füüst·ken, Füüst·kes *s. med.*
faustdick fuust·dik, fuust·dicke, -n [fuust·dik·ke] *EW*
Fausthandschuh Fuust·hans·ke, -n *w. tech.*
Faustpfand Fuust·pand, Fuust·pän·ner *s.*
Faustschlag Fuust·slag, Fuust·sliä·ge *m.*
Februar les·maond, -e [les·maon·de] *m. tem.*, Lam·mer·maond, -e [Lam·mer·maon·de] *m. tem.*
Feder Fiä·der, -n *w. zool.*, tech.*, Fiär, -n *w. zool.*, tech.*; **~n lassen** fiä·dern *ZW zool.*; **kleine ~** Fiä·der·ken, Fiä·der·kes *s. zool.*, tech.*
Federball Fiä·der·bal, Fiä·der·bäl·le *m. spo.*
Federballspiel Fiä·der·bal·spiël, -e [Fiä·der·bal·spië·le] *s. spo.*
Federbesen Lauw·bes·sen, -s *m. tech.*
Federbett Fiä·der·bed·de, -n *s. tech.*; **kleines ~** (für Kinder) Fiä·der·bed·ken, Fiä·der·bed·kes *s. tech.*
Federbettchen (für Kinder) Fiä·der·bed·ken, Fiä·der·bed·kes *s. tech.*
Federbusch Fiä·der·busk, Fiä·der·büs·ke *m.*
Federhalter Fiär·stel, -s *s. tech.*
Federhut Fiä·der·hood, Fiä·der·hö·de *m. tech.*
Federkleid Fiä·der·kleed, Fiä·der·kle·der *s. zool.*
federleicht fiä·der·licht, -e, -en [fiä·der·lich·te] *EW*
federn fiä·dern *ZW tech.*
Federschwanz Fiä·der·stiärt, -s *m. zool.*
Federvieh Fiä·der·ve *s. o.Mz. zool.*
Federwolke Fiä·der·wul·ke, -n *w. met.*
Federzeichnung Fiä·der·teek·nung, -en [Fiä·der·teek·nun·gen] *w. tech.*

Fegefeuer Fiä·ge·fü·er, -s *s. rel.*
fegen fiä·gen *ZW hyg.*, kiärn *ZW hyg.*
Feger Fiä·ger, -s *m. hyg.*
Fehde Stried, Stri·de *m. psy.*
fehlen fai·len *ZW*, schiä·len *ZW*; **es fehlt ihm etwas** et failt em wat; **wo fehlt es denn?** wao failt et dan?
Fehler Fai·ler, -s *m.*
fehlerhaft lied·schäf·tig, -e, -en [lied·schäf·ti·ge] *EW*
Fehlgeburt; eine ~ herbeiführen af·dri·wen *uZW med.*
Fehlkarte Un·kaat, Un·ka·ten *w. spo.*
fehlschlagen scheew·gaon *uZW*, *übertr.* in'ne Büks gaon
Feier Fi·er, -n *w.*
Feierabend Fi·er·aomd, -e [Fi·er·aom·de] *m. tem.*, Sni·der·fi·er, -n *w. tem.*
feierlich fi·er·lik, fi·er·licke, -n [fi·er·lik·ke] *EW*
Feierlichkeit Fi·er·lik·kait, -en [Fi·er·lik·kai·ten] *w.*
Feiern Fi·er·ri, -en *w.*
feiern fi·ern *ZW*; **~ gehen** *übertr.* uut de Hols·ken kuë·men; **bis zum anderen Morgen ~** düör·fi·ern *ZW*; **kräftig ~** e·nen drup·ma·ken *uZW*
Feierstunde Fi·er·stun, -·nen *w. tem.*
Feiertag Fi·er·dag, -e [Fi·er·da·ge] *m. tem.*, *übertr.* Stu·ten·dag, -e [Stu·ten·da·ge] *m. tem.*, *übertr.* Sun·dag, -e [Sun·da·ge] *m. tem.*
feiertags fi·er·dags *UW tem.*
feige bang, -e, -n [ban·ge] *EW psy.*; **~ sein** *übertr.* de Bük·se vul häb·ben *psy.*
Feige Fi·ge, -n *w. bot.*
Feigling Ban·ge·büks, -en [Ban·ge·bük·sen] *w. psy.*
Feile Fi·le, -n *w. tech.*; **grobe ~** Schrub·ber·fi·le, -n *w. tech.*; **kleine ~** Fiel·ken, Fiel·kes *s. tech.*; **mit der ~ bearbeiten** fi·len *ZW tech.*
feilen fi·len *ZW tech.*
Feilenhauer Fi·len·ma·ker, -s *m. tech.*
feilschen ak·ke·de·ern *ZW fin.* (frz. accrediter), kun·geln *ZW fin.*
Feilspan Fi·len·spaon, Fi-

len·späö·ne *m. tech.*

fein fien, fi·ne, -n *EW*, kleen, kle·ne, -n *EW*, muorg, -e, -en [muor·ge] *EW*, püük, pü·ke, -n *EW*, schöön, schö-ne, -n *EW*, sööt, sö·te, -n *EW*; ~ **angezogen** prik, pricke, -n [prik·ke] *EW*; **ausgesprochen** ~ püük·fien, püük·fi·ne, -n *EW*; **feiner** fi-ner, kle·ner; **am feinsten** an fiens·ten, an klens·ten

Feinbäcker Be·schü·ten-bäcker, -s [Be·schü·ten-bäk·ker] *m. kul.*, Stu·ten-bäcker, **-s** [Stu·ten·bäk·ker] *m. kul.*

Feind Fiend, -e [Fien·de] *m. psy., mil.*

feindlich fiend·lik, fiend-licke, -n [fiend·lik·ke] *EW psy., mil.*

Feindschaft Fiend·schup, -·pen *w. psy., mil.*

feindselig fiend·siä·lig, -e, -en [fiend·siä·li·ge] *EW psy., mil.*

Feindseligkeit Fiend·siä·lig-kait, -en [Fiend·siä·lig·kai-ten] *w. psy., mil.*

Feingebäck Ko·ken, Kö·ken *m. kul.*; ~ **wie Zwieback** Be·schü·te *w. o.Mz. kul.* (frz. biscuit)

feinmachen fien·ma·ken *uZW*

Feinschmecker Läcker·tan, Läcker·tiä·ne [Läk·ker·tan], [Läk·ker·tiä·ne] *m. kul.*, Slö-mer, -s *m. kul.*

Feinschmied Fien·smet, Fien·smets *m. tech.*

Feld Feel, -s *s. agr.*, Feld, Fel·ler *s. agr.*, Land, Län-ner *s. agr.*, Kamp, Käm·pe *m. agr.*

Feldahorn Feld·a·häön *m. o.Mz. bot.*

Feldapotheke Feld·ap·teek, Feld·ap·te·ken *w. med. mil.*

Feldarbeit Feld·ar·baid, -en [Feld·ar·bai·den] *w. agr.*

Feldbahn Feld·baan, Feld-ban·en *w. trans.*

Feldbett Feld·bed·de, -n *s. tech.*, Les·se·kant, -en [Les-se·kan·ten] *s. tech.* (frz. lit de camp), Sul·dao·ten·bed-de, -n *s. tech. mil.*

Feldeisenbahn Feld·baan, Feld·ban·en *w. trans.*

Feldgerät Feld·ge·rai, -·e *s.*

tech. agr.

Feldherr Feld·hä·er, -ns *m. mil.*

Feldhuhn Tries·hoon, Tries-hö·ner *s. zool.*

Feldhühnchen Tries·höön-ken, Tries·höön·kes *s. zool.*

Feldlerche Le·wing, -e [Le-win·ge] *m. zool.*

Feldmiete Ku·le, -n *w. agr.*; ~ **für Runkelrüben** Run-kel·ku·le, -n *w. agr.*

Feldrand Feld·kant, -e, -en [Feld·kan·te] *w. agr.*

Feldsalat Fel·kes·sao·laot, Fel·kes·sao·läö·te *m. bot.*

Feldspatz Acker·lü·ning, -e [Ak·ker·lü·ning], [Ak·ker·lü-nin·ge] *m. zool.*

Feldsperling Acker·lü·ning, -e [Ak·ker·lü·ning], [Ak·ker-lü·nin·ge] *m. zool.*

Feldweg Feld·wäg, Feld·wiä-ge *m. trans.*

Feldwespe Feld·wöp·se, -n *w. zool.*

Felge Rad·krans, Rad·krän·se *m. tech.*

Fell Fel, -·le *s. med.*, Huut, Hü·te *w. med.*, Jak, Jacken [Jak·ken] *s. med.*, Jööl, -s *s.*, (bildlich) Naod·gaorn, Naod-gäörns *s. med.*; ~ **abziehen** af·liä·dern *ZW*; **das ~ über die Ohren ziehen** dat Fel üö·wer de Ao·ren trecken; **das ~ versohlen** dat Fel vö·suo·len

Fels Steen, Ste·ne *m. geol.*

Felsbrocken Ru·se, -n *w. geol.*

Felsenhöhle Steen·lok, Steen-löcker [Steen·lök·ker] *s. geol.*

Fenster Fens·ter, -s *s. arch.*; ~ **in der Dachschräge** Dak-luuk, Dak·lu·ken *w. arch.*

Fensterbank Fens·ter·bank, Fens·ter·bän·ke *w. arch.*

Fensterbrett Fens·ter·bank, Fens·ter·bän·ke *w. arch.*

Fensterglas Fens·ter·ru·te, -n *w. arch.*

Fensterkreuz Fens·ter·krüüs, Fens·ter·krü·se *s. arch.*

Fensterladen Fens·ter·klap, -·pen *w. arch.*

Fensterluke im Dach Dak-fens·ter, -s *s. arch.*

Fensterscheibe Fens·ter-ru·te, -n *w. arch.*, Fens·ter-schi·we, -n *w. arch.*, Glas,

Gliä·ser *s. arch.*, Ru·te, -n *w. arch.*

Ferdinand Fen·nand *VN*

Ferien Fer·ri·en *Mz. tem.*, Va·kans, -en [Va·kan·sen] *w. tem.*

Ferkel Fiä·ken, -s *s. zool.*, Köt·ken, Köt·kes *s. zool.*, Pug·ge, -n *w. zool.*; ~ **aus einem Wurf** Fiä·ken·trop, Fiä·ken·tröp·pe *m. zool.*; **großartiges ~** Staods·fiä-ken, -s *s. zool.*; ~**chen** Fiäks-ken, Fiäks·kes *s. zool.*

Ferkelmarkt Fiä·ken·markt, Fiä·ken·miärk·te *m. fin.*

ferkeln fiä·ken *ZW zool. med.*

fern färn, -e, -en [fär·ne] *EW*, wied wäg

fernbleiben af·bli·wen *uZW*, wäg·bli·wen *uZW*

Ferne Färn, -e, -en [Fär·ne] *w.*

ferngehalten färn·hol·len, -e, -en [färn·hol·le·ne] *EW*

ferngesteuert färn·stü·ert, -e, -en [färn·stü·er·te] *EW tech.*

Fernglas Wied·ki·ker, -s *m. tech.*

fernhalten af·hol·len *uZW*, färn·hol·len *uZW*

fernhin wi·der·hän *UW*

Fernrohr Wied·ki·ker, -s *m. tech.*

Fernschreiben Färn·schri-wen, -s *s.*

Fernschreiber Färn·schri-wer, -s *m. tech.*

Fernsehapparat Färn·ki·ker, -s *m. tech.*, Flië·mer·kist, -en [Flië·mer·kis·ten] *w. tech.*, Bel·ler·ra·dio, -os *s. tech.*

fernsehen färn·ki·ken *uZW*

Fernsehfilm Stri·pen, -s *m. mus.*

Fernsehgerät Bel·ler·kas-ten, Bel·ler·käs·ten *m. tech.*, Färn·ki·ker, -s *m. tech.*

fernsteuern färn·stü·ern *ZW tech.*

Fernsteuerung Färn·stü·e-rung, -en [Färn·stü·e·run·gen] *w. tech.*

Fernstraße übertr. Bun·nes-strao·te, -n *w. trans.*

Fernverkehr Färn·vö·kä·er *m. o.Mz. trans.*

Ferse Fiä·se, -n *w. med.*, Hak, Hacken [Hak·ken] *w. med.*

fertig fär·rig, -e, -en [fär·ri·ge] *EW*, praot, -e, -en [prao·te] *EW*, ra·dig, -e, -en [ra·di·ge] *EW*, re, -·e, -·en *EW*; ~ **gemacht** re·pa·re·ert, -e, -en [re·pa·re·er·te] *EW*; ~ **haben** trächte·häb·ben *uZW*; ~ **werden mit** ge·wä·ern *ZW*; **mit etwas nicht ~ werden** daomet lau·pen *psy.*

fertigbacken af·backen [af·bak·ken] *uZW kul.*, uut·backen [uut·bak·ken] *uZW kul.*

fertigbringen fär·rig·brän·gen *uZW, übertr.* in'ne Ri·ge kri·gen

fertiggekocht gaor, -e, -en [gao·re] *EW kul.*

fertiggemacht fär·rig·maakt, -e, -en [fär·rig·maak·te] *EW*

fertiggeworden fär·rig·wuor·den, -e, -en [fär·rig·wuor·de·ne] *EW*

fertigliegen praot·lig·gen *uZW*

fertigmachen fär·rig·ma·ken *uZW*, klaor·ma·ken *uZW*

fertigstellen trächte·kri·gen *uZW*

fertigwerden fär·rig·wä·ern *uZW*; (mit) an·küë·nen *uZW*

Fessel Knië·wel, -s *m.*

fesseln bin·nen *uZW*, knië·weln *ZW*

fest dral, -·le, -·len *EW*, fast, -e, -en [fas·te] *EW*, hat, -·te, -·ten *EW*, stram, -·me, -·men *EW*, stuur, stu·re, -n *EW tech.*

Fest Fi·er, -n *w., übertr.* Be·er, -e [Be·e·re] *s.*; **wüstes ~** *übertr.* Swi·ne·dri·wen *s. o.Mz.*

festbinden an·bin·nen *uZW*, fast·bin·nen *uZW*, fast·tü·en *ZW*

feste fas·te *UW*

Festessen Maol, Mäö·le *s. kul.*

festfahren fast·fö·ern *uZW trans.*

festgebunden fast·bun·nen, -e, -en [fast·bun·ne·ne] *EW*

festgefahren fast·fö·ert, -e, -en [fast·fö·er·te] *EW trans.*

festgehalten fast·hol·len, -e, -en [fast·hol·len·ne] *EW*

festgelegt fast·lägt, -e, -en [fast·läg·te] *EW*

festgemacht fast·maakt, -e, -en [fast·maak·te] *EW*

festgenagelt fast·niä·gelt, -e, -en [fast·niä·gel·te] *EW tech.*

festgenommen fast·nuo·men, -e, -en [fast·nuo·me·ne] *EW jur.*

festgesetzt fast·sät, -·te, -·ten *EW*

festgestampft fast·stampt, -e, -en [fast·stamp·te] *EW*

Festgewand Staod, Stäö·de *m.*; **im ~** in'n sti·wen Staod

festhaften klië·wen *ZW*

festhalten be·hol·len *uZW*, fast·hol·len *uZW*, hol·len *uZW*, wis·hol·len *uZW*; ~ **an** bi·be·hol·len *uZW*; **mit starkem Griff ~** *übertr.* bi'n Kant·ha·ken nië·men

Festigkeit Fast·hait, -en [Fast·hai·ten] *w. psy., tech.*

festkeilen ki·len *ZW tech.*

festkleben fast·sit·ten *uZW tech.*, klië·wen *ZW tech.*

Festkleid Fi·er·dags·kleed, Fi·er·dags·kle·der *s.*

Festland Land, Län·ner *s. geog.*

festlegen fast·läg·gen *ZW*, fast·sät·ten *ZW*

festlich fi·er·lik, fi·er·licke, -n [fi·er·lik·ke]; ~ **gekleidet** kis·ten·fien, kis·ten·fi·ne, -n *EW*; **sehr ~** (wie zu Ostern) paos·ke·best, -e, -en [paos·ke·bes·te] *EW*

Festlichkeit Fi·er·lik·kait, -en [Fi·er·lik·kai·ten] *w.*

festmachen an·päö·len *ZW*, fast·ma·ken *uZW*

Festmeter Fat·me·ter, -s *s. tech.*

festnageln fast·niä·geln *ZW tech.*

festnähen an·nai·en *ZW tech.*

festnehmen fast·nië·men *uZW jur.*

festreden fast·kü·ern *ZW*, **sich ~** *übertr.* fast·tü·en *ZW*

festschreiben fast·schri·wen *uZW*

festsetzen be·stem·men *ZW*, fast·sät·ten *ZW*

festsitzen fast·sit·ten *uZW*

feststampfen fast·stam·pen *ZW*

feststellen be·miä·ken *ZW*

Festtagskleidung; in (ge·steifter) ~ in'n sti·wen Staod

Festung Bol·wiärk, -e [Bol·wiär·ke] *s. arch. mil.*

Festwoche Stu·ten·wiärk, -en [Stu·ten·wiär·ken] *w. tem.*

festziehen an·trecken [an·trek·ken] *uZW*

Festzug Üm·tog, Üm·tüö·ge *m., übertr.* Ka·wal·ka·de, -n *w.*

Festzurren Fast·tü·en *s. o.Mz.*; **Stab zum ~ des Erntegutes auf einem Wagen** Rul·knüë·pel, -s *m. tech. agr.*, Wiës·baum, Wiës·bai·me *m. tech. agr.*

festzurren fast·tü·en *ZW*

Fett Fet, -·te *s. med.*, Smiär, -en [Smiä·ren] *s. tech.*; **Nieren~** (insbes. vom Schwein) Floom, Flo·men *m. med.*; ~ **von Seetieren** Traon, Träö·ne *m. med.*; **Topf mit ~** Smiär·pot, Smiär·pöt·te *m. tech.*

fett fet, -·te, -·ten *EW*, kwel, -·le, -·len *EW*; ~ **leben** slam·pam·pen *ZW kul.*; ~ **machen** fet ma·ken *kul.*; **~er Mensch** (abfällig) Smolt·fiä·ken, -s *s. med.*

Fettbauch Fet·buuk, Fet·bü·ke *m. med.*

fetten fet·ten *ZW*

fetthaltig smiä·rig, -e, -en [smiä·ri·ge] *EW*

Fetthenne Fet·buuk, Fet·bü·ke *m. bot.*

Fettnapf Fet·pot, Fet·pöt·te *m. tech.*

Fettnäpfchen Fet·näp·ken, Fet·näp·kes *s. tech.*

Fettpolster Kwab·bel·fleesk *s. o.Mz. med.*

Fettstückchen; ausgebratenes ~ Schrao·we, -n *w. kul.*, Schrie·be, -n *w. kul.*

Fetzen Bel·len, -s *m.*, Kladden *Mz.*, Schäö·er, -n *w.*, Tot *s. o.Mz.*

feucht fucht, -e, -en [fuch·te] *EW*; (Fenster) be·slaon, -e, -en [be·slao·ne] *EW*, klad·de·rig, -e, -en [klad·de·ri·ge] *EW met.*, sop·pig, -e, -en [sop·pi·ge] *EW*; **~es Gelände** (Marschen) Miärs·ke, -n *w. geol.*; **leicht ~** klam, -·me, -·men *EW*; **feuchter** fuch·ter; **am feuchtesten** an fuch·tes·ten

Feuchtigkeit Fuch·te *w.*

o.Mz., Nät·te *w. o.Mz.*

feuchtkalt klam, -·me, -·men *EW*

Feuchtwiese Blän·ken·wiseke, -n *w. geol.*

Feuer Fü·er, -s *s.;* ~ **machen** fü·ern *ZW;* ~ **(vom Nachbarn holen** Fü·er·ha·len *s. o.Mz.;* **kleines schwach brennendes** ~ Fü·er·ken, Fü·er·kes *s.;* **kleines** ~ Flicker·män·ken, Flicker·män·kes [Flik·ker·män·ken] *s.;* ~ **legen oder mit** ~ **spielen** Flicker·män·kes ma·ken; ~ **machen** an·bö·ten *uZW;* **mit** ~ **spielen** ko·keln *ZW;* **nach** ~ **riechend** brän·de·rig, -e, -en [brän·de·ri·ge] *EW*

Feuerbock Fü·er·buk, Fü·er·bücke [Fü·er·bük·ke] *m. tech.*

Feuerchen Fü·er·ken, Fü·er·kes *s.*

feuerfest fü·er·fast, -e, -en [fü·er·fas·te] *EW tech.*

Feuerhaube Fü·er·stöl·pe, -n *w. tech.*

Feuerholz Fü·er·holt, Fü·er·höl·ter *s.*

Feuerleger Fü·er·läg·ger, -s *m.*

Feuerloch Bööt·lok, Bööt·lök·ker *s. tech.*

Feuerlöscheimer (meistens aus Leder) Naud·em·mer, -s *m. tech.*

feuern bö·ten *uZW;* (mit dem Gewehr) fü·ern *ZW tech., mil.*

feuerrot fü·er·raud, -e, -en [fü·er·rau·de] *EW*

Feuersbrunst Brand, Bränne *m.*, Fü·er, -s *s.*

Feuerschlucker Fü·er·friä·ter, -s *m. mus.*

Feuerschweißen Fü·er·wellen *s. o.Mz. tech.*

feuersicher fü·er·sië·ker, -e, -en [fü·er·sië·ke·re] *EW tech.*

Feuersirene Brand·häön, -s *s. tech.*

Feuersnot Fü·ers·naud, Fü·ers·nai·de *w.*

Feuerstein Fü·er·steen, Fü·er·ste·ne *m. tech.*

Feuerstelle Fü·er·stiär, -n *w.*

Feuerung Fü·e·rung, -en [Fü·e·run·gen] *w. tech.;* ~ **auflegen** nao·bö·ten *ZW*

Feuerversicherung Fü·er·vö·sië·ke·rung, -en [Fü·er·vö·sië·ke·run·gen] *w. fin.*

Feuerwehr Fü·er·wiär, -n *w. tech.*

Feuerwehrauto Fü·er·wiär·au·do, -os *s. trans.*

Feuerwehrhaus Sprüt·sen·huus, Sprüt·sen·hü·ser *s. arch.*

Feuerwehrmann Fü·er·wiär·man, Fü·er·wiär·lü·de *m. tech.*

Feuerwerk Fü·er·wiärk, -e [Fü·er·wiär·ke] *s. tech.*

Feuerwerker Fü·er·wlär·ker, -s *m. tech.*

Feuerzange Fü·er·tang, -en [Fü·er·tan·gen] *w. tech.*

Feuerzeichen Fü·er·te·ken, -s *s.*

Feuerzeug Fü·er·tüüg, Fü·er·tü·ge *s. tech.*

feurig fü·e·rig, -e, -en [fü·e·ri·ge] *EW*

Fibel Liä·se·book, Liä·se·böker *s. mus.*

Fichte Füch·te, -n *w. bot.;* **aus** ~ füch·ten, -e, -en [füch·te·ne] *EW*

Fichtenholz Füch·ten·holt, Füch·ten·höl·ter *s. bot.*

Fichtenzapfen Füch·ten·ap·pel, -n *m. bot.*

fidel krië·gel, -e, -en [krië·ge·le] *EW psy.*

Fidibus Fid·di·bus, -·se *m. tech.*

Fieber Fe·wer, -s *s. med.;* **kaltes** ~ Frai·sen *s. o.Mz. med.*

fiebermessen fe·wer·miä·ten *uZW med.*

fiebern (auf etwas) fe·wern (up) *EW psy.*

fiebrig fe·wrig, -e, -en [fe·wri·ge] *EW med.*

Fiedel Vi·ge·li·ne, -n *w. mus.*

fiedeln fid·deln *ZW mus.*

Figurenspiel Pup·pen·spiël, -e [Pup·pen·spië·le] *s. mus.*

Figurenspieler Pup·pen·spië·ler, -s *m. mus.*

Film Film, -e [Fil·me] *m. tech.;* ~ **der ans Gemüt geht** Smacht·film, -e [Smacht·fil·me] *m. psy.*

Filmkamera Stri·pen·dai·er, -s *m. tech.*

Filou Fi·lu, -us *m. psy.* (frz. filou), *übertr.* Sli·ken·fän·ger,

-s *m. psy.;* **arbeitsscheuer** ~ Döp·kes·dri·wer, -s *m. psy.*

Filter Si·ge, -n *w. tech.*

filtern si·gen *ZW tech.*, düör·si·gen *ZW tech.*

Filterpapier Si·ge·pa·pe·er, -e [Si·ge·pa·pe·e·re] *m. tech.*

Filtertopf Si·ge·pot, Si·ge·pöt·te *m. tech.*

Filtertuch Si·ge·dook, Si·ge·dö·ker *s. tech.*

Filtertüte Si·ge·tu·te, -n *w. tech.*

Fimvorführer Stri·pen·wiser, -s *m.*

Finanzamt Stü·er·amt, Stü·er·iäm·ter *s. fin.*

Finanzbeamter Stü·er·bi·am·te, -n *m. fin.*

finden fin·nen *uZW, übertr.* up·gao·beln *ZW*

Finger Fin·ger, -s *m. med.;* **die** ~ **verbrennen** de Fin·gers vö·briä·nen *med.;* **kleiner** ~ Fin·ger·ken, Fin·ger·kes *s. med.;* **schmutziger** ~ Pot·fin·ger, -s *m. hyg. med.*

Fingerchen Fin·ger·ken, Fin·ger·kes *s. med.*

Fingerhut Fin·ger·hood, Fin·ger·hö·de *m. tech.*, Nai·hood, Nai·hö·de *m. tech.*

Fingerkuppe Fin·ger·dop, Fin·ger·döp·pe *m. med.*

fingern fin·ge·le·ern *ZW*

Fingernagel Fin·ger·na·gel, Fin·ger·niä·gel *m. med.*

Fingerspitze Fin·ger·dop, Fin·ger·döp·pe *m. med.*

Finite-Elemente-Methode Fak·wiärk·riäk·nung, -en [Fak·wiärk·riäk·nun·gen] *w. math.*

Fink Fink, -en [Fin·ken] *m. zool.*

Finkenberg Fin·ken·biärg *ON*

Finkenvogel Fink, -en [Fin·ken] *m. zool.*

finnisch finsk, -e, -en [fins·ke] *EW kult.*

Finnland Fin·land *geog.*

Finnländer Fin·län·ner, -s *m.*

finster düüs·ter, -e, -en [düüs·te·re] *EW,* **völlig** ~ pik·düüs·ter, -e, -en [pik·düüs·te·re] *EW*

Finsternis Düüs·tern *s. o.Mz.;* **völlige** ~ Pik·düüs·tern *s. o.Mz.*

Firewall Dao·ten·siëwt, -e [Dao·ten·siëw·te] *s.*

Firma Un·ner·nië·men, -s *s.*
Firmament Hië·mels·telt, -e
[Hië·mels·tel·te] *s. astr.*
Firnis Lien·üöl·ge *s. o.Mz.*
bot. tech.
First (des Daches) Fiäst, -e
[Fiäs·te] *m. arch.*
Firstpfanne Fiäst·pan·ne, -n
w. arch.
Firstpfette Top·holt, Top·höl·
ter *s. arch.*
Fisch Fisk, -e [Fis·ke] *m.*
zool.; **Tag, andem ~ ge-**
gessen wird Fisk·dag, -e
[Fisk·da·ge] *m. rel. tem.*,
(insbes.) Fri·dag, Fri·da·ge
m. tem.
Fischchen Fis·ken, Fis·kes
s. zool.
fischen an·geln *ZW*, fis·ken
ZW
Fischer Fis·ker·man, Fis·ker·
lü·de *m.*
Fischerdorf Fis·ker·duorp,
Fis·ker·düör·per *s. geog.*
Fischerei Fis·ken *s. o.Mz.*,
Fis·ke·ri *s. o.Mz.*
Fischfang Fis·ken *s. o.Mz.*;
auf ~ sein fis·ken *ZW*
Fischfänger An·ge·ler, -s
m., Fis·ker·man, Fis·ker·lü·
de *m.*
Fischlein Fis·ken, Fis·kes
s. zool.
Fischnetz Fisk·net, -·te *s.*
tech.
Fischotter Biëk·ülk, -e [Biëk·
ül·ke] *m. zool.*
Fischreuse Bun·ge, -n *w.*
tech., Fu·ke, -n *w. tech.*
Fischteich Fis·ke·diek, Fis·
ke·di·ke *m.*
Fischzucht Fisk·tucht, -en
[Fisk·tuch·ten] *w. zool.*
fit krië·gel, -e, -en [krië·ge·le]
EW
Fitislaubsänger läd·mu·gel·
ken, läd·mu·gel·kes *s. zool.*
Fitnesstudio Mucki·bu·de,
-n [Muk·ki·bu·de] *w. spo.*
fix hän·nig, -e, -en [hän·ni·
ge] *EW*
fixieren (vertraglich) fast-
schri·wen *uZW jur.*
flach flak, flacke, -n [flak·ke]
EW, flaut, -e, -en [flau·te] *EW*,
laig, -e, -en [lai·ge] *EW*, leeg,
le·ge, -n *EW*, plat, -·te, -·ten
EW
Fläche Placken, -s [Plak·ken]
m., Pläk·de, -n *w.*; **glatte ~**

Baan; Ba·nen *w.*
Flacheisen Band·i·sen, -s
s. tech., I·sen·band, I·sen·
bän·ner *s. tech.*
Flächenmaß (30 Morgen)
Hu·fe, -n *w. agr.*, Na·gel,
Niä·gel *s. agr.*
Flachmann Äöt·ken, Äöt·kes
s. tech.
Flachriemen Band·rai·men,
-s *m. tech.*
Flachs Flas *m. o.Mz. bot.*,
Lien *m. o.Mz. bot.*; **Abfall**
beim Hercheln von ~ Hai·e
w. o.Mz. tech.; **aus ~** fläs-
sern, -e, -en [fläs·ser·ne]
EW; **~ brechen** bra·ken *ZW*
tech.; **Bündel ~** Ris·sen, -s
m. bot.; **Verkäufer von**
schlechtem ~ Hai·en·kääl,
-s *m. fin.*
Flachsbreche Braak, Bra-
ken *w. tech.*, Flas·ra·ke, -n
w. tech., Hië·kel, -s *m. tech.*,
Racke, -n [Rak·ke] *w. tech.*
Flachsbrechen Bra·ken *s.*
o.Mz. tech.; **Gerät zum ~**
Braak, Bra·ken *w. tech.*
flachsgelb flas·giäl, -e, -en
[flas·giä·le] *EW*
Flachshaar Flas·haor, -e
[Flas·hao·re] *s. med.*
Flachssamen Knot·te, -n
w. bot.
Flachsstängel Flas·spier, -s
m. bot.; **Abfall beim Bre-**
chen des ~s Sche·we, -n
w. tech.
Flackerei Flacke·ri, -·en [Flak-
ke·ri] *w.*
flackern bliks·tern *ZW*,
flackers·ken [flak·kers·ken]
ZW, flickern [flik·kern] *ZW*,
flik·stern *ZW*
Flaesheim Flao·sem *ON*
Flamme Fü·er·tung, Fü·er-
tun·gen *w.*
Flandern Flan·nern *geog.*
Flanell Bi·ber *s. o.Mz. tech.*
flanieren fla·ne·ern *ZW*
Flanke Plan·ke, -n *w.*
flankieren flan·ke·ern *ZW*
Fläschchen Pül·le·ken, Pül-
le·kes *s. tech.*
Flasche Buë·del, -s *m. tech.*,
Flas·ke, -n *w. tech.*, Pul, -·le,
-·len *w. tech.*, Pu·tel·ge, -n
w. tech. (frz. la bouteille);
Stam·end, Stam·en·nen *m.*
tech.; **~ mit ¼ Liter Schanps**
Äöt·ken, Äöt·kes *s. tech. kul.*;

jemd., der mit **~n** hantiert
Püls·ker, -s *m.*; **etwas in der**
~ haben e·nen un·ner'n Bos
häb·ben *kul.*
Flaschenbier Pul·len·be·er,
-e [Pul·len·be·e·re] *s. kul.*
Flaschenkorken Bos, -·sen
m. tech.
flatterhaft fip·sig, -e, -en
[fip·si·ge] *EW psy.*, flud·de-
rig, -e, -en [flud·de·ri·ge]
EW psy., fluks·trig, -e, -en
[fluks·tri·ge] *EW psy.*
flattern flad·dern *ZW*, flud-
dern *ZW*, fluks·tern *ZW*
flatternd flud·de·rig, -e, -en
[flud·de·ri·ge] *EW*
Flaum Fluum, Flü·me *m.*
med., Pluum, Plü·me *m.*
med.
Flaumfeder Duun, Du·nen
w. zool., Fluum·fiä·der, -n *w.*
zool., Pluum·fiä·der, -n *w.*
zool.
flauschig flu·mig, -e, -en
[flu·mi·ge] *EW*
Flausen Flu·sen *Mz.*
flechten wië·pen *ZW tech.*;
(z.B. Weidenzweige) tü·nen
ZW tech.
Flechter Tü·ner, -s *m. tech.*
Flechtweide Tüün·wië·de, -n
w. bot.
Flechtwerk zur Uferbefe-
stigung Krib·be, Krib·ben
w. tech.
Fleck Stip·pe, -n *w.*, Pläk,
Pläcken [Pläk·ken] *m.*
Fleckchen Pläks·ken, Pläks·
kes *s.*
Flecken Klaks, Kläk·se *m.*,
Pläk, Pläcken [Pläk·ken] *m.*
Fleckfieber Pläcken·fe·wer,
-s [Pläk·ken·fe·wer] *s. med.*
fleckig füë·nig, -e, -en [füë·
ni·ge] *EW biol.*, pläckig, -e,
-en [pläk·kig], [pläk·ki·ge] *EW*
Fledermaus Fliär·muus, Fliär·
mü·se *w. zool.*
Flegel Flap·pes, -·se *m.*
psy., Lap·pes, -·se *m. psy.*,
Rüë·pel, -s *m. psy.*, Snö·
sel, -s *m. psy.*, **~ zum Dre-**
schen Flië·gel, -s *m. tech.*
agr.
flegelhaft flap·sig, -e, -en
[flap·si·ge] *EW psy.*, **~ be-**
nehmen flië·geln *ZW psy.*
flegeln flië·geln *ZW psy.*
Fleisch Fleesk *s. o.Mz. med.*,
kul.

Fleischbeschauer Fin·nen-
ki·ker, -s *m. med.*
Fleischer Släch·ter, -s *m.*
med. kul.
Fleischerei Släch·te·ri, -·en
w. kul.
Fleischfarbe Fleesk·far·we,
-n *w.*
fleischfarben fleesk·far·wen,
-e, -en [fleesk·far·we·ne] *EW*
Fleischfliege Fleesk·flai·ge,
-n *w. zool.*
Fleischgabel Fleesk·gaw-
wel, -n *w. tech.*
Fleischklößchen Bäl·le·ken,
Bäl·le·kes *s. kul.*; ~ **auf holländische Art** Bit·ter·bal-
len, -s *m. kul.*
Fleischwolf Wuorst·müël, -en
[Wuorst·müë·len] *w. tech.*
Fleiß Fliet *m. o.Mz. psy.*
fleißig fli·tig, -e, -en [fli·ti·ge]
EW psy., rö·rig, -e, -n [rö·ri-
ge] *EW psy.*, tän·ger, -e,
-en [tän·ge·re] *EW psy.*
flennen seep·ai·gen *ZW psy.*
Flensburg Flens·borg *ON*
Fletsche Flits·ke, -n *w. tech.*,
Twil·le, -n *w. tech.*
flicken lap·pen *ZW tech.*, uut-
biä·tern *ZW tech.*; **erneut
~** wi·er·lap·pen *ZW tech.*
Flicken Lap·pen, -s *m. tech.*,
Plaos·ter, -s *s. tech.*; **klei-
ner ~** Läp·ken, Läp·kes *s.
tech.*
Flickerei Lap·pe·ri, -·en *w.
tech.*
Flickschneider Lap·pen·sni-
der, -s *m. tech.*
Flickwerk Lap·pe·ri, -·en *w.
tech.*
Flieder Na·gel·blo·me, -n *w.
bot.*
Fliederblüte Niä·gel·ken,
Niä·gel·kes *s. bot.*
Fliederstrauch Fliä·der·holt,
Fliä·der·höl·ter *s. bot.*
Fliege Flai·ge, -n *w. zool.*;
blinde ~ Blin·se, -n *w. zool.*
fliegen flai·gen *uZW*; **tau-
melnd ~** swië·keln *ZW*;
unbeholfen ~ flat·ken *ZW*
Fliegendraht Flai·gen·draod,
Flai·gen·dräö·de *m. tech.*
Fliegenfänger Flai·gen·fän-
ger, -s *m.*
Fliegenfuß Flai·gen·foot, Flai-
gen·fö·te *m. med.*
Fliegengitter Flai·gen·draod,
Flai·gen·dräö·de *m. tech.*

Fliegenklatsche Flai·gen-
klöp·per, -s *m. tech.*
Fliegenpilz Flai·gen·stool,
Flai·gen·stö·le *m. bot.*
Fliegenplage Flai·gen·plao-
ge, -n *w. zool.*
Fliegenschnäpper Flai·gen-
snäp·per, -s *m. zool.*
Fliegenschrank Flai·gen-
schap, Flai·gen·schiä·pe *s.
tech.*
Flieger Flai·ger, -s *m. trans.*
Fliegeralarm Lucht·ge·faor,
-en [Lucht·ge·fao·ren] *w. mil.*
Fliehburg Borg, Börg *w.
mil.*
fliehen flü·chen *ZW*, lok-
uut·gaon *uZW*, stif·ten·gaon
uZW, uut·ki·len *ZW*, *übertr.*
düör de Lat·ten gaon
Fliese Diäl·steen, Diäl·ste·ne
m. tech., Plat·te, -n *w. tech.*,
Tig·gel, -s *m. tech.*
Fließband Band, Bän·ner *s.
tech.*; **am ~ arbeiten** an't
Band staon
fließen flai·ten *ZW*, ren·nen
ZW; **mit einem Strahl ~**
strül·len *ZW*, (Wasser) lau-
pen *uZW*; **~ von festen
Körpern** güë·ten *ZW*
fließend flau·tend, -e, -en
[flau·ten·de] *EW*
Fließendes Flöt·te, -n *w.*
fließfähig (Korn, Sand) güël,
-e, -en [güë·le] *EW*
Flimmerkiste Flië·mer·kist,
-en [Flië·mer·kis·ten] *w. tech.*
flimmern flië·mern *ZW*
flink dal·li *EW*, gau, -·e, -·en
EW, *übertr.* dral, -·le, -·len
EW, wacker, -e, -en [wak-
ker], [wak·ke·re] *EW*; **~es,
kleines Kind** Spid·de·wüp,
-s *m.*
Flirt Mau·en·fri·e·ri, -·en *w.
psy.*
flirten pus·se·ern *ZW psy.*
(frz. pousser)
Flittchen Flit·ken, Flit·kes *s.
psy.*
Flitterwochen *übertr.* Stu-
ten·wiär·ken *Mz. tem.*
flitzen kit·schen *ZW*
Flöckchen Plöks·ken, Plöks-
kes *s.*
Flocke Plocke, -n [Plok·ke]
w.
Floh Flau, Flai·e *m. zool.*;
Flöhe fangen flai·en *ZW*
Flohkraut Flau·kruud *s. o.Mz.*

bot. (Pulicaria dysenterica)
Florfliege Glas·flai·ge, -n *w.
zool.*
Floß Flot, Flöt·te *s. naut.*
Flosse Fiä·der, -n *w. zool.*
Flöte Flait, -en [Flai·ten] *w.
tech. mus.*; **einfach ~ aus
frischem Holz** Sap·piep-
ken, Sap·piep·kes *s. tech.
mus.*
flöten flai·ten *ZW mus.*
Flötenpfeife Flait·pi·pe, -n *w.
tech. mus.*; **kleine ~** Flait-
piep·ken, Flait·piep·kes *s.
tech. mus.*
Flötenspieler Flai·ten·spië-
ler, -s *m. mus.*
Flötist Flai·ten·spië·ler, -s *m.
mus.*
Fluch Flook, Flö·ke *m. psy.*
fluchen deu·beln *ZW psy.*,
flö·ken *ZW psy.*
flüchten af·hau·en *uZW*, flü-
chen *ZW*, uut·nai·en *ZW*
Flügel Flit·ken, Flit·kes *m.
med.*, Flüë·gel, -s *m. med.,
tech., mus.*, Flun·ken, -s *m.
med.*, (von Gebäuden) Flugt,
-en [Flug·ten] *w. arch.*; **mit
~n schlagen** flud·dern *ZW*;
kleiner ~ Flüë·gel·ken, Flüë-
gel·kes *s. med., tech.*
Flügelchen Flüë·gel·ken,
Flüë·gel·kes *s. med., tech.*
Flügelfeder Flüë·gel·fiä·der,
-n *w. med.*
flügelig flüë·ge·lig, -e, -en
[flüë·ge·li·ge] *EW*
flügellahm flüë·gel·lam, -·me,
-·men *EW med.*, flug·lam,
-·me, -·men *EW med.*
Flügelrand Flüë·gel·kant, -en
[Flüë·gel·kan·ten] *w.*
Flügelschlag Flüë·gel·slag,
Flüë·gel·sliä·ge *m. zool.*
Flügelsignal Flüë·gel·sig-
naol, -e [Flüë·gel·sig·nao·le]
s. tech. trans.
flugfähig flüg·ge, -n *EW med.*
Flughafen Lan·ne·stiär, -n *w.
trans.*, Lucht·ha·wen, Lucht-
hä·wen *m. trans.*
Flugloch (des Bienenkastens oder Bienenkorbes)
Tü·er·lok, Tü·er·löcker (Tü-
er·lök·ker) *s. tech.*
Flugschein Floog·schien,
Floog·schi·ne *m. trans.*
Flugticket Floog·schien,
Floog·schi·ne *m. trans.*
flugunfähig flug·lam, -·me,

-·men *EW med., tech.*
Flugzeug Flai·ger, -s *m.*
trans., übertr. Vuë·gel, Vüe·
gel *m. trans.*
Flunder Flun·ner, -s *w. zool.*
flunkern der·bi·ma·ken *uZW*
psy., spin·nen *uZW psy.*,
swin·neln *ZW psy.*
Flurstück Kamp, Käm·pe *m.*
Fluse Fus·sel, -n *m.*, Häör·
ken, Häör·kes *s.*; winzige
~ Füs·sel·ken, Füs·sel·kes *s.*
Fluss Flöt·te, -n *w. geol.*;
kleiner ~ Ao, Äö *w. geol.*;
breiter ~ Stroom, Strö·me
m. geol.; **seichte, durch-**
querbare Stelle im ~ Fuort,
-en [Fuor·ten] *w. geol.*
flüssig flö·tig, -e, -en [flö·ti·ge]
EW, wa·te·rig, -e, -en [wa-
te·ri·ge] *EW*
Flüssigkeit Flö·ti·ge *s. o.Mz.*,
übertr. Wa·ter, Wä·ters *s.*;
~ (z.B. der Suppe) Dün·ne
s. o.Mz. kul.; **Behälter für**
~en Kan, -·nen *w. tech.*; **mit**
~en hantieren püls·ken *ZW*;
nicht gute ~ (wie Suppe
mit wenig Einlage, zu dünner Kaffee, schlecht gezapftes Bier) Plör·re, -n *w. kul.*;
undefinierbare ~ Slab-
ber·juks *m. o.Mz.*; **Spritzer**
~ Strits, -e [Strit·se] *m.*
Flussrohrsänger Swirl, -s
m. zool.
Flussschleife Bogt, -en [Bog-
ten] *w. geol.*
flüstern flis·tern *ZW*, ti·sen
ZW, pus·peln *ZW*, ru·nen
ZW, in't Aor säg·gen
Flut Floot, Flo·ten *w.*, up-
lau·pend Wa·ter *s. o.Mz.*,
Haug·wa·ter, Haug·wä·ters
s. met.
fluten flo·ten *ZW*
flutschen flup·pen *ZW*
fohlen föl·len *ZW med.*
Fohlen Föl·len, -s *s. zool.*,
Hits·ken, Hits·kes *s. zool.*;
ein ~ gebären föl·len *ZW*
med.
Fohlenschwanz Föl·len-
stiärt, -s *m. med.*.
Föhre Dan·ne, -n *w. bot.*
folgen nao·kuë·men *uZW*,
nao·lau·pen *uZW*, pa·re·ern
ZW psy., por·re·ern *ZW psy.*
(frz. parer); **jemd. ~** nao·
gaon *uZW*
Folter Knië·we·le, -n *s. psy.*

foltern knië·weln *ZW psy.*
foppen fak·se·ern *ZW psy.*
(frz. vexer), ö·wen *ZW psy.*
Fopperei Ö·we·ri, -·en *w.*
psy.
Förderband Füör·der·band,
Füör·der·bän·ner *s. tech.*
fordern füör·dern *ZW*; **stark**
~ ran·nië·men *uZW*
Forderung Füör·de·rung, -en
[Füör·de·run·gen] *w.*
Forke Fuor·ke, -n *w. tech.*
agr.; **vielzinkige ~** Steen-
fuor·ke, -n *w. tech. agr.*;
zweizinkige ~ Schot·fuor-
ke, -n *w. tech. agr.*
forken fuor·ken *ZW agr.*
Form Fat·suun *m. o.Mz.*
(frz. façon), Fuom, Füöm *w.*;
in ~ bringen fuo·men *ZW*
formen fuo·men *ZW*, bil·len
ZW; **eine weiche Masse ~**
kniä·den *ZW*
formieren for·me·ern *ZW*
formlos kwab·be·lig, -e, -en
[kwab·be·li·ge] *EW*, kwel,
-·le, -·len *EW*
Formular Frao·ge·buo·gen,
Frao·ge·büö·gen *m.*, Vüör-
drük, Vüör·drücke [Vüör·drük-
ke] *m.*
forschen füörs·ken *ZW*
Forscher Füörs·ker, -s *m.*
Forschung Füörs·kung, -en
[Füörs·kun·gen] *w.*
Forschungseinrichtung
Füörs·kungs·in·rich·tung, -en
[Füörs·kungs·in·rich·tun·gen]
w. kult.
fort för·dan *UW*, fut *UW*,
wäg *UW*; **~ müssen** af·müe·
ten *uZW*; **in einem ~** eens·
wäg *EW*
fortbewegen; ein Boot mit
einer Stange ~ sta·ken *ZW*
naut.; **sich schnell ~** kit-
schen *ZW trans.*
fortfahren wi·der·ma·ken
uZW
fortgehen los·gaon *uZW*
trans.
fortjagen vö·ja·gen *uZW*,
ruut·smi·ten *uZW*
fortlaufend e·gaol·wäg *UW*
fortnehmen af·nië·men *uZW*
fortschreitend to·gaonsk,
-e, -en [to·gaons·ke] *EW*
Fortschritt Fot·gang, Fot-
gän·ge *m.*
fortwehen vö·wia·en *ZW*
fortziehen trecken [trek·ken]

uZW, wäg·trecken [wäg·trek-
ken] *uZW*
Fotoapparat Bel·ler·ma·ker,
-s *m. tech.*
Fotograf Bel·ler·ma·ker, -s
m. tech.
fotografieren af·lech·ten *ZW*,
knip·sen *ZW*
fotografiert af·lech·tet, -e,
-en [af·lech·te·te] *EW*
Frachtraum La·de·ruum, La-
de·rü·me *m. trans.*
Frack Snië·pel, -s *m.*, Stiärt-
rok, Stiärt·röcke [Stiärt·rök-
ke] *m.*
Frage Frao·ge, -n *w.*, Frao-
ge·ri, -·en *w.*; **in ~ stellen**
übertr. een Frao·ge·te·ken
äch·ter sät·ten *psy.*
Fragebogen Frao·ge·buo-
gen, Frao·ge·büö·gen *m.*
fragen frao·gen *uZW*; **stän-**
dig ~ dat Frao·ge-
hiëmd an·häb·ben
fragend fraog·wies *EW*; **~er**
Blick Frao·ge·ki·ken *s. o.Mz.*
Frager Frao·ger, -s *m.*, **lästi-**
ger ~ Frao·ge·ääs, Frao·ge-
ä·se *s. psy.*
Fragerei Frao·ge·riem·sel,
-s *s. mus.*
Fragewort Frao·ge·waod,
Frao·ge·wäö·der *s.*
fraglich fraog·lik, fraog·
licke, -n [fraog·lik·ke] *EW*
fragwürdig fraog·lik, fraog·
licke, -n [fraog·lik·ke] *EW*
Frankfurt Frank·fuort *ON*
frankieren fran·ke·ern *ZW*
Frankreich Frank·riek *geog.*
Franse Fran·ni·ge, -n *w.*
tech. (frz. frange)
Franz Frans *VN*
Fränzchen Fräns·ken *VN*
Franziska Sis·ka *VN*
Franzose Fran·sens·man,
Fran·sens·lü *m.*
Franzosenkraut Dü·wels-
kruut *s. o.Mz. bot.*
französisch fran·söösk, -e,
-en [fran·söös·ke] *EW kult.*;
Zeit unter ~er Besatzung
Fran·sens·tiet *w. o.Mz. tem.*
pol.
Fraß Friä·ten *s. o.Mz. kul.*
Fratze Köl·per, -s *m.*, Scha-
bel, -·len *w. (frz.* le chapeau),
Scha·bel·len·kop, Scha·bel-
len·köp·pe *m.*
Frau Frau, -·lü·, -·lü·de *w.*,
Wiew, Wi·wer *s.*; *(abfällig)*

Fram·mensk, -en [Fram-
mens·ken] s., From·mensk,
-en [From·mens·ken] s.,
Schru·te, -n w. psy., Tait, -en
[Tai·ten] w. psy., Tucke, -n
[Tuk·ke] w. psy., Tun·te, -n
w. psy.; **alte unverheiratete** ~ Mö·ne, -n w.; **freche,
unangenehme** ~ Klun·te,
-n w. psy.; **ledige** ~ Juf-
fer, -n w.
Frauchen Wiew·ken, Wiewkes s., Frai·ken, Frai·kes s.
Frauenbrust (derb) Tit·te, -n
w. med., übertr. Miälk·schap,
Miälk·schia·pe s. med.
Frauenheld Fri·e·büül, -s m.
psy.
Frauenkleiderrock; langer
~ Kla·bis, -·sen m.
Frauenkloster Frau·lü·klaus-
ter, -s s. arch. rel.
Frauenrock; langer ~ übertr.
Hacken·bi·ter, -s [Hak·ken-
bi·ter] m., Hacken·stai·ter,
-s [Hak·ken·stai·ter] m.
Frauensache Wi·wer·kraom
m. o.Mz.
Frauenschuh Hols·ken·blo-
me, -n w. bot.
Frauensperson Fram·mensk,
-en [Fram·mens·ken] s.,
From·mensk, -en [From-
mens·ken] s.
Frauenzimmer Fram·mensk,
-en [Fram·mens·ken] s.,
From·mensk, -en [From-
mens·ken] s.
Fräulein Juf·fer, -n w., Frai-
lain, -s s.
frech as·trant, -e, -en [as-
tran·te] EW psy. (frz. astreindre), barsk, -e, -en
[bars·ke] EW psy., fri·pös-
tig, -e, -en [fri·pös·ti·ge] EW
psy., ki·big, -e, -en [ki·bi·ge]
EW psy., kod·de·rig, -e, -en
[kod·de·ri·ge] EW psy., mu-
sig, -e, -en [mu·si·ge] EW
psy., ru·, -e, -·en EW psy.,
stran·kiel, stran·ki·le, -n EW
psy. (frz. tranquille), tran·kiel,
tran·ki·le, -n EW psy. (frz.
tranquille), un·a·rig, -e, -en
[un·a·ri·ge] EW psy., un·vö-
schiämt, -e, -en [un·vö-
schiäm·te] EW psy., übertr.
äö·sig, -e, -en [äö·si·ge] EW
psy.; **~er Junge** Bän·gel,
-s m. psy.; **~es Kind** Lümmel, -s m. psy.; **unerzoge-**

nes, **~es Kind** Dü·wels·kind,
Dü·wels·kin·ner s. psy.
Frechheit Tran·ki·le·täät,
Tran·ki·le·tä·ten w. psy. (frz.
tranquillité)
Freckenhorst Friä·kenst ON
Frederike Ri·ka VN
frei blaud, -e, -en [blau·de]
EW, fri, -·e, -·en EW, los,
-·se, -·sen EW, uo·pen, -e,
-en [uo·pe·ne] EW; **aus
~en Stücken** fri·wil·lig, -e,
-en [fri·wil·li·ge] EW psy.
Freibeuter Uut·nië·mer, -s
m. jur.
Freibier Fri·be·er s. o.Mz.
kul.; **Tag mit ~ für die
Schützen** Schüt·ten·be·er
s. o.Mz. tem.
freien fri·en ZW psy., übertr.
dän How ma·ken psy.
Freienohl Frig·gen·äö·le ON
Freier Fri·er, -s m. psy.
Freiersfüßen (auf) Fri·ers-
fö·te Mz. psy.
freigeben fri·gië·wen uZW,
los·lao·ten uZW
freigegeben fri·gië·wen, -e,
-en [fri·gië·we·ne] EW
freigehalten fri·hol·len, -e,
-en [fri·hol·le·ne] EW
freigelassen fri·lao·ten, -e,
-en [fri·lao·te·ne] EW
freigemacht fri·maakt, -e,
-en [fri·maak·te] EW
freigiebig fri·giëwsk, -e, -en
[fri·giëws·ke] EW psy., riew,
ri·we, -n EW psy.
freihalten fri·hol·len uZW;
**jemd., der sich auf Kosten
anderer ~ lässt** Lau·schöp-
per, -s m. psy.
Freihandel Fri·han·nel m.
o.Mz. fin.
Freihandzeichnung Hand-
teek·nung, -en [Hand·teek-
nun·gen] w. tech.
Freiheit Fri·hait, -en [Fri·hai-
ten] w.; **durch jemd. in
seiner ~ behindert sein**
übertr. nen Klos an't Been
häb·ben; **~ haben** übertr.
fri·en How häb·ben; **wenig
~ geben** übertr. Dum·men
drup·hol·len
Freiherr Fri·hä·er, -ns m.
freikaufen loskaupen uZW
fin.
freikommnen fri·kuë·men
uZW, los·kuë·men uZW
freilassen fri·lao·ten uZW

Freilichtbühne Bu·ten·te·ao-
ter, -s s. arch. kult.
Freilichttheater Bu·ten·te-
ao·ter, -s s. arch. kult.
freimachen fri·ma·ken uZW
Freiraum übertr. Uut·laup,
Uut·lai·pe m.
freisprechen los·säg·gen
uZW
Freistaat Fri·staod, Fri·stäö-
de m. pol.
Freistunde Fri·stun·ne, -n w.
tem.
Freitag Fri·dag, -e [Fri·da·ge]
m. tem., übertr. Fisk·dag, -e
[Fisk·da·ge] m. rel. tem.
freitags fri·dags UW tem.
Freitagsessen (ohne Fleisch)
Fri·dags·iä·ten s. o.Mz. kul.
Freitisch Fri·disk, -e [Fri·dis-
ke] m. kul. fin.
freiwillig fri·wil·lig, -e, -en
[fri·wil·li·ge] EW psy.
Freiwillige(r) Fri·wil·li·ge, -n
m., w. und s. psy.
Freizeit Fri·tiet w. o.Mz. tem.
Freizeitkleidung Halw·sun-
dags·fi·ne s. o.Mz.; **in ~**
halw·sun·dags·fien, halw-
sun·dags·fi·ne, -n EW
Freizügigkeit; ~ **haben**
übertr. fri·en How häb·ben
fremd früëmd, -e, -en
[früëm·de] EW
fremdartig früëmd, -e, -en
[früëm·de] EW; **~ sprechen**
giäl kü·ern
Fremde Früëm·de w. o.Mz.
geog., pol.
Fremde(r) Früëm·de, -n m.,
w. und s.
fremdgehen früëmd·gaon
uZW psy.
fremdländisch früëmd-
ländsk, -e, -en [früëmd-
länds·ke] EW
Fremdling Früëm·de, -n m.
Fremdsprache Früëmd-
sprao·ke, -n w. kult.
Fremdwort, missglücktes ~
Krum·la·tien s. o.Mz. kult.
Fressen Friä·ten s. o.Mz.
kul.
fressen friä·ten uZW kul.;
~ wie ein Hund slap·ken
ZW kul.
Fresser Friä·ter, -s m. kul.
Fresserei Friä·te·ri, -·en w.
kul.
Fresssack Friät·sak, Friät-
siä·ke m. kul.

Frettchen (Abart des Iltisses) Fret·ken, Fret·kes s. zool.

frettieren fret·te·ern ZW

Freude Frai·de, -n w. psy., Frön, -·nen w. psy., Pla·se·er s. o.Mz. psy. (frz. plaisir) Spaos, Späö·se m. psy.; **kindliche ~** Kin·ner·frai·de, -n w. psy.

Freudenfeuer Frai·den·füer, -s s.

Freudentag Frai·den·dag, -e [Frai·den·da·ge] m. tem.

freudig frai·dig, -e, -en [frai·di·ge] EW psy.

freuen, sich ~ frai·en ZW psy.; **sich schmunzelnd ~** hö·gen (sik) ZW psy.

Freund Frönd, Frön·de m. psy., Kum·pel, -s m. psy., Macker, -s [Mak·ker] m. psy.; **einen ~ haben** met e·nen gaon psy.; **jedermanns ~** Al·le·mans·frönd, -e [Al·le·mans·frön·de] m. psy.

Freundin Frön·din, -·nen w. psy.; **eine ~ haben** met e·ne gaon psy.

freundlich frönd·lik, frönd·licke, -n [frönd·lik·ke] EW psy., lied·sam, -·me, -·men EW psy., net·kes EW psy.; **sehr ~** dan·kens·wääd!

Freundschaft Frönd·schup, -·pen w. psy.

freundschaftlich frönd·lik, frönd·licke, -n [frönd·lik·ke] EW psy., kum·pe·lig, -e, -en [kum·pe·li·ge] EW psy.; **eine enge ~e oder nachbarschaftliche Beziehung haben** düör·ne·ne pan·ko·ken psy.

Freundschaftsdienst Fröndschups·dänst, -e [Fröndschups·däns·te] m. psy.

Frevel Friä·wel m. o.Mz. psy.

freveln friä·weln ZW psy.

Friede Friä·den m. o.Mz. psy., mil., Friär m. o.Mz. psy., mil.; **der häusliche ~ ist gestört** übertr. de Huussiän·gen häng scheew psy.

Friedensstörer Stried·maker, -s m. psy., mil.

Friedhof Dau·den·kiärk·how, Dau·den·kiärk·hüö·we m. rel., Kiärk·how, Kiärk·hüö-

we m. rel., übertr. Kös·ters Kämp·ken, Kös·ters Kämpkes s. rel.

Friedhofsgärtner Kiärk·howsgäör·ner, -s m. agr.

Friedhofsmauer Kiärk·howsmü·er, -n w. arch.

friedlich fraid·lik, fraid·licke, -n [fraid·lik·ke] EW psy.

Friedrich Frits VN

Frieren Frai·sen s. o.Mz. met., med.

frieren frai·sen uZW met., med.; **jemd., der leicht friert** Frai·se·küë·del, -s m. med.

frierend, stark ~ ies·kolt, ies·kol·le, -n EW met.; **schnell ~der Mensch** Füörs·ter·kunt, -en [Füörs·ter·kun·ten] w., Fuorst·köt·tel, -s m. med.

Friese Fre·se, -n m.

friesisch freesk, -e, -en [frees·ke] EW

Friesland Frees·land geog.; **Bewohner ~s** Fre·se, -n m.

Frikadelle Bäl·le·ken, Bäl·lekes s. kul.

frisch frisk, -e, -en [fris·ke] EW, fucht, -e, -en [fuch·te] EW, kö·lig, -e, -en [kö·li·ge] EW, kööl, kö·le, -n EW, kolt, kol·le, -n EW; **halte dich ~** hol di fucht; **frischer** frisker, fuch·ter; **am frischesten** an fris·kes·ken, an fuch·testen

Frische Fris·ke, -n w.

Friseur Bar·be·er, -e [Barbe·e·re] m. hyg., Haor·snider, -s m. hyg.

Fritz Frits VN

Fritzchen Frits·ken, Fritskes VN

froh blied, bli·de, -n EW psy., glük·siä·lig, -e, -en [glüksiä·li·ge] EW psy., hä·er·lik, hä·er·licke, -n [hä·er·lik·ke] EW psy., mas, -·se, -·sen EW psy.; **~ sein** sik frai·en psy.; **~es neues Jahr** (Gruß) glük·siä·lig Nijaor

fröhlich kraol, -e, -en [kraole] EW psy., vö·gnöögt, -e, -en [vö·gnöög·te] EW psy.

frohlocken ju·be·le·ern ZW psy.

fromm krist·ka·tolsk, -e, -en [krist·ka·tols·ke] EW rel., siä·lig, -e, -en [siä·li·ge] EW rel.

Fronleichnam Fron·liek·nam o.Mz. rel.

Fronleichnamsprozession Fron·liek·nams·pros·jaun, -en [Fron·liek·nams·pros·jau·nen] w. rel.

Frosch Fuorsk, Füörs·ke m. zool., Pi·le·pog·ge, -n w. zool., Ped·de, -n w. zool., Pog·ge, -n w. zool., Per·ro, -os m. zool.

Froschei Pog·gen·ai, -ers s. med.

Froschlaich Pog·gen·kul·ler, -s m. zool., Pog·gen·schaot, Pog·gen·schäöt s. zool.

Fröschlein Pögs·ken, Pögskes s. zool.

Froschschenkel Pog·genböl·ken, Pog·gen·böl·kes s. med., kul.

Froschteich Pog·gen·pool, Pog·gen·pö·le m., Pog·gendiek, Pog·gen·di·ke m.

Frost Fuorst, Füörs·te m. met., Frai·sen s. o.Mz. met.

frösteln füörs·teln ZW med., schud·dern ZW med.

frostig füörs·te·rig, -e, -en [füörs·te·ri·ge] EW

Fröstler Frai·se·küë·del, -s m. med.

froststeif kluë·me·rig, -e, -en [kluë·me·ri·ge] EW

Frostwetter Fuorst, Füörste m. met.

Frucht Frocht, Fröch·te w. bot.; **Früchte tragen** an·set·ten ZW bot., (auch im übertr. Sinne) froch·ten ZW

fruchten froch·ten ZW

Fruchthaut; ~ der Hülsenfrüchte Buls·ter, -n m. bot.

Fruchtland Miärsk, -e [Miärske] m. agr.; **Stück ~** Schiärpel·miärsk, -e [Schiär·pelmiärs·ke] m. agr.

früh ä·er·ti·ten UW tem., frö, -·e, -·en EW tem.; **sehr ~ am Tag** Hä·er·guods·frö·e w. o.Mz. tem.; **früher** frö·er tem.; **am frühesten** an fröös·ten tem.

Frühe Frö·e w. o.Mz. tem.

früher an·ner·tiets UW tem., bi·ti·ten UW tem., frö·er UW tem., süs UW; frö·er, -e, -en [frö·e·re] EW tem.; **in ~en Jahren** süs Jao·ren tem.

frühestens fröös·tens UW tem.

Frühjahr Frö·jaor, -e [Fröjao·re] s. tem.

Frühjahrsmüdigkeit Mai·sü·ke *w. med.*
Frühkartoffel Frö·kar·tuf·fel, -n *m. bot.*
Frühling Frö·jaor, -e [Frö·jao·re] *s. tem.*
Frühlingsblume Frö·jaors·blo·me, -n *w. bot.*, Paos·ke·blo·me, -n *w. bot.*
Frühlingslied Frö·jaors·leed, Frö·jaors·le·der *s. mus.*
Frühlingstag Frö·jaors·dag, -e [Frö·jaors·da·ge] *m. tem.*, *übertr.* Mai·dag, -e [Mai·da·ge] *m. tem.*
Frühmesse Frö·mis·se, -n *w. rel.*
Frühmette (Weihnachten, Ostern) Ucht, -en [Uch·ten] *w. rel.*
frühmorgens frö·muorns *UW tem.*
frühreif frö·riep, frö·ri·pe, -n *EW biol.*
Frühschicht Frö·dänst, -e [Frö·däns·te] *m. tem.*
Frühschoppen Frö·schup·pen, -s *m. kul.*
Frühstück Frö·stük, Frö·stücke [Frö·stük·ke] *s. kul.*; erstes ~ Imbs, -en [Imb·sen] *w. kul.*, Im·met, -s *s. kul.*; Üm·tiet, Üm·ti·ten *w. kul. tem.*; zweites ~ (um 10 Uhr) Tain·üür·ken, Tain·üür·kes *s. kul.*; Zeit vor dem ersten ~ Imbs·tiet, Imbs·ti·ten *w. tem.*
frühstücken frö·stücken [frö·stük·ken] *ZW kul.*
frühzeitig ä·er·tiets, ä·er·ti·ten *UW tem.*, frö·ti·tig, -e, -en [frö·ti·ti·ge] *EW tem.*
Fuchs Fos, Fös·se *m. zool.*; Reineke, der ~ Rain·ke *m. o.Mz. zool.*; Kleiner Fuchs Lüt·te Fos, Lüt·ten Fös·se *m. zool.*
Fuchsbau Fos·lok, Fos·löcker [Fos·lök·ker] *s.*
fuchsig fös·sig, -e, -en [fös·si·ge] *EW*
Fuchsschwanz Fos·stiärt, -s *m. med., bot.*
Fuchtel Fu·chel, -s *w. tech. mil.*
fuchteln fu·cheln *ZW*
Füchtorf Füch·trup *ON*
Fuder Fo·er, -s *s. trans.*; zusammengeharktes ~ Strohhalme und Ähren Slüör·ken, Slüör·kes *s. agr.*

Fuge Fo·ge, -n *w.*, Fuo·ge, -n *w. tech.*; ~ im Mauerwerk ausfüllen fo·gen *ZW tech.*; senkrechte ~ Kop·fo·ge, -n *w. tech.*
Fugeisen Foog·i·sen, -s *s. tech.*
fügen fö·gen *ZW*
fugen fo·gen *ZW tech.*
Fuger Fo·ger, -s *m. tech.*
Fügestelle Fuo·ge, -n *w. tech.*
fühlbar fööl·baor, -e, -en [fööl·bao·re] *EW*
fühlen fö·len *uZW*, miä·ken *ZW*
Fühler Fö·ler, -s *m. tech., zool.*
Fuhre Fo·er, -s *s. trans.*
führen fö·ern *uZW trans.*, lai·en *ZW*
Führer Lai·er, -s *m.*
Führerschein Fö·rer·schien, Fö·rer·schi·ne *m. trans.*, Pa·pe·e·re *Mz. trans.*
Führung Lait, -en [Lai·ten] *s.*
Fuhrweg Fö·er·wäg, Fö·er·wiä·ge *m. trans.*
Fuhrwerk Fö·er·wiärk, -e [Fö·er·wiär·ke] *s. trans.*
Fülle Dik·te, -n *w.*, Vül·le *w. o.Mz.*
füllen vul·ma·ken *uZW*
Füllhorn Stop·häön, -s *s. tech.*
fummeln nüs·seln *ZW*
Fundament Grund·mü·er, -n *w. arch.*, Pos·ta·ment, -e [Pos·ta·men·te] *s. tech.*; steinerne Unterlage als ~ für Fachwerkhäuser Süöl·steen, Süöl·ste·ne *m. arch.*
fünf fiew, fi·we *ZaW*
Fünfeck Fiew·kant, -s *m. tech.*
fünfeckig fiew·kän·tig, -e, -en [fiew·kän·ti·ge] *EW*
fünfeinhalb fie·wen·halw, -e, -en [fie·wen·hal·we] *ZaW*
fünfjährig fiew·jäö·rig, -e, -en [fiew·jäö·ri·ge] *EW tem.*
fünfmal fiew·maol *UW*
fünfmalig fiew·mao·lig, -e, -en [fiew·mao·li·ge] *EW*
fünfte füw·te, -n *ZaW*
Fünftel Füw·tel, -s *s. ZaW*
fünftens füw·tens *ZaW*

fünfzehn füw·tain *ZaW*
fünfzehnte füw·tains·te, -n *ZaW*
fünfzig füw·tig *ZaW*
Fünfziger Füw·ti·ger, -s *m.*
fünfzigmal füw·tig·maol *UW*
Funk Fünk *m. o.Mz. tech.*; per ~ senden fün·ken *ZW tech.*
Fünkchen Fünks·ken, Fünks·kes *s.*
Funke Fün·ke, -n *m.*; ~n sprühen fün·ken *ZW*
funken fün·ken *ZW tech.*
Funker Fün·ker, s *m. tech.*
Funktelefon Kü·er·but, -·ten *m. tech.*
funktionieren doon *uZW*, hän·hau·en *uZW*, klap·pen *ZW*; nicht ~ vö·säg·gen *uZW*
funktionsfähig; nicht ~ vö·sägt, -e, -en [vö·säg·te] *EW*
Funkturm Fünk·taon, Fünk·täö·ne *m. tech.*
Funzel Lämp·ken, Lämp·kes *s. tech.*
für för *VW UW*
fürbass för·dan *UW*
Fürbitte För·bid·de, -n *w. rel.*
Furche Fuor, Füörs *w. agr.*, Snaot, Snäö·te *m. agr.*; kleine oder schmale ~ Füör·ken, Füör·kes *s. agr.*
furchtbar grü·lik, grü·licke, -n [grü·lik·ke] *EW*
fürchten ban·gen (sik) *ZW psy.*, fröch·ten *ZW psy.*, grüg·geln (sik) *ZW psy.*
furchtsam grüg·gelsk, -e, -en [grüg·gels·ks] *EW psy.*
Furchtsamkeit Ben·nau·dig·kait, -en [Be·nau·dig·kai·ten] *w. psy.*
fürderhin fud·der *UW tem.*
Fürsorge För·suor·ge, -n *w. psy.*
Fürsprache För·spraok, -en [För·sprao·ken] *w. psy.*
Fürsprecher För·spriä·ker, -s *m. psy.*
Fürst Füörst, -e [Füörs·te] *m.*
Furt Fuort, -en [Fuor·ten] *w. geol.*
fürwahr för·wis
Fürwort För·waod, För·wäö·der *s.*
furzen *übertr.* e·nen gaon lao·ten *med.*; mehrmals hintereinander ~ prüt·ken *ZW med.*

Füsilier Füs·se·le·er, -s *m. mil.*
Fuß 1. Foot, Fö·te *m. med.*, Klaon, -en [Klao·nen] *w. med.*; 2. (28 cm) Foot, Fö·te *m. tech.*; ~ **fassen** fo·ten *ZW*; **großer** ~ Kwan·te, -n *w. med.*, Pat·ke, -n *w. med.*; **jemd., der sehr viel zu** ~ **unterwegs ist** Biäs·baar, -s *m.*, Biäs·dü·wel, -s *m.*; **kleiner** ~ Kläön·ken, Kläön·kes *s. med.*; **mit bloßen Füßen** blaud·fööts *EW*; **stehenden ~es** stan·te·pe *UW tem.*, staon·foots *UW tem.*; **zu** ~ to·foot, to·fo·te *UW*; **verkrüppelter** ~ Krüë·pel·foot, Krüë·pel·fö·te *m. med.*
Fußabdruck Foot·pat·ke, -n *w.*, Pat·ke, -n *w.*
Fußabkratzer Schräp·per, -s *m. tech.*
Fußball (Ball sowie Spiel) Foot·bal, Foot·bäl·le *m. spo.*
fußballspielen foot·bal·spiё·len *ZW spo.*, *übertr.* päö·len *ZW spo.*
Fußballspieler Foot·bal·spiё·ler, -s *m. spo.*
Fußbank Foot·bank, Foot·bän·ke *w. tech.*
Fußboden Buo·den, Büö·den *m. arch.*, Foot·buo·den, Foot·büö·den *m. arch.*
Fußbodenbelag Be·schot; Be·schöt·te *m. tech.*
Füßchen Fööt·ken, Fööt·kes *s. med., tech.*
fußen fo·ten *ZW*
Fußende (vom Bett) Foot·en·ne, -n *s. tech.*
Fußgänger Foot·gän·ger, -s *m.*
Fußknöchel En·kel, -s *m. med.*
Fußnagel Foot·na·gel, Foot·niä·gel *m. med.*, Teent·na·gel, Teent·niä·gel *m. med.*
Fußöfchen Foot·stööw·ken, Foot·stööw·kes *s. tech.*
Fußrücken Fri·e *s. o.Mz. med.*
Fußsohle Plat·foot, Plat·fö·te *m. med.*
Fußspur Fuors·pel, -n *w.*
Fußstapfe Foot·pat·ke, -n *w.*
Fußwärmer (kleiner Behälter mit Glut) Fü·er·stööw·ken, Fü·er·stööw·kes *s. tech.*
Fußweg Foot·pat, Foot·pät·

te *m. trans.*, Foot·wäg, Foot·wiä·ge *m. trans.*
futsch pa·dü *EW* (*frz.* perdu)
Futter Fo·er *s. o.Mz. kul.*, Friä·ten *s. o.Mz. kul.*, Kuok·sel, -s *s. kul.*; **Heu und Stroh als grobes** ~ Ru·fo·er *s. o.Mz. kul.*
Futterboden (über dem Stall) Hi·le, -n *w. arch. agr.*; **kurzer Sparren über dem** ~ Up·lan·ge, -n *w. arch.*
Futterhäuschen Fo·er·hüüs·ken, Fo·er·hüüs·kes *s. tech.*
Futterkiste Fo·er·kist, -en [Fo·er·kis·ten] *w. tech. agr.*, Hak·sel·kist, Hak·sel·kis·ten *w. tech. agr.*
Futterkrippe Räu·pe, -n *w. tech.*
Futterküche Ku·chel·ka·mer, -n *w. arch. kul.*, Ve·küё·ke, -n *w. arch. kul.*
Futterloch Fo·er·lok, Fo·er·löcker [Fo·er·lök·ker] *s. agr.*
füttern fo·ern *ZW kul.*
Futtersack (zum Umhängen z.B. bei Pferden) Fo·er·sak, Fo·er·siä·ke *m. tech. kul.*

G

G, g G, g (Buk·stab·be)
Gabe Ga·we, -n *w.*, Giёw·sel, -s *s.*, Giwt, -en [Giw·ten] *w.*
Gabel Gao·bel, Gao·beln *w. tech.*; ~ **mit zwei Zinken, insbes. hölzerne** ~ Gaw·wel, -n *w. tech.*
Gäbelchen Gäö·bel·ken, Gäö·bel·kes *s. tech.*
gabelförmig twiё·lig, -e, -en *EW*; ~**es Holzteil** Stried·holt, Stried·höl·ter *s. tech.*
gabeln gao·beln *ZW*, twiё·len *ZW*
Gabelung Gaw·wel, -n *w. trans.*, Twiёl, -s *m. trans.*
Gabelweihe Twiёl·stiärt, -s *m. zool.*
gackern taoks·tern *ZW*, ka·keln *ZW*
gaffen *übertr.* ja·nen *ZW psy.*
Gaffer Ki·ker, -s *m. psy.*
Gagel Flo·ren·kruut *s. o.Mz. bot.*, Gruut *s. o.Mz. bot.*, Puos·sen·struuk, Puos·sen·strü·ker *m. bot.* (*Myrica gale*)
Gähnanfall Gaap·schu·er, -s

s. med.
Gähnen Ga·pen *s. o.Mz. med.*; **weit geöffneter Mund beim** ~ *übertr.* Gaap·scho, -·e *m. med.*
gähnen ga·pen *ZW med.*, ja·nen *ZW med.*; **ständig** ~ Gaap·scho an·häb·ben *med.*
Gähnerei Ga·pe·ri *w. o.Mz. med.*
Galgen Küё·nings·wiem, -s *m. tech. jur.*
Gallapfel Eek·ap·pel, -n *m. bot.*
Galle Gal·le, -n *w. med.*
gallenkrank (sein) an'ne Galle häb·ben *med.*
gallertartig kwab·be·lig, -e, -en [kwab·be·li·ge] *EW*
Gallwespe Gal·len·wöp·se, -n *w. zool.*
Galopp Ga·lop *m. o.Mz. trans.*, Pläng·kar·je, -es *m. trans.* (*frz.* pleine carrière); **im** ~ pläng·kar·je *UW trans.*
galoppieren ga·lo·pe·ern *ZW trans.*, kla·bas·tern *ZW*
Gamasche Ka·mas·ke, -n *w. tech.*
Gang Gang, Gänge *m. arch., tech.*; **in** ~ an·tog *EW*; **in** ~ **kommen** (Motor) an·sprän·gen *uZW tech.*; **in** ~ **sein** to·gan·ge sien; **schmaler** ~ Gängs·ken, Gängs·kes *s. arch., trans.*
gangbar gang·baor, -e, -en [gang·bao·re] *EW*
Gans Gaus, Gai·se *w. zool.*; **kleine** ~ Gäus·ken, Gäus·kes *s. zool.*, Gös·sel, -s *s. zool.*
Gänschen Gös·sel, -s *s. zool.*
Gänseblümchen Mar·gen·blööm·ken, Mar·gen·blööm·kes *s. bot.*
Gänsebraten Gau·se·brao·den, Gau·se·bräö·den *m. kul.*
Gänseei Gau·se·ai, -·ers *s. zool.*
Gänsefeder Gau·se·fiä·der, -n *w. zool.*
Gänsefuß Gau·se·fööt·ken, Gau·se·fööt·kes *s. zool.*; **weißer** ~ Lu·se·miäl *w. o.Mz. bot.*; **Abdruck vom** ~ Gau·se·pat·ke, -n *w.*
Gänsehaut Gau·se·huut, Gau·se·hü·te *w. med.*
Gänseküken Gäus·ken, Gäus·kes *s. zool.*, Gös·sel, -s *s. zool.*

Gänserich Gant, -en [Ganten] *m. zool.*, Gau·se·gant, -en [Gau·se·gan·ten] *m. zool.*, Gau·se·man, Gau·se·männer *m. zool.*

Gänseschmalz Gau·se·smolt *s. o.Mz. kul.*

Gänsestall Gau·se·schot, -s *m. arch. agr.*

Gänsewein Gau·se·wien, Gau·se·wi·ne *m. kul.*

ganz gaas, ga·se, -n *EW*, heel, he·le, -n *EW*, rai·newäg *EW*, vül·lig, -e, -en [vülli·ge] *EW*; ~ **egal** schiet·e·gaol *EW*; ~ **und gar** dic̈·ger *UW*, stump *UW*

Ganze Ga·se *s. o.Mz.*; **als ~es** in'ne Ru·se

gänzlich rats *UW*

gar gaor, -e, -en [gao·re] *EW kul.*

Garage Schop·pen, -s *m. arch.*

Garant Guȅt·säg·ger, -s *m.*

Garantie Ga·ran·ti, -·en *w.*

garantieren ga·ran·te·ern *ZW*, guȅt·säg·gen *uZW*, kuwe·ern *ZW* (*frz.* couvrir)

garantiert ga·ran·te·ert, -e, -en [ga·ran·te·er·te] *EW*

garbacken af·backen [af·bakken] *uZW kul.*

Garbe Gar·we, -n *w. agr.*; **20 ~n** (Maß) Stiȅ·ge, -n *w. agr.*; **letzte ~ bei der Ernte** Stöppel·haan, -s, Stöp·pel·hanen *m. agr.*

Garderobe Man·tel·stok, Mantel·stöcke [Man·tel·stök·ke] *m. tech.*

Gardine Gar·dien, Gar·di·nen *w. tech.*; **kleine ~** Gar·dien·ken, Gar·dien·kes *s. tech.*; **verschließbare ~** Strüp·gardien, Strüp·gar·di·nen *w. tech.*; **kleine verschließbare ~** Strüp·gar·dien·ken, Strüp·gar·dien·kes *s. tech.*

gären giä·ren *ZW biol.*

Garn Gaorn, Gäörns *s. tech.*; **100 Gramm aufgehaspeltes ~** Klank, -en [Klan·ken] *s. tech.*; **Maßeinheit für ~** Has·pel, -n *w. tech.*; **starkes ~ Band**, Bän·ner *s. tech.*; **verwickeltes ~** Tot *s. o.Mz.*, Töt·sel, -s *s.*

Garnrolle Gaorn·rul·le, -n *w. tech.*, Spo·le, -n *w. tech.*; ~ **für den Schussfaden beim**

Weben Kops, -en [Kop·sen] *m. tech.*

Garnverarbeitung Gaorn·vö·ar·bai·den *s. o.Mz. tech.*

Garnwinde Has·pel, -n *s. tech.*

garstig fies, fi·se, -n *EW psy.*

Gärtchen Gäörn·ken, Gäörn·kes *s. agr.*

Garten Gaorn, Gäörns *m. agr.*; **kleiner ~** Gäörn·ken, Gäörn·kes *s. agr.*

Gartenameise Gaorn·am·pe, -n *w. zool.*

Gartenanlage Park, -s *m. agr.*

Gartenarbeit Gaorn·ar·baid, -en [Gaorn·ar·bai·den] *w. agr.*

Gartenarbeiter Gaorn·ar·bai·der, -s *m. agr.*

Gartenbank Gaorn·bank, Gaorn·bän·ke *w. tech.*

Gartenhaus Gaorn·huus, Gaorn·hü·ser *s. arch.*, Paorthuus, Paort·hü·ser *s. arch.*; ~ **zur Entspannung** Lustkast, Lust·käs·ten *m. arch.*

Gartenhäuschen Lust·hüüsken, Lust·hüüs·kes *s. arch.*

Gartenhecke Gaorn·hiȅ·ge, -n *w. bot.*

Gartenlaubsänger Spot·vüȅgel·ken, Spot·vüȅ·gel·kes *s. zool.*

Gartenleine Pat·li·ne, -n *w. tech.*

Gartenrechen Hark, -en [Harken] *w. tech.*

Gartenrotschwanz Raudstiärt·ken, Raud·stiärt·kes *s. zool.*, Pao·ters·käp·ken, Paoters·käp·kes *s. zool.*

Gartenschnecke Gaorn·sniȅge, -n *w. zool.*

Gartenstiege Gaorn·stiȅ·ge, -n *w. trans.*

Gartenstuhl Gaorn·stool, Gaorn·stö·le *m. tech.*

Gartentor Gaorn·päört·ken, Gaorn·päört·kes *s. tech.*

Gartenweg Gaorn·pat, Gaorn·pät·te *m.*

Gärtner Gäör·ner, -s *m. agr.*, **laienhafter ~** Kwiȅ·ken·gäör·ner, -s *m. agr.*

Gärtnerei Gäör·ne·ri, -·en *w. agr.*

Gärtnermesser Gäör·ner·mest, Gäör·ner·mes·sers *s. tech.*

gärtnern gäör·nern *ZW agr.*

Gas Gas, -e [Ga·se] *s.*

Gasdruck Gas·drük, Gasdrücke [Gas·drük·ke] *m. tech.*

Gasflammschweißen Flamwel·len *s. o.Mz. tech.*

Gaslicht Gas·lecht, -er [Gaslech·ter] *s. tech.*

Gasofen Gas·uom, Gasüöms *m. tech.*

Gasometer Ga·so·me·ter, -s *s. tech.*

Gasrohr Gas·pi·pe, -n *w. tech.*

Gasse; enge ~ Sti·ge, -n *w. trans.*

Gast Gast, Gäst *m.*

Gastbitter Gäst·bid·der, -s *m.*

Gasthaus Gast·huus, Gasthü·ser *s. kul. arch.*

Gaststätte Wärt·schup, -·pen *w. kul. arch.*, Wärts·huus, Wärts·hü·ser *s. kul. arch.*

Gatte Kääl, -s *m.*

Gattertor Hek, -s *s. tech.*

Gattin Wiew, Wi·wer *s.*

Gattung Sort, -en [Sor·ten] *w.*

Gaul Guul, Gü·le *m. zool.*

Gaumen Gao·gel, -s *w. med.*

Gauner Gau·daiw, -e [Gaudai·we] *m. jur.*

Geäffe A·pe·ri, -·en *w. psy.*

Gebäck Bak·wiärks *s. o.Mz. kul.*, Kööks·ken, Kööks·kes *s. kul.*, Möp·ken, Möp·kes *s. kul.*

gebacken bakt, -e, -en [bakte] *EW kul.*

geballt knuuwt, -e, -en [knuuw·te] *EW*

Gebärde Ru·mö·de, -n *w. psy.*

gebären bä·ern *ZW med.*, kräö·men *ZW med.*, smiten *uZW med.*; **Ferkel ~** fiä·ken *ZW med.*; **Junge ~ (Rind)** kal·wen *ZW med.*

Gebäude Bau, -·e *m. arch.*, Bau·wiärk, -e [Bau·wiär·ke] *s. arch.*, Ge·bai, -·e *s. arch.*, Huus, Hü·ser *s. arch.*; **heruntergekommenes ~** Kribken, Krib·kes *s. arch.*

Gebein Knuok, -en, -ens [Knuo·ken] *m. med.*

Gebell Bliȅ·ke·ri, -·en *w.*

geben doon *uZW*, giȅ·wen *uZW*; **gern ~** daal·lao·ten *uZW*; **heimlich ~** to·stiä·ken *uZW psy.*, to·stop·pen

ZW psy.

Gebet Ge·bäd, Ge·biä·de s. rel.; **40stündiges ~** Biäd·fast·aomd, -e [Biäd·fast·aom·de] m. rel.; **am ~ beteiligen** met·biä·den ZW rel.; **ins ~ nehmen** in't Gebäd nië·men psy.

Gebetbuch Biä·book, Biä·bö·ker s. rel., übertr. Grummel·book, Grum·mel·bö·ker s. rel.

Gebetshaus Biäd·huus, Biäd·hü·ser s. arch. rel.

Gebetstag Biäd·dag, Biäd·da·ge m. rel. tem.

gebeugt bogt, -e, -en [bog·te] EW, duk·nackig, -e, -en [duk·nak·kig], [duk·nak·ki·ge] EW; **nach vorn ~** vüör·daal EW

Gebiet Kant, -en [Kan·ten] w. geog.

Gebilde Beld·wiärk, -e [Beld·wiär·ke] s.

gebildet ge·lä·ert, -e, -en [ge·lä·er·te] EW kult.

Gebinde Bün·sel, -s s. tech.

Gebiss Ge·biët, -e [Ge·bië·te] s. med., Tan·ge·biët, -e s. med.

Gebissstange vom Zaumzeug Kan·dar·re, -n w. tech.

geblendet blent, -e, -en [blen·te] EW

geblümt blöömt, -e, -en [blööm·te] EW

gebogen bogt, -e, -en [bog·te] EW

geboren buorn, -e, -en [buor·ne] EW med.

geborgen bour·gen, -e, -en [buor·ge·ne] EW; **sicher ~** wis un wuol

Geborgtes Buorg, -en [Buor·gen] w. fin., Len·te s. o.Mz.

Gebot Ge·bod, -·te s.

gebrannt brant, -e, -en [bran·te] EW, bakt, -e, -en [bak·te] EW tech.

gebraten brod, -·te, -·ten EW kul.

Gebratenes Brod·te s. o.Mz. kul.

Gebrauch Bruuk, Brü·ke m., Ge·bruuk, Ge·brü·ke m.

gebrauchen am·plo·i·ern ZW (frz. employer), an·wän·nen uZW, bru·ken uZW; **jemd., der zu allem zu ~ ist** Üm·lai·per, -s m.

Gebraucher Bru·ker, -s m.

gebräuchlich ge·brüük·lik, ge·brüük·licke, -n [ge·brüük·lik·ke] EW

gebraucht bruukt, -e, -en [bruuk·te] EW, halw·slië·den,-e, -en [halw·slië·de·ne] EW, lied·schäf·tig, -e, -en [lied·schäf·ti·ge] EW

Gebrauchtwagen bruukt Au·do s. trans.

gebraut bruut, bru·te, -n EW kul.

Gebrechen Ge·briä·ken, -s s. med.

gebrechlich ge·briäk·lik, ge·briäk·licke, -n [ge·briäk·lik·ke] EW med., krüë·ke·lig, -e, -en [krüë·ke·li·ge] EW med., krüë·pe·lig, -e, -en [krüë·pe·li·ge] EW med.; **~ sein** krüë·keln ZW med.

gebrochen bruo·ken, -e, -en [bruo·ke·ne] EW

gebrummt gnu·ert, -e, -en [gnu·er·te] EW

gebückt duk·nackig, -e, -en [duk·nak·kig], [duk·nak·ki·ge] EW, vüör·daal EW

Gebühr Up·geld, Up·gel·ler s. fin.

Geburt Ge·buort, -en [Ge·buor·ten] w. med.; **Besuch von Nachbarn und Verwandten nach ~en** Spräk·an s. o.Mz.

Geburtsjahr Ge·buorts·jaor, -e [Ge·buorts·jao·re] s. tem., Jaor·gang, Jaor·gän·ge m. tem.

Geburtstag Ge·buorts·dag, -e [Ge·buorts·da·ge] m. tem.

Geburtstagsfeier Ge·buorts·dags·fi·er, -n w.

Gebüsch Busk, Büs·ke m. bot., Busk·wiärk, -s s. o.Mz. bot.

Gedächtnis; im ~ behalten be·hol·len uZW psy.; **im ~ haben** übertr. in'n Äch·ter·kop häb·ben psy.

Gedanke In·fal, In·fiä·le m. psy.; **~n machen** nen Kop üm wat ma·ken psy.; **seinen ~ nachhängen** däösen ZW psy.; **in ~n vertieft** daip·denksk, -e, -en [daip·denks·ke] EW psy.; **in ~n versunken sein** übertr. wied wäg sien psy.

Gedärm Darm, Diärm m.

med.

Gedeck Ku·wär, -s s. (frz. couvert)

gedehnt lang·trocken, -e, -en [lang·trok·ken], [lang·trok·ke·ne] EW

gedeihen dig·gen ZW; **nicht ~** kwië·nen ZW bot.

gedeihlich dië·ger, -e, -en [dië·ge·re] EW

Gedenkstein Denk·steen, Denk·ste·ne m. tech.

Gedicht Riem, Ri·me m. mus., Riem·sel, -s s. mus.

gediegen däf·tig, -e, -en [däf·ti·ge] EW

Gedränge Ge·wööl s. o.Mz.

gedrängt dich·te, -n EW; **~ voll** stop·de·vul, -·le, -·len EW

Gedrehe Drai·e·ri, -·en w.

gedreht drait, -e, -en EW; **zu weit~** üö·wer·drait, -e, -en [üö·wer·drai·te] EW tech.

gedruckt drükt, -e, -en [drük·te] EW tech.

gedrungen püm·me·lig, -e, -en [püm·me·li·ge] EW; **~er Mensch** Pröf·ken, Pröf·kes s.

Geduld Ge·duld w. o.Mz. psy.; **~ eines Schafes, unendlich große ~** Schaops·ge·duld w. o.Mz. psy.; **mit der ~ am Ende sien** übertr. de Snu·te vul häb·ben psy.

gedulden ge·dül·li·gen ZW psy.; **sich ~** dul·len ZW psy., Friär gië·wen psy.

geduldig ge·dül·lig, -e, -en [ge·dül·li·ge] EW psy.

geehrt ärt, -e, -en [är·te] EW

geeignet päs·sig, -e, -en [päs·si·ge] EW; **am geeignetsten** al·ler·best, -e, -en [al·ler·bes·te] EW, an päs·sigs·ten; **~ sein** dü·gen ZW

Geerbte lärw·te s. o.Mz. fin., biol.

Gefache Fak, Fiä·ker s. arch., Ka·mer·fak, Ka·mer·fiä·ker s. arch.

Gefahr Ge·faor, -en [Ge·fao·ren] w.

gefährlich fa·lik, fa·licke, -e [fa·lik·ke] EW psy., ge·fäor·lik, ge·fäor·licke, -n [ge·fäor·lik·ke] EW psy., röök·laus, -e, -en [röök·lau·se] EW psy., röök·los, -·se, -·sen EW psy., res·kant, -e, -en [res·kan·te]

EW, wild, wil·le, -n *EW psy.*
Gefährt Fö·er·wiärk, -e [Fö·er·wiär·ke] *s. trans.*; **einfaches ~** Kaor, Käörs *w. trans.*; **kleines ~** Käör·ken, Käör·kes *s. trans.*; **leichtes ~** Sche·se, -n *w. trans.* (*frz.* chaise)
gefallen ge·fal·len *uZW*, to·säg·gen *uZW*
Gefälligkeit Dänst, -e [Dänste] *m.*
gefällt af·hau·en, -e, -en [af·hau·e·ne] *EW*; **~ Bäume** Lang·holt, Lang·höl·ter *s.*
gefälscht nao·maakt, -e, -en [nao·maak·te] *EW*
gefangen fast·nuo·men, -e, -en [fast·nuo·me·ne] *EW jur.*; **~ sein** in·sit·ten *uZW jur.*
Gefangenschaft Ge·fan·gen·schup, -·pen *w.*
Gefängnis Bau, -·e *m. jur. arch.*, Ka·schot, -s *s. jur. arch.* (*frz.* cachot), Kist, -en [Kis·ten] *w. jur. arch.*, Kit·ken, Kit·kes *s. jur. arch.*, Wacht, -en [Wach·ten] *w. jur. arch.*, *übertr.* Lok, Lök·ker [Lök·ker] *s. jur. arch.*
gefärbt fiärwt, -e, -en [fiärw·te] *EW*
Gefäß Pot, Pöt·te *m. tech.*
gefasst vö·hot, -·te, -·en *EW psy.*
gefedert fiä·dert, -e, -en [fiä·der·te] *EW tech.*
gefettet fet, -·te, -·ten *EW tech.*
Gefieder Fiä·der, -n *w. zool.*
gefiedert fiä·dert, -e, -en [fiä·der·te] *EW zool.*
Geflacker Flacke·ri, -en [Flak·ke·ri] *w.*
gefleckt pläckig, -e, -en [pläk·kig], [pläk·ki·ge] *EW*
Geflirre Ge·fliär *s. o. Mz.*
Geflochtenes Wiëp, -s *s. tech.*
Gefluche Flö·ke·ri, -·en *w. psy.*
geflüchtet af·hau·en, -e, -en [af·hau·e·ne] *EW*
Geflügelkrankheit (Verhärtung der Zungenspitze) Pip *s. o. Mz. med.*
Geflunker Lai·ge·ri, -·en *w. psy.*
Geflüster Flis·te·ri, -·en *w.*
Gefolge Met·gän·gers *Mz.*
gefräßig vö·friä·ten, -e, -en

[vö·friä·te·ne] *EW kul.*
gefressen friä·ten, -e, -en [friä·te·ne] *EW kul.*
Gefrierschrank les·schap, les·schiä·pe *s. tech.*
Gefriertruhe les·schap, les·schiä·pe *s. tech.*
Gefrorenes les *s. o. Mz.*
gefügig ka·duk, ka·ducke, -n [ka·duk·ke] *EW psy.*
Gefühl Ge·fööl, Ge·fö·le *s. psy., med.*
gefühllos aon Ge·fööl *psy., med.*, fööl·laus, -e, -en [fööl·lau·se] *EW psy., med., übertr.* kolt, kol·le, -n *EW psy.*
gefüllt vul, vul·le, -n *EW*; **prall ~** buukt, -e, -en [buuk·te] *EW*; **bis obenhin ~, maximal ~** prop·pen·vul, -·le, -·len *EW*; **~ bekommen** vul·kri·gen *uZW*
Gegacker Ge·ka·kel *s. o. Mz.*, Ge·taoks·ter *s. o. Mz.*, Ka·ke·le·ri, -·en *w.*, Taoks·tern *s. o. Mz.*
gegeben gië·wen, -e, -en [gië·we·ne] *EW*
Gegebenes Giwt, -en [Giw·ten] *w.*
gegen gië·gen *VW*, tië·gen *VW*, üm·bi *VW*; wi·er *VW*; **etwas ~ jemd. haben** Pik häb·ben up; **sich ~ etwas wenden** tië·gen·an·gaon *uZW*
gegenan gië·gen·an *UW*
Gegenargument, keine ~e mehr haben *übertr.* nich mä·er wes·seln küë·nen *psy.*
Gegend Gië·gend, -en [Gië·gen·den] *w. geog.*; **entlegene ~** Pus·se·muckel [Pus·se·muk·kel] *geog.*
gegeneinander gië·gen·an·ner *UW*, tië·gen·an·ner *UW*, tië·gen·een *UW*
gegenhalten gië·gen·hol·len *uZW*
Gegenhilfe Wi·er·hölp, -en [Wi·er·höl·pen] *w.*
gegenrechnen gië·gen·riä·ken *ZW math.*
Gegenrechnung Gië·gen·riäk·nung, -en [Gië·gen·riäk·nun·gen] *w. math.*
Gegenseite Giën·si·te, -n *w.*
gegenseitig giën·si·tig, -e, -en [giën·si·ti·ge] *EW*
Gegenspiel Wi·er·spiël, -e

[Wi·er·spië·le] *s. psy.*
Gegenspieler Gië·gen·spië·ler, -s *m. psy., spo.*, Wi·er·spië·ler, -s *m. psy.*
Gegenstand Gië·gen·stand, Gië·gen·stän·ne *m., scherzh.* Pi·nor·ri·kel, -s *s.*; **nicht existierender ~** (*scherzh.*) Nai·nao·del·saot *w. o. Mz.*
Gegenteil Gië·gen·deel, Gië·gen·de·le *s.*; **ins ~ verkehren** üm·lai·en *ZW*
gegenteilig kon·trär, -e, -en [kon·trä·re] *EW* (*frz.* contraire)
gegenüber gië·gen·üö·wer *VW*, tië·gen *VW*
gegenwärtig (sein) vö·woch·ten *ZW*
gegerbt giärwt, -e, -en [giärw·te] *EW tech.*
geglänzt glämt, -e, -en [gläm·te] *EW*
geglaubt glowt, -e, -en [glow·te] *EW psy.*
geglitten glië·den, -e, -en [glië·de·ne] *EW*
geglückt glükt, -e, -en [glük·te] *EW*
geglüht glait, -e, -en [glai·te] *EW*, glumt, -e, -en [glum·te] *EW*
Gegner Giëg·ner, -s *m.*
gegossen guo·ten, -e, -en [guo·te·ne] *EW*
gegraben grawt, -e, -en [graw·te] *EW*
gegrast griäst, -e, -en [griäs·te] *EW agr.*
gegründet an·tog·maakt, -e, -en [an·tog·maak·te] *EW*, grünt, -e, -en [grün·te] *EW*
Gehabe Ge·do *s. o. Mz. psy.*
Gehalt Ge·holt, Ge·höl·ler *s. fin.*
Gehaltloses (Flüssigkeit) Jül·le *w. o. Mz. kul.*
Gehaltsabrechnung Laun·stri·pen, -s *m. fin.*
gehandelt han·nelt, -e, -en [han·nel·te] *EW*
Gehänge Bam·mel, -s *m.*, Büm·sel, -s *s.*
gehängt han·gen, -e, -en [han·ge·ne] *EW*
gehärtet hat·maakt, -e, -en [hat·maak·te] *EW*
gehässig spi·tig, -e, -en [spi·ti·ge] *EW psy.*; **~e Frau** Flar·re, -n *w. psy.*; **~es Reden über jemd.** Muul·ri·ten *s.*

o.Mz. psy.
Gehässigkeit Spiet, Spi·te
m. psy.
gehäuft hööpt, hööp·te, -n
EW, hüüpt, -e, -en [hüüp·
te] EW
Gehäuse Huus, Hü·ser s.
tech.
Gehege Ge·hië·ge, -s s.
geheilt kur·re·ert, -e, -en [kur·
re·er·te] EW med.
Geheimgang Sliek·wäg, Sliek·
wiä·ge m. trans.
geheimhalten vö·biär·gen
ZW
Geheimnis Räöd·sel, -s s.;
~se haben kun·keln ZW;
etwas als ~ bewahren
übertr. wat met in't Graw
nië·men
Geheimniskrämerin Kun·
ker·lu·ers·ke, -n w. psy.
Geheiß Ge·hait, -e [Ge·hai·
te] s.
Gehen Gaon s. o.Mz. trans.;
Geräusch beim ~ in nassen
Schuhen sap·ken ZW
gehen gaon uZW trans., lau·
pen uZW trans., schuort·
ken ZW trans., tuf·feln ZW
trans.; geh (Fuhrmanns·
sprache) jö; als erster ~
vüör·ran·gaon uZW trans.;
gemächlich ~ schün·geln
ZW trans.; in sich ~ in sik
gaon psy.; langsam ~ drüe·
meln ZW trans., dröm·meln
ZW trans., put·ken ZW trans.;
mit jemd. ~ (Liebesbezie·
hung) übertr. e·nen an't
Band häb·ben psy.; mühse·
lig ~ laats·ken ZW trans.;
nachlässig ~ slaons·ken
ZW trans.; schneller ~ an·
triä·ten uZW trans.; schlep·
pend ~ sluf·ken ZW trans.;
unsicher ~ strum·peln ZW
trans.; wie geht es dir?
wu gait di dat? wie geht
es? wu gait't? zu Fuß ~
pät·ken ZW trans.
Gehetze Jag·te·ri, -·en w.
geheuer ge·hai·er EW psy.
Gehilfe Höl·per, -s m.
Gehilfin Höl·pers·ke, -s w.
Gehirn Härn, -e [Här·ne] s.
med.
Gehirnschlag Slag·an·fal,
Sla·gan·fiä·le m. med.
Gehirnwäsche; ~ machen
üm·lä·ern ZW psy., übertr.

in'ne Maak nië·men psy.
gehobelt hüö·welt, -e, -en
[hüö·wel·te] EW tech.
Gehöft How, Hüö·we m. agr.
arch.
Gehör Ge·häö·er s. o.Mz.
med.
gehorchen häö·ern ZW psy.,
lus·tern ZW psy., pa·re·ern
ZW psy.
gehören häö·ern ZW, to·
häö·ern ZW
Gehörgang Häö·er·gang,
Häö·er·gän·ge m. med.
gehörig häö·rig, -e, -en [häö·
ri·ge] EW
Gehörknöchelchen Häö·
er·büt·ken, Häö·er·büt·kes s.
med.
Gehörn Häön, -s s. zool.
gehorsam tam, -·me, -·men
EW psy.
gehört häö·ert, -e, -en [häö·
er·te] EW
Gehrock Köt, -s m., Snië·
pel, -s m., Üö·wer·trecker,
-s [Üö·wer·trek·ker] m.
Gehweg Foot·pat, Foot·pät·
te m. trans., Foot·wäg, Foot·
wiä·ge m. trans.
Geier Aos·vuë·gel, Aos·vüë·
gel m. zool.
Geige Gai·ge·ken, Gai·ge·
kes s. tech. mus., Vi·ge·li·
ne, -n w. tech. mus.
geigen fid·deln ZW mus.
Geigenbogen Striek·stok,
Striek·stöcke [Striek·stök·ke]
m. tech. mus.
Geiger Vi·ge·li·nen·stri·ker, -s
m. mus.
geil däö·lik, däö·licke, -n [däö·
lik·ke] EW psy., giel, gi·le,
-n EW psy., übertr. scharp,
-e, -en [schar·pe] EW psy.,
übertr. spitsk, -e, -en [spits·
ke] EW psy.
geimpft impt, -e, -en [imp·
te] EW med.
Geißblatt Han·nig·blo·me, -n
w. bot., Su·ge·tit·ken, Su·ge·
tit·kes s. bot., Süg·gel·te, -n
w. bot.
Geißel Klop·piets·ke, -n w.
tech.
Geist Grüg·gel, -s m. psy.,
Spook, Spö·ke m. psy.;
~ sehen schich·ten ZW
psy.; ~er durch beten ver·
bannen wäg·biä·den ZW
rel.

Geistergeschichte Grüg·
gel·vö·täl·sel, -s s. mus.
Geisterseher Spö·ken·ki·ker,
-s m. psy.
Geisterstunde Spöök·stun,
-·nen w. tem. psy.
Geistlicher Gaist·lik, Gaist·
licke, -n [Gaist·lik·ken] m.
und s. rel., Paap, Pa·pen
m. rel., übertr. Swat·rok,
Swat·röcke [Swat·rök·ke] m.
rel., („Pfarronkel") Hä·er·ööm,
-s m. rel.
Geiz Giets m. o.Mz. psy.
Geizhals Gnaos·ter·pin, -·ne
m. psy., Gne·se·pin, -·ne m.
psy., Pot·schräp·per, -s m.
psy., Wi·se·pin, -s m. psy.
geizig giet·sig, -e, -en [giet·
si·ge] EW psy., gnaos·trig,
-e, -en [gnaos·tri·ge] EW
psy., gne·sig, -e, -en [gne·
si·ge] EW psy., knicke·rig,
-e, -en [knik·ke·ri·ge] EW
psy., kni·pig, -e, -en [kni·pi·
ge] EW psy., pin·nig, -e, -en
[pin·ni·ge] EW psy., schrap·
pig, -e, -en [schrap·pi·ge]
EW psy., wies, wi·se, -n
EW psy.; ~e Frau Knip·sti·
ne, -n w. psy.; ~ sein übertr.
up't Geld sit·ten psy.
Geizkragen Knicke·büül, -s
[Knik·ke·büül] m. psy., Knik·
stië·wel, -s m. psy., Kni·
per, -s m. psy.
gejährt jäört, -e, -en EW
tem.
gekerbt kiärwt, -e, -en
[kiärw·te] EW
Gekicher Güët·ke·ri w. o.Mz.
psy.
geklaubt graw·welt, -e, -en
[graw·wel·te] EW
Geknalle Bal·le·ri w. o.Mz.
Geknebel Knië·we·le, -n s.
psy.
geknurrt gnu·ert, -e, -en [gnu·
er·te] EW
Gekochtes Kuo·ke·ri, -·en
w. kul., Kuok·sel, -s s. kul.
gekoppelt kop·pelt, -e, -en
[kop·pel·te] EW
Gekreische Ge·kries·ke s.
o.Mz. psy.
gekrümmt bogt, -e, -en [bog·
te] EW
gekühlt köölt, -e, -en [kööl·
te] EW
gekündigt kün·nigt, -e, -en
[kün·nig·te] EW

gekuppelt kop·pelt, -e, -en [kop·pel·te] *EW*

gekürzt af·küört, -e, -en [af·küör·te] *EW*

Gelage Ge·laog, Ge·läö·ge *s. kul.*, Püls·ke·ri, -en *w. kul.*

gelagert lao·gert, -e, -en [lao·ger·te] *EW*; **etwas ~ haben** wat lig·gen häbben

gelähmt lam, -·me, -·men *EW med.*, lamt, -e, -en [lam·te] *EW med.*

Gelände Ge·län·ne, -s *s.*

Geländer Ge·lind, Ge·lin·ner *s. tech.*

gelandet lan·net, -e, -en [lan·ne·te] *EW trans.*

Gelass Ge·laot, Ge·läöt *s. arch.*

gelassen ge·lao·ten, -e, -en [ge·lao·te·ne] *EW psy.*

geläufig lai·fig, -e, -en [lai·fi·ge] *EW*

gelaunt; gut ~ trim·me·rig, -e, -en [trim·me·ri·ge] *EW psy.*; **schlecht ~** brum·mig, -e, -en [brum·mi·ge] *EW psy.*, brümsk, -e, -en [brüms·ke] *EW psy.*, knüe·te·rig, -e, -en [knüe·te·ri·ge] *EW psy.*, vö·wänt, -e, -en [vö·wän·te] *EW psy.*

Geläut Lü·den *s. o. Mz.*

Geläute Klocken·klang, Klok·ken·klän·ge [Klok·ken·klang] *m.*

gelb giäl, -e, -en [giä·le] *EW*, blunt, -e, -en [blun·te] *EW*; **stechend ~** krit·ten·giäl, -e, -en [krit·ten·giä·le] *EW*

Gelbeisenstein Giäl·i·sen·steen *s. o. Mz. geol.*

Gelbgießer (von Kupferlegierungen) Giäl·gai·ter, -s *m. tech.*

gelbgrün giäl·gröön, giäl·grö·ne, -n *EW*

gelblich giä·lig, -e, -en [giä·li·ge] *EW*

Gelbschnabel Giäl·sna·wel, Giäl·sniä·wel *m. zool.*, Labbek, -s *m. psy.*

Gelbsucht giä·le Fe·wer, -s *s. med.*, Giäl·socht, Giäl·söch·te *w. med.*

Geld Geld, Gel·ler *s. fin.*, (umgangssprachlich) Moos *s. o. Mz. fin.*, Pier·me·lin·ge *Mz. fin.*; **~ abnehmen** *übertr.* miäl·ken *ZW fin.*; **auf dem ~ sitzen** up't Geld sit·ten

fin.; **ausgeliehenes ~, ausgelegtes ~** Uut·lao·ge, -n *w. fin.*; **~ in kleinere Einheiten wechseln** kleen·ma·ken *uZW fin.*; **~ verlangen** *übertr.* de Hand up·hol·len *fin.*; **~ unnütz ausgeben** vö·swit·ken *ZW fin.*; **viel ~ verlangen** *übertr.* bai·de Han·den up·hol·len *fin.*; **~ zum Vertrinken** Schas·ke·moos *s. o. Mz. fin.*; **kein ~ haben** *übertr.* klam, -·me, -·men *EW fin.*; **nicht versteuertes ~** Swat·geld, Swat·gel·ler *s. fin.*; **ungern ausgegebenes ~** leed Geld *fin.*; **verschwenderisch mit ~ umgehen** *übertr.* met Geld üm sik smi·ten *fin.*; **viel ~ haben** ne dicke Pat·te häb·ben *fin.*; **zu ~ ma·chen** *übertr.* vö·sül·wern *ZW fin.*; **zu viel ~ haben** *übertr.* met Geld üm sik smi·ten *fin.*

Geldbeutel Büül, -s *m. tech. fin.*, Geld·büül, -s *m. tech. fin.*, Geld·kniëp, -s *m. tech. fin.*

Geldbörse Pot·ma·ne, -es *s. tech. fin.* (frz. portemonnaie)

Geldfälscher Geld·nao·ma·ker, -s *m. tech. fin.*

Geldinstitut Bank, -en [Ban·ken] *w. fin.*

Geldmittel Mid·del *Mz. fin.*

Geldsache Geld·saak, Geld·sa·ken *w. fin.*

Geldschein Schien, Schi·ne *m. fin.*; **kleiner ~** Schien·ken, Schien·kes *s. fin.*

Geldschrank Geld·schap, Geld·schiä·pe *s. tech. fin.*

Geldsegen *übertr.* wa·men Riän·gen *fin.*

Geldsorgen Geld·pi·ne *Mz. fin. psy.*

Geldstrafe Geld·strao·fe, -n *w. jur.*

Geldstück (10 Pfennig) Tacken, -s [Tak·ken] *m. fin.*; (5 DM) Hai·er·man, Hai·er·män·ner *m. fin.*; **altes holländisches ~** (2 Pfennig) Deut, -s *m. fin.*

Geldtasche Geld·tas·ke, -n *w. tech. fin.*

Geldwert haben kos·sen *ZW fin.*

gelegen gat·lik, gat·licke, -n [gat·lik·ke] *EW*, ge·liä·gen *EW*, to·pas·se *EW*; **~ an** üm·bi *VW*; **~ sein** nao de Müs·se gaon; **~ sein an** üm to doon

Gelegenheit Ge·lägd, -en [Ge·läg·den] *w.*, Ge·liä·gen·hait, -en [Ge·liä·gen·hai·ten] *w.*; **bei jeder ~** al·ler·wäg·gen, -s *UW*

gelegentlich ge·liä·gend·lik, ge·liä·gend·licke, -n [ge·liä·gend·lik·ke] *EW*, af un an, hän un wi·er

gelehrig ge·lä·rig, -e, -en [ge·lä·ri·ge] *EW kult.*

gelehrt ge·lä·ert, -e, -en [ge·lä·er·te *EW kult.*, wië·tend, -e, -en [wië·ten·de] *EW kult.*

Gelehrte(r) Ge·lä·er·te, -n *m. und w. kult.*

Gelenk In·häng·sel, -s *s. tech.*, Let, -s *s. med.*, *übertr.* Häng·sel, -s *s. tech.*

geleuchtet glämt, -e, -en [gläm·te] *EW*

Geliebte(r) Bi·wiew, Bi·wi·wer *s. psy.*, Lai·we, -n *m., s. und w. psy.*, Laiws·te, -n *m., s. und w. psy.*

geliehen lent, -e, -en [len·te] *EW*

Geliehenes Len·te *s. o. Mz.*, Pump *m. o. Mz.*

gelingen hän·hau·en *uZW*, klap·pen *ZW*, glücken [glük·ken] *ZW*, met·fal·len *uZW*; **es gelingt leicht** *übertr.* et flupt; **es will nicht ~** *übertr.* et wil nich buo·tern; **nicht ~** scheew·gaon *uZW, übertr.* in'ne Büks gaon

Gellendorf Gel·len·duorp *ON*

Gelmer Gel·mer *ON*

geloben luo·wen *ZW psy.*, an·luo·wen *ZW psy.*, swüö·ren *ZW psy.*

gelockt krül·häö·rig, -e, -en [krül·häö·ri·ge] *EW med.*

gelöscht uut·maakt, -e, -en [uut·maak·te] *EW*

Gelsenkirchen Gel·sen·kiär·ken *ON*

gelten gel·len *ZW*

Geltung, ~ haben gel·len *ZW*

Gelübde machen an·luo·wen *ZW rel.*

Gelumpe (verächtlich) Prüe·del *m. o. Mz.*

gelüsten lüs·sen (sik) ZW
psy.
Gemach Ka·mer, -n w. arch.
gemächlich ge·mak, ge-
macke, -n [ge·mak·ke] EW,
kom·mood, kom·mo·de, -n
EW, kom·mo·dig, -e, -en
[kom·mo·di·ge] EW (frz.
commode), mak·lik, mak-
licke, -n [mak·lik·ke] EW;
gemächlicher kom·mo·dig-
er; am gemächlichsten an
kom·mo·digs·ten
gemacht maakt, -e, -en
[maak·te] EW; das ist ruck
zuck ~ dat is een Bi·gaon
Gemälde Maol·sel, -s s.
mus., Schil·le·ri, -en w. mus.
gemartert mao·tert, -e, -en
[mao·ter·te] EW
gemein fies, fi·se, -n EW
psy., ge·main, -e, -en [ge-
mai·ne] EW psy.; ~er Kerl
Aos·nickel, -s [Aos·nik·kel]
s. psy.
Gemeinde Ge·main·de, -n
w., Kiärs·pel, -s s. rel. geog.
Gemeindeacker; vom Lehrer
bewirtschafteter ~ School-
kamp, School·käm·pe w. agr.
Gemeindename Ge·main-
de·nao·me, -n m., Kiärs·pel-
nao·me, -n m.
Gemeingrund Feel, -s s.
agr.
Gemeinheit Ge·main·hait,
-en [Ge·main·hai·ten] w. psy.
gemeinsam al·to·haup, -e
[al·to·hau·pe] UW, met·e-
neen UW
Gemeinwesen Ge·main·de,
-n w., Staod, Stäö·de m.
pol.
Gemen Gä·men ON
Gemenge Mäng·sel, -s s.,
Sop·pen, -s m.; ~ aus ge-
trocknetem Weißbrot und
Fett mit Speckstückchen
Fet·sop·pen, -s m. kul.
gemieden (z.B. Nest von
Vogeleltern, wenn Eier oder
Junge von Menschenhand
angefasst wurden) vö·tiet, vö-
ti·te, -n EW zool.
Gemischtes Mäng·sel, -s
s.
Gemischtwarenhändler Hüö·
ker, -s m. fin.
Gemüse Ge·möös s. o.Mz.
bot., kul., Moos s. o.Mz. bot.,
kul.; kleingeschnittenes ~

Kot·moos s. o.Mz. kul.
Gemüsegarten Ge·möös-
gaorn, Ge·möös·gäörns m.
agr.
Gemüsesuppe Lang·nat s.
o.Mz. kul.
Gemüsetopf Ge·möös·pot,
Ge·möös·pöt·te m. tech. kul.
gemustert bünt, -e, -en [bün-
te] EW, müs·tert, -e, -en
[müs·ter·te] EW
Gemüt Ge·mööt, Ge·mö·ter
s. psy., Hiärt, -en [Hiär·ten]
s. psy., Mood m. o.Mz.
psy., Na·tuur w. o.Mz. psy.
gemütlich ge·mööt·lik, ge-
mööt·licke, -n [ge·mööt·lik-
ke] EW psy., ge·rüst, -e,
-en [ge·rüs·te] EW psy.,
güö·rig, -e, -en [güö·ri·ge]
EW psy., kom·mood, kom-
mo·de, -n EW psy., kom-
mo·dig, -e, -en [kom·mo·di-
ge] EW psy. (frz. commo-
de), mol·lig, -e, -en [mol·li-
ge] EW psy.; gemütlicher
kom·mo·dig·er; am gemüt-
lichsten an kom·mo·digs-
ten
Gemütlichkeit Ge·mööt·lik-
kait w. o.Mz. psy.
Gemütsverfassung Lu·ne,
-n w. psy.
Genähtes Nai·ar·baid, -en
[Nai·ar·bai·den] w. psy.
genannt näömt, -e, -en
[näöm·te] EW
genarbt narwt, -e, -en [narw-
te] EW
genau ak·kraot, -e, -en [ak-
krao·te] EW, em·pen EW,
knap, -·pe, -·pen EW, ni-
pen EW, schaun, -e, -en
[schau·ne] EW; das kann
ich nicht ~ sagen dao mot
ik üm lai·gen; er ist ~ so
groß wie ich he is jüst so
graut äs ik; ganz ~ jüst UW,
up'n Kop; ~ so li·ke EW; ~
so viel liek·viël, -e, -en
[liek·vië·le] EW; sehr ~ haor-
ge·nau, -·e, -·en EW
genausogroß iä·ben·graut,
-e, -en [iä·ben·grau·te] EW
genausoviel iä·ben·viël, -e,
-en [iä·ben·vië·le] EW
Gendarm Schan·dit, -s m.
jur. (frz. les gens d'armes)
genehmigen af·siän·gen
ZW jur., af·te·ken ZW jur.,
to·lao·ten uZW jur., vö·lö-

wen ZW jur.
genehmigt af·siängt, -e, -en
[af·siäng·te] EW jur., to·lao-
ten, -e, -en [to·lao·te·ne] EW
jur., übertr. af·teekt, -e, -en
[af·teek·te] EW jur.
Genehmigung To·laot, To-
lää·te m. jur., Vö·lööw, Vö-
lö·we s. jur.
geneigt scheew, sche·we,
-n EW; ~ zu mao·te EW
General Ge·ne·raol, Ge·ne-
räö·le m. mil.
Generaldirektor Ge·ne·raol-
di·rek·ter, -s m.
Generalvikar Ge·ne·raol·vi-
kar·ges, -·se m. rel.
Generalvikariat Ge·ne·raol-
vi·ka·ri·aot, -e [Ge·ne·raol-
vi·ka·ri·ao·te] s. rel.
Generation Ge·ne·rats·jaun,
-en [Ge·ne·rats·jau·nen] w.
Generator Lecht·ma·schien,
Lecht·ma·schi·nen w. tech.
Genever Jan·ne·wer, -s m.
kul.
Genick Gnak, Gnacke [Gnak-
ke] s. med., Knik, -s s. med.
Genie Scha·ni, -es s. psy.
(frz. génie)
genieren scha·ne·ern ZW
psy. (frz. gêner)
genierlich scha·ne·er·lik, -e,
-en [schane·er·lik·ke] EW
psy., sche·nant, -e, -en
[sche·nan·te] EW psy.
genießen ge·nai·ten uZW
kul., psy.
genießerisch slicker·müülsk,
-e, -en [slik·ker·müüls·ke] EW
kul., psy.
Genosse Bro·er, Brö·ers m.,
Kum·paan, Kum·pa·nen m.,
Kum·pel, -s m., (abfällig)
Kon·sor·te, -n m.
genug noog UW, riek·lik,
riek·licke, -n [riek·lik·ke] EW,
sat, -·te, -·ten EW; von etwas ~ haben dik, dicke, -n
[dik·ke] EW; ~ damit bas-
ta UW (ital. basta)
genügen hän·re·ken ZW, langen ZW
genügsam ge·nöög·lik, ge-
nöög·licke, -n [ge·nöög·lik-
ke] EW psy.
Genuss Ge·not, Ge·nüë·te
m. psy., kul.
geöffnet los, -·se, -·n EW;
~ bekommen los·kri·gen
uZW; ~ halten los·hol·len

uZW
geografisch ge·o·graofsk, -e, -en [ge·o·graofs·ke] *EW geog.*
geordnet üörn·lik, üörn·licke, -n [üörn·lik·ke] *EW*
gepfeffert piä·pert, -e, -en [piä·per·te] *EW kul.*, piä·pe·rig, -e, -en [piä·pe·ri·ge] *EW kul.*
gepflegt püük, pü·ke, -n *EW*
Geplärr Ge·täd·der, -s *s. psy.*, Jan·ke·ri, -·en *w. psy.*
geprüft müs·tert, -e, -en [müs·ter·te] *EW*
gerächt trüg·ge·taalt, -e, -en [trüg·ge·taal·te] *EW psy.*
gerade graod, -e, -en [grao·de] *EW*, liek, li·ke, -n *EW*, piel, pi·le, -n *EW*, piel·up *EW*, richt, -e, -en [rich·te] *EW*, risk, -e, -en [ris·ke] *EW*, (Haltung) strak, -s *EW*; effen *UW tem.*, jüst *UW tem.*
Gerade Graod, Gräö·de *w. tech.*
geradeaus liek·an *UW*, liek·to *UW*, liek·uut *UW*, richt·uut *UW*
geradeheraus liek·ha·ruut *UW*
geradewegs di·rek·te·mang *UW*, li·ke *UW*, liek·an *UW*, piel *UW*, richt·to *UW*, slank·wäg *UW*, straks *UW*
gerändert rän·nert, -e, -en [rän·ner·te] *EW*; **schwarz ~** swat·rän·nert, -e, -en [swat·rän·ner·te] *EW*
Geranie Gra·ni·e, -n *w. bot.*
Gerät Ge·rai, -·e *s. tech.*, Gräöt, -e [Gräö·te] *s. tech.*; **~ mit Funktionen** Ma·schien, Ma·schi·nen *w. tech.*
geraten 1. ge·rao·den *uZW*; 2. ge·raod, -·te, -·ten *EW*
Gerätschaft Re·schup *w. o.Mz. tech.*
geräumig ba·lü·sig, -e, -en [ba·lü·si·ge] *EW*, rü·mig, -e, -en [rü·mi·ge] *EW*
Geräusch Luut, Lüüt *m.*; **~ machen** rum·meln *ZW*; **ohne jedes ~** muks·müüs·ken·stil, -·le, -·len *EW*; **pfeifendes ~ machen** pi·pen *ZW*; **~ schneidender Werkzeuge** gnaos·tern *ZW tech.*
geräuschvoll luut, lu·te, -n *EW*

gerben giär·wen *ZW tech.*
Gerber Giär·wer, -s *m. tech.*
Gerberei Giär·we·ri, -·en *w. tech.*, Lau·e, Lai·e *w. tech.*
Gerberlohe Lau·e, Lai·e *w. tech.*
Gerbmittel Giärw·mid·del, -s *s. chem.*
Gerd Giärd *VN*
Gerede Kü·e·ri, -·en *w. psy.*, Kwa·te·ri, -·en *w. psy.*; **leeres ~** Ge·dööns *s. o.Mz. psy.*
geredet kü·ert, -e, -en [kü·er·te] *EW*; **hinter der Hand ~** gü·che·lig, -e, -en [gü·che·li·ge] *EW psy.*
Gereime Ri·me·ri, -·en *w. mus.*
Gereimtes Riem·sel, -s *s. mus.*
gereinigt rain, -e, -en [rai·ne] *EW hyg.*, *übertr.* blank, -e, -en [blan·ke] *EW hyg.*, *übertr.* wit, -·te, -·ten *EW hyg.*
gereizt knüe·te·rig, -e, -en [knüe·te·ri·ge] *EW psy.*
Gerhard Giärd *VN*; **kleiner ~** Giärd·ken *VN*
Gericht Ka·di *m. o.Mz. jur.*; **vor ~ bringen** an·klao·gen *ZW jur.*; **vor ~ gehen** klao·gen *ZW jur.*
Gerichtsangestellter Ak·te·var, -s *m. jur.*
Gerichtsplatz Tig·ge, -n *w. jur.*
Gerichtsschranke Bräd, Briä·der *s. tech. jur.*
Gerichtsvollzieher Pan·ne·man, Pan·ne·lü·de *m. jur.*, (abfällig) Pänd·ke·bäänd, -s *m. jur.*, Pand·dü·wel, -s *m. jur.* (scherh.)
Geriebenes Riëw·sel, -s *s.*
gering min, -·ne, -·nen *EW*; *übertr.* lu·sig, -e, -en [lu·si·ge] *EW*
geringfügig een biët·ken; **nur ~** (zu groß, zu klein) Sië·gen·haors·bred·te, n *w.*
Geringsein Min·sien *s. o.Mz.*
gerinnen schrao·en *ZW biol.*, stol·ten *ZW biol.*
Gerippe Knuo·ken·stel, -·le *s. med.*
gerissen laig, -e, -en [lai·ge] *EW psy.*, rië·ten, -e, -en [rië·te·ne] *EW*
Gerleve Ger·le·we *ON*
gern laiw, -e, -en [lai·we]

EW; **~ haben** laiw häb·ben *psy.*, li·den müë·gen *psy.*
gerne gään, gä·ne *UW*; **nicht ~** un·gään *UW*
Gernesser lä·te·gään, -s *m. kul.*
Geröll Grüës·pel *s. o.Mz.*; **zerkleinertes ~** Grut *s. o.Mz.*
gerollt rult, -e, -en [rul·ten] *EW*
geronnen (Milch) dik, dicke, -n [dik·ke] *EW biol.*
geröntgt düör·löch·tet, -e, -en [düör·löch·te·te] *EW tech.*
Gerste Giärst, -en [Giärs·ten] *w. bot.*
Gerstenbier (ohne Hopfen) Koit *s. o.Mz. kul.*
Gerstenbrot Giärs·te·braud, Giärs·te·brai·de *s. kul.*
Gerstengraupen na·ken Jün·ges·kes *Mz. kul.*
Gerstenkorn Giärs·ten·käörn, -s *s. bot., med.*, Kit·au·ge, Kit·ai·gen *s. med.*
Gerstenstroh Giärs·ten·strau *s. o.Mz. bot.*
Gerte; **ca. 2 m lange ~ aus Birke, Weide oder Eiche zum Binden der Buuske** Buus·ken·wië·de, -n *w. bot.*
gertroffen druo·pen, -e, -en [druo·pe·ne] *EW*
Gertrud Drü·ke *VN*, Drüüks·ken *VN*, Trau·di *VN*, Tru·de *VN*
Geruch Rüëk, -e [Rüë·ke] *m. biol.*; **durch ~ wahrnehmen** ru·ken *uZW*; **herber ~** Stunk *m. o.Mz. biol.*
Gerufe Ge·roop *s. o.Mz.*
Gerümpel Gam·mel *m. o.Mz.*, Schiet·kraom *m. o.Mz.*
Gerümpelkammer Rum·pel·ka·mer, -n *w. arch.*
Gerüst Rüst·wiärk, -e [Rüst·wiär·ke] *s. tech.*
gesalzen sol·ten, -e, -en [sol·te·ne] *EW kul.*
Gesamte Klum·patsch *m. o.Mz.*
Gesamtschule Samt·school, Samt·scho·le, -n *w. kult.*
Gesang Leed, Le·der *s. mus.*, Gesang, Sän·ge *m. mus.*, Sin·gen *s. o.Mz. mus.*; **leiernder ~** Sing·sang *m. o.Mz. mus.*; **wüster ~** Kri-

jööl, Kri·jö·len *s. mus.*
Gesangsleiter Kan·ter, -s *m.*
mus.
Gesäß Ääs, Ä·se *m. med.*,
Bak, Backen [Bak·ken] *w.*
med.
Geschabtes Schräp·sel *s.*
o.Mz.
Geschäft Kaup·mans·la·den,
Kaup·mans·lä·den *m. arch.*
fin., La·den, Lä·den *m.*
arch. fin.; **~ für Bekleidung**
Tüüg·la·den, Tüüg·lä·den *m.*
arch. fin.; **unehrliches ~**
Smiär·kraom *m. o.Mz. fin.*
geschäftig drok, drocke, -n
[drok·ke] *EW*; **sehr ~ sein**
übertr. üm·mer ächten un
vüörn sien
Geschäftigkeit Drok·te, -n
w.
Geschäftsführer (abfällig)
Ren·te·mes·ter, -s *m.*
Geschaukel Ge·suckel [Ge-
suk·kel] *s. o.Mz.*
geschehen af·spië·len *ZW*,
ge·schai·en *ZW*, pas·se·ern
ZW, to·gaon *uZW*, vüör-
gaon *uZW*
**Geschehen in der Vergan-
genheit** Ge·schicht, -en
[Ge·schich·ten] *w.*
gescheit klook, klo·ke, -n
EW psy., wies, wi·se, -n *EW*
psy.
Geschenk Ga·we, -n *w.*,
Giëw·sel, -s *s.*, Giwt, -en
[Giw·ten] *w.*; **~ bei Besuchen** Met·bräng·sel, -s *s.*
Gescher Ges·ker *ON*
Geschichte Ge·schicht, -en
[Ge·schich·ten] *w. mus.,
his.*; **alte ~** *Mz.* ol·le Ka-
mel·len
Geschichtetes Lao·ge, -n *w.*
geschichtlich ge·schicht·lik,
ge·schicht·licke, -n [ge-
schicht·lik·ke] *EW his.*
Geschick Fuk *m. o.Mz. psy.*,
Vö·slag, Vö·sliä·ge *m. psy.*
Geschicklichkeit Hän·nig-
kait *w. o.Mz.*
geschickt an·sliägsk, -e, -en
[an·sliägs·ke] *EW*, lai·fig, -e,
-en [lai·fi·ge] *EW*, pa·tent,
-e, -en [pa·ten·te] *EW*
geschieden schet, -·te, -·ten
EW; **~ sein** uut·e·neen sien
Geschimpfe Schim·pe·ri,
-·en *w. psy.*
Geschirr Ge·rai, -·e *s. tech.*,

Küë·ken·ge·rai, -·e *s. tech.*;
~ pflegen (z.B. von Pferden)
spat·teln *ZW tech.*; **~ reinigen** up·was·ken *ZW hyg.*
Geschirrschrank Küë·ken-
schap, Küë·ken·schiä·pe *s.*
tech.
Geschirrwaschen Schüë-
del·was·ken *s. o.Mz. hyg.*
geschlachtet slacht, -e, -en
[slach·te] *EW med.*
**Geschlecht, abfällig für das
weibliche ~** Gräs·mi·ge, -n
w.
Geschlechtsteil Ge·mächt,
-e [Ge·mäch·te] *s. med.*;
**männliches ~ bei Huftie-
ren** Ge·hän·ge *s. med.*
**Geschlechtsverkehr; ~ ha-
ben** *übertr.* up de Naod
lig·gen *med.*
geschliffen slië·pen, -e, -en
[slië·pe·ne] *EW tech.*
geschlossen to, -·e, -·en *EW*
Geschmack Smaak, Smiä-
ke *m. kul., psy.*; **gut im ~**
smaak·lik, smaak·licke, -n
[smaak·lik·ke] *EW kul.*; **ohne ~** lab·be·rig, -e, -en [lab-
be·ri·ge] *EW kul.*
geschmacklos laf, -·fe, -·fen
EW kul.
geschmackvoll smaak·lik,
smaak·licke, -n [smaak·lik-
ke] *EW kul.*
Geschmeide Büm·sel, -s *s.*
geschmeidig kwel, -·le, -·len
EW, smi·dig, -e, -en [smi·di-
ge] *EW*, smööd, smö·de,
-n *EW*
Geschmeidiges Smööds
s. o.Mz.
Geschmiersel Smiär·kraom
m. o.Mz.
geschmiert fet, -·te, -·ten *EW*
tech., in·fet, -·te, -·ten *EW*
tech.
geschmolzen mol·ten, -e,
-en [mol·te·ne] *EW*
Geschmolzenes Mol·te, -n
w. tech.
geschmort smöört, -·e, -·en
[smöör·te] *EW*
Geschnatter Ge·sna·ter, -s
s.
geschnitten snië·den, -e, -en
[snië·de·ne] *EW*
Geschoss Bli *s. o.Mz. mil.*,
Gra·nao·te, -n *w. mil.*, Kuë-
gel, -n *w. mil.*
Geschrei Böl·ke·ri, -·en *w.*,

Kra·kail *s. o.Mz.*, Kri·jööl, Kri-
jö·len *s.*, Schrain *s. o.Mz.*
geschrieben schrië·wen, -e,
-en [schrië·we·ne] *EW*
geschrumpft schrum·pe·lig,
-e, -en [schrum·pe·li·ge] *EW*
Geschütz Ka·nun, -·nen *w.*
mil. tech.
geschützt sië·ker, -e, -en
[sië·ke·re] *EW*
Geschwader Trop, Tröp·pe
m. mil.
geschwängert be·slao·pen,
-e, -en [be·slao·pe·ne] *EW*
med.
Geschwätz Kwa·ter·di·kwa-
ter, -s *s. psy.*, Lü·de·kü·e·ri
w. o.Mz. psy., Snacke·ri, -·en
[Snak·ke·ri] *w. psy.*; **Dummes ~!** Kwa·ter·di·kwa·ter!
psy.
geschwätzig täd·de·rig, -e,
-en [täd·de·ri·ge] *EW psy.*
geschwind gau, -·e, -·en *EW*
Geschwindigkeit Gau·ig-
kait, -en [Gau·ig·kai·ten] *w.*,
Tacken [Tak·ken] *m. o.Mz.*
**Geschwisterkind; jüngeres
~** Krot·te, -n *w.*
Geschworener Bi·sit·ter, -s
m. jur.
Geschwulst Knucht, Knücht
m. med.
Geschwür Swiär, -s *s. med.*
Gesecke Gai·se·ke *ON*
gesegnet siängt, -e, -en
[siäng·te] *EW rel.*
gesehen glië·pen, -e, -en
[glië·pe·ne] *EW*
Geseke Gai·se·ke *ON*
Geselle (abfällig) Kon·sor-
te, -n *m.*
gesellig; ~e Gruppe Kring,
-s *m.*
Gesellschaft Ge·laog, Ge-
lää·ge *s.*, Kum·pe·ni, -·en *w.*
(*frz.* compagnie), Sel·schup,
-·pen *w.*
gesenkt; nach vorn ~ vüör-
daal *EW*
Gesetz Ge·sät, -·te *s. jur.*,
Uor·der, Üör·ders *s. jur.*
gesichert af·sië·kert, -e, -en
[af·sië·ker·te] *EW*, sië·ker,
-e, -en [sië·ke·re] *EW*
Gesicht Ge·sicht, -er [Ge·sich-
ter] *s. med.*; (abfällig) Map-
pe, -n *w. med.*; **ins ~ schlagen** wat an'ne Map·pe haun;
fettes ~, aufgedunsenes ~
Smolt·kop, Smolt·köp·pe *m.*

med.; **breites rundes** ~ Pan·ko·ken·ge·sicht, -er [Pan-ko·ken·ge·sich·ter] *s. med.*; **zweites** ~ Vüör·be·driewt, -en [Vüör·be·driew·ten] *w. psy.*

Gesimse Mü·er·band, Mü·er·bän·ner *s. arch.*

Gesinde Dänst·lü·de *Mz.*

Gesindel (Johann Hagel und seine Gesellschaft) Jan·ha-gel *s. o.Mz. psy.*

Gesinnung Sin, -·ne *m. psy., pol.*

Gesmold Ges·sem *ON*

Gesöff Ge·süép, -s *s. o.Mz. kul.*, Plör·re, -n *w. kul.*

Gespaltenes (z.B. Holz) Spli-te, -n *w. tech.*

Gespann Span, -·ne *s. trans.*

gespannt nies·gi·rig, -e, -en [nies·gi·ri·ge] *EW psy.* ni-pen *EW*

Gespenst Grüül *s. o.Mz. psy.*, Spöök, Spö·ke *m. psy.*

Gespensterseher Spö·ken-ki·ker, -s *m. psy.*

gesponnen spun·nen, -ne, -nen *EW tech.*

Gespött Spi·jöök, -s *s. psy.*

Gespräch Ge·spräök, -e [Ge-sprää·ke] *s.*, Praot, Präö·te *m.*, Praol, Präö·le *s.*; **an einem** ~ **beteiligen** met-prao·ten *ZW*; **ins** ~ **kommen** an't Kü·ern kue·men; **kleines** ~ Klöön, -s *m.*; **kurzes** ~ Präöt·ken, Präöt-kes *s.*, Snak, -s *m.*

gesprächig kü·ersk, -e, -en [kü·ers·ke] *EW psy.*; ~ **durch Alkoholgenuss** kü·er·dik, kü·er·dicke, -n [kü·er·dik·ke] *EW med.*; **Getränk, das** ~ **macht** Kü·er·wa·ter, Kü·er-wä·ters *s. kul.*; **wenig** ~ *übertr.* to·knöpt, -e, -en [to-knöp·te] *EW psy.*

gespreizt be·sipt, -e, -en [be-sip·te] *EW*

gesprenkelt spin·ke·lig, -e, -en [spin·ke·li·ge] *EW*

Gestalt Fat·suun *m. o.Mz.* (frz. façon), Fuom, Füöm *w.*, Po·sen·tuur, Po·sen·tu-ren *w.*

Geständnis Bich·te, -n *w.*; **ein** ~ **ablegen** bich·ten *ZW, übertr.* uut·packen [uut·pak-ken] *uZW*

Gestank Stunk *m. o.Mz. biol.*

gestatten gün·nen *ZW*

Geste Ru·mö·de, -n *w. psy.*

Gestell Stel, -s *s. tech.*; **hölzernes** ~ Britsk, -e, -en [Brits·ke] *w. tech.*, Jüék, -s *s. tech.*

gestellt (gut oder schlecht) sit·te·we·ert, -e, -en [sit·te-we·er·te] *EW* (frz. situé)

Gestern Gis·ten *s. o.Mz. tem.*

gestern gis·ten *UW tem.*

gestikulieren met Han·den priä·gen

gestikulieren rüm·fu·cheln *ZW*

Gestirn Stään, Stä·ne *m. astr.*

gestohlen daiwt, daiw·te, -n *EW jur.*, stuo·len, -e, -en [stuo·le·ne] *EW jur.*

gestopft stop·de·vul, -·le, -·len *EW*

gestorben af·liäwt, -e, -en [af·liäw·te] *EW med.*, daud, -e, -en [dau·de] *EW med.*, rips, -e, -en [rip·se] *EW med.* (lat.: requiescant in pace sempiterna), vö·stuo·wen, -e, -en [vö·stuo·we·ne] *EW med.*

gestreift striè·pen, -e, -en [striè·pe·ne] *EW*

Gestreite Stri·de·ri, -·en *w. psy., jur.*

Gestreutes Strai·sel, -s *s.*

Gestrüpp Strüp, -·pen *s. bot.*, Un·ner·holt, Un·ner·höl·ter *s. bot.*

Gestüt Piär·de·tucht, -en [Piär·de·tuch·ten] *w. zool. agr.*

Gesuch In·ga·we, -n *w.*

gesund freed, fre·de, -n *EW med.*, *bot.*, gaiw, -e, -en [gai·we] *EW bot.*, kriè·gel, -e, -en [kriè·ge·le] *EW med., übertr.* dral, -·le, -·len *EW med.*; **bleib** ~ hol di fucht *med.*; ~ **machen** kur·re·ern *ZW med.* (ital. curare); ~ **sein** *übertr.* guét up'n Dam sien *med.*; ~ **werden** *übertr.* in 'ne Pin·ne kue·men *med.*; **wieder** ~ **sein** biä·ter sien *med.*, wi·er guét sien *med.*; **wieder** ~ **werden** wi·er guét wä·ern *med.*

gesunden *übertr.* grö·nen *ZW med.*

gesundet kur·re·ert, -e, -en

[kur·re·er·te] *EW med.*

Gesundheit Sund·hait *w. o.Mz. med.*

gesundheitlich angeschlagen sein *übertr.* gaas van'n Striék sien *med.*

Gesundheitsbuch Dok·ter-book, Dok·ter·bö·ker *s. med.*

gesundmachen he·len *ZW med., übertr.* in'ne Pin·ne hel·pen *med.*

Gesundung Biä·te·rung, -en [Biä·te·run·gen] *w. med.*

Getöse Luut, Lüüt *m.*, Klang, Klän·ge *m.*, Rumps, Rümp-se *m.*

getragen (Kleidung) halw-sliè·den, -e, -en [halw·sliè-de·ne] *EW*

Getränk Drank, Drän·ke *m. kul.*; **alkoholische** ~**e zu sich nehmen** *übertr.* de Niér·se in't Nat·te häb·ben *kul.*; **brausendes** ~ Bruus, Bru·sen *w. kul.*; **ein alkoholisches** ~ **bereitstehen haben** e·nen kolt·staon häb-ben; ~ **probieren** nip·pen *ZW kul.*; **süßes** ~ *übertr.* Han·nig·wa·ter, Han·nig·wä-ters *s. kul.*; **wenig schmack-haftes** ~ Jül·le *w. o.Mz. kul.*; Plör·re, -n *w. kul.*; -**e** Drin-kens·wiärk *s. o.Mz. kul.*

Getreide Kaorn, Käörns *s. bot.*; **grob gemahlenes** ~ Schroot *s. o.Mz. agr.*; **lee-re Hülsen des** ~**s** Kaf *s. o.Mz. agr.*; **liegendes frucht-loses** ~ (besonders Rog-gen) Blü·se, -n *w. bot.*; **zu einem großen Haufen auf-geschichtetes ungedro-schenes** ~ Käörn·bült, -e [Käörn·bül·te] *m. agr.*

Getreideernte Aarnt, -en [Aarn·ten] *w. agr.*

Getreidehalm Käörn·spier, -s *m. bot.*

Getreidehocke Rich·te, -n *w. agr.*, Stiè·ge, -n *w. agr.*; ~ **aufsetzen** Stiè·ge up·sät-ten *agr.*, Up·sti·gen *s. o.Mz. agr.*

Getreidemüller Maol·möl-ler, -s *m. agr. tech.*, Miäl·möl-ler, -s *m. agr. tech.*

Getreidereiniger Wan·ne-müél, -en [Wan·ne·müé·len] *w. tech.*; ~ **betätigen** wan-nen *ZW agr.*

Getreideschnaps Kaorn, Käörns *m. kul.*
getrennt sein uut·e·neen sien
getreu trü, -·e, -·en *EW*
Getriebe Riä·der·wiärk, -e [Riä·der·wiär·ke] *s. tech.*
Getriebekasten Riä·der·huus, Riäderhüser *s. tech.*
getrieben drië·wen, -e, -en *EW*; wie ~ dri·wens *UW*
getrocknet drüügt, -e, -en [drüüg·te] *EW*
getrübt blin·ne·rig, -e, -en [blin·ne·ri·ge] *EW tech.*
Getue Bo·hai *s. o.Mz.*, Do·e·ri *w. o.Mz.*, Ge·do *s. o.Mz.*, Ge·dööns *s. o.Mz.*; lächerliches zärtliches ~ Dao·me·le·ri, -·en *w. psy.*; unnützes ~ A·pe·ri, -·en *w. psy.*
Getümmel Ge·wööl *s. o.Mz.*
Getummel Kal·we·ri, -·en *w.*
Gevatter Vad·der, Väd·ders *m.*
Gewächs Plan·te, -n *w. bot.*, Up·was, Up·wäs·se *m. bot.*; eigenes, besonders hohes ~ E·gen·was, E·gen·wäs·se *m. bot.*
gewachsen was·sen, -e, -en [was·se·ne] *EW biol.*; hoch ~ up·schuo·ten, -e, -en [up·schuo·te·ne] *EW biol.*
Gewächshaus Glas·huus, Glas·hü·ser *s. arch. agr.*, Driew·huus, Driew·hü·ser *s. tech. agr.*
gewachst wast, -e, -en [was·te] *EW tech.*
gewahr ge·waor; ~ werden ge·waor wä·ern, spitsk·kri·gen *uZW*
gewähren ge·wä·ern *ZW*
Gewährsmann Guët·säg·ger, -s *m.*
Gewalt Ge·wolt, -en [Ge·wol·ten] *w.*, Maak *w. o.Mz.*; in der ~ haben *übertr.* in'ne Maak häb·ben
Gewaltherrscher Wiält·briä·ker, -s *m. pol.*
gewaltig bar·baarsk, -e, -en [bar·baars·ke] *EW*, ge·wöl·lig, -e, -en [ge·wöl·li·ge] *EW*
Gewand Liw·rai, -s *s. (frz.* livrée), Wand, Wän·ne *s.*
gewandt lai·fig, -e, -en [lai·fi·ge] *EW*, prik, pricke, -n [prik·ke] *EW*, swank, -e, -en [swan·ke] *EW*
Gewässer Wa·ter, Wä·ters

s. geol.
Gewebe Dook, Döker *s. tech.*, Ge·wiä·we *s. o.Mz.*; kunstfertiges ~ Beld·dook, Beld·dö·ker *s. tech.*; netzartiges ~ Tül, -·le *m. tech.*
gewebt wiäwt, -e, -en [wiäw·te] *EW tech.*
Gewehr Bal·ler·man, Bal·ler·män·ner *m. mil.*, Büs·se, -n *w. mil.*, Ge·wiär, -e [Ge·wiä·re] *s. mil.*, Pul·wer·sta·ken, -s *m. mil.*, Püüs·ter, -s *m. mil.*, Schait·knüë·pel, -s *m. mil.*; ~ für 6-mm-Geschosse Ses·mil·li·me·ter, -s *m. mil.*, Sniärk, -s *s. mil.*; Zielpunkt am ~ Kaorn, Käörns *s. tech.*
Gewehrkugel Kuë·gel, -n *w. tech.*
geweidet griäst, -e, -en [griäs·te] *EW agr.*
Geweih Gaw·wel, -n *w. zool.*
geweiht wi·et, -e, -en [wi·e·te] *EW rel.*
geweint grië·nen, -e, -en [grië·ne·ne] *EW psy.*
Gewerbe Ge·wiär·we *s. o.Mz.*
Gewerbeaufsichtsamt Ge·wiär·we·amt, Ge·wiär·we·iäm·ter *s. tech.*
gewesen wäst *EW*, wie·den *EW*
gewichst wist, -e, -en [wis·te] *EW tech.*
Gewicht Swaör·de, -n *w. tech.*, Wigt, -e [Wig·te] *s. tech.*; ~ vermindern af·nie·men *uZW med.*
gewichtig pün·nig, -e, -en [pün·ni·ge] *EW*, swaor, -e, -en [swao·re] *EW*
gewildert wild·daiwt, -e, -en [wild·daiw·te] *EW jur.*
Gewimmel Ge·wiëm·sel *s. o.Mz.*
Gewinde Ge·win·ne, -n *s. tech.*, Schru·wen·gang, Schru·wen·gän·ge *m. tech.*
Gewindebohrer Ge·win·ne·buor, Ge·win·ne·büörs *m. tech.*
Gewindekluppe Snied·i·sen, -s *s. tech.*
Gewindesteigung Schru·wen·gang, Schru·wen·gän·ge *m. tech.*
Gewinn Rai·bach *m. o.Mz. fin.*, Vö·dänst, -e [Vö·däns·te] *m. fin.*; ~ bringen af·smi·ten *uZW fin.*, das bringt

keinen ~ dao bliw niks an han·gen *fin.*; ~ machen in·sacken [in·sak·ken] *ZW fin.*
gewinnbringend ren·te·er·lik, ren·te·er·licke, -n [ren·te·er·lik·ke] *EW fin.*
gewinnen win·nen *uZW fin.*, *psy., spo.*; alle Karten im Kartenspiel ~ *übertr.* Düörmarsch, Düör·miär·sche *m. spo.*
Gewinner Win·ner, -s *m. fin., psy., spo.*
gewinnsüchtig schrap·pig, -e, -en [schrap·pi·ge] *EW psy.*
gewiss al·le·maol *UW*, a·pat *UW*; klaor, -e, -en [klao·re] *EW*, sië·ker·lik, sië·ker·licke, -n [sië·ker·lik·ke] *EW*, wis, -·se *EW*; ganz ~ wis·se noog; ja ~ wis·se·wul *UW*
Gewissen Ge·wië·ten *s. o.Mz. psy.*; ins ~ reden *übertr.* in't Ge·bäd nië·men *psy.*
gewissenhaft ge·wië·ten·haft, -e, -en [ge·wië·ten·haf·te] *EW psy.*
Gewissenserforschung machen sien Ge·wië·ten fraogen *psy., rel.*
gewissermaßen so·to·säg·gen *UW*
Gewitter Dun·ner·wiär, -s *s. met.*, Grum·mel·schu·er, -s *s. met.*
gewittern dun·nern *ZW met.*
Gewitterregen Grum·mel·schu·er, -s *s. o.Mz. met.*
Gewitterwolke Grum·mel·taon, Grum·mel·täö·ne *m. met.*
gewitzt klüf·tig, -e, -en [klüf·ti·ge] *EW psy.*, lai·fig, -e, -en [lai·fi·ge] *EW psy., übertr.* glat äs'n Aol *psy.*
gewöhnen ge·wüë·nen *ZW psy.*, wië·nen *ZW psy.*, wüë·nen *ZW psy.*
Gewohnheit An·wiën·sel, -s *s. psy.*, Bruuk, Brü·ke *m. psy.*, Ge·wüën·hait, -en [Ge·wüën·hai·ten] *w. psy.*, Mood, Mo·den *w. psy.*, Trant *m. o.Mz. psy.*; zur ~ werden lassen an·wüë·nen *ZW psy.*
gewöhnlich ge·me·en, al·ge·me·ne, -n *EW*, ge·wüën·lik, ge·wüën·licke, -n [ge·wüën·lik·ke] *EW*, nor·maal,

nor·ma·le, -n *EW*; miärst *UW*

gewohnt ge·wüent, -e, -en [ge·wüen·te] *EW psy.*

Gewölbe Buo·gen·diek, -en [Buo·gen·die·ken] *w. arch.*, Kop·pel, -n *w. arch.*, Keller, -s *m. arch.*

gewölbt, nach außen ~ buukt, -e, -en [buuk·te] *EW*

gewonnen wun·nen, -·ne, -·nen *EW*

Gewühl Ge·wööl *s. o.Mz.*

Gewürz Krü·de·ri *w. o.Mz. kul.*

Gewürzpflanze Kruud, Krü·der *s. bot.*

Gezänk Käb·be·le·ri, -·en *w. psy.*

Gezanke San·ke·ri, -·en *w. psy.*

Gicht Gicht *w. o.Mz. med.*

Giebel Gië·wel, -s *m. arch.*; **Verbretterung der ~- Dachkante** Wind·fiä·der, -n *w. arch.*

Giebelfach Bal·ken·fak, Balken·fiä·ker *s. arch.*

Giebelseite (des Hauses) Gië·wel·si·te, -n *w. arch.*

Giebelspitze Gië·wel·top, Giëwel·töp·pe *m. arch.*

gierig vö·friä·ten, -e, -en [vö·friä·te·ne] *EW psy. kul.*; **~ sein** *übertr.* lik·mu·len *ZW psy.*, dän Hals nich vul·kri·gen küënen *psy.*

Giersch (Wildkraut) Gä·sek *s. o.Mz. bot.*

gießen gai·ten *uZW*, (Regen) gal·lern *ZW met.*, plad·dern *ZW met.*, püt·ken *ZW*; **mit der Gießkanne ~** bru·sen *ZW*; **nachlässig ~** püët·ken *ZW*

Gießer Gai·ter, -s *m. tech.*

Gießerei Gai·te·ri, -·en *w. tech.*

Gießkanne Gai·ter, -s *m. tech.*

Gievenbeck Gië·wen·biëk *ON*

Gift Gift, -e [Gif·te] *s. chem.*, Vö·niën *m. und s. o.Mz. psy.*

giftig gif·tig, -e, -en [gif·ti·ge] *EW chem.*, vö·nië·nig, -e, -en [vö·nië·ni·ge] *EW psy.*

Gig (leichter zweirädriger Wagen) Gik, -s *s. trans.*

Gilde Gil·le, -n *w.*

Gildehaus Gil·huus *ON*

Gildemeister Gil·le·mes·ter,

-s *m.*

Gildeordnung Gil·le·uor·der, Gil·le·üör·ders *w.*

Gimbte Gimb·te *ON*

Gimpel Blood·fink, -en [Bloodfin·ken] *m. zool.*, Güld·fink, -en [Güld·fin·ken] *m. zool.*

Ginster Braom, Bräöms *m. bot.*

Ginsterstrauch Braom·busk, Braom·büske *m. bot.*

Gipfel Spits·ke, -n *w. geol.*

Gischt Schuum, Schü·me *m.*

Gitter Ge·lind, Ge·lin·ner *s. tech.*, Stan·ket, -·te *s. tech.*

Gitterbettchen Tral·gen·bedken, Tral·gen·bed·kes *s. tech.*

Gitterrad Has·pel, -n *s. tech.*

Gitterstab Tral·ge, -s *w. tech.* (frz. treillis)

Glacéhandschuh Gla·san·te, -n *w. tech.*

Glandorf Glan·drup *ON*

Glandorfer Glan·drup·per, -s *m.*

Glanz Gläm·mer *m. o.Mz.*, Glans *m. o.Mz.*; **ohne ~ blind,** blin·ne, -n *EW tech.*

glänzen blän·kern *ZW*, glämmern *ZW*, schi·nen *uZW*

glänzend blank, -e, -en [blan·ke] *EW*, gläm·me·rig, -e, -en [gläm·me·ri·ge] *EW*; **nicht ~** stump, -e, -en [stumpe] *EW*

Glanzseide Glans·si·de, -n *w. tech.*

Glanzwichse Glans·wik·se, -n *w. tech.*

Glas Glas, Gliä·ser *s. tech.*; **aus ~** gla·sen, -e, -en [glase·ne] *EW tech.*

Glasbild Glas·beld, Glasbel·ler *s. mus.*

Glasbläser Glas·bliä·ser, -s *m. tech.*

Gläschen Gläs·ken, Gläskes *s. tech.*

Glaser Gliä·ser, -s *m. tech.*

gläsern gla·sen, -e, -en [glase·ne] *EW tech.*

Glashaus Glas·huus, Glashü·ser *s. arch.*

glasieren e·mal·ge·ern *ZW tech.*

Glasscheibe Glas·schi·we, -n *w. tech.*

Glasur E·mal·ge, -n *w. tech.*

glatt glat, -·te, -·ten *EW*, glibbe·rig, -e, -en [glib·be·ri·ge] *EW*, glits·ke·rig, -e, -en [glits-

ke·ri·ge] *EW*, klits·ke·rig, -e, -en [klits·ke·ri·ge] *EW*; **~ ziehen** liek·trek·ken [liek-trek·ken] *uZW*

Glättbank Fiä·ge·bank, Fiäge·bän·ke *w. tech.*

Glätte Glat·tig·kait *w. o.Mz.*

Glatteis Glat·ies *s. o.Mz. met.*

glätten plät·ten *ZW*, (von Holz) fiä·gen *ZW tech.*, slipen *uZW tech.*, stri·ken *uZW*, liek·trecken [liek·trek·ken] *uZW*

Glatze Kaal·kop, Kaal·köppe *m. med.*, Plä·te, -n *w. med.*

Glaube Glai·wen *s. o.Mz. rel., psy.* ; **~n schenken** tru·en *ZW psy.*

glauben af·nië·men *uZW psy.*, glai·wen *uZW rel., psy.*, mai·nen *ZW psy.*; **das glaube ich dir!** dat niëm ik di af! *psy.*

glaubend glai·wend, -e, -en [glai·wen·de] *EW rel.*

Glaubensbruder Glai·wensbro·er, Glai·wens·brö·ers *m. rel.*

gläubig glai·wend, -e, -en [glai·wen·de] *EW rel.*, glaiwig, -e, -en [glai·wi·ge] *EW rel.*

Gläubige(r) Glai·wi·ge, -n *m., w. und s. rel.*

gleich eens *EW*, e·gaol, -e, -en [e·gao·le] *EW*, e·gäö·lik, e·gäö·licke, -en [e·gäö·lik·ke] *EW*, gliek, gli·ke, -n *EW*, kwit (sien) *EW*; **füst** *UW tem.*, glieks *UW tem.*, li·ke *UW*; **~ viel** li·ke viël; **das ist genau ~** dat döt sik niks

Gleichberechtigung Gliekbe·räch·ti·gung *w. o.Mz. jur.*

gleichbleibend e·gaol·wäg *UW*

gleiche söl·wig, -e, -en [söl·wi·ge] *EW*

gleichen gli·ken *uZW*, li·ken (up) *ZW*; **jemd. ~** up e·nen gaon, gli·ken up

gleichermaßen liek·wies *UW*

Gleichgesinnter (abfällig) Kon·sor·te, -n *m.*

Gleichgewicht Blan·se·e·rung, -en [Blan·se·e·run·gen] *w. (frz. balance)*, Gliek·ge·wigt, -e [Gliek·ge·wig·te] *s*, Liek·wigt, -e [Liek·wig·te] *s.*;

im ~ **halten** blan·se·ern ZW
(frz. balancer); im ~ **sein**
übertr. in'ne Wao·ge sien
gleichgültig een·doon EW,
e·gaol, -e, -en [e·gao·le] EW;
das ist jemd. ~ **dat is een**
Doon
Gleichheit Gliek·hait, -en
[Gliek·hai·ten] w.
gleichlaufend gliek·lau·pend,
-e, -en [gliek·lau·pen·de] EW
gleichmachen liek·ma·ken
uZW
gleichmäßig eens·wäg EW,
e·gaol, -e, -en [e·gao·le] EW,
gliek·mäö·tig, -e, -en [gliek-
mäö·ti·ge] EW, iä·ben·mäö-
tig, -e, -en [iä·ben·mäö·ti-
ge] EW
Gleichnis Bi·spiël, -e [Bi-
spië·le] s., Liek·nis, -se s.
gleichviel liek·viël, -e, -en
[liek·vië·le] EW
gleichweit iä·ben·wied, iä-
ben·wi·de EW
gleichzeitig gliek·ti·tig, -e,
-en [gliek·ti·ti·ge] EW tem.;
met eens tem., met·eens
UW tem., to·gliek UW tem.;
mehrere Dinge ~ machen
übertr. bras·seln ZW
gleichziehen liek·trecken
[liek·trek·ken] uZW
Gleis Ge·lais, -e [Ge·lai·se]
s. trans., I·sen·wäg, I·sen-
wiä·ge m. trans., Spuor,
Spüors s. trans.
gleiten flup·pen ZW, gli·den
uZW, sche·sen ZW, (auf
Eis) glün·nern ZW; **über**
das Wasser ~ (von flachen
Steinen) klits·ken ZW
Glied Knuok, -en, -ens [Knuo-
ken] m. med., Let, -s s.
med., tech., Liëd, -s s. med.;
männliches ~ (derb) Strüë-
mel, -s m. med.
Gliedmaß Kau·te, -n w. med.
glimmen glüm·ken ZW,
glum·men ZW
Glimmer Gläm·mer m. o.Mz.
glitschig glib·be·rig, -e, -en
[glib·be·ri·ge] EW, klits·ke-
rig, -e, -en [klits·ke·ri·ge] EW
glitzern blän·kern ZW, glämmern ZW
glitzernd gläm·me·rig, -e, -en
[gläm·me·ri·ge] EW
Glöckchen Klöks·ken, Klöks-
kes s. tech.
Glocke Bim·mel, -n w. tech.,

Klok, Klocken [Klok·ken] w.
tech.; ~ **die zur Messfeier**
ruft Mis·se·klok, Mis·se-
klocken w. tech. rel.
Glockenblume Klocken·blo-
me, -n w. bot.
Glockengeläut Klocken·lü-
den [Klok·ken·lü·den] s.
o.Mz. mus., Klocken·sang,
Klocken·sän·ge [Klok·ken-
sang] m. mus.
Glockengießen Klocken·gai-
ten [Klok·ken·gai·ten] s. o.Mz.
tech.
Glockengießer Klocken·gai-
ter, -s [Klok·ken·gai·ter] m.
tech.
Glockengießerei Klocken-
gai·te·ri, -·en w. tech.
Glockenhaus Klocken·huus,
Klocken·hü·ser [Klok·ken-
huus] s. arch.
Glockenheide Bes·sen·haid
w. o.Mz. bot., Dop·haid w.
o.Mz. bot.
Glockenklang Klocken-
klang, Klocken·klän·ge [Klok-
ken·klang] m.; Klocken-
sang, Klocken·sän·ge [Klok-
ken·sang] m.
Glockenklöppel Bam·mel,
-s m. tech., Püm·mel, -s m.
tech.
Glockenmantel Klocken·man-
tel, Klocken·män·tel [Klok-
ken·man·tel] m. tech.
Glockenschlag Klocken-
slag, Klocken·sliä·ge [Klok-
ken·slag] m.
Glockenspiel Klocken·spiël,
-e [Klok·ken·spië·le] s. mus.
Glockenstrang Klocken-
strang, Klocken·strän·ge
[Klok·ken·strang] m. tech.,
Klocken·seel, Klocken·se·le
[Klok·ken·seel] s. tech.
Glockenstuhl Klocken·stool,
Klocken·stö·le [Klok·ken-
stool] m. tech.
Glockenturm Klocken·taon,
Klocken·täö·ne [Klok·ken-
taon] m. arch.; **freistehen-**
der ~ Klocken·huus, Klok-
ken·hü·ser [Klocken·huus]
s. arch.
Glöcklein Klöks·ken, Klöks-
kes s. tech.
Glöckner Klök·ner, -s m.
glorreich glo·ri·oos, glo·ri-
o·se, -n EW
glotzäugig kölp·ai·gig, -e,

-en [kölp·ai·gi·ge] EW med.
glotzen glu·pen ZW, köl-
pern ZW
Glück Glük s. o.Mz., Mas-
sel m. o.Mz.; ~ **im Unglück**
haben up de Fö·te fal·len;
großes ~ haben übertr.
met't Gat in'ne Buo·ter fallen; **kleines ~** Pit·lip·schans,
-en [Pit·lip·schan·sen] w. (frz.
la petite chance); **unver-**
dientes ~ übertr. Du·sel
m. o.Mz. fin., psy.
Glucke Klucke, -n [Kluk·ke]
w. zool.
glücken glücken [glük·ken]
ZW, klap·pen ZW, met·fal·len
uZW; **nicht ~** scheew·gaon
uZW, übertr. in'ne Büks gaon
glucken klucken [kluk·ken]
EW
gluckern klucken [kluk·ken]
EW
glücklich glük·lik, glük·licke, -n
[glük·lik·ke] EW psy., helk,
-e, -en [hel·ke] EW psy.,
siä·lig, -e, -en [siä·li·ge] EW
psy.; ~ **sein** sik frai·en
psy.
glücklicherweise glük·licker-
wi·se [glük·lik·ker·wi·se] UW
glückselig glük·siä·lig, -e, -en
[glük·siä·li·ge] EW psy.
Glückseligkeit Glük·siä·lig-
kait, -en [Glük·siä·lig·kai·ten]
w. psy.
glucksen blob·bern ZW,
klucken [kluk·ken] EW
Glückspfennig Glüks·pen-
ning, -e [Glüks·pen·nin·ge]
m. fin.
Glücksspiel Glüks·spiël, -e
[Glüks·spië·le] s. spo.; ~
mit Würfeln Döp·ken·spiël,
-e [Döp·ken·spië·le] s. spo.
Glücksspieler Döp·ken·spië-
ler, -s m. spo.
Glückwunsch; Glückwün-
sche zu Neujahr über-
bringen (Brauch in der Sil-
vesternacht) dat ni·e Jaor
af·win·nen
glühen briä·nen uZW, glai-
en ZW, glum·men ZW;
leicht ~ üë·meln ZW
glühend glai·nig, -e, -en
[glai·ni·ge] EW
glühendrot glai·ni·graud, -e,
-en [glai·nig·rau·de] EW
Glühlampe Biärn, -en [Biär-
nen] w. tech.

Glühwürmchen Gläm·wuorm, Gläm·wüör·mer *m. zool.*; Glum·wüörm·ken, Glum·wüörm·kes *s. zool.*

Glut Gloot, Glo·ten *w.*; **kleiner Behälter mit ~ (z.B. zum Wärmen der Füße)** Fü·er·stööw·ken, Fü·er·stööw·kes *s. tech.*

glutrot brand·fosd, -e, -en [brand·fos·de] *EW*, glootraud, -e, -en [gloot·rau·de] *EW*

Gnade Gnao·de, -n *w. psy., jur.*

Gnadenbild Gnao·den·beld, Gnao·den·bel·ler *s. rel.*

Gnadenbrot Gnao·den·braud, Gnao·den·brai·de *s. kul.*

gnädig gnäö·dig, -e, -en [gnäö·di·ge] *EW psy.*

Gold Güld *s. o.Mz. chem.*; **falsches ~** Kat·ten·güld *s. o.Mz.*; **Menge an ~** Güldhaup, Güld·hai·pe *m.*

Goldammer Giäl·gais·ken, Giäl·gais·kes *s. zool.*

Goldamsel Wi·gel·wa·gel, -n *m. zool.*

Golddorf Güld·duorp, Gülddüör·per *s.*

golden gül·len, -e, -en [gülle·ne] *EW*

Goldfliege Güld·flai·ge, -n *w. zool.*

goldgelb gül·len·giäl, -e, -en [gül·len·giä·le] *EW*

Goldgräber Güld·griä·wer, -s *m. tech.*

Goldhaufen Güld·haup, Güldhai·pe *m.*

Goldlack Gül·lak, Gül·lacken [Gül·lak·ken] *m. bot.*

Goldmedaille Güld·me·dalge, -n *w. spo.*

Goldmünze (Geldstück von fünf Goldmark) Giäl·gaisken, Giäl·gais·kes *s. fin.*

Goldschmied Güld·smet, -s *m. tech.*

Goldstaub Güld·stow, Güldstüö·we *m. tech.*

Goldtaler Güld·da·ler, -s *m. fin.*

Goldwaage Güld·wao·ge, -n *w. tech.*

gönnen gün·nen *ZW psy.*, vö·gün·nen *ZW psy.*; **das gönnt er sich davon** dat nimp he sik dao·van run-
ner

Gönner Gün·ner, -s *m. psy.*

Göpel Gö·bel, -s *m. tech.*; **Mittelachse des ~s** Gö·belas·se, -n *w. tech.*, Gö·belbaum, Gö·bel·bai·me *m. tech.*

Göpelbaum Gö·bel·baum, Gö·bel·bai·me *m. tech.*

Göpelkette Gö·bel·kië·de, -n *w. tech.*

Göpelwerk Gö·bel·wiärk, -e [Gö·bel·wiär·ke] *s. tech.*

Gosse Gaus·ke, -n *w.*, Guote, -n *w.*

Gossendreck Guo·ten·drek *m. o.Mz.*

Gossenstein Guo·ten·steen, Guo·ten·ste·ne *m. tech.*

Gotik Go·tik *w. o.Mz. kult.*

gotisch gootsk, -e, -en [gootske] *EW kult.*

Gott Büöms·te, -n *m. rel.*, Guod, Güö·der *m. rel.*, Laiwhä·er *m. o.Mz. rel.*; **o ~!** hu·gut!

Göttersitz Güö·der·sit, -·te *m.*

Götterthron Güö·der·sit, -·te *m.*

Gottesacker *übertr.* Kös·ters Kämp·ken, Kös·ters Kämpkes *s. rel.*

Gottesdienst Guods·dänst, Guods·däns·te *m. rel.*; **Textilien für gottesdienstliche Zwecke** Kiär·ken·wös·ke *w. o.Mz. tech. rel.*

Gotteshaus Kiärk, -en [Kiärken] *w. rel. arch.*; **kleines ~** Ka·pel, -·len *w. rel. arch.*, Kiärks·ken, Kiärks·kes *s. rel. arch.*

Gotteslohn Guods·laun, Guods·lai·ne *m. rel.*

gottgeweiht guod·wi·et, -e, -en [guod·wi·e·te] *EW rel.*

göttlich güöd·lik, güöd·licke, -n [güöd·lik·ke] *EW rel.*, guod·haf·tig, -e, -en [guodhaf·ti·ge] *EW rel.*

gottlob guod·luow

Gottsverdori Guod·do·ri

Gottverdammt Guod·do·ri

Götze Af·guod, Af·güö·der *m. rel.*

Gourmet Slö·mer, -s *m. kul.*

Gouvernante Juf·fer·nan·te, -n *w. (frz. gouvernante)*

Grab Graw, Griä·wer *s.*, Kule, -n *w.*

graben bud·deln *ZW*, grawen *uZW*, klai·ben *ZW*, spitten *ZW agr.*; **tief in mehreren Schichten ~** ri·golen *ZW agr. (frz. la rigole)*

Graben Gra·wen, Griä·wen *m.*, (um Hof, Haus, Schloss)

Grabender Griä·wer, -s *m.*

Grabenwasser Gra·wen·water, Gra·wen·wä·ters *s.*

Grabgabel für Kartoffeln Kar·tuf·fel·gre·pe, -n *w. tech. agr.*

Grabgebet Graw·ge·bäd *s. o.Mz. rel.*

Grabhügel Graw·hüë·wel, -s *m.*

Grabkerze Graw·lecht, -er [Graw·lech·ter] *s. tech.*

Grableuchte Graw·la·tuchte, -n *w. tech.*

Grablicht Graw·lecht, -er [Graw·lech·ter] *s. tech.*

Grablied Graw·leed, Grawle·der *s. mus.*

Grabmal Graw·steen, Grawste·ne *m. tech.*

Grabstätte Graw·stiär, -n *w.*

Grabstein Denk·steen, Denkste·ne *m. tech.*, Graw·steen, Graw·ste·ne *m. tech.*

Grabstelle Graw·stiär, -n *w.*

Grad (Maßeinheit für Temperatur und Winkel) Graod, Gräö·de *s. tech.*

Gradierwerk Solt·wiärk, -e [Solt·wiär·ke] *m. tech.*, Sali·ne, -n *w. tech.*

Graes Graas *ON*

Graf Graof, -en, Gräö·fe [Grao·fen] *m.*

Gräfin Gräö·fin, -·nen *w.*

gräflich gräöf·lik, gräöf·likke, -n *EW*

Grafschaft Graof·schup, -·pen *w. pol.*

grämen mög·gen *ZW psy.*, spi·ten *ZW psy.*

Grammophon Gram·mofoon, Gram·mo·fo·ne *s. tech. mus.*

Granate Gra·nao·te, -n *w. mil.*

Granateneinschlag Gra·naoten·in·slag, Gra·nao·ten·insliä·ge *m. mil.*

Granne An·gel, -n *w. bot.*

grapschen graps·ken *ZW*

Grapscher Graps·ker, -s *m.*

Gras Gräs, Griä·ser *s. bot.*

Grasbüschel Gräs·bült, -e

[Gräs·bül·te] *m. bot.*, Gräsfus·sen, -s *m. bot.*, Puns, Pün·se *m. bot.*; **wüchsiges ~ um Kuhfladen** Ko·schiten·bült, -e [Ko·schi·ten·bülte] *m. bot.*

grasen griä·sen *ZW kul.*, widen *ZW kul.*

Grasflecken Gräs·pläk, Gräspläcken [Gräs·pläk·ken] *m.*

grasgrün gräs·gröön, gräsgrö·ne, -n *EW*

Grashalm Gräs·spier, -s *s. bot.*

Grasmähen Gräs·sni·den *s. o.Mz. agr.*

Grasmücke Drag·ge, -n *w. zool.*

Graspisserin Gräs·mi·ge, -n *w.*

Grasplatz Gräs·brink, -e [Gräs·brin·ke] *m.*

Grasschneider Gräs·sni·der, -s *m. tech. agr.*, Hai·er, -s *m. tech. agr.*

Grasschnitt; zweiter ~ Naogräs *s. o.Mz. agr.* Gramme, -n *w. agr.*

Grassode Gräs·bült, -e [Gräsbül·te] *m. bot.*; **Abstechen von ~n** Plag·gen·stiä·ken *s. o.Mz. agr.*; **Haufen von ~n** Plag·gen·haup, Plaggen·hai·pe *m. agr.*, **kleiner Haufen von ~n** Plag·genhaip·ken, Plag·gen·haip·kes *s. agr.*, **~ zur Abdeckung von Mieten** Ku·len·plag·ge, -n *w. agr.*; **Grundstück zum ~n stechen** Plag·gen·grund, Plag·gen·grün·ne *m. agr.*

Grat Baod, Bäö·de *m. tech.*, Graot, Gräö·te *m. tech.*

Gräte Gräö·te, -n *w. med.*

gratis üm·süs *UW fin.*

Gratulant Gra·lant, -en [Gralan·ten] *m.*

Gratulation Gra·lats·jaun, -en [Gra·lats·jau·nen] *w.*

gratulieren gra·le·ern *ZW*

grau grao, -·e, -en *EW*, gries, gri·se, -n *EW*

Graubart Gries·baod, Griesbäö·de *m.*

Graudrossel Krams·vuë·gel, Krams·vüë·gel *m. zool.*

Grauen Grü·licke [Grü·likke] *s.*

grauen (jemd.) grüw·weln *ZW psy.*

grauenhaft grü·lik, grü·licke,

-n [grü·lik·ke] *EW psy.*

grauenhafteste grü·likste *EW psy.*

Graugans Gri·se Gaus, Grisen Gaise *w. zool.*

grauhaarig wit·köpsk, -e, -en [wit·köps·ke] *EW med.*

Graupe Grup·pe, -n *w. kul.*

Graupel Pril, -·len *s. met.*, *übertr.* Gräs·büë·ker *m. o.Mz. met.*

Graupen Kal·wer·tiä·ne *Mz. kul.*, Schel·le·giär·sen *Mz. kul.*

grausen (sich) gru·sen (sik) *ZW psy.*

Grausen Gru·sen *s. o.Mz. psy.*

grauslich gries·lik, grieslicke, -n [gries·lik·ke] *EW psy.*

Grauspecht gri·se Baumpicker [Baum·pik·ker] *m. zool.*

Gravenhorst Gra·wen·huorst *ON*

Gräwte, -n *w.*; **kleiner ~** Grüë·pel, -s *m.*

Greffen Grië·wen *ON*

Greif Griep·vuë·gel, Griepvüë·gel *m. zool.*

Greifbügel; ~ über dem Bett zum Aufrichten Help·up, -s *s. tech.*

greifen gri·pen *uZW*, kri·gen *uZW*; **mit den Händen ~** grab·beln *ZW*

Greifer Gri·per, -s *m. tech.*

Greifmechanismus Gri·per, -s *m. tech.*

Greifvogel Griep·vuë·gel, Griep·vüë·gel *m. zool.*

Greis Gries·baod, Gries·bäöde *m.*; **zittriger ~** Tatter·gries, Tat·ter·gri·se *m. med.*

grell schrel, -·le, -·len *EW*

grellbunt iäks·ter·bünt, -e, -en [iäks·ter·bün·te] *EW*

Gremmendorf Grem·menduorp *ON*

Grenzabgabe Tol, Töl·le *s. fin.*

Grenzbegehung Snaot·gang, Snaot·gän·ge *m. jur.*

Grenze Gren·se, -n *w. jur.*, Snaot, Snäö·te *m. jur.*

Grenzer Gren·ser, -s *m. jur.*

Grenzgänger Grens·gänger, -s *m.*

Grenzpolizei Gren·ser, -s *m. jur.*

Grenzstein Grens·steen, Grens·ste·ne *m. tech. jur.*, Snaot·steen, Snaot·ste·ne

m. tech. jur.

Gretchen Grait·ken, Graitkes *VN*

Grete Grai·te *VN*

Greuel Grüül *s. o.Mz.*

greulich grü·lik, grü·licke, -n [grü·lik·ke] *EW*

Greven Grai·wen *ON*

Grevener(in) Graiws·ke -n *m., s. und w.*

Griebe Schrao·we, -n *w. kul.*, Schri·be, -n *w. kul.*, Schri·we, -n *w. kul.*

Grieche Gri·ke, -n *m. und w.*

Griechenland Gri·ken·land *s. geog.*

griechenländisch gri·kenländsk, -e, -en [gri·ken·ländske] *EW*

griechisch grieksk, -e, -en [grieks·ke] *EW*

Griesgram Gnüë·ter·kop, Gnüë·ter·köp·pe *m. psy.*, Mi·se·pe·ter, -s *m. psy.*, Mise·priem, -s *m. psy.*

griesgrämig gnüë·te·rig, -e, -en [gnüë·te·ri·ge] *EW psy.*, gries·mu·lig, -e, -en [griesmu·li·ge] *EW psy.*

Griff Aor, -en, Äörs [Ao·ren] *s. tech.*, Griëp, -e [Grië·pe] *m.*, Hecht, -en [Hech·ten] *s. tech.*; (Fenster, Tür) Krüëk, -en [Krüë·ken] *w. tech.*; **~ zum Abnehmen von heißen Kesseln usw.** kol·le Hand *w. tech.*

Griffel Grië·pel, -s *m. tech.*

Griffelkasten Grië·pel·kasten, Grië·pel·käs·ten *m. tech.*

Grille Rog·gen·mo·er, Roggen·mö·ers *w. zool.*, Heemken, Heem·kes *s. zool.*

grimmig gran·tig, -e, -en [gran·ti·ge] *EW psy.*

Grind Schuorw *m. o.Mz. med.*

grinsen gne·sen *ZW psy.*, grif·la·chen *ZW psy.*

Grinsender; vor Schadenfreude ~ Gne·se·buk, Gnese·bücke [Gne·se·bük·ke] *m. psy.*

grob but, -·te, -·ten *EW psy.*, grow, gruo·we, -n *EW*, haböcken, -e, -en [ha·bök·ken] *EW*, ru·bäs·tig, -e, -en [ru·bästi·ge] *EW psy.*; **~er Kerl** Ruse·bä·er, -s *m. psy.*; **~er Mensch** But·län·ner, -s *m. psy.*; **Schimpfwort für ~e**

Männer Rië·kel, -s *m. psy.*;
~ sein but·wäg sien *EW
psy.*, **grober** grüö·wer; **am
gröbsten** an gröwsten
grobborstig (Haar) struf, -·fe,
-·fen *EW*
Grobe Gruo·we *s. o.Mz.*
Grobheit Grow·hait, -en
[Grow·hai·ten] *w. psy.*
Grobian Ru·bast, Ru·bäs·te
m. psy., Wil·le, -n *m. psy.*
grobknochig grow·knüö·
kert, -e, -en [grow·knüö·ker·
te] *EW med.*
Gröblingen Gröb·lin·gen *ON*
Grobschmied Grow·smet,
-s *m. tech*
grölen jö·len *ZW*
Groll Pik *m. o.Mz. psy.*;
Spiet, Spi·te *m. psy.*
grollend grul·le·rig, -e, -en
[grul·le·ri·ge] *EW*
Gronau Gro·nau *ON*
Grönland Gröön·land *o.Mz.
geog.*
Groschen (10 Pfennig)
Gros·ken, Gros·kens *m.
fin.*; **kleiner ~, nur ein ~**
Grös·ken, Grös·kes *s. fin.*
Groschengrab Gros·ken·
graw, Gros·ken·griä·wer *s.
fin.*
groß dik, dicke, -n [dik·ke]
EW, graut, -e, -en [grau·te]
EW, wööst, -e, -en [wöös·
te] *EW*; **~ werden** up·was·
sen *uZW biol.*, was·sen
uZW biol.; **~er Haufen** üörn·
licken Haup: **schlaksiger
~er Mensch** Lul·laatsch, -e
[Lul·laat·sche] *m.*; **sehr ~**
kap·taol, -e, -en [kap·tao·le]
EW, wööst·graut, -e, -en
[wööst·grau·te] *EW*; **zu ~** üö·
wer·äö·tig, -e, -en [üö·wer·
mäö·ti·ge] *EW*; **die Hose ist
ihm viel zu ~** he vö·süp in
de Büks; **größer** gröt·ter;
am größten an gröts·ten
großartig kap·taol, -e, -en
[kap·tao·le] *EW*
Großbäckerei Graut·bäk·ke·
ri, -·en [Graut·bäk·ke·ri] *w.
tech. kul.*
Großbauer Schult, -e, -en
[Schul·te] *m. agr.*
Großeltern Graut·öl·lern *Mz.*,
Ur·öl·lern *Mz.*
großenteils grau·ten·deels
UW
großfüttern graut·fo·ern *ZW*

kul., graut·ma·ken *uZW kul.*
Großhandel Graut·han·nel
m. o.Mz. fin.
Großhandelskaufmann Graut·
han·nels·kaup·man, Graut·
han·nels·kaup·lü·de *m. fin.*
großherzig graut·mö·dig, -e,
-en [graut·mö·di·ge] *EW psy.*
Großherzigkeit Graut·mö·
dig·kait, -en [Graut·mö·dig·
kai·ten] *w. psy.*
großjährig graut·jäö·rig, -e,
-en [graut·jäö·ri·ge] *EW jur.*,
vul·jäö·rig, -e, -en [vul·jäö·ri·
ge] *EW jur.*
Großknecht Bau mes·ter, -s
m. agr., Graut·knecht, -e
[Graut·knech·te] *m. agr.*
Großmaul Graut·muul, Graut·
mu·len *s. psy.*, Graut·snu·
te, -n *w. psy.*, übertr. Hai·
en·kääl, -s *m. psy.*, Hai·en·
kai·per, -s *m. psy.*
großmäulig graut·muulsk, -e,
-en [graut·muuls·ke] *EW psy.*
Großmutter Bes·mo·der,
Bes·mo·er, Bes·mö·er *w.*
Großonkel Graut·ööm, -s *m.*
großräumig ba·lü·sig, -e, -en
[ba·lü·si·ge] *EW*
Großrechner Graut·riä·ker,
-s *m. tech.*
Groß-Reken Groot Re·ken
ON
großspurig breed, bre·de,
-n *EW*
Großstadt Graut·stad, Graut·
stiä·den *w. geog.*
Großtante Graut·möön, Graut·
mö·nen *w.*, Mö·ne, -n *w.*
größtenteils gröt·ten·deels
UW
Großvater Bes·va·der, Bes·
vä·ers *m.*
großziehen graut·ma·ken
uZW, graut·trecken [graut·
trek·ken] *uZW*, up·fo·ern *ZW*,
up·trecken [up·trek·ken] *uZW*
großzügig riew, ri·we, -n
EW psy.; **~ sein** (in Geldsa·
chen) übertr. met Geld üm
sik smi·ten *fin.*
Großzügigkeit (Spendier·
hose) übertr. Spen·de·er·
bük·se, -n *w. fin.*
Grubber Pao·ter, -s *m.
tech. agr.*
Grübchen (auf der Wange)
Küül·ken, Küül·kes *s. med.*
Grube Ku·le, -n *w.*, Lok,
Löcker [Lök·ker] *s.*; **in eine ~**

geben in·ku·len *ZW*; **klei·
ne ~** Küül·ken, Küül·kes *s.*
grübeln grüe·weln *ZW psy.*,
kla·mü·sern *ZW psy.*, nao·
den·ken *uZW psy.*, sim·me·
le·ern *ZW psy.* (frz. simu·
ler), spin·nen *uZW psy.*
Grubenlampe Püt·lamp, -en
[Püt·lam·pen] *w. tech.*
grüblerisch daip·denksk, -e,
-en [daip·denks·ke] *EW psy.*
Gruft Graw, Griä·wer *s.*
Grün Gröön *s. o.Mz.*
grün gröön, grö·ne, -n *EW*;
~ werden grö·nen *ZW bot.*;
sehr ~, stechend ~ krit·ten·
gröön, krit·ten·grö·ne, -n *EW*
Grün-Alternative übertr. Grö·
nen *Mz. pol.*
Grund An·wol, An·wöl·le *m.*,
Grund, Grün·ne *m.*, Ur·
saak, Ur·sa·ken *w.*; **von ~
auf** un·nen·an *UW*; **vorge·
schobener ~** Vüör·wand,
Vüör·wän·ne *m. psy.*
Grundbalken Dräm·pel, -s
m. arch.
Grundbesitz Län·ne·ri, -·en
w.; **~ der Kirche** Kiär·ken·
grund *m. o.Mz.*
Grundbesitzer Grund·hä·er,
-ns *m.*
Grundbuch Grund·book,
Grund·bö·ker *s. jur.*
Grundbuchamt Grund·book·
amt, Grund·book·iäm·ter *s.
jur.*
Grundeis Grund·ies *s. o.Mz.
met.*
gründen an·tog·ma·ken *uZW*,
grün·nen *ZW*, in't Liä·wen
ro·pen
Gründer An·tog·ma·ker, -s
m., Grün·ner, -s *m.*
Grundgesetz Vö·fat, Vö·fiä·
te *w. jur.*
Grundlage Be·stand, Be·
stän·ne *m.*
gründlich dië·ger, -e, -en
[dië·ge·re] *EW*, gründ·lik,
gründ·licke, -n [gründ·lik·ke]
EW, niëtsk, -e, -en [niëts·
ke] *EW*, schaun, -e, -en
[schau·ne] *EW*
Grundmauer Grund·mü·er,
-n *w. arch.*
Grundschule Grund·school,
Grund·scho·le, -n *w. kult.*
Grundstein Grund·steen,
Grund·ste·ne *m. arch.*
Grundstück Grund, Grün-

ne *m.*, Pand, Pän·ner *s.*;
breites ~ (häufig Bestandteil von Flurnamen) Bre·e,
-n *w.*
Grundstücksmakler Land-
up·kai·per, -s *m. fin.*
Grundwasser Grund·wa·ter
s. o.Mz.
grünen grö·nen *ZW bot.*;
Grünen Grö·nen *s. o.Mz.
bot.*; *übertr. Mz. pol.*
Grünfink Kies·fink, -en [Kies-
fin·ken] *m. zool.*
Grünfutter Gröön·fo·er *s.
o.Mz. kul.*, Ru·fo·er *s. o.Mz.
kul.*
Grünhecht Snook, Snö·ke
m. zool.
Grünkohl Moos *s. o.Mz. bot.*;
im Frühjahr auswachsen-
de Blätter von ~stängeln
Ha·sen·moos *s. o.Mz. bot.*
Grünkohlpflanze Moos·plan-
te, -n *w. bot.*
Grünland Gröön·land, Gröön-
län·ner *s. agr.*
grünlich gröön·lik, gröön-
licke, -n [gröön·lik·ke] *EW*
Grünpflanze Gröön·plan·te,
-n *w. bot.*
Grünschnabel Gröön·sna-
wel, Gröön·sniä·wel *m.*, Lab-
bes, -·se *m. psy.*
Grünspan Gröön·spaon *m.
o.Mz. chem.*
Grünspecht grö·ne Baum-
picker, -s [Baum·pik·ker] *m.
zool.*
grunzen ge·ren *ZW*, grü·sen
ZW, grun·sen *ZW*, knüf·ken
ZW
Grünzeug Gröön·tüüg *s.
o.Mz. bot.*
Grüppchen Drüb·bel·ken,
Drüb·bel·kes *s.*
Gruppe Haup, Haipe *m.*,
Kop·pel, -n *w.*, Ruot, -en
[Ruo·ten] *w.*, Trop, Tröp·pe
m.; ~ von Dingen Drub-
bel, -s *m.*; in ~n trop·wies
UW; kleine ~ Drüb·bel·ken,
Drüb·bel·kes *s.*
gruselig gries·lik, gries·licke,
-n [gries·lik·ke] *EW psy.*,
grü·lik, grü·licke, -n [grü·lik-
ke] *EW psy.*
Gruß Groot, Grö·te *m.*, Kum-
pel·ment, -e [Kum·pel·men-
te] *s.* (*frz.* compliment); Hut
zum ~ abziehen Fi·fat (up)
(*lat.* vivat)

grüßen Da·ges·tiet bai·den,
Da·ges·tiet säg·gen, grö·ten
ZW
Grütlohn Grüt·laun *ON*
Grütze Grup·pe, -n *w. kul.*,
Güört, -en [Güör·ten] *w. kul.*
Grützemehl Güör·ten·miäl,
-e [Güör·ten·miä·le] *s. kul.*
Grützemühle Güör·te·müél,
-en [Güör·te·müë·len] *w. tech.*
Grützenzähler (wie Erbsen-
zähler) Güör·ten·täl·ler, -s *m.
psy.*
Grützetopf Güört·pot, Güört-
pöt·te *m. tech. kul.*
Guano (Dünger) Kwa·no *m.
o.Mz. biol. agr.*
Gucken Ki·ken *s. o.Mz.*;
optisches Gerät zum ~
(Brille, Fernglas usw.) Ki-
ker, -s *m. tech.*
gucken ki·ken *uZW*
Guckloch Klü·se, -n *w.*
(*frz.* écluse)
Gülle Aal *s. o.Mz. agr.*
Gully Küm·pel, -s *m. tech.*
gültig gül·lig, -e, -en [gül·li-
ge] *EW*
Gumibaum Gum·mi·baum,
Gum·mi·bai·me *m. bot.*
Gummi Gum·mi, -es *s. tech.*
Gummiband Gum·mi·band,
Gum·mi·bän·ner *s. tech.*
Gummibaumsaft Gum·mi-
baum·miälk *w. o.Mz. bot.*
Gummiboot Gum·mi·schip,
-·pe *s. trans. naut.*
Gummiklebstoff Gum·mi-
klië·wer, -s *m. tech.*
Gummilösung Gum·mi·klië-
wer, -s *m. tech.*
Gummirad Gum·mi·rad, Gum-
mi·riä·der *s. tech.*; Gummi-
rädchen Gum·mi·räd·ken,
Gum·mi·räd·kes *s. tech.*
Gummistiefel Gum·mi·stië-
wel, -s *m. tech.*
gündeln grün·neln *ZW kul.
zool.*
Gundelrebe Kruup·düörn-
tuun *m. o.Mz. bot.*
Gunst Vüör·deel, Vüör·de-
le *m.*
günstig güns·tig, -e, -en
[güns·ti·ge] *EW*
Gurgel Güör·gel, -n *w. med.*,
Kiä·le, -n *w. med.*
gurgeln güör·geln *ZW*
gurren kur·ren *ZW*
Gurt Rai·men, -s *m. tech.*
Gürtel Buuk·rai·men, -s *m.*

tech.
Guss Guot, Güö·te *m. tech.*
Gusseisen Gait·i·sen *s.
o.Mz. tech.*
gut däf·tig, -e, -en [däf·ti·ge]
EW, guët, -e, -en [güë·te]
EW, pries·lik, pries·licke, -n
[pries·lik·ke] *EW*, schöön,
schö·ne, -n *EW*; außer-
gewöhnlich ~ dol, -·le,
-·len *EW*; das ist ~ gemeint
dat is dan·kens·wääd; es
schmeckt ~ et smäk schöön
kul.; gleich ~ iä·ben·guët,
-e, -en [iä·ben·guë·te] *EW*;
lass es dir ~ gehen (Ab-
schiedsgruß) Guët·gaon;
nicht ~ dat is kien Pug-
gen; sehr ~ best·guët, -e,
-en [best·güë·te] *EW*; fer-
moost, -e, -en [fer·moos·te]
EW; ~ tun dai·nen *uZW*;
besonders ~ fien, fi·ne, -n
EW; über die Maßen ~,
ausgesprochen ~ mä·er äs
guët; besser biä·ter (guët);
am besten best (guët)
Gut Goot, Go·te *s. agr.*;
Hab und ~ verlieren Kap
un Küë·gel vö·lai·sen
Güte Guët·hait, -en [Guët·hai-
ten] *w. psy.*; meine ~ mai·ne
Gute(s) Güë·te *s. o.Mz.*,
Guëts *s. o.Mz.*
Gütersloh Güüt·sel *ON*
Güterverkehr Wao·ren·vö-
kä·er *m. o.Mz. trans.*
Güterwagen Gü·ter·wa·gen,
Gü·ter·wiä·gen *m. trans.*
gutgemacht guët·maakt, -e,
-en [guët·maak·te] *EW*
gutgläubig guët·glaiwsk,
-e, -en [guët·glaiws·ke] *EW
psy.*
gutherzig guët·hiär·tig, -e, -en
[guët·hiär·ti·ge] *EW psy.*,
week·mö·dig, -e, -en [week-
mö·di·ge] *EW psy.*
gütig guët·hiär·tig, -e, -en
[guët·hiär·ti·ge] *EW psy.*
gutmachen guët·ma·ken
uZW
gutmütig daor, -e, -en [dao-
re] *EW psy.*, guët·mö·dig,
-e, -en [guët·mö·di·ge] *EW
psy.*, güö·rig, -e, -en [güö-
ri·ge] *EW psy.*, ku·sig, -e,
-en [ku·si·ge] *EW psy.*,
week·mö·dig, -e, -en [week-
mö·di·ge] *EW psy.*
Gutmütigkeit Guët·hait, -en

[Guët·hai·ten] *w. psy.*, Guët-mö·dig·kait, -en [Guët·mö-dig·kai·ten] *w. psy.*
Gutsherr Aad·lik, Aad·lik-ken *m.*
Gutshof Goot, Go·te *s. agr.*, How, Hüö·we *m. agr.*
guttun guët·doon *uZW*
Gymnasium hauge School *w. kult.*, La·tien·school, La-tien·scho·len *w. kult.*

H

H, h H, h (Buk·stab·be)
Haar Haor, -e [Hao·re] *s. med., bot.*; ~ **auf den Zähnen haben** Hao·re up de Tiä·ne häb·ben *psy.*; **blondes** ~ Flas·haor, -e [Flas-hao·re] *s. med.*; **dickes** ~ Buors·te, -n *w. med.*, Strü-be, -n *w. med.*; **jemd. mit dunkelrotem** ~ *übertr.* Sweet·fos, Sweet·fös·se *m.*; **jemd. mit rotfuchsigem** ~ *übertr.* Brand·fos, Brand·fös-se *m.*; **sich in den** ~**en ziehen** *übertr.* in't Mos häb-ben *psy.*; **widerborstiges** ~ Wi·er·strü·be, -n *w. med.*
Haarbesen Haor·bes·sen, -s *m. tech.*
Haarbürste Haor·büör·sel, -s *m. tech.*
Haare Hao·re *Mz. med.* *übertr.* Pan, -·ne, -·nen *w. med.*; **rote** ~**e haben** *übertr.* rau·de Pan·nen up't Dak häb·ben *med.*
haaren hao·ren *ZW med.*
haarfein haor·fien, haor·fi·ne, -n *EW*
haargenau haor·ge·nau, -·e, -·en *EW*
haarig häö·rig, -e, -en [häö-ri·ge] *EW*
haarklein haor·kleen, haor-kle·ne, -n *EW*
Haarknoten Düt, -s *m.*, Haor·top, -s *m.*
Haarkräusel Haor·krul, Haor-krüls *s. med.*
Haarlocke Haor·krul, Haor-krüls *s. med.*, Krul, Krüls *m. med.*, Rin·gel·haor, -e [Rin-gel·hao·re] *s. med.*
Haarnadel Haor·nao·del, Haor·näö·del *w. tech.*

Haarschleife Haor·sliep·ken, Haor·sliep·kes *s.*
Haarschwänzchen Haor-stiärt·ken, Haor·stiärt·kes *s.*
Haartrockner Haor·drü·ger, -s *m. tech.*
Haarwasser Haor·wa·ter, Haor·wä·ters *s. hyg.*
Haarwickler Ba·bi·lot·te, -n *w. tech.*
Haarwirbel Wi·er·strü·be, -n *w. med.*
Habe Ha·we, Hiä·we *w.*; **Hab und Gut verlieren** Kap un Küë·gel vö·lai·sen
haben häb·ben *uZW*
Habenichts Pra·cher, -s *m.*
Haberecht Häw·we·rächt, -e [Häw·we·räch·te] *s. jur.*
Habgier Giets *m. o.Mz. psy.*
habgierig giet·sig, -e, -en [giet·si·ge] *EW psy.*
Habicht Hafk, -en [Haf·ken] *m. zool.*
Habichtsnase Haf·ken·niër-se, -n *w. med.*
Habichtsschnabel Haf·ken-sna·wel, Haf·ken·sniä·wel *m. med.*
Habseligkeiten Po·lin·ten *Mz.*, *übertr.* Bak·te·biärn *Mz.*
Hackbrett Hacke·bräd, Hak-ke·briä·der [Hak·ke·bräd] *s. tech. kul.*
Hacke Fiä·se, -n *w. med.*; (Gartengerät) Hak, Hacken [Hak·ken] *w. tech.*; ~ **mit Zinken für Mist** Mes-häcker, -s [Mes·häk·ker] *m. tech. agr.*
Hackfleisch Met, -·ten *s. kul.*
Häcksel Hak·sel *s. o.Mz. agr.*; **Raum zum Schneiden und Lagern von** ~ Hak-sel·ka·mer, -n *w. arch. agr.*
Häckselkammer Hak·sel·ka-mer, -n *w. arch. agr.*
Häckselkiste Hak·sel·kist, -en [Hak·sel·kis·ten] *w. tech. agr.*
Häckselstroh Bluëd *s. o.Mz. bot.*
Häcksler Hak·sel·ma·schien, Hak·sel·ma·schi·nen *w. tech. agr.*
Hafen Ha·wen, Hä·wen *m. naut.*
Hafenarbeiter Schü·er·man, Schü·er·lü·de *m. trans.*
Hafer Ha·wer *m. o.Mz. bot.*; **ihn sticht der Hafer** em

stäk de Ha·wer *psy.*
Haferbrei Ha·wer·güört *w. o.Mz. kul.*
Haferfach Ha·wer·fak, Ha-wer·fiä·ker *s. agr.*
Hafergrütze Ha·wer·güört *w. o.Mz. kul.*
Haferkiste Ha·wer·kist, -en [Ha·wer·kis·ten] *w. tech. agr.*
Hafermehl Ha·wer·miäl, -e [Ha·wer·miä·le] *s. kul.*
Haferschleim Ha·wer·schliem *m. o.Mz. kul.*
Haft Vö·waar, Vö·wiärs *s. jur.*; **in** ~ **nehmen** fast·sät-ten *ZW jur.*
haften fast·sit·ten *uZW*; klië-wen *ZW*
Häftling In·sit·ter, -s *m. jur.*, Sträöf·ling, -e [Sträöf·lin·ge] *m. jur.*
Hagebutte But·tel, -n *w. bot.*, Jok·ä·se, -n *w. bot.*; **Frucht der** ~ Jok·ap·pel, -n *m. bot.*
Hagel Ha·gel *m. o.Mz. met.*
Hagelkorn Ha·gel·käörn, -s *s. met.*
Hagelprozession Ha·gel-pros·jaun, -en [Ha·gel·pros-jau·nen] *w. rel.*
Hagelschauer Ha·gel·schu-er, -s *s. met.*
Hagelwetter Ha·gel·wiär *s. o.Mz. met.*
hager spuch·tig, -e, -en [spuch·ti·ge] *EW med.*; ~**er Mensch** Ref, -·fen *m. med.*
Häher Mar·ko·le, -n *w. zool.*
Hahn Haan, -s, Ha·nen *m. zool.*; Kraan, Krä·ne *m. tech.*; **kleiner** ~ Krään·ken, Krään-kes *s. tech.*
Hähnchen Hään·ken, Hään-kes *s. zool.*
Hähnchenschenkel Hään-kes·bol·len, -s *m. med.*
Hahnenbalken Haan·holt, Haan·höl·ter *s. arch.*
Hahnenfuß Ha·nen·foot, Ha-nen·fö·te *m. med.*, Ha·ne-pat·ken *Mz. bot.*
Hahnenfußgewächs Ha·ne-pat·ken·plan·te, -n *w. bot.*
Hahnentritt im Eisweis Triä-sel, -s *s. biol.*
Hahnholen (Brauchtum am Morgen nach der Hochzeit) Haan·ha·len *s. rel. kult.*
Hainbuche Ha·böcke, -n [Ha-bök·ke] *w. bot.*, Ha·ge·böcke, -n [Ha·ge·bök·ke] *w. bot.*

Hainbuchenhecke Ha·bökken·hië·ge, -n *w. bot.*
Häkchen Hääks·ken, Hääkskes *s.*
häkeln prickeln [prik·keln] *ZW tech.*
Häkelnadel Prickel·stok, Prickel·stöcker [Prik·kelstok], [Prik·kel·stök·ker] *m. tech.*
Haken Ha·ken, -s *m. tech.*; ~ **zum Anhängen des Wassereimers am Brunnen** Püt·ha·ken, -s *m. tech.*
halb halw, -e, -en [hal·we] *EW*
halbblind blin·ne·rig, -e, -en [blin·ne·ri·ge] *EW med.*
Halbbruder Halw·bro·er, Halw·brö·ers *m.*, Staif·broer, Staif·brö·ers *m.*
halbdunkel halw·düüs·ter, -e, -en [halw·düüs·te·re] *EW*
Halbdunkel Halw·düüs·tern *s. o.Mz.*
Halberbe Halw·iär·we, -n *m. agr.*
halbfertig halw·fär·rig, -e, -en [halw·fär·ri·ge] *EW*
halbhoch halw·haug, -e, -en [halw·hau·ge] *EW*
halbieren de·len *ZW*, halwen *ZW*
halbiert halwt, -e, -en [halwte] *EW*
Halbjahr Halw·jaor, -e [Halwjao·re] *s. tem.*
halbjährlich halw·jäör·lik, halw·jäör·licke, -n [halwjäör·lik·ke] *EW tem.*
Halbkreis Halw·kring, -e [Halw·krin·ge] *m.*
Halbmond Halw·maond, -e [Halw·maon·de] *m. astr.*
halboffen lok, locke, -n [lokke] *EW*
halbreif halw·riep, halw·ri·pe, -n *EW biol.*
Halbschlaf Halw·slaop *m. o.Mz. med.*; **im ~ gehen** druos·seln *ZW med.*
Halbschwester Halw·süster, -s *s.*
halbstark (ca. 15 bis 20 Jahre alt) halw·was·sen, -e, -en [halw·was·se·ne] *EW*
Halbstarke jun·ge Bül·le·kes *Mz.*
Halbteil Halw·pat, Halw·pätte *m.*
halbvoll halw·vul, -·le, -·len

EW
halbwegs halw·wägs *UW*
halbwüchsig halw·wös·sig, -e, -en [halw·wös·si·ge] *EW*
Halbzeit Halw·tiet, Halw·titen *w. tem.*
Halde Knip·pel, -s *m.*
Halden Ha·len *ON*
Hälfte Halw·schaid, -e [Halwschai·de] *m.*; **die ~ von 0,7** (in Verbindung mit dem Flascheninhalt) een Halwsiëm·tain·tel, -s *ZaW*
Halfter Hal·ter, -s *m. tech.*
Halm Spier, -s *m. bot.*; **mittlerer ~** Mid·del·spier, -s *m. bot.*
halmartig spi·rig, -e, -en [spiri·ge] *EW*
Hälmchen Spier·ken, Spierkes *s. bot.*
Hals Hals, Hal·se, Häl·se *m. med.*, Kiä·le, -n *w. med.*, Nak, Nacken [Nak·ken] *m. med.*; **aus vollem ~** luuthals *UW*; **Halsentzündung haben** in'n Hals häb·ben *med.*; **~ über Kopf** ääs·üöwer·kops *UW*; **um den ~ fallen** üm·hal·sen *uZW*
Halsabschneider Hals·afsni·der, -s *m. fin.*
Halsband Hals·band, Halsbän·ner *s. tech.*
Halsjoch Hals·jüëk, -s *s. tech. trans.*
Halsloch Hals·lok, Halslöcker [Hals·lök·ker] *s. med.*, Sluk, Slücke [Slük·ke] *m. med.*; (verächtlich) Jak·hals, Jak·häl·se *m. med.*
Halstrage (Teil des Zuggeschirrs beim Pferd) Halsdriä·ge, Hals·driä·gen *w. trans.*
Halstuch Hals·dook, Halsdö·ker *s. tech.*, Knüp·dook, Knüp·dö·ker *s. tech.*, Ümslag, Üm·sliä·ge *m.*
halsüberkopf hol·ter·di·polter *UW*
Halt Holt *m. o.Mz.*, Stuts, Stüt·se *m.*
halt! holt, (Fuhrmannssprache) hü
haltbar holt·baor, -e, -en [holtbao·re] *EW*; **durch Salz ~ machen** pö·keln *ZW kul.*
halten hol·len *uZW*; **etwas ~ von** hol·len up; **nicht mehr bei sich oder in Besitz ~**

können nich mä·er hol·len küë·nen
Halteplatz An·holt, An·höl·le *m. trans*
Haltestelle An·holt, An·hölle *m. trans*
Haltevorrichtung Brems, -en [Brem·sen] *w. tech.*
Haltung Kon·te·nans, -en [Kon·te·nan·sen] *w. psy.* (frz. contenance), Po·sen·tuur, Posen·tu·ren *w.*; **gute ~** Postüür, -s *w.* (frz. posture)
Halunke Sla·wi·ner, -s *m.*
Halverde Hal·we *ON*
Hamburg Ham·buorg *ON*
Hamm 1. Ham *ON*; 2. Hämken (Haltern) *ON*
Hamm-Bossendorf Bossem *ON*
Hammel Lob·ben, -s *m. zool.*, Schaops·buk, Schaops·bücke [Schaops·bük·ke] *m. zool.*
Hammer Ha·mer, Hä·mers *m. tech.*, Klop·ha·mer, Klophä·mers *m. tech.*, Sliä·ger, -s *m. tech.*; **kleiner ~** Hämer·ken, Hä·mer·kes *s. tech.*; **langstieliger ~ zum Zerschlagen von Klumpen** Klu·ten·büë·ker, -s *m. tech.*
Hämmerchen Hä·mer·ken, Hä·mer·kes *s. tech.*
hämmern ha·mern *ZW*, hiämern *ZW*, klop·pen *ZW*
Hämorrhoide Ääs·ao·der, -n *w. med.*
Hampelmann Ha·ne·pampel, -s *m. psy.*
Hand Hand, Han·nen, Hän·ne *w. med.*, Klaon, -en [Klaonen] *w. med.*; **kleine ~** Händ·ken, Händ·kes *s. med.*, Klään·ken, Klään·kes *s. med.*; **mit vollen Händen** göp·sen·wi·se, -n *EW*; **zur ~ gehen** an'ne Hand gaon *ON*
Handarbeit Hän·ne·wiärk, -e [Hän·ne·wiär·ke] *s.*
Handarbeitskorb Stopkuorw, Stop·küör·we *m. tech.*
Handbohrer, großer ~ Stokbüör, -s *m. tech.*
handbreit hand·breed, handbre·de, -n *EW*
Handbreite Hand·bred·te, -n *w.*
Händchen Händ·ken, Händkes *s. med.*
Handel Han·nel *m. o.Mz. fin.*,

Wao·ren-uut·tuusk, Wao·ren-
uut·tüüs·ke *m. fin.*
Handeln Han·neln *s. o.Mz.*
fin.
handeln han·neln *ZW fin.*
Handelsgeschäft Han·nel
m. o.Mz. fin.
Handelshaus Han·nels·huus,
Han·nels·hü·ser *s. fin.*
Handelskaufmann Han·nels-
kaup·man, Han·nels·kaup-
lü·de *m. fin.*
Handelsmann Han·nels-
man, Han·nels·lü·de *m. fin.*
Handelsplatz Markt, Miärk-
te *m. fin.*, Markt·stiär, -n *w*
fin.
Handelsschiff Han·nels-
schip, -·pe *s. trans. naut.*
Handelsschule Han·nels-
school, Han·nels·scho·len *w.*
kult.
Handelsweg Han·nels·wäg,
Han·nels·wiä·ge *m. trans.*
Handfeger Fiä·ger, -s *m.*
tech., Hand·bes·sen, -s *m.*
tech.
Handgeld bei Verdingung
Wien·kop, Wien·köp·pe *m.*
fin.
Handgelenk Han·let, -s *s.*
med.
Handgelenkwärmer Let-
hans·ke, -n *w. tech.*
handgeschrieben hand-
schrië·wen, -e, -en [hand-
schrië·we·ne] *EW*
Handgranate Hand·gra-
nao·te, -n *w. mil.*
Handgriff Stiärt, -s *m. tech.*
handhaben han·den *ZW*
Handkäse Hand·kai·se *m.*
o.Mz. kul.
Handkorb Arms·kuorw,
Arms·küör·we *m. tech.*
handlangen to·ar·bai·den
ZW
Handlanger Hand·lan·ger, -s
m., To·ar·bai·der, -s *m.*
Händler Han·nels·man, Han-
nels·lü·de *m. fin.*, Kaup·man,
Kaup·lü·de *m. fin.*; **allg. für**
~, die über Land ziehen
Land·lai·per, -s *m. fin.*; **allg.**
für ~, die mit einer Kiepe
über Land zogen Kiep·ker,
-s *m. fin.*; **Ki·pen·kääl, -s**
m. fin.; **fliegender ~** Pak-
kääl, -s *m. fin.*
handlich hän·nig, -e, -en
[hän·ni·ge] *EW*

Handmühle Hand·müë·le, -n
w. tech., Müël·ken, Müël-
kes *s. tech.*
Handorf Han·duorp *ON*
Handorfer Han·düör·per *m.*
und w.
Handreiche Hand·re·ke, -n
w.
Handrücken Hand·rüg·gen,
-s *m. med.*
Handschlag Hand·slag,
Hand·sliä·ge *m.*
Handschrift Hand·schriwt,
-en [Hand·schriw·ten] *w.*
handschriftlich hand-
schriwt·lik, hand schriwt·licke,
-n [hand·schriwt·lik·ke] *EW*
Handschuh Hans·ke, -n *w.*
tech.
Handschuhmacher Hans-
ken·ma·ker, -s *m. tech.*
Handspiegel Hand·spai·gel,
-s *m. tech.*
Handspiel Hand·spiël, Hand-
spië·le *s. spo.*
Handstock Han·stok, Han-
stöcke [Han·stök·ke] *m. tech.*,
Krük·stok, Krük·stöcke [Krük-
stök·ke] *m. tech.*, Spat·se·er-
stok, Spat·se·er·stöcke [Spat-
se·er·stök·ke] *m. tech.*
Handtäschchen Hand·täs-
ken, Hand·täs·kes *s. tech.*
Handtasche Hand·tas·ke, -n
w. tech.
Handtuch Han·dook, Han-
dö·ker *s. tech. hyg.*
Handvoll Göps, -en [Göp-
sen] *w.*, Göps·vul *w. o.Mz.*,
Han·fel *w. o.Mz.*
Handwagen mit Holzrä-
dern Bol·ler·wa·gen, Bol-
ler·wiä·gen *m. trans.*; **ein-**
achsiger ~ Kud·del, -s *m.*
trans.; **Rad des ~** Bol·ler-
wa·gen·rad, Bol·ler·wa·gen-
riä·der *s. tech.*
Handwärmer Muf, -s *m. tech.*
Handweber Hand·wiä·wer,
-s *m. tech.*
Handweberei Hand·wiä·we-
ri, -·en *w. tech.*
Handwebstuhl Hand·wiäw-
stool, Hand·wiäw·stö·le *m.*
tech., Tau, Tai·e *s. tech.*;
lange vor Tagesanbruch
am ~ arbeiten vüör Dag
un Dau an't Tau sien
Handwerk Hand·wiärk, -e
[Hand·wiär·ke] *s. tech.*
Handwerker Hand·wiär·ker,

-s *m. tech.*; **~, die keiner**
Gilde, Innung oder Zunft
angehörten (frühere abfällige Bezeichnung) Büörn-
haas, Büörn·ha·sens *m.*
handwerklich; geschickt ~
arbeiten prit·ken *ZW tech.*;
jemd., der ~ alles kann Prit-
ker, -s *m. tech.*
Handwerksbursche Mo-
narch, -en [Mo·nar·chen] *m.*
tech.
Handwerksmeister Mes·ter,
-s *m. tech.*
Handwerkszeug Hand-
wiarks·tüüg, -s *s. o.Mz.*
tech.
Handy Kü·er·but, -·ten *m.*
tech.
hanebüchen ha·böcken, -e,
-en [ha·bök·ken] *EW*
Hanentritt Han·en·trat, Ha-
nen·triä·te *m. med.*
Hanf Hanp *m. o.Mz. bot.*;
Dichtungsmaterial aus ~
Hanp·heed *w. o.Mz. tech.*
Hanfgarn Hanp·gaorn, Hanp-
gäörn *s. tech.*
Hanfkraut Hanp·heed *w.*
o.Mz. bot.
Hänfling Flas·fink, -en [Flas-
fin·ken] *m. zool.*, rau·de
Tücker, rau·de Tückers [Tük-
ker] *m. zool.*, Saot·fink, -en
[Saot·fin·ken] *m. zool.*, Tük-
ker, -s *m. zool.*
Hanfsaat Hanp·saot, Hanp-
säö·te *w. bot.*
Hanfsamen Hanp·saot,
Hanp·säö·te *w. bot.*
Hanfseil Hanp·seel, Hanp-
se·le *s. tech.*
Hängebrücke Han·gel·brüg-
ge, -n *w. trans.*
hängen bam·meln *ZW*, büm-
meln *ZW*, han·gen *uZW*;
auf eine Leine ~, an den
Galgen ~ up·han·gen *uZW*
hängenbleiben (an etwas)
han·gen·bli·wen *uZW*
hängend büm·melnd, -e, -en
[büm·meln·de] *EW*; **lose ~**
flud·de·rig, -e, -en [flud·de-
ri·ge] *EW*
hängengeblieben (an etwas)
han·gen·blië·wen, -e, -en
[han·gen·blië·we·ne] *EW*
hängenlassen han·gen·lao-
ten *uZW*
Hängeschwanz Han·ge·stiärt,
-s *m. med.*

Hannover Han·nüö·wer *ON*
hannoveraner han·nüö-
wersk, -e, -en [han·nüö·wers-
ke] *EW*
Hans Han·nes *VN*, Jan *VN*,
Jans *VN*; **kleiner ~** Jäns-
ken *VN*
Hänschen Jäns·ken *VN*
Hanse Han·se *w. o.Mz. fin.*
Hans-Heinrich Jan·hin·nerk
VN
Hanswurst Hans·wuorst,
Hans·wüör·ste *m. psy.*
hantieren han·te·ern *ZW*,
knüs·peln *ZW*, nüör·seln
ZW; nüs·seln *ZW*, rüs·tern
ZW
Hantiererei Nüör·sel·le·ri,
-en *w.*
Happen Muul·vul *w. o.Mz.*
Härchen Häör·ken, Häör-
kes *s. med., bot.*
Harke Hark, -en [Har·ken] *w.
tech. agr.*; **~ zum Formen
einer Garbe** Wel·le·hark, -en
[Wel·le·har·ken] *w. tech. agr.*
harken ra·ken *ZW agr.*
harmlos güö·rig, -e, -en
[güö·ri·ge] *EW psy.*, un·üë-
sel, -e, -en [un·üë·se·le] *EW
psy.*
harmonieren ha·mo·ne·ern
ZW, klaor·kuë·men *uZW
psy.*, vö·driä·gen *uZW psy.*
Harn Mi·ge *w. o.Mz. biol.*,
Pis·se, -n *w. biol..*
Harnblase Blao·se, -n *w.
med.*
Harsewinkel Hau·se·win·kel
ON
hart har·re *EW*, hat, -·te, -·ten
EW; **~ gegen sich selbst**
i·sern, -e, -en [i·ser·ne] *EW
psy.*; **~ und spröde** gnit-
ter·hat, -·te, -·ten *EW*; **härter**
hät·ter; **am härtesten** an
häts·ten
Härte Hat·tig·kait, -en [Hat-
tig·kai·ten] *w.*
härten hat·ma·ken *uZW*
hartgefroren hat·fruorn, -e,
-en [hat·fruor·ne] *EW*
Hartgeld Hat·geld, Hat·gel-
ler *s. fin.*
hartgemacht hat·maakt, -e,
-en [hat·maak·te] *EW*
Hartgummi Hat·gum·mi, -es
s. tech.
Hartholz Hat·holt, Hat·höl-
ter *s. bot.*
hartmachen hat·ma·ken

uZW
hartnäckig hat, -·te, -·ten
EW, obs·ter·näötsk, -e, -en
[obs·ter·näöts·ke] *EW psy.*
Hartnäckigkeit Vö·niën *m.
und s. o.Mz. psy.* (frz. venin)
Harz Has, -·se *s. bot., chem.*;
aus ~ has·sen, -e, -en [has-
se·ne] *EW*
harzen has·sen *ZW bot.*
harzhaltig has·sig, -e, -en
[has·si·ge] *EW*; **~es Holz**
Has·holt, Has·höl·ter *s. bot.*
harzig has·sig, -e, -en [has-
si·ge] *EW*
**Harzverdickung bei der
Kiefer** Has·män·ne·ken, Has-
män·ne·kes *s. bot.*
Häschen Hääs·ken, Hääs-
kes *s. zool.*, Hiäs·ken, Hiäs-
kes *s. zool.*
Häscher Gri·per, -s *m. mil.*
Hase Haas, Ha·sen, -s *m.
zool.*, Müm·mel·man, Müm-
mel·män·ner *m. zool.*; **junger ~, kleiner ~** Dri·lai·per,
-s *m. zool.*, Hääs·ken, Hääs-
kes *s. zool.*
Haselnuss Hiä·sel·te, -n *w.
bot.*, Hiä·sel·ten·nuët, Hiä·sel-
ten·nüë·te *w. bot. kul.*; **Blüte der ~** Mi·se·kät·ken, Mi-
se·kät·kes *s. bot.*
Haselnussbusch Hiä·sel·ten-
busk, Hiä·sel·ten·büs·ke *m.
bot.*
Haselnussstab Hiä·sel·ten-
sta·ken, -s *m.*
Haselnussstrauch Hiä·sel-
ten·struuk, Hiä·sel·ten·strü-
ke *m. bot.*
Haselstrauch Ha·sen·naot
w. o.Mz. bot.
Hasenscharte Haas·mund,
Haas·mün·ner *m. med.*
haspeln has·peln *ZW tech.*
Hass Pik *m. o.Mz. psy.*, Spiet,
Spi·te *m. psy.*
hässlich schäb·big, -e, -en
[schäb·bi·ge] *EW*, schän·nig,
-e, -en [schän·ni·ge] *EW psy.*
Hast Bies·ter, -s *w.*, Jag·te-
ri, -·en *w.*
Hasten Biä·se·ri, -·en *w.*,
Has·se·bas·sen *s. o.Mz.*
hasten biä·sen *ZW*, has·se-
bas·sen *ZW*, stu·wen *uZW*
hastig häös·tig, -e, -en [häös-
ti·ge] *EW*
Hattropholsen Hol·sen *ON*
Häubchen Hüüw·ken, Hüüw-

kes *s. tech.*
Haube Hü·we, -n *w. tech.*,
Ka·pot·hood, Ka·pot·hö·de
m. tech. (frz. capot); **be-
stickte ~ mit langen Bän-
dern** Nië·wel·kap, -·pen *w.*;
(der verheirateten Frau) Fla-
du·se, -n *w. tech.*
Haubenband Hü·wen·band,
Hü·wen·bän·ner *s. tech.*
Haubenlerche Päö·ter·ken,
Päö·ter·kes *s. zool.*
Haubenmeise Päö·ter·ken-
me·se, -n *w. zool.*
Hauch Poos·te, -n *w. med.*
hauen gal·lern *ZW*, tim·mern,
tun·ken *ZW*, wäm·sen *ZW*;
sich ~ hau·en *uZW*
Hauenhorst Hau·en·huorst
ON
Häufchen Haip·ken, Haip-
kes *s.*
häufeln hü·pen *ZW*
Haufen Bat·sen, -s *m.*, Dut,
-·ten *m.*, Haup, -en, Hai·pe
[Hau·pen] *m.*; **großer ~**
Biärg, -e [Biär·ge] *m.*; **~
(Heu, Stroh)** Duuw, Dü·we
m. agr.
häufen hai·pen *ZW*, hö·pen
ZW, hü·pen *ZW*
haufenweise hai·pe·wies,
hai·pe·wi·se *UW*
Haufenwolke Hau·pen·wul-
ke, -n *w. met.*
häufig faak, fa·ke, -n *EW
tem.*; fa·ken *UW*, man·nig-
maol *UW tem.*; **häufiger**
fa·ke·ner, manks·ten mä·er
tem.; **am häufigsten** an fa-
kens·ten *tem.*
Häuflein Haip·ken, Haip·kes
s.
Hauhechel (Heilpflanze)
Haor·tië·kel, -s *m. bot.*
Hauklotz Hau·klos, Hau·klös-
se *m. tech.*
Haupt Höft, -en [Höf·ten] *s.*,
Hööft, -e [Hööf·te] *s.*
Hauptabschnitt Ka·pit·tel, -s
s.
Haupteingang Buom·düör,
-n *w. arch. agr.*
Haupteingangstür Graut-
düör, -n *w. arch.*
Hauptfriedhof Höft·kiärk-
how, Höft·kiärk·hüö·we *m.*
Haupthaus Höft·huus, Höft-
hü·ser *s. arch.*
Haupthof Schul·ten·how,
Schul·ten·hüö·we *m. agr.*;

Besitzer eines ~es Schult, -e, -en [Schul·te] *m. agr.*

Häuptling Baas, Biä·se *m.*

Hauptsache Haup·te *s. o.Mz.*, Haupt·saak, Haupt·sa·ken *w.*

hauptsächlich miärst·tiet, -s *UW*, to·vüör·derst *UW*

Hauptschule Haupt·school, Haupt·scho·le, -n *w. kult.*

Haupttor des Bauerhauses Ni·en·düör, -n *w. arch. agr.*

Hauptwort Haupt·waod, Haupt·wäö·der *s.*

Haus Huus, Hü·ser *s. arch.*, Bau, -·e *m. arch.*; **außer ~** uut·hü·sig, -e, -en [uut·hü·si·ge] *EW*; **energisch des ~es verweisen** haug·kän·tig uut'n Hu·se smi·ten; **inneres ~** Bin·nen·huus, Binnen·hü·ser *s. arch.*; **kleines ~** Hüüs·ken, Hüüs·kes *s. arch.*; **nach ~e** nao Hu·se; **sehr kleines ~** Stikken·käst·ken, Sticken·kästkes *s. arch.*; **zu ~** to·huus, to·hu·se *UW*

Hausaltar Huus·aol·taor, Huus·aol·täö·re *m. tech. rel.*

Hausarbeit Huus·ar·baid, -en [Huus·ar·bai·den] *w.*, Huus·wiärk, -e [Huus·wiär·ke] *s.*

Hausarzt Huus·dok·ter, -s *m. med.*

Hausaufgabe School·ar·baid, -en [School·ar·bai·den] *w. kult.*, School·wiärk, -s *s. o.Mz. kult.*

Hausbau Huus·bau *m. o.Mz. arch.*

Hausbesen Huus·bes·sen, -s *m. tech.*

Hausbesitzer Huus·hä·er, -ns *m.*

Hausbrand (Holz, Kohle, Torf usw.) Huus·brand *m. o.Mz.*

Hausbriefkasten Breew·klap, -·pen *s. tech.*

Häuschen Hüüs·ken, Hüüs·kes *s. arch.*

Hausdrache Huus·dra·ke, -n *m. psy, übertr.* Huus·bes·sen, -s *m. psy.*

Hausdülmen Huus·dül·men *ON*

Hausdurchsuchung Huus·söök, Huus·sö·ken *w. jur.*

hausen hu·sen *ZW*

Hausflügel Flüë·gel, -s *m. arch.*; **kleiner ~** Flüë·gelken, Flüë·gel·kes *s. arch.*

Hausflur Diäl, -en [Diä·len] *w. arch.*

Hausfrau Huus·frau, -·en *w.*, Huus·mo·er, Huus·mö·ers *w.*

Hausfreund Huus·frönd, -e [Huus·frön·de] *m. psy.*

hausgemacht söws·maakt, -e, -en [söws·maak·te] *EW*

Haushahn Diäl·haan, -s, Diäl·ha·nen *m. zool., agr.*, Huus·haan, -s, Huus·ha·nen *m. zool.*

Haushalt Huus·holt, Huus·höl·le *m.*; **den ~ führen** huus·hol·len *uZW*; **Sorge für den ~** Huus best *s. o.Mz.*

haushalten huus·hol·len *uZW*

Haushälterin Huus·höl·lerske, Huus·höl·lers·kes *w.*; **ledige ~** Juf·fer, -n *w.*; Juffers·ke, -n *w.*

Haushaltung Huus·hol·lung, -en [Huus·hol·lun·gen] *w.*

Haushaltungsschule Huusholts·school, Huus·holts·scholen *w. kult.*

Hausherr Huus·hä·er, -ns *m.*

haushoch huus·haug, -e, -en [huus·hau·ge] *EW*

Haushuhn Huus·hoon, Huushö·ner *s. zool.*

Haushund Huus·rü·en, -s *m. zool.*

Hausierer Üm·lai·per, -s *m.*

Hauskleid Huus·kleed, Huuskle·der *s.*

Hauskreuz Huus·krüüs, Huus·krü·se *s. rel.*

Hauslauch Dak·lauw *s. o.Mz. bot.*, Huus·lauw *s. o.Mz. bot.*

Hauslehrer Huus·lä·rer, -s *m. kult.*

Hauslehrerin Huus·lär·rin, -·nen *w. kult.*

Hausleute Huus·lü·de *Mz.*

häuslich hüüs·lik, hüüs·licke, -n [hüüs·lik·ke] *EW*, in·hü·sig, -e, -en [in·hü·si·ge] *EW*

Hausmädchen Huus·wicht, -er [Huus·wich·ter] *s.*, (abfällig) Min·na, -as *w.*

Hausmauer Huus·mü·er, -n *w. arch.*

Hausmeister Huus·mes·ter, -s *m. tech.*

Hausmittel Huus·mid·del, -s *s. med.*

Hausmutter Huus·mo·er,

Huus·mö·ers *w.*

Hausmütterchen Huus·möer·ken, Huus·mö·er·kes *s.*

Hausname Fa·mil·gen·naome, -n *m.* , Huus· nao·me, -n *m.*

Hausrat Huus·raod, Huusräö·de *m. tech., übertr.* Pot un Pan *tech.*

Hausrotschwanz Huus·raudstiärt·ken, Huus·raud·stiärtkes *s. zool.*

Hausschlüssel Huus·slüëdel, -s *m. tech.*

Hausschneiderin Nais·ke, -n *w. tech.*

Hausschuh Huus·scho, -·e *m. tech.*; **absatzloser ~** Sluffe, -n *w. tech.*

Hausschwalbe Diäl·swal·we, -n *w. zool.*, Steen·swal·we, -n *w. zool.*

Haussegen Huus·siän·gen *m. o.Mz. rel.*

Hausspatz Dak·lü·ning, -e [Dak·lü·nin·ge] *m. zool.*

Haussperling Dak·lü·ning, -e [Dak·lü·nin·ge] *m. zool.*

Hausstand Huus·holt, Huushöl·le *m.*

Hausstaubmilbe Huus·milwe, -n *w. zool.*

Haustaube Feld·flüch·ter, -s *m. zool.*, (abfällig) Pan·nenkacker, -s [Pan·nen·kak·ker] *m. zool.*

Haustier Huus·dier, -s *s. zool.*

Haustür Bu·ten·düör, -n *w. arch.*, Huus·düör, -n *w. arch.*

Hauswand Huus·mü·er, -n *w. arch.*

Hauswirt Huus·hä·er, -ns *m.*

Hauszelt Huus·telt, -e [Huustel·te] *s. tech.*

Haut Bast, Bäs·te *m. med*, Fel, -·le *s. med.*, Huut, Hü·te *w. med, tech.*, Jak, Jacken [Jak·ken] *s. med.*, Liä·der, -s *s. tech.*; (bildlich) Naod·gaorn, Naod·gäörns *s.*; **~ abziehen** af·liä·dern *ZW*; **gegerbte ~** Liär, -s *s. tech.*; **~ und Knochen** Huut un But·ten; **obere ~** Schrin·ne·bast, Schrinne·bäs·te *m. med.*; **raue ~** Ru·bast, Ru·bäs·te *m. med.*; **tief eingerissene ~** (vor allem an Fingern) Büëst, -e [Büës·te] *m. med.*

Hautabschürfung; eine ~

haben dän Bast drap häb-ben *med.*
Hautausschlag Blab·ber, -n *m. med.*, Uut·slag, Uut·sliä-ge *m. med.*
häuten bas·sen *ZW med.*, hü·ten *ZW zool.*; ~ **zur Le-dergewinnung** liä·dern *ZW tech.*
Hautmittel Huut·mid·del·ken, Huut·mid·del·kes *s. med.*
Hautriss Büls, -e [Bül·se] *m. med.*
Hautverdickung Hucht, -en [Huch·ten] *w. med.*
Havixbeck Haf·kes·biëk *ON*
Havixbecker(in) Haf·kes-biëks·ke, -n *m. und w.*
Hebamme Kind·kes·möön. Kind·kes·mö·nen *w. med.*, We·mo·der, We·mö·ers *w. med.*, Wies·mo·er, Wies·mö-ers *w. med.*; **Geschenk der Taufpaten an die ~** Dööp-da·ler, Dööp·da·lers *m.*
Hebammenschule Wies·mo-er·school, Wies·mo·er·scho-len *w. med.*
Hebel Arm, -s *m. tech.*, Hiä-wel, -s *m. tech.*; **drehbar gelagerter ~** Swän·gel, -s *m. tech.*; **kleiner ~** Hiä·wel-ken, Hiä·wel·kes *s. tech.*; **mit einem ~ bewegen** hiä-weln *ZW*; **umsteckbarer ~ zum Drehen von Winden** Win·ne·knüë·pel, -s *m. tech.*
Hebelchen Hiä·wel·ken, Hiä-wel·kes *s. tech.*
hebeln hiä·weln *ZW*
heben büörn *ZW*, hög·ten *ZW*
Hechel Hië·kel, -s *m. tech.*
hecheln hech·ten *ZW med.*, jap·pen *ZW med.*, snucke-bal·gen [snuk·ke·bal·gen] *ZW med.*; hië·keln *ZW tech.*
Hechelzahn Hië·kel·tan, Hië-kel·tiä·ne *m. tech.*
Hecht; junger ~ Snook, Snö-ke *m. zool.*
Hecke Ha·gen, Hä·gen *m. bot.*, Hië·ge, -n *w. bot.*; **Durchgang in der ~** Hiëg-paort, -en [Hiëg·paor·ten] *w.*
Heckenbraunelle Bru·nel-le, -n *w. zool.*, Wië·den·töp-per, -s *m. zool.*
Heckengemüse (erste ess-bare Pflanzen wie Brenn-nesseln und Löwenzahn)

Hië·gen·ge·möös *s. o.Mz. bot. kul.*
Heckenrose Haag·däön, -s *m. bot.*, Hak·ääs, Hak·ä·se *s. bot.*
Heckenschnitt Hië·gen-schiär·sel, -s *s.*
Heckenweg Hië·gen·pat, Hië-gen·pät·te *m. tans.*; **kleiner, schmaler ~** Hië·gen·pät·ken, Hië·gen·pät·kes *s. trans.*
Heckenwinde Pöt·kes *Mz. bot.*
Heddinghausen Hed·ding-sen *ON*
Hede Hai·e *w. o.Mz.*
Hedeaufkäufer Hai·en·kai-per, -s *m. fin.*
Hederich Hiärk *s. o.Mz. bot.*
Hedwig He·ti *VN*
Heek Heek *ON*
Heelden Heel·den *ON*
Heer Ka·mis *m. o.Mz. mil.* (frz. commis)
Heessen Hees·sen *ON*
Hefe Gest, -en [Ges·ten] *w. kul.*; **Holzkasten für ~** Gest-liä·gel, -s *s. tech. kul.*
Hefegebäck, süßes ~ mit Korinthen Krin·ten·stu·ten, -s *m. kul.*
Hefeplätzchen (traditionell am Karfreitag) Stru·wen, -s *m. kul.*
heftig an·gaonsk, -e, -en [an-gaons·ke] *EW*, bar·baarsk, -e, -en [bar·baars·ke] *EW*, dul, -·le, -·len *EW*, har·re *EW*, hat, -·te, -·ten *EW*, niëtsk, -e, -en [niëts·ke] *EW*, un·ask, -e, -en [un·as·ke] *EW*
Heftpflaster Klië·we·plaos-ter, -s *s. tech. med.*
Heftzwecke Kop·nao·del, Kop·näö·del *w. tech.*
hegen hiä·gen *ZW*
Heger Hiä·ger, -s *m.*
Hehl Hiäl *s. o.Mz.*
Hehler Hiä·ler, -s *m. jur.*
Heide Haid, -e, -en [Hai·de] *w. bot.*
Heidebesen Haid·bes·sen, -s *m. tech. hyg.*; **~ zur Becken-reinigung** Becken·wiew, Becken·wi·wer [Bek·ken-wiew] *s. tech. hyg.*
Heideboden Haid·buo·den, Haid·büö·den *m. geol.*
Heidedorf Haid·duorp, Haid-düör·per *s. geog.*

Heidefläche Haid, -e, -en [Hai·de] *w. bot.*
Heidehügel Haid·hüë·wel, -s *m.*
Heidekraut Kruup·hai·d *w. o.Mz. bot.*, Stok·hai·d *w. o.Mz. bot.*
Heidelbeere Bik·biär, -n *w. bot.*, Kroons·biär, -n *w. bot.*, Kröös·ken, Kröös·kes *s. bot.*
Heidelerche Du·del·ken, Du-del·kes *s. zool.*
Heiden Häi·den *ON*
heil gaas, ga·se, -n *EW*, heel, he·le, -n *EW*
Heil Heel *s. o.Mz.*
heilen he·len *ZW med.*, kur-re·ern *ZW med.* (ital. curare)
heilig hil·lig, -e, -en [hil·li·ge] *EW rel.*
Heiligabend (24. Dezember) Hil·lig·aomd, -e [Hil·lig·aom-de] *m. rel. tem.*
Heilige(r) Hil·ge, -n *m., w. und s. rel.*, Sünt, -e, -en [Sün·te] *m.und w. rel.*
heiligen hil·lig·ma·ken *uZW rel.*
Heiligen- und Legendenbuch Hand·pos·til, -·len *w. rel.*
Heiligenbild Hil·gen·beld, Hil·gen·bel·ler *s. rel.*
Heiligenbildchen Hil·gen-beld·ken, Hil·gen·beld·kes *s. rel.*
Heiligenhäuschen Hil·gen-hüüs·ken, Hil·gen·hüüs·kes *s. arch. rel.*
Heiligenleben Hil·gen·liä-wen *s. o.Mz. rel.*
Heiligenname Hil·gen·nao-me, -n *m. rel.*
Heiligenschein Hil·gen-schien, Hil·gen·schi·ne *m. rel.*
Heiligkeit Hil·lig·kait *w. o.Mz. rel.*
heiligmachen hil·lig·ma·ken *uZW rel.*
heiligmachend hil·lig·ma-kend, -e, -en [hil·lig·ma·kend] *EW rel.*
Heilpflanze Heel·plan·te, -n *w. bot. med.*, Kruud, Krü-der *s. bot.*
Heilpraktiker Pül·le·kes·dok-ter, -s *m. med.*
Heim Heem, He·me *s. arch.*
Heimat He·maot *w. o.Mz.*, To·hu·se *s. o.Mz.*
Heimatdorf He·maot·duorp,

He·maot·düör·per s. geog.
Heimathaus He·maot·huus, He·maot·hü·ser s. arch.
Heimatland He·maots·land, He·maots·län·ner s. geog.
Heimatliebe He·maot·lai·we w. o.Mz. psy.
Heimatlied He·maots·leed, He·maots·le·der s. mus.
Heimatpfleger He·maot·hiä·ger, -s m. kult.
Heimatsinn He·maot·sin m. o.Mz. psy.
Heimatsprache He·maot·sprao·ke, -n w. kult.
Heimatstadt He·maot·stad, He·maot·stiä·den w. geog.
Heimchen Heem·ken, Heemkes s. zool.
heimgezahlt trüg·ge·taalt, -e, -en [trüg·ge·taal·te] EW psy.
heimisch heemsk, -e, -en [heems·ke] EW
heimkehren trüg·ge·kuë·men uZW, wi·er·kuë·men uZW
heimlich heem·lik, heem·licke, -n [heem·lik·ke] EW psy., sti·kum EW psy., stilkes EW psy.; **sich ~ davon machen** übertr. sik dün·ne ma·ken
Heimlichkeiten; ~ austauschen kun·keln ZW psy.
Heimlichtuer Sli·ker, -s m. psy.
heimtückisch falsk, -e, -en [fals·ke] EW psy., iä·ter·biëtsk, -e, -en [iä·ter·biëts·ke] EW psy., lu·biëtsk, -e, -en [lu·biëts·ke] EW psy., lu·er·biëtsk, -e, -en [lu·er·biëts·ke] EW psy.
Heimweg To·huus·wäg, To·huus·wiä·ge m. trans.
heimzahlen übertr. trüg·ge·ta·len ZW psy.
Heinrich Hin·nerk VN, Hin·nik VN
Heinz Hin·nerk VN, Hin·nik VN
Heirat Fri·e·ri, -·en w., Hi·raod, -en [Hi·rao·den] w., Hoch·tiet, Hoch·ti·ten w.; **die kirchliche ~ von der Kanzel verkünden** van'ne Kan·sel fal·len, van'ne Kan·sel smi·ten; **Tag der ~** Hoch·tiets·dag, -e [Hoch·tiets·da·ge] m. tem.
heiraten fri·en ZW, hi·rao·den uZW, to·haup·doon uZW;

standesamtlich ~ amt·lik hi·rao·den jur.; **kirchlich ~** kiärk·lik hi·rao·den rel.
heiser heesk, -e, -en [hees·ke] EW med., hees·te·rig, -e, -en [hees·te·ri·ge] EW med.
Heiserkeit Hees·trig·kait w. o.Mz. med.
heiß heet, he·te, -n EW; **~ werden** briä·nen uZW; **heißer** he·ter; **am heißesten** an he·tes·ten
Heißblüter Heet·blö·der, -s m. zool.
heißblütig heet·blö·dig, -e, -en [heet·blö·di·ge] EW
Heißblutpferd Heet·blood·piärd, -e [Heet·blood·piär·de] s. zool.
heißen hai·ten uZW
heißgelaufen heet·lau·pen, -e, -en [heet·lau·pe·ne] EW tech.
Heißhunger Heet·hun·ger m. o.Mz. kul.
heißhungrig heet·hün·grig, -e, -en [heet·hün·gri·ge] EW kul.
heißlaufen heet·lau·pen uZW tech.
Heißsporn Dul·kop, Dul·köp·pe m. psy.
heiter kraol, -e, -en [krao·le] EW psy.
heizen bö·ten uZW, stuo·ken ZW
Heizer Bö·ter, -s m. tech.
Heizöl Bööt·üöl·ge s. o.Mz. chem.
Hektik übertr. een Stüör·ten in ne Kar·tuf·feln psy.
Helene Le·na VN, Le·ne VN
helfen bat·ten ZW, bi·staon uZW psy., bi·trecken [bi·trek·ken] uZW, hel·pen uZW; **~ (bei der Arbeit)** Hand an·läg·gen ZW; (beim Ankleiden) an·hel·pen uZW, übertr. an'ne Hand gaon, übertr. un·ner de Arms gri·pen; **gegenseitig ~** wi·er·hel·pen uZW; **sich wechselseitig ~** üm·gaon lao·ten; **so tun, als ob man ~ wolle** sling·fi·sen ZW psy.
Helfer Höl·per, -s m.
Helferin Höl·pers·ke, -s w.
Helikopter Drai·flüë·gel·flai·ger, -s m. tech. trans.
hell hel·le, -n EW, klaor, -e,

-en [klao·re] EW, kraol, -e, -en [krao·le] EW, lecht, -e, -en [lech·te] EW; **~ werden** da·gen ZW; **heller** kläö·rer, lech·ter; **am hellsten** an kläörs·ten, an lech·tes·ten
hellauf hal·up UW
Hellebarde Bao·re, Bäö·re w. mil.
Hellseher Spö·ken·ki·ker, -s m. psy.
Hellwerden Lecht·wä·ern s. o.Mz.
Hembergen Hem·biär·gen ON
Hemd Hlëmd, -e [Hiëm·de] s.; **~ aus Nesselstoff** Nië·del·hiëmd, -e [Nië·del·hiëm·de] s.; **dreieckiger Einsatz in ~n** Twickel, -s [Twik·kel] m.; **kleines ~** Hiëmd·ken, Hiëmd·kes s.; **Vorderteil des ~** Sla·fit·ken, Sla·fit·kes s.
Hemdchen Hiëmd·ken, Hiëmd·kes s.
Hemden Hem·den ON
Hemdsärmel Hiëmds·mau, -·en w., Mau, -·en w.
Hemdsbrust Sla·fit·ken, Sla·fit·kes s.
Hemdunterteil Hiëmd·snap, Hiëmd·sniä·pe s.
Hemmkette Räm·kië·de, -n w. tech.
Hengst Hengst, -e [Hengs·te] m. zool.; **~ mit einem Hoden, ungenügend kastrierter ~** Klop·hengst, -e [Klop·hengs·te] m. zool.
Hengstfohlen Hits·män·ken, Hits·män·kes s. zool.
Henkel Hand·grië·pel, -s m. tech.
Henkelkorb Hän·gel·kuorw, Hän·gel·küör·we m. tech.
Henne Hän, -·nen w. zool., Klucke, -n [Kluk·ke] w. zool.
Henriette Jet·te VN, Ri·ka VN
her hiär UW
herab daal, da·le UW, der·daal UW, hän·daal UW
herabfallen run·ner·fal·len uZW; **~ z. B. von Obst vom Baum** übertr. küë·deln ZW
herabfließen ha·run·ner·flai·ten uZW
herablassen run·ner·lao·ten uZW; **sich ~** sik daal·lao·ten uZW
herabsehen der·daal·ki·ken

uZW
herabsetzen der·daal·sät·ten *ZW*
herabstürzen der·daal·stüör·ten *ZW*
heran ha·ran *UW*, ran *UW*
herangehen an·gaon *uZW*; **heftig** ~ (an die Arbeit) ha·ran·stu·wen *uZW*
herangewachsen ran·was·sen, -e -en [ran·was·se·ne] *EW biol.*
herankommen an·kuë·men *uZW*, ran·kuë·men *uZW*; an·tip·pen *ZW*, bi·kuë·men *uZW*; ~ **können** af·lan·gen *ZW*; **nicht ~ an etwas** dao kan he nich an tücken
heranlassen ha·ran·lao·ten *uZW*, ran·lao·ten *uZW*
heranlaufen an·laup·en *uZW*
herannehmen ran·nië·men *uZW*
heranreichen (an) ticken [tik·ken] *ZW*
heranschleichen an·sli·ken *uZW*, ran·sli·ken *uZW*
heranstürmen dran·stu·wen *uZW*
herantragen an·driä·gen *uZW*
herantreten an·triä·ten *uZW*
Heranwachsen Ran·was·sen s. o. *Mz. biol.*; **im ~** An·was, An·wäs·se *m. biol*
heranwachsen ran·was·sen *uZW biol.*
heranwachsend. ran·was·send, -e, -en *EW*
Heranwachsende *übertr.* jun·ge Bül·le·kes *Mz.*
heranwagen an·wul·len *uZW psy.*
heranwälzen an·wol·tern *ZW*
heranwollen an·wul·len *uZW psy.*
heranziehen an·trecken [an·trek·ken] *uZW*, ran·trecken [ran·trek·ken] *uZW*
herauf ha·rup *UW*, rup *UW*
heraufbeschwören be·ro·pen *uZW*
heraufbringen ha·rup·brän·gen *uZW*
heraufgehen ha·rup·gaon *uZW*
heraufholen ha·rup·ha·len *uZW*, rup·ha·len *uZW*
heraufklettern ha·rup·klai·en *ZW*, rup·klai·en *ZW*, up·klai·en *ZW*

heraufkommen ha·rup·kuë·men *uZW*
herauflaufen ha·rup·lau·pen *uZW*
heraufschauen ha·rup·ki·ken *uZW*
heraufsetzen ha·rup·sät·ten *ZW*
heraufziehen rup·trecken [rup·trek·ken] *uZW*
heraus äch·ten·uut *UW*, druut *UW*, ha·ruut *UW*, ruut *UW*
herausbekommen ha·ruut·kri·gen *uZW*, ruut·kri·gen *uZW*, spitsk·kri·gen *uZW*
herausbrechen uut·briä·ken *uZW*
herausbringen ha·ruut·brän·gen *uZW*, uut·brän·gen *uZW*
herausfahren ruut·fö·ern *uZW trans.*
herausfallen ha·ruut·fal·len *uZW*
herausfinden ruut·fin·nen *uZW*, up·fin·nen *uZW*, uut·fin·nen *uZW*, uut·tif·teln *ZW*; **durch Überlegung ~** uut·kla·mü·sern *ZW*
herausfordern tiëp·ken *ZW psy.*
herausgeben ruut·gië·wen *uZW*
Herausgeber Ruut·gië·wer, -s *m.*
herausgefallen ha·ruut·fal·len, -e, -en [ha·ruut·fal·le·ne] *EW*
herausgehen druut·gaon *uZW*, ruut·gaon *uZW*, uut·gaon *uZW*
herausgemacht uut·maakt, -e, -en [uut·maak·te] *EW*
herausgenommen ha·ruut·nuo·men, -e, -en [ha·ruut·nuo·me·ne] *EW*
herausgeschlagen ha·ruut·slaon, -e, -en [ha·ruut·slao·ne] *EW*
herausgesucht uut·socht, -e, -en [uut·soch·te] *EW*
Herausgetretenes (Mett bei der Wurst) Uut·kruup·sel, -s *s. kul.*
herausgucken ha·ruut·ki·ken *uZW*
heraushängen druut·han·gen *uZW*
herausholen ha·ruut·ha·len *uZW*, ruut·ha·len *uZW*, uut·ha·len *uZW*, uut·krao·men *ZW*, uut·kri·gen *uZW*; ha-

ruut·slaon *uZW fin.*; **geschickt ~** pu·len *ZW*
herauskommen druut·kuë·men *uZW*, ruut·kuë·men *uZW*, (aus etwas) ha·ruut·kuë·men *uZW*
herauskriechen ruut·kru·pen *uZW*, uut·kru·pen *uZW*
herauslassen druut·lao·ten *uZW*
herauslaufen druut·lau·pen *uZW*, ha·ruut·lau·pen *uZW*
herauslesen ruut·liä·sen *uZW*
herausmachen ruut·ma·ken *uZW*, uut·ma·ken *uZW*
herausnehmen ha·ruut·nië·men *uZW*, uut·kri·gen *uZW*
herausragen vüör·staon *uZW*
herausreißen ruut·ri·ten *uZW*, uut·ri·ten *uZW*
herausschauen ha·ruut·ki·ken *uZW*
herausschlagen druut·slaon *uZW*, ha·uut·slaon *uZW*, uut·hau·en *uZW*; uut·slaon *uZW*
herausschmeißen ha·ruut·smi·ten *uZW*
heraussehen ruut·ki·ken *uZW*
heraussetzen uut·sät·ten *ZW*
herausstechen ha·ruut·stiä·ken *uZW*
herausstoßen uut·stau·ten *uZW*
herausstreichen ha·ruut·stri·ken *uZW*
herausstreifen uut·stri·pen *uZW*, uut·strië·peln *ZW*
herauswerfen druut·smi·ten *uZW*, ha·ruut·smi·ten *uZW*, ruut·smi·ten *uZW*; **jemd. ~** *übertr.* an'ne Lucht sät·ten *psy.*
herausziehen druut·trecken [druut·trek·ken] *uZW*, ha·ruut·trecken [ha·ruut·trek·ken] *uZW*, rüd·den *ZW*, ruut·trecken [ruut·trek·ken] *uZW*, uut·trecken [uut·trek·ken] *uZW*
herbeibringen an·brän·gen *uZW*
herbeieilen an·ja·gen *uZW*, an·laup·en *uZW*
herbeifahren (mit voller Fahrt) an·kar·jo·len *ZW trans.*
herbeigeeilt an·laup·en, -e,

-en [an·lau·pe·ne] *EW*
herbeijagen an·ja·gen *uZW*
herbeikommen ran·kuë·men *uZW*
herbeilaufen (schnell) an·nai·en *ZW*
herbeischleppen an·slië·pen *ZW trans.*
Herberge Pank·schoon, Pank·scho·nen *w. arch.*, Pensi·o·ne, -n *w. arch.*, Kwarte·er, -s *s. arch.*
Herbern Hiärm *ON*
Herbst Hiärfst, -e [Hiärfs·te] *m. tem.*, *übertr.* Aarnt·tiet, Aarnt·ti·ten *w. agr. tem.*
Herbstblume Hiärfst·blo·me, -n *w. bot.*
herbstlich hiärfst·lik, hiärfstlicke, -n [hiärfst·lik·ke] *EW met.*
Herbsttag Hiärfst·dag, -e [Hiärfst·da·ge] *m. tem.*
Herbstwetter Hiärfst·wiär *s. o.Mz. met.*
Herd Hääd, Hä·de *m. tech.*, Kuok·stiär, -n *w. tech.*
Herde Driëw·te, -n *w. agr.*, Kop·pel, -n *w. agr.*
Herdfeuer Hääd·fü·er, -s *s. tech.*; **brennendes Holz im ~** Brand, Brän·ne *m.*
Herdraum Flet, -·te *s. arch.*
Herdrost Rös·ter, -s *m. tech.*
Herdstelle Hääd·stiär, -n *w. arch.*
herein ha·rin *UW*, rin *UW*
hereinbekommen in·kri·gen *uZW*
hereinbringen ha·rin·brängen *uZW*
hereinfallen ha·rin·fal·len *uZW*, rin·fal·len *uZW*
hereingefallen rin·fal·len, -e, -en [rin·fal·le·ne] *EW*
hereingehen ha·rin·gaon *uZW*, rin·gaon *uZW*
hereingelegt rin·lägt, -e, -en *EW psy.*; **~ sein** *übertr.* in't Gat knië·pen sien *psy.*
hereingucken in·ki·ken *uZW*
hereinkommen ha·rin·kuëmen *uZW*, in·kuë·men *uZW*, rin·kuë·men *uZW*
hereinkriechen rin·kru·pen *uZW*
hereinlassen ha·rin·lao·ten *uZW*, in·lao·ten *uZW*, rinlao·ten *uZW*
hereinlaufen rin·lau·pen *uZW*

hereinlegen rin·läg·gen *ZW*
hereinrufen ha·rin·ro·pen *uZW*
hereinschauen in·ki·ken *uZW*, rin·ki·ken *uZW*
hereinziehen ha·rin·trecken [ha·rin·trek·ken] *uZW*, intrecken [in·trek·ken] *uZW*, rin·trecken [rin·trek·ken] *uZW*
Herford Hiär·we·de *ON*
hergeben gië·wen *uZW*, hiärgië·wen *uZW*; **alles ~** vöuut·gië·wen *uZW*
hergehen hiär·gaon *uZW*; **hoch ~** haug hiär·gaon
hergelaufen hiär·lau·pen, -e, -en [hiär·lau·pe·ne] *EW*
Hering Hä·ring, -e [Hä·ringe] *m. zool.*
herkommen hiär·kuë·men *uZW*, langs·kuë·men *uZW*
Herkunft Kum·af *s. o.Mz.*
herlaufen hiär·lau·pen *uZW*
Hermann Hiärm *VN*
Hermelin Ai·er·hiäm·ken, Aier·hiäm·kes *s. zool.*
hernach ha·no·cher *UW*
Herpes Ruo·we *w. o.Mz. med.*
Herr Hä·er, -ns *m.*; **feiner ~** Pin·kel, -s *m.*, fi·ner Pinkel *m.*
Herrenhaus Hä·ern·huus, Hä·ern·hü·ser *s. arch.h*
Herrenschneider Bük·sensni·der, -s *m. tech.*
Herrenschoßrock; abgerundet geschnittener ~ Köt, -s *m.*
Herrgott Hä·er·guod, Hä·er·güö·der *m. rel.*
Herrgottsfrühe Hä·er·guodsfrö·e *w. o.Mz. tem.*
herrichten praot·ma·ken *uZW*
Herrin Här·rin, -·nen *w.*
herrisch här·risk, -e, -en [härris·ke] *EW psy.*
herrlich glo·ri·oos, glo·ri·ose, -n *EW*, hä·er·lik, hä·erlicke, -n [hä·er·lik·ke] *EW*
Herrschaft Hä·er·schup, -·pen *w.*, Be·stü·er, -n *w. pol.*
Herrschaftsbereich Be·rid, -·de *m.*, Riek, Ri·ke *s.*
Herrscher Hä·er, -ns *m.*
hersagen uö·wer·säg·gen *uZW*
Herscheid Hiärsch·ge *ON*
herstellen ma·ken *uZW*
Hersteller Ma·ker, -s *m.*

tech.
herüber ha·rüö·wer *UW*, rüö·wer *UW*
herüberbringen drüö·werbrän·gen *uZW*, ha·rüö·werbrän·gen *uZW*
herüberfahren drüö·wer·föern *uZW trans.*
herüberholen ha·rüö·werha·len *uZW*
herüberkommen rüö·werkuë·men *uZW*
herübersetzen drüö·wer·sätten *ZW*
herüberziehen drüö·wertrecken [drüö·wer·trek·ken] *uZW*
herum ha·rüm, ha·rüm·me *UW*, üm·hiär *UW*, üm·meto *UW*; **Kurzform von ~** rüm *UW*
herumaalen ha·rüm·ao·len *ZW*
herumalbern gam·meln *ZW psy.*, kal·wern *ZW psy.*, mallen *ZW psy.*
herumärgern rüm·iär·gern *ZW psy.*
herumbekommen rüm·krigen *uZW psy.*
herumdrehen ha·rüm·draien *ZW*
herumfahren ha·rüm·fö·ern *uZW trans.*; **ziellos ~** karjo·len *ZW trans.*
herumführen üm·to·gaon *uZW*; **an der Nase ~** vöö·men *ZW psy.*
herumfummeln han·te·ern *ZW*
herumgehen rüm·gaon *uZW trans.*, üm·to·gaon *uZW trans.*
herumgeistern spö·ken *ZW psy.*
herumhantieren krao·men *ZW*
herumjagen jag·tern *ZW*
herumkommen ha·rüm·kuëmen *uZW*, rüm·kuë·men *uZW*
herumlaufen ha·rüm·lau·pen *uZW*, rüm·lau·pen *uZW*
herumlungern gam·meln *ZW psy.*
herumprahlen rüm·prao·len *ZW psy.*
herumschlagen rüm·slaon *uZW*
herumschleppen ha·rümtot·ten *ZW trans.*

Herumschnüffelei Spil·lünke·ri, -·en *w.*
herumschnüffeln spil·lünkern *ZW*
herumspielen jas·ken *ZW spo. (frz.* jaser)
herumspionieren spil·lünkern *ZW*
herumspringen ha·rümsprän·gen *uZW*, üm·sprängen *uZW*
herumstehen bi·staon *uZW*, rüm·staon *uZW*, üm·staon *uZW*
Herumstehende(r) Ümstaon·de, -n *m., w. und s.*
herumstoßen ha·rüm·stauten *uZW*
herumstreunen rün·geln *ZW*
herumsuchen ha·rüm·musen *ZW*
herumtappen bies·tern *ZW*
herumtoben üm·sprän·gen *uZW*
herumtreiben fluks·tern *ZW psy.*, ha·rüm·dri·wen *uZW psy.*, rüm·dri·wen *uZW psy.*, rün·geln *ZW psy.*, stro·mern *ZW*, swit·ken *ZW psy.*
Herumtreiber Dri·wer, -s *m. psy*, Rüm·dri·wer, -s *m. psy*, Stro·mer, -s *m.*, Swiëmel, -s *m psy.*
Herumtreiberin Fluks·ter, -s *s. psy.*, Jas·ke, -n *w. psy.*
herumwälzen ha·rüm·ao·len *ZW*
herunter biärg·af *UW geol.*, bi·daal *UW*, daal, da·le *UW*, hän·daal *UW*, ha·run·ner *UW*, (Kurzform) run·ner *UW*
herunterbekommen daalkri·gen *uZW*
herunterbiegen daal·bai·gen *uZW tech.*, ha·run·ner·brängen *uZW*, run·ner·brän·gen *uZW*
herunterdrehen ha·run·nerdrai·en *ZW tech.*, run·nerdrai·en *ZW tech.*
herunterfahren ha·run·nerfö·ern *uZW trans.*, run·nerfö·ern *uZW trans.*
herunterfallen daal·fal·len *uZW*, ha·run·ner·fal·len *uZW*, run·ner·fal·len *uZW*; **schnell ~** daal·su·sen *ZW*
herunterfließen ha·run·nerflai·ten *uZW*
heruntergehen ha·run·nergaon *uZW*, *übertr.* ha·run

ner·stri·ken *uZW trans.*, runner·gaon *uZW*
heruntergekommen vö·loddert, -e, -en [vö·lod·der·te] *EW*
heruntergeworfen af·smiëten, -e, -en [af·smië·te·ne] *EW*
herunterhängen run·nerhan·gen *uZW*
herunterholen ha·run·nerha·len *uZW*, run·ner·ha·len *uZW*
herunterkippen ha·run·nerkip·pen *ZW*
herunterklappen daal·klappen *ZW*
herunterkommen ha·runner·kuë·men *uZW*, run·nerkuë·men *uZW*
herunterlassen run·ner·laoten *uZW*
herunterlaufen ha·run·nerlau·pen *uZW*, run·ner·laupen *uZW*
heruntermachen run·ner·maken *uZW*
herunternehmen ha·run·nernië·men *uZW*
herunterreißen ha·run·ner·riten *uZW*, run·ner·ri·ten *uZW*
herunterrollen daal·rul·len *ZW*
herunterschauen ha·runner·ki·ken *uZW*, run·ner·kiken *uZW*
herunterschlingen jak·halsen *ZW kul.*
herunterschlucken ha·runner·slucken [ha·run·ner·slukken] *ZW kul.*, run·ner·slucken [run·ner·sluk·ken] *ZW kul.*
heruntersetzen ha·run·nersät·ten *ZW*, run·ner·sät·ten *ZW*
heruntersteigen af·sti·gen *uZW*
herunterstreichen ha·runner·stri·ken *uZW*
herunterstürzen ha·run·nerstüör·ten *ZW*, run·ner·stüörten *ZW*
heruntertreiben ha·run·nerdri·wen *uZW*, run·ner·dri·wen *uZW*
herunterwerfen af·smi·ten *uZW*, daal·smi·ten *uZW*
herunterziehen run·nertrecken [run·ner·trek·ken] *uZW*, ha·run·ner·trecken [harun·ner·trek·ken] *uZW*

hervorragend eks·küüs, ekskü·se, -n *EW (frz.* exquis); wun·ners *UW*
hervorstehen vüör·staon *uZW*
hervorwühlen uut·bud·deln *ZW*
Herz 1. (Kartenfarbe beim deutschen Kartenspiel) Hiärt *s. o.Mz. spo.*; 2. Hiärt, -e [Hiär·te] *s. med., übertr.* Pump, -en [Pum·pen] *w. med.*; **am ~en liegen** anlig·gen *uZW psy.*; **kleines ~** Hiärt·ken, Hiärt·kes *s. med.*
Herzblatt (von Blumen) Hiärte·blad, Hiär·te·bliä·der *s. bot.*
Herzchen Hiärt·ken, Hiärt·kes *s. med.*
Herzebocholt Schüt·tensteen *ON*
Herzebrock Hiär·se·brook *ON*
Herzeleid Hiär·te·leed *s. o.Mz. psy.*
Herzensblut Hiär·te·blood *s. o.Mz. psy.*
Herzensfreude Hiär·tensfrai·de, -n *w. psy.*
Herzensnot Hiär·tens·naud, Hiär·tens·nai·de *w. psy.*
Herzfeld Hiärt·feld *ON*
Herzfrequenz Hiärt·pucken [Hiärt·puk·ken] *s. o.Mz. med.*
herziehen hiär·trecken [hiärttrek·ken] *uZW psy.*; **über jemd. ~** *übertr.* düör·hië·keln *ZW psy.*, *übertr.* ka·keln *ZW psy.*
Herzinfarkt Hiärt·slag, Hiärtsliä·ge *m. med.*
Herzkammer Hiär·tens·kamer, -n *w. med.*
Herzklopfen Hiärt·klop·pen *s. o.Mz. med.*
herzkrank (sein) an't Hiärt häb·ben *med.*
herzlich hiärt·lik, hiärt·licke, -n [hiärt·lik·ke] *EW psy.*, liedsam, -·me, -·men *EW psy.*
herzlos hiärt·laus, -e, -en [hiärt·lau·se] *EW psy., übertr.* kolt·blö·dig, -e, -en [kolt·blödi·ge] *EW psy.*
Herzog Hä·er·tog, Hä·er·tüöge *m. pol.*
Herzrasen Hiärt·kla·bas·tern *s. o.Mz. med.*
Herzschlag Hiärt·slag, Hiärtsliä·ge *m. med.*; **Herzschlä-**

ge je Zeiteinheit Hiärt-
pucken [Hiärt·puk·ken] *s.*
o.Mz. med.
Herzstich Hiärt·stiëk, -e [Hiärt-
stië·ke] *m. med.*
herzzerbrechend hiärt·briä-
kend, -e, -en [hiärt·briä·ken-
de] *EW psy.*
Hesepe Hääs·pe *ON*
Hesselteich Hes·sel·diel *ON*
hetzen his·sen *ZW psy.*,
stückern [stük·kern] *ZW psy.*
Hetzer His·ser, -s *m. psy.*,
Stuo·ke·brand, Stuo·ke·brän-
ner *m. psy.*
Heu Hai *s. o.Mz. bot.*; **das**
~ muss gemacht werden
in't Hai müe·ten; **Holzge-**
stell zur Trocknung von ~
Hai·buk, Hai·bücke [Hai·bük-
ke] *m. tech. agr.*
Heuboden Hai·büörn, -s *m.*
arch. agr.
Heuchler Hil·gen·sli·ker, -s
m. psy.
heuchlerisch falsk, -e, -en
[fals·ke] *EW psy.*
Heuduft Hai·rüëk, -e [Hai-
rüë·ke] *m. biol.*
heuen hai·en *ZW agr.*
Heuer Hü·er, -n *w. fin.*
Heuerling Hü·er·ling, -e [Hü-
er·lin·ge] *m. agr.*, Küö·ter,
-s *m. agr.*
Heuerlingshaus Hü·er·huus,
Hü·er·hü·ser *s. arch. agr.*
heuern hü·ern *ZW fin.*
Heuernte Hai·aarnt, -en [Hai-
aarn·ten] *w. agr.*
Heugabel (dreizinkig) Fuor-
ke, -n *w. tech. agr.*, (zweizinkig) Schot·fuor·ke, -n *w.*
tech. agr., Hai·twiël, -s *m.*
tech. agr.; **hölzerne ~** Twiël,
-s *m. tech.*; **mit der ~ ar-**
beiten fuor·ken *ZW agr.*
Heugeruch Hai·rüëk, -e [Hai-
rüë·ke] *m. biol.*
Heuhaufen Hai·duuw, Hai-
du·wen *m. agr.*, Hai·haup,
Hai·hai·pe *m. agr.*; **großer**
~ Hai·di·men, -s *m. agr.*
heulen blad·dern *ZW psy.*,
gal·pen *ZW psy.*, grü·sen
ZW psy., hü·len *ZW*, jam-
ken *ZW psy.*; **laut ~** brans-
ken *ZW psy.*
Heuler (junger Seehund) Hü-
ler, -s *m. zool.*
Heumonat Hai·maond, -e
[Hai·maon·de] *m. tem. agr.*

Heupferdchen Hai·piärd·ken,
Hai·piärd·kes *s. zool.*
Heuraufe Krib·be, Krib·ben
w. tech. agr.
Heuscheune Hai·schü·er, -n
w. arch. agr.
Heuschnupfen Hai·fe·wer *s.*
o.Mz. med.
Heuschrecke Hai·piärd, -e
[Hai·piär·de] *s. zool.*, Hot-
piärd·ken, Hot·piärd·kes *s.*
zool.; **kleines ~** Hai·piärd-
ken, Hai·piärd·kes *s. zool.*
Heuschwade Hai·slao·ge, -n
w. agr.
heute hüüt *UW tem.*, van-
da·ge *UW tem.*
heutzutage hüüt·an·dag *UW*
tem., räch·te·forts *UW tem.*,
van·da·ge *UW tem.*
Heuwender Hai·wän·ner, -s
m. tech. agr.
Heuwetter Hai·wiär *s. o.Mz.*
met.
Heuwiese Hai·wies·ke, -n *w.*
agr.
Hexe Häks, -en [Häk·sen] *w.*
psy., Tu·wers·ke, -n *w. psy.*
hexen häk·sen *ZW psy.*
Hexenbesen Dun·er·bes·sen,
-s *m. arch.*
Hexenbuch Häk·sen·book,
Häk·sen·bö·ker *s. psy.*
Hexenmeister Häk·sen·mes-
ter, -s *m. psy.*
Hexerei Häk·se·ri *w. o.Mz.*
psy., Tu·we·ri, -·en *w. psy.*
Hibiscus Ki·na·rau·se, -n *w.*
bot.
Hiddingsel Hid·ding·sel *ON*
Hieb Slag, Sliä·ge *m.*
hier hier *UW*; **~ und da** wat-
ter·wäg·gen
hierbleiben dao·bli·wen *uZW*
hierher hier·hän *UW*
hierhin hier·hän *UW*
hierzulande hier·to·lan·ne
UW
Hildegard Hil·de *VN*
Hildesheim Hülm·sen *ON*
Hilfe Baat *w. o.Mz.*, Bat,
-·ten *m.*, Hölp, -e, -en [Höl-
pe] *w.*; **gegenseitige ~** Wi-
er·hölp, -en [Wi·er·höl·pen]
w.
hilfreich hölp·lik, hölp·licke,
-n [hölp·lik·ke] *EW* ; **wenig**
~ sein *übertr.* niks in'ne
Miälk to krüe·meln häb·ben
Hilfsarbeiter Dag·lai·ner, -s
m., Hand·lan·ger, -s *m.*

Hilfskraft (für einfache Arbeiten) Pün·gel, -s *m.*; **~ im**
Geschäft für einfache Ar-
beiten La·den·pün·gel, -s *m.*
Hilfsmittel Mid·del, -s *s.*
Hilfspriester Kap·laon, Kap-
lääns *m. rel.*
Hiltrup Hil·trup *ON*
Himbeere Hin·ge·bit, -·ten *w.*
bot.
Himmel Hië·mel *m. o.Mz.*
astr., rel., Lucht, Lüch·te *w.*
himmelblau hië·mel·blao, -·e,
-·en *EW*
himmelhoch hië·mel·haug,
-e, -en [hlë·mel·hau·ge] *EW*
Himmelreich Hië·mel·riek *s.*
o.Mz. rel.
Himmelsleiter Hië·mels·led-
der, -n *w. rel.*
Himmelspforte Hië·mels-
paort, -en [Hië·mels·paor-
ten] *w. rel.*
Himmelsrand Hiä·wen, -s
m. astr.
Himmelssaal Hië·mels·saol,
Hië·mels·säö·le *m. rel.*
Himmelstür Hië·mels·düör,
-n *w. rel.*
Himmelszelt Hië·mels·telt,
-e [Hië·mels·tel·te] *s. astr.*
himmelwärts nao dän Hië·
mel to
himmlisch hiëm·lisk, -e, -en
[hiëm·lis·ke] *EW*
hin hän *UW*, hän·to *UW*; **~**
und her hän un hiär; **Hin**
und Her Hän un Hiär; **~ und**
wieder hän un wi·er
hinab hän·daal *UW*, run·ner
UW
hinauf rup *UW*
hinaufziehen rup·trecken
[rup·trek·ken] *uZW*
hinaus hän·uut *UW*
hinausfahren ruut·fö·ern
uZW trans.
hinausgehen ruut·gaon
uZW trans.
hinausholen ruut·ha·len
uZW
hinauskommen ruut·kuë-
men *uZW*
hinauslaufen uut·lau·pen
uZW
hinausposaunen uut·blao-
sen *uZW*
hinausragen üö·wer·staon
uZW
hinaussehen ruut·ki·ken
uZW

hinauswerfen ruut·smi·ten uZW

hinbekommen hän·kri·gen uZW

hinbiegen hän·bai·gen uZW

hinblättern (Geld) hän·bladern ZW fin.

hinbringen hän·brän·gen uZW

hinderlich hin·ner·lik, hin·nerlicke, -n [hin·ner·lik·ke] EW

hindern hin·nern ZW, möten ZW; jemd. **an der Bewegung durch geistige Kräfte** e·nen fast·ma·ken uZW psy.

Hindernis Hin·ner, -s s.

hindeuten hän·dü·den ZW

hindrehen hän·drai·en ZW

hindurch düör UW, hän·düör UW; **gerade ~** liek·düör UW

hindurchgehen düör·gaon uZW

hindurchschießen (durch etwas) düör·schai·ten uZW

hindurchtreiben düör·driwen uZW

hindurchwachsen düör·wassen uZW biol.

hinein drin UW

hineinfahren drin·fö·ern uZW trans.

hineingeben in·doon uZW

hineingehen drin·gaon uZW trans., rin·gaon uZW trans.

hineingreifen rin·gri·pen uZW

hineinkommen rin·kuë·men uZW

hineinlaufen rin·lau·pen uZW

hineinlegen in·läg·gen ZW

hineinschlagen rin·slaon uZW

hineinschreiben drin·schriwen uZW

hineinsetzen rin·sät·ten uZW

hineinstopfen prop·pen ZW

hineinziehen rin·trecken [rin·trek·ken] uZW

hinfahren hän·fö·ern uZW trans.

hinfallen daal·fal·len uZW, hän·fal·len uZW, hän·flai·gen uZW, hän·knal·len ZW, hän·slaon uZW, hän·stüör·ten ZW, stüör·ten ZW, up't Gat sät·ten

Hinfallen Stüör·ten s. o.Mz.

hinfällig hän·föl·lig, -e, -en [hän·föl·li·ge] EW med.

hinfinden hän·fin·nen uZW

Hingabe Hän·gië·wen s. o.Mz.

hingeben, sich ~ hän·giëwen uZW

Hingebung Hän·gië·wen s. o.Mz.

hingegangen (sein) hän sien

hingehen hän·gaon uZW trans.

hingehören hän·häö·ern ZW; **da nicht ~** übertr. dao niks to sö·ken häb·ben

hinhalten hän·hol·len uZW

hinholen hän·ha·len uZW

hinhören hän·häö·ern ZW, to·häö·ern ZW

hinken hüm·peln ZW

hinkend hüm·pe·lig, -e, -en [hüm·pe·li·ge] EW

hinknien hän·knai·en ZW

hinkommen hän·kuë·men uZW

hinkriegen klaor·kri·gen uZW

hinlassen hän·lao·ten uZW

hinlaufen hän·lau·pen uZW

hinlegen hän·läg·gen ZW; **sich (zum Schlafen) ~** sik lang ma·ken

hinlenken hän·drai·en ZW, hän·stü·ern ZW

hinnehmen af·fin·nen uZW psy., hän·nië·men uZW psy.

hinreichen hän·re·ken ZW

hinreichend riek·lik, rieklicke, -n [riek·lik·ke] EW

hinreißen hän·ri·ten uZW

hinschauen hän·ki·ken uZW; hän·sain uZW; **genau ~** hän·tü·ern ZW

Hinschauen Hän·ki·ken s. o.Mz.

hinschlagen hän·slaon uZW

hinschleppen hän·slië·pen ZW trans.

hinschreiben hän·schri·wen uZW

hinsehen hän·ki·ken uZW, hän·sain uZW; **scharf ~** glep·pen ZW

hinsetzen hän·sät·ten ZW, sit·ten gaon, up't Gat sät·ten

hinsiechen hän·krüë·keln ZW bot., med.

hinstellen hän·sät·ten ZW, staon gaon

hinsteuern hän·stü·ern ZW

hinstürzen hän·flai·gen uZW

hinten äch·ten UW, giën UW, giën·ten UW; **nach ~**

trüg·üö·wer UW

hintenan äch·ten·an UW, dräch·ter·an UW

hintenaus äch·ter·ruut UW

hintenherum äch·ten·ha·rüm UW, äch·ten·rüm UW

hintenüber äch·ten·üö·wer UW

hintenvor äch·ten·vüör UW

hinter äch·ten·uut UW, äch·ter VW, dräch·ter UW; **~e** äch·te·re, -n EW; **~ste** äch·ters·te, -n

Hinterachse Äch·ter·as·se, -n w. tech.

hinteran äch·ter·an UW

Hinterbacke Bak, Backen [Bak·ken] w. med.

Hinterbein Äch·ter·been, Äch·ter·be·ne s. med.; Äch·ter·schuok, Äch·ter·schüö·ke s. med.

hintereinander äch·ter·nanner UW, äch·ter·neen UW, äch·ter·een UW

hinterfragen nao·packen [nao·pak·ken] uZW psy.

Hintergedanke Äch·ter·stiëk, -e [Äch·ter·stië·ke] m. psy.

hintergehen äch·ter·dri·wen uZW psy., an·schi·ten uZW psy., be·tup·pen ZW psy.

hinterhältig fa·lik, fa·licke, -n [fa·lik·ke] EW psy., lu·biëtsk, -e, -en [lu·biëts·ke] EW psy., lu·er·biëtsk, -e, -en [lu·er·biëts·ke] EW psy., nickelig, -e, -en [nik·ke·lig] EW psy., nig·ge·lig, -e, -en [nig·ge·li·ge] EW psy.; **~er Mensch** Slicke·fies [Slik·ke·fies] s. o.Mz. psy.; **~er, liederlicher Mensch** Nickel, -s [Nik·kel] s. psy.; **~ sien** übertr. de Kat in't Düüs·tern kni·pen psy.; **übler, ~ Charakter** Scha·laier, -s m. psy.

Hinterhand Äch·ter·hand, Äch·ter·han·nen w.

Hinterhaus Äch·ter·huus, Äch·ter·hü·ser s. arch.

hinterher äch·ter·hiär UW, dräch·ter·hiär UW

hinterhergehen äch·ter·an·gaon uZW trans., nao·gaon uZW trans.

hinterherkommen nao·kuë·men uZW

hinterherlaufen nao·lau·pen uZW trans.

hinterherrasen nao·ja·gen *ZW trans.*

hinterhersehen nao·ki·ken (sik) *uZW*

Hinterkopf Äch·ter·kop, Äch·ter·köp·pe *m. med.*

Hinterlist Nücke, -n [Nük·ke] *w. psy.*

hinterlistig iä·ter·biëtsk, -e, -en [iä·ter·biëts·ke] *EW psy.*, lu·biëtsk, -e, -en [lu·biëts·ke] *EW psy.*, nücke·lig, -e, -en [nük·ke·li·ge] *EW psy.*; **~er Mensch** Fies·län·ner, -s *m. psy.*; **~ sien** *übertr.* de Kat in't Düüs·tern kni·pen *psy.*

Hintern Ääs, Ä·se *m. med.*, Pö·ter, -s *m. med.*; **mit dem ~ vorweg** ääs·vö·drait, -e, -en [ääs·vö·drai·te] *EW*

Hinterpfote Äch·ter·poot, Äch·ter·po·ten *w. med.*

Hinterrad Äch·ter·rad, Äch·ter·riä·der *s. tech.*

hinterrücks äch·ter·rüg·ges *UW*

Hinterseite Äch·ter·si·te, -n *w.*

Hinterste Äch·ters·te, -n *s.*

Hinterteil Äch·ter·pand, Äch·ter·pän·ner *s. med.*, Kunt, -e, -en [Kun·te] *w. med.*, (derb) Fut, -·ten *w. med.*, Mä·se, -n *w. med.*

hintertreiben äch·ter·dri·wen *uZW psy*

Hintertür Äch·ter·düör, -n *w. arch.*; **Hintertürchen** Äch·ter·päört·ken, Äch·ter·päört·kes *s. arch.*

Hinterviertel Äch·ter·veer·del, -s *s.*

hinterwegs äch·ter·wiä·ges *UW*

hintreiben hän·dri·wen *uZW*

hinüber rüö·wer *UW*; **~ sein** hän sien

hinüberkommen rüö·wer·kuë·men *uZW*

hinübersetzen üö·wer·sät·ten *ZW*

hinunter daal, da·le *UW*, hän·daal *UW*, run·ner *UW*

hinuntergehen daal·gaon *uZW trans.*

hinuntersausen daal·su·sen *ZW*

hinunterschlucken daal·slucken [daal·sluk·ken] *ZW kul.*

hinunterstürzen daal·stüör-

ten *ZW*

hinuntertreiben daal·dri·wen *uZW*

Hinweg Hän·wäg, Hän·wiä·ge *m. trans.*

hinweg wäg *UW*; **darüber ~** üö·wer·wäg

hinweggleiten vö·gli·den *uZW*

hinweisen hän·wi·sen *uZW*

Hinweisschild Wi·ser, -s *m. tech.*

hinwerfen hän·smi·ten *uZW*; **geräuschvoll ~** hän·knal·len *ZW*

hinwollen hän·wul·len *uZW*

Hinz und Kunz Jan un (al·le) Man

hinzählen hän·täl·len *ZW*

hinzeigen hän·wi·sen *uZW*

hinziehen bi·trecken [bi·trek·ken] *uZW*, hän·trecken [hän·trek·ken] *uZW*; **sich ~** läp·pern *ZW*

hinzu dao·to *UW*, hän·to *UW*

hinzubekommen to·kri·gen *uZW*

hinzudichten bi·ma·ken *uZW psy.*

hinzufügen bi·ma·ken *uZW*, to·doon *uZW*

hinzugeben to·doon *uZW*

hinzuschlagen up·slaon *uZW fin.*

Hirn Härn, -e [Här·ne] *s. med.*

Hirnhautentzündung Härnfe·wer *w. o.Mz. med.*

Hirnschaden, Tier mit ~ Rund·lai·per, -s *m. med. zool.*

Hirse Heers *w. o.Mz. bot.*

Hirt Heer, He·ren *m. agr.*, Ve·dri·wer, -s *m. agr.*

Hirtenstab He·ren·staw, He·ren·stiä·we *m. tech.*

Hit Slao·ger, Släö·gers *m. mus.*

Hitze Het·te *w. o.Mz.*, Ka·mi·ne *w. o.Mz.*

hitzig fü·e·rig, -e, -en [fü·e·ri·ge] *EW*

Hobel Hüö·wel, -s *m. tech.*; **grober ~ zum Beseitigen von Unebenheiten** Schrubber·hüö·wel, -s *m. tech.*

Hobelbank Hüö·wel·bank, Hüö·wel·bän·ke *w. tech.*

Hobeleisen Hüö·wel·i·sen, -s *s. tech.*

Hobelmaschine Hüö·wel·ma·schien, Hüö·wel·ma·schinen *w. tech.*

Hobelmesser Hüö·wel·i·sen, -s *s. tech.*

hobeln hüö·weln *ZW tech.*

Hobelspan Hüö·wel·spaon, Hüö·wel·späö·ne *m. tech.*

hoch haug, -e, -en [hau·ge] *EW*, piel, pi·le, -n *EW*; **sehr ~** hië·mel·haug, -e, -en [hië·mel·hau·ge] *EW*; **höher** hög·ger; **am höchsten** an högs·ten

hochachten äs·ti·me·ern *ZW psy.* (frz. estimer)

Hochachtung Haug·achtung *w. o.Mz. psy.*

Hochaltar Haug·aol·taor, Haug·aol·täö·re *m. arch. rel.*

Hochamt Haug·amt, Haugiäm·ter *s. rel.*, Hau·ge·mis, -·sen *w. rel.*, Ho·mis, -·sen *w. rel.*

hochbeinig haug·beent, -e, -en [haug·been·te] *EW*

Hochbetrieb Haug·be·driew *m. o.Mz.*

hochdeutsch haug·düütsk, -e, -en [haug·düüts·ke] *EW kult.*

Hochdruck hau·ge Lucht *met.*

hochfahrend stran·kiel, stran·ki·le, -n *EW psy.* (frz. tranquille), tran·kiel, tran·ki·le, -n *EW psy.* (frz. tranquille)

hochfein kis·ten·fien, kis·ten·fi·ne, -n *EW*

hochgehen hau·ge·gaon *uZW*

hochhalten haug·hol·len *uZW*

Hochhaus Haug·huus, Haughü·ser *s. arch.*

hochheben an·büörn *ZW*, hau·ge·büörn *ZW*

hochkantig haug·kän·tig, -e, -en [haug·kän·ti·ge] *EW*

hochklettern rup·klai·en *ZW*

hochkommen haug·kuë·men *uZW*

Hochmoor Haug·moor, Haugmo·re *s. geol.*

Hochmut Ha·fäd·dig·kait, -en [Ha·fäd·dig·kai·ten] *w. psy.*, Haug·mood *m. o.Mz. psy.*, Stolt *m. o.Mz. psy.*

hochmütig ha·fäd·dig, -e, -en [ha·fäd·di·ge] *EW psy.*, haug·mö·dig, -e, -en [haug·mö·di·ge] *EW psy.*, stolt, -e, -en [stol·te] *EW psy.*

hochnäsig haug·nië·sig, -e, -en [haug·nië·si·ge] *EW psy.*,

strun·te·rig, -e, -en [strun-
te·ri·ge] *EW psy.*; ~ **sein**
übertr. hau·ge in'n Kop
häb·ben *psy.*; **fauler, ungepflegter, ~ Mensch**
Schab·be·lün·ter, -s *m. psy.*
hochnehmen up·trecken [up-
trek·ken] *uZW psy.*
Hochofen Haug·uom, Haug-
üöms *m. tech.*
Hochrad *trans.* Haug·rad,
Haug·riä·der *s. trans.*
hochrädrig haug·riä·drig,
-e, -en [haug·riä·dri·ge] *EW*
hochschießen haug·schai-
ten *uZW*
hochschleppen hau·ge·slië-
pen *ZW trans.*
Hochschule Haug·scho·le,
-n *w. kult.*
Hochschullehrer Pro·fes·ser,
-s *m. kult.*
Hochsitz Haug·sit, -·te *m.
tech.*, Kan·sel, -n *w. tech.*
Hochsommer Mid·sum·mer,
Mid·süm·mers *m. tem.*
Hochsprache Amts·sprao-
ke, -n *w. kult.*
höchste högs·te, -n *EW*, üp-
perst, -e, -en [üp·pers·te] *EW*
Höchste Högs·te, -n *m., w.
und s.*, (z.B. Vorgesetzte,
Chef) Büöms·te, -n *m., w.
und s.*,
höchsten högs·ten; **am ~**
an büöms·ten
höchstens högs·tens *UW*
Höchstgeschwindigkeit hög-
ste Gau·ig·kait *w.*
Hochstift Haug·stift, -e [Haug-
stif·te] *s. rel. pol.*
Höchstleistung (auch im
negativen Sinn) Mes·ter·stük,
Mes·ter·stücke [Mes·ter-
stük·ke] *s.*
Höchstpreis Högst·pries,
Högst·pri·se *m. fin.*
hochwachsen haug·was-
sen *uZW biol.*
Hochwasser Haug·wa·ter,
Haug·wä·ters *s. met.*
hochwerfen haug·smi·ten
uZW
hochwinden hau·ge·win·nen
uZW
Hochzeit Hoch·tiet, Hoch·ti-
ten *w.*; **Goldene ~** (50 Jahre) Güld·hoch·tiet, Güld·hoch-
ti·ten *w. tem.*; **Tag vor der
~** Juf·fern·aomd, -e [Juf·fern-
aom·de] *m. tem.*, Ga·we-

aomd, -e [Ga·we·aom·de]
m. tem.
Hochzeitsbild Hoch·tiets-
beld, Hoch·tiets·bel·ler *s.*
Hochzeitsbitter Hil·ke·ma-
ker, -s *m.*, Hoch·tiets·bid-
der, -s *m.*
Hochzeitsbrauch Hoch-
tiets·bruuk,
Hoch·tiets·brü·ke *m. his.*
Hochzeitsessen Hoch·tiets-
iä·ten *s. o.Mz. kul.*
Hochzeitsfeier Hoch·tiets-
fi·er, -n *w.*
Hochzeitsgesellschaft Hoch-
tiets·sel·schup, -·pen *w.*;
**Seil spannen, um die ~
anzuhalten und Geld oder
Getränke zu verlangen
(Hochzeitsbrauch)** Lien-
ken·trecken [Lien·ken·trek-
ken] *s. o.Mz.*
Hochzeitskleid Hoch·tiets-
kleed, Hoch·tiets·kle·der *s.*
Hochzeitskranz Hoch·tiets-
krans, Hoch·tiets·krän·se *m.*
Hochzeitsmahl Hoch·tiets-
maol, Hoch·tiets·mäö·ler *s.
kul.*
Hochzeitsreise Bruut·rais,
-en [Bruut·rai·sen] *w. trans.*
Hochzeitstag Hoch·tiets·dag,
-e [Hoch·tiets·da·ge] *m. tem.*
**Hochzeitswagen mit Aus-
steuer der Braut** Kis·ten-
wa·gen, Kis·ten·wiä·gen *m.
trans.*
hochziehen haug·trecken
[haug·trek·ken] *uZW*, rup-
trecken [rup·trek·ken] *uZW*,
up·trecken [up·trek·ken]
uZW
Hocke Hu·ke, -n *w.*, Hüüks-
ken *s. o.Mz.*; **in der ~** in
de Hu·ke; **in der ~ sitzen**
hucken [huk·ken] *ZW*, in't
Hüüks·ken sit·ten
hocken hucken [huk·ken]
ZW, huëks·tern *ZW*, hu·ken
ZW
hockend huckend, -e, -en
[huk·kend], [huk·ken·de] *EW*
Hocker Buk·stool, Buk·stö·le
m. tech., Hü·ker, -s *m. tech.*
Höcker Hü·ker, -s *m. med.*
Höckerschwan Hü·ker-
swaon, Hü·ker·swäö·ne *m.
zool.*
Hoden Kloot, Klö·ten *m. med.*
Hodensack Büül, -s *m.
med.*, Kloot·sak, Kloot·siä-

ke *m. med.*
Hoetmar Hot·mer *ON*
Hof How, Hüö·we *m.*; **den
~ machen** dän How ma·ken
Hoferbe How·iär·we, -n *m.
agr. jur.*
Hoferbin; reiche ~ Pig·gen-
bruut, Pig·gen·brü·te *w. fin.
agr.*
Hoffart Ha·fäd·dig·kait, -en
[Ha·fäd·dig·kai·ten] *w. psy.*
hoffärtig ha·fäd·dig, -e, -en
[ha·fäd·di·ge] *EW psy.*
hoffen huo·pen *ZW psy.*
Hoffnung Huop·nung, -en
[Huop·nun·gen] *w. psy.*
Hofhund How·rü·en, -s *m.
zool. agr.*
hofieren ho·fe·ern *ZW psy.*
Hofkaplan How·kap·laon,
How·kap·läöns *m. rel.*
Hofkreuz How·krüüs, How-
krü·se *s. tech. rel.*
höflich be·nië·mig, -e, -en
[be·nië·mi·ge] *EW psy.*
Höflichkeit Be·nië·mig, -s *s.
psy.*
Hofplatz How, Hüö·we *m.*
Hofstaat How·staod, How-
stäö·de *m.*
Hofstelle How·stiär, -n *w. agr.*
Hoftor Hek, -s *s. tech.*, How-
paort, -en [How·paor·ten] *w.
arch.*
Höhe Högt, -e, -en [Hög·te] *w.*
Hohenholte Hoon·hol·te *ON*
Höhenunterschied Hög·ten-
un·ner·schaid, -e [Hög·ten-
un·ner·schai·de] *m.*
höhersteigen hög·ger·sti·gen
uZW
höherstufen be·füör·dern *ZW*
hohl huol, -e, -en [huo·le] *EW*
Höhle Lok, Löcker [Lök·ker]
s.; **eine ~ machen** hüö·len
ZW
Hohlmaß (¼ Liter) Aot, Äö-
te *s.*, (½ Liter) Män·gel, -s
s. tech., (1 Liter) Kan, -·nen
w. tech.; (ca. 15 Liter) Achtel, -s *s. tech.*
Hohlweg Huol·wäg, Huol-
wiä·ge *m. trans.*
Hohne Hau·ne *ON*
Hoinkhausen Hön·ke·sen
ON
holen ha·len *uZW*; **hierhin
~** hän·ha·len *uZW*
Holland Hol·land *geog.*; **Sai-
sonarbeiter in ~** Hol·land-
gän·ger, -s *m.*

Holländer Hol·lands·man *m.*, Hol·län·ner, -s *m.*
holländisch hol·ländsk, -e, -en [hol·länds·ke] *EW kult.*
Hölle Hel·le *w. o.Mz. rel.*
höllisch helsk, -e, -en [hels·ke] *EW*
holperig knub·be·lig, -e, -en [knub·be·li·ge] *EW*
Holthausen Holt·hu·sen *ON*
Holtwick Holt·wik *ON* (Bocholt, Rosendahl), Holwk (Haltern)
Holtzfass Holt·fat, Holt·fiä·ter *s. tech.*
Holunder Büs·sen·holt *s. o.Mz. bot.*, Fliär·blo·me, -n *w. bot.*, Hüö·ler, -n *m. bot.*; **Schießrohr aus ~holz** (Kinderspielzeug) Knap·büs·se, -n *w. tech. spo.*
Holunderbeere Hüö·ler·biär, -n *w. bot.*
Holz Holt, Höl·ter *s. bot.*; **aus ~** höl·tern, -e, -en [höl·ter·ne] *EW*; **3,34 Raummeter ~** Klafter, -s *s. tech.*; **ein Kubikmeter massives ~** Fastme·ter, -s *s. tech.*; **ein Kubikmeter gestapeltes ~** Ruum·me·ter, -s *s. tech.*; **saftiges bzw. frisches ~** Sap·holt, Sap·höl·ter *s. bot.*; **~ zum Beheizen des Backofens** Bak·holt *s. o.Mz.*; **weiches ~** Spint, -s *s. bot.*
Holzasche Holt·as·ke, -n *w. chem.*
Holzbank Britsk, -e, -en [Brits·ke] *w. tech.*
Holzbein höl·tern Been *tech., med.*
Holzbild Holt·beld, Holt·beller *s.*
Holzbrett Holt·bräd, Holt·briä·der *s. tech.*
Holzdach Holt·dak, Holt·diä·ker *s. arch.*
Holzdübel Pig·ge, -n *w. tech.*
Holzeimer Holt·em·mer, -s *m. tech.*
hölzern höl·tern, -e, -en [höl·ter·ne] *EW*; **~er Mensch** ha·böcken Kös·ter *psy.*
Holzfeile Holt·fi·le, -n *w. tech.*
Holzfeuer Holt·fü·er, -s *s.*
Holzflegel Holt·fliä·gel, -s *m. agr. tech.*
Holzfußboden Holt·foot·buo·den, Holt·foot·büö·den *m. arch.*

Holzhammer Büö·ker, -s *m. tech.*; **großer ~** Holt·sliä·ger, -s *m. tech.*; **schwerer ~** Slag, Sliä·ge *m. tech.*
Holzhandel Holt·han·nel *m. o.Mz. fin.*
Holzhändler Holt·han·nelsman, Holt·han·nels·lü·de *m. fin.*
Holzhaus Holt·huus, Holt·hü·ser *s. arch.*; **Holzhäuschen** Holt·hüüs·ken, Holt·hüüs·kes *s. arch.*
Holzholen Holt·ha·len *s. o.Mz.*
holzig höl·te rig, -e, -en [höl·te·ri·ge] *EW*
Holzkarre Holt·kaor, Holt·käörs *w. trans.*
Holzkasten Holt·kas·ten, Holt·käs·ten *m. tech.*; **großer ~** Kist, -en [Kis·ten] *w. tech.*
Holzkäufer Holt·kai·per, -s *m. fin.*
Holzkiste Holt·kas·ten, Holt·käs·ten *m. tech.*, Holt·kist, -en [Holt·kis·ten] *w. tech.*
Holzklotz Holt·klos, Holt·klös·se *m. tech.*
Holzknüppel Buus·ken·bängel, -s *m. tech.*
Holzkohle Holt·kuo·le, Holt·küö·le *w.*; **~ herstellen** küölen *ZW tech.*
Holzkübel Büt, -ten *w. tech.*, Holt·fat, Holt·fiä·ter *s. tech.*
Holzkugel Kloot, Klö·ten *m. tech.*
Holzleiste Holt·lies·se, -n *w. tech.*
Holzleiter Holt·led·der, -n *w. tech.*
Holzlöffel Holt·liä·pel, -s *m. tech. kul.*
Holznagel Holt·na·gel, Holt·niä·gel *m. tech.*; **(für den Fachwerkbau)** Holt·pig·ge, -n *w. tech.*, Pig·ge, -n *w. tech.*; **Holznägel einschlagen** pig·gen *ZW tech.*
Holzpantine Kläp·ken, Kläp·kes *s. tech.*
Holzpantoffel Klum·pe, -n *w. tech.*
Holzperle Holt·pä·del, -n *w. tech.*
Holzpfahl Holt·paol, Holt·pä·le *m. tech.*
Holzpferd Holt·piärd, -e [Holt·piär·de] *s. tech.*
Holzpferdchen Holt·piärd-

ken, Holt·piärd·kes *s. tech.*
Holzpflock; dicker, runder ~ für Sparren Dob·be, -n *w. tech.*
Holzrad Holt·rad, Holt·riä·der *s. tech.*
Holzsäge Holt·sa·ge, -n *w. tech.*
Holzschachtel Kas·ten, Käs·ten *m. tech.*
Holzscheit zum Heizen des Backofens Bak·spel·ler, -s *m.*; **Haufen von ~en** Spli·ten·haup, Spli·ten·hai·pe *m.*
Holzschiff Holt·schip, -·pe *s. trans. naut.*
Holzschuh Hols·ke, -n *w. tech.*, Klum·pe, -n *w. tech.*; **~ mit Lederbesatz** Liärhols·ke, -n *w. tech.*; **offener ~ mit Lederriemen über dem Fußrücken** Roof·hols·ke, -n *w. tech.*; **~ ohne Leder** Schel·len·hols·ke, -n *w. tech.*; **~ mit Stiefelschaft aus Leder oder Gummi** Stië·wel·hols·ke, -n *w. tech.*
Holzschuhball Hols·ken·bal, Hols·ken·bäl·le *m. mus.*
Holzschuhmachen Hols·ken·ma·ken *s. o.Mz. tech.*; **Holzbock zum Einspannen der Holzschuhe beim ~** Pramme·bank, Pra·me·bän·ke *w. tech.*
Holzschuhmacher Holsken·ma·ker, -s *m. tech.*; Höls·ker, -s *m. tech.*
Holzschuppen Holt·schoppe, -n *m. arch.*
Holzspan Holt·spaon, Holt·späö·ne *m. tech.*; **~ zum Anfeuern** Fid·di·bus, -·se *m. tech.*
Holzspeiche Holt·spe·ke, -n *w. tech.*
Holzstab Holt·pin, -·ne *m. tech.*, Lies·se, -n *w. tech.*; **gebogener ~** (z.B. zum Aufhängen geschlachteter Schweine) Krum·holt, Krum·höl·ter *s. tech.*
Holzstäbchen (als Wabenträger) Spi·le, -n *w. tech.*
Holzstift Pig·ge, -n *w. tech.*
Holzstock (zum Aufhängen von Fleisch usw.) Sne·se, -n *w. tech.*
Holzstück Holt·klos, Holt·klös·se *m.*, **knorriges ~** Knub-

be, -n *w. bot.*
Holzstuhl Holt·stool, Holt-stö·le *m. tech.*
Holzweg Holt·wäg, Holt·wiä-ge *m. trans.*
Holzwurm Holt·wuorm, Holt-wüör·mer *m. zool.*
Homepage Riä·ker·si·te, -n *w. tech.*
Homer Ho·mer *ON*
Homöopath Pül·le·kes·dok-ter, -s *m. med.*
Honig Han·nig, -e [Han·ni-ge] *m. kul.*
Honigbiene Han·nig·im·me, -n *w. zool.*, Im, -·me, -·men *w. zool.*
Honigklee Han·nig·klao·wer *m. o.Mz. bot.*
Honigkuchen Han·nig·ko-ken, Han·nig·kö·ken *m. kul.*
Honigpressen Han·nig·kwet-ten *s. o.Mz.*; **Rest beim ~** Dros, -·se *m.*
Honigtopf Han·nig·pot, Han-nig·pöt·te *m. tech. kul.*
Honigwasser Han·nig·wa-ter, Han·nig·wä·ters *s. kul.*
Hopfen Hop·pen *m. o.Mz. bot.*
Hopfendolde Hop·pen·pröl-ken, Hop·pen·pröl·kes *s. bot.*
Hopfengeruch Hop·pen·rüëk, -e [Hop·pen·rüë·ke] *m. biol.*
Hopfenkranz Hop·pen·krans, Hop·pen·krän·se *m.*
Hopfenranke Hop·pen·ran-ke, -n *w. bot.*
Hopfensonntag (Kinderfest im September) Hop·pen·sun·dag, -e [Hop·pen·sun-da·ge] *m. kult.*
Hopfenstange Hop·pen·sta-ken, -s *m. tech. agr.*
hopsen hop·pen *ZW*
Hopserei Hop·pe·ri, -·en *w.*
Hopsten Hops·ten *ON*
hörbar häö·er *EW*; **~ sein** häö·er sien
horchen lus·tern *ZW*
hören häö·ern *ZW*, lus·tern *ZW*
Hörgerät Häö·er·ap·pa·raat, Häö·er·ap·pa·ra·te *m. tech. med.*
Horizont Hiä·wen, -s *m. astr.*
horizontal in'ne Wao·ge (sien)
Horn 1. Häön, -s *s. zool., tech. mus.*; 2. Häö·ern *ON*

hörnern häö·nen, -e, -en [häö·ne·ne] *EW*
Hörnertier Häön·dier, -s *s. zool.*
Hornhaut Swiël, -en [Swië-len] *s. med.*, Swil·le, -n *w. med.*, Swil·bast, Swil·bäs·te *m. med.*; swië·li·ge Au·gen-huut *w. med.*
Hornisse Huon·ke, -n *w. zool.*, Piär·de·huon·ke, -n *w. zool.*
Hornklee Lai·we-Frau-Fin-ger·ken, Lai·we-Frau-Fin·ger-kes *s. bot.*; **gemeiner ~** Ha-nen·klao·wer *m. o.Mz. bot.*
Hornmoos Häön·mos, -·se *s. bot.*
Hornochse (Schimpfwort) *übertr.* Häön·dier, -s *s. psy.*
Hornvieh Häön·diers *Mz. zool.*
Horst 1. Huorst *VN*; 2. Huorst, Hüörs·te *m. zool.*
Hörstel Hüör·sel *ON*
Horstmar Huors·mer *ON*
Höschen Büks·ken, Büks-kes *s.*
Hose Bük·se, -n *w.*, Been-kleed, Been·kle·der *s.*, (zwei zusammenhängende Strümpfe) Huo·sen, Hüö·sen *m.*; **~ aus kräftigem Rip-pensamt** Man·schiäs·ter-büks, -en [Man·schiäs·ter-bük·sen] *w.*; **die ~ voll ha-ben** de Bük·se vull häb·ben; **dreieckiger Einsatz in ~n** Twickel, -s [Twik·kel] *m. tech*; **kleine ~** Büks·ken, Büks-kes *s.*; **jemd., der sehr häu-fig ~n trägt** Bük·se·bäänd *m.*; **~ mit klappbarem Hin-terteil** Klap·büks, -en [Klap-bük·sen] *w.*; **~ für werktags** Ol·dags·büks, -en [Ol·dags-bük·sen] *w.*
Hosenband Bük·sen·band, Bük·sen·bän·ner *s. tech.*
Hosenbein Bük·sen·been, Bük·sen·be·ne *s.*, Bük·sen-pi·pe, -n *w.*
Hosenboden Äch·ter·pand, Äch·ter·pän·ne *s.*; **Schla-gen auf den ~** (Kinderspiel) Schin·ken·klop·pen *s. o.Mz. spo.*
Hosenbund Bük·sen·bäört-ken, Bük·sen·bäört·kes *s.*
Hosenfalte Bük·sen·fol·le, -n *w.*

Hosenklammer Bük·sen-kniep, -s *m. tech.*
Hosenklappe (hintere) Äch-ter·klap, -·pen *s.*
Hosenknopf Bük·sen·knaup, Bük·sen·knai·pe *m. tech.*
Hosennaht Bük·sen·naod, Bük·sen·näö·de *w. tech.*
Hosenschneider Bük·sen-sni·der, -s *m. tech.*
Hosentasche Bük·sen·task, -en [Bük·sen·tas·ken] *w.*
Hosenträger Bük·sen·dragt, Bük·sen·dräg·ten *w. tech.*, Dräg·te, -n *w. tech.*
Hövelhof Hüë·wel·how *ON*
Hoxfeld Hoks·feld *ON*
hübsch fien, fi·ne, -n *EW*, net·kes *EW*, püük, pü·ke, -n *EW*, sööt, sö·te, -n *EW*; **~ anzusehen** *übertr.* läcker, -e, -en [läk·ker], [läk·ke·re] *EW*; **unauffällig ~** stil·le fien
Hubschrauber Drai·flüë·gel-flai·ger, -s *m. tech. trans.*
Huckel Knucht, Knücht *m.*
Huf Hoow, Hö·we *s. tech., med.*
Hufeisen Hoow·i·sen, -s *s. tech.*
Huflattich Buor·ken *m. o.Mz. bot.*, Hoow·luo·ken, Hoow·lüö-ken *w. bot.*
Hufmesser Hoow·mest, Hoow·mes·sers *s. tech.*
Hufnagel Hoow·na·gel, Hoow-niä·gel *m. tech.*
Hufschmied Grow·smet, -s *m. tech.*, Piär·de·schoos·ter, -s *m. tech.*
Hüfte Hüëp, -en [Hüë·pen] *w. med.*, *übertr.* Kniëp, Knië-pe *m. med.*
Huftier Hoow·dier, -s *s. zool.*
Hügel Biärg, -e [Biär·ge] *m. geol.*, Knap, Knäp·pe *m. geol.*, Hüë·wel, -s *m. geol.*; **kleiner ~** Hüë·wel·ken, Hüë-wel·kes *s. geol.*
Hügelchen Hüë·wel·ken, Hüë·wel·kes *s. geol.*
Hügelgrab Hüë·wel·graw, Hüë·wel·griä·wer *s.*
hügelig biär·gig, -e, -en [biär-gi·ge] *EW geol.*, hüë·we·lig, -e, -en [hüë·we·li·ge] *EW geol.*; **leicht ~** hucke·lig, -e, -en [huk·ke·li·ge] *EW geol.*
Huhn Hoon, Hö·ner *s. zool.*
Hühnerauge Liek·däön, -s

m. med.
Hühnerfeder Hö·ner·fiär, -n *w. zool.*
Hühnerfutter Hö·ner·fo·er *s. o.Mz. kul.*
Hühnerhabicht Du·wen·hafk, -en [Du·wen·haf·ken] *m. zool.*, Hö·ner·hafk, -en [Hö·ner·haf·ken] *m. zool.*
Hühnerhahn Hö·ner·haan, -s, Hö·ner·ha·nen *m. zool.*
Hühnerhändler Hö·ner·han·nels·man, Hö·ner·han·nels·lü·de *m. fin.*
Hühnerhaus Hö·ner·huus, Hö·ner·hü·ser *s. arch. agr.*; **Gestänge im** ~ Wiem, -s *m. tech.*, Wi·mel, -s *m. tech.*
Hühnerhof Hö·ner·how, Hö·ner·hüö·we *m. agr.*
Hühnerkot Hö·ner·küö·del, -s *m. biol.*
Hühnerloch Hö·ner·lok, Hö·ner·löcker [Hö·ner·lök·ker] *s.*
Hühnermist Hö·ner·schi·te *w. o.Mz. biol.*
Hühnerstall Hö·ner·huus, Hö·ner·hü·ser *s. arch. agr.*, Hö·er·stal, Hö·ner·stiä·le *m. agr. arch.*
Hühnervogel Hö·ner·vuë·gel, Hö·ner·vüë·gel *m. zool.*
Hühnerzucht Hö·ner·tucht, -en [Hö·ner·tuch·ten] *w. zool.*
Hülle Schel·le, -n *w. bot., tech.*
Hullern Hul·lern *ON*
Hülsten Hüls·ten *ON*
Hultrop Hul·le·rop *ON*
human mensk·lik, mensk·licke, -n [mensk·lik·ke] *EW psy.*
Hummel Brum·im·me, -n *w. zool.*, Hum·mel·te, -n *w. zool.*
Humor; jemd. mit trockenem ~ een Drü·gen *psy.*
humpeln hin·keln *ZW*, hüm·peln *ZW*
Humpen Kroos, Kröös *m. tech. kul.*
Hund (*insbes.* männlicher) Rü·en, -s *m. zool.*, (abfällig) Kö·ter, -s *m. zool.*; **alter hechelnder** ~ Japs, Jäp·se *m. zool.*; **bissiger** ~ Bi·ter, -s *m. zool.*, Kü·ten·bi·ter, -s *m. zool.*; ~ **der in die Hakken beißt** Hacken·bi·ter, -s [Hak·ken·bi·ter] *m. zoo.*; **kleine** ~ Pin·teckel, -s [Pin·tek·kel] *m. zool.*, Sib·bes,

-·se *m. zool.*; **männlicher** ~ Rië·kel, -s *m. zool.*
Hündchen Rü·e·ken, Rü·e·kes *s. zool.*
Hundeärgerer Rü·en·tiä·ger, -s *m.*
Hundebeißerei Rü·en·bi·ten *s. o.Mz.*
Hundebiss Rü·en·biët, -e [Rü·en·bië·te] *m.*
Hundehütte Rü·en·schot, -s *s. arch.*
Hundelaufrad zum Antrieb kleinerer Maschinen Rü·en·gö·bel, -s *m. tech.*
hundemüde rü en·mööd, rü·en·mö·de, -n *EW med.*
Hundenase Rü·ens·niër·se, -n *w. med.*
Hundepaddeln Rü·en·flot·ken *s. o.Mz.*
hundert hun·nert, -e, -en [hun·ner·te] *ZaW*
Hundertjahrfeier Hun·nert·jaor·fi·er, -n *w.*
hundertmal hun·nert·maol *ZaW*
hundertste hun·nerts·te, -n *ZaW*
hunderttausend hun·nert·du·send *ZaW*
Hündin Tië·we, -n *w. zool.*; **minderwertige** ~ Tö·le, -n *w. zool.*
Hundskamille Rü·en·blo·me, -n *w. bot.*
Hundsrose Wil·le Rau·se *w. bot.*
Hüne Bun·ken·kääl, -s *m.*
Hünengrab Slaop·ste·ne *Mz.*, Steen·graw, Steen·griä·wer *s.*
Hunger Hun·ger *m. o.Mz. med., kul.*, Smacht *m. o.Mz. med., kul.*; ~ **leiden** tiärn *ZW med.*; **keine Angst vor** ~ **haben** *übertr.* met'n smiä·rig Muul in'ne Wiält ki·ken; **den** ~ **stillen** sat·iä·ten *uZW kul.*
Hungergürtel Smacht·rai·men, s *m. tech. med.*
Hungerleider *übertr.* Smacht·lap·pen, -s *m. med.*
Hungerleiderei Smäch·te·ri, -·en *w. med.*
hungern hün·gern *ZW med.*, smach·ten *ZW med.*, (gewollt) fas·sen *ZW med.*
Hungern Smacht·lap·pe·ri, -·en *w. med.*
hungernd smacht·lap·pig, -e,

-en [smacht·lap·pi·ge] *EW med.*; smäch·trig, -e, -en [smäch·tri·ge] *EW med.*
Hungersnot Hun·gers·naud, Hun·gers·nai·de *w.*
Hungertod Hun·ger·daud *m. o.Mz. med.*
Hungertuch Smacht·lap·pen, -s *m. tech.*
hungrig hün·grig, -e, -en [hün·gri·ge] *EW med.*; ~ **sein** Smacht häb·ben *med.*, *übertr.* niks in'ne Rinks·ten häb·ben *med.*; **sehr** ~ **sein** Smacht bes un·ner de Arms häb·ben *med.*
Hupe Träö·te, -n *w. tech.*, Tu·te, -n *w. tech.*
hupen träö·ten *ZW tech.*
hüpfen hüp·pen *ZW*; **auf einem Bein** ~ hin·keln *ZW*; **über das Wasser** ~ (von flachen Steinen) klits·ken *ZW*
Hüpfer Hüp·per, s *m.*
Hürde Dwiärs·sta·ken, -s *m. tech.*
Hure Hoor, Ho·ren *w.*, Strao·ten·wicht, -er [Strao·ten·wich·ter] *s.*
huschen hus·ken *ZW*
hüsteln krö·cheln *ZW med.*
Husten Ho·sen *m. o.Mz. med.*
husten ho·sen *ZW med.*, krö·chen *ZW med.*; **heftig und ausdauernd** ~ buë·ken *ZW med.*
Hustenbonbon Ho·sen·boms, Ho·sen·böm·se *m. kul. med.*
Hustensaft Hoos·te·ko·ken·wa·ter, Hoos·te·ko·ken·wä·ters *s. med.*
Hustenschleim Kwals·ter, -s *m. med.*
Hut Hood, Hö·de *m. tech.*; **besonders hoher steifer** ~ Bi·bi, Bi·bies *m. tech.*; **Form für** ~ Scha·bel, -·len *w. tech.* (frz. le chapeau); **Helgoländer** ~ Slap·hood, Slap·hö·de *m. tech.*; **kleiner** ~ Hööd·ken, Hööd·kes *s. tech.*; **leichter** ~ **für die Feldarbeit** Klap·hood, Klap·hö·de *m. tech.*; **steifer, runder** ~ Stiew·ken, Stiew·kes *s. tech.*
Hutband Hood·band, Hood·bän·ner *s. tech.*
Hütchen Hööd·ken, Hööd-

kes *s. tech.*
hüten af·wa·ren *ZW*, hö·den
ZW; **sich ~** sik wa·ren *ZW*
psy.; **hüte dich!** waar di!
Hutfeder Hood·fiä·der, -n *w.*,
Plü·mer, -s *m.* (*frz.* plumet)
Hutmacher Hood·ma·ker, -s
m. tech., Müs·sen·ma·ker, -s
m. tech.
Hütte Bu·de, -n *w. arch.*,
Ka·buf, Ka·büf·fe *s. arch.*,
Schöt·ken, Schöt·kes *s.*
arch.; **winzige ~** Ka·büf·
ken, Ka·büf·kes *s. arch.*
Hygieneeimer Lo·kus·em·
mer, -s *m. tech. hyg.*

I

I, i I, i (Buk·stab·be)
Ibbenbüren Ip·pen·bürn *ON*
ibbenbürener ip·pen·bürns·
ke, -n, -s *EW*
ich ik, icke [ik·ke] *FW*
Idagras (zweiter Schnitt des
Grases) Id·gro·se, -n *w. agr.*
Idee In·fal, In·fiä·le *m. psy.*
Igel E·gel, -s *m. zool.*, Swien·
e·gel, -s *m. zool.*
ihm em *FW*
ihn em *FW*
ihr iär, -e, -en [iä·re], üör, -e,
-en [üö·re] *FW*, Ji, ji *FW*, gi
FW
ihre üör, -e, -en [üö·re] *FW*
ihresgleichen üö·res·gli·ken
UW
ihretwegen üö·ret·wiä·gen
UW
Iltis Ülk, -e [Ül·ke] *m. zool.*
im in *VW*
Imker Im·ker, -s *m. zool. agr.*
immer al·le·maol *UW tem.*,
al·ler·wäg·gen, -s *UW tem.*,
al·tiet *UW tem.*, al·wägs *UW*
tem., üm·mer *UW tem.*; **~ in
meinem Leben** al·mi·liä·we
UW tem.; **~ in seinem Le·
ben** al·si·liä·we *UW tem.*
Immergrün Üm·mer·gröön
s. o.Mz. bot.
immerwährend al·ti·tig, -e,
-en [al·ti·ti·ge] *EW tem.*
immerzu aals·wäg *UW tem.*,
al·le·män *UW tem.*, e·gaol·
wäg *UW tem.*, e·wen·nig, -e,
-en [e·wen·ni·ge] *UW tem.*,
üm·mer·to *UW tem.*
impfen im·pen *ZW med.*
Impfpass Imp·uut·wies, Imp·
uut·wi·se *m. med.*

Impfung Im·pe, -n *w. med.*
imponieren im·po·ne·ern *ZW*
Improvisation Be·hel·pe·ri,
-en *w.*
improvisieren be·hel·pen
(sik) *uZW*
imstande in·stan·ne *UW*;
kum·pao·bel, -e, -en [kum·
pao·be·le] *EW* (*frz.* capa·
ble); **~ sein, etwas zu tun**
küö·nen *uZW*
in in *VW*, un·ner *VW tem.*;
~ dem Jahr un·ner dat Jaor
tem.; **~ der Woche** un·ner
de Wiärk *tem.*
**Industrialisierung, Zeit der
~** In·nus·tri·tiet *w. o.Mz. tem.*
Industrie In·nus·tri, -·en *w.*
Industriegebiet In·nus·tri·
pand, In·nus·tri·pän·ner *s.*
Industriemuseum In·nus·tri·
mu·se·um, -s *s. tech. his.*
Industriestadt In·nus·tri·
stad, In·nus·tri·stiä·den *w.*
geog.
Industriezeit In·nus·tri·tiet *w.*
o.Mz. tem.
ineinander in·nan·ner *UW*,
in·ne·ne *UW*
ineinandergreifen in·ne·ne·
gri·pen *uZW*
ineinanderpacken in·ne·ne·
packen [in·ne·ne·pak·ken]
uZW
Infanterie Foot·sul·dao·ten
Mz. mil.
Infanterist Foot·sul·daot, -en
[Foot·sul·dao·ten] *w. mil.*,
Füs·se·le·er, -s *m. mil.*
Information In·for·mats·jaun,
-en [In·for·mats·jau·nen] *w.*,
Nao·richt, -en [Nao·rich·ten]
w.; **~ als jemd. herausho·
len** *übertr.* uut de Niär·se
trecken
informieren klook ma·ken,
üm·ki·ken *uZW*, *übertr.* in't
Nap han·gen; **jemd. ~** met·
de·len *ZW*
inhaftieren in·buch·ten *ZW*
jur.
Initiator An·tog·ma·ker, -s *m.*
inkonsequent wi·er·sin·nig,
-e, -en [wi·er·sin·ni·ge] *EW*
Inland Bin·nen·land, Bin·nen·
län·ner *s. geog., pol.*
Inländer Bin·nen·län·ner, -s
m. geog.
inländisch bin·nen·ländsk,
-e, -en [bin·nen·länds·ke]
EW geog.

innen bin·nen *UW*
Innendeich Bin·nen·diek,
Bin·nen·di·ke *m. tech.*
Innenhof Bin·nen·how, Bin·
nen·hüö·we *m. arch.*
Innenleben Bin·nen·liä·wen
s. o.Mz. psy., tech.
innenliegen bin·nen·lig·gen
uZW
innenliegend bin·nen·lig·
gend, -e, -en [bin·nen·lig·
gen·de] *EW*
Innenseite Bin·nen·siet, Bin·
nen·si·ten *w.*
Innenstadt Bin·nen·stad, Bin·
nen·stiä·den *w. geog.*
Innentasche Bin·nen·tas·ke,
-n *w.*
Innere Bin·ne·re *s. o.Mz.*
innere bin·ne·re, -n *EW*
Innerei (Herz, Leber u.a. vom
Schwein) Af·ge·fal, Af·ge·
fiä·le *s. med.*
innerhalb bin·nen *UW*
innerlich bin·ner·lik, bin·ner·
licke, -n [bin·ner·lik·ke] *EW*
innerst bin·nerst, -e, -en
[bin·ners·te] *EW*
Innerste Bin·ners·te *s. o.Mz.*,
In·wän·nigs·te *s. o.Mz.*
Insasse In·sit·ter, -s *m. jur.*
insbesondere be·sun·ners
UW
Insekt Kniëp·ken, Kniëp·kes
s. zool.
Insektenstich Pieks, -e [Piek·
se] *m. med*
Insel Ai·land, Ai·län·ner *s.*
geol.
insgesamt sum·se·mo·ren
UW (lat. summa summa·
rum)
Inspektor In·spek·ter, -s *m.*
instandhalten un·ner·hol·len
uZW
Instandhaltung Un·ner·hol·
lung, -en [Un·ner·hol·lun·gen]
w. tech.
inständig in·stän·nig, -e, -en
[in·stän·ni·ge] *EW*
Instinkt Na·tuur·driew, Na·
tuur·dri·we *m. psy.*
Institut In·sti·tuut, In·sti·tu·
te *s.*
instruieren in·stru·e·ern *ZW*
interessant in·tres·sant, -e,
-en [in·tres·san·te] *EW*
Interesse An·deel, An·de·le
m. psy., In·tres·se, -n *s. psy.*;
übertriebenes ~ Fim·mel,
-s *m. psy.*

Interessensbereich Be-spräk, Be·spräcke [Be·spräk-ke] *s.*
interessieren in·tres·se·ern *ZW psy.*
interessiert lof·häö·rig, -e, -en [lof·häö·ri·ge] *EW psy.*, niä·rig, -e, -en [niä·ri·ge] *EW psy.*
Internetseite Riä·ker·si·te, -n *w. tech.*
Interpretation Uut·läg·gung, -en [Uut·läg·gun·gen] *w.*
interpretieren uut·läg·gen *ZW*
interpretiert uut·lägt, -e, -en [uut·läg·te] *EW*
intim dicke, -n [dik·ke] *EW psy.*; **~er Freund** dicke Frönd *psy.*
introvertiert; ~er Mensch Bal·ken·bläö·ser, -s *m. psy.*
Inventar Huus·raod, Huus-räö·de *m. tech.*
investieren an·läg·gen *ZW fin.*
Investition An·lao·ge, -n *w. fin.*
Investor An·läg·ger, -s *m. fin.*
involvieren in·wol·we·ern *ZW psy.*
involviert in·wol·we·ert, -e, -en [in·wol·we·er·te] *EW psy.*
inwendig in·tus *UW*, in·wän-nig, -e, -en [in·wän·ni·ge] *EW*
Inzucht In·tucht, -·en [In-tuch·ten] *w. med.*
inzwischen füs·kes *UW tem.*, in·tüs·ken *UW tem.*, med·de-wiel *UW tem.*, tin·des·sen *UW tem.*, tüs·ken·in *UW tem.*
irden ä·ern, -e, -en [ä·er·ne] *EW*
irgend etwas e·ner·wat *FW*
irgendwo eens·wiä·gen *UW*, e·ner·wäg·gen *UW*
irre be·klopt, -e, -en [be·klop-te] *EW psy.*; **~ werden** be-klopt·wä·ern *uZW psy.*
Irre(r) Be·klop·te, -n *m. und w. psy.*; **in die ~ führen** *übertr.* up de Hols·ken niё·men *psy.*
irregehen dwiä·len *uZW psy.*
irren vö·doon *uZW psy.*; vö-döp·ken *ZW psy.*, vö·ki·ken *uZW psy.*, vö·sain *uZW psy.*
Irrenanstalt Dul·huus, Dul-

hü·ser *s. med. psy.*, Klaps-müël, -en [Klaps·müë·len] *w. med. psy.*
Irrglaube Bi·glai·wen *s. o.Mz. rel.*
Irrlicht Kwaod·lecht, -er [Kwaod·lech·ter] *s.*, Twao-lecht, -er [Twao·lech·ter] *s.*, *übertr.* Juch·män·ken, Juch-män·kes *s.*
Irrtum Vö·doon *s. o.Mz. psy.*, Vö·sain *s. o.Mz. psy.*
Irrweg Bies·ter·pat, Bies-ter·pät·te *m. psy.*
Irrwischmanier Kwaod-lechts·ma·ne·cr, -n *w. psy.*
Iserlohn I·ser·laun *ON*
Isolator; ~ von Telegraphen-masten Pin·gel·pot, Pin·gel-pöt·te *m. tech.*
isolieren i·so·le·ern *ZW tech.*
Isolierer I·so·le·e·rer, -s *m. tech.*
isoliert i·so·le·ert, -e, -en [i·so-le·er·te] *EW tech.*
Isolierung I·so·le·er·ung, -en [I·so·le·e·run·gen] *w. tech.*
Isolierzange I·so·le·er·tang, -en [I·so·le·er·tan·gen] *w. tech.*
Isselburg Is·sel·buorg *ON*
ist is *uZW* (3. Pers. Einzahl)
Italien I·tal·gen *geog.*
Italiener(in) I·tal·jä·ner, -s *m. und w.*
italienisch i·tal·jäänsk, -e, -en [i·tal·jääns·ke] *EW kult.*

J

J, j J, j (Buk·stab·be)
ja jau; **nun ~** jä·wis
Jacke Jööl, -s *s.*, Jop·pe, -n *w.*; **lange ~ für Männer** Ge-rok, Ge·röcke [Ge·rök·ke] *m.*
Jackentasche Jop·pen·task, -en [Jop·pen·tas·ken] *w.*
Jackett Rok, Röcke [Rök-ke] *m.*, Scha·ket, -s *s.*
Jagd Jagt, -en [Jag·ten] *w.*; **auf ~ gehen** ja·gen *uZW*; **Ort der ~** An·stand, An·stän-ne *m.*; **übertriebene Dar-stellung von der ~** Ja·ger-la·tien *s. o.Mz. psy.*
Jagdaufseher Jagt·up·pas-ser, -s *m.*
Jagdbomber Jagt·bom·ber, -s *m. mil.*
Jagderlaubnis Jagt·rächt, -e [Jagt·räch·te] *s. jur.*

Jagdessen; ~ nach der Treibjagd Schüë·del·dri·wen *s. o.Mz. kul.*
Jagdflieger Jagt·flai·ger, -s *m. mil.*
Jagdgewehr Jagt·püüs·ter, -s *m. tech.*
Jagdhorn Jagt·häön, -s *s. tech. mus.*
Jagdhornbläser Jagt·häön-bliä·ser, -s *m. mus.*
Jagdhund Jagt·rü·en, -s *m. zool.*, Wold·man, Wold·män-ner *m. zool.*
Jagdhütte Jagt·ka·buf, Jagt-ka·büf·fe *s. arch.*
Jagdpacht Jagt·hü·er, -n *w. fin.*
Jagdpächter Jagt·hü·er·man, Jagt·hü·er·lü·de *m.*
Jagdrecht Jagt·rächt, -e [Jagt·räch·te] *s. jur.*
Jagdrevier Jagt·re·we·er, -e [Jagt·re·we·e·re] *s.*
Jagdrucksack Hols·ter, -s *m. tech.*
Jagdschein Jagt·schien, Jagt·schi·ne *m. jur.*
Jagdtag Jagt·dag, -e [Jagt-da·ge] *m.*
Jagdzeit Jagt·tiet, Jagt·ti·ten *w. tem.*
jagen ja·gen *uZW*; **mit einem Frettchen ~** fret·te·ern *ZW*
Jagender Ja·ger, -s *m.*
Jäger Ja·ger, -s *m.*; **wilder ~** Tockel·bäänd, -s [Tok·kel-bäänd] *m.*
Jägerei Ja·ge·ri, -·en *w.*
Jägerhaus Ja·ger·huus, Ja-ger·hü·ser *s. arch.*
Jägerlatein Ja·ger·la·tien *s. o.Mz. psy.*
Jägersitz Ja·ger·stool, Ja·ger-stö·le *m. tech.*
Jahr Jaor, -e [Jao·re] *s. tem.*; **alle zwei ~e** een üm't an·ne-re Jaor *tem.*; **es gibt ein nas-ses ~** et giw een nat Jaor *met.*; **in anderen ~en** an-ner·jaors *UW tem.*; **nächs-tes ~** to·kem Jaor *tem.*; **ein glückseliges neues ~** glük-siä·lig Ni·jaor **(Neujahrgruß mit der Antwort: Gott gebe, dass es wahr wird)** Guod giёw, et wahr waor!
jahraus jaor·uut *UW tem.*
Jahrbuch Jaor·book, Jaor-bö·ker *s. his.*
jahrein jaor·in *UW tem.*

jahrelang jao·re·lang, -e, -en [jao·re·lan·ge] *EW tem.*
jähren (sich) jäö·ren (sik) *ZW tem.*
Jahresamt Jaor·ge·bäd, Jaor·ge·biä·de *s. rel.*
Jahresanfang Jaors·an·fang, Jaors·an·fän·ge *m. tem.*
Jahresbeginn Jaors·an·fang, Jaors·an·fän·ge *m. tem.*
Jahresende Jaors·en·ne, -n *s. tem.*
Jahresfeier Jaor·fi·er, -n *w.*
Jahresgebet Jaor·ge·bäd, Jaor·ge·biä·de *s. rel.*
Jahresring Jaor·kring, -e [Jaor·krin·ge] *m. bot.*
Jahrestag Jaor·dag, -e [Jaor·da·ge] *m. tem.*
Jahresverlauf Jao·res·laup, Jao·res·lai·pe *m. tem.*
Jahresvogel Jao·res·vuë·gel, Jao·res·vüë·gel *m. zool.*
Jahreswagen Jaors·wa·gen, Jaors·wiäg·gen *m. trans.*
Jahreswechsel Jaors·wessel, -s *m. tem.*
Jahreswende Jao·res·wän·ne, -n *w. tem.*
Jahreszahl Jaors·taal, Jaors·ta·len *w. tem.*
Jahreszeit Jaors·tiet, Jaors·ti·ten *w. met. tem.*
Jahrgang Jaor·gang, Jaor·gän·ge *m. tem.*
Jahrhundert Jaor·hun·nert, -e [Jaor·hun·ner·te] *s. tem.*
Jahrhundertfeier Jaor·hun·nert·fi·er, -n *w.*
Jahrhundertwein Jaor·hun·nert·wien, Jaor·hun·nert·wi·ne *m. kul.*
Jahrhundertwende Jaor·hun·nert·wän·ne, -n *w. tem.*
jährlich jäör·lik, jäör·licke, -n [jäör·lik·ke] *EW tem.*, jeed Jaor *tem.*
Jahrmarkt Jaor·markt, Jaor·miärk·te *m. kult.*, Kiär·mes, ·-sen *w. kult.*, Kiärms, ·-ten *w. kult.* (frz. kermesse), Rummel *m. o.Mz.*
Jahrtausend Jaor·du·send, -e [Jaor·du·sen·de] *s. tem.*
Jahrtausendwende Jaor·du·send·wän·ne, -n *w. tem.*
Jahrzehnt Jaor·taint, -e [Jaor·tain·te] *s. tem.*
Jähzorn Dul·lig·kait *w. o.Mz. psy.*
jähzornig dul·sin·nig, -e, -en

[dul·sin·ni·ge] *EW psy.*; **~er Mensch** Knië·ter·kop, Knië·ter·köp·pe *m. psy.*
Jakobitag Ja·kobs·dag, -e *m. rel. tem.* (25. Juli)
Jalousie Rul·la·de, -n *w. tech.*
Jammer Jao·mer *m. o.Mz. psy.*; **es ist ein ~** dat is een Li·den *psy.*
Jammerlappen Jao·mer·lap·pen *m.*
jämmerlich jäm·mer·lik, jäm·mer·licke, -n [jäm·mer·lik·ke] *EW psy.*, smä·lik, -e, -en [smä·lik·ke] *EW psy.*
jammern jan·ken *ZW psy.*, jao·mern *ZW psy.*, jolstern *ZW*, klao·gen *ZW psy.*, (Hund) jalp·ken *ZW*
janken ö·cheln *ZW*
Jannuar (harter Monat) Har·re·maond, -e [Har·re·maon·de] *m. tem.*, Snai·maond, -e [Snai·maon·de] *m. tem.*
Japan Ja·paan *geog.*
japanisch ja·paansk, -e, -en [ja·paans·ke] *EW kult.*
japsen he·sap·pen *ZW med.*
Jasager Jau·säg·ger, -s *m. psy.*, Nik·köp·per, -s *m. psy.*
jäten plücken [plük·ken] *ZW agr.*, wai·en *ZW agr.*; **Unkraut ~** wet·ten *ZW agr.*
Jauche Aal *s. o.Mz. agr.*; **~ ausfahren** tün·nen *ZW agr.*
Jauchefass Aal·fat, Aal·fiä·ter *s. tech. agr.*; Aal·kump, Aal·küm·pe *s. tech. agr.*
Jauchegrube Aal·ku·le, -n *w. agr.*
Jauchekelle, große ~ Stiël·fat, Stiël·fiä·ter *s. tech. agr.*
jauchzen ju·chen *ZW psy.*
jaulen jam·ken *ZW psy.*, (Hund) gal·pen *ZW psy.*
jawohl wul·wal
je; ~..., desto... üm so..., üm so...
jede(r) jer·re, -n *FW*, jeed, je·de, -n *FW*; **ein ~r** jer·rer·een *FW*; **~ einzelne** el·ke *FW*; **~ ohne Unterschied** Jan un (al·le) Man
jedenfalls to·mins·ten *UW*
jedermann jeed·we·der·een *FW*, je·rer·een *FW*
jederzeit al·tiet *UW tem.*
jedes einzelne el·ke *FW*
jedesmal al·le·maol *UW*, jeed·maol *UW*, slag·maols *UW*

jedoch män *BW*
jemals je·maols *UW tem.*
jemand een, e·ne, -n, -r *FW*
jener dän·ne *FW*
jenseits gië·gen·üö·wer *VW*, giën·siet, -s *UW, VW*
Jesus Mens·ken·suon *m. o.Mz. rel.*
Jesuskind Krist·kind·ken *s. o.Mz. rel.*
jetzt nu *BW UW tem.*, nu·hän *UW tem.*, up·stuns *UW tem.*; **von ~ an** nu·vüör·dan *UW BW tem.*
Joch Jüëk, -s *s. psy., tech., trans.*
Johannes Han·nes *VN*, Jan *VN*, Jans *VN*; **Heiliger ~** Sünt Jans *rel.*
Johannisbeere Kas·biär, -n *w. bot.*, Kas·bit, -·ten *w. bot.*; **schwarze ~** Buk·biär, -n *w. bot.*
Joppe Wams, Wäm·se *s.*; **kleine ~** Wäms·ken, Wämskes *s.*
Josef Joop *VN*, Jop *VN*; **kleiner ~** J.öpken *VN*
Josefa Se·fa *VN*, Se·fi *VN*
Josefine Fi·ne *VN*, Se·fa *VN*, Se·fi *VN*; **kleine ~** Fienken *VN*
Jubelfest Ju·bel·fi·er, -n *w.*
jubeln ju·chen *ZW psy.*
Jubilar Ju·be·laor, -e [Ju·be·lao·re] *m. psy.*
Jubiläum Jaor·dag, -e [Jaor·da·ge] *m. tem.*
jubilieren ju·be·le·ern *ZW psy.*
jucken jocken [jok·ken] *ZW med.*, kriw·weln *ZW med.*, schrin·nen *ZW med.*
Juckpulver Jok·pul·wer, -s *s.*
Juckreiz Jockeri, -·en [Jok·ke·ri] *w. med.*
Judas-Silberblatt Ju·das·da·ler, -s *m. bot.* (Lunaria annua)
Jude Jo·de, -n *m. rel.*
jüdisch jüüdsk, -e, -en [jüüds·ke] *EW rel.*
Jugend Jöögt *w. o.Mz.*
Jugendalter Jöögt *w. o.Mz. tem.*
Jugendlicher; unerzogener ~ Snö·sel, -s *m. psy.*
Jugendzeit übertr. Kal·wer·jao·re *Mz. tem.*, Rün·gel·jao·re *Mz. tem.*
Juli Hai·maond, -e [Hai·maon-

de] *m. tem.*
jung jung, -e, -en [jun·ge] *EW tem.*; **jünger** jün·ger; **am jüngsten** an jüngs·ten
Junge Jun·gen, -s *m.*, Stö·wer; -s *m.*, Strüë·mel, -s *m.*; **kleiner ~** Jüngs·ken, Jüngs·kes *s.*, Knot·ten·döpper, -s *m.*, Spucht, Spücht *m.*; **kleiner, dünner, magerer ~** Fips, -e [Fip·se] *m.*; **sehr ~ und unerfahren** pi·pen·jung, -e, -en [pi·pen·jun·ge] *EW*; **unerfahrener ~** Fänt, -en [Fän·ten] *m. psy.*; **unerzogener ~** Lüm·mel, -s *m. psy.*; **~ von 12 bis 14 Jahren** Dri·lai·per, -s *m.*; **~ gebären, ~ werfen** jun·gen *ZW med.*
Jungenname Jun·gens·nao·me, -n *m.*
Jungenschule Jun·gens·school, Jun·gens·scho·len *w. kult.*
Jungenseite (auf dem Schulhof und in der Kirche) Jun·gens·siet, Jun·gens·si·ten *w.*
Jungenzeit Jun·gens·tiet, Jun·gens·ti·ten *w. tem.*
Jungfer Juf·fer, -n *w.*
Jungfrau Juf·fer, -n *w.*
Jungfräulein Jüf·fer·ken, Jüf·fer·kes *s.*
Junggeselle Hiärfst·ge·sel, -·len *m.*, Ööm, -s *m.*, *übertr.* Een·spän·ner, -s *m.*
Jungtier Jung·dier, -s *s. zool.*
Jungvieh Jung·ve *s. o.Mz. zool.*
Jungvogel Jung·vuë·gel, Jung·vüë·gel *m. zool.*
Juni Braok·maond, -e [Braok·maon·de] *m. tem.*, Juno *m. o.Mz. tem.*
Junker Hä·er·bu·er, -n *m. agr.*
Jute Jüt *w. o.Mz.*
Jutesack Jüt·te·sak, Jüt·te·siä·ke *m. tech.*
Jux Derk, -s *m. psy.*

K

K, k K, k (Buk·stab·be)
Kabel Ka·wel, -n *s. tech.*, Strip·pe, -n *w. tech.*
Kabine Ge·laot, Ge·läöt *s. tech.*
Kachel Tig·gel, -s *m. tech.*

Kachelofen Ka·chel·uom, Ka·chel·üöms *m. tech.*
Kadaver Aos, Äös·ter *s. biol.*
Kadaveranstalt Swi·ne·kiärk·how, Swi·ne·kiärk·hüö·we *m. biol.*
Käfer Ka·wel, -n *m. zool.*, Tië·we, -n *w. zool.*
Kaffee (Getränk) Kof·fi, -es *m. kul.*; **~ aus gerösteten Roggenkörnern** Rog·gen·kof·fi, -es *m. kul.*; **Gespräch beim ~** Kof·fi·praot, Kof·fi·präö·te *m.*; **ungefilterter ~** Prüt·kof·fi, -es *m. kul.*
Kaffeebohne Kof·fi·bau·ne, -n *w. bot.*
Kaffeedurst Kof·fi·duorst *m. o.Mz. kul.*
Kaffeefilter Kof·fi·si·ge, -n *w. tech.*
Kaffeekanne Kof·fi·kan, -·nen *w. tech. kul.*, Kof·fi·pot, Kof·fi·pöt·te *m. tech. kul.*; **Tülle der ~** Kan·nen·piep, Kan·nen·pi·pen *w. tech.*; **Warmhalteüberzug für ~n** Kof·fi·müsk, -en [Kof·fi·müs·ken] *w. tech. kul.*
Kaffeekessel Kof·fi·kië·del, -s *m. tech. kul.*
Kaffeekochen Kof·fi·kuo·ken *s. o.Mz. kul.*
Kaffeelöffel Kof·fi·liä·pel, -s *m. tech. kul.*
Kaffeemaschine Kof·fi·ma·schien, Kof·fi·ma·schi·nen *w. tech.*
Kaffeemehl Kof·fi·miäl, -e [Kof·fi·miä·le] *s. kul.*
Kaffeemilch Kof·fi·miälk *w. o.Mz. kul.*
Kaffeemühle Kof·fi·müël, -en [Kof·fi·müë·len] *w. tech.*, *übertr.* Ban·krot·müël·ken, Ban·krot·müël·kes *s. tech.*
Kaffeesatz Dik·sel, -s *s.*, Kof·fi·dik *m. o.Mz.*, Kof·fi·prüt *m. o.Mz.*, Prüt *m. o.Mz.*
Kaffeeservice Kof·fi·sa·wi, -es *s. tech. kul.*
Kaffeestrauch Kof·fi·struuk, Kof·fi·strü·ke *m. bot.*
Kaffeetafel Kof·fi·tao·fel, -n *w. kul.*
Kaffeetasse Kof·fi·tas, -·sen *w. tech. kul.*, Kof·fi·köp·ken, Kof·fi·köp·kes *s. tech. kul.*; **große ~** Kof·fi·pot, Kof·fi·pöt·te *m. tech. kul.*

kaffeetrinken (nachmittags) ves·peln *ZW kul.*
Kaffeezeit (nachmittags) Ves·pel·tiet, Ves·pel·ti·ten *w. kul. tem.*, Kof·fi·tiet, Kof·fi·ti·ten *w. kul. tem.*
kahl kaal, ka·le, -n *EW biol.*; **völlig ~** rat·se·kaal, rat·se·ka·le, -n *EW biol.*
kahlfressen kaal·friä·ten *uZW biol.*
kahlgefressen kaal·friä·ten, -e, -en [kaal·friä·te·ne] *EW biol.*
Kahlkopf Kaal·kop, Kaal·köp·pe *m. med.*
Kahlschlag Kaal·slag, Kaal·sliä·ge *m. agr.*
Kahn Pün·te, -n *w. naut.*
Kahnschiffer Pünt·ker, -s *m. naut.*
Kainit Ka·niet *m. o.Mz. agr.*
Kaiser Kai·ser, -s *m. pol.*
kaiserlich kai·ser·lik, kai·ser·licke, -n [kai·ser·lik·ke] *EW pol.*
Kaiserreich Kai·ser·riek, Kai·ser·ri·ke *s. pol.*
Kajütte Schips·ka·mer, -n *w. naut.*
Kakao Ka·kau *m. o.Mz. bot., kul.*
Kalander Ka·lan·ner, -s *m. tech.*
kalandern ka·lan·nern *ZW tech.*
Kalb Kalw, Käl·wer *s. zool.*; **kleines ~** Kälw·ken, Kälw·kes *s. zool.*; **männliches ~** Bul·len·kalw, Bul·len·käl·wer *s. zool.*; **weibliches Kalb** Ko·kalw, Ko·käl·wer *s. zool.*
Kälbchen Kälw·ken, Kälw·kes *s. zool.*
kalben kal·wen *ZW med.*, (Kuh) melk wä·ern *med.*
Kälberhandel Kal·wer·han·nel *m. o.Mz. fin.*
Kälberkarren Kal·wer·kaor, Kal·wer·käörs *w. trans.*
Kälberkopf Kal·wer·kop, Kal·wer·köp·pe *m. med.*
Kälbermist Kal·wer·mes *m. o.Mz. biol. agr.*
Kälberschwanz Kal·wer·stiärt, -s *m. med.*
Kälberstall Kal·wer·schot, -s *s. arch. agr.*, Kal·wer·stal, Kal·wer·stiä·le *m. arch. agr.*
Kälberwiese Kal·wer·kamp,

Kal·wer·käm·pe *m. agr.*
Kälberzahn Kal·wer·tan, Kalwer·tiä·ne *m. med.*
Kälberzeit Kal·wer·jao·re *Mz. tem.*
Kälberzüchter Kal·wer·tüchter, -s *m. zool. agr.*
Kalbfleisch Kal·wer·fleesk *s. o.Mz. med., kul.*
Kalbsbraten Kal·wer·braoden, Kal·wer·bräö·den *m. kul.*
Kalbsfell Kal·wer·fel, -·le *s. med.*
Kalbsleber Kal·wer·liä·wer, -n *w. med., kul.*
Kalbsleder Kal·wer·liä·der, -s *s. tech.*
Kalender Ka·len·ner, -s *m. tem.*
Kalenderblatt Ka·len·nerblad, Ka·len·ner·bliä·der *s.*
Kalenderjahr Ka·len·ner·jaor, -e [Ka·len·ner·jao·re] *s. tem.;* **zwischen Weihnachten (Beginn des Kirchenjahres) und Neujahr (Beginn des ~es)** tüs·ken de Jaore *tem.*
Kalfaktor Kal·fak·ter, -s *m.*
Kaliber Ka·li·wer, -s *s.*
Kalidünger Ka·niet *m. o.Mz. agr.*
Kalk Klip *m. o.Mz. geol.*
kalken käl·ken *ZW tech.*
Kalkgrube Klip·ku·le, -n *w. geol.*
Kalkrücken Klip·rüg·gen, -s *m. geol.*
Kalksandstein witten Steen *m. arch.*
Kalkstein Klip·steen, Klipste·ne *m. geol.*
Kalksteinbruch Klip·ku·le, -n *w. geol.*
kalkulieren kal·ku·le·ern *ZW* (*frz.* calculer)
Kalkwerk Kalk·wiärk, -e [Kalkwiär·ke] *s. tech.*
Kalldorf Kal·le·rup *ON*
kalt ai·sig, -e, -en *EW*, kolt, kol·le, -n *EW*, schrao, -·e, -·en *EW*, snaor, -e, -en [snao·re] *EW*, (Wind) haol, -e, -en [hao·le] *EW*; **kälter** köl·ler; **am kältesten** an köls·ten
Kaltblüter Kolt·blö·der, -s *m. zool.*
kaltblütig kolt·blö·dig, -e, -en [kolt·blö·di·ge] *EW med., psy.*
Kaltblutpferd Kolt·blood-

piärd, -e [Kolt·blood·piär·de] *s. zool.*
Kälte Köl·de, -n *w. met.*
kälteempfindlich; ~er, leicht frierender Mensch Fuorstköt·tel, -s *m. med.*
kaltgestellt af·melt, -e, -en [af·mel·te] *EW psy.*
kaltherzig *übertr.* kolt, kolle, -n *EW psy.*
Kaltleim Kolt·liem, Kolt·li·me *m. tech.*
kaltstehen kolt·staon *uZW*
Kaltwasser Kolt·wa·ter *s. o.Mz.*
Kaltwasserfisch Kolt·wa·terfisk, -e [Kolt·wa·ter·fis·ke] *m. zool.*
Kamerad Kum·paan, Kumpa·nen *m.*, Kum·raod, -en [Kum·rao·den] *m.*, Macker, -s *m.*
Kameradschaft Kum·raodschup, -·pen *w. psy.*
Kameramann Stri·pen·daier, -s *m.*
Kamille Ka·mel·le, -n *w. bot.;* **echte Kamille** kaus·ke Kamel·le *w. bot.*
Kamillenblüte Ka·mel·lenblö·te, -n *w. bot.;* **Beutel mit ~n gegen Entzündungen und Ohrenschmerzen** Kamel·len·büül·ken, Ka·mel·lenbüül·kes *s. tech. med.*
Kamillentee Ka·mel·len·te, -·es *m. kul.*
Kamin Schuot·steen, Schuotste·ne *m. arch.;* **offener ~** Hääd·fü·er, -s *s. arch.;* **drehbarer Querbalken am offenen ~ zuzm schwenken von Kochtöpfen usw.** Wän·ne·su·se, -n *w. tech.;* **feuerfest gebrannter Tonziegel zur Auskleidung von ~en** Scha·mot·steen, Scha·mot·ste·ne *m. tech.*
Kaminkehrer Schuot·steenfiä·ger, -s *m. tech.*
Kamm Haor·bes·sen, -s *m. tech. hyg.; ~ aus Rohr* Raidkam, Raid·kiä·me *m. tech. hyg.;* **sehr feiner ~** *scherzh.* Lu·se·fork, -en [Lu·se·forken] *w. tech. hyg.*
Kammer Ka·mer, -n *w. arch., tech.; ~ über dem Keller* Up·ka·mer, -n *w. arch.*
Kammerdiener Ka·mer·dainer, -s *m.*

Kämmerer Ren·te·mes·ter, -s *m. fin.*
Kammerfach Ka·mer·fak, Ka·mer·fiä·ker *s. arch.; ~ mit Stube und Kammern im Bauernhaus* Äch·ter·kiämsel, -s *s. arch.*
Kammgarn Kam·gaorn, Kamgäörns *s. tech.*
Kammgras Kam·gräs *s. o.Mz. bot.* (Cynosurus cristatus)
kämpfen fech·ten *ZW*
kampieren kam·pe·ern *ZW* (*frz.* camper)
Kanadagans Ka·na·da·gaus, Ka·na·da·gaise *w. zool.*
Kanal Ka·naol, Ka·näö·le *m. naut. trans.*
Kanalarbeiter Ka·naol·ar·baider, -s *m. tech.*
Kanalbrücke Ka·naol·brügge, -n *w. trans.*
Kanaldamm Ka·naol·dam, Ka·naol·däm·me *m. trans.*
Kanaldeich Ka·naol·dam, Ka·naol·däm·me *m. tech.*
Kanalhafen 1. Ka·naol·hawen *ON*; 2. Ka·naol·ha·wen, Ka·naol·hä·wen *m. naut.*
Kanalschiff Ka·naol·schip, -·pe *s. trans. naut.*
Kanalsperrwerk Ka·naolschüt, -s *s. tech.*
Kanalwasser Ka·naol·wa·ter, Ka·naol·wä·ters *s.*
Kanarienvogel Ka·nal·genvuë·gel, Ka·nal·gen·vüë·gel *m. zool.*
kandiert kan·de·ert, -e, -en [kan·de·er·te] *EW kul.*
Kaninchen Ka·nickel, -s [Ka·nik·kel] *m. zool., Ka·nien, -s s. zool.;* **kleines ~** Ka·nickel·ken, Ka·nickel·kes [Ka·nik·kel·ken] *s. zool.;* **Schlinge zum Fangen von ~** Ka·nickel·strik, -s [Ka·nikkel·strik] *s. tech.*
Kaninchenbau Ka·nickellok, Ka·nickel·lök·ker [Kanik·kel·lok], [Ka·nik·kel·lökker] *s.*
Kaninchenbock Ka·nickelbuk, Ka·nickel·bücke [Kanik·kel·bük·ke] *m. zool., Rammel, -s m. zool.;* **junger ~** Räm·mel·ken, Räm·mel·kes *s. zool.*
Kaninchenbraten Ka·nickelbrao·den, Ka·nickel·bräö·den

[Ka·nik·kel·brao·den] *m. kul.*
Kaninchenfell Ka·nickel·fel,
- ·le [Ka·nik·ke·fel] *s. med.*
Kaninchenfutter Ka·nickel·fo·er [Ka·nik·kel·fo·er] *s. o.Mz. kul.*
Kaninchenkot Ka·nickel·küë·del, -s [Ka·nik·kel·küë·del] *m. biol.*
Kaninchenplage Ka·nickel·plao·ge, -n [Ka·nik·kel·plao·ge] *w. zool.*
Kaninchenstall Ka·nickel·schot, -s [Ka·nik·kel·schot] *m. tech.*
Kännchen Kän·ken, Kän·kes *s. tech.*, Düp·ken, Düp·kes *s. tech.*
Kanne Düp·pe, -n *w. tech.*, Kan, - ·nen *w. tech.*; **Gestell zur Aufbewahrung von ~n** (u.a. zum Trocknen) Kan·nen·stok, Kan·nen·stöcke [Kan·nen·stök·ke] *m. tech. agr.*; **~ mit Zapfhahn** Krään·kes·kan, - ·nen *w. tech.*, Min·na, -as *w. tech.*
Kannendeckel Kan·nen·dië·kel, -s *m. tech.*
Kannengießer Gü·ter, -s *m. tech. kul.*, Kan·nen·gai·ter, -s *m. tech.*
Kannenwärmer Kan·nen·müs·ke, -n *w. tech.*
kannenweise kan·nen·wies, kan·nen·wi·se *UW*
Kannibale Mens·ken·friä·ter, -s *m.*
Kanon Rund·lai·per, -s *m. mus.*
Kanone Ka·naun, -en [Ka·nau·nen] *w. mil.*, Ka·nun, - ·nen *w. mil.*
Kanonenknall Ka·nau·nen·dun·ner, -s *m. mil.*
Kanonenkugel Ka·nau·nen·kuë·gel, -n *w. tech. mil.*
Kanonenofen Ka·nau·nen·uom, Ka·nau·nen·üöms *m. tech.*
Kanonenstahl Ka·nau·nen·staol, Ka·nau·nen·stäö·le *m. tech.*
Kante Eg·ge, -n *w.*, Kant, -en [Kan·ten] *w.*, Rand, Rän·ner *m.*; **auf die hohe ~ legen** up de hau·ge Kant läg·gen *fin.*
Kantholz Kant·holt, Kant·höl·ter *s. tech.*
Kantor Kan·ter, -s *m. mus.*

Kanzel Kan·sel, -n *w. arch. rel.*, Priä·ge·stool, Priä·gestö·le *m. rel.*; **Ecke in der Kirche unterhalb der ~** Prat·hook, Prat·hö·ke *m.*
Kapellchen Klu·se, -n *w. arch. rel.*
Kapelle Ka·pel, - ·len *w. mus., arch. rel.*; **kleine ~** Klu·se, -n *w. arch. rel.*
Kapellmeister Ka·pel·mes·ter, -s *m. mus.*
kapieren ka·pe·ern *ZW* (ital. capire)
Kapital Geld, Gel·ler *s. fin.*, Kap·taol *s. o.Mz. fin.*
kapital kap·taol, -e, -en [kap·tao·le] *EW*
Kapitalgeber Kap·taol·gië·wer, -s *m. fin.*
Kapitän Kap·tain, -e [Kap·tai·ne] *m. naut.*, Schip·per, -s *m. naut.*
Kapitel Ka·pit·tel, -s *s.*
kapitulieren up·gië·wen *uZW*
Kaplan Kap·laon, Kap·läöns *m. rel.*; **junger ~** Kap·läön·ken, Kap·läön·kes *s. rel.*
Kappe Kip·pe, -n *w. tech.*, Ka·pot·hood, Ka·pot·hö·de *m. tech.* (frz. capot)
Kappwindmühle Hol·län·ner, -s *m. tech.*
Kapriole Ku·mät·se, -n *w. tech., biol.*; **~ gehen** in Tot gaon *tech., übertr.* in't Gat gaon *tech., übertr.* to'n Dü·bel gaon *tech.*
Kapuze Küë·gel, -s *w.*
Kapuziner Kap·si·ner, -s *m. rel.*
Kapuzinerkresse Kap·si·ner·käp·ken, Ka·psi·ner·käp·kes *s. bot.*, Kläm·mer·ken, Kläm·mer·kes *s. bot.*
Karamelbonbon Bab·bel·ken, Bab·bel·kes *s. kul.*
Karbid Ka·bid *s. o.Mz. chem.*
Karbidlampe Ka·bid·la·tüch·te, -n *w. tech.*
Karbonade Ka·ber·nao, -s *s. kul.*, Ka·me·nao·de, -n *w. kul.*
Kardinal Ka·di·naol, Ka·di·näö·le *m. rel.*
Karfreitag Stil·len Fri·dag *m. rel. tem.*
karfreitags stil·len·fri·dags *UW tem.*
Karneval un·wi·se Fast·aomd

kult; **die vier höchsten weltlichen Feiertage: ~, Kirmes, Schützenfest und Rübenball** Ve·er·hoch·ti·ten *Mz. tem. kult.*
Karnevalsfeier Fast·aomd·fi·er, -n *w. kult.*
Karnevalswagen Fast·aomd·wa·gen, Fast·aomd·wiä·gen *m. tech. kult*
Karo (Kartenfarbe beim deutschen Kartenspiel) Ru·te *w. o.Mz. spo.*
Karre (mit ein, zwei oder drei Rädern;) Kaor, Käörs *w. trans.*; **nach beiden Seiten kippbare ~** Kip·kaor, Kip·käörs *w. trans.*
karren kao·ren *ZW trans.*
Karrenachse Kao·ren·as·se, -n *w. tech.*
Karrenrad Kao·ren·rad, Kao·ren·riä·der *s. tech.*
Karsamstag Paosk·aomd, -e [Paosk·aom·de] *m. rel. tem.*
Kärtchen Käät·ken, Käät·kes *s.*
Karte Kaat, Ka·te, -n *w.*; **~n geben** ka·ten·gië·wen *uZW*
Kartenfarben der deutschen Kartenspiels: Hiärt *s. o.Mz. spo.*, Krüüs *s. o.Mz. spo.*, Ru·te *w. o.Mz. spo.*, Schüp·pen *Mz. spo.*
Kartengeld Ka·ten·geld, Ka·ten·gel·ler *m. spo. fin.*
Kartenlegen Ka·ten·läg·gen *s. o.Mz. psy.*
kartenlegen ka·ten·läg·gen *ZW psy.*
Kartenspiel Ka·ten·spiël, -e [Ka·ten·spië·le] *s. spo., übertr.* dän Dü·wel sien Biä·book *spo.*; **Farbe beim ~** Klör, -s *w. spo.* (frz. couleur); **besonderes ~** Schaops·kop *m. o.Mz. spo.*
Kartenspielen Ka·ten·klop·pen *s. o.Mz. spo.*
Kartoffel Ä·er·ap·pel, -n *m. bot., kul.*, Grap·pel, -n *m. bot., kul.*, Kar·tuf·fel, -n *m. bot., kul.*; **~gericht mit besonderer Soße** Swi·ne·piä·per, -s *m. kul.*; **~n suchen, ~ ernten** kar·tuf·fel·klai·en *ZW agr.*; **dicke ~** Ri·wer, -s *m. kul.*; **Grabgabel für ~n** Kar·tuf·fel·gre·pe, -n *w. tech. agr.*

Kartoffelbrei Kar·tuf·fel·bri *m. o.Mz. kul.*, kwet·te Kar·tuf·feln *Mz. kul.*

Kartoffeleimer Kar·tuf·fel·em·mer, -s *m. tech.*

Kartoffelernte Kar·tuf·fel·klai·e, -n *w. agr.*, Kar·tuf·fel·sö·ken *s. o.Mz. agr.*

Kartoffelfeuer (Verbrennen des Kartoffelkrautes) Kar·tuf·fel·fü·er, -s *s.*

Kartoffelkäfer Kar·tuf·fel·ka·wel, -n *m. zool.*

Kartoffelkorb Kar·tuf·fel·kuorw, Kar·tuf·fel·küör·we *m. tech. agr.*

Kartoffelkörbchen Kar·tuf·fel·schao·le, -n *w. tech.*, Schrap·wän·ken, Schrap·wän·kes *m. tech.*

Kartoffelkraut Kar·tuf·fel·kruud, Kar·tuf·fel·krü·der *s. bot.*

Kartoffelpfannkuchen Ä·er·ap·pel·pan·ko·ken, Ä·er·ap·pel·pan·kö·ken *m. kul.*

Kartoffelpflanze Kar·tuf·fel·struuk, Kar·tuf·fel·strü·ker *m. bot.*

Kartoffelpflanzer Kar·tuf·fel·püör·ter, -s *m. tech. agr.*

Kartoffelquetsche Düör·drai·er, -s *m. tech.*

Kartoffelsalat Kar·tuf·fel·sao·laot, Kar·tuf·fel·sao·läö·te *m. kul.*

Kartoffelschale Kar·tuf·fel·schao·le, -n *w. bot.*; Kar·tuf·fel·schel·le, -n *w. bot.*

Kartoffelsuche Kar·tuf·fel·sö·ken *s. o.Mz. agr.*

Kartoffelsuppe Kar·tuf·fel·sup, -·pen *w. kul.*

Karussell Schees·ken, Schees·kes *s. tech.* (frz. chaise); **schnell drehendes ~** Ja·ge·wiärk, -s *s. o.Mz. tech.*, Mal·müël, -en [Mal·müë·len] *w. tech.*

Karwoche stil·le Wiärk *w. rel. tem.*; **Tage der ~:** blao·en Maon·dag *m. rel. tem.*, Klin·gel·dings·dag *m. rel. tem.*, Krum·men·guns·dag *m. rel. tem.*, grö·nen Dun·ner·dag *m. rel. tem.*, stil·len Fri·dag *m. rel. tem.*, Paosk·aomd *m. rel. tem.*

Käse Kai·se *m. o.Mz. kul.*

Käsehersteller Kai·ser, -s *m. tech. kul.*

Käsekrüstchen Kai·se·knüüs·ken, Kai·se·knüüs·kes *s. kul.*

Käsekuchen Kai·se·ko·ken, Kai·se·kö·ken *m. kul.*

Käsemesser Kai·se·mest, Kai·se·mes·sers *s. tech.*; **kleines ~** Kai·se·mes·ken, Kai·se·mes·kes *s. tech.*

Käserei Kai·se·ri, -en *w. tech. kul.*

Käsewasser Wiätk *m. o.Mz. kul.*

käseweiß wit·kaist, -e, -en [wit·kais·te] *EW*

käsig kai·sig, -e, -en [kai·si·ge] *EW*

Kasper Kas·per, -s *m.*

Kasse Kas, -·sen *w. fin.*

Kassenverwalter Kas·se·e·rer, -s *m. fin.*

Kasserolle Kas·trol, -s *w. tech. kul.* (frz. casserole), Stiärt·pot, Stiärt·pöt·te *m. tech. kul.*

kassieren kas·se·ern *ZW fin.*

Kassierer Kas·se·e·rer, -s *m. fin.*

Kastanie Kas·tan·ni·ge, -n *w. bot.*

Kastanienbaum Kas·tan·ni·gen·baum, Kas·tan·ni·gen·bai·me *m. bot.*

kastanienbraun kas·tan·ni·gen·bruun, kas·tan·ni·gen·bru·ne, -n *EW*

Kastell Kas·tail, -s *s. arch. mil.*

Kasten Kas·ten, Käs·ten *m. tech.*; **~ unter dem Kutschbock** Buk·kas·ten, Buk·käs·ten *m. tech.*

Kastenwagen Kas·ten·wa·gen, Kas·ten·wiä·gen *m. trans.*; **herausnehmbares Abschlussbrett des ~s** Wa·gen·schot, -s *s. tech.*; **~ mit Gummibereifung** Rul·wa·gen, Rul·wiä·gen *m. trans.*

Kastenwiege Kas·ten·waig, -en [Kas·ten·wai·gen] *w. tech.*

kastrieren kas·tre·ern *ZW med.*, lüb·ben *ZW med.*, snib·beln *ZW med.*

Katafalk (Sarggerüst) Rast, Räs·te *w. tech.*

Katalog Müs·ter·book, Müs·ter·bö·ker *s. tech.*

Kataster Grund·book, Grund·bö·ker *s. jur.*

Katasteramt Grund·book-

amt, Grund·book·iäm·ter *s. jur.*

Katechismus Kad·de·chis·sen, -s *rel.*

Kater Bol·sen, -s *m. zool.*; **einen ~ haben** in Su·er lig·gen *med.*

Katharina Kat·trin *VN*, Tri·ne *VN*

Katholik(in) Ka·tols·ke, -n *m., w. und s. rel.*

katholisch ka·tolsk, -e, -en [ka·tols·ke] *EW rel.*; **gut ~** krist·ka·tolsk, -e, -en [krist·ka·tols·ke] *EW rel.*

Kathrin Kat·trien *VN*, Tri·ne *VN*

Kätner Hü·er·man, Hü·er·lü·de *m. agr.*

Kattenvenne Kat·ten·viën *ON*

Kätzchen Kät·ken, Kät·kes *s. zool.*, Mies·ken, Mies·kes *s. zool.*

Katze Bal·ken·haas, Bal·ken·ha·sen *m. zool.*, Kat, -·ten *w. zool.*, Mies, Mi·sen *w. zool.*; **~ in der Paarungszeit** Mä·ten·kat·te, -n *w. zool.*

Katzenauge Kat·ten·au·ge, Kat·ten·ai·gen *s. med.*

Katzendreck Kat·ten·schiet *m. o.Mz. biol.*

Katzenkirmes Kat·ten·kiärms, -·ten *w. kult.*

Katzenkopf Kat·ten·kop, Kat·ten·köp·pe *m. med.*

Katzenkot Kat·ten·schiet *m. o.Mz. biol.*

Katzenkraut Kat·ten·kruud, Kat·ten·krü·der *s. bot.*

Katzenschwanz Kat·ten·stiärt, -s *m. med.*

Katzenwäsche Kat·ten·wös·ke, -n *w. hyg.*

katzig kat·tig, -e, -en [kat·ti·ge] *EW psy.*

Kauderwelsch Krao·mer·la·tien *s. o.Mz. kult.*; **~ reden** mis·sinksk kü·ern *kult.*

kauen käb·ben *ZW kul.*, müm·meln *ZW kul.*, ta·nen *ZW kul.*; **missmutiges ~** (Essen schmeckt nicht) pälm·ken *ZW kul.*; **mit vollen Bakken ~** knu·wen *ZW kul.*; **mühsam ~** knu·sen *ZW kul.*; **Tabak ~** pri·men *ZW kul.*

Kauf Kaup, Kai·pe *m. fin.*; **zu teurer ~** Dü·er·kaup, Dü-

er·kai·pe *m. fin.*
kaufen kau·pen *uZW fin.*;
auf Kredit ~ up An·sain kau-
pen *fin.*
Käufer Kai·per, -s *m. fin.*,
Kun·ne, -n *m. fin.*
Käuferschaft Kund·schup
w. o.Mz. fin.
Kaufhaus Kaup·huus, Kaup-
hü·ser *s. arch. fin.*
Kaufladen Win·kel, -s *m.
fin.*
käuflich kaip·lik, kaip·licke,
-n [kaip·lik·ke] *EW fin.*
Kaufmann Kaup·man, Kaup-
lü·de *m. fin.*, Krao·mer, Krää-
mers *m. fin.*; **ziehender ~
aus dem Tecklenburger
Land** Töt·te, -n *m. fin.*, Tüö-
te, -n *m. fin.*
Kaufpreis Kaup·pries, Kaup-
pri·se *m. fin.*
Kaufvermittler Ma·kels·man,
Ma·kels·lü·de *m. fin.*
Kaulquappe Pi·le·pog·ge, -n
w. zool., Stiärt·pog·ge, -n *w.
zool.*
kaum kuum *UW*
Kautabak Priem *m. o.Mz.
kul.*, Prüüm·ken, Prüüm·kes
s. kul.
**Kautschuk, vulkanisierter
~** Gum·mi, -·es *s. tech.*
Kautschukmilch Gum·mi-
baum·miälk *w. o.Mz. bot.*
Käutzchen Liek·höön·ken,
Liek·höön·kes *s. zool.*
Kauz Dau·den·uul, Dau·den-
u·len *w. zool.*, Dau·den·vüë-
gel·ken, Dau·den·vüë·gel·kes
s. zool., Kat·uul, Kat·u·len
w. zool., Nacht·uul, Nacht-
u·len *w. zool.*
Kavallerie Piär·de·sul·dao·ten
Mz. mil.
Kavallerist Piär·de·sul·daot,
-en [Piär·de·sul·dao·ten] *w.
mil.*
keck bät·sig, -e, -en [bät·si-
ge] *EW psy.*
Kegel Kië·gel, -s *m. tech.,
spo.*
Kegelbahn Kië·gel·baan, Kië-
gel·ba·nen *w. tech. spo.*
Kegeldach Kië·gel·dak, Kië-
gel·diä·ker *s. arch.*
kegelig kië·ge·lig, -e, -en [kië-
ge·li·ge] *EW*
kegeln kië·geln *ZW spo.*
Kegelspiel Kië·gel·spiël, -e
[Kië·gel·spië·le] *s. spo.*

Kehle Kiä·le, -n *w. med.*,
Struort, -e, Strüör·te [Struor-
te] *w. med.*
Kehlkopf Kiäl·kop, Kiäl·köp-
pe *m. med.*
Kehrblech Drek·schüp, -·pen
w. tech. hyg.
Kehre Kiär, -en [Kiä·ren] *w.*
kehren kiärn *ZW hyg.*
Kehricht Uut·kiär·sel *s. o.Mz.
hyg.*, Uut·fiäg·sel *s. o.Mz.
hyg.*
Kehrreim Kiär·riem, Kiär·ri-
me *m. mus.*
kehrtmachen bi·drai·en *ZW*
Kehrtwendung Drai·üm·me
s. o.Mz.
Keil Kiel, -s *m. tech.*; **-e
lösen** los·ki·len *ZW tech.*;
kleiner ~ Kiel·ken, Kiel·kes
s. tech.
keilen ki·len *ZW tech.*
Keim Spruot, -e [Spruo·te]
m. bot., **~ bes. von Getreide und Gemüse** Kiem, Ki-
me *m. bot.*
keimen dri·wen *uZW biol.*,
ki·men *ZW biol*, up·gaon
uZW biol., uut·was·sen *uZW
biol.*
kein kien, ki·ne, -n *ZaW FW,*
nich e·ner; **~ anderer** nich
e·ner; **gar ~** gar·kien, gar-
ki·ne, -n *FW*
keine(r) gar·kien, gar·ki·ne,
-n *FW*, ki·neen, ki·ne·ne, -n
FW, nich e·nen, nüms *FW*
**keinesfalls; (etwas) keines-
falls tun** een Dü·wel doon
Kelch Kelk, -e [Kel·ke] *m.
tech. rel., bot.*
Kelle Schöp·per, -s *m. tech.*;
große ~ mit kurzem Stiel
Hand·düp·pe, -n *w. tech.*
Keller Kel·ler, -s *m. arch.*
Kellerassel Kel·ler·wuorm,
Kel·ler·wüör·mer *m. zool.*
Kellerdecke Kel·ler·dië·ke,
-n *w. arch.*
Kellerfenster Kel·ler·fens-
ter, -s *s. arch.*
Kellermeister Kel·ler·mes-
ter, -s *m. kul.*
Kellerraum Kel·ler·ruum, Kel-
ler·rü·me *m. arch.*
Kellertür Kel·ler·düör, -n *w.
arch.*
Kellerwohnung Kel·ler·wun-
nung, -en [Kel·ler·wun·nun-
gen] *w. arch.*
Kellinghausen Kel·ling·sen

ON
Kellner Be·dai·nen·de, -n *m.
und w.*
Kelter Wien·kwet·ker, -s *m.
tech. kul.*
keltern Wien·kwet·ten *kul.*
kennen ken·nen *uZW*, wië-
ten *uZW*; **ich kenne niemanden** ik ken·ne nich e·nen
kennenlernen to wië·ten kri-
gen *psy.*; **näher ~** übertr.
be·ru·ken *uZW psy.*
Kenner Ken·ner, -s *m.*
Kennkarte Uut·wies, Uut·wi-
se *m.*
Kenntnis Ken·ne *w. o.Mz.*,
Kun·ne, -n *w.*
kenntnisreich be·slaon, -e,
-en [be·slao·ne] *EW psy.*
Kennzeichen Ken·te·ken, -s
s., Te·ken, -s *s.*
kennzeichnen teek·nen *ZW
tech.*
Kerbe Hacht, -en [Hach·ten]
w., Kiär·we, -n *w.*, Kad·del,
-s *w.*, Kniëp, Knië·pe *m.*
kerben kiär·wen *ZW*
Kerbholz Kiärw·holt, Kiärw-
höl·ter *s. jur.*
Kerbtier Kiär·wen·dier, -s
s. zool.
Kerker Ka·schot, -s *s. arch.
jur.* (frz. cachot)
Kerl Bro·er, Brö·ers *m.*, Kääl,
-s *m.*; **junger ~** Ka·det, -·ten
m. (scherzh.); **kleiner, dünner, magerer ~** Fips, -e [Fip-
se] *m.*; **tüchtiger ~** Baas-
kääl, -s *m. psy.*
Kern Kärn, Kär·ne *m.*
Kernbeißer Kiär·sen·knäp-
per, -s *m. zool.*
Kerngehäuse Grieps·ke, -n
w. bot.
Kernholz Kärn·holt, Kärn-
höl·ter *s. bot.*
kernig kär·nig, -e, -en [kär-
ni·ge] *EW*
Kernstück Kärn, Kär·ne *m.*
Kerze Kä·se, -n *w. tech.*,
Lecht, -er [Lech·ter] *s. tech.*;
abgebrannte ~ Kä·sen-
stum·mel, -s *m. tech.*; **kleiner Rest der abgebrannten
~** Kä·sen·stüm·mel·ken, Kä-
sen·stüm·mel·kes *s. tech.*
Kerzendieb Kä·sen·daiw, -e
[Kä·sen·dai·we] *m. jur.*
Kerzendocht Kä·sen·ducht,
Kä·sen·düch·te *m. tech.*
Kerzenhalter Löch·ter, -s *m.*

tech., Kä·sen·löch·ter, -s *m. tech.*

Kerzenlicht Kä·sen·lecht, -er [Kä·sen·lech·ter] *s. tech.*

Kerzenlöscher Kä·sen·döm·per, -s *m. tech.*

Kerzenschein Kä·sen·schien, Kä·sen·schi·ne *m. tech.*

Kerzenständer Kä·sen·löch·ter, -s *m. tech.*

Kerzenstummel Kä·sen·düm·pel, -s *m. tech.*

Kerzenstumpf Kä·sen·stum·mel, -s *m. tech.*

Kerzenträger (z.B. bei Beerdigungen) Löch·ten·driä·ger, -s *m.*

Kessel Kië·del, -s *m. tech.*

Kesselflicker Kië·del·flicker, -s [Kië·del·flik·ker] *m. tech.*, Pot·kääl, -s *m. tech.*

Kesselgehänge am Herd Wip·up, -s *s. tech.*

Kesselhaken; gezackter ~ am Herdfeuer Haol, -s *s. tech.*

Kesselhaus Kië·del·huus, Kië·del·hü·ser *s. arch. tech.*

Kettbaum Kië·den·baum, Kië·den·bai·me *m. tech.*

Kette Büm·sel, -s *s. tech.*, Kië·de, -n *w. tech.*; **Reparaturglied der ~** Naud·let, -s *s. tech.*

Kettelnaht Üö·wer·hands·naod, Üö·wer·hands·näö·de *w. tech.*

ketten kië·den *ZW*

Kettenbagger Kië·den·bag·ger, -s *m. tech.*

Kettenbrief Kië·den·breew, Kië·den·bre·we *m.*

Kettenbrücke Kië·den·brüg·ge, -n *w. trans.*

Kettenglied Kië·den·let, -s *s. tech.*, Let, -s *s. tech.*

Kettenhund Kië·den·rü·en, -s *m. zool.*

Kettenrad Kië·den·rad, Kië·den·riä·der *s. tech.*

Kettenraucher Kië·den·smai·ker, -s *m.*

Kettfaden Kië·den·faam, Kië·den·fiäms *m. tech.*

Kettgarn Kië·den·gaorn, Kië·den·gäörns *s. tech.*

keuchen he·chen *ZW med.*, he·sap·pen *ZW med.*, jappen *ZW med.*, krö·chen *ZW med.*, po·sen *ZW med.*

Keuchhusten Stik·ho·sen *m.*

o.Mz. med.

Keule Küül, Kü·len *w.*, Sliägel, -s *m. tech.*

Keulenbärlapp Wuls·klaonen *Mz. bot.* (*Lycopodium clavatum*)

Kevelar Kië·wel *ON*

kichern gigs·tern *ZW psy.*, güët·ken *ZW psy.*, jib·beln *ZW psy.*, ka·keln *ZW psy.*, kiks·tern *ZW psy.*

Kiebitz Ki·wit, -·te *m. zool.*

Kiefer Dan·ne, -n *w. bot.*; Gao·gel, -s *w. med.*, (Knochen) Ki·we·but, -·ten *m. med.*; **hinterer Teil des ~s** Ku·se, -n *w. med.*

Kiepe Kiep, Ki·pen *w. tech. trans.*

Kies Sand, Sän·ne *m. geol.*

Kieselstein Ki·se·ling, -e [Ki·se·lin·ge] *m. geol.*

Kiesgrube Sand·ku·le, -n *w. geol.*

Kiesgrubenbesitzer Sand·bu·er, -n *m.*

Kilometer Ki·lo·me·ter, -s *m. tech.*

Kind Kind, Kin·ner *s.*, Lüt·te, -n *m. w. und s.*; **das bei den Eltern schläft** Bislai·per, -s *m.*; **~ das dem Brautpaar Blumen streut** Blo·men·strai·er, -s *m.*; **~ das schon laufen kann** Das·tert, -s *m.*; **~ das sich noch in die Hosen macht** Schi·ter, -s *m.*; **~ des Bruders** Bro·ers·kind, Bro·ers·kin·ner *s.*; **~, dessen Eltern tagsüber nicht zu Hause sind** Slüë·del·kind, Slüë·del·kin·ner *s.*; **~ einer Magd vom Bauern aufgrund des Rechtes auf die erste Nacht** Kië·gel, -s *m.*; **gut geratenes ~** *übertr.* Mo·er·kät·ken, Mo·er·kät·kes *s. psy.*; **kleines ~** Bün·sel, -s *s.*; *übertr.* Stump·niërs·ken, Stump·niërs·kes *s.*; **~ leise singend im Arm wiegen** suus·ken *ZW*; **kleines dickliches und geschwätziges ~** Puupsak, Puup·siä·ke *m. psy.*; **lästiges ~** Krot·te, -n *w.*; **uneheliches ~** Bi·lai·per, -s *m.*; **unerzogenes ~** Blage, -n *w. psy.*; **ungewolltes ~** *übertr.* Ma·löör·ken, Ma·löör·kes *s.*

Kindchen Kind·ken, Kin·ner·kes *s.*

Kinder Tra·ban·ten *Mz.*

Kinderart Kin·ner·slag *m. o.Mz. psy.*

Kinderbein Kinds·been, Kinds·be·ne *s. med.*; **von Kindesbeinen an** van Kinds·be·en an *tem.*

Kinderbettchen Kin·ner·bed·ken, Kin·ner·bed·kes *s. tech.*

Kinderei Kin·ner·kraom *m. o.Mz.*

Kinderfahrrad Räd·ken, Räd·kes *s. trans.*

Kinderfaust Füüst·ken, Füüst·kes *s. med.*

Kinderflasche Pül·le·ken, Pül·le·kes *s. tech. kul.*

Kinderfräulein Kin·ner·frailain, -s *s.*

Kinderfreude Kin·ner·frai·de, -n *w. psy.*

Kindergarten Kin·ner·gaorn, Kin·ner·gäörns *m. kult.*, Kin·ner·vö·waar·school, Kin·ner·vö·waar·scho·len *w. kult.*, Spiël·scho·le, -n *w. kult.*

Kindergrab Kin·ner·graw, Kin·ner·griä·wer *s.*

Kinderhand Kin·ner·hand, Kin·ner·han·den *w. med.*

Kinderhaus Kin·ner·huus *ON*

Kinderhochstuhl Pao·ter·stööl·ken, Pao·ter·stööl·kes *s. tech.*

Kinderhöschen Kin·ner·büks·ken, Kin·ner·büks·kes *s.*

Kinderhose Kin·ner·büks, -en [Kin·ner·bük·sen] *w.*

Kinderjahre Kin·ner·jao·re *Mz. tem.*

Kinderkleidung Kin·ner·tüüg *s. o.Mz.*

Kinderkommunion Kin·ner·kum·mi·oon, Kin·ner·kum·mi·o·nen *w. rel.*

Kinderkriegen Kin·ner·kri·gen *s. o.M. kul.*

Kinderlehre (kirchlicher Unterricht) Kin·ner·lä·er, -n *w. kult. rel.*

Kinderlied Leed·ken, Leed·kes *s. mus.*

Kindermädchen Kin·ner·waars·ke, -n *w.*, Kin·ner·wicht, -er [Kin·ner·wich·ter] *s.*, Tet·ta, -s *w.*

Kindermord Kin·ner·moord,

-e [Kin·ner·moor·de] *m. jur.*
Kindermörder Kin·ner·müör-
der, -s *m. jur.*
Kindernachthemd Nacht-
pol·ter, -s *s.*, Pol·ter, -s *s.*;
~chen Pöl·ter·ken, Pöl·ter-
kes *s.*
Kindernarr Kin·ner·gek, -s
m. psy.
Kinderpopo Pö·ter, -s *m.
med.*, Kin·ner·ääs, Kin·ner-
ä·se *m. med.*
Kinderrassel Kliä·ter·büs,
-·sen *w. tech.*
kinderreich kin·ner·riek, kin-
ner·ri·ke, -n *EW*
Kinderreiche(r) Kin·ner·ri·ke,
-n *m. und w.*
Kindersache Bla·ge·ri, -·en
w.
Kinderschar Bla·gen·trop,
Bla·gen·tröp·e *m.*; (verächtl.)
Kruup·tüüg, -s *s. o.Mz.*
Kinderschaufel Schüp·ken,
Schüp·kes *s. tech.*
Kinderschuh Kin·ner·scho,
-·e *m. tech.*
Kinderseele Kin·ner·siäl, -en
[Kin·ner·siä·len] *w. psy.*
Kinderspiel Kin·ner·spiël, -e
[Kin·ner·spië·le] *s. spo.*; ~
mit Schalgstock und ge-
schlagenem kurzen Stock
Trip·peln *s. o.Mz. spo.*
Kinderspielecke Kin·ner-
spiël·hook, Kin·ner·spiël·hö-
ke *m. spo.*
Kinderspielplatz Kin·ner-
spiël·hook, Kin·ner·spiël·hö-
ke *m. spo.*
Kinderstimme Kin·ner·stem,
-·men *w.*
Kinderstuhl Stööl·ken, Stööl-
kes *s. tech.*
Kindertraum Kin·ner·draum,
Kin·ner·drai·me *m. psy.*
Kindertuch Kin·ner·dook,
Kin·ner·dö·ker *s. tech. hyg.*
Kindervolk Bla·gen·tüüg, -s
s. o.Mz. (abfällig)
Kinderwagen Kin·ner·wa·gen,
Kin·ner·wiä·gen *m. trans.*
Kinderzeit Jun·gens·tiet,
Jung·ens·ti·ten *w. tem.*, Kin-
ner·tiet, Kin·ner·ti·ten *w. tem.*
Kinderzimmer Kin·ner·stuo-
we, -n *w. arch.*
Kindesalter Kinds·ol·ler *s.
o.Mz. tem.*
Kindeskind Kin·nes·kind,
Kin·nes·kin·ner *s.*

kindgerecht kin·ner·mäö·tig,
-e, -en [kin·ner·mäö·ti·ge] *EW*
Kindheit Kind·hait, -en [Kind-
hai·ten] *w. tem.*, Kin·ner·tiet,
Kin·ner·ti·ten *w. tem.*; **von**
frühester ~ van Kinds·been
an *tem.*
Kindheitstraum Kin·ner-
draum, Kin·ner·drai·me *m.
psy.*
kindisch kindsk, -e, -en
[kinds·ke] *EW psy.*
kindlich kind·lik, kind·licke,
-n [kind·lik·ke] *EW*
Kindsteil Kinds·deel, Kinds-
de·le *s. jur.*
Kindtaufe Kil·mer, -n *w. rel.*,
Kind·dööp, Kind·dö·pen *w.
rel.*; **Weißbrotgeschenk zur**
~ Kil·mer·stu·ten, -s *m.
kul.*, Wäg·gen *m. kul.*
Kinn Möp·pel, -s *m. med.*;
kleines ~ Möp·pel·ken, Möp-
pel·kes *s. med.*
Kino Lecht·spiël·huus, Lecht-
spiël·hü·ser *s. arch. mus.*
Kinofilm Stri·pen, -s *m. mus.*
kippen kip·pen *ZW*
Kipppflug Kip·ploog, Kip-
plö·ge *m. agr. tech.*
Kirchbesuch Kiär·ken·gaon
s. o.Mz. rel.
Kirche Kiärk, -en [Kiär·ken]
w. arch. rel., Biäd·huus, Biäd-
hü·ser *s. arch. rel.*; **Grund-**
besitz der ~ Kiär·ken·grund
m. o.Mz.; ~ **im Besitz ei-**
nes Grundherren E·gen-
kiärk, -en [E·gen·kiär·ken] *w.
rel.*; **kleine** ~ Kiärks·ken,
Kiärks·kes *s. arch. rel.*; **zur**
bzw. in die ~ **gehen** nao
Kiärk gaon; **zur** ~ **gehö-**
rend kiärk·lik, kiärk·licke, -n
[kiärk·lik·ke] *EW rel.*
Kirchenbild Kiär·ken·beld,
Kiär·ken·bel·ler *s. mus. rel.*
Kirchenbuch Kiär·ken·book,
Kiär·ken·bö·ker *s. rel.*
Kirchenchor Kiär·ken·koor,
Kiär·ken·kö·re *m. rel. mus.*,
Kiär·ken·sin·gers *Mz. mus.
rel.*
Kirchendiener Kiär·ken·dai-
ner, -s *m. rel.*
Kirchengebäude Kiärk·huus,
Kiärk·hü·ser *s. arch. rel.*
Kirchenglocke Kiär·ken·klok,
Kiär·ken·klocken [Kiär·ken-
klok·ken] *w. tech. rel.*
Kirchenhaus Kiärk·huus,

Kiärk·hü·ser *s. arch. rel.*
Kirchenjahr Kiär·ken·jaor, -e
s. tem. rel.; **zwischen Weih-**
nachten (Beginn des ~es)
und Neujahr (Beginn des
Kalenderjahres) tüs·ken de
Jao·re *tem.*
Kirchenkalender Kiär·ken-
ka·len·ner, -s *m. tem. rel.*
Kirchenlied Kiär·ken·leed,
Kiär·ken·le·der *s. rel. mus.*
Kirchenmusiker Kan·ter, -s
m. mus.
Kirchenpatron Kiär·ken·pa-
troon, -s *m. rel.*
Kirchenrat Kiär·ken·raod,
Kiär·ken·räö·de *m. rel.*
Kirchenraum Kiärk·ruum,
Kiärk·rü·me *m. arch. rel.*
Kirchenschatz Kiär·ken-
schat, Kiär·ken·schiä·te *m.*
Kirchenschweitzer Kiär-
ken·pol·sai *w. o.Mz. rel.*
Kirchensteuer Kiär·ken·stü-
er, -n *w. rel. fin.*
kirchentreu kiärk·lik, kiärk-
licke, -n [kiärk·lik·ke] *EW rel.*
Kirchenvorstand Kiär·ken-
vüör·stand, Kiär·ken·vüör-
stän·ne *m. rel.*
Kirchenzeitung Kiär·ken-
bläd·ken, Kiär·ken·bläd·kes
s. rel. kult.
Kirchgänger Kiärk·gän·ger,
-s *m. rel.*
Kirchhof Kiärk·how, Kiärk-
hüö·we *m. rel.*
Kirchlein Kiärks·ken, Kiärks-
kes *s. arch. rel.*
kirchlich kiärk·lik, kiärk·licke,
-n [kiärk·lik·ke] *EW rel.*; ~
fromm übertr. ka·tolsk, -e,
-en [ka·tols·ke] *EW rel.*
Kirchspiel Kiärs·pel, -s *s.
rel. geog.*; **Name des ~s**
Kiärs·pel·nao·me, -n *m.*
Kirchturm Kiärk·taon, Kiärk-
täö·ne *m. arch.*; **kleiner** ~
Kiärk·täön·ken, Kiärk·täön-
kes *s. arch.*
Kirchweg Kiärk·wäg, Kiärk-
wiä·ge *m. trans.*
Kirchweihfest Kiär·mes, -·sen
w. kult., Kiärms, -·ten *w. kult.*
(frz. kermesse)
Kirmes Jaor·markt, Jaor-
miärk·te *m. kult.*, Kiär·mes,
-·sen *w. kult.*, Kiärms, -·ten
w. kult. (frz. kermesse), (in

Münster) Siänd *m. o.Mz.*;
die vier höchsten weltli-
chen Feiertage: Karneval,
~, Schützenfest und Rü-
benball Ve·er·hoch·ti·ten
Mz. tem. kult.; **sehr kleine**
~ Kat·ten·kiärms, -·ten *w.
kult.*; ~ **zur Fastenzeit (in
Münster)** Fas·sen·siänd *m.
o.Mz. kult.*
Kirmesbraut Kiär·mes·bruut,
Kiär·mes·brü·te *w. psy.*
Kirmesgeld Kiär·mes·geld,
Kiär·mes·gel·ler *s. fin.*
Kirmeskarussel Kiär·mes-
schees·ken, Kiär·mes·schees-
kes *s. tech.*
Kirmesleute Kiär·mes·lü·de
Mz.
Kirmesplatz Rum·mel·plats,
Rum·mel·plät·se *m.*
Kirmesverkaufsstand Kiär-
mes·bu·de, -n *w. tech.*
Kirschbaum Kiär·sen·baum,
Kiär·sen·bai·me *m. bot.*
Kirsche Kiär·se, -n *w. bot.*
Kirschkern Kiär·sen·steen,
Kiär·sen·ste·ne *m. bot.*
kirschrot kiär·sen·raud, -e,
-en [kiär·sen·rau·de] *EW*
Kissen Küs·sen, -s *s. tech.*,
Püél, -s *s. tech.*; ~ **mit Kopf-
kissen für Säuglinge** Stek-
küs·sen, -s *s. tech.*
Kissenbezug Küs·sen·tüüg,
-s *s. o.Mz. tech.*, Tog, Tüö-
ge *m. tech.*
Kissenzipfel Küs·sen·tip,
-·pen *m. tech.*
Kiste Kist, -en [Kis·ten] *w.
tech.*; ~ **mit Tragegriffen**
Driäg·kist, Driäg·kis·ten *w.
tech.*; ~ **zur Lagerung von
Knabbeln** Knab·bel·kist, -en
[Knab·bel·kis·ten] *w. tech.
kul.*
Kitt (Dichtmaterial) Kit *m.
o.Mz. tech.*
Kittel Kiel, -s *m.*
kitzelig kië·delsk, -e, -en [kië-
dels·ke] *EW psy., med.*
kitzeln kië·deln *ZW med.*,
kil·lern *ZW med.*
Klabautermann Schip·spook,
Schip·spö·ke *m. psy. naut.*
kläffen blaf·fen *ZW*, schäd-
dern *ZW*
Kläffer (abfällig) Kö·ter, -s *m.
zool.*
Klafter Klaf·ter, -s *s. tech.*
Klage Klao·ge, -n *w. psy., jur.*

Klagelied Klao·ge·leed, Klao-
ge·le·der *s. mus.*
klagen jam·ken *ZW psy.*; janken *ZW psy.*, jao·mern *ZW
psy.*, klao·gen *ZW psy., jur.*,
lam·men·te·ern *ZW psy.*
Klagen Klao·gen *s. o.Mz.
psy.*; **zum ~ neigend** kwän-
ge·lig, -e, -en [kwän·ge·li-
ge] *EW psy.*
Kläger Kläö·ger, -s *m. jur.*
kläglich e·len·nig, -e, -en
[e·len·ni·ge] *EW*, mau, -·e,
-·en *EW*
klamm klam, -·me, -·men *EW*;
~ **werden** vö·klam·men *ZW*
Klammer Kniep, -s *s. tech.*,
Klam·mer, -n *w. tech.*; **kleine ~** Kläm·mer·ken, Kläm-
mer·kes *s. tech.*
Klämmerchen Kläm·mer-
ken, Kläm·mer·kes *s. tech.*
Klamotten Krö·cheln *Mz.*
Klampfe Trek·vi·ge·lien,
Trek·vi·ge·li·nen *w. tech.
mus.*
Klappe Klap, -·pen *s. tech.*,
Luuk, Lu·ken *w. tech.*
Klapper Kliä·ter, -s *w. tech.*
klapperig luk·lak, luk·lacke,
-n [luk·lak·ke] *EW tech.*, ruk-
lak, ruk·lacke, -n [ruk·lak·ke]
EW
klappern ram·meln *ZW*
Klapphut Klap·hood, Klap-
hö·de *m. tech.*, (bei der
Ernte) Flatk·hood, Flatk·hö-
de *m. tech.*.
Klappzylinder Scha·po·klak,
-s *m. tech.* (frz. chapeau
claque)
klar düüd·lik, düüd·licke, -n
[düüd·lik·ke] *EW*, klaor, -e,
-en [klao·re] *EW*, lecht, -e,
-en [lech·te] *EW*; ~ **werden**
vö·nië·men (sik) *uZW*; **klarer**
kläö·rer, lech·ter; **am klarsten** an kläörs·ten, an lech-
tes·ten
kläräugig glau, -·e, -·en *EW*
klaren kläö·ren *ZW*
klären kläö·ren *ZW*
Klarer Klao·re, -n *m., w.
und s.*; **Alter ~** (Schnaps)
ol·len Klao·ren *m. o.Mz. kul.*
Klarheit Klaor·hait *w. o.Mz.*
Klarinette Klar·net, -·ten *w.
mus. tech.*
Klasse Klas, -·sen *w.*
Klassenraum School·ruum,
School·rü·me *m. arch.*

Klassenzimmer School-
ruum, School·rü·me *m. arch.*
klatsch bats
Klatsch Kü·e·ri, -·en *w. psy.*
Klatschbase *übertr.* Bak-
pan, -·nen *w. psy.*, Fiä·ge-
bät·ken, Fiä·ge·bät·kes *s.
psy.*, Gaw·wel·mä·se, -n *w.
psy.*, Hië·kel·tië·we, -n *w.
psy.*, Kü·er·dai·se, -n *w.
psy.*, Kwa·ter·dai·se, -n *w. psy.*,
Sab·bel·snuut, Sab·bel·snu-
ten *w. psy.*, Tap·tai·te, -n *w.
psy.*
klatschen dai·len *ZW psy.*,
nao·säg·gen *uZW psy.*, (Geräusch) klats·ken *ZW*, klad-
dern *ZW*, (Regen, Hagel)
kliä·tern *ZW*; ~ (Hände)
klap·pen *ZW*; **über jemd.**
~ bak·pan·nen *ZW psy.*
Klatschmaul Ap·por·ten-
driä·ger, -s *m. psy.*
Klatschmohn Klap·per·rau-
se, -n *w. bot.*
klatschnass klad·der·nat,
-·te, -·ten *EW*, mes·nat, -·te,
-·ten *EW*
Klatschtante, bösartige ~
Kläf·kun·te, -n *w. psy.*
Klatschweib (Schimpfwort)
übertr. Gaw·wel·tan·ge, -n
w. psy.
klauben graw·weln *ZW*
Klaue Klaon, -en [Klao·nen]
w. med., tech.; **kleine ~**
Kläön·ken, Kläön·kes *s.
med., tech.*
Klauenberg Klaus·biärg *ON*
Klauenseuche Klao·nen·süük,
Klao·nen·sü·ken *w. med.*
Klaus Klaos *VN*
Klause Klu·se, -n *w. arch. rel.*
Klavier Kla·we·er, -e [Kla·we-
e·re] *s. tech. mus.*
Klavierspiel Kla·we·er·spiël,
-e [Kla·we·er·spië·le] *s. mus.*
Klavierspielen Kla·we·er-
spië·len *s. o.Mz. mus.*
Klavierspieler Kla·we·er-
spië·ler, -s *m. mus.*
Klebeband Film·klië·we-
band, Film·klië·we·bän·ner
s. tech.
kleben backen [bak·ken]
uZW, klië·wen *ZW tech.*, li-
men *ZW tech.*; **aneinander ~** (z.B. Papier durch
Feuchtigkeit) bap·pen *ZW*
klebend kliëwsk, -e, -en
[kliëws·ke] *EW*

Kleber Backer, -s [Bak·ker] *m. tech.*, Klies·ter, -s *m. tech.*, Klië·wer, -s *m. tech.*, Liem, Li·me *m. tech.*
Klebeschild Up·klië·wer, -s *m. tech.*
klebrig baksk, -e, -en [bakske] *EW*, klad·de·rig, -e, -en [klad·de·ri·ge] *EW*, klië·we·rig, -e, -en [klië·we·ri·ge] *EW*, (Teig) klit·schig, -e, -en [klit·schi·ge] *EW kul.*
Klebstoff Backer, -s [Bakker] *m. tech.*, Klies·ter, -s *m. tech.*, Klië·wer, -s *m. tech.*, Liem, Li·me *m. tech.*
kleckern klackern [klak·kern] *ZW*
Klecks Klaks, Kläk·se *m.*
klecksen kläk·sen *ZW*
Klee Klao·wer *m. o.Mz. bot.*
Kleeblatt Klao·wer·blad, Klao·wer·bliä·der *s. bot.*; **vierblättriges ~** Klao·werve·er *s. o.Mz. bot.*
Kleeblattkreuz Klao·werve·er·krüüs, Klao·wer·ve·erkrü·se *s. trans.*
Kleeheu Klao·wer·hai *s. o.Mz. bot.*
Kleeschneiden Klao·wersni·den *s. o.Mz. agr.*
Kleiber Nuët·picker, -s [Nuëtpik·ker] *m. zool.*
Kleid Kleed, Kle·der *s.*; **kleines ~** Kleed·ken, Kleed·kes *s.*; **~ für werktags** Ol·dagskleed, Ol·dags·kle·der *s.*; **~ aus Leinenstoff** Lin·nenkleed, Lin·nen·kle·der *s.*
Kleidchen Kleed·ken, Kleedkes *s.*
kleiden kle·den *ZW*; **nicht sonntäglich ~** bi't Tüüg staon·bli·wen
Kleiderbügel Büë·gel, -s *m. tech.*
Kleiderkammer Kle·der·stuowe, -n *w. arch.*
Kleidernäherin Swat·naiske, -n *w. tech.*
Kleiderschrank Kle·derschap, Kle·der·schiä·pe *s. tech.*; **vorn und hinten offener ~ mit Haken** Mantel·stok, Man·tel·stöcke [Mantel·stök·ke] *m. tech.*
Kleidung Kla·du·sen *Mz.*, Tüüg, -s *s. o.Mz.*, (abwertend) Brocken [Brok·ken] *Mz.*; **~ aus Nesselstoff**

Nië·del·tüüg, -s *s. o.Mz.*; **nachgetragene ~** Naodriäg·sel, -s *s.*; **schelchte ~ Klad·den** *Mz.*
Kleidungsstück, billiges ~ Fit·ken, Fit·kes *s.*; **minderwertiges ~** *übertr.* Fäänken, Fään·kes *s.*; **schlechtes kleines ~** Kläd·ken, Kläd·kes *s.*
Kleie Klien, -s *s. kul.*, Siëmeln *Mz. kul.*
klein kleen, kle·ne, -n *EW*, kuort, -e, -en [kuor·te] *EW*, lüt, -·te, -·ten *EW*; **~** (bei Namen) lül·ke, -n *m EW*, micke·rig, -e, -en [mik·keri·ge] *EW*, min, -·ne, -·nen *EW*, pip·pe·rig, -e, -en [pip·pe·ri·ge] *EW*, spis·sig, -e, -en [spis·si·ge] *EW*; **~er, beweglicher Mensch** Sise·män·ken, Si·se·män·kes *s.*; **~er Mensch** Stüm·melken, Stüm·mel·kes *s.*; **~er werden** trüg·ge·was·sen *uZW*; (von Kleidungsstükken) in·lau·pen *uZW*; **zu ~** un·ner·mäö·tig, -e, -en [unner·mäö·ti·ge] *EW*; **kleiner** kle·ner, klen·ner, min·ner; **am kleinsten** an klens·ten, an mins·ten
Kleinbahn Kleen·baan, Kleen·ba·nen *w. trans.*
Kleinbauer Krau·ter, -s *m. agr.*, Küö·ter, -s *m. agr.*
Kleine(r) Lüt·te, -n *m., s. und w.*
Kleinfleisch Kleen·fleesk *s. o.Mz. kul.*; **~ vom Rind** Pothast *s. o.Mz. kul.*
Kleingeld Kleen·geld *s. o.Mz. fin.*, Kuo·per·geld *s. o.Mz. fin.*, Lüt·geld *s. o.Mz. fin.*, Gröskes *Mz. fin.*
Kleingetier (wie Ameisen, Fliegen, Würmer) Krië·meltüüg *s. Mz. zool.*
Kleinhändler Krao·mer, Kräö·mers *m. fin.*
Kleinigkeit Bi·bat, -s *s.*, Kin·ker·lits·ken, Kin·ker·litskes *s.*, Pin·ge·lig·kait, -en [Pin·ge·lig·kai·ten] *w. psy.*, *übertr.* Klaks, Kläk·se *m.*; **willkommene ~** Pit·lipschans, -en [Pit·lip·schansen] *w.* (*frz.* la petite chance)
Kleinigkeitskrämer *übertr.*

Güör·ten·täl·ler, -s *m. psy.*, *übertr.* Krin·ten·kacker, -s [Krin·ten·kak·ker] *m. psy.*
kleinkariert priem·kig, -e, -en [priem·ki·ge] *ZW psy.*
Kleinkaufmann Krau·ter, -s *m. fin.*
Kleinkind Kind·ken, Kin·nerkes *s.*, Kleen·kind, Kleenkin·ner *s.*, Mens·ken·knöpken, Mens·ken·knöp·kes *s.*, Ströp·ken, Ströp·kes *s.*, Tüörw·ken, Tüörw·kes *s.*; **~er** *übertr.* Grut *s. o.Mz.*
Kleinknecht Swië·pen·jungen, -s *m. agr.*
Kleinkram Grüës·pel *s. o.Mz.*, Grut *s. o.Mz.*
kleinlaut ka·duk, ka·ducke, -n [ka·duk·ke] *EW psy.*, *übertr.* sliep·stiärts *EW psy.*; **~ sein** lün·ten *ZW psy.*
kleinlich pin·ge·lig, -e, -en [pin·ge·li·ge] *EW psy.*; **~er Mensch** *übertr.* Fin·nen·kiker, -s *m. psy.*
Kleinmagd Küë·ken·püngel, -s *m. agr.*
kleinreiben rië·weln *ZW*
Kleinspecht lüt·te Baumpicker, -s [Baum·pik·ker] *m. zool.*
Kleinstkind *übertr.* Wüörmken, Wüörm·kes *s.*
Kleinvieh Kleen·ve *s. o.Mz. zool. agr.*
Kleister Klies·ter, -s *m. tech.*; **mit ~ bestreichen** kliestern *ZW tech.*
kleistern klies·tern *ZW tech.*
Klemens Kleem *VN*
Klemme Kla·du·se, -n *w.*, (Werkzeug) Knip, -s *m. tech.*, Twik·müël, -en [Twikmüë·len] *w.*; **in der ~ sitzen** *übertr.* in'ne Din·te sitten *psy.*
Klempner Bli·bai·ger, -s *m. tech.*, Blik·sliä·ger, -s *m. tech.*
Klette Klië·we, -n *w. bot.*
Kletereisen Klai·i·sen, -s *s. tech.*
Kletterer Sti·ger, -s *m.*
klettern klai·en *ZW*, klemmen *ZW*
Kletterpflanze Klem·plan·te, -n *w. bot.*
Klingel Klok, Klocken [Klokken] *w. tech.*, Pin·gel, -n *m. tech.*
klingeln bai·ern *ZW*, pin-

geln *ZW*
klingen klin·gen *uZW*, lu-
ten *uZW*; **das klingt gut**
dat lüt guët
Klinik Kran·ken·huus, Kran-
ken·hü·ser *s. med., arch.*;
psychiatrische ~ Klaps-
müël, -en [Klaps·müë·len]
w. med. psy.
Klinke Klink, -en [Klin·ken]
w. tech.
Klinker Bak·steen, Bak·ste-
ne *m. tech.*
Klischee Drük·stok, Drük-
stöcker [Drük·stök·ker] *m.
tech.*
Klitsche Klits·ke, -n *w.*
klonen nao·ma·ken *uZW*
klopfen bu·sen *ZW*, klop·pen
ZW, tuckern [tuk·kern] *ZW*;
liebevoll ~ klöp·ken *ZW
psy.*
Klopfer Klöp·per, -s *m. tech.*
Klöppel Klüë·pel, -s *m. tech.*;
~ der Glocke Püm·mel, -s
m. tech.
Kloß Klot, -·ten *m.*; **aus
kleinen Klößen bestehend**
klü·te·rig, -e, -en [klü·te·ri-
ge] *EW*
Kloster Klaus·ter, -s *s. arch.
rel.*
Klosterbruder Klaus·ter·bro-
er, Klaus·ter·brö·ers *m. rel.*,
Pao·ter·bro·er, Pao·ter·brö-
ers *m. rel.*
Klosterfrau Klaus·ter·frau,
Klaus·ter·frau·lü·de *w. rel.*
Klosterfräulein (im Stiftskloster) Klaus·ter·frai·lain, -s
s. rel.
Klostergang Klaus·ter·gang,
Klaus·ter·gän·ge *m. arch.*
Klostergarten Klaus·ter·
gaorn, Klaus·ter·gäörns *m.
agr.*
Klosterhof Klaus·ter·how,
Klaus·ter·hüö·we *m.*
Klosterkirche Klaus·ter·kiär-
ke, -n *w. arch. rel.*
Klosterleben Klaus·ter·liä-
wen *s. o.Mz. rel.*
Klosterpforte Klaus·ter·paor-
te, -n *w. arch.*
Klosterschule Klaus·ter-
school, Klaus·ter·scho·len *w.
kult. rel.*
Klosterschwester Klaus-
ter·nun·ne, -n *w. rel.*
Klotz (Holz) Klos, Klös·se *m.
tech.*, Klot, -·ten *m. tech.*;

einen **~ am Bein haben**
(Rindvieh zur Bezähmung)
nen Klos an't Been häb-
ben; **Klötze absägen** klos-
sen *ZW tech.*
klotzen klos·sen *ZW*
klotzig klös·sig, -e, -en [klös-
si·ge] *EW*
klug an·sliägsk, -e, -en [an-
sliägs·ke] *EW psy.*, hel·le,
-n *EW psy.*, klook, klo·ke, -n
EW psy., klüf·tig, -e, -en
[klüf·ti·ge] *EW psy.*, wies,
wi·se, -n *EW psy.*; **~ sein**
übertr. wat up'n Kas·ten
häb·ben *psy.*; **~ werden** vö-
nië·men (sik) *uZW psy.*;
klüger klö·ker; **am klügsten** an klööks·ten
Klügere Klö·ke·re, -n *m. und
w. psy.*
Klügeres Klö·ke·res *s. o.Mz.*
Klugheit Klook·hait, -en
[Klook·hai·ten] *w. psy.*
Klugscheißer *übertr.* Krin-
ten·kacker, -s [Krin·ten·kak-
ker] *m. psy.*
Klümpchen Stip·pe, -n *w.*
Klumpen Dut, -·ten *m.*,
Klaod, Kläö·de *m.*, Klu·te,
-n *w.*, (Butter, Lehm u.ä.)
Klot, -·ten *m.*, (Lehm, Mist)
Klat·ten, -s *m.*; **kleiner ~**
Stip·pe, -n *w.*; **Mann, der ~
zerschlägt** Klu·ten·büë·ker,
-s *m. tech.*; **Zerschlagen
von ~** Klu·ten·büë·ken *s.
o.Mz.* Klu·
klumpig klod·de·rig, -e, -en
[klod·de·ri·ge] *EW*, klü·te-
rig, -e, -en [klü·te·ri·ge] *EW*,
klun·te·rig, -e, -en [klun·te·ri-
ge] *EW*
knabbern gnop·ken *ZW
kul.*, knäb·beln *ZW kul.*, knabbeln *ZW kul.*
Knabe Jun·gen, -s *m.*
Knabenkraut, geflecktes
Ku·kuks·blo·me, -n *w. bot.*
Knabenschule Jun·gens-
school, Jun·gens·scho·len
w. kult.
knacken knap·pen *ZW*, kra-
ken *ZW*
Knall Slag, Sliä·ge *m.*; **mit
lautem ~** kla·baats·ke·di
Knallbüchse (Kinderspielzeug) Knap·büs·se, -n *w.
tech. spo.*
knallen bal·lern *ZW*, knallen *ZW*

Knallerei Bal·le·ri *w. o.Mz.*
Knallkopf (Schimpfwort)
Knal·kop, Knal·köp·pe *m.
psy.*
knapp knap, -·pe, -·pen *EW*,
kuort, -e, -en [kuor·te] *EW*,
snak, snacke, -n [snak·ke]
EW; **~ halten** be·knäp·pen
ZW
knarren kra·ken *ZW*
knattern kniä·tern *ZW*, (aus
Unzufriedenheit) gnad·dern
ZW psy.
Knäuel Dot, -s *m. tech.*,
Klü·en, -s *s. tech.*, Knu·del,
-s *m. tech.*; **kleines ~** Döt-
ken, Döt·kes *s. tech.*, Klü-
e·ken, Klü·e·kes *s. tech.*
Knauf Knaup, Knai·pe *m.
tech.*
knauserig knicke·rig, -e, -en
[knik·ke·rig], [knik·ke·ri·ge]
EW fin.
knausern knäp·pen *ZW fin.*
knautschen knuf·feln *ZW*,
knuw·weln *ZW*
Knebel Knië·wel, -s *m. tech.*
knebeln knië·weln *ZW psy.*
Kneblinghausen Knië·we-
ling·sen *ON*
Knecht Knecht, -e [Knech-
te] *m. agr.*; **~ auf dem Bauernhof** Bu·ern·knecht, -e
[Bu·ern·knech·te] *m. agr.*;
unterster ~ des Bauern
Suëg·jun·gen, -s *m. agr.*
kneifen kni·pen *uZW*, twicken
[twik·ken] *ZW*
Kneifer (Brille) Kni·per, -s *m.
tech. med.*, Niër·sen·kni·per,
-s *m. tech. med.*, Twicker,
-s [Twik·ker] *m. tech. med.*
Kneifzange Kniep·tang, -en
[Kniep·tan·gen] *w. tech.*
Kneipe Splen·ter·kuo·ten, -s
m. kul.
Knetbecken für Butter Buo-
ter·becken, -s [Buo·ter·bek-
ken] *s. tech.*
kneten kniä·den *ZW*
Kneter Kniä·der, -s *m. tech.*
Knetmaschine Kniä·der, -s
m. tech.
knibbelig kniw·we·lig, -e, -en
[kniw·we·li·ge] *EW*
knickebeinig knicke·beent,
-e, -en [knik·ke·beent], [knik-
ke·been·te] *EW med.*
Knicker Bäs·ke, -s *w. tech.
spo.*
Knickerbeutel Knicker·büül,

-s [Knik·ker·büül] *m. tech. spo.*
knickern bas·tern *ZW spo.*
knicksen hu·ken *ZW*
Knie Knai, -·e *s. med.*
Kniebank Biä·de·bank, Biä-de·bän·ke *w. tech. rel.*, Knai-bank, Knai·bän·ke *tech. rel.*;
kleine ~ Knai·bänks·ken, Knai·bänks·kes *s. tech. rel.*
kniehoch knai·haug, -e, -en [knai·hau·ge] *EW*
Kniekehle Knai·ku·le, -n *w. med.*
knien knai·en *ZW*
Kniescheibe Knai·schi·we, -n *w. med.*
knietief knai·daip, -e, -en [knai·dai·pe] *EW*
Kniff Kniëp, Knië·pe *m.*, Kwin·te, -n *w.*
kniffelig knüs·pe·lig, -e, -en [knüs·pe·li·ge] *EW*
Knirps Dots, Döt·se *m.*
kleiner ~ Döts·ken, Döts-kes *s.*, Döt·ken, Döt·kes *s.*
knirschen gnaos·tern *ZW*, kniä·tern *ZW*, kraos·ken *ZW*, (Schnee) *übertr.* jalp·ken *ZW*
knistern gnaos·tern *ZW*, kra-ken *ZW*
knittern knië·tern *ZW*
Knoblauch Knuuw·lauk *s. o.Mz. bot.*
Knöchel Knüö·kel, -s *m. med.*
Knochen But, -·ten *m. med.*, Knuok, -en, -ens [Knuo·ken] *m. med.*; **letzter ~ von Gliedmaßen** En·ne·but, -·ten *m. med.*; **spitzer ~** *übertr.* Gräö·te, -n *w. med.*
Knochenhand Dau·den-hand, Dau·den·han·nen *w. med.*
Knochensäge But·ten·sa·ge, -n *w. tech.*
knochig knüök·rig, -e, -en [knüök·ri·ge] *EW med.*
Knöchlein Büt·ken, Büt·kes *s. med.*, Knüöks·ken, Knüöks-kes *s. med.*
Knödel Knu·del, -s *m. kul.*
Knolle Knol, -·len *w. bot.*
Knopf Knaup, Knai·pe *m. tech.*; **mit Knöpfen ver-schließen** knöp·pen *ZW*
Knopfblume Pao·ter·knaip *m. o.Mz. bot.*
Knöpfchen Knaip·ken, Knaip-kes *s. tech.*

knöpfen knöp·pen *ZW*
Knopfloch Knaups·gat, Knaups·gät·ter *s. tech.*, Knaups·lok, Knaups·löcker [Knaups·lök·ker] *s. tech.*
Knopfmacher Knaup·ma-ker, -s *m. tech.*, Knöp·per, -s *m. tech.*
Knorpel Knucht, Knücht *m. med.*, Knaos·ter·büt·ken, Knaos·ter·büt·kes *s. med.*, Knaos·ter·knuo·ken, -s *m. med.*
knorrig knub·be·lig, -e, -en [knub·be·li·ge] *EW*, knüök-rig, -c, -en [knüök·ri·ge] *EW*
Knospe Knop·pe, -n *w. bot.*; **kleine ~** Knöp·ken, Knöp-kes *s. bot.*
knospen knop·pen *ZW bot.*
Knospenaufspringen Knop-pen·knap·pen *s. o.Mz. bot.*
Knoten Knüp, -s *m.*, Nücke, -n [Nük·ke] *w.*; **~ lösen** los-bin·nen *uZW*
knoten knüp·pen *ZW*
Knöterich Rüëk, -e [Rüë·ke] *m. bot.*
Knubbel Knuw·wel, -s *m.*
knüllen knuw·weln *ZW*
knüpfen knüp·pen *ZW*
Knüppel Bän·gel, -s *m. tech.*, Klüë·pel, -s *m. tech.*, Knüë·pel, -s *m. tech.*, Prü-gel, -s *m. tech.*, Rän·gel, -s *m. tech.*
knurren gnad·dern *ZW psy.*, gnu·ern *ZW*, knurn *ZW*
knurrig biëtsk, -e, -en [biëts·ke] *EW*, knüë·te·rig, -e, -en [knüë·te·ri·ge] *EW psy.*
koagulieren schröt·ten *ZW chem.*
Koch Kuok, Küö·ke *m. kul.*
Kochapfel Kuok·ap·pel, -n *m. kul.*
Kochbuch Kuok·book, Kuok-bö·ker *s. kul.*
kochen kuo·ken *ZW*, prüë-deln *ZW*
Köcher Hols·ter, -s *m. tech.*
Kocherei Kuo·ke·ri, -·en *w. kul.*
Kochherd Küë·ken·uom, Küë·ken·üöms *m. tech.*, Kuok·ma·schien, Kuok·ma-schi·ner *w. tech.*, Ma·schien, Ma·schi·nen *w. tech.*; **~ und Heizherd** Drai·lok·uom, Drai-lok·üöms *m. tech.*
Köchin Küöks·ke, -n *w. kul.*

Kochküche Kuok·küë·ke, -n *w. arch.*
Kochlöffel Holt·liä·pel, -s *m. tech. kul.*, Kuok·liä·pel, -s *m. tech. kul.*
Kochnische Küëks·ken, Küëks·kes *s. arch.*
Kochstelle Kuok·stiär, -n *w. tech.*
Kochtopf Kuok·pot, Kuok-pöt·te *m. tech.*
Koffer Kuf·fer, -s *s. tech.*; **Lade oben im ~** In·käst-ken, In·käst·kes *s. tech.*
Köfferchen Küf·fer·ken, Küf-fer·kes *s. tech.*
Kofferraum Kuf·fer·ruum, Kuf-fer·rü·me *m. tech.*
Kofferschlüssel Kuf·fer-slüë·del, -s *m. tech.*
Kohlbüschel Moos·top, Moos·töp·pe *m. bot.*
Kohle Kuo·le, Küö·le *w.*; **brennende ~ zum Wärmen einfüllen** (Bügeleisen) küö-len *ZW*; **~ für die Dampf-maschine** Döm·per·kuo·le, Döm·per·küö·le *w.*; **Vorrats-behälter für ~** Kuo·len·kas-ten, Kuo·len·käs·ten *m. tech.*; **Zuteilung von ~ für Arme** Ar·men·küö·le *Mz.*
Kohlebergwerk Kuo·len·püt, -s *m. tech. geol.*
Kohleneimer Kuo·len·em-mer, -s *m. tech.*
Kohlenfeuer Kuo·len·fü·er, -s *s.*
Kohlengrube Kuo·len·püt, -s *m. tech. geol.*, Püt, -s *m. tech. geol.* (frz. puits)
Kohlenhandel Kuo·len·han-nel *m. o.Mz. fin.*
Kohlenhändler Kuo·len·bu-er, -n *m. fin.*
Kohlenindustrie Kuo·len·in-nus·tri *w. o.Mz. tech.*
Kohlenkasten Kuo·len·kas-ten, Kuo·len·käs·ten *m. tech.*
Kohlenkeller Kuo·len·kel·ler, -s *m. arch.*
Kohlenlager Küö·len·lao·ger, Küö·len·läö·gers *s. tech.*
Kohlensack Kuo·len·sak, Kuo·len·siä·ke *m. tech.*
Kohlenschaufel Küö·len-schüp, -·pen *w. tech.*
Kohlenschütte Kuo·len-träö·te, -n *w. tech.*
Kohlenwagen Kuo·len·wa-gen, Kuo·len·wiä·gen *m.*

trans.

Köhler Küö·ler, -s *m. tech.*

Kohlmeise Kai·se·me·se, -n *w. zool.*

kohlrabenschwarz pot·swat, -·te, -·ten *EW*

Kohlrabi Kol·le·rao·be, -n *w. bot.*

kohlschwarz gnit·ter·swat, -·te, -·ten *EW*, kuol·swat, -·te, -·ten *EW*

Kohlstängel Moos·strunk, Moos·strün·ke *m. bot.*

Kohlweißling Buo·ter·vuë·gel, Buo·ter·vüë·gel *m. zool.*; **Raupe des ~s** Ka·buus·ru·pe, -n *w. zool.*

Koje Durk, Dür·ke *m. tech. naut.*

Kokermühle Ko·er·müël, -en [Ko·er·müë·len] *w. tech.*

kokett mät·te·rig, -e, -en [mät·te·ri·ge] *EW psy.*

Koketterie Mät·te·ri, -·en *w. psy.*

Kolben Kol·wen, -s *m. tech.*

Kolbenrohr Si·lin·ner·put·ser, -s *m. bot.*

Kolik Ko·liek, Ko·li·ke *m. med.*

Kolkrabe Aos·vuë·gel, Aos·vüë·gel *m. zool.*

kollabieren to·sam·men·briä·ken *uZW med.*

Kollege Macker, -s [Mak·ker] *m.*

Kollekte Kol·lek·te, -n *w. rel. fin.*

Kollektieren Kol·lek·te·ern *s. o.Mz. fin. rel.*

kollektieren kol·lek·te·ern *ZW fin. rel.*

Kollektierkörbchen mit Glöckchen Klin·gel·büül, -s *m. tech. rel.*

kollerhaft kol·lersk, -e, -en [kol·lers·ke] *EW psy.*

Köln Köln *ON*

kölnisch kölsk, -e, -en [köls·ke] *EW*

Kombizange Bil·tan·ge, -n *w. tech.*

Komet Wun·ner·stään, Wun·ner·stä·ne *m. astr.*

komfortabel kom·mood, kom·mo·de, -n *EW*, kom·mo·dig, -e, -en [kom·mo·di·ge] *EW* (*frz.* commode)

komisch a·pad·dig, -e, -en [a·pad·di·ge] *EW*, ge·di·gen, -e, -en [ge·di·ge·ne] *EW*

Komitee Uut·schus, Uut·schüs·se *m.*

Komma Bi·striëk, -e [Bi·strië·ke] *m.*

Kommandeur Kum·me·de·e·rer, -s *m. mil.*

kommandieren kum·me·de·ern *ZW* (*frz.* commander)

Kommando Be·fiäl, -e [Be·fiä·le] *m. mil.*

kommen kuë·men *uZW*; **komme mit!** kuëm to!

Kommers Drink·fi·er, -n *w.*

Kommiss Ka·mis *m. o.Mz. mil.* (*frz.* commis)

Kommissbrot Ka·mis·braud, Ka·mis·brai·de *s. kul.*

Kommunikation Kum·mu·ni·kats·jaun, -en [Kum·mu·ni·kats·jau·nen] *w.*

Kommunion Kum·mi·oon, Kum·mi·o·nen *w. rel.*; **zur ~ gehen** kum·se·ern *ZW rel.*

Kommunionbank Kum·mi·oon·bank, Kum·mi·oon·bän·ke *w. tech. rel.*

Kommunionbild Kum·mi·oon·beld, Kum·mi·oon·bel·ler *s. rel.*

Kommunionfeier Kum·mi·oon·fi·er, -n *w. rel.*

Kommunionkerze Kum·mi·oon·kä·se, -n *w. rel. tech.*

Kommunionkind Kum·mi·oon·kind, Kum·mi·oon·kin·ner *s. rel.*

Kommunionkleid Kum·mi·oon·kleed, Kum·mi·oon·kle·der *s. rel.*

Kommunionkranz Kum·mi·oon·krans, Kum·mi·oon·krän·se *m. rel.*

Kommunisten *übertr.* Kritten·rau·den *Mz. pol.*

kommunizieren kum·se·ern *ZW rel.*

Komödiant Ko·med·di·gen·ma·ker, -s *m. mus.* (*frz.* comédie)

Komödie Ko·med·di·ge, -n *w. mus.*

Kompanie Kum·pe·ni, -·en *w. mil.* (*frz.* compagnie)

komplett kum·plet, -·te, -·ten *EW* (*frz.* complet)

Kompliment Kum·pel·ment, -e [Kum·pel·men·te] *s. psy.* (*frz.* compliment)

Komplimentenmacher Kum·pel·men·ten·ma·ker, -s *m. psy.*

Komplize Kum·pel, -s *m.*

Kompost Kom·post, -e [Kom·pos·te] *m. biol.*

Komposterde Blo·men·äer *w. o.Mz. agr.*

Komposthaufen Kom·post·haup, Kom·post·hai·pe *m. biol.*, Ruot·haup, Ruot·hai·pe *m. biol.*

kompostieren kom·pos·te·ern *ZW biol.*

Kompromiss Mid·del·wäg, Mid·del·wiä·ge *m.*, Vö·gliek, Vö·gli·ke *m.*

Kondensmilch Kof·fi·miälk *w. o.Mz. kul.*

Kondensstreifen Flai·ger·stri·pen, -s *w. met. trans.*

Konditor Be·schü·ten·bäk·ker, -s *m. kul.*, Ko·ken·bäcker, -s [Ko·ken·bäk·ker] *m. kul.*

kondolieren kon·do·le·ern *ZW psy.*

Kondom *übertr.* Gum·mi, -es *s. hyg.*

Konfekt Sucker·wiärk, -s [Suk·ker·wiärk] *s. o.Mz. kul.*

Konfession Glai·wen *s. o.Mz. rel.*

Konfirmand Kum·fer·mand, -en [Kum·fer·man·den] *m. rel.*

Konfirmation Kum·fer·mats·jaun, -en [Kum·fer·mats·jau·nen] *w. rel.*

konfirmieren kum·fer·me·ern *ZW rel.*

konfiszieren in Be·slag nië·men *jur.*

Konflikt Stried, Stri·de *m. psy., mil.*

König Küë·ning, -e [Küë·nin·ge] *m. pol.*; **Jahr der Regentschaft eines ~s** Küë·nings·jaor, -e [Küë·nings·jao·re] *s. tem.*

Königin Küë·ni·gin, -·nen *w. pol.*

königlich küë·ning·lik, küë·ning·licke, -n [küë·ning·lik·ke] *EW*

Königsball Küë·nings·bal, Küë·nings·bäl·le *m. mus.*

Königschießen Küë·ning·schai·ten *s. o.Mz. spo.*

Königshaus Küë·nings·huus, Küë·nings·hü·ser *s.*

Königshof Küë·nings·how, Küë·nings·hüö·we *m.*

Königsjahr Küë·nings·jaor,

-e [Küë·nings·jao·re] *s. tem.*
Königskerze Küë·nings·kä-se, -n *w. bot.*
Königskette Küë·nings·kië-de, -n *w. tech.*
Königskinder Küë·nings-kind, Küë·nings·kin·ner *s.*
Königskrone Küë·nings-kraun, -en [Küë·nings·krau-nen] *w. tech.*
Königspaar Küë·nings·paor, -e [Küë·nings·pao·re] *s.*
Königsschuss Küë·nings-schüët, -e [Küë·nings·schüë-te] *m. spo.*
Königssohn Küë·nings·suon, Küë·nings·süöns *m.*
Königstocher Küë·nings-doch·ter, Küë·nings·döch·ter *w.*
Konjunktion Bin·ne·waod, Bin·ne·wäö·der *s.*
Konkurs; in ~ gehen, ~ machen *übertr.* dicht·ma·ken *uZW fin.*, kop·hais·ter gaon *fin.*
können küë·nen *uZW*; **das kann sein** dat mag sien; **nicht mehr ~** vö·lä·ern *ZW*; **wie kann das sein?** wu kan dat? **Du kannst mich mal!** Blaos mi in'ne Task! Klai mi an'ne Fö·te!
Konservative *übertr.* Swat-ten *Mz. pol.*
konservieren in·läg·gen *ZW kul.*, kon·ser·we·ern *ZW biol., tech.* (*frz.* conserver); **durch Rauch ~** rai·kern *ZW biol., tech.*
Konsonant Met·luut, Met·lu-te *m.*
Konsortium Sel·schup, -·pen *w. fin.*
Konspeicher Käörn·spi·ker, -s *m. arch.*
konstruieren kon·stru·e·ern *ZW tech., arch.* (*frz.* con-struire); uut·läg·gen *ZW tech.*
konstruiert kon·stru·e·ert, -e, -en [kon·stru·e·er·te] *EW tech., arch.*
Konsument Vö·bru·ker, -s *m.*
konsumieren vö·bru·ken *uZW*
Konterfei Af·beld, Af·bel·ler *s.*
Kontinent Ä·er·deel, Ä·er·de-le *m. geog.*
kontinuierlich e·gaol·wäg *UW*

Kontor Kon·toor, -s *s.*
Kontrahent Wi·er·spië·ler, -s *m. psy.*
Kontrakt Kun·trakt, -e [Kun-trak·te] *m. jur.*, Vö·drag, Vö-driä·ge *m. jur.*
Kontrolle Kon·trol, -·len *w.*; **außer ~ geraten** *übertr.* uut de Ri·ge lau·pen
Kontrolleur, technischer Bol·ten·ki·ker, -s *m. tech.*
Kontrollfenster Kiek·fens-ter, -s *s. tech.*
kontrollieren kon·trol·le·ern *ZW* (*frz.* contröler), nao·ki·ken (sik) *uZW, übertr.* up de Fln-gers ki·ken
konzentrieren to·haup-trecken [to·haup·trek·ken] *uZW*
Konzert Kun·särt, -e [Kun-sär·te] *s. mus.* (*frz.* concert)
Konzession Rächt, -e [Räch-te] *s. jur.*
kooperieren to·sam·men-slu·ten *uZW*
Kopf Dääts, -e [Däät·se] *m. med.*, Das·sel, -s *m. med.*, Hööft, -e [Hööf·te] *s.*, Kop, Köp·pe *m. med.*, Plä·te, -n *w. med.*; **kleiner ~** Köp-ken, Köp·kes *s. med.*, Pol, -s *m.*; **mit dem ~ zuerst** kop·vüör·ruut *UW*; **mit un-bedecktem ~** blaud·kops *EW*; **nicht klar im ~** vö-bies·tert, -e, -en [vö·bies-ter·te] *EW psy.*; **über ~** üö·wer·kops *UW*; **vernei-nend den ~ schütteln** schül·köp·pen *ZW*
kopfab kop·af *UW*
Kopfarbeit Kop·ar·baid, -en [Kop·ar·bai·den] *w. psy.*
Kopfbahnhof Kop·baan·how, Kop·baan·hüö·we *m. trans.*
Kopfbedeckung Hood, Hö-de *m. tech.*, Müs·se, -n *w. tech.*
Köpfchen Köp·ken, Köp·kes *s. med.*
Kopfeiche Kop·eek, Kop·e-ken *w. bot.*
köpfen köp·peln *ZW*, köp-pen *ZW*
Kopfende Kop·en·ne, -n *s.*
Kopfgeld Kop·geld, Kop·gel-ler *s. fin.*
Kopfhaar Kop·haor, -e [Kop-hao·re] *s. med.*
Kopfkissen Kop·küs·sen, -s

s. tech.
Kopflaus Kop·luus, Kop·lü·se *w. zool.*, Luus, Lü·se *w. zool.*; **Eier der ~, die am Haar kleben** Nië·te, -n *w. zool.*
Kopfrechnen Kop·riä·ken *s. o.Mz. math.*
Kopfsalat Kop·sao·laot, Kop-sao·läö·te *m. bot.*
kopfscheu kop·schü, -·e, -·en *EW psy.*
Kopfschmerz Kop·pien, Kop-pi·ne *w. med.*
Kopfschütteln Kop·schüë-deln *s. o.Mz.*, Schül·köp·pen *s. o.Mz.*
kopfschütteln kop·schüë-deln *ZW*, schül·köp·pen *ZW*
Kopfsprung Köp·per, -s *m.*
kopfstehen kop·staon *uZW*
Kopfstein Kop·steen, Kop-ste·ne *m. tech.*
Kopftuch Kop·dook, Kop-dö·ker *s. tech.*
kopfüber kop·hais·ter *UW*, kop·üö·wer *UW*, üö·wer·kops *UW*
kopfunter kop·un·ner *UW*
kopfvorraus kop·vüör·ruut *UW*
Kopfweide Kop·wië·de, -n *w. bot.*, Kuorw·wië·de, -n *w. bot.*
Kopfzerbrechen Kop·te-briä·ken *s. o.Mz. psy.*
kopieren af·trecken [af·trek-ken] *uZW tech.*, nao·ma·ken *uZW*
Kopierer Nao·ma·ker, -s *m. tech.*
Koppel Tuun·wies·ke, -n *w. agr.*
koppeln kop·peln *ZW tech.*
Kopse Kops, -en [Kop·sen] *m. tech.*
Koralle Kral·le, -n *w. zool.*; **aus ~** kral·len, -e, -en [kral-le·ne] *EW*
Korb Kuorw, Küör·we *m. tech., Sao·del, Säö·del *s. tech. agr.*; **großer, runder ~** Rüd·de·kuorw, Rüd·de-küör·we *m. tech.*; **kleiner ~** Küörw·ken, Küörw·kes *s. tech.*; **~ zum Einkaufen** Hän·gel·kuorw, Hän·gel·küör-we *m. tech.*; **~ für die Ver-pflegung** lä·tens·kuorw, lä-tens·küör·we *m. tech.*; **~ für die Verpflegung der Feldarbeiter** Bau·kuorw, Bau·küör·we *m. tech. kul.*;

mit Mist bedeckter ~ zum Wärmen von jungen Küken Mes·klucke, -n [Meskluk·ke] w. tech. agr.
Korbblütler Küörw·kes·blome, -n w. bot.
Körbchen Küörw·ken, Küörwkes s. tech.; **geflochtenes ~** (z.B. zum Kartoffelschälen) Schrap·wän·ken, Schrapwän·kes s. tech.
körbeweise kuorw·wies, kuorw·wi·se UW
Korbhandel Kuorw·han·nel m. o.Mz. fin.
Korbmacher Kuorw·ma·ker, -s m. tech.
Korbstuhl Kuorw·stool, Kuorwstö·le m. tech.
Korbweide Kuorw·wië·de, -n w. bot.
Korinthe Krin·te, -n w. bot.
Korinthenbrot Krin·ten·stuten, -s m. kul.
Kork Kuork m. o.Mz. bot.
Korkeiche Kuork·e·ke, -n w. bot.
Korken Küörks, Küörk·se m. tech., Prop·pen, -s m. tech.
Korkenzieher Küörks·trekker, -s m. tech., Prop·pentrecker, -s [Prop·pen·trekker] m. tech.
Korn Kaorn, Käörns s. bot., übertr. Sluk, Slücke [Slükke] m. kul.; **einzelnes ~** Käörn s. o.Mz.; **~ mit einem Spritzer Kräuterlikör** (Getränk) Strits, -e [Strit·se] m. kul.; **~ zu Gaben binden** Käörn·bin·nen s. o.Mz. agr.; **mit ~ das Mahlen bezahlen** mul·tern ZW fin.; **reinigen von ~** wan·nen ZW agr.; **Zwischenboden zur Lagerung von ~** Käörnbüörn, -s m. arch. agr.
Kornbinden Käörn·bin·nen s. o.Mz. agr.
Kornblume Triëm·se, -n w. bot.
Kornbranntwein Klao·ren m. o.Mz. kul.
Kornhaufen Kaorn·haup, -en, Kaorn·hai·pe [Kaornhau·pen] m. agr.
körnig gräm·me·rig, -e, -en [gräm·me·ri·ge] EW, käörnig, -e, -en [käör·ni·ge] EW
Kornmaß; altes ~ (1/4 Scheffel) Spint, -s s. tech. agr.

Kornrade; Samen der ~ Rarkäörn, -s s. bot.
Kornreinigung; Gerät zur ~ Kaf·müël, -en [Kaf·müë·len] w. tech. agr., Wan·ne·müël, -en [Wan·ne·müë·len] w. tech. agr.
Kornsack Kaorn·sak, Kaornsiä·ke m. tech. agr.
Kornschneiden Käörn·sniden s. o.Mz. agr.
Kornschwinge Wan, -ne, -·nen w. tech. (lat. vannum); **Hersteller von ~n** Wan·nenma·ker, -s m. tech.
Kornschwingenmacher Wannen·ma·ker, -s m. tech.; **Haus des ~s** Wan·nen·maker·huus, Wan·nen·ma·kerhü·ser s. arch.
Körper Bal·lig, Bäl·li·ge m. med., Liew, Li·wer s. med.
Körperglied Kau·te, -n w. med.
Korporal Kap·raol, Kap·räöle m. mil. (frz. caporal)
korpulent übertr. vül·lig, -e, -en [vül·li·ge] EW med.
Korridor Gang, Gänge m. arch.
korrumpieren be·stiä·ken uZW fin., kau·pen uZW fin.
Korsett Rümp·ken, Rümpkes s., Snö·er·liew, Snö·erli·we s. tech., med.
Kosmetik Huut·mid·del·ken, Huut·mid·del·kes s. hyg.
Kosmos he·le Wiält w. astr.
Kost Köst w. o.Mz. kul.
kostbar wääd·vul, -·le, -·len EW
Kosten Kos·sen Mz. fin.
kosten kos·sen ZW fin.; kösten ZW kul., pro·be·ern ZW kul.
kostenlos üm·süs EW fin.
Kostenschätzung Üö·werslag, Üö·wer·sliä·ge m. fin.
Kostenvoranschlag Kossen·an·slag, Kos·sen·an·sliäge m. fin.
Kostgänger Köst·gän·ger, -s m. kul.
Kostgeld Köst·geld, Köst·geller s. fin.
köstlich tun·gen·fien, tungen·fi·ne, -n EW kul.
Kostprobe Vüör·smaak m. o.Mz.
kostspielig wa·ne dü·er fin.
kostümieren vö·kle·den ZW

Kot Schiet m. o.Mz. biol., Schi·te w. o.Mz. biol.; **Klumpen von ~** Küë·del, -s m. biol.; **Klümpchen von ~** Küë·del·ken, Küë·del·kes s. biol.; **~ machen** küë·deln ZW biol., schi·ten uZW biol.
Kotelett Ka·ber·nao, -s s. kul., Ka·me·nao·de, -n w. kul.
Kotten Kuo·ten, Küö·ten m. arch. agr.; **Pächter eines ~s** Liew·tüch·ter, -s m. agr.
Kötter Küö·ter, -s m. agr.; Ko·bu·er, -n m. agr.; **kleiner ~** Pru·men·küö·ter, -s m. agr.; **Haus des ~** Küöter·huus, Küö·ter·hü·ser s. arch.
Krabbe Dwiärs·lai·per, -s m. zool.
Krach Ra·bats m. o.Mz., Rumps, Rümp·se m.; **dumpfer ~** Duns·ke·ri, -·en w. zool.
krachen bal·lern ZW, gnittern ZW, rump·sen ZW
krächzen schrä·pen ZW, schrä·wes·ken ZW
krächzend schrä·pe·rig, -e, -en [schrä·pe·ri·ge] EW
Kraft läs·se, -n w., Ka·fuk m. o.Mz., Kla·fun·nig, -e [Kla·fun·ni·ge] w., Stärk·de, -n w.; **neue Kräfte sammeln** vö·ha·len ZW; **wüste ~** Wöös·te, -n w.; **mit den Kräften am Ende sein** übertr. et nich mä·er trecken küë·nen, übertr. up sien
kräftig däf·tig, -e, -en [däfti·ge] EW, freed, fre·de, -n EW med., krap, -·pe, -·pen EW med., krië·gel, -e, -en [krië·ge·le] EW med., parfos, -·se, -·sen EW med., psy., tech. (frz. par force), übertr. dral, -·le, -·len EW med., **~ im Wuchs** gail, -e, -en [gai·le] EW biol.; **~ sein** übertr. wat in'ne Mau häbben med.; **sehr ~ sein** üörn·lik wat in'ne Mau en häb·ben
kraftlos plör·rig, -e, -en [plörri·ge] EW kul., swak, swacke, -n [swak·ke] EW med., tech.
Kragen Krao·gen, -s m.
Kragenknopf Krao·gen·knop, Krao·gen·knöp·pe m. tech.
Krähe Krai, -·en w. zool., Kwä·ke, -n w. zool.
krähen krai·en ZW

Krähendreck Krai·en·schiet *m. o.Mz. biol.*
Krähenfuß Krai·en·foot, Krai·en·fö·te *m. med.*
Krähenkot Krai·en·schiet *m. o.Mz. biol.*
Krähennest Krai·en·pot, Krai·en·pöt·te *m. zool.*
krakeelen döl·mern *ZW*, kra·kai·len *ZW*
krakeelend kra·kailsk, -e, -en [kra·kails·ke] *EW*
Krakeeler Kra·kai·ler, -s *m.*
Kralle Klaon, -en [Klao·nen] *w. med., tech.*
Kram Himp·hamp, -s *m.*, Kraom, Krääms *s.*, Tüüg, -s *s. o.Mz.*, (verächtlich) Prüë·del *m. oMz.*
kramen krao·men *ZW*, krao·sen *ZW*
Krämer Krao·mer, Kräö·mers *m. fin.*
Krammetsvogel Krams·vuë·gel, Krams·vüë·gel *m. zool.*
Krampf Kramp, Kräm·pe *m. med.*, Ram, -·men *m. med.*; **Krämpfe haben** kram·pen *ZW med.*, ram·men *ZW med.*
Krampfader Kramp·ao·der, -n *w. med.*
krampfen kram·pen *ZW med.*, ram·men *ZW med.*
Kran Kraan, Krä·ne *m. tech.*; **kleiner ~** Krään·ken, Krään·kes *s. tech.*
Kranich Kraan, Kra·ne *m. zool.*, Kru·ne·kraan, Kru·ne·kra·ne *m. zool.*
krank e·len·nig, -e, -en [e·len·ni·ge] *EW med.*, krank, -e, -en [kran·ke] *EW med.*, laig, -e, -en [lai·ge] *EW med.*, ma·lat, -·te, -·ten *EW med.*; **er ist ~** et failt em wat *med.*; **sehr ~ sein** arm dran sien *med.*; **~ sein** seer sien *med.*; *übertr.* nich guët in Schus sien *med.*, nich guët up'n Dam sien *med.*; **~ werden** vö·kwi·nen *uZW med.*; **kranker** krän·ker; **am krankesten** an kränks·ten
kränkbar; leicht ~ uë·wel·niëmsk, -e, -en [uë·wel·niëms·ke] *EW psy.*
Kranke(r) Kran·ke, -n *m. und w. med.*
kränkeln krüë·keln *ZW med.*, kwië·nen *ZW med.*
Kränkelnder Krüë·ke·ler, -s

m. med.
Krankenhaus Kran·ken·huus, Kran·ken·hü·ser *s. med., arch.*, Sü·ken·huus, Sü·ken·hü·ser *s. med. arch.*
Krankenkasse Kas, -·sen *w. fin.*
Krankensalbung; er hat die letzte ~ bekommen *übertr.* se häbt em de Hoow·i·sens drun·ner wäg·trocken *rel.*
Krankheit Li·den, -s *s. med.*; **eine ~ bekommen** sik wat wäg·ha·len *med.*; **~ übertragen** an·sticken [an·stik·ken] *ZW med.*
kränklich hän·föl·lig, -e, -en [hän·föl·li·ge] *EW med.*, krüë·ke·lig, -e, -en [krüë·ke·li·ge] *EW med.*, pip·pe·rig, -e, -en [pip·pe·ri·ge] *EW med.*, *übertr.* schië·te·rig, -e, -en [schië·te·ri·ge] *EW med.*, swak, swacke, -n [swak·ke] *EW med.*, *übertr.* wit·snu·tig, -e, -en [wit·snu·ti·ge] *EW med.*; **~ werden** *übertr.* kraken *ZW med.*
Kranz Krans, Krän·se *m.*; **~ aufhängen** krän·sen *ZW*
Kranzbinden Krans·win·nen *s. o.Mz. tech.*
Kränzchen Kräns·ken, Kräns·kes *s.*
kränzen krän·sen *ZW*
Kränzlein Kräns·ken, Kräns·kes *s.*
Kranzwinden Krans·win·nen *s. o.Mz. tech.*
Krater Träch·ter, -s *m. geol.*
kratzbürstig kat·tig, -e, -en [kat·ti·ge] *EW psy.*
kratzen klai·en *ZW*, schräm·men *ZW*, schrap·pen *ZW*, schrin·nen *ZW*, (Geräusch) gnaos·tern *ZW*
Kratzen (im Hals) Gräms·tern *s. o.Mz. med.*
Kratzer Ratsch, Rät·sche *m.*
kratzig (Stimme) gräms·te·rig, -e, -en [gräms·te·ri·ge] *EW med.*
Kratzmesser (für Unkraut) Pat·schö·fel, -n *w. tech. agr.*, Schö·fel·ken, Schö·fel·kes *s. tech. agr.*
kraulen krab·beln *ZW psy.*
kraus krült, -e, -en [krül·te] *EW*, kruus, kru·se, -n *EW*
Krause Krü·se, -n *w.*
kräuseln krül·len *ZW*, krü-

sen *ZW*, krüt·teln *ZW*
kraushaarig krül·häö·rig, -e, -en [krül·häö·ri·ge] *EW*
Krauskopf Kruus·kop, Kruus·köp·pe *m.*
Kraut Kruud, Krü·der *s. bot.*, Ruud, Rü·der *s. bot.*
krauten krü·den *ZW*
Kräuterbuch Krü·der·book, Krü·der·bö·ker *s. bot.*
Kräuterkäse Krü·der·kai·se *m. o.Mz. kul.*
Kräuterwerk Krü·de·ri *w. o.Mz. bot.*
Krawall Spit·ta·kel, -s *s.*
Krawatte Knüp·dook, Knüp·dö·ker *s.*, Bin·ner, -s *m.*, Kultuur·strik, Kul·tuur·stricke *s.* (abfällig)
Kreatur Kre·tüür, -s *w. biol.* (frz. créature)
Krebs 1. Kräfk, -e [Kräf·ke] *m. zool.*, Kriëft, -e [Kriëf·te] *m. zool.*; 2. Wild·was, Wild·wäs·se *m. med.*
krebsrot kriëft·raud, -e, -en [kriëft·rau·de] *EW*
Krechting Krech·ting *ON*
kregel krië·gel, -e, -en [krië·ge·le] *EW psy.*, stran·kiel, stran·ki·le, -n *EW psy.* (frz. tranquille), tran·kiel, tran·ki·le, -n *EW psy.* (frz. tranquille)
Kreide Kri·de, -n *w.*
kreideweiß kri·de·wit, -·te, -·ten *EW*
Kreis Kring, -s *m.*, Krans, Krän·se *m.*, Rün·ne, -n *w.*
kreischen kries·ken *ZW psy.*, *übertr.* krai·en *ZW psy.*
Kreisel Dop, Döp·pe *m. tech.*, Spin·klaut, -s *m. tech.*, Tri·sel, -s *m. tech.*, Trüë·sel, -s *m. tech.*; **großer ~ mit Musik** Hüül·dop, Hüül·döp·pe *m. tech.*; **kleiner ~** Döp·ken, Döp·kes *s. tech.*
kreisen krin·geln *ZW*
Kreisstadt Land·raods·stad, Land·raods·stiä·den *w. pol. geog.*
Kreistag Land·raods·dag, -e [Land·raods·da·ge] *m. pol.*
Kreistagsabgeordneter; ~ sein in'n Land·raods·dag sitten *pol.*
Kreisverkehr Strao·ten·trüë·sel, -s *m. trans.*
Kreisverwaltung Land·raods·amt, Land·raods·iäm·ter *s.*

pol.
krepieren kre·pe·ern *ZW*
med., biol. (ital. crepare)
Kreuz 1. (Kartenfarbe beim
deutschen Kartenspiel)
Krüüs *s. o.Mz. spo.*; 2.
Krüüs, Krü·se *s. tech. rel.*;
~ **am Weg** Wiä·ge·krüüs,
Wiä·ge·krü·se *s. tech. rel.*;
~ **auf dem Bauernhof** How-
krüüs, How·krü·se *s. tech.
rel.*; **kleines** ~ Krüüs·ken,
Krüüs·kes *s. rel.*; **Rotes** ~
(Hilfsorganisation) Rau·de
Krüüs *s. o.Mz. med.*
Kreuzchen Krüüs·ken, Krüüs-
kes *s.*
Kreuzdorn Krüüs·däön *m.
o.Mz. bot.*
kreuzen krü·sen *ZW*
kreuzigen krü·sen *ZW*
Kreuzigung Krü·si·gung, -en
[Krü·si·gun·gen] *w.*
kreuzlahm krüüs·lam, -·me,
-·men *EW med.*
Kreuzotter Krüüs·ad·der, -n
w. zool.
Kreuzschnabel Krüüs·sna-
wel, Krüüs·sniä·wel *m. zool.*
Kreuzspinne Krüüs·spin-
kop·pel, -n *m. zool.*
Kreuzung Krü·sung, -en [Krü-
sun·gen] *w. trans.*
Kreuzweg Krüüs·wäg, Krüüs-
wiä·ge *m. rel.*
kreuzweise krüüs *UW*,
krüüs·wies·kes *UW*
Kreuzzeichen Krüüs, Krü·se
s. rel., Krüüs·te·ken, -s *s.
rel.*; **das** ~ **machen** krü·sen
ZW rel.
kribbelig kriw·we·lig, -e, -en
[kriw·we·li·ge] *EW*
kribbeln krië·meln *ZW*, kriw-
weln *ZW*, prië·keln *ZW*
Kribbeln Prië·keln *s. o.Mz.*
Kriechboden Kruup·büörn,
-s *m. arch.*
kriechen kru·pen *uZW*
Kriecherei Kru·pe·ri, -en *w.*
Kriechkeller Kruup·kel·ler,
-s *m. arch.*
Krieg Krieg, Kri·ge *m. mil.*
Krieger Kri·ger, -s *m. mil.*
Kriegerdenkmal Kri·ger-
denk·maol, Kri·ger·denk·mäö-
le *s. kult.*
Kriegsdienst Kriegs·dänst,
-e [Kriegs·däns·te] *m. mil.*
Kriegsjahr Kriegs·jaor, -e
[Kriegs·jao·re] *s. mil. tem.*

Kriegskamerad Kriegs·kum-
raod, -en [Kriegs·kum·rao-
den] *m. mil.*
Kriegsrat Kriegs·raod, Kriegs-
räö·de *m. mil.*
Kriegsschiff Kriegs·schip,
-·pe *s. trans. naut. mil.*
Kriegstag Kriegs·dag, -e
[Kriegs·da·ge] *m. mil. tem.*
Kriegszeit Kriegs·tiet, Kriegs-
ti·ten *w. mil. tem.*
Kriese Naud·stand, Naud-
stän·ne *m.*
Kriminalbeamter Kri·mi·na-
ler, Kri·mi·na·len *m. jur.*
Krippe Krib·be, Krib·ben *w.
tech. agr.*, Fo·er·trog, Fo·er-
trüö·ge *m. tech. agr.*
kritisch wild, wil·le, -n *EW
psy., übertr.* scharp, -e, -en
[schar·pe] *EW psy.*
kritisieren be·graut·snu·ten
uZW psy.; *übertr.* düör·hië-
keln *ZW psy.*; **kleinlich** ~
übertr. äks·tern *ZW psy.*;
negativ ~ niër·se·wa·tern
ZW psy.; **zänkisch** ~ gnäb-
beln *ZW psy.*
Kritzelei Krickel·krackel [Kri-
kel·krak·kel] *s. o.Mz.*
kritzeln krik·keln [krik·keln]
ZW, krit·seln *ZW*
Krokodil Krocke·diel, Kro·ke-
di·le [Krok·ke·diel] *s. zool.*
Krommert Krom·mert *ON*
Krone Kraun, -en [Krau·nen]
w., Kroon, Kro·nen *w.*
krönen de Kraun up·sät·ten
Kronsbeere Drop·pel, -n *w.
bot.*, Kröös·ken, Kröös·kes
s. bot.
Kropf Krop, Kröp *m. med.*
Kröte Luork, Lüör·ke *m.
zool.*, Pat·ü·se, -n *w. zool.*,
Üö·wer·tas·ke, -n *w. zool.*,
Ü·se, -n *w. zool.*
Krötenbinse Swi·ne·büör·sel,
-s *m. bot.*
Krücke Krüëk, -en [Krüë·ken]
w. tech.
Krug Kroog, Krö·ge *m. tech.
kul.*, Kroos, Kröös *m. tech.
kul.*, (mit Verschluss) Kru·ke,
-n *w. tech.*; **kleiner** ~ Kröös-
ken, Kröös·kes *s. tech. kul.*
Krume Krüë·mel, -s *m.*
Krümel Krüë·mel, -s *m.*;
kleiner ~ Krüë·mel·ken,
Krüë·mel·kes *s.*; ~ **zerstreu-
en** krüë·meln *ZW*; **voller** ~
krüë·me·lig, -e, -en [krüë·me-

li·ge] *EW*
krümelig krüë·me·lig, -e, -en
[krüë·me·li·ge] *EW*
krümeln krüë·meln *ZW*
krümelnd krüë·me·lig, -e, -en
[krüë·me·li·ge] *EW*
krumm krum, -·me, -·men
EW; ~ **Sachen machen**
Män·ne·kes ma·ken *jur.*
Krümmung Bogt, -en [Bog-
ten] *w.*
Krüppel Krüë·pel, -s *m. med.*;
kleiner ~ Krüë·pel·ken, Krüë-
pel·kes *s. med.*
Krüppelfuß Krüë·pel·foot,
Krüë·pel·fö·te *m. med.*
krüppelig krüë·pe·lig, -e, -en
[krüë·pe·li·ge] *EW med.*
Krüppelwalmdach Krüë·pel-
walm·dak, Krüë·pel·walm·diä-
ker *s. arch.*
Krüstchen Knüüs·ken, Knüüs-
kes *s. kul.*, Küörst·ken,
Küörstkes *s. kul., tech.*
Kruste Knuus, Knü·se *m.
kul.*, Kuors·te, -n *w. kul.,
tech.*; **kleine** ~ Knüüs·ken,
Knüüs·kes *s. kul.*, Küörst-
ken, Küörst·kes *s. kul., tech.*;
trockene ~ Schot·kuors·te,
-n *w.*
Kruzifix Laiw·hä·er *m. o.Mz.
rel.*
Kübel Bü·er, -s *s. tech.*, Kü-
ben, -s *m. tech.*
Kubikdezimeter; ein ~ Litter, -s *s. tech.*
Küche Küëk, -e, -en [Küë·ke]
w. arch.; **kleine oder winzige** ~ Küëks·ken, Küëks-
kes *s. arch.*
Kuchen Ko·ken, Kö·ken *m.
kul.*, Ko·ken·wiärk *s. o.Mz.
kul.*; ~ **aus dem Eisen** I·ser-
ko·ken, I·ser·kö·ken *m. kul.*;
kleiner ~ Kööks·ken, Kööks-
kes *s. kul.*
Küchenabfall Küë·ken·af-
fal, Küë·ken·af·fiä·le *m. biol.*
Kuchenbäcker Ko·ken-
bäcker, -s [Ko·ken·bäk·ker]
m. kul., Stu·ten·bäcker, -s
[Stu·ten·bäk·ker] *m. kul.*
Küchenbank Küë·ken·bank,
Küë·ken·bän·ke *w. tech.*
Küchenblech Plaat, Pla·ten
w. tech. kul.
Küchenchefin Küë·ken·mes-
ters·ke, -n *w. kul.*
Kucheneisen Ko·ken·i·sen,
-s *s. tech. kul.*

Küchenfenster Küë·ken·fen-
ster, -s *s. arch.*
Küchenfeuer Küë·ken·fü·er,
-s *s. tech.*
Kuchengabel Gäö·bel·ken,
Gäö·bel·kes *s. tech. kul.*
Küchengerät Küë·ken·ge-
rai, -e *s. tech.*
Kuchenherz Ko·ken·hiärt, -e
[Ko·ken·hiär·te] *s. kul.*
Kuchenherzchen Ko·ken-
hiärt·ken, Ko·ken·hiärt·kes *s.
kul.*
Küchenhilfe Küë·ken·wicht,
-er [Küë·ken·wich·ter] *s. kul.*,
Küë·ken·hölp, -en [Küë·ken-
höl·pen] *w. kul.*
Küchenlampe Küë·ken·löch-
te, -n *w. tech.*, Küë·ken-
lecht, -er [Küë·ken·lech·ter]
s. tech.
Küchenlicht Küë·ken·lecht,
-er [Küë·ken·lech·ter] *s. tech.*
Küchenmädchen Küë·ken-
wicht, -er [Küë·ken·wich·ter]
s. kul.; junges ~ Küë·ken-
pün·gel, -s *m. kul.*
Küchenmeister Küë·ken-
mes·ter, -s *m. kul.*
Küchenmeisterin Küë·ken-
mes·te·rin, -·nen *w. kul.*, Küë-
ken·mes·ters·ke, -n *w. kul.*
Küchenofen Küë·ken·uom,
Küë·ken·üöms *m. tech.*
Kuchensachen Ko·ken·wiärk
s. o.Mz. kul.
Küchenschrank Küë·ken-
schap, Küë·ken·schiä·pe *s.
tech.*
Küchenschürze Küë·ken-
schüört, -en [Küë·ken·schüör-
ten] *w.*
Kuchenschüssel Ko·ken-
schüe·del, -n *w. tech. kul.*
Küchenstuhl Küë·ken·stool,
Küë·ken·stö·le *m. tech.*
Kuchenteig Ko·ken·deek, Ko-
ken·de·ke *m. kul.*; Schüssel
zum Anrühren von ~ Ko-
ken·schüe·del, -n *w. tech. kul.*
Küchentisch Küë·ken·disk,
-e [Küë·ken·dis·ke] *m. tech.*
Küchentür Küë·ken·düör, -n
w. arch.
Küchenuhr Küë·ken·klok,
Küë·ken·klocken [Küë·ken-
klok·ken] *w. tech. tem.*
Küchenzettel Küë·ken·sie-
del, -s *m. kul.*
Kuckuck Ku·kuk, -s *m. zool.*
Kuckuckslichtnelke Fleesk-

blo·me, -n *w. bot.*
Kufe Glied·holt, Glied·höl·ter
s. tech.
Küfer Kü·per, -s *m. tech.*
Kugel Kuë·gel, -n *w.*; kleine
~ Küë·gel·ken, Küë·gel·kes
s.; kleine bunte ~ aus
Lehm Knicker, -s [Knik·ker]
m. tech. spo.
Kügelchen Küë·gel·ken, Küë-
gel·kes *s.*
kugelig kuë·gelsk, -e, -en
[kuë·gels·ke] *EW*
kugeln kuë·geln *ZW*
kugelrund kuë·gel·rund, kuë-
gel·run·ne, -n *EW*
Kugelschreiber Din·ten·stift,
-e [Din·ten·stif·te] *m. tech.*
Kugelstoßen Kuë·gel·stau-
ten *s. o.Mz. spo.*
Kugelstoßer Kuë·gel·stau-
ter, -s *m. spo.*
Kuh Kau, Kai·e *w. zool.*,
Ko, Kö, -·e *w. zool.*; ~ zum
Bullen bringen *übertr.* een
Kälw·ken ha·len; Halterung
im Stall für den Kuhkopf,
um die ~ an der Bewe-
gung zu hindern Füör·sel,
-s *s. tech. agr.*
Kuheuter Spün·ner, -s *m.
med.*
Kuhfell Ko·huut, Ko·hü·te *w.
med.*
Kuhfladen Ko·flaots·ken, Ko-
flaots·kes *m. biol.*, Ko·schi-
ten·flän·ner, -s *m. biol.*
Kuhfleisch Ko·fleesk *s.
o.Mz. med., kul.*
Kuhfuß Ko·foot, Ko·fö·te *m.
med.*
Kuhhandel Ko·han·nel *m.
o.Mz. agr. fin.*
Kuhhaut Ko·huut, Ko·hü·te
w. med.
Kuhhirte Ko·jun·gen, -s *m.
agr.*
Kuhhüten Ko·hö·den *s.
o.Mz. agr.*
Kuhjunge Ko·jun·gen, -s *m.
agr.*
Kuhkalb Ko·kalw, Ko·käl·wer
s. zool.
kühl frisk, -e, -en [fris·ke] *EW
met.*, kö·lig, -e, -en [kö·li·ge]
EW met., psy., kolt, kol·le,
-n *EW met.*, kööl, kö·le, -n
EW met.; kühler köl·ler;
am kühlsten an köls·ten
kühlen kö·len *ZW*
Kühlhaus Kööl·huus, Kööl-

hü·ser *s. tech. arch.*
Kühlraum Kööl·ka·mer, -n
w. arch. tech.
Kühlschrank Kööl·schap,
Kööl·schiä·pe *s. tech.*
Kühlung Kö·lung, -en [Kö-
lun·gen] *w. tech.*
Kuhmilch Ko·miälk *w. o.Mz.
kul.*
Kuhmist Ko·mes *m. o.Mz.
biol.*, Ko·schi·te *w. o.Mz. biol.*
Kuhmistfleck Ko·klaks, Ko-
kläk·se *m. biol. hyg.*
kühn mo·dig, -e, -en [mo-
di·ge] *EW psy.*
Kuhscheiße Ko·schi·te *w.
o.Mz. biol.*
Kuhschwanz Ko·stiärt, -s
m. med.
Kuhseil Ko·seel, Ko·se·le *s.
tech. agr.*
Kuhseite (Kuhstallseite der
Tenne) Ko·siet, Ko·si·ten *w.
agr.*
Kuhstall Ko·huus, Ko·hü·ser
s. arch. agr., Ko·stal, Ko·stiä-
le *m. arch. agr.*
Kuhtrog Ko·trog, Ko·trüö·ge
m. tech. agr.
Kuhweide Ko·kamp, Ko·käm-
pe *m. agr.*, Ko·wies·ke, -n
w. agr., Rin·ner·kamp, Rin-
ner·käm·pe *m. agr.*
Kuhwiese Ko·wies·ke, -n *w.
agr.*
Kultivator Pao·ter, -s *m.
tech. agr.*
kultivieren kul·ti·we·ern *ZW
agr.*
kultiviert kul·ti·we·ert, -e, -en
[kul·ti·we·er·te] *EW kult., agr.*
Kultur Kul·tuur, Kul·tu·ren
w. kult., *übertr.* lärs, -e, -en
[lär·se] *w. kult.*
Kulturgeschichte Kul·tuur-
ge·schicht *w. o.Mz. kult. his.*
Kümmel; wilder ~ Pim·per-
nel·le, -n *w. bot.*
Kummer Jao·mer *m. o.Mz.
psy.*, Vö·drot *m. o.Mz. psy.*
kümmerlich kümmer·pe·lig, -e,
-en [krüe·pe·li·ge] *EW med.*,
micke·rig, -e, -en [mik·ke·ri-
ge] *EW*; ~es Ding Hüëks-
ter·ken, Hüëks·ter·kes *s.*
Kümmern Suorg, Suor·ge,
-n *w. psy.*
kümmern (sich) küm·mern
(sik) *ZW psy.*, schiärn (sik)
ZW psy., suor·gen *ZW psy.*;
das kümmert ihn über-

haupt nicht dao frög he niks
nao *psy.*; **konsequent um
etwas ~** äch·ter·hiär·sit·ten
ZW psy.; **sich nicht um
etwas ~** *übertr.* up wat flai-
ten *ZW psy.*; **was kümmert
dich das!** wat schiält di
dat! *psy.*
Kunde Kun·ne, -n *m. fin.,
w. psy.*
kundig kun·nig, -e, -en [kun-
ni·ge] *EW tem.*
kündigen kün·ni·gen *ZW*;
ich kündige! *übertr.* an'n
füw·tains·ten is de iärs·te!
Kundschaft Kund·schup *w.
o.Mz.*
kundtun mel·len *ZW*, üm-
säg·gen *uZW*
künftig fud·der *UW tem.*
Kungelei Ko·han·nel, -s *m.*
Kunst Kunst, Küns·te *w.
mus.*
**Kunstblume (der Schieß-
buden)** Kiär·mes·blo·me, -n
w. tech.
Kunsthaus Kunst·huus,
Kunst·hü·ser *s. arch. mus.*
Künstler Künst·ler, -s *m.
mus.*
künstlerisch künst·le·risk, -e,
-en [künst·le·ris·ke] *EW mus.*
künstlich künst·lik, künst-
licke, -n [künst·lik·ke] *EW*,
nao·maakt, -e, -en [nao-
maak·te] *EW*
Kunstweber Beld·wiä·wer,
-s *s. tech.*
Kupfer Kop·per *s. o.Mz.
chem.*, Kuo·per *s. o.Mz.
chem.*; **aus ~** kop·pern, -e,
-en [kop·per·ne] *EW*
Kupferacetat Gröön·spaon
m. o.Mz. chem.
Kupferasche Kuo·per·as·ke,
-n *w. chem.*
Kupferbergwerk Kuo·per-
biärg·wiärk, -e [Kuo·per·biärg-
wiär·ke] *s. tech. geol.*
Kupferblech Kuo·per·blik,
Kuo·per·blicke [Kuo·per·blik-
ke] *s. tech.*
Kupferdraht Kuo·per·draod,
Kuo·per·dräö·de *m. tech.*
Kupferdruck Kuo·per·drük,
Kuo·per·drük·ke [Kuo·per-
drük·ke] *m. tech.*
Kupfergeld Kuo·per·geld *s.
o.Mz. fin.*
Kupfergerät Kuo·per·ge·rai,
-·e *s. tech.*

Kupferhaut Kuo·per·huut,
Kuo·per·hü·te *w. tech.*
Kupferkessel Kuo·per·kie-
del, -s *m. tech.*
Kupfermünze Kop·per·stük,
Kop·per·stücke [Kop·per-
stük·ke] *s. fin.*
kupfern kop·pern, -e, -en
[kop·per·ne] *EW*, kuo·pern,
-e, -en [kuo·per·ne] *EW*
Kupferpfanne Kuo·per·pan,
-·ne, -·nen *w. tech.*
Kupferpfennig Kuo·per·pen-
ning, -e [Kuo·per·pen·nin·ge]
m. fin.
Kupferplatte Kuo·per·pla·te,
-n *w. tech.*
Kupferrohr Kuo·per·rör, -s
s. tech.
kupferrot kuo·per·raud, -e,
-en [kuo·per·rau·de] *EW*
Kupferschmied Kuo·per-
smet, -s *m. tech.*
Kupferstück Kop·per·stük,
Kop·per·stücke [Kop·per-
stük·ke] *s. fin.*
Kupolofen Kop·pel·uom, Kop-
pel·üöms *m. tech.*
Kuppel Buo·gen·diek, -en
[Buo·gen·die·ken] *w. arch.*,
Kop·pel, -n *w. arch.*
Kuppelei Kop·pe·li, -·en *w.*
kuppeln kop·peln *ZW tech.*
Kuppelstange Kop·pel·sta-
ken, -s *m. tech.*
Kuppler Kop·ler, -s *m.*
Kupplung Kop·plung, -en [Kop-
lun·gen] *w. tech.*
Kur Vö·haal, Vö·ha·le *m. med.*
Kuratel Kur·ra·tel, -·le *s. jur.*
Kurbel Li·re, -n *w. tech.*
Kürbis Küör·bis, -·se *m. bot.*
Kurfürst Kur·füörst, -en [Kur-
füörs·ten] *m. pol.*
Kurfürstentum Kur·füörs·ten-
doom, Kur·füörs·ten·dö·mer
s. pol.
Kurier Kur·re·er, -e [Kur·re-
e·re] *m. trans.*, lel·buo·de,
-n *w. trans.*
kurieren kur·re·ern *ZW med.*
kuriert kur·re·ert, -e, -en [kur-
re·er·te] *EW med.*
kurios kur·joos, kur·jo·se, -n
EW (frz. curieux)
Kurpfuscher Kwak·sal·wer,
-s *m. med.*
Kurpfuscherei Kwak·sal·wen
s. o.Mz. med.; **~ betreiben**
kwak·sal·wen *ZW med.*
kursieren in Üm·laup sien

Kursus Lä·er·gang, Lä·er-
gän·ge *m. kult.*
Kurve Bogt, Bog·ten *w.*, Drai,
-s *m.*, Kuo·we, -n *w.*; **~ der
Straße** Strao·ten·drai, -s *m.
trans.*; **die ~ kriegen** dän
Drai kri·gen
kurven kuo·wen *ZW*
kurz iäm, -s *EW tem.*, kuort,
-e, -en [kuor·te] *EW*; **kürzer**
küör·ter; **am kürzesten** an
küör·tes·ten
kurzab kuort·af *EW psy.*
Kurzarbeit Kuort·ar·baid *w.
o.Mz.*
Kurzarbeiten Kuort·ar·bai-
den *s. o.Mz.*
Kurzarbeiter Kuort·ar·bai·der,
-s *m.*
kurzatmig äch·ter·äö·mig, -e,
-en [äch·ter·äö·mi·ge] *EW
med.*, aom·büörs·tig, -e, -en
[aom·büörs·ti·ge] *EW med.*,
dam·pig, -e, -en [dam·pi·ge]
EW med., eng·büörs·tig, -e,
-en [eng·büörs·ti·ge] *EW
med.*, kuort·äö·mig, -e, -en
[kuort·äö·mi·ge] *EW med.*
Kürze Küör·te *w. o.Mz.*
Kürzel Küör·tel, -s *s. o.Mz.*
kurzem, vor ~ kuors *UW
tem.*, kuor·ten (vüör) *UW
tem.*, kuor·tens *UW tem.*
kürzen küör·ten *ZW*
kurzerhand ka·wup *UW*
Kurzgeschichte Vö·täl·sel,
-s *s. mus.*
kürzlich kuors *UW tem.*,
kuor·ten (vüör) *UW tem.*,
kuor·tens *UW tem.*
Kurzschluss Kuor·ten *m.
o.Mz. tech.*
kurzum kuort·üm *UW*
Kürzung Küör·tung, -en
[Küör·tun·gen] *w.*
Kurzweil Tiet·vö·driew, Tiet-
vö·dri·we *m.*
Kusine Nich·te, -n *w.*
Kuss Müül·ken, Müül·kes *s.
psy.*, Sö·ten *m. o.Mz. psy.*
Küsschen Müül·ken, Müül-
kes *s. psy.*
küssen mü·len *ZW psy.*
Küssen (in Gegenwart anderer) Muul·täg·ge·ri, -·en
w. psy.
Küste Küst, -en [Küs·ten] *w.
geol.*, Wa·ter·kant, -en [Wa-
ter·kan·ten] *w. geol.*
Küster Kös·ter, -s *m. rel.*;
Besitztum des ~s Kös·te-

ri, -·en *w. rel.*
Küsterei Kös·te·ri, -·en *w. rel.*
Kutschbock Kutsk·buk, Kutsk-bücke [Kutsk·bük·ke] *m. tech.*
Kutsche Kuts·ke, -n *w. trans.*
Kutscher Kuts·ker, -s *m. trans.*, Wa·gen·dri·wer, -s *m. trans.*
kutschieren kut·sche·ern *ZW trans.*, kuts·ken *ZW trans.*
Kutschpferd Wa·gen·piärd, -e [Wa·gen·piär·de] *s. zool. trans.*
Kutschwagen Kuts·ken·wa-gen, Kuts·ken·wiä·gen *m. trans.*; **leichter ~** Kar·jool, Kar·jööl *s. trans.*
Kuvert Breew·üm·slag, Breew-üm·sliä·ge *m.*, Ku·wär, -s *s. (frz.* couvert)

L

L, l L, l (Buk·stab·be)
Labkraut (echtes) Han·nig-blo·me, -n *w. bot.*
laborieren lab·be·re·ern *ZW*
Lache Lacke, -n [Lak·ke] *w.*, Pool, Pö·le *m.*
lächeln gnö·cheln *ZW psy.*, smüüs·tern *ZW psy.*; **spöt-tisch ~** gne·sen *ZW psy.*
lachen juks·tern *ZW psy.*, la·chen *ZW psy.*; **ausgelas-sen ~** glap·ken *ZW psy.*, ju·chen *ZW psy.*; **ausge-lassen töricht ~** gam·meln *ZW psy.*; **ausplatzen vor ~** *übertr.* los·prus·sen *ZW psy.*, uut·prus·sen *ZW psy.*; **herz-haft ~** *übertr.* nen Knüp in'n Buuk la·chen *psy.*; **in sich hinein ~** gne·sen *ZW psy.*; **schelmisch oder höh-nisch ~** grif·la·chen *ZW psy.*; **sehr ausgelassen ~** gluon·ken *ZW psy.*; **über alles ~** hip·peln *ZW psy.*; **zum ~ zumute** la·chens-mao·te *UW psy.*
lächerlich lä·cher·lik, lä·cher-licke, -n [lä·cher·lik·ke] *EW psy.*; **~ machen** up·trecken [up·trek·ken] *uZW psy.*
Lachs Las, -·se *m. zool.*
Lachtaube La·che·du·we, -n *w. zool.*
Lack Lak, Lacke [Lak·ke] *m. tech.*
Lackfarbe Lak, Lacke [Lak-

ke] *m. tech.*
lackieren la·ke·ern *ZW tech.*; **mit einer anderen Farbe ~** üm·la·ke·ern *ZW tech.*
Lackierer La·ke·e·rer, -s *m. tech.*
lackiert la·ke·ert, -e, -en [lak-ke·er·te] *EW tech.*
Lackmus Lak·moos *s. o.Mz. chem.*
Lackschuh Lak·scho, -·e *m. tech.*; **hoher ~** Lak·stië·wel, -s *m. tech.*
Lackstiefel Lak·stië·wel, -s *m. tech.*
Ladbergen Lad·biär·gen *ON*
Lade Kas·ten, Käs·ten *m. tech.*, Trecke, -n [Trek·ke] *w. tech.*
laden la·den *uZW*
Ladenkasse Kas, -·sen *w. fin. tech.*
Ladenpreis La·den·pries, La-den·pri·se *m. fin.*
Ladentisch Tre·sen, -s *m. tech.*
Laderaum La·de·ruum, La-de·rü·me *m. trans.*
Ladung Fo·er, -s *s. trans.*; **ohne ~** leeg, le·ge, -n *EW*
Laer Laor *ON*; **Bewohner von ~** Laors·ke, -n *m. und w.*
Laffe Lap·pes, -·se *m. psy.*; **junger ~** Lab·bek, -s *m. psy.*
Lage Lao·ge, -n *w.*, Po·sen-tuur, Po·sen·tu·ren *w.*
Lager La·ger, Liä·ger *s.*, Lao-ger, Läö·gers *s.*; **kleines ~** Liä·ger·ken, Liä·ger·kes *s.*, Lao·ger·stiär, -n *w. tech.*; **~ von geerntetem Hafer** Ha-wer·fak, Ha·wer·fiä·ker *s. agr.*
Lagerapfel Plük·ap·pel, -n *m. kul.*
Lagergerplatz Lao·ger, Läö-gers *s. tech.*, Lao·ger·stiär, -n *w. tech.*; **~ von geernte-tem Hafer** Ha·wer·fak, Ha-wer·fiä·ker *s. agr.*
Lagerhaus Lao·ger·huus, Lao·ger·hü·ser *s. arch.*, Spi-ker, -s *m. arch.*; **~ in alten Kaufmannshäusern** Diäl, -en [Diä·len] *w. arch.*
lagern kam·pe·ern *ZW (frz.* camper), lao·gern *ZW*, liä-gern *ZW*
Lagerstätte Lao·ger, Läö-

gers *s.*
Lagerstelle Lao·ger·stiär, -n *w. tech.*, (Kugellager u.ä.) Lao·ger, Läö·gers *s. tech.*
Lagerung Lao·ge·rung, -en [Lao·ge·run·gen] *w.*
Laggenbeck Lag·gen·biëk *ON*
lahm krüë·pe·lig, -e, -en [krüë-pe·li·ge] *EW med.*, lam, -·me, -·men *EW med.*; **~ im Rück-grat** krüüs·lam, -·me, -·men *EW med.*
lahmen lam·men *ZW med.*
Laib, kleiner ~ (z.B. von Brot-oder Wurstteig) Laip·ken, Laip·kes *s. kul.*
Laienbruder Pao·ter·bro·er, Pao·ter·brö·ers *m. rel.*
Lakai Dai·ner, -s *m.*, Dänst-man, Dänst·lü·de *m.*
Laken La·ken, -s *s. tech.*; **wollenes ~** Wul·la·ken, -s *s. tech.*
Lakritze Hoos·te·ko·ken, Hoos·te·kö·ken *m. kul.*, Klits-ken, Klits·kes *s. kul.*, Stem-ko·ken, Stem·kö·ken *m. kul.*; **in Wasser aufgelöste ~** Hoos·te·ko·ken·wa·ter, Hoos-te·ko·ken·wä·ters *s. med.*
lallen brab·beln *ZW*
Lambertus Lam·mert *VN*
lamentieren lam·men·te·ern *ZW*
Lämpchen Lämp·ken, Lämp-kes *s. tech.*
Lampe Lamp, -e, -en [Lam-pe] *w. tech.*, Löch·te, -n *w. tech.*; **schwach brennende, trübe ~** Fun·sel, -n *w. tech.*
Lampenfieber Lam·pen·fe-wer, -s *s. psy.*
Lampenschirm Lam·pen-scherm, -e [Lam·pen·scher-me] *m. tech.*
Lampion; kleiner ~ Lai·we-jöön·ken, Lai·we·jöön·kes *s. tech.*
Land Land, Län·ner *s. geog., pol.*; **an ~ gehen oder bringen** lan·nen *ZW naut.*; **baumloses ~** Esk, -e [Es-ke] *m. agr.*; **kleines Stück ~** Pänd·ken, Pänd·kes *s. agr.*; **Stück ~ Pand**, Pän-ner *s. agr.*; **nach Art des ~es** lan·nes·wies, lan·nes-wi·se *UW*; **zugeteiltes Stück ~ einer Mark** To·slag, To-sliä·ge *m. agr.*

Landarbeiter Land·ar·bai·der, -s *m. agr.*
Landarzt Land·dok·ter, -s *m. med.*
Landauer Lan·dau·er, -s *m. trans.*
Landbesitz Adliger Hä·ern·grund, Hä·ern·grün·ne *m. fin.*
Landbriefträger Land·breew·driä·ger, -s *m.*
Landebahn Lan·ne·baan, Lan·ne·ba·nen *w. trans.*, Rul·baan, Rul·ba·nen *w. trans.*
landen lan·nen *ZW trans.*, run·ner·kuë·men *uZW trans.*
Landeplatz Lan·ne·stiär, -n *w. trans.*
Länderei Län·ne·ri, -·en *w. agr.*
Landeseisenbahn Lan·nes·i·sen·baan, Lan·nes·i·sen·ba·nen *w. trans.*
Landesfarbe Lan·nes·far·we, -n *w. pol.*
Landesfürst Lan·nes·füörst, -en [Lan·nes·füörs·ten] *m. pol.*
Landesgrenze Lan·nes·gren·se, -n *w. pol.*
Landesherr Lan·nes·hä·er, -ns *m. pol.*
Landeskirche Lan·nes·kiär·ke, -n *w. rel.*
Landesmuseum Lan·nes·mu·se·um, -s *s. his.*
Landessprache Lan·nes·sprao·ke, -n *w. kult.*
Landestelle Lan·ne·stiär, -n *w. trans.*
Landesvater Lan·nes·va·der, Lan·nes·vä·ers *m. pol.*
Landeswappen Lan·nes·wop·pen, -s *s. pol.*
Landeswettbewerb Lan·nes·wed·stried, Lan·nes·wed·stri·de *m.*
Landgraf Land·graof, Land·gräö·fe *m.*
Landhändler (zu Fuß) Pak·driä·ger, -s *m. trans. fin.*, Pak·kääl, -s *m. fin.*; **allg. für** ~ Pöt·ker, -s *m. fin.*
Landhaus Land·huus, Land·hü·ser *s. arch.*
Landkarte Land·kaat, Land·ka·ten *w. geog.*
Landkreis Land·raods·amt, Land·raods.iäm·ter *m. pol., geog.*
Landläufer Land·lai·per, -s *m. fin.*
Landleben Land·liä·wen *s. o.Mz.*

ländlich äs up't Land; **Bewohner** ~er **Gegenden** *übertr.* Land·man, Land·lü·de *m. geog.*
Landluft Land·lucht, Land·lüch·te *w.*
Landmann Acker·man, Ak·ker·lü *m. agr.*, Bu·er, -n, -s·lü·de *m. agr.*, Land·man, Land·lü·de *m. agr.*
Landmaschine Acker·ma·schien, Acker·ma·schi·nen [Ak·ker·ma·schien] *w. tech. agr.*
Landmesser Land·miä·ter, -s *m. tech. geol.*; Ge·o·me·ter, -s *m. tech. geol.*
Landplage Land·plao·ge, -n *w.*
Landrat Land·raod, Land·räö·de *m. pol.*
Landratsamt Land·raods·amt, Land·raods·iäm·ter *s. pol.*
Landregen Land·riän·gen *m. o.Mz. met.*
Landschaft Gië·gend, -en [Gië·gen·den] *w. geog.*
Landschule Land·school, Land·scho·len *w. kult.*
Landsleute Lands·lü·de *Mz.* Landsleute
Landstelle, kleine ~ Klitske, -n *w. agr.*
Landstraße Land·strao·te, -n *w. trans.*, Schas·se, -·en *w. trans.* (frz. chaussée)
Landstreicher Bum·me·le·er, -s *m.*, Land·stri·ker, -s *m.*, Put·ker, -s *m.*, Stro·mer, -s *m.*, Tip·pel·bro·er, Tip·pel·brö·ers *m.*; **Tochter des ~s** Put·kers·doch·ter, Put·kers·döch·ter *w.*; **Sohn des ~s** Put·kers·suon, Put·kers·süöns *m.*
Landstrich Land·striëk, -e [Land·strië·ke] *m. geog.*
Landtag Land·dag, -e [Land·da·ge] *m. pol.*
Landtagsabgeordneter; ~ **sein** in'n Land·dag sit·ten *pol.*
Landung Lan·nung, -en [Lan·nun·gen] *w. trans.*
Landungsbrücke Lan·ne·brüg·ge, -n *w. trans. naut.*
Landvermesser Land·miä·ter, -s *m. tech. geol.*
Landwein Land·wien, Land·wi·ne *m. kul.*
Landwirt Bu·er, -n *m. agr.*;

~ **mit kleinen Ländereien** Küö·ter, -s *m. agr.*; ~ **mit Pferden** Do·mien, Do·mi·ne *m. agr.*
Landwirtschaft Ackeri, -·en [Ak·ke·ri] *w. agr*, Bu·e·ri, -·en *w. agr..*
Landwirtschaftliches Wochenblatt Bu·ern·bläd·ken, Bu·ern·bläd·kes *s. kult. agr.*
Landwirtschaftsschule Bu·ern·scho·le, -n *w. kult. agr.*, *scherzh.* Kwië·ken·school, Kwië·ken·scho·len *w. kult. agr.*
lang haug·schuo·ten, -e, -en [haug·schuo·te·ne] *EW*, lang, -e, -en [lan·ge] *EW*; **sechs Fuß** ~ ses·fö·tig, -e, -en [ses·fö·ti·ge] *EW*; **sehr** ~ iä·len·lang, -e, -en [iä·len·lan·ge] *EW*; **seit ~em** in Jaor un Dag *tem.*
langbeinig lang·beent, -e, -en [lang·been·te] *EW*
Länge Läng·te, -n *w.*; **der ~ nach** län·ge·lang *VW*, langes *VW*
längen län·gen *ZW*
Langenberg Lan·gen·biärg *ON*
Längengrad Läng·ten·graod, Läng·ten·gräö·de *m. geog.*
Langenholzhausen Lan·gen·hol·sen *ON*
Langenhorst Lan·gen·huorst *ON*
Längenmaß Läng·ten·maot, -e [Läng·ten·mao·te] *s. tech.*, Maot, -e [Mao·te] *s. tech.*
Langeweile Lan·ge·wi·le *w. o.Mz.*; **aus** ~ pas·la·tant
langgezogen lang·trocken, -e, -en [lang·trok·ken], [lang·trok·ke·ne] *EW*
langhaarig lang·häö·rig, -e, -en [lang·häö·ri·ge] *EW*
längs lan·ges *VW*
langsam al·nao·grad *UW*, drao·se·lig, -e, -en [drao·se·li·ge] *EW psy.*, ge·mak, ge·macke, -n [ge·mak·ke] *EW psy.*, klün·ge·lig, -e, -en [klün·ge·li·ge] *EW psy.*, *übertr.* lam, -·me, -·men *EW*; ~**er Mensch** Draw·wel·kop, Draw·wel·köp·pe *m.*, Klün·gel·gat, Klün·gel·gät·ter *s. psy.*, Sach·te·pat, Sach·te·pät·te *m.*; ~**er, umständlicher Mensch** Drao·sel, -s *m.*; **so** ~ van-

to·wes *UW*
Langsames Klün·ge·le·ri, -·en
w. psy.
Langschläfer *übertr.* Slaop-
u·le, -n *w. med.*
Längsfaden beim Weben
Kië·den·faam, Kië·den·fiäms
m. tech., Schiä·rung, -en
[Schiä·run·gen] *w. tech.*
langweilen lang·wi·len *ZW*
langweilig lang·wi·lig, -e, -en
[lang·wi·li·ge] *EW*
langwierig lang·wi·lig, -e, -en
[lang·wi·li·ge] *EW tem.*
langziehen lang·trecken [lang-
trek·ken] *uZW*
Lanze Lant·se, -n *w. mil.*
Lappalie Kin·ner·kraom *m.
o. Mz.*
Läppchen Läp·ken, Läp·kes
s. tech.
Lappen Lap·pen, -s *m. tech.*;
alter ~ Klad·den *Mz. tech.*
Laptop Klap·riä·ker, -s *m.
tech.*
Lärm Be·we·er *s. o. Mz.*, Bo-
hai *s. o. Mz.*, Klang, Kläng-
ge *m.*, Kra·kail *s. o. Mz.*,
Kri·jööl, Kri·jö·len *s.*, Ra·bats
m. o. Mz., Rumps, Rümp·se
m., Spit·ta·kel, -s *s. o. Mz.*
lärmen bol·lern *ZW*, kliä·tern
ZW, kra·kai·len *ZW*, kraos-
ken *ZW*, kri·jö·len *ZW*, rump-
sen *ZW*, rum·meln *ZW*,
schan·du·deln *ZW*, spit·ta-
keln *ZW*; (mit Stühlen) stö-
len *ZW*
lärmend kra·kailsk, -e, -en
[kra·kails·ke] *EW*
Larve Lar·we, -n *w. zool.*
lasch lask, -e, -en [las·ke] *EW*
Lasche Las·ke, -n *w. tech.*
lassen lao·ten *uZW*; **er
kann es nicht sein ~** he
kan't nich du·ern; **lass es ~**
laot't ge·wä·ern; **sein ~**
dran·gië·wen *uZW*
lässig läö·sig, -e, -en [läö·si-
ge] *EW*, lask, -e, -en [las-
ke] *EW*; **~ tun** lod·dern *ZW*
Last Drägt, -en [Dräg·ten]
w., *übertr.* Jüёk, -s *s. psy.*;
finanziell zur ~ fallen *übertr.*
up de Tas·ke lig·gen *fin.*
Lastenträger Pak·driä·ger,
-s *m. trans.*
Laster Dü·wels·wiärk *s. o. Mz.*
psy., Un·düëg·te, -n *w. psy.*
Lästermaul Schand·muul,
Schand·mu·len *s. psy.*

lästig kwän·ge·lig, -e, -en
[kwän·ge·li·ge] *EW psy.*;
jemd., der ~ ist Kwän·gel-
kop, Kwän·gel·köp·pe *m. psy.*
**Lastkahn für die Emsschiff-
fahrt** läms·pün·te, -n *w. naut.*
Lastwagen Las·tert, -s *m.
trans.*
Latein La·tien *s. o. Mz. kult.*;
verderbtes ~ Krao·mer·la-
tien *s. o. Mz. kult.*
latein la·tiensk, -e, -en [la-
tiens·ke] *EW kult.*
lateinisch la·tiensk, -e, -en
[la·tiens·ke] *EW kult.*; **~e
Sprache** La·tien *s. o. Mz.
kult.*
Lateinlehrer La·tien·lä·rer, -s
m. kult.
Laterne La·tüch·te, -n *w.
tech.*, Löch·te, -n *w. tech.*
Laternenpfahl Löch·te·paol,
Löch·te·pä·ö·le *m. tech.*
Latrine Pis·ren·ne, -n *w. hyg.*
latschen laats·ken *ZW*
Latte Lat·te, -n *w. tech.*
Lätzchen Slab·ber·lap·pen,
-s *m.*
Laub Lauw *s. o. Mz. bot.*;
abgefallenens ~ Bluëd *s.
o. Mz. bot.*
Laubbaum Lauw·baum,
Lauw·bai·me *m. bot.*
Laubdach Lauw·dak, Lauw-
diä·ker *s.*, Lau·we, -n *w.*
Laube Lau·we, -n *w. arch.*,
Lust·hüüs·ken, Lust·hüüs-
kes *s. arch.*
Laubfrosch Lauw·fuorsk,
Lauw·füörs·ke *m. zool.*
Laubgebinde Krans, Krän-
se *m.*
Laubgeruch Lauw·rüёk, -e
[Lauw·rüё·ke] *m. biol.*
Laubharke Lauw·ra·ke, -n
w. tech. agr.
Laubheu Lauw·hai *s. o. Mz.
bot. agr.*
Laubmoos Lauw·mos, -·se
s. bot.
Lauer Lu·er *w. o. Mz.*
lauern lu·ern *ZW psy.*
lauernd glupsk, -e, -en [glups-
ke] *EW psy.*, glu·rig, -e, -en
[glu·ri·ge] *EW psy.*, lu·e·rig,
-e, -en [lu·e·ri·ge] *EW psy.*
Lauf (Gewehr) Laup, Lai·pe
m. tech.
Laufbahn (beruflich) Liä-
wens·wäg, -e *m.*
Laufbursche Laup·jun·gen,

-s *m.*
laufen lau·pen *uZW*; **barfuß
~, auf Strümpfen ~** ha-
söcken [ha·sök·ken] *ZW*;
durch etwas ~ (z.B. durch
geharkten Weg) düör·pat·ken
ZW; **ein und aus ~**, ohne
die Tür zu schließen päört-
ken *ZW*; **hin und her ~** has-
se·bas·sen *ZW*; **schallend
~** kla·bas·tern *ZW*; **schnell
~** su·sen *ZW*; **wild ~** bissen *ZW*; **ziellos ~** jag·tern
ZW; **laufe los** laup to
Laufen Laup, Lai·pe *m.*;
unfähig zum ~ sein (z.B.
durch Alkohol) *übertr.* de
Hoow·i·sens drun·ner wäg-
häb·ben *med.*
laufengehen lau·pen·gaon
uZW trans.
Läufer Lai·per, -s *m. spo.*
Lauferei Lau·pe·ri, -·en *w.*
Läuferschwein Fa·sel·swien,
Fa·sel·swi·ne *s. agr. zool.*,
Lai·per, -s *m. zool.*, Lai·per-
swien, Lai·per·swi·ne *s.
zool.*
Lauffeuer Laup·fü·er,-s *s.*
Laufgewichtswaage Knip-
wao·ge, -n *w. tech.*
läufig laipsk, -e, -en [laips-
ke] *EW med.*
Laufrad Laup·rad, Laup·riä-
der *s. tech.*
Laufstall (für Kleinkinder und
Jungvieh) Laup·stal, Laup-
stiä·le *m. tech.*
Laufzettel Laup·siё·del, -s
m.
Lauge Bü·ke, -n *w. chem.*
Laune Lu·ne, -n *w. psy.*,
Nücke, -n [Nük·ke] *w. psy.*;
schlechte ~ auslassen
uut·äö·sen *ZW psy.*; **~n**
Schrul·len *Mz. psy.*
launenhaft lüünsk, -e, -en
[lüüns·ke] *EW psy.*, wis-
pel·tür·rig, -e, -en [wis·pel-
tür·ri·ge] *EW psy.*
launisch biëtsk, -e, -en
[biëts·ke] *EW psy.*, lüünsk,
-e, -en [lüüns·ke] *EW psy.*,
muksk, -e, -en [muks·ke]
EW psy., nücke·lig, -e, -en
[nük·ke·lig], [nük·ke·li·ge] *EW
psy.*
Laurentz Lau·rens *VN*
Laus Luus, Lü·se *w. zool.*;
Läuse sammeln lu·sen *ZW
hyg.*; **jemd., der Läuse**

totdrückt Lu·se·knäp·per, -s
m.
Lausbube Slün·gel, -s *m.*
psy.
lauschen hän·häö·ern *ZW*,
lus·tern *ZW*
Lausejunge Buk·strüë·mel,
-s *m. psy.*
Lausekamm Lu·se·fork, -en
[Lu·se·for·ken] *w. tech. hyg.*
lausen lu·sen *ZW hyg.*
Läusetöter Lu·se·knäp·per,
-s *m.*
Lausfliege (hauptsächlich bei
Pferden und Kühen) Gat-
flai·ge, -n *w. zool.*
lausig lu·sig, -e, -en [lu·si·ge]
EW
laut hal, -·le, -·len *EW*, har-
re *EW*, luut, lu·te, -n *EW*,
schrel, -·le, -·len *EW*; ~**e**
Person Kliä·ter·büs, -·sen
w.; **lauter** lu·ter; **am laute-**
sten an lu·tes·ten
Laut Muks, -e [Muk·se] *m.*,
Piep, Piep·se *m.*, Toon, Tö-
ne *m.*; **keinen ~ mehr von**
sich geben ki·nen Piep mäer säg·gen; **schrille ~e von**
sich geben kries·ken *ZW*
psy.; **schwacher ~** Müks-
ken, Müks·kes *s.*
Läuteküster Lü·de·kös·ter,
-s *m. rel.*
läuten kläp·ken *ZW*, lü·den
ZW, pän·geln *ZW*, pin·geln
ZW; **mit der Glocke** ~
bim·meln *ZW*; **mit kleiner**
Glocke sacht und schnell
~ (mit kurzen Intervallen)
bai·ern *ZW*
Läuten Lü·den *s. o.Mz.*; **Seil**
zum ~ der Glocken Klok-
ken·strang, Klocken·strän·ge
[Klok·ken·strang] *m. tech.*
lauten lud·den *ZW*, lu·ten
uZW
lauter bar *UW*, lut·ter *UW*
lauthals luut·hals *UW*
lautlos stil·kes *EW*
lauwarm hand·waam, hand-
wa·me, -n *EW*, pis·waam,
pis·wa·me, -n *EW*
Lavesum Luo·sem *ON*
leben liä·wen *ZW biol.*; **ärm-**
lich ~ hu·sen *ZW*; **gut ~**
pän·keln *ZW*
Leben Liä·ben *s. o.Mz. biol.*,
Liä·wen *s. o.Mz. biol.*; **ins**
~ rufen in't Liä·wen ro·pen;
Kreislauf des ~s Liä·wens-

kring, -e [Liä·wens·krin·ge]
m.; **mein ~ lang** al·mi·liä-
we *UW tem.*; **sein ~ lang**
al·si·liä·we *UW tem.*
lebend liä·wend, -e, -en [liä-
wen·de] *EW*
Lebenden Liäw·schup *w.*
o.Mz.
lebendig glau, -·e, -·en *EW*,
kwik, kwicke, -n [kwik·ke]
EW, la·ben·nig, -e, -en [la-
ben·ni·ge] *EW*, liä·wig, -e,
-en [liä·wi·ge] *EW*; ~ **sein**
liä·wen *ZW*
Lebendigkeit *übertr.* Liä-
wen *s. o.Mz.*
Lebensalter Liä·wens·ol·ler
s. o.Mz. tem.
Lebensbaum Liä·wens·baum,
Liä·wens·bai·me *m. bot.*
lebensbedrohend liä·wens-
ge·fäör·lik, liä·wens·ge·fäör-
licke, -n [liä·wens·ge·fäör·lik-
ke] *EW*
Lebensende Daud *m. o.Mz.*
med.; Liä·wens·en·ne *s.*
o.Mz.; **am ~ sein** uut·liä-
wen *ZW med.*
Lebensfreude Liä·wens·frai-
de, -n *w. psy.*
Lebensgefahr Liä·wens·ge-
faor, -en [Liä·wens·ge·fao-
ren] *w.*
lebensgefährlich liä·wens-
ge·fäör·lik, liä·wens·ge·fäör-
licke, -n [liä·wens·ge·fäör·lik-
ke] *EW*
lebensgroß kääls·haug, -e,
-en [kääls·hau·ge] *EW*
Lebensgröße Kääls·hög·te,
-n *w.*
Lebensjahr Liä·wens·jaor, -e
[Liä·wens·jao·re] *s. tem.*
Lebenskraft Liä·wen *s. o.Mz.*
Lebenskreis Liä·wens·kring,
-e [Liä·wens·krin·ge] *m. tem.*
lebenslang liä·wens·lang, -e,
-en [liä·wens·lan·ge] *EW tem.*
lebenslänglich liä·wens·lang,
-e, -en [liä·wens·lan·ge] *EW*
tem.
Lebenslauf Liä·wens·laup,
Liä·wens·lai·pe *m. tem.*, Liä-
wens·wäg, Liä·wens·wiä·ge
m. tem.
Lebensmittel lä·tens·wiärk
s. o.Mz. kul.
Lebensmittelgeschäft Winkel, -s *m. fin.*
lebensmüde liä·wens·mööd,
liä·wens·mö·de, -n *EW psy.*

Lebensmut Liä·wens·mood
m. o.Mz. psy.
Lebenstag Liä·wens·dag, -e
[Liä·wens·da·ge] *m. tem.*
Lebensunterhalt Uut·kuë-
men *s. o.Mz. fin.*, Liä·wens-
un·ner·holt, Liä·wens·un·ner-
höl·le *m. fin.*
Lebensversicherung Liä-
wens·vö·sië·ke·rung, -en [Liä-
wens·vö·sië·ke·run·gen] *w.*
fin.
Lebensweg Liä·wens·wäg,
Liä·wens·wiä·ge *m.*
Lebensweise Liä·wens·wi-
se, -n *w.*
Lebenswerk Liä·wens·wiärk,
-e *s.*
Lebenszeichen Muks, -e
[Muk·se] *m.*, Liä·wens·te·ken,
-s *s.*
Lebenszeit Liä·we·dag, -e
[Liä·we·da·ge] *m. tem.*, Liä-
wens·tiet, Liä·wens·ti·ten *w.*
tem., Liäw·tiet, Liä·ti·ten *w.*
tem.
Leber Liä·wer, -n *w. med.*
Leberblume Liä·wer·blo·me,
-n *w. bot.*
Leberbrot Liä·wer·braud, Liä-
wer·brai·de *s. kul.*
Leberfleck lärw·pläk, lärw-
pläcken [lärw·pläk·ken] *m.*
med., Liä·wer·pläk, Liä·wer-
pläcken [Liä·wer·pläk·ken] *m.*
med.
leberkrank liä·wer·krank, -e,
-en [liä·wer·kran·ke] *EW med.*;
~ **sein** an'ne Liä·wer häb-
ben *med.*
Lebermoos Liä·wer·mos, -·se
s. bot.
Lebertran Liä·wer·traon *m.*
o.Mz. med.
Leberwurst Liä·wer·wuorst,
Liä·wer·wüörs·te *w. kul.*; ~
mit viel Mehl Miäl·rän·gel,
-s *m. kul.*; **sehr magere ~**
Pan·nas *m. o.Mz. kul.*
Lebewesen; totes ~ Aos,
Äös·ter *s. biol.*
lebhaft a·lat, -·te, -·ten *EW*
(*frz.* alerte), kre·ben·sig, -e,
-en [kre·ben·si·ge] *EW*, krië-
gel, -e, -en [krië·ge·le] *EW*,
kwik, kwicke, -n [kwik·ke]
EW, la·ben·nig, -e, -en [la-
ben·ni·ge] *EW*, liä·wig, -e, -e,
-en [liä·wi·ge] *EW*
Lebkuchen Kiär·mes·ko·ken,
Kiär·mes·kö·ken *m. kul.*

Lebkuchenherz Ko·ken·hiärt, -e [Ko·ken·hiär·te] *s. kul.*
Lebtag Liä·we·dag, -e [Liä-we·da·ge] *m. tem.*, Liä·wens-dag, -e [Liä·wens·da·ge] *m. tem.*; **sein ~** si·liä·we·dag, -e [si·liä·we·da·ge] *UW tem.*
lebtags liä·we·dags *UW tem.*
Lebzeit Liäw·tiet, Liäw·ti·ten *w. tem.*
lechzen gier sien *psy.*
lecken licken [lik·ken] *ZW*; **am Arsch ~** in't Gat licken; **mit der Zunge um den Mund ~** lik·mu·len *ZW kul.*
lecker läcker, -e, -en [läk·ker], [läk·ke·re] *EW kul.*, smaak-lik, smaak·licke, -n [smaak-lik·ke] *EW kul.*
Leckermaul Slicker·tan, Slik-ker·tiä·ne [Slik·ker·tan] *m. psy. kul.*
Ledde Li·e *ON*
Leder Liä·der, -s *s. tech.*, Liär, -s *s. tech.*; **aus ~** liä-dern, -e, -en [liä·der·ne] *EW tech.*; **sehr zähes ~** Ü·sen-liä·der, -s *s. tech.*; **Teich zum Wässern gegerbtem ~s** Lau·diek, Lau·di·ke *m.*
lederartig liä·drig, -e, -en [liä-dri·ge] *EW*
Lederband Liär·band, Liär-bän·ner *s. tech.*
Lederbeutel Liär·bü·del, -s *m. tech.*
Lederflicken Liä·der·läp·ken, Liä·der·läp·kes *s. tech.*; **auf-genähter ~** Ries·ter, -s *m. tech.*
Ledergamasche Liär·ka-mas·ke, -n *w. tech.*
Lederhose Liär·büks, -en [Liär·bük·sen] *m.*
Lederkleidung Liär·tüüg, -s *s. o.Mz.*
Lederläppchen Liä·der·läp-ken, Liä·der·läp·kes *s. tech.*
ledern 1. liä·dern *ZW tech.*; 2. liä·dern, -e, -en [liä·der·ne] *EW tech.*
Lederriemen Liä·der·rai·men, -s *m. tech.*; **dünner ~ am Ende des Peitschenrie-mens** Kas·si·o·ne, -n *w. tech.*; **~ um Türklinken zur Verhinderung, dass eine Tür ins Schloss fällt** Klin-ken·rai·men, -s *m. tech.*; **~ zum Schärfen des Rasier-messers** Striek·rai·men, -s

m. tech.
Lederschuh Liär·scho, -·e *m. tech.*
Lederschürze Liär·schüör-te, -n *w. tech.*
Lederstück Liä·der·stük, Liä·der·stücke [Liä·der·stük-ke] *s. tech.*
Ledertasche Liär·task, -en [Liär·tas·ken] *w. tech.*
ledig los, -·se, -·sen *EW*, (durch Verlust) kwiet *UW* (*frz.* quitte); **jemd., der ~ ist** *übertr.* Een·spän·ner, -s *m.*; *uZW*; **~ geblieben (sein)** üö-wer·blië·wen, -e, -en *EW*
Leeden Le·den *ON*
leer dauw, -e, -en [dau·we] *EW bot.*, güst, -e, -en [güs-te] *EW med.*, leeg, le·ge, -n *EW*, li·rig, -e, -en [li·ri·ge] *EW*, lü·e·rig, -e, -en [lü·e·ri·ge] *EW*, schaun, -e, -en [schau·ne] *EW*; **halb ~** halw·li·rig, -e, -en [halw·li·ri·ge] *EW*
Leer Leer *ON*
leerfressen uut·friä·ten *uZW kul.*
leerlaufen uut·lau·pen *uZW*
Legden Led·den *ON*
Legehenne Läg·ge·hoon, Läg·ge·hö·ner *s. zool.*
legen läg·gen *ZW*
Legende Kü·er·up, -s *s. mus.*, Le·gän·ne, -n *w. mus., rel.*; **Heiligen- und ~nbuch** Hand·pos·til, -·len *w. rel.*
legieren le·ge·ern *ZW tech.*
Legierung Le·ge·e·rung, -en [Le·ge·e·run·gen] *w. tech.*
legitimieren (sich) uut·wi·sen *uZW jur.*
Lehm Klai *m. o.Mz. geol.*
Lehmboden Klai·buo·den, Klai·büö·den *m. geol.*
Lehmgrube Klai·ku·le, -n *w. geol.*
Lehmwand (Flechtwerk) Sprän·kel·wand, Sprän·kel-wän·ne *w. arch.*
Lehne Lië·nig, -en [Lië·ni-gen] *w. tech.*
lehnen lië·nen *ZW*
Lehnstuhl Liën·stool, Liën·stö-le *m. tech.*, Suor·gen·stool, Suor·gen·stö·le *m. tech.*
Lehramt School·dänst, -e [School·däns·te] *m. kult.*
Lehrbuch Lä·er·book, Lä·er-bö·ker *s. kult.*, School·book,

School·bö·ker *s. kult.*
Lehre Lä·er, -n *w. kult.*, Lä-re, -n *w. kult.*; **die ~ beenden** uut·lä·ern *ZW kult.*; **eine harte ~ mitmachen** *übertr.* düör'n Schu·er·sak gaon *kult.*
lehren bi·bai·gen *uZW kult.*, bi·brän·gen *uZW kult.*, lä-ern *ZW kult.*, scho·len *ZW kult.*, un·ner·wi·sen *uZW kult.*
Lehrer Lä·rer, -s *m. kult.*, Ma·gis·ter, -s *m. kult.*, Mes-ter, -s *m. kult.*, School-mes·ter, -s *m. kult.*, („Herr ~") Hal·lär, -s *m. kult.*
Lehrerin Lär·rin, -·nen *w. kult.*; **ledige ~** Juf·fer, -n *w. kult.*, Juf·fers·ke, -n *w. kult.*
Lehrgang Lä·er·gang, Lä·er-gän·ge *m. kult.*, Scho·lung, -en [Scho·lun·gen] *w. kult.*
Lehrgeld Lä·er·geld *s. o.Mz. fin.*
Lehrherr Lä·er·hä·er, -ns *m. kult.*
Lehrjahr Lä·er·jaor, -e [Lä-er·jao·re] *s. tem. kult.*
Lehrjunge Lä·er·jun·gen, -s *m. kult.*
Lehrling Lä·er·jun·gen, -s *m. kult.*, Lä·er·wicht, -er [Lä·er-wich·ter] *s. kult.*, Stift, -e [Stif-te] *m. kult.*
Lehrlingsgehalt Lä·er·geld *s. o.Mz. fin.*
Lehrmädchen Lä·er·wicht, -er [Lä·er·wich·ter] *s. kult.*
Lehrmeister Lä·er·mes·ter, -s *m. kult.*
Lehrstelle Lä·er·stiär, -n *w. kult.*
Lehrstuhl Lä·er·stool, Lä·er-stö·le *m. kult.*
Lehrstunde Lä·er·stun, -·nen *w. tem. kult.*
Lehrzeit Lä·er, -n *w. tem. kult.*, Lä·er·tiet, Lä·er·ti·ten *w. tem. kult.*
Leib Bal·lig, -e [Bäl·li·ge] *m. med.*, Liew, Li·wer *s. med.*
Leibchen Kniëp·ken, Kniëp-kes *s.*, Liew·ken, Liew·kes *s.*, Rümp·ken, Rümp·kes *s.*
Leibeigene(r) Un·fri·e, -n *m. und w.*
Leibeigenschaft Mün·nel-schup, -·pen *w.*
leibhaftig liew·haf·tig, -e, -en [liew·haf·ti·ge] *EW*
Leibschmerzen Liew·kel·len

Mz. med., Liew·pien, Liew-
pi·ne *w. med.*
Leibwäsche Un·ner·tüüg, -s
s. o.Mz., Un·ner·wös·ke *Mz.*
Leibzucht Liew·tucht, -en
[Liew·tuch·ten] *w.*
Leiche Li·ke, -n *w. med.*
Leichenbitter Li·ken·bid·der,
-s *m.*
leichenblass li·ken·wit, -·te,
-·ten *EW med.*, li·ken·bleek,
li·ken·ble·ke, -n *EW med.*
Leichenfeier Li·ken·fi·er, -n
w.
Leichenhalle Li·ken·huus,
Li·ken·hü·ser *s. arch.*
Leichenhaus Li·ken·huus,
Li·ken·hü·ser *s. arch.*
Leichenhuhn Liek·höön·ken,
Liek·höön·kes *s. zool.*
Leichenlaken Li·ken·la·ken,
-s *s. tech.*
Leichenschmaus Li·ken-
köst *w. o.Mz. kul.*, *übertr.*
dat Fel vö·su·pen *kul.*
Leichentuch Lien·la·ken, -s
s. tech., Li·ken·dook, Li·ken-
dö·ker *s. tech.*
Leichenwagen Dau·den·wa-
gen, Dau·den·wiä·gen *m.*
trans., Li·ken·wa·gen, Li·ken-
wiä·gen *m. trans.*
Leichenzug Li·ken·tog, Li-
ken·tüö·ge *m.*; **Weg des ~es**
Li·ken·wäg, Li·ken·wiäge *m.*
Leichnam Liek·nam, -·me
m. med., Li·ke, -n *w. med.*
leicht een·fak, een·facke, -n
[een·fak·ke] *EW*, licht, -e, -en
[lich·te] *EW*, licht·fär·rig, -e,
-en [licht·fär·ri·ge] *EW psy.*;
**auf die ~e Schulter neh-
men** a·rüm·tün·deln (met)
ZW psy.; **leichter** lich·ter;
am leichtesten an lichs·ten
leichtfertig fluks·trig, -e, -en
[fluks·tri·ge] *EW psy.*, flu·sig,
-e, -en [flu·si·ge] *EW psy.*,
licht·fär·rig, -e, -en [licht·fär·ri-
ge] *EW psy.*, wüps·te·rig, -e,
-en [wüps·te·ri·ge] *EW psy.*
Leichtfuß Düör·gän·ger, -s
m. psy.
leichtgläubig licht·glaiwsk,
-e, -en [licht·glaiws·ke] *EW
psy.*
Leichtigkeit Klaks·sa·ke *w.
o.Mz.*, *übertr.* Kin·ner·spiël,
-e [Kin·ner·spië·le] *s.*, Lich-
te, -n *w.*
Leichtsinn Licht·sin *m. o.Mz.*

psy.
leichtsinnig röök·laus, -e, -en
[röök·lau·se] *EW psy.*, röök-
los, -·se, -·sen *EW psy.*;
~es Mädchen Flüg·gers·ke,
-s *w. psy.*
Leichtsinniger Licht·fink, -en
[Licht·fin·ken] *m. psy.*
leid leed *EW psy.*; **~ tun**
leed·doon *uZW psy.*
Leid Leed, Le·den *s. psy.*, Liden, -s *s. med.*, *psy.*; **hal-
bes ~, geteiltes ~** Halw·li-
den *s. o.Mz. psy.*
leiden li·den *uZW med.*, *psy.*;
~ mögen li·den müë·gen
psy.
Leiden Li·den, -s *s. med.*
leidend e·len·nig, -e, -en
[e·len·ni·ge] *EW med.*, *psy.*
leidenschaftlich *übertr.* fü-
e·rig, -e, -en [fü·e·ri·ge] *EW
psy.*; **~ gern** li·dens·gään
EW psy.
Leidensweg Li·dens·wäg,
Li·dens·wiä·ge *m. psy.*
Leidenszeit Li·dens·tiet, Li-
dens·ti·ten *w. psy.*, *med.*
leider le·der *UW*; **~ Gottes**
le·der Guods
leidlich lied·sam, -·me, -·men
EW psy.
leiern li·ern *ZW*
leihen le·nen *ZW*, pum·pen
ZW
Leim Liem, Li·me *m. tech.*;
aus dem ~ gehen *übertr.*
uut'n Let gaon *tech.*
leimen li·men *ZW tech.*
Leimfarbe Liem·far·we, -n *w.
tech.*
Leimkraut Liem·kruud *s.
o.Mz. bot.*
Leimofen Liem·uom, Liem-
üöms *m. tech.*
Leimrute Liem·fre·de, -n *w.
tech.*, Liem·ro·e, -n *w. tech.*
Leimtopf Liem·pot, Liem·pöt-
te *m. tech.*
Lein Lien *m. o.Mz. bot.*; **Ab-
fall beim Hecheln von ~**
Hai·e *w. o.Mz. tech.*
Leine Li·ne, -n *w. tech.*
Leinen Lin·nen *s. o.Mz. tech.*;
Schrank für das ~ Lin·nen-
schap, Lin·nen·schiä·pe *s.
tech.*; **aus ~** lin·nen, -e, -en
[lin·nen·ne] *EW*; **grobes ~**
Sak·dook, Sak·dö·ker *s. tech.*
Leinenanzug Lin·nen·an·tog,
Lin·nen·an·tüö·ge *m.*

Leinenbeutel Lin·nen·büül,
-s *m. tech.*
Leinenbleiche Lin·nen·ble-
ke, -n *w. tech.*
Leinenhemd Lin·nen·hiëmd,
-e [Lin·nen·hiëm·de] *s.*
Leinenhose Lin·nen·büks,
-en [Lin·nen·bük·sen] *w.*
Leinenkleid Lin·nen·kleed,
Lin·nen·kle·der *s.*
Leinenkoffer Lin·nen·kuf·fer,
-s *s. tech.*
Leinenlaken Lien·la·ken, -s
s. tech.
Leinenlappen Lin·nen·lap-
pen, -s *m. tech.*
Leinensack Lin·nen·sak, Lin-
nen·siä·ke *m. tech.*
Leinenstoff Lin·nen *s. o.Mz.
tech.*; **Koffer oder Kiste zur
Aufbewahrung des ~es**
Lin·nen·kuf·fer, -s *s. tech.*
Leinentasche Lin·nen·büül,
-s *m. tech.*
Leinentuch Lien·la·ken, -s
s. tech., Lin·nen·dook, Lin-
nen·dö·ker *s. tech.*
Leinenweben Lin·nen·wiä-
wen *s. o.Mz. tech.*
Leinenweberei Lin·nen·wiä-
we·ri, -·en *w. tech.*
Leinenwindel Lin·nen·schran-
del, -n *w.*
Leineweber Lin·nen·wiä·wer,
-s *m. tech.*
Leinfarbe Lien·far·we, -n *w.
tech.*
Leinöl Lien·üöl·ge *s. o.Mz.
bot.*
Leinölfarbe Lien·far·we, -n
w. tech.
Leinpfad Lien·pat, Lien·pät-
te *m. trans.*
Leinpflanze Lien·plan·te, -n
w. bot.
Leinsamen Lien·saot, Lien-
säö·te *w. bot.*
leise sacht, -·e, -en [sach·te]
EW
Leiste Lat·te, -n *w. tech.*,
Lies·se, -n *w. tech.*
leiten an·fö·ern *uZW*, lai·en
ZW, le·den *ZW*, vüör·staon
uZW
Leiter Led·der *w. tech.*; (in
leitender Funktion) Baas, Biä-
se *m.*; **kurze ~** lai·er, -n
w. tech.; **kurze ~ zum futterboden** Hi·len·bië·wer, -n
w. tech.; **kleine oder kurze
~** Led·der·ken, Led·der·kes

s. tech.; ~ **zum Dachboden** Bal·ken·led·der, -n w. tech.
Leitersprosse Led·der·stok, Led·der·stöcke [Led·der·stök·ke] m. tech.
Leiterwagen Led·der·wa·gen, Led·der·wiä·gen m. agr. trans., Rinks·ten·wa·gen, Rinks·ten·wiä·gen m. agr. trans.
Leitpfahl Löch·te·päöl·ken, Löch·te·päöl·kes s. trans.
Leitung; die ~ haben übertr. dän Hood up·häb·ben; **elektrische ~** Ka·wel, -n s. tech., Strip·pe, -n w. tech.
Lembeck Lem·bek ON
Lemgo Lem·ge ON
Lende Län·ne, -n w. med.
Lendenwirbel; ~ im Bereich des Beckens Krüüs, Krü·se s. med.
Lengerich Len·ger·ke ON
lenken buk·se·ern ZW trans., stü·ern ZW; **gezielt ~** man·ne·pu·le·ern ZW psy., tech.
Lenkrad Stü·er·rad, Stü·er·riä·der s. tech.
Lenkung Stü·e·rung, -en [Stü·e·run·gen] w. tech.
Lerche Le·wing, -e [Le·win·ge] m. zool.
lernen lä·ern ZW kult.; **fleißig ~** übertr. up't Äch·ter·pand sät·ten psy. kult.
Lesebuch Liä·se·book, Liä·se·bö·ker s. kult.
lesen liä·sen uZW, smö·kern ZW mus.
Leser Liä·ser, -s m.
Lette 1. Let ON (Coesfeld), 2. Le·te ON (Oelde)
Letzt, zu guter ~ to·guë·ter·lest
letztabends an·nern·aoms UW tem.
Letzte Äch·ters·te, -n s.
letzte lest, -e, -en [les·te] EW
letzthin vüör·les·ten UW
letztlich an·en·ne UW
Leuchte Lamp, -e, -en [Lam·pe] w. tech., La·tüch·te, -n w. tech., Löch·te, -n w. tech.; **kleine ~** Lämp·ken, Lämp·kes s. tech.
leuchten gläm·mern ZW, löch·ten ZW, schi·nen uZW
leuchtend gläm·me·rig, -e, -en [gläm·me·ri·ge] EW, löch·tend, -e, -en [löch·ten·de] EW
leuchtendrot glai·nig·raud,

-e, -en [glai·nig·rau·de] EW
Leuchter Löch·ter, -s m. tech.
Leuchterträger (z.B. bei Beerdigungen) Löch·ten·driä·ger, -s m.
Leuchtfeuer Löcht·fü·er, -s s. tech. naut.
Leuchtkäfer Gläm·wuorm, Gläm·wüör·mer m. zool., Glum·wüörm·ken, Glum·wüörm·kes s. zool.
Leuchtspan (Lichtquelle) Löch·te·spaon, Löch·te·späö·ne m. tech.
Leuchtturm Fü·er·taon, Fü·er·täö·ne m. arch. naut.
leugnen af·stri·den uZW psy.; **heftig ~** wied wäg·smi·ten psy.
Leumund Roop, Rö·pe m.
Leute Lü·de Mz.
Lexikon Nao·kiek·sel, -s s. kult.
Liane Kläm·mer·ken, Klämmer·kes s. bot.
Libelle Dü·wels-Nai·nao·del, -n w. zool., Glas·ma·ker, -s m. zool., Wuor·del·sü·ger, -s m. zool.
liberal fri·densk, -e, -en [fri·denks·ke] EW psy.
Liberaldemokraten übertr. Giä·len Mz. pol.
Liberale(r) Fri·den·ker, -s m. und w. psy., übertr. Giä·len Mz. pol.
licht lecht, -e, -en [lech·te] EW
Licht Lecht, -er [Lech·ter] s.; **etwas ans (Tages)~ bringen** übertr. van 'n Dag kümen; **~ auf dem Dachboden** Bal·ken·lecht, -er [Balken·lech·ter] s. tech.; **sehr schwaches ~** Mo·der·guods·lämp·ken, Mo·der·guods·lämp·kes s. tech.; **wegweisendes ~** Löcht·fü·er, -s s. naut.
Lichtbild Lecht·beld, Lechtbel·ler s. tech.
Lichterbaum Lech·ter·baum, Lech·ter·bai·me m.
Lichthof Lecht·how, Lecht·hüö·we m. arch.
Lichtkegel Lecht·kië·gel, -s m.
Lichtlein Lecht·ken, Lecht·kes s.
Lichtmaschine Lecht·ma·schien, Lecht·ma·schi·nen w.

tech.
Lichtmesskerze Lecht·mis·kä·se, -n w. tech. rel.
Lichtschacht von Kellerfenstern Kel·ler·lok, Keller·löcker [Kel·ler·lök·ker] s. arch.
Lichtschein Lecht·schien m. o.Mz. tech.
Lichtsignal Lecht·sig·naol, -e [Lecht·sig·nao·le] s. tech. trans.
Lichtspielhaus Lecht·spiël·huus, Lecht·spiël·hü·ser s. arch. mus.
Lichtstrahl Lecht·straol, Lecht·sträö·le m. tech.
Lichtstreifen Lecht·stri·pen, -s m. tech.
lieb laiw, -e, -en [lai·we] EW psy., wääd EW psy.; **lieber** lai·wer; **am liebsten** an laiws·ten
Liebchen Laiw·ken, Laiw·kes s. psy.
liebdienerisch lib·be·de·ert, -e, -en [lib·be·de·er·te] EW psy.
Liebe Laiw, -e, -en [Lai·we] s. und w. psy.
lieben lai·wen ZW psy., laiw häb·ben psy., mai·nen ZW psy.
liebenswert laiw·tai·lig, -e, -en [laiw·tai·li·ge] EW psy.
Liebesapfel Lai·wes·ap·pel, -n m. bot.
Liebesbrief Lai·wes·breew, Lai·wes·bre·we m. psy.
Liebesdiener Laiw·dai·ner, -s m. psy.
Liebesdienst Lai·wes·dänst, -e [Lai·wes·däns·te] m. psy., Laiw·dai·ne·ri, -· en w. psy.
Liebeskummer Lai·wes·pien, Lai·wes·pi·ne w. psy.
Liebespaar Lai·wes·lü·de Mz. psy.
Liebespfand Lai·wes·pand, Lai·wes·pän·ner s. psy.
Liebesschmerz Lai·wes·pien, Lai·wes·pi·ne w. psy.
Liebeswerben Fri·e·ri, -·en w. psy.
liebgewinnen laiw·win·nen uZW psy.
liebhaben laiw·häb·ben uZW psy.
Liebhaber Frönd, Frön·de m. psy., Laiws·te, -n m. psy.
Liebhaberin Frön·din, -·nen

w. psy.
liebkosen püüs·ken ZW psy.,
sö·ten·stri·ken uZW psy., (ein
Kind) ai·ja·ma·ken uZW psy.
lieblich laiw·lik, laiw·licke, -n
[laiw·lik·ke] EW psy., sööt,
sö·te, -n EW psy.
Liebling Laiws·te, -n m. psy.;
~ **der Mutter** übertr. Mo·er·
kät·ken, Mo·er·kät·kes s. psy.
liebreich laiw·tai·lig, -e, -en
[laiw·tai·li·ge] EW psy.
Liebschaft Fri·e·ri, -·en w.
psy.; **aussichtslose kurze** ~
Mau·en·fri·e·ri, -·en w. psy.;
kurze ~ Kiär·mes·bruut, Kiär·
mes·brü·te w. psy.
liebselig laiw·siä·lig, -e, -en
[laiw·siä·li·ge] EW psy.
Liebste(r) Laiws·te, -n m.,
s. und w. psy.
Liebstöckel Mag·gi·kruud s.
o.Mz. bot.
Lied Leed, Le·der s. mus.,
Sang, Sän·ge m. mus.
Liedchen Leed·ken, Leed·
kes s. mus.
Liederabend Le·der·aomd,
-e [Le·der·aom·de] m. mus.
Liederbuch Le·der·book, Le·
der·bö·ker s. mus.
liederlich fausk, -e, -en [faus·
ke] EW psy., laig, -e, -en
[lai·ge] EW psy., li·er·lik, li·
er·licke, -n [li·er·lik·ke] EW
psy.; **hinterhältiger,** ~
Mensch Nickel, -s [Nik·kel]
s. psy.
Liederlichkeit Li·er·lik·kait,
-en [Li·er·lik·kai·ten] w. psy.
Liedern Li·dern ON
Lieferant Lië·we·rer, -s m.
liefern lië·wern ZW
Lieferung Lië·we·rung, -en
[Lië·we·run·gen] w.
Lieferzeit Lië·wer·tiet, Lië·
wer·ti·ten w. tem.
Liege; hölzerne ~ Britsk, -e,
-en [Brits·ke] w. tech.
Liegen Lig·gen s. o.Mz.
liegen lig·gen uZW; **am Bo·
den** ~ daal·lig·gen uZW;
umgedreht ~ übertr. up'n
Kop lig·gen
liegenbleiben lig·gen·bli·wen
uZW
liegend lig·gend, -e, -en [lig·
gen·de] EW
liegenlassen lig·gen·lao·ten
uZW
Lienen Li·nen ON

Liesborn Leis·bern ON
Lift Up·tog, Up·tüö·ge m.
tech.
Liguster, Gemeiner An·ne·
wai·en·wië·de, -n w. bot.
Likör Sö·ten m. o.Mz. kul.;
roter ~ Rau·den m. o.Mz.
kul.
Lilie Lil·ge, -n w. bot.
Lilienhähnchen Lil·gen·hään·
ken, Lil·gen·hään·kes s. zool.
Limbergen Lim·biär·gen ON
Limonade Bruus·wa·ter,
Bruus·wä·ters s. kul., Sap·
wa·ter, Sap·wä·ters s. kul.
Linde Lin·ne, -n w. bot.
Lindenbaum Lin·nen·baum,
Lin·nen·bai·me m. bot.
Lindenblüte Lin·nen·blö·te,
-n w. bot.
Lindenholz Lin·nen·holt, Lin·
nen·höl·ter s. bot.
Lindenzweig Lin·nen·toog,
Lin·nen·tö·ge m. bot.
lindern lin·nern ZW
Linderung Lin·ne·rung, -en
[Lin·ne·run·gen] w. med.
Lineal Lien·holt, Lien·höl·ter
s. tech.
Linie Graod, Gräö·de w.
tech., Lin·nig, -en [Lin·ni·gen]
w., Striëk, -e [Strië·ke] m.;
breite ~ Stri·pen, -s m.
Linienblatt Lin·ni·gen·blad,
Lin·ni·gen·bliä·der s. tech.
liniert; ~es Blatt Lin·ni·gen·
blad, Lin·ni·gen·bliä·der s.
tech.
link lucht, -e, -en [luch·te] EW
links (Fuhrmannssprache)
har UW; **auf der linken Sei·
te** lucht·ter·hand UW, lucht
UW; ~ **von der Deichsel**
nao·hand UW, nao·rant UW
Linksgewinde Links·ge·win·
ne s. tech.
Linkshänder (meist verächt·
lich) Links·po·te, -n w. med.,
Lucht·fuust, Lucht·füüs·te w.
med., Lucht·po·te, -n w. med.
Linksradikale übertr. Krit·
ten·rau·den Mz. pol.
Linse Lins, -en [Lin·sen] w.
tech., bot., med.
Linsenmuskel Lin·sen·stram·
fleesk s. o.Mz. med.
Lippborg Lip·bu·rg ON
Lippe Lip, -·pen w. med.,
tech.; **(Hänge)~** Fläp·pe, -n
w. psy.; **hängende** ~ Büm·
mel·snu·te, -n w. psy.; **mit**

hängenden ~**n** muul·am·
pig, -e, -en [muul·am·pi·ge]
EW psy.
Lippramsdorf Rans·trop ON
List Fin·te, -n w. psy., Glu·
pe·ri, -·en w. psy.
Liste Lies·te, Lies·ten w.
listig; ~er Mensch (Schimpf·
wort) Aos·liä·der, -s s. psy.
Litanei Let·te·ni, -·en w. rel.,
Lit·te·ni, -·en w. rel.
Liter Lit·ter, -s s. tech.; ½ ~
(Hohlmaß) Män·gel, -s s.
tech.
Litermaß Lit·ters·maot, Lit·
ters·mao·te s. tech.
Lithograph Steen·drücker,
-s [Steen·drük·ker] m. tech.
Livree Liw·rai, -s s. (frz.
livrée)
LKW Las·tert, -s m. trans.
Lob Luow, Löü·we s. psy.
loben luo·wen ZW psy., pri·
sen ZW psy.; **~d erwähnen**
ha·ruut·stri·ken uZW psy.;
sich ~ sik pug·gen ZW psy.
Lobgesang Luow·sang,
Luow·sän·ge m. mus.
Loblied Luow·leed, Luow·le·
der s. mus.
Loch Huol, Hüö·le s., Lok,
Löcker [Lök·ker] s.; **ein** ~
herstellen buorn ZW tech.;
ein ~ **machen** hüö·len ZW;
kleines ~ Küül·ken, Küül·
kes s., Löks·ken, Löks·kes
s.; ~ **in der Erde** Ku·le, -n
w.; ~ **zum Durchkriechen**
(z.B. in der Hecke) Kruup·
lok, Kruup·löcker [Kruup·lök·
ker] s.
Lochzange Lok·tang, -en
[Lok·tan·gen] w. tech.
Locke Krül·ken, Krül·kes s.;
mit ~n versehen krül·lig
ZW
locken (Hühner) tocken [tok·
ken] ZW; **jemd.** ~ übertr. dat
Muul wa·te·rig ma·ken psy.
Lockenkopf Kruus·kop,
Kruus·köp·pe m.
Lockenschere Briän·schä·
er, -n w. tech.
locker flu·sig, -e, -en [flu·si·
ge] EW, lak, lacke, -n [lak·
ke] EW tech., luk·lak, luk·
lacke, -n [luk·lak·ke] EW
tech., (Gewebe) lum·me·rig,
-e, -en [lum·me·ri·ge] ZW,
(Schraube) schru·wen·lak,
schru·wen·lacke, -n [schru-

wen·lak·ke] *EW tech.*
lodern flickern [flik·kern] *ZW*
Löffel Liä·pel, -s *m. tech.
kul;* **kleiner ~** Liä·pel·ken, Liä·pel·kes *s. tech. kul.*
Löffelbagger Liä·pel·bag·ger, -s *m. tech.*
Löffelbohrer Liä·pel·büör, -s *m. tech.*
Löffelbrett Liä·pel·bräd, Liä·pel·briä·der *s. tech.*
Löffelchen Liä·pel·ken, Liä·pel·kes *s. tech. kul.*
Löffelegge Grub·ber, -s *m. tech. agr.;* **eggen mit der ~** grub·bern *ZW agr.*
Löffelkost Liä·pel·köst *w. o.Mz. kul.*
löffeln liä·peln *ZW*
Löffelstiel Liä·pel·stiël, -e [Liä·pel·stië·le] *m. tech.*
löffelweise liä·pel·wies, liä·pel·wi·se *UW*
logieren lo·sche·ern *ZW (frz.* loger)
lohen lau·en *ZW chem.*
Lohfarbe Lau·far·we, -n *w. tech.*
Lohgerber Lau·giär·wer, -s *m. tech.*
Lohn Laun, Lai·ne *m. fin., psy.,* Vö·dänst, -e [Vö·däns·te] *m. fin., psy.*
Lohnabrechnung Laun·stri·pen, -s *m. fin.*
Lohnarbeit Laun·wiärk, -s *s. o.Mz. fin.*
Lohnarbeiter Laun·wiär·ker, -s *m. fin.*
Lohndiener Laun·dai·ner, -s *m. fin.*
Lohndrescher Laun·düörs·ker, -s *m. agr.*
Lohne 1. Laon *ON* (Vechta); 2. Läö·ne *ON* (Soest)
lohnen lau·nen *ZW fin., psy.,* ren·te·ern *ZW fin., psy.;* **das lohnt sich nicht** *übertr.* dat smit niks up *fin., psy.*
Lohnsteuer Laun·stü·er, -n *w. fin.*
Lohnstreifen Laun·stri·pen, -s *m. fin.*
Lohntüte Laun·tu·te, -n *w. fin.*
Löhnung Laun, Lai·ne *m. fin.;* **Tag der ~** Laun·dag, -e [Laun·da·ge] *m. tem. fin.*
Lokomotive Locke·me·ti·we, -n [Lok·ke·me·ti·we] *w. trans.,* (Kurzform) Lok, -s *w. trans.*

Lokomotivführer Lok·dri·wer, -s *m. trans.*
Lokomotivtechniker Lok·tek·ni·ker, -s *m. tech.*
Lönsheide Löns·he *ON*
Lore Kip·kaor, Kip·käörs *w. trans.*
Los Laus, -e [Lau·se] *s.*
los los, -·se, -·sen *EW,* (durch Verlust) kwiet *UW (frz.* quitte); **~!** to!; **~ werden** kwiet wä·ern *uZW*
losballern los·bol·lern *ZW*
losbinden los·bin·nen *uZW*
losbrechen los·briä·ken *uZW*
Losbude Laus·bu·de, -n *w. tech.*
Löschblatt Lösk·blad, Lösk·bliä·der *s. tech.*
löschen lös·ken *ZW,* uut·ma·ken *uZW*
lose los, -·se, -·sen *EW,* (Gewebe) lum·me·rig, -e, -en [lum·me·ri·ge] *EW;* **~ sein** slackern [slak·kern] *ZW*
lösen los·maken *uZW;* **durch Schläge ~** los·klop·pen *ZW;* **sich ~** los·gaon *uZW;* **von etwas ~** af·gaon *uZW*
losfahren los·fö·ern *uZW trans.*
losgehen los·gaon *uZW*
loshalten los·hol·len *uZW,* up·hol·len *uZW*
losknüpfen up·knüp·pen *ZW*
loskommen af·kuë·men *uZW,* los·kuë·men *uZW*
loslassen lak·lao·ten *uZW,* los·lao·ten *uZW*
loslaufen los·lau·pen *uZW*
loslegen los·läg·gen *ZW*
losmachen los·lich·ten *ZW*
lospoltern los·pol·tern *ZW*
losreißen los·ri·ten *uZW*
losrennen los·biä·sen *uZW*
lossagen los·säg·gen *uZW*
losschießen los·schai·ten *uZW*
losspringen; auf etwas ~ an·sprän·gen *uZW*
losstiefeln los·stië·weln *ZW*
Lösung; eine ~ finden ruut·kri·gen *uZW*
Losverkauf; Stand mit ~ Laus·bu·de, -n *w. tech.*
loswerden los·wä·ern *uZW*
losziehen los·trecken [los·trek·ken] *EW*
Lot Laut, -e [Lau·te] *s. tech.;* (14,6g, alte Masseeinheit) Loot, Lo·te *s. tech.*

loten lau·ten *ZW tech.*
lotrecht laut·rächt, -e, -en [laut·räch·te] *EW*
Lotte Luo·te *ON*
Lotterbube Lor·bas, Lor·bäs·se *m. psy.*
Lotterleben Lod·der·liä·wen *s. o.Mz. psy.*
Louisdor (franz. Goldmünze) Lu·je·door, -s *m. fin.*
Löwe Lööw, Lö·wen *m. zool.*
Löwenmäulchen Gaap·müül·kes *Mz. bot.*
Löwenzahn Kië·den·blo·me, -n *w. bot.,* Ko·blo·me, -n *w. bot.;* **verblühter ~** Poos·te·blo·me, -n *w. bot.*
Lowick Lo·wik *ON*
Luchs Los, -·se *m. zool.*
Lüdenschied Lün·sche *ON*
Ludger Lud *VN,* Lu·i, -es *VN*
Lüdinghausen Lünk·hu·sen *ON,* Lünk·sel *ON*
Ludwig Luw·wig *VN*
Luft Lucht, Lüch·te *w.;* **an die ~ setzen** an'ne Lucht sät·ten; **frische ~ schnappen** *übertr.* üm de Pös·te gaon; **~ holen** ää·men *ZW med.,* Aom·ha·len *s. o.Mz. med.;* **in die ~ gehen** hau·ge·gaon *uZW;* **nach ~ schnappen** jap·pen *ZW med.*
Luftangriff Lucht·an·griëp, -e [Lucht·an·grië·pe] *m. mil.*
Luftaufnahme Lucht·up·naom, -en [Lucht·up·nao·men] *w. tech.*
Luftbild Lucht·up·naom, -en [Lucht·up·nao·men] *w. tech.*
Luftblase Blao·se, -n *w.,* Lucht·blao·se, -n *w.;* **~ auf Wasserpfütze bei Regen** *übertr.* Os·sen·au·ge, Os·sen·ai·gen *s. met.*
Lüftchen Lücht·ken, Lücht·kes *s.*
Luftdruck Lucht·drük *m. o.Mz. met.*
lüften lüch·ten *ZW*
Lüfterrad Lucht·schru·we, -n *w. tech.*
Luftgefahr (bei Bombenangriffen) Lucht·ge·faor, -en [Lucht·ge·fao·ren] *w. mil.*
Luftgewehr Püüs·ter, -s *m. tech.*
Lufthafen Lucht·ha·wen, Lucht·hä·wen *m. trans.*
luftig luch·tig, -e, -en [luch·ti·ge] *EW*

Luftkrieg Lucht·krieg, Lucht-
kri·ge *m. mil.*
Luftlinie Lucht·lin·nig, -en
[Lucht·lin·ni·gen] *w.*
Luftloch Lucht·lok, Lucht-
löcker [Lucht·lök·ker] *s. met.*
Luftröhre Aom·pi·pe, -n *w.
med.*, Aom·struort, Aom-
strüört *w. med.*
Luftschiff Lucht·schip, -·pe
s. trans., Wind·schip, -·pe *s.
trans.*
Luftschraube Lucht·schru-
we, -n *w. tech.*
Lüge Lai·ge·ri, -·en *w. psy.*,
Lüë·ge, -n *w. psy.*
lügen bi·ma·ken *uZW psy.*,
krücken [krük·ken] *ZW psy.*,
lai·gen *uZW psy.*, spin·ti-
se·ern *ZW psy.*, swin·neln
ZW psy.; **da müsste ich ~**
dao mot ik üm lai·gen
Lügenbold Lai·ge·büül, -s *m.
psy.*
lügenhaft lai·gen·haft, -e, -en
[lai·gen·haf·te] *EW psy.*
Lügenmärchen Dö·ne·ken,
Dö·ne·kes *s. mus.*, Döönken, Döön·kes *s. mus.*
Luke Luuk, Lu·ken *w. tech.*,
Slop, Slöp·pe *s. tech.*
Lümmel Lor·bas, Lor·bäs·se
m. psy., Schin·aos, Schin-
äö·se *s. psy.*, Slün·gel, -s
m. psy.; *übertr.* Flië·gel, -s
m. psy.
Lump Schin·aos, Schin·äö·se
s. psy., *übertr.* Luork, Lüörk-
ke *m. psy.*
Lumpe Klad·den *Mz.*, Klün-
gel *m. o.Mz.*, Pluë·de, -n
w., Tot *s. o.Mz.*
Lumpensack Pluë·den·sak,
Pluë·den·siä·ke *m. tech.*
Lumpensammler Pluë·den-
kääl, -s *m. tech.*
lumpig; ~ gekleideter Mensch
Smusk, -e [Smus·ke] *m.*
Lunge Lung, -en [Lun·gen]
w. med.
Lungenentzündung Buorst-
fe·wer *s. o.Mz. med.*
lungenkrank (sein) an'ne
Lung häb·ben *med.*
Lungenkraut Sië·gen·blo-
me, -n *w. bot.*
Lünten *ON* Lün·ten
Lupe Vö·gröt·te·rungs·glas,
Vögröt·te·rungs·gliä·ser *s.
tech.*
Lurch Luork, Lüör·ke *m. zool.*

Lust lärs, -e, -en [lär·se] *w.
psy.*, Mood *m. o.Mz. psy.*,
Müë·gen *s. o.Mz. psy.*; **keine ~ zu etwas haben** ki-
nen Snu·ben an wat häb-
ben *psy.*
lüstern; ~ sein *übertr.* lik-
mu·len *ZW psy.*
lustig kan·di·del, -e, -en [kan-
di·de·le] *EW psy.*, kraol, -e,
-en [krao·le] *EW psy.*, lüs-
tig, -e, -en [lüs·ti·ge] *EW
psy.*, mas, -·se, -·sen *EW
psy.*, vö·gnöögt, -e, -en [vö-
gnöög·te] *EW psy.*, wüps-
te·rig, -e, -en [wüps·te·ri·ge]
EW psy.
Lutheraner Lut·ters·ke, -n
m., s. und w. rel.
lutherisch lut·tersk, -e, -en
[lut·ters·ke] *EW rel.*
lutschen luts·ken *ZW kul.*
Lutscher Luts·ker, -s *m. kul.*

M

M, m M, m (Buk·stab·be)
mach! to!
Mache Maak *w. o.Mz.*
Machen Doon *s. o.Mz.*
machen doon *uZW*, ma·ken
uZW; **mache das!** do dat!
mit jemd. ~ was man will
rüm·sprän·gen *uZW psy.*
Macher Ma·ker, -s *m.*
Machete Buus·ken·mest,
Buus·ken·mes·sers *s. tech.*
Macht Ge·wolt, -en [Ge·wol-
ten] *w. psy., pol.*
Machtlosigkeit Aon·macht,
-en [Aon·mach·ten] *w. psy.,
pol.*
Machtwort; ein ~ sprechen
düör·kü·ern *ZW psy.*
Macke Mak, Macken [Mak-
ken] *w. psy.*
Mädchen Dään, Dääns *w.*,
Lüüt, -s *s.*, Wicht, -er [Wich-
ter] *s.*, (abfällig) Tucke, -n
[Tuk·ke] *w. psy.*; **albernes,
lautes ~** *übertr.* Rap·pel-
ment, -s *s. psy.* (frz. rappeler); **ausgelassenes junges ~** Jas·ke, -n *w. psy.*; **~
das über alles lacht** Hip-
pel·tri·ne, -n *w. psy.*; **~ das
von Einem zum Anderen
„fliegt"** Flit·ken, Flit·kes *s.
psy.*; **junges ~** Nüö·sel, -s
s., jung Ding *s.*; **kleines ~**
Dään·ken, Dään·kes *s.*,

Wicht·ken, Wicht·kes *s.*;
prächtiges ~ Staods·wicht,
-er [Staods·wich·ter] *s.*; **junges schwatzhaftes ~** Gös-
sel, -s *s.*
Mädchenname Wich·ter·nao-
me, -n *m.*
Mädchennarr Wich·ter·gek,
-s *m. psy.*
Mädchenschule Wich·ter-
school, Wich·ter·scho·len *w.
kult.*
Mädchenschürze Wich·ter-
schüör·te, -n *w.*
Mädchenstimme Wich·ter-
stem, -·men *w.*
Made Mad·dik, -s *m. zool.*,
Ma·ne, -n *w. zool.*
Magazin Mao·nats·blad, Mao-
nats·bliä·der *s. kult.*
Magd Dänst·wicht, -er [Dänst-
wich·ter] *s.*, Maagt, Miäg·te
w. agr., Miälk·wicht, -er [Miälk-
wich·ter] *s. agr.*
Magdalene Le·ne *VN*
Magdeburg Ma·de·buorg *ON*
Magen Buuk, Bü·ke *m. med.*,
Ma·gen, Miä·gen *m. med.*
Magenleiden Ma·gen·li·den
s. o.Mz. med.
Magenschmerzen Buuk-
kni·pen *s. o.Mz. med.*, Liew-
kel·len *s. o.Mz. med.*, Liew-
pien, Liew·pi·ne *w. med.*,
Ma·gen·pien, Ma·gen·pi·ne
w. med.
Magentropfen Ma·gen·drüö-
pen *Mz. med.*
mager dün, -·ne, -nen *EW
med.*, fip·sig, -e, -en [fip·si-
ge] *EW med.*, knüök·rig,
-e, -en [knüök·ri·ge] *EW
med.*, schrao, -·e, -·en *EW
med.*, snaor, -e, -en [snao-
re] *EW med.*, snai, -·e, -·en
EW med., *übertr.* höl·te·rig,
-e, -en [höl·te·ri·ge] *EW
med.*; **~er Mensch** Hast, -e
[Has·te] *m.*; **~ sein** *übertr.*
niks in'ne Rinks·ten häb-
ben *med.*; **~ werden** *übertr.*
uut de Kle·der fal·len *med.*
Magermilch af·lao·ten Miälk
w. kul.
Magistrat Ma·gis·traod, Ma-
gis·träö·de *m. pol.*
Magnet Mag·neet, Mag·ne-
te *s. tech.*
magnetisch mag·neetsk, -e,
-en [mag·neets·ke] *EW tech.*
Magnetnadel Mag·neet·nao-

del, Mag·neet·näö·del   *w. tech.*

Magnetschwebebahn Mag·neet·baan, Mag·neet·ba·nen *w. trans.*

Magnolie Tul·pen·baum, Tul·pen·bai·me *m. bot.*

Mähbinder Bin·ne·mai·er, -s *m. agr.*

Mahd Mai, -·en *w. agr.*

Mähdrescher Mai·düörs·ker, -s *m. agr. tech.*; **Haspel des ~s** Käörn·rad, Käörn·riä·der *s. tech. agr.*

mähen mai·en *ZW agr.*

Mähen Mai·en *s. o.Mz. agr.*; **~ einer Wiese** Wies·ken·mai·en *s. o.Mz. agr.*; **Zeit zum ~** Mai·tiet, Mai·ti·ten *w. tem. agr.*; **zum ~ geeignetes Gras** Mai·gräs *s. o.Mz. bot. agr.*

Mäher Mai·er, -s *m. agr.*

Mahl Köst *w. o.Mz. kul.*, Maol, Mäö·le *s. kul.*

mahlen mao·len *ZW*; **fein ~** mul·tern *ZW agr.*; **grob ~** schro·ten *ZW agr., tech.*

Mahlgang Maol·gang, Maol·gän·ge *m. tech.*; **grober ~** Schroot·gang, Schroot·gän·ge *m. tech. agr.*; **letzter ~** (vor dem Einsacken des Mehles) Büül·gang, Büül·gän·ge *m. tech.*

Mahlsand Büül·sand, Büül·sän·ne *m. geol.*, Maol·sand, Maol·sän·ne *m. geol.*

Mahlstein Müël·steen, Müël·ste·ne *m. tech.*

Mahlzeit lä·ten, -s *s. o.Mz. kul.*, Maol·tiet, Maol·ti·ten *w. kul.*; **~ um sechs Uhr morgens** Ses·üür·ken, Ses·üür·kes *s. kul.*; **Verringerung der Anzahl täglicher ~en** Bot·fas·sen *s. oMz. rel.*

Mähmaschine Mai·ma·schien, Mai·ma·schi·nen *w. tech. agr.*

Mähne Maan, Ma·nen *w. med.*

mahnen an·stau·ten *uZW psy.*, mao·nen *ZW psy.*, nao·packen [nao·pak·ken] *uZW psy.*

Mähre Miär, -en [Miä·ren] *w. zool.*

Mähzeit Mai·tiet, Mai·ti·ten *w. tem. agr.*

Mai (Monat) Mai·maond, -e [Mai·maon·de] *m. tem.*; **der**

---

1. ~ Mai·dag, -e [Mai·da·ge] *m. tem.*; **im ~** s'Mai·es *tem.*

Maientag Mai·dag, -e [Mai·da·ge] *m. tem.*; **an ~en** mai·dags *UW tem.*

Maigang Mai·gang, Mai·gän·ge *m. trans.*

Maiglöckchen Mai·blööm·ken, Mai·blööm·kes *s. bot.*

Maikäfer lä·kel·tië·we, -n *w. zool.*, Mai·ka·wel, -n *m. zool.*, Mai·kra·bats, -en [Mai·kra·bat·sen] *m. zool.*, Mai·tië·we, -n *w. zool.*

Maikäferlarve Spek·wuorm, Spek·wüörmer *m. zool.*

Maire Büör·ger·mes·te·ri, -·en *w. pol.*

Mairegen Mai·riän·gen *m. o.Mz. met.*

Mais Welsk·käörn *s. o.Mz. bot.*

Makel Mak, Macken [Makken] *w. psy., tech.*

mäkeln gnaw·weln *ZW psy.*, miä·keln *ZW psy.*

Makler Ma·kels·man, Ma·kels·lü·de *m. fin.*

Makulatur Kwa·kel·tuur, Kwa·kel·tüürs *w. tech.*

mal maol *UW*

Mal Maol, Mäö·le *s.*, Pas, -·se *s.*; **(ein) anderes ~, beim nächsten ~** an·ner·maol *UW*; **das vorherige ~** an·lest, -·e, -·en [an·les·te] *EW tem.*; **mit einem ~** heel·maols *UW*

malen mao·len *ZW tech., mus.*

Maler Mao·ler, Mao·lers *m. tech., mus.*

Malerei Mao·le·ri, -·en *w. mus., Maol·sel, -s *s. mus.*

Malerkittel Mao·ler·kiel, -s *m.*

Malermeister Mao·ler·mes·ter, -s *m. tech.*

Malheur Ma·löör, -s *s.*

malnehmen maol·niё·men *uZW math.*

Malter (altes Getreidemaß, Preußen: 6,955 Hektoliter) Mol·ter, -s *s. tech.*

Malve Kai·se·pöp·pel, -n *w. bot.*

Malz Molt, -e [Mol·te] *s. kul.*

Mälzer Möl·ter, -s *m. tech.*

Malzkaffee Mucke·fuk, -s [Muk·ke·fuk] *m. kul.* (frz. mocca faux)

Mama Mam·ma, -s *w.*

Mamertus Ma·mert *VN*

man di *FW*, e·nen *FW*, se *FW*; **das kann ~ sich nicht merken** dat kaas di nich miä·ken; **das kann ~ nicht wissen** dat kan e·nen nich wië·ten, dat kaas nich wië·ten; **~ sagt, dass...** se sägt, dat...

managen *übertr.* in'ne Ri·ge kri·gen

manch mank, -e, -en [man·ke] *FW*, man·nig, -e, -en [man·ni·ge] *FW*; **~ einer** man·nig·een, man·nig·e·ne, -n *FW*; **~es Mal** man·nig·maol *UW tem..*

mancher man·nig·een, man·nig·e·ne, -n *FW*

Manchester Man·schiäs·ter *ON*

Manchesterhose Man·schiäs·ter·büks, -en [Man·schiäs·ter·bük·sen] *w.*

Manchesterstoff Man·schiäs·ter·dook, Man·schiäs·ter·dö·ker *s. tech.*

manchmal mankst, manksten *VW tem.*, man·nig·maol *UW tem.*, met·un·ner *UW tem.*, to·ti·ten *UW tem.*

Mandel Man·nel, -n *w. bot., med.*; **gebrannte ~** kan·de·er·te Man·nel *w. kul.*

Mandelbaum Man·nel·baum, Man·nel·bai·me *m. bot.*

Mandelentzündung haben an'ne Man·neln häb·ben *med.*

Mangel Ka·lan·ner, -s *m. tech.*; **~ leiden** man·ke·ern *ZW*; **in die ~ nehmen** *übertr.* in'ne Maak niё·men *psy.*

Mangelbrett zum Glätten von Wäsche Man·gel·holt, Man·gel·höl·ter *s. tech.*

mangeln ka·lan·nern *ZW tech.*, man·ke·ern *ZW*, schiä·len *ZW*

Mangold; Gemeiner ~ (Beta vulgaris) Run·kel·rö·we, -n *w. bot.*

Manieren Ma·ne·ern *Mz. psy.*

manierlich ma·ne·er·lik, ma·ne·er·licke, -n [ma·ne·er·lik·ke] *EW psy.*

manipulieren man·ne·pu·le·ern *ZW psy.*

Mann Man, Mans·lü, -·de *m.*, Kääl, -s *m.*; **prächtiger ~**

Staods·kääl, -s *m.*; verachtenswerter ~ Schiet-
kääl, -s *m. psy.*; ~ der sich
unanständig gegenüber
seiner Freundin oder Frau
verhält Mes·kääl, -s *m. psy.*
Männchen Män·ken, Män-
kes *s. zool.*, Buk, Bücke
[Bük·ke] *m. zool.*
Männerfang, auf ~ gehen
übertr. an'n Hals smi·ten
Männlein Män·ne·ken, Män-
ne·kes *s.*
männlich män·lik, män·licke,
-n [män·lik·ke] *EW biol.*; ~es
Tier Män·ken, Män·kes *s.*
zool., Buk, Bücke [Bük·ke]
m. zool.
Mannschaft Man·schup,
-·pen *w. spo.*
mannshoch kääls·haug, -e,
-en [kääls·hau·ge] *EW*
Mannshöhe Kääls·hög·te,
-n *w.*
Mannsperson (abfällig)
Mans·mensk, -en [Mans-
mens·ken] *s.*
mannstoll kääls·dul, -·le, -·len
EW psy., mans·dul, -·le, -·len
EW psy.
Manöver Ma·nüö·wer, -s *s.*
mil.
Mansarde Dak·stuom, Dak-
stüöms *m. arch.*
manschen mans·ken *ZW*
Manschette Schrub·ben *Mz.*
psy.
Mantel Kap, Kap·pen *s.*,
Man·tel, Män·tel *m.*
Mäntelchen Käp·ken, Käp-
kes *s.*
Mantelstoff Pai, -s *m. tech.*
Marbeck Mar·bek *ON*
Märchen Miär, -en [Miä·ren]
w. mus.
Margarete Grai·te *VN*
Margerite Rü·en·blo·me, -n
w. bot.
Margret Ma·grait *VN*
Maria Mi·a *VN.*, Ma·ri *VN*,
Mi·ke *VN*; ~ und Josef!
(Ausruf der Verwunderung)
Mar·jo; **Gegrüßet seist Du ~**
(Gebet) Mo·der·guods *s.*
rel.; ~ **Lichtmess** (kath.
Feiertag) Lecht·mis, -·sen
rel. tem.
Mariä Himmelfahrt; die vier
höchsten kirchlichen Feier-
tage: Weihnachten, Ostern,
Pfingsten und ~ (15. Au-

gust) Ve·er·hoch·ti·ten *Mz.*
rel. tem.
Maria Veen Ma·ri·a Veen *ON*
Mariä-Geburts-Markt (in
Telgte) Ma·ri·ä-Ge·buorts-
Markt *m. fin.*
Maria-Katharina Mit·tin *VN*
Mariannchen Mar·jän·ken
VN; **Marianne** Mar·jän·ne
VN
Marienbild Ma·ri·en·beld, Ma-
ri·en·bel·ler *s. rel.*
Marienblümchen Mar·gen-
blööm·ken, Mar·gen·blööm-
kes *s. bot.*
Marienblume Mar·gen·blo-
me, -n *w. bot.*
Marienfeld Miär·gen·feld *ON*
Marienkäfer Su·er·vüë·gel-
ken, Su·er·vüë·gel·kes *s.*
zool., Sun·nen·küüs·ken, Sun-
nen·küüs·kes *s. zool.*
Marienlied Mo·der·guods-
leed, Mo·der·guods·le·der *s.*
mus. rel.
Marienlitanei Mo·der·guods-
let·te·ni, -·en *w. rel.*
Marienprozession Mo·der-
guods·pros·jaun, -en [Mo·der-
guods·pros·jau·nen] *w. rel.*
Marine Schips·lü·de *Mz. naut.*
Marinesoldat Schip·sul·daot,
-en [Schip·sul·dao·ten] *m. mil.*
naut.
Mark 1. Mark, -en [Mar·ken]
w. agr., Feel, -s *s. agr.*; 2.
Mark, -en [Mar·ken] *w. fin.*,
Geldmünze von ca. drei ~
Da·ler, -s *m. fin.*
Markenrichter Holt·räch·ter,
-s *m. jur.*
Markenteilung Mar·ken·deel-
ge *w. o.Mz. agr. jur.*
markieren an·te·ken *ZW*
tech., teek·nen *ZW tech.*
Markierung Te·ken, -s *s.*
tech.
Markise Sun·nen·dak, Sun-
nen·diä·ker *s. tech.*
Markt Markt, Miärk·te *m. fin.*
Marktplatz Markt·stiär, -n *w.*
fin.
Markttag Markt·dag, -e
[Markt·da·ge] *m. tem.*
Marmelade Ma·me·la·de, -n
w. kul.
Marmeladeneimer Ma·me-
la·den·em·mer, -s *m. tech.*
Marmor Ma·mel·steen, Ma-
mel·ste·ne *m. geol.*
Marotte Fim·mel, -s *m. psy.*,

~n Schrul·len *Mz. psy.*
Marsberg Mas·biär·gen *ON*
Marsch Marsk, Miärs·ke *m.*
trans., mus.
marschieren mar·sche·ern
ZW trans.
Marschmusik Marsk·mus-
sik *w. o.Mz. mus.*
Marter Mao·ter, -n *w.*
martern mao·tern *ZW*
Martin Mad·dien *VN*
Martinshorn Naud·häön, -s
s. tech.
Märtyrer Mär·te·rer, -s *m.*
rel.
Märtyrertum Mär·ter·doom
s. o.Mz. rel.
März Mä·ten *m. o.Mz. tem.*
Märzkatze Mä·ten·kat·te, -n
w. zool.
Märzsonne Mä·ten·sun·ne,
-n *w. met.*
Märztag Mä·ten·dag, -e [Mä-
ten·da·ge] *m. tem.*
März-Veilchen Mä·ten·vi·ööl-
ken, Mä·ten·vi·ööl·kes *s. bot.*
Masche Mas·ke, -n *w. tech.*
Maschendraht Mas·ken-
draod, Mas·ken·dräö·de *m.*
tech.
Maschendrahtzaun Mas-
ken·draod·tuun, Mas·ken-
draod·tü·ne *m. tech.*
Maschine Ma·schien, Ma-
schi·nen *w. tech.*
Maschinenbauer Ma·schi-
nen·ma·ker, -s *m. tech.*
Maschinenbauindustrie Ma-
schi·nen·in·nus·tri, -·en *w.*
tech.
Maschinenführer Ma·schi-
nen·lai·er, -s *m. tech.*
Maschinenhaus Ma·schi-
nen·huus, Ma·schi·nen·hü-
ser *s. arch. tech.*
Maschinenmeister Ma·schi-
nen·mes·ter, -s *m. tech.*
Maschinenschraube Ses-
kant·schru·we, -n *w. tech.*
Masern Pië·ken *Mz. med.*
Maske Mas·ke, -n *w.*, Scha-
bel, -·len *w.* (frz. le chapeau)
Maskenball Mas·ke·rao·de,
-n *w. mus.*
maskieren mas·ke·ern *ZW*
maskiert mas·ke·ert, -e, -en
[mas·ke·er·te] *EW*
Maß Maot, -e [Mao·te] *s.*;
im ~ mäö·tig, -e, -en [mäö-
ti·ge] *EW*; ~ **nehmen** miä-
ten *uZW tech.*; **jemd., der**

~e ermittelt Miä·ter, -s *m. tech.*; **12 Zoll** Foot, Fö·te *m. tech.*; **über alle ~en** üö·wer al·le Mao·te; **über die ~en** mä·er äs
Masse Swäör·de, -n *w. tech.*; **in großen ~n** mas·sen·wies, mas·sen·wi·se *UW*
massenhaft mas·sen·wies, mas·sen·wi·se *UW*
Massenunterkunft Lao·ger, Läö·gers *s.*
Massenware Mas·sen·wao·re, -n *w.*
Masseur *scherzh.* Knüö·kel·briä·ker, -s *m. med.*
massig dik, dicke, -n [dik·ke] *EW*
mäßig mäö·tig, -e, -en [mäö·ti·ge] *EW*, sü·nig, -e, -en [sü·ni·ge] *EW*
mäßigen mäö·ti·gen *ZW psy.*
massiv mas·sig, -e, -en [mas·si·ge] *EW*
maßlos aon Mao·te, un·mäö·tig, -e, -en [un·mäö·ti·ge] *EW psy.*, un·vö·schiämt, -e, -en [un·vö·schiäm·te] *EW psy.*
Maßlosigkeit Un·maot *s. o.Mz. psy.*
Maßstab Ris·holt, Ris·höl·ter *s. tech.*; **Maßstäbe setzen** Mao·te sät·ten
Mast Baum, Bai·me *m. tech.*
mästen an·fo·ern *ZW kul. agr.*, fet ma·ken *kul. agr.*
Material Ma·tri·aol, -e [Ma·ti·ao·le] *s.*
Mathilde Til·la *VN*
Mätresse Bi·wiew, Bi·wi·wer *s. psy.*
Matrose Ma·truo·se, -n *m. naut. trans.*
matt blind, blin·ne, -n *EW tech.*
Matte Vüör·läg·ger, -s *m. tech.*; **~ aus Stroh** Strau·wiëp, -s *s. tech.*
Matthias Mat·tes *VN*
Mauer Mü·er, -n *w. arch.*
Maueranker Mü·er·an·ker, -s *m. arch.*
Mäuerchen Mü·er·ken, Mü·er·kes *s. arch.*
Mauerloch neben dem Herd für Tabak und Streichhölzer Mü·er·lok, Mü·er·löcker [Mü·er·lök·ker] *s. arch.*
Mauermann Mü·er·man, Mü·er·lü *m. tech.*
mauern mü·ern *ZW tech.*

Mauerpfeffer Mü·er·piä·per *m. o.Mz. bot.*
Mauersegler Taon·swal·we, -n *w. zool.*
Mauerstein Bak·steen, Bak·ste·ne *m. tech.*, Mü·er·steen, Mü·er·ste·ne *m. tech.*
Mauerwerk Mü·er·wiärk, -s *s. o.Mz. arch.*
Mauerziegel Mü·er·tig·gel, -n *m. tech.*
Maul Mu·le, -n *w. med.*, Muul, Mu·len *s. med.*, Snüs, -·se *m. med.*; **~- und Klauenseuche** Muul- un Klao·nen·sü·ke *w. med.*
Maul- und Klauenseuche Muul- un Klao·nen·sü·ke *w. o.Mz. med.*
Maulaffe Muul·a·pe, -n *m. zool.*
Maulbagger Muul·bag·ger, -s *m. tech.*
Mäulchen Müül·ken, Müül·kes *s. med.*
maulen mu·len *ZW psy.*
maulend müülsk, -e, -en [müüls·ke] *EW psy.*
Maulesel Muul·ië·sel, -s *m. zool.*
maulfaul muul·fuul, muul·fu·le, -n *EW psy.*
Maulkorb Muul·kuorw, Muul·küör·we *m. tech.*
Maulwurf Fro·te, -n *w. zool.*, Göör, -s *m. zool.*, Wan·ne·rup, -s *m. zool.*
Maulwurfshaufen Fro·ten·haup, Fro·ten·hai·pe *m.*
Maurer Klät·ker, s *m. tech.*, Mü·er·ker, -s *m. tech.*, Mü·er·man, Mü·er·lü *m. tech.*, (abfällig) Klät·ke·bäänd, -s *m. tech.*
Maurerkelle Druf·fel, -s *m. tech.*; **kleine ~** Se·pen·stiärt, -s *m. tech.*
Maurermeister Mü·er·mes·ter, -s *m. tech.*
Maurerschiebkarre Mü·er·kers·kaor, Mü·er·kers·käörs *w. trans.*
Maus Muus, Mü·se *w. zool.*
Mäuschen Müüs·ken, Müüs·kes *s. zool.*
Mäusebussard Mu·se·hafk, -en [Mu·se·haf·ken] *m. zool.*
Mausefalle Mu·se·trap, -·pen *w. tech.*
Mausekot Mu·se·küë·del, -s *m. biol.*

Mauseloch Mu·se·lok, Mu·se·löcker [Mu·se·lök·ker] *s.*
mausen mu·sen *ZW*
Mäuseplage Mu·se·plao·ge, -n *w. zool.*
Mauser; in der ~ sein rüё·geln *ZW zool.*
Mäuserich Mu·se·buk, Mu·se·bücke [Mu·se·bük·ke] *m. zool.*
mausern fiä·dern *ZW zool.*, rüё·geln *ZW zool.*, rüüs·ken *ZW zool.*, slü·ern *ZW zool.*
mausetot mu·se·daud, -e, -en [mu·se·dau·de] *EW biol.*
mausig mu·sig, -e, -en [mu·si·ge] *EW*
Max-Clemens-Kanal Max-Clemens-Kanaol *m. trans.*
maximieren mak·si·me·ern *ZW*, up dat Högs·te dri·wen *ZW*
mechanisch me·chaansk, -e, -en [me·chaans·ke] *EW tech.*
Mechthild Me·chel *VN*
meckern gnaw·weln *ZW psy.*, gnüё·tern *ZW psy.*, knüё·tern *ZW psy.*, miä·keln *ZW psy.*, miё·keln *ZW psy.*, nüörs·tern *ZW psy.*
Mecklenbeck Miёk·len·biёk *ON*
Medaille Af·te·ken, -s *s.*, Medal·ge, -n *w.*
Medikament Mid·del, -s *s. med.*, Med·sien, Med·si·nen *w. med.*, übertr. Pül·wer·ken, Pül·wer·kes *s. med.*
Medizinbuch Dok·ter·book, Dok·ter·bö·ker *s. med.*
Medizinflasche Med·sien·pül·ken, Med·sien·pül·kes *s. tech. med.*
medizinisch med·siensk, -e, -en [med·siens·ke] *EW med.*
Medizinmann Med·sien·man, Med·sien·lü·de *m. med.*
Medizinschrank Med·sien·schap, Med·sien·schiä·pe *s. tech. med.*
Meer graute Diek, graute Di·ke *m. geol.*, Se, -·en *w. geol.*, graute Wa·ter, grau·ten Wä·ters *s. geol.*
Meeresfisch Solt·wa·ter·fisk, -e [Solt·wa·ter·fis·ke] *m. zool.*
Meeresküste Küst, -en [Küsten] *w. geol.*
Meerkatze A·pen·kat, -·ten *w. zool.*
Meerschweinchen Meer-

swien·ken, Meer·swien·kes
s. zool.
meerumschlungen meer·
üm·slun·gen, -e, -en [meer·
üm·slun·ge·ne] *EW*
Megaphon Flis·ter·tu·te, -n
w. tech.
Mehl Miäl, -e [Miä·le] *s. kul.;*
feines ~ Damp·miäl, -e
[Damp·miä·le] *s. kul.;* **~ für**
Schweinefutter Swi·ne·miäl,
-e [Swi·ne·miä·le] *s. kul.*
Mehlbeutel Miäl·büül, -s *m.*
tech.
Mehlbrei Miäl·bri *m. o.Mz.*
kul., Miäl·pap, Miäl·päp·pe
m. kul.
Mehldose Miäl·düp·pe, -n *w.*
tech.
Mehlfass Miäl·fat, Miäl·fiä·ter
s. tech., Miäl·tun·ne *w. tech.*
Mehlhandel Miäl·han·nel *m.*
o.Mz. fin.
mehlig miä·lig, -e, -en [miä·
li·ge] *EW*
Mehlkanne Miäl·düp·pe, -n
w. tech.
Mehlkelle Miäl·schöp·per, -s
m. tech.
Mehlkiste Miäl·kist, Miäl·kis-
ten *w. tech.;* **~ für den Lohn**
des Müllers Mul·ter·kist, -en
[Mul·ter·kis·ten] *w. tech.*
Mehlleberwurst Bil·li·gen
End *m. kul.*
Mehlmüller Miäl·möl·ler, -s
m. tech.
Mehlsack Miäl·sak, Miäl-
siä·ke *m. tech.*
Mehlschwalbe Miäl·swal-
we, -n *w. zool.,* Steen·swal-
we, -n *w. zool.*
Mehlsieb Miäl·siewt, -e [Miäl·
siëw·te] *s. tech.*
Mehltonne Miäl·tun·ne, -n
w. tech.
Mehlwurm Miäl·wuorm, Miäl-
wüör·mer *m. zool.*
mehr mä·er *UW;* **~ nicht** süs
niks
mehrere mä·re *FW*
mehrfach mä·er·fak, mä·er·
facke, -n [mä·er·fak·ke] *EW*
mehrfarbig dri·klö·rig, -e, -en
[dri·klö·ri·ge] *EW (frz.* tricolore)
Mehrheit Mä·er·hait, -en [Mä·
er·hai·ten] *w.*
mehrjährig mä·er·jäö·rig, -e,
-en [mä·er·jäö·ri·ge] *EW tem.*
mehrmals mä·er·maols *UW,*

een paor·maol, vö·schai·den·
maol *UW*
mehrstimmig mä·er·stem·
mig, -e, -en [mä·er·stem·mi·
ge] *EW mus.*
Mehrzahl Mä·er·taal *w. o.Mz.*
Mehrzweckgebäude; klei-
nes ~ (Stall, Werkstatt u.ä.)
Schop·pen, -s *m. arch.;* **klei-**
nes ~ Schöp·ken, Schöp·kes
s. arch.
meiden me·en *ZW psy.,*
übertr. uut'n Wäg gaon *psy.*
Meierin Meers·ke, -n *w. agr.*
Meile (Längenmaß, preußisch: 7.532,5 Meter) Mi-
le, -n *w. tech.*
Meilenstein Mi·len·steen, Mi-
len·ste·ne *m. tech. trans.*
meilenweit mi·len·wied, mi-
len·wi·de, -n *EW*
mein, meine mien, mi·ne, -n
FW
Meineid Meen·eed, Meen·
e·de *m. jur.*
meinen den·ken *uZW psy.,*
glai·wen *uZW psy.,* mai-
nen *ZW psy.;* **es ist zu gut**
gemeint *übertr.* et gait der
buom uut
meinesgleichen miens·gli-
ken *UW*
meinetwegen miens·hal·wen
UW, miens·wiä·gen *UW,* van
mi uut
Meinung Glai·wen *s. o.Mz.*
psy., Mai·nen *s. o.Mz. psy.,*
Mai·nung, -en [Mai·nun·gen]
w. psy.; **an seiner ~ fest-**
halten *übertr.* si·nen End
fast·hol·len *psy.;* **die ~ sa-**
gen Be·scheed säg·gen
psy., übertr. ka·tolsk kü·ern
psy.; **jemd. ohne eigene ~**
Jau·säg·ger, -s *m. psy.,* Nik-
köp·per, -s *m. psy.;* **unge-**
schminkt die ~ sagen an'n
Bast säg·gen *psy.*
Meise Me·se, -n *w. zool.;*
kleine ~ Mees·ken, Mees·
kes *s. zool.*
Meißel Bai·tel, -s *m. tech.*
meißeln bai·teln *ZW tech.*
meist miärst *UW*
meistbietend miärst·bai·
dend, -e, -en [miärst·bai·
den·de] *EW fin.*
Meiste Mis·te *ON*
meisten miärst *UW;* **am ~**
an miärs·ten, miärst *UW*
meistens düör·gaons *UW*

tem., miärst·tiet, -s *UW tem.,*
miärst *UW tem.,* to·miärst
UW tem.
meistenteils miärst·deels
UW
Meister Baas, Biä·se *m.,*
Mes·ter, -s *m.,* Ma·gis·ter,
-s *m.;* **abfällig für ~** Mes-
ter·ken, Mes·ter·kes *s.;* **Frau**
des ~s Mes·ters·ke, -s *w.*
Meisterbrief Mes·ter·breew,
Mes·ter·bre·we *m.*
meisterhaft mes·ter·lik, mes-
ter·licke, -n [mes·ter·lik·ke]
EW
Meisterhand Mes·ter·hand,
Mes·ter·hän·ne *w.*
Meisterin Mes·te·rin, -·nen *w.*
meistern mes·tern *ZW*
Meisterschaft Mes·ter·schup,
-·pen *w. spo.*
Meisterstück Mes·ter·stük,
Mes·ter·stücke [Mes·ter·
stük·ke] *s. tech.*
Meisterwerk Mes·ter·wiärk,
-e [Mes·ter·wiär·ke] *s.*
Melancholie Daip·sin *m.*
o.Mz. psy.
melancholisch daip·denksk,
-e, -en [daip·denks·ke] *EW*
psy.
Melde Mai·moos *s. o.Mz.*
bot.; **Geminne ~** Gä·se *w.*
o.Mz. bot. (Ártiplex pátula)
Gemüseeintopf mit ~ Slap-
ke·moos *s. o.Mz. kul.*
melden mel·len *ZW*
Meldung Mel·lung, -en [Mel·
lun·gen] *w.,* Nao·richt, -en
[Nao·rich·ten] *w.*
Melkecke Miälk·hook, Miälk·
hö·ke *m. agr.*
melken miäl·ken *ZW,* strüp-
pen *ZW;* **erstmals zu ~** ni-
melkt, -e, -en [ni·melk·te]
EW agr.; **schwer zu ~** hat-
melksk, -e, -en [hat·melks·
ke] *EW agr.;* **Vorrichtung**
um zu ~de Tiere am Weg-
laufen zu hindern Miälk-
stand, Miälk·stän·ne *m. agr.*
tech.; **Zeit zum Melken**
Miäl·kens·tiet, Miäl·kens·ti-
ten *w. agr. tem.*
Melker Miäl·ker, -s *m. agr.*
Melkfett Miälk·fet, -·te *s.*
agr.
Melkrad Düp·pen·rad, Düp-
pen·riä·der *s. trans. agr.*
Melkschemel Hü·ker, -s *m.*
tech. agr., Miälk·buk, Miälk-

bücke [Miälk·bük·ke] *m. tech. agr.*

Melkstand Miälk·stand, Miälk·stän·ne *m. agr. tech.*

Melkzeit Miäl·kens·tiet, Miäl·kens·ti·ten *w. agr. tem.*

Mellendorf Mel·len·duorp *ON*

Melodie Sing·wi·se, -n *w. mus.*

melodisch me·loodsk, -e, -en [me·loods·ke] *EW mus.*

Menden Men·nen *ON*

Menge Haup, -en, Hai·pe [Hau·pen] *m.*, Kop·pel, -n *w.*, Trop, Tröp·pe *m.*; ~ **die in der Höhlung beider Hände zu fassen ist** Göps, -en [Göp·sen] *w.*, **große** ~ Batsen, -s *m.*, Biärg, -e [Biär·ge] *m.*; **in großen** ~n kuorw·wies, kuorw·wi·se *UW*; massen·wies, mas·sen·wi·se *UW*, schiär·pel·wies, schiär·pel·wi·se *UW*

Mengenmaß Maot, -e [Mao·te] *s.*

Mensch Man, Mans·lü, -·de *m.*, Mensk, -en [Mens·ken] *m. und s.*; **junger** ~ jung Blood *s. o. Mz.* ; **kleiner** ~ *übertr.* Stüm·mel·ken, Stüm·mel·kes

Menschenalter Mens·ken·ol·ler *s. o. Mz. tem.*

Menschenfresser Mens·ken·friä·ter, -s *m.*

Menschenfreund Mens·ken·frönd, -e [Mens·ken·frön·de] *m. psy.*

menschenmöglich mens·ken·müeg·lik, mens·ken·müeg·licke, -n [mens·ken·müeg·lik·ke] *EW*

Menschenmögliche Mens·ken·müeg·licke [Mens·ken·müeg·lik·ke] *s. o. Mz.*

menschenscheu mens·ken·schü, -·e, -·en *EW psy.*

Menschenschlag Mens·ken·slag, Mens·ken·sliä·ge *m.*

Menschenskind! Man·no·me·ter!

Menschensohn Mens·ken·suon *m. o. Mz. rel.*

Menschenwerk Mens·ken·wiärk, -e [Mens·ken·wiär·ke] *s.*

menschlich mensk·lik, mensk·licke, -n [mensk·lik·ke] *EW psy.*

Menstruation Da·ge *Mz.*

med.

Menuett Min·ne·we, -es *s. mus.*

Merfeld Mer·feld *ON*

Mergel Miär·gel *m. o. Mz. geol.*

merken fö·len *uZW med.*, miä·ken *ZW med., psy.*, spitsk·kri·gen *uZW psy.*

merklich miäk·lik, miäk·licke, -n [miäk·lik·ke] *EW*

Merkmal Te·ken, -s *s.*

merkwürdig af·sun·ner·lik, af·sun·ner·licke, -n [af·sun·ner·lik·ke] *EW*

Meschede Mes·ke·de *ON*

messbar to miä·ten

Messbecher (für einen Liter) Lit·ters·maot, -e [Lit·ters·mao·te] *s. tech.*

Messbuch Mis·book, Mis·bö·ker *s. rel.*

Messdiener Mis·dai·ner, -s *m. rel.*

messdienern mis·se·dai·nen *uZW rel.*

Messe Mis, -·se, -·sen *w. rel.*; ~ **für Schüler** School·mis·se, -n *w. rel.*; ~ **lesen** mis·se·doon *uZW rel.*

Messen Miä·ten *m. o. Mz. tech.*; **probierendes** ~ mäöt·ken *ZW tech.*

messen miä·ten *uZW tech.*; **daran kann er sich nicht** ~ dao kan he nich an tücken; **falsch** ~ vö·miä·ten *uZW tech.*

Messer Knief, -s *s. tech.*, Mest, Mes·sers *s. tech.*; **altes, schlechtes** ~ (verächtlich) Pog·gen·fil·ler, -s *m. tech.*; **klammerförmiges** ~ **zum Endrinden** Kläm·mer·ken, Kläm·mer·kes *s. tech.*; **kleines** ~ Mes·ser·ken, Mes·ser·kes *s. tech.*; **stumpfes** ~ Fil·ler, -s *s. tech.*; ~ **zum Reisigschneiden** Buus·ken·mest, Buus·ken·mes·sers *s. tech.*; ~ **zum Holzspalten** Düör·slag·mest, Düör·slag·mes·sers *s. tech.*

Messerscheide Hecht, -en [Hech·ten] *s. tech.*

Messerwerfen (Jungenspiel) Mes·ser·ken·smi·ten *s. o. Mz. spo.*

Messfeier Mis·se, -n *w. rel.*; **Glocke die zur** ~ **ruft** Mis·se·klok, Mis·se·klocken [Mis-

se·klok·ken] *w. tech. rel.*; **Zeit der** ~ Kiärk·tiet, Kiärk·ti·ten *w. rel. tem.*

Messing Mis·sink *s. o. Mz. tech.*; **aus** ~ mis·sinksk, -e, -en [mis·sinks·ke] *EW tech.*

Messlatte Maot·stok, Maot·stöcke [Maot·stök·ke] *m. tech.*

Messleine Maot·li·ne, -n *w. tech.*

Messstab Maot·stok, Maot·stöcke [Maot·stök·ke] *m. tech.*

Messwein Mis·wien, Mis·wi·ne *m. kul. rel.*

Mesum Me·sem *ON*

Metall Me·tal, -·le *s. chem.*

Metelen Mai·deln *ON*

Meteorologe Wiär·wicker, -s [Wiär·wik·ker] *m. met.*

Meter Me·ter *m. und s. tech.*

Metermaß; klappbares ~ Tol·stok, Tol·stöcke [Tol·stök·ke] *m. tech.*

Methode Vüör·gaon *s. o. Mz.*

Mettendchen drü·gen End *m. kul.*

Mettingen Met·tin·gen *ON*

Mettwurst Met·wuorst, Met·wüörs·te *w. kul.*; **frische** ~ fris·ke Met·wuorst *w. kul.*; **lufttrockene** ~ Met·end·ken, Met·end·kes *s. kul.*, drü·gen End *m. kul.*

Metzger Kop·släch·ter, -s *m. med. kul.*, Släch·ter, -s *m. med. kul.*

Metzgerei Släch·te·ri, -·en *w. kul.*

Meute Kop·pel, -n *w. zool.*

miauen (Katze) mau·en *ZW*

mich mi *FW*

Mieder Liew·ken, Liew·kes *s.*

Miere Mir·re, -n *w. bot.*

Miete Hü·er, -n *w. fin.*, Mets·geld, Mets·gel·ler *s. fin.*, Met·te, -n *w. fin.*; (als Erdlager) Ku·le, -n *w. agr.*

mieten hü·ern *ZW fin.*, me·en *ZW fin.*

Mieter Hü·er·ling, -e [Hü·er·lin·ge] *m. fin. agr.*, In·lig·ger, -s *m. fin.*, Met·ter, -s *m. fin.*

Mietgeld Mets·geld, Mets·gel·ler *s. fin.*

Miethaus Mets·huus, Mets·hü·ser *s. arch.*; **großes** ~ Blok, -s *m. arch.*

Mietsherr Mets·hä·er, -ns *m.*

fin.
Mietwohnung Met·wun·nung, -en [Met·wun·nun·gen] *w. arch.*
Mietzekätzchen Mi·se·kät·ken, Mi·se·kät·kes *s. zool.*
Mikroskop Vö·gröt·te·rungs-glas, Vö·gröt·te·rungs·gliä·ser *s. tech.*
Milbe Mil·we, -n *w. zool.*
Milch Miälk, -e [Miäl·ke] *w. o.Mz. kul.,* Melk *w. o.Mz. kul.;* ~ **geben** daal·lao·ten *uZW;* **dicke** ~ Plun·ner·miälk *w. o.Mz. kul.;* **Gemenge aus** ~ **und Nudeln** Miälk·sop·pen, -s *m. kul.;* **nichts in die** ~ **zu krümeln haben** niks in'ne Miälk to krüë·meln häb·ben; **Geld zur Bezahlung der** ~ Miälk·geld, Miälk·gel·ler *s. fin.;* **Schrank für** ~ **und** ~**produkte** Mol·ke·schap, Molke·schiä·pe *s. tech. agr.;* **frisch gemolkene** ~ ko·tit·wa·me Miälk *w. kul.;* ~ **zentrifugieren** Miälk üö·wer·drai·en
Milchbrot Miälk·braud, Miälk·brai·de *s. kul.*
Milchbrötchen Miälk·braid·ken, Miälk·braid·kes *s. kul.*
Milcheimer Miälk·em·mer, -s *m. tech. agr.*
Milchfass Miälk·fat, Miälk·fiä·ter *s. tech.*
Milchfläschchen Miälk·pül·ken, Miälk·pül·kes *s. tech.*
Milchflasche Miälk·pul·le, -n *w. tech.*
Milchgeld Miälk·geld, Miälk·gel·ler *s. fin.*
Milchkaffee Miälk·kof·fi, -es *m. kul.*
Milchkammer Miälk·ka·mer, -n *w. arch. agr.*
Milchkanne Miälk·düp·pe, -n *w. tech.,* Miälk·kan, -·nen *w. tech.;* **Gestell für** ~**n** Miälk·bank, Miälk·bän·ke *w. tech. agr.;* **Karre zum Transport von** ~**n** Miälk·kaor, -en [Miälk·kao·ren] *w. trans.*
Milchkarre Miälk·kaor, -en [Miälk·kao·ren] *w. trans.*
Milchküche Miälk·ka·mer, -n *w. arch. agr.*
Milchkuh Miälk·ko, Miälk·kö·e *w. zool.*
Milchmädchen Miälk·wicht,

-er [Miälk·wich·ter] *s. agr.*
Milchmann Miälk·bu·er, -n *m. agr.*
Milchreis dicken Ries *m. o.Mz. kul.*
Milchschaf Miälk·schaop, Miälk·schäö·pe *s. zool. agr.*
Milchschälchen Miälk·kümp·ken, Miälk·kümp·kes *s. tech. kul.*
Milchschale Miälk·köp·ken, Miälk·köp·kes *s. tech. kul.,* Miälk·nap, Miälk·näp·pe *m. tech. kul.*
Milchschrank Miälk·schap, Miälk·schiä·pe *s. tech.*
Milchschüssel Miälk·schüë·del, -n *w. tech. kul.*
Milchstraße Miälk·strao·te, -n *w. astr.*
Milchsuppe Miälk·sup, -·pen *w. kul.;* ~ **mit Reis** Ries·miälk *w. o.Mz. kul.*
Milchtopf Miälk·pot, Miälk·pöt·te *m. tech.*
Milchvieh Miälk·ve *s. o.Mz. agr.*
Milchwagen Miälk·wa·gen, Miälk·wiä·gen *m. trans.*
Milchwirtschaft; auf ~ **ausgerichteter Bauer** Miälk·bu·er, -n *m. agr.*
Milchzahn Miälk·tan, Miälk·tiä·ne *m. med.;* ~ **beim Rindvieh** Kal·wer·tan, Kal·wer·tiä·ne *m. med.*
Milchzentrifuge Smant·üör·gel, -n *s. tech.,* Smant·müël, -en [Smant·müë·len] *w. tech.;* **Öffnung an der** ~ **für die Sahne** Smant·pi·pe, -n *w. tech.*
Milchzucker Miälk·sucker [Miälk·suk·ker] *m. o.Mz. kul.*
Milde Guët·hait, -en [Guët·hai·ten] *w. psy.*
milde laiw·tai·lig, -e, -en [laiw·tai·li·ge] *EW psy.,* week, we·ke, -n *EW psy.*
mildern säch·tern *ZW*
Militär Ka·mis *m. o.Mz. mil.* (frz. commis), Mil·li·täär *s. o.Mz. mil.;* **jemd., der nur das** ~ **im Kopf hat** Ka·mis·kop, Ka·mis·köp·pe *m. mil.*
Milliarde Mil·jar·de, -n *w. ZaW*
Millimeter Mil·li·me·ter, -s *m. tech.*
Million Mil·jaun, -en [Mil·jau·nen] *w. ZaW,* Mil·joon, Mil-

jo·nen *w. ZaW*
Milte Mil·te *ON*
Milz Milt, -e [Mil·te] *w. med.*
mimosenhaft pi·pig, -e, -en [pi·pi·ge] *EW psy.*
Minden Min·nen *ON*
Minderbemittelter Knäp·per, -s *m. fin.*
Minderheit Min·ner·hait, -en [Min·ner·hai·ten] *w.*
minderjährig min·ner·jäö·rig, -e, -en [min·ner·jäö·ri·ge] *EW jur.*
Minderjährige(r) Min·ner·jäö·ri·ge, -n *m., s. und w. jur.*
mindern min·nern *ZW*
Minderung Min·ne·rung, -en [Min·ne·run·gen] *w.*
minderwertig laig, -e, -en [lai·ge] *EW, übertr.* lu·sig, -e, -en [lu·si·ge] *EW*
Minderwertiges Pen·nings·kraom *m. o.Mz.*
mindest minst, -e, -en [minste] *UW*
mindestens mins·ten *UW,* mins·tens *UW,* to·mins·ten *UW*
Mindestgeschwindigkeit mins·te Gau·ig·kait *w.*
Mineralwasser mit Kohlensäure Bölk·wa·ter, Bölk·wäters *s. kul.,* Krië·mel·wa·ter, Krië·mel·wä·ters *s. kul.*
minimieren min·ne·me·ern *ZW*
Minister Min·nis·ter, -s *m. pol.*
Ministerium Min·nis·ter·ri·um, -s *s. pol.*
Ministerpräsident (eines Bundeslandes) Lan·nes·hä·er, -ns *m. pol.*
minus wai·ni·ger *EW math.*
Minute Mi·nuut, Mi·nu·ten *w. tem.*
Minutenzeiger Mi·nu·ten·wi·ser, -s *m. tech. tem.*
Minze Kru·se·men·te, -n *w. bot.,* Mint, -en [Min·ten] *m. bot.*
mir mi *FW*
Mirabelle Spel·ge, -n *w. bot.*
Mirakel Wun·ner, -s *s. rel.*
mischen män·geln *ZW,* mis·ken *ZW*
Mischer Mis·ker, -s *m. tech.*
Mischfutter Mank·käörn *s. o.Mz. kul.*
Mischgetreide Mank·käörn *s. o.Mz. agr.*

Mischling Bas·tert, -s *m. biol.*

miserabel mi·se·rao·bel, -e, -en [mi·se·rao·be·le] *EW*

Misere E·lend, E·len·ne *s.*

Mispel Mis·sel, -n *w. bot.*; **Frucht der ~** Mis·sel·tu·te, Mis·sel·tü·ten *w. bot.*

Mispelzweig Mis·sel·toog, Mis·sel·tö·ge *m. bot.*

missgelaunt schweewmuulsk, -e, -en [schweewmuuls·ke] *EW psy.*

Missgeschick Ma·les·se, -n *w. (frz.* malaise), Ma·löörken, Ma·löör·kes *s.*, Schiët *m. o Mz.*

missgestimmt schweewmuulsk, -e, -en [schweewmuuls·ke] *EW psy.*, vödrait·lik, vö·drait·licke, -n [vödrait·lik·ke] *EW psy.*

missglücken mis·gaon *uZW, übertr.* in'ne Büks gaon, scheew·gaon *uZW*

Missgunst Af·gunst, Af·günste *w. psy.*, Nied *m. o.Mz. psy.*

missgünstig af·güns·tig, -e, -en [af·güns·ti·ge] *EW psy.*, scha·lu, -·e, -·en *EW psy. (frz.* jaloux)

misshandeln trak·te·ern *ZW (frz.* traiter)

Mission Mis·joon, Mis·jo·nen *w. rel.*

Missionar Mis·joons·pao·ter, -s *m. rel.*

Missionsschwester Misjoons·nun·ne, -n *w. rel.*

misslich mis·lik, mis·licke, -n [mis·lik·ke] *EW*

misslingen dwiärs·gaon *uZW, übertr.* in'ne Bük·se gaon, in'ne Bim·sen gaon, in't Gat gaon, scheewgaon *uZW*

missmutig schrao, -·e, -·en *EW psy.*; **~ sein** *übertr.* de Ao·ren la·ten lao·ten *psy.*

misstrauisch äch·ter·bang, -e, -en [äch·ter·ban·ge] *EW psy.*, aor·scheew, aor·schewe, -n *EW psy.*, glupsk, -e, -en [glups·ke] *EW psy.*, lue·rig, -e, -en [lu·e·ri·ge] *EW psy.*, mis·tru·isk, -e, -en [mistru·is·ke] *EW psy.*, scha·lu, -·e, -·en *EW psy. (frz.* jaloux), spe, -·e, -·en *EW psy.*, unglaiwsk, -e, -en [un·glaiws·ke]

EW psy.

Mist Mes *m. o.Mz. biol.*; **~ beseitigen, ~ ausstreuen** mes·sen *ZW agr.*

Mistbiene Mes·im·me, -n *w. zool.*

Mistecke Mes·hook, Mes·höke *m. agr.*

Mistel Dun·er·bes·sen, -s *m. bot.*

Mistfliege Mes·flai·ge, -n *w. zool.*

Mistgabel (mit vier Zinken) Gre·pe, -n *w. tech. agr.*, Mesgre·pe, -n *w. tech. agr.*; ~ (mit drei Zinken) Mes·fuorke, -n *w. tech. agr.*; **mit einer ~ arbeiten** gre·pen *ZW agr.*; **Stiel der ~** Gre·pen·stiël, -e [Gre·pen·stië·le] *m. tech.*

Mistgrube Fal, Fiä·le *s. agr.*, Mes·fal, Mes·fiä·le *s. agr.*, Mes·kuul, Mes·ku·len *w. agr.*

Misthaken Mes·ka·ken, -s *m. tech. agr.*

Misthaufen Dün·ger·haup, Dün·ger·hai·pe *m. agr.*, Meshaup, Mes·hai·pe *m. agr.*

Mistkäfer Ko·schi·ten·flänner·ka·wel, -s *m. zool.*, Meska·wel, -s *m. zool.*, Piär·dewië·mel, -s *m. zool.*, Schietfriä·ter, -s *m. zool.*

Mistkarre Mes·kaor, Meskäörs *w. agr. trans.*

Mistkerl Mes·kääl, -s *m. psy.*

Miststreuer Mes·strai·er, -s *m. agr. tech.*

Mistwagen Mes·wa·gen, Mes·wiä·gen *m. agr. trans.*

mit *VW UW*

mitarbeiten met·ar·bai·den *ZW*

Mitarbeiter Met·ar·bai·der, -s *m.*

mitbekommen met·kri·gen *uZW*

mitbenutzen met·bru·ken *uZW*

mitbestimmen met·kü·ern *ZW*

Mitbestimmung Met·spraoke *w. o.Mz.*

mitbeten met·biä·den *ZW rel.*

mitbringen met·brän·gen *uZW*

Mitbringsel Met·bräng·sel, -s *s.*

miteinander met·e·neen *UW,*

met·nan·ner *UW;* **alle ~** alto·haup, -e [al·to·hau·pe] *UW*

Mitempfinden Met·ge·fööl *s. o.Mz. psy.*

miterleben met·be·liä·wen *ZW*

mitessen met·iä·ten *uZW kul.*

mitfahren met·fö·ern *uZW trans.*

mitfangen met·fan·gen *uZW*

mitfeiern met·fi·ern *ZW*

mitfreuen (sich) sik met·fraien *ZW psy.*

mitfühlen met·fö·len *uZW psy.*

mitfühlend met·föölsk, -e, -en [met·fööls·ke] *EW psy.*

mitgeben met·doon *uZW,* met·gië·wen *uZW*

mitgebrauchen met·bru·ken *uZW*

mitgefangen met·fan·gen, -e, -en [met·fan·ge·ne] *EW*

Mitgefühl Met·fö·len *s. o.Mz. psy.*, Met·ge·fööl *s. o.Mz. psy.*

mitgehangen met·han·gen, -e, -en [met·han·ge·ne] *EW*

mitgehen met·gaon *uZW*

Mitgift Met·giwt, -en [Metgiw·ten] *w. fin.*, Uut·stü·er, -n *w. fin.*

Mitglied Let, -s *s.*

mithalten met·hol·len *uZW;* **nicht ~ können** *übertr.* nich an·stin·ken küe·nen *uZW*

mithängen met·han·gen *uZW*

mithelfen an·packen [anpak·ken] *uZW,* met·hel·pen *uZW,* to·lan·gen *ZW*

Mithelfer Met·höl·per, -s *m.*

Mithilfe Hölp, -e, -en [Hölpe] *w.,* Met·höl·pe, -n *w.*

mithören met·häö·ern *ZW*

mitkochen met·kuo·ken *ZW*

mitkommen met·kuë·men *uZW*

mitlaufen met·lau·pen *uZW*

Mitläufer Bi·lai·per, -s *m.,* Met·lai·per, -s *m.*

Mitlaut Met·luut, Met·lu·te *m.*

Mitleid Met·leed *s. o.Mz. psy.*, Met·ge·fööl *s. o.Mz. psy.*

mitleidig met·le·dig, -e, -en [met·le·di·ge] *EW psy.*

mitlernen met·lä·ern *ZW kult.*

mitliefern met·lië·wern *ZW*

mitmachen met·doon *uZW*, met·ma·ken *uZW*; **Strapazen ~** met·be·liä·wen *ZW*
Mitmacher Met·ma·ker, -s *m.*
mitmischen met·mis·ken *ZW psy.*
mitnehmen met·nië·men *uZW*
mitrechnen met·riä·ken *ZW math.*
mitreden met·kü·ern *ZW*, met·prao·ten *ZW*
Mitschläfer Bi·slai·per, -s *m.*
mitschleppen met·slië·pen *ZW trans.*
mitschreiben met·schri·wen *uZW*
Mitschrift Met·schriwt, -en [Met·schriw·ten] *w.*
Mitschüler Met·schö·ler, -s *m. kult.*
mitsingen met·sin·gen *uZW mus.*
mitspielen met·spië·len *ZW mus., spo.*
Mitspieler Met·spië·ler, -s *m. mus., spo.*
Mitsprache Met·sprao·ke *w. o.Mz.*
Mitspracherecht Stem, -·men *w.*
Mitstreiter Met·stri·der, -s *m.*
Mittag Med·dag, -e [Med·da·ge] *m. tem.*, Med·dags·tiet, Med·dags·ti·ten *w. tem.*
Mittagessen Med·dag·iä·ten *s. o.Mz. kul.*; **Tisch mit dem ~** Med·dags·disk, -e [Med·dags·dis·ke] *m. tech. kul.*
mittags med·dags *UW tem.*
Mittagsgeläut Med·dags·lü·den *s. o.Mz. rel.*
Mittags(gemüse)topf Med·dags·pot, Med·dags·pöt·te *m. kul.*
Mittagshitze Med·dags·het·te, -n *w. met.*
Mittagspause Med·dag *m. o.Mz. tem.*; **~ einlegen** Med·dag ma·ken
Mittagsruhe Nöön·ken, Nöön·kes *s. tem.*, Ün·nerst *m. o.Mz. tem.*; **~ halten** nö·nen *ZW*
Mittagsschlaf Med·dags·slaop, Med·dags·släö·pe *m. med.*, Ün·nerst *m. o.Mz. med.*
Mittagsstunde Med·dags·stun, -·nen *w. tem.*

Mittagstisch Med·dags·disk, -e [Med·dags·dis·ke] *m. kul.*
Mittagszeit Med·dags·tiet, Med·dags·ti·ten *w. tem.*
Mittagszug Med·dags·tog, Med·dags·tüö·ge *m. trans.*
mittanzen met·dan·sen *ZW mus.*
Mittänzer Met·dän·ser, -s *m. mus.*
Mittänzerin Met·dän·se·rin, -·nen *w. mus.*
Mitte Mid·de *w. o.Mz.*; **in der ~** mid·den *UW*; **in der ~ des Weges** mid·de·wäg, -s *UW*
mitteilen mel·len *ZW*, met·de·len *ZW*; **heimlich ~** to·stiä·ken *uZW psy.*; **unverblümt ~** up'n Kop to·säg·gen
Mittel Mid·del, -s *s.*, Wiärks *s. o.Mz. chem., med.*; **~ mit geringer Wirkung** Mid·del·ken, Mid·del·kes *s.*
Mittelalter Mid·del·ol·ler *s. o.Mz. tem.*
mittelalterlich mid·del·öl·ler·lik, mid·del·öl·ler·licke, -n [mid·del·öl·ler·lik·ke] *EW tem.*
Mittelchen Mid·del·ken, Mid·del·kes *s.*
Mittelfinger Mid·del·fin·ger, -s *m. med.*
mittelgroß hän·nig, -e, -en [hän·ni·ge] *EW*, mid·del·graut, -e, -en [mid·del·grau·te] *EW*
Mittelklasse Mid·del·klas, -·sen *w.*
Mittellandkanal Mid·del·land·ka·naol *m. o.Mz. naut. trans.*
mittellos arm, -e, -en [ar·me] *EW fin.*, beet *EW fin.*, blank, -e, -en [blan·ke] *EW fin.*
Mittellose(r) Ar·me, -n *m. und w. fin.*
Mitteloseste lärms·te, -n *m., w. und s. fin.*
Mittelmaß Mid·del·maot *s. o.Mz.*
mittelmäßig düör·snid·lik, düör·snid·licke, -n [düör·snid·lik·ke] *EW*, mau, -e, -en *EW*; mid·del·mäö·tig, -e, -en [mid·del·mäö·ti·ge] *EW*
Mittelmeer Mid·del·meer *s. o.Mz. geol.*
mitteln mid·deln *ZW*
Mittelpfosten der Tennen-

tür Miä·kel, -s *m. arch.*
Mittelpunkt Mid·de *w. o.Mz.*
Mittelrippe An·ter·kot, -s *s. med. (frz. entrecôte)*
Mittelschule hög·ge·re School *w. kult.*, Mid·del·scho·le, -n *w. kult.*
Mittelsmann Mid·dels·man, Mid·dels·män·ner *m.*
Mittelspecht mid·de·le Baum·picker, -s [Baum·pik·ker] *m. zool.*
Mittelstreifen Mid·del·stri·pen, -s *m. trans.*
Mittelstück Mid·del·stük, Mid·del·stücker [Mid·del·stük·ker] *s.*
Mitteltür Mid·del·düör, -n *w. arch.*
Mittelweg Mid·del·wäg, Mid·del·wiä·ge *m.*
Mittelwert Düör·snid, -·de *m. math.*
mitten mid·den *UW*
mittendrin mid·den·in *UW*
mittendurch mid·den·düör *UW*, liek·düör *UW*
Mitternacht Me·der·nacht *w. o.Mz. tem.*
mittlere mid·dels·te, -n *EW*
mittlerweile met·de·wi·le *BW UW tem.*, met·wiels *UW tem.*
mittrinken met·drin·ken *uZW kul.*
Mittsommer Mid·sum·mer, Mid·süm·mers *m. tem.*
Mittwoch Guns·dag, -e [Guns·da·ge] *m. tem.*, Mid·de·wiär·ke *w. o.Mz. tem.*
mittwochs guns·dags *UW tem.*, mid·de·wiär·ken, -s *UW tem.*
mitunter met·un·ner *UW*
mitverdienen met·vö·dai·nen *uZW fin.*
mitwirken met·wür·ken *ZW*
mitzählen met·täl·len *ZW*
mitziehen met·trecken [met·trek·ken] *uZW*
Möbelindustrie Mö·bel·in·nus·tri *w. o.Mz. tech.*
Möchtegern Mög·wul·gään, -s *m. psy.*
Mode Mood, Mo·den *w.*, Muo·de, -n *w., übertr.* Mas·ke, -n *w.*
Modell Mo·del, -·le *s.*
Modelleisenbahn Spiël·i·sen·baan, Spiël·i·sen·ba·nen *w. tech.*
modellieren mo·del·le·ern *ZW*

modelliert mo·del·le·ert, -e, -en [mo·del·le·er·te] *EW*
Modellschreiner Müs·ter·ma·ker, -s *m. tech.*
Modenaschau Kle·der·be·kiek, Kle·der·be·ki·ke *s.*
Moder Mud·del *m. o.Mz.*
moderig mud·de·lig, -e, -en [mud·de·li·ge] *EW*
modern mül·men *ZW biol.*
modisch möödsk, -e, -en [mööds·ke] *EW*
modrig muor·drig, -e, -en [muor·dri·ge] *EW biol.*
mogeln schum·meln *ZW*
mögen müë·gen *uZW psy., kul.*
möglich müëg·lik, müëg·licke, -n [müëg·lik·ke] *EW;* **alles ~ machen** *übertr.* Been uut·ri·ten; **wie ist das ~?** wu kan dat? wu kan dat an·gaon?
möglicherweise an·en·ne *UW,* vil·licht, -e [vil·lich·te] *UW,* vö·licht *UW*
Möglichkeit Müëg·lik·kait, -en [Müëg·lik·kai·ten] *w.*
möglichst müëg·liks *EW*
Mohn Maon *m. o.Mz. bot.*
Mohr Swat·te, -n *m. und w.*
Möhre Wuor·del, -n *w. bot.;* **frühe ~** Tap·wuor·del, -n *w. bot.;* **kleine ~** Wüör·del·ken, Wüör·del·kes *s. bot.;* **späte ~ zum Überwintern** Hiärfst·wuor·del, -n *w. bot.*
Möhrengemüse Wuor·del·ge·möös *s. o.Mz. kul.*
Mohrrübe Tap·wuor·del, -n *w. bot.*
Mole Ha·wen·dam, Ha·wen·däm·me *m. trans. naut.*
Molekül kemiske Vöbinnung *w. chem.*
Molkerei Mol·ke·ri, -·en *w. tech. kul.*
Molle Muo·le, -n *w. tech.*
Moment Mo·mang, -s *m. tem.,* Snup, -·pen *m. tem.*
momentan jüst nu *tem.*
Monat Maond, -e [Maon·de] *m. tem.,* Mao·nat, -e [Mao·na·te] *m. tem.;* **alle zwei ~e** e·nen üm dän an·nern Maond *tem.;* **ein ~** Ve·er·wiär·kens·tiet, Ve·er·wiär·kens·ti·ten *w. tem.*
monatlich mao·nat·lik, mao·nat·licke, -n [mao·nat·lik·ke] *EW tem.,* jer·ren Maond *tem.*

Monatsblatt Mao·nats·blad, Mao·nats·bliä·der *s. kult.*
Monatszeitschrift Mao·nats·blad, Mao·nats·bliä·der *s. kult.;* **abfällig für ~** Mao·nats·bläd·ken, Mao·nats·bläd·kes *s. kult.*
Mönch Münk, -e [Mün·ke] *m. rel.,* Pao·ter, -s *m. rel.*
Mönchskloster Münks·klaus·ter, -s *s. arch. rel.*
Mond Maond, -e [Maon·de] *m. astr.;* **abnehmender ~** af·gaon·den Maond *astr.;* **zunehmender ~** to·gaon·den Maond *astr.;* **kleiner ~** (verniedlichend) Mäönd·ken, Mäönd·kes *s. astr.*
mondhell maond·lecht, -e, -en [maond·lech·te] *EW*
Mondlicht Maond·lecht *s. o.Mz. astr.*
Mondschein Maond·schien *m. o.Mz. astr.*
Mondsichel Siëg·ten·maond, -e [Siëg·ten·maon·de] *m. astr.*
Monogramm Nao·men·te·ken, -s *s.*
Monopol Al·leen·vö·kaup, Al·leen·vö·kai·pe *m. fin.*
monoton in eens wäg
Montag Maon·dag, -e [Maon·da·ge] *m. tem.*
Montage Mon·te·e·rung, -en [Mon·te·e·run·gen] *w. tech.*
montags maon·dags *UW tem.;* **was man ~ beginnt, endet nicht gut** (Aberglaube) maon·dags wät nich wiär·ken·olt
Monteur Mon·te·e·rer, -s *m. tech.*
montieren mon·te·ern *ZW tech.* (frz. monter)
Montierung Mon·te·e·rung, -en [Mon·te·e·run·gen] *w. tech.*
Montur Mon·de·e·rung, -en [Mon·de·e·run·gen] *w.*
Monument Denk·maol, Denk·mäö·le *s.*
Moor Moor, Mo·re *s. geol.,* Viën, -s *s. geol.;* **kleines ~** Viën·ken, Viën·kes *s. geol.*
Moorbirke Viën·biä·ke, -n *w. bot.*
Moorboden Viën·buo·den, Viën·büö·den *m. geol.*
Mooreiche Viën·e·ke, -n *w. bot.*
Moorfrosch Viën·pog·ge, -n

w. zool.
Moorohreule Viën·uul, Viën·u·le, -n *w. zool.*
Moorrauch Har·rauk *m. o.Mz.*
Moos Mos, -·se *s. bot.,* Mus, -·se *s. bot.*
moosgrün mus·gröön, mus·grö·ne, -n *EW*
moosig mus·sig, -e, -en [mus·si·ge] *EW bot.*
Moped Pät·kes·snü·wer, -s *m. trans.*
Möpkenbrot Wuors·te·braud, Wuors·te·brai·de *s. kul.*
Moral Är·ge·fööl, Är·ge·fö·le *s. psy.,* Mo·raol *m. o.Mz. psy.*
moralisch mo·raolsk, -e, -en [mo·raols·ke] *EW psy.*
Morast Mud·del *m. o.Mz.,* Mut·ke, -n *w.,* So·he, -n *w.,* Sump, Süm·pe *m.*
morastig mud·de·lig, -e, -en [mud·de·li·ge] *EW,* mut·ke·rig, -e, -en [mut·ke·ri·ge] *EW*
Mord Moord, Moor·de *m. jur.*
morden müör·dern *ZW jur.*
Mörder Müör·der, -s *m. jur.*
Mordskerl Baas·kääl, -s *m.*
morgen lä·ter·dags *UW tem.,* muorn *UW tem.;* **heute ~** van·muorn *UW tem.*
Morgen Muorn *m. o.Mz. tem.;* **Flächenmaß** (1 Morgen = 2.500 m²) Muor·gen *m. agr.;* **des ~s** s'Muorns *tem.*
Morgendämmerung Lecht·wä·ern *s. o.Mz.*
Morgenfrühe Ucht, -en [Uchten] *w. tem.;* **Arbeit auf dem Hof in der ~** Ucht·wiärk, -en [Ucht·wiär·ken] *w.*
Morgengebet Muorn·ge·bäd *s. o.Mz. rel.*
Morgenkälte Muorn·köl·de, -n *w. met.*
Morgenland Muor·gen·land *s. o.Mz. geog.*
Morgenrot Muor·gen·glai·en *s. met.,* Muorn·raud, Muorn·rai·de *s. met.*
morgens muorns *UW tem.;* **früh ~** üm·tiets *UW tem.*
Morgenstern Hols·ken·blo·me, -n *w. bot.,* Muor·gen·stään, Muor·gen·stä·ne *m. astr.*
Morgenstunde Muor·gen·stun, -·nen *w. tem.*
Morgentau An·dau *m. o.Mz. met.*

Morgenzeit Muorn·tiet, Muorn·ti·ten *w. tem.*

Morgenzug Muorn·tog, Muorn·tüö·ge *m. trans.*

morsch muork, -e, -en [muor-ke] *EW biol.*, rüö·te·rig, -e, -en [rüö·te·ri·gen] *EW biol.*, vö·ruot, -e, -en [vö·ruo·te] *EW biol.*; ~ **werden** vö·ruo-ten *ZW biol.*

Mörser Stamp·pot, Stamp-pöt·te *m. tech.*, Staut·pot, Staut·pöt·te *m. tech.*

Mörtel Spais *m. o.Mz. tech.*

Mörtelfass Spais·fat, Spais-fiä·ter *s. tech.*

Mörtelmischer Spais·müë-le, -n *w. tech.*

Mosaik Steen·kes·beld, Steen-kes·bel·ler *s. kult.*

Moschee Biäd·huus, Biäd-hü·ser *s. arch. rel.*

Moslem Mus·lim, -s *m. rel.*

moslemisch mus·liemsk, -e, -en [mus·liems·ke] *EW rel.*

Mostrich Mos·tert, -s *m. kul.* (frz. moutarde)

Motiv Grund, Grün·ne *m.*

motivieren heet ma·ken *psy.*

Motor Ar·baids·ma·schien, Ar-baids·ma·schi·nen *w. tech.*, Ma·schien, Ma·schi·nen *w. tech.*

Motorrad Knat·ter·piärd, -e *s. trans.*; **leichtes** ~ Snüf, -s *s. trans.*

Motorsense (mit Schneid-draht) Draod·sai·se, -n *w. tech.*

Motte Plüd·ders·ke, -s *w. zool.*

Motto Sin·sprüëk, -e [Sin-sprüë·ke] *m.*

motzen frem·peln *ZW psy.*

Mücke Mi·te, -n *w. zool.*, Müg·ge, -n *w. zool.*; **in der Sonne schwirrende** ~n Müg·gen·dans, Müg·gen·dän-se *m. zool.*

Mückenstich Müg·gen·stiëk, -e [Müg·gen·stië·ke] *m. med.*

Mückentanz Müg·gen·dans, Müg·gen·dän·se *m. zool.*

mucksmäuschenstill müüs-ken·stil, -·le, -·len *EW*

müde laö·sig, -e, -en [laö·si-ge] *EW med.*, mak, macke, -n [mak·ke] *EW med.*, mö-de, -n *EW med.*, slaip·rig, -e, -en [slaip·ri·ge] *EW med.*; ~ **sein** *übertr.* Slaop·lü·se

häb·ben *med.*; **müder** mö-der; **am müdesten** an mööds·ten

Müdigkeit Mö·dig·kait *w. o.Mz. med.*

muffig mu·che·lig, -e, -en [mu·che·li·ge] *EW*

Mühe Mai·de, -n *w.*, Mö·e, -n *w.*

mühen mö·en *ZW*

mühevoll su·er, -e, -en [su-e·re] *EW*

Mühlchen Müël·ken, Müël-kes *s. tech.*

Mühle Müël, -e, -en [Müë·le] *w. tech.*; ~ **für die Hanf-verarbeitung** Büë·ker·müël, -en [Büë·ker·müë·len] *w. tech.*; **kleine** ~ Müël·ken, Müël·kes *s. tech.*; ~ **zum Mahlen von Baumrinde für das Gerben** Lau·müël, -en [Lau·müë·len] *w. tech.*

Mühle (Brettspiel) Müël·kes-spiël, -e [Müël·kes·spië·le] *s. spo.*

Mühlenbach Müë·len·biëk, -e [Müë·len·bië·ke] *w. geol.*

Mühlenknecht Kaorn·dri-wer, -s *m. tech.*

Mühlenteich Müë·len·diek, Müë·len·di·ke *m. geol.*

Mühlenwasser Müë·len·wa-ter, Müë·len·wä·ters *s.*

Mühlenwehr Müë·len·schüt, -s *s. tech.*; **bewegliches** ~ Schüt, -s *s. tech.*

Mühlrad Müël·rad, Müël·riä-der *s. tech.*

mühsam mö·sam, -·me, -·men *EW*

Mulde Ku·le, -n *w.*, Laak·te, -n *w.*; **flache** ~ Sieg·de, -n *w. geol.*

Mülheim Müël·me *ON*

Mülheim/Ruhr Mölm *ON*

Müll Schut *m. o.Mz.*, Un-raod *m. o.Mz.*

Müllabfuhr Schut·bu·er, -n *m. tech.*

Mülleimer Ask·em·mer, -s *m. tech.*

Müller Möl·ler, -s *m. tech.*; ~ **der Ölmühle** Üöl·ge·möl-ler, -s *m. tech.*; ~ **der Windmühle** Win·ne·möl·ler, -s *m. tech.*

Müllerin Möl·le·rin, -·nen *w.*

Müllersfrau Möl·lers·ke, -s *w.*

Müllmann Schut·bu·er, -n *m.*

tech.

Mülltonne Ask·tun·ne, -n *w. tech.*

multiplizieren maol·nië·men *uZW math.*

Mumpitz Hum·buug *m. o.Mz. psy.*

Mumps Sië·gen·pe·ter *m. o.Mz. med.*

München Mün·ken *ON*

Mund Bäb·bel, -s *m. med.*, Bek, -s *m. med.*, Klap, -·pen *s. med.* (abfällig), Mund, Mun·ne, Mün·ner *m. med.*, Mu·le, -n *w. med.*, Muul, Mu·len *s. med.*, Snüs, -·se *m. med.*, scherzh. Gäb·bel, -s *m. med.*, übertr. Sab·bel *m. o.Mz. med.*; **den** ~ **ver-ziehen** ne Fläp·pe trecken *psy.*; **einen großen** ~ **ha-ben** ne grau·te Snu·te häb-ben *psy.*; **halte deinen** ~ hol di·nen Sab·bel; **mit schief verzogenem** ~ schweew-muulsk, -e, -en [schweew-muuls·ke] *EW*; **trotziger, spitzer** ~ Sip, -s *m. psy.*

Mundart Tun·gen·slag, Tun-gen·sliä·ge *m. kult.*

Mündchen Müül·ken, Müül-kes *s. med.*

Mündel Mün·nel, -s *s.*

münden mün·nen *ZW*

munden (jemd.) mun·nen *ZW kul.*, sma·ken *uZW kul.*

mundgerecht münd·kes-maot, -e, -en [münd·kes·mao-te] *EW kul.*

Mundharmonika Muul·üör-gel, -n *s. mus.*

mündig mün·nig, -e, -en [mün·ni·ge] *EW jur.*

Mündung Mün·nung, -en [Mün·nun·gen] *w.*

Mundvoll Muul·vul *w. o.Mz.*

Mundwerk Bäb·bel, -s *m.*, Fläp·pe, -n *w.*, Muul·wiärks *s. o.Mz.*, übertr. Rand, Rän-ner *m. psy.*; **loses** ~ *übertr.* Kliä·ter, -s *w. psy.*

Münster Möns·ter *ON*

münsteraner möns·tersk, -e, -en [möns·ters·ke] *EW*

Münsterland Möns·ter·land *s. geog.*

Münsterländer Möns·ter-län·ner, -s *m.*

münsterländisch möns·ter-ländsk, -e, -en [möns-länds·ke] *EW*

munter a·lat, -·te, -·ten *EW psy.* (frz. alerte), kan·di·del, -e, -en [kan·di·de·le] *EW psy.*, krië·gel, -e, -en [krië·ge·le] *EW psy.*, kwik, kwicke, -n [kwik·ke] *EW psy.*, la·ben·nig, -e, -en [la·ben·ni·ge] *EW psy.*, niä·rig, -e, -en [niä·ri·ge] *EW psy.*, teng, -e, -en [ten·ge] *EW psy.*, wild, wil·le, -n *EW psy.*; ~ **machen** vö·mün·tern *ZW psy.*

Münze Geld, Gel·ler *s. fin.*, Hat·geld, Hat·gel·ler *s. fin.*, (25 Pfennige) Kas·män·ken, Kas·män·kes *s. fin.*, Mün·te, -n *w. fin.*; **silberne ~n** Sül·wer·geld *s. o.Mz. fin.*

Münzgeld Lüt·geld *s. o.Mz. fin.*

mürbe müör, -e, -en [müö·re] *EW*

Murmel Bäs·ke, -s *w. tech. spo.*, Knicker, -s *m. tech. spo.*; **mit ~n spielen** bastern *ZW spo.*, knickern [knik·kern] *ZW spo.*; **Loch in der Erde, in das die ~n rollen sollen** Knicker·pot, Knicker·pöt·te [Knik·ker·pot] *m. spo.*; **Sandburg mit Rollbahnen für ~n** Knicker·buorg, -en [Knik·ker·buorg], [Knik·ker·buor·gen] *w. spo.*

murren gnad·dern *ZW psy.*

mürrisch aor·draitsk, -e, -en [aor·draits·ke] *EW psy.*, gnad·de·rig, -e, -en [gnad·de·ri·ge] *EW psy.*, gran·tig, -e, -en [gran·ti·ge] *EW psy.*, knüë·te·rig, -e, -en [knüë·te·ri·ge] *EW psy.*, muf·fe·lig, -e, -en [muf·fe·li·ge] *EW psy.*, muksk, -e, -en [muks·ke] *EW psy.*, mut, -·te, -·ten *EW psy.*; ~ **sein** muf·feln *ZW psy.*

Mus Pap, Päp·pe *m.*; (abwertend) Päp·ken, Päp·kes *s.*

Muschel Mus·sel, -n *w. zool.*

Museum Mu·se·um, -s *s. his.*

Musik Mus·sik *w. o.Mz. mus.*; **erbärmliche ~** Kat·ten·mus·sik *w. o.Mz. mus.*..; ~ **machen** mus·sik·ma·ken *uZW mus.*

Musikant Mus·se·kant, -en [Mus·se·kan·ten] *m. mus.*, Spiël·man, Spiël·lü·de *m. mus.*

Musik-CD Mus·sik·schiew·ken, Mus·sik·schiew·kes *s. tech. mus.*

Musiker Mus·sik·ma·ker, -s *m. mus.*

Musikkapelle Ka·pel, -·len *w. mus.*

Musikmachen Mus·sik·ma·ken *s. o.Mz. mus.*

Musikmeister Mus·sik·mes·ter, -s *m. mus.*

Musikstück; in sich abgeschlossener Teil eines ~s Sats, Sät·se *m. mus.*

musizieren mus·sik·ma·ken *uZW mus.*; **lebhaft in hohen Tönen** kwin·ke·le·ern *ZW mus.*

Muskatnuss be·schao·ten Nuët *bot.*

Muskel Mucki, -es [Muk·ki], [Muk·kies] *m. med.*, Stramfleesk *s. o.Mz. med.*

Müssen Müë·ten *s. o.Mz. psy.*

müssen müë·ten *uZW*

müßig tö·mig, -e, -en [tö·mi·ge] *EW psy.*; ~ **gehen** lungern *ZW psy.*, tö·mig gaon *psy.*

Müßiggang Tö·mig·gang *m. o.Mz. psy.*

Müßiggänger Tö·mig·gän·ger, -s *m. psy.*, Li·ren·drai·er, -s *m. psy.* (abfällig)

Mussum Mus·sum *ON*

Muster Müs·ter, -s *s.*; **kleines ~** Müs·ter·ken, Müs·ter·kes *s.*

Mustermacher Müs·ter·ma·ker, -s *m. tech.*

mustern müs·tern *ZW*

Musterung Lo·sung, -en [Lo·sun·gen] *w. mil.*, Müs·te·rung, -en [Müs·te·run·gen] *w. mil., tech.*

Mut Mood *m. o.Mz. psy.*, To·vö·sicht *w. o.Mz. psy.*; ~ **machen** güet to·kü·ern *psy.*

mutig Mans noog *psy.*, mo·dig, -e, -en [mo·di·ge] *EW psy.*, vö·wiä·gen, -e, -en [vö·wiä·ge·ne] *EW psy.*

mutlos mood·laus, -e, -en [mood·lau·se] *EW psy.*

mutmaßen vö·mö·en *ZW psy.*

Mutter Mo·der, Mo·er, Mö·ers *w.*, Mam·ma, -s *w.*, (Kurzform) Ma *w. o.Mz.*

Mutterboden Ä·er *w. o.Mz. biol.*

Mutterbrust Mo·der·buorst, Mo·der·büörs·te *w. med.*

Mütterchen Mö·er·ken, Mö·er·kes *s.*

Muttergottes Mo·der·guods *w. o.Mz. rel.*

Muttergottesbild Mo·der·guods·beld, Mo·der·guods·bel·ler *s. rel.*; **kleines ~** Mo·der·guods·beld·ken, Mo·der·guods·beld·kes *s. rel.*

Muttergottesbildchen Mo·der·guods·beld·ken, Mo·der·guods·beld·kes *s. rel.*

Muttergotteslämpchen Mo·der·guods·lämp·ken, Mo·der·guods·lämp·kes *s. tech.*

Muttergotteslied Mo·der·guods·leed, Mo·der·guods·le·der *s. mus. rel.*

Mutterhaus Mo·der·huus, Mo·der·hü·ser *s.*

Mutterherz Mo·der·hiärt, -e [Mod·der·hiär·te] *s. psy.*

Mutterleib Mo·der·liew, Mo·der·li·we *s. med.*

Mutterliebe Mo·der·lai·we *w. o.Mz. psy.*

Muttermal lärw·pläk, lärw·pläcken [lärw·pläk·ken] *m. med.*

Muttermilch Mo·der·miälk *w. o.Mz. med.*

Mutterpferd Mo·der·piärd, -e [Mo·der·piär·de] *s. zool.*

Mutterpflanze Mo·der·plante, -n *w. bot.*

Mutterschaf Mo·der·schaop, Mo·der·schäö·pe *s. zool.*

Mutterschaft Mo·der·schup, -·pen *w.*

Mutterschwein Fiä·ken·süë·ge, -n *w. zool.*, Mut, -·ten *w. zool.*

Mutterseele Mo·der·siä·le, -n *w. psy.*

mutterselig mo·der·siä·lig, -e, -en [mo·der·siä·li·ge] *EW psy.*

Muttersöhnchen Mo·er·kät·ken, Mo·er·kät·kes *s. psy.*, Twä·ne·ääs, Twä·ne·ä·se *s. psy.*

Muttersprache Mo·der·spraok, -e, -en [Mo·der·sprao·ke] *w. kult.*

Muttertag Mo·der·dag, -e [Mo·der·da·ge] *m. tem.*

Muttertier Mö·er·ken, Mö·er·kes *s. zool.*

mutwillig mood·wil·lig, -e, -en

[mood·wil·li·ge] *EW psy.*
Mutwilligkeit Mood·wil *m.
o.Mz. psy.*
Mütze Kip·pe, -n *w. tech.,*
Müs·se, -n *w. tech.*, (der
verheirateten Frau) Fla·du·
se, -n *w. tech.*; ~ **Ohrenwärmern** Hin·kes·müs·se,
-n *w. tech.*; **schirmlose ~**
Pät·sel, -s *m. tech.r*
Mutzpfeife Döl·ken, Döl·kes
s. tech., (abfällig) Lül·dop,
Lül·döp·pe *m. tech.*; **kurzer ~** Düë·mel, -s *m. tech.*
Mythologie ol·le Güö·der·lä·
er *w. o.Mz. rel.*

N

N, n N, n (Buk·stab·be)
Nabe Na·we, -n *w. tech.*
Nabel Nab·bel, Niä·bel *m.
med.*, Naw·wel, Niä·wel *m.
med.*
Nabelschnur Naw·wel·sno·
er, Naw·wel·snö·ers *w. med.*,
Naw·wel·strang, Naw·wel·
strän·ge *m. med.*
nach nao *VW UW;* ~ **Hause gehen** nao Huus gaon;
~ **und** ~ nao un nao, vüör
un nao
nachäffen nao·a·pen *ZW
psy.*
nachahmen nao·ma·ken
uZW
Nacharbeit Nao·ar·baid, -en
[Nao·ar·bai·den] *w.*
nacharbeiten nao·ar·bai·den
ZW
Nachbar Nao·ber, -s, Nao·
ber·lü·de *m.*; ~ **der bei Festen zum Trinken und Essen eingeladen ist** Friät·
nao·ber, -s *m.*; ~ **der bei
Festen nur zum Trinken
eingeladen ist** Suup·nao·
ber, -s *m.*; ~**n zum Plaudern besuchen** up Nao·
ber·schup gaon; **Recht der
~n** Nao·ber·rächt, -e [Nao·
ber·räch·te] *s.*
Nachbarbauer Nao·ber·bu·
er, -n *m. agr.*
Nachbardorf Nao·ber·duorp,
Nao·ber·düör·per *s. geog.*
Nachbarhaus Nao·ber·huus,
Nao·ber·hü·ser *s. arch.*
Nachbarin Nao·bers·ke, -s
w.
Nachbarkind Nao·ber·kind,

Nao·ber·kin·ner *s.*
Nachbarnpflicht Nao·ber·
plicht, -en [Nao·ber·plich·ten]
w.
Nachbarschaft Nao·ber·
schup, -·pen *w.*; **in der ~**
der·bi·daal *UW*; **erweiterte
~ zur Hilfe in großen Notfällen** Dau·den·nao·ber·
schup, -·pen *w.*
**nachbarschaftlich; eine enge freundschaftliche oder
~e Beziehung haben** düör·
ne·ne pan·ko·ken *psy.*
Nachbarschaftshilfe Nao·
ber·hölp, -en [Nao·ber·höl·
pen] *w.*
Nachbarschaftsrecht Nao·
ber·rächt, -e [Nao·ber·räch·
te] *s.*
Nachbarsmädchen Nao·ber·
wicht, -er [Nao·ber·wich·ter]
s.
Nachbarssohn Nao·ber·
suon, Nao·ber·süöns *m.*
nachbekommen nao·kri·gen
uZW
nachbellen nao·blië·ken *ZW*
nachbereden nao·prao·ten
ZW
nachbesprechen nao·bru·
ken *ZW*, nao·kü·ern *ZW*
Nachbesprechung Nao·kü·
ern *s. o.Mz.*
nachbessern nao·biä·tern
ZW
nachbeten nao·biä·den *ZW
rel.*
nachbezahlen nao·be·ta·len
ZW fin.
nachbleiben nao·bli·wen
uZW
nachbrauchen nao·bru·ken
uZW
nachbringen nao·brän·gen
uZW
nachdem nao·dat *BW*
nachdenken den·ken *uZW
psy.*, in sik gaon *psy.*, koppel·ge·ern *ZW psy.*, den·
ken *uZW psy.*, sin·ne·ern
ZW psy., sim·me·le·ern *ZW
psy.* (frz. simuler), üö·wer·
läg·gen *ZW psy.*; **darüber
denke einmal nach** dao
do äs den·ken an; **angestrengt ~** grüë·weln *ZW psy.*
Nachdenken Kop·pel·ge·ern
s. o.Mz. psy.
nachdenklich daip·denksk,
-e, -en [daip·denks·ke] *EW*

psy., nao·denksk, -e, -en
[nao·denks·ke] *EW psy.*
nachdrehen nao·draien *ZW
tech.*
nachdreschen nao·düörs·ken
ZW agr.
nachdrucken nao·drücken
[nao·drük·ken] *ZW tech.*
nachdrücklich däf·tig, -e,
-en [däf·ti·ge] *EW*
Nachdurst (nach einem
Rausch) Nao·duorst *m.
o.Mz. med.*, *übertr.* Brand,
Brän·ne *m. med.*
nacheifern nao·ië·wern *ZW
psy.*
nacheinander nao·nan·ner
UW, nao·ne·ne *UW*, vüör·
foots *UW*
nacherzählen nao·vö·täl·len
ZW
Nacherzählung Nao·vö·täl·
sel, -s *s. mus.*
nachessen nao·iä·ten *uZW
kul.*
nachfahren nao·fö·ern *uZW
trans.*
Nachfalter Mol·ken·tö·we·
ner, -s *m. zool.*
nachfassen nao·packen [nao·
pak·ken] *uZW*
Nachfeier Nao·fi·er, -n *w.*
nachfeiern nao·fi·ern *uZW*,
nao·fi·ern *ZW*
Nachfolge Up·fol·ge, -n *w.*
nachfolgen up·fol·gen *ZW*
Nachfolger Up·fol·ger, -s *m.*;
~ **auf dem Bauernhof** How·
iär·we, -n *m. agr. jur.*
nachforken nao·fuor·ken *ZW
agr.*
nachforschen nao·füörs·ken
ZW
Nachforschung Nao·füörs·
kung, -en [Nao·füörs·kun·
gen] *w.*
Nachfrage Frao·ge·ri, -·en
w., Nao·frao·ge, -n *w.*
nachfragen nao·frao·gen
uZW
nachfühlen nao·fö·len *uZW
psy.*
Nachgeäffe Nao·a·pe·ri *w.
o.Mz. psy.*
nachgeben nao·giё·wen
uZW, nao·lao·ten *uZW*, trüg·
ge·stiä·den *uZW psy.*, *übertr.*
bi·drai·en *ZW psy.*
Nachgeharkte Nao·hark·sel,
-s *s.*
nachgehen nao·gaon *uZW*

nachgelassen nao·lao·ten, -e, -en [nao·lao·te·ne] *EW*
nachgemacht nao·maakt, -e, -en [nao·maak·te] *EW*
nachgerade al·nao·grad *UW*
Nachgeruch Nao·rüëk, -e [Nao·rüë·ke] *m. biol.*
nachgewachsen nao·was·sen, -e, -en [nao·was·se·ne] *EW biol.*
nachgezählt nao·tält, -e, -en [nao·täl·te] *EW math.*
nachgezeichnet nao·teek·net, -e, -en [nao·teek·ne·te] *EW tech.*
nachgezogen nao·trocken, -e, -en [nao·trok·ken], [nao·trok·ke·ne] *EW*
nachgiebig nao·giëwsk, -e, -en [nao·giëws·ke] *EW psy.*, week, we·ke, -n *EW psy.*
nachgießen nao·gai·ten *uZW*
nachhaken nao·packen [nao·pak·ken] u*ZW psy.*
nachheizen nao·bö·ten *ZW*
nachhelfen nao·hel·pen *uZW*
nachher dao·nao *UW tem.*, ha·no·cher *UW tem.*, her·no·cher *UW tem.*, naigs·tens *UW tem.*, nao·hand *UW tem.*, nao·hiär *UW tem.*
Nachhilfe Nao·hölp, -en [Nao·höl·pen] *w.*
nachholen nao·ha·len *uZW*
nachjagen nao·ja·gen *ZW*
nachkarten nao·ka·ten *ZW psy.*
Nachkomme *übertr.* Af·läg·ger, -s *m.*
nachkommen nao·kuë·men *uZW*
Nachkriegszeit Nao·kriegs·tiet, Nao·kriegs·ti·ten *w. his.*
nachladen nao·la·den *uZW*
Nachlass lärw·schup, -·pen *w. fin.*, lärw·deel, lärw·de·le *s. fin.*, Nao·laot, Nao·läö·te *m. fin.*
nachlassen af·lao·ten *uZW*, lak·lao·ten *uZW*, nao·lao·ten *uZW*
nachlässig klak·los, -·se, -·sen *EW psy.*, klak·läö·sig, -e, -en [klak·läö·si·ge] *EW psy.*, lod·de·rig, -e, -en [lod·de·ri·ge] *EW psy.*, nao·laitsk, -e, -en [nao·laits·ke] *EW psy.*, snud·de·rig, -e, -en [snud·de·ri·ge] *EW psy.*, (Kleidung) slan·te·rig, -e, -en [slan·te·ri·ge] *EW psy.*

Nachlässigkeit Klak·läö·sig·kait, -en [Klak·läö·sig·kai·ten] *w. psy.*
Nachlasssteuer Nao·laot·stü·er, -n *w. fin.*
nachlaufen nao·lau·pen *uZW*
nachleben (jemd.) nao·liä·wen *ZW*
nachlegen nao·läg·gen *ZW*
nachlernen nao·lä·ern *ZW kult.*
nachlesen nao·liä·sen (sik) *uZW*
nachliefern nao·lië·wern *ZW*
nachmachen nao·a·pen *ZW*, nao·ma·ken *uZW*
Nachmahd Nao·gräs *s. o.Mz. agr.*
nachmalen nao·mao·len *ZW tech., mus.*
Nachmittag Nao·med·dag, -e [Nao·med·da·ge] *m. tem.*, Üör·nern, -s *m. tem.*; **heu·te ~** van·nao·med·dag *UW tem.*, van·nüörn *UW tem.*
nachmittags nao·med·dags *UW tem.*, üörns *UW tem.*
Nachname Nao·naom, -en [Nao·nao·men] *m.*
nachnehmen nao·nië·men *ZW*
nachpflanzen nao·puor·ten *ZW agr.*
nachplappern nao·a·pen *ZW psy.*
nachräuchern nao·rai·kern *ZW kul.*
nachrechnen nao·riä·ken *ZW math.*; **vergleichend ~** nao·täl·len *ZW math.*
Nachrede Nao·prao·te·ri *w. o.Mz.*
nachreden nao·prao·ten *ZW*, nao·säg·gen *uZW*; **überl ~** an·han·gen *uZW psy.*, nao·snacken [nao·snak·ken] *ZW psy.*
Nachregen (nach einem Gewitter) Nao·riän·gen *m. o.Mz. met.*
nachreiten nao·ri·den *uZW trans.*
Nachricht Nao·richt, -en [Nao·rich·ten] *w.*
nachrufen nao·ro·pen *uZW*
nachsäen nao·sai·en *ZW agr.*
nachsagen nao·säg·gen *uZW*
nachsalzen nao·sol·ten *ZW kul.*

nachsaugen nao·su·gen *uZW*
nachschauen nao·ki·ken (sik) *uZW*
Nachschlag Äch·ter·klap, -·pen *s.*, Nao·klap, Nao·kläp·pe *m.*, Nao·slag, Nao·sliä·ge *m.*
nachschlagen nao·slaon *uZW*
Nachschlagewerk Nao·kiek·sel, -s *s. kult.*
nachschleichen nao·sli·ken *uZW*
nachschleppen nao·slië·pen *ZW trans.*
Nachschleppendes Slüör, -s *s.*
Nachschlüssel Nao·slüë·del, -s *m. tech.*
nachschneiden nao·sni·den *uZW*
Nachschub Nao·schuuw *m. o.Mz.*
Nachsehen Nao·ki·ken *s. o.Mz.*, Nao·sain *s. o.Mz.*
nachsehen nao·ki·ken (sik) *uZW*, to·sain *uZW*
nachsetzen nao·sät·ten *ZW*
nachsingen nao·sin·gen *uZW mus.*
nachsitzen nao·sit·ten *uZW*
Nachsommer Nao·sum·mer, Nao·süm·mers *m. tem.*
Nachspiel Nao·spiël, -e [Nao·spië·le] *s. mus., psy. spo.*
nachspielen nao·spië·len *ZW mus., spo.*
nachsprechen nao·kü·ern *ZW*
nachspringen nao·sprän·gen *uZW*
nächst naigst, -e, -en [naigs·te] *EW*
nächst (zeitlich) to·kem *EW*
nachstehen nao·staon *uZW*
nachsteigen nao·sti·gen *uZW*
nachstellen (jemd.) nao·gaon *uZW*, nao·wa·ren *ZW*
nächstens naigs·tens *UW tem.*
Nachsteuer Nao·stü·er, -n *w. fin.*
nachstochern nao·stuo·kern *ZW*
nachstoßen nao·stau·ten *uZW*
nachsuchen nao·sö·ken *uZW*
Nacht Nacht, Nä·chte *w.*

tem.; **heute ~** van·nacht *UW tem.*; **des ~s** s'Na·chens *tem.*
Nachtdienst Nacht·dänst, -e [Nacht·däns·te] *m.*
Nachteil Nao·deel, Nao·de·le *m.*
nachteilig kon·ter·köör, kon·ter·kö·re, -n *EW (frz.* contrecœur), kon·trär, -e, -en [kon·trä·re] *EW (frz.* contraire), nao·deelsk, -e, -en [nao·deels·ke] *EW*
Nachteule Nacht·uul, Nacht·u·len *w. zool.*
Nachtfalter Blin·ne·molk, -en [Blin·ne·mol·ken] *w. zool.,* Mol·ken·tai·mer, -s *m. zool.*
Nachtfrost Nacht·fuorst, Nacht·füörs·te *m. met.*
Nachtgebet Nacht·ge·bäd *s. o.Mz. rel.*
Nachthemd Nacht·hiëmd, -e [Nacht·hiëm·de] *s.*
Nachtigall Nach·ti·gaol, -en [Nach·ti·gao·len] *w. zool.*
Nachtkerze Niër·sen·stai·ber, -s *m. bot.*
Nachtkommode Nacht·disk, -e [Nacht·dis·ke] *m. tech.*
nächtlich nächt·lik, nächt·lik·ke, -n *EW tem.*
Nachtlicht Nacht·lecht, -er [Nacht·lech·ter] *s. tech.*; **schwaches ~** Nacht·lechtken, Nacht·lecht·kes *s. tech.*
Nachtmahr Nacht·miär, -en [Nacht·miä·ren] *w. psy.*
Nachtmensch Nacht·dra·wer, -s *m.*
Nachtrag Nao·drag, Nao·driä·ge *m.*
nachtragen nao·driä·gen *uZW, übertr.* an·stri·ken *uZW psy.*
nachtragend nao·driägsk, -e, -en [nao·driägs·ke] *EW psy.*
nachtrauern nao·hü·len *ZW psy.*
nachtreten nao·triä·ten *uZW*
nachts na·chens *UW tem.*
Nachtschicht Nacht·dänst, -e [Nacht·däns·te] *m.*
Nachtschränkchen Nacht·schäp·ken, Nacht·schäp·kes *s. tech.*
Nachtschwalbe Dag·slai·per, -s *m. zool.,* Sië·gen·mel·ker, -s *m. zool.*
Nachtschwärmer Nacht·dra·wer, -s *m., übertr.*

Nacht·uul, Nacht·u·len *w.*
Nachtstuhl Nacht·stool, Nacht·stö·le *m. tech.*
Nachttier Nacht·dier, -s *s. zool.*
Nachttisch Nacht·disk, -e [Nacht·dis·ke] *m. tech.*
Nachttopf Nacht·pot, Nacht·pöt·te *m. tech. hyg.*, Pis·pot, Pis·pöt·te *m. tech. hyg.*, Pöt·ken, Pöt·kes *s. tech. hyg.*
Nachtzeit; zur ~ na·chens *UW tem.*
nachvollziehbar be·griep·lik, be·griep·licke, -n [be·griep·lik·ke] *EW psy.*
nachwachsen nao·was·sen *uZW biol.*
Nachwehe Nao·we·e, -n *w. med.*
nachweinen nao·hü·len *ZW psy.*
Nachweis Be·wies, Be·wi·se *m. jur.*, Nao·wies, Nao·wi·se *m.*
nachweisen be·wi·sen *uZW,* nao·wi·sen *uZW*
nachweislich nao·wies·lik, nao·wies·licke, -n [nao·wies·lik·ke] *EW*
nachwerfen nao·smi·ten *uZW*
nachwiegen nao·wai·gen *uZW tech.*
Nachwinter Nao·win·ter, -s *m. met. tem.*
nachwirken nao·wür·ken *ZW*
Nachwuchs E·gen·was, E·gen·wäs·se *m.*, To·was, To·wäs·se *m.*; **~ bei Tieren** Jun·ge, -n *s. zool.*; **~ bekommen** Kin·ner·kri·gen *s. o.M. med.*
nachzählen nao·täl·len *ZW math.*
nachzeichnen nao·teek·nen *ZW tech.*
nachziehen nao·trecken [nao·trek·ken] *uZW;* **ein Bein nach sich ziehen** lam·men *ZW med.*
Nachzucht Nao·tucht, -en [Nao·tuch·ten] *w. zool., bot.*
nachzüchten nao·tüch·ten *ZW biol.*
Nachzügler Nao·trecker, -s [Nao·trek·ker] *m.*
Nacken Gnak, Gnacke [Gnak·ke] *s. med.,* Nak, Nacken [Nak·ken] *m. med.*

Nackenbraten Nacken·brao·den, Nacken·bräö·den [Nakken·brao·den] *m. kul.*
Nackenschlag Nacken·slag, Nacken·sliä·ge [Nak·ken·slag] *m.*; **Nackenschläge bekommen** Nacken·sliä·ge kri·gen
Nackenseil (zwischen den Griffen der Schiebkarre) Nacken·seel, Nacken·se·le [Nak·ken·seel] *s. tech.*
nackt blaud, -e, -en [blaude] *EW,* naak, na·ke, -n *EW,* nake, -n, -e, -en [na·kene] *EW;* **~es Jungfräulein** Na·ken·jüf·fer·ken, Na·ken·jüf·fer·kes *s.*
Nadel Nao·del, Näö·del *w. tech., bot.,* Piek·ser, -s *m. tech.*; **kleine ~** Näö·del·ken, Näö·del·kes *s. tech., bot.*
Nadelbaum Dan·ne, -n *w. bot.,* Nao·del·baum, Nao·del·bai·me *m. bot.*
Nädelchen Näö·del·ken, Näö·del·kes *s. tech., bot.*
Nadelholz Nao·del·holt, Nao·del·höl·ter *s. bot.*
nadelig nao·de·lig, -e, -en [nao·de·li·ge] *EW*
Nadelkissen Nao·del·küssen, -s *s. tech.*
Nadelöhr Nao·del·lok, Nao·del·löcker [Nao·del·lök·ker] *s. tech.*
Nadelstich Nao·del·stiëk, -e [Nao·del·stië·ke] *m.*
Nadler Nao·del·ma·ker, -s *m. tech.*
Nagel Bol·ten, -s *m. tech.,* Na·gel, Niä·gel *m. tech.*; **kleiner ~** Niä·gel·ken, Niä·gel·kes *s. tech.*; **U-förmig gebogener ~** Kram·pe, -n *w. tech.*
Nägelchen Niä·gel·ken, Niä·gel·kes *s. tech.*
Nageleisen Na·gel·i·sen, -s *s. tech., übertr.* Ko·foot, Ko·fö·te *m. tech.*
nageln niä·geln *ZW tech.,* pig·gen *ZW tech.*
nagelneu gloot·ni, -·e, -·en *EW,* na·gel·ni, -·e, -·en *EW*
Nagelschmied Niä·gel·smet, -s *m. tech.*
Nagelzange Na·gel·tan·ge, -n *w. tech.*
nagen gna·gen *ZW kul.,* gnäw·weln *ZW kul.,* knäb-

beln *ZW kul.*, knab·beln *ZW
kul.*, ta·nen *ZW kul.*
nah naig, -e, -en [nai·ge] *EW*,
stram, -·me, -·men *EW*, un-
wied, un·wi·de, -n *VW*; **~e
gehen** *übertr.* an'ne Naod
gaon *psy.*; **sehr ~e gehen**
übertr. an'ne Nüë·den gaon
psy.; **näher** nai·ger; **am
nächsten** an naigs·ten
Nähe Naig·te, -n *w.*, Naohait, -en [Nao·hai·ten] *w.*;
in der ~ naig, -e, -en [nai-
ge] *EW*
nahebei an·to *UW*, dich·te
bi, nai·ge·bi *UW*
nahegehen nai·ge·gaon
uZW psy.
nahekommen nai·ge·kuë-
men *uZW*
nahelegen nai·ge·läg·gen
ZW psy.
Nähen Nai·en *s. o.Mz. tech.*;
Material zum ~ Nai·tüüg, -s
s. o.Mz. tech.
nähen nai·en *ZW tech.*; **unsauber ~** fud·deln *ZW tech.*
Näherei Nai·e·ri, -·en *w. tech.*
Näherin Nais·ke, -n *w. tech.*
nähern nai·gen *ZW*; **ge-
räuschlos ~** ran·sli·ken *uZW*
nahetreten; jemd. zu ~
übertr. up't Dak kuë·men
psy.
nahezu bol, bol·le *UW*, so
guët äs
Nähfaden Nai·faam, Nai-
fiäm *m. tech.*
Nähgarn Nai·gaorn, Nai-
gäörns *s. tech.*
Nähkasten Nai·kas·ten, Nai-
käs·ten *m. tech.*
Nähkorb Nai·kuorw, Nai·küör-
we *m. tech.*
Nähmaschine Nai·ma·schien,
Nai·ma·schi·nen *w. tech.*;
kleine ~ Nai·ma·schien·ken,
Nai·ma·schien·kes *s. tech.*
Nähnadel Nai·nao·del, Nai-
näö·del *w. tech.*, Nao·del,
Näö·del *w. tech.*; **kleine ~**
Nai·näö·del·ken, Nai·näö-
del·kes *s. tech.*
Nähnadeldose Nao·del·büs-
se, -n *w. tech.*
nähren niärn *ZW kul.*
Nahrung lä·ten, -s *s. o.Mz.
kul.*, Niä·rung, -en [Niä·run-
gen] *w. kul.*, Spi·se, -n *w.
kul.*
Nähschule Nai·scho·le, -n *w.*

kult.
Nähseide Nai·si·de, -n *w.
tech.*
Naht Naod, Näö·de *w. tech.*
Nähtisch Nai·disk, -e [Nai-
dis·ke] *m. tech.*
Nahtstelle Naod, Näö·de *w.
tech.*
Nähutensilien Nai·tüüg, -s
s. o.Mz. tech.; **Korb mit ~**
Nai·kuorw, Nai·küör·we *m.
tech.*
Nähzeug Nai·tüüg, -s *s. o.Mz.
tech.*, Nai·wiärk, -s *s. o.Mz.
tech.*
Nähzimmer Nai·stuom, Nai-
stüöms *m. arch.*
naiv daor, -e, -en [dao·re] *EW
psy,*
Name Nao·me, -n *m.*; **im ~n
von** nao·mens *VW*
namenlos nao·men·laus, -e,
-en [nao·men·lau·se] *EW*
namens nao·mens *VW*
Namenstag Nao·mens·dag,
-e [Nao·mens·da·ge] *m. rel.
tem.*
Namenszeichen Nao·men-
te·ken, -s *s.*
nämlich näm·lik *BW*
Nanometer Na·no·me·ter, -s
s. tech.
nao·miä·ten nao·miä·ten *ZW
tech.*
Napf Kop, Köp·pe *m. tech.*,
Kump, Küm·pe *s. tech.*, Nap,
Näp·pe *m. tech.*; **kleiner ~**
Köp·ken, Köp·kes *s. tech.*,
Kümp·ken, Kümp·kes *s.
tech.*, Näp·ken, Näp·kes *s.
tech.*
Näpfchen Näp·ken, Näp·kes
s. tech.
Narbe Nar·we, -n *w. med.*
narben nar·wen *ZW*
narbig narwt, -e, -en [narw-
te] *EW*
Narr Gek, -s *m. psy.*, Hans-
nar *m. o.Mz. psy.*, Pa·jats,
-e [Pa·jat·se] *m. psy.* (frz.
paillasse); **zum ~en halten**
ö·men *ZW psy.*; **zum ~
machen** a·pen *ZW psy.*
narren a·pen *ZW psy.*
Narretei Ö·we·ri, -·en *w. psy.*
Narrheit Närsk·hait, -en
[Närsk·hai·ten] *w. psy.*
närrisch fim·me·lig, -e, -en
[fim·me·li·ge] *EW psy.*, gek,
gecke, -n [gek·ke] *EW psy.*,
närsk, -e, -en [närs·ke] *EW*

psy., pötsk, -e, -en [pöts·ke]
EW psy., un·wies, un·wi·se,
-n *EW psy.*
Narzisse Ti·luo·se, -n *w. bot.*,
Paos·ke·klok, Paos·ke·klok-
ken *w. bot.*; **weiße ~** Muor-
gen·stään, Muor·gen·stä·ne
m. bot.
Näschen Niërs·ken, Niërs-
kes *s. med.*
naschen slicker·mu·len [slik-
ker·mu·len] *ZW kul.*, slickern
[slik·kern] *ZW kul.*, sno·pen
ZW kul.
Naschen Slickern [Slik·kern]
s. kul., Sno·pe·ri, -·en *w. kul.*
Nascherei Slicke·ri, -·en [Slik-
ke·ri] *w. kul.*
naschhaft snoobsk, -e, -en
[snoobs·ke] *EW kul.*
Naschkatze Slicker·tan, Slik-
ker·tiä·ne [Slik·ker·tan] *m. psy.
kul.*
Naschwerk Slicker·wiärks
[Slik·ker·wiärks] *s. o.Mz. kul.*
Nase Niër·se, -n *w. med.*,
Ru·ker, -s *m. med.*, Snüf-
fel, -s *m. med.*, scherzh.
Düm·pel, -s *m. med.*, Gië-
wel, -s *m. med.*; **an der ~
herumführen** vö·dul·dö·wen
ZW psy., vö·dum·deu·beln
ZW psy.; **aus der ~ gelaufener Schleim auf der
Oberlippe** Snot·pät·ken,
Snot·pät·kes *s. hyg.*; **aus
der ~ ziehen** uut de Niër-
se trecken; **die ~ rümpfen**
de Niër·se haug trecken
psy.; **die ~ voll haben** de
Niër·se vul häb·ben *psy.*;
kleine ~ Niërs·ken, Niërs-
kes *s. med.*; **Mensch mit
platter ~** Pan·nen·läcker, -s
[Pan·nen·läk·ker] *m. med.*
naselang niër·sen·lang, -e,
-en [niër·sen·lan·ge] *EW tem.*
näseln nüë·seln *ZW med.*,
snuf·feln *ZW med.*
Nasenbluten Niër·sen·blö-
den *s. o.Mz. med.*
Nasenloch Niër·sen·lok, Niër-
sen·lök·ker *s. med.*
Nasenschleim Snur·ter *m.
o.Mz. med.*, Snot, -·ten *m.
med.*; **trockener ~** Bäö-
man, Bäö·män·ner *m. med.*
Nasenspitze Niër·sen·düm-
pel, -s *m. med.*
Nasentropfen Niër·sen·drüp-
pel, -s *m. med.*

Naseweis Niër·se·wies, Niër-se·wi·se *m. psy.*, Wies·snu-te, -n *w. psy.*
naseweis viël·wiëtsk, -e, -en [viël·wiëts·ke] *EW psy.*, wies-niërst, -e, -en [wies·niërs·te] *EW psy.*
Nashorn Niërs·häön, -s *s. zool.*
nass nat, -·te, -·ten *EW*; **durch und durch** ~ pats-ke·nat, -·te, -·ten *EW*
Nässe Nät·te *w. o.Mz.*
nassgeschwitzt nat·sweet, nat·swe·te, -n *EW met.*
nassgespritzt be·splen·tert, -e, -en [be·splen·ter·te] *EW*
nasskalt nat·kolt, nat·kol·le, -n *EW met.*, schud·de·rig, -e, -en [schud·de·ri·ge] *EW met.*, smud·de·lig, -e, -en [smud-de·li·ge] *EW met.*
nassmachen nat·ma·ken *uZW*
Nationalisten *übertr.* Bru-nen *Mz. pol.*
Nationalsozialisten *übertr.* Bru·nen *Mz. pol.*
Natter Ad·der, -s *w. zool.*
Natur Na·tuur *w. o.Mz.*
Naturkautschuk Na·tuur-gum·mi, -es *s. bot. chem.*
natürlich klaor, -e, -en [klao-re] *EW*, na·tüür·lik, na·tüür-licke, -n [na·tüür·lik·ke] *EW*
Naziherrschaft (1933 bis 1945) bru·ne Tiet *w. pol. his.*
Nebel Nië·wel, -s *m. met.*; **leichter** ~ Dau *m. o.Mz. met.*
Nebelbild Nië·wel·beld, Nië-wel·bel·ler *s.*
nebelgrau nië·wel·grao, -·e, -·en *EW*
nebelig nië·we·lig, -e, -en [nië·we·li·ge] *EW met.*
Nebelkrähe Nië·wel·krai, -·en *w. zool.*, Win·ter·krai, -·en *w. zool.*
nebeln nië·weln *ZW met.*
Nebelregen Nië·wel·riän·gen *m. o.Mz. met.*
Nebelschwade Nië·wel·düöks-ken, Nië·wel·düöks·kes *s. met.*
Nebelwolke Duok, Düö·ke *w. met.*
neben an *UW, VW*, niä·ben *VW*, tië·gen *VW*, siet·af *UW*
Nebenaltar Si·ten·aol·taor, Si·ten·aol·täö·re *m. arch. rel.*

nebenan bi·an *UW*, gië·gen-an *UW*, tië·gen·an *UW*
Nebenausgang Si·ten·düör, -n *w. arch.*
Nebenbahn Bään·ken, Bään-kes *s. trans.*
nebenbei bi·an *UW*, pas·la-tant (för) *(frz. passer le temps)*, tië·gen·an·bi *UW*, tië·gen·bi *UW*; bi·föl·lig, -e, -en [bi·föl·li·ge] *EW*
nebeneinander tië·gen·een *UW*
Nebeneingang Ni·en·düör, -n *w. arch. agr.*, Si·ten·düör, -n *w. arch.*
Nebenerwerbsbetrieb Klits-ke, -n *w.*
Nebenfrau Bi·wiew, Bi·wi-wer *s. psy.*
Nebengänger Gië·gen·gän-ger, -s *m.*
nebenher bi·an *UW*, bi·daal *UW*, tië·gen·hiär *UW*
nebenherlaufen bi·lau·pen *uZW*, bi·an·lau·pen *uZW*
nebenhersehen vüör·bi·ki-ken *uZW*
Nebenhof; Besitzer eines ~**es** (mit Pferden) Ko·loon, Ko·lo·ne *m. agr.*
Nebenname Bi·naom, -en [Bi·nao·men] *m.*
Nebenpate Ääs·pa·te, -n *m.* Stiärt·pa·te, -n *m.*
Nebenraum Af·si·te, -n *w. arch.*
Nebensache Bi·saak, Bi·sa-ken *w.*
nebensächlich pas·la·tant (för) *(frz. passer le temps)*
Nebensächliches Bi·kol·lek-ten *Mz.*
Nebensächlichkeit Bi·saak, Bi·sa·ken *w.*
Nebenstraße Bi·wäg, Bi·wiä-ge *m. trans.*, Si·ten·straot, -en [Si·ten·strao·ten] *w. trans.*
Nebentür Si·ten·düör, -n *w. arch.*
Nebenweg Si·ten·wäg, Si-ten·wiä·ge *m. trans.*
necken fak·se·ern *ZW psy.* *(frz. vexer)*, tiëp·ken *ZW psy.*, up·trecken [up·trek-ken] *uZW psy.*
Neffe Bro·ers·kind, Bro·ers-kin·ner *s.*, Bro·ers·suon, Bro-ers·süöns *m.*, Süs·ters·kind, Süs·ters·kin·ner *s.*, Süs·ters-suon, Süs·ters·süöns *m.*

Neger(in) Swat·te, -n *m. und w.*
Neheim Nai·me *ON*
nehmen nië·men *uZW*, (Freu-de, Spaß usw.) vö·diä·wen *uZW psy.*; **heimlich** ~ ni-feln *ZW psy.*; **in Besitz** ~ in·nië·men *uZW*; **sich et-was nehmen** sik wat kri-gen; **zu sich** ~ in·nië·men *uZW kul.*; **nur** ~ **und nicht geben** lau·schöp·pen *ZW psy.*; **zu sich** ~ an·nië·men *uZW*
Neid Af·gunst, Af·güns·te *w. psy.*, Nied *m. o.Mz. psy.*
neiden ni·den *uZW psy.*
Neider Ni·der, -s *m. psy.*
neidisch a·ber·güns·tig, -e, -en [a·ber·güns·ti·ge] *EW psy.*; af·güns·tig, -e, -en [af-güns·ti·ge] *EW psy.*
neidvoll a·ber·güns·tig, -e, -en [a·ber·güns·ti·ge] *EW psy.*
Neige Sieg·de, -n *w.*; **zur** ~ **gehen** uut·gaon *uZW*
neigen; den Kopf ~ (Rind-vieh beim Anbinden) an-bucken [an·buk·ken] *ZW*
Neigung Mood *m. o.Mz. psy.*; ~ **zu einer Arbeit** lärs, -e, -en [lär·se] *w. psy.*
nein nä *UW*, ne *UW*
Nektar Blo·men·sap, Blo-men·siä·pe *m. bot.*
Nelke Niä·gel·ken, Niä·gel-kes *s. bot.*
Nelkenpfeffer Niä·gel·kes-piä·per *m. o.Mz. bot.*
Nenndorf, Bad ~ Nen·duorp *ON*
nennen näö·men *ZW*; **ge-nannt werden** hai·ten *uZW*
nennenswert grau·tens *EW*
Nepomuk; Heiliger ~ Jans Bum·se·nus *rel.*
Nerv Nerw, -en [Ner·wen] *m. med.*
Nervenleiden Ner·wen·li·den *s. o.Mz. med.*
nervös fim·me·lig, -e, -en [fim-me·li·ge] *EW psy.*, ficke·rig, -e, -en [fik·ke·rig], [fik·ke·ri-ge] *EW psy.*, hib·be·lig, -e, -en [hib·be·li·ge] *EW psy.*, kre·ben·sig, -e, -en [kre·ben-si·ge] *EW psy.*, kriw·we·lig, -e, -en [kriw·we·li·ge] *EW psy.*, rap·pe·lig, -e, -en [rap-pe·li·ge] *EW psy.*, spad·de-lik, spad·de·licke, -n [spad-

de·lik·ke] EW psy., we·e·rig, -e, -en [we·e·ri·ge] EW psy.; ~ **sein** hib·beln ZW psy.; **~er Mensch** übertr. we·e·rig Hiëmd psy.
Nessel Nië·del, -n w. bot.
Nesselfieber Nië·del·fe·wer, -s s. med.
Nesselsamen Nië·del·saot, Nië·del·säö·te w. bot.
Nesselstoff Nië·del·dook, Nië·del·dö·ker s. tech.; **gefärbter ~** Ka·tuun m. o.Mz. tech.
Nesseltuch Nië·del·dook, Nië·del·dö·ker s. tech.
Nest Kaf, Käf·fer s. geog., Nöst, -er [Nös·ter] s. zool.; **kleines ~** Nöst·ken, Nöst·kes s. zool.
Nestchen Nöst·ken, Nöst·kes s. zool.
Nestersuchen Nös·ter·sö·ken s. o.Mz.
nestersuchen nös·ter·sö·ken uZW
nett frönd·lik, frönd·licke, -n [frönd·lik·ke] EW psy., prik, pricke, -n [prik·ke] EW psy., prop·per, -e, -en [prop·pe·re] EW psy. (frz. propre); **recht ~** net·kes EW psy.
Nettogewicht; das ~ feststellen uut·ta·re·ern ZW
Netz Net, -te s. tech.
Netzhaut Net·huut, Net·hü·te w. med.
Netzwerk Net·wiärk, -e [Net·wiär·ke] s. tech.
neu frisk, -e, -en [fris·ke] EW, ni, -·e, -·en EW; **nicht mehr ~** (Kleidung) halw·slië·den, -e, -en [halw·slië·de·ne] EW; **ganz ~, völlig ~** na·gel·ni, -·e, -·en EW
Neubau Ni·bau, -·ten m. arch.
Neubauwohnung Ni·bau·wun·nung, -en [Ni·bau·wun·nun·gen] w. arch.
Neubeckum Ni·biä·kem ON
Neue Ni·e s. o.Mz.; **Reiz des ~n** Ni·laot m. o.Mz. psy.
Neuenkirchen Ni·en·kiär·ken ON
neuenkirchener ni·en·kiärksk, -e, -en [ni·en·kiärks·ke] EW
Neuenkirchener(in) Ni·en·kiärks·ke, -n m., w. und s.
Neues Ni·es s. o.Mz.; **etwas**

~ erzählen van 'n Dag kuë·men
neugeboren ni·buorn, -e, -en [ni·buor·ne] EW med.; **~e Tiere** Soog, Sö·ge m. med. zool.
Neugeborenes übertr. Üë·mel, -s m. med.
Neugierde Nies·gier w. o.Mz. psy., Nig·ge·lig·kait, -en [Nig·ge·lig·kai·ten] w. psy.
neugierig nies·gi·rig, -e, -en [nies·gi·ri·ge] EW psy., nig·ge·lig, -e, -en [nig·ge·li·ge] EW psy.; **~ machen** übertr. dat Muul wa·te·rig ma·ken psy.
Neuhaus Ni·huus ON
Neuigkeit Ni·e s. o.Mz., Ni·laot m. o.Mz.; **Verbreiter von ~n** Ap·por·ten·driä·ger, -s m. psy.
Neujahr Ni·jaor s. o.Mz. tem.; **zwischen Weihnachten (Beginn des Kirchenjahres) und ~ (Beginn des Kalenderjahres)** tüs·ken de Jao·re tem.
Neujahrsfeier Ni·jaors·fi·er, -n w.
Neujahrstag Ni·jaor·dag, -e [Ni·jaor·da·ge] m. tem.
neulich an·nern·dags UW tem., kuors UW tem., kuor·ten (vüör) UW tem., les·ten UW tem., kuor·tens UW tem., nü·lik UW tem.; an·lest, -e, -en [an·les·te] EW tem., lest, -e, -en [les·te] EW tem.
neumodisch ni·möödsk, -e, -en [ni·mööds·ke] EW
Neumond Ni·lecht s. o.Mz. astr.
neun nië·gen ZaW
neunte niëg·te ZaW
Neuntöter Nië·gen·mö·er, -s m. zool.
neunzehn nië·gen·tain ZaW
neunzig nië·gen·tig ZaW
Neuste Ni·es·te s. o.Mz.
nicht nich; **absolut ~** pa·tu nich (frz. partout); **gar ~** gar·nich
Nichte Bro·ers·kind, Bro·ers·kin·ner s., Süs·ters·kind, Süs·ters·kin·ner s., Süs·ters·wicht, Süs·ters·wich·ter s.
Nichtigkeit Kin·ker·lits·ken, Kin·ker·lits·kes s.
nichts niks; **fast ~** nai·gest niks, so güët äs niks; **gar ~**

rain niks; **~ tun** niks·doon uZW, tö·mig·gaon uZW psy.; **~ Wichtiges** niks an·be·tands (frz. importance); **überhaupt ~** twe·maol niks
nichtshabend bos, -·se, -·sen EW fin.
Nichtsnutz Fuul·jak, -s s. psy., Fuul·wams, Fuul·wä·mse s. psy., Slaif, -e [Slai·fe] m. psy., übertr. Flai·gen·fän·ger, -s m. psy.
nichtsnutzig un·dög·tig, -e, -en [un·dög·ti·ge] EW; **~ unterwegs sein** up'n gän·gel·den Pat sien, up'n Gän·gel·pat sien
Nichtstun Niks·doon s. o.Mz., Tö·mig·gaon s. o.Mz.
Nickel Nickel s. o.Mz. chem.
nicken; mit dem Kopf ~ nik·köp·pen ZW
Nickerchen übertr. Hö·ner·släöp·ken, Hö·ner·släöp·kes s. med.
nie nüm·mer UW tem.; **~ im Leben** in'n Liä·we·dag nich tem.; **~ in meinem Leben** mi·liä·we nich UW tem.; **~ in seinem Leben** si·liä·we nich UW tem.
nieder der·daal UW; **auf und ~** up un daal
niederbringen daal·brän·gen uZW
niederdeutsch plat·düütsk, -e, -en [plat·düüts·ke] EW kult., ned·der·düütsk, -e, -en [ned·der·düüts·ke] EW kult., (Kurzform) plat, -·te, -·ten EW kult.
Niederdeutsch (Kurzform) Plat s. o.Mz. kult., Ned·der·düütsk s. o.Mz. kult.
Niederdruckgasbehälter Gaso·me·ter, -s s. tech.
Niedergang Daal·gang, Daal·gän·ge m.
niedergeschlagen be·naud, -e, -en [be·nau·de] EW psy., be·tukt, -e, -en [be·tuk·te] EW psy., daal·äö·rig, -e, -en [daal·äö·ri·ge] EW psy., übertr. vö·sla·gen, -e, -en [vö·sla·ge·ne] EW psy., übertr. sliep·stiärts EW psy.
niederhalten daal·hol·len uZW
niederknien in'ne Knai gaon
Niederkunft Kraom m. o.Mz. med.

Niederlage Daal·slag, Daal-sliä·ge *m.*; **eine ~ erleiden** *übertr.* e·nen vüör de Bük-se kri·gen
Niederlande Ned·der·lan·ne, -n *m. geog.*
niederländisch ned·der-ländsk, -e, -en [ned·der-länds·ke] *EW kul.*
Niederländisch Ned·der-ländsk *s. o.Mz. kul.*
niederlassen (Arzt) daal·lao-ten *uZW*; **sich ~** (Vogel-schwarm) in·fal·len *uZW*
niederlegen daal·läg·gen *ZW*
niederleuchten daal·blän-kern *ZW*
niedermachen daal·ma·ken *uZW*
niederreißen af·ri·ten *uZW*, an'n Grund kri·gen, an'n Grund ma·ken, daal·briä·ken *uZW*, daal·ri·ten *uZW*
Niedersachsen Ned·der·sas-sen *geog.*
niedersächsisch ned·der-sask, -e, -en [ned·der·sas-ke] *EW kult.*
niederschlagen daal·slaon *uZW*, üm·hau·en *uZW*
Niederschrift Up·schriwt, -en [Up·schriw·ten] *w.*
niedersetzen daal·sät·ten *ZW*
niederstürzen hän·slaon *uZW*
Niedertracht Släch·tig·kait, -en [Släch·tig·kai·ten] *w. psy.*
niederträchtig ge·main, -e, -en [ge·mai·ne] *EW psy.*, me-schant, -e, -en [me·schan·te] *EW psy.* (frz. méchant), slächt, -e, -en [släch·te] *EW psy.*, vö·duo·wen, -e, -en [vö-duo·we·ne] *EW psy.*
niedertrampeln daal·triä·ten *uZW*
niedertreten daal·triä·ten *uZW*
Niederung Brook, Brö·ke *m. geol.*, Sieg·de, -n *w. geol.*, Siet·nis, -·se *w. geol.*
Niederwald Busk, Büs·ke *m. bot.*
niederwalzen daal·wol·tern *ZW*
niedlich nüüd·lik, nüüd·licke, -n [nüüd·lik·ke] *EW*, sööt, sö-te, -n *EW*
niedrig laig, -e, -en [lai·ge] *EW*, leeg, le·ge, -n *EW*,

sieg, si·ge, -n *EW*
niemals mi·liä·we nich *UW tem.*, mien Liä·we·dag nich *tem.*, ni·nich *UW tem.*, nüm-mer *UW tem.*, nüm·mer·nich *UW tem.*
niemand gar·kien, gar·ki·ne, -n *FW*, ki·neen, ki·ne·ne, -n *FW*, nich e·ner, nüms *FW*; **~ anderer** nich e·ner; **~ anderer als** nich e·ner äs
Nienberge Ni·en·biärg *ON*
Nienborg Ni·en·buorg *ON*
Niere Nüë·de, -n *w. med.*
Nierenfett (vom Schwein) Floom, Flo·men *m. med.*
nierenkrank (sein) an'ne Nüë·den häb·ben *med.*
Nierenschmerzen Nüë·den-pien, Nüë·den·pi·ne *w. med.*
Nierenschutz Nüë·den·wiä-mer, -s *m. tech.*
Nierenstein Nüë·den·steen, Nüë·den·ste·ne *m. med.*
Nierenwärmer Nüë·den·wiä-mer, -s *m. tech.*
nieseln drüö·peln *ZW met.*, fis·seln *ZW met.*, stu·wen *uZW met.*
Nieselregen Fis·sel·riän·gen *m. o.Mz. met.*, Smud·del-riän·gen *m. o.Mz. met.*
niesen prus·sen *ZW med.*; **plötzlich ~** uut·prus·sen *ZW med.*; **plötzlich und heftig ~** los·prus·sen *ZW med.*
Nieswurz, schwarze Snai-rau·se, -n *w. bot.*
Niet Neet, Ne·te *m. tech.*
nieten ne·en *ZW tech.*
Nikolaus Klaos *VN*; **Heiliger ~** Sün·te Klaos *rel.*
Nikolausplätzchen Klaos-kööks·ken, Klaos·kööks·kes *s. kul.*
nimmer nüm·mer *UW*
nirgends niärns·nich *UW*, nüörns *UW*
nirgendwo nüörns *UW*, nüörns·wao *UW*
nisten nös·sen *ZW zool.*
Nistkasten Nöst·kas·ten, Nöst·käs·ten *m. tech. zool.*
Nitte Nië·te, -n *w. zool.*
noch nao *UW*; **~ einmal** nao·maol *UW*
nochmals nao·maol *UW tem.*
Nönnchen Nün·ne·ken, Nün-ne·kes *s. rel.*
Nonne Nun·ne, -n *w. rel.*,

Klaus·ter·frau, Klaus·ter·frau-lü·de *w. rel.*
Nonnenkloster Frau·lü-klaus·ter, -s *s. arch. rel.*, Nun·nen·klaus·ter, -s *s. arch. rel.*
noppen nös·seln *ZW*
Norden 1. Nuor·den *m. geog.*; 2. Nör·den *ON*
Nordhorn Ne·taorn *ON*
Nordkirchen Nuord·kiär·ken *ON*
nördlich nüörd·lik, nüörd·licke, -n [nüörd·lik·ke] *EW geog.*
Nordrhein-Westfalen Nuord-rien-West·fao·len *pol.*
Nordsee Nuord·se *w. o.Mz. geog.*
Nordwalde Nord·wol *ON*
Nordwind Nuo·ren·wind, Nuo-ren·win·ne *m. met.*
nörgeln fran·ten *ZW psy.*, gnad·dern *ZW psy.*, gnüë-tern *ZW psy.*, gnaw·weln *ZW psy.*, gries·mu·len *ZW psy.*, knüë·tern *ZW psy.*, mu·len *ZW psy.*, nö·len *ZW psy.*, nüë·teln *ZW psy.*, üët-ken *ZW psy.*, üt·ken *ZW psy.*; **nachträglich ~** nao-ka·ten *ZW psy.*
nörgelnd nüë·te·lig, -e, -en [nüë·te·li·ge] *EW psy.*; **~e Frau** Nüë·tel·kunt, -en [Nüë-tel·kun·ten] *w. psy.*
Norm Richt·maot, -e [Richt-mao·te] *s. tech.*
normal nor·maal, nor·ma·le, -n *EW*; **~er Weise** för ge-wüën·lik; **das ist ~** dat is so
normen re·gu·le·ern *ZW tech.*
Not Be·drul·je, -n *w.*, Ben-nau·dig·kait, -en [Be·nau-dig·kai·ten] *w. psy.*, Leed, Le·den *s.*, Li·den, -s *s.*, Naud, Nai·de *w.*, Üë·wel, -s *s.*, Vö·schiäl, -e [Vö-schiä·le] *s.*, *übertr.* Krüüs, Krü·se *s.*; **aus der ~ helfen** uut de Naud helpen; **~ durch die Winterzeit** Win·ters-naud, Win·ters·nai·de *w.*; **er ist in (Geld-)~** *übertr.* em is de Lucht uut·gaon *fin.*; **in ~ sein** Naud häb·ben
Notbremse Naud·brems, -en [Naud·brem·sen] *w. tech.*
Notdurft; ich muss eine ~ verrichten ik mot maol; **~ verrichten** kacken [kak·ken] *ZW med.*

Notebook Klap·riä·ker, -s *m. tech.*

Noteimer Naud·em·mer, -s *m. tech.*

Notfall Naud·fal, Naud·fiä·le *m.*

notfalls naud·fals *UW*

Notgebet Naud·biä·den *s. o.Mz. rel.*, Naud·ge·bäd *s. o.Mz. rel.*

Notgroschen Naud·grös·kes *Mz. fin.*

Nothelfer Naud·höl·per, -s *m.*

Nothilfe Naud·höl·pe, -n *w.*

notieren an·schri·wen *uZW*, met·schri·wen *uZW*, no·te·ern *ZW*, up·schri·wen *uZW* **notiert** an·schrië·wen, -e, -en [an·schrië·we·ne] *EW*, no·te·ert, -e, -en [no·te·er·te] *EW*

nötig nai·dig, -e, -en [nai·di·ge] *EW*, van·doon *EW*; ~ **haben** ho·wen *ZW*, nai·dig häb·ben; ~ **sein** nai·dig·doon *uZW*; **nötiger** nai·di·ger; **am nötigsten** an nai·digs·ten

nötigen nai·di·gen *ZW psy.*

Notiz Met·schriwt, -en [Met·schriw·ten] *w.*

Notizbuch Schriew·book, Schriew·bö·ker *s.*

Notlage Naud, Nai·de *w.*

Notlüge Naud·lüë·ge, -n *w. psy.*

Notnagel Naud·na·gel, Naud·niä·gel *m.*

notreif naud·riep, naud·ri·pe, -n *EW biol.*

Notsache Naud·saak, Naud·sa·ken *w.*

notschlachten naud·slach·ten *ZW med.*

Notstand Naud·stand, Naud·stän·ne *m.*

Nottaufe Naud·dö·pe, -n *w. rel.*

Nottuln Not·teln *ON*

Notwehr Naud·slag *m. o.Mz.*

notwendig naud·wän·nig, -e, -en [naud·wän·ni·ge] *EW*; **dringend** ~ haug·nai·dig, -e, -en [haug·nai·di·ge] *EW*

November Nië·wel·maond, -e [Nië·wel·maon·de] *m. tem.*

nüchtern nöch·tern, -e, -en [nöch·ter·ne] *EW med.*; **absolut** ~ daud·nöch·tern, -e, -en [daud·nöch·ter·ne] *EW med.*

Nudel Nud·del, -n *w. kul.*

null nul *ZaW*

nummerieren num·me·re·ern *ZW*

nun nu *BW UW*

nur bar *UW*, blaud *UW*, blaus *UW*, gaas al·leen; män *BW*, nich e·ner äs, niks än·ne·res äs; ~ **los!** män to!

Nürnberg Nürn·biärg *ON*

nuscheln nüë·seln *ZW med.*

Nuss Nuët, Nüë·te *w. bot.*; **Jahr mit reicher ~ernte** Nuët·jaor, -e [Nuët·jao·re] *s. tem. bot.*

Nussbaum Nuët·baum, Nuët·bai·me *m. bot.*

Nussbaumholz Nuët·baum·holt, Nuët·baum·höl·ter *s. bot.*

Nusshecke Nuët·hië·ge, -n *w. bot.*

Nussschale Nuët·schel·le, -n *w. bot.*

Nussstrauch Nuët·busk, Nuët·büs·ke *m. bot.*, Nuët.-struuk, Nuët·strü·ke *m. bot.*

Nüster Niër·sen·lok, Niër·sen·lök·ker *s. med.*

nutz nüt·te *EW*

nütze nuts *EW*

Nutzen Bat, -·ten *m.*, Nut·ten *m. o.Mz.*, Vüör·deel, Vüör·de·le *m.*

nutzen bru·ken *uZW*; **(Zeit) nicht** ~ vö·tün·deln *ZW*

nützen bat·ten *ZW*; dai·nen *uZW*, nüt·ten *ZW*

nützlich dain·lik, dain·licke, -n [dain·lik·ke] *EW*, nuts *EW*

O

O, o O, o (Buk·stab·be)

ob of *BW VW*

Obdach Un·ner·dak, Un·ner·diä·ker *s.*

oben buo·ben *UW*, buom *UW*; **von** ~ **her** buo·ben·daal *UW*, buom·daal *UW*

obenan buom·an *UW*

obenauf buo·ben·up *UW*, buom·up *UW*

obendrauf buo·ben·drup *UW*, buom·drup *UW*

obenheraus buom·uut *UW*

obenhin buom·to *UW*

Oberbett Bed·de·püël, -s *s. tech.*, Bed·de·dië·ke, -n *w. tech.*

Oberdorf Buom·duorp, Buom·düör·per *s. geog.*

oberflächlich licht·fär·rig, -e,

-en [licht·fär·ri·ge] *EW psy.*

oberhalb buom *UW*

Oberhemd Üö·wer·hiëmd, -e [Üö·wer·hiëm·de] *s.*

Oberleder Üö·wer·liär, -s *s. tech.*

Oberlicht Büö·wer·lecht, -er [Büö·wer·lech·ter] *s. arch.*

Oberschenkel Bat·sen, -s *m. med.*, Küül, Kü·len *w. med.*, Län·ne, -n *w. med.*, Schin·ken, -s *m. med.*

oberschlau üö·wer·klook, üö·wer·klo·ke, -n *EW psy.*

Oberschule hauge School *w. kult.*, La·tien·school, La·tien·scho·len *w. kult.*

Oberseite Buom·siet, Buom·si·ten *w.*

oberste büöms·te, -n *EW*, büö·werst, -e, -en [büö·wers·te] *EW*

Oberste(r) Üp·pers·te, -n *m., w. und s.*

Oberteil Kop·stük, Kop·stücke [Kop·stük·ke] *s. tech.*

Oberwasser Buom·wa·ter *s. o.Mz. tech.*

obgleich ob·schoonst *BW*

Obmann Vüör·man, Vüör·lü·de *m.*

obschon ob·schoonst *BW*

Obst Frocht, Fröch·te *w. bot.*

Obstgarten mit Apfelbäumen Ap·pel·how, Ap·pel·hüö·we *m. agr.*

obwohl ob·schoonst *BW*

Ochse Os·se, -n *m. zool.*

Ochsenauge Os·sen·au·ge, Os·sen·ai·gen *s.* 1. *med.*, 2. (Schmetterling) *zool.*

Ochsenfleisch Os·sen·fleesk *s. o.Mz. med., kul.*

Ochsenkopf Os·sen·kop, Os·sen·köp·pe *m. med.*

Ochsenschwanz Os·sen·stiärt, -s *m. med., kul.*

Ochsenzunge Os·sen·tun·ge, -n *w. med., kul.*

Öchslein Ös·ken, Ös·kes *s. zool.*

Ochtrup Och·trup *ON*

oder aor *BW*, of *BW VW*

Oeding Öing *ON*

Oelde Üle *ON*

Oerlinghausen Ank·hu·sen *ON*

Oestereiden Ös·ter·hai·den *ON*

Oestinghausen Ois·tin·gen *ON*

Oeynhausen, Bad Ön·hi·u·sen *ON*

Öfchen Üöw·ken, Üöw·kes *s. tech.*, Stööw·ken, Stööw·kes *s. tech.*

Ofen Uom, Üöms *m. tech.*; **kleiner ~** Stööw·ken, Stööw·kes *s. tech.*; **kleiner Holzkohleofen zum Wärmen der Füße** Fü·er·stööw·ken, Fü·er·stööw·kes *s. tech.*; **zylindrischer ~** Ka·nau·nen·uom, Ka·nau·nen·üöms *m. tech.*

Ofenbauer Uom·sät·ter, -s *m. tech.*

Ofenplatz Uom·stiär, -n *w.*

Ofenrohr Uom·piep, Uom·pi·pen *w. tech.*

Ofenrost Rös·ter, -s *m. tech.*

Ofensetzer Uom·sät·ter, -s *m. tech.*

offen los, -·se, -·sen *EW*, uo·pen, -e, -en [uo·pe·ne] *EW*; **~ und ehrlich sein** liek·uut sien *psy.*

offenbar uo·pen·baor, -e, -en [uo·pen·bao·re] *EW*; **~ werden** ruut·kuë·men *uZW*

Offenbarung Waor·draum, Waor·drai·me *m. rel.*

offensichtlich sain·der·aug *UW*

offerieren of·fe·re·ern *ZW*, an·bai·den *uZW*

Offerte An·ge·bod, -·te *s.*

Offizier Of·se·er, -s *m. mil.*

öffnen los·maken *uZW*, up·ma·ken *uZW*, up·slu·ten *uZW*; **durch Schläge ~** los·klop·pen *ZW*; **durch Ziehen ~** los·trecken [los·trek·ken] *EW*; **gewaltsam ~** up·briä·ken *uZW*; **sich ~** los·gaon *uZW*, up·gaon *uZW*

Öffnung Lok, Löcker [Lök·ker] *s.*, Luuk, Lu·ken *w. tech.*; **verschließbare ~** Gat, Gät·ter *s.*

oft fa·ken, *UW*, man·nig·maol *UW*, viël·maols *UW*; **wie ~** wu viël Maol

öfter fa·ke·ner, manks·ten mä·er, vö·schai·den·maol *UW*

oh! (Ausruf der Verwunderung) hu!

Oheim Ööm, -s *m.*

ohne aon, -e [ao·ne] *VW*, *BW*, *UW*, sun·ner *VW*

Ohnmacht Aon·macht, -en [Aon·mach·ten] *w. med.*, Gau·se·hië·mel, -s *m. med.*, Sië·gen·hië·mel, -s *m. med.*, Swië·mel, -s *m. med.*

ohnmächtig be·dü·welt, -e, -en [be·dü·wel·te] *EW med.*, be·swaigt, -e, -en [be·swaig·te] *EW med.*

oho o·ha

Ohr Aor, -en, Äörs [Ao·ren] *s. med.*, *übertr.* Liä·pel, -s *m. med.*; **es faustdick hinter den ~ haben** *übertr.* et dum·men·dik äch·ter de Ao·ren sit·ten häb·ben *psy.*; **mit hängenden ~en** daal·äö·rig, -e, -en [daal·äö·ri·ge] *EW psy.*

Öhrchen Äör·ken, Äör·kes *s.*

Ohrenkneifer Gaw·wel·tan·ge, -n *w. zool.*

Ohrenschmerzen (haben) an'ne Ao·ren häb·ben *med.*

Ohreule Aor·uul, Aor·u·le, -n *w. zool.*

Ohrfeige; **~n bekommen** wat äch·ter de Liä·pels kri·gen

Ohrgehänge Aor·büm·mel, -s *s. tech.*

Ohrläppchen Aor·läp·ken, Aor·läp·kes *s. med.*

Ohrmuschel Aor·liä·pel, -s *m. med.*

Ohrring Aor·büm·mel, -s *s. tech.*

Ohrspeicheldrüsenentzündung Sië·gen·pe·ter *m. o.Mz. med.*

Ohrwurm Gaw·wel·tan·ge, -n *w. zool.*

okkultieren ockeln [ok·keln] *ZW rel.*

ökonomisch räö·dig, -e, -en [räö·di·ge] *EW fin.*

Oktober Saot·maond, -e [Saot·maon·de] *m. tem.*, Ok·to·wer *m. tem.*

Öl Üöl·ge *s. o.Mz. chem., biol.*, Uo·lig *s. o.Mz. chem., biol.*; **tierisches ~** Dier·üöl·ge *s. o.Mz. kul. med.*

Oldenburg Ol·len·buorg *ON*

Oldenkott Ol·den·kot·te *ON*

Olfen Oll·fen *ON*

Ölfilter Üöl·ge·si·ge, -n *w. tech.*

Ölmühle Üöl·ge·müël, -en [Üöl·ge·müë·len] *w. tech.*; **Müller der ~** Üöl·ge·möl·ler,

-s *m. tech.*

Öltuch Üöl·ge·dook, Üöl·ge·dö·ker *s. tech.*

Ölung; **letzte ~** Vösain *s. o.Mz. rel.*; **die letzte ~ geben** vö·sain *uZW rel.*

Oma Bes·mo·er, Bes·mo·der, Bes·mö·er *w.*

Omelett Ai·er·pan·ko·ken, Ai·er·pan·kö·ken *m. kul.*, Rö·er·üm·me *s. o.Mz. kul.*

Onkel; **lediger ~** Ööm, -s *m.*

Onkelchen Ööm·ken, Ööm·kes *s.*

Opa Bes·va·der, Bes·vä·ers *m.*

operieren op·pe·re·ern *ZW med.*; los·sni·den *uZW med.*, un·ner't Mest nië·men *med.*; **operiert werden** un·ner't Mest kuë·men *med.*

Opferkörbchen Klin·gel·büül, -s *m. tech. rel.*

Opferstock an Wegen Ar·men·paol, Ar·men·päö·le *m. tech. fin.*

opponieren wi·er·spië·len *ZW psy., pol.*

optimal best·guët, -e, -en [best·guë·te] *EW*

optimieren ha·rüm·fi·len *ZW*

Orchester Ka·pel, -·len *w. mus.*

Orden Af·te·ken, -s *s. mil.*

Ordensfrau Klaus·ter·frau, Klaus·ter·frau·lü·de *w. rel.*

Ordensmann Klaus·ter·bro·er, Klaus·ter·brö·ers *m. rel.*

ordentlich ak·kraot, -e, -en [ak·krao·te] *EW*, prik, prik·ke, -n *EW*, prop·per, -e, -en [prop·pe·re] *EW* (frz. pro·pre), püük, pü·ke, -n *EW*, schüs·sig, -e, -en [schüs·si·ge] *EW*, üörn·lik, üörn·licke, -n [üörn·lik·ke] *EW*, up Schik

Order Uor·der, Üör·ders *w.* (frz. ordre)

ordinär ge·wüën·lik, ge·wüën·licke, -n [ge·wüën·lik·ke] *EW*

ordnen ar·rang·sche·ern *ZW* (frz. arranger), krao·men *ZW*, ri·gen *ZW*

Ordnung Schik *m. o.Mz.*, Schus *m. o.Mz.*, Uor·der, Üör·ders *w.* (frz. ordre); **in ~** kausk, -e, -en [kaus·ke] *EW*, schüs·sig, -e, -en [schüs·si·ge] *EW*, *übertr.* in Pin un Po·nail; **in ~ bringen** be·stel·len *ZW*, in Uor·der brän·gen, klaor-

ma·ken *uZW*, *übertr.* in'ne
Ri·ge brän·gen; **in ~ bringen** (durch Gespräch) klaor-
kü·ern *ZW psy.*; **in ~ kommen** *übertr.* träch·te·lau·pen
uZW; **konsequent für ~
sorgen** düö·gri·pen *uZW*;
~ schaffen dat Üör·rü·men *ZW*
**organisieren; etwas beson-
deres ~ (Fest, Veranstal-
tung)** üörn·lik wat up de
Be·ne stel·len
Orgel Üör·gel, -n *s. tech.
mus.*; **alle Register der ~
ziehen** dat Üör·gel up't vul·le
Bru·sen trecken *mus.*
Orgelbühne Üör·gel·büörn,
-s *m. arch.*
Orgeldreher Li·ren·drai·er, -s
m. mus.
Orgelklang Üör·gel·sang,
Üör·gel·sän·ge *m. mus.*
Orgelkonzert Üör·gel·kun-
särt, -e [Üör·gel·kun·sär·te]
s. mus.
Orgelpfeife Üör·gel·pi·pe, -n
w. tech. mus.
Orgelspiel Üör·gel·sang, Üör-
gel·sän·ge *m. mus.*
Orgelspieler Üör·gel·spië·ler,
-s *m. mus.*
Orient Muor·gen·land *s.
o.Mz. geog.*
Orientale Muor·gen·län·ner,
-s *m. und w.*
orientalisch muor·gen·ländsk,
-e, -en [muor·gen·länds·ke]
s. o.Mz. kult.
Ort Kiärs·pel, -s *s.*, Stiär, -n
w.; **an gewissen ~en** wat-
ter·wäg·gen *UW*; **kleiner,
unbedeutender ~** Pus·se-
muckel [Pus·se·muk·kel]
geog.; **~ mit minderen
Stadtrechten** Wig·bold, -e
[Wig·bol·de] *m.*
Orthopäde *scherzh.* Knüö-
kel·briä·ker, -s *m. med.*
Ortsname Kiärs·pel·nao·me,
-n *m.*
Ortstein (durch Witterung
verfestigte Bodenschicht)
O·er *s. o.Mz. geol.*, Sen-
kel *m. o.Mz. geol.*
Öse Öös, Ö·sen *w. tech.*
Osnabrück Os·sen·brüg·ge
ON
osnabrücker os·sen·brügsk,
-e, -en [os·sen·brügs·ke] *EW*
Osnabrücker(in) Os·sen-
brügs·ke, -n *m., s. und w.*,

Rad·län·ner, -s *m. geog.*
Ost Aust *m. o.Mz. geog.*
Ostbevern Aust·biä·wern *ON*
Osten Au·sen *m. o.Mz. geog.*
Ostenfelde Os·sen·fel·le *ON*
Osterblume Paos·ke·blo·me,
-n *w. bot.*
Osterei Paos·ke·ai, -·ers *s.
kult. rel.*
Osterfeier Paos·ke·fi·er, -n
w. rel.
Osterfeuer Paos·ke·fü·er, -s
s. kult. rel.
Osterfreude Paos·ke·frai·de,
-n *w. rel.*
Osterglocke Ti·luo·se, -n *w.
bot.*, Paos·ke·klok, Paos·ke-
klocken [Paos·ke·klok·ken]
w. bot.
Osterhase Paos·ke·haas,
Paos·ke·ha·sen *m.*
Osterkerze Paos·ke·kä·se,
-n *w. tech. rel.*
Osterledde Ost·ter·li·e *ON*
Osterlied Paos·ke·leed,
Paos·ke·le·der *s. rel. mus.*
Ostermesse Paos·ke·mis-
se, -n *w. rel.*
Ostermontag Paos·ke·maon-
dag, -e [Paos·ke·maon·da-
ge] *m. rel. tem.*
ostermontags paos·ke·maon-
dags *UW tem. rel.*
Ostermorgen Paos·ke·muorn
m. o.Mz. tem.
Ostern Paos·ken *o.Mz. rel.
tem.*; **die vier höchsten
Feiertage: Weihnachten, ~,
Pfingsten und Mariä Him-
melfahrt (15. August** Ve-
er·hoch·ti·ten *Mz. rel. tem.*;
erster Sonntag nach ~
Wit·ten Sun·dag *m. rel.*;
Woche vor ~ stil·le Wiärk
w. rel. tem.; **zu ~** an Paos-
ken *tem.*
Osternacht Paos·ke·nacht,
Paos·ke·näch·te *w. rel. tem.*
Osterpredigt Paos·ke·priä-
ge, -n *w. rel.*
Österreich Aust·riek *geog.*
Ostersegen Paos·ke·siän-
gen, -s *m. rel.*
Ostersonntag Paos·ke·sun-
dag, -e [Paos·ke·sun·da·ge]
m. rel. tem.
ostersonntags paos·ke·sun-
dags *UW rel. tem.*
Ostertag Paos·ke·dag, -e
m. rel. tem.
Osterwick Aus·ter·wik *ON*

Osterzeit Paos·ke·tiet, Paos-
ke·ti·ten *w. rel. tem.*
Osteuropa Aust·eu·ro·pa
geog.
östlich aust·lik, aust·licke, -n
[aust·lik·ke] *EW geog.*
Osttor Aust·pao·te, -n *w.
arch.*
Ostwind Aust·wind, Aust-
win·ne *m. met.*
Ottenstein Ot·ten·ste·ne *ON*
Otter lä·ter, -s *w. zool.*
Ottmarsbockholt Ot·mars-
bo·cholt *ON*
oxidieren an·laup·en *uZW
chem.*
oxidiert an·laup·en, -e, -en
[an·lau·pe·ne] *EW chem.*
Ozean Se, -·en *w. geol.*

P

P, p P, p (Buk·stab·be)
paar paor *ZaW*
Paar Paor, -e [Pao·re] *s.*
paaren räm·meln *ZW med.*,
(von Vögeln) vüe·geln *ZW
med.*
paarweise paor·wies, paor-
wi·se *UW*
Pacht Hü·er, -n *w. fin.*
pachten hü·ern *ZW fin.*
Pachtkötter Bu·ern·küö·ter,
-s *m. agr.*
Pack (Johann Hagel und
seine Gesellschaft) Jan·ha-
gel *s. o.Mz. psy.*
Päckchen Päks·ken, Päks-
kes *s.*
Packen Bün·sel, -s *s. tech.*
packen gri·pen *uZW*, kri·gen
uZW
Packer Packer, Päckers [Pak-
ker] *m.*
Packerei Packe·ri, -·en [Pak-
ke·ri] *w.*
Packesel Pak·ië·sel, -s *m.*
Packlage Pak·lao·ge, -n *w.*
Packpapier Pak·pa·pe·er, -e
[Pak·pa·pe·re] *s. tech.*
Paderborn Pa·ter·born *ON*
paffen paf·ken *ZW*
Paket Pa·kät, -·te *s.*
Pakt Vö·drag, Vö·driä·ge *m.
jur.*
Palisade Paol·wiärk, -e [Paol-
wiär·ke] *s. tech.*
Palmsonntag Palm·paos-
ken *m. o.Mz. rel. tem.*,
Palm·sun·dag, -e [Palm·sun-
da·ge] *m. rel. tem.*

palmsonntags palm·sundags *UW tem.*
Panik, ~ verbreiten *übertr.* de Piär·de schü ma·ken *psy.*
Pankratius Pan·krats *VN*
Pantoffel Pan·tuf·fel, -n *m. tech.*, Pu·ske, -n *w. tech.*
Pantöffelchen Pan·tüf·felken, Pan·tüf·fel·kes *s. tech.*, Püs·ken, Püs·kes *s. tech.*
Papenburg Pa·pen·buorg *ON*
Papier Pa·pe·er, -e [Pa·pee·re] *s. tech.*; **aus ~** pape·ern, -e, -en [pa·pe·er·ne] *EW tech.*; **sehr dünnes ~** Si·den·pa·pe·er, -e [Si·denpa·pe·e·re] *s. tech.*
papieren pa·pe·ern, -e, -en [pa·pe·er·ne] *EW*
Papierfilter Pa·pe·er·si·ge, -n *w. tech.*
Papiergeld Pa·pe·er·geld *s. o.Mz. fin.*
Papierkorb Pa·pe·er·kuorw, Pa·pe·er·küör·we *m. tech.*
Papierkram Pa·pe·er·kraom *m. o.Mz.*
Papiermacher Pa·pe·er·maker, -s *m. tech.*
Papiersack Pa·pe·er·sak, Pa·pe·er·siä·ke *m. tech.*
Papp Smöt·ke *w. o.Mz.*
Pappel Pöp·pel, -n *w. bot.*
Pappelholz Pöp·pel·holt, Pöppel·höl·ter *s. bot.*
Pappelschwärmer Pöp·peltai·mer, -s *m. zool.*
Pappelweide Pöp·pel·wië·de, -n *w. bot.*
Pappenstiel Pap·pen·stiël, -e [Pap·pen·stië·le] *m.*
pappig (Brot) kät·ke·rig, -e, -en [kät·ke·ri·ge] *EW kul.*
Pappkarton Pap·kas·ten, Pap·käs·ten *m. tech.*
Pappkasten Pap·kas·ten, Pap·käs·ten *m. tech.*
Pappschnee Plak·snai *m. o.Mz. met.*
Papst Paopst, Päöps·te *m. rel.*
päpstlich päöpst·lik, päöpstlicke, -n [päöpst·lik·ke] *EW rel.*
Paradies Par·dies, Par·di·se *s. rel.*
paradiesisch par·diesk, -e, -en [par·dies·ke] *EW rel.*
parallel gliek·lau·pend, -e, -en [gliek·lau·pen·de] *EW*

Paramente Kiär·ken·wös·ke *w. o.Mz. tech. rel.*
Paranuss Jo·den·nuët, Joden·nüë·te *w. bot.*
parat praot, -e, -en [prao·te] *EW*
paratliegen praot·lig·gen *uZW*
Pärchen Päär·ken, Päär·kes *s.*
Parfüm Ruuk·wa·ter, Ruukwä·ters *s. hyg.*, *übertr.* Wäter·ken, Wä·ter·kes *s. hyg.*
parieren pa·re·ern *ZW psy.*, por·re·ern *ZW psy.* (frz. parer)
Paris Pa·ries *ON*
Park An·lao·ge, -n *w. agr.*, Lust·gaorn, Lust·gäörns *m. agr.*, Park, -s *m. agr.*
parken par·ke·ern *ZW trans.*
Parkhaus Park·huus, Parkhü·ser *s. trans. arch.*
Parlament Pal·la·ment, -e [Pal·la·men·te] *s. pol.*
Partie Pat·ti, -·en *w.*
Parzelle Kamp, Käm·pe *m.*, Pand, Pän·ner *s.*
Passage Düör·gang, Düörgän·ge *m.*; Af·snid, -·de *m.*
Passagier Fö·er·gast, Fö·ergäst *m. trans.*
Passant Foot·gän·ger, -s *m.*
passen hän·kuë·men *uZW*, pas·sen *uZW*; **das passt wie angegossen** dat päs äs't Mest in ne Task; **farblich zueinander ~** klö·ren *ZW*
passend gat·lik, gat·licke, -n [gat·lik·ke] *EW*, mao·te *EW*, päs·sig, -e, -en [päs·si·ge] *EW*, to·pas·se *EW*; mäö·tig, -e, -en [mäö·ti·ge] *EW*, *übertr.* münd·kes·maot, -e, -en [münd·kes·mao·te] *EW*
passieren pas·se·ern *ZW*, to·gaon *uZW*, un·ner·kuë·men *uZW*, vüör·kuë·men *uZW*
Passierschein Pas·se·er·schien, Pas·se·er·schi·ne *m. jur.*
Passionszeit Li·dens·tiet, Lidens·ti·ten *w. rel.*
pässlich päs·lik, päs·licke, -n [päs·lik·ke] *EW*, to·pas·se *EW*
Pate Pa·te, -n *m.*, Vad·der, Väd·ders *m.*; **~ sein** Vad-

der staon
Patenonkel Vad·der, Vädders *m.*
Patentante Vad·ders·ke, -n *w.*
Pater Pao·ter, -s *m. rel.*, (verniedlichend) Päö·terken, Päö·ter·kes *s. rel.*
Patin Vad·ders·ke, -n *w.*
Patron Pa·troon, -s *m. rel.*
Patrone Pa·troon, Pa·tro·nen *w. tech.*
Patsche Pats·ke, -n *w. tech.*
Paula Päu·le *VN*
Pause; kleine ~ Päös·ken, Päös·kes *s.*; **ohne ~ etwas tun** düör·ma·ken *uZW*
Pausenhof (der Schule) School·how, School·hüö·we *m. arch.*
pausenlos al·le·män *UW*
Pavenstädt Pau·en·stiär *ON*
PC Disk·riä·ker, -s *m. tech.*
Pech Pek *s. o.Mz.psy.*, Piëk, -e [Pië·ke] *s. chem.*; **aus ~ berstehend** pië·ken, -e, -en [pië·ke·ne] *EW chem.*; **~ haben** ma·lö·ren *ZW* (frz. avoir un malheur), *übertr.* Kap un Küë·gel vö·lai·sen; **mit ~ bestreichen** pië·ken *ZW tech.*
Pechfackel Piëk·lecht, -er [Piëk·lech·ter] *s. tech.*
Pechfaden (zum Schuhnähen) Piëk·draod, Piëk·dräöde *m. tech.*
Pechpflaster Piëk·plaos·ter, -s *s. med.*
pechschwarz pik·swat, -·te, -·ten *EW*
Pedal Triä·te, -n *w. tech.*
Pedanterie Pin·ge·lig·kait, -en [Pin·ge·lig·kai·ten] *w. psy,*
pedantisch pin·ge·lig, -e, -en [pin·ge·li·ge] *EW psy.*
Pedell School·dai·ner, -s *m. tech.*
peilen pi·len *ZW*
Peilung Pi·lung, -en [Pi·lungen] *w. tech. trans.*
Pein Pien, Pi·ne *w. med.*, Kwaol, -en [Kwao·len] *w.*
peinigen prië·keln *ZW*
peinlich scha·ne·er·lik, -e, -en [scha·ne·er·lik·ke] *EW psy.*, sche·nant, -e, -en [sche·nante] *EW psy.*
Peitsche Hau·seel, Hau·se·le *s. tech.*, Piets·ke, -n *w. tech.*, Swiëp, -en [Swië·pen] *w. tech.*; **~ insbes. für gro-**

ße Pferdegespanne ~ Klabaatsk, -en [Kla·baats·ken] w. tech.; ~ mit kurzem Stiel Stiäk·swiëp, -s w. tech.; kurz und scharf mit der ~ knallen knap·pen ZW
peitschen piets·ken ZW, swië·pen ZW
Peitschenknall Piets·ken·knal m. o.Mz.
Peitschenkreisel Pin·dop, -s m. tech. spo., Pin·ne·klaut, -s m. tech. spo.; mit dem ~ spielen Pin·dop ja·gen spo.
Peitschenlampe Buo·gen·la·tuch·te, -n w. tech.
Peltschenriemen; Hanffaden mit Knoten am Ende des ~s Kas·si·o·ne, -n w. tech.
Peitschenschnur; Ende der ~ Kas·si·o·ne, -n w. tech.
Peitschenstiel Swiëp·stiël, -e [Swiëp·stië·le] m. tech.
Pelle Schel·le, -n w. bot.
Pendel Pääm·tickel, -s [Pääm·tik·kel] s. tech.
pendeln bam·meln ZW
penibel pin·ge·lig, -e, -en [pin·ge·li·ge] EW psy.
Penis Pi·sek, -s m. med., Pi·sel, -s m. med.
Pension Pank·schoon, Pank·scho·nen w. fin., arch., Pen·si·o·ne, -n w. arch.
pensioniert pen·si·o·ne·ert, -e, -en [pen·si·o·ne·er·te] EW
Perle Pä·del, -n w., Kral·le, -n w. zool.; kleine ~ Pä·del·ken, Pä·del·kes s.
Perlenkette Pä·deln·kië·de, -n w. tech.
Perlenschnüre (z.B. an der Haube) Pä·deln·häng·sel, -s s. tech.
Perlhuhn Pä·del·hoon, Pä·del·hö·ner s. zool.
permanent üm·mer UW e·gaol·wäg UW
Perpentikel Pääm·tickel, -s [Pääm·tik·kel] s. tech.
Person Mensk, -en [Mens·ken] m. und s.; unangenehme ~ Pi·se·pam·pel, -s m. psy.; große, athletische ~ (auch für Frauen) Ras·se·man, Ras·se·män·ner m.
Personalcomputer Diskri·ä·ker, -s m. tech.
Personenverkehr Lü·de·vö·kä·er m. o.Mz. trans.

Perücke; eine ~ tragen übertr. früëm·de Pan·nen up't Dak häb·ben hyg.
Pest swat·te Daud w. o.Mz. med.
Pestwurz Pat·ken·blad, Pat·ken·bliä·der s. bot.
Peter Pit VN
Petersilie Pe·ter·sil·ge w. o.Mz. bot.
Petition In·ga·we, -n w.
Petroleum Steen·üöl·ge s. o.Mz. chem., Uo·lig s. o.Mz. chem.
Petroleumlampe Steen·uo·lig·lamp, -en [Steen·uo·lig·lam·pen] w. tech., Uo·lig·lamp, -en [Uo·lig·lam·pen] w. tech.
Petrus; Heiliger ~ Sünt Pe·ter rel.
petzen flecken [flek·ken] ZW psy., flep·pen ZW psy., kläf·ken ZW psy.
Pfad Pat, Pät·te m. trans.; schmaler ~ Pät·ken, Pät·kes s. trans.
Pfaffe Paap, Pa·pen m. rel.
Pfaffenhütchen Pig·gen·holt s. o.Mz. bot., Scho·ma·kers·pig·gen·holt, Scho·ma·kers·pig·gen·höl·ter s. bot.
Pfahl Paol, Pää·le m. tech.; durch Pfähle kennzeichnen af·pä·öl·en ZW; einen ~ vor etwas setzen Vüör·paol slaon; kleiner ~ Päöl·ken, Päöl·kes s. tech.
Pfählchen Päöl·ken, Päöl·kes s. tech.
Pfahlholz Paol·holt, Paol·höl·ter s. tech.
Pfahlstütze Micke, -n [Mik·ke] w. tech.
Pfand Pand, Pän·ner s. fin.
Pfandbrief Pand·breew, Pand·bre·we m. fin.
Pfandeintreiber Pan·ne·man, Pan·ne·lü·de m. jur., (abfällig) Pänd·ke·bäänd, -s m. jur., Pand·dü·wel, -s m. jur. (scherh.)
pfänden pän·nen ZW jur.
Pfänder Pän·der, -s m. jur., (abfällig) Pänd·ke·bäänd, -s m. jur., Pand·dü·wel, -s m. jur. (scherh.)
Pfänderspiel Pän·ner·spiël, -e [Pän·ner·spië·le] s. spo.
Pfandhaus Pand·huus, Pand·hü·ser s. fin.

Pfandschein Pand·schien, Pand·schi·ne m. fin.
Pfändung Pän·nung, -en [Pän·nun·gen] w. jur.
Pfännchen Pän·ken, Pän·kes s. tech.
Pfanne Pan, -·ne, -·nen w. tech.; Haltevorrichtung für ~n über dem offenen Kamin Pan·nen·haol, -s m. tech.; in die ~ hauen in'ne Pan·ne slaon
Pfannenheber Pan·nen·mest, Pan·nen·mes·sers s. tech. kul.
Pfannenmesser Pan·nen·mest, Pan·nen·mes·sers s. tech. kul.
Pfannenstiel Pan·nen·stiël, -e [Pan·nen·stië·le] m. tech.
Pfannkuchen Pan·ko·ken, Pan·kö·ken m. kul.; Korb für ~ Pan·ko·ken·kuorw, Pan·ko·ken·küör·we m. tech. kul.
Pfannkuchenmehl Pan·ko·ken·miäl, -e [Pan·ko·ken·miä·le] s. kul.
Pfannkuchenpfanne Pan·ko·ken·pan, -·ne, -·nen w. tech. kul.
Pfannkuchenschüssel Pan·ko·ken·schüë·del, -n w. tech. kul.
Pfannkuchenteig Pan·ko·ken·deek, Pan·ko·ken·de·ke m. kul.
Pfannkuchenzeit Pan·ko·ken·tiet, Pan·ko·ken·ti·ten w. kul.
Pfarre Kiärs·pel, -s s. rel. geog.
Pfarrei Pas·traot, -en [Pas·trao·ten] w. rel.
Pfarrer Pas·toor, Pas·töörs m. rel., „Pfarronkel" Hä·er·ööm, -s m. rel.; ~ (abwertend, verniedlichend) Pas·töör·ken, Pas·töör·kes s. rel.; jemd., der fast so ist wie der ~ Halw·haug·wür·den m. rel.
Pfarrgemeinderat Kiär·ken·raod, Kiär·ken·räö·de m. rel.
Pfau Pao·gel, -s m. zool.
Pfauenhahn Pao·gel·haan, -s, Pao·gel·ha·nen m. zool., Paop·haan, -s, Paop·ha·nen m. zool.
Pfeffer Piä·per m. o.Mz. bot.; mit ~ versehen piä·pern ZW kul.

Pfefferdose Piä·per·büsse, -n *w. tech.*

Pfefferknöterich Kriegs·piäper *m. o.Mz. bot.*

Pfefferkorn Piä·per·kaorn, Piä·per·käörns *s. bot.*

Pfefferkuchen Piä·per·koken, Piä·per·kö·ken *m. kul.*

Pfefferminzbonbon Piä·permint·boms, Piä·per·mintböm·se *m. kul.*

Pfefferminze Acker·mint, -en [Ak·ker·mint], [Ak·ker·min·ten] *w. bot.*, Piä·per·mint, -en [Piä·per·min·ten] *w. bot.*

Pfeffermühle Piä·per·müele, -n *w. tech.*

pfeffern piä·pern *ZW kul.*

Pfeffernuss Piä·per·nuët, Piä·per·nüë·te *w. bot.*

Pfefferpothast Piä·per·pothast, -e [Piä·per·pot·has·te] *m. kul.*

Pfeifchen Piep·ken, Piepkes *s. tech.*

Pfeife Flait, -en [Flai·ten] *w. tech. mus.*, Hap, -·pe, -·pen *m. tech. mus.*, (zum Rauchen) Pi·pe, -n *w. tech.*; **halblange ~ bis auf die Brust** Buorst·klöp·per, -s *m. tech.*; **kleine ~** Müts·ken, Müts·kes *s. tech.*

pfeifen flai·ten *ZW mus.*, pi·pen *ZW*; **er pfeift aus dem letzten Loch** he piept uut dat leste Lok *med.*

Pfeifengras Pi·pen·gräs *s. o.Mz. bot.*

Pfeifenkopf Pi·pen·kop, Pipen·köp·pe *m. tech.*

Pfeifenmacher Pi·pen·maker, -s *m. tech.*

Pfeifenreiniger Pi·pen·prüëkel, -s *m. tech.*

Pfeifentabak Knas·ter, -s *m.*, Pi·pen·to·bak, Pi·pen·tobacke [Pi·pen·to·bak·ke] *m.*

Pfeil Flits, -e [Flit·se] *m. tech.*, Piel, Pi·le *m. tech.*; **gerade wie ein ~** piel·liek, piel·li·ke, -n *EW*; **kleiner ~** Piel·ken, Piel·kes *s. tech.*

Pfeilchen Piel·ken, Piel·kes *s. tech.*

Pfeiler Pi·ler, -s *m. tech., arch.*; **kleiner ~** Pi·ler·ken, Pi·ler·kes *s. tech., arch.*

pfeilgerade piel, pi·le -n *EW*

pfeilhoch piel hau·ge, -n *EW*

Pfennig Kiär·ken·da·ler, -s

m. rel. fin., Pen·ning, -e [Pen·nin·ge] *m. fin.*

Pfennigskram Pen·ningskraom *m. o.Mz. fin.*

Pferd Piärd, -e [Piär·de] *s. zool.*, (Kindersprache) Hotte·hü, -üs *s. o.Mz. zool.*; **altes ~** Klao·wer·miär, -en [Klao·wer·miä·ren] *w. zool.*, Kläp·per, -s *m. zool.* Susse, -n *w. zool.*; **~ beim Kauf trabend vorführen** mulstern *ZW*; **bissiges ~** Bi·ter, -s *m. zool.*; **braunes ~** Brune, -n *m. zool.*; **~ das bei der Arbeit Wasser lässt** Mige·buk, Mi·ge·bücke [Mi·gebük·ke] *m. zool.*; **ein- bis zweijähriges ~** Stuë·pen, -s *m. zool.*; **minderwertiges ~** Krib·ben·bi·ter, -s *m. zool.*; **~ mit dunkelrotem bzw. rotbraunem Fell** Sweetfos, Sweet·fös·se *s. zool.*; **ungepflegtes, klappriges ~** Kracke, -n [Krak·ke] *w. zool.*; **weißes ~** Schüë·mel, -s *m. zool.*

Pferdchen Piärd·ken, Piärdkes *s. zool.*

Pferdeapfel Piär·de·ap·pel, Piär·de·äp·pel *m. biol.*

Pferdeböhnchen Piär·debain·ken, Piär·de·bain·kes *s. bot.*

Pferdebohnen grau·te Baunen *Mz. bot.*

Pferdefleisch Piär·de·fleesk *s. o.Mz. med., kul.*

Pferdefuß Piär·de·foot, Piärde·fö·te *m. med.*

Pferdefutter Piär·fo·er *s. o.Mz. kul..*

Pferdegöpel Piär·de·gö·bel, -s *m. tech.*

Pferdehaar Piär·de·haor, -e [Piär·de·hao·re] *s. med.*

Pferdehandel Piär·de·hannel *m. o.Mz. fin.*

Pferdehändler Piär·de·händler, -s *m. fin.*

Pferdekot Piär·de·ap·pel, Piär·de·äp·pel *m. biol.*, Piärde·küë·del, -s *m. biol.*

Pferdekrippe Piär·de·raip, -s *s. agr. tech.*

Pferdemarkt Piär·de·markt, Piär·de·miärk·te *m. agr. fin.*

Pferdemetzger Piär·de·slächter, -s *m. med. kul.*

Pferdeschau Ka·wal·ka·de,

-n *w. spo.*

Pferdeschlitten Piär·de·slidden, -s *m. trans.*

Pferdeschwanz Piär·de·stiärt, -s *m. med.*

Pferdeschwänzchen (Frisur) Piär·de·stiärt·ken, Piär·destiärt·kes *s.*

Pferdeschwemme Piär·deku·le, -n *w. agr.*

Pferdestall Piär·huus, Piärde·hü·ser *s. agr.*, Piär·destal, Piär·de·stiä·le *m. arch. agr.*

Pferdestärke Piär·de·stärkde, -n *w.*

Pferdeteich Piär·de·diek, Piär·de·di·ke *m. agr.*

Pferdetränke Piär·de·bü·er, -s *w. agr.*

Pferdewiese Piär·de·wieske, -n *w. agr.*

Pferdezucht Piär·de·tucht, -en [Piär·de·tuch·ten] *w. zool. agr.*

Pferdezüchter Piär·de·tüchter, -s *m. zool. agr.*

pfiffig an·sliägsk, -e, -e [an·sliägs·ke] *EW psy.*; **~er Kerl** Nuët·fis·ter, -s *m. psy.*

Pfingsten Pinks·ten *o.Mz. rel. tem.*; **die vier höchsten Feiertage: Weihnachten, Ostern, ~ und Mariä Himmelfahrt (15. August)** Veer·hoch·ti·ten *Mz. rel. tem.*

Pfingstferien Pinkst·va·kans, -en [Pinkst·va·kan·sen] *w. tem.*

Pfingstfuchs Pinkst·fos, Pinkst·fös·se *m. zool.*

Pfingstmontag Pinkst·maondag, -e [Pinkst·maon·da·ge] *m. rel. tem.*

pfingstmontags pinkstmaon·dags *UW rel. tem.*

Pfingstochse (Schimpfwort) Pinkst·os·se, -n *m. psy.*

Pfingstrose Pinkst·rau·se, -n *w. bot.*

Pfingstsonntag Pinkst·sundag, -e *m. rel. tem.*

pfingstsonntags pinkst·sundags *EW rel. tem.*

Pfingsttag Pinkst·dag, -e [Pinkst·da·ge] *m. rel. tem.*

Pfingstzeit Pinkst·tiet *w. o.Mz. rel. tem.*

Pfirsich Pääsk·ap·pel, -n *m. bot.*, Pääs·ke, -n *w. bot.* (frz. pêche)

Pfirsichbaum Pääs·ken·baum, Pääs·ken·bai·me *m. bot.*
Pfirsichblüte Pääs·ken·blö·te, -n *w. bot.*
Pfirsichstein Pääs·ken·steen, Pääs·ken·ste·ne *m. bot.*
Pflänzchen Plänt·ken, Plänt·kes *s. bot.*
Pflanze Plan·te, -n *w. bot.*; **nicht blühende ~** Groön·plan·te, -n *w. bot.*
pflanzen puor·ten *ZW agr.*
Pflanzenöl Plan·ten·üöl·ge *s. kul. bot.*
Pflanzenwelt Plan·ten·wiält, -en [Plan·ten·wiäl·ten] *w. bot.*
Pflanzer Plan·ter, -s *m. agr.*, (Gartengerät) Püör·ter, -s *m. tech. agr.*
Pflanzkartoffel Püör·ter, -s *m. bot.*, Saot·kar·tuf·fel, -n *m. bot.*
Pflanzleine Fuor·li·ne, -n *w. tech. agr.*
Pflänzling Puor·te, -n *w. bot.*, Plan·te, -n *w. bot.*
Pflanzloch Plan·te·lok, Plan·te·löcker [Plan·te·lök·ker] *s. agr.*, Puor·te·lok, Puor·te·löcker [Puor·te·lök·ker] *s. agr.*; **Gestell zum Eindrücken der Pflanzlöcher** Püör·ter, -s *m. tech. agr.*
Pflaster Plaos·ter, Pläös·ters *s. med., tech.*
Pflästerchen Pläös·ter·ken, Pläös·ter·kes *s. tech. med.*
Pflasterer Steen·klöp·per, -s *m. tech.*
pflastern plaos·tern *ZW med., tech.*, Ste·ne läg·gen *tech.*
Pflasterstein Plaos·ter·steen, Plaos·ter·ste·ne *m. tech.*; **kleiner ~ aus Granit** Kat·ten·kop, Kat·ten·köp·pe *m. tech.*; **kleiner ~** Kop·steen, Kop·ste·ne *m. tech.*; **~e verlegen** plaos·tern *ZW tech.*
Pflaume Pru·me, -n *w. bot.*; **kleine gelbe ~** Wich·ter·prüüm·ken, Wich·ter·prüümkes *s. bot.*; **Jahr mit reicher ~nernte** Pru·men·jaor, -e [Pru·men·jao·re] *s. tem. bot.*; **Zeit der reifen ~** Pru·men·tiet, Pru·men·ti·ten *w. bot. tem.*
Pflaumenbaum Pru·men·baum, Pru·men·bai·me *m.*

bot.; **Holz des ~es** Pru·men·holt, Pru·men·höl·ter *s. bot., tech.*
Pflaumenholz Pru·men·holt, Pru·men·höl·ter *s. bot., tech.*
Pflaumenkuchen Pru·men·ko·ken, Pru·men·kö·ken *m. kul.*; **runder ~** Pru·men·ta·te, -n *w. kul.*
Pflaumenstein Pru·men·steen, Pru·men·ste·ne *m. bot.*
Pflege Pliä·ge *w. o.Mz.*, Up·pas·sung, -en [Up·pas·sun·gen] *w.*
Pflegeheim Waar·huus, Waar·hü·ser *s. arch. med.*
pflegen be·suor·gen *ZW*, pliä·gen *ZW*, wa·ren *ZW*; **alte Menschen (bis zum Tod) ~** to Dau·de wa·ren
Pfleger Pliä·ger, -s *m.*
Pflicht Plicht, -en [Plich·ten] *w.*
Pflichtjahr (*bes.* beim Militär) Dänst·jaor, -e [Dänst·jao·re] *s. tem.*
pflichtschuldig plicht·schül·lig, -e, -en [plicht·schül·li·ge] *EW psy.*
Pflock Pin, -·ne *m. tech.*, Plok, Plöcke [Plök·ke] *m. tech.*
pflücken plücken [plük·ken] *ZW*; **Gerät zum Pflücken** Plücker, -s [Plük·ker] *m. tech.*
Pflug Ploog, Plö·ge *m. tech. agr.*; **Tragkörper des ~es** Ploog·baum, Ploog·bai·me *m. tech.*; **vorderer Teil des ~es (Räder usw.)** Vüör·ploog, Vüör·plö·ge *m. tech.*
Pflugbaum Äch·ter·ploog, Äch·ter·plö·ge *m. tech. agr.*
pflügen bau·en *ZW agr.*, plö·gen *ZW agr.*, üm·briä·ken *uZW agr.*; **Land zur Mitte hin ~** up·rüg·gen *ZW agr.*; **tief in mehreren Schichten ~** ri·go·len *ZW agr.* (*frz.* la rigole); **flaches ~** üm·bra·ken *ZW agr.*; **Vorschäler beim ~ um Mist in die Furche zu legen** Mes·vüör·laup, Mes·vüör·lai·pe *m. tech. agr.*
Pflügen Plö·gen *s. o.Mz. agr.*
Pflüger Plö·ger, -s *m. agr.*, Ploog·dri·wer, -s *m. agr.*; **erster ~** Graut·plö·ger, -s *m. agr.*

Pfluggestell Ploog·stel, -s *s. tech.*; **Ende des ~s zum Führen des Pfluges** Ploog·stiärt, -s *m. tech.*
Pflugland Acker·land, Acker·län·ner [Ak·ker·land] *s. agr.*
Pflugleine Ploog·li·ne, -n *w. tech.*
Pflugschar Ploog·i·sen, -s *s. tech. agr.*
Pflugsterz Äch·ter·ploog, Äch·ter·plö·ge *m. tech. agr.*
Pflugstock (in der Funktion des Vorschälers) Ploog·stok, Ploog·stöcke [Ploog·stök·ke] *m. tech. agr.*
Pflugtreiber Ploog·dri·wer, -s *m. agr.*
Pflugwende am Acker Kiär·en·ne, -n *s. agr.*
Pforte Paort, -e, -en [Paor·te] *w. arch.*
Pföstchen Pöst·ken, Pöst·kes *s. tech.*
Pfosten Post, Pös·te *m. tech., arch.*, Stän·ner, -s *m. tech., arch.*, Sü·le, -n *w. tech., arch.*; **~ bei Ziehbrunnen und Schlagbaum** Suul, Süüls *m. tech.*
Pfötchen Pööt·ken, Pööt·kes *s. med.*
Pfote Poot, Po·ten *w. med.*
Pfriem Süél, -s *w. tech.*
pfropfen prop·pen *ZW*
Pfropfen Prop·pen, -s *m. tech.*, Stop·pen, -s *m. tech.*
Pfühl Püél, -s *s.*
pfui! (Ausdruck des Ekels oder der Verachtung) ha·jas! i·bä!! **~ Teufel!** hä·bä!
Pfund (0,5 kg) Pund, Pün·ne *s. tech.*; **ein ~ schwer** pün·nig, -e, -en [pün·ni·ge] *EW*
Pfündchen Pünd·ken, Pünd·kes *s.*; **~ für ~** pünd·kes·wi·se *UW*
pfündchenweise pünd·kes·wi·se *UW*
pfündig pün·nig, -e, -en [pün·ni·ge] *EW*
pfundweise pund·wies, pund·wi·se *UW*
pfuschen fus·ken *ZW*
Pfütze Pool, Pö·le *m.*, Slaut, Slait *m.*; **große ~** Mud·del·lok, Mud·del·löcker [Mud·del·lök·ker] *s.*
Phantasie In·bel·ge, -n *w.*

psy., In·bel·ge·ri, -·en w. psy.,
In·bel·lung w. o.Mz. psy.
Phantasiegespinnste Flit-
sen Mz. psy.
phantasieren spin·nen uZW
psy.
Phantast Dag·drai·mer, -s
m. psy.
phantastisch dol, -·le, -·len
EW
Phantom Falsk·beld, Falsk-
bel·ler s. psy.
Philantrop Mens·ken·frönd,
-e [Mens·ken·frön·de] m. psy.
Phlox Kof·fi·blo·me, -n w.
bot., Nacht·vi·ööl·ken, Nacht-
vi·ööl·kes s. bot.
Pickel Piëk, -e m. med.; ~
bekommen scherzh. übertr.
de Laig·hait kümp druut med.
picken bicken [bik·ken] ZW
tech.
piepen gil·pern ZW
piepsen gil·pern ZW
Pier Lan·ne·brüg·ge, -n w.
trans. naut.
piesacken prië·keln ZW
Pik (Kartenfarbe beim deutschen Kartenspiel) Schüp-
pen Mz. spo.
pikant tam·per, -e, -en [tam-
pe·re] EW kul.
Pike Paik, -s m. tech.
Pilot Flai·ger, -s m. trans.
Pilz Ped·den·stool, Ped·den-
stö·le m. bot., Pog·gen·stool,
Pog·gen·stö·le m. bot.,
Swam, Swiä·me m. bot.
Pimpinelle (wilder Kümmel)
Pim·per·nel·le, -n w. bot.
pinkeln mi·gen ZW med.,
pip·pi·ma·ken uZW med.,
pis·sen ZW med., schif·fen
ZW med., strül·len ZW med.
Pinkeltöpfchen Pis·pot, Pis-
pöt·te m. tech. hyg.
Pinsel; breiter ~ (Widdelquast) Kwas, Kwäs·se m.
tech.; **breiter ~ zum Weißen** Wit·tel·kwast, Wit·tel-
kwäs·se m. tech.
Pippau (Wildkraut) Dau·di-
sel, -n w. bot.
Pirol Pinkst·vuë·gel, Pinkst-
vüë·gel m. zool., Wi·gel-
wa·gel, -n m. zool.
Pirsch Spüör·jagt, -en [Spüör-
jag·ten] w.
Pistole Bal·ler·man, Bal·ler-
män·ner m. mil.
pladdern (Regen) gal·lern

ZW met.
Plage Plao·ge, -n w., übertr.
Jüëk, -s s. psy.
plagen af·ar·bai·den ZW, mö-
en ZW, plao·gen ZW, prië-
keln ZW psy., tri·be·le·ern
ZW psy. (frz. tribulations);
sich ~ sik rüs·tern ZW
planen vüör·häb·ben uZW
psy.
Planet Wan·ner·stään, Wan-
ner·stä·ne m. astr.
planieren pla·ne·ern ZW
tech.
Planierraupe Schü·wer, -s
m. tech.
planschen plans·ken ZW,
püls·ken ZW
Planwagen Hü·we·kaor, Hü-
we·käörs w. trans.
Plappermaul Kwas·sel·snu-
te, -n w. psy.
plappern bäb·beln ZW,
brab·beln ZW, ta·tern ZW,
übertr. sna·tern ZW
Pläsier Pla·se·er s. o.Mz.
psy. (frz. plaisir)
platschen plum·sen ZW
plätschern klucken [kluk-
ken] EW
Plättchen Pläät·ken, Pläät-
kes s., Schiew·ken, Schiew-
kes s.
plattdeutsch plat·düütsk, -e,
-en [plat·düüts·ke] EW kult.,
(Kurzform) plat, -·te, -·ten
EW kult.
Plattdeutsch Plat·üütsk s.
o.Mz. kult., (Kurzform) Plat
s. o.Mz. kult.; ~ **der Bauern auf Sandboden / im
Westmünsterland** Sand-
plat s. o.Mz. kult.
Platte Plaat, Pla·te, -n w.,
Schi·we, -n w.
Plattenkuchen Pla·ten·ko-
ken, Pla·ten·kö·ken m. kul.
Plattenspieler Gram·mo-
foon, Gram·mo·fo·ne s. tech.
mus.
Plattfuß Plat·foot, Plat·fö·te
m. med.
plattschlagen plat·klop·pen
ZW tech.
Platz Bi·laot m. o.Mz. tech.,
Stiär, -n w.; **alles am rech-
ten** ~ up Schik; ~ **machen**
hum·meln ZW, uut·wi·ken
uZW, schicken [schik·ken]
ZW; **kleiner Platz** Pläts·ken,
Pläts·kes s.

Plätzchen (Feingebäck) Bies-
ken, Bies·kes s. kul., Möp-
ken, Möp·kes s. kul.
Platzregen Plä·schu·er, -s
s. met., Stüört·schu·er, -s s.
met.
plaudern klö·nen ZW, küern ZW, prao·ten ZW
plausibel be·griep·lik, be-
griep·licke, -n [be·griep·lik-
ke] EW psy.
Pleite Pli·te, -n w. fin.
Plettenberg Plet·mert ON
Pleuelstange Wip·stok, Wip-
stöcke [Wip·stök·ke] m. tech.
Plombe Blom·be, -n w. tech.,
med.
plombieren blom·be·ern ZW
tech., med.
plötzlich bats UW tem., bi-
e·ne·wäg UW tem., buts UW
tem., lu·pens UW tem., met
eens, met·eens UW tem.,
un·vö·sai·ens UW tem., up
stups tem.; röök·laus, -e, -en
EW tem., röök·los, -·se, -·sen
EW tem., up een·maol tem.
Plücker Plücker. -s [Plük·ker]
m.
plumpsen plum·sen ZW
Plumpsklosett Plums·ka·be,
-es s. tech. hyg.
Plunder Kraom s. o.Mz.,
Plun·ner m. o.Mz.
plündern plün·nern ZW
Plünderung Plün·ner, -n w.
Plüsch Plüs s. o.Mz.
Po Ääs, Ä·se m. med., Pö-
ter, -s m. med.; **mit dem** ~
zuerst ääs·lik, ääs·licke, -n
[ääs·lik·ke] EW
Pobacke Ääs·backe, -n [Ääs-
bak·ke] w. med.
Pöbel (Johann Hagel und
seine Gesellschaft) Jan·ha-
gel s. o.Mz. psy.
pochen buë·ken ZW, ha-
mern ZW, pucken [puk·ken]
ZW, tuckern [tuk·kern] ZW;
heftig ~ bib·bern ZW
Podest Trap·pen·drai, -s m.
arch.
Podium Pos·ta·ment, -e [Pos-
ta·men·te] s. tech.
Poet Dich·ter, -s m. mus.
Pökel Pie·kel s. o.Mz. kul.
Pökelfass Pië·kel·fat, Pië-
kel·fiä·ter s. tech. kul.
Pökelfleisch Pië·kel·fleesk
s. o.Mz. kul.
Pökelhering Pië·kel·hä·ring,

-e [Pië·kel·hä·rin·ge] *m. kul.*
pökeln pië·keln *ZW kul.*
Pökelsalz Pië·kel·solt *s. o.Mz. kul.*
Polier Vüor·ar·bai·der, -s *m. tech.*
polieren blank·schu·ern *ZW tech.*, po·le·ern *ZW tech.*, (mit Wiener Kalk) wi·nern *ZW tech.*
poliert blank·schu·ert, -e, -en [blank·schu·er·te] *EW tech.*
Politik Pol·tik *w. o.Mz. pol.*
Politiker Po·li·ti·ker, -s *m. pol.*
politisch po·lietsk, -e, -en [po·tiets·ke] *EW pol.*
Polizei Pol·sai *w. o.Mz. jur.*, Po·len·te *w. o.Mz. jur.*
Polizeibeamter Pol·sai·bi·am·te, -n *m. jur.*
Polizeibehörde Po·len·te *w. o.Mz. jur.*
Polizeihund Pol·sai·rü·en, -s *m. zool. jur.*
Polizeistaat Pol·sai·staod, Pol·sai·stää·de *m. pol.*
Polizeistunde Pol·sai·stun·ne, -n *w. tem. jur.*
Polizeiwagen (für Gefangenen) grö·ne Min·na *w. trans. jur.*
Polizist Pol·sist, -en [Pol·sis·ten] *m. jur.*, Puts, -en [Put·sen] *m. jur.*, Schan·dit, -s *m. jur. (frz.* les gens d'armes)
Pollen Blö·ten·stow *o.Mz. bot.*
polnisch polsk, -e, -en [pols·ke] *EW kult.*
Polonäse Pol·lo·nä·se, -n *w.*
Polster Küs·sen, -s *s. tech.*
Polsterstuhl Küs·sen·stool, Küs·sen·stö·le *m. tech.*
Polterabend Ga·we·aomd, -e [Ga·we·aom·de] *m. tem.*, Kuorw·aomd, -e [Kuorw·aom·de] *m. tem.*, Kuorw·driä·gers·aomd, -e [Kuorw·driä·gers·aom·de] *m. tem.*
poltern bol·lern *ZW*, fut·ter·se·ern *ZW (frz.* foudroyer), ram·meln *ZW*
Pony Pon·ni, -es *s. zool.*
Porree Bur·rai *m. o.Mz. bot.*
Porreestange Bur·rai·en·pi·pe, -n *w. bot.*
Portemonnaie Geld·büül, -s *m. tech. fin.*
Portion Pors·jaun, -en [Pors·jau·nen] *w.*, Pots·jaun, -en [Pots·jau·nen] *w. (frz.* por-

tion), Slag, Sliä·ge *m.*; **in kleinen ~** *übertr.* liä·pel·wies, liä·pel·wi·se *UW*; **zusätzliche ~** Nao·slag, Nao·sliä·ge *m.*
Porzellan Pors·lai·nen *s. o.Mz. tech. (frz.* porcelaine); **aus ~** pors·lai·nen, -ne, -nen *EW tech.*
Porzellanbild Pors·lain·beld, Pors·lain·bel·ler *s. tech. mus.*
Porzellanblümchen Juf·fern·tit·ken, Juf·fern·tit·kes *s. bot.* (Saxifraga urbium)
Porzellanpfeife Pors·lain·pi·pe, -n *w. tech.*
Porzellanschale Pors·lain·schao·le, -n *w. tech.*
Porzellantasse Pors·lain·tas, -·sen *w. tech. kul.*
Porzellanteller Pors·lain·tel·ler, -s *m. tech. kul.*
Posaune Blaos·häön, -s *s. tech. mus.*, Schuuw·trum·pät·te, -n *w. tech. mus.*, (spa·ßig) Rü·en·tiä·ger, -s *m. tech. mus.*
Positur Po·sen·tuur, Po·sen·tu·ren *w.*
positv guët, -e, -en [guë·te] *EW*
Possen Fak·sen *Mz. psy.*
possierlich pos·se·er·lik, pos·se·er·licke, -n [pos·se·er·lik·ke] *EW*
Post Post *w. o.Mz. trans.*
Postbote Breew·driä·ger, -s *m. trans.*
Posteingang Post·in·gang, Post·in·gän·ge *m. trans.*
Posten Pos·sen, Pös·sen *m.*
Posthorn Post·häön, -s *s. tech. mus.*
Postillion Pos·sel·jö·ner, -s *m. trans. (frz.* postillon), Tüo·del·bäänd, -s *m. trans.*; **Signalhorn des ~s** Post·häön, -s *s. tech. mus.*
Postkarte Kaat, Ka·te, -n *w.*, Post·kaat, Post·ka·ten *w.*
Postkutsche Post·kuts·ke, -n *w. trans.*; **Fahrtroute der ~** Post·wäg, Post·wiä·ge *m. trans.*; **Pferd für die ~** Post·piärd, -e [Post·piär·de] *s. zool. trans.*
Postmeister Post·mes·ter, -s *m.*
Postpferd Post·piärd, -e [Post·piär·de] *s. zool. trans.*
Postweg Post·wäg, Post·wiä-

ge *m. trans*
Pottasche Pot·as·ke, -n *w. chem.*
poussieren pus·se·ern *ZW psy. (frz.* pousser) sö·ten·stri·ken *uZW psy.*
pozessieren vüör'n Ka·di lig·gen *jur.*
Pracht Staod, Stäö·de *m.*
prächtig staods *EW*, stää·dig, -e, -en [stää·di·ge] *EW*
prägen stam·pen *ZW tech.*
prahlen an·gië·wen *uZW psy.*, sik dicke·doon *uZW psy.*, graut·doon *uZW psy.*, prao·len *ZW psy.*, pu·chen *ZW psy.*, strun·sen *ZW psy.*, up·kra·nen *ZW psy.*; up·plüüs·tern (sik) *ZW*; **er prahlt gewaltig** *übertr.* he hait vil·licht up de Piär·de *psy.*
Prahlen Pug·gen *s. o.Mz. psy.*
Prahler An·gië·wer, -s *m. psy.*, Prao·ler, Präö·lers *m. psy.*, Pu·cher, -s *m. psy.*
Prahlerei An·gaaw, An·ga·wen *w. psy.*
prahlerisch baod·gail, -e, -en [baod·gai·le] *EW psy.*
praktisch an·sliägsk, -e, -en [an·sliägs·ke] *EW*, pa·tent, -e, -en [pa·ten·te] *EW*
prall stiew, sti·we, -n *EW*
Prämie Äks·trao·laun, Äks·trao·lai·ne *m. fin.*
prämieren prem·je·ern *ZW*
Pranger Schand·paol, Schand·äö·le *m. tech. jur.*
prasseln pliärn *ZW met.*, (z.B. Regen) klad·dern *ZW*
prassen slö·men *ZW kul.*
präzise ak·kraot, -e, -en [ak·krao·te] *EW*
predigen priä·gen *ZW rel.*
Predigt Priä·ge, -n *w. rel.*
Predigtstuhl Priä·ge·stool, Priä·ge·stö·le *m. tech. rel.*
Preis Pries, Pri·se *m. fin.*; **offizieller oder unverhandelter ~** La·den·pries, La·den·pri·se *m. fin.*
Preiselbeere Drop·pel, -n *w. bot.*, Kroons·biär, -n *w. bot.*
Preiselbeerstrauch Kros·sel, -n *w. bot.*
preisen luo·wen *ZW psy.*, pri·sen *ZW psy.*
preisgeben pries·gië·wen *uZW psy.*

Preisliste Pries·liest, Pries·lies·ten *w. fin.*
Preisunterschied Pries·un·ner·schaid, -e [Pries·un·ner·schai·de] *m. fin.*
preiswert bil·lig, -e, -en [bil·li·ge] *EW fin.*, pries·wääd, pries·wä·de, -n *EW fin.*; nich dü·er *EW fin.*
Prellbock Ram·buk, Ram·bücke [Ram·bük·ke] *m. tech.*
Presbyter Kiär·ken·öls·te, -n *m. und w. rel.*
Presse Kwet·ker, -s *m. tech.*
pressen drücken [drük·ken] *ZW*, kwet·ten *ZW*, pram·men *ZW*, stu·ken *uZW*
Preußen Prü·sen *pol.*
preußisch prüüsk, -e, -en [prüüs·ke] *EW*
Prickel Prië·kel, -s *m.*
prickeln kriw·weln *ZW*, prië·keln *ZW*
Prickeln Prië·keln *s. o.Mz.*
Priem Prüüm·ken, Prüüm·kes *s. kul.*, Stift, -e [Stif·te] *m. kul.*; ~ **kauen** prü·men *ZW kul.*
Priester Pries·ter, -s *m. rel.*, Swat·rok, Swat·röcke [Swat·rök·ke] *m. rel.*; ~ **der langsam die Messe liest** *übertr.* Kä·sen·daiw, -e [Kä·sen·dai·we] *m. rel.*
priesterlich pries·ter·lik, pries·ter·licke -n [pries·ter·lik·ke] *EW rel.*
Priestertum Pries·ter·doom *s. o.Mz. rel.*
Primel A·ri·kel·ken, Ari·kel·kes *s. bot.*
Prinz Küë·nings·suon, Küë·nings·süöns *m.*
Prinzessin Küë·nings·dochter, Küë·nings·döch·ter *w.*
Prise (beim Schnupfen) Snüf·ken, Snüf·kes *s.*
Pritsche Britsk, -e, -en [Brits·ke] *w. tech.*, Prits·ke, -n *w. tech.*
Pritschenwagen Prits·ken·wa·gen, Prits·ken·wiä·gen *m. trans.*
Privatlehrer Huus·lä·rer, -s *m. kult.*
Privatlehrerin Huus·lär·rin, -nen *w. kult.*
Privatschule Scho·le van fri·e Driä·gers *w. kult.*
Privileg Sun·ner·rächt, -e [Sun·ner·räch·te] *s. jur.*

Probe Proow, Pro·we, -n *w.*
Probestück Müs·ter, -s *s.*
probieren pro·be·ern *ZW*, (Essen) kös·ten *ZW kul.*; (Getränk) nip·pen *ZW kul.*
Probierglas Pro·be·er·glas, Pro·be·er·gliä·ser *s. tech. kul.*
Problem Ma·les·se, -n *w.*, Mo·les·ten *Mz.* (*frz.* malaise); ~**e haben** *übertr.* sik met wat rüm·slaon *psy.*
profan wiält·lik, wiält·licke, -n [wiält·lik·ke] *EW*
Professor Pro·fes·ser, -s *m. kult.*
profihaft met Ken·ne
profitieren prof·fe·te·ern *ZW*
Prognose; eine ~ wagen in de To·kunft ki·ken
Programm Ri·gen·fol·ge, -n *w.*
Programmiersprache Riä·ker·sprao·ke, -n *w. tech.*
Projektor Beld·wi·ser, -s *m. tech.*
Pronomen För·waod, För·wäö·der *s.*
Propeller Lucht·schru·we, -n *w. tech.*
Prophet Wicker, -s [Wik·ker] *m. rel.*
prophezeihen wicken [wik·ken] *ZW psy.*
Prostituierte Strao·ten·wicht, -er [Strao·ten·wich·ter] *s.*
protestieren re·mon·stre·ern *ZW* (*frz.* remontrer), up·muksen *ZW*; **laustark ~** *übertr.* Te·ao·ter spië·len *psy.*
Protokoll Met·schriwt, -en [Met·schriw·ten] *w.*, Up·schriwt, -en [Up·schriw·ten] *w.*
protokollieren met·schri·wen *uZW*
Prototypenbauer Müs·ter·ma·ker, -s *m. tech.*
protzen dicke·doon (sik) *uZW psy.*, prao·len *ZW psy.*
Provisorium Be·help, -e [Be·hel·pe] *s.*
provozierend snud·de·rig, -e, -en [snud·de·ri·ge] *EW psy.*
Prozent Per·sent, -e [Per·sen·te] *s. math.*
Prozession Pros·jaun, -en [Pros·jau·nen] *w. rel.*, Pros·joon, Pros·jo·nen *w. rel.*, (Tragen des Heiligen) Hil·gen·dragt, Hil·gen·dräg·ten *w.*

rel.; **Weg der ~** Pros·joons·wäg, Pros·joons·wiä·ge *m. trans. rel.*
Prozessionsaltar Pros·jauns·aol·taor, Pros·jauns·aol·täö·re *m. tech. rel.*
prüde sche·nant, -e, -en [sche·nan·te] *EW psy.*
prüfen müs·tern *ZW*, nao·gaon *uZW*, nao·ki·ken (sik) *uZW*, prö·wen *ZW*
Prüfer Nao·ki·ker, -s *m.*, Prö·wer, -s *m. tech.*; **technischer ~** Bol·ten·ki·ker, -s *m. tech.*
Prüfung Prö·wung, -en [Prö·wun·gen] *w.*
Prügel Klop·pe, -n *w.*; **~ ge·ben** *übertr.* Rüg·gen·strang be·sain; Rüg·gen·strang miä·ten
prügeln gal·lern *ZW*, kloppen *ZW*, ra·gai·len *ZW*, wäm·sen *ZW*, *übertr.* up't Kal·let sti·gen; **sich ~** *übertr.* sik in'ne Klad·den häb·ben
Prunk Staod, Stäö·de *m.*
prunkvoll stäö·dig, -e, -en [stäö·di·ge] *EW*
prusten prus·sen *ZW med.*
Psychiater Siä·len·dok·ter, -s *m. psy.*
Psychiatrie Klaps·müël, -en [Klaps·müë·len] *w. med. psy.*
Pubertät Rün·gel·jao·re *Mz. med.*
publizieren pub·bel·se·ern *ZW*
publiziert pub·bel·se·ert, -e, -en [pub·bel·se·er·te] *EW*
Puck Klaut, -s *m. tech.*; **~ zum Eisschießen** les·klaut, -s *m. tech. spo.*
Pullover Swe·ter, -s *m.*
Pulswärmer Let·hans·ke, -n *w. tech.*
Pultdach Sa·ge·dak, Sa·ge·diä·ker *s. arch.*
Pulver Pul·wer, -s *s. tech.*
Pülverchen Pül·wer·ken, Pül·wer·kes *s. tech.*
Pulverdampf Pul·wer·damp, Pul·wer·däm·pe *m.*
Pulverfass Pul·wer·fat, Pul·wer·fiä·ter *s. tech.*
Pulverschnee Pul·wer·snai *m. o.Mz. met.*
pulvertrocken pul·wer·drüüg, pul·wer·drü·ge, -n *EW*
pummelig püm·me·lig, -e, -en [püm·me·li·ge] *EW med.*

Pumpe Pump, -en [Pum·pen]
w. tech.; **kleine ~** Pümp-
ken, Pümp·kes *s. tech.*
pumpen pum·pen *ZW tech.*
Pumpenbauer Pum·pen·ma-
ker, -s *m. tech.*
Pumpenrohr Pum·pen·rör, -s
s. tech.
Pumpenschwengel Pum-
pen·swän·gel, -s *m. tech.*
Pumpstation Pum·pen·hüüs-
ken, Pum·pen·hüüs·kes *s.
tech. tech.*
Punkt Punkt, -e [Punk·te] *m.*,
(Schriftzeichen) Kul·ler, -s *m.*
Pünktchen Kül·ler·ken, Kül-
ler·kes *s.*
pünktlich an Dag un Daotum *tem.*
Punktschweißen Punkt·wel-
len *s. o.Mz. tech.*
Pupille Kiek·lok, Kiek·löcker
[Kiek·lök·ker] *s. med.*, Pu·pil,
-·len *w. med.*
Püppchen Püp·ken, Püp·kes
s.; **~ aus Lumpen** Pluë-
den·püp·ken, Pluë·den·püp-
kes *s.*
Puppe Pup, -·pen *w.*; **kleine ~** Püp·ken, Püp·kes *s.*
Puppenkleid Pup·pen·kleed-
ken, Pup·pen·kleed·kes *s.
spo.*
Puppenspiel Pup·pen·spiël,
-e [Pup·pen·spië·le] *s. mus.*
Puppenspieler Pup·pen-
spië·ler, -s *m. mus.*
Puppenstube Pup·pen·hüüs-
ken, Pup·pen·hüüs·kes *s.
tech. spo.*
Puppentheater Pup·pen·te-
ao·ter, -s *s. mus.*
Puppenwagen Pup·pen·wa-
gen, Pup·pen·wiä·gen *m.
trans. spo.*
pupsen *übertr.* e·nen fö·ern-
lao·ten *uZW med.*, e·nen
su·sen lao·ten *med.*; **mehrmals hintereinander ~** prüt-
ken *ZW med.*
Purzelbaum Kops·ka·bol·ter,
-s *m. spo.*; **~ machen** stol-
ter·bol·tern *ZW spo.*
purzeln kul·lern *ZW*
Püsselbüren Püs·sel·bürn
ON
Puste Poos·te, -n *w. med.*
Pusteblume Poos·te·blo·me,
-n *w. bot.*
Pustekuchen! Flai·te·pi·pen!
Pustel Blab·ber, -n *m. med.*

pusten blao·sen *uZW*, po-
sen *ZW*, pu·sen *ZW*
Pute (weibliche) Schru·te, -n
w. zool.
Puter Schruut·haan, -s,
Schruut·ha·nen *m. zool.*
putzen rain·ma·ken *uZW
hyg.*, wis·ken *ZW hyg.*

Q

Q, q Q, q (Buk·stab·be)
Qälen Niët·fin·ken *s. o.Mz.
psy.*
Quader Ve·er·kant·blok, Ve-
er·kant·blöcke [Ve·er·kant-
blök·ke] *m. tech.*
Quadrat Kwa·draot, Kwa-
dräö·te *s. tech.*, Ve·er·kant,
Ve·er·kän·te *m. tech.*
quadratisch kwa·dräötsk, -e,
-en [kwa·dräöts·ke] *EW*, ve-
er·kän·tig, -e, -en [ve·er·kän-
ti·ge] *EW*
Quadratkilometer Kwa·draot-
ki·lo·me·ter, -s *m. tech.*
Quadratmeter Kwa·draot·me-
ter, -s *m. tech.*
Quadrille Ka·tril·ken, Ka·tril-
kes *s. mus.* (*frz.* quadrille)
quaken gäb·beln *ZW*
Qual Kwaol, -en [Kwao·len]
w. psy., med.
quälen fak·se·ern *ZW psy.*
(*frz.* vexer), kel·len *ZW med.*,
kwiä·len *ZW psy.*, niët·fin-
ken *ZW psy.*, tran·se·ne·ern
ZW psy. (*frz.* être dans ses
transes), üört·ken *ZW, übertr.*
pi·sacken [pi·sak·ken] *ZW
psy.*
Quäler Kwiä·ler, -s *m.*, Niët-
fink, -en [Niët·fin·ken] *m. psy.*
Quälerei Kwiä·le·ri, -·en *w.*,
Niët·fin·ke·ri, -·en *w. psy.*
Quälgeist Kwän·gel·kop,
Kwän·gel·köp·pe *m. psy.*;
Tiëp·ken·trecker, -s [Tiëp-
ken·trek·ker] *m. psy.*
Qualität Düëg·te, -n *w.*, Kwa-
li·tait, -en [Kwa·li·tai·ten] *w.*
**Qualitätsstelle, der u.a. Lei-
nen zur Prüfung und Ver-
steuerung vorgelegt wer-
den musste** Läg·ge, -n *w.
tech. fin.*
Qualm Damp, Däm·pe *m.*
qualmen üë·meln *ZW*, ül-
men *ZW*; **leicht ~** dämp-
ken *ZW*; smüë·len *ZW*
Quarantäne Vö·waar, Vö-

wiärs *s.*
Quark Wit·kai·se *m. kul.*
Quarkspeise Stip·miälk *w.
o.Mz. kul.*
Quartal Veer·del·jaor, -e
[Veer·del·jao·re] *s. tem.*
Quartier Kwar·te·er, -s *s.
arch.*
quasseln kwas·seln *ZW*
Quaste Bom·mel, -s *m.*,
Kwas, Kwäs·se *m. tech.*,
Plü·mer, -s *m.* (*frz.* plumet)
quatschen sab·beln *ZW*
Quatschkopf Kwa·ter·gat,
Kwa·ter·gät·te *s. psy.*, Kwa-
ter·kop, Kwa·ter·köp·pe *m.
psy.*, Sab·bel·kop, Sab·bel-
köp·pe *m. psy.*, Sab·bel-
snuut, Sab·bel·snu·ten *w.
psy.*
Quatschmacher Täö·ten-
diëk, -s *m. psy.*
Quecke Kwië·ke, -n *w. bot.*
Quecksilber Kwik·sül·wer *s.
chem.*
Quecksilberbarometer Kwik-
sül·wer·per·me·ter, -s *s. tech.
met.*
Quelle Büörn·stel, -·len *s.
geol.*, Wel·le, -n *w. geol.*
quellen dig·gen *ZW*, up·gaon
uZW; **Schrot ~ lassen**
schräm·pen *ZW*
Quellkalk Piep·steen, Piep-
ste·ne *m. geol.*
Quellsand Wel·sand, Wel-
sän·ne *m. geol.*
Quellwasser Wel·wa·ter,
Wel·wä·ters *s. geol.*
quengeln gnad·dern *ZW
psy.*, knüë·tern *ZW psy.*
Quengler Knüë·ter·pot, Knüë-
ter·pöt·te *m. psy.*
quer dwiärs *UW*; dwiärs-
wäg *UW*, vö·dwiärs *UW*
Querbalken Dwiärs·bal·ken,
-s *m. tech.*; **~ zwischen
Dachsparren** Haan·jüëk,
-s *s. arch.*
Querbeil Dai·sel, -s *m. tech.*
Quere Kwiär, -en [Kwiä·ren]
w.
quergehen dwiärs·lau·pen
uZW, dwiärs·gaon *uZW*
quergestreift dwiärs·strië-
pen, -e, -en [dwiärs·strië-
pe·ne] *EW*
Querhaus Dwiärs·huus,
Dwiärs·hü·ser *s. arch.*
Querholz (an der Tennentür)
Gren·del, -s *m. tech.*

Querkopf Dwiärs·kop, Dwiärs-köp·pe *m. psy.*, Frem·pel-kop, Frem·pel·köp·pe *m. psy.*
querköpfig köpsk, -e, -en [köps·ke] *EW psy.*, sün-ner·lik, sün·ner·licke, -n [sün-ner·lik·ke] *EW psy.*
querlaufen dwiärs·lau·pen *uZW*
querlegen dwiärs·läg·gen *ZW*
Querseite Dwiärs·si·te, -n *w.*
querstellen dwiärs·läg·gen *ZW*
Querstrebe Dwiärs·bal·ken, -s *m. tech.*
Querstreifen Dwiärs·stri·pen, -s *m.*
Quertreiber Dwiärs·dri·wer, -s *m. psy.*
Quertreiberin Dwiärs·bra-ke, -n *w. psy.*
querverlaufend dwiärs·lau-pend, -e, -en [dwiärs·lau-pen·de] *EW*
Querweg Dwiärs·wäg, Dwiärs-wiä·ge *m. trans.*
Quetsche Düör·drai·er, -s *m. tech.*, Kwet·ker, -s *m. tech.*
quetschen knu·sen *ZW*, kwet·ten *ZW*, kwiët·ken *ZW*, pram·men *ZW*
Quirl Rö·er·stok, Rö·er·stöcker [Rö·er·stök·ker] *m. tech.*
quitt kit *EW*
Quitte Kwit·te, -n *w. bot.*
quittieren kwit·te·ern *ZW* (*frz.* quitter)
Quiz Wed·stried, Wed·stri-de *m.*

R

R, r R, r (Buk·stab·be)
Rabatt Nao·laot, Nao·lää·te *m. fin.*
Rabe Ra·we, -n *m. zool.*
rabiat but, -·te, -·ten *EW psy.*, wööst, -e, -en [wöös-te] *EW psy.*
Rache Vö·gel·len *s. o.Mz. psy.*
rächen vö·gel·len *ZW psy.*, *übertr.* trüg·ge·ta·len *ZW psy.*
Rad Rad, Riä·der *s. tech.*, Wäg·ge, -n *w. tech.*
Radau Kra·kail *s. o.Mz.*, Spit·ta·kel, -s *s.*; ~ ma-

chen (z.B. mit Gefäßen) rängs·tern *ZW*
Radaumacher Kra·kai·ler, -s *s.*
Rädchen Räd·ken, Räd·kes *s. tech.*
radeln rad·fö·ern *uZW trans.*
Räderwerk Riä·der·wiärk, -e [Riä·der·wiär·ke] *s. tech.*; ~ bes. zum Antrieb von Dresch- und Häckselma-schinene Gö·bel, -s *m. tech.*
Radfahren Rad·fö·ern *s. o.Mz. trans.*
radfahren rad·fö·ern *uZW trans.*
Radfahrt Rad·faort, -en [Rad-faor·ten] *w. trans.*
radieren ra·de·ern *ZW*
Radiergummi Rad·se·fum-mel, -s *s. tech.*
Radierung Ra·de·e·rung, -en [Ra·de·e·run·gen] *w. mus.*
radikal rats *UW*
Radio Ra·di·o, -os *s. tech.*, *übertr.* Fünk *m. o.Mz. tech.*, *scherzh.* Klöön·kasten, Klöön-käs·ten *m. tech.*
Radkranz Rad·krans, Rad-krän·se *m. tech.*
Radmacher Ra·der·ma·ker, -s *m. tech.*
Radnabe Na·we, -n *w. tech.*, Trum·mel, -n *w. tech.*
radschlagen rad·slaon *uZW spo.*
Radtour; ~ machen Pät-kes fö·ern *trans.*
Raesfeld Raos·feld *ON*
raffen graps·ken *ZW psy.*, grup·ken *ZW psy.*, schrap-pen *ZW psy.*
Raffer Schräp·per, -s *m. psy.*
raffiniert laig, -e, -en [lai·ge] *EW psy.*, ra·we·ne·ert, -e, -en [ra·we·ne·er·te] *EW psy.* (*frz.* raffiner)
Ragout Kleen·fleesk *s. o.Mz. kul.*; ~ aus gewürfelter Rin-derrippe mit viel Gewürz Piä·per·pot·hast, -e [Piä·per-pot·has·te] *m. kul.*
Rahm Smant *m. o.Mz. kul.*; ~ abrennen Miälk üö·wer-drai·en *kul.*; ~ von der Milch abnehmen sman·ten *ZW kul.*
Rainfarn Knop·kruud *s. o.Mz. bot.* (Chrysanthemum vulgare)

Rakete Si·se·man, Si·se·män-ner *m. trans.*
RAM (random access me-mory) Riä·ker·spi·ker, -s *m. tech.*
Rammbock Ram·buk, Ram-bücke [Ram·bük·ke] *m. tech.*
rammen räm·men *ZW*
Rampe Ramp, -en [Ram-pen] *w. trans.*
ramponieren ram·po·me·ern *ZW*
Ramsdorf Rans·trop *ON*
Rand Rand, Rän·ner *m.*; äußerster ~ Kip, Kips *s.*
randalieren ran·da·le·ern *ZW*
Randbeet Ra·bat·te, -n *w. agr.*
randvoll liek·vul, -·le, -·len *EW*
Rang; jemd. mit ~, Würde und Amt Scha·sier·te, -n *m.*
Rangelei Bant·ke·ri, -en *w.*
rangeln bant·ken *ZW*
Rangierbahnhof Rang·sche-er·baan·how, Rang·sche·er-baan·hüö·we *m. trans.*
rangieren rang·sche·ern *ZW trans.*
Rangierer Rang·sche·er·er, -s *m. trans.*
Rangierlokomotive Rang-sche·er·lok, -s *w. trans.*, Rang-sche·er·locke·me·ti·we, -n [Rang·sche·er·lok·ke·me·ti-we] *w. trans.*
Ranzen Tör·nüs·ter, -s *m. tech.*
ranzig gäls·trig, -e, -en [gäls-tri·ge] *EW biol.*, stark, -e, -en [star·ke] *EW biol.*
Rap Kü·er·mus·sik, Kü·er-mus·sicken [Kü·er·mus·sik-ken] *w. mus.*
rapide der·be, -n *EW*
Rappe Swat·te, -n *m. zool.*
Rappelschüssel Rap·pel-schüë·del, -n *w. tech.*
Raps Hüt·ten·tüt *m. o.Mz. bot.*, Spör·gel *m. o.Mz. bot.*
rar raor, -e, -en [rao·re] *EW*
rasch füsk, -e, -en [füs·ke] *EW*, gau, -e, -en *EW*, rask, -e, -en [ras·ke] *EW*
rascheln klad·dern *ZW*, kris-peln *ZW*, ras·peln *ZW*, rus-peln *ZW*
rascheltrocken rüüs·ke-drüüg, rüüs·ke·drü·ge, -n *EW*
rasen bra·ken *ZW trans.*, ja·gen *uZW trans.*, rao·sen

ZW
Rasen Rao·sen *s. o. Mz.*
Rasenplatz Brink, -e [Brin-ke] *m. agr.*
Rasensode Plag·ge, -n *w. agr.*; **Grundstück zum ~n stechen** Plag·gen·grund, Plag·gen·grün·ne *m. agr.*
Rasenstück; abgestoche-nes und aufgenommenes ~ Plag·ge, -n *w. agr.*
Raser Bra·ker, -s *m. trans.*
rasieren bar·be·ern *ZW hyg.*, ra·se·ern *ZW hyg.*, schä·ern *uZW hyg.*
Rasiermesser Ra·se·er-mest, Ra·se·er·mes·sers *s. tech. hyg.*; **Lederriemen zum Schärfen des ~s** Striek·rai·men, -s *m. tech.*
Rasierseife Ra·se·er·se·pe, -n *w. hyg.*
räsonieren ran·se·ne·ern *ZW psy.* (*frz.* raisonner)
Raspel Fi·le, -n *w. tech.*, Holt·fi·le, -n *w. tech.*
raspeln fi·len *ZW tech.*
Rasse Blood *s. o. Mz.*, lärs, -e, -en [lär·se] *w. psy.*, Slag, Sliä·ge *m.*
Rassel Kliä·ter, -s *w. tech.*
rasseln ram·meln *ZW*, rüüs-ken *ZW*, (z.B. Regen, Ha-gel) kliä·tern *ZW met.*
Rast Rös·sen *s. o. Mz.*
rasten rös·sen *ZW*
rastlos un·rös·tig, -e, -en [un-rös·ti·ge] *EW psy.*
Rastplatz Uut·span, Uut-spän·ne *m. trans.*
Rat Raod, Räö·de *m.*, **~ an-nehmen** in·säg·gen *uZW*; **um ~ ersuchen** frao·gen *uZW*
raten rao·den *uZW*
Rathaus Raod·huus, Raod-hü·ser *s. arch. pol.*
Ration To·de·lung, -en [To-de·lun·gen] *w.*
Ratschlag Ai·gen·spai·gel, -s *m.*, Raod·slag, Raod·sliä·ge *m.*; **Ratschläge erteilen** rao·den *uZW*
Rätsel Räöd·sel, -s *s.*
rätseln räöd·seln *ZW*
Ratsherr Raods·hä·er, -ns *m. pol.*; **~ sein** in'n Raod sit-ten *pol.*
Ratsversammlung Raod, Räö·de *m. pol.*
Ratte Rat, -·ten *w. zool.*

Rattenfalle Rat·ten·slag, Rat-ten·sliä·ge *m. tech.*
Rattenfänger Rat·ten·bi·ter, -s *m.*
Rattermaschine Riä·ter·ding, -ers *s. tech.*
rattern riä·tern *ZW*
ratternd riä·te·rig, -e, -en [riä·te·ri·ge] *EW*
rau but, -·te, -·ten *EW psy.*, grow, gruo·we, -n *EW*, ru, -·e, -·en *EW*, ru·bäs·tig, -e, -en [ru·bäs·ti·ge] *EW psy.*, rub·be·lig, -e, -en [rub·be·li-ge] *EW tech.*, struf, -·fe, -·fen *EW*; **~er Mensch** Ru-bast, Ru·bäs·te *m. psy.*
Raubein Ru·been, Ru·bene *s. psy.*, Ru·schuor·ken, Ru-schüör·ken *m. psy.*
raubeinig ru·beent, -e, -en [ru·been·te] *EW psy.*
rauben rai·bern *ZW jur.*
Räuber Rai·ber, -s *m. jur.*
Räuberbande Rai·ber·ban-de, -n *w. jur.*
Räuberhauptmann Rai·ber-baas, Rai·ber·biä·se *m. jur.*
räubern rai·bern *ZW jur.*
Rauch Damp, Däm·pe *m.*, Rauk, Rai·ke *m.*, Smauk, Smai·ke *m.*; **durch ~ kon-servieren** rai·kern *ZW*; **voller ~** rai·ke·rig, -e, -en [rai·ke·ri·ge] *EW*
rauchen dam·pen *ZW*, smai-ken *ZW*; **genüsslich ~** paf-ken *ZW*; **stark ~** ül·men *ZW*
Raucher Rai·ker, -s *m.*, Smai·ker, -s *m.*
Räucheraal Rai·ker·aol, Rai-ker·äö·le *m. kul.*
Raucherbein Rai·ker·been, Rai·ker·be·ne *s. med.*
Raucherei Smai·ke·ri, -·en *w.*
Räucherfisch Rai·ker·fisk, -e *m. kul.*
Räucherfleisch Rai·ker-fleesk *s. o. Mz. kul.*
Räucherkammer Rai·ker-büörn, -s *m. arch. kul.*
Räuchern Rai·kern *s. o. Mz.*; **Gestell zum ~ von Speck** Spek·wiem, -s *m. tech.*
räuchern rai·kern *ZW*
Räucherschinken Rai·ker-schin·ken, -s *m. kul.*
Räucherwurst Rai·ker·wuorst, Rai·ker·wüörs·te *w. kul.*
Rauchfang (am Herdfeuer)

Bo·sen, -s *m. arch.*; **Ge-stänge im ~** Wiem, -s *m. tech.*, Wi·mel, -s *m. tech.*; **Fleisch und Wurst aus dem ~** *übertr.* Wiem·ge-möös *s. o. Mz. kul.*; **Stange im ~** Snai·se, -n *m. tech.*
Rauchfleisch Rauk·fleesk *s. o. Mz. kul.*, (vom Rind) Hast *m. o. Mz. kul.*, Hast·fleesk *s. o. Mz. kul.*, Na·gel·fleesk *s. o. Mz. kul.*
rauchig rai·ke·rig, -e, -en [rai·ke·ri·ge] *EW*
Rauchschwalbe Diäl·swal-we, -n *w. zool.*
Rauchutensilien Smaik-wiärks *s. o. Mz.*
Rauchwaren Smaik·wiärks *s. o. Mz.*
räudig fin·nig, -e, -en [fin-ni·ge] *EW med.*, rud·de·rig, -e, -en [rud·de·ri·ge] *ZW med.*
rauf rup *UW*
Raufbold Sliä·ger, -s *m. psy.*
Raufe Räu·pe, -n *w. tech.*
Raum Ge·laot, Ge·läöt *s. arch.*, Ruum, Rü·me *m. arch.*; **abgeteilter ~** Fak, Fiä·ker *s. arch.*; **großer ~ für Festlichkeiten** Saol, Säö·le *m. arch.*; **kleiner ~** But·se, -n *w. arch.*, Ka·mer, -n *w. arch.*, Ka·buf, Ka·büf-fe *s. arch.*; **sehr enger ~** *übertr.* Kruup·lok, Kruup-löcker [Kruup·lök·ker] *s. arch.*; **viel ~ beanspruchen** stö-ken *ZW*; **winziger ~** Ka-büf·ken, Ka·büf·kes *s. arch.*; Kruup·löks·ken, Kruup·löks-kes *s. arch.*
räumen rü·men *ZW*; **Woh-nung ~** uut·trecken [uut-trek·ken] *uZW*
räumlich rüüm·lik, rüüm·licke, -n [rüüm·lik·ke] *EW*
Raummeter Ruum·me·ter, -s *s. tech.*
Räumungsverkauf Uut·vö-kaup, Uut·vö·kai·pe *m. fin.*
Raunen Ru·nen *s. o. Mz.*
raunen ru·nen *ZW*
Raupe Ru·pe, -n *w. zool.*
Raureif Ru·fuorst, Ru·füörs-te *m. met.*
raus ruut *UW*
Rausch Ruusk, Rüüs·ke *m. med.*, Swië·mel, -s *m. med.*
rauschen bru·sen *ZW*, rüüs-ken *ZW*

räuspern gräms·tern ZW, rüüs·pern ZW
Raute Ru·te, -n w.
Rautenband Ru·ten·band, Ru·ten·bän·ner s.
real würk·lik, würk·licke, -n [würk·lik·ke] EW
Realität Würk·lik·kait w. o.Mz.
Realschule hög·ge·re School w. kult., Mid·del·scho·le, -n w. kult.
Rebell Rabäl, -·len m.
rebellieren ra·bäl·le·ern ZW
Rebellion Ra·bäl·jaun, -en [Ra·bäl·jau·nen] w.
rebellisch ra·bälsk, -e, -en [ra·bäls·ke] EW
Rebhuhn Feld·hoon, Feld·hö·ner s. zool., Tries·hoon, Tries·hö·ner s. zool.; kleines ~ Feld·höön·ken, Feld·höön·kes s. zool., Tries·höön·ken, Tries·höön·kes s. zool.
Rebhühnchen Feld·höön·ken, Feld·höön·kes s. zool., Tries·höön·ken, Tries·höön·kes s. zool.
Rebus Bel·ler·räöd·sel, -s s.
Rechenaufgabe Riä·ken·up·ga·we, -n w. math.
Rechenbuch Riä·ken·book, Riä·ken·bö·ker s. math.
Rechenfehler Riä·ken·fai·ler, -s m. math.
Rechenmaschine Riä·ken·ma·schien, Riä·ken·ma·schi·nen w. tech. math.
Rechenmeister Riä·ken·mes·ter, -s m. math.
Rechenschaft Riä·ken·schup, -pen w.
rechnen riä·ken ZW math.
Rechner Riä·ker, -s m. tech.
Rechnersprache Riä·ker·sprao·ke, -n w. tech.
Rechnung Riä·knung, -en [Riäk·nun·gen] w. fin., math.
Recht Rächt, -e [Räch·te] s. jur.; er hat das ~ dazu dat stait em to; ~ der Nachbarn Nao·ber·rächt, -e [Nao·ber·räch·te] s.
recht to·pas·se EW
rechthaberisch häb·be·räch·tig, -e, -en [häb·be·räch·ti·ge] EW psy., häw·we·räch·tig, -e, -en [häw·we·räch·ti·ge] EW psy.
rechtlich rächt·lik, rächt·licke, -en [rächt·lik·ke] EW jur.

rechts räch·ter·hand UW, (Fuhrmannssprache) hot; ~ von der Deichsel fe·rant, -e, -en [fe·ran·te] EW; vüör·hand UW
Rechtsanwalt Av·kaot, -en [Av·kao·ten] m. jur.
Rechtsanwaltssprache Av·kao·ten·sprao·ke w. jur.
rechtschaffen rächt·scha·ben, -e, -en [rächt·scha·be·ne] EW psy.
Rechtschreibregel Schriew·uor·der, Schriew·üör·ders w. kult.
Rechtschreibung Spraok·lä·re, -n w.kult.
Rechtsradikale übertr. Bru·nen Mz. pol.
rechtzeitig ä·er·tiets UW tem., bi·tiet UW tem., bi·ti·ten UW tem., bi·tiets UW tem.; rächt·ti·tig, -e, -en [rächt·ti·ti·ge] EW tem.
Reck Rik, Ricken [Rik·ken] s. tech.; Hebel beim ~ Ricken·stiärt, -s [Rik·ken·stiärt] m. tech.
Recke Riä·ke ON
Reckenfeld Riä·ken·feld ON
Recklinghausen Riä·kel·hu·sen ON
recyceln up·ar·bai·den ZW tech.
Redakteur Schri·wer, -s m. kult.
Rede An·sprao·ke, -n w.; eine ~ halten vüör·driä·gen uZW; zur ~ stellen vüör·knöp·pen ZW psy.
reden bäb·beln ZW, ka·keln ZW, kü·ern ZW, kwa·tern ZW, prao·ten ZW, spriä·ken uZW; drauf los ~ brab·beln ZW; dummes Zeug ~ pa·gol·ken ZW psy.; feierlich anmaßend ~ pres·se·kan·ten ZW psy. (frz. présomtueux); gemütlich ~ klö·nen ZW; hinter vorgehaltener Hand ~ gü·cheln ZW psy.; inhaltlos ~ la·bern ZW psy.; jemd., der gern und viel redet Kwa·ter·kunt, -en [Kwa·ter·kun·ten] w. psy.; laut ~ ran·se·ne·ern ZW psy. (frz. raisonner); laut und keifend ~ blaf·fen ZW psy.; miteinander ~ vö·kü·ern ZW; nach dem Mund ~ glat-

mü·lig sien psy.; rede nicht so geschwollen kü·er ki·nen Saps psy.; ~ wie einem der Schnabel steht bekt sien EW psy. (frz. bec); über jemd. schlecht ~ übertr. e·nen de Tiä·ne in't Gat häb·ben psy.; undeutlich ~ blob·bern ZW, übertr. müm·meln ZW; viel ~der Mensch Kwas·sel·snu·te, -n w. psy.
Reden Kü·ern s. o.Mz.; wirres ~ Gau·se·la·tien s. o.Mz. psy.
Redensart Kü·er·sel, -s s., Säg·ge·wi·se, -n w.
Redner Spriä·ker, -s m., Vüör·driä·ger, -s m.
Rednerpult übertr. Büt, -·ten w. tech.
redselig baod·gail, -e, -en [baod·gai·le] EW psy.; ~ durch den Genuss von Alkohol sein Spraok·wa·ter häb·ben psy.
reduzieren min·nern ZW
reell ä·er·lik, ä·er·licke, -n [ä·er·lik·ke] EW psy.
Reet Riet s. o.Mz. bot.
Reetdach Riet·dak, Riet·diä·ker s. arch.
Reflexion Wi·er·stiëk, -e [Wi·er·stië·ke] m.
Refrain Kiär·riem, Kiär·ri·me m. mus.
Regal Bord, Bör·de s. tech.
Regel Ge·bod, -·te s., Sats, Sät·se m.
Regelblutung Da·ge Mz. med.
regeln klaor·kü·ern ZW psy., klaor·ma·ken uZW, ri·gen ZW
regen rai·en ZW, reg·gen ZW
Regen Riän·gen m. o.Mz. met.; anhaltend feiner ~ Fis·sel·riän·gen m. o.Mz. met., Smud·del·riän·gen m. o.Mz. met.; ~ bei starkem Frost i·seln ZW met.; warmer ~ übertr. Mai·riän·gen m. o.Mz. met.
Regenbogen Riän·gen·buo·gen, Riän·gen·büö·gen m. met.
Regenbogenhaut Riän·gen·buo·gen·huut, Riän·gen·buo·gen·hü·te w. med.
Regenfass Riän·gen·fat,

Riän·gen·fiä·ter *s. tech.*
Regenfässchen Riän·gen·fät·ken, Riän·gen·fät·kes *s. tech.*
Regenloch Riän·gen·lok, Riän·gen·löcker *s. met.*
Regenpfeifer Wa·ter·tü·te, -n *w. zool.*, Riän·gen·pi·per, -s *m. zool.*
Regenrinne Guo·te, -n *w. tech.*, Räu·pe, -n *w. arch.*
Regenschauer Riän·gen·schu·er, -s *s. met.*
Regenschirm Pa·plü, -üs *m. tech. (frz.* parapluie), *scherzh.* Pluë·den·sta·ken, -s *m. tech.*
Regentag Riän·gen·dag, -e [Riän·gen·da·ge] *m. met. tem.*
Regentröpfchen Riän·gen·drüöp·ken, Riän·gen·drüöp·kes *s. met.*
Regentropfen Riän·gen·druo·pen, Riän·gen·drüö·pen *m. met.*; **vereinzelte ~** *übertr.* Müg·gen·pis·sen *s. o.Mz. met.*
Regenwasser Riän·gen·wa·ter, Riän·gen·wä·ters *s. met.*
Regenwassertonne Riän·gen·fat, Riän·gen·fiä·ter *s. tech.*
Regenwetter Riän·gen·wiär *s. o.Mz. met.*, Mi·ge·wiär *s. o.Mz. met.*
Regenwolke Riän·gen·wul·ke, -n *w. met.*
Regenwurm Dau·wuorm, Dau·wüör·mer *m. zool.*, Pi·le·wuorm, Pi·le·wüör·mer *m. zool.*
Regenzeit Riän·gen·tiet, Riän·gen·ti·ten *w. met. tem.*
regieren re·ge·ern *ZW pol.*
Regierung Be·stü·er, -n *w. pol.*, Re·ge·e·rung, -en [Re·ge·e·run·gen] *w. pol.*
regional räg·jo·naol, -e, -en [räg·jo·nao·le] *EW geog.*
Regionalverkehr Räg·jo·naol·vö·kä·er *m. o.Mz. trans.*
regnen riän·gen *ZW met.*, *übertr.* mi·gen *ZW met.*; **fein ~** mai·meln *ZW met.*; **ganz fein ~** sig·ten *ZW met.*; **Gegend in der es häufig regnet** Riän·gen·lok, Riän·gen·löcker [Riän·gen·lök·ker] *s. geog. met.*; **fein leicht ~** fis·seln *ZW met.*; **stark ~** gai·ten *uZW met.*, plääs·tern

ZW met., plad·dern *ZW met.*
regnerisch klad·de·rig, -e, -en [klad·de·ri·ge] *EW met.*, riängsk, -e, -en [riängs·ke] *EW met.*
regulieren re·gu·le·ern *ZW*
Reh Rai, -·e *s. zool.*
Reibahle Riew·ao·le, -n *w. tech.*
Reibe Ri·we, -n *w. tech.*
Reibeisen Riew·i·sen, -s *s. tech.*
reiben fri·ben *ZW*, ri·wen *uZW*, schuo·weln *ZW*; **stark ~** rub·beln *ZW*
Reibpfannkuchen Kar·tuf·fel·pan·ko·ken, Kar·tuf·fel·pan·kö·ken *m. kul.*, Ri·wen·pan·ko·ken, Ri·wen·pan·kö·ken *m. kul.*
Reibkartoffel Ri·wer, -s *m. kul.*
Reibschweißen Riew·wel·len *s. o.Mz. tech.*
Reibung Ri·wung, -en [Ri·wun·gen] *w. tech.*
Reich Riek, Ri·ke *s.*
reich riek, ri·ke, -n *EW fin.*, *psy.*; **~ sein** *übertr.* breed ma·ken küë·nen *fin.*, *übertr.* ne dicke Pat·te häb·ben *fin.*, *übertr.* wat an'ne Fö·te häb·ben *fin.*, *übertr.* wat up de Naod häb·ben *fin.*; **reicher** ri·ker; **am reichsten** an rieks·ten
reichen re·ken *ZW*; **es reicht eine Weile** et lid wat
reichhaltig slö·mig, -e, -en [slö·mi·ge] *EW kul.*
reichlich riek·lik, riek·licke, -n [riek·lik·ke] *EW*, sat, -·te, -·ten *EW*; **~ aufladen** üörn·lik wat up·la·den
Reichstag Rieks·dag, -e [Rieks·da·ge] *m. pol.*
Reichtum Riek·doom, Riek·dö·mer *m. fin.*
Reichweite Reek·de, -n *w.*
Reif Riep, Ri·pe *m. tech.*
reif riep, ri·pe, -n *EW biol.*; **zur Hälfte ~** halw·riep, halw·ri·pe, -n *EW biol.*
Reife Ri·pe *w. o.Mz. bot., psy.*
Reifen Has·sel, -n *w. tech.*
reifen ri·pen *ZW biol.*, riep wä·ern *biol.*
Reifenpanne Plat·ten *m. o.Mz. tech.*; **eine ~ bekommen** *übertr.* nen Plat·foot kri·gen *tech.*

Reifrock Krin·ge·li·ne, -n *w. (frz.* crinoline)
Reihe Ging, -s *s.*, Ri·ge, -n *w.*; **aus der ~ tanzen** uut de Ri·ge lau·pen.; **außer der ~** bu·ten·vüör *UW*; **der ~ nach** de Ri·ge nao, ri·gas·wäg *UW*, ri·ge·üm *UW*, stump up; **in die ~ bringen** ri·gen *ZW*
reihen ri·gen *ZW*
Reiheneigenheim Ri·gen·huus, Ri·gen·hü·ser *s. arch.*
Reihenfolge Ri·gen·fol·ge, -n *w.*
reihenweise ri·gas·wäg *EW*, ri·gen·wies, ri·gen·wi·se *UW*
Reiher Rai·gel, -s *m. zool.*, Rai·ger, -s *m. zool.*
Reihfaden Ri·faam, Ri·fiäm *m. tech.*
Reihgarn Ri·gaorn, Ri·gäörns *s. tech.*
reihig ri·gig, -e, -en [ri·gi·ge] *EW*
reihum ri·ge·üm *UW*
Reim Riem, Ri·me *m. mus.*
reimen dich·ten *ZW mus.*, ri·men *ZW mus.*
Reimerei Ri·me·ri, -·en *w. mus.*
rein bar *UW*, ië·del, -e, -en [ië·de·le] *EW*, klaor, -e, -en [klao·re] *EW*, rain, -e, -en [rai·ne] *EW*, schier, schi·re, -n *EW*
Reinfall Pli·te, -n *w.*, Rin·fal, Rin·fiä·le *m.*
reingefallen rin·fal·len, -e, -en [rin·falle·ne] *EW*; **~ sein** *übertr. psy.* in't Gat knië·pen sien
Reinhildis Ren·del *VN*; **Heilige ~** Sü·nte Ren·del *rel.*
reinigen rain·ma·ken *uZW hyg.*; **mit dem Besen ~** fiä·gen *ZW hyg.*
reinlich rent·lik, rent·licke, -n [rent·lik·ke] *EW hyg.*
Reis Ries *m. o.Mz. bot., kul.*; **~ im Kochbeutel** Büül·ries *m. o.Mz. kul.*
Reise Rais, -en [Rai·sen] *w. trans.*
Reisekorb Hän·gel·kuorw, Hän·gel·küör·we *m. tech.*
Reiser Ri·ser, -s *s. bot.*
Reisesack der Tödden Red·sak, Red·siä·ke *m. tech.*
Reisig Busk, Büs·ke *m. bot.*; Buus·ken·toog, Buus·ken·tö-

ge *m. bot.*, Ri·ser, -s *s. bot.*, Sprik *s. o.Mz. bot.*

Reisigbesen Buus·ken·bessen, -s *m. tech.*, Ri·ser·bessen, -s *m. tech.*, Struuk·bessen, -s *m. tech.*

Reisigbündel Buus·ke, -n *w. tech.*; ~ **zusammenbinden** buus·ken·bin·nen *uZW tech.*

Reisigbündelbinder Buusken·bin·ner, -s *m. tech.*

Reisigbündelhersteller Buusken·ma·ker, -s *m. tech.*

Reisighaufen Buus·ken·haup, Buus·ken·hai·pe *m.*

Reiskorn Ries·käörn, -s *s. bot.*

Reißaus Riet·uut *s. o.Mz.*

reißen ri·ten *uZW*

reiten ri·den *uZW trans., spo.*; **auf den Knien** ~ rië·pen *ZW*

Reiter Ri·der, -s *m. trans., spo.*

Reiteraufzug; prachtvoller ~ Ka·wal·ka·de, -n *w.*

Reiterei Ri·de·ri *w. o.Mz. spo.*

Reitertag Ri·der·dag, -e [Rider·da·ge] *m. spo.*

Reiterverein Ri·der·vö·ain, -e [Ri·der·vö·ai·ne] *m. spo.*

Reitjacke Kal·let, -s *s.*

Reitpferd Ried·piärd, -e [Riedpiär·de] *s. zool. spo.*

Reitplatz Ried·plats, Riedplät·se *m. spo.*

Reitschule Ried·school, Riedscho·len *w. spo.*

Reitstiefel Ried·stië·wel, -s *m. tech.*

Reitstock Ried·stok, Riedstöcke [Ried·stök·ke] *m. tech.*

Reitturniertag Ri·der·dag, -e [Ri·der·da·ge] *m. spo.*

Reiz Prië·kel, -s *m. psy.*; ~ **des Neuen** Ni·laot *m. o.Mz. psy.*; **einen** ~ **verursachen** kriw·weln *ZW psy., med.*

reizbar kië·delsk, -e, -en [kiëdels·ke] *EW psy., med.*, kruus, kru·se, -n *EW psy.*

reizen (jemd.) triet·sen *ZW psy.*, *übertr.* nao·bö·ten *ZW psy.*

reizend (im Sinne von nett) prop·per, -e, -en [prop·pe·re] *EW psy.*

rekeln, sich ~ rië·pen *ZW*, bank·lam·mern *ZW*

Reken Re·ken *ON*

Reklameschild Schild, Schiller *s. tech.*

reklamieren rek·le·me·ern *ZW*

Rektor Rek·ter, -s *m. kult.*

Religion Rel·goon, Rel·gonen *w. rel.*

Religionsstunde Rel·goonstun·ne, -n *w. tem. rel.*

Remsede Riäm·se *ON*

rennen biä·sen *ZW*, kla·bastern *ZW*, ki·len *ZW*; **schnell** ~ flit·sen *ZW*

Rennen Laup, Lai·pe *m. spo.*

renovieren re·no·we·ern *ZW tech.*

renoviert re·no·we·ert, -e, -en [re·no·we·er·te] *EW tech.*

Rentenkasse, in die ~ **einzahlen** *übertr.* klië·wen *ZW fin.*

Rentenversicherungskarte Klië·we·kaat, Klië·we·ka·ten *w. fin.*

rentieren ren·te·ern *ZW fin., psy.*

rentierlich ren·te·er·lik, rente·er·licke, -n [ren·te·er·likke] *EW fin.*

reparieren pääs·tern *ZW tech.*, re·pa·re·ern *ZW tech.*, träch·te·ma·ken *uZW tech.*, uut·biä·tern *ZW tech.*

repariert re·pa·re·ert, -e, -en [re·pa·re·er·te] *EW tech.*

reproduzieren nao·ma·ken *uZW*

Republik Fri·staod, Fri·stäode *m. pol.*

Reserve Hut·ke, -n *w.*; **in** ~ **haben** in'ne Hut·ke häbben, *übertr.* wat in'ne Ächter·hand häb·ben, *übertr.* in Pet·to häb·ben

reservieren fri·lao·ten *uZW*, trüg·ge·hol·len *uZW*, trüg·ge·läg·gen *ZW*

reserviert fri·lao·ten, -e, -en [fri·lao·te·ne] *EW*, trügge·lägt, -e, -en [trüg·ge·läg·te] *EW*

resolut res·sel·we·ert, -e, -en [res·sel·we·er·te] *EW psy.* (frz. résolu); ~ **Person** Donner, -s *m. psy.*

Respekt Haug·ach·tung *w. o.Mz. psy.*

Rest Üö·wer·bliew·sel, -s *s.*

Restaurant Res·te·rant, -s *s. arch. kul.* (frz. restaurant)

Restauration Res·trats·jaun, -en [Res·trats·jau·nen] *w. tech.*

restaurieren res·te·we·ern *ZW tech.* (frz. restaurer), up·ar·bai·den *ZW tech.*

restlos gaas, ga·se, -n *EW*

Resultat Uut·fal, Uut·fiä·le *m.*

retten red·den *ZW*, uut de Naud helpen

Retter Red·der, -s *m.*, Naudhöl·per, -s *m.*

Rettung Red *w. o.Mz.*; **letzte** ~ *übertr.* Naud·na·gel, Naud·niä·gel *m.*

Reue Rü·e *w. o.Mz. psy.*

reuen rü·en *ZW psy.*

reumütig rü·mö·dig, -e, -en [rü·mö·di·ge] *EW psy.*

Reuse Rü·se, -n *w. tech.*

Revanche Re·wang·sche, -n *w.*

revanchieren re·wang·scheern *ZW*

revidieren re·wen·de·ern *ZW* (frz. réviser)

Revier Re·we·er, -e [Re·wee·re] *s.*

Revolution Up·stand, Upstän·ne *m. pol.*

revolutionär up·stän·nig, -e, -en [up·stänni·ge] *EW pol.*

Revolutionär(in) Up·stän·nige, -n *m. und w. pol.*

Revolver Bal·ler·man, Baller·män·ner *m. mil.*

Rhade Rao *ON*

Rheda Rai·e *ON*

Rhede Re·e *ON*

Rhedebrügge Re·e·brügge *ON*

Rhein (Fluss) Rien *m. geol.*

Rheine Re·ne *ON*

Rheinenser(in) Reens·ke, -n *m., w. und s.*

rheinensisch reensk, -e, -en [reens·ke] *EW*

Rheinland Rien·land *s. geog.*

Rheinländer Rien·län·ner, -s *m.*; (Tanzart) *mus.*

rheinländisch rien·ländsk, -e, -en [rien·länds·ke] *EW*

Rheuma Knuo·ken·pi·ne *w. Mz. med.*, Rem·mer·tis·mus *m. o.Mz. med.*

Rhinozeros Niërs·häön, -s *s. zool.*

Rhododendron Al·pen·rau·se, -n *m. bot.*

Rhombus Ru·te, -n *w.*

Rhythmus Kar·dans, -en [Kardan·sen] *w.* (frz. cadence)

richten ris·ken *ZW*

Richter Räch·ter, -s *m. jur.*

Richterspruch Ur·deel, Ur-de·le *s. jur.*
Richtfest Richt·fi·er, -n *w.*; ~ **feiern** Huus·büörn fi·ern
richtig baar, ba·re, -n *EW*, päs·sig, -e, -en [päs·si·ge] *EW*, püük, pü·ke, -n *EW*; ~ **sein** stem·men *ZW*
Richtung Richt, -en [Rich·ten] *w. geog.*; **aus der ~ kommen** af·kuë·men *uZW*; **in die ~** dao·hän *UW*; **in ~ auf** nao *VW UW*
Richtungsweiser Wi·ser, -s *m. tech.*
riechen ru·ken *uZW übertr.*, in'ne Niër·se häb·ben; **stark nach Menschen ~** ül·men *ZW*; **übel ~** stin·ken *uZW*
Riecher Ru·ker, -s *m. med.*, Snüf·fel, -s *m. med.*
Riechfläschchen Ruuk·pül-ken, Ruuk·pül·kes *s. tech. med.*
Riedgras Raid·gräs, Raid-griä·ser *s. bot.*, Snid·gräs, Snid·griä·ser *s. bot.*
Riegel Gren·del, -s *m. tech.*, Kram·pe, -n *w. tech.*, Pin-ken, Pin·kes *s. tech.*, Schü-wer, -s *m. tech.*
Riemchen Raim·ken, Raim-kes *s. tech.*
Riemen Rai·men, -s *m. tech.*
Riemenhersteller Rai·men-ma·ker, -s *m. tech.*
Riemenmacher Rai·men-ma·ker, -s *m. tech.*
Riemenscheibe Rai·men-schi·we, -n *w. tech.*
Riese Bun·ken·kääl, -s *m.*
rieselfähig (Korn, Sand) güël, -e, -en [güë·le] *EW*
rieseln rüë·seln *ZW*; (Sand, Korn u.ä.) re·ern *ZW*; ~ **von festen Körpern** güë·len *ZW*
Riesenbeck Ri·sen·biëk *ON*
Riesenbecker Ri·sen·biëks-ke *m., w. und s.*
Riesenformat Ka·wäns·man, Ka·wäns·män·ner *m.*
Rille Glis·se, -n *w.*, Rel·le, -n *w.*
Rind Rind, Rin·ner *s. zool.*, Stiär·ke, -n *w. zool.*; **weibliches ~** Ko, Kö, -e *w. zool.*, Kau, Kai *w. zool.*
Rinde Bast, Bäs·te *m. bot.*, Schel·le, -n *w. bot.*; **die ~ abwerfen** bas·sen *ZW bot.*; **raue ~** Ru·bast, Ru·bäs·te

m. bot.
Rinderbraten Rin·ner·brao-den, Rin·ner·bräö·den *m. kul.*
Rinderfett Rin·ner·fet, -·te *s. med., kul.*
Rinderkalb; weibliches ~ Stiär·ken·kalw, Stiär·ken·käl-wer *s. zool.*
Rinderleber Rin·ner·liä·wer, -n *w. med., kul.*
Rinderleder Rin·ner·liär, -s *s. tech.*
Rinderschinken; stark getrocknetes Stück ~ Na·gel-holt, Na·gel·höl·ter *s. kul.*
Rindertalg Un·gel *s. o.Mz. med., kul., tech.*
Rinderzunge Rin·ner·tun-ge, -n *w. med., kul.*
Rindfleisch Rind·fleesk *s. o.Mz. med., kul.*
Ring Kring, -s *m.*, Krans, Krän·se *m.*, Riep, Ri·pe *m. tech.*
Ringelblume Dau·den·blo-me, -n *w. bot.*
ringeln krin·geln *ZW*
Ringelschwanz Krin·gel-stiärt, -s *m. med.*
Ringeltaube Holt·du·we, -n *w. zool.*
Ringeltaubenjagd Holt·du-wen·jagt, -en *w.*
ringsum rund·üm *UW*
Rinkerode Rin·ke·ro *ON*
Rinne Ren·ne, -n *w.*
rinnen ren·nen *ZW*, (Sand, Korn u.ä.) re·ern *ZW*; ~ **von festen Körpern** güë·len *ZW*
Rinnsal Biëks·ken, Biëks-kes *s. geol.*
Rinnstein Guo·ten·steen, Guo·ten·ste·ne *m. tech.*, Ren-steen, Ren·ste·ne *m. tech.*
Rippchen Rib·ken, Rib·kes *s. kul.*
Rippe Rib·be, -n *w. med.*, Rinks·te, -n *w. med., tech.*; **dünne ~** Rib·ken, Rib·kes *s. kul.*; **gebratenes Stück der ~** Ka·ber·nao, -s *s. kul.*, Ka·me·nao·de, -n *s. kul.*
Risiko Ge·faor, -en [Ge·fao-ren] *w.*
risikoreich ge·fäör·lik, ge-fäör·licke, -n [ge·fäör·lik·ke] *EW*, res·kant, -e, -en [res-kan·te] *EW*
riskant ge·fäör·lik, ge·fäör-licke, -n [ge·fäör·lik·ke] *EW*, res·kant, -e, -en [res·kan·te]

EW
riskieren res·ke·ern *ZW psy.* (frz. risquer), wao·gen *ZW psy.*
Riss Bürst, -e [Bürs·te] *m. med.*, Gli·we, -n *w.*, Riët, -e [Rië·te] *m.*, Snaot, Snäö·te *m.*; **einen ~ bekommen** in-sprän·gen *uZW*; **winkel-förmiger ~** Klink, -en [Klin-ken] *w.*
rissig bürs·tig, -e, -en [bürs-ti·ge] *EW med.*
Risswunde Ratsch, Rät·sche *m. med.*
Rist Fri·e *s. o.Mz. med.*
Ritt Rid, -·de *m. trans.*
Ritter Rid·der, -s *m. mil.*, Rid·ders·man, Rid·ders·lü *m. mil.*
Ritterburg Rid·der·buorg, -en [Rid·der·buor·gen] *w. arch.*
rittlings be·strië·den *UW*
Ritz Fo·ge, -n *w. tech.*, Gli-we, -n *w. tech.*, Riët, -e [Rië-te] *m. tech.*
robust freed, fre·de, -n *EW*
röcheln üör·kers·ken *ZW med.*
Rochett (spitzenbesetztes Chorhemd der höheren kath. Geistlichen) Rö·chel, -s *s. rel.*
Rock Wams, Wäm·se *s.*
Rockschoß Rok·slip, -·pe *m.*
Rockzipfel Slip, -·pe *s.*; **am ~ hängen** an'ne Klad·den han·gen
Rodde Ruo·de *ON*
rodeln Slid·den föern *spo.*
Rodelschlitten Slid·den, -s *m. spo.*
Roden Ruo·den *s. o.Mz. agr.*; **Hacke zum ~** Ruod·hak, Ruod·hacken [Ruod·hak·ken] *w. tech.*
roden ruo·den *ZW agr.*
Roder Ruo·der, -s *m. tech. agr.*
Rodonkuchen Ro·don·ko-ken, Ro·don·kö·ken *m. kul.*
Rodung Kaal·slag, Kaal·sliä-ge *m. agr.*
Roggen Rog·gen *m. o.Mz. bot.*; **liegender, fruchtloser ~** Blü·se, -n *w. bot.*
Roggenbrot Grow·braud, Grow·brai·de *s. kul.*
Roggenfeld Rog·gen·kamp, Rog·gen·käm·pe *m. agr.*

Roggenkaffee Rog·gen·kof-
fi, -es *m. kul.*
Roggenkorn Rog·gen·käörn,
-s *s. bot.*
roh bar·baarsk, -e, -en [bar-
baars·ke] *EW psy.*, but, -·te,
-·ten *EW psy.*, grow, gruo-
we, -n *EW psy.*, (z.B. Ei,
Fleisch) rau, -·e, -·en *EW
biol.*
Roheisen Rau·i·sen *s. o.Mz.
tech.*
Rohfutter Ru·fo·er *s. o.Mz.
kul.*
Rohling Un·mensk, -en [Un-
mens·ken] *s. psy.*
Rohr Pi·pe, -n *w. tech.*, Rör,
-s *s. tech.*
Rohrammer Lais·lü·ning, -e
[Lais·lü·nin·ge] *m. zool.*
Rohrbogen Knai, -·e *s. tech.*
Röhrchen Piep·ken, Piep-
kes *s. tech.*
Rohrdommel Ror·dom·pe,
-n *w. zool.*
Röhre Pi·pe, -n *w. tech.*
**Röhrenknochen vom Fuß
bis zum Knie** Schien·pi·pe,
-n *w. med.*
Rohrhersteller Pi·pen·ma-
ker, -s *m. tech.*
Röhricht Riet *s. o.Mz. bot.*
Rohrstock Pin·stok, Pin-
stöcke [Pin·stök·ke] *m. tech.*,
Riet·stok, Riet·stöcke [Riet-
stök·ke] *m. tech.*
**Rohrstück; kurzes ~ zum
Einstecken eines** Stieles
Dül, -·len *w. tech.*
Roland Ro·land *ON*
Rollade Rul·la·de, -n *w. tech.*
Rollbahn Rul·baan, Rul·ba-
nen *w. trans.*
Rolle Rul·le, -n *w. tech.,
mus.*; ~ **vorwärts** Kops·ka-
bol·ter, -s *m. spo.*
rollen kuë·geln *ZW*, kul·lern
ZW, rul·len *ZW*, trol·len *ZW*,
trum·meln *ZW tech.*, wäl-
tern *ZW*
Roller Rul·ler, -s *m. trans.*
Rollschuh Rul·scho, -·e *m.
tech. spo.*
Rollschweißen Rul·wel·len
s. o.Mz. tech.
Rollstuhl Rul·stool, Rul·stö-
le *m. trans. med.*
Rolltreppe Rul·trap, -·pen *w.
tech.*
Rom Room *ON*
Roman Ro·ma·nen·book, Ro-

ma·nen·bö·ker *s. mus.*
romanisch ro·maansk, -e,
-en [ro·maans·ke] *EW mus.*
romantisch ro·man·tisk, -e,
-en [ro·man·tis·ke] *EW psy.*
Römer Rö·mer, -s *w.*
römisch röömsk, -e, -en
[rööms·ke] *EW*
röntgen düör·löch·ten *ZW
tech.*
Rorup Ruorp *ON*
Röschen Rais·ken, Rais·kes
s. bot.
Rose Rau·se, -n *w. bot.*;
Blütezeit der ~n Rau·sen-
blö·te *w. o.Mz. tem. bot.*;
Kranz aus ~n Rau·sen-
krans, Rau·sen·krän·se *m.*
Rosenblatt Rau·sen·blad,
Rau·sen·bliä·der *s. bot.*
Rosenblüte Rau·sen·blö·te,
-n *w. bot*
Rosendahl Rau·sen·daal *ON*
Rosenduft Rau·sen·rüëk, -e
[Rau·sen·rüë·ke] *m. biol.*
Rosengewächs Rau·sen-
plan·te, -n *w. bot.*
Rosenkranz Rau·sen·krans,
Rau·sen·krän·se *m. bot., rel.*;
Perle am ~ Kräl·ken, Kräl-
kes *s. tech. rel.*
Rosenpflanze Rau·sen·plan-
te, -n *w. bot.*
rosenrot rau·sen·raud, -e,
-en [rau·sen·rau·de] *EW*
Rosenstrauch Rau·sen-
struuk, Rau·sen·strü·ke *m.
bot.*
Rosenwasser Rau·sen·wa-
ter, Rau·sen·wä·ters *s. bot.*
Rosenzeit Rau·sen·tiet, Rau-
sen·ti·ten *w. bot. tem.*
Rosenzüchter Rau·sen·tüch-
ter, -s *m. bot.*
rosig rau·sig, -e, -en [rau-
si·ge] *EW*
Rosskäfer Piär·de·wië·mel,
-s *m. zool.*
Rosskastanie Kas·tan·ni·ge,
-n *w. bot.*
Rosswerk Piär·de·gö·bel, -s
m. tech.
Rost 1. Rös·ter, -s *s. tech.*,
2. Röst *m. o.Mz. chem.*
Rosteisen am Herdfeuer
Brand·ro·e, -n *w. tech.*
rosten rös·ten *ZW chem.*
rösten rös·tern *ZW kul.*
Rostflecken Röst·pläk, Röst-
pläcken [Rost·pläk·ken] *m.*
rostig rös·te·rig, -e, -en [rös-

te·ri·ge] *EW chem.*
rot raud, -e, -en [rau·de] *EW*;
**Bezeichnung für alle ~en
Feld- und Wiesenblumen**
Liä·wer·blo·me, -n *w. bot.*;
~ **und weiß gefleckt** (z.B.
Kuh) raud·bunt, -e, -en [raud-
bun·te] *EW*
Rotauge (Fisch) Blai·er, -s
m. zool.
rotbraun fös·sig, -e, -en [fös-
si·ge] *EW*
Rotbuche Raud·böcke, -n
[Raud·bök·ke] *w. bot.*
Roteisenstein Raud·i·sen-
steen *s. o.Mz. geol.*
rotgelb raud·giäl, -e, -en
[raud·giä·le] *EW*
rotgestreift raud·strië·pen,
-e, -en [raud·strië·pe·ne] *EW*
rotglühend raud·glai·nig, -e,
-en [raud·glai·ni·ge] *EW*
Rothenfelde, Bad Rau·en-
feel·de *ON*
Rotkehlchen Raud·büörst-
ken, Raud·büörst·kes *s. zool.*
Rotkohl rauden Kabuus *m.
o.Mz. bot.*
rötlich raid·lik, raid·licke, -n
[raid·lik·ke] *EW*
Rotmilan Twiël·stiärt, -s *m.
zool.*
Rotor Drai·flüë·gel, -s *m.
tech.*
rotrautiert (z.B. Stoff) raud-
rüüt·ke, -s, -n *EW*
Rotrückenwürger Nië·gen-
mö·er, -s *m. zool.*
Rottanne Füch·te, -n *w. bot.*
Rotte Ruot, -en [Ruo·ten] *w.*
Rotten Ruo·ten *s. o.Mz. biol.*
rotten ruo·ten *ZW biol.*
Rotwein Raud·wien, Raud-
wi·ne *m. kul.*
rotweiß raud·wit, -·te, -·ten
EW
Rotzkind Snot·bla·ge, -n *w.*
Rotznase Snot·niër·se, -n *w.
med.*
Roxel Rauk·sel *ON*
Rübe Gru·be, -n *w. bot.*, Rö-
we, -n *w. bot.*
Rübenball Rö·wen·bal, Rö-
wen·bäl·le *m. kult.*; **die vier
höchsten weltlichen Fei-
ertage: Karneval, Kirmes,
Schützenfest und~** Ve-
er·hoch·ti·ten *Mz. tem. kult.*
Rübenernte Rö·wen·trek·ken
s. o.Mz. agr.
Rübenkraut (Brotaufstrich)

Rö·wen·kruud, Rö·wen·krüder s. kul.

Rübenmiete Run·kel·ku·le, -n w. agr.

Rübenschnaps Rö·wen·fuësel, -s m. kul.

Rübenschneider Rö·wensni·der, -s m. agr. tech.

Rübenschneidmaschine Röwen·sni·der, -s m. agr. tech.

rübenziehen rö·wen·trecken [rö·wen·trek·ken] uZW

Rübenziehen Rö·wen·trekken s. o.Mz. agr.

Rübenzucker Rö·wen·sucker [Rö·wen·suk·ker] m. o.Mz. bot. kul.

rüber rüö·wer UW

Rübsamen Rö·wen·saot w. o.Mz. bot.

Ruck Schüët, -e [Schüë·te] m., Tuk, Tücke [Tük·ke] m.; **kleiner ~** Tüks·ken, Tükskes s.

ruckartig hackelig, -e, -en EW; **~ bewegen** ruckeln [ruk·keln] ZW

Rückbesinnung Wi·er·sin m. o.Mz. psy.

Rücken Hucke, -n [Huk·ke] w. med., Puckel, -s [Puk·kel] m. med., Rüg, -·gen, -·gens m. med., **auf dem ~** (tragen) Hucke·pak [Huk·ke·pak] m. o.Mz.; **(etwas) auf dem ~ schwer tragen oder schleppen** puckeln [puk·keln] ZW; **vorderer Teil des ~s von Rind und Pferd** Krup·pe, -n w. med., Schucht, Schüch·ten w. med.

rücken rüg·gen ZW; **zur Seite ~** up·rüg·gen ZW

Rückenfeder Rüg·gen·fiäder, -n w. tech.

Rückenlehne Puckel·lië·nig, -en [Puk·kel·lië·ni·gen] w. tech.

Rückenschmerz Rüg·genpien, Rüg·gen·pi·ne w. med.; **~en haben** in'n Rüg·gen häb·ben med., in'n Puckel häb·ben med.

Rückenteil Puckel·pand, Puckel·pän·ner [Puk·kel·pand] s.; **unteres ~ von Hemd oder Rock** Snap, Sniä·pe s.

rückfedern trüg·ge·slaon uZW tech.

Rückfederung Trüg·ge·slag, Trüg·ge·sliä·ge m. tech.,

Trüg·ge·fiä·dern, -en w. tech.

Rückgrat übertr. Gräö·te, -n w. med.; **lahm im ~** krüüslam, -·me, -·men EW med.

Rückhand Äch·ter·hand, Ächter·han·nen w.

Rückkehr Trüg·ge·kuë·men s. o.Mz.

Rücklicht Äch·ter·lecht, -er [Äch·ter·lech·ter] s. tech.; **mit einem statt zwei ~n** (beim Auto) übertr. een·aigig, -e, -en [een·ai·gi·ge] EW tech.

rücklings ääs·vö·drait, -e, -en [ääs vö drai·te] EW

Rucksack Knap·sak, Knapsiä·ke m. tech.

Rückschlag Äch·ter·klap, -·pen s., Knik·slag, Knik·sliäge m., Nacken·slag, Nakken·sliä·ge [Nak·ken·slag] m., Nao·klap, Nao·kläp·pe m., Trüg·ge·slag, Trüg·gesliä·ge m.

Rückseite Äch·ter·si·te, -n w., übertr. Stiärt·si·te, -n w.; **auf der ~** üm·si·tig, -e, -en [üm·si·ti·ge] EW

Rückspiegel Trüg·spai·gel, -s m. tech.

rückständig sein trüg·ge sien, übertr. äch·ter'n Maond sien

Rückstrahler übertr. Katten·au·ge, Kat·ten·ai·gen s. tech.

Rücktritt Af·trät, Af·triä·te m. psy.

rückwärts ääs·vö·drait, -e, -en [ääs·vö·drai·te] EW; ächter·ääs UW; äch·ter·uut UW, trüg·gas UW, trüg·ges UW, trüg·ge UW, trüg·uut UW

rückwärtsgehen trüg·gegaon uZW

Rückweg Trüg·ge·pat m. trans., Trüg·ge·wäg, Trüg·gewiä·ge m. trans.

ruckweise ruk·wies·kes UW

ruckzuck Knak un Staut, in'n Ruts

Rückzug Af·tog, Af·tüö·ge m. mil.

Rüde Rü·en, -s m. zool.

Ruder Stü·er, -s s. tech.

Rudolf Ru·del VN

Ruf Nao·me, -n m. psy., Roop, Rö·pe m.

rufen ro·pen uZW

Rufname Dööp·naom, -en

[Dööp·nao·men] m.

Rufnummer An·roop·nummer, -n w.

Rüge; seine ~ bekommen sien Fet wäg kri·gen psy.; **seine ~ bekommen haben** sien Fet wäg häb·ben psy.

Ruhe Friä·den m. o.Mz., Friär m. o.Mz.; **~ geben** Friär giëwen psy.

Ruhebank Tö·ne·bank, Töne·bän·ke w. tech.

ruhen res·sen ZW med., rös·sen ZW med.

Ruhen Rös·sen s. o.Mz. med.

Ruhestunde Un·ner·stun, -·nen w. tem.

Ruhetag Fi·er·dag, -e [Fier·da·ge] m. tem.

ruhig ge·mak, ge·macke, -n [ge·mak·ke] EW, ge·rüst, -e, -en [ge·rüs·te] EW, lied·sam, -·me, -·men EW psy., rü·ig, -e, -en [rü·i·ge] EW, stil·kes EW, sacht·sin·nig, -e, -en [sacht·sin·ni·ge] EW psy., sin·nig, -e, -en [sin·ni·ge] EW psy.

Ruhm grau·te An·sain s. o.Mz.

Ruhr Blood·gang m. o.Mz. med.

Rührei bak·te Ai·ers Mz. kul., Rö·er·üm·me s. o.Mz. kul.

rühren rai·en ZW, (in etwas) rö·ern ZW

Rührer Rö·rer, -s m. tech.

Ruhrgebiet Kuo·len·pot m. geog.

rührig rö·rig, -e, -en [rö·rige] EW psy.

ruinieren run·ge·ne·ern ZW (frz. ruiner)

rülpsen up·böl·ken ZW med., up·stau·ten uZW med.

rumkramen kwät·ken ZW

rumpeln ram·meln ZW

Rumpf Rump, Rüm·pe m.

rümpfen rüm·pen ZW

rumstrolchen (außer Haus) gän·geln ZW

rund rund, run·ne, -n EW; mol·lig, -e, -en [mol·li·ge] EW med.; **~es Holz** Rul·le, -n w. tech.

Rundbeet Ron·del, -s s. agr. (frz. rondelle)

Runde Kring, -s m., Rünne, -n w., (bei Getränken) Run·ne, -n w.

Rundfunk *übertr.* Fünk *m.*
o.Mz. tech.
Rundgang Pät·ke·ri, -·en *w.*
trans.
Rundgesang Rund·lai·per,
-s *m. mus.*
Rundholz Rund·holt, Rund-
höl·ter *s. tech.*
Rundläufer Rund·lai·per, -s
m.
rundlich dral, -·le, -·len *EW*
med., *übertr.* kum·plet, -·te,
-·ten *EW med.* *(frz.* complet), püm·me·lig, -e, -en
[püm·me·li·ge] *EW med.*
Rundriemen Rund·rai·men,
-s *m. tech.*
rundum rund·üm·to *UW*
Runkelblatt Run·kel·blad,
Run·kel·bliä·der *s. bot.*
Runkelfackel mit Fratzen-
gesicht Köl·per·kop, Köl-
per·köp·pe *m.*
Runkelrübe Pot·rö·we, -n
w. bot., Run·kel, -n *w. bot.*;
Feldmiete für ~ Run·kel-
ku·le, -n *w. agr.*
Runzel Fol·le, -n *w. med.*
runzelig fol·lig, -e, -en [fol-
li·ge] *EW med.*, kruus, kru-
se, -n *EW med.*, schrum·pe-
lig, -e, -en [schrum·pe·li·ge]
EW, wrun·se·lig, -e, -en
[wrun·se·li·ge] *EW*
Rüpel Rüe·pel, -s *m. psy.*
rupfen af·plücken [af·plük-
ken] *ZW*, plücken [plük-
ken] *ZW*, rup·pen *ZW*
ruppig grow, gruo·we, -n
EW psy.
Ruprecht, Knecht ~ swat-
te Man *m. rel.*
Rüsche Rüüs·ke, -n *w.*
Ruß Root, Rö·te *m.*, (an
Topf und Pfanne) Pot·smit
s. o.Mz.
rußen rö·ten *ZW*
rußgeschwärzt pot·swat, -·te,
-·ten *EW*
rußig rö·te·rig, -e, -en [rö-
te·ri·ge] *EW*
russisch rusk, -e, -en [rus-
ke] *EW kult.*
rüsten (sich) sik rüs·tern *ZW*
rüstig teng, -e, -en [ten·ge]
EW med.
Rüstung I·sen·kleed, I·sen-
kle·der *s. tech. mil.*
Rute Ro·de, -n *w.*
Rutschbahn Rutsk·baan,
Rutsk·ba·nen *w. tech.*

Rutsche Ruts·ke, -n *w. tech.*
rutschen gli·den *uZW*, kru-
pen *uZW*, rië·pen *ZW*, ruts-
ken *ZW*; **hin und her ~** ruk-
ä·sen *ZW*; **unkontrolliert**
~ slid·dern *ZW*
rütteln rüd·deln *ZW*, ruë-
keln *ZW*

S

S, s S, s (Buk·stab·be)
Saal Saol, Säö·le *m. arch.*
Saat Saot, Säö·te *w. bot.*; **~**
ausstreuen sai·en *ZW agr.*
Saatbeutel Sao·del, Säö·del
s. tech. agr., Saot·büül, -s
m. tech. agr.
Saategge Saot·iëg, -en [Saot-
ië·gen] *w. tech. agr.*
Saatgut Säö·me·ri, -·en *w.*
bot., Saot, Säö·te *w. bot.*; **~**
aus der vorherigen Ernte
Nao·saot, Nao·säö·te *w. bot.*
agr.; **~ für ein Scheffel**
Schiär·pel·saot, Schiär·pel-
säö·te *s. agr.*; **großes Sieb**
zum Reinigen des ~s Saot-
siëwt, -e [Saot·siëw·te] *s.*
tech. agr.
Saatkartoffel Saot·kar·tuf·fel,
-n *m. bot.*
Saatkorn Saot·kaorn, Saot-
käörns *s. bot.*
Saatkrähe Saot·krai, -·en *w.*
zool.
Saatland Saot·land, Saot·län-
ner *s. agr.*
Saatschaufel Saot·pan, -·nen
w. tech. agr.
Saatschüssel Saot·schiär-
pel, -s *m. tech. agr.*
Saatsieb Saot·siëwt, -e [Saot-
siëw·te] *s. tech. agr.*
Säbel Säö·bel, -s *m. tech.*
mil.; **kleiner ~** Säöbel·ken,
Säö·bel·kes *s. tech. mil.*
säbeln säö·beln *ZW*
Sache Din·gen, -s *s.*, Saak,
Sa·ke, -n *w.*, Wiärk, -s *s.*
o.Mz.; **gelungene ~** Dit-
ken, Dit·kes *s.*; **~n** (abwertend) Brocken [Brok·ken]
Mz.; **schnell gemachte ~**
Klaks·sa·ke *w. o.Mz.*; **ge-**
meinsame ~ Kum·pe·ni,
-·en *w.*
Sachgebiet Fak, Fiä·ker *s.*
Sachse Sas·se, -n *m. geog.*
Sachsen Sas·sen *geog.*
sächsisch sask, -e, -en [sas-

ke] *EW kult.*
Sack Puk, -s *m. tech.*, Sak,
Siä·ke *m. tech.*, Pün·gel, -s
m. tech.; **kleiner ~** Büül, -s
m. tech., Püks·ken, Püks-
kes *s. tech.*
Sackband Sak·band, Sak-
bän·ner *s. tech.*
Säckchen Püks·ken, Püks-
kes *s. tech.*, Säks·ken, Säks-
kes *s. tech.*
sacken sacken [sak·ken] *ZW*
Sackflicker Sak·lap·per, -s
m. tech.
Sackgasse *übertr.* Holt-
wäg, Holt·wiä·ge *m. trans.*
Sackhüpfen Sak·lau·pen *s.*
o.Mz. spo.
Sackkarre Sak·kaor, Sak-
käörs *w. trans.*
Sackleinen Sak·lin·nen *s.*
o.Mz. tech.
Sacktuch Sak·dook, Sak·dö-
ker *s. tech.*
säen sai·en *ZW agr.*
Säen Sai·en *s. o.Mz. agr.*;
Beutel zum ~ Saot·büül, -s
m. tech. agr.; **Tuch zum ~**
Sao·del, Säö·del *s. tech.*
agr.
Saerbeck Saor·biëk *ON*
Saft Sap, Siä·pe *m. bot.*,
kul.; **voll ~** sap, -·pe, -·pen
EW bot.; **~ geben** sap·pen
ZW bot.
saftig gaiw, -e, -en [gai·we]
EW bot., sap·pig, -e, -en
[sap·pi·ge] *EW bot.*
Sage Kü·er·up, -s *s. mus.*,
Le·gän·ne, -n *w. mus., rel.*,
Miär, -en [Miä·ren] *w. mus.*
Säge Sa·ge, -n *w. tech.*
Sägeblatt Sa·ge·blad, Sa·ge-
bliä·der *s. tech.*
Sägeblatthersteller Sa·gen-
sni·der, -s *m. tech.*
Sägebock Sa·ge·buk, Sa·ge-
bücke [Sa·ge·bük·ke] *m.*
tech.
Sägemehl Sa·ge·miäl, -e [Sa-
ge·miä·le] *s. tech.*; **grobes**
~ Sa·ge·spaon, Sa·ge·späö-
ne *m. tech.*
Sägemühle Sa·ge·müël, -en
[Sa·ge·müë·len] *w. tech.*, Sa-
ge·wiärk, -e [Sa·ge·wiär·ke]
s. tech.
Sägemüller Sa·ge·möl·ler, -s
m. tech.
sägen sa·gen *ZW tech.*
Sagen Säg·gen *s. o.Mz.*;

das ~ haben dat Säg·gen
häb·ben, re·ge·ern ZW
sagen säg·gen uZW; **sag
mal** säg äs; **das kannst du
wohl** ~ dat mags wul säg-
gen; **nichts** ~ ki·nen Piep
mä·er säg·gen, übertr. de
Tiä·ne nich uut·e·neen kri-
gen psy.; **direkt ins Gesicht**
~ up'n Kop to·säg·gen
Sägen Sa·gen s. o.Mz. tech.;
**Graben zum ~ von Brettern
aus Langholz** Sa·ge·ku·le,
-n w. tech.
Säger Sa·ger, -s m. tech.
Sägespan Sa·ge·spaon, Sa-
ge·späö·ne m. tech.
Sägewerk Sa·ge·müöl, -en
[Sa·ge·müö·len] w. tech.
Sahne Smant m. o.Mz. kul.;
**Regal auf dem Töpfe mit ~
stehen** Smant·bord, Smant·
bör·de s. tech.
Sahnetopf Smant·pot, Smant-
pöt·te m. tech. kul.
Sakristei Ger·ka·mer, -n w.
arch. rel., Sa·kris·ti, -·en w.
arch. rel.
Salat Muul·sao·laot, Muul·
sao·läö·te m. kul., Sao·laot,
Sao·läö·te m. bot., kul., (abfällig) Gröön·tüüg s. o.Mz.
kul.; ~ **mit Specksoße** Pap·
sao·laot, Pap·sao·läö·te m.
kul.
Salatkopf Sao·laot·kop, Sao·
laot·köp·pe m. bot.
Salatpflanze Sao·laot·plan-
te, -n w. bot.
Salatschüssel Sao·laot·
schüö·del, -n w. tech. kul.
Salbe Sal·we, -n w. med.
Salbei Sel·we, -n w. bot.
Saline Solt·wiärk, -e [Solt·
wiär·ke] m. tech., Sa·li·ne,
-n w. tech.
Salz Solt, -e [Sol·te] s. chem.,
kul.; **mit ~ würzen** sol·ten
ZW kul.
Salzbehälter Solt·fat, Solt·
fiä·ter s. tech.
Salzberg Solt·biärg, -e [Solt·
biär·ge] m. geol.
Salzbergen Solt·biärg ON
Salzbergwerk Solt·biärg·wiärk,
-e [Solt·biärg·wiär·ke] s. tech.
geol.
Salzbüchse Solt·büs·se, -n
w. tech.
Salzdose Solt·büs·se, -n w.
tech.

salzen sol·ten ZW kul.
Salzerde Solt·ä·er w. o.Mz.
geol.
Salzfass Solt·fat, Solt·fiä·ter
s. tech.
Salzhering Pië·kel·hä·ring, -e
[Pië·kel·hä·rin·ge] m. kul.,
Solt·hä·ring, -e [Solt·hä·rin-
ge] m. kul.
salzig sol·te·rig, -e, -en [sol-
te·ri·ge] EW
Salzpfanne Solt·pan·ne, -n
w. tech.
Salzstock Solt·biärg, -e [Solt·
biär·ge] m. geol.
Salzwaage Solt·wao·ge, -n
w. tech.
Salzwasser Pië·kel s. o.Mz.,
Solt·wa·ter, Solt·wä·ters s.
Salzwasserfisch Solt·wa·ter·
fisk, -e [Solt·wa·ter·fis·ke] m.
zool.
Salzwerk Solt·wiärk, -e [Solt·
wiär·ke] s. tech.
Sämaschine Sai·ma·schien,
Sai·ma·schi·nen w. tech. agr.
Samen Saot, Säö·te w. bot.
Samenkapsel Knot·te, -n w.
bot.
Sämerei Säö·me·ri, -·en w.
bot., Säö·te·ri, -·en w. bot.
Sammelbüchse Kliä·ter·büs,
-·sen w. tech.
sammeln bi·ne·ne·ha·len
uZW, kol·lek·te·ern ZW, sam-
meln ZW
Sammler Kol·lek·tant, -en
[Kol·lek·tan·ten] m. rel.
Sammlung Kol·lek·te, -n w.
Samstag Sao·ter·dag, -e
[Sao·ter·da·ge] m. tem.
samstags sao·ter·dags UW
tem.
Samt Sam·met s. o.Mz.;
weich wie ~ sam·met·week,
sam·met·we·ke, -n EW; **wie
Samt** sam·met, -e, -en [sam-
me·te] EW
Samtkleid Sam·met·kleed,
Sam·met·kle·der s.
samtweich sam·met·week,
sam·met·we·ke, -n EW
Sand Grand, -e [Gran·de]
m. geol., Sand, Sän·ne m.
geol.; **ausgespülter ~ von
Wasserquellen** Wel·sand,
Wel·sän·ne m. geol.; **nasser** ~ Smöt·te w. o.Mz.;
sehr feiner ~ Büül·sand,
Büül·sän·ne m. geol.; Maol·
sand, Maol·sän·ne m. geol.

Sandale Pao·ter·scho, -·e m.
tech.
Sandbank Sand·bank, Sand·
bän·ke w. geol.
Sandberg Sand·biärg, -e
[Sand·biär·ge] m.; ~ **mit Ka-
ninchenbauten** Ka·nickel·
biärg, -e [Ka·nik·kel·biärg],
[Ka·nik·kel·biär·ge] m. geol.
Sandbirke Sand·biä·ke, -n
w. bot.
Sandboden Sand·buo·den,
Sand·büö·den m. geol.
Sanddorn (Hippophae rham-
noides) Sand·däön, -s m.
biol.
Sandgrube Sand·ku·le, -n
w. geol., Sand·lok, Sand·
löcker [Sand·lök·ker] s. geol.
Sandhaufen Sand·biärg, -e
[Sand·biär·ge] m., Sand·
haup, Sand·hai·pe m.; **kleiner** ~ Sand·haip·ken, Sand·
haip·kes m.
sandig gräm·me·rig, -e, -en
[gräm·me·ri·ge] EW, sän-
nig, -e, -en [sän·ni·ge] EW
Sandkasten Sand·kas·ten,
Sand·käs·ten m. tech. spo.
Sandstein Sand·steen, Sand·
ste·ne m. geol.
Sandsteinbruch Sand·steen·
ku·le, -n w. geol.
Sandsteinhaus Sand·steen·
huus, Sand·steen·hü·ser s.
arch.
Sandsteinkirche Sand·steen·
kiär·ke, -n w. arch. rel.
Sandsteinmauer Sand·steen·
mü·er, -n w. arch.
Sanduhr Stun·nen·glas, Stun·
nen·gliä·ser s. tech. tem.
Sandweg Sand·pat, Sand·
pät·te m. trans., Sand·wäg,
Sand·wiä·ge m. trans.;
schmaler ~ Sand·pät·ken,
Sand·pät·kes s. trans.
sanft lied·sam, -·me, -·men
EW psy., sacht, -·e, -·en
[sach·te] EW, smööd, smö-
de, -n EW
Sanftmut Sacht·mö·dig·kait,
-en [Sacht·mö·dig·kai·ten] w.
psy.
sanftmütig sacht·mö·dig, -e,
-en [sacht·mö·di·ge] EW psy.
Sänger Sän·ger, -s m. mus.
Sankt Sünt, -en [Sün·te]
m. und w. rel.
Sankt Arnold Sünt An·nold
ON

Sarg Dauds·kist, Dauds·kisten w. tech., Kist, -en [Kisten] w. tech., Kist·fat, Kistfiä·ter s. tech., Sark, Siärke m. tech.; **Gestell zum Aufsetzen oder Tragen des ~es** Baar, Ba·ren w. tech.
Sargdeckel Sark·dië·kel, -s m. tech.
Sargschreiner Sark·ma·ker, -s m. tech.
Sargträger Sark·driä·ger, -s m.
Sassenberg Sas·sen·biärg ON
Sassendorf Sas·trup ON
Satan Sao·taan m. o.Mz. rel.
Saterland (Region in Niedersachsen) Sao·ter·land s. geog.
satt af·fo·ert, -e, -en [af·fo·er·te] EW kul., sat, -·te, -·ten EW kul.; **es ~ haben** übertr. de Niёr·se vul häb·ben psy.; **restlos ~** pap·sat, -·te, -·ten EW kul.
Sätte Sat·tig·kait w. o.Mz. kul.
Sattel Sad·del, Siä·del m. tech.
Satteldach Sad·del·dak, Sad·del·diä·ker s. arch.
satteln sad·deln ZW
sattessen sat·iä·ten uZW kul.
Sattheit Sat·tig·kait w. o.Mz. kul.
Sattler Sad·ler, -s m. tech.
Satz 1. (aus Worten) Sats, Sät·se m.; 2. **~ eines Musikstückes** Sats, Sät·se m. mus.; 3. **~ eines Spiels** Sats, Sät·se m. spo.
Satzung Sta·tu·ten Mz. jur.
Sau Suë·ge, -n w. zool.
sauber ak·kraot, -e, -en [ak·krao·te] EW, net·kes EW, prik, pricke, -n [prik·ke] EW, prop·per, -e, -en [prop·pe·re] EW (frz. propre), püük, pü·ke, -n EW, rain, -e, -en [rai·ne] EW hyg., rent·lik, rent·licke, -n [rent·lik·ke] EW hyg., up Schik hyg., übertr. wit, -·te, -·ten EW hyg.
saubermachen rain·ma·ken uZW hyg.
säubern rain·ma·ken uZW hyg., (mit Wasser) af·wasken ZW hyg.
sauer su·er, -e, -en [su·e·re] EW chem., kul.; **sehr ~**

krit·ten·su·er, -e, -en [krit·ten·su·e·re] EW kul.
Sauerampfer Su·er·blad, Su·er·bliä·der s. bot., Su·er·gräs, Su·er·griä·ser s. bot., Sü·er·ling, -e [Sü·er·lin·ge] m. bot.
Sauerbraten Su·er·fleesk s. o.Mz. kul.
Sauerei Aos·kraom m. o.Mz.
Sauerfleisch Su·er·fleesk s. o.Mz. kul.
Sauergras Su·er·gräs, Su·er·griä·ser s. bot.
Sauerkirsche Su·er·kiär·se, -n w. bot.
Sauerkraut Su·er·moos s. o.Mz. kul.
Sauerkrautfass Su·er·moos·fat, Su·er·moos·fiä·ter s. tech.; **dreiteiliges Abdeckbrett vom ~** Föl·ge, -n w. tech.
Sauerkrautstampfer Su·er·moos·stam·per, -s m. tech.
Sauerkrauttopf Su·er·moos·pot, Su·er·moos·pöt·te m. tech. kul.
Sauerländer Su·er·län·ner, -s m. geog.
sauerländisch su·er·ländsk, -e, -en [su·er·länds·ke EW
säuerlich sü·er·lik, sü·er·licke, -n [sü·er·lik·ke] EW kul., su·er, -e, -en [su·e·re] EW kul.
säuern sü·ern ZW kul.
Sauerstoff Su·er·stof m. o.Mz. chem.
Sauerteig Su·er·deek, Su·er·de·ke m. kul.
saufen pi·cheln ZW kul., su·pen uZW kul., (Trinker) schas·ken ZW kul.
Säufer Sü·per, -s m. med., Suup·klad·de, -n w. med., Suup·lap, -s m. med., Suupnickel, -s [Suup·nik·kel] s. med., Suup·sak, Suup·siä·ke m. med., Suup·stiärt, -s m. med.
saugen su·gen uZW
Sauger Su·ger, Sü·gers m., (von Flaschen) Tit·ken, Titkes s. tech.
Säugetier Sü·ger, -s m. zool.
Säugling Buorst·kind, Buorstkin·ner s. med., Tüörw·ken, Tüörw·kes s. med.
Saugnapf Su·ge·gum·mi, -es s. tech.
Säule Pi·ler, -s m. tech.,

Post, Pös·te w. tech.
Säulenpappel Sü·len·pöppel, -n w. bot.
Saum Suum, Sü·me m. tech.; **~ ohne Naht** Süülweg·ge, -n w. tech.
säumen klün·geln ZW, letten ZW, sü·men ZW fin.
säumig klün·ge·lig, -e, -en [klün·ge·li·ge] EW psy., sümig, -e, -en [sü·mi·ge] EW fin., suum·siä·lig, -e, -en [suum·siä·li·ge] EW psy.
saumselig suum·siä·lig, -e, -en [suum·siä·li·ge] EW psy.
Säure Su·er s. o.Mz. chem.
säurehaltig su·er, -e, -en [su·e·re] EW
Saus Suus m. o.Mz.; **in ~ und Braus leben** in Suus un Bruus liä·wen fin.
säuseln sü·seln ZW
sausen su·sen ZW
Sauwetter Schiet·wiär s. o.Mz. met.
Schabe Scha·we, -n w. zool.
Schabeisen Schrap·i·sen, -s s. tech.
schaben schrap·pen ZW
Schaber Schräp·per, -s m. tech.
schäbig schäb·big, -e, -en [schäb·bi·ge] EW
Schablone Ris·holt, Ris·hölter s. tech.
Schachtdeckel Püt·dië·kel, -s m. tech.
Schachtel Pap·kas·ten, Papkäs·ten m. tech.
Schachtmeister Schachtmes·ter, -s m. tech.
schade scha UW
Schädel Das·sel, -s m. med.
Schädeldecke Kop·pla·te, -n w. med.
schaden an·häb·ben uZW
Schaden Ma·löör, -s s., Naodeel, Nao·de·le m., Vö·schiäl, -e [Vö·schiä·le] s.; **~ nehmen** af·kri·gen uZW; **~ zufügen** wat an·doon
Schadenersatz Uut·gliek, Uut·gli·ke m. fin.
schadhaft ka·pot, -·te, -·ten EW tech.
Schaf Schaop, Schäö·pe s. zool.; **kastriertes ~** Lobben, -s m. zool.; **Mutterschaf** Üb·be, -n w. zool.
Schafbock Schaops·buk, Schaops·bücke [Schaops-

bük·ke] *m. zool.*
Schäfchen Schääp·ken,
Schääp·kes *s. zool.*
Schäfchenwolke Schääp·kes·wuk·ke, -n *w. met.*
Schäfer Schai·per, -s *m. agr.*, Schäö·per, -s *m. agr.*
Schäferei Schäö·pe·ri, -·en *w. agr.*
Schäferhund Schai·per·rüen, -s *m. zool.*
Schäferstab Schai·per·staw, Schai·per·stiä·we *m. tech.*
schaffen be·schicken [beschik·ken] *ZW*, fär·rig·brängen *uZW*, ma·ken *uZW*, raken *ZW*, *übertr.* in'ne Ri·ge kri·gen; **sich zu ~ machen** knüs·peln *ZW*
Schaffner Baan·hüp·per, -s *m. trans.*
Schafgarbe Du·send·blad, Du·send·bliä·der *s. bot.*, Schaop·rip·kes *Mz. bot.*
Schafhirte Schai·per, -s *m. agr.*, Schäö·per, -s *m. agr.*
Schafott Scha·fut, -·te *s. tech.*
Schafschur Schaop·schiärn *s. o.Mz.*
Schafsfleisch Schaopsfleesk *s. o.Mz. med., kul.*
Schafskäse Schaops·kai·se *m. o.Mz. kul.*
Schafskopf Schaops·kop, Schaops·köp·pe *m. med.*
Schafslaus Schaop·luus, Schaop·lü·se *w. zool.*
Schafsmilch Schaops·miälk *w. o.Mz. kul.*
Schafstall Schaop·stal, Schaop·stiä·le *m. arch. agr.*
Schafswiese Schaops·wieske, Schaops·wies·ken *w. agr.*
Schaft Stel, -s *s. tech.*
Schafwolle Schaops·wul·le, -n *w. zool. tech.*
Schafzucht Schaop·tucht, -en [Schaop·tuch·ten] *w. zool. agr.*
Schafzüchter Schaop·tüchter, -s *m. zool. agr.*
Schal Schaal·dook, Schaaldö·ker *s.*
Schälchen Schäöl·ken, Schäöl·kes *s. tech.*; **~ für Knabbeln** Knab·bel·kümpken, Knab·bel·kümp·kes *s. tech. kul.*
Schale 1. Dop, Döp·pe *m. tech.*, Schao·le, -n *w. tech.*, *bot.*, Schel·le, -n *w. bot.*; 2.

Schao·le *ON*; **von der ~ trennen** pu·len *ZW*; **~ für Knabbeln** Knab·bel·kump, Knab·bel.küm·pe *m. tech. kul.*
schälen schel·len *ZW*, snaideln *ZW*
Schalk Hai·en·band, Hai·enbän·ner *s. psy.*, *übertr.* Sliken·fän·ger, -s *m. psy.*
Schälkorb (für Kartoffeln) Schel·kuorw, Schel·küör·we *m. tech.*, Schrap·wän·ken, Schrap·wän·kes *m. tech.*
Schalldämpfer (vom Auspuff) Knal·pol, Knal·pot·te *m. tech.*
Schälmesser Mes·ser·ken, Mes·ser·kes *s. tech.*, Schrapmest, Schrap·mes·sers *s. tech.*
schalten (Licht) knip·sen *ZW tech.*
Schalter Knaip·ken, Knaipkes *s. tech.*
Schaltknopf Knaip·ken, Knaip·kes *s. tech.*
Schaltstufe am Getriebe Gang, Gän·ge *m. tech.*
Schaltuch Schaal·dook, Schaal·dö·ker *s.*
Scham Schiäm·de, -n *w. psy.*
schämen scha·ne·ern *ZW psy.* (frz. gêner), schiä·men *ZW psy.*
Schamgefühl Schiäm·de, -n *w. psy.*
Schamotte Scha·mot *m. o.Mz. tech.*
Schande Schan·ne, -n *w. psy.*, Schimp *m. o.Mz. psy.*
schänden schän·nen *ZW*
Schänder Schän·ner, -s *m.*
Schandmaul *übertr.* Hiëkel·tan, Hië·kel·tiä·ne *m. psy.*
Schändung Schän·nung, -en [Schän·nun·gen] *w.*
Schanktisch Tre·sen, -s *m. tech. kul.*
Schapdetten Det·ten *ON*
Schapen Schao·pen *ON*
Schar Kop·pel, -n *w.*, Trop, Tröp·pe *m.*, (Vögel) Swecht, -e [Swech·te] *m.*
scharenweise swech·tenwi·se *EW*
scharf barsk, -e, -en [barske] *EW psy.*, scharp, -e, -en [schar·pe] *EW*, snaor, -e, -en [snao·re] *EW*, spitsk,

-e, -en [spits·ke] *EW*, tamper, -e, -en [tam·pe·re] *EW kul.*, (Wind) haol, -e, -en [hao·le] *EW met.*; **~ auf** grel, -·le, -·len *EW psy.*; **~ auf etwas** glau, -·e, -·en *EW psy.*; **schärfer** schiärper; **am schärfsten** an schiärps·ten
Schärfe Schiärp·de, -n *w.*
schärfen schiär·pen *ZW tech.*, scharp·ma·ken *uZW tech.*, sli·pen *uZW tech.*, wetten *ZW tech.*
scharlach schör·lak, schör·lacke, -n [schör·lak·ke] *EW*
scharlachfarben schörlacken, -e, -en [schör·lakke·ne] *EW*
Scharnier Häng·sel, -s *s. tech.*
Schärpe Schär·pe, -n *w.*
scharren klai·en *ZW*
Scharte Schaot, Schäö·te *s.*
scharwenzeln flat·te·ern *ZW psy.* (frz. flatter), stiärt·ken *ZW psy.*
Schatten Schad·den, -s *m.*
Schatz Schat, Schiä·te *m.*
schätzen an·slaon *uZW*, ästi·me·ern *ZW* (frz. estimer), mai·nen *ZW*, riä·ken *ZW math.*, ru·sen *ZW*, tak·se·ern *ZW* (frz. taxer)
Schätzung Üö·wer·slag, Üö·wer·sliä·ge *m.*
Schau Be·kiek, Be·ki·ke *s.*, Uut·stel·lung, -en [Uut·stellun·gen] *w.*; **zur ~ stellen** wi·sen *uZW*
Schauder Schud·der, -s *s. psy.*
schaudererregend grü·lik, grü·licke, -n [grü·lik·ke] *EW*
schauderlich schu·er·lik, schu·er·licke, -n [schu·erlik·ke] *EW psy.*
Schaudern Gru·sen *s. o.Mz. psy.*
schaudern schud·dern *ZW psy.*, **sich ~** sik gru·sen *ZW psy.*
schaudrig schud·de·rig, -e, -en [schudde·ri·ge] *EW psy.*
schauen ki·ken *uZW*; **schau an!** kik sü!
schauend ki·kend, -e, -en [ki·ken·de] *EW*
Schauer Schu·er, -s *s. met.*, Sniärk, -s *s. met.*; **kurzes ~** Schü·er·ken, Schü·er·kes

s. met.
Schaufel Schö·fel, -n *w.
tech.*, Schüp, -·pen *w. tech.*;
kleine ~ Schö·fel·ken, Schö-
fel·kes *s. tech.*; **mit der ~
arbeiten** schüp·pen *ZW*
Schäufelchen Schüp·ken,
Schüp·kes *s. tech.*
schaufeln schö·feln *ZW*
Schaufelstiel Schö·fel·stel,
-s *s. tech.*, Schö·fel·stiël, -e
[Schö·fel·stië·le] *m. tech.*
Schauglas Kiek·fens·ter, -s
s. tech.
Schaukel Büm·mel, -s *m.
tech. spo.*, Su·se, -n *w. tech.
spo.*, Suë·kel, -n *w. tech. spo.*
schaukeln bai·ern *ZW*,
juckeln [juk·keln] *ZW*, schuk-
keln *ZW*, stuë·keln *ZW*, su-
sen *ZW*, suë·keln *ZW spo.*;
hin und her ~ wüp·pen *ZW*
Schaukelpferd Suë·kel·piärd,
-e [Suë·kel·piär·de] *s. tech.
spo.*
Schaukelstuhl Suë·kel·stool,
Suë·kel·stö·le *m. tech.*
Schaum Schuum, Schü·me
m.
Schaumbildner Schuum-
ma·ker, -s *m. chem.*
schäumen bru·sen *ZW*,
schü·men *ZW*
schaumig schü·mig, -e, -en
[schü·mi·ge] *EW*
Schaumlöffel Schü·mer, -s
m. tech.
Schaumschläger Schuum-
sliä·ger, -s *m. tech.*
Schaumwein Schuum·wien,
Schuum·wi·ne *m. kul.*
schaurig schu·e·rig, -e, -en
[schu·e·ri·ge] *EW psy.*
Schauspiel Spit·ta·kel, -s *s.*
Schauspieler Ko·med·di·gen-
ma·ker, -s *m. mus.* (*frz.* comédie)
Schauspielhaus Ko·med-
di·gen·huus, Ko·med·di·gen-
hü·ser *s. mus. arch.*
Schausteller Kiär·mes·kääl,
-s *m.*, Kiär·mes·lü·de *Mz.*;
Mitarbeiter der ~ Kiärmes-
kääl, -s *m.*, Kiär·mes·lü·de
Mz.
Schautag Kiek·dag, -e [Kiek-
da·ge] *m. tem.*
Scheck Bank·lap·pen, -s *m.
fin.*
scheckig bünt, -e, -en [bün-
te] *EW*

scheel schiäl, -e, -en [schiä-
le] *EW*
Scheffel (Hohlmaß: 23 bis
222 Liter je nach Region)
Schiär·pel, -s *s. tech.*; **mit
~n messen** schiär·peln *ZW
tech.*
scheffeln schiär·peln *ZW*
Scheffelsaat (Flächenmaß:
1000 m² oder 1250m²)
Schiär·pel·saot, Schiär·pel-
säö·te *s. agr.*; **12 ~, ca,
12.000 m²** Mol·ter·saot, Mol-
ter·säö·te *s. agr.*
scheffelweise schiär·pel·wies,
schiär·pel·wi·se *UW*
Scheibchen Pläät·ken, Pläät-
kes *s.*, Schiew·ken, Schiew-
kes *s.*
Scheibe Schi·we, -n *w.*,
(Brot) Sni·e, -n *w.*, (Wurst)
Pla·ten, -s *m.*; **dicke ~** Rai-
men, -s *m.*
Scheibenschießen Schi·wen-
schai·ten *s. o.Mz. spo.*
Scheide Schai, -·en *w. med.,
tech.*
scheiden sche·den *ZW*, twe-
wen *ZW*; **sich ~ lassen** uut-
e·neen·lau·pen *uZW*
Schein Schien, Schi·ne *m.*,
Sië·del, -s *m.*
**Scheinbahre beim Todes-
gottesdienst** Rast, Räs·te
w. tech.
scheinbar schien·bäö·lik,
schien·bäö·licke, -n [schien-
bäö·lik·ke] *EW*
Scheinchen Schien·ken,
Schien·kes *s.*
scheinen schi·nen
*uZW***Scheinwerfer** (vom
Fahrzeug) Vüör·der·lecht,
-er [Vüör·der·lech·ter] *s.
tech.*; **mit einem statt zwei
~n** (beim Auto) *übertr.*
een·ai·gig, -e, -en
[een·ai·gi·ge] *EW tech.*
Scheiß Schiet *m. o.Mz.
biol.*, Schi·te *w. o.Mz. biol.*
scheißen kacken [kak·ken]
ZW med., schi·ten *uZW med.*
Scheißer Schi·ter, -s *m.*
Scheißerei Kacke·ri, -·en *w.
med.*
Scheißkram Schiet·kraom *m.
o.Mz.*
Scheit Spel·ler, -s *m.*, Spli-
te, -n *w.*
Scheitel Sche·del, -s -s;
scharfer ~ Lu·se·pät·ken,

Lu·se·pät·kes *s.*
Schelle Bim·mel, -n *w. tech.*,
Klok, Klocken [Klok·ken] *w.
tech.*, Pin·gel, -n *w. tech.*
schellen bim·meln *ZW*, pin-
geln *ZW*
Schellkraut Schin·ne·foot *m.
o.Mz. bot.*, Gal·len·kruud,
Gal·len·krü·der *s. bot.*
Schelm Fi·lu, -us *m. psy.*
(*frz.* filou), Hai·en·band, Hai-
en·bän·ner *s. psy.*, Snak,
-s *m. psy.*, *übertr.* Luork,
Lüör·ke *m. psy.*, *übertr.*
Mas·ke, -n *w. psy.*, *übertr.*
Strik, Stricke [Strik·ke] *s.
psy.*
Schelmerei Snacke·ri, -·en
[Snak·ke·ri] *w. psy.*
schelmisch schelmsk, -e,
-en [schelms·ke] *EW psy.*
Schelte Schelf·te, -n *w.*,
Schimp *m. o.Mz. psy.*
schelten blaf·fen *ZW psy.*,
schim·pen *ZW psy.*
Schemel Buk·stool, Buk·stö·le
m. tech., Hü·ker, -s *m. tech.*
Schenke Kroog, Krö·ge *m.
arch. kul.*
Schenkel Bol·len, -s *m. med.*;
kleiner ~ (z.B. von Hähnchen) Böl·le·ken, Böl·le·kes
s. med.
schenken daal·lao·ten *uZW*,
lao·ten *uZW*, met·brän·gen
uZW, schen·ken *uZW*
Schepperbüchse Kliä·ter-
büs, -·sen *w. tech.*
scheppern (z.B. Regen,
Hagel) kliä·tern *ZW met.*
Scherbaum (Teil des Webstuhles) Schiär·baum, Schiär-
bai·me *m. tech.*
Scherbe Gru·se·ment, -e [Gru-
se·men·te] *s. tech.*, Kru·se-
men·te, -n *w. tech.*, Schäö-
er, -n *w. tech.*, Schiär·we,
-n *w. tech.*
Schere Schä·er, -n *w. tech.*,
scheren schä·em *uZW tech.*;
sich ~ sik schiärn *ZW psy.*
Scherenschleifer Schä·ern-
sli·per, -s *m. tech.*
Schererei lär·ge·ri *w. o.Mz.
psy.*, Schiä·re·ri, -·en *w. psy.*
Scherz Striek, Stri·ke *m.
psy.*
scherzen spao·sen *ZW psy.*
Scherzwort Spaos·waod,
Spaos·wäö·der *s. psy.*
Scheu Schü *w. o.Mz. psy.*

scheu ban·g, -e, -en *EW*
psy., schü, -·e, -·en *EW psy.*,
spe, -·e, -·en *EW psy.*,
übertr. duk·nackig, -e, -en
[duk·nak·kig], [duk·nak·ki·
ge] *EW psy.*
scheuchen ja·gen *uZW*
scheuen schü·en *ZW*
Scheuer Schü·er, -n *w. arch.
agr.*
Scheuerbesen Schrub·ber,
-s *m. tech. hyg.*
Scheuerlappen Schu·er·
dook, Schu·er·dö·ker *s. tech.
hyg.*
scheuern schu·ern (sik) *ZW*,
schuo·weln *ZW*, schrub·ben
ZW hyg.
Scheuerpfahl (an dem sich
Tiere reiben) Schu·er·paol,
Schu·er·päö·le *m. tech.*
Scheuersack Fiä·ge·sak,
Fiä·ge·siä·ke *m. tech.*, Schu·
er·sak, Schu·er·siä·ke *m.
tech.*
Scheuersand Schu·er·sand,
Schu·er·sän·ne *m. tech. hyg.*
Scheune Plag·gen·schü·er,
-n *w. arch. agr.*; **kleine ~**
Schü·er, -n *w. arch. agr.*; **~
zur Lagerung vor allem von
Brennholz** Holt·schü·er, -n
w. arch.
Scheunendach Schü·ern·
dak, Schü·ern·diä·ker *s. arch.*
scheußlich af·schai·lik, af·
schai·licke, -n [af·schai·lik·ke]
EW psy.
Schicht Lao·ge, -n *w.*
Schick Schik *m. o.Mz.*
schick fien, fi·ne, -n *EW*;
unauffällig ~ stil·le fien
schicken to·gaon lao·ten
trans.
Schicksalsschlag Daal·
slag, Daal·sliä·ge *m.*
Schiebefenster Schu·we·
fens·ter, -s *s. arch.*
schieben schu·wen *uZW*
Schieber Schü·wer, -s *m.
tech.*
Schiebetür Schu·we·düör, -n
w. tech., arch.
schief scheew, sche·we, -n
EW, schiäl, -e, -en [schiä·
le] *EW*, schraot, -e, -en
[schrao·te] *EW*, sle, -·e, -·en
EW; **Hut ~ auf dem Kopf**
up Fi·fat (lat. vivat)
Schiefer Schi·wer *m. o.Mz.
geol.*

Schiefergestein Schi·wer·
steen, Schi·wer·ste·ne *m.
geol.*
Schiefertafel Schi·wer·tao·
fel, -n *w. tech.*
schiefgehen mis·gaon *uZW*,
scheew·gaon *uZW*, be·
drai·gen *uZW*
schiefkantig scheew·kän·
tig, -e, -en [scheew·kän·ti·ge]
EW tech.
schielen dwiärs·ki·ken *uZW
med.*
schielend üö·wer·käpsk, -e,
-en [üö·wer·käps·ke] *EW
med.*
Schienbein Schië·ne, -n *w.
med.*, Schien·pi·pe, -n *w.
med.*
Schiene I·sen·wäg, I·sen·wiä·
ge *m. trans.*, Schi·ne, -n *w.
tech.*
Schienenfahrzeug Baan;
Ba·nen *w. trans.*
Schierloh 1. Schier·lo *ON*
(Ibbenbüren); 2. Schier·burg
ON (Osnabrück)
schießen bal·lern *ZW*, schai·
ten *uZW*, sche·sen *ZW*
Schießen Schai·ten *s. o.Mz.*
Schießerei Schai·te·ri, -·en *w.*
Schießgerät Schait·ge·rai,
-·e *s. tech.*
Schießknüppel Schait·knüe·
pel, -s *m. tech.*
Schiff Schip, -·pe *s. trans.
naut.*; **kleineres ~** Boot, Bo·
te *s. trans. naut.*, Schip·
ken, Schip·kes *s. trans.
naut.*; **mit dem ~ fahren**
schip·pern *ZW naut.*
Schiffchen Schip·ken, Schip·
kes *s. trans. naut.*
schiffen schip·pern *ZW naut.*
Schiffer Schip·per, -s *m.
naut.*; **~ auf einem Dampf·
schiff** Damp·schip·per, -s
m. naut.
Schiffsanker An·ker, -s *m.
tech. naut.*
Schiffsanlegestelle An·läg·
ger, -s *m. trans. naut.*
Schiffseigentümer Schip·
per, -s *m. naut.*
Schiffsführer Kap·tain, -e
[Kap·tai·ne] *m. naut.*, Schip·
per, -s *m. trans.*
schikanieren schi·ka·ne·ern
ZW psy., *übertr.* pi·sacken
[pi·sak·ken] *ZW psy.*
Schild Schild, Schil·ler *s.*

tech., Wi·ser, -s *m. tech.*
Schilddrüsenvergrößerung
Krop, Kröp *m. med.*
Schilderhaus Schil·ler·huus,
Schil·ler·hü·ser *s. arch.*
schildern schil·lern *ZW psy.*,
mus.; **blumenreich ~** uut·
mao·len *ZW psy.*, *mus.*
Schilderung Schil·le·ri, -·en
w. psy., *mus.*
**Schildwache, Haus für die
~** Schil·ler·huus, Schil·ler·
hü·ser *s. arch.*
Schilfrohr Rait *s. o.Mz. bot.*
Schimmel Füën *m. o.Mz*
biol., Schië·mel, -s *m. biol.*,
Schüë·mel, -s *m. zool.*
schimmelig füë·nig, -e, -en
[füë·ni·ge] *EW biol.*, mu·che·
lig, -e, -·en [mu·che·li·ge]
EW biol., spackig, -e, -en
[spak·kig], [spak·ki·ge] *EW
biol.*
schimmeln spacken [spak·
ken] *ZW biol.*
Schimmelpilz Füën *m. o.Mz.
biol.*, Schië·mel, -s *m. biol.*;
~ an Wänden usw. Spak
m. o.Mz. biol.; **nach ~ rie·
chend** muf·fig, -e, -en *EW
biol.*
Schimmer Schien, Schi·ne
m.
schimmern blän·kern *ZW*
Schimpf(e) Schelf·te, -n *w.
psy.*, Schimp *m. o.Mz. psy.*
schimpfen an·blië·ken *ZW
psy.*, deu·beln *ZW psy.*,
bels·ken *ZW psy.*, fut·ter·
se·ern *ZW psy.* (frz. fou·
droyer), los·bol·lern *ZW psy.*,
schäd·dern *ZW psy.*, scha·
fut·en *ZW psy.*, schän·nen
ZW psy., schim·pen *ZW
psy.*, üm·snau·en *ZW psy.*;
laut ~ döl·le·re·ern *ZW psy.*,
ra·men·te·ern *ZW psy.*, spit·
ta·keln *ZW psy.*, *übertr.* dun·
nern *ZW psy.*
Schimpfen Schim·pe·ri, -·en
w. psy.; **lautes ~** *übertr.*
Dun·ner·wiär, -s *s. psy.*
schimpfend schäd·de·rig, -e,
-en [schädde·ri·ge] *EW psy.*
Schimpfrede Rap·pel·ment,
-s *s. psy.* (frz. rappeler)
Schimpfwort Schimp·waod,
Schimp·wäö·der *s. psy.*
Schindel Schin·nel, -n *w.
tech.*
Schindeldach Schin·nel·dak,

Schin·nel·diä·ker s. arch.
schinden schin·nen ZW
Schinder Schin·ner, -s m.
Schinderei Schin·ne·ri, -·en
w.
Schinken Schin·ken, -s m.
kul., Swi·ne·mä·se, -n w.
kul.
Schinkenbeutel Schin·ken-
büül, -s m. tech. kul.
Schinkenknochen Schin-
ken·knuo·ken, -s m. kul.
Schinkenmesser Schin·ken-
mest, Schin·ken·mes·sers
tech.
Schippe Schüp, -·pen w.
tech.
Schirm Scherm, -e [Scher-
me] m. tech.
schirmen scher·men ZW
Schirmlampe Scherm·lamp,
-en [Scherm·lam·pen] w. tech.
Schlabberlappen Slab·ber-
lap·pen, -s m.
schlabbern slab·bern ZW
Schlacht Slacht, -en [Slach-
ten] w. mil., spo.
schlachten af·stiä·ken uZW
med., murk·sen ZW med.,
slach·ten ZW med.
Schlachten Slach·ten m.
o.Mz. med.; Beköstigung
nach dem ~ des Schwei-
nes Slacht·köst w. o.Mz.
kul.; Zeit des ~s Slach-
tens·tiet, Slach·tens·ti·ten w.
tem.
Schlachter Släch·ter, -s m.
med. kul.; ~ von Großtieren
Kop·släch·ter, -s m. med.
kul.
Schlachterei Släch·te·ri, -·en
w. kul.
Schlachtermesser Släch-
ter·mest, Släch·ter·mes·sers
s. tech.
Schlachtfest Slacht·köst w.
o.Mz. kul.
Schlachttopf Tot·pot, Tot-
pöt·te m. tech. kul.
Schlacke Grow·as·ke, -n w.
tech., Sin·ner, -s w. tech.
schlackern schlod·dern ZW
Schlaf Slaop m. o.Mz. med.,
Slao·pen s. o.Mz. med.; ihm
fehlt (viel) ~ em failt ne
Müs·se Slaop med.; Kind
in den ~ wiegen pus·sen
ZW
Schläfchen Sláöp·ken, Sláöp-
kes s. med.; ~ halten nik-

ken [nik·ken] ZW med.
Schläfe Dün·eg·ge, -n w.
med.
Schlafen Slao·pen s. o.Mz.
med.
schlafen slao·pen uZW med.,
pen·nen ZW med., (Kinder-
sprache) hai·a ma·ken med.,
übertr. up de Siet läg·gen
med.; ~ gehen übertr. in'n
Kuorw gaon
Schlafenszeit Bed·de·gaons-
tiet, Bed·de·gaons·ti·ten w.
tem., nacht·slao·pen Tiet w.
tem.
Schläfer Slai·per, -s m. med.
schlaff slak, slacke, -n [slak-
ke] EW
Schlaflied Slaop·leed, Slaop-
le·der s. mus.
schlaflos slaop·laus, -e, -en
[slaop·lau·se] EW med.
Schlaflosigkeit Slaop·lau-
sig·kait, -en [Slaop·lau·sig-
kai·ten] w. med.
Schlafmittel Slaop·mid·del,
-s s. med.
Schlafmütze Slaop·müs·se,
-n w., übertr. Traon·fun·sel, -n
w. psy.
Schlafraum Slaop·ka·mer, -n
w. arch.
schläfrig ga·pig, -e, -en [ga-
pi·ge] EW med., slaip·rig,
-e, -en [slaip·ri·ge] EW med.
Schlafsack Slaop·sak, Slaop-
siä·ke m. tech.
Schlafstelle Bed·de, -n s.
tech., Slaop·stiär, -n w. tech.
Schlafwagen Slaop·wa·gen,
Slaop·wiä·gen m. trans.
schlafwandeln druos·seln ZW
med.
Schlafzimmer Slaop·stuom,
Slaop·stüöms m. arch.,
Slaop·ka·mer, -n w. arch.; ~
für die Mägde Miäg·de·ka-
mer, -n w. arch.; ~chen
Slaop·stüöw·ken, Slaop-
stüöw·kes s. arch.
Schlag Rumps, Rümp·se
m., Slag, Sliä·ge m., Tuk,
Tücke [Tük·ke] m.; auf ei-
nen ~ rumpskedi; kleiner
~ Tüks·ken, Tüks·kes s.
Schlagader Slag·ao·der, -n
w. med.
Schlaganfall Daal·slag, Daal-
sliä·ge m. med., Slag·an·fal,
Sla·gan·fiä·le m. med.
Schlagball; schwächster

Läufer beim ~ Smant·lai-
per, -s m. spo.
Schlagbaum Hek, -s s.
tech., Hek·baum, Hek·bai-
me, -s m. tech., Por·re·er-
baum, Por·re·er·bai·me m.
tech., Slag·baum, Slag·bai-
me m. tech.
Schläge Kläp·pe Mz., Klop-
pe fMz., Smak·ha·wer m.
o.Mz.; ~ bekommen Smak-
ha·wer kri·gen
Schlageisen Slag·i·sen, -s
s. tech.
schlagen buë·ken ZW, bu-
sen ZW, drüm·tim·mern ZW,
duns·ken ZW, gal·lern ZW,
klop·pen ZW, plääs·tern ZW,
pucken [puk·ken] ZW, rump-
sen ZW, slaon uZW, tim-
mern ZW, tun·ken ZW, vö-
plääs·tern ZW, wäm·sen
ZW; mit der Peitsche ~ kla-
baats·ken ZW; mit flacher
Hand ~ pläcken [pläk·ken]
ZW; mit Knüppeln ~ knüë-
peln ZW; sich ~ bal·gen
ZW, hau·en uZW; zur Seite
~ uut·triä·ten uZW
Schlagen Klop·pen s. o.Mz.;
keulenflörmiges Werkzeug
zum ~ Küül, Kü·len w. tech.
Schläger Klöp·per, -s m.
tech., Sliä·ger, -s m. tech.,
psy.
Schlager Slao·ger, Släö·gers
m. mus.
Schlägerei Klop·pe·ri, -·en
w., Sliä·ge·ri, -·en w., Wäm-
se·ri, -·en w.
Schlagloch Slag·lok, Slag-
löcker [Slag·lök·ker] s. trans.,
Slaut, Slait m. trans., Strao-
ten·lok, Stao·ten·löcker [Stao-
ten·lök·ker] s. trans.
Schlagseite Slag·si·te, -n w.
Schlagwerk (der Uhr) Slag-
wiärk, -e [Slag·wiär·ke] s.
tech.
Schlaks Slacke·dal·ges, Slak-
ke·dal·gen [Slak·ke·dal·ges]
m. psy.
Schlamm Mud·del m. o.Mz.,
Mut·ke, -n w., Slam, Sliä·me
m., Sla·mas·sel m. o.Mz.,
übertr. Klai m. o.Mz.; ~
aufwühlen mud·deln ZW;
schwarzer ~ aus Stallun-
gen So·he, -n w. biol.
schlämmen sliä·men ZW
tech.

schlammig mud·de·lig, -e, -en [mud·de·li·ge] *EW*
Schlammloch Mud·del·lok, Mud·del·löcker [Mud·del·lök·ker] *s.*, Mut·ke·lok, Mut·ke·löcker [Mut·ke·lök·ker] *s.*, Slam·lok, Slam·löcker [Slam·lök·ker] *s.*
Schlammpeitzker Piep·aol, Piep·ää·le *m. zool.*
Schlampe Slam·pe, -n *w. hyg.*, Slüör, -s *s. hyg.*
schlampig klak·los, -·se, -·sen *EW hyg.*, klak·läö·sig, -e, -en [klak·läö·si·ge] *EW hyg.*, lod·de·rig, -e, -en [lod·de·ri·ge] *EW hyg.*, slam·pig, -e, -en [slam·pi·ge] *EW hyg*, slod·de·rig, -e, -en [slod·de·ri·ge] *EW hyg.*, slüö·rig, -e, -en [slüö·ri·ge] *EW hyg.*; **~er Mensch** Slod·der·mi·chel, -s *m. hyg.*
Schlange Ad·der, -s *w. zool.*, Sli·ke, -n *w. zool.*
Schlangenfänger Sli·ken·fän·ger, -s *m.*
Schlangenhaut Ad·der·huut, Ad·der·hü·te *w. med.*
Schlangenkopf Ad·der·kop, Ad·der·köp·pe *m. zool.*
Schlangenleder Ad·der·huut, Ad·der·hü·te *w. tech.*
Schlangennest Ad·der·nöst, -er [Ad·der·nös·ter] *s. zool.*
schlank snaor, -e, -en [snao·re] *EW*, snai, -·e, -·en *EW med.*; **er ist ~** *übertr. med.* em stait niks in'n Wäg
Schlappen Sluf·fe, -n *w. tech.*
Schlappschwanz *übertr.* Slap·stië·wel, -s *m.*
schlau be·slaon, -e, -en [be·slao·ne] *EW psy.*, klook, klo·ke, -n *EW psy.*, klüf·tig, -e, -en [klüf·ti·ge] *EW psy.*, lai·fig, -e, -en [lai·fi·ge] *EW psy.*
Schlauch Slauk, Slai·ke *m. tech.*
Schlaukopf Fi·lu, -us *m. psy.* (*frz.* filou)
schlecht aisk, -e, -en [ais·ke] *EW psy.*, be·läm·mert, -e, -en [be·läm·mer·te] *EW psy.*, flau, -e, -en *EW med.*, gam·me·lig, -e, -en [gam·me·li·ge] *EW biol.*, kwaod, -e, -en [kwao·de] *EW*, laig, -e, -en [lai·ge] *EW psy.*, mau, -·e, -·en *EW med.*, mies,

mi·se, -n *EW psy.*, mis·lik, mis·licke, -n [mis·lik·ke] *EW psy.*, nai, -·e, -·en *EW*, se·er, se·re, -n *EW med.*, slächt, -e, -en [släch·te] *EW*, üë·wel, -e, -en [üë·we·le] *EW*, un·guët, -e, -en [un·guë·te] *EW*, vö·duo·wen, -e, -en [vö·duo·we·ne] *EW biol.*, *übertr.* lu·sig, -e, -en [lu·si·ge] *EW*, *übertr.* schië·te·rig, -e, -en [schië·te·ri·ge] *EW med.*; **~ verarbeitet** lied·schäf·tig, -e, -en [lied·schäf·ti·ge] *EW*; **~ werden** gam·meln *ZW biol.*; **charakterlich ~** fausk, -e, -en [faus·ke] *EW psy.*; **schlechter** lai·ger; **am schlechtesten** an laigs·ten
Schlechte Lai·ge *s. o.Mz.*; **das ~ kommt heraus** de Laig·hait kümp druut
Schlechtigkeit Ge·main·hait, -en [Ge·main·hai·ten] *w. psy.*, Laig·hait, -en [Laig·hai·ten] *w. psy.*, Släch·tig·kait, -en [Släch·tig·kai·ten] *w. psy.*
schlecken licken [lik·ken] *ZW kul.*, slickern [slik·kern] *ZW kul.*
Schlecken Slickern [Slik·kern] *s. o.Mz. kul.*
Schleckermaul Läcker·tan, Läcker·tiä·ne [Läk·ker·tan], [Läk·ker·tiä·ne] *m. kul.*
schleckern slicker·mu·len [slik·ker·mu·len] *ZW kul.*
Schlegel Sliä·gel, -s *m. tech.*
Schlehdorn Slain·däön *m. o.Mz. bot.*, Slien·däön *m. o.Mz. bot.*
Schlehe Slain·däön *m. o.Mz. bot.*, Slien·däön *m. o.Mz. bot.*
schleichen kru·pen *uZW*, sli·ken *uZW*; **kraftloses ~** lum·mern *ZW*
Schleicher Sli·ker, -s *m.*
Schleichweg Bi·wäg, Bi·wiä·ge *m. trans.*, Sliek·wäg, Sliek·wiä·ge *m. trans.*
Schleier Flor·dook, Flor·dö·ker *s.*, Slüör, -s *s.*
Schleiereule Kat·uul, Kat·u·len *w. zool.*
Schleierwolke Nië·wel·wul·ke, -n *w. met.*
Schleifchen Sliepken, Sliepkes *s. tech.*
Schleife Sli·pe, -n *w. tech.*
schleifen sli·pen *uZW tech.*

Schleifer Sli·per, -s *m. tech.*
Schleifstein Sliep·steen, Sliep·ste·ne *m. tech.*, Stirek·steen, Striek·ste·ne *m. tech.*
Schleim Gals·ter, -s *m. biol.*, Sliem, Sli·me *m. med.*
schleimen sli·men *ZW*
Schleimer Sli·mer, -s *m. psy.*
schleimig (Fleisch) gäls·trig, -e, -en [gäls·tri·ge] *EW biol.*, glib·be·rig, -e, -en [glib·be·ri·ge] *EW*, sli·mig, -e, -en [sli·mi·ge] *EW*
schleißen sli·den *uZW tech.*
schlemmen düm·ken *ZW kul.*, slö·men *ZW kul.*
Schlemmer Slö·mer, -s *m. kul.*
Schlemmerei Slö·me·ri, -·en *w. kul.*
schlemmerig slö·mig, -e, -en [slö·mi·ge] *EW kul.*
Schlendrian Slüör, -s *m.*, Trant *m. o.Mz.*
schlenkern bam·meln *ZW*, slackern [slak·kern] *ZW*
Schleppe Sliëp, -e [Slië·pe] *s.*, Slüör, -s *s.*
schleppen slië·pen *ZW trans.*, slüörn *ZW trans.*, totten *ZW trans.*; **(etwas) auf dem Rücken schwer ~** puckeln [puk·keln] *ZW trans.*
schleppend; ~ gehen slüörn *ZW trans.*; **~ näher kommen** an·slië·pen *ZW trans.*
Schlepper Slië·per, -s *m. trans.*
Schlepperei Slië·pe·ri *w. o.Mz. trans.*
Schleppharke (für die Heu- und Getreideernte) Sliëp·hark, -en [Sliëp·har·ken] *w. tech. agr.*; **mit der ~ arbeiten** sliëp·ra·ken *ZW agr.*
Schleppkette (zur Einebnung von Maulwurfshügeln) Kië·den·sliëp, -en [Kië·den·slië·pen] *s. tech. agr.*
Schleppnetz Tog·net, -·te *s. tech.*
Schleppschiff Slië·per, -s *m. naut.*
Schleuder Slü·der, -n *w. tech.*
schleudern slü·dern *ZW*, smi·ten *uZW*
Schleuse Slü·se, -n *w. arch. naut.*
schleusen slü·sen *ZW naut.*
Schleusenmeister Slü·sen-

mes·ter, -s *m. naut.*
Schleusentor Slü·sen·paort, -en [Slü·sen·paor·ten] *w. tech. naut.*
Schleuser Slü·ser, -s *m. tech. naut.*
Schliche Av·kao·ten·kniëp, -e [Av·kao·ten·knië·pe] *m.*, Slië·ke *Mz.*
schlicht een·fak, een·facke, -n [een·fak·ke] *EW*, ge·main, -e, -en [ge·mai·ne] *EW*
schlichten uut·gli·ken *uZW psy.*
Schlichter Mid·dels·man, Mid·dels·män·ner *m. psy.*
Schlick Mud·del *m. o.Mz.*
Schliere Slüch·ter, -s *s.*
schließen dicht·ma·ken *uZW*, slu·ten *uZW*, to·krap·pen *ZW*, to·gaon *uZW*
Schließer Slu·ter, -s *m. tech.*
schließlich an·lest, -e, -en [an·les·te] *EW tem.*; an·en·ne *UW tem.*, to·lest *UW tem.*
Schliff Sliëp, -e [Slië·pe] *m.*
schlimm kwaod, -e, -en [kwao·de] *EW*, laig, -e, -en [lai·ge] *EW*, seer, se·re, -n *EW med.*, üë·wel, -e, -en [üë·we·le] *EW*; **halb so ~** dat is een Halw·li·den *psy.*; **nicht so ~** nich kop·af *psy.*; **sehr ~** *übertr.* kop·af *UW psy.*
Schlimme Lai·ge *s. o.Mz.*; **das ist das ~** dat is dat Li·den *psy.*
Schlinderbahn Glün·ner·baan, Glün·ner·ba·nen *w. spo.*
schlindern (auf Eis) glün·nern *ZW spo.*, slid·dern *ZW*
Schlinge Nücke, -n [Nük·ke] *w.*, Strüp, -·pen *s. tech.*
Schlingel Schin·aos, Schin·äö·se *s. psy.*, Slün·gel, -s *m. psy.*
schlingen hap·ken *ZW kul.*
Schlips Knüp·dook, Knüp·dö·ker *s.*, Bin·ner, -s *m.*, Kul·tuur·strik, Kul·tuur·stricke *s.* (abfällig)
Schlitten Slid·den, -s *m. trans., spo.*; **~ fahren** Slid·den fö·ern *trans., spo.*
Schlittschuh les·scho, -·e *m. tech. spo.*, Slid·scho, -·e *m. tech. spo.*
Schlittschuhlaufen Slid·scho·lau·pen *s. o.Mz. spo.*

Schlittschuhläufer Slid·scho·lai·per, -s *m. spo.*
Schlitz Slit, -·te *m. tech.*
schlitzen slit·ten *ZW tech.*
Schlitzohr *übertr.* Hai·en·kai·per, -s *m. psy.*
Schloss Sluot, Slüö·ter *s. tech., arch.*
Schlosser Kleen·smet, -s *m. tech.*
Schlucht Eng·te, -n *w. geol.*; **enge ~ zwischen Häusern** So, -os *w. arch.*
schluchzen hüns·ken *ZW psy.*, snot·ken *ZW psy.*, snucken [snuk·ken] *ZW psy.*
Schluck Kluk, -s, Klük·se *m. kul.*, Sluk, Slücke [Slük·ke] *m. kul.*; **kleiner ~** Klüks·ken, Klüks·kes *s. kul.*; **einen kleinen ~ nehmen** nip·pen *ZW kul.*
Schluckauf Hik·up, -s *s. med.*, Slik·up, -s *s. med.*; **einen ~ haben** hicken [hik·ken] *ZW med.*
Schlückchen Klüks·ken, Klüks·kes *s. kul.*
schlucken slucken [sluk·ken] *ZW kul.*
Schlummer Slaop *m. o.Mz. med.*
schlummern slao·pen *uZW med.*
Schlund Güör·gel, -n *w. med.*, Hals·gat, Hals·gät·ter *s. med.*, Hals·lok, Hals·löcker [Hals·lök·ker] *s. med.*, Slund, Slün·ne *m. med.*
Schlupf Slup, Slüp·pe *s.*
schlüpfen flup·pen *ZW*, sluppen *ZW*, (Küken aus dem Ei) uut·fal·len *uZW med.*
Schlüpfer Un·ner·büks·ken, Un·ner·büks·kes *s.*
Schlupfloch Kruup·lok, Kruup·löcker [Kruup·lök·ker] *s.*, Slup, Slüp·pe *s.*
schlüpfrig glib·be·rig, -e, -en [glib·be·ri·ge] *EW*, glits·ke·rig, -e, -en [glits·ke·ri·ge] *EW*
schlürfen lab·bern *ZW kul.*
schlurfen sluf·ken *ZW*, tuf·feln *ZW*; **saumseliges ~** tod·deln *ZW*
schlurren sluf·ken *ZW*
Schluss End, En·ne, -n *s.*; **~ jetzt** bas·ta *UW* (ital. basta)
Schlüssel Slüë·del, -s *m. tech.*; **großer ~ für die Kir-**

chentür Kiär·ken·slüë·del, -s *m. tech.*; **kleiner ~** Slüë·del·ken, Slüë·del·kes *s. tech.*
Schlüsselbart Slüë·del·baod, Slüë·del·bäö·de *m. tech.*
Schlüsselblume Os·sen·blo·me, -n *w. bot.*, Slüë·del·blo·me, -n *w. bot.*
Schlüsselbrett Slüë·del·bräd, Slüë·del·briä·der *s. tech.*
Schlüsselchen Slüë·del·ken, Slüë·del·kes *s. tech.*
Schlüsselkind Slüë·del·kind, Slüë·del·kin·ner *s.*
Schlüsselloch Slüë·del·lok, Slüë·del·löcker [Slüë·del·lök·ker] *s. tech.*
Schlussverkauf Up·rüüm·vö·kaup, Up·rüüm·vö·kai·pe *m. fin.*, Uut·vö·kaup, Uut·vö·kai·pe *m. fin.*
Schmach Schan·ne, -n *w. psy.*
schmachten smach·ten *ZW med., psy.*
schmächtig fip·sig, -e, -en [fip·si·ge] *EW med.*, knelk, -e, -en [knel·ke] *EW med.*, schrao, -·e, -·en *EW med.*, snai·sig, -e, -en [snai·si·ge] *EW med.*, spuch·tig, -e, -en [spuch·ti·ge] *EW med.*
schmackhaft läcker, -e, -en [läk·ker], [läk·ke·re] *EW kul.*, smaak·lik, smaak·licke, -n [smaak·lik·ke] *EW kul.*; **etwas ~ machen** *übertr.* dat Muul wa·te·rig ma·ken *psy.*
schmal smaol, -e, -en [smao·le] *EW*, ääs·breed, ääs·bre·de, -n *EW*
schmälern smäö·lern *ZW*
Schmalspurbahn Kleen·baan, Kleen·ba·nen *w. trans.*
Schmalz Smolt *s. o.Mz. kul.*
Schmalzgebäck Smolt·ko·ken, Smolt·kö·ken *m. kul.*
Schmalzkuchen Smolt·ko·ken, Smolt·kö·ken *m. kul.*
Schmalzlappen (zur Behandlung von Erkältungen) Smolt·lap·pen, -s *m. med.*
Schmalztopf Fet·pot, Fet·pöt·te *m. tech. kul.*, Smolt·pot, Smolt·pöt·te *m. tech. kul.*
schmarotzen lau·schöp·pen *ZW psy.*
Schmarotzer Lau·schöp·per, -s *m. psy.*
schmatzen smäp·ken *ZW kul.*, smat·ken *ZW kul.*

Schmauch Smauk, Smai-ke *m.*

schmecken pro·be·ern *ZW kul.*, sma·ken *uZW kul.*

Schmedehausen Smi·e·husen *ON*

schmeicheln flat·te·ern *ZW psy.* (*frz.* flatter), fli·mern *ZW psy.*, scha·wen·seln *ZW psy.*

Schmeichler Flië·mer·kunt, -en [Flië·mer·kun·ten] *w. psy.*, Sli·ker, -s *m. psy.*

schmeißen smi·ten *uZW*

Schmeißfliege Brum·flai·ge, -s *w. zool.*

Schmelze Mol·te, -n *w. tech.*, Smel·te, -n *w. tech., met.*

schmelzen smel·ten *uZW tech., met.*; **anfangen zu ~** (Eis und Schnee) dau·en *ZW met.*

schmelzend smel·tend, -e, -en [smel·ten·de] *EW tech., met.*

Schmelzofen Smelt·uom, Smelt·üöms *m. tech.*; **~ für Rohstahl** Kop·pel·uom, Koppel·üöms *m. tech.*

Schmelzschweißen Smeltwel·len *s. o.Mz. tech.*

Schmelzwasser Smelt·waer, Smelt·wä·ters *s. met.*

Schmerz Pien, Pi·ne *w. med.*, Kwaol, -en [Kwao·len] *w. med.*; **~en ertragen** liden *uZW med.*; **~n** Kel·len *Mz. med.*; **~n verursachen** kel·len *ZW med.*

schmerzen kel·len *ZW med.*, (bei Hautabschürfungen) schri·nen *uZW med.*

Schmetterling Blin·ne·molk, -en [Blin·ne·mol·ken] *w. zool.*, Flud·ders·ke, -s *w. zool.*, Mol·ke·ti·we, -n *w. zool.*, Sum·mer·vuë·gel, Sum·mervüë·gel *m. zool.*

schmettern (z.B. Regen, Hagel) kliä·tern *ZW*

Schmied Smet, -s *m. tech.*, Pin·ke·pank, -s *m. tech.*

Schmiede Smi·e, -n *w. tech.*, Smiär, -en [Smiä·ren] *s. tech.*

schmieden smi·en *ZW tech.*

Schmielgras Smel *s. o.Mz. bot.*

Schmierbauch Smiär·buuk, Smiär·bü·ke *m. med.*

Schmiere Fet, -·te *s.*, (Wagenschmiere) Smiär, -en [Smiä·ren] *s. tech.*; **Topf**

mit **~** Smiär·pot, Smiär·pötte *m. tech.*

schmieren fet·ten *ZW*, klätken *ZW*, smiärn *ZW*

Schmierer Smiä·rer, -s *m.*

Schmiererei Smiä·re·ri, -·en *w.*, Smiär·kraom *m. o.Mz.*

Schmierfett Smiär, -en [Smiä·ren] *s. tech.*

Schmierfink *übertr.* Smiärpot, Smiär·pöt·te *m.*

Schmiergeld Sün·nen·laun *m. o.Mz. fin.*

schmierig baksk, -e, -en [baks·ke] *EW*, fet, -·te, -·ten *EW*, glib·be·rig, -e, -en [glib·be·ri·ge] *EW*, smiä·rig, -e, -en [smiä·ri·ge] *EW hyg.*

Schmierseife Smiär·se·pe, -n *w. hyg.*

schminken *übertr.* an·maolen *ZW*

Schmirgelpapier Sand·pape·er, -e [Sand·pa·pe·e·re] *tech.*, Schu·er·pa·pe·er, -e [Schu·er·pa·pe·e·re] *s. tech.*

schmollen lün·ten *ZW psy.*, mu·len *ZW psy.*, prat·ten *ZW psy.*

schmollend mut, -·te, -·ten *EW psy.*, müülsk, -e, -en [müüls·ke] *EW psy.*

Schmollwinkel Prat·hook, Prat·hö·ke *m. psy.*

schmoren smorn *ZW*, röstern *ZW kul.*; **dampfend ~** sto·wen *uZW*

Schmorpfanne Kas·trol, -s *w. tech. kul.* (*frz.* casserole)

schmuck net·kes *EW*, prik, pricke, -n [prik·ke] *EW*, stäödig, -e, -en [stäö·di·ge] *EW*

schmücken fien·ma·ken *uZW*; **Haus zu festlichen Anlässen ~** krän·sen *ZW*; **mit Grün ~** pinks·ten *ZW*

schmuddelig klak·los, -·se, -·sen *EW hyg.*, klak·läö·sig, -e, -en [klak·läö·si·ge] *EW hyg.*, us·se·lig, -e, -en [us·se·li·ge] *EW hyg.*

schmunzeln gnif·feln *ZW psy.*, gnö·cheln *ZW psy.*, smüüs·tern *ZW psy.*

schmusen püüs·ken *ZW psy.*, sö·ten·stri·ken *uZW psy.*

Schmutz Aos·kraom *m. o.Mz. hyg.*, Driet *m. o.Mz. hyg.*, Dri·te, -n *w. hyg.*, Grand, -e [Gran·de] *m.*

hyg., Schiet *m. o.Mz. hyg.*, Schi·te *w. o.Mz. hyg.*, Slamas·sel *m. o.Mz. hyg.*, Smud·del *m. o.Mz. hyg.*, Unsel *s. o.Mz. hyg., übertr.* Klai *m. o.Mz. hyg.*, (an Topf und Pfanne) Pot·smit *s. o.Mz. hyg.*; **feiner ~** Stow, Stüö·we *m. hyg.*

Schmutzfink Fickel, -s [Fikkel] *m. hyg.*, Pot·fiä·ken, -s *s. hyg.*, Smiär·lap, -·pen *m. hyg.*, Un·sel·kop, Un·sel·köp·pe *m. hyg.*

schmutzig äö·sig, -e, -en [äö·si·ge] *EW hyg.*, lu·sig, -e, -en [lu·si·ge] *EW hyg.*, smiä·rig, -e, -en [smiä·ri·ge] *EW hyg.*, smud·de·lig, -e, -en [smud·de·li·ge] *EW hyg.*, un·se·lik, un·se·licke, -n [un·se·lik·ke] *EW hyg.*, us·se·lig, -e, -en [us·se·li·ge] *EW hyg., übertr.*, schië·te·rig, -e, -en [schië·te·ri·ge] *EW hyg.*; **~ machen** un·seln *ZW hyg.*, vö·ös·seln *ZW hyg.*; **~ Hand** Fut·ke, -n *w. hyg. med.*; **~es Kind** Pot·fiä·ken, -s *s. hyg.*

Schmutzrand Smiär·rand, Smiär·rän·ner *m. hyg.*

Schnabel Bek, -s *m. med.*, Sna·wel, Sniä·wel *m. med.*

schnäbeln sniä·weln *ZW*

Schnake Sni·der, -s *m. zool.*

Schnalle Gas·pel, -s *w. tech.*

schnallen to·gas·peln *ZW*

Schnäppchen; ein ~ machen *übertr.* nen guë·ten Fang ma·ken

schnappen snap·pen *ZW*, (mit den Zähnen) gnapken *ZW*

Schnäpper Snäp·per, -s *m. zool.*

Schnaps Snaps, Snäp·se *m. kul., übertr.* Kü·er·water, Kü·er·wä·ters *s. kul., übertr.* (weil er gesprächig macht) Kwa·ter·wa·ter, Kwater·wä·ters *s. kul.*; *übertr.* Sluk, Slücke [Slük·ke] *m. kul.*; **aggressiv machender ~** äö·si·gen Fuë·sel *kul.*; **kleiner ~** Füë·sel·ken, Füë·sel·kes *s. kul.*; **kleines Glas ~** Hälw·ken, Hälw·kes *s. tech. kul.*; **minderwertiger ~** Fuë·sel, -s *m. kul.*; **selbst gebrannter ~** Bal-

ken·brand, Bal·ken·brän·ne
m. kul.; ~ **trinken** snäp-
sen ZW kul.; **Flasche mit**
¼ Liter ~ Äöt·ken, Äöt·kes
s. tech. kul.
Schnapsbrennen Sluk·briä-
nen s. o.Mz. tech. kul.
Schnapsbrenner Fuë·sel-
stüö·ker, -s m. tech. kul.
Schnäpschen Füë·sel·ken,
Füë·sel·kes s. kul.
Schnapsflasche Fuë·sel·pul-
le, -n w. tech. kul.
Schnapsglas Pin·ken, Pin-
kes s. tech. kul., Fuë·sel-
glas, Fuë·sel·gliä·ser s. tech.
kul.; **großes ~** übertr. Hüül-
dop, Hüül·döp·pe m. tech.
kul.
Schnarchen Snuor·ke·ri, -·en
w. med.
schnarchen snuor·ken ZW
med.
Schnarcher Snuor·ker, -s m.
med.
schnarren sniä·ten ZW,
sniär·ken ZW
schnattern sna·tern ZW,
sniär·tern ZW
schnauben snu·wen uZW
med.
schnaufen po·sen ZW med.,
snu·wen uZW med.
Schnäutzchen Snüütken,
Snüüt·kes s. med.
Schnauze Snu·te, -n w. med.,
Snüf·fel, -s m. med.; **die ~**
voll haben de Snu·te vul
häb·ben psy.
schnauzen snau·en ZW
psy.
Schnäuzer Snur·wits, -e
[Snur·wit·se] m. med.
schnauzig kod·de·rig, -e,
-en [kod·de·ri·ge] EW psy.
Schnecke Snië·ge, -n w. zool.
Schneckenhaus Snië·gen-
huus, Snië·gen·hü·ser s. zool.
Schnee Snai m. o.Mz. met.
Schneeball 1. Snai·bal, Snai-
bäl·le m.; 2. (Ziergehölz)
Gau·se·pat·ke, -n w. bot.
Schneeballschlacht Snai-
klü·ten s. o.Mz. spo.
Schneebeere Snai·biär, -n
w. bot.
Schnee-Eule Snai·uul, Snai-
u·len w. zool.
Schneeflocke Snai·blo·me,
-n w. met.
Schneegestöber Snai·dri·wen

s. o.Mz. met.
Schneeglöckchen Snai-
klöks·ken, Snai·klöks·kes s.
bot., übertr. Na·ken·jüf·fer-
ken, Na·ken·jüf·fer·kes s.
bot., (nacktes Popöchen)
Naak·ääs·ken, Naak·ääs-
kes s. bot.
Schneepflug Snai·ploog,
Snai·plö·ge m. tech. trans.
Schneeregen Blak·snai m.
o.Mz. met., Plak·snai m.
o.Mz. met.
Schneerose Snai·rau·se, -n
w. bot.
Schneeschauer Snai·schu-
er, -s s. met.
Schneeschaufel Snai·schö-
fel, -n w. tech.
schneeschaufeln snai·schö-
feln ZW
Schneeschaufeln Snai·schö-
feln s. o.Mz.
Schneeschuh Snai·scho, -·e
m. tech.
Schneetreiben Snai·dri·wen
s. o.Mz. met.
Schneewehe Snai·bank,
Snai·bän·ke w. met.
schneeweiß ha·gel·wit, -·te,
-·ten EW
Schneide Eg·ge, -n w. tech.,
Mest, Mers·ser s. tech.
Schneideisen Snied·i·sen,
-s s. tech.
Schneiden Sni·den s. o.Mz.;
Gerät zum ~ von Rüben-
blättern usw. Snied·la·de,
-n w. tech.
schneiden snib·beln ZW,
sni·den uZW; **Getreide oder**
Gras ~ mai·en ZW agr.;
grob ~ plug·gen ZW; **in**
kleine Stücke ~ snib·beln
ZW
schneidend (Wind) haol, -e,
-en [hao·le] EW met., scharp,
-e, -en [schar·pe] EW,
schrao, -·e, -·en EW met.
Schneider Sni·der, -s m.
tech.; **schlechter ~** Drap-
sni·der, -s m. tech.
Schneidergeselle Sni·der-
ge·sel, -·len m. tech.
Schneidermeister Sni·der-
mes·ter, -s m. tech.
schneidern sni·dern ZW tech.
Schneiderschere Sni·der-
schä·er, -n w. tech.
Schneidertisch Sni·der·disk,
-e [Sni·der·dis·ke] m. tech.

Schneiderwerkstatt Sni-
der·wiärk·stiär, -n w. tech.
Schneidlade Snied·la·de, -n
w. tech. agr.
Schneidwerk Snied·wiärk, -e
[Snied·wiär·ke] s. tech.
Schneidwerkzeug Mest,
Mes·sers s. tech.
schneien sni·en ZW met.;
nassen Schnee ~ blak-
sni·en ZW met.
Schneise Busk·wäg, Busk-
wiä·ge m. trans.
schnell buts UW, dal·li UW,
dri·wens UW; füsk, -e, -en
[füs·ke] EW, gau, -·e, -·en
EW, hän·nig, -e, -en [hän-
ni·ge] EW, har·re EW; i·lig,
-e, -en [i·li·ge] EW, kwik,
kwicke, -n [kwik·ke] EW,
röök·laus, -e, -en [röök·lau-
se] EW, röök·los, -·se, -·sen
EW, riew, ri·we, -n EW, swis,
-·se, -·sen EW, swup·di·wup
EW; **~ herankommen** ha-
ran·stu·wen uZW; **sehr ~**
sein, ~ fahren übertr. ne
Naod drup häb·ben trans.;
über alle Maßen ~ mä·er
äs gau; **über alle Maßen**
~ fahren to har·re fö·ern
trans.; **schneller** gau·er, gai-
er; **schneller werden** nen
Tak·ken to·läg·gen; **am**
schnells·ten an gau·es-
ten
Schnelle Gau·ig·kait, -en
[Gau·ig·kai·ten] w., Stup
m. o.Mz.; **auf die ~** in'ne
Gau·ig·kait, in'n Ruts
Schnellheit Gau·ig·kait, -en
[Gau·ig·kai·ten] w.
Schnelligkeit Gau·hait, -en
[Gau·hai·ten] w.
Schnepfe Snep·pe, -n w.
zool.
schneuzen snü·ten ZW hyg.
schnippisch ki·big, -e, -en
[ki·bi·ge] EW psy., snipsk,
-e, -en [snips·ke] EW psy.,
übertr. spitsk, -e, -en [spits-
ke] EW psy.
Schnipsel Snib·bel, -s m.
tech.
Schnitt Snid, -·de m.
Schnittbohne Snib·bel·bain-
ken, Snib·bel·bain·kes s. bot.
Schnitte (Brot) Sni·e, -n w.
kul.
Schnitter Sni·der, -s m. agr.
Schnittlauch Pan·ko·ken-

kruud *s. o.Mz. bot.*, Si·pel-kruud *s. o.Mz. bot.*, Smal·lak *s. o.Mz. bot.*

Schnittwunde Glap, Gliä·pe *m. med.*

schnitzeln snib·beln *ZW*

schnitzen fig·geln *ZW*

schnoddrig snud·de·rig, -e, -en [snud·de·ri·ge] *EW psy.*

Schnörkel Krickel, -s [Krik·kel] *m.*, Krul, Krüls *m.*, Pot·ha·ken, -s *m.*

schnüffeln snüf·feln *ZW*

Schnuller Su·ger, Sü·gers *m. tech.*; **Stoffläppchen mit Zucker in der Funktion des ~s** Sucker·plued·ken, Suk·ker·plüed·kes [Suk·ker·plüed·ken] *s. tech. kul.*

Schnupfen Snu·ben *m.o.Mz. med.*

schnupfen snüf·ken *ZW med.*

Schnupftabak Snuuw·to·bak, Snuuw·to·backe [Snuuw·to·bak·ke] *m. med.*; **eine Prise ~ nehmen** snüf·ken *ZW med.*

Schnur Faam, Fiäm *m. tech.*, Sno·er, Snö·ers *w. tech.*

schnüren snö·ern *ZW tech.*

schnurgerade piel·liek, piel·li·ke, -n *EW*, snö·er·lik, snö·er·licke, -n [snö·er·lik·ke] *EW*

Schnurrbart Snur·wits, -e [Snur·wit·se] *m. med.*

Schnurrbarthaar Ruuk·haor, -e [Ruukhao·re] *s. med.*

Schnürschuh Snö·er·scho, -e *m. tech.*

Schnürsenkel Scho·rai·men, -s *m. tech.*

Schober Schü·er, -n *w. arch. agr.*

Schokolade Scho·ke·laor, -en [Scho·ke·lao·ren] *w. kul.*

Schokoladenbrotaufstrich Scho·ke·lao·ren·smiär, -en [Scho·kel·ao·ren·smiä·ren] *s. kul.*

Scholle Klu·te, -n *w.*; **~ aufbrechen** bra·ken *ZW agr.*

Schöllkraut Gal·len·kruud, Gal·len·krü·der *s. bot.*, Schin·ne·foot *m. o.Mz. bot.*

schon aal *UW*, äl *UW*

schön schöön, schö·ne, -n *EW*; **besonders ~** eks·küüs, eks·kü·se, -n *EW* (frz. exquis)

schönrednerisch glat·mü·lig, -e, -en [glat·mü·li·ge] *EW*

psy.

Schonung Jung·holt, Jung·höl·ter *s. bot.*

schöpfen schöp·pen *ZW*; **aus dem vollen ~** pän·kes·fet liä·wen

Schöpfer Schöp·per, -s *m. tech.*

Schöpflöffel Schöp·per, -s *m. tech.*, Slaif, -e [Slai·fe] *m.*

Schöppingen Schüö·ping *ON*

Schorf Schuorw *m. o.Mz. med.*

schorfig schuor·wig, -e, -en [schuor·wi·ge] *EW med.*

Schornstein Schuot·steen, Schuot·ste·ne *m. arch.*, Schuors·steen, Schuors·ste·ne *m. arch.*

Schornsteinfeger Schuot·steen·fiä·ger, -s *m. tech.*

Schoß Schaut, Schai·te *m.*, Slip, -·pe *s.*

Schoßhund Schaut·rü·en, -s *m. zool.*

Schote Schau·ne, -n *w. bot.*

Schotenhaut Schau·nen·huut, Schau·nen·hü·te *w. bot.*

schottisch schotsk, -e, -en [schots·ke] *EW*

Schottischer (Tanz) Schots·kert, -s *m. mus.*

schräg scheew, sche·we, -n *EW*, schraot, -e, -en [schrao·te] *EW*, sle, -·e, -en *EW*

Schrägläufer (bei Tieren) Schraot·lai·per, -s *m. med. zool.*

Schramme Ratsch, Rät·sche *m. med., tech.*, Schram·schüe·te, -n *w. med.*, Tiä·pen, -s *m.*

Schrank Schap, Schiä·pe *s. tech.*; **~ mit Fliegengittern** Flai·gen·schap, Flai·gen·schiä·pe *s. tech.*; **~ zur sichtbaren Aufbewahrung von gutem Porzellan und guten Gläsern** gla·sen Schap *s. tech.*

Schrankbett Durk, Dür·ke *m. tech.*

Schränkchen Schäp·ken, Schäp·kes *s. tech.*

Schranktür Schap·düör, -n *w. tech.*

Schräubchen Schrüüw·ken, Schrüüw·kes *s. tech.*

Schraube Schru·we, -n *w.*

tech.; **kleine ~** Schrüüw·ken, Schrüüw·kes *s. tech.*; **Sicherungsstift für ~n** Splait·na·gel, Splait·niä·gel *m. tech.*

schrauben schru·wen *uZW tech.*

Schraubendreher Schru·wen·trecker, -s [Schru·wen·trek·ker] *m. tech.*

Schraubengang Schru·wen·gang, Schru·wen·gän·ge *m. tech.*

Schraubenschlüssel Schru·wen·slüe·del, -s *m. tech.*

Schrauber Schru·wer, -s *m tech.*

Schraubstock Schruuw·stok, Schruuw·stöcke [Schruuw·stök·ke] *m. tech.*

Schreck Schrek, Schrecken [Schrek·ken] *m. psy.*

schreckhaft grüg·gelsk, -e, -en [grüg·gels·ke] *EW psy.*, schreksk, -e, -en [schreks·ke] *EW psy.*

Schreckhaftes Grüg·ge·le·ri, -·en *w. psy.*

schrecklich gries·lik, gries·licke, -n [gries·lik·ke] *EW psy.*, un·wies, un·wi·se, -n *EW*

Schrei Roop, Rö·pe *m.*

schreiben pin·nen *ZW*, schri·wen *uZW*; **mit Druckbuchstaben ~** prem·peln *ZW*; **unleserlich ~** kläö·nen *ZW*, krickeln [krik·keln] *ZW*, krit·seln *ZW*

Schreiben Schri·wen, -s *s.*

Schreiber Schri·wer, -s *m.*

Schreibheft Schriew·book, Schriew·bö·ker *s.*

Schreibmaschine Schriew·ma·schien, Schriew·ma·schi·nen *w. tech.*

Schreibregel Schriew·uor·der, Schriew·üör·ders *w.*

Schreibstube Schriew·stuom, Schriew·stüöms *m. arch.*

Schreibtisch Schriew·disk, -e [Schriew·dis·ke] *m. tech.*

Schreibtischarbeit Kop·ar·baid, -en [Kop·ar·bai·den] *w. psy.*

Schreibweise Schriew·wi·se, -n *w.*

Schreibzimmer Schriew·stuom, Schriew·stüöms *m. arch.*

schreien böl·ken *ZW*, ge·ren *ZW*, grü·sen *ZW*, jö·len *ZW*, kra·kai·len *ZW*, kri·jö·len *ZW*,

plär·ren *ZW psy.*, sniär·ken
ZW, schrä·pen *ZW, übertr.*
krai·en *ZW*; **schrill** ~ schäd-
dern *ZW*
schreiend kra·kailsk, -e, -en
[kra·kails·ke] *EW*
Schreier Plär·rer, -s *m.*
Schreihals Plär·rer, -s *m.
psy.*
Schrein Schap, Schiä·pe *s.
tech.*
Schreiner Tim·mer·man, Tim-
mer·lü·de *m. tech., übertr.*
Holt·wuorm, Holt·wüör·mer
m. tech.
Schreinerwerkstatt Tim·mer-
ka·mer, -n *w. arch. tech.*
schreiten sniä·ten *ZW*
Schrift Schriwt, -en [Schriw-
ten] *w.*; **Heilige** ~ Be·bel, -n
w. rel.; **unleserliche** ~ Pot-
ha·ken, -s *m.*
schriftlich schriwt·lik, schriwt-
licke, -en [schriwt·lik·ke] *EW*;
~ **antworten** wi·er·schri·wen
uZW
Schriftsstück Breew, Bre·we
m., Schri·wen, -s *s.*
Schriftsteller Schri·wer, -s
m. kult.
Schrifttum Schriwt·doom *s.
o.Mz.*
Schriftwechsel Schriwt·wes-
sel, -s *m.*
Schriftzeichen Schriwt·te-
ken, -s *s.*
Schritt Trat, Trät·te *m.*; ~
halten met·fal·len *uZW*
Schrittchen Trät·ken, Trät-
kes *s.*
schroff barsk, -e, -en [bars-
ke] *EW psy.*, but, -·te, -·ten
EW psy.
schröpfen schröp·pen *ZW*
Schröpfer Schröp·per, -s *m.*
Schrot 1. (Munition) Schrot
s. o.Mz. tech.; 2. Schroot
s. o.Mz. agr.
schroten schro·ten *ZW agr.,
tech.*
Schrotgewehr Schrot·püs-
ter, -s *m. tech.*
Schrotmühle Schroot·müël,
-en [Schroot·müë·len] *w.
tech.*
Schrottauto Ra·man·kel·au-
do, -os *s. tech.*
schrubben schrub·ben *ZW
hyg.*
Schrubber Schrub·ber, -s *m.
tech. hyg.*, Schu·er·bes·sen,

-s *m. tech. hyg.*
schrumpelig tüks·te·rig, -e,
-en [tüks·te·ri·ge] *EW*
Schrumpf Schrump *m. o.Mz.*
schrumpfen schrum·peln
ZW, swin·nen *uZW*, krim-
pen *ZW*
Schrumpfniere Schrump-
nüë·de, -n *w. med.*
Schruppfeile Schrub·ber·fi-
le, -s *m. tech.*
Schrupphobel Schrub·ber-
hüö·wel, -s *m. tech.*
Schub Schüët, -e [Schüë-
te] *m.*
Schubkarre Schuw·kaor,
Schuw·käörs *w. trans.*;
Rad der ~ Schuw·kaor·rad,
Schuw·kaor·riä·der *s. tech.*
Schublade Fak, Fiä·ker *s.
tech.*, Trecke, -n [Trek·ke] *w.
tech.*; **unordentliche** ~, ~
in der alles zu finden ist
Schum·mel·trecke, -n [Schum-
mel·trek·ke] *w. tech.*
Schubs Nufk, -en [Nuf·ken]
m., Schup, -·pe *m.*
schubsen nuf·ken *ZW*,
schup·pen *ZW*
schüchtern blai, -·e, -·en *EW
psy.*, schüch·trig, -e, -en
[schüch·tri·ge] *EW psy.*,
schü, -·e, -·en *EW psy.*, vö-
liä·gen, -e, -en [vö·liä·ge·ne]
EW psy.
Schuft Schu·bi·ak, -s *m.
psy., übertr.* Luork, Lüör·ke
m. psy.
schuften bäl·gen *ZW*, bol-
wiär·ken *ZW*, knüörn *ZW*,
wul·lacken [wul·lak·ken] *ZW*
Schuh Laats·ke, -n *w. tech.*,
Scho, -·e *m. tech.*; ~**e anziehen** scho·en *ZW*; **ohne**
~ ha·söcken, -e, -en [ha·sök-
ke·ne] *EW*; ~ **für werktags**
Ol·dags·scho, -·e *m. tech.*
Schuhabsatz Knap, Knäp-
pe *m. tech.*
Schuhanzieher Scho·liä·pel,
-s *m. tech.*
Schuhgröße Scho·gröt·te, -n
w. tech.
Schuhleder Scho·liär, -s *s.
tech.*
Schuhmacher Scho·ma·ker,
-s, Schoos·ter, -s *m. tech.*
Schuhriemen Scho·rai·men,
-s *m. tech.*
Schuhschrank Scho·schap,
Scho·schiä·pe *s. tech.*

Schuhsohle Scho·suol, Scho-
süöl *w. tech.*
Schuhspitze Scho·tim·pen,
-s *m. tech.*
Schuhwerk Scho·wiärk *s.
o.Mz. tech.*
Schuhwichse Glans·wik·se,
-n *w. tech.*
Schuhzeug Scho·wiärk *s.
o.Mz. tech.*
Schulanfänger i-Döts·ken,
i-Döts·kes *s. kult.*, i-Män-
ken, i-Män·kes *s. kult.*
Schulanzug School·an·tog,
School·an·tüö·ge *m. kult.*
Schularbeit School·ar·baid,
-en [School·ar·bai·den] *w.
kult.*
Schulaufsatz Up·sat, Up-
siä·te *m. kult.*
Schulbank School·bank,
School·bän·ke *w. tech.*
Schulbuch School·book,
School·bö·ker *s. kult.*
Schuld Schuld, Schul·len *w.
psy., jur.*
Schulden Schül·len *Mz. fin.*;
~**haben** *übertr.* in'ne Kri·de
staon *fin.*, wat up't Kiärw-
holt häb·ben *fin.*
schulden schül·len *ZW psy.,
fin.*; **jemd.** ~ sü·men *ZW fin.*
Schuldiener School·dai·ner,
-s *m. tech.*
Schuldienst School·dänst,
-e [School·däns·te] *m. kult.*
schuldig schül·lig, -e, -en
[schül·li·ge] *EW psy., jur.*;
~ **sein** in Schuld sien *psy.,
jur.*; ~ **sprechen** vö·ur·de-
len *ZW jur.*
Schuldigkeit Schül·lig·kait,
-en [Schül·lig·kai·ten] *w. jur.,
psy.*
Schuldschein Schien, Schine *m. fin.*, Wes·sel, -s *m. fin.*
Schule School, Scho·le, -n
w. kult., arch.; **in der** ~ **nicht
versetzt werden** han·gen-
bli·wen *uZW kult.*, sit·ten-
bli·wen *uZW kult.*
schulen scho·len *ZW kult.*
Schüler Schö·ler, -s *m. kult.*,
School·jun·gen, -s *m. kult.*
Schülerin School·wicht, -er
[School·wich·ter] *s. kult.*
Schulferien School·fer·ri·en
Mz. tem.
Schulfreund School·frönd,
-e [School·frön·de] *m. psy.*
Schulfreundin School·frön-

din, -·nen *w. psy.*
Schulgebäude School, Schole, -n *w. arch.*, School·huus, School·hü·ser *s. arch.*
Schulgeld School·geld, School·gel·ler *s. fin. kult.*
Schulhaus School·huus, School·hü·ser *s. arch.*
Schulhof School·how, Schoolhüö·we *m. arch.*
Schuljahr School·jaor, -e [School·jao·re] *s. tem. kult.*
Schuljunge School·jun·gen, -s *m. kult.*
Schulkind School·kind, School·kin·ner *s. kult.*, (abtällig) School·bla·ge, -n *w. kult.*
Schullesebuch School·liä·sebook, School·liä·se·bö.ker *s. kult.*
Schulmädchen School·wicht, -er [School·wich·ter] *s. kult.*
Schulmeister Lä·rer, -s *m. kult.*, Mes·ter, -s *m. kult.*, School·mes·ter, -s *m. kult.*
Schulmesse School·mis·se, -n *w. rel.*
Schulrat School·raod, Schoolräö·de *m. kult.*
Schulraum School·ruum, School·rü·me *m. arch.*
Schulschiff School·schip, -·pe *s. trans. naut.*
Schulstunde School·stun, -·nen *w. kult.*
Schultasche School·tas·ke, -n *w. tech.*
Schulter Schul·ler, -n *w. med.*
Schulterblatt Schul·ler·blad, Schul·ler·bliä·der *s. med.*
Schultertuch Schul·ler·dook, Schul·ler·dö·ker *s.*, Üm·slag, Üm·sliä·ge *m.*
Schultüte School·tu·te, -n *w. tech.*
Schulung Scho·lung, -en [Scho·lun·gen] *w. kult.*
Schulweg School·wäg, School·wiä·ge *m. trans.*
Schulze Schult, -e, -en [Schulte] *m. agr.*; **Frau des ~n** Meers·ke, -n *w. agr.*; **Ländereien des ~n** Schul·tenhow, Schul·ten·hüö·we *m. agr.*
Schulzeit School·tiet, Schooltit·en *w. tem. kult.*
Schulzeugnis; schlechtes ~ Jao·mer·lap·pen, -s *m. kult.*
Schumacher-Dreifuß Drai-

foot, Drai·fö·te *m. tech.*
schunkeln schuckeln [schukkeln] *ZW*
Schuppe Schin, -·nen *w. med.*
Schürzchen Vüör·röks·ken, Vüör·röks·kes *s.*
Schürze Schüör·te, -n *w.*, Slip, -·pe *s.*, Vüör·rok, Vüörröcke [Vüör·rök·ke] *m.*; **kleine ~** Vüör·röks·ken, Vüörröks·kes *s.*; **~ umbinden** schüör·ten (sik) *ZW*
Schürzenzipfel Schüör·tentip, -·pen *m.*, Slip, -·pe *s.*
Schurzfell Schaut·fel, -·le *s. tech.*
Schuss Schüët, -e [Schüëte] *m.*
Schüssel Nap, Näp·pe *m. tech.*, Schüë·del, -n *w. tech.*
Schüsselchen Schüë·delken, Schüë·del·kes *s. tech.*
Schussfaden (beim Weben) Kops, -en [Kop·sen] *m. tech.*
Schusswaffe (für Pfeile) Bugen, Büö·gen *m. tech.*
Schuster Schoos·ter, -s *m. tech.*, (Schimpfwort) Piëkfies·ter, -s *m. tech.*
Schusterahle Süb·bel, -s *m. tech.*, Sü·le, -n *w. tech.*
Schusterhammer Schooster·ha·mer, Schoos·ter·hämers *m. tech.*
Schusterleisten Lies·se, -n *w. tech.*
Schustermesser Schooster·mest, Schoos·ter·mes·sers *s. tech.*
schustern schoos·tern *ZW tech.*
Schusterpfriem Süg·gel, -s *m. tech.*
Schutt Schut *m. o.Mz.*, Gruët *m. o.Mz.*
Schüttelfrost Frai·sen *s. o.Mz. med.*, kol·le Fe·wer, -s *s. med.*, Schüt·ten *s. o.Mz. med.*
Schüttellähmung Schüëdeln *s. o.Mz. med.*
Schütteln Schüë·deln *s. o.Mz.*
schütteln schüë·deln *ZW*, schuckeln [schuk·keln] *ZW*
schütten gai·ten *uZW*, kippen *ZW*, schüt·ten *ZW*
Schüttorf Schüt·trup *ON*
Schutz Schüör·te, -n *w. tech.*
Schutzdach Af·dak, Af·diäker *s. arch.*, Üö·wer·dak, Üö-

wer·diä·ker *s. arch.*
Schütze Schüt·te, -n *m.*
schützen schüt·ten *ZW*, afscher·men *ZW*
Schützenbruder Schüt·tenbro·er, Schüt·ten·brö·ers *m.*
Schützenfest Schüt·ten·beer *s. o.Mz. kult.*; **die vier höchsten weltlichen Feiertage: Karneval, Kirmes, ~ und Rübenball** Ve·erhoch·ti·ten *Mz. tem. kult.*; **jemd., der gerne ~ feiert** Schüt·ten·be·ers·kääl, -s *m.*
Schützengraben Laup·grawen, Laup·griä·wen *m. mil.*
Schützenkönig Schüt·tenküë·ning, -e [Schüt·ten·küëninge] *m. kult.*; **Ausschießen des ~s** Küë·ning·schaiten *s. o.Mz. kult.*; **Haus des ~s** Küë·nings·huus, Küënings·hü·ser *s. arch.*
Schützenstange Schüt·tenro·de, -n *w. tech.*
Schutzheiliger Pa·troon, Patro·nen *m. rel.*; **~ der Kirche** Kiär·ken·pa·troon, -s *m. rel.*; **~ der Stadt** Stad·patroon, -s *m. rel.*
schwach blü·me·rant, -e, -en [blü·me·ran·te] *EW med.* (frz. bleu mourant), hän·föl·lig, -e, -en [hän·föl·li·ge] *EW med.*, krüë·ke·lig, -e, -en [krüë·keli·ge] *EW med.*, lak, lacke, -n [lak·ke] *EW tech.*, lääsig, -e, -en [lää·si·ge] *EW psy., med.*, mak, macke, -n [mak·ke] *EW med.*, ma·lat, -·te, -·ten *EW med.*, min, -·ne, -·nen *EW psy.*, swak, swacke, -n [swak·ke] *EW med., psy., tech.*; **~ sein** krüë·keln *ZW med.*
Schwäche Swäk·de, -n *w. med., psy., tech.*
schwächlich knelk, -e, -en [knel·ke] *EW med.*, mäk·lik, mäk·licke, -n [mäk·lik·ke] *EW med.*, micke·rig, -e, -en [mikke·ri·ge] *EW med.*, pip·perig, -e, -en [pip·pe·ri·ge] *EW med.*, spuch·tig, -e, -en [spuch·ti·ge] *EW med.*, swäklik, swäk·licke, -n [swäk·likke] *EW med.*, swacke, -n [swak·ke] *EW med.*; **~es Ferkel** (auch Kind) Un·nermüëks·ken, Un·ner·müëkskes *s. med.*

Schwächling *übertr.* Heemken, Heem·kes *s. med.*, *übertr.* Slap·stië·wel, -s *m. med.*, *übertr.* Smant·lai·per, -s *m. med.*

schwachsinnig sein nich al·le bi·ne·ne häb·ben *med.*

Schwade Slao·ge, -n *w. agr.*, (von gemähtem Gras oder Korn) Gai·ne, -n *w. agr.*

Schwaden Swa·sen *m. o.Mz.*, Wa·sen *m. o.Mz.*

schwadronieren swa·dro·ne·ern *ZW psy.*

Schwager Swao·ger, Swäögers *m.*; **~ des ehepartners oder von Geschwistern** Swip·swao·ger, Swip·swäö·ger *m.*

Schwägerin Swäö·gers·ke, -n *w.*; **~ des Ehepartners oder von Geschwistern** Swip·swäö·gers·ke, -n *w.*

Schwalbe Swal·we, -n *w. zool.*, Swiärk, -s *m. zool.*

Schwalbennest Swal·wen·nöst, -er [Swalwen·nös·ter] *s. zool.*

Schwalbenschwanz Swal·wen·stiärt, -s *m. med., tech.*

Schwall Guot, Güö·te *m.*, Swup *m. o.Mz.*

Schwan Swaon, Swäö·ne *m. zool.*

schwanger *übertr.* in Huopnung *med.*, (abfällig) an·laupen, -e, -en [an·lau·pe·ne] *EW med.*

schwängern be·slao·pen *uZW med.*, (Tiere) dië·ken *ZW med.*

schwanken juckeln [juk·keln] *ZW*, swag·geln *ZW*, tuor·keln *ZW med.*, (in der Entscheidung) kwan·keln *ZW psy.*

schwankend tuor·kelsk, -e, -en [tuor·kels·ke] *EW med.*

Schwanz Stiärt, -s *m. med.*; **auf den ~ treten** up stiärt triä·ten; **mit hängendem ~** (Hund) sliep·stiärts *EW*

Schwanzende Flunk, Flün·ke *m. med.*

Schwanzfeder Stiärt·fiä·der, -n *w. zool.*

Schwanzflosse Fisk·stiärt, -s *m. zool.*

Schwanzmeise Stiël·pän·ken, Stiël·pän·kes *s. zool.*

Schwanzriemen (Teil des Pferdegeschirres) Stiärt·seel, Stiärt·se·le *s. tech.*

schwappen swap·ken *ZW*

Schwarm Swa·ke, Swai·ke *w. zool.*, Trop, Tröp·pe *m.*, Swecht, -e [Swech·te] *m. zool.*

Schwarte Swao·gel, Swäögel *m.*, Swaor, Swäör *w.*

schwarz swat, -·te, -·ten *EW*

Schwarzarbeit Swat·ar·baid, -en [Swat·ar·bai·den] *w.*

Schwarzarbeiter Swat·ar·bai·der, -s *m.*

Schwarzbrot Grow·braud, Grow·brai·de *s. kul.*, Pumper·nickel [Pum·per·nik·kel] *s. o.Mz. kul.*, Swat·braud, Swat·brai·de *s. kul.*; **~ in Wasser** Braud·wa·ter, Braudwä·ters *s. kul.*

schwarzbunt swat·bunt, -e, -en [swatbun·te] *EW*

Schwarzdorn Swat·däön *m. o.Mz. bot.*

Schwarzdrossel Gait·ling, -e [Gait·lin·ge] *m. zool.*, Mäten·gait·ling, -e [Mä·ten·gait·lin·ge] *m. zool.*

Schwarze(r) Swat·te, -n *m., w. und s.*

schwärzen swat·ma·ken *uZW*, **~ mit Ruß** rö·ten *ZW*

Schwarzgeld Swat·geld, Swat·gel·ler *s. fin.*

Schwarzhandel Swat·hannel *m. o.Mz. fin.*

Schwarzkümmel Jüf·fer·ken in't Gröne *s. bot.* (Nigella damascena)

schwärzlich swät·lik, swätlicke, -n [swät·lik·ke] *EW*

Schwarzmarkt Swat·markt, Swat·miärk·te *m. fin.*

Schwarzpappel Swat·pöppel, -n *w. bot.*

Schwarzrock Swat·rok, Swatröcke [Swat·rök·ke] *m.*

schwarzrot swat·raud, -e, -en [swat·rau·de] *EW*

schwarzschlachten swatslach·ten *ZW med. jur.*

Schwarzschlachten (an der Steuer vorbei) Swat·slachten *s. med. jur.*

Schwarzspecht swat·te Baum·picker, -s [Baum·pik·ker] *m. zool.*

schwarzweiß swat·bunt, -e, -en [swat·bun·te] *EW*, swat-

wit, -·te, -·ten *EW*

Schwarzwild Swat·kiel, -s *m. zool.*

Schwätzchen Präöt·ken, Präöt·kes *s.*

schwätzen kwa·tern *ZW psy.*, sab·beln *ZW psy.*, sappeln *ZW psy.*, snacken [snak·ken] *ZW psy.*, spaddern *ZW psy.*; **prahlerisch** ~ swa·dro·ne·ern *ZW psy.*

schwatzen bäb·beln *ZW psy.*, dai·len *ZW psy.*, jas·ken *ZW psy.* (frz. jaser), jib·beln *ZW psy.*, ka·keln *ZW psy.*, snäbbeln *ZW psy.*, *übertr.* snatern *ZW psy.*

Schwätzer Ka·kel·gat, Kakel·gät·ter *s. psy.*, Kü·erklaos, Kü·er·kläö·se *m. psy.*, Kwa·ter·büül, -s *m. psy.*, La·ber·kop, La·ber·köp·pe *m. psy.*, Sab·bel·kop, Sabbel·köp·pe *m. psy.*, Sab·belsnuut, Sab·bel·snu·ten *w. psy.*, Snäb·bel, -s *w. psy.*, Snäb·bel·bek, -s *m. psy.*

Schwätzerin Ka·kel·dai·se, -n *w. psy.*, Ka·kel·li·se, -n *w. psy.*, Kliä·ter·büs, -·sen *w. psy.*, Kü·er·kunt, -en [Kü·erkun·ten] *w. psy.*, Kwa·termä·se, -n *w. psy.*, La·bertrien, La·ber·tri·nen *w. psy.*, Snäb·bel, -s *s. psy.*, Snäbbel·bek, -s *s. psy.*

Schwebe Swiä·we, -n *w.*

Schwebebahn Swiä·we·baan, Swiä·we·ba·nen *w. trans.*

schweben bam·meln *ZW*, swiä·wen *ZW*

Schwede Sweeds·ke, -n *m. und w.*

Schweden Swe·den *geog.*, **Einwohner ~s** Sweeds·ke, -n *m. und w.*

schwedisch sweedsk, -e, -en [sweeds·ke] *EW kult.*

Schwefel Swië·wel *m. o.Mz. chem.*

Schwefeldampf Swië·weldamp, Swië·wel·däm·pe *m. chem.*

Schwefelgeruch Swië·welrüëk, -e [Swië·wel·rüë·ke] *m. chem.*

schwefelig swië·we·lig, -e, -en [swië·we·li·ge] *EW chem.*

Schwefelkies Kat·ten·güld *s. o.Mz. chem.*

schwefeln swië·weln *ZW*

chem., kul.
Schwefelsäure Swië·wel·su-
er s. o.Mz. chem.
Schwefelwasser Swië·wel-
wa·ter, Swië·wel·wä·ter ss.
o.Mz. chem.
Schweif Stiärt, -s m. med.,
astr.
Schweigen Swi·gen s. o.Mz.
psy.
schweigen swi·gen uZW
psy., übertr. ki·nen Piep säg-
gen
schweigsam muul·fuul, muul-
fu·le, -n EW psy.; ~ sein
übertr. dat Muul nich los·kri-
gen psy., ki·nen Piep säg-
gen psy.
Schwein Stö·wer; -s m.
zool., Swien, Swi·ne s. zool.;
**Begutachten und Loben
des geschlachteten ~es
durch Nachbarn bzw. Ver-
wandte** Swi·ne·pri·sen s.
kul.; **Gericht aus Herz, Lunge und Zunge vom** ~ Töt-
ken, Töt·kes s. kul.; **junges**
~ Kod·de, -n w. zool., Lai-
per, -s m. zool.; **gekochter
Unterschenkel vom** ~ les-
been, les·be·ne s. kul.; **kastriertes** ~ Foor, Föörs s.
zool.; **männliches** ~ E·wer,
-s m. zool.; **zur Aufzucht
bestimmtes** ~ Fa·sel·swien,
Fa·sel·swi·ne s. zool. agr.
Schweinchen Swien·ken,
Swien·kes s. zool.
Schweineäuglein Swi·ne-
aigs·ken, Swi·ne·aigs·kes s.
med.
Schweineborste Swi·ne-
strü·be, -n w. med.
Schweinebraten Swi·ne·brao-
den, Swi·ne·bräö·den m. kul.
Schweinebucht Swien·höw-
ken, Swien·höw·kes s. agr.
Schweineecke Swi·ne·hook,
Swi·ne·hö·ke m. agr.
Schweinefleisch Swi·ne·flesk
s. o.Mz. med., kul.
Schweinefuß Swi·ne·kläön-
ken, Swi·ne·kläön·kes s.
med., kul.
Schweinefutter Swien·fo·er
s. o.Mz. kul.; **Kessel zum
Kochen von** ~ Swi·ne·kië-
del, -s m. tech. kul., Swi-
ne·pot, Swi·ne·pöt·te m. tech.
kul.; **Mehl für** ~ Swi·ne·miäl,
-e [Swi·ne·miä·le] s. kul.

Schweinehof Swi·ne·how,
Swi·ne·hüö·we m. agr.
Schweinejunge Suëg·jun-
gen, -s m. agr.
Schweinekartoffel Swi·ne-
kar·tuf·fel, -n m. bot. kul.
Schweinekäufer Swien·kai-
per, -s m. fin.
Schweinekerl (Schimpfwort)
Swien·jak, -s s. psy.
Schweinepfötchen (Speise)
Pööt·kes Mz. kul., Swin·ne-
kläön·ken, Swin·ne·kläön-
kes s. kul.
Schweinepreis Swi·ne·pries,
Swi·ne·pri·se m. fin.
Schweinerei Äö·se·ri, -·en s.
Schweineschlachten Swien-
slach·ten s. o.Mz. med.
Schweineschmalz Swi·ne-
smolt s. o.Mz. kul.
Schweineschwanz Swi·ne-
stiärt, -s m. med., kul.
Schweineschwänzchen Swi-
ne·stiärt·ken, Swi·ne·stiärt-
kes s. med., kul.
Schweinestall Swi·ne·stal,
Swi·ne·stiä·le m. arch. agr.
Schweinetransportkiste
Sw·ine·kist, -en [Swi·ne·kis-
ten] w. tech.
Schweinetreiben Swi·ne-
dri·wen s. o.Mz. agr.
Schweinetrog Swi·ne·trog,
Swi·ne·trüö·ge m. agr. kul.;
Futterklappe über dem ~
lëm·sel, -s s. tech., Swi·ne-
klap, -·pen w. tech.
Schweinezucht Swi·ne·tucht,
-en [Swi·ne·tuch·ten] w. zool.
agr.
Schweinkram Aos·kraom m.
o.Mz.
Schweinsblase Swi·ne·blao-
se, -n w. med.
Schweinskopf Swi·ne·kop,
Swi·ne·köp·pe m. med., kul.
Schweinsleber Swi·ne·liä-
wer, -n w. med., kul.
Schweinsohr Swiens·aor,
-en [Swiens·ao·ren] s. med.
Schweiß Sweet m. o.Mz.
med.
Schweißen Wel·len s. o.Mz.
tech.
schweißen wel·len ZW tech.
Schweißfuchs Sweet·fos,
Sweet·fös·se m. zool.
Schweißfuß Sweet·foot,
Sweet·fö·te m. med.
Schweißperle Sweets·druo-

pen, Sweetsdrüö·pen m.
med.
schweißtreibend swe·te·rig,
-e, -en [swe·te·ri·ge] EW
med.
Schweißtropfen Sweets-
druo·pen, Sweetsdrüö·pen
m. med.
Schweißtuch Sweet·dook,
Sweet·dö·ker s. tech.
schwelen uë·meln ZW
Schwelle Dram·pel, -s m.
arch., Süël, -s w. arch.
schwellen swöl·len ZW
Schwengel Swän·gel, -s m.
tech.
Schwengelpumpe Swän-
gel·pump, -en [Swän·gel-
pum·pen] w. tech.
schwenken wai·en ZW
schwer nai, -·e, -·en EW,
pün·nig, -e, -en [pün·ni·ge]
EW, su·er, -e, -en [su·e·re]
EW, swaor, -e, -en [swao-
re] EW, übertr. stuur, stu-
re, -n EW tech.; **nicht** ~
licht, -e, -en [lich·te] EW; ~**es
vor sich haben** vüör de
Buorst häb·ben; **schwerer**
swäö·rer; **am schwersten**
an swäörs·ten
Schwere Swäör·de, -n w.
Schwerenot Swäör·naud w.
o.Mz. psy.
schwerfallen drok·fal·len
uZW, su·er·fal·len uZW
schwerfällig drao·se·lig, -e,
-en [drao·se·li·ge] EW psy.,
traon·däö·sig, -e, -en [traon-
däö·si·ge] EW psy.
schwergängig stuur, stu·re,
-n EW tech.
schwerhörig halw·dauw, -e,
-en [halw·dau·we] EW med.,
hat·häö·rig, -e, -en [hat·häö-
ri·ge] EW med., an'ne Ao-
ren häb·ben med.
schwermütig daip·densk, -e,
-en [daip·densk·e] EW psy.,
swaor·mö·dig, -e, -en [swaor-
mö·di·ge] EW psy. med.;
Wetter, das ~ **macht** Up-
han·gens·wiär s. o.Mz. met.
Schwerstarbeiter Wul-
lacker, -s [Wul·lak·ker] m.
Schwert Swiärt, -er [Swiär-
ter] s. med. mil.
Schwester Süs·ter, -s s.
Schwesterchen Süs·ter·ken,
Süs·ter·kes s.
schwesterlich süs·terlik,

süs·ter·licke, -n [süs·ter·lik-ke] EW
Schwiegereltern Swi·ger·öl·lern Mz.
Schwiegermutter Swi·ger·mo·der, Swi·ger·mö·ers w.
Schwiegersohn Doch·ter·man m., Swi·ger·suon, Swi·ger·süöns m.
Schwiegertochter Swi·ger·doch·ter, Swi·ger·döch·ter w., Suons·frau, -·en w.
Schwiegervater Swi·ger·va·der, Swi·ger·vä·ers m.
Schwiele Swiël, Swië·len s. med.
schwielig swië·lig, -e, -en [swië·li·ge] EW med.
schwierig knib·be·lig, -e, -en [knib·be·li·ge] EW, kniw·we·lig, -e, -en [kniw·we·li·ge] EW, knüs·pe·lig, -e, -en [knüs-pe·li·ge] EW, swaor, -e, -en [swao·re] EW; ~es vor sich haben übertr. vüör de Buorst häb·ben; sie ist ~ im Umgang, weil sie kinderlos ist übertr. üör is de Miälk su·er wuor·den
Schwierigkeit Ma·les·se, -n w. (frz. malaise), Mo·les·ten Mz., Spi·rens·ken, Spi·rens-kes s.; überflüssige ~ Fis-se·ma·ten·ten Mz. psy.
schwimmen swem·men uZW
Schwimmen (wie ein Hund) Rü·en·flot·ken s. o.Mz. spo.
Schwimmer Swem·mer, -s m.
Schwimmfuß Swem·foot, Swem·fö·te m. zool.
Schwimmhaut Swem·huut, Swem·hü·te w. med.
Schwimmkörper Flot, Flöt-te s. trans.
Schwimmmeister Swem-mes·ter, -s m. spo.
Schwimmseife Swem·se·pe, -n w. hyg.
Schwindel Swin·nel, -s m. jur., med.
Schwindelanfall Daal·slag, Daal·sliä·ge m. med.
schwindelfrei kop·fast, -e, -en [kop·fas·te] EW psy.
Schwindelgefühl Swië·mel, -s m. med.
schwindelig be·nuo·men, -e, -en [be·nuo·me·ne] EW med., be·swaigt, -e, -en [be·swaig-

te] EW med., blü·me·rant, -e, -en [blü·me·ran·te] EW med. (frz. bleu mourant), bum·me·lig, -e, -en [bum·me-li·ge] EW med., duë·me·lig, -e, -en [duë·me·li·ge] EW med., swië·me·lig, -e, -en [swië·me·li·ge] EW med.; mir wird ~ ik wä·er swië-me·lig med.
schwindeln krücken [krük-ken] ZW psy., swin·neln ZW psy.
schwinden swin·nen uZW
Schwindler Sli·ker, -s m. psy.
Schwindsucht Lun·gen·sü-ke, -n w. med., Uut·tiä·rung, -en [Uut·tiä·run·gen] w. med.
schwingen bäm·meln ZW, fiä·dern ZW tech., sucken [suk·ken] ZW, swin·gen uZW, vi·bre·ern ZW
Schwippschwager Swip-swao·ger, Swip·swäö·ger m.
Schwippschwägerin Swip-swäö·gers·ke, -n w.
Schwips Tüm·mel·ken, Tüm-mel·kes s. med.; einen ~ haben übertr. e·nen in'n Tim·pen häb·ben med., übertr. e·nen sit·ten häb·ben med., übertr. e·nen up häb-ben med.
schwitzen dam·pen ZW med., tech., swe·ten ZW med., tech.
Schwitzen Swe·ten s. o.Mz. med., tech.; ins ~ kommen an't Swe·ten kuë·men med.
schwören e·den ZW jur., swüö·ren ZW jur.
schwül be·naud, -e, -en [be-nau·de] EW met., brod·de-rig, -e, -en [brod·de·ri·ge] EW met., lum·me·rig, -e, -en [lum-me·ri·ge] EW met., smud-de·rig, -e, -en [smud·de·ri-ge] EW met.; ~es Wetter bülsk Wiär met.
Schwund Vö·gang, Vö·gän-ge m.
Schwung Fuk m. o.Mz. tech., Fuors, Füörs w. (frz. force), übertr. Fü·er, -s s. psy., Tüt m. o.Mz. psy.; in einem ~ ka·wup UW ; in ~ verset-zen an·suë·keln ZW
Schwungfeder Fiä·der, -n w. tech.
schwupp ka·wup UW
Schwur Eed, E·de m. jur.,

Swuor, Swüö·re m. jur.
sechs ses ZaW
Sechseck Ses·kant, -en [Ses-kan·ten] m. tech.
sechsfüßig ses·fö·tig, -e, -en [ses·fö·ti·ge] EW tech., med.
sechsjährig ses·jäö·rig, -e, -en [ses·jäö·ri·ge] EW tem.
Sechskant Ses·kant, -en [Ses·kan·ten] m. tech.
Sechskantschlüssel Ses-kant·slüë·del, -s m. tech.
Sechskantschraube Ses-kant·schru·we, -n w. tech.
sechsmal ses·maol ZaW
Sechsmonatskind Ses-maonds·kind, Ses·maonds-kin·ner s. med.
sechstel ses·tel ZaW
Sechstel Ses·tel, -s s. ZaW
Sechswochenamt Ses·wiär-ken·mis, -·sen w. rel.
sechzehn ses·tain ZaW
sechzehnjährig ses·tain·jäö-rig, -e, -en [ses·tain·jäö·ri·ge] EW tem.
sechzehnte ses·tains·te, -n ZaW
sechzig ses·tig ZaW
Sechziger Ses·ti·ger, -s m.
See Meer, Me·re s. geol.; Wa-ter, Wä·ters s. geol.; wilde aufgewühlte ~ Blank·hans m. o.Mz. met.
Seedeich Bu·ten·diek, Bu-ten·di·ke m. tech.
Seehund; junger ~ Hü·ler, -s m. zool.
Seele Siäl, Siä·le, -n w. psy.
Seelenamt Dau·den·mis·se, -n w. rel., Siä·len·amt, Siä-len·iäm·ter s. rel.
Seelenarzt Siä·len·dok·ter, -s m. psy.
Seerose Wa·ter·rau·se, -n w. bot.
Seerosenblatt Wa·ter·rau-sen·blad, Wa·ter·rau·sen-bliä·der s. bot.
Seeschiff Se·schip, -·pe s. trans. naut.
Segel Lap·pen, -s m. tech., Siä·gel, -s s. naut.
Segelflieger Siä·gel·flai·ger, -s m. spo.
Segelflugzeug Siä·gel·flai-ger, -s m. tech. spo.
segeln sche·sen ZW naut., siä·geln ZW naut.
Segelschiff Siä·gel·schip, -·pe s. naut.; Besatzungs-

mitglied eines ~es Siä·gel-
schip·per, -s *m. naut.*
Segelschiffer Siä·gel·schip-
per, -s *m. naut.*
Segen Siän·gen, -s *m. rel.*
Segge Snid·gräs, Snid·griä-
ser *s. bot.*
Segler Siäg·ler, -s *m. naut.*
spo.
segnen ben·dik·se·ern *ZW*
rel. (lat. benedicere), siän-
gen *ZW rel.*
sehen gli·pen *uZW*, ki·ken
uZW, lus·tern *ZW*, sain
uZW; **sich selten ~ lassen**
sik raor ma·ken; **siehe** sü;
sieh an! kik sü! sü dao!
sehend ki·kend, -e, -en [ki-
ken·de] *EW*
sehenswert be·ki·kens·wääd,
be·ki·kens·wä·de, -n *EW*, kur-
joos, kur·jo·se, -n *EW* (frz.
curieux)
Seher Ki·ker, -s *m.*
Sehhilfe Kiek·höl·pe, -n *w.*
tech.
Sehne Sië·ne, -n *w. med.*,
Taos·ke, -s *s. kul.*
sehnen sië·nen *ZW psy.*
Sehnerv Kiek·nerw, -en [Kiek-
ner·wen] *m. med.*
sehnig sië·nig, -e, -en [sië-
ni·ge] *EW med.*
Sehnsucht *übertr.* Smacht
m. o.Mz. psy.
sehr bar·baarsk *UW*, dië-
ger *UW*, dol *UW*, fas·te *UW*,
hat *UW*, heel *UW*, hel·ler
UW, helsk *UW*, niëtsk *UW*,
üë·wels *UW*, un·uë·sel *UW*,
vö·dü·welt *UW*, waan, wa-
ne *UW*, wööst *UW*; **zu ~** al-
to *UW*; (Vorsilbe) krit·ten
Sehschlitz Kiek·lok, Kiek-
löcker [Kiek·lök·ker] *s. tech.*
seicht flak, flacke, -n [flak-
ke] *EW*, flaut, -e, -en [flau-
te] *EW*, sieg, si·ge, -n *EW*;
~e Stelle im Wasser Flau-
te, -n *w.*
Seide Si·de, -n *w. tech.*; **aus
~** si·den, -e, -en [si·de·ne]
EW tech.
seiden si·den, -e, -en [si·de-
ne] *EW tech.*
Seidenfaden Si·den·faam,
Si·den·fiäm *m. zool., tech.*
Seidengarn Si·den·gaorn, Si-
den·gäörns *s. tech.*
Seidenkleid Si·den·kleed, Si-
den·kle·der *s.*

Seidenpaier Si·den·pa·pe·er,
-e [Si·den·pa·pe·e·re] *s. tech.*
Seidenraupe Si·den·ru·pe, -n
w. zool.
Seife Se·pe, -n *w. hyg.*
seifen se·pen *ZW hyg.*
Seifenherstellung Se·pen-
ma·ken *s. o.Mz. tech.*
Seifenpulver Se·pen·pul·wer,
-s *s. hyg.*
Seifenschale Se·pen·schäöl-
ken, Se·pen·schäöl·kes *s.*
tech.
Seifenschaum Se·pen-
schuum, Se·pen·schü·me *m.*
hyg.
Seifenwasser Se·pen·wa-
ter, Se·pen·wä·ters *s. hyg.*
Seihe Düör·slag, Düör·sliä-
ge *m. tech.*, Si·ge, -n *w. tech.*
seihen si·gen *ZW tech.*
Seihtuch Si·ge·dook, Si·ge-
dö·ker *s. tech.*
Seil Li·ne, -n *w. tech.*, Reep,
-s *s. tech.*, Seel, Se·le *s.*
tech., Strik, Stricke [Strik·ke]
s. tech.; **dünnes ~** Lien·ken,
Lien·kes *s. tech.*; **kleines ~**
Seel·ken, Seel·kes *s. tech.*;
**Anlage zur Herstellung von
~en** Re·per·baan, Re·per-
ba·nen *w. tech.*; **~ spannen
(z.B. über den Weg)** strüp-
pen *ZW*
Seilbahn Seel·baan, Seel-
ba·nen *w. trans.*
Seilchen Seel·ken, Seel·kes
s. tech.
Seilchenspringen (Kinderspiel) Lien·ken·hüp·pen *s.*
o.Mz. spo., Seel·ken·sloan
s. o.Mz. spo.
Seiler Reep·sliä·ger, -s *m.*
tech., Seel·ma·ker; -s *m.*
tech., Se·ler, -s *m. tech.*
Seilmacher Reep·sliä·ger, -s
m. tech., Seel·ma·ker; -s *m.*
tech., Se·ler, -s *m. tech.*
Seiltänzer Lien·dän·ser, -s
m. spo., Seel·dän·ser, -s *m.*
spo.
sein sien *uZW*; sien, si·ne,
-n *FW*
seinesgleichen sien·gli·ken
FW
Seinige(r) Si·ne, -n *m., w.*
und s.
seit siet *VW tem.*
seitab siet·af *UW*, siet·to
UW, siet·üm *UW*
seitdem siet·dat *UW BW*

tem., siet de Tiet *tem.*
Seite Siet, Si·te, -n *w.*, (des
Buches usw.) Blad, Bliä·der
s., (rechte, linke) Kant, -en
[Kan·ten] *w.*; **zur ~** bi·siet,
bi·si·te *UW*; **abgewandte
~** Af·si·te, -n *w.*; **auf der
anderen ~** gië·gen·üö·wer
VW; **von allen ~n** rund-
üm·to *UW*; **zur ~ gehen** wi-
ken *uZW*, hum·men *ZW*;
geh zur Seite! hum di!
Seitenaltar Si·ten·aol·taor,
Si·ten·aol·täö·re *m. arch. rel.*
Seitenbrett Si·ten·briä·der *s. tech.*; **~ am
Wagen** Flech·te, -n *w. tech.*;
~ des Ackerwagens Wa-
gen·bräd, Wa·gen·briä·der *s.*
tech.
Seiteneingang Si·ten·in·gang,
Si·ten·in·gän·ge *m. arch.*
Seitengang Si·ten·gang, Si-
ten·gän·ge *m. arch.*
Seitenschiff (der Kirche)
Af·si·te, -n *w. arch.*, Si·tern-
schip, -·pe *s. arch.*
Seitensprung Bi·sprung, Bi-
sprün·ge *m. psy.*
Seitenstraße Si·ten·straot,
-en [Si·ten·strao·ten] *w.*
trans.
Seitenstreifen Si·ten·stri-
pen, -s *m. trans.*
Seitentür Gië·gen·düör, -n
w. arch., Si·ten·düör, -n *w.*
arch.
Seitenwand Sit·en·wand, Si-
ten·wän·ne *w. tech., arch.*
Seitenweg Si·ten·wäg, Si-
ten·wiä·ge *m. trans.*
Seitenwind Si·ten·wind, Si-
ten·win·ne *m. met.*
seither siet de Tiet *tem.*
seitlich siet·lik, siet·licke, -n
[siet·lik·ke] *EW*
seitwärts af·wääds *UW*, siet-
to *UW*, siet·üm *UW*
Sekt Schuum·wien, Schuum-
wi·ne *m. kul.*
Sekunde Se·kun·ne, -n *w.*
tem.
Sekundenzeiger Se·kun·nen-
wi·ser, -s *m. tech. tem.*
selbe söl·wig, -e, -en [söl·wi-
ge] *EW*
selber söl·wer *FW*, söws
FW; **~ machen** söws·ma-
ken *uZW*
selbst söws *FW*, söw·wes
FW

selbständig al·leen, al·le·ne *EW*, e·gen·stän·nig, -e, -en [e·gen·stän·ni·ge] *EW*

Selbständigkeit E·gen·stän·nig·kait *w. o.Mz.*

Selbstaussaat; Aufgehen der ~ Up·slag, Up·sliä·ge *m. bot.*

selbstbewusst as·trant, -e, -en [as·tran·te] *EW psy. (frz.* astreindre), risk, -e, -en [ris·ke] *EW psy.*; **~ sein** sik mai·nen *ZW psy.*

Selbstbinder Söws·bin·ner, -s *m. tech. agr.*

selbstgebacken e·gen·bakt, -e, -en [e·gen·bak·te] *EW kul.*

selbstgefällig; in ~er Weise mät·te·rig, -e, -en [mät·te·ri·ge] *EW psy.*

selbstgemacht söws·maakt, -e, -en [söws·maak·te] *EW*

Selbstgespräch In·sik·ge·kü·er *s. o.Mz. psy.*

Selbstlaut E·gen·luut, E·gen·lu·te *m.*, Söws·luut, Söws·lu·te *m.*

Selbstmord; ~ begehen sik wat an·doon; **Wetter, das zum ~ treibt** Up·han·gens·wiär *s. o.Mz. met.*

Selbstsucht E·gen·socht, E·gen·söch·te *w. psy.*

selbstsüchtig e·gen·söch·tig, -e, -en [e·gen·söch·ti·ge] *EW psy.*; **~er Mensch** Grië·wel, -s *m. psy.*

Selbstsüchtige(r) E·gen·söch·ti·ge, -n *m., w. und s. psy.*

Selbstversorger E·gen·vö·suor·ger, -s *m.*

selbstverständlich klaor, -e, -en [klao·re] *EW*

selig siä·lig, -e, -en [siä·li·ge] *EW rel., psy.*

Seligkeit Siä·lig·kait *w. rel., psy.*

Sellerie Sel·le·re *m. o.Mz. bot.*

Selm Siälm *ON*

selten raor, -e, -en [rao·re] *EW*

seltsam e·gen, -e, -en [e·ge·ne] *EW*, ge·di·gen, -e, -en [ge·di·ge·ne] *EW*, kur·joos, kur·jo·se, -n *EW (frz.* curieux), sel·ten, -e, -en [sel·te·ne] *EW*, twi·sam, -·me, -·men *EW psy.*, wun·ner·lik, wun·ner·licke, -n [wun·ner·lik·ke] *EW*

Semester Halw·jaor, -e [Halw·jao·re] *s. tem.*

Senat Se·naot, -e [Se·näö·te] *m. pol.*

Senator Se·nao·ter, -s *m. pol.*

Send Siänd *m. o.Mz. kult.*; **~ zur Fastenzeit** Fas·sen·siänd *m. o.Mz. kult.*

Sendemast An·ten, -·nen *w. tech.*, Fünk·sta·ken, -s *m. tech.*

senden sen·nen *ZW*

Senden Siän·den *ON*

Sendender Sen·ner, -s *m.*

Sendenhorst Siän·huorst *ON*

Sender Sen·ner, -s *m. tech.*

Sendung Sen·nung, -en [Sen·nun·gen] *w.*

Senf Siëmp *m. o.Mz. bot.*, Mos·tert, -s *m. kul. (frz.* moutarde)

Senfsaat Siëmp·saot, Siëmp·säö·te *w. bot.*

Senfsamen Siëmp·saot, Siëmp·säö·te *w. bot.*

sengen schrai·en *ZW*, schrög·gen *ZW*, snö·en *ZW*

Senkblei Laut, -e [Lau·te] *s. tech.*

senken sacken [sak·ken] *ZW*

Senkfuß Plat·foot, Plat·fö·te *m. med.*

senkrecht laut·rächt, -e, -en [laut·räch·te] *EW*, piel, pi·le, -n *EW*, piel·up *EW*

Senkung (im Gelände) Knik, -s *m. geol.*

Senne Siä·ne *w. o.Mz. geog.*

Sense Sai·se, -n *w. tech.*; **~ schärfen** ha·ren *ZW tech.*; **~ mit dem Sensenstein schärfen** dän·geln *ZW tech.*

Sensenblatt Sai·sen·mest, Sai·sen·mes·sers *s. tech.*

Sensendengeln Sai·sen·ha·ren *s. o.Mz. tech.*

Sensengestell Sai·sen·baum, Sai·sen·bai·me *m. tech.*, Sai·sen·stel, -s *s. tech.*

Sensenhändler Sai·sen·kääl, -s *m. fin.*

Sensenklinge Sai·sen·blad, Sai·sen·bliä·der *s. tech.*

Sensenmann Sai·sen·man, Sai·sen·lü·de *m. agr., übertr.* Daud *m. o.Mz.*

Sensenmesser Sai·sen·blad, Sai·sen·bliä·der *s. tech.*

Sensenschärfer Sai·sen·strik, Sai·sen·stricke [Sai·sen·strik·ke] *s. tech.*

Sensenschnitter Sai·sen·lai·per, -s *m. agr.*

Sensensmied Sai·sen·smet, -s *m. tech.*

Sensenstreicher Sai·sen·strik, Sai·sen·stricke [Sai·sen·strik·ke] *s. tech.*

Sensor Fö·ler, -s *m. tech.*

Sentrup Sen·trup *ON*

separieren af·sun·nern *ZW*

Seppenrade Siä·pro *ON*

September Hiärfst·maond, -e [Hiärfst·maon·de] *m. tem.*

Servatius Ser·vats *VN*

servieren up·doon *uZW kul.*, up·driä·gen *uZW kul.*

Serviette Mund·dook, Mund·dö·ker *s. tech. kul.*, Sal·wet·te, -n *w. tech. kul. (frz.* serviette), Vüör·dook, Vüör·dö·ker *s. tech. kul.*

Sessel Liën·stool, Liën·stö·le *m. tech.*, Ses·sel, -s *m. tech.*

setzen sät·ten *ZW*

Setzling Puor·te, -n *w. bot.*

Seuche Sü·ke, -n *w. med.*

seufzen söch·ten *ZW psy.*

Seufzer Söcht, -e [Söch·te] *m. psy.*

sich sik *FW*

Sichel Si·get, -s *s. tech.*, Sië·kel, -n *w. tech.*; **große ~ mit Oberarmstütze** Siëgt, -en [Siëg·ten] *w. tech.*

Sichelmond Siëg·ten·maond, -e [Siëg·ten·maon·de] *m. astr.*

sicher be·stemt, -e, -en [be·stem·te] *EW*, dries·te *EW*, püük, pü·ke, -n *EW*, sië·ker, -e, -en [sië·ke·re] *EW*

Sicherheit Sië·ker·hait, -en [Sië·ker·hai·ten] *w.*

sicherlich sië·ker·lik, sië·ker·licke, -n [sië·ker·lik·ke] *EW*

sichern af·sië·kern *ZW*, sië·kern *ZW*, wäg·slu·ten *uZW*

Sicherung Sië·ke·rung, -en [Sië·ke·run·gen] *w. tech.*

sickern si·pen *ZW*

sie et·te *FW*, gi *FW*, ji *FW*, se *FW*

Sie (Anredeform) Gi *FW*, Ji *FW*, Se *FW*

Sieb Siëwt, -e [Siëw·te] *s. tech.*

sieben 1. sië·wen *ZW tech.*; 2. siëm *ZaW*

siebenjährig siëm·jäö·rig, -e, -en [siëm·jäö·ri·ge] EW tem.
Siebenjährige(r) Siëm·jäö·ri·ge, -n m. und w. tem.
siebenmal siëm·maol ZaW
Siebensachen übertr. Bak·te·biärn Mz.
Siebenschläfer (27. Juni) Siëm·slai·per m. o.Mz. tem. met.
Siebente Siëm·te, -n ZaW
Siebmacher Siëwt·ma·ker, -s m. tech.
siebzehn siëm·tain ZaW
siebzehnte siëm·tains·te, -n ZaW
siebzig siëm·tig ZaW
Siebziger Siëm·ti·ger, -s m.
siebzigste siëm·tigs·te, -n ZaW
siechen; dahin ~ vö·kwi·nen uZW bot., med.
siedeln si·deln ZW
Siedler Sied·ler, -s m.
siegen win·nen uZW
Sieger Win·ner, -s m.
Siegerlied Win·ner·leed, Win·ner·le·der s. mus.
Siegeszeichen Win·ner·te·ken, -s s.
Signal Sig·naol, -e [Sig·nao·le] s. tech., Te·ken, -s s.
Signalhorn Naud·häön, -s s. tech., Tu·te, -n w. tech., Tu·te·häön, -s s. tech.; ~ des Postillions Post·häön, -s s. tech. mus.
Silbe Sil·we, -n w.
Silbenanfang Sil·wen·an·fang, Sil·wen·an·fän·ge m.
Silbengrenze Sil·wen·gren·se, -n w.
Silber Sül·wer s. o.Mz. chem.; mit ~ überziehen vö·sül·wern ZW tech.
Silberarbeit Sül·wer·ar·baid, -en [Sül·wer·ar·bai·den] w. tech.
Silberarbeiter Sül·wer·ar·bai·der, -s m. tech.
Silberbergwerk Sül·wer·biärg·wiärk, -e [Sül·wer·biärg·wiär·ke] s. tech. geol.
Silberblatt Ju·das·da·ler, -s m. bot. (Lunaria annua)
Silberdistel Sül·wer·di·sel, -n w. bot.
Silberdraht Sül·wer·draod, Sül·wer·dräö·de m. tech.
Silberfaden Sül·wer·faam, Sül·wer·fiäm m. tech.

Silberfischchen Sül·wer·fisk, -e [Sül·wer·fis·ke] m. zool.
Silberfuchs Sül·wer·fos, Sül·wer·fös·se m. zool.0
Silbergehalt Sül·wer·ge·holt m. o.Mz. chem.
Silbergeld Sül·wer·geld s. o.Mz. fin.
Silbergroschen (50 Pf) Süb·bös·ken, Süb·bös·kes s. fin., Sül·wer·ken, Sül·wer·kes s. fin.
Silberhochzeit (25 Jahre) Sül·wer·hoch·tiet, Sül·wer·hoch·ti·ten w. tem.
Silbermedallle Sül·wer·me·dal·ge, -n w. spo.
Silbermünze; alte ~ (3½ Silbergroschen) Bla·mü·ser, -s m. fin.
silbern sül·wern, -e, -en [sül·wer·ne] EW
Silberpappel Sül·wer·pöp·pel, -n w. bot.
Silbersachen Sül·wert·üüg, -s s. o.Mz. tech.
Silberschmied Sül·wer·smet, -s m. tech.
Silberstreifen Sül·wer·stri·pen, -s m.
Silberweide Sül·wer·wië·de, -n w. bot.
silberweiß sül·wer·wit, -·te, -·ten EW
Silberzeug Sül·wert·üüg, -s s. o.Mz. tech.
Silvester (31. Dezember) Sül·wes·ter tem., VN
Silvesterabend Sül·wes·ter·aomd, -e [Sül·wes·ter·aom·de] m. tem.
Silvesterbrauch Sül·wes·ter·bruuk, Sül·wes·ter·brü·ke m. his.
Sims Mü·er·band, Mü·er·bän·ner s. arch.
simultan met eens, up eens
sind sint FW
Singdrossel Sip·pe, -n w. zool.
singen sin·gen uZW mus.; kräftig ~ üö·wer·ha·len uZW mus.; kunstvoll ~ kwin·ke·le·ern ZW mus.; laut ~ kri·jö·len ZW mus.; schlecht ~ übertr. krai·en ZW mus.; schüchtern ~ sip·pen ZW mus.; übermäßig laut ~ jö·len ZW mus.
Singen Sin·gen s. o.Mz. mus.; zum ~ zumute sin·gens-

mao·te UW psy.
Singspiel Sing·spiël, -e [Sing·spië·le] s. mus.
Singvogel Sing·vuëgel, Sing·vüë·gel m. zool.
Sinn Mood m. o.Mz., Sin, -·ne m.
sinnieren sim·me·le·ern ZW psy. (frz. simuler), sin·ne·ern ZW psy., wun·ner·waar·ken ZW psy.
Sinningen Sië·nin·gen ON
sinnlos sün·laus, -e, -en [sün·lau·se] EW
sinnvoll an·stän·nig, -e, -en [an·stän·ni·ge] EW
Sinnvolles Klö·ke·res s. o.Mz.
Sitte Bruuk, Brü·ke m. kult., Doon s. o.Mz. kult., Mood, Mo·den w. kult.
sittsam üörn·lik, üörn·licke, -n [üörn·lik·ke] EW psy.
Sittsamkeit Dög·te, -n w. psy.
Situation Lao·ge, -n w.
situiert sit·te·we·ert, -e, -en [sit·te·we·er·te] EW (frz. situé)
Sitz Sit, -·te m. tech., Vö·holt, Vö·höl·le m.; ~ auf Wagen für den Fahrer Buk, Bücke [Bük·ke] m. tech.
Sitzbank Bank, Bän·ke w. tech.; in der Küche Küë·ken·bank, Küë·ken·bän·ke w. tech.
Sitzen Sit·ten s. o.Mz.; im ~ in't Sit·ten, sit·wi·se UW
sitzen sit·ten uZW; richtig ~ liek·sit·ten uZW
sitzenbleiben sit·ten·bli·wen uZW
sitzenlassen sit·ten·lao·ten uZW
Sitzfleisch Sit·ten·ääs m. o.Mz.
Sitzgestänge im Hühnerhaus Hö·ner·wiem, -s m. tech.
Sitzkissen Sit·küs·sen, -s s. tech.
Sitzstange (für das Federvieh) Haan·holt, Haan·höl·ter s. tech.
Sitzstock (des Jägers) Buk·stool, Buk·stö·le m. tech.
Skabiose Pao·ter·knaip m. o.Mz. bot.
Skandal; ~ machen schan·du·deln ZW psy.
Skelett Knuo·ken·stel, -·le s. med.
Skizze Hand·teek·nung, -en

[Hand·teek·nun·gen] *w. tech.*
Sklave Un·fri·e, -n *m. und w.*
so sau *UW FW BW,* so *UW
FW BW*
sobald so·bol·le *UW*
Socke Huo·se, -n *w.,* Socken,
Söcken [Sok·ken], [Sök·ken]
m.; ~ **aus Hede** Hai·en-
socke, Hai·en·söcken [Hai-
en·sok·ke] *w.*
Sodalität (kath. Bruderschaft)
Sal·täät, Sal·tä·ten *w. rel.*
Sodbrennen Saor·briä·nen
s. o.Mz. med.
soeben iä·ben, -s *UW tem.,*
jüst *UW tem.,* so·iäm *UW
tem.*
Soest Saust *ON*
Sofa Kan·na·pe, -es *s. tech.*
(*frz.* canapé)
sofort bats *UW tem.,* bi·e-
ne·wäg *UW tem.,* dri·wens
UW tem., fort, -s *UW tem.,*
füst *UW tem.,* glieks *UW
tem.,* so·gliek *UW tem.,* stan-
te·pe *UW tem.,* staon·foots
UW tem., up stups *UW
tem.,* up·stuns *UW tem.;* **ab**
~ van stuns an *tem.*
sogar söws *UW,* jä söws
sogleich fort, -s *UW,* glieks
UW, so·gliek *UW*
Söhlchen Süöl·ken, Süöl·kes
s. tech.
Sohle Suol, Süöl *w. tech.*
sohlen suo·len *ZW tech.*
Sohlenleder Suol·liär, -s *s.
tech.*
Sohn Fi·li·us, -·se *m.* (lat.
filius), Suon, Süöns *m.*
Söhnchen Süön·ken, Süön-
kes *s.*
Solarium Sun·nen·bank, Sun-
nen·bän·ke *w. tech.*
solch sök, söcke, -n [sök·ke]
FW, sük, sücke, -n [sük·ke]
FW
Soldat Kri·ger, -s *m. mil.,*
Sul·daot, -en [Sul·dao·ten]
m. mil.; **ziehender** ~ Train-
sul·daot, -en [Train·sul·dao-
ten] *m. mil.*
Soldatenbett Sul·dao·ten-
bed·de, -n *s. tech. mil.*
Soldatenfriedhof Sul·dao-
ten·kiärk·how, Sul·dao·ten-
kiärk·hüö·we *m. mil.*
Soldatengrab Sul·dao·ten-
graw, Sul·dao·ten·griä·wer *s.
mil.*
Soldatenleben Sul·dao·ten-

liä·wen *s. o.Mz. mil.*
Soldatenmütze Sul·dao·ten-
kip, -·pe, -·pen *w. tech.*
solidarisch; ~ **sein** to·sam-
men·staon *uZW*
Solidarität To·sam·men-
staon *s. o.Mz.*
sollen müë·ten *uZW,* süë-
len *uZW*
Sommer Sum·mer, Süm-
mers *m. tem.;* **im** ~ sum-
mer·dags *UW tem.*
Sommerabend Sum·mer-
aomd, -e [Sum·mer·aom·de]
m. tem.
Sommerbrache Sum·mer-
brao·ke, -n *w. agr.*
Sommerferien Sum·mer·va-
kans, -en [Sum·mer·va·kan-
sen] *w. tem.*
Sommerfrischler (Luftschnapper) Lucht·snäp·per,
-s *m.,* **Kind der** ~ (abfällig)
Lucht·snäp·pers·bla·ge, -n *w.*
Sommerkleid Sum·mer-
kleed, Sum·mer·kle·der *s.*
Sommerkleidchen Sum-
mer·kleed·ken, Sum·mer-
kleed·kes *s.*
sommerlich sum·mer·lik,
sum·mer·licke, -n [sum·mer-
lik·ke] *EW met.*
Sommerlinde Sum·mer·lin-
ne, -n *w. bot.*
Sommernacht Sum·mer-
nacht, Sum·mer·näch·te *w.
tem.*
Sommerschlussverkauf
Sum·mer·uut·vö·kaup, Sum-
mer·uut·vö·kai·pe *m. fin.*
Sommersegen Sum·mer-
siän·gen *m. o.Mz.*
Sommersonne Sum·mer-
sun·ne *w. o.Mz. met.*
Sommersprosse Sun·vuë-
gel, Sun·vüë·gel *m. med.*
Sommertag Sum·mer·dag,
-e [Sum·mer·da·ge] *m. tem.*
sommertags sum·mer·dags
UW tem.
Sommervogel Sum·mer·vuë-
gel, Sum·mer·vüë·gel *m.
zool.*
Sommerzeit Sum·mer·tiet,
Sum·mer·ti·ten *w. tem.*
sonder sun·ner *VW*
Sonderangebot *übertr.* Äks-
trao·pries, Äks·trao·pri·se *m.
fin.*
sonderbar a·pad·dig, -e, -en
[a·pad·di·ge] *EW psy.,* e·gen-

a·rig, -e, -en [e·gen·a·ri·ge]
EW, e·wen·tüürsk, -e, -en
[e·wen·tüürs·ke] *EW,* ge·di-
gen, -e, -en [ge·di·ge·ne] *EW,*
klüch·tig, -e, -en [klüch·ti-
ge] *EW,* nig·ge·lig, -e, -en
[nig·ge·li·ge] *EW psy.,* sun-
ner·baor, -e, -en [sun·ner-
bao·re] *EW,* sün·ner·lik, sün-
ner·licke, -n [sün·ner·lik·ke]
EW; **~es Ding** Klücht, -en
[Klüch·ten] *s.*
Sonderecht Sun·ner·rächt,
-e [Sun·ner·räch·te] *s. jur.*
Sonderling E·gen·päs·ser,
-s *m. psy., übertr.* Schraot-
lai·per, -s *m. psy.*
sondern sun·nern *BW*
Sonderpreis Äks·trao·pries,
Äks·trao·pri·se *m. fin.*
Sonderschule Sun·ner-
school, Sun·ner·scho·len *w.
kult.*
Sonderzug Äks·trao·tog, Äks-
trao·tüö·ge *m. trans.*
Sonnabend Sao·ter·dag, -e
[Sao·ter·da·ge] *m. tem.*
sonnabends sao·ter·dags
UW tem.
Sonne Sun·ne, -n *w. astr.*
sonnen sun·nen *ZW*
Sonnenaufgang Sun·nen-
up·gang, Sun·nen·up·gän·ge
m. astr.
Sonnenbank Sun·nen·bank,
Sun·nen·bän·ke *w. tech.*
Sonnenblume Sun·nen·blo-
me, -n *w. bot.*
Sonnenbrand Sun·nen-
brand *m. o.Mz. med.*
Sonnendach Sun·nen·dak,
Sun·nen·diä·ker *s. tech.*
Sonnenfleck Sun·nen·pläk,
Sun·nen·pläcken [Sun·nen-
pläk·ken] *m. astr.*
sonnengelb sun·nen·giäl,
-e, -en [sun·nen·giä·le] *EW*
sonnenklar sun·nen·klaor,
-e, -en [sun·nen·klao·re] *EW*
Sonnenlage; geschützte ~
Sun·nen·wi·er·stiëk *m. o.Mz.*
Sonnenlicht Sun·nen·lecht,
-er [Sun·nen·lech·ter] *s. astr.*
Sonnenschein Sun·nen-
schien *m. o.Mz. met.*
Sonnenschirm Sun·nen-
scherm, -e [Sun·nen·scher-
me] *m. tech.*
Sonnenseite Sun·nen·siet,
Sun·nen·si·ten *w.*
Sonnenstich Sun·nen·stiëk,

-e [Sun·nen·stië·ke] *m. med.*
Sonnenstrahl Sun·nen·straol,
-en [Sun·nen·strao·len] *m.*
astr.
Sonnentau Dau·liäpel, -s *m.*
bot.
Sonnenuhr Sun·nen·klok,
Sun·nen·klocken [Sun·nen-
klok·ken] *w. tech. astr. tem.*
Sonnenuntergang Sun·nen-
un·ner·gang, Sun·nen·un-
ner·gän·ge *m. astr.*
sonnig sun·nig, -e, -en [sun-
ni·ge] *EW met.*
Sonntag Sun·dag, -e [Sun-
da·ge] *m. tem.*; **Weißer** ~
Wi·ten Sun·dag *rel. tem.*
sonntäglich; ~ **angezogen**
sun·dags·fien, sun·dags·fi·ne,
-n *EW*
Sonntagmorgen Sun·dags-
muorn *m. o.Mz. tem.*
Sonntagnachmittag Sun-
dag·nao·med·dag, -e [Sun-
dag·nao·med·da·ge] *m. tem.*
Sun·dags·üör·nern, -s *m.*
tem.
sonntagnachmittags sun-
dag·nao·med·dags *UW tem.*
sonntags sun·dags *UW tem.*
Sonntagsanzug Sun·dags-
ken, Sun·dags·kes *m.*
Sonntagsausflug Sun·dags-
uut·flug, Sun·dags·uut·flü·ge
m. trans.
Sonntagsbesuch Sun-
dags·be·söök, Sun·dags·be-
sö·ke *m.*
Sonntagsbraten Sun·dags-
brao·den, Sun·dags·bräö-
den *m. kul.*
Sonntagsessen Sun·dags-
iä·ten *s. o.Mz. kul.*
sonntagsfein sun·dags·fien,
sun·dags·fi·ne, -n *EW*
Sonntagskind Sun·dags-
kind, Sun·dags·kin·ner *s.*
Sonntagskleid Sun·dags-
kleed, Sun·dags·kle·der *s.*
Sonntagskleidung Sun-
dags·tüüg, -s *s. o.Mz.*, Sun-
dags·staod, Sun·dags·stäö-
de *m.*; ~ **zum Kirchgang**
Kiärk·tüüg *s. o.Mz.*
Sonntagsmesse Sun·dags-
mis·se, -n *w. rel.*
Sonntagsschuh Sun·dags-
scho, -·e *m. tech.*
Sonntagsspaziergang Sun-
dags·spat·se·er·gang, Sun-
dags·spat·se·er·gän·ge *m.*

trans.
Sonntagszeug Sun·dags-
tüüg, -s *s. o.Mz.*
sonst an·ner·tiets *UW*, an-
ner·wat *UW*, süs *UW*; ~
nichts süs niks
Sophia Sof·fi *VN*; **kleine** ~
Söf·ken *VN*
Sorge Suorg, Suor·ge, -n *w.*
psy.; ~ **machen** nen Kop
üm wat ma·ken *psy.*
sorgen suor·gen *ZW psy.*;
dafür ~, **dass...** be·dri·wen
uZW; **sich** ~ krä·ten (sik)
ZW psy.
sorgenfrei suor·gen·laus, -e,
-en [suor·gen·lau·se] *EW psy.*
Sorgenkind Suor·gen·kind,
Suor·gen·kin·ner *s. psy.*
sorgenlos suor·gen·laus, -e,
-en [suor·gen·lau·se] *EW psy.*
sorgfältig ak·kraot, -e, -en
[ak·krao·te] *EW*, suorg·lik,
suorg·licke, -n [suorg·lik·ke]
EW psy.
Sorte Sort, -en [Sor·ten] *w.*;
nur eine ~ schier, schi·re,
-n *EW*
sortieren sor·te·ern *ZW*
Soße Sau·se, -n *w. kul.*
Souvenir Met·bräng·sel, -s *s.*
soviel so·viël, -e, -en [so·vië-
le] *EW*
soweit so·wied
sowieso so of so
Sozialamt För·suor·ge *w.*
o.Mz.
Sozialdemokraten *übertr.*
Rau·den *Mz. pol.*
Sozialisten *übertr.* Rau·den
Mz. pol.
sozusagen so·to·säg·gen
UW
spähen glu·ern *ZW*, glep·pen
ZW, lus·tern *ZW*; **heimlich**
~ glu·men *ZW psy.*
Spalt Gli·we, -n *w.*; ~ **zwischen Brettern** Briä·der
gaapt
spalten klai·ben *ZW tech.*,
splai·ten *ZW tech.*, spli·ten
uZW tech.
Span Spaon, Späö·ne *m.*
tech.; **kleiner** ~ Späön·ken,
Späön·kes *s. tech.*
Spänchen Späön·ken, Späön-
kes *s. tech.*
Spanferkel Spaon·fiä·ken,
-s *s. kul.*
Spanien Spa·nin·gen *geog.*
spanisch spaansk, -e, -en

[spaans·ke] *EW kult.*
spannen span·nen *ZW*,
stram·men *ZW*; **das Hemd
spannt sich zischen Knöp-
fen** *übertr.* dat Hiëmd gaapt
Spanner Gli·wen·ki·ker, -s
m. psy.
Spanngardine Strüp·gar-
dien, Strüp·gar·di·nen *w.*
tech.; **kleine** ~ Strüp·gar-
dien·ken, Strüp·gar·dien·kes
s. tech.
Spannhilfe Span·höl·pe, -n
w. trans. agr.
**Spannung; mechnanisch
unter** ~ **setzen** stram·men
ZW
Spanplatte Holt·spaon·bräd,
Holt·spaon·briä·der *s. tech.*
Sparbuch Spaor·book, Spaor-
bö·ker *s. fin.*
Spardose Spaor·büs·se, -n
w. tech. fin.
sparen knäp·pen *ZW fin.*,
spao·ren *ZW fin.*, *übertr.* up
de hau·ge Kant läg·gen *fin.*
Spargel Sper·ges *m. o.Mz.*
bot. (frz. asperge)
Spark Spirk *m. o.Mz. bot.*
(Spergula arvensis)
Sparkasse Kas, -·sen *w.*
fin., Spaor·kas, -·sen *w. fin.*
spärlich spi·rig, -e, -en [spi-
ri·ge] *EW*
Sparren Speer, -s *s. arch.*
sparsam räö·dig, -e, -en
[räö·di·ge] *EW fin.*, sü·nig,
-e, -en [sü·ni·ge] *EW fin.*;
sehr ~ **sein** be·knäp·pen
ZW fin.; ~ **sein** *übertr.*
Dum·men drup·hol·len *fin.*,
übertr. nich dul up sien Geld
sien *fin.*
Spaß Frai·de, -n *w. psy.*,
Pla·se·er *s. o.Mz. psy.* (frz.
plaisir), Spaos, Späö·se *m.*
psy.; ~ **machen** spaos·ma-
ken *uZW psy.*, spao·sen
ZW psy.
Späßchen Späos·ken, Späös-
kes *s. psy.*
spaßen spao·sen *ZW psy.*,
spaos·ma·ken *uZW psy.*
spaßig spao·sig, -e, -en
[spao·si·ge] *EW psy.*
Spaßmacher Gek, -s *m. psy.*,
Spaos·ma·ker, -s *m. psy.*
spät laat, la·te, -n *EW tem.*;
bis ~ **in die Nacht bzw. in
den Morgen** bes in'ne Puppen *tem.*; **sehr** ~ nacht-

slao·pen Tiet *tem.*; **zu ~ mit
etwas kommen** *übertr.* met
Solt kuë·men wan de Ai·ers
up sint; **zu ~ sein** laat sien
tem.; **später** lä·ter *tem.*; **am
spätesten** an lä·tes·ten *tem.*
Spaten Schu·te, -n *w. tech.*
Spatenstich Schu·ten·stiëk,
-e [Schu·ten·stië·ke] *m.*
später her·no·cher *UW tem.*,
lä·ter·hän *UW tem.*, naigs-
tens *UW tem.*, nao·hand *UW
tem.*, nao·hiär *UW tem.*
Spatz Lü·ning, -e [Lü·nin·ge]
m. zool.
spazieren spat·se·ern *ZW
trans.*
spazierengehen pät·ken *ZW
trans.*, (Kindersprache) tai-
ta·gaon *uZW trans.*
Spazierfahrt Lust·faort, -en
[Lust·faor·ten] *w. trans.*
Spaziergang Spat·se·er·gang,
Spat·se·er·gän·ge *m. trans.*;
**~ vornehmlich am ersten
Mai** Mai·gang, Mai·gän·ge
m. trans.; **einen ~ durch
die Nachbarschaft machen**
üm dän Pud·ding gaon *trans.*
Spazierstock Guë·ten·dags-
stok, Guë·ten·dags·stöcke
[Guë·ten·dags·stök·ke] *m.
tech.*, Han·stok, Han·stöcke
[Han·stök·ke] *m. tech.*
Spechtmeise Nuët·picker,
-s [Nuët·pik·ker] *m. zool.*
Speck Spek *m. o.Mz. med.,
kul.*; **Gestell zum Räuchern
von ~** Spek·wiem, -s *m.
tech.*; **großes Stück ~** Spek-
si·te, -n *w. kul.*
Speckschwarte Spek·swaor,
-en [Spek·swao·ren] *w. kul.*
Speckseite Spek·si·te, -n *w.
kul.*
Speckstückchen Spek·ööst-
ken, Spek·ööst·kes *s. kul.*;
ausgebratenes ~ Schri·be,
-n *w. kul.*, Schri·we, -n *w.
kul.*
Speckwürfel Kin·kel, -s *m.
kul.*
spedieren spe·de·ern *ZW
trans.*
Speiche Spe·ke, -n *w. tech.*
Speichel Lül·le *w. o.Mz.
med.*, Sab·bel, -n *m. o.Mz. med.*,
Spig·ge, -n *w. med.*, Spüet-
sel *s. o.Mz. med.*; **~ aus dem
Mund laufen lassen** lül·len
ZW med.; **~ der sich in der**

Pfeife ansammelt Pi·pen-
lül·le *w. o.Mz.*; **jemd., dem
häufig ~ aus dem Mund
läuft** (bes. Kinder beim Zahnen) Lül·le·pe·ter, -s *m.
med.*; **jemd., dem ~ aus
dem Mund läuft** Lül·ler, -s
m. med.
Speicher Spi·ker, -s *m. arch.,
tech.*; **Kammer über dem
Keller des ~** Spi·ker·büörn,
-s *m. arch.*; **~ zur Mäuseabwehr** Mu·se·schop·pen,
-s *m. arch. agr.*, Mu·se·spi-
ker, -s *m. arch. agr.*
Speicherkarte Spi·ker·pläät-
ken, Spi·ker·pläät·kes *s. tech.*
speien spi·gen *uZW*
Speis Spais *m. o.Mz. tech.*
Speise Spi·se, -n *w. kul.*
Speiseeis Ies *s. o.Mz. kul.*
Speisefett Fet, -·te *s. kul.*
Speisekartoffel lät·kar·tuf-
fel, -n *m. bot., kul.*
speisen spi·sen *ZW kul.*
Speiseplan Küë·ken·sië·del,
-s *m. kul.*
Speisezwiebel lät·si·pel, -n
w. kul. bot.
Speisvogel Spais·vuë·gel,
Spais·vüë·gel *m. tech.*
Spektakel Spit·ta·kel, -s *s.*
spektakeln spit·ta·keln *ZW
psy.*
spekulieren spicke·le·ern
[spik·ke·le·ern] *ZW*
Spelze Buls·ter, -n *m. bot.*
Spende Ga·we, -n *w. fin.*
spendieren spen·de·ern *ZW
fin.*; uut·doon *uZW fin.*; uut-
gië·wen *uZW fin.*
Sperber Piep·hafk, -en [Piep-
haf·ken] *m. zool.*, Staut-
hafk, -en [Staut·haf·ken] *m.
zool.*
Sperling Lü·ning, -e [Lü·nin-
ge] *m. zool.*
sperrangelweit wa·gen·wied
EW, wied·wa·gen *EW*; **~
offen** wied·wa·gen lös
Sperrhebel Klink, -en [Klin-
ken] *w. tech.*
sperrig (sein) stö·ken *ZW*
**Sperring an der Wagenna-
be** Lüng·sel, -s *s. tech.*
Sperrmüll Ra·man·kel *s.
o.Mz.*
Spesen Tiär·geld, Tiär·gel-
ler *s. fin.*
Spiegel Spai·gel, -s *m. tech.*
Spiegelbild Spai·gel·beld,

Spai·gel·bel·ler *s.*
Spiegelglas Spai·gel·glas,
Spai·gel·gliä·ser *s. tech.*
spiegelglatt tin·nen·glat, -·te,
-·ten *EW*
spiegeln spai·geln *ZW*
Spiegelscheibe Spai·gel-
schi·we, -n *w. tech.*
Spiegelscherbe Spai·gel-
schäö·er, -n *w. tech.*
Spiel Spiël, -e [Spië·le] *s.
spo. mus.*; **~ mit kleinen
Knochen von Schafen
bzw. Ziegen** Kait·ken *s.
o.Mz. spo.*
Spielabschnitt Sats, Sät·se
m. spo.
Spielchen Spiël·ken, Spiël-
kes *s. spo.*
Spieldose Spiël·büs·se, -n
w. tech. spo.
spielen spie·len *ZW spo.,
mus.*; **anfangen zu ~** an-
spie·len *ZW*; **im Sand ~**
bud·deln *ZW spo.*; **~ mit
Schlagstock und geschla-
genem kurzen Stock** trip-
peln *ZW spo.*
Spieler Spië·ler, -s *m. spo..
mus.*
Spielerei Spal·ke·ri, -·en *w.*,
Spar·gits·ken, Spar·gits·kes
s., Spië·le·ri, -·en *w.*
Spielgeld Spiël·geld, Spiël-
gel·ler *s. spo.*
Spielhäuschen Spiël·hüüs-
ken, Spiël·hüüs·kes *s. tech.
spo.*
Spielkarte Kaat, Ka·te, -n *w.
spo.*, Spiël·kaat, Spiël·ka-
ten *w. spo.*; **~n** *übertr.* dän
Dü·wel sien Biä·book *spo.*;
kleine ~ Käät·ken, Käät-
kes *s. spo.*
Spielkugel Klaut, -s *m. tech.
spo.*
Spielmann Klüë·pel·jun·gen,
-s *m. mus.*
Spielraum Bi·laot *m. o.Mz.*;
mit ~ luk·lak, luk·lacke, -n
[luk·lak·ke] *EW tech.*
Spieluhr Spiël·klöks·ken,
Spiël·klöks·kes *s. tech. spo.*
Spielweise Spiël·wi·se, -n
w. spo., mus.
Spielzeug Spiël·wiärks *s.
o.Mz. tech. spo.*
Spieß Paik, -s *m. tech.*,
Spiet, Spi·te *m. tech.*
Spießmelde Lu·se·miäl *w.
o.Mz. bot.* (Artiplex hastata)

Spinat Spi·naot *m. o.Mz. bot. kul.*
Spind Schap, Schiä·pe *s. tech.*
Spindelbaum Scho·ma·kers·pig·gen·holt, Scho·ma·kers·pig·gen·höl·ter *s. bot.*
Spinnabend Spin·aomd, -e [Spin·aom·de] *m. tem.*
Spinne Spin·kop·pel, -n *s. zool.*, Spin·ne·kop, Spin·ne·köp·pe *m. zool.*
Spinnecke (in der Küche) Spin·hook, Spin·hö·ke *m.*
Spinnen Spin·nen *s. o.Mz. toch.*; **Lohn für das ~** Spin·ne·laun, Spin·ne·lai·ne *m. fin.*; **Maß beim ~** (50 Fäden auf einer Haspel) Bind, -s *s. tech.*
spinnen spin·nen *uZW tech.*; spin·ti·se·ern *ZW psy., übertr.* Flit·sen in'n Kop häb·ben *psy.*; **du spinnst wohl!** *übertr. psy.* et löp di wul üm de Fö·te!
Spinnennetz Spin·kop·pel·nöst, -er [Spin·kop·pel·nös·ter] *s. zool.*; **Besen zum beseitigen von ~en** Spin·kop·pel·bes·sen, -s *m. tech.*, Spin·ne·kop·ja·ger, -s *m. tech.*
Spinner Flit·sen·fän·ger, -s *m. psy.*
Spinnerei Spin·ne·ri, -·en *w. tech., psy.*
Spinnerin Spin·ners·ke, -n *w. tech.*
Spinnlohn Spin·ne·laun, Spin·ne·lai·ne *m. fin.*
Spinnmaschine Spin·ma·schien, Spin·ma·schi·nen *w. tech.*
Spinnrad Spin·rad, Spin·riä·der *s. tech.*, Spin·wel, -s *s. tech.*, Wel, -s *s. tech.*; **mit dem ~ arbeiten** spin·nen *uZW tech.*
Spinnrocken Dië·se, -n *w. tech.*
Spinnstube Spin·stuom, Spin·stüöm *m. arch.*
Spion Spil·lün·ker, -s *m.*
Spionage Spil·lün·ke·ri, -·en *w.*
spionieren kun·ke·lu·ern *ZW*, spil·lün·kern *ZW*
Spioniererei Spil·lün·ke·ri, -·en *w.*
spitz spitsk, -e, -en [spits-

ke] *EW*
Spitzahorn Spitsk·a·häön *m. o.Mz. bot.*
Spitzbube Gau·daiw, -e [Gau·dai·we] *m. jur.*, Spitsk·boow, Spitsk·bo·wen *m. jur., scherzh.* Fi·lu, -us *m.* (*frz.* filou)
Spitzchen Spits·ken, Spits·kes *s.*
Spitzdrescher Pin·düörs·ker, -s *m. tech. agr.*, Spitsk·düörs·ker, -s *m. tech. agr.*
Spitze Spits·ke, -n *w.*, Tim·pen, -s *m.*, Tip, -·pen *m.*, Top, Töp·pe *m.*; **kleine ~** Spits·ken, Spits·kes *s.*; **mit drei ~n** drai·tim·pig, -e, -en [drai·tim·pi·ge] *EW*
spitzen spits·ken *ZW*
Spitzenstickerei Spits·ke, -n *w. tech.*
Spitzhacke Bicke, -n [Bik·ke] *w. tech.*
Spitzhut Timp·hood, Timp·hö·de *m. tech.*
Spitzmaus Spiët·muus, Spiët·mü·se *w. zool.*
spleenig spin·nig, -e, -en [spin·ni·ge] *EW psy.*
spleißen splai·ten *ZW tech.*, spli·ten *uZW tech.*
Splint (zur Sicherung der Wagenradnabe) Lüns, -e [Lün·se] *s. tech.*
Splitter Splao·te, -n *w. tech.*
splittern splai·ten *ZW tech.*
splitternackt splen·ter·na·ken, -e, -en [splen·ter·na·ke·ne] *EW*
Spore Spuo·re, -n *w. bot., tech.*
Spörgel (Futterpflanze) Spiëk, -s *m. bot.*
Spork Spork *ON*
spornstreichs up stups
Spott Spiet, Spi·te *m. psy.*, Spi·jöök, -s *s. psy.*
Spottdrossel Tücke·dik, -s [Tük·ke·dik] *m. zool.*
spötteln stië·keln *ZW psy.*
spotten spië·ten *ZW psy.*, spi·jö·ken *ZW psy.*
spöttisch spiëtsk, -e, -en [spiëts·ke] *EW psy.*, spötsk, -e, -en [spöts·ke] *EW psy.*; *übertr.* spitsk, -e, -en [spits·ke] *EW psy.*
Spottname Üö·wer·nao·me, -n *m. psy.*
sprachbegabt spraok·lä·rig,

-e, -en [spraok·lä·ri·ge] *EW psy.*
Sprache Spraok, -e, -en [Sprao·ke] *w. kult.*; **~ der Menschen auf Lehmböden** Klai·plat *s. o.Mz. kult.*; **~ der Menschen auf Sandböden** Sand·plat *s. o.Mz. kult.*; **unverständliche ~** *übertr.* La·tien *s. o.Mz. kult.*; **zur ~ kommen** *übertr.* up't Ta·pet kuë·men
Sprachgesang Kü·er·mus·sik, Kü·er·mus·sicken [Kü·er·mus·sik·ken] *w. mus.*
Sprachgrenze Spraok·gren·se, -n *w. kult.*
Sprachlehre Spraok·lä·re, -n *w. kult.*
sprachlos baf, -·fe, -·fen *EW psy.*
Sprachrohr Flis·ter·tu·te, -n *w. tech.*
Sprakel Sprao·kel *ON*
Sprechen Kü·ern *s. o.Mz.*; **Speichel sprühen beim ~** spüë·tern *ZW*; **undeutliches ~** Krao·mer·la·tien *s. o.Mz.*
sprechen kü·ern *ZW*, prao·ten *ZW*, spriä·ken *uZW*; **auf etwas zu ~ kommen** an't Kü·ern kuë·men; **das spricht sich anders aus** dat kü·ert sik än·ners; **fremdartig ~** giäl kü·ern; **miteinander ~** un·ner·hol·len *ZW*; **über etwas ausführlich ~** *übertr.* düör·hië·keln *ZW*; **undeutlich ~** brab·beln *ZW*, nu·scheln *ZW*; **viel oder unaufhörlich ~** kwa·tern *ZW*
sprechend kü·ernd, -e, -en [kü·ern·de] *EW*
Sprecher Spriä·ker, -s *m.*
spreizen sprai·ten *ZW*
sprengen in'ne Lucht ja·gen *tech.*
Spreu Kaf *s. o.Mz. agr.*; **Kiste zur Lagerung der ~** Kaf·kist, -e [Kaf·kis·ten] *w. tech. agr.*; **Korb für die ~** Kaf·kuorw, Kaf·küör·we *m. tech. agr.*; **Zwischenboden für ~ über dem Stall** Kaf·büörn, -s *m. arch. agr.*
Sprichwort Bi·spiël, -e [Bi·spië·le] *s. kult.*, Säg·ge·wi·se, -n [Säg·ge·wi·se] *w. kult.*, Sprüëk·waod, Sprüëk·wäö·der *s. kult.*
sprießen an·sät·ten *ZW bot.*, dri·wen *uZW bot.*, spru·ten

ZW bot.

springen hop·pen *ZW*, hüp-pen *ZW*, lo·ken *ZW*, spräng-gen *uZW*; **wüst ~** ram-schuo·ken *ZW*

Springer Hüp·per, -s *m.*, Sprän·ger, -s *m.*; **~ an der Arbeitsstelle** Üm·lai·per, -s *m.*

Springkraut, kleines Pak-mi·nich·an *s. o.Mz. bot.*

Spritzdose Sprüts·büs, -·sen *w. tech.*, Splen·ter·büs·se, -n *w. tech.*

Spritze Sprüt·se, -n *w. tech.*

spritzen splen·tern *ZW*, spüë·tern *ZW*, sprüts·ken *ZW*; **wenig ~** strit·sen *ZW*

Spritzenhaus Pum·pen-hüüs·ken, Pum·pen·hüüs·kes *s. arch. tech.*, Sprüt·sen-huus, Sprüt·sen·hü·ser *s. arch. tech.*

Spritzer Sprüt·ser, -s *m.*, Strits, -e [Strit·se] *m.*

spröde sprao, -·e, -·en *EW*, sprau, -·e, -·en *EW*

Spross Spruot, -e [Spruo·te] *m. bot.*

Sprosse Spruor·te, -n *w. bot., tech.*, Tral·ge, -n *w. tech.* (frz. treillis); **~ der Leiter** Led-der·stok, Led·der·stöcke [Led-der·stök·ke] *m. tech.*

Sprössling (z.B. von Wei-den) Luo·de, -n *w. bot.*

Spruch Sprüëk, -e [Sprüë-ke] *m.*

Sprudel Bruus, Bru·sen *w. kul.*

sprudeln blob·bern *ZW*, up-bru·sen *ZW*

sprudelnd up·bru·send, -e, -en [up·bru·sen·de] *EW*

Sprudelwasser Bruus·wa-ter, Bruus·wä·ters *s. kul.*

sprühen (mit Wasser u.ä.) splen·tern *ZW*, spüë·tern *ZW*

Sprung Sats, Sät·se *m.*

sprungbereit sprung·maot, -e, -en [sprung·mao·te] *EW*

Sprungfeder Fiä·der, -n *w. tech.*

Spucke Sab·bel *m. o.Mz. med.*

spucken spi·gen *uZW*, spüë-tern *ZW*

Spuk Grüg·gel, -s *m. psy.*, Grüg·ge·le·ri, -·en *w. psy.*, Spook, Spö·ke *m. psy.*

spuken spö·ken *ZW psy.*,

üm·gaon *uZW psy.*

Spukgeschichte Grüg·gel·ge·schicht, -en [Grüg·gel·ge·schich·ten] *w. mus.*, Mo·ra-kel, -s *s. mus.*, Grüg·gel·vö-täl·sel, -s *s. mus.*

Spukgestalt Grüw·wel, -s *m. psy.*; **~ im Emsdettener Venn** Ho-Ho-Män·ne·ken *s. psy.*

spukhaft spööksk, -e, -en [spööks·ke] *EW psy.*

Spüle Spö·le, -n *w. tech. hyg.*

Spule Spo·le, -n *w. tech.*, Spool·holt, Spool·höl·ter *s. tech.*

Spüleimer Spööl·em·mer, -s *m. tech. hyg.*

spülen spö·len *uZW tech.*; **Geschirr ~** uut·was·ken *ZW hyg.*

spulen spo·len *ZW tech.*

Spulenkörbchen der Näh-maschine Schip·ken, Schip-kes *s. tech.*

Spuler Spo·ler, -s *m. tech.*

Spülfass Spööl·fat, Spööl-fiä·ter *s. tech. hyg.*

Spulholz Spool·holt, Spool-höl·ter *s. tech.*, Spool·waid *s. o.Mz. tech.*

Spülkammer Wask·hook, Wask·hö·ke *m. arch. hyg.*

Spülkübel Schüë·del·kü·ben, -s *m. tech. hyg.*

Spülmädchen Spööl·wicht, -er [Spööl·wich·ter] *s. hyg.*

Spülmaschine Spööl·ma-schien, Spööl·ma·schi·nen *w. tech. hyg.*

Spülstein Hand·steen, Hand-ste·ne *m. tech. hyg.*, (mit Ausgussloch) Guo·ten·steen, Guo·ten·ste·ne *m. tech. hyg.*, Spööl·steen, Spööl·ste·ne *m. tech. hyg.*

Spültuch Schüë·del·dook, Schüë·del·dö·ker *s. tech. hyg.*

Spülwasser Schüë·del·wa-ter, Schüë·del·wä·ters *s. hyg.*, Spööl·wa·ter, Spööl·wä·ters *s. hyg.*

Spulwurm Spool·wuorm, Spool·wüör·mer *m. zool.*

Spundloch Spund·lok, Spund-löcker [Spund·lök·ker] *s. tech.*

Spur Spucht, Spücht *m.*, Spuor, Spüörs *s.*; **~en (im Weg) für Wagen** Wa·gen-traon, Wa·gen·träön *m. trans.*

spüren an·miä·ken *ZW psy.*, spüörn *ZW psy.*, *übertr.* in ne Niër·se häb·ben *psy.*

spurlos spüór·laus, -e, -en [spüór·lau·se] *EW*

Spürnase *übertr. Rü·ens-niër·se, -n *w.*

Staat Land, Län·ner *s. pol.*, Staod, Stäö·de *m. pol.*

Staatsanwalt Staods·an-wolt, Staods·an·wöl·le *m. jur.*

Staatsaufsicht Staods·up-sicht *w. o.Mz.*

Staatsbeamter Staods·bi-am·te, -n *m.*

Staatsbürger Staods·büör-ger, -s *m.*

Staatsdiener Staods·dai·ner, -s *m.*

Staatsdienst Staods·dänst, -e [Staods·däns·te] *m. pol.*

Staatsferkel Staods·fiä·ken, -s *s. zool.*

Staatsgewalt Staod, Stäö-de *m. pol.*

Staatsmann Staods·man, Staods·män·ner *m. pol.*

Staatsminister Staods-min·nis·ter, -s *m. pol.*

Staatsministerium Staods-min·nis·ter·ri·um, -s *s. pol.*

Staatsreligion Staods·rel-goon, Staods·rel·go·nen *w. rel.*

Stab Pin, -·ne *m. tech.*, Staw, Stiä·we *m. tech.*; **~ mit Stahl-spitze zur Fortbewegung auf dem Eis** les·stik, les-sticken [les·stik·ken] *m. tans.*

stabil sië·ker, -e, -en [sië-ke·re] *EW*, stië·wig, -e, -en [stië·wi·ge] *EW*

Stabilität Vö·holt, Vö·höl·te *m.*

Stachel Stië·kel, -s *m. tech., bot., zool.*

Stachelbeere Kris·biär, -e, -n [Kris·biä·re] *w. bot.*, Kris·bit-te, -n *w. bot.*

Stacheldraht Prië·kel·draod, Prië·kel·dräö·de *m. tech.*

stachelig stië·ke·lig, -e, -en [stië·ke·li·ge] *EW*

Stadt Stad, Stiä·den *w. geog.*; **Städtchen** Städ·ken, Städ-kes *s. geog.*

Stadtbezirk Klucht, -en [Kluch·ten] *w. geog.*

Städter(in) Büör·ger, -s *m.*, Städs·ke, -n *m. und w.*

Stadtgeschichte Stad·ge-

schicht *w. o.Mz. his.*
städtisch städsk, -e, -en [städs·ke] *EW*
Stadtkapelle Stad·ka·pel, -·len *w. mus.*
Stadtlohn Stad·laun *ON*
Stadtmauer Stad·mü·er, -n *w. arch.*
Stadtmuseum Stad·mu·se·um, -s *s. his.*
Stadtpatron Stad·pa·troon, -s *m. rel.*
Stadtrat Stad·raod, Stad·räö·de *m. pol.*; **Ratsherr im ~ sein** in'n Stad·raod sit·ten *pol.*
Stadtrechte Stad·räch·te *Mz. jur.*; **mindere ~** Wig·bold·räch·te *Mz. jur.*
Stadtteil Klucht, -en [Kluch·ten] *w. geog.*, Stad·deel, Stad·de·le *m. geog.*
Stadtviertel Klucht, -en [Kluch·ten] *w. geog.*, Stad·deel, Stad·de·le *m. geog.*
Stadtwerke Stad·wiär·ke *Mz. tech.*
Staffel Stof·fel, -n *w.*
Staffelgebet Stof·fel·ge·bäd *s. o.Mz. rel.*
Staffelholz Stof·fel·holt, Stof·fel·höl·ter *s. tech. spo.*
Staffelläufer Stof·fel·lai·per, -s *m. spo.*
Stahl Staol, Stäö·le *m. tech.*
Stahlblech Staol·blik, Staol·blicke [Staol·blik·ke] *s. tech.*
stählern stäö·lern, -e, -en [stäö·ler·ne] *EW*
Stahlfeder Staol·fiär, -n *w. tech.*
Stahlhelm l·sen·hood, l·sen·hö·de *m. tech. mil.*
Stahlindustrie Staol·in·nus·tri, -·en *w. tech.*
Stahlnagel Staol·na·gel, Staol·niä·gel *m. tech.*
Stahlschraube Staol·schru·we, -n *w. tech.*
Stahlschrott Olt·i·sen *s. o.Mz. tech.*
Stahlstift Na·gel, Niä·gel *m. tech.*
Stahlwerk Staol·wiärk, -e [Staol·wiär·ke] *s. tech.*
Stall Huus, Hü·ser *s. arch.*, Stal, Stiä·le *m. arch. agr.*; **in den ~ bringen** stal·len *ZW agr.*; **in einen anderen ~ bringen** üm·stal·len *ZW agr.*; **kleiner ~** (z.B. Hun-

dehütte) Schöt·ken, Schöt·kes *s. arch.*; **kleinerer ~** Schot, -s *s. arch.*
Stallmeister Stal·mes·ter, -s *m. agr.*
Stallung (im hinteren Teil des Hauses) Äch·ter·huus, Äch·ter·hü·ser *s. arch.*
Stamm Ruo·ne, -n *w. bot.*
Stammbaum *übertr.* Ruo·nen·book, Ruo·nen·bö·ker *s. his.*
Stämmchen Strunk, Strün·ke *m. bot.*
stammeln sta·mern *ZW psy.*
Stammhalter Stam·hol·ler, -s *m.*
Stammler Sta·mer·buk, Sta·mer·bücke [Sta·mer·bük·ke] *m. psy.*
stampfen buë·ken *ZW*, stam·pen *ZW*, pram·men *ZW*; **dröhnend ~** bum·me·de·ern *ZW*
Stampfer Stam·per, -s *m. tech.*
Stampfkartoffeln Kar·tuf·fel·bri *m. o.Mz. kul.*, kwet·te Kar·tuf·feln *Mz. kul.*
Stand Stand, Stän·ne *m.*, Tid·del, -s *m.*
Standbild Stand·beld, Stand·bel·ler *s. tech. mus.*
Ständchen Ständ·ken, Ständ·kes *s. mus.*
Ständer Foot, Fö·te *m. tech.*, Stän·ner, -s *m. tech. arch.*; **~ im Fachwerkhaus** Post, Pös·te *m. arch.*
Standesamt Stan·nes·amt, Stan·nes·iäm·ter *s. jur.*
Standesbeamter Stan·nes·bi·am·te, -n *m. jur.*
standhalten paol·hol·len *uZW*, uut·hol·len *uZW*
ständig stän·nig, -e, -en [stän·ni·ge] *EW tem.*; **stets und ~** stup un stän·nig *tem.*
Standuhrgewicht Pün·ner, -s *m. tech.*
Stange Schacht, Schäch·te *m. tech.*; **lange ~ (aus Holz)** Sta·ken, -s *m. tech.*; **lange, dünne ~** Spi·le, -n *w. tech.*
Stängel Stän·gel, -s *m. bot.*, (z.B. von Kohlpflanzen) Strunk, Strün·ke *m. bot.*, Stiël, -e [Stië·le] *m. bot.*
Stängelrübe Stän·gel·rö·we, -n *w. bot.*

Stangenbohne Fiek·se·bau·ne, -n *w. bot.*; **kleine ~** Fieks·bain·ken, Fieks·bain·kes *s. bot.*
Stangenmieder Rümp·ken, Rümp·kes *s. tech.*
stänkern pääs·ten *ZW psy.*
stapfen klää·nen *ZW*, stap·pen *ZW*
Star Sprao·le, -n *w. zool.*, Spre·e, -n *w. zool.*
Starenkasten Spre·en·kas·ten, Spre·en·käs·ten *s. tech.*
stark däf·tig, -e, -en [däf·ti·ge] *EW*, dol, -·le, -·len *EW*, dul, -·le, -·len *EW*, gaiw, -e, -en [gai·we] *EW*, graut, -e, -en [grau·te] *EW*, helsk, -e, -en [hels·ke] *EW*, niëtsk, -e, -en [niëts·ke] *EW*, stiew, sti·we, -n *EW*, vul·pös·tig, -e, -en [vul·pös·ti·ge] *EW*, wööst, -e, -en [wöös·te] *EW*; **sehr ~** par·fos, -·se, -·sen *EW* (*frz.* par force); **~ sein** wat in'ne Mau häb·ben; **~ genug** Mans noog *psy.*; **~er, unbändiger Mensch** *übertr.* Stuë·pen, -s *m.*
Stärke Dik·te, -n *w. tech.*, Ge·wolt, -en [Ge·wol·ten] *w.*, Stärk·de, -n *w.*
stärken sti·wen *ZW*; **den Rücken ~** dän Puckel sti·wen *psy.*
Stärkere Üö·wer·hä·er, -ns *m.*
Starrkopf Dik·kop, Dik·köp·pe *m. psy.*
starrköpfig köpsk, -e, -en [köps·ke] *EW psy.*, stiew·köpsk, -e, -en [stiew·köps·ke] *EW psy.*, stiew·nacken, -e, -en [stiew·nak·ken], [stiew·nak·ke·ne] *EW psy.*; **~er Mensch** Stiew·nak, Stiew·nacken [Stiew·nak·ken] *m. psy.*
Starrsinn Vö·niën *m. und s. o.Mz. psy.* (*frz.* venin)
starrsinning steen·pöt·tig, -e, -en [steen·pöt·ti·ge] *EW psy.*
Startbahn Rul·baan, Rul·ba·nen *w. trans.*
starten an·triä·ten *uZW*, los·läg·gen *ZW*, hau·ge·gaon *uZW trans.*
Station Baan·how, Baan·hüö·we *m. trans.*, Stas·jaun, -en [Stas·jau·nen] *w.*
statt plats *UW*, stats *UW*;

~ **dessen** dao·vüör *UW*, plats·däm *UW*

Stätte Stiär, -n *w.*

stattlich kum·pao·bel, -e, -en [kum·pao·be·le] *EW* (*frz.* capable), prais·lik, prais·licke, -n [prais·lik·ke] *EW*, pri·daol, -e, -en [pri·dao·le] *EW*, stää·dig, -e, -en [stää·di·ge] *EW*, stolt, -e, -en [stol·te] *EW*

Statue Stand·beld, Stand·bel·ler *s. tech. mus.*

Staub Flüg·up, -s *m. und s.*, Stow, Stüö·we *m.*

Staubbeutel Stow·büül, -s *m. bot., tech.*

Staubblatt (von Blüten) Stow·blad, Stow·bliä·der *s. bot.*

stauben plü·men *ZW*, stu·wen *uZW*

Stäuber Stü·wer, -s *m. tech.*

staubig stü·we·rig, -e, -en [stü·we·ri·ge] *EW hyg.*

Staubsauger Hüül·bes·sen, -s *m. tech. hyg.*, Su·ge·bes·sen, -s *m. tech. hyg.*

Staubtrichter Stow·träch·ter, -s *m. tech., bot.*

staubtrocken pul·wer·drüüg, pul·wer·drü·ge, -n *EW*

Staubtuch Stow·dook, Stow·dö·ker *s. tech. hyg.*

staubwischen stow·wis·ken *ZW hyg.*

stauchen stu·ken *uZW*

Stauchung Stu·ke, -n *w.*

Staude Hucht, -en [Huchten] *w. bot.*; ~ **an einer erhöhten Stelle** (z.B. in Wiese oder Sumpf) Pol, -s *m. bot.*

stauen stöw·wen *ZW*, stu·ken *uZW*, vö·stu·ken *uZW*

staunen wün·nern *ZW psy.*

Stecheisen Stiäk·i·sen, -s *s. tech.*

stechen pi·ken *ZW*, stiä·ken *uZW*; **jemd.** ~ pi·sacken [pi·sak·ken] *ZW*; **mit feiner Spitze** ~ piek·sen *ZW*

stechend *übertr.* scharp, -e, -en [schar·pe] *EW*

Stecher Piek·ser, -s *m. tech.*

Stechfliege Stiäk·flai·ge, -n *w. zool.*

Stechpalme Hüls·krab·be, -n *w. bot.*, Pos·ten *m. o.Mz. bot.*

Stechpalmenzweig Hüls·krab·ben·toog, Hüls·krab·ben·

tö·ge *m bot.*

Stecken Sta·ken, -s *m. tech.*

stecken stiä·ken *uZW*, stoppen *ZW*

steckenbleiben hol·len·bli·wen *uZW*, sit·ten·bli·wen *uZW*, ~ **beim Sprechen** han·gen·bli·wen *uZW*

Stecker Stiä·ker, -s *m. tech.*

Stecknadel Knaup·nao·del, Knaup·näö·del *w. tech.*, Stiäk·nao·del, Stiäk·näö·del *w. tech.*

Steckrübe Stiäk·rö·we, -n *w. bot.*

Steckspeicher (externer) Spi·ker·fin·ger, -s *m. tech.*

Steg Schem, -·men *w. trans.*, Schiä·ben, -s *m.*

Stehaufmännchen Wip·up, -s *m. psy.*

stehen staon *uZW*; ~ **bleiben** hol·len *uZW*; **vor Augen** ~ vüör·staon *uZW*; **zur Seite** ~ af·staon *uZW*

stehenbleiben an·hol·len *uZW*, staon·bli·wen *uZW*

Stehgreif; aus dem ~ uut de La·mäng (*frz.* la main)

Stehleiter Dub·bel·led·der, -n *w. tech.*; **kleine** ~ Dub·bel·led·der·ken, Dub·bel·led·der·kes *s. tech.*; **kurze** ~ Dub·bel·biö·wer, -n *w. tech.*

stehlen dai·wen *ZW jur.*, klau·en *ZW jur.*, stiälen *uZW jur.*, sti·bit·sen *ZW jur.*, *übertr.* graps·ken *ZW jur.*; **er stiehlt** *übertr.* he löt niks lig·gen *jur.*

Stehlerei Stiä·le·ri, -·en *w. jur.*

steif knüök·rig, -e, -en [knüök·ri·ge] *EW*, stiew, sti·we, -n *EW*, stië·wig, -e, -en [stië·wi·ge] *EW*, stuur, stu·re, -n *EW tech.*, *übertr.* höl·tern, -e, -en [höl·ter·ne] *EW*; ~**er Fuß** Hin·ke·foot, Hin·ke·fö·te *m. med.*; ~ **wie ein Stift** pig·gen·stiw, pig·gen·sti·we, -n *EW*; ~ **durch Kälte** klam, -·me, -·men *EW med.*

steifen sti·wen *wZW*

Steifheit Stië·wig·kait, -en [Stië·wig·kai·ten] *w.*

steifledern stiew·liärn, -e, -en [stiew·liär·ne] *EW*; ~**er Mensch** Stiew·liär, -s *s. psy.*

Steifnacken Stiew·nak, Stiew·nacken [Stiew·nak·ken] *m. med.*

Steigbügel Büë·gel, -s *m. tech.*; **kleiner** ~ Büë·gel·ken, Büë·gel·kes *s. tech.*

Steigeisen Klai·i·sen, -s *s. tech.*

steigen klai·en *ZW*, sti·gen *uZW*

Steiger Sti·ger, -s *m. tech.*

steil piel, pi·le, -n *EW*, risk, -e, -en [ris·ke] *EW*, steg, -·ge, -·gen *EW*; ~ **nach oben** piel hau·ge

Stein Steen, Ste·ne *m. tech., geol.*

steinalt steen·olt, steen·ol·le, -n *EW tem.*

Steinbeck Steem·ke *ON*

Steinbecker(in) Steem·ker, -s *m. und w.*

Steinbild Steen·beld, Steen·bel·ler *s. mus.*

Steinbrecher Steen·briä·ker, -s *m. tech.*

Steinbruch Steen·ku·le, -n *w. geol.*

Steinbrucharbeiter Steen·briä·ker, -s *m. tech.*

Steinbrücke Steen·brüg·ge, -n *w. trans.*

Steinchen Steen·ken, Steen·kes *s. geol.*

Steindamm Steen·dam, Steen·däm·me *m. tech.*

steinern ste·nen, -e, -en [ste·ne·ne] *EW*

Steinfrucht Steen·frocht, Steen·fröch·te *w. bot.*

Steingrab Steen·graw, Steen·griä·wer *s.*

Steingutschüssel Steen·schüë·del, -n *w. tech. kul.*

Steinguttopf Steen·pot, Steen·pöt·te *m. tech.*

steinhart steen·hat, -·te, -·ten *EW*

Steinhaufen Steen·biärg, -e *m.*, Steen·haup, Steen·hai·pe *m.*

steinig ste·nig, -e, -en [ste·ni·ge] *EW*

steinigen ste·ni·gen *ZW*

Steinklee (weißer) Han·nig·klao·wer *m. o.Mz. bot.*

Steinkohle Steen·kuo·le *w. geol.*

Steinkrug (6 Liter) Bul·len·kop, Bul·len·köp·pe *m. tech.*

Steinmauer Mü·er, -n *w. arch.*

Steinmetz Steen·hau·er, -s *m. tech.*

Steinobst Steen·frocht, Steen·fröch·te *w. bot.*
steinreich böl·ken·riek, böl·ken·ri·ke, -n *EW fin.*, mä·er äs riek *fin.*
Steinschleifer Steen·sli·per, -s *m. tech.*
Steinschmätzer Blak·stiärt, -s *m. zool.*
Steintopf Steen·pot, Steen·pöt·te *m. tech.*
Steinturm Steen·taon, Steen·täö·ne *m. arch.*
Steinweg Steen·pat, Steen·pät·te *m. trans.*
Steinzeit Steen·tiet *w o.Mz. his.*
Steinzeug Steen·tüüg, -s *s. o.Mz. tech.*
Steißbein Ääs·been, Ääs·be·ne *s. med.*
Stelle Stiär, -n *w.*, Hook, Hö·ke *m. geog.*; **an der fal·schen ~ sein** *übertr.* dao niks to sö·ken häb·ben; **an erster ~** ärst·an *UW VW;* **auf der ~** buts *UW*, fort, -s *UW;* **eine ~ beschaffen** an·hel·pen *uZW*
stellen sät·ten *ZW*, stel·len *ZW*
stellenweise stiärn·wies, stiärn·wi·se *UW*, wat·ter·wäg·gen *UW*
Stellmacher Ra·der·ma·ker, -s *m. tech.*, Stel·ma·ker, -s *m. tech.*
Stellung Dänst, -e [Däns·te] *m.*, Stiär, -n *w.*, Po·sen·tuur, Po·sen·tu·ren *w.*
stelzbeinig stelt·fö·tig, -e, -en [stelt·fö·ti·ge] *EW*
Stelze Stel·te, -n *w. zool., tech.*
stelzen stel·ten *ZW;* **steif·beinig ~** sta·ken *ZW*
Stelzenvogel Stel·ten·vuë·gel, Stel·ten·vüë·gel *m. zool.*
stelzfüßig haug·beent, -e, -en [haug·been·te] *EW*, stelt·fö·tig, -e, -en [stelt·fö·ti·ge] *EW*
stemmen (sich) sträm·men (sik) *ZW*
Stenern Ste·nern *ON*
Stephan Stef·fen *VN*
Sterbebett Stiä·we·bed·de, -n *s.*
Sterbebuch Stiä·we·book, Stiä·we·bö·ker *s. jur.*
Sterbekreuz Stiä·we·krüüs,

Stiä·we·krü·se *s. rel.*
Sterbeliste Stiä·we·book, Stiä·we·bö·ker *s. jur.*
sterben af·liä·wen *ZW med.*, af·müë·ten *uZW med.*, daud·gaon *uZW med.*, pe·geln *ZW med.*, stiä·wen *uZW med.*, to·grun·ne·gaon *uZW med.*, üm·kuë·men *uZW med.*, uut de Tiet gaon *med.*, uut de Wiält gaon *med.*, *übertr.* Ääs to·kni·pen *med.*, *übertr.* Kop in'n Nak·ken slaon *med.;* **Haus in dem jemd. verstorben ist** Stiä·wc·huus, Stiä·we·hü·ser *s.*
Sterben Stiä·wen *s. o.Mz. med.*
sterbend af·liä·wig, -e, -en [af·liä·wi·ge] *EW med.*
sterbenskrank daud·krank, -e, -en [daud·kran·ke] *EW med.*, stiä·wens·krank, -e, -en [stiä·wens·kran·ke] *EW med.*
Sterbenswort Stiä·wens·waod, Stiä·wens·wäö·der *s.*
sterblich stiäw·lik, stiäw·licke, -n [stiäw·lik·ke] *EW*
sterilisieren uut·kuo·ken *ZW biol.*
Stern Stään, Stä·ne *m. astr.;* **Beobachten der ~e** Stään·ki·ken *s. o.Mz. astr.*
Sternbild Stään·beld, Stään·bel·ler *s. astr.*
Sternchen Stään·ken, Stään·kes *s. astr.*
Sternedeuten Stään·ki·ken *s. o.Mz. astr. psy.*
Sternenhimmel Stän·nen·hië·mel, -s *m. astr.*
Sternenloch Stään·lok, Stään·löcker [Stään·lök·ker] *s. met.*
Sternenschein Stä·nen·schien *m. o.Mz. astr.*
Sterngucker Stään·ki·ker, -s *m. astr.*
sternklar stä·nen·klaor, -e, -en [stä·nen·klao·re] *EW met.*
Sternlicht Stä·nen·lecht, -er [Stä·nen·lech·ter] *s. astr.*, Stä·nen·schien *m. o.Mz. astr.*
Sternmiere Stään·kes·mir·re *w. o.Mz. bot.*
Sternschnuppe Stään·snup, -pen *w. astr.*
Sterz Stiärt, -s *m. med.*
stets al·tiet *UW tem.;* **~ und ständig** stup un stän-

nig *tem.*
Steuer (Abgabe) Stü·er, -n *w. fin.*, Tins, -en [Tin·sen] *m. fin.*
Steueramt Stü·er·amt, Stü·er·iäm·ter *s. fin.*
Steuerbeamter Stü·er·bi·am·te, -n *m. fin.*
steuerfrei stü·er·fri, -·e, -·en *EW fin.*
Steuergeld Stü·er·gros·ken, Stü·er·grös·kes *m. fin.*
Steuergroschen Stü·er·gros·ken, Stü·er·grös·kes *s. fin.*
steuerlich stü·er·lik, stü·er·licke, -n [stü·er·lik·ke] *EW fin.*
Steuermann Stü·er·man, Stü·er·lü·de *m. trans., naut.*
steuern buk·se·ern *ZW trans.*, stü·ern *ZW*
Steuerpflicht Stü·er·plicht *w. o.Mz. fin.*
steuerpflichtig stü·er·plich·tig, -e, -en [stü·er·plich·ti·ge] *EW fin.*
Steuerrad (Auto) Stü·er, -n *s. tech.*, Stü·er·rad, Stü·er·riä·der *s. tech.*
Steuerschraube Stü·er·schru·we, -n *w. fin.*
Steuerung Stü·e·rung, -en [Stü·e·run·gen] *w. tech.*
stibitzen gam·meln *ZW*, sti·bit·sen *ZW*
Stich Pieks, -e [Piek·se] *m.*, Stiëk, -e [Stië·ke] *m.*
Stichel Piek·ser, -s *m. tech.*, Stiäk·i·sen, -s *s. tech.*
Stichelei *übertr.* Spits·ke, -n *w. psy.*
stichelig fi·nes·sig, -e, -en [fi·nes·si·ge] *EW psy.* (frz. fi·nesse)
sticheln ö·cheln *ZW psy.*, stië·keln *ZW tech., psy.*, tiëp·ken *ZW psy.*
Sticheln Stië·keln *s. o.Mz. psy., tech.*
Stichling Stig·lits, -e [Stig·lit·se] *m. zool.*
sticken sticken [stik·ken] *ZW*
stickig dum·pig, -e, -en [dum·pi·ge] *EW*, smud·de·rig, -e, -en [smud·de·ri·ge] *EW*
stieben stu·wen *uZW*
Stiefbruder Halw·bro·er, Halw·brö·ers *m.*, Staif·bro·er, Staif·brö·ers *m.*
Stiefel Stië·wel, -s *m. tech.;*

bretterne oder eiserne Aus-
ziehhilfe für ~ Stië·wel-
knecht, -e [Stië·wel·knech-
te] *m. tech.*
stiefeln stië·weln *ZW*
Stiefelschaft Schacht,
Schäch·te *m. tech.*, Stië-
wel·schacht, Stië·wel·schäch-
te *m. tech.*
Stiefkind Bi·lai·per, -s *m.*
Stiefmutter Staif·mo·er, Staif-
mö·ers *w.*
Stiefschwester Halw·süs·ter,
-s *s.*
Stiefvater Staif·va·der, Staif-
vä·ers *m.*
Stiege Rich·te, -n *w. agr.*
Stieglitz Di·sel·fink, -en [Di-
sel·fin·ken] *m. zool.*
Stiel Stel, -s *s. tech.*, Stiël,
-e [Stië·le] *m. tech., bot.*;
**unteres verdicktes Ende
des ~es** Stiël·foot, Stiël·fö-
te *m.*
Stieleiche Stiël·e·ke, -n *w.
bot.* (Quercus robur L.)
Stielfass Stiël·fat, Stiël·fiä·ter
s. tech. agr.
Stielfuß Stiël·foot, Stiël·fö-
te *m.*
Stielpfännchen Stiël·pän-
ken, Stiël·pän·kes *s. tech.*
Stieltopf Dië·gel, -s *m. tech.*,
Stiärt·pot, Stiärt·pöt·te *m. tech.*
Stier Bul·le, -n *m. zool.*;
kleiner ~ Bül·le·ken, Bül-
le·kes *s. zool.*
Stierkopf Bul·len·kop, Bul-
len·köp·pe *m. zool.*
Stift Pin, -·ne *m. tech.*
Stiftskreuz Stifts·krüüs,
Stifts·krü·se *s. rel.*
still dau·dig, -e, -en [dau·di-
ge] *EW*, lu·e·rig, -e, -en [lu-
e·ri·ge] *EW*, stil·kes *EW*;
absolut ~ muks·müüs·ken-
stil, -·le, -·len *EW*; **ganz ~**
puk·stil, -·le, -·len *EW*; **sei
~** hol di·nen Sab·bel
stillen an·läg·gen *ZW med.*;
**eine Frau kann nicht mehr
~** *übertr.* de Püt is drü·ge
med.; **Stuhl mit kurzen
Beinen zum ~** Tit·ten·stool,
Tit·ten·stö·le *m. tech.*
stillsitzen stil·le·sit·ten *uZW*
stillstehen stil·le·staon *uZW*
Stimmchen Stem·ken, Stem-
kes *s.*
Stimme Stem, -·men *w.*;
mit lauter ~ luut·hals *UW*

stimmen stem·men *ZW*,
hän·kuë·men *uZW*; **das
stimmt mit meiner Mei-
nung überein** dat mags
wul säg·gen
stimmig sein stem·men *ZW*
Stimmrecht Stem, -·men *w.*
Stimmung Lu·ne, -n *w. psy.*,
übertr. Liä·wen *s. o.Mz. psy.*
stinken möf·fen *ZW biol.*,
stin·ken *uZW*
stinkend gam·me·lig, -e,
-en [gam·me·li·ge] *EW biol.*
Stirn Bles, -·sen *w. med.*,
Plat·te, -n *w. med.*, Stärn,
-en [Stär·nen] *w. med.*
Stirnfalte (senkrechte) Nüë-
kel, -s *m. med.*
Stirnfleck Bles, -·sen *w. med.*
Stirnseite Kop·si·te, -n *w.*
Stochereisen Pruo·kel·i·sen,
-s *s. tech.*, Prüë·kel, -s *m.
tech.*, Prüë·kel·i·sen, -s *s.
tech.*, Fü·er·staol, Fü·er·stäö-
le *m. tech.*; **schwanenhals-
artig gebogenes ~** *übertr.*
Swaon, Swäö·ne *m. tech.*
stochern prüë·keln *ZW*,
pruo·keln *ZW*, pu·ern *ZW*,
stuo·kern *ZW*
Stock Pin, -·ne *m. tech.*, Rän-
gel, -s *m. tech.*, Staw, Stiäwe *m. tech.*, Stok, Stöcke
[Stök·ke] *m. tech.*; **derber ~**
Prü·gel, -s *m. tech.*; **dicker
~** Knüë·pel, -s *m. tech.*; **gegabelter ~** Ploog·stram·pel,
-s *m. tech.*; **ca. 15cm langer,
an beiden Seiten schräg
angspitzter ~, der wegge-
schlagen wird** (Kinderspiel)
Trip·pel·stok, Trip·pel·stöcke
[Trip·pel·stök·ke] *m. spo.*;
spitzer ~ Spiët, -e [Spië-
te] *m. tech.*
Stöckchen Pin·ken, Pin·kes
s. tech.
Stöckchenziehen (z.B. zur
Ermittlung der Reihenfolge)
Spier·kes·trecken [Spier·kes-
trek·ken] *s. o.Mz.*
stockdunkel aor·düüs·ter,
-e, -en [aor·düüs·te·re] *EW*,
pik·düüs·ter, -e, -en [pik-
düüs·te·re] *EW*, sticken-
düüs·ter, -e, -en [stik·ken-
düüs·ter], [stik·ken·düüs·te-
re] *EW*
Stockente Stok·iän·ten *w.
zool.*
stockfinster aor·düüs·ter, -e,

-en [aor·düüs·te·re] *EW*, pik-
düüs·ter, -e, -en [pik·düüs-
te·re] *EW*
Stockfleck Spak *m. o.Mz.
bot.*
stockfleckig spackig, -e, -en
[spak·ki·ge] *EW biol.*; **~ werden** spacken [spak·ken] *ZW*
stocknüchtern daud·nöch-
tern, -e, -en [daud·nöch·ter-
ne] *EW med.*
Stockum Stockum [Stok-
kum] *ON*
Stockwerk Stok·wiärk, -e
[Stok·wiär·ke] *s. arch.*
Stoff Dook, Döker *s. tech.*;
Wiärks *s. o.Mz. chem., med.*
Stofffetzen Pluë·de, -n *w.*
stöhnen jam·ken *ZW psy.*;
kra·ken *ZW psy.*, sörn *ZW
psy.*, stië·nen *ZW psy.*, stüë-
nen *ZW psy.*; **leidvoll ~**
saan·ken *ZW psy.*, **~ vor
Schmerz** gün·seln *ZW med.*
Stöhnen Stüë·nen *s. o.Mz.
psy.*, Jan·ke·ri, -·en *w. psy.*
Stöhnende Saan·ke, -n *w.
psy.*
stolpern hols·tern *ZW*, stol-
pe·re·ern *ZW*, stru·keln *ZW*,
strum·peln *ZW*; **über die
eigenen Beine ~** stol·ter-
bol·tern *ZW*
stolz haug·nië·sig, -e, -en
[haug·nië·si·ge] *EW psy.*,
mas, -·se, -·sen *EW psy.*,
pri·daol, -e, -en [pri·dao·le]
EW, risk, -e, -en [ris·ke] *EW
psy.*, stolt, -e, -en [stol·te]
EW psy.; **stolzer** stol·ter;
am stolzesten an stol·tes-
ten
Stolz Stolt *m. o.Mz. psy.*; **~
der Adeligen** Kab·be·le·ern-
stolt *m. o.Mz. psy.*
Stopfen Prop·pen, -s *m. tech.*
stopfen stop·pen *ZW*, pram-
men *ZW*
Stopfer Stop·per, -s *m. tech.*
Stopfgarn Stop·gaorn, Stop-
gäörn *s. tech.*
Stopfhorn (Gerät zum Füllen von Wurstfleisch in den
Darm) Stop·häön, -s *s. tech.*
Stopfkissen Stop·küs·sen,
-s *s. tech.*
Stopfnadel Stop·nao·del,
Stop·näö·del *w. tech.*
Stoppel Stöp·pel, -n *w. bot.,
med.*
Stoppelfeld Stöp·pel·acker,

-s [Stöp·pel·ak·ker] *m. agr.*,
Stöp·pel·land, Stöp·pel·län·
ner *s. agr.*
Stoppelland Stöp·pel·land,
Stöp·pel·län·ner *s. agr.*
Stoppelrübe Stöp·pel·rö·we,
-n *w. bot.*
stoppen an·hol·len *uZW*,
übertr. in'ne l·sen gaon
Stopper Brems, -en [Brem·
sen] *w. tech.*
Stöpsel Prop·pen, -s *m.
tech*, Stop·per, -s *m. tech.*
Storch Ad·de·baar, -s *m.
zool.*, Stuork, Stüör·ke *m.
zool.*
Storchennest Stuor·ken·
nöst, -er [Stuorken·nös·ter]
s. zool.
stören störn *ZW*, tri·be·le·ern
ZW psy. (frz. tribulations);
das stört mich nicht dat
mäk mi niks uut *psy.*; **das
stört ihn überhaupt nicht**
übertr. dao tükt em ki·ne
Ääs·ao·der üm *psy.*
störrisch muksk, -e, -en
[muks·ke] *EW psy.*, obs·
ter·näötsk, -e, -en [obs·ter·
näöts·ke] *EW psy.*, vö·wänt,
-e, -en [vö·wän·te] *EW psy.*;
~er Mensch Driew·nak, -s
m. psy.
Stoß Nufk, -en [Nuf·ken] *m.*,
Nuk, Nücke [Nük·ke] *m.*,
Slag, Sliä·ge *m.*, Staut, Stait
m.; **einen ~ geben** an·
stau·ten *uZW*
Stößel Stau·ter, -s *m. tech.*
stoßen bu·sen *ZW*, nuf·ken
ZW, stau·ten *uZW*; **ruckar·
tig ~** nuk·ä·sen *ZW*
Stoßfänger Staut·fän·ger, -s
m. tech.
stoßweise staut·wies, staut·
wi·se *UW*
Stotterer Stüör·ter·buk, Stüör·
ter·bük·ke *m. psy.*, Sta·mer·
buk, Sta·mer·bücke [Sta·mer·
bük·ke] *m. psy.*
stottern stüör·tern *ZW psy.*,
sta·mern *ZW psy.*, de Wäö·
der an·hol·len *psy.*; **er stot·
tert** he stöt an *psy.*
stotternd stüör·te·rig, -e, -en
[stüör·te·ri·ge] *EW psy.*
Strafarbeit Straof·ar·baid,
-en [Straof·ar·bai·den] *w.*
Strafarbeiter Straof·ar·bai·
der, -s *m. jur.*
Strafbank Slün·gel·bank,

Slün·gel·bän·ke *w. tech. psy.*
strafbar straof·baor, -e, -en
[straof·bao·re] *EW jur.*
Strafbuch Straof·book, Straof·
bö·ker *s. jur.*
Strafe Strao·fe, -n *w. jur.,
psy.*; **eine ~ noch nicht
abgebüßt haben** wat up't
Kiärw·holt häb·ben *jur.*; **sei·
ne ~ bekommen** *übertr.*
sien Fet wäg kri·gen *psy.*;
seine ~ bekommen haben
übertr. sien Fet wäg häb·
ben *psy.*
strafen strao·fen *ZW jur., psy.*
straff dral, -·le, -·len *EW*
straffen stram·men *ZW*
Strafgeld Straof·geld, Straof·
gel·ler *s. jur. fin.*
Sträfling Sträöf·ling, -e
[Sträöf·lin·ge] *m. jur.*
Strafrecht Straof·rächt *s.
o.Mz. jur.*
Strahl Straol, -en [Strao·len]
m.; **kräftiger ~** Strul, Strül·le
m.
strahlen löch·ten *ZW*, strao·
len *ZW*
strahlend blank, -e, -en
[blan·ke] *EW*; **vor Hitze ~**
glai·nig, -e, -en [glai·ni·ge]
EW, strao·lend,. -e, -en [strao·
len·de] *EW*
Strahler Strao·ler, -s *m. tech.*
stramm stram, -·me, -·men
EW tech., stuur, stu·re, -n
EW tech.
strampeln spad·deln *ZW*,
spid·de·fö·ten *ZW*, spuo·
teln *ZW*
Strand Strand, Strän·ne *m.
geol.*
Strandkrabbe Dwiärs·lai·per,
-s *m. zool.*
strapazieren strap·se·ern
ZW
Sträßchen Sträöt·ken, Sträöt·
kes *s. trans.*
Straße Straot, -e, -en [Strao·
te] *w. trans.*; **enge ~** Sträöt·
ken, Sträöt·kes *s. trans.*;
gepflasterte ~ Steen·dam,
Steen·däm·me *m. trans.*;
geteerte ~ Tiär·straot, -en
[Tiär·strao·ten] *w. trans.*
Straßenarbeiter Strao·ten·
ar·bai·der, -s *m. tech.*
Straßenbahn Strao·ten·baan,
Strao·ten·ba·nen *w. trans.*
Straßenbau Strao·ten·bau *m.
o.Mz. tech. trans.*

Straßenbaum Strao·ten·
baum, Strao·ten·bai·me *m.
bot.*
Straßenbenutzungsgebühr
Wiä·ge·tol, Wiä·ge·töl·le *m.
fin. trans.*
Straßenbesen Strao·ten·
bes·sen, -s *m. tech. hyg.*
Straßengraben Guo·te, -n
w., Strao·ten·gra·wen, Strao·
ten·griä·wen *m.*
Straßenkehrer Strao·ten·
klüüt·ker, -s *m. hyg.*
Straßenkreuzung Krüüs,
Krü·se *s. trans.*, Strao·ten·
krü·sung, -en [Strao·ten·krü·
sun·gen] *w. trans.*
Straßenkurve Strao·ten·
drai, -s *m. trans.*
Straßenlampe Strao·ten·
löch·te, -n *w. tech.*
Straßenleuchte Strao·ten·
löch·te, -n *w. tech.*
Straßenmädchen Strao·ten·
wicht, -er [Strao·ten·wich·
ter] *s.*
Straßenpflaster Plaos·ter, -s
s. tech.
Straßenrand Gaus·ken·kant,
-en [Gaus·ken·kan·ten] *w.*,
Strao·ten·kant, -en [Strao·
ten·kan·ten] *m.*
Straßenverkehr Strao·ten·
vö·kä·er *m. o.Mz. trans.*
Straßenverkehr
Straßenwalze Strao·ten·wol·
ter, -n *w. tech.*
sträuben strü·wen *ZW psy.*,
sich ~ nich to Wil·len sien
psy.
Strauch Busk, Büs·ke *m.
bot.*, Hucht, -en [Huch·ten]
w. bot., Struuk, Strü·ke *m.
bot.*; **kleiner ~** Strüüks·ken,
Strüüks·kes *s. bot.*
straucheln stru·keln *ZW psy.*
Strauchwerk Busk, Büs·ke
m. bot., Struuk·wiärk *s.
o.Mz. bot.*
Strauß (Blumen etc.) Strus,
Stüs·se *m. bot.*, Struuk,
Strü·ke *m. bot.*; **kleiner ~**
Strüs·ken, Strüs·kes *s. bot.*,
Strüüks·ken, Strüüks·kes *s.
bot.*
Sträußchen Strüs·ken, Strüs·
kes *s. bot.*, Strüüks·ken,
Strüüks·kes *s. bot.*
Strebe Striä·we, -n *w. tech.*
streben striä·wen *ZW*
Streich Flïëd, -e [Flïë·de] *m.*,

psy. Snacke·ri, -·en [Snak-
ke·ri] w. psy., Striek, Stri·ke
m. psy.; **dummer ~** Kwin-
te, -n w. psy.; **toller ~** Un-
düëg·te, -n w. psy.
Streicheisen (Teil des Pfluges) Striek·i·sen, -s s. tech.
streicheln stra·ken ZW psy.,
strao·keln ZW psy., stri·ken
uZW psy., strö·keln ZW
psy., (Kindersprache) ai·ja-
ma·ken uZW psy.; **kleine
Kinder ~** püüs·ken ZW psy.
streichen stri·ken uZW tech.;
mit flacher Hand leise ~
pläcken [pläk·ken] ZW
Streicher Stri·ker, -s m. mus.,
Vi·ge·li·nen·stri·ker, -s m.
mus.
Streichholz Sticke, -n [Stik-
ke] w. tech., Swië·wel-
sticke, -n [Swië·wel·stik·ke]
m. tech.
Streichholzschachtel Stik-
ken·käst·ken, Stickenkäst-
kes s. tech.
Streifchen Strië·pel·ken, Strië-
pel·kes s., Striep·ken, Striep-
kes s.
streifen schräm·men ZW,
stri·pen uZW, strip·peln ZW
Streifen Strië·pel, -s m., Stri-
me, -n w., Stri·pen, -s m.;
gewundener ~ wun·nen·ne
Stri·pen m.; **in ~ (geschnitten)** strië·pelt, -e, -en [strië-
pel·te] EW
streifig stri·pig, -e, -en [stri-
pi·ge] EW
Streit Stried, Stri·de m. psy.,
jur., mil., übertr. Dun·ner-
wiär, -s s. psy., Un·friär m.
o.Mz. psy., übertr. Stunk
m. o.Mz. psy.; **~ anfangen**
an·läg·gen ZW psy.; **harmloser ~** Käb·be·le·ri, -·en
w. psy.; **im ~** in'n dul·len
Kop psy.; **lautstarker ~**
Kra·kail s. o.Mz. psy.
Streitanstifter Stried·ma·ker,
-s m. psy., mil.
Streitapfel Stried·ap·pel, -n
m.
streitbar täd·de·rig, -e, -en
[täd·de·ri·ge] EW psy.
streiten stri·den uZW psy.,
jur., mil., fech·ten ZW psy.,
mil., täd·dern ZW psy., übertr.
an'ne Köp·pe kri·gen psy.,
übertr. bi de Köp·pe kri·gen
psy.; (mit Worten) käb·beln

ZW psy., kai·cheln ZW psy.;
sich ~ fech·ten ZW psy.,
übertr. in de Wul·le häb·ben
psy.; **laut ~** kra·kai·len ZW
psy.; **unnachgiebig ~** Kop
gië·gen Kop sien psy.
Streitender Käb·be·ler, -s
m. psy.
Streiter Stri·der, -s m. psy.,
jur., mil.
Streiterei Stri·de·ri, -·en w.
psy., jur.
Streitgespräch Waod·wes-
sel, -s m. psy.
Streithammel Stried·ham-
mel, -s m. psy.
streitig stri·dig, -e, -en [stri-
di·ge] EW psy.
Streitrede; ~n führen käf-
ken ZW psy.
streitsüchtig käb·be·lig, -e,
-en [käb·be·lige] EW psy.,
kat·tig, -e, -en [kat·ti·ge] EW
psy., ki·big, -e, -en [ki·bi·ge]
EW psy., strïëdsk, -e, -en
[strïëds·ke] EW psy., un-
ask, -e, -en [un·as·ke] EW
psy.; **~e Frau** Käb·bel·trien,
Käb·bel·tri·nen w. psy.; **~er
Mensch** Stried·ham·mel, -s
m. psy.; **~ sein** übertr. een
äö·sig Fel an·häb·ben psy.,
Hao·re up de Tiä·ne häb-
ben psy.
streng barsk, -e, -en [bars-
ke] EW psy., freed, fre·de, -n
EW, iärnst, -e, -en [iärns·te]
EW psy., übertr. scharp, -e,
-en [schar·pe] EW psy.
Stress; (sich) ~ machen
(sik) vö·bra·ken ZW psy.
Streu Strai s. o.Mz.
streuen strai·en ZW, wiär-
pen ZW
Streusel Strai·sel, -s s.
Strich Strïëk, -e [Strïë·ke]
m.; **gegen den ~** ääs·vö-
drait, -e, -en [ääs·vö·drai·te]
EW; **kleiner ~** Strïëks·ken,
Strïëks·kes s.
Strick Strik, Stricke [Strik-
ke] s. tech.
Stricknadel Strik·stok, Strik-
stöcke [Strik·stök·ke] m. tech.
Strickstrumpf Strik·strump,
Strik·strüm·pe m.
Strickzeug Strik·tüüg, -s
s. o.Mz.
Striptease Blau·de Mä·sen
Te·ao·ter s.
Stroh Strau s. o.Mz.; **klein-**

gehacktes ~ Hak·sel s.
o.Mz. agr.; **~ zum Abdichten
der Dachpfannen, langes
ausgeharktes ~** Dak·strau
s. o.Mz. tech.; **Lagerstelle
für ~ auf dem Dachboden**
Strau·balken, -s m. arch. agr.
Strohband Strau·band, Strau-
bän·ner s. tech.
Strohbinden Strau·bin·nen
s. o.Mz. agr.
strohbinden strau·bin·nen
uZW agr.
Strohbinder Strau·bin·ner,
-s m. tech. agr.
Strohboden Strau·balken, -s
m. arch. agr.
Strohbund Strau·bun, Strau-
bün s. agr.
Strohbüschel Strau·fus·sen,
-s m.; **kleines ~ zum Abdichten von Dachpfannen**
Docken, -s [Dok·ken] m.
tech.
Strohdach Strau·dak, Strau-
diä·ker s. arch.
Strohgarbe Bund, Bün·ne
s. agr.
strohgelb flas·giäl, -e, -en
[flas·giä·le] EW
Strohhalm Strau·spier, -s
s. bot., tech.; **mit Pulver
gefüllter ~** Si·se·män·ken,
Si·se·män·kes s. tech.
Strohhaufen Strau·haup,
Strau·hai·pe m. agr.
Strohhut Strau·hood, Strau-
hö·de m. tech.; **breitkrempeliger ~** Wan·hood, Wan-
hö·de m. tech.
Strohsack Strau·sak, Strau-
siä·ke m. tech.
Strohschneiden Strau·sni-
den s. o.Mz. agr.
strohschneiden strau·sni-
den uZW agr.
Strohschneider (Messer)
Strau·sni·der, -s m. tech.
Strohwisch Strau·wiëp, -s
s.
Strom Stroom, Strö·me m.
geol., tech.
Stromberg Strom·biärg ON
strömen flai·ten ZW
Stromgenerator Lecht·ma-
schien, Lecht·ma·schi·nen
w. tech.
Stromspeicher Stroom·spi-
ker, -s m. tech.
Strömung Stroom, Strö·me
m.

Strontium Struns *s. o.Mz. chem.*

Strontiumerz Struns·steen *m. o.Mz. geol.*

Strophe Slao, Släö *w. mus.*

Strumpf Huo·se, -n *w.*, Socken, Söcken [Sok·ken], [Sök·ken] *m.*, Strump, Strüm·pe *m.*

Strumpfband Strump·band, Strump·bän·ner *s. tech.*

Strumpfhose Huo·sen, Hüö·sen *m.*

struppig ru, -·e, -·en *EW*, rud·de·rig, -e, -en [rud·de·ri·ge] *ZW med.*, strub·be·lig, -e, -en [strub·be·li·ge] *EW*

Stübchen Stüöw·ken, Stüöw·kes *s. arch.*

Stube Ka·mer, -n *w. arch.*, Stuom, Stüöms *m. arch.*, Stuo·we, -n *w. arch.*

Stubenfliege Stuom·flai·ge, -n *w. zool.*

Stück End·ken, End·kes *s.*, Oost, Öös·te *s.*, Ru·se, -n *w.*, Strië·pel, -s *m.*, Stük, Stücker [Stük·ker] *s.*; **abge-schnittenes großflächiges** ~ (Brot, Schinken) Smacke, -n [Smak·ke] *w. kul.*; **dik-kes ~ Brot u.ä.** Knuuw, Knü·we *m. kul.*; **großes ~** Flaots·ken, Flaots·kes *m.*; **kleines ~** Bröks·ken, Bröks·kes *s.*, Flit·ter·ken, Flit·ter·kes *s.*; **60 ~** Schok, -s *m.*

Stückchen Deel·ken, Deel·kes *s.*, Ööst·ken, Ööst·kes *s.*, Strië·pel·ken, Strië·pel·kes *s.*, Stüks·ken, Stüks·kes *s.*

stücken stückeln [stük·keln] *ZW tech.*

Student Stu·dent, -en [Stu·den·ten] *m. kult.*

studieren stu·de·ern *ZW kult.*, (Text, Buch) düör·liä·sen *uZW*

studiert stu·de·ert, -e, -en [stu·de·er·te] *EW*

Studierte(r) Stu·de·er·te, -n *m. und w. kult.*

Studierzimmer Stu·de·er·stuom, Stu·de·er·stüöms *m. arch.*

Stuhl Sit, -·te *m. tech.*, Stool, Stö·le *m. tech.*; ~ **mit Topf im Sitz** Kak·stool, Kak·stö·le *m. tech.*

Stuhlbein Been, Be·ne *s. tech.*, Stool·been, Stool·be-

ne *s. tech.*

Stühlchen Stööl·ken, Stööl·kes *s. tech.*

Stuhlgang Stool·gang *m. o.Mz. med.*; ~ **machen** schi·ten *uZW med.*; **sehr dün-nen ~ machen** flän·nern *ZW med.*

Stuhlkissen Stool·küs·sen, -s *s. tech.*

Stuhllehne Stool·lië·nig, -en [Stool·lië·ni·gen] *w. tech.*

Stukkateur Stucke·döör, -s [Stuk·ke·döör] *m. tech.*

Stülpe Stölp, -e, -en, [Stöl·pe] *w. tech.*

stülpen stöl·pen *ZW*

Stumpf Ruo·ne, -n *w. bot.*, Stum·mel, Stüm·mel *m.*, Stüm·pel, -s *m.*, Stump, Stüm·pe *m.*; **kleiner ~** Stüm·mel·ken, Stüm·mel·kes *s.*

stumpf sle, -·e, -·en *EW*, stump, -e, -en [stum·pe] *EW*; ~ **machen** stump·ma·ken *uZW*; **stumpfer** stum·per; **am stumpfesten** an stumps·ten

stumpfen stump·ma·ken *uZW*

Stumpfnäschen Stump·niërs·ken, Stump·niërs·kes *s. med.*

Stumpfnase Stump·niër·se, -n *w. med.*

Stündchen Stün·ken, Stün·kes *s. tem.*

Stunde Stun, -·ne, -·nen *w. tem.*, U·re *w. o.Mz. tem.*; **zur ~** stuns *UW tem.*

Stundenglas Stun·nen·glas, Stun·nen·gliä·ser *s. tech. tem.*

Stundenzeiger Stun·nen·wi·ser, -s *m. tech. tem.*

stur e·gen·köpsk, -e, -en [e·gen·köps·ke] *EW psy.*, stof·fe·lig, -e, -en [stof·fe·li·ge] *EW psy.*; **sich ~ stel-len** *übertr.* nen Kop up·sät·ten

Sturheit E·gen·sin, -·ne *m. psy.*

Sturkopf Stöf·fel, -s *m. psy.*

Sturm Stuorm, Stüör·me *m. met.*

stürmen rü·sen *ZW met.*, stüör·men *ZW met., spo.*

Stürmer Stüör·mer, -s *m. spo.*

stürmisch bol·le·rig, -e, -en

[bol·le·ri·ge] *EW psy.*, rü·sig, -e, -en [rü·si·ge] *EW met.*, stüörmsk, -e, -en [stüörms·ke] *EW met.*

Sturmlaterne Stuorm·löcht, -en [Stuorm·löch·ten] *w. tech.*

Sturz Du·sel *m. o.Mz.*, Stuort, Stüör·te *m.*

stürzen daal·stüör·ten *ZW*, hän·stüör·ten *ZW*, hän·knal·len *ZW*, stüör·ten *ZW*, *übertr.* flai·gen *uZW*

Stürzen Stüör·ten *s. o.Mz.*

Sturzkarre Stüört·kaor, Stüört·käörs *w. trans.*; **vierrädrige ~** Buk·kaor, Buk·käörs *w. trans.*

Stute Miär, -en [Miä·ren] *w. zool.*, Mo·der·piärd, -e [Mo·der·piär·de] *s. zool.*

Stuttgart Stut·gart *ON*

Stütze An·holt, An·höl·le *m.*, Lië·nig, -en [Lië·ni·gen] *w. tech.*, Stän·ner, -s *m. tech.*, *arch.*, Stüt·te, -n *w. tech.*, Stuts, Stüt·se *m.*, *übertr.* Foot, Fö·te *m. tech.*; **schräg ~** Striä·we, -n *w. tech.*

stützen lië·nen *ZW*, stüt·ten *ZW*

stutzig vö·duts *EW psy.*

Stützpfahl Vüör·paol, Vüör·päö·le *m. tech.*

Stützpfeiler Pi·ler, -s *m. tech., arch.*

Substantiv Haupt·waod, Haupt·wäö·der *s. kult.*

Subvention To·schüët, -e [To·schüë·te] *m. fin.*

Suche Söök *w. o.Mz.*

suchen krao·men *ZW*, nao·ki·ken (sik) *uZW*, sö·ken *uZW*

Suchender Sö·ker, -s *m.*

Sucher Sö·ker, -s *m.*

Sucherei Sö·ke·ri, -·en *w. med.*, Müë·ten *s. o.Mz. med.*

Sucht Socht, Söch·te *w. med.*

süchtig söch·tig, -e, -en [söch·ti·ge] *EW med.*

Süden Sü·den *m. o.Mz. geog., übertr.*, Sun·nen·siet, Sun·nen·si·ten *w.*

Suderwick Surk *ON*

Suderwicker Surks·ke, -n *m., w. und s.*

Südkirchen Süüd·kiär·ken *ON*

südlich süüd·lik, süüd·licke, -n [süüd·lik·ke] *EW geog.*

Südlohn Süüd·loon *ON*

Sudmühle Sud·müël *ON*

Südwind Süüd·wind, Süüd-win·ne *m. met.*
Suff Süëp *m. o.Mz. med.*
Sülze Sül·te, -n *w. kul.*
Sümmchen Süm·ken, Süm-kes *s. math.*
Summe Be·drag, Be·driä·ge *m. fin., math.*, Sum, -·men *w. math.*
summen (von Insekten) si-sen *ZW*
Sumpf Moor, Mo·re *s. geol.*, Siet·nis, -·se *w. geol.*, Sump, Süm·pe *m. geol.*, Viën, -s *s. geol.*; **kleiner ~** Viën·ken, Viën·kes *s. geol.*
Sumpfdotterblume Buo·ter-blo·me, -n *w. bot.*
Sumpfkalla Swiens·aor, -en [Swiens·ao·ren] *s. bot.*
Sumpfschachtelhalm Huol-krö·gel, -n *m. bot.*, Viën·krok-kel, -n *w. bot.*
Sumpfspiräe Miär·sööt·blo-me, -n *w. bot.*
Sünde Sün·ne, -n *w. rel.*; **schwere ~** Pië·kel·sün·ne, -n *w. rel.*
Sündenbock Sün·nen·buk, Sün·nen·bücke [Sün·nen-bük·ke] *m. psy.*
Sündenfall Sün·nen·fal *m. o.Mz. rel.*
Sündenlohn Sün·nen·laun *m. o.Mz. fin.*
Sünder Sün·ner, -s *m. rel.*
Sünderbank Sün·ner·bank, Sün·ner·bän·ke *w. tech. rel.*
sündig sünd·haf·tig, -e, -en [sünd·haf·ti·ge] *EW rel.*, sün-nig, -e, -en [sün·ni·ge] *EW rel.*
sündigen sün·ni·gen *ZW rel.*
Sünninghausen Sün·ning-sen *ON*
Süppchen Süp·ken, Süp·kes *s. kul.*
Suppe Liä·pel·köst *w. o.Mz. kul.*, Sup, -·pen *w. kul.*; **die ~ ist nicht erkennbar extrem heiß** *übertr.* de Sup lüg *kul.*; **eine ~ mit vielen Einlagen** ne stië·wi·ge Sup *kul.*
Suppenfleisch Sup·pen-fleesk *s. o.Mz. kul.*, Sup·pen-stük, Sup·pen·stücke [Sup·pen·stük·ke] *s. kul.*
Suppenlöffel Sup·pen·liä·pel, -s *m. tech. kul.*
Suppenschüsselchen Sup·pen·kump, Sup·pen·küm·pe

s. tech. kul.
Surenburg (Wasserschloss bei Riesenbeck) Su·ern-buorg *w. arch.*
süß sööt, sö·te, -n *EW kul.*, sucke·rig, -e, -en [suk·ke-rig], [suk·ke·ri·ge] *EW kul.*; **sehr ~** krit·ten·sööt, krit·ten-sö·te, -n *EW kul.*; **~er ma-chen** vö·sö·ten *ZW kul.*
süßen sö·ten *ZW kul.*
Süßgräser Sööt·griä·ser *Mz. bot.*
Süßigkeiten Slicker·wiärks [Slik·ker·wiärks] *s. o.Mz. kul.*
süßlich smööd, smö·de, -n *EW kul.*, sööt·lik, sööt·licke, -n [sööt·lik·ke] *EW kul.*
süßsauer su·er·sööt, su·er-sö·te, -n *EW kul.*
Süßwasser Sööt·wa·ter, Sööt-wä·ters *s.*
Süßwasserfisch Sööt·wa-ter·fisk, -e [Sööt·wa·ter·fis-ke] *m. zool.*
Swine (Bewohner am Haupt-mündungsarm der Oder zwischen Usedom und Wollin) Swien, Swi·nen *m.*; **das kann kein ~ lesen** dat kan kien Swien liä·sen
Symposium Bi·ne·ne·kuë-men *s. o.Mz.*
Synagoge Biäd·huus, Biäd-hü·ser *s. arch. rel.*
Synthesekautschuk künst-licken Gum·mi [künst·lik·ken Gum·mi] *s. chem.*
Sythen Si·ten *ON*

T

T, t T, t (Buk·stab·be)
Tabak To·bak, To·backe [To-bak·ke] *m.*; **grob geschnit-tener ~** Knas·ter, -s *m.*; **~ kauen** pri·men *ZW kul.*
Tabakfabrik To·bak·fa·brik, To·bak·fa·bricken [To·bak-fa·brik·ken] *w. tech.*
Tabakpflanze To·bak·plan-te, -n *w. bot.*
Tabaksbeutel To·baks·bai-tel, -s *m. tech.*, To·baks·tuut, To·baks·tu·te, -n *w. tech.*
Tablette Pil·le, -n *w. med.*
Tadel Rap·pel·ment, -s *s. psy.* (frz. rappeler), Schän-nen *s. o.Mz. psy.*
tadeln schän·nen *ZW psy.*
Tafel Tao·fel, -n *w. tech.*

Täfelchen Täö·fel·ken, Täö-fel·kes *s. tech.*
Tafelmesser Tao·fel·mest, Tao·fel·mes·sers *s. tech. kul.*
Taft Glans·si·de, -n *w. tech.*
Tag Dag, -e [Da·ge] *m. tem.*, **am ~e** da·ges *UW tem.*; **alle zwei ~e** e·nen üm dän an-ne·ren Dag *tem.*; **am an-deren ~** an·nern·dags *UW tem.*; **am morgigen ~** muorn *UW tem.*; **Guten ~** Guë·ten Dag (abgekürzt auch: Guë-ten!)
Tagebuch Da·ge·book, Da-ge·bö·ker *s.*
Tagedieb Dag·daiw, -e [Dag-dai·we] *m. jur.*, Da·ge·daiw, -e [Da·ge·dai·we] *m. jur.*, Gau·daiw, -e [Gau·dai·we] *m. jur.*
tagelang da·ge·lang, -e, -en [da·ge·lan·ge] *EW tem.*
Tagelohn Dag·laun, Dag·lai-ne *m. fin.*
Tagelöhner Dag·lai·ner, -s *m. fin.*
tagelöhnern dag·lai·nern *ZW fin.*
Tagen Bi·ne·ne·kuë·men *s. o.Mz.*
tagen da·gen *ZW tem.*, bi-ne·ne·kuë·men *uZW*
Tagesanbruch Muorn *m. tem.*, Ucht, -en [Uch·ten] *w. tem.*, Üm·tiet, Üm·ti·ten *w. tem.*
Tagesdrescher (fuhr von Hof zu Hof) Dag·düörs·ker, -s *m. agr. tech.*
Tageslicht Dag·lecht *s. o.Mz.*, Da·ges·lecht *s. o.Mz.*; **ans ~ kommen** ruut·kuë-men *uZW*
Tagesordnung; auf die ~ kommen *übertr.* up't Ta-pet kuë·men
Tagesration Da·ges·to·staon *s. o.Mz.*
Tagesstunde; neunte ~ (15 Uhr) Nuo·ne *w. tem.*
Tageszeit Da·ges·tiet, Da-ges·ti·ten *w. tem.*; **die ~ sagen** Da·ges·tiet bai·den, Da·ges·tiet säg·gen
Tageszeitung Da·ge·blad, Da·ge·bliä·der *s. kult.*, (ab-fällig) Da·ge·bläd·ken, Da·ge-bläd·kes *s. kul.*
Tagetes Stu·den·ten·blo·me, -n *w. bot.*

Tagewerk Da·ge·wiärk, -e [Da·ge·wiär·ke] s., Dag·wiärk s. o.Mz.

taghell da·ges·lecht, -e, -en [da·ges·lech·te] EW

täglich däg·lik, däg·licke, -n [däg·lik·ke] EW tem.

Tagpfauenauge Dag·pao·pen·aug, Dag·pao·pen·ai·gen s. zool.

Tagschicht Dag·dänst, -e [Dag·däns·te] m. tem.

tagsüber dags·üö·wer UW tem.

tagtäglich da·ges·dag UW tem.

Tagtraum Dag·draum, Dag·drai·me m. psy.

Tagträumer Dag·drai·mer, -s m. psy.

Tagung Bi·ne·ne·kuë·men s. o.Mz.

Taille Tal·ge, -n w. med. (frz. taille); ~ der Frau übertr. Kniëp, Knië·pe m. med.

Takt Kar·dans, -en [Kar·dan·sen] w. psy. (frz. cadence)

Taktangebender Vüör·sliä·ger, -s m.

Tal Daal, Dä·ler s. geol.

Talent Ga·we, -n w. psy.

Taler Da·ler, -s m. fin.

Talg Un·gel s. o.Mz. med., kul., tech.

Talgkerze Un·gel·kä·se, -n w. tech.

talwärts biärg·af UW geol.

Tand (unnützer) Fik·fäcke·ri, -·en [Fik·fäk·ke·ri] w.

Tändelei Dao·me·le·ri, -·en w. psy.

tändeln dao·meln ZW psy., fla·ne·ern ZW psy., tün·deln (met) ZW psy.

Tankstelle Tap·stiär, -n w. tech.

Tanne Dan·ne, -n w. bot.; junge oder kleine ~ Dän·ken, Dän·kes s. bot.

Tannenbaum Dan·nen·baum, Dan·nen·bai·me m. bot.

Tannenbusch Dan·nen·busk, Dan·nen·büs·ke m. bot., Dan·en·kamp, Dan·nen·käm·pe m. bot.

Tannengrün Dan·nen·gröön s. o.Mz. bot.

Tannenhäher Dan·nen·kod·de, -n w. zool.

Tannenholz Dan·nen·holt, Dan·nen·höl·ter s. bot.

Tannennadel Dan·nen·nao·del, Dan·nen·näö·del w. bot.

Tannenwald Dan·nen Mz. bot.; kleiner ~ Dan·nen·busk, Dan·nen·büs·ke m. bot.

Tannenwäldchen Dan·nen·büs·ken, Dan·nen·büs·kes s. bot.

Tannenzapfen Dan·nen·ap·pel, -n m. bot.

Tannenzweig Dan·nen·toog, Dan·nen·tö·ge m. bot.

Tante Mö·ne, -n w.

Tanz Dans, Dän·se m. mus., Hols·ken·bal, Hols·ken·bäl·le m. mus

Tanzboden Dans·buo·den, Dans·büö·den m. arch. mus.

Tänzchen Däns·ken, Däns·kes s. mus.

tänzeln scha·wen·seln ZW psy.

Tänzeln Scha·wen·seln s. o.Mz. psy.; anmutiges ~ wüp·pen ZW mus.

Tanzen Dan·sen s. o.Mz. mus.; einfaches ~ Hop·pe·ri, -·en w. mus.

tanzen dan·sen ZW mus., (abfällig) ha·rüm·sprän·gen ZW mus.; einfach ~ hop·pen ZW mus.

Tänzer Dän·ser, -s m. mus.

Tanzfest Bal, Bäl·le m. spo., mus.

Tanzfläche Dans·buo·den, Dans·büö·den m. arch. mus.

Tanzlehrer Dans·mes·ter, -s m. mus.

Tanzmeister Dans·mes·ter, -s m. mus.

Tanzpartner Dän·ser, -s m. mus.

Tanzsaal Dans·saol, Dans·säö·le m. arch.

Tanzschritt; französicher ~ Kö·sö, -ös m. mus.

Tanzschule Dans·school, Dans·scho·len w. mus.

Tanzstunde Dans·stun, -·nen w. tem. mus.

Tanzunterricht Dans·school, Dans·scho·len w. mus., Dans·stun, -·nen w. mus.

Tanzveranstaltung (öffentliche) Dans, Dän·se m. mus.; ~ für den König (z.B. beim Schützenfest) Küë·nings·bal, Küë·nings·bäl·le m. kult.

Tapet (Decke oder Teppich des Konferenztisches) Ta-

pet, -s s. tech.

tapezieren tap·se·ern ZW tech.

Tapezierer Tap·se·e·rer, -s m. tech.

Tapeziermesser Tap·se·er·mest, Tap·se·er·mes·ser s. tech.

Tapeziertisch Tap·se·er·disk, -e [Tap·se·er·dis·ke] m. tech.

tapfer tap·per, -e, -en [tap·pe·re] EW psy.

Täschchen Täs·ken, Täs·kes s. tech.

Tasche Tas·ke, -n w. tech.; ~ im Kleid Kleed·task, -en [Kleed·tas·ken] w.; kleine ~ Täs·ken, Täs·kes s. tech.

Taschenbuch Tas·ken·book, Tas·ken·bö·ker s. mus.

Taschendieb Gau·daiw, -e [Gau·dai·we] m. jur., Tas·ken·daiw, -e [Tas·ken·dai·we] m. jur.

Taschenmesser Knief·ken, Knief·kes s. tech., Tas·ken·mest, Tas·ken·mes·sers s. tech.

Taschenrechner Tas·ken·riä·ker, -s m. tech. math.

Taschentuch Snüüt·dook, Snüüt·dö·ker s. tech. hyg., Snuuw·dook, Snuuw·dö·ker s. tech. hyg., Tas·ken·dook, Tas·ken·dö·ker s. tech. hyg.

Tässchen Köp·ken, Köp·kes s. tech. kul., Schäöl·kes s. tech. kul., Täs·ken, Täs·kes s. tech. kul.

Tasse Kop, Köp·pe m. tech. kul., Kümp·ken, Kümp·kes s. tech. kul., Schao·le, -n w. tech. kul., Tas, -·sen w. tech. kul.; große ~ ohne Henkel Kump, Küm·pe s. tech. kul.; kleine ~ Köp·ken, Köp·kes s. tech. kul., Täs·ken, Täs·kes s. tech. kul.

Tastatur Tas·ten·wiärk, -e [Tas·ten·wiär·ke] s. tech.

Taste Knaip·ken, Knaip·kes s. tech., Tas·te, -n w. tech.

tasten fö·len uZW

Tatbestand Saak, Sa·ke, -n w.

Tatendrang; voller ~ in die Zukunft schauen übertr. de Wiält up de Schuw·kaor häb·ben psy.

tatendurstig wämsk, -e, -en

[wäms·ke] *EW psy.*
tätig sein ar·bai·den *ZW*
Tätigkeit; berufliche ~ Ar-
baid, -en [Ar·bai·den] *w.*
tätowieren tät·to·we·ern *ZW*
tätscheln klöp·ken *ZW,*
pläcken [pläk·ken] *ZW*
Tatze Klaon, -en [Klao·nen]
w. med.; **kleine ~** Kläön-
ken, Kläön·kes *s. med.*
Tau 1. Dau *m. o.Mz. met.*;
2. Li·ne, -n *w. tech.*, Reep,
-s *s. tech.*
taub dauw, -e, -en [dau·we]
EW bot., med., hat·häö·rig,
-e, -en [hat·häö·ri·ge] *EW
med.*
Täubchen Düüw·ken, Düüw-
kes *s. zool.*
Taube Du·we, -n *w. zool.*; **so
groß wie eine ~** du·wen-
graut, -e, -en [du·wen·grau-
te] *EW*
Taubenfeder Du·wen·fiä·der,
-n *w. zool.*
taubengroß du·wen·graut,
-e, -en [du·wen·grau·te] *EW*
Taubenhäuschen Du·wen-
hüüs·ken, Du·wen·hüüs·kes
s. tech.
Taubenschlag Du·wen·slag,
Du·wen·sliä·ge *m. tech.*, Du-
wen·huus, Du·wen·hü·ser *s.
tech.*
Taubensuppe Du·wen·sup,
-·pen *w. kul.*
Taubnessel Dauw·nië·del, -n
w. bot.
Tauchboot Düük·schip, -·pe
s. trans. naut.
tauchen dü·ken *ZW*
Taucher Dü·ker, -s *m.*
tauen dau·en *ZW met.*
Taufakt Dö·pe, -n *w. rel.*
Taufbecken Fün·te, -n *w.
tech. rel. (frz. fontaine)*; Fün-
ten·steen, Fün·ten·ste·ne *m.
tech. rel. (frz. fontaine)*
Taufe Dö·pe, -n *w. rel.*
taufen dö·pen *ZW rel.*, *übertr.*
een Kind·ken pis·sen lao·ten
Täufer Dö·per, -s *m. rel.*
Tauffest Kind·kes Hoch·tiet
w. rel.
Taufkirche Dööp·kiärk, -en
[Dööp·kiär·ken] *m. rel.*
Täufling Dööp·ling, -e [Dööp-
lin·ge] *m. rel.*
Taufname Dööp·naom, -en
[Dööp·nao·men] *m.*
Taufschein Dööp·schien,

Dööp·schi·ne *m. rel.*
Taufstein Dööp·steen, Dööp-
ste·ne *m. tech. rel.*, Fün·te,
-n *w. tech. rel. (frz. fontaine)*;
Fün·ten·steen, Fün·ten·ste-
ne *m. tech. rel. (frz. fontaine)*
taugen dü·gen *ZW*
taugend; nicht viel ~ nig·ge-
lig, -e, -en [nig·ge·li·ge] *EW
psy.*
Taugenichts Japs, Jäp·se
m. psy., Lap·pes, -·se *m.
psy.*, Lië·der·wams, Lië·der-
wäm·se *s. psy.*, Slams,
Släm·se *m. psy.*, Slün·gel, -s
m. psy., Un·dogt, Un·dög·te
m. psy.
Taumel Du·sel *m. o.Mz.*
taumeln duë·meln *ZW,*
strum·peln *ZW,* swië·keln
ZW
taunass dau·nat, -·te, -·ten
EW met.
Tauperle Dau·pä·del, -n *w.
met.*
Tausch Tuusk, Tüüs·ke *m.*
tauschen tuus·ken *ZW,*
(evtl. mit Zuzahlung) han-
han·neln *ZW*; **unter Wert ~**
vö·kun·geln *ZW fin.*
täuschen (sich) vö·ki·ken
(sik) *uZW psy.*, tüüs·ken
ZW; **jemd. ~** *übertr.* äch-
ter't Lecht fö·ern
Tauschhandel Tuusk·han-
nel *m. o.Mz. fin.*
tausend du·send *ZaW*
tausende du·sen·de *FW*
tausendfach du·send·fak,
du·send·facke, -n [du·send-
fak·ke] *EW*
tausendjährig du·send·jäö-
rig, -e, -en [du·send·jäö·ri-
ge] *EW tem.*
tausendmal du·send·maol
ZaW
tausendste du·sends·te, -n
ZaW
Tautropfen Dau·druo·pen,
Dau·drüö·pen *m. met.*, Dau-
pä·del, -n *w. met.*
Tauwetter Dau·wiär *s. o.Mz.
met.*
Taxi Tak·se, -n *w. trans.*
taxieren tak·se·ern *ZW (frz.
taxer)*
Team Man·schup, -·pen *w.*
Technik Tek·nik, Tek·nicken
[Tek·nik·ken] *w. tech.*
Techniker Tek·nicker, -s [Tek-

nik·ker] *m. tech.*
Technikerschule Tek·nik-
ker·school, Tek·nicker·scho-
len *w. kult. tech.*
Tecklenburg Tiä·ken·buorg
ON
Tee Te, -es *m. kul.*
Teelöffel kle·ne Liä·pel *m.
tech. kul.*
Teer Tiär *m. o.Mz. tech.*; **~
auftragen** tiärn *ZW tech.*
Teerdecke Tiär·diёk, -en [Tiär-
diё·ken] *m. tech. trans.*
Teerkessel Tiär·pot, Tiär-
pöt·te *m. tech.*
teern tiärn *ZW tech.*
Teerstraße Tiär·straot, -en
[Tiär·strao·ten] *w. trans.*
Teich Diek, Di·ke *m.*, Ku-
le, -n *w.*, Pool, Pö·le *m.*; **~
zur Viehtränke** Dränk·ku-
le, -n *w. agr.*, Suup·lok, Suup-
löcker [Suup·lök·ker] *s. agr.*;
**~ zum Wässern gegerb-
tem Leders** Lau·diek, Lau-
di·ke *m.*
Teichfrosch Diek·pog·ge, -n
w. zool.
Teichhuhn Diek·höön·ken,
Diek·höön·kes *s. zool.*
Teichrose Luo·ke, -n *w. bot.*
Teichrosenblatt Luo·ken-
blad, Luo·ken·bliä·der *s. bot.*
Teichschachtelhalm Diek-
krok·kel, -n *w. bot.*
Teig Deek, De·ke *m. kul.*
Teigrolle Deek·rul·le, -n *w.
tech.*
Teigtrog Deek·trog, Deek-
trüö·ge *m. tech.*
Teil Deel, De·le *s.*, Schäö-
er, -n *w. tech.*
teilbar deel·baor, -e, -en [deel-
bao·re] *EW*
Teilchen Deel·ken, Deel-
kes *s.*
teilen af·doon *uZW,* de·len
ZW, di·vi·de·ern *ZW math.*,
klai·ben *ZW,* twiё·len *ZW*
teilhaben deel·häb·ben *uZW*
Teilnahme An·deel, An·de-
le *m.*
teils deels *UW*
Teilstück Maot, -e [Mao·te]
s.
Teilung Deel·ge, -n *w.*, De-
lung, -en [De·lun·gen] *w.*
teilweise deel·wies, deel·wi-
se *UW,* wat·deels *UW*
T-Eisen T-I·sen, -s *s. tech.*
Telefon Kü·er·kas·ten, Kü-

er·käs·ten *m. tech.*, *scherzh.*
Klöön·kas·ten, Klöön·käs·ten
m. tech.
telefonieren an·pin·geln *ZW,*
an·ro·pen *uZW,* te·le·fo·ne·
ern *ZW*
Telefonnummer An·roop·
num·mer, -n *w.*
Telgte Teeg·te *ON*
Teller Tel·ler, -s *m. tech.*
Tellerchen Tel·ler·ken, Tel·
ler·kers *s. tech.*
Tellersignal Tel·ler·sig·naol,
-e [Tel·ler·sig·nao·le] *s. tech.*
trans.
Temperament *übertr.* Fü·er,
-s *s. psy.*
temperamentvoll kre·ben·
sig, -e, -en [kre·ben·si·ge]
EW psy., *übertr.* fü·e·rig, -e,
-en [fü·e·ri·ge] *EW psy.*; **sehr
~ sein** *übertr.* Fü·er un·
ner't Gat häb·ben *psy.*
Temperatur Temp·ra·tuur,
Temp·ra·tu·ren *w.*
Tempo I·le *w. o.Mz.*, Naod,
Näö·de *w.*, Smackes [Smak·
kes] *s. o.Mz.*; **schnelles ~**
Kar·je *s. o.Mz.*
Tender Ten·ner, -s *m. tech.*
Tenne Graut·diäl, -en [Graut·
diä·len] *w. arch.*
Tennenseite; ~mit Kühen
Ko·siet, Ko·si·ten *w. agr.*; **~
mit Pferden** Piär·de·siet,
Piär·de·si·ten *w. agr.*
Tennentür Diäl·düör, *w. arch.*
terminieren tem·me·ne·ern
ZW tem.
Test Vö·söök, Vö·sö·ke *m.*
testen pro·be·ern *ZW,* uut·
pro·be·ern *ZW,* vö·sö·ken
uZW
teuer dü·er, -e, -en [dü·e·re]
EW fin.; **teuer** dü·e·rer; **am
teuersten** an dü·ers·ten
Teufel Dü·bel, -s *m. rel.*,
Dü·wel, -s *m. rel.*, Kas·per,
-s *m. rel.*, *übertr.* Deu·ker,
-s *m. rel.*, *übertr.* Lai·ge *m.
o.Mz. rel.*; (in der Darstel·
lung mit Pferdefuß) Klao·
nen·kas·per, -s *m. rel.*;
Werk des ~s Dü·wels·wiärk
s. o.Mz.
Teufelchen Dü·wel·ken, Dü·
wel·kes *s. rel.*
Teufelsgeige (Blechdose mit
Stab und Saiten) Dü·wels·
gai·ge, -n *w. tech. mus.*
Teufelsgesang Dü·wels·sang,

Dü·wels·sän·ge *m. mus.*
Teufelskerl Blik·sem, -s *m.*
Teufelsweib Dü·wels·wiew,
Dü·wels·wi·wer *s.*
Teufelswerk Dü·bels·wiärk
s. o.Mz.
Teufelszeug Dü·bels·wiärk
s. o.Mz.
teuflisch dü·belsk, -e, -en [dü·
bels·ke] *EW psy.*
Teutoburger Wald Teu·to
m. o.Mz. geol.
Textilgeschäft Tüüg·la·den,
Tüüg·lä·den *m. arch. fin.*
Theater Te·ao·ter, -s *s. mus.*;
~ spielen te·ao·ter·spië·len
ZW mus.
Theaterspiel Te·ao·ter·spiël,
-e [Te·ao·ter·spië·le] *s. mus.*
Theaterspielen Te·ao·ter·
spië·len *s. o.Mz. mus.*
Theaterstück; heiteres ~ Ko·
med·di·ge, -n *w. mus.*
Theke Bräd, Briä·der *s. tech.*,
Tre·sen, -s *m. tech.*; **~ im
Wirtshaus** Tö·ne·bank, Tö·
ne·bän·ke *w. tech. kul.*
Theodor Ter·ro *VN*
Theoretiker (abfällig) Klook·
schi·ter, -s *m. psy.*
Theresia Tre·se, -n *VN,*
Trees·ken, Trees·kes *VN*
Thingplatz Tig·ge, -n *w. jur.*
Thomasmehl (Dünger) Slak·
ken·miäl, -e [Slak·ken·miä·le]
s. agr.
Thron Troon, -s *m.*
Tick Fim·mel, -s *m. psy.*,
Mak, Macken [Mak·ken] *w.
psy.*
tief daip, -e, -en [dai·pe] *EW*;
~ gelegen leeg, le·ge, -n
EW; **tiefer** dai·per; **am tief·
sten** an daips·ten
Tiefdruck dai·pe Lucht *met.*
Tiefe Daip·te, -n *w.*, Döp·te,
-n *w.*
Tiefflieger Daip·flai·ger, -s
m. mil. trans.
Tiefgang; Schiff mit gerin·
gem ~ Pün·te, -n *w. naut.*
tiefliegend daip·lig·gend, -e,
-en [daip·lig·gen·de] *EW*
Tiefschlaf Daip·slaop, Daip·
släö·pe *m. med.*
tiefschwarz gnit·ter·swat, -te,
-ten *EW,* pik·swat, -te, -ten
EW
Tiefsinn Daip·sin *m. o.Mz.
psy.*
tiefsinnig daip·denksk, -e,

-en [daip·denks·ke] *EW psy.*
Tier (allg.) Aos, Äös·ter *s.
zool.*, Dier, -s *s. zool.*; **ka·
striertes ~** Lüb·be·ling, -s
m. zool.; **kleines ~** Dier·
ken, Dier·kes *s. zool.*; **männ·
liches ~** Buk, Bücke [Bük·
ke] *m. zool.*, Män·ken, Män·
kes *s. zool.*; **nachtaktives
~** Nacht·dier, -s *s. zool.*;
prächtiges ~ Staods·dier,
-s *s. zool.*
Tierarzt Ko·dok·ter, -s *m.
med.*, Piär·de·dok·ter, -s *m.
med.*, Ve·dok·ter, -s *m. med.*
Tlerchen Dier·ken, Dier·kes
s. zool.
Tiergarten De·er·gaorn, De·
er·gäörns *m. zool.*
Tierquäler Dier·kwiä·ler, -s
m. psy.
Tierstimme Dier·stem, -·men
w. zool.
Tierverschlag Slag, Sliä·ge
m. tech.
Tilbeck Til·biëk *ON*
tilgen af·be·ta·len *ZW fin.*,
tig·gen *ZW fin.*
Tinte Din·te, -n *w. tech.*, En·
ke, -n *w. tech.*, Inkst, -en
[Inks·ten] *w. tech.*
Tintenfass En·ke·fat, En·ke·
fiä·ter *s. tech.*, En·ke·pot,
En·ke·pöt·te *m. tech.*, Inks·
ten·fat, Inks·ten·fiä·ter *s. tech.*
Tintenfleck En·ke·pläk, En·
ke·pläcken [En·ke·pläk·ken]
m.
Tintestift Din·ten·stift, -e [Din·
ten·stif·te] *m. tech.*
tippeln teckeln [tek·keln] *ZW*
Tisch Disk, -e [Dis·ke] *m.
tech.*; **~ an dem man nicht
bezahlen muss** (z.B. auf Fei·
erlichkeiten) Fri·disk, -e [Fri·
dis·ke] *m. kul. fin.*; **kleiner
~** Dis·ken, Dis·kes *s. tech.*
Tischbein Disk·been, Disk·
be·ne *s. tech.*, Been, Be·
ne *s. tech.*
Tischchen Dis·ken, Dis·kes
s. tech.
Tischcomputer Disk·riä·ker,
-s *m. tech.*
Tischdecke Beld·dook, Beld·
dö·ker *s. tech.*, Disk·diëk, -en
[Disk·dië·ken] *w. tech.*, Disk·
la·ken, -s *s. tech.*
Tischlade Disk·trecke, -n
[Disk·trek·ke] *w. tech.*
Tischler *übertr.* Holt·wuorm,

Holt·wüör·mer *m. tech.*
Tischnachbar Disk·nao·ber,
-s *m.*; **~in** Disk·nao·bers-
ke, -s *w.*
Tischorgel Disk·üör·gel, -n
s. tech. mus.
Tischrechner Disk·riä·ker,
-s *m. tech.*
Tischtennis Ping·pong *s.*
o. Mz. spo.
Tischtennisball Ping·pong-
bal, Ping·pong·bäl·le *m. spo.*
Tischtennisplatte Ping·pong-
disk, -e [Ping·pong·dis·ke] *m.*
tech. spo.
Tischtennisschläger Ping-
pong·sliä·ger *m. tech. spo.*
Tischtennisspiel Ping·pong-
spiël, -e [Ping·pong·spië·le]
s. spo.
Tischtennisspieler Ping-
pong·spië·ler, -s *m. spo.*
Tischtuch Disk·diëk, -en
[Disk·dië·ken] *w. tech.*, Disk-
la·ken, -s *s. tech.*
Titel Tid·del, -s *m.*, Üö·wer-
schriwt, -en [Üö·wer·schriw-
ten] *w.*
Titelblatt Tid·del·blad, Tid-
del·bliä·der *s.*
Titularstadt Tid·del·stad, Tid-
del·stiä·den *w. pol.*
titulieren tid·de·le·ern *ZW*
Toast Drink·sprüëk, -e [Drink-
sprüë·ke] *m.*
Toaster Rös·ter, -s *m. tech.*
toben döl·le·re·ern *ZW psy.*,
jag·tern *ZW psy.*, mal·len
ZW psy.
tobend grow, gruo·we, -n
EW psy.
Tobsuchtsanfall Kol·ler, -s
m. psy.
Tochter Doch·ter, Döch·ter
w.
Tochterfirma Af·läg·ger, -s
m.
Töchterlein Döch·ter·ken,
Döch·ter·kes *s.*
Tod Daud *m. o. Mz. med.*,
übertr. Sai·sen·man *m. o. Mz.*;
Stunde des ~es Dau·des-
stun, -·nen *w. tem. med.*;
zu ~e erschrocken dau-
den·bang, -e, -en [dau·den-
ban·ge] *EW psy.*
Todesangst Dau·den·angst,
Dau·den·iängs·te *w. psy.*
Todesatem Dauds·aom,
Dauds·äöm *m. med.*
Todesnachricht; festgelegte

**Reihenfolge zur Verbrei-
tung einer ~ in der Bauerschaft** Bu·er·sprao·ke, -n *w.*;
Überbringer einer ~ Dau-
den·bid·ker, -s *m.*
Todesschatten Dau·des-
schad·den *m. o. Mz.*
Todesstrafe Dau·des·strao-
fe *w. o. Mz. jur.*
Todesstunde Dau·des·stun,
-·nen *w. tem. med.*
Todeswehen Dau·des·we·en
Mz. med.
todkrank daud·krank, -e, -en
[daud·kran·ke] *EW med.*,
stiä·wens·krank, -e, -en [stiä-
wens·kran·ke] *EW med.*
todmüde daud·mö·de, -n
EW med.
todnüchtern daud·nöch-
tern, -e, -en [daud·nöch·ter-
ne] *EW med.*
todsicher daud·wis·se, -n
EW
Todsünde Daud·sün·ne, -n
w. rel.
Toilette Ka·be, -es *s. tech.*
hyg., Lo·kus, -·se *m. tech.*
hyg., übertr. Hüüs·ken, Hüüs-
kes *s. tech. hyg.*; **~ für die
Nacht** Nacht·stool, Nacht-
stö·le *m. tech. hyg.*; **zur ~
gehen** nao't Hüüs·ken gaon
med., up'n Pot gaon *med.*,
uut·triä·ten *uZW med.*
Toilettenbürste Lo·kus·bes-
sen, -s *m. tech. hyg.*, Lo-
kus·büör·sel, -s *m. tech. hyg.*
Toilettendeckel Lo·kus·dië-
kel, -s *m. tech.*
Toiletteneimer Lo·kus·em-
mer, -s *m. tech. hyg.*
Toilettenhaus Schiet·huus,
Schiet·hü·ser *s. arch. hyg.*
Toilettenhäuschen Hüüs-
ken, Hüüs·kes *s. arch. hyg.*
Toilettenpapier Lo·kus·pa-
pe·er, -e [Lo·kus·pa·pe·e·re]
s. tech. hyg.
Toilettenschüssel Lo·kus-
pot, Lo·kus·pöt·te *m. tech.*
hyg.
Toilettensitz Kak·stool, Kak-
stö·le *m. tech. hyg.*
Toilettentür Lo·kus·düör, -n
w. arch.
tolerant fri·sin·nig, -e, -en
[fri·sin·ni·ge] *EW psy.*
tolerieren dul·le·re·ern *ZW*
toll dol, -·le, -·len *EW*; dul,
-·le, -·len *EW psy.*; **toller**

dul·ler; **am tollsten** an duls-
ten
tollen jag·tern *ZW*
Tollhaus Dul·huus, Dul·hü-
ser *s.*
Tollheit Dul·le·ri, -·en *w. psy.*
Tollkopf Dul·kop, Dul·köp-
pe *m. psy.*, Knië·ter·kop,
Knië·ter·köp·pe *m. psy.*
Tollwut Dul·woot *w. o. Mz.*
med.
tollwütig dul·wö·tig, -e, -en
[dul·wö·ti·ge] *EW med.*
Tölpel Bus·bas, Bus·bäs·se
m. psy., Däös·kop, Däös-
köp·pe *m. psy.*, Pok·ääs,
Pok·ä·se *s. psy.*, Töf·fel, -s
m. psy.
tölpelhaft dus·se·lig, -e, -en
[dus·se·li·ge] *EW psy.*, töf-
fe·lig, -e, -en [töf·fe·li·ge] *EW*
psy., busbas wäg *psy.*; **~e
Person** Mensk, -en [Mens-
ken] *s. psy.*, (abfällig) *übertr.*
Pat·gaus, Pat·gai·se *w. psy.*,
Töf·fel, -s *m. psy.*
Tomate Lai·wes·ap·pel, -n *m.*
bot.
Ton Muks, -e [Muk·se] *m.*,
Toon, Tö·ne *m. mus.*; Klai
m. o. Mz. geol.; **feuerfest
gebrannter ~** Scha·mot
m. o. Mz. tech.
tönen klö·ren *ZW*
Tonne Fat, Fiä·ter *s. tech.*,
Tun·ne, -n *w. tech.*; **große
~ zum Einweichen der
Wäsche oder zum Baden**
Büük·tun, -·nen *w. tech.*
Tönnishäuschen Tüns·hüüs-
ken *ON*
Tonziegel Bak·steen, Bak·ste-
ne *m. tech.*; **feuerfest gebrannter ~ zur Ausklei-
dung von Kaminen** Scha-
mot·steen, Scha·mot·ste·ne
m. tech.
Topf Gra·pen, -s *m. tech.*,
Pot, Pöt·te *m. tech.*; **kleiner
~ mit Stiel** Kas·trol, -s *w.*
tech. (frz. casserole)
Topfblümchen Pot·blööm-
ken, Pot·blööm·kes *s. bot.*
Topfblume Pot·blo·me, -n
w. bot.
Töpfchen Pöt·ken, Pöt·kes
s. tech.
Topfdeckel Dië·kel, -s *m.*
tech., Pot·dië·kel, -s *m. tech.*,
Stölp, -e, -en, [Stöl·pe] *w.*
tech.

Töpfer Pot·bäcker, -s [Pot-bäk·ker] *m. tech.*
Töpferei Pöt·ke·ri, -·en *w. tech.*, Pot·bäcke·ri, -·en [Pot-bäk·ke·ri] *w. tech.*
Töpferwerkstatt Pöt·ke·ri, -·en *w. tech.*, Pot·bäcke·ri, -·en [Pot·bäk·ke·ri] *w. tech.*
Topfgießer Pot·gai·ter, -s *m. tech.*
Topfgucker Pot·ki·ker, -s *m. kul.*
Topfhändler Pot·kääl, -s *m. fin.*
Topfkuchen Pot·ko·ken, Pot-kö·ken *m. kul.*
Topflappen Pot·lap·pen, -s *m. tech.*
Topfmacher Pöt·ker, -s *m. tech.*
Topfpflanze Pot·plan·te, -n *w. bot.*
Topfscherbe Pot·schäö·er, -n *w. tech.*
Tor Paort, -e, -en [Paor·te] *w. arch.*; Kas·ten, Käs·ten *spo.*; **oberer Querbalken des ~es** Hek·baum, Hek-bai·me, -s *m. tech.*
Törchen Päört·ken, Päört-kes *s. arch.*
Torf Tuorw, Tüör·we *m.*; **Abbaustelle für ~** Tuorw-lok, Tuorw·löcker [Tuorw·lök-ker] *s.*
Torfboden Tuorw·buo·den, Tuorw·büö·den *m. geol.*
Torfbrocken Klu·te, -n *w.*
torfhaltig tuor·wig, -e, -en [tuor·wi·ge] *EW geol.*
Torfloch Tuorw·lok, Tuorw-löcker [Tuorw·lök·ker] *s.*
Torfrmoos Tuorw·mos, -·se *s. bot.*
Torfstechen Tuorw·stiä·ken *s. o.Mz. tech.*
torfstechen tuorw·stiä·ken *uZW tech.*
Torfstecher Tuorw·stiä·ker, -s *m. tech.*
Torheit Daor·hait, -en [Daor-hai·ten] *w. psy.*, Tür·re *w. o.Mz. psy.*
töricht daor, -e, -en [daore] *EW psy.*, tür·rig, -e, -en [tür·ri·ge] *EW psy.*, un·üë-sel, -e, -en [un·üë·se·le] *EW psy.*, un·wies, un·wi·se, -n *EW psy.*
torkelig tuor·kelsk, -e, -en [tuor·kels·ke] *EW*

torkeln tuor·keln *ZW*
Tornado Trüë·sel·wind, Trüë-sel·win·ne *m. met*
Tornister Hols·ter, -s *m. tech.*, Tör·nüs·ter, -s *m. tech.*
Torte Ta·te, -n *w. kul.*
tot daud, -e, -en [dau·de] *EW med.*, dau·dig, -e, -en [dau-di·ge] *EW med.*, rips, -e, -en [rip·se] *EW med., biol.* (lat.: requiescant in pace sempiterna); **für ~ erklären** daud säg·gen *jur., med.*; **halb ~** halw·daud, -e, -en [halw·dau·de] *EW med.*
total rats *UW*
totbeißen daud·bi·ten *uZW*
Tote Dau·de, -n *m., w. und s. med., bot.*; **einen ~n zur letzten Ruhestätte beglei-ten** nao·fol·gen *ZW*
töten daud·ma·ken *uZW med.*, müör·dern *ZW med. jur.*, murk·sen *ZW med.*, üm-brän·gen *uZW med. jur.*; **jemd. ~** *übertr.* e·nen dat Lecht uut·blao·sen *med. jur.*; **mit einem Messer ~** af-stiä·ken *uZW med.*
Totenbett Dau·den·bed·de, -n *s.*
Totenbrief Dau·den·breew, Dau·den·bre·we *m.*
Totengeläut Dau·den·lü·den *s. o.Mz. rel.*
Totenglocke Dau·den·klok, Dau·den·klocken [Dau-den·klok·ken] *w. tech.*; **die ~ läutet** *übertr.* dao häng wi-er e·ner an't Seel
Totengräber Dau·den·griä-wer, -s *m.*, Ku·len·griä·wer, -s *m.*
Totenhand Dau·den·hand, Dau·den·han·nen *w. med.*
Totenhemd Dau·den·hiëmd, -e [Dau·den·hiëm·de] *s.*
Totenkopf Dau·den·kop, Dau·den·köp·pe *m. med.*
Totenlaken Lien·la·ken, -s *s. tech.*
Totenmahl Dau·den·maol, Dau·den·mäö·le *s. kul.*, Li-ken·köst *w. o.Mz. kul.*
Totenmesse Dau·den·mis-se, -n *w. rel.*, Siä·len·amt, Siä·len·iäm·ter *s. rel.*
Totenschein Dau·den·schien, Dau·den·schi·ne *m. jur.*
Totensonntag Dau·den·sun-dag *m. rel. tem..*

Totenwache Dau·den·waak, Dau·den·wa·ken *w.*, Li·ken-waak, Li·ken·wa·ken *w.*
Totenwagen Dau·den·wa-gen, Dau·den·wiä·gen *m. trans.*
totgehen daud·gaon *uZW med.*
tothungern daud·smach·ten *ZW med.*
totquälen daud·kwiä·len *ZW*
totschämen daud·schiä·men *ZW psy.*
Totschlag Daud·slag, Daud-sliä·ge *m. med. jur.*
totschlagen daud·slaon *uZW med.*
Totschläger Daud·sliä·ger, -s *m.*
totspritzen daud·sprüts·ken *ZW med., biol.*
totstechen daud·stiä·ken *uZW med.*
tottreten daud·triä·ten *uZW med.*
Trab Draw *m. o.Mz.*; **ge-mächlicher, leichter ~** Schün·gel·draw *m. o.Mz.*
Trabant Stra·brant, -en [Stra-ban·ten] *m.*
traben dra·wen *ZW*
Traber Dra·wer, -s *m. zool. spo.*
Trabpferd Dra·wer, -s *m. zool. spo.*
trächtig (Vieh) dräg·tig, -e, -en [dräch·ti·ge] *EW med.*
Tragbalken Driä·ger, -s *tech., arch.*; **~ über dem offenen Herdfeuer** Haol·baum, Haol-bai·me *m. tech.*
träge dië·lig, -e, -en [dië·li·ge] *EW psy.*, drao, -·e, -·en *EW psy., fuul, fu·le, -n EW psy.*; **~ sein** *übertr.* nich in'ne Hols·ken kuë·men *psy.*, *übertr.* nich in'ne Strüm·pe kuë·men *psy.*
Trage Driäg, -en [Driä·gen] *w. tech.*
Tragegurt Lich·ter, -s *m. tech.*; **kreuzförmiger ~** Krüüs·lich·ter, -s *m. tech.*
tragen buörn *ZW*, driä·gen *uZW*, tot·ten *ZW*; **schwer ~** slië·pen *ZW.*; **(etwas) auf dem Rücken schwer ~** puckeln [puk·keln] *ZW*
tragend (Vieh) dräg·tig, -e, -en [dräch·ti·ge] *EW med.*; **nicht ~** güst, -e, -en [güs-te] *EW med.*

Träger Driä·ger, -s *m. tech., arch., trans.,* Bal·ken, -s *m. tech.,* Stän·ner, -s *m. tech.*
Trägerrock Kle·der·rok, Kle·der·röcke [Kle·der·rök·ke] *m.*
Trägheit Fuul·hait, -en *w. psy.*
Tragjoch Jüёk, -s *s. tech. trans.;* ~ **für Eimer und Kannen** Hals·jüёk, -s *s. tech. trans.*
Tragkorb aus Weidengeflecht Kiep, Ki·pen *w. tech. trans.*
Tragödie Tru·er·spiёl, -e *s.* [Tru·er·spiё·le] *mus., psy.*
traktieren trak·te·ern *ZW psy.* (frz. traiter)
Traktor Sliё·per, -s *m. trans.,* Trecker, -s [Trek·ker] *m. trans.*
Traktorfahrer Trecker·dri·wer, -s [Trek·ker·dri·wer] *m. trans.*
trällern tü·de·lüt·ken *ZW*
trampeln stam·pen *ZW*
Tran Traon, Träöns *m. kul.*
Träne Träö·ne, -n *w.;* ~ **eines Betrunkenen** Fuë·sel·träö·ne, -n *w. med.*
tränen träö·nen *ZW*
Tränendes Herz (Gartenblume) Grien·hiärt·ken, Grien·hiärt·kes *s. bot.*
Tranfunzel Traon·fun·sel, -n *w. tech.*
tranig trao·nig, -e, -en [trao·ni·ge] *EW*
Tränke Büörn·stel, -·len *s. agr.,* Wa·ter·stiär, -n *w.*
tränken (Vieh) büör·nen *ZW agr.*
Transportbehälter (auf dem Wagen) Kal·wer·lok, Kal·wer·löcker [Kal·wer·lök·ker] *s. trans. agr.*
Transporter Trans·por·te·e·rer *m. tech. trans.*
Transporteur Trans·por·te·e·rer *m. trans.*
transportieren driä·gen *uZW psy. trans.,* trans·por·te·ern *ZW trans.*
Transportschlitten Slid·den, -s *m. trans.;* ~ **für den Pflug** Ploog·sliё·pe, -n *w. trans.*
Trappe Trap·gaus, Trap·gai·se *w. zool.*
trappeln drab·beln *ZW*
Tratsch Kwa·te·ri, -·en *w. psy.,* Lü·de·kü·e·ri *w. o.Mz. psy.*

tratschen bak·pan·nen *ZW psy.,* gäw·weln *ZW psy.,* klap·pai·en *ZW psy.*
Tratschweib Klap·pai, -·en *w. psy.,* (Schimpfwort) Splen·ter·büs·se, -n *w. psy.;* **fromm tuendes** ~ *übertr.* Klop·pe, -n *w. psy.*
Traualtar Tru·aol·taor, Tru·aol·täö·re *m. arch. rel.*
Traube Dru·we, -n *w. bot.,* Drub·bel, -s *m.,* (z.B. von Johannisbeeren) Prol·le, -n *w. bot.;* **kleine** ~ Drüüw·ken, Drüüw·kes *s. bot.*
Traubeneiche Dru·wen·e·ke, -n *w. bot.* (Quercus petraea L.)
Traubenkirsche Fuul·baum, Fuul·bai·me *m. bot.*
trauen tru·en *ZW psy.;* ~ **auf** tru·en an *psy.*
Trauer Tru·er *w. o.Mz. psy.*
Trauerfeier Tru·er·fi·er, -n *w.*
Trauerhaus Stiä·we·huus, Stiä·we·hü·ser *s.,* Tru·er·huus, Tru·er·hü·ser *s.*
Trauerkleid Tru·er·kleed, Tru·er·kle·der *s.*
Trauerkleidung Tru·er·kle·dung *w. o.Mz.*
trauern tru·ern *ZW psy.*
Trauerschwan Tru·er·swaon, Tru·er·swäö·ne *m. zool.*
Trauerspiel Tru·er·spiёl, -e [Tru·er·spiё·le] *s. mus., psy.*
Trauerweide Tru·er·wiё·de, -n *w. bot.*
Trauerzeit Tru·er·tiet, Tru·er·ti·ten *w. psy. tem.*
Traufe Raip, -s *s. tech. agr.,* Räu·pe, -n *w. tech.*
Traum Draum, Drai·me *m. psy.*
träumen drai·men *uZW psy.*
Träumer Drai·mer, -s *m. psy.,* Draim·sta·ken, -s *m. psy.*
traurig tru·e·rig, -e, -en [tru·e·ri·ge] *EW psy.,* be·dröp·pelt, -e, -en [be·dröp·pel·te] *EW psy.*
Traurigkeit Tru·er·rig·kait *w. o.Mz. psy.*
Trauring Trü·ring, -e [Trü·rin·ge] *m. tech.*
Trauung Tru·en *s. o.Mz. jur., rel.;* **durch** ~ **verbinden** an·tru·en *ZW jur., rel.*
Trauzeuge Tiё·gen·gän·ger, -s *m. jur., rel.*
Travertin Piep·steen, Piep-

ste·ne *m. geol.*
treffen (Ziel) driä·pen *uZW,* vö·plääs·tern *ZW;* **sich** ~ bi·ne·ne·kuё·men *uZW,* mö·ten *ZW,* in'ne Mööt kuё·men
Treffer Driä·per, -s *m. mil.*
Treibeis Driew·ies *s. o.Mz. met.*
Treiben Dri·wen *s. o.Mz.;* **unsinniges** ~ Un·wiё·sen *s. o.Mz.*
treiben dri·wen *uZW,* kas·jö·nern *ZW psy.*
Treiber Dri·wer, -s *m.,* His·ser, -s *m.*
Treibhaus Driew·huus, Driew·hü·ser *s. arch. agr.*
Treibjagd Driew·jagt, -en [Driew·jag·ten] *w.;* **Jagdessen nach der** ~ Schüё·del·dri·wen *s. o.Mz. kul.*
Treibmittel Driew·mid·del, -s *s. chem., tech.,* Gest, -en [Ges·ten] *w. kul.*
Treibriemen Driew·rai·men, -s *m. tech.*
Treibsand Driew·sand, Driew·sän·ne *m. geol.*
treideln sliё·pen *uZW trans.,* trecken [Trek·ken] *uZW trans.*
Treidelweg Lien·pat, Lien·pät·te *m. trans.,* Trek·pat, Trek·pät·te *m. trans.*
trennen sche·den *ZW,* uut·e·neen·kri·gen *uZW;* **sich** ~ uut·e·neen·lau·pen *uZW*
Trennwand (z.B. im Stall) Mi·schet, -s *s. tech.;* ~ **zwischen Herdraum und Diele** Schiär·wand, Schiär·wän·ne *w. arch.*
Treppchen Träp·ken, Träp·kes *s. arch.*
Treppe Trap, -·pen *w. arch.;* ~ **zum Dachboden** Bal·ken·trap, -·pen *w. arch.;* **kleine** ~ Träp·ken, Träp·kes *s. arch.*
Treppengeländer Trap·pen·ge·lind, Trap·pen·ge·lin·ner *s. arch.*
Treppenhaus Trap·pen·huus, Trap·pen·hü·ser *s. arch.*
Treppenstein Süöl·steen, Süöl·ste·ne *m. arch.*
Tresor Geld·schap, Geld·schiä·pe *s. tech. fin.*
treten triä·ten *ZW*
treu trü, -·e, -·en *EW psy.*
Treue Trü·e *w. o.Mz. psy.*
treuherzig trü·hiär·tig, -e, -en

[trü·hiär·ti·ge] *EW psy.*
treulich trü·lik, trü·licke, -n [trü·lik·ke] *EW psy.*
treulos falsk, -e, -en [fals-ke] *EW psy.*, trü·laus, -e, -en [trü·lau·se] *EW psy.*
treusorgend suorg·lik, suorg-licke, -n [suorg·lik·ke] *EW psy.*
Trichine Fin·ne, -n *w. zool.*; **mit ~n verseucht** fin·nig, -e, -en [fin·ni·ge] *EW med.*
Trichinenbeschauer Finnen·ki·ker, -s *m. med.*
Trichter Träch·ter, -s *m. tech.*
trichtern träch·tern *ZW*
Trick Fin·te, -n *w. psy.*
Trickdieb Gau·daiw, -e [Gau-dai·we] *m. jur.*
Trieb Driew, Dri·we *m. tech.*, Müë·ten *s. o.Mz. psy.*
Triebfeder Driew·fiä·der, -n *w. tech.*
Triebrad Driew·rad, Driew-riä·der *s. tech.*
Triebwagen Driew·wa·gen, Driew·wiä·gen *m. trans.*
triefäugen traon·ai·gen *ZW med.*
triefäugig traon·aigsk, -e, -en [traon·aigs·ke] *EW med.*
triefen träö·nen *ZW*
trillern kwin·ke·le·ern *ZW mus.*
trinken drin·ken *uZW kul.*, püët·ken *ZW kul.*, püt·ken *ZW kul.*; **auf ein Ereignis ~** be·gai·ten *uZW kul.*; **gut und üppig essen und ~** slam-pam·pen *ZW kul.*; **hastig ~** daal·stüör·ten *ZW kul.*; **un-mäßig ~** su·pen *uZW kul.*; **weder Essen noch ~ ha-ben** nich nat nao drü·ge häb·ben *kul.*; **~ wie ein Hund** slap·ken *ZW kul.*; **Zeit zum ~** Drin·kens·tiet, Drin·kens·ti·ten *w. kul. tem.*
Trinkenszeit Drin·kens·tiet, Drin·kens·ti·ten *w. kul. tem.*; **~ um 11 bzw. 17 Uhr** Buör-ger·mes·ters·tiet, Buör·ger-mes·ters·ti·ten *w. kul. tem.*
Trinker Drin·ker, -s *m. med.*, Süper, -s *m. med.*
trinkfest; er ist ~ *übertr. med.* he kan'n Stië·wel vö·drä·gen
Trinkgefäß Köp·ken, Köp-kes *s. tech. kul.*, Kroog, Krö-ge *m. tech. kul.*, Kroos, Kröös *m. tech. kul.*

Trinkgelage Püls·ke·ri, -·en *w. kul.*
Trinkglas Glas, Gliä·ser *s. tech.*; **kleines ~** Gläs·ken, Gläs·kes *s. tech.*
Trinksachen Drin·kens·wiärk *s. o.Mz. kul.*
Trinkspruch Drink·sprüëk, -e [Drink·sprüë·ke] *m.*
Tritt Trat, Trät·te *m.*
Trittbrett Triä·te, -n *w. tech.*
trocken bi·drüügt, -e, -en [bi-drüüg·te] *EW*, drüüg, drü-ge, -n *EW*, saor, -e, -en [sao-re] *EW bot.*, schrao, -·e, -·en *EW*, sprao, -·e, -·en *EW*, (Milchkuh) güst, -e, -en [güs-te] *EW med.*; **sehr ~, ~ wie Kork** kuorks·drü·ge, -n *EW*; **völlig ~** rap·pel·drüüg, rap-pel·drü·ge, -n *EW*
Trockenheit Drüüg·te, -n *w. met.*
trockenlegen drü·ge·läg·gen *ZW*
Trockenofen Drü·gel·uom, Drü·gel·üöms *m. tech.*; **~ für Geleimtes** Liem·uom, Liem·üöms *m. tech.*
Trockenrahmen Siëwt, -e [Siëw·te] *s. tech.*
Trockentuch Drü·gel·dook, Drü·gel·dö·ker *s. tech. hyg.*
Trocknen Drü·gen *s. o.Mz.*
trocknen drü·gen *ZW*
Troddel Kwas, Kwäs·se *m. tech.*
trödeln dröm·meln *ZW*, klün-geln *ZW*, tüët·ken *ZW*
Trog Trog, Trüö·ge *m. tech.*
Trommel Trum, -·men *w. tech. mus.*, Trum·mel, -n *w. tech. mus.*; **Fell der ~** Trum-mel·fel, -·le *s. tech. mus.*
Trommelfell Trum·mel·fel, -·le *s. med., tech. mus.*
trommeln trum·meln *ZW tech., mus.*, trum·men *ZW mus.*
Trommelschlag Trum·mel-slag, Trum·mel·sliä·ge *m. mus.*
Trommelschläger Trum·mel-sliä·ger, -s *m. tech. mus.*
Trommelstock Trum·mel-stok, Trum·mel·stöcke [Trum-mel·stök·ke] *m. tech. mus.*
Trommler Klüë·pel·jun·gen, -s *m. mus.*, Trum·ler, -s *m. mus.*, Trum·mel·sliä·ger, -s *m. mus.*

Trompete Trum·pät·te, -n *w. tech. mus.*
Trompeten Trum·pät·ten *s. o.Mz. mus.*
trompeten trum·pät·ten *ZW mus.*
Trompeter Trum·pät·ter, -s *m. mus.*
Tröpfchen Drüöp·ken, Drüöp-kes *s.*
Tröpfcheninfektion An·ho-sen *s. o.Mz. med.*
tröpfeln drüö·peln *ZW*
tropfen dröp·peln *ZW*, drüö-peln *ZW*, drüö·pen *ZW*
Tropfen Druo·pen, Drüö·pen *m.*, Drüp·pel, -s *m.*; **sprin-gender ~** Kol·ler·wup·ke, -n *w.*
Tross Met·gän·gers *Mz.*
Trost To·spraok, -en [To-sprao·ken] *w. psy.*
trösten to·spriä·ken *uZW psy.*
Trott Trant *m. o.Mz.*, Trat, Trät·te *m.*
Trottel Ha·jo·pai, -s *m. psy.*; **willenloser ~** Huo·sen·sok, Huo·sen·sök·ke *m. psy.*, Sluf, -·fe *m. psy.*
trotten; mühsam dahin ~ staf·ken *ZW*
trotz auk bi
Trotz Spiet, Spi·te *m. psy.*
trotzig köpsk, -e, -en [köps-ke] *EW psy.*, lüünsk, -e, -en [lüüns·ke] *EW psy.*, spi·tig, -e, -en [spi·ti·ge] *EW psy.*
Trotzkopf Dik·kop, Dik·köp-pe *m. psy.* Dul·kop, Dul·köp-pe *m. psy.*
trübe dims·trig, -e, -en [dims-tri·ge] *EW*, düüs·ter, -e, -en [düüs·te·re] *EW*, flo·mig, -e, -en [flo·mi·ge] *EW*, lum-me·rig, -e, -en [lum·me·ri-ge] *EW*, un·se·lik, un·se-licke, -n [un·se·lik·ke] *EW*
Trubel Be·we·er *s. o.Mz.*, *übertr.* Liä·wen *s. o.Mz.*
trübselig traon·aigsk, -e, -en [traon·aigs·ke] *EW psy.*
trügerisch falsk, -e, -en [fals-ke] *EW psy.*, un·sië·ker, -e, -en [un·sië·ke·re] *EW psy.*
Truhe (für Wäsche) Kist, -en [Kis·ten] *w. tech.*; **kleine ~** Küf·fer·ken, Küf·fer·kes *s. tech.*; **~ mit gewölbtem Deckel zur Aufbewahrung von Wäsche und Kleidung** Kuf·fer, -s *s. tech.*; **~ mit**

Griffen Driäg·kist, Driäg·kisten *m. tech.*
Trumpf Trump, Trüm·pe *m.*, (Herz 10 beim Doppelkopf) Dul·le, -n *w. spo.*; **einen ~ haben** wat in'ne Äch·terhand häb·ben
trumpfen trum·pen *ZW*
Trunk Drank, Drän·ke *m. kul.*
Trunksucht Süёp *m. o.Mz. med.*
Trupp Kum·pe·ni, -·en *w. mil. (frz.* compagnie), Trop, Tröp·pe *m.*
Trüppchen Tröp·ken, Tröpkes *s.*
Truppe Ka·mis *m. o.Mz. mil. (frz.* commis)
Truthahn Schruut·haan, -s, Schruut·ha·nen *m. zool.*
Truthenne Schru·te, -n *w. zool.*
Tuberkulose Lun·gen·sü·ke, -n *w. med.*
Tuch Dook, Dö·ker *s. tech.*, La·ken, -s *s. tech.*; **~ aus Velours** Flor·dook, Flor·döker *s. tech.*; **gewachstes ~** Was·dook, Was·dö·ker *s. tech.*; **kleines ~** Dööks·ken, Dööks·kes *s. tech.*
Tüchlein Dööks·ken, Döökskes *s. tech.*
Tuchpresse Ka·lan·ner, -s *m. tech.*
tüchtig an·stän·nig, -e, -en [an·stän·ni·ge] *EW psy.*, däf·tig, -e, -en [däf·ti·ge] *EW psy.*, düf·tig, -e, -en [düf·ti·ge] *EW psy.*, graut, -e, -en [grau·te] *EW*
Tücke Nücke, -n [Nük·ke] *w.*
tückisch fi·nes·sig, -e, -en [fi·nes·si·ge] *EW (frz.* finesse), glupsk, -e, -en [glups·ke] *EW*
tüfteln fri·meln *ZW tech.*, kla·mü·sern *ZW tech.*, knüsseln *ZW tech.*, plug·gen *ZW tech.*
Tugend Dög·te, -n *w. psy.*, Düёg·te, -n *w. psy.*
tugendhaft üörn·lik, üörn·likke, -n *EW psy.*
Tüll Tül, -·le *m. tech.*
Tülle Dül, -·len *w. tech.*; **~ der Kaffeekanne** Kan·nenpiep, Kan·nen·pi·pen *w. tech.*
Tüllmützchen Tül·müs·ken, Tül·müs·kes *s. tech.*
Tüllmütze Tül·müs·se, -n *w.*

tech.
Tulpe Tulp, -en [Tul·pen] *w. bot.*
Tumba Rast, Räs·te *w. tech.*
tummeln kal·wern *ZW*
Tümpel län·ten·diek, län·tendi·ke *m. geol.*, Diek, Di·ke *m. geol.*, Pool, Pö·le *m. geol.*, Wa·ter·lok, Wa·ter·löcker [Water·lök·ker] *s. geol.*; **flacher ~ mit veränderlichem Wasserstand** Blän·ke, -n *w. geol.*
Tumult Ra·buus, Ra·bu·se *m.*
Tun Doon *s. o.Mz.*
tun doon *uZW*; **etwas ~** hanneln *ZW*; **gut ~** be·kuёmen *uZW*; **nichts ~** tö·mig gaon; **noch einmal ~** wier·doon *uZW*, wi·er·ha·len *uZW*; **mit jemd. nichts mehr zu ~ haben wollen** *übertr.* met e·nen fär·rig sien *psy.*; **das hat damit nichts zu ~** *übertr.* dat is een änner Käörn
tunken stip·pen *ZW*
Tupfen Stip·pe, -n *w.*
tupfen stip·pen *ZW*
Tür Düör, -n *w. arch.*; **quergeteilte ~ im Haus** (bei der man sich zum Plaudern auf die untere Hälfte auflehnt) Klöön·düör, -n *w. arch.*; **~ zwischen Diele und Küche** Mid·del·düör, -n *w. arch.*; **~ zwischen Küche und Tenne** Schrem·düör, -n *w. arch.*; **Zapfen zur Verriegelung von ~en** Bos, -·sen *m. tech.*, **Tag der offenen ~** Kiekdag, -e [Kiek·da·ge] *m. tem.*; **jemd., der hinter sich keine ~en schließt** Paort·gat, Paort·gät·ter *s.*
Türangel An·gel, -n *w. tech.*, Häng·sel, -s *s. tech.*
Türband Hän·ge·te, -n *s. tech.*
Türgriff Klink, -en [Klin·ken] *w. tech.*
Türklinke Düörn·klink, -en [Düörn·klin·ken] *w. tech.*
Türklopfer Düörn·klöp·per, -s *m. tech.*
Turm Taon, Täö·ne *m. arch.*; **kleiner ~** Täön·ken, Täönkes *s. arch.*
Türmchen Täön·ken, Täönkes *s. arch.*

Turmdach Taon·dak, Taondiä·ker *s. arch.*
türmen täö·nen *ZW*
Türmer Täö·ner, -s *m.*
Turmglocke Taon·klok, Taonklocken [Taon·klok·ken] *w. tech.*
Turmknauf Pin·ap·pel, -n *m. arch.*
Turmspitze Taon·tim·pen, -s *m. arch.*
Turmtür Taon·düör,-n *w. arch.*
Turmuhr Taon·klok, Taonklocken [Taon·klok·ken] *w. tech. tem.*; **Schlag der ~** Klocken·slag, Klocken·sliäge [Klok·ken·slag] *m. tem.*
Turmwächter Täö·ner, -s *m.*
Türöffnung Düör·lok, Düörlöcker [Düör·lök·ker] *s. arch.*
Türpfosten Düörn·post, Düörn·pös·te *m. tech.*, Düör·pos·ten, Düör·pös·ten *m. tech.*
Türritze Düö·ren·riёt, -s *m. tech.*
Türscharnier An·gel, -n *w. tech.*
Türschlagen Düörn·klappen *s. o.Mz.*
turteln duё·deln *ZW*
Turteltäubchen Duё·deldüüw·ken, Duё·del·düüw·kes *s. zool.*
Turteltaube Duё·del·du·we, -n *w. zool.*
Tusche Te·ken·en·ke, -n *w. tech.*
Tütchen Tüüt·ken, Tüüt·kes *s. tech.*
Tüte Tu·te, -n *w. tech.*; **~ mit Zuckerwerk** Suckertu·te, -n [Suk·ker·tu·te] *w. tech. kul.*
Typhus Fuul·fe·wer *s. o.Mz. med.*, Ner·wen·fe·wer *s. o.Mz. med.*

U

U, u U, u (Buk·stab·be)
übel flau, -e, -en *EW med.*, kod·de·rig, -e, -en [kod·deri·ge] *EW med.*, laig, -e, -en [lai·ge] *EW psy.*, laig·haftig, -e, -en [laig·haf·ti·ge] *EW psy.*, mau, -·e, -·en *EW med.*, slächt, -e, -en [slächte] *EW med.*, üё·wel, -e, -en [üё·we·le] *EW psy., med.*;

jemd. etwas ~ nehmen an-kri·den *ZW psy.*; ~er, hinter-hältiger Charakter Scha-lai·er, -s *m. psy.*
Übel Leed, Le·den *s. psy.*, *med.*, Üë·wel, -s *s. psy.*
Übelkeit, starke ~ haben wat vüör't Hals·lok lig·gen häb·ben *med.*
übelnehmen üë·wel·nië·men *uZW psy.*
übelnehmerisch üë·wel-niëmsk, -e, -en [üë·wel-niëms·ke] *EW psy.*
über üö·wer *VW;* ~ **den** üö-wern *VW*
überall al·ler·wäg·gen, -s *UW*, rund·üm·to *UW*, üö-er·al *UW*
überanstrengen vö·biä·sen *ZW med.*, üö·wer·nië·men *uZW med.*
überantworten üö·wer·gië-wen *uZW*
überarbeitet af·ma·racht, -e, -en [af·ma·rach·te] *EW med.*
Überbein Üö·wer·been, Üö-wer·be·ne *s. med.*
Überbett Büö·wer·bed·de, -n *s.*, Üö·wer·bed·de, -n *s.*
Überbleibsel Nao·laot, Nao-läö·te *m.*, Üö·wer·bliew·sel, -s *s.*
Überblick Üö·wer·ki·ken *s. o.Mz.*
überbringen üö·wer·brän-gen *uZW*
Überdachung Dak, Diä·ker *s. arch.*
Überdecke Üö·wer·dië·ke, -n *w. tech.*
überdenken kop·pel·ge·ern *ZW psy.*
überdrehen üö·wer·drai·en *ZW*, (Schraube) düör·drai·en *ZW tech.*
überdreht üö·wer·drait, -e, -en [üö·wer·drai·te] *EW tech.*; ~ **sein** (Gewinde) dul, -·le, -·le *EW tech.*
Überdruck Üö·wer·drük *m. o.Mz. tech.*
überdrüssig leed *EW psy.*
übereignen üö·wer·gië·wen *uZW*, üö·wer·lao·ten *uZW*, üö·wer·schri·wen *uZW*
übereilen bies·tern *ZW*, üö-wer·i·len *ZW;* **sich ~** has·se-bas·sen *ZW*
übereilt bies·trig, -e, -en [bies-tri·ge] *EW*

übereinander üö·wer·een *UW*, üö·wer·neen *UW*
übereinkommen af·ma·ken *uZW*, üö·wer·een·kuë·men *uZW*
Übereinkommen Vö·drag, Vö·driä·ge *m. jur.*
Übereinkunft Af·ma·ken *s. o.Mz. jur.*
übereinstimmen üö·wer·een-stem·men *ZW*
übereinstimmend üö·wer-een *EW*
Übereinstimmung Üö·wer-een·stem·mung, -en [Üö-wer·een·stem·mun gen] *w.*
überempfindlich kwië·te-rig, -e, -en [kwië·te·ri·ge] *EW med.*; **er ist ~** he kan't An·ki·ken nich häb·ben *psy.*
Überempfindlichkeit Kwië-te·ri, -en *w. med.*
überfahren üö·wer·fö·ern *uZW trans.* (im Verkehr), *übertr.* üö·wer'n Hau·pen fö·ern *trans.*
Überfall Üö·wer·fal, Üö·wer-fäl·le *m. jur.*
überfallen üö·wer·fal·len *uZW jur.*
überfliegen üö·wer·flai·gen *uZW*
Überflieger (im Lernen) Wun-ner·kind, Wun·ner·kin·ner *s. psy.*
überfließen üö·wer·flai·ten *uZW*, üö·wer·lau·pen *uZW*
Überfluss Üö·wer·flaut, Üö-wer·flai·te *m.;* **im ~ leben** *übertr.* in'n Smolt·pot sit·ten
überflüssig üö·wer·flai·tig, -e, -en [üö·wer·flai·ti·ge] *EW*, üö·wer·flö·tig, -e, -en [üö-wer·flö·ti·ge] *EW*, üö·wer-schiä·rig, -e, -en [üö·wer-schiä·ri·ge] *EW*
überfluten af·su·pen *uZW;* **das Haus ist überflutet** dat Huus is af·suo·pen
Überflutung Haug·wa·ter, Haug·wä·ters *s. met.*
überfordern; er ist überfor-dert *übertr.* he vö·kümp dao in
überfressen üö·wer·friä·ten *uZW kul.*
überfüllt üö·wer·vul, -·le, -·len *EW;* ~ **sein von Menschen** *übertr.* dao hangt se met de Be·ne druut
Übergabe Üö·wer·ga·we, -n

w.
Übergang Üö·wer·gang, Üö-wer·gän·ge *m.*
Übergangszeit Üö·wer-gangs·tiet, Üö·wer·gangs·ti-ten *w. tem.*
übergeben üö·wer·gië·wen *uZW;* **sich ~** spi·gen *uZW med.*
übergehen üö·wer·gaon *uZW*
übergeschnappt düör·drait, -e, -en [düör·drai·te] *EW med.*, üö·wer·kan·di·delt, -e, -en [üö·wer·kan·di·del·te] *EW psy.*, üö·wer·sla·gen, -e, -en [üö·wer·sla·ge·ne] *EW psy.*
Übergewicht *übertr.* Pünd-ken, Pünd·kes *s. med.*
übergießen üö·wer·gai·ten *uZW*
übergossen üö·wer·guo·ten, -e, -en [üö·wer·guo·te·ne] *EW*
übergreifen üö·wer·gri·pen *uZW*
überhand nehmen üö·wer-hand nië·men
Überhandtuch Üö·wer·han-dook, Üö·wer·han·dö·ker *s. tech.*
überhaupt üö·wer·haups *UW*
überheizen üö·wer·bö·ten *uZW*
überher üö·wer·hiär *UW*
überholen üö·wer·ha·len *uZW tech., trans.*
überholt üö·wer·haalt, -e, -en [üö·wer·haal·te] *EW tech., trans.*
überjährig üö·wer·jää·rig, -e, -en [üö·wer·jää·ri·ge] *EW tem.*
Überkleid Üö·wer·kleed, Üö-wer·kle·der *s.*
überklug nië·gen·klook, nië-gen·klo·ke, -n *EW psy.*
überkochen üö·wer·kuo·ken *ZW*
überkommen üö·wer·kuë-men *uZW*
überkreuzen krü·sen *ZW*
Überlandleitung, elektrische Üö·wer·land·strippe, -n *w. tech.*
überlassen af·lao·ten *uZW*, lao·ten *uZW*, üö·wer·lao·ten *uZW;* **jemd. oder etwas sich selbst ~** *übertr.* in'n Stiëk lao·ten *psy.*
überlastet (sein) *übertr.* in ne Knai gaon *psy., med., tech.*

überlaufen üö·wer·flai·ten *uZW*, üö·wer·lau·pen *uZW*
Überläufer Üö·wer·lai·per, -s *m. mil.*
überleben üö·wer·liä·wen *ZW*, üö·wer·staon *uZW*, *übertr.* düör·kuë·men *uZW*
Überlebende(r) Üö·wer·liä·wen·de, -n *m., w. und s.*
überlebt üö·wer·liäwt, -e, -en [üö·wer·liäw·te] *EW*
überlegen 1. den·ken *uZW psy.*, sim·me·le·ern *ZW psy.* (frz. simuler), spicke·le·ern [spik·ke·le·ern] *ZW psy.*, üö·wer·läg·gen *ZW psy.*, wun·ner·waar·ken *ZW psy.*; 2. üö·wer·liä·gen, -e, -en [üö·wer·liä·ge·ne] *EW psy.*; **jemd. ~ sein** enen üö·wer sien
Überlegen Üö·wer·läg·gen *s. o.Mz. psy.*; **Zeit zum ~** Üö·wer·läg·gens·tiet *w. o.Mz. tem.*
überlegt be·dacht, -e, -en [be·dach·te] *EW psy.*
Überlegung Üö·wer·lag, Üö·wer·liä·ge *m. psy.*
überliefern üö·wer·lië·wern *ZW*
Überlieferung Üö·wer·lië·we·rung, -en [Üö·wer·lië·we·run·gen] *w.*
überlisten üö·wer·dü·weln *ZW psy.*, üö·wer·lu·ern *ZW psy.*
übermalen üö·wer·mao·len *ZW tech., mus.*
übermalt üö·wer·maolt, -e, -en [üö·wer·maol·te] *EW*
Übermaß Üö·wer·maot *s. o.Mz.*
übermäßig un·uë·sel, -e, -en [un·uë·se·le] *EW*, üö·wer·mää·tig, -e, -en [üö·wer·mää·ti·ge] *EW*
Übermensch Üö·wer·hä·er, -ns *m.*
übermorgen üö·wer·muorn *UW tem.*
übermüdet üö·wer·aigsk, -e, -en [üö·wer·aigs·ke] *EW med.*
Übermut Wiäl·mood *m. o.Mz. psy.*
übermütig wiä·lig, -e, -en [wiä·li·ge] *EW psy.*; **er ist ~** *übertr.* em stäk de Ha·wer *psy.*
Übernagel Üö·wer·na·gel, Üö·wer·niä·gel *m. med.*
übernehmen an·nië·men

uZW, an·packen [an·pak·ken] *uZW*, üö·wer·nië·men *uZW*
überprüfen kon·trol·le·ern *ZW* (frz. contrôler), nao·ki·ken (sik) *uZW*, üö·werprö·wen *ZW*
überprüft üö·wer·prööwt, -e, -en [üö·wer·prööw·te] *EW*
Überquerung Kwiär, -en [Kwiä·ren] *w. trans.*
überraschen vö·dat·tern *ZW psy.*
überrascht maf, -·fe, -·fen *EW psy.*, vö·dat·tert, -e, -en [vö·dat·ter·te] *EW psy.*
Überraschung; Ausdruck der ~ ne ao·wer auk
überreden be·kü·ern *ZW psy.*, rüm·kri·gen *uZW psy.*, guët to·kü·ern *psy.*; **jemd. zu ~ versuchen** *übertr.* de Mu·le fus·se·lig kü·ern *psy.*
überreichen gië·wen *uZW*
überreif haug·riep, haug·ri·pe, -n *EW bot.*, üö·wer·riep, üö·wer·ri·pe, -n *EW biol.*
übers üö·wert *VW*
übersättigt pap·sat, -·te, -·ten *EW kul.*, mä·er äs sat *kul.*
überschauen üö·wer·ki·ken *uZW*
überschlafen be·slao·pen *uZW psy.*
Überschlag Üö·wer·slag, Üö·wer·sliä·ge *m.*
überschlagen üö·wer·slaon *uZW*, ru·sen *ZW*
überschlägig in·'ne Ru·se *math.*
überschnappen üö·wer·sla·gen *ZW med.*
überschreiben üö·wer·schri·wen *uZW*
Überschrift Üö·wer·schriwt, -en [Üö·wer·schriw·ten] *w.*
Überschuh Üö·wer·scho, -·e *m. tech.*
überschütten üö·wer·schüt·ten *ZW*
überschwappen schüp·ken *ZW*
überschwemmen üö·wer·swem·men *uZW*
überschwemmt üö·wer·swemt, -e, -en [üö·wer·swem·te] *EW*
Überschwemmung Üö·wer·swem·mung, -en [Üö·wer·swem·mun·gen] *w. met.*
übersehen üö·wer·ki·ken *uZW*, üö·wer·sain *uZW*
übersetzen üö·wer·ha·len

uZW trans., üö·wer·sät·ten *ZW trans., tech., kult.*
Übersetzer Üö·wer·sät·ter, -s *m. kult.*
übersetzt üö·wer·sät, -·te, -·ten *EW trans., tech., kult.*
Übersetzung Üö·wer·sät·tung, -en [Üö·wer·sät·tun·gen] *w. trans., tech., kult.*
Übersicht Üö·wer·ki·ken *s. o.Mz.*
überspannt äch·ter·käpsk, -e, -en [äch·ter·käps·ke] *EW*
überspringen üö·wer·sprän·gen *uZW*, uut·lao·ten *uZW*, tit·ken *ZW*
überstanden üö·wer·staon, -e, -en [üö·wer·stao·ne] *EW*
überstehen düör·staon *uZW*, üö·wer·liä·wen *ZW*, üö·wer·staon *uZW*, uut·staon *uZW*
Übersteigepodest im Zaun Buk·stië·ge, -n *w. tech. agr.*
überstimmen üö·wer·stem·men *ZW*
überstrahlen üö·wer·strao·len *ZW*
überstreichen üö·wer·stri·ken *uZW tech., mus.*
überstreifen üö·wer·stri·pen *uZW*
Überstunde Üö·wer·stun·ne, -n *w. tem.*
überstürzen üö·wer·stüör·ten *ZW*
übertölpeln üö·wer·dü·weln *ZW psy.*
Übertrag Üö·wer·drag, Üö·wer·driä·ge *m.*
übertragen üö·wer·driä·gen *ZW*
übertreiben der·bi·ma·ken *uZW psy.*, der wat bi·ma·ken *uZW psy.*, kas·te·bö·nen *ZW psy.*, üö·wer·dri·wen *uZW psy.*, *übertr.* ne grau·te Snu·te häb·ben *psy.*, *übertr.* üö·wer·drai·en *ZW psy.*, *übertr.* Wind ma·ken *psy.*; **übertreibe nicht so!** laot der wat van af!
übertreten üö·wer·triä·ten *uZW*
übertrieben üö·wer·drië·wen, -e, -en [üö·wer·drië·we·ne] *EW*
übervoll briä·ken·vul, -·le, -·len *EW*, buukt, -e, -en [buuk·te] *EW*, üö·wer·vul, -·le, -·len *EW*
übervorsichtig; ~er Mensch Sach·te·pat, Sach·te·pät·te

m. psy.
übervorteilen an·smiärn *ZW psy.,* an·schi·ten *uZW psy., übertr.* bi'n Buk lao·ten *psy., übertr.* in't Aor fö·len *fin., übertr.* uut·nië·men *uZW fin.*
übervorteilt *übertr.* uut·nuo·men, -e, -en [uut·nuo·me·ne] *EW fin.*; ~ **sein** *übertr.* in't Gat knië·pen sien *psy.*
überwältigen un·ner·kri·gen *uZW*
überwechseln üö·wer·lau·pen *uZW mil.*
Überweg Üö·wer·wäg, Üö·wer·wiä·ge *m. trans.*
überweisen an·wi·sen *uZW,* üö·wer·wi·sen *uZW*
überwinden üö·wer·win·nen *uZW;* **ein Hindernis** ~ rüö·wer·kuë·men *uZW*
Überwindung Üö·wer·win·nung, -en [Üö·wer·win·nun·gen] *w. psy.*
überwintern uut·win·tern *ZW*
Überzahl Üö·wer·taal *w. o.Mz.*
überzählig üö·wer·schiä·rig, -e, -en [üö·wer·schiä·ri·ge] *EW*
überzeugen üö·wer·tü·gen *ZW psy.*
überzeugend üö·wer·tü·gend, -e, -en [üö·wer·tü·gen·de] *EW psy.*
Überzeugung Üö·wer·tü·gung, -en [Üö·wer·tü·gun·gen] *w. psy.*
überziehen (Kleidung) an·trecken [an·trek·ken] *uZW,* (Bett) be·trecken [be·trek·ken] *uZW,* üö·wer·trecken [üö·wer·trek·ken] *uZW*
Überzug Tog, Tüö·ge *m. tech.,* Üö·wer·tog, Üö·wer·tüö·ge *m. tech.*
üblich al·ge·meen, al·ge·me·ne, -n *EW*
übrig üö·wer *EW,* üö·wrig, -e, -en [üö·wri·ge] *EW;* ~ **sein** üö·wer sien
übrigbleiben üö·wer·bli·wen *uZW,* vö·bli·wen *uZW*
übriglassen nao·lao·ten *uZW,* üö·wer·lao·ten *uZW*
Ufer Ö·wer, -s *s. geol.,* Strand, Strän·ne *m. geol.,* Üö·wer, -s *s. geol.,* Wa·ter·kant, -en [Wa·ter·kan·ten] *w. geol.*
Uferschnepfe Üö·wer·snep-

pe, -n *w. zool.*
Uffeln Uf·feln *ON*
Uhr Klok, Klocken [Klok·ken] *w. tech. tem.,* Uur, U·ren *w. tech. tem.;* **Schlag der** ~ Klocken·slag, Klocken·sliä·ge [Klok·ken·slag] *m. tem.*
Uhrfeder Klocken·fiä·der, -n [Klok·ken·fiä·der] *w. tech.*
Uhrkette Uur·kië·de, -n *w. tech.*
Uhrmacher Klocken·schoos·ter, -s [Klok·ken·schoos·ter] *m. tech.* (abfällig), Klocken·smet, -s [Klok·ken·smet] *m. tech.,* Uur·ma·ker, -s *m. tech.;* **feiner** ~ *übertr.* Vi·ge·li·nen·stri·ker, -s *m. tech.*
Uhrpendel Pääm·tickel, -s [Pääm·tik·kel] *s. tech.*
Uhrwerk Klok, Klocken [Klok·ken] *w. tech. tem.*
Uhrzeiger Wi·ser, -s *m. tech. tem.*
Uhrzeit Klok, Klocken [Klok·ken] *w. tem.,* Klocken·tiet, Klocken·ti·ten [Klok·ken·tiet] *w. tem.,* U·re *w. o.Mz. tem.*
Uhu grau·te Aor·uul, grau·ten Aor·u·len *w. zool.*
Ulk Snacke·ri, -·en [Snak·ke·ri] *w. psy.*
Ulme Ef·fel·ten·holt, Ef·fel·ten·höl·ter *s. bot.*
Ultraschallschweißen Vi·bre·er·wel·len *s. o.Mz. tech.*
um üm *FW UW BW;* ~ **das, ums** üm't
umändern üm·än·nern *ZW*
umarmen üm·hal·sen *uZW;* **herzlich** ~ rund·üm·to·pak·ken *uZW psy.*
Umbau Üm·bau, Üm·bau·ten *m. tech., arch.*
umbauen üm·bau·en *ZW tech., arch.*
umbeten üm·biä·den *ZW rel.*
umbiegen üm·bai·gen *uZW tech.*
umbilden üm·bil·len *ZW*
Umbildung Üm·bil·lung, -en [Üm·bil·lun·gen] *w.*
umbinden üm·bin·nen *uZW,* üm·doon (sik) *uZW*
umblasen üm·blao·sen *uZW*
umblättern blad·ern *ZW,* üm·bla·dern *ZW*
umbrechen üm·bra·ken *ZW agr.,* üm·briä·ken *uZW*
umbringen murk·sen *ZW med.,* üm·brän·gen *uZW*

med. jur.
umdrehen bi·drai·en *ZW,* üm·drai·en *ZW,* vö·kiärn *ZW,* wän·nen *uZW*
Umdrehung Üm·drai·ung, -en [Üm·drai·un·gen] *w.*
umfallen kip·pen *ZW,* üm·fal·len *uZW,* üm·kip·pen *ZW,* üm·klap·pen *ZW*
Umfang Üm·fang, Üm·fän·ge *m.*
umfassen flan·ke·ern *ZW,* üm·packen [üm·pak·ken] *uZW*
umfassend heel, he·le, -n *EW*
Umflut (bei Mühlen) Üm·floot, Üm·flö·te *w. tech.*
umformen vö·fuo·men *ZW tech.*
Umfrage Üm·frao·ge, -n *w.*
Umgang Üm·gang, Üm·gän·ge *m. trans.;* ~ **haben** üm·gaon *uZW psy.;* ~ **mit jemd.** Üm·gaon *s. o.Mz. psy.;* **er ist im** ~ **sehr schwierig** *übertr.* met em is lai·ge Nüë·te knap·pen *psy.*
umgänglich kump·sant, -e, -en [kump·san·te] *EW psy.,* pa·tent, -e, -en [pa·ten·te] *EW psy.*
Umgangssprache Ol·dags·sprao·ke, -n *w. kult.*
umgeben üm·gië·wen *uZW*
Umgebung Gië·gend, -en [Gië·gen·den] *w. geog.,* Üm·gië·gend, -en [Üm·gië·gen·den] *w. geog.,* Üm·gië·wung *w. geog.*
umgedreht vö·kä·ert, -e, -en [vö·kä·er·te] *EW*
umgegraben üm·spit, -·te, -·ten *EW agr.;* **den Garten** ~ *übertr.* dän Gaorn swat häb·ben *agr.*
umgehen (mit jemd.) pat·te·ern *ZW psy.,* (räumlich) üm·gaon *uZW,* üm·sprän·gen *uZW psy.;* ~ **lassen** üm·gaon lao·ten
umgekehrt än·ners·üm *EW,* üm·ge·kat, -·te, -·ten *EW*
umgeschmolzen üm·mol·ten, -e, -en [üm·mol·te·ne] *EW tech.*
umgezogen üm·trocken, -e, -en [üm·trok·ken], [üm·trok·ke·ne] *EW,* vö·hüüst, -e, -en [vö·hüüs·te] *EW*
umgraben gra·wen *uZW,*

(den Garten) spit·ten *ZW
agr.*, üm·spit·ten *ZW agr.*,
übertr. dän Gaorn swat maken *agr.*
umhaben üm·häb·ben *uZW*
Umhang Üm·dook, Üm·dö-
ker *s.*, Üm·hang, Üm·hän-
ge *m.*
umhängen üm·han·gen *uZW*
umher ha·rüm *UW*, ha·rüm-
me *UW*, rund·üm *UW*, rund-
üm·to *UW*, üm·hiär *UW*, üm-
to *UW*
umherirren bies·tern *ZW*
umherlaufen rüm·lau·pen
uZW; **unruhig ~** biä·sen
ZW; **wildes ~** rängs·tern *ZW*
umherschauen ha·rüm·ki-
ken *uZW*
umherschlendern; müßig ~
fla·ne·ern *ZW*
umherspionieren lün·ke·tü-
en *ZW*
umherspringen üm·sprän-
gen *uZW*
Umherstehende(r) Üm-
staon·de, -n *m., w. und s.*
umhertasten; suchend ~
grab·beln *ZW*
umhin üm·hän *UW*
umkehren to·kiärn *ZW*, üm-
kiärn *ZW*, üm·drai·en *ZW*,
üm·stöl·pen *ZW*, wän·nen
uZW; (z.B. die Innenseite
eines Pullover nach außen)
vö·kiärn *ZW*
umkippen flicken [flik·ken]
ZW, üm·kip·pen *ZW*
umklappen fol·len *ZW*
umkleiden üm·trecken [üm-
trek·ken] *uZW*
umkommen üm·kuë·men
uZW
umlackieren üm·la·ke·ern
ZW tech.
umladen üm·la·den *uZW*
Umlauf Üm·laup, Üm·lai·pe
m.
Umlaut Üm·luut, Üm·lu·te *m.*
umleiten üm·lai·en *ZW*
Umleitung Üm·wäg, Üm·wiä-
ge *m. trans.*
umlernen üm·lä·ern *ZW kult.*
umpacken üm·packen [üm-
pak·ken] *uZW*
umpflanzen üm·puor·ten
ZW agr., vö·puor·ten *ZW agr.*
umpflügen üm·bau·en *ZW
agr.*, üm·plö·gen *ZW agr.*
umranden rän·nern *ZW*
umrandet rän·nert, -e, -en

[rän·ner·te] *EW*
umräumen krao·men *ZW*
umrechnen üm·riä·ken *ZW
math.*
Umrechnung Üm·riäk·nung,
-en [Üm·riäk·nun·gen] *w.
math.*
umreißen üm·ri·ten *uZW*
umrühren üm·rö·ern *ZW*
Umsatz Üm·sat, Üm·siä·te
m. fin., chem.
Umsatzsteuer Üm·sat·stü-
er, -n *w. fin.*
Umschau Üm·kiek, Üm·ki-
ke *m.*
umschauen üm·ki·ken *uZW*,
wi·er·ki·ken *uZW*
Umschlag Üm·slag, Üm-
sliä·ge *m.*, Up·slag, Up·sliä-
ge *m.*, (vom Buch) Klap,
-·pen *s.*
umschlagen üm·slaon *uZW*,
üm·hau·en *uZW*, up·slaon
uZW
umschlingen üm·packen
[üm·pak·ken] *uZW*, üm-
slin·gen *ZW*
umschmeißen üm·smi·ten
uZW
umschmelzen üm·smel·ten
uZW tech.
umschreiben üm·schri·wen
uZW
umschulen üm·scho·len *ZW
kult.*
Umschulung Üm·scho·lung,
-en [Üm·scho·lun·gen] *w. kult.*
Umschürze Kiel, -s *m.*
umschütten üm·kip·pen *ZW*,
üm·schüt·ten *ZW*
Umschweif Spi·rens·ken, Spi-
rens·kes *s.*; **ohne ~e** slank-
wäg *UW*
Umschwung Üm·swung,
Üm·swün·ge *m.*
umsehen üm·sain *uZW*,
üm·ki·ken *uZW*
umseitig üm·si·tig, -e, -en
[üm·si·ti·ge] *EW*
umsetzen rüg·gen *ZW*, üm-
sät·ten *ZW*, (angebundenes
weidendes Vieh) üm·stöckeln
[üm·stök·keln] *ZW agr.*
umsiedeln üm·trecken [üm-
trek·ken] *uZW*
umsonst üm·süs *UW*
umsorgen be·mo·dern *ZW
psy.*, be·suor·gen *ZW psy.*,
übertr. klucken [kluk·ken]
EW psy.
Umspannstation Stroom-

hüüs·ken, Stroom·hüüs·kes
s. tech. arch.
Umspannwerk Üm·span-
wiärk, -e [Üm·span·wiär·ke]
s. tech.
umspringen üm·sprän·gen
uZW
umstallen üm·stal·len *ZW
agr.*
Umstand Ge·lägd, -en [Ge-
läg·den] *w.*, Spi·rens·ken,
Spi·rens·kes *s.*, Üm·stand,
Üm·stän·ne *m.*; **man sieht
ihr an, dass sie in Um-
ständen ist** *übertr.* se häw
de Pis·klad·den in't Ge·sicht
staon *med.*
umständlich kwaod, -e, -en
[kwao·de] *EW*, üm·ständ-
lik, üm·ständ·lik·ke, -n *EW*;
langsamer, ~er Mensch
Drao·sel, -s *m.*
Umstandskleid Kraom·kleed,
Kraom·kle·der *s.*, Üm·stands-
kleed, Üm·stands·kle·der *s.*
Umstandswort Üm·stands-
waod, Üm·stands·wäö·der *s.*
umstehen üm·staon *uZW*
umsteigen üm·sti·gen *uZW*
umstellen; sich ~ sik üm-
bucken [üm·buk·ken] *ZW*
umstimmen üm·stem·men
ZW; **durch Reden ~** träch-
te·kü·ern *ZW psy.*
umstoßen üm·stau·ten *uZW*
umstritten stri·dig, -e, -en
[stri·di·ge] *EW*, üm·striä·den,
-e, -en [üm·striä·de·ne] *EW*
umstülpen üm·stöl·pen *ZW*
umstürzen üm·stüör·ten *ZW*,
kip·pen *ZW*
umtaufen üm·dö·pen *ZW rel.*
Umtausch Üm·tuusk, Üm-
tüüs·ke *m.*
umtauschen üm·tuus·ken
ZW, wes·seln *ZW*
**Umtrunk (nach der Beerdi-
gung)** *übertr.* dat Fel vö-
su·pen *kul.*
umtun üm·doon (sik) *uZW*
umwälzen üm·wäl·tern *ZW*
umwandeln üm·wan·neln
ZW, vö·kiärn *ZW*
umwechseln üm·wes·seln
ZW
Umweg Üm·wäg, Üm·wiä·ge
m. trans.; **einen ~ fahren**
üm·fö·ern *ZW trans.*; **einen
großen ~ machen** *übertr.*
met de Kiärk üm't Duorp
fö·ern *trans.*

Umwelt Na·tuur *w. o.Mz.*, Met·wiält *w. o.Mz. biol., met.*

umwenden rüm·drai·en *ZW*, üm·ra·ken *ZW*, üm·wän·nen *uZW*, üm·stöl·pen *ZW*

umwerfen üm·smi·ten *uZW*

umzäunen to·tü·nen *ZW tech.*

umziehen üm·trecken [üm·trek·ken] *uZW*, vö·hü·sen *ZW*

umzu üm·me·to *UW*

Umzug Üm·tog, Üm·tüö·ge *m.*, Vö·hü·sung, -en *w.*

unachtsam klak·los, -·se, -·sen *EW psy.*, klak·läö·sig, -e, -en [klak·läö·si·ge] *EW psy.*; ~ **verhalten** stö·len *ZW*

Unachtsamkeit Klak·läö·sig·kait, -en [Klak·läö·sig·kai·ten] *w. psy.*

unangenehm be·läm·mert, -e, -en [be·läm·mer·te] *EW psy.*, fies, fi·se, -n *EW psy.*; ~**e Person** Pi·se·pam·pel, -s *m. psy.*

unauffindbar; ~ **machen** vö·dat·ken *ZW*; ~ **weglegen** vö·tot·ten *ZW*

unaufhaltsam met Ge·wolt

unaufhörlich al·le·män *UW*, be·stän·nig, -e, -en [be·stän·ni·ge] *EW*, e·wen·nig, -e, -en [e·wen·ni·ge] *EW*

unaufmerksam, ~ **sein** däö·sen *ZW psy.*

unaufrichtig falsk, -e, -en [fals·ke] *EW psy.*

unausgebacken (Teig) klit·schig, -e, -en [klit·schi·ge] *EW kul.*

unbändig; starker, ~**er Mensch** Stuë·pen, -s *m.*

unbearbeitet ru, -·e, -·en *EW*

unbedeutend be·tant, -e, -en [be·tan·te] *EW*, un·üë·sel, -e, -en [un·üë·se·le] *EW*; ~ **sein** *übertr.* niks üm de Hacken häb·ben; **völlig** ~ piep·e·gaol *EW*

unbedingt af·sluuts *UW*, pa·tu *UW*; **wenn es** ~ **sein muss** *übertr.* in Drai·dü·wels·nao·men

unbefruchtet schier, schi·re, -n *EW bot., med.*

unbehaart kaal, ka·le, -n *EW biol.*

unbehandelt rau, -·e, -·en *EW*

unbehelflich un·be·hölp·lik, un·be·hölp·licke, -n [un·be·hölp·lik·ke] *EW*

unbeherrscht; ~ **sein** sik vö·giä·ten *psy.*

unbeholfen töf·fe·lig, -e, -en [töf·fe·li·ge] *EW psy.*, un·be·hölp·lik, un·be·hölp·licke, -n [un·be·hölp·lik·ke] *EW*, ~**er Mensch** Bank·rië·kel, -s *m. psy.*, Ba·lam, -s *m. psy.*, Stao·in'n-Wäg *m. psy.*

unbekümmert driest, -e, -en [dries·te] *EW psy.*

unbeliebt un·be·laiwt, -e, -en [un·be·laiw·te] *EW psy.*

unbemerkt stil·kes *EW*

unbequem un·kom·mo·dig, -e, -en [un·kom·mo·di·ge] *EW*

unberührt un·be·rö·ert, -e, -en [un·be·rö·er·te] *EW*

unbescheiden un·be·schuuft, -e, -en [un·be·schuuf·te] *EW psy.*

unbescholten üörn·lik, üörn·licke, -n [üörn·lik·ke] *EW jur.*

unbesehen un·be·sai·ens *UW*

unbesorgt un·be·suorgt, -e, -en [un·be·suorg·te] *EW psy.*

unbeständig wiär·lüünsk, -e, -en [wiär·lüüns·ke] *EW met.*, wiär·wänsk, -e, -en [wiär·wäns·ke] *EW met.*

unbestimmt; ~**e Menge oder Größe** man·nig, -e, -en [man·ni·ge] *FW*

unbewachsen kaal, ka·le, -n *EW biol.*

unbeweglich *übertr.* höl·tern, -e, -en [höl·ter·ne] *EW*; ~ **sein** fast·sit·ten *uZW*

unbiegsam stiew, sti·we, -n *EW*

unbrauchbar rips, -e, -en [rip·se] *EW* (lat.: requiescant in pace sempiterna) **und un** *BW*

undeutlich un·düüd·lik, un·düüd·licke, -en [un·düüd·lik·ke] *EW*; ~**e Vorstellung oder Darstellung** *übertr.* Nië·wel·beld, Nië·wel·bel·ler *s.*; ~ **werden** grim·meln *ZW*

undurchsichtig *übertr.* mud·de·lig, -e, -en [mud·de·li·ge] *EW*

uneben hucke·lig, -e, -en [huk·ke·li·ge] *EW*, knub·be-

lig, -e, -en [knub·be·li·ge] *EW*, ru, -·e, -·en *EW*, rub·be·lig, -e, -en [rub·be·li·ge] *EW*, un·e·gaol, -e, -en [un·e·gao·le] *EW*

Unebenheit Huckel, -s [Huk·kel] *m.*

unehelich; ~**es Kind** Vüörkind, Vüör·kin·ner *s.*

unehrlich *übertr.* smiä·rig, -e, -en [smiä·ri·ge] *EW psy.*

uneins un·eens *EW*

unempfindlich ru, -·e, -·en *EW psy.*; ~ **am Maul** hat·muulsk, -e, -en [hat·muuls·ke] *EW med.*

unendlich oft el·wen·diär·tig maol

unentgeltlich üm·süs *UW fin.*

unentschlossen sein hampeln *ZW psy.*, kwan·keln *ZW psy.*

unentwegt aals·wäg *UW tem.*

unerfahren gröön, grö·ne, -n *EW psy.*; **junge** ~**e Person** Kiek·in·ne·wiält *m. o.Mz. psy.*; **sehr** ~ **und unerfahren** pi·pen·jung, -e, -en [pi·pen·jun·ge] *EW*; ~**er Mensch** *übertr.* Giäl·sna·wel, Giäl·sniä·wel *m. psy.*

unerzogen; ~**es Kind** Blage, -n *w. psy.*; ~**er Jugendlicher** Snö·sel, -s *m. psy.*; ~**er Junge** Lüm·mel, -s *m. psy.*; ~**es, freches Kind** Dü·wels·kind, Dü·wels·kin·ner *s. psy.*

unfähig swak, swacke, -n [swak·ke] *EW psy.*

Unfall Ma·löör, -s *s.*, Rumps, Rümp·se *m.*, Un·fal, Un·fiä·le *m.*, (Zusammenstoß) Bums, Büm·se *m.*

Unfeinheit Un·ob·lig·kait, -en [Un·ob·lig·kai·ten] *w.*

unfertig *übertr.* gröön, grö·ne, -n *EW*

unfest lab·be·rig, -e, -en [lab·be·ri·ge] *EW*, (Gewebe) lum·me·rig, -e, -en [lum·me·ri·ge] *EW*

unförmig klös·sig, -e, -en [klös·si·ge] *EW*

unfreundlich as·trant, -e, -en [as·tran·te] *EW psy.* (frz. astreindre), barsk, -e, -en [bars·ke] *EW psy.*, muf·fe·lig, -e, -en [muf·fe·li·ge] *EW psy.*; ~ **sein** muf·feln *ZW* *psy., übertr.* dat Muul nich los·kri·gen *psy., übertr.* de Tiä·ne nich uut·e·neen kri·gen *psy.*

Unfrieden Un·friär *m. o.Mz. psy.*; jemd., **der ~ stiftet** (Schimpfwort) Stank·fat, Stank·fiä·ter *s. psy.*

unfruchtbar güst, -e, -en [güs·te] *EW med.*; **~er Boden** Hun·ger·buo·den, Hun·ger·büö·den *m. agr.*, Un·land, Un·län·ner *s. agr.*

Unfug Derk, -s *m. psy.*, Täöt, -en [Täö·ten] *m. psy.*, Dum·tüüg *s. o.Mz.*; **~ ma·chen** täö·ten·ma·ken *uZW psy.*, uut·friä·ten *uZW psy.*, *übertr.* Mes ma·ken *psy.*

Unfugmacher Täö·ten·diëk, -s *m. psy.*

ungebildet aon·wië·ten, -e, -en [aon·wië·te·ne] *EW kult.*

ungebührlich bank·lam·me·rig, -e, -en [bank·lam·me·ri·ge] *EW psy.*

ungebunden los, -·se, -·sen *EW*

ungeduldig un·ge·dül·lig, -e, -en [un·ge·dül·lige] *EW psy.*

ungefähr guët un wal, halw·wägs *EW*, ne *UW*, ne wat, in·ne Ru·se *math.*; **~ zehn** een of tain Stücker

ungefährlich un·ge·fäör·lik, un·ge·fäör·licke, -n [un·ge·fäör·lik·ke] *EW*

Ungeheuer Un·dier, -s *s.*

ungeheuer un·ge·hai·er *EW psy.*, un·üë·sel, -e, -en [un·üë·se·le] *EW psy.*

ungeheuerlich un·ge·hai·er·lik, un·ge·hai·er·licke, -n [un·ge·hai·er·lik·ke] *EW psy.*

ungehindert un·scham·pe·ert *EW*

ungehobelt (Benehmen) bank·lam·me·rig, -e, -en [bank·lam·me·ri·ge] *EW psy.*, *übertr.* ru, -·e, -en *EW psy.*

ungehörig; ~er Junge Flap·pes, -·se *m. psy.*

ungekämmt (Haar) struf, -·fe, -·fen *EW*

ungekocht rau, -·e, -·en *EW kul.*

ungelegen un·ge·liä·gen, -e, -en [un·ge·liä·ge·ne] *EW*, un·päs·sig, -e, -en [un·päs·si·ge] *EW*, un·tiets *UW*

EW, übertr. höl·tern, -e, -en [höl·ter·ne] *EW*

ungenießbar vö·duo·wen, -e, -en [vö·duo·we·ne] *EW biol.*; **~ werden** vö·diä·wen *uZW biol.*

ungenutzt braok, -e, -en [brao·ke] *EW*

ungepflegt lod·de·rig, -e, -en [lod·de·ri·ge] *EW*, uo·me·lig, -e, -en [uo·me·li·ge] *EW*; **fauler, ~er, hochnäsiger Mensch** Schab·be·lün·ter, -s *m. psy.*

ungerade un·pat, -·te, -·ten *EW*

ungern un·gään *UW*

ungeschickt töf·fe·lig, -e, -en [töf·fe·li·ge] *EW psy.*; **~ sein** *übertr.* in·ne Hand schië·ten häb·ben *psy.*

ungesittet *übertr.* ru, -·e, -·en *EW psy.*

ungestüm ba·se·lig, -e, -en [ba·se·li·ge] *EW psy.*; **~er Mensch** Bol·ler·kop, Bol·ler·köp·pe *m. psy.*

ungewiss un·wis, -·se, -·sen *EW*, un·sië·ker, -e, -en [un·sië·ke·re] *EW*; **im Ungewissen lassen** nich in't Nap han·gen *psy.*

ungewöhnlich un·ge·wüen·lik, un·ge·wüen·licke, -n [un·ge·wüen·lik·ke] *EW*

ungewohnt un·ge·wüent, -e, -en [un·ge·wüen·te] *EW*; **zu ~er Zeit** un·tiets *EW tem.*

ungezähmt wild, wil·le, -n *EW psy.*

Ungeziefer Un·tüüg, -s *s. o.Mz. zool.*

ungezogen un·a·rig, -e, -en [un·a·ri·ge] *EW psy.*, un·ma·ne·er·lik, un·ma·ne·er·licke, -n [un·ma·ne·er·lik·ke] *EW psy.*

ungläubig un·glaiwsk, -e, -en [un·glaiws·ke] *EW psy., rel.*

unglaublich lai·gen·haft, -e, -en [lai·gen·haf·te] *EW*

ungleich un·gliek, un·gli·ke, -n *EW*

ungleichmäßig un·e·gaol, -e, -en [un·e·gao·le] *EW*

Unglück Ma·löör, -s *s.* (frz. malheur), Pek *s. o.Mz. psy.*, Schiët *m. o.Mz. psy.*, Un·glük, Unglücke [Un·glük·ke] *s.*; *übertr.* Sla·mas·sel *m. o.Mz.*, **auf ~ hinauslaufen**

ma·lö·ren *ZW* (frz. avoir un malheur); **Glück im ~ ha·ben** *übertr.* up de Fö·te fal·len

ungut un·guët, -e, -en [un·guë·te] *EW*; **nichts für ~** niks för un·guët

Unheil Un·heel *s. o.Mz.*, Un·glük, Un·glücke [Un·glük·ke] *s.*

unhöflich grow, gruo·we, -n *EW psy.*, stof·fe·lig, -e, -en [stof·fe·li·ge] *EW psy.*

uni een·klö·rig, -e, -en [een·klö·ri·ge] *EW*

Uniform Mon·de·e·rung, -en [Mon·de·e·run·gen] *w.*, Uni·form, -s *w.*

Universität Haug·scho·le, -n *w. kult.*

Unkarte Un·kaat, Un·ka·ten *w. spo.*

unklar flo·mig, -e, -en *EW*, lum·me·rig, -e, -en [lum·me·ri·ge] *ZW*, un·klaor, -e, -en [un·klao·re] *EW*, un·düüd·lik, un·düüd·licke, -en [un·düüd·lik·ke] *EW*, *übertr.* mud·de·lig, -e, -en [mud·de·li·ge] *EW*

unklug un·klook, un·klo·ke, -n *EW psy.*

unkompliziert een·fak, een·facke, -n [een·fak·ke] *EW*

Unkraut Ruud, Rü·der *s. bot.*, Un·tüüg, -s *s. o.Mz. bot.*; **~ mähen** Un·tüüg·mai·en *s. o.Mz. agr.*

unlängst kuors *UW tem.*, vö·lest, -e, -en [vö·les·te] *UW tem.*

unmanierlich un·ma·ne·er·lik, un·ma·ne·er·licke, -n [un·ma·ne·er·lik·ke] *EW psy.*

unmäßig un·mao·ten, -e, -en [un·mao·te·ne] *EW*, un·mäö·tig, -e, -en [un·mäö·ti·ge] *EW*

Unmensch Un·mensk, -en [Un·mens·ken] *s. psy.*

unmittelbar di·rek·te·mang *EW*, snak, snacke, -n [snak·ke] *EW*

unmodern olt·möödsk, -e, -en [olt·mööds·ke] *EW psy.*

unmöglich un·müëg·lik, un·müëg·licke, -n [un·müëg·lik·ke] *EW*

unmündig mal·mün·nig, -e, -en [mal·mün·ni·ge] *EW jur.*

Unna Un·nao *ON*

unnachgiebig hat, -·te, -·ten

EW tech., psy.
unnütz un·üë·sel, -e, -en [un-üë·se·le] *EW*; ~ **sein** *übertr.* för de Kat sien; ~**es Zeug** Kit *m. o.Mz.*; ~**e und wertlo-se Sache** Kwät·ke·ri, -·en *w.*
unordentlich slam·pig, -e, -en [slam·pi·ge] *EW psy.*, slodde·rig, -e, -en [slod·de·ri·ge] *EW psy.*; ~ **sein** äch·ter't Gat lig·gen lao·ten *psy.*; ~ **angezogen** uut·schüörtsk, -e, -en [uut·schüörts·ke] *EW*; ~**e Frau** Lod·der·tri·ne, -n *w. psy., übertr.* Rüüs·ke, -n *w. psy.*; ~ **machen** söd·ken *ZW hyg.*, vö·ös·seln *ZW*; *übertr.* up'n an·nern End sät·ten; ~**er Kram** Klün·gel *m. o.Mz.*, Lod·der·kraom *m. o.Mz.*; ~ **Mensch** Lod·der-sak, Lod·der·siä·ke *m. psy.*
Unordnung Dwad·del, Dwäd-del *m.*
unpassend un·ge·liä·gen, -e, -en [un·ge·liä·ge·ne] *EW*, un-päs·sig, -e, -en [un·päs·si-ge] *EW*
unpünktlich to laat *tem.*; ~ **sein** *übertr.* Klok un Klang nich ken·nen *tem.*
Unrat Af·fal, Af·fiä·le *m.*, Un-raod *m. o.Mz.*
Unrecht Sün·ne, -n *w. rel., jur.*; **jemd.** ~ **tun** e·nen to kuort doon *psy.*
unreif un·riep, un·ri·pe, -n *EW biol., übertr.* gröön, grö-ne, -n *EW biol.*
Unruhe Be·we·er *s. o.Mz.*, Ra·buus, Ra·bu·se *w.*, We-e·ri, -·en *w.*
Unruhegeist We·er·paol, We·er·pää·le *m. psy.*
unruhig biä·se·rig, -e, -en [biä·se·ri·ge] *EW psy.*, fö-rig, -e, -en [fö·ri·ge] *EW psy.*, hib·be·lig, -e, -en [hib-be·li·ge] *EW psy.*, kriw·we-lig, -e, -en [kriw·we·li·ge] *EW psy.*, ra·buus·te·rig, -e, -en [ra·buus·te·ri·ge] *EW psy.*, rängs·te·rig, -e, -en [rängs-te·ri·ge] *EW psy.*, spad·de-lik, spad·de·licke, -n [spad-de·lik·ke] *EW psy.*, un·rü·ig, -e, -en [un·rü·i·ge] *EW*, wië-pe·lig, -e, -en [wië·pe·li·ge] *EW psy.*; ~**en Gemütes sein** wiel·moods *EW psy.*; ~**er Junge** Fips, -e [Fip·se] *m.*

psy.; ~**er Mensch** Wüp-stiärt, -s *m. psy.*, We·er-paol, We·er·pää·le *m. psy.*; ~ **sein** hib·beln *ZW psy.*, we·ern *ZW psy.*
uns us *FW*
unsanft grow, gruo·we, -n *EW*, har·re *EW*, un·sacht, -e, -en [un·sach·te] *EW*
unsauber slam·pig, -e, -en [slam·pi·ge] *EW hyg.*, smud-de·lig, -e, -en [smud·de·li-ge] *EW hyg.*; ~**er Mensch** Fickel, -s [Fik·kel] *m. hyg., übertr.* Smud·del *m. und s. o.Mz. hyg.*; **dicker,** ~**er Mann** Smud·ke·bul·li, -es *m.*
unscharf stump, -e, -en [stum·pe] *EW*
unscheinbar; ~**e Frau** *übertr.* Drüüw·ken, Drüüw·kes *s.*
unschön schäb·big, -e, -en [schäb·bi·ge] *EW*
Unschuld Un·schül *w. o.Mz. psy., jur.*
unschuldig un·schül·lig, -e, -en [un·schül·li·ge] *EW psy., jur.*, un·üë·sel, -e, -en [un·üë-se·le] *EW psy.*
unselig un·siä·lig, -e, -en [un-siä·li·ge] *EW psy.*
unser us·se *FW*
Unsere Us·se, -n *s.*
unsereins uë·se·een *UW*, us·se·een *UW*
unseren us·sen *FW*
unseresgleichen us·se·gli-ken *UW*
unseretwegen us·set·wiä-gen *UW*
unseriös lied·schäf·tig, -e, -en [lied·schäf·ti·ge] *EW*
unsicher un·sië·ker, -e, -en [un·sië·ke·re] *EW*; **Tat mit** ~**em Ausgang** Fis·se·ma-ten·ten *Mz.*
Unsinn Hum·buug *m. o.Mz. psy.*, Uort, Üört *s. psy.*, Urd *m. o.Mz. psy.*; *übertr.* Pan-nas in Pul·len; ~ **reden** kwas-seln *ZW psy.*, spin·nen *uZW psy.*, dum Tüüg kü·ern *psy.*; **jemd., der viel** ~ **redet** Kwas·sel·strip·pe, -n *w. psy.*; **rede keinen** ~ kü·er ki·nen Uort; **Ausruf wenn jemd.** ~ **redet** pap·per·la·pap! **jemd., der sich etwas darauf ein-bildet** ~**iges zu unterstüt-zen ohne es zu merken** A·pen·kös·ter, -s *m. psy.*

Unsinniges machen Wa·ter-düörs·ken *s. o.Mz. psy.*; wa-ter·düörs·ken *ZW psy.*
unstudierter Mensch Hö-ner·dok·ter, -s *m. kult.*
unsympathisch fies, fi·se, -n *EW psy.*; ~**er Mensch** fi-sen Möp·pel *psy.*
untätig tö·mig, -e, -en [tö-mi·ge] *EW psy.*; ~ **herum-stehen** rüm·staon *uZW*
Untätigkeit Tö·mig·gang *m. o.Mz. psy.*
unten un·nen *UW*; **von** ~ un·nen·an *UW*, **(von)** ~ **her** (van) un·ner·to
untenan un·nen·an *UW*
untendurch un·nen·düör *UW*
unter mank *VV*, un·ner *VV*
unterarbeiten un·ner·ma-ken *uZW*
Unterbau (einer Säule oder Statue) Pos·ta·ment, -e [Pos-ta·men·te] *s. tech.*
unterbieten un·ner·bai·den *uZW fin.*
unterbleiben nao·bli·wen *uZW*, un·ner·bli·wen *uZW*
unterbrechen un·ner·briä-ken *uZW*
unterbringen un·ner·brän-gen *uZW*
unterdessen met·däm *UW tem.*, med·de·wiel *UW tem.*
unterdrücken knië·weln *ZW psy.*, un·ner·kri·gen *uZW psy.*
unterdrückt; ~ **sein** *übertr.* un·ner de Fu·chel sien *psy.*
untere un·ne·re, -n *EW VV*
untereinander un·ner·neen *VV*
unterflicken un·ner·lap·pen *ZW tech.*
Unterführung mit einem Rohr Dü·ker, -s *m. tech.*
Untergang Daal·gang, Daal-gän·ge *m.*, Un·ner·gang, Un-ner·gän·ge *m.*
untergehen un·ner·gaon *uZW*, vö·su·pen *uZW*
untergliedern in·de·len *ZW*
Untergrund Un·ner·grund, Un·ner·grün·ne *m.*
unterhalb un·ner·halw *VV*
Unterhalt Un·ner·holt, Un-ner·höl·le *m. fin.*
Unterhalten Kü·ern *s. o.Mz.*
unterhalten un·ner·hol·len *uZW*, vö·kü·ern *ZW*; **sich** ~ klö·nen *ZW*, kü·ern *ZW*
Unterhaltung Ge·spräök, -e

[Ge·spräö·ke] *s.*, Klöön, -s *m.*, Un·ner·hol·lung, -en [Un·ner·hol·lun·gen] *w.*, Vö·kü·e·rung, -en [Vö·kü·e·run·gen] *w.*; **kleine ~** Präöt·ken, Präöt·kes *s.*

Unterhändler Un·ner·händ·ler, -s *m.*

Unterhemd Un·ner·hiëmd, -e [Un·ner·hiëm·de] *s.*, Un·ner·huut, Un·ner·hü·te *w.*, Un·ner·jak, Un·ner·jacken [Un·ner·jak·ken] *s.*; **langärmliges ~** Huut·jak, Huut·jacken [Huut·jak·ken] *s.*

Unterhemdchen Un·ner·hiëmd·ken, Un·ner·hiëmd·kes *s.*

Unterholz Un·ner·holt, Un·ner·höl·ter *s. bot.*

Unterhöschen Un·ner·büks·ken, Un·ner·büks·kes *s.*

Unterhose Un·ner·büks, -n [Un·ner·bük·sen] *w.*, *übertr.* Schin·ken·büül, -s *m.*

unterirdisch; ~er Raum Keller, -s *m. arch.*

Unterjacke Ka·mi·sööl·ken, Ka·mi·sööl·kes *s.* (*frz.* camisole), Un·ner·jak, Un·ner·jacken [Un·ner·jak·ken] *s.*, Un·ner·wams, Un·ner·wäm·se *s.*

Unterklasse Un·ner·klas, -·sen *w.*

Unterkommen Kwar·te·er, -s *s. arch.*, Un·ner·kuë·men *s. o.Mz.*

Unterkunft Kwar·te·er, -s *s. arch.*, Un·ner·dak, Un·ner·diä·ker *s. arch.*, Un·ner·kuë·men *s. o.Mz.*; **~ finden** un·ner·kru·pen *uZW*; **~ für Vieh** Stal, Stiä·le *m. arch. agr.*

Unterlage Un·ner·lao·ge, -n *w.*, Un·ner·läg·sel, -s *s.*

unterlassen nao·lao·ten *uZW*, un·ner·lao·ten *uZW*

unterlaufen un·ner·lau·pen, -e, -en [un·ner·lau·pe·ne] *EW med.*

unterlegen un·ner·liä·gen, -e, -en [un·ner·liä·ge·ne] *EW*

Unterlegte Un·ner·läg·sel, -s *s.*

Unterleib Liew, Li·wer *s. med.*, Un·ner·liew, Un·ner·li·we *s. med.*

Unterleibsschmerzen Diär·men·pien, Diär·men·pi·ne *w. med.*

untermalen un·ner·mao·len *ZW*

unternehmen ma·ken *uZW*, un·ner·nië·men *uZW*

Unternehmen Un·ner·nië·men, -s *s.*

Unternehmer Un·ner·nië·mer, -s *m.*

Unternehmung Un·ner·nië·mung, -en [Un·ner·nië·mun·gen] *w.*

unternehmungslustig wämsk, -e, -en [wäms·ke] *EW psy.*

Unteroffizier Un·ner·of·se·er, -s *m. mil.*

Unterpfand Un·ner·pand, Un·ner·pän·ne *s.*

unterpflügen un·ner·plö·gen *ZW agr.*

Unterredung Ge·spräök, -e [Ge·spräö·ke] *s.*

Unterricht Un·ner·richt, -e [Un·ner·rich·ter] *m. kult.*

unterrichten bi·brän·gen *uZW*, lä·ern *ZW*; Nao·richt üö·wer·brän·gen

untersagen un·ner·säg·gen *uZW*, vö·bai·den *uZW*

Untersatz Un·ner·sat, Un·ner·siä·te *m.*

unterscheiden un·ner·schai·den *ZW*, uut·e·neen·hol·len *uZW*

Unterschied Un·ner·schaid, -e [Un·ner·schai·de] *m.*; **das ist kein großer ~** dat döt sik nich viël

unterschiedlich un·ner·schaid·lik, un·ner·schaid·licke, -n [un·ner·schaid·lik·ke] *EW*, vö·schai·den, -e, -en [vö·schai·de·ne] *EW*

unterschiedlichste vö·schai·dens·te, -n *EW*

unterschlagen un·ner·slaon *uZW fin. jur.*

Unterschlupf Un·ner·kuë·men *s. o.Mz.*; **~ finden** un·ner·kru·pen *uZW*

unterschreiben un·ner·schri·wen *uZW*

Unterschrift Un·ner·schriwt, -en [Un·ner·schriw·ten] *w.*, *übertr.* Pot·ha·ken, -s *m.*

Unterseeboot Düük·schip, -·pe *s. trans. naut.*

Unterseite Un·ner·si·te, -n *w.*

untersetzen un·ner·sät·ten *ZW*

untersetzt un·ner·sät, -·te,

-·ten *EW tech., med.*

unterst un·nerst, -e, -en [un·ners·te] *EW UW*

unterstehen (jemd.) un·ner·staon *uZW*

unterstreichen un·ner·stri·ken *uZW*

unterstützen un·ner·stüt·ten *ZW*, *übertr.* sti·wen *ZW*

Unterstützung Bat, -·ten *m.*, Bi·stand, Bi·stän·ne *m.*, Met·höl·pe, -n *w.*, Un·ner·stüt·tung, -en [Un·ner·stüt·tun·gen] *w.*

untersuchen be·ki·ken *uZW*, nao·gaon *uZW*, un·ner·sö·ken *uZW*

Untersuchung Un·ner·sö·kung, -en [Un·ner·sö·kun·gen] *w.*

untertänig duksk, -e, -en [duks·ke] *EW psy.*; **~er Mensch** Krü·per, -s *m. psy.*; **~es Verhalten** *übertr.* Kru·pe·ri *w. o.Mz. psy.*

Untertasse Schao·le, -n *w. tech. kul.*, Kof·fi·schäöl·ken, Kof·fi·schäöl·kes *s. tech. kul.*, Un·ner·schäöl·ken, Un·ner·schäöl·kes *s. tech. kul.*

untertauchen dü·ken *ZW*, un·ner·du·ken *ZW*; **im Wasser jemd. ~** döp·pen *ZW*

Unterteil Un·ner·deel, Un·ner·de·le *s. tech.*

unterteilen af·de·len *ZW*

unterteilt up·deelt, -e, -en [up·deel·te] *EW*

Unterton *übertr.* Bi·smaak, Bi·smiä·ke *m. psy.*

Unterwams Un·ner·wams, Un·ner·wäm·se *s.*

Unterwäsche Un·ner·tüüg, -s *s. o.Mz.*, Un·ner·wös·se *Mz.*

unterwegs un·ner·wäg·gens *UW*; **~ sein** la·pat *UW*

unterweisen in·stru·e·ern *ZW*, un·ner·wi·sen *uZW kult.*

Unterweisung Un·ner·wi·sung, -en [Un·ner·wi·sun·gen] *w. kult.*

Unterwelt Un·ner·wiält *w. o.Mz. jur.*

unterwürfig duksk, -e, -en [duks·ke] *EW psy.*, *übertr.* duk·nackig, -e, -en [duk·nak·kig], [duk·nak·ki·ge] *EW psy.*, ka·duk, ka·ducke, -n [ka·duk·ke] *EW psy.*

Unterwürfigkeit De·mood *m.*

o. Mz. psy.
unterzeichnen un·ner·teek-
nen *ZW*
Unterzeichner Un·ner·teek-
ner, -s *m.*
Unterzeichnung Un·ner-
teek·nung, -en [Unner·teek-
nun·gen] *w.*
Untier Un·dier, -s *s. zool.*
untreu falsk, -e, -en [fals·ke]
EW psy.; ~ **werden** düör-
briä·nen *uZW psy.*
Untugend Un·düëg·te, -n *w.
psy.*
unüberlegt licht·fär·rig, -e,
-en (licht·fär·ri·ge) *EW psy.*;
~**e Tat** Fis·se·ma·ten·ten
Mz. psy.
ununterbrochen in e·ne
Tuur *tem.*
unverändert un·vö·än·nert,
-e, -en [un·vö·än·ner·te] *EW*
unverbraucht frisk, -e, -en
[fris·ke] *EW*
unverdorben (Nahrung)
frisk, -e, -en [fris·ke] *EW biol.*
unverdünnt schier, schi·re,
-n *EW*
unverfälscht ië·del, -e, -en
[ië·de·le] *EW*
unverheiratet een·lai·prig, -e,
-en [een·lai·pri·ge] *EW*; ~
bleiben sit·ten·bli·wen *uZW*;
~ **geblieben (sein)** üö·wer-
blië·wen, -e, -en [üö·wer-
blië·we·ne] *EW*
unverletzt gaas, ga·se, -n
EW
unvermischt schier, schi-
re, -n *EW*
unvermutet bats *UW*
unvernünftig un·klook, un-
klo·ke, -n *EW psy.*
unverschämt un·vö·schiämt,
-e, -en [un·vö·schiäm·te] *EW
psy.*
unverschlossen los, -·se,
-·sen *EW*, uo·pen, -e, -en
[uo·pe·ne] *EW*
unversehens buts *UW*, ka-
wup *UW*, un·vö·sai·ens *UW*
unversehrt gaas, ga·se, -n
EW
unverständlich un·vö·ständ-
lik, un·vö·ständ·licke, -n [un-
vö·ständ·lik·ke] *EW*; **was
nicht zu verstehen ist,
bleibt** ~ de hun·nerts·te Man
vö·stait dat Gau·se·miäl·ken
nich
unverzüglich glieks *UW*

unvorhergesehen to·föl·lig,
-e, -en [to·föl·li·ge] *EW*
unvorsichtig röök·laus, -e,
-en [röök·lau·se] *EW*, röök-
los, -·se, -·sen *EW*, un·vüör-
sich·tig, -e, -en [un·vüör-
sich·ti·ge] *EW*; ~ **sein (insbes. bei Gesprächen)**
übertr. de Fingers vö·briä-
nen *psy.*
Unwahrheit Lüë·ge, -n *w.
psy.*; **die** ~ **sagen** lai·gen
uZW psy.; **sofort die** ~ **erkennen** *übertr.* düör'n Holsken fö·len *psy.*
unwahrscheinlich un·waor-
schien·lik, un·waor·schien-
licke, -n [un·waor·schien·lik-
ke] *EW*; **es kling** ~, **wird
aber wohl wahr sein** dao
kaas en Schiët up an
unweise un·wies, un·wi·se,
-n *EW psy.*
unweit un·wied, un·wi·de, -n
VW
Unwesen Un·wië·sen, -s *s.
psy.*
Unwetter Un·ne·wiär *s.
o. Mz. met.*
unwichtig nich van Be·lang
unwillig sein nich to Wil-
len sien *psy.*
unwissend aon·wië·ten, -e,
-en [aon·wië·te·ne] *EW kult.*
unwohl be·naud, -e, -en [be-
nau·de] *EW med.*, kod·de·rig,
-e, -en [kod·de·ri·ge] *EW
med.*, mau, -·e, -·en *EW
med.*
Unzeit Un·tiet, Un·ti·ten *w.
tem.*; **zur** ~ un·dags *UW
tem.*
unzufrieden be·töönt, -e, -en
[be·töön·te] *EW psy.*, gnad-
de·rig, -e, -en [gnad·de·ri-
ge] *EW psy.*, knüë·te·rig,
-e, -en [knüë·te·ri·ge] *EW
psy.*, kwän·ge·lig, -e, -en
[kwän·ge·li·ge] *EW psy.*,
nië·trig, -e, -en [nië·tri·ge]
EW psy., nüë·te·lig, -e, -en
[nüë·te·li·ge] *EW psy.*, vö-
drait·lik, vö·drait·licke, -n [vö-
drait·lik·ke] *EW psy.*; ~**e Frau**
Gnad·der·trien, Gnad·der·tri-
nen *w. psy.*, Nüë·tel·kunt, -en
[Nüë·tel·kun·ten] *w. psy.*
Unzufriedenheit Be·tö·nig-
kait, -en [Be·tö·nig·kai·ten] *w.
psy.*
üppig riew, ri·we, -n *EW*; ~

im Wuchs gail, -e, -en [gai-
le] *EW biol.*; ~**e Stelle in
Gras oder Getreide** Gail-
hucht, Gail·hüch·te *w. bot.*
Ur Ur·os·se, -n *m. zool.*
uralt ur·olt, ur·ol·le, -n *EW
tem.*
Ureltern Ur·öl·lern *Mz.*
Urgroßmutter An·ke·bes·mo-
der, An·ke·bes·mö·ers *m.*
Urgroßvater An·ke·bes·va-
der, An·ke·bes·vä·ers *m.*
Urin Mi·ge *w. o. Mz. biol.*,
Pip·pi *s. o. Mz. biol.*, Pis·se,
-n *w. biol.*
urinieren mi·gen *ZW med.*,
(ins Bett) nät·ten *ZW med.*
Urinierer Pis·ser, -s *m. med.*
Urkunde Breew, Bre·we *m.
jur.*, Ur·kun·ne, -n *w. jur.*;
keine ~ Breew·ken, Breew-
kes *s. jur.*
Urlaub Vö·lauf, Vö·lai·fe *m.*;
~ **haben** fri·häb·ben *uZW*;
(sich) ~ **nehmen** (sik) fri-
ma·ken *uZW*
Urlaubstag (zwischen Weihnachten und Neujahr) Ko-
ken·da·ge *Mz. tem.*
Ursache Grund, Grün·ne *m.*,
Ur·saak, Ur·sa·ken *w.*
ursprünglich eengs·lik, -e,
-n [eengs·lik·ke] *EW*
Urteil Ur·deel, Ur·de·le *s.
psy., jur.*
urteilen ur·de·len *ZW psy.,
jur.*
Urzeit Vüor·tiet, Vüor·ti·ten
w. his.
USB-Stick Spi·ker·fin·ger, -s
m. tech.
Utensilien zum Nähen Nai-
tüüg, -s *s. o. Mz.*
uzen niët·ken *ZW psy.*

V

V, v V, v (Buk·stab·be)
Vadrup Va·drup *ON*
Vagabund Bum·me·le·er, -s
m., Land·stri·ker, -s *m.*, Put-
ker, -s *m.*, Stro·mer, -s *m.*,
Tip·pel·bro·er, Tip·pel·brö·ers
m.
Vardingholt Var·ding·holt
ON
Vater Pa·pen, -s *m*, Va·der,
Vä·ers *m.*, (Kurzform) Va *m.
o. Mz.*
Vaterhaus Va·der·huus, Va-
der·hü·ser *s.*

Vaterland Va·der·land, Va-
der·län·ner *s. geog.*
Vatertag Va·der·dag, -e [Va-
der·da·ge] *m. tem.*
Vechte Vecht *w. o.Mz. geol.*
Vehlingen Vä·lin·gen *ON*
Veilchen Vi·ge·let·te, -n *w.
bot.* (*frz.* violette), Vi·ööl-
ken, Vi·ööl·kes *s. bot.*
Velen Ve·len *ON*
Vellern Vel·lern *ON*
Velpe Vel·pe *ON*
Venn Viën, -s *s. geol.*
Venne Vië·ne *ON*
Vennmutter (Spukgestalt im
Emsdettener Venn) Viën-
mo·er, Viën·mö·ers *w. psy.*
Ventil Gat, Gät·ter *s. tech.*
Ventilator Lucht·schru·we, -n
w. tech.
Venus Aomd·stään, Aomd-
stä·ne *m. astr.*, Muor·gen-
stään, Muor·gen·stä·ne *m.
astr.*
verabreden af·kü·ern *ZW*,
af·ma·ken *uZW*, fast·ma·ken
uZW
verabreichen gië·wen *uZW*
verachten min·nach·ten *ZW
psy.*, vö·klicken [vö·klik·ken]
ZW psy.
verächtlich me·schant, -e,
-en [me·schan·te] *EW psy.*
(*frz.* méchant), min·nach-
tig, -e, -en [min·nach·ti·ge]
EW psy.
Verachtung Min·nach·tung
w. o.Mz. psy.
verändern af·än·nern *ZW*,
üm·doon (sik) *uZW psy.*,
vö·än·nern *ZW*
verändert af·än·nert, -e, -en
[af·än·ner·te] *EW*, vö·än·nert,
-e, -en [vö·än·ner·te] *EW*
Veränderung Vö·än·ner, -s *s.*
verängstigt schü, -·e, -·en
EW psy.
Veranlagung; körperliche
~ Na·tuur *w.*
veranschaulichen vö·kläö-
ren *ZW*
veranschlagen an·slaon
uZW, äs·ti·me·ern *ZW* (*frz.*
estimer)
verantworten in·staon *uZW
psy., jur.*
verantwortlich to·stän·nig,
-e, -en [to·stän·ni·ge] *EW*;
~ **sein** (im Zusammenhang
mit negativen Folgen) in
Schuld sien *psy.*

Verantwortlichkeit To·stän-
nig·kait, -en [To·stän·nig·kai-
ten] *w.*
Verantwortung (im Zu-
sammenhang mit negativen
Folgen) Schuld, Schul·len *w.
psy., jur.*; **die** ~ **haben** *übertr.*
dän Hood op·häb·ben *psy.*;
die ~ **übernehmen** *übertr.*
dän Kop hän·hol·len *psy.*,
In·staon *s. o.Mz.*; **alle** ~ **von**
sich weisen *übertr.* niks
dao·van an·trecken *psy.*
Verantwortungsbreich Be-
rid, -·de *m.*
verarbeiten vö·ar·bai·den
ZW; **seelisch** ~ up·kri·gen
uZW psy.
verärgern vö·drai·ten *uZW
psy.*, vö·grel·len *ZW psy.*,
vö·iär·gern *ZW psy.*, vö·tö-
nen (sik) *ZW psy.*
verärgert gnad·de·rig, -e, -en
[gnad·de·ri·ge] *EW psy.*, su-
er, -e, -en [su·e·re] *EW psy.*,
vö·gnat·tert, -e, -en [vö·gnat-
ter·te] *EW psy.*, vö·grelt, -e,
-en [vö·grel·te] *EW psy.*, vö-
iär·gert, -e, -en [vö·iär·ger-
te] *EW psy.*, vö·kniä·tert, -e,
-en [vö·kniä·ter·te] *EW psy.*,
vö·töönt, -e, -en [vö·töön·te]
EW psy.; **sehr** ~ spin·ne·dul,
-·le, -·len *EW psy.*
verarzten be·han·neln *ZW
med.*
verausgaben vö·uut·gië·wen
uZW med., fin.
veräußern vö·kau·pen *ZW
fin.*
Verb Do·waod, Do·wäö·der
s., Tiet·waod, Tiet·wäö·der *s.*
Verband Vö·band, Vö·bän-
ne *m. med., kult.*
verbannen wäg·ja·gen *ZW*
Verbannte Wäg·jag·te *m.,
w. und s.*
verbarrikadieren vö·bar·ri-
ka·de·ern *ZW*, vö·ram·meln
ZW, to·schot·ten *ZW*
verbellen vö·kläf·fen *ZW*
verbergen vö·biär·gen *ZW*,
vö·stop·pen *ZW*
verbessern ha·rüm·fi·len *ZW*,
vö·biä·tern *ZW*
verbessert vö·biä·tert, -e, -en
[vö·biä·ter·te] *EW*
Verbesserung Vö·biä·te·rung,
-en [Vö·biä·te·run·gen] *w.*
Verbeugung Dai·ner, -s *m.*
verbiegen vö·bai·gen *uZW*

tech.
verbieten un·ner·säg·gen *uZW
psy.*, vö·bai·den *uZW psy.*;
etwas ~ *übertr.* een P der-
vüör sät·ten *psy.*
verbinden kop·pe·le·ern *ZW*,
kop·peln *ZW*, plaos·tern *ZW
med.*, vö·bin·nen *uZW*; **Ge-**
genstände mit Laschen ~
las·ken *ZW tech.*
Verbindung Vö·band, Vö-
bän·ne *m. kult.*, Vö·bin·nung,
-en [Vö·bin·nun·gen] *w. tech.,
kult.*; **chemische** ~ kemiske
Vöbinnung *w. chem.*
Verbindungsbahn Vö·bin-
nungs·baan, Vö·bin·nungs-
ba·nen *w. trans.*
Verbindungsoffizier Vö·bin-
nungs·of·se·er, -s *m. mil.*
Verbindungsstück Splint, -e
[Splin·te] *m. tech.*
verbissen vö·bië·ten, -e, -en
[vö·bië·te·ne] *EW psy.*
Verbissenheit Vö·niën *m.
und s. o.Mz. psy.* (*frz.* venin)
Verbleib Vö·bliew, Vö·bli·we
m.
verbleiben vö·bli·wen *uZW*
verbleichen vö·ble·ken *ZW*
verblenden vö·kai·cheln *ZW*
verblichen vö·blië·ken, -e,
-en [vö·blië·ke·ne] *EW*, vö-
schuo·ten, -e, -en [vö·schuo-
te·ne] *EW*
verblüffen vö·dat·tern *ZW
psy.*, vö·fe·ern *ZW psy.*
verblüfft vö·dat·tert, -e, -en
[vö·dat·ter·te] *EW psy.*
verblühen vö·blai·en *ZW bot.*
verblüht vö·blait, -e, -en [vö-
blai·te] *EW bot.*
verbluten vö·blö·den *uZW
med.*
verblutet vö·blod, -·te, -·ten
EW med.
verbogen krum, -·me, -·men
EW
verborgen vö·buor·gen, -e,
-en [vö·buor·ge·ne] *EW*
Verbot Vö·bod, Vö·buo·de
s. jur., psy.
verboten vö·buo·den, -e, -en
[vö·buo·de·ne] *EW*
verbrannt vö·bot, -·te, -·ten
EW, vö·brant, -e, -en [vö-
bran·te] *EW*
verbraten vö·brao·den *uZW
kul.*
Verbrauch Vö·bruuk, Vö-
brü·ke *m.*, Vö·tiär *m. o.Mz.*

verbrauchen up·bru·ken
uZW, vö·bru·ken *uZW*, vö-
kon·su·me·ern *ZW*
Verbraucher Bru·ker, -s
m., Vö·bru·ker, -s *m.*
verbraucht al·le *UW*, vö-
bruukt, -e, -en [vö·bruuk·te]
EW
verbrechen vö·briä·ken *uZW*
jur.
Verbrechen Vö·briä·ken, -s
s. jur.
Verbrecher Vö·briä·ker, -s
m. jur.
verbreitern vö·bred·dern *ZW*
verbrennen briä·nen *uZW*,
up·briä·nen *uZW*, vö·briä-
nen *uZW*, vö·bö·ten *EW*
Verbrennung Vö·briä·nung,
-en [Vö·briä·nun·gen] *w.*
verbringen to·brän·gen *uZW*,
vö·brän·gen *uZW*
Verbund Vö·bund, Vö·bün-
ne *m.*
verbunden vö·bun·nen, -e,
-en [vö·bun·ne·ne] *EW*, kop-
pelt, -e, -en [kop·pel·te] *EW*
Verbundenheit Vö·bun·nen-
hait *w. o.Mz.*
verbürgen vö·büör·gen *ZW*
jur.
verbüßen (eine Strafe) af-
sit·ten *uZW jur.*
verdammen vö·flö·ken *ZW*
psy.
verdammt vö·dü·welt, -e, -en
[vö·dü·wel·te] *EW*, vö·mal-
le·dait, -e, -en [vö·mal·le·dai-
te] *EW*; vö·dam·mig *UW*;
~ **noch mal!** vö·dor·ri nao-
maol!
verdampfen vö·dam·pen *ZW*
verdauen vö·knu·wen *ZW*
med., vö·knu·sen *ZW med.*
Verdauung Stool·gang *m.*
o.Mz. med.; ~ **haben** uut-
äö·sen *ZW med.*
Verdeck Dak, Diä·ker *s. tech.*
verdenken vö·den·ken *uZW*
psy.
Verderb Vö·diäw, -e [Vö·diä-
we] *s. psy.*
verderben gam·meln *ZW*
biol., vö·diä·wen *uZW*, vö-
mas·seln *ZW psy.*, vö·un-
sche·ne·ern *ZW psy.* (frz.
ruiner); **es mit jemd.** ~ vö-
püët·ken *ZW psy.*
Verderber Vö·diä·wer, -s *m.*
psy.
verdeutlichen be·liek·te·ken

ZW, vö·kläö·ren *ZW*
verdeutschen vö·düüts·ken
ZW
Verdickung Bun·ken, -s *m.*,
Hucht, -en [Huch·ten] *w.*,
Knucht, Knücht *m.*
verdienen vö·dai·nen *uZW*
fin., psy.; **viel** ~ *übertr.*
schiär·peln *ZW fin.*
Verdienst Laun, Lai·ne *m.*
fin., psy., Vö·dänst, -e [Vö-
däns·te] *m. fin., psy.*
verdient ha·ruut·slaon, -e, -en
[ha·ruut·slao·ne] *EW fin.*, vö-
dänt, -e, -en [vö·dän·te] *EW*
fin., psy.
verdoppeln dub·beln *ZW*,
vö·dub·beln *ZW*
Verdopplung Dub·be·lung,
-en [Dub·be·lun·gen] *w.*
verdorben (Fleisch) gäls·trig,
-e, -en [gäls·tri·ge] *EW biol.*,
gam·me·lig, -e, -en [gam-
me·li·ge] *EW biol.*, mu·che-
lig, -e, -en [mu·che·li·ge] *EW*
biol., rips, -e, -en [rip·se]
EW biol. (lat.: requiescant
in pace sempiterna), slächt,
-e, -en [släch·te] *EW biol.*,
psy., vö·duo·wen, -e, -en [vö-
duo·we·ne] *EW biol., psy.*
Verdorbenes Gam·mel *m.*
o.Mz. biol.
verdörren vö·drü·gen *ZW*
biol.
verdorrt vö·säört, -e, -en [vö-
säör·te] *EW biol.*
verdrehen vö·drai·en *ZW*;
sich den Hals nach etwas
~ rek·hal·sen *ZW*
verdreht nië·trig, -e, -en [nië-
tri·ge] *EW psy.*, nüörs·trig,
-e, -en [nüörs·tri·ge] *EW psy.*,
vö·drait, -e, -en [vö·drai·te]
EW psy., tech., vö·wänt, -e,
-en [vö·wän·te] *EW psy.*,
winsk, -e, -en [wins·ke] *EW*
verdrießen iär·gern *ZW psy.*,
vö·drai·ten *uZW psy.*
verdrießlich aor·draitsk, -e,
-en [aor·draits·ke] *EW psy.*,
brum·mig, -e, -en [brum·mi-
ge] *EW psy.*, brümsk, -e,
-en [brüms·ke] *EW psy.*,
gnad·de·rig, -e, -en [gnad-
de·ri·ge] *EW psy.*, muf·fe-
lig, -e, -en [muf·fe·li·ge] *EW*
psy., nüörs·trig, -e, -en [nüörs-
tri·ge] *EW psy.*, spit·lik, spit-
licke, -n [spit·lik·ke] *EW psy.*,
su·er·pötsk, -e, -en [su·er-

pöts·ke] *EW psy.*, vö·drait-
lik, vö·drait·licke, -n [vö·drait-
lik·ke] *EW psy.*, vö·gnat-
tert, -e, -en [vö·gnat·ter·te]
EW psy.; ~ **machen** vö·iär-
gern *ZW psy.*; ~ **sein** muf-
feln *ZW psy.*
verdrossen vö·druo·ten, -e,
-en [vö·druo·te·ne] *EW psy.*
Verdruss lär·ger *m. o.Mz.*
psy., Spiet, Spi·te *m. psy.*,
Vö·drot *m. o.Mz. psy.*
verdunkeln vö·düüs·tern *ZW*
verdünnt plör·rig, -e, -en
[plör·ri·ge] *EW*
verdunsten vö·flai·gen *uZW*
verdunstet vö·fluo·gen, -e,
-en [vö·fluo·ge·ne] *EW*
verdursten vö·düörs·ten *ZW*
med.
verdurstet vö·düörs·tet, -e,
-en [vö·düörs·te·te] *EW med.*
verdutzen vö·dat·tern *ZW psy.*
verdutzt baf, -·fe, -·fen *EW*
psy., vö·dat·tert, -e, -en [vö-
dat·ter·te] *EW psy.*
veredeln kop·pe·le·ern *ZW*;
mit Baumreisig ~ be·ri·sen
ZW bot., up·ri·sen *ZW bot.*
verehren vö·ä·ern *ZW psy.*
Verein Gil·le, -n *w.*, Kum·pe-
ni, -·en *w.* (frz. compagnie),
Vö·ain, -e [Vö·ai·ne] *m.*
vereinbaren af·ma·ken *uZW*,
af·slu·ten *uZW*, fast·sät·ten
ZW
vereinbart af·maakt, -e, -en
[af·maak·te] *EW*
vereinigen to·haup·doon
uZW, to·sam·men·doon *uZW*
Vereinigung Gil·le, -n *w.*
vereinnahmen kas·se·ern
ZW fin.
vereinsamt; ~ **sein** *übertr.*
nich Kind nao Kü·ken häb-
ben *psy.*
vereinzelt en·kelt, -e, -en
[vö·en·kel·te] *EW*, spi·rig,
-e, -en [spi·ri·ge] *EW*, vö-
en·kelt, -e, -en [vö·en·kel-
te] *EW*, vö·en·selt, -e, -en
[vö·en·sel·te] *EW*
verenden af·liä·wen *ZW med.*,
kre·pe·ern *ZW med., biol.*
(ital. crepare)
verendend af·liä·wig, -e, -en
[af·liä·wi·ge] *EW med.*
verendet af·liäwt, -e, -en [af-
liäw·te] *EW med.*
vererben vö·iär·wen *ZW fin.*,

biol., vö·ma·ken *uZW fin.*
vererbt vö·iärwt, -e, -en [vö-
iärw·te] *EW fin., biol.*
Vererbung Vö·iär·wung, -en
[Vö·iär·wun·gen] *w. biol.*
verfahren vö·fö·ern *uZW
trans.*
verfallen 1. mäk·lik, mäk·licke,
-n [mäk·lik·ke] *EW med.*, vö-
fol·len, -e, -en [vö·fol·le·ne]
EW; 2. vö·fal·len *uZW*
verfärben vö·fiär·wen *ZW*
verfärbt vö·fiärwt, -e, -en [vö-
fiärw·te] *EW*
verfassen (Schriftstück) up-
sät·ten *ZW*
Verfassung To·stand, To-
stän·ne *m. med., psy., tech.*,
Vö·fat, Vö·fiä·te *w. med., pol.*
verfaulen vö·fu·len *ZW biol.*,
vö·ruo·ten *ZW biol.*
verfault gam·me·lig, -e, -en
[gam·me·li·ge] *EW biol.*, vö-
ruot, -e, -en [vö·ruo·te] *EW
biol.*
verfegen vö·fiä·gen *ZW psy.*
verfeuern vö·bö·ten *uZW*
verfeuert vö·bot, --te, --ten
EW
verfilzt klad·de·rig, -e, -en
[klad·de·ri·ge] *EW*
verfliegen vö·flai·gen *uZW*
verfließen vö·flai·ten *uZW*
verflixt vö·deu·belt, -e, -en
[vö·deu·bel·te] *EW*, vö·mukt,
-e, -en [vö·muk·te] *EW*; ~
noch mal! vö·dor·ri nao-
maol!
verflogen vö·fluo·gen, -e, -en
[vö·fluo·ge·ne] *EW*
verfluchen vö·flö·ken *ZW
psy.*
verflucht vö·flöökt, -e, -en
[vö·flöök·te] *EW psy.*, vö·mal-
le·dait, -e, -en [vö·mal·le·dai-
te] *EW*; ~ **noch mal!** vö-
dor·ri nao·maol!
verfolgen (jemd.) nao·wa-
ren *ZW*, nao·ja·gen *ZW*
verformen bai·gen *uZW tech.*,
vö·fuo·men *ZW tech.*; **unter
Spannung** ~ vö·trecken [vö-
trek·ken] *uZW tech.*
verfrachten vö·trans·por·te-
ern *ZW trans.*
verfressen vö·friä·ten, -e, -en
[vö·friä·te·ne] *EW kul.*
verfügbar dao *UW; nicht
mehr* ~ al·le *UW*
verfugen in·sliä·men *ZW
tech.*

verführen rüm·kri·gen *uZW
psy.*
verfüttern vö·fo·ern *ZW kul.*
vergalopieren vö·ga·lo·pe-
ern *ZW*
vergangen vö·gaon, -e, -en
[vö·gao·ne] *EW*, vö·lië·den,
-e, -en [vö·lië·de·ne] *EW*
Vergangenheit Gis·ten *s.
o.Mz. tem.*, vö·lië·de·ne Tiet
tem.; **Geschehen in der** ~
Ge·schicht, -en [Ge·schich-
ten] *w. tem.*; **das gehört
der** ~ **an** *übertr.* dat is olt
Geld *tem.*; **in der** ~ in't
Gis·ten *tem.*
Vergänglichkeit Vö·gang,
Vö·gän·ge *m.*
vergeben 1. vö·gië·wen *uZW
psy.*; 2. vö·gië·wen, -e, -en
[vö·gië·we·ne] *EW*
vergebens vö·gië·wens *UW*,
üm·süs *UW*
vergeblich sein *übertr.* för
de Kat sien
Vergebung Vö·gië·wung *w.
o.Mz. psy.*
vergehen vö·gaon *uZW*, (Zeit)
hän·lau·pen *uZW*
Vergehen Vö·stot, Vö·stöt·te
m. jur., rel., Sün·ne, -n *w. rel.*
vergelten vö·gel·len *ZW psy.*
Vergeltung Vö·gel·len *s.
o.Mz. psy.*
vergessen draw·weln *ZW
psy.*, vö·giä·ten *uZW psy.*,
vö·lä·ert, -e, -en [vö·lä·er·te]
EW psy., übertr. vö·swe·ten
ZW psy., (in der Eile) vö-
draw·weln *ZW psy.*; **etwas
nicht** ~ nao·driä·gen *uZW
psy.*; **sich** ~ sik vö·giä·ten
psy.
vergesslich draw·wel·lig, -e,
-en [draw·wel·li·ge] *EW psy.*,
tüd·de·lig, -e, -en [tüd·de·li·ge]
EW psy., vö·giät·sam, --me,
--men *EW psy.*; ~**er Mensch**
Draw·wel·kop, Draw·wel·köp-
pe *m. psy.*
Vergesslichkeit Vö·giät·sam-
kait *w. o.Mz. psy.*
vergeuden vö·jüt·ken *ZW
fin., übertr.* ruut·smi·ten *uZW
fin.*, vö·pläm·pern *ZW fin.*
vergewaltigen an·packen
[an·pak·ken] *uZW*
vergießen slab·bern *ZW*, vö-
gai·ten *uZW*
Vergissmeinnicht Vö·giät·mi-
nich *s. o.Mz. bot.*

Vergleich Vö·gliek, Vö·gli·ke
m.
vergleichen vö·gli·ken *uZW*
vergleichsweise vö·glieks-
wies, vö·glieks·wi·se *UW*
verglühen vö·glai·en *ZW*
vergnügen amü·se·ern *ZW
psy.*, vö·gnö·gen *ZW psy.*;
sich ~ sik hö·gen *ZW psy.*,
vö·lus·te·ern (sik) *ZW psy.*
Vergnügen Frai·de, -n *w.
psy.*, Pla·se·er *s. o.Mz. psy.*
(frz. plaisir), Spaos, Späö-
se *m. psy.*, Vö·gnö·gen, -s
s. psy.; **unterwegs oder
außerhäusig sein zum** ~
übertr. up Rid sien; **zum** ~
unterwegs sein *übertr.*
up'n gän·gel·den Pat sien,
up'n Gän·gel·pat sien
vergnüglich pla·se·er·lik,
pla·se·er·licke, -n [pla·se·er-
lik·ke] *EW psy.*
vergnügt kan·di·del, -e, -en
[kan·di·de·le] *EW psy.*, vö-
gnöögt, -e, -en [vö·gnöög-
te] *EW psy.*
Vergnügung Vö·gnö·gen, -s
s. o.Mz. psy.; **kostspielige**
~ Spi·rens·ken, Spi·rens-
kes *s. fin. psy.*
Vergnügungsreise Lust·faort,
-en [Lust·faor·ten] *w. trans.*
Vergnügungssteuer Vö-
gnö·gens·stü·er, -n *w. fin.*
vergolden vö·gül·len *ZW
tech.*
vergoldet vö·gült, -e, -en [vö-
gül·te] *EW tech.*
Vergoldung Vö·gül·lung, -en
[Vö·gül·lun·gen] *w. tech.*
vergönnen vö·gün·nen *ZW
psy.*
vergöttern an·biä·den *ZW
rel.*
vergraben in·ku·len *ZW*, vö-
bud·deln *ZW*
vergraulen vö·grel·len *ZW
psy.*
vergrault vö·grelt, -e, -en [vö-
grel·te] *EW psy.*
vergreifen (sich) vö·gri·pen
(sik) *uZW*
vergriffen vö·grië·pen, -e, -en
[vö·grië·pe·ne] *EW*; ~ **sein**
uut sien
vergrößern vö·gröt·tern *ZW*
Vergrößerung Vö·gröt·te-
rung, -en [Vö·gröt·te·run-
gen] *w.*
Vergrößerungsglas Vö·gröt-

te·rungs·glas, Vö·gröt·te-rungs·gliä·ser *s. tech.*

verhackstücken vö·hak-stücken [vö·hak·stük·ken] *ZW*

verhaften ar·res·te·ern *ZW jur.*, fast·nië·men *uZW jur.*

Verhaftung Ar·res·te·e·rung, Ar·res·te·e·run·gen *w. jur.*

Verhalten Kar·dans, -en [Kar-dan·sen] *w. o.Mz. psy. (frz.* cadence), Vö·hol·len *s. o.Mz.*; **sein ~ völlig verän-dern** *übertr.* dat Gat üm-smi·ten *psy.*

verhalten (sich) vö·hol·len (sik) *uZW*

Verhältnis; klare ~se schaf-fen *übertr.* de Ka·ten up'n Disk läg·gen; **ungeordnetes ~** Kud·del·mud·del *m. o.Mz.*

verhandeln be·prao·ten *ZW*, vö·han·neln *ZW jur.*

verhandelt vö·han·nelt, -e, -en [vö·han·nel·te] *EW*

Verhandlung Vö·han·ne-lung, -en [Vö·han·ne·lun·gen] *w. jur.*

verhängen vö·han·gen *ZW*

verhangen vö·han·gen, -e, -en [vö·han·ge·ne] *EW*

verharmlosen af·doon *uZW psy.*

verhätscheln be·hot·ken *ZW psy.*, vö·hut·ken *ZW psy.*, vö·twä·nen *ZW psy.*

verhätschelt vö·twäänt, -e, -en [vö·twään·te] *EW psy.*

verhauen 1. dat Fel vö·suo-len, der·düör·lao·ten *uZW*, *übertr.* dat Fel giär·wen, up dat Jak hau·en, vö·kas·se-ma·tucken [vö·kas·se·ma·tuk-ken] *ZW*, vö·klop·pen *ZW*, vö·mö·beln *ZW*, vö·wäm·sen *ZW*; 2. vö·trümt, -e, -en [vö-trüm·te] *EW*; **~ werden** *übertr.* dän Puckel vul kri-gen, *übertr.* Smak·ha·wer kri·gen, *übertr.* wat up't Jak kri·gen

verheben vö·büörn *ZW med.*

verheddern wië·pen *ZW*

verheilen uut·sli·den *uZW med.*, vö·he·len *ZW med.*, to·was·sen *uZW med.*

verheilt uut·slië·den, -e, -en [uut·slië·de·ne] *EW med.*; to-was·sen, -e, -en [to·was·se-ne] *EW med.*

verheiraten vö·hi·rao·den *uZW*, tru·en *ZW*; **sich gut**

~ *übertr.* met't Gat in'ne Buo·ter fal·len

verheiratet vö·hi·raod, -·te, -·ten *EW*

Verheiratete(r) Vö·hi·raod-te, -n *m. und w.*

verhelfen (zu etwas) vö·hel-pen *uZW*

verheult vö·hüült, -e, -en [vö-hüül·te] *EW psy.*

verhindern af·wän·nen *uZW*, vö·hin·nern *ZW*

verhindert vö·hin·nert, -e, -en [vö·hin·ner·te] *EW*

verhoben vö·büört, -e, -en [vö·büör·te] *EW med.*

verhöhnen up·trecken [up-trek·ken] *uZW psy.*

Verhör Frao·ge·ri, -·en *w. jur.*

verhören uut·frao·gen *uZW jur., psy., übertr.* in't Gebäd nië·men *psy.*

verhornt swië·lig, -e, -en [swië·li·ge] *EW med.*, swil·lig, -e, -en [swil·li·ge] *EW med.*

verhungern daud·hün·gern *ZW med.*, vö·smach·ten *ZW med.*

verhungert smäch·trig, -e, -en [smächtri·ge] *EW med.*, vö-smach·tet, -e, -en [vö·smach-te·te] *EW med.*

Verhungerte(r) Vö·smach-te·te, -n *m. und w. med.*

verirren vö·dwiä·len *uZW*, vö·kuë·men *uZW*

verirrt vö·duo·len, -e, -en [vö-duo·le·ne] *EW*, vö·dwolt, -e, -en [vö·dwol·te] *EW*

verjagen vö·dri·wen *uZW*

Verjagte Wäg·jag·te *m., w. und s.*

Verkauf Vö·kaup, Vö·kai·pe *m. fin.*

verkaufen af·stau·ten *uZW fin.*, vö·kau·pen *ZW fin.*, (ver-ächtlich) vö·pan·deln *ZW fin.*; **unter Wert ~** vö·kun-geln *ZW fin.*, vö·schü·ern *ZW fin.*

Verkäufer Vö·kai·per, -s *m. fin.*; **~in** Vö·kai·pe·rin, -·nen *w. fin.*

Verkaufpreis Vö·kaups·pries, Vö·kaups·pri·se *m. fin.*

verkauft vö·koft, -e, -en [vö-kof·te] *EW fin.*

Verkehr Vö·kä·er *m. o.Mz. trans.*

Verkehrschaos Vö·kä·ers-dwad·del, Vö·kä·ers·dwäd-

del *m. trans.*

Verkehrsgesellschaft Vö-kä·ers·sel·schup, -·pen *w. trans.*

Verkehrsmittel Vö·kä·ers-mid·del, -s *s. trans.*

Verkehrsnetz Vö·kä·ers·net, -·te *s. trans.*

Verkehrsweg Vö·kä·ers·wäg, Vö·kä·ers·wiä·ge *m. trans.*

verkehrt falsk, -e, -en [fals-ke] *EW*, kwaod, -e, -en [kwao·de] *EW*, vö·kä·ert, -e, -en [vö·kä·er·te] *EW*, vö·kat, -·te, -·ten *EW*, vö·transt, -e, -en [vö·trans·te] *EW*, winsk, -e, -en [wins·ke] *EW*; vö-dwiärs *UW*; **völlig ~** ääs-vö·kat, -·te, -·ten *EW*

verkeilen ki·len *ZW tech.*

verkleben vö·klië·wen *ZW tech.*

verklebt vö·kliëwt, -e, -en [vö·kliëw·te] *EW tech.*

Verklebung Vö·klië·wung, -en [Vö·klië·wun·gen] *w. tech.*

verkleiden in·hü·sen *ZW tech.*, mas·ke·ern *ZW*, vö-kle·den *ZW*

verkleidet mas·ke·ert, -e, -en [mas·ke·er·te] *EW*, vö-kled, -·te, -·ten *EW*

Verkleidung Huus, Hü·ser *s. tech.*, In·hü·sung, -en [In-hü·sun·gen] *w. tech.*, Vö-kle·dung, -en [Vö·kle·dun-gen] *w.*

verkleinern vö·klen·nern *ZW*, (Wald) be·stüm·peln *ZW agr.*

verkleinert vö·klen·nert, -e, -en [vö·klen·ner·te] *EW*

Verkleinerung Vö·klen·ne-rung, -en [Vö·klen·ne·run-gen] *w.*

verklinkert; ~es Haus Bak-steen·huus, Bak·steen·hü-ser *s. arch.*

verkneifen vö·kni·pen *uZW*

verkniffen vö·knië·pen, -e, -en [vö·knië·pe·ne] *EW psy.*

verknüpfen knüp·pen *ZW*, vö·knüp·pen *ZW*

verknüpft vö·knüpt, -e, -en [vö·knüp·te] *EW*; **eng ~** dich-te, -n *EW*

Verknüpfung Vö·knüp·pung, -en [Vö·knüp·pun·gen] *w.*

verkocht vö·kuokt, -e, -en [vö·kuok·te] *EW*

verkohlen vö·smüë·len *ZW*, küö·len *ZW*

verkohlt vö·smüélt, -e, -en [vö·smüél·te] *EW*
verkommen 1. kla·te·rig, -e, -en [kla·te·ri·ge] *EW*, vö·kuë·men, -e, -en [vö·kuë·me·ne] *EW*, vö·lod·dert, -e, -en [vö·lod·der·te] *EW*; 2. vö·kuë·men *uZW*, vö·lid·dern *ZW*; ~ **lassen** vö·äö·sen *ZW*, vö·lod·dern *ZW*, vö·slod·dern *ZW*
verkraften vö·knu·sen *ZW*
verkratzen vö·schräm·men *ZW tech.*
verkriechen vö·kru·pen *uZW*
verkrümeln vö·krüë·meln *ZW*
verkrüppelt krüë·pe·lig, -e, -en [krüë·pe·li·ge] *EW med.*
verkümmern vö·kwië·nen *uZW med.*
verkümmert vö·kwië·nen, -e, -en [vö·kwië·ne·ne] *EW med.*
verkündigen vö·kün·ni·gen *ZW*
verkündigt vö·kün·nigt, -e, -en [vö·kün·nig·te] *EW*
Verkündigung Vö·kün·ni·gung, -en [Vö·kün·ni·gun·gen] *w.*
verkupfern vö·kuo·pern *ZW tech.*
verkupfert vö·kuo·pert, -e, -en [vö·kuo·per·te] *EW tech.*
verkuppeln vö·kop·peln *ZW psy.*
Verkupplung Vö·kop·lung, -en [Vö·kop·lun·gen] *w. psy.*; **einen Hut oder Geldwert durch erfolgreiche ~ von Hochzeitspaaren verdienen** nen Hood vö·dai·nen *fin.*
verkürzen vö·küör·ten *ZW*
verkürzt vö·küört, -e, -en [vö·küör·te] *EW*
Verl Viärl *ON*
verlachen uut·la·chen *ZW psy.*
Verlag Vö·lag, Vö·liä·ge *m.*
verlangen af·füör·dern *ZW psy.*, müë·gen *uZW psy.*, häb·ben wul·len *psy.*; **mit weinerlicher Stimme nach etwas ~** kwän·geln *ZW psy.*; ~ **nach** smach·ten up *ZW psy.*
Verlangen Müë·gen *s. o.Mz. psy.*, *übertr.* Smacht *m. o.Mz. psy.*
verlängern län·gen *ZW tem.*, stückeln [stük·keln] *ZW tech.*
Verlass Vö·laot, Vö·lää·te *m.*

verlassen 1. al·leen·lao·ten *uZW*, vö·lao·ten *uZW*, *übertr.* in'n Stiëk lao·ten *psy.*; **verlasse den Raum bzw. das Haus!** du wees jä, wao de Mü·er·man dat Lök lao·ten häw! ~ **können** (auf jemd.) drai·gen *ZW psy.*; **darauf kannst du dich** ~ *übertr.* dao kaas du Gift up nië·men; **darauf kann man sich nicht** ~ dao kaas niks up an *psy.*; **jemd.** ~ sit·ten·lao·ten *uZW*; **verlass dich drauf!** vö·laot di to!; 2. een·sam, -·me, -·men *EW*, vö·lao·ten, -e, -en [vö·lao·te·ne] *EW*
Verlauf Laup, Lai·pe *m.*, Vö·laup, Vö·lai·pe *m.*
verlaufen 1. vö·dwiä·len *ZW*, vö·lau·pen *uZW*; 2. vö·dwolt, -e, -en [vö·dwol·te] *EW*
verlaust lu·sig, -e, -en [lu·si·ge] *EW hyg.*
verlebt vö·liäwt, -e, -en [vö·liäw·te] *EW*
verlegen 1. be·dröp·pelt, -e, -en [be·dröp·pel·te] *EW psy.*, be·naud, -e, -en [be·nau·de] *EW psy.*, vö·fä·ert, -e, -en [vö·fä·er·te] *EW psy.*, läm·pen, -e, -en [läm·pe·ne] *EW psy.*, vö·liä·gen, -e, -en [vö·liä·ge·ne] *EW psy.*; ~ **sein** lün·ten *ZW psy.*; 2. vö·läg·gen *ZW*, vö·tot·ten *ZW*; **etwas** ~ vö·dat·ken *ZW*
Verlegenheit Be·drul·je, -n *w.* (*frz.* bredouille), Kla·du·se, -n *w. psy.*, Pats·ke, -n *w.*, Vö·liä·gen·hait, -en [Vö·lië·gen·hai·ten] *w.*
verlegt vö·lägt, -e, -en [vö·läg·te] *EW*
Verlegung Vö·läg·gung, -en [Vö·läg·gun·gen] *w.*
verleihen uut·le·nen *ZW*
verleiten be·tün·deln *ZW psy.*
verlernen vö·lä·ern *ZW*
verlernt vö·lä·ert, -e, -en [vö·lä·er·te] *EW*
verlesen (etwas) af·liä·sen *uZW*
verletzen (sich) sik seer doon *med.*
verletzend sein (mit Worten) *übertr.* up de Fö·te triä·ten *psy.*
verletzt seer, se·re, -n *EW med.*

Verletzte(r) Seer·te, -n *m. und w. med.*
verlieben vö·lai·wen *ZW psy.*, vö·ki·ken *uZW psy.*
verliebt vö·laiwt, -e, -en [vö·laiw·te] *EW psy.*; **in ein Mädchen / einen Jungen ~ sein** een Wicht / nen Jungen gään li·den müë·gen *psy.*
Verliebte(r) Vö·laiw·te, -n *m. und w. psy.*, Lai·wes·lü·de *Mz. psy.*
Verliebtsein Vö·laiwt·sien *s. o.Mz. psy.*
verlieren los·wä·ern *uZW*, vö·klün·geln *ZW*, vö·lai·sen *uZW*, to·sät·ten *ZW*, *übertr.* ba·den·gaon *uZW*, (z.B. das Leben) *übertr.* vö·küë·deln *ZW*, *übertr.* flai·ten gaon; **durch Nachlässigkeit ~** vö·bum·meln *ZW*
Verlies; dunkles ~ Kel·ler·lok, Kel·ler·löcker [Kel·ler·lök·ker] *s. arch.*
verloben vö·luo·wen *ZW psy.*, vö·spriä·ken *uZW psy.*
verlobt vö·luowt, -e, -en [vö·luow·te] *EW psy.*, be·friet, be·fri·te, -n *EW psy.*
Verlobte(r) Vö·luow·te, -n *m. und w.*
Verlobung Vö·luo·wung, -en [Vö·luo·wun·gen] *w.*, Vö·spriä·ken *s. o.Mz.*
Verlockung; einer ~ erliegen *übertr.* up'n Liem gaon *psy.*
verloddern söd·ken *ZW hyg.*
verlogen laig·haf·tig, -e, -en [laig·haf·ti·ge] *EW psy.*, vö·luo·gen, -e, -en [vö·luo·ge·ne] *EW psy.*
Verlogenheit Vö·luo·gen·hait *w. o.Mz. psy.*
verloren pa·dü *EW* (*frz.* perdu), rips, -e, -en [rip·se] *EW* (*lat.*: requiescant in pace sempiterna), vö·duo·len, -e, -en [vö·duo·le·ne] *EW*, vö·luorn, -e, -en [vö·luor·ne] *EW*, vö·lüs·sig, -e, -en [vö·lüs·si·ge] *EW*; (durch Verlust) kwiet *UW* (*frz.* quitte); ~ **machen** vö·klün·geln *ZW*
verlorengehen flö·ten·gaon *uZW*, vö·lüs·sig·gaon *uZW*, vö·schüt·gaon *uZW*, wäg·kuë·men *uZW*, *übertr.* in de

Wicken gaon
verlöschen uut·briä·nen
uZW, uut·gaon *uZW*
verlosen uut·lau·sen *ZW*
Verlust Tot *s. o.Mz.*, Vö·lüs,
-·se *s.*, Vö·schiäl, -e [Vö-
schiä·le] *s.*, Vö·lüs·sig-
gaon *s. o.Mz.*; **in ~ geraten** vö·lüs·sig·gaon *uZW*;
~ **machen** to·schai·ten
uZW fin.
vermachen vö·ma·ken *uZW*
fin., vö·iär·wen *ZW fin.*
Vermächtnis lär·we, -n *s.*
fin.
vermählen an·tru·en *ZW*
vermauern vö·mü·ern *ZW*
tech.
vermengen män·geln *ZW*
Vermerk Vö·miäk, -e [Vö-
miä·ke] *m.*
vermerken vö·miä·ken *ZW*
vermessen 1. af·miä·ten
uZW tech., in·miä·ten *uZW*
tech., miä·ten *uZW tech.*,
uut·miä·ten *uZW tech.*, vö-
miä·ten *uZW tech.*; 2. uut-
miä·ten, -e, -en [uut·miä·te-
ne] *EW tech.*
Vermessenheit Waan·hait
w. o.Mz. psy.
Vermesser Miä·ter, -s *m.*
tech.
Vermessung Vö·miä·tung,
-en [Vö·miä·tun·gen] *w. tech.*
vermieten met·ten *ZW fin.*,
vö·hü·ern *ZW fin.*, vö·met-
ten *ZW fin.*
Vermieter Vö·met·ter, -s *m.*
fin.
vermietet vö·met, -·te, -·ten
EW fin.
Vermietung Vö·met·tung, -en
[Vö·met·tun·gen] *w. fin.*
vermindern min·nern *ZW*,
vö·min·nern *ZW*, (Schulden)
af·driä·gen *uZW fin.*
vermischen män·geln *ZW*,
vö·mis·ken *ZW*
Vermischung Vö·mis·kung,
-en [Vö·mis·kun·gen] *w.*
vermissen mis·sen *ZW*
vermitteln vö·mid·deln *ZW*
Vermittler Mid·dels·man,
Mid·dels·män·ner *m. psy.*
vermodert fausk, -e, -en
[faus·ke] *EW biol.*
Vermögen Kap·taol *s. o.Mz.*
fin., Schat, Schiä·te *m. fin.*,
Vö·müe·gen *s. o.Mz. fin.*
vermögend riek, ri·ke, -n *EW*

fin., vö·müe·gend, -e, -en [vö-
müe·gen·de] *EW fin.*
Vermögenssteuer Vö·müe-
gens·stü·er, -n *w. fin.*
vermummen mas·ke·ern *ZW*
vermummt mas·ke·ert, -e,
-en [mas·ke·er·te] *EW*
vermuten an·nië·men *uZW*
psy., ao·nen *ZW psy.*, mai-
nen *ZW psy.*, vö·mö·en *ZW*
psy.
Vermutung Ao·nung, -en
[Ao·nun·gen] *w. psy.*, Ao-
nen *s. o.Mz. psy.*
vernageln vö·niä·geln *ZW*
tech.; **mit einem Holznagel**
~ to·pig·gen *ZW tech.*
vernagelt vö·niä·gelt, -e, -en
[vö·niä·gel·te] *EW tech.*
vernähen vö·nai·en *ZW tech.*
vernaschen vö·slickern [vö-
slik·kern] *ZW*
vernebelt vö·nië·welt, -e, -en
[vö·nië·wel·te] *EW*
Vernehmen Vö·nië·men *s.*
o.Mz.
vernehmen vö·nië·men (sik)
uZW
Vernehmung Vö·nië·mung,
-en [Vö·nië·mun·gen] *w. jur.*
verneigen (sich) bucken
[buk·ken] *ZW*
vernichten äch·ter·wiä·ge
lao·ten, vö·nai·len *ZW*, vö-
tich·ten *ZW*
Vernunft Vö·nül *m. o.Mz.*
psy., Vö·stand, Vö·stän·ne
m. psy.; **jemd. zur ~ bringen** de Nücken uut·dri·wen
psy.
vernünftig klook, klo·ke, -n
EW psy., vö·stän·nig, -e, -en
[vö·stän·ni·ge] *EW psy.*, wies,
wi·se, -n *EW psy.*
Vernünftiges; nichts ~ niks
Saps
verpachten vö·hü·ern *ZW*
fin.
verpacken in·packen [in-
pak·ken] *uZW*; **in Säcke ~**
in·sacken [in·sak·ken] *ZW*
verpassen *übertr.* an de
Niër·se vüür·bi·gaon
verpetzen vö·kläf·fen *ZW*
psy.
verpflanzen vö·puor·ten *ZW*
agr.
verpflichten an·ka·sche·ern
ZW (frz. engager)
verpflichtet an·ka·sche·ert,
-e, -en [an·ka·sche·er·te] *EW*

verpfuschen vö·fus·ken *ZW*
verprassen düör·brän·gen
uZW fin., vö·döp·ken *ZW fin.*,
übertr. up de Rië·wel·baan
sien *fin.*
verprügeln düör·lao·ten *uZW*,
düör·wäm·sen *ZW*, kas·te-
wi·ö·len *ZW*, vö·kas·se·ma-
tucken [vö·kas·se·ma·tuk·ken]
ZW, vö·klop·pen *ZW*, vö-
trüm·men *ZW*, vö·wäm·sen
ZW, *übertr.* af·liä·dern *ZW*,
übertr. dän Puckel miä·ten,
übertr. dat Fel giär·wen; **sich**
~ be·gaon *uZW*, hau·en
uZW
verprügelt düör·wämst, -e,
-en [düör·wäms·te] *EW*, vö-
trümt, -e, -en [vö·trüm·te] *EW*
verpuffen vö·flai·gen *uZW*
verpuppen in·pucken [in·puk-
ken] *ZW biol.*
Verputz Puts, -e [Put·se] *m.*
arch.
verputzen put·sen *ZW tech.*
verputzt putst, -e, -en [puts-
te] *EW tech.*; **~es Haus**
Puts·bau, -·e *m. arch.*
verqaulmt vö·smüält, -e, -en
[vö·smüël·te] *EW*
verqualmen vö·smüe·len *ZW*
verramschen vö·schü·ern
ZW fin.
Verrat Vö·raod, Vö·räö·de
m. psy.
verraten kläf·ken *ZW psy.*,
vö·kläf·fen *ZW psy.*, vö-
klicken [vö·klik·ken] *ZW psy.*,
vö·rao·den *uZW psy.*, *übertr.*
in'ne Pan·ne slaon *psy.*;
jemd. ~ flecken [flek·ken]
ZW psy.
Verräter Vö·räö·der, -s *m.*
psy.
verrechnen vö·riä·ken *ZW*
psy., *math.*, vö·doon *uZW*
psy., *math.*; **zum eigenen**
Nachteil ~ *übertr.* in'n Finger sni·den *psy.*
verrecken kre·pe·ern *ZW*
med. (ital. crepare)
verregnen vö·riän·gen *ZW*
met.
verregnet vö·riängt, -e, -en
[vö·riäng·te] *EW met.*
verrenken vö·knak·sen *ZW*
med.
verrennen vö·ga·lo·pe·ern
ZW
verriegeln to·gren·deln *ZW*,
to·schot·ten *ZW*, vö·ram-

meln *ZW*
verriegelt vö·böst, -e, -en
[vö·bös·te] *EW*
Verriegelung Sluot, Slüö·ter *s. tech.*
verringern min·nern *ZW*, min·ne·se·ern *ZW*, smäö·lern *ZW*
verrostet rös·te·rig, -e, -en [rös·te·ri·ge] *EW chem.*
verrotten mül·men *ZW biol.*, ruo·ten *ZW biol.*, vö·ruo·ten *ZW biol.*
verrottet fausk, -e, -en [fauske] *EW biol.*, vö·ruot, -e, -en [vö·ruo·te] *EW biol.*
verrückt be·klopt, -e, -en [be·klop·te] *EW psy.*, düördrait, -e, -en [düör·drai·te] *EW psy.*, fim·me·lig, -e, -en [fim·me·li·ge] *EW psy.*, machül, -·le, -·len *EW psy.*, mal, mal·le, -·len *EW psy.*, ram·däö·sig, -e, -en [ram·däö·si·ge] *EW psy.*, unklook, un·klo·ke, -n *EW psy.*, un·wies, un·wi·se, -n *EW psy.*; **ganz ~** sta·ken·un·wies, -e, -en [sta·ken·un·wi·se] *EW psy.*; **~ sein** *übertr.* nen Stiëk häb·ben *psy.*; **~ werden** be·klopt·wä·ern *uZW psy.*
Verruf Ge·roop *s. o.Mz. psy.*, Vö·roop *m. o.Mz. psy.*
verrufen vö·ro·pen, -e, -en [vö·ro·pe·ne] *EW psy.*
verrühren an·rö·ern *ZW*
verrußt rö·te·rig, -e, -en [rö·te·ri·ge] *EW*
versacken af·sacken [af·sak·ken] *ZW*
versagen vö·säg·gen *uZW*
versagt vö·sägt, -e, -en [vö·säg·te] *EW*
versalzen 1. vö·sol·ten *ZW kul.*; 2. vö·sol·ten, -e, -en [vö·sol·te·ne] *EW kul.*, sol·te·rig, -e, -en [sol·te·ri·ge] *EW kul.*
versammeln bi·ne·ne·kue·men *uZW*
Versammlung Bi·ne·ne·kue·men *s. o.Mz.*, **geistliche ~** Ka·pit·tel, -s *s.*
Versatz Vö·sat, Vö·siä·te *m.*
versauern vö·su·ern *ZW*
versauert vö·su·ert, -e, -en [vö·su·er·te] *EW*
versaufen vö·su·pen *uZW*
versäumen vö·sü·men *ZW*
versäumt vö·süümt, -e, -en

[vö·süüm·te] *EW*
versaut; der Tag ist ~ de Pe·ter·sil·ge is vö·ha·gelt
verschämt schiä·mig, -e, -en [schiä·mi·ge] *EW psy.*, vö·schiämt, -e, -en [vö·schiäm·te] *EW psy.*
verschandeln vö·schan·neln *ZW*
verschanzen vö·bar·ri·ka·de·ern *ZW*
verscharren in·klai·en *ZW*, in·ku·len *ZW*
verscharren vö·klai·en *ZW*
verschenken wäg·doon *uZW*
verscheuchen vö·schü·en *ZW*, vö·ja·gen *uZW*, wäg·ja·gen *ZW*
Verschicker Sen·ner, -s *m.*
verschieben up·schu·wen *uZW*, vö·schu·wen *uZW*, wäg·schu·wen *uZW*
verschieden un·gliek, un·gli·ke, -n *EW*, vö·schai·den, -e, -en [vö·schai·de·ne] *EW*; **immer ~** bol sau, bol sau
verschiedentlichste vö·schai·dens·te, -n *EW*
verschießen vö·schai·ten *uZW*
verschlafen vö·slao·pen *uZW med.*
Verschlag But·se, -n *w. tech.*, Ka·buf, Ka·büf·fe *s. tech.*, Ka·schot, -s *s. jur.* (frz. cachot); **~ für Kälber** Kalwerlok, Kal·wer·löcker [Kal·wer·lök·ker] *s. tech. agr.*; **~ für Tiere** Schot, -s *s. arch.*
verschlagen 1. vö·slaon *uZW*; 2. vö·slaon, -e, -en [vö·slao·ne] *EW*
verschlechtern trüg·ge·gaon *uZW*
verschleiert vö·nië·welt, -e, -en [vö·nië·wel·te] *EW*
Verschleiß Vö·gang, Vö·gän·ge *m. tech.*, Vö·slied, -e [Vö·slië·de] *m. tech.*
verschleißen af·nüt·ten *ZW tech.*, sli·den *uZW tech.*, up·sli·den *uZW tech.*, uut·sli·den *uZW tech.*, vö·sli·den *uZW tech.*
verschleppen vö·slië·pen *ZW trans.*
verschleppt vö·sliëpt, -e, -en [vö·sliëp·te] *EW*
verschließen af·slu·ten *uZW*, dich·ten *ZW*, dicht·ma·ken *uZW*, to·ma·ken *uZW*, vö-

slu·ten *uZW*
Verschließen Vö·slu·ten *s. o.Mz.*; **Vorrichtung zum ~** Sluot, Slüö·ter *s. tech.*
verschlingen friä·ten *uZW kul.*, up·friä·ten *uZW kul.*
verschlissen slië·den, -e, -en [slië·de·ne] *EW tech.*, uutslië·den, -e, -en [uut·sliëde·ne] *EW tech.*, vö·sliëden, -e, -en [vö·slië·de·ne] *EW tech.*, (z.B. Reifen) affö·ert, -e, -en [af·fö·er·te] *EW tech.*; **halb ~** halwslië·den, -e, -en [halw·sliëde·ne] *EW tech.*
verschlossen dicht, dich·te, -n *EW*, to, -·e, -·en *EW*, vösluo·ten, -e, -en [vö·sluo·te·ne] *EW*, vö·böst, -e, -en [vö·bös·te] *EW*; **~ bekommen** to·kri·gen *uZW*; **~ lassen** to·lao·ten *uZW*
verschlungen friä·ten, -e, -en [friä·te·ne] *EW kul.*
Verschluss Sluot, Slüö·ter *s. tech.*; **drehbarer ~ aus Holz** Krap·pe, -n *w. tech.*
verschmieren vö·smiärn *ZW*
verschmiert vö·smiärt, -e, -en [vö·smiär·te] *EW*
verschmoren (unter Luftabschluss) vö·smuë·len *ZW*
verschmort vö·smuëlt, -e, -en [vö·smuël·te] *EW*
verschmutzen vö·äö·sen *ZW hyg.*
verschmutzt klad·de·rig, -e, -en [klad·de·ri·ge] *EW hyg.*; **stark ~** pot·äö·sig, -e, -en [pot·äö·si·ge] *EW hyg.*
verschnaufen vö·snu·wen *uZW med.*
verschneiden vö·sni·den *uZW tech.*
verschnüren snö·ern *ZW tech.*
verschossen vö·schuo·ten, -e, -en [vö·schuo·te·ne] *EW*
verschreiben vö·schri·wen *uZW*
verschrotten uut·müs·tern *ZW*
verschulden fai·len *ZW psy.*, vö·schül·len *ZW psy., jur.*
Verschulden Vö·schül·len *s. o.Mz. psy., jur.*
verschuldet vö·schült, -e, -en [vö·schül·te] *EW fin.*
verschütten pläm·pern *ZW*,

schül·ken *ZW*, (von Flüssigkeit) plörn *ZW*, vö·plämpern *ZW*
verschwägert vö·swäö·gert, -e, -en [vö·swäö·ger·te] *EW*
verschweigen vö·swi·gen *uZW*, *übertr.* äch·ter'n Biärg hol·len *psy.*
verschwenden a·sen *ZW psy.*, düm·ken *ZW psy. kul.*, ha·ruut·smi·ten *uZW psy.*, ·ruut·smi·ten *uZW psy.*, vö·kwät·ken *ZW psy.*, vö·doon *uZW psy.*, (Geld) *übertr.* pläm·pern *ZW fin.*, vö·plämpern *ZW fin.*
verschwenderisch do·sam, -·me, -·men *EW psy.*, riew, ri·we, -n *EW psy.*, vö·do·sam, -·me, -·men *EW psy.*; ~ **sein** *übertr.* up de Rië·wel·baan sien *psy.*
verschwimmen grim·meln *ZW*
verschwinden swin·nen *uZW*, vö·swin·nen *uZW*, vö·trecken [vö·trek·ken] *uZW*; **verschwinde!** hau af!
verschwitzen vö·swe·ten *ZW*
verschwitzt vö·sweet, ·te, -ten *EW*
verschwommen un·düüd·lik, un·düüd·licke, -en [un·düüd·lik·ke] *EW*
Versehen Fai·ler, -s *m.*, Vö·sain *s. o.Mz.*
versehen vö·ki·ken *uZW*, vö·sain *uZW*; ~ **mit** be·slaon *uZW*; **mit Sterbesakramenten** ~ be·rich·ten *ZW rel.*
versengen schrög·gen *ZW*, vö·schrög·gen *ZW*
versengt vö·schrögt, -e, -en [vö·schrög·te] *EW*
versessen grel, -·le, -·len *EW psy.*, hel·lig, -e, -en [hel·li·ge] *EW psy.*, vö·siä·ten, -e, -en [vö·siä·te·ne] *EW psy.*; ~ **auf** däö·lik, däö·licke, -n [däö·lik·ke] *EW psy.*, up vö·stuot *EW psy.*
versetzen üm·packen [üm·pak·ken] *uZW*, vö·sät·ten *ZW*
versetzt vö·sät, -·te, -·ten *EW*; **mit einer Mistgabel** ~ greept, -e, -en [greep·te] *EW agr.*
Versetzung Vö·sät·tung, -en [Vö·sät·tun·gen] *w.*
versichern be·tü·ern *ZW*

psy., ku·we·ern *ZW psy.* (frz. couvrir), vö·sië·kern *ZW fin.*, *psy.*
versichert vö·sië·kert, -e, -en [vö·sië·ker·te] *EW fin.*
Versicherung Vö·sië·ke·rung, -en [Vö·sië·ke·run·gen] *w. fin.*
Versicherungsschein Vö·sië·ke·rungs·schien, Vö·sië·ke·rungs·schi·ne *m. fin.*
versilbern vö·sül·wern *ZW tech.*
versinken af·sacken [af·sak·ken] *ZW*; **im Wasser** ~ af·su·pen *uZW*, vö·su pen *uZW*
Versmold Vas·sem *ON*
versoffen vö·suo·pen, -e, -en [vö·suo·pe·ne] *EW*
versohlen vö·suo·len *ZW tech.*
versohlt vö·suolt, -e, -en [vö·suol·te] *EW*; **den Hintern** ~ **bekommen** *übertr.* üö·wer't Kuf·fer kuë·men
versöhnen vö·driä·gen *uZW psy.*
versorgen be·dai·nen *uZW*, be·suor·gen *ZW*, vö·suor·gen *ZW*
versorgt vö·suorgt, -e, -en [vö·suorg·te] *EW*
Versorgung Vö·suor·gung, -en [Vö·suor·gun·gen] *w.*
versotten vö·söd·ken *ZW tech.*
versottet vö·söd·ket, -e, -en [vö·söd·ke·te] *EW tech.*
verspäten let·ten *ZW tem.*, up·let·ten *ZW tem.*, vö·let·ten *ZW tem.*
verspätet vö·let, -·te, -·ten *EW tem.*; ~ **sein** laat sien *tem.*
Verspätung Let·tung, -en [Let·tun·gen] *w. tem.*, Vö·let, -·ten *s. tem.*
verspielen vö·püët·ken *ZW*, vö·spië·len *ZW*
verspielt vö·spiëlt, -e, -en [vö·spiël·te] *EW*
versponnen spin·nig, -e, -en [spin·ni·ge] *EW psy.*, spun·nen, -ne, -nen *EW tech.*
verspotten vö·ho·ne·pi·peln *ZW psy.*
versprechen luo·wen *ZW psy.*, to·säg·gen *uZW psy.*; vö·kü·ern *ZW*, vö·spriä·ken *uZW psy.*
Versprechen Vö·spriä·ken

s. o.Mz. psy.
versprochen vö·spruo·ken, -e, -en [vö·spruo·ke·ne] *EW psy.*
verspüren miä·ken *ZW med.*, *psy.*, vö·spüörn *ZW med.*, *psy.*
Verstand Grips *m. o.Mz. psy.*, Kun·ne, -n *w. psy.*, Üö·wer·lag, Üö·wer·liä·ge *m. psy.*, Vö·nül *m. o.Mz. psy.*, Vö·stand, Vö·stän·ne *m. psy.*; **den** ~ **verlieren** düör·drai·en *ZW med.*
verständig klook, klo·ke, -n *EW psy.*, kun·nig, -e, -en [kun·ni·ge] *EW psy.*, vö·stän·nig, -e, -en [vö·stän·ni·ge] *EW psy.*
verständigen vö·stän·ni·gen *ZW*
Verständigung Vö·stän·ni·gung, -en [Vö·stän·ni·gun·gen] *w.*
verständlich een·fak, een·facke, -n [een·fak·ke] *EW*, klaor, -e, -en [klao·re] *EW*, vö·ständ·lik, vö·ständ·licke, -n [vö·ständ·lik·ke] *EW*; **drücke dich** ~ **aus!** *übertr.* kü·er düütsk!
Verständnis Scha·ni, -es *s. psy.* (frz. génie)
Verstandskasten Dääts, -e [Däät·se] *m. med.*
verstauben vö·stu·wen *uZW hyg.*
verstaubt vö·stuuwt, -e, -en [vö·stuuw·te] *EW hyg.*
verstauchen vö·klich·ten *ZW med.*, vö·stu·ken *uZW med.*, vö·knak·sen *ZW med.*
Verstauchung Vö·klich·tung, -en [Vö·klich·tun·gen] *w. med.*
verstauen in·la·den *uZW*, wäg·stop·pen *ZW*
verstecken vö·kru·pen *uZW*, vö·stop·pen *ZW*, wäg·stop·pen *ZW*, *übertr.* un·ner·du·ken *ZW*; **sich (zum Schmusen)** ~ in'ne Blü·sen gaon
Versteckspielen Vö·stop·pen·spië·len *s. o.Mz. spo.*
versteckt vö·stopt, -e, -en [vö·stop·te] *EW*
verstehen af·ken·nen *uZW psy.*, af·wië·ten *uZW psy.*, ka·pe·ern *ZW psy.* (ital. capire), ken·nen *uZW psy.*, sik be·gri·pen *uZW psy.*; vö·staon *uZW psy.*; **er ver-**

steht sein Handwerk he kan
der wat van af; **er versteht
sich darauf** dao kent he
wat van af; **auch der Klügste kann das nicht ~** de
hun·nerts·te Man vö·stait dat
Gau·se·miäl·ken nich
Verstehen Vö·staon *s. o. Mz.
psy.*
verstehend kun·nig, -e, -en
[kun·ni·ge] *EW psy.*
versteifen vö·sti·wen *uZW*
versteift vö·stiewt, -e, -en
[vö·stiew·te] *EW*
Versteifung Vö·sti·wung, -en
[Vö·sti·wun·gen] *w.*, Striä-
we, -n *w. tech.*
versteigert (werden) *übertr.*
un·ner'n Ha·mer kuë·men *fin.*
Versteigerung Gant, -en
[Gan·ten] *m. fin.*
verstellen vö·stel·len *ZW*
versteuern vö·stü·ern *ZW
fin.*; **ordnungsgemäß ~**
übertr. düör de Bö·ker lau-
pen lao·ten *fin.*
versteuert vö·stü·ert, -e, -en
[vö·stü·er·te] *EW fin.*
Versteuerung Vö·stü·e·rung,
-en [Vö·stü·e·run·gen] *w. fin.*
verstimmen vö·stem·men
ZW mus.
verstimmt be·töönt, -e, -en
[be·töön·te] *EW psy.*, grä-
sig, -e, -en [grä·si·ge] *EW
psy.*, lu·e·rig, -e, -en [lu·e·ri-
ge] *EW psy.*, vö·stemt, -e,
-en [vö·stem·te] *EW mus.*,
vö·transt, -e, -en [vö·trans-
te] *EW psy.*
Verstimmung Vö·stem·mung,
-en [Vö·stem·mun·gen] *w.
mus., psy.*
verstohlen vö·stuo·len, -e,
-en [vö·stuo·le·ne] *EW psy.*
verstopfen to·sät·ten *ZW*,
to·stop·pen *ZW*
verstopft vö·böst, -e, -en [vö-
bös·te] *EW*; **~ sein** to·sit-
ten *uZW*
verstorben af·stuo·wen, -e,
-en [af·stuo·we·ne] *EW med.*,
vö·stuo·wen, -e, -en [vö-
stuo·we·ne] *EW med., übertr.*
siä·lig, -e, -en [siä·li·ge] *EW
med.*
Verstorbene(r) Dau·de, -n
m. und w.; **der Pfarrer ist
von einem ~n zurückge-
kommen** *übertr.* de Pas-
toor is wit wi·er·kuë·men *rel.*

verstören vö·dat·tern *ZW
psy.*
verstört vö·stückert, -e, -en
[vö·stük·kert], [vö·stük·ker-
te] *EW psy.*, vö·dat·tert, -e,
-en [vö·dat·ter·te] *EW psy.*
Verstoß Vö·staut, Vö·stai·te
m. jur., rel., Vö·stot, Vö-
stöt·te *m. jur., rel.*
verstoßen vö·stau·ten *uZW*
Verstrebung Striä·we, -n *w.
tech.*
verstreichen vö·stri·ken
uZW, (Mörtel) klät·ken *ZW
tech.*
verstreuen vö·strai·en *ZW*
Versuch Vö·söök, Vö·sö·ke
m.
versuchen vö·sö·ken *uZW*,
uut·pro·be·ern *ZW*, wao·gen
ZW; **erneut ~** nao·sät·ten
ZW
Versuchung Vö·sö·kung, -en
[Vö·sö·kun·gen] *w. psy.*
versündigen vö·sün·ni·gen
ZW rel.
versüßen vö·sö·ten *ZW kul.*
vertändeln vö·drüë·meln *ZW*,
vö·tün·deln *ZW*
vertauschen vö·tuus·ken *ZW*
vertauscht vö·tuuskt, -e, -en
[vö·tuusk·te] *EW*
verteidigen vö·def·fen·de·ern
ZW jur., psy., mil. (frz. défendre)
verteilen vö·de·len *ZW*, uut-
de·len *ZW*
Verteilung Vö·deel·ge *w.*
Verteilungsschlüssel Vö-
de·lungs·slüë·del, -s *m.*
Verteitigung Vö·def·fen·de-
e·rung, -en [Vö·def·fen·de-
e·run·gen] *w. jur., psy., mil.*
verteuern vö·dü·ern *ZW fin.*
verteufelt vö·deu·belt, -e, -en
[vö·deu·bel·te] *EW*
Vertiefung Laak·te, -n *w.*,
Lok, Löcker [Lök·ker] *s.*; **~
im Erdboden** Ku·le, -n *w.*;
kleine ~ Küül·ken, Küül-
kes *s.*
Vertiko Ver·ti·ko, -os *s. tech.*
vertilgen vö·kon·su·me·ern
ZW kul., vö·tig·gen *ZW kul.*
vertrackt vö·mukt, -e, -en
[vö·muk·te] *EW*
Vertrag Kun·trakt, -e [Kun-
takt·te] *m. jur.* (frz. contrat),
Vö·drag, Vö·driä·ge *m. jur.*
vertragen vö·driä·gen *uZW*,
vö·knu·sen *ZW*; **sich mit**

jemd. ~ wi·er güet wä·ern
met e·nen *psy.*; **das ver-
trägt sich nicht** dat bit sik
verträglich lied·sam, ·-me,
·-men *EW psy.*, vö·driäg·lik,
vö·driäg·licke, -n [vö·driäg-
lik·ke] *EW*
Vertrauen To·tru·en *s. o. Mz.
psy.*, Vö·tru·en *s. o. Mz. psy.*;
jemd. ins ~ ziehen an·vö-
tru·en *ZW psy.*
vertrauen tru·en *ZW psy.*,
vö·tru·en *ZW psy.*
vertraulich vö·tru·lik, vö·tru-
licke, -n [vö·tru·lik·ke] *EW
psy.*
vertraut vö·truut, vö·tru·te, -n
EW psy.; **~ sein** ken·nen
uZW
Vertraute(r) Vö·tru·te, Vö·trü-
ten *m., w. und s. psy.*
vertreiben ja·gen *uZW*, kas-
jö·nern *ZW psy.*, vö·dri·wen
uZW, vö·ja·gen *uZW*, wäg-
ja·gen *ZW*
Vertreibung Vö·dri·wen *s.*
vertreten vö·triä·ten *uZW*
Vertreter Vö·triä·ter, -s *m.*
Vertretung Vö·triä·tung, -en
[Vö·triä·tun·gen] *w.*
vertrieben vö·drië·wen, -e,
-en [vö·drië·we·ne] *EW*
Vertriebene Vö·drië·we·ne,
-n *m., w. und s.* Wäg·jag·te
m., w. und s.
Vertriebenenkind Vö·drië-
we·nen·kind, Vö·drië·we·nen-
kin·ner *s.*
Vertriebenenmädchen Vö-
drië·we·nen·wicht, -er [Vö-
drië·we·nen·wich·ter] *s.*
vertrocknen vö·drü·gen *ZW
biol.*
vertrocknet bi·drüügt, -e, -en
[bi·drüüg·te] *EW*, vö·drüügt,
-e, -en [vö·drüüg·te] *EW
biol.*, vö·säört, -e, -en [vö-
säör·te] *EW biol.*
vertrödeln vö·tün·deln *ZW*
vertun vö·doon *uZW*, vö-
kwät·ken *ZW*
verübeln uë·wel·nië·men
uZW psy.; **das kann ich
ihm nicht ~** dao kan'k em
nich in vö·den·ken *psy.*
verulken an·smiärn *ZW psy.*,
vö·äp·peln *ZW psy.*, vö·ö-
men *ZW psy.*
verunglücken ma·lö·ren *ZW*
(frz. avoir un malheur), vö-
ma·lö·ren *ZW*

verunglückt ma·lö·rig, -e, -en [ma·lö·ri·ge] *EW*

verunkrauten to·drais·ken *ZW bot.*

verunstalten vö·scham·pe·ern *ZW*

veruntreuen un·ner·slaon *uZW fin. jur.*

verunzieren vö·schan·neln *ZW*, vö·stüm·peln *ZW*

verurteilen af·ur·de·len *ZW jur.*, vö·ur·de·len *ZW psy. jur.*; **unverhältnismäßig hart ~** *übertr.* drup slaon äs up kolt l·sen *jur., psy.*

verurteilt af·ur·deelt, -e, -en [af·ur·deel·te] *EW jur.*, vö·ur·deelt, -e, -en [vö·ur·deel·te] *EW jur., psy.*

verwachsen vö·was·sen *ZW biol.*; krüë·pe·lig, -e, -en [krüë·pe·li·ge] *EW biol.*, vö·was·sen, -e, -en [vö·was·se·ne] *EW biol.*; **~er Mensch** Krüë·pel, -s *m. med.*; **geringfügig ~er Mensch** Krüë·pel·ken, Krüë·pel·kes *s. med.*

verwahren af·wa·ren *ZW*, vö·wa·ren *ZW*

verwahrlost vö·kuë·men, -e, -en [vö·kuë·me·ne] *EW*

Verwahrung Vö·waar, Vö·wiärs *s.*

verwalten vö·wol·len *ZW*

Verwalter In·spek·ter, -s *m.*, Vö·wol·ler, Vö·wöl·lers *m.*; **~ eines Bezirks mit Polizeigewalt** Drost, -en [Drosten] *m. jur.*

Verwaltung Be·stü·er, -n *w. pol.*, Vö·wol·lung, -en [Vö·wol·lun·gen] *w.*

Verwaltungsapparat; zu großer ~ Wa·ter·kop, Water·köp·pe *m. fin.*

Verwaltungsbeamte(r) Vö·wol·lungs·bi·am·te, -n *m.*

verwandeln vö·kiärn *ZW*

verwandt vö·want, -e, -en [vö·wan·ter] *EW*

Verwandte(r) Vö·wan·te, -n *m., w. und s.*

Verwandtschaft Vö·want·schup *w. o. Mz.*

verwechseln vö·tuus·ken *ZW*, vö·wes·seln *ZW*

verwechselt vö·tuuskt, -e, -en [vö·tuusk·te] *EW*

verwechselt vö·wes·selt, -e, -en [vö·wes·sel·te] *EW*

Verwechslung Vö·wes·se-

lung, -en [Vö·wes·se·lun·gen] *w.*

verwegen vö·wiä·gen, -e, -en [vö·wiä·ge·ne] *EW psy.*

verwehen vö·wai·en *ZW*

verwehren (z.B. Wunsch) uut·slaon *uZW*

verweilen bli·wen *uZW*, up·hol·len *uZW*

verweint vö·griënt, -e, -en [vö·griën·te] *EW psy.*, vö·hüült, -e, -en [vö·hüül·te] *EW psy.*

verwelken vö·wië·keln *ZW biol.*

verwelkt saor, -e, -en [saore] *EW bot.*, vö·wië·kelt, -e, -en [vö·wië·kel·te] *EW biol.*

verwenden am·plo·je·ern *ZW*, (frz. employer), an·wän·nen *uZW*, bru·ken *uZW*, vö·wän·nen *uZW*

Verwender Bru·ker, -s *m.*

Verwendung Ge·bruuk, Ge·brü·ke *m.*

verwesen fu·len *ZW biol.*

verwickeln ha·rin·trecken [ha·rin·trek·ken] *uZW*,

verwiegen wai·gen *uZW tech.*

verwildern vö·wil·lern *ZW psy., bot.*

verwirren vö·bies·tern *ZW psy.*, vö·tes·te·we·ern *ZW psy.*, vö·tüd·dern *ZW psy. tech.*, vö·we·ern *ZW psy.*

verwirrt bies·trig, -e, -en [bies·tri·ge] *EW psy.*, tüdde·lig, -e, -en [tüd·de·li·ge] *EW psy.*, vö·bast, -e, -en [vö·bas·te] *EW psy.*, vö·bies·tert, -e, -en [vö·bies·ter·te] *EW psy.*, vö·we·ert, -e, -en [vö·we·er·te] *EW psy.*; **geistig ~ sein** dao·met lau·pen *psy.*; **geistig ~ werden** düör·drai·en *ZW psy.*

Verwirrung Vö·we·er, -s *s. psy.*

verwöhnen vö·dao·meln *ZW psy.*, vö·twä·nen *ZW psy.*, vö·wüë·nen *ZW psy.*

verwöhnt vö·twäänt, -e, -en [vö·twään·te] *EW psy.*

verwunderlich vö·wün·ner·lik, vö·wün·ner·licke, -n [vö·wün·ner·lik·ke] *EW psy.*

verwundern vö·wün·nern *ZW psy.*

verwundert vö·wün·nert, -e, -en [vö·wün·ner·te] *EW psy.*

Verwunderung Vö·wün·ne·rung, -en [Vö·wün·ne·run·gen] *w. psy.*; **Ausdruck der ~** ne ao·wer auk! Dun·ner·kiel! Dun·ner·slag! Kin·ners!

verwünschen vö·flö·ken *ZW psy.*

verwüsten vö·nai·len *ZW*, kas·te·wi·ö·len *ZW*

Verzehr Vö·tiär *m. o. Mz. kul.*

verzehren vö·tiärn *ZW kul.*, up·iä·ten *uZW kul.*

Verzehrgeld Tiär·geld, Tiärgel·ler *s. fin.*

verzeihen vö·gel·len *ZW psy.*, vo·gië·wen *uZW psy.*

Verzeihung Af·bid·de, -n *w. psy.*, Vö·gel·len *s. o. Mz. psy.*; **um ~ bitten** af·bid·den *ZW psy.*

verzichten (auf etwas) af·sain *uZW*

verziehen vö·trecken [vö·trek·ken] *uZW psy.*; **~ druch Trocknung oder Temperatureinfluss** smi·ten *uZW tech.*, vö·trecken [vö·trek·ken] *uZW tech.*

verziert bünt, -e, -en [bün·te] *EW*

verzimmern vö·tim·mern *ZW tech.*

Verzögerung Let·tung, -en [Let·tun·gen] *w. tem.*

verzollen vö·tol·len *ZW fin.*

verzollt vö·tolt, -e, -en [vö·tol·te] *EW fin.*

Verzollung Vö·tol·lung, -en [Vö·tol·lun·gen] *w. fin.*

Verzug (Kind verwöhnen) Vö·tog, Vö·tüö·ge *m. psy.*

verzweifeln vö·twië·weln *ZW psy.*

verzweifelt vö·twië·welt, -e, -en [vö·twië·wel·te] *EW psy.*

Verzweiflung Vö·twië·weln *s. o. Mz. psy.*

verzweigen gao·beln *ZW*

Verzweigung Gaw·wel, -n *w.*

verzwickt knib·be·lig, -e, -en [knib·be·li·ge] *EW*; **in einer ~en Situation sein** *übertr.* in'ne Din·te sit·ten *psy.*

Vetter Ved·der, -s *m.*

Vetternwirtschaft *übertr.* Klün·gel *m. o. Mz.*

vibrieren vi·bre·ern *ZW*

Vieh Ve *s. o. Mz. zool. agr.*; **~ hüten** in·hö·den *ZW*; **Unterkunft für ~** Stal, Stiä·le

m. arch. agr., Ve·huus,
Ve·hü·ser m. agr. arch.
Viehdieb Ve·daiw, -e [Ve-
dai·we] m. jur.
Viehfutter Fo·er s. o.Mz.
kul., Ve·fo·er s. o.Mz. kul.
Viehhandel Ve·han·nel m.
o.Mz. agr. fin.
Viehhändler Ve·up·kai·per,
-s m. fin. agr.
Viehhaus Ve·huus, Ve·hü-
ser m. agr. arch.
Viehkessel Ku·chel, -s m.
tech. agr.; **Raum für den ~**
Ku·chel·ka·mer, -n w. arch.
agr.
Viehküche Ku·chel·ka·mer,
-n w. arch. agr., Ve·küë·ke, -n
w. agr. arch.
Viehstall Ve·huus, Ve·hü·ser
m. arch. agr.
Viehtrieber Ve·dri·wer, -s m.
agr.
Viehweide Ko·kamp, Ko-
käm·pe m. agr., Ve·wies·ke,
-n w. agr.
Viehwiese Ko·kamp, Ko-
käm·pe m. agr., Ve·wies·ke,
-n w. agr.
Viehzählen Ve·täl·len s.
o.Mz.
Viehzeug Ve·tüüg, -s s.
o.Mz.
Viehzucht Ve·tucht, -en [Ve-
tuch·ten] w. zool. agr.
Viehzüchter Ve·tüch·ter, -s
m. zool. agr.
viel man·nig, -e, -en [man-
ni·ge] EW; mas·se EW,
viël, -e, -en [viё·le] EW; ~
Arbeit haben üörn·lik wat
to doon häb·ben; ~ **aufladen** üörn·lik wat up·la·den;
zu ~ bekommen übertr. de
Pim·per·nel·len kri·gen psy.
Vielesser Friät·sak, Friät-
siä·ke m. kul.
vielfach viё·len·deels UW
Vielfrager Frao·ge·ääs, Frao-
ge·ä·se s. psy.
Vielfraß Friät·sak, Friät·siä-
ke m. kul.
vielleicht an·en·ne UW, vil-
licht, -e [vil·lich·te] UW, vö-
licht UW
vielmals viёl·maols UW
vielmehr viёl·mä·er UW
Vielschläfer übertr. Slaop-
u·le, -n w. med.
Vielwisser Viёl·wiët, -e [Viёl-
wiё·te] m. psy.

vier ve·er, -e [ve·e·re] ZaW
vierbeinig ve·er·beent, -e,
-en [ve·er·been·te] EW
Viereck Ve·er·kant, Ve·er-
kän·te m. tech.; **schiefwink-
liges** ~ Ru·te, -n w. tech.
viereckig ve·er·kän·tig, -e,
-en [ve·er·kän·ti·ge] EW
Vierertanz Ka·tril·ken, Ka-
tril·kes s. mus. (frz. quadrille)
Vierkant Ve·er·kant, Ve·er-
kän·te m. tech.
vierkantig ve·er·kän·tig, -e,
-en [ve·er·kän·ti·ge] EW
vierrädrig ve·er·riä·drig, -e,
-en [ve·er·riä·dri·ge] EW tech.
Vierspänner Ve·er·spän·ner,
-s m. trans.
vierstimmig ve·er·stem·mig,
-e, -en [ve·er·stem·mi·ge] EW
mus.
vierte ve·ert, -e, -en [ve·er-
te] ZaW
viertel veer·del ZaW
Viertel Veer·del, -s s.
Vierteljahr Veer·del·jaor, -e
[Veer·del·jao·re] s. tem.
vierteln ve·er·deln ZW
Viertelstunde Veer·del·stun,
-·nen w. tem.
vierzehn vet·tain, -e, -en [vet-
tains·te] ZaW
vierzehntägig e·ne üm de
an·ne·re Wiärk tem.
vierzig vet·tig ZaW
vierzigste vet·tigs·te, -n ZaW
Vikar Vi·kar·ges, -·se m. rel.
Villa Hä·ern·huus, Hä·ern·hü-
ser s. arch.
Vinnum Vin·num ON
Viola matronalis (Veilchenart) Ma·ter·nao·le, -n w. bot.
violett vi·ge·let, -·te, -·ten
EW (frz. violet)
Violine Vi·ge·li·ne, -n w. tech.
mus.
Visite Vi·si·te, -n w. (frz. visite); **eine ~ abstatten** vi-
si·te·ern ZW (frz. visiter)
Vitamin Vi·ta·mien, Vi·ta·mi-
ne s. biol.
Vogel Piep·mats, Piep·mät-
se m. zool., Vuë·gel, Vüё-
gel m. zool.; **junger ~** Giäl-
sna·wel, Giäl·sniä·wel m.
zool., Piep·mäts·ken, Piep-
mäts·kes s. zool.; **kleiner ~**
Piep·mäts·ken, Piep·mäts-
kes s. zool., Vuë·gel·ken,
Vuë·gel·kes s. zool.; **männlicher ~** Hään·ken, Hään-

kes s. zool.
Vogelart Vuё·gel·sort, -en
[Vuё·gel·sor·ten] w. zool.
Vogelbauer Vuё·gel·kuorw,
Vuё·gel·küör·we m. tech.
Vogelbeere Vuё·gel·biär, -n
w. bot.
Vögelchen Piep·mäts·ken,
Piep·mäts·kes s. zool., Vüё-
gel·ken, Vüё·gel·kes s. zool.
Vogelfutter Vuё·gel·fo·er s.
o.Mz. kul.
Vogelhäuschen Fo·er·hüüs-
ken, Fo·er·hüüs·kes s. tech.
Vogelkirsche (Prunus avi-
um) Stink·wiё·de, -n w. bot.
Vogelmiere Mir·re, -n w. bot.
Vogelnest Vuё·gel·nöst, -er
[Vuё·gel·nös·ter] s. zool.
Vogelpark Vuё·gel·park, -s
m. zool.
Vogelscheuche scherzh.
Pluё·den·sta·ken, -s m.,
Pluё·den·kääl, -s m.
Vogelschießen Vuё·gel-
schai·ten s. o.Mz.
Vogelstimme Vuё·gel·stem,
-·men w.
Vokal E·gen·luut, E·gen·lu·te
m., Söws·luut, Söws·lu·te m.
Volk Volk, Völ·ker s.
Völkchen Völks·ken, Völks-
kes s.
Volkstrauertag Volks·tru·er-
dag, -e [Volks·tru·er·da·ge]
m. pol. tem.
voll vul, -·le, -·len EW; **bis
oben hin ~** stiew vul; **bis
zum Korken ~** prop·pen-
vul, -·le, -·len EW; **gehäuft
~** hüüp·te·vul, -·le, -·len EW;
gleich ~ liek·vul, -·le, -·le
EW; **völlig ~** picke·packe-
vul, -·le, -·en [pik·ke·pak·ke-
vul·le] EW; **wimmelnd ~**
(von Menschen oder Tie-
ren) kriё·mel·vul, -·le, -·len
EW; **zum Platzen ~** duun,
du·ne, -n EW; **zu ~** üö-
wer·vul, -·le, -·len EW
vollauf vul·up UW
Vollbart Vul·baod, Vul·bäö-
de m. med.
vollbekommen vul·kri·gen
uZW
Vollblut Vul·blood s. o.Mz.
Völle Vul·hait w. o.Mz. med.
vollessen vul·friä·ten uZW
kul.
vollfressen vul·friä·ten uZW
kul.

Vollgas Vul·gas *s. o.Mz.*
vollgefressen vul·friä·ten, -e,
-en [vul·friä·te·ne] *EW kul.*
vollgegessen vul·friä·ten, -e,
-en [vul·friä·te·ne] *EW kul.*;
total ~ räm·men·dik, räm-
men·dik·ke, -n *EW kul.*
vollgeklebt be·kliëwt, -e,
-en [be·kliëw·te] *EW*
vollgestopft vul·stopt, -e,
-en [vul·stop·te] *EW*
Vollgummi Vul·gum·mi, -es
s. tech.
Vollheit Vul·hait *w. o.Mz.*
völlig dicke [dik·ke] *EW*,
dië·ger, -e, -en [dië·ge·re]
EW, rai·ne·wäg *EW*, vül-
lig, -e, -en [vül·li·ge] *EW*,
vul·uut *EW*; rats *UW*
volljährig graut·jäö·rig, -e,
-en [graut·jäö·ri·ge] *EW jur.*,
mün·nig, -e, -en [mün·ni·ge]
EW jur., vul·jäö·rig, -e, -en
[vul·jäö·ri·ge] *EW jur.*
vollkommen vul·kuë·men, -e,
-en [vul·kuë·me·ne] *EW*
Vollkommenheit Vul·kuë-
men·hait *w. o.Mz.*
vollaufen af·su·pen *uZW*
vollmachen vul·ma·ken *uZW*
Vollmilch sö·te Miälk *w.
o.Mz. kul.*, Sööt·miälk *w.
o.Mz. kul.*
Vollmond Vul·maon *m. o.Mz.
astr.*
vollsaufen vul·su·pen *uZW
kul.*
vollsaugen vul·su·gen *uZW*
vollständig kum·plet, -·te,
-·ten *EW (frz.* complet),
schüs·sig, -e, -en [schüs-
si·ge] *EW*, vul·stän·nig, -e,
-en [vul·stän·ni·ge] *EW*
vollstopfen vul·stop·pen *ZW*
vom van *VW*
von van *VW*, bi *VW*; **~ oben
herab** van buom daal; **~ wegen!** flai·te·pi·pen!; **~ jemd.
weggehen** bi e·nen wäg-
lau·pen
voneinander van·nan·ner *EW*,
van·neen *UW*, van·ne·ne *UW*
vor vüör *VW*; **~ und zurück**
hän un hiär
vorab vüör·af *UW*
Vorahnung Vüör·be·driewt,
-en [Vüör·be·driew·ten] *w.
psy.*
voran föd·der *UW*, vüör·ran
UW, **~!** al·lo mars *(frz.* allons marche)

voranbringen wi·der·brän-
gen *uZW*
vorangehen fucken [fuk·ken]
ZW, vüör·ran·gaon *uZW*;
vüör·gaon *uZW, übertr.* dän
Hood up·häb·ben *psy.*; **es
geht gut voran** *übertr.* de
Schuot·steen dampt; **gut ~**
bat·ten *ZW*; **nur langsam
~** läp·pern *ZW*
vorankommen wi·der·kuë-
men *uZW*; **nicht ~** klün-
geln *ZW*
Voranschlag Vüör·an·slag,
Vüör·an·sliä·ge *m. fin.*
**vorantreiben, konsequent
etwas ~** äch·ter·hiär·sit·ten
ZW psy.
Vorarbeit Vüör·ar·baid, -en
[Vüör·ar·bai·den] *w.*
vorarbeiten vüör·ar·bai·den
ZW, to·ar·bai·den *ZW*
Vorarbeiter Vüör·ar·bai·der,
-s *m. tech.*
voraus vüör·ruut *UW*
Voraus (im) Vüör·ruut (in't)
s. o.Mz. tem.
vorauslaufen vüör·ruut·lau-
pen *uZW*
voraussehen sik uut·riä·ken
ZW psy.
vorbauen vüör·bau·en *ZW*
Vorbedacht Vüör·be·dacht
s. o.Mz. psy.
vorbei bi·daal *UW*, bi·hiär
UW, vüör·bi *UW*
vorbeibringen vüör·bi·brän-
gen *uZW*
vorbeigehen scham·pen
ZW, vüör·bi·gaon *uZW*
Vorbeigehen Vüör·bi·gaon
s. o.Mz.
vorbeigießen lab·ken *ZW*
vorbeilassen düör·lao·ten
uZW
vorbeilaufen vüör·bi·lau·pen
uZW
vorbeischütten lab·ken *ZW*
vorbeisehen vüör·bi·ki·ken
uZW
vorbereiten klaor·ma·ken
uZW
vorbereitet, gut ~ schüs-
sig, -e, -en [schüs·si·ge] *EW*
Vorbereitung An·stalt, -en
[An·stal·ten] *w.*; **ohne ~** uut
de La·mäng *(frz.* la main)
vorbestraft (sein) *übertr.* wat
up't Kiärw·holt häb·ben *jur.*
vorbeten vüör·biä·den *ZW
rel.*

Vorbild Vüör·beld, Vüör·bel-
ler *s. psy.*
vorbringen vüör·brän·gen
uZW; **Anliegen ~** vüör-
spriä·ken *uZW*
vordem vüör·däm *UW*
Vorderachse Vüör·der·as-
se, -n *w. tech.*
Vorderbein Vüör·der·been,
Vüör·der·be·ne *s. med.*
vordere vüör·der, -e, -en
[vüör·de·re] *EW*
Vorderflügel Vüör·der·flüë-
gel, -s *m. tech., med.*
Vorderkante Vüör·der·kant,
-en [Vüör·der·kan·ten] *w.*
Vorderlicht Vüör·der·lecht,
-er [Vüör·der·lech·ter] *s. tech.*
Vorderrad Vüör·der·rad,
Vüör·der·riä·der *s. tech.*
Vorderseite Vüör·der·siet,
Vüör·der·si·ten *w.*, Vüör·siet,
Vüör·si·ten *w.*, Kop·si·te, -n
w.
vorderst vüörnst, -e, -en
[vüörns·te] *EW*
Vorderteil Vüör·der·deel,
Vüör·der·de·le *s.*
Vordruck Vüör·drük, Vüör-
drücke [Vüör·drük·ke] *m.*
voreilig vüör·i·lig, -e, -en
[vüör·i·li·ge] *EW*
voreinander vüör·neen *UW*
Voreltern Vüör·öl·lern *Mz.*
vorenthalten vüör·ent·hol-
len *uZW*
vorerst iärst·maol *UW*, vüör-
iärst *UW*
Vorfahren Vüör·siä·ten *Mz.*
Vorfall Vüör·fal, Vüör·fiä·le
m.
Vorfeier Vüör·fi·er, -n *w.*
vorfinden an·driä·pen *uZW*,
vüör·fin·nen *uZW*
Vorflut Vüör·floot, Vüör·flö-
te *w.*
vorführen vüör·ma·ken *uZW*
Vorgang Vüör·gang, Vüör-
gän·ge *m.*
Vorgänger Vüör·gän·ger, -s
m.
Vorgarten Vüör·gaorn, Vüör-
gäörns *m. agr.*
Vorgaukelei Wies·ma·ke·ri,
-·en *w. psy.*
Vorgehen Vüör·gaon *s.
o.Mz.*; **erregtes, überhastetes ~** Bru·se·bra·ken *s.
o.Mz. psy.*
vorgehen vüör·gaon *uZW*;
erregt, überhastet ~ bru-

se·bra·ken *ZW psy.*
Vorgehensweise Vüör·gaon
s. o.Mz.
Vorgeschichte Vüör·be·
driewt, -en [Vüör·be·driew·
ten] *w. psy.*, Vüör·ge·schicht,
-en [Vüör·ge·schich·ten] *w.*
vorgeschlagen vüör·slaon,
-e, -en [vüör·slao·ne] *EW*
Vorgeschmack Vüör·smaak
m. o.Mz.
Vorgesetzte(r) Hä·er, -ns *m.*,
Vüör·ge·sät·te, -n *m. und
w., übertr.* (abfällig) Vüör·
dän·ser, -s *m.*; **einen ~ bekommen** *übertr.* e·nen vüör
de Niër·se sät·ten
vorgestern ä·er·gis·ten *UW
tem.*, vüör·gis·ten *UW tem.*
vorgetragen vüör·druo·gen,
-e, -en [vüör·druo·ge·ne] *EW*
vorgezählt vüör·tält, -e, -en
[vüör·täl·te] *EW math.*
vorgreifen vüör·gri·pen *uZW*
vorhaben vüör·häb·ben *uZW*
Vorhaben Vüör·häb·ben, -s
s.
vorhalten vüör·hol·len *uZW
psy.*, vüör·smi·ten *uZW psy.*
Vorhammer Vüör·ha·mer,
Vüör·hä·mers *m. tech.*
Vorhang Vüör·hang, Vüör·
hän·ge *m. tech.*
vorhängen vüör·han·gen
uZW
Vorhängeschloss Hän·gel·
sluot, Hän·gel·slüö·ter *s.
tech.*, Vüör·han·ge·sluot,
Vüör·han·ge·slüö·ter *s. tech.*
Vorhelm Vüö·rem *ON*
Vorhemd Ka·mi·sööl·ken, Ka·
mi·sööl·kes *s.* (*frz.* camisole), Scha·mies·ken, Scha·
mies·kes *s.* (*frz.* chemise),
Vüör·hiëmd, -e [Vüör·hiëm-
de] *s.*
vorher vüör·däm *UW*, vüör·
hiär *UW*
vorherig vüö·rig, -e, -en [vüö·
ri·ge] *EW*, vüörgt, -e, -en
[vüörg·te] *EW*
vorhersagen wicken [wik-
ken] *ZW psy.*
vorhin iä·ben, -s *UW tem.*
Vorjahr Vüör·jaor, -e [Vüör·
jao·re] *s. tem.*
Vorkehrung An·stalt, -en
[An·stal·ten] *w.*
vorkeimen vüör·ki·men *ZW
biol.*
Vorkind Vüör·kind, Vüör·kin-

ner *s.*
vorknöpfen vüör·knöp·pen
ZW psy.
vorkommen un·ner·kuë·men
uZW, vüör·kuë·men *uZW*;
sich ~ düch·ten (sik) *ZW
psy.*
Vorkommnis Vüör·kuë·men
s. o.Mz.
vorlassen vüör·lao·ten *uZW*
vorlaufen vüör·lau·pen *uZW*
Vorläufer Vüör·gän·ger, -s
m., Vüör·lai·per, -s *m.*
vorläufig iärst·an *UW VW
tem.*, för't iärs·te *tem.*, iärst
äs *tem.*; füsk, -e, -en [füs·
ke] *EW*, vüör·lai·pig, -e, -en
[vüör·lai·pi·ge] *EW*
vorlaut flap·sig, -e, -en [flap-
si·ge] *EW psy.*
vorlegen vüör·läg·gen *ZW*
Vorleger Vüör·läg·ger, -s *m.*
vorlesen vüör·liä·sen *uZW*
Vorleser Liä·ser, -s *m.*, Vüör·
liä·ser, -s *m.*
Vorlesung Vüör·liä·sung, -en
[Vüör·liä·sun·gen] *w. kult.*
vorletzt vüör·lest, -e, -en
[vüör·les·te] *EW*
vorlieb vüör·laiw *EW*
vorlügen vüör·lai·gen *uZW
psy.*
vormachen vüör·ma·ken
uZW, wies·ma·ken *uZW psy.*;
etwas ~ vüör·wies·ma·ken
uZW psy.
vormals vüör·des *UW tem.*
Vormittag Muorn *m. o.Mz.
tem.*, Vüör·med·dag, -e [Vüör-
med·da·ge] *m. tem.*
vormittags muoms *UW tem.*,
vüör·med·dags *UW tem.*
Vormund Vüör·mund, Vüör·
mün·ner *m. jur.*
Vormundschaft Kur·ra·tel,
-·le *s. jur.*
vorn vüörn, -e [vüör·ne] *UW*
Vorname Vüör·naom, -en
[Vüör·nao·men] *m.*
vornehm e·te·pe·te·te *EW
psy.*, fien, fi·ne, -n *EW psy.*,
muorg, -e, -en [muor·ge]
EW psy., vüör·naim, -e, -en
[vüör·nai·me] *EW psy.*; **~e
Frau** Daam, Da·mens *w.
psy.*; **~er Mensch** *übertr.*
Kab·be·le·er, -n *m. psy.* (*frz.*
cavalier)
Vornehme(r) Biä·te·re, -n *m.,
w. und s. psy.*, Vüör·nai·
me, -n *m., w. und s. psy.*

vornehmen vüör·nië·men
uZW psy.
Vornehmheit Vüör·nai·mig·
kait, -en [Vüör·nai·mig·kai·
ten] *w. psy.*
vornüber vüörn·üö·wer *UW*
vornübergebeugt vüör·daal
EW
Vorpfahl Vüör·paol, Vüör·
päö·le *m. tech.*
vorrangig al·ler·iärst, -e, -en
[al·ler·iärs·te] *EW*, to·vüör-
derst *UW*
Vorrat Be·stand, Be·stän·ne
m., Vüör·raod, Vüör·räö·de
m.; **viele Vorräte haben**
übertr. met'n smiä·rig Muul
in'ne Wiält ki·ken *kul.*
vorrätig dao sien; **etwas ~
haben** wat lig·gen häbben
Vorratsraum Spi·ker, -s *m.
arch.*; **~ im Untergeschoss**
Kel·ler, -s *m. arch.*
Vorraum Diäl, -en [Diä·len]
w. arch., Vüör·ruum, Vüör·
rü·me *m. arch.*, (bei Tenne
mit zurückverlegtem Ein-
fahrtstor) Vüör·schöp·sel, -s
s. arch.
vorrechnen vüör·riä·ken
ZW math.
Vorriemen (Teil der Peitsche) Vüör·rai·men, -s *m.
tech.*
vorsagen in·säg·gen *uZW*,
vüör·säg·gen *uZW*
Vorsatz Vüör·sat, Vüör·siä·te
m. psy., tech.
Vorschäler (beim Pflug) Vüör·
i·sen, -s *s. tech.*
Vorschein Vüör·schien *m.
o.Mz.*
vorschieben vüör·schu·wen
uZW
Vorschlag Vüör·slag, Vüör·
sliä·ge *m.*
vorschlagen vüör·slaon *uZW*
Vorschläger Vüör·sliä·ger,
-s *m.*
Vorschlaghammer Vüör·ha·
mer, Vüör·hä·mers *m. tech.*,
Vüör·slag·ha·mer, Vüör·slag·
hä·mers *m. tech.*
vorschreiben vüör·schri·
wen *uZW*
Vorschrift Ge·bod, -·te *s.*,
Vüör·schriwt, -en [Vüör·
schriw·ten] *w.*
vorschwindeln vüör·wies·
ma·ken *uZW psy.*, wies·ma·
ken *uZW psy.*

vorsehen vüör·sain *uZW,*
sich ~ sik wa·ren *ZW psy.*
Vorsehung Vüör·sain *s.*
o.Mz.
Vorsicht Vüör·sicht *w. o.Mz.*
psy.
vorsichtig be·hot, -·te, -·ten
EW psy., vüör·sich·tig, -e,
-en [vüör·sich·ti·ge] *EW psy.*
Vorsignal Tel·ler·sig·naol, -e
[Tel·ler·sig·nao·le] *s. tech.*
trans.
vorsingen vüör·sin·gen *uZW*
mus.
Vorsitz Vüör·sit, -·te *m.*
vorsitzen vüör·sit·ten *uZW*
Vorsitzende(r) Vüör·sit·ten-
de, -n *m. und w.,* Vöür·sit-
ter, -s *m.* ; ~ **einer Gilde**
Ol·der·man, Ol·der·lü·de *m.*
Vorsommer Vüör·sum·mer,
Vüör·süm·mers *m. tem.*
Vorsorge Vüör·suor·ge *w.*
o.Mz.
vorsorgen vüör·suor·gen
EW, übertr. vüör·bau·en *ZW*
Vorspann Vüör·span, Vüör-
spän·ne *m. trans.*
vorspannen vüör·span·nen
ZW trans.
Vorspiel Vüör·spiël, -e [Vüör-
spië·le] *s. mus., spo.*
vorspielen vüör·spië·len *ZW*
mus.
vorsprechen vüör·kü·ern
ZW, vüör·spriä·ken *uZW*
vorspringen vüör·sprän·gen
uZW
Vorspruch Vüör·sprüёk, -e
[Vüör·sprüё·ke] *m.*
Vorsprung Vüör·sprung,
Vüör·sprün·ge *m.*
Vorstand Vüör·stand, Vüör-
stän·ne *m.*; **Mitglied im Vor-**
stand sein in'n Vüör·stand
sit·ten
vorstehen vüör·staon *uZW*
vorstellen prä·sen·te·ern *ZW*
(*frz.* présenter), vüör·stel-
len *ZW;* **sich ~** be·gri·pen
uZW psy.; **sich etwas ~**
den·ken *uZW psy.;* **nicht ~**
können kien Beld van maken *psy.*
Vorstellung Vüör·stel·lung,
-en [Vüör·stel·lun·gen] *w.*
vortags vüör·dags *UW tem.*
vortanzen vüör·dan·sen *ZW*
mus.
Vortänzer Vüör·dän·ser, -s
m. mus.

Vorteil Vüör·deel, Vüör·de-
le *m.*; **zu seinem ~ been-**
den *übertr.* in drü·ge Döker brän·gen
vorteilhaft güns·tig, -e, -en
[güns·ti·ge] *EW*
Vortrag Vüör·drag, Vüör-
driä·ge *m.*
vortragen vüör·driä·gen *uZW*
Vortragender Vüör·driä·ger,
-s *m.*
Vortritt Vüör·trat, Vüör·triä-
te *m.*
Vortuch Vüör·dook, Vüör·dö-
ker *s. tech.*
vorüber vüör·bi *UW*
vorübergehen vüör·bi·gaon
uZW; **das geht nicht spur-**
los an einem vorüber
übertr. dat bliw nich in'ne
Pluё·den han·gen *psy.*
Vorüberlegung Vüör·be-
dacht *s. o.Mz. psy.*
Vorverkauf Vüör·vö·kaup,
Vüör·vö·kai·pe *m. fin.*
vorverlegen vüör·vö·läg·gen
ZW
Vorwand An·giwt, -en [An-
giw·ten] *s. psy.,* Fin·te, -n
w. psy., Vüör·wand, Vüör-
wän·ne *m. psy.*
vorwärts vüör·wes *UW*
vorwärtskommen; nicht ~
krao·sen *ZW*
vorwärtstreiben dri·wen *uZW*
vorweg vüör·wäg *UW*
vorwegnehmen vüör·gri·pen
uZW, vüör·wäg·niё·men *ZW*
vorweisen vüör·wi·sen *uZW*
vorweismachen vüör·wies-
ma·ken *uZW psy.*
vorwerfen hän·knal·len *ZW*
psy., vüör·smi·ten *uZW psy.;*
vüör·hol·len *uZW psy.;* **hart ~**
übertr. an'ne Swaor knal·len
psy.; **jemd. etwas ~** vö·wie-
ten *ZW psy., übertr.* an·mi-
gen *ZW psy.*
vorwitzig wies·niёrst, -e, -en
[wies·niёrs·te] *EW psy.*
Vorwoche Vüör·wiär·ke, -n
w. tem.
Vorwort Vüör·sprüёk, -e
[Vüör·sprüё·ke] *m.*
Vorwurf; schwere Vörwür-
fe machen *übertr.* an'ne
Swaor knal·len *psy.;* **Vor-**
würfe machen vüör·hol·len
uZW psy.
vorzählen vüör·täl·len *ZW*
math., (Geld) hän·täl·len *ZW*

fin.
Vorzeichen Vüör·te·ken, -s *s.*
vorzeichnen vüör·te·ken *ZW*
vorzeigen vüör·wi·sen *uZW*
Vorzeit Vüör·tiet, Vüör·ti·ten
w. his.
vorzeitig vüör·tiets *EW tem.*
vorzeitlich vüör·tiet·lik, vüör-
tiet·licke, -n [vüör·tiet·lik·ke]
EW tem.
vorziehen vüör·trecken [vüör-
trek·ken] *uZW*
Vorzug Vüör·tog, Vüör·tüö·ge
m. trans.
Vreden Vre·ne *ON*
vulkanisieren wul·ka·ni·se-
ern *ZW chem.*

W

W, w W, w (Buk·stab·be)
Waage Wao·ge, -n *w. tech.,*
Wäg·te, -n *w. tech.*
waagerecht in'ne Wao·ge
(sien)
Waagschale Waog·schao-
le, -n *w. tech.*
Wabe Mao·te, Mäö·te *w.,*
Wao·we, -n *w.*
wach wacker, -e, -en [wak-
ker], [wak·ke·re] *EW;* ~ **wer-**
den wacker wä·ern, up·wa-
ken *ZW*
Wache Pos·sen, Pös·sen *m.,*
Waak, Wa·ke, -n *w.,* Wocht,
-en [Woch·ten] *w.*
wachen up·sit·ten *uZW,* wa-
ken *ZW*
Wacholder Kwa·kel, -n *w.*
bot., Ma·chan·gel *m. bot.,*
Wa·chel, -n *m. bot.*
Wacholderdrossel Krams-
vuё·gel, Krams·vüё·gel *m.*
zool.
Wacholderstrauch Kwa·kel-
struuk, Kwa·kel·strü·ke, -n *m.*
bot., Ma·chan·gel·struuk, Ma-
chan·gel·strü·ke *m. bot.,* Wa-
chel·struuk, Wa·chel·strü·ke
m. bot.
Wachs Was, -·se *s. bot.*
chem.
Wachsbild Was·beld, Was-
bel·ler *s.*
Wachsbohne Was·bain·ken,
Was·bain·kes *s. bot.*
wachsen was·sen *uZW biol.;*
schnell ~ schai·ten *uZW*
biol.; **stark ~** up·schai·ten
uZW biol.
wachsend wös·sig, -e, -en

[wös·si·ge] *EW biol.*
wachsgelb was·giäl, -e, -en [was·giä·le] *EW*
Wachskerze Was·kä·se, -n *w. tech.*
Wachstuch Was·dook, Was·dö·ker *s. tech.*
Wachstum Was·doom *s. o.Mz. biol.*; **günstig für das ~** wös·sig, -e, -en [wös·si·ge] *EW biol.*
Wachstumsring im Holz Jaor·kring, -e [Jaor·krin·ge] *m. bot.*
Wachstumswetter Was·dooms·wiär *s. o.Mz. met.*
Wachtel Wi·le·wa·le, -n *w. zool.*
Wächter Up·pas·ser, -s *m.*, Waak, Wa·ken *w.*
Wachtmeister Puts, -en [Put·sen] *m. jur.*
wackelig *übertr.* rüö·te·rig, -e, -en [rüö·te·ri·gen] *EW*
wackeln ruckeln [ruk·keln] *ZW*, swag·geln *ZW*
Wade Kü·te, -n *w. med.*
Wadersloh Waus·sel *ON*
Waffe Stried·wiärk·tüüg, Stried·wiärk·tü·ge *s. mil.*
Waffel Piep·ko·ken, Piep·kö·ken *m. kul.*, Waof·fel, -n *w. kul.*
Waffeleisen Ko·ken·i·sen, -s *s. tech.*, Piep·ko·ken·i·sen, -s *s. tech.*, Waof·fel·i·sen, -s *s. tech.*
Waffelkuchen I·ser·ko·ken, I·ser·kö·ken *m. kul.*, Piep·ko·ken, Piep·kö·ken *m. kul.*
Waffelteig Piep·ko·ken·deek, Piep·ko·ken·de·ke *m. kul.*
wage un·sië·ker, -e, -en [un·sië·ke·re] *EW*
Wägebalken Wao·ge·balken, -s *m. tech.*
Wägeknecht Wao·gen·knecht, -e [Wao·gen·knech·te] *m. tech.*
Wägelchen Wiä·gel·ken, Wiä·gel·kes *s. trans.*
Wägemeister Wai·ge·mester, -s *m. tech.*, Wao·ge·mes·ter, -s *m. tech.*; **Gehilfe des ~s** Wao·gen·knecht, -e [Wao·gen·knech·te] *m. tech.*
wagen un·ner·staon *uZW psy.*, wao·gen *ZW psy.*, tru·en *ZW psy.*
Wagen Wa·gen, Wiä·gen *m.*

trans.; **hölzerner ~** Holt·wagen, Holt·wiä·gen *m. trans.*; **leichter ~ für Kuhvorspann** Ko·wa·gen, Ko·wiä·gen *m. trans. agr.*; **Querholz über der Achse beim ~** Brüg, -·ge, -·gen *w. tech.*; **Stützholz am ~** Run·ge, -n *w. tech.*; **~ zum Mistfahren** Mes·wa·gen, Mes·wiä·gen *m. agr. trans.*
wägen wai·gen *uZW tech.*
Wagenachse As·se, -n *w. tech.*
Wagenbauer Stel·ma·ker, -s *m. tech.*, Wiä·gen·ma·ker, s *m. tech.*
wagenbreit wa·gen·breed, wa·gen·bre·de, -n *EW*
Wagenbrett Heks·ken, Heks·kes *s. tech.*; **Aufsatz auf das ~ zur Erhöhung des Ladevolumens** Sche·he, -n *w. tech.*
Wagendeichsel für ein Pferd Wa·gen·stel, -s *s. tech.*
Wagenkasten; vorderes bzw. hinteres Brett am ~ Heksken, Heks·kes *s. tech.*
Wagenladung Fo·er, -s *s. trans.*
Wagenlenker Schof·föör, -s *m. trans.*
Wagenmacher Wiä·gen·maker, s *m. tech.*
Wagenrad Wa·gen·rad, Wa·gen·riä·der *s. trans.*
Wagenremise mit kurzem Vordach Jaan·up, -s *m. agr. arch.*
Wagenschmiere Wa·gensmiär, -en [Wa·gen·smiären] *s. tech.*
Wagenschuppen (offener) Wa·gen·schü·er, -n *w. arch.*
Wagenspur Traon, Träöns *m. trans.*
Wagenweg Wa·gen·traon, Wa·gen·träön *m. trans.*
waghalsig röök·laus, -e, -en [röök·lau·se] *EW psy.*, röök·los, -·se, -·sen *EW psy.*
Wagnis Waog·nis, -·se *s.*
Wahl; bei ~en Stimmen verlieren *übertr.* e·nen vüör de Bük·se kri·gen
wählen uut·sö·ken *uZW*; sien Krüüs·ken ma·ken *pol.*
wahr waor, -e, -en [wao·re] *EW*; **nicht ~?** ne?
währen du·ern *ZW*, wä·ern

ZW
wahren (sich) wao·ren (sik) *ZW*
während äs *VW*, un·ner *VW*, wil·des *VW*; **~ des Jahres** un·ner dat Jaor *tem.*
wahrhaftig baar, ba·re, -n *EW*, waor·haf·tig, -e, -en [waor·haf·ti·ge] *EW*
Wahrheit Waor·hait, -en [Waor·hai·ten] *w. psy.*; **die ~ offenbaren** *übertr.* de Kat uut'n Sak lao·ten *psy.*; **mit (falschen) Behauptungen die ~ herauslocken** met Lai·gen äch·ter de Waor·hait kuë·men *psy.*
wahrheitsliebend ä·er·lik, ä·er·licke, -n [ä·er·lik·ke] *EW psy.*
wahrnehmen waor·nië·men *uZW*
Wahrsagerin Wik·wiew, Wik·wi·wer *s. psy.*
wahrscheinlich waor·schien·lik, waor·schien·licke, -n [waor·schien·lik·ke] *EW*
Wahrscheinlichkeit Waor·schien·lik·kait, -en [Waor·schien·lik·kai·ten] *w. psy.*
Wahrzeichen Waor·te·ken, -s *s.*
Wal Waal, Wa·le *m. zool.*
Wald Holt, Höl·ter *m. bot.*, Wold, Wöl·ler *m. bot.*; **ausgedehnter ~** Brook, Brö·ke *m. bot.*; **~ mit Birkenbestand** Biä·ken·holt, Biä·ken·höl·ter *s. bot.*; **~ mit Nussgehölzen** Nuët·wold, Nuët·wöl·ler *m. bot.*
Waldameise; rote ~ Sprok·am·pe, -n *w. zool.*; **Haufen der roten ~** Sprok·am·pen·haup, Sprok·am·pen·hai·pe *m.*
Waldbeere Wol·bit·te, -n *w. bot.*
Waldboden Wold·buo·den, Wold·büö·den *m. biol.*
Wäldchen Büs·ken, Büs·kes *s. bot.*, Wöld·ken, Wöld·kes *s. bot.*
Waldgegend Wold·gië·gend, -en [Wold·gië·gen·den] *w. geog.*
Waldmeister Stään·liä·wer·kruut *s. o.Mz. bot.*
Waldohreule Knap·u·le, -n *w. zool.*
Waldrand Busk·kan·te, -n *w.*

bot., Wold·kan·te, -n w. bot.
Waldrebe, Weiße ~ Kläm-
mer·ken, Kläm·mer·kes s.
bot.
Waldsauerklee Ha·sen·klao-
wer m. o.Mz. bot.
Waldschachtelhalm Busk-
krok·kel, -n w. bot.
Waldweg Holt·wäg, Holt-
wiä·ge m. trans.
walken kniä·den ZW tech.
Wall Wol, Wöl·le m.
Wallach Ru·ne, -n m. zool.
wallend wol·len, -e, -en [wol-
le·ne] EW
Wallfahrt Biä·de·faort, en
[Biä·de·faor·ten] w. rel.
wallfahrten ne Biä·de·faort
ma·ken rel.; **nach (Telgte)**
~ nao (Teeg·te) gaon rel.
Wallhecke Wal·hië·ge, -n w.
bot.
Wallung Wol·lung, -en [Wol-
lun·gen] w.
Walmdach Walm·dak, Walm-
diä·ker s. arch.
Walnuss Wal·nuët, Wal·nüë-
te w. bot.
Walstedde Wäls·te ON
Walze Rul·le, -n w. tech.,
Wäl·ter, -s w. tech., Wol·ter,
-s w. tech.; **hölzerne** ~
Rund·holt, Rund·höl·ter s.
tech.
wälzen wäl·tern ZW, kuë-
geln ZW; **auf dem Boden**
~ ao·len ZW
walzen wäl·tern ZW, wol-
tern ZW
Walzenhersteller Wol·ter-
ma·ker, -s m. tech.
Walzenmacher Wol·ter·ma-
ker, -s m. tech.
Wampe (beim Rindvieh)
Wam·ke, -n w. med.
Wand Wand, Wän·ne w.
tech., arch.; ~ **aus geflochtenem Holz** Spriä·kel·holt,
Spriä·kel·höl·ter s. arch.
Wandbett (eingebautes)
Durk, Dür·ke m. tech.
Wandbord Schelf·te, -n w.
tech.
Wandel Wan·nel m. o.Mz.
wandeln pän·geln ZW trans.,
wan·neln ZW
Wanderdüne Ka·nickel·biärg,
-e [Ka·nik·kel·biärg], [Ka·nik-
kel·biär·ge] m. geol.
Wanderer Wan·ne·rer, -s m.
wandern pät·ken ZW, tip-

peln ZW, wan·nern ZW
Wanderpreis Wan·ner·pries,
Wan·ner·pri·se m. spo.
Wanderschaft Wan·ner-
schup w. o.Mz.
Wanderstab Spat·se·er·stok,
Spat·se·er·stöcke [Spat·se-
er·stök·ke] m. tech., Wan-
ner·staw, Wan·ner·stiä·we
m. tech.
Wanderung Pät·ke·ri, -·en
w., Wan·ne·rung, -en [Wan-
ne·run·gen] w.
Wandflucht (längs) des
Fachwerkhauses Weig, -e
[Wei·ge] w. arch.
Wandgarderobe Man·tel-
bräd, Man·tel·briä·der s. tech.
Wandkrippe Raip, -s s. agr.
tech.
Wanduhr Wand·klok, Wand-
klocken [Wand·klok·ken] w.
tech. tem.
Wange Bak, Backen [Bak-
ken] w. med., Ki·we, -n w.
med.; **rote** ~ übertr. rau-
de Äp·pel·kes med.
wankelmütig wam·pel-
tüögsk, -e, -en [wam·pel-
tüögs·ke] EW psy., twie-
wel·mö·dig, -e, -en [twie-
wel·mö·di·ge] EW psy.
wann wän UW FrW
Wanne Wan, -·ne, -nen w.
tech. (lat. vannum); ~ **zur**
Trennung von Korn und
Spreu Kaf·wan, -·nen w.
tech. agr.
Wannenflicker Wan·nen-
läp·per, -s m. tech.
Wannenherstellung Wan-
nen·ma·ken s. o.Mz. tech.;
Werkstatt in der Holz für
die ~ **bearbeitet wurde**
Splait·hüüs·ken, Splait·hüüs-
kes s. arch. tech.
Wannenmachereisen (Werkzeug) Tüün·i·sen, -s s. tech.
Wanze Wand·luus, Wand-
lü·se w. zool.
Wappen Wop·pen, -s s.
Wappenbild Wop·pen·beld,
Wop·pen·bel·ler s.
Wappentier Wop·pen·dier,
-s s.
wappnen wop·pen ZW
Ware Wao·re, -n w.; **aus-**
gelegte ~ Uut·lao·ge, -n w.;
~**n aus dem Kaufladen**
Win·kel·wa·ren Mz.
Warenaustausch Wao·ren-

uut·tuusk, Wao·ren·uut·tüüs-
ke m. fin.
Warendorf Warn·duorp ON
Warenhaus Wao·ren·huus,
Wao·ren·hü·ser s. arch. fin.
Warenlager Wao·ren·lao-
ger, Wao·ren·läö·gers s.
Warenverkehr Wao·ren·vö-
kä·er m. o.Mz. trans.
warm waam, wa·me, -n EW;
mollig ~ tut·ke·waam, tut-
ke·wa·me, -n EW; **wärmer**
wiä·mer; **am wärmsten** an
wiäms·ten
Wärme Wiäm·de m. o.Mz.
wärmen wiä·men ZW
Wärmflasche Kru·ke, -n w.
tech.; ~ **aus Gummi** Slap-
ke·büül, -s m. tech.
Warmwasser Waam·wa·ter
s. o.Mz.
warnen war·schau·en ZW
psy.
Warnung; Anrede bei ~
Ved·der·män·ken, Ved·der-
män·kes s.
Warstein Waor·sen ON
Wartehäuschen Tö·we·hüüs-
ken, Tö·we·hüüs·kes s. arch.
trans.
warten an·staon uZW, letten ZW, lu·ern ZW, tö·wen
ZW, woch·ten ZW; **lauernd**
~ lun·gern ZW
Warten Wocht, -en [Woch-
ten] w.
Warterei Woch·te·ri w. o.Mz.
Wartesaal Tö·we·ka·mer, -n
w. arch.
Wartezimmer Tö·we·ka·mer,
-n w. arch.
warum wao·rüm FrW
Warze Waor·del, -n w. med.
was wat FrW; ~ **ist das doch**
wat is di dat
Waschbecken Spööl·steen,
Spööl·ste·ne m. tech. hyg.
Waschbrett Ruw·wel·bräd,
Ruw·wel·briä·der s. tech.
hyg., Wös·ke·bräd, Wös·ke-
briä·der s. tech. hyg.
Wäsche Wös·ke Mz.
Waschecke Wös·ke·hook,
Wös·ke·hö·ke m. arch.,
Wask·hook, Wask·hö·ke m.
arch.
Wäscheklammer Wös·ke-
kniëp, -s m. tech.
Wäscheleine Wös·ke·li·ne,
-n w. tech.
Wäschemangel Ka·lan·ner,

-s *m. tech.*
Waschen Was·ken *s. o.Mz.
hyg.;* **oberflächliches ~
übertr.** Kat·ten·wös·ke, -n
w. hyg.
waschen was·ken *ZW hyg.;*
**mit Asche von Buchen-
holz ~** bü·ken *ZW hyg.*
Wäscherei Wös·ke·ri, -·en
w. tech. hyg.
Wäscheschneiderin Wit-
nais·ke, -n *w. tech.*
Wäscheschrank Wös·ke-
schap, Wös·ke·schiä·pe *s.
tech.*
Wäschestärke Stiew·sel, -s
s. chem.
**Wäschestück; verschieden-
artige (schmutzige) ~e** een
Sop·pen Wös·ke
Wäschewaschen Was·ken
s. o.Mz. hyg., Wös·ke·was-
ken *s. o.Mz. hyg.;* **flacher,
breiter Holzhammer zum ~**
Klop·spaon, Klop·späö·ne
m. tech. hyg.; **geriffeltes
Brett zum ~** Wös·ke·bräd,
Wös·ke·briä·der *s. tech. hyg.*
Waschfass Büt, -·ten *w. tech.
hyg.,* Uut·was·ke·fat, Uut·was-
ke·fiä·ter *s. tech. hyg.,* Wös-
ke·fat, Wös·ke·fiä·ter *s. tech.
hyg.;* **rundes ~** Kü·ben, -s
m. tech. hyg.
Waschfrau Wask·wiew,
Wask·wi·wer *s. hyg.*
Waschhaus Wös·ke·huus,
Wös·ke·hü·ser *s. arch. hyg.*
Waschkessel Wös·ke·kiä-
del, -s *m. tech. hyg.*
Waschkorb Wös·ke·kuorw,
Wös·ke·küör·we *m. tech.*
Waschküche Wös·ke·küä-
ke, -n *w. arch. hyg.*
Waschlauge Bü·ke, -n *w.
hyg.;* **Gefäß für ~ mit Holz-
asche** Lai·ge·bü·er, -s *w.
tech. hyg.*
Waschmaschine Wask·ma-
schien, Wask·ma·schi·nen
w. tech. hyg.
Waschmittel Se·pen·pul·wer,
-s *s. hyg.*
Waschtag Wös·ke·dag, -e
[Wös·ke·da·ge] *m. tem. hyg.*
Waschtrog aus Holz Muo-
le, -n *w. tech. hyg.*
Waschwasser Wask·wa·ter,
Wask·wä·ters *s. hyg.*
Wasser Wa·ter, Wä·ters *s.,
übertr.* Gau·se·wien, Gau·se-

wi·ne *m. kul.;* **~ absondern**
swe·ten *ZW;* **auflaufendes
~ Floot,** Flo·ten *w.;* **heißes
~ zum Abbrühen** Brö·e, -n
w.; **~ lassen** schif·fen *ZW
med.,* mi·gen *ZW med.,* strül-
len *ZW med.;* **unter ~ setzen** flo·ten *ZW;* **auf dem ~
fahren** schip·pern *ZW naut.*
Wasseraloe Scheer·ke, -n
w. bot.
Wasserbauch Wa·ter·buuk,
Wa·ter·bü·ke *m. med.*
Wasserbecken Wa·ter·fat,
Wa·ter·fiä·ter *s. tech.;* **stei-
nernes ~ unter der Pumpe**
Pum·pen·steen, Pum·pen-
ste·ne *m. tech.*
Wasserblase Blao·se, -n
w., Wa·ter·blao·se, -n *w.*
Wasserburg Wa·ter·sluot,
Wa·ter·slüö·ter *s. arch.;* **Ur-
form der münsterländi-
schen ~en** Buorg·mot·te, -n
w. arch.
Wässerchen Wä·ter·ken,
Wä·ter·kes *s.*
Wasserdampf Swa·sen *m.
o.Mz.,* Wa·sen *m. o.Mz.,*
Wa·ter·damp, Wa·ter·däm-
pe *m.*
**Wasserdurchlass; ~ in der
Brücke** Slaut, Slait *m. trans.,*
Slü·se, -n *w. trans.*
Wassereimer Wa·ter·em-
mer, -s *m. tech.;* **~ für den
Brunnen** Püt·em·mer, -s *m.
tech.*
Wasserfahrzeug Schip, -·pe
s. trans. naut.
Wasserfarbe Wa·ter·far·we,
-n *w. tech.*
Wasserfarbenbild Wa·ter-
far·wen·beld, Wa·ter·far·wen-
bel·ler *s. kult.*
Wasserfass Wa·ter·fat, Wa-
ter·fiä·ter *s. tech.,* Wa·ter-
tun·ne, -n *w. tech.*
Wassergraben Wa·ter·gra-
wen, Wa·ter·griä·wen *m.*
Wasserhahn Wa·ter·kraan,
Wa·ter·krä·ne *m. tech.*
Wasserhuhn Wa·ter·höön-
ken, Wa·ter·höön·kes *s. zool.*
Wasserkopf Wa·ter·kop, Wa-
ter·köp·pe *m. med.*
Wasserläufer Scho·ma·ker,
-s *m. zool.*
Wasserlebewesen Wa·ter-
dier, -s *s. zool.*
Wasserlinse län·ten·flot *s.*

o.Mz. bot.
Wasserloch Büörn·stel, -·len
s. agr., Ku·le, -n *w.,* Wa-
ter·lok, Wa·ter·löcker [Wa-
ter·lök·ker] *s. geol.*
Wassermühle Wa·ter·müel,
-en [Wa·ter·müe·len] *w.
tech.;* **Betreiber einer ~**
Wa·ter·möl·ler, -s *m. tech.*
Wassermüller Wa·ter·möl-
ler, -s *m. tech.*
wässern di·ken *ZW;* **im
Teich ~** in·di·ken *ZW*
Wasserpflanze Wa·ter·plan-
te, -n *w. bot.,* **allg. für ~en**
(wie Schilf, Binsen, Rohrkolben, Schwertlilie usw.)
Lais *s. o.Mz. bot.*
Wasserpfütze Wa·ter·pool,
Wa·ter·pö·le *m.*
Wasserrad Wa·ter·rad, Wa-
ter·riä·der *s. tech.*
Wasserrecht Wa·ter·rächt,
-e [Wa·ter·räch·te] *s. jur.*
Wasserrinne Guo·te, -n *w.*
Wasserrose Wa·ter·rau·se,
-n *w. bot.*
Wasserrosenblatt Wa·ter-
rau·en·blad, Wa·ter·rau·sen-
bliä·der *s. bot.*
wasserscheu wa·ter·schü,
-·e, -·en *EW psy.*
Wasserschloss Wa·ter·sluot,
Wa·ter·slüö·ter *s. arch.*
Wasserschwall Floot, Flo-
ten *w.*
Wasserspiel Wa·ter·üör·gel,
-n *s. tech.*
Wasserstelle Wa·ter·stiär, -n
w.
Wasserstrahl Wa·ter·straol,
-en [Wa·ter·strao·len] *m.,*
Strul, Strül·le *m.*
Wasserstraße Wa·ter·strao-
te, -n [Wa·ter·strao·ten] *w.
trans. naut.*
Wasserstreifen (im gebakkenen Teig) Wa·ter·stri·pen,
-s *m. kul.*
Wassersucht Wa·ter·socht,
Wa·ter·söch·te *w. med.*
Wassertier Wa·ter·dier, -s *s.
zool.*
Wassertonne Wa·ter·tun·ne,
-n *w. tech.*
Wassertröpfchen Wa·ter-
drüöp·ken, Wa·ter·drüöp·kes
s.
Wassertropfen Wa·ter·druo-
pen, Wa·ter·drüö·pen *m.*
Wasserturm Wa·ter·taon,

Wa·ter·täö·ne *m. tech.*
Wasservogel Wa·ter·vuë·gel, Wa·ter·vüë·gel *m. zool.*
Wasserwaage Wa·ter·wao·ge, -n *w. tech.*
Wasserweg Wa·ter·wäg, Wa·ter·wiä·ge *m. trans. naut.*
Wasserwerk Wa·ter·wiärk, -e [Wa·ter·wiär·ke] *s. tech.*
Wasserzeichen Wa·ter·te·ken, -s *s. tech.*
wässrig plör·rig, -e, -en [plör·ri·ge] *EW*, si·pig, -e, -en [si·pi·ge] *EW*, sop·pig, -e, -en [sop·pi·ge] *EW*, wa·te·rig, -e, -en [wa·te·ri·ge] *EW*
waten (durch Morast) wuot·ken *ZW*
watscheln wuot·ken *ZW*
watschelnd schum·me·lig, -e, -en [schum·me·li·ge] *EW*
WC Hüüs·ken, Hüüs·kes *s. arch. hyg.*, Ka·be, -es *s. arch. hyg.*
Weben Wiä·wen *s. o.Mz. tech.*
weben wiä·wen *ZW tech.*, wür·ken *ZW tech.*; **Schussgarn beim Weben** Pi·pengaorn, Pi·pen·gäörn *s. tech.*
Weber Wiä·wer, -s *m. tech.*
Weberei Wiä·we·ri, -en *w. tech.*
Weberschiffchen Wiä·wer·schip·ken, Wiä·wer·schip·kes *m. tech.*
Webervogel Wiä·wer·vuë·gel, Wiä·wer·vüë·gel *m. zool.*
Webstuhl Wiäw·stool, Wiäw·stö·le *m. tech.*, Wür·ke·stel, -s *s. tech.*
Wechsel Wes·sel, -s *m.*
Wechselfieber kol·le Fe·wer, -s *s. med.*, Wes·sel·fe·wer, -s *s. med.*
Wechseljahre Üm·klap *m. o.Mz. med.*
wechseln wes·seln *ZW*, tuus·ken *ZW*
wechselnd wes·sel·wies, wes·sel·wi·se *UW*; **ständig ~** düör·neen, düör·ne·ne *UW*
wechselseitig wes·sel·si·tig, -e, -en [wes·sel·si·ti·ge] *EW*
wecken vö·mün·tern *ZW*, wacker·ma·ken [wak·ker·ma·ken] *uZW*
Wecker Wacker·ma·ker, -s [Wak·ker·ma·ker] *m. tech.*
Weckzeit Up·staons·tiet, Up-staons·ti·ten *w. tem.*
wedeln fu·cheln *ZW*
weder... noch nich... nao
weg af *UW*, wäg *UW*, (durch Verlust) kwiet *UW* (*frz.* quitte)
Weg Gang, Gänge *m. trans.*, Pat, Pät·te *m. trans.*, Wäg, Wiä·ge *m. trans.*; **auf den ~ machen** los·stië·weln *ZW*, los·trecken [los·trek·ken] *EW*, up·ma·ken *uZW*; **auf halbem ~e** mid·de·wäg *UW*; **es geht seinen rechten ~** *übertr.* de Schuot·steen dampt; **geebneter ~** Baan, Ba·nen *w.*; **gepflasterter ~** Plaos·ter·wäg, Plaos·ter·wiä·ge *m. trans.*, Steen·pat, Steen·pät·te *m. trans.*; **gerader ~** Richt·wäg, Richt·wiä·ge *m. trans.*; **im ~ stehen** rüm·staon *uZW*; **mit Asche verfüllter ~** As·ken·wäg, As·ken·wiä·ge *m. trans.*; **~ neben den Gleisen** Baan·pät·ken, Baan·pät·kes *s. trans.*; **schmaler ~** Gängs·ken, Gängs·kes *s. trans.*, Pät·ken, Pät·kes *s. trans.*; **schmaler ~ zur Kirche** Kiär·ken·pät·ken, Kiär·ken·pät·kes *s. trans.*; **sich auf den ~ machen** los·lau·pen *uZW*; **sich schnell auf den ~ machen** los·schai·ten *uZW*; **~ zur Kirche** Kiär·ken·pat, Kiär·ken·pät·te *m. trans.*
wegarbeiten wäg·ar·bai·den *ZW*
wegbekommen wäg·kri·gen *uZW*
wegbeten wäg·biä·den *ZW rel.*
wegbleiben färn·bli·wen *uZW*, wäg·bli·wen *uZW*
wegbrechen wäg·briä·ken *uZW*
wegbringen wäg·brän·gen *uZW*
wegekeln wäg·bain·ken *ZW psy.*
Wegekreuz Krü·sung, -en [Krü·sun·gen] *w. trans.*, Wiä·ge·krüüs, Wiä·ge·krü·se *s. trans., rel.*
Wegelagerer Struuk·daiw, -e *m. jur.*
wegen wiä·gen *VW*
Wegerich, Spitz~ Pat·blad, Pat·bliä·der *s. bot.*; **großer**

~ Wäg·bä·ern·blad *s. bot.*; **mittlerer ~** Trum·mel·stok, Trum·mel·stöcke [Trum·mel·stök·ke] *m. bot.*
Wegesbild Wiä·ges·beld, Wiä·ges·bel·ler *s. rel.*
Wegesrand Wiä·ges·rand, Wiä·ges·rän·ner *m.*
Wegessaum Wiä·ges·rand, Wiä·ges·rän·ner *m.*
wegessen wäg·iä·ten *uZW kul.*
Wegezoll Wiä·ge·tol, Wiä·ge·töl·le *m. fin. trans.*
wegfahren wäg·fö·ern *uZW trans.*; **~ lassen** fö·ern·lao·ten *uZW trans.*; **schnell ~** af·bru·sen *ZW trans.*
wegfliegen wäg·flai·gen *uZW*
wegfließen wäg·flai·ten *uZW*
wegführen (Weg) af·bai·gen *uZW*
weggeben af·stau·ten *uZW*, wäg·doon *uZW*, wäg·gië·wen *uZW*
weggefahren af·fö·ert, -e, -en [af·fö·er·te] *EW trans.*
Weggefährte Met·gän·ger, -s *m.*
weggeheiratet af·hi·raod, -te, -ten *EW*
weggehen af·gaon *uZW trans.*; af·hau·en *uZW trans.*, af·mar·sche·ern *ZW trans.*, af·trecken [af·trek·ken] *uZW trans.*, los·gaon *uZW trans.*, schots·gaon *uZW trans.*, wäg·gaon *uZW trans.*
Weggejagte Wäg·jag·te *m., w. und s.*
weggelaufen af·hau·en, -e, -en [af·hau·e·ne] *EW trans.*
weggenommen af·knöpt, -e, -en [af·knöp·te] *EW*
weghaben wäg·häb·ben *uZW*
wegharken wäg·ra·ken *ZW agr.*
wegheiraten af·hi·rao·den *uZW*
wegholen wäg·ha·len *uZW*
weghuschen *übertr.* fludern *ZW*
wegjagen wäg·ja·gen *ZW*
wegkommen wäg·kuë·men *uZW*
Wegkreuzung Wiä·ge·krüüs, Wiä·ge·krü·se *s. trans.*
weglassen äch·ter·wiä·ge lao·ten, wäg·lao·ten *uZW*
weglaufen düör·bria·nen

uZW, lau·pen·gaon *uZW*, uut·kni·pen *uZW*, wäg·lau·pen *uZW*; **mit erhobenem Schwanz vor etwas** ~ (Kuh, Pferd usw.) bi·sen *ZW*

weglegen af·läg·gen *ZW*, wäg·läg·gen *ZW*

wegmachen wäg·ma·ken *uZW*

wegmüssen wäg·müë·ten *uZW*

wegnehmen af·knöp·pen *ZW*, af·stiä·len *uZW jur.*, stiä·len *uZW jur.*, wäg·nië·men *uZW*

wegräumen wäg·rü·men *ZW*; **nicht** ~ äch·ter't Gat lig·gen lao·ten

wegreißen wäg·ri·ten *uZW*
wegreiten wäg·ri·den *uZW trans.*
wegrollen wäg·rul·len *ZW*
wegrutschen wäg·ruts·ken *ZW*
wegschaffen wäg·slië·pen *ZW*
wegschieben wäg·schu·wen *uZW*
wegschleifen wäg·sli·pen *uZW tech.*
wegschleppen wäg·slië·pen *ZW trans.*
wegschließen wäg·slu·ten *uZW*
Wegschnecke Wiä·ge·snië·ge, -n *w. zool.*
wegschwimmen wäg·swem·men *uZW*
wegsehen wäg·ki·ken *uZW*
wegsetzen wäg·sät·ten *ZW*
wegspülen wäg·spö·len *uZW*
wegstecken wäg·stop·pen *ZW*
wegstehlen af·stiä·len *uZW*
wegstellen wäg·sät·ten *ZW*
wegsterben af·stiä·wen *uZW med., biol.*
wegtragen wäg·driä·gen *uZW*
wegtreten wäg·triä·ten *uZW*
wegtun wäg·doon *uZW*
Wegwarte Sucke·rai·en·wuor·del, -n [Suk·ke·rai·en·wuor·del] *w. bot.*
Wegweiser Hand·wi·ser, -s *m. trans.*, Wäg·wi·ser, -s *m. trans.*, Wi·ser, -s *m. trans.*
wegwerfen wäg·doon *uZW*, wäg·smi·ten *uZW*; *übertr.* up'n Mes smi·ten
wegwischen wäg·wis·ken

ZW hyg.
wegziehen wäg·trecken [wäg·trek·ken] *uZW*
weh seer, se·re, -n *EW med.*; **was tut denn** ~? wao failt et dan? *med.*; ~ **tun** kel·len *ZW med.*, seer doon *med.*
Wehe; in den ~**n liegen** kräö·men *ZW med.*
wehen blao·sen *uZW*, wai·en *ZW*
wehklagen sörn *ZW psy.*
wehleidig kwië·te·rig, -e, -en [kwië·te·ri·ge] *EW psy.*
wehmütig week·mö·dig, -e, -en [week·mö·di·ge] *EW psy.*
Wehr Schüt, -s *s. tech.*
wehren wiärn (sik) *ZW*; **sich** ~ wi·er·kräm·pen (sik) *ZW*, *übertr.* (sik) nich in'ne Holsken pis·sen lao·ten *psy.*
wehrlos swak, swacke, -n [swak·ke] *EW*
Wehrmacht Ka·mis *m. o.Mz. mil.* (frz. commis)
Weib Wiew, Wi·wer *s.*; **zänkisches** ~ Bes·sen, -s *m. psy.*
Weibchen Wiew·ken, Wiewkes *s.*, Mö·er·ken, Mö·erkes *s. zool.*
Weiberkram Wi·wer·kraom *m. o.Mz.*
weiblich wiewsk, -e, -en [wiews·ke] *EW*; ~**es Wesen** (Tier, Mensch) Tië·we, -n *w.*
weich kwab·be·lig, -e, -en [kwab·be·li·ge] *EW*, kwel, -·le, -·len *EW*, smi·sig, -e, -en [smi·si·ge] *EW*, smööd, smö·de, -n *EW*, week, we·ke, -n *EW*, week·mö·dig, -e, -en [week·mö·di·ge] *EW psy.*; ~ **wie Samt** sam·met·week, sam·met·we·ke, -n *EW*; **weicher** we·ker; **am weichsten** an weeks·ten
Weiche We·ke, -n *w. tech.*
weichen we·ken *ZW*, wi·ken *uZW*
Weiches Smööds *s. o.Mz.*
weichherzig week·mö·dig, -e, -en [week·mö·di·ge] *EW psy.*
weichlich lab·be·rig, -e, -en [lab·be·ri·ge] *EW*, week·lik, week·licke, -n [week·lik·ke] *EW psy.*
Weichling Sach·te·pat, Sach·te·pät·te *m. psy.*

weichmachen we·ken *ZW*
Weichmacher Week·ma·ker *m. chem.*
weichmütig week·mö·dig, -e, -en [week·mö·di·ge] *EW psy.*
Weichspüler Week·ma·ker, -s *m. chem. hyg.*
Weide 1. Kamp, Käm·pe *m. agr.*, Wai, -·en *w. agr.*; **kleine** ~ Kämp·ken, Kämp·kes *s. agr.*; 2. Wië·de, -n *w. bot.*; **aus** ~ wië·den, -e, -en [wië·de·ne] *EW*; **regelmäßig geschnittene** ~ **zur Gewinnung von** ~**nruten** Kop·wië·de, -n *w. bot.*
Weidekätzchen Wië·den·kätken, Wië·den·kät·kes *s. bot.*
Weideland Gräs, Griä·ser *s. agr.*, Wies·ken·land, Wies·ken·län·ner *s. agr.*
weiden griä·sen *ZW kul.*, wi·den *ZW kul.*
Weidenflöte Hap, -·pe, -·pen *w. tech. mus.*
Weidenholz Wië·den·holt *s. o.Mz. bot.*
Weidenkorb Wië·den·kuorw, Wië·den·küör·we *m. tech.*
Weidenlaubsänger Silp·salp, -s *m. zool.*
Weidenrute Wië·den·ro·de, -n *w. bot.*; **Messer zum Schneiden von** ~ Wië·den·hip·pe, -n *w. tech.*
Weidenstumpf Kop·stu·ken, -s *m. bot.*, Wië·den·ruo·ne, -n *w. bot.*
Weidenwanne; Schiene in der ~ Splao·te, -n *w. tech.*
Weidenzweig Wië·den·toog, Wië·den·tö·ge *m. bot.*
Weidezaun Wies·ken·tuun, Wies·ken·tü·ne *m. tech. agr.*
Weihaltar Wi·aol·taor, Wi·aol·täö·re *m. arch. rel.*
Weihe Wi·e, -n *w. rel.*
weihen wi·en *ZW rel.*
Weihnachten Krist·dag, -e [Krist·da·ge] *m. rel. tem.*, Wi·nach·ten *s. o.Mz. rel. tem.*; **die vier höchsten Feiertage:** ~, Ostern, Pfingsten und Mariä-Himmelfahrt (15. August) Ve·er·hoch·ti·ten *Mz. rel. tem.*; **Zeit um** ~ (Mittwinter) Mid·de·win·ter, -s *m. tem.*; **zwischen** ~ (Beginn des Kirchenjahres) **und** ~ (Beginn des Kalenderjahres) tüs·ken

de Jao·re *tem.*
Weihnachtsabend Wi·nachts-
aomd, -e [Wi·nachts·aom-
de] *m. rel. tem.*
Weihnachtsbaum Lech-
ter·baum, Lech·ter·bai·me *m.*
bot. rel., Wi·nachts·baum, Wi-
nachts·bai·me *m. bot. rel.*
Weihnachtsbild Wi·nachts-
beld, Wi·nachts·bel·ler *s.*
Weihnachtsfeier Wi·nachts-
fi·er, -n *w.*
Weihnachtsferien Wi·nachts-
va·kans, -en [Wi·nachts·va-
kan·sen] *w. tem.*
Weihnachtsglocke Wi-
nachts·klocke, -n [Wi·nachts-
klok·ke] *w. tech.*
Weihnachtstag Wi·nachts-
dag, -e [Wi·nachts·da·ge] *m.*
tem.; **erster ~** Mid·de·win-
ter, -s *m. tem.*
Weihrauch Wi·rauk *m. o.Mz.*
bot.
Weihrauchfass Wiëk·fat,
Wiëk·fiä·ter *s. tech. rel.*, Wi-
rauk·fat, Wi·rauk·fiä·ter *s.*
tech. rel.
Weihwasser Wi·wa·ter *s.*
o.Mz. rel.
Weihwasserbehälter Wi-
wa·ter·fat, Wi·wa·ter·fiä·ter
s. tech. rel.
Weihwassernapf (in der Kirche an den Eingängen) Wi-
wa·ter·pöt·ken, Wi·wa·ter-
pöt·kes *s. tech. rel.*
weil wiel·dat *VW*, üm dat
Weile Wiel, Wi·le, -n *w. tem.*;
kurze ~ Wiel·ken, Wiel·kes
s. tem.
Wein Wien, Wi·ne *m. bot.,*
kul.; **kleines Glas ~** Wien-
ken, Wien·kes *s. kul.*; **ge-**
züchteter ~ tüch·te·te Wien
m. bot.; **wilder ~** wil·le Wien
m. bot.
Weinbauer Wien·bu·er, -n
m. agr.
Weinberg Wien·biärg, -e
[Wien·biär·ge] *m. geol. agr.*
weinen blad·dern *ZW psy.,*
gal·pen *ZW psy.,* gri·nen
uZW psy., hü·len *ZW psy.,*
jo·len *ZW psy.,* rä·ern *ZW*
psy., schrä·pen *ZW psy.,*
seep·ai·gen *ZW psy.;* **hef-**
tig ~, laut ~ braans·ken *ZW*
psy.; jols·tern *ZW psy.;* **laut**
schreiend ~ blä·en *ZW*
psy., brüë·len *ZW psy.;* **leise**

~ snucken [snuk·ken] *ZW*
psy.; **schreiend ~** pä·pen
ZW psy.
Weinen Gri·nen *s. o.Mz. psy.,*
Jan·ke·ri, -·en *w. psy.;* **dem**
~ nahe gri·nens·mao·te *EW*
psy., hü·lens·mao·te *EW psy.;*
betrunken und dem ~ nahe
gri·nens·mao·te·dik, gri·nens-
mao·te·dicke, -n [gri·nens-
mao·te·dik·ke] *EW med. psy.*
weinerlich kwän·ge·lig, -e,
-en [kwän·ge·li·ge] *EW psy.,*
schrä·pe·lig, -e, -en [schrä-
pe·li·ge] *EW psy.,* traon-
aigsk, -e, -en [traon·aigs-
ke] *EW psy.;* **~ sein** hüns-
ken *ZW psy.*
Weinfass Wien·fat, Wien·fiä-
ter *s. tech. kul.*
Weinfässchen Wien·fät-
ken, Wien·fät·kes *s. tech.*
kul.
Weinfläschchen Wien·pül-
ken, Wien·pül·kes *s. tech.*
kul.
Weinflasche Wien·pul·le, -n
w. tech. kul.; **kleine ~** Wien-
pül·ken, Wien·pül·kes *s. tech.*
kul.
Weingegend Wien·gië·gend,
-en [Wien·gië·gen·den] *w.*
geog.
Weinglas Wien·glas, Wien-
gliä·ser *s. tech. kul.*
Weingläschen Wien·gläs-
ken, Wien·gläs·kes *s. tech.*
kul.
Weinhandel Wien·han·nel
m. o.Mz. fin. kul.
Weinkeller Wien·kel·ler, -s
m. arch. kul.
Weinlager Wien·lao·ger,
Wien·läö·gers *s. tech. kul.*
Weinpflanze Wien, Wi·ne
m. bot.
Weintraube (einzelne Beere) Wien·dru·we, -n *w. bot.;*
kleine getrocknete ~ Krin-
te, -n *w. bot.;* **~n am Blü-**
tenstand Wien·prol·le, -n
w. bot.
Weinverkäufer Wien·vö·kai-
per, -s *m. fin. kul.*
Weise Wi·se, -n *w.;* Wi·se,
-n *m., w. und s. psy.;* **nor-**
maler ~ för ge·wüën·lik
weise wies, wi·se, -n *EW*
psy.
weisen wi·sen *uZW*
Weisheit Klook·hait, -en

[Klook·hai·ten] *w. psy.,* Saps
m. o.Mz. psy. (lat. sapiencia); Wies·hait, -en [Wies·hai-
ten] *w. psy.*
Weismacherei Wies·ma·ke-
ri, -·en *w. psy.*
weiß wit, -·te, -·ten *EW;* **rot**
und ~ gefleckt (z.B. Kuh)
raud·bunt, -e, -en [raud-
bun·te] *EW*
weissagen wicken [wik·ken]
ZW psy.
Weißbrot Stu·ten, -s *m.*
kul., Wit·braud, Wit·brai·de
s. kul.; **besseres ~** Buo·ter-
wäg, -·gen *m. kul.;* **Brei aus**
~ Stu·ten·sop·pen, -s *m.*
kul.; **~ für die gewordene**
Mutter Kräö·mer·stu·ten, -s
m. kul.; **~ für 25 Pfennige**
Kas·män·ken·stu·ten, -s *m.*
kul.; **gebrochenes, dop-**
pelt gebackenes ~ Knab-
bel, -n *w. kul.;* **Gemenge**
aus getrocknetem ~ und
Milch Knab·bel·sop·pen, -s
m. kul.; **kleine Portion von**
Knabbelsoppen Knab·bel-
söp·ken, Knab·bel·söp·kes *s.*
kul.
Weißbrotteig Stu·ten·deek,
Stu·ten·de·ke *m. kul.;* **aus**
~ gebackenes Männchen
mit Tonpfeife (Geschenk
zu Nikolaus) Stu·ten·kääl,
-s *m. kul.*
Weißbuche Wit·böcke, -n
[Wit·bök·ke] *w. bot.,* (als
Heckenpflanze) Ha·böcke,
-n [Ha·bök·ke] *w. bot.;* **Hecke**
aus ~n Wit·böcken·hië·ge,
-n [Wit·bök·ken·hië·ge] *w.*
bot.; **Holz der ~** Wit·böcken-
holt, Wit·bök·ken·höl·ter [Wit-
bök·ken·holt] *s. bot.;* **Zweig**
der ~ Wit·böcken·toog, Wit-
böcken·tö·ge [Wit·bök·ken-
toog] *m. bot.*
Weißdorn Haag·däön, -s
m. bot., Wit·däön, -s *m. bot.*
Weißdornbeere Pöt·kes-
biär, -n *w. bot.*
weißeln käl·ken *ZW tech.,*
wit·teln *ZW tech.*
Weißgans Wit·te Gaus, Witten Gai·se *w. zool.*
weißgedeckt wit·decket, -e,
-en [wit·dek·ket], [wit·dek·ke-
te] *EW*
weißgelb wit·giäl, -e, -en [wit-
giä·le] *EW*

weißhaarig wit·köpsk, -e, -en [wit·köps·ke] *EW med.*
Weißkohl Ka·buus *m. o.Mz. bot.*; **Stängel des ~s** Ka·buus·strunk, Ka·buus·strün·ke *m. bot.*
Weißkohlblatt Ka·buus·blad, Ka·buus·bliä·der *s. bot.*
Weißkohleintopf Ka·buus·pot, Ka·buus·pöt·te *m. kul.*
Weißkohlgemüse Ka·buus·ge·möös *s. o.Mz. kul.*
Weißkohlkopf Ka·buus·kop, Ka·buus·köp·pe *m. bot.*
weißlich wit·lik, wit·licke, -n [wit·lik·ke] *EW*
Weißnäherin Wit·nais·ke, -n *w. tech.*
weißseiden wit·si·den, -e, -en [wit·si·de·ne] *EW*
Weißweizen Wit·wait, -en [Wit·wai·ten] *m. o.Mz. bot.*
Weisung Ge·hait, -e [Ge·hai·te] *s.*
weit ruum, ru·me, -n *EW*, wied, wi·de, -n *EW*; **das geht zu ~** *übertr.* dat is mäer äs in't Näp·ken gait; **von ~em** van wi·den; **~ und breit** wied un siet; **~ weg** mi·len·wied, mi·len·wi·de, -n *EW*; **zu ~** (Kleidung) bal·le·rig, -e, -en [bal·le·ri·ge] *ZW*; **weiter** wi·der; **am weitesten** an wieds·ten
weitab wied·af *UW*
Weite Rüüm·te, -n *w.*
weiten wi·den *uZW*
weiter wi·der, -s *UW*
weiterbringen wi·der·brän·gen *uZW*
weiterfahren wi·der·fö·ern *uZW trans.*
weitergeben wi·der·gië·wen *uZW*
weitergehen wi·der·gaon *uZW*, to·gaon *uZW*
weiterhelfen wi·der·hel·pen *uZW*
weiterhin fud·der *UW tem.*
weiterkommen wi·der·kuë·men *uZW*
weitermachen wi·der·ma·ken *uZW*
weiterreichen af·gië·wen *uZW*, wi·der·gië·wen *uZW*
weitertragen wi·der·driä·gen *uZW*, (Informationen) *übertr.* in't Nap han·gen *psy.*, (Kleidung) nao·driä·gen *uZW*
weithergeholt wied·wäg-

haalt, -e, -en [wied·wäg·haal·te] *EW*
weitherholen wied·wäg·ha·len *uZW*
weithin wied·hän *UW*
weitläufig wied·löf·tig, -e, -en [wied·löf·ti·ge] *EW*
weiträumig rü·mig, -e, -en [rü·mi·ge] *EW*, ruum, ru·me, -n *EW*
weitsichtig färn·sich·tig, -e, -en [färn·sich·ti·ge] *EW med.*, üö·wer·sich·tig, -e, -en [üö·wer·sich·ti·ge] *EW med.*
weitwegholen wied·wäg·ha·len *uZW*
Weizen Wait, -en [Wai·ten] *m. o.Mz. bot.*, Wit·wait, -en [Wit·wai·ten] *m. o.Mz. bot.*
Weizenbrot Wai·ten·stu·ten, -s *m. kul.*
Weizenfeld am Hügel Wai·ten·knap, Wai·ten·knäp·pe *m. agr.*
Weizenkleie Wai·ten·kli·gen *m. o.Mz. bot.*
Weizenmehl Wai·ten·miäl, -e [Wai·ten·miä·le] *s. kul.*
Weizenpfannkuchen Wai·ten·pan·ko·ken, Wai·ten·pan·kö·ken *m. kul.*
Weizenstroh Wai·ten·strau *s. o.Mz. agr.*
Welbergen Wel·biär·gen *ON*
welche wecke, -n [wek·ke] *FW*; **derjenige ~r** wel *FrW, FW*
welk mäk·lik, mäk·licke, -n [mäk·lik·ke] *EW biol.*, wië·ke·lig, -e, -en [wië·ke·li·ge] *EW biol.*
Welle (große) Briä·ker, -s *m.*
Wellenband wun·ne·ne Stri·pen *m.*
Wellenlänge Wel·len·läng·te, -n *w. tech.*
Welt Wiält, -en [Wiäl·ten] *w.*
Weltanschauung Glai·wen *s. o.Mz. rel.*
Weltgeschichte Wiält·ge·schicht *w. o.Mz. his.*
Welthandel Wiält·han·nel *m. o.Mz. fin.*
Weltkrieg Wiält·krieg, Wiält·kri·ge *m. mil.*
weltlich wiält·lik, wiält·licke, -n [wiält·lik·ke] *EW*
Weltmeister Wiält·mes·ter, -s *m. spo.*
Weltmeisterschaft Wiält·mes·ter·schup, -·pen *w. spo.*

Weltpolitik Wiält·pol·tik *w. o.Mz. pol.*
Weltsprache Wiält·sprao·ke, -n *w. kult.*
Weltstadt Wiält·stad, Wiält·stiä·den *w. geog.*
Wende Üm·swung, Üm·swün·ge *m.*, Wän·ne, -n *w.*
Wendehals Wän·ne·hals, Wän·ne·häl·se *m. zool.*
wenden drai·en *ZW*, kiärn *ZW*, rüm·drai·en *ZW*, to·kiärn *ZW*, üm·drai·en *ZW*, üm·kiärn *ZW*, wän·nen *uZW*, (von innen nach außen) düör·kiärn *ZW*
Wendepflug Drai·ploog, Drai·plö·ge *m. tech. agr.*
Wendestelle; ~ beim Pflügen An·ne·wai·e, -n *w. agr.*; **~ des Pfluges am Ende der furche** An·wän, -·nen *w. agr.*, Ploog·wän, -·nen *w. agr.*
Wendung Kiär, -en [Kiä·ren] *w.*, Wän·nung, -en [Wän·nun·gen] *w.*
wenig een lük, lür·rek *EW*, mäö·tig, -e, -en [mäö·ti·ge] *EW*, min, -·ne, -·en *EW*, wai·nig, -e, -en [wai·ni·ge] *EW*; **ein ~** een Päös·ken; **etwas ~** vüör·dän *EW*; **weniger** min·ner, wai·ni·ger; **am wenigsten** an mins·ten, an wai·nigs·ten
wenigstens wai·nigs·tens *UW*, to·mins·ten *UW*
wenn wan *BW*
wer wel *FrW, FW*, we *FrW FW*
werben fri·en *ZW psy.*, wiä·wen *ZW psy.*
Werber Wiä·wer, -s *m. psy.*
Werbung *übertr.* Tam·tam *m. o.Mz.*
werden wä·ern *uZW*, (Zukunft) wul·len *uZW*
werfen smi·ten *uZW*; **mit Brocken ~** klü·ten *ZW*; **vor die Füße ~** hän·knal·len *ZW*; **vor etwas ~** vüör·smi·ten *uZW*
Werft Warft, Warf·ten *w. tech. naut.*
Werk 1. (im Sinn von Sache) Wiärk, -s *s.*, 2. Wiärk, -e *s. tech.*
Werkbank Fiel·bank, Fiel·bän·ke *w. tech.*, Wiärk·bank, Wiärk·bän·ke *w. tech.*
werkeln wiär·keln *ZW tech.*

werken wiär·ken ZW tech.
Werker Wiär·ker, -s m.
Werkerlohn Wiär·ker·laun, Wiär·ker·lai·ne m. fin.
Werkstatt Wiärk·stiär, -n w. tech.
Werkstück Ar·baid, -en [Ar·bai·den] w. tech.
Werktag Wiär·kel·dag, -e [Wiär·kel·da·ge] m. tem., Ar·baids·dag, -e [Ar·baids·da·ge] m. tem.
werktags wiär·kel·dags UW tem.
Werkzeug Ge·rai, -·e s. tech., Re·schup w. o.Mz. tech., Wiärk·tüüg, Wiärk·tü·ge s. tech.
Werl Wiär·del ON
Werne Wään ON
Werse (Fluß) Wärs w. geol.
Wersen Wä·sen ON
Wert Wääd, Wä·de m.
wert wääd, wä·de, -n EW; ~ **sein** gel·len ZW
Werth Weer·de ON
wertlos be·tant, -e, -en [be·tan·te] EW; **unnütze und ~e Sache** Kwät·ke·ri, -·en w.; **~es Zeug** Himp·hamp, -s s., Schiet·kraom m. o.Mz.
wertvoll wä·dig, -e, -en [wä·di·ge] EW, wääd·vul, -·le, -·len EW
Werwolf (Spukgestalt) Bän·gel·rü·en, -s m. psy.
Weseke Wääs·ke ON
Wesen Kar·dans, -en [Kar·dan·sen] w. o.Mz. psy. (frz. cadence), Wiä·sen, -s s. psy., Wië·sen, -s s. psy.; **kleines ~** Üé·mel, -s m.; **missgestaltetes ~** Krüë·pel, -s m. med.; **wüstes ~** Jölps, -e [Jölp·se] m.
Wesensart Ge·mööt, Ge·mö·ter s. psy.
Wespe Wöp·se, -n w. zool.
Wespennest Wöp·sen·nöst, -er [Wöp·sen·nös·ter] s. zool.
Wespenstachel Wöp·sen·stië·kel, -s m. zool.
wessen wecken [wek·ken] FrW
Wessum Wes·sum ON
Westbevern Wes·biä·wern ON
Weste Ka·mi·sööl·ken, Ka·mi·sööl·kes s. (frz. camisole)
Weste Scha·let·ken, Scha-

let·kes s. (frz. gilet)
Westen Wes·sen m. geog.
Westerkappeln Kap·peln ON
Westfale West·fao·le, -n m.
Westfalen West·fao·len geog.
westfälisch west·fäölsk, -e, -en [westfäöls·ke] EW
Westfälischer Frieden (Ende des 30jährigen Krieges in Münster und Osnabrück im Jahr 1648) West·fäöls·ke Friä·den m. mil.
Westkirchen West·kiär·ken ON
westlich west·lik, west·licke, -n [west·lik·ke] EW geog.
Wette Wed·de, -n w.
wetten wed·den ZW
Wetter Wiär s. o.Mz. met.; **schönes ~** (um die Füße hochzulegen) Haug·been·wiär s. o.Mz. met.; **schlechtes ~** äö·sig Wiär met., Schiet·wiär s. o.Mz. met.; **warmes trockenes ~** Hai·wiär s. o.Mz. met.
Wetterfahne Wind·fiä·der, -n w. met. tech.
Wetterhahn Wiär·haan, -s m. met. tech.
Wetterleuchten Wiär·löchten s. o.Mz. met., Wiär·loken s. o.Mz. met.
Wettermacherei Wiär·make·ri w. o.Mz. met.
Wetterumschlag Wiär·üm·slag, Wiär·üm·sliä·ge m. met.
wetterwendisch wiär·lüünsk, -e, -en [wiär·lüüns·ke] EW met., wiär·wänsk, -e, -en [wiär·wäns·ke] EW met., wispel·tür·rig, -e, -en [wis·pel·tür·ri·ge] EW met.
Wettkampf Wed·spiël, -e [Wed·spië·le] s. spo.
Wettringen Wiä·trin·gen ON
Wettspiel Wed·spiël, -e [Wed·spië·le] s. spo.
Wettstreit Wed·stried, Wed·stri·de m. spo.
wetzen wet·ten ZW
Wetzstein Strek, -s m. tech., Wet·steen, Wet·ste·ne m. tech.
Wetzstock Strik, Stricke [Strik·ke] s. tech.
Wichse Wik·se, -n w. tech.
wichsen wik·sen ZW tech.
wichtig an·be·tands EW, van Be·lang sien; **sich ~ neh-**

men sik mai·nen ZW psy.; **sich ~ tun** sik kröp·pen ZW psy., sik up·kröp·pen ZW psy.
Wichtigkeit Be·lang, Be·lan·ge m.
Wicke Wik, Wicken [Wik·ken] w. bot.
Wickel; beim ~ fassen übertr. bi't Sla·fit·ken kri·gen
Wickelkind Puk·kind, Puk·kin·ner s., übertr. Bün·sel, -s s.
wickeln has·peln ZW tech.
Wickenschote Wicken·schau·ne, -n [Wik·ken·schau·ne] w. bot.
wider wi·er VW
widerborstig as·tü·rig, -e, -en [as·tü·ri·ge] EW psy., wi·er·büörs·tig, -e, -en [wi·er·büörs·ti·ge] EW psy.; **~er Mensch** übertr. Schrap·mest, Schrap·mes·sers s. psy., übertr. Wi·er·strü·be, -n w. psy.
Widerhaken Hääks·ken, Hääks·kes s.
Widerhall Ecko, -os [Ek·ko] s.
widerlegen wi·er·läg·gen ZW
widerlich fies, fi·se, -n EW psy., wi·er·lik, wi·er·licke, -n [wi·er·lik·ke] EW psy.
Widerruf Wi·er·roop, Wi·er·rö·pe m.
widerrufen trüg·ge·nië·men uZW
Widersacher Fiend, -e [Fiende] m. psy., mil.
Widerschein Wi·er·stiëk, -e [Wi·er·stië·ke] m.
widersetzen strü·wen ZW psy., wi·er·sät·ten ZW psy., übertr. up de Äch·ter·be·ne sät·ten psy.
widersinning wi·er·sin·nig, -e, -en [wi·er·sin·ni·ge] EW
widerspenstig kat·tig, -e, -en [kat·ti·ge] EW psy., muksk, -e, -en [muks·ke] EW psy., obs·ter·näötsk, -e, -en [obs·ter·näöts·ke] EW psy.; **~es kleines Kind** übertr. Siëgen·büks·ken, Sië·gen·büks·kes s. psy.
widersprechen muk·sen ZW psy., wi·er·spriä·ken uZW psy.; **das widerspricht sich** dat bit sik
Widerspruch; sich in ~ reden fast·kü·ern ZW psy., übertr.

in'n Knüp kü·ern *psy.*

widerstandsfähig freed, fre-
de, -n *EW biol.*

widerwärtig af·schai·lik, af-
schai·licke, -n [af·schai·lik-
ke] *EW psy.*

Widerwillen Wi·er·wil·len *m.
o.Mz. psy.*

widerwillig wi·er·büörs·tig,
-e, -en [wi·er·büörs·ti·ge] *EW
psy.*; **~ sein** nich to Wil·len
sien *psy.*

Widerwort Wi·er·waod, Wi-
er·wäö·der *s. psy.*

widrig kon·ter·köör, kon·ter-
kö·re, -n *EW (frz.* contrecœur), kon·trär, -e, -en [kon-
trä·re] *EW (frz.* contraire)

wie wu *FrW*, (vergleichend)
äs *BW*; **er ist genau so
groß ~ ich** he is jüst so graut
äs ik

Wiedehopf Schiet·hup, -s *m.
zool.*

Wiedenbrück Wi·en·brüg·ge
ON

wieder wi·er *UW*; **schon ~**
aal wi·er; **~ einmal** wi·er äs
maol

wiederbekommen wi·er·kri-
gen *uZW*

wiederbringen wi·er·brän-
gen *uZW*

wiedererkennen wi·er·ken-
nen *uZW*

wiedererscheinen *übertr.*
up·dü·ken *ZW*

wiedererzählen wi·er·vö·tel-
len *ZW*

wiederfinden wi·er·fin·nen
uZW

wiedergeben trüg·ge·doon
uZW, trüg·ge·gië·wen *uZW*,
wi·er·doon *uZW*, wi·er·gië-
wen *uZW*

wiedergetauft wi·er·dööpt,
-e, -en [wi·er·dööp·te] *EW
rel.*

wiederhaben wi·er·häb·ben
uZW

wiederherstellen res·te·we-
ern *ZW tech.* (*frz.* restaurer),
up·ar·bai·den *ZW tech.*

wiederholen wi·er·ha·len
uZW, wi·er·doon *uZW*; **Gesagtes ~** nao·säg·gen *uZW*

wiederholt 1. fa·ken *UW*;
faak, fa·ke, -n *EW*, **zum
~en Male** vö·schai·den·maol
UW; 2. wi·er·haalt, -e, -en
[wi·er·haal·te] *EW*

Wiederholung Wi·er·ha·lung,
-en [Wi·er·ha·lun·gen] *w.*

wiederkäuen niä·ken *ZW
med. kul.*

Wiederkehr Trüg·ge·kuë·men
s. o.Mz.

wiederkehren (arme Seelen
als Geister) wi·er·gaon
uZW psy.

wiederkommen wi·er·kuë-
men *uZW*

wiederschreiben wi·er·schri-
wen *uZW*

Wiedersehen Wi·er·sain *s.
o.Mz.*; **auf ~** ad·jüs (*frz.*
adieu), Guët·gaon!

wiedersehen wi·er·sain *uZW*

wiedertaufen wi·er·dö·pen
ZW rel.

Wiedertäufer Wi·er·dö·per,
-s *m. rel.*

wiederun wi·er *UW*

Wiege Waig, -e, -en [Wai·ge]
w. tech., Wai·ge·bed·ken,
Wai·ge·bed·kes *s. tech.*

wiegen wai·gen *uZW tech.*;
hin und her ~ wip·ken *ZW*

Wiegenkind Wai·gen·kind,
Wai·gen·kin·ner *s.*

Wiegenlied Wai·gen·leed,
Wai·gen·le·der *s. mus.*

wiehern fräns·ken *ZW*

Wiese Kamp, Käm·pe *m.
agr.*, Wai, -en *w. agr.*, Wies-
ke, -n *w. agr.*; **mit Blumen
übersäte ~** *übertr.* Mai-
wies·ke, -n *w. agr.*; **~ mit
Stieren** Bul·len·wies·ke, -n
w. agr.

Wiesel Hiäm·lien·ken, Hiäm-
lien·kes *s. zool.*

Wiesenameise Wies·ken-
am·pe, -n *w. zool.*

Wiesenbach Wies·ken·biëk,
-en [Wies·ken·bië·ken] *w.
geol.*

Wiesenblume Wies·ken·blo-
me, -n *w. bot.*; (Bezeichnung für alle gelben Feld-
und Wiesenblumen) Ko·blo-
me, -n *w. bot.*

Wiesenfuchsschwanz Wies-
ken·fos·stiärt, -s *m. bot.*

Wiesengatter Hek·baum,
Hek·bai·me, -s *m. tech.*

Wiesenland Wies·ken·land,
Wies·ken·län·ner *s. agr.*

Wiesenpfahl Wies·ken·paol,
Wies·ken·päö·le *m. tech. agr.*

Wiesensalbei Wies·ken·sel-
we, -n *w. bot.*

Wiesenschachtelhalm Wies-
ken·krok·kel, -n *w. bot.*

Wiesenschaumkraut Güört-
blo·me, -n *w. bot.*, Ki·wits-
blo·me, -n *w. bot.*, Ku·kuks-
blo·me, -n *w. bot.*, Pinkst·blo-
me, -n *w. bot.*

Wiesenzaun Wies·ken·tuun,
Wies·ken·tü·ne *m. tech. agr.*

wieso wu·dan *FrW*, wu·so
FrW

wieviel wu·viël, -e [wu·vië·le]
FrW

wieweit wu·wied *FrW*

Wigboldrechte Wig·bold-
räch·te *Mz. jur.*

wild bar·baarsk, -e, -en [bar-
baars·ke] *EW psy.*, grow,
gruo·we, -n *EW psy.*, hel-
lig, -e, -en [hel·li·ge] *EW
psy.*, ru, -·e, -·en *EW psy.*,
wild, wil·le, -n *EW*; **~ arbeitender Mensch** Wööst·bra-
ker, -s *m.*

Wild Wild *s. o.Mz. zool.*

Wilddieb Wild·daiw, -e [Wild-
dai·we] *m. jur.*

Wilddieberei Wild·dai·wen
s. o.Mz. jur.; **Beute aus ~**
Hië·gen·fleesk *s. o.Mz. jur.*

Wilde(r) Wil·le, -n *m., w.
und s.*

Wilderei Wild·dai·we·ri, -·en
w. jur.

Wilderer Wild·daiw, -e [Wild-
dai·we] *m. jur.*

Wildern Wild·dai·wen *s.
o.Mz. jur.*

wildern wild·dai·wen *ZW jur.*

Wildgans Wil·le Gaus, Wil-
len Gai·se *w. zool.*

Wildkaninchen Wild·ka·nien,
-s *s. zool.*

Wildleder Wild·liär, -s *s.
tech.*

Wildschwein Swat·kiel, -s
m. zool., Wild·swien, Wild-
swi·ne *s. zool.*; **Eber des ~s**
Wild·swien·bä·er, -n *m. zool.*

Wildwuchs Wild·was, Wild-
wäs·se *m. biol.*

Wilhelm Wilm *VN*

Wille Wil·len *m. o.Mz. psy.*

willensschwach nao·giëwsk,
-e, -en [nao·giëws·ke] *EW
psy.*

Willkommen Wil·kuë·men *s.
o.Mz.*

willkommen wil·kuë·men, -e,
-en [wil·kuë·me·ne] *EW*

willkürlich; ~ sein wil·mo-

ten *ZW psy.*
wimmeln krië·meln *ZW,* wüm·meln *ZW*
wimmelnd; ~ voll krië·mel·vul, -·le, -·len *EW*
wimmern gün·seln *ZW psy.,* hüns·ken *ZW psy.*
Wimper Ai·gen·haor, -e [Ai·gen·hao·re] *s. med.*
Wind Wind, Win·ne *m. met.;*
brausender ~ Su·se·wind, Su·se·win·ne *m. met.;*
frischer ~ Bries, Bri·sen *w. met.;* **scharfer ~** Haol·wind, Haol·win·ne *m. met.,* Hoost·wind, Hoost·win·ne *m. met.*
Windbeutel Fips, -e [Fip·se] *m. psy.,* Wind·büül, -s *m. kul.*
windbeutelig wind·bü·lig, -e, -en [wind·bü·li·ge] *EW psy.*
Winde Kraan, Krä·ne *m. tech.,* Li·re, -n *w. tech.,* Win·ne, -n *w. tech.*
Windel Ääs·dook, Ääs·dö·ker *s. tech. hyg.,* Kin·ner·dook, Kin·ner·dö·ker *s. tech. hyg.,* Pis·dook, Pis·dö·ker *s. tech. hyg.,* Schrao·del, Schräö·del *w. tech. hyg.,* Win·nel, -n *w. tech. hyg.;* **~n** Pis·klad·den *Mz. tech. hyg.*
windelweich win·nel·week, win·nel·we·ke, -n *EW*
winden wië·pen *ZW tech.,* win·nen *uZW*
Windfeder Wind·fiä·der, -n *w. arch.*
Windhauch Wind·aom, Wind·ääms *m. met.*
windig blüüs·trig, -e, -en [blüüs·tri·ge] *EW met.,* su·sig, -e, -en [su·si·ge] *EW met.,* win·nig, -e, -en [win·ni·ge] *EW met.*
Windkanal Wind·ka·naol, Wind·ka·näö·le *m. tech.*
Windmesser Wind·miä·ter, -s *m. met. tech.*
Windmühle Win·ne·müël, -en [Win·ne·müë·len] *w. tech.*
Windmühlenflügel Win·ne·müë·len·flüë·gel, -s *m. tech.,* Müë·len·flüë·gel, -s *m. tech.*
Windmühlenhügel Win·ne·müëls·hüë·wel, -s *m. geol.*
Windrad Wind·rad, Wind·riä·der *s. tech.*
Windröschen Snäp·pen·blo·me, -n *w. bot.*
windschief schüün, schü·ne,

-n *EW,* waan·kän·tig, -e, -en [waan·kän·ti·ge] *EW,* wind·scheew, wind·sche·we, -n *EW*
Windsichte (zur Kornreinigung) Kaf·müël, -en [Kaf·müë·len] *w. tech. agr.,* Schau·ne·müël, -en [Schau·ne·müë·len] *w. tech. agr.,* Wan·ne·müël, -en [Wan·ne·müë·len] *w. tech. agr.*
Windung Win·nung, -en [Win·nun·gen] *w.*
Windvogel Dra·ken, -s *m. tech.*
Windzug Bries, Bri·sen *w. met.*
Wink Wenk, -e [Wen·ke] *m.,* Te·ken, -s *s.*
Winkel Ek, Ecken [Ek·ken] *s.,* Hook, Hö·ke *m. arch.,* Knik, **~s** *m.;* **beweglich miteinander verbundene ~ zum Heben von Lasten** Kant·ha·ken, -s *m. tech.*
Winkeladvokat Rächts·vö·drai·er, -s *m. jur.*
Winkelchen Hööks·ken, Hööks·kes *s.*
Winkelzug Av·kao·ten·kniëp, -e [Av·kao·ten·knië·pe] *m.*
winken wen·ken *ZW*
winseln gün·seln *ZW,* hüns·ken *ZW,* jan·ken *ZW;* **bettelnd ~** kwän·geln *ZW psy.*
Winter Win·ter, -s *m. tem. met.*
Winterabend Win·ter·aomd, -e [Win·ter·aom·de] *m. tem.*
Wintergarten Glas·huus, Glas·hü·ser *s. arch.,* Win·ter·gaorn, Win·ter·gäörns *m. arch.*
Wintergerste Win·ter·giärst *w. o.Mz. bot.*
Wintergetreide Win·ter·käörn *s. o.Mz. bot.*
Winterhilfe Win·ter·höl·pe, -n *w. fin.*
Winterkleidung Win·ter·tüüg, -s *s. o.Mz.*
winterlich win·ter·lik, win·ter·licke, -n [win·ter·lik·ke] *EW met.*
Winterlinde Win·ter·lin·ne, -n *w. bot.*
Winterquartier Win·ter·kwa·te·er, -s *s.*
Wintersaat Win·ter·saot, Win·ter·säö·te *w. agr.*
Winterschlaf Win·ter·slaop,

Win·ter·slää·pe *m. med.*
Winterschläfer Win·ter·slai·per, -s *m. zool.*
Winterschlussverkauf Win·ter·uut·vö·kaup, Win·ter·uut·vö·kai·pe *m. fin.*
Winterswijk Wen·ters *ON*
Wintertag Win·ter·dag, -e [Win·ter·da·ge] *m. tem.*
wintertags win·ter·dags *UW tem.*
Wintervogel Win·ter·vuë·gel, Win·ter·vüë·gel *m. zool.*
Winterwetter Win·ter·wiär *s. o.Mz. met.*
Winterzeit Win·ter·tiet, Win·ter·ti·ten *w. tem.*
Winterzeug Win·ter·tüüg, -s *s. o.Mz.*
Winzer Wien·bu·er, -n *m. agr.*
winzig micke·rig, -e, -en [mik·ke·ri·ge] *EW*
Winzigkeit Tiks·ken, Tiks·kes *s.*
Winzling Üë·mel·ken, Üë·mel·kes *s.*
Wipfel Top, Töp·pe *m.*
Wippe Wüp·pe, -n *w. tech.*
wippen wip·ken *ZW,* wüp·pen *ZW;* **hin- und her~** bän·tern *ZW;* **Kind auf den Knien ~ lassen** suks·tern *ZW*
wir wi *FW*
Wirbel Wiä·wel, -s *m.*
Wirbelsäule Rüg·gen·strang, Rüg·gen·strän·ge *m. med.*
Wirbelsturm Wi·er·wind, Wi·er·win·ne *m. met.*
Wirbelwind Daor·wind, Daor·win·ne *m. met.,* Wi·er·wind, Wi·er·win·ne *m. met.*
wirken bi·trecken [bi·trek·ken] *uZW,* wür·ken *ZW*
wirklich för·wis, *EW,* würk·lik, würk·licke, -n [würk·lik·ke] *EW*
Wirklichkeit Würk·lik·kait *w. o.Mz.*
Wirkung Wür·kung, -en [Wür·kun·gen] *w.*
wirr düör·neen, düör·ne·ne *UW psy., tech.;* **~ im kopf** rap·pel·köpsk, -e, -en [rap·pel·köps·ke] *EW psy.;* **~ im Kopf werden** düör·drai·en *ZW psy.*
Wirren We·ern *Mz.*
Wirrwarr Düör·ne·ner *s. o.Mz.,* Himp·hamp, -s *m., übertr.* Sla·mas·sel *m. o.Mz.*

Wirsing Wür·sing *m. o.Mz. bot.*
Wirsinggemüse Wür·singge·möös *s. o.Mz. kul.*
Wirt Be·er·tap·per, -s *m. kul.*, Krö·ger, -s *m. kul.*, Wärt, -e [Wär·te] *m. kul.*; ~**in** Wärtsfrau, -·en *w. kul.*
Wirtschaft Wärt·schup, -·pen *w. fin., arch. kul.*
wirtschaften huus·hol·len *uZW fin.*
Wirtschafterin Huus·höl·lerske, Huus·höl·lers·kes *w.*
Wirtschaftsraum; ~ **im Bauernhaus** Diäl, -en [Diä·len] *w. arch. agr.*
Wirtshaus Kroog, Krö·ge *m. kul. arch.*, Wärts·huus, Wärtshü·ser *s. kul. arch.*
Wisch Wisk, -e [Wis·ke] *m.*
Wischeimer Wis·ke·em·mer, -s *m. tech. hyg.*
wischen wis·ken *ZW hyg.*
Wischer Wis·ker, -s *m. tech. hyg.*
Wischtuch Schüë·del·dook, Schüë·del·dö·ker *s. tech. hyg.*, Wis·ke·dook, Wis·kedö·ker *s. tech. hyg.*
wissen af·wie·ten *uZW*, kennen *uZW*, küë·nen *uZW*, wië·ten *uZW*
Wissen Ken·ne *w. o.Mz.*, Wië·ten *s. o.Mz.*
wissend kun·nig, -e, -en [kun·ni·ge] *EW*, wië·tend, -e, -en [wië·ten·de] *EW kult.*
Wissenschaft Wië·ten·schup, -·pen *w. kult.*
Wissenschaftler Wië·tenschup·ler, -s *m. kult.*
Witterung Wiär *s. o.Mz. met.*
Witwe Wid·de·wiew, Wid·dewi·wer *s.*
Witwer Wid·de·man, Wid·demän·ner *m.*
Witz Derk, -s *m. psy.*, Döne·ken, Dö·ne·kes *s. psy.*, Döön·ken, Döön·kes *s. psy.*
wo wao *BW UW FrW*
woanders wao·än·ners
wobei wao·bi *BW*
Woche Wiärk, -en [Wiär·ken] *w. tem.*; **alle zwei ~n** e·ne üm de an·ne·re Wiärk *tem.*; **eine ~ alt** wiär·ken·olt, wiärken·ol·le, -n *EW tem.*; **Zeitraum von vier ~n** Ve·erwiär·kens·tiet, Ve·er·wiärkens·ti·ten *w. tem.*

wochenalt wiär·ken·olt, wiärken·ol·le, -n *EW tem.*
Wochenbett Kind·bed·de *s. o.Mz.*, Kraom *m. o.Mz. med.*, Wiär·ken·bed·de *s. o.Mz. med., übertr.* Küs·sen, -s *s. med.*
wochenlang wiär·ken·lang, -e, -en [wiär·ken·lan·ge] *EW tem.*
Wochenmarkt Wiär·kenmarkt, Wiär·ken·miärk·te *m. fin.*
wöchentlich jer·re Wiärk *tem.*
Wochenzeitung Wiär·kenblad, Wiär·ken·bliä·der *s. kult.*
Wocken Dië·se, -n *w. tech.*
Wodan Tockel·bäänd, -s [Tok·kel·bäänd] *m.*
wodurch wu·düör *FrW*
wofür wao·för *BW FrW*, wuför *FrW*
woher wao·hiär *BW FrW*, wu·hiär *FrW*
wohin wao·hän *BW FrW*, wu·hän *FrW*
wohl wal *BW*, wul *BW*; (fühlen) wuol *EW psy.*
Wohl Wuol *s. o.Mz.*
wohlauf guët bi·ne·ne *med.*
Wohlbehagen Wuol·ge·fööl *s. o.Mz. psy.*
Wohlgefallen Frai·de, -n *w. psy.*
Wohlgefühl Wuol·ge·fööl *s. o.Mz. psy.*
wohlgenährt dik, dicke, -n [dik·ke] *EW med.*
Wohlgeruch Wuol·rüëk, -e [Wuol·rüë·ke] *m. biol.*
Wohlgestalt Pos·tüür, -s *w.* (frz. posture)
wohlhabend riek, ri·ke, -n *EW fin.*
wohlig wuo·lig, -e, -en [wuoli·ge] *EW*; ~ **warm** tut·kewaam, tut·ke·wa·me, -n *EW*
Wohltat Wuol·dat, -en [Wuolda·ten] *w.*
wohltuend laiw·lik, laiwlicke, -n [laiw·lik·ke] *EW psy.*
wohltun guët·doon *uZW*
wohlverdient wuol·vö·dänt, -e, -en [wuol·vö·dän·te] *EW psy.*
Wohnblock Blok, -s *m. arch.*
wohnen wuë·nen *ZW*; **ärmlich ~** hu·sen *ZW*
wohnhaft wuën·haf·tig, -e, -en [wuën·haf·ti·ge] *EW*

Wohnhaus Fa·mil·gen·huus, Fa·mil·gen·hü·ser *s. arch.*, Wun·huus, Wun·hü·ser *s. arch.*
Wohnküche Wun·küë·ke, -n *w. arch.*
Wohnort; den ~ wechseln wäg·trecken [wäg·trek·ken] *uZW*
Wohnraum Bin·nen·huus, Bin·nen·hü·ser *s. arch.*
Wohnsitz Wun·nung, -en [Wun·nun·gen] *w.*
Wohnstätte Wuën·stiär, -n *w. arch.*
Wohnung Wun·nung, -en [Wun·nun·gen] *w. arch.*
Wohnungsnot Wun·nungsnaud, Wun·nungs·nai·de *w.*
Wohnungswechsel Üm·tog, Üm·tüö·ge *m.*
Wohnviertel Wun·veer·del, -s *s. geog.*
Wohnwagen Wun·wa·gen, Wun·wiä·gen *m. trans.*
Wohnzimmer bes·ten Stuom *m. arch.*, Wun·stuom, Wunstüöms *m. arch.*
Wolbeck Wul·biëk *ON*
Wolf Wulf, Wül·fe *m. zool.*; **blöser, wütender ~** Ru·sewulf, Ru·se·wül·fe *m. zool.*
Wolfsburg Wulfs·buorg *ON*
Wolfsmilch Bul·len·kruud *s. o.Mz. bot.*, Rüs·ter·pit *m. o.Mz. bot.*
Wölkchen Wülks·ken, Wülkskes *s. met.*
Wolke Bun·ke, -n *w. met.*, Duok, Düö·ke *w. met.*, Wulke, -n *w. met.*
Wolkenbruch Stüört·schuer, -s *s. met.*
Wolkenhimmel Wul·ken·hiëmel *m. met.*
Wolkenloch Huol, Hüö·le *s. met.*, Stään·lok, Stään·löcker [Stään·lök·ker] *s. met.*
wolkig wul·kig, -e, -en [wulki·ge] *EW met.*
Wolldecke Wul·dië·ke, -n *w. tech.*, wul·len Wand, wullen Wän·ne *s. tech.*
Wolle Wul·le, -n *w. tech.*; **aus ~** wul·len, -e, -en [wulle·ne] *EW tech.*
wollen 1. müë·gen *uZW psy.*, wul·len *uZW psy.*; 2. wul·len, -e, -en [wul·le·ne] *EW tech.*
Wollen Wul·len *s. o.Mz. psy.*
Wollgarn Wul·gaorn, Wul-

gäörns *s. tech.*; **vorgeglät-
tetes ~** Kam·gaorn, Kam·
gäörns *s. tech.*
Wollgras Moor·pluum *m.
o.Mz. bot.*
Wollhandel Wul·han·nel *m.
o.Mz. fin.*
wollig wul·lig, -e, -en [wul-
li·ge] *EW*
Wollkleid Wul·kleed, Wul-
kle·der *s.*
Wollkleidung Wul·tüüg, -s
s. o.Mz.
Wollsack Dot·sak, Dot·siä·ke
m. tech., Wul·sak, Wul·siä-
ke *m. tech.*
Wollschaf Wul·schaop, Wul-
schäö·pe *s. zool. agr.*
Wollspinner Wul·len·spin·ner,
-s *m. tech.,* Wul·spin·ner, -s
m. tech.
Wolltuch Wul·dook, Wul·dö-
ker *s. tech.*
Wollwaren Wul·wiärk, -s *s.
o.Mz.*
Wollzeug Wul·tüüg, -s *s.
o.Mz.*
womit wao·met *UW FrW,*
wu·met *FrW*
womöglich wul *UW,* wu-
müég·lik *UW*
wonach wu·nao *FrW*
woran wao·an *BW FrW,* wu-
an *FrW*
Wordstamm Waod·ruo·ne,
-n *w.*
worin wu·drin *FrW*
Wort Waod, Wäö·der *s.*; **das
~ entziehen** dat Muul vö-
bai·den *psy.*; **großes ~ haben** klap·pai·en *ZW psy.*;
viele ~e über etwas machen
be·graut·snu·ten *uZW psy.*
Wörtchen Wäöd·ken, Wäöd-
kes *s.*
Wörterbuch Nao·kiek·sel, -s
s. kult., Wäö·der·book, Wäö-
der·bö·ker *s. kult.*
wortkarg kuort·af *EW psy.,*
übertr. drüüg, drü·ge, -n
EW psy.; **~ sein** *übertr.* de
Tiä·ne nich uut·e·neen kri-
gen *psy.*; **ein ~ Mensch**
een Drü·gen *psy.*
wörtlich wäöd·lik, wäöd-
licke, -n [wäöd·lik·ke] *EW*
Wortwechsel Waod·wes·sel,
-s *m.*
wovon wao·van *FrW,* wu-
van *FrW*
wozu wao·to *FrW,* wu·to *FrW*

Wucherer Dü·er·kai·per, -s
m. fin.
Wucherung im Fleisch Wild-
was, Wild·wäs·se *m. med.*
Wuchs Was, -·se *m. biol.*
wüchsig wös·sig, -e, -en
[wös·si·ge] *EW biol.*
Wucht Ka·fuk *m. o.Mz.,*
Kla·fun·nig, -e [Kla·fun·ni-
ge] *w.,* Ka·wum *m. o.Mz.*
wühlen bud·deln *ZW,* ö·len
ZW, wö·len *ZW, übertr.* mud-
deln *ZW*
Wühler Wö·ler, -s *m.*
Wühlmaus Mol·muus, Mol-
mü·se *w. zool.*
Wulfen Wul·fen *ON*
Wüllen Wül·len *ON*
wund seer, se·re, -n *EW
med.*; **sich ~ liegen** düör-
lig·gen *uZW med.*
Wunde Gla·mat·ke, -n *w.
med.,* Wun·ne, -n *w. med.*
Wunder Wun·ner, -s *s. rel.*
wunderbar wun·ner·baor, -e,
-en [wun·ner·bao·re] *EW*
Wunderhuhn Wun·ner·hoon,
Wun·ner·hö·ner *s. zool.*
Wunderkind Wun·ner·kind,
Wun·ner·kin·ner *s. psy.*
Wunderkraut Wun·ner·kruud,
Wun·ner·krü·der *s. med.*
wunderlich mal, mal·le, -·len
EW psy.
wundern wün·nern *ZW psy.*;
über alle Maßen ~ Steen un
Been wün·nern *psy.*; **wen
wundert es** wat wun·ner
Wundertier Wun·ner·dier, -s
s. zool.
Wunderwerk Wun·ner·wiärk,
-e [Wun·ner·wiär·ke] *s.*
Wunderzeichen Wun·ner-
te·ken, -s *s. rel.*
Wundflüssigkeit Sap, Siä-
pe *m. med.*; **~ absondern**
sap·pen *ZW med.*
Wundpflaster Plaos·ter, -s
s. tech. med.
Wundschorf Brat·se, -n *w.
med.,* Ruo·we *w. o.Mz. med.*
Wundsein der Oberschenkel
(Wolf) Bik·ääs *m. o.Mz. med.*
Wundverband Üm·slag, Üm-
sliä·ge *m. tech. med.*
Wunsch Wunsk, Wüns·ke
m. psy.
wünschen müé·gen *uZW
psy.,* wüns·ken *ZW psy.*
Wunstorf Wuns·duorp *ON*
Würde Wüör·de, -n *w. psy.*;

jemd. mit Rang, **~ und Amt**
Scha·sier·te, Scha·sier·ten *m.*
würde (Konjunktiv) dai; **Wenn
ich es nur könnte, ich ~ es
sofort tun!** Wan ik et män
kon, ik dai't forts!
würdevoll prais·lik, prais-
licke, -n [prais·lik·ke] *EW psy.*
würdig wüör·dig, -e, -en
[wüör·di·ge] *EW psy.*
würdigen wüör·di·gen *ZW
psy.*
Würdigung Wüör·di·gung,
-en [Wüör·di·gun·gen] *w. psy.*
Wurf Smiët, -e [Smië·te] *m.,*
Soog, Sö·ge *m. o.Mz.*
Würfel Wüör·pel, -s *m. tech.*;
Würfelchen Rü·ter·ken, Rü-
ter·kes *s.*
würfeln wüör·peln *ZW spo.*
Würfelspiel Wüör·pel·spiël,
-e [Wüör·pel·spië·le] *s. spo.*
Würfelspieler Döp·ken·spië-
ler, -s *m. spo.*
Wurfweite Smië·te, -n *w.*
würgen knu·sen *ZW,* strüör-
ten *ZW,* wrök·hal·sen *ZW,*
wüör·gen *ZW*
Würger Wüör·ger, -s *m.,*
Dik·kop, Dik·köp·pe *m. zool.*
Wurm Wuorm, Wüör·mer *m.
zool.*
Würmchen Wüörm·ken,
Wüörm·kes *s. zoo.*
Wurmfarn Wuorm·faon,
Wuorm·fäöns *m. bot.*
Wurmloch Wuorm·lok,
Wuorm·löcker [Wuorm·lök-
ker] *s.*
wurmstichig wuorm·stiëksk,
-e, -en [wuorm·stiëks·ke] *EW*
Wurst Wuorst, Wüörs·te *w.
kul.*; **zu Scheiben geschnittene ~** Up·snid *m. o.Mz.
kul.*; **~ aus ~brühe und
Buchweizenmehl** Pan·nas
m. o.Mz. kul.
Wurstebrot Möp·ken·braud,
Möp·ken·brai·de *s. kul.,*
Wuors·te·braud, Wuors·te-
brai·de *s. kul.*; **Gemenge
aus ~ und Milch** Wuors-
te·sop·pen, -s *m. kul.*
Wursten Wuors·ten *s. o.Mz.
kul.*
wursten wuors·ten *ZW kul.*
Wurstfleisch Met, -·ten *s.
kul.*
Wurstkessel Wuors·te·kië-
del, -s *m. tech. kul.*
Wurststopfen; hornförmi-

ges Blech zum ~ Wuorst-
häön, -s s. tech.
Wurzel Luo·de, -n w. bot.,
Ruo·ne, -n w. bot., Wuor-
del, -n w. bot.; **kleine ~**
Wüör·del·ken, Wüör·del·kes
s. bot.; **~n fassen** an·was-
sen biol.; **~n schlagen**
wuor·deln ZW biol.
wurzeln wuor·deln ZW
biol.
Wurzelnase Wuor·del·niër-
se, -n w. med.
Wurzelpetersilie Wuor·del-
pe·ter·sil·ge w. o.Mz. bot.
Wurzelstock Stub·ben, Stüb-
ben m. bot.
würzen; mit Salz ~ sol·ten
ZW kul.
wüst wööst, -e, -en [wöös-
te] EW; **~ sein** bal·lern
ZW
Wüste Wöös·te, -n w. geol.
Wüstensand Wöös·ten·sand,
Wöös·ten·sän·ne m. geol.
Wüstling Wööst·bra·ker, -s
m. psy.
Wut Brast m. o.Mz. psy.,
Dul·lig·kait, -en [Dul·lig·kai-
ten] w. psy., Gift, -e [Gif·te]
s. psy., Vö·niën m. und s.
o.Mz. psy. (frz. venin), Woot
w. o.Mz. psy.
Wutanfall Kol·ler, -s m. psy.,
Rap·pel, Räp·pel m. psy.
wüten wö·ten ZW psy.
wütend bras·tig, -e, -en [bras-
ti·ge] EW psy., bru·sig, -e,
-en [bru·si·ge] EW psy.,
fuch·tig, -e, -en [fuch·ti·ge]
EW psy., gal·lig, -e, -en
[gal·li·ge] EW psy., gif·tig,
-e, -en [gif·ti·ge] EW psy.,
hel·lig, -e, -en [hel·li·ge] EW
psy., kol·lersk, -e, -en [kol-
lers·ke] EW psy., kra·wa-
nig, -e, -en [kra·wa·ni·ge]
EW psy., spin·nig, -e, -en
[spin·ni·ge] EW psy., vö-
grelt, -e, -en [vö·grel·te] EW
psy., vö·iär·gert, -e, -en [vö-
iär·ger·te] EW psy., vö·nië-
nig, -e, -en [vö·nië·ni·ge] EW
psy., wö·tig, -e, -en [wö·ti-
ge] EW psy.
Wüterich Dul·kop, Dul·köp-
pe m. psy.

X

X, x X, x (Buk·stab·be)

Xanten San·te ON

Y

Y, y Y, y (Buk·stab·be)

Z

Z, z Z, z (Buk·stab·be)
Zacke Tacke, -n [Tak·ke] w.
zacken tacken [tak·ken] ZW
zackig tacke·lig, -e, -en [tak-
ke·li·ge] EW; **~ geschnitten** hacke·lig, -e, -en [hak-
ke·lig], [hak·ke·li·ge] EW
zäh drao, -·e, -·en EW, tao,
-·e, -·en EW, (Flüssigkeit) lob-
be·rig, -e, -en [lob·be·ri·ge]
EW; **~er Mensch** Knäp-
per, -s m., **Mensch mit ~er
Haut** Tao·bast, Tao·bäs·te
m.
Zahl Taal, Ta·len w.; **unbe-
stimmte große ~** el·wen-
diär·tig ZaW
zählen täl·len ZW math.
Zähler Täl·ler, -s m. math.
Zahltag (für den Lohn) Laun-
dag, -e [Laun·da·ge] m. tem.
fin.
Zahlwort Taal·waod, Taal-
wäö·der s.
zahm tam, -·me, -·men EW
psy., tö·mig, -e, -en [tö·mi·ge]
EW psy., ka·duk, ka·ducke, -n
[ka·duk·ke] EW psy., übertr.
ka·tolsk, -e, -en [ka·tols·ke]
EW psy.
zähmen bän·ni·gen ZW psy.,
tam·ma·ken uZW psy., täö-
men ZW psy., tiä·men ZW
psy.
Zahn Tan, Tiä·ne m. med.,
Tant, -e [Tiä·ne] m. med.;
~ des ~rades Tan, Tiä·ne
m. tech.; **neue Zähne bekommen** ta·nen ZW med.,
(bei Jungtieren) fäl·len ZW
med.; **Zähne zeigen** fräns-
ken ZW; **die Zähne putzen**
de Tiä·ne blank schu·ern
hyg.
Zahnarzt Tan·dok·ter, -s m.
med., (abfällig) Tiän·briä·ker,
-s m. med., scherzh. Ku·sen-
briä·ker, -s m. med.
Zahnbrecher Tiän·briä·ker,
-s m. med.
Zahnbürste Tan·büör·sel, -s
m. tech. hyg.
Zahncreme Tant·se·pe, -n

w. hyg.
zahnen ta·nen ZW med.,
kul.
Zahnfleisch Gao·gel, -s w.
med., Tan·fleesk s. o.Mz.
med.
Zahnpasta Tant·se·pe, -n
w. hyg.
Zahnrad Tan·rad, Tan·riä-
der s. tech.
Zahnradbahn Tan·rad·baan,
Tan·rad·ba·nen w. trans.
Zahnschmerzen Ku·sen·kel-
len s. Mz. med., Tan·pi·ne
Mz. med.
Zahnwurzel Tan·wuor·del, -n
w. med.
Zange Tang, -e, -en [Tan·ge]
w. tech.
Zank Stried, Stri·de m. psy.,
Un·friär m. psy., übertr.
Stunk m. o.Mz. psy.
Zankapfel Stried·ap·pel, -n m.
zanken san·ken ZW psy.,
stri·den uZW psy., **~ (mit
Worten)** käb·beln ZW psy.;
sich ~ übertr. in't Mos
häb·ben psy., übertr. sik in
ne Klad·den häb·ben psy.;
schreiend ~ kra·kai·len ZW
psy.; **spielerisch ~** kat·hal-
sen ZW psy.
Zankender Käb·be·ler, -s m.
psy.
zänkisch biëtsk, -e, -en
[biëts·ke] EW psy., kat·tig,
-e, -en [kat·ti·ge] EW psy.,
nüë·te·lig, -e, -en [nüë·te·li-
ge] EW psy., san·ke·rig, -e,
-en [san·ke·ri·ge] EW psy.,
tüënsk, -e, -en [tüëns·ke]
EW psy. ; **~er Mensch** Täg-
ge·aos, Täg·ge·äös·ter s.
psy.; **~es Weib** übertr. Fiä-
ge·schap, Fiä·ge·schiä·pe s.
psy., übertr. Gaw·wel·tan-
ge, -n w. psy.
Zäpfchen Täp·ken, Täp·kes
s. med.
zapfen tap·pen ZW
Zapfen Tap·pen, -s m. tech.,
bot.; **~ zur Verriegelung von
Türen** Bos, -·sen m. tech.
Zapfhahn Tap·kraan, Tap-
krä·ne m. tech.
Zapfstelle Kraan, Krä·ne m.
tech., Tap·stiär, -n w. tech.
zappelig hib·be·lig, -e, -en
[hib·be·li·ge] EW psy., rängs-
te·rig, -e, -en [rängs·te·ri·ge]
EW psy., spad·de·lik, spad-

de·licke, -n [spad·de·lik·ke] *EW psy.*, we·e·rig, -e, -en [we·e·ri·ge] *EW psy.*, wië·pe·lig, -e, -en [wië·pe·li·ge] *EW psy.*, wüps·te·rig, -e, -en [wüps·te·ri·ge] *EW psy.*; ~es Kind (am Tisch) *übertr.* Wip·stiärt, -s *m. psy.*

zappeln hib·beln *ZW psy.*, spad·deln *ZW psy.*, spuo·teln *ZW*, we·ern *ZW psy.*

zart fien, fi·ne, -n *EW*, kleen, kle·ne, -n *EW*, smööd, smö·de, -n *EW*; zarter fi·ner, kle·ner; am zartesten an fiens·ten, an klens·ten

zärtlich laiw·tai·lig, -e, -en [laiw·tai·li·ge] *EW psy.*; ~ tun dao·meln *ZW psy.*

Zärtling Dao·mel, -s *m. psy.*

Zauber Tu·wer *m. o.Mz. psy.*

Zauberei Tu·we·ri, -·en *w. psy.*

Zauberfluch Tu·wer·flöök, Tu·wer·flö·ke *m. psy.*

Zauberin Tu·wers·ke, -n *w. psy.*

zaubern tu·wern *ZW psy.*

Zaubernuss Tu·wer·nuët, Tu·wer·nüë·te *w. bot.*

Zauberspruch Tu·wer·waod, Tu·wer·wäö·der *s. psy.*, Wik·spruëk, Wik·sprüë·ke *m. psy.*

Zauberwort Tu·wer·waod, Tu·wer·wäö·der *s. psy.*

zaudern tö·cheln *ZW psy.*, tün·deln (met) *ZW psy.*

zaudernd tö·che·lig, -e, -en [tö·che·li·ge] *EW psy.*

Zaum Hal·ter, -s *m. tech.*, Taum, Tai·me *m. tech.*; im ~ halten an'ne Kan·dar·re läg·gen

zäumen tai·men (sik) *ZW psy.*

Zaumzeug Taum·tüüg, -s *s. o.Mz. tech.*

Zaun Stan·ket, -·te *s. tech.*, Tuun, Tü·ne *m. tech.*

Zäunchen Tüün·ken, Tüün·kes *s. tech.*

zäunen tü·nen *ZW tech.*

Zaungrasmücke Mül·ler·ken, Mül·ler·kes *s. zool.*

Zaunigel Tuun·e·gel, -s *m. zool.*

Zaunkönig Nië·del·küë·ning, -e [Nië·del·küë·nin·ge] *m. zool.*

Zaunpfahl Tuun·sta·ken, -s *m. tech.*, Tuun·paol, Tuun-

päö·le *m. tech.*

Zaunübertritt Hol·we, -n *w. tech.*

Zaunwinde Pis·pöt·ken, Pis·pöt·kes *s. bot.*, Wi·er·win·ne, -n *w. bot.*

zausen plu·sen *ZW*, tus·seln *ZW*

Zebrastreifen Üö·wer·wäg, Üö·wer·wiä·ge *m. trans.*

Zechbruder Tip·pel·bro·er, Tip·pel·brö·ers *m.*

Zeche Püt, -s *m. geol. tech.* (frz. puits), Kuo·len·püt, -s *m. tech. geol.*

zechen drais·ken *ZW kul.*, pi·cheln *ZW kul.*

Zecke Tië·ke, -n *w. zool.*

Zehe Teent, -s *m. med.*

Zehenspitze Teent·tip, -·pen *m. med.*

zehn tain *ZaW*

Zehnagel Teent·na·gel, Teent·niä·gel *m. med.*

zehnjährig tain·jäö·rig, -e, -en [tain·jäö·ri·ge] *EW tem.*

zehnmal tain·maol *ZaW*

zehntausend tain·du·send *ZaW*

Zehntausende Tain·du·sen·de *ZaW Mz.*

zehnte tain·te, -n *ZaW*

zehntel tain·tel *ZaW*

Zehntel Tain·tel, -s *s. ZaW*

zehren tiärn *ZW*

Zehrung Tiä·rung, -en [Tiä·run·gen] *w.*

Zeichen Maol, Mäö·le *s.*, Te·ken, -s *s.*

Zeichenbuch Te·ken·book, Te·ken·bö·ker *s. mus.*

Zeichenlehrer Te·ken·lä·rer, -s *m. kult.*

Zeichensprache Te·ken·sprao·ke, -n *w. kult.*

Zeichenstunde Te·ken·stun, -·nen *w. tem. kult.*

Zeichentusche Te·ken·en·ke, -n *w. tech.*

zeichnen mao·len *ZW tech.*, teek·nen *ZW tech.*; unbeholfen ~ krickeln [krik·keln] *ZW*

Zeichner Teek·ner, -s *m. tech.*

Zeichnung Teek·nung, -en [Teek·nun·gen] *w. tech.*

Zeigefinger Wi·se·fin·ger, -s *m. med.*

zeigen te·ken *ZW*, wi·sen *uZW*; sich ~ up·triä·ten

uZW; ~, wie etwas richtig gemacht wird wi·sen, wu et mot

Zeiger Wi·ser, -s *m. tech.*

Zeile Ri·ge, -n *w.*

Zeisig Sies·ken, Sies·kes *s. zool.*

Zeit Tiet, Ti·ten *w. tem.*; ~ benötigen du·ern *ZW tem.*; kurze ~ Stün·ken, Stün·kes *s. tem.*, Tiet·ken, Tiet·kes *s. tem.*, Wiel·ken, Wiel·kes *s. tem.*; bei ~en bi Ti·ten *tem.*; die ~ vergeht Jao·re gaot in't Land *tem.*; zu anderer ~ an·ner·tiets *UW tem.*

Zeitabschnitt Tiet, Ti·ten *w. tem.*

Zeitalter Tiet·ol·ler *s. o.Mz. his.*

Zeitchen Tiet·ken, Tiet·kes *s. tem.*

Zeitdauer Wiel, Wi·le, -n *w. tem.*

Zeitgefühl; ohne ~ tiet·vö·giä·ten, -e, -en [tiet·vö·giä·te·ne] *EW tem.*

zeitig ti·tig, -e, -en [ti·ti·ge] *EW tem.*

Zeitraum Tiet, Ti·ten *w. tem.*

Zeitrechnung Tiet·riäk·nung, -en [Tiet·riäk·nun·gen] *w. his.*

Zeitung Blad, Bliä·der *s. kult.*, (abfällig) Bläd·ken, Bläd·kes *s. kult.*, Da·ge·bläd·ken, Da·ge·bläd·kes *s. kult.*

zeitvergessen tiet·vö·giä·ten, -e, -en [tiet·vö·giä·te·ne] *EW psy.*

Zeitvertreib Tiet·vö·driew, Tiet·vö·dri·we *m.*; zum ~ pas·la·tant (för) (frz. passer le temps)

zeitweise tiet·wies *UW tem.*

Zeitwort Do·waod, Do·wäö·der *s.*, Tiet·waod, Tiet·wäö·der *s.*

Zeitzeichen Tiet·te·ken, -s *s.*

Zeller Halw·iär·we, -n *m. agr.*

Zelt Telt, -e [Tel·te] *s. tech.*

zelten tel·ten *ZW*

Zelter Tel·ter, -s *m.*

Zeltlager Telt·lao·ger, Telt·läö·gers *s.*

Zement Se·ment, -e [Se·men·te] *m.*

Zementfabrik Se·ment·fa·brik, Se·ment·fa·bricken [Se·ment·fa·brik·ken] *w. tech.*

zementieren se·men·te·ern *ZW*

Zementindustrie Se·ment·in·nus·tri, -·en *w. tech.*

Zementwerk Se·ment·wiärk, -e [Se·ment·wiär·ke] *s. tech.*

Zentimeter Sen·ti·me·ter, -s *m. tech.*

Zentner Sent·ner, -s *m. tech.;* **in ~n** sent·ner·wi·se *UW*

zentnerwiese sent·ner·wi·se *UW*

Zentralfriedhof Höft·kiärk·how, Höft·kiärk·hüö·we *m.*

Zentralhaus Höft·huus, Höft·hü·ser *s. arch.*

zentralisieren to·haup·trek·ken *uZW*

Zentrifuge Slü·der, -n *w. tech.*

zentrifugieren slü·dern *ZW tech.;* **Milch ~** Miälk üö·wer·drai·en

Zentrum (der Stadt) Bin·nen·stad, Bin·nen·stiä·den *w. geog.*

Zeppelin Sep·pe·lien, -s *m. trans.*, Wind·schip, -·pe *s. trans.*, Flai·gen·de Si·gar *w. tech. trans.*

Zepter Sep·ter, -s *s.*

zerbeißen te·bi·ten *uZW*, twe·bi·ten *uZW*

zerbissen te·bië·ten, -e, -en [te·bië·te·ne] *EW*

zerbrechen biäs·ten *ZW*, briä·ken *uZW*, düör·briä·ken *uZW*, ka·pot·briä·ken *uZW*, te·briä·ken *uZW*, twe·briä·ken *uZW*, uut·e·neen·briä·ken *uZW*; **Kopf ~** wun·ner·waar·ken *ZW psy.*

zerbrechlich te·briäk·lik, te·briäk·licke, -n [te·briäk·lik·ke] *EW*

zerbrochen ka·pot, -·te, -·ten *EW tech.*, te·bruo·ken, -e, -en [te·bruo·ke·ne] *EW tech.*

zerbröckeln krüë·meln *ZW*

zerbröckelt krüë·me·lig, -e, -en [krüë·me·li·ge] *EW*

zerbröseln vö·krüë·meln *ZW*

zerdrücken knap·pen *ZW*

zerfallen brüë·keln *ZW*

zerkauen düör·kau·en *ZW kul.*

zerkaut düör·kaut, -e, -en [düör·kau·te] *EW kul.*

zerkleinern kleen·ma·ken *uZW*, mao·len *ZW*

zerknittern vö·knül·len *ZW*, knuf·feln *ZW*

zerknüllen vö·knül·len *ZW*

zerknüllt knuw·we·lig, -e, -en [knuw·we·li·ge] *EW*

zerkocht pludderig, -e, -en *EW*

zerlegen klai·ben *ZW*, uut·e·neen·stië·len *ZW*

zerlumpt klun·te·rig, -e, -en [klun·te·ri·ge] *EW*

zerquetschen stam·pen *ZW*

zerreiben fri·ben *ZW*, mao·len *ZW*

zerreißen te·ri·ten *uZW*

zerrissen te·rië·ten, -e, -en [te·rië·te·ne] *EW*

zerschießen ka·pot·schai·ten *uZW mil.*

zerschlagen düör·slaon *uZW*, ka·pot·slaon *uZW*, twe·slaon *uZW*

zersetzen te·sät·ten *ZW chem.*

zersetzt te·sät, -·te, -·ten *EW chem.*

Zersetzung Te·sät·tung, -en [Te·sät·tun·gen] *w. chem.*

Zerstäuber Stü·wer, -s *m. tech.*, Vö·stu·wer, -s *m. tech.*

zerstören ka·pot·slaon *uZW*, vö·nai·len *ZW*, vö·stu·wern *ZW*, vö·tich·ten *ZW*

zerstört vö·stu·wert, -e, -en [vö·stu·wer·te] *EW*

Zerstörung Vö·stu·wung, -en [Vö·stu·wun·gen] *w.*

zerstreiten vö·tö·nen (sik) *ZW psy.*, vö·tü·ern *ZW psy.*

zerstreuen vö·strai·en *ZW*

zerstreut tüd·de·lig, -e, -en [tüd·de·li·ge] *EW psy.*

Zerstreutheit Vö·strait·hait, -en [Vö·strait·hai·ten] *w. psy.*

zerstritten vö·töönt, -e, -en [vö·töön·te] *EW psy.*, un·eens *EW psy.*

zerteilen klai·ben *ZW*, (ge·schlachtetes Großtier) uut·hau·en *uZW med.*

Zertrümmertes Grut *s. o.Mz.*

zerzausen plu·sen *ZW*, tus·seln *ZW*

zerzaust ru, -·e, -·en *EW*

Zettel Sië·del, -s *m.*

Zettelchen Sië·del·ken, Sië·del·kes *s.*

Zeug Kraom *s. o.Mz.*, Tüüg, -s *s. o.Mz.;* **dummes ~** Spar·gits·ken, Spar·gits·kes *s. psy.;* **Dummes ~!** Kwa·ter·di·kwa·ter! **wertloses ~** Schiet·kraom *m. o.Mz.*

Zeugamt Tüüg·amt, Tüüg-

iäm·ter *s.*

Zeuge Tü·ge, -n *m. jur.*

zeugen tü·gen *ZW jur.*, uut·säg·gen *uZW jur.*

Zeugnis Tüüg·nis, -·se *s. jur.*

Zichorie (gepresst) Sucke·rai, -·en [Suk·ke·rai] *w. kul.*

Zicke *übertr.* Sië·ge, -n *w. psy.*

Zickzack Tik·tak *m. o.Mz.*

Ziege Hip·pe, -n *w. zool.*, Hit·te, -n *w. zool.*, Sië·ge, -n *w. zool.*

Ziegel Tig·gel, -s *m. tech.*

Ziegelbrenner Tig·gel·bäk·ker, -s [Tig·gel·bäcker] *m. tech.*

Ziegelei Ri·e, -n *w. tech.*, Tig·ge·le·ri, -·en *w. tech.*

Ziegeleiarbeiter Tig·ge·ler, -s *m. tech.*

Ziegeleimeister Tig·ge·le·ri·mes·ter, -s *m. tech.*

Ziegelstein Bak·steen, Bak·ste·ne *m. tech.*, Tig·gel, -s *m. tech.;* **Haus aus ~** Bak·steen·huus, Bak·steen·hü·ser *s. arch.*

Ziegenbart Sië·gen·baod, Sië·gen·bäö·de *m. med.*

Ziegenbärtchen Sië·gen·bäöd·ken, Sië·gen·bäöd·kes *s. med.*

Ziegenbock Hit·ten·buk, Hit·ten·bücke [Hit·ten·bük·ke] *m. zool.*, Sië·gen·buk, Sië·gen·bücke [Sië·gen·bük·ke] *m. zool.*

Ziegenböckchen Sië·gen·büks·ken, Sië·gen·büks·kes *s. zool.*

Ziegenhaar Sië·gen·haor, -e [Sië·gen·hao·re] *s. med.*

Ziegenkette Sië·gen·kië·de, -n *w. tech.*

Ziegenkot Sië·gen·küë·del, -s *m. biol.*

Ziegenmelker Sië·gen·mel·ker, -s *m. zool.*

Ziegenmilch Sië·gen·miälk *w. o.Mz. kul.*

Ziehbank Fiä·ge·bank, Fiä·ge·bän·ke *w. tech.*, Tog·bank, Tog·bän·ke *w. tech.*

Ziehbrunnen Püt, -s *m. tech.* (*frz.* puits); **Stange am Hebearm für Eimer am ~** Püt·ro·de, -n *w. tech.*, Püt·su·se, -n *w. tech.*

ziehen rüd·den *ZW*, trek·ken [trek·ken] *uZW*, tü·en

ZW; **anfangen zu ~** an-trecken [an·trek·ken] *uZW*; **in einen Ort ~** to·trecken [to·trek·ken] *uZW*
Ziehen Trecken [Trek·ken] *s. o.Mz.*
Ziehharmonika Trek·üör·gel, -s *s. mus.*
Ziehstrang Tog·strang, Tog-strän·ge *m. tech.*
zielen tü·ern *ZW*
Zielwasser Tü·er·wa·ter, Tü-er·wä·ters *s.*
ziemlich flä·ge *EW*, sim·lik, sim·licke, -n [sim·lik·ke] *EW*, tiëm·lik, tiëm·licke, -n [tiëm-lik·ke] *EW*
Zierbeet An·lao·ge, -n *w. agr.*, Ra·bat·te, -n *w. agr.*
zieren; sich ~ sik häb·ben *psy.*, sik raor häb·ben *psy.*, sik tö·men *ZW psy.*
zierlich be·sipt, -e, -en [be-sip·te] *EW*, spis·sig, -e, -en [spis·si·ge] *EW*; **~e Frau, ~es Mädchen** Püp·ken, Püp-kes *s.*
Zierrat Be·slag, Be·sliä·ge *m. tech.*
Zierschrank; kleiner ~ Ver-ti·ko, -os *s. tech.*
Ziertaschentuch Struns-dook, Struns·dö·ker *s. tech.*
Ziertuch zum Einwickeln von Säuglingen Lu·re, -n *w. tech.*; **kleines ~** Lüür-ken, Lüür·kes *s. tech.*
Ziffer Sif·fer, -n *w. math.*
Zifferblatt Sif·fer·blad, Sif-fer·bliä·der *s. tech.*, Wi·ser-blad, Wi·ser·bliä·der *s. tech.*
Zigarette Flup·pe, -n *w.*, Si-ga·ret, --ten *w.*
Zigarre Si·gar, --ren *w.*
Zigarrenmacher Si·gar·ren-drai·er, -s *m. tech.*
Zigeuner Si·gai·ner, -s *m. kult.*
Zigeunerleben Si·gai·ner-liä·wen *s. o.Mz.*
Zigeunersprache Si·gai·ner-sprao·ke, -n *w. kult.*
Zigeunerwagen Si·gai·ner-wa·gen, Si·gai·ner·wiä·gen *m. trans.*
Zigorie Si·cho·ri·e, -n *w. kul.*
Zilpzalp Silp·salp, -s *m. zool.*
Zimmer Stuom, Stüöms *m. arch.*, Stuo·we, -n *w. arch.*, Ka·mer, -n *w. arch.*; **Aufgang zum oberen ~** Ka-

mer·up·gang, Ka·mer·up·gän-ge *m. arch.*; **sehr kleines ~** *übertr.* Kruup·lok, Kruup-löcker [Kruup·lök·ker] *s. arch.*
Zimmerchen Stüöw·ken, Stüöw·kes *s. arch.*
Zimmerdecke Pla·fonk, -s *m. arch.* (*frz.* plafond)
Zimmerfenster Ka·mer·fens-ter, -s *s. arch.*
Zimmerhandwerk Tim·mer-hand·wiärk, -e [Tim·mer-hand·wiär·ke] *s. tech.*
Zimmerholz Tim·mer·holt, Tim·mer·höl·ter *s. tech.*
Zimmermann Tim·mer·mann, Tim·mer·lü·de *m. tech.*
Zimmermannsbeil Biel, Bi-le *s. tech.*, Bi·le, -n *w. tech.*
zimmern tim·mern *ZW tech.*
Zimmerplatz Tim·mer·hook, Tim·mer·hö·ke *m. tech.*
Zimmerschlüssel Ka·mer-slüë·del, -s *m. tech.*
Zimmertür Ka·mer·düör, -n *w. arch.*
zimperlich pim·pe·lig, -e, -en [pim·pe·li·ge] *EW psy.*, sip-pe·lig, -e, -en [sip·pe·li·ge] *EW psy.*
Zimt Ka·nail *m. o.Mz. bot.*
Zink Senk *s. o.Mz. chem.*
Zinkdraht Senk·draod, Senk-dräö·de *m. tech.*
Zinke Tin·ke, -n *w. tech.*
Zinkeimer Senk·em·mer, -s *m. tech.*
Zinkfass Senk·fat, Senk·fiä-ter *s. tech.*
Zinkrinne Senk·ren·ne, -n *w. tech.*
Zinksalbe Senk·sal·we, -n *w. med.*
Zinkwanne Senk·fat, Senk-fiä·ter *s. tech.*
Zinn Tin *s. o.Mz. chem.*; **aus ~** tin·nen, -e, -en [tin·ne·ne] *EW*
Zinne Pin·ap·pel, -n *m. arch.*, Tin·ne, -n *w. arch.*
zinnern tin·nen, -e, -en [tin-ne·ne] *EW*
Zinngerät Tin·ge·rai, --e *s. tech.*
Zinngießer Kan·nen·gai·ter, -s *m. tech.*, Tin·gai·ter, -s *m. tech.*
Zinngießerei Kan·nen·gai-te·ri, --en *w. tech.*
Zinnkanne Tin·nen·kän·ken, Tin·nen·kän·kes *s. tech.*

Zinnkessel Tin·kië·del, -s *m. tech.*
Zinnsoldat Tin·sul·daot, -en [Tin·sul·dao·ten] *m. spo.*
Zins Tins, -en [Tin·sen] *m. fin.*
Zipfel Tim·pen, -s *m.*, Tip, --pen *m.*
zirka guët un wal, ne *UW*
Zirkel Pääs·ter, -s *m. tech.*, Päs·ser, -s *m. tech.*
Zirkus *übertr.* Ko·med·di-gen·ma·kers *Mz. mus.*
zirpen sip·pen *ZW*
zischeln ti·sen *ZW*
zischen sies·ken *ZW*, ti-sen *ZW*
Zitteraal Bië·wer·aol, Bië-wer·äö·le *m. zool.*
Zittergras Ha·sen·braud, Ha-sen·brai·de *s. bot.*
Zittern Bië·wern *s. o.Mz. med.*, Tat·te·ri·gen *m. o.Mz. med.*
zittern bië·wern *ZW med.*, rid·dern *ZW med.*, rit·ke·bië-wern *ZW med.*, tat·tern *ZW med.*, (vor Kälte) slot·tern *ZW med.*; **heftig ~** bib·bern *ZW med.*
zitternd bië·we·rig, -e, -en [bië·we·ri·ge] *EW med.*
Zitterpappel Wië·den·es-pe, -n *w. bot.*
zittrig tat·te·rig, -e, -en [tat-te·ri·ge] *EW med.*
Zitze Tit·te, -n *w. med.*, Waor·del, -n *w. med.*
Zivil Si·wiel *s. o.Mz.*
zögern drän·seln *ZW psy.*, druk·sen *ZW psy.*, klün·geln *ZW psy.*, kwan·keln *ZW psy.*, tö·men *ZW psy.*, tö·wen *ZW psy.*, tög·geln *ZW psy.*, tün-deln (met) *ZW psy.*
Zögern Klün·ge·le·ri, --en *w. psy.*
zögernd drao, --e, --en *EW psy.*
Zoll Tol, Töl·le *s. fin.*; Tol, Töl-le *m. fin.*; (Längenmaß 25,4 mm) Tol, Töl·le *s. tech.*; **ein ~ lang** töl·lig, -e, -en [töl-lige] *EW tech.*; **zwei ~ lang** twe·töl·lig, -e, -en [twe·töl·li-ge] *EW tech.*
Zollamt Tol·amt, Tol·iäm·ter *s. fin.*
Zollbeamter Tol·bi·am·te, -n *m. fin.*
Zollbehörde Tol, Töl·le *m. fin.*

Zollgrenze Tol·gren·se, -n
w. fin.
Zollhaus Tol·huus, Tol·hü-
ser *s. arch.*
zöllig töl·lig, -e, -en [töl·li·ge]
EW tech.
Zöllner Bai·mer, -s *m. fin.*,
Töl·ner, -s *m. fin.*
Zollschein Tol·schien, Tol-
schi·ne *m. fin.*
Zollstelle (für Wegegeld) Por-
re·er·baum, Por·re·er·bai·me
m. fin.
Zollstock Tol·stok, Tol·stöcke
[Tol·stök·ke] *m. tech.*
zollweise tol·wies, tol·wi·se
UW
Zone Be·riek, Be·ri·ke *m.*
Zoo De·er·gaorn, De·er·gäörns
m. zool.
Zopf; geflochtener ~ Haor-
stiärt, -s *m.*
Zorn Vö·niën *m. und s. o.Mz.
psy. (frz.* venin)
zornig gal·lig, -e, -en [gal·li-
ge] *EW psy.*, gif·tig, -e, -en
[gif·ti·ge] *EW psy.*, vö·nië-
nig, -e, -en [vö·nië·ni·ge] *EW
psy.*
Zosse Sus·se, -n *w. zool.*
Zotteln; saumseliges ~
tod·deln *ZW*
zottig kla·te·rig, -e, -en [kla-
te·ri·ge] *EW*
zu bi *UW, VW*, nao *VW UW*,
to *UW VW*; **~m Nachbarn
gehen** nao'n Nao·ber gaon;
~r Seite gehen up Siet gaon
zuarbeiten to·ar·bai·den *ZW*
Zuarbeiter To·ar·bai·der, -s
m.
zubauen to·bau·en *ZW tech.*
zubeißen to·bi·ten *uZW*
zubekommen to·kri·gen *uZW*
Zuber Wös·ke·fat, Wös·ke-
fiä·ter *s. tech.*
zubereiten an·rö·ern *ZW*,
ma·ken *uZW*, träch·te·ma-
ken *uZW*
zubilligen to·spriä·ken *uZW*
zubinden to·bin·nen *uZW*;
die Augen ~ blind·ai·gen
ZW, **die Augen ~ bei ag-
gressiven Tieren** blind·dö-
ken *ZW agr.*
zublinzeln to·plin·kern *ZW*
zubringen to·brän·gen *uZW*
Zucht Tucht, Tuch·ten *w.
psy., biol.*
Zuchtbulle Tucht·bul·le, -n
m. zool. agr.

züchten tüch·ten *ZW biol.*
Züchter Tüch·ter, -s *m. biol.*
Zuchthaus Tucht·huus, Tucht-
hü·ser *s. jur. arch.*
Zuchthäusler Tücht·ling, -e
[Tücht·lin·ge] *m. jur.*
züchtig üörn·lik, üörn·licke,
-n [üörn·lik·ke] *EW psy.*
Zuchtmeister Tucht·mes-
ter, -s *m.*
Zuchtschwein (weibliches)
Gel·te, -n *w. zool. agr.*
Züchtung Tucht, Tuch·ten *w.
biol.*, Tüch·tung, -en [Tüch-
tun·gen] *w. biol.*
Zuchtvieh Tucht·ve *s. o.Mz.
zool. agr.*
zuckeln suckeln [suk·keln]
ZW trans.
zucken tucken [tuk·ken] *ZW*;
nervös mit den Augen ~
blak·ai·gen *ZW psy.*
Zucker Sucker [Suk·ker] *m.
o.Mz. kul.*; **mit ~ gebrannt**
kan·de·ert, -e, -en [kan·de-
er·te] *EW kul.*; **sehr reiner
~, raffinierter ~** wit·ten
Sucker *kul.*; **brauner ~,
unraffinierter ~** bru·nen
Sucker *kul.*; **Stoffläppchen
mit ~ zum Lutschen für
Säuglinge** Sucker·plüed-
ken, Sucker·plüed·kes [Suk-
ker·plüed·ken] *s. tech. kul.*
Zuckerapfel Sucker·ap·pel,
-n [Suk·ker·ap·pel] *m. kul.*
Zuckerbäcker Sucker·bäcker,
-s [Suk·ker·bäk·ker] *m. kul.*
Zuckerdose Sucker·düp·pe,
-n [Suk·ker·düp·pe] *w. tech.*
Zuckerhut Sucker·hood,
Sucker·hö·de [Suk·ker·hood]
m. kul.; **Leine um den ~**
Sucker·lien, Sucker·li·nen *w.
tech.*
zuckerkrank sein Sucker
häb·ben *med.*
Zuckerlöffel Sucker·liä·pel,
-s [Suk·ker·liä·pel] *m. tech.
kul.*
zuckern sö·ten *ZW kul.*,
suckern [suk·kern] *ZW kul.*
Zuckerrübe Sucker·rö·we,
-n [Suk·ker·rö·we] *w. bot.*
Zuckersack Sucker·sak,
Sucker·siä·ke [Suk·ker·sak]
m. tech.
Zuckerstück Klümp·ken,
Klümp·kes *s. kul.*
zuckersüß sucker·sööt,
sucker·sö·te, -n [suk·ker-

sööt], [suk·ker·sö·te] *EW kul.*
Zuckertopf Sucker·pot, Suk-
ker·pöt·te [Suk·ker·pot] *m.
tech. kul.*
Zuckertüte Sucker·tu·te, -n
[Suk·ker·tu·te] *w. tech. kul.*
Zuckerwasser Sucker·wa-
ter, Sucker·wä·ters [Suk·ker-
wa·ter] *s. kul.*
Zuckerwerk Sucker·wiärk, -s
[Suk·ker·wiärk] *s. o.Mz. kul.*
Zuckung Tucken [Tuk·ken] *s.
o.Mz.*; **letzte ~en machen**
übertr. spin·fö·ten *ZW*
zudecken dië·ken *ZW*, to-
dië·ken *ZW*, to·ra·ken *ZW*;
Feuer mit Asche ~ ra·ken
ZW
zudrehen af·drai·en *ZW tech.*,
to·drai·en *ZW tech.*
zudringlich driewsk, -e, -en
[driews·ke] *EW psy.*, to-
dringsk, -e, -en [to·drings-
ke] *EW psy.*
zudrücken to·kni·pen *uZW*
zuerkennen to·spriä·ken
uZW
zuerst al·ler·iärst *UW*, iärst-
an *UW VW*, iärst *UW VW*,
to·vüör·derst *UW*, to·iärst
UW
Zufall To·fal, To·fiä·le *m.*
zufallen to·fal·len *uZW*, vö-
fal·len *uZW*
zufällig to·föl·lig, -e, -en [to-
föl·li·ge] *EW*
zufassen an·gri·pen *uZW*,
to·packen [to·pak·ken] *uZW*
zufliegen to·flai·gen *uZW*
Zuflucht Un·ner·dak, Un·ner-
diä·ker *s.*
Zufluss To·laup, To·lai·pe *m.*
zuflüstern to·flis·tern *ZW*
zufrieden helk, -e, -en [hel-
ke] *EW psy.*, kon·tant, -e,
-en [kon·tan·te] *EW psy.
(frz.* content), to·friär, -e, -en
[to·friär·e] *EW psy.*; **gut ~**
trim·me·rig, -e, -en [trim·me-
ri·ge] *EW psy.*
zufriedengeben be·gnö·gen
ZW psy.; **sich ~** sik hän-
doon *uZW psy.*
Zufriedenheit Kon·tant·hait,
-en [Kon·tant·hai·ten] *w. psy.*
zufrieren to·frai·sen *uZW
met.*
zufügen bi·doon *uZW*; **sich
Leid ~** sik wat an·doon *psy.*
zuführen to·fö·ern *ZW*
Zug Tog, Tüö·ge *m. trans.*; **in**

den letzten Zügen liegen *übertr.* spin·fö·ten *ZW med.*
Zugabe To·gaaw, To·ga·wen *w.*
Zugang To·gang, To·gän·ge *m.*; ~ **gewähren** ran·lao·ten *uZW*
zugangehalten an·tog·hol·len *uZW*
Zugangsstraße To·gangs·strao·te, -n *w. trans.*
Zugangsweg To·gangs·wäg, To·gangs·wiä·ge *m. trans.*
Zugbrücke Tog·brüg·ge, -n *w. tech.*
Zugbrücke Trek·brüg·ge, -n *w. tech.*
zugeben bi·doon *uZW;* in·staon *uZW psy.,* to·gië·wen *uZW psy.*
zugefallen vö·fol·len, -e, -en [vö·fol·le·ne] *EW*
zugefroren to·fruorn, -e, -en [to·fruor·ne] *EW met.*
zugegossen to·guo·ten, -e, -en [to·guo·te·ne] *EW*
zugehen to·gaon *uZW*
zugehören to·häö·ern *ZW*
Zugehörigkeit To·häö·rig·kait *w. o.Mz.*
zugeklebt to·kliëwt, -e, -en [to·kliëw·te] *EW*
zugeknöpft to·knöpt, -e, -en [to·knöp·te] *EW*
Zügel Lait, -en [Lai·ten] *s. tech.,* Tüë·gel, -s *m. tech.;* ~ **anlegen** up·tai·men *ZW*
zugelassen to·lao·ten, -e, -en [to·lao·te·ne] *EW*
zügeln hal·tern *ZW psy.,* tüë·geln *ZW*
zugemauert to·mü·ert, -e, -en [to·mü·er·te] *EW tech.*
zugeneigt laiw, -e, -en [lai·we] *EW psy.*
zugeschnürt to·snö·ert, -e, -en [to·snö·er·te] *EW tech.*
Zugeständnis, ~se machen nao·gië·wen *uZW psy.*
zugestehen gün·nen *ZW psy.,* to·staon *uZW psy.*
zugeteilt to·deelt, -e, -en [to·deel·te] *EW*
zugetragen to·druo·gen, -e, -en [to·druo·ge·ne] *EW*
zugewachsen to·was·sen, -e, -en [to·was·se·ne] *EW bot., biol.*
zugewandert to·wan·nert, -e, -en [to·wan·ner·te] *EW*
zugewinnen to·win·nen *uZW*

zugezogen to·trocken, -e, -en [to·trok·ke·ne] *EW*
Zuggeschirr (insbes. von Pferden) Kum·met, -s *s. trans.,* Sië·len *Mz. trans.;* **Rückenriemen des ~s** Sië·len·rai·men, -s *m. tech.*
Zughaken Tog·ha·ken, -s *m. tech.*
zugießen sliä·men *ZW tech.,* to·gai·ten *uZW tech.*
zügig riew, ri·we, -n *EW,* tuo·gig, -e, -en [tuo·gi·ge] *EW*
Zugkraft Tog, Tüö·ge *m.*
zugleich liek to *UW tem.,* to·gliek *UW tem.*
Zugluft Haol·wind, Haol·win·ne *m. met.,* Tog, Tüö·ge *m.*
Zugmaschine Slië·per, -s *m. trans.,* Tog·ma·schien, Tog·ma·schi·nen *w. trans.,* Trecker, -s [Trek·ker] *m. trans.*
Zugmaschinenfahrer Trekker·dri·wer, -s *m. trans.*
Zugmesser mit zwei Handgriffen Krum·mest, Krummes·sers *s. tech.,* Tog·mest, Tog·mes·sers *s. tech.;* **krummes ~ mit langem Stiel** Uut·tog, Uut·ütö·ge *m. tech.*
Zugnetz Tog·net, -te *s. tech.*
Zugpferd Tog·piärd, -e [Togpiär·de] *s. zool. trans.,* Wagen·piärd, -e [Wa·gen·piär·de] *s. zool. trans.;* **einzelnes ~** Een·spän·ner, -s *m. zool. trans.*
Zugposaune Schuuw·trumpät·te, -n *w. tech. mus.,* (spaßig) Rü·en·tiä·ger, -s *m. tech. mus.*
zugraben to·gra·wen *uZW*
zugreifen to·gri·pen *uZW*
Zugriemen Tog·rai·men, -s *m. tech.*
Zugriff To·griëp, -e [To·griëpe] *m.*
zugrunde to·grun·ne *UW;* ~ **gehen** un·ner·gaon *uZW,* *übertr.* in de Wicken gaon *uZW*
zugrundegehen to·grun·ne·gaon *uZW*
Zugseil Tog·seel, Tog·se·le *s. tech.*
Zugstiefel Sug·stië·wel, -s *m. tech.*
zugute to·guë·te; ~ **halten** an·riä·ken *ZW psy.*
Zugvogel Sum·mer·vuë·gel,

Sum·mer·vüë·gel *m. zool.,* Tog·vuë·gel, Tog·vüë·gel *m. zool.*
Zugwind Haol *m. o.Mz. met.*
zuhalten to·hol·len *uZW*
zuhängen to·han·gen *uZW*
zuhauf to·haup, -e [to·haupe] *UW*
Zuhause To·hu·se *s. o.Mz.*
zuhören häö·ern *ZW,* to·häö·ern *ZW,* to·lus·tern *ZW,* up·lus·tern *ZW*
Zuhörer To·häö·e·rer, -s *m.*
zukaufen to·kau·pen *uZW fin.*
zukleben to·klië·wen *ZW tech.*
zuknallen to·bal·lern *ZW*
zukneifen to·kni·pen *uZW*
zuknöpfen to·knöp·pen *ZW*
zukratzen to·klai·en *ZW*
Zukunft To·kunft *w. o.Mz. tem.;* **nächste ~** Nao·hait, -en [Nao·hai·ten] *w. tem.;* **voller Tatendrang in die ~ schauen** *übertr.* de Wiält up de Schuw·kaor häb·ben *psy.*
zukünftig to·künf·tig, -e, -en [to·künf·ti·ge] *EW tem.*
zulächeln an·plin·kern *ZW psy.*
zuladen to·la·den *ZW*
Zulage To·lao·ge, -n *w. fin.*
Zulass To·laot, To·läö·te *m.*
zulassen lao·ten *uZW,* liden *ZW,* to·lao·ten *uZW,* to·staon *uZW*
Zulassung To·laot, To·läöte *m. jur.*
Zulauf An·laup, An·lai·pe *m.,* To·laup, To·lai·pe *m.*
zulaufen to·lau·pen *uZW*
zulegen to·läg·gen *ZW*
zuleide to·leed, to·le·de *UW*
zuletzt an·lest, -e, -en [an·les·te] *UW tem.,* to·lest *UW tem.,* vö·lest, -e, -en [vö·les·te] *UW tem.*
zumachen to·krap·pen *ZW,* to·ma·ken *ZW*
zumauern to·mü·ern *ZW tech.,* vö·mü·ern *ZW tech.*
zumeist to·miärst *UW*
zumessen to·miä·ten *uZW*
zumindest to·mins·ten *UW*
zumute to·mo·de *UW psy.*
zumuten to·mo·den *UW psy.*
Zumwalde Ton·wol·de *ON*
zunächst iärst *UW VV,* iärst·an *UW VV,* iärst·maol *UW,* to·naigst *VV,* to·vüör

UW, to·vüör·derst *UW*
zunageln to·niä·geln *ZW tech.*
zunähen to·nai·en *ZW tech.*, vö·nai·en *ZW tech.*
Zündelei Fü·er·ken, Fü·er·kes *s.*
zündeln tün·geln *ZW*
zünden sün·nen *ZW*
Zünder Sün·ner, -s *m. tech.*
Zundertopf (am Herdfeuer) Tün·tel·pot, Tün·tel·pöt·te *m. tech.*
Zündkerze Sün·kä·se, -n *w. tech.*
Zündung Sün·nung, -en [Sün·nun·gen] *w. tech.*
zunehmen an·was·sen *uZW*, to·nië·men *uZW med.*
Zuneigung Laiw, -e, -en [Lai·we] *w. psy.*; ~ **empfinden** laiw häb·ben *psy.*
Zunft Gil·le, -n *w.*, Tunft, Tünf·te *w.*; **zur ~ gehörend** tünf·tig, -e, -en [tünf·ti·ge] *EW*
zünftig tünf·tig, -e, -en [tünf·ti·ge] *EW*
Zunge Tun·ge, -n *w. med.*, *übertr.* Blad, Bliä·der *s. med.*
Zungenbrecher Tun·gen·briä·ker, -s *m.*
Zungenschlag Tun·gen·slag, Tun·gen·sliä·ge *m. kult.*
Zungenspitze Tun·gen·tip, -·pen *m. med.*
Zünglein Tüngs·ken, Tüngs·kes *s. med.*
zunichte machen vö·mas·seln *ZW*
zupacken to·packen [to·pak·ken] *uZW*
Zupfgeige Trek·vi·ge·lien, Trek·vi·ge·li·nen *w. tech. mus.*
zupflanzen to·puor·ten *ZW agr.*
zuprosten an·stau·ten *uZW kul.*, to·drin·ken *uZW kul.*
zurechnen to·riä·ken *ZW math.*
zurecht trächt, -e [träch·te] *UW*; **gut ~** kon·tant, -e, -en [kon·tan·te] *EW psy.* (frz. content); **nicht gut ~** lu·e·rig, -e, -en [lu·e·ri·ge] *EW psy.*; **nicht gut ~ sein** nich güët in Schus sien *med.*; *übertr.* niks to vö·kau·pen hä·ben *psy.*
zurechtbiegen hän·bai·gen *uZW*, träch·te·bai·gen *uZW*

zurechtkommen trächte·kuë·men *uZW*, klaor·kuë·men *uZW*
zurechtmachen trächte·ma·ken *uZW*
zurechtschneiden trächte·sni·den *uZW*
zurechtsetzen to·rächt·sät·ten *ZW*, to·sam·men·stu·ken *uZW psy.*
zurechtweisen *übertr.* dän Kop was·ken *psy.*; ka·tolsk kü·ern *psy.*, to·sam·men·stu·ken *uZW psy.*; **jemd.** ~ *übertr.* Baod af·ma·ken *psy.*, e·nen wi·sen, wao et langs gait
zurechtziehen trächte·trek·ken [trächte·trecken] *uZW*
zureden flat·te·ern *ZW psy.* (frz. flatter), to·kü·ern *ZW psy.*; **gut ~** güët to·kü·ern *psy.*
Zureden Tö·kü·ern *s. o. Mz. psy.*
zureiten to·ri·den *uZW spo.*
zurück der·wi·er *UW*, trüg, -·ge *UW*, trüg·üö·wer *UW*; **wieder ~** de wi·er; **~ zur Sache kommen** *übertr.* dän Drai kri·gen
zurückbekommen wi·er·kri·gen *uZW*
zurückbezahlt trüg·ge·taalt, -e, -en [trüg·ge·taal·te] *EW fin.*
zurückbleiben nao·bli·wen *uZW*, trüg·ge·bli·wen *uZW*
zurückblicken wi·er·ki·ken *uZW*
zurückbringen trüg·ge·brän·gen *uZW*, üm·brän·gen *uZW*, wi·er·brän·gen *uZW*
zurückdenken trüg·ge·den·ken *uZW psy.*
zurückdrängen mö·ten *ZW*
zurückerhalten wi·er·kri·gen *uZW*
zurückfahren trüg·ge·fö·ern *ZW trans.*
zurückfedern trüg·ge·fiä·dern *ZW tech.*
zurückfinden trüg·ge·fin·nen *uZW*
zurückführen üm·lai·en *ZW*
zurückgeben ruut·gië·wen *uZW*, trüg·ge·doon *uZW*, trüg·ge·gië·wen *uZW*, wi·er·doon *uZW*, wi·er·gië·wen *uZW*
zurückgeblieben trüg·ge-

blië·wen, -e, -en [trüg·ge·blië·we·ne] *EW*
zurückgehen trüg·ge·gaon *uZW*
zurückgelegt trüg·ge·lägt, -e, -en [trüg·ge·läg·te] *EW*
zurückgezogen trüg·ge·trocken, -e, -en [trüg·ge·trok·ken], [trüg·ge·trok·ke·ne] *EW*
zurückhaben wi·er·häb·ben *uZW*
zurückhalten be·hol·len *uZW*, trüg·ge·hol·len *uZW*
zurückhaltend drao·se·lig, -e, -en [drao·se·li·ge] *EW psy.*
zurückholen trüg·ge·ha·len *uZW*, wi·er·ha·len *uZW*
zurückkommen trüg·ge·kuë·men *uZW*, wi·er·kuë·men *uZW*
zurücklachen wi·er·la·chen *ZW psy.*
zurücklassen nao·lao·ten *uZW*, trüg·ge·lao·ten *uZW*
zurücklaufen trüg·ge·lau·pen *uZW*
zurücklegen trüg·ge·läg·gen *ZW*
zurücklehnen trüg·ge·lië·nen *ZW*
zurücknehmen trüg·ge·nië·men *uZW*
zurückreißen trüg·ge·ri·ten *uZW*
zurückrufen trüg·ge·ro·pen *uZW*
zurückschlagen trüg·ge·slaon *uZW*
zurückschreiben trüg·ge·schri·wen *uZW*, wi·er·schri·wen *uZW*
zurücksehen trüg·ge·ki·ken *uZW*
zurücksetzen trüg·ge·sät·ten *ZW*
zurückstecken trüg·ge·stiä·ken *uZW*
zurückstehen trüg·ge·staon *uZW*
zurückstoßen trüg·ge·doon *uZW*, trüg·ge·stau·ten *uZW*
zurücktreten af·dan·ken *ZW*, af·triä·ten *uZW*, trüg·ge·triä·ten *uZW*
zurückversetzen trüg·ge·vö·sät·ten *ZW*
zurückwachsen trüg·ge·was·sen *uZW biol.*
zurückweichen trüg·ge·wi-

ken *uZW*, trüg·ge·gaon *uZW*
zurückweisen af·wi·sen
uZW, trüg·ge·wi·sen *uZW*;
als undenkbar (für sich) ~
wied wäg·smi·ten *psy.*
zurückzahlen trüg·ge·ta·len
ZW fin., wi·er·gië·wen *uZW*
fin.; **ratenweise ~** af·stüör-
tern *ZW fin.*
zurückziehen ret·te·re·ern
ZW (frz. retirer), trüg·ge-
trecken [trüg·ge·trek·ken]
uZW
Zuruf To·roop, To·rö·pe *m.*
zurufen to·ro·pen *uZW*
zusagen to·säg·gen *uZW*,
luo·wen *ZW*
zusammen bi·nan·ner *UW*,
bi·ne·ne *UW*, met·e·neen
UW, to·haup, -e [to·hau·pe]
UW, to·neen *UW*, to·sam-
men *UW*; **alles ~** in'ne Ru-
se, Klum·patsch *m. o.Mz.*
Zusammenarbeit Kum·pe-
ni, -·en *w.*
zusammenarbeiten to·sam-
men·wiär·ken *ZW*
zusammenbacken backen
[bak·ken] *uZW*, to·sam·men-
backen [to·sam·men·bak-
ken] *uZW*
zusammenballen knuw-
weln *ZW*
**zusammenbauen, vorsich-
tig ~** stucke·de·ern [stuk·ke-
de·ern] *ZW tech.*
zusammenbeißen to·sam-
men·bi·ten *uZW*
zusammenbetteln to·haup-
biä·deln *ZW psy.*
zusammenbiegen bi·bai-
gen *uZW tech.*
zusammenbinden bin·nen
uZW, snö·ern *ZW*, to·sam-
men·bin·nen *uZW*
zusammenbleiben to·sam-
men·bli·wen *uZW*
zusammenbrechen bi·ne·ne-
klap·pen *ZW*, to·sam·men-
briä·ken *uZW*, übertr. in'ne
Knai gaon *psy., med., tech.*
zusammenbringen to·sam-
men·brän·gen *uZW*; **Weibchen und Bock zur Zeu-
gung ~** bi·lao·ten *uZW med.*
Zusammenbruch Bi·ne·ne-
klap·pen *s. o.Mz.*, Daal·slag,
Daal·sliä·ge *m. med.*
zusammenfließen bi·ne·ne-
lau·pen *uZW*
Zusammengebundenes

Kop·pel, -n *w.*, Bund, Bün-
ne *s. agr.*
Zusammengeharktes Hark-
sel, -s *s.*
Zusammengekochtes Kuok-
sel, -s *s.*, Mank·moos *s.
o.Mz. kul.*
zusammengepackt bi·ne·
ne·pakt, -e, -en [bi·ne·ne·
pak·te] *EW*
zusammengeschrumpft vö·
schrum·pelt, -e, -en [vö·
schrum·pel·te] *EW*
zusammenhalten bi·ne·ne-
hol·len *uZW*, to·haup·hol-
len *uZW*, to·sam·men·hol-
len *uZW*, to·sam·men·staon
uZW
zusammenharken to·sam-
men·ra·ken *ZW agr.*
zusammenholen bi·ne·ne-
ha·len *uZW*
zusammenklappen bi·ne·
ne·klap·pen *ZW*
zusammenkommen bi·ne·
ne·kuë·men *uZW*, to·hau·pe-
kuë·men *uZW*, to·sam·men-
kuë·men *uZW*
zusammenkriechen to·sam-
men·kru·pen *uZW*
Zusammenkunft Bi·ne·ne-
kuë·men *s. o.Mz.*, To·hau-
pe·kuë·men *s. o.Mz.*, To·
sam·men·kunft, To·sam·men-
künf·te *w.*
zusammenlaufen bi·ne·ne-
lau·pen *uZW*
zusammenleben bi·ne·ne-
liä·wen *ZW*
zusammenlegen bi·ne·ne-
doon *uZW*, bi·ne·ne·läg·gen
ZW, to·haup·läg·gen *ZW*,
to·sam·men·läg·gen *ZW*
zusammenpacken bi·ne·ne-
packen [bi·ne·ne·pak·ken]
uZW
zusammenpassen bi·ne·ne-
pas·sen *uZW*, klap·pen *ZW*
zusammenraffen wul·wen
ZW, to·sam·men·ra·ken *ZW*
zusammenrollen to·haup-
rul·len *ZW*
zusammenrufen bi·ne·ne-
ro·pen *uZW*
zusammenscharren ra·ken
ZW, to·sam·men·ra·ken *ZW*
zusammenschießen bi·ne·
ne·schai·ten *uZW*
zusammenschlagen to·
sam·men·slaon *uZW*
zusammenschließen bi·ne-

ne·doon *uZW*, to·sam·men-
slu·ten *uZW*, to·haup·doon
uZW, to·sam·men·doon *uZW*
Zusammenschluss Vö·band,
Vö·bän·ne *m. kult., fin.*
zusammenschrecken in-
ne·ne·schai·ten *uZW psy.*
zusammenschreiben to·
sam·men·schri·wen *uZW*
zusammenschrumpfen bi·
ne·ne·schrum·peln *ZW*, vö·
schrum·peln *ZW*
zusammensein to·sam·men-
sien *uZW*
zusammensetzen bi·ne·ne-
sät·ten *ZW*
zusammensetzen to·sam-
men·sät·ten *ZW*; **vorsichtig ~** stucke·de·ern [stuk·ke-
de·ern] *ZW tech.*
zusammensitzen bi·ne·ne-
sit·ten *uZW*
zusammenstecken bi·ne·
ne·stiä·ken *uZW*
zusammenstehen to·sam-
men·staon *uZW*
Zusammenstoß Bums, Büm-
se *m.*
zusammenstoßen bi·ne·ne-
stau·ten *uZW*
zusammentragen bi·ne·ne-
ha·len *uZW*
zusammenwerfen bi·ne·ne-
smi·ten *uZW*, to·sam·men-
smi·ten *uZW*, to·haup·smi-
ten *uZW*
zusammenzählen to·haup-
täl·len *ZW math.*, bi·ne·ne-
täl·len *ZW math.*
zusammenziehen to·haup-
trecken [to·haup·trek·ken]
uZW, to·sam·men·trecken
[to·sam·men·trek·ken] *uZW*;
zu Klümpchen ~ (z.B. Milch,
wenn sie sauer wird) schröt-
ten *ZW biol.*
Zusatz To·sat, To·siä·te *m.
tech.*
zusätzlich äks·trao *UW*
Zusätzliches Bi·stük, Bi-
stücke [Bi·stük·ke] *s.*
Zusatzlohn Äks·trao·laun,
Äks·trao·lai·ne *m. fin.*
Zusatzpfeiler Äks·trao·pi·ler,
-s *m. arch., tech.*
Zusatzsteuer Bi·stü·er, -n
w. fin.
Zusatzstütze Äks·trao·pi·ler,
-s *m. arch., tech.*
zuschauen to·sain *uZW*
Zuschauer To·ki·ker, -s *m.*

zuschieben to·schu·wen uZW, to·schoos·tern ZW
zuschießen to·schai·ten uZW
Zuschlag To·slag, To·sliä·ge m.
zuschlagen to·slaon uZW
zuschließen to·slu·ten uZW
zuschmieren to·smiärn ZW
zuschnappen hap·ken ZW
zuschneiden to·sni·den uZW
Zuschneider To·sni·der, -s m. tech.
Zuschnitt To·snid, -·de m.
zuschnüren to·snö·ern ZW tech.
zuschrauben to·schru·wen uZW tech.
zuschreiben to·schri·wen uZW
Zuschrift To·schriwt, -en [To·schriw·ten] w.
Zuschuss To·schüet, -e [To·schüë·te] m. fin.
zuschustern to·schoos·tern ZW
zusehen to·ki·ken uZW, to·sain uZW; jemd. genau ~ übertr. üö·wer de Schul·ler ki·ken
zusehends to·sai·ens UW
zusenden lië·wern ZW
zusetzen prië·keln ZW psy., to·sät·ten ZW psy., trak·te·ern ZW psy. (frz. traiter), übertr. in·bö·ten uZW psy.; jemd. ~ tran·se·ne·ern ZW psy. (frz. être dans ses transes)
zusichern vö·spriä·ken uZW psy.
Zusicherung Vö·spriä·ken s. o.Mz. psy.
zusitzen to·sit·ten uZW
zuspielen to·spië·len ZW
zusprechen to·spriä·ken uZW psy.
Zuspruch To·spraok, -en [To·sprao·ken] w. psy.
Zustand To·stand, To·stän·ne m. med., psy., tech., Vö·fat, Vö·fiä·te w. med., psy. tech.; in einem kritischen ~ sein übertr. up de Kip·pe staon; schlechter ~ Un·stand, Un·stän·ne m. tech.
zustande to·stan·ne; ~ bringen praot·brän·gen ZW
zustandekommen to·stan·ne·kuë·men uZW
zuständig to·stän·nig, -e, -en

[to·stän·ni·ge] EW
Zuständigkeit To·stän·nig·kait, -en [To·stän·nig·kai·ten] w.
zustecken to·stiä·ken uZW, to·stop·pen ZW, to·schoos·tern ZW
zustehen to·staon uZW
Zustehende(s) Be·kümst, -e [Be·küms·te] s.
zusteuern to·stü·ern ZW
zustimmen bi·fal·len uZW psy., bi·stem·men ZW psy., nik·köp·pen ZW psy., to·stem·men ZW psy.
Zustimmung Bi·fal, Bi·fiä·le m. psy., Bi·stem·mung, -en [Bi·stem·mun·gen] w. psy., To·stem·mung, -en [To·stem·mun·gen] w. psy.
zustopfen to·stop·pen ZW
zustoßen to·stau·ten uZW
zuteilen to·de·len ZW
Zuteilung To·de·lung, -en [To·de·lun·gen] w.
zutragen to·driä·gen uZW
Zuträger To·driä·ger, -s m.
zuträglich; ~ sein be·kuë·men uZW
Zutrauen Mood m. o.Mz. psy., To·tru·en s. o.Mz. psy.
zutrauen to·tru·en ZW psy.; jemd. etwas ~ enen för wat an·ki·ken
zutraulich laiw·tai·lig, -e, -en [laiw·tai·li·ge] EW psy., to·tru·lik, to·tru·licke, -n [to·tru·lik·ken] EW psy.
zutreffen to·driä·pen uZW, stem·men ZW
zutrinken to·drin·ken uZW kul.
zuverlässig püük, pü·ke, -n EW psy., trü, -·e, -·en EW psy.
Zuverlässigkeit To·vö·laot m. o.Mz. psy., tech.
Zuversicht Mood m. o.Mz. psy., To·vö·sicht w. o.Mz. psy.
zuviel to·viël, -e [to·vië·le] UW; ~ kriegen übertr. Tre·mien·kes kri·gen psy.; das ist ~ übertr. dat is mä·er äs in't Näp·ken gait; ~ (Alkohol) getrunken haben e·nen to·viël häb·ben med.
zuvor to·vüör UW tem.; tags ~ dags·vüör·hiär UW tem.
zuvorkommen to·vüör·kuë·men uZW

Zuwachs To·was, To·wäs·se m.
zuwachsen to·drais·ken ZW bot., to·was·sen uZW bot., biol.
zuwandern to·wan·nern ZW
Zuwanderung To·wan·ne·rung, -en [To·wan·ne·run·gen] w.
Zuweg (enger) Slup, Slüp·pe s. trans.
zuwege to·wiä·ge UW
zuweilen man·nig·maol UW, hän un wi·er
zuweisen to·wi·sen uZW
zuwenden to·kiärn ZW, to·wän·nen uZW
zuwerfen to·smi·ten uZW
zuwider kon·ter·köör, kon·ter·kö·re, -n EW (frz. contrecœur); kon·trär, -e, -en [kon·trä·re] EW (frz. contraire); to·wi·en EW psy.
zuzählen der·bi·täl·len ZW, to·täl·len ZW math.
zuzahlen to·ta·len ZW fin.
zuziehen (Vorhang) to·trek·ken uZW; sich etwas ~ vö·wach·ten ZW
zuzwinkern knip·ai·geln ZW
Zwang Dwang, Dwän·ge m. psy., Naud, Nai·de w. psy.
zwanglos dwang·laus, -e, -en [dwang·lau·se] EW psy.
Zwangsarbeit Dwangs·ar·baid, -en [Dwangs·ar·bai·den] w.
Zwangsarbeiter Dwangs·ar·bai·der, -s m.
Zwangsjacke Dwangs·jak·ke, -n w.
Zwangsverkauf Dwangs·vö·kaup, Dwangs·vö·kai·pe m. jur. fin.
zwangsweise dwangs·wies, dwangs·wi·se UW psy.
zwanzig twin·tig ZaW; ~ Mal twin·tig·maol ZaW
Zwanziger Twin·ti·ger, -s m.
zwanzigjährig twin·tig·jäö·rig, -e, -en [twin·tig·jäö·ri·ge] EW tem.
Zwanzigjährige(r) Twin·tig·jäö·ri·ge, -n m., w. und s. tem.
zwanzigste twin·tigs·te, -n ZaW
zwanzigstens twin·tigs·tens ZaW
Zwanzigster Twin·tigs·te, -n s. ZaW

zwar swao·rens *UW*
zwei twe *ZaW*
zweibeinig twe·beent, -e, -en [twe·been·te] *EW*
zweifach dub·belt, -e, -en [dub·bel·te] *EW*, twe·dub·belt, -e, -en [twe·dub·bel·te] *EW*
Zweifel Twië·wel, -s *m. psy.*; **Ausdruck des ~s** jä
zweifelhaft lied·schäf·tig, -e, -en [lied·schäf·ti·ge] *EW*, twië·wel·haft, -e, -en [twië·wel·haf·te] *EW psy.*, un·sië·ker, -e, -en [un·sië·ke·re] *EW psy.*
zweifeln twië·weln *ZW psy.*
zweifelnd twië·wel·mö·dig, -e, -en [twië·wel·mö·di·ge] *EW psy.*
Zweifler Twië·we·ler, -s *m. psy.*
zweiflügelig twe·flüë·ge·lig, -e, -en [twe·flüë·ge·li·ge] *EW*
Zweig Kwik, -s *m. bot.*, Toog, Tö·ge *m. bot.*, Twieg, Twi·ge *m.*, Twiël, -s *m. bot.*; **~e der Baumspitze entfernen** uut·töp·pen *ZW*; **~ vom Strauch** Buus·ken·toog, Buus·ken·tö·ge *m. bot.*; **kleine trok·kene ~e** Sprik *s. o.Mz. bot.*; **saftiger ~** Sap·stöks·ken, Sap·stöks·kes *s. bot.*; **sper·riger ~** Bra·ke, -n *w. bot.*
zweigeteilt twe·deelt, -e, -en [twe·deel·te] *EW*
Zweigstrecke (Eisenbahn) Twieg·baan, Twieg·ban·en *w. trans.*
zweihändig twe·hän·nig, -e, -en [twe·hän·ni·ge] *EW*
zweijährig twe·jäö·rig, -e, -en [twe·jäö·ri·ge] *EW tem.*
Zweijährige(r) Twe·jäö·ri·ge, -n *m., w. und s. tem.*
zweimal twe·maol *ZaW*
zweimonatlich e·nen üm dän an·nern Maond *tem.*
zweipfündig twe·pün·nig, -e, -en [twe·pün·ni·ge] *EW*
zweirädrig twe·riä·drig, -e, -en [twe·riä·dri·ge] *EW tech.*
zweireihig twe·ri·gig, -e, -en [twe·ri·gi·ge] *EW*
zweischläfrig (Bett für zwei Personen) twe·slaip·rig, -e, -en [twe·slaip·ri·ge] *EW tech.*
zweiseitig twe·si·tig, -e, -en [twe·si·ti·ge] *EW*
Zweispänner Twe·spän·ner,

s *m. trans.*
zweispännig twe·spän·nig, -e, -en [twe·spän·ni·ge] *EW trans.*
zweisprachig twe·sprao·kig, -e, -en [twe·sprao·ki·ge] *EW*
zweispurig twe·spüö·rig, -e, -en [twe·spüö·ri·ge] *EW trans.*
zweistimmig twe·stem·mig, -e, -en [twestem·mi·ge] *EW mus.*
zweistündig twe·stün·nig, -e, -en [twe·stün·nige] *EW*
zweit; zu ~ to twe·en *ZaW*
zweitbeste twed·de·best, -e, -en [twed·de·bes·te] *EW*
zweite twed·de, -n *ZaW*
zweitens twed·dens *UW*
zweitletzte twed·de·lest, -e, -en [twed·de·les·te] *EW*
zweiwöchentlich e·ne üm de a·ne·re Wiärk *tem.*
zweizähnig twe·tiä·nig, -e, -en [twe·tiä·ni·ge] *EW med., tech.*
zweizinkig twe·tiä·nig, -e, -en [twe·tiä·ni·ge] *EW tech.*
zweizöllig twe·töl·lig, -e, -en [twe·töl·li·ge] *EW tech.*
Zwerg Dwarg, Dwiär·ge *m.*, Pud·del·wit·ken, Pud·del·wit·kes *s.*
Zwergwesen Pud·del·wit·ken, Pud·del·wit·kes *s.*
Zwickel Drai·las·ke, -n *w. tech.*, Twickel, -s [Twik·kel] *m. tech.*
zwicken kni·pen *uZW*, tiëp·ken *ZW*, twicken [twik·ken] *ZW*
Zwicker Twicker, -s [Twik·ker] *m. tech. med.*
Zwickmühle Twik·müël, -en [Twik·müë·len] *w. tech., psy.*
Zwieback Twi·bak, Twi·bäk·ke *m. kul.*
Zwiebel Si·pel, -n *w. bot.*; **kleine ~** Si·pel·ken, Si·pel·kes *s. bot.*
Zwiebelchen Si·pel·ken, Si·pel·kes *s. bot.*
Zwiebelturm Si·pel·tim·pen, -s *m. arch.*
Zwiedunkel Twi·düüs·tern *s. o.Mz. met.*
Zwiegespräch Twi·ge·spräök, -e [Twi·ge·spräö·ke] *s.*, Twi·spraok, -en [Twi·sprao·ken] *w.*
Zwielicht Twi·lecht *s. o.Mz. met.*

Zwiesprache Twi·spraok, -en [Twi·sprao·ken] *w.*
Zwille Twil·le, -n *w. tech.*
Zwillebrock Swil·brok *ON*
Zwilling Twil·ling, -e [Twil·lin·ge] *m.*; **junger ~** Twies·ken, Twies·kes *s.*; **~e** Twie·sen *Mz.*
Zwillingsbruder Twil·lings·bro·er, Twil·lings·brö·ers *m.*
Zwillingsschwester Twil·lings·süs·ter, -s *s.*
Zwinge Dwin·ge, -n *w. tech.*, Prië·kel, -s *m. tech.*
zwingen dwin·gen *uZW psy.*
zwingend dwin·gend, -e, -en [dwin·gen·de] *EW*
Zwinger Dwin·ger, -s *m. tech.*
zwinkern plin·kern *ZW*, knip·ai·geln *ZW*, knib·beln *ZW*
Zwirn Twään *s. o.Mz. tech.*; **aus ~** twä·nen, -e, -en [twä·ne·ne] *EW tech.*
zwirnen twä·nen, -e, -en [twä·ne·ne] *EW tech.*
Zwirnsfaden Twääns·faam, Twääns·fiäm *m. tech.*
zwischen tüs·ken *VW*, mank *VW*
Zwischenboden Tüs·ken·buo·den, Tüs·ken·büö·den *m. tech., arch.*
Zwischendecke; halbhohe ~ Büörn, -s *m. arch.*
zwischendurch tüs·ken·düör *UW*, tüs·ken·tiets *UW tem.*
Zwischenfall Tüs·ken·fal, Tüs·ken·fiä·le *m.*
zwischengelandet tüs·ken·lan·net, -e, -en [tüs·ken·lan·ne·te] *EW trans.*
Zwischenhandel Tüs·ken·han·nel *m. o.Mz. fin.*
zwischenlagern tüs·ken·lao·gern *ZW*
Zwischenlagerung Tüs·ken·lao·gern *s. o.Mz.*
Zwischenland Tüs·ken·land, Tüs·ken·län·ner *s. agr.*
zwischenlanden tüs·ken·lan·nen *ZW trans.*
Zwischenlandung Tüs·ken·lan·nung, -en [Tüsken·lan·nun·gen] *w. trans.*
Zwischenmahlzeit Bi·mäöl·ken, Bi·mäöl·kes *s. kul.*
Zwischenspiel Tüs·ken·spiël, -e [Tüs·ken·spië·le] *s. mus., spo.*
Zwischenträger Tüs·ken·

driä·ger, s *m. tech., arch.*
Zwischenzeit Tüs·ken·tiet,
Tüs·ken·ti·ten *w. tem.*
zwischenzeitlich üö·wer·to
UW tem., tüs·ken·tiets *UW
tem.*
Zwist Stried, Stri·de *m. psy.*
zwitschern flai·ten *ZW zool.*,
jib·beln *ZW*, kwin·ke·le·ern
ZW mus.
Zwitter Twit·ter, -s *m. biol.*;
~ (abfällig) Twit·ke·buk, Twit-

ke·bücke [Twit·ke·bük·ke] *m.
biol.*, Üt·ke·buk, Üt·ke·bücke
[Üt·ke·bük·ke] *m. biol.*
zwölf twiälw, -e [twiäl·we]
ZaW
Zwölfeck Twiälw·kant, -en
[Twiälw·kan·ten] *m. tech.*
zwölfjährig twiälw·jäö·rig,
-e, -en [twiälw·jäö·ri·ge]
EW tem.
Zwölfjährige(r) Twiälw·jäö-
ri·ge, -n *m., w. und s. tem.*

Zwölfkant Twiälw·kant, -en
[Twiälw·kan·ten] *m. tech.*
zwölfmal twiälw·maol *ZaW*
zwölfte twiälw·te, -n *ZaW*
Zwölftel Twiälw·tel, -s *s.
ZaW*
zwölftens twiälw·tens *ZaW*
Zylinder Si·lin·ner, -s *m.
tech.*; ~ **des Motors** Pot,
Pöt·te *m. tech.*
Zylinderhut Si·lin·ner, -s *m.
tech.*

Wörterverzeichnis

Plattdeutsch - Hochdeutsch

Rund 21.000 Stichwörter und Redewendungen

Wörterverzeichnis

A

A, a A, a (Buchstabe)
Aad·ler, -s *m. zool.* Adler
aad·lik, aad·licke, -n [aad·lik·ke] *EW pol.* adelig
Aad·lik, Aad·licken [Aad·lik·ken] *s. pol.* Adel; *m. pol.* Adeliger, Gutsherr
aal *UW* schon, bereits
Aal *s. o.Mz. agr.* Jauche, Gülle
Aal·fat, Aal·fiä·ter *s. tech. agr.* Jauchefass
Aal·ku·le, -n *w. agr.* Jauchegrube
Aal·kump, Aal·küm·pe *s. tech. agr.* Jauchefass
aals alles
aals·wäg *UW tem.* immerzu, unentwegt
Aan·holt *ON* Anholt
Aant, län·ten *w. zool.* Ente (*insbes.* weiblich)
Aap, A·pen *m. zool.* Affe
ääp·ken *ZW psy.* äffen, albern
Ääp·ken, Ääp·kes *s. zool.* Äffchen
aapsk, -e, -en [aaps·ke] *EW psy.* affig, äffisch, albern, eitel
Aarnt, -en [Aarn·ten] *w. agr.* Ernte, Getreideernte; *übertr.* ~ in der Erntezeit; up de ~ gaon *agr.* sich als Erntearbeiter verdingen
aarn·ten *ZW agr.* ernten
Aarnt·fi·er, -n *w. kult. agr.* Erntefest, Erntedankfest
Aarnt·maond, -e [Aart·maon·de] *m. tem.* August, Erntemonat
Aarnt·tiet, Aarnt·ti·ten *w. agr. tem.* Erntezeit; *übertr.* Herbst
Ääs, Ä·se *m. med.* Po, Gesäß, Hintern; ~ to·kni·pen *med.* sterben; sit·ten ~ *übertr. psy.* Sitzfleisch
Ääs·ao·der, -n *w. med.* Hämorrhoide; dao tükt em ki·ne ~ üm *übertr. psy.* das stört ihn überhaupt nicht, das berührt ihn nicht
Ääs·backe, -n [Ääs·bak·ke] *w. med.* Pobacke
Ääs·been, Ääs·be·ne *s. med.* Steißbein

ääs·breed, ääs·bre·de, -n *EW* schmal
Ääs·dook, Ääs·dö·ker *s. tech. hyg.* Windel
Ääs·ken, Ääs·kes *s. med.* kleiner Po, Popöchen
ääs·lik, ääs·licke, -n [ääs·lik·ke] *EW* mit dem Po zuerst
Ääs·lok, Ääs·löcker [Ääs·lök·ker] *s. med.* After
Ääs·pa·te, -n *m.* Nebenpate
ääs·üö·wer·kops *UW* Hals über Kopf
ääs·vö·drait, -e, -en [ääs·vö·drai·te] *EW* rückwärts, rücklings, mit dem Hintern vorweg; gegen den Strich
ääs·vö·kat, -·te, -·ten *EW* völlig verkehrt
Ab·bet *VN* Albert
Ab·dis·se, -n *w. zool.* Eidechse
a·ber·güns·tig, -e, -en [a·ber·güns·ti·ge] *EW psy.* neidvoll, neidisch
Abs·lau *ON* Albersloh
acht, -e, -en [ach·te] *ZaW* acht
ach·tain *ZaW* achtzehn
ach·tains·te, -n *ZaW* achtzehnte
ach·tel *ZaW* achtel
Ach·tel, -s *s.* Achtel; *tech.* Hohlmaß (ca. 15 Liter)
Ach·tel·stel, -·s *s. agr.* kleine Ackerstelle (1/8 Hufe)
äch·ten *UW* hinten; üm·mer ~ un vüörn sien *übertr.* sehr geschäftig sein
ach·ten *ZW psy.* achten
äch·ten·an *UW* hintenan
äch·ten·ha·rüm *UW* von hinten, hintenherum
äch·ten·rüm *UW* hintenherum
äch·ten·üö·wer *UW* hintenüber
äch·ten·uut *UW* hinter, heraus
äch·ten·uut·ki·len *ZW* nach hinten ausschlagen (Pferd)
äch·ten·vüör *UW* hintenvor
äch·ter *VW* hinter, ~ *UW* hinten; äch·te·re, -n *EW* hintere; äch·ters·te, -n hinterste
äch·ter·ääs *UW* rückwärts
äch·ter·an *UW* hinteran

äch·ter·an·gaon *uZW trans.* hinterhergehen, hinter jemd. her laufen
äch·ter·äö·mig, -e, -en [äch·ter·äö·mi·ge] *EW med.* kurzatmig
Äch·ter·as·se, -n *w. tech.* Hinterachse
äch·ter·bang, -e, -en [äch·ter·ban·ge] *EW psy.* misstrauisch, ängstlich
Äch·ter·been, Äch·ter·be·ne *s. med.* Hinterbein; sik up de Äch·ter·be·ne sät·ten *psy.* sich aufbäumen, widersetzen
äch·ter·dri·wen *uZW psy.* hintertreiben, jemd. hintergehen
Äch·ter·düör, -n *w. arch.* Hintertür
äch·ter·een *UW* hintereinander
Äch·ter·flüë·gel, -s *m.* Hinterflügel
Äch·ter·hand, Äch·ter·han·nen *w.* Hinterhand, Rückhand; wat in'ne ~ häb·ben Reserven haben, einen Trumpf haben
äch·ter·han·gen *uZW trans.* anhängen, ankuppeln; *med.* erschöpft sein
äch·ter·hiär *UW* hinterher
äch·ter·hiär·sit·ten *ZW psy.* konsequent etwas vorantreiben oder um etwas kümmern
Äch·ter·hook, Äch·ter·hö·ke *m.* hintere Ecke
Äch·ter·huus, Äch·ter·hü·ser *s. arch.* Hinterhaus, Stallung im hinteren Teil des Hauses
äch·ter·käpsk, -e, -en [äch·ter·käps·ke] *EW* überspannt
Äch·ter·kiäm·sel, -s *s. arch.* Kammerfach mit Stube und Kammern im Bauernhaus
Äch·ter·klap, -·pen *s.* hintere Hosenklappe; Nachschlag; Rückschlag
Äch·ter·kop, Äch·ter·köp·pe *m. med.* Hinterkopf; in'n ~ häb·ben *übertr.* im Gedächtnis haben *psy.*
äch·ter·kuë·men *uZW* begreifen, erfahren
Äch·ter·lecht, -er [Äch·ter·

lech·ter] *s. tech.* Rücklicht
äch·ter·nan·ner *UW* hintereinander
äch·ter·na͟o *UW, VW* danach
äch·ter·neen *UW* hintereinander
Äch·ter·pand, Äch·ter·pän·ne *s.* Hosenboden; *med.* Hinterteil; **up't ~ sät·ten** *übertr. psy. kult.* fleißig lernen
Äch·ter·päört·ken, Äch·ter·päört·kes *s. arch.* Hintertürchen; **een ~ los·lao·ten** *übertr.* einen Ausweg schaffen
Äch·ter·ploog, Äch·ter·pöl·ge *m. tech. agr.* Pflugsterz, Pflugbaum
Äch·ter·poot, Äch·ter·po·ten *w. med.* Hinterpfote
Äch·ter·rad, Äch·ter·riä·der *s. tech.* Hinterrad
äch·ter·rüg·ges *UW* hinterrücks
äch·ter·ruut *UW* hintenaus
Äch·ter·schuok, Äch·ter·schüö·ke *m. med.* Hinterbein
Äch·ter·si·te, -n *w.* Hinterseite, Rückseite
Äch·ters·te, -n *s.* Hinterste, Letzte
Äch·ter·stiëk, -e [Äch·ter·stië·ke] *m. psy.* Hintergedanke
äch·ter·uut *UW* rückwärts, im Krebsgang
Äch·ter·veer·del, -s *s.* Hinterviertel
äch·ter·wiä·ge, -s *UW* hinterwegs, beiseite; **~ lao·ten** beiseite lassen, weglassen
ach·tig *ZaW* achtzig
ach·tigs·te, -n *ZaW* achtzigste
acht·kän·tig, -e, -en [achtkän·ti·ge] *EW* achtkantig
Acht·spän·ner, -s *m. trans.* Achtspänner (Pferdefuhrwerk)
Acker, -s [Ak·ker] *m. agr.* Acker
Acker·büör·ger, -s [Ak·ker·büör·ger] *m. agr.* Ackerbürger, Stadtbewohner mit Landwirtschaft
Acker·büör·ger·huus, Acker·büör·ger·hü·ser [Ak·ker·büör·ger·huus] *s. arch. agr.* Ackerbürgerhaus, Haus des Ackerbürgers
Acker·ge·rai, -e *s. agr. tech.*

Ackergerät
Ackeri, -·en [Ak·ke·ri] *w. agr.* Landwirtschaft
Acker·krockel, -n [Ak·ker·krok·kel] *w. bot.* Ackerschachtelhalm
Acker·län·ner [Ak·ker·land], [Ak·ker·län·ner] *s. agr.* Ackerland, Pflugland
Acker·lü·ning, -e [Ak·ker·lü·ning], [Ak·ker·lü·nin·ge] *m. zool.* Feldspatz, Feldsperling
Acker·man, Acker·lü [Ak·ker·man], [Ak·ker·lü] *m. agr.* Ackerbauer, Landmann;
Acker·män·ken, Acker·män·kes [Ak·ker·män·ken] *s. zool.* Bachstelze
Acker·ma·schien, Acker·ma·schi·nen [Ak·ker·ma·schien] *w. tech. agr.* Landmaschine
Acker·mint, -en [Ak·ker·mint], [Ak·ker·min·ten] *w. bot.* Pfefferminze
ackern [ak·kern] *ZW agr.* Akker bearbeiten, Saat einbringen
Acker·piärd, -e [Ak·ker·piär·de] *s. zool. agr.* Ackerpferd, Ackergaul, Arbeitspferd
Acker·vi·ööl·ken, Acker·vi·ööl·kes *s. bot.* Ackerveilchen
Acker·wa·gen, Acker·wiä·gen [Ak·ker·wa·gen] *m. trans. agr.* Ackerwagen
Ad·de·baar, -s *m. zool.* Storch
Ad·der, -s *w. zool.* Schlange, Natter
Ad·der·huut, Ad·der·hü·te *w. med.* Schlangenhaut, *tech.* Schlangenleder
Ad·der·kop, Ad·der·köp·pe *m. zool.* Schlangenkopf
Ad·der·nöst, -er [Ad·der·nös·ter] *s. zool.* Schlangennest
ad·jüs auf Wiedersehen, adieu (*frz.* adieu)
Ad·mi·raol, Ad·mi·räö·le *m. mil., zool.* Admiral
A·dr͟es, -·sen *w.* Adresse, Anschrift
Ä·er *w. o.Mz. biol.* Erde, Mutterboden; *astr.* Erde (Planet)
ä·er *UW tem.* eher
Ä·er·ap·pel, -n *m. bot., kul.* Kartoffel, Erdapfel
Ä·er·ap·pel·pan·ko·ken, Ä·er·ap·pel·pan·kö·ken *m. kul.* Kartoffelpfannkuchen
Ä·er·as·se, -n *w. astr.* Erd-

achse
Ä·er·bië·be, -n *w. bot.* Erdbeere
Ä·er·bië·ben·blad, Ä·er·bië·ben·bliä·der *s. bot.* Erdbeerblatt
Ä·er·bië·ben·plan·te, -n *w. bot.* Erdbeerpflanze
Ä·er·bit·te, -n *w. bot.* Erdbeere
Ä·er·deel, Ä·er·de·le *w. geog.* Erdteil, Kontinent
ä·er·far·wen, -e, -en [ä·er·far·we·ne] *EW* erdfarben
ä·er·gis·ten *UW tem.* vorgestern
Ä·er·haup, Ä·er·hai·pe *m.* Erdhaufen, Erdhügel
ä·er·lik, ä·er·licke, -n [ä·er·lik·ke] *EW psy.* ehrlich, reell, wahrheitsliebend
ä·ern 1. *ZW* beerdigen, begraben, bestatten; 2. **~, -e, -en** [ä·er·ne] *EW* irden
Ä·ern·lecht, -er [Ä·ern·lechter] *s.* Erdenlicht
Ä·er·pik *m. o.Mz. tech.* Asphalt
Ä·er·rüëk, -e [Ä·er·rüë·ke] *m. biol.* Erdgeruch
ä·ert, -e, -en [ä·er·te] *EW* beerdigt
Ä·er·te, -n *m., w. und s.* Beerdigte
ä·er·tiets *UW tem.* frühzeitig, rechtzeitig
ä·er·ti·ten *UW tem.* früh, frühzeitig
af *UW, VW* ab, weg; **~ un an** ab und zu, gelegentlich
af·än·nern *ZW* abändern, verändern
af·än·nert, -e, -en [af·än·ner·te] *EW* abgeändert, verändert
Af·än·ne·rung, -en [Af·än·ne·run·gen] *w.* Abänderung
af·ar·bai·den *ZW* abarbeiten, sich plagen; arbeiten als Gegenleistung
af·backen [af·bak·ken] *uZW kul.* abbacken, garbacken, fertigbacken
af·bai·gen *uZW* 1. *tech.* abbiegen, abkanten; 2. *trans.* wegführen (Weg)
af·bas·sen *ZW* entrinden (Baum), *med.* abschürfen
af·bast, -e, -en [af·bas·te] *EW* entrindet, *med.* abgeschürft

af·bau·en *ZW* abbauen

af·baut, -e, -en [af·bau·te] *EW* abgebaut

Af·beld, Af·bel·ler *s.* Abbild, Abbildung, Konterfei

af·be·taalt, -e, -en [af·be·taal·te] *EW fin.* abgezahlt, abbezahlt

af·be·ta·len *ZW fin.* abzahlen, tilgen

af·biä·deln *ZW psy.* abbetteln, erbetteln

Af·bid·de, -n *w. psy.* Abbitte, Verzeihung

af·bid·den *ZW psy.* abbitten, um Verzeihung bitten

af·bië·ten, -e, -en [af·bië·te·ne] *EW* abgebissen

af·bin·nen *uZW tech.* abbinden, abschnüren

af·bi·ten *uZW* abbeißen

af·bla·dern *ZW* abblättern, ablösen

af·bla·dert, -e, -en [af·bla·der·te] *EW* abgeblättert, abgelöst

af·blao·sen *uZW* abblasen; absagen

af·bli·wen *uZW* abbleiben, fernbleiben, sich befinden

af·blost, -e, -en [af·blos·te] *EW* abgeblasen; abgesagt

af·bragt, -e, -en [af·brag·te] *EW* abgebracht (von etwas)

af·brän·gen *uZW* abbringen

af·brant, -e, -en [af·bran·te] *EW* abgebrannt

af·briä·ken *uZW* abbrechen, aufgeben; **de Tun·ge ~** vergeblich bemühen etwas auszusprechen; **sik e·nen ~** *übertr.* sich enorm anstrengen; **waam ~** *übertr.* in Brand setzen

af·briä·nen *uZW* abbrennen

Af·bruok, Af·brüö·ke *m.* Abbruch

af·bruo·ken, -e, -en [af·bruo·ke·ne] *EW* abgebrochen

af·bru·sen *ZW* abbrausen, *hyg.* duschen; *trans.* schnell wegfahren

af·buo·gen, -e, -en [af·buo·ge·ne] *EW* abgebogen

Af·dak, Af·diä·ker *s. arch.* weit überhängendes Dach, Schutzdach

af·dan·ken *ZW* abdanken, zurücktreten

af·daon, -e, -en [af·dao·ne] *EW* abgetan

Af·deel, Af·de·le *s.* Abteil

af·deelt, -e, -en [af·deel·te] *EW* abgeteilt

af·de·len *ZW* abteilen, unterteilen

af·doon *uZW* abgeben, teilen; *psy.* abtun, verharmlosen

af·drai·en *ZW tech.* abdrehen, zudrehen

Af·drag, Af·driä·ge *m.* Abtrag

af·driä·gen *uZW* abtragen, abräumen; *fin.* vermindern (Schulden)

af·drië·wen, -e, -en [af·drië·we·ne] *EW* abgetrieben

af·dri·wen *uZW* abtreiben; *med.* eine Fehlgeburt herbeiführen

af·drü·gen *ZW* abtrocknen

Af·drük, Af·drücke [Af·drük·ke] *m.* Abdruck

af·drüügt, -e, -en [af·drüüg·te] *EW* abgetrocknet

Af·fal, Af·fiä·le *m.* Abfall, Unrat

Af·fal·em·mer, -s *m. tech.* Abfalleimer

Af·fal·haup, Af·fal·hai·pe *m.* Abfallhaufen

af·fal·len 1. *uZW* abfallen; 2. ~, -e, -en [af·fal·le·ne] *EW* abgefallen

af·fan·gen 1. *uZW* abfangen; 2. ~, -e, -en [af·fan·ge·ne] *UW* abgefangen

af·fie·gen *ZW* abfegen

af·fiägt, -e, -en [af·fiäg·te] *EW* abgefegt

af·fiä·men *ZW* abfädeln (z.B. Bohnen)

af·fiämt, -e, -en [af·fiäm·te] *EW* abgefädelt

af·fiär·wen *ZW* abfärben

af·fiärwt, -e, -en [af·fiärw·te] *EW* abgefärbt

af·fielt, -e, -en [af·fiel·te] *EW tech.* abgefeilt

af·fi·len *ZW tech.* abfeilen

af·fin·nen *uZW fin.* abfinden, *psy.* hinnehmen

af·fo·ern *ZW kul.* abfüttern, abspeisen; *übertr. kul.* betrunken machen

af·fö·ern *uZW trans.* abfahren

af·fo·ert, -e, -en [af·fo·er·te] *EW kul.* abgefüttert, satt; *übertr. med.* betrunken

af·fö·ert, -e, -en [af·fö·er·te] *EW trans.* abgefahren, weggefahren; *tech.* verschlissen (z.B. Reifen)

af·fö·len *uZW* abfühlen, abtasten

af·frai·sen *uZW* abfrieren

af·frao·gen *uZW* abfragen

af·friä·ten 1. *uZW kul.* abfressen; 2. ~, -e, -en [af·friä·te·ne] *EW kul.* abgefressen

af·fruorn, -e, -en [af·fruor·ne] *EW* abgefroren

af·fu·len *ZW biol.* abfaulen

af·fun·nen, -e, -en [af·fun·ne·ne] *EW psy., fin.* abgefunden

af·füör·dern *ZW* abfordern, einfordern, verlangen

af·fuult, -e, -en [af·fuul·te] *EW biol.* abgefault

af·gai·ten *uZW* abgießen

Af·gang, Af·gän·ge *m.* Abgang

af·gaon 1. *uZW trans.* abgehen, weggehen; von etwas lösen; 2. ~, -e, -en [af·gao·ne] *EW* abgegangen

af·gaond, -e, -en [af·gaon·de] *EW* abgehend, abzweigend

Af·ge·fal, Af·ge·fiä·le *s. med.* Innerei (Herz, Leber u.a. vom Schwein)

af·giä·ten, -e, -en [af·giä·te·ne] *EW kul.* abgegessen

af·gië·wen 1. *uZW* abgeben (mit etwas), befassen; weiterreichen; abfärben; 2. ~, -e, -en [af·gië·we·ne] *EW* abgegeben, abgefärbt

Af·grund, Af·grün·ne *m.* Abgrund

Af·gunst, Af·güns·te *w. psy.* Missgunst, Neid

af·güns·tig, -e, -en [af·güns·ti·ge] *EW psy.* missgünstig, neidisch

Af·guod, Af·güö·der *m. rel.* Abgott, Götze

af·guo·ten, -e, -en [af·guo·te·ne] *EW* abgegossen

af·haalt, -e, -en [af·haal·te] *EW* abgeholt

af·ha·len *ZW* abholen

af·han·gen 1. *uZW* abhängen; 2. ~, -e, -en [af·han·ge·ne] *EW* abgehangen

af·has·peln *ZW tech.* Garn abhaspeln, abwickeln; ohne Erfolg abmühen

af·hau·en 1. *uZW* abschlagen, abhauen; weggehen, flüchten; **hau ~!** verschwinde! 2. ~, -e, -en [af·hau·e-

ne] *EW* abgeschlagen, abgehauen, gefällt; weggelaufen, geflüchtet
af·hel·pen *uZW* abhelfen
(von etwas); abbringen;
befreien
af·hi·rao·den *uZW* wegheiraten
af·hi·rod, -·te, -·ten *EW*
weggeheiratet
af·hol·len 1. *uZW* abhalten,
fernhalten; *psy.* aushalten,
dulden; 2. ~, -e, -en [af·hol-
le·ne] *EW* abgehalten
af·hol·pen, -e, -en [af·hol-
pe·ne] *EW* abgeholfen
af·iä·ten *uZW kul.* abessen
af·kas·se·ern *ZW fin.* abkassieren
af·kau·pen *uZW fin.* abkaufen
af·ken·nen *uZW* auskennen-
nen, *psy.* verstehen, Bescheid wissen; **dao kent he
wat van af!** er versteht sich
darauf, weiß Bescheid
af·ki·ken *uZW* abgucken,
absehen
af·kip·pen *ZW* abkippen, abgleiten
af·kipt, -e, -en [af·kip·te] *EW*
abgekippt
af·kla·bas·tern *ZW* abhetzen
af·klai·ben *ZW tech.* abspalten (Holz)
af·klop·pen *ZW* abklopfen
af·klö·ren *ZW* abfärben
af·klü·ten *ZW* abwerfen (mit
Sanklumpen oder Steinen)
af·knap·pen *ZW* abknacken,
abbrechen
af·knäp·pen *ZW fin.* abziehen, absparen
af·kni·pen *uZW* abkneifen,
abschneiden
af·knöp·pen *ZW fin.* abknöpfen, abnehmen, weg-
nehmen, begaunern
af·knöpt, -e, -en [af·knöp·te]
EW abgenommen, wegge-
nommen
af·koft, -e, -en [af·kof·te] *EW*
fin. abgekauft
af·kö·len *ZW* abkühlen
Af·kö·lung, -en [Af·kö·lun-
gen] *w.* Abkühlung
af·köölt, -e, -en [af·kööl·te]
EW abgekühlt
af·kri·gen *uZW* abbekommen; Schaden nehmen
af·kuë·men 1. *uZW* ab-

kommen, loskommen; aus
der Richtung kommen; 2. ~,
-e, -en [af·kuë·me·ne] *EW*
abgekommen
af·küë·nen *uZW psy.* abkönnen, ertragen können;
he kent der wat van af! er
versteht sein Handwerk!
af·kü·ern *ZW* absprechen,
verabreden
af·kü·ert, -e, -en [af·kü·er·te]
EW abgesprochen
af·kuo·ken *ZW kul., hyg.*
abkochen
af·kuokt, -e, -en [af·kuok·te]
EW kul., hyg. abgekocht
af·küört, -e, -en [af·küör·te]
EW abgekürzt, gekürzt
af·küör·ten *ZW* abkürzen
(Weg)
Af·küör·tung, -en [Af·küör-
tun·gen] *w.* Abkürzung
af·kwet·ten *ZW* abquetschen
af·kwiä·len *ZW* abquälen,
über die Kräfte arbeiten
Af·la·de, -n *w. trans.* Abladestelle, Abladebereich
af·la·den *uZW trans.* abladen
af·lä·ern *ZW psy.* ablernen,
abgewöhnen; **dat häb ik
em af·lä·ert!** *psy.* das habe ich ihm abgewöhnt!
af·läg·gen *ZW* ablegen, weglegen; abnehmen, verringern
Af·läg·ger, -s *m.* 1. *bot.* Ableger; 2. *übertr.* Nachkom-
me; 3. *übertr.* Tochterfirma
af·lägt, -e, -en [af·läg·te] *EW*
abgelegt
af·lan·gen *ZW* herankommen können, erreichen
Af·laot, Af·lää·te *m. rel. fin.*
Ablass
af·lao·ten 1. *uZW* ablassen,
ausfließen lassen; nachlassen, überlassen, abgeben;
laot der wat van af! übertreibe nicht so! 2. ~, -e, -en
[af·lao·te·ne] *EW* abgelassen
Af·laup, Af·lai·pe *m. tech.*
Abfluss
af·lau·pen 1. *uZW* ablaufen; 2. ~, -e, -en [af·lau·pe-
ne] *EW* abgelaufen
af·lech·ten *ZW tech.* ablichten, fotografieren
af·lech·tet, -e, -en [af·lech-
te·te] *EW tech.* abgelichtet,
fotografiert
af·liä·dern *ZW hyg.* abledern,
tech. Fell oder Haut abzie-

hen; *übertr.* verprügeln
af·liä·dert, -e, -en [af·liä-
der·te] *EW hyg.* abgeledert,
tech. abgehäutet
af·liä·gen, -e, -en [af·liä·ge-
ne] *EW geog.* abgelegen,
einsam
af·liä·sen 1. *uZW* ablesen;
etwas verlesen; 2. ~, -e,
-en [af·liä·se·ne] *EW* abgelesen
af·liä·wen *ZW med.* ableben, sterben, verenden
af·liä·wig, -e, -en [af·liä·wi-
ge] *EW med.* sterbend, verendend
af·liäwt, -e, -en [af·liäw·te]
EW med. abgelebt, gestorben, verendet
af·lië·nen *ZW* ablehnen,
nicht annehmen
af·lië·wern *ZW trans.* abliefern, abgeben
af·lië·wert, -e, -en [af·lië·wer-
te] *EW trans.* abgeliefert
af·lu·ern *ZW psy.* abschwindeln, abwarten; auflauern
abgucken, sich aneignen
af·lu·ert, -e, -en [af·lu·er·te]
EW psy. abgeschwindelt;
abgeguckt
af·luk·sen *ZW psy.* durch
List aneignen, ablocken, abschwindeln, abgaunern
af·lus·tern *ZW* abhören
af·lus·tert, -e, -en [af·lus·ter-
te] *EW* abgehört
af·maakt, -e, -en [af·maak-
te] *EW* abgemacht, vereinbart
af·mai·en *ZW agr.* abmähen,
abschneiden (Gras usw.)
af·mait, -e, -en [af·mai·te]
EW agr. abgemäht
Af·ma·ken *s.* Abmachung,
Übereinkunft
af·ma·ken *uZW* abmachen,
abtrennen; verabreden, vereinbaren, übereinkommen
af·mao·len *ZW tech., mus.*
abmalen
af·ma·ra·chen *ZW* schwer
arbeiten, abschinden, ab-
quälen, abmühen
af·ma·racht, -e, -en [af·ma-
rach·te] *EW med.* abgearbeitet, überarbeitet
af·mar·sche·ern *ZW trans.*
abmarschierenm weggehen
af·mel·len *ZW* abmelden
af·melt, -e, -en [af·mel·te]

EW abgemeldet, *psy.* kaltgestellt

af·miä·ten 1. *uZW tech.* abmessen, vermessen; 2. ~, -e, -en [af·miä·te·ne] *EW tech.* abgemessen

af·müë·ten *uZW* fort müssen, *med.* sterben

af·murk·sen *ZW med.* abtöten, abschlachten; *med. jur.* ermorden

af·müs·tern *ZW* abmustern, entlassen

af·nai·en *ZW tech.* abnähen

Af·nai·sel, -s *s. tech.* Abnäher

af·nië·men *uZW* abnehmen, fortnehmen; ablegen; *med.* Gewicht vermindern; glauben; begutachten; **dat niëm ik di af!** das glaube ich dir!

af·nuo·men, -e, -en [af·nuo·me·ne] *EW* abgenommen

af·nüt·ten *ZW tech.* abnutzen, verschleißen

af·packen [af·pak·ken] *uZW* abpacken

af·pakt, -e, -en [af·pak·te] *EW* abgepackt

af·päö·len *ZW* durch Pfähle kennzeichnen, abstecken

af·plücken [af·plük·ken] *ZW* abpflücken, rupfen

af·plükt, -e, -en [af·plük·te] *EW* abgepflückt

af·rackern [af·rak·kern] *ZW* abarbeiten, abschinden

af·ra·ken *ZW* abziehen

af·rao·den *uZW* abraten

af·ra·se·ern *ZW hyg.* abrasieren; Überstehendes beseitigen

af·reekt, -e, -en [af·reek·te] *EW* erreicht

af·re·ken *ZW* erreichen

af·riä·ken *ZW fin., math.* abrechnen

Af·riäk·nung, -en [Af·riäk·nun·gen] *w. fin.* Abrechnung

af·rib·beln *ZW* abwickeln, aufribbeln (Gestricktes oder Gehäkeltes wieder auflösen)

af·rië·ten, -e, -en [af·rië·te·ne] *EW* abgerissen

af·ri·gen *ZW tech.* abriegeln, absperren, abzäunen, einfrieden

Af·ri·ka *geog.* Afrika

af·ri·kaansk, -e, -en [af·ri·kaans·ke] *EW kult.* afrikanisch

af·ri·ten *uZW* abreißen, niederreißen

af·ro·pen *uZW* abrufen, abberufen; bekanntmachen

Af·ro·per, -s *m.* Bekanntmacher

af·rü·men *ZW* abräumen (Geschirr)

af·rup·pen *ZW* abrupfen

af·ruts·ken *ZW* abrutschen

af·saagt, -e, -en [af·saag·te] *EW tech.* abgesägt

af·sacken [af·sak·ken] *ZW* absacken (Korn u.ä.); versacken, versinken

af·sa·gen *ZW tech.* absägen; absetzen (Person von einer Funktion)

Af·säg·ge, -n *w.* Absage

af·säg·gen *uZW* absagen, abschlagen

af·sain *uZW* absehen, abgucken; auf etwas verzichten

af·säö·beln *ZW* absäbeln, grob abschneiden

Af·saot, Af·säöte *w. agr.* Aussaat

af·sät, -·te, -·ten *EW* abgesetzt

Af·sat, Af·siä·te *m.* Absatz

af·sät·ten *ZW* absetzen; abnehmen; jemd. aus dem Amt entfernen

af·schä·ern *uZW* abscheren

Af·schaid, -e [Af·schai·de] *m. psy.* Abschied

Af·schaids·leed, Af·schaids·le·der *s. mus.* Abschiedslied

Af·schaids·träö·ne, -n *w. psy.* Abschiedsträne

af·schai·lik, af·schai·licke, -n [af·schai·lik·ke] *EW psy.* abscheulich, scheußlich, widerwärtig

af·schai·ten *uZW* abschießen

af·scheest, -e, -en [af·schees·te] *EW trans.* abgefahren, abgezogen

af·scher·men *ZW* schützen, *tech.* abschirmen

af·sche·sen *ZW trans.* abfahren, abziehen

af·schorn, -e, -en [af·schor·ne] *EW* abgeschnitten

af·schrap·pen *ZW* abkratzen, abschaben, abschälen (z.B. Möhren)

af·schrië·wen, -e, -en [af·schrië·we·ne] *EW* abge-schrieben

af·schri·wen *uZW* abschreiben

Af·schriwt, -en [Af·schriw·ten] *w.* Abschrift

af·schruo·wen, -e, -en [af·schruo·we·ne] *EW tech.* abgeschraubt

af·schru·wen *uZW tech.* abschrauben

Af·schü *m. o.Mz. psy.* Abscheu

af·schüë·deln *ZW* abschütteln

af·schüë·delt, -e, -en [af·schüë·del·te] *EW* abgeschüttelt

af·schu·ern *ZW* abscheuern

af·schu·ert, -e, -en *EW* abgescheuert

af·schu·wen *uZW* abschieben

af·sen·nen *ZW* absenden

Af·sen·ner, -s *m.* Absender

af·siän·gen *ZW* absegnen

af·siängt, -e, -en [af·siäng·te] *EW* abgesegnet

af·siä·ten, -e, -en [af·siä·te·ne] *EW* abgesessen

Af·sicht, -en [Af·sich·ten] *w. psy.* Absicht

af·sië·kern *ZW* absichern, sichern

af·sië·kert, -e, -en [af·sië·ker·te] *EW* abgesichert, gesichert

Af·sië·ke·rung, -en [Af·sië·ke·run·gen] *w. jur., tech.* Absicherung

af·siets *UW* abseits, entfernt

af·sin·gen *uZW mus.* absingen

Af·si·te, -n *w.* abgewandte Seite, Abseite; *arch.* Nebenraum, Seitenschiff der Kirche

af·sit·ten *uZW* absitzen; absteigen; *jur.* (eine Strafe) verbüßen

af·slach·ten *ZW med.* abschlachten

af·slach·tet, -e, -en [af·slach·te·te] *EW med.* abgeschlachtet

Af·slag, Af·sliä·ge *m. fin.* Abschlag, Anzahlung

af·slaon 1. *uZW* abschlagen, fällen; *psy.* abschlagen (einer Bitte); 2. ~, -e, -en [af·slao·ne] *EW* abge-

schlagen
af·slië·pen 1. *ZW trans.* abschleppen; 2. ~, -e, -en [af-
slië·pe·ne] *EW tech.* abgeschliffen
af·sliëpt, -e, -en [af·sliëp·te]
EW trans. abgeschleppt
af·sli·pen *uZW tech.* abschleifen
af·sluo·ten, -e, -en [af·sluo-
te·ne] *EW* abgeschlossen
af·slu·ten *uZW* abschließen, verschließen; vereinbaren, beschließen
af·sluuts *UW* absolut, unbedingt
af·sma·ken *uZW kul.* abschmecken
Af·smiët, -e [Af·smië·te] *m.*
Abwurf
af·smië·ten, -e, -en [af·smië-
te·ne] *EW* abgeworfen, heruntergeworfen; *fin.* erbracht
af·smi·ten *uZW* abwerfen,
herunterwerfen; *fin.* Ertrag,
Gewinn bringen
Af·snid, -·de *m.* Abschnitt,
Passage
af·sni·den *uZW* abschneiden
af·snië·den, -e, -en [af·snië-
de·ne] *EW* abgeschnitten
af·socht, -e, -en [af·soch·te]
EW abgesucht
af·sö·ken *uZW* absuchen
af·span·nen *ZW* abspannen
af·spant, -e, -en [af·span·te]
EW abgespannt
af·spië·len *ZW* abspielen;
geschehen
af·spiëlt, -e, -en [af·spiël·te]
EW abgespielt
af·spo·len *ZW tech.* abspulen
af·spö·len *uZW* abspülen,
hyg. mit Wasser säubern
af·spolt, -e, -en [af·spol·te]
EW abgespült
af·spoolt, -e, -en [af·spool-
te] *EW tech.* abgespult
af·sprän·gen *uZW* abspringen
af·sprun·gen, -e, -en [af-
sprun·ge·ne] *EW* abge-
sprungen
Af·stand, Af·stän·ne *m.* Abstand
af·staon 1. *uZW* abstehen,
zur Seite stehen; 2. ~, -e,
-en [af·stao·ne] *EW* abstehend; *kul.* abgestanden (Bier)

af·stau·ten *uZW* abstoßen;
fin. verkaufen, weggeben
af·stel·len *ZW* abstellen
af·stiä·ken *uZW* abstechen,
abteilen, abstecken; *med.*
mit einem Messer töten,
schlachten
Af·stiä·ker, -s *m.* Abstecher
af·stiä·len *uZW* wegstehlen,
jur. wegnehmen
af·stiä·wen *uZW biol., med.*
wegsterben, absterben
Af·stiëg, -e [Af·stië·ge] *m.*
Abstieg
af·sti·gen *uZW* absteigen,
heruntersteigen
af·stot, -·te, -·ten *EW* abgestoßen
af·stai·en *ZW* abstreuen
af·stri·den *uZW psy.* abstreiten, bestreiten, leugnen
af·strië·peln *ZW* abstreifen
af·strië·pelt, -e, -en [af·strië-
pel·te] *EW* abgestreift
af·stri·ken *uZW* abstreifen,
abstreichen
af·stuo·ken, -e, -en [af·stuo-
ke·ne] *EW* abgestochen
af·stüört, -e, -en [af·stüör-
te] *EW* abgestürzt
af·stüör·ten *ZW* abstürzen
af·stüör·tern *ZW fin.* abstottern (Schulden), ratenweise
zurückzahlen
af·stüör·tert, -e, -en [af-
stüör·ter·te] *EW fin.* abgestottert
af·stuo·wen, -e, -en [af·stuo-
we·ne] *EW biol.* abgestorben, *med.* verstorben
af·stüt·ten *ZW* abstützen
af·stuuwt, -e, -en [af·stuuw-
te] *EW hyg.* abgestaubt
af·stu·wen *uZW hyg.* abstauben
af·suë·gen, -e, -en [af·suë-
ge·ne] *EW* abgesaugt
af·su·gen *uZW* absaugen
af·sun·gen, -e, -en [af·sun-
ge·ne] *EW* abgesungen
af·sun·ner·lik, af·sun·ner·
licke, -n [af·sun·ner·lik·ke]
EW absonderlich, merkwürdig, besonders
af·sun·nern *ZW* absondern,
separieren
af·sun·nert, -e, -en [af·sun-
ner·te] *EW* abgesondert
af·suo·pen, -e, -en [af·suo-
pe·ne] *EW* abgesoffen, ertrunken

af·su·pen *uZW* absaufen,
ertrinken, versinken; überfluten, vollaufen; **dat Huus**
is af·suo·pen das Haus ist
mit Wasser überflutet
af·taant, -e, -en [af·taan·te]
EW kul. abgenagt
af·täl·len *ZW* abzählen
Af·täl·riem·sel, -s *s. mus.*
Abzählreim (beim Spiel)
af·tält, -e, -en [af·täl·te] *EW*
abgezählt
af·ta·nen *ZW kul.* abnagen
af·tap·pen *ZW* abzapfen
af·tapt, -e, -en [af·tap·te]
EW abgezapft
af·teekt, -e, -en [af·teek·te]
EW tech., mus. abgezeichnet, *übertr. jur.* genehmigt
Af·te·ken, -s *s.* Abzeichen,
Medaille, *mil.* Orden
af·te·ken *ZW tech., mus.* abzeichnen, abmalen; *jur.* genehmigen
Af·tog, Af·tüö·ge *m. mil.*
Abzug, Rückzug; *tech.* Entlüftung
Af·trät, Af·triä·te *m.* Abtritt,
Rücktritt
af·trecken [af·trek·ken] *uZW*
trans. abziehen, weggehen;
enthäuten; *tech.* kopieren,
einen Abzug machen
Af·trecker, -s [Af·trek·ker]
m. tech. Abzieher
af·triä·ten *uZW* abtreten, mit
Schritten abmessen; zurücktreten
af·trocken, -e, -en [af·trok-
ke·ne] *EW* abgezogen
af·truo·ten, -e, -en [af·truo-
te·ne] *EW* abgetreten
af·twi·gen *uZW* abzweigen
af·ur·deelt, -e, -en [af·ur-
deel·te] *EW jur.* verurteilt
af·ur·de·len *ZW jur.* verurteilen
af·vö·dai·nen *uZW* abverdienen, abarbeiten
af·wääds *UW* abseits, abwärts, seitwärts
af·wacken [af·wak·ken] *ZW*
abhandeln, abziehen
af·wai·gen *uZW tech.* abwiegen, einwiegen; *psy.* abwägen
af·wäl·tern *ZW* abwälzen
af·wän·nen *uZW* abwenden, verhindern; sich anderem zuwenden

af·wänt, -e, -en [af·wän·te]
EW abgewendet
af·wa·ren ZW verwahren,
hüten, achten auf
af·was·ken ZW hyg. abwa-
schen, mit Wasser säubern
af·was·ket, -e, -en [af·was-
ke·te] EW hyg. abgewa-
schen
af·wen·ken ZW abwinken,
ablehnen
Af·wes·seln s. o.Mz. Ab-
wechseln
af·wes·seln ZW abwechseln
Af·wes·se·lung, -en [Af·wes-
se·lun·gen] w. Abwechslung
af·wiest, -e, -en [af·wies·te]
EW abgewiesen
af·wië·ten uZW psy. wissen,
verstehen
Af·wind, Af·win·ne m. met.
Fallwind; med. Blähung
af·win·nen uZW abgewin-
nen; dat ni·e Jaor ~ Glück-
wünsche zu Neujahr über-
bringen (Brauch in der Sil-
vesternacht)
af·wi·sen uZW abweisen,
zurückweisen
af·wis·ken ZW hyg. abwi-
schen
af·wis·ket, -e, -en [af·wis-
ke·te] EW hyg. abgewischt
af·woch·ten ZW abwarten;
wocht af warte ab
af·wüë·ten uZW psy. abge-
wöhnen, med. entwöhnen
af·wun·nen, -·ne, -·nen EW
abgewonnen
af·wuo·gen, -e, -en [af·wuo-
ge·ne] EW abgewogen
A·häon m. o.Mz. bot. Ahorn
Ai, -·ers; bak·te
~·ers Mz. kul. Rührei; met
Solt kuë·men wan de ~·ers
up sint übertr. zu spät mit
etwas kommen
Ai·er·hiäm·ken, Ai·er·hiäm·
kes s. zool. Hermelin
Ai·er·liä·pel·ken, Ai·er·liä·pel·
kes s. tech. kul. Eierlöffel
Ai·er·pan·ko·ken, Ai·er·pan·
kö·ken m. kul. Eierpfann-
kuchen, Omelett
Ai·er·pruum, Ai·er·pru·men
w. bot. Eierpflaume
Ai·er·schel·le, -n w. zool.
Eierschale
Aig·ap·pel, -n m. med. Augapfel
ai·gen ZW äugen

Ai·gen·bru·ne, -n w. med.
Augenbraue
Ai·gen·dok·ter, -s m. med.
Augenarzt
Ai·gen·haor, -e [Ai·gen·hao-
re] s. med. Wimper
Ai·gen·lecht, -er [Ai·gen·
lech·ter] s. med. Augenlicht
Ai·gen·let, -s s. med. Augen-
lid
Ai·gen·maot, Ai·gen·mäö·te
s. Augenmaß
Ai·gen·pien, Ai·gen·pi·ne w.
med. Augenschmerz
Ai·gen·spai·gel, -s m. Rat-
schlag
Aigs·ken, Aigs·kes s. med.
Äuglein
Ai·ja·ma·ken uZW psy. strei-
cheln, liebkosen (ein Kind)
Ai·land, Ai·län·ner s. geol.
Insel
Ai·lauw s. o.Mz. bot. Efeu
ai·sig, -e, -en EW kalt
aisk, -e, -en [ais·ke] EW psy.
schlecht, böse
ais·lik, ais·licke, -n [ais·lik-
ke] EW psy. ekelig
Ai·wit·sel, -s s. kul. Eiweiß
ak·ke·de·ern ZW fin. feilschen (frz. accrediter)
ak·kraot, -e, -en [ak·krao·te]
EW akkurat, genau, präzi-
se, sorgfältig, hyg. sauber,
ordentlich; exakt
Äk·se, -n w. tech. Axt
Äk·sen·stel, -s s. tech. Axtstiel
äks·tern ZW tech. mit der
Axt aufspalten; übertr. psy.
kleinlich kritisieren
äks·trao UW extra, zusätzlich
Äks·trao·blad, Äks·trao·bliä-
der s. kult. Extrablatt
Äks·trao·laun, Äks·trao·lai-
ne m. fin. Prämie, Zusatzlohn
Äks·trao·pi·ler, -s m. arch.,
tech. Zusatzpfeiler, Zusatzstütze
Äks·trao·pries, Äks·trao·pri-
se m. fin. Sonderpreis,
übertr. Sonderangebot
Äks·traos s. o.Mz. Außer-
gewöhnliches, Besonderes
Äks·trao·tog, Äks·trao·tüö-
ge m. trans. Sonderzug
Ak·te·var, -s m. jur. Aktuarius, Gerichtsangestellter
äl UW schon, bereits

a·lat, -·te, -·ten EW psy.
lebhaft, munter (frz. alerte)
Al·bach·ten ON Albachten
Al·be, -n w. rel. Chorhemd
al·bi·neen UW alle zusam-
men
Albs·lau ON Albersloh
albs·laus·ke, -n EW al-
bersloher
al·ge·meen, al·ge·me·ne, -n
EW allgemein, üblich, ge-
wöhnlich
Al·ge·meen·hait w. o.Mz.
Allgemeinheit
al·jäör·lik, al·jäör·licke, -n
[al·jäör·lik·ke] EW tem. alljährlich
Al·lai, -·en w. trans. bot. Allee
(frz. alée)
Al·lai·en·baum, Al·lai·en·bai-
me m. bot. Alleebaum
al·le UW VW aus, zu Ende,
aufgebraucht, nicht mehr
verfügbar, verbraucht; erschöpft med.; UW alle
al·leen, al·le·ne EW, UW
allein, selbständig; gaas ~
alleine, ausschließlich, nur;
nich ~ sien übertr. med.
betrunken sein
al·leen·lao·ten uZW ver-
lassen, alleinlassen
Al·leen·rächt, -e [Al·leen·räch-
te] s. jur. Alleinrecht, Exklusivrecht
Al·leen·sien s. o.Mz. psy.
Alleinsein, Einsamkeit
Al·leen·vö·kaup, Al·leenvö-
kai·pe m. fin. Exklusivverkauf, Monopol
al·le·män UW tem. immer-
zu, andauernd, pausenlos,
unaufhörlich
Al·le·mans·frönd, -e [Al·le-
mans·frön·de] m. psy. je-
dermanns Freund
al·le·maol UW jedesmal,
immer, allemal; gewiss, bestimmt
al·ler·best, -e, -en [al·ler·bes-
te] EW am besten, am ge-
eignetsten
al·ler·gröts·te, -n EW allergrößte
Al·ler·hil·gen rel. Allerheiligen
Al·ler·hil·ligs·te s. o.Mz. rel.
Allerheiligste
al·ler·högs·te, -n EW aller-
höchte
al·ler·iärst UW zuerst; ~, -e,

-en [al·ler·iärs·te] *EW* allererst, vorrangig

al·ler·miärst, -e, -en [al·ler·miärs·te] *UW* allermeiste

Al·ler·siä·len *rel.* Allerseelen

al·ler·wäg·gen, -s *UW* überall, bei jeder Gelegenheit, immer

al·lo mars voran! (*frz.* allons marche)

Al·lu·min·ni·um *s. o. Mz. chem.* Aluminium

al·mä·lik, al·mä·licke, -n [al·mä·lik·ke] *EW tem.* allmählich

al·mi·liä·we *UW tem.* ewig, immer, mein Leben lang

al·nao·graod *UW tem.* allmählich, nachgerade; langsam, endlich

Al·pen·rau·se, -n *w. bot.* Alpenrose, Rhododendron

al·si·liä·we *UW tem.* ewig, immer, all sein Leben

Al·steer *ON* Alstätte

Al·sti·en *ON* Alstedde

Al·te·nao *ON* Altena

al·tiet *UW tem.* jederzeit, immer, stets, ewig

al·ti·tig, -e, -en [al·ti·ti·gen] *EW temp.* ewig, immerwährend

al·to *UW* allzu, zu sehr

al·to·haup, -e [al·to·hau·pe] *UW* allesamt, alle miteinander, gemeinsam

al·wägs *UW* immer

al·wern 1. *ZW psy.* albern, blödeln; 2. ~, **-e, -en** [al·wer·ne] *EW psy.* albern, dumm

Al·wis *VN* Alois

Am·bold, -e [Am·bol·de] *m. tech.* Amboss

A·mer·ri·ka *geog.* Amerika

a·mer·ri·kaansk, -e, -en *EW* amerikanisch

A·mer·ri·ka·ner, -s *m.* Amerikaner

Am·meln *ON* Ammeln

Am·me·lo·e *ON* Ammeloe

Am·mels·bürn *ON* Amelsbüren

am·plo·je·ern *ZW* gebrauchen, verwenden (*frz.* employer)

Amt, läm·ter *s.* Amt, Behörde

amt·lik, amt·licke, -n [amt·lik·ke] *EW* amtlich, behördlich; ~ **hi·rao·den** stan-

desamtlich heiraten

Amts·man, Amts·lü·de *m. pol.* Amtmann

Amts·how, Amts·hüö·we *m. agr.* Amtshof

Amts·sprao·ke, -n *w. kult.* Amtssprache, Hochsprache

Amts·vö·band, Amts·vö·bän·ne *m. pol.* Amtswappen

Amts·wop·pen, -s *s.* Amtswappen

amü·se·ern *ZW psy.* amüsieren, vergnügen

an *UW, VW* am, an; neben

an·bai·den *uZW* anbieten, darreichen; offerieren

an·bal·lern *ZW psy.* anbrüllen, jemd. laut anfahren

an·bau·en *ZW tech.* anbauen

an·baut, -e, -en [an·bau·te] *EW tech.* angebaut

an·be·driä·pen *uZW* anbetreffen

an·be·tands *EW* wichtig, bedeutsam

an·biä·deln *ZW psy.* anbetteln

an·biä·den *ZW rel.* anbeten, vergöttern

an·biä·det, -e, -en [an·biä·de·te] *EW rel.* angebetet

An·biärg, -e [An·biär·ge] *m. geol.* Anhöhe

an·biä·sen *ZW* anrennen

an·bië·ten, -e, -en [an·bië·te·ne] *EW* angebissen

an·bin·nen *uZW* anbinden, festbinden

an·bi·ten *uZW* anbeißen

an·blaf·fen *ZW* anbellen; *psy.* anschreien, anschnauzen

an·blaft, -e, -en [an·blaf·te] *EW* angebellt, *psy.* angeschnauzt

an·blän·kern *ZW* anblinken, anstrahlen

an·blän·kert, -e, -en [an·blän·ker·te] *EW* angestrahlt

an·blao·sen *uZW* anblasen

an·blië·ken *ZW* anbellen; *psy.* schimpfen

an·bliëkt, -e, -en [an·bliëk·te] *EW* angebellt

an·blost, -e, -en [an·blos·te] *EW* angeblasen

an·böl·ken *ZW psy.* anbrüllen, anschreien

an·bö·ten *uZW* anfeuern, Feuer machen

an·bragt, -e, -en [an·brag-

te] *EW* angebracht

an·brän·gen *uZW* anbringen, herbeibringen; befestigen

an·briä·ken *uZW* anbrechen

an·briä·nen *uZW* anbrennen, anzünden, anstecken

An·bruok, An·brüö·ke *m. tech., med.* Anriss

an·bruo·ken, -e, -en [an·bruo·ke·ne] *EW* angebrochen

an·bucken [an·buk·ken] *ZW* sich bücken, den Kopf neigen (Rindvieh beim Anbinden), sich anlehnen, sich anschmiegen

an·bun·nen, -e, -en [an·bun·ne·ne] *EW* angebunden, festgemacht

an·buo·den, -e, -en [an·buo·de·ne] *EW* angeboten

an·büörn *ZW* anheben, hochheben

an·buorn, -e, -en [an·buor·ne] *EW* angeboren

an·büört, -e, -en [an·büör·te] *EW* angehoben

an·dai·nen *uZW* andienen, sich zur Arbeit oder etwas zum Kauf anbieten

an·dänt, -e, -en [an·dän·te] *EW* angedient

an·daon, -e, -en [an·dao·ne] *EW* angetan

An·dau *m. o. Mz. met.* Morgentau

An·deel, An·de·le *m.* Anteil, *psy.* Interesse, Teilnahme

an·doon *uZW* antun, (Kleidung) anlegen; hinzufügen, ergänzen; Schaden zufügen; **sik wat ~** sich Leid zufügen, Selbstmord begehen

An·drag, An·driä·ge *m.* Antrag

an·drai·en *ZW psy.* aufschwatzen; *tech.* andrehen

An·drai·er, -s *m. tech.* Andreher

an·drait, -e, -en [an·drai·te] *EW tech.* angedreht; *psy.* aufgeschwatzt

an·driä·gen *uZW* herantragen; antragen, anbieten; *psy.* sich aufdrängen

an·driä·pen *uZW* antreffen, vorfinden

an·drië·wen, -e, -en [an·drië·we·ne] *EW* angetrieben

an·dri·wen *uZW* antreiben

An·dri·wer, -s *m.* Antreiber

an·drü·en *ZW psy.* androhen
an·druo·gen, -e, -en [an-
druo·ge·ne] *EW* angetragen
an·dü·den *EW* andeuten
An·dü·dung, -en [An·dü·dun-
gen] *w.* Andeutung
an·en·ne *UW* am Ende,
schließlich, letztlich, vielleicht, möglicherweise
An·fal, An·fiä·le *m.* Anfall
An·fang, An·fän·ge *m.* Anfang, Beginn
an·fan·gen 1 *uZW* anfan-
gen, beginnen; 2. ~, -e, -en
[an·fan·ge·ne] *EW* ange-
fangen
an·fern *ZW* antworten
an·flai·gen *uZW* anfliegen
an·flit·sen *ZW* anrennen
an·flitst, -e, -en [an·flits·te]
EW angerannt
An·fö·e·rer, -s *m.* Anführer
an·fo·ern *ZW kul. agr.* anfüttern, mästen
an·fö·ern *uZW* anführen,
leiten; *trans.* anfahren
an·fö·ert, -e, -en [an·fö·er·te]
EW angeführt; *trans.* angefahren
an·fö·len *uZW* anfühlen, befühlen, prüfen
an·folt, -e, -en [an·fol·te] *EW*
angefühlt
an·frai·sen *uZW* anfrieren
An·frao·ge, -n *w.* Anfrage
an·frao·gen *uZW* anfragen
An·frao·ge·teek·nung, -en
[An·frao·ge·teek·nun·gen] *w.*
tech. Anfragezeichnung
an·friä·ten 1. *uZW* anfressen; 2. ~, -e, -en [an·friä-
te·ne] *EW* angefressen
an·frogt, -e, -en [an·frog·te]
EW angefragt
an·fruorn, -e, -en [an·fruor-
ne] *EW* angefroren
an·fu·len *ZW biol.* anfaulen
an·fut·ken *ZW hyg.* mit Händen beschmutzen
an·fuult, -e, -en [an·fuul·te]
EW biol. angefault
An·gaaw, An·ga·wen *w.* Angabe, Auskunft; *psy.* Prahlerei
an·gaon *uZW* angehen, herangehen; berühren, betreffen; *psy.* wild benehmen; ~
äs e·nen Un·wi·sen *psy.*
sich aufführen wie ein Irrer;
wu kan dat ~? wie ist das
möglich?

an·gaonsk, -e, -en [an·gaons-
ke] *EW* heftig
An·ge·bod, --te *s.* Ange-
bot, Offerte
An·gel, -n *w.* 1. *tech.* Angel,
Angelrute; 2. *bot.* Granne,
Ährenborste; 3. *tech.* Türangel, Türscharnier
An·ge·ler, -s *m.* Angler,
Fischfänger
An·gel·mu·e *ON* Angelmodde
an·geln *ZW* angeln, fischen;
übertr. psy. jemd. an sich
binden
An·gel·ro·de, -n *w.* Angelrute
an·giö·wen *uZW* angeben,
Angaben machen; *psy.*
prahlen
An·gië·wer, -s *m. psy.* Angeber, Prahler
An·gië·we·ri, --en *w. psy.*
Angeberei
an·gne·sen *ZW psy.* angrinsen
An·griëp, -e [An·grië·pe] *m.*
Angriff
an·grië·pen, -e, -en [an·grië-
pe·ne] *EW* angegriffen
an·griëpsk, -e, -en [an-
griëps·ke] *EW psy.* angriffslustig
an·gri·pen *uZW* angreifen,
fest anpacken, zufassen
An·gri·per, -s *m.* Angreifer
Angst, längs·te *w. psy.*
Angst, ~ üm e·nen uut-
staon *psy.* um jemd. Angst
haben
angs·tig, -e, -en [angs·ti·ge]
EW psy. ängstlich
an·häb·ben *uZW* anhaben,
bekleidet sein mit; jemd.
etwas antun, schaden
an·han·gen 1. *uZW tech.*
anhängen, *trans.* ankup-
peln; *psy.* jemd. etwas andichten, übel nachreden; 2.
~, -e, -en [an·han·ge·ne]
EW angehängt
an·häö·ern *ZW* anhören
an·hel·pen *uZW* helfen (beim
Ankleiden), eine Arbeit, eine Stelle beschaffen
an·hol·len 1. *uZW* anhalten, stehen bleiben; anleiten, anhalten zu etwas; de
Waö·der ~ *psy.* stottern;
2. ~, -e, -en [an·hol·le·ne]
EW angehalten
An·holt, An·höl·le *m.* Anhalt, Stütze, *psy., tech.* An-

leitung; *trans.* Haltestelle,
Halteplatz
An·ho·sen *s. o. Mz. med.*
Tröpfcheninfektion
An·iär·we, -n *m. jur. fin.* Anerbe, Alleinerbe
an·ja·gen *uZW* herbeijagen,
herbeieilen
an·kar·jo·len *ZW trans.* (mit
voller Fahrt) anfahren, herbeifahren
an·ka·sche·ern *ZW* enga-
gieren (*frz.* engager), verpflichten
an·ka·schë·ert, -e, -en [an-
ka·sche·er·te] *EW* enga-
giert, verpflichtet
An·kaup, An·kai·pe *m. fin.*
Ankauf
an·kau·pen *uZW fin.* ankaufen
An·ke·bes·mo·der, An·ke-
bes·mö·ers *w.* Urgroßmutter
An·ke·bes·va·der, An·ke·bes-
vä·ers *m.* Urgroßvater
An·ker, -s *m. naut.* Schiffsanker; *tech.* Eisenklammer
Ank·hu·sen *ON* Oerlinghausen
an·kië·den *ZW* anketten (von
Haustieren)
An·ki·ken *s. o. Mz.* Ansehen;
he kan't ~ nich häb·ben
psy. er ist überempfindlich
an·ki·ken *uZW* ansehen, angucken; e·nen för wat ~
jemd. etwas zutrauen
An·klao·ge, -n *w. jur.* Anklage
an·klao·gen *ZW jur.* anklagen, vor Gericht bringen
An·kläö·ger, -s *m. jur.* Ankläger
an·klaogt, -e, -en [an·klaog-
te] *EW jur.* angeklagt
An·klaog·te, -n *m. und w. jur.*
Angeklagte(r)
an·klië·wen *ZW tech.* ankleben
an·klop·pen *ZW* anklopfen
an·knüp·pen *ZW* anknüp-
fen
an·koft, -e, -en [an·kof·te]
EW fin. angekauft
an·kri·den *ZW* ankreiden,
jemd. etwas übel nehmen
an·kri·gen *uZW* anbekom-
men, anziehen; *tech.* angestellt bekommen
an·kuë·men *uZW* ankom-
men; herankommen, anlan-

gen; anstoßen, *psy.* anecken

An·kuëmst, An·küëms·te *w.*
Ankunft

an·küë·nen *uZW* ankönnen,
fertigwerden (mit)

an·kü·ern *ZW* ansprechen,
anreden; *psy.* aufschwatzen

An·kü·er·waod, An·kü·er·
wäö·der *s.* Anredewort

an·kün·ni·gen *ZW* ankündigen

an·lä·ern *ZW kult.* anlernen

an·läg·gen *ZW* anlegen; an
die Brust legen, stillen; anpacken, helfen (bei der Arbeit); *fin.* investieren

An·läg·ger, -s *m.* 1. *trans.*
naut. Anleger, Schiffsanlegestelle; 2. *fin.* Anleger, Investor

an·lai·gen *uZW psy.* anlügen, belügen

an·lan·gen *ZW* anbelangen,
angehen, anbeteffen, betreffen

An·lao·ge, -n *w.* 1. *psy.* Anlage, Begabung; 2. *fin.* Investition; 3. *agr.* Park, Zierbeet; 4. *tech.* technische
Einheit

An·laot, An·läö·te *m.* Anlass

an·lao·ten 1. *uZW* anlassen,
angezogen lassen; *tech.*
anstellen (Motor); **sik ~** sich
entwickeln 2. **~, -e, -en** [an·lao·te·ne] *EW* angelassen

An·laup, An·lai·pe *m.* Anlauf; Zulauf, Besuch

an·laup·en 1. *uZW* heranlaufen, herbeieilen; anlaufen, beschlagen, *chem.* oxidieren; beginnen; 2. **~, -e, -en**
[an·lau·pe·ne] *EW* herbeigeeilt; angelaufen, beschlagen, *chem.* oxidiert; begonnen; *med.* schwanger

an·lest, -e, -en [an·les·te] *EW*
tem. schließlich, zuletzt; das
vorige Mal, neulich

an·lich·ten *ZW* anheben

an·lië·nen *ZW* anlehnen

An·lies *VN* Anneliese

An·lig·gen, -s *s.* Anliegen

an·lig·gen *uZW* anliegen
(Kleidung); *psy.* am Herzen
liegen

An·lig·ger, -s *m.* Anlieger,
Anwohner

an·li·men *ZW tech.* anleimen

an·luo·wen *ZW psy.* gelo-

ben, *rel.* Gelübde machen

an·ma·ken *uZW* anmachen;
anbringen, anstecken, befestigen; (Feuer) anzünden;
beeilen

an·mao·len *ZW tech., mus.*
anmalen; *übertr.* schminken

an·mao·ten *ZW psy.* anmaßen

An·mao·tung, -en [An·mao·tun·gen] *w. psy.* Anmaßung

an·mel·len *ZW* anmelden,
anzeigen

an·miä·ken *ZW* anmerken,
bemerken, spüren

an·miä·ten 1. *uZW tech.* anmessen, anpassen; 2. **~, -e,**
-en *EW* angemessen, angepasst

an·mi·gen *ZW* anpinkeln;
übertr. psy. jemd. etwas
vorwerfen, anmeckern

an·nai·en *ZW* 1. *tech.* annähen, festnähen; 2. schnell
herbeilaufen

an·ne *EW* an, angestellt; an
jemd., ihm eigen

Än·ne *VN* Anna, Anne; **Än·**
ne·ken *VN* Ännchen

an·neen, an·ne·ne *UW* aneinander

an·nek·te·ern *ZW mil.* annektieren (*frz.* annexer)

an·ner·deels *UW* andererseits

än·ne·re, -n *m., w. und s.*
andere

än·ne·res anderes; **niks ~ äs**
nichts anderes als, nur, bloß

an·ner·jaors *UW tem.* in anderen Jahren

an·ner·maol *UW* (ein) anderes Mal, beim nächsten Mal

än·nern *ZW* ändern

an·nern·aoms *UW tem.* einer der vorangegangenen
Abende, letztabends

an·nern·dags *UW tem.* am
anderen Tag, neulich

än·ners *UW* anders, gegensätzlich, auf andere Art

än·ners·üm *UW* andersherum, umgekehrt

an·nert·halw, -e, -en [annert·hal·we] *ZaW* anderthalb

an·ner·tiets *UW tem.* zu
anderer Zeit, sonst, früher

Än·ne·rung, -en [Än·ne·run·gen] *w.* Änderung

än·ner·wäg·gen, -s *UW* an-

derswo

an·ner·wat *FW* sonst, etwas, etwas anderes

An·nes *VN* Agnes

An·ne·wai·e, -n *w. agr.* Wendestelle beim Pflügen, Akkerrain, unbeackertes Stück
zwischen Feldern

An·ne·wai·en·wië·de, -n *w.*
bot. Gemeiner Liguster

an·nië·men *uZW* annehmen,
zu sich nehmen, übernehmen; adoptieren; betreuen;
psy. vermuten

an·nu·le·ern *ZW jur.* annullieren (*frz.* annuler)

an·nuo·men, -e, -en [an·nuo·me·ne] *EW* angenommen

an·packen [an·pak·ken] *uZW*
anfassen; übernehmen, in
Angriff nehmen; mithelfen;
psy. vergewaltigen

an·päö·len *ZW* (an einen
Pfahl) anbinden, festmachen

an·pas·sen *uZW* anpassen

an·pat·ken *ZW* antreten (z.B.
von Erde)

an·pin·geln *ZW* anklingeln,
anrufen, telefonieren

an·plin·kern *ZW* anblinzeln,
psy. zulächeln

an·pri·sen *ZW* anpreisen

an·pro·be·ern *ZW* anprobieren

an·pum·pen *ZW fin.* um Geld
bitten (zur Ausleihe)

an·puor·ten *ZW agr.* anpflanzen

an·rao·den *uZW* anraten,
empfehlen

an·re·ken *ZW* anreichen,
angeben

an·riä·ken *ZW* anrechnen;
psy. zugute halten

an·rö·ern *ZW* anrühren, verrühren, zubereiten

An·roop, An·rö·pe *m.* Anruf

An·roop·num·mer, -n *w.* Rufnummer, Telefonnummer

an·ro·pen *uZW* anrufen, laut
anreden; telefonieren

An·ro·per, -s *m.* Anrufer

An·säg·ge, -n *w.* Ansage

an·säg·gen *uZW* ansagen

An·säg·ger, -s *m.* Ansager

An·sain *s. o.Mz.* Ansehen;
grau·te ~ hohes Ansehen,
Ruhm; **up ~ kau·pen** *fin.*
auf Kredit kaufen, anschreiben lassen

an·sain *uZW* ansehen, betrachten; ~, -e, -en [an·sai·ne] *EW* angesehen, anerkannt

an·sain·lik, an·sain·licke, -n [an·sain·lik·ke] *EW* ansehnlich

an·sät, -·te, -·en *EW* angesetzt, *tech.* angestellt

an·sät·ten *ZW* ansetzen; *bot.* sprießen, Frucht tragen

Ans·brig *ON* Arnsberg

an·schai·ten *uZW* anschießen

An·schien *m. o.Mz.* Anschein

an·schi·ten *uZW* anscheißen; *psy.* betrügen, hintergehen, übervorteilen; *jur.* anschwärzen, denunzieren

an·schrië·wen, -e, -en [an·schrië·we·ne] *EW* angeschrieben, notiert; *übertr. psy.* gut angeschrieben sein, hohes Ansehen genießen

An·schri·we·book, An·schri·we·bö·ker *s. fin.* Buch für ausstehende Zahlungen

an·schri·wen *uZW* anschreiben, eintragen, notieren

An·schriwt, -en [An·schriw·ten] *w.* Anschrift

an·schru·wen *uZW tech.* anschrauben

an·schül·li·gen *ZW jur., psy.* anschuldigen, beschuldigen; jemd. etwas anhängen, andichten; anstiften, verleiten

An·sichts·kaat, An·sichts·ka·ten *w.* Ansichtskarte

an·si·ten *uZW* ansitzen (auf dem Hochsitz)

An·slag, An·sliä·ge *m.* Anschlag

an·slaon 1. *uZW* anschlagen, befestigen; an etwas anschlagen; veranschlagen, schätzen; 2. ~, -e, -en [an·slao·ne] *EW* angeschlagen

an·sliägsk, -e, -en [an·sliägs·ke] *EW psy.* klug, erfinderisch, einfallsreich, pfiffig; praktisch, geschickt

an·slië·pen *ZW trans.* anschleppen, herbeischleppen; schleppend näher kommen

an·sli·ken *uZW* anschleichen, heranschleichen

an·slu·ten *uZW* anschließen

An·sluot, An·slüö·te *m.* Anschluss

An·sluot·tog, An·sluot·tüö·ge

---

m. trans. Anschlusszug

an·smiärn *ZW* anschmieren, beschmieren; *psy.* übervorteilen, betrügen; verulken

an·smi·ten *uZW* anwerfen, anstellen (Motor)

an·sni·den *uZW* anschneiden

an·span·nen *ZW* anspannen (Pferd vor den Wagen)

an·spië·len *ZW* anspielen, anfangen zu spielen; auf etwas anspielen, Andeutungen machen

an·spin·nen *uZW tech.* anspinnen

An·sprao·ke, -n *w.* Ansprache, Rede

an·sprän·gen *uZW* anspringen, auf etwas losspringen, anfallen; *tech.* (Motor) in Gang kommen

an·spüë·tern *ZW* anspucken

An·stalt, -en [An·stal·ten] *w.* Anstalt, Einrichtung; Vorkehrung, Vorbereitung, Umstand

An·stand, An·stän·ne *m. psy.* Anstand, gutes Benehmen; Ort der Jagd

an·stän·nig, -e, -en [an·stänni·ge] *EW psy.* anständig, ehrbar; tüchtig, sinnvoll; angenehm

an·staon *uZW* anstehen, warten; unerledigt sein

an·stau·ten *uZW* anstoßen, einen Stoß geben; *psy.* an etwas erinnern, mahnen; *kul.* zuprosten

an·stem·men *ZW* anstimmen

an·stiä·ken *uZW* anstecken, befestigen, anstechen, anzapfen

an·sticken [an·stik·ken] *ZW* anzünden; *med.* Krankheit übertragen, anstecken

an·stickend, -e, -en [an·stik·kend], [an·stik·ken·de] *EW med.* ansteckend

an·stin·ken *uZW* anstinken; *übertr.* nicht mithalten können

An·striëk, -e [An·strië·ke] *m. tech.* Anstrich

an·stri·ken *uZW tech.* anstreichen, anmalen; *psy.* jemd. etwas anstreichen, nachtragen

An·stri·ker, -s *m. tech.* Anstreicher

---

an·stuo·ken, -e, -en [an·stuo·ke·ne] *EW* angestochen

an·stüö·kern *ZW* anstochern (Feuer)

an·stüö·kert, -e, -en [an·stüö·ker·te] *EW* angestochert (Feuer)

an·suë·keln *ZW* anschaukeln, in Schwung versetzen

an·su·gen *uZW* ansaugen

an·tap·pen *ZW* anzapfen

An·te·ken, -s *s.* Anzeichen

an·te·ken *ZW tech.* anzeichnen, markieren

An·ten, -·nen *w. tech.* Antenne, Sendemast

An·ter·kot, -s *s. med.* Mittelrippe (*frz.* entrecôte)

an·ticken [an·tik·ken] *ZW* berühren

an·tip·pen *ZW* herankommen

an·to *UW* nahebei; dazu, daran

An·tog, An·tüö·ge *m.* Anzug (Kleidung); *trans.* Anziehen, Beschleunigung (beim Anfahren)

an·tog *EW* in Gang, angefangen

an·tog·hol·len *uZW* zugangehalten

an·tog·maakt, -e, -en [an·tog·maak·te] *EW* gegründet

an·tog·ma·ken *uZW* beginnen, anfangen, gründen

An·tog·ma·ker, -s *m.* Gründer, Initiator

an·trecken [an·trek·ken] *uZW* anziehen, überziehen; festziehen; anfangen zu ziehen; heranziehen; **niks dao·van ~** *übertr. psy.* nichts damit zu tun haben wollen, alle Verantwortung von sich weisen; **sik wat ~** *übertr. psy.* etwas auf sich beziehen

an·triä·ten *uZW* antreten, sich aufstellen; herantreten; eine Stellung annehmen; schneller gehen, starten

an·tru·en *ZW* antrauen, vermählen, durch Trauung verbinden; *psy.* anvertrauen

an·tücken [an·tük·ken] *ZW* anstoßen, berühren

Ant·waod, -en [Ant·wao·den] *w.* Antwort, Entgegnung, Erwiderung; Verantwortung

ant·wao·den *ZW* antworten, erwidern, entgegnen

an·vö·tru·en *ZW psy.* anver-

trauen, jemd. ins Vertrauen
ziehen
an·wäg·gen *ZW* langsam
bewegen
An·wän, -·nen *w. agr.* Wendestelle des Pfluges am Ende der Furche
an·wän·nen *uZW* anwenden, verwenden, gebrau-
chen; angewöhnen
An·was, An·wäs·se *m. biol.*
Anwuchs, im Heranwachsen
an·was·sen 1. *uZW biol.* anwachsen, Wurzeln fassen;
zunehmen; 2. ~, -e, -en [an-
was·se·ne] *EW biol.* angewachsen
An·wiën·sel, -s *s. psy.* Angewohnheit, Gewohnheit
an·wiën·seln (sik) *ZW psy.*
angewöhnen (sich)
an·wië·sen (up) *EW* angewiesen sein (auf)
An·wië·sen, -s *s.* Anwesen,
(bäuerliches) Besitztum
an·wi·sen *uZW* anweisen,
befehlen; überweisen
An·wi·sen *s. o.Mz.* Anweisung
An·wol, An·wöl·le *m.* Grund
an·wol·tern *ZW* heranwälzen, sich schwerfällig bewegen, anrollen
An·wüën·de, -n *w. psy.* Angewohnheit
an·wüë·nen *ZW psy.* angewöhnen, zur Gewohnheit
werden lassen
an·wüënt, -e, -en [an·wüën-
te] *EW psy.* angewöhnt
An·wüë·nung, -en [An·wüë-
nun·gen] *w. psy.* Angewöhnung
an·wul·len *uZW psy.* heranwollen, heranwagen
an·wuors·ten *ZW* ein enges Kleid mühsam anzie-
hen (wie Wurst in Pelle)
Ao, Äö *w. geol.* Aa, Bach,
kleiner Fluss
Ao·biëk, -en [Ao·bië·ken] *w.*
geol. Aabach
aoch ach
Ao·der, -n *w. med.* Ader
Aod·der·huut, Ao·der·hü·te
w. med. Aderhaut
Äö·der·ken, Äö·der·kes *s.*
med. Äderchen, kleine Ader
Ao·ken *ON* Aachen
Aol, Äö·le *m. zool.* Aal; **glat**
äs'n ~ aalglatt, *psy.* schlau,

gewitzt; **grö·nen ~** *kul.* frischer Aal
Ao·le, -n *w. tech.* Ahle
Ao·len *ON* Ahlen
ao·len *ZW* aalen, auf dem
Boden wälzen
aol·glat, -·te, -·ten *EW* aalglatt
Aol·sup, -·pen *w. kul.* Aalsuppe
Aol·taor, Aol·täö·re *m. arch.*
rel. Altar
Aom, Ääms *m. med.* Atem;
äch·ter ~ *med.* außer Atem
aom·büörs·tig, -e, -en [aom-
büörs·ti·ge] *EW med.* eng-
brüstig, kurzatmig, asthma-
tisch
Aomd, -e [Aom·de] *m. tem.*
Abend; **n'Aomd** Guten
Abend!
Aomd·iä·ten *s. kul.* Abend-
essen, Abendbrot
Aomd·kleed, Aomd·kle·der
s. Abendkleid
Aomd·lecht *s. o.Mz.* Eintritt
der Dunkelheit
Aomd·leed, Aomd·le·der *s.*
mus. Abendlied
Aomd·lü·den *s. o.Mz. rel.*
Abendläuten
Aomd·nië·wel, -s *m. met.*
Abendnebel
Aomd·raud, Aomd·rai·de *s.*
met. Abendrot
Aomd·riän·gen *m. o.Mz. met.*
Abendregen
Aomd·siän·gen, -s *m. rel.*
Abendsegen
Aomd·stään, Aomd·stä·ne
m. astr. Abendstern, Venus
Aomd·stun·ne, -n *w. tem.*
Abendstunde
Aomd·sun·ne, -n *w.* Abend-
sonne
Aomdtiet *w. o.Mz. tem.*
Abendzeit
Aomd·tog, Aomd·tüö·ge *m.*
trans. Abendzug
Aomd·vüör·stel·lung, -en
[Aomd·vüör·stel·lun·gen] *w.*
Abendvorstellung
Aomd·wind, Aomd·win·ne *m.*
met. Abendwind
äö·men *ZW med.* atmen,
Luft holen
aom·ha·len *uZW med.* atem-
holen
Aom·ha·len *s. o.Mz. med.*
Atem holen, Luft holen
Aom·pi·pe, -n *w. med.* Luft-
röhre

aoms *UW tem.* abends
Aoms·naud, Aoms·nai·de
w. med. Atemnot
Aom·struort, Aom·strüört
w. med. Luftröhre
Aom·wiärks *s. o.Mz. med.*
Atmungssystem
aon, -e [ao·ne] *VW, BW, UW*
ohne
Ao·nen *s. o.Mz. psy.* Ahnung, Vermutung
ao·nen *ZW psy.* ahnen, vermuten
Aon·macht, -en [Aon·mach-
ten] *w. med.* Ohnmacht,
Bewusstlosigkeit; *psy., pol.*
Machtlosigkeit
Ao·nung, -en [Ao·nun·gen]
w. psy. Ahnung, Vermutung
aon·wië·ten, -e, -en [aon·wië-
te·ne] *EW psy.* ahnungslos,
kult. ungebildet; unwissend
aor *BW* oder
Aor, -en, Äörs [Ao·ren] *s.*
1. *med.* Ohr; 2. *tech.* Griff;
an'ne ~en häb·ben *med.*
schwerhörig sein, Ohren-
schmerzen haben; **de ~en**
han·gen lao·ten *psy.* betrübt sein, missmutig sein;
et dum·men·dik äch·ter de
~en sit·ten häb·ben *psy.*
übertr. es faustdick hinter
den Ohren haben; **in't ~**
fö·len *übertr. fin.* betrügen,
überverteilen; **in't ~ säg·gen**
flüstern
Aor·büm·mel, -s *s. tech.*
Ohrgehänge, Ohrring
aor·draitsk, -e, -en [aor-
draits·ke] *EW psy.* ver-
drießlich, eigensinnig, dickfellig, mürrisch
aor·düüs·ter, -e, -en [aor-
düüs·te·re] *EW* stockdunkel, stockfinster
Äö·re, -n *w. bot.* Ähre
Äör·ken, Äör·kes *s.* Öhrchen
Aor·läp·ken, Aor·läp·kes *s.*
med. Ohrläppchen
Aor·liä·pel, -s *m. med.* Ohrmuschel
aor·scheew, aor·sche·we, -n
EW psy. misstrauisch
Aort, -en [Aor·ten] *w.* Art
Aor·uul, Aor·u·le, -n *w. zool.*
Ohreule; **grau·te ~** *w. zool.*
Uhu
Aos, Äös·ter *s. biol.* Aas,
Kadaver, totes Lebewesen;
allg. Tier, Biest; Scheltwort

für Menschen
äö·sen *ZW hyg.* beschmutzen, verschmutzen
Äö·se·pöt·ken, Äö·se·pöt·kes *s. tech.* Aschenbecher
Äö·se·ri̱, -en *s. hyg.* Schweinerei
äö·sig, -e, -en [äö·si·ge] *EW hyg.* dreckig, schmutzig, angeschmutzt, *übertr. psy.* ausfallend, frech
Aos·ka·wel, -n *m. zool.* Aaskäfer
Äös·ken, Äös·kes *s. psy.* kleines Biest
Aos·krai, -·en *w. zool.* Aaskrähe
Aos·kraom *m. o.Mz. hyg.* Dreck, Schmutz, Sauerei, Schweinkram
Aos·liä·der, -s *s. psy.* böser, listiger Mensch (Schimpfwort)
Aos·nickel, -s [Aos·nik·kel] *s. psy.* gemeiner Kerl
Aos·tüüg, -s *s. o.Mz.* Aaszeug (Schimpfwort)
Aos·vuë·gel, Aos·vüë·gel *m. zool.* Aasvogel, Kolkrabe
Aot, Äö·te *s. tech.* Hohlmaß (¼ Liter); **Äöt·ken, Äöt·kes** *s. tech. kul.* Flasche mit ¼ Liter Schnaps, Flachmann
ao·wer *BW* aber
a·pa̱d·dig, -e, -en [a·pad·di·ge] *EW psy.* eigenartig, apart; sonderbar, eigentümlich, komisch; ausgefallen; besonders
a·pa̱t *BW* aber, doch; *UW* aber, gewiss, durchaus
A·pe, -n *m. zool.* Affe
a·pen *ZW zool.* äffen, narren, zum Narren machen
A·pen·dier, -s *s. zool.* Affe
A·pen·kas·ten, A·pen·käs·ten *m. tech.* Affenkäfig
A·pen·kat, -·ten *w. zool.* Affe, Meerkatze
A·pen·kös·ter, -s *m. psy.* jemd., der sich etwas darauf einbildet Unsinniges zu unterstützen ohne es zu merken
A·pen·nuët, A·pen·nüë·te *w. bot.* Erdnuss
A·pen·schot, -s *s. arch.* Affenstall
A·pe·ri̱, -·en *w. psy.* Geäffe, unnützes Getue
Ap·lül·sen *ON* Appelhülsen

ap·lülsk, -e, -en [ap·lüls·ke] *EW* appelhülsener
Ap·lüls·ke, -n *m. und w.* Appelhülsener(in)
Ap·pel, -n, Äp·pel *m. bot.* Apfel
Ap·pel·baum, Ap·pel·bai·me *m. bot.* Apfelbaum
Ap·pel·grieps·ke, -n *w. bot.* Apfelkerngehäuse
Ap·pel·how, Ap·pel·hüö·we *m. agr.* Obstgarten mit Apfelbäumen
Äp·pel·ken, Äp·pel·kes *s. bot.* Äpfelchen; **rau·de Äp·ple·kes** *übertr. med.* rote Wangen
Ap·pel·ko·ken, Ap·pel·kö·ken *m. kul.* Apfelkuchen
Ap·pel·kom·pot *s. o.Mz. kul.* Apfelmus
Ap·pel·plücker, -s [Ap·pel·plük·ker] *m. tech.* Apfelpflücker (Gerät)
Ap·pel·rau·se, -n *w. bot.* Apfelrose
Ap·pel·sap, Ap·pel·siä·pe *m. kul.* Apfelsaft
Ap·pel·sap·pul·le, -n *w. tech.* Apfelsaftflasche
Ap·pel·si·ne, -n *w. bot.* Apfelsine
Ap·pel·si·nen·baum, Ap·pel·si·nen·bai·me *m. bot.* Apfelsinenbaum
Ap·pel·si·nen·plan·te, -n *w. bot.* Apfelsinenpflanze
Ap·pel·si·nen·sap, Ap·pel·si·nen·siä·pe *m. kul.* Apfelsinensaft
Ap·pel·si·nen·schel·le, -n *w. bot.* Apfelsinenschale
Ap·pel·sort, -en *w. bot.* Apfelsorte
Ap·pel·stiël, -e [Ap·pel·stië·le] *m. bot.* Apfelstiel
Ap·pel·stu·ten, -s *m. kul.* gebackener Apfel in Hefeteig
Ap·pel·ta·te, -n *w. kul.* Apfeltorte
Ap·pel·tië·we, -n *w. fin.* Obstverkäuferin
Ap·pe·ra̱at, Ap·pe·ra̱·te *m. tech.* Apparat, Apperatur
ap·por·te̱·ern *ZW* apportieren
Ap·por·ten·driä·ger, -s *m. psy.* Verbreiter von Neuigkeiten, Klatschmaul
Ap·te̱ek, Ap·te̱·ken *w. med.* Apotheke

Ap·te̱·ker, -s *m. med.* Apotheker
Ap·tie̱t *m. o.Mz. kul.* Appetit
Är, -en [Ä·ren] *w. psy.* Ehre
Ar·baid, -en [Ar·bai·den] *w.* Arbeit, berufliche Tätigkeit; Anstrengung; *tech.* Werkstück, Ergebnis der Arbeit; **in ~** beschäftigt
ar·bai·den *ZW* arbeiten, tätig sein
Ar·bai·der, -s *m.* Arbeiter
Ar·bai·der·ske, -n *w.* Arbeiterin
Ar·bai·der·stad, Ar·bai·der·stiä·den *w. geog.* Arbeiterstadt
Ar·bai·der·up·stand, Ar·bai·der·up·stän·ne *m. pol.* Arbeiteraufstand
Ar·bai·der·veer·del, -s *s. geog.* Arbeiterviertel
Ar·baids·dag, -e [Ar·baids·da·ge] *m. tem.* Arbeitstag
Ar·baids·laun, Ar·baids·lai·ne *m. fin.* Arbeitslohn
Ar·baids·lü·de *Mz.* Arbeiterschaft
Ar·baids·piärd, -e [Ar·baids·piär·de] *s. zool. agr.* Arbeitspferd
Ar·baids·ruum, Ar·baids·rü·me *m. arch.* Arbeitsraum, Arbeitszimmer
Ar·baids·stiär, -n *w.* Arbeitsstelle
Ar·baids·tiet, Ar·baids·ti·ten *w. tem.* Arbeitszeit
Ar·baids·tüüg, -s *s. o.Mz.* Arbeitszeug, Arbeitskleidung
är·baor, -e, -en [är·bao·re] *EW psy.* ehrbar
är·dai·nig, -e, -en [är·dai·ni·ge] *EW psy.* ehrerbietig
ä·ren *ZW psy.* ehren, auszeichnen
Ä·ren·büör·ger, -s *m. pol.* Ehrenbürger
Ä·ren·kring, -e [Ä·ren·krin·ge] *m. tech. kult.* Ehrenring
Ä·ren·saak, Ä·ren·sa·ke *w. o.Mz. psy.* Ehrensache
Ä·ren·te·ken, -s *s.* Ehrenzeichen
Ä·ren·vüör·sit·ten·de, -n *m. und w.* Ehrenvorsitzende(r)
Ä·ren·waak, Ä·ren·wa·ken *w.* Ehrenwache
Ä·ren·waod, Ä·ren·wäö·der *s. psy.* Ehrenwort
Ärf·te *ON* Erwitte

Är·ge·fööl, Är·ge·fö·le *s. psy.*
Ehrgefühl, Moral
a·rig, -e, -en [a·ri·ge] *EW psy.*
artig, brav, gut erzogen
A·ri·kel·ken, A·ri·kel·kes *s.*
bot. Primel
är·lik, är·licke, -n [är·lik·ke]
EW psy. ehrlich
arm, -e, -en [ar·me] *EW fin.*
arm, mittellos; **~ dran sien**
fin., med. bemitleidenswert
sein; **iär·mer** *fin.* ärmer, **an
iärms·ten** am ärmsten *fin.*
Arm, -s *m.* 1. *med.* Arm
(Körperteil); 2. *tech.* Hebel;
3. Ärmel; **un·ner de ~s gri·
pen** *übertr.* helfen
Arm·buorst, Arm·büörs·te *w.*
tech. mil. Armbrust
Ar·me, -n *m. und w. fin.*
Arme(r), Mittellose(r)
**Ar·men·huus, Ar·men·hü·
ser** *s. arch. fin.* Armenhaus
Ar·men·küö·le *Mz.* Armenkohle, Zuteilung von Kohle
für Arme
Ar·men·paol, Ar·men·päö·le
m. tech. fin. Opferstock an
Wegen
Ar·men·pliä·ger, -s *m.* Armenpfleger
Ar·mood *w. o.Mz. fin.* Armut
ar·mö·dig, -e, -en [ar·mö·
di·ge] *EW* armselig, sehr
arm
Arms·kuorw, Arms·küör·we
m. tech. Armkorb, Hand-
korb
ar·rang·sche·ern *ZW* ordnen, einrichten (*frz.* arranger)
ar·res·te·ern *ZW jur.* arrestieren, verhaften
**Ar·res·te·e·rung, Ar·res·te·e·
run·gen** *w. jur.* Verhaftung
**Ar·rest·stüöw·ken, Ar·rest·
stüöw·kes** *s. arch. jur.* Arreststube
Är·socht, Är·söch·te *w. psy.*
Ehrgeiz
är·söch·tig, -e, -en [är·söch-
ti·ge] *EW psy.* ehrgeizig
ärs·ter·dag, -s *UW tem.* sehr
bald, demnächst
ärs·ter·tiet, -s *UW tem.* anfangs, zu Beginn
ärt, -e, -en [är·te] *EW* geehrt
äs *BW* als, wie (vergleichend),
VW während; *UW*
einmal; **he is jüst so graut
~ ik** er ist genau so groß
wie ich

As, Äs·se *s. spo.* Ass (Spiel-
karte)
As·biëk *ON* Asbeck
a·sen *ZW* verschwenden
A·si·en *o.Mz. geog.* Asien
Ask, -e, -en [As·ke] *w. chem.*
Asche
Ask·ap·pel, -n *m. bot.* Boskop
**Ask·ap·pel·baum, Ask·ap·
pel·bai·me** *m. bot.* Bos-
kopbaum
As·ke·biärg *ON* Ascheberg
As·ke·dag, -e [As·ke·da·ge]
m. tem. rel. Aschermittwoch
as·ke·dags *UW rel. tem.*
aschermittwochs
As·ke·krüüs, As·ke·krü·se *s.*
rel. Aschenkreuz
Ask·em·mer, -s *m. tech.* Ab-
falleimer, Ascheneimer, Müll-
eimer
Äs·ken, Äs·kes *s.* Verkleine-
rungsform von Ass
As·ken·blo·me, -n *w. bot.*
Ackerskabiose
As·ken·duorp *ON* Aschen-
dorf
**as·ken·gries, as·ken·gri·se,
-n** *EW* aschgrau
As·ken·lok, As·ken·löcker
[As·ken·lök·ker] *s. tech.*
Aschenloch zum Sammeln
von Herdfeuerasche
As·ken·wäg, As·ken·wiä·ge
m. trans. mit Asche verfüllter Weg
As·ker, -s *m. tech.* Aschenbecher
Ask·haup, Ask·hai·pe *m.*
Aschenhaufen
As·kiär·ken *ON* Alvers·kir-
chen
as·kiärksk, -e, -en [as·kiärks-
ke] *EW* alverskirchisch
Ask·trecke, -n [Ask·trek·ke]
w. tech. Aschenlade des
Ofens oder Herdes
Ask·tun·ne, -n *w. tech.*
Aschentonne, Mülltonne
As·se, -n *w. tech.* Achse,
Wagenachse; **de ~ drun·ner
wäg häb·ben** *übertr. med.*
völlig betrunken sein
äs·ti·me·ern *ZW* schätzen,
veranschlagen; *psy.* hochachten (*frz.* estimer)
as·trant, -e, -en [as·tran·te]
EW psy. frech, anmaßend,
unfreundlich, selbstbewusst
(*frz.* astreindre)
as·tü·rig, -e, -en [as·tü·ri·ge]

EW psy. widerborstig
A·tol·le·ri, -·en *w. mil.* Ar-
tillerie
A·tol·le·ri·fü·er, -s *s. mil.*
Artilleriefeuer
Au·do, -os *s. trans.* Auto;
bruukt ~ Gebrauchtwagen
**Au·do·af·dak, Au·do·af·diä·
ker** *s. tech.* Carport
Au·do·baan, Au·do·ba·nen
w. trans. Autobahn
**Au·do·baan·af·gang, Au·do·
baan·af·gän·ge** *m. trans.*
Autobahnabfahrt
Au·do·baan·brüg·ge, -n *w.*
trans. Autobahnbrücke
**Au·do·baan·krüüs, Au·do·
baan·krü·se** *s. trans.* Auto-
bahnkreuz
**Au·do·baan·to·gang, Au·do·
baan·to·gän·ge** *m. trans.*
Autobahnanschlussstelle
**Au·do·baan·to·gangs·strao·
te, -n** *w. trans.* Autobahn-
zubringer
Au·do·baan·twiël, -e [Au·do·
baan·twie·le] *m. trans.* Auto-
bahndreieck
**Au·do·baan·up·gang, Au·do·
baan·up·gän·ge** *m. trans.*
Autobahnauffahrt
Au·do·bus, -·se *m. trans.*
Autobus
Au·do·dri·wer, -s *m. trans.*
Autofahrer
Au·do·in·nus·tri, -·en *w. tech.*
Automobilindustrie
Au·do·ma·ker, -s *m. tech.*
Automobilhersteller, Auto-
bauer
Au·do·maot, -en [Au·do·mao-
ten] *m. tech.* Automat
Au·do·trans·por·te·e·rer, -s
m. trans. Autotransporter
Au·erk *ON* Aurich
Aug·ap·pel, -n *m. med.* Aug-
apfel
Au·ge, -n, Ai·gen *s. med.*
Auge
Au·gen·huut, Au·gen·hü·te
w. med. Augenhaut; **swië·
li·ge ~** *w. med.* Hornhaut
Au·gen·ka·mer, -n *w. med.*
Augenkammer
Au·gen·slag, Au·gen·sliä·ge
m. tem. Augenblick
**Au·gen·wa·ter, Au·gen·wä·
ters** *s. med.* Augenwasser
auk *BW* auch; **~ bi** auch
bei, trotz; **~ so** auch so,
ebenfalls

Au·sen 1. *m. o.Mz. geog.* Osten; 2. *ON* Ahaus
Aust *m. o.Mz. geog.* Ost
Aust·biä·wern *ON* Ostbevern
Aust·riek *geog.* Österreich
Aus·ter·wik *ON* Osterwick
Aust·eu·ro·pa *geog.* Osteuropa
aust·lik, aust·licke, -n [austlik·ke] *EW geog.* östlich
Aust·maond, -e [Aust·maonde] *m. tem.* August, *agr.* Erntemonat
Aust·pao·te, -n *w. arch.* Osttor
Aust·wind, Aust·win·ne *m. met.* Ostwind
Au·wer·biëk *ON* Aplerbeck
Av·kaot, -en [Av·kao·ten] *m. jur.* Rechtsanwalt
Av·kao·ten·kniëp, -e [Av·kaoten·knië·pe] *m.* Winkelzug, Schliche
Av·kao·ten·sprao·ke *w. jur.* Rechtsanwaltssprache
a·wat ach was

B

B, b B, b (Buchstabe)
Baad, Bä·der *s.* Bad
Baan, Ba·nen *w.* Bahn, glatte Fläche, geebneter Weg; *trans.* Eisenbahn; Schienenfahrzeug
Bäänd *VN* Bernhard
Baan·how, Baan·hüö·we *m. trans.* Bahnhof, Station
Baan·hows·bau, -ten *m. arch.* Bahnhofsgebäude
Baan·hows·vüör·stao·er, -s *m.* Bahnhofvorsteher
Baan·hüp·per, -s *m. trans.* Schaffner
Bään·ken, Bään·kes *s. trans.* schmale Bahn, *trans.* Bähnchen, Nebenbahn
Baan·mes·ter, -s *m. tech.* Bahnmeister
Baan·pät·ken, Baan·pät·kes *s. trans.* Weg neben den Gleisen
Baan·üö·wer·gang, Baan·üöwer·gän·ge *m. trans.* Bahnübergang
baar, ba·re, -n *EW* bar, nackt, bloß; wahrhaftig, rein, richtig, lauter; *UW* nur
Baar, Ba·ren *w. tech.* Bahre, Gestell zum Aufsetzen

oder Tragen des Sarges
Baas, Biä·se *m.* Meister, Leiter, Aufseher; der Beste, Häuptling
Baas·kääl, -s *m.* tüchtiger Kerl, Mordskerl
Baat *w. o.Mz.* Hilfe
Bäb·bel, -s *m.* Mund, Mundwerk
Bab·belken, Babbelkes *s. kul.* Karamellbonbon
bäb·beln *ZW psy.* reden, plappern, schwatzen
Ba·bi·lot·te, -n *w.* Haarwickler
backen [bak·ken] *uZW kul.* backen; zusammenbacken, kleben
Backer, -s [Bak·ker] *m. tech.* Kleber, Klebstoff
Bäcker, -s [Bäk·ker] *m. kul.* Bäcker
Bäcke·ri, -·en [Bäk·ke·ri] *w. tech. kul.* Bäckerei
Bäcker·jun·gen, -s [Bäk·ker·jun·gen] *m. kul.* Bäckerjunge
Bäcker·mes·ter, -s [Bäk·ker·mes·ter] *m. kul.* Bäckermeister
Bäckers·ke, -n [Bäk·kers·ke] *w. kul.* Bäckersfrau
Ba·de·bük·se, -n *w.* Badehose; **Ba·de·büks·ken, Ba·de·büks·kes** *s.* kleine oder knappe Badehose
Ba·de·mes·ter, -s *m.* Bademeister
ba·den *ZW* baden
ba·den·gaon *uZW* badengehen; *übertr.* verlieren
Ba·der, -s *m. hyg.* Bader
Bä·er, -n *m. zool.* Bär; Eber
bä·ern *ZW med.* gebären
Bä·ern·lai·er, -s *m.* Bärenführer
Bä·ern·schot, -s *s. tech.* Bärenkäfig
baf, -·fe, -·fen *EW psy.* bestürzt, fassungslos, sprachlos, verdutzt
bai·de *ZaW* beide
bai·den *uZW* bieten
bai·ern *ZW* mit kleiner Glokke sacht und schnell läuten, (mit kurzen Intervallen) läuten, klingeln; pendelnd bewegen, schaukeln
bai·gen *uZW tech.* biegen, verformen; beugen; abbiegen, die Richtung ändern
Bai·len *ON* Beelen

Bai·mer, -s *m. fin.* Zöllner
Baim·ken, Baim·kes *s. bot.* Bäumchen
Bain·ken, Bain·kes *s. bot.* Böhnchen, kleine Bohne
bais, -e, -en [bai·se] *EW psy.* böse
Bai·se, -n *w. bot.* Binse
Bai·sen·blad, Bai·sen·bliä·der *s. bot.* Binsenblatt
Bai·sen·bin·ner, -s *m. tech.* Binsenflechter
Bai·sen·siäl *ON* Bösensell
Bai·sen·siäls·ke, -n *m. und w.* Bösenseller(in)
Bai·sen·stool, Bai·sen·stö·le *m. tech.* Binsenstuhl
bais·haft, -e, -en [bais·hafte] *EW psy.* boshaft
Bais·hait, -en [Bais·hai·ten] *w. psy.* Bosheit
Bai·tel, -s *m. tech.* Meißel
bai·teln *ZW tech.* meißeln
Bak, Backen [Bak·ken] *w. med.* Backe, Wange; Hinterbacke, Gesäß; **ne dicke ~ häb·ben** *psy.* angeberisch sein
Bak·holt *s. o.Mz.* Holz zum Beheizen des Backofens
Bak·huus, Bak·hü·ser *s. arch.* Backhaus; **Bak·hüüs·ken, Bak·hüüs·kes** *s. arch.* kleines Backhaus
Bak·pan, -·nen *w. tech. kul.* Backpfanne; *übertr. psy.* Klatschbase
bak·pan·nen *ZW psy.* klatschen, tratschen
Bak·pru·me, -n *w. bot. kul.* Backpflaume
Baks, Backes [Bak·kes] *s. arch.* Backhaus
baksk, -e, -en [baks·ke] *EW* klebrig, schmierig
Bäks·ken, Bäks·kes *s. med.* Bäckchen
Bak·spel·ler, -s *m.* Holzscheit zum Heizen des Backofens
Bak·steen, Bak·ste·ne *m. tech.* Mauerstein, Ziegelstein, Klinker, Tonziegel
Bak·steen·huus, Bak·steen·hü·ser *s. arch.* verklinkertes Haus, Haus aus Ziegelsteinen
bakt, -e -en [bak·te] *EW kul., tech.* gebacken, gebrannt
Bak·te·biärn *Mz. kul.* gedörrte Birnen; *übertr.* Sie-

bensachen, Habseligkeiten
Bak·trog, Bak·trüö·ge *m.*
tech. Backtrog, Backmulde
Bak·uom, Bak·üöms *m.*
tech. Backofen
Bak·wiärks *s. o.Mz. kul.* Ge-
bäck, Backwerk
Bal, Bäl·le *m. spo., mus.* Ball,
Tanzfest
Ba·lam, -s *m. psy.* unbe-
holfener Mensch
Balg, Bäl·ge *m. med.* Balg,
Fell; Bauch, Körper; *tech.*
Blasebalg
bäl·gen *ZW* schwer arbei-
ten, schuften
bal·gen *ZW* balgen, sich
schlagen
Balg·rai·men, -s *m. tech.*
Bauchriemen (vom Pferde-
geschirr)
Balg·triä·ten *s. o.Mz.* Bla-
sebalg treten
Bal·hau·en *s. o.Mz. spo.*
Ballschlagen
Bal·ken, -s *m.* 1. *tech.* Bal-
ken, *arch.* Träger; 2. *arch.*
Dachboden, Raum über den
Dachbalken
Bal·ken·bläö·ser, -s *m. psy.*
introvertierter Mensch
**Bal·ken·brand, Bal·ken·brän-
ne** *m. kul.* selbst gebrann-
ter Schnaps
Bal·ken·fak, Bal·ken·fiä·ker
s. arch. Dachboden, Gie-
belfach
Bal·ken·haas, Bal·ken·ha·sen
m. zool. Katze
Bal·ken·lecht, -er [Bal·ken-
lech·ter] *s. tech.* Licht auf
dem Dachboden
Bal·ken·led·der, -n *w. tech.*
Leiter zum Dachboden
Bal·ken·lu·ke, -n *w. tech.*
Bodenklappe
Bal·ken·trap, -·pen *w. arch.*
Treppe zum Dachboden
Bal·ken·wao·ge, -n *w. tech.*
Balkenwaage
Bäl·le·ken, Bäl·le·kes *s.*
Bällchen; *kul.* Fleischklöß-
chen, Frikadelle
Bal·le·ri *w. o.Mz.* Knallerei,
Geknalle
bal·le·rig, -e, -en [bal·le·ri-
ge] *EW psy.* draufgänge-
risch; zu weit (Kleidung)
Bal·ler·jan *m. o.Mz. bot.* Bal-
drian
Bal·ler·kop, Bal·ler·köp·pe

m. psy. wüster Draufgänger, der mit dem Kopf durch
die Wand will
Bal·ler·man, Bal·ler·män·ner
m. tech. mil. Gewehr, insbes. Pistole, Revolver
bal·lern *ZW* knallen, krachen,
met. donnern; *mil.* schießen; *psy.* wüst sein, draufgängerisch sein
Bal·lig, -e [Bal·li·ge] *m. med.*
Bauch, Körper, Leib
ba·lü·sig, -e, -en [ba·lü·si-
ge] *EW* großräumig, ge-
räumig
Bam·be·er, -s *s. kul.* Brotsuppe
Bam·mel, -s *m.* 1. *psy.*
Angst; 2. *tech.* Glockenklöppel, Gehänge
bam·meln *ZW* baumeln,
pendeln; hängen, schweben,
schlenkern
bäm·meln *ZW* schwingen
Ba·naan, Ba·na·nen *w. bot.*
Banane
**Ba·na·nen·struuk, Ba·na·nen-
strü·ker** *m. bot.* Bananenstaude
Band, Bän·ner *s. tech.*
Band, Bindfaden, starkes
Garn; Fließband; **e·nen an't
~ häb·ben** *übertr. psy.*
mit jemd. gehen (Liebesbe-
ziehung); **an't ~ staon** am
Fließband arbeiten
Band·i·sen, -s *s. tech.* Flach-
eisen
Bänd·ken, Bänd·kes *s. tech.*
kleines Band, Bändchen
Band·maot, Band·mäö·te *s.*
tech. Bandmaß
Band·rai·men, -s *m. tech.*
Flachriemen
Band·sa·ge, -n *w. tech.*
Bandsäge
**Band·wuorm, Band·wüör-
mer** *m. zool.* Bandwurm
bang, -e, -en [ban·ge] *EW*
psy. bang, ängstlich, scheu,
feige
Ban·ge *w. o.Mz. psy.* Angst
Ban·ge·büks, -en [Ban·ge-
bük·sen] *w. psy.* Angstha-
se, Feigling
Bän·gel, -s *m. tech.* Knüp-
pel; *psy.* frecher Junge
Bän·gel·rü·en, -s *m. psy.*
Werwolf, Spukgestalt
ban·ge·ma·ken *uZW psy.*
jemd. ängstlich machen,

einschüchtern, Angst er-
zeugen
ban·gen (sik) *ZW psy.* sich
ängstigen, fürchten
Bank, Ban·ken *w.* Bank;
fin. Geldinstitut; *tech.* Sitzbank
Bank·lam·me·ri, -·en *w. psy.*
Balgerei, schlechtes Benehmen
bank·lam·me·rig, -e, -en
[bank·lam·me·ri·ge] *EW psy.*
ungebührlich, ungehobelt
bank·lam·mern *ZW psy.* sich
rekeln, ungebührlich benehmen
Bank·lap·pen, -s *m. fin.*
Scheck
**Ban·krot·müël·ken, Ban·krot-
müël·kes** *s. tech. übertr.*
Kaffeemühle
Bank·rië·kel, -s *m. psy.* un-
beholfener Mensch
Bän·nats, Bän·näts·ken *VN*
Bernhard
ban·nig, -e, -en [ban·ni·ge]
EW extrem
bän·ni·gen *ZW psy.* bändigen, zähmen
Bän·ni·ger, -s *m. psy.* Bändiger
bän·tern *ZW* hin- und her-
wippen
bant·ken *ZW* balgen, rangeln
Bant·ke·ri, -·en *w.* Rangelei
Baod, Bäö·de *m.* 1. *med.*
Bart, Bartwuchs 2. *tech.*
Grat; **~ af·ma·ken** *übertr.*
psy. jemd. zurechtweisen
baod·gail, -e, -en [baod·gai-
le] *EW psy.* prahlerisch, redselig
bäö·dig, -e, -en [bäö·di·ge]
EW med. bärtig
Bäöd·ken, Bäöd·kes *s. med.*
Bärtchen
Baod·wiärk, -s *s. o.Mz. med.*
Bart
Bäö·man, Bäö·män·ner *m.*
med. trockener Nasen-
schleim
Baor, Baörs *s. tech.* Beil
Bao·re, Bäö·re *w. mil.* Helle-
barde
Baor·te, Bäör·te *w.* Borte,
Bund; **Bäört·ken, Bäört·kes**
s. Bündchen
Baos, Bäö·se *m. zool.* Barsch
bap·pen *ZW* aufeinander-
kleben, aneinanderkleben

(z.B. Papier durch Feuchtigkeit)
bar·baarsk, -e, -en [bar·baars·ke] *EW psy.* barbarisch, wild, roh, heftig; gewaltig; *UW* sehr
Bar·be·er, -e [Bar·be·e·re] *m. hyg.* Barbier, Friseur
bar·be·ern *ZW hyg.* barbieren, rasieren; **met een stump Mest ~** *übertr. psy.* jemd. für dumm verkaufen
Bark, -en [Bar·ken] *w. bot.* Borke
Bar·ok *m. o.Mz. kult. tem.* Barock
bar·oksk, -e, -en [ba·roks·ke] *EW kult. tem.* barocke
Bar·re·er, -n *s. tech.* Barriere
Bar·schup, -·pen *w. fin.* Barschaft, Bargeld
barsk, -e, -en [bars·ke] *EW psy.* barsch, streng; scharf, unfreundlich, schroff, frech
Bas·se·hu·sen *ON* Barsinghausen
bar·wes *EW* barfuß
ba·se·lig, -e, -en [ba·se·li·ge] *EW psy.* ungestüm
ba·seln *ZW* unachtsames zielloses Drauflostrotten
bäsk, -e, -en [bäs·ke] *EW med.* brünstig
Bäs·ke, -s *w. spo.* Murmel, Knicker
Bäs·ken, Bäs·kes *s. psy.* unartiges Mädchen
Bas·se·hu·sen *ON* Barsinghausen
bas·sen *ZW bot.* die Rinde abwerfen, *med.* häuten
Bast, Bäs·te *m.* 1. *bot.* Rinde; 2. *med.* Haut; **dän ~ draw häb·ben** *med.* die Haut abgeschürft haben, eine Hautabschürfung haben; **an'n ~ säg·gen** *psy.* ungeschminkt die Meinung sagen
bas·ta *UW* (ital. basta) genug damit, Schluss jetzt
bas·tern *ZW spo.* knickern, mit Murmeln spielen
Bas·tert, -s *m. biol.* Bastard, Mischling; *tech.* Bastard-Murmel
Bat, -·ten *m.* Nutzen, Hilfe, Unterstützung
bats *UW* klatsch, bums; *tem.* abrupt sofort, plötzlich, un-

vermutet
Bat·sen, -s *m. med.* Bein, Oberschenkel; Menge, Haufen
bät·sig, -e, -en [bät·si·ge] *EW psy.* dreist, keck
Bat·tel·mä *VN* Bartholomäus (24. August)
bat·ten *ZW* helfen, nützen, gut vorangehen
Bau, -ten *m.* 1. *agr.* Ernte; 2. *arch.* Gebäude, Haus; *übertr. arch. jur.* Gefängnis; *tech.* Baugewerbe; **up'n ~ ar·bai·den** *tech.* im Baugewerbe arbeiten
bau·en *ZW agr.* pflügen; *tech.* bauen
Bau·fuor, Bau·füörs *w. agr.* Ackerfurche
Bau·hä·er, -ns *m.* Bauherr
Bau·kum *ON* Bochum
Bau·kum-Hüe·wel *ON* Bokkum-Hövel
Bau·kums·ke, -n *m. und w.* Bochumer
Bau·kuorw, Bau·küör·we *m. tech. kul.* Korb für die Verpflegung der Feldarbeiter
Baum, Bai·me *m. bot.* Baum, *tech.* Mast
Baum·biär·ge *Mz. geog.* Baumberge
Bau·mes·ter, -s *m. agr.* Großknecht; *arch.* Architekt
Baum·holt, Baum·höl·ter *s. tech.* Baumholz
Baum·huol, Baum·hüöls *s. bot.* Baumloch
Baum·le·wing, -e [Baum·le·win·ge] *m. zool.* Baumpieper
Baum·mos, -·se *s. bot.* Baummoos
Baum·picker, -s [Baum·pik·ker] *m. zool.* Specht; **bün·te ~** *zool.* Buntspecht; **gri·se ~** *zool.* Grauspecht; **grö·ne ~** *zool.* Grünspecht; **lüt·te ~** *zool.* Kleinspecht; **mid·de·le ~** *zool.* Mittelspecht; **swat·te ~** *zool.* Schwarzspecht
Baum·sark, Baum·siär·ke *m. tech.* Baumsarg
Baum·stum·pen, -s *m. bot.* Baumstumpf
Baum·wul·dook, Baum·wul·dö·ker *s. tech.* Baumwollstoff
Baum·wul·le, -n *w. bot. tech.* Baumwolle

Baum·wul·spin·ne·ri, -·en *w. tech.* Baumwollspinnerei
Baum·wul·wiä·we·ri, -en *w. tech.* Baumwollweberei
Bau·ne, -n *w. bot.* Bohne; **dat sint di·ne ~n nich** *übertr.* das geht dich nichts an! **grau·te ~** *bot.* dicke Bohnen
Bau·nen·ge·möös *s. o.Mz. kul.* Bohnengemüse
Bau·nen·püör·ter, -s *m. agr. tech.* Bohnenpflanzer (Gerät)
Bau·nen·kruud *s. o.Mz. bot.* Bohnenkraut
Bau·nen·strau *s. o.Mz. bot.* Bohnenstroh
Bau·nen·sup, -·pen *w. kul.* Bohnensuppe
Bau·nen·tiet, Bau·nen·ti·ten *w. agr. tem.* Bohnenzeit, Zeit der reifen Bohnen
Bau·steen, Bau·ste·ne *m. tech.* Baustein, *chem.* Element
Bau·stük, Bau·stücker [Bau·stük·ker] *s. agr.* Ackerland
Bau·wiärk, -e *s. arch.* Bauwerk, Gebäude
be·ai·gen *ZW* beäugen, beobachten
be·äö·sen *ZW hyg.* beschmutzen, besudeln, mit etwas bewerfen
Be·bel, -n *w. rel.* Bibel, Heilige Schrift
be·belsk, -e, -en [be·bels·ke] *EW rel.* biblisch
Becken, -s *s. tech.* Becken
Becken·wiew, Becken·wi·wer [Bek·ken·wiew] *s. tech. hyg.* Heidebesen zur Beckenreinigung
be·dacht, -e, -en [be·dach·te] *EW psy.* überlegt; ernst gemeint
be·dai·nen *uZW* bedienen, versorgen
Be·dai·nen·de, -n *m. und w.* Bedienende(r), Kellner(in)
Be·dai·nung, -en [Be·dai·nun·gen] *w.* Bedienung
Be·däns·te·te, -n *m. und w.* Bedienstete(r)
Be·dän·te, -n *m. und w.* Bediente
Bed·bü·er, -s *s.* Bettbezug (Inlett)
Bed·de, -n *s. tech.* Bett, Schlafstelle; **nao'n ~ gaon** ins Bett gehen

Bed·de·dië·ke, -n w. tech.
Bettdecke, Oberbett
bed·de·hutsk, -e, -en [bed-
de·huts·ke] EW med. bettlägerig
Bed·de·gaons·tiet, Bed·de-
gaons·ti·ten w. tem. Zeit
zum Schlafengehen
bed·den ZW betten, ins Bett
legen
Bed·den·ma·ken s. o.Mz.
Betten machen
bed·den·ma·ken uZW Bet-
ten machen
Bed·de·pan, -·nen w. tech.
Bettpfanne (wurde mit glühender Kohle zum Wärmen
ins Bett gelegt)
Bed·de·püël, -s s. tech.
Oberbett
Bed·de·schap, Bed·de·schiä-
pe s. tech. Bett im Schrank
Bed·de·wiärks s. o.Mz. Bettzeug
Bed·dook, Bed·dö·ker s.
tech. Bettlaken, Betttuch
Bed·ken, Bed·kes s. tech.
Bettchen, kleines Bett
Be·drag, Be·driä·ge m. fin.
Betrag, Summe
be·drai·gen uZW betrügen,
begaunern; danebengehen,
schiefgehen
Be·drai·ger, -s. m. jur. Betrüger
be·driä·gen uZW psy. be-
tragen, benehmen; fin. sich
belaufen auf, ausmachen
be·driä·pen uZW betreffen,
angehen
Be·driew, Be·dri·we m. Beruf, Beschäftigung
be·dri·wen uZW betreiben,
ausführen (z.B. Handwerk);
dafür sorgen, dass...
be·drööwt, -e, -en [be-
drööw·te] EW psy. betrübt
be·dröp·pelt, -e, -en [be-
dröp·pel·te] EW psy. ver-
legen, traurig, betrübt
be·drö·wen ZW psy. betrü-
ben
Be·drug m. o.Mz. jur. Be-
trug
Be·drul·je, -n w. psy. Be-
drängnis, Not, Verlegenheit
(frz. bredouille)
Bed·stiär, -n w. tech. Bettstelle, Bettgestell
Bed·tüüg, -s s. o.Mz. Bettwäsche

be·dü·den ZW bedeuten
Be·dü·den s. o.Mz. Bedeutung
be·dü·dend, -e, -en [be·dü-
den·de] EW bedeutend
be·du·er·lik, be·du·er·licke,
-n [be·du·er·lik·ke] EW psy.
bedauerlich
be·du·ern ZW psy. bedau-
ern, bemitleiden
be·dü·welt, -e, -en [be·dü-
wel·te] EW med. benom-
men, betäubt, ohnmächtig
Been, Be·ne s. med. Bein;
tech. Stuhlbein, Tischbein;
~ uut·ri·ten Bein ausreißen, alles möglich machen;
dao hangt se met de Be-
ne druut überfüllt sein von
Menschen; höl·tern ~ tech.,
med. Holzbein; in'ne Be-
ne häb·ben med. Bein-
schmerzen haben; in'ne
Be·ne kri·gen übertr. psy.
Angst bekommen; kien ~
an'n Grund kri·gen kein
Bein auf die Erde bekom-
men; übertr. psy. sich nicht
etablieren können, nicht anerkannt werden; los·se Bene med. offene Beine; üörn-
lik wat up de Be·ne stel-
len etwas besonderes organisieren (Fest, Veranstaltung)
Been·bruok, Been·brüö·ke
m. med. Beinbruch
Been·ken, Been·kes s. med.,
tech. Beinchen
Been·kleed, Been·kle·der s.
Beinkleid, Hose
Been·stump, Been·stüm·pe
m. med. Beinstumpf
Be·er, -e [Be·e·re] s. kul.
Bier; übertr. Fest
Be·er·bru·en s. o.Mz. tech.
kul. Bier brauen
Be·er·büs·se, -n w. tech. kul.
Bierdose
Be·er·fat, Be·er·fiä·ter s. tech.
kul. Bierfass; Be·er·fät·ken,
Be·er·fät·kes s. tech. kul.
kleines Bierfass; übertr. med.
Bierbauch
Be·er·glas, Be·er·gliä·ser s.
tech. kul. Bierglas; Be·er-
gläs·ken, Be·er·gläs·kes s.
tech. kul. kleines Bierglas
Be·er·kas·ten, Be·er·käs·ten
m. tech. Bierkiste
Be·er·ken, Be·er·kes s. kul.
Bierchen

Be·er·kraan,   Be·er·krä·ne
m. tech. Bierhahn
Be·er·kroos, Be·er·kröös m.
tech. kul. Bierkrug
Be·er·kuts·ker, -s m. trans.
Bierwagenfahrer
Be·er·pot, Be·er·pöt·te m.
tech. kul. Bierseidel
Be·er·pul·le, -n w. tech. kul.
Bierflasche
Be·er·tap·pen s. o.Mz. kul.
Bierzapfen
be·er·tap·pen ZW kul. Bier
zapfen
Be·er·tap·per, -s m. kul.
Bierzapfer, Wirt
beet EW leer, mittellos
beet·iä·ten uZW kul. restlos aufessen
Be·fiäl, -e [Be·fiä·le] m. Befehl, Kommando
be·fiä·len ZW befehlen
be·föl·en uZW befühlen,
abtasten
be·frao·gen uZW befragen
be·friet, be·fri·te, -n EW psy.
verlobt
be·frön·det, -e, -en [be·frön-
de·te] EW psy. befreundet
be·füör·dern ZW befördern,
höherstufen
be·gai·ten uZW begießen,
besprengen; kul. trinken auf
ein Ereignis
be·gaon uZW begehen (ei-
ne Tat); sich verprügeln
be·gäus·ken psy. be-
schwichtigen, beruhigen
be·gièg·nen ZW begegnen
B·gièg·nungs·stiär, -n w.
arch. Begegnungstätte
Be·gièw·nis, -·se s. Begebenheit
be·gnö·gen ZW psy. begnü-
gen, zufriedengeben
be·graut·snu·ten uZW psy.
(kritisch) beurteilen, kritisieren; bevormunden; viele
Worte über etwas machen
be·gra·wen uZW begraben,
beerdigen
Be·griäwt, -en [Be·griäw·ten]
s. Begräbnis, Beerdigung
Be·griëp, -e [Be·grië·pe] m.
Begriff
be·griep·lik, be·griep·licke,
-n [be·griep·lik·ke] EW psy.
begreiflich, nachvollziehbar,
plausibel
be·gries·mu·len ZW psy.
kritisch betrachten

be·gries·vuë·geln *ZW jur.* bestehlen

be·gri·pen *uZW* begreifen, anfassen; *psy.* erfassen, verstehen; **sik ~** *psy.* sich vorstellen

be·guët·ai·gen *ZW* begutachten

be·häb·ben *ZW psy.* benehmen

be·ham·meln *ZW hyg.* seinen Rocksaum beschmutzen

be·hän *EW* behände, handlich

be·han·neln *ZW* behandeln, *med.* verarzten

Be·help, -e [Be·hel·pe] *s.* Behelf, Provisorium

be·hel·pen (sik) *uZW* sich behelfen, improvisieren

Be·hel·pe·ri, -·en *w.* Behelferei, Improvisation

be·hol·len *uZW* behalten, festhalten, zurückhalten; im Gedächtnis behalten

be·höl·pig, -e, -en [be·höl·pi·ge] *EW* behilflich

be·hot, -·te, -·ten *EW* behutsam, vorsichtig, *psy.* besorgt

be·hot·ken *ZW* verhätscheln

be·iär·wen *ZW fin.* beerben

be·i·len *ZW* beeilen

Bek, -s *m. med.* Mund, Schnabel

be·ka·keln *ZW psy.* besprechen, bereden; begaukeln

Be·kiek, Be·ki·ke *s.* Ausstellung, Schau

be·ki·ken *uZW* besehen, betrachten, genau ansehen, untersuchen, besichtigen

be·klië·wen *ZW tech.* bekleben, anhaften

be·ki·kens·wääd, be·ki·kens·wä·de, -n *EW* sehenswert

be·kliëwt, -e, -en [be·kliëw·te] *EW* beklebt, vollgeklebt

be·klopt, -e, -en [be·klop·te] *EW psy.* irre, verrückt

Be·klop·te, -n *m. und w. psy.* Irre(r)

be·klopt·wä·ern *uZW psy.* irre, verrückt werden

be·knäp·pen *ZW* knapp halten, *fin.* sehr sparsam sein

be·kri·gen (sik) *uZW psy.* sich beruhigen

bekt sien *EW psy.* reden wie einem der Schnabel

steht (*frz.* bec)

be·kuë·men *uZW* bekommen, erlangen, empfangen; gut tun, zuträglich sein

be·kü·ern *ZW psy.* bereden, besprechen; überreden

Be·kümst, -e [Be·küms·te] *s.* das Zustehende, Auskommen

be·kwa·tern *ZW psy.* bereden, beschwatzen

be·lä·ern *ZW psy.* belehren, ermahnen

be·lai·gen *uZW psy.* belügen

be·laiwt, -e, -en [be·laiw·te] *EW psy.* beliebt

be·läg·gen *ZW* belegen

be·lägt, -e, -en [be·läg·te] *EW* belegt

be·läm·mert, -e, -en [be·läm·mer·te] *EW psy.* betrübt, ärgerlich; schlecht, unangenehm

Be·lang, -e [Be·lan·ge] *m.* Wichtigkeit; **van ~ sien** wichtig sein; **nich van ~ sien** unwichtig sein

be·lau·pen (up) *uZW* belaufen auf, betragen

Beld, Bel·ler *s.* Bild, Abbildung; Anblick; *rel.* Bildstock; **een ~ an sien** gut aussehen; **kien ~ van ma·ken** *psy.* nicht vorstellen können

Beld·dook, Beld·dö·ker *s. tech.* Tischdecke, kunstfertiges Gewebe

beld·fien, beld·fi·ne, -n *EW* bildhübsch

beld·haf·tig, -e, -en [beld·haf·ti·ge] *EW* bildlich, bildhaft

Beld·ken, Beld·kes *s.* Bildchen

Beld·schi·we, -n *w. tech.* Bildschirm

Beld·sliä·ger, -s *m. mus.* Bildhauer

Beld·wiärk, -e [Beld·wiär·ke] *s.* Gebilde

Beld·wä·wer, -s *m. tech.* Kunstweber

Beld·wi·ser, -s *m. tech.* Projektor

be·liä·wen *ZW psy.* erleben, erfahren

Be·liäw·nis, -·se *s. psy.* Erlebnis, Abenteuer, Ereignis

be·liek·te·ken *ZW* erläutern, erklären, verdeutlichen

Bel·len, -s *m.* Fetzen

bel·len *ZW kult.* bilden, aus-

bilden

Bel·ler·book, Bel·ler·bö·ker *s. kult.* Bilderbuch

Bel·ler·kas·ten, Bel·ler·käs·ten *m. tech.* Fernsehgerät

Bel·ler·ma·ker, -s *m. tech.* Fotoapparat, Fotograf

Bel·ler·ra·dio, -os *s. tech.* Fernsehgerät

Bel·ler·räöd·sel, -s *s.* Bilderrätsel, Rebus

Bel·ler·schiew·ken, Bel·ler·schiew·kes *s. tech.* Bild-CD

Bel·ler·wiärks *s. o.Mz.* Bilderwerk

Bel·ll·gen *geog.* Belgien

Bel·lung *w. o.Mz. kult.* Bildung

bels·ken *ZW* übermütig bellen; *psy.* schimpfen

be·lu·ern *ZW* belauern, beobachten

be·lus·tern *ZW* belauschen

be·mao·len *ZW tech., mus.* bemalen, anmalen

be·miä·ken *ZW psy.* bemerken, feststellen

be·mo·dern *ZW psy.* bemuttern, umsorgen

be·mö·en *ZW* bemühen; **sich bemühen**

be·näö·men *ZW* benennen, bezeichnen

be·naud, -e, -en [be·nau·de] *EW med.* benommen, unwohl; *psy.* bedrückt, beengt, niedergeschlagen, ängstlich, verlegen; *met.* schwül

Ben·nau·dig·kait, -en [Be·nau·dig·kai·ten] *w. psy.* Ängstlichkeit, Furchtsamkeit, Not, Beklemmung

ben·dik·se·ern *ZW rel.* segnen (lat. benedicere)

Ben·di·ne *VN* Bernhardine

be·niē·men *uZW psy.* sich benehmen, aufführen

be·niē·mig, -e, -en [be·niē·mi·ge] *EW psy.* höflich

Be·niē·mig, -s *s. psy.* Benehmen, Höflichkeit

be·niē·welt, -e, -en [be·niē·wel·te] *EW med.* benebelt; angetrunken, angeheitert

Be·nim *m. o.Mz. psy.* Benehmen

Ben·sien, Ben·si·ne *s. chem.* Benzin

Ben·sien·kuts·ke, -n *w. trans.* Auto

Ben·sien·ma·schien, Ben-

sien·ma·schi·nen *w. tech.*
Benzinmotor
Ben·sien·pump, -en [Ben-
sien·pum·pen] *w. tech.* Benzinpumpe
Ben·sien·wa·gen, Ben·sien-
wiä·gen *m. trans.* Auto
Ben·tem *ON* Bad Bentheim
Bent·lao·ge *ON* Bentlage
be·nuo·men, -e, -en [be·nuo-
me·ne] *EW med.* benom-
men, schwindelig
be·prao·ten *ZW psy.* besprechen, bereden, verhandeln
be·puor·ten *ZW agr.* be-
pflanzen
be·rao·den *uZW* beraten,
besprechen
be·rap·pen *ZW fin.* bezahlen
be·riä·ken *ZW math.* berechnen; *psy.* erwägen, bedenken
be·rich·ten *ZW rel.* mit Sterbesakramenten versehen
Be·rid, -·de *m.* Herrschaftsbereich, Verantwortungsbe-
reich
Be·riek, Be·ri·ke *m.* Bereich,
Zone
be·ri·kern (sik) *ZW fin.* bereichern (sich)
be·ri·sen *ZW bot.* mit Baumreisig veredeln
Ber·lien *ON* Berlin
be·rö·ern *ZW* berühren
be·rompt, -e, -en [be·romp-
te] *EW* berührt
Be·roop, Be·rö·pe *m.* Beruf, Berufung
be·ro·pen *uZW* berufen,
ernennen; heraufbeschwö-
ren; sich auf etwas berufen
be·ropt, -e, -en [be·rop·te]
EW berufen; angesehen,
berühmt
be·rü·en *ZW psy.* bereuen
be·rü·i·gen *ZW* beruhigen
be·rü·igt, -e, -en [be·rü·ig·te]
EW beruhigt
be·ru·ken *uZW* beriechen;
sik ~ *übertr. psy.* sich beriechen, näher kennenlernen
Berw·ke *ON* Berwicke
bes *VW* bis; ~ **nu** *tem.* bis
jetzt
be·sät, -·te, -·ten *EW* besetzt, eingenommen
Be·sat, Be·sät·te *m.* Besatz
be·sät·ten *ZW mil.* besetzen, einnehmen; mit Be-
satz versehen

Be·sät·ter, -s *m.* Besetzer,
mil. Besatzer
Be·sät·tung, -en [Be·sät-
tun·gen] *w. mil.* Besetzung
be·schai·ten *uZW mil.* beschießen
be·schas·ken *ZW kul.* betrinken
be·sche·den, -e, -en [be-
sche·de·ne] *EW psy.* be-
scheiden
Be·scheed, Be·sche·de *m.*
Bescheid, Auskunft; ~ **säg-
gen** benachrichtigen; *psy.*
ausschelten, die Meinung
sagen
be·schi·cken [be·schik·ken]
ZW schaffen, erreichen, bewerkstelligen
be·schi·ni·gen *ZW jur., med.*
bescheinigen, attestieren
Be·schi·ni·gung, -en [Be-
schi·ni·gun·gen] *w. jur., med.*
Bescheinigung, Attest
be·schi·ten *uZW psy., jur.*
betrügen
Be·schot, Be·schöt·te *s.*
tech. Brett mit Nut und Feder, Fußbodenbelag, Decke
be·schrië·wen, -e, -en [be-
schrië·we·ne] *EW* beschrieben
be·schri·wen *uZW* beschreiben
be·schri·wend, -e, -en [be-
schri·wen·de] *EW* beschreibend
be·schül·li·gen *ZW psy., jur.*
beschuldigen
be·schül·ligt, -e, -en [be-
schül·lig·te] *EW psy., jur.*
beschuldigt, angeklagt
Be·schül·lig·te, -n *m. und w.*
psy., jur. Beschuldigte(r), An-
geklagte(r)
be·schum·meln *ZW* bemo-
geln
Be·schü·te *w. o.Mz. kul.*
Feingebäck ähnlich wie
Zwieback (frz. biscuit)
Be·schü·ten·bäcker, -s [Be-
schü·ten·bäk·ker] *m. kul.*
Feinbäcker, Konditor
be·siä·ten, -e, -en [be·siä·te-
ne] *EW psy.* besessen, fanatisch
Be·siä·te·ne, -n *m. und w.*
psy. Besessene(r), Fanatiker
be·sin·nen (sik) *uZW psy.*
erinnern (sich); **sik** ~ **up**

sich an (etwas) erinnern
be·sipt, -e, -en [be·sip·te]
EW zierlich, gespreizt
be·sit·ten *uZW* besitzen;
biol. besetzen (Eier), ausbrüten
Be·sit·ter, -s *m.* Besitzer
be·slab·bern *ZW hyg.* besudeln
Be·slag, Be·sliä·ge *m. tech.*
Beschlag, Zierrat; **in ~ niëmen** in Besitz nehmen, für
sich in Anspruch nehmen,
jur. konfiszieren, *übertr. mil.*
besetzen, erobern
be·slaon 1. *uZW tech.* beschlagen, versehen mit, (Hufeisen) aufnageln; 2. ~, -e,
-en [be·slao·ne] *EW tech.*
beschlagen; *psy.* schlau
kenntnisreich; feucht (Fenster)
be·slao·pen 1. *uZW med.*
beschlafen, *psy.* überschlafen; *med.* (außerehelichen)
Beischlaf halten, schwän-
gern; 2. ~, -e, -en [be·slao-
pe·ne] *EW med.* geschwängert
be·sli·ken *uZW* beschleichen
Be·sluot, Be·slüö·te *m. jur.*
Beschluss, gemeinsame Entscheidung
be·slu·ten *uZW* beschließen
be·smi·ten *uZW* bewerfen
Bes·mo·er, Bes·mo·der, Bes-
mö·er *w.* „beste Mutter" wie
Großmutter, Oma
be·sni·den *uZW* beschneiden
be·sö·ken *uZW* besuchen
Be·sö·ker, -s *m.* Besucher
Be·sö·ker·ruum, Be·sö·ker-
rü·me *m. arch.* Besucherraum, Besucherzimmer
Be·söök, Be·sö·ke *m.* Besuch
be·splen·tern *ZW* bespritz-
en
be·splen·tert, -e, -en [be-
splen·ter·te] *EW* bespritzt,
nassgespritzt
Be·spräk, Be·spräcke [Be-
spräk·ke] *s.* Interessensbereich
Be·spriä·ken *s. O.Mz. psy.*
Besprechung
be·spriä·ken *uZW psy.* besprechen, bereden
be·spüë·tern *ZW* bespuk-

ken, bespritzen
Bes·sen, -s *m. tech.* Besen;
übertr. psy. zänkisches Weib
Bes·sen·bin·ner, -s *m. tech.*
Besenbinder
Bes·sen·braom *m. o.Mz.*
bot. Besenginster
Bes·sen·haid *w. o.Mz. bot.*
Glockenheide
bes·sen·rain, -e, -en [bes-
sen·rai·ne] *EW hyg.* besenrein
Bes·sen·ri·ser, -s *m.* Besenreisig *tech.*, dünne Äste
für Besen
Bes·sen·stiël, -e [Bes·sen-
stië·le] *m. tech.* Besenstiel
Best *s. o.Mz.* Beste
best *UW* beste, bestens,
aufs Beste
Be·stand, Be·stän·ne *m.*
Bestand, Grundlage; Vorrat
be·stän·nig, -e, -en [be-
stän·ni·ge] *EW* beständig,
unaufhörlich
be·staon *uZW* bestehen
(Prüfung); **~up** *psy.* beharren auf; bestehen auf etwas
Be·stel, -s *s* Bestellung,
Auftrag
be·stel·len *ZW* ausrichten,
bestellen; anfordern; in Ordnung bringen, erledigen
Be·stem, -s *s.* Bestimmung,
Erlass
be·stem·men *ZW* bestimmen, festsetzen, anordnen
be·stemt, -e, -en [be·stem-
te] *EW* bestimmt, angeordnet; sicher
best·guët 1. *UW* bestens;
2. **~, -e, -en** [best·guë·te]
EW sehr gut, optimal
be·stiä·ken *uZW fin.* bestechen, korrumpieren
be·stot, -·te, -·ten *EW psy.*
bestürzt
be·strai·en *ZW* bestreuen
be·strao·fen *ZW psy., jur.*
bestrafen
be·straoft, -e, -en [be·straof-
te] *EW psy., jur.* bestraft
Be·strao·fung, -en [Be·strao-
fun·gen] *w. psy., jur.* Bestrafung
be·strië·den *UW* rittlings
Be·stü·er, -n *w. pol.* Herrschaft, Regierung, Verwaltung
be·stüm·peln *ZW tech.* abstumpfen, *agr.* verkleinern

(Wald)
be·stu·wen *uZW bot.* bestäuben
be·sun·ner, -e, -en [be·sun-
ne·re] *EW* besonder
Be·sun·ne·re *s. o.Mz.* Besondere
be·sun·ners *UW* besonders,
eigen; insbesondere
be·suo·len *ZW tech.* besohlen
be·suo·pen, -e, -en [be·suo-
pe·ne] *EW med.* betrunken,
besoffen
be·suor·gen *ZW* besorgen,
beschaffen; ausführen, erledigen; *psy.* versorgen, umsorgen, pflegen
Be·suorg·nis, -·se *s. psy.*
Besorgnis, Angst
be·suorgt, -e, -en [be·suorg-
te] *EW psy.* besorgt, ängstlich
be·su·pen *uZW kul.* betrinken, besaufen
Bes·va·der, Bes·vä·ers *m.*
„bester Vater" wie Groß-
vater, Opa
be·swaigt, -e, -en [be·swaig-
te] *EW med.* ohnmächtig,
schwindelig
**be·swäör·lik, be·swäör·licke,
-n** [be·swäör·lik·ke] *EW psy.*
beschwerlich
be·swäörn *ZW* beschweren
Be·swäör·nis, -·se *s. psy.*
Erschwernis
be·swië·melt, -e, -en [be-
swië·mel·te] *EW med.* benommen, betrunken
be·swuo·ken, -e, -en [be-
swuo·ke·ne] *EW met.* be-
wölkt
be·swüö·ren *ZW jur.* beeiden, beschwören
be·ta·len *ZW fin.* bezahlen
be·tant, -e, -en [be·tan·te]
EW wertlos, unbedeutend
be·teek·nen *ZW* bezeichnen, beschreiben
Be·teek·nung, -en [Be·teek-
nun·gen] *w.* Bezeichnung
be·tiä·men (sik) *ZW psy.* bezähmen (sich), beherrschen
Be·tong *m. o.Mz. tech.* Beton
Be·tö·nig·kait, -en [Be·tö·nig-
kai·ten] *w. psy.* Unzufriedenheit
be·töönt, -e, -en [be·töön·te]
EW psy. verstimmt, unzufrieden

be·trecken [be·trek·ken] *uZW*
beziehen, überziehen; be-
kommen
be·trocken, -e, -en [be-
trok·ke·ne] *EW* bezogen,
met. bewölkt
be·tü·ern *ZW psy.* beteuern,
versichern
be·tü·gen *ZW jur.* bezeugen
be·tukt, -e, -en [be·tuk·te]
EW psy. betroffen, betrübt,
niedergeschlagen
be·tün·deln *ZW psy.* betören, verleiten, beschwatzen
be·tup·pen *ZW psy., jur.*
betrügen, hintergehen
be·tupt, -e, -en [be·tup·te]
EW psy., jur. betrogen
be·twië·weln *ZW psy.* bezweifeln
be·üë·meln *ZW psy.* sich vor
Spaß nicht fassen können
be·wäg·gen *ZW* bewegen
Be·wäg·gung, -en [Be·wäg-
gun·gen] *w.* Bewegung
be·wägt, -e, -en [be·wäg·te]
EW bewegt
be·wän·nen *uZW* bewenden
be·wa·ren *ZW* bewahren,
aufbewahren, behalten; behüten, beschützen
Be·was, Be·wäs·se *m. bot.*
Bewuchs
be·was·sen 1. *uZW bot.* bewachsen; 2. **~, -e, -en** [be-
was·se·n] *EW bot.* bewachsen
Be·we·er *s. o.Mz.* Aufhebens,
Aufwand; Lärm, Unruhe, Trubel
be·wiä·wen *ZW psy.* bewerben, um etwas bemühen
Be·wiä·wer, -s *m.* Bewerber
Be·wiäwt, -en [Be·wiäw·ten]
s. Bewerbung
Be·wies, Be·wi·se *m. jur.*
Beweis, Nachweis
be·wies·snu·ten *uZW psy.*
bereden
be·wi·sen *uZW* beweisen,
nachweisen
be·wuë·nen *ZW* bewohnen
Be·wuë·ner, -s *m.* Bewohner, Einwohner
be·wuënt, -e, -en [be·wuën-
te] *EW* bewohnt
be·wün·nern *ZW psy.* bewundern, bestaunen

Be·wün·ne·rung, **-en** [Be·wün·ne·run·gen] *w. psy.* Bewunderung
bi *UW, VW* bei, zu, von; ~ e·nen wäg·lau·pen von jemd. weggehen
Biä·book, Biä·bö·ker *s. rel.* Gebetbuch; **dän Dü·wel sien** ~ *spo.* Kartenspiel, Spielkarten
Biäd·dag, Biäd·da·ge *m. rel. tem.* Bettag, Gebetstag
Biä·de·bank, Biä·de·bän·ke *w. tech. rel.* Kniebank
Biä·de·faort, -en [Biä·de·faor·ten] *w. rel.* Wallfahrt; **ne ~ ma·ken** *rel.* wallfahrten
biä·del·arm, -e, -en [biä·del·ar·me] *EW fin.* bettelarm
Biä·del·breew, Biä·del·bre·we *m. fin.* Bettelbrief
Biä·del·büül, -s *m. tech. fin.* Bettelbeutel
Biä·del·geld, Biä·del·gel·ler *s. fin.* Almosen
Biä·del·jun·gen, -s *m.* Betteljunge
Biä·del·kuorw, Biä·del·küör·we *m. tech.* Bettelkorb (zur Sammlung von Lumpen usw.)
Biä·del·man, Biä·del·lü *m.* Bettelmann, Bettler
biä·deln *ZW psy.* betteln
Biä·del·stok, Biä·del·stök·ker *m. tech.* Bettelstab
biä·den *ZW rel.* beten
biä·dend, -e, -en [biä·den·de] *EW rel.* betend
Biä·der, -s *m. rel.* Betende(r)
Biä·de·ri, -·en *w. rel.* Beterei
Biäd·huus, Biäd·hü·ser *s. arch. rel.* Gebetshaus, Kirche, Moschee, Synagoge
Biäd·ler, -s *m.* Bettler
Biäd·lers·ke, -s *w.* Bettlerin
Biä·del·volk, Biä·del·völ·ker *s.* Bettelvolk
Biäd·fast·aomd, -e [Biäd·fast·aom·de] *m. rel.* 40stündiges Gebet
Biäd·stun·ne, -n *w. tem. rel.* Betstunde
Biä·ke, -n *w. bot.* Birke
Biä·kem *ON* Beckum
Biä·kems·ke, -n *m. und w.* Beckumer(in)
biä·ken, -e, -en [biä·ke·ne] *EW bot.* aus Birkenholz, aus Birkenreisig

Biä·ken·bast, Biä·ken·bäs·te *m. bot.* Birkenrinde
Biä·ken·baum, Biä·ken·bai·me *m. bot.* Birkenbaum
Biä·ken·blad, Biä·ken·bliä·der *s. bot.* Birkenblatt
Biä·ken·blood *s. o.Mz. bot.* Birkensaft, Birkenwasser
Biä·ken·busk, Biä·ken·büs·ke *m. bot.* Birkenbusch, Birkenwald; **Biä·ken·büs·ken, Biä·ken·büs·kes** *s. bot.* kleiner Birkenwald
Biä·ken·gröön *s. o.Mz. bot.* Birkengrün
Biä·ken·holt, Biä·ken·höl·ter *s. bot.* Birkenholz; Wald mit Birkenbestand
Biä·ken·ri·ser, -s *s. bot.* Birkenreisig
Biä·ken·toog, Biä·ken·tö·ge *m. bot.* Birkenzweig
Biä·ken·wien *s. bot. kul.* Birkensaft, Birkenwasser
Bi·am·te, -n *m.* Beamter
bi·an *UW* nebenan, daneben, nebenher, nebenbei
bi·an·lau·pen *uZW* nebenherlaufen, begleiten
Biär, -n *w. bot.* Beere
Biärg, -e [Biär·ge] *m.* 1. *geol.* Berg, Hügel; 2. Menge, großer Haufen, große Anzahl; **äch·ter'n ~ hol·len** *psy.* verschweigen
Biärg Fi·deel *ON* Berg Fidel
biärg·af *UW geol.* bergab, talwärts, herunter
Biärg·a·häön *m. o.Mz. bot.* Bergahorn
biärg·an *UW geol.* bergan, bergauf, zum Berg hin
Biärg·ar·bai·der, -s *m. tech.* Bergarbeiter, Kumpel
Biärg·bau *m. o.Mz. tech.* Bergbau
biär·gen *UW* bergen
Biärg·huus, Biärg·hü·ser *s. arch.* Berghaus
biärg·gig, -e, -en [biär·gi·ge] *EW geol.* bergig, hügelig
Biärg·man, Biärg·lü·de *m. tech.* Bergmann, Bergleute
Biärgs·hai·we *ON* Bergeshövede
Biärg·si·te, -n *w.* Bergseite
Biärg·tip, -·pen *m. geol.* Bergspitze
Biärg·wiärk, -e [Biärg·wiär·ke] *s. tech. geol.* Bergwerk
Biärg·wies·ke, -n *w. agr.*

Alm, Bergwiese
Biär·laag *ON* Beerlage
Biärn, -en [Biär·nen] *w.* 1. *bot.* Birne; 2. *tech.* Glühlampe
Biärn·baum, Biärn·bai·me *m. bot.* Birnbaum
Biärn·ken, Biärn·kes *s. bot., tech.* Birnchen, kleine Birne
Biäs·baar, -s *m.* jemd., der sehr viel zu Fuß unterwegs ist
Biäs·dü·wel, -s *m.* jemd., der sehr viel zu Fuß unterwegs ist
biä·sen *ZW* rennen, hasten, unruhig umherlaufen
Biä·se·ri, -·en *w.* Hasten, Jagen
biä·se·rig, -e, -en [bäi·se·ri·ge] *EW psy.* unruhig
biäs·ten *ZW* bersten, zerbrechen
biäs·ten·vul, -·le, -·len *EW* berstendvoll
biä·ter, -e, -en [biä·te·re] *EW* besser; **~ sien** *med.* wieder gesund sein
Biä·tere, -n *m., w. und s.* Bessere(r), *psy.* Vornehme(r)
biä·ter·guët, -e, -en [biä·ter·guë·te] *EW* besser
biä·tern *ZW* bessern, *tech.* ausbessern
Biä·te·rung, -en [Biä·te·run·gen] *w.* Besserung, *med.* Gesundung
biä·ter·wiëtsk, -e, -en [biä·ter·wiëts·ke] *EW psy.* besserwisserisch
Biä·wer 1. *w. geol. o.Mz.* Bever, 2. ~, -n *m. zool.* Biber
Biä·wer·gern *ON* Bevergern
Biä·wer·kop, Biä·wer·köp·pe *m. zool.* Biberkopf
bi·bai·gen *uZW tech.* zusammenbiegen; beibringen, lehren, erläutern
Bi·bat, -s *s.* Beitrag, Kleinigkeit
bib·bern *ZW* heftig beben, pochen, *med.* zittern
bi·be·hol·len *uZW* beibehalten, festhalten an
Bi·ber *s. o.Mz. tech.* Flanell
Bi·bi, Bi·bies *m. tech.* Hut, besonders hoher steifer Hut, Kopfbedeckung
bi·brän·gen *uZW kult.* beibringen, lehren, unterrichten

bi·bucken [bi·buk·ken] *ZW* dazugeben
Bich·te, -n *w. rel.* Beichte, Geständnis
bich·ten *ZW rel.* beichten, *psy.* bekennen, eingestehen, ein Geständnis ablegen
Bicht·stool, Bicht·stö·le *m. tech. rel.* Beichtstuhl
Bicht·un·ne·richt, -e [Bicht·un·ne·rich·te] *m. rel.* Beichtunterricht
Bicht·va·der, Bicht·vä·ers *m. rel.* Beichtvater
Bicke, -n [Bik·ke] *w. tech.* Spitzhacke
bicken [bik·ken] *ZW tech.* picken, abklopfen
bi·daal *UW* daneben, herunter, nebenher, vorbei
Bid·de, -n *w. psy.* Bitte
bid·den *ZW rel.* bitten, beten; *psy.* einladen; *psy.* betteln
bi·doon *uZW* dazugeben, zugeben, dazutun, zufügen
Bi·drag, Bi·driä·ge *m.* Beitrag
bi·drai·en *ZW* beidrehen, in den Wind drehen; umdrehen, stoppen; kehrtmachen; *psy.* nachgeben, die Meinung ändern
bi·driä·gen *uZW* beitragen
bi·drü·gen *ZW* eintrocknen
bi·drüügt, -e, -en [bi·drüüg·te] *EW* eingetrocknet, vertrocknet, trocken
Biëk, -en [Bië·ken] *w. geol.* Bach; Berkel *w. o.Mz. geol.*
Bië·ker, -s *m. tech.* Becher
Biëks·ken, Biëks·kes *s. geol.* Bächlein, Rinnsal
Biëk·ülk, -e [Biëk·ül·ke] *m. zool.* Fischotter
Biëk·wa·ter, Biëk·wä·ters *s.* Bachwasser
Biëk·wies·ke, -n *w. agr.* Bachwiese
Biel, Bi·le *s. tech.* Beil, Zimmermannsbeil; **Biel·ken, Biel·kes** *s. tech.* Beilchen, kleines Beil
bi·e·ne·wäg *UW tem.* mit einem Male, plötzlich, sofort
Bies·ken, Bies·kes *s. kul.* Plätzchen (Feingebäck)
Bies·ter, -s *w.* Eile, Hast
bies·tern *ZW* umherirren, herumtappen; übereilen
Bies·ter·pat, Bies·ter·pät·te

m. psy. Irrweg
bies·trig, -e, -en [bies·tri·ge] *EW psy.* verwirrt, aufgeregt; übereilt
Biët, -e [Bië·te] *m.* Biss
Bië·ten, -s *m. kul.* Bissen
biët·ken *FW* bisschen, etwas; **een ~** geringfügig
biëtsk, -e, -en [biëts·ke] *EW* bissig, *psy.* zänkisch; beißend; knurrig, launisch
Bië·wer, -n *w. tech.* kurze Leiter
Bië·wer·aol, Bië·wer·äö·le *m. zool.* Zitteraal
bië·we·rig, -e, -en [bië·we·ri·ge] *EW* bebend; *med.* zitternd
Bië·wern *s. o.Mz.* Beben; *med.* Zittern
bië·wern *ZW* beben, *med.* zittern
Bi·fal, Bi·fiä·le *m.* Beifall, Zustimmung; Einfall
bi·fal·len *uZW* einfallen, *psy.* sich besinnen auf; zustimmen
bi·föl·lig, -e, -en [bi·föl·li·ge] *EW* beifällig, nebenbei
Bi·gaon *s. o.Mz.* Anfangen; **dat is een ~** das ist ruck zuck gemacht
bi·gaon *uZW* anfangen etwas zu bewerkstelligen, eine Beschäftigung beginnen
bi·gië·wen *uZW* beigeben
Bi·glai·wen *s. o.Mz. rel.* Aberglaube, Irrglaube
bi·glaiwsk, -e, -en [bi·glaiws·ke] *EW rel.* abergläubisch
Bi·häö·ri·ge, -n *m., w. und s.* Angehörige(r), Dazugehörige(r)
bi·hiär *UW* daneben, vorbei
Bi·höl·pe, -n *w.* Beihilfe
Bik·ääs *m. o.Mz. med.* Wundsein der Oberschenkel (Wolf)
Bik·biär, -n *w. bot.* Blaubeere, Heidelbeere
Bik·biärn·busk, Bik·biärn·büs·ke *m. bot.* Blaubeerstrauch
Bi·kol·lek·ten *Mz.* Nebensächliches
bi·kri·gen *uZW* beschaffen, besorgen
bi·kuë·men *uZW* herankommen, erreichen; *med., psy.* zur Besinnung kommen
Bi·lai·per, -s *m.* Mitläufer,

Aushilfskraft; Stiefkind, uneheliches Kind
bi·lai·pig, -e, -en [bi·lai·pi·ge] *EW* beiläufig
Bi·laot *m. o.Mz.* Platz, Spielraum
bi·lao·ten *uZW* beilassen, *med.* Weibchen und Bock zur Zeugung zusammenbringen
bi·lau·pen *uZW* nebenherlaufen, begleiten
Bi·le, -n *w. tech.* Beil, Zimmermannsbeil
Bi·le·feld *ON* Bielefeld
Bil·jet, -s *s. trans.* Billett, Fahrkarte
Bilk *ON* Bilk
bil·len *ZW* bilden, entstehen; **sik ~** entstehen
Bil·ler·biëk *ON* Billerbeck
Bil·ler·biëks·ke, -n *m. und w.* Billerbecker(in)
bil·lig, -e, -en [bil·li·ge] *EW fin.* billig, preiswert
Bil·li·gen End *m. kul.* Mehlleberwurst
bi·löf·tig, -e, -en [bi·löf·ti·ge] *EW* beiläufig
Bil·tan·ge, -n *w. tech.* Kombizange
bi·ma·ken *uZW* hinzufügen, beifügen; *psy.* hinzudichten, lügen, übertreiben
Bi·mäöl·ken, Bi·mäöl·kes *s. kul.* Zwischenmahlzeit
Bi·men·horst *ON* Biemenhorst
Bim·mel, -n *w. tech.* Glokke, Schelle
Bim·mel·baan, Bim·mel·ba·nen *w. trans.* Bummelzug
bim·meln *ZW* (mit der Glokke) läuten, schellen
Bim·sen; in'ne ~ gaon *übertr.* misslingen, danebengehen
Bims·steen, Bims·ste·ne *m. geol. tech.* Bimsstein
bi·nan·ner *UW* beieinander, zusammen
bi·nao *UW* beinahe
Bi·naom, -en [Bi·nao·men] *m.* Beiname, Nebenname
Bind, -s *s. tech.* Maß beim Spinnen (50 Fäden auf einer Haspel)
bi·ne·ne *UW* beieinander, zusammen; **guët ~** *med.* wohlauf; **nich al·le ~ häb·ben** *med.* schwachsinnig sein

bi·ne·ne·doon *uZW* zusammenlegen *uZW*, zusammenschließen

bi·ne·ne·ha·len *uZW* einsammeln, sammeln, zusammenholen, zusammentragen

bi·ne·ne·hol·len *uZW* beieinanderhalten, zusammenhalten

bi·ne·ne·klap·pen *ZW* zusammenklappen; zusammenbrechen

Bi·ne·ne·klap·pen *s. o. Mz.* Zusammenbruch

bi·ne·ne·kuë·men *uZW* tagen, treffen, versammeln, zusammenkommen

Bi·ne·ne·kuë·men *s. o. Mz.* Symposium, Tagung, Treffen, Versammlung, Zusammenkunft

bi·ne·ne·läg·gen *ZW* zusammenlegen

bi·ne·ne·lau·pen *ZW* zusammenfließen, zusammenlaufen

bi·ne·ne·liä·wen *ZW* zusammenleben

bi·ne·ne·packen [bi·ne·ne·pak·ken] *uZW* zusammenpacken

bi·ne·ne·pakt, -e, -en [bi·ne·ne·pak·te] *EW* zusammengepackt

bi·ne·ne·pas·sen *uZW* zusammenpassen

bi·ne·ne·ro·pen *uZW* zusammenrufen

bi·ne·ne·sät·ten *ZW* zusammensetzen

bi·ne·ne·schai·ten *uZW* zusammenschießen

bi·ne·ne·sit·ten *uZW* zusammensitzen, beieinandersitzen

bi·ne·ne·schrum·peln *ZW* zusammenschrumpfen

bi·ne·ne·smi·ten *uZW* zusammenwerfen

bi·ne·ne·stau·ten *uZW* zusammenstoßen

bi·ne·ne·stiä·ken *uZW* zusammenstecken

bi·ne·ne·täl·len *ZW math.* zusammenzählen, addieren

Bin·ne, -n *w.* Binde

Bin·ne·gaorn, Bin·ne·gäörns *s. tech. agr.* Bindegarn

Bin·ne·mai·er, -s *m. agr.* Mähbinder

bin·nen 1. *UW* innen, drin-nen, innerhalb; 2. *uZW* binden, zusammenbinden, fesseln

Bin·nen·diek, Bin·nen·di·ke *m. tech.* Innendeich, Flussdeich

Bin·nen·how, Bin·nen·hüö·we *m. arch.* Innenhof

Bin·nen·huus, Bin·nen·hü·ser *s. arch.* inneres Haus, Wohnraum

Bin·nen·land, Bin·nen·län·ner *s. geog., pol.* Inland

bin·nen·ländsk, -e, -en [bin·nen·länds·ke] *EW geog.* inländisch

Bin·nen·län·ner, -s *m. geog.* Inländer

Bin·nen·liä·wen *s. o. Mz. psy., tech.* Innenleben

bin·nen·lig·gen *uZW* innenliegen

bin·nen·lig·gend, -e, -en [bin·nen·lig·gen·de] *EW* innenliegend

Bin·nen·siet, Bin·nen·si·ten *w.* Innenseite

Bin·nen·stad, Bin·nen·stiä·den *w. geog.* Innenstadt, Zentrum

Bin·nen·tas·ke, -n *w.* Innentasche

Bin·ner, -s *m.* Krawatte, Schlips, *tech.* Binder

Bin·ne·re *s. o. Mz.* Innere

bin·ne·re, -n *EW* innere

bin·ner·lik, bin·ner·licke, -n [bin·ner·lik·ke] *EW* innerlich

bin·nerst, -e, -en [bin·ners·te] *EW* innerst

Bin·ners·te *s. o. Mz.* Innerste

Bin·ne·waod, Bin·ne·wäö·der *s.* Bindewort, Konjunktion

bi·o·loogsk, -e, -en [bi·o·loogs·ke] *EW biol.* biologisch

Bi·raod, Bi·räö·de *m.* Beirat

Bi·ret, -·te *s.* Barett

Birg·te *ON* Birgte

Bi·saak, Bi·sa·ken *w.* Nebensache, Nebensächlichkeit

bi·sät·ten *ZW* beisetzen, dazusetzen; beerdigen

Bi·schup, Bi·schüp·pe *m. rel.* Bischof

bi·schüp·lik, bi·schüp·licke, -n [bi·schüp·lik·ke] *EW rel.* bischöflich

Bi·schups·staw, Bi·schups·stiä·we *m. rel.* Bischofsstab

bi·sen *ZW* mit erhobenem Schwanz vor etwas weglaufen (Kuh, Pferd usw.)

bi·sien *uZW* dabeisein

bi·siet, bi·si·te *UW* beiseite, daneben, abseits, zur Seite

Bi·sit·ter, -s *m.* Beisitzer, *jur.* Geschworener

Bi·slai·per, -s *m.* Beischläfer; Mitschläfer, Kind, das bei den Eltern schläft

Bi·slaop, Bi·släö·pe *m. med.* Beischlaf

bi·slao·pen *uZW med.* beischlafen

Bi·smaak, Bi·smiä·ke *m. kul.* Beigeschmack; *übertr. psy.* Unterton

bi·smi·ten *uZW* dazuwerfen

Bi·spiël, -e [Bi·spië·le] *s.* Beispiel, Exempel, *kult.* Gleichnis; Sprichwort, Fabel

Bi·spiël·si·te, -n *w.* Beispielseite

Bi·spraok, -en [Bi·sprao·ken] *w. psy.* Einrede, *jur.* Einspruch

Bi·sprung, Bi·sprün·ge *m. psy.* Seitensprung, Ehebruch

bis·sen *ZW* wild laufen

Bi·stand, Bi·stän·ne *m.* Assistenz, Beistand, Unterstützung

bi·staon *uZW psy.* assistieren, beistehen, helfen; dabeistehen, herumstehen

bi·stem·men *ZW psy.* zustimmen

Bi·stem·mung, -en [Bi·stemmun·gen] *w. psy.* Zustimmung

Bi·striëk, -e [Bi·strië·ke] *m.* Komma

Bi·stü·er, -n *w. fin.* Beisteuer, Zusatzsteuer

bi·stü·ern *ZW* beisteuern, dazugeben

Bi·stük, Bi·stücke [Bi·stük·ke] *s.* Anlage, Zusätzliches

bi·ten *uZW* beißen; **dat bit sik** *übertr.* das harmoniert nicht, das widerspricht sich

Bi·ter, -s *m. zool.* Beißer, bissiges Pferd, bissiger Hund

Bi·te·ri, -·en *w.* Beißerei

bi·tiet, bi·tiets *UW tem.* beizeiten, rechtzeitig, früh

bi·ti·ten *UW tem.* beizeiten, rechtzeitig, früh

bi·trecken [bi·trek·ken] *uZW* hinziehen, durchziehen; wirken, helfen

Bit·ten·krat·se, -n *w. bot.*
Beerenstachel
Bit·ten·struuk, Bit·ten·strü·ke *m. bot.* Beernstrauch;
Bit·ten·strüüks·ken, Bit·ten·strüüks·kes *s.* kleiner Beerenstrauch
Bit·ter·bal·len, -s *m. kul.*
Fleischklößchen auf holländische Art
bi·wäg *UW* beiweg, davon
Bi·wäg, Bi·wiä·ge *m. trans.*
Nebenstraße, Schleichweg
Bi·wiärk, -s [Bi·wiär·ke] *s. o.Mz.* Beiwerk
Bi·wiew, Bi·wi·wer *s. psy.*
Geleibte, Mätresse, Nebenfrau
Blab·ber, -n *m. med.* Pustel, nässende Bläschen,
Hautausschlag
Blad, Bliä·der *s.* 1. Blatt,
Seite; 2. *bot.* Blatt von
Pflanzen; 3. *kult.* Zeitung;
4. *übertr. med.* Zunge
blad·dern *ZW psy.* weinen,
heulen, blöken
bla·dern *ZW* blättern, umblättern; entblättern, abblättern (Grünkohl)
Blad·fin·ger, -s *m. bot.*
Blattfinger
Bläd·ken, Bläd·kes *s.* Blättchen, kleines Blatt; *kult.*
abfällig für Zeitung
Blad·luus, Blad·lü·se *w.*
zool. Blattlaus
blä·en *ZW psy.* laut schreiend weinen
blaf·fen *ZW* bellen, kläffen;
psy. schelten, anschnauzen;
psy. laut und keifend reden
Bla·ge, -n *w.* Kind, *bes. psy.*
unerzogenes Kind
Bla·gen·trop, Bla·gen·tröppe *m.* Kinderschar
Bla·gen·tüügs *s. o.Mz.* Kindervolk (abfällig)
Bla·ge·ri, -·en *w.* Kindersache
blai, -·e, -·en *EW psy.* blöde,
schüchtern
blai·en *ZW bot.* blühen
Blai·er, -s *m. zool.* Rotauge
(Fisch)
blak·ai·gen *ZW psy.* nervös
mit den Augen zucken
Blak·snai *m. o.Mz. met.*
Schneeregen
blak·sni·en *ZW met.* nassen
Schnee schneien

Blak·stiärt, -s *m. zool.* Steinschmätzer
bla·me·ern *ZW psy.* blamieren, bloßstellen (*frz.* blamer)
Bla·mü·ser, -s *m. fin.* alte
Silbermünze (3 ½ Silbergroschen)
blank, -e, -en [blan·ke] *EW*
blank, glänzend, strahlend,
übertr. hyg. gereinigt; bar;
durchsichtig; *fin.* mittellos
Blän·ke, -n *w. geol.* flacher
Tümpel mit veränderlichem
Wasserstand
Blän·ken·wies·ke, -n *w. geol.*
Feuchtwiese
blän·kern *ZW* glänzen, glitzern, schimmern, blinkern
Blank·hans *m. o.Mz. met.*
übertr. offene, aufgewühlte
See
blank·schu·ern *ZW tech.*
blankscheuern, polieren
blank·schu·ert, -e, -en [blankschu·er·te] *EW tech.* blankgescheuert, poliert
blan·se·ern *ZW* balancieren,
im Gleichgewicht halten (*frz.*
balancer)
Blan·se·e·rung, -en [Blan·see·run·gen] *w.* Balanceakt;
Ausgleich, Gleichgewicht (*frz.*
balance)
blao, -·e, -·en *EW* blau
Blao·drük, Blao·drücke [Blaodrük·ke] *m. tech.* Blaudruck
Blao·fiär·wen *s. o.Mz. tech.*
Blaufärben
Blao·fiär·wer, -s *m. tech.*
Blaufärber
Blao·lin·nen *s. o.Mz. tech.*
Blauleinen
Blao·me·se, -n *w. zool.*
Blaumeise
Blao·me·sen·nöst, -er [Blaome·sen·nös·ter] *s. zool.*
Blaumeisennest
Blaos·dings, Bloas·din·gers
s. tech. mus. Blasinstrument
Blao·se, -n *w.* Blase, Luftblase, Wasserblase, *med.*
Harnblase
Blao·se·balg, Blao·se·bäl·ge
m. tech. Blasebalg
blao·sen *uZW* blasen, pusten, wehen; anfachen; *mus.*
Blasmusik machen; **Blaos
mi in'ne Task!** *übertr. psy.*
Du kannst mich mal!
Blao·sen·fe·wer, -s *s. med.*
Blasenfieber, Blasenent-

zündung
Blao·sen·pien, Blao·sen·pine *w. med.* Blasenschmerzen, Blasenleiden
Blaos·häön, -s *s. tech. mus.*
Posaune
blao·si·den, -e, -en [blaosi·de·ne] *EW* blauseiden
Blaos·ka·pel, -·len *w. mus.*
Blaskapelle
Bläös·ken, Bläös·kes *s.*
Bläschen
Blaos·mus·sik *w. o.Mz. mus.*
Blasmusik
Blaos·pi·pe, -n *w. tech.*
Blasrohr
blao·strië·pen, -e, -en [blaostrië·pe·ne] *EW* blaugestreift
Blao·su·er *s. o.Mz. chem.*
Blausäure
blaud, -e, -en [blau·de] 1.
EW bloß, entblößt, nackt,
frei; 2. *UW* nur
blaud·fööts *EW* mit bloßen
Füßen, barfuß
blaud·kops *EW* mit unbedecktem Kopf
blaus *UW* bloß, nur
Blau·se, -n *w.* Bluse
bleek, ble·ke, -n *EW* bleich,
ohne Farbe, blass, fahl
Bleek·hüüs·ken, Bleek·hüüskes *s. arch.* Bleichhütte
Ble·ke, -n *w.* Bleiche, Rasenplatz zum Bleichen der
Wäsche
ble·ken *ZW chem.* bleichen,
aufhellen
blen·nen *ZW* blenden
blen·nig, -e, -en [blen·ni·ge]
EW blendend
Blen·nin·ge, -n *w. tech.*
Blendlade
Blen·nin·gen·gli·we, -n *w.*
Spalte in der Blendlade
blent, -e, -en [blen·te] *EW*
geblendet
Bles, -·sen *w. med.* Stirn,
Stirnfleck
Bli *s. o.Mz. chem.* Blei; *mil.*
Bleikugel, Geschoss
Bliä·ser, -s *m. mus.* Bläser
Bli·bai·gen *s. o.Mz. tech.*
Bleibiegen
Bli·bai·ger, -s *m. tech.* Bleibieger, Klempner
blicken, -e, -en [blik·ken],
[blik·ke·ne] *EW tech.* blechern, aus Blech gefertigt
Bli·dak, Bli·diä·ker *s. arch.*
Bleidach

blied, bli·de, -n *EW psy.*
froh
blië·ken *ZW* bellen
blië·kend, -e, -en [blië·ken-
de] *EW* bellend
Blië·ke·ri̯, -·en *w.* Gebell
bli·ern, -e, -en [bli·er·ne] *EW*
bleiern
Bli·fiär, -n *w.* Bleistift
Blik, Blicke [Blik·ke] *s. tech.*
Blech
Blik·bai·gen *s. o.Mz. tech.*
Blechbiegen
Blik·bai·ger, -s *m. tech.*
Blechbieger, Blechschlosser
Blik·bliä·ser, -s *m. mus.*
Blechbläser, Blechinstru-
mentenspieler
Blik·dak, Blik·diä·ker *s. arch.*
Blechdach
Blik·fat, Blik·fiä·ter *s. tech.*
Blechfass
Blik·gao·bel, -n *w. tech. kul.*
Blechgabel
Blik·liä·pel, -s *m. tech. kul.*
Blechlöffel
Bli·klos, Bli·klös·se *m. tech.*
Bleiklotz
Blik·nap, Blik·näp·pe *m. tech.*
Blechnapf
Blik·pot, Blik·pöt·te *m. tech.*
Blechtopf
Blik·schä·er, -n *w. tech.*
Blechschere
Blik·sem, -s 1. *m.* Teufels-
kerl, 2. *m. met.* Blitz
blik·sem *EW met.* blitzen
Blik·sliä·ger, -s *m. tech.*
Klempner
Blik·smet, -s *m. tech.* Blech-
schmied
Blik·schru·we, -n *w. tech.*
Blechschraube
bliks·tern *ZW* aufleuchten,
flackern
Blik·trum·mel, -n *w. tech.*
Blechtrommel
blind, blin·ne, -n *EW med.*
blind; *tech.* matt, ohne Glanz
blind·ai·gen *ZW* die Augen
zubinden
blind·dö·ken *ZW agr.* die
Augen zubinden (bei ag-
gressiven Tieren)
Blin·ne·molk, -en [Blin·ne-
mol·ken] *w. zool.* Schmetterling, Nachtfalter
blin·ne·rig, -e, -en [blin·ne-
ri·ge] *EW med.* halbblind,
tech. getrübt
Blin·se, -n *w. zool.* blinde

Fliege
Bli·piep, Bli·pi·pen *w. tech.*
Bleirohr
Bli·pin, -·ne *m. tech.* Blei-
stift
Bli·pin·spits·ker, -s *m. tech.*
Anspitzer, Bleistiftanspitzer
Bli·rör, -s *s. tech.* Bleirohr
Bli·schüör·te, -n *w. tech.*
Bleischürze
Bli·sul·daot, -en [Bli·sul·dao-
ten] *m. spo.* Bleisoldat
Bli·trum·mel, -n *w. tech.*
Bleitrommel
Blit·se·pe, -es *s. trans.* Fahrrad
Bli·wa·ter, Bli·wä·ters *s.*
chem. med. Bleiwasser
bli·wen *uZW* bleiben, verweilen, aushalten
blob·bern *ZW* blubbern,
sprudeln, glucksen; undeutlich reden
blocke̱·ern [blok·ke·ern] *ZW*
blockieren
blocke̱·ert, -e, -en [blok·ke-
ert], [blok·ke·er·te] *EW* blok-
kiert
blö·den *uZW med.* bluten
blö·de·rig, -e, -en [blö·de·ri-
ge] *EW med.* blutig, blutbeschmiert
Blok, -s *m. arch.* Wohnblock,
großes Mietshaus
Blom·be, -n *w. tech., med.*
Plombe
blom·be·ern *ZW tech., med.*
plombieren
Blo·me, -n *w. bot.* Blume,
Blüte
Blo·men·äer *w. o.Mz. agr.*
Blumenerde, Komposterde
Blo·men·blad, Blo·men·bliä-
der *s. bot.* Blütenblatt
blo·men·gai·ten *uZW* Blumen gießen
Blo·men·gaorn, Blo·men-
gäörns *m. agr.* Blumen-
garten
Blo·men·kind, Blo·men·kin-
ner *s.* Blumenkind
Blo·men·krans, Blo·men-
krän·se *m.* Blumenkranz
Blo·men·lau·we, -n *w.* Blu-
menlaube
Blo·men·pot, Blo·men·pöt·te
m. tech. agr. Blumentopf
Blo·men·saot, Blo·men·säö-
te *w. bot.* Blumensamen,
Blumensaat
Blo·men·sap, Blo·men·siä·pe

m. bot. Blütensaft, Nektar
Blo·men·strai·er, -s *m.* Kind,
das dem Brautpaar Blumen
streut
Blo·men·struuk, Blo·men-
strü·ke *m.* Blumenstrauß
Blo·men·wies·ke, -n *w. bot.*
Blumenwiese
Blood *s. o.Mz. med.* Blut;
Rasse, Art; **arm ~** *fin., psy.*
armer Mensch; **jung ~** jun-
ger Mensch
blööd, blö·de, -n *EW psy.*
blöde, dumm
Blood·bä·er, -n *m. zool.*
Blutbär
Blood·blao·se, -n *w. med.*
Blutblase
Blood·böcke, -n [Blood·bök-
ke] *w. bot.* Blutbuche
Blood·drük *m. o.Mz. med.*
Blutdruck
Blood·e·gel, -s *m. zool.*
Blutegel
Blood·fink, -en [Blood·fin-
ken] *m. zool.* Dompfaff,
Gimpel
blood·jung, -e, -en [blood-
jun·ge] *EW* blutjung
Blood·gang *m. o.Mz. med.*
Ruhr
Bloods·druo·pen, Bloods-
drüö·pen *m. med.* Bluts-
tropfen
Blood·stüör·tung, -en [Blood-
stüör·tun·gen] *w. med.* Blut-
sturz
Blood·su·ger, Blood·sü-
gers *m. zool.* Blutegel
Blood·wuorst, Blood·wüörs-
te *w. kul.* Blutwurst
Blööm·ken, Blööm·kes *s.*
bot. kleine Blume, Blüm-
chen, zarte Blüte
blöömt, -e, -en [blööm·te]
EW geblümt
Blö·te, -n *w. bot.* Blüte
Blö·ten·blad, Blö·ten·bliä-
der *s. bot.* Blütenblatt
Blö·ten·plan·te, -n *w. bot.*
Blütenpflanze
Blö·ten·sap, Blö·ten·siä·pe
m. bot. Blütensaft, Nektar
Blö·ten·stän·gel, -s *m. bot.*
Blütenstängel
Blö·ten·stow *o.Mz. bot.* Blü-
tenstaub, Pollen
Blö·ten·tu·wer *m. o.Mz. bot.*
Blütenzauber
Bluëd *s. o.Mz. bot.* Häck-
selstroh, abgefallenes Laub

blüëks·tern ZW ungeduldig antreiben

blü·me·rant, -e, -en [blü·me·ran·te] EW med. schwach, schwindelig (frz. bleu mourant)

blunt, -e, -en [blun·te] EW blond, gelb; ~ un blao slaon bunt (gelb) und blau schlagen

Blü·se, -n w. bot. liegendes, fruchtloses Getreide, besonders Roggen; in'ne ~n gaon sich (zum Schmusen) verstecken

blüüs·trig, -e, -en [blüüs·tri·ge] EW met. windig

Böcke, -n [Bök·ke] w. bot. Buche

böcken, -e, -en [bök·ken], [bök·ke·ne] EW aus Buche

Böcken·blad, Böcken·bliä·der [Bök·ken·blad] s. bot. Buchenblatt

Böcken·busk, Böcken·büske [Bök·ken·busk] m. bot. Buchenbusch, Buchenwald

Böcken·hië·ge, -n [Bök·ken·hië·ge] w. bot. Buchenhecke

Böcken·holt, Böcken·höl·ter [Bök·ken·holt] s. bot. Buchenholz; Buchenwald

Böcken·toog, Böcken·tö·ge [Bök·ken·toog] m. bot. Buchenzweig

Böd·dicker, -s [Böd·dik·ker] m. tech. Böttcher

Bogt, -en [Bog·ten] w. Bucht, Krümmung, Biegung, Kurve; Flussschleife

Bögt, -en [Bög·ten] w. Biegung

bogt, -e, -en [bog·te] EW gebogen, gekrümmt; gebeugt

Bo·hai s. o.Mz. Aufsehen, Getue, Lärm

Bo·kelt ON Bocholt

Bö·ker, -n w. bot. Buchecker

Bö·ke·ri, -·en w. kult. Bücherei, Bibliothek

Bö·ker·schap, Bö·ker·schiä·pe s. tech. Bücherschrank

Bok·wuorst, Bok·wüörs·te w. kul. Bockwurst

bol, -·le UW tem. bald, demnächst; fast, beinahe; ~ sau, ~ sau einmal so, einmal so, immer verschieden

böl·ken ZW brüllen, schreien

böl·ken·riek, böl·ken·ri·ke,

-n EW fin. steinreich

Böl·ke·ri, -·en w. Geschrei

Bölk·wa·ter, Bölk·wä·ters s. kul. Mineralwasser mit Kohlensäure

Böl·le·ken, Böl·le·kes s. med. kleiner Schenkel (z.B. von Hähnchen)

Bol·len, -s m. med. Bein, Schenkel

Bol·ler·kop, Bol·ler·köp·pe m. psy. ungestümer Mensch

bol·le·rig, -e, -en [bol·le·ri·ge] EW groß, psy. stürmisch

bol·lern ZW poltern, lärmen

Bol·ler·wa·gen, Bol·ler·wiä·gen m. trans. Handwagen mit Holzrädern

Bol·ler·wa·gen·rad, Bol·ler·wa·gen·riä·der s. tech. Rad des Bollerwagens

Bol·sen, -s m. zool. Kater

Bol·ten, -s m. tech. Bolzen, Nagel; heißes Metallstück (für Bügeleisen)

Bol·ten·buo·gen, Bol·ten·büö·gen m. tech. mil. Armbrust

Bol·ten·ki·ker, -s m. tech. technischer Aufsichtsbeamter, technischer Kontrolleur, technischer Prüfer

Bol·wiärk, -e [Bol·wiär·ke] s. arch. mil. Bollwerk, Festung

bol·wiär·ken ZW schuften, schwer arbeiten

Bomb, -en [Bom·ben] w. mil. Bombe

Bom·ben·an·griëp, -e [Bom·ben·an·grië·pe] m. mil. Bombenangriff

Bom·ber, -s m. mil. Bomberflugzeug

Bom·men geog. Böhmen

Bom·mel, -s m. Quaste, baumelndes Ding

Böm·mel·ken, Böm·mel·kes s. kleines baumelndes Ding

Boms, Böm·se m. kul. Bonbon

Böms·ken, Böms·kes s. kul. kleines Bonbon

Bon ON Bonn

Bon·ni·fats VN Bonifatius

Boog, Bö·ge m. tech. naut. Bug, Vorderteil des Schiffes

Book, Bö·ker s. Buch; düör de Bö·ker lau·pen lao·ten übertr. fin. ordnungsgemäß versteuern

Book·bin·ner, -s m. tech.

Buchbinder

Book·drücken [Book·drük·ken] s. o.Mz. tech. Buchdrucken

Book·drücker, -s [Book·drük·ker] m. tech. Buchdrucker

Book·fink, -en [Book·fin·ken] m. zool. Buchfink

Book·han·nel m. o.Mz. fin. Buchhandel

Book·rao·den Bockraden ON

Book·schri·wer, -s m. mus. Buchschreiber, Autor

Bööks·ken, Bööks·kes s. Büchlein

Book·üm·slag, Book·üm·sliä·ge m. tech. Buchumschlag

Book·wait, -en [Book·wai·ten] m. o.Mz. bot. Buchweizen (Getreide)

Book·wai·ten·güört w. o.Mz. kul. Buchweizengrütze

Book·wai·ten·Jan·hin·nerk, -s m. kul. Buchweizen-Pfannkuchen mit Speckstückchen

Book·wai·ten·pan·ko·ken, Book·wai·ten·pan·kö·ken m. kul. Buchweizen-Pfannkuchen

böömsk, -e, -en [bööms·ke] EW böhmisch

Boor·le ON Barlo

Boot, Bo·te s. trans. naut. Boot, kleineres Schiff

Bööt·lok, Bööt·lök·ker s. tech. Feuerloch, Feuerraum des Backofens

Bööt·üöl·ge s. o.Mz. chem. Heizöl

Bord, Bör·de s. tech. Regal

Borg, Börg w. mil. Fliehburg

Bor·geln ON Borgeln

Borg·hol·sen ON Borgholzhausen

bos, -·se, -·sen EW fin. blank, nichtshabend

Bos, -·sen m. tech. Zapfen zur Verriegelung von Türen, tech. Flaschenkorken; e·nen un·ner'n ~ häb·ben etwas in der Flasche haben

Bos·sem ON Hamm-Bossendorf

Bo·sen, -s m. arch. Rauchfang am Herdfeuer

Bös·sen·brüg·ge ON Bersenbrück

bö·ten uZW feuern, heizen

Bö·ter, -s m. tech. Heizer

Bot·fas·sen *s. o.Mz. rel.* Abbruchfasten, Verringerung der Anzahl täglicher Mahlzeiten

Bot·ter, -s *s. kul.* Butterbrot; **Böt·ter·ken, Böt·ter·kes** *s. kul.* kleines Butterbrot

Braak, Bra·ken *w. tech.* Gerät zum Flachsbrechen, Flachsbreche

braans·ken *ZW psy.* laut weinen, heftig weinen

brab·beln *ZW* plappern, lallen, drauf losreden, undeutlich sprechen

Bräd, Briä·der *s.* 1. *tech.* Brett; 2. Tresen; 3. *tech. jur.* Gerichtsschranke; **Bräd·ken, Bräd·kes** *s. tech.* Brettchen

Bräd·sa·ger, -s *m. tech.* Brettersäger

Braid·ken, Braid·kes *s. kul.* Brötchen

Brai·len *ON* Brilon

Bra·ke, -n *w. bot.* sperriger Zweig

bra·ken *ZW tech.* Flachs brechen, *agr.* Scholle aufbrechen; *trans.* schnell fahren, rasen

Bra·ker, -s *m. trans.* Raser, hitziger Autofahrer

Bra·mi *m. o.Mz.* Aufhebens

Brand, Brän·ne *m.* 1. Brand, Feuersbrunst; brennendes Holz im Herdfeuer; 2. *med.* Brandwunde, Entzündung; *übertr. med.* Nachdurst; **kol·le ~** *med.* Blutvergiftung, Druchblutungsstörung mit Absterben von Gliedmaßen

Brand·blao·se, -n *w. med.* Brandblase (infolge Verbrennung)

brän·de·rig, -e, -en [brän·de·ri·ge] *EW* nach Feuer riechend

Brand·fos, Brand·fös·se *m.* jemd. mit rotfuchsigem Haar

brand·fosd, -e, -en [brand·fos·de] *EW* glutrot

Brand·häön, -s *s. tech.* Feuersirene

Brand·holt, Brand·höl·ter *s.* Brennholz

Brand·ro·e, -n *w. tech.* Rosteisen am Herdfeuer

Brand·uom, Brand·üöms *m. tech.* Brennofen

brant, -e, -en [bran·te] *EW* gebrannt

brän·gen *uZW* bringen

Bran·ne·wien, Bran·ne·wi·ne *m. kul.* Branntwein

Braod·ap·pel, -n *m. kul.* Bratapfel

Brao·den, Bräö·den *m. kul.* Braten

brao·den *uZW kul.* braten

Brao·den·rüëk, -e [Brao·den·rüë·ke] *m. kul.* Bratengeruch

Braod·kar·tuf·fel, -n *m. kul.* Bratkartoffel

Braod·pan, -·nen *w. tech. kul.* Bratpfanne

Braod·wuorst, Braod·wüörste *w. kul.* Bratwurst

braok, -e, -en [brao·ke] *EW* brach, ungenutzt

Brao·ke, -n *w. agr.* Brachland

Braok·maond, -e [Braok·maon·de] *m. tem.* Juni

Braom, Brääms *m. bot.* Ginster

Braom·busk, Brääm·büs·ke *m. bot.* Ginsterstrauch

Bra·sil·gen *geog.* Brasilien

Bras·sel *m. o.Mz.* viele Aufgaben gleichzeitig (haben)

bras·seln *ZW kul.* Bier brauen; *übertr.* mehrere Dinge gleichzeitig machen

Brast *m. o.Mz. psy.* Wut, Erregung

bras·tig, -e, -en [bras·ti·ge] *EW psy.* wütend, böse

Brat·se, -n *w. med.* Wundschorf

Braud, Brai·de *s. kul.* Brot

Braud·deek, -e [Braud·de·ke] *m. kul.* Brotteig

Braud·hä·er, -ns *m. fin.* Brotgeber, Arbeitgeber

Braud·iä·ter, -s *m. kul.* Brotesser

Braud·kaorn, Braud·käörns *s. bot.* Brotkorn

Braud·kuors·te, Braud·küörs·te *w. kul.* Brotkruste

Braud·kuorw, Braud·küör·we *m. tech. kul.* Brotkorb; **dän ~ hög·ger han·gen** den Brotkorb höher hängen; *übertr. kul.* weniger zu essen geben

braud·los, -·se, -·sen *EW* brotlos, *übertr. fin.* ohne Einkünfte

Braud·mest, Braud·mes-

sers *s. tech. kul.* Brotmesser

Braud·schap, Braud·schiä·pe *s. tech.* Brotschrank

Braud·wa·ter, Braud·wä·ters *s. o.Mz. kul.* Schwarzbrot in Wasser

Bre·de, -n *w.* breites Grundstück (häufig Bestandteil von Flurnamen)

bre·den *ZW* breiten; sich erstrecken, ausbreiten

Bred·te, -n *w.* Breite

Bre·e, -n *w.* breites Grundstück (häufig Bestandteil von Flurnamen)

breed, bre·de, -n *EW* breit; behäbig, großspurig; **~ ma·ken küë·nen** *fin.* reich sein; **nich to ~ häb·ben** *fin.* arm sein; **bre·der** breiter; **an breeds·ten** am breitesten

breed·beent, -e, -en [breed·been·te] *EW* breitbeinig

Breed·düörs·ker, -s *m. tech. agr.* Breitdrescher

breed·ma·ken *uZW* breitmachen, für sich in Anspruch nehmen; *übertr. mil.* besetzen, erobern

Breed·si·te, -n *w.* Breitseite

breed·snu·tig, -e, -en [breed·snu·ti·ge] *EW* breitmäulig

Breew, Bre·we *m.* Brief, Schriftstück, *jur.* Urkunde

Breew·aad·lik, Breew·aad·lik·ken *s. pol.* Briefadel, beurkundeter Adel

Breew·buo·gen, Breew·büö·gen *m.* Briefbogen

Breew·driä·ger, -s *m.* Briefträger, Postbote

Breew·du·we, -n *w. zool.* Brieftaube

Breew·kas·ten, Breew·käs·ten *m. tech.* Briefkasten

Breew·ken, Breew·kes *s.* kleiner Brief, Briefchen

Breew·klap, -·pen *s. tech.* Hausbriefkasten, Briefklappe

Breew·mar·ke, -n *w.* Briefmarke

Breew·tas·ke, -n *w. tech.* Brieftasche

Breew·üm·slag, Breew·üm·sliä·ge *m.* Briefumschlag

Breew·wao·ge, -n *w. tech.* Briefwaage

Brems, -en [Brem·sen] *w. tech.* Bremse, Stopper, Haltevorrichtung

brem·sen *ZW* bremsen
brem·sig, -e, -en [brem·si·ge] *EW med.* erhitzt, von frischem Aussehen
Bre·we̲·er, -s *s. rel.* Brevier
Bri, -·e *m.* Brei
Briä·der·dak, Briä·der·diäker *s. arch.* Bretterdach
Briä·der·sa·ge, -n *w. tech.* Brettsäge
Briä·der·tuun, Briä·der·tü·ne *m. tech.* Bretterzaun
Briä·der·wand, Briä·der·wän·ne *w. tech.* Bretterwand
briä·ken *uZW* brechen, zerbrechen, durchbrechen; *med.* sich erbrechen
briä·ken·vul, -·le, -·len *EW* brechendvoll, übervoll
Briä·ker, -s *m.* Brecher, große Welle
Briäm *ON* Bremen
briä·nen *uZW* brennen, glühen, heiß werden; verbrennen, anbrennen; anstecken
Briä·ner, -s *m. tech.* Brenner
Briä·ne·ri̲, -·en *w. tech.* Brennerei
Briän·haor, -e [Briän·hao·re] *s. bot.* Brennhaar
Briän·holt *s. o.Mz.* Brennholz
Briän·i·sen, -s *s. tech.* Brenneisen
Briän·nië·del, -n *w. bot.* Brennnessel
Briän·schä·er, -n *w. tech.* Brennschere, Lockenschere
Briän·steen, Briän·ste·ne *m. geol.* Bernstein
Bries, Bri·sen *w. met.* Brise, frischer Wind, Windzug
Bril, -·len *w. tech. med.* Brille
Bri·liä·pel, -s *m. tech. kul.* Breilöffel
Bril·len·dai·se, -n *w. tech.* Brillenetui
Bril·len·glas, Bril·len·gliä·ser *s. tech.* Brillenglas
Bril·len·hüüs·ken, Bril·len·hüüs·kes *s. tech.* festes Brillenetui
Bril·len·ki·ker, -s *m.* jemand mit Brille
Brink, -e [Brin·ke] *m. agr.* Rasenplatz, Dorfplatz, Dorfanger
Brink·sit·ter, -s *m. agr.* kleiner Bauer
Bri·pot, Bri·pöt·te *m. tech. kul.* Breitopf
Bri·schao·le, -n *w. tech. kul.*

Breischale
Bri·schüë·del, -n *w. tech. kul.* Breischüssel
Brit·sel, -n *w. kul.* Brezel
Brit·sel·bäcker, -s [Brit·sel·bäk·ker] *m. kul.* Brezelbäcker
Brit·sel·deek, Brit·sel·de·ke *m. kul.* Brezelteig
Britsk, -e, -en [Brits·ke] *w. tech.* Pritsche, Holzbank, hölzernes Gestell, hölzerne Liege
Broch·ter·biëk *ON* Brochterbeck
Broch·ter·biëks·ke, -n *m. und w.* Brochterbecker(in)
Brocken [Brok·ken] *Mz.* Kleidung, Sachen (abwertend)
brod, -·te, -·ten *EW kul.* gebraten
brod·de·rig, -e, -en [brod·de·ri·ge] *EW met.* schwül
brö·den *ZW biol.* brüten
Brod·te *s. o.Mz. kul.* Gebratenes
Brö·e, -n *w. kul.* Brühe; heißes Wasser zum Abbrühen
brö·en *ZW* brühen, abbrühen
Bro·er, Brö·ers *m.* Bruder; Genosse, Kerl, Bursche; *rel.* Bruder, Paterbruder
Bro·er·hiärt *s. o.Mz.* Bruderherz, Bruder
Bro·ers·kind, Bro·ers·kin·ner *s.* Neffe, Nichte; Kind des Bruders
Bro·ers·suon, Bro·ers·süöns *m.* Neffe
Brok *ON* Brock
Bröks·ken, Bröks·kes *s.* Bröckchen, kleines Stück
bröns·tig, -e, -en [bröns·ti·ge] *EW* brenzlig
Brons·wiek *ON* Braunschweig
Brood, Brö·de *w. zool.* Brut
bröödsk, -e, -en [brööds·ke] *EW med.* brutwillig
Brook, Brö·ke *m. geol.* Bruch, Niederung, *bot.* ausgedehnter Wald
Brook·hagen *ON* Brockhagen
brud·deln *ZW* brodeln
brüë·keln *ZW* bröckeln, abbrechen, zerfallen
brüëksk, -e, -en [brüëks·ke] *EW* brüchig

brüë·len *ZW psy.* brüllen, laut schreiend weinen
bru·en *ZW kul.* brauen (z.B. Bier)
Bru·er, -s *m. tech. kul.* Brauer
Bru·e·ri̲, -·en *w. tech. kul.* Brauerei
Bru·e·ri̲·mes·ter, -s *m. tech. kul.* Brauereimeister, Braumeister
Bru·e·ri̲·piärd, -e [Bru·e·ri·piär·de] *s. zool. trans.* Brauereipferd
Brüg, -·ge, -·gen *w. trans.* Brücke; *tech.* Querholz über der Achse bei Wagen
Brüg·gen·buo·gen, Brüg·gen·büö·gen *m. arch.* Brückenbogen
Brüg·gen·paol, Brüg·gen·päö·le *m. arch.* Brückenpfahl
Brüg·gen·pi·ler, -s *m. arch.* Brückenpfeiler
Brü·jam, -s *m.* Bräutigam
bru·ken *uZW* anwenden, benutzen, gebrauchen, verwenden; brauchen, benötigen; nutzen
Bru·ker, -s *m.* Anwender, Gebraucher, Verbraucher, Verwender
Brum·biär, -n *w. bot.* Brombeere
Brum·biärn·blad, Brumbiärn·bliä·der *s. bot.* Brombeerblatt
Brum·biärn·hië·ge, -n *w. bot.* Brombeerhecke
Brum·biärn·struuk, Brumbiärn·strü·ke *m. bot.* Brombeerstrauch
Brum·biärn·toog, Brumbiärn·tö·ge *m. bot.* Brombeerzweig
Brum·flai·ge, -n *w. zool.* Brummer, Schmeißfliege
Brum·im·me, -n *w. zool.* Hummel
brum·meln *ZW* brabbeln, vor sich hin erzählen
brum·mig, -e, -en [brum·mi·ge] *EW psy.* schlecht gelaunt, verdrießlich
brümsk, -e, -en [brüms·ke] *EW psy.* schlecht gelaunt, verdrießlich
Brü·ne *w. o.Mz.* Bräune
bru·ne Tiet *w. pol. his.* Naziherrschaft 1933 bis 1945
Bru·ne, -n *m. zool.* braunes

Pferd

Bru·nel·le, -n *w. zool.* Hekkenbraunelle

Bru·nen *Mz. pol. übertr.* Nationalsozialisten, Nationalisten, Rechtsradikale

Bruok, Brüö·ke *m. med., tech.* Bruch; *tech.* Druchbruch

bruo·ken, -e, -en [bruo·kene] *EW* gebrochen

Bru·se, -n *w. tech. hyg.* Dusche

Bru·se·bra·ken *s. o.Mz. psy.* erregtes, überhastetes Vorgehen

bru·se·bra·ken *ZW psy.* erregt, überhastet vorgehen

bru·sen *ZW* brausen, mit der Gießkanne gießen; rauschen; *trans.* sich schnell bewegen; aufbrausen, schäumen

bru·sig, -e, -en [bru·si·ge] *EW psy.* erregt, wütend

Bruuk, Brü·ke *m. kult.* Sitte, Brauch, Gebrauch, *psy.* Gewohnheit

Bruuk·doom, Bruuk·dö·mer *s. kult.* Brauchtum

Bruuk·dooms·dag, -e [Bruukdooms·da·ge] *m. kult.* Brauchtumstag

bruukt, -e, -en [bruuk·te] *EW* gebraucht

Brüüm, -s *m.* Bräutigam

bruun, bru·ne, -n *EW* braun

Bruun, Bru·nen *w. med.* Augenbraue

Bruun·bä·er, -n *m. zool.* Braunbär

Bruun·i·sen·steen *m. o.Mz. geol.* Brauneisenstein

brüün·lik, brüün·licke, -n [brüün·lik·ke] *EW* bräunlich

Bruun·silk *s. o.Mz. bot.* Basilikum

Bruus, Bru·sen *w. tech.* Brause (zur Verteilung eines Wasserstrahles); *kul.* brausendes Getränk, Sprudel

Bruus·wa·ter, Bruus·wä·ters *s. kul.* Sprudelwasser, Brause, Limonade

Bruut, Brü·te *w.* Braut

bruut, bru·te, -n *EW kul.* gebraut

Bruut·ka·mer, -n *w. arch.* Brautkammer

Bruut·kleed, Bruut·kle·der

s. Brautkleid

Bruut·kring, -e [Bruut·krin·ge] *m. tech.* Brautring, Ehering

Bruut·kutsk, -en [Bruutkuts·ken] *w. trans.* Brautkutsche

Bruut·lü·de *Mz.* Brautleute

Bruut·mis·se, -n *w. rel.* Brautmesse

Bruut·paor, -e [Bruut·pao·re] *s.* Brautpaar

Bruut·rais, -en [Bruut·rai·sen] *w. trans.* Hochzeitsreise

Bruut·schat, Bruut·schiä·te *m. fin.* Brautschatz

Bruut·wa·gen, Bruut·wiä·gen *m. trans.* Brautwagen

bucken [buk·ken] *ZW* bokken; *med.* begatten; bücken, beugen; sich verneigen

bud·deln *ZW* buddeln, wühlen, graben; *spo.* im Sand spielen

Bu·de, -s *w. arch.* Bude, Hütte

Bü·del, -s *m. tech.* Beutel; *übertr. med.* Euter

bü·deln *ZW* beuteln

Bü·den *ON* Büren

Buë·del, -s *m. tech.* Flasche

Buë·gel, -s *m. tech.* Bügel, Kleiderbügel; Steigbügel

Buë·gel·bräd, Buë·gel·briä·der *s. tech.* Bügelbrett

Buë·gel·fol·le, -n *w.* Bügelfalte

Buë·gel·i·sen, -s *s. tech.* Bügeleisen

Buë·gel·ken, Buë·gel·kes *s. tech.* kleiner Bügel

Buë·gel·ma·schien, Buë·gel·ma·schi·nen *w. tech.* Bügelmaschine

buë·geln *ZW* bügeln

buë·ken *ZW* pochen, schlagen, stampfen; *med.* heftig und andauernd husten

Buë·ker, -s *m. tech.* Holzhammer

Buë·ker·müël, -en [Buë·kermüë·len] *w. tech.* Mühle für die Hanfverarbeitung

Buë·ne, -n *w. arch.* Bühne, Empore

Bu·er, -n *m. agr.* Bauer, Landmann, Landwirt; **la·tiens·ke ~** *agr.* Bauer, der alles besser weiß (abfällig)

Bü·er, -s *s. tech.* Bütte, Kübel

Bu·e·ri, -en *w. agr.* Landwirtschaft

Bü·er·ken, Bü·er·kes *s. agr.* Bäuerlein, kleiner Bauer

Bu·er·bläd·ken, Bu·ern·blädkes *s. kult. agr.* Landwirtschaftliches Wochenblatt

Bu·ern·doch·ter, Bu·erndöch·ter *s. agr.* Bauerntochter

Bu·ern·gaorn, Bu·ern·gäörns *m. agr.* Bauerngarten

Bu·ern·how, Bu·ern·hüö·we *m. arch. agr.* Bauernhof

Bu·ern·huus, Bu·ern·hü·ser *s. arch. agr.* Bauernhaus

Bu·ern·jun·gen, -s *m. agr.* Bauernjunge

Bu·ern·knecht, -e [Bu·ernknech·te] *m. agr.* Knecht auf dem Bauernhof

Bu·ern·küëk, -en *w. arch. agr.* Bauernküche

Bu·ern·küö·ter, -s *m. agr.* Pachtkötter

Bu·ern·meers·ke, -s *w. agr.* Bauersfrau

Bu·ern·school, Bu·ern·scho·le, -n *w. kult. agr.* Landwirtschaftsschule

Bu·ern·stolt *m. o.Mz. psy.* Bauernstolz

Bu·ern·stu·ten, -s *m. kul.* Bauernweißbrot

Bu·ern·trant *m. o.Mz. psy.* Bauernstolz

Bu·ern·wicht, -er [Bu·ernwich·ter] *s. agr.* Bauerntochter

Bu·er·schup, -·pen *w. agr.* Bauerschaft

Bu·er·schups·school, Bu·erschups·scho·le, -n *w. arch. kult.* Bauerschaftschule

Bu·ers·fa·mil·ge, -n *w. agr.* Bauernfamilie, Familie des Bauern

Bu·ers·frau, -·en *w. agr.* Bäuerin

bu·ersk, -e, -en [bu·ers·ke] *EW agr.* bäuerlich

Bu·ers·ke, -n *w. agr.* Bauersfrau

Bu·ers·man, Bu·ers·lü·de *m. agr.* Bauer

Bu·er·sprao·ke, -n *m.* festgelegte Reihenfolge zur Verbreitung einer Todesnachricht in der Bauerschaft

Büëst, -e [Büës·te] *m. med.* tief eingerissene Haut (vor allem an Fingern)

Buk, Bücke [Bük·ke] *m.* 1.

zool. Bock, Männchen, männliches Tier; 2. tech. Bohle oder Brett mit Beinen; 3. tech. Sitz auf Wagen für den Fahrer; **bi'n ~ lao·ten** med. Weibchen begatten lassen; übertr. psy. übervorteilen
Buk·biär, -n w. bot. schwarze Johannisbeere
Bü·ke, -n w. chem. Lauge
Bü·ke·fat, Bü·ke·fiä·ter s. tech. Fass zum Bleichen von Leinen
bü·ken ZW hyg. mit Asche von Buchenholz waschen, auslaugen, einweichen; ausbauchen
Buk·kaor, Buk·käörs w. trans. vierrädrige Sturzkarre
Buk·kas·ten, Buk·käs·ten m. tech. Kasten unter dem Kutschbock
Büks, Bük·se, -n w. Hose; **e'nen vüör de ~ kri·gen** übertr. eine Niederlage erleiden; **in'ne ~ gaon** übertr. danebengehen, misslingen, nicht gelingen, nicht glükken, fehlschlagen; **de ~ vul häb·ben** die Hose voll haben, übertr. feige sein; **uut de ~ müë·ten** übertr. austreten müssen
buk·se·ern ZW trans. bugsieren, lenken, steuern
Bük·sen·bäänd m. jemd., der sehr häufig Hosen trägt
Bük·sen·band, Bük·sen·bän·ner s. tech. Hosenband
Bük·sen·bäört·ken, Bük·sen·bäört·ken s. Hosenbund
Bük·sen·been, Bük·sen·be·ne s. Hosenbein
Bük·sen·dragt, Bük·sen·dräg·ten w. tech. Hosenträger
Bük·sen·fol·le, -n w. Hosenfalte
Bük·sen·knaup, Bük·sen·knai·pe m. tech. Hosenknopf
Bük·sen·kniep, -s m. tech. Hosenklammer
Bük·sen·naod, Bük·sen·näö·de w. tech. Hosennaht
Bük·sen·pi·pe, -n w. Hosenbein
Bük·sen·sni·der, -s m. tech. Hosenschneider, Herrenschneider

Bük·sen·task, -en [Bük·sen·tas·ken] w. Hosentasche
büksk, -e, -en [büks·ke] EW med. brünstig
Büks·ken, Büks·kes s. 1. kleine Hose, Höschen; 2. zool., tech. kleiner Bock, Böckchen
Buk·stab·be, -n m. Buchstabe
buk·sta·be·ern ZW buchstabieren
Buk·stas·jaun, -en [Buk·stas·jau·nen] w. agr. Bockstation
Buk·stië·ge, -n w. tech. agr. Übersteigepodest im Zaun, Zaunübertritt
Buk·stool, Buk·stö·le m. tech. Schemel, Hocker; Sitzstock des Jägers
Buk·strüë·mel, -s m. Lausejunge
Buk·wind·müël, -en [Buk·wind·müë·len] w. tech. Bockwindmühle
Bul·le, -n m. zool. Stier
Bül·le·ken, Bül·le·kes s. zool. kleiner Stier; **jun·ge Bül·le·kes** o.Mz. übertr. Halbstarke, Heranwachsende
Bul·len·kalw, Bul·len·käl·wer s. zool. männliches Kalb
Bul·len·kop, Bul·len·köp·pe m. zool. Stierkopf; tech. Steinkrug (6 Liter)
Bul·len·kruud s. o.Mz. bot. Wolfsmilch
Bul·len·wies·ke, -n w. agr. Wiese mit Stieren
Bul·lern ON Buldern
Büls, -e [Bül·se] m. med. Hautriss
bülsk, -e, -en [büls·ke] EW med. brünstig (Kuh); **~ Wiär** met. schwüles Wetter
Buls·ter, -n m. bot. Fruchthaut der Hülsenfrüchte, Spelze
Bült, -en [Bül·ten] m. kleiner Erdhügel
Bült·düörs·ken s. o.Mz. agr. Dreschen des Korns vom Getreidehaufen
bül·wern ZW brodeln
bum·me·de·ern ZW dröhnend stampfen
Büm·mel, -s m. Bommel; tech. spo. Schaukel
Bum·me·le·er, -s m. Bummelant, Landstreicher, Vagabund

bum·me·le·ern ZW bummeln, nicht (regelmäßig) arbeiten
bum·me·lig, -e, -en [bum·me·li·ge] EW med. schwindelig
bum·meln ZW bummeln, faulenzen
büm·meln ZW hängen, baumeln
büm·melnd, -e, -en [büm·melnd·e] EW hängend, baumelnd
Büm·mel·snu·te, -n w. hängende Lippen; psy. Beleidigte(r)
Bums, Büm·se m. Zusammenstoß, Unfall
Büm·sel, -s s. Gehänge, tech. Kette, Geschmeide
Bund, Bün·ne s. agr. Strohgarbe; Bündel, Zusammengebundenes
Bund m. o.Mz. mil. Bundeswehr
Bun·ge, -n w. tech. Fischreuse
Bün·gern ON Büngern
Bun·ke, -n w. met. Wolke
Bun·ken, -s m. Verdickung, Beule
Bun·ken·kääl, -s m. Hüne, Riese
Bün·nel, -s s. Bündel
bün·neln ZW bündeln
Bun·nes·baan, Bun·nes·ba·nen w. trans. Bundesbahn
Bun·nes·dag, -e [Bun·nes·da·ge] m. pol. Bundestag; **in'n ~ sit·ten** pol. Bundestagsabgeordneter sein
Bun·nes·kans·ler, -s m. pol. Bundeskanzler
Bun·nes·kans·lers·ke, -s w. pol. Bundeskanzlerin
Bun·nes·land, Bun·nes·län·ber s. geog., pol. Bundesland
Bun·nes·strao·te, -n w. trans. Bundesstraße, übertr. Fernstraße
bün·nig, -e, -en [bün·ni·ge] EW bündig
Bün·sel, -s s. tech. Bündel, Packen, Gebinde; kleines Kind; übertr. Wickelkind
bünt, -e, -en [bün·te] EW bunt, farbig, scheckig, gemustert, verziert, geschnitzt
Bünt·bel·ler·kas·ten, Büntbel·ler·käs·ten m. tech. Farbfernsehgerät

buo·ben *UW* oben; **büöms-te** oberste; **an büöms·ten** am höchsten
buo·ben·daal *UW* von oben her
buo·ben·drup *UW* obendrauf
buo·ben·up *UW* obenauf
Buo·de, -n *m.* Bote, Botengänger
Büö·de, -n *w.* Bürde
Buo·den, Büö·den *m. tech.* Boden, *arch.* Fußboden
Buod·schup, -·pen *w.* Botschaft
Buo·gen, Büö·gen *m.* Bogen, Biegung; *tech.* Schusswaffe für Pfeile
Buo·gen·diëk, -en [Buo·gen-dië·ken] *w. arch.* Gewölbe, Kuppel
Buo·gen·gang, Buo·gen·gänge *m. arch.* Arkade
Buo·gen·sa·ge, -n *w. tech.* Bogensäge
Buo·le, -n, Büö·le *w. tech.* Bohle, dickes Brett
buom *UW* oben, oberhalb
buom·an *UW* obenan, darüber hinaus
buom·daal *UW* von oben her
buom·drup *UW* obendrauf
Buom·düör, -n *w. arch.* Haupteingang
Buom·duorp, Buom·düör-per *s. geog.* Oberdorf
Buom·siet, Buom·si·ten *w.* Oberseite, Draufsicht
büöms·te, -n *EW* oberste
Büöms·te, -n 1. *m. rel.* Gott; 2. *m., w. und s.* Höchste (z.B. Vorgesetzte, Chef)
Buom·steem·ke *ON* Obersteinbeck
buom·to *UW* obenhin
buom·up *UW* obenauf
buom·uut *UW* obenheraus, **et gait der ~** es geht obenheraus; *übertr.* es ist zu gut gemeint
Buom·wa·ter *s. o.Mz.* Oberwasser, *tech.* Auftrieb
Büör, -s *w. tech.* Bahre
Buor, Büörs *m. tech.* Bohrer
Buorg, -en [Buor·gen] *w.* 1. *arch.* Burg; 2. *fin.* Anleihe, Geborgtes
buor·gen 1. *ZW* borgen, ausleihen; 2. **~, -e, -en** [buor·ge·ne] *EW* geborgen
büör·gen *ZW jur.* bürgen

Büör·ger, -s *m.* Bürger, Städter, Stadtbewohner
Büör·ger·huus, Büö·ger·hü-ser *s. arch.* Bürgerhaus, Bürgergemeinschaftshaus
büör·ger·lik, büör·ger·licke, -n [büör·ger·lik·ke] *EW* bürgerlich
Büör·ger·mes·ter, -s *m. pol.* Bürgermeister
Büör·ger·mes·te·ri, -en *w. pol.* Bürgermeisterei, Maire
Büör·ger·mes·ters·ke, -n *w.* Frau des Bürgermeisters
Büör·ger·mes·ters·kië·de, -n *w. tech. pol.* Bürgermeisterkette
Büör·ger·mes·ters·tiet, Büör-ger·mes·ters·tiert *w. kul. tem.* Trinkenszeit um 11 Uhr bzw. 17 Uhr
Buorg·hä·er, -ns *m.* Burgherr
Buorg·huorst *ON* Borghorst
Buorg·man, Buorg·lü·de *m.* Burgmann
Buorg·mot·te, -n *w. arch. mil.* Burgmotte, Urform der münsterländischen Wasserburgen
Büörg·schup, -·pen *w. jur.* Bürgschaft
Buork *ON* Bork
Buor·ken 1. *m. o.Mz. bot.* Huflattich; 2. *ON* Borken
Buorks·ke, -n *m. und w.* Borkener(in)
buorn 1. *ZW tech.* bohren, ein Loch herstellen; 2. **~, -e, -en** [buor·ne] *EW med.* geboren
Büörn, -s *m. tech.* halbhohe Zwischendecke
büörn *ZW* heben, tragen
büör·nen *ZW agr. kul.* (Vieh) tränken
Büörn·haas, Büörn·ha·sens *m.* frühere abfällige Bezeichnung für Handwerker, die keiner Gilde, Innung oder Zunft angehörten
Büörn·stel, -·len *s. agr.* Tränke, Brunnen, Wasserloch, Quelle
Büör·sel, -s *m. tech.* Bürste
Büör·sel·ma·ker, -s *m. tech.* Bürstenbinder
büör·seln *ZW* bürsten
Buorst, Büörs·te *w. med.* Brust, Busen; **Büörst·ken, Büörst·kes** *s. med.* kleine

Brust; **vüör de ~ häb·ben** schweres oder schwieriges vor sich haben
Buorst·blad, Buorst·bliä·der *s. tech.* Bruststück des Pferdegeschirrs
Buorst·dook, Buorst·dö·ker *s.* Brusttuch
Buors·te, -n *w. med.* Borste, dickes Haar
Buorst·fe·wer *s. o.Mz. med.* Lungenentzündung
Buorst·kind, Buorst·kin·ner *s.* Säugling
Buorst·klöp·per, -s *m. tech.* halblange Pfeife bis auf die Brust
Buorst·nao·del, -n *w. tech. kult.* Brosche
Buorst·task, -en [Buorst-tas·ken] *w.* Brusttasche
Buo·ter *w. kul.* Butter; **et is aals in ~** es ist alles in Butter, alles ist bestens
Buo·te·ram, -s *s. kul.* Butterbrot
Buo·ter·becken, -s [Buo·ter-bek·ken] *s. tech. kul.* Knetbecken für Butter
Buo·ter·blo·me, -n *w. bot.* Dotterblume, Sumpfdotterblume
Buo·ter·dai·se, -n *w. tech. kul.* Butterdose
Buo·ter·fat, Buo·ter·fiä·ter *s. tech. kul.* Butterfass
Buo·ter·kä·ne, -n *w. tech. kul.* Butterfass
Buo·ter·ko·ken, Buo·ter·kö-ken *m. kul.* Butterkuchen
Buo·ter·ma·ker, -s *m. kul.* Buttermacher
Buo·ter·ma·schien, Buo·ter-ma·schi·nen *w. tech. kul.* Buttermaschine
Buo·ter·miälk *w. o.Mz. kul.* Buttermilch
Buo·ter·müël, -en [Buo·ter-müë·len *w. tech. kul.* Buttermaschine
buo·tern *ZW kul.* buttern, Butter herstellen; **et wil nich ~** es will nicht gelingen
Buo·ter·vuë·gel, Buo·ter-vüë·gel *m. zool.* Kohlweißling
Buo·ter·wäg, -·gen *m. kul.* besseres Weißbrot
Büö·wer·bed·de, -n *s.* Überbett
Büö·wer·lecht, -er [Büö·wer-

lech·ter] *s. tech.* Oberlicht
büö·werst, -e, -en [büö·wers·te] *EW* oberste
Bur·lo *ON* Burlo
Bur·rai *m. o.Mz. bot.* Porree
Bur·rai·en·pi·pe, -n *w. bot.* Porreestange
Bürst, -e [Bürs·te] *m. med.* Riss, Spalte
bürs·tig, -e, -en [bürs·ti·ge] *EW* rissig
büs *ZW (2.Pers. Einz.)* bist
Bus, -·se *m. trans.* Bus
Bus·bas, Bus·bäs·se *m. psy.* Tölpel
bus·bas wäg *psy.* tölpelhaft
Bus·baum *m. bot.* Buchsbaum
Bus·baum·blad, Bus·baum·bliä·der *s. bot.* Buchsbaumblatt
Bus·baum·hie·ge, -n *w. bot.* Buchsbaumhecke
Bus·baum·toog, Bus·baum·tö·ge *m. bot.* Buchsbaumzweig
bu·sen *ZW* schlagen, stoßen, bumsen, klopfen
Busk, Büs·ke *m. bot.* Busch, Strauch; Gebüsch; Niederwald; Strauchwerk, Reisig
Büs·ken, Büs·kes *s. bot.* Wäldchen
Busk·kan·te, -n *w. bot.* Waldrand
Busk·krockel, -n [Busk·krok·kel] *w. bot.* Waldschachtelhalm
Busk·vi·ge·let·te, -n *w. bot.* Amarant (Zierpflanze)
Busk·wäg, Busk·wiä·ge *m. trans.* Schneise
Busk·wiärk, -s *s. o.Mz. bot.* Buschwerk, Gebüsch
Büs·se, -n *w. tech.* Büchse, Dose; Buchse; *mil.* Gewehr
Büs·sen·holt *s. o.Mz. bot.* Holunder
Büs·sen·ma·ker, -s *m. tech.* Büchsenmacher
Büs·sen·smi·ten *s. o.Mz. spo.* Büchsenwerfen
but, -·te, -·ten *EW psy.* grob, roh, rau, barsch, rabiat, schroff
But, -·ten *m. med.* Knochen
Büt, -·ten *w. tech.* Holzkübel, *hyg.* Waschfass; *übertr.* Rednerpult
Bü·te, -n *w.* Beute, Anteil

bu·ten *UW* draußen, außerhalb, außen
bü·ten *ZW* Beute machen, erbeuten
Bu·ten·diek, Bu·ten·di·ke *m. tech.* Außendeich, Seedeich
Bu·ten·düör, -n *w. arch.* Außentür, Haustür
Bu·ten·han·nel *m. o.Mz. fin.* Außenhandel, Export
bu·ten·kops *EW* auswendig
Bu·ten·land, Bu·ten·län·ner *s. geog., pol.* Ausland
bu·ten·ländsk, -e, -en [bu·ten·länds·ke] *EW pol.* ausländisch
Bu·ten·län·ner, -s *m. pol.* Ausländer(in)
bu·ten·rüm *UW* außen herum
bü·tens·te, -n *EW* äußerste
Bu·ten·te·ao·ter, -s *s. arch. kult.* Freilichtbühne, Freilichttheater
bu·ten·vüör *UW* außenvor, abseits, außer der Reihe
Bu·ten·wand, Bu·ten·wän·ne *w.* Außenwand
bu·ter *UW* außer
bu·ter·däm *UW* außerdem
bü·te·re, -n *EW* äußere
bü·ter·lik, bü·ter·licke, -n [bü·ter·lik·ke] *EW* äußerlich
bü·terst, -e, -en [bü·ters·te] *EW* äußerst
Bü·ters·te *s. o.Mz.* Äußere
Büt·ken, Büt·kes *s. med.* Knöchlein
But·län·ner, -s *m. psy.* grober Mensch
buts *UW* schnell, *tem.* plötzlich, auf der Stelle, unversehens
But·se, -n *w. arch.* Verschlag, kleiner Raum
But·tel, -n *w. bot.* Hagebutte
But·ten·sa·ge, -n *w. tech.* Knochensäge
but·wäg sien *EW psy.* grob sein
Buuk, Bü·ke *m. med.* Bauch, Magen; *tech.* Ausbauchung; **in'n ~ häb·ben** *med.* Bauchschmerzen haben
Buuk·bin·ne, -n *w. med.* Bauchbinde
Buuk·kni·pen *s. o.Mz. med.* Bauchkneifen, Bauchschmerzen, Magenschmerzen
Buuk·nab·bel, Buuk·näb·bel *m. med.* Bauchnabel

Buuk·pien, Buuk·pi·ne *w. med.* Bauchschmerzen
Buuk·rai·men, -s *m. tech.* Gürtel
Büüks·ken, Büüks·kes *s. med.* Bäuchlein
buuk·slaon *uZW med.* heftig atmen (Pferd)
Buuk·stri·men, -s *m. med. kul.* Bauchfleisch, Bauchspeckstreifen
buukt, -e, -en [buuk·te] *EW* bauchig, nach außen gewölbt; prall gefüllt, übervoll
Büük·tun, -·nen *w. tech.* große Tonne zum Einweichen der Wäsche oder zum Baden
Büül, -s *m. tech.* Beutel, kleiner Sack; *fin.* Geldbeutel; *med.* Hodensack; *übertr. med.* Euter
Büül·gang, Büül·gän·ge *m. tech.* letzer Mahlgang (vor dem Einsacken des Mehles)
Büül·ries *m. o.Mz. kul.* Reis im Kochbeutel
Büül·sand, Büül·sän·ne *m. geol.* Mahlsand, sehr feiner Sand
Buus·ke, -n *w.* Reisigbündel, gebündeltes dünnes Astholz
Buus·ken·ben·gel, -s *m. tech.* Holzknüppel
Buus·ken·bes·sen, -s *m. tech.* Reisigbesen
Buus·ken·brand, Buus·ken·brän·ne *m.* dünnes Astholz zum Feuern
buus·ken·bin·nen *uZW tech.* Reisigbündel zusammenbinden
Buus·ken·bin·ner, -s *m. tech.* Reisigbündelbinder
Buus·ken·haup, Buus·ken·hai·pe *m.* Reisighaufen
Buus·ken·ma·ker, -s *m. tech.* Reisigbündelhersteller
Buus·ken·mest, Buus·ken·mes·sers *s. tech.* Messer zum Reisigschneiden, Machete
Buus·ken·toog, Buus·ken·tö·ge *m. bot.* Zweig vom Strauch, Reisig
Buus·ken·wië·de, -n *w. bot.* ca. 2 m lange Gerte aus Birke, Weide oder Eiche zum Binden der Buuske
buut·wääts *UW* auswärts

C

C, c C, c (Buchstabe); im Plattdeutschen nur in Verbindung mit den Buchstaben *h* und *k* gebräuchlich

D

D, d D, d (Buchstabe)
dä da (Ausruf)
daal, da·le *UW* hinunter, herunter, herab
Daal, Dä·ler *s. geol.* Tal
daal·äö·rig, -e, -en [daal·äö·ri·ge] *EW psy.* niedergeschlagen, mit hängenden Ohren
daal·bai·gen *uZW tech.* herunterbiegen, nach unten biegen
daal·blän·kern *ZW* niederleuchten
daal·brän·gen *uZW* niederbringen
daal·briä·ken *uZW* abbrechen, niederreißen
daal·dri·wen *uZW* hinuntertreiben
daal·fal·len *uZW* herunterfallen, hinfallen
Daal·gang, Daal·gän·ge *m.* Niedergang, Untergang
daal·gaon *uZW* hinuntergehen, abfallen
daal·hol·len *uZW* niederhalten, *psy.* jemd. einschränken
daal·klap·pen *ZW* herunterklappen
daal·kri·gen *uZW* herunterbekommen, (Baum) fällen
daal·läg·gen *ZW* niederlegen
daal·lao·ten *uZW* Milch geben, gern geben, schenken; niederlassen (Arzt); sich herablassen
daal·lig·gen *uZW* am Boden liegen, *med.* bettlägerig sein
daal·ma·ken *uZW* niedermachen
daal·ri·ten *uZW* niederreißen, abreißen
daal·rul·len *ZW* herunterrollen
daal·sät·ten *ZW* niedersetzen, absetzen
Daal·slag, Daal·sliä·ge *m. psy.* Schicksalsschlag, Niederlage; *med.* Schwindel-

anfall, Schlaganfall, Zusammenbruch
daal·slaon *uZW* niederschlagen
daal·slucken [daal·sluk·ken] *ZW kul.* hinunterschlucken
daal·smi·ten *uZW* herunterwerfen, abwerfen
daal·stüör·ten *ZW* hinunterstürzen, fallen, stürzen; *kul.* hastig trinken
daal·su·sen *ZW* hinuntersausen, schnell herunterfallen, abstürzen
daal·triä·ten *uZW* niedertreten, niedertrampeln
daal·wol·tern *ZW* niederwalzen
Daam, Da·mens *w.* Dame, *psy.* vornehme Frau
dääm·lik, dääm·licke, -n [dääm·lik·ke] *EW psy.* dämlich, sehr dumm
Dään, -s *w.* Mädchen, Dirne
Dään·ken, Dään·kes *s.* kleines Mädchen
Dään·mark *geog.* Dänemark
däänsk, -e, -en [dääns·ke] *EW* dänisch
Dääts, -e [Däät·se] *m. med.* Kopf, Verstandskasten
däf·tig, -e, -en [däf·ti·ge] *EW psy.* tüchtig, *med.* stark, kräftig; gut, gediegen; *psy.* energisch, nachdrücklich
Dag, -e [Da·ge] *m. tem.* Tag; van'n ~ kuë·men etwas an (Tages)licht bringen, etwas Neues erzählen; in Jaor un ~ *tem.* seit langem, seit ewigen Zeiten; an ~ un Daotum *tem.* pünktlich; e·nen üm dän an·ne·ren ~ *tem.* alle zwei Tage; ~e *Mz. med.* Regelblutung, Menstruation
Dag·daiw, -e [Dag·dai·we] *m. jur.* Tagedieb
Dag·dänst, -e [Dag·däns·te] *m.* Tagschicht
Dag·drai·mer, -s *m.* Tagträumer, Phantast
Dag·draum, Dag·drai·me *m. psy.* Tagtraum
Dag·düörs·ker, -s *m. agr. tech.* Tagesdrescher (fuhr von Hof zu Hof)
Da·ge·blad, Da·ge·bliä·der *s. kult.* Tageszeitung
Da·ge·bläd·ken, Da·ge·bläd·les *s. kult.* abfällig für Zeitung

Da·ge·book, Da·ge·bö·ker *s.* Tagebuch
Da·ge·daiw, -e [Da·ge·dai·we] *m. jur.* Tagedieb
da·ge·lang, -e, -en [da·ge·lan·ge] *EW tem.* tagelang
da·gen *ZW tem.* tagen, hell werden
da·ges *UW tem.* am Tage
da·ges·dag *UW tem.* tagtäglich
da·ges·lecht, -e, -en [da·ges·lech·te] *EW* taghell
Da·ges·lecht *s. o.Mz.* Tageslicht
Da·ges·tiet, Da·ges·ti·ten *w. tem.* Tageszeit, ~ bai·den, ~ säg·gen die Tageszeit sagen, grüßen
Da·ges·to·staon *s. o.Mz.* Tagesration
Da·ge·wiärk, -e [Da·ge·wiär·ke] *s.* Tagewerk, Arbeit eines Tages (Maßeinheit)
Dag·lai·ner, -s *m.* Tagelöhner, Hilfarbeiter; pa·pe·er·ne ~ Beamter (abfällig)
dag·lai·nern *ZW* tagelöhnern, im Tagelohn arbeiten
Dag·laun, Dag·lai·ne *m. fin.* Tagelohn
Dag·lecht *s. o.Mz.* Tageslicht
däg·lik, däg·licke, -n [däg·lik·ke] *EW tem.* täglich
Dag·pao·pen·aug, Dag·pao·pen·ai·gen *s. zool.* Tagpfauenauge
Dag·slai·per, -s *m. zool.* Nachtschwalbe
dags·üö·wer *UW tem.* tagsüber
dags·vüör·hiär *UW tem.* tags zuvor
Dag·wiärk, -s *s. o.Mz.* Tagewerk
dai·len *ZW psy.* schwätzen, klatschen
dai·nen *uZW* dienen, Dienst tun; gut tun, nützen
Dai·ner, -s *m.* Diener, Bediensteter, Lakai; Verbeugung
dain·lik, dain·licke, -n [dain·lik·ke] *EW* dienlich, nützlich
daip, -e, -en [dai·pe] *EW* tief; dai·per tiefer; an daips·ten am tiefsten
daip·densk, -e, -en [daip·densk·ke] *EW psy.* tiefsinnig, nachdenklich, grüblerisch; in Gedanken vertieft, melancholisch, schwermütig

Daip·flai·ger, -s m. mil. trans. Tiefflieger
daip·lig·gend, -e, -en [daip-lig·gen·de] EW tiefliegend
Daip·sin m. o.Mz. psy. Melancholie, Tiefsinn
Daip·slaop, Daip·släöpe m. med. Tiefschlaf
Daip·te, -n w. Tiefe
Dai·se, -n w. tech. Dose
Dai·sel, -s m. tech. Querbeil
Daiw, -e [Dai·we] m. jur. Dieb
dai·wen ZW jur. stehlen, Diebstahl begehen
daiwt, daiw·te, -n EW jur. gestohlen
Dak, Diä·ker s. arch. Dach, Überdachung, Verdeck; up't ~ kuë·men übertr. psy. jemd. zu nahetreten
Dak·dië·ker, -s m. tech. Dachdecker
Dak·fens·ter, -s s. arch. Dachfenster, Fensterluke im Dach
Dak·kop·pel, -n w. arch. Dachkuppel
Dak·lat·te, -n w. tech. Dachlatte
Dak·lauw s. o.Mz. bot. Hauslauch
Dak·lü·ning, -e [Dak·lü·nin·ge] m. zool. Hausspatz, Haussperling
Dak·luuk, Dak·lu·ken w. arch. Dachluke, Fenster in der Dachschräge
Dak·mar ON Dakmar
Dak·pan·ne, -n w. arch. Dachpfanne, Dachziegel
Dak·ren·ne, -n w. arch. Dachrinne
Dak·schauw, -e [Dak·schau-we] s. tech. Bündel Dachstroh
Dak·steen, Dak·ste·ne m. arch. Dachstein, Dachziegel
Dak·strau s. o.Mz. tech. Dachstroh, Stroh zum Abdichten der Dachpfannen, langes ausgeharktes Stroh
Dak·stuom, Dak·stüöms m. arch. Dachstube, Mansarde
Dak·stüöw·ken, Dak·stüöw-kes s. arch. Dachstübchen
Da·ler, -s m. fin. Taler, Geldmünze von ca. drei Mark
dal·li EW schnell, flink
Dam, Däm·me m. tech. Damm, Deich; trans. aufge-

schüttete Fahrbahn, Fahrweg; guët up'n ~ sien med. gesund sein; nich guët up'n ~ sien med. krank sein
Dä·mel, -s m. psy. Dummkopf
Dä·me·lak, -s m. psy. Dummkopf
Da·mes·biärg ON Davensberg
Damp, Däm·pe m. Dampf, Rauch, Qualm
Damp·düörs·ker, -s m. agr. tech. Dampfdrescher
dam·pen ZW dampfen, rauchen; med. schwitzen
däm·pen ZW dämpfen, mit Hilfe von Wasserdamp bügeln; med. ersticken
Dam·per, -s m. naut. Dampfschiff
Däm·per, -s m. tech. Dampflokomobil zum Dreschen
Damp·flai·te, -n w. tech. Dampfflöte, Dampfpfeife
dam·pig, -e, -en [dam·pi·ge] EW med. kurzatmig, asthmatisch
Damp·kië·del, -s m. tech. Dampfkessel
dämp·ken ZW leicht dampfen oder qualmen
Damp·locke·me·ti·we, -n [Damp·lok·ke·me·ti·we] w. trans. Dampflokomotive
Damp·lok, -s w. trans. Dampflokomotive
Damp·ma·schien, Damp·ma-schi·nen w. tech. Dampfmaschine
Damp·miäl, -e [Damp·miä-le] s. kul. feines Mehl
Damp·ploog, Damp·plö·ge m. tech. agr. Dampfpflug
Damp·schip, ·pe s. trans. naut. Dampfschiff
Damp·schip·per, -s m. naut. Dampfschiffer, Schiffer auf einem Dampfschiff
dämpsk, -e, -en [dämps·ke] EW med. asthmatisch
Damp·wa·gen, Damp·wiä-gen m. trans. Dampftriebwagen
Dam·wild s. o.Mz. zool. Damwild
dan BW denn
dän UW dann, danach; GW dem, den
dän·geln ZW tech. Sense schärfen mit dem Sensen-

stein
Dank m. o.Mz. psy. Dank, Zustimmung; ~ säg·gen psy. danken
dank·baor, -e, -en [dank-bao·re] EW psy. dankbar
dan·ken ZW psy. danken, sich bedanken; dankend ablehnen
Dank·baor·kait w. o.Mz. psy. Dankbarkeit
Dän·ken, Dän·kes s. bot. junge oder kleine Tanne
dan·kens·wääd, dan·kens-wä·de EW psy. dankenswert; sehr freundlich! gut gemeint!
dän·ne FW jener
Dan·ne, -n w. bot. Tanne, Kiefer, Föhre, Nadelbaum
Dan·nen Mz. bot. Tannenwald
Dan·nen·ap·pel, -n m. bot. Tannenzapfen
Dan·nen·baum, Dan·nen·bai-me m. bot. Tannenbaum, Christbaum
Dan·nen·busk, Dan·nen·büs-ke m. bot. Tannenbusch, kleiner Tannenwald
Dan·nen·büs·ken, Dan·nen-büs·kes s. bot. Tannenwäldchen
Dan·nen·gröön s. o.Mz. bot. Tannengrün
Dan·nen·kod·de, -n w. zool. Tannenhäher
Dan·nen·holt, Dan·nen·höl-ter s. bot. Tannenholz
Dan·nen·kamp, Dan·nen·-käm·pe m. bot. Tannenbusch
Dan·nen·nao·del, Dan·nen-näö·del w. bot. Tannennadel
Dan·nen·toog, Dan·nen·tö·ge m. bot. Tannenzweig
Dans, Dän·se m. mus. Tanz, öffentliche Tanzveranstaltung
Dansbuoden, Dans·büö·den m. arch. mus. Tanzboden, Tanzfläche
dan·sen ZW mus. tanzen
Dän·ser, -s m. mus. Tänzer, Tanzpartner
Däns·ken, Däns·kes s. mus. Tänzchen
Dans·mes·ter, -s m. mus. Tanzmeister, Tanzlehrer
Dans·saol, Dans·säö·le m.

arch. Tanzsaal, Veranstaltungsraum
Dans·school, Dans·scho·le, -n *w. mus.* Tanzschule, Tanzunterricht
Dans·stun, -·nen *w. tem. mus.* Tanzstunde, Tanzunterricht
Dänst, -e [Däns·te] *m.* Dienst, Dienstleistung, Gefälligkeit; Stelle, Stellung, Dienstverhältnis
dänst·fri, -·e, -·en *EW* dienstfrei
Dänst·jaor, -e [Dänst·jao·re] *s. tem.* Dienstjahr, Pflichtjahr (*bes.* beim Militär)
dänst·lik, dänst·licke, -n [dänst·lik·ke] *EW* dienstlich, amtlich, von Amts wegen
Dänst·lü·de *Mz.* Dienstleute, Gesinde
Dänst·man, Dänst·lü·de *m.* Dienstmann, Lakei
Dänst·wicht, -er [Dänst·wichter] *s.* Magd, Dienstmädchen
dao *UW* dort, da; anwesend; verfügbar; ~ **sien** vorrätig sein; **nich** ~ **sien** abwesend sein
dao·an *UW* daran
dao·bi *UW* dabei, daneben; dadurch
dao·bli·wen *uZW* dableiben, hierbleiben
dao·dran *UW* daran
dao·drin *UW* darin
dao·drup *UW* darauf
dao·düör *UW* dadurch
dao·druut *UW* daraus
dao·för *UW* dafür, statt dessen
dao·giё·gen *UW* dagegen
dao·hän *UW* dahin, dorthin, in die Richtung
dao·hiär *UW* daher, von dort
däö·lik, däö·licke, -n [däö·lik·ke] *EW psy.* geil, versessen auf
dao·mao·lig, -e, -en [dao·mao·li·ge] *EW tem.* damalig, ehemalig
dao·maols *UW tem.* damals
Dao·mel, -s *m. psy.* Zärtling
Dao·me·le·ri, -·en *w. psy.* lächerlich zärtliches Getue, Tändelei
dao·meln *ZW psy.* zärtlich tun, tändeln
dao·met *UW* damit, dadurch
Däön, -s *m. bot.* Brombee-

re, Dorne; *tech.* Dorn
dao·nao *UW* danach, dorthin; *tem.* nachher; demnach
dao·niä·ben *UW* daneben
Däön·struuk, Däön·strü·ke *m. bot.* Dornenstrauch
daor, -e, -en [dao·re] *EW psy.* naiv, töricht, einfältig, gutmütig
Daor·hait, -en [Daor·hai·ten] *w. psy.* Torheit, Einfalt
dao·rin *UW* darin
Daornt, -en [Daorn·ten] *w. zool.* Drohne
Daor·pen *ON* Darup
dao·rüm *UW* darum, deswegen, deshalb
dao·rup *UW* darauf
dao·rup·hän *UW* daraufhin
dao·rüö·wer *UW* darüber
Daor·wind, Daor·win·ne *m. met.* Wirbelwind
däö·sen *ZW psy.* unaufmerksam sein, seinen Gedanken nachhängen
Dao·sien *s. o.Mz.* Dasein, Existenz
dao·sien *uZW* da sein, anwesend sein; existieren
däö·sig, -e, -en [däö·si·ge] *EW psy.* beschränkt, dumm
Däö·sig·kait, -en [Däö·sig·kai·ten] *w. psy.* Dummheit
Däös·kop, Däös·köp·pe *m. psy.* Dummkopf, Schafskopf, Tölpel
Dao·ten *Mz.* Daten
Dao·ten·siёwt, -e [Dao·ten·siewe·te] *Mz.* Datenfilter, Firewall
dao·tiё·gen *UW* dagegen
dao·to *UW* dazu, hinzu; dafür, dabei
Dao·tum *s. o.Mz. tem.* Datum
dao·tüs·ken *UW* dazwischen
dao·tüs·ken·kuё·men *uZW* dazwischenkommen, *psy.* sich etablieren
dao·uut *UW* daraus
dao·van *UW* davon, daher
dao·vüör *UW* davor
Dar·feld *ON* Darfeld
Darm, Diärm *m. med.* Darm, Eingeweide, Gedärm
Das·sel, -s *m. med.* Kopf, Schädel
Das·tert, -s *m.* Kind (das schon laufen kann)
dat *GW, FW* das, dies; es; *BW* dass; **wan di** ~ **jukt** wenn es dir juckt

dat·söl·wi·ge *FW* dasselbe
Dau *m. o.Mz. met.* leichter Nebel, Tau
Daud *m. o.Mz.* 1. *med.* Tod, Lebensende; 2. Sensenmann; **to** ~**e wa·ren** alte Menschen (bis zum Tod) pflegen; **swat·te** ~ *w. o.Mz. med.* Pest
daud, -e, -en [dau·de] *EW med.* tot, gestorben; ~ **säg·gen** *jur., med.* für tot erklären
daud·bi·ten *uZW* totbeißen
Dau·de, -n *m. w. und s. med., biol.* Tote, Toter, Verstorbener
Dau·den·angst, Dau·den·iängs·te *w. psy.* Todesangst
dau·den·bang, -e, -en [dau·den·ban·ge] *EW psy.* zu Tode erschrocken
Dau·den·bed·de, -n *s.* Totenbett
Dau·den·bid·ker, -s *m.* Überbringer einer Todesnachricht
Dau·den·blo·me, -n *w. bot.* Ringelblume
Dau·den·breew, Dau·den·bre·we *m.* Totenbrief
Dau·den·griä·wer, -s *m.* Totengräber
Dau·den·hand, Dau·den·hannen *w. med.* Totenhand, Knochenhand
Dau·den·hiёmd, -e [Dau·den·hiёm·de] *s.* Totenhemd
Dau·den·kiärk·how, Dau·den·kiärk·hüö·we *m. rel.* Friedhof im Bereich der Kirche
Dau·den·klok, Dau·den·klok·ken *w. tech.* Totenglocke
dau·den·kolt, dau·den·kol·le, -n *EW med.* erkaltet (Leiche)
Dau·den·kop, Dau·den·köp·pe *m. med.* Totenkopf
Dau·den·lü·den *s. o.Mz. rel.* Totengeläut
Dau·den·maol, -e *s. kul.* Totenmahl, *übertr.* Beerdigungsfeier
Dau·den·mis·se, -n *w. rel.* Totenmesse, Seelenamt
Dau·den·nao·ber·schup, -·pen *w.* erweiterte Nachbarschaft zur Hilfe in großen Notfällen
Dau·den·schien, Dau·den·schi·ne *m. jur.* Totenschein

Dau·den·sun·dag, -e [Dauden·sun·da·ge] m. rel. tem. Totensonntag

Dau·den·uul, Dau·den·u·len w. zool. Kauz

Dau·den·vüë·gel·ken, Dauden·vüë·gel·kes s. zool. Kauz

Dau·den·waak, Dau·den·waken w. Totenwache

Dau·den·wa·gen, Dau·denwiä·gen m. trans. Totenwagen, Leichenwagen

Dau·des·schad·den m. o.Mz. Todesschatten

Dau·des·strao·fe w. o.Mz. jur. Todesstrafe

Dau·des·stun, Dau·des·stunnen w. tem. med. Todesstunde, Stunde des Todes

Dau·des·we·en Mz. med. Todeswehen

daud·friä·ten uZW kul. zu Tode essen

daud·gaon uZW med. sterben, totgehen

daud·hün·gern ZW med. verhungern

dau·dig, -e, -en [dau·di·ge] EW tot, still

Dau·di·sel, -n w. bot. Pippau (Wildkraut)

daud·krank, -e, -en [daudkran·ke] EW med. todkrank, sterbenskrank

daud·kwiä·len ZW totquälen

daud·ma·ken uZW med. töten; med. jur. ermorden

daud·mö·de, -n EW med. todmüde

daud·nöch·tern, -e, -en [daud·nöch·ter·ne] EW med. todnüchtern, stocknüchtern, absolut nüchtern

Dau·druo·pen, Dau·drüö·pen m. met. Tautropfen

Dauds·aom, Dauds·äöm m. med. Todesatem

daud·schai·ten uZW erschießen

daud·schiä·men ZW psy. totschämen

Dauds·kist, Dauds·kis·ten w. tech. Sarg

Daud·slag, Daud·sliä·ge m. med. jur. Totschlag

daud·slaon uZW med. totschlagen

Daud·sliä·ger, -s m. Totschläger

daud·smach·ten ZW med.

tothungern

daud·sprüts·ken ZW biol., med. totspritzen

daud·stiä·ken uZW med. erstechen, totstechen

Daud·sün·ne, -n w. rel. Todsünde

daud·triä·ten uZW tottreten

daud·wis·se, -n EW todsicher

dau·en ZW met. tauen, anfangen zu schmelzen (Eis und Schnee)

Dau·liä·pel, -s m. bot. Sonnentau

dau·nat, -·te, -·ten EW met. taunass

Dau·pä·del, -n w. met. Tauperle, Tautropfen

dauw, -e, -en [dau·we] EW bot. leer, med. taub; ~ maken med. betäuben

Dau·wiär s. o.Mz. met. Tauwetter

Dauw·nië·del, -n w. bot. Taubnessel

Dau·wuorm, Dau·wüör·mer m. zool. Regenwurm

Da·wert w. o.Mz. geog. Davert

de GW der, die

Deek, De·ke m. kul. Teig

Deek·rul·le, -n w. tech. Teigrolle

Deek·trog, Deek·trüö·ge m. tech. Teigtrog, Backtrog

Deel, De·le s. Teil, Teil einer Menge; sien ~ up·häb·ben übertr. med. betrunken sein

deel·baor, -e, -en [deel·baore] EW teilbar

Deel·ge, -n w. Teilung

deel·häb·ben uZW teilhaben

Deel·ken, Deel·kes s. Teilchen, Stückchen

deels UW teils

deel·wies, deel·wi·se UW teilweise

De·er·gaorn, De·er·gäörns m. zool. Tiergarten, Zoo

de·len ZW teilen, aufteilen; halbieren; übertr. Anteil nehmen

De·lung, -en [De·lun·gen] w. Teilung

De·mant, -en [De·man·ten] m. geol. Diamant

dem·me·le·ern ZW demolieren

de·mö·dig, -e, -en [de·mö-

di·ge] EW psy. demütig

de·mö·di·gen ZW psy. demütigen, erniedrigen

De·mö·di·gen s. o.Mz. psy. Demütigung

De·mo·kraot, -en [De·mokrao·ten] m. pol. Demokrat

De·mo·krao·ti, -·en w. pol. Demokratie

de·mo·kraotsk, -e, -en [demo·kraots·ke] EW pol. demokratisch

De·mood m. o.Mz. psy. Demut, Unterwürfigkeit

den·ken uZW psy. denken, überlegen, nachdenken; meinen; sich etwas vorstellen, überlegen; dao do äs ~ an darüber denke einmal nach

Denk·maol, Denk·mäö·le s. kult. Denkmal, Ehrenmal, Monument

Denk·maol·amt, Denk·maol·iäm·ter s. kult. Denkmalamt, Denkmalbehörde

Denk·steen, Denk·ste·ne m. tech. Grabstein, Gedenkstein

den·ne FW jener

Dep·pelt ON Detmold

der UW da

der·äch·ter UW dahinter

der·be, -n EW derb, tüchtig; rapide

der·bi UW dabei

der·bi·daal UW in der Nachbarschaft

der·bi·ma·ken uZW dazumachen; psy. übertreiben, flunkern

der·bi·täl·len ZW zuzählen

der·daal UW nieder, zu Boden, herab

der·daal·ki·ken uZW herabsehen

der·daal·sät·ten ZW herabsetzen

der·daal·stüör·ten ZW herabstürzen

der·düör UW durch

der·düör·brän·gen uZW durchbringen

der·düör·gaon uZW durchbrennen mit etwas

der·düör·kuë·men uZW durchkommen

der·düör·lao·ten uZW durchlassen; verhauen

der·för UW dafür

der·gië·gen UW dagegen

der·gli·ken UW dergleichen

der·hiär UW daher

der·in *UW* drinnen

Derk, -s *m. psy.* Witz, Jux, Unfug

der·langs, der·lan·ges *VW* entlang

der·langs·kuë·men *uZW* entlangkommen

der·niä·ben *UW* daneben

der·tie·gen *UW* dagegen

der·to *UW* dazu

der·tüs·ken *UW* dazwischen

der·üm·to *UW* drumherum

der·un·ner *UW* darunter

der·van *UW* davon

der·wiel *UW tem.* derweil

der·wi·er *UW* zurück

De·sem·ber, -s *m. tem.* Dezember

de·ser·te·ern *ZW mil.* desertieren

de·söl·wi·ge, -n *FW* derselbe, dieselbe

detsk, -e, -en [dets·ke] *EW* emsdettener

Det·ten *ON* Schapdetten, Emsdetten

deu·beln *ZW psy.* schimpfen, fluchen

Deu·ker, -s *m. übertr. rel.* Teufel

Deut, -s *m. fin.* altes holländisches Geldstück (2 Pfennig)

di *FW* dir, dich; man

Diä·ken, -s *m. rel.* Dechant

Diä·ke·ni, -·en *w. rel.* Dekanat

Diäl, -en [Diä·len] *w. arch.* Diele, Hausflur, Vorraum; *agr.* Wirtschafts- und Arbeitsraum im Bauernhaus; Lagerhaus in alten Kaufmannshäusern; **to ~** zu Boden

Diäl·düör, -n *w. arch.* Tennentür

Diäl·haan, -s, Diäl·ha·nen *m. zool., agr.* Haushahn

Diäl·stän·ner, -s *m. arch.* Dachpfosten auf der Tenne

Diäl·steen, Diäl·ste·ne *m. tech.* Fliese

Diäl·swal·we, -n *w. zool.* Hausschwalbe, Rauchschwalbe

diär·de, -n *ZaW* dritte

Diär·del, -s *s. ZaW* Drittel

diär·dens *ZaW* drittens

Diär·men·pien, Diär·men·pi·ne *w. med.* Darmschmerzen, Unterleibsschmerzen

diärs·ken *ZW agr.* dreschen

Diärsk·flië·gel, -s *m. tech. agr.* Dreschflegel

diär·tain *ZaW* dreizehn

diär·tains·te, -n *ZaW* dreizehnte

diär·tains·tel *ZaW* dreizehntel

diär·tig *ZaW* dreißig

Diär·ti·ger, -s *m.* Dreißiger

diär·tig·jäö·rig, -e, -en [diär·tig·jäö·ri·ge] *EW tem.* dreißigjährig

diär·tigs·te, -n *ZaW* dreißigste

Diäs·te *ON* Diestedde

dich·te, -n *EW* dicht, eng verknüpft; verschlossen; eng, gedrängt; **~ bi** nahebei

dich·ten *ZW mus.* dichten, reimen; *tech.* dichtmachen, abdichten, verschließen

Dich·ter, -s *m. mus.* Dichter, Poet

dicht·ma·ken *uZW tech.* schließen, verschließen; *übertr. fin.* in Konkurs gehen, einen Betrieb aufgeben

dicke [dik·ke] *UW* durchaus, völlig, sehr; dicke; *psy.* eng, intim; **dao·met kan he't ~ doon** das reicht durchaus für ihn; **dat reekt mi ~** das reicht mir völlig; **dao·met sin ik ~ to·friär** damit bin ich sehr zufrieden; **~ Frönd** *psy.* enger bzw. intimer Freund

Dicke [Dik·ke] *s. o.Mz.* Dikke; *kul.* Einlage in der Suppe

dicke·doon (sik) [dik·ke·doon] *uZW psy.* sich aufspielen, brüsten, angeben, protzen, prahlen

Dicken·biäg [Dik·ken·biärg] *ON* Dickenberg

Dië·gel, -s *m. tech.* Stieltopf

die·ger 1. *UW* sehr, völlig, ganz und gar; 2. **~, -e, -en** [die·ge·re] *EW* gründlich, gedeihlich

Diek, Di·ke *m.* Teich, Tümpel; *tech.* Deich, Damm; **grau·te ~** großer Teich, *übertr. geol.* Atlantik, Meer

Dië·ke, -n *w. tech.* Decke

Dië·kel, -s *m. tech.* Deckel, Topfdeckel, Buchdeckel

dië·ken *ZW* decken, abdichten (Dach); zudecken, bedecken; decken (Tisch); *med.* bespringen, schwän-

gern (Tiere)

Dië·ken·lamp, -en [Dië·ken·lam·pen] *w. tech.* Deckenlampe

Dië·ken·lecht, -er [Dië·ken·lech·ter] *s. tech.* Deckenlicht

Diek·höön·ken, Diek·höön·kes *s. zool.* Teichhuhn

Diek·krockel, -n [Diek·krok·kel] *w. bot.* Teichschachtelhalm

Diëks·ken, Diëks·kes *s. tech.* kleine Decke, Deckchen

dië·lig, -e, -en [dië·li·ge] *EW psy.* faul, träge

dien, di·ne, -n *FW* dein

dië·nen *ZW* dehnen durch drücken oder pressen

dien·siets *UW* deinerseits

dient·wiä·gen *UW* deinetwegen

Diek·pog·ge, -n *w. zool.* Teichfrosch

Dier, -s *s. zool.* Tier

Dier·ken, Dier·kes *s. zool.* Tierchen, kleines Tier

Dier·kwiä·ler, -s *m. psy.* Tierquäler

Dier·stem, -·men *w.* Tierstimme

Dier·üöl·ge *s. o.Mz. kul., med.* tierisches Öl

Dië·se, -n *w.* Wocken, Spinnrocken

dig·gen *ZW* gedeihen; auseinandergehen, quellen, dikker werden

dik, dicke, -n [dik·ke] *EW* dick, massig, groß; von etwas genug haben, *med.* betrunken; *biol.* geronnen (Milch); **dicker** [dik·ker] dikker; **an diks·ten** am dicksten

dik·bal·lig, -e, -en [dik·bal·li·ge] *EW* dickbauchig

di·ken *ZW* wässern

Dik·kop, Dik·köp·pe *m. psy.* Dickkopf, Trotzkopf, Starrkopf; *zool.* Würger

dik·köpsk, -e, -en [dik·köpske] *EW psy.* dickköpfig

Dik·miälk *w. o.Mz. kul.* Dickmilch

Dik·sak, Dik·siä·ke *m.* dikkes Kind

Dik·sel, -s *s.* Bodensatz, Kaffeesatz

Dik·te, -n *w.* Dicke, Fülle; Stärke, Durchmesser

Dik·wams, Dik·wäm·se *m.*
med. dicker Mensch
Dims·ter, -s *m. tech.* Dimmer
dims·tern *ZW tech.* dimmen,
dämmern *met.*
dims·trig, -e, -en [dims·tri-
ge] *EW* dämmrig, dunkel,
trübe
Dims·tri·ge *s. o. Mz. met.*
Dämmerung; **in dat ~** in der
Dämmerung
Di·na *VN* Bernhardine
Din·gen, -s *s.* Ding, Sache,
Angelegenheit
Dings·dag, -e [Dings·da·ge]
m. tem. Dienstag (als Wo-
chentag)
dings·dags *UW tem.* dienstags
di·ni·ge, -n *FW* deinige
Din·kel *w. o. Mz. geog.* Dinkel
Din·te, -n *w. tech.* Tinte; **in
ne ~ siten** *übertr. psy.* in
der Klemme sitzen, in einer
verzwickten Situation sein
Din·ten·stift, -e [Din·ten·stif-
te] *m. tech.* Tintestift, Ku-
gelschreiber
di·rek·te·mang *UW* direkt,
geradewegs, unmittelbar
Di·rek·ter, -s *m.* Direktor
Di·rek·ters·ke, -s *w.* Direktorin
Di·sel, -n *w. bot.* Distel
Di·sel·fink, -en [Di·sel·fin-
ken] *m. zool.* Stieglitz
Di·sel·locke·me·ti·we, -n
[Di·sel·lok·ke·me·ti·we] *w.*
trans. Diesellokomotive
Di·sel·lok, -s *w. trans.* Die-
sellokomotive
**Di·sel·ma·schien, Di·sel·ma-
schi·nen** *w. tech.* Diesel-
motor
Di·sel·mol·ke, -n *w. zool.*
Distelfalter
Disk, -e [Dis·ke] *m. tech.*
Tisch
Disk·been, Disk·be·ne *s.*
tech. Tischbein
Disk·diëk, -en [Disk·dië·ken]
w. tech. Tischdecke
Dis·ken, Dis·kes *s. tech.*
kleiner Tisch, Tischchen
Disk·la·ken, -s *s. tech.* Tisch-
tuch
Disk·nao·ber, -s *m.* Tisch-
nachbar
Disk·nao·bers·ke, -s *w.*
Tischnachbarin

Disk·riä·ker, -s *m. tech.*
Tischrechner, Tischcompu-
ter, Personalcomputer (PC)
Disk·trecke, -n [Disk·trek·ke]
w. tech. Tischlade
Disk·üör·gel, -n *s. tech.*
mus. Tischorgel
Dis·kus·jaun, -en [Dis·kus-
jau·nen] *w.* Diskussion
dis·ku·te·ern *ZW* diskutieren
dis·pel·te·ern *ZW* disputieren (*frz.* disputer)
Dis·sel, -n *w. tech.* Deichsel am Wagen
**Dis·sel·baum, Dis·sel·bai-
me** *m. tech.* Deichsel
Dis·sel·snu·te, -n *w. trans.*
tech. Anhängerkupplung für
LKWs oder Trecker
Dit·ken, Dit·kes *s.* gelungene Sache
di·vi·de·ern *ZW math.* dividieren, teilen
Di·vi·den·ne, -n *w. fin.* Dividende
Dob·be, -n *w. tech.* dicker,
runder Holzpflock für Sparren
Doch·ter, Döch·ter *w.* Tochter; **Döch·ter·ken, Döch-
ter·kes** *s.* Töchterlein
**Doch·ter·kind, Doch·ter·kin-
ner** *s.* Enkelin
Doch·ter·man *m.* Schwiegersohn
Docke, -n [Dok·ke] *w. tech.*
zusammengedrehtes Bün-
del aus Garn, Wolle oder
Stroh; weibliche Puppe
Docken, -s [Dok·ken] *m. tech.*
kleines Strohbüschel zur Ab-
dichtung von Dachpfannen
Do·e·ri *w. o. Mz.* Getue, Aufwand
Dög·te, -n *w. psy.* Tugend,
Sittsamkeit
Dok·ter, -s *m. med.* Doktor, Arzt
Dok·ter·book, Dok·ter·bö·ker
s. med. Medizinbuch, Gesundheitsbuch
dok·tern *ZW med.* doktern,
vom Arzt behandeln lassen;
ausprobieren
dol 1. *UW* sehr; 2. **~, -le,
-·le** *EW* stark; außergewöhnlich gut, phantastisch,
toll
Dol·biärg *ON* Dolberg
Dolf, Döl·fe *VN* Adolf

Dölf·ken, Dölf·kes *VN* kleiner Adolf, Adolfchen
Döl·ken, Döl·kes *s. tech.*
Mutzpfeife
döl·le·re·ern *ZW psy.* toben,
laut schimpfen
döl·mern *ZW psy.* krakeelen
Do·mien, Do·mi·ne *m. agr.*
Bauer oder Landwirt mit
Pferden
döm·pen *ZW med.* ersticken
Döm·per, -s *m.* Dampfmaschine; Bediener der Dampfmaschine
**Döm·per·kuo·le, Döm·per-
küö·le** *w.* Kohle für die
Dampfmaschine
don, -·ne, -·nen *EW med.*
aufgebläht, voller Blähungen
Dö·ne·ken, Dö·ne·kes *s. mus.*
kurze heitere Erzählung,
Anekdote, Lügenmärchen,
psy. Witz
Don·ner, -s *m. psy.* reso-
lute Person
Dööf·ken, Dööf·kes *s. med.*
geistig behinderter Mensch
Dook, Dö·ker *s. tech.* Tuch,
Stoff, Gewebe; **in drü·ge Döker brän·gen** *übertr.* zu seinem Vorteil beenden; **in drü-
ge Dö·ker häb·ben** *übertr.*
erfolgreich gewesen sein;
Dööks·ken, Dööks·kes *s.*
tech. Tüchlein, kleines Tuch
Doom, Dö·me *m. arch. rel.*
Dom, Bischofskirche
Doom·hä·er, -ns *m. rel.*
Domherr, Bischof
Doon *s. o. Mz.* Tun, Machen;
kult. Sitte; **dat is een ~** das
ist einerlei, gleichgültig
doon *uZW* tun, machen;
geben; funktionieren; **dao
kaas niks an ~** das lässt
sich nicht ändern; **dat döt
sik nich viël** das ist kein
großer Unterschied; **dat döt
sik niks** das ist gleich; **do
dat!** mache das, erledige
das! (Befehlsform); **üm to
~ gelegen sein** an, angelegen; **dai** würde (Konjunktiv), **Wan ik et män kon, ik
dai't forts!** Wenn ich es
nur könnte, ich würde es
sofort tun!
Döön·ken, Döön·kes *s. mus.*
kurze heitere Erzählung,
Anekdote, Lügenmärchen,
psy. Witz

Dööp·da·ler, -s *m.* Geschenk der Taufpaten an die Hebamme
Dööp·kiärk, -en [Dööp·kiärken] *w. rel.* Taufkirche
Dööp·ling, -e [Dööp·lin·ge] *m. rel.* Täufling
Dööp·naom, -en [Dööp·naomen] *m.* Taufname, Rufname
Dööp·schien, Dööp·schi·ne *m. rel.* Taufschein
Dööp·steen, Dööp·ste·ne *m. tech. rel.* Taufstein
Dop, Döp·pe *m. tech.* 1. Kreisel; 2. Schale
Dop·au·ge, Dop·ai·gen *s. med.* vorstehendes Auge
Dö·pe, -n *w. rel.* Taufe, Taufakt
dö·pen *ZW rel.* taufen
Dö·per, -s *m. rel.* Täufer
Dop·haid *w. o.Mz. bot.* Glockenheide
Döp·iärf·te, -n *w. bot.* Erbse zum Entschoten
Döp·ken, Döp·kes *s. tech.* kleiner Kreisel
Döp·ken·spiël, -e [Döp·ken·spië·le] *s. spo.* Glücksspiel mit Würfeln
Döp·ken·spië·ler, -s *m. spo.* Glücksspieler, Würfelspieler
Döp·kes·dri·wer, -s *m. psy.* arbeitsscheuer Filou
Döp·pe, -n *w. med.* Auge
döp·pen *ZW* entschoten, enthülsen; im Wasser jemd. untertauchen
Döp·te, -n *w.* Tiefe
Dörn·te *ON* Dörenthe
do·sam, -·me, -·men *EW psy.* verschwenderisch
Dös·sen *ON* Dorsten
Dot, -s *m. tech.* Knäuel
Döt·ken, Döt·kes *s. tech.* kleines Knäuel, *übertr.* Knirps
Dots, Döt·se *m.* Knirps
Döts·ken, Döts·kes *s.* kleiner Knirps, Dreikäsehoch
Dot·sak, Dot·siä·ke *m. tech.* Wollsack
Do·waod, Do·wäö·der *s.* Zeitwort, Verb
drab·beln *ZW* trappeln
dräch·ter *UW* hinter, dahinter
dräch·ter·an *UW* hintenan
dräch·ter·hiär *UW* hinterher
Drag·ge, -n *w. zool.* Grasmücke

Drägt, -en [Dräg·ten] *w.* Last, Bürde
Dragt, Driägt *w.* Ertrag
Dräg·te, -n *w. tech.* Hosenträger
dräg·tig, -e, -en [dräch·ti·ge] *EW med.* tragend, trächtig (Vieh)
drai *ZaW* drei; **in Drai·dü·wels·nao·men** wenn es unbedingt sein muss
Drai, -s *m.* Dreh, Kurve, **dän ~ kri·gen** zurück zur Sache kommen; die Kurve kriegen
Drai·bank, Drai·bän·ke *w. tech.* Drehmaschine
Drai·been, Drai·be·ne *s. tech. agr.* Dreibein (Melkhocker)
drai·beent, -e, -en [drai·been·te] *EW* dreibeinig
drai·deelt, -e, -en [drai·deel·te] *EW* dreigeteilt
drai·de·lig, -e, -en [drai·de·li·ge] *EW* dreiteilig
drai·dub·belt, -e, -en [drai·dub·bel·te] *EW* doppelt und dreifach
drai·en *ZW* wenden; *tech.* drehen, drechseln
Drai·er, -s *m. tech.* Dreher, Drechsler
Drai·e·ri, -en *w. tech.* Dreherei; Drehung, Gedrehe
Drai·flüë·gel *m. tech.* Drehflügel, Rotor
Drai·flüë·gel·flai·ger *m. tech. trans.* Helikopter, Hubschrauber
Drai·foot, Drai·fö·te *m. tech.* Schuhmacher-Dreifuß
drai·gen *ZW* verlassen können (auf jemd.)
drai·jäö·rig, -e, -en [drai·jäö·ri·ge] *EW tem.* dreijährig
Drai·kant, -s *m. tech.* Dreikant
drai·kän·tig, -e, -en [drai·kän·ti·ge] *EW* dreikantig, dreiseitig
Drai·las·ke, -n *w. tech.* Zwikkel
Drai·lok·uom, Drai·lok·üöms *m. tech.* Koch- und Heizherd
drai·maol *ZaW* dreimal
drai·men *uZW* träumen
Drai·mer, -s *m.* Träumer
Draim·sta·ken, -s *m. psy.* Träumer
drai·pün·nig, -e, -en [drai·pün·ni·ge] *EW* dreipfündig
drai·riä·drig, -e, -en [drai·riä-

dri·ge] *EW trans.* dreirädrig, mit drei Rädern
Drai·schi·we, -n *w. tech.* Drehscheibe
Draisk, -e [Drais·ke] *m. agr.* Brachland, zwischenzeitlich als Weide genutztes brachliegendes Ackerland
drais·ken *ZW kul.* zechen
Drai·stool, Drai·stö·le *m. tech.* Drehstuhl
drait, -e, -en [drai·te] *EW* gedreht
drai·tant, -e, -en [drai·tan·te] *EW tech.* dreizähnig (z.B. Gabel)
drai·tim·pig, -e, -en [drai·tim·pi·ge] *EW* dreieckig, mit drei Spitzen, dreizipflig
Drai·üm·me *s. o.Mz.* Dreh, Kehrtwendung
Drai·üör·gel, -s *s. tech. mus.* Drehorgel
Dra·ke, -n *m.* 1. *zool.* Drache; 2. *übertr. psy.* bösartiger Mensch
Dra·ken, -s *m. tech.* Drachen, Windvogel
Dral *m. o.Mz.* Drehung
dral, -·le, -·len *EW* fest, straff, rundlich; *übertr. med.* gesund, kräftig; flink
dra·ma·te·se·ern *ZW psy.* dramatisieren
Dräm·pel, -s *m. arch.* Schwelle, Grundbalken
dran *UW, VW* an, daran
dran·gië·wen *uZW* aufgeben, aufhören, sein lassen
drang·sa·le·ern *ZW psy.* drangsalieren
dran·hol·len *uZW* dranhalten
Drank, Drän·ke *m. kul.* Getränk, Trunk
drank, -e, -en [dran·ke] *EW* eng
Dränk·ku·le, -n *w. agr.* Teich zur Viehtränke
drän·seln *ZW psy.* zögern
dran·stu·wen *uZW* heranstürmen
drao, -·e, -en *EW psy.* zäh, zögernd, faul, träge
Draod, Dräö·de *m. tech.* Draht
Draod·git·ter, -s *s. tech.* Drahtgitter
Draod·ië·sel, -s *m. trans.* Drahtesel, Fahrrad
Draod·pin, -·ne *m. tech.* Drahtstift

Draod·sai·se, -n *w. tech.*
Motorsense mit Schneiddraht
Draod·seel, Draod·se·le *s.*
tech. Drahtseil
**Draod·wuorm, Draod·wüör-
mer** *m. zool.* Drahtwurm
Drao·sel, -s *m.* langsamer,
umständlicher Mensch
drao·se·lig, -e, -en [drao-
se·li·ge] *EW* zurückhaltend,
langsam, schwerfällig
drap *UW, VW* ab
drap·sni·den *uZW* abschneiden
Drap·sni·der, -s *m. tech.* Abschneider, schlechter Schneider
Draum, Drai·me *m. psy.*
Traum
Draw *m. o.Mz.* Trab
dra·wen *ZW* traben
Dra·wer, -s *m. zool. spo.*
Traber, Trabpferd
**Draw·wel·kop, Draw·wel·köp-
pe** *m. psy.* vergesslicher,
langsamer Mensch
draw·wel·lig, -e, -en [draw-
wel·li·ge] *EW psy.* ver-
gesslich
draw·weln *ZW psy.* vergessen
Drees·den *ON* Dresden
Dre·ger·wol·de *ON* Dreierwalde
Drek·schüp, -·pen *w. tech.
hyg.*
Driäg, -en [Driä·gen] *w. tech.*
Trage
driä·gen *uZW trans.* tragen,
transportieren
Driä·ger, -s *m. tech., arch.*
Träger, Tragbalken; *trans.*
Träger
Driäg·kist, Driäg·kis·ten *w.
tech.* Kiste mit Tragegriffen,
Truhe mit Griffen
driä·pen *uZW* treffen, begegnen; (Ziel) treffen
Driä·per, -s *m. mil.* Treffer
driest, -e, -en [dries·te] *EW
psy.* dreist, unbekümmert,
bedenkenlos
dries·te *EW* sicher
Dries·te, -n *w. psy.* Dreistigkeit
Driet *m. o.Mz. hyg.* Dreck,
Schmutz
Driew, Dri·we *m. tech.* Trieb,
Antrieb
drië·wen, -e, -en [driä·we·
ne] *EW* getrieben

Driew·fiä·der, -n *w. tech.*
Triebfeder
Driew·huus, Driew·hü·ser *s.*
agr. arch. Treibhaus, Ge-
wächshaus
Driew·ies *s. o.Mz. met.* Treib-
eis
Driew·jagt, -en [Driew·jag-
ten] *w.* Treibjagd
Driew·mid·del, -s *s. chem.,
tech.* Treibmittel
Driew·nak, -s *m. psy.* stör-
rischer Mensch
Driew·rad, Driew·riä·der *s.
tech.* Triebrad
Driew·rai·men, -s *m. tech.*
Treibriemen
Driew·sand, Driew·sän·ne
m. geol. Treibsand
driewsk, -e, -en [driews·ke]
EW psy. antreibend, zu-
dringlich
Driewt, -en [Driew·ten] *w.
psy.* Antrieb, Drang, Eile
Driëw·te, -n *w. agr.* Herde
**Driew·wa·gen, Driew·wiä-
gen** *m. trans.* Triebwagen
dri·klö·rig, -e, -en [dri·klö·ri-
ge] *EW* dreifarbig, *übertr.*
mehrfarbig (*frz.* tricolore)
Dri·lai·per, -s *m.* Junge von
12 bis 14 Jahren; *zool.*
junger Hase
drin *UW* drinnen, hinein
drin·fö·ern *uZW trans.* hineinfahren
drin·gaon *uZW* hineingehen
drin·ken *uZW kul.* trinken
**Drin·kens·tiet, Drin·kens·ti-
ten** *w. kul. tem.* Trinkenszeit, Zeit zum Trinken
Drin·kens·wiärk *s. o.Mz. kul.*
Trinksachen, Getränke
Drin·ker, -s *m. med.* Trinker
Drink·fi·er, -n *w.* Kommers
Drink·sprüëk, -e [Drink·sprüë-
ke] *m.* Trinkspruch, Toast
drin·schri·wen *uZW* hineinschreiben
Dri·te, -n *w. hyg.* Dreck,
Schmutz
dri·ten·dik, dri·ten·dicke, -n
[dri·ten·dik·ke] *EW med.* sehr
betrunken
dri·wen *uZW* treiben, vorwärtstreiben; *psy.* anspornen; *bot.* sprießen, keimen
(Pflanzen)
dri·wens *UW* eilends, wie
getrieben; *tem.* schnell,
sofort

Dri·wer, -s *m.* Treiber; *psy.*
Herumtreiber; *trans.* Fahrer, Fahrzeugführer
drok, drocke, -n [drok·ke] *EW*
eilig, geschäftig; **he häw't
wat ~** er hat es sehr eilig, er
ist sehr beschäftigt; **~ sien**
es sehr eilig haben, sehr
beschäftigt sein
drok·fal·len *uZW* schwerfallen
Drok·te, -n *w.* Eile, Geschäftigkeit
dröm·meln *ZW trans.* trödeln, langsam gehen
Drop·pel, -n *w. bot.* Kronsbeere, Preiselbeere
dröp·peln *ZW* tropfen, *met.*
nieseln
Dros , -·se *m.* Rest beim
Honigpressen
Drö·se, -n *w. med.* Drüse
Drost, -en [Dros·ten] *m. jur.*
Verwalter eines Bezirks mit
Polizeigewalt
Drub·bel, -s *m.* Traube,
Gruppe von Dingen
drub·beln *ZW* sich dicht
drängen
Drüb·bel·ken, Drüb·bel·kes
s. kleine Traube, Grüppchen
drücken [drük·ken] *ZW tech.*
drucken, bedrucken; drük-
ken, pressen
Drücker, -s [Drük·ker] *m.
tech.* Drucker
Drücke·ri, -·en [Drük·ke·ri]
w. tech. Druckerei
Drüë·mel, -s *m. tech.* Fadenholer beim Handweben
Drüë·mel·kunt, -en [Drüë·
mel·kun·ten] *w.* Bummelant
drüë·meln *ZW trans.* langsam gehen, klüngeln
Drüë·mel·stiärt, -s *m.* säumiger Arbeiter
drü·en *ZW psy.* drohen
drüë·wen *uZW* dürfen, Erlaubnis haben
Druf·fel, -s *m. tech.* Maurerkelle, Maurerwerkzeug
drü·ge·läg·gen *ZW* trockenlegen
Drü·gel·dook, Drü·gel·dö·ker
s. tech. hyg. Trockentuch
Drü·gel·uom, Drü·gel·üöms
m. tech. Trockenofen
Drü·gen *s. o.Mz.* Trocknen;
een ~ *psy.* ein wortkarger
Mensch; jemd. mit trocke-
nem Humor

drü·gen *ZW* trocknen
Drük, Drücke [Drük·ke] *m. tech., psy.* Druck
Drü·ke *VN* Gertrud
Drü·ken, Drü·kes *s.* Haufen Elend
Drük·ma·schien, Drük·ma·schi·nen *w. tech.* Druckmaschine
druk·sen *ZW psy.* zögern
Drük·stok, Drük·stöcker [Drük·stök·ker] *m. tech.* Klischee, Druckstempel
drükt, -e, -en [drük·te] *EW tech.* gedruckt
drüm *BW, UW* darum
drüm·tim·mern *ZW* schlagen
drun·ner *UW* drunter
drüö·peln *ZW* tropfen, tröpfeln, *met.* nieseln
drüö·pen *ZW* tropfen
Druo·pen, Drüö·pen *m.* Tropfen
Drüöp·ken, Drüöp·kes *s.* Tröpfchen
druo·pen, -e, -en [druo·pe·ne] *EW* getroffen
druos·seln *ZW med.* im Halbschlaf gehen, schlafwandeln, benommen sein
drüö·wer *UW* drüber
drüö·wer·brän·gen *uZW* herüberbringen
drüö·wer·fö·ern *uZW trans.* herüberfahren
drüö·wer·hiär *UW* drüberher
drüö·wer·sät·ten *ZW* herübersetzen
drüö·wer·trecken *uZW* herüberziehen
drup *UW* darauf
Drup·gän·ger, -s *m.* Draufgänger
drup·ma·ken (enen) *uZW* kräftig feiern
Drüp·pel, -s *m.* Tropfen
drüüg, drü·ge, -n *EW* trokken; **he is drü·ge** *med.* er trinkt keinen Alkohol mehr; *übertr. psy.* wortkarg; **drü·gen End** *m. kul.* lufttrockene Mettwurst, Mettendchen
drüügt, -e, -en [drüüg·te] *EW* getrocknet
Drüüg·te, -n *w. met.* Trokkenheit, Dürre
Drüüks·ken *VN* Gertrud
Drü·ung, -en [Drü·un·gen] *w. psy.* Drohung
druut *UW* heraus

druut·gaon *uZW* herausgehen
druut·han·gen *uZW* heraushängen
druut·kuë·men *uZW* herauskommen
druut·lao·ten *uZW* herauslassen
druut·lau·pen *uZW* herauslaufen
druut·slaon *uZW* herausschlagen
druut·smi·ten *uZW* herauswerfen, entlassen
druut·trecken [druut·trek·ken] *uZW* herausziehen
Drüüw·ken, Drüüw·kes *s. bot.* kleine Traube; *übertr.* unscheinbare Frau
Dru·we, -n *w. bot.* Traube
Dru·wen·e·ke, -n *w. bot.* (Quercus petraea L.) Traubeneiche
du *FW* du
Dub·bel·bië·wer, -n *w. tech.* kurze Stehleiter
Dub·bel·gän·ger, -s *m.* Doppelgänger
Dub·bel·kop *m. o.Mz. spo.* Doppelkopf
Dub·bel·led·der, -n *w. tech.* Stehleiter; **Dub·bel·led·der·ken, Dub·bel·led·der·kes** *s. tech.* kleine Stehleiter
dub·beln *ZW* doppeln, verdoppeln
dub·belt, -e, -en [dub·bel·te] *EW* doppelt, zweifach
Dub·be·lung, -en [Dub·be·lun·gen] *w.* Dopplung, Verdopplung
Dub·bel·we·ke, -n *w. tech.* Doppelweiche, Dreiwegeweiche
Dü·bel, -s *m. rel.* Teufel; **to'n ~ gaon** *übertr.* kaputt gehen
dü·belsk, -e, -en [dü·bels·ke] *EW psy.* teuflisch
Dü·bels·wiärk, -e [Dü·bels·wiär·ke] *s.* Teufelszeug, Teufelswerk
Ducht, Düch·te *m. tech.* Docht
düch·ten (sik) *ZW psy.* dünken, sich vorkommen, erscheinen
dücken [dük·ken] *ZW* ducken
Du·del·ken, Du·del·kes *s. zool.* Heidelerche
dü·den *ZW psy.* deuten

Dü·dung, -en [Dü·dun·gen] *w. psy.* Deutung
Duë·del·du·we, -n *w. zool.* Turteltaube; **Duë·del·düüw·ken, Duë·del·düüw·kes** *s. zool.* Turteltäubchen
duë·deln *ZW* turteln
Duë·der, -s *w. biol.* Dotter, Eidotter
Düëg·te, -n *w. psy.* Tugend, Qualität
Düë·mel, -s *m. tech.* kurze Mutzpfeife
duë·me·lig, -e, -en [duë·me·li·ge] *EW med.* schwindelig, benommen
duë·meln *ZW* taumeln
Du·er *w. o.Mz. tem.* Dauer
dü·er, -e, -en [dü·e·re] *EW fin.* teuer; **nich ~** *fin.* preiswert; **wa·ne ~** *fin.* kostspielig; **dü·e·rer** teurer; **an dü·ers·ten** am teuersten
Dü·er·kai·per, -s *m. fin.* Wucherer
Dü·er·kaup, Dü·er·kai·pe *m. fin.* zu teurer Kauf
du·ern *ZW tem.* dauern, währen, Zeit benötigen; abwarten; **he kan't nich ~** *psy.* er kann es nicht sein lassen
du·ernd, -e, -en [du·ern·de] *EW tem.* dauernd
düf·tig, -e, -en [düf·ti·ge] *EW psy.* tüchtig, erfolgreich
dü·gen *ZW* taugen, brauchbar sein, geeignet sein
dü·ken *ZW* tauchen, untertauchen
Dü·ker, -s *m.* Taucher; *tech.* Unterführung mit einem Rohr
duk·nacken [duk·nak·ken] *ZW psy.* dienern, duckmäusern
duk·nackig, -e, -en [duk·nak·kig], [duk·nak·ki·ge] *EW* gebeugt, gebückt; *übertr. psy.* unterwürfig, scheu
Duk·nak, -s *m. psy.* Duckmäuser
duksk, -e, -en [duks·ke] *EW psy.* untertänig, unterwürfig
dul, -·le, -·len *EW* toll, heftig, stark; *psy.* beleidigt; **~ sien** *psy.* eingeschnappt sein; *tech.* überdreht sein (Gewinde); **in'n ~·len Kop** *psy.* im Streit; **nich ~ up sien Geld sien** *fin.* sparsam sein; **dul·ler** toller; **an duls·ten** am tollsten

Dül, -·len w. tech. Tülle, kurzes Rohrstück zum Einstecken eines Stieles
Dul·huus, Dul·hü·ser s. Tollhaus, med. Irrenanstalt
Dul·kop, Dul·köp·pe m. psy. Tollkopf, Heißsporn, Wüterich; Trotzkopf
Dul·le, -n w. spo. Trumpf (Herz 10 beim Doppelkopf)
dul·len ZW psy. dulden, sich gedulden
dul·le·re·ern ZW tolerieren
Dul·le·ri, -en w. psy. Tollheit
Dul·lig·kait w. o.Mz. psy. Jähzorn, Wut
Dül·men ON Dülmen
Düls, -e [Dül·se] m. med. Beule (z.B. am Kopf)
dul·sin·nig, -e, -en [dul·sin·ni·ge] EW psy. jähzornig
Dul·woot w. o.Mz. med. Tollwut
dul·wö·tig, -e, -en [dul·wö·ti·ge] EW med. tollwütig
Düm·ken, Düm·kes s. med. Däumchen, kleiner Daumen
düm·ken ZW kul. schlemmen, verschwenden, daumendick belegen (Brot u.ä.)
Dum·men, -s m. med. Daumen, ~ **drup·hol·len** übertr. fin. sparsam sein, psy. wenig Freiheiten geben
Dum·men·bred·te, -n w. Daumenbreite, ca. 1 Zoll (Maß)
dum·men·breed, dum·men·bre·de, -n EW daumenbreit
dum·men·dik, dum·men·dicke, -n [dum·men·dik·ke] EW daumendick
Dum·men·dik·te, -n w. Daumendicke
dump, -e, -en [dum·pe] EW dumpf
Düm·pel, -s m. scherzh. med. Nase
dum·pig, -e, -en [dum·pi·ge] EW stickig
Dum·tüüg s. Unfug
dün, -·ne, -n EW dünn, med. mager; dünnflüssig, **sik ~ ma·ken** übertr. sich heimlich davon machen
Du·ne, -n w. zool. Daune
Dün·eg·ge, -n w. med. Schläfe
du·nen ZW benommen machen
Dün·ger, -s m. agr. Dung,

Dünger
Dün·ger·haup, Dün·ger·hai·pe m. agr. Dunghaufen, Misthaufen
dun·kel·gries, dun·kel·gri·se, -n EW dunkelgrau
Dün·ne s. o.Mz. kul. Flüssigkeit (z.B. der Suppe)
Dün·ne·mit s. o.Mz. chem. tech. Dynamit
Dun·ner, -s m. met. Donner
Dun·ner·bes·sen, -s m. 1. bot. Mistel; 2. arch. Donnerbesen, Hexenbesen
Dun·ner·dag, -e [Dun·ner·da·ge] m. tem. Donnerstag; **grö·nen ~** rel. tem. Gründonnerstag, Donnerstag der Karwoche
dun·ner·dags UW tem. donnerstags
Dun·ner·kiel, -s m. met. Blitz; Ausruf der Verwunderung
Dun·ner·lit·ken! Donnerwetter! (Ausruf der Verwunderung)
dun·nern ZW met. donnern, gewittern; übertr. psy. laut schimpfen
Dun·ner·slag, Dun·ner·sliä·ge m. met. Donnerschlag; Ausruf der Verwunderung
Dun·ner·wiär s. o.Mz. met. Donnerwetter, Gewitter; übertr. psy. lautes Schimpfen, laute Auseinandersetzung, Streit
duns·ken ZW schlagen, dröhnen
Duns·ke·ri, -en w. dumpfer Krach
Duok, Duö·ke w. met. Nebelwolke
Duo·le, -n w. zool. Dohle
düör UW durch, hindurch
Düör, -n w. arch. Tür
düör·ar·bai·den ZW durcharbeiten
düör·bai·gen uZW tech. durchbiegen
düör·bië·ten, -e, -en [düör·bië·te·ne] EW durchgebissen
düör·bi·ten uZW durchbeißen, durchnagen; **sik ~** übertr. psy. sich durchbeißen, durchsetzen
düör·bla·dern ZW durchblättern

düör·bra·ken ZW durchbrechen
düör·brän·gen uZW durchbringen; fin. verprassen
düör·brant, -e, -en [düör·bran·te] EW durchgebrannt
düör·briä·ken uZW durchbrechen, zerbrechen
düör·briä·nen uZW durchbrennen, durchglühen; weglaufen, durchgehen; psy. untreu werden
düör·bruo·ken, -e, -en [düör·bruo·ke·ne] EW durchgebrochen
düör·dan·sen ZW mus. durchtanzen
düör·danst, -e, -en [düör·dans·te] EW mus. durchtanzt
düör·drai·en ZW durchdrehen; tech. (Schraube) überdrehen; psy. wirr im Kopf werden, den Verstand verlieren, geistig verwirrt werden, amoklaufen
Düör·drai·er, -s m. tech. Quetsche, Kartoffelquetsche
düör·drais·ken ZW kul. durchzechen
düör·drait, -e, -en [düör·drai·te] EW durchgedreht; psy. übergeschnappt, verrückt
düör·driё·wen, -e, -en [düör·driё·we·ne] EW psy. durchtrieben
düör·dri·wen uZW durchtreiben, hindurchtreiben
düör·drü·gen ZW durchtrocknen
düör·drüügt, -e, -en [düör·drüüg·te EW durchgetrocknet
Düö·ren·riёt, -s m. tech. Türritze
Düör·fal m. o.Mz. med. Durchfall
düör·fal·len 1. uZW durchfallen; 2. ~, -e, -en [düör·fal·le·ne] EW durchgefallen
düör·fi·ern ZW durchfeiern, bis zum anderen Morgen feiern
düör·fo·ern ZW kul. durchfüttern
düör·frai·sen ZW durchfrieren
düör·frao·gen uZW durchfragen
düör·friä·ten uZW kul. durchfressen

düör·fruorn, -e, -en [düör-fruor·ne] *EW* durchgefroren
düör·gai·ten *uZW* durchgießen
Düör·gang, Düör·gän·ge *m.* Durchgang, Passage
Düör·gän·ger, -s *m.* Durchgänger (z.B. Pferd); *psy.* Leichtfuß
düör·gaon *uZW* durchgehen, davonlaufen; hindurchgehen, durchqueren
düör·gaons *UW* durchgehend; durchaus, durchweg, meistens
Düör·ge·möös *s. o.Mz. kul.* Eintopf
düör·gli·den *uZW* durchgleiten
düör·gra·wen *uZW* durchgraben
düör·grawt, -e, -en [düör-graw·te] *EW* durchgegraben
düör·gri·pen *uZW* durchgreifen, strikt durchführen, konsequent für Ordnung sorgen
düör·häb·ben *uZW* durchhaben, durchgelesen haben; **ik häb dat Book düör** ich habe das Buch durch(gelesen)
düör·hië·keln *ZW tech.* durchhecheln; *übertr. psy.* über etwas ausführlich sprechen, über jemd. herziehen, kritisieren
düör·hol·len *uZW* durchhalten
düör·kau·en *ZW kul.* durchkauen, zerkauen; *psy.* bis in alle Einzelheiten besprechen, ausführlich besprechen
düör·kaut, -e, -en [düör·kau·te] *EW kul.* durchgekaut, zerkaut
düör·kiärn *ZW* wenden (von innen nach außen)
düör·ki·ken *uZW* durchblicken, durchsehen
düör·kru·pen *uZW* durchkriechen
düör·kuë·men *uZW* durchkommen, *übertr.* überleben
düör·kü·ern *ZW psy.* durchsprechen, ein Machtwort sprechen
düör·lao·ten *uZW* durchlassen, vorbeilassen; verprügeln
düör·lau·pen *uZW* durch-

laufen
düör·liä·sen *uZW* (Text, Buch) durchlesen, studieren; ~, -e, -en [düör·liä·se·ne] *EW* durchgelesen
düör·lig·gen *uZW* durchliegen, *med.* (sich) wund liegen
düör·löch·ten *ZW tech.* durchleuchten, röntgen
düör·löch·tet, -e, -en [düör·löch·te·te] *EW tech.* durchleuchtet, geröntgt
düör·löckern [düör·lök·kern] *ZW tech.* durchbohren, durchlöchern
Düör·lok, Düör·löcker [Düör·lök·ker] *s. arch.* Türöffnung, Ausgang
düör·ma·ken *uZW* durchmachen, ohne Pause etwas tun; *psy., med.* erleiden
Düör·marsch, Düör·miär·sche *m. med.* Durchfall (Darmerkrankung); *mil.* Durchmarsch; *übertr. spo.* alle Karten im Kartenspiel gewinnen
düör·miä·ten 1. *uZW tech.* durchmessen; 2. ~, -e, -en [düör·miä·te·ne] *EW tech.* durchgemessen
düör·nan·ner *UW* durcheinander
düör·nat, -·te, -·ten *EW* durchnass, durchnässt
düör·neen, düör·ne·ne *UW tech., psy.* wirr, durcheinander; ständig wechselnd
düör·ne·ne·brän·gen *uZW* durcheinanderbringen
Düör·ne·ner *s. o.Mz.* Durcheinander, Wirrwarr
düör·nië·men *uZW* durchnehmen
Düörn·klap·pen *s. o.Mz.* Türschlagen
Düörn·klink, -en [Düörn·klin·ken] *w. tech.* Türklinke
Düörn·klöp·per, -s *m. tech.* Türklopfer
Düörn·post, Düörn·pös·te *m. tech.* Türpfosten
Duorp, Düör·per *s. geog.* Dorf
düör·pat·ken *ZW* durch etwas laufen (z.B. durch geharkten Weg)
Düör·per, -s *m.* Dörfler, Mensch vom Dorf
Duorp·frau, -·lü *w.* Dorffrau,

Frau vom Dorf
Duorp·ge·sel, -·len *m.* Dorfgeselle
düör·piets·ken *ZW* durchpeitschen
Düörp·ken, Düörp·kes *s. geog.* kleines Dorf, Dörfchen
Duorp·kind, Duorp·kin·ner *s.* Dorfkind, Kind aus einem Dorf
Düörp'm-läms-Ka·naol *m. trans.* Dortmund-Ems-Kanal
Düörp'm *ON* Dortmund
Düör·pos·ten, Düör·pös·ten *m. tech.* Türpfosten
Duorp·rü·en, -s *m. zool.* Dorfhund
Duorp·schan·dit, -s *m. jur.* Dorfpolizist
Duorp·school, Duorp·scho·le, -n *w. kult.* Dorfschule
Duorp·school·mes·ter, -s *m. kult.* Dorfschulmeister
düörpsk, -e, -en [düörps·ke] *EW* dörflich
Duorp·smet, -s *m. tech.* Dorfschmied
Duorp·sni·der, -s *m. tech.* Dorfschneider
Duorp·strao·te, -n *w. trans.* Dorfstraße
düör·riä·ken *ZW math.* durchrechnen
düör·rië·ten, -e, -en [düör·rië·te·ne] *EW* durchgerissen
düör·rië·ten *uZW* durchreißen
düör·sät, -·te, -·ten *EW* durchgesetzt
düör·sät·ten *ZW* durchsetzen
düör·schai·ten *uZW bot.* durchschießen (zu schnelle Blüte z.B. von Salat); hindurchschießen (durch etwas)
düör·schrië·wen, -e, -en [düör·schrië·we·ne] *EW* durchgeschrieben
düör·schri·wen *uZW* durchschreiben
Düör·schriwt, -en [Düör·schriw·ten] *w.* Durchschrift
düör·schu·wen *uZW* durchschieben, hindurchschieben
düör·si·gen *ZW tech.* durchseihen, filtern
düör·sit·ten *uZW* durchsitzen
Düörsk, Düörs·ke *m.* 1. *agr.* Drusch; 2. *zool.* Dorsch (Fisch)
Düörsk·aomd, -e [Düörsk-

aom·de] *m. agr. tem.* Dresch-
abend
Düörs·ke·dag, -e [Düörs·ke-
da·ge] *m. agr. tem.* Dresch-
tag
Düörs·ke·kääl, -s *m. agr.*
Dreschmaschinenbediener
**Düörs·ke·leed, Düörs·ke·le-
der** *s. agr. mus.* Dreschlied (zum Takthalten beim
Dreschen mit dem Flegel)
düörs·ken *ZW agr.* dreschen
Düörs·ker, -s *m. agr. tech.*
Drescher, Dreschmaschine
Düörs·ke·rį, -·en *w. agr.*
Drescherei
**Düörsk·kas·ten, Düörsk-
käs·ten** *m. tech.* Dreschkasten
Düör·slag, Düör·sliä·ge *m.
tech.* Durchschlag, Seihe
**Düör·slag·mest, Düör·slag-
mes·sers** *s. tech.* Messer
zum Holzspalten
düör·slaon 1. *uZW* durchschlagen, zerschlagen; sich
durchschlagen; 2. ~, -e, -en
[düör·slao·ne] *EW* durchgeschlagen
düör·slao·pen *uZW med.*
durchschlafen
Düör·snid, -·de *m. math.*
Durchschnitt, Mittelwert
düör·sni·den *uZW* durchschneiden
**düör·snid·lik, düör·snid·licke,
-n** [düör·snid·lik·ke] *EW*
durchschnittlich, mittelmäßig
düör·snië·den, -e, -en [düör-
snië·de·ne] *EW* durchge-
schnitten
düör·sọcht, -e, -en [düör-
soch·te] *EW* durchsucht
düör·sö·ken *uZW* durchsuchen
Düör·sö·kung, -en [Düör·sö-
kun·gen] *w. jur.* Durchsuchung
düör·spië·len *ZW* durchspielen
düör·spiëlt, -e, -en [düör-
spiël·te] *EW* durchgespielt
düör·spli·ten *uZW tech.*
durchspalten
Duorst *m. o.Mz. med.* Durst
düör·staon *uZW* durchstehen, überstehen
düör·stau·ten *uZW* durchstoßen
düörs·ten *ZW med.* dursten
düör·stiä·ken *uZW durch-

stechen
Düör·stiëk, -e [Düör·stië·ke]
m. Durchstich
düörs·tig, -e, -en [düörs·ti·ge]
EW med. durstig; **düörs·ti-
ger** durstiger; **an düörs·tigs-
ten** am durstigsten
düör·stot, -·te, -·ten *EW*
durchgestoßen
düör·strië·ken, -e, -en [düör-
strië·ke·ne] *EW* durchgestrichen
düör·stri·ken *uZW* durchstreichen
düör·stuo·ken, -e, -en [düör-
stuo·ke·ne] *EW* durchge-
stochen, durchstochen
düör·swem·men *uZW* durchschwimmen
düör·swom·men, -e, -en [düör-
swom·me·ne] *EW* durch-
schwommen
düör·täl·len *ZW* durchzählen
düör·tält, -e, -en [düör·täl·te]
EW durchgezählt
düör·teek·nen *ZW tech.*
durchzeichnen
düör·teek·net, -e, -en [düör-
teek·ne·te] *EW tech.* durchgezeichnet
düör·trecken [düör·trek·ken]
uZW durchziehen, ohne
Rücksichten zu Ende brin-
gen
düör·triä·ten *uZW* durchtreten
düör·truo·ten, -e, -en [düör-
truo·te·ne] *EW* durchgetreten
düör·waakt, -e, -en [düör-
waak·te] *EW* durchwacht
düör·wa·ken *ZW* durchwachen
düör·wäm·sen *ZW* verprügeln
düör·wämst, -e, -en [düör-
wäms·te] *EW* verprügelt
düör·was·sen 1. *uZW biol.*
durchwachsen, hindurch-
wachsen; 2. ~, -e, -en
[düör·was·se·ne] *EW biol.*
durchgewachsen, durch-
wachsen
düör·weekt, -e, -en [düör-
week·te] *EW* durchweicht
düör·we·ken *ZW* durchweichen
düör·wiä·men *ZW* durchwärmen
düör·wiämt, -e, -en [düör-
wiäm·te] *EW* durchwärmt

düör·wiär·ken *ZW* durcharbeiten
düör·wiärkt, -e, -en [düör-
wiärk·te] *EW* durchgear-
beitet
düör·win·nen *uZW* durchwinden
düör·wö·len *ZW* durchwühlen
düör·wöölt, -e, -en [düör-
wööl·te] *EW* durchwühlt
düör·wun·nen, -·ne, -·nen
EW durchgewunden
Düp·ken, Düp·kes *s. tech.*
Döschen, Kännchen
Düp·pe, -n *w. tech.* Dose,
Kanne
Düp·pen·per·me·ter, -s *s.
tech. met.* Dosenbarometer
**Düp·pen·rad, Düp·pen·riä-
der** *s. trans. agr.* Fahrrad
mit Halterung für Milchkannen, Melkrad
Durk, Dür·ke *m. tech.* Alkoven, Schrankbett; *naut.*
Koje
Dürk, Dür·ke *m. tech.* Delle
Du·sel *m. o.Mz.* Taumel,
Sturz; *übertr. fin., psy.* un-
verdientes Glück
du·send *ZaW* tausend
**Du·send·blad, Du·send·bliä-
der** *s. o.Mz. bot.* Schafgarbe
du·sen·de *FW* tausende
**du·send·fak, du·send·facke,
-n** [du·send·fak·ke] *ZaW* tausendfach
du·send·jäö·rig, -e, -en [du-
send·jäö·ri·ge] *EW tem.* tausendjährig
du·send·maol *ZaW* tausendmal
du·sends·te, -n *ZaW* tausendste
düs·se *FW* diese
Dus·sel, -s *m. psy.* Dummer, Dummkopf
Dus·sel·dier, -s *s. psy.*
Dummkopf
Düs·sel·duorp *ON* Düsseldorf
dus·se·lig, -e, -en [dus·se-
li·ge] *EW psy.* dumm, tölpelhaft
Dus·sel·kop, Dus·sel·köp·pe
m. psy. Dummkopf
düs·sen *FW* dieser
düs·siet *UW* diesseits
düt *FW* dies, dieses
Düt, -s *m.* Haarknoten

Dut, -·ten *m.* Haufen, Klumpen, Ballen; **in'n ~ gaon** *übertr.* entzweigehen
düt·maol *UW* diesmal
Duts, -e [Dut·se] *s. ZaW* Dutzend, 12 Stück
düüd·lik, düüd·licke, -n [düüd·lik·ke] *EW* deutlich, klar
Düük·schip, -·pe *s. trans. naut.* Tauchboot, Unterseeboot
Duun, Du·nen *w. zool.* Daune, Flaumfeder
duun, du·ne, -n *EW* zum Platzen voll; *übertr. med.* benommen, betrunken
Düüs·buorg Düüs·buorg *ON*
düüs·ter, -e, -en [düüs·te·re] *EW* dunkel, finster, trübe; **düüs·te·rer** dunkeler; **an düüs·ters·ten** am dunkelsten
Düüs·tern *s. o.Mz.* Dunkelheit, Finsternis, Dunkel
düüs·tern *ZW* dunkeln
Düüs·ter·wä·ern *s. o.Mz.* met. Dunkelwerden, Dunkeln
düütsk, -e, -en [düüts·ke] *EW kult.* deutsch; **kü·er ~!** spreche deutsch; *übertr.* drükke dich verständlich aus!
Düüts·ke, -n *m., w. und s.* Deutsche(r)
Düütsk·land *geog.* Deutschland
Duuw, Dü·we *m. agr.* Haufen (Heu, Stroh)
Düüw·ken, Düüw·kes *s. zool.* Täubchen
Du·we, -n *w. zool.* Taube
Dü·wel, -s *m. rel.* Teufel; **een ~ doon** (etwas) keinesfalls tun
Dü·wel·ken, Dü·wel·kes *s. rel.* Teufelchen
Dü·wels·gai·ge, -n *w. tech. mus.* Teufelsgeige (Blechdose mit Stab und Saiten)
Dü·wels·kind, Dü·wels·kin·ner *s. psy.* ungezogenes, freches Kind
Dü·wels·kruut *s. o.Mz. bot.* Franzosenkraut
Dü·wels-Nai·nao·del, -n *w. zool.* Libelle
Dü·wels·sang, Dü·wels·sän·ge *m. mus.* Teufelsgesang
Dü·wels·wiärk *s. o.Mz.* Werk des Teufels; *psy.* Laster
Dü·wels·wiew, Dü·wels·wi-wer *s.* Teufelsweib
Du·wen·fiä·der, -n *w. zool.* Taubenfeder
Du·wen·hafk, -en [Du·wen·haf·ken] *m. zool.* Hühnerhabicht
Du·wen·huus, Du·wen·hü·ser *s. tech.* Taubenschlag
Du·wen·hüüs·ken, Du·wen·hüüs·kes *s. tech.* Taubenhäuschen
Du·wen·slag, Du·wen·sliä·ge *m. tech.* Taubenschlag
Du·wen·sup, -·pen *w. kul.* Taubensuppe
Dwad·del, Dwäd·del *m.* Durcheinander, Unordnung, Chaos
Dwail, -s *m. hyg.* Aufnehmer
Dwang, Dwän·ge *m. psy.* Zwang
dwang·laus, -, -en [dwang·lau·se] *EW psy.* zwanglos
Dwangs·ar·baid, -en [Dwangs·ar·bai·den] *w.* Zwangsarbeit
Dwangs·ar·bai·der, -s *m.* Zwangsarbeiter
Dwangs·jacke, -n [Dwangs·jak·ke] *w.* Zwangsjacke
Dwangs·vö·kaup, Dwangs·vö·kai·pe *m. jur. fin.* Zwangsverkauf
dwangs·wies, dwangs·wi·se *UW psy.* zwangsweise
Dwarg, Dwiär·ge *m.* Zwerg
dwiä·len *uZW psy.* irregehen
dwiärs *UW* quer
Dwiärs·bal·ken, -s *m. tech.* Querbalken, Querstrebe
Dwiärs·baum, Dwiärs·bai·me *m. tech.* Barre
Dwiärs·bra·ke, -n *w. psy.* Quertreiberin
Dwiärs·dri·wer, -s *m. psy.* Quertreiber
dwiärs·gaon *uZW* quergehen, misslingen
Dwiärs·huus, Dwiärs·hü·ser *s. arch.* Querhaus
dwiärs·ki·ken *ZW med.* schielen
Dwiärs·kop, Dwiärs·köp·pe *m. psy.* Querkopf, eigensinniger Mensch
dwiärs·kwa·tern *ZW* dazwischenreden
dwiärs·läg·gen *ZW* querlegen, querstellen; *psy.* blokkieren (Entscheidungen)
Dwiärs·lai·per, -s *m. zool* Krabbe, bes. Strandkrabbe
dwiärs·lau·pen *uZW* querlaufen, quergehen
dwiärs·lau·pend, -e, -en [dwiärs·lau·pen·de] *EW* querverlaufend
Dwiärs·si·te, -n *w.* Querseite
Dwiärs·sta·ken, -s *m. tech.* Hürde
dwiärs·strië·pen, -e, -en [dwiärs·strië·pe·ne] *EW* quergestreift
Dwiärs·stri·pen, -s *m.* Querstreifen
Dwiärs·wäg, Dwiärs·wiä·ge *m. trans.* Querweg
dwiärs·wäg *UW* quer
Dwin·ge, -n *w. tech.* Zwinge
dwin·gen *uZW psy.* zwingen, bezwingen, bewältigen
dwin·gend, -e, -en [dwin·gen·de] *EW* zwingend
Dwin·ger, -s *m. tech.* Zwinger

E

E, e E, e (Buchstabe)
Eckel, -n *w. bot.* Frucht der Eiche, Eichel
Ecko, -os [Ek·ko] *s.* Echo, Widerhall
e·den *ZW jur.* schwören, eiden
Eed, E·de *m. jur.* Eid, Schwur
Eek·ap·pel, -n *m. bot.* Gallapfel, Auswuchs an den Blättern der Eiche
Eek·baum, Eek·bai·me *m. bot.* Eichenbaum
Eek·kät·ken, Eek·kät·kes *s. zool.* Eichhörnchen
een 1. *ZaW* ein, eins; 2. ~, **e·ne, -n** *FW* ein, eine, einer; jemand; ein; **dat ~ of än·ne·re** das eine oder andere; ~ **Kits·ken** ein bisschen; **nich e·nen** keiner, niemand
een·ai·gig, -e, -en [een·ai·gi·ge] *EW med.* einäugig; *übertr. tech.* mit einem statt zwei Scheinwerfern oder Rücklichtern (beim Auto)
een·ar·mig, -e, -en [een·ar·mi·ge] *EW* einarmig
Een·baan·strao·te, -n *w. trans.* Einbahnstraße
een·deels *UW* einerseits
een·doon *EW* gleichgültig, einerlei
een·fak, een·facke, -n [een-

fak·ke] *EW* einfach, simpel, unkompliziert, leicht verständlich; schlicht, bescheiden, schmucklos; nur einmal
een·faks·te, -n *EW* einfachste
een·flüë·ge·lig, -e, -en [een·flüë·ge·li·ge] *EW* einflügelig
eengs·lik, eengs·licke, -n [eengs·lik·ke] *EW* eigentlich, ursprünglich
een·han·nig, -e, -en [een·han·ni·ge] *EW* einhändig
Een·häön, -s *s.* Einhorn
Een·häön·kop, Een·häön·köp·pe *s.* Einhornkopf
een·jäö·rig, -e, -en [een·jäö·ri·ge] *EW tem.* einjährig
Een·jäö·ri·ge, -n *m., w. und s. tem.* Einjährige(r)
een·klö·rig, -e, -en [een·klö·ri·ge] *EW* einfarbig, uni
een·lai·prig, -e, -en [een·lai·pri·ge] *EW* allein, unverheiratet
een·maol *UW* einmal, ein einziges Mal; **up ~** *tem.* auf einmal, plötzlich
Een·maol·een *s. o.Mz. math.* Einmaleins
een·mao·lig, -e, -en [een·mao·li·ge] *EW* einmalig
Een·rad, Een·riä·der *s. tech. trans.* Einrad
een·ri·gig, -e, -en [een·ri·gi·ge] *EW* einreihig
eens *EW* einerlei, gleich; **in ~ wäg** monoton; **met ~, up ~** *UW tem.* auf einmal, plötzlich; gleichzeitig, im selben Augenblick, simultan; **sik ~ wä·ern** sich einigen
een·sam, -·me, -·men *EW psy.* einsam, verlassen; *geog.* abgelegen
een·siets *UW* einerseits
een·si·tig, -e, -en [een·si·ti·ge] *EW* einseitig
een·slaip·rig, -e, -en [een·slaip·ri·ge] *EW tech.* einschläfrig (Bett)
Een·spän·ner, -s *m. zool., trans.* einzelnes Zugpferd, Einspänner; *übertr. psy.* Junggeselle, jemd., der ledig ist; Einzelgänger
een·spüö·rig, -e, -en [een·spüö·ri·ge] *EW* einspurig
een·stem·mig, -e, -en [een·stem·mi·ge] *EW* einstimmig
eens·wäg *EW* in einem fort, gleichmäßig
eens·wiä·gen *UW* irgendwo
eent *ZaW* eines
Een·taal *w. o.Mz.* Einzahl
Eep *ON* Epe
eepsk, -e, -en [eeps·ke] *EW* eperaner
Eeps·ke, -n *m. und w.* Eperaner(in)
Ef·fel·ten·holt, Ef·fel·ten·höl·ter *s. bot.* Ulme
ef·fen *UW tem.* eben, gerade
e·gaol, -e, -en [e·gao·le] *EW* egal, gleich, gleichgültig, einerlei; gleichmäßig
e·gäö·lik, e·gäö·licke, -n [e·gäö·lik·ke] *EW* egal, unverändert, gleich, eintönig
e·gaol·wäg *UW* immerzu, fortlaufend, gleichbleibend, kontinuierlich, permanent
E·gel, -s *m. zool.* Igel
e·gen, -e, -en [e·ge·ne] *EW* eigen, seltsam, *psy.* eigensinnig
E·gen·aort, -en [E·gen·aor·ten] *w.* Eigenart
e·gen·a·rig, -e, -en [e·gen·a·ri·ge] *EW* eigenartig, sonderbar
e·gen·bakt, -e, -en [e·gen·bak·te] *EW kul.* selbstgebacken
E·gen·dö·mer, -s *m.* Eigentümer, Besitzer
E·gen·doom, E·gen·dö·mer *s.* Eigentum
E·gen·kiärk, -en [E·gen·kiär·ken] *w. rel.* Eigenkirche, Kirche im Besitz des Grundherren
e·gen·klook, e·gen·klo·ke, -n *EW psy.* altklug; eingebildet, eigensinnig
e·gen·köpsk, -e, -en [e·gen·köps·ke] *EW psy.* eigensinnig, stur, dickköpfig
E·gen·luut, E·gen·lu·te *m.* Selbstlaut, Vokal
E·gen·päs·ser, -s *m. psy.* Sonderling
e·gens *UW* eigens, extra
E·gen·sin, -·ne *m. psy.* Eigensinn, Dickköpfigkeit, Sturheit
e·gen·sin·nig, -e, -en [e·gen·sin·ni·ge] *EW psy.* eigensinnig
E·gen·socht, E·gen·söch·te *w. psy.* Selbstsucht, Egoismus
e·gen·söch·tig, -e, -en [e·gen·söch·ti·ge] *EW psy.* egoistisch, selbstsüchtig
E·gen·söch·ti·ge, -n *m., w. und s. psy.* Selbstsüchtige(r), Egoist
e·gen·stän·nig, -e, -en [e·gen·stän·ni·ge] *EW* eigenständig, selbständig
E·gen·stän·nig·kait *w. o.Mz.* Eigenständigkeit, Selbständigkeit
E·gen·vö·suor·ger, -s *m.* Selbstversorger
E·gen·was, E·gen·wäs·se *m.* Nachwuchs; *bot.* eigenes, besonders hohes Gewächs
Eg·ge, -n *w.* Ecke, Kante, *tech.* Schneide
Eg·gel·te, -n *w. zool.* Blutegel
Eg·ger·ro *ON* Eggerode
Egs·ken, Egs·kes *s.* Eckchen
E·güp·ten *geog.* Ägypten
E·güp·ter, -s *m.* Ägypter
Ei·nen *ON* Einen
Ek, Ecken [Ek·ken] *s.* Ecke, Winkel
E·ke, -n *w. bot.* Eiche
e·ken, -e, -en [e·ke·ne] *EW* eichen, aus Eiche
E·ken·baum, E·ken·bai·me *m. bot.* Eichbaum, Eiche
E·ken·blad, E·ken·bliä·der *s. bot.* Eichenblatt
E·ken·bräd, E·ken·briä·der *s. tech.* Eichenbrett
E·ken·busk, E·ken·büs·ke *m. bot.* Eichenbusch, Eichenwald;
E·ken·büs·ken, E·ken·büs·kes *s. bot.* Eichenbüschchen
E·ken·disk, -e [E·ken·dis·ke] *m. tech.* Eichentisch
E·ken·gröön *s. o.Mz. bot.* Eichengrün (der Blätter)
E·ken·holt, E·ken·höl·ter *s. bot.* Eichenholz
E·ken·lauw *s. o.Mz. bot.* Eichenlaub
E·ken·post, E·ken·pös·te *m. tech.* Eichenpfahl, Pfosten aus Eiche
E·ken·sark, E·ken·siär·ke *m. tech.* Eichensarg
E·ken·schap, E·ken·schiä·pe *s. tech.* Eichenschrank
E·ken·sort, -en [E·ken·sor·ten] *w. bot.* Eichenart, Eichensorte

E·ken·stool, E·ken·stö·le *m.*
tech. Eichenstuhl
E·ken·toog, E·ken·tö·ge *m.*
bot. Eichenzweig
Ek·huus, Ek·hü·ser *s. arch.*
Eckhaus
Ek·post, Ek·pös·te *m. arch.*
Eckpfosten
eks·küüs, eks·kü·se, -n *EW*
besonders schön (*frz.* exquis)
eks·plo·de·ern *ZW* explodieren
eks·plo·de·ert, -e, -en [eks-
plo·de·er·te] *EW* explodiert
Eks·plo·si·aun, -en [Eks·plo-
si·au·nen] *w.* Explosion
Eks·ter, -n *w. zool.* Elster
Ek·tan, Ek·tiä·ne *m. med.*
Eckzahn
E·lek·tri·ker, -s *m. tech.*
Elektriker
e·lek·trisk, -e, -en [e·lek-
tris·ke] *EW tech.* elektrisch
e·lek·troonsk, -e, -en [e·lek-
troons·ke] *EW tech.* elektronisch
E·lek·tro·wel·len *s. o.Mz.*
tech. E-Schweißen, Elektroschweißen
E·lend, E·len·ne *s.* Elend,
Misere
e·len·nig, -e, -en [e·len·ni-
ge] *EW med.* elend, elendig, krank, leidend; kläglich,
fin. armselig
Elk, -e [El·ke] *m. zool.* Elch
el·ke *FW* jeder, jede, jedes
(einzelne)
El·le·fant, -en [El·le·fan·ten]
m. zool. Elefant
El·len·tip, -·pen *m. med.*
Ellenbogen
El·le·wik *ON* Ellewick
E·lok, -s *w. trans.* Elektro-
lokomotive
El·se, -n *w. bot.* Erle
El·we, -n *w.* 1. Elfe; 2. *geol.*
Elbe (Fluss)
el·we *ZaW* elf
elw·jäö·rig, -e, -en [elw·jäö-
ri·ge] *EW tem.* elfjährig
elw·maol *UW* elfmal
el·wen·diär·tig *ZaW* unbe-
stimmte große Zahl; ~ maol
unendlich oft
elw·te, -n *ZaW* elfte
em *FW* ihm, ihn
E·mal·ge, -n *w. tech.* Emaille, Glasur
e·mal·ge·ern *ZW tech.* gla-

sieren, emaillieren
Em·mel·kamp *ON* Emlichheim
Em·mer, -s *m. tech.* 1. Eimer; 2. Hohlmaß (68,7 Liter)
Em·mer·ken, Em·mer·kes
s. tech. Eimerchen
em·mer·wi·se *UW* eimerweise
em·pen *EW* genau, akkurat, *psy.* empfindlich
e·nan·ner *UW* einander
End, En·ne, -n *s.* Ende,
Schluss; Abschluss; **an ~**
zu Ende; **~** Endstück; Entfernung; **si·nen ~ fast·hol-
len** *psy.* an seiner Meinung
festhalten; **an't ~ kri·gen**
beenden, zum Abschluss
bringen; **dao is dän ~ van
wäg** *übertr.* mehr war nicht
zu erwarten; **de les·te ~
dräg de Last** am Ende
kommt der größte Aufwand;
up'n an·nern ~ sät·ten unordentlich machen; **End-
ken, End·kes** *s.* Endchen,
Stück
e·nen *FW* einer, jemand;
man; **dat kan ~ nich wie·
ten** das man man nicht wissen
e·ner *FW* jemand
E·ner, -s *m. naut. spo.* Einer (Sportboot)
e·ner·wäg·gen *UW* irgendwo, anderswo
e·ner·wat *FW* irgend etwas
eng·büörs·tig, -e, -en [eng-
büörs·ti·ge] *EW med.* engbrüstig, kurzatmig
en·ge, -n *EW* eng
En·gel, -s *m. rel.* Engel, Bote
Gottes
En·ge·land *geog.* England
En·ge·län·ner, -s *m.* Engländer
En·gel·sas·se, -n *m. geog.*
Angelsachse
En·gel·sas·sen *geog.* Angelsachsen
en·gelsk, -e, -en [en·gels·ke]
EW kult. englisch
En·gels·man *m. o.Mz.* Engländer
en·giё·gen *VW, UW* entgegen
Eng·te, -n *w.* Enge; *geol.*
Schlucht
en·gül·lig, -e, -en [en·gül·li-
ge] *EW* endgültig

e·nig *EW* einig
e·ni·gen *ZW* einigen (sich)
e·ni·ger·mao·ten *UW* einigermaßen
E·nig·kait, -en [E·nig·kai·ten]
w. Einigkeit
En·ke, -n *w. tech.* Tinte
En·ke·fat, En·ke·fiä·ter *s.*
tech. Tintenfass
En·kel, -s *m. med.* Fußknöchel
en·kelt, -e, -en [en·kel·te]
EW einzeln, vereinzelt
En·ke·pläk, En·ke·pläcken
[En·ke·pläk·ken] *m.* Tintenfleck
En·ke·pot, En·ke·pöt·te *m.*
tech. Tintenfass
en·laus, -e, -en [en·lau·se]
EW endlos
en·liks *UW tem.* endlich
En·ne·bräd, En·ne·briä·der
s. tech. Endbrett beim Akkerwagen oder Bett
En·ne·but, -·ten *m. med.*
letzter Knochen von Gliedmaßen
en·nen *ZW* enden, zu Ende
kommen, abschließen
En·ne·puns, En·ne·pün·se
m. med. Dickdarm
en·ni·ge *FW* einige
En·nung, -en [En·nun·gen]
w. Endung
en·schül·li·gen *ZW psy.* entschuldigen
En·schül·li·gung, -en [En-
schül·li·gun·gen] *w. psy.* Entschuldigung
En·sel·fal, En·sel·fiä·le *m.*
Einzelfall
En·sel·han·nel *m. o.Mz. fin.*
Einzelhandel
**En·sel·han·nels·kaup·man,
En·sel·han·nels·kaup·lü·de**
m. fin. Einzelhandelskaufmann
En·sel·huus, En·sel·hü·ser
s. arch. Einzelhaus
en·seln, -e, -en [en·sel·ne]
EW einzeln
En·sel·spiёl, -e [En·sel·spiё-
le] *s. spo.* Einzelspiel
en·sig, en·sigs·te, -n *EW*
einzig
en·slacken [en·slak·ken] *ZW*
entschlacken
en·slu·ten *uZW* entschließen
en·staon *uZW* entstehen
En·stas·jaun, -en [En·stas-

jau·nen] *w. trans.* Endstation
er·fin·nen *uZW* erfinden
Er·fin·nung, -en [Er·fin·nun-
gen] *w.*
er·fun·nen, -e, -en [er·fun·ne-
ne] *EW* erfunden
er·sät·ten *ZW* ersetzen
er·trecken [er·trek·ken] *uZW*
psy. erziehen
Er·trecker, -s [Er·trek·ker]
m. psy. Erzieher
Esk, -e [Es·ke] *m. agr.* baumloses Land, Esch
Es·ke, -n *w. bot.* Esche
Es·ken·lauw *s. o.Mz. bot.*
Eschenlaub
Es·pel *ON* Espel
Es·sig·su·er *s. o.Mz.* 1. *kul.*
Essig; 2. *chem.* Essigsäure
et *FW* es
e·te·pe·te·te *EW psy.* vornehm
et·te *FW* sie
Eu·ro, -·os *m. fin.* Euro (Währungseinheit)
Eu·ro·pa *geog.* Europa
eu·ro·pääsk, -e, -en [eu·ro-
pääs·ke] *EW geog.* euro-
päisch
Eu·ro·pääs·ke U·ni·oon *w.*
pol. Europäische Union (EU)
Eu·ro·pä·er, -s *m. geog.* Europäer
Eu·ro·pa·schip, -·pe *s. trans.*
naut. Europaschiff
E·van·gel·gen *s. o.Mz. rel.*
Evangelium
e·van·gelsk, -e, -en [e·van-
gels·ke] *EW rel.* evangelisch
E·van·gels·ke, -n *m., w. und*
s. rel. Evangelische(r)
e·wa·ku·e·ern *ZW* evakuieren
e·wa·ku·e·ert, -e, -en [e·wa-
ku·e·er·te] *EW* evakuiert
E·wa·ku·e·er·te, -n *m., w.*
und s. Evakuierte(r)
e·welt, -e, -en [e·wel·te] *EW*
einfach
e·wen·nig, -e, -en [e·wen-
ni·ge] *EW* immerzu, un-
aufhörlich
E·wen·tüür, -s *s.* Abenteuer, Erlebnis
e·wen·tüürsk, -e, -en [e·wen-
tüürs·ke] *EW* abenteuer-
lich; absonderlich, sonderbar, eigenartig
E·wer, -s *m. zool.* Eber,
männliches Schwein

F

F, f F, f (Buchstabe)
faak, fa·ke, -n *EW* häufig,
wiederholt
Faam, Fiäm *m. tech.* Faden,
Schnur
Faan, Fa·nen *w.* Fahne; **van**
ne ~ gaon *übertr. mil.* desertieren, *übertr.* ausreißen;
Fään·ken, Fään·kes *s.* kleine Fahne, Fähnchen; *übertr.*
minderwertiges Kleidungs-
stück
Fa·brik, Fa·bricken [Fa·brik-
ken] *w. tech.* Fabrik
fai·len *ZW* fehlen, nicht da
sein; *psy.* verschulden; **et**
failt em wat *med.* es fehlt
im etwas, er ist krank; **wao**
failt et dan? *med.* wo fehlt
es denn? was tut dem weh?
Fai·ler, -s *m.* Fehler, Versehen
Fak, Fiä·ker *s.* Fach, Schublade; *arch.* Gefache, abgeteilter Raum; Arbeitsgebiet,
Sachgebiet
fa·ken *UW tem.* oft, häufig,
wiederholt; **fa·ke·ner** öfter,
häufiger; **an fa·kens·ten** am
häufigsten
Fak·haug·school, Fak·haug-
scho·le, -n *w. kult.* Fachhochschule
Fak·se·er·bro·er, Fak·se·er-
brö·ers *m. psy.* Ärgerer
fak·se·ern *ZW psy.* necken,
foppen, ärgern, quälen (*frz.*
vexer)
Fak·sen *Mz. psy.* Possen
Fak·wiärk, -e [Fak·wiär·ke] *s.*
tech. trans. Fachwerk
Fak·wiärk·brüg·ge, -n *w.*
arch. Fachwerkbrücke
Fak·wiärk·huus, Fak·wiärk-
hü·ser *s. arch.* Fachwerkhaus
Fak·wiärk·riäk·nung, -en
[Fak·wiärk·riäk·nun·gen] *w.*
math. Finite-Elemente-Methode
Fak·wiärk·sied·lung, -en [Fak-
wiärk·sied·lun·gen] *w. arch.*
Fachwerkhaussiedlung
Fal, Fiä·le *s. agr.* Mistgrube
Fal·ap·pel, -n *m. bot.* Fall-
apfel
fa·lik, fa·licke, -n [fa·lik·ke]
EW psy. falsch, hinterhäl-

tig, gefährlich
fäl·len *ZW med.* neue Zähne bekommen (bei Jungtie-
ren)
fal·len *uZW* fallen
falsk, -e, -en [fals·ke] *EW*
falsch, verkehrt; *psy.* trügerisch, unaufrichtig, heuchlerisch; heimtückisch, treulos,
untreu
Falsk·beld, Falsk·bel·ler *s.*
psy. Phantom
fäls·ken *ZW* fälschen
Falsk·hait, -en [Falsk·hai-
ten] *w.* Falschheit
Fal·socht, Fal·söch·te *w.*
med. Epilepsie, Fallsucht
fal·söch·tig, -e, -en [fal-
söch·ti·ge] *ZW med.* epileptisch, fallsüchtig
Fa·mil·ge, -n *w.* Familie
(*frz.* famille)
Fa·mil·gen·huus, Fa·mil·gen-
hü·ser *s. arch.* Einfamilienhaus, Wohnhaus
Fa·mil·gen·nao·me, -n *m.*
Familienname, Hausname
Fa·mil·gen·saak, Fa·mil·gen-
sa·ken *w.* Familiensache
Fa·mil·gen·schan·ne *w. o.Mz.*
psy. Familienschande
Fa·mil·gen·wop·pen, -s *s.*
Familienwappen
Fa·mil·lig, -en [Fa·mil·li·gen]
w. Familie
Fang, Fän·ge *m.* Fang, Beute; **nen guë·ten ~ ma·ken**
einen guten Fang machen,
übertr. ein Schnäppchen
machen
fan·gen *uZW* fangen, pak-
ken, greifen, erbeuten, fassen
Fang·i·sen, -s *s. tech.* Fangeisen, Falle
Fänt, -en [Fän·ten] *m.* junger Bursche, Bürschchen,
psy. unerfahrener Junge
Faon, Fäöns *s. bot.* Farn
Faon·kruud, Faon·krü·der
s. bot. Farnkraut
Faon·struuk, Faon·strü·ke
m. bot. Farnstrauch
Faort, -en [Faor·ten] *w. trans.*
Fahrt
fe·rant, -e, -en [fe·ran·te] *EW*
rechts (von der Deichsel)
färn, -e, -en [fär·ne] *EW* fern,
entfernt
Färn, Fär·ne, -n *w.* Ferne
färn·bli·wen *uZW* wegblei-

ben
färn·hol·len 1. *uZW* fernhalten; 2. ~, -e, -en [färn-
hol·le·ne] *EW* ferngehalten, abgehalten
färn·ki·ken *uZW* fernsehen
Färn·ki·ker, -s *m. tech.*
Fernsehapparat, Fernseh-
gerät
färn·sich·tig, -e, -en [färn-
sich·ti·ge] *EW med.* weitsichtig
Färn·schri·wen, -s *s.* Fernschreiben
Färn·schri·wer, -s *m. tech.*
Fernschreiber
färn·stü·ern *ZW tech.* fernsteuern
färn·stü·ert, -e, -en [färn-
stü·er·te] *EW tech.* ferngesteuert
Färn·stü·e·rung, -en [Färn-
stü·e·run·gen] *w. tech.* Fernsteuerung
Färn·vö·kä·er *m. o.Mz. trans.*
Fernverkehr
här·rig, -e, -en [fär·ri·ge] *EW*
fertig; ~ **sien** *übertr. med.*
erschöpft sein; **met e·nen ~
sien** *übertr. psy.* mit jemd.
nichts mehr zu tun haben
wollen
här·rig·brän·gen *uZW* fertigbringen, schaffen
här·rig·maakt, -e, -en [fär-
rig·maak·te] *EW* fertiggemacht
här·rig·ma·ken *uZW* fertigmachen
här·rig·wä·ern *uZW* fertigwerden
här·rig·wuor·den, -e, -en [fär-
rig·wuor·de·ne] *EW* fertiggeworden
Far·we, -n *w.* Farbe, Farbstoff
**far·wen·blind, far·wen·blin-
ne, -n** *EW med.* farbenblind
**Far·wen·kwas, Far·wen-
kwäs·se** *m. tech.* Farbpinsel
far·wen·riek, far·wen·ri·ke, -n
EW farbenreich
far·wig, -e, -en [far·wi·ge]
EW farbig, bunt
Farw·kas·ten, Farw·käs·ten
m. tech. Farbenkasten
Fa·sel·swien, Fa·sel·swi·ne
s. zool. agr. Läuferschwein,
zur Aufzucht bestimmtes
Schwein
Fas·sen *s. o.Mz. rel. tem.*

Fastenzeit
fas·sen *ZW med.* fasten,
hungern
Fas·sen·dag, -e [Fas·sen-
da·ge] *m. rel. tem.* Fasttag
fas·sen·dags *UW tem.* an
Fasttagen
Fas·sen·siänd *m. o.Mz. kult.*
Send zur Fastenzeit (Kir-
mes in Münster)
Fas·sen·sun·dag, -e [Fas-
sen·sun·da·ge] *m. rel. tem.*
Fastensonntag
Fas·sen·tiet, Fas·sen·ti·ten
w. rel. tem. Fastenzeit
fast, -e, -en [fas·te] *EW* fest,
stark, widerstandsfähig
Fast·aomd, -e [Fast·aom·de]
m. tem. Abend vor Fastenbeginn; **un·wi·se ~** *kult.*
Fastnacht, Karneval
Fast·aomd·fi·er, -n *w. kult.*
Karnevalsfeier
**Fast·aomd·wa·gen, Fast-
aomd·wiä·gen** *m. tech.* Karnevalswagen
fast·bin·nen *uZW* festbinden, befestigen, anbinden
fast·bun·nen, -e, -en [fast-
bun·ne·ne] *EW* festgebunden
fas·te *UW* feste, sehr
fast·fö·ern *uZW trans.* festfahren
fast·fö·ert, -e, -en [fast·fö-
er·te] *EW trans.* festgefahren
fast·hol·len 1. *uZW* festhalten; 2. ~, -e, -en [fast·hol-
len·ne] *EW* festgehalten
Fast·hait, -en [Fast·hai·ten]
w. psy., tech. Festigkeit
fast·kü·ern *ZW psy.* festreden, *übertr. psy.* in Widerspruch verwickeln
fast·läg·gen *ZW* anordnen,
festlegen, festsetzen, definieren
fast·lägt, -e, -en [fast·läg·te]
EW festgelegt, definiert
fast·maakt, -e, -en [fast-
maak·te] *EW* festgemacht
fast·ma·ken *uZW* festmachen, befestigen, beschließen, verabreden, eine Ab-
machung treffen, *jur.* vertraglich absichern; **e·nen ~**
psy. jemd. an der Bewe-
gung hindern durch geistige Kräfte
Fast·me·ter, -s *s. tech.* Festmeter, ein Kubikmeter mas-

sives Holz
fast·niä·geln *ZW tech.* festnageln
fast·niä·gelt, -e, -en [fast-
niä·gel·te] *EW tech.* festgenagelt
fast·nië·men *uZW jur.* festnehmen, verhaften
fast·nuo·men, -e, -en [fast-
nuo·me·ne] *EW jur.* festgenommen, gefangen
fast·sät, -te, -ten *EW* festgesetzt
fast·sät·ten *ZW* festsetzen,
blockieren, befestigen; *jur.*
einsperren, in Haft nehmen;
festlegen, vereinbaren
fast·schri·wen *uZW* festschreiben, *jur.* vertraglich
fixieren
fast·sit·ten *uZW* festsitzen,
tech. unbeweglich sein,
blockiert sein, haften, festkleben
fast·stam·pen *ZW* feststampfen
fast·stampt, -e, -en [fast-
stamp·te] *EW* festgestampft
fast·tü·en *ZW* festbinden, anbinden, anknoten, festzurren;
übertr. psy. sich festreden
Fat, Fiä·ter *s. tech.* 1. Fass,
Tonne, größerer Behälter;
2. *tech. hyg.* Badewanne; 3.
tech. Hohlmaß (229 Liter)
Fat·band, Fat·bän·ner *s. tech.*
Fassband, Fassreifen
Fat·bräd, Fat·briä·der *s. tech.*
Fassbrett
Fät·ken, Fät·kes *s. tech.*
Fässchen, kleines Fass
Fat·suun *m. o.Mz.* Form,
Gestalt (*frz.* façon)
fausk, -e, -en [faus·ke] *EW
biol.* vermodert, verrottet;
übertr. psy. charakterlich
schlecht, liederlich
fech·ten *ZW mil.* streiten,
kämpfen, *psy.* sich streiten
Feel, -s *s. agr.* Feld, Acker,
Gemeingrund, Mark
Fel, -·le *s. med.* Fell, Haut;
**dat ~ üö·wer de Ao·ren
trecken** das Fell über die
Ohren ziehen, *übertr. psy.*
auf üble Weise ausnutzen,
jur. betrügen; **dat ~ vö·su-
pen** *kul.* Umtrunk nach
der Beerdigung, Leichen-
schmaus; **dat ~ vö·suo·len**
das Fell versohlen, verhau-

en; **een äö·sig ~ an·häb·ben** *psy.* streitsüchtig sein
Feld, Fel·ler *s. agr.* Feld, Acker
Feld·a·hään *m. o.Mz. bot.* Feldahorn
Feld·ap·teek, Feld·ap·te·ken *w. med. mil.* Feldapotheke
Feld·ar·baid, -en [Feld·ar·bai·den] *w. agr.* Feldarbeit
Feld·baan, Feld·ban·en *w. trans.* Feldbahn, Feldeisenbahn
Feld·bed·de, -n *s. tech.* Feldbett
Feld·flüch·ter, -s *m. zool.* Haustaube
Feld·ge·rai, -e *s. tech. agr.* Feldgerät
Feld·hä·er, -ns *m. mil.* Feldherr
Feld·hoon, Feld·hö·ner *s. zool.* Rebhuhn
Feld·höön·ken, Feld·höön·kes *s. zool.* kleines Rebhuhn
Feld·kant, -e, -en [Feld·kante] *w. agr.* Feldrand
Feld·wäg, Feld·wiä·ge *m. trans.* Feldweg
Feld·wöp·se, -n *w. zool.* Feldwespe
Fel·kes·sao·laot, Fel·kes·sao·lää·te *m. bot.* Feldsalat
Fen·nand *VN* Ferdinand
Fens·ter, -s *s. arch.* Fenster; **in't ~ lig·gen** im Schaufenster ausgestellt sein
Fens·ter·bank, Fens·ter·bän·ke *w. arch.* Fensterbank, Fensterbrett
Fens·ter·glas, Fens·ter·gliä·ser *s. arch.* Fensterglas
Fens·ter·klap, -·pen *w. arch.* Fensterladen
Fens·ter·krüüs, Fens·ter·krü·se *s. arch.* Fensterkreuz
Fens·ter·ru·te, -n *w. arch.* Fensterscheibe, Fensterglas
Fens·ter·schi·we, -n *w. arch.* Fensterscheibe
fer·moost, fer·moos·te, -n *EW* sehr gut, famos
Fer·ri·en *Mz. tem.* Ferien
Fet, -·te *s.* Fett, Schmiere, *kul.* Speisefett; **sien ~ wäg kri·gen** *psy.* seine Rüge, Strafe bekommen; **sien ~ wäg häbben** *psy.* seine Rüge, Strafe bekommen haben
fet, -·te, -·ten *EW* fett,

schmierig; *med.* dick, wohlgenährt; *tech.* gefettet, geschmiert; **~ ma·ken** *kul. agr.* fett machen, mästen
Fet·buuk, Fet·bü·ke *m.* 1. *med.* Fettbauch, sehr dikker Bauch; *bot.* Fetthenne (Pflanze)
Fet·näp·ken, Fet·näp·kes *s. tech.* Fettnäpfen
Fet·pot, Fet·pöt·te *m. tech.* Fettnapf; *tech. kul.* Schmalztopf
Fet·sop·pen, -s *m. kul.* Gemenge aus getrocknetem Weißbrot und Fett mit Speckstückchen
fet·ten *ZW* fetten, schmieren
Fe·wer, -s *s. med.* Fieber; **giä·le ~** *med.* Gelbsucht; **kol·le ~** *med.* Wechselfieber, Schüttelfrost
fe·wer·miä·ten *uZW med.* fiebermessen
fe·wern (up) *EW psy.* fiebern auf etwas
fe·wrig, -e, -en [fe·wri·ge] *EW med.* fiebrig
Fiä·der, -n *w.* 1. *zool.* Feder, Vogelfeder, Gefieder; Flosse; 2. *tech.* Feder, Schwungfeder, Sprungfeder
Fiä·der·bal, Fiä·der·bäl·le *m. spo.* Federball
Fiä·der·bal·spiël, -e [Fiä·der·bal·spië·le] *s. spo.* Federballspiel
Fiä·der·bed·de, -n *s. tech.* Federbett; **Fiä·der·bed·ken, Fiä·der·bed·kes** *s. tech.* Federbettchen, kleines Federbett (für Kinder)
Fiä·der·busk, Fiä·der·büs·ke *m.* Federbusch
Fiä·der·hood, Fiä·der·hö·de *m. tech.* Federhut
Fiä·der·ken, Fiä·der·kes *s. zool., tech.* kleine Feder
Fiä·der·kleed, Fiä·der·kle·der *s. zool.* Federkleid
fiä·der·licht, -e, -en [fiä·der·lich·te] *EW* federleicht
fiä·dern *ZW* 1. *zool.* mausern, Federn lassen; 2. *tech.* federn, schwingen
fiä·dert, -e, -en [fiä·der·te] *EW* 1. *zool.* gefiedert; 2. *tech.* gefedert
Fiä·der·teek·nung, -en [Fiä·der·teek·nun·gen] *w. tech.* Federzeichnung

Fiä·der·ve *s. o.Mz. zool.* Federvieh
Fiä·der·wul·ke, -n *w. met.* Federwolke, Eiswolke
Fiä·ge·bank, Fiä·ge·bän·ke *w. tech.* Ziehbank, Glättbank
Fiä·ge·bät·ken, Fiä·ge·bät·kes *s. psy.* Klatschbase
Fiä·ge·fü·er, -s *s. rel.* Fegefeuer
fiä·gen *ZW hyg.* fegen, reinigen, auskehren; *tech.* glätten (von Holz); *trans.* schnell bewegen
Fiä·ger, -s *m. tech. hyg.* Handfeger, Feger; jemand, der sich schnell bewegt
Fiä·ge·sak, Fiä·ge·siä·ke *m. tech.* Scheuersack
Fiä·ge·schap, Fiä·ge·schiä·pe *s. psy. übertr.* zänkische Frau
Fiä·der·stiärt, -s *m. zool.* Federschwanz
Fiä·ken, -s *s. zool.* Ferkel
fiä·ken *ZW zool. med.* ferkeln, Ferkel gebären
Fiä·ken·markt, Fiä·ken·miärk·te *m. fin. agr.* Ferkelmarkt
Fiä·ken·suë·ge, -n *w. zool.* Mutterschwein
Fiä·ken·trop, Fiä·ken·tröp·pe *m. zool.* Ferkel aus einem Wurf
Fiäks·ken, Fiäks·kes *s. zool.* Ferkelchen
fiä·men *ZW* einfädeln
Fiäm·kes·sum·mer, Fiäm·kes·süm·mers *m. tem. met.* Altweibersommer
Fiär, -n *w. zool., tech.* Feder
Fiär·stel, -s *s. tech.* Federhalter
Fiär·we·mid·del, -s *s. chem.* Färbmittel
fiär·wen *ZW* färben
Fiär·wer, -s *m. tech.* Färber
Fiär·we·ri, -en *w. tech.* Färberei
fiärwt, -e, -en [fiärw·te] *EW* gefärbt
Fiär·wung, -en [Fiär·wun·gen] *w.* Färbung
Fiä·se, -n *w. med.* Ferse, Hacke
Fiäst, -e [Fiäs·te] *m. arch.* First (des Daches)
Fiäst·pan·ne, -n *w. arch.* Firstpfanne
fi·cheln *ZW* fächeln
Fickel, -s [Fik·kel] *m. hyg.* un-

sauberer Mensch, Schmutz-
fink
ficken [fik·ken] *ZW med.* beschlafen
ficke·rig, -e, -en [fik·ke·rig],
[fik·ke·ri·ge] *EW psy.* nervös,
aufgeregt
fid·deln *ZW mus.* fiedeln,
geigen
Fid·di·bus, ·-se *m. tech.* Fidibus, Holzspan zum An-
feuern
**Fieks·bain·ken, Fieks·bain-
kes** *s. bot.* kleine Stangenbohne
Fiek·se·bau·ne, -n *w. bot.*
Stangenbohne
Fieks·sta·ken, -s *m. tech.
agr.* Bohnenstange
Fiel·bank, Fiel·bän·ke *w.
tech.* Werkbank
Fiel·ken, Fiel·kes *s. tech.*
kleine Feile
fië·meln *ZW* befühlen
fien, fi·ne, -n *EW* fein, schick,
hübsch; zart; besonders gut;
psy. vornehm; *psy.* anständig im Charakter; **stil·le ~**
unauffällig schick, unauffällig hübsch; **fi·ne Lü·de** Menschen, die körperlich nicht
arbeiten müssen; **fi·ner** feiner; **an fiens·ten** am feinsten
Fiend, -e [Fien·de] *m. psy.,
mil.* Feind, Widersacher
fiend·lik, fiend·licke, -n [fiend-
lik·ke] *EW psy., mil.* feindlich
Fiend·schup, ·-pen *w. psy.,
mil.* Feindschaft
fiend·siä·lig, -e, -en [fiend-
siä·li·ge] *EW psy., mil.* feindselig
Fiend·siä·lig·kait, -en [Fiend-
siä·lig·kai·ten] *w. psy., mil.*
Feindseligkeit
fien·ma·ken *uZW* feinmachen, festtäglich anhübschen;
schmücken
Fien·smet, Fien·smets *m.
tech.* Feinschmied
Fi·er, -n *w.* Feier, Fest
Fi·er·aomd, -e [Fi·er·aom·de]
m. tem. Feierabend, Ar-
beitsruhe
Fi·er·dag, -e [Fi·er·da·ge] *m.
tem.* Feiertag, Ruhetag
fi·er·dags *UW tem.* feiertags
**Fi·er·dags·kleed, Fi·er·dags-
kle·der** *s.* Festkleid

Fi·e·ri, ·-en *w.* Feiern
fi·er·lik, fi·er·licke, -n [fi·er-
lik·ke] *EW* feierlich, festlich
Fi·er·lik·kait, -en [Fi·er·lik·kai-
ten] *w.* Feierlichkeit, Festlichkeit
fi·ern *ZW* feiern
Fi·er·stun, ·-nen *w. tem.* Feierstunde
fies, fi·se, -n *EW psy.* gemein, widerlich, unsympa-
thisch; garstig, unangenehm
Fies·län·ner, -s *m. psy.* hin-
terlistiger Mensch
Fiets, -en [Fiet·sen] *w. trans.*
Fahrrad
fiew, fi·we *ZaW* fünf
fie·wen·halw, -e, -en [fie-
wen·hal·we] *ZaW* fünfeinhalb
fiew·jäö·rig, -e, -en [fiew·jäö-
ri·ge] *EW tem.* fünfjährig
Fiew·kant, -s *m. tech.* Fünfeck
fiew·kän·tig, -e, -en [fiew-
kän·ti·ge] *EW* fünfeckig
fiew·maol *UW* fünfmal
fiew·mao·lig, -e, -en [fiew-
mao·li·ge] *EW* fünfmalig
Fi·fat (up) Hut schief auf dem
Kopf, Hut zum Gruß abzie-
hen (lat. vivat)
Fi·ge, -n *w. bot.* Feige
fig·geln *ZW* abschneiden,
schnitzen
Fik·fäcke·ri, ·-en [Fik·fäk·ke-
ri] *w. psy.* Ausflüchte, Ausrede; unnützer Tand
Fi·le, -n *w. tech.* Feile, Raspel
fi·len *ZW tech.* feilen, mit der
Feile bearbeiten, raspeln
Fi·len·ma·ker, -s *m. tech.*
Feilenhauer
Fi·len·spaon, Fi·len·späö·ne
m. tech. Feilspan
Fi·li·us, ·-se *m.* (lat. filius)
Sohn
fil·len *ZW* Haut, Fell oder
Pelle abziehen, abhäuten
Fil·ler, -s *m. tech.* stump-
fes Messer; Abdecker
Film, -e [Fil·me] *m. tech.*
Film
**Film·klië·we·band, Film·klië-
we·bän·ner** *s. tech.* (Film-)
Klebeband
Fi·lu, ·-us *m. psy.* Filou,
scherzh. Betrüger, Spitzbu-
be, durchtriebener Mensch;
Schlaukopf, Schelm (*frz.* filou)

fi·lu·ig, -e, -en [fi·lu·i·ge] *EW
psy.* durchtrieben
Fim·mel, -s *m. psy.* Tick,
Marotte, übertriebenes Interesse
fim·me·lig, -e, -en [fim·me-
lige] *EW psy.* nervös, närrisch, verrückt
Fi·ne *VN* Josefine; **Fien·ken**
VN kleine Josefine
fi·nes·sig, -e, -en [fi·nes·si-
ge] *EW psy.* stichelig, tük-
kisch (*frz.* finesse)
fin·ge·le·ern *ZW* ausklügeln,
fingern,
Fin·ger, -s *m. med.* Finger;
de ~s vö·briä·nen *med.*
die Finger verbrennen; *übertr.
psy.* unvorsichtig sein *insbes.* bei Gesprächen; **in'n
~ sni·den** *übertr. psy.* zum
eigenen Nachteil verrechnen;
up de ~s ki·ken *übertr.*
kontrollieren
Fin·ger·dop, Fin·ger·döp·pe
m. med. Fingerkuppe, Fingerspitze
Fin·ger·hood, Fin·ger·hö·de
m. tech. Fingerhut
Fin·ger·ken, Fin·ger·kes *s.
med.* Fingerchen, kleiner
Finger
Fin·ger·na·gel, Fin·ger·niä·gel
m. med. Fingernagel
Fink, -en [Fin·ken] *m. zool.*
Fink, Finkenvogel
Fin·ken·biärg *ON* Finkenberg
Fin·land *geog.* Finnland
Fin·län·ner, -s *m.* Finnländer
Fin·ne, -n *w. zool.* Trichine
Fin·nen·ki·ker, -s *m. med.*
Fleischbeschauer, Trichi-
nenbeschauer; *übertr. psy.*
kleinlicher Mensch
fin·nen *uZW* finden
fin·nig, -e, -en [fin·ni·ge] *EW
med.* mit Trichinen verseucht,
räudig, unrein
fin·sel·te·ern *ZW psy.* sich
geistig abwesend mit etwas
beschäftigen
finsk, -e, -en [fins·ke] *EW
kult.* finnisch
Fin·te, -n *w. psy.* List, Vorwand, Trick
Fips, -e [Fip·se] *m.* kleiner
Junge, dünner magerer Kerl;
psy. unruhiger Junge; *psy.*
Windbeutel
fip·sig, -e, -en [fip·si·ge] *EW*

med. schmächtig, mager;
psy. unruhig, flatterhaft, fahrig
Fi·sa̱n, -e [Fi·sa·ne] m. zool.
Fasan
Fi·sa·ne·ri̱, -·en w. Fasanerie
Fisk, -e [Fis·ke] m. zool. Fisch
Fisk·dag, -e [Fisk·da·ge] m.
rel. tem. Tag, an dem Fisch
gegessen wird (insbes.
Freitag)
Fis·ke·di̱ek, Fis·ke·di·ke m.
Fischteich
Fis·ken s. o.Mz. Fischerei,
Fischfang; ~, **Fis·kes** s.
zool. Fischlein, Fischchen
fis·ken ZW fischen, auf
Fischfang sein
Fis·ker, -s m. Fischer
**Fis·ker·duorp, Fis·ker·düör-
per** s. geog Fischerdorf
Fis·ke·ri̱ s. o.Mz. Fischerei
Fis·ker·man, Fis·ker·lü·de
m. Fischer, Fischfänger
Fisk·net, -·te s. tech. Fisch-
netz
Fisk·stiärt, -s m. zool.
Schwanzflosse
Fisk·tucht, -en [Fisk·tuch-
ten] w. zool. Fischzucht
fis·seln ZW met. nieseln,
leicht fein regnen
Fis·sel·riän·gen m. o.Mz. met.
Nieselregen, anhaltender feiner Regen
Fis·se·ma·te̱n·ten Mz. psy.
unüberlegte Tat, Tat mit un-
sicherem Ausgang, über-
flüssige Schwierigkeiten
fis·sen ZW tech. Abbinden
des Bind beim Spinnen
Fit·ken, Fit·kes s. billiges
Kleidungsstück
Flacke·ri̱, -·en [Flak·ke·ri] w.
Flackerei, Geflacker
flackers·ken [flak·kers·ken]
ZW flackern, lichterloh brennen
flad·dern ZW flattern
Fla·du̱·se, -n w. tech. Haube, Mütze (der verheirateten Frau)
flä·ge EW ziemlich
flai·en ZW Flöhe fangen
Flai·ge, -n w. zool. Fliege,
insbes. Stubenfliege
flai·gen uZW fliegen; übertr.
eilen, sich schnell bewe-
gen; stürzen, fallen
**Flai·gen·draod, Flai·gen·dräö-
de** m. tech. Fliegendraht,
Fliegengitter

Flai·gen·fän·ger, -s m. Fliegenfänger; übertr. psy.
Nichtsnutz
Flai·gen·foot, Flai·gen·fö·te
m. med. Fliegenfuß
Flai·gen·klöp·per, -s m.
tech. Fliegenklatsche
Flai·gen·plao·ge, -n w. zool.
Fliegenplage
**Flai·gen·schap, Flai·gen-
schiä·pe** s. tech. Fliegenschrank, Schrank mit Fliegengittern
Flai·gen·snäp·per, -s m.
zool. Fliegenschnäpper
**Flai·gen·stool, Flai·gen·stö-
le** m. bot. Fliegenpilz
Flai·ger, -s m. trans. Flieger, Flugzeug; Pilot
Flai·ger·stri·pen, -s m. met.
trans. Kondensstreifen
Flait, -en [Flai·ten] w. tech.
mus. Flöte, Pfeife
flai·ten 1. ZW mus. flöten,
pfeifen; zool. zwitschern; **up
wat ~** psy. sich nicht um
etwas kümmern 2. fließen,
strömen
flai·ten·gaon uZW davonfließen; übertr. verlieren
Flai·ten·spie̱·ler, -s m. mus.
Flötenspieler, Flötist
flai·te·pi·pen! ätsch! denkste! von wegen! Pusteku-
chen!
Flait·piep·ken, Flait·piep·kes
s. tech. mus. kleine Flötenpfeife
Flait·pi·pe, -n w. tech. mus.
Flötenpfeife
flak, flacke, -n [flak·ke] EW
flach, eben, seicht
Flam·wel·len s. o.Mz. tech.
Gasflammschweißen
fla·ne̱·ern ZW flanieren, tändeln, müßig umherschlen-
dern
flan·ke̱·ern ZW flankieren,
mil. von der Seite decken
oder fassen; umfassen
Flan·nern geog. Flandern
flän·nern ZW med. sehr
dünnen Stuhlgang machen
Flao·sem ON Flaesheim
Flaots·ken, Flaots·kes m.
großes Stück
flap·ken ZW psy. sich albern benehmen
Fläp·pe, -n w. (Hänge-)Lip-
pe, Mundwerk; **ne ~ trek-
ken** psy. den Mund ver-

ziehen, beleidigtes Gesicht
machen
Flap·pes, -·se m. psy. un-
gehöriger Junge, Flegel
flap·sig, -e, -en [flap·si·ge]
EW psy. flegelhaft, albern,
vorlaut
Flar·re, -n w. psy. gehäs-
sige Frau
Flas m. o.Mz. bot. Flachs
Flas·fink, -en [Flas·fin·ken]
m. zool. Hänfling
flas·giäl, -e, -en [flas·giä·le]
EW flachsgelb, strohgelb
Flas·haor, -e [Flas·hao·re]
s. med. Flachshaar, blon-
des Haar
Flas·ke, -n w. tech. Flasche
Flas·kop, Flas·köp·pe m.
blonder Mensch, Blond-
schopf
Flas·ra·ke, -n w. tech. Flachsbreche
fläs·sern, -e, -en [fläs·ser-
ne] EW aus Flachs
Flas·spier, -s m. bot. Flachsstängel
flat·ken ZW unbeholfen fliegen
Flatk·hood, Flatk·hö·de m.
tech. Klapphut (bei der Ernte)
flat·te·ern ZW psy. schmeicheln, zureden, scharwen-
zeln (frz. flatter)
flau, -e, -en EW med. übel,
schlecht
Flau, Flai·e m. zool. Floh
Flau·kruud s. o.Mz. bot.
Flohkraut (Pulicaria dysenterica)
flaut, -e, -en [flau·te] EW
flach, seicht
Flaut·büë·ne, -n w. tech.
gepflastertes Bachbett unterhalb des Wehres
Flau·te, -n w. seichte Stelle
im Wasser
flau·tend, -e, -en [flau·tend-
de] EW fließend
Flech·te, -n w. tech. Seitenbrett am Wagen
flecken [flek·ken] ZW psy.
petzen, jemd. verraten
Fleesk s. o.Mz. med., kul.
Fleisch
Fleesk·blo·me, -n w. bot.
Kuckuckslichtnelke
Fleesk·far·we, -n w. Fleischfarbe
fleesk·far·wen, -e, -en [fleesk-
far·we·ne] EW fleischfarben

Fleesk·flai·ge, -n *w. bot.*
Fleischfliege
Fleesk·gaw·wel, -n *w. tech.*
Fleischgabel
Flens·borg *ON* Flensburg
Flep·pen *Mz. jur.* Ausweis-
papiere (Personalausweis,
Führerschein usw.)
flep·pen *ZW psy.* petzen
Flet, -·te *s. arch.* Herdraum
Fliä·der·holt, Fliä·der·höl·ter
s. bot. Fliederstrauch
Fliär·blo·me, -n *w. bot.* Ho-
lunder
Fliär·muus, Fliär·mü·se *w.*
zool. Fledermaus
flicken [flik·ken] *ZW* umkip-
pen
Flicker·män·ken, Flicker-
män·kes [Flik·ker·män·ken]
s. kleines Feuer; ~ **ma·ken**
Feuer legen, mit Feuer spielen
flickern [flik·kern] *ZW* flak-
kern, lodern, unruhig brennen
Flië̆d, -e [Flië·de] *m. psy.*
Dummheit, Streich
Flië·gel, -s *m. tech. agr.* Flegel (Dreschen); *übertr. psy.*
Lümmel
flië·geln *ZW psy.* flegeln, flegelhaft benehmen
Flië·mer·kist, -en [Flië·mer-
kis·ten] *w. tech.* Fernsehapparat (Flimmerkiste)
Flië·mer·kunt, -en [Flië·mer-
kun·ten] *w. psy.* Schmeichler
flië·mern *ZW* flimmern
Fliet *m. o.Mz. psy.* Fleiß
flik·stern *ZW* flackern
fli·mern *ZW psy.* schmeicheln
Flis·te·ri̱, -·en *w.* Geflüster
flis·tern *ZW* flüstern
Flis·ter·tu·te, -n *w. tech.*
Sprachrohr, Megaphon
fli·tig, -e, -en [fli·ti·ge] *EW psy.*
fleißig
Flit·ken, Flit·kes 1. *m. zool.*
Flügel; 2. *s. psy.* Mädchen,
das von Einem zum Ande-
ren „fliegt", Flittchen
Flits, -e [Flit·se] *m. tech.* Pfeil
Flit·se·buo·gen, Flit·se·büö·
gen *m. tech.* Bogen zum
Schießen von Pfeilen
Flit·sen *Mz. psy.* Phantasie-
gespinste; ~ **in'n Kop häb·**
ben *psy.* spinnen, nicht mit
beiden Beinen auf dem Bo-
den stehen

flit·sen *ZW* schnell rennen
Flit·sen·fän·ger, -s *m. psy.*
erfolgloser Mensch, Spinner
Flits·ke, -n *w. tech.* Fletsche
Flit·ter·ken, Flit·ter·kes *s.*
kleines Stück
flö·ken *ZW psy.* fluchen
Flö·ke·ri̱, -·en *w. psy.* Ge-
fluche
flo·mig, -e, -en [flo·mi·ge] *EW*
trübe, unklar
Floog·schien, Floog·schi·ne
m. trans. Flugschein, Flug-
ticket
Flook, Flö·ke *m. psy.* Fluch
Floom, Flo·men *m. med.*
Fett, Nierenfett (*insbes.* vom
Schwein)
Floot, Flo·ten *w.* Flut, auflaufendes Wasser, Wasser-
schwall
Flor·dook, Flor·dö·ker *s.*
Schleier, *tech.* Tuch aus Velours
Flo·ren·kruut *s. o.Mz. bot.*
Gagel (Myrica gale)
Flos·si·pe, -es *s. trans.* Fahrrad (*frz.* velociped)
Flot, Flöt·te *s. naut.* Floß,
Schwimmkörper
flo·ten *ZW* fluten, unter Wasser setzen, sich ergießen
flö·ten·gaon *uZW* verlorengehen
flö·tig, -e, -en [flö·ti·ge] *EW*
flüssig
Flö·ti·ge *s. o.Mz.* Flüssigkeit
Flöt·te, -n *w.* Fließendes,
geol. Fluss, Bach
flü·chen *ZW* flüchten, fliehen
flud·de·rig, -e, -en [flud·de·ri-
ge] *EW* flatternd, lose hängend; *psy.* flatterhaft
flud·dern *ZW* flattern, mit
den Flügeln schlagen, sich
leicht bewegen; *übertr.* weghuschen
Flud·ders·ke, -s *w. zool.*
Schmetterling
Flüë·gel, -s *m. med., tech.,*
mus. Flügel; *arch.* Hausflügel
Flüë·gel·fiä·der, -n *w. med.*
Flügelfeder
Flüë·gel·frocht, Flüë·gel·
fröch·te *w. bot.* Flügelfrucht
flüë·ge·lig, -e, -en [flüë·ge-
li·ge] *EW* flügelig
Flüë·gel·kant, -en [Flüë·gel-
kan·ten] *w.* Flügelrand
Flüë·gel·ken, Flüë·gel·kes *s.*

med., tech. kleiner Flügel,
Flügelchen, *arch.* kleiner
Hausflügel
flüë·gel·lam, -·me, -·men *EW*
med. flügellahm
Flüë·gel·sig·naol, -e [Flüë-
gel·sig·nao·le] *s. tech. trans.*
Flügelsignal
Flüë·gel·slag, Flüë·gel·sliä·
ge *m. zool.* Flügelschlag
Flüë·gel·tim·pen, -s *m.* Flü-
gelspitze
flüg·ge, -n *EW zool.* flugfähig; *übertr. psy.* erwachsen
Flüg·gers·ke, -s *w. psy.*
leichtsinniges Mädchen
flug·lam, -·me, -·men *EW*
med. flügellahm, flugunfähig
Flugt, -en [Flug·ten] *w. arch.*
Flügel (von Gebäuden)
Flüg·up, -s *m. und s.* alles,
was leicht fliegt (wie Asche,
Staub)
Fluks·ter, -s *s. psy.* Herumtreiberin
fluks·tern *ZW* flattern, *psy.*
herumtreiben
fluks·trig, -e, -en [fluks·tri·ge]
EW psy. flatterhaft, leichtfertig
flu·mig, -e, -en [flu·mi·ge] *EW*
flauschig
Flunk, Flün·ke *m. tech.*
Bandende, *med.* Schwanz-
ende
Flun·ken, -s *m. med.* Flügel; *übertr.* Arm, Bein
Flun·ner, -s *w. zool.* Flunder
Flup·pe, -n *w.* Zigarette
flup·pen *ZW* flutschen, gleiten, schlüpfen; **et flupt** *übertr.*
es geht gut von der Hand,
es gelingt leicht
Flu·sen *Mz.* Flausen
flu·sig, -e, -en [flu·si·ge] *EW*
psy. leichtfertig, locker
Fluum, Flü·me *m. med.*
Flaum, erster Bartwuchs
Pluum·fiä·der, -n *w. zool.*
Flaumfeder
föd·der *UW* voran
Fo·er *s.* 1. *o.Mz. kul.* Futter, *bes.* Viehfutter; 2. ~, -s
trans. Fuhre, Fuder, Ladung,
Wagenladung
Fö·er·gast, Fö·er·gäst *m.*
tans. Fahrgast, Passagier
Fo·er·hüüs·ken, Fo·er·hüüs·
kes *s. tech.* Futterhäuschen, Vogelhäuschen

Fo·er·kist, -en [Fo·er·kis·ten] w. tech. agr. Futterkiste
Fo·er·lok, Fo·er·löcker [Fo·er·lök·ker] s. agr. Futterloch
Fö·er·man, Fö·er·lü·de m. trans. Fuhrmann
fo·ern ZW kul. füttern
fö·ern uZW kul. trans. fahren (mit Fahrzeug); führen, leiten; **to har·re ~** trans. zu schnell fahren
fö·ern·lao·ten uZW fahrenlassen, wegfahren lassen; **e·nen ~** med. pupsen
Fo·er·sak, Fo·er·siä·ke m. tech. kul. Futtersack (zum Umhängen z.B. bei Pferden), Brotbeutel
Fö·er·schien, Fö·er·schi·ne m. trans. Fahrschein, Fahrkarte
Fo·er·sö·ken s. o.Mz. Futtersuche
Fo·er·trog, Fo·er·trüö·ge m. tech. agr. Futtertrog, Krippe
Fö·er·wäg, Fö·er·wiä·ge m. trans. Fuhrweg
Fö·er·wiärk, -e [Fö·er·wiär·ke] s. trans. Fuhrwerk, Gefährt
Fo·ge, -n w. tech. Fuge, Ritz, Riss
fö·gen ZW fügen, einpassen
fo·gen ZW tech. fugen, Fugen im Mauerwerk ausfüllen
Fo·ger, -s m. tech. Fuger
fö·len uZW psy. fühlen, tasten; betasten, anfassen; empfinden, (be)merken; sich fühlen (gut oder schlecht)
Fö·ler, -s m. tech. Sensor, zool. Fühler
Föl·ge, -n w. tech. dreiteiliges Abdeckbrett vom Sauerkrautfass
Föl·ken, Föl·kes s. kleine Falte, Fältchen
Fol·le, -n w. Falte, med. Runzel
fol·len ZW falten, biegen, umklappen; **de Han·nen ~** rel. die Hände falten, beten
föl·len ZW med. fohlen, ein Fohlen gebären
Föl·len, -s s. zool. Fohlen
Föl·len·stiärt, -s m. med. Fohlenschwanz
fol·lig, -e, -en [fol·li·ge] EW faltig, faltenreich, med. runzelig
Foog·i·sen, -s s. tech. Fugeisen

fööl·baor, -e, -en [fööl·baore] EW fühlbar
Fööl·i·sen, -s s. „Fühleisen"; **dat ~ in'ne Tas·ke häb·ben** übertr. psy. die Absicht haben jemd. auszufragen
fööl·laus, -e, -en [fööl·lau·se] EW psy., med. gefühllos
Foor, Föörs s. zool. kastriertes Schwein
Foot, Fö·te m. 1. med. Fuß, Bein; 2. tech. Stütze, Ständer; Maß (12 Zoll bzw. 28 cm); **et löp di wul üm de Fö·te!** übertr. psy. du spinnst wohl! **klai mi an'ne Fö·te** psy. derbe Abweisung: du kannst mich mal; **niks üm de Fö·te häb·ben** übertr. keine Aufgaben haben; **up de Fö·te fal·len** übertr. psy. Glück im Unglück haben; **up de Fö·te triä·ten** übertr. psy. verletzend mit Worten sein; **wat an'ne Fö·te häb·ben** übertr. fin. gute Aussteuer haben, reich sein
Foot·ä·sen s. o.Mz. psy. Arschkriecherei
Foot·bal, Foot·bäl·le m. spo. Fußball (Ball sowie Spiel)
foot·bal·spië·len ZW spo. fußballspielen
Foot·bal·spië·ler, -s m. spo. Fußballspieler
Foot·bank, Foot·bän·ke w. tech. Fußbank
Foot·buo·den, Foot·büö·den m. arch. Fußboden
Foot·en·ne, -n s. tech. Fußende (vom Bett)
Foot·gän·ger, -s m. Fußgänger, Passant
Fööt·ken, Fööt·kes s. med., tech. Füßchen, kleiner Fuß
Foot·na·gel, Foot·niä·gel m. med. Fußnagel
Foot·pat, Foot·pät·te m. trans. Fußweg, Gehweg, Bürgersteig
Foot·pat·ke, -n w. Fußstapfe, Fußabdruck
Foot·pät·ken, Foot·pät·kes s. trans. schmaler Fußweg
Foot·stööw·ken, Foot·stööw·kes s. tech. Fußöfchen
Foot·sul·daot, -en [Foot·sul·dao·ten] m. mil. Infanterist
Foot·sul·dao·ten Mz. mil. Infanterie
Foot·wäg, Foot·wiä·ge m.

trans. Fußweg, Gehweg, Bürgersteig
för VW, UW für
För·bid·de, -n w. rel. Fürbitte
för·dan UW fort, fürbass
Fö·rer·schien, Fö·rer·schi·ne m. trans. Führerschein, amtliche Fahrerlaubnis
fö·rig, -e, -en [fö·ri·ge] EW psy. unruhig
for·me·ern ZW formieren
För·spraok, -en [För·spraoken] w. Fürsprache
För·spriä·ker, -s m. Fürsprecher
För·suor·ge, -n w. psy. Fürsorge; Sozialamt
fort, -s UW tem. sofort, sogleich, auf der Stelle
För·waod, För·wäö·der s. Fürwort, Pronomen
för·wis fürwahr, wirklich, bestimmt
Fos, Fös·se m. zool. Fuchs; **nen ~ in'n Pot häb·ben** kul. angebranntes Essen im Topf haben; **Lüt·te ~** m. zool. Kleiner Fuchs
Fos·iängs·ter, -n w. zool. Eichelhäher
Fos·lok, Fos·löcker [Fos·lök·ker] s. Fuchsbau
Fos·puup, Fos·pu·pe m. bot. Bovist
fös·sig, -e, -en [fös·si·ge] EW fuchsig, rotbraun
Fos·stiärt, -s m. med., bot. Fuchsschwanz
fo·ten ZW fußen, Fuß fassen
Fot·gang, Fot·gän·ge m. Fortschritt
Frai·de, -n w. psy. Freude, Vergnügen, Spaß, Wohlgefallen
Frai·den·dag, -e [Frai·den·da·ge] m. tem. Freudentag
Frai·den·fü·er, -s s. Freudenfeuer
frai·dig, -e, -en [frai·di·ge] EW psy. freudig
fraid·lik, fraid·licke, -n [fraid·lik·ke] EW psy. friedlich
frai·en (sik) ZW psy. freuen, sich freuen, froh sein, glücklich sein
Frai·ken, Frai·kes s. Frauchen
Frai·lain, -s s. Fräulein
Frai·se·küë·del, -s m. med. Fröstler, jemand, der leicht

friert
Frai·sen *s. o.Mz.* 1. *met.*
Frieren, Frost; 2. *med.* (kaltes) Fieber, Schüttelfrost
frai·sen *uZW* frieren
Fram·mensk, -en [Frammens·ken] *s.* Frau (abfällig), Frauenzimmer
fran·ke·ern *ZW* frankieren
Frank·fuort *ON* Frankfurt
Frank·riek *geog.* Frankreich
Fran·ni·ge, -n *w. tech.* Franse (*frz.* frange)
Frans *VN* Franz; **Fräns·ken** *VN* Fränzchen
Fran·sens·man, Fran·sens·lü *m.* Franzose
Fran·sens·tiet *w. o.Mz. tem. pol.* Zeit unter französischer Besatzung
fräns·ken *ZW* wiehern; Zähne zeigen
fran·söösk, -e, -en [fransöös·ke] *EW kult.* französisch
fran·ten *ZW* nörgeln
Frao·ge, -n *w.* Frage
Frao·ge·ääs, Frao·ge·ä·se *s.* Vielfrager, lästiger Frager
Frao·ge·buo·gen, Frao·ge·büö·gen *m.* Fragebogen, Formular
Frao·ge·hiëmd, -e [Frao·ge·hiëm·de] *s.* „Fragehemd"; **dat ~ an·häb·ben** ständig fragen
Frao·ge·ki·ken *s. o.Mz.* fragender Blick
frao·gen *uZW* fragen, um Rat ersuchen; **dat Hiëmd van't Gat ~** *übertr.* ausfragen
Frao·ge·ri, -·en *w.* Frage, Nachfrage; *jur.* Verhör
Frao·ge·riem·sel, -s *s. mus.* Fragereim
Frao·ge·te·ken, -s *s.* Fragezeichen; **een ~ äch·ter sät·ten** *psy.* in Frage stellen, anzweifeln
Frao·ge·waod, Frao·ge·wäö·der *s.* Fragewort
fraog·lik, fraog·licke, -n [fraog·lik·ke] *EW* fraglich, fragwürdig
fraog·wies *EW* fragend
Frau, -·lü, -·lü·de *w.* Frau, Bäuerin
Frau·lü·klaus·ter, -s *s. arch. rel.* Nonnenkloster, Frauenkloster

freed, fre·de, -n *EW med.* streng, kräftig, derb, *biol.* widerstandsfähig, *med.* gesund, robust, gut beieinander
freesk, -e, -en [fees·ke] *EW* friesisch
Frees·land *geog.* Friesland
Frem·pel·kop, Frem·pel·köp·pe *m. psy.* Querkopf (Schimpfwort)
frem·peln *ZW psy.* Ärger machen, motzen
Fre·se, -n *m.* Friese, Bewohner Frieslands
Fret·ken, Fret·kes *s. zool.* Frettchen (Abart des Iltisses)
fret·te·ern *ZW* frettieren, mit einem Frettchen jagen
fri, -·e, -·en *EW* frei
Friä·den *m. o.Mz. psy., mil.* Friede, Ruhe; **~ gië·wen** *psy.* sich gedulden, Ruhe geben
Friä·kenst *ON* Freckenhorst
Friär *m. o.Mz.* Friede, Ruhe
Friä·ten *s. o.Mz. kul.* Fressen, Futter; Fraß
friä·ten 1. *uZW kul.* fressen, verschlingen; **~ äs'n Damp·düörs·ker** *kul.* unersättlich essen; 2. **~, -e, -en** [friä·te·ne] *EW kul.* gefressen, verschlungen
Friä·ter, -s *m. kul.* Fresser
Friä·te·ri, -·en *w. kul.* Fresserei
Friät·nao·ber, -s *m.* Nachbar, der zum Essen (und Trinken) eingeladen ist
Friät·sak, Friät·siä·ke *m. kul.* Fresssack, Vielfraß, Vielesser
Friä·wel *m. o.Mz. psy.* Frevel
friä·weln *ZW psy.* freveln
Fri·be·er *s. o.Mz. kul.* Freibier
fri·ben *ZW* reiben, zerreiben
Fri·dag, -e [Fri·da·ge] *m. tem.* Freitag; **stil·len ~** *m. rel. tem.* Karfreitag, Freitag der Karwoche
fri·dags *UW tem.* freitags
Fri·dags·iä·ten *s. o.Mz. kul.* Freitagsessen (ohne Fleisch)
Fri·den·ker, -s *m. und w. psy.* Liberale(r)
fri·denksk, -e, -en [fri·denks·ke] *EW psy.* liberal
Fri·disk, -e [Fri·dis·ke] *m. kul. fin.* Freitisch, Tisch, an dem man nicht bezahlen muss (z.B. auf Feierlich-

keiten)
Fri·e *s. o.Mz. med.* Fußrükken, Rist
Fried, -s *s. tech.* Einfriedigung, Einzäunung
Fri·e·büül, -s *m. psy.* jemd., der gern und oft mit Mädchen anbändelt, Frauenheld
fri·en *ZW psy.* freien, werben; heiraten
Fri·er, -s *m. psy.* Freier, Bräutigam
Fri·e·ri, -·en *w. psy.* Liebeswerben, Heirat, Liebschaft
Fri·ers·fö·te *Mz. psy.* Freiersfüßen (auf)
Frig·gen·äö·le *ON* Freienohl
fri·gië·wen 1. *uZW* freigeben; 2. **~, -e, -en** [fri·giëwe·ne] *EW* freigegeben
fri·giëwsk, -e, -en [fri·giëws·ke] *EW psy.* freigiebig
fri·häb·ben *uZW* frei haben, Urlaub haben
Fri·hä·er, -ns *m.* Freiherr
Fri·hait, -en [Fri·hai·ten] *w.* Freiheit
Fri·han·nel *m. o.Mz. fin.* Freihandel
fri·hol·len 1. *uZW* freihalten, reservieren; 2. **~, -e, -en** [fri·hol·le·ne] *EW* freigehalten
fri·kuë·men *uZW* freikommen, befreit werden
Fri·kuë·men *s. o.Mz.* Befreiung, Erlösung
fri·lao·ten 1. *uZW* freilassen, reservieren; 2. **~, -e, -en** [fri·lao·te·ne] *EW* freigelassen, reserviert
fri·maakt, -e, -en [fri·maakte] *EW* freigemacht
fri·ma·ken *uZW* freimachen; **(sik) fri·ma·ken** *uZW* (sich) Urlaub nehmen
fri·meln *ZW tech.* tüfteln, ausprobieren
fri·pös·tig, -e, -en [fri·pösti·ge] *EW psy.* frech, dreist
fri·sin·nig, -e, -en [fri·sin·nige] *EW psy.* tolerant
frisk, -e, -en [fris·ke] *EW biol.* frisch, unverdorben (Nahrung); *met.* kühl; neu, unverbraucht; **fris·ker** frischer; **an fris·kes·ken** am frischesten
Fris·ke, -n *w.* Frische
Frisk·wa·ter, Frisk·wä·ters *s.* Frischwasser, Trinkwasser
Frisk·wa·ter·net, -·te *s. tech.*

Frischwassernetz, Trinkwassernetz

Fri·staod, Fri·stäö·de *m. pol.* Freistaat, Republik

Fri·stun·ne, -n *w. tem.* Freistunde

Fri·tiet *w. o.Mz. tem.* Freizeit

Frits *VN* Friedrich, Fritz

Frits·ken, Frits·kes Fritzchen

fri·wiält·lik, fri·wiält·licke, -n [fri·wiält·lik·ke] *EW jur.* freiweltlich

fri·wil·lig, -e, -en [fri·wil·li·ge] *EW psy.* freiwillig, aus freien Stücken

Fri·wil·li·ge, -n *m., w. und s. psy.* Freiwillige(r)

frö, -·e, -en *EW tem.* früh; **frö·er** früher; **an fröos·ten** am frühesten

Frocht, Fröch·te *w. bot.* Frucht, Obst

fröch·ten *ZW psy.* fürchten

froch·ten *ZW* fruchten, Früchte tragen (auch im *übertr.* Sinne)

Frö·dänst, -e [Frö·däns·te] *m.* Frühschicht

Frö·e *w. o.Mz. tem.* Frühe

frö·er *UW tem.* früher, einst, einstmals; ~, **-e, -en** [frö·e·re] *EW tem.* früher

Frö·jaor, -e [Frö·jao·re] *s. tem.* Frühjahr, Frühling, Frühlingszeit

Frö·jaors·blo·me, -n *w. bot.* Frühlingsblume

Frö·jaors·dag, -e [Frö·jaors·da·ge] *m. tem.* Frühlingstag

Frö·jaors·leed, Frö·jaors·le·der *s. mus.* Frühlingslied

Frö·jaors·maond, -e [Frö·jaors·maon·de] *m. tem.* Frühlingsmonat

Frö·kar·tuf·fel, -n *m. bot.* Frühkartoffel

Frö·mis·se, -n *w. rel.* Frühmesse

From·mensk, -en [From·mens·ken] *s.* Frau (abfällig), Frauenperson

frö·muorns *UW tem.* frühmorgens

Frön, -·nen *w. psy.* Freude

Frönd, Frön·de *m. psy.* Freund, Helfer; Liebhaber; **dicke ~** *psy.* enger bzw. intimer Freund

Frön·din, -·nen *w. psy.* Freundin, Liebhaberin

frönd·lik, frönd·licke, -n [frönd·lik·ke] *EW psy.* nett, freundlich, freundschaftlich

Frönd·schup, -·pen *w. psy.* Freundschaft

Frönd·schups·dänst, -e [Frönd·schups·däns·te] *m. psy.* Freundschaftsdienst

Fron·liek·nam *o.Mz. rel.* Fronleichnam

Fron·liek·nams·pros·jaun, -en [Fron·liek·nams·pros·jau·nen] *w. rel.* Fronleichnamsprozession

fröos·tens *UW tem.* frühestens

frö·riep, frö·ri·pe, -n *EW biol.* frühreif

Frö·schup·pen, -s *m. kul.* Frühschoppen

frö·stücken [frö·stük·ken] *ZW kul.* frühstücken

Frö·stük, Frö·stücke [Frö·stük·ke] *s. kul.* Frühstück

Fro·te, -n *w. zool.* Maulwurf

Fro·ten·haup, Fro·ten·hai·pe *m.* Maulwurfshaufen

frö·ti·tig, -e, -en [frö·ti·ti·ge] *EW* frühzeitig

früemd, -e, -en [früëm·de] *EW* fremd, fremdartig

Früëm·de, -n *m., w. und s. pol.* Fremde(r); Ausländer(in), Auswärtiger, Fremdling; *w. pol. geog.* Ausland, Fremde

früëmd·gaon *uZW psy.* den Partner betrügen, fremdgehen

früemd·ländsk, -e, -en [früëmd·länds·ke] *EW* fremdländisch

Früëmd·sprao·ke, -n *w. kult.* Fremdsprache

Fu·chel, -s *w. mil.* Fuchtel, breiter Degen; **un·ner de ~ sien** *psy.* unterdrückt sein

fu·cheln *ZW* fuchteln, wedeln; *übertr.* schlecht arbeiten

fucht, -e, -en [fuch·te] *EW* feucht, frisch; **hol di ~** halte dich frisch, bleib gesund; **fuch·ter** feuchter, frischer; **an fuch·tes·ten** am feuchtesten, am frischesten

Fuch·te *w. o.Mz.* Feuchtigkeit

Füch·te, -n *w. bot.* Rottanne, Fichte

füch·ten, -e, -en [füch·te·ne] *EW* aus Fichte

Füch·ten·ap·pel, -n *m. bot.* Fichtenzapfen

Füch·ten·holt, Füch·ten·höl-

ter *s. bot.* Fichtenholz

fuch·tig, -e, -en [fuch·ti·ge] *EW psy.* wütend, böse, erregt, aufgebracht

Füch·trup *ON* Füchtorf

fucken [fuk·ken] *ZW* von statten gehen, vorangehen

Fucke·pot, Fucke·pöt·te [Fuk·ke·pot], [Fuk·ke·pöt·te] *m. tech.* Dampfmaschine

fud·deln *ZW tech.* unsauber nähen

fud·der *UW tem.* fürderhin, weiterhin, künftig

Füën *m. o.Mz. biol.* Schimmel, Schimmelpilz

füë·nig, -e, -en [füë·ni·ge] *EW biol.* fleckig, schimmelig

Fü·er, -s *s.* Feuer, Feuersbrunst; *übertr. psy.* Schwung, Temperament; *med.* Entzündung; ~ **un·ner't Gat häb·ben** *übertr. psy.* sehr temperamentvoll sein

Fü·er·brand *m. o.Mz.* Brennmaterial

Fü·er·buk, Fü·er·bücke [Fü·er·bük·ke] *m. tech.* Feuerbock

fü·er·fast, -e, -en [fü·er·fas·te] *EW tech.* feuerfest

Fü·er·friä·ter, -s *m. mus.* Feuerschlucker

Fü·er·ha·len *s. o.Mz.* Feuer (vom Nachbarn) holen

Fü·er·holt, Fü·er·höl·ter *s.* Feuerholz, Brennholz

fü·e·rig, -e, -en [fü·e·ri·ge] *EW* feurig, hitzig; *übertr. psy.* leidenschaftlich, temperamentvoll

Fü·er·ken, Fü·er·kes *s.* kleines, schwach brennendes Feuer; Feuerchen, Zündelei

Fü·er·kië·del, -s *m. tech.* Feuerkessel

Fü·er·läg·ger, -s *m.* Feuerleger, Brandstifter

fü·ern *ZW tech., mil.* feuern (mit dem Gewehr); Feuer machen, anheizen

Fü·er·pol·sai *m. o.Mz. tech.* Brandschutzbehörde

Fü·er·püüs·ter, -s *m. tech.* Blasrohr zum Anfachen des Feuers

fü·er·raud, -e, -en [fü·er·rau·de] *EW* feuerrot

fü·er·sië·ker, -e, -en [fü·er·sië·ke·re] *EW tech.* feuerfest

Fü·ers·naud, Fü·ers·nai·de
w. Feuersnot
Fü·er·staol, Fü·er·stäö·le m.
tech. Stochereisen
Fü·er·steen, Fü·er·ste·ne m.
tech. Feuerstein
Fü·er·stiär, -n w. Feuerstelle
Fü·er·stöl·pe, -n w. Feuer-
haube
**Fü·er·stööw·ken, Fü·er-
stööw·kes** s. tech. Fuß-
öfchen, kleiner Behälter für
Glut (z.B. zum Wärmen der
Füße)
Fü·er·tang, -en [Fü·er·tan-
gen] w. tech. Feuerzange
Fü·er·taon, Fü·er·täö·ne m.
arch. naut. Leuchtturm
Fü·er·te·ken, -s s. Feuer-
zeichen, Brandzeichen
Fü·er·tung, Fü·er·tun·gen w.
Flamme
Fü·er·tüüg, Fü·er·tü·ge s.
tech. Feuerzeug
Fü·e·rung, -en [Fü·e·run-
gen] w. tech. Feuerung
Fü·er·vö·si̭ë·ke·rung, -en
[Fü·er·vö·si̭ë·ke·run·gen] w.
fin. Feuerversicherung
Fü·er·wel·len s. o.Mz. tech.
Feuerschweißen
Fü·er·wiär, -n w. tech. Feu-
erwehr
Fü·er·wiär·au·do, -os s.
trans. Feuerwehrauto
Fü·er·wiärk, -e [Fü·er·wiär-
ke] s. tech. Feuerwerk
Fü·er·wiär·ker, -s m. tech.
Feuerwerker
**Fü·er·wiär·man, Fü·er·wiär-
lü·de** m. tech. Feuerwehr-
mann
Fuë·sel, -s m. kul. minder-
wertiger Schnaps; **äö·si·gen
~** kul. aggressiv machen-
der Schnaps
Fuë·sel·glas, Fuë·sel·gliä·ser
s. tech. kul. Schnapsglas
Fuë·sel·ken, Fuë·sel·kes s.
kul. Schnäpschen, kleiner
Schnaps,
Fuë·sel·pul·le, -n w. tech.
kul. Schnapsflasche
Fuë·sel·stüö·ker, -s m.
tech. kul. Schnapsbrenner
Fuë·sel·stüö·ke·ri̭, -en w.
tech. Schnapsbrennerei
Fuë·sel·träö·ne, -n w. med.
Tränen eines Betrunkenen
Fuk m. o.Mz. tech. Schwung;
psy. Elan, Geschick, Erfolg

Fu·ke, -n w. tech. Fischreuse
fuk·sen ZW psy. ärgern (sich)
Fü·le w. o.Mz. biol. Fäulnis
fu·len ZW biol. faulen, verwesen
fu·len·sen ZW biol. faulenzen
fu·lig, -e, -en [fu·li·ge] EW
biol. faulig
Fünk m. o.Mz. tech. Funk,
Rundfunk; übertr. Radio
Fün·ke, -n m. Funke, Glut
fün·ken ZW tech. funken,
per Funk senden; Funken
sprühen
Fün·ker, s m. tech. Funker
Fünks·ken, Fünks·kes s.
Fünkchen
funks·jo·ne·ern ZW funk-
tionieren
Fünk·sta·ken, -s m. tech.
Sendemast
Fünk·taon, Fünk·täö·ne m.
tech. Funkturm
Fun·sel, -n w. tech. schwach
brennende trübe Lampe
Fün·te, -n w. tech. rel.
Taufstein, Taufbecken (frz.
fontaine)
**Fün·ten·steen, Fün·ten·ste-
ne** m. tech. rel. Taufstein,
Taufbecken (frz. fontaine)
Fuo·ge, -n w. tech. Fuge,
Fügestelle
Fuom, Füöm w. Form, Ge-
stalt
fuo·men ZW formen, in Form
bringen
Fuor, Füörs w. agr. Furche,
Ackerreihe
**Füör·der·band, Füör·der·bän-
ner** s. tech. Förderband
füör·dern ZW fordern
Füör·de·rung, -en [Füör·de-
run·gen] w. Forderung
Fuor·ke, -n w. tech. agr.
Heugabel, Forke (dreizinkig)
Füör·ken, Füör·kes s. agr.
kleine oder schmale Furche
fuor·ken ZW agr. forken,
mit der Forke arbeiten
Fuor·li·ne, -n w. tech. agr.
Pflanzleine
Fuors, Füörs w. Schwung
(frz. force)
Füör·sel, -s s. tech. agr.
Halterung im Stall für den
Kuhkopf, um die Kuh an der
Bewegung zu hindern
Fuorsk, Füörs·ke m. zool.
Frosch

füörs·ken ZW forschen
Füörs·ker, -s m. Forscher
Füörs·kung, -en [Füörs·kun-
gen] w. Forschung
Füörs·kungs·in·rich·tung, -en
[Füörs·kuns·in·rich·tun·gen] w.
kult. Forschungseinrichtung
Fuors·pel, -n w. Fußspur
Füörst, -e [Füörs·te] m. Fürst
Fuorst, Füörs·te m. met.
Frost, Frostwetter
füörs·teln ZW med. frösteln
**Füörs·ten·doom, Füörs·ten-
dö·mer** s. jur. Fürstentum
füörs·te·rig, -e, -en [füörs-
te·ri·ge] EW frostig
Füörs·ter·kunt, -en [Füörs-
ter·kun·ten] w. med. schnell
frierender Mensch
Fuorst·köt·tel, -s m. med.
kälteempfindlicher, leicht frierender Mensch
Fuorst·ru·sen Mz. met. ge-
frorene Erdkruste
Fuort, -en [Fuor·ten] w.
geol. Furt, seichte, durch-
querbare Stelle im Fluss
füsk, -e, -en [füs·ke] EW
rasch, schnell; einstweilig,
vorläufig
fus·ken ZW pfuschen, nachlässig und schnell arbeiten
füs·kes UW tem. inzwischen
Fus·sel, -n m. tech. Fluse,
Faser, kleiner Faden
Füs·se·le·er, -s m. mil. Füsilier, Infanterist
füs·se·le·ern ZW mil. standrechtlich erschießen
fus·se·lig, -e, -en [fus·se·li-
ge] EW tech. faserig, ausgefranst; **de Mu·le ~
kü·ern** übertr. psy. jemd.
zu überreden versuchen
Füs·sel·ken, Füs·sel·kes s.
tech. winzige Fluse,
Fus·sel·plan·te, -n w. bot.
Faserpflanze
Fus·sel, -n m. Büschel
(Gras o.ä.)
füst UW tem. gleich, sofort
fut UW fort
Fut, -ten w. med. Hinterteil (derb)
Fut·ke, -n w. hyg. med.
schmutzige Hand
fut·ke·rig, -e, -en [fut·ke·ri-
ge] EW hyg. von Händen
angeschmutzt
fut·tern ZW kul. essen (viel)
fut·ter·se·ern ZW schimp-

fen, poltern (*frz.* foudroyer)
fuul, fu·le, -n *EW psy.* faul,
träge; *biol.* faulig; **fu·ler** fauler; **an Fuuls·ten** am faulsten
Fuul·baum, Fuul·bai·me *m.*
bot. Traubenkirsche
Fuul·fe·wer *s. o.Mz. med.*
Typhus
Fuul·hait, -en *w. psy.* Faul-
heit, Trägheit, Bequemlich-
keit
Fuul·jak, -s *s. psy.* Faulpelz, Nichtsnutz
Fuul·wams, Fuul·wä·mse *s.*
psy. Faulpelz, Faulwams,
Nichtsnutz
Fuust, Füüs·te *w. med.*
Faust, geballte Hand; **knuuw-
te ~** geballte Faust
fuust·dik, fuust·dicke, -n
[fuust·dik·ke] *EW* faustdick
Fuust·hans·ke, -n *w. tech.*
Fausthandschuh
Füüst·ken, Füüst·kes *s. med.*
kleine Faust, Kinderfaust
Fuust·pand, Fuust·pän·ner
s. Faustpfand
Fuust·slag, Fuust·sliä·ge *m.*
Faustschlag
**Fuus·wed·stried, Fuust·wed-
stri·de** *m. spo.* Boxwettkampf
füw·tain *ZaW* fünfzehn
füw·tains·te, -n *ZaW* fünfzehnte; **an'n ~n is de iärste** am 15. ist der erste, ich
kündige!
füw·te, -n *ZaW* fünfte
Füw·tel, -s *s. ZaW* Fünftel
füw·tens *ZaW* fünftens
füw·tig *ZaW* fünfzig
Füw·ti·ger, -s *m.* Fünfziger
füw·tig·maol *UW* fünfzigmal

G

G, g G, g (Buchstabe)
gään, gä·ne *UW* gerne
Gaap·müül·kes *Mz. bot.*
Löwnemäulchen
Gaap·scho, -e *m. übertr.*
med. weit geöffneter Mund
beim Gähnen; **~ an·häb-
ben** *med.* ständig gähnen,
"Gähnschuhe" anhaben
Gaap·schu·er -s *s. med.*
Gähnanfall
gaas, ga·se, -n *EW* ganz,
restlos; heil, unversehrt, un-

verletzt
Gäb·bel, -s *m. med.* Mund
scherzh.
gäb·beln *ZW* quaken
Gäd·der, -s *m. med.* Euter
Gai·ge·ken, Gai·ge·kes *s.*
tech. mus. Geige
gail, -e, -en [gai·le] *EW biol.*
üppig, kräftig im Wuchs
Gail·hucht, Gail·hüch·te *w.*
üppige Stelle in Gras oder
Getreide
Gai·ne, -n *w. agr.* Schwade
(von gemähtem Gras oder
Korn)
Gai·se·ke *ON* Geseke
Gaist·lik, Gaist·licke, -n
[Gaist·lik·ken] *m. und s. rel.*
Geistlicher
gai·ten *uZW* gießen, be-
gießen; *met.* stark regnen,
schütten
Gai·ter, -s *m. tech.* Gießer,
Gießkanne
Gai·te·ri, -·en *w. tech.* Gießerei
Gait·i·sen *s. o.Mz. tech.* Gusseisen
Gait·ling, -e [Gait·lin·ge] *m.*
zool. Schwarzdrossel, Amsel
gaiw, -e, -en [gai·we] *EW*
derb, gesund, ausdauernd,
stark; *bot.* grün, saftig
Gal·le, -n *w. med.* Galle; **an
ne ~ häb·ben** *med.* gallenkrank sein
**Gal·len·kruud, Gal·len·krü-
der** *s. bot.* Schellkraut,
Schöllkraut, Bitterklee
Gal·len·wöp·se, -n *w. zool.*
Gallwespe
gal·lern *ZW* hauen, schlagen, prügeln; *met.* pladdern, gießen (Regen)
gal·lig, -e, -en [gal·li·ge] *EW*
psy. wütend, zornig
Ga·lop *m. o.Mz. trans.* Galopp
ga·lo·pe·ern *ZW trans.* galoppieren
gal·pen *ZW psy.* weinen,
heulen, jaulen (Hund)
Gals·ter, -s *m. biol.* Schleim
gäls·trig, -e, -en [gäls·tri·ge]
EW biol. ranzig, verdorben;
ekelig, schleimig; gelblich;
krank
Gä·men *ON* Gemen
Gam·ler, -s *m.* herunterge-
kommener Faulenzer
Gam·mel *m. o.Mz.* Altes,

Abfall, Gerümpel; *biol.* Verdorbenes
gam·me·lig, -e, -en [gam-
me·li·ge] *EW* alt, schlecht,
biol. verfault, verdorben,
stinkend
gam·meln *ZW psy.* ausgelassen töricht lachen, herumalbern; betteln, stibitzen,
herumlungern; *biol.* schlecht
werden, verderben
Gang, Gän·ge *m. arch.*
Gang, Weg, Korridor; *tech.*
Schaltstufe am Getriebe;
maak Gäng! beeile dich!
gang·baor, -e, -en [gang-
bao·re] *EW* gangbar
gän·geln *ZW* rumstrolchen
außer Haus; **up'n gän·gel-
den Pat sien** nichtsnutzig
unterwegs sein
Gängs·ken, Gängs·kes *s.*
arch., trans. schmaler Gang
oder Weg
Gant, -en [Gan·ten] *m.* 1.
zool. Gänserich; 2. *fin.* Versteigerung
Gao·bel, Gao·beln *w. tech.*
Gabel
Gäö·bel·ken, Gäö·bel·kes *s.*
tech. Gäbelchen, *kul.* Kuchengabel
gao·beln *ZW* gabeln, verzweigen
Gao·gel, -s *w. med.* Kiefer,
Zahnfleisch, Gaumen
gaon *uZW trans.* gehen, sich
bewegen; **e·nen ~ lao·ten**
med. furzen; **in sik ~** *psy.*
in sich gehen, nachdenken,
sich besinnen; **kop·hais·ter
~** *fin.* in Konkurs gehen; **met
e·ne(n) ~** *psy.* eine Freundin oder einen Freund ha-
ben, befreundet sein (Junge
mit Mädchen); **nao (Teeg-
te) ~** *rel.* nach (Telgte)
wallfahrten; **up e·nen ~**
jemd. gleichen; **uut de Tiet
~** *med.* sterben; **uut de
Wiält ~** *med.* sterben; **wu
gait di dat?** wie geht es
dir? **wu gait't?** wie geht
es?
gaor, -e, -en [gao·re] *EW kul.*
gar, fertiggekocht
gao·ren *ZW* brausen
Gaorn, Gäörns 1. *s. tech.*
Garn; 2. *m. agr.* Garten;
dän ~ swat ma·ken *agr.*
den Garten umgraben, **dän**

~ swat häb·ben *agr.* den Garten umgegraben haben
Gaorn·am·pe, -n *w. zool.* Gartenameise
Gaorn·ar·baid, -en [Gaorn-ar·bai·den] *w. agr.* Gartenarbeit
Gaorn·ar·bai·der, -s *m. agr.* Gartenarbeiter
Gaorn·bank, Gaorn·bän·ke *w. tech.* Gartenbank
Gäör·ner, -s *m. agr.* Gärtner
Gäör·ne·ri, -en *w. agr.* Gärtnerei
Gäör·ner·mest, Gäör·ner·mes·sers *s. tech.* Gärtnermesser
gäör·nern *ZW agr.* gärtnern
Gaorn·hië·ge, -n *w. bot.* Gartenhecke
Gaorn·huus, Gaorn·hü·ser *s. arch.* Gartenhaus
Gäörn·ken, Gäörn·kes *s. agr.* Gärtchen, kleiner Garten
Gaorn·päört·ken, Gaorn·päört·kes *s. tech.* Gartentor
Gaorn·pat, Gaorn·pät·te *m.* Gartenweg
Gaorn·rul·le, -n *w. tech.* Garnrolle
Gaorn·snië·ge, -n *w. zool.* Gartenschnecke
Gaorn·stië·ge, -n *w. trans.* Gartenstiege
Gaorn·stool, Gaorn·stö·le *m. tech.* Gartenstuhl
Gaorn·vö·ar·bai·den *s. tech.* Garnverarbeitung
Ga·pen *s. o.Mz. med.* Gähnen
ga·pen *ZW med.* gähnen, das Maul aufsperren; **Briä·der gaapt** Spalt zwischen Brettern; **dat Hiëmd gaapt** das Hemd spannt sich zwischen Knöpfen
Ga·pe·ri *w. o.Mz. med.* Gähnerei
ga·pig, -e, -en [ga·pi·ge] *EW med.* schläfrig, ermüdet
ga·ran·te·ern *ZW* garantieren
ga·ran·te·ert, -e, -en [ga·ran·te·er·te] *EW* garantiert
Ga·ran·ti, -en *w.* Garantie
Gar·dien, Gar·di·nen *w.* Gardine
gar·kien, gar·ki·ne, -n *FW* gar kein; keiner, niemand

gar·nich gar nicht
Gar·we, -n *w. agr.* Garbe, Bund ungedroschenen Getreides
Gas, -e [Ga·se] *s.* Gas; **~ gië·wen** *trans.* beschleunigen
Gas·drük, Gas·drücke [Gas·drük·ke] *m. tech.* Gasdruck
Ga·se *s. o.Mz.* Ganze
Gä·se *w. o.Mz. bot.* Gemeine Melde (Ártiplex pátula)
Gä·sek *s. o.Mz. bot.* Giersch (Wildkraut)
Gas·lecht, -er [Gas·lech·ter] *s. tech.* Gaslicht
Ga·so·me·ter, -s *s. tech.* Gasometer, Niederdruckgasbehälter
Gas·pel, -s *w. tech.* Schnalle
Gas·pi·pe, -n *w. tech.* Gasrohr
Gast, Gäst *m.* Gast, Besucher
Gäst·bid·der, -s *m.* Gastbitter, jemd., der zu Festen einlädt
Gast·huus, Gast·hü·ser *s. kul. arch.* Gasthaus
Gas·uom, Gas·üöms *m. tech.* Gasofen
Gat, Gät·ter *s. med.* After; *allg.* verschließbare Öffnung, *tech.* Ventil; **äch·ter't ~ lig·gen lao·ten** unordentlich sein, nicht wegräumen; **dat ~ to·drai·en** *übertr. psy.* beleidigt sein, eingeschnappt sein; **dat ~ üm·smi·ten** *übertr. psy.* sein Verhalten völlig verändern; **in't ~ gaon** *übertr.* kaputt gehen, misslingen; **in't ~ knië·pen sien** *übertr. psy.* reingefallen sein, hereingelegt sein, überteilt sein; **in't ~ licken** am Arsch lecken; **met't ~ in'ne Buo·ter fal·len** *übertr.* sich gut verheiraten, großes Glück haben; **up't ~ sät·ten** hinfallen, auf den Po fallen; hinsetzen
Gat·flai·ge, -n *w. zool.* Lausfliege (hauptsächlich bei Pferden und Kühen)
Gät·ken, Gät·kes *s. med.* der (kindliche) kleine After
gat·lik, gat·licke, -n [gat·lik·ke] *EW* passend, gelegen, bequem; ansehnlich, groß
gau, -e, -en *EW* flink, geschwind, rasch, schnell;

maak ~ to beeile dich; **mä·er äs ~** ausgesprochen schnell, über die Maßen schnell, schnell; **gai·er** schneller, **gau·er** schneller; **an gau·es·ten** am schnellsten
Gau·daiw, -e [Gau·dai·we] *m. jur.* Tagedieb, Taschendieb, Gauner, Spitzbube, Trickdieb
Gau·hait, -en [Gau·hai·ten] *w.* Schnelligkeit
Gau·ig·kait, -en [Gau·ig·kai·ten] *w.* Geschwindigkeit, Schnellheit, Schnelle; **in'ne ~** auf die Schnelle; **mins·te ~** Mindestgeschwindigkeit; **mid·dels·te ~** Durchschnittsgeschwindigkeit; **hög·ste ~** Höchstgeschwindigkeit
Gaus, Gai·se *w. zool.* Gans; **Gri·se ~** *w. zool.* Graugans; **Wil·le ~** *w. zool.* Wildgans; **Wit·te ~** *w. zool.* Weißgans
Gau·se·brao·den, Gau·se·bräö·den *m. kul.* Gänsebraten
Gau·se·ai, -ers *s. zool.* Gänseei
Gau·se·fiä·der, -n *w. zool.* Gänsefeder
Gau·se·fööt·ken, Gau·se·fööt·kes *s. zool.* Gänsefuß; *Mz.* Anführungsstriche
Gau·se·gant, -en [Gau·se·gan·ten] *m. zool.* Gänserich
Gau·se·hië·mel, -s *m. med.* Ohnmacht (Gänsehimmel)
Gau·se·huut, Gau·se·hü·te *w. med.* Gänsehaut
Gau·se·la·tien *s. o.Mz. psy.* wirres Reden
Gau·se·man, Gau·se·män·ner *m. zool.* Gänserich
Gau·se·miäl·ken *s. o.Mz.* „Gänsemelken"; **de hun·nerts·te Man vö·stait dat ~ nich** was nicht zu verstehen ist, bleibt unverständlich, auch der Klügste kann das nicht verstehen
Gau·se·pat·ke, -n *w.* 1. Abdruck des Gänsefußes; 2. *bot.* Schneeball (Ziergehölz)
Gau·se·smolt *s. o.Mz. kul.* Gänseschmalz
Gau·se·wien, Gau·se·wi·ne *m. kul.* Gänsewein, Wasser
Gaus·ke, -n *w.* Gosse, kleiner Bach
Gäus·ken, Gäus·kes *s. zool.*

kleine Gans, Gänseküken
Gaus·ken·kant, -en [Gausken·kan·ten] w. Straßenrand
Ga·we, -n w. Gabe, Geschenk, Spende; *psy.* Anlage, Talent
Ga·we·aomd, -e [Ga·we·aomde] *m. tem.* Vorabend der Hochzeit mit Abgeben der Geschenke der Nachbarn, Polterabend
Gaw·wel, -n w. *tech.* Gabel mit zwei Zinken, *insbes.* hölzerne Gabel; *trans.* Gabelung, Verzweigung; *zool.* Geweih
Gaw·wel·mä·se, -n w. *psy.* Klatschbase
gäw·weln ZW *psy.* klatschen, tratschen
Gaw·wel·tan·ge, -n w. 1. *zool.* Ohrenkneifer, Ohrwurm; 2. *übertr. psy.* böses oder zänkisches Weib, Klatschweib (Schimpfwort)
Ge·bäd, Ge·biä·de s. *rel.* Gebet; **in't ~ nië·men** *psy.* ins Gebet nehmen, ins Gewissen reden, verhören
Ge·bai, -e s. *arch.* Gebäude
Ge·biët, -e [Ge·bië·te] s. *med.* Gebiss
Ge·bod, -te s. Gebot, Regel, Vorschrift; Angebot
Ge·briä·ken, -s s. *med.* Gebrechen; Not, Mangel
ge·briäk·lik, ge·briäk·licke, -n [ge·briäk·lik·ke] EW *med.* gebrechlich
Ge·bruuk, Ge·brü·ke m. Gebrauch, Verwendung; *kult.* Sitte, Brauch
ge·brüük·lik, ge·brüük·licke, -n [ge·brüük·lik·ke] EW gebräuchlich
Ge·buort, -en [Ge·buor·ten] w. *med.* Geburt
Ge·buorts·dag, -e [Gebuorts·da·ge] *m. tem.* Geburtstag
Ge·buorts·dags·fi·er, -n w. Geburtstagsfeier
Ge·buorts·jaor, -e [Gebuorts·jao·re] s. *tem.* Geburtsjahr
ge·di·gen, -e, -en [ge·di·gene] EW eigenartig, seltsam, sonderbar, komisch
Ge·do s. o.Mz. *psy.* Getue, Gehabe
ge·doon EW *psy.* betulich,

besorgt
Ge·dööns s. o.Mz. *psy.* Getue, leeres Gerede
Ge·drüüs s. o.Mz. Aufhebens
Ge·duld w. o.Mz. *psy.* Geduld
ge·dül·lig, -e, -en [ge·dül·lige] EW *psy.* geduldig
ge·dül·li·gen ZW *psy.* gedulden
Ge·fak, Ge·fiä·ker s. *arch.* Fach, Abteilung (auf Heu oder Strohboden)
ge·fal·len uZW gefallen
Ge·fan·gen·schup, -·pen w. Gefangenschaft
Ge·faor, -en [Ge·fao·ren] w. Gefahr, Risiko
ge·fäör·lik, ge·fäör·licke, -n [ge·fäör·lik·ke] EW gefährlich, risikoreich, riskant
Ge·fliär s. o.Mz. Geflirre
Ge·fööl, Ge·fö·le s. *psy., med.* Gefühl, Empfindung; **aon ~** *psy., med.* gefühllos
ge·hai·er EW *psy.* geheuer
Ge·hait, -e [Ge·hai·te] s. Geheiß, Weisung
Ge·hän·ge s. *med.* männliches Geschlechtsteil bei Huftieren
Ge·häö·er s. o.Mz. *med.* Gehör
Ge·hië·ge, -s s. Gehege
Ge·holt, Ge·höl·ler s. *fin.* Gehalt
gek, gecke, -n [gek·ke] EW närrisch
Gek, -s *m. psy.* Narr, Spaßmacher
Ge·ka·kel s. o.Mz. Gegakker
Ge·kries·ke s. o.Mz. Gekreische
ge·lä·ert, -e, -en [ge·lä·er·te] EW *kult.* gelehrt, gebildet
Ge·lä·er·te, -n *m. und w.* *kult.* Gelehrte(r)
Ge·lägd, -en [Ge·läg·den] w. Gelegenheit, Umstand
ge·lai·fig, -e, -en [ge·lai·fi·ge] EW eilfertig
Ge·lais, -e [Ge·lai·se] s. *trans.* Gleis, Bahngleis, Fahrgleis
Ge·län·ne, -s s. Gelände
Ge·laog, Ge·läö·ge s. *kul.* Gelage; Gesellschaft
Ge·laot, Ge·läöt s. *arch.* Gelass, Raum, *tech.* Kabine
ge·lao·ten, -e, -en [ge·lao-

te·ne] EW *psy.* gelassen
ge·lä·rig, -e, -en [ge·lä·ri·ge] EW *kult.* gelehrig
Geld, s. *fin.* Geld, Münze; Kapital; **up't ~ sit·ten** *übertr. psy.* auf dem Geld sitzen, geizig sein; **met ~ üm sik smi·ten** *übertr. fin.* zu viel Geld haben, großzügig sein (in Geldsachen), verschwenderisch mit Geld umgehen; **leed ~** *psy. fin.* ungern ausgegebenes Geld; **nao·maakt ~** *fin.* Falschgeld
Geld·büül, -s *m. tech. fin.* Börse, Geldbeutel
Geld·kniëp, -s *m. tech. fin.* Börse, Geldbeutel
Geld·nao·ma·ker, -s *m. tech. fin.* Geldfälscher
Geld·pi·ne *Mz. fin. psy.* Geldsorgen
Geld·saak, Geld·sa·ken w. *fin.* Geldsache
Geld·schap, Geld·schiä·pe s. *tech. fin.* Geldschrank, Tresor
Geld·strao·fe, -n w. *jur. fin.* Geldstrafe
Geld·tas·ke, -n w. *tech. fin.* Geldtasche
ge·liä·gen EW gelegen
ge·liä·gend·lik, ge·liä·gendlicke [ge·liä·gend·lik·ke] EW gelegentlich
Ge·liä·gen·hait, -en [Ge·liägen·hai·ten] w. Gelegenheit
Ge·lind, Ge·lin·ner s. *tech.* Geländer, Gitter, Bretterzaun
gel·len ZW gelten, kosten, wert sein; *psy.* angesehen werden, Geltung haben
Gel·len·duorp ON Gellendorf
Gel·mer ON Gelmer
Gel·sen·kiär·ken ON Gelsenkirchen
Gel·te, -n w. *zool. agr.* weibliches Zuchtschwein
Ge·mächt, -e [Ge·mäch·te] s. *med.* Geschlechtsteil
ge·main, -e, -en [ge·mai·ne] EW gemein, allgemein, einfach, schlicht; roh, *psy.* niederträchtig
Ge·main·de, -n w. Gemeinde, Gemeinwesen
Ge·main·de·nao·me, -n *m.* Gemeindename
Ge·main·hait, -en [Ge·main-

hai·ten] *w. psy.* Gemeinheit, Schlechtigkeit
ge·mak, ge·macke, -n [ge-
mak·ke] *EW* langsam, ru-
hig, gemächlich
Ge·mö̱ö̱s *s. bot., kul.* Gemüse
**Ge·mö̱ö̱s·gaorn, Ge·mö̱ö̱s·
gäörns** *m. agr.* Gemüsegarten
**Ge·mö̱ö̱s·pot, Ge·mö̱ö̱s·pöt-
te** *m. tech.* Gemüsetopf;
kul. Eintopf
Ge·mö̱öt, Ge·mö̱·ter *s. psy.*
Gemüt, Wesensart
**ge·mö̱öt·lik, ge·mö̱öt·licke,
-n** [ge·mööt·lik·ke] *EW psy.*
gemütlich
Ge·mö̱öt·lik·kait *w. psy.* Gemütlichkeit
ge·nai·ten *uZW kul., psy.*
genießen, auskosten
Ge·ne·raol, Ge·ne·rä̱ö̱·le *m.*
mil. General
Ge·ne·raol·di·rek·ter, -s *m.*
Generaldirektor
Ge·ne·raol·vi·ka·ri·aot, -e [Ge-
ne·raol·vi·ka·ri·ao·te] *s. rel.*
Generalvikariat
Ge·ne·raol·vi·kar·ges, -·se
m. rel. Generalvikar
Ge·ne·rats·jaun, -en [Ge-
ne·rats·jau·nen] *w.* Generation
**ge·nöög·lik, ge·nöög·licke,
-n** [ge·nöög·lik·ke] *EW psy.*
genügsam, bescheiden
Ge·not, Ge·nü̱e̱·te *m. kul.,*
psy. Genuss
ge·o·graofsk, -e, -en [ge·o-
graofs·ke] *EW geog.* geografisch
Ge·o·me·ter, -s *m. tech.*
geol. Landmesser
Ge·or·gi·ne, -n *w. bot.* Dahlie
Ge·rai, -·e *s. tech.* Gerät,
Werkzeug, Geschirr
Ge·rak, Ge·racke [Ge·rak-
ke] *s.* gerechter Anteil (Futter, Speise, Ehre u.ä.)
ge·rao·den *uZW* geraten
ge·raod, -·te, -·ten *EW*
geraten
Ge·rä̱p·pel *s. o.Mz.* Drum
und Dran
ge·ren *ZW* grunzen, schrei-
en
Ge·richt, -e *s. jur.* Gericht
**Ge·richts·huus, Ge·richts·
hü̱·ser** *s. arch.* Gerichts-

gebäude
Ger·ka·mer, -n *w. arch. rel.*
Sakristei
Ger·le·we *ON* Gerleve
Ge·rok, Ge·röcke [Ge·rök-
ke] *m.* lange Jacke für Män-
ner
Ge·ro̱o̱p *s. o.Mz.* Gerufe;
psy. Verruf; **dat is een graut
~** das sieht nach mehr Ar-
beit aus, als es ist
ge·rü̱st, -e, -en [ge·rüs·te]
EW psy. ruhig, gemütlich
Ge·sä̱t, -·te *s. jur.* Gesetz
ge·schai·en *ZW* geschehen
Ge·schi̱cht, -en *w. mus.*
Geschichte, Erzählung; *his.*
Geschehen in der Vergan-
genheit
**ge·schi̱cht·lik, ge·schi̱cht·
licke, -n** [ge·schicht·lik·ke]
EW his. geschichtlich
Ge·si̱cht, -er [Ge·sich·ter] *s.*
Antlitz, *med.* Gesicht
Ges·ker *ON* Gescher
Ge·sna̱·ter, -s *s.* Geschnatter
Ge·sprä̱ö̱k, -e [Ge·sprää·ke]
s. Gespräch, Unterredung,
Unterhaltung
Ges·sem *ON* Gesmold
Gest, -en [Ges·ten] *w. kul.*
Hefe, Treibmittel
Gest·li̱ä̱·gel, -s *s. tech. kul.*
Holzkasten für Hefe
Ge·su̱ckel [Ge·suk·kel] *s.*
o.Mz. Geschaukel
Ge·sü̱e̱p, -s *s. o.Mz. kul.* Ge-
söff
Ge·tä̱d·der, -s *s. psy.* Ge-
plärr
Ge·ta̱oks·ter *s. o.Mz.* Ge-
gacker
ge·wä̱·ern *ZW* gewähren,
fertig werden mit; **laot't ~**
lass es sein, hör auf damit
ge·waor gewahr; **~ wä̱·ern**
erfahren, gewahr werden
Ge·wi̱ä̱r, -e [Ge·wiä·re] *s.*
tech., mil. Gewehr
Ge·wi̱ä̱r·we *s. o.Mz.* Gewerbe, Arbeit, Auftrag
**Ge·wi̱ä̱r·we·amt, Ge·wi̱ä̱r·we·
iäm·ter** *s. tech.* Gewerbeaufsichtsamt
**Ge·wi̱ä̱r·we·pand, Ge·wi̱ä̱r·
we·pän·ner** *s.* Gewerbe-
gebiet
Ge·wi̱ä̱·we *s. o.Mz.* Gewebe
Ge·wi̱ä̱m·sel *s. o.Mz.* Gewimmel
Ge·wi̱ä̱·ten *s. o.Mz. psy.* Ge-

wissen; **sien ~ frao·gen**
psy., rel. Gewissenserforschung machen
ge·wi̱ä̱·ten·haft, -e, -en [ge-
wiä·ten·haf·te] *EW psy.* gewissenhaft
Ge·wi̱n·ne, -n *s. tech.* Gewinde
**Ge·wi̱n·ne·buor, Ge·wi̱n·ne·
büörs** *m. tech.* Gewindebohrer
ge·wöl·lig, -e, -en [ge·wöl-
li·ge] *EW* gewaltig
Ge·wolt, -en [Ge·wol·ten] *w.*
Gewalt, Macht, Stärke; **met
~** mit Macht, unaufhaltsam;
in'ne ~ häb·ben *psy., mil.*
beherrschen
Ge·wö̱ö̱l *s. o.Mz.* Gewühl,
Getümmel, Gedränge
ge·wü̱e̱·nen *ZW psy.* gewöhnen
Ge·wu̱e̱n·hait, -en [Ge·wuën-
hai·ten] *w. psy.* Gewohnheit
**ge·wü̱e̱n·lik, ge·wü̱e̱n·licke,
-n** [ge·wüen·lik·ke] *EW* gewöhnlich, ordinär; **för ~** nor-
maler Weise
ge·wü̱e̱nt, -e, -en [ge·wüen-
te] *EW psy.* gewohnt
gi, Gi *FW* ihr, Sie
giä̱l, -e, -en [giä·le] *EW* gelb;
~ kü·ern fremdartig sprechen; **de Giä·len** *Mz. pol.*
übertr. Liberale, Liberaldemokraten
Giä̱l·gais·ken, Giä̱l·gais·kes
s. zool. Goldammer; *fin.*
Geldstück von fünf Gold-
mark
Giä̱l·gai·ter, -s *m. tech.* Gelbgießer (von Kupferlegierun-
gen)
giä̱l·grö̱ö̱n, giä̱l·grö̱·ne, -n
EW gelbgrün
giä̱·lig, -e, -en [giä·li·ge] *EW*
gelblich
Giä̱l·i·sen·steen *m. o.Mz.*
geol. Gelbeisenstein
Giä̱l·sna·wel, Giä̱l·sniä·wel
m. zool. Gelbschnabel, junger Vogel; *übertr. psy.* unerfahrener Mensch
Giä̱l·socht, Giä̱l·söch·te *w.*
med. Gelbsucht
Giärd *VN* Gerd, Gerhard
Giärd·ken *VN* kleiner Gerhard
giä̱·ren *ZW biol.* gären
Giärst, -en [Giärs·ten] *w.*
bot. Gerste

Giärs·te·braud, Giärs·te-brai·de s. kul. Gerstenbrot
Giärs·ten·käörn, -s s. bot., med. Gerstenkorn
Giärs·ten·strau s. o.Mz. bot. Gerstenstroh
giär·wen ZW tech. gerben; dat Fel ~ übertr. verhauen, verprügeln
Giär·wer, -s m. tech. Gerber
Giär·we·ri, -en w. tech. Gerberei
Giärw·mid·del, -s s. chem. Gerbmittel
giärwt, -e, -en [giärw·te] EW tech. gegerbt
Gicht w. o.Mz. med. Gicht
gië·gen VW gegen
gië·gen·an UW nebenan, daneben; gegenan, dagegen
gië·gen·an·ner UW gegeneinander
Gië·gend, -en [Gië·gen·den] w. geog. Gegend, Umgebung, geog. insbes. Landschaft
Gië·gen·deel, Gië·gen·de·le s. Gegenteil
Gië·gen·düör, -n w. arch. Seitentür
Gië·gen·gän·ger, -s m. Nebengänger, Brautführer
gië·gen·hol·len uZW gegenhalten
Gië·gen·riä·ken ZW math. gegenrechnen
Gië·gen·riäk·nung, -en [Gië-gen·riäk·nun·gen] w. math. Gegenrechnung
Gië·gen·spië·ler, -s m. psy., spo. Gegenspieler
Gië·gen·stand, Gië·gen-stän·ne m. Gegenstand
gië·gen·üö·wer VW gegenüber, jenseits, auf der anderen Seite
Giëg·ner, -s m. Gegner
giel, gi·le, -n EW psy. geil
giën UW drüben, hinten
giën·äch·tern, giën·äch·te·re, -n VW dort drüben
giën·siet, -s UW, VW jenseits
Giën·si·te, -n w. Gegenseite
giën·si·tig, -e, -en [giën·si-ti·ge] EW gegenseitig; VW jenseits
giën·ten UW drüben, hinten
gier sien psy. lechzen
Giets m. o.Mz. psy. Geiz, Habgier

giet·sig, -e, -en [giet·si·ge] EW psy. geizig, habgierig
Gië·wel, -s m. arch. Giebel
Gië·wel·si·te, -n w. arch. Giebelseite (des Hauses)
Gië·wel·top, Gië·wel·töp·pe m. arch. Giebelspitze
gië·wen 1. uZW geben, abgeben, überreichen, verabreichen, hergeben; ausrichten (Fest); ergeben; dat giw sik das ergibt sich; 2. ~, -e, -en [gië·we·ne] EW gegeben
Gië·wen·biëk ON Gievenbeck
Giëw·sel, -s s. Geschenk, Gabe
Gift, -e [Gif·te] s. chem. Gift; psy. Wut; dao kaas du ~ up nië·men übertr. darauf kannst du dich verlassen
gif·tig, -e, -en [gif·ti·ge] EW chem. giftig; psy. wütend, zornig
gigs·tern ZW psy. kichern
Gik, -s s. trans. Gig (leichter zweirädriger Wagen)
Gil·huus ON Gildehaus
Gil·le, -n w. Gilde, Zunft, Verein, Vereinigung
Gil·le·mes·ter, -s m. Gildemeister
Gil·le·uor·der, Gil·le·üör·ders w. Gildeordnung
gil·pern ZW piepen, piepsen
Gim·te ON Gimbte
Ging, -s s. Reihe, Aneinandergereihtes
gis·ten UW tem. gestern
Gis·ten s. o.Mz. tem. Gestern, Vergangenheit; in't ~ tem. in der Vergangenheit
Giwt, -en w. Gabe, Gegebenes, Geschenk
glai·en ZW glühen
glai·nig, -e, -en [glai·ni·ge] EW glühend, vor Hitze strahlend
glai·nig·raud, -e, -en [glai-nig·rau·de] EW glühendrot, leuchtendrot
glait, -e, -en [glai·te] EW geglüht
Glai·wen s. o.Mz. rel. Glaube, Konfession, Weltanschauung; psy. Glaube, Meinung
glai·wen uZW rel., psy. glauben, meinen
glai·wend, -e, -en [glai·wen-de] EW rel. glaubend, gläubig
Glai·wens·bro·er, Glai·wens-

brö·ers m. rel. Glaubensbruder
glai·wig, -e, -en [glai·wi·ge] EW rel. gläubig
Glai·wi·ge, -n m., w. und s. rel. Gläubige(r)
Gla·mat·ke, -n w. med. Wunde
Gläm·mer m. o.Mz. Glanz, Glimmer
gläm·mern ZW leuchten, glänzen, glitzern
gläm·me·rig, -e, -en [gläm-me·ri·ge] EW glänzend, leuchtend, glitzernd
glämt, -e, -en [gläm·te] EW geglänzt, geleuchtet
Gläm·wuorm, Gläm·wüör-mer m. zool. Glühwürmchen, Leuchtkäfer
Glan·drup ON Glandorf
Glan·drup·per, -s m. Glandorfer
Glans m. o.Mz. Glanz
Glans·si·de, -n w. tech. Glanzseide, Taft
Glans·wis·se, -n w. tech. Glanzwichse, Schuhwichse
Glap, Gliä·pe m. med. Schnittwunde
glap·ken ZW psy. ausgelassen lachen
Glas, Gliä·ser s. tech. Glas, arch. Fensterscheibe; tech. Trinkglas
Gla·san·te, -n w. tech. Glacéhandschuh
Glas·beld, Glas·bel·ler s. mus. Glasbild
Glas·bliä·ser, -s m. tech. Glasbläser
gla·sen, -e, -en [gla·se·ne] EW tech. gläsern, aus Glas
Glas·flai·ge, -n w. zool. Florfliege
Glas·huus, Glas·hü·ser s. arch. Glashaus, arch. Wintergarten; arch. agr. Gewächshaus
Gläs·ken, Gläs·kes s. tech. Gläschen, kleines Glas
Glas·ma·ker, -s m. zool. Libelle
Glas·schi·we, -n w. tech. Glasscheibe
glat, -te, -ten EW glatt, eben
Glat·ies s. o.Mz. met. Glatteis
glat·mü·lig, -e, -en [glat·mü-li·ge] EW psy. schönred-

nerisch; ~ **sien** *psy.* nach
dem Mund reden
Glat·tig·kait *w. o.Mz.* Glätte
glau, ~·e, ~·en *EW psy.*
scharf (auf etwas), kläräugig, lebendig, begierig;
glau·e Ai·gen *med.* scharfe
Augen, sehr gute Augen
glep·pen *ZW* spähen, scharf
hinsehen
Gliä·ser, -s *m. tech.* Glaser
glib·be·rig, -e, -en [glib·be-
ri·ge] *EW* glatt, schlüpfrig,
glitschig, schmierig, schleimig
gli·den *uZW* gleiten, rutschen
glië·den, -e, -en [glië·de·ne]
EW geglitten, ausgerutscht
Gliëd·holt, Gied·höl·ter *s.
tech.* Kufe
gliek, -e, -en [glie·ke] *EW*
gleich
Gliek·be·räch·ti·gung *w.
o.Mz. jur.* Gleichberechtigung
Gliek·ge·wigt, -e [Gliek·ge-
wig·te] *s.* Gleichgewicht
Gliek·hait, -en [Gliek·hai·ten]
w. Gleichheit
gliek·lau·pend, -e, -en [gliek-
lau·pen·de] *EW* gleichlaufend, papallel
gliek·mäö·tig, -e, -en [gliek-
mäö·ti·ge] *EW* gleichmäßig
glieks *UW tem.* gleich, sogleich, sofort, unverzüglich
gliek·ti·tig, -e, -en [gliek·ti-
ti·ge] *EW tem.* gleichzeitig
glië·pen, -e, -en [glië·pe·ne]
EW gesehen
gli·ken *uZW* gleichen; ~ **up**
jemd. gleichen, ähnlich sehen
gli·pen *uZW* sehen
Glis·se, -n *w.* Rille
glits·ke·rig, -e, -en [glits·ke-
ri·ge] *EW* glatt, schlüpfrig
Gli·we, -n *w. tech.* Spalt,
Riss, Ritz
Gli·wen·ki·ker, -s *m. psy.*
Spanner
Gloot, Glo·ten *w.* Glut
gloot·ni, ~·e, ~·en *EW* nagelneu
gloot·raud, -e, -en [gloot·rau-
de] *EW* glutrot
glo·ri·oos, glo·ri·o·se, -n *EW*
glorreich, herrlich
glowt, -e, -en [glow·te] *EW
psy.* geglaubt
glücken [glük·ken] *ZW* gelingen, glücken,
glu·ern *ZW* spähen

Glük *s. o.Mz.* Glück
glük·licker·wi·se [glük·lik-
ker·wi·se] *UW* glücklicherweise
glük·lik, glük·licke, -n [glük-
lik·ke] *EW psy.* glücklich
glük·siä·lig, -e, -en [glük·siä-
li·ge] *EW psy.* glückselig,
froh; ~ **Ni·jaor** frohes neues Jahr (Gruß)
Glük·siä·lig·kait, -en [Glük-
siä·lig·kai·ten] *w. psy.* Glückseligkeit
Glüks·pen·ning, -e [Glüks-
pen·nin·ge] *m. fin.* Glückspfennig
Glüks·spiël, -e [Glüks·spië-
le] *s. spo.* Glücksspiel
glükt, -e, -en [glük·te] *EW*
geglückt
glu·men *ZW psy.* heimlich
spähen
glüm·ken *ZW* glimmen
glum·men *ZW* glimmen, glühen, schwach brennen
glumt, -e, -en [glum·te] *EW*
geglüht
**Glum·wüörm·ken, Glum-
wüörm·kes** *s. zool.* Glühwürmchen, Leuchtkäfer
glün·nern *ZW spo.* schlindern, gleiten (auf Eis)
**Glün·ner·baan, Glün·ner·ba-
nen** *w. spo.* Schlinderbahn
gluon·ken *ZW psy.* sehr ausgelassen lachen
glu·pen *ZW psy.* blinzeln,
lauernd blicken, glotzen
Glu·pe·ri, ~·en *w. psy.* Bosheit, List
glup·kern *ZW psy.* lauernd
blicken
glupsk, -e, -en [glups·ke] *EW
psy.* lauernd, tückisch, misstrauisch
Glupsk·au·ge, Glupsk·ai·gen
s. psy. lauerndes Auge, *med.*
großes Auge
glu·rig, -e, -en [glu·ri·ge] *EW
psy.* lauernd
Gluup, Glu·pe *m. psy.*
(schneller, heimlicher) Blick
gnäb·beln *ZW psy.* zänkisch
kritisieren
gnad·de·rig, -e, -en [gnad-
de·ri·ge] *EW psy.* mürrisch,
unzufrieden, bissig, verärgert, verdrießlich
gnad·dern *ZW psy.* knattern; knurren, nörgeln, murren, quengeln

**Gnad·der·trien, Gnad·der-
tri·nen** *w. psy.* unzufriedene Frau
gna·gen *ZW* nagen
Gnak, Gnacke [Gnak·ke] *s.
med.* Genick, Nacken
Gnao·de, -n *w. psy., jur.*
Gnade
**Gnao·den·beld, Gnao·den-
bel·ler** *s. rel.* Gnadenbild
**Gnao·den·braud, Gnao·den-
brai·de** *s. kul.* Gnadenbrot
gnäö·dig, -e, -en [gnäö·di-
ge] *EW psy.* gnädig
gnaos·tern *ZW* knirschen,
knistern; kratzen, *tech.* Geräusch schneidender Werk-
zeuge
Gnaos·ter·pin, ~·ne *m. psy.*
Geizhals
gnaos·trig, -e, -en [gnaos-
tri·ge] *EW psy.* geizig
gnap·ken *ZW* schnappen
(mit den Zähnen)
gnaw·weln *ZW psy.* mekkern, nörgeln, mäkeln
gnäw·weln *ZW* nagen
Gne·se·buk, Gne·se·bücke
[Gne·se·bük·ke] *m. psy.* vor
Schadenfreude Grinsender
gne·sen *ZW psy.* grinsen, in
sich hinein lachen, spöttisch
lächeln
Gne·se·pin, ~·ne *m. psy.*
Geizhals
gne·sig, -e, -en [gne·si·ge]
EW psy. geizig
gnif·feln *ZW psy.* schmunzeln
gnit·ter·hat, ~·te, ~·ten *EW*
hart und spröde
gnit·tern *ZW* krachen, *met.*
donnern
gnit·ter·swat, ~·te, ~·ten *EW*
kohlschwarz, tiefschwarz,
dunkel
gnö·cheln *ZW psy.* schmunzeln, lächeln
gnop·ken *ZW psy.* knabbern
gnu·ken *ZW* brummen, knurren
gnu·ert, -e, -en [gnu·er·te]
EW geknurrt, gebrummt
gnüë·te·rig, -e, -en [gnüë-
te·ri·ge] *EW psy.* griesgrämig
**Gnüë·ter·kop, Gnüë·ter·köp-
pe** *m. psy.* Griesgram
gnüë·tern *ZW psy.* meckern,
nörgeln
Göör, -s *m. zool.* Maulwurf
Gö·bel, -s *m. tech.* Göpel,

Räderwerk *bes.* zum Antrieb von Dresch- und Häckselmaschinen
Gö·bel·as·se, -n *w. tech.* Göpelachse
Gö·bel·baum, Gö·bel·bai·me *m. tech.* Göpelbaum, Mittelachse des Göpels
Gö·bel·kië·de, -n *w. tech.* Göpelkette
Gö·bel·wiärk, -e [Gö·bel·wiär·ke] *s. tech.* Göpelwerk
Goot, Go·te *s.* 1. *agr.* Gut, Gutshof; 2. Besitz, Eigentum
gootsk, -e, -en [goots·ke] *EW kult.* gotisch
Göps, -en [Göp·sen] *w.* Handvoll, Menge die in der Höhlung beider Hände zu fassen ist
göp·sen·wi·se, -n *EW* mit vollen Händen
Göps·vul *w. o.Mz.* Handvoll
Gös·sel, -s *s. zool.* Gänschen, kleine Gans, Gänseküken; *übertr.* junges schwatzhaftes Mädchen
Go·tik *w. o.Mz. kult.* Gotik
Graas *ON* Graes
grab·beln *ZW* mit den Händen greifen, suchend umhertasten
Grai·te *VN* Grete, Margarete
Grait·ken, Grait·kes *VN* Gretchen
Grai·wen *ON* Greven
Graiws·ke -n *m., s. und w.* Grevener(in)
Gra·lant, -en [Gra·lan·ten] *m.* Gratulant
Gra·lats·jaun, -en [Gra·lats·jau·nen] *w.* Gratulation
gra·le·ern *ZW* gratulieren, beglückwünschen
Gram·me, -n *w. agr.* zweiter Grasschnitt
gräm·me·rig, -e, -en [gräm·me·ri·ge] *EW* körnig, sandig
Gram·mo·foon, Gram·mo·fo·ne *s. tech. mus.* Grammophon, Plattenspieler
gräms·te·rig, -e, -en [gräms·te·ri·ge] *EW med.* kratzig (Stimme)
Gräms·tern *s. o.Mz. med.* Kratzen (im Hals)
gräms·tern *ZW* räuspern
Gra·nao·te, -n *w. mil.* Granate, Geschoss
Gra·nao·ten·in·slag, Gra-

nao·ten·in·sliä·ge *m. mil.* Granateneinschlag
Grand, -e [Gran·de] *m. geol.* Sand; *hyg.* Schmutz
Gra·ni·e, -n *w. bot.* Geranie
gran·tig, -e, -en [gran·ti·ge] *EW psy.* ärgerlich, grimmig, mürrisch
grao, --e, --en *EW* grau
Graod, Gräö·de 1. *s. tech.* Grad (Maßeinheit für Temperatur und Winkel); 2. *w.* Gerade, Linie
graod *UW tem.* gerade; ~, -e, -en [grao·de] *EW* gerade; aufrecht
Graof, -en, Gräö·fe [Graofen] *m.* Graf
Gräö·fin --nen *w.* Gräfin
gräöf·lik, gräöf·licke, -n [gräöf·lik·ke] *EW* gräflich
Graof·schup, --pen *w. pol.* Grafschaft
Graot, Gräö·te *m. tech.* Grat
Gräöt, -e [Gräö·te] *s. tech.* Gerät
Gräö·te, -n *w. zool.* Gräte, *übertr.* spitzer Knochen; *übertr.* Rückgrat
Gra·pen, -s *m. tech.* Topf
Grap·pel, -n *m. bot.* Kartoffel
graps·ken *ZW* grapschen, raffen; *übertr. jur.* stehlen
Graps·ker, -s *m.* Grapscher
Gräs, Griä·ser *s.* 1. *bot.* Gras; 2. *agr.* Weideland
Gräs·brink, -e [Gräs·brinke] *m.* Grasplatz
Gräs·büë·ker *w. o.Mz. met.* *übertr.* Graupel
Gräs·bült, -e [Gräs·bül·te] *m. bot.* Grasbüschel, Grassoden
Gräs·buo·ter *w. o.Mz. kul.* Butter aus der Milch des Weideviehes
Gräs·fus·sen, -s *m. bot.* Grasbüschel
gräs·grön, gräs·grö·ne, -n *EW* grasgrün
grä·sig, -e, -en [grä·si·ge] *EW psy.* verstimmt, böse
Gräs·mi·ge, -n *w.* Graspisserin, abfällig für das weibliche Geschlecht
Gräs·pläk, Gräs·pläcken [Gräs·pläk·ken] *m.* Grasflecken
Gräs·sni·den *s. o.Mz. agr.* Grasmähen
Gräs·sni·der, -s *m. tech.* *agr.* Grasschneider

Gräs·spier, -s *s. bot.* Grashalm
graut, -e, -en [grau·te] *EW* groß, stark, tüchtig; ~e Bau·nen *bot.* dicke Bohnen, Pferdebohnen; **gröt·ter** größer; **an gröts·ten** am größten; ~ wä·ern aufwachsen; ~ maakt wä·ern aufgezogen werden
Graut·bäcke·ri, --en [Grautbäk·ke·rï] *w. kul. tech.* Großbäckerei, Brotfabrik
Graut·diäl, -en [Graut·diälen] *w. arch. agr.* Tenne, Mittelraum im Bauernhaus, Dreschdiele
graut·doon *uZW psy.* angeben, prahlen
Graut·düör, -n *w. arch.* Haupteingangstür
grau·ten·deels *UW* großenteils
grau·tens *EW* nennenswert, erwähnenswert
graut·fo·ern *ZW kul.* großfüttern
Graut·han·nel *m. o.Mz. fin.* Großhandel
Graut·han·nels·kaup·man, Graut·han·nels·kaup·lü·de *m. fin.* Großhandelskaufmann
graut·jäö·rig, -e, -en [grautjäö·ri·ge] *EW jur.* großjährig, volljährig
Graut·knecht, -e [Grautknech·te] *m. agr.* Großknecht
graut·ma·ken *uZW* großziehen, aufziehen, *kul.* großfüttern
Graut·möön, Graut·mö·nen *w.* Großtante
graut·mö·dig, -e, -en [grautmö·di·ge] *EW psy.* großherzig
Graut·mö·dig·kait, -en [Grautmö·dig·kai·ten] *w. psy.* Großherzigkeit
Graut·muul, Graut·mu·len *s. psy.* Großmaul, Angeber
graut·muulsk, -e, -en [grautmuuls·ke] *EW psy.* großmäulig
Graut·öl·lern *Mz.* Großeltern
Graut·ööm, -s *m.* Großonkel
Graut·plö·ger, -s *m. agr.* erster Pflüger
Graut·riä·ker, -s *m. tech.* Großrechner
Graut·snu·te, -n *w. psy.*

Großmaul

Graut·stad, Graut·stiä·den
w. geog. Großstadt

graut·trecken [graut·trek·ken]
uZW großziehen

Graw, Griä·wer *s.* Grab,
Gruft; **wat met in't ~ nië·men** *übertr.* etwas als Geheimnis bewahren

Gra·wen, Griä·wen *m.* Graben, Abzugsrinne

gra·wen *uZW* graben, umgraben

Gra·wen·huorst *ON* Gravenhorst

Gra·wen·wa·ter, Gra·wen·wä·ters *s.* Grabenwasser

Graw·ge·bäd, Graw·ge·biä·de
s. rel. Grabgebet

Graw·hüë·wel, -s *m.* Grabhügel

Graw·la·tuch·te, -n *w. tech.*
Grableuchte

Graw·lecht, -er [Graw·lechter] *s. tech.* Grablicht, Grabkerze

Graw·leed, Graw·le·der *s.*
mus. Grablied

Graw·steen, Graw·ste·ne *m.*
tech. Grabstein, Grabmal

Graw·stiär, -n *w.* Grabstätte,
Grabstelle

grawt, -e, -en [graw·te] *EW*
gegraben

Gräw·te, -n *w.* Graben (um
Hof, Haus, Schloss)

Gräw·ten·how, Gräw·ten·hüö·we *m. arch. agr.* von
Wassergraben umgebener
Bauernhof

graw·weln *ZW* klauben

graw·welt, -e, -en [graw·welte] *EW* geklaubt

greept, -e, -en [greep·te] *EW*
agr. mit einer Mistgabel versetzt

grel, -·le, -·len *EW psy.* scharf
auf, versessen

Grem·men·duorp *ON* Gremmendorp

Gren·del, -s *m. tech.* Riegel, Querholz (an der Tennentür)

Gren·se, -n *w.* Grenze

Gren·ser, -s *m. jur.* Grenzer,
Grenzpolizei

Grens·gän·ger, -s *m.* Grenzgänger

Grens·steen, Grens·ste·ne
m. tech. jur. Grenzstein

Gre·pe, -n *w. tech. agr.* Mist-

gabel mit vier Zinken

gre·pen *ZW agr.* mit einer
Mistgabel arbeiten

Gre·pen·stiël, -e [Gre·pen·stië·le] *m. tech.* Stiel der
Mistgabel

griä·sen *ZW kul.* grasen,
weiden

griäst, -e, -en [griäs·te] *EW*
agr. gegrast, geweidet

Griä·wer, -s *m.* Grabender

grieksk, -e, -en [grieks·ke]
EW griechisch

grië·nen, -e, -en [grië·ne·ne]
EW psy. geweint

Grien·hiärt·ken, Grien·hiärt·kes *s. bot.* Tränendes Herz
(Gartenblume)

Grien·tim·pen, -s *m. kul.*
letzte Scheibe vom Brot

Griëp, -e [Grië·pe] *m.* Griff

Grië·pel, -s *m. tech.* Griffel

Grië·pel·kas·ten, Grië·pel·käs·ten *m. tech.* Griffelkasten

Grieps·ke, -n *w. bot.* Kerngehäuse

Griep·vuë·gel, Griep·vüë·gel
m. zool. Greif, Greifvogel

gries, gri·se, -n *EW* grau,
fahl

Gries·baod, Gries·bäö·de *m.*
Graubart, Greis, alter Mann

gries·lik, gries·licke, -n
[gries·lik·ke] *EW psy.* gruselig, grauslich, schrecklich

gries·mu·len *ZW psy.* nörgeln

gries·mu·lig, -e, -en [gries·mu·li·ge] *EW psy.* griesgrämig

Grië·wel, -s *m.* 1. *zool.*
Dachs; 2. *psy.* selbstsüchtiger Mensch

Grië·wen *ON* Greffen

grif·la·chen *ZW psy.* schelmisch oder höhnisch lachen,
grinsen

Gri·ke, -n *m. und w.* Grieche

Gri·ken·land *s. geog.* Griechenland

gri·ken·ländsk, -e, -en [gri·ken·länds·ke] *EW* griechenländisch

grim·meln *ZW* undeutlich
werden, verschwimmen

gri·nen *uZW psy.* weinen

gri·nens·mao·te *EW psy.*
dem Weinen nahe

gri·nens·mao·te·dik, gri·nens·mao·te·dicke, -n [gri·nens·mao·te·dik·ke] *EW*

med. psy. betrunken und
dem Weinen nahe

gri·pen *uZW* greifen, fassen,
packen

Gri·per, -s *m. mil.* Häscher;
tech. Greifer, Greifmechanismus

Grips *m. o. Mz. psy.* Verstand

Gröb·lin·gen *ON* Gröblingen

Gro·nau *ON* Gronau

grö·nen *ZW bot.* grünen,
grün werden; *übertr. med.*
gesunden; **Grö·nen** *Mz. pol.*
übertr. Grün-Alternative, Grünen

Gröön *s. o. Mz.* Grün

gröön, grö·ne, -n *EW* grün;
übertr. bot. unreif, *psy.* unerfahren, unfertig

Gröön·fo·er *s. o. Mz. kul..*
Grünfutter

Gröön·land 1. *geog.* Grönland; 2. ~, **Gröön·län·ner**
s. agr. Grünland

gröön·lik, gröön·licke, -n
[gröön·lik·ke] *EW* grünlich

Gröön·plan·te, -n *w. bot.*
Grünpflanze, nicht blühende
Pflanze

Gröön·sna·wel, Gröön·sniä·wel *m.* Grünschnabel

Gröön·spaon *m. o. Mz. chem.*
Grünspan, Kupferacetat

Gröön·tüüg *s. o. Mz. bot.*
Grünzeug, *kul.* Salat (abfällig)

Groot, Grö·te *m.* Gruß

Groot Reken *ON* Groß-Reken

Gros·ken, Gros·kens *m.*
fin. Groschen, 10 Pfennigmünze

Grös·ken, Grös·kes *s. fin.*
kleiner Groschen, nur ein
Groschen; Kleingeld

Gros·ken·graw, Gros·ken·griä·wer *s. fin.* Groschengrab

grö·ten *ZW* grüßen, begrüßen

Gröt·te, -n *w.* Größe

gröt·ten·deels *UW* größtenteils

grow, gruo·we, -n *EW* grob,
rau, ruppig, roh; *psy.* unhöflich; wild, tobend; **grüö·wer** grober; **an gröws·ten** am gröbsten

Grow·as·ke, -n *w. tech.*
Schlacke

Grow·braud, Grow·brai·de

s. kul. grobkörniges Brot,
Roggenbrot, Schwarzbrot
Grow·hait, -en [Grow·hai·
ten] w. Grobheit
grow·knüö·kert, -e, -en [grow·
knüö·ker·te] EW med. gro-
bknochig
Grow·smet, -s m. tech.
Grobschmied, Hufschmied
Grub·ber, -s m. tech. agr.
Löffelegge
grub·bern ZW agr. eggen
mit der Löffelegge
Gru·be, -n w. bot. Rübe
Grüö·pel, -s m. kleiner Gra-
ben
Grüös·pel s. o.Mz. Geröll,
Kleinkram
Gruët m. o.Mz. Schutt
grüö·weln ZW psy. grübeln,
angestrengt nachdenken
Grüg·gel, -s m. psy. Spuk,
Geist
Grüg·ge·le·ri̠, -·en w. psy.
Spuk, Schreckhaftes
Grüg·gel·ge·schicht, -en
[Grüg·gel·ge·schich·ten] w.
mus. Spukgeschichte
grüg·geln (sik) ZW psy. erschrecken, fürchten (sich)
grüg·gelsk, -e, -en [grüg·
gels·ke] EW psy. furchtsam,
schreckhaft
Grüg·gel·vö·täl·sel, -s s. mus.
Spukgeschichte, Geistergeschichte
Grü·licke [Grü·lik·ke] s. psy.
Grauen, Entsetzliches
grü·lik, grü·licke, -n [grü·lik-
ke] EW psy. entsetzlich,
grauenhaft, gräulich, gruselig
grü·liks·te, -n EW psy. gräu-
lichste, grauenhafteste
grul·le·rig, -e, -en [grul·le·ri·
ge] EW grollend, psy. brum-
mig
Grum·mel, -n m. met. Donner
**Grum·mel·book, Grum·mel·
bö·ker** s. rel. übertr. Gebetbuch
grum·meln ZW met. (leise)
donnern, rollen
Grum·mel·schu·er, -s s. met.
Gewitterregen, Gewitter
**Grum·mel·taon, Grum·mel·
täö·ne** m. met. Gewitterwolke
Grund, Grün·ne m. Grund,
Boden, Grundstück; Ursache;
Motiv; **an'n ~ ma·ken, an'n
~ kri·gen** abschlagen, nie-

derreißen
Grund·book, Grund·bö·ker
s. jur. Grundbuch, Kataster
**Grund·book·amt, Grund·
book·iäm·ter** s. jur. Grundbuchamt, Katasteramt
Grund·hä·er, -ns m. Grundbesitzer
Grund·ies s. o.Mz. met.
Grundeis
gründlik, gründ·licke, -n
[gründ·lik·ke] EW gründlich
Grund·mü·er, -n w. arch.
Grundmauer, Fundament
**Grund·school, Grund·scho·
le, -n** w. kult. Grundschule
Grund·steen, Grund·ste·ne
m. arch. Grundstein, übertr.
Basis
Grund·wa·ter s. o.Mz. Grundwasser
grün·neln ZW kul. zool. grün-
deln
grün·nen ZW gründen
Grün·ner, -s m. Gründer
grun·sen ZW grunzen
grünt, -e, -en [grün·te] EW
gegründet
Grüö·be, -n w. tech. Rille im
Riegel vom Fachwerk zum
Halt des Flechtwerkes
Gruo·we s. o.Mz. Grobe
grup·ken ZW raffen
Grup·pe, -n w. kul. Graupe,
Grütze
Gru·se·ment, -e [Gru·se·men-
te] s. tech. Scherbe
Gru·sen s. o.Mz. psy. Grausen, Schaudern
gru·sen (sik) ZW psy. grausen, schaudern (sich)
grü·sen ZW grunzen; psy.
heulen, schreien
Grut s. o.Mz. kleine Brok-
ken, zerkleinertes Geröll,
Zertrümmertes; Kleinkram;
übertr. Kleinkinder
Grüt·laun ON Grütlohn
Grüül s. o.Mz. Gräuel, psy.
Gespenst
Gruut s. o.Mz. bot. Gagel
Grüw·wel, -s m. psy. Spukgestalt
grüw·weln ZW psy. grau-
en (jemd.)
grüw·welsk, -e, -en [grüw·
wels·ke] EW psy. ängstlich
vor dem Spuk
gü·che·lig, -e, -en [gü·che·
li·ge] EW psy. hinter der
Hand geredet

gü·cheln ZW psy. hinter der
Hand reden
güël, -e, -en [güë·le] EW
fließfähig, rieselfähig (Korn,
Sand)
güë·len ZW fließen, rinnen,
rieseln von festen Körpern
guët, -e, -en [güë·te] EW gut,
positiv; ~ **un wal** ungefähr,
zirka; **so ~ äs** beinahe, fast,
nahezu; **mä·er äs ~** über die
Maßen gut, ausgesprochen
gut; **wi·er ~ sien** med. wieder gesund sein; **wi·er ~ wä-
ern** med. wieder gesund
werden; **wi·er ~ wä·ern met
e·nen** psy. sich mit jemd.
vertragen; **biä·ter ~** besser;
best ~ am besten
guët·doon uZW guttun, wohltun
Guë·te s. o.Mz. Gute
Guë·ten Dag Guten Tag
(abgekürzt auch: Guë·ten!)
**Guë·ten·dags·stok, Guë·ten·
dags·stöcke** [Guë·ten·dags-
stök·ke] m. tech. Spazierstock
Guët·gaon lass es dir gut
gehen, auf Wiedersehen!
guët·glaiwsk, -e, -en [guët·
glaiws·ke] EW psy. gut-
gläubig
Guët·hait, -en [Guët·hai·ten]
w. psy. Gutmütigkeit, Güte,
Milde, Barmherzigkeit
guët·hiär·tig, -e, -en [guët·
hiär·ti·ge] EW psy. gutherzig, gütig, barmherzig
güët·ken ZW psy. kichern
Güët·ke·ri̠ w. o.Mz. psy. Gekicher
guët·maakt, -e, -en [guët·
maak·te] EW gutgemacht
guët·ma·ken uZW gutmachen
guët·mö·dig, -e, -en [guët·
mö·di·ge] EW psy. gutmütig
Guët·mö·dig·kait, -en [Guët·
mö·dig·kai·ten] w. psy. Gutmütigkeit
Guëts s. o.Mz. Gute(s)
guët·säg·gen uZW fin., jur.
bürgen, garantieren
Guët·säg·ger, -s m. jur. Bürge, Gewährsmann, Garant
Güld s. o.Mz. chem. Gold
Güld·da·ler, -s m. fin. Goldtaler
Güld·duorp, Güld·düör·per
s. Golddorf

Güld·fink, -en [Güld·fin·ken] *m. zool.* Gimpel
Güld·flai·ge, -n *w. bot.* Goldfliege
Güld·griä·wer, -s *m. tech.* Goldgräber
Güld·haup, Güld·hai·pe *m.* Goldhaufen, Menge an Gold
Güld·hoch·tiet, Güld·hoch·ti·ten *w. tem.* Goldene Hochzeit (50 Jahre)
Güld·me·dal·ge, -n *w. spo.* Goldmedaille
Güld·smet, -s *m. tech.* Goldschmied
Güld·stow, Güld·stüö·we *m. tech.* Goldstaub
Güld·wao·ge, -n *w. tech.* Goldwaage
Gül·lak, Gül·lacken [Gül·lak·ken] *m. bot.* Goldlack
gül·len, -e, -en [gül·le·ne] *EW* golden
gül·len·giäl, -e, -en [gül·len·giä·le] *EW* goldgelb
gül·lig, -e, -en [gül·li·ge] *EW* gültig
Gum·mi, -es *s. tech.* Gummi, vulkanisierter Kautschuk; *übertr. hyg.* Kondom; **künst·licken ~** [künst·lik·ken ~] *s. chem.* Synthesekautschuk
Gum·mi·band, Gum·mi·bän·ner *s. tech.* Gummiband
Gum·mi·baum, Gum·mi·bai·me *m. bot.* Gummibaum
Gum·mi·baum·miälk *w. o.Mz. bot.* Gummibaumsaft, Kautschukmilch
Gum·mi·klië·wer, -s *m. chem.* Gummiklebstoff, Gummilösung
Gum·mi·rad, Gum·mi·riä·der *s. tech.* Gummirad; **Gum·mi·räd·ken, Gum·mi·räd·kes** *s. tech.* Gummirädchen
Gum·mi·schip, -·pe *s. trans. naut.* Gummiboot
Gum·mi·stië·wel, -s *m. tech.* Gummistiefel
Gum·mi·wa·gen, Gum·mi·wiä·gen *m. trans. agr.* Akkerwagen mit Luftreifen
gün·nen *ZW psy.* gönnen, gestatten, zugestehen
Gün·ner, -s *m. psy.* Gönner
Guns·dag, -e [Guns·da·ge] *m. tem.* Mittwoch
guns·dags *UW tem.* mittwochs
gün·seln *ZW psy.* winseln,

wimmern; *med.* stöhnen vor Schmerz, ächzen
güns·tig, -e, -en [güns·ti·ge] *EW* günstig, vorteilhaft
Guod, Güö·der *m. rel.* Gott
Guod·do·ri Gottsverdori, Gottverdammt
Güö·der·lä·er, olle ~ *w. rel.* Mythologie
Güö·der·sit, -·te *m.* Göttersitz, Götterthron
guod·haf·tig, -e, -en [guod·haf·ti·ge] *EW rel.* göttlich
güöd·lik, güöd·licke, -n [güöd·lik·ke] *EW rel.* göttlich
guod·luow gottlob, Gott sei Dank
Guods·dänst, Guods·däns·te *m. rel.* Gottesdienst
Guods·laun, Guods·lai·ne *m. rel.* Gotteslohn, Dank Gottes
guod·wi·et, -e, -en [guod·wi·e·te] *EW rel.* gottgeweiht
Güör·gel, -n *w. med.* Gurgel, Schlund
güör·geln *ZW* gurgeln
güö·rig, -e, -en [güö·ri·ge] *EW psy.* beruhigend, gutmütig, harmlos, gemütlich
Güört, -en [Güör·ten] *w. kul.* Grütze
Güört·blo·me, -n *w. bot.* Wiesenschaumkraut
Güör·ten·miäl, -e [Güör·ten·miä·le] *s. kul.* Grützemehl
Güör·te·müël, -en [Güör·te·müë·len] *w. tech.* Grützemühle
Güör·ten·täl·ler, -s *m. psy.* Grützenzähler (wie Erbsenzähler), Kleinigkeitskrämer
Güört·pot, Güört·pöt·te *m. tech. kul.* Grützetopf
Guot, Güö·te *m. tech.* Guss; Schwall
Guo·te, -n *w.* Gosse, Straßengraben, Wasserrinne, *arch.* Regenrinne
guo·ten, -e, -en [guo·te·ne] *EW* gegossen
Guo·ten·drek *m. o.Mz.* Gossendreck
Guo·ten·lok, Guo·ten·löcker [Guo·ten·lök·ker] *s. tech.* Ausgussloch, Abfluss (Küche)
Guo·ten·steen, Guo·ten·ste·ne *m. tech.* Spülstein (mit Ausgussloch); Gossenstein, Rinnstein
Guot·huol, Guot·hüö·le *s. tech.* Ausgussloch

güst, -e, -en [güs·te] *EW med.* unfruchtbar, leer, nicht tragend, trocken (Milchkuh)
Gust *VN* August
Gus·te *VN* Auguste
Gü·ter, -s *m. tech. kul.* Kannengießer
Gü·ter·baan·how, Gü·ter·baan·hü·we *m. trans.* Güterbahnhof
Gü·ter·wa·gen, Gü·ter·wiä·gen *m. trans.* Güterwagen
Guul, Gü·le *m. zool.* Gaul
Güüt·sel *ON* Gütersloh

H

H, h H, h (Buchstabe)
Hääd, Hä·de *m. tech.* Herd
Hääd·fü·er, -s *s. arch.* Herdfeuer, offener Kamin
Hääd·stiär, -n *w. arch.* Herdstelle
Haag·däön, -s *m. bot.* Weißdorn, Heckenrose
Hääks·ken, Hääks·kes *s.* Häkchen, Widerhaken
Haan, -s, Ha·nen *m. zool.* Hahn; **dän rau·den ~ up't Dak sät·ten** *übertr.* brandschatzen, brandstiften
Haan·ha·len *s. o.Mz. kult.* Hahnholen (Brauchtum am Morgen nach der Hochzeit)
Haan·holt, Haan·höl·ter *s. arch.* Hahnenbalken, Sitzstange für das Federvieh; *arch.* oberster Teil des Dachbodens
Haan·jüëk, -s *s. arch.* Querbalken zwischen den Dachsparren
Hään·ken, Hään·kes *s. zool.* Hähnchen, männlicher Vogel
Hään·kes·bol·len, -s *m. med.* Hähnchenschenkel
Haar·buk, Haar·bücke [Haar·bük·ke] *m. tech.* kleiner Amboss zum Dengeln
Haar·ha·mer, Haar·hä·mers *m. tech.* Dengelhammer
Haar·spet, -·te *s. tech.* kleiner Amboss zum Dengeln
Haar·tüüg, -s *s. o.Mz. tech.* Werkzeug zum Dengeln
Haas, Ha·sen, Ha·sens *m. zool.* Hase
Hääs·ken, Hääs·kes *s. zool.* junger Hase, kleiner Hase
Haas·mund, Haas·mün·ner *m. med.* Hasenscharte

Hääs·pe Hesepe *ON*
hä·bä! pfui Teufel!
häb·ben *uZW* haben, be-
sitzen; sik ~ *psy.* sich zieren; e·nen up ~ *med. übertr.*
einen Schwips haben; ~
wul·len verlangen
häb·be·räch·tig, -e, -en [häb-
be·räch·ti·ge] *EW psy.* rechthaberisch
Ha·böcke, -n [Ha·bök·ke] *w.
bot.* Hainbuche, Weißbuche
ha·böcken, -e, -en [ha·bök-
ken] *EW* hanebüchen, derb,
grob; ~ **Kös·ter** *psy.* hölzerner Mensch
Ha·böcken·hlě·ge, -n [Ha-
bök·ken·hiě·ge] *w. bot.* Hainbuchenhecke
Hacht, -en [Hach·ten] *w.*
Kerbe
Hacke·bräd, Hacke·briä·der
[Hak·ke·bräd] *s. tech. kul.*
Hackbrett
hacke·lig, -e, -en [hak·ke-
lig], [hak·ke·li·ge] *EW* zak-
kig geschnitten, schwierig;
ruckartig
Hacke·mai, -·e *s. agr.* letztes
Erntefuder
Hacken·bi·ter, -s [Hak·ken-
bi·ter] *m.* Hund, der in die
Hacken beißt; *übertr.* langer Frauenrock
Hacken·stai·ter, -s [Hak·ken-
stai·ter] *m.* langer Frauenrock
Hä·er, -ns *m.* Herr, Herrscher, Chef, Vorgesetzter
Hä·er·bu·er, -n *m. agr.* Junker
Hä·ern·grund, Hä·ern·grün-
ne *m. fin.* Landbesitz Adliger
Hä·er·guod, Hä·er·güö·der
m. rel. Herrgott
Hä·er·guods·frö·e *w. o.Mz.
tem.* Herrgottsfrühe, sehr früh
am Tag
Hä·ern·huus, Hä·ern·hü·ser
s. arch. Herrenhaus, Villa
hä·er·lik, hä·er·licke, -n [hä-
er·lik·ke] *EW* herrlich; *psy.*
froh
Hä·er·ööm, -s *m. rel.* Pfarrer, Geistlicher („Pfarronkel")
Hä·er·schup, -·pen *w.* Herrschaft
Hä·er·tog, Hä·er·tüö·ge *m.
pol.* Herzog
ha·fäd·dig, -e, -en [ha·fäd-
di·ge] *EW psy.* hoffärtig,
dünkelhaft, hochmütig

Ha·fäd·dig·kait, -en [Ha·fäd-
dig·kai·ten] *w. psy.* Hoch-
mut, Hoffart
Hafk, -en [Haf·ken] *m. zool.*
Habicht
Haf·ken·niër·se, -n *w. med.*
Habichtsnase
Haf·ken·sna·wel, Haf·ken-
sniä·wel *m. med.* Habichts-
schnabel
Haf·kes·biёk *ON* Havixbeck
Haf·kes·biёks·ke, -n *m. und
w.* Havixbecker(in)
Ha·ge·böcke, -n [Ha·ge·bök-
ke] *w. bot.* Hainbuche, Weiß-
buche (als Heckenpflanze)
Ha·gel *m. o.Mz. met.* Hagel
Ha·gel·käörn, -s *s. met.* Ha-
gelkorn
Ha·gel·pros·jaun, -en [Ha-
gel·pros·jau·nen] *w. rel.* Ha-
gelprozession
Ha·gel·schu·er, -s *s. met.*
Hagelschauer
Ha·gel·wiär *s. o.Mz. met.*
Hagelwetter
ha·gel·wit, -·te, ·ten *EW*
schneeweiß
Ha·gen, Hä·gen *m. bot.* Hek-
ke
Hai *s. o.Mz. bot.* Heu; in't ~
müё·ten *agr.* das Heu muss
gemacht werden
Hai·aarnt, -en *w. agr.* Heu-
ernte
Hai·buk, Hai·bücke [Hai·bük-
ke] *m. tech. agr.* Holzge-
stell zur Trocknung von Heu
Hai·büörn, -s *m. arch. agr.*
Heuboden
Haid, -e, -en [Hai·de] *w. bot.*
Heide, Erika; Heidefläche
Haid·bes·sen, -s *m. tech.*
Heidebesen
Haid·buo·den, Haid·büö·den
m. geol. Heideboden, sehr
leichter Boden
Haid·duorp, Haid·düör·per
s. geog. Heidedorf
Haid·hüё·wel, -s *m.* Heide-
hügel
Häi·den *ON* Heiden
Hai·di·men, -s *m. agr.* gro-
ßer Heuhaufen
Haid·plan·te, -n *w. bot.*
Heidepflanze
Hai·duuw, Hai·du·wen *m.
agr.* Heuhaufen
Hai·e *w. o.Mz. tech.* Hede,
Abfall beim Hecheln von
Flachs oder Lein

hai·en *ZW agr.* heuen
Hai·en·band, Hai·en·bän·ner
s. psy. Schalk, Schelm
Hai·en·kääl, -s *m. fin.* Ver-
käufer von schlechtem
Flachs; *übertr. psy.* Groß-
maul
Hai·en·kai·per, -s *m. tech.*
Hedeaufkäufer, *übertr. psy.*
Großmaul, Schlitzohr
Hai·en·socke, Hai·en·sök·ken
[Hai·en·sok·ke] *w.* Socken
aus Hede
Hai·er, -s *m. tech. agr.* Gras-
schneider
Hai·er·man, Hai·er·män·ner
m. fin. Geldstück (5 DM)
Hai·fe·wer *s. o.Mz. med.*
Heuschnupfen
Hai·haup, Hai·hai·pe *m. agr.*
Heuhaufen
Hai·maond, -e [Hai·maon·de]
m. tem. Juli, *agr.* Heumonat
hai·pen *ZW* häufen, auf-
häufen
hai·pe·wies, hai·pe·wi·se *UW*
haufenweise
Hai·piärd, -e [Hai·piär·de]
s. zool. Heuschrecke
Hai·piärd·ken, Hai·piärd·kes
s. zool. kleines Heupferd,
Heupferdchen
Haip·ken, Haip·kes *s.* Häuf-
chen, Häuflein
Hai·rüёk, -e [Hai·rüё·ke] *m.
biol.* Heugeruch, Heuduft
Hai·schü·er, -n *w. arch. agr.*
Heuscheune
Hai·slao·ge, -n *w. agr.* Heu-
schwade
hai·ten *uZW* heißen, genannt
werden
Hai·twiёl, -s *m. tech. agr.*
Heugabel
Hai·wän·ner, -s *m. tech. agr.*
Heuwender
Hai·wiär *s. o.Mz. met.* Heu-
wetter; warmes, trockenes
Wetter
Hai·wies·ke, -n *w. agr.* Heu-
wiese
ha·jas! pfui! (Ausruf des
Ekels oder der Verachtung)
Ha·jo·pai, -s *m. psy.* Trottel
Hak, Hacken [Hak·ken] *w.*
1. *tech.* Hacke (Gartenge-
rät); 2. *med.* Ferse; 3. Art
und Weise; niks üm de
Hacken häb·ben unbedeu-
tend sein
Hak·ääs, Hak·ä·se *s. bot.*

Heckenrose
Ha·ken, -s *m. tech.* Haken
Häks, -en *w. psy.* Hexe
Hak·sel *s. o.Mz. agr.* Häcksel, kleingehacktes Stroh
Hak·sel·ka·mer, -n *w. arch.
agr.* Häckselkammer, Raum
zum Schneiden und Lagern
von Häcksel
Hak·sel·kist, -en [Hak·sel-
kis·ten] *w. tech. agr.* Häck-
selkiste, Futterkiste
**Hak·sel·ma·schien, Hak·sel-
ma·schi·nen** *w. tech. agr.*
Häcksler
häk·sen *ZW psy.* hexen, zaubern
**Häk·sen·book, Häk·sen·bö-
ker** *s. psy.* Zauberbuch, Hexenbuch,
Häk·sen·mes·ter, -s *m. psy.*
Hexenmeister
Häk·se·ri *w. o.Mz. psy.* Hexerei
hal, -·le, -·len *EW* laut
ha·len *uZW* holen, einholen
Ha·len *ON* Halen
Hal·lär, -s *m. kult.* Lehrer,
(„Herr Lehrer")
Hals, Häl·se *m. med., tech.*
Hals; **an'n ~ smi·ten** *übertr.*
auf Männerfang gehen; **dän
~ nich vul·kri·gen küë·nen**
übertr. gierig sein; **in'n ~
häb·ben** *med.* Halsentzün-
dung haben
Hals·af·sni·der, -s *m. fin.*
Halsabschneider, Betrüger
Hals·band, Hals·bän·ner *s.
tech.* Halsband
Hals·brü·ne *w. o.Mz. med.*
Diphtherie
Hals·dook, Hals·dö·ker *s.
tech.* Halstuch
Hals·driä·ge, Hals·driä·gen
w. trans. Halstrage (Teil des
Zuggeschirrs beim Pferd)
Hal·se, Häl·se *m. med.* Hals;
viël an'n ~ häb·ben viele
Aufgaben haben, sehr enga-
giert sein
Hals·gat, Hals·gät·ter *s.
med.* Schlund
Hals·jüëk, -s *s. tech. trans.*
Halsjoch, Tragjoch für Ei-
mer und Kannen
Hals·lok, Hals·löcker [Hals-
lök·ker] *s. med.* Halsloch,
Schlund; **wat vüör't ~ lig-
gen häb·ben** *med.* starke
Übelkeit haben

Hal·ter, -s *m. tech.* Halfter,
Zaum
hal·tern *ZW psy.* zügeln,
bändigen
Hal·tern *ON* Haltern am See
hal·up *UW* hellauf
halw, -e, -en [hal·we] *EW*
halb
Halw·bro·er, Halw·brö·ers *m.*
Halbbruder, Stiefbruder
halw·daud, -e, -en [halw-
dau·de] *EW* halb tot
halw·dauw, -e, -en [halw-
dau·we] *EW* schwerhörig
halw·düüs·ter, -e, -en [halw-
düüs·te·re] *EW* halbdunkel
Halw·düüs·tern *s. o.Mz.*
Halbdunkel
Hal·we *ON* Halverde
hal·wen *ZW* halbieren
halw·fär·rig, -e, -en [halw-
fär·ri·ge] *EW* halbfertig
Halw·hä·er, -ns *m.* Herr
mit geringerer Herrschaft,
Abteilungsleiter, Bereichsleiter, Betriebsleiter
halw·haug, -e, -en [halw-
hau·ge] *EW* halbhoch
Halw·haug·wür·den *m. rel.*
jemand, der fast so ist wie
der Pfarrer
Halw·iär·we, -n *m. agr.* Halberbe, Zellner
Halw·jaor, -e [Halw·jao·re]
s. tem. Halbjahr, Semester
**halw·jäör·lik, halw·jäör·licke,
-n** [halw·jäör·lik·ke] *EW tem.*
halbjährlich
Hälw·ken, Hälw·kes *s. tech.
kul.* kleines Glas Schnaps
Halw·kring, -e [Halw·krin·ge]
m. Halbkreis
Halw·li·den *s. o.Mz. psy.* hal-
bes Leid, geteiltes Leid; **dat is
een ~** *psy.* halb so schlimm
halw·li·rig, -e, -en [halw·li-
ri·ge] *EW* halb leer
Halw·maond, -e [Halw·maon-
de] *m. astr.* Halbmond
Halw·pat, Halw·pät·te *m.* Hälfte eines Anteiles, Halbteil
halw·riep, halw·ri·pe, -n *EW
biol.* halbreif, zur Hälfte reif
Halw·schaid, -e [Halw·schai-
de] *m.* Hälfte
**Halw·schiär·pels·braud,
Halw·schiär·pels·brai·de** *s.
kul.* Brot aus der Kornmenge eines halben Scheffels
Halw·slaop *m. o.Mz. med.*
Halbschlaf

halw·slië·den, -e, -en [halw-
slië·de·ne] *EW tech.* halb
verschlissen, getragen, nicht
mehr neu (Kleidung), ge-
braucht
**halw·sun·dags·fien, halw-
sun·dags·fi·ne, -n** *EW* in
Freizeitkleidung
Halw·sun·dags·fi·ne *s. o.Mz.*
Freizeitkleidung
Halw·süs·ter, -s *s.* Halbschwester, Stiefschwester
halwt, -e, -en [halw·te] *EW*
halbiert
Halw·tiet, Halw·ti·ten *w. tem.*
Halbzeit
halw·vul, -·le, -·len *EW* halbvoll
halw·wägs *UW* halbwegs,
ungefähr
halw·was·sen, -e, -en [halw-
was·se·ne] *EW med.* halb
erwachsen, noch nicht ausgewachsen, *psy.* halbstark
(ca. 15 bis 20 Jahre alt)
halw·wös·sig, -e, -en [halw-
wös·si·ge] *EW* halbwüchsig
Ham *ON* Hamm
Ham·buorg *ON* Hamburg
Ha·mer, Hä·mers *m. tech.*
Hammer; **un·ner'n ~ kuë-
men** *übertr. fin.* versteigert
werden; **Hä·mer·ken, Hä-
mer·kes** *s. tech.* Hämmerchen, kleiner Hammer
Ha·mer·muël, -en [Ha·mer-
müë·len] *w. tech.* Hammer-
mühle
ha·mern *ZW* hämmern, pochen, auf etwas einschlagen
Häm·ken *ON* Hamm (Haltern)
ha·mo·ne·ern *ZW* harmonieren
ham·peln *ZW psy.* unentschlossen sein
hän *UW* hin; **~ un hiär** hin
und her, vor und zurück;
Hän un hiär Hin und Her;
~ un wi·er hin und wieder,
ab und zu, gelegentlich, zuweilen; **~ sien** hinüber sein;
hingegangen sein
Hän, -·nen *w. zool.* Henne
hän·bai·gen *uZW tech.* hinbiegen, zurechtbiegen
hän·bla·dern *ZW fin.* hinblättern (Geld), viel Geld bezahlen
hän·brän·gen *uZW* hinbringen

Hand, Han·nen, Hän·ne w.
med. Hand; **an'ne ~ gaon**
zur Hand gehen, helfen, behilflich sein; **bai·de Han·den
up·hol·len** *übertr. fin.* sehr
viel Geld verlangen; **~ in ~
gaon** *übertr.* harmonisch
miteinander arbeiten; **in'ne
~ schië·ten häb·ben** *übertr.*
ungeschickt sein; **kol·le ~**
tech. kalte Hand; Griff zum
Abnehmen von heißen Kes-
seln usw.; **üm de ~ häb-
ben** beschäftigt sein
hän·daal *UW* hinunter, hinab, herunter, herab
Hand·bes·sen, -s *m. tech.*
Handfeger
Hand·bred·te, -n w. Handbreite
hand·breed, hand·bre·de, -n
EW handbreit
Hand·düp·pe, -n w. *tech.*
große Kelle mit kurzem Stiel
han·den *ZW* handhaben
Hand·gra·nao·te, -n w. *mil.*
Handgranate
Hand·grië·pel, -s *m. tech.*
Henkel
Hand·kai·se *m. o.Mz. kul.*
Handkäse, Weichkäse
Händ·ken, Händ·kes *s. med.*
Händchen, kleine Hand
Hand·lan·ger, -s *m.* Hand-
langer, Hilfsarbeiter
Hand·müë·le, -n w. *tech.*
Handmühle
Han·dook, Han·dö·ker *s.
tech. hyg.* Handtuch
hän·doon (sik) *uZW* sich
abfinden, sich zufriedenge-
ben; **sik dum ~** *psy.* sich
unzufrieden mit etwas ab-
finden; **Do di wat hän!
Hän·doon!** Abschiedsgruß
Hand·pos·til, -·len w. *rel.*
Heiligen- und Legendenbuch
hän·drai·en *ZW* hindrehen,
hinlenken; *übertr. psy.* beschönigen
Hand·re·ke, -n w. Handreiche
Hand·rüg·gen, -s *m. med.*
Handrücken
hän·dri·wen *uZW* hintreiben
hand·schrië·wen, -e, -en
[hand·schrië·we·ne] *EW*
handgeschrieben
Hand·schriwt, -en [Hand-
schriw·ten] w. Handschrift
**hand·schriwt·lik, hand-
schriwt·licke, -n** [hand-

schriwt·lik·ke] *EW* hand-
schriftlich
Hand·slag, Hand·sliä·ge *m.*
Handschlag
Hand·spai·gel, -s *m. tech.*
Handspiegel
Hand·spiël, Hand·spië·le *s.
spo.* Handspiel
Hand·steen, Hand·ste·ne *m.
tech.* Spülstein, Ausguss
Hand·tas·ke, -n w. *tech.*
Handtasche
Hand·täs·ken, Hand·täs·kes
s. tech. Handtäschchen
Hand·teek·nung, -en [Hand-
teek·nun·gen] w. *tech.* Frei-
handzeichnung, Skizze
hän·dü·den *ZW* hindeuten
hän·düör *UW* hindurch
Han·duorp *ON* Handorf
Han·düör·per *m. und w.*
Handorfer
**hand·waam, hand·wa·me,
-n** *EW* lauwarm
Hand·wiärk, -e [Hand·wiär-
ke] *s. tech.* Handwerk
Hand·wiär·ker, -s *m. tech.*
Handwerker
Hand·wiärks·tüüg, -s *s. tech.*
Handwerkszeug
Hand·wiä·wer, -s *m. tech.*
Handweber
Hand·wiä·we·ri, -·en w. *tech.*
Handweberei
**Hand·wiäw·stool, Hand·wiäw-
stö·le** *m. tech.* Handweb-
stuhl
Hand·wi·ser, -s *m. trans.*
Wegweiser
Ha·nen·foot, Ha·nen·fö·te *m.
med.* Hahnenfuß
Ha·nen·klao·wer *m. o.Mz.
bot.* gemeiner Hornklee
Ha·nen·pat·ken *Mz. bot.* Hah-
nenfuß
Ha·nen·pat·ken·plan·te, -n w.
bot. Hahnenfußgewächs
Han·en·trat, Ha·nen·triä·te *m.
zool.* Hahnentritt, *biol.* befruchtete Stelle in der Eidotter
Ha·ne·pam·pel, -s *m. psy.*
Hampelmann (abfällig)
hän·fal·len *uZW* hinfallen
Han·fel w. *o.Mz.* Handvoll
hän·fin·nen *uZW* hinfinden
hän·flai·gen *uZW* hinfallen,
hinstürzen
hän·fö·ern *uZW trans.* hinfahren
hän·föl·lig, -e, -en [hän·föl-

li·ge] *EW med.* hinfällig,
kränklich, schwach
hän·frao·gen *uZW* durchfragen (zu einem Ziel)
hän·gaon *uZW* hingehen
Han·gel·brüg·ge, -n w. *trans.*
Hängebrücke
**Hän·gel·kuorw, Hän·gel·küör-
we** *m. tech.* Henkelkorb,
Korb zum Einkaufen, Rei-
sekorb
**Hän·gel·sluot, Hän·gel·slüö-
ter** *s. tech.* Bügelschloss,
Vorhängeschloss
han·gen 1. *uZW* hängen; 2.
~, -e, -en [han·ge·ne] *EW*
gehängt
han·gen·blië·wen, -e, -en
[han·gen·blië·we·ne] *EW*
hängengeblieben (an etwas)
han·gen·bli·wen *uZW* hängenbleiben (an etwas); *kult.*
in der Schule nicht versetzt
werden; steckenbleiben beim
Sprechen; **dao bliw niks
an han·gen** *fin.* das bringt
keinen Gewinn
han·gen·lao·ten *uZW* hängenlassen
Hän·ger, -s *m. trans.* Anhänger
Han·ge·stiärt, -s *m. med.*
Hängeschwanz
Hän·ge·te, -n *s. tech.* Türband
hän·gië·wen *uZW* hingeben,
darreichen; sich hingeben
Hän·gië·wen *s. o.Mz.* Hingabe, Hingebung
Häng·sel, -s *s. tech.* Türangel, Scharnier; *übertr.* Gelenk
hän·ha·len *uZW* hinholen,
hierhin holen
hän·häö·ern *ZW* hinhören,
lauschen; hingehören
hän·hau·en *uZW* funktionieren, gelingen
hän·hol·len *uZW* hinhalten
Hän·ki·ken *s. o.Mz.* Blick,
Hinschauen
hän·ki·ken *uZW* hinschau-
en, hinsehen
hän·knai·en *ZW* hinknien
hän·knal·len *ZW* stürzen,
hinfallen; geräuschvoll hinwerfen, vor die Füße werfen;
psy. vorwerfen
hän·kri·gen *uZW* hinbekommen
hän·krüë·keln *ZW med.* hinsiechen

hän·kuë·men *uZW* hinkommen, dahinkommen, erreichen; stimmen, passen

hän·läg·gen *ZW* hinlegen

hän·lao·ten *uZW* hinlassen

hän·lau·pen *uZW* hinlaufen; vergehen (Zeit)

Han·let, -s *s. med.* Handgelenk

Han·nel *m. o.Mz. fin.* Handel, Handelsgeschäft

Han·neln *s. o.Mz.* Handeln

han·neln *ZW fin.* handeln, Tätigkeiten oder Geschäfte ausüben, etwas tun

Han·nels·huus, Han·nels·hü·ser *s. fin.* Handelshaus

Han·nels·kaup·man, Han·nels·kaup·lü·de *m. fin.* Handelskaufmann

Han·nels·man, Han·nels·lü·de *m. fin.* Handelsmann, Händler

Han·nels·schip, -·pe *s. trans. naut.* Handelsschiff

Han·nels·school, Han·nels·scho·le, -n *w. kult.* Handelsschule

Han·nels·wäg, Han·nels·wiä·ge *m. trans.* Handelsweg

han·nelt, -e, -en [han·nel·te] *EW* gehandelt

Han·nes *VN* Johannes, Hans

Hän·ne·wiärk, -e [Hän·ne·wiär·ke] *s.* Handarbeit

hän·nië·men *uZW psy.* hinnehmen, dulden; akzeptieren

Han·nig, -e [Han·ni·ge] *m. kul.* Honig

hän·nig, -e, -en [hän·ni·ge] *EW* behände, schnell, fix; mittelgroß, handlich

Han·nig·blo·me, -n *w. bot.* Geißblatt; echtes Labkraut

Han·nig·im·me, -n *w. zool.* Honigbiene

Hän·nig·kait *w. o.Mz.* Geschicklichkeit

Han·nig·klao·wer *m. o.Mz. bot.* Honigklee, weißer Steinklee

Han·nig·ko·ken, Han·nig·kö·ken *m. kul.* Honigkuchen

Han·nig·kwet·ten *m. o.Mz.* Honigpressen

Han·nig·pot, Han·nig·pöt·te *m. tech. kul.* Honigtopf

Han·nig·wa·ter, Han·nig·wä·ters *s. kul.* Honigwasser, süßes Getränk

Han·nüö·wer *ON* Hannover

han·nüö·wersk, -e, -en [han·nüö·wers·ke] *EW* hannoveraner

ha·no·cher *UW tem.* hernach, nachher

Hanp *m. o.Mz. bot.* Hanf

Hanp·gaorn, Hanp·gäörns *s. tech.* Hanfgarn

Hanp·heed *w. o.Mz. bot.* Hanfkraut, *tech.* Dichtungsmaterial

Hanp·saot, Hanp·säö·te *w. bot.* Hanfsaat, Hanfsamen

Hanp·seel, Hanp·se·le *s. tech.* Hanfseil

hän·re·ken *ZW* hinreichen, darreichen; ausreichen, genügen

hän·ri·ten *uZW* hinreißen

hän·sain *uZW* hinsehen, hinschauen

hän·sät·ten *ZW* hinsetzen, hinstellen, absetzen

hän·schai·ten *uZW* ergehen (jemd.)

hän·schri·wen *uZW* hinschreiben

Han·se *w. o.Mz. fin.* Hanse

Hans·ke, -n *w. tech.* Handschuh

Hans·ken·ma·ker, -s *m. tech.* Handschuhmacher

hän·slaon *uZW* hinschlagen, hinfallen, niederstürzen

hän·slië·pen *ZW* hinschleppen

hän·smi·ten *uZW* hinwerfen

Hans·nar *m. o.Mz. psy.* Narr

Han·spiël, -e [Han·spië·le] *s.* Begebenheit

Han·stok, Han·stöcke [Han·stök·ke] *m. tech.* Handstock, Spazierstock

hän·stü·ern *ZW* hinsteuern, ansteuern, hinlenken

hän·stüör·ten *ZW* hinfallen, stürzen

Hans·wuorst, Hans·wüörs·te *m. psy.* Hanswurst

hän·täl·len *ZW* hinzählen, vorzählen (Geld)

han·te·ern *ZW* hantieren, herumfummeln

hän·to *UW* hinzu, hin

hän·trecken [hän·trek·ken] *uZW* hinziehen

hän·tü·ern *ZW* genau hinschauen

Han·üör·gel, -n *s. tech. mus.* Drehorgel

Ha·nüür, -s *w.* Ehrerweisung (*frz.* honneurs)

hän·uut *UW* hinaus

Hän·wäg, Hän·wiä·ge *m. trans.* Hinweg

hän·wi·sen *uZW* hinweisen, hinzeigen

hän·wul·len *uZW* hinwollen

häö·er hörbar *EW* ; ~ sien hörbar sein

Häö·er·ap·pa·raat, Häö·er·ap·pa·ra·te *m. tech. med.* Hörgerät

Häö·er·büt·ken, Häö·er·büt·kes *s. med.* Gehörknöchelchen

Häö·er·gang, Häö·er·gän·ge *m. med.* Gehörgang

häö·ern *ZW* hören, zuhören; *psy.* gehorchen

Häö·ern *ON* Horn

häö·ert, -e, -en [häö·er·te] *EW* gehört

Haol 1. *m. o.Mz. met.* Zugwind; 2. *s. tech.* gezackter Kesselhaken am Herdfeuer

haol, -e, -en [hao·le] *EW met.* kalt, scharf, schneidend (Wind)

Haol·baum, Haol·bai·me *m. tech.* Tragbalken über dem offenen Herdfeuer

Haol·wind, Haol·win·ne *m. met.* Zugluft, scharfer Wind

Häön, -s *s. zool.* Gehörn, Horn; *tech. mus.* Horn; *übertr.* Beule

Häön·dier, -s *s. zool.* Hörnertier; *übertr. psy.* Hornochse (Schimpfwort); ~s *Mz. zool.* Hornvieh

häö·nen, -e, -en [häö·ne·ne] *EW* hörnern

Häön·mos, -·se *s. bot.* Hornmoos

Haor, -e [Hao·re] *s. med.* Haar; ~e up de Tiä·ne häb·ben *psy.* Haare auf den Zähnen haben, *übertr.* streitsüchtig sein

Haor·bes·sen, -s *m. tech. hyg.* Haarbesen, feiner Besen aus Pferdehaar; Kamm

Haor·büör·sel, -s *m. tech. hyg.* Haarbürste

Haor·drü·ger, -s *m. tech.* Haartrockner

hao·ren *ZW med.* haaren, aushaaren

haor·fien, haor·fi·ne, -n *EW* haarfein

haor·ge·nau, -·e, -·en *EW*

haargenau, sehr genau
häö·rig, -e, -en [häö·ri·ge]
EW haarig, behaart; brenz-
lig; gehörig
Häör·ken, Häörkes *s. med.,*
bot. Härchen, Fluse
haor·kleen, haor·kle·ne, -n
EW haarklein
Haor·krul, Haor·krüls *s. med.*
Haarkräusel, Haarlocke
Haor·nao·del, Haor·näö·del
w. tech. Haarnadel
Haor·sliep·ken, Haor·sliep-
kes *s.* Haarschleife
Haor·sni·der, -s *m.* Friseur
Haor·stiärt, -s *m.* geflochtener Zopf; **Haor·stlärt·ken,**
Haor·stiärt·kes *s.* Haarschwänzchen
Haor·tië·kel, -s *m. bot.* Hauhechel (Heilkraut)
Haor·top, Haor·töp·pe *m.*
Haarknoten
Haor·wa·ter, Haor·wä·ters *s.*
hyg. Haarwasser
häös·tig, -e, -en [häös·ti·ge]
EW hastig
Hap, -·pe, -·pen *w. tech. mus.*
Weidenflöte, Pfeife
hap·ken *ZW kul.* hastig essen, schlingen; beißen, zuschnappen
har *UW* links (Fuhrmannssprache)
ha·ran *UW* heran
ha·ran·lao·ten *uZW* heranlassen
ha·ran·stu·wen *uZW* heftig
herangehen (an die Arbeit),
trans. schnell herankommen
ha·ren *ZW tech.* dengeln
ha·rin *UW* herein
ha·rin·brän·gen *uZW* hereinbringen
ha·rin·fal·len *uZW* hereinfallen
Hä·ring, -e [Hä·rin·ge] *m.*
zool. Hering
ha·rin·gaon *uZW* hereingehen
ha·rin·kuë·men *uZW* hereinkommen
ha·rin·lao·ten *uZW* hereinlassen
ha·rin·ro·pen *uZW* hereinrufen
ha·rin·trecken [ha·rin·trek-
ken] *uZW* hereinziehen,
einziehen, verwickeln
Hark, -en [Har·ken] *w. tech.*
agr. Harke, Gartenrechen

Hark·sel, -s *s. agr.* Zusammengeharktes
Härn, -e [Här·ne] *s. med.*
Gehirn, Hirn
Härn·fe·wer *s. o.Mz. med.*
Hirnhautentzündung
Har·rauk *m. o.Mz.* Moorrauch
har·re *EW* laut, hart, heftig,
unsanft; schnell
Har·re·maond, -e [Har·re-
maon·de] *m. tem.* Jannuar
(harter Monat)
Här·rin, -·nen *w.* Herrin
här·risk, -e, -en [här·ris·ke]
EW psy. herrisch
ha·rüm, ha·rüm·me *UW* herum, umher
ha·rüm·ao·len *ZW* herumaalen, herumwälzen
ha·rüm·drai·en *ZW* herumdrehen
ha·rüm·dri·wen *uZW psy.*
herumtreiben
ha·rüm·fi·len *ZW* ausfeilen;
verbessern, optimieren
ha·rüm·fö·ern *uZW trans.*
herumfahren
ha·rüm·ki·ken *uZW* umherschauen
ha·rüm·kuë·men *uZW* herumkommen
ha·rüm·lau·pen *uZW* herumlaufen
ha·rüm·mu·sen *ZW* herumsuchen
ha·rüm·stau·ten *uZW* herumstoßen
ha·rüm·tif·teln *ZW tech.* ausprobieren, basteln
ha·rüm·tot·ten *ZW trans.* herumschleppen
ha·rüm·tün·deln (met) *ZW*
psy. auf die leichte Schulter
nehmen
ha·run·ner *UW* herunter
ha·run·ner·brän·gen *uZW*
herunterbringen
ha·run·ner·drai·en *ZW* herunterdrehen
ha·run·ner·dri·wen *uZW* heruntertreiben
ha·run·ner·fal·len *uZW* herunterfallen
ha·run·ner·flai·ten *uZW* herunterfließen
ha·run·ner·fö·ern *uZW trans.*
herunterfahren
ha·run·ner·gaon *uZW trans.*
heruntergehen
ha·run·ner·ha·len *uZW* herunterholen

ha·run·ner·ki·ken *uZW* herunterschauen
ha·run·ner·kip·pen *ZW* herunterkippen, abkippen
ha·run·ner·kuë·men *uZW*
herunterkommen
ha·run·ner·lau·pen *uZW* herunterlaufen
ha·run·ner·nië·men *uZW*
herunternehmen, abnehmen;
dat nimp he sik dao·van
run·ner das erlaubt er sich
davon, das gönnt er sich davon
ha·run·ner·ri·ten *uZW* herunterreißen
ha·run·ner·sät·ten *ZW* heruntersetzen
ha·run·ner·slucken [ha·run-
ner·sluk·ken] *ZW kul.* herunterschlucken
ha·run·ner·stri·ken *uZW* herunterstreichen; *übertr. trans.*
heruntergehen
ha·run·ner·stuör·ten *ZW*
herunterstürzen, abstürzen
ha·run·ner·trecken [ha·run-
ner·trek·ken] *uZW* herunterziehen
ha·rüö·wer *UW* herüber
ha·rüö·wer·brän·gen *uZW*
herüberbringen
ha·rüö·wer·ha·len *uZW* herüberholen
ha·rup *UW* herauf
ha·rup·brän·gen *uZW* heraufbringen
ha·rup·gaon *uZW* heraufgehen, aufsteigen
Ha·rup·gaon *s. o.Mz.* Aufstieg
ha·rup·ha·len *uZW* heraufholen
ha·rup·ki·ken *uZW* heraufschauen
ha·rup·klai·en *ZW* heraufklettern
ha·rup·kuë·men *uZW* heraufkommen
ha·rup·lau·pen *uZW* herauflaufen
ha·rup·sät·ten *ZW* heraufsetzen, aufwerten
ha·ruut *UW* heraus
ha·ruut·brän·gen *uZW* herausbringen
ha·ruut·fal·len 1. *uZW* herausfallen; 2. ~, -e, -en [ha-
ruut·falle·ne] *EW* herausgefallen
ha·ruut·ha·len *uZW* heraus-

holen
ha·ruut·ki·ken *uZW* herausgucken, herausschauen
ha·ruut·kri·gen *uZW* herausbekommen
ha·ruut·kuë·men *uZW* herauskommen (aus etwas); entstehen; **wat kümp daobi ha·ruut?** was wird das Ergebnis sein?
ha·ruut·lau·pen *uZW* herauslaufen
ha·ruut·nië·men *uZW* herausnehmen
ha·ruut·nuo·men, -e, -en [ha·ruut·nuo·me·ne] *EW* herausgenommen
ha·ruut·slaon 1. *uZW* herausschlagen, *fin.* herausholen, erwirtschaften; 2. **~, -e, -en** [ha·ruut·slao·ne] *EW* herausgeschlagen; *fin.* erwirtschaftet, verdient
ha·ruut·smi·ten *uZW* herausschmeißen, herauswerfen; verschwenden
ha·ruut·stiä·ken *uZW* herausstechen
ha·ruut·stri·ken *uZW* herausstreichen, *psy.* lobend erwähnen
ha·ruut·trecken [ha·ruut·trekken] *uZW* herausziehen
Has, -·se *s. bot., chem.* Harz
Ha·sen·braud, Ha·sen·braide *s. kul.* altes belegtes Brot; *bot.* Zittergras
Ha·sen·klao·wer *m. o.Mz. bot.* Waldsauerklee
Ha·sen·moos *s. o.Mz. bot.* im Frühjahr auswachsende Blätter von Grünkohlstängeln
Ha·sen·naot *w. o.Mz. bot.* Haselstrauch
Has·holt, Has·höl·ter *s. bot.* harzhaltiges Holz
Has·män·ne·ken, Has·männe·kes *s. bot.* Harzverdikkung bei der Kiefer
ha·söcken 1. [ha·sök·ken] *ZW* barfuß, auf Strümpfen laufen; 2. **~, -e, -en** [hasök·ke·ne] *EW* barfuß, ohne Schuh
Has·pel, -n *s. tech.* Drehkreuz, Garnwinde, Gitterrad; Maßeinheit für Garn
has·peln *ZW tech.* haspeln, wickeln
Has·se·bas·sen *s. o.Mz.*

Hasten, Eilen
has·se·bas·sen *ZW* hasten, eilen, sich übereilen, hin und her laufen
Häs·sek, -s *m.* Aufwand, Aufhebens
Has·sel, -n *w.* Baumscheibe, *tech.* Reifen
has·sen 1. *ZW bot.* harzen; 2. **~, -e, -en** [has·se·ne] *EW* aus Harz
has·sig, -e, -en [has·si·ge] *EW* harzig, harzhaltig
Hast, -e [Has·te] *m. o.Mz. kul.* Rauchfleisch vom Rind; *med.* magerer Mensch
Hast·fleesk *s. o.Mz. kul.* Rauchfleisch vom Rind
hat, -·te, -·ten *EW tech.* hart, fest; *tech., psy.* hartnäckig, unnachgiebig; heftig, *UW* sehr; **hät·ter** härter; **an häts·ten** am härtesten
hat·fruorn, -e, -en [hat·fruorne] *EW* hartgefroren
Hat·geld, Hat·gel·ler *s. fin.* Hartgeld, Münze
Hat·gum·mi, -es *s. tech.* Hartgummi
hat·häö·rig, -e, -en [hat·häöri·ge] *EW med.* schwerhörig, taub
Hat·holt, Hat·höl·ter *s. bot.* Hartholz
hat·maakt, -e, -en [hatmaak·te] *EW* hartgemacht, gehärtet
hat·ma·ken *uZW* hartmachen, härten
hat·melksk, -e, -en [hatmelks·ke] *EW agr.* schwer zu melken
hat·muulsk, -e, -en [hatmuuls·ke] *EW med.* unempfindlich am Maul
Hat·tig·kait, -en [Hat·tig·kaiten] *w.* Härte
hau·en *uZW* hauen, schlagen, verprügeln; sich hauen, verprügeln
Hau·en·huorst *ON* Hauenhorst
haug, -e, -en [hau·ge] *EW* hoch; **~ School** *kult.* Gymnasium; **hög·ger** höher; **högge·re School** *kult.* Realschule, Mittelschule; **an högs·ten** am höchsten
Haug·ach·tung *w. o.Mz. psy.* Hochachtung, Respekt
Haug·amt, Haug·iäm·ter *s.*

rel. Hochamt
Haug·aol·taor, Haug·aol·täöre *m. arch. rel.* Hochaltar
Haug·be·driew *m. o.Mz.* Hochbetrieb
haug·beent, -e, -en [haugbeen·te] *EW* hochbeinig, stelzfüßig
Haug·been·wiär *s. o.Mz. met.* schönes Wetter (Wetter um die Füße hochzulegen)
haug·düütsk, -e, -en [haugdüüts·ke] *EW kult.* hochdeutsch
hau·ge·ar·bai·den *ZW* emporarbeiten
hau·ge·brän·gen *uZW* emporbringen
hau·ge·büörn *ZW* hochheben, anheben, aufheben
hau·ge·gaon *uZW* hochgehen, in die Luft gehen, *trans.* starten (Flugzeug)
hau·ge·kuë·men *uZW* emporkommen
Hau·ge·mis, -·sen *w. rel.* Hochamt
hau·ge·slië·pen *ZW trans.* hochschleppen
hau·ge·win·nen *uZW* hochwinden, emporwinden
haug·hol·len *uZW* hochhalten; in Ehren halten
Haug·huus, Haug·hü·ser *s. arch.* Hochhaus
haug·kän·tig, -e, -en [haugkän·ti·ge] *EW* hochkantig; **~ uut'n Hu·se smi·ten** energisch des Hauses verweisen
haug·kuë·men *uZW* aufstehen, hochkommen
Haug·mi·ger, -s *m. psy.* Angeber
Haug·mi·ge·ri, -·en *w. psy.* Angeberei
haug·mö·dig, -e, -en [haugmö·di·ge] *EW psy.* hochmütig
Haug·mood *m. o.Mz. psy.* Hochmut
Haug·moor, Haug·mo·re *s. geol.* Hochmoor
haug·nai·dig, -e, -en [haugnai·di·ge] *EW* dringend notwendig
haug·nië·sig, -e, -en [haugnië·si·ge] *EW psy.* hochnäsig, stolz, eingebildet
Haug·rad, Haug·riä·der *s. trans.* Hochrad
haug·riä·drig, -e, -en [haug-

riä·dri·ge] *EW* hochrädrig
haug·schai·ten *uZW* hochschießen
**Haug·school, Haug·scho-
le, -n** *w. kult.* Hochschule,
Universität
haug·schuo·ten, -e, -en
[haug·schuo·te·ne] *EW* aufgeschossen, lang
Haug·sit, -·te *m. tech.* Hochsitz
haug·smi·ten *uZW* hochwerfen
Haug·stift, -e [Haug·stif·te]
s. rel. pol. Hochstift
haug·trecken [haug·trek-
ken] *uZW* hochziehen
Haug·uom, Haug·üöms *m.*
tech. Hochofen
haug·was·sen *uZW biol.*
hochwachsen
Haug·wa·ter, Haug·wä·ters
s. met. Hochwasser, Überflutung; Flut
Hau·klos, Hau·klös·se *m.*
tech. Hauklotz
Hau·ne *ON* Hohne
Haup, -en, Hai·pe [Hau·pen]
m. Haufen, Gruppe; Men-
ge, Anzahl; **üö·wer'n ~ föern** überfahren, anfahren
(im Verkehr)
Hau·pen·wul·ke, -n *w. met.*
Haufenwolke
Haup·te *s. o.Mz.* Hauptsache
**Haupt·school, Haupt·scho·le,
-n** *w. kult.* Hauptschule
Haupt·saak, Haupt·sa·ken
w. Hauptsache
Haupt·waod, Haupt·wäö·der
w. Hauptwort, Substantiv
Hau·seel, Hau·se·le *s. tech.*
Peitsche
Hau·se·win·kel *ON* Harse-
winkel
Ha·we, Hiä·we *w.* Habe, Be-
sitz
Ha·wen, Hä·wen *m. naut.*
Hafen
**Ha·wen·dam, Ha·wen·däm-
me** *m. trans. naut.* Mole
Ha·wer *m. o.Mz. bot.* Hafer;
em stäk de ~ ihn sticht der
Hafer, *übertr. psy.* er ist
übermütig
Ha·wer·fak, Ha·wer·fiä·ker *s.*
agr. Haferfach, Lagerplatz
von geerntetem Hafer
Ha·wer·güört *w. o.Mz. kul.*
Haferbrei, Hafergrütze
Ha·wer·kist, -en [Ha·wer·kis-

ten] *w. tech. agr.* Haferkiste
Ha·wer·miäl, -e [Ha·wer·miä-
le] *s. kul.* Hafermehl
Ha·wer·sliem *m. o.Mz. kul.*
Haferschleim
Häw·we·rächt, -e [Häw·we-
räch·te] *s. jur.* Haberecht,
Besitzrecht
häw·we·räch·tig, -e, -en [häw-
we·räch·ti·ge] *EW psy.* recht-
haberisch
he *FW* er
he·chen *ZW med.* keuchen
Hecht, -en [Hech·ten] *s. tech.*
Messerscheide, Griff
hech·ten *ZW med.* hecheln
Hed·ding·sen *ON* Hedding-
hausen
Heek *ON* Heek
Heel *s. o.Mz.* Heil
heel, he·le, -n 1. *EW* heil,
ganz; umfassend; 2. *UW*
sehr
Heel·den *ON* Heelden
heel·maols *UW* mit einem
Male
Heel·plan·te, -n *w. bot. med.*
Heilpflanze
Heem, He·me *s. arch.* Heim
Heem·ken, Heem·kes *s. zool.*
Heimchen, Grille; *übertr.*
med. Schwächling
heem·lik, heem·licke, -n
[heem·lik·ke] *EW psy.* heimlich
heemsk, -e, -en [heems·ke]
EW heimisch
Heer, He·ren *m. agr.* Hirt
Heers *w. o.Mz. bot.* Hirse
heesk, -e, -en [hees·ke] *EW*
med. heiser
Hees·sen *ON* Heessen
hees·te·rig, -e, -en [hees·te-
ri·ge] *EW med.* heiser
Hees·trig·kait *w. o.Mz. med.*
Heiserkeit
heet, he·te, -n *EW* heiß,
übertr. med. begattungsfreudig; **~ ma·ken** *psy.*
übertr. motivieren; **he·ter**
heißer; **an he·tes·ten** am
heißesten
Heet·blö·der, -s *m. zool.*
Heißblüter
heet·blö·dig, -e, -en [heet-
blö·di·ge] *EW* heißblütig
Heet·blood·piärd, -e [Heet-
blood·piär·de] *s. zool.* Heißblutpferd
Heet·hun·ger *m. kul.* Heißhunger

heet·hün·grig, -e, -en [heet-
hün·gri·ge] *EW kul.* heißhungrig
heet·lau·pen 1. *uZW tech.*
heißlaufen; 2. **~, -e, -en**
[heet·lau·pe·ne] *EW tech.*
heißgelaufen
Hek, -s *s. tech.* Schlagbaum,
Gattertor, Einfahrtstor, Hoftor
Hek·baum, Hek·bai·me *m.*
tech. oberer Querbalken des
Tores, Schlagbaum, Wie-
sengatter
Heks·ken, Heks·kes *s. tech.*
vorderes bzw. hinteres Brett
am Wagenkasten
he·len *ZW med.* heilen, gesundmachen
helk, -e, -en [hel·ke] *EW psy.*
zufrieden, glücklich
Hel·le *w. o.Mz. rel.* Hölle
hel·le, -n *EW* hell; klug
hel·ler *UW* sehr; **~ best** *UW*
bestens
Hel·ler·tap·pen, -s *m. bot.*
dürrer Ast
hel·lig, -e, -en [hel·li·ge] *EW*
psy. versessen, wild, erpicht; empört, wütend; *med.*
entzündet
hel·li·gen *ZW psy.* aufregen,
empören
hel·pen *uZW* helfen, beistehen
Help·up, -s *s. tech.* Greifbügel über dem Bett zum
Aufrichten
helsk, -e, -en [hels·ke] *EW*
höllisch, stark, arg, außerordentlich; *UW* sehr
He·maot *w. o.Mz.* Heimat
**He·maot·duorp, He·maot-
düör·per** *s. geog.* Heimatdorf
He·maot·hiä·ger, -s *m. kult.*
Heimatpfleger
**He·maot·huus, He·maot·hü-
ser** *s. arch.* Heimathaus
He·maot·lai·we *w. o.Mz. psy.*
Heimatliebe
He·maot·mu·se·um, -s *s.*
kult. Heimatmuseum
He·maot·sin *m. o.Mz. psy.*
Heimatsinn
**He·maots·land, He·maots-
län·ner** *s. geog.* Heimat-
land
**He·maots·leed, He·maots-
le·der** *s. mus.* Heimatlied
He·maot·sprao·ke, -n *w. kult.*
Heimatsprache

He·maot·stad, He·maot·stiä·den *w. geog.* Heimatstadt

Hem·biär·gen *ON* Hembergen

Hem·den *ON* Hemden

Hengst, -e [Hengs·te] *m. zool.* Hengst

He·ren·staw, He·ren·stiä·we *m. tech.* Hirtenstab

her·no·cher *UW tem.* nachher, später

he·sap·pen *ZW med.* japsen, keuchen

Hes·pel, -n *s. tech.* Bein

Hes·sel·diek *ON* Hesselteich

Hes·ter, -s *m. bot.* junge Buche

He·ti *VN* Hedwig

Het·te *w. o.Mz.* Hitze

hiä·gen *ZW* hegen, bewahren

Hiä·ger, -s *m.* Heger, Bewahrer

Hiäl *s. o.Mz.* Hehl

Hiä·ler, -s *m. jur.* Hehler

hiä·mern *ZW* hämmern

Hiäm·lien·ken, Hiäm·lien·kes *s. zool.* Wiesel

hiär *UW* her

Hiärfst, -e [Hiärfs·te] *m. tem.* Herbst

Hiärfst·blo·me, -n *w. bot.* Herbstblume

Hiärfst·dag, -e [Hiärfst·da·ge] *m. tem.* Herbsttag

Hiärfst·ge·sel, -·len *m.* Junggeselle

hiärfst·lik, hiärfst·licke, -n [hiärfst·lik·ke] *EW met.* herbstlich

Hiärfst·maond, -e [Hiärfst·maon·de] *m. tem.* Herbstmonat, September

Hiärfst·wiär *s. o.Mz. met.* Herbstwetter

Hiärfst·wuor·del, -·n *w. bot.* späte Möhre zum Überwintern

hiär·gaon *uZW* hergehen, dahergehen, entlanggehen; **haug ~** hoch hergehen

hiär·gië·wen *uZW* hergeben

Hiärk *m. o.Mz. bot.* Ackersenf, Hederich

hiär·kuë·men *uZW* herkommen

hiär·lau·pen 1. *uZW* herlaufen; 2. ~, -e, -en [hiär·lau·pe·ne] *EW* hergelaufen, dahergelaufen

Hiärm 1. *VN* Hermann; 2. *ON* Herbern

Hiärmsk *m. o.Mz. bot.* Akkerschachtelhalm

Hiärsch·ge *ON* Herscheid

Hiär·se·brook *ON* Herzebrock

Hiärt 1. *s. o.Mz. spo.* Herz (Kartenfarbe des deutschen Kartenspiels); 2. ~, -e [Hiärte] *s. med.* Herz; *psy.* Gemüt; **an't ~ häb·ben** *med.* herzkrank sein

hiärt·briä·kend, -e, -en [hiärt·briä·ken·de] *EW psy.* herzzerbrechend

Hiär·te·blad, Hiär·te·bliä·der *s. bot.* Herzblatt (von Blumen)

Hiär·te·blood *s. o.Mz.* Herzensblut

Hiär·te·leed *s. o.Mz. psy.* Herzeleid

Hiär·tens·frai·de, -n *w. psy.* Herzensfreude

Hiär·tens·ka·mer, -n *w. med.* Herzkammer

Hiär·tens·naud, Hiär·tens·nai·de *w. psy.* Herzensnot

Hiärt·feld *ON* Herzfeld

Hiärt·ken, Hiärt·kes *s. med.* Herzchen, kleines Herz

Hiärt·kla·bas·tern *s. o.Mz. med.* Herzrasen

Hiärt·klop·pen *s. o.Mz. med.* Herzklopfen

hiärt·laus, -e, -en [hiärt·lau·se] *EW psy.* herzlos

hiärt·lik, hiärt·licke, -n [hiärt·lik·ke] *EW psy.* herzlich

Hiärt·pucken [Hiärt·puk·ken] *s. o.Mz. med.* Herzfrequenz, Herzschläge je Zeiteinheit

hiär·trecken [hiär·trek·ken] *uZW psy.* herziehen, übel nachreden

Hiärt·slag, Hiärt·sliä·ge *m. med.* Herzschlag, Herzinfarkt

Hiärt·stiëk, -e [Hiärt·stië·ke] *m. med.* Herzstich

Hiär·we·de *ON* Herford

Hiärw·i·sen, -s *s. tech.* Brechstange

Hiä·sel·te, -n *w. bot.* Haselnuss

Hiä·sel·ten·busk, Hiä·sel·ten·büs·ke *m. bot.* Haselnussbusch

Hiä·sel·ten·nuët, Hiä·sel·ten·nüë·te *w. bot. kul.* Haselnuss

Hiä·sel·ten·sta·ken, -s *m.* Haselnussstab

Hiä·sel·ten·struuk, Hiä·sel·ten·strü·ke *m. bot.* Haselnussstrauch

Hiäs·ken, Hiäs·kes *s. zool.* Häschen

Hiä·wel, -s *m. tech.* Hebel

Hiä·wel·ken, Hiä·wel·kes *s. tech.* Hebelchen, kleiner Hebel

hiä·weln *ZW* hebeln, mit einem Hebel bewegen

Hiä·wen, -s *m. astr.* Horizont, Himmelsrand

hib·be·lig, -e, -en [hib·be·li·ge] *EW psy.* nervös, unruhig, aufgeregt, zappelig

hib·beln *ZW psy.* nervös, unruhig sein, zappeln

hicken [hik·ken] *ZW* aufpikken, aufhacken; *med.* einen Schluckauf haben

Hid·dings·sel Hiddingsel *ON*

Hiëg·dis·se, -n *w. zool.* Eidechse

Hië·ge, -n *w. bot.* Hecke

Hië·gen·fleesk *s. o.Mz. jur.* Beute aus Wislddieberei

Hië·gen·ge·möös *s. o.Mz. bot. kul.* erste essbare Pflanzen (wie Brennnesseln und Löwenzahn)

Hië·gen·pat, Hië·gen·pät·te *m. trans.* Heckenweg

Hië·gen·pät·ken, Hië·gen·pät·kes *s. trans.* kleiner, schmaler Heckenweg

Hiëg·paort, -en [Hiëg·paor·ten] *w.* Durchgang in der Hecke

Hië·gen·schiär·sel, -s *s.* Heckenschnitt

Hië·kel, -s *m. tech.* Hechel, Flachsbreche

hië·keln *ZW tech.* hecheln, zu Fasern aufbrechen (z.B. Flachs)

Hië·kel·tan, Hië·kel·tiä·ne *m. tech.* Hechelzahn; *übertr. psy.* Schandmaul

Hië·kel·tië·we, -n *w. psy.* Klatschbase

Hiëks·ter, -s *m. zool.* Eichelhäher

Hiëmd, -e [Hiëm·de] *s.* Hemd

Hiëmd·ken, Hiëmd·kes *s.* Hemdchen, kleines Hemd

Hiëmds·mau, -·en *w.* Hemdsärmel

Hiëmd·snap, Hiëmd·sniä·pe

s. Hemdunterteil
Hië·mel, -s *m. o.Mz.* 1. *astr.,*
rel. Himmel; 2. *tech. rel.* Baldachin; nao dän ~ to himmelwärts
hië·mel·blao, -·e, -·en *EW* himmelblau
Hië·mel·faort   *tem. rel.* Himmelfahrt
hië·mel·haug, -e, -en [hië·mel·hau·ge] *EW* himmelhoch, sehr hoch
Hië·mel·riek *s. o.Mz. rel.* Himmelreich
Hië·mel·düör, -n *w. rel.* Himmelstür
Hië·mels·led·der, -n *w. rel.* Himmelsleiter
Hië·mels·paort, -en [Hië·mels·paor·ten] *w. rel.* Himmelspforte
Hië·mels·richt, -en [Hië·mels·rich·ten] *w. geog.* Himmelsrichtung
Hië·mels·saol, Hië·mels·säö·le *m. rel.* Himmelssaal
Hië·mels·sië·ge, -n *w. zool.* Bekassine
Hië·mels·telt, -e [Hië·mels·tel·te] *s. astr.* Himmelszelt, Firmament
hiëm·lisk, -e, -en [hiëm·lis·ke] *EW* himmlisch
hier *UW* hier
hier·hän *UW* hierhin, hierher
hier·to·lan·ne *UW* hierzulande
hi·gen *ZW med.* schwer und asthmatisch atmen, ächzen
Hik·up, -s *s. med.* Schluckauf
Hil·de *VN* Hildegard
Hi·le, -n *w. arch. agr.* Futterboden über dem Stall
Hi·len·bië·wer, -n *w. tech.* kurze Leiter zum Futterboden
Hil·ge, -n *m., w. und s. rel.* Heilige(r)
Hil·gen·beld, Hil·gen·bel·ler *s. rel.* Heiligenbild
Hil·gen·beld·ken, Hil·gen·beld·kes *s.* Heiligenbildchen
Hil·gen·dragt, Hil·gen·drägten *w. rel.* Prozession (Tragen des Heiligen)
Hil·gen·hüüs·ken, Hil·gen·hüüs·kes *s. arch. rel.* Heiligenhäuschen, Häuschen mit Heiligenfigur
Hil·gen·liä·wen *s. o.Mz. rel.*

Heiligenleben
Hil·gen·nao·me, -n *m. rel.* Heiligenname
Hil·gen·schien, Hil·gen·schi·ne *m. rel.* Heiligenschein
Hil·gen·sli·ker, -s *m. psy.* Heuchler
Hil·ke·ma·ker, -s *m.* Hochzeitsbitter
Hil·le·ka·ne, -n *w. zool.* Dohle
hil·lig, -e, -en [hil·li·ge] *EW rel.* heilig
Hil·lig·aomd, -e [Hil·lig·aom·de] *m. rel. tem.* Heiligabend, 24. Dezember
Hil·lig·kait Hil·lig·kait *w. o.Mz. rel.* Heiligkeit
hil·lig·ma·ken *uZW rel.* heiligmachen, heiligen
hil·lig·ma·kend, -e, -en [hil·lig·ma·ken·de] *EW rel.* heiligmachend, heiligend
Hil·trup *ON* Hiltrup
Himp·hamp, -s *m.* Wirrwarr, Durcheinander; Kram, wertloses Zeug
Hin·ge·bit, -·ten *w. bot.* Himbeere
Hin·ke·been, Hin·ke·be·ne *s. med.* steifes Bein
Hin·ke·foot, Hin·ke·fö·te *m. med.* steifer Fuß
hin·keln *ZW* humpeln, auf einem Bein hüpfen
Hin·kes·müs·se, -n *w. tech.* Mütze mit Ohrwärmern
Hin·ner, -s *s.* Hindernis
Hin·nerk *VN* Heinrich, Heinz
hin·ner·lik, hin·ner·licke, -n [hin·ner·lik·ke] *EW* hinderlich
hin·nern *ZW* hindern, behindern, aufhalten
hin·nert, -e, -en [hin·ner·te] *EW* behindert, gehindert
Hin·nik *VN* Heinrich, Heinz
Hip·pe, -n *w. zool.* Ziege
hip·pe·lig, -e, -en [hip·pe·li·ge] *EW psy.* albern
hip·peln *ZW psy.* albern sein, über alles lachen
Hip·pel·tri·ne, -n *w. psy.* Mädchen, das über alles lacht
Hi·raod, -en [Hi·rao·den] *w.* Heirat
hi·rao·den *uZW* heiraten; **amt·lik ~** *jur.* standesamtlich heiraten; **kiärk·lik ~** *rel.* kirchlich heiraten
his·ken *ZW psy.* aufstacheln, anstacheln
his·sen *ZW* hetzen, antrei-

ben
His·ser, -s *m.* Treiber; *psy.* Hetzer
Hits·ken, Hits·kes *s. zool.* Fohlen
Hits·män·ken, Hits·män·kes *s. zool.* Hengstfohlen
Hit·te, -n *w. zool.* Ziege
Hit·ten·buk, Hit·ten·bücke [Hit·ten·bük·ke] *m. zool.* Ziegenbock
Hoch·tiet, Hoch·ti·ten *w.* Heirat, Hochzeit; **Kind·kes ~** *rel.* Tauffest
Hoch·tiets·beld, Hoch·tiets·bel·ler *s.* Hochzeitsbild
Hoch·tiets·bid·der, -s *m.* Hochzeitsbitter
Hoch·tiets·bruuk, Hoch·tiets·brü·ke *m. his.* Hochzeitsbrauch
Hoch·tiets·dag, -e [Hoch·tiets·da·ge] *m. tem.* Hochzeitstag, Tag der Heirat
Hoch·tiets·fi·er, -n *w.* Hochzeitsfeier
Hoch·tiets·iä·ten *s. kul.* Hochzeitsessen
Hoch·tiets·kleed, Hoch·tiets·kle·der *s.* Hochzeitskleid
Hoch·tiets·krans, Hoch·tiets·krän·se *m.* Hochzeitskranz
Hoch·tiets·maol, Hoch·tiets·mäö·ler *s. kul.* Hochzeitsmahl
Hö·de·fat, Hö·de·fiä·ter *s. tech.* durchlöcherter Behälter zum Aufbewahren lebender Fische
hö·den *ZW* hüten, bewahren, aufpassen
ho·fe·ern *ZW psy.* hofieren
Höft, -en [Höf·ten] *s.* Haupt
Höft·buorg, -en [Höft·buor·gen *w. arch.* Hauptburg
Höft·huus, Höft·hü·ser *s. arch.* Haupthaus, Zentralhaus
Höft·kiärk·how, Höft·kiärk·hüö·we *m.* Hauptfriedhof, Zentralfriedhof
hö·gen (sik) *ZW psy.* sich schmunzelnd freuen, vergnügen
hög·ger·sti·gen *uZW* höhersteigen, aufsteigen
högs·te, -n *EW* höchste, erhabenste
Högs·te, -n *m., w. und s.* Höchs·te, Erhabenste; **up**

dat ~ dri·wen maximieren
högs·tens *UW* höchstens
Högst·pries, Högst·pri·se *m.*
fin. Höchstpreis
Högt, -e, -en [Hög·te] *w.*
Höhe
hög·ten *ZW* heben, erhöhen
Hög·ten·un·ner·schaid, -e
[Hög·ten·un·ner·schai·de] *m.*
Höhenunterschied
Ho-Ho-Män·ne·ken *s. psy.*
Spukgestalt im Emsdette-
ner Venn
Hoks·feld *ON* Hoxfeld
Hol·land·gän·ger, -s *m.* Sai-
sonarbeiter in Holland
hol·ländsk, -e, -en [hol-
länds·ke] *EW* holländisch
Hol·lands·man *m.* Holländer
Hol·län·ner, -s *m.* Holländer; *tech.* Kappwindmühle
hol·len *uZW* halten, festhalten; anhalten; **an sik ~** *psy.*
sich behrrschen; **~ up** etwas
halten von; **nich mä·er ~
küö·nen** nicht mehr bei sich
oder in Besitz halten können
hol·len·bli·wen *uZW* stek-
kenbleiben
Hölp, -e, -en [Höl·pe] *w.* Hilfe, Mithilfe
Höl·per, -s *m.* Assistent,
Helfer, Gehilfe
Höl·pers·ke, -s *w.* Assistent,
Helferin, Gehilfin
hölp·lik, hölp·licke, -n [hölp-
lik·ke] *EW*
Hol·sen *ON* Hattropholsen
Hols·ke, -n *w. tech.* Holzschuh; **düör'n ~n fö·len**
übertr. psy. sofort die Unwahrheit erkennen; **nich
in'ne ~n kuö·men** *übertr.
psy.* träge sein; **nich in'ne
~n pis·sen lao·ten** *übertr.
psy.* keine Einmischung erlauben, (sich) wehren; **up de
~n niö·men** *übertr. psy.* in
die Irre führen; **uut de ~
kuö·men** *übertr.* aus dem
Arbeitstrott herauskommen,
feiern gehen
Hols·ken·bal, Hols·ken·bäl·le
m. mus. Holzschuhball, Tanz
Hols·ken·blo·me, -n *w. bot.*
Frauenschuh, Morgenstern
Hols·ken·ma·ken *s. o.Mz.
tech.* Holzschuhmachen
Hols·ken·ma·ker, -s *m. tech.*
Holzschuhmacher

Höls·ker, -s *m. tech.* Holzschuhmacher
Hols·ter, -s *m. tech.* Torni-
ster, Jagdrucksack; Köcher
hols·tern *ZW* stolpern
holt halt! anhalten!
Holt, Höl·ter 1. *s. bot.* Holz,
Wald; **et wäd so wit in't ~**
es wird diesig; 2. *m. o.Mz.*
Halt
Holt·as·ke, -n *w. chem.* Holzasche
holt·baor, -e, -en [holt·bao-
re] *EW* haltbar
Holt·beld, Holt·bel·ler *s.*
Holzbild
Holt·bräd, Holt·briä·der *s.
tech.* Holzbrett
Holt·dak, Holt·diä·ker *s.
arch.* Holzdach
Holt·du·we, -n *w. zool.* Rin-
geltaube
Holt·du·wen·jagt, -en *w.*
Ringeltaubenjagd
Holt·em·mer, -s *m. tech.*
Holzeimer
hol·ter·di·pol·ter *UW* hals-
überkopf
höl·te·rig, -e, -en [höl·te·ri·ge]
EW holzig; *übertr. med.* ma-
ger, dürr
höl·tern, -e, -en [höl·ter·ne]
EW hölzern, aus Holz; *übertr.*
steif, unbeweglich, ungelen-
kig
Holt·fat, Holt·fiä·ter *s. tech.*
Holzfass, Holzkübel
Holt·fi·le, -n *w. tech.* Ras-
pel, Holzfeile
Holt·fliö·gel, -s *m. agr. tech.*
Holzflegel, Dreschflegel
**Holt·foot·buo·den, Holt·foot-
büö·den** *m. tech.* Holzfuß-
boden
Holt·fü·er, -s *s.* Holzfeuer
Holt·ha·len *s. o.Mz.* Holz-
holen
Holt·han·nel *m. o.Mz. fin.*
Holzhandel
**Holt·han·nels·man, Holt·han-
nels·lü·de** *m. fin.* Holzhänd-
ler
Holt·hu·sen *ON* Holthausen
Holt·huus, Holt·hü·ser *s.
arch.* Holzhaus; **Holt·hüüs-
ken, Holt·hüüs·kes** *s. arch.*
Holzhäuschen
Holt·kai·per, -s *m. fin.* Holz-
käufer
Holt·kas·ten, Holt·käs·ten *m.
tech.* Holzkasten, Holzkiste

Holt·kist, -en [Holt·kis·ten] *w.
tech.* Holzkiste
Holt·klos, Holt·klös·se *m.
tech.* Holzklotz, Holzstück
Holt·kaor, Holt·käörs *w.
trans.* Holzkarre
Holt·kuo·le, Holt·küö·le *w.*
Holzkohle
Holt·led·der, -n *w. tech.*
Holzleiter
Holt·liä·pel, -s *m. tech. kul.*
Holzlöffel, Kochlöffel
Holt·lies·se, -n *w. tech.*
Holzleiste
Holt·na·gel, Holt·niä·gel *m.
tech.* Holznagel
Holt·pä·del, -n *w. tech.* Holz-
perle
Holt·paol, Holt·päö·le *m.
tech.* Holzpfahl
Holt·piärd, -e [Holt·piär·de] *s.
tech.* Holzpferd; **Holt·piärd-
kes** *s. tech.* Holzpferdchen
Holt·pig·ge, -n *w. tech.* Holz-
nagel
Holt·pin, -·ne *m. tech.* Holz-
stab
Holt·räch·ter, -s *m. jur.* Mar-
kenrichter
Holt·rad, Holt·riä·der *s. tech.*
Holzrad
Holt·sa·ge, -n *w. tech.* Holz-
säge
Holt·schip, -·pe *s. trans. naut.*
Holzschiff
Holt·schop·pen, -s *m. arch.*
Holzschuppen, Vorratsraum
für Brennholz
Holt·schü·er, -n *w. arch.*
Scheune zur Lagerung vor
allem für Brennholz
Holt·sliä·ger, -s *m. tech.*
großer Holzhammer
Holt·spaon, Holt·späö·ne *m.
tech.* Holzspan
**Holt·spaon·bräd, Holt·spaon-
briä·der** *s. tech.* Spanplatte
Holt·spe·ke, -n *w. tech.*
Holzspeiche
Holt·stool, Holt·stö·le *m.
tech.* Holzstuhl
Holt·wäg, Holt·wiä·ge *m.
trans.* Holzweg, Waldweg;
Sackgasse
Holt·wa·gen, Holt·wiä·gen *m.
trans.* hölzerner Wagen
Holt·wik *ON* Holtwick (Bo-
cholt, Rosendahl)
Holt·wuorm, Holt·wüör·mer
m. zool. Holzwurm; *übertr.
tech.* Schreiner, Tischler

Hol·we, -n *w. tech.* Über-
steigepodest im Zaun,
Zaunübertritt
Holwk *ON* Holtwick (Haltern)
Ho·mer *ON* Homer
Ho·m<u>i</u>s, -·sen *w. rel.* Hoch-
amt
Hö·ner·dok·ter, -s *m. kult.*
unstudierter Mensch
Hö·ner·fiär, -n *w. zool.* Hüh-
nerfeder
Hö·ner·fo·er *s. o.Mz. kul.*
Hühnerfutter
Hö·ner·haan, -s, Hö·ner·ha-
nen *m. zool.* Hühnerhahn
Hö·ner·han·nels·man, Hö-
ner·han·nels·lü·de *m. fin.*
Hühnerhändler
Hö·ner·hafk, -en [Hö·ner-
haf·ken] *m. zool.* Hühner-
habicht
Hö·ner·how, Hö·ner·hüö·we
m. agr. Hühnerhof
Hö·ner·huus, Hö·ner·hü·ser
s. agr. arch. Hühnerhaus,
Hühnerstall
Hö·ner·küë·del, -s *m. biol.*
Hühnerkot
Hö·ner·lok, Hö·ner·löcker
[Hö·ner·lök·ker] *s. tech.* Hüh-
nerloch, Durchgangsloch für
Hühner z.B. in Türen
Hö·ner·schi·te *w. o.Mz. biol.*
Hühnermist
Hö·ner·släöp·ken, Hö·ner-
släöp·kes *s. med. übertr.*
Nickerchen
Hö·ner·stal, Hö·ner·stiä·le
m. arch. Hühnerstall
Hö·ner·tucht, -en [Hö·ner-
tuch·ten] *w. zool. agr.* Hüh-
nerzucht
Hö·ner·vuë·gel, Hö·ner·vüë-
gel *m. zool.* Hühnervogel
Hö·ner·wiem, -s *m. tech.*
Sitzgestänge im Hühner-
haus
Hood, Hö·de *m. tech.* Hut,
Kopfbedeckung; **dän ~ up-
häb·ben** *übertr. psy.* die
Leitung haben, die Verant-
wortung haben, vorangehen;
drai·tim·pi·gen ~ *tech.* Dreispitz (Hutform); **nen ~ vö-
dai·nen** *fin. psy.* einen Hut
oder Geldwert durch erfolgreiche Verkupplung von
Hochzeitspaaren verdienen
Hood·band, Hood·bän·ner
s. tech. Hutband
Hood·fiä·der, -n *w.* Hutfeder

Hööd·ken, Hööd·kes *s. tech.*
Hütchen, kleiner Hut
Hood·ma·ker, -s *m. tech.*
Hutmacher
Hööft, -e [Hööf·te] *s.* Kopf,
Haupt
Hook, Hö·ke *m.* Ecke, *arch.*
Winkel; *geog.* Stelle
Hööks·ken, Hööks·kes *s.*
Eckchen, Winkelchen
Hoon, Hö·ner *s. zool.* Huhn
Hoon·hol·te *ON* Hohenholte
hööpt, hööp·te, -n *EW* ge-
häuft
Hoor, Ho·ren *w.* Hure
Hoos·te·ko·ken, Hoos·te·kö-
ken *m. kul.* Lakritze
Hoos·te·ko·ken·wa·ter, Hoos-
te·ko·ken·wä·ters *s. med.*
in Wasser aufgelöste La-
kritze, Hustensaft
Hoost·wind, Hoost·win·ne
m. met. scharfer Wind
Hoow, Hö·we *s. tech., med.*
Huf
Hoow·dier, -s *s. zool.* Huftier
Hoow·i·sen, -s *s. tech.* Hufeisen; **de ~s drun·ner wäg
häb·ben** unfähig zum Laufen sein (z.B. durch Alkohol); **se häbt em de ~s
drun·ner wäg·trocken** *rel.*
er hat die Krankensalbung
bekommen
Hoow·luo·ken, Hoow·lüö·
ken *w. bot.* Huflattich
Hoow·mest, Hoow·mes·sers
s. tech. Hufmesser
Hoow·na·gel, Hoow·niä·gel
m. tech. Hufnagel
hö·pen *ZW* häufen
Hop·pen *m. o.Mz. bot.* Hopfen
hop·pen *ZW* hopsen, springen, *mus.* einfach tanzen
Hop·pen·krans, Hop·pen·
krän·se *m.* Hopfenkranz
Hop·pen·pröl·ken, Hop·pen·
pröl·kes *s. bot.* Hopfendolde
Hop·pen·ran·ke, -n *w. bot.*
Hopfenranke
Hop·pen·rüëk, -e [Hop·pen·
rüë·ke] *m. biol.* Hopfengeruch
Hop·pen·sta·ken, -s *m. tech.
agr.* Hopfenstange
Hop·pen·sun·dag, -e [Hop-
pen·sun·dage] *m. tem. kult.*
Hopfensonntag (Kinderfest
im September)

Hop·pe·ri, -·en *w.* Hopserei,
mus. einfaches Tanzen
Hop·sten *ON* Hopsten
Ho·sen *m. o.Mz. med.* Husten
ho·sen *ZW med.* husten
Ho·sen·boms, Ho·sen·böm·
se *m. kul. med.* Husten-
bonbon
Hos·pes, Hos·pen *m.* Ehemann
hot rechts (Fuhrmannssprache)
hot·ken *ZW* drauflos arbeiten
Hot·mer *ON* Hoetmar
Hot·piärd·ken, Hot·plärd·
kes *s. zool.* Heuschrecke
Hot·te·hü, -üs *s. o.Mz. zool.*
Pferd (Kindersprache)
How, Hüö·we *m.* Hof, Hofplatz; *arch. agr.* Bauernhof,
Gutshof, Gehöft; **fri·en ~
häb·ben** Freiheit, Frei-
zügigkeit haben; **dän ~ maken** den Hof machen, *übertr.
psy.* freien
How·dänst, -e [How·däns·te]
m. agr. Hand- und Spanndienst
ho·wen *ZW* nötig haben
How·iär·we, -n *m. agr. jur.*
Hoferbe, Nachfolger auf dem
Bauernhof
How·kap·laon, How·kap·
laöns *m. rel.* Hofkaplan
How·krüüs, How·krü·se *s.
tech. rel.* Hofkreuz, Kreuz
auf dem Bauernhof
How·paort, -en [How·paor-
ten] *w. arch.* Hoftor
How·rü·en, -s *m. zool.* Hofhund
How·staod, How·stäö·de *m.*
Hofstaat
How·stiär, -n *w. arch. agr.*
Hofstelle, Bauernhof
hu! oh! (Ausruf der Verwunderung)
hü halt (Fuhrmannssprache)
Hucht, -en [Huch·ten] *w.*
Verdickung, *med.* Hautver-
dickung; *bot.* Strauch, Staude
Hucke, -n [Huk·ke] *w. med.*
Rücken
Huckel, -s [Huk·kel] *m.* Erhöhung, Bodenerhöhung, Unebenheit
hucke·lig, -e, -en [huk·ke·li-
ge] *EW* uneben; *geol.* leicht
hügelig
hucken [huk·ken] *ZW* hok-

ken, in der Hocke sitzen
huckend, -e, -en [huk·kend],
[huk·ken·de] *EW* hockend;
dat ~e Wiew *geol.* Fels in
den Dörenther Klippen (Kreis
Steinfurt)
Hucke·pak [Huk·ke·pak] *m.*
o.Mz. auf dem Rücken (tragen)
Hüëks·ter·ken, Hüëks·ter·kes
s. kümmerliches Ding
huëks·tern *ZW* hocken
Hüëp, -en [Hüë·pen] *w. med.*
Hüfte
Hü·er, -n *w. fin.* Heuer, Miete, Pacht
Hü·er·huus, Hü·er·hü·ser *s.*
arch. agr. Heuerlingshaus
Hü·er·ling, -e [Hü·er·lin·ge]
m. agr. Heuerling, Mieter
Hü·er·man, Hü·er·lü·de *m.*
agr. Kätner
hü·ern *ZW fin.* heuern, mieten, pachten; anheuern
Hüë·wel, -s *m. geol.* Hügel
**Hüë·wel·graw, Hüë·wel·griä-
wer** *s.* Hügelgrab
Hüë·wel·how *ON* Hövelhof
hüë·we·lig, -e, -en [hüë·we-
li·ge] *EW geol.* hügelig
Hüë·wel·ken, Hüë·wel·kes
s. geol. Hügelchen, kleiner
Hügel
Hu·fe, -n *w. agr.* Flächenmaß (30 Morgen=75.000 m²)
hu·gut! o Gott!
Hu·ke, -n *w.* Hocke; **in de ~**
in der Hocke
hu·ken *ZW* hocken, Knie
beugen, knicksen
Hü·ker, -s *m. tech.* Hocker,
Schemel, *agr.* Melkschemel;
med. Höcker, Auswuchs
**Hü·ker·swaon, Hü·ker·swäö-
ne** *m. zool.* Höckerschwan
hü·len *ZW* heulen; *psy.* weinen
hü·lens·mao·te *EW psy.*
dem Weinen nahe
Hü·ler, -s *m. zool.* Heuler
(junger Seehund)
Hul·lern *ON* Hullern
Hul·le·rop *ON* Hultrop
Hülm·sen *ON* Hildesheim
Hüls·krab·be, -n *w. bot.*
Stechpalme
**Hüls·krab·ben·toog, Hüls·
krab·ben·tö·ge** *m. bot.* Stech-
palmenzweig
Hüls·ten *ON* Hülsten
Hum·buug *m. o.Mz.* Mum-

pitz, Unsinn
hum·meln *ZW* Platz aufrücken, machen
Hum·mel·te, -n *w. zool.* Hummel
hum·men *ZW* aufrücken, zur
Seite gehen; **hum di!** geh
zur Seite! rücke auf!
hüm·pe·lig, -e, -en [hüm·pe-
li·ge] *EW* hinkend
hüm·peln *ZW* hinken, humpeln
Hun·ger *m. o.Mz. med., kul.*
Hunger
Hun·ger·daud *m. o.Mz. med.*
Hungertod
**Hun·ger·land, Hun·ger·län-
ner** *s. agr.* unfruchtbarer
Boden
hün·gern *ZW med.* hungern
**Hun·gers·naud, Hun·gers·
nai·de** *w.* Hungersnot
hün·grig, -e, -en [hün·gri·ge]
EW med. hungrig
hüngs·ken *ZW biol.* faulen
hun·nert, -e, -en [hun·ner-
te] *ZaW* hundert
hun·nert·du·send *ZaW* hunderttausend
Hun·nert·jaor·fi·er, -n *w.*
Hundertjahrfeier
hun·nert·maol *ZaW* hundertmal
hun·nerts·te, -n *ZaW* hundertste
hüns·ken *ZW psy.* winseln,
weinerlich sein, schluchzen,
wimmern
Hüö·ker, -s *m. fin.* Gemischtwarenhändler
Huol, Hüö·le *s.* Loch, *met.*
Wolkenloch
huol, -e, -en [huo·le] *EW*
hohl, ausgehöhlt
Hüöl·äks, -en [Hüöl·äk·sen]
w. tech. Axt zum Aushöhlen
hüö·len *ZW* aushöhlen, eine
Höhle, ein Loch machen
Hüö·len *s. o.Mz.* Aushöhlen
Hüö·ler, -n *m. bot.* Holunder
Hüö·ler·biär, -n *w. bot.* Holunderbeere
Hüöl·ha·ken, -s *m. tech.*
Werkzeug zum Aushöhlen
und Glätten (z.B. für Holz-
schuhe)
Hüöl·i·sen, -s *s. tech.* Werk-
zeug zum Aushöhlen (z.B.
für Holzschuhe)
Huol·krö·gel, -n *m. bot.*
Sumpfschachtelhalm

Huol·wäg, Huol·wiä·ge *m.*
trans. Hohlweg
Huon·ke, -n *w. zool.* Hor-
nisse
huo·pen *ZW psy.* hoffen, er-
warten
Huop·nung, -en [Huop·nun-
gen] *w. psy.* Hoffnung; **in ~**
übertr. med. schwanger
Hüör·sel *ON* Hörstel
Huors·mer *ON* Horstmar
Huorst 1. *VN* Horst; 2. **~,
Hüörs·te** *m. zool.* Horst
Huo·se, -n *w.* Strumpf, Socke
Huo·sen, Hüö·sen *m.* Hose
(zwei zusammenhängende
Strümpfe), Strumpfhose
**Huo·sen·sok, Huo·sen·sök-
ke** *m. psy.* willenloser Trottel
Hüö·wel, -s *m. tech.* Hobel
**Hüö·wel·bank, Hüö·wel·bän-
ke** *w. tech.* Hobelbank
Hüö·wel·i·sen, -s *s. tech.*
Hobeleisen, Hobelmesser
**Hüö·wel·ma·schien, Hüö·
wel·ma·schi·nen** *w. tech.*
Hobelmaschine
hüö·weln *ZW tech.* hobeln
**Hüö·wel·spaon, Hüö·wel·
späö·ne** *m. tech.* Hobelspan
hüö·welt, -e, -en [hüö·wel·te]
EW tech. gehobelt
hü·pen *ZW* häufen, häufeln,
anhäufen
hüp·pen *ZW* hüpfen, springen
Hüp·per, -s *m.* Hüpfer, Springer
Hu·se (nao) nach Hause
hu·sen *ZW* hausen, ärmlich wohnen, ärmlich leben
hus·ken *ZW* huschen
hü·ten *ZW* häuten
Hut·ke, -n *w.* Reserve; **in
ne ~ häb.ben** in Reserve
haben
Hüt·ten·tüt *m. o.Mz. bot.*
Raps
Hüt·ten·vö·ain, -e [Hüt·ten·vö-
ai·ne] *m. tech.* Hüttenverein
Hüüks·ken *s. o.Mz.* Hocke;
in't ~ sit·ten in der Hocke
sitzen
Hüül·bes·sen, -s *m. tech.*
hyg. Staubsauger
Hüül·dop, Hüül·döp·pe *m.*
tech. großer Kreisel mit Musik; *übertr. tech. kul.* großes Schnapsglas
hüüpt, -e, -en [hüüp·te] *EW*

gehäuft
hüüp·te·vul, -·le, -·len *EW*
gehäuft voll
Huus, Hü·ser *s. arch.* Haus,
Behausung, Gebäude; Stall;
tech. Einhausung, Gehäuse,
Verkleidung
**Huus·aol·taor, Huus·aol·täö-
re** *m. arch. rel.* Hausaltar
Huus·ar·baid, -en [Huus·ar-
bai·den] *w.* Hausarbeit
Huus·bau *m. o.Mz. arch.*
Hausbau
Huus·bes·sen, -s *m. tech.*
Hausbesen; *übertr. psy.*
Hausdrache
Huus·best *s. o.Mz.* Sorge
für den Haushalt
Huus·brand *m. o.Mz.* Haus-
brand (Holz, Kohle, Torf usw.)
Huus·büörn *s. o.Mz. arch.*
Errichtung des Dachstuhles;
~ fi·ern Richtfest feiern
Huus·dier, -s *s. zool.* Haus-
tier
Huus·dok·ter, -s *m. med.*
Hausarzt
Huus·dra·ke, -n *m.* Haus-
drache
Huus·dül·men *ON* Hausdül-
men
Huus·düör, -n *w. arch.*
Haustür, Eingangstür
Huus·frau, -·en *w.* Haus-
frau, Ehefrau
Huus·frönd, -e [Huus·frön-
de] *m. psy.* Hausfreund
Huus·gaorn, Huus·gäörns
m. bot. Hausgarten
Huus·haan, -s, Huus·ha·nen
m. zool. Haushahn
Huus·hä·er, -ns *m.* Haus-
herr, Hausbesitzer, Hauswirt
huus·haug, -e, -en [huus-
hau·ge] *EW* haushoch
huus·hol·len *uZW* haus-
halten, den Haushalt führen,
fin. wirtschaften, *übertr.* einteilen
**Huus·höl·lers·ke, Huus·höl-
lers·kes** *w.* Haushälterin,
Wirtschafterin
Huus·hol·lung, -en [Huus-
hol·lun·gen] *w.* Haushaltung
Huus·holt, Huus·höl·le *m.*
Haushalt, Hausstand
**Huus·holts·school, Huus-
holts·scho·le, -n** *w. kult.*
Haushaltungsschule
Huus·hoon, Huus·hö·ner *s.*
zool. Haushuhn

Hüüs·ken, Hüüs·kes *s. arch.*
Häuschen, kleines Haus;
arch. hyg. Toilettenhäuschen, Toilette, WC; **nao't ~
gaon** *übertr. med.* zur Toilette gehen; **uut dat ~ sien**
aus dem Häuschen sein,
übertr. psy. freudig erregt
sein
Huus·kleed, Huus·kle·der *s.*
Hauskleid
Huus·krüüs, Huus·krü·se *s.*
rel. Hauskreuz
Huus·lä·rer, -s *m. kult.* Haus-
lehrer, Privatlehrer
Huus·lär·rin, -·nen *w. kult.*
Hauslehrerin, Privatlehrerin
Huus·lauw *s. o.Mz. bot.*
Hauslauch
hüüs·lik, hüüs·licke, -n [hüüs-
lik·ke] *EW* häuslich
Huus·lü·de *Mz.* Hausleute
Huus·mans·köst *w. o.Mz.*
kul. Bauernkost
Huus·mes·ter, -s *m. tech.*
Hausmeister
Huus·mid·del, -s *s. med.*
Hausmittel
Huus·mil·we, -n *w. zool.*
Hausstaubmilbe
Huus·mo·er, Huus·mö·ers *w.*
Hausmutter, Hausfrau
**Huus·mö·er·ken, Huus·mö-
er·kes** *s.* Hausmütterchen
Huus·mü·er, -n *w. arch.*
Hausmauer, Hauswand
Huus·nao·me, -n *m.* Fami-
lienname, Hausname
Huus·raod, Huus·räö·de *m.*
tech. Hausrat, Inventar
**Huus·raud·stiärt·ken, Huus-
raud·stiärt·kes** *s. zool.*
Hausrotschwanz
Huus·rü·en, -s *m. zool.*
Haushund
Huus·scho, -·e *m. tech.*
Hausschuh
Huus·siän·gen *m. o.Mz. rel.*
Haussegen; **de ~ häng
scheew** *übertr. psy.* der
häusliche Friede ist gestört
Huus·slüö·del, -s *m. tech.*
Hausschlüssel
Huus·söök, Huus·sö·ken *w.*
jur. Hausdurchsuchung
Huus·telt, -e [Huus·tel·te] *s.*
tech. Hauszelt
Huus·wiärk, -e [Huus·wiär-
ke] *s.* Hausarbeit
Huus·wicht, -er [Huus·wich-
ter] *s.* Hausmädchen

hüüt *UW tem.* heute
Huut, Hü·te *w. med., tech.*
Haut, Fell; **~ un But·ten**
Haut und Knochen
hüüt·an·dag *UW tem.* heut-
zutage
Huut·jak, Huut·jacken [Huut-
jak·ken] *s.* langärmliges Un-
terhemd
**Huut·mid·del·ken, Huut·mid-
del·kes** *s. med.* Hautmittel,
hyg. Kosmetik
Hüüw·ken, Hüüw·kes *s. tech.*
Häubchen
Hü·we, -n *w. tech.* Haube,
Bienenkorb
Hü·we·kaor, Hü·we·käörs *w.*
trans. Planwagen
**Hü·wen·band, Hü·wen·bän-
ner** *s. tech.* Haubenband

I

I, i I, i (Buchstabe)
iä·ben, -s *UW tem.* eben, soeben, vorhin; ebenso, ge-
nauso, gleich (als Vorsilbe
für Eigenschaftswörter)
lä·ben·beld, lä·ben·bel·ler *s.*
Ebenbild
iä·ben·graut, -e [iä·ben·grau-
te] *EW* gleichgroß, genausogroß
iä·ben·guët, -e, -en [iä·ben-
guë·te] *EW* gleich gut
iä·ben·mäö·tig, -e, -en [iä-
ben·mäö·ti·ge] *EW* eben-
mäßig, gleichmäßig
iä·ben·viël, -e, -en [iä·ben-
vië·le] *EW* gleichviel, ebensoviel
iä·ben·wied, iä·ben·wi·de, -n
EW gleichweit
**läd·mu·gel·ken, läd·mu·gel-
kes** *s. zool.* Fitislaubsänger
lä·kel·tië·we, -n *w. zool.* Maikäfer
lä·ker, -s *w. bot.* Eichel
**lä·ker·döp·ken, lä·ker·döp-
kes** *s. bot.* Eichelnäpfchen,
Fruchtbecher der Eichel
läks·ter, -n *w. zool.* Elster
iäks·ter·bünt, -e, -en [iäks-
ter·bün·te] *EW* grellbunt,
farbenfroh
**läks·tern·pot, läks·tern·pöt-
te** *m.* Elsternnest
lä·le, -n *w.* 1. *bot.* Erle; 2.
tech. Elle (Längenmaß 56
cm) ; 3. *ON* Erle
lä·len·busk, lä·len·büs·ke *m.*

bot. Erlenwäldchen
iä·len·lang, -e, -en [iä·len·lan·ge] *EW* ellenlang, sehr lang
lä·len·tip, -s *m. med.* Ellenbogen
iäl·ke *FW* etliche
läl·te *ON* Elte
iäm, -s *UW* eben, kurz
läms, läm·se *w. geol.* Ems
läms·land *s. geog.* Emsland
läms·pün·te, -n *w. naut.* Lastkahn für die Emsschifffahrt
län·ni·ger *ON* Enniger
län·ni·ger·lau *ON* Ennigerloh
längs·ter, -n *w. zool.* Elster
län·ten·brao·den, län·ten·bräö·den *m. kul.* Entenbraten
län·ten·buorst, län·ten·büörs·te *w. med., kul.* Entenbrust
län·ten·diek, län·ten·di·ke *m.* Ententeich, Tümpel
län·ten·flot *s. o. Mz. bot.* Wasserlinse, Entenkraut
iär, -e, -en [iä·re] *FW* ihr
lärf·te, -n *w. bot.* Erbse
lärf·ten·blö·te, -n *w. bot.* Erbsenblüte
lärf·ten·busk, lärf·ten·büs·ke *m. bot.* Erbsenbusch
lärf·ten·daiw, -e [lärf·ten·dai·we] *m.* Erbsendieb
lärf·ten·ge·möös *s. o. Mz. kul.* Erbsengemüse
iärf·ten·graut, -e, -en [iärf·ten·grau·te] *EW* erbsengroß
lärf·ten·plan·te, -n *w. bot.* Erbsenpflanze
lärf·ten·püör·ter, -s *m. agr. tech.* Erbsenpflanzer
lärf·ten·ra·bat·te, -n *w. agr.* Erbsenbeet
lärf·ten·ro·de, -n *w.* Erbsenrute
lärf·ten·schau·ne, -n *w. bot.* Erbsenschote
lärf·ten·strau *s. o. Mz. bot.* Erbsenstroh
lärf·ten·sup, -·pen *w. kul.* Erbsensuppe
lärf·ten·tiet *w. o. Mz. tem. agr.* Erbsenzeit, Erntezeit der Erbsen
lärft·ken, lärft·kes *s. bot.* kleine Erbse
iärg, -e, -en [iär·ge] *EW* arg; **iär·ger** ärger; **an iärgs·ten** am ärgsten
lär·ger *m. o. Mz.* Ärger, Ver-

druss
lär·ge·ri *w. o. Mz.* Ärgerei, Schererei
iär·ger·lik, iär·ger·licke, -n [iär·ger·lik·ke] *EW psy.* ärgerlich
iär·gern *ZW psy.* ärgern, verdrießen
lärms·te, -n *m., w. und s.* Ärmste, Mitteloseste
lärnst *m. o. Mz. psy.* Ernst, Ernsthaftigkeit
iärnst, -e, -en [iärns·te] *EW psy.* ernst, streng; eifrig
iärnst·lik, iärnst·licke, -n [iärnst·lik·ke] *EW psy.* ernstlich
lär·pel, -s *m. zool.* Erpel, Enterich, männliche Ente
lärs, -e, -en [lär·se] *w.* Art, Charakter, Rasse; *psy.* Neigung zu einer Arbeit, *psy.* Lust; *übertr. kult.* Kultur
iärst *UW VW tem.* zuerst, zunächst, anfangs; **för't ~e** *tem.* einstweilen, vorläufig; **~ äs** *tem.* einstweilen, vorläufig
iärst·an *UW VW tem.* zuerst, an erster Stelle; vorläufig, zunächst
iärst·dags *UW tem.* demnächst, bald
iärs·te, -n *ZaW* erste
lärst·kum·mi·oon, lärst·kum·mi·o·nen *w. rel.* Erstkommunion
iärst·maol *UW tem.* ersteinmal, zunächst, vorerst
iärst·maols *UW tem.* erstmals, erstmalig
lärs·win·kel *ON* Everswinkel
lärw·deel, lärw·de·le *s. fin.* Erbe, Erbteil, Nachlass
lär·we *s. fin.* Erbe, Vermächtnis
iär·wen *ZW fin.* erben
iärw·lik, iärw·licke, -n [iärw·lik·ke] *EW biol.* erblich
lärw·pacht, -en [lärw·pach·ten] *w. fin.* Erbpacht
lärw·pläk, lärw·pläcken [lärw·pläk·ken] *m. med.* Leberfleck, Muttermal
lärw·schup, -·pen *w. fin.* Erbe, Erbschaft, Nachlass
lärw·sli·ker, -s *m. psy. fin.* Erbschleicher
lärw·stük, lärw·stücker [lärw·stük·ker] *s. fin.* Erbstück, Ererbtes
lärwt *s. o. Mz. fin., biol.* Er-

be
lärw·te *s. o. Mz. fin., biol.* Geerbte
läs·se, -n *w.* Energie, Kraft
lä·te·gään, -s *m. kul.* jemd. mit viel Appetit, Gernesser
lä·ten, -s *s. kul.* Essen, Mahlzeit, Nahrung; **fien ~** *kul.* Delikatesse
iä·ten *uZW kul.* essen; **niks ~** *med.* fasten; **to ~** *kul.* essbar; **uut de Fuust ~** *kul.* mit den Händen essen
lä·tens·disk, -e [lä·tens·dis·ke] *m. tech.* Esstisch
lä·tens·düp·pe, -n *w. tech. kul.* Dose für das Essen
lä·tens·ka·mer, -n *w. arch.* Esszimmer
lä·tens·kuorw, lä·tens·küör·we *m. tech. kul.* Esskorb, Korb für die Verpflegung
lä·tens·tiet, lä·tens·ti·ten *w. kul.* Essenszeit
lä·tens·wiärk *s. o. Mz. kul.* Esssachen, Lebensmittel
lä·ter, -s 1. *m. kul.* Esser; 2. *w. zool.* Otter
iä·ter·biëtsk, -e, -en [iä·ter·biëts·ke] *EW psy.* hinterlistig, heimtückisch
lä·te·ri, -·en *w. kul.* Esserei
lät·kas·tan·ni·ge, -n *w. bot., kul.* Esskastanie
lät·kar·tuf·fel, -n *m. bot. kul.* Speisekartoffel
lät·liä·pel, -s *m. tech. kul.* Esslöffel
lät·nap, lät·näp·pe *m. tech. kul.* Essnapf
lät·si·pel, -n *w. kul. bot.* Speisezwiebel
lät·tel·ler, -s *m. tech. kul.* Essteller
i·bä pfui (Ausruf des Ekels oder der Verachtung)
icke [ik·ke] *FW* ich
ld·gro·se, -n *w. agr.* Idagras (zweiter Schnitt des Grases)
i-Döts·ken, i-Döts·kes *s. kult.* Schulanfänger, ABC-Schütze
ië·del, -e, -en [ië·de·le] *EW* edel, rein, unverfälscht
lë·del·man, lë·del·lü *m.* Edelmann
lë·del·steen, lë·del·ste·ne *m. geol.* Edelstein
lëg, -en [lë·gen] *w. tech. agr.* Egge
ië·gen *ZW agr.* eggen
lë·gen·tan, lë·gen·tiä·ne *m.*

tech. agr. Eggenzahn
lel·buo·de, -n *m. trans.* Eilbote, Kurier
lë·mel, -n *w. zool.* Blattlaus
lëm·sel, -s *s. tech. agr.* Futterklappe über dem Schweinetrog
les *s. o.Mz. met.* Eis, Gefrorenes; *kul.* Speiseeis
les·baan, les·ba·nen *w.* Eisbahn, *spo.* Eisfläche (zum Schlittschuhlaufen)
les·bä·er, -n *m. zool.* Eisbär
les·been, les·be·ne *s. med.* eiskalter Fuß; *kul.* Eisbein, gekochter Unterschenkel vom Schwein
les·biärg, -e [les·biär·ge] *m. met.* Eisberg
les·blo·me, -n *w. met.* Eisblume
les·briä·ker, -s *m. naut. trans.* Eisbrecher
les·bürst, -e [les·bürs·te] *m.* Riss in der Eisdecke
les·büül, -s *m. tech.* Eisbeutel
les·dië·ke, -n *w. met.* Eisdecke
lë·sel, -s *m. zool.* Esel
lë·sel·aor, -en [lë·sel·ao·ren] *s. med.* Eselsohr; *tech.* verknickte Blattecke vom Buch
lë·sel·dri·wer, -s *m.* Eseltreiber
lë·sel·föl·len, -s *s. zool.* Eselfohlen
lë·sel·ken, lë·sel·kes *s. zool.* Eselchen, kleiner Esel
lë·sel·miär, -en [lë·sel·miä·ren] *w. zool.* Eselstute
les·fos, les·fös·se *m. zool.* Eisfuchs
les·frai·de, -n *w. psy. met.* Eisfreude
les·hil·li·ge, -n *m. und w.* Eisheilige (11. bis 15. Mai: Mamertus, Pankratius, Servatius, Bonifatius und kalte Sophie)
les·kel·ler, -s *m. arch.* Eiskeller
les·klaut, -s *m. tech. spo.* Puck zum Eisschießen
les·klos, les·klös·se *m.* Eisklotz
ies·kolt, ies·kol·le, -n *EW* eiskalt, *met.* stark frierend
les·lok, les·löcker [les·lök·ker] *s.* Eisloch
les·ma·ker, -s *m. kul.* Eis-

hersteller
les·maond, -e [les·maon·de] *m. tem.* Februar
les·riän·gen *m. o.Mz. met.* Eisregen
les·schap, les·schiä·pe *s. tech.* Eisschrank, Eiskiste, Gefrierschrank, Gefriertruhe
les·scho, --e *m. tech. spo.* Eisschuh, Schlittschuh
les·school, les·scho·le, -n *w. spo.* Eislaufschule
les·stik, les·sticken [les·stik·ken] *m. trans.* Stab mit Stahlspitze zur Fortbewegung auf dem Eis
les·tap·pen, -s *m.* Eiszapfen
les·ta·te, -n *w. kul.* Eistorte
les·tiet, les·ti·ten *w. met. tem.* Eiszeit
les·vuë·gel, les·vüë·gel *m. zool.* Eisvogel
les·wa·ter, les·wä·ters *s.* Eiswasser
lë·wer *m. o.Mz. psy.* Eifer
ië·we·rig, -e, -en [ië·we·ri·ge] *EW psy.* eifrig, emsig
lë·we·rig·kait, -en [lë·we·rig·kai·ten] *w. psy.* Emsigkeit
ië·wern *ZW psy.* eifern
lë·wer·süëk, -e [lë·wer·süë·ke] *w. psy.* Eifersucht
ië·wer·süëksk, -e, -en [ië·wer·süëks·ke] *EW psy.* eifersüchtig
i·git·te·git! *psy.* Ausruf des Ekels
ik, icke [ik·ke] *FW* ich
I·le *w. o.Mz.* Eile, Tempo
i·len *ZW* eilen
i·lig, -e, -en [i·li·ge] *EW* eilig, schnell
il·lu·mi·ne·ern *ZW tech.* erleuchten (*frz.* illuminer)
Im, --me, --men *w. zool.* Biene, Honigbiene
i-Män·ken, i-Män·kes *s. kult.* Abc-Schütze, Schulanfänger
Imbs, -en [Imb·sen] *w. kul.* erstes Frühstück
Imbs·tiet, Imbs·ti·ten *w. tem.* Zeit vor dem ersten Frühstück
Im·hü·we, -n *w. tech.* Bienenkorb
Im·ker, -s *m. zool. agr.* Bienenzüchter, Imker
Im·kruud *s. o.Mz. bot.* Ackerschachtelhalm
Im·kuorw, Im·küör·we *m. tech.* Bienenkorb

Im·mel, -s *s. tech. kul.* Breischälchen
Im·men·bank, Im·men·bän·ke *w. tech.* Platte zur Aufnahme von Bienenkörben
Im·men·han·nig, -e [Im·men·han·ni·ge] *m. kul.* Bienenhonig
Im·men·huus, Im·men·hü·ser *s. arch.* Bienenstock
Im·men·küë·ni·gin, --nen *w. zool.* Bienenkönigin
Im·men·laot, Im·men·läö·te *s. zool.* Bienenschwarm
Im·men·mo·er, Im·men·mö·ers *w. zool.* Bienenkönigin
Im·men·stiëk, -e [Im·men·stië·ke] *m. med.* Bienenstich, Stich der Biene
Im·met, -s *s. kul.* erstes Frühstück
Im·pe, -n *w. med.* Impfung
im·pen *ZW med.* impfen
im·po·ne·ern *ZW* imponieren
impt, -e, -en [imp·te] *EW med.* geimpft
Imp·uut·wies, Imp·uut·wi·se *m. med.* Impfpass
Im·schü·er, -n *w. arch.* Bienenhaus, Verschlag für Bienenkörbe
Im·stië·kel, -s *m. zool.* Bienenstachel
Im·tiet, Im·ti·ten *w. tem.* Bienenzeit
in *VW* in, im
in·acht·nië·men *uZW* in acht nehmen
in·äö·men *ZW med.* einatmen
in·ar·bai·den *ZW* einarbeiten
in·bai·gen *uZW* einbiegen
in·bai·teln *ZW tech.* einmeißeln
In·band, In·bän·ne *m. tech.* Einband
in·bau·en *ZW tech.* einbauen
In·bel·ge, -n *w. psy.* Einbildung, Phantasie
in·be·grië·pen *EW* einbegriffen
In·bel·ge·ri, --en *w. psy.* Einbildung, Phantasie
in·belsk, -e, -en [in·bels·ke] *EW psy.* eingebildet
in·bel·len *ZW psy.* annehmen, einbilden
In·bel·lung *w. o.Mz. psy.* Einbildung, Phantasie
in·be·ro·pen *uZW* einberufen
in·be·ta·len *ZW fin.* einbe-

zahlen, einzahlen
In·be·trecken [In·be·trek·ken]
s. o. Mz. Einbeziehung, Berücksichtigung
in·be·trecken [in·be·trek·ken]
uZW einbeziehen, berücksichtigen
in·bö·ten *uZW* einheizen; **e·nen** ~ *psy.* jemd. einheizen, zusetzen, aufstacheln, unter Druck setzen
in·brän·gen *uZW* einbringen
in·brant, -e, -en [in·bran·te] *EW* eingebrannt
in·briä·ken *uZW* einbrechen; *jur.* einen Einbruch verüben
In·briä·ker, -s *m. jur.* Einbrecher
in·briä·nen *uZW* einbrennen
in·buch·ten *ZW jur.* einsperren, inhaftieren
in·buch·tet, -e, -en [in·buchte·te] *EW* eingesperrt
in·büör·gern *ZW pol.* einbürgern
in·büör·gert, -e, -en [in·büör·ger·te] *EW pol.* eingebürgert
In·büör·ge·rung, -en [In·büör·ge·run·gen] *w. pol.* Einbürgerung
in·de·len *ZW* einteilen, untergliedern
In·de·lung, -en [In·de·lun·gen] *w.* Einteilung
in·dië·ken *ZW* eindecken
in·di·ken *ZW* im Teich wässern
in·doon *uZW* eingeben, hineingeben, einschenken
In·drag, In·driä·ge *m.* Eintrag
in·driä·gen *uZW* eintragen
in·driä·pen *uZW* eintreffen
in·dri·wen *uZW* eintreiben
In·dri·wer, -s *m.* Eintreiber
in·drücken [in·drük·ken] *ZW tech.* einprägen, eindrucken
in·drü·gen *ZW* eintrocknen
In·drük, In·drücke [In·drük·ke] *m.* Eindruck; Ansicht
in·druo·gen, -e, -en [in·druo·ge·ne] *EW* eingetragen
in·duë·meln *ZW med.* einduseln
in·dü·ken *ZW* eintauchen
in·du·seln *ZW med.* einnik·ken, einschlafen
In·fal, In·fiä·le *m. psy.* Einfall, Gedanke, Idee
in·fal·len 1. *uZW* einfallen,

einstürzen; *psy.* einen Einfall haben, sich erinnern; *zool.* sich niederlassen (Vogelschwarm); 2. ~, **-e, -en** [in·fal·le·ne] *EW* eingefallen
in·fan·gen *uZW* einfangen, ergreifen
In·faort, -en [In·faor·ten] *w. trans.* Einfahrt
in·fet, -·te, -·ten *EW* eingefettet, geschmiert
in·fet·ten *ZW* einfetten, einschmieren
in·fiä·men *ZW* einfädeln
in·fiär·wen *ZW* einfärben
in·fö·ern *uZW* einfahren, einführen
In·for·mats·jaun, -en [In·for·mats·jau·nen] *w.* Information
In·fö·rung, -en [In·fö·run·gen] *w.* Einführung
in·frai·sen *uZW* einfrieren
in·fri·en *ZW* einheiraten
in·fruorn, -e, -en [in·fruor·ne] *EW* eingefroren
in·gai·ten *uZW* eingießen, einschenken
In·gang, In·gän·ge *m.* Eingang
In·gangs·paor·te, -n *w. arch.* Eingangspforte, Eingangstor
in·gaon *uZW biol., med.* eingehen, absterben (Pflanzen, Tiere)
In·ga·we, -n *w.* Eingabe, Gesuch, Petition
in·gië·wen *uZW* eingeben
in·gra·wen *uZW* eingraben
In·griëp, -e [In·grië·pe] *m.* Eingriff
in·gri·pen *uZW* eingreifen
in·ha·len *uZW* einholen, *fin.* einkaufen
in·han·gen *uZW* einhängen
In·häng·sel, -s *s. tech.* Gelenk
in·han·neln *ZW* einhandeln
in·hi·rao·den *uZW* einheiraten
in·hö·den *ZW* einhüten, Vieh hüten, bewachen, (Kinder) aufpassen
in·hol·len *uZW* einhalten, einbehalten; anhalten, aufhören
In·holt *m. o. Mz.* Einhalt
in·hü·sen *ZW tech.* einhausen, verkleiden
in·hü·sig, -e, -en [in·hü·si·ge] *EW* häuslich
In·hü·sung, -en [In·hü·sun·gen] *w. tech.* Einhausung,

Verkleidung
In·kai·per, -s *m. fin.* Einkäufer
In·käst·ken, In·käst·kes *s. tech.* Lade oben im Koffer
In·kaup, In·kai·pe *m. fin.* Einkauf
in·kau·pen *uZW fin.* einkaufen
In·kaups·pries, In·kaups·pri·se *m. fin.* Einkaufspreis
In·kaups·riäk·nung, -en [In·kaups·riäk·nun·gen] *w. fin.* Einkaufsrechnung
In·kaups·tiet, In·kaups·ti·ten *w. tem.* Einkaufszeit
In·kaups·wa·gen, In·kaups·wiä·gen *m. tech.* Einkaufswagen
in·kiärn *ZW* einkehren
in·kiär·wen *ZW* einkerben
in·kiärwt, -e, -en [in·kiärw·te] *EW* eingegerbt
in·ki·ken *uZW* hereinschauen, hereingucken; einen (kurzen) Besuch machen
in·klai·en *ZW* eingraben, verscharren; *hyg.* beschmutzen (sich)
in·kle·den *ZW* einkleiden
in·klië·wen *ZW tech.* einkleben
in·kri·gen *uZW* einkriegen, hereinbekommen
in·krin·geln *ZW* einkreisen
Inkst, -en [Inks·ten] *w. tech.* Tinte
Inks·ten·fat, Inks·ten·fiä·ter *s. tech.* Tintenfass
In·kuë·men *s. o. Mz. fin.* Einkommen, Einkünfte
in·kuë·men *uZW* hereinkommen; Gesuch oder Protest einreichen
In·kuëms·stü·er, -n *w. fin.* Einkommensteuer
in·ku·len *ZW* eingraben, vergraben, in eine Grube geben; verscharren, beerdigen
in·kum·me·de·ern *ZW psy.* belästigen, beschämen
in·kuo·ken *ZW kul.* einkochen
in·kwa·te·ern *ZW* einquartieren
In·kwa·te·e·rung, -en [In·kwa·te·e·run·gen] *w. mil.* Einquartierung
in·la·den *uZW* einladen, einpacken, verstauen; eine Einladung aussprechen

In·la·dung, -en [In·la·dun·gen] w. Einladung

in·läg·gen ZW einlegen, hineinlegen; kul. konservieren, einsäuern

in·lägt, -e, -en [in·läg·te] EW eingelegt

In·läg·te s. o.Mz. Eingelegte

In·lao·ge, -n w. fin., tech. Einlage

in·lao·ten uZW einlassen, abgeben; hereinlassen

In·laup, In·lai·pe m. med. Einlauf

in·lau·pen uZW einlaufen, kleiner werden (von Kleidungsstücken); eintreffen, eingehen

in·liä·wen ZW psy. einleben

in·lië·wern ZW einliefern

In·lië·we·rung, -en [In·lië·we·run·gen] w. Einlieferung

In·lig·ger, -s m. Mieter, Einlieger

in·li·men ZW tech. einleimen

in·lü·den ZW einläuten

In·maaks·glas, In·maaks·gliä·ser s. tech. kul. Einmachglas

In·maaks·pot, In·maaks·pöt·te m. tech. kul. Einkochtopf

in·ma·ken uZW kul. einmachen

In·marsk, In·miärs·ke m. 1. mil. Einmarsch; 2. Einzug (auf einen Saal o.ä.)

in·miä·ten uZW tech. einmessen, vermessen

in·mis·ken ZW einmischen

in·mü·ern ZW tech. einmauern

in·nai·en ZW tech. einnähen

in·nan·ner UW ineinander

In·nao·me, -n w. fin. Einnahme

in·ne·ne UW ineinander

in·ne·ne·gri·pen uZW ineinandergreifen

in·ne·ne·packen [in·ne·ne·pak·ken] uZW ineinanderpacken

in·ne·ne·schai·ten uZW psy. zusammenschrecken

in·nië·men uZW fin. einnehmen, kul. zu sich nehmen; in Besitz nehmen; mil. erobern

in·nös·sen ZW zool. einnisten

in·nuo·men, -e, -en [in·nuo·me·ne] EW eingenommen sein von jemd.

In·nus·tri, -·en w. Industrie

In·nus·tri·mu·se·um, -s s. tech. his. Industriemuseum

In·nus·tri·pand, In·nus·tri·pän·ner s. Industriegebiet

In·nus·tri·stad, In·nus·tri·stiä·den w. geog. Industriestadt

In·nus·tri·tiet w. tem. Industriezeit, Zeit der Industrialisierung

in·packen [in·pak·ken] uZW einpacken, verpacken

in·pää·len ZW tech. einzäunen, eingrenzen (mit Pfählen)

in·pië·keln ZW kul. einpökeln

In·plö·ge·pand, In·plö·ge·pän·ner s. agr. erster Abschnitt beim Auspflügen von Kartoffeln

in·pös·ten ZW einschlagen (Pfahl)

in·prop·pen ZW einpfropfen

in·pucken [in·puk·ken] ZW einhüllen, einwickeln (z.B. Kind); biol. verpuppen

in·puor·ten ZW agr. einpflanzen

in·rai·kern ZW einräuchern

in·reekt, -e, -en [in·reek·te] EW eingereicht

in·re·ken ZW einreichen

in·riä·ken ZW math. einrechnen

In·rich·tung, -en [In·rich·tun·gen] w. Anstalt, Einrichtung

in·ri·gen ZW einreihen

in·ri·wen uZW einreiben

in·rö·ern ZW einrühren

in·rü·men ZW einräumen

in·sacken [in·sak·ken] ZW einsacken, in Säcke einpacken; einsinken, einsakken; übertr. fin. Gewinn machen, hohe Einnahmen haben

in·säg·gen uZW vorsagen; psy. Rat annehmen

In·sain s. o.Mz. psy. Einsehen, Einsicht

in·sain uZW psy. einsehen

in·sam, -·me, -·men EW psy. einsam

In·sam·kait w. o.Mz. psy. Einsamkeit

in·sam·meln ZW einsammeln

In·saot, In·säö·te w. agr. Einsaat

in·sät·ten ZW einsetzen

in·schai·ten uZW einschießen

In·schri·we·breew, In·schri·we·bre·we m. Einschreibebrief

In·schri·wen, -s s. Einschreiben

in·schri·wen uZW einschreiben

in·schrum·peln ZW einschrumpfen

In·schuot, In·schüö·te m. mil. Einschuss

in·schu·wen uZW einschieben

in·se·pen ZW hyg. einseifen

in·siän·gen ZW einsegnen

In·sicht, -en [In·sich·ten] w. psy. Einsicht, Verstand

In·sik·ge·kü·er s. o.Mz. psy. Selbstgespräch

in·sin·gen uZW mus. einsingen

in·sit·ten uZW einsitzen, drinsitzen, jur. gefangen sein

In·sit·ter, -s m. jur. Insasse, Häftling

in·slaon uZW einschlagen

in·slao·pen uZW med. einschlafen

in·sliä·men ZW tech. einschlämmen, verfugen

in·slië·pen ZW einschleppen

in·sli·ken uZW einschleichen

in·slu·ten uZW einschließen, abkapseln

in·smiärn ZW einschmieren

in·smi·ten uZW einwerfen

in·snib·beln ZW einschneiden

in·sni·den ZW einschneiden

in·sni·en ZW met. einschneien

in·sol·ten ZW kul. einsalzen

in·span·nen ZW einspannen

In·spek·ter, -s m. Inspektor, Verwalter

in·spin·nen uZW einsperren

In·spraok, -en [In·sprao·ken] w. jur. Einspruch

in·sprän·gen uZW einspringen, aushelfen; springen, einen Riss bekommen

in·stam·pen ZW einstampfen

In·stand, In·stän·ne m. Einstand

in·stan·ne UW imstande

in·stän·nig, -e, -en [in·stän·ni·ge] EW inständig

in·staon *uZW psy., jur.* einstehen, verantworten; eingestehen, zugeben, sich bekennen; ~ **för si·ne Sünnen** *rel.* büßen

In·staon *s. o.Mz.* Einstehen, Verantwortung übernehmen

in·stau·ten *uZW* einstoßen

in·stel·len *ZW* einstellen

in·stem·men *ZW* einstimmen

in·stiä·ken *uZW* einstechen

in·stië·len *ZW* einstielen

in·sti·gen *uZW* einsteigen

in·stip·pen *ZW* eintunken

In·sti·tuut, In·sti·tu·te *s.* Institut, Anstalt, Einrichtung

in·stop·pen *ZW* einstecken

in·strai·en *ZW* einstreuen

in·stri·ken *uZW* einstreichen

in·stru·e·ern *ZW* instruieren, unterweisen

in·stu·de·ern *ZW* einstudieren

in·stuör·ten *ZW* einstürzen

in·sü·ern *ZW kul.* sauer einlegen

In·sug, In·süë·ge *m.* Einzug

in·su·gen *uZW* einsaugen

in·tackelt, -e, -en [in·tak·kelt], [in·tak·kel·te] *EW* eingezackt

in·tap·pen *ZW* einzapfen (z.B. Bier)

in·tapt, -e, -en [in·tap·te] *EW* eingezapft

in·teek·nen *ZW tech.* einzeichnen

In·tog, In·tüö·ge *m.* Einzug

in·trecken [in·trek·ken] *uZW* einziehen, hereinziehen

in·tres·sant, -e, -en [in·tressan·te] *EW* interessant

In·tres·se, -n *s. psy.* Interesse

in·tres·se·ern *ZW psy.* interessieren

in·triä·ten *uZW* eintreten

In·trit, -·te *m.* Eintritt, *fin.* Eintrittsgeld

In·trits·geld, In·trits·gel·ler *s. fin.* Eintrittsgeld

In·trits·kaat, In·trits·ka·ten *w.* Eintrittskarte

in·trocken, -e, -en [in·trok·ken], [in·trok·ke·ne] *EW* eingezogen

In·tucht, -en [In·tuch·ten] *w. med.* Inzucht

in·tü·nen *ZW tech.* einzäunen

in·tus *UW* inwendig, im Bauch

in·tüs·ken *UW tem.* inzwischen

in·tüünt, -e, -en [in·tüün·te] *EW tech.* eingezäunt

In·tuusk, In·tüüs·ke *m.* Eintausch

in·tuus·ken *ZW* eintauschen

in·vi·te·ern *ZW* einladen (*frz.* inviter)

in·vö·staon *MW psy.* einverstanden (sein)

in·wai·gen *uZW* einwiegen

In·wand, In·wän·ne *m.* Einwand

in·wän·nen *uZW* einwenden

in·wän·nig, -e, -en [in·wänni·ge] *EW* inwendig

In·wän·nigs·te *s. o.Mz.* Innerste

in·was·sen 1. *uZW biol.* einwachsen; 2. **~, -e, -en** [in·was·se·ne] *EW biol.* eingewachsen

in·weekt, -e, -en [in·week·te] *EW* eingeweicht

in·we·ken *ZW* einweichen

in·wes·seln *ZW fin., spo.* einwechseln

in·wes·selt, -e, -en [in·wessel·te] *EW fin., spo.* eingewechselt

In·wes·se·lung, -en [In·wesse·lun·gen] *w. spo.* Einwechselung

in·wiä·wen *ZW tech.* einweben

in·wiäwt, -e, -en [in·wiäw·te] *EW tech.* eingewebt

in·wi·en *ZW rel.* einweihen

in·wi·et, -e, -en [in·wi·e·te] *EW rel.* eingeweiht

in·wi·sen *uZW* einweisen

In·wi·sung, -en [In·wi·sungen] *w.* Einweisung

In·wi·ung, -en [In·wi·un·gen] *w. rel.* Einweihung

In·wi·ungs·fi·er, -n *w. rel.* Einweihungsfeier

in·wol·we·ern *ZW psy.* involvieren, einbeziehen

in·wol·we·ert, -e, -en [in·wolwe·er·te] *EW psy.* involviert, einbezogen

In·wuë·ner, -s *m.* Einwohner

Ip·pen·bürn *ON* Ibbenbüren

ip·pen·bürnsk, -e, -en [ibben·büürns·ke] *EW* ibbenbürener

is *uZW* (3. Pers. Einzahl) ist

i·seln *ZW met.* eiseln, Re-

gen bei starkem Frost

I·sen *s. o.Mz. chem.* Eisen; **drup slaon äs up kolt ~** *psy., jur.* unverhältnismäßig hart bestrafen oder verurteilen; **in'ne ~ gaon** *übertr.* bremsen, stoppen

I·sen·ar·bai·der, -s *m. tech.* Eisenarbeiter

I·sen·baan, I·sen·ba·nen *w. trans.* Eisenbahn

I·sen·baan·bau *m. o.Mz. tech.* Eisenbahnbau

I·sen·baan·bi·am·te, -n *m.* Eisenbahnbeamte

I·sen·baan·dam, I·sen·baandäm·me *m. trans.* Eisenbahndamm

I·sen·baan·kääl, -s *m.* Eisenbahnarbeiter

I·sen·baan·lin·nig, -en [I·senbaan·lin·ni·gen] *m. trans.* Eisenbahnlinie

I·sen·baan·sig·naol, -e [I·senbaan·sig·nao·le] *s. tech. trans.* Eisenbahnsignal

I·sen·baan·stas·jaun, -en [I·sen·baan·stas·jau·nen] *w. trans.* Bahnhof, Eisenbahnstation

I·sen·baan·uut·stel·lung, -en [I·sen·baan·uut·stel·lun·gen] *w. tech.*

I·sen·baan·vö·kä·er *m. o.Mz. trans.* Eisenbahnverkehr

I·sen·baan·wa·gen, I·senbaan·wiä·gen *m. trans.* Eisenbahnwagen

I·sen·band, I·sen·bän·ner *s. tech.* Eisenband, Flacheisen

I·sen·ba·ner, -s *m. trans.* Eisenbahner

I·sen·blik, I·sen·blicke [I·senblik·ke] *s. tech.* Eisenblech

I·sen·bol·ten, -s *m. tech.* Eisenbolzen

I·sen·fi·le, -n *w. tech.* Eisenfeile

I·sen·friä·ter, -s *m. mus.* Eisenfresser

I·sen·gai·ter, -s *m. tech.* Eisengießer

I·sen·gai·te·ri, -·en *w. tech.* Eisengießerei

I·sen·ha·mer, I·sen·hä·mers *m. tech.* Eisenhammer

I·sen·han·nel *m. o.Mz. fin.* Eisenhandel

i·sen·hat, -·te, -·ten *EW* eisenhart

I·sen·hoch·tiet, I·sen·hoch-

ti·ten *w.* Eiserne Hochzeit (65 Jahre)

I·sen·hood, I·sen·hö·de *m. tech.* Eisenhut, *mil.* Stahlhelm

I·sen·kleed, I·sen·kle·der *s. tech. mil.* Rüstung

I·sen·riep, I·sen·ri·pe *m. tech.* Eisenreif, Eisenreifen

I·sen·smet, -s *m. tech.* Eisenschmied

I·sen·sta·ken, -s *m. tech.* Eisenstange

I·sen·steen, I·sen·ste·ne *m. geol.* Eisenerz

I·sen·tiet *w. o.Mz. his.* Eisenzeit

I·sen·wäg, I·sen·wiä·ge *m. trans.* Schiene, Gleis

I·ser·ko·ken, I·ser·kö·ken *m. kul.* Kuchen aus dem Eisen, Waffelkuchen

I·ser·laun *ON* Iserlohn

i·sern, -e, -en [i·ser·ne] *EW* eisern, aus Eisen; *psy.* hart gegen sich selbst

i·sig, -e, -en [i·si·ge] *EW* eisig

I·so·le·e·rer, -s *m. tech.* Isolierer

i·so·le·ern *ZW tech.* isolieren

i·so·le·ert, -e, -en [i·so·le·er·te] *EW tech.* isoliert

I·so·le·er·tang, -en [I·so·le·er·tan·gen] *w. tech.* Isolierzange

I·so·le·er·ung, -en [I·so·le·e·run·gen] *w. tech.* Isolierung

Is·sel·buorg *ON* Isselburg

I·tal·gen *geog.* Italien

i·tal·jäänsk, -e, -en [i·tal·jääns·ke] *EW kult.* italienisch

I·tal·jä·ner, -s *m. und w.* Italiener(in)

Its·ken *s. o.Mz.* Bisschen

J

J, j J, j (Buchstabe)

jä Ausdruck des Zweifels; *BW* doch; ~ **söws** sogar

Jaan·up, -s *m. agr. arch.* Wagenremise mit kurzem Vordach

ja·gen *uZW* jagen, auf Jagd gehen; scheuchen, vertreiben; *trans.* eilen, schnell bewegen, rasen

Ja·ger, -s *m.* Jäger, Jagender

Ja·ger·huus, Ja·ger·hü·ser *s. arch.* Jägerhaus

Ja·ge·ri, -·en *w.* Jägerei

Ja·ger·la·tien *s. o.Mz. psy.* Jägerlatein, übertriebene Darstellung von der Jagd

Ja·gers·man, Ja·gers·lü·de *m.* Jäger, Jägersmann

Ja·ger·stool, Ja·ger·stö·le *m. tech.* Jägersitz

Ja·ge·wiärk, -s *s. o.Mz. tech.* schnell drehndes Karussell

Jagt, -en [Jag·ten] *w.* Jagd

Jagt·bom·ber, -s *m. mil.* Jagdbomber

Jagt·dag, -e [Jagt·da·ge] *m. tem.* Jagdtag

Jag·te·ri, -·en *w.* Gehetze, Hast

jag·te·rig, -e, -en [jag·te·ri·ge] *EW psy.* aufgeregt, eilig

jag·tern *ZW psy.* herumjagen, ziellos laufen; tollen, toben

Jagt·flai·ger, -s *m. mil.* Jagdflieger

Jagt·häön, -s *s. tech. mus.* Jagdhorn

Jagt·häön·bliä·ser, -s *m. mus.* Jagdhornbläser

Jagt·hü·er, -n *w. fin.* Jagdpacht

Jagt·hü·er·man, Jagt·hü·er·lü·de *w.* Jagdpächter

Jagt·ka·buf, Jagt·ka·büf·fe *s. arch.* Jagdhütte

Jagt·püüs·ter, -s *m. tech.* Jagdgewehr

Jagt·rächt, -e [Jagt·räch·te] *s. jur.* Jagdrecht, Jagderlaubnis

Jagt·re·we·er, -e [Jagt·re·we·e·re] *s.* Jagdrevier

Jagt·rü·en, -s *m. zool.* Jagdhund

Jagt·schien, Jagt·schi·ne *m. jur.* Jagdschein

Jagt·tiet, Jagt·ti·ten *w. tem.* Jagdzeit

Jagt·up·pas·ser, -s *m.* Jagdaufseher

Jak, Jacken [Jak·ken] *s. med.* Fell, Haut; **dat is ~ äs Büks** das ist einerlei; **up dat ~ hau·en** verhauen; **wat up't ~ kri·gen** verhauen werden

Jak·hals, Jak·häl·se *m. med.* verächtlich für Halsloch

ja·hal·sen *ZW kul.* herunterschlingen

Ja·kobs·dag, -e [Ja·kobs·da·ge] *m. rel. tem.* Jakobitag (27. Juli)

jalp·ken *ZW* jammern (Hund); *übertr.* knirschen (Schnee)

jam·ken *ZW psy.* heulen, jaulen; stöhnen, klagen

jäm·mer·lik, jäm·mer·licke, -n [jäm·mer·lik·ke] *EW psy.* jämmerlich, elend

Jan *VN* Johannes, Hans; ~ **un (al·le) Man** Hinz und Kunz, jeder ohne Unterschied

jan·en *ZW med.* gähnen, den Mund weit aufreißen; *übertr. psy.* gaffen

Jan·ha·gel *s. o.Mz. psy.* Gesindel, Pack, Pöbel (Johann Hagel und seine Gesellschaft)

Jan·hin·nerk *VN* Hans-Heinrich

jan·ken *ZW psy.* klagen, jammern, winseln

Jan·ke·ri, -·en *w. psy.* Geplärr, Weinen, Stöhnen

Jan·ne·wer, -s *m. kul.* Genever

Jans *VN* Johannes, Hans; ~ **Bum·se·nus** *rel.* St. Nepomuk (Brückenheiliger); **Jäns·ken** *VN* Hänschen

Jao·mer *m. o.Mz. psy.* Jammer, Elend, Kummer

Jao·mer·beld *s. psy.* kläglicher Anblick

Jao·mer·lap·pen, -s *m. kult.* Jammerlappen, (schlechtes) Schulzeugnis

jao·mern *ZW psy.* jammern, klagen

Jaor, -e [Jao·re] *s. tem.* Jahr, Zeitraum von 12 Monaten; **een üm't an·ne·re ~** *tem.* alle zwei Jahre; **an de ~e sien** *tem.* alt sein; **et giw een nat ~** *met.* es gibt ein nasses Jahr; *übertr. psy.* ausgescholten werden; **de ~e gaot in't Land** *tem.* die Zeit vergeht; **in ~ un Dag** *tem.* seit langem, seit ewigen Zeiten; **jeed ~** *tem.* alljährlich; **tüs·ken de ~e** *tem.* zwischen Weihnachten (Beginn des Kirchenjahres) und Neujahr (Beginn des Kalenderjahres)

Jaor·book, Jaor·bö·ker *s. his.* Jahrbuch, Almanach, Annalen

Jaor·dag, -e [Jaor·da·ge] *m. tem.* Jahrestag, Jubiläum

Jaor·du·send, -e [Jaor·du·sen·de] *s. tem.* Jahrtausend

Jaor·du·send·wän·ne, -n w. tem. Jahrtausendwende
jao·re·lang, -e, -en [jao·re·lan·ge] EW tem. jahrelang
jäö·ren (sik) ZW tem. jähren (sich)
Jao·res·laup, Jao·res·lai·pe m. tem. Jahresverlauf
Jao·res·vuë·gel, Jao·res·vüë·gel m. zool. Jahresvogel
Jao·res·wän·ne, -n w. tem. Jahreswende
Jaor·hun·nert·wien, Jaor·hun·nert·wi·ne m. kul. Jahrhundertwein
Jaor·fi·er, -n w. tem. Jahresfeier
Jaor·ge·bäd, Jaor·ge·biä·de s. rel. Jahresgebet, Jahresamt
Jaor·gang, Jaor·gän·ge m. tem. Jahrgang; Geburtsjahr
Jaor·hun·nert, -e [Jaor·hun·ner·te] s. tem. Jahrhundert
Jaor·hun·nert·fi·er, -n w. Jahrhundertfeier
Jaor·hun·nert·wän·ne, -n w. tem. Jahrhundertwende
jäö·rig, -e, -en [jäö·ri·ge] EW tem. einjährig, ca. ein Jahr alt
jaor·in UW tem. jahrein
Jaor·kring, -e [Jaor·krin·ge] m. bot. Jahresring, Wachstumsring im Holz
jäör·lik, jäör·licke, -n [jäör·lik·ke] EW tem. jährlich
Jaor·markt, Jaor·miärk·te m. kult. Jahrmarkt, Kirmes
Jaors·an·fang, Jaors·an·fän·ge m. tem. Jahresanfang, Jahresbeginn
Jaors·en·ne, -n s. tem. Jahresende
Jaors·taal, Jaors·ta·len w. tem. Jahreszahl
Jaors·tiet, Jaors·ti·ten w. tem. Jahreszeit
Jaors·wa·gen, Jaors·wiä·gen m. trans. Jahreswagen
Jaors·wes·sel, -s m. tem. Jahreswechsel
jäört, -e, -en EW tem. gejährt
Jaor·taint, -e [Jaor·tain·te] s. tem. Jahrzehnt
jaor·uut UW tem. jahraus
Ja·paan geog. Japan
ja·paansk, -e, -en [ja·paans·ke] EW kult. japanisch
jap·pen ZW med. heftig atmen, nach Luft schnappen, hecheln, keuchen

Japs, Jäp·se m. 1. zool. alter hechelnder Hund, 2. Taugenichts
Jas·ke, -n w. psy. ausgelassenes junges Mädchen, Herumtreiberin
jas·ken ZW spo. herumspielen, psy. schwätzen (frz. jaser)
jau ja
Jau·säg·ger, -s m. psy. Jasager, jemd. ohne eigene Meinung
jä·wis nun ja
jeed, je·de, -n FW jeder
jeed·maol UW jedesmal
jeed·we·der·een FW jedermann
je·maols UW tem. jemals
jer·re, -n FW jede(r)
jer·rer·een FW jeder, ein jeder, jedermann
Jet·te VN Henriette
Ji, ji FW Sie, ihr
jib·beln ZW psy. schwatzen, kichern; zwitschern
jö geh (Fuhrmannssprache)
jocken [jok·ken] ZW med. jucken
Jocke·ri, -·en [Jok·ke·ri] w. med. Juckreiz
Jo·de, -n m. rel. Jude
Jo·den·nuët, Jo·den·nüë·te w. bot. Paranuss
Jok·ap·pel, -n m. bot. Frucht der Hagebutte
Jok·ä·se, -n w. bot. Hagebutte
Jok·pul·wer, -s s. Juckpulver
jö·len ZW grölen, schreien, mus. übermäßig laut singen
jo·len ZW psy. weinen
Jölps, -e [Jölp·se] m. wüstes Wesen
jols·tern ZW psy. laut weinen, jammern
Jöögt w. o.Mz. Jugend, Jugendalter
Jööl, -s s. Jacke, Fell
Joop VN Josef
Jop VN Josef; Jöp·ken VN kleiner Josef
Jop·pe, -n w. Jacke
Jop·pen·task, -en [Jop·pen·tas·ken] w. Jackentasche
ju, -e, -·en FW euch
Ju·be·laor, -e [Ju·be·lao·re] m. tem. Jubilar
ju·be·le·ern ZW psy. jubilieren, frohlocken
Ju·bel·fi·er, -n w. Jubelfest

ju·chen ZW psy. jauchzen, ausgelassen lachen, jubeln
Juch·män·ken, Juch·män·kes s. übertr. Irrlicht
Juckel·kaor, Juckel·käörs [Juk·kel·kaor] w. trans. Fahrrad
juckeln [juk·keln] ZW schaukeln, schwanken; trans. nachlässig fahren, schaukelnd fahren
Ju·das·da·ler, -s m. bot. Silberblatt, Judas-Silberblatt (Lunaria annua)
Jüёk, -s s. 1. tech., trans. Joch, Tragjoch, hölzernes Gestell; 2. übertr. psy. Last, Plage
Juf·fer, -n w. Jungfer, Jungfrau, Fräulein, ledige Frau; ledige Lehrerin; kult. ledige Lehrerin; Jüf·fer·ken, Jüf·fer·kes s. Jungfräulein; ~ in't Grö·ne s. bot. Schwarzkümmel (Nigella damascena)
Juf·fer·nan·te, -n w. Gouvernante (frz. gouvernante)
Juf·fern·aomd, -e [Juf·fern·aom·de] m. tem. Tag vor der Hochzeit
Juf·fern·tit·ken, Juf·fern·tit·kes s. bot. Porzellanblümchen (Saxifraga urbium)
Juf·fers·ke, -n w. ledige Haushälterin, kult. ledige Lehrerin
juks·tern ZW psy. lachen
Jül·le w. o.Mz. kul. Dünnes, Gehaltloses, wenig schmackhaftes Getränk
jung, -e, -en [jun·ge] EW tem. jung; ~ Blood s. o.Mz. junger Mensch; ~ Ding s. junges Mädchen; jün·ger jünger, an jüngs·ten am jüngsten
Jung·dier, -s s. zool. Jungtier
Jun·ge, -n s. zool. Nachwuchs bei Tieren
Jun·gen, -s m. Junge, Knabe
jun·gen ZW med. Junge gebären, werfen
Jun·gens·nao·me, -n m. Jungenname
Jun·gens·school, Jun·gens·scho·le, -n w. kult. Jungenschule, Knabenschule
Jun·gens·siet, Jun·gens·si·ten w. Jungenseite (auf dem Schulhof und in der Kirche)

Jun·gens·tiet, Jun·gens·ti·ten
w. tem. Jungenzeit, Kinderzeit
Jung·holt, Jung·höl·ter s.
bot. Baumschule, Schonung
Jung·im, -·men w. zool. junge Biene
Jüngs·ken, Jüngs·kes s.
kleiner Junge
Jung·ve w. o.Mz. zool. Jungvieh
Jung·vuëgel, Jung·vüë·gel
m. zool. Jungvogel
Juno m. o.Mz. tem. Juni
jüst UW tem. gerade, in diesem Augenblick, soeben; ganz genau; ~ **nu** tem. momentan; **he is ~ so graut äs ik** er ist genau so groß wie ich
Jüt w. o.Mz. Jute
Jüt·in·nus·tri, -·en w. tech. Juteindustrie
Jüt·te·sak, Jüt·te·siä·ke m. tech. Jutesack
jüüdsk, -e, -en [jüüds·ke] EW rel. jüdisch

K

K, k K, k (Buchstabe)
Kääl, -s m. Kerl, Mann, Gatte
kaal, ka·le, -n EW biol. kahl, unbehaart, unbewachsen
kaal·friä·ten 1. uZW biol. kahlfressen, völlig abfressen; 2. ~, -e, -en [kaal·friä·te·ne] EW biol. kahlgefressen, völlig abgefressen
Kaal·kop, Kaal·köp·pe m. med. Kahlkopf, Glatze
kääls·dul, -·le, -·len EW psy. mannstoll
kääls·haug, -e, -en [kääls·hau·ge] EW mannshoch, lebensgroß
Kääls·hög·te, -n w. Mannshöhe, Lebensgröße
Kaal·slag, Kaal·sliä·ge s. agr. Kahlschlag, Rodung
Kaat, Ka·ten w. Karte, Berechtigungskarte, Eintrittskarte; trans. Fahrkarte; Postkarte; spo. Spielkarte; **de Katen up'n Disk läg·gen** psy. klare Verhältnisse schaffen; **Käät·ken, Käät·kes** s. kleine Karte, Kärtchen
Kab·be·le·er, -s m. pol. Adeliger, übertr. psy. vornehmer Mensch (frz. cavalier)

Kab·be·le·ern·hoch·tiet, Kab·be·le·ern·hoch·ti·ten w. Adelshochzeit
Kab·be·le·ern·stolt m. o.Mz. psy. Stolz der Adeligen
Käb·be·ler, -s m. psy. Streitender, Zankender
Käb·be·le·ri, -·en w. psy. Gezänk, harmloser Streit
käb·be·lig, -e, -en [käb·be·li·ge] EW psy. streitsüchtig
käb·beln ZW psy. zanken, streiten (mit Worten)
Käb·bel·trien, Käb·bel·tri·nen w. psy. streitsüchtige Frau
käb·ben ZW kul. kauen
Ka·be, -es s. arch. hyg. WC, Toilette
Ka·ber·nao, -s s. kul. Karbonade, Kotelett, gebratenes Rippenstück
Ka·bid s. o.Mz. chem. Karbid
Ka·bid·la·tüch·te, -n w. tech. Karbidlampe
Ka·buf, Ka·büf·fe s. arch. Verschlag, kleiner Raum; Hütte
Ka·büf·ken, Ka·büf·kes s. arch. winziger Raum, winzige Hütte
Ka·buus m. o.Mz. bot. Weißkohl; **rau·den ~** o.Mz. bot. Rotkohl
Ka·buus·blad, Ka·buus·bliä·der s. bot. Weißkohlblatt
Ka·buus·ge·möös s. o.Mz. kul. Weißkohlgemüse
Ka·buus·kop, Ka·buus·köp·pe m. bot. Weißkohlkopf
Ka·buus·pot, Ka·buus·pöt·te m. o.Mz. kul. Weißkohleintopf
Ka·buus·ru·pe, -n w. zool. Raupe des Kohlweißlings
Ka·buus·strunk, Ka·buus·strün·ke m. bot. Stängel des Weißkohls
Ka·chel·uom, Ka·chel·üoms m. tech. Kachelofen
kacken [kak·ken] ZW med. scheißen, Notdurft verrichten
Kacke·ri, -·en w. med. Durchfall, Scheißerei
Kad·de·chis·sen, -s m. rel. Katechismus
Kad·del, -s w. Kerbe
Ka·det, -·ten m. junger Bursche, Kerl (scherzh.)
Ka·di m. o.Mz. jur. übertr. Gericht; **vüo'n ~ lig·gen** jur. prozessieren

Ka·di·naol, Ka·di·näö·le m. rel. Kardinal
ka·duk, ka·ducke, -n [ka·duk·ke] EW psy. gefügig, ergeben, unterwürfig, zahm, kleinlaut, bescheiden
Kaf s. 1. o.Mz. agr. Spreu, leere Hülsen des Getreides; 2. ~, **Käf·fer** geog. kleines Dorf
Kaf·buörn, -s m. arch. agr. Zwischenboden über dem Stall für Spreu
käf·ken ZW laut und anhaltend bellen, psy. Streitreden führen
Käf·ken, Käf·kes s. geog. winziges Dorf, Nest
käf·kig, -e, -en [käf·ki·ge] EW stets bellend
Kaf·kist, -en [Kaf·kis·ten] w. tech. agr. Kiste zur Lagerung der Spreu
Kaf·kuorw, Kaf·küör·we m. tech. agr. Korb für die Spreu
Kaf·müël, -en [Kaf·müë·len] w. tech. agr. Windsichte zur Kornreinigung
Kaf·sak, Kaf·siä·ke m. tech. mit Spreu gefüllter Sack als Unterlage im Bett
Ka·fuk m. o.Mz. Kraft, Wucht, Energie
Kaf·wan, -·nen w. tech. agr. Wanne zur Trennung von Korn und Spreu
kai·cheln ZW psy. mit Worten streiten
Kai·per, -s m. fin. Käufer
kaip·lik, kaip·licke, -n [kaip·lik·ke] EW fin. käuflich
Kai·se m. o.Mz. kul. Käse
Kai·se·knüüs·ken, Kai·se·knüüs·kes s. kul. Käsekrüstchen
Kai·se·ko·ken, Kai·se·kö·ken m. kul. Käsekuchen
Kai·se·me·se, -n w. zool. Kohlmeise
Kai·se·mes·ken, Kai·se·mes·kes s. tech. kleines Käsemesser
Kai·se·mest, Kai·se·mes·sers s. tech. Käsemesser
Kai·se·pöp·pel, -n w. bot. Malve
Kai·ser, -s m. 1. pol. Kaiser; 2. tech. kul. Käsehersteller
Kai·se·ri, -·en w. tech. kul. Käserei

kai·ser·lik, kai·ser·licke, -n
[kai·ser·lik·ke] EW pol.
Kai·ser·riek, Kai·ser·ri·ke s.
pol. Kaiserreich
kai·sig, -e, -en [kai·si·ge] EW
käsig, bleich
Kait·ken s. o.Mz. spo. Spiel
mit kleinen Knochen von
Schafen bzw. Ziegen
Ka·kau m. o.Mz. bot., kul.
Kakao
Ka·kel·dai·se, -n w. psy.
Schwätzerin
Ka·kel·gat, Ka·kel·gät·ter s.
psy. Schwätzer
Ka·kel·le·ri, -·en w. Gegacker
Ka·kel·li·se, -n w. psy.
Schwätzerin
ka·keln ZW psy. gackern; re-
den, schwatzen, kichern;
übertr. psy. über jemd. herziehen
Kak·stool, Kak·stö·le m.
tech. hyg. Stuhl mit Topf im
Sitz, Toilettensitz
Ka·lan·ner, -s m. tech. Kalander, Mangel, Tuchpres-
se, Wäschemangel
ka·lan·nern ZW tech. ka-
landern, mangeln
Kal·du·nen Mz. med., kul.
essbare Eingeweide ins-
bes. der Tiere
Ka·len·ner, -s m. tem. Kalender
Ka·len·ner·blad, Ka·len·ner-
bliä·der s. Kalenderblatt
Kal·fak·ter, -s m. Kalfaktor,
Diener
Ka·li·wer, -s s. Kaliber,
Durchmesser
käl·ken ZW tech. kalken,
weißeln
kal·ku·le·ern ZW kalkulieren,
math. berechnen (frz. calculer)
Kalk·wiärk, -e [Kalk·wiär·ke]
s. tech. Kalkwerk
Kal·le·rup ON Kalldorf
Kal·let, -s s. Reitjacke; up't
~ sti·gen übertr. prügeln
Kalw, Käl·wer s. zool. Kalb
kal·wen ZW med. kalben,
Junge gebären (Rind)
Kal·wer·brao·den, Kal·wer-
bräö·den m. kul. Kalbs-
braten
Kal·wer·fel, -·le s. med.
Kalbsfell
Kal·wer·fleesk s. o.Mz. med.,
kul. Kalbfleisch

Kal·wer·han·nel m. o.Mz. fin.
Kälberhandel
Kal·we·ri, -·en w. psy. Ge-
tummel, albernes Beneh-
men
kal·we·rig, -e, -en [kal·we·ri-
ge] EW psy. albern
Kal·wer·jao·re Mz. tem. Kälberzeit; übertr. Jugendzeit
Kal·wer·kamp, Kal·wer·käm-
pe m. agr. Kälberwiese
Kal·wer·kaor, Kal·wer·käörs
w. trans. Kälberkarren
Kal·wer·kop, Kal·wer·köp-
pe m. med. Kälberkopf
Kal·wer·liä·der, -s s. tech.
Kalbsleder
Kal·wer·liä·wer, -n w. med.,
kul. Kalbsleber
Kal·wer·lok, Kal·wer·löcker
[Kal·wer·lök·ker] s. trans. agr.
Verschlag für Kälber, Transportbehälter (auf dem Wa-
gen)
Kal·wer·mes m. o.Mz. biol.
agr. Kälbermist
kal·wern ZW tummeln, psy.
herumalbern
Kal·wer·schot, -s s. arch.
agr. Kälberstall
Kal·wer·stal, Kal·wer·stiä·le
m. arch. agr. Kälberstall
Kal·wer·stiärt, -s m. med.
Kälberschwanz
Kal·wer·tan, Kal·wer·tiä·ne
m. med. Kälberzahn, Milch-
zahn beim Rindvieh
Kal·wer·tiä·ne Mz. kul. Grau-
pen
Kal·wer·tüch·ter, -s m. zool.
agr. Kälberzüchter
Källw·ken, Källw·kes s. zool.
Kälbchen, kleines Kalb; een
~ ha·len Kuh zum Bullen
bringen
Ka·mas·ke, -n w. tech. Ga-
masche
Ka·mel·le, -n w. bot. Kamille;
kaus·ke ~ w. bot. echte Ka-
mille; ol·le ~n Mz. bekann-
te Dinge, alte Geschichte
Ka·mel·len·blö·te, -n w. bot.
Kamillenblüte
Ka·mel·len·büül·kes, Ka·mel-
len·büül·kes s. tech. med.
Beutel mit Kamillenblüten
gegen Entzündungen und
Ohrenschmerzen
Ka·mel·len·te, -·es m. kul.
Kamillentee
Ka·me·nao·de, -n w. kul. Kar-

bonade, Kotelett, gebrate-
nes Rippenstück
Ka·mer, -n w. arch. Kam-
mer, kleiner Raum, Stube,
Zimmer, Gemach
Ka·mer·dai·ner, -s m. Kam-
merdiener
Ka·mer·düör, -n w. arch.
Zimmertür
Ka·mer·fak, Ka·mer·fiä·ker s.
arch. Gefache, Kammerfach
Ka·mer·fens·ter, -s s. arch.
Zimmerfenster
Ka·mer·slüë·del, -s m. tech.
Zimmerschlüssel
Ka·mer·up·gang, Ka·mer·up-
gän·ge m. arch. Treppe zum
oberen Zimmer; ~ häb·ben
übertr. viel Besuch von (jun-
gen) Leuten haben
Kam·gaorn, Kam·gäörn s.
tech. Kammgarn, vorgeglät-
tetes Wollgarn
Kam·gräs s. o.Mz. bot.
Kammgras (Cynosurus cri-
status)
Ka·mi·ne w. o.Mz. Hitze
Ka·mis m. o.Mz. mil. Mili-
tär, Kommiss (frz. commis),
Truppe, Heer, Wehrmacht
Ka·mis·braud, Ka·mis·brai·de
s. kul. Kommissbrot
Ka·mis·kop, Ka·mis·köp·pe
m. mil. jemd., der nur das
Militär im Kopf hat
Ka·mi·sööl·ken, Ka·mi·sööl-
kes s. Unterjacke, Vorhemd,
Weste (frz. camisole)
Kamp, Käm·pe m. agr. Ak-
kerland, Ackerstück, Feld,
Weide, Wiese; Flurstück,
Parzelle
kam·pe·ern ZW kampieren,
lagern (frz. camper)
Kämp·ken, Kämp·kes s. agr.
kleines Ackerstück, kleine
Weide
ka·mucken, -e, -en [ka·muk-
ken], [ka·muk·ke·ne] EW
tech. aus schlechtem Baum-
wollstoff
Kan, -·nen w. tech. Kanne,
Behälter für Flüssigkeiten;
Hohlmaß (1 Liter)
Ka·na·da·gaus, Ka·na·da-
gai·se w. zool. Kanadagans
Ka·nail m. o.Mz. bot. Zimt
Ka·nal·gen·vuë·gel, Ka·nal-
gen·vuë·gel m. zool. Kana-
rienvogel
Ka·naol, Ka·näö·le m. naut.

trans. Kanal, *hyg.* Abwasserkanal; **dän ~ vul häb·ben** *med.* völlig betrunken sein
Ka·n<u>ao</u>l·ar·bai·der, -s *m.* *tech.* Kanalarbeiter
Ka·n<u>ao</u>l·brüg·ge, -n *w.* *trans.* Kanalbrücke
Ka·n<u>ao</u>l·dam, Ka·naol·däm·me *m.* *tech.* Kanaldamm, Kanaldeich
Ka·n<u>ao</u>l·ha·wen 1. *ON* Kanalhafen; 2. **~, Ka·n<u>ao</u>l·hä·wen** *m.* *naut.* Kanalhafen
Ka·n<u>ao</u>l·schip, -·pe *s.* *trans.* *naut.* Kanalschiff
Ka·n<u>ao</u>l·schüt, -s *s.* *tech.* Kanalsperrwerk
Ka·n<u>ao</u>l·wa·ter, Ka·n<u>ao</u>l·wä·ters *s.* Kanalwasser, *hyg.* Abwasser
Ka·n<u>au</u>n, -en [Ka·nau·nen] *w.* *mil.* Kanone
Ka·nau·nen·dun·ner, -s *m.* *mil.* Kanonenknall
Ka·nau·nen·kuë·gel, -n *w.* *mil.* Kanonenkugel
Ka·n<u>au</u>·nen·staol, Ka·n<u>au</u>·nen·stäö·le *m.* *tech.* Kanonenstahl
Ka·n<u>au</u>·nen·uom, Ka·n<u>au</u>·nen·üöms *m.* *tech.* Kanonenofen, zylindrischer Ofen
Kan·dar·re, -n *w.* *tech.* Gebissstange vom Zaumzeug; **an'ne ~ läg·gen** im Zaum halten
kan·de·ert, -e, -en [kan·de·er·te] *EW kul.* kandiert, mit Zucker gebrannt
kan·di·del, -e, -en [kan·di·de·le] *EW* sehr einfach; *psy.* vergnügt, munter, lustig
Kä·ne, -n *w.* *tech.* *kul.* Butterfass, Buttermaschine
Kä·ne·hook, Kä·ne·hö·ker *m.* Stellplatz für das Butterfass
Kä·ne·miälk *w.* *o.Mz.* *kul.* Buttermilch
Kä·ne·miälk·pap, Kä·ne·miälk·päp·pe *m.* *kul.* Buttermilchbrei
kä·nen *ZW kul.* buttern, Butter machen
Kä·ne·ruus·ke, -n *w.* *tech.* Lochscheibe im Butterfass
Ka·nickel, -s [Ka·nik·kel] *m.* *zool.* Kaninchen
Ka·nickel·biärg, -e [Ka·nik·kel·biärg], [Ka·nik·kel·biär·ge] *m.* *geol.* Sandberg mit Ka-

ninchenbauten; Wanderdüne
Ka·nickel·brao·den, Ka·nickel·bräö·den [Ka·nik·kel·brao·den] *m.* *kul.* Kaninchenbraten
Ka·nickel·buk, Ka·nickel·bücke [Ka·nik·kel·buk], [Ka·nik·kel·bük·ke] *m.* *zool.* Kaninchenbock
Ka·nickel·fel, -·le [Ka·nik·kel·fel] *s.* *med.* Kaninchenfell
Ka·nickel·fo·er [Ka·nik·kel·fo·er] *s.* *o.Mz.* *kul.* Kaninchenfutter
Ka·nickel·ken, Ka·nickel·kes [Ka·nik·kel·ken] *s.* *zool.* kleines Kaninchen
Ka·nickel·küë·del, -s [Ka·nik·kel·küë·del] *m.* *biol.* Kaninchenkot
Ka·nickel·lok, Ka·nickel·löker [Ka·nik·kel·lok] *s.* Kaninchenbau
Ka·nickel·plao·ge, -n [Ka·nik·kel·plao·ge] *w.* *zool.* Kaninchenplage
Ka·nickel·schot, -s [Ka·nik·kel·schot] *m.* *tech.* Kaninchenstall
Ka·nickel·strik, -s [Ka·nik·kel·strik] *s.* *tech.* Schlinge zum Fangen von Kaninchen
Ka·nien, -s *s.* *zool.* Kaninchen
Ka·niet *m.* *o.Mz.* *agr.* Kalidünger, Kainit
Kän·ken, Kän·kes *s.* *tech.* Kännchen
Kan·na·pe, -es *s.* *tech.* Sofa, Couch (*frz.* canapé)
Kan·nen·büör·sel, -s *m.* *tech.* Brüste zur Reinigung von Kannen
Kan·nen·dië·kel, -s *m.* *tech.* Kannendeckel
Kan·nen·gai·ter, -s *m.* *tech.* Kannengießer, Zinngießer
Kan·nen·gai·te·ri, -·en *w.* *tech.* Zinngießerei
Kan·nen·müs·ke, -n *w.* *tech.* Kannenwärmer
Kan·nen·piep, Kan·nen·pi·pen *w.* *tech.* Tülle der Kaffeekanne
Kan·nen·stok, Kan·nen·stöcke [Kan·nen·stök·ke] *m.* *tech.* Gestell zur Aufbewahrung von Kannen (u.a. zum Trocknen)
kan·nen·wies, kan·nen·wi·se *UW* kannenweise

Kan·sel, -n *w.* *arch.* *rel.* Kanzel; *tech.* Hochsitz; **van ne ~ fal·len, van ne ~ smi·ten** die kirchliche Heirat von der Kanzel verkünden
Kant, -en [Kan·ten] *w.* Seite (rechte, linke), Kante, Ecke; Gebiet; **up de hau·ge ~ läg·gen** auf die hohe Kante legen; *übertr. fin.* sparen
Kan·ter, -s *m.* *mus.* Kantor, Kirchenmusiker, Gesangsleiter
Kant·ha·ken, -s *m.* *tech.* beweglich miteinander verbundene Winkel zum Heben von Lasten; **bi'n ~ nië·men** *übertr.* mit starkem Griff festhalten
Kant·holt, Kant·höl·ter *s.* *tech.* Kantholz
kän·tig, -e, -en [kän·ti·ge] *EW* eckig
Ka·n<u>un</u>, -·nen *w.* *mil.* Kanone, Geschütz
Kaor, Käörs *w.* *trans.* Karre (mit ein, zwei oder drei Rädern), einfaches Gefährt; verächtlich für Auto
kao·ren *ZW trans.* karren
Kao·ren·as·se, -n *w.* *tech.* Karrenachse
Kao·ren·bin·ner, -s *m.* Gehilfe auf Botenfuhrwerk
Kao·ren·rad, Kao·ren·riä·der *s.* *tech.* Karrenrad
Käör·ken, Käör·kes *s.* *trans.* kleine Karre
Käörn *s.* *o.Mz.* einzelnes Korn; **~ af·klop·pen** *agr.* mit dem Dreschflegel dreschen; **dat is een än·ner ~** *übertr.* das ist etwas anderes, das hat damit nichts zu tun
Kaorn, Käörns *s.* 1. *bot.* Korn; 2. *bot.* Getreide; 3. *tech.* Zielpunkt am Gewehr; 4. *m.* *kul.* Getreideschnaps
Käörn·bin·nen *s.* *o.Mz.* *agr.* Kornbinden, Korn zu Gaben binden
Käörn·bült, -e [Käörn·bül·te] *m.* *agr.* zu einem großen Haufen aufgeschichtetes ungedroschenes Getreide
Käörn·büörn, -s *m.* *arch.* *agr.* Zwischenboden zur Lagerung von Körnern
Kaorn·dri·wer, -s *m.* *tech.* Mühlenknecht
Kaorn·haup, -en, Kaorn·hai-

pe [Kaorn·hau·pen] *m. agr.*
Kornhaufen
käör·nig, -e, -en [käör·ni·ge]
EW körnig
Käörn·rad, Käörn·riä·der *s.*
tech. agr. Haspel des Mäh-
dreschers
Kaorn·sak Kaorn·siä·ke *m.*
tech. Kornsack
Käörn·sni·den *s. o.Mz. agr.*
Kornschneiden
Käörn·spier, -s *m. bot.* Ge-
treidehalm
Käörn·spi·ker, -s *m. arch.*
Kornspeicher
Kap, Kap·pen *s.* Mantel; ~
un Kuë·gel vö·lai·sen Pech
haben
ka·pe·ern *ZW psy.* kapie-
ren, verstehen (ital. capire)
Ka·pel, -·len *w.* 1. *rel. arch.*
Kapelle, kleines Gottes-
haus; 2. *mus.* Musikkapel-
le, Orchester
Ka·pel·le *ON* Capelle
Ka·pel·mes·ter, -s *m. mus.*
Kapellmeister, Dirigent
Ka·pit·tel, -s *s.* 1. Kapitel,
Hauptabschnitt; 2. geistliche
Versammlung
Käp·ken, Käp·kes *s.* Mäntelchen
Kap·laon, Kap·läöns *m. rel.*
Kaplan, Hilfspriester
Kap·läön·ken, Kap·läön·kes
s. rel. junger Kaplan
ka·pot, -·te, -·ten *EW tech.*
kaputt, defekt, schadhaft,
zerbrochen, entzwei
ka·pot·briä·ken *uZW tech.*
zerbrechen
ka·pot·gaon *uZW tech.* defekt werden, *biol.* eingehen
(Pflanzen und Tiere)
Ka·pot·hood, Ka·pot·hö·de
m. tech. Haube, Kappe (*frz.*
capot)
ka·pot·schai·ten *uZW mil.*
zerschießen
ka·pot·slaon *ZW tech.* entzweischlagen, zerschlagen,
zerstören
Kap·peln *ON* Westerkappeln
Kap·pen·biärg *ON* Cappenberg
Kap·raol, Kap·räö·le *m. mil.*
Korporal (*frz.* caporal)
Kap·si·ner, -s *m. rel.*
Kapuziner
Kap·si·ner·käp·ken, Kap·si-

ner·käp·kes *s. bot.* Kapuzinerkresse
Kap·tain, -e [Kap·tai·ne] *m.*
naut. Kapitän, Schiffsführer
Kap·taol *s. o.Mz. fin.* Kapital, Besitz, Vermögen
kap·taol, -e, -en [kap·tao·le]
EW kapital, großartig, ausgezeichnet; sehr groß
Kap·taol·gië·wer, -s *m. fin.*
Kapitalgeber
Kar·dans, -en [Kar·dan·sen]
w. psy. Art, Wesen, Verhalten; Takt, Rhythmus (*frz.* cadence)
Kar·je *s. o.Mz.* schnelles
Tempo
kar·jo·len *ZW trans.* schnell
fahren; ziellos herumfahren
Kar·jool, Kar·jööl *s. trans.*
leichter Kutschwagen (*frz.*
carriole)
Kar·li·ne *VN* Caroline
Kärn, Kär·ne *m.* Kern, Kern-
stück
Kärn·holt, Kärn·höl·ter *s.*
bot. Kernholz
kär·nig, -e, -en [kär·ni·ge]
EW kernig
Kar·tuf·fel, -n *m. bot.* Kar-
toffel; **kwet·te ~n** *Mz. kul.*
Kartoffelbrei, Stampfkartof-
feln
Kar·tuf·fel·bri *m. o.Mz. kul.*
Kartoffelbrei, Stampfkartoffeln
Kar·tuf·fel·em·mer, -s *m.*
tech. Kartoffeleimer
Kar·tuf·fel·fü·er, -s *s.* Kar-
toffelfeuer (Verbrennen des
Kartoffelkrautes)
Kar·tuf·fel·gre·pe, -n *w. tech.*
agr. Grabgabel für Kartoffeln
Kar·tuf·fel·ka·wel, -n *m. zool.*
Kartoffelkäfer
Kar·tuf·fel·klai·e, -n *w. agr.*
Kartoffelernte
kar·tuf·fel·klai·en *ZW agr.*
Kartoffeln ernten
Kar·tuf·fel·kuorw, Kar·tuf·fel·
küör·we *m. tech. agr.* Kar-
toffelkorb
Kar·tuf·fel·pan·ko·ken, Kar·
tuf·fel·pan·kö·ken *m. kul.*
Reibepfannkuchen
Kar·tuf·fel·püör·ter, -s *m.*
tech. agr. Kartoffelpflanzer,
Gestell zum Eindrücken der
Pflanzlöcher
Kar·tuf·fel·kruud, Kar·tuf·fel·
krü·der *s. bot.* Kartoffelkraut
Kar·tuf·fel·sao·laot, Kar·tuf-

fel·sao·läö·te *m. kul.* Kartoffelsalat
Kar·tuf·fel·schao·le, -n *w.*
bot. Kartoffelschale; *tech.*
Kartoffelkörbchen
Kar·tuf·fel·schel·le, -n *w.*
bot. Kartoffelschale
Kar·tuf·fel·sö·ken *s. o.Mz.*
agr. Kartoffelsuche, Kartoffelernte
kar·tuf·fel·sö·ken *uZW* Kartoffeln suchen, Kartoffeln
ernten
Kar·tuf·fel·struuk, Kar·tuf·
fel·strü·ker *m. bot.* Kartoffelpflanze
Kar·tuf·fel·sup, -·pen *w. kul.*
Kartoffelsuppe
Kas, -·sen *w. fin. tech.* Kasse, Ladenkasse; *fin.* Bank,
Sparkasse; Krankenkasse
Kas·biär, -n *w. bot.* Johan-
nisbeere
Kas·bit, -·ten *w. bot.* Johan-
nisbeere
Ka·schot, -s *s. arch.* Ver-
schlag; *jur. arch.* Gefängnis,
Arrestzelle, Kerker (*frz.* ca-
chot)
Kä·se, -n *w. tech.* Kerze
Kä·sen·daiw, -e [Kä·sen·dai-
we] *m. jur.* Kerzendieb;
übertr. rel. Priester, der lang-
sam die Messe liest
Kä·sen·döm·per, -s *m. tech.*
Kerzenlöscher
Kä·sen·ducht, Kä·sen·düch-
te *m. tech.* Kerzendocht
Kä·sen·düm·pel, -s *m. tech.*
Kerzenstummel
Kä·sen·lecht, -er [Kä·sen·
lech·ter] *s. tech.* Kerzenlicht
Kä·sen·löch·ter, -s *m. tech.*
Kerzenständer, Kerzenhalter
Kä·sen·schien, Kä·sen·schi-
ne *m.* Kerzenschein
Kä·sen·stum·mel, -s *m. tech.*
Kerzenstumpf, abgebrannte
Kerze
Kä·sen·stüm·mel·ken, Kä·
sen·stüm·mel·kes *s. tech.*
kleiner Rest der abgebrann-
ten Kerze
Kas·män·ken, Kas·män·kes
s. fin. Münze (25 Pfennige)
Kas·män·sen·stu·ten, -s *m.*
kul. Weißbrot für 25 Pfennige
Kas·per, -s *m.* Kasper; *rel.*
Teufel
Kas·se·e·rer, -s *m. fin.* Kas-
sierer, Kassenverwalter

kas·se·ern *ZW fin.* kassieren, vereinnahmen
Kas·se·ment, -s *s. psy.* Abschied, Abfuhr; *med.* Ermüdung (*frz.* cassement)
Kas·si·o·ne, -n *w. tech.* Ende der Peitschenschnur, Hanffaden mit Knoten am Ende des Peitschenriemens
kas·jö·nern *ZW psy.* antreiben, treiben, vertreiben
Kas·tail, -s *s. arch. mil.* Kastell
Kas·tan·ni·ge, -n *w. bot.* Rosskastanie; Kastanie
Kas·tan·ni·gen·baum, Kastan·ni·gen·bai·me *m. bot.* Kastanienbaum
kas·tan·ni·gen·bruun, kastan·ni·gen·bru·ne, -n *EW* kastanienbraun
kas·te·bö·nen *ZW psy.* drauflosreden, übertreiben
Kas·ten, Käs·ten *m. tech.* Kasten, Lade, Holzschachtel; *spo.* Tor; **wat up'n ~ häb·ben** *übertr. psy.* klug sein, intelligent sein
Kas·ten·wa·gen, Kas·tenwiä·gen *m. trans.* Kastenwagen
Kas·ten·waig, -en [Kas·tenwai·gen] *w. tech.* Kastenwiege
kas·te·wi·ö·len *ZW* verprügeln; verwüsten
kas·tre·ern *ZW med.* kastrieren, entmannen
Kas·trol, -s *w. tech. kul.* Kasserolle, Schmorpfanne, kleiner Topf mit Stiel (*frz.* casserole)
Kat, *w. zool.* Katze; **äs ~ un Rü·en sien** *übertr. psy.* sich ständig ärgern; **de ~ in't Düüs·tern kni·pen** *übertr. psy.* hinterlistig oder hinterhältig sein; **de ~ uut'n Sak laoten** *übertr. psy.* die Wahrheit offenbaren; **för de ~ sien** unnütz sein, vergeblich sein
Ka·ten·geld, Ka·ten·gel·ler *m. spo. fin.* Kartengeld
ka·ten·giё·wen *uZW spo.* Karten geben
Ka·ten·häön *ON* Catenhorn
Ka·ten·klop·pen *s. o.Mz. spo.* Kartenspielen
Ka·ten·läg·gen *s. o.Mz. psy.* Kartenlegen
ka·ten·läg·gen *ZW psy.* karten legen
Ka·ten·spiёl, -e [Ka·ten·spiё·le] *s. spo.* Kartenspiel
Kät·ken, Kät·kes *s. zool.* Kätzchen
kat·hal·sen *ZW* balgen, spielerisch zanken
kät·ke·rig, -e, -en [kät·ke·ri·ge] *EW kul.* nicht aufgegangen, pappig (Brot)
ka·tolsk, -e, -en [ka·tols·ke] *EW rel.* katholisch; *übertr.* kirchlich fromm; zahm; **~ kü·ern** *übertr. psy.* die Meinung sagen, zurechtweisen
Ka·tols·ke, -n *m., w. und s rel.* Katholik(in)
Ka·tril·ken, Ka·tril·kes *s. mus.* Quadrille, Vierertanz (*frz.* quadrille)
Kat·ten·au·ge, Kat·ten·ai·gen *s.* Katzenauge; *übertr. tech.* Rückstrahler
Kat·ten·disk, -e [Kat·ten·diske] *m. tech. kul.* kleiner Esstisch für Kinder
Kat·ten·güld *s. o.Mz. chem.* falsches Gold, Schwefelkies
Kat·ten·kiärms, -ten *w.* Katzenkirmes, sehr kleine Kirmes
Kat·ten·kop, Kat·ten·köp·pe *m. med.* Katzenkopf; *tech.* Böller; kleiner Pflasterstein aus Granit
Kat·ten·mus·sik *w. o.Mz. mus.* erbärmliche Musik
Kat·ten·kruud, Kat·ten·krü·der *s. bot.* Katzenkraut, Baldrian
Kat·ten·schiet *m. o.Mz. biol.* Katzendreck, Katzenkot
Kat·ten·stiärt, -s *m.* 1. *med.* Katzenschwanz; 2. *bot.* Ackerschachtelhalm
Kat·ten·viёn *ON* Kattenvenne
Kat·ten·wös·ke, -n *w. hyg.* Katzenwäsche; *übertr. hyg.* oberflächliches Waschen
kat·tig, -e, -en [kat·ti·ge] *EW psy.* katzig, kratzbürstig, biestig, streitsüchtig, zänkisch, widerspenstig
Kat·trien *VN* Katharina, Kathrin
Kat·uul, Kat·u·len *w. zool.* Schleiereule, Kauz
Ka·tuun *m. tech.* gefärbter Nesselstoff
Kau, Kai·e → Ko *w. zool.* Kuh, weibliches Rind

Kaup, Kai·pe *m. fin.* Kauf, Erwerb
kau·pen *uZW fin.* kaufen, erwerben; bestechen, korrumpieren
Kaup·huus, Kaup·hü·ser *s. arch. fin.* Kaufhaus
Kaup·la·den, Kaup·lä·den *m. arch. fin.* Einzelhandelsgeschäft
Kaup·man, Kaup·lü·de *m. fin.* Kaufmann, Händler
Kaup·mans·la·den, Kaupmans·lä·den *m. arch. fin.* Geschäft
Kaup·pries, Kaup·pri·se *m. fin.* Kaufpreis
kausk, -e, -en [kaus·ke] *EW* in Ordnung, echt, *psy.* ehrlich
Kau·te, -n *w. med.* Körperglied, Gliedmaß
Ka·wal·ka·de, -n *w.* prachtvoller Reiteraufzug, *spo.* Pferdeschau; *übertr.* Festzug
Ka·wäns·man, Ka·wäns·män·ner *m.* sehr großes Ding, Riesenformat
Ka·wel, -n 1. *m. zool.* Käfer; 2. *s. tech.* Kabel, elektrische Leitung
Ka·wum *m. o.Mz.* Wucht, hohe Energie; **dao sit ~ äch·ter** das hat eine hohe Energie
ka·wup *UW* unversehens, kurzerhand; schwupp, in einem Schwung
Kelk, -e [Kel·ke] *m. tech. rel., bot.* Kelch
Kel·len *Mz. med.* Schmerzen
kel·len *ZW med.* quälen, Schmerzen verursachen; schmerzen, weh tun
Kel·ler, -s *m. arch.* Keller, Vorratsraum im Untergeschoss, unterirdischer Raum, Gewölbe
Kel·ler·diё·ke, -n *w. arch.* Kellerdecke
Kel·ler·düör, -n *w. arch.* Kellertür
Kel·ler·fens·ter, -s *s. arch.* Kellerfenster
Kel·ler·lok, Kel·ler·löcker [Kel·ler·lök·ker] *s. arch.* Lichtschacht von Kellerfenstern; dunkles Verlies
Kel·ler·mes·ter, -s *m. kul.* Kellermeister
Kel·ler·ruum, Kel·ler·rü·me

m. arch. Kellerraum
Kel·ler·schap, Kel·ler·schiäpe *s. tech.* Einbauschrank unter der Kellertreppe
Kel·ler·wuë·nung, -en [Keller·wuë·nun·gen] *w. arch.* Kellerwohnung
Kel·ler·wuorm, Kel·ler·wüörmer *m. zool.* Kellersaasel
Kel·ling·sen *ON* Kellinghausen
Ke·mi *w. o.Mz. chem.* Chemie
ke·misk, -e, -en [ke·mis·ke] *EW chem.* chemisch
Ken·ne *w. o.Mz.* Kenntnis, Kunde, Ahnung, Wissen; **met ~** fachmännisch, profihaft
ken·nen *uZW psy.* kennen, erkennen; verstehen, wissen; bekannt sein, vertraut sein
Ken·ner, -s *m.* Kenner, Experte, Fachmann
Ken·te·ken, -s *s.* Kennzeichen
Kiä·le, -n *w. med.* Kehle, Gurgel, Hals
Kiäl·kop, Kiäl·köp·pe *m. med.* Kehlkopf
Kiär, -en [Kiä·ren] *w.* Kehre, Wendung, Drehung
Kiär·en·ne, -n *s. agr.* Pflugwende am Acker
Kiärk, -en [Kiär·ken] *w. rel. arch.* Kirche, Gotteshaus; **met de ~ üm't Duorp föern** *übertr. trans.* einen großen Umweg machen; **nao ~ gaon** zur bzw. in die Kirche gehen
Kiär·ken·beld, Kiär·ken·beller *s. mus. rel.* Kirchenbild
Kiär·ken·bläd·ken, Kiär·kenbläd·kes *s. rel. kult.* Kirchenzeitung
Kiär·ken·book, Kiär·ken·böker *s. rel.* Kirchenbuch
Kiär·ken·dai·ner, -s *m. rel.* Kirchendiener
Kiär·ken·da·ler, -s *m. rel. fin.* Pfennig
Kiär·ken·grund *m. o.Mz.* Grundbesitz der Kirche
Kiär·ken·jaor, -e [Kiär·kenjao·re] *s. tem. rel.* Kirchenjahr
Kiär·ken·ka·len·ner, -s *m. tem. rel.* Kirchenkalender
Kiär·ken·klok, Kiär·ken·klok-

ken *w. tech. rel.* Kirchenglocke
Kiär·ken·koor, Kiär·ken·kö·re *m. rel. mus.* Kirchenchor
Kiär·ken·leed, Kiär·ken·le·der *s. rel. mus.* Kirchenlied, Choral
Kiär·ken·öls·te, -n *m. und w. rel.* Presbyter
Kiär·ken·pat, Kiär·ken·pät·te *m. trans.* Weg zur Kirche
Kiär·ken·pät·ken, Kiär·kenpät·kes *s. trans.* schmaler Weg zur Kirche
Kiär·ken·pa·troon, -s *m. rel.* Kirchenpatron, Schutzpatron der Kirche
Kiär·ken·pol·sai *w. o.Mz. rel.* Kirchenschweizer
Kiär·ken·raod, Kiär·ken·räode *m. rel.* Kirchenrat, Pfarrgemeinderat
Kiär·ken·schat, Kiär·kenschäi·te *m.* Kirchenschatz
Kiär·ken·sin·gers *Mz. mus. rel.* Kirchenchor
Kiär·ken·slüë·del, -s *m. tech.* großer Schlüssel für die Kirchentür
Kiär·ken·stü·er, -n *w. rel. fin.* Kirchensteuer
Kiär·ken·vüör·stand, Kiärken·vüör·stän·ne *m. rel.* Kirchenvorstand
Kiär·ken·wös·ke *w. o.Mz. tech. rel.* Altarleinen, Paramente, Textilien für gottesdienstliche Zwecke
Kiärk·gän·ger, -s *m. rel.* Kirchgänger
Kiär·ken·gaon *s. o.Mz. rel.* Kirchbesuch
Kiärk·how, Kiärk·hüö·we *m. rel.* Friedhof, Kirchhof
Kiärk·hows·gäör·ner, -s *m. agr.* Friedhofsgärtner
Kiärk·hows·mü·er, -n *w. arch.* Friedhofsmauer
Kiärk·huus, Kiärk·hü·ser *s. rel. arch.* Kirchenhaus, Kirchengebäude
kiärk·lik, kiärk·licke, -n [kiärklik·ke] *EW rel.* kirchlich, zur Kirche gehörend; kirchentreu; **~ hi·rao·den** *rel.* kirchlich heiraten
Kiärk·ruum, Kiärk·rü·me *m. arch. rel.* Kirchenraum
Kiärks·ken, Kiärks·kes *s. arch. rel.* kleine Kirche, Kirchlein

Kiärk·taon, Kiärk·täö·ne *m. arch.* Kirchturm
Kiärk·täön·ken, Kiärk·täönkes *s. arch.* kleiner Kirchturm
Kiärk·tiet, Kiärk·ti·ten *w. rel. tem.* Kirchzeit, Zeit der Messfeier
Kiärk·tüüg *s. o.Mz.* Sonntagskleidung zum Kirchgang
Kiärk·wäg, Kiärk·wiä·ge *m. trans.* Kirchweg
Kiär·mes, -·sen *w. kult.* Kirmes, Kirchweihfest, Jahrmarkt (*frz. kermesse*)
Kiär·mes·blo·me, -n *w. tech.* Kunstblome der Schießbuden
Kiär·mes·bu·de, -n *w. tech.* Kirmesverkaufsstand
Kiär·mes·bruut, Kiär·mesbrü·te *w. psy.* Kirmesbraut, kurze Liebschaft
Kiär·mes·geld, Kiär·mes·geller *s. fin.* Kirmesgeld
Kiär·mes·kääl, -s *m.* Schausteller, Mitarbeiter der Schausteller
Kiär·mes·ko·ken, Kiär·meskö·ken *m. kul* Lebkuchen
Kiär·mes·lü·de *Mz.* Kirmesleute, Schausteller, Mitarbeiter der Schausteller
Kiär·mes·schees·ken, Kiärmes·schees·kes *s. tech.* Kirmeskarussell
Kiärms, -ten *w. kult.* Kirmes, Kirchweihfest, Jahrmarkt (*frz. kermesse*)
kiärn *ZW* kehren, wenden, drehen; *hyg.* fegen
Kiär·riem, Kiär·ri·me *m. mus.* Kehrreim, Refrain
Kiär·se, -n *w. bot.* Kirsche
Kiär·sen·baum, Kiär·senbai·me *m. bot.* Kirschbaum
Kiär·sen·knäp·per, -s *m. zool.* Kernbeißer
kiär·sen·raud, -e, -en [kiärsen·rau·de] *EW* kirschrot
Kiär·sen·steen, Kiär·sen·stene *m. bot.* Kirschkern
Kiärs·pel, -s *s. rel. geog.* Kirchspiel, Pfarre, Gemeinde; Ort
Kiärs·pel·nao·me, -n *m.* Name des Kirchspiels, Gemeindename, Ortsname
Kiär·we, -n *w.* Kerbe, Einschnitt
kiär·wen *ZW* kerben, einschneiden, einritzen

Kiär·wen·dier, -s *s. zool.*
Kerbtier
Kiärw·holt, Kiärw·höl·ter *s.*
jur. Kerbholz; **wat up't ~**
häb·ben *übertr. fin.* Schulden haben, *jur.* eine Strafe
noch nicht abgebüßt haben;
jur. vorbestraft sein
kiärwt, -e, -en [kiärw·te] *EW*
gekerbt
ki·big, -e, -en [ki·bi·ge] *EW*
psy. frech, schnippisch, streitsüchtig
Kië·de, -n *w. tech.* Kette
Kië·del, -s *m. tech.* Kessel
Kië·del·flicker, -s [Kië·delflik·ker] *m. tech.* Kesselflicker
Kië·del·huus, Kië·del·hü·ser
s. tech. arch. Kesselhaus
kië·deln *ZW med.* kitzeln
kië·delsk, -e, -en [kië·delske] *EW psy., med.* kitzelig,
reizbar, empfindlich
kië·den *ZW* ketten, anketten
Kië·den·bag·ger, -s *m. tech.*
Kettenbagger
Kië·den·baum, Kië·den·baime *m. tech.* Kettbaum
Kië·den·blo·me, -n *w. bot.*
Löwenzahn
Kië·den·breew, Kië·den·brewe *m.* Kettenbrief
Kië·den·brüg·ge, -n *w. tech.*
trans. Kettenbrücke
Kië·den·faam, Kië·den·fiäms
m. tech. Kettfaden, Längsfaden beim Weben
Kië·den·gaorn, Kië·dengäörns *s. tech.* Kettgarn
Kië·den·let, -s *s. tech.* Kettenglied
Kië·den·rad, Kië·den·riä·der
s. tech. Kettenrad
Kië·den·rü·en, -s *m. zool.*
Kettenhund
Kië·den·sliëp, -en [Kië·denslië·pen] *s. tech. agr.* Schleppkette zur Einebnung von
Maulwurfshügeln
Kië·den·smai·ker, -s *m.*
Kettenraucher
Kië·gel, -s *m.* 1. *tech., spo.*
Kegel; 2. Kind einer Magd
vom Bauern aufgrund des
Rechtes auf die erste Nacht
Kië·gel·baan, Kië·gel·ba·nen
w. spo. Kegelbahn
Kië·gel·dak, Kië·gel·diä·ker
s. arch. Kegeldach
kië·ge·lig, -e, -en [kië·ge·li·ge]
EW kegelig

kië·geln *ZW spo.* kegeln
Kië·gel·spiël, -e [Kië·gelspië·le] *s. spo.* Kegelspiel
Kiek·dag, -e [Kiek·da·ge] *m.*
tem. Schautag, Tag der offenen Tür
Kiek·fens·ter, -s *s. tech.*
Kontrollfenster, Schauglas
Kiek·höl·pe, -n *w. tech. med.*
Sehhilfe, Brille
Kiek·in·ne·wiält *m. o.Mz. psy.*
junge unerfahrene Person,
aufgewecktes Kind
Kiek·lok, Kiek·löcker [Kieklök·ker] *s. tech.* Sehschlitz;
med. Pupille
Kiek·nerw, -en [Kiek·ner·wen]
m. med. Sehnerv
Kiek·uut, -s *m.* Ausguck,
Aussichtspunkt; *arch.* Erker
Kiel, -s *m.* 1. Kittel, Umschürze; 2. *tech.* Keil, keilförmiges Stück
Kiel·ken, Kiel·kes *s.* 1. Arbeitsjacke; 2. kleiner Keil,
Keilchen
Kiem, Ki·me *m. bot.* Keim,
bes. von Getreide und Gemüse
kien, ki·ne, -n *ZaW FW* kein
Kiep, Ki·pen *w. tech. trans.*
Kiepe, Tragkorb aus Weidengeflecht
Kiep·ker, -s *m. fin.* allg. für
Händler, die mit einer Kiepe über Land zogen
Kies·fink, -en [Kies·fin·ken]
m. zool. Grünfink
Kië·wel *ON* Kevelar
ki·ken *uZW* blicken, gucken,
sehen, schauen, betrachten;
kik sül! schau an! sieh an!
ki·kend, -e, -en [ki·ken·de]
EW schauend, sehend
Ki·ker, -s *m.* 1. *psy.* Seher,
Gaffer; 2. *med.* Auge; 3.
tech. optisches Gerät zum
Gucken (Brille, Fernglas
usw.); **up'n ~ häb·ben** *psy.*
argwöhnisch beobachten
kiks·tern *ZW psy.* kichern
ki·len *ZW tech.* keilen, festkeilen, verkeilen; rennen
kil·lern *ZW* kitzeln
Kil·mer, -n *w. rel.* Kindtaufe
Kil·mer·stu·ten, -s *m. kul.*
Weißbrotgeschenk zur Kindtaufe
Ki·lo·me·ter, -s *m. tech.* Kilometer
ki·men *ZW biol.* keimen

Kina *geog.* China
Ki·na·rau·se, -n *w. bot.* Hibiscus, Eibisch
Kind, Kin·ner *s.* Kind; **nich ~**
nao Kü·ken häb·ben *übertr.*
psy. vereinsamt sein
Kind·bed·de *s. o.Mz. med.*
Wochenbett
Kind·dööp, Kind·dö·pen *w.*
rel. Kindtaufe
Kind·hait, -en [Kind·hai·ten]
w. tem. Kindheit; **in'ne ~**
sien *med.* Alzheimersche
Krankheit haben
Kind·ken, Kin·ner·kes *s.*
Kleinkind, Kindchen
Kind·kes·möön, Kind·kesmö·nen *w. med.* Hebamme
kind·lik, kind·licke, -n [kindlik·ke] *EW* kindlich
Kinds·been, Kinds·be·ne *s.*
med. Kinderbein; **van ~ an**
tem. von Kindesbeinen an,
von frühester Kindheit
Kinds·deel, Kinds·de·le *s.*
jur. Erbteil, Kindsteil
kindsk, -e, -en [kinds·ke] *EW*
psy. kindisch
Kinds·ol·ler *s. o.Mz. tem.*
Kindesalter
ki·neen, ki·ne·ne, -n *FW* keiner, niemand
Ki·ne·se, -n *m. geog.* Chinese
Kin·kel, -s *m. kul.* Speckwürfel
Kin·ker·lits·ken, Kin·ker·litsken *s.* Nichtigkeit, Kleinigkeit; *psy.* Albernheit
Kin·ner·ääs, Kin·ner·ä·se *m.*
med. Kinderpopo
Kin·ner·bed·ken, Kin·nerbed·kes *s. tech.* Kinderbettchen, kleines Bett
Kin·ner·büks, -en [Kin·nerbük·sen] *w.* Kinderhose
Kin·ner·büks·ken, Kin·nerbüks·kes *s.* Kinderhöschen
Kin·ner·dook, Kin·ner·dö·ker
s. tech. hyg. Kindertuch,
Windel
Kin·ner·draum, Kin·ner·draime *m. psy.* Kindertraum,
Kindheitstraum
Kin·ner·frai·de, -n *w. psy.*
Kinderfreude, kindliche Freude
Kin·ner·frai·lain, -s *s.* Kinderfräulein
Kin·ner·gaorn, Kin·nergäörns *m. kult.* Kinder-

garten
Kin·ner·gek, -s *m. psy.* Kindernarr
Kin·ner·graw, Kin·ner·griä·wer *s.* Kindergrab
Kin·ner·hand, Kin·ner·handen *w. med.* Kinderhand
Kin·ner·huus *ON* Kinderhaus
Kin·ner·jao·re *Mz. tem.* Kinderjahre
Kin·ner·kraom *m. o. Mz.* Kinderei; Lappalie
Kin·ner·kri·gen *s. o. Mz. med.* Kinderkriegen, Nachwuchs bekommen
Kin·ner·kum·mi·oon, Kin·ner·kum·mi·o·nen *w. rel.* Kinderkommunion
Kin·ner·lä·er, -n *w. rel. kult.* Kinderlehre, Christenlehre (kirchlicher Unterricht)
kin·ner·mäö·tig, -e, -en [kin·ner·mäö·ti·ge] *EW* kindgerecht
kin·ner·riek, kin·ner·ri·ke, -n *EW* kinderreich
Kin·ner·ri·ke, -n *m. und w.* Kinderreiche(r)
Kin·ners Ausruf der Verwunderung
Kin·ner·scho, -·e *m. tech.* Kinderschuh
Kin·ner·siäl, -en [Kin·ner·siä·len] *w. psy.* Kinderseele
Kin·ner·slag *m. o. Mz. psy.* Kinderart
Kin·ner·spiël·hook, Kin·ner·spiël·hö·ke *m. spo.* Kinderspielecke, Kinderspielplatz
Kin·ner·spiël, -e [Kin·ner·spië·le] *s. spo.* Kinderspiel, *übertr.* Leichtigkeit
Kin·ner·stem, -·men *w.* Kinderstimme
Kin·ner·stuo·we, -n *w. arch.* Kinderzimmer
Kin·ner·tiet, Kin·ner·ti·ten *w. tem.* Kinderzeit, Kindheit
Kin·ner·tüüg *s. o. Mz.* Kinderkleidung
Kin·ner·vö·waar·school, Kin·ner·vö·waar·scho·le, -n *w. kult.* Kindergarten
Kin·ner·waars·ke, -n *w.* Kindermädchen
Kin·ner·wa·gen, Kin·ner·wiä·gen *m. trans.* Kinderwagen
Kin·ner·wicht, -er [Kin·ner·wich·ter] *s.* Kindermädchen
Kin·nes·kind, Kin·nes·kin·ner

s. Kindeskind, Enkelkind
Kin·nes·muord, -e [Kin·nes·muor·de] *m. jur.* Kindermord
Kin·nes·müör·der, -s *m. jur.* Kindermörder
Kip, -s *s.* Drehpunkt; äußerster Rand
Ki·pen·kääl, -s *m. fin.* allg. für Händler, die mit einer Kiepe über Land zogen
Kip·kaor, Kip·käörs *w. trans.* Lore, nach beiden Seiten kippbare Karre
Kip·pe, -n *w. tech.* Kappe, Mütze; Drehpunkt *phy.*; **up de ~ staon** *übertr.* in einem kritischen Zustand sein
kip·pen *ZW* kippen, schütten; umfallen, umstürzen
Kip·ploog, Kip·plö·ge *m. agr. tech.* Kipppflug
Ki·se·ling, -e [Ki·se·lin·ge] *m. geol.* Kieselstein
Kist, -en [Kis·ten] *w. tech.* Kiste, Truhe (für Wäsche), großer Holzkasten; Sarg; *jur. arch.* Gefängnis
kis·ten·fien, kis·ten·fi·ne, -n *EW* hochfein, festlich gekleidet
Kis·ten·wa·gen, Kis·ten·wiä·gen *m. trans.* Hochzeitswagen mit Aussteuer der Braut
Kist·fat, Kist·fiä·ter *s. tech.* Sarg
Kit *m. o. Mz.* 1. *tech.* Kitt (Dichtmaterial); 2. unnützes Zeug
kit *EW* ausgeglichen, quitt
Kit·au·ge, Kit·ai·gen *s. med.* verklebtes krankes Auge; Gerstenkorn
Kit·ken, Kit·kes *s. jur. arch.* Gefängnis
kit·schen *ZW trans.* flitzen, sich schnell fortbewegen; einholen, fassen, fangen
kits·ken bisschen
Ki·we, -n *w. med.* Backe, Wange
Ki·we·but, -·ten *m. med.* Kiefer (Knochen)
Ki·wit, -·te *m. zool.* Kiebitz
Ki·wits·blo·me, -n *w. bot.* Wiesenschaumkraut
Kla·baatsk, -en [Kla·baats·ken] *w. tech.* Peitsche *insbes.* für große Pferdegespanne
kla·baats·ke·di mit lautem Knall

kla·baats·ken *ZW* mit der Peitsche schlagen
kla·bas·tern *ZW* schallend laufen, rennen, galoppieren
Kla·bis, -·sen *m.* langer Frauenkleiderrock
klackern [klak·kern] *ZW* beflecken, kleckern
Klad·den *Mz.* schlechte Kleidung, Lumpen, Fetzen, alter Lappen; **an'ne ~ han·gen** am Rockzipfel hängen, *psy.* anhänglich sein; **dat bliw nich in'ne ~ han·gen** *psy.* das kann man nicht so einfach abschütteln (gedanklich); **sik in'ne ~ häb·ben** *psy.* sich zanken, prügeln
klad·de·rig, -e, -en [klad·de·ri·ge] *EW* durchnässt, *hyg.* verschmutzt; *met.* regnerisch, feucht; klebrig, verfilzt
klad·dern *ZW* klatschen, prasseln (z.B. Regen); rascheln
klad·der·nat, -·te, -·ten *EW* klatschnass, durchnässt
Kläd·ken, Kläd·kes *s.* kleines schlechtes Kleidungsstück
Kla·du·se, -n *w. psy.* Klemme, Verlegenheit
Kla·du·sen *Mz.* Kleidung
kläf·ken *ZW psy.* petzen, verraten, ausplaudern
Kläf·kun·te, -n *w. psy.* bösartige Klatschtante
Klaf·ter, -s *s. tech.* Klafter, 3,34 Raummeter Holz
Kla·fun·nig, -e [Kla·fun·ni·ge] *w.* Kraft, Wucht, Energie
Klai *m. o. Mz. geol.* Lehm, Ton; *übertr.* Schlamm, *hyg.* Dreck, Schmutz
klai·ben *ZW tech.* spalten, zerlegen, zerteilen, auseinanderschlagen, teilen
Klai·buo·den, Klai·büö·den *m. geol.* Lehmboden
klai·en *ZW* 1. kratzen, graben, buddeln, scharren; *übertr.* schmutzige Arbeit verrichten; 2. klettern, steigen; **Klai mi an'ne Fö·te!** Du kannst mich mal!
Klai·i·sen, -s *s. tech.* Klettereisen, Steigeisen
Klai·ku·le, -n *w. geol.* Lehmgrube
Klai·plat *s. o. Mz. kult.* Sprache der Menschen auf

Lehmböden
klak·läö·sig, -e, -en [klak-läö·si·ge] *EW hyg.* schmuddelig, schlampig, *psy.* unachtsam, nachlässig; *jur.* fahrlässig
Klak·läö·sig·kait, -en [Klak-läö·sig·kai·ten] *w. psy.* Nachlässigkeit, Unachtsamkeit; *jur.* Fahrlässigkeit
klak·los, -·se, -·sen *EW hyg.* schmuddelig, schlampig, *psy.* unachtsam, nachlässig; *jur.* fahrlässig
Klaks, Kläk·se *m.* Flecken, Klecks; *übertr.* Kleinigkeit
kläk·sen *ZW* klecksen
Klaks·sa·ke *w. o.Mz.* Leichtigkeit, schnell gemachte Sache
klam, -·me, -·men *EW* leicht feucht, feuchtkalt; *med.* steif durch Kälte; *übertr. fin.* arm, kein Geld haben; eng, eingeklemmt
Klam·mer, -n *w. tech.* Klammer
Kläm·mer·ken, Kläm·mer·kes *s.* 1. *tech.* Klämmerchen, kleine Klammer; 2. *tech.* klammerförmiges Messer zum Entrinden; 3. *bot.* Clematis, Kapuzinerkresse, Liane, Weiße Waldrebe
kla·mü·sern *ZW psy.* auseinandersetzen, grübeln, *tech.* basteln, tüfteln
Klang, Klän·ge *m.* Lärm, Getöse
Klank, -en [Klan·ken] *s. tech.* 100g aufgehaspeltes Garn
Klaod, Kläö·de *m.* Klumpen
Klao·ge, -n *w. psy.* Klage, *jur.* Anklage
Klao·ge·leed, Klao·ge·le·der *s. mus.* Klagelied
klao·gen *ZW* 1. *psy.* klagen, jammern; 2. *jur.* Beschwerde einlegen, vor Gericht gehen
Kläö·ger, -s *m. jur.* Kläger
Klaol·de *ON* Clarholz
Klaon, -en [Klao·nen] *w. med.* Klaue, Tatze, Hand, Fuß; *med., tech.* Kralle
kläö·nen *ZW* stapfen; undeutlich schreiben
Klao·nen·kas·per, -s *m. rel.* Teufel (in der Darstellung mit Pferdefuß)
Klao·nen·süük, Klao·nen·sü-

ken *w. med.* Klauenseuche
Klään·ken, Klään·kes *s. med.* kleine Klaue, Tatze, Hand oder kleiner Fuß
klaor, -e, -en [klao·re] *EW* klar, hell, durchsichtig; rein, natürlich; gewiss, selbstverständlich; verständlich; **kläö·rer** klarer, heller; **an kläörs·ten** am klarsten, hellsten
Klao·ren *m. o.Mz. kul.* Kornbranntwein
kläö·ren klaren, klären
Klaor·hait *w. o.Mz.* Klarheit
klaor·kri·gen *uZW* bewerkstelligen, hinkriegen
klaor·kuë·men *uZW psy.* einigwerden, harmonieren; zurechtkommen
klaor·kü·ern *ZW psy.* regeln, in Ordnung bringen (durch Gespräch)
klaor·ma·ken *uZW* fertigmachen, vorbereiten, regeln, in Ordnung bringen, ausrichten
Klaos *VN* Nikolaus, Klaus
Klaos·kööks·ken, Klaos·köks·kes *s. kul.* Nikolausplätzchen
Klao·wer *m. o.Mz. bot.* Klee
Klao·wer·blad, Klao·wer·bliä·der *s. bot.* Kleeblatt
Klao·wer·hai *s. o.Mz. bot.* Kleeheu
Klao·wer·miär, -en [Klao·wer·miä·ren] *w. zool.* altes Pferd
Klao·wer·sni·den *s. o.Mz. agr.* Kleeschneiden
Klao·wer·ve·er *s. o.Mz. bot.* vierblättriges Kleeblatt
Klao·wer·ve·er·krüüs, Klao·wer·ve·er·krü·se *s. trans.* Kleeblattkreuz
Klap, -·pen *s. tech.* Umschlag (vom Buch); *tech.* Klappe, Deckel; Mund (abfällig)
Klap·büks, -en [Klap·büksen] *w.* Hose mit klappbarem Hinterteil
klap·düörs·ken *ZW agr.* dreschen mit dem Dreschflegel
Klap·düörs·ker, -s *m. tech. agr.* Dreschflegel
Klap·hood, Klap·hö·de *m. tech.* Klapphut, leichter Hut für die Feldarbeit
kläp·ken *ZW* läuten
Kläp·ken, Kläp·kes *s. tech.* Holzpantine
Klap·pai, -·en *w. psy.* Tratschweib

klap·pai·en *ZW psy.* großes Wort haben, tratschen
Klap·pe, -n *w. tech.* Bett
Kläp·pe *Mz.* Schläge
klap·pen *ZW* 1. klatschen (Hände); 2. zusammenpassen, gelingen, glücken; funktionieren
Kläp·per, -s *m. zool.* altes Pferd
Klap·per·rau·se, -n *w. bot.* Klatschmohn
Klap·riä·ker, -s *m. tech.* Notebook, Laptop
Klaps·müël, -en [Klaps·müëlen] *w. med. psy.* Irrenanstalt, Psychiatrie, psychiatrische Klinik
Klar·net, -·ten *w. mus. tech.* Klarinette
Klas, -·sen *w.* Klasse
kla·te·rig, -e, -en [kla·te·ri·ge] *EW* zottig, verkommen
Klät·ke·bäänd, -s *m. tech.* Maurer (abfällig)
klät·ken *ZW* schmieren, verstreichen (Mörtel)
Klät·ker, s *m. tech.* Maurer
klats·ken *ZW* klatschen (Geräusch)
Klat·ten, -s *m.* Klumpen (Lehm, Mist)
Klaus·biärg *ON* Klauenberg
klau·en *ZW jur.* stehlen, entwenden
Klaus·ter, -s *s. arch. rel.* Kloster
Klaus·ter·bro·er, Klaus·ter·brö·ers *m. rel.* Klosterbruder, Ordensmann
Klaus·ter·frai·lain, -s *s. rel.* Klosterfräulein (im Stiftskloster)
Klaus·ter·frau, Klaus·ter·frau·lü·de *w. rel.* Klosterfrau, Nonne, Ordensfrau
Klaus·ter·gang, Klaus·ter·gän·ge *m. arch.* Klostergang
Klaus·ter·gaorn, Klaus·ter·gäörns *m. agr.* Klostergarten
Klaus·ter·how, Klaus·ter·hüö·we *m.* Klosterhof
Klaus·ter·kiär·ke, -n *w. arch. rel.* Klosterkirche
Klaus·ter·liä·wen *s. o.Mz. rel.* Klosterleben
Klaus·ter·nun·ne, -n *w. rel.* Klosterschwester
Klaus·ter·paor·te, -n *w. arch.*

Klosterpforte
**Klaus·ter·school, Klaus·ter-
scho·le, -n** *w. kult. rel.*
Klosterschule
Klaut, -s *m. tech.* Puck, *spo.*
Spielkugel
Kla·we̱·er, -e [Kla·we·e·re] *s.
tech. mus.* Klavier
Kla·we̱·er·spiël, -e [Kla·we·
er·spië·le] *s. mus.* Klavier-
spiel
Kla·we̱·er·spië·len *s. o.Mz.
mus.* Klavierspielen
Kla·we̱·er·spië·ler, -s *m. mus.*
Klavierspieler
kle·den *ZW* kleiden, einklei-
den; sich bekleiden, anziehen
**Kle·der·be·kiek, Kle·der·be-
ki·ke** *s.* Modenschau
Kle·der·rok, Kle·der·röcke
[Kle·der·rök·ke] *m.* Trägerrock
**Kle·der·schap, Kle·der·schiä-
pe** *s. tech.* Kleiderschrank
Kle·der·stuo·we, -n *w. arch.*
Kleiderkammer
Kleed, Kle·der *s.* Kleid; **uut
de Kle·der fal·len** *übertr.
med.* mager werden, abma-
gern
Kleed·ken, Kleed·kes *s.*
Kleidchen, kleines Kleid
Kleed·task, -en [Kleed·tas-
ken] *w.* Tasche im Kleid
Kleem *VN* Klemens, Cle-
mens
kleen, kle·ne, -n *EW* klein;
dünn, fein, zart; **kle·ner, klen-
ner** kleiner; dünner, feiner,
zarter; **an klens·ten** am
kleinsten; am dünnsten, am
feinsten; am zartesten
Kleen Reken Klein Reken
ON
Kleen·baan, Kleen·ba·nen
w. trans. Kleinbahn, Schmalspurbahn
Kleen·fleesk *s. o.Mz. kul.*
Kleinfleisch, Ragout
Kleen·geld *s. fin.* Kleingeld
Kleen·kind, Kleen·kin·ner *s.*
Kleinkind
kleen·ma·ken *uZW* zerklei-
nern; *fin.* Geld in kleinere
Einheiten wechseln
Kleen·smet, -s *m. tech.*
Schlosser
Kleen·ve *s. o.Mz. zool. agr.*
Kleinvieh
klem·fö·tig, -e, -en [klem-
fö·ti·ge] *EW med.* krank-

hafte Beinstellung
klem·men *ZW* klettern
Klem·plan·te, -n *w. bot.*
Kletterpflanze
Kliä·ter, -s *w. tech.* Rassel,
Klapper; *übertr. psy.* loses
Mundwerk
Kliä·ter·büs, -·sen *w. tech.*
Schepperbüchse, Kinder-
rassel; Sammelbüchse; *psy.*
laute Person, Schwätzerin
kliä·tern *ZW* rasseln, klatschen, scheppern, lärmen,
schmettern (z.B. Regen, Hagel)
Klien, -s *s. kul.* Kleie
Klies·ter, -s *m. tech.* Kleister,
Kleber
klies·tern *ZW tech.* kleistern,
mit Kleister bestreichen
Klië·we, -n *w. bot.* Klette
Klië·we·kaat, Klië·we·ka·ten
w. fin. Rentenversicherungskarte
klië·wen *ZW tech.* kleben,
festkleben, haften; etw. ankleben, festhaften; *übertr.
fin.* in die Rentenkasse einzahlen
Klië·we·plaos·ter, -s *s. tech.
med.* Heftpflaster
Klië·wer, -s *m. tech.* Kleber, Klebstoff
klië·we·rig, -e, -en [klië·we-
ri·ge] *EW* klebrig
kliëwsk, -e, -en [kliëws·ke]
EW klebend
Klin·gel·büül, -s *m. tech. rel.*
Kollektierkörbchen mit Glöckchen, Opferkörbchen
Klin·gel·d̠ings·dag, -e [Klin-
gel·dings·da·ge] *m. rel. tem.*
Dienstag der Karwoche
klin·gen *uZW* klingen
Klink, -en [Klin·ken] *w. tech.*
Klinke, winkelförmiger Riss;
tech. Türgriff; *tech.* Sperr-
hebel
Klin·ken·rai·men, -s *m. tech.*
Lederriemen um Türklinken
zur Verhinderung, dass eine
Tür ins Schloss fällt
Klip *m. o.Mz. geol.* Kalk
Klip·ku·le, -n *w. geol.* Kalk-
grube, Kalksteinbruch
Klip·rüg·gen, -s *m. geol.*
Kalkrücken
Klip·steen, Klip·ste·ne *m.
geol.* Kalkstein
klit·schig, -e, -en [klit·schi-
ge] *EW kul.* unausgebak-

ken, klebrig (Teig)
Klits·ke, -n *w.* Nebenerwerbsbetrieb, Klitsche; *agr.*
kleine Landstelle
Klits·ken, Klits·kes *s. kul.*
Lakritze
klits·ke·rig, -e, -en [klits·ke-
ri·ge] *EW* glitschig, glatt
klits·ken *ZW* über das Wasser gleiten, hüpfen (von flachen Steinen)
Klocken·blo·me, -n [Klok-
ken·blo·me] *w. bot.* Glok-
kenblume
Klocken·fiä·der, -n [Klok·ken·
fiä·der] *w. tech.* Uhrfeder
Klocken·gai·ten [Klok·ken·
gai·ten] *s. o.Mz. tech.* Glok-
kengießen
Klocken·gai·ter, -s [Klok-
ken·gai·ter] *m. tech.* Glok-
kengießer
Klocken·gai·te·ri̠, -·en [Klok-
ken·gai·te·ri] *w. tech.* Glok-
kengießerei
**Klocken·huus, Klocken·hü-
ser** [Klok·ken·huus] *s. arch.*
Glockenhaus, freistehender
Glockenturm
**Klocken·klang, Klocken·
klän·ge** [Klok·ken·klang] *m.*
Glockenklang, Geläute
Klocken·lü·den [Klok·ken·lü-
den] *s. o.Mz.* Glockengeläut
**Klocken·man·tel, Klocken·
män·tel** [Klok·ken·man·tel]
m. tech. Glockenmantel
**Klocken·sang, Klocken·sän-
ge** [Klok·ken·sang] *m.* Glok-
kengeläut, Glockenklang
Klocken·schoos·ter, -s [Klok-
ken·schoos·ter] *m. tech.* Uhr-
macher (abfällig)
Klocken·seel, Klocken·se·le
[Klok·ken·seel] *s. tech.* Glok-
kenstrang
**Klocken·slag, Klocken·sliä-
ge** [Klok·ken·slag] *m. tem.*
Glockenschlag, Schlag der
(Turm-)Uhr
Klocken·smet, -s [Klok·ken·
smet] *m. tech.* Uhrmacher
Klocken·spiël, -e [Klok·ken·
spië·le] *s. mus.* Glockenspiel
**Klocken·stool, Klocken·stö-
le** [Klok·ken·stool] *m. tech.*
Glockenstuhl
**Klocken·strang, Klocken·
strän·ge** [Klok·ken·strang] *m.
tech.* Glockenstrang, Seil

zum Läuten der Glocken
Klocken·taon, Klocken·täö·ne [Klok·ken·taon] *m. arch.* Glockenturm
Klocken·tiet, Klocken·ti·ten [Klok·ken·tiet] *w. tem.* Uhrzeit
klod·de·rig, -e, -en [klod·de·ri·ge] *EW* klumpig
Klok, Klocken [Klok·ken] *w.* 1. *tech.* Glocke, Klingel, Schelle; 2. *tech. tem.* Uhr, Uhrwerk; 3. *tem.* Uhrzeit; ~ **un Klang nich ken·nen** *tem.* unpünktlich sein
Klö·ke·re, -n *m. und w. psy.* Klügere
Klö·ke·res *s. o.Mz.* Klügeres, Sinnvolles
Klök·ner, -s *m. tech.* Glöckner
Klöks·ken, Klöks·kes *s. tech.* Glöckchen, Glöcklein
klö·nen *ZW psy.* sich unterhalten, gemütlich reden, erzählen, plaudern
klook, klo·ke, -n *EW psy.* klug, schlau, gescheit; verständig, vernünftig; **klö·ker** klüger; **an klööks·ten** am klügsten; ~ **maken** informieren
Klook·hait, -en [Klook·haiten] *w. psy.* Klugheit, Weisheit
Klook·schi·ter, -s *m. psy.* Besserwisser, Theoretiker (abfällig)
Klöön, -s *m. psy.* kleines Gespräch, Unterhaltung
Klöön·düör, -n *w. arch.* quergeteilte Tür im Haus (bei der man sich zum Plaudern auf die untere Hälfte auflehnt)
Klöön·kas·ten, Klöön·käs·ten *m. tech.* Telefon, Radio (*scherzh.*)
Kloot, Klö·ten *m. tech.* Holzkugel; *med.* Hoden
Kloot·sak, Klot·siä·ke *s. med.* Hodensack
Kloot·smi·ten *s. o.Mz. spo.* Bosseln
Klop·düörs·ker, -s *m. tech. agr.* mit dem Dreschflegel Dreschender
Klop·ha·mer, Klop·hä·mers *m. tech.* Hammer
Klop·hengst, -e [Klop·hengste] *m. zool.* Hengst mit einem Hoden, ungenügend kastrierter Hengst

klöp·ken *ZW* tätscheln, *psy.* liebevoll klopfen
Klop·pe *Mz.* Schläge, Prügel
Klop·pe, -n *w.* 1. *agr. tech.* Dreschflegel; 2. *übertr. psy.* fromm tuendes Tratschweib
klop·pen *ZW* klopfen, anklopfen, schlagen, ausklopfen; prügeln; *tech.* dengeln, hämmern
Klop·pen·buorg *ON* Cloppenburg
Klöp·per, -s *m. tech.* Klopfer, Schläger
Klop·pe·ri̯, -·en *w.* Schlägerei
Klop·piets·ke , -n *w. tech.* Geißel
Klop·spaon, Klops·päö·ne *m. tech. hyg.* flacher, breiter Holzhammer zum Wäschewaschen
Klör, -s *w.* Farbe, Farbtönung; *spo.* Farbe beim Kartenspiel (*frz.* couleur)
klö·ren 1. *ZW* färben, tönen; 2. farblich zueinander passen
klö·rig, -e, -en [klö·ri·ge] *EW* farbig, bunt
Klos, Klös·se *m. tech.* Klotz (Holz); **nen ~ an't Been häb·ben** einen Klotz am Bein haben (Rindvieh zur Bezähmung); *übertr.* durch jemd. in seiner Freiheit behindert sein
klos·sen *ZW* Klötze absägen, klotzen
klös·sig, -e, -en [klös·si·ge] *EW* klotzig, unförmig
Klot, -·ten *m.* Klotz, Klumpen, Kloß (Butter, Lehm u.ä.)
Klucht, -en [Kluch·ten] *w. geog.* Stadtbezirk, Stadtteil, Stadtviertel
Klücht, -en [Klüch·ten] *s.* sonderbares Ding
klüch·tig, -e, -en [klüch·ti·ge] *EW* sonderbar
Klucke, -n [Kluk·ke] *w. zool.* Glucke, Henne
klucken [kluk·ken] *ZW* 1. *zool.* glucken, *biol.* brüten; *übertr. psy.* bemuttern, betreuen, umsorgen; 2. gluckern, glucksen, plätschern
kluë·me·rig, -e, -en [klüë·me·ri·ge] *EW* froststeif
Klü·en, -s *s. tech.* Knäuel
Klü·e·ken, Klü·e·kes *s. tech.*

kleines Knäuel
Klüë·pel, -s *m. tech.* Klöppel, Knüppel
Klüë·pel·jun·gen, -s *m. mus.* Spielmann, Trommler
klüf·tig, -e, -en [klüf·ti·ge] *EW psy.* klug, aufgeweckt; gewitzt, schlau
Kluk, -s, Klük·se *m. kul.* Schluck
Klüks·ken, Klüks·kes *s. kul.* kleiner Schluck, Schlückchen
Klum·patsch *m. o.Mz.* Gesamte, alles zusammen
Klum·pe, -n *w. tech.* Holzschuh, Holzpantoffel
Klümp·ken, Klümp·kes *s. kul.* Zuckerstück, Bonbon
Klün·gel *m. o.Mz.* Lumpe, unordentlicher Kram; *übertr.* Vetternwirtschaft
Klün·ge·le·ri̯, -·en *w. psy.* Zögern, Langsames, Bummelei, langsames Arbeiten
Klün·gel·gat, Klün·gel·gät·ter *s.* langsamer Mensch
klün·ge·lig, -e, -en [klün·ge·li·ge] *EW psy.* langsam, säumig
klün·geln *ZW psy.* zögern, säumen, trödeln, nicht vorankommen
Klun·ker *m. o.Mz.* Edelsteinschmuck
Klun·te, -n *w. psy.* **freche**, unangenehme Frau
klun·te·rig, -e, -en [klun·te·ri·ge] *EW* zerlumpt; klumpig
Klu·se, -n *w. arch. rel.* kleine Kapelle, Kapellchen; *rel.* Einsiedelei, Klause
Klü·se, -n *w.* 1. *med.* Augenlid; 2. Guckloch
Klu·te, -n *w.* Scholle, Erdkloß, Klumpen; Torfbrocken
klü·ten *ZW* mit Brocken werfen, bewerfen
Klu·ten·büë·ken *s. o.Mz. tech.* Zerschlagen von Klumpen
Klu·ten·büë·ker, -s *m. tech.* langstieliger Hammer zum Zerschlagen von Klumpen; Mann, der Klumpen zerschlägt
klü·te·rig, -e, -en [klü·te·ri·ge] *EW* klumpig, aus kleinen Klößen bestehend
Knab·bel, -n *w. kul.* gebrochenes, doppelt gebackenes Weißbrot

Knab·bel·kist, -en [Knab·bel·kis·ten] *w. tech. kul.* Kiste zur Lagerung von Knabbeln
Knab·bel·kump, Knab·bel·küm·pe *m. tech. kul.* Schale für Knabbeln
Knab·bel·kümp·ken, Knab·bel·kümp·kes *s. tech. kul.* Schälchen für Knabbeln
knäb·beln *ZW kul.* nagen, knabbern
knab·beln *ZW kul.* geräuschvoll essen, knabbern, nagen
Knab·bel·sop·pen, -s *m. kul.* Gemenge aus getrocknetem Weißbrot und Milch; **Knab·bel·söp·ken, Knab·bel·söp·kes** *s. kul.* kleine Portion von Knabbelsoppen
Knai, -·e *s. med.* Knie; *tech.* Rohrbogen; **in'ne ~ gaon** niederknien; *übertr. psy., med., tech.* überlastet sein, zusammenbrechen; **in 'ne ~ gaon lao·ten** abwürgen (z.B. Motor)
Knai·bank, Knai·bän·ke *w. tech. rel.* Kniebank
Knai·bänks·ken, Knai·bänks·kes *s. tech. rel.* kleine Kniebank
knai·daip, -e, -en [knai·dai·pe] *EW* knietief
knai·en *ZW* knien, das Knie beugen
knai·haug, -e, -en [knai·hau·ge] *EW* kniehoch
Knai·ku·le, -n *w. med.* Kniekehle
Knaip·ken, Knaip·kes *s. tech.* Knöpfchen; Schalter, Schaltknopf, Taste
Knai·schi·we, -n *w. med.* Kniescheibe
Knak un Staut ruckzuck
knal·len *ZW* knallen
Knal·kop, Knal·köp·pe *m. psy.* Knallkopf (Schimpfwort)
Knal·pot, Knal·pöt·te *m. tech.* Schalldämpfer vom Auspuff
Knaos·ter·büt·ken, Knaos·ter·büt·kes *s. med.* Knorpel
Knaos·ter·knuo·ken, -s *m. med.* Knorpel
knap, -·pe, -·pen *EW* genau, knapp
Knap, Knäp·pe *m. geol.* Hügel, Erhöhung, kleine Anhöhe; *tech.* Schuhabsatz
Knap·büs·se, -n *w. tech.*

spo. Knallbüchse, Schießrohr aus Holunderholz (Kinderspielzeug)
Knäp·ken, Knäp·kes *s. kul.* Endstück vom Brot; **up't ~ tem.** im letzten Augenblick
knap·pen *ZW* knacken, zerdrücken, kurz und scharf mit der Peitsche knallen
knäp·pen *ZW fin.* sparen, einschränken, knausern
Knäp·per, -s *m. fin.* Arme(r), Minderbemittelte(r); zäher Mensch
Knap·sak, Knap·siä·ke *m. tech.* Rucksack
Knap·u·le, -n *w. zool.* Waldohreule
Knas·ter, -s *m.* Pfeifentabak, grob geschnittener Tabak
Knat·ter·piärd, -e *s. trans.* Motorrad
Knaup, Knai·pe *m. tech.* Knopf, Knauf
Knaup·ma·ker, -s *m. tech.* Knopfmacher
Knaup·nao·del, Knaups·näo·del *w. tech.* Stecknadel
Knaups·gat, Knaups·gät·ter *s. tech.* Knopfloch
Knaups·lok, Knaups·lök·ker *s. tech.* Knopfloch
Knecht, -e [Knech·te] *m. agr.* Knecht
Knech·te, -n *w. bot.* Seitentrieb beim Buchweizen
Knecht·vüë·gel·ken, Knecht·vüë·gel·kes *s. zool.* Blaukehlchen
knelk, -e, -en [knel·ke] *EW med.* schmächtig, schwächlich
kniä·den *ZW* kneten, eine weiche Masse formen, *tech.* walken
Kniä·der, -s *m. tech.* Kneter, Knetmaschine
kniä·tern *ZW* knirschen, knattern; *met.* sehr heftig donnern
knib·be·lig, -e, -en [knib·be·li·ge] *EW* schwierig· verzwickt
knib·beln *ZW* abkneifen (mit den Fingern); blinzeln, zwinkern
knicke·beent, -e, -en [knik·ke·beent], [knik·ke·been·te] *EW med.* knickebeinig
Knicke·büül, -s [Knik·ke·büül] *m. psy.* Geizkragen

Knicker, -s [Knik·ker] *m. tech. spo.* kleine bunte Kugel aus Lehm, Murmel
Knicker·buorg, -en [Knik·ker·buorg], [Knik·ker·buor·gen] *w. spo.* Sandburg mit Rollbahnen für Murmeln
Knicker·büül, -s [Knik·ker·büül] *m. tech. spo.* Knikkerbeutel
knicke·rig, -e, -en [knik·ke·rig], [knik·ke·ri·ge] *EW psy.* geizig, knauserig
Knicker·pot, Knickerpöt·te [Knik·ker·pot] *m. spo.* Loch in der Erde, in das die Murmeln rollen sollen
knickern [knik·kern] *ZW spo.* mit Murmeln spielen
Knief, -s *s. tech.* Messer
Knief·ken, Knief·kes *s. tech.* Taschenmesser
Knief·te, -n *w. kul.* dicke Scheibe Brot
Kniëp, Knië·pe *m.* Kniff, Kerbe, Eingekerbtes; Trick; *übertr. med.* Taille der Frau, Hüfte
Kniep, -s *s. tech.* Klammer; Drehverschluss (z.B. an Geldbörse)
Kniëp·ken, Kniëp·kes *s.* Leibchen; *zool.* Insekt
Kniep·tang, -en [Kniep·tangen] *w. tech.* Kneifzange, Beisszange
Knië·ter·kop, Knië·ter·köp·pe *m. psy.* Tollkopf, Jähzorn
knië·tern *ZW* knittern, kleine Falten werfen
Knië·wel, -s *m.* Knebel, Fessel
Knië·we·le, -n *s. psy.* Geknebel, Folter
Knië·we·ling·sen *ON* Kneblinghausen
knië·weln *ZW psy.* knebeln, fesseln, foltern, unterdrücken
Knik, s *s.* 1. *med.* Genick; 2. *m. geol.* Falte, Senkung im Gelände; 3. Winkel; 4. *tech.* Bruch
Knik·slag, Knik·sliä·ge *m.* Rückschlag
Knik·stië·wel, -s *m. psy.* Geizkragen
Knip, -s *m. tech.* Klemme (Werkzeug)
knip·ai·geln *ZW* zwinkern, zuzwinkern, blinzeln
kni·pen *uZW* kneifen, zwik-

ken; einengen (Hose)
Kni·per, -s *m. tech. med.*
Kneifer (Brille); *psy.* Geiz-
kragen
kni·pig, -e, -en [kni·pi·ge]
EW psy. geizig
Knip·pel, -s *m.* Halde
knip·sen *ZW tech.* schalten
(Licht); fotografieren
Knip·sti·ne, -n *w. psy.* gei-
zige Frau
Knip·wao·ge, -n *w. tech.*
Laufgewichtswaage
kniw·we·lig, -e, -en [kniw·we-
li·ge] *EW* knibbelig, schwie-
rig
Knol, -·len *w. bot.* Knolle
Knöp·ken, Knöp·kes *s.* 1.
bot. kleine Knospe; 2. *tech.*
Schalter, Schaltknopf, Taste
Knop·kruud *s. o.Mz. bot.*
Rainfarn (Chrysantemum
vulgare)
Knop·pe, -n *w. bot.* Knospe
knöp·pen *ZW* knöpfen, mit
Knöpfen verschließen
knop·pen *ZW bot.* knospen
Knop·pen·knap·pen *s. o.Mz.*
bot. Knospenaufspringen
Knöp·per, -s *m. tech.* Knopfmacher
Knot·te, -n *w.. bot.* Samenkapsel, Flachssamen
Knot·ten·döp·per, -s *m.* kleiner Junge
Knub·be, -n *w. bot.* Baumwurzelstock, dicker Baum-
stumpf; knorriges Holzstück
knub·be·lig, -e, -en [knub-
be·li·ge] *EW* uneben, holperig, knorrig
Knucht, Knücht *m.* 1. Huk-
kel, Verdickung; 2. *med.*
Geschwulst, Beule, Knorpel
Knu·del, -s *m. kul.* Knödel;
tech. Knäuel
Knüë·pel, -s *m. tech.* Knüppel, *bot.* dicker Stock, Ast
Knüë·pel·dam, Knüë·pel·
däm·me *m. trans.* durch
liegende Baumstämme be-
festigter Fahrweg
Knüë·pel·holt *s. o.Mz. bot.*
Astholz
knüë·peln *ZW* mit Knüppeln
schlagen; *übertr.* hart arbeiten
knüë·te·rig, -e, -en [knüë-
te·ri·ge] *EW psy.* gereizt,
knurrig, mürrisch, schlecht
gelaunt, unzufrieden

knüë·tern *ZW psy.* nörgeln,
meckern, quengeln
Knüë·ter·pot, Knüë·ter·pöt·te
m. psy. Quengler
knuf·feln *ZW* knautschen,
zerknittern
knüf·ken *ZW* grunzen
Knuok, -en, -ens [Knuo·ken]
m. med. Knochen, Gebein,
Glied
Knüö·kel, -s *m. med.* Knöchel
Knüö·kel·briä·ker, -s *m. med.*
scherzh. Arzt, *bes.* Orthopäde, Masseur
Knuo·ken·pi·ne *w. Mz. med.*
Rheuma
Knuo·ken·stel, -·le *s. med.*
Gerippe, Skelett
knüök·rig, -e, -en [knüök·ri-
ge] *EW med.* knochig, mager; *bot.* knorrig, steif
Knüöks·ken, Knüöks·kes *s.*
med. Knöchlein, kleiner
Knochen
knüörn *ZW* hart arbeiten,
schuften
Knüp, -s *m.* Knoten; **in'n ~**
kü·ern *psy.* sich in Widerspruch reden; **nen ~ in'n**
Buuk lachen *psy.* herz-
haft lachen
Knüp·dook, Knüp·dö·ker *s.*
tech. Halstuch; Krawatte,
Schlips
knüp·pen *ZW* knoten, knüpfen, verknüpfen
knurn *ZW* knurren
knu·sen *ZW* drücken, quetschen, *kul.* mühsam kauen,
würgen
knüs·pe·lig, -e, -en [knüs·pe-
li·ge] *EW* schwierig, kniffelig
knüs·peln *ZW tech.* hantieren, basteln (fummeln), sich
zu schaffen machen
knüs·seln *ZW tech.* basteln,
tüfteln
knüs·tern *ZW tech.* basteln
Knuus, Knü·se *m. kul.* Kruste; **Knüüs·ken, Knüüs·kes**
s. kul. kleine Kruste, Krüstchen
Knuuw, Knü·we *m.* dickes
Stück Brot u.ä.; **een ~ Ar-**
baid ein großes Stück Arbeit
Knuuw·lauk *s. o.Mz. bot.*
Knoblauch
knuuwt, -e, -en [knuuw·te]
EW geballt

knu·wen *ZW* ballen (Faust);
kul. mit vollen Backen kauen
Knuw·wel, -s *m.* Knubbel,
Ballen
knuw·we·lig, -e, -en [knuw-
we·li·ge] *EW* zerknüllt
knuw·weln *ZW* zusammenballen, knautschen, knüllen
Ko, Kö, -·e *w. zool.* Kuh,
weibl. Rind; **blin·ne ~** *spo.*
blinde Kuh (Kinderspiel)
Ko·ben, Kö·ben *m. arch.*
agr. Auslauf für Schweine
Ko·blo·me, -n *w. bot.* Löwenzahn, Bezeichnung für
alle gelben Feld- und Wiesenblumen
Ko·bu·er, -n *m. agr.* Kötter
Kod·de, -n *w. zool.* junges
Schwein
kod·de·rig, -e, -en [kod·de-
ri·ge] *EW* 1. *med.* unwohl,
übel; 2. *psy.* frech, schnauzig
ko·dik, ko·dicke, -n [ko·dik-
ke] *EW übertr. med.* total
betrunken
Ko·dok·ter, -s *m. med.* Tier-
arzt
Kof·fi, -es *m. kul.* Kaffee
(Getränk)
Kof·fi·blo·me, -n *w. bot.* Phlox
Kof·fi·bau·ne, -n *w. bot.* Kaf-
feebohne
Kof·fi·dik *s. o.Mz.* Kaffeesatz
Kof·fi·duorst *m. kul. o.Mz.*
Kaffeedurst
Kof·fi·kan, -·nen *w. tech.*
Kaffeekanne
Kof·fi·kië·del, -s *m. tech.*
kul. Kaffeekessel
Kof·fi·köp·ken, Kof·fi·köp-
kes *s. tech. kul.* Kaffeetasse
Kof·fi·kuo·ken *s. o.Mz. kul.*
Kaffeekochen
Kof·fi·liä·pel, -s *m. tech.*
kul. Kaffeelöffel
Kof·fi·ma·schien, Kof·fi·ma-
schi·nen *w. tech.* Kaffee-
maschine
Kof·fi·miäl, -e [Kof·fi·miä·le]
s. kul. Kaffeemehl
Kof·fi·miälk *w. o.Mz. kul.*
Kaffeemilch, Kondensmilch
Kof·fi·müel, -en [Kof·fi·müe-
len] *w. tech.* Kaffeemühle
Kof·fi·müsk, -en [Kof·fi·müs-
ken] *w. tech.* Warm-
halteüberzug für Kaffekan-
nen
Kof·fi·pot, Kof·fi·pöt·te *m.*
tech. kul. große Kaffeetas-

se, Kaffeekanne
Kof·fi·praot, Kof·fi·präö·te
m. Gespräch beim Kaffee
Kof·fi·prüt *m. o.Mz.* Kaffeesatz
Kof·fi·sa·wi, -es *s. tech. kul.*
Kaffeeservice
Kof·fi·schäöl·ken, Kof·fi·schäöl·kes *s. tech. kul.* Untertasse
Kof·fi·si·ge, -n *w. tech.* Kaffeefilter
Kof·fi·struuk, Kof·fi·strü·ke
m. bot. Kaffeestrauch
Kof·fi·tao·fel, -n *w. kul.* Kaffeetafel
Kof·fi·tas, -·sen *w. tech. kul.*
Kaffeetasse
Kof·fi·tiet, Kof·fi·ti·ten *w. kul. tem.* Kaffeezeit
Ko·flaots·ken, Ko·flaots·kes
m. biol. Kuhfladen
Ko·fleesk *s. o.Mz. med., kul.*
Kuhfleisch
Ko·foot, Ko·fö·te *m.* Kuhfuß;
übertr. tech. Brechstange
mit Spalt, Nageleisen
Ko·han·nel *m. o.Mz. agr. fin.*
Kuhhandel, *übertr.* Kungelei
Ko·hö·den *s. o.Mz. agr.* Kuhhüten
Ko·huut, Ko·hü·te *w. med.*
Kuhhaut, Kuhfell
Ko·huus, Ko·hü·ser *s. arch. agr.* Kuhstall
Koit *s. o.Mz. kul.* Gerstenbier ohne Hopfen
Ko·jun·gen, -s *m. agr.* Kuhjunge, Kuhhirte
Ko·kalw, Ko·käl·wer *s. zool.*
Kuhkalb, weibliches Kalb
Ko·kamp, Ko·käm·pe *m. agr.*
Kuhweide, Viehweide, Viehwiese
ko·keln *ZW* mit Feuer spielen, einen Brand entfachen
Ko·ken, Kö·ken *m. kul.* Kuchen, *bes.* Feingebäck
Ko·ken·bäcker, -s [Ko·kenbäk·ker] *m. kul.* Kuchenbäcker, Konditor
Ko·ken·da·ge *Mz. tem.* Urlaubstage zwischen Weihnachten und Neujahr
Ko·ken·deek, -e [Ko·ken·deke] *m. kul.* Kuchenteig
Ko·ken·hiärt, -e [Ko·kenhiär·te] *s. kul.* Kuchenherz,
insbes. Lebkuchenherz
Ko·ken·hiärt·ken, Ko·ken·hiärt·kes *s. kul.* Kuchen

herzchen
Ko·ken·i·sen, -s *s. tech. kul.*
Backform, Kucheneisen, Waffeleisen
Ko·ken·schüë·del, -n *w. tech. kul.* Kuchenschüssel, Schüssel zum Anrühren von Kuchenteig
Ko·ken·vi·si·te, -n *w. kul.* Besuch zu Kaffee und Kuchen
Ko·ken·wiärk *s. o.Mz. kul.*
Kuchen, Kuchensachen
Ko·ker·müël, -en [Ko·kermüë·len] *w. tech.* Kokermühle
Ko·klaks, Ko·kläk·se *m. biol. hyg.* Kuhmistfleck
Köl·de, -n *w. met.* Kälte
kö·len *ZW* kühlen
kö·lig, -e, -en [kö·li·ge] *EW met.* kühl, frisch
Ko·liek, Ko·li·ke *h. med.*
Kolik
Kolk, Köl·ke *m.* Vertiefung im
Bachlauf infolge von Strudeln
Kol·lek·tant, -en [Kol·lektan·ten] *m. rel.* Sammler
Kol·lek·te, -n *w. fin.* Sammlung, *rel.* Kollekte
Kol·lek·te·ern *s. o.Mz. rel. fin.* Kollektieren
kol·lek·te·ern *ZW fin.* sammeln, *rel.* kollektieren
Kol·ler, -s *m. psy.* Wutanfall, Tobsuchtsanfall
Kol·le·rao·be, -n *w. bot.*
Kohlrabi
kol·lersk, -e, -en [kol·lers·ke]
EW psy. kollerhaft, wütend,
cholerisch
Kol·ler·wup·ke, -n *w.* springender Tropfen
Köln *ON* Köln
ko·lo·ne *UW* durcheinander
Ko·loon, Ko·lo·ne *m. agr.*
Besitzer eines Nebenhofers
(mit Ackerpferden)
kölp·ai·gig, -e, -en [kölp·aigi·ge] *EW med.* glotzäugig
Köl·per, -s *m.* Fratze
Köl·per·kop, Köl·per·köp·pe
m. Runkelfackel mit Fratzengesicht
köl·pern *ZW* glotzen
kölsk, -e, -en [köls·ke] *EW*
kolt, kol·le, -n *EW met.* kalt,
kühl, frisch; *übertr. psy.*
gefühllos, kaltherzig; **köller** kälter; **an köls·ten** am
kältesten
Kolt·blö·der, -s *m. zool.*

Kaltblüter
kolt·blö·dig, -e, -en [kolt·blödi·ge] *EW med.* kaltblütig,
übertr. psy. herzlos
Kolt·blood·piärd, -e [Koltblood·piär·de] *s. zool.* Kaltblutpferd
Kolt·liem, Kolt·li·me *m. tech.*
Kaltleim
kolt·staon *uZW* kaltstehen;
e·nen ~ häb·ben *kul.* ein
alkoholisches Getränk bereitstehn haben
Kolt·wa·ter *s. o.Mz.* Kaltwasser
Kolt·wa·ter·fisk, -e [Kolt·water·fis·ke] *m. zool.* Kaltwasserfisch
Kö·lung, -en [Kö·lun·gen] *w. tech.* Kühlung
Kol·wen, -s *m. tech.* Kolben
Ko·med·di·ge, -n *w. mus.*
Komödie, heiteres Theaterstück
Ko·med·di·gen·huus, Komed·di·gen·hü·ser *s. mus. arch.* Schauspielhaus
Ko·med·di·gen·ma·ker, -s *m. mus.* Artist, Schauspieler,
Komödiant (*frz.* comédie); **~s**
übertr. mus. Zirkus
Ko·mes *m. o.Mz. biol.* Kuhmist
Ko·miälk *w. o.Mz. kul.* Kuhmilch
kom·mood, kom·mo·de, -n
EW psy. gemächlich, bequem; gemütlich, behaglich,
komfortabel (*frz.* commode)
kom·mo·dig, -e, -en [kom·modi·ge] *EW psy.* gemächlich,
bequem, gemütlich, behaglich (*frz.* commode); **kommo·di·ger** gemächlicher, bequemer; gemütlicher, behaglicher; **an kom·mo·digs·ten**
am gemächlichsten, bequemsten; gemütlichsten,
behaglichsten
Kom·mu·ni·kats·jaun, -en
[Kom·mu·ni·kats·jau·nen] *w.*
Kommunikation
Kom·post, -e [Kom·pos·te]
m. biol. Kompost
kom·pos·te·ern *ZW biol.*
kompostieren
Kom·post·haup, Kom·post·hai·pe *m. biol.* Komposthaufen
kon·do·le·ern *ZW psy.* Beileid bezeugen, kondolieren

kon·ser·we·ern ZW biol., tech. konservieren; erhalten, bewahren (frz. conserver)
Kon·sor·te, -n m. Genosse, Geselle, Gleichgesinnter (abfällig)
kon·stru·e·ern ZW tech. konstruieren, entwerfen; (er-) bauen (frz. construire)
kon·stru·e·ert, -e, -en [konstru·e·er·te] EW tech. konstruiert, entworfen
kon·tant, -e, -en [kon·tan·te] EW psy. einverstanden; zufrieden, gut zurecht (frz. content)
Kon·tant·hait, -en [Kon·tant·hai·ten] w. psy. Zufriedenheit
Kon·te·nans, -en [Kon·te·nan·sen] w. psy. Fassung, Haltung, Anstand (frz. contenance)
kon·ter·köör, kon·ter·kö·re, -n EW widrig, zuwider, nachteilig (frz. contrecœur)
Kon·toor, -s s. Büro, Kontor
kon·trär, -e, -en [kon·trä·re] EW widrig, zuwider, gegenteilig, nachteilig (frz. contraire)
Kon·trol, -·len w. Kontrolle
kon·trol·le·ern ZW kontrollieren, überprüfen (frz. contrôler)
Kööks·ken, Kööks·kes s. kul. kleiner Kuchen, Gebäck
kööl, kö·le, -n EW met. kühl, frisch; köl·ler kühler; an kölsten am kühlsten
Kööl·huus, Kööl·hü·ser s. tech. arch. Kühlhaus
Kööl·ka·mer, -n w. tech. Kühlraum
Kööl·schap, Kööl·schiä·pe s. tech. Kühlschrank
köölt, -e, -en [kööl·te] EW gekühlt
Koor, Kö·re 1. m. mus. Chor; 2. ; s. tech. Chorgestühl (von Kirchen)
Koor·ruum, Koor·rü·me m. arch. rel. Chorraum
Koos·feld ON Coesfeld
Kop, Köp·pe m. 1. tech. Napf, kul. Tasse; 2. med. Kopf; bi'n ~ kri·gen in Angriff nehmen; bi de Köp·pe kri·gen psy. streiten; dän ~ draw häb·ben übertr. angefangen sein; dän ~ han-

gen lao·ten übertr. psy. betrübt sein; dän ~ hän·hollen übertr. psy. die Verantwortung übernehmen; dän ~ un·ner'n Arm niëmen übertr. psy. bereuen, sich entschuldigen; dän ~ was·ken übertr. psy. zurechtweisen; ~ gië·gen ~ sien psy. unnachgiebig streiten; nen ~ üm wat ma·ken psy. Gedanken um etwas machen, Sorgen machen; sik wat an dän ~ smi·ten übertr. psy. sich beschimpfen; hauge in'n ~ häb·ben übertr. psy. hochnäsig, eingebildet sein; dän ~ in'n Nacken slaon übertr. med. sterben; in'n dicken Kop übertr. unter Alkoholeinfluss; nen ~ up·sät·ten übertr. psy. sich stur stellen; up'n ~ ganz genau; up'n ~ lig·gen übertr. umgedreht liegen; up'n ~ to·säg·gen direkt ins Gesicht sagen, unverblümt mitteilen; uut'n ~ auswendig; vüör dän ~ stauten übertr. psy. brüskieren
kop·af UW kopfab; übertr. sehr schlimm; nich ~ nicht so schlimm
Kop·ar·baid, -en [Kop·ar·bai·den] w. psy. Denkarbeit, Kopfarbeit, Schreibtischarbeit
Kop·baan·how, Kop·baan·hüö·we m. trans. Kopfbahnhof
Kop·dook, Kop·dö·ker s. tech. Kopftuch
Kop·eek, Kop·e·ken w. bot. Kopfeiche
Kop·en·ne, -n s. Kopfende
kop·fast, -e, -en [kop·fas·te] EW psy. schwindelfrei
Kop·fo·ge, -n w. tech. senkrechte Fuge
Kop·geld, Kop·gel·ler s. fin. Kopfgeld
Kop·haor, -e [Kop·hao·re] s. med. Kopfhaar
kop·hais·ter UW kopfüber; ~ gaon fin. Konkurs machen
Köp·ken, Köp·kes s. tech. kul. kleine Tasse, Tässchen; med. kleiner Kopf, Köpfchen
Kop·küs·sen, -s s. tech. Kopfkissen

Kop·ler, -s m. Kuppler
Kop·lung, -en [Kop·lun·gen] w. tech. Kupplung
Kop·luus, Kop·lü·se w. zool. Kopflaus
Kop·nao·del, Kop·näö·del w. tech. Heftzwecke
Kop·pel, -n w. 1. arch. Kuppel, Gewölbe; 2. Zusammengebundenes, Menge, Schar, Gruppe, agr. Herde, zool. Meute
kop·pe·le·ern ZW med. begatten; verbinden, bot. veredeln
kop·pe·le·ert, -e, -en [kop·pe·le·er·te] EW med. begattet
Kop·pel·ge·ern s. o.Mz. psy. Nachdenken
kop·pel·ge·ern ZW psy. nachdenken, überdenken
Kop·pe·li, -·en w. Kuppelei
kop·peln ZW tech., trans. koppeln, kuppeln, verbinden
köp·peln ZW köpfen, enthaupten
Kop·pel·sta·ken, -s m. tech. Kuppelstange
kop·pelt, -e, -en [kop·pel·te] EW gekoppelt, gekuppelt, verbunden
Kop·pel·uom, Kop·pel·üöms m. tech. Kupolofen, Schmelzofen für Rohstahl
köp·pen ZW köpfen
Köp·per, -s m. Kopfsprung
Kop·per s. o.Mz. chem. Kupfer
kop·pern, -e, -en [kop·per·ne] EW kupfern, aus Kupfer
Kop·per·stük, Kop·per·stük·ke s. fin. Kupferstück, Kupfermünze
Kop·pien, Kop·pi·ne w. med. Kopfschmerz
Kop·pla·te, -n w. med. Schädeldecke
Kop·riä·ken s. o.Mz. math. Kopfrechnen
Kops, -en [Kop·sen] m. tech. Kopse, Garnrolle für den Schussfaden beim Weben; Schussfaden beim Weben
Kop·sao·laot, Kop·sao·läö·te m. bot. Kopfsalat
kop·schü, -·e, -·en EW psy. kopfscheu
Kop·schüë·deln s. o.Mz. psy. Kopfschütteln
Kop·si·te, -n w. Stirnseite, Vorderseite

köpsk, -e, -en [köps·ke] *EW psy.* eigensinnig, trotzig, querköpfig, starrköpfig; beleidigt

Kops·ka·bol·ter, -s *m. spo.* Rolle vorwärts, Purzelbaum

Kop·släch·ter, -s *m. med. kul.* Metzger, Schlachter von Großtieren

kop·staon *uZW* kopfstehen

Kop·steen, Kop·ste·ne *m. tech.* Kopfstein, kleiner Pflasterstein

Kop·stük, Kop·stücke [Kop·stük·ke] *s. tech.* Oberteil

Kop·stu·ken, -s *m. bot.* Weidenstumpf, Eichenstubben

Kop·te·briä·ken *s. o.Mz. psy.* Kopfzerbrechen

kop·un·ner *UW* kopfunter

kop·üö·wer *UW* kopfüber

kop·vüör·ruut *UW* kopfvorraus, mit dem Kopf zuerst

Kop·wië·de, -n *w. bot.* Kopfweide, regelmäßig geschnittene Weide zur Gewinnung von Weidenruten

Kör·de *ON* Coerde

Ko·schi·te *w. o.Mz. biol.* Kuhscheiße, Kuhmist

Ko·schi·ten·bült, -e [Ko·schi·ten·bül·te] *m. bot.* wüchsiges Grasbüschel um Kuhfladen

Ko·schi·ten·flän·ner, -s *m. biol.* Kuhfladen

Ko·schi·ten·flän·ner·ka·wel, -s *m. zool.* Mistkäfer

Ko·seel, Ko·se·le *s. tech. agr.* Kuhseil

Ko·siet, Ko·si·ten *w. agr.* Kuhseite (Kuhstallseite der Tenne)

Kö·sö, -ös *m. mus.* französischer Tanzschritt

Kos·sen *Mz. fin.* Kosten

kos·sen *ZW* kosten, Geldwert haben

Kos·sen·an·slag, Kos·sen·an·sliä·ge *m. fin.* Kostenvoranschlag

Köst *w. o.Mz. kul.* Essen, Beköstigung, Kost, Mahl

Ko·stal, Ko·stiä·le *m. arch. agr.* Kuhstall

kös·ten *ZW kul.* kosten, probieren (Essen)

Kös·ter, -s *m. rel.* Küster

Kös·te·ri, -en *w. rel.* Küsterei, Besitztum des Küsters

Kös·ters Kämp·ken, Kös·ters

Kämp·kes *s. übertr. rel.* Friedhof, Gottesacker

Köst·gän·ger, -s *m. kul.* Kostgänger

Köst·geld, Köst·gel·ler *s. fin.* Kostgeld

Ko·stiärt, -s *m. med.* Kuhschwanz

Köt, -s *m.* abgerundet geschnittener Herrenschoßrock, Gehrock

Kö·ter, -s *m. zool.* Hund, Kläffer (abfällig)

Köt·ken, Köt·kes *s. zool.* Ferkel

Kot·moos *s. o.Mz. kul.* kleingeschnittenes Gemüse

Ko·trog, Ko·trüö·ge *m. tech. kul.* Kuhtrog

Ko·wa·gen, Ko·wiä·gen *m. trans. agr.* leichter Wagen für Kuhvorspann

Ko·wies·ke, -n *w. agr.* Kuhweide, Kuhwiese

Kraan, Kra·ne *m. zool.* Kranich

Kraan, Krä·ne *m. tech.* Hahn, Zapfstelle; Kran, Winde; **Krään·ken, Krään·kes** *s. tech.* kleiner Hahn, kleiner Kran

Krään·kes·kan, -nen *w. tech.* Kanne mit Zapfhahn

krab·beln *ZW psy.* kraulen

Kracke, -n [Krak·ke] *w. zool.* ungepflegtes, klappriges Pferd

Kräfk, -e [Kräf·ke] *m. zool.* Krebs

Krai, -en *w. zool.* Krähe

krai·en *ZW* krähen, kreischen, schreien; *übertr. mus.* schlecht singen

Krai·en·foot, Krai·en·fö·te *m. med.* Krähenfuß; **Krai·en·fö·te** *Mz. med.* Fältchen um das Auge

Krai·en·pot, Krai·en·pöt·te *m. zool.* Krähennest

Krai·en·schiet *m. o.Mz. biol.* Krähenkot, Krähendreck

Kra·kail *s. o.Mz.* Lärm, Geschrei, Radau; *psy.* lautstarker Streit

kra·kai·len *ZW* krakeelen, lärmen, schreien, brüllen; *psy.* laut streiten, schreiend zanken

Kra·kai·ler, -s *m.* Krakeeler, Lärmender, Radaumacher

---

kra·kailsk, -e, -en [kra·kails·ke] *EW* krakeelend, lärmend, schreiend, brüllend

kra·ken *ZW* knarren, knakken, knistern; ächzen, *psy.* stöhnen; *übertr. med.* kränklich werden

Kräl·ken, Kräl·kes *s. tech. rel.* Perle am Rosenkranz

Kral·le, -n *w. zool.* Koralle, Perle

kral·len, -e, -en [kral·le·ne] *EW* aus Koralle

Kramp, Kräm·pe *m. med.* Krampf

Kramp·ao·der, -n *w. med.* Krampfader

Kram·pe, -n *w. tech.* Riegel, U-förmig gebogener Nagel

kram·pen *ZW med.* krampfen, Krämpfe haben

Krams·vuë·gel, Krams.vüö·gel *m. zool.* Graudrossel, Wacholderdrossel, Krammetsvogel

Kramts·biä·ren·baum, Kramts·biärn·bai·me *m. bot.* Eberesche

Kramts·holt *s. o.Mz. bot.* Eberesche

kra·nen *ZW* umständlich bewegen

Kra·nen·sum·mer, Kra·nen·süm·mers *m. met. tem.* Altweibersommer

krank, -e, -en [kran·ke] *EW med.* krank; **krän·ker** kranker; **an kränks·ten** am krankesten

Kran·ke, -n *m. und w. med.* Kranke(r)

Kran·ken·huus, Kran·ken·hü·ser *s. med., arch.* Klinik, Krankenhaus

Krans, Krän·se *m.* Kranz, Blumengebinde, Laubgebinde; Kreis, Ring

krän·seln (sik) *ZW* sich drehen

krän·sen *ZW* kränzen, Kranz aufhängen, Haus zu festlichen Anlässen schmücken

Kräns·ken, Kräns·kes *s.* Kränzchen, Kränzlein

Krans·win·nen *s. tech.* Kranzwinden, Kranzbinden

Krao·gen, -s *m.* Kragen

Krao·gen·knop, Krao·gen·knöp·pe *m. tech.* Kragenknopf

kraol, -e, -en [krao·le] *EW*

psy. hell, fröhlich, heiter, lustig

Kraom 1. *s. o.Mz.* Kram, Plunder, Zeug, Ding; 2. *m. med.* Niederkunft, Wochenbett; 3. Angelegenheit

krao·men *ZW* kramen, suchen, ordnen, aufräumen, umräumen; herumhantieren

kräö·men *ZW med.* in den Wehen liegen, gebären

Krao·mer, Kräö·mers *m. fin.* Krämer, Kaufmann, Kleinhändler

Krao·mer·la·tien *s. o.Mz. kult.* verderbtes Latein, undeutliches Sprechen, Kauderwelsch

Kräö·mer·stu·ten, -s *m. kul.* Weißbrot für die gewordene Mutter

Kraom·kleed, Kraom·kle·der *s.* Umstandskleid

krao·sen *ZW* nicht vorwärtskommen, umständlich arbeiten; aufräumen, kramen

kraos·ken *ZW* knirschen

kräös·ken *ZW* lärmen

krap, -·pe, -·pen *EW med.* kräftig

Krap·pe, -n *w. tech.* drehbarer Verschluss aus Holz

krä·ten (sik) *ZW psy.* aufregen, sorgen (sich)

Kraun, -en [Krau·nen] *w.* Krone; **de ~ up·sät·ten** krönen

Krau·ter, -s *m. agr.* Kleinbauer, *fin.* Kleinkaufmann, Besitzer eines Einmannbetriebes

kra·wa̱·nig, -e, -en [kra·wa·ni·ge] *EW psy.* wütend

kre·be̱n·sig, -e, -en [kre·ben·si·ge] *EW psy.* lebhaft, temperamentvoll; aufgeregt, nervös; aufgebracht

Krech·ting *ON* Krechting

kre·pe̱·ern *ZW med., biol.* krepieren, verenden, verrekken, eingehen (ital. crepare)

Kre·tüür, -s *w. biol.* Kreatur (frz. créature)

Krib·be, Krib·ben *w. tech. agr.* Krippe, Heuraufe; *tech.* Flechtwerk zur Uferbefestigung

Krib·ben·bi·ter, -s *m. zool.* minderwertiges Pferd

Krib·ken, Krib·kes *s. tech. agr.* kleine Krippe; *übertr.*

arch. heruntergekommenes Gebäude

Krickel, -s [Krik·kel] *m.* Schnörkel

Krickel·krackel [Krik·kel·krak·kel] *s. o.Mz.* Kritzelei

krickeln [krik·keln] *ZW* kritzeln, unleserlich schreiben, unbeholfen zeichnen

Kri·de, -n *w.* Kreide; **in'ne ~ staon** *fin.* Schulden haben

kri·de·wit, -·te, -·ten *EW* kreideweiß; *med.* bleich, blass

Kriëft, -e [Kriëf·te] *m. zool.* Krebs

kriëft·raud, -e, -en [kriëft·rau·de] *EW* krebsrot

Krieg, Kri·ge *m. mil.* Krieg

krië·gel, -e, -en [krië·ge·le] *EW psy.* kregel, aktiv, lebhaft, fidel, munter; *med.* kräftig, gesund, fit

Kriegs·dag, -e [Kriegs·da·ge] *m. mil. tem.* Kriegstag

Kriegs·dänst, -e [Kriegs·dänste] *m. mil.* Kriegsdienst

Kriegs·jaor, -e [Kriegs·jao·re] *s. tem. mil.* Kriegsjahr

Kriegs·kum·raod, -en [Kriegs·kum·rao·den] *m. mil.* Kriegskamerad

Kriegs·piä·per *m. o.Mz. bot.* Pfefferknöterich

Kriegs·raod, Kriegs·räö·de *m. mil.* Kriegsrat

Kriegs·schip, -·pe *s. trans. naut. mil.* Kriegsschiff

Kriegs·tiet, Kriegs·ti·ten *w. mil. tem.* Kriegszeit

Krië·mel, -s *m. psy.* Aufregung, Ärger

Krië·mel·büt·ken, Krië·mel·büt·kes *s. med.* empfindliche Stelle am Ellbogen

krië·meln *ZW* kribbeln, wimmeln

Krië·mel·tüüg *s. Mz. zool.* Kleingetier wie Würmer, Fliegen, Ameisen

krië·mel·vul, -·le, -·len *EW* wimmelnd voll (von Menschen oder Tieren)

Krië·mel·wa·ter, Krië·mel·wäters *s. kul.* Mineralwasser mit Kohlensäure

kries·ken *ZW psy.* kreischen, aufschreien, schrille Laute von sich geben

kri·gen *uZW* bekommen, empfangen, erhalten, erlangen; fassen, packen, grei-

fen; besorgen; **an'ne Köppe ~** *psy.* streiten; **sik wat kri·gen** sich etwas nehmen

Kri·gen·spië·len *s. o.Mz. spo.* Fangenspielen

Kri·ger, -s *m. mil.* Krieger, Soldat

Kri·ger·denk·maol, Kri·ger·denk·mäö·le *s. kult.* Kriegerdenkmal

kri·jö·len *ZW* schreien, lärmen; *mus.* laut singen

Kri·jööl, Kri·jö·len *s.* Geschrei, Lärm; *mus.* wüster Gesang

Kri·mi·na̱·ler, Kri·mi·na̱·len *m. jur.* Kriminalbeamter

krim·pen *ZW fin.* bei Abgaben etwas einbehalten; *tech.* enger machen, einengen, schrumpfen

Kring, -e [Krin·ge] *m.* Kreis, Ring; Runde, gesellige Gruppe

Krin·ge·li·ne, -n *w.* Reifrock (frz. crinoline)

krin·geln *ZW* kreisen, ringeln

Krin·gel·stiärt, -s *m. med.* Ringelschwanz

Krin·te, -n *w. bot.* Korinthe, kleine getrocknete Weintraube

Krin·ten·kacker, -s [Krinten·kak·ker] *m. übertr. psy.* Kleinigkeitskrämer, Klugscheißer

Krin·ten·stu·ten, -s *m. kul.* Korinthenbrot, süßes Hefegebäck mit Korinthen

Kris·biär, -e, -n [Kris·biä·re] *w. bot.* Stachelbeere

Kris·bit·te, -n *w. bot.* Stachelbeere

Kris·jan *VN* Christian

kris·peln *ZW* rascheln

Krist, -en [Kris·ten] *m. rel.* Christ

Krist·dag, -e [Krist·da·ge] *m. rel. tem.* Weihnachten

Krist·doom *s. o.Mz. rel.* Christentum

krist·ka·tolsk, -e, -en [krist·ka·tols·ke] *EW rel.* gut katholisch, fromm

Krist·kind·ken *s. o.Mz. rel.* Christkind, Jesuskind

krist·lik, -e, -en [kristlik·ke] *EW rel.* christlich

Krist·maond, -e [Krist·maonde] *m. tem.* Dezember

Kris·tus *m. o.Mz. rel.* Chri-

stus
krit·seln *ZW* kritzeln, unleserlich schreiben
krit·ten sehr, besonders (Vorsilbe); **krit·ten·giäl, -e, -en** [krit·ten·giä·le] *EW* stechend gelb, stechendgelb; **krit·ten·gröön, -e, -en** *EW* sehr grün, stechendgrün; **krit·ten·sööt, krit·ten·sö·te, -n** *EW kul.* sehr süß; **krit·ten·su·er, -e, -en** [krit·ten·su·e·re] *EW kul.* sehr sauer
Krit·ten·rau·den *Mz. pol. übertr* Linksradikale, Kommunisten
kriw·we·lig, -e, -en [kriw·we·li·ge] *EW psy.* kribbelig, nervös, unruhig, leicht erregt
kriw·weln *ZW med.* kribbeln, prickeln, jucken, *psy.* einen Reiz verursachen
Krö·cheln *Mz.* Klamotten
krö·cheln *ZW med.* hüsteln
krö·chen *ZW med.* husten, keuchen
Krockel, -n [Krok·kel] *w. bot.* Ackerschachtelhalm
Krocke·diel, Kro·ke·di·le [Krok·ke·diel *s. zool.* Krokodil
Krö·ger, -s *m. kul.* Wirt
Krom·mert *ON* Krommert
Kroog, Krö·ge *m. tech. kul.* Krug, Trinkgefäß; *arch. kul.* Schenke, Wirtshaus
Kroon, Kro·nen *w.* Krone
Kroons·biär, -n *w. bot.* Preiselbeere, Heidelbeere
Kroos, Kröös *m. tech. kul.* Krug, Humpen, Trinkgefäß
Kröös·ken, Kröös·kes *s.* 1. *bot.* Kronsbeere, Heidelbeere; 2. *tech. kul.* kleiner Krug
Krop, Kröp *m. med.* Kropf, Schilddrüsenvergrößerung
kröp·pen (sik) *ZW psy.* sich brüsten, aufspielen, wichtig tun, (auf)blasen, sich anmaßen
Kros·sel, -n *w. bot.* Preiselbeerstrauch
Krot·te, -n *w.* jüngeres Geschwisterkind, lästiges Kind
krücken [krük·ken] *ZW psy.* lügen, schwindeln
krü·den *ZW agr.* krauten, entkrauten (*insbes.* von Gräben)
Krü·der·book, Krü·der·bö·ker *s. bot.* Kräuterbuch

Krü·de·ri *w. o.Mz. bot.* Kräuterwerk, *kul.* Gewürz
Krü·der·kai·se *m. o.Mz. kul.* Kräuterkäse
Krüёk, -en [Krüё·ken] *w. tech.* Griff (Fenster, Tür), Krücke
Krüё·ke·ler, -s *m. med.* Kränkelnder
krüё·ke·lig, -e, -en [krüё·ke·li·ge] *EW med.* kränklich, gebrechlich, schwach
krüё·keln *ZW med.* kränkeln, gebrechlich sein, schwach sein
Krüё·mel, -s *m.* Krümel, Krume
krüё·me·lig, -e, -en [krüё·me·li·ge] *EW* krümelig, zerbröckelt, krümelnd; voller Krümel
Krüё·mel·ken, Krüё·mel·kes *s.* kleiner Krümel
krüё·meln *ZW* krümeln, zerbröckeln, Krümel zerstreuen
Krüё·pel, -s *m. med.* Krüppel, verwachsener Mensch, missgestaltetes Wesen
Krüё·pel·foot, Krüё·pel·fö·te *m. med.* verkrüppelter Fuß, Krüppelfuß
krüё·pe·lig, -e, -en [krüё·pe·li·ge] *EW med.* krüppelig, verkrüppelt, verwachsen, kümmerlich; lahm, gebrechlich, elend
Krüё·pel·ken, Krüё·pel·kes *s.* kleiner Krüppel, geringfügig verwachsener Mensch
Krüё·pel·walm·dak, Krüё·pel·walm·diä·ker *s. arch.* Krüppelwalmdach
Kru·ke, -n *w. tech.* Krug (mit Verschluss), Wärmflasche
Krük·stok, Krük·stöcke [Krük·stök·ke] *m. tech.* Handstock
Krul, Krüls *m. med.* Haarlocke, Haarbüschel; Schnörkel
krül·häö·rig, -e, -en [krül·häö·ri·ge] *EW med.* kraushaarig, gelockt
Krül·ken, Krül·kes *s. med.* Locke
krül·len *ZW* kräuseln, mit Locken versehen
krült, -e, -en [krül·te] *EW* kraus
krum, -·me, -·men *EW* krumm, verbogen
Krum·holt, Krum·höl·ter *s. tech.* gebogener Holzstab

(z.B. zum Aufhängen geschlachteter Schweine)
Krum·la·tien *s. o.Mz.* missglücktes Fremdwort
Krum·men·guns·dag, -e *m. tem. rel.* Mittwoch der Karwoche
Krum·mest, Krum·mes·sers *s. tech.* Zugmesser mit zwei Handgriffen
Kru·ne·kraan, Kru·ne·kra·ne *m. zool.* Kranich
kru·pen *uZW* kriechen, rutschen, schleichen
Krü·per, -s *m. bot.* Buschbohne; *übertr. psy.* untertäniger Mensch
Krü·per·dün *s. o.Mz. kul.* Buschbohnensuppe
Kru·pe·ri, -·en *w.* Kriecherei; *übertr. psy.* untertäniges Verhalten
Krup·pe, -n *w. med.* Teil des Rückens von Rind und Pferd
Krü·se, -n *w.* Falte, Krause
Kru·se·men·te, -n *w.* 1. *bot.* Minze; 2. *tech.* Scherbe
krü·sen *ZW* 1. falten, kräuseln; 2. kreuzigen; kreuzen, überkreuzen; *rel.* das Kreuzzeichen machen
Krü·si·gung, -en [Krü·si·gungen] *w.* Kreuzigung
Krü·sung, -en [Krü·sun·gen] *w. trans.* Kreuzung, Wegekreuz
krüt·teln *ZW* kräuseln
Kruud, Krü·der *s. biol.* Auszug, Essenz; Kraut
Kruup·büörn, -s *m. arch.* Kriechboden, niedriger Bodenraum
Kruup·düörn·tuun *m. o.Mz. bot.* Gundelrebe
Kruup·haid *w. o.Mz. bot.* Heidekraut
Kruup·kel·ler, -s *m. arch.* Kriechkeller
Kruup·lok, Kruup·löcker [Kruup·lök·ker] *s.* Loch zum Durchkriechen (z.B. in der Hecke); *übertr. arch.* sehr enger Raum, sehr kleines Zimmer; Schlupfloch
Kruup·löks·ken, Kruup·löks·kes *s. arch.* winziger Raum
**Kruup·tüüg, -s s. o.Mz.* lästige Kinderschar (verächtlich)
krüüs *UW* kreuzweise
Krüüs 1. Krüüs *s. o.Mz. spo.*

(Kartenfarbe des deutschen Kartenspiels); 2. ~, **Krü·se** *s. rel.* Kreuz, Kreuzzeichen; 3. *trans.* Straßenkreuzung; 4. Not, Elend; 5. *med.* Lendenwirbel im Bereich des Beckens
kruus, kru·se, -n *EW* kraus, faltig, *med.* runzelig; *psy.* aufgeregt, reizbar
Krüüs·ad·der, -n *w. zool.* Kreuzotter
Krüüs·däön *m. o.Mz. bot.* Kreuzdorn
Krüüs·ken, Krüüs·kes *s.* Kreuzchen, kleines Kreuz; **sien ~ ma·ken** *pol.* wählen
Kruus·kop, Kruus·köp·pe *m.* Krauskopf, Lockenkopf
krüüs·lam, -·me, -·men *EW med.* kreuzlahm, lahm im Rückgrat
Krüüs·lich·ter, -s *m. tech.* kreuzförmiger Tragegurt
Krüüs·sna·wel, Krüüs·sniä·wel *m. zool.* Kreuzschnabel
Krüüs·spin·kop·pel, -n *m. zool.* Kreuzspinne
Krüüs·te·ken, -s *s. rel.* Kreuzzeichen
Krüüs·wäg, Krüüs·wiä·ge *m. rel.* Kreuzweg
krüüs·wies·kes *UW* kreuzweise
Kü·ben, -s *m. tech.* Bottich, Kübel, großes Fass, *hyg.* rundes Waschfass
Ku·chel, -s *m. tech. agr.* Viehkessel
Ku·chel·ka·mer, -n *w. arch. kul.* Raum für den Viehkessel, Futterküche
Kud·del, -s *m. trans.* einachsiger Handwagen
Kud·del·mud·del *m. o.Mz.* Durcheinander, ungeordnetes Verhältnis
Kuë·de, -n *w.* Baumscheibe
Kuë·del, -s *m. biol.* Klumpen von Kot, Exkrement, *hyg.* Dreck
Kuë·del·ken, Kuë-del·kes *s. biol.* Klümpchen von Kot
kuë·deln *ZW biol.* Kot machen; *übertr.* herabfallen z.B. Obst vom Baum
Kuë·gel, -s *w.* Kapuze
Kuë·gel, -n *w.* Kugel; *tech. mil.* Gewehrkugel, Geschoss
Kuë·gel·ken, Kuë·gel·kes *s.* Kügelchen, kleine Kugel

kuë·geln *ZW* kugeln, rollen, wälzen
kuë·gel·rund, kuë·gel·run·ne, -n *EW* kugelrund
kuë·gelsk, -e, -en [kuë·gels·ke] *EW* kugelig
Kuë·gel·stau·ten *s. o.Mz. spo.* Kugelstoßen
Kuë·gel·stau·ter, -s *m. o.Mz. spo.* Kugelstoßer
Küëk, -e, -en [Küë·ke] *w. arch.* Küche
Küë·ken·af·fal, Küë·ken·af·fiä·le *m. biol.* Küchenabfall
Küë·ken·bank, Küë·ken·bän·ke *w. tech.* Küchenbank, Sitzbank in der Küche
Küë·ken·disk, -e [Küë·ken·dis·ke] *m. tech.* Küchentisch, Arbeitstisch, Esstisch
Küë·ken·düör, -n *w. arch.* Küchentür
Küë·ken·fens·ter, -s *s. arch.* Küchenfenster
Küë·ken·fü·er, -s *s.* Küchenfeuer
Küë·ken·ge·rai, -·e *s. tech.* Küchengerät, Geschirr
Küë·ken·hölp, -en [Küë·ken·höl·pen] *w. kul.* Küchenhilfe
Küë·ken·klok, Küë·ken·klocken [Küë·ken·klok·ken] *w. tech. tem.* Küchenuhr
Küë·ken·lecht, -er [Küë·ken·lech·ter] *s. tech.* Küchenlicht, Küchenlampe
Küë·ken·löch·te, -n *w. tech.* Küchenlampe
Küë·ken·mes·ter, -s *m. kul.* Küchenmeister
Küë·ken·mes·te·rin, -·nen *w. kul.* Küchenmeisterin
Küë·ken·mes·ters·ke, -n *w. kul.* Küchenmeisterin, Küchenchefin
Küë·ken·pün·gel, -s *m. kul.* junges Küchenmädchen, *agr.* Kleinmagd
Küë·ken·schap, Küë·ken·schiä·pe *s. tech.* Küchenschrank, Geschirrschrank
Küë·ken·schüört, -en [Küë·ken·schüör·ten] *w.* Küchenschürze
Küë·ken·sië·del, -s *m. kul.* Küchenzettel, Speiseplan
Küë·ken·stool, Küë·ken·stö·le *m. tech.* Küchenstuhl
Küë·ken·uom, Küë·ken·üöms *m. tech.* Küchenofen, Koch-

herd
Küë·ken·wicht, -er [Küë·ken·wich·ter] *s. kul.* Küchenmädchen, Küchenhilfe
Küëks·ken, Küëks·kes *s. arch.* kleine oder winzige Küche, Kochnische
Kuëm·dag, -e [Kuëm·da·ge] *m. tem.* Besuchstag für den Freier, Besuchertag
kuë·men *uZW* kommen; **kuëm to!** komme mit!
küë·nen *uZW* können, imstande sein etwas zu tun; wissen, beherrschen; **dao kaas niks up an** *psy.* darauf kann man sich nicht verlassen; **wu kan dat?** wie kann das sein? Wie ist das möglich?
Küë·ni·gin, -·nen *w. pol.* Königin
Küë·ning, -e [Küë·nin·ge] *m. pol.* König; *spo.* Bester bei Wettkämpfen
küë·ning·lik, küë·ning·licke, -n [küë·ning·lik·ke] *EW* königlich
Küë·nings·bal, Küë·nings·bäl·le *m. kult.* Königsball, Tanzveranstaltung für den König (z.B. beim Schützenfest)
Küë·nings·schai·ten *s. o.Mz. spo.* Königschießen, Ausschießen des Schützenkönigs
Küë·nings·doch·ter, Küë·nings·döch·ter *w.* Königstocher, Prinzessin
Küë·nings·how, Küë·nings·hüö·we *m.* Königshof
Küë·nings·huus, Küë·nings·hü·ser *s.* Königshaus, Haus des Schützenkönigs
Küë·nings·jaor, -e [Küë·nings·jao·re] *s. tem.* Königsjahr, Jahr der Regentschaft eines Königs
Küë·nings·kä·se, -n *w. bot.* Königskerze
Küë·nings·kië·de, -n *w. tech.* Königskette
Küë·nings·kind, Küë·nings·kin·ner *s.* Königskinder
Küë·nings·kraun, -en [Küë·nings·krau·nen] *w. tech.* Königskrone
Küë·nings·paor, -e [Küë·nings·pao·re] *s.* Königspaar
Küë·nings·schüët, -e [Küë-

nings·schuë·te] *m. spo.* Königsschuss

Küë·nings·suon, Küë·nings·süöns *m.* Königssohn, Prinz

Küë·nings·wiem, -s *m. tech. jur.* Galgen

Kü·er·but, -·ten *m. tech.* Funktelefon, Handy

Kü·er·dai·se, -n *w. psy.* Klatschbase

kü·er·dik, kü·er·dicke, -n [kü·er·dik·ke] *EW med.* gesprächig durch Alkoholgenuss

Kü·e·ri, -·en *w. psy.* Gerede, Klatsch

Kü·er·kas·ten, Kü·er·käs·ten *m. tech.* Telefon

Kü·er·klaos, Kü·er·kläö·se *m. psy.* Schwätzer

Kü·er·kunt, -en [Kü·er·kunten] *w. psy.* Schwätzerin

Kü·er·mus·sik, Kü·er·mus·sicken [Kü·er·mus·sik·ken] *w. mus.* Sprechgesang, Rap

Kü·ern *s. o.Mz.* Reden, Unterhalten; **an't ~ kuë·men** ins Gespräch kommen, auf etwas zu sprechen kommen

kü·ern *ZW* sprechen, reden, sich unterhalten, plaudern, erzählen; **dat kü·ert sik än·ners** das spricht sich anders aus; **giäl ~** fremdartig sprechen

kü·ernd, -e, -en [kü·ern·de] *EW* sprechend

Kü·er·sel, -s *s.* Redensart

kü·ersk, -e, -en [kü·ers·ke] *EW psy.* gesprächig

kü·ert, -e, -en [kü·er·te] *EW* geredet

Kü·er·up, -s *s. mus.* Legende, Sage

Kü·er·wa·ter, Kü·er·wä·ters *s. kul.* Schnaps, Getränk, das gesprächig macht

Kuf·fer, -s *s. tech.* Koffer, Truhe mit gewölbtem Deckel zur Aufbewahrung von Wäsche und Kleidung; **üö·wer't ~ kuë·men** den Hintern versohlt bekommen

Küf·fer·ken, Küf·fer·kes *s. tech.* Köfferchen, kleine Truhe

Kuf·fer·ruum, Kuf·fer·rü·me *m. tech.* Kofferraum

Kuf·fer·slüë·del, -s *m. tech.* Kofferschlüssel

Ku·ke·re·ku·se, -n *w. tech.* Bienenkorb

Kuks·ha·wen *ON* Cuxhawen

Ku·kuk, -s *m. zool.* Kuckuck

Ku·kuks·blo·me, -n *w. bot.* Wiesenschaumkraut, geflecktes Knabenkraut

Kül·de, -n *w. met.* Kälte

Ku·le, -n *w.* Vertiefung, Erdloch, Mulde, Wasserloch, Teich; Grube, Grab; *agr.* Miete, Feldmiete, Erdlager für Früchte

Ku·len·griä·wer, -s *m.* Totengräber

Ku·len·plag·ge, -n *w. agr.* Grassode zur Abdeckung von Mieten

Kul·ler, -s *m.* Punkt (Schriftzeichen)

Kül·ler·ken, Kül·ler·kes *s.* Pünktchen

kul·lern *ZW* rollen, purzeln

Kül·ter, -s *m. tech.* schlechtes Bett

kul·ti·we·ern *ZW agr.* kultivieren

kul·ti·we·ert, -e, -en [kul·ti·weer·te] *EW kult., agr.* klutiviert, *agr.* nutzbar gemacht

Kul·tuur, Kul·tu·ren *w. kult.* Kultur

Kul·tuur·ge·schicht *w. o.Mz. kult. his.* Kulturgeschichte

Kul·tuur·strik, Kul·tuur·strik·ke *s.* Krawatte, Schlips

Kum·af *s. o.Mz.* Abstammung, Herkunft

Ku·mät·se, -n *w.* Kapriole

Kum·fer·ma·nd, -en [Kumfer·man·den] *m. rel.* Konfirmand

Kum·fer·mats·jaun, -en [Kumfer·mats·jau·nen] *w. rel.* Konfirmation

kum·fer·me·ern *ZW rel.* konfirmieren

kum·me·de·ern *ZW* kommandieren, befehlen *(frz. commander)*

Kum·me·de·e·rer, -s *m. mil.* Kommandeur

küm·mern (sik) *ZW psy.* kümmern (sich)

Kum·met, -s *s. tech. trans.* Joch, Zuggeschirr insbes. für Pferde

Kum·mi·oon, Kum·mi·o·nen *w. rel.* Kommunion

Kum·mi·oon·bank, Kum·mi·oon·bän·ke *w. tech. rel.* Kommunionbank

Kum·mi·oon·beld, Kum·mi·-

oon·bel·ler *s. rel.* Kommunionbild, kleines religiöses Bild zur Erstkommunion

Kum·mi·oon·fi·er, -n *w. rel.* Kommunionfeier, Feier zur Erstkommunion

Kum·mi·oon·kä·se, -n *w. rel. tech.* Kommunionkerze, Kerze zur Erstkommunion

Kum·mi·oon·kind, Kum·mi·oon·kin·ner *s. rel.* Kommunionkind

Kum·mi·oon·kleed, Kum·mi·oon·kle·der *s.* Kommunionkleid, Kleid zur Erstkommunion

Kum·mi·oon·krans, Kum·mi·oon·krän·se *m. rel.* Kommunionkranz, Kranz zur Erstkommunion

Kump, Küm·pe *s. tech.* Napf, *kul.* große Tasse ohne Henkel; *tech.* Becken

Kum·paan, Kum·pa·nen *m.* Genosse, Kamerad

kum·pao·bel, -e, -en [kumpao·be·le] *EW* imstande (sein), fähig; ansehnlich, stattlich *(frz. capable)*

Küm·pel, -s *m. tech.* Gully

Kum·pel, -s *m. psy.* Freund; Genosse, Komplize

kum·pe·lig, -e, -en [kum·pe·li·ge] *EW psy.* freundschaftlich

Kum·pel·ment, -e [Kum·pel·men·te] *s. psy.* Kompliment, Empfehlung, Gruß *(frz. compliment)*

Kum·pel·men·ten·ma·ker, -s *m. psy.* Komplimentenmacher

Kum·pe·ni, -·en *w.* 1. gemeinsame Sache, Zusammenarbeit; Gesellschaft; Verein; 2. *mil.* Kompanie, Trupp *(frz. compagnie)*

Kümp·ken, Kümp·kes *s. tech.* kleiner Napf, *tech. kul.* Tasse

kum·plet, -·te, -·ten *EW* komplett, vollständig; *übertr. med.* beleibt, rundlich, dick *(frz. complet)*

Kum·plet·tig·kait, -en [Kumplet·tig·kai·ten] *w. med.* Beleibtheit

kump·sant, -e, -en [kumpsan·te] *EW psy.* umgänglich

Kum·raod, -en [Kum·raoden] *m.* Kamerad

Kum·raod·schup, -·pen *w.*

psy. Kameradschaft
kum·se·ern *ZW rel.* kommunizieren, zur Kommunion gehen
Kund·schup *w. o.Mz. fin.* Kundschaft, Käuferschaft
kun·geln *ZW fin.* feilschen
kun·keln *ZW psy.* Geheimnisse haben, Heimlichkeiten austauschen
kun·ke·lu·ern *ZW* ausspähen, spionieren
Kun·ker·lu·ers·ke, -n *w. psy.* Geheimniskrämerin
Kun·ne, -n 1. *w. psy.* Kunde, Kenntnis; Sinn, Verstand; 2. *m. fin.* Käufer
kun·nig, -e, -en [kun·ni·ge] *EW psy.* kundig, bekannt; erfahren, wissend, verstehend, verständig
kün·ni·gen *ZW* kündigen, aufkündigen
kün·nigt, -e, -en [kün·nig·te] *EW* gekündigt
Kun·särt, -e [Kun·sär·te] *s. mus.* Konzert (*frz.* concert)
Kunst, Küns·te *w. mus.* Kunst
Kunst·huus, Kunst·hü·ser *s. arch. mus.* Kunsthaus
Künst·ler, -s *m. mus.* Künstler
künst·le·risk, -e, -en [künst·le·ris·ke] *EW mus.* künstlerisch
künst·lik, künst·licke, -n [künst·lik·ke] *EW* künstlich, unnatürlich
Kunt, -e, -en [Kun·te] *w. med.* Hinterteil
Kun·trakt, -e [Kun·trak·te] *m. jur.* Kontakt, Vertrag (*frz.* contrat)
Kuo·ben, Küö·ben *m. arch.* Anbau neben der großen Dielentür
Kuok, Küö·ke *m. kul.* Koch
Kuok·ap·pel, -n *m. kul.* Kochapfel
Kuok·book, Kuok·bö·ker *s. kul.* Kochbuch
kuo·ken *ZW* kochen; *übertr. psy.* aufbrausen, sich erregen
Kuo·ke·ri, -en *w. kul.* Kocherei, Gekochtes, Essen
Kuok·küë·ke, -n *w. arch.* Kochküche
Kuok·liä·pel, -s *m. tech. kul.* Kochlöffel
Kuok·ma·schien, Kuok·ma·schi·nen *w. tech.* Kochherd

Kuok·pot, Kuok·pöt·te *m. tech. kul.* Kochtopf
Kuok·sel, -s *s. kul.* Gekochtes, Zusammengekochtes; Futter
Küöks·ke, -n *w. kul.* Köchin, Dienstmädchen in der Küche
Kuok·stiär, -n *w. tech.* Herd, Kochstelle
Kuo·le, Küö·le *w.* Kohle; **up he·te Küö·le staon** *übertr.* es sehr eilig haben
küö·len *ZW* brennende Kohlen zum Wärmen einfüllen (Bügeleisen); *tech.* Holzkohle herstellen, verkohlen
Kuo·len·bu·er, -n *m.* Kohlenhändler
Kuo·len·di·ok·sied, Kuo·len·di·ok·si·de *s. chem.* Kohlendioxid
Kuo·len·em·mer, -s *m. tech.* Kohleneimer
Kuo·len·fü·er, -s *s.* Kohlenfeuer
Kuo·len·han·nel *m. o.Mz. fin.* Kohlenhandel
Kuo·len·in·nus·tri, -en *w. tech.* Kohlenindustrie
Kuo·len·kas·ten, Kuo·len·käs·ten *m. tech.* Kohlenkasten, Vorratsbehälter für Kohle
Kuo·len·kel·ler, -s *m. arch.* Kohlenkeller
Küö·len·lao·ger, Küö·len·lä·ogers *s. tech.* Kohlenlager
Kuo·len·pot *m. geog.* Ruhrgebiet
Kuo·len·püt, -s *m. tech. geol.* Kohlengrube, Kohlebergwerk, Zeche
Kuo·len·sak, Kuo·len·siä·ke *m. tech.* Kohlensack
Küö·len·schüp, -pen *w. tech.* Kohlenschaufel
Kuo·len·stof *m. o.Mz. chem.* Kohlenstoff
Kuo·len·träö·te, ~n *w. tech.* Kohlenschütte
Kuo·len·wa·gen, Kuo·len·wiä·gen *m. trans.* Kohlenwagen
Küö·ler, -s *m. tech.* Köhler
kuol·swat, -te, -ten *EW* kohlschwarz
Kuo·per *s. o.Mz. chem.* Kupfer
Kuo·per·as·ke, -n *w. chem.* Kupferasche
Kuo·per·biärg·wiärk, -e [Kuo-

per·biärg·wiär·ke] *s. tech. geol.* Kupferbergwerk
Kuo·per·blik, Kuo·per·blicke [Kuo·per·blik·ke] *s. tech.* Kupferblech
Kuo·per·draod, Kuo·per·dräö·de *m. tech.* Kupferdraht
Kuo·per·drük, Kuo·per·drük·ke *m. tech.* Kupferdruck
Kuo·per·geld *s. o.Mz. fin.* Kupfergeld, Kleingeld
Kuo·per·ge·rai, -e *s. tech.* Kupfergerät
Kuo·per·huut, Kuo·per·hü·te *w. tech.* Kupferhaut
Kuo·per·kië·del, -s *m. tech.* Kupferkessel
kuo·pern, -e, -en [kuo·per·ne] *EW* kupfern, aus Kupfer
Kuo·per·pan, -·ne, -·nen *w. tech.* Kupferpfanne
Kuo·per·pen·ning, -e [Kuo·per·pen·nin·ge] *m. fin.* Kupferpfennig
Kuo·per·pla·te, -n *w. tech.* Kupferplatte
kuo·per·raud, -e, -en [kuo·per·rau·de] *EW* kupferrot
Kuo·per·rör, -s *s. tech.* Kupferrohr
Kuo·per·smet, -s *m. tech.* Kupferschmied
Küör·bis, -·se *m. bot.* Kürbis
Kuork *m. o.Mz. bot.* Kork
Kuork·e·ke, -n *w. bot.* Korkeiche
Küörks, Küörk·se *m. tech.* Korken
kuorks·drü·ge, -n *EW* trocken wie Kork, sehr trocken, ausgedörrt
Küörks·trecker, -s [Küörks·trek·ker] *m. tech.* Korkenzieher
kuors *UW tem.* kürzlich, vor kurzem, neulich, unlängst
Kuors·te, -n *w. kul., tech.* Kruste
Küörst·ken, Küörst·kes *s. kul., tech.* Krüstchen, kleine Kruste
kuort, -e, -en [kuor·te] *EW* kurz, knapp, klein; **e·nen to ~ doon** *psy.* jemd. Unrecht tun; **küör·ter** kürzer; **an küör·tes·ten** am kürzesten
kuort·af *EW psy.* kurzab, wortkarg, abweisend
kuort·äö·mig, -e, -en [kuort·äö·mi·ge] *EW med.* kurz-

atmig, asthmathisch, schwer
atmend
Kuort·ar·baid *w. o.Mz.* Kurzarbeit
Kuort·ar·bai·den *s. o.Mz.*
Kurzarbeiten
Kuort·ar·bai·der, -s *m.* Kurzarbeiter
Küör·te *w. o.Mz.* Kürze
Küör·tel, -s *s.* Kürzel
kuor·ten (vüör) *UW tem.* vor
kurzem, kürzlich, neulich
Kuor·ten *m. o.Mz. tech.*
Kurzschluss; **e·nen ~ häb-
ben** *tech.* einen Kurzschluss
haben
küör·ten *ZW* kürzen
kuor·tens *UW tem.* vor kur-
zem, kürzlich, neulich
kuort·üm *UW* kurzum
Küör·tung, -en [Küör·tun-
gen] *w.* Kürzung
Kuorw, Küör·we *m. tech.*
Korb; *übertr. tech.* Bett; **in'n
~ gaon** *übertr.* ins Bett ge-
hen, schlafen gehen
Kuorw·aomd, -e [Kuorw·aom-
de] *m. tem.* Polterabend
Kuorw·driä·gers·aomd, -e
[Kuorw·driä·gers·aom·de] *m.
tem.* Polterabend
Kuorw·han·nel *m. o.Mz. fin.*
Korbhandel
Küörw·ken, Küörw·kes *s.
tech.* Körbchen, kleiner Korb
Küörw·kes·blo·me, -n *w.
bot.* Korbblütler
Kuorw·ma·ker, -s *m. tech.*
Korbmacher
Kuorw·stool, Kuorw·stö·le
m. tech. Korbstuhl
Kuorw·wië·de, -n *w. bot.*
Korbweide, Kopfweide
kuorw·wies, kuorw·wi·se
UW körbeweise; *übertr.* in
großen Mengen
Kuo·ten, Küö·ten *m. arch.
agr.* Kotten, kleiner Bauern-
hof
Küö·ter, -s *m. agr.* Kötter,
Landwirt mit kleinen Lände-
reien, Kleinbauer, Heuerling
Küö·ter·huus, Küö·ter·hü·ser
s. arch. Kötterhaus
Kuo·we, -n *w.* Kurve
kuo·wen *ZW* kurven
Ku·pe, -es *s. trans.* Eisen-
bahnabteil (*frz.* coupé)
Kü·per, -s *m. tech.* Böttcher,
Küfer
Kur·füörst, -n [Kur·füörs·ten]

m. pol. Kurfürst
**Kur·füörs·ten·doom, Kur-
füörs·ten·dö·mer** *s. pol.*
Kurfürstentum
Kur·hoon, Kur·hö·ner *s. zool.*
Birkhuhn
kur·joos, kur·jo·se, -n *EW*
kurios, seltsam, sehenswert
(*frz.* curieux)
Kur·ra·tel, -·le *s. jur.* Kuratel,
Vormundschaft
Kur·re·er, -e [Kur·re·e·re] *m.
trans.* Kurier
kur·re·ern *ZW med.* kurie-
ren, gesund machen, hei-
len (*ital.* curare)
kur·re·ert, -e, -en [kur·re·er-
te] *EW med.* kuriert, ge-
sundet, geheilt
kur·ren *ZW* gurren
Ku·se, -n *w. med.* hinterer
Teil des Kiefers
Ku·sen·briä·ker, -s *m. med.*
Zahnarzt *scherzh.*
Ku·sen·kel·len *s. Mz. med.*
Zahnschmerzen
Ku·se·tan, -t, Ku·se·tiä·ne
m. med. Backenzahn
ku·sig, -e, -en [ku·si·ge] *EW
psy.* dumm, gutmütig
Küs·sen, -s *s. tech.* Kissen,
Polster; *übertr.* Bett, Wo-
chenbett
**Küs·sen·stool, Küs·sen·stö-
le** *m. tech.* Polsterstuhl
Küs·sen·tip, -·pen *m. tech.*
Kissenzipfel
Küs·sen·tüüg, -s *s. o.Mz.
tech.* Kissenbezug
Küst, -en [Küs·ten] *w. geol.*
Küste, Meeresküste
Kü·te, -n *w. med.* Wade
Kü·ten·bi·ter, -s *m. zool.*
bissiger Hund; *übertr. psy.*
falscher Kerl
kut·sche·ern *ZW trans.* kut-
schieren
Kutsk·buk, Kutsk·bücke
[Kutsk·bük·ke] *m. tech.*
Kutschbock
Kuts·ke, -n *w. trans.* Kutsche
kuts·ken *ZW trans.* kut-
schieren, fahren
Kuts·ken·blo·me, -n *w. bot.*
Eisenhut
Kuts·ken·mu·se·um, -s *s.
trans. kult.* Kutschenmu-
seum
**Kuts·ken·wa·gen, Kuts·ken-
wiä·gen** *m. trans.* Kutsch-
wagen

Kuts·ker, -s *m. trans.* Kutscher
Küül, Kü·len *w.* Keule, keu-
lenförmiges Werkzeug zum
Schlagen; *med.* Oberschenkel
Küül·ken, Küül·kes *s.* kleine Grube, kleine Vertie-
fung, kleines Loch; *med.*
Grübchen (auf der Wange)
kuum *UW* kaum
Ku·wär, -s *s.* Briefumschlag;
Gedeck (*frz.* couvert)
ku·we·ern *ZW* garantieren,
versichern (*frz.* couvrir)
Kwab·bel·fleesk *s. o.Mz.
med.* Fettpolster
kwab·be·lig, -e, -en [kwab-
be·li·ge] *EW* weich, formlos, gallertartig
Kwa·draot, Kwa·dräö·te *s.*
Quadrat
Kwa·draot·ki·lo·me·ter, -s
m. tech. Quadratkilometer
Kwa·draot·me·ter, -s *m. tech.*
Quadratmeter
kwa·dräötsk, -e, -en [kwa-
dräöts·ke] *EW* quadratisch
Kwä·ke, -n *w. zool.* Krähe
Kwa·kel, -n *w. bot.* Wacholder
**Kwa·kel·struuk, Kwa·kel·strü-
ke** *m. bot.* Wacholderstrauch
Kwa·kel·tuur, Kwa·kel·tüürs
w. tech. Makulatur
Kwak·sal·wen *s. o.Mz. med.*
Kurpfuscherei
kwak·sal·wen *ZW med.* Kurpfuscherei betreiben, sich
laienhaft als Apotheker oder
Arzt betätigen
Kwak·sal·wer, -s *m. med.*
Kurpfuscher, nichtfachmän-
nischer Arzt
Kwa·li·tait, -en [Kwa·li·tai·ten]
w. Qualität
Kwals·ter, -s *m. med.* Hustenschleim, schleimiger Auswurf beim Husten
kwals·tern *ZW med.* aushusten
kwän·ge·lig, -e, -en [kwän-
ge·li·ge] *EW psy.* weinerlich, empfindlich, zum Klagen neigend, unzufrieden;
lästig
**Kwän·gel·kop, Kwän·gel·
köp·pe** *m. psy.* Quälgeist,
jemd., der lästig ist
kwän·geln *ZW psy.* bettelnd
win·seln, mit weinerlicher

Stimme nach etwas verlangen

kwan·keln ZW psy. zögern, schwanken, unentschlossen sein

Kwa·no m. o.Mz. biol. Guano, Chilesalpeter (Dünger)

Kwan·te, -n w. med. großer Fuß

kwaod, -e, -en [kwao·de] EW umständlich, verkehrt, schlecht, schlimm; psy. böse, falsch

Kwaod·lecht, -er [Kwaod·lech·ter] s. Irrlicht

Kwaod·lechts·ma·ne·er, -n w. Irrwischmanier

Kwao·ge·le·ri̯, -·en w. psy. umständliches inhaltloses Erzählen

kwao·geln ZW psy. umständlich und inhaltlos erzählen

Kwaol, -en [Kwao·len] w. psy. Qual, Pein, Erschwernis, med. Schmerz

Kwar·te̯·er, -s s. arch. Quartier, Herberge, Unterkommen, Unterkunft

Kwas, Kwäs·se m. tech. Quaste, Troddel; breiter Pinsel (Widdelquast)

kwas·seln ZW psy. quasseln, Unsinn reden

Kwas·sel·snu·te, -n w. psy. Plappermaul, viel redender Mensch

Kwas·sel·strip·pe, -n w. psy. jemd., der viel Unsinn redet

Kwa·ter·büül, -s m. psy. Schwätzer

Kwa·ter·dai·se, -n w. psy. Klatschbase

Kwa·ter·di·kwa·ter, -s s. o.Mz. psy. Geschwätz; Dummes Geschwätz! Dummes Zeug!

Kwa·ter·gat, Kwa·ter·gät·te s. psy. Quatschkopf

Kwa·te·ri̯, -·en w. psy. Gerede, Tratsch

Kwa·ter·kop, Kwa·ter·köp·pe m. psy. Quatschkopf

Kwa·ter·kunt, -en [Kwa·ter·kun·ten] w. psy. jemd., der gern und viel redet

Kwa·ter·mä·se, -n w. psy. Schwätzerin

kwa·tern ZW reden, psy. schwätzen, viel oder unaufhörlich sprechen

Kwa·ter·wa·ter, Kwa·ter·wä·ter s. kul. Schnaps (weil er gesprächig macht)

kwät·ken ZW rumkramen, sich beschäftigen

Kwät·ke·ri̯, -·en w. unnütze, wertlose Sache

kwel, -·le, -·len EW fett; geschmeidig, formlos weich

Kwet·ker, -s m. tech. Presse, Quetsche

kwet·ten ZW quetschen, drücken, pressen; dazwischendrängen, drängeln; Wien ~ kul. keltern

kwiä·len ZW psy. quälen

Kwiä·ler, -s m. psy. Quäler

Kwiä·le·ri̯, -·en w. psy. Quälerei

Kwiär, -en [kwiä·ren] w. Quere, trans. Überquerung

kwiä·rig, -e, -en [kwiä·ri·ge] EW dünn (Ton)

Kwië·ke, -n w. bot. Quecke

Kwië·ken·gäör·ner, -s m. laienhafter Gärtner

Kwië·ken·school, Kwië·ken·scho·le, -n w. kult. agr. scherzh. Landwirtschaftsschule

kwië·nen ZW bot. dahinsiechen, nicht gedeihen, verkümmern; med. kränkeln

kwiet UW ledig, los, verloren, weg (durch Verlust), (frz. quitte); ~ wä·ern los werden

Kwië·te·ri̯, -en w. med. Allergie, Überempfindlichkeit

kwië·te·rig, -e, -en [kwië·te·ri·ge] EW psy. empfindlich, wehleidig; med. allergisch, med. überempfindlich

kwiët·ken ZW quetschen

kwik, kwicke, -n [kwik·ke] EW psy. agil, lebendig, lebhaft, munter, schnell

Kwik, -s m. bot. Zweig

Kwik·stiärt, -s m. zool. Bachstelze

Kwik·sül·wer s. o.Mz. chem. Quecksilber

Kwik·sül·wer·per·me·ter, -s s. tech. met. Dosenbarometer

kwin·ke·le̯·ern ZW mus. lebhaft in hohen Tönen musizieren, trillern, zwitschern, kunstvoll singen

Kwin·te, -n w. psy. Dummheit, dummer Streich, Kniff

Kwin·ten·sliä·ger, -s m. psy. jemd., der Dummheiten macht, Eulenspiegel

kwit (sien) ZW ausgeglichen (sein), gleich (sein)

Kwit·te, -n w. bot. Quitte

kwit·te̯·ern ZW quittieren (frz. quitter)

L

L, l L, l (Buchstabe)

Laak·te, -n w. Vertiefung, Mulde

laat, la·te, -n EW tem. spät; ~ sien tem. verspätet sein, zu spät sein; to ~ tem. zu spät; lä·ter später; an lä·tes·ten am spätesten

Laats·ke, -n w. tech. Schuh

laats·ken ZW trans. mühselig gehen, latschen

Lab·bek, -s m. psy. Gelbschnabel, junger Laffe

lab·be·re̯·ern ZW laborieren, arbeiten

lab·be·rig, -e, -en [lab·be·ri·ge] EW weichlich, unfest; kul. fad, ohne Geschmack

lab·bern ZW kul. schlürfen

Lab·bes, -·se m. psy. Grünschnabel

la·ben·nig, -e, -en [la·ben·ni·ge] EW med. lebendig; psy. lebhaft, munter

La·ber·kop, La·ber·köp·pe m. psy. Schwätzer

la·bern ZW psy. inhaltlos reden

La·ber·trien, La·ber·tri·nen w. psy. Schwätzerin

lab·ken ZW vorbeigießen, vorbeischütten

La·che·du·we, -n w. zool. Lachtaube

la·chen ZW psy. lachen

la·chens·mao·te UW psy. zum Lachen zumute

lä·cher·lik, lä·cher·licke, -n [lä·cher·lik·ke] EW psy. lächerlich

La·che·tim·pen, -s m. kul. erste Scheibe vom Brot

Lacke, -n [Lak·ke] w. Lache

läcker, -e, -en [läk·ker], [läk·ke·re] EW kul. schmackhaft, lecker, appetitlich; übertr. hübsch anzusehen

Läcker·tan, Läcker·tiä·ne [Läk·ker·tan], [Läk·ker·tiä·ne] m. kul. Feinschmecker,

Schleckermaul (Leckerzahn)
Lad·biär·gen *ON* Ladbergen
la·den *uZW* laden
La·den, Lä·den *m. arch. fin.*
Geschäft
La·den·pries, La·den·pri·se
m. fin. Ladenpreis, offizieller
oder unverhandelter Preis
La·den·pün·gel, -s *m.* Hilfs-
kraft im Geschäft für einfa-
che Arbeiten
La·de·ruum, La·de·rü·me *m.*
trans. Laderaum, Frachtraum
Lä·er, -n *w. kult.* Lehre, *tem.*
Lehrzeit
Lä·er·book, Lä·er·bö·ker *s.*
kult. Lehrbuch
Lä·er·gang, Lä·er·gän·ge *m.*
kult. Lehrgang, Kursus
Lä·er·geld *s. o.Mz. fin.* Lehr-
geld, Lehrlingsgehalt
Lä·er·hä·er, -ns *m. kult.*
Lehrherr, Ausbilder
Lä·er·jaor, -e [Lä·er·jao·re] *s.*
tem. kult. Lehrjahr, Ausbil-
dungsjahr
Lä·er·jun·gen, -s *m. kult.*
Lehrjunge, Lehrling
Lä·er·mes·ter, -s *m. kult.*
Lehrmeister, Ausbildungs-
meister
lä·ern *ZW kult.* lernen, erler-
nen; lehren, unterrichten; **dat**
lä·ert sik das erlernt sich
Lä·er·stiär, -n *w. kult.* Lehrstelle, Ausbildungsplatz
Lä·er·stool, Lä·er·stö·le *m.*
kult. Lehrstuhl
Lä·er·stun, -·nen *w. tem. kult.*
Lehrstunde
Lä·er·tiet, Lä·er·ti·ten *w. tem.*
kult. Lehrzeit, Ausbildungszeit
Lä·er·wicht, -er [Lä·er·wich-
ter] *s. kult.* Lehrmädchen,
Auszubildende
laf, -fe, -fen *EW kul.* fad, geschmacklos
La·ger, Liä·ger *s.* Lager
Läg·ge, -n *w. tech. fin.* Qualitätsstelle, der u.a. Leinen
zur Prüfung und Versteue-
rung vorgelegt werden musste
Läg·ge·hoon, Läg·ge·hö·ner
s. zool. Legehenne
läg·gen *ZW* legen, ablegen,
absetzen; **up de Siet ~** *med.*
schlafen
Lag·gen·biëk *ON* Laggenbeck

lai·en *ZW* führen, leiten
Lai·er, -s *m.* Führer
lai·fig, -e, -en [lai·fi·ge] *EW*
geläufig, *psy.* geschickt,
gewandt; schlau, gewitzt
laig, -e, -en [lai·ge] *EW* 1.
schlecht, minderwertig, *psy.*
liederlich, böse; 2. schlimm,
elend, krank, übel; 3. *psy.*
schlau, gerissen, raffiniert;
4. niedrig, flach; **lai·ger**
schlechter; **an laigs·ten** am
schlechtesten
Lai·ge, -n *s. psy.* Böse; *m.*
psy. Bösewicht, *bes. o.Mz.*
rel. Teufel
Lai·ge·bü·er, -s *w. tech. hyg.*
Gefäß für Waschlauge mit
Holzasche
Lai·ge·büül, -s *m. psy.* Lügenbold
lai·gen *uZW psy.* lügen, die
Unwahrheit sagen; **dao mot**
ik üm ~ da müsste ich lügen, das kann ich nicht genau sagen
Lai·gen *s. o.Mz. psy.* Lügen;
met ~ äch·ter de Waor·hait
kuë·men *psy.* mit (falschen)
Behauptungen die Wahrheit
herauslocken
lai·gen·haft, -e, -en [laig·gen-
haf·te] *EW psy.* lügenhaft,
unglaublich
Lai·ge·ri, -·en *w. psy.* Geflunker, Lüge
laig·haft, -e, -en [laig·haf-
ti·ge] *EW psy.* böse, bösartig, übel; verlogen
Laig·hait, -en [Laig·hai·ten]
w. psy. Schlechtigkeit, Bosheit; **de ~ kümp druut** *psy.*
das Schlechte kommt her-
aus; *scherzh. med.* Pickel
bekommen
Lai·per, -s *m.* 1. Bote; 2.
spo. Läufer, 3. *zool.* Läuferschwein, junges Schwein
Lai·per·swien, Lai·per·swi·ne
s. zool. Läuferschwein
Laip·ken, Laip·kes *s. kul.*
kleiner Laib (z.B. von Brot
oder Wursteig)
laipsk, -e, -en [laips·ke] *EW*
med. läufig, brünstig
Lais *s. bot.* allgem. für Was-
serpflanzen (wie Schilf, Binsen, Rohrkolben, Schwert-
lilie usw.)
Lais·lü·ning, -e [Lais·lü·nin-
ge] *m. zool.* Rohrammer

Lait, -en [Lai·ten] *s.* Führung, *tech.* Zügel
Laiw, -e, -en [Lai·we] *m., s.*
und w. psy. Liebe, Zuneigung; Geliebte(r)
laiw, -e, -en [lai·we] *EW psy.*
lieb, gern, zugeneigt; **~ häb-**
ben *psy.* lieben, Zuneigung
empfinden, gern haben; **lai-**
wer lieber; **an laiws·ten**
am liebsten
Laiw·dai·ner, -s *m. psy.*
Liebesdiener
Laiw·dai·ne·ri, -·en *w. psy.*
Liebesdienst
Lai·we, -n *m., s. und w. psy.*
Liebe, Zuneigung; Geliebte(r)
Lai·we-Frau-Fin·ger·ken, Lai-
we-Frau-Fin·ger·kes *s. bot.*
Hornklee
Lai·we·jöön·ken, Lai·we-
jöön·kes *s. tech.* kleiner
Lampion
lai·wen *ZW psy.* lieben
Lai·wes·ap·pel, -n *m. bot.*
Liebesapfel, Tomate
Lai·wes·breew, Lai·wes·bre-
we *m. psy.* Liebesbrief
Lai·wes·dänst, -e [Lai·wes-
däns·te] *m. psy.* Liebes-
dienst
Lai·wes·lü·de *Mz. psy.* Liebespaar, Verliebte
Lai·wes·pand, Lai·wes·pän-
ner *s. psy.* Liebespfand
Lai·wes·pien, Laiw·es·pi·ne
w. psy. Liebesschmerz, Liebeskummer
laiw·häb·ben *uZW psy.* liebhaben
Laiw·hä·er *m. o.Mz. rel.* Gott,
Kruzifix
Laiw·ken, Laiw·kes *s. psy.*
Liebchen
laiw·lik, laiw·licke, -n [laiw-
lik·ke] *EW psy.* lieblich,
angenehm, wohltuend
laiw·siä·lig, -e, -en [laiw·siä-
li·ge] *EW psy.* liebselig
Laiws·te, -n *m. psy.* Liebling; *m., w. und s. psy.* Lieb-
ste(r), Geliebter, Liebhaber
laiw·tai·lig, -e, -en [laiw·tai-
li·ge] *EW psy.* liebreich, angenehm, milde; liebenswert,
anschmiegsam, zärtlich, zutraulich
laiw·win·nen *uZW psy.* liebgewinnen
Lak, Lacke [Lak·ke] *m. tech.*
Lack, Lackfarbe

lak, lacke, -n [lak·ke] *EW tech.* locker, *med.* schwach
La·ke·e·rer, -s *m. tech.* Lakkierer
la·ke·ern *ZW tech.* lackieren
la·ke·ert, -e, -en [lak·ke·er·te] *EW tech.* lackiert
La·ken, -s *s. tech.* Bettlaken; Laken, Tuch
lak·lao·ten *uZW* loslassen, nachlassen
lak·mai·ern *ZW psy.* betrügen, benachteiligen
Lak·moos *s. o.Mz. chem.* Lackmus, pflanzlicher blauer Farbstoff
Lak·scho, -·e *m. tech.* Lackschuh
läksk, -e, -en [läks·ke] *EW kul.* eigen beim Essen
Lak·stie·wel, -s *m. tech.* Lackstiefel, hoher Lackschuh
lam, -·me, -·men *EW med.* lahm, gelähmt; *übertr.* langsam
La·mäng, uut de ~ aus dem Stehgreif, ohne Vorbereitung *(frz.* la main)
lam·men *ZW med.* lahmen, ein Bein nach sich ziehen
lam·men·te·ern *ZW psy.* lamentieren, klagen
Lam·mer·maond, -e [Lammer·maon·de] *m. tem.* Februar
Lam·mert *VN* Lambertus
Lamp, -e, -en [Lam·pe] *w. tech.* Lampe, Leuchte; **e·nen up de ~ gai·ten** *übertr. kul.* betrinken
läm·pen, -e, -en [läm·pe·ne] *EW psy.* verlegen, bestürzt
Lam·pen·fe·wer, -s *s. psy.* Lampenfieber
Lam·pen·scherm, -e [Lampen·scher·me] *m. tech.*
Lämp·ken, Lämp·kes *s. tech.* Lämpchen, kleine Leuchte, Funzel; **dat ~ an't Glaien hä·ben** *übertr. med.* betrunken sein, angeheitert sein
lamt, -e, -en [lam·te] *EW med.* gelähmt
Land, Län·ner *s.* 1. *geog.* Land, Festland; 2. *agr.* Feld, Acker; 3. *pol.* Staat, Bundesland; **äs up't ~** ländlich
Land·ar·bai·der, -s *m. agr.* Landarbeiter
Lan·dau·er, -s *m. trans.* Landauer

Land·breew·driä·ger, -s *m.* Landbriefträger
Land·dag, -e [Land·da·ge] *m. pol.* Landtag; **in'n ~ sit·ten** *pol.* Landtagsabgeordneter sein
Land·dok·ter, -s *m. med.* Landarzt
Land·ge·main·de, -n *w. pol.* Landgemeinde
Land·graof, Land·gräö·fe *m.* Landgraf
Land·huus, Land·hü·ser *s. arch.* Landhaus
Land·kaat, Land·ka·ten *w. geog.* Landkarte
Land·lai·per, -s *m. fin.* Landläufer, allg. für Händler, die über Land ziehen
Land·liä·wen *s. o.Mz.* Landleben
länd·lik, länd·licke, -n [ländlik·ke] *EW*
Land·lucht, Land·lüch·te *w.* Landluft
Land·man, Land·lü·de *m. agr.* Landmann, Bauer; *übertr. geog.* Bewohner ländlicher Gegenden
Land·miä·ter, -s *m. tech. geol.* Landmesser, Landvermesser
Land·plao·ge, -n *w.* Landplage
Land·raod, Land·räö·de *m. pol.* Landrat
Land·raods·amt, Land·raods·iäm·ter *s. pol.* Landratsamt, Kreisverwaltung; *geog.* Landkreis
land·raods·amt·fri, -e, -en *EW pol.* landradsamtfrei, kreisfrei
Land·raods·dag, -e [Landraods·da·ge] *m. pol.* Kreistag; **in'n ~ sit·ten** *pol.* Kreistagsabgeordneter sein
Land·raods·stad, Land·raods·stiä·den *w. geog. pol.* Kreisstadt
Land·riän·gen *m. o.Mz. met.* Landregen
Land·school, Land·scho·le, -n *w. kult.* Landschule
Lands·lü·de *Mz.* Landsleute
Land·strao·te, -n *w. trans.* Landstraße
Land·striëk, -e [Land·strië·ke] *m. geog.* Landstrich
Land·stri·ker, -s *m.* Landstreicher, Vagabund
Land·up·kai·per, -s *m. fin.*

Grundstücksmakler
Land·wien, Land·wi·ne *m. kul.* Landwein
lang, -e, -en [lan·ge] *EW* lang, lange; **sik ~ ma·ken** sich (zum Schlafen) hinlegen
lang·beent, -e, -en [langbeen·te] *EW* langbeinig
län·ge·lang *VW* der Länge nach
län·gen *ZW tem.* längen, *tech.* verlängern
lan·gen *ZW* genügen, ausreichen
Lan·gen·biärg *ON* Langenberg
Lan·gen·hol·sen *ON* Langenholzhausen
Lan·gen·huorst *ON* Langenhorst
lan·ges *VW* entlang, längs, der Länge nach
Lan·ge·wi·le *w. o.Mz.* Langeweile
lang·häö·rig, -e, -en [langhäö·ri·ge] *EW* langhaarig
Lang·holt, Lang·höl·ter *s. bot.* Baumstamm, gefällte Bäume
Lang·huus, Lang·hü·ser *s. arch.* Langhaus
Lang·nat *s. o.Mz. kul.* wässriges, fettarmes Essen, Gemüsesuppe
langs *VW* entlang
langs·ja·gen *uZW* entlangeilen
langs·kuë·men *uZW* herkommen, entlangkommen
langs·lau·pen *uZW* entlanglaufen
Läng·te, -n *w.* Länge
Läng·ten·graod, Läng·ten·gräö·de *m. geog.* Längengrad
Läng·ten·maot, -e [Läng·tenmao·te] *s. tech.* Längenmaß
Lang·tiet, Lang·ti·ten *w. tem.* Epoche
lang·trecken [lang·trek·ken] *uZW* langziehen, dehnen
lang·trocken [lang·trok·ken] *EW* langgezogen, dedehnt
Lang·wa·gen, Lang·wiä·gen *m. tech.* Verbindung zwischen Vorder- und Hinterteil des Ackerwagens
lang·wi·len *ZW* langweilen
lang·wi·lig, -e, -en [lang·wili·ge] *EW* langweilig; *tem.* langwierig, lang andauernd

Län·ne, -n *w. med.* Lende, Oberschenkel

Lan·ne·baan, Lan·ne·ba·nen *w. trans.* Landebahn

Lan·ne·brüg·ge, -n *w. trans. naut.* Landungsbrücke, Pier

lan·nen *ZW trans.* landen, *naut.* anlanden, an Land gehen oder bringen

Län·ne·ri, -·en *w. agr.* Länderei, Grundbesitz

Lan·nes·far·we, -n *w. pol.* Landesfarbe

Lan·nes·füörst, -en [Lan·nes·füörs·ten] *m. pol.* Landesfürst

Lan·nes·gren·se, -n *w. pol.* Landesgrenze

Lan·nes·hä·er, -ns *m. pol.* Landesherr, Ministerpräsident eines Bundeslandes

Lan·nes·i·sen·baan, Lan·nes·i·sen·ba·nen *w. trans.* Landeseisenbahn

Lan·nes·kiär·ke, -n *w. rel.* Landeskirche

Lan·nes·mu·se·um, -s *s. his.* Landesmuseum

Lan·nes·sprao·ke, -n *w. kult.* Landessprache

Lan·ne·stiär, -n *w. trans.* Landestelle, Landeplatz, Flughafen

Lan·nes·va·der, Lan·nes·vä·ers *m. pol.* Landesvater

Lan·nes·wed·stried, Lan·nes·wed·stri·de *m.* Landeswettbewerb

lan·nes·wies, lan·nes·wi·se *UW* nach Art des Landes

Lan·nes·wop·pen, -s *s. pol.* Landeswappen

lan·net, -e, -en [lan·ne·te] *EW trans.* gelandet

Lan·nung, -en [Lan·nun·gen] *w. trans.* Landung

Lant·se, -n *w. mil.* Lanze

Lao·ge, -n *w.* 1. Lage, Situation; 2. Schicht, Geschichtetes

Lao·ger, Läö·gers *s.* 1. Lager, Lagerstätte; 2. Massenunterkunft; 3. *tech.* Lagerstelle (Kugellager u.ä.)

Lao·ger·huus, Lao·ger·hü·ser *s. arch.* Lagerhaus

lao·gern *ZW* lagern

Lao·ger·stiär, -n *w. tech.* Lagerstelle

lao·gert, -e, -en [lao·ger·te] *EW* gelagert

Lao·ge·rung, -en [Lao·ge·run·gen] *w.* Lagerung

Laon *ON* Lohne (Vechta)

Läö·ne *ON* Lohne (Soest)

Laor *ON* Laer

Laor·bas, Laor·bäs·se *m. psy.* Schimpfwort

Laors·ke, -n *m. und w.* Bewohner von Laer

läö·sig, -e, -en [läö·si·ge] *EW psy.* lässig, schwach; *med.* abgespannt, müde

lao·ten *uZW* 1. lassen, zulassen; 2. überlassen, schenken; 3. aussehen; **Laot di wat!** lass es dir gut ergehen! (Abschiedsgruß); **dat löt guët** das sieht gut aus

la·pat *UW* unterwegs (sein)

Läp·ken, Läp·kes *s. tech.* Läppchen, kleiner Flicken

Lap·pen, -s *m.* 1. *tech.* Lappen, Flicken; 2. *trans.* Segel

lap·pen *ZW tech.* flicken, ausbessern

Lap·pen·sni·der, -s *m. tech.* Flickschneider

Lap·pe·ri, -·en *w. tech.* Flickwerk, Flickerei

läp·pern *ZW* sich hinziehen, nur langsam vorangehen; sich stückchenweise langsam ansammeln

Lap·pes, -·se *m. psy.* Taugenichts, Laffe, Flegel

Lä·re, -n *w. kult.* Lehre

Lä·rer, -s *m. kult.* Lehrer, Schulmeister

Lär·rin, -·nen *w. kult.* Lehrerin

Lar·we, -n *w. zool.* Larve

Las, -·se *m. zool.* Lachs

lask, -e, -en [las·ke] *EW* lasch, lässig

Las·ke, -n *w. tech.* Lasche

las·ken *ZW tech.* Gegenstände mit Laschen verbinden

Las·tert, -s *m. trans.* Lastwagen, LKW

lä·ter·dags *UW tem.* morgen, anderntags

lä·ter·hän *UW tem.* später

La·tien *s. o.Mz. kult.* Latein, lateinische Sprache; *übertr.* unverständliche Sprache

La·tien·lä·rer, -s *m. kult.* Lateinlehrer

La·tien·school, La·tien·scho·le, -n *w. kult.* Gymnasium, Oberschule

la·tiensk, -e, -en [la·tiens·ke] *EW kult.* latein, lateinisch

Lat·te, -n *w. tech.* Latte, Leiste; **düör de ~n gaon** *übertr.* entwischen, fliehen

La·tüch·te, -n *w. tech.* Laterne, Leuchte

Lau·diek, Lau·di·ke *m.* Teich zum Wässern gegerbtem Leders

Lau·e, Lai·e *w. tech.* Gerberlohe, Gerberei

lau·en *ZW chem.* lohen

Lau·far·we, -n *w. tech.* Lohfarbe

Lau·giär·wer, -s *m. tech.* Lohgerber

Lau·müël, -en [Lau·müë·len] *w. tech.* Mühle zum Mahlen von Baumrinde für das Gerben

Laun, Lai·ne *m. fin.* Lohn, Löhnung, Verdienst; *psy.* Belohnung

Laun·dag, -e [Laun·da·ge] *m. fin. tem.* Tag der Löhnung, Zahltag für den Lohn

Laun·dai·ner, -s *m. fin.* Lohndiener

Laun·düörs·ker, -s *m. agr.* 1. Lohndrescher, jemd., der gegen Bezahlung drischt; 2. *tech.* Dreschmaschine zum Einsatz gegen Bezahlung

lau·nen *ZW fin.* lohnen, entlohnen; *psy.* belohnen; **dat launt sik** *fin., psy.* das macht sich bezahlt

Laun·stri·pen, -s *m. fin.* Lohnstreifen, Lohnabrechnung, Gehaltsabrechnung

Laun·stü·er, -n *w. fin.* Lohnsteuer

Laun·tu·te, -n *w. fin.* Lohntüte

Laun·wiärk, -s *s. o.Mz. fin.* Lohnarbeit

Laun·wiär·ker, -s *m. fin.* Lohnarbeiter

Laup, Lai·pe *m.* 1. *tech.* Lauf (Gewehr); 2. *spo.* Laufen, Rennen; 3. Verlauf

lau·pen *uZW trans.* laufen, gehen; fließen (Wasser); **daomet ~** *med.* geistig verwirrt sein, *psy.* mit etwas nicht fertig werden; **et löp di wul üm de Fö·te!** *übertr. psy.* du spinnst wohl! **laup to** beeile dich, laufe los lau·pen·gaon *uZW trans.* laufengehen, weglaufen

Lau·pe·ri̯, -·en *w.* Lauferei; *übertr. med.* Durchfall

Laup·fü·er,-s *s.* Lauffeuer

Laup·gra·wen, Laup·griä·wen *m. mil.* Schützengraben

Laup·jun·gen, -s *m.* Laufbursche

Laup·rad, Laup·riä·der *s. tech.* Laufrad

Laup·sië·del, -s *m.* Laufzettel

Laup·stal, Laup·stiä·le *m. tech.* Laufstall (für Kleinkinder und Jungvieh)

Laup·tüe·gel, -s *m. tech.* Einzelleine beim neu angespannten Pferd

Lau·rens *VN* Laurenz

Laus, -e [Lau·se] *s.* Los

Laus·bu·de, -n *w. tech.* Losbude, Stand mit Losverkauf

lau·schöp·pen *ZW psy.* nur nehmen und nicht geben, schmarotzen

Lau·schöp·per, -s *m. psy.* Schmarotzer, jemd., der sich auf Kosten anderer freihalten lässt

Laut, -e [Lau·te] *s. tech.* Lot, Senkblei

lau·ten *ZW tech.* loten

laut·rächt, -e, -en [laut·räch·te] *EW* lotrecht, senkrecht

Lauw *s. o.Mz. bot.* Laub, Baumlaub, Blätter

Lauw·baum, Lauw·bai·me *m. bot.* Laubbaum

Lauw·bes·sen, -s *m. tech.* Federbesen

Lauw·dak, Lauw·diä·ker *s.* Laubdach

Lau·we, -n *w. arch.* Laube, Laubdach

Lauw·fuorsk, Lauw·füörs·ke *m. zool.* Laubfrosch

Lauw·hai *s. o.Mz. bot. kul.* Laubheu, Viehfutter aus Baumlaub

Lauw·mos, -·se *s. bot.* Laubmoos

Lauw·ra·ke, -n *w. tech. agr.* Laubharke

Lauw·rüëk, -e [Lauw·rüë·ke] *m. biol.* Laubgeruch

lecht, -e, -en [lech·te] *EW* licht, hell, klar; **lech·ter** heller, klarer; **an lech·tes·ten** am hellsten, am klarsten

Lecht, -er [Lech·ter] *s. met.* Licht, *tech.* Beleuchtung; Kerze; **äch·ter't ~ fö·ern** *übertr.* jemd. täuschen

Lecht·beld, Lecht·bel·ler *s. tech.* Lichtbild, Dia

Lecht·beld·wi·ser, -s *m. tech.* Diaprojektor

Lech·ter·baum, Lech·ter·bai·me *m. bot. rel.* Lichterbaum, Weihnachtsbaum

Lecht·how, Lecht·hüö·we *m. arch.* Lichthof

Lecht·ken, Lecht·kes *s.* Lichtlein

Lecht·kië·gel, -s *m.* Lichtkegel

Lecht·ma·schien, Lecht·ma·schi·nen *w. tech.* Generator, Lichtmaschine, Stromgenerator

Lecht·mis, -·sen *rel. tem.* Maria Lichtmess (kath. Feiertag)

Lecht·mis·kä·se, -n *w. tech. rel.* Lichtmesskerze

Lecht·schien *m. o.Mz.* Lichtschein

Lecht·sig·naol, -e [Lecht·sig·nao·le] *s. tech. trans.* Lichtsignal

Lecht·spiël·huus, Lecht·spiël·hü·ser *s. arch. mus.* Lichtspielhaus, Kino

Lecht·straol, Lecht·sträö·le *m. tech.* Lichtstrahl

Lecht·stri·pen, -s *m. tech.* Lichtstreifen

Lecht·wä·ern *s. o.Mz.* Hellwerden, Morgendämmerung

Led·der, -n *w. tech.* Leiter

Led·der·ken, Led·der·kes *s. tech.* kleine Leiter, kurze Leiter

Led·der·stok, Led·der·stöcke [Led·der·stök·ke] *m. tech.* Leitersprosse, Sprosse der Leiter

Led·der·wa·gen, Led·der·wiä·gen *m. agr. trans.* Leiterwagen

Le·den *ON* Leeden

le·den *ZW* leiten

le·der *UW psy.* leider; **~ Guods** leider Gottes

Le·der·aomd, -e [Le·der·aom·de] *m. mus.* Liederabend

Le·der·book, Le·der·bö·ker *s. mus.* Liederbuch

leed *EW psy.* leid, überdrüssig

Leed, Le·den *s. med., psy.* Leid, Not, Übel

Leed, Le·der *s. mus.* Lied, Gesang

leed·doon *uZW psy.* leid tun

Leed·ken, Leed·kes *s. mus.* Liedchen, Kinderlied

leeg, le·ge, -n *EW* leer, ohne Ladung; flach, niedrig, tief gelegen

Le·en *ON* Lehen

Leer *ON* Leer

Le·gän·ne, -n *w. mus., rel.* Legende, Sage

Leg·den *ON* Legden

le·ge·ern *ZW tech.* legieren

Le·ge·e·rung, -en [Le·ge·e·run·gen] *w. tech.* Legierung

Leis·bern *ON* Liesborn

Lem·bek *ON* Lembeck

Lem·ge *ON* Lemgo

Le·na *VN* Helene

Le·ne *VN* Helene, Magdalene

le·nen *ZW* leihen, ausleihen, borgen

le·nens·wääd, le·nens·wä·de, -n *EW* wert, ausgeliehen zu werden

Len·ger·ke *ON* Lengerich

lent, -e, -en [len·te] *EW* geliehen

Len·te *s. o.Mz.* Geliehenes, Geborgtes

Les·se·kant, -en [Les·se·kanten] *s. tech.* freistehendes Bett, *tech. mil.* Feldbett (frz. lit de camp)

lest, -e, -en [les·te] *EW* letzte, *tem.* neulich

les·ten *UW tem.* neulich

Let *ON* Lette (Coesfeld)

Let, -s *s. med., tech.* Glied, Kettenglied, Gelenk; **(van..)** *s.* Mitglied (von..); **uut'n ~ gaon** *med.* ausrenken; *übertr. tech.* aus dem Leim gehen

Let·hans·ke, -n *w. tech.* Pulswärmer, Handgelenkwärmer

Let·te *ON* Lette (Oelde)

let·ten *ZW tem.* verspäten, säumen, aufhalten; warten

Let·te·ni̯, -·en *w. rel.* Litanei

Let·tung, -en [Let·tun·gen] *w. tem.* Verzögerung, Verspätung

Le·wing, -e [Le·win·ge] *m. zool.* Lerche, insbes. Feldlerche

Liä·ben *s. o.Mz. biol.* Leben, Lebenskraft; *übertr.* Leben-

digkeit, Trubel, Stimmung
Liä·der, -s *s. tech.* Leder,
med. Haut
**Liä·der·läp·ken, Liä·der·läp·
kes** *s. tech.* Lederläppchen, Lederflicken
liä·dern 1. *ZW tech.* ledern,
häuten zur Ledergewinnung;
2. ~, -e, -en [liä·der·ne] *EW
tech.* ledern, aus Leder
Liä·der·rai·men, -s *m. tech.*
Lederriemen
Liä·der·stük, Liä·der·stücke
[Liä·der·stük·ke] *s. tech.* Lederstück
liä·drig, -e, -en [liä·dri·ge]
EW lederartig
Liä·ger·ken, Liä·ger·kes *s.*
kleines Lager
liä·gern *ZW* lagern
Liä·pel, -s *m. tech.* Löffel;
übertr. med. Ohr; **grau·te ~**
tech. kul. Esslöffel; **kle·ne
~** *tech. kul.* Teelöffel; **wat
äch·ter de ~s kri·gen** Ohr-
feigen bekommen
Liä·pel·bag·ger, -s *m. tech.*
Löffelbagger
Liä·pel·bräd, Liä·pel·briä·der
s. tech. Löffelbrett
Liä·pel·büör, -s *m. tech.*
Löffelbohrer
Liä·pel·ken, Liä·pel·kes *s.
tech.* Löffelchen, kleiner
Löffel
Liä·pel·köst *w. o.Mz. kul.*
Löffelkost, Eintopf, Suppe
liä·peln *ZW* löffeln
Liä·pel·stiël, -e [Liä·pel·stië-
le] *m. tech.* Löffelstiel
liä·pel·wies, liä·pel·wi·se *UW*
löffelweise, in kleinen Por-
tionen
Liär, -s *s. tech.* → **Liä·der**
tech. Leder, gegerbte Haut
Liär·band, Liär·bän·ner *s.
tech.* Lederband
Liär·bü·del, -s *m. tech.* Le-
derbeutel
Liär·büks, -en [Liär·bük·sen]
m. Lederhose
Liär·hols·ke, -n *w. tech.*
Holzschuh mit Lederbesatz
Liär·ka·mas·ke, -n *w. tech.*
Ledergamasche
Liär·scho, -·e *m. tech.* Le-
derschuh
Liär·schüör·te, -n *w. tech.*
Lederschürze
Liär·task, -en [Liär·tas·ken]
w. tech. Ledertasche

Liär·tüüg, -s *s. o.Mz.* Lederkleidung
Liä·se·book, Liä·se·bö·ker *s.
mus.* Lesebuch, Fibel
liä·sen *uZW* lesen
Liä·ser, -s *m.* Leser, Vorleser
Liä·we·dag, -e [Liä·we·da·ge]
m. tem. Lebtag, Lebenszeit;
in'n ~ nich *tem.* niemals,
nie im Leben
liä·we·dags *UW tem.* lebtags
Liä·wen *s. o.Mz. biol.* Leben,
Lebenskraft; *übertr.* Lebendigkeit, Trubel, Stimmung;
in't ~ ro·pen ins Leben rufen, gründen
liä·wen *ZW biol.* leben, lebendig sein; existieren
liä·wend, -e, -en [liä·wen·de]
EW lebend
Liä·wens·ol·ler *s. o.Mz. tem.*
Lebensalter
**Liä·wens·baum, Liä·wens·
bai·me** *m. bot.* Lebensbaum
Liä·wens·dag, -e [Liä·wens·
da·ge] *m. tem.* Lebtag, Lebenstag
Liä·wens·en·ne *s. o.Mz. tem.*
Lebensende
Liä·wens·frai·de, -n *w. psy.*
Lebensfreude
Liä·wens·ge·faor, -en [Liä·
wens·ge·fao·ren] *w.* Lebensgefahr
**liä·wens·ge·fäor·lik, liä·wens·
ge·fäor·licke, -n** [liä·wens·
ge·fäor·lik·ke] *EW* lebensgefährlich, lebensbedrohend
Liä·wens·jaor, -e [Liä·wens·
jao·re] *s. tem.* Lebensjahr
Liä·wens·kring, -e [Liä·wens·
krin·ge] *m. tem.* Lebenskreis, Kreislauf des Lebens
liä·wens·lang, -e, -en [liä·
wens·lan·ge] *EW tem.* lebenslang, lebenslänglich
**Liä·wens·laup, Liä·wens·lai·
pe** *m. tem.* Lebenslauf
Liä·wens·mood *m. o.Mz.
psy.* Lebensmut
**liä·wens·mööd, liä·wens·mö·
de, -n** *EW psy.* lebensmüde
Liä·wens·tiet, Liä·wens·ti·ten
w. tem. Lebenszeit
**Liä·wens·un·ner·holt, Liä·
wens·un·ner·höl·le** *m. fin.*
Lebensunterhalt
Liä·wens·vö·si̧ë·ke·rung, -en

[Liä·wens·vö·si̧ë·ke·run·gen]
w. fin. Lebensversicherung
**Liä·wens·wäg, Liä·wens·
wiä·ge** *m.* Lebensweg, Lebenslauf, Laufbahn (beruflich)
Liä·wens·wiärk, -e [Liä·wens·
wiär·ke] *s.* Lebenswerk
Liä·wens·wi·se, -n *w.* Le-
bensweise
Liä·wens·te·ken, -s *s.* Le-
benszeichen
Liä·wer, -n *w. med.* Leber;
an'ne ~ häb·ben *med.* leberkrank sein
Liä·wer·blo·me, -n *w. bot.*
Leberblume, Bezeichnung
für alle roten Feld- und
Wiesenblumen
**Liä·wer·braud, Liä·wer·brai·
de** *s. kul.* Leberbrot
liä·wer·krank, -e, -en [liä·wer·
kran·ke] *EW med.*
Liä·wer·mos, -·se *s. bot.*
Lebermoos
**Liä·wer·pläk, Liä·wer·pläk·
ken** *m. med.* Leberfleck
Liä·wer·traon *m. o.Mz. med.*
Lebertran
**Liä·wer·wuorst, Liä·wer·
wüörs·te** *w. kul.* Leberwurst
liä·wig, -e, -en [liä·wi·ge] *EW*
lebendig, lebhaft
Liäw·schup *w. o.Mz.* Lebenden
Liäw·tiet, Liäw·ti·ten *w. tem.*
Lebzeit, Lebenszeit
lib·be·de·ert, -e, -en [lib·be-
de·er·te] *EW psy.* liebdienerisch
Lib·bet, Lib·bet·ken *VN* Elisabeth
licht, -e, -en [lich·te] *EW*
leicht, nicht schwer; einfach;
lich·ter leichter; **an lichs·ten**
am leichtesten
Lich·te, -n *w.* Leichtigkeit
lich·ten *ZW* anheben
Lich·ter, -s *m. tech.* Tragegurt
licht·fär·rig, -e, -en [licht·
fär·ri·ge] *EW psy.* leichtfertig, unüberlegt, leicht, auf
die leichte Art, oberflächlich
Licht·fink, -en [Licht·fin·ken]
m. psy. Leichtsinniger
licht·glaiwsk, -e, -en [licht·
glaiws·ke] *EW psy.* leichtgläubig
Licht·ha·ken, -s *m. tech. agr.*
hölzerner oder einserner Haken zum Heben der Egge

Licht·sin *m. o.Mz. psy.* Leichtsinn

licken [lik·ken] *ZW* lecken, auflecken; *kul.* schlecken

Li·den, -s *s. med.* Leiden, Krankheit, Not; **dat is een ~** *psy.* es ist ein Jammer; **dat is dat ~** *psy.* das ist das Schlimme, das ist es ja gerade

li·den *uZW med.* leiden, Schmerzen ertragen, aushalten; *psy.* dulden; zugestehen, zulassen; gern haben; **~ müë·gen** *psy.* leiden mögen, gern haben; **een Wicht / nen Jun·gen gään ~ müëgen** *psy.* in ein Mädchen / einen Jungen verliebt sein; **et lid wat** es hält an, es reicht eine Weile

li·dens·gään *EW psy.* leidenschaftlich gern

Li·dens·tiet, Li·dens·ti·ten *w. psy.* Leidenszeit, *rel.* Passionszeit

Li·dens·wäg, Li·dens·wiä·ge *m. psy.* Leidensweg

Li·dern *ON* Liedern

Li·e *ON* Ledde

Liëd, -s *s. med.* Glied

Lië·der·wams, Lië·der·wäm·se *s. psy.* Taugenichts

lied·sam, -·me, -·men *EW psy.* leidlich, verträglich, duldsam; ruhig, freundlich; sanft, herzlich

lied·schäf·tig, -e, -en [lied·schäf·ti·ge] *EW* alt, gebraucht, defekt, fehlerhaft, schlecht verarbeitet; altersschwach; unseriös, zweifelhaft

liek, li·ke, -n *EW* eben, gerade, genau so, gleich, ähnlich; direkt; *UW* geradewegs, direkt; **~ viël** gleichviel; **~ to** *tem.* zugleich

liek·an *UW* geradeaus, geradewegs

Liek·däön, -s *m. med.* Hühnerauge

liek·düör *UW* gerade hindurch, mittendurch

liek·ha·ruut *UW* geradeheraus

Liek·höön·ken, Liek·höön·kes *s. zool.* Leichenhuhn, Käutzchen

liek·ma·ken *uZW* gleichmachen, egalisieren

Liek·nam, -·me *m. med.* Leichnam

Liek·nis, -·se *s.* Gleichnis

liek·sit·ten *uZW* richtig sitzen

liek·to *UW* geradeaus

liek·trecken [liek·trek·ken] *uZW* glatt ziehen, glätten; gleichziehen, einholen

liek·up *EW* aufrecht

liek·uut *UW* geradeaus; **~ sien** *psy.* offen und ehrlich sein *psy.*

liek·viël, -e, -en [liek·vië·le] *EW* gleichviel, genau so viel

liek·vul, -·le, -·len *EW* gleich voll, randvoll

liek·wies *UW* geichermaßen, ebenfalls

Liek·wigt, -e [Liek·wig·te] *s.* Gleichgewicht

Liem, Li·me *m. tech.* Leim, Kleber, Klebstoff; **up'n ~ gaon** *übertr. psy.* in eine Falle tappen, einer Verlockung erliegen

Liem·far·we, -n *w. tech.* Leimfarbe

Liem·fre·de, -n *w. tech.* Leimrute

Liem·kruud *s. o.Mz. bot.* Leimkraut

Liem·uom, Liem·üöms *m. tech.* Leimofen, Trockenofen für Geleimtes

Liem·pot, Liem·pöt·te *m. tech.* Leimtopf

Liem·ro·e, -n *w. tech.* Leimrute

Lien *m. o.Mz. bot.* Lein, Flachs

Lien·dän·ser, -s *m. spo.* Seiltänzer

lië·nen *ZW* lehnen, anlehnen, stützen

Lien·far·we, -n *w. tech.* Leinfarbe, Leinölfarbe

Lien·holt, Lien·höl·ter *s. tech.* Lineal

Lië·nig, -en [Lië·ni·gen] *w. tech.* Lehne, Stütze

Lien·ken, Lien·kes *s. tech.* dünnes Seil

Lien·ken·hüp·pen *s. o.Mz. spo.* Seilchenspringen (Kinderspiel)

Lien·ken·trecken [Lien·ken·trek·ken] *s. o.Mz.* Seil spannen, um die Hochzeitsgesellschaft anzuhalten und Geld oder Getränke zu verlangen (Hochzeitsbrauch)

Lien·la·ken, -s *s. tech.* Leinenlaken, Leinentuch, Betttuch; *bes.* Leichentuch, Totenlaken

Lien·pat, Lien·pät·te *m. trans.* Leinpfad, Treidelweg

Lien·plan·te, -n *w. bot.* Leinpflanze

Lien·saot, Lien·säö·te *w. bot.* Leinsamen

Liën·stool, Liën·stö·le *m. tech.* Lehnstuhl, Sessel

Lien·üöl·ge *s. o.Mz. bot.* Leinöl, *tech.* Firnis

li·er·lik, li·er·licke, -n [li·er·lik·ke] *EW psy.* liederlich

Li·er·lik·kait, -en [Li·er·lik·kai·ten] *w. psy.* Liederlichkeit

li·ern *ZW* leiern

Lies·bet *VN* Elisabeth

Lies·se, -n *w. tech.* Leiste, Holzstab; Schusterleisten

Lies·te, Lies·ten *w.* Liste

Liew, Li·wer *s. med.* Leib, Unterleib, Körper

Lië·we·rer, -s *m.* Lieferant

lië·wern *ZW* liefern, ausliefern, zusenden

Lië·wer·tiet, Lië·wer·ti·ten *w. tem.* Lieferzeit

Lië·we·rung, -en [Lië·we·run·gen] *w.* Lieferung

liew·haf·tig, -e, -en [liew·haf·ti·ge] *EW* leibhaftig

Liew·kel·len *s. med.* Leibschmerzen, Bauchschmerzen, Magenschmerzen

Liew·ken, Liew·kes *s.* Leibchen, Mieder

Liew·pien, Liew·pi·ne *w. med.* Leibschmerzen, Magenschmerzen, Bauchschmerzen

Liew·tucht, -en [Liew·tuchten] *w.* Leibzucht, Altenteil

Liew·tüch·ter, -s *m. agr.* Pächter eines Kottens

Lig·gen *s. o.Mz.* Liegen; **an't ~ kuë·men** bettlägerig werden *med.*

lig·gen *uZW* liegen; **wat ~ häb·ben** etwas vorrätig haben, etwas gelagert haben

lig·gen·bli·wen *uZW* liegenbleiben

lig·gend, -e, -en [lig·gen·de] *EW* liegend

lig·gen·lao·ten *uZW* liegenlassen; **he löt niks lig·gen**

übertr. er stiehlt
Li·ke, -n *w. med.* Leiche, Leichnam
li·ken (up) *ZW* gleichen, ähneln
Li·ken·bid·der, -s *m.* Leichenbitter
li·ken·bleek, li·ken·ble·ke, -n *EW med.* leichenblass
Li·ken·fi·er, -n *w.* Leichenfeier, Beerdigungsfeier
Li·ken·dook, Li·ken·dö·ker *s. tech.* Leichentuch
Li·ken·huus, Li·ken·hü·ser *s. arch.* Leichenhaus, Leichenhalle
Li·ken·köst *w. o.Mz. kul.* Totenmahl, Leichenschmaus
Li·ken·la·ken, -s *s.* Leichenlaken
Li·ken·tog, Li·ken·tüö·ge *m.* Leichenzug
Li·ken·waak, Li·ken·wa·ken *w.* Totenwache
Li·ken·wäg, Li·ken·wiä·ge *m.* Weg des Leichenzuges
Li·ken·wa·gen, Li·ken·wiä·gen *m. trans.* Leichenwagen
li·ken·wit, -te, -ten *EW med.* leichenblass
lik·mu·len *ZW* mit der Zunge um den Mund lecken; *übertr. psy.* gierig sein, lüstern sein
Li·lauw *s. o.Mz. bot.* Efeu
Lil·ge, -n *w. bot* Lilie
Lil·gen·hään·ken, Lil·gen·hään·kes *s. zool.* Lilienhähnchen
Lim·biär·gen *ON* Limbergen
li·men *ZW tech.* leimen, kleben
li·me·rig, -e, -en [li·me·ri·ge] *EW med.* eingeschlafen (Glieder)
Li·ne, -n *w. tech.* Leine, Seil, Tau
Li·nen *ON* Lienen
Links·ge·win·ne *s. tech.* Linksgewinde
Links·po·te, -n *w. med.* Linkshänder (meist verächtlich)
Lin·ne, -n *w. bot.* Linde
Lin·nen *s. o.Mz. tech.* Leinen, Leinenstoff, *insbes.* Bestandteil der Aussteuer
lin·nen, -e, -en [lin·nen·ne] *EW* aus Leinen
Lin·nen·an·tog, Lin·nen·an·tüö·ge *m.* Leinenanzug

Lin·nen·baum, Lin·nen·bai·me *m. bot.* Lindenbaum
Lin·nen·ble·ke, -n *w.* Leinenbleiche
Lin·nen·blö·te, -n *w. bot.* Lindenblüte
Lin·nen·büks, -en [Lin·nen·bük·sen] *w.* Leinenhose
Lin·nen·büül, -s *m. tech.* Leinenbeutel, Leinentasche
Lin·nen·dook, Lin·nen·dö·ker *s. tech.* Leinentuch
Lin·nen·hiëmd, -e [Lin·nen·hiëm·de] *s.* Leinenhemd
Lin·nen·holt, Lin·nen·höl·ter *s. bot.* Lindenholz
Lin·nen·kleed, Lin·nen·kle·der *s.* Leinenkleid, Kleid aus Leinenstoff
Lin·nen·kuf·fer, -s *s. tech.* Leinenkoffer, Koffer oder Kiste zur Aufbewahrung des Leinenstoffes
Lin·nen·lap·pen, -s *m. tech.* Leinenlappen
Lin·nen·schap, Lin·nen·schiä·pe *s. tech.* Schrank für das Leinen, die Aussteuer
Lin·nen·schran·del, -n *w. tech. hyg.* Leinenwindel
Lin·nen·toog, Lin·nen·tö·ge *m. bot.* Lindenzweig
Lin·nen·wiä·wen *s. o.Mz. tech.* Leinenweben
Lin·nen·wiä·wer, -s *m. tech.* Leinenweber
Lin·nen·wiä·we·ri, -en *w. tech.* Leinenweberei
lin·nern *ZW* lindern
Lin·ne·rung, -en [Lin·ne·run·gen] *w. med.* Linderung
Lin·nig, -en [Lin·ni·gen] *w.* Linie
Lin·ni·gen·blad, Lin·ni·gen·bliä·der *s.* Linienblatt, liniertes Blatt
Lins, -en [Lin·sen] *w. tech., bot., med.* Linse
Lin·sen·stram·fleesk *s. o.Mz. med.* Linsenmuskel
Lip, -pen *w. med., tech.* Lippe
Lip·burg *ON* Lippborg
Li·re, -n *w. tech.* Kurbel, Winde
Li·ren·drai·er, -s *m. mus.* Drehleierspieler, Orgeldreher; *psy.* abfällig für Faulenzer, Müßiggänger
li·rig, -e, -en [li·ri·ge] *EW* leer
Lit·te·ni, -en *w. rel.* Litanei

Lit·ter, -s *s. tech.* Liter, ein Kubikdezimeter
Lit·ters·maot, -e [Lit·ters·mao·te] *s. tech.* Litermaß, Messbecher für einen Liter
Liw·rai, -s *s.* Livree, Gewand (*frz.* livrée)
Lob·ben, -s *m. zool.* kastriertes Schaf, Hammel
lob·be·rig, -e, -en [lob·be·ri·ge] *EW* dickflüssig, zäh, breiig
Löch·te, -n *w. tech.* Lampe, Leuchte, Laterne
löch·ten *ZW* leuchten, strahlen; hell aufflammen
löch·tend, -e, -en [löch·ten·de] *EW* leuchtend
Löch·ten·driä·ger, -s *m.* Kerzenträger, Leuchterträger (z.B. bei Beerdigungen)
Löch·te·paol, Löch·te·päö·le *m. tech.* Laternenpfahl
Löch·te·päöl·ken, Löch·te·päöl·kes *s. trans.* Leitspfahl
Löch·ter, -s *m. tech.* Leuchter, Kerzenhalter
Löch·te·spaon, Löch·te·späö·ne *m. tech.* Leuchtspan (Lichtquelle)
Löcht·fü·er, -s *s. tech. naut.* Leuchtfeuer, wegweisendes Licht
Locke·me·ti·we, -n [Lok·ke·me·ti·we] *w. trans.* Lokomotive
lod·de·rig, -e, -en [lod·de·ri·ge] *EW psy.* nachlässig; *hyg.* ungepflegt, schlampig
Lod·der·kraom *m. o.Mz.* unordentlicher Kram
Lod·der·liä·wen *s. o.Mz. psy.* Lotterleben
lod·dern *ZW psy.* bummeln, lässig tun
Lod·der·sak, Lod·der·siä·ke *m. psy.* unordentlicher Mensch
Lod·der·tri·ne, -n *w. psy.* unordentliche Frau
lof·häö·rig, -e, -en [lof·häö·ri·ge] *EW psy.* interessiert
lög·ge, -n *EW psy.* faul, arbeitsscheu
Lög·ge·wams, Lög·ge·wäm·se *s. psy.* Faulpelz
lok, locke, -n [lok·ke] *EW* halboffen
Lok, Löcker [Lök·ker] *s.* Loch, Grube, Höhle, Vertiefung; Öffnung; *übertr. jur.*

arch. Gefängnis
Lok, -s *w. trans.* Lokomotive (Kurzform)
Lok·dri·wer, -s *m. trans.* Lokomotivführer
lo·ken *ZW* springen
Löks·ken, Löks·kes *s.* Löchlein, kleines Loch
Lok·tang, -en [Lok·tan·gen] *w. tech.* Lochzange
Lok·tek·ni·ker, -s *m. tech.* Lokomotivtechniker
Lo·kus, -·se *m. tech. hyg.* Toilette
Lo·kus·bes·sen, -s *m. tech. hyg.* Toilettenbürste
Lo·kus·büör·sel, -s *m. tech. hyg.* Toilettenbürste
Lo·kus·dië·kel, -s *m. tech.* Toilettendeckel
Lo·kus·düör, -n *w. arch.* Toilettentür
Lo·kus·em·mer, -s *m. tech. hyg.* Toiletteneimer, Hygieneeimer
Lo·kus·pa·pe·er, -e [Lo·kus·pa·pe·e·re *s. tech. hyg.* Toilettenpapier
Lo·kus·pot, Lok·us·pöt·te *m. tech. hyg.* Toilettenschüssel
lok·uut·gaon *uZW* ausreißen, fliehen
Löns·he *ON* Lönsheide
Lööw, Lö·wen *m. zool.* Löwe
Look *ON* Lowick
Loot, Lo·te *s. tech.* 14,6g (alte Masseeinheit)
Lor·bas, Lor·bäs·se *m. psy.* Lümmel, Lotterbube
los, -·se, -·sen *EW* los, frei; offen, lose; ungebunden, ledig; geöffnet, unverschlossen; **los·se Be·ne** *med.* offene Beine
Los, -·se *m. zool.* Luchs
los·biä·sen *uZW* losrennen
los·bin·nen *ZW* losbinden, Knoten lösen, aufbinden
los·bol·lern *ZW psy.* lospoltern, schimpfen; losballern
los·briä·ken *uZW* losbrechen, aufbrechen
lo·sche·ern *ZW* beherbergen, logieren (*frz.* loger)
los·fö·ern *uZW trans.* losfahren, anfahren, abfahren, in Bewegung setzen
los·gaon *uZW* losgehen, sich lösen; sich öffnen; *trans.* fortgehen, weggehen; anfangen, beginnen

los·hol·len *uZW* loshalten, aufhalten, geöffnet halten
los·ki·len *ZW tech.* Keile lösen
los·kau·pen *uZW fin.* freikaufen
Lösk·blad, Lösk·bliä·der *s.* Löschblatt
lös·ken *ZW* löschen
los·klop·pen *ZW* durch Schläge öffnen oder lösen
los·kri·gen *uZW* geöffnet bekommen
los·kuë·men *uZW* loskommen, freikommen
los·läg·gen *ZW* loslegen, starten, anfangen
los·lao·ten *uZW* loslassen, freigeben
los·lau·pen *uZW* loslaufen, sich auf den Weg machen
los·lich·ten *ZW* losmachen, aufhelfen
los·maken *uZW* aufmachen, aufsperren, öffnen, auflösen, lösen, ablösen
los·prus·sen *ZW med.* plötzlich und heftig niesen; *übertr. psy.* ausplatzen vor Lachen
los·ri·ten *uZW* losreißen, abreißen; sich befreien
los·säg·gen *uZW* lossagen, freisprechen
los·schai·ten *uZW* losschießen; sich schnell auf den Weg machen
los·smi·ten *uZW* aufwerfen, aufgraben
los·sni·den *uZW* aufschneiden; *med.* operieren
los·stau·ten *uZW* aufstoßen
los·stië·weln *ZW* auf den Weg machen, losstiefeln
los·trecken [los·trek·ken] *uZW* losziehen, durch Ziehen öffnen; auf den Weg machen
Lo·sung, -en [Lo·sun·gen] *w. mil.* Musterung
los·wä·ern *uZW* loswerden, verlieren
los·wö·len *uZW* aufwühlen
Lo·wik *ON* Lowick
Lü, Lü·de *Mz.* Leute
Lüb·be·ling, -s *m. zool.* kastriertes Tier
lüb·ben *ZW med.* kastrieren
lu·biëtsk, -e, -en [lu·biëts·ke] *EW psy.* hinterhältig, hinterlistig; durchtrieben
Lucht, Lüch·te *w.* Luft, Himmel; *med.* Atem; **an'ne ~**

sät·ten an die Luft setzen, *übertr. psy.* herauswerfen; **dai·pe ~** *met.* Tiefdruck; **hau·ge ~** *met.* Hochdruck; **in'ne ~ flai·gen** explodieren; **in de ~ fluo·gen** explodiert; **in de ~ ja·gen** *tech.* sprengen
lucht, -e, -en [luch·te] *EW* links; **~** *UW* links
luch·ter·hand *UW* links, auf der linken Seite
Lucht·an·griëp, -e [Lucht·an·grië·pe] *m. mil.* Luftangriff
Lucht·blao·se, -n *w.* Luftblase
Lucht·drük *m. o.Mz. met.* Luftdruck
lüch·ten *ZW* lüften
Lucht·fuust, Lucht·füüs·te *w. med.* Linkshänder
Lucht·ge·faor, -en [Lucht·ge·fao·ren] *w. mil.* Fliegeralarm, Luftgefahr (bei Bombenangriffen)
Lucht·ha·wen, Lucht·hä·wen *m. trans.* Flughafen, Lufthafen
luch·tig, -e, -en [luch·ti·ge] *EW* luftig
Lücht·ken, Lücht·kes *s.* Lüftchen
Lucht·krieg, Lucht·kri·ge *m. mil.* Luftkrieg
Lucht·lin·nig, -en [Lucht·lin·ni·ge] *w.* Luftlinie
Lucht·lok, Lucht·löcker [Lucht·lök·ker] *s. met.* Luftloch
Lucht·po·te, -n *w. med.* Linkshänder
Lucht·schru·we, -n *w. tech.* Luftschraube, Propeller, Lüfterrad, Ventilator
Lucht·schip, -·pe *s. trans.* Luftschiff
Lucht·snäp·per, -s *m.* Sommerfrischler (Luftschnapper)
Lucht·snäp·pers·bla·ge, -n *w.* Kind der Sommerfrischler
Lucht·up·naom, -en [Lucht·up·nao·men] *w. tech.* Luftaufnahme, Luftbild
Lud *VN* Ludger
lud·den *ZW* lauten
Lü·de *Mz.* Leute
Lü·de·kös·ter, -s *m. rel.* Läuteküster
Lü·de·kü·e·ri *w. o.Mz. psy.* Geschwätz, Tratsch
Lü·den *s. o.Mz.* Geläut

lü·den *ZW* läuten

Lü·de·vö·kä·er *m. o.Mz. trans.* Personenverkehr

Lüë·ge, -n *w. psy.* Lüge, Unwahrheit

Lu·er *w. o.Mz.* Lauer, *psy.* Erwartung

lu·er·biëtsk, -e, -en [lu·er·biëts·ke] *EW psy.* heimtückisch, hinterhältig

lu·e·rig, -e, -en [lu·e·ri·ge] *EW psy.* lauernd, abwartend; *psy.* still, bedrückt, verstimmt, nicht gut zurecht; *psy.* misstrauisch

lü·e·rig, -e, -en [lü·e·ri·ge] *EW* leer

lu·ern *ZW* lauern, abwarten, warten

Lu·i, -es *VN* Ludger

Lu·je·door, -s *m. fin.* Louisdor (franz. Goldmünze)

lük; een ~ klein, wenig, etwas

luk·lak, luk·lacke, -n [luk·lak·ke] *EW tech.* mit Spielraum, klapperig, ausgeleiert, locker

Lul·laatsch, -e [Lul·laatsche] *m.* schlaksiger großer Mensch

Lül·dop, Lül·döp·pe *m. tech.* Mutzpfeife (abfällig)

Lül·le *w. o.Mz. med.* Speichel

lül·len *ZW med.* Speichel aus dem Mund laufen lassen

Lül·le·pe·ter, -s *m. med.* jemd., dem häufig Speichel aus dem Mund läuft (bes. Kinder beim Zahnen)

Lül·ler, -s *m. med.* jemd., dem Speichel aus dem Mund läuft

Lüm·mel, -s *m. psy.* freches Kind, unerzogener Junge

lum·me·rig, -e, -en [lum·me·ri·ge] *EW* trübe, unklar; *met.* schwül, drückend; (Gewebe) unfest, lose, locker

lum·mern *ZW* kraftloses Schleichen

Lu·ne, -n *w. psy.* Laune, Stimmung, Gemütsverfassung

Lung, -en [Lun·gen] *w. med.* Lunge; **an'ne ~ häb·ben** *med.* lungenkrank sein

Lun·gen·sü·ke, -n *w. med.* Tuberkulose, Schwindsucht

lun·gern *ZW psy.* betteln, lauernd warten; müßig ge-

hen, faulenzen

Lüng·sel, -s *s. tech.* Sperring an der Wagenradnabe

Lü·ning, -e [Lü·nin·ge] *m. zool.* Sperling, Spatz

lün·ke·tü·en *ZW psy.* schielend oder boshaft blicken, umherspionieren

Lünk·hu·sen *ON* Lüdinghausen

Lünk·sel *ON* Lüdinghausen

Lüns, -e [Lün·se] *s. tech.* Achsennagel, Splint zur Sicherung der Wagenradnabe

Lün·sche *ON* Lüdenscheid

lüns·ken *ZW psy.* abluchsen

lün·ten *ZW psy.* schmollen, kleinlaut oder verlegen sein

Lün·ten *ON* Lünten

Luo·de, -n *w. bot.* Sprössling (z.B. von Weiden), Wurzel, Baumwurzel

Luo·ke, -n *w. bot.* Teichrose

Luo·ken·blad, Luo·ken·bliä·der *s. bot.* Teichrosenblatt

Luork, Lüör·ke *m. zool.* Lurch, Kröte; *übertr. psy.* Lump, Schuft, Schelm

Luorn·ke, -n *w. bot.* lange Baumwurzel

Luo·sem *ON* Lavesum

Luo·te *ON* Lotte

Luow, Lüö·we *s. psy.* Lob, Anerkennung; Ansehen

luo·wen *ZW psy.* loben, preisen; anerkennen; geloben, versprechen, zusagen

Luow·leed, Luow·le·der *s. mus.* Loblied

Luow·sang, Luow·sän·ge *m. mus.* Lobgesang

lu·pens *UW tem.* plötzlich

Lu·re, -n *w.* Ziertuch zum Einwickeln von Säuglingen; **Lüür·ken, Lüür·kes** *s.* kleines Ziertuch zum Einwickeln von Säuglingen

lür·rek *FW* etwas, wenig

Lu·se·fork, -en [Lu·se·for·ken] *w. tech. hyg.* Lausekamm, *scherzh.* sehr feiner Kamm

Lu·se·knäp·per, -s *m.* Läusetöter, jemd., der Läuse totdrückt

Lu·se·miäl *s. o.Mz. bot.* Spießmelde (Artiplex hastata), weißer Gänsefuß (Chenopodium album)

lu·sen *ZW hyg.* lausen, Läu-

se absammeln

Lu·se·pät·ken, Lu·se·pät·kes *s.* scharfer Scheitel

lu·sig, -e, -en [lu·si·ge] *EW hyg.* lausig, verlaust, schmutzig; *übertr.* gering, schlecht, minderwertig

lüs·sen (sik) *ZW psy.* gelüsten

lus·tern *ZW* lauschen, hören, horchen; aufpassen, sehen, beobachten, spähen; *psy.* gehorchen

Lust·faort, -en [Lust·faor·ten] *w. trans.* Ausflugsfahrt, Spazierfahrt, Vergnügungsreise

Lust·gaorn, Lust·gäörns *m. agr.* Park

Lust·hüüs·ken, Lust·hüüs·kes. *arch.* Gartenhäuschen, Laube

lüs·tig, -e, -en [lüs·ti·ge] *EW psy.* lustig

Lust·kast, Lust·käs·ten *m. arch.* Gartenhaus (zur Entspannung)

lüt, -·te, -·ten *EW* klein

lu·ten *ZW* lauten, klingen, sich anhören; **dat lüt guët** das hört sich gut an, das klingt gut

Lüt·geld *s. o.Mz. fin.* Kleingeld, Münzgeld

lüt·ke, -n *EW* klein (bei Namen)

luts·ken *ZW kul.* lutschen

Luts·ker, -s *m. kul.* Lutscher

Lüt·te, -n *m., s. und w.* Kleine(r), Kind

lut·ter *UW* lauter

lut·tersk, -e, -en [lut·ters·ke] *EW rel.* lutherisch

Lut·ters·ke, -n *m., s. und w. rel.* Lutheraner

Luuk, Lu·ken *w. tech.* Luke, Öffnung, Klappe

lüünsk, -e, -en [lüüns·ke] *EW psy.* launisch, launenhaft, trotzig

Luus, Lü·se *w. zool.* Laus, Kopflaus

Lüüt, -s *s.* Mädchen

Luut, Lüüt *m.* Getöse, Geräusch

luut, lu·te, -n *EW* laut, geräuschvoll; **lu·ter** lauter; **an lu·tes·ten** am lautesten

luut·hals *UW* lauthals, aus vollem Hals, mit lauter Stimme

Luw·wig *VN* Ludwig

M

M, m M, m (Buchstabe)
Ma *w. o.Mz.* Mutter (Kurzform)
Maagt, Miä·gte *w. agr.* Magd
Maak *w. o.Mz.* Arbeit, Mache, Gewalt; **in'ne ~ häbben** in Arbeit haben; *übertr. psy.* in der Gewalt haben; **in'ne ~ nië·men** sich einer Sache annehmen; *übertr. psy.* in die Mangel nehmen, Gehirnwäsche machen
maakt, -e, -en [maak·te] *EW* gemacht
Maan, Ma·nen *w. med.* Mähne
Ma·chan·gel *m. bot.* Wacholder
Ma·chan·gel·struuk, Ma·chan·gel·strü·ke *m. bot.* Wacholderstrauch
ma·chül, -·le, -·len *EW med.* betrunken; *psy.* verrückt
Macker, -s [Mak·ker] *m. psy.* Freund, Kollege, Kamerad
Mad·dien *VN* Martin
Mad·dik, -s *m. zool.* Made
Ma·de·buorg *ON* Magdeburg
mä·er *UW* mehr; **~ äs** ausgesprochen (im Sinn von besonders), über die Maßen
mä·er·fak, mä·er·facke, -n [mä·er·fak·ke] *EW* mehrfach
Mä·er·hait, -en [Mä·er·haiten] *w.* Mehrheit
mä·er·jäö·rig, -e, -en [mä·er·jäö·ri·ge] *EW tem.* mehrjährig
mä·er·maols *UW* mehrmals
mä·er·stem·mig, -e, -en [mä·er·stem·mi·ge] *EW mus.* mehrstimmig
Mä·er·taal *w. o.Mz.* Mehrzahl
maf, -·fe, -·fen *EW psy.* baff, überrascht, erstaunt
Ma·gen, Miä·gen *m. med.* Magen
Ma·gen·drüö·pen *Mz. med.* Magentropfen
Ma·gen·li·den *s. o.Mz. med.* Magenleiden
Ma·gen·pien, Ma·gen·pi·ne *w. med.* Magenschmerz
Mag·gi·kruud *s. o.Mz. bot.* Liebstöckel
Ma·gis·ter, -s *m. kult.* Meister, Lehrer
Ma·gis·traod, Ma·gis·träö·de

m. pol. Magistrat
Mag·neet, Mag·ne·te *s. tech.* Magnet
Mag·neet·baan, Mag·neet·ba·nen *w. trans.* Magnetschwebebahn
Mag·neet·nao·del, Mag·neet·näö·del *w. tech.* Magnetnadel
mag·neetsk, -e, -en [mag·neets·ke] *EW tech.* magnetisch
Ma·grait *VN* Margret
Mai, -·en *w. agr.* Mahd
Mai·blööm·ken, Mai·blööm·kes *s. bot.* Maiglöckchen
Mai·dag, -e [Mai·da·ge] *m. tem.* Maientag, *insbes.* der 1. Mai, *übertr. tem.* Frühlingstag
mai·dags *UW tem.* an Maientagen
Mai·de, -n *w.* Mühe, Anstrengung; **dat is de ~ nich wääd** die Anstrengung lohnt sich nicht
Mai·deln *ON* Metelen
Mai·düörs·ker, -s *m. tech. agr.* Mähdrescher
mai·en *ZW agr.* mähen, Getreide oder Gras schneiden
Mai·er, -s *m. agr.* Mäher
Mai·gang, Mai·gän·ge *m. trans.* Maigang, Spaziergang vornehmlich am ersten Mai
Mai·gräs *s. o.Mz. bot. agr.* zum Mähen geeignetes Gras
Mai·gröön *s. o.Mz. bot.* erste grüne Blätter an Bäumen und Sträuchern
Mai·ka·wel, -n *m. zool.* Maikäfer
Mai·kra·bats, -en [Mai·kra·bat·sen] *m. zool.* Maikäfer
Mai·maond, -e [Mai·maon·de] *m. tem.* Monat Mai
Mai·ma·schien, Mai·ma·schinen *w. tech. agr.* Mähmaschine
mai·meln *ZW met.* fein regnen
Mai·moos *s. o.Mz. bot.* Melde
mai·ne meine Güte!
Mai·nen *s. o.Mz. psy.* Ansicht
mai·nen *ZW* 1. *psy.* meinen, der Ansicht sein, annehmen, glauben, vermuten; 2. *psy.* lieben, schätzen; **sik ~** *psy.* sich wichtig nehmen, von sich eingenom-

men sein, selbstbewusst sein
Mai·nung, -en [Mai·nun·gen] *w. psy.* Meinung
Mai·riän·gen *m. o.Mz. met.* Mairegen, *übertr. met.* warmer Regen
Mai·sü·ke *w. o.Mz. med.* Frühjahrsmüdigkeit
Mai·tiet, Mai·ti·ten *w. tem. agr.* Mähzeit, Zeit zum Mähen
Mai·tië·we, -n *w. zool.* Maikäfer
Mai·wies·ke, -n *w. agr.* Wiese im Mai, *übertr.* mit Blumen übersäte Wiese
mak, macke, -n [mak·ke] *EW med.* schwach, müde
Mak, Macken [Mak·ken] *w.* 1. *psy.* Macke, Tick; 2. *psy.* Makel, *tech.* Defekt
ma·ken *uZW* machen, herstellen, schaffen, zubereiten, anfertigen; unternehmen, durchführen; **hai·a ~** *med.* schlafen; **sik ~** sich positv entwicklen
Ma·kels·man, Ma·kels·lü·de *m. fin.* Makler, Kaufvermittler
Ma·ker, -s *m. tech.* Macher, Hersteller
mak·lik, mak·licke, -n [mak·lik·ke] *EW* behaglich, bequem, gemächlich
mäk·lik, mäk·licke, -n [mäk·lik·ke] *EW med.* schwächlich, verfallen, *biol.* welk
mak·si·me·ern *ZW* maximieren
mal, -·le, -·len *EW psy.* albern, wunderlich, verrückt
ma·lat, -·te, -·ten *EW med.* erschöpft, kränklich; müde
Ma·les·se, -n *w.* Missgeschick, Schwierigkeit, Problem (*frz.* malaise)
mal·len *ZW psy.* herumalbern, toben, sich albern benehmen
Mal·müël, -en [Mal·müë·len] *w. tech.* schnell drehendes Karussell
mal·mün·nig, -e, -en [mal·mün·ni·ge] *EW jur.* unmündig
Ma·löör, -s *s.* Malheur, Missgeschick, Schaden, Unglück, Unfall (*frz.* malheur); *übertr.* ungewolltes Kind
Ma·löör·ken, Ma·löör·kes *s.*

Missgeschick; *übertr.* ungewolltes Kind
ma·lö·ren *ZW* auf Unglück
hinauslaufen, verunglücken;
Pech haben (*frz.* avoir un
malheur)
ma·lö·rig, -e, -en [ma·lö·ri-
ge] *EW* verunglückt
Ma·me·la·de, -n *w. kul.* Marmelade
Ma·me·la·den·em·mer, -s *m.*
tech. Marmeladeneimer
Ma·mel·steen, Ma·mel·ste·ne
m. geol. Marmor
Ma·mert. *VN* Mamertus
Mam·ma, -s *w.* Mutter, Mama
män *BW* nur; aber, doch,
jedoch; ~ **to!** nur los!
Man, Mans·lü, -·de *m.* Mann,
Mensch; Ehemann
Ma·ne, -n *w. zool.* Made
**ma·ne·er·lik, ma·ne·er·licke,
-n** [ma·ne·er·lik·ke] *EW psy.*
manierlich
Ma·ne·ern *Mz. psy.* Benehm-
men, Manieren
Män·gel, -s *s. tech.* Hohlmaß (½ Liter)
Man·gel·holt, Man·gel·höl·ter
s. tech. Mangelbrett zum
Glätten von Wäsche
män·geln *ZW tech.* vermengen, vermischen, mischen;
psy. sich einmischen
Mäng·sel, -s *s.* Gemenge,
Gemischtes; Durcheinander
mank *VW* zwischen, unter;
UW dazwischen; darunter
man·ke·ern *ZW* mangeln,
Mangel leiden
Män·ken, Män·kes *s.* Männchen, *zool.* männliches Tier
Mank·käörn *s. o.Mz. agr.*
Mischgetreide, Mischfutter
Mank·moos *s. o.Mz. kul.* Zusammengekochtes, Eintopf
mank, -e, -en [man·ke] *FW*
manch
mankst, manks·ten *VW tem.*
manchmal; **manks·ten mä-
er** *tem.* häufiger, öfter
män·lik, män·licke, -n [män·
lik·ke] *EW biol.* männlich
Män·ne·ken, Män·ne·kes *s.*
Männlein; **Män·ne·kes maken** *jur.* krumme Sachen
machen
Man·nel, -n *w. bot., med.*
Mandel; **an'ne ~n häb·ben**
med. Mandelentzündung ha-

ben; **kan·de·er·te ~** *w. kul.*
gebrannte Mandel
**Man·nel·baum, Man·nel·bai-
me** *m. bot.* Mandelbaum
man·ne·pu·le·ern *ZW psy.,
tech.* beeinflussen, manipulieren, gezielt steuern
man·nig, -e, -en [man·ni·ge]
EW manch, viel, unbe-
stimmte Menge oder Größe
**man·nig·een, man·nig·e·ne,
-n** *FW* mancher, manch
einer
man·nig·maol *UW tem.*
manches Mal, manchmal,
zuweilen; oft, häufig
Man·no·me·ter! Menschenskind!
Mans noog *psy.* stark genug, mutig, beherzt, couragiert
Man·schet·ten *Mz. psy.* Angst
Man·schiäs·ter *ON* Manchester
Man·schiäs·ter·büks, -en
[Man·schiäs·ter·bük·sen] *w.*
Manchesterhose, Hose aus
kräftigem Rippensamt
**Man·schiäs·ter·dook, Man-
schiäs·ter·dö·ker** *s. tech.*
Manchesterstoff
Man·schup, -·pen *w.* Arbeitsgruppe, *spo.* Mann-
schaft, Team
mans·dul, -·le, -·len *EW psy.*
mannstoll
mans·ken *ZW* manschen
Mans·mensk, -en [Mans-
mens·ken] *s.* Mannsperson
(abfällig)
Man·tel, Män·tel *m.* Mantel
Man·tel·bräd, Män·tel·briä·der
s. tech. Wandgarderobe
**Man·tel·stok, Man·tel·stök-
ke** *m. tech.* vorn und hinten offener Kleiderschrank
mit Haken, Garderobe
Ma·nüö·wer, -s *s. mil.* Manöver
maol *UW* mal, einmal; **dao
was äs ~...** es war einmal...
Maol, Mäö·le *s.* 1. Mal, Zeichen; 2. *kul.* Mahl, Festessen
mao·len *ZW* 1. *tech.* mahlen, zerkleinern, zerreiben;
2. *tech., mus.* malen, zeichnen, anstreichen
Mao·ler, Mao·lers *m. tech.,
mus.* Maler, Anstreicher
Mao·le·ri, -·en *w. mus.* Malerei

Mao·ler·kiel, -s *m.* Malerkittel
Mao·ler·mes·ter, -s *m. tech.*
Malermeister
Maol·gang, Maol·gän·ge *m.
tech.* Mahlgang
Maol·möl·ler, -s *m. agr. tech.*
Getreidemüller
maol·nië·men *uZW math.*
malnehmen, multiplizieren
Maol·sand, Maol·sän·ne *m.
geol.* Mahlsand, sehr feiner
Sand
Maol·sel, -s *s. mus.* Malerei,
Gemälde
Maol·tiet, Maol·ti·ten *w. kul.*
Mahlzeit, Essen; *tem.* Zeit
zum Essen
Maon *m. o.Mz. bot.* Mohn
Maond, -e [Maon·de] *m.
astr.* 1. Mond; 2. *tem.* Monat
Mao·nat, -e [Mao·na·te] *m.
tem.* Monat; **jer·ren ~** monatlich *tem.*
**mao·nat·lik, mao·nat·licke,
-n** [mao·nat·lik·ke] *EW tem.*
monatlich
**Mao·nats·blad, Mao·nats·
bliä·der** *s. kult.* Monatsblatt, Monatszeitschrift, Magazin
**Mao·nats·bläd·ken, Mao·
nats·bläd·kes** *s. kult.* abfällig für Monatszeitung
Maond, -e [Maon·de] *m.* 1.
astr. Mond; 2. *tem.* Monat;
äch·ter'n ~ sien *übertr. psy.*
rückständig sein; **to·gaon-
den ~** *astr.* zunehmender
Mond; **af·gaon·den ~** *astr.*
abnehmender Mond; **e·nen
üm dän an·nern ~** *tem.*
alle zwei Monate, zweimo-
natlich
Maon·dag, -e [Maon·da·ge]
m. tem. Montag; **blao·en ~**
tem. Montag der Karwoche
maon·dags *UW tem.* montags; **~ wät nich wiär·ken·
olt** was man montags be-
ginnt, endet nicht gut (Aberglaube)
Maond·kalw, Maond·käl·wer
s. psy. dumme Person
Mäönd·ken, Mäönd·kes *s.
astr.* kleiner Mond (verniedi-
lichend)
Maond·lecht *s. o.Mz. astr.*
Mondlicht
maond·lecht, -e, -en [maond-
lech·te] *EW* mondhell
Maond·schien *m. o.Mz. astr.*

Mondschein
mao·nen *ZW psy.* mahnen
Maot, -e [Mao·te] *s.* Maß, Teilstück; Mengenmaß, Längenmaß; ~e **sät·ten** Maßstäbe setzen; **aon** ~e *psy.* maßlos; **üö·wer al·le** ~e über alle Maßen
mao·te *EW* passend; geneigt zu, fähig
Mao·te, Mäö·te *w.* Wabe
Mao·ter, -n *w.* Marter
mao·tern *ZW* martern
mao·tert, -e, -en [mao·terte] *EW* gemartert
mäö·tig, -e, -en [mäö·ti·ge] *EW* mäßig, wenig; genau passend, im Maß
mäö·ti·gen *ZW psy.* mäßigen
mäöt·ken *ZW tech.* probierendes Messen
Maot·li·ne, -n *w. tech.* Messleine
Maot·stok, Maot·stöcke [Maot·stök·ke] *m. tech.* Messstab, Messlatte
Mäp·ken, Mäp·kes *s. tech.* Etui
Map·pe, -n *w. med.* Gesicht (abfällig); **wat an'ne** ~ **haun** ins Gesicht schlagen
ma·ra·chen *ZW* schwer arbeiten, abmühen
Mar·bek *ON* Marbeck
mä·re *FW* mehrere, einige
mä·ren·deels *UW* beinahe
Mar·gen·blo·me, -n *w. bot.* Marienblume, Gänseblümchen
Mar·gen·blööm·ken, Margen·blööm·kes *s. bot.* Marienblümchen
Ma·ri *VN* Maria
Ma·ri·a Veen *ON* Maria Veen
Ma·ri·ä-Ge·buorts-Markt *m. fin.* Mariä-Geburts-Markt (in Telgte)
Ma·ri·en·beld, Ma·ri·en·beller *s. rel.* Marienbild
Mar·jän·ken *VN* Mariannchen
Mar·jän·ne *VN* Marianne
Mar·jo Maria und Josef! (Ausruf der Verwunderung)
Mark, en [Mar·ken] *w.* 1. *fin.* Mark (Währungseinheit); 2. *agr.* Mark, landwirtschaftlich genutzte Bodenfläche
Mar·ken·deel·ge *w. o.Mz. agr. jur.* Markenteilung
Mar·ko·le, -n *w. zool.* Hä-

her, Eichelhäher
Markt, Miärk·te *m. fin.* Handelsplatz, Markt
Markt·dag, -e [Markt·da·ge] *m. tem.* Markttag
Markt·stiär, -n *w. fin.* Handelsplatz, Marktplatz
mar·sche·ern *ZW trans.* marschieren
Marsk, Miärs·ke *m. trans., mus.* Marsch
Marsk·mus·sik *w. o.Mz. mus.* Marschmusik
Mär·ter·doom *s. o.Mz. rel.* Märtyrertum
Mär·te·rer, -s *m. rel.* Märtyrer
mas, -·se, -·sen *EW psy.* froh, lustig, stolz
Mas·biär·gen *ON* Marsberg
Ma·schien, Ma·schi·nen *w. tech.* Gerät mit Funktionen; Kochherd; Motor; **e·lek·tris·ke** ~ *w. tech.* Elektromotor
Ma·schi·nen·huus, Ma·schi·nen·hü·ser *s. arch. tech.* Maschinenhaus
Ma·schi·nen·in·nus·tri, -·en *w. tech.* Maschinenbauindustrie
Ma·schi·nen·lai·er, -s *m. tech.* Maschinenführer
Ma·schi·nen·ma·ker, -s *m. tech.* Maschinenbauer
Ma·schi·nen·mes·ter, -s *m. tech.* Maschinenmeister
Mä·se, -n *w. med.* Hinterteil (derb); **Blau·de** ~n **Teaoter** *s.* Striptease
Mas·ke, -n *w.* 1. Maske; *übertr. psy.* Schelm; 2. *tech.* Masche; *übertr.* Mode
mas·ke·ern *ZW* maskieren, verkleiden, vermummen
mas·ke·ert, -e, -en [mas·ke·er·te] *EW* maskiert, verkleidet, vermummt
Mas·ken·draod, Mas·ken·dräö·de *m. tech.* Maschendraht
Mas·ken·draod·tuun, Mas·ken·draod·tü·ne *m. tech.* Maschendrahtzaun
Mas·ke·rao·de, -n *w. mus.* Maskerade, Maskenball
mas·se *EW* viel
Mas·sel *m. o.Mz.* Glück, Dusel
Mas·sen·wao·re, -n *w.* Massenware
mas·sen·wies, mas·sen·wi·se

UW massenhaft, in großen Massen, in großer Menge
mas·sig, -e, -en [mas·si·ge] *EW* massiv
Mä·ten *m. o.Mz. tem.* März
Mä·ten·dag, -e [Mä·ten·da·ge] *m. tem.* Märztag
Mä·ten·gait·ling, -e [Mä·ten·gait·lin·ge] *m. zool.* Amsel, Schwarzdrossel
Mä·ten·kat·te, -n *w. zool.* Märzkatze, Katze in der Paarungszeit
Mä·ten·sun·ne, -n *w. met.* Märzsonne
Mä·ten·vi·ööl·ken, Mä·ten·vi·ööl·kes *s. bot.* März-Veilchen
Ma·ter·nao·le, -n *w. bot.* Viola matronalis (Veilchenart)
Ma·tri·aol, -e [Ma·tri·ao·le] *s.* Material
Ma·truo·se, -n *m. naut. trans.* Matrose
Mat·tes *VN* Matthias
Mät·te·ri, -·en *w. psy.* Koketterie
mät·te·rig, -e, -en [mät·te·ri·ge] *EW psy.* in selbstgefälliger Weise, kokett
mau, -·e, -·en *EW* dürftig, kläglich, mittelmäßig; *med.* unwohl, schlecht, übel
Mau, -en *w.* Ärmel, Hemdsärmel, Armschoner für die Erntearbeit; **wat in'ne** ~ **häb·ben** *med.* stark sein, kräftig sein
mau·en *ZW* miauen (Katze)
Mau·en·fri·e·ri, -·en *w. psy.* aussichtslose kurze Liebschaft, Flirt
Max-Clemes-Kanaol *m. tran.* Max-Clemens-Kanal
me·chaansk, -e, -en [me·chaans·ke] *EW tech.* mechanisch
Me·chel *VN* Mechthild
Mecker·sië·ge, -n [Mek·ker·sië·ge] *w. zool.* Bekassine
Me·dal·ge, -n *w.* Medaille
Med·dag, -e [Med·da·ge] *m. tem.* Mittag, Mittagspause; ~ **ma·ken** Mittagspause einlegen
Med·dag·iä·ten *s. kul.* Mittagessen
med·dags *UW tem.* mittags
Med·dags·disk, -e [Med·dags·dis·ke] *m. kul.* Mittagstisch,

tech. kul. Tisch mit dem Mittagessen

Med·dags·het·te, -n *w. met.* Mittagshitze

Med·dags·lü·den *s. o.Mz. rel.* Mittagsläuten

Med·dags·pot, Med·dags·pöt·te *m. kul.* Mittags(gemüse)topf

Med·dags·slaop, Med·dags·slää·pe *m. med.* Mittagsschlaf

Med·dags·stun, -·nen *w. tem.* Mittagsstunde

Med·dags·tiet, Med·dags·ti·ten *w. tem.* Mittagszeit, Mittag

Med·dags·tog, Med·dags·tüö·ge *m. trans.* Mittagszug

Me·der·nacht *w. o.Mz. tem.* Mitternacht

Med·sien, Med·si·nen *w. med.* Medizin, Arznei

Med·sien·man, Med·sien·lü·de *m. med.* Medizinmann; *übertr.* Arzt

Med·sien·pül·ken, Med·sien·pül·kes *s. tech. med.* Medizinflasche

Med·sien·schap, Med·sien·schiä·pe *s. tech. med.* Medizinschrank

med·siensk, -e, -en [med·siens·ke] *EW med.* medizinisch

me·en *ZW fin.* in Dienst nehmen, jemd., gegen Lohn zeitweise einstellen; *fin.* mieten; *psy.* meiden

Meen·eed, Meen·e·de *m. jur.* Meineid, falscher Eid

Meer, Me·re *s. geol.* See

Meers·ke, -n *w. agr.* Meierin, Frau des Schulzen

Meer·swien·ken, Meer·swien·kes *s. zool.* Meerschweinchen

meer·üm·slun·gen, -e, -en [meer·üm·slun·ge·ne] *EW* meerumschlungen

Mees·ken, Mees·kes *s. zool.* kleine Meise

Melk *w. o.Mz. kul.* Milch

melk wä·ern *med.* kalben (Kuh)

mel·len *ZW* melden, bestellen, mitteilen, kundtun; **sik ~** sich anmelden

Mel·len·duorp *ON* Mellendorf

Mel·lung, -en [Mel·lun·gen] *w.* Meldung

me·loodsk, -e, -en [meloods·ke] *EW mus.* melodisch

Men·nen *ON* Menden

Mensk, -en [Mens·ken] *m. und s.* Mensch, Person

Mens·ken·friä·ter, -s *m.* Menschenfresser, Kannibale

Mens·ken·fröd, -e [Mens·ken·frön·de] *m. psy.* Menschenfreund, Philantrop

Mens·ken·knöp·ken, Mens·ken·knöp·kes *s.* Mensch, Kleinkind, Baby (Menschenknospe)

Mens·ken·müeg·licke [Mens·ken·müeg·lik·ke] *s. o.Mz.* Menschenmögliche

mens·ken·müeg·lik, mens·ken·müeg·licke, -n [mens·ken·müeg·lik·ke] *EW* menschenmöglich

Mens·ken·ol·ler *s. o.Mz. psy.* Menschenalter

mens·ken·schü, -e, -en *EW psy.* menschenscheu

Mens·ken·slag, Mens·ken·sliä·ge *m.* Menschenschlag

Mens·ken·suon *m. o.Mz. rel.* Menschensohn, Jesus

Mens·ken·wiärk, -e [Mens·ken·wiär·ke] *s.* Menschenwerk

mensk·lik, mensk·licke, -n [mensk·lik·ke] *EW psy.* menschlich, human

Mer·feld *ON* Merfeld

Mes *m. o.Mz. biol.* Mist, *übertr.* Dünger; **~ ma·ken** Unfug machen; **up'n ~ smi·ten** auf den Mist werfen, *übertr.* in den Abfall werfen, wegwerfen

me·schant, -e, -en [me·schan·te] *EW psy.* verächtlich (*frz.* méchant)

Me·se, -n *w. zool.* Meise, *bes.* Kohlmeise

Me·sem *ON* Mesum

Mes·fal, Mes·fiä·le *s. agr.* Mistgrube

Mes·flai·ge, -n *w. zool.* Mistfliege, Dungfliege

Mes·fuor·ke, -n *w. tech. agr.* Mistgabel mit drei Zinken

Mes·gre·pe, -n *w. tech. agr.* Mistgabel mit vier Zinken

Mes·häcker, -s [Mes·häk·ker] *m. tech. agr.* Hacke mit Zinken für Mist

Mes·ha·ken, -s *m. tech. agr.* Misthaken

Mes·haup, Mes·hai·pe *m. agr.* Misthaufen, Dunghaufen

Mes·hook, Mes·hö·ke *m. agr.* Mistecke; *übertr. hyg.* Dreckecke

Mes·im·me, -n *w. zool.* Mistbiene

Mes·kääl, -s *m. psy.* Mistkerl, Mann der sich gegenüber seiner Freundin oder Frau unanständig verhält

Mes·kaor, Mes·käörs *w. agr. trans.* Mistkarre

Mes·ka·wel, -s *m. zool.* Mistkäfer

Mes·ke·de *ON* Meschede

Mes·klucke, -n [Mes·kluk·ke] *w. tech. agr.* mit Mist bedeckter Korb zum Wärmen von jungen Küken

Mes·kuul, Mes·ku·len *w. agr.* Mistgrube

mes·nat, -·te, -·ten *EW* klatschnass

mes·sen *ZW agr.* ausmisten, Mist beseitigen; Mist ausstreuen, düngen

Mes·ser·ken, Mes·ser·kes *s. tech.* kleines Messer, Schälmesser

Mes·ser·ken·smi·ten *s. o.Mz. spo.* Messerwerfen (Jungenspiel)

Mes·strai·er, -s *m. agr. tech.* Miststreuer

Mest, Mes·sers *s. tech.* Messer, Schneide, Schneidwerkzeug; **un·ner't ~ kuë·men** *med.* operiert werden; **un·ner't ~ nië·men** *med.* operieren

Mes·ter, -s *m.* Meister, *bes. tech.* Handwerksmeister; *kult.* Lehrer, Schulmeister

Mes·ter·breew, Mes·ter·brewe *m.* Meisterbrief

Mes·ter·hand, Mes·ter·hän·ne *w.* Meisterhand

Mes·te·rin, -·nen *w.* Meisterin

Mes·ter·ken, Mes·ter·kes *s.* abfällig für Meister

mes·ter·lik, mes·ter·licke, -n [mes·ter·lik·ke] *EW* meisterhaft

mes·tern *ZW* meistern

Mes·ter·schup, -·pen *w. spo.* Meisterschaft

Mes·ters·ke, -n *w.* Frau des

Meisters
Mes·ter·stük, Mes·ter·stücke
[Mes·ter·stük·ke] *s. tech.*
Meisterstück; Höchstleistung
(auch im negativen Sinn)
Mes·ter·wiärk, -e [Mes·ter·
wiär·ke] *s.* Meisterwerk
**Mes·vüör·laup, Mes·vüör·
lai·pe** *m. tech. agr.* Vorschäler beim Pflug um Mist
in die Furche zu legen
Mes·wa·gen, Mes·wiä·gen *m.*
agr. trans. Mistwagen, Wagen zum Mistfahren
met *VW UW* mit
Met, -ten *s. kul.* Hackfleisch,
Wurstfleisch
Me·tal, -·le *s. chem.* Metall
Me·tal·in·nus·tri, -en *w. tech.*
Metallindustrie
met·ar·bai·den *ZW* mitarbeiten
Met·ar·bai·der, -s *m.* Mitarbeiter, Beschäftigter
met·be·liä·wen *ZW* miterleben, mitmachen (Strapazen)
met·biä·den *ZW rel.* mitbeten, am Gebet beteiligen
met·brän·gen *uZW* mitbringen; schen
Met·bräng·sel, -s *s.* Andenken, Mitbringsel, Sou-
venir; Geschenk bei Besu-
chen
met·bru·ken *uZW* mitgebrauchen, mitbenutzen
met·däm *UW* unterdessen
met·dan·sen *ZW mus.* mittanzen
Met·dän·ser, -s *m. mus.* Mittänzer
Met·dän·se·rin, -·nen *w. mus.*
Mittänzerin
met·de·len *ZW* mitteilen,
jemd. informieren
met·de·wiel, met·de·wi·le *BW*
UW tem. mittlerweile, allmählich, inzwischen, unterdessen
met·doon *uZW* mitgeben;
mitmachen, sich beteiligen
met·driä·gen *uZW* mittragen
met·drin·ken *uZW kul.* mittrinken
met·eens *UW tem.* gleichzeitig, plötzlich
Met·end·ken, Met·end·kes *s.*
kul. lufttrockene Mettwurst
met·e·neen *UW* miteinander, gemeinsam, zusammen
Me·ter, -s *m. und s. tech.*

Meter
met·fal·len *uZW* ausfallen
(gut oder schlecht), gelingen, glücken; Schritt halten
met·fan·gen *uZW* mitfangen;
~, -e, -en [met·fan·ge·ne]
EW mitgefangen
met·fi·ern *ZW* mitfeiern
met·fö·ern *uZW trans.* mitfahren
met·fö·len *uZW psy.* mitfühlen
Met·fö·len *s. o.Mz. psy.* Mitgefühl
met·föölsk, -e, -en [met·fööls-
ke] *EW psy.* mitfühlend
met·frai·en (sik) *ZW psy.* sich
mitfreuen
Met·gän·ger, -s *m.* Weggefährte; ~s *Mz.* Gefolge,
Tross
met·gaon *uZW* mitgehen
Met·ge·fööl *s. o.Mz. psy.*
Mitgefühl, Mitleid, Mitempf-
finden, Anteilnahme
met·giё·wen *uZW* mitgeben; e·nen ~ *übertr. psy.*
bloßstellen
Met·giwt, -en [Met·giw·ten]
w. fin. Mitgift
met·hän *UW BW* also
met·han·gen *uZW* mithängen; ~, -e, -en [met·han-
ge·ne] *EW* mitgehangen
met·häö·ern *ZW* mithören,
abhören
met·hel·pen *uZW* mithelfen
met·hol·len *uZW* mithalten
Met·höl·pe, -n *w.* Mithilfe,
Unterstützung
Met·höl·per, -s *m.* Mithelfer
met·iä·ten *uZW kul.* mitessen
met·kri·gen *uZW* mitbekommen, abbekommen; *psy.*
bemerken
met·kuё·men *uZW* mitkommen
met·kü·ern *ZW* mitreden,
mitbestimmen
met·kuo·ken *ZW* mitkochen
met·lä·ern *ZW kult.* mitlernen
Met·lai·per, -s *m.* Mitläufer
met·lau·pen *uZW* mitlaufen
met·le·dig, -e, -en [met·le-
di·ge] *EW psy.* mitleidig
Met·leed *s. o.Mz. psy.* Mitleid
met·liё·wern *ZW* mitliefern
Met·luut, Met·lu·te *m.* Mitlaut, Konsonant
met·ma·ken *uZW* mitmachen; *psy., med.* durchma-

chen, erleiden
Met·ma·ker, -s *m.* Mitmacher,
Aktive(r)
met·mis·ken *ZW psy.* mitmischen, beteiligen
met·nan·ner *UW* miteiander
met·niё·men *uZW* mitnehmen
met·prao·ten *ZW* mitreden,
an einem Gespräch beteiligen
met·riä·ken *ZW math.* mitrechnen
Met·schö·ler, -s *m. kult.* Mitschüler
met·schri·wen *uZW* mitschreiben, notieren, protokollieren
Met·schriwt, -en [Met·schriw-
ten] *w.* Mitschrift, Notiz, Protokoll
Mets·geld, Mets·gel·ler *s. fin.*
Mietgeld, Miete
Mets·hä·er, -ns *m. fin.* Mietsherr
Mets·huus, Mets·hü·ser *s.*
arch. Mietshaus
met·sin·gen *uZW mus.* mitsingen
met·sliё·pen *ZW trans.* mitschleppen
met·spiё·len *ZW mus., spo.*
mitspielen
Met·spiё·ler, -s *m. mus., spo.*
Mitspieler
Met·sprao·ke *w. o.Mz.* Mitsprache, Mitbestimmung
Met·sti·der, -s *m.* Mitstreiter
met·täl·len *ZW* mitzählen
Met·te, -n *w. fin.* Miete
met·ten *ZW fin.* vermieten
Met·ter, -s *m. fin.* Mieter
Met·tin·gen *ON* Mettingen
met·trecken [met·trek·ken]
uZW mitziehen
met·un·ner *UW tem.* mitunter, manchmal
met·vö·dai·nen *uZW fin.*
mitverdienen
Met·wiält *w. o.Mz. biol., met.*
Umwelt
met·wiels *UW tem.* mittlerweile
Met·wuё·nung, -en [Met·wuё-
nun·gen] *w.* Mietwohnung
Met·wuorst, Met·wüörs·te
w. kul. Mettwurst; **fris·ke ~**
w. kul. frische Mettwurst
met·wür·ken *ZW* mitwirken
mi *FW* mir, mich
Mi·a *VN* Maria

Miäg·de·ka·mer, -n *w. arch.* Schlafzimmer für die Mägde
Miä·kel, -s *m. arch.* Mittelpfosten der Tennentür
miä·keln *ZW psy.* mäkeln, meckern
miä·ken *ZW psy.* merken, bemerken; *med.* verspüren, fühlen; *psy.* einprägen
miäk·lik, miäk·licke, -n [miäk·lik·ke] *EW* merklich
Miäl, -e [Miä·le] *s. kul.* Mehl
Miäl·bri *m. o.Mz. kul.* Mehlbrei
Miäl·büül, -s *m. tech.* Mehlbeutel
Miäl·düp·pe, -n *w. tech.* Mehldose, Mehlkanne
Miäl·fat, Miäl·fiä·ter *s. tech.* Mehlfass
Miäl·han·nel *m. o.Mz. fin.* Mehlhandel
miä·lig, -e, -en [miä·li·ge] *EW* mehlig
Miälk, -e [Miäl·ke] *w. o.Mz. kul.* Milch; **af·lao·ten** ~ *w. kul.* Magermilch; **sö·te** ~ *w. o.Mz. kul.* Vollmilch; ~ **üö·wer·drain** *kul.* Milch zentrifugieren, Rahm abtrennen; **niks in'ne** ~ **to krüë·meln häb·ben** nichts in die Milch zu krümeln haben; *übertr. fin.* arm sein; wenig hilfreich sein; **üör is de** ~ **su·er wuor·den** *übertr. psy.* sie ist schwierig im Umgang, weil sie kinderlos ist; **ko·tit·wa·me** ~ *w. kul.* frisch gemolkene Mich
Miälk·bank, Miälk·bän·ke Gestell für Milchkannen
Miälk·braid·ken, Miälk·braid·kes *s. kul.* Milchbrötchen
Miälk·braud, Miälk·brai·de *s. kul.* Milchbrot
Miälk·bu·er, -n *m. agr.* Milchmann; auf Milchwirtschaft ausgerichteter Bauer
Miälk·buk, Miälk·bücke [Miälk·bük·ke] *m. tech. agr.* Melkschemel
Miälk·düp·pe, -n *w. tech.* Milchkanne
Miälk·em·mer, -s *m. tech. agr.* Milcheimer
miäl·ken *ZW agr.* melken; *übertr.* aussaugen, ausplündern, *bes. fin.* Geld abnehmen
Miäl·kens·tiet, Miäl·kens·ti-

ten *w. agr. tem.* Melkzeit, Zeit zum Melken
Miäl·ker, -s *m. agr.* Melker
Miälk·fat, Miälk·fiä·ter *s. tech.* Milchfass
Miälk·fet, -te *s. agr.* Melkfett
Miälk·geld, Miälk·gel·ler *s. fin.* Milchgeld, Geld zur Bezahlung der Milch
Miälk·hook, Miälk·hö·ke *m. agr.* Melkecke
Miäl·kist, Miäl·kis·ten *w. tech.* Mehlkiste
Miälk·ka·mer, -n *w. arch. agr.* Milchkammer, Milchküche
Miälk·kan, -·nen *w. tech.* Milchkanne
Miälk·kaor, -en [Miälk·kao·ren] *w. trans.* Milchkarre, Karre zum Transport von Milchkannen
Miälk·ko, Miälk·kö·e *w. zool.* Milchkuh
Miälk·kof·fi, -es *m. kul.* Milchkaffee
Miälk·köp·ken, Miälk·köp·kes *s. tech. kul.* Milchschale
Miälk·kümp·ken, Miälk·kümp·kes *s. tech. kul.* Milchschälchen
Miälk·nap, Miälk·näp·pe *m. tech. kul.* Milchschale
Miälk·pot, Miälk·pöt·te *m. tech. kul.* Milchtopf
Miälk·pül·ken, Miälk·pül·kes *s. tech. kul.* Milchfläschchen, Babyflasche
Miälk·pül·ken, Miälk·pül·le·kes *s. tech. kul.* Milchfläschchen, Babyflasche
Miälk·pul·le, -n *w. tech.* Milchflasche
Miälk·schaop, Miälk·schäö·pe *s. zool. agr.* Milchschaf
Miälk·schap, Miälk·schiä·pe *s. tech.* Milchschrank; *übertr. med.* Frauenbrust (derb)
Miälk·schüë·del, -n *w. tech. kul.* Milchschüssel
Miälk·sop·pen, -s *m. kul.* Gemenge aus Milch und Nudeln
Miälk·stand, Miälk·stän·ne *m. agr. tech.* Milchstand, Vorrichtung um zu melkende Tiere am Weglaufen zu hindern
Miälk·strao·te, -n *w. astr.* Milchstraße
Miälk·sucker [Miälk·suk·ker] *m. o.Mz. kul.* Milchzucker

Miälk·sup, -·pen *w. kul.* Milchsuppe
Miälk·tan, Miälk·tiä·ne *m. med.* Milchzahn
Miälk·ve *s. o.Mz. agr.* Milchvieh
Miälk·wa·gen, Miälk·wiä·gen *m. trans.* Milchwagen
Miälk·wicht, -er [Miälk·wichter] *s. agr.* Milchmädchen, Magd
Miäl·möl·ler, -s *m. agr. tech.* Mehlmüller, Getreidemüller
Miäl·pap, Miäl·päp·pe *m. kul.* Mehlbrei
Miäl·rän·gel, -s *m. kul.* Leberwurst mit viel Mehl
Miäl·sak, Miäl·siä·ke *m. tech.* Mehlsack
Miäl·schöp·per, -s *m.* Mehlkelle
Miäl·siëwt, -e [Miäl·siëw·te] *s. tech.* Mehlsieb
Miäl·swal·we, -n *w. zool.* Mehlschwalbe
Miäl·tun·ne, -n *w. tech.* Mehltonne, Mehlfass
Miäl·wuorm, Miäl·wüör·mer *m. zool.*
Miär, -en [Miä·ren] *w.* 1. *zool.* Mähre, Stute; 2. *mus.* Märchen, Sage
Miär·gel *m. o.Mz. geol.* Mergel
Miär·gen·feld *ON* Marienfeld
Miärs·ke, -n *w. geol.* feuchtes Gelände (Marschen), Fruchtland
Miär·sööt·blo·me, -n *w. bot.* Sumpfspiräe
miärst *UW* meist, am meisten; meistens, beinahe, gewöhnlich; annähernd
miärst·bai·dend, -e, -en [miärst·bai·den·de] *EW fin.* meistbietend
miärst·deels *UW* meistenteils
miärst·tiet, -s *UW* meistens, hauptsächlich
miä·ten *uZW tech.* messen, abmessen, vermessen, Maß nehmen; **dän Puckel** ~ *übertr.* verprügeln; **to miä·ten** messbar
Miä·ter, -s *m. tech.* Vermesser, jemd., der Maße ermittelt
Micke, -n [Mik·ke] *w.* 1. *tech.* Pfahlstütze; 2. *kul.* hartes

Brot, Brotkruste

micke·rig, -e, -en [mik·ke·ri·ge] *EW* schwächlich, kränklich; winzig, kümmerlich, klein

Mid·de *w. o.Mz.* Mitte, Mittelpunkt

mid·del, -e, -en *EW* mittel

Mid·del, -s *s.* Mittel, Hilfsmittel, *med.* Medikament; *Mz. fin.* Geldmittel

Mid·del·a·si·en *o.Mz. geog.* Mittelasien

Mid·del·düör, -n *w. arch.* Mitteltür, Tür zwischen Diele und Küche

Mid·del·fin·ger, -s *m. med.* Mittelfinger

mid·del·graut, -e, -en [middel·grau·te] *EW* mittelgroß

Mid·del·ken, Mid·del·kes *s. med.* Mittelchen, Mittel mit geringer Wirkung

Mid·del·klas, --sen *w.* Mittelklasse

Mid·del·land·ka·naol *m. o.Mz. naut. trans.* Mittellandkanal

Mid·del·meer *s. geol.* Mittelmeer

mid·deln *ZW* mitteln, in der Mitte aufteilen

Mid·del·ol·ler *s. o.Mz. tem.* Mittelalter

mid·del·öl·ler·lik, mid·del·öl·ler·licke, -n [mid·del·öl·ler·lik·ke] *EW tem.* mittelalterlich

Mid·del·school, Mid·del·scho·le, -n *w. kult.* Mittelschule, Realschule

Mid·dels·man, Mid·dels·män·ner *m.* Mittelsmann, *psy.* Vermittler, Schlichter

Mid·del·maot *s. o.Mz.* Mittelmaß, Durchschnitt

mid·del·mäö·tig, -e, -en [mid·del·mäö·ti·ge] *EW* mittelmäßig

Mid·del·spier, -s *m. bot.* mittlerer Halm

mid·dels·te, -n *EW* mittlere

Mid·del·stri·pen, -s *m. trans.* Mittelstreifen

Mid·del·stük, Mid·del·stük·ker *s.* Mittelstück

Mid·del·wäg, Mid·del·wiä·ge *m.* Mittelweg, Kompromiss

mid·den *UW* mitten, in der Mitte

mid·den·düör *UW* mittendurch

mid·den·in *UW* mittendrin,

dazwischen

mid·de·wäg, -s *UW* in der Mitte des Weges; auf halbem Wege

Mid·de·wiär·ke *w. o.Mz. tem.* Mittwoch

mid·de·wiär·ken, -s *UW tem.* mittwochs

Mid·de·win·ter, -s *m. tem.* Zeit um Weihnachten (Mittwinter); erster Weihnachtstag

Mid·sum·mer, Mid·süm·mers *m. tem.* Mittsommer, Hochsommer

Mieg·am·pe, -n *w. zool.* Ameise

Mieg·am·pen·ai, --ers *s. zool.* Ameisenei

Mieg·am·pen·haup, Mieg·am·pen·hai·pe *m. zool.* Ameisenhaufen

Mieg·am·pen·nöst, -er [Mieg·am·pen·nös·ter] *s. zool.* Ameisennest

mië·ke·lig, -e, -en [mië·ke·li·ge] *EW psy.* ärgerlich

mië·keln *ZW psy.* ärgern, meckern

Miäk·len·biëk *ON* Mecklenbeck

mien, mi·ne, -n *FW* mein, meine

miens·gli·ken *UW* meinesgleichen

miens·hal·wen *UW* meinetwegen

miens·wiä·gen *UW* meinetwegen

Mies, Mi·sen *w. zool.* Katze

mies, mi·se, -n *EW psy.* elend, schlecht

Mies·ken, Mies·kes *s. zool.* Kätzchen

Mi·ge *w. o.Mz. biol.* Urin, Harn

Mi·ge·buk, Mi·ge·bücke [Mi·ge·bük·ke] *m. zool.* Pferd, das bei der Arbeit Wasser lässt

mi·gen *ZW med.* Wasser lassen, urinieren, pinkeln; *übertr. met.* regnen

Mi·ge·wiär *s. o.Mz. met.* Regenwetter

Mi·ke *VN* Maria

Mi·le, -n *w. tech.* Meile (Längenmaß, preußisch: 7.532,5 Meter)

Mi·len·steen, Mi·len·ste·ne *m. tech. trans.* Meilenstein

mi·len·wied, mi·len·wi·de, -n *EW* meilenweit, weit weg

mi·liä·we *UW tem.* in meinem Leben; ~ **nich** *tem.* niemals, nie in meinem Leben

Mil·jar·de, -n *w. ZaW* Milliarde

Mil·jaun, -en [Mil·jau·nen] *w. ZaW* Million

Mil·joon, Mil·jo·nen *w. ZaW* Million

Mil·li·me·ter, -s *m. tech.* Millimeter

Mil·li·täär *s. o.Mz. mil.* Militär

Milt, -e [Mil·te] *w. med.* Milz

Mil·te *ON* Milte

Mil·we, -n *w. zool.* Milbe

min, --ne, --nen *EW* klein, gering, wenig, *psy.* schwach; **min·ner** kleiner; **an mins·ten** am kleinsten

Min·na, Min·nas *w.* Hausmädchen (abfällig); **grö·ne ~** *w. trans. jur.* Polizeiwagen für Gefangene

min·nach·ten *ZW psy.* verachten

min·nach·tig, -e, -en [min·nach·ti·ge] *EW psy.* verächtlich

Min·nach·tung *w. o.Mz. psy.* Verachtung

min·ne·me·ern *ZW* minimieren

Min·nen *ON* Minden

Min·ner·hait, -en [Min·ner·hai·ten] *w.* Minderheit

min·ner·jäö·rig, -e, -en [min·ner·jäö·ri·ge] *EW jur.* minderjährig

Min·ner·jäö·ri·ge, -n *m., s. und w. jur.* Minderjährige(r)

min·nern *ZW* mindern, vermindern, verringern

Min·ne·rung, -en [Min·ne·run·gen] *w.* Minderung

min·ne·se·ern *ZW* verringern

Min·ne·we, -es *s. mus.* Menuett

Min·nis·ter, -s *m. pol.* Minister

Min·nis·te·ri·um, -s *s. pol.* Ministerium

Min·sien *s. o.Mz.* Geringsein

minst, -e, -en [mins·te] *UW* mindest

mins·ten, -s *UW* mindestens

Mint, -en [Min·ten] *m. bot.* Minze

Mi·nu·ten·wi·ser, -s *m. tech. tem.* Minutenzeiger

Mi·nuut, Mi·nu·ten *w. tem.*
Minute

Mir·re, -n *w. bot.* Miere, *bes.*
Vogelmiere

mis *EW* falsch, daneben

Mis, -·se, -·sen *w. rel.* Messe

Mis·book, Mis·bö·ker *s. rel.*
Messbuch

Mi·schet, -s *s. tech.* Trennwand (z.B. im Stall)

Mis·dai·ner, -s *m. rel.* Messdiener

Mi·se·kät·ken, Mi·se·kät·kes
s. 1. *zool.* Miezekätzchen;
2. *bot.* Blüte der Haselnuss

Mi·se·pe·ter, -s *w. psy.*
Griesgram

Mi·se·priem, -s *w. psy.*
Griesgram

mi·se·rao·bel, -e, -en [mi·se-
rao·be·le] *EW* miserabel

Mis·joon, Mis·jo·nen *w.*
Mission, Aufrag

Mis·joons·nun·ne, -n *w. rel.*
Missionsschwester

Mis·joons·pao·ter, -s *m. rel.*
Missionar

Mis·kaorn, Mis·käörns *s. fin.*
rel. Abgabe an die Kirche

mis·ken *ZW* mischen

Mis·ker, -s *m. tech.* Mischer

mis·lik, mis·licke, -n [mis-
lik·ke] *EW psy.* misslich, bedauernswert, schlecht

Mis·se, -n *w. rel.* Messe,
Messfeier

mis·se·dai·nen *uZW rel.*
messdienern

mis·se·doon *uZW rel.* Messe lesen

mis·gaon *uZW* schiefgehen, danebengehen, miss-
glücken

Mis·se·klok, Mis·se·klocken
[Mis·se·klok·ken] *EW tech.*
rel. Glocke die zur Messfeier ruft

Mis·sel, -n *w. bot.* Mispel

Mis·sel·toog, Mis·sel·tö·ge
m. bot. Mispelzweig

Mis·sel·tu·te, Mis·sel·tü·ten
w. bot. Frucht der Mispel

mis·sen *ZW* entbehren, vermissen

Mis·sink *s. o.Mz. tech.* Messing

mis·sinksk, -e, -en [mis-
sinks·ke] *EW tech.* aus
Messing; ~ **kü·ern** *übertr.*
kult. Kauderwelsch reden

Mis·te *ON* Meiste

mis·tru·isk, -e, -en [mis·tru-
is·ke] *EW psy.* misstrauisch

Mis·wien, Mis·wi·ne *m. kul.*
rel. Messwein

Mi·te, -n *w. zool.* Mücke

Mit·tin *VN* Maria-Katharina

Mö·bel·in·nus·tri, -·en *w.*
tech. Möbelindustrie

Mög·wul·gään, -s *m. pys.*
Angeber, Möchtegern

mö·de, -n *EW med.* müde,
erschöpft; **mö·der** müder;
an mööds·ten am müde-
sten

Mo·del, -·le *s.* Modell

mo·del·le·ern *ZW* modellieren

mo·del·le·ert, -e, -en [mo-
del·le·er·te] *EW* modelliert

Mo·der, Mö·ers *w.* Mutter

**Mo·der·buorst, Mo·der·büörs-
te** *w. med.* Mutterbrust

Mo·der·dag, -e [Mo·der·da-
ge] *m. tem.* Muttertag

Mo·der·guods 1. *w. rel.* Muttergottes, 2. *s. rel.* Gegrüßet seist Du Maria (Gebet)

**Mo·der·guods·beld, Mo·der-
guods·bel·ler** *s. rel.* Muttergottesbild

**Mo·der·guods·beld·ken, Mo-
der·guods·beld·kes** *s. rel.*
Muttergottesbildchen, kleines Muttergottesbild

**Mo·der·guods·lämp·ken, Mo-
der·guods·lämp·kes** *s. tech.*
Muttergotteslämpchen; *übertr.*
tech. sehr schwaches Licht

**Mo·der·guods·leed, Mo·der-
guods·le·der** *s. mus. rel.*
Muttergotteslied, Marienlied

Mo·der·guods·let·te·ni, -·en
w. rel. Marienlitanei

Mo·der·guods·pros·jaun, -en
[Mo·der·guods·pros·jau·nen]
w. rel. Marienprozession

Mo·der·hiärt, -e [Mo·der·hiär-
te] *s. psy.* Mutterherz

Mo·der·huus, Mo·der·hü·ser
s. Mutterhaus

Mo·der·lai·we *w. o.Mz. psy.*
Mutterliebe

Mo·der·liew, Mo·der·li·we *s.*
med. Mutterleib

Mo·der·miälk *w. o.Mz. med.*
Muttermilch

Mo·der·piärd, -e [Mo·der-
piär·de] *s. zool.* Mutterpferd, Stute

Mo·der·plan·te, -n *w. bot.*
Mutterpflanze

**Mo·der·schaop, Mo·der-
schäö·pe** *s. zool.* Mutterschaf

Mo·der·schup, -·pen *w.* Mutterschaft

Mo·der·siä·le, -n *w. psy.*
Mutterseele

mo·der·siä·lig, -e, -en [mo-
der·siä·li·ge] *EW psy.* mutterselig; ~ **al·leen** mutter-
seelenallein *psy.*

Mo·der·spraok, -e, -en [Mo-
der·sprao·ke] *w. kult.* Muttersprache

mo·dig, -e, -en [mo·di·ge]
EW psy. mutig, kühn

mö·di·gen *ZW psy.* ermutigen

Mö·dig·kait *w. o.Mz. med.*
Müdigkeit

Mö·e, -n *w.* Mühe, Anstrengung

mö·en *ZW* mühen, plagen

Mo·er·kät·ken, Mo·er·kät·kes
s. zool. Mutterkätzchen,
übertr. psy. gut geratenes
Kind, Liebling der Mutter

Mö·er·ken, Mö·er·kes *s.* 1.
Mütterchen; 2. *zool.* Muttertier, Weibchen

möf·fen *ZW biol.* stinken

mög·gen *ZW psy.* grämen

mok → mot ik muss ich

Mo·les·ten *Mz.* Schwierigkeiten, Probleme

Mol·ke, -n *w. zool.* Falter

Mol·ken·tai·mer, -s *m. zool.*
Nachtfalter

Mol·ken·tö·we·ner, -s *m.*
zool. Nachtfalter

Mol·ke·ri, -·en *w. tech. kul.*
Molkerei

**Mol·ke·schap, Mol·ke·schiä-
pe** *s. tech. agr.* Schrank für
Milch und Milchprodukte

Mol·ke·ti·we, -n *w. zool.*
Schmetterling

Möl·ler, -s *m. tech.* Müller

Möl·le·rin, -·nen *w.* Müllerin

Möl·lers·ke, -s *w.* Müllersfrau

mol·lig, -e, -en [mol·li·ge] *EW*
psy. gemütlich; *med.* dick,
rundlich

Mölm *ON* Mülheim/Ruhr

Mol·muus, Mol·mü·se *w. zool.*
Wühlmaus

Molt, -e [Mol·te] *s. kul.* Malz

Mol·te, -n *w. tech.* Schmel-

ze, Geschmolzenes
mol·ten, -e, -en [mol·te·ne]
EW geschmolzen
Möl·ter, -s *m. tech.* Mälzer
Mol·ter, -s *s. tech.* Malter
(altes Getreidemaß), Preußen: 695,5 Liter
Mol·ter·saot, Mol·ter·säö·te
s. agr. Fläche, die man mit
einem Malter einsäen kann;
entspricht 12 Scheffelsaat
bzw. ca. 12.000m²
Mo·mang, -s *m. tem.* Moment, Augenblick
Mo·narch, -en [Mo·nar·chen]
m. tech. Handwerksbursche
Mon·de·e·rung, -en [Mon-
de·e·run·gen] *w.* Uniform;
Montur, Ausstattung
Mö·ne, -n *w.* Tante, Großtante, alte unverheiratete Frau
Möns·ter *ON* Münster
möns·tersk, -e, -en [möns-
ters·ke] *EW* münsteraner
Möns·ter·land *s. geog.* Münsterland
möns·ter·ländsk, -e, -en
[möns·ter·länds·ke] *EW*
münsterländisch
Möns·ter·län·ner, -s *m.* Münsterländer
Mon·te·e·rer, -s *s. tech.* Monteur
mon·te·ern *ZW tech.* montieren (*frz.* monter)
Mon·te·e·rung, -en [Mon·te-
e·run·gen] *w. tech.* Montierung, Montage
Mood *o.Mz.* 1. *m. psy.* Mut,
Zutrauen, Zuversicht; Lust,
Neigung; Gemüt, Sinn; 2. ~,
Mo·den *w.* Mode; *kult.* Sitte, Brauch; *psy.* Gewohnheit, Angewohnheit
mood·laus, -e, -en [mood-
lau·se] *EW psy.* mutlos, entmutigt
möödsk, -e, -en [mööds·ke]
EW modisch
Mood·wil *m. o.Mz. psy.* Mutwilligkeit
mood·wil·lig, -e, -en [mood-
wil·li·ge] *EW psy.* mutwil-
lig, mit (böser) Absicht
Moor, Mo·re *s. geol.* Sumpf,
Moor
Moor·pluum *m. o.Mz. bot.*
Wollgras
Moos *s. o.Mz.* 1. *bot., kul.*
Mus, Gemüse, (Melde,
Grünkohl, Sauerkraut); 2.

fin. Geld
Moos·plan·te, -n *w. bot.*
Grünkohlpflanze
Moos·strunk, Moos·strün·ke
m. bot. Kohlstängel
Moos·top, Moos·töp·pe *m.*
bot. Kohlbüschel
Mööt, Mö·te *w.* Begegnung,
Treffen (nur als Redewen-
dung); **in'ne ~ kuë·men** begegnen, treffen
Möp·ken, Möp·kes *s. kul.*
Gebäck, Plätzchen
Möp·ken·braud, Möp·ken-
brai·de *s. kul.* Wurstebrot
Möp·pel, -s *m. med.* Kinn;
fi·sen ~ *psy.* unsympathi-
scher Mensch; **Möp·pel·kes,**
Möp·pel·kes *s. med.* kleines Kinn
Mo·ra·kel, -s *s. mus.* Spukgeschichte
Mo·raol *w. psy.* Moral
mo·raolsk, -e, -en [mo·raols-
ke] *EW psy.* moralisch
mör·dern *ZW med. jur.* ermorden
Mos, -·se *s. bot.* Moos; **in't**
~ häb·ben *übertr. psy.* sich
in den Haaren ziehen, sich
zanken
mö·sam, -·me, -·men *EW*
mühsam
Mos·tert, -s *m. kul.* Mostrich,
Senf (*frz.* moutarde)
mö·ten *ZW* begegnen, sich
treffen; entgegentreten, aufhalten, zurückhalten, hindern, fernhalten, zurückdrängen
Mö·ten *s. o.Mz.* Begegnung
mu·che·lig, -e, -en [mu·che-
li·ge] *EW biol.* faul, verdorben, muffig, schimmelig
Mucke·fuk, -s [Muk·ke·fuk] *m.*
kul. Malzkaffee (*frz.* mocca
faux)
Mucki, -es [Muk·ki], [Muk-
kies] *m. med.* Muskel
Mucki·bu·de, -n [Muk·ki·bu-
de] *w. spo.* Fitnessstudio
Mud·del *m. o.Mz.* Moder,
Schlick, Schlamm, Morast
mud·de·lig, -e, -en [mud-
de·li·ge] *EW* moderig, morastig, schlammig; *übertr.*
undurchsichtig, unklar
Mud·del·lok, Mud·del·löcker
[Mud·del·lök·ker] *s.* große
Pfütze, Schlammloch
mud·deln *ZW* Schlamm auf-

wühlen; *übertr.* wühlen, unordentlich arbeiten
Müë·gen *s. o.Mz. psy.* Verlangen, Lust
müë·gen *uZW psy.* mögen,
kul. gern essen; dürfen,
können; *psy.* wollen, wünschen, verlangen; **dat mag**
sien das kann sein; **dat**
mags wul säg·gen das
kannst du wohl sagen, das
stimmt
müëg·lik, müëg·licke, -n
[müëg·lik·ke] *EW* möglich
Müëg·lik·kait, -en [Müëg·lik-
kai·ten] *w.* Möglichkeit,
Chance
müëg·liks *EW* möglichst
Müël, -e, -en [Müë·le] *w. tech.*
Mühle
Müë·len·biëk, -e [Müë·len·bië-
ke] *w. geol.* Mühlenbach
Müë·len·diek, Müë·len·di·ke
m. geol. Mühlenteich
Müë·len·flüë·gel, -s *m. tech.*
Windmühlenflügel
Müë·len·schüt, -s *s. tech.*
Mühlenwehr
Müë·len·wa·ter, Müë·len·wä-
ters *s.* Mühlenwasser
Müël·ken, Müël·kes *s. tech.*
kleine Mühle, Mühlchen,
Handmühle
Müël·kes·spiël, -e [Müël·kes-
spië·le] *s. spo.* Mühle (Brett-
spiel)
Müël·me *ON* Mülheim
Müël·rad, Müël·riä·der *s.*
tech. Mühlrad
Müël·steen, Müël·ste·ne *m.*
tech. Mahlstein
Mü·er, -n *w. arch.* Mauer,
Steinmauer
Mü·er·ken, Mü·er·kes *s. arch.*
Mäuerchen
Mü·er·an·ker, -s *m. arch.*
Maueranker
Mü·er·band, Mü·er·bän·ner
s. arch. Gesimse, Sims
Mü·er·ken, -s *m. tech.* Maurer
Mü·er·kers·kaor, Mü·er·kes-
käörs *w. trans.* Maurer-
schiebkarre
Mü·er·lok, Mü·er·löcker [Mü-
er·lök·ker] *s. arch.* Loch in
der Mauer, *bes.* Mauerloch
neben dem Herd für Tabak
und Streichhölzer
Mü·er·man, Mü·er·lü *m. tech.*
Mauermann, Maurer; **du**
wees jä, wao de ~ dat Lok

lao·ten häw! verlasse den Raum bzw. das Haus!
Mü·er·mes·ter, -s *m. tech.* Maurermeister
mü·ern *ZW tech.* mauern
Mü·er·piä·per *m. o.Mz. bot.* Mauerpfeffer
Mü·er·steen, Mü·er·ste·ne *m. tech.* Mauerstein
Mü·er·tig·gel, -n *m. tech.* Mauerziegel
Mü·er·wiärk, -s *s. o.Mz. tech.* Mauerwerk
Müë·ten *s. o.Mz. psy.* Müssen, Drang, Trieb, *med.* Sucht
müë·ten *uZW* müssen, sollen; **ik mot maol** ich muss eine Notdurft verrichten
Muf, -s *m. tech.* Handwärmer
muf·feln *ZW psy.* mürrisch sein, verdrießlich sein, unfreundlich sein
muf·fe·lig, -e, -en [muf·fe·li·ge] *EW psy.* mürrisch, verdrießlich, unfreundlich
muf·fig, -e, -en [muf·fi·ge] *EW biol.* nach Schimmelpilz riechend
Müf·ken, Müf·kes *s. kul.* Brötchen
Müg·ge, -n *w. zool.* Mücke
Müg·gen·dans, Müg·gen·dän·se *m. zool.* Mückentanz, in der Sonne schwirrende Mücken
Müg·gen·pis·sen *s. o.Mz. met. übertr.* vereinzelte Regentropfen
Müg·gen·stiëk, -e [Müg·gen·stië·ke] *m. med.* Mückenstich
Muks, -e [Muk·se] *m.* Laut, Ton; Lebenszeichen
muk·sen *ZW psy.* aufbegehren, widersprechen
muksk, -e, -en [muks·ke] *EW psy.* mürrisch, störrisch, widerspenstig, launisch
Müks·ken, Müks·kes *s.* schwacher Laut
muks·müüs·ken·stil, -·le, -·len *EW* ohne jedes Geräusch, absolut still
Mule, -n *w. med.* Maul, Mund
mü·len *ZW psy.* küssen
mu·len *ZW psy.* maulen, nörgeln, schmollen
Mül·ler·ken, Mül·ler·kes *s. zool.* Zaungrasmücke
mül·men *ZW biol.* modern,

verrotten
muls·tern *ZW* Pferd beim Kauf trabend vorführen
Mul·ter·kist, -en [Mul·ter·kisten] *w. tech.* Mehlkiste für den Lohn des Müllers
mul·tern *ZW fin.* mit Korn das Mahlen bezahlen; *agr.* fein mahlen
Müm·mel·man, Müm·melmän·ner *m. zool.* Hase
müm·meln *ZW kul.* kauen; *übertr.* undeutlich reden
Mund, Mun·ne, Mün·ner *m. med.* Mund; **dän ~ up Sip häb·ben** *psy.* einen beleidigten Mund ziehen
Mund·dook, Mund·dö·ker *s. tech. kul.* Serviette
münd·kes·maot, -e, -en [münd·kes·mao·te] *EW kul.* mundgerecht; *übertr.* genau passend
Münk, -e [Mün·ke] *m. rel.* Mönch
Mün·ken *ON* München
Münks·klaus·ter, -s *s. arch. rel.* Mönchskloster
Mün·nel, -s *s.* Mündel
Mün·nel·schup, -pen *w.* Leibeigenschaft
mün·nen *ZW* münden
mun·nen *ZW kul.* munden (jemd.)
mün·nig, -e, -en [mün·ni·ge] *EW jur.* mündig, volljährig
Mün·nung, -en [Mün·nungen] *w.*
Mün·te, -n *w. fin.* Münze
mün·tern *ZW psy.* ermuntern
Muo·de, -n *w.* Mode
Muo·le, -n *w. tech.* Molle, *hyg.* Waschtrog aus Holz
müör, -e, -en [müö·re] *EW* mürbe
Muord, Muor·de *m. jur.* Mord
Müör·der, -s *m. jur.* Mörder
müör·dern *ZW jur.* morden, töten
muor·drig, -e, -en [muor·dri·ge] *EW biol.* modrig
muorg, -e, -en [muor·ge] *EW psy.* fein, vornehm
Muor·gen *m. agr.* Morgen (1 Morgen = 2.500 m²)
Muor·gen·glai·en *s. o.Mz. met.* Morgenrot
Muor·gen·land *s. o.Mz. geog.* Morgenland, Naher Osten, Orient, Vorderasien

muor·gen·ländsk, -e, -en [muor·gen·länds·ke] *EW kult.* orientalisch
Muor·gen·län·ner, -s *m. und w.* Orientale
Muor·gen·stään, Muor·genstä·ne *m. astr.* Morgenstern, Venus; *bot.* weiße Narzisse
Muor·gen·stun, -·nen *w. tem.* Morgenstunde
muork, -e, -en [muor·ke] *EW biol.* morsch
muorn *UW tem.* morgen, am morgigen Tag
Muorn *m. tem.* Morgen, Tagesanbruch; Vormittag
Muorn·ge·bäd *s. o.Mz. rel.* Morgengebet
Muorn·köl·de, -n *w. met.* Morgenkälte
Muorn·raud, Muorn·rai·de *s. met.* Morgenrot
muorns *UW tem.* morgens, vormittags
Muorn·tiet, Muorn·ti·ten *w. tem.* Morgenzeit
Muorn·tog, Muorn·tüö·ge *m. trans.* Morgenzug
murk·sen *ZW med.* töten, schlachten, *med. jur.* umbringen
Mus, -·se *s. bot.* Moos
Mu·se·buk, Mu·se·bücke [Mu·se·bük·ke] *m. zool.* Mäuserich
mu·se·daud, -e, -en [mu·se·dau·de] *EW biol.* mausetot
Mu·se·hafk, -en [Mu·se·hafken] *m. zool.* Mäusebussard
Mu·se·küë·del, -s *m. biol.* Mausekot
Mu·se·lok, Mu·se·löcker [Mu·se·lök·ker] *s.* Mauseloch
mu·sen *ZW* mausen
Mu·se·plao·ge, -n *w. zool.* Mäuseplage
Mu·se·schop·pen, -s *m. agr.* Speicher zur Mäuseabwehr
Mu·se·spi·ker, -s *m. agr.* Speicher zur Mäuseabwehr
Mu·se·trap, -·pen *w. tech.* Mausefalle
Mu·se·um, -s *s. his.* Museum
mus·gröön, mus·grö·ne, -n *EW* moosgrün
mu·sig, -e, -en [mu·si·ge] *EW psy.* mausig, frech, dreist; **sik ~ ma·ken** *psy.* sich erdreisten

mus·liemsk, -e, -en [mus-
liems·ke] *EW rel.* mosle-
misch
Mus·lim, -s *m. rel.* Moslem
Müs·se, -n *w. tech.* Mütze,
Kopfbedeckung; **nao de ~
gaon** *übertr.* gelegen sein
Mus·se·k̲a̲nt, -en [Mus·se-
kan·ten] *m. mus.* Musikant
Mus·sel, -n *w. zool.* Mu-
schel
Müs·sen·ma·ker, -s *m. tech.*
Hutmacher
mus·sig, -e, -en [mus·si·ge]
EW bot. moosig
Mus·sik *w. o.Mz. mus.* Mu-
sik
Mus·sik·in·stru·ment *s. mus.*
Musikinstrument
Mus·sik·ma·ken *s. o.Mz. mus.*
Musikmachen
mus·sik·ma·ken *uZW mus.*
Musik machen, musizieren
Mus·sik·ma·ker, -s *m. mus.*
Musiker
Mus·sik·mes·ter, -s *m. mus.*
Musikmeister, Dirigent
**Mus·sik·schiew·ken, Mus-
sik·schiew·kes** *s. tech. mus.*
Musik-CD
Mus·sik·schop·pen, -s *m.
mus.* Diskothek
Mus·sum *ON* Mussum
Müs·ter, -s *s.* Muster, Pro-
bestück
Müs·ter·ken, Müs·ter·kes *s.*
kleines Muster
**Müs·ter·book, Müs·ter·bö·
ker** *s. tech.* Katalog
Müs·ter·ma·ker, -s *m. tech.*
Mustermacher, Prototypen-
bauer; Modellschreiner
müs·tern *ZW* mustern, prüfen
müs·tert, -e, -en [müs·ter-
te] *EW* gemustert, geprüft
Müs·te·rung, -en [Müs·te-
run·gen] *w. mil., tech.* Musterung
mut, -·te, -·ten *EW psy.*
brummig, schmollend, mür-
risch
Mut, -·ten *w. zool.* Mutterschwein
Mut·ke, -n *w.* Schlamm, Morast
Mut·ke·lok, Mut·ke·löcker
[Mut·ke·lök·ker] *s.* Schlammloch
mut·ke·rig, -e, -en [mut·ke-
ri·ge] *EW* morastig

Müts·ken, Müts·kes *s. tech.*
kleine Pfeife
Muul, Mu·len *s. med.* Maul,
Mund; **dat ~ wa·te·rig maken** *kul.* etwas schmackhaft machen; *übertr. psy.*
jemd. locken, neugierig machen; **dat ~ nich los·kri-
gen** *psy.* schweigsam sein;
übertr. psy. unfreundlich sein;
dat ~ vö·bai·den *psy.* das
Wort entziehen; **met'n smiä-
rig ~ in'ne Wiält ki·ken**
kul. übertr. viele Vorräte haben, keine Angst vor Hun-
ger haben; **~ un Klao-
nen·sü·ke** *med.* Maul- und
Klauenseuche
muul·am·pig, -e, -en [muul-
am·pi·ge] *EW psy.* mit hängenden Lippen
Muul·a·pe, -n *m. zool.* Maulaffe
Muul·bag·ger, -s *m. tech.*
Maulbagger
muul·fuul, muul·fu·le, -n *EW
psy.* maulfaul, schweigsam
Muul·ie·sel, -s *m. zool.*
Maulesel
Müül·ken, Müül·kes *s. psy.*
Kuss, Küsschen; *med.* Mäul-
chen, Mündchen
Muul·kuorw, Muul·küör·we
m. tech. Maulkorb
Muul·ri·ten *s. o.Mz. psy.*
gehässig Reden über jemd.
**Muul·sao·laot, Muul·sao·läö-
te** *m. kul.* Salat
müülsk, -e, -en [müüls·ke]
EW psy. maulend, schmol-
lend
Muul·täg·ge·ri, -·en *w. psy.*
Küssen (in Gegenwart an-
derer)
Muul- un Klao·nen·sü·ke
w. o.Mz. med.
Muul·üör·gel, -n *s. mus.*
Mundharmonika
Muul·vul *w. o.Mz.* Mundvoll,
Happen
Muul·wiärks *s. o.Mz.* Mund-
werk
Muus, Mü·se *w. zool.* Maus
Müüs·ken, Müüs·kes *s. zool.*
Mäuschen
müüs·ken·stil, -·le, -·len *EW*
mucksmäuschenstill

N

N, n N, n (Buchstabe)

nä *UW* nein
naak, na·ke, -n *EW* nackt,
bloß, entblößt; *übertr. fin.* arm
Naak·ääs, Naak·ä·se *m.
übertr.* Baby
Naak·ääs·ken, Naak·ääs·kes
s. bot. Schneeglöckchen
(nacktes Popöchen)
Nab·bel, Niä·bel *m. med.*
Nabel
na·chens *UW tem.* nachts,
zur Nachtzeit
Nacht, Nä·chte *w. tem.*
Nacht
Nacht·dänst, -e [Nacht·däns-
te] *m.* Nachtdienst, Nachtschicht
Nacht·dier, -s *s. zool.* Nachttier, nachtaktives Tier
Nacht·disk, -e [Nacht·dis·ke]
m. tech. Nachttisch, Nachtkommode
Nacht·dra·wer, -s *m.* Nachtmensch
Nacht·fuorst, Nacht·füörs·te
m. met. Nachtfrost
Nacht·hiëmd, -e [Nacht·
hiëm·de] *s.* Nachthemd
Nach·ti·gaol, -en [Nach·ti-
gao·len] *w. zool.* Nachtigall
Nacht·lecht, -er [Nacht·lecht-
ter] *s. tech.* Nachtlicht;
**Nacht·lecht·ken, Nacht-
lecht·kes** *s. tech.* schwaches Nachtlicht
nächt·lik, nächt·licke, -n
[nächt·lik·ke] *EW tem.* nächtlich
Nacht·miär, -en [Nacht·miä-
ren] *w. psy.* Nachtmahr, Alp
Nacht·pol·ter, -s *s.* Kindernachthemd
Nacht·pot, Nacht·pöt·te *m.
tech. hyg.* Nachttopf
**Nacht·schäp·ken, Nacht-
schäp·kes** *s. tech.* Nachtschränkchen
Nacht·stool, Nacht·stö·le *m.
tech. hyg.* Nachtstuhl, Toilette für die Nacht
Nacht·uul, Nacht·u·len *w.
zool.* Nachteule, Kauz; *übertr.*
Nachtschwärmer
**Nacht·vi·ööl·ken, Nacht·vi-
ööl·kes** *s. bot.* Phlox
**Nacken·brao·den, Nacken-
brääo·den** [Nak·ken·brao·den]
m. kul. Nackenbraten
Nacken·seel, Nacken·se·le
[Nak·ken·seel] *s. tech.* Nak-
kenseil zwischen den Grif-

fen der Schiebkarre
Nacken·slag, Nacken·sliä·ge
[Nak·ken·slag] *m.* Nacken-
schlag, Rückschlag; **Nak-
ken·sliä·ge kri·gen** Nak-
kenschläge bekommen
Na·gel, Niä·gel 1. *m. tech.*
Nagel, Stahlstift; **an'n ~ han-
gen** *übertr.* aufgeben, abblasen; 2. *s. agr.* Flächenmaß
Na·gel·blo·me, -n *w. bot.*
Flieder
Na·gel·fleesk *s. o.Mz. kul.*
Rauchfleisch
Na·gel·holt, Na·gel·höl·ter *s.
kul.* stark getrocknetes Stück
Rinderschinken
Na·gel·i·sen, -s *s. tech.* Nageleisen
na·gel·ni, -·e, -·en *EW* nagelneu, ganz neu, völlig neu
Na·gel·tan·ge, -n *w. tech.*
Nagelzange
nai, -·e, -·en *EW* schlecht,
schwer
Nai·ar·baid, -en [Nai·ar·bai-
den] *w. tech.* Genähtes
nai·dig, -e, -·en [nai·di·ge] *EW*
nötig, erforderlich; **~ häb-
ben** nötig haben, benötigen, brauchen; **nai·di·ger**
nötiger; **an nai·digs·ten** am
nötigsten
nai·dig·doon *uZW* nötig sein,
erforderlich sein
nai·di·gen *ZW psy.* nötigen,
drängen, erpressen; auffordern, einladen
Nai·disk, -e [Nai·dis·ke] *m.
tech.* Nähtisch
nai·en *ZW tech.* nähen
Nai·e·ri, -·en *w. tech.* Näherei
Nai·faam, Nai·fiäm *m. tech.*
Nähfaden
Nai·gaorn, Nai·gäörns *s.
tech.* Nähgarn
naig, -e, -·en [nai·ge] *EW* nah,
in der Nähe; **nai·ger** näher;
an naigs·ten am nächsten
nai·ge·bi *UW* nahebei
nai·ge·gaon *uZW* nahegehen
nai·ge·kuë·men *uZW* nahekommen
nai·ge·läg·gen *ZW psy.* nahelegen
nai·gen *ZW* nähern
nai·gest niks fast nichts
naigst, -e, -·en [naigs·te] *EW*

nächst
naigs·tens *UW tem.* nächstens, demnächst, später,
nachher, danach
Naig·te, -n *w.* Nähe
Nai·hood, Nai·hö·de *m. tech.*
Fingerhut
Nai·kas·ten, Nai·käs·ten *m.
tech.* Nähkasten
Nai·kuorw, Nai·küör·we *m.
tech.* Nähkorb, Korb mit Nähutensilien
**Nai·ma·schien, Nai·ma·schin-
nen** *w. tech.* Nähmaschine;
**Nai·ma·schien·ken, Nai·ma-
schien·kes** *s. tech.* kleine
Nähmaschine
Nai·me *ON* Neheim
Nai·nao·del, Nai·näö·del *w.
tech.* Nähnadel
**Nai·nao·del·gräs, Nai·nao-
del·griä·ser** *s. bot.* Bor-
stengras
**Nai·näö·del·ken, Nai·näö-
del·kes** *s. tech.* kleine Näh-
nadel
Nai·nao·del·saot *w. o.Mz.*
nicht existierender Gegen-
stand (scherzh.)
Nai·school, Nai·scho·le, -n
w. kult. Nähschule
Nai·si·de, -n *w. tech.* Näh-
seide
Nais·ke, -n *w. tech.* Näherin,
Hausschneiderin
Nai·stuom, Nai·stüöms *m.
arch.* Nähzimmer
Nai·tüüg, -s *s. o.Mz. tech.*
Material und Utensilien zum
Nähen, Nähzeug
Naiwiärk, -s *s. o.Mz. tech.*
Material und Utensilien zum
Nähen, Nähzeug
Nak, Nacken [Nak·ken] *m.
med.* Nacken, Hals
na·ken, -e, -·en [na·ke·ne] *EW*
nackt, bloß; **~ Jün·ges·kes**
Mz. kul. Gerstengraupen
**Na·ken·jüf·fer·ken, Na·ken-
jüf·fer·kes** *s.* nacktes Jung-
fräulein; *übertr. bot.* Schnee-
glöckchen
näm·lik *BW* nämlich
Na·no·me·ter, -s *s. tech.* Nanometer (1 Millionstel Millimeter)
nao *VW UW* nach, zu, in
Richtung auf; *UW* noch; **~
Huus gaon** nach Hause
gehen; **~ 'n Nao·ber gaon**
zum Nachbarn gehen; **~ 'n**

Bed·de gaon ins Bett gehen; **~ un ~** nach und nach
nao·a·pen *ZW psy.* nachäffen, nachmachen, nach-
plappern
Nao·a·pe·ri *w. o.Mz. psy.*
Nachgeäffe
Nao·ar·baid, -en [Nao·ar·bai-
den] *w.* Nacharbeit
nao·ar·bai·den *ZW* nacharbeiten
Nao·ber, -s, Nao·ber·lü·de
m. Nachbar
Nao·ber·bu·er, -n *m. agr.*
Nachbarbauer
**Nao·ber·duorp, Nao·ber-
düör·per** *s. geog.* Nachbardorf
Nao·ber·hölp, -en [Nao·ber-
hilfe
**Nao·ber·huus, Nao·ber·hü-
ser** *s. arch.* Nachbarhaus
**Nao·ber·kind, Nao·ber·kin-
ner** *s.* Nachbarskind
Nao·ber·plicht, -en [Nao·ber-
plich·ten] *w.* Nachbarnpflicht
Nao·ber·rächt, -e [Nao·ber-
räch·te] *w.* Nachbarschaftsrecht, Recht der Nachbarn
Nao·ber·schup, -·pen *w.*
Nachbarschaft; **up ~ gaon**
Nachbarn zum Plaudern be-
suchen
Nao·bers·ke, -s *w.* Nachbarin
**Nao·ber·suon, Nao·ber-
süöns** *m.* Nachbarssohn
Nao·ber·wicht, -er [Nao·ber-
wich·ter] *s.* Nachbarsmädchen
nao·be·ta·len *ZW fin.* nachbezahlen
nao·biä·den *ZW rel.* nachbeten
nao·biä·tern *ZW* nachbessern
nao·blië·ken *ZW* nachbellen
nao·bli·wen *uZW* 1. nachbleiben, zurückbleiben, als
Rest bleiben; 2. unterbleiben
nao·bö·ten *ZW* nachheizen,
Feuerung auflegen; *übertr.
psy.* jemd. aufwiegeln, reizen, aufhetzen, anstacheln
nao·brän·gen *uZW* nachbringen
nao·bru·ken *uZW* nachbrauchen, nachbesprechen, nachfeiern

Naod, Näö·de *w. tech.* Naht, Nahtstelle; Tempo; ne ~ drup häb·ben *trans.* sehr schnell sein, schnell fahren; an'ne ~ gaon *psy. übertr.* nahe gehen, betroffen machen; niks up de ~ häb·ben *übertr. fin.* arm sein; wat up de ~ häb·ben *übertr. fin.* reich sein; up de ~ lig·gen *übertr. med.* Geschlechtsverkehr haben

nao·dat *BW* nachdem

Nao·deel, Nao·de·le *m.* Nachteil, Schaden

nao·deelsk, -e, -en [naodeels·ke] *EW* nachteilig

Nao·del, Näö·del *w. tech. bot.* Nadel, *tech.* Nähnadel

Nao·del·baum, Nao·del·bai·me *m. bot.* Nadelbaum

Nao·del·büs·se, -n *w. tech.* Nähnadeldose

Nao·del·holt, Nao·del·höl·ter *s. bot.* Nadelholz

nao·de·lig, -e, -en [nao·de·li·ge] *EW* nadelig

Näö·del·ken, Näö·del·kes *s. tech., bot.* Nädelchen, kleine Nadel

Nao·del·küs·sen, -s *s. tech.* Nadelkissen

Nao·del·lok, Nao·del·löcker [Nao·del·lök·ker] *s. tech.* Nadelöhr

Nao·del·ma·ker, -s *m. tech.* Nadler

Nao·del·stiëk, -e [Nao·del·stië·ke] *m.* Nadelstich

nao·den·ken *uZW psy.* nachdenken, grübeln

nao·denksk, -e, -en [naodenks·ke] *EW psy.* nachdenklich

Naod·gaorn, Naod·gäörns *s. med.* Haut, Fell (bildlich)

Nao·drag, Nao·driä·ge *m.* Nachtrag

nao·drai·en *ZW tech.* nachdrehen

nao·driä·gen *uZW* nachtragen, etwas nicht vergessen; weitertragen (Kleidung)

Nao·driäg·sel, -s *s.* nachgetragene Kleidung

nao·driägsk, -e, -en [naodriägs·ke] *EW psy.* nachtragend

nao·drücken [nao·drük·ken] *ZW tech.* nachdrucken

nao·düörs·ken *agr. ZW* nach-dreschen

Nao·duorst *m. o.Mz. med.* Nachdurst (nach einem Rausch)

nao·een, nao·e·ne, -n noch einer

nao·een·maol *UW* noch einmal

Nao·fi·er, -n *w.* Nachfeier

nao·fi·ern *ZW* nachfeiern

nao·fö·ern *uZW trans.* nachfahren

nao·fö·len *uZW psy.* nachfühlen

nao·fol·gen *ZW* nachfolgen; einen Toten zur letzten Ruhestätte begleiten, an einer Beerdigung teilnehmen

Nao·frao·ge, -n *w.* Nachfrage

nao·frao·gen *uZW* nachfragen, erfragen; dao frög he niks nao *psy.* das kümmert ihn überhaupt nicht

nao·fuor·ken *ZW agr.* nachforken

nao·füörs·ken *ZW* nachforschen

Nao·füörs·kung, -en [Naofüörs·kun·gen] *w.* Nachforschung

nao·gai·ten *uZW* nachgießen

nao·gaon *uZW* nachgehen, hinterhergehen; jemd. nachstellen, folgen; untersuchen, prüfen

nao·gië·wen *uZW* nachgeben; *psy.* Zugeständnisse machen

nao·giëwsk, -e, -en [naogiëws·ke] *EW* nachgiebig, *psy.* willensschwach

Nao·gräs *s. o.Mz. agr.* Nachmahd, zweiter Grasschnitt

Nao·hait, -en [Nao·hai·ten] *w.* Nähe, nächste Zukunft; in'ne ~ im entferntesten

nao·ha·len *uZW* nachholen

nao·hand *UW* links vor der Deichsel; *tem.* nachher, später

Nao·hark·sel, -s *s.* Nachgeharkte

nao·hel·pen *uZW* nachhelfen, beschleunigen

nao·hiär *UW tem.* nachher, später

Nao·hölp, -en [Nao·höl·pen] *w.* Nachhilfe

nao·hü·len *uZW psy.* nach-weinen, nachtrauern

nao·iä·ten *uZW kul.* nach-essen

nao·ië·wern *ZW psy.* nach-eifern

nao·ja·gen *ZW trans.* nach-jagen; hinterherrasen, verfolgen

nao·ka·ten *ZW psy.* nach-karten, nachträglich kritisieren

Nao·kiek·sel, -s *s. kult.* Nachschlagewerk, Lexikon, Wörterbuch

Nao·ki·ken *s. o.Mz.* Nach-schen

nao·ki·ken (sik) *uZW* nach-sehen, nachschauen, suchen; hintersehen; kontrollieren, prüfen, überprüfen

Nao·ki·ker, -s *s.* Kontrolleur, Prüfer

Nao·klap, Nao·kläp·pe *m.* Nachschlag, Rückschlag

Nao·kriegs·tiet, Nao·kriegs·ti·ten *w. his.* Nachkriegszeit

nao·kri·gen *uZW* nachbekommen

nao·kuë·men *uZW* nachkommen, folgen, hinterherkommen

Nao·kü·ern *s. o.Mz.* Nachbesprechung

nao·kü·ern *ZW* nachsprechen, nachbesprechen

nao·la·den *uZW* nachladen

nao·lä·ern *ZW kult.* nachlernen

nao·läg·gen *ZW* nachlegen

nao·laitsk, -e, -en [nao·laitske] *EW psy.* nachlässig

Nao·laot, Nao·läö·te *m. fin.* Nachlass; Überbleibsel; *fin.* Rabatt

nao·lao·ten 1. *uZW* nachlassen, unterlassen; nachgeben; übriglassen, zurücklassen; erlassen; 2. ~, -e, -en [nao·lao·te·ne] *EW* nachgelassen, erlassen

Nao·laot·stü·er, -n *w. fin.* Nachlasssteuer

nao·lau·pen *uZW* nachlaufen, hinterherlaufen, folgen

nao·liä·sen (sik) *uZW* nach-lesen

nao·liä·wen *ZW* nachleben (jemd.)

nao·lië·wern *ZW* nachliefern

nao·maakt, -e, -en [nao·maak·te] *EW* nachgemacht,

künstlich; gefälscht
nao·ma·ken *uZW* nachmachen, nachahmen, kopieren, reproduzieren, klonen; fälschen
Nao·ma·ker, -s *m.* 1. *tech.* Kopierer; 2. Fälscher
nao·maol *UW tem.* noch einmal, nochmals
nao·mao·len *ZW tech., mus.* nachmalen
Nao·me, -n *m.* Name, Bezeichnung; *psy.* Ruf
Nao·med·dag, -e [Nao·med·da·ge] *m. tem.* Nachmittag
nao·med·dags *UW tem.* nachmittags
näö·men *ZW* nennen, benennen, bezeichnen
nao·men·laus, -e, -en [nao·men·lau·se] *EW* namenlos
nao·mens *VW* namens, im Namen von
Nao·mens·dag, -e [Nao·mens·da·ge] *m. rel. tem.* Namenstag
Nao·men·te·ken, -s *m.* Monogramm, Namenszeichen
nao·miä·ten *ZW tech.* nachmessen
näömt, -e, -en [näöm·te] *EW* benannt, genannt, bezeichnet
nao·nan·ner *UW* nacheinander
Nao·naom, -en [Nao·nao·men] *m.* Nachname
nao·ne·ne *UW* nacheinander
nao·nië·men *ZW* nachnehmen
nao·packen [nao·pak·ken] *uZW* nachfassen; *psy.* hinterfragen, nachhaken, mahnen
nao·prao·ten *ZW psy.* nachreden, nachbereden
Nao·prao·te·ri *w. o.Mz. psy.* Nachrede
nao·puor·ten *ZW agr.* nachpflanzen
nao·rai·kern *ZW kul.* nachräuchern
nao·rant *UW* links von der Deichsel
nao·riä·ken *ZW math.* nachrechnen
Nao·riän·gen *m. o.Mz. met.* Nachregen (nach einem Gewitter)
Nao·richt, -en [Nao·rich·ten]

w. Nachricht, Meldung, Information; ~ **üö·wer·brän·gen** benachrichtigen, unterrichten
nao·ri·den *uZW trans.* nachreiten
nao·ro·pen *uZW* nachrufen
Nao·rüëk, -e [Nao·rüë·ke] *m. biol.* Nachgeruch
nao·säg·gen *uZW psy.* nachsagen, nachreden, klatschen; Gesagtes wiederholen
nao·sai·en *ZW agr.* nachsäen
Nao·sain *s. o.Mz.* Nachsehen
Nao·saot, Nao·säö·te *w. bot. agr.* Saatgut aus der vorherigen Ernte
nao·sät·ten *ZW* nachsetzen, erneut versuchen
Nao·schuuw *m. o.Mz.* Nachschub
nao·sin·gen *uZW mus.* nachsingen
nao·sit·ten *uZW* nachsitzen
Nao·slag, Nao·sliä·ge *m.* Nachschlag, zusätzliche Portion; Ebenbild
nao·slaon *uZW* nachschlagen
nao·slië·pen *ZW* nachschleppen
nao·sli·ken *uZW* nachschleichen
Nao·slüë·del, -s *m. tech.* Nachschlüssel, Dietrich
nao·smi·ten *uZW* nachwerfen
nao·snacken [nao·snak·ken] *ZW* übel nachreden
nao·sni·den *uZW* nachschneiden
nao·sö·ken *uZW* nachsuchen
nao·sol·ten *ZW kul.* nachsalzen
Nao·spiël, -e [Nao·spië·le] *s. mus., psy., spo.* Nachspiel
nao·spië·len *ZW mus., spo.* nachspielen
nao·sprän·gen *uZW* nachspringen
nao·staon *uZW* nachstehen
nao·stau·ten *uZW* nachstoßen
nao·sti·gen *uZW* nachsteigen
Nao·stü·er, -n *w. fin.* Nachsteuer
nao·stuo·kern *ZW* nachstochern

nao·su·gen *uZW* nachsaugen
Nao·sum·mer, Nao·süm·mers *m. tem.* Nachsommer
nao·täl·len *ZW math.* nachzählen, vergleichend nachrechnen
nao·tält, -e, -en [nao·täl·te] *EW math.* nachgezählt
nao·teek·nen *ZW tech.* nachzeichnen
nao·teek·net, -e, -en [nao·teek·ne·te] *EW tech.* nachgezeichnet
nao·trecken [nao·trek·ken] *uZW* nachziehen
Nao·trecker, -s [Nao·trek·ker] *m.* Nachzügler
nao·triä·ten *uZW* nachtreten
nao·trocken, -e, -en [nao·trok·ken], [nao·trok·ke·ne] *EW* nachgezogen
Nao·tucht, -en [Nao·tuch·ten] *w. zool., bot.* Nachzucht
nao·tüch·ten *ZW biol.* nachzüchten
nao·vö·täl·len *ZW* nacherzählen
Nao·vö·täl·sel, -s *s. mus.* Nacherzählung
nao·wai·gen *uZW* nachwiegen
nao·wa·ren *ZW* verfolgen, nachstellen
nao·was·sen 1. *uZW biol.* nachwachsen; 2. ~, -e, -en [nao·was·se·ne] *EW biol.* nachgewachsen
Nao·we·e, -n *w. med.* Nachwehe
Nao·wies, Nao·wi·se *m.* Nachweis
nao·wies·lik, nao·wies·licke, -n [nao·wies·lik·ke] *EW* nachweislich
Nao·win·ter, -s *m. met. tem.* Nachwinter
nao·wi·sen *uZW* nachweisen
nao·wür·ken *ZW* nachwirken
Nap, Näp·pe *m. tech.* Schüssel, Napf; **in't** ~ **han·gen** *psy.* informieren, weitertragen (Informationen); **nich in't** ~ **han·gen** *psy.* im Ungewissen lassen; **Näp·ken, Näp·kes** *s. tech.* Näpfchen, kleiner Napf; **dat is mäe·er äs in't** ~ **gait** *übertr. psy.* das ist zuviel, das geht zu weit

närsk, -e, -en [närs·ke] *EW psy.* närrisch
Närsk·hait, -en [Närsk·hai-ten] *w. psy.* Narrheit
Nar·we, -n *w. med.* Narbe
nar·wen *ZW* narben
narwt, -e, -en [narw·te] *EW* genarbt, narbig
nat, -·te, -·ten *EW* nass; **nich ~ nao drü·ge häb·ben** *kul.* weder Essen noch Trinken haben
nät·ken *ZW psy.* jemd. ärgern
nat·kolt, nat·kol·le, -n *EW met.* nasskalt
nat·ma·ken *uZW* nassmachen, befeuchten; *übertr.* jemd. (im Kampf) beherrschen
Nats, Näts·ken *VN* Bernhard (Kurzform)
nat·sweet, nat·swe·te, -n *EW med.* nassgeschwitzt
Nät·te *w.* Nässe, Feuchtigkeit
nät·ten *ZW med.* einnässen, urinieren
Na·tuur *w. o.Mz. biol., met.* Natur, Umwelt; *psy.* Gemüt, körperliche Veranlagung
Na·tuur·driew, Na·tuur·dri·we *m. psy.* Instinkt
Na·tuur·gum·mi, -es *s. bot. chem.* Naturkautschuk
na·tüür·lik, na·tüür·licke, -n [na·tüür·lik·ke] *EW* natürlich, *biol.* biologisch
Naud, Nai·de *w.* Not, Notlage; *psy.* Zwang, Druck; *psy.* Angst; **~ häb·ben** *fin.* in Not sein, *psy.* Angst haben; **uut de ~ helpen** aus der Not helfen, befreien, retten, *rel.* erlösen
Naud·biä·den *s. o.Mz. rel.* Notgebet
Naud·brems, -en [Naud-brem·sen] *w. tech.* Notbremse
Naud·dö·pe, -n *w. rel.* Nottaufe
Naud·em·mer, -s *m. tech.* Noteimer, Feuerlöscheimer (meistens aus Leder)
Naud·fal, Naud·fiä·le *m.* Notfall
naud·fals *UW* notfalls
Naud·ge·bäd *s. rel.* Notgebet
Naud·grös·kes *Mz. fin.* Not-

groschen
Naud·häön, -s *s. tech.* Signalhorn, Martinshorn
Naud·höl·pe, -n *w.* Nothilfe
Naud·höl·per, -s *m.* Nothelfer, Retter
Naud·let, -s *s. tech.* Reparaturglied der Kette
Naud·lüë·ge, -n *w. psy.* Notlüge
Naud·na·gel, Naud·niä·gel *m. tech.* Notnagel, Ersatznagel; *übertr.* letzte Rettung
naud·riep, naud·ri·pe, -n *EW biol.* notreif
Naud·saak, Naud·sa·ken *w.* Notsache
naud·slach·ten *ZW med.* notschlachten
Naud·slag *m. o.Mz.* Notwehr
Naud·stand, Naud·stän·ne *m.* Notstand, Krise
naud·wän·nig, -e, -en [naud-wän·ni·ge] *EW* notwendig
Na·we, -n *w. tech.* Nabe, Radnabe
Naw·wel, Niä·wel *m. med.* Nabel, Bauchnabel
Naw·wel·sno·er, Naw·wel·snö·ers *w. med.* Nabelschnur
Naw·wel·strang, Naw·wel·strän·ge *m. med.* Nabelschnur
Naw·wel·su·sen *s. o.Mz. psy.* Angstgefühl, Erzittern vor Angst
ne 1. *UW* nein; nicht wahr? **~ ao·wer auk** *psy.* Ausdruck der Verwunderung oder Überraschung; **2.** ein, eine (Kurzform); **3.** etwa, ungefähr, zirka
Ned·der·düütsk *s. o.Mz. kult.* Niederdeutsch
ned·der·düütsk, -e, -en [ned-der·düüts·ke] *EW kult.* niederdeutsch
Ned·der·ländsk *s. o.Mz. kult.* Niederländisch
ned·der·ländsk, -e, -en [ned-der·länds·ke] *EW kult.* niederländisch
Ned·der·lan·ne, -n *w. geog.* Niederlande
ned·der·sask, -e, -en [ned-der·sas·ke] *EW kult.* niedersächsisch
Ned·der·sas·sen *geog.* Niedersachsen

ne·en *ZW tech.* nieten
Neet, Ne·te *m. tech.* Niet
Ne·fail, -s *s.* Absage
nen *FW* einen, einem (Kurzform)
Nen·duorp *ON* Bad Nenndorf
Nerw, -en [Ner·wen] *m. med.* Nerv
Ner·wen·fe·wer *s. o.Mz. med.* Typhus
Ner·wen·li·den *s. o.Mz. med.* Nervenleiden
Net, -·te *s. tech.* Netz, Fanggerät für Fische
Ne·taorn *ON* Nordhorn
Net·huut, Net·hü·te *w. med.* Netzhaut
net·kes *EW* recht nett; sauber, hübsch, angenehm; *psy.* freundlich, schmuck
Net·wiärk, -e *s. tech.* Netzwerk
ni, -·e, -·en *EW* neu
Niä·gel·ken, Niä·gel·kes *s.* 1. *bot.* Nelke, Fliederblüte; 2. *tech.* Nägelchen, kleiner Nagel
Niä·gel·kes·piä·per *m. o.Mz. bot.* Nelkenpfeffer
niä·geln *ZW tech.* nageln
Niä·gel·smet, -s *m. tech.* Nagelschmied
niä·ken *ZW med. kul.* wiederkäuen
niä·rig, -e, -en [niä·ri·ge] *EW kul.* esslustig, *psy.* munter, interessiert
niärn *ZW kul.* nähren, ernähren
niärns·nich *UW* nirgends
Niä·rung, -en [Niä·run·gen] *w. kul.* Nahrung, Ernährung
niä·ben *VW* neben
Ni·bau, -·ten *m. arch.* Neubau
Ni·bau·wuë·nung, -en [Ni-bau·wuë·nun·gen] *w. arch.* Neubauwohnung
Ni·biä·kem *ON* Neubeckum
ni·buorn, -e, -en [ni·buor·ne] *EW med.* neugeboren
nich nicht; **~ e·ner** kein anderer, niemand, niemand anderer; **~ e·ner äs** niemand anderer als, nur; **~ .. nao** weder.. noch
Nich·te, -n *w.* Kusine, Base
Nickel [Nik·kel] *s. o.Mz.* 1. *chem.* Nickel; **~, -s** *psy.* hinterhältiger, liederlicher

Mensch
nicke·lig, -e, -en [nik·ke·lig],
[nik·ke·li·ge] *EW psy.* hinterhältig
nicken [nik·ken] *ZW med.*
Schläfchen halten
ni·den *uZW psy.* neiden
Ni·der, -s *m. psy.* Neider
Ni·e *s. o.Mz.* Neue
Nied *m. o.Mz. psy.* Neid,
Missgunst
Nië·del, -n *w. bot.* Nessel,
Brennnessel
Nië·del·dook, Nië·del·dö·ker
s. tech. Nesseltuch
Nië·del·fe·wer, -s *s. med.*
Nesselfieber
Nië·del·hiëmd, -e [Nië·delhiëm·de] *s.* Hemd aus Nesselstoff
Nië·del·küë·ning, -e [Nië·delküë·nin·ge] *m. zool.* Zaunkönig
Nië·del·moos *s. o.Mz. kul.*
Brennnesselgemüse
Nië·del·saot, Nië·del·säö·te
w. bot. Nesselsaat
Nië·del·tüüg, -s *s. o.Mz.* Kleidung aus Nesselstoff
nië·gen *ZaW* neun
nië·gen·klook, nië·gen·kloke, -n *EW psy.* altklug,
überklug
Nië·gen·mö·er, -s *m. zool.*
Neuntöter, Rotrückenwürger
nië·gen·tain *ZaW* neunzehn
nië·gen·tig *ZaW* neunzig
niëg·te *ZaW* neunte
nië·men *uZW* nehmen, aneignen; **niëm et äs et is**
nehme es hin, akzeptiere es
Ni·en·biärg *ON* Nienberge
Ni·en·buorg *ON* Nienborg
Ni·en·düör, -n *w. arch. agr.*
Haupttor des Bauernhauses, Nebeneingang
Ni·en·kiär·ken *ON* Neuenkirchen
ni·en·kiärksk, -e, -en [ni·enkiärks·ke] *EW* neuenkirchener
Ni·en·kiärks·ke, -n *m., w.
und s.* Neuenkirchener(in)
Niër·se, -n *w. med.* Nase;
de ~ in't Nat·te häb·ben
übertr. kul. alkoholische Getränke zu sich nehmen; **de
~ haug trecken** *psy.* die
Nase rümpfen; **de ~ vul häbben** *psy.* die Nase voll haben, *übertr. psy.* es satt

haben; **e·nen vüör de ~ sätten** *übertr.* einen Vorgesetzten bekommen; **in'ne ~
häb·ben** riechen; *übertr.
psy.* erahnen, spüren; **up de
~ fal·len** auf das Gesicht
fallen, nach vorn über fallen; **uut de ~ trecken** aus
der Nase ziehen, *übertr.*
Information aus jemd. herausholen
Niër·sen·blö·den *s. o.Mz.
med.* Nasenbluten
Niër·sen·drüp·pel, -s *m.
med.* Nasentropfen
Niër·sen·düm·pel, -s *m.
med.* Nasenspitze
Niër·sen·kni·per, -s *m. tech.
med.* Kneifer (Brille)
niër·sen·lang, -e, -en [niërsen·lan·ge] *EW tem.* naselang
Niër·sen·lok, Niër·sen·löcker
s. med. Nasenloch, Nüster
Niër·sen·stai·ber, -s *m. bot.*
Nachtkerze
niër·se·wa·tern *ZW psy.* negativ kritisieren
Niër·se·wies, Niër·se·wi·se
m. psy. Naseweis
**niër·se·wies, niër·se·wi·se,
-n** *EW psy.* altklug (Kind)
Niërs·häön, -s *s. zool.* Nashorn, Rhinozeros
Niërs·ken, Niërs·kes *s. med.*
Näschen, kleine Nase
Ni·es *s. o.Mz.* Neues
Nies·gier *w. o.Mz. psy.* Neugierde
nies·gi·rig, -e, -en [nies·giri·ge] *EW psy.* neugierig,
gespannt
Ni·es·te *s. o.Mz.* Neuste
Nië·te, -n *w. zool.* Nitte, Eier
der Kopflaus, die am Haar
kleben
Niët·fink, -en [Niët·fin·ken] *m.
psy.* Quäler
Niët·fin·ken *s. o.Mz. psy.*
Quälen
niët·fin·ken *ZW psy.* quälen
Niët·fin·ke·ri, -en *w. psy.*
Quälerei
niët·ken *ZW psy.* ärgern,
uzen
nië·trig, -e, -en [nië·tri·ge] *EW
psy.* verdreht, unzufrieden
niëtsk, -e, -en [niëts·ke] *EW*
stark, heftig, allzuviel, gründlich, *psy.* begehrlich; *UW*
sehr

Nië·wel, -s *m. met.* Nebel
Nië·wel·beld, Nië·wel·bel·ler
s. Nebelbild; *übertr.* undeutliche Vorstellung oder Darstellung
Nië·wel·düöks·ken, Nië·weldüöks·kes *s. met.* Nebelschwade
nië·wel·grao, -·e, -·en *EW*
nebelgrau
nië·we·lig, -e, -en [nië·we·lige] *EW met.* nebelig
Nië·wel·kap, -·pen *w.* bestickte Haube mit langen
Bändern
Nië·wel·krai, -·en *w. zool.*
Nebelkrähe
Nië·wel·maond, -e [Nië·welmaon·de] *m. tem.* November
nië·weln *ZW met.* nebeln
Nië·wel·riän·gen *m. o.Mz.
met.* Nebelregen
Nië·wel·wul·ke, -n *w. met.*
Schleierwolke
ni·feln *ZW* heimlich nehmen
nig·ge·lig, -e, -en [nig·ge·li·ge]
EW psy. eigen, sonderbar,
neugierig, falsch, hinterhältig, nicht viel taugend
Nig·ge·lig·kait, -en [Nig·gelig·kai·ten] *w. psy.* Neugierde
Ni·huus *ON* Neuhaus
Ni·jaor *s. tem.* Neujahr; **glüksiä·lig ~** ein glückseliges
neues Jahr (Neujahrsgruß
mit der Antwort: **Guod giëw,
et wät waor!** Gott gebe,
dass es wahr wird)
Ni·jaor·dag, -e [Ni·jaor·da·ge]
m. tem. Neujahrstag
Ni·jaors·fi·er, -n *w. tem.*
Neujahrsfeier
nik·köp·pen *ZW* mit dem
Kopf nicken, *psy.* zustimmen
Nik·köp·per, -s *m. psy.* Jasager, jemd. ohne eigene
Meinung
niks nichts; **~ an·be·tands**
nichts Wichtiges (*frz. importance*); **so guët äs ~** so gut
wie nichts, fast nichts; **twemaol ~** überhaupt nichts
Niks·doon *s. o.Mz.* Nichtstun, Faulenzen
niks·doon *uZW* nichts tun,
faulenzen
Ni·laot *m. o.Mz. psy.* Reiz
des Neuen; Neuigkeit
Ni·lecht *s. o.Mz. astr.* Neumond

ni·melkt, -e, -en [ni·melk·te] EW agr. erstmals zu melken

ni·möödsk, -e, -en [ni·möödske] EW neumodisch

ni·nich UW tem. niemals

ni·pen (sien) EW psy. aufmerksam (sein), genau, gespannt

nip·pen ZW kul. einen kleinen Schluck nehmen, probieren (von Getränken)

nöch·tern, -e, -en [nöch·terne] EW med. nüchtern

nö·len ZW psy. nörgeln

nö·nen ZW tem. MIttagsruhe halten

noog UW genug

Nöön·ken, Nöön·kes s. tem. Mittagsruhe

Nör·den ON Norden

Nord·wol ON Nordwalde

nor·maal, nor·ma·le, -n EW normal, üblich

nös·seln ZW noppen

nös·sen ZW nisten zool.

Nöst, -er [Nös·ter] s. zool. Nest

Nös·ter·sö·ken s. o.Mz. Nestersuchen

nös·ter·sö·ken uZW nestersuchen

Nöst·kas·ten m. tech. zool. Nistkasten

Nöst·ken, Nöst·kes s. zool. Nestchen, kleines Nest

no·te·ern ZW notieren

no·te·ert, -e, -en [no·te·er·te] EW notiert

Not·teln ON Nottuln

nu BW UW tem. nun, jetzt

Nücke, -n [Nük·ke] w. psy. Hinterlist, Laune, Tücke; de ~n uut·dri·wen psy. jemd. zur Vernunft bringen

nücke·lig, -e, -en [nük·ke·lig], [nük·ke·li·ge] EW psy. launisch, hinterlistig

Nud·del, -n w. kul. Nudel

Nüë·de, -n w. med. Niere; an'ne ~n gaon übertr. psy. sehr nahe gehen; an'ne ~ häb·ben med. nierenkrank sein

Nüë·den·pien, Nüë·den·pi·ne w. med. Nierenschmerzen

Nüë·den·steen, Nüë·den·ste·ne m. med. Nierenstein

Nüë·den·wiä·mer, -s m. Nierenwärmer, Nierenschutz

Nüë·kel, -s m. med. senkrechte Stirnfalte, Augenbraue

Nü·er, Nü·ers m. med. Euter

nüë·seln ZW med. näseln, nuscheln

Nuët, Nüë·te w. bot. Nuss; be·schao·ten ~ bot. Muskatnuss; met em is lai·ge ~e knap·pen übertr. psy. er ist im Umgang sehr schwierig

Nuët·baum, Nuët·bai·me m. bot. Nussbaum

Nuët·busk, Nuët·büs·ke m. bot. Nussstrauch

nüë·te·lig, -e, -en [nüë·te·li·ge] EW psy. nörgelnd, unzufrieden, zänkisch

nüë·teln ZW psy. brummen, nörgeln

Nüë·tel·kunt, -en w. psy. nörgelnde Frau, unzufriedene Frau

Nuët·fis·ter, -s m. pfiffiger Kerl

Nuët·hië·ge, -n w. bot. Nusshecke

Nuët·holt, Nuët·höl·ter s. bot. Nussbaumholz

Nuët·jaor, -e [Nuët·jao·re] s. tem. bot. Jahr mit reicher Nussernte

Nuët·picker, -s [Nuët·pik·ker] m. zool. Spechtmeise, Kleiber

Nuët·schel·le, -n w. bot. Nussschale

Nuët·struuk, Nuët·strü·ke m. bot. Nussstrauch

Nuët·wold, Nuët·wöl·ler m. bot. Wald mit Nussgehölzen

Nufk, -en [Nuf·ken] m. Stoß, Schubs

nuf·ken ZW stoßen, schubsen

nu·hän UW tem. jetzt

Nuk, Nücke [Nük·ke] m. Stoß

nuk·ä·sen ZW ruckartig stoßen

nul ZaW null

nü·lik UW neulich

nüm·mer UW tem. nie, niemals, nimmer

nüm·mer·nich UW tem. niemals

num·me·re·ern ZW nummerieren

nüms FW niemand, keiner

Nun·ne, -n w. rel. Nonne

Nün·ne·ken, Nün·ne·kes s.

rel. Nönnchen

Nun·nen·klaus·ter, -s s. arch. rel. Nonnenkloster

Nuo·ne w. tem. neunte Tagesstunde (15 Uhr)

Nuor·den m. geog. Norden

Nuord·kiär·ken ON Nordkirchen

nuörd·lik, nüörd·licke, -n [nüörd·lik·ke] EW geog. nördlich

Nuord·pool, Nuord·po·le m. geog., tech. Norpol

Nuord·rien·West·fao·len pol. Nordrhein-Westfalen

Nuord·sc w. geog. Nordsee

nüörns UW nirgends, nirgendwo

nüörns·wao UW nirgendwo

Nüör·sel·le·ri, -·en w. Hantiererei

nüör·seln ZW hantieren

nüörs·tern ZW psy. mekkern, sich beschweren

nüörs·trig, -e, -en [nüörs·tri·ge] EW psy. verdreht, verdrießlich

Nüö·sel, -s s. junges Mädchen

Nürn·biärg ON Nürnberg

nu·scheln ZW undeutlich sprechen

nüs·seln ZW hantieren, fummeln

nuts EW nütze, nützlich, tüchtig

nüt·te EW nutz; UW sehr

Nut·ten m. o.Mz. Nutzen

nüt·ten ZW nützen

nüüd·lik, nüüd·licke, -n [nüüd·lik·ke] EW niedlich

nu·vüör·dan UW BW tem. von jetzt an

O

O, o O, o (Buchstabe)

ob·schoonst BW obwohl, obgleich, obschon

obs·ter·näötsk, -e, -en [obster·näöts·ke] EW psy. widerspenstig, aufsässig, störrisch; hartnäckig; psy. eigenwillig, eigensinnig, bokkig

ö·cheln ZW psy. sticheln; bellen, janken

Och·trup ON Ochtrup

ockeln [ok·keln] ZW rel. okkultieren

O·er s. o.Mz. geol. Ortstein

(durch Witterung verfestigte Bodenschicht)

of BW VW ob, oder

of·fe·re·ern ZW offerieren, anbieten

Of·se·er, -s m. mil. Offizier

o·ha oho

Ö·ing ON Oeding

Ois·tin·gen ON Oestinghausen

Ok·sied, Ok·si·de s. chem. Oxid

Ok·to·wer m. tem. Oktober

Ol·dag, -e [Ol·da·ge] m. tem. Alltag

ol·dags UW tem. alltags

Ol·dags·büks, -en [Ol·dags·bük·sen] w. Alltagshose, Hose für werktags

Ol·dags·kleed, Ol·dags·kle·der s. Alltagskleid, Kleid für werktags

Ol·dags·scho, -·e m. tech. Alltagsschuh, Schuh für werktags

Ol·dags·sprao·ke, -n w. kult. Alltagssprache, Umgangssprache

Ol·dags·tüüg, -s s. o.Mz. Alltagskleidung

Ol·den·kot·te ON Oldenkott

Ol·der·man, Ol·der·lü·de m. Vorsitzender einer Gilde

ö·len ZW wühlen, mühselig oder behindert arbeiten

Ol·fen ON Olfen

Ol·le, -n m., w. und s. his. Alte(r); ~n Kloa·ren m. o.Mz. kul. Alter Klarer (Schnaps)

Ol·len·biärge ON Altenberge

Ol·len·buorg ON Oldenburg

Ol·len·ha·gen ON Altenhagen

Ol·len·huus, Ol·len·hü·ser s. arch. Altersheim, Haus für alte Menschen

Ol·ler s. o.Mz. tem. Alter; van ~s hiär von alters her

öl·ler, -e, -en [öl·le·re] EW tem. älter

Ol·ler·doom, Ol·ler·dö·mer s. his. Altertum

Öl·le·re, -n m., w. und s. Ältere

Öl·lerk, -s m. zool. Bussard

öl·ler·lik, öl·ler·licke, -n [öl·ler·lik·ke] EW elterlich

Öl·lern Mz. Eltern

ol·lern ZW altern, älter werden

Öl·lern·graw, Öl·lern·griä-

wer s. Elterngrab

Öl·lern·huus, Öl·lern·hü·ser s. Elternhaus

Öl·lern·raod, Öl·lern·räö·de m. Elternrat

Öl·lern·rächt, -e [Öl·lern·räch·te] s. jur. Elternrecht, Erziehungsrecht

Ols·ke, -n w. alte Frau, Ehefrau (abfällig)

Öls·te, -n m., w. und s. Älteste

Öls·ten·raod, Öls·ten·räö·de m. pol. Ältestenrat

olt, ol·le, -n EW tem. alt; **dat is ~ Geld** tem. übertr. das gehört der Vergangenheit an; **öller** älter; **an ölsten** am ältesten

Olt·be·er, -e [Olt·be·e·re] s. kul. Altbier

Olt·be·er·bru·er, -s m. tech. kul. Altbierbrauer

Olt·düütsk s. o.Mz. kult. Altdeutsch

olt·düütsk, -e, -en [olt·düüts·ke] EW kult. altdeutsch

Olt·i·sen s. o.Mz. tech. Alteisen, Eisenschrott, Stahlschrott

olt·klook, olt·klo·ke, -n EW psy. altklug

ölt·lik, ölt·licke, -n [ölt·lik·ke] EW tem. ältlich

olt·möödsk, -e, -en [olt·mööds·ke] EW psy. altmodisch, unmodern

olt·sask, -e, -en [olt·sas·ke] EW kult. altsächsisch

Olt·stad, Olt·stiä·den w. arch. Altstadt

Olt·wi·wer·fast·aomd, -e [Olt·wi·wer·fast·aom·de] m. kult Altweiberfastnacht

Olt·wi·wer·sum·mer, Olt·wi·wer·süm·mers m. tem. met. Altweibersommer

ö·men ZW psy. zum Narren halten

Ön·hi·u·sen ON Bad Oeynhausen

Ööm, -s m. lediger Onkel, Oheim, Junggeselle

Ööm·ken, Ööm·kes s. Onkelchen

Öös, Ö·sen w. tech. Öse

Oost, Öös·te m. bot. Ast, Astloch (in Brettern); s. Stück

Oost·huol, Oost·hüö·le s. bot. Astloch

oos·tig, -e, -en [oos·ti·ge] EW bot. astig

Ööst·ken, Ööst·kes s. Stückchen

op·pe·re·ern ZW med. operieren

Ös·ken, Ös·kes s. zool. Öchslein

Os·se, -n m. zool. Ochse

ös·seln ZW unentwegt arbeiten

Os·sen·au·ge, Os·sen·ai·gen s. 1. med. Ochsenauge; 2. zool. Ochsenauge (Schmetterling); übertr. met. Luftblase auf Wasserpfütze bei Regen

Os·sen·blo·me, -n w. bot. Schlüsselblume

Os·sen·brüg·ge ON Osnabrück

os·sen·brügsk, -e, -en [os·sen·brügs·ke] EW osnabrücker

Os·sen·brügs·ke, -n m., s. und w. Osnabrücker(in)

Os·sen·fel·le ON Ostenfelde

Os·sen·fleesk s. o.Mz. med., kul. Ochsenfleisch

Os·sen·kop, Os·sen·köp·pe m. med. Ochsenkopf

Os·sen·stiärt, -s m. med., kul. Ochsenschwanz

Os·sen·tun·ge, -n w. med., kul. Ochsenzunge

Ös·ter·hai·den ON Oestereiden

Os·ter·li·e ON Osterledde

Ot·mars·bo·cholt ON Ottmarsbocholt

Ot·ten·ste·ne ON Ottenstein

Ot·ter, -n w. zool. Bachmuschel

Ot·ter·schel·le, -n w. zool. Schale der Bachmuschel

ö·wen ZW psy. foppen

Ö·wer, -s s. geol. Ufer

Ö·we·ri, -·en w. psy. Fopperei, Narretei

P

P, p P, p (Buchstabe); **een P der·vüör sät·ten** psy. etwas verbieten

Pääm·tickel, -s [Pääm·tik·kel] s. tech. Pendel, Perpendikel, Uhrpendel

Paap, Pa·pen m. rel. Pfaffe, Geistlicher

Päär·ken, Päär·kes *s.* Pärchen

Pääsk·ap·pel, -n *m. bot.* Pfirsich

Pääs·ke, -n *w. bot.* Pfirsich (*frz.* pêche)

Pääs·ken·baum, Pääs·kenbai·me *m. bot.* Pfirsichbaum

Pääs·ken·blö·te, -n *w. bot.* Pfirsichblüte

Pääs·ken·steen, Pääs·kenste·ne *m. bot.* Pfirsichstein

pääs·ten *ZW psy.* stänkern

Pääs·ter, -s *m. tech.* Zirkel

Pääs·te·ri̱, -·en *w. tech.* Bastelel

pääs·tern *ZW tech.* basteln, reparieren

packen [pak·ken] *uZW* fassen, fangen

Packer, Päckers [Pak·ker] *m.* Packer

Packe·ri̱, -·en [Pak·ke·ri] *w.* Packerei

Pä·del, -n *w.* Perle

Pä·del·hoon, Pä·del·hö·ner *s. zool.* Perlhuhn

Pä·del·ken, Pä·del·kes *s.* kleine Perle

Pä·deln·häng·sel, -s *s. tech.* Perlenschnüre (z.B. an der Haube)

Pä·deln·kië·de, -n *w. tech.* Perlenkette

pa·dü̱ verloren, futsch (*frz.* perdu)

paf·ken *ZW* paffen, genüsslich rauchen

pa·gol·ken *ZW psy.* dummes Zeug reden

Pai, -s *m. tech.* Mantelstoff

Paik, -s *m. tech.* Pike, Spieß

Pa·jats, -e [Pa·jat·se] *m. mus.* Bajazzo, Narr (*frz.* paillasse)

Pak·kääl, -s *m. fin.* Landhändler, fliegender Händler

Pak·driä·ger, -s *m. trans. fin.* Landhändler, Lastenträger

Pak·ië·sel, -s *m.* Packesel

Pak·lao·ge, -n *w.* Packlage

Pak·mi·nich·an *s. o.Mz. bot.* kleines Springkraut

Pak·pa·pe·er, -e [Pak·pa·pe·e·re] *s. tech.* Packpapier

Paks·faam, Paks·fiäm *m. tech.* Bindfaden

Päks·ken, Päks·kes *s.* Päckchen

Pal·la·ment, -e [Pal·la·men-te] *s. pol.* Abgeordnetenhaus, Parlament

Palm *m. o.Mz. bot.* Buchsbaum

pälm·ken *ZW kul.* missmutiges Kauen (das Essen schmeckt nicht)

Palm·paos·ken *m. o.Mz. rel. tem.* Palmsonntag

Palm·sun·dag, -e [Palm·sun-da·ge] *m. rel. tem.* Palmsonntag

palm·sun·dags *UW tem.* palmsonntags

Pan, -·ne, -·nen *w. tech.* Pfanne, *kul.* (Brat)pfanne; *arch.* (Dach-)pfanne; *übertr. med.* Haare; **früëm·de ~nen up't Dak häb·ben** *hyg.* eine Perücke tragen; **rau·de ~nen up't Dak häb·ben** *übertr. med.* rote Haare haben; **in'ne ~·ne slaon** in die Pfanne hauen, *psy.* verraten; **Pot un ~** *übertr. tech.* Hausrat

Pand, Pän·ner *s.* 1. *fin.* Pfand; 2. *agr.* Stück Land, Grundstück, Parzelle

Pand·breew, Pand·bre·we *m. fin.* Pfandbrief

Pand·dü·wel, -s *m. jur.* scherzh. für Pfänder, Pfandeintreiber, Gerichtsvollzieher

Pän·der, -s *m. jur.* Pfänder

Pand·huus, Pand·hü·ser *s. fin.* Pfandhaus

Pänd·ke·bäänd, -s *m. jur.* Pfänder, Pfandeintreiber, Gerichtsvollzieher (abfällig)

Pänd·ken, Pänd·kes *s. agr.* kleines Stück Land

Pand·schien, Pand·schi·ne *m. fin.* Pfandschein

Pän·gel·an·ton, -s *m. trans.* Bummelzug

pän·geln *ZW* läuten, *trans.* wandeln

Pän·ken, Pän·kes *s. tech.* Pfännchen

pän·kes·fet liä·wen *kul.* gut leben, aus dem vollen schöpfen

Pan·ko·ken, Pan·kö·ken *m. kul.* Pfannkuchen

pan·ko·ken *ZW* arbeiten, ohne vorwärts zu kommen; **düör·ne·ne ~** *psy.* eine enge freundschaftliche oder nachbarschaftliche Beziehung haben

Pan·ko·ken·deek, Pan·koken·de·ke *m. kul.* Pfannkuchenteig

Pan·ko·ken·ge·sicht, -er [Pan·ko·ken·ge·sich·ter] *s. med.* breites rundes Gesicht

Pan·ko·ken·kuorw, Pan·koken·küör·we *m. tech. kul.* Korb für Pfannkuchen

Pan·ko·ken·miäl, -e [Pan·ko·ken·miä·le] *s. kul.* Pfannkuchenmehl

Pan·ko·ken·pan, -·ne, -·nen *w. tech. kul.* Pfannkuchenpfanne

Pan·ko·ken·kruud *s. o.Mz. bot.* Schnittlauch

Pan·ko·ken·schüë·del, -n *w. tech. kul.* Pfannkuchenschüssel

Pan·ko·ken·tiet, Pan·ko·ken·ti·ten *w. tem.* Pfannkuchenzeit

Pan·krats *VN* Pankratius

Pank·schoon, Pank·schonen *w. fin.* Pension, Altersruhegeld; *arch.* Herberge

Pan·nas *m. o.Mz. kul.* sehr magere Leberwurst, Wurst aus Wurstbrühe und Buchweizenmehl; **~ in Pul·len** *übertr.* Unsinn

Pan·ne·man, Pan·ne·lü·de *m. jur.* Gerichtsvollzieher, Pfandeintreiber

pän·nen *ZW jur.* pfänden

Pan·nen·bäcker, -s [Pan·nen·bäk·ker] *m. tech.* Dachpfannenbrenner

Pan·nen·dak, Pan·nen·diä·ker *s. arch.* mit Ziegeln gedecktes Dach

Pan·nen·haol, -s *m. tech.* Haltevorrichtung für Pfannen über dem offenen Kamin

Pan·nen·kacker, -s [Pan·nen·kak·ker] *m. zool.* Haustaube (abfällig)

Pan·nen·läcker, -s [Pan·nen·läk·ker] *m. med.* Mensch mit platter Nase

Pan·nen·mest, Pan·nen·messers *s. tech. kul.* Pfannenmesser, Pfannenheber

Pan·nen·schaot, Pan·nen·schäö·te *s. tech.* Stück einer zerbrochenen Dachpfanne

Pan·nen·schü·er, -n *w. arch. tech.* Trockengebäude für ungebrannte Dachpfannen

Pan·nen·stiël, -e [Pan·nen-stië·le] *m. tech.* Pfannen-stiel

Pan·nen·uom, Pan·nen-üöms *m. tech.* Brennofen für Dachpfannen

Pan·nen·up·han·gen *s. o.Mz. tech.* Dachpfannen aufle-gen, Dachdecken

Pän·ner·spiël, -e [Pän·ner-spië·le] *s. spo.* Pfänderspiel

Pän·nung, -en [Pän·nun·gen] *w. jur.* Pfändung

Pan·tuf·fel, -n *m. tech.* Pan-toffel

Pan·tüf·fel·ken, Pan·tüf·fel-kes *s. tech.* Pantöffelchen

Pao·gel, -s *m. zool.* Pfau

Pao·gel·haan, -s, Pao·gel-ha·nen *m. zool.* Pfauen-hahn

Paol, Päö·le *m. tech.* Pfahl

paol·hol·len *uZW* aushal-ten, durchhalten, stand-halten

Paol·büör·ger, -s *m.* Altein-gesessener

päö·len *ZW* (Pfahl) einschla-gen; *übertr. spo.* fußball-spielen

Päöl·ken, Päöl·kes *s. tech.* Pfählchen, kleiner Pfahl

Paop·haan, -s, Paop·ha·nen *m. zool.* Pfauenhahn

Paol·holt, Paol·höl·ter *s. tech.* Pfahlholz

Paol·müël, -en [Paol·müë·len] *w. tech.* Bockwindmühle

Paol·wiärk, -e [Paol·wiär·ke] *s. tech.* Palisade

Paopst, Päöps·te *m. rel.* Papst

päöpst·lik, päöpst·licke, -n [päöpst·lik·ke] *EW rel.* päpst-lich

paor *ZaW* paar

Paor, -e [Pao·re] *s.* Paar

paor·maol, een ~ mehrmals

Paort, -e, -en [Paor·te] *w. arch.* Pforte, Tor

Paort·gat, Paort·gät·ter *s.* jemd., der hinter sich keine Türen schließt

Paort·huus, Paort·hü·ser *s. arch.* Gartenhaus

päört·ken *ZW* ein und aus laufen, ohne die Tür zu schließen

Päört·ken, Päört·kes *s. arch.* Törchen

paor·wies, paor·wi·se *UW*

paarweise

Paosk·aomd, -e [Paosk·aom-de] *m. rel. tem.* Karsamstag

paos·ke·best, -e, -en [paos-ke·bes·te] *EW* sehr festlich (wie zu Ostern)

Paos·ke·blo·me, -n *w. bot.* Osterblume, Frühlingsblu-me; wit·te ~ *bot.* Busch-windröschen

Paos·ke·dag, -e *m. rel. tem.* Ostertag

Paos·ke·ai, --ers *s. kul.* Osterei

Paos·ke·fi·er, -n *w. rel.* Oster-feier

Paos·ke·frai·de, -n *w. rel.* Osterfreude

Paos·ke·fü·er, -s *s.* Oster-feuer

Paos·ke·haas, Paos·ke·ha-en *m.* Osterhase

Paos·ke·kä·se, -n *w. tech. rel.* Osterkerze

Paos·ke·klok, Paos·ke·klok-ken *w. bot.* Osterglocke, Narzisse

Paos·ke·leed, Paos·ke·le·der *s. rel. mus.* Osterlied

Paos·ke·maon·dag, -e [Paos-ke·maon·da·ge] *m. rel. tem.* Ostermontag

paos·ke·maon·dags *UW rel. tem.* ostermontags

Paos·ke·mis·se, -n *w. rel.* Ostermesse

Paos·ke·muorn *m. tem.* Ostermorgen

Päös·ken, Päös·kes *s.* klei-ne Pause; een ~ ein wenig

Paos·ken *o.Mz. rel.* Ostern, an ~ *tem.* zu Ostern

Paos·ke·nacht, Paos·ke-näch·te *w. tem. rel.* Oster-nacht

Paos·ke·priä·ge, -n *w. rel.* Osterpredigt

Paos·ke·siän·gen, -s *m. rel.* Ostersegen

Paos·ke·sun·dag, -e [Paos-ke·sun·da·ge] *m. rel. tem.* Ostersonntag

paos·ke·sun·dags *UW rel. tem.* ostersonntags

Paos·ke·tiet, Paos·ke·ti·ten *w. rel. tem.* Osterzeit

Pao·ter, -s *m. rel.* Pater, Mönch; *tech. agr.* Grubber, Kultivator

Pao·ter·bro·er, Pao·ter·brö-ers *m. rel.* Klosterbruder,

Laienbruder

Päö·ter·ken, Päö·ter·kes *s.* 1. *rel.* Pater (verniedlichend) 2. *zool.* Haubenlerche

Päö·ter·ken·me·se, -n *w. zool.* Haubenmeise

Pao·ter·knaip *m. o.Mz. bot.* Skabiose, Knopfblume

Pao·ter·scho, --e *m. tech.* Sandale

Pao·ters·käp·ken, Pao·ters-käp·kes *s. zool.* Gartenrot-schwanz

Pao·ter·stööl·ken, Pao·ter-stööl·kes *s. tech.* Kinder-hochstuhl

Pap, Päp·pe *m.* Mus, Brei

Pa·pe·er, -e [Pa·pe·e·re] *s. tech.* Papier; Pa·pe·e·re *Mz. jur.* Ausweis, Führerschein usw.

Pa·pe·er·geld *s. o.Mz. fin.* Papiergeld

Pa·pe·er·kraom *m. o.Mz.* Papierkram, Buchführung

Pa·pe·er·kuorw, Pa·pe·er-küör·we *m. tech.* Papier-korb

Pa·pe·er·ma·ker, -s *m. tech.* Papiermacher

pa·pe·ern, -e, -en [pa·pe·er-ne] *EW tech.* papieren, aus Papier

Pa·pe·er·sak, Pa·pe·er·siä-ke *m. tech.* Papiersack

Pa·pe·er·si·ge, -n *w. tech.* Papierfilter

pä·pen *ZW psy.* schreiend weinen

Pa·pen, -s *m.* Vater

Pa·pen·buorg *ON* Papen-burg

Päp·ken, Päp·kes *s.* Mus, Brei (abwertend)

Pap·kas·ten, Pap·käs·ten *m. tech.* Pappkasten, Pappkar-ton, Schachtel

Pap·kop, Pap·köp·pe *m. psy.* Dummkopf

Pa·plü, -üs *m. tech.* Regen-schirm (*frz.* parapluie)

Pap·pen·stiël, -e [Pap·pen-stië·le] *m.* Pappenstiel

pap·per·la·pap! Ausruf, wenn jemd. Unsinn redet

Pap·sao·laot, Pap·sao·laö·te *m. kul.* Salat mit Speckso-ße

pap·sat, --te, --ten *EW kul.* restlos satt, übersättigt

Pap·sel, -s *s.* zäher Brei

Pap·stof·fel, -s *m. psy.*
Dummkopf
Par·dies, Par·di·se *s. rel.*
Paradies
par·diesk, -e, -en [par·dies·
ke] *EW rel.* paradiesisch
pa·re·ern *ZW psy.* parieren, gehorchen, folgen
par·fos, --se, --en *EW med.,*
psy., tech. kräftig, sehr stark
(*frz.* par force)
Pa·ries *ON* Paris
Park, -s *m. agr.* Park, Gartenanlage
Park·huus, Park·hü·ser *s.*
trans. arch. Parkhaus
par·ke·ern *ZW trans.* parken
Pas, --se *s.* Mal; **guët to ~**
kuë·men gut auskommen
pas·la·tant (för) aus Langeweile, zum Zeitvertreib, nebenbei, nebensächlich (*frz.*
passer le temps)
päs·lik, päs·licke, -n [päs·
lik·ke] *EW* pässlich
pas·se·ern *ZW* geschehen, passieren
Pas·se·er·schien, Pas·se·er·
schi·ne *m. jur.* Passierschein
pas·sen *uZW* passen; **dat**
päs äs't Mest in'ne Task
das passt wie angegossen
Päs·ser, -s *m. tech.* Zirkel
päs·sern *ZW tech.* abmessen
päs·sig, -e, -en [päs·si·ge]
EW passend, geeignet, richtig; **päs·si·ger** geeigneter;
an päs·sigs·ten am geeignetsten
Pas·toor, Pas·töörs *m. rel.*
Pfarrer; **de ~ is wit wi·er·**
kuë·men *übertr. rel.* der
Pfarrer ist von einem Verstorbenen zurückgekommen
Pas·töör·ken, Pas·töör·kes
s. rel. Pfarrer (abwertend,
verniedlichend)
Pas·traot, -en [Pas·trao·ten]
w. rel. Pfarrei
pat *BW* aber
Pat, Pät·te *m. trans.* Weg,
Pfad; **up'n gän·gel·den ~**
sien zum Vergnügen unterwegs sein
Pat·blad, Pat·bliä·der *s. bot.*
Spitzwegerich
Pa·te, -n *m.* Pate
pa·tent, -e, -en [pa·ten·te]
EW brauchbar, praktisch; ge-

schickt; *psy.* umgänglich
Pa·ter·born *ON* Paderborn
Pat·gaus, Pat·gai·se *w. übertr.*
tölpelhafte Person (abfällig)
Pat·jak, Pat·jacken [Pat·jak·
ken] *s. psy.* dummer Mensch
(Schimpfwort)
Pat·ke, -n *w. med.* Fuß (gro
ßer); Fußabdruck
pät·ken *ZW trans.* zu Fuß
gehen, wandern, spazierengehen
Pät·ken, Pät·kes *s. trans.*
schmaler Weg, schmaler
Pfad; **Pät·kes fö·ern** *trans.*
Radtour machen
Pat·ken·blad, Pat·ken·bliä
der *s. bot.* Pestwurz
Pät·ke·ri, --en *w.* Wanderung, Rundgang
Pät·kes·faort, -en [Pät·kes·
faor·ten] *w. trans.* Fahrradfahrt über Wege, Ausflugsfahrt mit dem Fahrrad
Pät·kes·snü·wer, -s *m.*
trans. Moped
Pat·li·ne, -n *w. tech.* Gartenleine
Pa·trät·ken, -s *s.;* **e·gen ~**
psy. Eigenbrötler
Pa·troon, Pa·tro·nen 1. *w.*
tech. Patrone; 2. *m. rel.*
Patron, Schutzheiliger
Pat·schö·fel, -n *w. tech. agr.*
Kratzmesser (für Unkraut)
Pät·sel, -s *m. tech.* schirmlose Mütze
Pats·ke, -n *w. tech.* Patsche; Verlegenheit
pats·ke·nat, --te, --ten *EW*
durch und durch nass, durchnässt
Pat·te, -n *w. tech.* Brieftasche; **ne dicke ~ häb·ben**
übertr. fin. viel Geld besitzen, reich sein
pat·te·ern *ZW psy.* umgehen
(mit jemd.)
Pat·ti, --en *w.* Partie
pa·tu *UW* absolut, durchaus,
auf jeden Fall, unbedingt (*frz.*
partout); **~ nich** auf keinen
Fall, absolut nicht
Pat·ü·se, -n *w. zool.* Kröte
Pau·en·stiär *ON* Pavenstädt
Päu·le *VN* Paula
Ped·de, -n *w. zool.* Frosch
Ped·den·stool, Ped·den·stö·
le *m. bot.* Pilz
pe·geln *ZW trans.* abfahren;
med. sterben

Pek *s. o.Mz. psy.* Pech, Unglück
pen·en *ZW med.* schlafen
Pen·ning, -e [Pen·nin·ge] *m.*
fin. Pfennig
Pen·nings·kraom *m. o.Mz.*
Pfennigskram, Minderwertiges
Pen·si·o·ne, -n *w. arch.* Pension, Herberge
pen·si·o·ne·ert, -e, -en [pen·
si·o·ne·er·te] *EW* pensioniert
Per·me·ter, -s *m. tech. met.*
Barometer
Per·ro, -os *m. zool.* Frosch
Per·ron, -s *m. trans.* Bahnsteig (*frz.* perron)
Per·sent, -e [Per·sen·te] *s.*
math. Prozent
Pe·ter·sil·ge *w. o.Mz. bot.*
Petersilie; **de ~ is vö·ha·**
gelt alles ist danebengegangen, der Tag ist versaut
Pet·to, in ~ in der Brust (*lat.-*
it.); **in ~ häb·ben** in Reserve haben
Piä·per *m. o.Mz. bot.* Pfeffer
Piä·per·büs·se, -n *w. tech.*
Pfefferdose
piä·pe·rig, -e, -en [piä·pe·ri·
ge] *EW kul.*
Piä·per·kaorn, Piä·per·käörns
s. bot. Pfefferkorn
Piä·per·ko·ken, Piä·per·kö·
ken *m. kul.* Pfefferkuchen
Piä·per·mint, -en [Piä·per·
min·ten] *w. bot.* Pfefferminze
Piä·per·mint·boms, Piä·per·
mint·böm·se *m. kul.* Pfefferminzbonbon
Piä·per·müë·le, -n *w. tech.*
Pfeffermühle
piä·pern *ZW kul.* pfeffern,
mit Pfeffer versehen
Piä·per·nuët, Piä·per·nüë·te
w. bot. Pfeffernuss
Piä·per·pot·hast, -e [Piä·
per·pot·has·te] *m. kul.* Ragout aus gewürfelter Rinderrippe mit viel Gewürz,
Pfefferpothast
piä·pert, -e, -en [piä·per·te]
EW kul. gepfeffert
Piärd, -e [Piär·de] *s. zool.*
Pferd; **he hait vil·licht up**
de ~e *übertr. psy.* er prahlt
gewaltig; **de ~e schü ma·ken**
übertr. psy. Panik verbreiten, für Aufregung sorgen
Piär·de·ap·pel, Piär·de·äp-

pel *m. biol.* Pferdeapfel, Pferdekot

Piär·de·bain·ken, Piär·de·bain·kes *s. bot.* Pferdeböhnchen

Piär·de·bau·ne, -n *w. bot.* Türkische Bohne, Große Bohne

Piär·de·bü·er, -s *w. agr.* Pferdetränke

Piär·de·diek, Piär·de·di·ke *m. agr.* Pferdeteich

Piär·de·dok·ter, -s *m. med.* Tierarzt

Piär·de·em·mer, -s *m. tech.* Eimer zum Tränken des Pferdes

Piär·de·fleesk *s. o.Mz. med., kul.* Pferdefleisch

Piär·de·fo·er *s. kul.* Pferdefutter

Piär·de·foot, Piär·de·fö·te *m. med.* Pferdefuß

Piär·de·gö·bel, -s *m. tech.* Pferdegöpel, Rosswerk

Piär·de·händ·ler, -s *m. fin.* Pferdehändler

Piär·de·han·nel *m. o.Mz. fin.* Pferdehandel

Piär·de·haor, -e [Piär·de·haore] *s. med.* Pferdehaar

Piär·de·huon·ke, -n *w. zool.* Hornisse

Piär·de·huus, Piär·de·hü·ser *w. arch. agr.* Pferdestall

Piär·de·küë·del, -s *m. biol.* Pferdekot

Piär·de·ku·le, -n *w. agr.* Pferdeschwemme, Badeplatz für Pferde

Piär·de·markt, Piär·de·miärk·te *m. agr. fin.* Pferdemarkt

Piär·de·raip, -s *s. tech. agr.* Pferdekrippe

Piär·de·schoos·ter, -s *m. tech.* Hufschmied

Piär·de·siet, Piär·de·si·ten *w. agr.* Tennenseite mit Pferden

Piär·de·släch·ter, -s *m. med. kul.* Pferdemetzger

Piär·de·slid·den, -s *m. trans.* Pferdeschlitten

Piär·de·stal, Piär·de·stiä·le *m. arch. agr.* Pferdestall

Piär·de·stärk·de, -n *w.* Pferdestärke

Piär·de·stiärt, -s *m. med.* Pferdeschwanz

Piär·de·stiärt·ken, Piär·de·stiärt·kes *s.* Pferdeschwänzchen (Frisur)

Piär·de·sul·daot, -en [Piär·de·sul·dao·ten] *m. mil.* Kavallerist

Piär·de·sul·dao·ten *Mz. mil.* Kavallerie

Piär·de·tucht, -en [Piär·de·tuch·ten] *w. zool. agr.* Pferdezucht, Gestüt

Piär·de·tüch·ter, -s *m. zool. agr.* Pferdezüchter

Piär·de·wië·mel, -s *m. zool.* Mistkäfer, Rosskäfer

Piär·de·wies·ke, -n *w. agr.* Pferdewiese

Piärd·ken, Piärd·kes *s. zool.* Pferdchen

pi·cheln *ZW kul.* ausgiebig zechen, saufen

picke·packe·vul, -·e, -·en [pik·ke·pak·ke·vul] *EW* völlig voll

Piëk, -e [Pië·ke] *s. chem.* Pech; *med.* Eiterstock, Eiterpickel, Pickel

Piëk·draod, Piëk·dräö·de *m. tech.* Pechfaden zum Schuhnähen

Pië·kel *s. o.Mz. kul.* Pökel, Salzwasser

Pië·kel·fat, Pië·kel·fiä·ter *s. tech. kul.* Pökelfass

Pië·kel·fleesk *s. o.Mz. kul.* Pökelfleisch

Pië·kel·hä·ring, -e [Pië·kel·hä·rin·ge] *m. kul.* Pökelhering, Salzhering

pië·keln *ZW kul.* pökeln, durch Salz haltbar machen

Pië·kel·solt *s. kul. o.Mz.* Pökelsalz

Pië·kel·sün·ne, -n *w. rel.* schwere Sünde

pië·ken 1. *ZW* mit Pech bestreichen; 2. ~, -e, -en [pië·ke·ne] *EW* aus Pech bestehend

Pië·ken *Mz. med.* Masern

Piëk·fies·ter, -s *m. tech.* Schuster (Schimpfwort)

Piëk·lecht, -er [Piëk·lech·ter] *s. tech.* Pechfackel

Piëk·plaos·ter, -s *s. med.* Pechpflaster

Pieks, -e [Piek·se] *m.* Stich, *med.* kleiner Einstich, Insektenstich

piek·sen *ZW* mit feiner Spitze stechen

Piek·ser, -s *m. tech.* Stecher, Nadel, Stichel; Einstich

piel, pi·le, -n *EW* hoch,

steil, gerade, direkt, aufrecht, pfeilgerade, senkrecht; *UW* geradewegs; ~ hau·ge pfeilhoch, steil nach oben

Piel, Pi·le *m. tech.* Pfeil

Piel·ken, Piel·kes *s. tech.* kleiner Pfeil, Pfeilchen

piel·liek, piel·li·ke, -n *EW* schnurgerade, gerade wie ein Pfeil

piel·up *EW* senkrecht, gerade

Pien, Pi·ne *w. med.* Pein, Schmerz

Piep, Piep·se *m.* Pieplaut, Laut; ki·nen ~ mä·er säg·gen nichts mehr sagen, keinen Laut mehr von sich geben; ki·nen ~ säg·gen *übertr. psy.* schweigsam sein, schweigen

Piep·aol, Piep·äö·le *m. zool.* Schlammpeitzker

piep·e·gaol *EW* völlig egal, völlig unbedeutend

Piep·hafk, -en [Piep·haf·ken] *m. zool.* Sperber

Piep·ken, Piep·kes *s. tech.* Pfeifchen; Röhrchen

Piep·ko·ken, Piep·kö·ken *m. kul.* Waffelkuchen, Waffel

Piep·ko·ken·deek, Piep·ko·ken·de·ke *m. kul.* Waffelteig

Piep·ko·ken·i·sen, -s *s. tech. kul.* Waffeleisen, aufklappbare Backform für Waffeln (wurde über dem offenen Feuer erhitzt)

Piep·mats, Piep·mät·se *m. zool.* Vogel

Piep·mäts·ken, Piep·mäts·kes *s. zool.* Vögelchen, junger Vogel

Piep·steen, Piep·ste·ne *m. geol.* Quellkalk, Travertin

Pier·me·lin·ge *Mz. fin.* Geld (umgangssprachlich)

Piets·ke, -n *w. tech.* Peitsche

piets·ken *ZW* peitschen

Piets·ken·knal *m. o.Mz.* Peitschenknall

Piets·ken·la·tuch·te, -n *w. tech.* Bogenlampe, Peitschenlampe

Pig·ge, -n *w. tech.* Holzstift, Holznagel (für den Fachwerkbau), Holzdübel

pig·gen *ZW tech.* Holznägel einschlagen, nageln

Pig·gen·bruut, Pig·gen·brü·te
w. fin. agr. reiche Hoferbin
Pig·gen·holt s. o.Mz. bot.
Pfaffenhütchen
pig·gen·stiew, pig·gen·sti·we,
-n EW steif wie ein Stift
Pik m. o.Mz. psy. Groll, Hass;
~ häb·ben up psy. etwas
gegen jemd. haben
pik·düüs·ter, -e, -en [pik-
düüs·te·re] EW stockdunkel,
völlig dunkel, völlig finster
Pik·düüs·tern s. o.mz. völlige Dunkelheit, völlige Finsternis
pi·ken ZW stechen
pik·swat, -te, -ten EW pechschwarz, tiefschwarz
Pik·swat·ten Mz. pol. übertr.
Erzkonservative
pi·len ZW peilen, anvisieren
Pi·le·pog·ge, -n w. zool.
Kaulquappe, Frosch
Pi·ler, -s m. tech., arch.
Pfeiler, Stützpfeiler, Säule
Pi·ler·ken, Pi·ler·kes s. tech.,
arch. kleiner Pfeiler
Pi·le·wuorm, Pi·le·wüör·mer
m. zool. Regenwurm
Pil·le, -n w. med. Tablette
Pil·len·drai·er, -s m. med.
Apotheker
Pi·lung, -en [Pi·lun·gen] w.
tech. trans. Peilung
pim·pe·lig, -e, -en [pim·pe-
li·ge] EW psy. zimperlich
Pim·per·nel·le, -n w. bot.
Pimpinelle (wilder Kümmel);
de ~n kri·gen psy. zu viel
bekommen
Pin, -·ne m. tech. Pflock,
Stift, Stock, Stab; übertr.
med. Bein; in'ne ~·ne helpen med. gesundmachen;
in'ne ~·ne kuë·men med.
auf die Beine kommen,
übertr. gesund werden; in
~ un Po·nail in Ordnung
Pin·ap·pel, -n m. arch. Zinne, Turmknauf
Pin·dop, -s m. tech. spo.
Peitschenkreisel; ~ ja·gen
spo. mit dem Peitschen-
kreisel spielen
Pin·düörs·ker, -s m. tech.
agr. Spitzdrescher
Pin·gel, -n w. tech. Klingel,
Schelle
pin·ge·lig, -e, -en [pin·ge·li-
ge] EW psy. kleinlich, pedantisch, penibel

Pin·ge·lig·kait, -en [Pin·ge-
lig·kai·ten] w. Kleinigkeit;
psy. Pedanterie
pin·geln ZW klingeln, läuten, schellen
Pin·gel·pot, Pin·gel·pöt·te m.
tech. Isolator von Telegra-
fenmasten
Ping·pong s. o.Mz. spo.
Tischtennis
Ping·pong·bal, Ping·pong-
bäl·le m. spo. Tischtennis-
ball
Ping·pong·disk, -e [Ping-
pong·dis·ke] m. tech. spo.
Tischtennisplatte
Ping·pong·sliä·ger, -s [Ping-
pong·sliä·gers] m. tech.
spo. Tischtennisschläger
Ping·pong·spiël, -e [Ping-
pong·spië·le] s. spo. Tisch-
tennisspiel
Ping·pong·spië·ler, -s [Ping-
pong·spië·le] m. spo. Tisch-
tennisspieler
Pin·kel, -s; fi·ner ~ m. fei-
ner Herr
Pin·ken, Pin·kes s. tech.
Stöckchen; Riegel; tech. kul.
Schnapsglas
Pin·ke·pank, -s m. tech.
Schmied
Pin·kes·drai·er, -s m. tech.
Drechsler
Pinkst·blo·me, -n w. bot.
Wiesenschaumkraut
Pinkst·dag, -e [Pinkst·da·ge]
m. rel. tem. Pfingsttag
Pinks·ten o.Mz. tem. rel.
Pfingsten
pinks·ten ZW mit Grün
schmücken
Pinkst·fos, Pinkst·fös·se m.
zool. Pfingstfuchs
Pinkst·maon·dag, -e [Pinkst-
maon·da·ge] m. rel. tem.
Pfingstmontag
pinkst·maon·dags UW rel.
tem. pfingstmontags
Pinkst·os·se, -n m. Pfingst-
ochse; psy. (Schimpfwort)
Pinkst·rau·se, -n w. bot.
Pfingstrose
Pinkst·sun·dag, -e m. rel.
tem. Pfingstsonntag
pinkst·sun·dags EW rel.
tem. pfingstsonntags
Pinkst·tiet w. o.Mz. rel. tem.
Pfingstzeit
Pinkst·va·kans, -en [Pinkst-
va·kan·sen] w. tem. Pfingst-

ferien
Pinkst·vuë·gel, Pinkst·vüë-
gel m. zool. Pirol
Pin·ne·klaut, -s m. tech. spo.
Peitschenkreisel
pin·nen ZW schreiben
pin·nig, -e, -en [pin·ni·ge]
EW psy. geizig
Pi·nor·ri·kel, -s s. scherzh.
Gegenstand
Pin·stok, Pin·stöcke [Pin-
stök·ke] m. tech. Rohrstock
Pin·swiär, -s s. med. Blutgeschwür
Pin·teckel, -s [Pin·tek·kel]
m. zool. kleiner Hund
Pip s. o.Mz. med. Geflügel-
krankheit (Verhärtung der
Zungenspitze)
Pi·pe, -n w. tech. Pfeife
(zum Rauchen); tech. Rohr,
Röhre
pi·pen ZW pfeifen, pfeifen-
des Geräusch machen; he
piept uut dat les·te Lok
med. er pfeift aus dem letz-
ten Loch, er atmet mit pfei-
fenden Geräuschen
Pi·pen·gaorn, Pi·pen·gäörns
s. tech. Schussgarn beim
Weben
Pi·pen·gräs s. o.Mz. bot.
Pfeifengras
pi·pen·jung, -e, -en [pi·pen-
jun·ge] EW sehr jung und
unerfahren
Pi·pen·kop, Pi·pen·köp·pe
m. tech. Pfeifenkopf; psy.
(Schimpfwort)
Pi·pen·lül·le w. o.Mz. Speichel, der sich in der Pfeife
ansammelt
Pi·pen·ma·ker, -s m. tech.
Pfeifenmacher, Rohrhersteller
Pi·pen·prüë·kel, -s m. tech.
Pfeifenreiniger
Pi·pen·sak, Pi·pen·siä·ke m.
tech. mus. Dudelsack
Pi·pen·to·bak, Pi·pen·to·bak-
ke m. Pfeifentabak
pi·pig, -e, -en [pi·pi·ge] EW
psy. mimosenhaft
pip·pe·rig, -e, -en [pip·pe·ri-
ge] EW med. kränklich,
klein, schwächlich
Pip·pi s. o.Mz. biol. Urin
pip·pi·ma·ken uZW med.
pinkeln
pi·sacken [pi·sak·ken] ZW
stechen; übertr. psy. quä-

len, schikanieren
Pis·dook, Pis·dö·ker *s. tech.*
hyg. Windel
Pi·sek, -s *m. med.* Penis
Pi·sel, -s *m. med.* Penis
Pi·se·pam·pel, -s *m. psy.*
unangenehme Person
Pis·klad·den *Mz. tech. hyg.*
Windeln; **se häw de ~ in't**
Ge·sicht staon *übertr.* man
sieht ihr an, dass sie in
Umständen ist
Pis·pot, Pis·pöt·te *m. tech.*
hyg. Pinkeltöpfchen, Nacht-
topf
Pis·pöt·ken, Pis·pöt·kes *s.*
bot. Ackerwinde, Zaunwinde
Pis·ren·ne, -n *w. hyg.* La-
trine
Pis·se, -n *w. biol.* Urin, Harn
pis·sen *ZW med.* pinkeln;
een Kind·ken ~ lao·ten
übertr. rel. ein Kind taufen
lassen
Pis·ser, -s *m. med.* Urinierer
pis·waam, pis·wa·me, -n
EW lauwarm
Pit *VN* Peter
Pit·lip·schans, -en [Pit·lip-
schan·sen] *w.* willkommene
Kleinigkeit, kleines Glück
(*frz.* la petite chance)
plääs·tern *ZW met.* stark
regnen; schlagen
Plaat, Pla·ten *w. tech.* Platte, *tech. kul.* Kuchenblech
Pläät·ken, Pläät·kes *s.*
Scheibchen, Plättchen
Placken, -s [Plak·ken] *m.*
Fläche
pläcken [pläk·ken] *ZW* mit
flacher Hand leise schlagen
oder streichen, tätscheln
Pläcken·fe·wer, -s [Pläk-
ken·fe·wer] *s. med.* Fleckfieber
pläckig, -e, -en [pläk·kig],
[pläk·ki·ge] *EW* fleckig, gefleckt
plad·dern *ZW met.* stark
regnen, gießen
Pla·fonk, -s *m. arch.* Zimmerdecke (*frz.* plafond)
Plag·ge, -n *w. agr.* Gras
bzw. Rasensode, abgesto-
chenes und aufgenomme-
nes Rasenstück
Plag·gen·haup, Plag·gen-
hai·pe *m. agr.* Haufen von
Grassoden; **Plag·gen·haip-**
ken, Plag·gen·haip·kes *s.*

agr. kleiner Haufen von
Grassoden
Plag·gen·grund, Plag·gen-
grün·ne *m. agr.* Grund-
stück zum Grassoden oder
Rasensoden stechen
Plag·gen·schü·er, -n *w. arch.*
agr. Scheune
Plag·gen·stiä·ken *s. o.Mz.*
agr. Abstechen von Gras-
soden
Pläk, Pläcken [Pläk·ken] *m.*
Fleck, Flecken
Pläk·de, -n *w.* Fläche
Pläks·ken, Pläks·kes *s.*
Fleckchen
Plak·snai *m. o.Mz. met.*
Pappschnee, Schneeregen
pläm·pern *ZW* verschütten;
übertr. verschwenden (Geld)
pla·ne·ern *ZW tech.* planie-
ren
pläng·kar·je *UW trans.* im
Galopp, volle Fahrt
Pläng·kar·je, -es *m. trans.*
Galopp, volle Fahrt (*frz.*
pleine carrière)
Plan·ke, -n *w.* Flanke
plans·ken *ZW* planschen
Plan·te, -n *w. bot.* Pflanze,
Gewächs, Pflänzling
Plan·te·lok, Plan·te·löcker
[Plan·te·lök·ker] *s. agr.* Pflanz-
loch
Plan·ten·üöl·ge *s. o.Mz. kul.*
bot. Pfanzenöl
Plan·ten·wiält, -en [Plan·ten-
wiält·en] *w. bot.* Pfanzenwelt
Plan·ter, -s *m. agr.* Pflanzer
Plänt·ken, Plänt·kes *s. bot.*
Pflänzchen
Plao·ge, -n *w.* Plage
plao·gen *ZW* plagen
Plaos·ter, Pläös·ters *s. tech.*
med. Pflaster, Wundpflas-
ter; *trans.* Straßenpflaster;
Flicken
Pläös·ter·ken, Pläös·ter·kes
s. tech. med. Pflästerchen
plaos·tern *ZW med.* pflastern, verbinden; *tech.* Pfla-
stersteine verlegen
Plaos·ter·steen, Plaos·ter-
ste·ne *m. tech.* Pflasterstein
Plaos·ter·steen·wäg, Plaos-
ter·steen·wäg *m. trans.*
gepflasterter Weg
plär·ren *ZW psy.* schreien
Plär·rer, -s *m. psy.* Schreihals, Schreier
Plä·schu·er, -s *s. met.* Platz-

regen
Pla·se·er *s. o.Mz. psy.* Freude, Pläsier, Spaß, Vergnügen (*frz.* plaisir)
pla·se·er·lik, pla·se·er·licke,
-n [pla·se·er·lik·ke] *EW psy.*
vergnüglich
Plat *s. o.Mz. kult.* Niederdeutsch, Plattdeutsch (Kurzform)
plat, -·te, -·ten *EW* flach;
fassungslos; *kult.* plattdeutsch, niederdeutsch (Kurzform); **~ sien** *psy.* beeindruckt sein
plat·düütsk, -e, -en [plat-
düüts·ke] *EW kult.* plattdeutsch, niederdeutsch
Plä·te, -n *w. med.* Kopf,
Glatze
Pla·te, -n *w.* Platte
Pla·ten, -s *m.* Scheibe (z.B.
Wurst)
Pla·ten·ko·ken, Pla·ten·kö-
ken *m. kul.* Plattenkuchen
Plat·foot, Plat·fö·te *m. med.*
Plattfuß, Senkfuß, Fußsoh-
le; **nen ~ kri·gen** *übertr.*
tech. eine Reifenpanne bekommen
Plat·foot·in·lao·ge, -n *w.*
tech. med. Einlage für die
Schuhe
plat·ke·bar·wes *EW* barfuß
plat·klop·pen *ZW tech.* plattschlagen
plats *VW* anstatt, statt
plats·däm *VW* statt dessen
Pläts·ken, Pläts·kes *s.* kleiner Platz
Plat·te, -n *w.* 1. *med.* Stirn;
2. *tech.* Fliese
Plat·ten *m. o.Mz. tech.* Reifenpanne
plät·ten *ZW* glätten, bügeln
Plet·mert *ON* Plettenberg
Pliä·ge *w. o.Mz.* Pflege
pliä·gen *ZW* pflegen
Pliä·ger, -s *m.* Pfleger
pliärn *ZW met.* prasseln
Plicht, -en [Plich·ten] *w.*
Pflicht
plicht·schül·lig, -e, -en [plicht-
schül·li·ge] *EW psy.* pflichtschuldig
plietsk, -e, -en [pliets·ke] *EW*
psy. begabt
plin·kern *ZW* blinzeln, zwinkern
Pli·te, -n *w.* Reinfall, Beschwerde, Pleite

Plocke, -n [Plok·ke] *w.* Flocke
plö·gen *ZW agr.* pflügen
Plö·ger, -s *m. agr.* Pflüger
Plok, Plöcke [Plök·ke] *m. tech.* Pflock
Plöks·ken, Plöks·kes *s. tech.* Flöckchen
Ploog, Plö·ge *m. tech. agr.* Pflug
Ploog·baum, Ploog·bai·me *m. tech.* Tragkörper des Pfluges
Ploog·dri·wer, -s *m. agr.* Pflugtreiber, *zool.* Pflüger; Bachstelze
Ploog·l·sen, -s *s. tech.* Pflugschar
Ploog·li·ne, -n *w. tech.* Pflugleine
Ploog·land, Ploog·län·ner *s. agr.* Ackerland
Ploog·slië·pe, -n *w. trans.* Transportschlitten für den Pflug
Ploog·stel, -s *s. tech.* Pfluggestell
Ploog·stiärt, -s *m. tech.* Ende des Pfluggestells zum Führen des Pfluges
Ploog·stok, Ploog·stöcke [Ploog·stök·ke] *m. tech. agr.* Pflugstock (in der Funktion des Vorschälers)
Ploog·stram·pel, -s *m. tech.* gegabelter Stock
Ploog·wän, -·nen *w. agr.* Wendestelle des Pfluges am Ende der Furche
plörn *ZW* verschütten (von Flüssigkeit)
Plör·re, -n *w. kul.* fades Getränk, nicht gute Flüssigkeit wie Suppe mit wenig Einlage, zu dünner Kaffee, schlecht gezapftes Bier, Gesöff
plör·rig, -e, -en *EW kul.* fad, kraftlos, wässrig, verdünnt
plücken [plük·ken] *ZW* pflücken; *agr.* rupfen, jäten
Plücker, -s [Plük·ker] *m.* Pflücker, *tech.* Gerät zum Pflücken
plud·de·rig, -e, -en *EW* zerkocht
Plüd·ders·ke, -s *w. zool.* Motte
Pluë·de, -n *w.* Lumpe, Stofffetzen; **dat bliw nich in'ne ~ han·gen** *psy. übertr.* das

geht nicht spurlos an einem vorüber, das bewegt
Pluë·den·kääl, -s *m. tech.* Lumpensammler; *scherzh.* Vogelscheuche
Pluë·den·pöt·ker, -s *m. tech.* Altmetallsammler
Pluë·den·püp·ken, Pluë·den·püp·kes *s.* Puppe aus Lumpen
Pluë·den·sak, Pluë·den·siä·ke *m. tech.* Lumpensack
Pluë·den·sta·ken, -s *m. tech.* Stab mit nassem Lappen zur Reinigung des Backofens; *scherzh. tech.* Regenschirm; *scherzh.* Vogelscheuche
plug·gen *ZW tech.* grob schneiden; basteln, tüfteln
Plük·ap·pel, -n *m. kul.* gepflückter Apfel, zum Einlagern geeigneter Apfel
plü·men *ZW* stauben, aufwirbeln
Plü·mer, -s *m.* Quaste, Hutfeder; *zool.* Blume (des Hasen) (*frz.* plumet)
plum·sen *ZW* platschen, plumpsen, geräuschvoll fallen
Plums·ka·be, -es *s. tech. hyg.* Plumpsklosett
Plün·ner, -n *w.* Plünderung
Plun·ner *m. o.Mz.* Plunder
Plun·ner·miälk *w. o.Mz. kul.* dicke Milch
plün·nern *ZW* plündern
Plüs *s. o.Mz.* Plüsch
plu·sen *ZW* zausen, zerzausen
plüs·sig, -e, -en [plüs·si·ge] *EW* aufgebläht, aufgeblasen, aufgedunsen, dick
Pluum, Plü·me *m. med.* Flaum
Pluum·fiä·der, -n *w. zool.* Flaumfeder
Pog·ge, -n *w. zool.* Frosch
Pog·gen·böl·ken, Pog·gen·böl·le·kes *s. med., kul.* Froschschenkel
Pog·gen·diek, Pog·gen·di·ke *m.* Froschteich
Pog·gen·ai, -ers *s. med.* Froschei
Pog·gen·fil·ler, -s *m. tech.* altes, schlechtes Messer (verächtlich)
Pog·gen·kul·ler, -s *m. zool.* Froschlaich
Pog·gen·pool, Pog·gen·pö-

le *m.* Froschteich
Pog·gen·schaot, Pog·gen·schäöt *s. zool.* Froschlaich
Pog·gen·stool, Pog·gen·stö·le *m. bot.* Pilz
Pögs·ken, Pögs·kes *s. zool.* Fröschlein
Pok·ääs, Pok·ä·se *s.* Tölpel
Pol, -s *m.* Kopf; *bot.* Staude, Busch an einer erhöhten Stelle (z.B. in Wiese oder Sumpf)
po·le·ern *ZW tech.* polieren
Po·len·te *w. o.Mz. jur.* Polizei, Polizeibehörde
po·lietsk, -e, -en [po·liets·ke] *EW pol.* politisch
Po·lin·ten *Mz.* Habseligkeiten
Po·li·ti·ker, -s *m. pol.* Politiker
Pol·lo·nä·se, -n *w.* Polonäse
Pol·sai *w. o.Mz. jur.* Polizei
Pol·sai·bi·am·te, -n *m. jur.* Polizeibeamter
Pol·sai·rü·en, -s *m. zool. jur.* Polizeihund
Pol·sai·staod, Pol·sai·stäö·de *m. pol.* Polizeistaat
Pol·sai·stun·ne, -n *w. tem. jur.* Polizeistunde
Pol·sist, -en [Pol·sis·ten] *m. jur.* Polizist
polsk, -e, -en [pols·ke] *EW kult.* polnisch
Pol·ter, -s *s.* Kindernachthemd; **Pöl·ter·ken, Pöl·ter·kes** *s.* Kindernachthemdchen
Pol·tik *w. o.Mz. pol.* Politik
Pon·ni, -es *s. zool.* Pony
Pool, Pö·le *m.* Lache, Pfütze, Teich, Tümpel
Poos·te, -n *w. med. Atem,* Puste, Hauch
Poos·te·blo·me, -n *w. bot.* Pusteblume, verblühter Löwenzahn
Poot, Po·ten *w. med.* Pfote
Pööt·ken, Pööt·kes *s. med.* Pfötchen; **Pööt·kes** *Mz. kul.* Schweinepfötchen (Speise)
Pöp·pel, -n *w. bot.* Pappel
Pöp·pel·holt, Pöp·pel·höl·ter *s. bot.* Pappelholz
Pöp·pel·tai·mer, -s *m. zool.* Pappelschwärmer
Pöp·pel·wië·de, -n *w. bot.* Pappelweide
Por·re·er·baum, Por·re·er·bai·me *m. tech.* Schlagbaum,

Barriere, *fin.* Zollstelle (für Wegegeld)
por·re·ern *ZW* anhalten, *psy.* parieren (*frz.* parer)
Pors·jaun, -en [Pors·jau·nen] *w.* Portion
Pors·lain·beld, Pors·lain·beller *s. tech. mus.* Porzellanbild
Pors·lai·nen *s. o.Mz. tech.* Porzellan (*frz.* porcelaine)
pors·lai·nen, -ne, -nen *EW tech.* aus Porzellan
Pors·lain·pi·pe, -n *w. tech.* Porzellanpfeife
Pors·lain·schao·le, -n *w. tech.* Porzellanschale
Pors·lain·tas, -·sen *w. tech. kul.* Porzellantasse
Pors·lain·tel·ler, -s *m. tech. kul.* Porzellanteller
po·sen *ZW* pusten, blasen; *med.* keuchen, schnaufen
Po·sen·tuur, Po·sen·tu·ren *w.* Positur, Stellung, Lage; Gestalt, Haltung
pos·sa·men·te·ern *ZW* diskutieren
pos·se·er·lik, pos·se·er·lik·ke, -n [pos·se·er·licke] *EW* possierlich
Pos·sel·jö·ner, -s *m. trans.* Postillion (*frz.* postillon)
Pos·sen, Pös·sen *m.* Posten, Wache
Post, Pös·te 1. *m. tech.* Pfosten, Säule, Ständer im Fachwerkhaus; 2. *w. o.Mz. trans.* Post; **üm de Pös·te gaon** *übertr.* frische Luft schnappen
Pos·ta·ment, -e [Pos·ta·mente] *s. arch.* Unterbau einer Säule oder Statue, Fundament; Podium
Pos·ten *m. o.Mz. bot.* Stechpalme
Post·häön, -s *s. tech. mus.* Posthorn, Signalhorn des Postillions
Post·in·gang, Post·in·gän·ge *m. trans.* Posteingang
Post·kaat, Post·ka·ten *w.* Postkarte, Ansichtskarte
Pöst·ken, Pöst·kes *s. tech.* Pföstchen; *pol.* Ehrenamt
Post·mes·ter, -s *m.* Postmeister
Post·piärd, -e [Post·piär·de] *s. zool. trans.* Postpferd, Pferd für die Postkutsche

Pos·tüür, -s *w.* Wohlgestalt, gute Haltung (*frz.* posture)
Post·wäg, Post·wiä·ge *m. trans.* Postweg, Fahrtroute der Postkutsche
Pot, Pöt·te *m. tech.* Topf, Behälter, Gefäß; Zylinder des Motors; **up'n ~ gaon** *med.* zur Toilette gehen; **~ un Pan** *tech.* Hausrat
Pot·aol, Pot·äö·le *m. kul.* gekochter Aal
pot·äö·sig, -e, -en [pot·äö·sige] *EW hyg.* stark verschmutzt
Pot·as·ke, -n *w. chem.* Pottasche
Pot·bäcker, -s [Pot·bäk·ker] *m. tech.* Töpfer
Pot·bäcke·ri, -·en [Pot·bäk·ke·ri] *w. tech.* Töpferwerkstatt, Töpferei
Pot·bes·sen, -s *m. tech.* kleiner Besen aus Heide zur Topfsäuberung
Pot·blo·me, -n *w. bot.* Topfblume
Pot·blööm·ken, Pot·blööm·kes *s. bot.* Topfblümchen
Pot·dië·kel, -s *m . tech.* Topfdeckel
Pot·fiä·ken, -s *s. hyg.* Schmutzfink, schmutziges Kind
Pot·fin·ger, -s *m. hyg.* schmutziger Finger
Pot·gai·ter, -s *m. tech.* Topfgießer
Pot·ha·ken, -s *m.* Schnörkel, Unterschrift, unleserliche Schrift
Pot·hast *s. o.Mz. kul.* Kleinfleisch vom Rind
Pot·kääl, -s *m. tech.* Topfhändler, Kesselflicker
Pöt·ken, Pöt·kes *s. tech.* Töpfchen; *tech. hyg.* Nachttopf
Pöt·ker, -s *m. tech.* Topfmacher; *fin.* allg. für Landhändler
Pöt·ke·ri, -·en *w. tech.* Töpferei, Töpferwerkstatt
Pöt·kes *Mz. bot.* Heckenwinde
Pöt·kes·biär, -n *w. bot.* Weißdornbeere
Pot·ki·ker, -s *m.* Topfgukker; *übertr. psy.* jemd., der sich in die Angelegenheiten

anderer einmischt
Pot·ko·ken, Pot·kö·ken *m. kul.* Topfkuchen
Pot·lap·pen, -s *m. tech.* Topflappen
Pot·läcker, -s [Pot·läk·ker] *m. kul.* jemd., der den Topf ausleckt
Pot·ma·ne, -es *s. tech. fin.* Geldbörse (*frz.* portemonnaie)
Pot·nat *s. o.Mz.*; **dat is aals een ~** das ist alles einerlei
Pot·plan·te, -n *w. bot.* Topfpflanze
Pot·rö·we, -n *w. bot.* Runkelrübe
Pot·schäö·er, -n *w. tech.* Topfscherbe
Pot·schräp·per, -s *m. übertr. psy.* Geizhals, *fin.* armer Mensch
Pots·jaun, -en [Pots·jau·nen] *w.* Portion, Anteil (*frz.* portion)
pötsk, -e, -en [pöts·ke] *EW psy.* eigensinnig, närrisch
Pot·smit *s. o.Mz. hyg.* Ruß (an Topf und Pfanne), Schmutz
pot·swat, -·te, -·ten *EW* kohlrabenschwarz, rußgeschwärzt
pra·chen *ZW psy.* nachdrücklich bitten, aufdringlich betteln
Pra·cher, -s *m.* Habenichts, aufdringlicher Bettler
prais·lik, prais·licke, -n [prais·lik·ke] *EW psy.* stattlich, würdevoll
Pra·me·bank, Pra·me·bän·ke *w. tech.* Holzbock zum Einspannen von Holzschuhen während der Herstellung
pram·men *ZW* stampfen, stopfen, pressen, quetschen
Praol, Praö·le *s.* Gespräch
prao·len *ZW psy.* prahlen, protzen, brüsten
Prao·ler, Praö·lers *m. psy.* Prahler
Praol·hans, Praol·hän·se *m. psy.* Prahlhans
praot, -e, -en [prao·te] *EW* fertig, bereit, parat
Praot, Praö·te *m.* Gespräch
praot·brän·gen *uZW* zustande bringen
prao·ten *ZW* sprechen, reden, plaudern, diskutieren

praot·hol·len *uZW* bereithalten
Präöt·ken, Präöt·kes *s.* kurzes Gespräch, kleine Un-
terhaltung, Schwätzchen
praot·lig·gen *uZW* paratliegen, fertigliegen
praot·ma·ken *uZW* herrichten
praot·staon *uZW* bereitstehen
prä·sen·te·ern *ZW* anbieten,
vorstellen (*frz.* présenter)
Prat·hook, Prat·hö·ke *m.*
Schmollwinkel; Ecke in der
Kirche links unterhalb der
Kanzel
prat·ten *ZW* schmollen
prel·len *ZW psy.* nachdrücklich bitten, betteln
prem·je·ern *ZW* prämieren
prem·peln *ZW* mit Druckbuchstaben schreiben, et-
was vorsichtig aufstellen
pres·se·kan·ten *ZW psy.*
feierlich anmaßend reden
(*frz.* présomtueux)
Priä·ge, -n *w. rel.* Predigt
priä·gen *ZW rel.* predigen;
met Han·den ~ gestikulieren
Priä·ge·stool, Priä·ge·stö·le
m. tech. rel. Predigtstuhl,
Kanzel
pricke·dil·gen [prik·ke·dil·gen]
ZW psy. mit Nachdruck auf
jemd. einreden
prickeln [prik·keln] *ZW
tech.* häkeln
Prickel·holt, Prickel·höl·ter
[Prik·kel·holt] *s.* Anfeuerholz, Kleinholz
Prickel·stok, Prickel·stöcker
[Prik·kel·stok], [Prik·kel·stök-
ker] *m. tech.* Häkelnadel
pri·daol, -e, -en [pri·dao·le]
EW stattlich, stolz
Prië·kel, -s *m.* 1. *tech.*
Zwinge; 2. *psy.* Prickel, Reiz
**Prië·kel·draod, Prië·kel·drää-
de** *m. tech.* Stacheldraht
Prië·keln *s. o.Mz. psy., med.*
Kribbeln, Prickeln
prië·keln *ZW psy.* zusetzen,
peinigen, plagen, piesak-
ken; prickeln, kribbeln
Priem *m. o.Mz. kul.* Kautba-
bak
priem·kig, -e, -en [priem·ki-
ge] *ZW psy.* kleinkariert
Pries, Pri·se *m. fin.* Preis
pries·gië·wen *uZW* preis-

geben
Pries·liest, Pries·lies·ten *w.
fin.* Preisliste
pries·lik, pries·licke, -n
[pries·lik·ke] *EW* gut, auf
beste Art
Pries·ter, -s *m. rel.* Priester
Pries·ter·doom *s. o.Mz.
rel.* Priestertum
**pries·ter·lik, pries·ter·licke,
-n** [pries·ter·lik·ke] *EW rel.*
priesterlich
Pries·un·ner·schaid,   -e
[Pries·un·ner·schai·de] *m.
fin.* Preisunterschied
pries·wääd, pries·wä·de, -n
EW fin. preiswert
prik, pricke, -n [prik·ke] *EW*
adrett, akkurat, ordentlich,
sauber, *psy.* fein, nett,
schmuck; *psy.* gewandt
Pril, ··len *s. met.* Graupel
Pril·len·gek, -s *Mz. tem.* April
Pril·len·gek, -s *m. psy.* Aprilscherz
Pril·len·schu·er, -s *s. met.*
Aprilschauer
Pril·len·wiär *s. o.Mz. met.*
Aprilwetter
pri·men *ZW kul.* Tabak kau-
en
pri·sen *ZW psy.* preisen,
loben
prit·ken *ZW tech.* geschickt
handwerklich arbeiten
Prit·ker, -s *m. tech.* jemd.,
der handwerklich alles kann
Prits·ke, -n *w. tech.* Pritsche
**Prits·ken·wa·gen, Prits·ken·
wiä·gen** *m. trans.* Pritschenwagen
**Pro·be·er·glas, Pro·be·er·
gliä·ser** *s. tech. kul.* Probierglas
pro·be·ern *ZW tech.* erproben, probieren, testen;
kul. kosten, schmecken
Pro·fes·ser, -s *m. kult.* Professor, Hochschullehrer
prof·fe·te·ern *ZW* profitieren
Pröf·ken, Pröf·kes *s.* ge-
drungener Mensch
Pröl·ken, Pröl·kes *s. bot.*
Dolde
Prol·le, -n *w. bot.* Traube
(z.B. von Johannisbeeren)
Prop·pen, -s *m. tech.* Korken, Pfropfen, Stöpsel
prop·pen *ZW* pfropfen, hin-

einstopfen
prop·pen·vul, -·le, -·len *EW*
bis zum Korken voll, maximal gefüllt, bis obenhin gefüllt
Prop·pen·trecker, -s [Prop-
pen·trek·ker] *m. tech.* Kor-
kenziehen
prop·per, -e, -en [prop·pe·re]
EW akkurat, sauber, ordentlich; *psy.* nett, reizend (*frz.*
propre)
Pros·jaun, -en [Pros·jau·nen]
w. rel. Prozession
**Pros·jauns·aol·taor, Pros·
jauns·aol·täö·re** *m. tech.
rel.* Prozessionsaltar
Pros·joon, Pros·jo·nen *w.
rel.* Prozession
**Pros·joons·wäg, Pros·joons·
wiä·ge** *m. trans. rel.* Weg
einer Prozession
pros·te·we·ern *ZW psy.* lang
und breit auseinanderset-
zen, einreden
prö·wen *ZW* prüfen
Prö·wer, -s *m. tech.* Prüfer
Prö·wung, -en [Prö·wun·gen]
w. Prüfung
Pruë·del *m. o.Mz.* veräckt-
lich für Eigentum, Gelum-
pe, Kram
pruë·deln *ZW* kochen, Geräusch   von   brodelndem
Essen
Pruë·kel, -s *m. tech.* Stochereisen
Pruë·kel·i·sen, -s *s. tech.*
Stochereisen
pruë·keln *ZW* stochern, bohren
Prü·gel, -s *m. tech.* Knüppel, derber Stock
Pru·me, -n *w. bot.* Pflaume
prü·men *ZW kul.* Priem kau-
en
**Pru·men·baum, Pru·men·bai·
me** *m. bot.* Pflaumenbaum
**Pru·men·holt, Pru·men·höl·
ter** *s. bot. tech.* Pflaumenholz, Holz des Pflaumen-
baumes
Pru·men·jaor, -e [Pru·men·
jao·re] *s. tem. bot.* Pfla-
menjahr, Jahr mit reicher
Pflaumenernte
**Pru·men·ko·ken, Pru·mem·
kö·ken** *m. kul.* Pflaumenkuchen
Pru·men·küö·ter, -s *m. agr.*
kleiner Kötter

Pru·men·steen, Pru·men·stene *m. bot.* Pflaumenstein
Pru·men·ta·te, -n *w. kul.* runder Pflaumenkuchen
Pru·men·tiet, Pru·men·ti·ten *w. tem.* Zeit der reifen Pflaumen
Pruo·kel·i·sen *s. tech.* Stochereisen
pruo·keln *ZW* stochern, bohren
Prü·sen *pol.* Preußen
prus·sen *ZW med.* niesen, prusten
Prüt *m. o.Mz.* Kaffeesatz
prüt·ken *ZW med.* mehrmals hintereinander furzen, pupsen
Prüt·kof·fi, -es *m. kul.* ungefilterter Kaffee
Prüüm·ken, Prüüm·kes *s. kul.* Priem, Kautabak
prüüsk, -e, -en [prüüs·ke] *EW* preußisch
pub·bel·se·ern *ZW* publizieren
pub·bel·se·ert, -e, -en [pubbel·se·er·te] *EW* publiziert
pu·chen *ZW psy.* prahlen
Pu·cher, -s *m. psy.* Prahler
Puckel, -s [Puk·kel] *m.* 1. *tech.* Buckel; 2. *med.* Rükken; **dän ~ vul kri·gen** verhauen werden; **in'n ~ häbben** *med.* Rückenschmerzen haben
pucke·lig, -e, -en [puk·ke·lig], [puk·ke·li·ge] *EW* buckelig
Puckel·liën·nig, -en [Puk·kellië·ni·gen] *w. tech.* Rückenlehne
puckeln [puk·keln] *ZW trans.* (etwas) auf dem Rücken schwer tragen oder schleppen
Puckel·pand, Puckel·pän·ner [Puk·kel·pand] *s.* Rückenteil
pucken [puk·ken] *ZW* pochen, schlagen
Pud·del·wit·ken, Pud·del·wit·kes *s.* Zwergwesen, Zwerg
Pud·ding, -s *m. kul.* Pudding; **üm dän ~ gaon** *trans.* einen Spaziergang durch die Nachbarschaft machen
Püël, -s *s. tech.* Pfühl, Kissen
pu·ern *ZW* stochern
püët·ken *ZW* nachlässig gießen, *kul.* trinken
Pug·ge, -n *w. zool.* Ferkel

Pug·gen *s. o.Mz. psy.* Prahlen; **dat is kien ~** *übertr.* nichts besonderes, nicht gut
pug·gen (sik) *ZW psy.* sich loben, angeben
Puk, -s *m.* Bündel; Beutel, Sack
Puk·kind, Puk·kin·ner *s.* Wickelkind
Püks·ken, Püks·kes *s. tech.* Beutel, kleiner Sack, Säckchen
puk·stil, -·le, -·len *EW* ganz still
Pul, -·le, -·len *w. tech.* Flasche
pu·len *ZW* geschickt herausholen, von der Schale trennen
Pul·le·fat, Pul·le·fiä·ter *s. tech. hyg.* Badewanne (Kindersprache)
Pül·le·ken, Pül·le·kes *s. tech.* Fläschchen, *kul.* Kinderflasche
Pül·le·kes·dok·ter, -s *m. med.* Heilpraktiker, Homöopath
Pul·len·be·er, -e [Pul·len·bee·re] *s. kul.* Flaschenbier
püls·ken *ZW* planschen, mit Flüssigkeiten hantieren
Püls·ker, -s *m.* jemd., der mit Flaschen hantiert
Püls·ke·ri, -·en *w. kul.* Gelage, Trinkgelage
Pul·wer, -s *s. tech.* Pulver
Pul·wer·damp, Pul·wer·däm·pe *m.* Pulverdampf
pul·wer·drüüg, pul·wer·drü·ge, -n *EW* pulvertrocken, staubtrocken
Pul·wer·fat, Pul·wer·fiä·ter *s. tech.* Pulverfass
Pül·wer·ken, Pül·wer·kes *s. tech.* Pülverchen, *übertr. med.* Medikament, Arznei
Pul·wer·snai *m. o.Mz. met.* Pulverschnee
Pul·wer·sta·ken, -s *m. mil.* Gewehr
Püm·mel, -s *m. tech.* Glokkenklöppel, Klöppel der Glokke; *med.* dickleibiger kleiner Mensch
püm·me·lig, -e, -en [püm·me·li·ge] *EW med.* pummelig, rundlich, dicklich, gedrungen
Pump *m. o.Mz.* Geborgtes
Pump, -en [Pum·pen] *w. tech.* Pumpe; *übertr. med.* Herz

Püm·pel, -s *m. bot.* kleiner Baumstamm; *übertr. med.* dickes Bein
pum·pen *ZW tech.* pumpen, aufpumpen; leihen, ausleihen
Pum·pen·hüüs·ken, Pumpen·hüüs·kes *s. arch. tech.* Spritzenhaus, Pumpstation
Pum·pen·ma·ker, -s *m. tech.* Pumpenbauer
Pum·pen·rör, -s *s. tech.* Pumpenrohr
Pum·pen·steen, Pum·penste·ne *m. tech.* steinernes Wasserbecken unter der Pumpe
Pum·pen·swän·gel, -s *m. tech.* Pumpenschwengel
Pum·per·nickel [Pum·per·nikkel] *s. kul.* Schwarzbrot
Pümp·ken, Pümp·kes *s. tech.* kleine Pumpe
Pund, Pün·ne *s. tech.* Pfund (0,5 kg)
Pünd·ken, Pünd-kes *s.* Pfündchen; *übertr. med.* Übergewicht
pünd·kes·wies, pünd·kes·wi·se *UW* pfündchenweise, Pfündchen für Pfündchen
pund·wies, pund·wi·se *UW* pfundweise
Pün·gel, -s *m. tech.* Beutel, Sack; Bündel; Hilfskraft für einfache Arbeiten
Punkt, -e [Punk·te] *m.* Punkt
Punkt·wel·len *s. o.Mz. tech.* Punktschweißen
Pün·ner, -s *m. tech.* Standuhrgewicht
pün·nig, -e, -en [pün·ni·ge] *EW* pfündig, ein Pfund schwer; schwer, gewichtig
Puns, Pün·se *m. bot.* Grasbüschel
Pün·te, -n *w. naut.* Kahn, Schiff mit geringem Tiefgang; **de ~ vul häb·ben** *med.* betrunken sein
Pünt·ker, -s *m. naut.* Kahnschiffer
Puor·te, -n *w. bot.* Pflänzling, Setzling
Puor·te·lok, Puor·te·löcker [Puor·te·lök·ker] *s. agr.* Pflanzloch
puor·ten *ZW agr.* pflanzen
Püör·ter, -s *m.* 1. *tech.* Pflanzer (Gartengerät); 2. *bot.* Pflanzkartoffel

Puort·bau·ne, -n *w. bot.*
Pflanzbohne
Puos·sen·struuk, Puos·sen·strü·ker *m. bot.* Gagel (Myrica gale)
Pup, -·pen *w.* Puppe
Pu·pil, -·len *w. med.* Pupille
Püp·ken, Püp·kes *s.* Püppchen; *übertr.* zierliches Mädchen oder zierliche Frau
Pup·pen *Mz.* Puppen; **bes in'ne ~** *tem.* bis spät in die Nacht bzw. den Morgen
Pup·pen·hüüs·ken, Pup·pen·hüüs·kes *s. tech. spo.* Puppenstube
Pup·pen·kleed·ken, Pup·pen·kleed·kes *s. spo.* Puppenkleid
Pup·pen·spiël, -e [Pup·pen·spië·le] *s. mus.* Puppenspiel, Figurenspiel
Pup·pen·spië·ler, -s *m. mus.* Puppenspieler, Figurenspieler
Pup·pen·te·ao·ter, -s *s. mus.* Puppentheater
Pup·pen·wa·gen, Pup·pen·wiä·gen *m. trans. spo.* Puppenwagen
pu·sen *ZW* pusten, blasen
Pus·ke, -n *w. tech.* Pantoffel
Püs·ken, Püs·kes *s. tech.* Pantöffelchen
pus·peln *ZW* flüstern
pus·se·ern *ZW psy.* poussieren, flirten (*frz.* pousser)
Püs·sel·bürn *ON* Püsselbüren
Pus·se·muckel [Pus·se·muk·kel] *geog.* kleiner unbedeutender Ort, entlegene Gegend
pus·sen *ZW* Kind in den Schlaf wiegen
Püt, -s *m. tech.* Brunnen, Ziehbrunnen; *geol.* Kohlengrube, Zeche (*frz.* puits); **de ~ is drü·ge** der Brunnen ist trocken; *übertr. med.* eine Frau kann nicht mehr stillen
Püt·dië·kel, -s *m. tech.* Brunnendeckel, Schachtdeckel
Pu·tel·ge, -n *w. tech.* Flasche (*frz.* la bouteille)
Püt·em·mer, -s *m. tech.* Wassereimer für den Brunnen
Püt·ha·ken, -s *m. tech.* Ha-

ken zum Anhängen des Wassereimers am Brunnen
Püt·kant, -en [Püt·kan·ten] *m. tech.* Brunnenrand
put·ken *ZW trans.* langsam gehen
püt·ken *ZW* gießen, eintrichtern, *kul.* trinken
Put·ker, -s *m.* Landstreicher, Vagabund
Put·kers·doch·ter, Put·kers·döch·ter *w.* Tochter des Landstreichers
Put·kers·suon, Put·kers·süöns *m.* Sohn des Landstreichers
Püt·lamp, -en [Püt·lam·pen] *w. tech.* Grubenlame
Püt·ma·ker, -s *m. tech.* Brunnenbauer
Püt·ro·de, -n *w. tech.* Stange am Hebearm für Eimer am Ziehbrunnen
Puts, -e [Put·se] *m. arch.* Verputz
Puts, -en [Put·sen] *m. jur.* Polizist, Wachtmeister
Puts·bau, -·ten *m. arch.* verputztes Gebäude, verputztes Haus
put·sen *ZW tech.* verputzen
Püt·sni·der, -s *m. tech.* Brunnenbauer
putst, -e, -en [puts·te] *tech.* verputzt
Püt·sta·ken, -s *m. tech.* Brunnenstange
Püt·su·se, -n *w. tech.* Stange am Hebearm für Eimer am Ziehbrunnen
püt·ten *ZW* Wasser aus dem Brunnen holen
Püt·wa·ter, Püt·wä·ters *s.* Brunnenwasser
püük, pü·ke, -n *EW* richtig, sicher, zuverlässig; fein, hübsch, gepflegt, ordentlich, *hyg.* sauber
püük·fien, püük·fi·ne, -n *EW* ausgesprochen fein
Puup·sak, Puup·siä·ke *m. psy.* kleines dickliches und geschwätziges Kind
püüs·ken *ZW psy.* kleine Kinder streicheln, liebkosen, schmusen
Püüs·ter, -s *m. tech.* Blasrohr; kleiner Blasebalg, Blasebalg für die Orgel; *tech., mil.* Gewehr, Luftgewehr
püüs·te·rig, -e, -en [püüs-

te·ri·ge] *EW med.* außer Atem
Püüs·ter·triä·ten *s. o. Mz.* Blasebalg treten (für die Orgel)

Q

Q, q Q, q (Buchstabe); im Plattdeutschen nicht gebräuchlich; wird durch *kw* wiedergegeben

R

R, r R, r (Buchstabe)
Rabäl, -·len *m.* Rebell
Ra·bäl·jaun, -en [Ra·bäl·jau·nen] *w.* Rebellion
ra·bäl·le·ern *ZW* rebellieren
ra·bälsk, -e, -en [ra·bäls·ke] *EW* rebellisch
Ra·bats *m. o. Mz.* Krach, Lärm
Ra·bat·te, -n *w. agr.* Beet, Randbeet, Zierbeet
Ra·be·te, -n *w. bot.* Rote Beete
Ra·buus, Ra·bu·se *m. psy.* Unruhe, Aufregung, Tumult
ra·buus·te·rig, -e, -en [ra·buus·te·ri·ge] *EW psy.* unruhig, aufgeregt
Rächt, -e [Räch·te] *s. jur.* Recht, Anspruch; Erlaubnis, Konzession
räch·te·forts *UW tem.* augenblicklich, heutzutage
Räch·ter, -s *m. jur.* Richter
räch·ter·hand *UW* rechts
rächt·lik, rächt·licke, -n [rächt·lik·ke] *EW jur.* rechtlich
rächt·scha·ben, -e, -en [rächt·scha·be·ne] *EW psy.* rechtschaffen
Rächts·vö·drai·er, -s *m. jur.* Winkeladvokat
rächt·ti·tig, -e, -en [rächt·ti·ti·ge] *EW tem.* rechtzeitig
Racke, -n [Rak·ke] *w. tech.* Flachsbreche
Rad, Riä·der *s. tech.* Rad; *trans.* Fahrrad
ra·de·ern *ZW* radieren
Ra·de·e·rung, -en [Ra·de·e·run·gen] *w. mus.* Radierung
Ra·der·ma·ker, -s *s. tech.* Rädermacher, Stellmacher
Rad·faort, -en [Rad·faor·ten] *w. trans.* Fahrradfahrt, Rad-

fahrt, Ausflugsfahrt mit dem Fahrrad
Rad·fö·ern *s. o.Mz. trans.* Radfahren
rad·fö·ern *uZW trans.* radfahren, radeln
ra·dig, -e, -en [ra·di·ge] *EW* fertig
Ra·di·o, -os *s. tech.* Radio, Rundfunkgerät
Räd·ken, Räd·kes *s. tech.* Rädchen; *trans.* Kinderfahrrad
Rad·krans, Rad·krän·se *m. tech.* Radkranz, Felge
Rad·län·ner, -s *m. geog.* Osnabrücker
Rad·se·fum·mel, -s *s. tech.* Radiergummi
rad·slaon *uZW spo.* radschlagen
rä·ern *ZW psy.* weinen
ra·gai·len *ZW* prügeln
räg·jo·naol, räg·jo·nao·le, -n *EW geog.* regional
Räg·jo·naol·vö·kä·er *m. trans.* Regionalverkehr
Rai, -·e *s. zool.* Reh
Rai·e *ON* Rheda
Rai·bach *m. o.Mz. fin.* Gewinn
Rai·ber, -s *m. jur.* Räuber
Rai·ber·baas, Rai·ber·biä·se *m. jur.* Räuberhauptmann
Rai·ber·ban·de, -n *w. jur.* Räuberbande
rai·bern *ZW jur.* räubern, rauben
Raid·gräs, Raid·griä·ser *s. bot.* Riedgras
Raid·kam, Raid·kiä·me *m. tech. hyg.* Kamm aus Rohr
raid·lik, raid·licke, -n [raid·lik·ke] *EW* rötlich
rai·en *ZW* rühren, regen, bewegen
Rai·gel, -s *m. zool.* Reiher
Rai·ger, -s *m. zool.* Reiher
Rai·ker, -s *m.* Raucher
Rai·ker·aol, Rai·ker·äö·le *m. kul.* Raucheraal
Rai·ker·been, Rai·ker·be·ne *s. med.* Raucherbein
Rai·ker·büörn, -s *m. arch. kul.* Räucherkammer
Rai·ker·fisk, -e *m. kul.* Räucherfisch
Rai·ker·fleesk *s. o.Mz. kul.* Räucherfleisch
rai·ke·rig, -e, -en [rai·ke·ri·ge] *EW* voller Rauch, rau-

chig
rai·kern *ZW* räuchern, *biol., tech.* durch Rauch konservieren
Rai·ker·schin·ken, -s *m. kul.* Räucherschinken
Rai·ker·wuorst, Rai·ker·wüörs·te *w. kul.* Räucherwurst
Rai·men, -s *m. tech.* Riemen, Antriebsriemen, Gurt; dicke Scheibe; **e·nen ~ af·sni·den** *übertr. psy.* ein Beispiel nehmen an etwas; **~ run·ner·smi·ten** *übertr.* Arbeit beenden
Rai·men·ma·ker, -s *m. tech.* Riemenmacher, Riemenhersteller
Rai·men·schi·we, -n *w. tech.* Riemenscheibe
Raim·ken, Raim·kes *s. tech.* Riemchen
rain, -e, -en [rai·ne] *EW hyg.* rein, sauber, gereinigt; einzig; **~ niks** gar nichts
rai·ne·wäg *EW* ganz, völlig
Rain·ke *m. o.Mz. zool.* Reineke, der Fuchs
rain·ma·ken *uZW hyg.* reinigen, säubern, saubermachen, putzen
Raip, -s *s. tech. agr.* Wandkrippe, Traufe
Rais, -en [Rai·sen] *w. trans.* Reise
Rais·ken, Rais·kes *s. bot.* Röschen
Raist *s. o.Mz. bot.* Binse
Rait *s. o.Mz. bot.* Schilfrohr
ra·ken *ZW agr.* harken, zusammenscharren; Feuer mit Asche zudecken; erreichen, schaffen
Ram, -·men *m. med.* Krampf
Ra·man·kel *s. o.Mz.* Sperrmüll
Ra·man·kel·au·do, -os *s. tech.* Schrottauto
Ram·buk, Ram·bücke [Rambük·ke] *m. tech.* Rammbock, Prellbock
ram·däö·sig, -e, -en [ramdäö·si·ge] *EW psy.* verrückt, bekloppt
ra·men·te·ern *ZW psy.* laut schimpfen; *psy.* aus Wut geräuschvoll arbeiten
Räm·kië·de, -n *w. tech.* Hemmkette
Ram·mel, -s *m. zool.*

Kaninchenbock
Räm·mel·ken, Räm·mel·kes *s. zool.* junger Kaninchenbock
räm·meln *ZW med.* begatten, paaren
ram·meln *ZW* rumpeln, poltern, klappern, rasseln
räm·men *ZW* rammen
ram·men *ZW med.* krampfen
räm·men·dik, räm·men·dik·ke, -n *EW kul.* total vollgegessen
Ramp, -en [Ram·pen] *w. trans.* Rampe, Auffahrt
ram·po·ne·ern *ZW* ramponieren, beschädigen
ram·schuo·ken *ZW* wüst springen oder Beine bewegen
Rand, Rän·ner *m.* Rand, Einfassung, Kante; *übertr.* Mundwerk
ran·da·le·ern *ZW* randalieren
Rän·gel, -s *m. tech.* Knüppel, Stock, Bengel
Rang·sche·er·baan·how, Rang·sche·er·baan·hüö·we *m. trans.* Rangierbahnhof
Rang·sche·er·er, -s *m. trans.* Rangierer
Rang·sche·er·lok, -s *w. trans.* Rangierlokomotive
Rang·sche·er·locke·me·ti·we, -n *w. trans.* Rangierlokomotive
rang·sche·ern *ZW trans.* rangieren
rängs·te·rig, -e, -en [rängste·ri·ge] *EW psy.* unruhig, zappelig
rängs·tern *ZW* Radau machen (z.B. mit Gefäßen); wildes Umherlaufen
ran·kuë·men *ZW* herbeikommen, herankommen
ran·lao·ten *ZW* heranlassen, Zugang gewähren
rän·nern *ZW* rändern, umranden
rän·nert, -e, -en [rän·ner·te] *EW* gerändert, umrandet
ran·nië·men *ZW* herannehmen, stark fordern
ran·se·ne·ern *ZW psy.* räsonieren, eifern, laut reden (*frz.* raisonner)
ran·sli·ken *uZW* anschleichen, heranschleichen, ge-

räuschlos nähern
Rans·trop *ON* 1. Lippramsdorf, 2. Ramsdorf
ran *UW* heran
ran·trecken [ran·trek·ken]
uZW heranziehen
ran·was·sen 1. *uZW biol.*
heranwachsen; 2. ~, -e, -en
[ran·was·se·ne] *EW biol.*
herangewachsen
ran·was·send, -e -en [ran-
was·sen·de] *EW biol.* heranwachsend
Rao *ON* Rhade
Raod, Räö·de *m.* Rat, *pol.*
Ratsversammlung; **in'n ~
sit·ten** *pol.* Radsherr sein
rao·den *uZW* raten, Ratschläge erteilen; erraten,
enträtseln
Raod·huus, Raod·hü·ser *s.
pol. arch.* Rathaus, *übertr.*
Amt, Behörde
räö·dig, -e, -en [räö·di·ge] *EW
fin.* sparsam, ökonomisch
Rääd·sel, -s *s.* Rätsel, Geheimnis
rääd·seln *ZW* rätseln
Raods·hä·er, -ns *m. pol.*
Ratsherr
Raod·slag, Raod·sliä·ge *m.*
Ratschlag
raor, -e, -en [rao·re] *EW* rar,
selten; **sik ~ ma·ken** sich
selten sehen lassen; **sik ~
häb·ben** *psy.* sich zieren
Rao·sen *s. o.Mz.* Rasen,
sehr schnelle Bewegung
rao·sen *ZW* rasen, sehr
schnell bewegen
Raos·feld *ON* Raesfeld
rap, -·pe, -·pen *EW* ausgetrocknet
Rap·pel, Räp·pel *m. psy.*
verrücktes Benehmen, Wut-
anfall
**rap·pel·drüüg, rap·pel·drü-
ge, -n** *EW* völlig trocken
rap·pe·lig, -e, -en [rap·pe·li-
ge] *EW psy.* nervös, aufgeregt
rap·pel·köpsk, -e, -en [rap-
pel·köps·ke] *EW psy.* wirr
im Kopf
Rap·pel·ment, -s *s. psy.* Tadel, Schimpfrede (*frz.* rappeler)
Rap·pel·schüe·del, -n *w.* 1.
tech. Rappelschüssel; 2.
übertr. psy. albernes, lautes Mädchen

Rar·käörn, -s *s. bot.* Samen
der Kornrade
**Ra·se·er·mest, Ra·se·er·mes-
sers** *s. tech. hyg.* Rasiermesser
ra·se·ern *ZW hyg.* rasieren
Ra·se·er·se·pe, -n *w. hyg.*
Rasierseife
rask, -e, -en [ras·ke] *EW*
rasch
ras·peln *ZW* rascheln
**Ras·se·man, Ras·se·män-
ner** *m.* große, athletische
Person (auch für Frauen)
Rast, Räs·te *w. tech.* Tumba, Scheinbahre beim To-
desgottesdienst; Katafalk
(Sarggerüst)
Rat, -·ten *w. zool.* Ratte
rats *UW* gänzlich, durchaus,
radikal, total, völlig
Ratsch, Rätsche *m. med.,
tech.* Kratzer, Schramme,
med. Risswunde
rat·se·kaal, rat·se·ka·le, -n
EW biol. völlig kahl
Rat·ten·bi·ter, -s *m.* Rattenfänger
Rat·ten·slag, Rat·ten·sliä·ge
m. tech. Rattenfalle
rau, -·e, -·en *EW kul.* roh,
ungekocht (z.B. Ei, Fleisch);
allg. für unbehandelt
raud, -e, -en [rau·de] *EW* rot
Raud·böcke, -n [Raud·bök-
ke] *w. bot.* Rotbuche
raud·bunt, -e, -en [raud-
bun·te] *EW* rot und weiß
gefleckt (z.B. Kuh)
**Raud·büörst·ken, Raud-
büörst·kes** *s. zool.* Rotkehlchen
Rau·de Küüs *s. med.* Rote
Kreuz (Hilfsorganisation)
Rau·den *m. o.Mz. kul.* roter
Likör; *Mz. pol. übertr.* Sozialdemokraten, Sozialisten
Rau·en·feel·de Rothenfelde,
Bad *ON*
raud·giäl, -e, -en [raud·giä-
le] *EW* rotgelb
Raud·i·sen·steen *m. o.Mz.
geol.* Roteisenstein
raud·rüüt·ke, -n, -s *EW*
rotrautiert (z.B. Stoff)
raud·glai·nig, -e, -en [raud-
glai·ni·ge] *EW* rotglühend
**Raud·stiärt·ken, Raud-
stiärt·kes** *s. zool.* Gartenrotschwanz
raud·strië·pen, -e, -en [raud-

strië·pe·ne] *EW* rotgestreift
Raud·wien, Raud·wi·ne *m.
kul.* Rotwein
raud·wit, -·te, -·ten *EW* rot-
weiß
Rau·i·sen *s. o.Mz. tech.* Roh-
eisen
Rauk, Rai·ke *m.* Rauch
Rauk·fleesk *s. o.Mz. kul.*
Rauchfleisch
Rauk·sel *ON* Roxel
Räu·pe, -n *w. arch..* Traufe,
Regenrinne; *tech. agr.* Fut-
terkrippe, Raufe
Rau·se, -n *w. bot.* Rose
**Rau·sen·blad, Rau·sen·bliä-
der** *s. bot.* Rosenblatt
Rau·sen·blö·te *w. o.Mz. tem.
bot.* Blütezeit der Rosen;
~, -n *w. bot.* Rosenblüte
Rau·sen·daal *ON* Rosen-
dahl
**Rau·sen·krans, Rau·sen·
krän·se** *m.* 1. *rel.* Rosen-
kranz; 2. *bot.* Kranz aus
Rosen
Raus·sen·plan·te, -n *w. bot.*
Rosengewächs, Rosen-
pflanze
rau·sen·raud, -e, -en [rau-
sen·rau·de] *EW* rosenrot
Rau·sen·rüëk, -e [Rau·sen·
rüë·ke] *m. biol.* Rosenduft
**Rausen·struuk, Rau·sen·
strü·ke** *m. bot.* Rosenstrauch
Rau·sen·tiet, Rau·sen·ti·ten
w. tem. Rosenzeit
Rau·sen·tüch·ter, -s *m. bot.*
Rosenzüchter
**Rau·sen·wa·ter, Rau·sen·wä-
ters** *s. bot.* Rosenwasser
rau·sig, -e, -en [rau·si·ge]
EW rosig
Ra·we, -n *m. zool.* Rabe
ra·we·ne·ert, -e, -en [ra·we-
ne·er·te] *EW psy.* raffiniert
(*frz.* raffiner)
re, -·e, -·en *EW* bereit, fertig, *agr.* erntereif; ~ **Geld**
fin. Bargeld
Red *w. o.Mz.* Rettung, Erlösung
red·den *ZW* retten, erlösen
Red·der, -s *m.* Retter, Erlöser
Red·sak, Red·siä·ke *m. tech.*
Reisesack der Tödden
Re·e *ON* Rhede
Re·e·brüg·ge *ON* Rhedebrügge

Reek·de, -n *w.* Reichweite
reensk, -e, -en [reens·ke]
EW rheinensisch
Reens·ke, -n *m., s. und w.*
Rheinenser(in)
Reep, -s *s. tech.* Seil, Tau
Reep·sliä·ger, -s *m. tech.*
Seiler, Seilmacher
re·ern *ZW* rieseln, rinnen
(Sand, Korn u.ä.)
Ref, -·fen *m. med.* hagerer
Mensch
re·ge·ern *ZW pol.* anord-
nen, regieren, das Sagen
haben
Re·ge·e·rung, -en [Re·ge·e-
run·gen] *w. pol.* Regierung
reg·gen *ZW* regen, bewegen
re·gu·le·ern *ZW* regulieren,
normen
re·ken *ZW* reichen, ange-
ben; ausreichen
Re·ken *ON* Reken
rek·hal·sen *ZW* sich den
Hals nach etwas verdrehen
rek·le·me·ern *ZW* reklamieren
Rek·ter, -s *m. kult.* Rektor
Rel·goon, Rel·go·nen *w. rel.*
Religion
Rel·goon·stun·ne, -n *w. tem.
rel.* Religionsstunde
Rel·le, -n *w.* Rille
Rem·mer·tis·mus *m. o.Mz.
med.* Rheuma
re·mon·stre·ern *ZW* protestieren, abwehren (*frz.* remontrer)
Ren·del *VN* Reihildis
Re·ne *ON* Rheine
Ren·ne, -n *w.* Rinne
ren·nen *ZW* rinnen, fließen
re·no·we·ern *ZW tech.* renovieren
re·no·we·ert, -e, -en [re·no-
weer·te] *EW tech.* renoviert
Ren·steen, Ren·ste·ne *m.
tech.* Rinnstein
**ren·te·er·lik, ren·te·er·licke,
-n** [ren·te·er·lik·ke] *EW fin.*
rentierlich, auskömmlich, gewinnbringend
ren·te·ern *ZW fin., psy.* rentieren, lohnen
Ren·te·mes·ter, -s *m.* Geschäftsführer (abfällig), *fin.*
Kämmerer
rent·lik, rent·licke, -n [rent-
lik·ke] *EW hyg.* reinlich,
sauber

re·pa·re·ern *ZW tech.* reparieren
re·pa·re·ert, -e, -en [re·pa-
re·er·te] *EW tech.* repariert, fertig gemacht
Re·per·baan, Re·per·ba·nen
w. tech. Anlage zur Herstellung von Seilen
re·ren *ZW* viele kleine Gegenstände fallen lassen
Re·schup *w. o.Mz. tech.*
Gerätschaft, Werkzeug
res·kant, -e, -en [res·kan·te]
EW riskant, risikoreich, gefährlich
res·ke·ern *ZW* riskieren
(*frz.* risquer)
res·sel·we·ern *ZW* entschließen
res·sel·we·ert, -e, -en [res-
sel·we·er·te] *EW psy.* resolut, entschlossen (*frz.* résolu)
res·sen *ZW med.* ruhen,
ausruhen
Res·te·rant, -s *s.* Restaurant (*frz.* restaurant)
res·te·we·ern *ZW tech.* restaurieren, wiederherstellen
(*frz.* restaurer)
Res·trats·jaun, -en [Res-
trats·jau·nen] *w. tech.* Restauration
ret·te·re·ern *ZW* zurückziehen (*frz.* retirer)
Re·wang·sche, -n *w.* Revanche
re·wang·sche·ern *ZW* revanchieren
Re·we·er, -e [Re·we·e·re] *s.*
Revier
re·wen·de·ern *ZW* revidieren (*frz.* réviser)
**Re·wol·wer·bläd·ken, Re-
wol·wer·bläd·kes** *s. kult.*
Boulevardzeitung
Riä·der·huus, Riä·der·hü·ser
s. tech. Getriebekasten
Riä·der·wiärk, -e [Riä·der-
wiär·ke] *s. tech.* Räderwerk,
Getriebe
Riä·ke *ON* Recke
Riä·kel·hu·sen *ON* Recklinghausen
riä·ken *ZW math.* rechnen,
berechnen, errechnen; schätzen; **dao·met ~** *psy.* erwarten
Riä·ken·book, Riä·ken·bö·ker
s. Rechenbuch
Riä·ken·fai·ler, -s *m. math.*
Rechenfehler

Riä·ken·feld *ON* Reckenfeld
**Riä·ken·ma·schien, Riä·ken-
ma·schi·nen** *w. tech. math.*
Rechenmaschine
Riä·ken·mes·ter, -s *m. math.*
Rechenmeister
Riä·ken·schup, -pen *w.* Re-
chenschaft
Riä·ken·up·ga·we, -n *w.
math.* Rechenaufgabe
Riä·ker, -s *m. tech.* Rech-
ner, Computer
**Riä·ker·breew, Riä·ker·bre-
we** *m.* Email
Riä·ker·si·te, -n *w. tech.* In-
ternetseite, Homepage
Riä·ker·spi·ker, -s *m. tech.*
Arbeitsspeicher, RAM
Riä·ker·sprao·ke, -n *w. tech.*
Rechnersprache, Program-
miersprache
Riä·knung, -en [Riäk·nun·gen]
w. fin., math. Rechnung
Riäm·se *ON* Remsede
Riän·gen *m. o.Mz. met.* Regen; **wa·men ~** *met.* warmer Regen; *übertr. fin.* Geldsegen
riän·gen *ZW met.* regnen
**Riän·gen·buo·gen, Riän·gen-
büö·gen** *m. met.* Regenbogen
**Riän·gen·buo·gen·huut, Riän-
gen·buo·gen·hü·te** *w. med.*
Regenbogenhaut
Riän·gen·dag, -e [Riän·gen-
da·ge] *m. met. tem.* Re-
gentag
**Riän·gen·druo·pen, Riän-
gen·drüö·pen** *m. met.* Regentropfen
**Riän·gen·drüöp·ken, Riän-
gen·drüöp·kes** *s. met.* Regentröpfchen
Riän·gen·fat, Riän·gen·fiä·ter
s. tech. Regenfass, Regenwassertonne
**Riän·gen·fät·ken, Riän·gen-
fät·kes** *s. tech.* Regenfässchen
**Riän·gen·lok, Riän·gen·lök-
ker** *s. geog. met.* Regenloch, Gegend in der es
häufig regnet
Riän·gen·pi·per, -s *m. zool.*
Regenpfeifer
Riän·gen·schu·er, -s *s. met.*
Regenschauer
Riän·gen·tiet, Riän·gen·ti·ten
w. met. tem. Regenzeit
Riän·gen·wa·ter, Riän·gen-

wä·ters s. met. Regenwasser
Riän·gen·wiär s. o.Mz. met. Regenwetter, Dauerregen
Riän·gen·wul·ke, -n w. met. Regenwolke
riängsk, -e, -en [riängs·ke] EW met. regnerisch
Riä·ter·ding, -ers [Riä·ter·dingers] s. tech. Rattermaschine
riä·te·rig, -e, -en [riä·te·ri·ge] EW ratternd
riä·tern ZW rattern
Rib·be, -n w. med. Rippe
rib·beln ZW Gestricktes oder Gehäkeltes wieder auflösen
Rib·ken, Rib·kes s. kul. Rippchen, dünne Rippe
richt, -e, -en [rich·te] EW direkt, gerade
Richt, -en [Rich·ten] w. geog. Richtung
Rich·te, -n w. agr. Getreidehocke, Stiege
Richt·fi·er, -n w. Richtfest
Richt·maot, -e [Richt·mao·te] s. tech. Norm
richt·to UW geradewegs
richt·uut UW geradeaus
Richt·wäg, Richt·wiä·ge m. trans. gerader Weg, Abkürzung
Ricken·stiärt, -s [Rik·ken·stiärt] m. tech. Hebel beim Reck
Rid, -·de m. trans. Ritt; up ~ sien unterwegs oder außerhäusig sein zum Vergnügen
Rid·der, -s m. mil. Ritter
Rid·der·buorg, -en [Rid·der·buor·gen] w. arch. Ritterburg
rid·dern ZW med. zittern
Rid·ders·man, Rid·ders·lü m. mil. Ritter
Rid·der·saol, Rid·der·säö·le m. arch. Rittersaal
ri·den uZW trans., spo. reiten
Ri·der, -s m. trans., spo. Reiter
Ri·der·dag, -e [Ri·der·da·ge] m. spo. Reitertag, Reitturniertag
Ri·de·ri w. o.Mz. spo. Reiterei
Ri·der·vö·ain, -e [Ri·der·vö·ai·ne] m. spo. Reiterverein
Ri·e, -n w. tech. Ziegelei

Ried·piärd, -e [Ried·piär·de] s. zool. spo. Reitpferd
Ried·plats, Ried·plät·se m. spo. Reitplatz
Ried·school, Ried·scho·le, -n w. spo. Reitschule
Ried·stie·wel, -s m. tech. Reitstiefel
Ried·stok, Ried·stöcke [Ried·stök·ke] m. tech. Reitstock
Riek, Ri·ke s. Reich, Herrschaftsbereich
riek, ri·ke, -n EW fin., psy. reich, fin. vermögend, wohlhabend; mä·er äs ~ fin. steinreich; ri·ker reicher; an rieks·ten am reichsten
Riek·doom, Riek·dö·mer m. fin. Reichtum
Rië·kel, -s m. zool. männlicher Hund; psy. Schimpfwort für grobe Männer
rië·keln ZW med. begatten (bei Hunden)
riek·lik, riek·licke, -n [riek·lik·ke] EW reichlich, hinreichend, genug
Rieks·dag, -e [Rieks·da·ge] m. pol. Reichstag
Riem, Ri·me m. mus. Reim, Gedicht
Riem·sel, -s s. mus. Gereimtes, Gedicht
Rien m. geol. Rhein (Fluss)
Rien·land s. geog. Rheinland
rien·ländsk, -e, -en [rien·länds·ke] EW rheinländisch
Rien·län·ner, -s m. Rheinländer; mus. Tanzart
Riens·ke Bund m. pol. Rheinischer Bund
Riep, Ri·pe m. tech. Reif, Ring
riep, ri·pe, -n EW biol. reif, ausgereift; ~ wä·ern biol. reifen
rië·pen ZW auf den Knien reiten, rutschen, sich rekeln
Ries m. o.Mz. bot., kul. Reis; dicken ~ o.Mz. kul. Milchreis
Ries·käörn, -s s. bot. Reiskorn
Ries·miälk w. o.Mz. kul. Milchsuppe mit Reis
Ries·ter, -s m. tech. aufgenähter Lederflicken
Riet s. o.Mz. bot. Reet, Röhricht
Riët, -e [Rië·te] m. tech. Rit-

ze, Riss
Riet·dak, Riet·diä·ker s. arch. Reetdach
rië·ten, -e, -en [rië·te·ne] EW gerissen
Riet·stok, Riet·stöcke [Riet·stök·ke] m. tech. Rohrstock
Riet·uut s. o.Mz. Reißaus
riew, ri·we, -n m EW psy. verschwenderisch, großzügig, freigiebig, üppig; schnell, zügig
Riew·ao·le, -n w. tech. Reibahle
Rië·wel·baan w. jur. schiefe Bahn; up de ~ sien fin. verschwenderisch sein, verprassen
rië·weln ZW kleinreiben
Riew·i·sen, -s s. tech. Reibeisen
Riëw·sel, -s s. Geriebenes
Riew·wel·len, -s s. o.Mz. tech. Reibschweißen
Ri·faam, Ri·fiäm m. tech. Reihfaden
Ri·gaorn, Ri·gäörns s. tech. Reihgarn
ri·gas·wäg EW reihenweise, der Reihe nach
Ri·ge, -n w. Reihe, Zeile; de ~ nao der Reihe nach; in'ne ~ kri·gen fertigbringen, ma·nagen, schaffen; in'ne ~ brän·gen in Ordnung bringen; uut de ~ lau·pen übertr. aus der Reihe tanzen, außer Kontrolle geraten, durcheinanderkommen
Rin·gel·haor, -e [Rin·gel·hao·re] s. med. Haarlocke
ri·gen ZW in die Reihe bringen, ordnen, regeln; reihen
Ri·gen·fo·lge, -n w. Reihenfolge, Programm
Ri·gen·huus, Ri·gen·hü·ser s. arch. Reiheneigenheim
ri·gen·wies, ri·gen·wi·se UW reihenweise
ri·ge·üm UW reihum, der Reihe nach
Rig·ge, -n w. arch. kleiner Balken im Fachwerk
ri·gig, -e, -en [ri·gi·ge] EW reihig
ri·go·len ZW agr. tief in mehreren Schichten graben oder pflügen (frz. la rigole)
Rik, Ricken [Rik·ken] s. tech. Reck, Gerät zum Aufladen von Baumstämmen

Ri·ka *VN* Frederike, Henriette
ri·men *ZW mus.* reimen, dichten
Ri·me·ri̲, ·-en *w. mus.* Reimerei, Gereime
Rim·pel, -s *m.* Falte im Gesicht
Rind, Rin·ner *s. zool.* Rind
Rind·fleesk *s. o.Mz. med., kul.* Rindfleisch
rin *UW* herein
Rin·fal, Rin·fiä·le *m.* Reinfall
rin·fal·len 1. *uZW* hereinfallen; 2. ~, -e, -en [rin·fal·le·ne] *EW* hereingefallen, reingefallen
rin·gaon *uZW* hereingehen, hineingehen, einkehren
rin·gri·pen *uZW* hineingreifen
Rin·ke·ro̲ *ON* Rinkerode
rin·ki·ken *uZW* hereinschauen, besuchen
rin·kru·pen *uZW* hereinkriechen
Rinks·te, -n *w.* 1. *med.* Rippe; 2. *tech.* Seitenleiter am Erntewagen; niks in'ne ~n häb·ben *übertr. med.* mager oder hungrig sein
Rinks·ten·wa·gen, Rinksten·wiä·gen *m. agr. trans.* Leiterwagen, Erntewagen
rin·kuë·men *uZW* hereinkommen, hineinkommen
Rin·kü·ern *s. o.Mz. psy.* Einmischung
rin·kü·ern *ZW psy.* einmischen, hereinreden
rin·läg·gen *ZW psy.* hereinlegen
rin·lägt, -e, -en [rin·läg·te] *EW psy.* hereingelegt
rin·lao·ten *uZW* hereinlassen, einlassen
rin·lau·pen *uZW* hereinlaufen, hineinlaufen
Rin·ner·brao·den, Rin·ner·bräö·den *m. kul.* Rinderbraten
Rin·ner·fet, ·-te *s. med., kul.* Rinderfett
Rin·ner·kamp, Rin·ner·käm·pe *m. agr.* Kuhweide
Rin·ner·liär, -s *s. tech.* Rinderleder
Rin·ner·liä·wer, -n *w. med., kul.* Rinderleber
Rin·ner·tun·ge, -n *w. med.,*

kul. Rinderzunge
rin·sät·ten *uZW* hineinsetzen
rin·slaon *uZW* einschlagen, hineinschlagen
rin·trecken [rin·trek·ken] *uZW* hereinziehen, hineinziehen
Ri·pe *w. o.Mz. bot., psy.* Reife
ri·pen *ZW bot., psy.* reifen
rips, -e, -en [rip·se] *EW* (Inschrift auf Ehrenmalen: r.i.p.s.; lat.: requiescant in pace sempiterna (Sie mögen ruhen im ewigen Frieden), *übertr. med.* gestorben, tot; *biol.* verdorben, unbrauchbar; verloren
Ri·sen·biëk *ON* Riesenbeck
Ri·sen·biëks·ke, -n *m., w. und s.* Riesenbecker
Ri·ser, -s *s. bot.* Reiser, Reisig
Ri·ser·bes·sen, -s *m. tech.* Reisigbesen
Ris·holt, Ris·höl·ter *s. tech.* Schablone, Maßstab
risk, -e, -en [ris·ke] *EW* aufrecht, steil, gerade; *psy.* selbstbewusst, stolz
ris·ken *ZW* richten, aufrichten
Ris·sen, -s *m.* Bündel Flachs
ri·ten *uZW* reißen
rit·ke·bië·wern *ZW med.* zittern
Ri·we, -n *w. tech.* Reibe
ri·wen *uZW* reiben
Ri·wen·pan·ko·ken, Ri·wen·pan·kö·ken *m. kul.* Reibepfannkuchen
Ri·wer, -s *m. kul.* Reibkartoffel, dicke Kartoffel
Ri·wung, -en [Ri·wun·gen] *w. tech.* Reibung
Rö·chel, -s *s. rel.* Rochett (spitzenbesetztes Chorhemd der höheren kath. Geistlichen)
Ro·de, -n *w.* Rute
Ro·don·ko·ken, Ro·don·kö·ken *m. kul.* Rodonkuchen
rö·ern *ZW* rühren (in etwas)
rö·ers *UW* beinahe
Rö·er·stok, Rö·er·stöcker [Rö·er·stök·ker] *m. tech.* Quirl
Rö·er·üm·me *s. o.Mz. kul.* Rührei, Omelett
Rog·gen *m. o.Mz. bot.* Roggen
Rog·gen·kamp, Rog·gen-

käm·pe *m. agr.* Roggenfeld
Rog·gen·käörn, -s *s. bot.* Roggenkorn
Rog·gen·kof·fi, -es *m. kul.* Roggenkaffee, Kaffee aus gebrannten Roggenkörnern
Rog·gen·mo·er, Rog·gen·mö·ers *w. zool.* Grille
Rok, Röcke [Rök·ke] *m.* Jackett
Rok·slip, ·-pe *m.* Rockschoß
Ro·land *ON* Roland
ro·maansk, -e, -en [ro·maanske] *EW mus.* romanisch
Ro·ma·nen·book, Ro·ma·nen·bö·ker *s. mus.* Roman
ro·man·tisk, -e, -en [ro·mantis·ke] *EW psy.* romantisch
Rö·mer, -s *w.* Römer
Ron·del, -s *s. agr.* Rundbeet (frz. rondelle)
Roof·hols·ke, -n *w. tech.* offener Holzschuh mit Lederriemen über dem Fußrücken
röök·laus, -e, -en [röök·lause] *EW* schnell, pöltzlich; *psy.* gefährlich, waghalsig, leichtsinnig, unvorsichtig
röök·los, ·-se, ·-sen *EW* schnell, pöltzlich; *psy.* gefährlich, waghalsig, leichtsinnig, unvorsichtig
Room *ON* Rom
röömsk, -e, -en [rööms·ke] *EW* römisch
Roop, Rö·pe *m.* Ruf, Schrei; *psy.* Leumund
Root, Rö·te *m.* Ruß
ro·pen *uZW* rufen
Rör, -s *s. tech.* Rohr
Ror·dom·pe, -n *w. zool.* Rohrdommel
Rö·rer, -s *m. tech.* Rührer
rö·rig, -e, -en [rö·ri·ge] *EW psy.* rührig, beweglich, betriebsam, fleißig
Rös·sen *s. o.Mz. med.* Ausruhen, Ruhen, Rast
rös·sen *ZW med.* ausruhen, ruhen, rasten
ros·sig, -e, -en [ros·si·ge] *EW med.* brünstig (Pferd)
Röst *m. o.Mz. chem.* Rost
rös·ten *ZW chem.* rosten
Rös·ter, -s *s. tech.* Rost, Bratrost, Herdrost, Ofenrost; Toaster
rös·te·rig, -e, -en [rös·te·ri·ge] *EW chem.* rostig, verrostet
rös·tern *ZW kul.* rösten, bra-

ten, schmoren; dörren
Röst·pläk, Röst·pläcken
[Rost·pläk·ken] *m.* Rost-
flecken
röst·raud, -e, -en [röst·rau·de]
EW
rö·ten *ZW* rußen, schwär-
zen (mit Ruß); *tech.* Flachs
dörren
rö·te·rig, -e, -en [rö·te·ri·ge]
EW rußig, verrußt
Rö·we, -n *w. bot.* Rübe
Rö·wen·fue·sel, -s *m. kul.*
Rübenschnaps
**Rö·wen·kruud, Rö·wen·krü-
der** *s. kul.* Rübenkraut
(Brotaufstrich)
Rö·wen·saot *w. o.Mz. bot.*
Rübsamen
Rö·wen·sni·der, -s *m. agr.
tech.* Rübenschneider, Rübenschneidmaschine
Rö·wen·sucker [Rö·wen·suk-
ker] *m. o.Mz. bot. kul.* Rübenzucker
Rö·wen·trecken [Rö·wen-
trek·ken] *s. o.Mz. agr.* Rübenziehen, Rübenernte
rö·wen·trecken [rö·wen·trek-
ken] *uZW* Rüben ziehen
ru, -·e, -·en *EW* rau, uneben; unbearbeitet; struppig, zerzaust; *psy.* frech,
roh, wild; unempfindlich;
übertr. psy. ungesittet, ungehobelt
Ru·bast, Ru·bäs·te *m. bot.*
raue Rinde, *med.* raue Haut;
übertr. psy. Grobian, rauer
Mensch
ru·bäs·tig, -e, -en [ru·bäs·ti-
ge] *EW* rau, grob, abge-
härtet
rub·be·lig, -e, -en [rub·be·li-
ge] *EW* rau, uneben
rub·beln *ZW* stark reiben
Ru·been, Ru·be·ne *s. psy.*
Raubein; *übertr.* abgehärteter Mensch
ru·beent, -e, -en [ru·been·te]
EW psy. raubeinig
ruckeln [ruk·keln] *ZW* wak-
keln, ruckartig bewegen
**Rüd·de·kuorw, Rüd·de·küör-
we** *m. tech.* großer, runder
Korb
rüd·deln *ZW* rütteln
rüd·den *ZW* ziehen, herausziehen
rud·de·rig, -e, -en [rud·de·ri-
ge] *ZW med.* räudig, strup-

pig
Ru·del *VN* Rudolf
Rü·e *w. o.Mz. psy.* Reue
rüë·geln *ZW zool.* mau-
sern, in der Mauser sein
Rüëk, -e [Rüë·ke] *m.* 1. *biol.*
Aroma, Geruch, Duft; 2. *bot.*
Knöterich
ruë·keln *ZW* rütteln
Rü·e·ken, Rü·e·kes *s. zool.*
Hündchen
Rü·en, -s *m. zool.* Hund,
insbes. männlicher Hund,
Rüde; **äs Kat un ~ sien**
übertr. psy. sich ständig är-
gern
rü·en *ZW psy.* reuen, bereu-
en
Rü·en·biët, -e [Rü·en·bië·te]
m. Hundebiss
Rü·en·bi·ten *s. o.Mz.* Hun-
debeißerei
Rü·en·blo·me, -n *w. bot.*
Margerite, Hundskamille
Rü·en·flot·ken *s. o.Mz. spo.*
Schwimmen wie ein Hund,
Hundepaddeln
Rü·en·gö·bel, -s *m. tech.*
Hundelaufrad zum Antrieb
kleinerer Maschinen
rü·en·mööd, rü·en·mö·de, -n
EW med. hundemüde
Rü·en·schot, -s *s. arch.*
Hundehütte
Rü·ens·niër·se, -n *w. med.*
Hundenase; *übertr. med.,
psy.* Spürnase
Rü·en·tiä·ger, -s *m.* Hun-
deärgerer; *tech. mus.* Po-
saune, Zugposaune (spaßig)
Rüë·pel, -s *m. psy.* Rüpel,
Flegel
rüë·seln *ZW* rieseln
Ru·fo·er *s. o.Mz. kul.* Roh-
futter, Heu und Stroh als
grobes Futter, Grünfutter
Ru·fuorst, Ru·füörs·te *m.
met.* Bodenfrost, Raureif
Rüg, -·gen, -·gens *m. med.*
Rücken; **in'n ~gen häb·ben**
med. Rückenschmerzen haben
rüg·gen *ZW* rücken, umsetzen
Rüg·gen·fiä·der, -n *w. tech.*
Rückenfeder
Rüg·gen·pien, Rüg·gen·pi·ne
w. med. Rückenschmerz
**Rüg·gen·strang, Rüg·gen-
strän·ge** *m. med.* Wirbelsäule; **~ be·sain** Prügel ge-

ben; **~ miä·ten** Prügel geben
rü·ig, -e, -en [rü·i·ge] *EW* ruhig
ruk·ä·sen *ZW* hin und her
rutschen
ru·ken *uZW* riechen, duften; durch Geruch wahr-
nehmen; *übertr. psy.* erahnen
Ru·ker, -s *m. med.* Riecher,
Nase
ruk·lak, ruk·lacke, -n [ruk-
lak·ke] *EW* klapprig
ruk·wies·kes *UW* ruckweise
Rul·baan, Rul·ba·nen *w.
trans.* Rollbahn, Start- und
Landebahn
Rul·knüë·pel, -s *m. tech. agr.*
Stab zum Festzurren des
Erntegutes auf einem Wa-
gen
Rul·la·den *Mz. tech.* Jalousie, Rolladen
Rul·le, -n *w. tech.* Rolle,
Walze, rundes Holz; Aufgerolltes; *mus.* Rolle im Spiel
rul·len *ZW* rollen
Rul·ler, -s *m. trans.* Roller
Rul·scho, -·e *m. tech. spo.*
Rollschuh
Rul·stool, Rul·stö·le *m.
trans. med.* Rollstuhl
rult, -e, -en [rul·ten] *EW* gerollt
Rul·trap, -·pen *w. tech.* Rolltreppe
Rul·wa·gen, Rul·wiä·gen *m.
trans.* Kastenwagen mit
Gummibereifung
Rul·wel·len *s. o.Mz. tech.*
Rollnahtschweißen
rüm *UW* Kurzform von herum
rüm·drai·en *ZW* herumdrehen, wenden
rüm·dri·wen *uZW psy.* herumtreiben
Rüm·dri·wer, -s *m. psy.*
Herumtreiber, Faulenzer
rü·men *ZW* räumen
rüm·fu·cheln *ZW* gestikulieren, heftige Bewegungen
mit den Armen machen
rüm·gaon *uZW* herumgehen
rüm·iär·gern *ZW psy.* herumärgern
rü·mig, -e, -en [rü·mi·ge] *EW*
geräumig, weiträumig
rüm·kri·gen *uZW psy.* über-

reden, jemd. bereden etwas zu tun, verführen; herumbekommen
rüm·kuë·men *uZW* herumkommen; auskommen (mit Geld oder Nahrung)
rüm·lau·pen *uZW* herumlaufen, umherlaufen
Rum·mel *m. o.Mz.* Durcheinander; lärmender Betrieb, Kirmes
rum·meln *ZW* Geräusch machen, lärmen
Rum·mel·plats, Rum·mel·plät·se *m.* Kirmesplatz
Ru·mö·de, -n *w. psy.* Geste, Gebärde
rü·mö·dig, -e, -en [rü·mö·di·ge] *EW psy.* reumütig
Rump, Rüm·pe *m.* Rumpf
Rum·pel·ka·mer, -n *w. arch.* Abstellraum, Gerümpelkammer
rüm·pen *ZW* rümpfen
Rümp·ken, Rümp·kes *s. tech.* Stangenmieder, Korsett; Leibchen
rüm·prao·len *ZW psy.* herumprahlen
Rumps, Rümp·se *m.* Getöse, Krach, Lärm; Schlag; *übertr.* Unfall, *trans.* Autounfall
rump·sen *ZW* krachen, lärmen, tösen; schlagen; *übertr.* verunfallen
rumps·ke·di auf einen Schlag
rüm·slaon *uZW* herumschlagen; **sik met wat ~** *übertr. psy.* Probleme haben
rüm·sprän·gen *uZW* herumspringen, umherspringen, herumtoben; *übertr. psy.* mit jemd. machen was man will
rüm·staon *uZW* herumstehen; untätig herumstehen, im Weg stehen
rund, run·ne, -n *EW* rund
Rund·holt, Rund·höl·ter *s. tech.* Rundholz, hölzerne Walze
Rund·lai·per, -s *m.* 1. *zool. med.* Rundläufer, Tier mit Hirnschaden; 2. *mus.* Kanon, Rundgesang; 3. *tech.* Drehkreuz für Fußgänger
Rund·rai·men, -s *m. tech.* Rundriemen
rund·üm *UW* ringsum, umher

rund·üm·to *UW* umher, rundum, überall, von allen Seiten
rund·üm·to·packen [rund·üm·to·pak·ken] *uZW psy.* herzlich umarmen
Ru·ne, -n *m. zool.* Wallach
Ru·nen *s. o.Mz.* Raunen
ru·nen *ZW* raunen, flüstern
Run·ge, -n *w. tech.* Stützholz am Wagen
Rün·gel·jao·re *Mz. med.* Adoleszenz, Jugendzeit, Pubertät
rün·geln *ZW psy.* herumtreiben, herumstreunen
run·ge·ne·ern *ZW* ruinieren (*frz.* ruiner)
Run·kel, -n *w. bot.* Runkelrübe
Run·kel·blad, Run·kel·bliä·der *s. bot.* Runkelblatt
Run·kel·ku·le, -n *w. agr.* Rübenmiete, Feldmiete für Runkelrüben
Run·kel·rö·we, -n *w. bot.* Gemeiner Mangold (Beta vulgaris)
Run·ne, -n *w.* Runde (bei Getränken)
Rün·ne, -n *w.* Runde, Kreis
run·ner *UW* herunter (Kurzform), hinunter, hinab
run·ner·brän·gen *uZW* herunterbringen
run·ner·drai·en *ZW tech.* herunterdrehen
run·ner·dri·wen *uZW* heruntertreiben
run·ner·fal·len *uZW* herunterfallen, herabfallen
run·ner·fö·ern *uZW trans.* herunterfahren
run·ner·gaon *uZW* heruntergehen
run·ner·ha·len *uZW* herunterholen
run·ner·han·gen *uZW* herunterhängen
run·ner·ki·ken *uZW* herunterschauen
run·ner·kuë·men *uZW* herunterkommen, *trans.* landen
run·ner·lao·ten *uZW* herunterlassen, herablassen
run·ner·lau·pen *uZW* herunterlaufen
run·ner·ma·ken *uZW* heruntermachen; *psy.* abkanzeln, demütigen
run·ner·ri·ten *uZW* herun-

terreißen
run·ner·sät·ten *ZW* heruntersetzen
run·ner·slucken [run·ner·sluk·ken] *ZW kul.* herunterschlucken
run·ner·stüör·ten *ZW* herunterstürzen
run·ner·trecken [run·ner·trek·ken] *uZW* herunterziehen
Ruo·de *ON* Rodde
Ruo·den *s. o.Mz. agr.* Roden
Ruo·der, -s *m. tech. agr.* Roder
Ruod·hak, Ruod·hacken [Ruod·hak·ken] *w. tech.* Hacke zum Roden
Ruo·ne, -n *w. bot.* Stamm, Stumpf, Wurzel
Ruo·nen·book, Ruo·nen·bö·ker *s.* Familienstammbuch, *übertr. his.* Stammbaum
Ruorp *ON* Rorup
Ruot, -en [Ruo·ten] *w.* Rotte, Gruppe
ruo·ten *ZW biol.* rotten, verrotten
Ruo·ten *s. o.Mz. biol.* Rotten
rüö·te·rig, -e, -en [rüö·te·ri·gen] *EW biol.* morsch, *übertr. tech.* wackelig
Ruot·haup, Ruot·hai·pe *m. agr. biol.* Komposthaufen
Ruo·we *w. o.Mz. med.* Herpes, Wundschorf
rüö·wer *UW* rüber, herüber, hinüber
rüö·wer·kuë·men *uZW* herüberkommen, hinüberkommen, ein Hindernis überwinden
rup *UW* herauf, hinauf, rauf
rup·ar·bai·den *ZW* emporarbeiten
Ru·pe, -n *w. zool.* Raupe
rup·ha·len *uZW* heraufholen
rup·klai·en *ZW* hochklettern, heraufklettern
rup·pen *ZW* rupfen
rup·trecken [rup·trek·ken] *uZW* heraufziehen, hinaufziehen, hochziehen
Ru·schuor·ken, Ru·schüör·ken *m. psy.* Raubein, *übertr.* abgehärteter Mensch
Rü·se, -n *w. tech.* Reuse
Ru·se, -n *w. geol.* Felsbrocken; Erdscholle; Stück; **in'ne ~** als Ganzes, alles zusammen, überschlägig,

ungefähr
Ru·se·bä·er, -n *m.* grober
Kerl
ru·sen *ZW* oberflächlich,
schnell und unordentlich arbeiten; schätzen, überschlagen
rü·sen *ZW met.* stürmen
Ru·se·wulf, Ru·se·wül·fe *m.*
zool. böser, wütender Wolf
rü·sig, -e, -en [rü·si·ge] *EW*
met. stürmisch
rusk, -e, -en [rus·ke] *EW*
kult. russisch
rus·peln *ZW* rascheln
rüs·tern (sik) *ZW* sich plagen, sich zum Aufbruch be-
reiten, sich bereit machen,
sich rüsten, hantieren
Rüs·ter·pit *m. bot.* Wolfsmilch
Rüst·wiärk, -e [Rüst·wiär·ke]
s. tech. Gerüst
Ru·te, -n *w.* 1. *arch.* Fensterscheibe; 2. Raute, schief-
winkliges Viereck, Rhombus;
3. *tech.* Längenmaß (3,766
m); 4. *spo.* Karo (Kartenfarbe des deutschen Kar-
tenspiels)
Ru·ten·band, Ru·ten·bän·ner
s. Rautenband, rautiertes
Band
Rü·ter·ken, Rü·ter·kes *s.*
Würfelchen
Rutsk·baan, Rutsk·ba·nen
w. Rutschbahn
Ruts·ke, -n *w. tech.* Rutsche
ruts·ken *ZW* rutschen
Ruud, Rü·der *s. bot.* Kraut,
Unkraut
Ruuk·haor, -e [Ruuk·hao·re]
s. med. Schnurrbarthaar
Ruuk·pül·ken, Ruuk·pül·kes
s. tech. med. Riechfläschchen
Ruuk·se·pe, -n *w. hyg.* Duftseife
Ruuk·wa·ter, Ruuk·wä·ters
s. hyg. Duftwasser, Parfüm
Ruum, Rü·me *m. arch.*
Raum
ruum, ru·me, -n *EW* weit,
weiträumig
ruum·bal·lig, -e, -en [ruum-
bal·li·ge] *EW med.* dickleib-
big
rüümlik, rüüm·licke, -n
[rüüm·lik·ke] *EW* räumlich,
dreidimensional
Ruum·me·ter, -s *s. tech.*

Raummeter, ein Kubikme-
ter gestapeltes Holz
Rüüm·straot, -en [Rüüm-
strao·ten] *w.* reine Bahn; ~
hol·len gründlich aufräumen
Rüüm·te, -n *w.* Breite, Weite
Ruusk, Rüüs·ke *m. med.*
Rausch
Rüüs·ke, -n *w.* 1. *bot.* Binse; 2. Rüsche; 3. *übertr.*
psy. unordentliche Frau
rüüs·ke·drüüg, rüüs·ke·drü-
ge, -n *EW* rascheltrocken
rüüs·ken *ZW* rauschen, rasseln; *zool.* mausern
rüüs·pern *ZW* räuspern
ruut *UW* raus, heraus
ruut·fin·nen *uZW* herausfinden, ausfindig machen,
enträtseln
ruut·fö·ern *uZW trans.* herausfahren, hinausfahren, eine
Fahrt unternehmen
ruut·gaon *uZW* herausgehen, hinausgehen
ruut·gië·wen *uZW* herausgeben, zurückgeben
Ruut·gië·wer, -s *m.* Herausgeber
ruut·ha·len *uZW* herausholen, hinausholen
ruut·kri·gen *uZW* herausbekommen; enträtseln, eine
Lösung finden
ruut·kru·pen *uZW* herauskriechen
ruut·kuë·men *uZW* hinauskommen; herauskommen,
ans Tageslicht kommen, bekannt werden (Neuigkeit);
spo. ausspielen (beim Kartenspiel)
ruut·liä·sen *uZW* herauslesen, *psy.* deuten
ruut·ma·ken *uZW* herausmachen
ruut·ri·ten *uZW* herausreißen, ausreißen
ruut·smi·ten *uZW* herauswerfen, hinauswerfen; fortjagen; *fin.* vergeuden, verschwenden
ruut·trecken [ruut·trek·ken]
uZW herausziehen
Ruw·wel·bräd, Ruw·wel·briä-
der *s. tech. hyg.* Waschbrett

S

S, s S, s (Buchstabe)
Saak, Sa·ke, -n *w.* Sache,

Angelegenheit; Besitz, Ding;
Tatbestand
Saan·ke, -n *w. psy.* Stöhnende
saan·ken *ZW psy.* leidvoll
stöhnen
Sabbel *m. o.Mz. med.* Speichel, Spucke; *übertr.* Mund;
hol di·nen ~ halte deinen
Mund, sei still
Sab·bel·kop, Sab·bel·köp·pe
m. psy. Quatschkopf, Schwätzer
sab·beln *ZW psy.* quatschen,
schwätzen
Sab·bel·snuut, Sab·bel·snu-
ten *w. psy.* Quatschkopf,
Schwätzer, Klatschbase
sacht, -·e, -·en [sach·te] *EW*
psy. behutsam, sanft, leise
Sach·te·pat, Sach·te·pät·te
m. psy. Weichling, langsamer Mensch, übervor-
sichtiger Mensch
säch·tern *ZW* mildern
sacht·mö·dig, -e, -en [sacht-
mö·di·ge] *EW psy.* sanftmütig, bedächtig
Sacht·mö·dig·kait, -en [Sacht-
mö·dig·kai·ten] *w. psy.* Sanftmut
sacht·sin·nig, -e, -en [sacht-
sin·ni·ge] *EW psy.* behutsam, besonnen, ruhig
sacken [sak·ken] *ZW* sak-
ken, senken
Sad·del, Siä·del *m. tech.*
Sattel
Sad·del·dak, Sad·del·diä·ker
s. arch. Satteldach
sad·deln *ZW* satteln
Sad·ler, -s *m. tech.* Sattler
Sä·er, -s *m. med.* kleine Drüse im Schweinefett
Sa·ge, -n *w. tech.* Säge
Sa·ge·blad, Sa·ge·bliä·der *s.*
tech. Sägeblatt
Sa·ge·buk, Sa·ge·bücke [Sa-
ge·bük·ke] *m. tech.* Sägebock
Sa·ge·dak, Sa·ge·diä·ker *s.*
arch. Pultdach
Sa·ge·ku·le, -n *w. tech.* Gra-
ben zum Sägen von Bret-
tern aus Langholz
Sa·ge·miäl, -e [Sa·ge·miä·le]
s. tech. Sägemehl
Sa·ge·möl·ler, -s *m. tech.*
Sägemüller
Sa·ge·müël, -en [Sa·ge·müë-
len] *w. tech.* Sägemühle,

Sägewerk
sa·gen *ZW tech.* sägen
Sa·gen·sni·der, -s *m. tech.*
Sägeblatthersteller
Sa·ger, -s *m. tech.* Säger
Sa·ge·spaon, Sa·ge·späö·ne
m. tech. Sägespan, grobes
Sägemehl
**Sa·ge·wiärk, -e [Sa·ge·wiär-
ke]** *s. tech.* Sägewerk
Säg·gen *s. o.Mz.* Sagen,
Bestimmen; **dat ~ häb·ben**
das Sagen haben, bestim-
men, was zu tun ist, Ent-
scheidungen fällen
säg·gen *uZW* sagen; **säg
äs** sag mal
Säg·ge·wi·se, -n *w. kult.*
Redensart, Sprichwort
Sai·e·fat, Sai·e·fiä·ter *s. tech.
agr.* Wanne zum Aussäen
sai·en *ZW agr.* säen, Saat
ausstreuen
Sai·e·sak, Sai·e·siä·ke *m.
tech. agr.* Sack zum Aus-
säen
**Sai·ma·schien, Sai·ma·schi-
nen** *w. tech. agr.* Sämaschine
sain *uZW* sehen
sain·der·aug *UW* vor jemandes Augen, offensichtlich
Sai·se, -n *w. tech.* Sense
**Sai·sen·baum, Sai·sen·bai-
me** *m. tech.* Sensengestell
**Sai·sen·blad, Sai·sen·bliä-
der** *s. tech.* Sensenmesser,
Sensenklinge
Sai·sen·ha·ren *s. o.Mz. tech.*
Sensendengeln
Sai·sen·kääl, -s *m. fin.* Sen-
senhändler
Sai·sen·lai·per, -s *m. agr.*
Sensenschnitter
Sai·sen·man, Saien·lü·de *m.
agr.* Sensenmann; *übertr.
o.Mz.* Tod
**Sai·sen·mest, Sai·sen·mes-
sers** *s. tech.* Sensenblatt
Sai·sen·smet, -s *m. tech.*
Sensenschmied
Sai·sen·stel, -s *s. tech.* Sen-
sengestell
**Sai·sen·strik, Sai·sen·strik-
ke** *s. tech.* Sensenstreicher,
Sensenschärfer
sak = sal ik soll ich
Sak, Siä·ke *m. tech.* Sack
Sak·band, Sak·bän·ner *s.
tech.* Sackband, Band zum
Zubindes des Sackes

Sak·dook, Sak·dö·ker *s. tech.*
Sacktuch, grobes Leinen
Sa·ke, -n *w.* Sache
Sak·kaor, Sak·käörs *w. trans.*
Sackkarre
Sak·lap·per, -s *m. tech.*
Sackflicker
Sak·lau·pen *s. o.Mz. spo.*
Sackhüpfen
Sak·lin·nen *s. o.Mz. tech.*
Sackleinen
Sa·kris·ti̱, ·-en *w. arch. rel.*
Sakristei
Säks·ken, Säks·kes *s. tech.*
Säckchen
Sa·li·ne, -n *w. tech.* Saline,
Gradierwerk
Sal·täät, Sal·tä·ten *w. rel.*
Sodalität (kath. Bruderschaft)
Sal·we, -n *w. med.* Salbe
Sal·wet·te, -n *w. tech. kul.*
Serviette (*frz.* serviette)
sam·meln *ZW* sammeln
Sam·met *s. o.Mz. tech.* Samt
**sam·met, -e, -en [sam·me-
te]** *EW tech.* aus Samt
**Sam·met·kleed, Sam·met-
kle·der** *s.* Samtkleid
**sam·met·week, sam·met·we-
ke, -n** *EW* samtweich,
weich wie Samt
**Samt·school, Samt·scho·le,
-n** *w. kult.* Gesamtschule
Sand, Sän·ne *m. geol.* Sand,
Kiessand
Sand·bank, Sand·bän·ke *w.
geol.* Sandbank
Sand·biä·ke, -n *w. bot.* Sand-
birke
Sand·biärg, Sand·biär·ge *m.*
Sandberg, Sandhaufen
Sand·bu·er, -n *m.* Kiesgru-
benbesitzer
**Sand·buo·den, Sand·büö-
den** *m. geol.* Sandboden
Sand·dään, -s *m. biol.* Sand-
dorn (Hippophae rhamnoi-
des)
Sand·haup, Sand·hai·pe *m.*
Sandahufen; **Sand·haip·ken,
Sand·haip·kes** *s.* kleiner
Sandhaufen
Sand·kas·ten, Sand·käs·ten
m. tech. spo. Sandkasten
Sänd·ker, -s *m. agr.* Bauer
auf Sandboden
Sand·ku·le, -n *w. geol.* Sand-
grube, Kiesgrube
**Sand·lok, Sand·löcker [Sand-
lök·ker]** *s. geol.* Sandgrube
Sand·pa·pe·er, -e [Sand·pa-

pe·e·re] *s. tech.* Schmirgel-
papier
Sand·pat, Sand·pät·te *m.
trans.* Sandweg
Sand·pät·ken, Sand·pät·kes
s. trans. schmaler Sandweg
Sand·plat *s. o.Mz. kult.* Platt-
deutsch der Bauern auf
Sandboden bzw. im West-
münsterland
Sand·steen, Sand·ste·ne *m.
geol.* Sandstein
**Sand·steen·huus, Sand-
steen·hü·ser** *s. arch.* Sandsteinhaus
Sand·steen·kiär·ke, -n *w.
arch.* Sandsteinkirche
Sand·steen·ku·le, -n *w. geol.*
Sandsteinbruch
Sand·steen·mü·er, -n *w.
arch.* Sandsteinmauer
Sand·wäg, Sand·wiä·ge *m.
trans.* Sandweg
Sang, Sän·ge *m. mus.* Gesang, Lied
Sän·ger, -s *m. mus.* Sänger
san·ken *ZW psy.* zanken
San·ke·ri̱, ·-en *w. psy.* Gezanke
**san·ke·rig, -e, -en [san·ke-
ri·ge]** *EW psy.* zänkisch
sän·nig, -e, -en [sän·ni·ge]
EW sandig
San·te *ON* Xanten
Säö·bel, -s *m. tech. mil.* Sä-
bel
Säöbel·ken, Säö·bel·kes *s.
tech. mil.* kleiner Säbel
säö·beln *ZW* säbeln, grob
abschneiden
Sao·del, Säö·del *s. tech. agr.*
Saatbeutel, Korb, Tuch zum
Säen
Saol, Säö·le *m. arch.* Saal,
großer Raum für Festlich-
keiten
Sao·la̱ot, Sao·lä̱ö·te *m. bot.,
kul.* Salat
**Sao·la̱ot·kop, Sao·la̱öt·köp-
pe** *m. bot.* Salatkopf
Sao·la̱ot·plan·te, -n *w. bot.*
Salatpflanze
Sao·la̱ot·schüë·del, -n *w.
tech. kul.* Salatschüssel
Säö·me·ri̱, ·-en *w. bot.* Saatgut, Sämerei
saor, -e, -en [sao·re] *EW
bot.* dürr, trocken, ausgetrocknet, ausgedörrt, abgestorben, verwelkt
Saor·biëk *ON* Saerbeck

Saor·briä·nen *s. o. Mz. med.*
Sodbrennen
Saot, Säö·te *w. bot.* Saat,
Saatgut, Samen
Sao·taan *m. o. Mz. rel.* Satan
Saot·büül, -s *m. tech. agr.*
Beutel zum Säen
Sao·ter·dag, -e [Sao·ter·da-
ge] *m. tem.* Samstag, Sonn-
abend
sao·ter·dags *UW tem.* sams-
tags, sonnabends
Säö·te·ri, -·en *w. bot.* Säme-
rei
Sao·ter·land *s. geog.* Sa-
terland (Region in Nieder-
sachsen)
Saot·fink, -en [Saot·fin·ken]
m. zool. Hänfling
Saot·iëg, -en [Saot·ië·gen]
w. tech. agr. Saategge
Saot·kaorn, Saot·käörns *s.*
bot. Saatkorn
Saot·kar·tuf·fel, -n *m. bot.*
Saatkartoffel, Pflanzkartoffel
Saot·krai, -·en *w. zool.* Saatkrähe
Saot·land, Saot·län·ner *s.*
agr. Saatland, Ackerland
Saot·maond, -e [Saot·maon-
de] *m. tem.* Oktober
Saot·pan, -·nen *w. tech. agr.*
Schaatschaufel
Saot·schiär·pel, -s *m. tech.*
agr. Saatschüssel
Saot·siëwt, -e [Saot·siëw·te]
m. tech. agr. Saatsieb, grobes Sieb zum Reinigen des
Saatgutes
sap, -·pe, -·pen *EW bot.*
voll Saft
Sap, Siä·pe *m. bot., kul.*
Saft; *med.* Wundflüssigkeit
Sap·holt, Sap·höl·ter *m. bot.*
saftiges Holz, frisches Holz
sap·ken *ZW* Geräusch beim
Gehen in nassen Schuhen
Sap·pe, -n *w. zool.* Blesshuhn
sap·peln *ZW psy.* schwätzen
sap·pen *ZW bot.* Saft geben;
med. Wundflüssigkeit absondern
Sap·piep·ken, Sap·piep·kes
s. tech. mus. einfache Flöte aus frischem Holz
sap·pig, -e, -·en [sap·pi·ge]
EW bot. saftig
Saps *m. o. Mz. psy.* Weisheit (lat. sapiencia); **kü·er**
ki·nen ~ *psy.* rede nicht so

geschwollen; **niks ~** nichts
Vernünftiges
Sap·stöks·ken, Sap·stöks-
kes *s. bot.* saftiger Zweig
Sap·wa·ter, Sap·wä·ters *s.*
kul. Limonade
Sark, Siär·ke *m. tech.* Sarg
Sark·dië·kel, -s *m. tech.*
Sargdeckel
Sark·driä·ger, -s *m.* Sarg-
träger
Sark·ma·ker, -s *m. tech.*
Sargschreiner
sask, -e, -en [sas·ke] *EW*
kult. sächsich
Sas·se, -n *m. kult.* Sachse
Sas·sen *geog.* Sachsen
Sas·sen·biärg *ON* Sassen-
berg
Sas·trup *ON* Sassendorf
sat, -·te, -·ten *EW kul.* satt,
genug, reichlich; **mä·er äs**
~ *kul.* übersättigt
sat·iä·ten *uZW kul.* sattes-
sen, den Hunger stillen
Sät·ken *VN* Koseform von
Elisabeth
Sats, Sät·se *m.* 1. Satz (aus
Worten); 2. Sprung; 3. Regel; 4. *mus.* in sich abgeschlossener Teil eines
Musikstückes; 5. *spo.* Satz
eines Spiels, Spielabschnitt
Sät·ta *VN* Elisabeth
Sät·te *VN* Elisabeth
sät·ten *ZW* setzen, stellen;
ansiedeln
Sat·tig·kait *w. o. Mz. kul.*
Sätte, Sattheit
sau *UW FW BW* so
Sau·se, -n *w. kul.* Soße
Saust *ON* Soest
scha *UW* schade
Schaal·dook, Schaal·dö·ker
s. Schaltuch, Schal
Schab·be·lün·ter, -s *m. psy.*
fauler, ungepflegter, hoch-
näsiger Mensch
schäb·big, -e, -en [schäb-
bi·ge] *EW* schäbig, häss-
lich, unschön
Scha·bel, -·len *w.* Fratze,
Maske, *tech.* Form für Hut
(*frz.* le chapeau)
Scha·bel·len·kop, Scha·bel-
len·köp·pe *m.* Fratze, *psy.*
Schimpfwort
Schacht, Schäch·te *m. tech.*
Stiefelschaft; Stange
Schacht·mes·ter, -s *m. tech.*
Schachtmeister

Schad·den, -s *m.* Schatten
schäd·de·rig, -e, -en [schäd-
de·ri·ge] *EW psy.* schimpfend
schäd·dern *ZW psy.* schimpfen, schrill schreien, kläffen
Schä·er, -n *w. tech.* Schere
schä·ern *uZW tech.*, scheren, *hyg.* rasieren
Schä·ern·sli·per, -s *m. tech.*
Scherenschleifer
schäf·ken *ZW* bellen
Scha·fut, -·te *s. tech.* Fallbeil, Schafott
scha·fut·ken *ZW psy.* schimpfen
Schai, -·en *w. med., tech.*
Scheide
Schai·per, -s *m. agr.* Schäfer, Schafhirte
Schai·per·rü·en, -s *m. zool.*
Schäferhund
Schai·per·staw, Schai·per-
stiä·we *m. tech.* Schäfer-
stab
Schai·ten *s. o. Mz.* Schießen
schai·ten *uZW* schießen; er-
schießen, erlegen; *übertr.*
schnell bewegen, *biol.*
schnell wachsen
Schai·te·ri, -·en *w.* Schießerei
Schait·ge·rai, -·e *s. tech.*
Schießgerät
Schait·knüë·pel, -s *m. tech.*
Gewehr, Schießknüppel
Scha·ket, -s *s.* Jackett
Scha·lai·er, -s *m. psy.* üb-
ler, hinterhältiger Charakter
Scha·let·ken, Scha·let·kes *s.*
Weste (*frz.* gilet)
scha·lu, -·e, -·en *EW psy.*
eifersüchtig, misstrauisch,
missgünstig (*frz.* jaloux)
Scha·mer, Schiä·mer *m.*
tech. Drehkreuz am Vorder-
wagen
Scha·mies·ken, Scha·mies-
kes *s.* Vorhemd (*frz.* che-
mise)
Scha·mot *m. o. Mz. tech.*
Schamotte, feuerfest ge-
brannter Ton
Scha·mot·steen, Scha·mot-
ste·ne *m. tech.* feuerfest
gebrannter Tonziegel zur
Auskleidung von Kaminen
Scham·pal·jen *Mz.* fahren-
des Volk
Scham·pan·ger, -s *m. kul.*
Champagner (*frz.* Cham-

pagne)

scham·pen ZW vorbeigehen

Schan·dịt, -s m. jur. (frz. les gens d'armes) Polizist, Gendarm

Schand·muul, Schand·mulen s. psy. Lästermaul

Schand·paol, Schand·päöle m. tech. jur. Pranger

schan·dụ·deln ZW psy. ausschimpfen, lärmen, Skandal machen

scha·ne·er·lik, -e, -en [schane·er·lik·ke] EW psy. genierlich, beschämend, peinlich

scha·ne·ern ZW psy. genieren, schämen (frz. gêner)

Scha·nị, -es s. psy. Genie, Begabung, Verständnis (frz. génie)

Schan·ne, -n w. psy. Schande, Schmach

schän·nen ZW psy. schänden; schimpfen, tadeln

Schän·nen s. o. Mz. psy. Tadel

Schän·ner, -s m. psy. Schänder

schän·nig, -e, -en [schän·nige] EW psy. hässlich

Schän·nung, -en [Schännun·gen] w. Schändung

Schäö·er, -n w. tech. Scherbe, Fetzen, Teil

Schao·le 1. ON Schale; 2. ~, -n w. tech. Schale; tech. kul. Tasse, Untertasse

Schäöl·ken, Schäöl·kes s. tech. kul. Schälchen, Tässchen

Schaop, Schäö·pe s. zool. Schaf

Schaop·draisk, -e [Schaopdrais·ke] m. agr. Brachland zum Weiden von Schafen

Schao·pen ON Schapen

Schäö·per, -s m. agr. Schäfer, Schafhirte

Schäö·pe·rị, -·en w. agr. Schäferei

Schäöp·ken, Schäöp·kes s. zool. Schäfchen

Schäöp·kes·wul·ke, -n w. met. Schäfchenwolke

Schaop·luus, Schaop·lü·se w. zool. Schaflaus

Schaop·rip·kes Mz. bot.. Schafgarbe

Schaops·buk, Schaops·bücke [Schaops·bük·ke] m.

---

zool. Hammel, Schafbock

Schaop·schiärn s. o. Mz. Schafschur

Schaops·fleesk s. o. Mz. med., kul. Schafsfleisch

Schaops·ge·duld w. o. Mz. psy. Geduld eines Schafes, unendlich große Geduld

Schaops·kai·se m. o. Mz. kul. Schafskäse

Schaops·kop, Schaops·köppe m. med. Schafskopf; übertr. psy. Dummkopf; spo. Kartenspiel

Schaops·miälk w. o. Mz. kul. Schafsmilch

Schaop·stal, Schaop·stiä·le m. arch. agr. Schafstall

Schaops·wies·ke, Schaopswies·ken w. agr. Schafswiese

Schaops·wul·le, -n w. zool. tech. Schafwolle

Schaop·tucht, -en [Schaoptuch·ten] w. zool. agr. Schafzucht

Schaop·tüch·ter, -s m. zool. agr. Schafzüchter

Schaot, Schäö·te s. Scharte

Schap, Schiä·pe s. tech. Schrank, Schrein, Spind; **glasen ~** tech. Schrank zur sichtbaren Aufbewahrung von gutem Porzellan und guten Gläsern

Schap·düör, -n w. tech. Schranktür

Schäp·ken, Schäp·kes s. tech. Schränkchen

Scha·po·klak, -s m. tech. Klappzylinder (frz. chapeau claque)

scharp, -e, -en [schar·pe] EW scharf, schneidend; übertr. stechend, streng; bissig, psy. kritisch; psy. geil; **schiärper** schärfer; **an schiärpsten** am schärfsten

Schär·pe, -n w. Schärpe

scharp·ma·ken uZW tech. schärfen; entsichern

Scharp·rüüs·ken, Scharprüüs·kes s. bot. Ackerschachtelhalm

Scha·sier·te, Scha·sier·ten m. jemd. mit Rang, Würde und Amt

Schas·ke·moos s. o. Mz. fin. Geld zum Vertrinken

schas·ken ZW kul. saufen (Trinker)

Schas·se, -·en w. trans. Landstraße, Chaussee (frz. chaussée)

Schat, Schiä·te m. Schatz, fin. Vermögen

schaun, -e, -en [schau·ne] EW leer; genau, gründlich

Schau·ne, -n w. bot. Schote

Schau·ne·müel, -en [Schaune·müe·len] w. tech. agr. Windsichte zur Kornreinigung

Schau·nen·huut, Schau·nen·hü·te w. bot. Schotenhaut

Schaut, Schai·te m. Schoß

Schaut·fel, -·le s. tech. Schurzfell

Schaut·rü·en, -s m. zool. Schoßhund

Schauw, -e [Schau·we] s. Bund (Stroh usw.)

Schauw·ma·ker, -s m. tech. Ballenpresse

Scha·we, -n w. zool. Schabe

scha·wen·seln ZW psy. tänzeln, schmeicheln

Scha·wen·seln s. o. Mz. psy. Tänzeln

Sche·del, -s m. Scheitel

sche·den ZW scheiden, trennen

Scheer·ke, -n w. bot. Wasseraloe

Schees·ken, Schees·kes s. tech. Karussell (frz. chaise)

scheew, sche·we, -n EW schief; schräg, abschüssig, geneigt

scheew·gaon uZW schiefgehen, fehlschlagen, nicht gelingen, nicht glücken, misslingen

scheew·kän·tig, -e, -en [scheew·kän·ti·ge] EW tech. schiefkantig

scheew·muulsk, -e, -en [scheew·muuls·ke] EW mit schief verzogenem Mund; psy. missgelaunt, missgestimmt

Sche·he, -n w. tech. Aufsatz auf das Wagenbrett zur Erhöhung des Ladevolumens

Schelf·te, -n w. 1. psy. Schelte, Schimpfe; 2. tech. Wandbord

Schel·kuorw, Schel·küör·we m. tech. Schälkorb (für Kartoffeln)

Schel·le, -n w. bot., zool.

Schale, Pelle, Rinde; *tech.* Hülle

Schel·le·giär·sen *Mz. kul.* Graupen

schel·len *ZW* schälen

Schel·len·hols·ke, -n *w. tech.* Holzschuh ohne Leder

schelmsk, -e, -en [schelms·ke] *EW psy.* schelmisch

Schem, -·men *w. trans.* schmale Brücke, Steg

sche·nant, -e, -en [sche·nan·te] *EW psy.* beschämend, genierlich, peinlich, prüde

Schen·ke, -n *w. tech.* Zwischenraum zwischen Ober und Unterschrank

schen·ken *uZW* schenken

Scherm, -e [Scher·me] *m. tech.* Schirm

scher·men *ZW* schirmen

Scherm·lamp, -en [Scherm·lam·pen] *w. tech.*

Sche·se, -n *w. trans.* leichtes Gefährt (*frz.* chaise)

sche·sen *ZW* sich schnell bewegen, gleiten, schießen; *naut.* segeln

schet, -·te, -·ten *EW* geschieden

Sche·we, -n *w. tech.* Abfall beim Brechen von Flachs, holzige Teile im Flachsstängel

Schiä·ben, -s *m.* Steg

schiäl, -e, -en [schiä·le] *EW* scheel, schief

schiä·len *ZW* fehlen, mangeln; **wat schiält di dat!** *psy.* was kümmert dich das!

Schiäm·de, -n *w. psy.* Scham, Schamgefühl

schiä·men *ZW psy.* schämen

schiä·mig, -e, -en [schiä·mi·ge] *EW psy.* verschämt

schiäms·hal·wer *UW psy.* anstandshalber

Schiär·baum, Schiär·bai·me *m. tech.* Scherbaum (Teil des Webstuhles)

Schiä·re·ri, -·en *w. psy.* Ärger, Schererei

schiärn (sik) *ZW psy.* sich scheren, kümmern

Schiärp·de, -n *w.* Schärfe

Schiär·pel, -s *s. tech.* Scheffel (Hohlmaß), 23 bis 222 Liter (je nach Region)

Schiär·pel·miärsk, -e [Schiär·pel·miärs·ke] *m. agr.* Stück Fruchtland

schiär·peln *ZW* scheffeln, *tech.* mit Scheffeln messen; *übertr.* anhäufen, viel verdienen

Schiär·pel·saot, Schiär·pel·säö·te *s. agr.* Scheffelsaat (Flächenmaß: 1000 m² oder 1250m²); *agr.* Saatmenge für ein Scheffel

Schiär·pels·braud, Schiär·pels·brai·de *s. kul.* Brot aus der Körnmenge eines ganzen Scheffels

schiär·pel·wies, schiär·pel·wi·se *UW* scheffelweise, in großen Mengen

schiär·pen *ZW tech.* schärfen

Schiä·rung, -en [Schiä·run·gen] *w. tech.* Längsfaden beim Weben

Schiär·wand, Schiär·wän·ne *w. arch.* Trennwand zwischen Herdraum und Diele

Schiär·we, -n *w. tech.* Scherbe

schich·ten *ZW* teilen bei Erbschaft; *psy.* Geister sehen

schicken [schik·ken] *ZW* Platz machen

Schië·mel, -s *m. biol.* Schimmel, Schimmelpilz

Schien, Schi·ne *m.* 1. Schein, Schimmer; 2. *fin.* Geldschein, Schuldschein; 3. *jur.* Bescheinigung

schien·bäö·lik, schien·bäö·licke, -n [schien·bäö·lik·ke] *EW* scheinbar

Schië·ne, -n *w. med.* Schienbein

Schien·ken, Schien·kes *s.* Scheinchen, *fin.* kleiner Geldschein

Schien·pi·pe, -n *w. med.* Schienbein, Röhrenknochen vom Fuß bis zum Knie

schier, schi·re, -n *EW* rein, unverdünnt, unvermischt, nur eine Sorte; *bot., med.* unbefruchtet

Schier·burg *ON* Schierloh (Osnabrück)

Schier·lo *ON* Schierloh (Ibbenbüren)

Schiet *m. o.Mz. biol.* Kot, Scheiß; *hyg.* Schmutz, Dreck

Schiët *m. o.Mz.* Unglück, Missgeschick; **dao kaas en ~ up an** es klingt unwahr-

scheinlich, wird aber wohl wahr sein

Schiët·ken *s. o.Mz.* Bisschen

Schiet·din·gen, Schiet·din·gen *s.* kleines Ding

schiet·e·gaol *EW* einerlei, ganz egal

schië·te·rig, -e, -en [schië·te·ri·ge *EW med.* Durchfall haben, *übertr.* kränklich, elendig, erbärmlich, schlecht; *übertr. hyg.* schmutzig, dreckig

Schit·friä·ter, -s *m. zool.* Mistkäfer

Schiet·hup, -s *m. zool.* Wiedehopf

Schiet·huus, Schiet·hü·ser *s. arch. hyg.* Abort, Toilettenhaus

Schiet·kääl, -s *m. jur.* Betrüger, *psy.* verachtenswerter Mann

Schiet·kraom *m. o.Mz.* Abfall, Scheißkram, Gerümpel, Krempel, wertloses Zeug

Schiet·wiär *s. o.Mz. met.* Sauwetter, schlechtes Wetter

Schiew·ken, Schiew·kes *s.* Scheibchen, Plättchen, *tech.* Compact Disc (CD)

schif·en *ZW med.* pinkeln, urinieren, Wasser lassen

Schik *m. o.Mz.* Schick, Ordnung; **up ~** alles am rechten Platz, *hyg.* sauber und ordentlich

schi·ka·ne·ern *ZW* schikanieren

Schild, Schil·ler *s. tech.* Schild, Reklameschild

Schil·ler·huus, Schil·ler·hü·ser *s. arch.* Schilderhaus, Haus für die Schildwache

Schil·le·ri, -·en *w. psy., mus.* Schilderung, *mus.* Gemälde

schil·lern *ZW psy., mus.* schildern

Schimp *m. o.Mz. psy.* Schande, Schelte, Schimpf

schim·pen *ZW psy.* schimpfen, schelten

Schim·pe·ri, -·en *w. psy.* Geschimpfe, Schimpfen

Schimp·waod, Schimp·wäö·der *s. psy.* Schimpfwort

Schin, -·nen *w. med.* Schuppe

Schin·aos, Schin·äö·se *s. psy.* Lümmel, Lump Schlingel

Schi·ne, -n w. tech. Schiene
schi·nen uZW scheinen,
leuchten, glänzen; psy. den
Anschein haben, anmuten
Schin·ken, -s m. kul. Schinken, med. Oberschenkel
Schin·ken·büül, -s m. tech.
kul. Schinkenbeutel; übertr.
Unterhose
Schin·ken·klop·pen s. o.Mz.
spo. Schlagen auf den Ho-
senboden (Kinderspiel)
Schin·ken·knuo·ken, -s m.
kul. Schinkenknochen
Schin·ken·mest, Schin·ken-
mes·sers s. tech. Schin-
kenmesser
Schin·ne·foot m. bot. Schellkraut, Schöllkraut
Schin·nel, -n w. tech. Schindel
Schin·nel·dak, Schin·nel·diä-
ker s. arch. Schindeldach
schin·nen ZW schinden
Schin·ner, -s m. Abdecker,
Schinder
Schin·ne·ri, -·en w. Schinderei
Schip, -·pe s. trans. naut.
Schiff, Boot, Wasserfahr-
zeug
Schip·ken, Schip·kes s.
trans. naut. Schiffchen;
tech. Spulenkörbchen der
Nähmaschine
Schip·per, -s m. naut. Schiffer, Schiffseigentümer, Kapitän, Schiffsführer
schip·pern ZW trans. naut.
mit dem Schiff fahren, schiffen, auf dem Wasser fahren
Schips·ka·mer, -n w. naut.
Kajüte
Schips·lü·de Mz. naut. Marine
Schip·spook, Schip·spö·ke
m. psy. naut. Klabautermann
Schip·sul·daot, -en [Schip-
sul·dao·ten] m. mil. naut.
Marinesoldat
Schis m. o.Mz. psy. Angst
schis·sig, -e, -en [schis·si-
ge] EW psy. ängstlich
Schi·te w. o.Mz. biol. Kot,
Scheiß; hyg. Schmutz, Dreck;
een Kääl äs'n Pund ~ psy.
ein Dreckskerl; in'ne ~ pak-
ken übertr. psy. etwas unangenehm falsches machen
schi·ten uZW med. Kot
machen, Stuhlgang machen,

scheißen
schi·ten·dik, schi·ten·dicke,
-n [schi·ten·dik·ke] EW med.
total betrunken
Schi·ter, -s m. Scheißer,
Kind, das sich noch in die
Hosen macht
Schi·te·ri, -·en w. med.
Durchfall
Schi·we, -n w. Scheibe,
Platte
Schi·wen·ä·er·ap·peln Mz.
Mz. Bratkartoffeln aus ro-
hen Kartoffeln (in Scheiben
geschnitten)
Schi·wen·schai·ten s. o.Mz.
spo. Scheibenschießen
Schi·wer m. geol. Schiefer
Schi·wer·steen, Schi·wer-
ste·ne m. geol. Schiefer-
gestein
Schi·wer·tao·fel, -n w. tech.
Schiefertafel
Scho, -·e m. tech. Schuh
scho·en ZW Schuhe an-
ziehen, übertr. Ertrag brin-
gen (Getreide usw.)
Schö·fel, -n w. tech. Schau-
fel; Schö·fel·ken, Schö·fel-
kes s. tech. kleine Schau-
fel, tech. agr. Kratzmesser
(für Unkraut)
schö·feln ZW schaufeln
Schö·fel·stel, -s s. tech.
Schaufelstiel
Schö·fel·stiël, -e [Schö·fel-
stië·le] m. tech. Schaufel-
stiel
Schof·föör, -s m. trans.
Chauffeur, Fahrer, Wagen-
lenker
Scho·gröt·te, -n w. tech.
Schuhgröße
Scho·in·nus·tri, -en w. tech.
Schuindustrie
Schok, -s m. ZaW 60 Stück
Scho·ke·laor, -en [Scho·ke-
lao·ren] w. kul. Schokolade
Scho·ke·lao·ren·smiär, -en
[Scho·kel·ao·ren·smiä·ren]
s. kul. Schokoladenbrotauf-
strich
scho·len ZW kult. schulen,
lehren
Schö·ler, -s m. kult. Schüler
Scho·liä·pel, -s m. tech.
Schuhanzieher
Scho·liär, -s s. tech. Schuh-
leder
Scho·lung, -en [Scho·lun-
gen] w. kult. Schulung, Lehr-

gang
Scho·ma·ker, -s m. 1. tech.
Schuhmacher; 2. zool. Was-
serlaufkäfer
Scho·ma·kers·pig·gen·holt,
Scho·ma·kers·pig·gen·höl-
ter s. bot. Spindelbaum,
Pfaffenhütchen
schöön, schö·ne, -n EW
schön, gut, fein; et smäk ~
kul. es schmeckt gut
School, Scho·le, -n w. kult.
Schule, arch. Schulgebäu-
de; ~ van fri·e Driä·gers
kult. Privatschule
School·an·tog, School·an-
tüö·ge m. Schulanzug
School·ar·baid, -en [School-
ar·bai·den] w. kult. Schul-
arbeit, Hausaufgabe
School·bank, School·bän·ke
w. tech. Schulbank
School·bla·ge, -n w. kult.
Schulkind
School·book, School·bö·ker
s. kult. Schulbuch, Lehrbuch
School·dai·ner, -s m. tech.
Pedell, Schuldiener
School·dänst, -e [School-
däns·te] m. kult. Lehramt,
Schuldienst
School·fer·i·en Mz. tem.
Schulferien
School·frönd, -e [School-
frön·de] m. psy. Schul-
freund
School·frön·din, -·nen w.
psy. Schulfreundin
School·geld, School·gel·ler
s. fin. kult. Schulgeld
School·how, School·hüö·we
m. arch. Schulhof, Pausen-
hof der Schule
School·huus, School·hü·ser
s. arch. Schulhaus, Schul-
gebäude
School·jaor, -e [School·jao-
re] s. tem. kult. Schuljahr
School·jun·gen, -s m. kult.
Schüler, Schuljunge
School·kamp, School·käm-
pe m. agr. vom Lehrer be-
wirtschafteter Gemeinde-
acker
School·kind, School·kin·ner
s. kult. Schulkind
School·liä·se·book, School-
liä·se·bö·ker s. kult. Schullesebuch
School·mes·ter, -s m. kult.
Schulmeister, Lehrer

School·mis·se, -n w. rel.
Schulmesse, Messe für
Schüler
School·raod, School·räö·de
m. kult. Schulrat
School·ruum, School·rü·me
m. arch. Klassenraum, Klassenzimmer, Schulraum
School·schip, -·pe s. trans.
naut. Schulschiff
School·stun, -·nen w. tem.
kult. Schulstunde
School·tas·ke, -n w. tech.
Schultasche
School·tiet, School·tit·en w.
tem. Schulzeit
School·tu·te, -n w. tech.
Schultüte
School·wäg, School·wiä·ge
m. trans. Schulweg
School·wiärk, -s s. o.Mz.
kult. Hausaufgabe
School·wicht, -er [School-
wich·ter] s. kult. Schülerin,
Schulmädchen
Schoos·ter, -s m. tech.
Schuster (abfällig)
Schoos·ter·ha·mer, Schoos-
ter·hä·mers m. tech. Schusterhammer
Schoos·ter·mest, Schoos-
ter·mes·sers s. tech. Schustermesser
schoos·tern ZW tech. schustern
Schop·pen, -s m. arch.
kleineres Mehrzweckgebäude (Stall, Werkstatt u.ä.),
Garage
Schöp·ken, Schöp·kes s.
arch. kleines Mehrzweckgebäude
schöp·pen ZW schöpfen
Schöp·per, -s m. tech.
Schöpflöffel, Schöpfer, Kelle
Scho·rai·men, -s m. tech.
Schuhriemen, Schnürsenkel
schö·ren ZW stolpernd ausrutschen
schör·lak, schör·lacke, -n
[schör·lak·ke] EW scharlach
schör·lacken, -e, -en [schör-
lak·ke·ne] EW scharlachfarben
Scho·schap, Scho·schiä·pe
s. tech. Schuhschrank
Scho·suol, Scho·süöl w.
tech. Schuhsohle
Schot, -s s. arch. kleinerer
Stall, Verschlag für Tiere
Schot·fuor·ke, -n w. tech.

agr. zweizinkige Forke, Heugabel
Scho·tim·pen, -s m. tech.
Schuhspitze
Schöt·ken, Schöt·kes s. arch.
kleiner Stall, Hütte (z.B. Hundehütte)
Schot·kuors·te, -n w. trokkene Kruste
schotsk, -e, -en [schots·ke]
EW schottisch
schots·ken ZW trans. weggehen
Schots·kert, -s m. mus.
Schottischer (Tanz)
Scho·wiärk s. o.Mz. tech.
Schuhwerk, Schuhzeug
schrai·en ZW sengen
Schrain s. o.Mz. Geschrei
schräm·men ZW kratzen,
streifen
schräm·pen ZW Schrot einweichen, quellen lassen
Schram·schüë·te, -n w. med.
Schramme, Abschürfung
schrao, -·e, -·en EW med.
dünn, mager, dürr, schmächtig; psy. missmutig; trocken,
kalt, met. schneidend (Wind)
Schrao·del, Schräö·del w.
tech. hyg. Windel
schrao·en ZW biol. gerinnen
schrääm·ken ZW sehr dünn
belegen (Brot u.ä.)
schraot, -e, -en [schrao·te]
EW schräg, schief
Schraot·lai·per, -s m. med.
zool. Schrägläufer (bei Tieren); übertr. psy. Sonderling
Schrao·we, -n w. kul. ausgebratenes Fett- und Speckstückchen
schrä·pe·lig, -e, -en [schrä-
pe·li·ge] EW weinerlich
schrä·pen ZW psy. schreien, weinen, krächzen
schrä·pe·rig, -e, -en [schrä-
pe·ri·ge] EW krächzend
Schrap·häön, -s s. tech.
Borstenschaber
Schrap·i·sen, -s s. tech.
Schabeisen
Schrap·kist, -en [Schrap·kis-
ten] w. tech. Aussteuertruhe
Schrap·mest, Schrap·mes-
sers s. tech. Schälmesser;
übertr. psy. widerborstiger
Mensch
schrap·pen ZW schaben,
kratzen, auskratzen; raffen

Schräp·per, -s m. 1. tech.
Schaber, Fußabkratzer; 2.
Raffer
schrap·pig, -e, -en [schrap-
pi·ge] EW psy. geizig, gewinnsüchtig
Schräp·sel s. o.Mz. Geschabtes
Schrap·wän·ken, Schrap-
wän·kes s. tech. geflochtenes Körbchen (z.B. zum
Kartoffelschälen), Schälkorb
schrä·wes·ken ZW krächzen
Schrek, Schrecken [Schrek-
ken] m. psy. Schreck
Schrek·draod, Schrek·dräö-
de m. tech. Elektrozaun
schreksk, -e, -en [schreks-
ke] EW psy. schreckhaft
Schrek·schru·we, -n w. psy.
aufgetakelte, arrogante Frau
schrel, -·le, -·len EW grell,
laut
Schrem·düör, -n w. arch.
Tür zwischen Küche und
Tenne
Schri·be, -n w. kul. Griebe,
ausgebratenes Fett- und
Speckstückchen
Schriew·book, Schriew·bö-
ker s. Schreibheft, Notizbuch
Schriew·disk, -e [Schriew-
dis·ke] m. tech. Schreibtisch
schrië·wen, -e, -en [schrië-
we·ne] EW geschrieben
Schriew·ma·schien, Schriew-
ma·schi·nen w. tech.
Schreibmaschine
Schriew·stuom, Schriew-
stüöms m. arch. Büro,
Schreibstube, Schreibzimmer, Arbeitszimmer (für Büroarbeiten)
Schriew·uor·der, Schriew-
üör·ders w. kult. Schreibregel, Rechtschreibregel
Schriew·wi·se, -n w. kult.
Schreibweise
schri·nen uZW med. schmerzen (bei Hautabschürfungen)
Schrin·ne·bast, Schrin·ne-
bäs·te m. med. obere Haut
schrin·nen ZW med. jukken, brennen, kratzen
Schri·we, -n w. kul. Griebe, ausgebratenes Fett-
und Speckstückchen
Schri·wen, -s s. Schreiben,
Schriftstück

schri·wen *uZW* schreiben
Schri·wer, -s *m.* Schreiber, Amtsschreiber; *kult.* Schriftsteller; Redakteur
Schriwt, -en [Schriw·ten] *w.* Schrift
Schriwt·doom *s. o.Mz.* Schrifttum
schriwt·lik, schriwt·licke, -en [schriwt·lik·ke] *EW* schriftlich
Schriwt·te·ken, -s *s.* Schriftzeichen
Schriwt·wes·sel, -s *m.* Schriftwechsel
schrög·gen *ZW* sengen, versengen
Schroot *s. o.Mz. agr.* Schrot, grob gemahlenes Getreide
Schroot·gang, Schroot·gän·ge *m. tech. agr.* grober Mahlgang
Schroot·müël, -en [Schroot·müë·len] *w. tech.* Schrotmühle
schröp·pen *ZW* schröpfen
Schröp·per, -s *m.* Schröpfer
Schrot *s. o.Mz. tech.* Schrot (Munition)
schro·ten *ZW tech., agr.* schroten, grob mahlen
Schrot·püs·ter, -s *m. tech.* Schrotgewehr
schröt·ten *ZW biol.* zu Klümpchen zusammenziehen (z.B. Milch, wenn sie sauer wird), koagulieren
Schrub·ben *Mz. psy.* Angst, Manschette
schrub·ben *ZW hyg.* schrubben, scheuern, mit grober Bürste reinigen, grob bearbeiten
Schrub·ber, -s *m. tech. hyg.* Schrubber, Scheuerbesen
Schrub·ber·fi·le, -n *w. tech.* Schruppfeile, grobe Feile
Schrub·ber·huö·wel, -s *m. tech.* Schrupphobel, Hobel zum Beseitigen grober Unebenheiten
Schrul·len *Mz. psy.* Eigenarten, Launen, Marotten
Schrump *m. o.Mz.* Schrumpf
schrum·pe·lig, -e, -en [schrum·pe·li·ge] *EW* geschrumpft, runzlig
schrum·peln *ZW* einlaufen, schrumpfen, faltig werden
Schrump·nüë·de, -n *w. med.*

Schrumpfniere
Schru·te, -n *w.* 1. *zool.* Truthenne, weibliche Pute; 2. *psy.* Frau (verächtlich)
Schruut·haan, -s, Schruut·ha·nen *m. zool.* Puter, Truthahn
Schrüüw·ken, Schrüüw·kes *s. tech.* Schräubchen, kleine Schraube
Schruuw·stok, Schruuw·stöcke [Schruuw·stök·ke] *m. tech.* Schraubstock
Schru·we, -n *w. tech.* Schraube
schru·wen *uZW tech.* schrauben
Schru·wen·gang, Schru·wen·gän·ge *m. tech.* Schraubengang, Gewinde, Gewindesteigung
schru·wen·lak, schru·wen·lacke, -n [schru·wen·lak·ke] *EW tech.* locker (Schraube)
Schru·wen·slüë·del, -s *m. tech.* Schraubenschlüssel
Schru·wen·trecker, -s [Schru·wen·trek·ker] *m. tech.* Schraubendreher
Schru·wer, -s *m. tech.* Schrauber
Schü *w. o.Mz. psy.* Scheu
schü, -·e, -·en *EW psy.* scheu, schüchtern, ängstlich, verängstigt
Schu·bi·ak, -s *s. psy.* Schuft
Schucht, Schüch·ten *w. med.* vorderer Teil des Rückens von Pferd und Kuh
schüch·trig, -e, -en [schüch·tri·ge] *EW psy.* schüchtern
schuckeln [schuk·keln] *ZW* schaukeln, schütteln, schunkeln
Schud·der, -s *s. psy.* Schauder
schud·de·rig, -e, -en [schud·de·ri·ge] *EW psy.* schaudrig; *met.* nasskalt
schud·dern *ZW med.* schaudern, frösteln
Schüë·del, -n *w. tech.* Schüssel
Schüë·del·dook, Schüë·del·dö·ker *s. tech. hyg.* Spültuch, Wischtuch
Schüë·del·dri·wen *s. o.Mz. kul.* Jagdessen nach der Treibjagd
Schüë·del·ken, Schüë·del·kes *s. tech.* Schüsselchen

Schüë·del·kü·ben, -s *m. tech. hyg.* Spülkübel
Schüë·deln *s. o.Mz.* Schütteln; *med.* Schüttellähmung
schüë·deln *ZW* schütteln
Schüë·del·was·ken *s. o.Mz. hyg.* Geschirrwaschen
Schüë·del·wa·ter, Schüë·del·wä·ters *s. hyg.* Spülwasser, Abwaschwasser
Schüë·mel, -s *m. zool.* Schimmel, weißes Pferd
schü·en *ZW* scheuen
Schü·er, -n *w. arch. agr.* kleine Scheune, Scheuer, Schober
Schu·er, -s *s. met.* Schauer
Schu·er·bes·sen, -s *m. tech. hyg.* Schrubber
Schü·er·dak, Schü·er·diä·ker *s. arch.* Scheunendach
Schu·er·dook, Schu·er·dö·ker *s. tech. hyg.* Scheuerlappen
schu·e·rig, -e, -en [schu·e·ri·ge] *EW psy.* schaurig
Schü·er·ken, Schü·er·kes *s. met.* kurzes Schauer
schu·er·lik, schu·er·licke, -n [schu·er·lik·ke] *EW psy.* schauderlich
Schü·er·man, Schü·er·lü·de *m. trans.* Hafenarbeiter
schu·ern (sik) *ZW* scheuern
Schu·er·paol, Schu·er·pää·le *m. tech.* Scheuerpfahl (an dem sich Tiere reiben)
Schu·er·pa·pe·er, -e [Schu·er·pa·pe·e·re] *s. tech.* Schmirgelpapier
Schu·er·sak, Schu·er·siä·ke *m. tech.* Scheuersack; **düör 'n ~ gaon** *übertr. psy.* eine harte Lehre, Erziehung mitmachen
Schu·er·sand, Schu·er·sän·ne *m. tech. hyg.* Scheuersand
Schüët, -e [Schüë·te] *m.* Schuss, Ruck, Schub
schuf·ten *ZW* hart arbeiten
Schuld, Schul·len *w. psy., jur.* Verantwortung, Schuld; **in ~ sien** *psy., jur.* schuldig sein, verantwortlich sein (im Zusammenhang mit negativen Auswirkungen)
schül·ken *ZW* ausgießen (Wasser u.ä.), verschütten
schül·köp·pen *ZW* kopfschütteln, verneinend den

Kopf hin- und herbewegen
Schül·len *Mz. fin.* Schulden
schül·len *ZW* schulden
Schul·ler, -n *w. med.* Schulter; **üö·wer de ~ ki·ken** *übertr.* jemd. genau zusehen
Schul·ler·blad, Schul·ler·bliä·der *s. med.* Schulterblatt
Schul·ler·dook, Schul·ler·dö·ker *s. tech.* Schultertuch
schül·lig, -e, -en [schül·li·ge] *EW psy., jur.* schuldig
Schül·lig·kait, -en [Schül·lig·kai·ten] *w. psy., jur.* Schuldigkeil
Schult, -e, -en [Schul·te] *m. agr.* Schulze, Großbauer, Besitzer eines Hauptofes
Schul·ten·how, Schul·ten·hüö·we *m. agr.* Ländereien des Schulzen, Haupthof, *arch.* Bauernhaus des Schulzen
schü·men *ZW* schäumen
Schü·mer, -s *m. tech.* Schaumlöffel
schü·mig, -e, -en [schü·mi·ge] *EW* schaumig
schum·me·lig, -e, -en [schum·me·li·ge] *EW* watschelnd
schum·meln *ZW psy.* mogeln
Schum·mel·trecke, -n [Schummel·trek·ke] *w. tech.* unordentliche Schublade, Schublade in der alles zu finden ist
schum·me·rig, -e, -en [schum·me·ri·ge] *EW* dämmerig
Schum·mer·lecht *s. o.Mz. met.* Dämmerung
Schun·gel, -s *m. bot.* Dschungel
Schün·gel·draw *m. o.Mz.* gemächlicher, leichter Trab
schün·geln *ZW trans.* gemächlich gehen oder fahren
Schüö·ping *ON* Schöppingen
Schuor·ken, Schüör·ken *m. med.* Bein (herabsetzend)
Schuors·steen, Schuors·ste·ne *m. arch.* Schornstein, Kamin
Schüör·te, -n *w.* Schürze; *tech.* Abdeckung, Schutz
schüör·ten (sik) *ZW* eine Schürze umbinden
Schüör·ten·tip, -·pen *m.* Schürzenzipfel
schuort·ken *ZW trans.* ge-

hen
Schuorw *m. o.Mz. med.* Schorf, Grind
schuor·wig, -e, -en [schuor·wi·ge] *EW med.* schorfig
Schuot·steen, Schuot·ste·ne *m. arch.* Kamin, Schornstein; **de ~ dampt** es geht seinen rechten Weg, es geht gut voran
Schuot·steen·fiä·ger, -s *m. tech.* Schornsteinfeger, Kaminkehrer
schuo·weln *ZW* scheuern, reiben
Schup, -·pe *m.* Schubs
Schüp, -·pen *w. tech.* Schippe, Schaufel
Schüp·ken, Schüp·kes *s. tech.* Schäufelchen, Kinderschaufel
schüp·ken *ZW* überschwappen
Schüp·pen *Mz. spo.* Pik (Kartenfarbe des deutschen Kartenspiels)
schüp·pen *ZW* mit der Schaufel arbeiten
schup·pen *ZW* schubsen
Schus *m. o.Mz.* Ordnung; **in ~ brän·gen** in Ordnung bringen; **nich guët in ~ sien** *med.* krank sein, nicht gut zurecht sein
schüs·sig, -e, -en [schüs·si·ge] *EW* ordentlich, aufgeräumt; vollständig, gut vorbereitet; in Ordnung
Schut *m. o.Mz.* Schutt, Müll
Schüt, -s *s. tech.* bewegliches Mühlenwehr, Wehr
Schut·bu·er, -n *m. tech.* Müllmann, Müllabfuhr
Schu·te, -n *w. tech.* Spaten
Schu·ten·stiëk, -e [Schu·ten·stië·ke] *m.* Spatenstich
Schüt·te, -n *m.* Schütze, Beschützer
Schüt·ten *s. o.Mz. med.* Schüttelfrost
schüt·ten *ZW* schütten; schützen
Schüt·ten·be·er *s. o.Mz. kult.* Schützenfest, *tem. kult.* Tag mit Freibier für die Schützen
Schüt·ten·be·ers·kääl, -s *m.* jemd., der gerne Schützenfest feiert
Schüt·ten·bro·er, Schüt·ten·brö·ers *m.* Schützenbruder

Schüt·ten·küë·ning, -e [Schüt·ten·küë·nin·ge] *m. kult.* Schützenkönig
Schüt·ten·ro·de, -n *w. tech.* Schützenstange
Schüt·ten·steen *ON* Herzebocholt
Schüt·trup *ON* Schüttorf
Schuum, Schü·me *m.* Gischt, Schaum
Schuum·ma·ker, -s *m. chem.* Schaumbildner
Schuum·sliä·ger, -s *m. tech.* Schaumschläger
Schuum·wien, Schuum·wi·ne *m. kul.* Schaumwein, Sekt
schüün, schü·ne, -n *EW* windschief
Schuuw·trum·pät·te, -n *w. tech. mus.* Posaune, Zugposaune
Schu·we·düör, -n *w. tech., arch.* Schiebetür
Schu·we·fens·ter, -s *s. arch.* Schiebefenster
schu·wen *uZW* schieben
Schü·wer, -s *m. tech.* Schieber, Riegel, Brotschieber (für den Backofen); Erdschieber, Planierraupe
Schuw·kaor, Schuw·käörs *w. trans.* Schubkarre; **de Wiält up de ~ häb·ben** *übertr. psy.* voller Tatendrang in die Zukunft schauen
Schuw·kaor·rad, Schuw·kaor·riä·der *s. tech.* Rad der Schubkarre
se, Se *FW* sie, Sie; man; **~ sägt, dat...** man sagt, dass...
Se, Se·en *w. geol.* Meer, Ozean
Seel, Se·le *s. tech.* Seil; **dao häng wi·er e·ner an't ~** *übertr.* die Totenglocke läutet
Seel·baan, Seel·ba·nen *w. trans.* Seilbahn
Seel·dän·ser, -s *m. spo.* Seiltänzer
Seel·ken, Seel·kes *s. tech.* Seilchen, kleines Seil
Seel·ken·slaon *s. o.Mz. spo.* Seilchenspringen (Kinderspiel)
Seel·ma·ker; -s *m. tech.* Seiler, Seilmacher
seep·ai·gen *ZW psy.* weinen, flennen
seer, se·re, -n *EW med.* schlimm, schlecht, entzün-

det, krank weh, wund; ~ **sien**
med. krank sein, verletzt
sein; **sik ~ doon** *med.* sich
weh tun, sich verletzen
Seer·te, -n *m. und w. med.*
Verletzte(r)
Se·fa *VN* Josefa, Josefine
Se·fi *VN* Josefa, Josefine
Se·kun·ne, -n *w. tem.* Sekunde
Se·kun·nen·wi·ser, -s *m.*
tech. tem. Sekundenzeiger
Se·ler, -s *m. tech.* Seiler,
Seilmacher
Sel·le·re *m. o.Mz. bot.* Sellerie
Sel·schup, -·pen *w.* Gesellschaft; Konsortium
sel·ten, -e, -en [sel·te·ne]
EW seltsam
Sel·we, -n *w. bot.* Salbei
Se·ment, -e [Se·men·te] *m.*
Zement
se·men·te·ern *ZW* zementieren
Se·ment·fa·brik, Se·ment·fabricken [Se·ment·fa·brik·ken]
w. tech. Zementfabrik
Se·ment·in·nus·tri, -·en *w.*
tech. Zementindustrie
Se·ment·wiärk, -e [Se·ment·
wiär·ke] *w. tech.* Zementwerk
Se·naot, Se·näö·te *m. pol.*
Senat
Se·nao·ter, -s *m. pol.* Senator
Senk *s. o.Mz. chem.* Zink
Senk·draod, Senk·dräö·de
m. tech. Zinkdraht, verzinkter
Draht
Sen·kel *m. o.Mz. geol.* Ortstein
Senk·em·mer, -s *m. tech.*
Zinkeimer
Senk·fat, Senk·fiä·ter *s. tech.*
Zinkfass, Zinkwanne
Senk·ren·ne, -n *w. tech.*
Zinkrinne
Senk·sal·we, -n *w. med.*
Zinksalbe
sen·nen *ZW* senden
Sen·ner, -s *m. tech.* Sender;
Sendender, Verschicker
Sen·nung, -en [Sen·nun·
gen] *w.* Sendung
Sent, -s *m. fin.* Cent (Währungseinheit)
Sent·ner, -s *m. tech.* Zentner (50 kg)
sent·ner·wi·se *UW* zentner

weise, in Zentnern
Sen·ti·me·ter, -s *m. tech.*
Zentimeter
Sen·trup *ON* Sentrup
Se·pe, -n *w. hyg.* Seife
se·pen *ZW hyg.* seifen, abseifen, einseifen
Se·pen·krao·mer, Se·penkräö·mers *m. hyg. fin.* Drogist
Se·pen·ma·ken *s. o.Mz. tech.*
Seifenherstellung
Se·pen·pul·wer, -s *s. hyg.*
Seifenpulver, Waschmittel
Se·pen·schäöl·ken, Se·penschäöl·kes *s. tech.* Seifenschale
Se·pen·schuum, Se·penschü·me *m. hyg.* Seifenschaum
Se·pen·stiärt, -s *m. tech.*
kleine Maurerkelle
Se·pen·wa·ter, Se·pen·wäters *s. hyg.* Seifenwasser
Sep·pe·lien, -s *m. trans.*
Zeppelin
Sep·ter, -s *s.* Zepter
Ser·vats *VN* Servatius
ses *ZaW* sechs
Se·schip, -·pe *s. trans. naut.*
Seeschiff
ses·fö·tig, -e, -en [ses·fö·ti·
ge] *EW med., tech.* sechsfüßig; *tech.* sechs Fuß lang
ses·jäö·rig, -e, -en [ses·jäöri·ge] *EW tem.* sechsjährig
Ses·kant, -en [Ses·kan·ten]
m. tech. Sechseck, Sechskant
Ses·kant·slüë·del, -s *m. tech.*
Sechskantschlüssel
Ses·kant·schru·we, -n *w.*
tech. Sechskantschraube,
Maschinenschraube
ses·maol *ZaW* sechsmal
Ses·maonds·kind, Sesmaonds·kin·ner *s. med.*
Sechsmonatskind
Ses·mil·li·me·ter, -s *m. mil.*
Gewehr für 6-mm-Geschosse
Ses·sel, -s *m. tech.* Sessel
ses·tain *ZaW* sechzehn
ses·tain·jäö·rig, -e, -en [sestain·jäö·ri·ge] *EW tem.* sechzehnjährig
ses·tains·te, -n *ZaW* sechzehnte
ses·tel *ZaW* sechstel
Ses·tel, -s *s. ZaW* Sechstel
ses·tig *ZaW* sechzig
Ses·ti·ger, -s *m.* Sechziger

Ses·üür·ken, Ses·üür·kes
s. kul. Mahlzeit um sechs
Uhr morgens
Ses·wiär·ken·mis, -·sen *w.*
rel. Sechswochenamt
Siä·gel, -s *s. tech. naut.* Segel
Siä·gel·flai·ger, -s *m.* 1. *spo.*
Segelflieger; 2. *tech.* Segelflugzeug
siä·geln *ZW naut.* segeln
tech.
Siä·gel·schip, -·pe *s. naut.*
Segelschiff
Siä·gel·schip·per, -s *m. naut.*
Segelschiffer, Besatzungsmitglied eines Segelschiffes
Siäg·ler, -s *m. naut. spo.*
Segler
Siäl, Siä·le, -n *w. psy.* Seele
Siä·len·amt, Siä·len·iäm·ter *s.*
rel. Beerdigungsmessfeier,
Seelenamt, Totenmesse
Siä·len·dok·ter, -s *m. psy.*
Seelenarzt, Psychiater
siä·lig, -e, -en [siä·li·ge] *EW*
selig, verstorben; *rel.* fromm;
psy. glücklich
Siä·lig·kait *w. o.Mz. rel., psy.*
Seligkeit
Siälm *ON* Selm
Siänd *m. kult.* Send, Kirmes in Münster
Siän·den *ON* Senden
Siä·ne *w. o.Mz. geog.* Senne
Siän·gen, -s *m. rel.* Segen
siän·gen *ZW rel.* segnen
Siän·gens·beld, Siän·gensbel·ler *s. rel.* Bildstock
siängt, -e, -en [siäng·te] *EW*
rel. gesegnet
Siän·huorst *ON* Sendenhorst
Siä·prao *ON* Seppenrade
Sib·bes, -·se *m. zool.* kleiner Hund
Si·cho·ri·e, -n *w. kul.* Zigorie
Si·de, -n *w. tech.* Seide
si·deln *ZW* siedeln
Si·del·pand, Si·del·pän·ner
s. Baugebiet, Neubaugebiet, Siedlungsgebiet
si·den, -e, -en [si·de·ne] *EW*
tech. seiden, aus Seide
Si·den·faam, Si·den·fiäm *m.*
zool., tech. Seidenfaden
Si·den·gaorn, Si·den·gäörns
s. tech. Seidengarn
Si·den·kleed, Si·den·kle·der
s. Seidenkleid
Si·den·pa·pe·er, -e [Si·den

pa·pe·e·re] *s. tech.* Seidenpapier, sehr dünnes Papier
Si·den·ru·pe, -n *w. zool.* Seidenraupe
Sië·del, -s *m.* Zettel, Schein, Bescheinigung
Sië·del·ken, Sië·del·kes *s.* Zettelchen
Sied·ler, -s *m.* Siedler
sieg, si·ge, -n *EW* niedrig, seicht
Sieg·de, -n *w. geol.* flache Mulde, Niederung; Neige
Sië·ge, -n *w. zool.* Ziege *übertr. psy.* Zicke; **ne ~ met·brän·gen** *übertr. med.* betrunken heimkehren
Sië·gen·baod, Sië·gen·bäöde *m. med.* Ziegenbart
Sië·gen·bäöd·ken, Sië·gen·bäöd·kes *s. med.* Ziegenbärtchen
Sië·gen·blo·me, -n *w. bot.* Lungenkraut
Sië·gen·buk, Sië·gen·bücke [Sië·gen·bük·ke] *m. zool.* Ziegenbock
Sië·gen·büks·ken, Sië·gen·büks·kes *s. zool.* Ziegenböckchen; *übertr. psy.* widerspenstiges kleines Kind
Sië·gen·haor, -e [Sië·gen·hao·re] *s. med.* Ziegenhaar
Sië·gen·haors·bred·te, n *w.* „Ziegenhaarsbreite", nur geringfügig (zu groß, zu klein)
Sië·gen·hië·mel, -s *m. med.* Ohnmacht
Sië·gen·kië·de, -n *w. tech.* Ziegenkette
Sië·gen·küë·del, -s *m. biol.* Ziegenkot
Sië·gen·mel·ker, -s *m. zool.* Nachtschwalbe, Ziegenmelker
Sië·gen·miälk *w. o.Mz. kul.* Ziegenmilch
Sië·gen·pe·ter *m. o.Mz. med.* Mumps, Ohrspeicheldrüsenentzündung
Siëgt, -en [Siëg·ten] *w. tech.* große Sichel mit Oberarmstütze
Siëg·ten·maond, -e [Siëg·ten·maon·de] *m. astr.* Sichelmond, Mondsichel
Sië·kel, -n *w. tech.* Sichel
sië·ker, -e, -en [sië·ke·re] *EW* sicher, gesichert, geschützt; abgesichert, fest, stabil
Sië·ker·hait, -en [Sië·ker-

hai·ten] *w.* Sicherheit
sië·ker·lik *EW* gewiss, sicherlich
sië·kern *ZW* sichern
Sië·ke·rung, -en [Sië·ke·rungen] *w. tech.* Sicherung; **em is de ~ düör·brant** *übertr. psy.* er hat die Beherrschung verloren
Sië·len *Mz. trans.* Zuggeschirr
Sië·len·rai·men, -s *m. tech.* Rückenriemen des Zuggeschirrs
siëm *ZaW* sieben
Sië·meln *Mz.* Kleie
siëm·jäö·rig, -e, -en [siëm·jäö·ri·ge] *EW tem.* siebenjährig
Siëm·jäö·ri·ge, -n *m. und w. tem.* Siebenjährige(r)
siëm·maol *ZaW* siebenmal
Siëmp *m. o.Mz. bot.* Senf
Siëmp·saot, Siëmp·säö·te *w. bot.* Senfsaat, Senfsamen
Siëm·slai·per *m. o.Mz. met. tem.* Siebenschläfer (27. Juni)
siëm·tain *ZaW* siebzehn
siëm·tains·te, -n *ZaW* siebzehnte
Siëm·te, -n *ZaW* Siebente
siëm·tig *ZaW* siebzig
Siëm·ti·ger, -s *m.* Siebziger
siëm·tigs·te, -n *ZaW* siebzigste
sien 1. *uZW* sein; 2. **~, si·ne, -n** *FW* sein
Sië·ne, -n *w. med.* Sehne
sië·nen *ZW psy.* sehnen, erhoffen
sien·gli·ken *FW* seinesgleichen
sië·nig, -e, -en [sië·ni·ge] *EW med.* sehnig
Sië·nin·gen *ON* Sinningen
Sies·ken, Sies·kes *s. zool.* Zeisig
sies·ken *ZW* zischen
siet *VW tem.* seit; **~ de Tiet** *tem.* seit der Zeit, seitdem, seither
Siet, Si·te, -n *w.* Seite
siet·af *UW* abseits, neben, seitab
siet·dat *UW BW tem.* seitdem
siet·lik, siet·licke, -n [siet·lik·ke] *EW* seitlich
Siet·nis, -·se *w. geol.* Niederung, Sumpf

siet·to *UW* seitab, seitwärts
siet·üm *UW* seitab, seitwärts
sië·wen *ZW tech.* sieben
Siëwt, -e [Siëw·te] *s. tech.* Sieb (grobes), Trockenrahmen
Siëwt·ma·ker, -s *m. tech.* Siebmacher
Sif·fer, -n *w. math.* Ziffer
Sif·fer·blad, Sif·fer·bliä·der *s. tech.* Zifferblatt
Si·gai·ner, -s *m. kult.* Zigeuner
Si·gai·ner·liä·wen *s. o.Mz.* Zigeunerleben
Si·gai·ner·sprao·ke, -n *w. kult.* Zigeunersprache
Si·gai·ner·wa·gen, Si·gai·ner·wiä·gen *m. trans.* Zigeunerwagen
Si·gar, -·ren *w.* Zigarre; **Flai·gen·de ~** *w. tech. trans.* Zeppelin
Si·ga·ret, -·ten *w.* Zigarette
Si·gar·ren·drai·er, -s *m. tech.* Zigarrenmacher
Si·ge, -n *w. tech.* Seihe, Filter
Si·ge·dook, Si·ge·dö·ker *s. tech.* Seihetuch, Filtertuch
si·gen *ZW tech.* seihen, filtern
Si·ge·pa·pe·er, Si·ge·pa·pe·e·re *s. tech.* Filterpapier
Si·ge·pot, Si·ge·pöt·te *m. tech.* Filtertopf
Si·get, -s *s. tech.* Sichel
Si·ge·tu·te, -n *w. tech.* Filtertüte
Sig·naol, -e [Sig·nao·le] *s. tech.* Signal
sig·ten *ZW met.* ganz fein regnen
sik *FW* sich
si·liä·we in seinem Leben; **~ nich** nie in seinem Leben
si·liä·we·dag, -e [si·liä·we·da·ge] *UW tem.* sein Lebtag
Si·lin·ner, -s *m. tech.* Zylinderhut, Zylinder
Si·lin·ner·put·ser, -s *m. bot.* Kolbenrohr
Silp·salp, -s *m. zool.* Weidenlaubsänger
Sil·we, -n *w.* Silbe
Sil·wen·an·fang, Sil·wen·an·fän·ge *m.* Silbenanfang
Sil·wen·gren·se, -n *w.* Silbengrenze
sim·lik, sim·licke, -n [sim-

lik·ke] *EW* ziemlich
sim·me·le·ern *ZW psy.* sinnieren, nachdenken, überlegen, grübeln (*frz.* simuler)
sin *FW* bin
Sin, -·ne *m. psy.* Sinn, Auffassung, *pol.* Gesinnung; **än·ner'n ~s sien** *psy.* anderer Auffassung sein
Si·ne, -n *m., w. und s.* Seinige(r)
Sin·gen *s. o.Mz. mus.* Singen, Gesang
sin·gen *uZW mus.* singen
sin·gens·mao·te *UW psy.* zum Singen zumute
Sing·sang *m. o.Mz. mus.* leiernder Gesang
Sing·spiël, -e [Sing·spië·le] *s. mus.* Singspiel
Sing·vuë·gel, Sing·vüë·gel *m. zool.* Singvogel
Sing·wi·se, -n *w. mus.* Melodie
sin·ne·ern *ZW psy.* sinnieren, nachdenken
Sin·ner, -s *w. tech.* Schlakke
sin·nig, -e, -en [sin·ni·ge] *EW psy.* bedächtig, behutsam, besonnen, ruhig
Sin·sprüëk, -e [Sin·sprüë·ke] *m.* Motto
sint *FW* sind
Sip, -s *m.* trotziger, spitzer Mund; **dän Mund up ~ häbben** *zy.* einen beleidigten Mund ziehen
Si·pel, -n *w. bot.* Zwiebel
Si·pel·ken, Si·pel·kes *s. bot.* Zwiebelchen, kleine Zwiebel
Si·pel·kruud *s. o.Mz. bot.* Schnittlauch
Si·pel·tim·pen, -s *m. arch.* Zwiebelturm
si·pen *ZW* sickern
si·pig, -e, -en [si·pi·ge] *EW med.* durstig; wässrig
Sip·pe, -n *w. zool.* Singdrossel
sip·pe·lig, -e, -en [sip·pe·li·ge] *EW psy.* zimperlich, empfindlich
Sip·pel·tri·ne, -n *w. psy.* empfindliches Mädchen
sip·pen *ZW mus.* schüchtern singen, zirpen
Si·se·man, Si·se·män·ner *m. trans.* Rakete
Si·se·män·ken, Si·se·mänkes *s. tech.* mit Pulver ge

füllter Strohhalm; kleiner, beweglicher Mensch
si·sen *ZW* summen von Insekten
Sis·ka *VN* Franziska
Sit, -·te *m. tech.* Sitz, Stuhl
Si·ten *ON* Sythen
Si·ten·aol·taor, Si·ten·aoltäö·re *m. arch. rel.* Seitenaltar, Nebenaltar
Si·ten·bräd, Si·ten·briä·der *s. tech.* Seitenbrett (von Wagen)
Si·ten·düör, -n *w. arch.* Seitentür, Nebentür, Nebenausgang, Nebeneingang
Si·ten·gang, Si·ten·gän·ge *m. arch.* Seitengang
Si·ten·in·gang, Si·ten·in·gänge *m. arch.* Seiteneingang
Si·ten·schip, -·pe *s. arch.* Seitenschiff
Si·ten·straot, -en [Si·tenstrao·ten] *w. trans.* Seitenstraße, Nebenstraße
Si·ten·stri·pen, -s *m.* Seitenstreifen, *trans.* Bankette
Si·ten·wäg, Si·ten·wiä·ge *m. trans.* Seitenweg, Nebenweg
Sit·en·wand, Si·ten·wän·ne *w. tech., arch.* Seitenwand
Si·ten·wind, Si·ten·win·ne *m. met.* Seitenwind
sit·ke·di Lautmalerei
Sit·küs·sen, -s *s. tech.* Sitzkissen
Sit·ten *s. o.Mz.* Sitzen; **in't ~** im Sitzen
sit·ten *uZW* sitzen; **~ gaon** hinsetzen; **e·nen ~ häb·ben** *med.* einen Schwips haben, angeheitert sein
Sit·ten·ääs *m. o.Mz.* Sitzfleisch
sit·ten·bli·wen *uZW* sitzenbleiben, steckenbleiben; *kult.* nicht versetzt werden (in der Schule); unverheiratet bleiben, ledig bleiben
sit·ten·lao·ten *uZW* sitzenlassen, alleinlassen; jemd. verlassen
sit·te·we·ert, -e, -en [sit·tewe·er·te] *EW* situiert, (gut oder schlecht) gestellt (*frz.* situé)
sit·wi·se *UW* im Sitzen
Si·wiel *s. o.Mz.* Zivil
Slab·ber·juks *m. o.Mz.* undefinierbare Flüssigkeit
Slab·ber·lap·pen, -s *s.*

Schlabberlappen, Lätzchen
slab·bern *ZW* schlabbern, vergießen
slacht, -e, -en [slach·te] *EW med.* geschlachtet
slächt, -e, -en [släch·te] *EW psy.* schlecht, niederträchtig; *biol., psy.* verdorben; *med.* übel
Slacht, -en [Slach·ten] *w. mil., spo.* Schlacht
slach·ten *ZW med.* schlachten
Slach·tens·tiet, Slach·tensti·ten *w. tem.* Zeit des Schlachtens
Släch·ter, -s *m. med. kul.* Fleischer, Metzger, Schlachter
Släch·te·ri, -·en *w. kul.* Fleischerei, Metzgerei, Schlachterei
Släch·ter·mest, Släch·termes·sers *s. tech.* Schlachtermesser
Släch·tig·kait, -en [Släch·tigkai·ten] *w. psy.* Schlechtigkeit, Niedertracht
Slacht·köst *w. o.Mz. kul.* Schlachtfest, *insbes.* Beköstigung nach dem Schweineschlachten
Slacke·dal·ges, Slacke·dalgen [Slak·ke·dal·ges] *m.* Schlacks
Slacken·miäl, -e [Slak·kenmiä·le] *s. agr.* Thomasmehl (Dünger)
slackern [slak·kern] *ZW* lose sein, schlenkern
Sla·fit·ken, Sla·fit·kes *s.* Hemdsbrust, Vorderteil des Hemdes; **bi't ~ kri·gen** *übertr.* beim Wickel fassen, erwischen, ergreifen
Slag, Sliä·ge *m.* Schlag, Hieb, Knall, Stoß; Portion; Art, Rasse; *tech.* schwerer Holzhammer; *arch.* Tierverschlag; **van'n ~ kuë·men** *übertr.* Ausgang haben
Slag·an·fal, Sla·gan·fiä·le *m. med.* Schlaganfall, Gehirnschlag
Slag·ao·der, -n *w. med.* Schlagader
Slag·baum, Slag·bai·me *m. tech.* Schlagbaum
Slag·i·sen, -s *s. tech.* Schlageisen
Slag·lok, Slag·löcker [Slag

lök·ker] *s. trans.* Schlag-
loch
slag·maols *UW* jedesmal
Slag·si·te, -n *w.* Schlagseite
Slag·wiärk, -e [Slag·wiär·ke]
s. tech. tem. Schlagwerk
(der Uhr)
Slaif, -e [Slai·fe] *m. tech.*
Schöpflöffel; *psy.* Nichtsnutz, Faulpelz, Dummkopf
Slain·däön *m. o.Mz. bot.*
Schlehdorn, Schlehe
Slai·per, -s *m. med.* Schläfer
slaip·rig, -e, -en [slaip·ri·ge]
EW med. schläfrig, müde
slak, slacke, -n [slak·ke] *EW*
schlaff
Slam, Sliä·me *m.* Schlamm
Sla·mas·sel *m. o.Mz.* Dreck,
Schlamm, *hyg.* Schmutz;
übertr. Durcheinander, Wirrwarr; Unglück
Slam·lok, Slam·löcker [Slam-
lök·ker] *s.* Schlammloch
Slam·pamp, -en [Slam·pam-
pen] *m.* Brei
slam·pam·pen *ZW kul.* fett
leben, gut und üppig essen
und trinken
Slam·pe, -n *w. hyg.* Schlampe
slam·pig, -e, -en [slam·pi·ge]
EW hyg. schlampig, unordentlich, unsauber
Slams, Släm·se *m. psy.*
Taugenichts
slank·wäg *UW* einfach so,
ohne Umschweife, gerade-
wegs
slan·te·rig, -e, -en [slan·te-
ri·ge] *EW psy.* nachlässig
(Kleidung)
Slao, Släö *w. mus.* Strophe
Slao·ge, -n *w. agr.* Schwade
Slao·ger, Släö·gers *m. mus.*
Schlager, Hit
slaon *uZW* schlagen
slaons·ken *ZW trans.* nachlässig gehen
Slaop *m. o.Mz. med.* Schlaf;
em failt ne Müs·se ~ *med.*
ihm fehlt (viel) Schlaf
Slao·pen *s. o.Mz. med.* Schlafen, Schlaf, Schlummer; **an't
~ kuë·men** *med.* einschlafen
slao·pen *uZW med.* schlafen,
schlummern
Slaop·ka·mer, -n *w. arch.*
Schlafzimmer, Schlafraum
Släöp·ken, Släöp·kes *s. med.*
Schläfchen

slaop·laus, -e, -en [slaop-
lau·se] *EW med.* schlaflos
Slaop·lau·sig·kait, -en [Slaop-
lau·sig·kai·ten] *w. med.*
Schlaflosigkeit
Slaop·leed, Slaop·le·der *s.
mus.* Schlaflied
Slaop·lü·se häb·ben *übertr.
med.* müde sein
Slaop·mid·del, -s *s. med.*
Schlafmittel
Slaop·müs·se, -n *w.* Schlaf-
mütze
Slaop·sak, Slaop·siä·ke *m.
tech.* Schlafsack
Slaop·saol, Slaop·säö·le *m.
arch.* Schlafsaal
Slaop·ste·ne *Mz.* Hünengrab
Slaop·stiär, -n *w. tech.* Bett,
Schlafstelle
Slaop·stuom, Slaop·stüöms
m. arch. Schlafzimmer
**Slaop·stüöw·ken, Slaop-
stüöw·kes** *s. arch.* Schlaf-
zimmer
Slaop·u·le, -n *w. übertr.
med.* Langschläfer, Viel-
schläfer
Slaop·wa·gen, Slaop·wiä·gen
m. trans. Schlafwagen
Slap·hood, Slap·hö·de *m.
tech.* Helgoländer Hut
Slap·ke·büül, -s *m. tech.*
Wärmflasche aus Gummi
Slap·ke·moos *s. o.Mz. kul.*
Gemüseeintopf mit Melde
slap·ken *ZW kul.* trinken,
fressen wie ein Hund
Slap·stië·wel, -s *m. med.
übertr.* Schlappschwanz,
Schwächling
Slauk, Slai·ke *m. tech.*
Schlauch
Slaut, Slait *m. trans.* Schlagloch; Pfütze, Wasserdurchlass in der Brücke
Sla·wi·ner, -s *m. psy.* Halunke
sle, -·e, -·en *EW* schief,
schräg; stumpf; blass
Sliä·gel, -s *m. tech.* Schlegel, Keule
Sliä·ger, -s *m.* 1. *psy.* Schläger, Raufbold; 2. *tech.* Hammer
Sliä·ge·ri, -·en *w.* Schlägerei
sliä·men *ZW tech.* schlämmen, zugießen
slib·be·rig, -·e, -·en [sib·be-
ri·ge] *EW* unfest

slich·ten *ZW agr.* auslichten (Wald)
slich·tens *UW* extra
Slicke·fies [Slik·ke·fies] *s.
psy.* hinterhältiger, heimlicher Mensch
Slicke·ri, -·en [Slik·ke·ri] *w.
kul.* Nascherei
slicker·mu·len [slik·ker·mu-
len] *ZW kul.* schleckern,
naschen
slicker·müülsk, -e, -en [slik-
ker·müüls·ke] *EW kul.* genießerisch
Slickern [Slik·kern] *s. o.Mz.
kul.* Naschen, Schlecken
slickern [slik·kern] *ZW kul.*
naschen, schlecken
Slicker·tan, Slicker·tiä·ne
[Slik·ker·tan] *m. psy. kul.*
Leckermaul, Naschkatze
Slicker·wiärks [Slik·ker-
wiärks] *s. o.Mz. kul.* Naschwerk, Süßigkeiten
Slid·den, -s *m. trans.* Schlitten, Transportschlitten; *spo.*
Rodelschlitten; **~ fö·ern**
trans. Schlitten fahren, *spo.*
rodeln
slid·dern *ZW* schlindern, unkontrolliert rutschen
sli·den *uZW tech.* abnut-
zen, ausschleißen, schlei-
ßen, verschleißen
Slid·scho, -·e *m. tech. spo.*
Schlittschuh
Slid·scho·lai·per, -s *m. spo.*
Schlittschuhläufer
Slid·scho·lau·pen *s. o.Mz.
spo.* Schlittschuhlaufen
slië·den, -e, -en [slië·de·ne]
EW tech. abgenutzt, ausgeschlissen, verschlissen
Slië·ke *Mz. psy.* Schliche
Sliek·wäg, Sliek·wiä·ge *m.
trans.* Schleichweg, Geheimgang
Sliem, Sli·me *m. med.*
Schleim
Slien·däön *m. o.Mz. bot.*
Schlehdorn, Schlehe
Slië·p, -e [Slië·pe] 1. *m.*
Schliff; 2. *s.* Schleppe
slië·pen 1. *ZW trans.* schlep-
pen, schwer tragen, *trans.*
treideln; 2. **~, -e, -en** [slië-
pe·ne] *EW tech.* geschliffen
Slië·per, -s *m. trans.* Schlep-
per, Traktor, große Zugma-
schine; *naut.* Schleppschiff
Slië·pe·ri *w. o.Mz. trans.*

Schlepperei
Sliëp·fo·er, -s *s. agr.* Erntefuder aus Zusammengeharktem (z.B. Ähren)
Sliëp·hark, -en [Sliëp·harken] *w. tech. agr.* Schleppharke für die Heu- und Getreideernte
Sliep·ken, Sliep·kes *s. tech.* Schleifchen
sliëp·ra·ken *ZW agr.* mit der Schleppharke arbeiten
Sliep·steen, Sliep·ste·ne *m. tech.* Schleifstein
sliep·stiärts *EW* mit hängendem Schwanz (Hund); *übertr. psy.* beschämt, kleinlaut, niedergeschlagen
Sli·ke, -n *w. zool.* Blindschleiche, Schlange
sli·ken *uZW* schleichen
Sli·ken·fän·ger, -s *m.* Schlangenfänger; *übertr. psy.* Filou, Schalk
Sli·ker, -s *m.* Schleicher; *psy.* Schmeichler; Heimlichtuer, Schwindler
Slik·up, -s *s. o.Mz. med.* Schluckauf
sli·men *ZW psy.* schleimen
Sli·mer, -s *m. psy.* Schleimer
sli·mig, -e, -en [sli·mi·ge] *EW* schleimig
sling·fi·sen *ZW psy.* bei der Arbeit zusehen, so tun, als ob man helfen wolle
Slip, -·pe *s.* Schürze, Rockzipfel, Schürzenzipfel; Schoß
Sli·pe, -n *w. tech.* Schleife
sli·pen *uZW tech.* schleifen, glätten; schärfen
Sli·per, -s *m. tech.* Schleifer
Slit, -·te *w.* Schlitz
slit·ten *ZW* schlitzen
slod·de·rig, -e, -en [slod·de·ri·ge] *EW hyg.* schlampig, unordentlich
Slod·der·michel, -s *m. hyg.* schlampiger Mensch
slod·dern *ZW* schlackern
slö·men *ZW kul.* schlemmen, prassen
Slö·mer, -s *m. kul.* Feinschmecker, Schlemmer, Gourmet
Slö·me·ri̱, -·en *w. kul.* Schlemmerei
slö·mig, -e, -en [slö·mi·ge] *EW kul.* schlemmerig, reichhaltig
Slop, Slöp·pe *s. tech.* Luke

slot·tern *ZW med.* zittern (vor Kälte)
Slüch·ter, -s *s.* Schliere
slucken [sluk·ken] *ZW kul.* schlucken
Slü·der, -n *w. tech.* Schleuder, Zentrifuge
slü·dern *ZW* schleudern, zentrifugieren
Slüë·del, -s *m. tech.* Schlüssel
Slüë·del·blo·me, -n *w. bot.* Schlüsselblume
Slü·del·baod, Slüë·del·bäode *m. tech.* Schlüsselbart
Slüë·del·bräd, Slüë·del·briäder *s. tech.* Schlüsselbrett
Slüë·del·ken, Slüë·del·kes *s. tech.* Schlüsselchen, kleiner Schlüssel
Slüë·del·kind, Slüë·del·kinner *s.* Kind, dessen Eltern tagsüber nicht zu Hause sind, Schlüsselkind
Slüë·del·lok, Slüë·del·löcker [Slüë·del·lök·ker] *s. tech.* Schlüsselloch
Slüë·del·sluk, Slüë·del·slükke *m. kul.* Abschiedstrunk
slü·ern *ZW zool.* mausern
Sluf, -·fe *m. psy.* willenloser Trottel
Sluf·fe, -n *w. tech.* Schlappen, absatzloser Hausschuh
sluf·ken *ZW trans.* schlurfen, schlurren, schleppend gehen
Sluk, Slücke [Slük·ke] *m. kul.* Schluck; *med.* Halsloch; *übertr. kul.* Schnaps, Korn
Sluk·briä·nen *s. o.Mz. tech. kul.* Schnapsbrennen
Slund, Slün·ne *m. med.* Schlund
Slün·gel, -s *m. psy.* Schlingel, Lausbube, Lümmel, Taugenichts
Slün·gel·bank, Slün·gel·bänke *w. tech. psy.* Strafbank
Slüör, -s 1. *m.* Nachschleppendes, Schleppe, Schleier; *hyg.* Schlampe; 2. *m.* Schlendrian
slüö·rig, -e, -en [slüö·ri·ge] *EW hyg.* schlampig
Slüor·ken, Slüör·kes *s. agr.* zusammengeharktes Fuder Strohhalme und Ähren
slüörn *ZW trans.* schleppen, schleppend gehen
Sluot, Slüö·ter *s.* 1. *tech.*

Schloss (Türschloss usw.), Verriegelung, Verschluss, Vorrichtung zum Verschließen; 2. *arch.* Burg, Schloss
Slup, Slüp·pe *s.* Schlupf, Schlupfloch, *trans.* enger Zuweg
slup·pen *ZW* schlüpfen
Slü·se, -n *w. arch. naut.* Schleuse; Wasserdurchlass unter Brücken
slü·sen *ZW naut.* schleusen
Slü·sen·mes·ter, -s *m. tech. naut.* Schleusenmeister
Slü·sen·paort, -en [Slü·sen·paor·ten] *w. tech. naut.* Schleusentor
Slü·ser, -s *m. tech. naut.* Schleuser, Bediener der Schleuse
slu·ten *uZW* schließen
Slu·ter, -s *m. tech.* Schließer
Smaak, Smiä·ke *m. kul., psy.* Geschmack
smaak·lik, smaak·licke, -n [smaak·lik·ke] *EW kul.* gut im Geschmack, lecker, schmackhaft, geschmackvoll
Smacht *m. o.Mz. med., kul.* Hunger; *übertr. psy.* Sehnsucht, Verlangen; ~ **häb·ben** *med.* hungrig sein; ~ **bes un·ner de Arms häb·ben** *med.* sehr hungrig sein
smach·ten *ZW med.* hungern, schmachten; fasten; verlangen nach
Smäch·te·ri̱, -·en *w. med.* Hungerleiderei
Smacht·film, -e [Smacht·filme] *m. psy.* Film der ans Gemüt geht
smäch·tig, -e, -en [smächti·ge] *EW med.* dünn, dürr
Smacht·lap·pen, -s *m. tech.* Hungertuch; *übertr. med.* Hungerleider
Smacht·lap·pe·ri̱, -·en *w. med.* Hungern
smacht·lap·pig, -e, -en [smacht·lap·pi·ge] *EW med.* hungernd
Smacht·rai·men, -s *m. tech. med.* Hungergürtel
smäch·trig, -e, -en [smächtri·ge] *EW med.* hungrig, verhungert
Smacke, -n [Smak·ke] *w. kul.* abgeschnittenes großflächiges Stück (Brot, Schin-

ken)
Smackes [Smak·kes] *s. o.Mz.*
Tempo, Energie
s'Mai·es *tem.* im Mai
smai·ken *ZW* rauchen
Smai·ker, -s *m.* Raucher
Smai·ke·ri, -·en *w.* Raucherei
Smaik·wiärks *s. o.Mz.* Rauch-
waren, Rauchutensilien
sma·ken *uZW kul.* schmek-
ken, munden
Smak·ha·wer *m. o.Mz. übertr.*
Schlä·ge; ~ **kri·gen** verhauen
werden, Schläge bekommen
smä·lik, -e, -en [smä·lik·ke]
EW jämmerlich
Smal·lak *s. o.Mz. bot., kul.*
Schnittlauch
Smant *m. o.Mz. kul.* Rahm,
Sahne
Smant·bord, Smant·bör·de
s. tech. Regal, auf dem
Töpfe mit Sahne stehen
sman·ten *ZW kul.* Rahm
von der Milch abnehmen
Smant·lai·per, -s *m. spo.*
schwächster Läufer beim
Schlagball, *übertr. med.*
Schwächling
Smant·müël, -en [Smant-
müë·len] *w. tech.* Milchzentrifuge
Smant·pi·pe, -n *w. tech.* Öffnung an der Milchzentrifuge
für die Sahne
Smant·pot, Smant·pöt·te *m.*
tech. kul. Sahnetopf
Smant·üör·gel, -n *s. tech.*
Milchzentrifuge
smaol, -e, -en [smao·le] *EW*
schmal
smäö·lern *ZW* schmälern,
verringern
smäp·ken *ZW kul.* schmatzen
smat·ken *ZW kul.* schmatzen
Smauk, Smai·ke *m.* Rauch,
Schmauch
Smel *s. o.Mz. bot.* Schmielgras
Smel·te, -n *w. tech., met.*
Schmelze
smel·ten *uZW tech., met.*
schmelzen
smel·tend, -e, -en [smel·ten-
de] *EW tech., met.* schmelzend
Smelt·uom, Smelt·üöms *m.*
tech. Schmelzofen
Smelt·wa·ter, Smelt·wä·ters

s. met. Schmelzwasser
Smelt·wel·len *s. o.Mz. tech.*
Schmelzschweißen
Smet, -s *m. tech.* Schmied
Smiär, -en [Smiä·ren] *s.* 1.
kul. Brotfett; 2. *tech.* (Wa-
gen-)Schmiere, Schmierfett,
Fett; 3. *w. tech.* Schmiede
Smiär·buuk, Smiär·bü·ke *m.*
med. Schmierbauch, dicker
Bauch
Smiä·rer, -s *m.* Schmierer
Smiä·re·ri, -·en *w.* Schmie-
rerei
smiä·rig, -e, -en [smiä·ri·ge]
EW schmierig, fetthaltig;
hyg. schmutzig; *übertr.*
psy. unehrlich
Smiär·kraom *m. o.Mz. hyg.*
Geschmiersel, Schmiererei;
schmierige Angelegenheit;
fin. unehrliches Geschäft
Smiär·lap, -·pen *m. hyg.*
Schmutzfink
smiärn *ZW* schmieren
Smiär·pot, Smiär·pöt·te *m.*
tech. Topf mit Schmiere oder
Fett; *übertr. hyg.* Schmierfink
Smiär·rand, Smiär·rän·ner
m. hyg. Schmutzrand
Smiär·se·pe, -n *w. hyg.*
Schmierseife
smi·dig, -e, -en [smi·di·ge]
EW geschmeidig
Smi·e, -n *w. tech.* Schmiede
Smi·e·hu·sen *ON* Schmedehausen
smi·en *ZW tech.* schmieden
Smiët, -e [Smië·te] *m.* Wurf
Smië·te, -n *w.* Wurfweite
smi·sig, -e, -en [smi·si·ge]
EW weich
smi·ten *uZW* schmeißen,
schleudern, werfen; *tech.*
verziehen (durch Trocknung
oder Temperatureinfluss);
med. gebären (von Tieren)
Smö·ker, -s *m. mus.* Buch
(z.B. Roman)
smö·kern *ZW mus.* lesen,
sich in ein Buch vertiefen
Smolt *s. o.Mz. kul.* Schmalz
Smolt·fiä·ken, -s *s. med.*
fetter Mensch (abfällig)
Smolt·ko·ken, Smolt·kö·ken
m. kul. Schmalzkuchen,
Schmalzgebäck
Smolt·kop, Smolt·köp·pe *m.*
übertr. med. fettes Gesicht,
aufgedunsenes Gesicht

Smolt·lap·pen, -s *m. med.*
Schmalzlappen (zur Be-
handlung von Erkältungen)
Smolt·pot, Smolt·pöt·te *m.*
tech. kul. Schmalztopf; **in'n**
~ **sit·ten** *übertr.* im Überfluss leben
smööd, smö·de, -n *EW*
weich, geschmeidig, zart;
kul. süßlich; sanft
Smööds *s. o.Mz.* Weiches,
Geschmeidiges
Smöör·kes *Mz. kul.* kleine
ganze Bratkartoffeln
smöört, -e, -en [smöör·te]
FW geschmort
smorn *ZW* schmoren
Smöt·ke *w. o.Mz.* nasser
Sand, Papp
Smu *m. o.Mz. jur.* Betrug,
unerlaubte Absprache; ~
ma·ken *jur.* betrügen, unerlaubte Absprachen treffen
Smud·del *m. o.Mz. hyg.*
Dreck, Schmutz; *übertr. m.*
und s. hyg. unsauberer
Mensch
smud·de·lig, -e, -en [smud-
de·li·ge] *EW hyg.* schmutzig, dreckig, unsauber; *met.*
nasskalt
Smud·del·riän·gen *m. o.Mz.*
met. Nieselregen, anhaltender feiner Regen
Smud·del·wa·ter, Smud·del-
wä·ters *s. hyg.* Abwasser,
Schmutzwasser
smud·de·rig, -e, -en [smud-
de·ri·ge] *EW met.* stickig,
schwül
Smud·ke·bul·li, -es *m.* dikker, unsauberer Mann
smüë·len *ZW* leicht qualmen
smun·ken *ZW* mit dumpfem Geräusch aufprallen
s'Muorns *tem.* des Morgens
Smusk, -e [Smus·ke] *m.* lumpig gekleideter Mensch
smüüs·tern *ZW psy.* lächeln,
schmunzeln
Snäb·bel, -s *m. und s. psy.*
Schwätzer(in)
Snäb·bel·bek, -s *m. und s.*
psy. Schwätzer(in)
snäb·beln *ZW psy.* schwatzen
sna·bu·le·ern *ZW kul.* genießerisch essen
s'Na·chens *tem.* des Nachts

snacken [snak·ken] *ZW psy.*
schwätzen
Snacke·ri, -·en [Snak·ke·ri]
w. psy. Schelmerei, Streich,
Ulk, Geschwätz
Snai *m. o.Mz. met.* Schnee
snai, -·e. -·en *EW med.*
mager, schlank
Snai·bal, Snai·bäl·le *m.*
Schneeball
Snai·bank, Sani·bän·ke *w.*
met. Schneewehe
Snai·biär, -n *w. bot.* Schnee-
beere
Snai·blo·me, -n *w. met.*
Schneeflocke
snai·deln *ZW* schälen
Snai·dri·wen *s. o.Mz. met.*
Schneegestöber, Schnee-
treiben
**Snai·klöks·ken, Snai·klöks-
kes** *s. bot.* Schneeglöck-
chen
Snai·klü·ten *s. o.Mz. spo.*
Schneeballschlacht
Snai·maond, -e [Snai·maon-
de] *m. tem.* Jannuar
Snai·ploog, Snai·plö·ge *m.*
tech. trans. Schneepflug
Snai·rau·se, -n *w. bot.*
Schneerose, schwarze Nies-
wurz
Snai·scho, -·e *m. tech.*
Schneeschuh
Snai·schö·fel, -n *w. tech.*
Schneeschaufel
Snai·schö·feln *s. o.Mz.*
Schneeschaufeln
snai·schö·feln *ZW* schnee-
schaufeln
Snai·schu·er, -s *s. met.*
Schneeschauer
Snai·se, -n *m. tech.* Stange
im Rauchfang
snai·sig, -e, -en [snai·si·ge]
EW med. schmächtig
Snai·uul, Snai·u·len *w. zool.*
Schnee-Eule
snak, snacke, -n [snak·ke]
EW dicht an etwas, knapp,
eng, unmittelbar
Snak, -s *m. psy.* Schelm;
kurzes Gespräch
snaor, -e, -en [snao·re] *EW*
scharf; kalt; *med.* mager,
schlank
Snaot, Snäö·te *m. agr.* Furche; *jur.* Grenze; Riss
Snaot·gang, Snaot·gän·ge
m. jur. Grenzbegehung
Snaot·steen, Snaot·ste·ne

m. tech. jur. Grenzstein
Snap, Sniä·pe *s.* unteres
Rückenteil von Hemd oder
Rock
snap·pen *ZW* schnappen
Snäp·pen·blo·me, -n *w. bot.*
Windröschen
Snäp·per, -s *m.* Schnäpper
Snaps, Snäp·se *m. kul.*
Schnaps
snäp·sen *ZW kul.* Schnaps
trinken
snas·seln *ZW kul.* ansäuseln
sna·tern *ZW* schnattern,
übertr. plappern, schwatzen
snau·en *ZW psy.* schnauzen, anschnauzen, fauchen
Sna·wel, Sniä·wel *m. med.*
Schnabel
Snep·pe, -n *w. zool.*
Schnepfe
Sne·se, -n *w. tech.* Holzstock (zum Aufhängen von
Fleisch usw.)
Snet·ken *s. o.Mz.* Bisschen
Sniärk, -s *s.* 1. *met.* Schauer; 2. *tech.* 6mm-Gewehr
sniär·ken *ZW* schnarren,
schreien, *psy.* anschnauzen
sniär·tern *ZW* schnattern
sniä·ten *ZW* schnarren,
schreiten; *psy.* anschnauzen
sniä·weln *ZW* schnäbeln
Snib·bel, -s *m. tech.* Schnipsel
**Snib·bel·bain·ken, Snib·bel-
bain·kes** *s. bot.* Schnittbohne
snib·beln *ZW* schneiden,
in kleine Stücke schneiden,
schnitzeln; *med.* beschneiden, kastrieren
Snid, -·de *m.* Schnitt; *math.*
Durchschnitt
sni·den *uZW* schneiden
Sni·der, -s *m.* 1. *tech.*
Schneider; 2. *agr.* Schnitter; 3. *zool.* Schnake
Sni·der·disk, -e [Sni·der·dis-
ke] *m. tech.* Schneidertisch
Sni·der·fi·er, -n *w. tem.* Feierabend
Sni·der·ge·sel, -·len *m. tech.*
Schneidergeselle
Sni·der·mes·ter, -s *m. tech.*
Schneidermeister
sni·dern *ZW tech.* schnei-
dern
Sni·der·schä·er, -n *w. tech.*

Schneiderschere
Sni·der·wiärk·stiär, -n *w.*
tech. Schneiderwerkstatt
Snid·gräs, Snid·griä·ser *s.*
bot. Segge, Riedgras
Sni·e, -n *w.* Schnitte (Brot),
Scheibe
snië·den, -e, -en [snië·de-
ne] *EW* geschnitten
Snied·i·sen, -s *s. tech.* Ge-
windekluppe, Schneideisen
Snied·la·de, -n *w. tech. agr.*
Schneidlade, Gerät zum
Schneiden von Rübenblät-
tern usw.
Snied·wiärk, -e [Snied·wiär-
ke] *s. tech.* Schneidwerk
Snië·ge, -n *w. zool.* Schnek-
ke
**Snië·gen·huus, Snië·gen·
hü·ser** *s. zool.* Schneckenhaus
sni·en *ZW met.* schneien
Snië·pel, -s *m.* Gehrock,
Frack
sni·ke, -n *EW* ansehnlich
snipsk, -e, -en [snips·ke]
EW psy. schnippisch
snö·en *ZW* sengen, abbrennen
Sno·er, Snö·ers *w. tech.*
Schnur
snö·er·lik, snö·er·licke, -n
[snö·er·lik·ke] *EW* schnurgerade
snö·ern *ZW tech.* schnüren, verschnüren, zusam-
menbinden
Snö·er·liew, Snö·er·li·we *s.*
tech., med. Korsett
Snö·er·scho, -·e *m. tech.*
Schnürschuh
Snook, Snö·ke *m. zool.*
Grünhecht, junger Hecht
snoopsk, -e, -en [snoops-
ke] *EW kul.* naschhaft
sno·pen *ZW kul.* naschen;
erhaschen
Sno·pe·ri, -·en *w. kul.* Naschen; Erhaschen
Snö·sel, -s *m. psy.* Flegel,
unerzogener Jugendlicher
Snot, -·ten *m. med.* Nasenschleim
Snot·bla·ge, -n *w. psy.* Rotzkind
snot·ken *ZW psy.* schluchzen
Snot·niër·se, -n *w. med.*
Rotznase
Snot·pät·ken, Snot·pät·kes

s. hyg. aus der Nase gelaufener Schleim auf der Oberlippe

Snu·ben m. o.Mz. med. Schnupfen; **ki·nen ~ an wat häb·ben** psy. keine Lust zu etwas haben

snucke·bal·gen [snuk·ke·bal·gen] ZW med. schnell atmen, hecheln

snucken [snuk·ken] ZW psy. schluchzen, leise weinen

snud·de·rig, -e, -en [snud-de·ri·ge] EW psy. schnodderig, nachlässig, provozierend

Snüf, -s s. trans. leichtes Motorrad

Snüf·fel, -s m. med. Nase, Riecher, Schnauze; Schimpfname

snuf·feln ZW med. näseln

snüf·feln ZW schnüffeln

Snüf·ken, Snüf·kes s. Prise (beim Schnupfen)

snüf·ken ZW schnupfen, eine Prise Schnupftabak nehmen

snuor·ken ZW med. schnarchen

Snuor·ker, -s m. med. Schnarcher

Snuor·ke·ri, --en w. med. Schnarchen

Snup, --pen m. tem. Moment, Augenblick

Snur·ter m. o.Mz. med. Nasenschleim

Snur·wits, -e [Snur·wit·se] m. med. Schnäuzer Schnurrbart,

Snüs, --se m. med. Mund, Maul

Snu·te, -n w. med. Schnauze; **de ~ vul häb·ben** die Schnauze voll haben; übertr. psy. mit der Geduld am Ende sein; **ne graute ~ häb·ben** einen großen Mund haben; übertr. psy. angeben, übertreiben

snü·ten ZW hyg. schnäuzen

Snüüt·dook, Snüüt·dö·ker s. tech. hyg. Taschentuch

Snüüt·ken, Snüüt·kes s. med. Schnäuzchen

Snuuw·dook, Snuuw·dö·ker s. tech. hyg. Taschentuch

Snuuw·to·bak, Snuuw·to·backe [Snuuw·to·bak·ke] m. med. Schnupftabak

snu·wen uZW med. schnau-

fen, schnauben

So, -os w. arch. enge Schlucht zwischen Häusern

so UW FW BW so; **~ of ~** sowieso, doch; **dat is ~** das ist normal

so·bol·le UW sobald

Socht, Söch·te w. med. Sucht

Söcht, -e [Söch·te] m. psy. Seufzer

söch·ten ZW psy. seufzen

söch·tig, -e, -en [söch·ti·ge] EW med. süchtig

Socken, Söcken [Sok·ken], [Sök·ken] m. Socke, Strumpf

söd·ken ZW hyg. unordentlich machen verloddern

Sof·fi VN Sophia

Söf·ken VN kleine Sophia

so·gliek UW tem. sogleich, sofort

So·he, -n w. biol. Morast, Faulschlamm, schwarzer Schlamm aus Stallungen

so·iäm UW soeben

sök, söcke, -n [sök·ke] FW solch

sö·ken uZW suchen, ausfindig machen; jur. fahnden; **dao niks to ~ häb·ben** übertr. an der falschen Stelle sein, da nicht hingehören

Sö·ker, -s m. Sucher, Suchender

Sö·ke·ri, --en w. Sucherei

söl·fär·rig, -e, -en [söl·fär·ri·ge] EW psy. eigensinnig

Solt, -e [Sol·te] s. chem., kul. Salz; **met ~ kuë·men wan de Ai·ers up sint** übertr. zu spät mit etwas kommen

Solt·ä·er w. geol. Salzerde

Solt·biärg, -e [Solt·biär·ge] m. geol. Salzberg, Salzstock

Solt·biärg ON Salzbergen

Solt·biärg·wiärk, -e [Solt·biärg·wiär·ke] s. tech. geol. Salzbergwerk

Solt·büs·se, -n w. tech. Salzbüchse, Salzdose

sol·ten 1. ZW kul. salzen, einsalzen, mit Salz würzen; 2. **~, -e, -en** [sol·te·ne] EW kul. gesalzen

sol·te·rig, -e, -en [sol·te·ri·ge] EW salzig, kul. versalzen

Solt·fat, Solt·fiä·ter s. tech. Salzfass, Salzbehälter

Solt·hä·ring, -e [Solt·hä·rin·ge] m. kul. Salzhering

Solt·pan, --ne, --nen w. tech. Salzpfanne

Solt·wao·ge, -n w. tech. Salzwaage

Solt·wa·ter, Solt·wä·ters s. Salzwasser

Solt·wa·ter·fisk, -e [Solt·wa·ter·fis·ke] m. zool. Salzwasserfisch, Meeresfisch

Solt·wiärk, -e [Solt·wiär·ke] s. tech. Salzwerk, Saline

söl·wer FW selber

söl·wig, -e, -en [söl·wi·ge] EW selbe, gleiche

Soog, Sö·ge m. med. zool. Wurf, neugeborene Tiere

Söök w. o.Mz. Suche

sööt, sö·te, -n EW kul. süß; psy. fein, hübsch, lieblich, niedlich

Sööt·griä·ser Mz. bot. Süßgräser

sööt·lik, sööt·licke, -n [sööt·lik·ke] EW kul. süßlich

Sööt·miälk w. o.Mz. kul. Vollmilch

Sööt·wa·ter, Sööt·wä·ters s. Süßwasser

Sööt·wa·ter·fisk, -e [Sööt·wa·ter·fis·ke] m. zool. Süßwasserfisch

Sop·pen, -s m. Brei, Gemenge; **een ~ Wös·ke** verschiedenartige (schmutzige) Wäschestücke

sop·pig, -e, -en [sop·pi·ge] EW wässrig, feucht

sörn ZW psy. wehklagen, stöhnen

Sort, -en [Sor·ten] w. Sorte, Art, Gattung

sor·te·ern ZW sortieren

Sot m. o.Mz. nasser Dreck

Sö·ten m. o.Mz. kul. Likör, „Süßer"; Kuss

sö·ten ZW kul. süßen, zukkern

sö·ten·stri·ken uZW psy. liebkosen, poussieren, schmusen

sot·ken ZW im Dreck wälzen

so·to·säg·gen UW sozusagen, gewissermaßen

so·viël, -e, -en [so·vië·le] EW soviel

so·wat so etwas

so·wied soweit

söws FW selbst, selber; UW sogar; **jä ~** sogar

Söws·bin·ner, -s m. tech. agr. Selbstbinder

Söws·luut, Söws·lu·te m.

Selbstlaut, Vokal

söws·maakt, -e, -en [söws-maak·te] *EW* selbstgemacht, hausgemacht

söws·ma·ken *uZW* selber machen

söw·wes *FW* selbst, selber

spaansk, -e, -en [spaans-ke] *EW kult.* spanisch

spacken [spak·ken] *ZW biol.* schimmeln, stockfleckig werden

spackig, -e, -en [spak·kig], [spak·ki·ge] *EW biol.* schimmelig, stockfleckig

spad·de·lik, spad·de·licke, -n [spad·de·lik·ke] *EW psy.* unruhig, zappelig, nervös

spad·deln *ZW* strampeln, zappeln

spad·dern *ZW psy.* schwätzen

Spai·gel, -s *m. tech.* Spiegel

Spai·gel·beld, Spai·gel·beller *s.* Spiegelbild

Spai·gel·glas, Spai·gel·gliäser *s. tech.* Spiegelglas

spai·geln *ZW* spiegeln, reflektieren

Spai·gel·schäö·er, -n *w. tech.* Spiegelscherbe

Spai·gel·schi·we, -n *w. tech.* Spiegelscheibe

Spais *m. o.Mz. tech.* Mörtel, Speis

Spais·fat, Spais·fiä·ter *s. tech.* Mörtelfass

Spais·müë·le, -n *w. tech.* Mörtelmischer

Spais·vuëgel, Spais·vüë·gel *m. tech.* Speisvogel

Spak *m. o.Mz. biol.* Schimmel (Pilz) an Wänden usw., Stockfleck

Spal·ke·ri, -·en *w.* Spielerei

Span, -·ne *s. trans.* Gespann

Span·höl·pe, -n *w. trans.* Spannhilfe

Spa·nin·gen *geog.* Spanien

span·nen *ZW* spannen

Spans·ke, -n *w. zool.* Baumläufer

Spaon, Späö·ne *m. tech.* Span

Spaon·fiä·ken, -s *s. kul.* Spanferkel

Späön·ken, Späön-kes *s. tech.* kleiner Span, Spänchen

Spaor·book, Spaor·bö·ker *s.*

---

fin. Sparbuch

Spaor·büs·se, -n *w. tech. fin.* Spardose

spao·ren *ZW fin.* sparen

Spaor·kas, -·sen *w. fin.* Sparkasse, Geldinstitut

Spaos, Späö·se *m. psy.* Vergnügen, Freude, Spaß

spao·sen *ZW psy.* spaßen, Spaß machen, scherzen

Späös·ken, Späös·kes *s. psy.* Späßchen

spaos·ma·ken *uZW psy.* Spaß machen, spaßen

Spaos·ma·ker, -s *m. psy.* Spaßmacher

spao·sig, -e, -en [spao·si·ge] *EW psy.* spaßig

Spaos·waod, Spaos·wäö·der *s. psy.* Scherzwort

Spar·gits·ken, Spar·gits·kes *s. psy.* Spielerei, dummes Zeug

spat·teln *ZW tech.* Geschirr pflegen (z.B. von Pferden)

Spat·se·er·gang, Spat·se·er·gän·ge *m. trans.* Spaziergang

spat·se·ern *ZW trans.* spazieren

Spat·se·er·stok, Spat·se·er·stöcke [Spat·se·er·stök·ke] *m. tech.* Spazierstock, Handstock, Wanderstab

spe, -·e, -en *EW psy.* misstrauisch, belauernd, scheu

Specke, -n [Spek·ke] *w. trans.* schmale Brücke

spe·de·ern *ZW trans.* spedieren, befördern

Speer, -s *s. arch.* Dachsparren, Sparren

Spek *m. o.Mz. med., kul.* Speck

Spe·ke, -n *w. tech.* Speiche

Spe·ken·rad, Spe·ken·riä·der *s. tech.* Speichenrad

Spek·ööst·ken, Spek·ööst·kes *s. kul.* Speckstückchen

Spek·si·te, -n *w. kul.* Speckseite, großes Stück Speck

Spek·swaor, -en [Spek·swao·ren] *w. kul.* Speckschwarte

Spek·wiem, -s *m. tech.* Gestell zum Räuchern von Speck

Spek·wuorm, Spek·wüör·mer *m. zool.* Engerling, Maikäferlarve

Spel·ge, -n *w. bot.* Mirabelle

Spel·ler, -s *m.* Scheit

Spen·de·er·bük·se, -n *w. übertr. fin.* „Spendierhose", Großzügigkeit

spen·de·ern *ZW fin.* spendieren, ausgeben

Sper·ges *m. o.Mz. bot.* Spargel (*frz.* asperge)

spicke·le·ern [spik·ke·le·ern] *ZW psy.* überlegen, beraten; *psy., fin.* spekulieren

spid·de·fö·ten *ZW* strampeln

Spid·de·wüp, -s *m.* flinkes, kleines Kind

Spiëk, -s *m. bot.* Spörgel (Futterpflanze)

Spiël, -e [Spië·le] *s. spo., mus.* Spiel

Spiël·büs·se, -n *w. tech. spo.* Spieldose

spië·len *ZW spo., mus.* spielen

Spië·ler, -s *m. spo., mus.* Spieler

Spië·le·ri, -·en *w.* Spielerei

Spiël·geld, Spiël·gel·ler *s. spo.* Spielgeld

Spiël·hüüs·ken, Spiël·hüüs·kes *s. tech. spo.* Spielhäuschen

Spiël·i·sen·baan, Spiël·i·sen·ba·nen *w. tech. spo.* Modelleisenbahn

Spiël·kaat, Spiël·ka·ten *w. spo.* Spielkarte

Spiël·ken, Spiël·kes *s. spo.* Spielchen

Spiël·klöks·ken, Spiël·klöks·kes *s. tech. spo.* Spieluhr

Spiël·man, Spiël·lü·de *m. mus.* Musikant

Spiël·scho·le, -n *w. kult.* Kindergarten

Spiël·wiärks *s. o.Mz. tech. spo.* Spielzeug

Spiël·wi·se, -n *w. spo., mus.* Spielweise

Spier, -s *m. bot.* Halm

Spier·ken, Spier·kes *s. bot.* Hälmchen; **kien ~** kein bisschen

Spier·kes·trecken [Spier·kes·trek·ken] *s. o.Mz.* Stöckchenziehen (z.B. zur Ermittlung der Reihenfolge)

Spiet, Spi·te *m.* 1. *tech.* Spieß, spitzer Stock; 2. *psy.* Trotz, Verdruss, Groll, Spott, Hass, Gehässigkeit, Bosheit

spië·ten *ZW psy.* spotten

Spiët·muus, Spiët·mü·se *w.*

zool. Spitzmaus
spiëtsk, -e, -en [spiëts·ke]
EW psy. spöttisch
spi·gen *uZW* speien, spuk-
ken, ausspucken; *med.* sich
übergeben, erbrechen
Spig·ge, -n *w. med.* Speichel
spi·jö·ken *ZW psy.* spotten
Spi·jöök, -s *s. psy.* Spott,
Gespött
Spi·ker, -s *m. tech.* Speicher;
arch. Lagerhaus, Vorratsraum
Spi·ker·büörn, -s *m. arch.*
Kammer über dem Keller
des Speichers
Spi·ker·fin·ger, -s *m. tech.*
USB-Stick, externer Steckspeicher
**Spi·ker·pläät·ken, Spi·ker-
pläät·kes** *s. tech.* Speicherkarte
**Spi·ker·schiew·ken, Spi·ker-
schiew·kes** *s. tech.* Dis-
kette
Spi·le, -n *w. tech.* lange,
dünne Stange; Holzstäbchen
(als Wabenträger)
Spil·lün·ker, -s *m.* Spion
Spil·lün·ke·ri, -en *w.* Her-
umschnüffelei, Spioniererei,
Spionage
spil·lün·kern *ZW* herumspi-
onieren, herumschnüffeln
Spin·aomd, -e [Spin·aom-
de] *m. tem.* Spinnabend
Spi·naot *m. o.Mz. bot. kul.*
Spinat
Spi·ne, -n *w. tech.* Brotschrank
spin·fö·ten *ZW med.* in den
letzten Zügen liegen, letzte
Zuckungen machen
Spin·hook, Spin·hö·ke *m.*
Spinnecke in der Küche
spin·ke·lig, -e, -en [spin·ke-
li·ge] *EW* gesprenkelt
Spin·klaut, -s *m. tech. spo.*
Kreisel
Spin·kop·pel, -n *s. zool.*
Spinne
Spin·kop·pel·bes·sen, -s *m.
tech.* Besen zum Beseiti-
gen von Spinnennetzen
Spin·kop·pel·nöst, -er [Spin-
kop·pel·nös·ter] *s. zool.*
Spinnennetz
**Spin·ma·schien, Spin·ma-
schi·nen** *w. tech.* Spinn-
maschine

spin·ne·dul, -·le, -·len *EW
psy.* sehr verärgert
Spin·ne·kop, Spin·ne·köp·pe
m. zool. Spinne
Spin·ne·kop·ja·ger, -s *m.
tech.* Besen zum Beseiti-
gen von Spinnennetzen
Spin·ne·laun, Spi·ne·lai·ne
m. fin. Spinnlohn, Lohn für
das Spinnen
spin·nen *uZW tech.* spinnen, mit dem Spinnrad ar-
beiten; *psy.* flunkern, phantasieren, Unsinn reden; grübeln
Spin·ne·ri, -·en *w. tech., psy.*
Spinnerei
Spin·ners·ke, -n *w. tech.*
Spinnerin
spin·nig, -e, -en [spin·ni·ge]
EW psy. versponnen, spleenig; wütend
Spin·rad, Spin·riä·der *s. tech.*
Spinnrad
Spin·stuom, Spin·stüöm *m.
arch.* Spinnstube
Spint, -s *s. tech. agr.* altes
Kornmaß (1/4 Scheffel); *bot.*
weiches Holz
spin·ti·se·ern *ZW psy.* spinnen, lügen
Spin·wel, -s *s. tech.* Spinnrad
Spi·rens·ken, Spi·rens·kes
s. psy. Umschweif, Um-
stand; Schwierigkeit, Ausflüchte; Albernheit; *fin.* kostspielige Vergnügung
spi·rig, -e, -en [spi·ri·ge] *EW*
dünn und lang, halmartig,
spärlich, vereinzelt
Spirk *m. o.Mz. bot.* Spark
(Spergula arvensis)
Spi·se, -n *w. kul.* Speise,
Essen, Nahrung
spi·sen *ZW kul.* speisen,
essen
spis·sig, -e, -en [spis·si·ge]
EW zierlich, klein
spi·ten *ZW psy.* ärgern, grämen
spi·tig, -e, -en [spi·ti·ge]
psy. gehässig, trotzig
spit·lik, spit·licke, -n [spit-
lik·ke] *EW psy.* ärgerlich,
verdrießlich
spitsk, -e, -en [spits·ke] *EW*
spitz, scharf, geschliffen;
übertr. psy. schnippisch,
spöttisch; *übertr. psy.* geil
Spitsk·a·häön *m. o.Mz. bot.*

Spitzahorn
Spitsk·boow, Spitsk·bo·wen
m. jur. Spitzbube
Spitsk·düörs·ker, -s *m. tech.
agr.* Spitzdrescher
Spits·ke, -n *w.* Spitze; *geol.*
Gipfel; *tech.* Spitzenstickerei;
übertr. psy. Stichelei
Spits·ken, Spits·kes *s.*
Spitzchen, kleine Spitze
spits·ken *ZW* spitzen, anspitzen
spitsk·kri·gen *uZW psy.*
herausbekommen, gewahr
werden, merken
Spit·ta·kel, -s *s. psy.* Spektakel, Lärm, Radau, Krawall;
Belustigung, Schauspiel
spit·ta·keln *ZW psy.* spektakeln, lärmen, laut schimpfen
spit·ten *ZW agr.* graben, umgraben, abstechen
splai·ten *ZW tech.* spalten,
spleißen, splittern
**Splait·hüüs·ken, Splait·hüüs-
kes** *s. arch. tech.* Werkstatt, in der Holz für die
Wannenherstellung bear-
beitet wurde
Splait·na·gel, Splait·niä·gel
m. tech. Sicherungsstift für
Schrauben und Bolzen
Splao·te, -n *w. tech.* Splitter; Schiene in Weidenwan-
nen
Splen·ter·büs·se, -n *w. tech.*
Spritzdose zum Einsprengen
der Wäsche; *übertr. psy.*
Tratschweib (Schimpfwort)
**Splen·ter·kuo·ten, Splen·ter-
küö·ten** *m. kul.* Bauerschaftsschänke, Kneipe
splen·tern *ZW EW* spritzen,
sprühen (mit Wasser u.ä.)
splen·ter·na·ken, -e, -en
[splen·ter·na·ke·ne] *EW*
splitternackt
Splint, -e [Splin·te] *m. tech.*
Verbindungsstück
Spli·te, -n *w. tech.* Gespaltenes (z.B. Holz), Scheit
spli·ten *uZW tech.* spalten,
spleißen
Spli·ten·haup, Spli·ten·hai·pe
m. Haufen von Holzscheiten
spö·ken *ZW psy.* spuken,
herumgeistern
Spö·ken·ki·ker, -s *m. psy.*
Geisterseher, Gespenster-
seher, Hellseher

Spo·le, -n *w. tech.* Spule, Garnrolle

Spö·le, -n *w. tech. hyg.* Spüle

spö·len *uZW hyg.* spülen, abwaschen

spo·len *ZW tech.* spulen

Spo·ler, -s *m. tech.* Spuler

Spook, Spö·ke *m. psy.* Gespenst, Geist, Spuk

spööksk, -e, -en [spööks·ke] *EW psy.* spukhaft

Spöök·stun, -·nen *w. tem. psy.* Geisterstunde

Spööl·em·mer, -s *m. tech. hyg.* Spüleimer

Spööl·fat, Spööl·fiä·ter *s. tech. hyg.* Spülfass

Spool·holt, Spool·höl·ter *s. tech.* Spulholz, hölzerne Spule

Spööl·ma·schien, Spööl·ma·schi·nen *w. tech. hyg.* Spülmaschine

Spööl·steen, Spööl·ste·ne *m. tech. hyg.* Spülstein, Waschbecken

Spool·waid *s. o.Mz. tech.* Spulholz

Spööl·wa·ter, Spööl·wä·ters *s. hyg.* Spülwasser, Abwaschwasser

Spööl·wicht, -er [Spööl·wich·ter] *s. hyg.* Spülmädchen

Spool·wuorm, Spool·wüör·mer *m. zool.* Spulwurm

Spör·gel *m. o.Mz. bot.* Raps

Spork *ON* Spork

spötsk, -e, -en [spöts·ke] *EW psy.* spöttisch

Spot·vüë·gel·ken, Spot·vüë·gel·kes *s. zool.* Gartenlaubsänger

sprai·ten *ZW* spreizen

Spräk·an *s. o.Mz.* Besuch von Nachbarn und Verwandten nach Geburten

sprän·gen *uZW* springen

Sprän·ger, -s *m.* Springer

Sprän·kel·wand, Sprän·kel·wän·ne *w. arch.* Lehmwand (Flechtwerk)

sprao, -·e, -·en *EW* spröde, trocken

Spraok, -e, -en [Sprao·ke] *w. kult.* Sprache

Sprao·kel *ON* Sprakel

Spraok·ge·bruuk, Spraok·ge·brü·ke *m. kult.* Sprachgebrauch

Spraok·gen·se, -n *w. kult.* Sprachgrenze

Spraok·lä·re, -n *w. o.Mz. kult.* Sprachlehre, Rechtschreibung

spraok·lä·rig, -e, -en [spraok·lä·ri·ge] *EW psy.* sprachbegabt

Spraok·wa·ter, Spraok·wä·ters *s. kul. übertr.* Alkohol; ~ häb·ben *med.* redselig durch den Genuss von Alkohol sein

Sprao·le, -n *w. zool.* Star

sprau, -·e, -·en *EW* spröde

Spre·e, -n *w. zool.* Star

Spre·en·kas·ten, Spre·en·käs·ten *s. tech.* Starenkasten

Spriä·kel, -n *m. bot.* Faulbaum (Pulverholz)

Spriä·kel·holt, Spriä·kel·höl·ter *s. arch.* Wand aus geflochtenem Holz

spriä·ken *uZW* sprechen, reden

Spriä·ker, -s *m.* Redner, Sprecher; Ansager

Sprik *s. o.Mz. bot.* Reisig, kleine trockene Zweige, Fallholz

Spril, -·len *w. med.* Bläschen im Mund

Sprit, -·te *m. chem.* Alkohol; Benzin

Sprit·pump, -en [Sprit·pum·pen] *w. tech.* Benzinpumpe

Sprok·am·pe, -n *w. zool.* rote Waldameise

Sprok·am·pen·haup, Sprok·am·pen·hai·pe *m.* Haufen der roten Waldameise

Sprüëk, -e [Sprüë·ke] *m.* Spruch

Sprüëk·waod, Sprüëk·wäö·der *s. kult.* Sprichwort

sprung·maot, -e, -en [sprung·mao·te] *EW* sprungbereit

Spruor·te, -n *w. bot., tech.* Sprosse

Spruot, -e [Spruo·te] *w. bot.* Spross, Keim

spru·ten *ZW bot.* sprießen

Sprüts·büs, -·sen *w. tech.* Spritzdose

Sprüt·se, -n *w. tech.* Spritze

Sprüt·sen·huus, Sprüt·sen·hü·ser *s. tech. arch.* Spritzenhaus, Feuerwehrhaus

Sprüt·ser, -s *m.* Spritzer

sprüts·ken *ZW* spritzen

Spucht, Spücht *m.* Spur; kleiner Junge, Schwächling,

Wicht

spuch·tig, -e, -en [spuch·ti·ge] *EW med.* schmächtig, dünn, schwächlich, hager

spüë·tern *ZW* spucken, Speichel sprühen beim Sprechen; sprühen, spritzen

Spüët·sel *s. o.Mz. med.* Speichel

Spund·lok, Spund·löcker [Spund·lök·ker] *s. tech.* Spundloch

spun·nen, -·ne, -·nen *EW tech.* gesponnen, versponnen

Spün·ner, -s *m. med.* Kuheuter

Spuor, Spüörs *s.* 1. Spur; 2. *trans.* Gleis, Bahn

Spuo·re, -n *w. bot., tech.* Spore

Spüör·jagt, -en [Spüör·jag·ten] *w* Pirsch

spüör·laus, -e, -en [spüör·lau·se] *EW* spurlos

spüörn *ZW* spüren

spuo·teln *ZW* strampeln, zappeln

Stään, Stä·ne *m. astr.* Stern, Gestirn

Stään·beld, Stään·bel·ler *s. astr.* Sternbild

Stään·ken, Stään·kes *s. astr.* Sternchen

Stään·kes·mir·re *s. o.Mz. bot.* Sternmiere

Stään·ki·ken *s. o.Mz. astr. psy.* Sternedeuten; Beobachtung der Sterne

Stään·ki·ker, -s *m. astr.* Sterngucker, Astronom

Stään·liä·wer·kruut *s. o.Mz. bot.* Waldmeister

Stään·lok, Stään·löcker [Stään·lök·ker] *s. met.* Sternenloch, Wolkenloch

Stään·snup, -·pen *w. astr.* Sternschnuppe

Stad, Stiä·den *w. geog.* Stadt

Stad·beld, Stad·bel·ler *s.* Stadtbild

Stad·busk, Stad·büs·ke *m. agr.* Stadtwald

Stad·deel, Stad·de·le *m. geog.* Stadtteil, Stadtviertel

Stad·ge·schicht *w. o.Mz. his.* Stadtgeschichte

Stad·ka·pel, -·len *w. mus.* Stadtkapelle

Städ·ken, Städ·kes *s. geog.* Städtchen

Stad·laun *ON* Stadtlohn
Stad·mü·er, -n *w. arch.*
Stadtmauer
Stad·mu·se·um, -s *s. his.*
Stadtmuseum
Stad·pa·troon, -s *m. rel.*
Stadtpatron, Schutzheiliger
der Stadt
Stad·räch·te *Mz. jur.* Stadt-
rechte
Stad·raod, Stad·räö·de *m.*
pol. Stadtrat; **in'n ~ sit·ten**
pol. Ratsherr im Stadtrat
sein
städsk, -e, -en [städs·ke] *EW*
städtisch
Städs·ke, -n *m. und w.*
Städter(in)
Stad·wiär·ke *Mz. tech.* Stadt-
werke
Stad·wop·pen, -s *s.* Stadt-
wappen
staf·ken *ZW* mühsam dahin
trotten
Staif·bro·er, Staif·brö·ers *w.*
Stiefbruder, Halbbruder
Staif·mo·er, Staif·mö·ers *w.*
Stiefmutter
Staif·va·der, Staif·vä·ers *m.*
Stiefvater
Sta·ken, -s *m. tech.* lange
Stange (aus Holz), Stecken
sta·ken *ZW* steifbeinig stelzen; *naut.* ein Boot mit ei-
ner Stange fortbewegen
sta·ken·düüs·ter, -e, -en [sta-
ken·düüs·te·re] *EW* sehr
dunkel
sta·ken·un·wies, -e, -en [sta-
ken·un·wi·se] *EW psy.* ganz
verrückt
Stal, Stiä·le *m. arch. agr.*
Stall, Unterkunft für Vieh
Sta·le, -n *w. tech.* Bein
(Tisch u.ä.)
stal·len *ZW agr.* in den Stall
bringen
Stal·lum, -s *s. tech. rel.* Chorstuhl
Stal·mes·ter, -s *m. agr.*
Stallmeister
Stam·end, Stam·en·nen *m.*
tech. Flasche
Sta·mer·buk, Sta·mer·bücke
[Sta·mer·bük·ke] *m. psy.*
Stammler, Stotterer
sta·mern *ZW psy.* stammeln, stottern
Stam·hol·ler, -s *m.* Stamm-
halter
stam·pen *ZW* stampfen,

zerquetschen; trampeln;
tech. prägen
Stam·per, -s *m. tech.* Stamp-
fer
Stamp·pot, Stamp·pöt·te *m.*
tech. Mörser
Stand, Stän·ne *m.* Stand
Stand·beld, Stand·bel·ler *s.*
tech. mus. Standbild, Statue
Ständ·ken, Ständ·kes *s. mus.*
Ständchen
Stä·nen·hie·mel, -s *m. astr.*
Sternenhimmel
stä·nen·klaor, -e, -en [stä-
nen·klao·re] *EW met.* stern-
klar
Stä·nen·lecht, -er [Stä·nen-
lech·ter] *s. astr.* Sternlicht
Stä·nen·schien *m. o.Mz. astr.*
Sternlicht, Sternenschein
Stän·gel, -s *m.bot.* Stängel
Stän·gel·rö·we, -n *w. bot.*
Stängelrübe
Stank·fat, Stank·fiä·ter *s.*
psy. jemd., der Unfrieden
stiftet (Schimpfwort)
Stan·ket, -te *s. tech.* Zaun,
Gitter
Stän·ner, -s *m. tech., arch.*
Ständer, Pfosten, Stütze,
Träger, Dachpfosten
**Stan·nes·amt, Stan·nes·iäm-
ter** *s. jur.* Standesamt
Stan·nes·bi·am·te, -n *m. jur.*
Standesbeamter
stän·nig, -e, -en [stän·ni·ge]
EW tem. ständig
Stan·ni·ool *s. o.Mz. tech.*
Aluminiumfolie
Stan·ni·ool·stri·pen, -s *m.*
tech. Aluminiumfolienstrei-
fen
stan·te·pe *UW tem.* augen-
blicklich, stehenden Fußes,
sofort
Staod, Stäö·de *m.* 1. *pol.*
Staat, Staatsgewalt, Gemein-
wesen; 2. Aufwand, Pracht,
Prunk; 3. Festgewand; **in'n
sti·wen** ~ im Festgewand
stäö·dig, -e, -en [stäö·di·ge]
EW prächtig, prunkvoll,
schmuck, stattlich
staods *EW* prächtig
**Staods·an·wolt, Staods·an-
wöl·le** *m. jur.* Staatsanwalt
Staods·bi·am·te, -n *m.*
Staatsbeamter
Staods·büör·ger, -s *m.*
Staatsbürger
Staods·dai·ner, -s *m.* Staats-

diener
Staods·dänst, -e [Staods-
däns·te] *m. pol.* Staatsdienst
Staods·dier, -s *s. zool.*
prächtiges Tier
Staods·fiä·ken, -s *s. zool.*
Staatsferkel, großartiges
Ferkel
Staods·kääl, -s *m.* präch-
tiger Mann
**Staods·man, Staods·män-
ner** *m. pol.* Staatsmann
Staods·min·nis·ter, -s *m.*
pol. Staatsminister
Staods·min·nis·te·ri·um, -s
s. pol. Staatsministerium
**Staods·rel·goon, Staods-
rel·go·nen** *w. rel.* Staats-
religion
Staods·up·sicht *w. o.Mz.*
Staatsaufsicht
Staods·wicht, -er [Staods-
wich·ter] *s.* prächtiges Mäd-
chen
Staol, Stäö·le *m. tech.* Stahl
Staol·blik, Staol·blicke [Staol-
blik·ke] *s. tech.* Stahlblech
stäö·lern, -e, -en [stäö·ler·ne]
EW stählern
Staol·fiär, -n *w. tech.* Stahlfeder
Staol·in·nus·tri, -en *w. tech.*
Stahlindustrie
Staol·na·gel, Staol·niä·gel
m. tech. Stahlnagel
Staol·schru·we, -n *w. tech.*
Stahlschraube
Staol·wiärk, -e [Staol·wiär-
ke] *s. tech.* Stahlwerk, Eisenhütte
staon *uZW* stehen; **~ gaon**
hinstellen; **äch·ter e·nen ~**
übertr. jemd. beaufsichti-
gen, kontrollieren; **Stao-
in'n-Wäg** *m. psy.* unbe-
holfener Mensch
staon·bli·wen *uZW* stehenbleiben
staon·foots *UW tem.* stehenden Fußes, sofort
stap·pen *ZW* stapfen
stark, -e, -en [star·ke] *EW*
ranzig
Stärk·de, -n *w.* Stärke, Kraft
Stärn, -en [Stär·nen] *w.*
med. Stirn
Stas·jaun, -en [Stas·jau·nen]
w. 1. Station; 2. *trans.* Bahnhof
stats *VW BW* anstatt, statt
Sta·tu·ten *Mz. jur.* Satzung

Staut, Stait *m.* Stoß
stau·ten *uZW* stoßen; **he
stöt an** *med.* er stottert
Stau·ter, -s *m. tech.* Stößel
Staut·fän·ger, -s *m. tech.*
Stoßfänger, Anschlagpuffer
Staut·hafk, -en [Staut·haf·
ken] *zool.* Sperber
Staut·pot, Staut·pöt·te *m.
tech.* Mörser
staut·wies, staut·wi·se *UW*
stoßweise
Staut·wind, Staut·win·ne *m.
met.* Böe
Staw, Stiä·we *m. tech.* Stab,
Stock; *mus.* Dirigentenstab
Steem·ke *ON* Steinbeck
Steem·ker, -s *m. und w.*
Steinbecker(in)
Steen, Ste·ne *m. tech.* Stein,
geol. Fels; *geol.* (in Ver-
bindung mit Metallen) Erz;
Ste·ne läg·gen *tech.* pfla-
stern; **~ un Been wün·nern**
psy. über alle Maßen wun-
dern; **wit·ten ~** *arch.* Kalk-
sandstein
Steen·beld, Steen·bel·ler *s.
mus.* Steinbild
Steen·biärg, -e *m.* Stein-
berg
Steen·briä·ker, -s *m. tech.*
Steinbrecher, Steinbruchar-
beiter
Steen·brüg·ge, -n *w. trans.*
Steinbrücke
Steen·dam, Steen·däm·me
m. tech. Steindamm; *trans.*
gepflasterte Straße
Steen·drücker, -s [Steen·drük·
ker] *m. tech.* Lithograph
Steen·flas *m. o.Mz. tech.*
Asbest
**Steen·frocht, Steen·fröch·
te** *w. bot.* Steinfrucht, Stein-
obst
Steen·fuor·ke, -n *w. agr.*
vielzinkige Forke
Steen·graw, Steen·griä·wer
s. Steingrab, Hünengrab
steen·hat, -·te, -·ten *EW*
steinhart
Steen·hau·er, -s *m. tech.*
Steinmetz
Steen·haup, Steen·hai·pe
m. Steinhaufen
Steen·ken, Steen·kes *s. geol.*
Steinchen
**Steen·kes·beld, Steen·kes·
bel·ler** *s. kult.* Mosaik
Steen·klöp·per, -s *m. tech.*

Pflasterer
Steen·ku·le, -n *w. geol.* Steinbruch
Steen·kuo·le *w. geol.* Steinkohle
Steen·lok, Steen·löcker
[Steen·lök·ker] *w. geol.* Felsenhöhle
Steen·müël, -en [Steen·müë·
len] *w. tech.* Mühle mit
Mahlsteinen
steen·olt, steen·ol·le, -n *EW
tem.* steinalt
Steen·pat, Steen·pät·te *m.
trans.* Steinweg, gepflaster-
ter Weg
Steen·pot, Steen·pöt·te *m.
tech.* Steintopf, Steinguttopf
steen·pöt·tig, -e, -en [steen·
pöt·ti·ge] *EW psy.* eigen-
sinnig, dickköpfig, eigen-
brötlerisch, starrsinnig
Steen·schüë·del, -n *w. tech.
kul.* Steingutschüssel
Steen·sli·per, -s *m. tech.*
Steinschleifer
Steen·swal·we, -n *w. zool.*
Hausschwalbe, Mehlschwal-
be
Steen·taon, Steen·täö·ne *m.*
Steinturm, *arch. jur.* Ge-
fängnis
Steentiet *w. o.Mz. his.*
Steinzeit
Steen·tüüg, -s *s. o.Mz.
tech.* Steinzeug
Steen·üöl·ge *s. o.Mz. chem.*
Petroleum
Steen·uo·lig·lamp, -en [Steen·
uo·lig·lam·pen] *w. tech.* Pe-
troleumlampe
Stef·fen *VN* Stephan
steg, -·ge, -·gen *EW* steil
steg·gen (sik) *ZW* sich steil
aufrichten
Stek·küs·sen, -s *s. tech.*
Kissen mit Kopfkissen für
Säuglinge
Stel, -·len *s. tech.* Schaft,
Stiel; Gestell
stel·len *ZW* stellen
Stel·ma·ker, -s *m. tech.* Wa-
genbauer, Stellmacher
Stel·te, -n *w. zool., tech.*
Stelze
stel·ten *ZW* stelzen
**Stel·ten·vuë·gel, Stel·ten·vüë·
gel** *m. zool.* Stelzenvogel
stelt·fö·tig, -e, -en [stelt·fö·
ti·ge] *EW* stelzbeinig, stelzfüßig

Stem, -·men *w.* Stimme;
Stimmrecht, Mitsprache-
recht; **Stem·ken, Stem·kes**
s. Stimmchen
Stem·ko·ken, Stem·kö·ken
m. kul. Lakritze
stem·men *ZW* stimmen,
richtig sein, zutreffen; stimmig sein
Stem·mert *ON* Burgsteinfurt
Stem·pat, Stem·pät·te *m.
trans.* Bürgersteig
Stem·wäg, Stem·wiä·ge *m.
trans.* Bürgersteig
ste·nen, -e, -en [ste·ne·ne]
EW steinern
Ste·nern *ON* Stenern
ste·nig, -e, -en [ste·ni·ge]
EW steinig
ste·ni·gen *ZW* steinigen
Stew·wert *ON* Drensteinfurt
stiä·ken *uZW* stecken, ste-
chen
Stiä·ker, -s *m. tech.* Stecker
Stiäk·flai·ge, -n *w. zool.*
Stechfliege
Stiäk·i·sen, -s *s. tech.* Sti-
chel, Stecheisen
Stiäk·nao·del, Stiäk·näö·del
w. tech. Stecknadel
Stiäk·rö·we, -n *w. bot.* Steck-
rübe
Stiäk·swiëp, -s *w. tech.* Peitsche mit kurzem Stiel
Stiäl·daiw, -e [Stiäl·dai·we]
m. jur. Dieb
stiä·len *uZW jur.* stehlen
Stiä·le·rj, -en *w. jur.* Stehlerei, Diebstahl
Stiär, -n *w.* Stelle, Stätte,
Platz, Ort; Amt, Stellung
Stiär·ke, -n *w. zool.* Rind
**Stiär·ken·kalw, Stiär·ken·käl·
wer** *s. zool.* weibliches Rinderkalb
stiärn·wies, stiärn·wi·se *UW*
stellenweise
Stiärt, -s *m. med.* Schwanz,
Schweif, Sterz; *tech.* Handgriff; **up dän ~ triä·ten** auf
den Schwanz treten; *übertr.
psy.* beleidigen
Stiärt·fiä·der, -n *w. zool.*
Schwanzfeder
stiärt·ken *ZW psy.* scharwenzeln
Stiärt·müël, -en [Stiärt·müë·
len] *w. tech.* Bockwindmühle
Stiärt·pa·te, -n *m.* Nebenpate
Stiärt·ploog, Stiärt·plö·ge

m. tech. agr. Einscharpflug
Stiärt·pog·ge, -n *w. zool.*
Kaulquappe
Stiärt·pot, Stiärt·pöt·te *m.*
tech. kul. Stieltopf, Kasserolle
Stiärt·rok, Stiärt·röcke [Stiärt-
rök·ke] *m.* Frack
Stiärt·seel, Stiärt·se·le *s.*
tech. Schwanzriemen (Teil
des Pferdegeschirres)
Stiärt·si·te, -n *w.* Schwanz-
seite, *übertr.* Rückseite
Stiä·we·bed·de, -n *s.* Sterbebett
Stiä·we·book, Stiä·we·bö·ker
s. jur. Sterbebuch, Sterbeliste
Stiä·we·huus, Stiä·we·hü·ser
s. Trauerhaus, Haus in dem
jemd. verstorben ist
**Stiä·we·krüüs, Stiä·we·krü-
se** *s. rel.* Sterbekreuz
Stiä·wen *s. o.Mz. med.* Sterben
stiä·wen *uZW med.* sterben
stiä·wens·krank, -e, -en [stiä-
wens·kran·ke] *EW med.*
sterbenskrank, todkrank
**Stiä·wens·waod, Stiä·wens-
wäö·der** *s.* Sterbenswort
stiäw·lik, stiäw·licke, -n [stiäw-
lik·ke] *EW* sterblich
sti·bit·sen *ZW jur.* stehlen,
stibitzen
Sticke, -n [Stik·ke] *w. tech.*
Streichholz
sticken [stik·ken] *ZW* stik-
ken, ersticken
sticken·düüs·ter, -e, -en [stik-
ken·düüs·ter], [stik·ken·düüs-
te·re] *EW* stockdunkel
**Sticken·käst·ken, Sticken-
käst·kes** [Stik·ken·käst·ken]
s. tech. Streichholzschachtel; *übertr. arch.* sehr kleines Haus
Stië·ge, -n *w. agr.* Getreidehocke; 20 Garben (Maß);
~ **up·sät·ten** *agr.* Getreidehocke aufsetzen
Stiëk, -e [Stië·ke] *m.* Stich;
in'n ~ laoten *übertr. psy.*
verlassen, jemd. oder et-
was sich selbst überlassen;
nen ~ häb·ben *übertr. psy.*
verrückt sein
Stië·kel, -s *m. tech., bot.,*
zool. Stachel
stië·ke·lig, -e, -en [stië·ke-
li·ge] *EW* stachelig

Stië·keln *s. tech., psy.* Sticheln
stië·keln *ZW tech., psy.* sticheln, *psy.* spötteln
Stiël, -e [Stië·le] *m. tech.,*
bot. Stiel, Stängel
Stiël·e·ke, -n *w. bot.* Stieleiche (Quercus robur L.)
Stiël·fat, Stiël·fiä·ter *s. tech.*
agr. Stielfass, große Jauchekelle
Stiël·foot, Stiël·fö·te *m.* unteres verdicktes Ende des
Stieles, Stielfuß
Stiël·pän·ken, Stiël·pän·kes
s. tech. Stielpfännchen; *zool.*
Schwanzmeise
stië·nen *ZW psy.* stöhnen
stiew, sti·we, -n *EW* steif,
starr, unbiegsam; ungelen-
kig; prall; ~ **van't Drin·ken**
med. betrunken; ~ **vul** bis
oben hin voll; **in'n sti·wen**
Staod in (gesteifter) Festtagskleidung
Stië·wel, -s *m. tech.* Stiefel;
he kan'n ~ vö·driä·gen
übertr. med. er ist trinkfest
Stië·wel·hols·ke, -n *w. tech.*
Holzschuh mit Stiefelschaft
aus Leder oder Gummi
Stië·wel·knecht, -e [Stië·wel-
knech·te] *m. tech.* bretterne oder eiserne Auszieh-
hilfe für Stiefel
stië·weln *ZW* stiefeln
**Stië·wel·schacht, Stië·wel-
schäch·te** *m. tech.* Stiefelschaft
stië·wig, -e, -en [stië·wi·ge]
EW steif, stabil; **ne ~e Sup**
kul. eine Suppe mit vielen
Einlagen
Stië·wig·kait, -en [Stië·wig-
kai·ten] *w.* Steifheit
Stiew·ken, Stiew·kes *s. tech.*
steifer, runder Hut
stiew·köpsk, -e, -en [stiew-
köps·ke] *EW psy.* starrköpfig
Stiew·liär, -s *s. psy.* steifle-
derner Mensch
stiew·liärn, -e, -en [stiew-
liär·ne] *EW* steifledern
stiew·nacken, -e, -en [stiew-
nak·ken], [stiew·nak·ke·ne]
EW psy. starrköpfig
Stiew·nak, Stiew·nacken
[Stiew·nak·ken] *m.* 1. *med.*
Steifnacken; 2. *psy.* starr-
köpfiger Mensch
Stiew·sel, -s *s. chem.* Wä-

schestärke
Stift, -e [Stif·te] *m.* 1. *kul.*
Priem; 2. *kult.* Lehrling; 3.
rel. Stift
stif·ten·gaon *uZW* fliehen,
ausreißen
Stifts·kiärk, -en [Stifts·kiär-
ken] *w. rel. arch.* Stiftskir-
che
Stifts·krüüs, Stifts·krü·se *s.*
rel. Stiftskreuz
Sti·ge, -n *w. trans.* enge
Gasse, Durchsteige
sti·gen *uZW* steigen
Sti·ger, -s *m.* 1. *tech.* Steiger; 2. Bergsteiger, Kletter-
rer
Stig·lits, -e [Stig·lit·se] *m.*
zool. Stichling
Stik·ho·sen *m. o.Mz. med.*
Keuchhusten
Stik·stof *m. o.Mz. chem.*
Stickstoff
sti·kum *EW psy.* heimlich
stil·kes *EW* still, ruhig, lautlos; *psy.* heimlich, unbemerkt
Stil·len Fri·dag *m. rel. tem.*
Karfreitag
stil·len·fri·dags *UW tem.*
karfreitags
stil·le·sit·ten *uZW* stillsitzen
stil·le·staon *uZW* stillste-
hen, nicht bewegen
Sti·na *VN* Christine
Sti·ne *VN* Christine
stin·ken *uZW* stinken, übel
riechen
Stink·wië·de, -n *w. bot.* Vo-
gelkirsche (Prunus avium)
Stip·miälk *w. o.Mz. kul.*
Quarkspeise
Stip·pe, -n *w.* kleiner Klumpen, Klümpchen; Fleck,
Tupfen
stip·pen *ZW* tupfen, tunken
sti·wen *uZW* steifen, stärken; **dän Puckel ~** den
Rücken stärken; *übertr.*
psy. unterstützen
Stockum [Stok·kum] *ON*
Stockum
Stof·fel, -n *w.* Staffel
Stöf·fel, -s *m. psy.* Sturkopf
**Stof·fel·ge·bäd, Stof·fel·ge-
biä·de** *s. rel.* Staffelgebet
Stof·fel·holt, Stof·fel·höl·ter
s. tech. spo. Staffelholz
stof·fe·lig, -e, -en [stof·fe·li-
ge] *EW psy.* stur, unhöflich
Stof·fel·lai·per, -s *m. spo.*
Staffelläufer

Stof·fer *VN* Christoph
Stok, Stöcke [Stök·ke] *m. bot., tech.* Stock
Stok·aant, Stok·iän·ten *w. zool.* Stockente
Stok·büör, -s *m. tech.* großer Handbohrer
stö·ken *ZW* sperrig sein, viel Raum beanspruchen
Stok·haid *w. o.Mz. bot.* Heidekraut
Stok·wiärk, -e [Stok·wiär·ke] *s. arch.* Stockwerk, Etage
stö·len *ZW* lärmen (mit Stühlen), unachtsam verhalten
Stölp, -e, -en, [Stöl·pe] *w. tech.* Topfdeckel, Stülpe
stöl·pen *ZW* stülpen
stol·pe·re·ern *ZW* stolpern
Stolt *m. o.Mz. psy.* Stolz, Hochmut
stolt, -e, -en [stol·te] *EW psy.* stolz, stattlich; hochmütig; **stol·ter** stolzer; **an stol·tes·ten** am stolzesten
stol·ten *ZW biol.* gerinnen
stol·ter·bol·tern *ZW spo.* Purzelbaum machen, über die eigenen Beine stolpern
Stool, Stö·le *m. tech.* Stuhl
Stool·been, Stool·be·ne *s. tech.* Stuhlbein
Stool·gang *m. o.Mz. med.* Verdauung, Stuhlgang
Stööl·ken, Stööl·kes *s. tech.* Stühlchen, Kinderstuhl
Stool·küs·sen, -s *s. tech.* Stuhlkissen
Stool·lië·nig, -en [Stool·lië·ni·gen] *w. tech.* Stuhllehne
Stööw·ken, Stööw·kes *s. tech.* Öfchen; kleiner Ofen
stop·de·vul, -·le, -·len *EW* gestopft, gedrängt voll
Stop·gaorn, Stop·gäörns *s. tech.* Stopfgarn
Stop·häön, -s *s. tech.* Füllhorn, Stopfhorn (Gerät zum Füllen von Wurstfleisch in den Darm)
Stop·kuorw, Stop·küör·we *m. tech.* Stopfkorb, Handarbeitskorb
Stop·küs·sen, -s *s. tech.* Stopfkissen
Stop·nao·del, Stop·näö·del *w. tech.* Stopfnadel
Stöp·pel, -n *w. bot.* Stoppel; *med.* (Bart)haar
Stöp·pel·acker, -s [Stöp·pel-

ak·ker] *m. agr.* Stoppelland, Stoppelfeld
Stöp·pel·haan, -s, Stöp·pel·ha·nen *m. agr.* letzte Garbe bei der Ernte
Stöp·pel·land, Stöp·pel·län·ner *s. agr.* Stoppelland, Stoppelfeld
Stöp·pel·rö·we, -n *w. bot. agr.* Stoppelrübe
Stop·pen, -s *m. tech.* Stopfen, Pfropfen
stop·pen *ZW* stecken, stopfen, pfropfen
Stop·per, -s *m. tech.* Stopfer, Stöpsel
störn *ZW* stören
Stöt·ken *s. o.Mz. spo.* Billiard
stöt·ken *ZW spo.* Billiard spielen
Stow, Stüö·we *m.* Staub, *hyg.* feiner Schmutz
Stow·blad, Stow·bliä·der *s. bot.* Staubblatt (von Blüten)
Stow·büül, -s *m. bot., tech.* Staubbeutel
Stow·dook, Stow·dö·ker *s. tech. hyg.* Staubtuch
sto·wen *uZW* dampfend schmoren
Stö·wer, -s *m.* Junge; *zool.* Schwein
Stow·träch·ter, -s *m. tech., bot.* Staubtrichter
stöw·wen *ZW* stauen
stow·wis·ken *ZW hyg.* staubwischen
Stra·bant, -en [Stra·ban·ten] *m.* Trabant
Strai *s. o.Mz.* Streu
strai·en *ZW* streuen
Strai·sel, -s *s.* Gestreutes, Streusel
strak, -s *EW* gerade (Haltung)
stra·ken *ZW psy.* streicheln
straks *UW* geradewegs, direkt
stram, -·me, -·men *EW* fest, stramm; eng, dicht, nah
Stram·fleesk *s. o.Mz. med.* Muskel
sträm·men (sik) *ZW* sich stemmen
stram·men *ZW* straffen, spannen, mechanisch unter Spannung setzen; **sik ~** zu eng sein
Strand, Strän·ne *m. geol.* Strand, Ufer

stran·kiel, stran·ki·le, -n *EW psy.* kregel, frech, hochfahrend
Straof·ar·baid, -en [Straof·ar·bai·den] *w.* Strafarbeit
Straof·ar·bai·der, -s *m. jur.* Strafarbeiter
straof·baor, -e, -en [straof·bao·re] *EW jur.* strafbar
Straof·book, Straof·bö·ker *s. jur.* Strafbuch
Strao·fe, -n *w. jur., psy.* Strafe
strao·fen *ZW jur., psy.* strafen, bestrafen
Straof·geld, Straof·gel·ler *s. fin. jur.* Strafgeld
Sträöf·ling, -e [Sträöf·lin·ge] *m. jur.* Sträfling, Häftling
Straof·rächt *s. o.Mz. jur.* Strafrecht
strao·keln *ZW psy.* streicheln
Straol, -en [Strao·len] *m.* Strahl
strao·len *ZW* strahlen
strao·lend, -e, -en [strao·len·de] *EW* strahlend
Strao·ler, -s *m. tech.* Strahler
Straot, -e, -en [Strao·te] *w. trans.* Straße, Fahrbahn; **up de ~ lig·gen** *übertr.* arbeitslos sein
Strao·ten·ar·bai·der, -s *m. tech.* Straßenarbeiter
Strao·ten·baan, Strao·ten·ba·nen *w. trans.* Straßenbahn
Strao·ten·bau *m. o.Mz. tech. trans.* Straßenbau
Strao·ten·baum, Strao·ten·bai·me *m. bot.* Straßenbaum
Strao·ten·bes·sen, -s *m. tech. hyg.* Straßenbesen
Strao·ten·drai, -s *m. trans.* Straßenkurve, Kurve der Straße
Strao·ten·gra·wen, Strao·ten·griä·wen *m.* Straßengraben
Strao·ten·kant, -en [Stao·ten·kan·ten] *w.* Straßenrand
Strao·ten·klüüt·ker, -s *m. hyg.* Straßenkehrer
Strao·ten·krü·sung, -n [Strao·ten·krü·sun·gen] *w. trans.* Straßenkreuzung
Strao·ten·löch·te, -n *w. tech.* Straßenleuchte, Straßenlampe
Strao·ten·lok, Strao·ten·lök·ker *s. trans.* Schlagloch

Strao·ten·siet, Strao·ten·si·ten w. trans. Straßenseite

Strao·ten·trüë·sel, -s m. trans. Kreisverkehr

Strao·ten·üö·wer·gang, Strao·ten·üö·wer·gän·ge m. trans. Bahnübergang

Strao·ten·vö·kä·er m. o.Mz. trans. Straßenverkehr

Strao·ten·wicht, -er [Strao·ten·wich·ter] s. Prostituierte, Hure, Straßenmädchen

Strao·ten·wol·ter, -n w. tech. Straßenwalze

Sträöt·ken, Sträöt·kes s. trans. Sträßchen, enge Straße

strap·se·ern ZW strapazieren

Strau s. o.Mz. Stroh

Strau·bal·ken, -s m. arch. agr. Strohboden, Lagerstelle für Stroh auf dem Dachboden

Strau·band, Strau·bän·ner s. tech. Strohband, Bindfaden

Strau·bes·sen, -s m. tech. Strohbesen

Strau·bin·nen s. o.Mz. agr. Strohbinden

strau·bin·nen uZW agr. strohbinden

Strau·bin·ner, -s m. tech. agr. Strohbinder, Ballenpresse

Strau·bun, Strau·bün s. agr. Strohbund

Strau·dak, Strau·diä·ker s. arch. Strohdach

Strau·fus·sen, -s m. Strohbüschel

Strau·haup, Strau·hai·pe m. agr. Strohhaufen

Strau·hood, Strau·hö·de m. tech. Strohhut

Strau·sak, Strau·siä·ke m. tech. Strohsack

Strau·sni·den s. o.Mz. agr. Strohschneiden

strau·sni·den uZW agr. strohschneiden

Strau·sni·der, -s m. tech. Strohschneider (Messer)

Strau·spier s. bot., tech. Strohhalm

Strau·wiëp, -s s. tech. Strohwisch, Matte aus Stroh

Strek, -s m. tech. Wetzstein

Striä·we, -n w. tech. Strebe, Verstrebung, Versteifung, schräge Stütze

striä·wen ZW streben

stri·den uZW psy., jur., mil. streiten, zanken

Stri·der, -s m. psy., jur., mil. Streiter

stri·dig, -e, -en [stri·di·ge] EW streitig, umstritten

Stried, Stri·de m. psy. Streit, Auseinandersetzung, Fehde, Konflikt, Zank, Zwist

Stried·ap·pel, -n m. Streitapfel, Zankapfel

Stri·de·ri, -·en w. psy., jur. Streiterei, Gestreite

Stried·ham·mel, -s m. psy. Streithammel, streitsüchtiger Mensch

Stried·holt, Stried·höl·ter s. tech. gabelförmiges Holzteil

Stried·ma·ker, -s m. psy. Streitanstifter, Friedensstörer

striëdsk, -e, -en [striëds·ke] EW psy. streitsüchtig

Stried·wiärk·tüüg, Stried·wiärk·tü·ge s. mil. Waffe

Striëk, -e [Strië·ke] m. Strich, Linie; gaas van'n ~ sien med. gesundheitlich angeschlagen sein

Striek, Stri·ke m. psy. Scherz, Streich

Striek·bol·ten, -s m. tech. erhitztes Eisenstück im Bügeleisen

Striek·i·sen, -s s. tech. 1. Bügeleisen; 2. Streicheisen (Teil des Pfluges)

Striëks·ken, Striëks·kes s. kleiner Strich

Striek·rai·men, -s m. tech. Lederriemen zum Schärfen des Rasiermessers

Striek·steen, Striek·ste·ne m. tech. Schleifstein

Striek·stok, Striek·stöcke [Striek·stök·ke] m. tech. mus. Geigenbogen

Strië·pel, -s m. Streifen, Stück

Strië·pel·ken, Strië·pel·kes s. Streifchen, Stückchen

strië·pelt, -e, -en [strië·pel·te] EW in Streifen (geschnitten)

Striep·ken, Striep·kes s. Streifchen

strië·pen, -e, -en [strië·pe·ne] EW gestreift

Strik, Stricke [Strik·ke] s. tech. Strick, Seil; tech. Wetzstock; übertr. psy. Schelm

stri·ken uZW psy. streichen, streicheln; tech. anmalen;

durchstreichen; tech. glätten; durchstreifen

Stri·ker, -s m. mus. Streicher

Strik·stok, Strik·stöcke [Strik·stök·ke] m. tech. Stricknadel

Strik·strump, Strik·strüm·pe m. Strickstrumpf

Strik·tüüg, -s o.Mz. Strickzeug

Stri·me, -n w. Streifen, insbes. med. blutunterlaufener Streifen

Stri·pen, -s m. Streifen, breite Linie; mus. Fernsehfilm, Kinofilm; wun·ne·ne ~ gewundener Streifen, Wellenband

stri·pen uZW streifen

Stri·pen·drai·er, -s m. Kameramann, tech. Filmkamera

Stri·pen·wi·ser, -s m. Filmvorführer

stri·pig, -e, -en [stri·pi·ge] EW streifig

Strip·pe, -n w. tech. elektrische Leitung, Kabel

strip·peln ZW streifen, abstreifen

Strip·pen·trecker, -s [Strippen·trek·ker] m. tech. Elektriker, Elektroinstallateur

Strip·se, -n w. dünnes Mädchen, dünne Frau

Strits, -e [Strit·se] m. Spritzer, Spritzer Flüssigkeit; kul. Korn mit einem Spritzer Kräuterlikör (Getränk)

strit·sen ZW wenig spritzen

Strom·biärg ON Stromberg

strö·keln ZW psy. streicheln

Stro·mer, -s m. Herumtreiber, Landstreicher, Vagabund

stro·mern ZW herumtreiben

Stroom, Strö·me m. geol. Strom, breiter Fluss; Strömung; tech. elektrischer Strom

Stroom·hüüs·ken, Stroom·hüüs·kes s. tech. arch. Umspannstation

Stroom·spi·ker, -s m. tech. Stromspeicher, Batterie, Akkumulator

Ströp·ken, Ströp·kes s. Kleinkind

strub·be·lig, -e, -en [strubbe·li·ge] EW struppig

Strü·be, -n w. med. Borste, dickes Haar

Strüë·mel, -s m. Junge; med.

derb für männl. Glied
struf, --fe, --fen *EW psy.*
barsch, kurz angebunden;
rau, ungekämmt, grobborstig
(Haar)
stru·keln *ZW* stolpern; *psy.*
straucheln
Strul, Strül·le *m.* kräftiger
Strahl, Wasserstrahl
Strül·kof·fi *m. o.Mz. kul.*
Ersatzkaffe
strül·len *ZW* mit einem
Strahl fließen; *med.* pinkeln, Wasser lassen
Strump, Strüm·pe *m.*
Strumpf; **nich in'ne Strüm-
pe kuëmen** *übertr. psy.*
träge sein
**Strump·band, Strump·bän-
ner** *s. tech.* Strumpfband
**strum·pel·dik, strum·pel-
dicke, -n** [strum·pel·dik·ke]
EW med. stark betrunken
strum·peln *ZW* stolpern,
taumeln, unsicher gehen
Strunk, Strün·ke *m. bot.*
Stämmchen, Stängel (z.B.
von Kohlpflanzen)
Struns 1. *s. o.Mz. chem.*
Strontium; 2. **~, Strün·se**
m. psy. Angeber
Struns·dook, Struns·dö·ker
s. tech. Ziertaschentuch
strun·sen *ZW psy.* angeben, prahlen
Struns·steen *m. o.Mz. geol.*
Strontiumerz
Strunt *m. o.Mz. psy.* Eingebildetheit
strun·te·rig, -e, -en [strun-
te·ri·ge] *EW psy.* arrogant,
eingebildet, hochnäsig
Struort, -e, Strüör·te [Struor-
te] *w. med.* Kehle; **de ~ af-
drai·en** *med.* erwürgen
strüör·ten *ZW med.* würgen, erbrechen
Strüp, --pen *s. tech.* Schlinge; *bot.* Gestrüpp
**Strüp·gar·dien, Strüp·gar-
di·nen** *w. tech.* verschließbare Gardine, Spanngardine
**Strüp·gar·dien·ken, Strüp-
gar·dien·kes** *s. tech.* kleine verschließbare Gardine,
kleine Spanngardine
strüp·pen *ZW* abstreifen,
melken; mit der Schlinge
fangen; Seil spannen (z.B.
über den Weg);
Strus, Stüs·se *m. bot.* Strauß

(Blumen etc.)
Strüs·ken, Strüs·kes *s. bot.*
Sträußchen
Struuk, Strü·ke *m. bot.*
Strauch, Strauß
Strüüks·ken, Strüüks·kes *s.
bot.* kleiner Strauch, kleiner
Strauß
Struuk·bes·sen, -s *m. tech.*
Reisigbesen
Struuk·daiw, -e [Struuk·dai-
we] *m. jur.* Wegelagerer
Struuk·wiärk *s. o.Mz. bot.*
Strauchwerk
Stru·wen, -s *m. kul.* Hefeplätzchen (am Karfreitag)
strü·wen *ZW psy.* sträuben,
widersetzen
Stub·ben, Stüb·ben *m. bot.*
Baumwurzelstumpf, Wurzel-
stock
stucke·de·ern [stuk·ke·de·ern]
ZW tech. vorsichtig zusammensetzen bzw. zusammen-
bauen
Stucke·döör, -s [Stuk·ke·döör]
m. tech. Stuckateur
stückeln [stük·keln] *ZW tech.*
stücken, verlängern, aneinanderfügen
Stücker [Stük·ker] *Mz.* Anzahl; **een of tain ~** ungefähr zehn
stückern [stük·kern] *ZW
psy.* hetzen
stu·de·ern *ZW* studieren
**Stu·de·er·stuom, Stu·de·er-
stüöms** *m. arch.* Studierzimmer, Arbeitszimmer für
Büroarbeiten
stu·de·ert, -e, -en [stu·de-
er·te] *EW* studiert
Stu·de·er·te, -n *m. und w.
kult.* Studierte(r)
Stu·dent, -en [Stu·den·ten]
m. kult. Student
Stu·den·ten·blo·me, -n *w.
bot.* Tagetes
stuë·keln *ZW* schaukeln
Stüë·nen *s. o.Mz. psy.* Stöhnen
stuë·nen *ZW psy.* stöhnen
Stuë·pen, -s *m. zool.* ein
bis zweijähriges Pferd;
übertr. starker, unbändiger
Mensch
Stü·er, -n *w. fin.* Steuer, Abgabe
Stü·er, -s *s. tech.* Steuerrad
(Auto), Ruder
Stü·er·amt, Stü·er·iäm·ter *s.*

fin. Steueramt, Finanzamt
Stü·er·bi·am·te, -n *m. fin.*
Steuerbeamter, Finanzbe-
amter
stü·er·fri, --e, --en *EW fin.*
steuerfrei
**Stü·er·gros·ken, Stü·er·grös-
kes** *m. fin.* Steuergroschen,
Steuergeld
stü·er·lik, stü·er·licke, -n [stü-
er·lik·ke] *EW fin.* steuerlich
Stü·er·man, Stü·er·lü·de *m.
trans., naut.* Steuermann
stü·ern *ZW* steuern, lenken,
die Richtung beeinflussen
Stü·er·plicht *w. o.Mz. fin.*
Steuerpflicht
stü·er·plich·tig, -e, -en [stü-
er·plich·ti·ge] *EW fin.* steu-
erpflichtig
Stü·er·rad, Stü·er·riä·der *s.
tech.* Lenkrad, Steuerrad
Stü·e·rung, -en [Stü·e·run·gen]
w. tech. Lenkung, Steuerung
Stü·er·schru·we, -n *w. fin.*
Steuerschraube
Stük, Stücker [Stük·ker] *s.*
Stück
Stu·ke, -n *w. bot.* Baumstumpf; Stauchung
stu·ken *uZW* stauen; stauchen, pressen
Stüks·ken, Stüks·kes *s.*
Stückchen
Stum·mel, Stüm·mel *m.*
Stumpf
Stüm·mel·ken, Stüm·mel·kes
s. kleiner Stumpf, *übertr.*
kleiner Mensch
Stump, Stüm·pe *m.* Stumpf
stump 1. *UW* durchaus,
ganz und gar; 2. **~, -e, -en**
[stum·pe] *EW* stumpf, unscharf; matt, nicht glän-
zend; **~ up** der Reihe nach,
ohne auszuwählen; **stum-
per** stumpfer; **an spumps-
ten** am stupfesten
Stum·pachs, -e [Stum·pach-
se] *m. psy.* Dummkopf
Stüm·pel, -s *m.* Stumpf
stüm·peln *ZW* abkürzen
stump·ma·ken *uZW* stumpfen, stumpf machen
Stump·niër·se, -n *w. med.*
Stumpfnase
**Stump·niërs·ken, Stump-
niërs·kes** *s. med.* Stumpfnäschen, *übertr.* kleines Kind
Stun, --ne, --nen *w. tem.*
Stunde

Stunk *m. o.Mz. biol.* Gestank, herber Geruch; *übertr. psy.* Streit, Zank
Stün·ken, Stün·kes *s. tem.* Stündchen, kurze Zeit
Stun·nen·glas, Stun·nen·gliä·ser *s. tech. tem.* Stundenglas, Sanduhr
Stun·nen·wi·ser, -s *m. tech. tem.* Stundenzeiger
stuns *UW tem.* zur Stunde; **van ~ an** *tem.* ab sofort
Stuo·ke·brand, Stuo·ke·bränner *m. psy.* Hetzer
stuo·ken *ZW* stochern, heizen
Stüö·ker, -s *m. tech.* Brenner
Stüö·ke·ri̲, -·en *w. tech.* Brennerei
stuo·len, -e, -en [stuo·le·ne] *EW jur.* gestohlen
Stuom, Stüöms *m. arch.* Stube, Zimmer; **bes·ten ~** *arch.* Wohnzimmer
Stuork, Stüör·ke *m. zool.* Storch
Stuor·ken·nöst, -er [Stuor·ken·nös·ter] *s. zool.* Storchennest
Stuorm, Stüör·me *m. met.* Sturm
stüör·men *ZW* 1. *met., spo.* stürmen; 2. *mil.* erobern
Stüör·mer, -s *m. spo.* Stürmer
Stuorm·löcht, -en [Stuorm·löch·ten] *w. tech.* Sturmlaterne
stüörmsk, -e, -en [stüörmske] *EW met.* stürmisch
Stuort, Stüör·te *m.* Sturz, Fall
Stüör·ten *s. o.Mz.* Stürzen, Hinfallen; **een ~ in'ne Kartuf·feln** *psy. übertr.* überhastetes Eilen, Hektik
stüör·ten *ZW* stürzen, hinfallen
stüör·ten·dik, stüör·ten·dicke, -n [stüör·ten·dik·ke] *EW med.* völlig betrunken
Stüör·ter·buk, Stüör·ter·bücke [Stüör·ter·bük·ke] *m. psy.* Stotterer
stüör·te·rig, -e, -en [stüör·te·ri·ge] *EW psy.* stotternd
stüör·tern *ZW psy.* stottern
Stüört·kaor, Stüört·käörs *w. trans.* Sturzkarre
Stüört·schu·er, -s *s. met.*

Platzregen, Wolkenbruch
Stuo·we, -n *w. arch.* Zimmer, Stube
Stüöw·ken, Stüöw·kes *s. arch.* Zimmerchen, Stübchen
Stup *m. o.Mz.* Schnelle; **in'n ~** auf die Schnelle, ruckzuck
stup un stän·nig *tem.* stets und ständig
stups; up ~ *tem.* sofort, plötzlich, spornstreichs
Stu·ten, s *m. kul.* Weißbrot
Stu·ten·bäcker, Stu·ten·bäk·ker *m. kul.* Kuchenbäcker, Feinbäcker
Stu·ten·dag, -e [Stu·ten·da·ge] *m. tem. übertr.* Feiertag
Stu·ten·deek, Stu·ten·de·ke *m. kul.* Weißbrotteig
Stu·ten·kääl, -s *m. kul.* aus Weißbrotteig gebackenes Männchen mit Tonpfeife (Geschenk zu Nikolaus)
Stu·ten·sop·pen, -s *m. kul.* Brei aus Weißbrot
Stu·ten·wiärk, -en [Stu·ten·wiär·ken] *w. tem. übertr.* Festwoche; *übertr.* Flitterwoche
Stut·gart *ON* Stuttgart
Stuts, Stüt·se *m.* Anhalt, Halt, Stütze
Stüt·te, -n *w. tech.* Stütze
stüt·ten *ZW* stützen
stuur, stu·re, -n *EW tech.* fest, stramm, steif, schwergängig; *übertr.* schwer, anstrengend
stu·wen *uZW* stauben; stieben, hasten; *met.* nieseln
stü·wen *ZW hyg.* abstauben
Stü·wer, -s *m. tech.* Stäuber, Zerstäuber
stü·we·rig, -e, -en [stü·we·ri·ge] *EW hyg.* staubig
Sü siehe! **~ dao** sieh an
Sü, -üs *m. tem.* Augenblick; **in e·nen ~** *tem.* in einem einzigen Augenblick
Süb·bel, -s *m. tech.* Schusterahle
Süb·bös·ken, Süb·bös·kes *s. fin.* Silbergroschen (50 Pfennige)
suckeln [suk·keln] *ZW trans.* zuckeln
sucken [suk·ken] *ZW* hin und herbewegen, schwingen
Sucker [Suk·ker] *m. o.Mz. kul.* Zucker; **bru·nen ~** *kul.*

brauner Zucker, unraffinierter Zucker; **wit·ten ~** *kul.* sehr reiner Zucker, raffinierter Zucker; **~ häb·ben** *med.* zuckerkrank sein
Sucke·rai̲, -·en [Suk·ke·rai] *w. kul.* Zichorie (gepresst)
Sucke·rai̲·en·wuor·del, -n [Suk·ke·rai·en·wuor·del] *w. bot.* Wegwarte
Sucker·ap·pel, -n [Suk·ker·ap·pel] *m. kul.* Zuckerapfel
Sucker·bäcker, -s [Suk·ker·bäk·ker] *m. kul.* Zuckerbäcker
Sucker·düp·pe, -n [Suk·ker·düp·pe] *w. tech.* Zuckerdose
Sucker·hood, Sucker·hö·de [Suk·ker·hood] *m. kul.* Zuckerhut
sucke·rig, -e, -en [suk·ke·rig], [suk·ke·ri·ge] *EW kul.* süß
Sucker·liä·pel, -s [Suk·ker·liä·pel] *m. tech. kul.* Zuckerlöffel
Sucker·lien, Sucker·li·nen [Suk·ker·lien] *w. tech.* Leine um den Zuckerhut
suckern [suk·kern] *ZW kul.* zuckern
Sucker·plüëd·ken, Sucker·plüëd·kes [Suk·ker·plüëd·ken] *m. tech. kul.* Stoffläppchen mit Zucker zum Lutschen für Säuglinge (in der Wirkung wie ein Schnuller)
Sucker·pot, Sucker·pöt·te [Suk·ker·pot] *m. tech. kul.* Zuckertopf
Sucker·rö·we, -n [Suk·ker·rö·we] *w. bot.* Zuckerrübe
Sucker·sak, Sucker·siä·ke [Suk·ker·sak] *m. tech.* Zuckersack
sucker·sööt, sucker·sö·te, -n [suk·ker·sööt], [suk·ker·sö·te] *EW kul.* zuckersüß
Sucker·tu·te, -n [Suk·ker·tu·te] *w. tech. kul.* Zuckertüte, Tüte mit Zuckerwerk
Sucker·wa·ter, Sucker·wä·ters [Suk·ker·wa·ter] *s. kul.* Zuckerwasser
Sucker·wiärk, -s [Suk·ker·wiärk] *s. o.Mz. kul.* Zuckerwerk, Konfekt
Sü·den *m. o.Mz. geog.* Süden
Sud·müël *ON* Sudmühle
Suë·ge, -n *w. zool.* Sau
Suëg·jun·gen, -s *m. agr.*

Schweinejunge, unterster
Knecht des Bauern
Suë·kel, -n *w. tech. spo.*
Schaukel
suë·keln *ZW spo.* schaukeln
Suë·kel·piärd, -e [Suë·kel·
piär·de] *s. tech. spo.* Schaukelpferd
Suë·kel·stool, Suë·kel·stö·le
m. tech. Schaukelstuhl
Süël, -s *w.* 1. *arch.* Schwelle; 2. *kul.* Pfriem
süë·len *uZW* sollen
Süëp *m. o.Mz. med.* Suff,
Trunksucht
Su·er *s. o.Mz. kul.* Essig,
Bieressig; *chem.* Säure; **in
~ lig·gen** *med.* einen Kater haben
su·er, -e, -en [su·e·re] *EW
kul.* sauer, säuerlich, *chem.*
säurehaltig; schwer, mühevoll; *psy.* eingeschnappt,
verärgert
Su·er·blad, Su·er·bliä·der *s.
bot.* Sauerampfer
Su·er·deek, Su·er·de·ke *m.
kul.* Sauerteig
su·er·fal·len *uZW* schwerfallen, anstrengend sein
Su·er·fleesk *s. o.Mz. kul.*
Sauerfleisch, Sauerbraten
Su·er·gräs, Su·er·griä·ser *s.
bot.* Sauerampfer, Sauer-
gras
Su·er·kiär·se, -n *w. bot.*
Sauerkirsche
su·er·ländsk, -e, -en [su·er·
länds·ke *EW* sauerländisch
Su·er·län·ner, -s *m. geog.*
Sauerländer
sü·er·lik, sü·er·licke, -n [sü·
er·lik·ke] *EW kul.* säuerlich
Sü·er·ling, -e [Sü·er·lin·ge]
m. bot. Sauerampfer
Su·er·moos *s. o.Mz. kul.*
Sauerkraut
**Su·er·moos·fat, Su·er·moos·
fiä·ter** *s. tech.* Sauerkrautfass
**Su·er·moos·pot, Su·er·moos·
pöt·te** *m. tech.* Sauerkrauttopf
Su·er·moos·stam·per, -s *m.
tech.* Sauerkrautstampfer
sü·ern *ZW* säuern
Su·ern·buorg *w. arch.* Surenburg (Wasserschloss
bei Riesenbeck)
su·er·pötsk, -e, -en [su·er·
pöts·ke] *EW psy.* ärgerlich,

verdrießlich
su·er·sööt, su·er·sö·te, -n
EW kul. süßsauer
Su·er·stof *m. o.Mz. chem.*
Sauerstoff
**Su·er·vüë·gel·ken, Su·er·vüë·
gel·kes** *s. zool.* Marien-
käfer
Su·ge·bes·sen, -s *m. tech.
hyg.* Staubsauger
Su·ge·gum·mi, -es *s. tech.*
Saugnapf
su·gen *uZW* saugen
Sü·ger, -s *m. zool.* Säugetier
Su·ger, Sü·gers *m. tech.*
Sauger, Schnuller
Su·ge·tit·ken, Su·ge·tit·kes
s. bot. Geißblatt
Süg·gel, -s *m. tech.* Schu-
sterpfriem
Süg·gel·te, -n *w. bot.* Geiß-
blatt
Sug·stië·wel, -s *m. tech.*
Zugstiefel
sük, sücke, -n [sük·ke] *FW*
solch
Sü·ke, -n *w. med.* Seuche
Sü·ken·huus, Sü·ken·hü·ser
s. med. arch. Krankenhaus
suk·sa·siew, suk·sa·si·we, -n
EW tem. allmählich
suks·tern *ZW* Kind auf den
Knien wippen lassen
Sul·daot, -en [Sul·dao·ten]
m. mil. Soldat
Sul·dao·ten·bed·de, -n *s.
tech. mil.* Soldatenbett, Feld-
bett
**Sul·dao·ten·graw, Sul·dao·
ten·griä·wer** *s. mil.* Solda-
tengrab
**Sul·dao·ten·kiärk·how, Sul·
dao·ten·kiärk·hüö·we** *m.
mil.* Soldatenfriedhof
Sul·dao·ten·kip, -·pe, -·pen
w. tech. Soldatenmütze
Sul·dao·ten·liä·wen *s. o.Mz.
mil.* Soldatenleben
Sü·le, -n *w.* 1. *tech.* Ahle,
Schusterahle; 2. *arch.* Säule
Sü·len·pöp·pel, -n *w. bot.*
Säulenpappel
Sül·te, -n *w. kul.* Sülze
Sül·wer *s. o.Mz. chem.* Silber
Sül·wer·ar·baid, -en [Sül·wer·
ar·bai·den] *w. tech.* Silber-
arbeit
Sül·wer·ar·bai·der, -s *m.
tech.* Silberarbeiter
Sül·wer·biärg·wiärk, -e [Sül·
wer·biärg·wiär·ke] *s. tech.*

Silberbergwerk
Sül·wer·di·sel, -n *w. bot.*
Silberdistel
Sül·wer·draod, Sül·wer·äö·de
m. tech. Silberdraht
Sül·wer·faam, Sül·wer·fiäm
m. tech. Silberfaden
Sül·wer·fisk, -e [Sül·wer·fis·
ke] *m. zool.* Silberfischchen
Sül·wer·fos, Sül·wer·fös·se
m. zool. Silberfuchs
Sül·wer·ge·holt *m. o.Mz.
chem* Silbergehalt
Sül·wer·geld *s. o.Mz. fin.*
Silbergeld, silberne Münzen
**Sül·wer·hoch·tiet, Sül·wer·
hoch·ti·ten** *w. tem.* Silber-
hochzeit (25 Jahre)
Sül·wer·ken, Sül·wer·kes *s.
fin.* Silbergeldstück (50 Pfen-
nige)
Sül·wer·me·dal·ge, -n *w. spo.*
Silbermedaille
sül·wern, -e, -en [sül·wer·
ne] *EW* silbern
Sül·wer·pöp·pel, -n *w. bot.*
Silberpappel
Sül·wer·smet, -s *m. tech.*
Silberschmied
Sül·wer·stri·pen, -s *m.* Sil-
berstreifen
Sül·wer·tüüg, -s *s. o.Mz.
tech.* Silberzeug, Silbersa-
chen
Sül·wer·wië·de, -n *w. bot.*
Silberweide
sül·wer·wit, -·te, -·ten *EW*
silberweiß
Sül·wes·ter *VN* Silvester,
tem. 31. Dezember
Sül·wes·ter·aomd, -e [Sül·
wes·ter·aom·de] *m. tem.* Sil-
vesterabend
**Sül·wes·ter·bruuk, Sül·wes·
ter·brü·ke** *m. his.* Silvester-
brauch
Süm·ken, Süm·kes *s. math.*
Sümmchen
Sum, -·men *w. math.* Summe
sü·men *ZW* 1. *fin.* säumen,
jemd. schulden; einfassen
sü·mig, -e, -en [sü·mi·ge]
EW fin. säumig
Sum·mer, Süm·mers *m. tem.*
Sommer
Sum·mer·aomd, -e [Sum·
mer·aom·de] *m. tem.* Som-
merabend
Sum·mer·brao·ke, -n *w. agr.*
Sommerbrache
Sum·mer·dag, -e [Sum·mer·

da·ge] *m. tem.* Sommertag
sum·mer·dags *UW met. tem.*
sommertags, im Sommer
Sum·mer·kleed, Sum·mer·kle·der *s.* Sommerkleid;
Sum·mer·kleed·ken, Sum·mer·kleed·kes *s.* Sommerkleidchen
sum·mer·lik, sum·mer·licke, -n [sum·mer·lik·ke] *EW met.*
sommerlich
Sum·mer·lin·ne, -n *w. bot.*
Sommerlinde
Sum·mer·maond, -e [Sum·mer·maon·de] *m. tem.*
Sommermonat
Sum·mer·nacht, Sum·mer·näch·te *w. tem.* Sommernacht
Sum·mer·siän·gen *m. o.Mz.*
Sommersegen
Sum·mer·sun·ne *w. o.Mz.*
met. Sommersonne
Sum·mer·uut·vö·kaup, Sum·mer·uut·vö·kai·pe *m. fin.*
Sommerschlussverkauf
Sum·mer·va·kans, -en [Sum·mer·va·kan·sen] *w. tem.* Sommerferien
Sum·mer·vuë·gel, Sum·mer·vüë·gel *m. zool.* Schmetterling; Sommervogel, Zugvogel
Sump, Süm·pe *m.* Morast, *geol.* Sumpf
sum·se·mo·ren *UW* insgesamt (lat. summa summarum)
Sun·dag, -e [Sun·da·ge] *m. tem.* Sonntag; *übertr.* Feiertag; **Wit·ten ~** *rel. tem.* erster Sonntag nach Ostern, Weißer Sonntag
Sun·dag·nao·med·dag, -e [Sun·dag·nao·med·da·ge] *m. tem.* Sonntagnachmittag
sun·dag·nao·med·dags *UW tem.* sonntagnachmittags
sun·dags *UW tem.* sonntags
Sun·dags·be·söök, Sun·dags·be·sö·ke *m.* Sonntagsbesuch
Sun·dags·brao·den, Sun·dags·bräö·den *m. kul.* Sonntagsbraten
sun·dags·fien, sun·dags·fi·ne, -n *EW* sonntagsfein, sonntäglich angezogen
Sun·dags·iä·ten *s. o.Mz. kul.*
Sonntagsessen, besonders gutes Essen

Sun·dags·ken, Sun·dags·kes *m.* Sonntagsanzug
Sun·dags·kind, Sun·dags·kin·ner *s.* Sonntagskind
Sun·dags·kleed, Sun·dags·kle·der *s.* Sonntagskleid
Sun·dags·mis·se, -n *w. rel.*
Sonntagsmesse
Sun·dags·muorn *m. o.Mz.*
rel. Sonntagmorgen
Sun·dags·scho, -·e *m. tech.*
Sonntagsschuh
Sun·dags·spat·se·er·gang, Sun·dags·spat·se·er·gän·ge *m. trans.* Sonntagsspaziergang
Sun·dags·staod, Sun·dags·stäö·de *m.* Sonntagskleidung
Sun·dags·swit·kert, -s *m. kul.* jemd., der sonntags durchzecht
Sun·dags·tüüg, -s *s. o.Mz.*
Sonntagszeug, Sonntagskleidung
Sun·dags·üör·nern, -s *m. tem.* Sonntagnachmittag
Sun·dags·uut·flug, Sun·dags·uut·flü·ge *m. trans.*
Sonntagsausflug
sünd·haf·tig, -e, -en [sündhaf·ti·ge] *EW rel.* sündig
Sund·hait *w. o.Mz. med.* Gesundheit
sund·ma·ken *uZW med.* gesundmachen, heilen
sund·ma·kend, -e, -en [sundma·ken·de] *EW med.* gesundmachend, heilend
sü·nig, -e, -en [sü·ni·ge] *EW psy.* sparsam, mäßig, bescheiden
Sün·kä·se, -n *w. tech.* Zündkerze
sün·laus, -e, -en [sün·lause] *EW* sinnlos
Sun·ne, -n *w. astr.* Sonne
Sün·ne, -n *w. rel., jur.* Sünde, Vergehen, Unrecht
sun·nen *ZW* sonnen
sün·nen *ZW* zünden
Sun·nen·bank, Sun·nen·bän·ke *w. tech.* Sonnenbank, Solarium
Sun·nen·blo·me, -n *w. bot.*
Sonnenblume
Sun·nen·brand *m. o.Mz.*
med. Sonnenbrand
Sün·nen·buk, Sün·nen·bücke [Sün·nen·bük·ke] *m. psy.*
Sündenbock

Sun·nen·dak, Sun·nen·diä·ker *s. arch.* Sonnendach, Markise
Sün·nen·fal *m. o.Mz. rel.*
Sündenfall
sun·nen·giäl, -e, -en [su·nen·giä·le] *EW* sonnengelb
sun·nen·klaor, -e, -en [sun·nen·klao·re] *EW* sonnenklar
Sun·nen·klok, Sun·nen·klocken [Sun·nen·klok·ken]
w. tech. astr. tem. Sonnenuhr
Sun·nen·küüs·ken, Sun·nen·küüs·kes *s. zool.* Marienkäfer
Sün·nen·laun *m. o.Mz. fin.*
Sündenlohn, Schmiergeld
Sun·nen·lecht, -er [Sun·nen·lech·ter] *s. astr.* Sonnenlicht
Sun·nen·pläk, Sun·nen·pläcken [Sun·nen·pläk·ken]
m. astr. Sonnenfleck
Sun·nen·scherm, -e [Sun·nen·scher·me] *m. tech.*
Sonnenschirm
Sun·nen·schien *m. o.Mz.*
met. Sonnenschein
Sun·nen·siet, Sun·nen·si·ten *w.* Sonnenseite, *übertr.*
Süden
Sun·nen·stiëk, -e [Sun·nen·stië·ke] *m. med.* Sonnenstich
Sun·nen·straol, -en [Sun·nen·strao·len] *m. astr.* Sonnenstrahl
Sun·nen·un·ner·gang, Sun·nen·un·ner·gän·ge *m. astr.*
Sonnenuntergang
Sun·nen·up·gang, Sun·nen·up·gän·ge *m. astr.* Sonnenaufgang
Sun·nen·wi·er·stiëk *m. o.Mz.*
geschützte Sonnenlage
sun·ner *VW* sonder, ohne
Sün·ner, -s *m.* 1. *tech.* Zünder; 2. *rel.* Sünder
Sün·ner·bank, Sün·ner·bän·ke *w. tech. rel.* Sünderbank, *tech. jur.* Anklagebank
sun·ner·baor, -e, -en [sun·ner·bao·re] *EW* sonderbar
sün·ner·lik, sün·ner·licke, -n [sün·ner·lik·ke] *EW* sonderbar, eigenartig; *psy.* eigenwillig, querköpfig
sun·nern *BW* sondern
sün·nern *ZW* aussondern
Sun·ner·rächt, -e [Sun·ner·räch·te] *s. jur.* Privileg, Son-

derrecht
**Sun·ner·school, Sun·ner-
scho·le, -n** *w. kult.* Son-
derschule
sun·nig, -e, -en [sun·ni·ge]
EW met. sonnig
sün·ni·gen *ZW rel.* sündigen
Sün·ning·sen *ON* Sünning-
hausen
Sün·nung, -en [Sün·nun·gen]
w. tech. Zündung
Sünt, -e, -en [Sün·te] *m. und
w. rel.* Heilige(r), Sankt; ~
Jans Heiliger Johannes; ~
Klaos Heiliger Nikolaus; ~
Pe·ter Heiliger Petrus; ~
Ren·del Heilige Reinhildis;
~ **Tüëns** Heiliger Antonius
Sünt Annold *ON* Sankt Ar-
nold
Sünt Maurits *ON* Sankt
Maurits
Sun·vuë·gel, Sun·vüë·gel *m.
med.* Sommersprosse
Suol, Süöl *w. tech.* Sohle
suo·len *ZW tech.* sohlen,
besohlen
Süöl·ken, Süöl·kes *s. tech.*
Söhlchen
Suol·liär, -s *s. tech.* Soh-
lenleder
Süöl·steen, Süöl·ste·ne *m.
arch.* steinerne Unterlage
als Fundament für Fach-
werkhäuser; Treppenstein
Suon, Süöns *m.* Sohn
Süön·ken, Süön·kes *s.*
Söhnchen
Suons·kind, Suon·kin·ner *s.*
Enkel
Suons·frau, -·en *w.* Schwiegertochter
Suorg, Suor·ge, -n *w. psy.*
Sorge, Kümmern; Besorgnis
suor·gen *ZW psy.* sorgen,
kümmern; besorgt sein
**Suor·gen·kind, Suor·gen-
kin·ner** *s. psy.* Sorgenkind
suor·gen·laus, -e, -en [suor-
gen·lau·se] *EW psy.* sorgenlos, sorgenfrei
**Suor·gen·stool, Suor·gen-
stö·le** *m. tech.* Lehnstuhl
suorg·lik, suorg·licke, -n
[suorg·lik·ke] *EW psy.* sorgfältig, besorgt, treusorgend
suörn *ZW psy.* (sich) beschweren
Suot·ken *m. o.Mz. bot.* Bärenklau
Sup, -·pen *w. kul.* Suppe;

de ~ **lüg** *übertr. kul.* die
Suppe ist nicht erkennbar
extrem heiß
su·pen *uZW kul.* saufen,
unmäßig trinken
Sü·per, -s *m. med.* Säufer,
Trinker, Alkoholiker
Süpken, Süp·kes *s. kul.*
Süppchen
Sup·pen·fleesk *s. o.Mz. kul.*
Suppenfleisch
**Sup·pen·kump, Sup·pen-
küm·pe** *s. tech. kul.* Suppenschüsselchen
Sup·pen·liä·pel, -s *m. tech.
kul.* Suppenlöffel
**Sup·pen·stük, Sup·pen-
stücke** [Sup·pen·stük·ke] *s.
kul.* Suppenfleisch
Surk *ON* Suderwick
Surks·ke, -n *m., w. und s.*
Suderwicker
süs *UW* sonst, früher; ansonsten; ~ **Jao·ren** *tem.*
in früheren Jahren; ~ **niks**
sonst nichts, mehr nicht
süs·an·ners *UW* andernfalls
Su·se, -n *w. tech. spo.*
Schaukel
sü·seln *ZW* säuseln
su·sen *ZW* sausen, brausen;
schaukeln; *übertr.* schnell
laufen, *trans.* schnell fahren; e·nen ~ lao·ten *med.*
pupsen
Su·se·wind, Su·se·win·ne *m.
met.* brausender Wind
su·sig, -e, -en [su·si·ge] *EW
met.* windig
Sus·se, -n *w. zool.* Zosse,
altes Pferd
Süs·ter, -s *s.* Schwester
Süs·ter·ken, Süs·ter·kes *s.*
Schwesterchen
süs·terlik, süsterlicke, -n
[süs·ter·lik·ke] *EW* schwesterlich
**Süs·ters·kind, Süs·ters·kin-
ner** *s.* Nichte, Neffe
**Süs·ters·suon, Süs·ters-
süöns** *m.* Neffe
**Süs·ters·wicht, Süs·ters-
wicht** *s.* Nichte
Süüd·kiär·ken *ON* Südkirchen
süüd·lik, süüd·licke, -n [süüd-
lik·ke] *EW geog.* südlich
Süüd·loon *ON* Südohn
Süüd·pool, Süüd·po·le *m.
geog., tech.* Norpol

Süüd·wind, Süüd·win·ne *m.
met.* Südwind
Suul, Süüls *m. tech.* Pfo-
sten bei Ziehbrunnen und
Schlagbaum
Süül·weg·ge, -n *w. tech.*
Saum ohne Naht
Suum, Sü·me *m. tech.* Saum
suum·siä·lig, -e, -en [suum-
siä·li·ge] *EW psy.* saumse-
lig, säumig
Suup·klad·de, -n *w. med.*
Säufer
Suup·lap, -s *m. med.* Säufer
Suup·lok, Suup·löcker [Suup-
lök·ker] *s.* Teich zur Viehtränke
Suup·nao·ber, -s *m.* Nachbar, der bei Festen nur zum
Trinken, nicht zum Essen
eingeladen ist
Suup·nickel, -s [Suup·nik-
kel] *s. med.* Säufer
Suup·sak, Suup·siä·ke *m.
med.* Säufer
Suup·stiärt, -s *m. med.* Säufer
Suus *m. o.Mz.* Saus; **in ~ un
Bruus liä·wen** *fin.* in Saus
und Braus leben
suus·ken *ZW* Kind leise
singend im Arm wiegen
swa·dro·ne·ern *ZW psy.*
schwadronieren, viel und
lebhaft erzählen; *psy.* prahlerisch schwätzen
swag·geln *ZW* wackeln,
schwanken
swak, swacke, -n [swak·ke]
EW tech. kraftlos, schwach,
med. schwächlich, kränklich; *psy.* wehrlos; unfähig
Swa·ke, Swai·ke *w. zool.*
Schwarm
swäk·lik, swäk·licke, -n
[swäk·lik·ke] *EW med.*
schwächlich
Swäk·de, -n *w. med., psy.,
tech.* Schwäche
Swal·we, -n *w. zool.* Schwalbe
Swal·wen·nöst, -er [Swa·wen-
nös·ter] *s. zool.* Schwalbennest
Swal·wen·stiärt, -s *m. med.*
Schwalbenschwanz; *tech.*
schwalbenschwanzförmige
Verbindung von Brettern
Swam, Swiä·me *m. bot.* Pilz
Swän·gel, -s *m. tech.*
Schwengel, drehbar gela-

gerter Hebel
Swän·gel·pump, -en [Swän-gel·pum·pen] *w. tech.*
Schwengelpumpe
swank, -e, -en [swan·ke]
EW biegsam, gewandt
Swao·gel, Swäö·gel *m.*
Schwarte
Swao·ger, Swäö·gers *m.*
Schwager
Swäö·gers·ke, -n *w.* Schwä-gerin
Swaon, Swäö·ne *m. zool.*
Schwan, *übertr. tech.* schwa-nenhalsartig gebogenes Sto-chereisen
Swaor, Swäör *w.* Schwarte;
an'ne ~ knal·len *übertr.
psy.* hart vorwerfen, schwe-re Vorwürfe machen
swaor, -e, -en [swao·re] *EW*
schwer, gewichtig; schwie-rig; **swäö·rer** schwerer; **an
swäörs·ten** am schwersten
Swäör·de, -n *w.* Schwere,
tech. Gewicht, Masse
swao·rens *UW* zwar; be-sonders
swaor·mö·dig, -e, -en
[swaor·mö·di·ge] *EW psy.*
schwermütig, depressiv
Swäör·naud *w. o.Mz. psy.*
Schwerenot
swap·ken *ZW* schwappen
Swa·sen *m. o.Mz.* Wasser-dampf, Schwaden
swat, -·te, -·ten *EW* schwarz;
~·te Man *m. rel.* Knecht
Ruprecht
Swat·ar·baid, -en [Swat·ar-bai·den] *w.* Schwarzarbeit
Swat·ar·bai·der, -s *m.*
Schwarzarbeiter
Swat·braud, Swat·brai·de *s.
kul.* Schwarzbrot
swat·bunt, -e, -en [swat-bun·te] *EW* schwarzbunt,
schwarzweiß
Swat·däön *m. o.Mz. bot.*
Schwarzdorn
Swat·geld, Swat·gel·ler *s.
fin.* Schwarzgeld, nicht ver-steuertes Geld
Swat·han·nel *m. o.Mz. fin.*
Schwarzhandel
Swat·kiel, -s *m. zool.* Wild-schwein; Schwarzwild
swät·lik, swät·licke, -n [swät-lik·ke] *EW* schwärzlich
swat·ma·ken *uZW* schwär-zen

Swat·markt, Swat·miärk·te
m. fin. Schwarzmarkt
Swat·nais·ke, -n *w. tech.*
Kleidernäherin
Swat·pöp·pel, -n *w. bot.*
Scharzpappel
swat·rän·nert, -e, -en [swat-rän·ner·te] *EW* schwarz-gerändert
swat·raud, -e, -en [swat·rau-de] *EW* schwarzrot
Swat·rok, Swat·röcke [Swat-rök·ke] *m. rel.* Schwarz-rock, Geistlicher, Priester
Swat·slach·ten *s. o.Mz. med.
jur.* Schwarzschlachten (an
der Steuer vorbei)
swat·slach·ten *ZW med. jur.*
schwarzschlachten
Swat·te, -n *m., w. und s.*
Schwarze(r), Mohr, Neger(in);
m. zool. Rappe
swat·wit, -·te, -·ten *EW*
schwarzweiß
Swecht, -e [Swech·te] *m.
zool.* Schwarm, Schar
swech·ten·wi·se *UW* scha-renweise
Swe·den *geog.* Schweden
sweedsk, -e, -en [sweeds-ke] *EW kult.* schwedisch
Sweeds·ke, -n *m. und w.*
Schwede, Einwohner Schwe-dens
Sweet *m. o.Mz. med.*
Schweiß; **kol·le ~** *psy.* Angst-schweiß
Sweet·dook, Sweet·dö·ker
s. tech. Schweißtuch
Sweet·foot, Sweet·fö·te *m.
med.* Schweißfuß
Sweet·fos, Sweet·fös·se *m.
zool.* Schweißfuchs, Pferd
mit dunkelrotem bzw. rot-braunem Fell; *übertr.* jemd.
mit dunkelrotem Haar
Sweets·druo·pen, Sweets-drüö·pen *m. med.* Schweiß-tropfen, Schweißperle
Swem·bük·se, -n *w. spo.*
Badehose
Swem·foot, Swem·fö·te *m.
zool.* Schwimmfuß
Swem·huut, Swem·hü·te *w.
med.* Schwimmhaut
swem·men *uZW* schwim-men
Swem·mer, -s *m. spo.*
Schwimmer
Swem·mes·ter, -s *m. spo.*
Bademeister, Schwimm-

meister
Swem·se·pe, -n *w. hyg.*
Schwimmseife
swe·ten *ZW med., tech.*
schwitzen, Wasser abson-dern
Swe·ten *s. o.Mz. med., tech.*
Schwitzen; **an't ~ kuë·men**
med. ins Schwitzen kom-men, *übertr. psy.* in Be-drängnis geraten
Swe·ter, -s *m.* Pullover
swe·te·rig, -e, -en [swe·te-ri·ge] *EW med.* schweiß-treibend
Swiär, -s *s. med.* Geschwür
Swiärk, -s *m. zool.* Schwalbe
swiärn *ZW med.* eitern
Swiärt, -er [Swiär·ter] *s. tech.
mil.* Schwert
Swiä·we, -n *w.* Schwebe
Swiä·we·baan, Swiä·we·ba-nen *w. trans.* Schwebebahn
swiä·wen *ZW* schweben
swië·keln *ZW* taumeln, tau-melnd fliegen
Swiël, -en [Swië·len] *s. med.*
Schwiele, Hornhaut
swië·lig, -e, -en [swië·li·ge]
EW med. schwielig, verhornt
Swië·mel, -s *m.* 1. *med.*
Schwindelgefühl, Ohnmacht;
Rausch; 2. *psy.* Herumtrei-ber
swië·me·lig, -e, -en [swië-me·li·ge] *EW med.* benom-men, schwindelig; betäubt;
ik wä·er ~ *med.* mir wird
schwindelig
Swien, Swi·ne *s. zool.*
Schwein
Swien, Swi·nen *m.* Swine,
Bewohner am Hauptmün-dungsarm der Oder zwi-schen Usedom und Wollin;
dat kan kien ~ liä·sen das
kann kein Swine lesen
Swien·e·gel, -s *m. zool.* Igel
Swien·fo·er *s. kul.* Schwei-nefutter
Swien·höw·ken, Swien·höw-kes *s. agr.* Schweinebucht
Swien·jak, -s *s. psy.* Schwei-nekerl (Schimpfwort)
Swien·kai·per, -s *m. fin.*
Schweinekäufer
Swien·ken, Swien·kes *s.
zool.* Schweinchen
Swiens·aor, -en [Swiens·ao-ren] *s.* 1. *med.* Schweins-ohr; 2. *bot.* Sumpfkalla

Swien·slach·ten *w. o.Mz.
med.* Schweineschlachten
Swiëp, -en [Swië·pen] *w.
tech.* Peitsche
swië·pen *ZW* peitschen
Swië·pen·jun·gen, -s *m.
agr.* Kleinknecht
Swiëp·stiël, -e [Swiëp·stië-
le] *m. tech.* Peitschenstiel
Swië·wel *m. o.Mz. chem.*
Schwefel
**Swië·wel·damp, Swië·wel-
däm·pe** *m. chem.* Schwefeldampf
swië·we·lig, -e, -en [swië·we-
li·ge] *EW chem.* schwefelig
swië·weln *ZW chem., kul.*
schwefeln
Swië·wel·rüëk, -e [Swië·wel-
rüë·ke] *m. chem.* Schwefelgeruch
Swië·wel·sticke, -n [Swië-
wel·stik·ke] *w. tech.* Streichholz
Swië·wel·su·er *s. o.Mz.
chem.* Schwefelsäure
**Swië·wel·wa·ter, Swië·wel-
wä·ters** *s. chem.* Schwefeldampf
Swi·gen *s. o.Mz. psy.*
Schweigen
swi·gen *uZW psy.* schweigen
Swi·ger·öl·lern *Mz.* Schwiegereltern
**Swi·ger·doch·ter, Swi·ger·
döch·ter** *w.* Schwiegertochter
**Swi·ger·mo·der, Swi·ger·mö·
ers** *w.* Schwiegermutter
Swi·ger·suon, Swi·ger·süöns
m. Schwiegersohn
**Swi·ger·va·der, Swi·ger·vä·
ers** *m.* Schwiegervater
Swil·bast, Swil·bäs·te *m.
med.* Hornhaut, *übertr.*
jemd., der körperlich sehr
hart arbeitet
Swil·brok *ON* Zwillebrock
Swil·le, -n *w. med.* Horn-
haut
swil·lig, -e, -en [swil·li·ge]
EW med. verhornt
**Swi·ne·aigs·ken, Swi·ne·
aigs·kes** *s. med.* Schwei-
neäuglein
Swi·ne·bä·er, -n *m. zool.*
Eber
Swi·ne·blao·se, -n *w. med.*
Schweinsblase
Swi·ne·brao·den, Swi·ne-

bräö·den *m. kul.* Schwei-
nebraten
Swi·ne·büör·sel, -s *m. bot.*
Krötenbinse
Swi·ne·dri·wen *s. o.Mz. agr.*
Schweinetreiben; *übertr.*
wüstes Fest
Swi·ne·flesk *s. o.Mz. med.,
kul.* Schweinefleisch
Swi·ne·hook, Swi·ne·hö·ke
m. agr. Schweineecke
Swi·ne·how, Swi·ne·hüö·we
m. agr. Schweinehof
Swi·ne·kar·tuf·fel, -n *m. bot.
kul.* Schweinekartoffel
**Swi·ne·kiärk·how, Swi·ne·
kiärk·hüö·we** *m. biol.*
„Schweinefriedhof", Kada-
veranstalt
Swi·ne·kië·del, -s *m. tech.
kul.* Kessel zum Kochen von
Schweinefutter
Swi·ne·kist, -en [Swi·ne·kis-
ten] *w. tech.* Schweine-
transportkiste
**Swi·ne·kläön·ken, Swi·ne·
kläön·kes** *s. med., kul.* Eis-
bein, *med.* Schweinefuß,
kul. Schweinepfötchen
Swi·ne·klap, -·pen *w. tech.*
Futterklappe über dem
Schweinetrog
Swi·ne·kop, Swi·ne·köp·pe
m. med., kul. Schweinskopf
Swi·ne·liä·wer, -n *w. med.,
kul.* Schweinsleber
Swi·ne·mä·se, -n *w. kul.*
Schinken
Swi·ne·miäl, -e [Swi·ne·miä-
le] *s. kul.* Mehl für Schwei-
nefutter
Swi·ne·piä·per, -s *m. kul.*
Kartoffelgericht mit beson-
derer Soße
Swi·ne·pot, Swi·ne·pöt·te *m.
tech. kul.* Kessel zum Ko-
chen von Schweinefutter
Swi·ne·pries, Swi·ne·pri·se
m. fin. Schweinepreis
Swi·ne·pri·sen *s. o.Mz. kul.*
Begutachten und Loben des
geschlachteten Schweines
durch Nachbarn bzw. Ver-
wandte
Swi·ne·smolt *s. o.Mz. kul.*
Schweineschmalz
Swi·ne·stal, Swi·ne·stiä·le *m.
arch. agr.* Schweinestall
Swi·ne·stiärt, -s *m. med.,
kul.* Schweineschwanz; **Swi-
ne·stärt·ken, Swi·ne·stärt-**

kes *s. med., kul.* Schweineschwänzchen
Swi·ne·strü·be, -n *w. med.*
Schweineborste
Swi·ne·trog, Swi·ne·trüö·ge
m. tech. kul. Schweinetrog
Swi·ne·tucht, -en [Swi·ne·
tuch·ten] *w. zool. agr.*
Schweinezucht
Swi·ne·tüëns *m. rel.* Heiliger Antonius
swin·gen *uZW* schwingen
Swin·nel, -s *m. jur.* Betrug,
med. Schwindel
swin·neln *ZW psy.* schwindeln, flunkern, lügen
swin·nen *uZW* schwinden,
verschwinden; schrumpfen
**Swip·swao·ger, Swip·swäö·
ger** *m.* Schwippschwager,
Schwager des Ehepartners
oder von Geschwistern
Swip·swäö·gers·ke, -n *w.*
Schwippschwägerin, Schwä-
gerin des Ehepartners oder
von Geschwistern
Swirl, -s *m. zool.* Flussrohrsänger
swis, -·se, -·sen *EW* schnell
swit·ken *ZW psy.* herumtreiben
swöl·len *ZW* schwellen, anschwellen
Swuor, Swüö·re *m. jur.*
Schwur
swüö·ren *ZW jur.* schwören, beeiden, *psy.* beteuern,
geloben
Swup *m. o.Mz.* Schwall
swup·di·wup *EW* schnell

T

T, t T, t (Buchstabe)
Taal, Ta·len *w.* Zahl, Anzahl
Taal·waod, Taal·wäö·der *s.*
Zahlwort
Tacke, -n [Tak·ke] *w.* Zacke
tacke·lig, -e, -en [tak·ke·li·ge]
EW zackig
Tacken [Tak·ken] *m.* 1. *o.Mz.*
Geschwindigkeit; **nen ~ to-
läg·gen** schneller werden,
beschleunigen; 2. **~, -s** *fin.*
Geldstück (10 Pfennig)
tacken [tak·ken] *ZW* zacken
täd·de·rig, -e, -en [täd·de·ri·
ge] *EW psy.* geschwätzig,
streitbar
täd·dern *ZW psy.* streiten
Täg·ge·aos, Täg·ge·äös·ter

s. psy. zänkischer Mensch
täg·gen *ZW psy.* ärgern
Täg·ge·ri, -·en *w. psy.* Ärgerei
Tai·er, -s *m. tech.* Faden, Band
tai·men (sik) *ZW psy.* sich aufspielen; zäumen
tain *ZaW* zehn
tain·du·send *ZaW* zehntausend
Tain·du·sen·de *ZaW Mz.* Zehntausende
tain·jäö·rig, -e, -en [tain·jäö·ri·ge] *EW tem.* zehnjährig
tain·maol *ZaW* zehnmal
tain·te, -n *ZaW* zehnte
tain·tel *ZaW* zehntel
Tain·tel, -s *s. ZaW* Zehntel
Tain·üür·ken, Tain·üür·kes *s. kul.* zweites Frühstück (um 10 Uhr)
Tait, -en [Tai·ten] *w. psy.* Frau (Schimpfwort)
tai·ta·gaon *uZW trans.* spazierengehen (Kindersprache)
Tak·se, -n *w. trans.* Taxi
tak·se·ern *ZW* taxieren, abschätzen, schätzen (*frz.* taxer)
Tal·ge, -n *w. med.* Taille (*frz.* taille)
täl·len *ZW math.* zählen
Täl·ler, -s *m. math.* Zähler
tam, -·me, -·men *EW psy.* gehorsam, zahm
tam·ma·ken *uZW psy.* zähmen
tam·per, -e, -en [tam·pe·re] *EW kul.* pikant, scharf
Tam·tam *m. o.Mz.* übertriebener Aufwand; *übertr.* Werbung
Tan, Tiä·ne *m.* 1. *med.* Zahn; 2. *tech.* Zahn des Zahnrades; **de Tiä·ne nich uut·e·neen kri·gen** *übertr. psy.* nichts sagen, wortkarg sein; *übertr. psy.* unfreundlich sein; **e·nen de Tiä·ne in't Gat häb·ben** *übertr. psy.* über jemd. schlecht reden; **nich an'ne Tiä·ne häb·ben küe·nen** *übertr. psy.* nicht anhören können (z.B. Prahlen)
Tan·büör·sel, -s *m. tech. hyg.* Zahnbürste
Tan·dok·ter, -s *m. med.* Zahnarzt
ta·nen *ZW med.* zahnen, Zähne bekommen; *kul.* na-

gen, kauen
Tan·fleesk *s. o.Mz. med.* Zahnfleisch
Tang, -e, -en [Tan·ge] *w. tech.* Zange
Tan·ge·biët, -e [Tan·ge·bië·te] *s. med.* Gebiss
Tan·gen·stük, Tan·gen·stük·ker *s. tech.* Vorrichtung zur Befestigung der Deichsel an der Vorderachse
tän·ger, -e, -en [tän·ge·re] *EW psy.* emsig, fleißig
Tan·pi·ne *Mz. med.* Zahnschmerzen
Tan·rad, Tan·riä·der *s. tech.* Zahnrad
Tan·rad·baan, Tan·rad·ba·nen *w. trans.* Zahnradbahn
Tant, -e [Tiä·ne] *m. med.* Zahn
Tant·se·pe, -n *w. hyg.* Zahnpasta, Zahncreme
Tan·wuor·del, -n *w. med.* Zahnwurzel
tao, -·e, -·en *EW* zäh
Tao·bast, Tao·bäs·te *m.* zäher Mensch, Mensch mit zäher Haut
Tao·fel, -n *w. tech.* Tafel, Anzeigetafel, Display
Täö·fel·ken, Täö·fel·kes *s. tech.* Täfelchen
Tao·fel·mest, Tao·fel·mes·sers *s. tech. kul.* Tafelmesser
Taoks·tern *s. o.Mz.* Gegacker
taoks·tern *ZW* gackern
täö·men *ZW psy.* zähmen
Taon, Täö·ne *m. arch.* Turm
Taon·düör, -n *w. arch.* Turmtür
Taon·dak, Taon·diä·ker *s. arch.* Turmdach
täö·nen *ZW* türmen, auftürmen
Täö·ner, -s *m.* Türmer, Turmwächter
Täön·ken, Täön·kes *s. arch.* Türmchen, kleiner Turm
Taon·klok, Taon·klocken [Taon·klok·ken] *w. tech.* Turmglocke, *tem.* Turmuhr
Taon·swa·lwe, -n *w. zool.* Mauersegler
Taon·timp·en, -s *m.* Turmspitze
Taos·ke, -s *s. kul.* Sehne
Täöt, -en [Täö·ten] *m.* Unfug
Täö·ten·diëk, -s *m. psy.* Unfugmacher, Quatsch-

macher
täö·ten·ma·ken *uZW psy.* Unfug machen
Ta·pet, -s *s. tech.* Tapet (Decke oder Teppich des Konferenztisches); **up't ~ kuë·men** *übertr.* zur Sprache, auf die Tagesordnung kommen
Täp·ken, Täp·kes *s. med.* Zäpfchen
Tap·kraan, Tap·krä·ne *m. tech.* Zapfhahn
Tap·pen, -s *m. tech., bot.* Zapfen
tap·pen *ZW* zapfen
Tap·pen·slot, Tap·pen·slüö·ter *s. tech.* Ankerzapfen im Fachwerk
tap·per, -e, -en [tap·pe·re] *EW psy.* tapfer
Tap·se·er·disk, -e [Tap·se·er·dis·ke] *m. tech.* Tapeziertisch
Tap·se·e·rer, -s *m.* Tapezierer
Tap·se·er·mest, Tap·se·er·mes·sers *s. tech.* Tapeziermesser
tap·se·ern *ZW tech.* tapezieren
Tap·stiär, -n *w. tech.* Zapfstelle, Tankstelle
Tap·tai·te, -n *w. psy.* Klatschbase
Tap·wuor·del, -n *w. bot.* Mohrrübe, frühe Möhre
Tas, -·sen *w. tech. kul.* Tasse
Tas·ke, -n *w. tech.* Tasche; **up de ~ lig·gen** *übertr. fin.* finanziell zur Last fallen
Täs·ken, Täs·kes *s.* 1. *tech.* Täschchen, kleine Tasche; 2. *tech. kul.* Tässchen, kleine Tasse
Tas·ken·book, Tas·ken·bö·ker *s. mus.* Taschenbuch
Tas·ken·daiw, -e [Tas·ken·dai·we] *m. jur.* Taschendieb
Tas·ken·dook, Tas·ken·dö·ker *s. tech. hyg.* Taschentuch
Tas·ken·mest, Tas·ken·mes·sers *s. tech.* Taschenmesser
Tas·ken·riä·ker, -s *m. tech. math.* Taschenrechner
Tas·te, -n *w. tech.* Taste
Tas·ten·wiärk, -e [Tas·ten·wiär·ke] *s. tech.* Tastatur

Ta·te, -n *w. kul.* Torte
ta·tern *ZW* plappern
Tat·ter·gries, Tat·ter·gri·se *m. med.* zittriger Greis
tat·te·rig, -e, -en [tat·te·ri·ge] *EW med.* zittrig
Tat·te·ri·gen *m. o.Mz. med.* Zittern
tat·tern *ZW med.* zittern
tät·to·we·ern *ZW* tätowieren
Tau, Tai·e *s. tech.* Handwebstuhl; vüör Dag un Dau an't ~ sien lange vor Tagesanbruch am Webstuhl arbeiten
Taum, Tai·me *m. tech.* Zaum
Taum·tüüg, -s *s. o.Mz. tech.* Zaumzeug
Te, -es *m. kul.* Tee
Te·ao·ter, -s *s. mus.* Theater; ~ ma·ken *mus.* Theaterspielen, *übertr. psy.* sich heftig beschweren, lautstark protestieren
Te·ao·ter·spiël, -e [Te·ao·ter·spië·le] *s. mus.* Theaterspiel
Te·ao·ter·spië·len *s. o.Mz. mus.* Theaterspielen
te·ao·ter·spië·len *ZW mus.* Theater spielen
te·bië·ten, -e, -en [te·bië·te·ne] *EW* zerbissen
te·bi·ten *uZW* zerbeißen
te·briä·ken *uZW* zerbrechen
te·briäk·lik, te·briäk·licke, -n [te·briäk·lik·ke] *EW* zerbrechlich
te·bruo·ken, -e, -en [te·bruo·ke·ne] *EW* zerbrochen
Teckel, -s [Tek·kel] *m. zool.* Dackel
teckeln [tek·keln] *ZW* tippeln
Teeg·te *ON* Telgte; nao ~ gaon *rel.* nach Telgte wallfahrten
teek·nen *ZW tech.* zeichnen; kennzeichnen, markieren
Teek·ner, -s *m. tech.* Zeichner
Teek·nung, -en [Teek·nun·gen] *w. tech.* Zeichnung
Teent, -s *m. med.* Zehe
Teent·na·gel, Teent·niä·gel *m. med.* Zehnagel, Fußnagel
Teent·tip, -·pen *m. med.* Zehenspitze
Te·ken, -s *s.* Kennzeichen, Zeichen, Merkmal; Signal, Wink; Markierung

te·ken *ZW* zeigen
Te·ken·book, Te·ken·bö·ker *s. mus.* Zeichenbuch
Te·ken·en·ke, -n *w. tech.* Tusche, Zeichentusche
Te·ken·lä·rer, -s *m. kult.* Zeichenlehrer
Te·ken·sprao·ke, -n *w. kult.* Zeichensprache
Te·ken·stun, -·nen *w. tem. kult.* Zeichenstunde
Tek·nik, Tek·nicken [Tek·nik·ken] *w. tech.* Technik
Tek·nicker, -s [Tek·nik·ker] *m. tech.* Techniker
Tek·nicker·school, Tek·mik·ker·scho·le, -n *w. kult. tech.* Technikerschule
Teks·tiel *s. tech.* Textil
Teks·tiel·ar·bai·der, -s *m.* Textilarbeiter
Teks·tiel·fa·brik, Teks·tiel·fa·bricken [Teks·tiel·fa·brik·ken] *w. tech.* Textilfabrik
Teks·tiel·in·nus·tri, -en *w. tech.* Textilindustrie
te·le·fo·ne·ern *ZW* telefonieren
Tel·ge, -n *w. bot.* junge Eiche oder Buche
Tel·ler, -s *m. tech.* Teller
Tel·ler·ken, Tel·ler·kers *s. tech.* Tellerchen
Tel·ler·sig·naol, -s [Tel·ler·sig·nao·le] *s. tech. trans.* Tellersignal, Vorsignal
Telt, -e [Tel·te] *s. tech.* Zelt
tel·ten *ZW* zelten
Tel·ter, -s *m.* Zelter, Camper
Telt·lao·ger, Telt·läö·gers *s.* Zeltlager
tem·me·ne·ern *ZW tem.* terminieren; *psy.* betteln (*frz.* terminer)
Temp·ra·tuur, Temp·ra·tu·ren *w.* Temperatur
teng, -e, -en [ten·ge] *EW psy.* rüstig, munter
Ten·ner, -s *m. trans.* Tender
te·rië·ten, -e, -en [te·rië·te·ne] *EW* zerrissen
te·ri·ten *uZW* zerreißen
Ter·ro *VN* Theodor
te·sät, -·te, -·ten *EW chem.* zersetzt
te·sät·ten *ZW chem.* zersetzen
Te·sät·tung, -en [Te·sät·tun·gen] *w. chem.* Zersetzung

Tet·ta, -s *w.* Kindermädchen
Teu·to *m. o.Mz. geol.* Teutoburger Wald
Tiä·ken·buorg *ON* Tecklenburg
tiä·men *ZW psy.* zähmen, bändigen
Tiän·briä·ker, -s *m. med.* Zahnbrecher, Zahnarzt (abfällig)
Tiär *m. o.Mz. tech.* Teer
Tiär·diëk, -en [Tiär·dië·ken] *m. tech. trans.* Teerdecke
Tiär·geld, Tiär·gel·ler *s. fin.* Verzehrgeld, Spesen
tiärn *ZW* zehren, *med.* Hunger leiden; *tech.* teern, Teer auftragen
Tiär·pot, Tiär·pöt·te *m. tech.* Teerkessel
Tiär·straot, -en [Tiär·strao·ten] *w. trans.* Teerstraße, geteerte Straße
Tiä·rung, -en [Tiä·run·gen] *w.* Zehrung
ticken [tik·ken] *ZW* heranreichen (an), berühren; dao kan he nich an ~ das kann er nicht einmal annähernd
Tid·del, -s *m.* Titel, Stand, Beruf
Tid·del·blad, Tid·del·bliä·der *s.* Titelblatt
tid·de·le·ern *ZW* titulieren
Tid·del·stad, Tid·del·stiä·den *w. pol.* Titularstad
tië·gen *VW* neben, gegen, gegenüber
tië·gen·an *UW* nebenan; ~ kuë·men bewältigen können, sich erwehren
tië·gen·an·bi *UW* nebenbei
tië·gen·an·gaon *uZW* anfechten, sich gegen etwas wenden
tië·gen·an·ner *UW* gegeneinander
tië·gen·bi *UW* nebenbei
tië·gen·een *UW* nebeneinander; gegeneinander
Tië·gen·gän·ger, -s *m. jur., rel.* Brautführer, Trauzeuge
tië·gen·gaon *uZW* Brautführer sein
tië·gen·hiär *UW* nebenher
Tië·ke, -n *w. zool.* Zecke
tiëm·lik, tiëm·licke, -n [tiëm·lik·ke] *EW* ziemlich
Tië·pen, -s *m.* Schramme
tiëp·ken *ZW psy.* ärgern, necken, zwicken, belästigen,

herausfordern, sticheln

Tiëp·ken·trecker, -s [Tiëpken·trek·ker] *m. psy.* Quälgeist

Tiet, Ti·ten *w. tem.* Zeit, Zeitabschnitt, Zeitraum; **bi ~** *tem.* bei Zeiten; **nachtslao·pen ~** *tem.* Schlafenszeit, sehr spät; **siet de ~** *tem.* seitdem

Tiet·ken, Tiet·kes *s. tem.* Zeitchen, kurze Zeit

Tiet·ol·ler *s. o.Mz. his.* Zeitalter

Tiet·riäk·nung, -en [Tiet·riäknun·gen] *w. his.* Zeitrechnung

Tiet·te·ken, -s *s.* Zeitzeichen

Tiet·vö·driew, Tiet·vö·dri·we *m.* Kurzweil, Zeitvertreib

tiet·vö·giä·ten, -e, -en [tietvö·giä·te·ne] *EW tem.* zeitvergessen, ohne Zeitgefühl

Tiet·waod, Tiet·wäö·der *s.* Zeitwort, Verb

tiet·wies *UW tem.* zeitweise

Tië·we, -n *w. zool.* Hündin; Käfer; weibliches Wesen (Tier, Mensch)

tif·teln *ZW tech.* ausprobieren

Tig·ge, -n *w. jur.* Gerichtsplatz, Thingplatz

Tig·gel, -s *m. tech.* Ziegel, Ziegelstein; Fliese, Kachel

Tig·gel·bäcker, -s [Tig·gelbäk·ker] *m. tech.* Ziegelbrenner

Tig·ge·ler, -s *m. tech.* Ziegeleiarbeiter

Tig·ge·le·ri, -·en *w. tech.* Ziegelei

Tig·ge·le·ri·mes·ter, -s *m. tech.* Ziegeleimeister

tig·gen *ZW fin.* tilgen, abtragen (Schulden)

Tik *m. o.Mz.* (ein) Bisschen

Tiks·ken, Tiks·kes *s.* Winzigkeit

Tik·tak *m. o.Mz.* Zickzack

Tik·tak·bal·ken, -s *m.* Zickzackbalken

Til·biëk *ON* Tilbeck

Til·la *VN* Mathilde

Ti·luo·se, -n *w. bot.* Narzisse, Osterglocke

Tim·mer·hand·wiärk, -e [Timmer·hand·wiär·ke] *s. tech.* Zimmerhandwerk

Tim·mer·holt, Tim·mer·hölter *s. tech.* Zimmerholz,

Bauholz

Tim·mer·hook, Tim·mer·höke *m. tech.* Zimmerplatz, Platz zum Zuschneiden und Verzimmern des Bauholzes

Tim·mer·man, Tim·mer·lü·de *m. tech.* Schreiner, Zimmermann

Tim·mer·ka·mer, -n *w. arch. tech.* Schreinerwerkstatt, *scherzh.* Eheschlafzimmer

tim·mern *ZW tech.* zimmern; hauen, schlagen

Tim·pen, -s *m.* Spitze, Zipfel; **e·nen in'n ~ häb·ben** *med.* einen Schwips haben

Timp·hood, Timp·hö·de *m. tech.* Spitzhut

Timp·hook, Timp·hö·ke *m.* äußerste Ecke

Tin *s. o.Mz. chem.* Zinn

Ti·na *VN* Christine

tin·des·sen *UW tem.* inzwischen

Ti·ne *VN* Christine

Tin·gai·ter, -s *m. tech.* Zinngießer

Tin·ge·rai, -·e *s. tech.* Zinngerät

Tin·ke, -n *w. tech.* Zinke

Tin·kië·del, -s *m. tech.* Zinnkessel

Tin·ne, -n *w. arch.* Zinne

tin·nen, -e, -en [tin·ne·ne] *EW* zinnern, aus Zinn

tin·nen·glat, -·te, -·ten *EW* spiegelglatt

Tin·nen·kän·ken, Tin·nenkän·kes *s. tech.* Zinnkanne

Tins, -en [Tin·sen] *m. fin.* Zins, Abgabe, Steuer

Tin·sul·daot, -en [Tin·suldao·ten] *m. spo.* Zinnsoldat

Tip, -·pen *m.* Zipfel, Spitze

Tip·pel·bro·er, Tip·pel·bröers *m.* Zechbruder, Landstreicher, Vagabund

tip·peln *ZW* wandern

T-I·sen, -s *s. tech.* T-eisen

ti·sen *ZW* zischen, zischeln, flüstern

ti·tig, -e, -en [ti·ti·ge] *EW* zeitig

Tit·ken, Tit·kes *s. tech.* Sauger (von Flaschen)

tit·ken *ZW* überspringen

Tit·te, -n *w. med.* Zitze, Euter, Frauenbrust (derb)

Tit·ten·stool, Tit·ten·stö·le *m. tech.* Stuhl mit kurzen Beinen zum Stillen

to! loß! mach!

to 1. *UW VW* zu; *UW* allzu; 2. **~, -e, -en** *EW* geschlossen, verschlossen

to·ar·bai·den *ZW* zuarbeiten, vorarbeiten, handlangen

To·ar·bai·der, -s *m.* Zuarbeiter, Handlanger

To·bak, To·backe [To·bak·ke] *m.* Tabak

To·bak·fa·brik, To·bak·fabricken [To·bak·fa·brik·ken] *w. tech.* Tabakfabrik

To·bak·plan·te, -n *w. bot.* Tabakpflanze

To·baks·bai·tel, -s *m. tech.* Tabaksbeutel

To·baks·tuut, To·baks·tu·te, -n *w. tech.* Tabaksbeutel

to·bal·lern *ZW* zuknallen

to·bau·en *ZW tech.* zubauen

to·bin·nen *uZW* zubinden

to·bi·ten *uZW* zubeißen

to·brän·gen *uZW* zubringen, verbringen

to·bu·ten *UW* draußen

tö·che·lig, -e, -en [tö·che·li·ge] *EW psy.* zaudernd

tö·cheln *ZW psy.* zaudern

Tockel·bäänd, -s [Tok·kelbäänd] *m.* wilder Jäger; Wodan

tocken [tok·ken] *ZW* locken (Hühner)

tod·deln *ZW* saumseliges Zotteln oder Schlurfen

to·deelt, -e, -en [to·deel·te] *EW* zugeteilt

to·de·len *ZW* zuteilen

To·de·lung, -en [To·de·lungen] *w.* Zuteilung, Ration

to·dië·ken *ZW* zudecken

to·doon *uZW* dazugeben, hinzufügen, hinzugeben

to·drai·en *ZW tech.* zudrehen

to·drais·ken *ZW bot.* zuwachsen, verunkrauten

to·driä·gen *uZW* zutragen

To·driä·ger, -s *m.* Zuträger

to·driä·pen *uZW* zutreffen

to·dringsk, -e, -en [todrings·ke] *EW psy.* zudringlich, aufdringlich

to·drin·ken *uZW kul.* zutrinken, zuprosten

to·druo·gen, -e, -en [todruo·ge·ne] *EW* zugetragen

To·fal, To·fiä·le *m.* Zufall; Anfall

to·fal·len *uZW* zufallen; bekommen, erben

Töf·fel, -s *m. psy.* tölpel-

hafter Mensch, Tölpel
töf·fe·lig, -e, -en [töf·fe·li·ge]
EW psy. tölpelhaft, unbeholfen, ungeschickt
To·fink, -en [To·fin·ken] *m.*
zool. Buchfink
to·flai·gen *uZW* zufliegen
to·flis·tern *ZW* zuflüstern
to·fö·ern *ZW* zuführen
to·föl·lig, -e, -en [to·föl·li·ge]
EW zufällig, unvorhergese-
hen
to·foot, to·fo·te *UW* zu Fuß
to·frai·sen *uZW met.* zufrieren
to·friär, -e, -en [to·friär·e]
EW psy. zufrieden
to·fruorn, -e, -en [to·fruor·ne]
EW met. zugefroren
Tog, Tüö·ge *m.* 1. *trans.*
Zug, Eisenbahn; 2. Zugluft;
3. *tech.* Überzug, Kissenbezug; 4. Zugkraft
To·gaaw, To·ga·wen *w.* Zugabe
to·gai·ten *uZW tech.* zugießen
To·gang, To·gän·ge *m.* Zugang, Eingang
to·gan·ge (sien) *UW* in Gang
(sein), in Bewegung (sein)
To·gangs·strao·te, -n *w.*
trans. Zugangsstraße
To·gangs·wäg, To·gangs-
wiä·ge *m. trans.* Zugangsweg
to·gaon *uZW* zugehen, weitergehen; geschehen, pas-
sieren; schließen; ~ **lao·ten**
trans. schicken
to·gaonsk, -e, -en [to-
gaons·ke] *EW* fortschreitend; *psy.* aufdringlich
to·gas·peln *ZW* anschnallen, schnallen
Tog·bank, Tog·bän·ke *w.*
tech. Ziehbank
Tog·brüg·ge, -n *w. tech.*
Zugbrücke
to·ge·sam *UW tem.* demnächst; allmählich
tög·geln *ZW psy.* zögern
Tog·ha·ken, -s *m. tech.* Zughaken
to·gië·wen *uZW psy.* zugeben, bekennen, eingestehen;
dazugeben, beisteuern
to·gliek *UW tem.* gleichzeitig, zugleich
Tog·ma·schien, Tog·ma-
schi·nen *w. trans.* Zugma-

schine
Tog·mest, Tog·mes·sers *s.*
tech. Zugmesser mit zwei
Handgriffen
Tog·net, -te *s. tech.* Zugnetz, Schleppnetz
Tog·piärd, -e [Tog·piär·de]
s. zool. trans. Zugpferd
Tog·rai·men, -s *m. tech.*
Zugriemen
to·gra·wen *uZW* zugraben
to·gren·deln *ZW* verriegeln
To·griëp, -e [To·grië·pe] *m.*
Zugriff
to·gri·pen *uZW* zugreifen
to·grun·ne *UW* zugrunde
to·grun·ne·gaon *uZW* zugrundegehen, *med.* sterben
Tog·seel, Tog·se·le *s. tech.*
Zugseil
Tog·strang, Tog·strän·ge *m.*
tech. Ziehstrang
to·guë·te zugute
to·guë·ter·lest zu guter Letzt
to·guo·ten, -e, -en [to·guo-
te·ne] *EW* zugegossen
Tog·vuë·gel, Tog·vüë·gel *m.*
zool. Zugvogel
to·han·gen *uZW* zuhängen
To·häö·e·rer, -s *m.* Zuhörer
to·häö·ern *ZW* 1. zuhören,
hinhören; 2. zugehören, gehören
To·häö·rig·kait *w.* Zugehörigkeit
to·haup, -e [to·hau·pe] *UW*
zusammen, beisammen,
zuhauf
to·haup·biä·deln *ZW psy.*
zusammenbetteln
to·haup·doon *uZW* zusammenschließen, vereini-
gen; heiraten
To·hau·pe·kuë·men *s. o.Mz.*
Zusammenkunft
to·hau·pe·kuë·men *uZW*
zusammenkommen
to·haup·hol·len *uZW* zusammenhalten
to·haup·läg·gen *ZW* zusammenlegen, auffalten
to·haup·rul·len *ZW* zusammenrollen
to·haup·smi·ten *uZW* zusammenwerfen
to·haup·täl·len *ZW math.*
zusammenzählen, addieren
to·haup·trecken [to·haup-
trek·ken] *uZW* zusammen-
ziehen, konzentrieren, zentralisieren

to·hög·ten *ZW* in die Höhe
bewegen
to·hol·len *uZW* zuhalten
To·hu·se *s. o.Mz.* Heimat,
Zuhause
to·huus, to·hu·se *UW* zu
Hause, daheim
To·huus·wäg, To·huus·wiä-
ge *m. trans.* Heimweg
to·iärst *UW tem.* zuerst
to·kau·pen *uZW fin.* zukaufen, dazukaufen
to·kem *EW tem.* nächst; ~
Jaor *tem.* nächstes Jahr
to·kiärn *ZW* zuwenden; wenden, umkehren
to·ki·ken *uZW* zusehen,
ansehen; besuchen
To·ki·ker, -s *m.* Zuschauer
to·klai·en *ZW* zukratzen
to·klië·wen *ZW tech.* zukleben
to·kliëwt, -e, -en [to·kliëw-
te] *EW tech.* zugeklebt
to·kni·pen *uZW* zukneifen,
zudrücken; **Ääs** ~ *med.*
übertr. sterben
to·knöp·pen *ZW* zuknöpfen
to·knöpt, -e, -en [to·knöp·te]
EW zugeknöpft; *übertr. psy.*
wenig gesprächig
to·koft, -e, -en [to·kof·te] *EW*
fin. dazugekauft
to·krap·pen *ZW* zumachen,
schließen
to·kri·gen *uZW* zubekommen, dazubekommen, hin-
zubekommen; verschlossen
bekommen
to·kuë·men *uZW* dazukommen
Tö·kü·ern *s. o.Mz. psy.* Zureden
to·kü·ern *ZW psy.* zureden;
guët ~ *psy.* gut zureden,
Mut machen, überreden
To·kunft *w. o.Mz. tem.* Zukunft; **Wiält up de** ~ **häb·ben**
übertr. psy. voller Tatendrang in die Zukunft schau-
en; **in de** ~ **ki·ken** eine Prognose wagen
to·künf·tig, -e, -en [to·künf-
ti·ge] *EW tem.* zukünftig
Tol, Töl·le 1. *s. fin.* Zoll,
Grenzabgabe; 2. *m. fin.* Zollbehörde; 3. *s. tech.* Längenmaß (25,4 mm)
to·la·den *ZW* zuladen
to·lä·ern *ZW kult.* anlernen;
dazulernen

to·läg·gen *ZW* zulegen, anschaffen; *übertr. med.* dikker werden

Tol·amt, Tol·iäm·ter *s. fin.* Zollamt

to·lan·gen *ZW* mithelfen; etwas (zu Essen) nehmen

To·lao·ge, -n *w. fin.* Zulage, Bonus

To·laot, To·läö·te *m.* Einlass, Zulass; *jur.* Erlaubnis, Genehmigung, Zulassung

to·lao·ten 1. *uZW jur.* zulassen, erlauben, genehmigen; verschlossen lassen; 2. **~, -e, -en** [to·lao·te·ne] *EW* zugelassen, *jur.* erlaubt, genehmigt

To·laup, To·lai·pe *m.* Zulauf, Zufluss

to·lau·pen *uZW* zulaufen

Tol·bi·am·te, -n *m. fin.* Zollbeamter

Tö·le, -n *w. zool.* minderwertige Hündin

to·leed, to·le·de *UW* zuleide

to·lest *UW tem.* zuletzt, endlich, schließlich

Tol·gren·se, -n *w. fin.* Zollgrenze

Tol·huus, Tol·hü·ser *s. arch.* Zollhaus

töl·lig, -e, -en [töl·li·ge] *EW tech.* zöllig, ein Zoll lang

Töl·ner, -s *m. fin.* Zöllner

Tol·schien, Tol·schi·ne *m. fin.* Zollschein

Tol·stok, Tol·stöcke [Tolstök·ke] *m. tech.* Zollstock, klappbares Metermaß

to·lus·tern *ZW* zuhören

tol·wies, tol·wi·se *UW* zollweise

to·ma·ken *uZW* zumachen, verschließen; (sich) beeilen

to·mao·te *EW* in Bedrängnis

tö·men *ZW psy.* zögern; sich zieren

to·miärst *UW* zumeist, meistens

to·miä·ten *uZW* zumessen

tö·mig, -e, -en [tö·mi·ge] *EW psy.* zahm, faul, müßig, untätig

Tö·mig·gang *m. o.Mz. psy.* Müßiggang, Untätigkeit

Tö·mig·gän·ger, -s *m. psy.* Müßiggänger, Faulenzer

tö·mig·gaon *uZW psy.* müßig gehen, nichts tun, faulenzen

Tö·mig·gaon *s. o.Mz. psy.* Nichtstun, Faulenzen

to·mins·ten *UW* zumindest, mindestens, wenigstens; jedenfalls

töm·men (sik) *ZW* aufrichten (sich) (auch im übertr. Sinn)

Tom·mi, -es *m.* Engländer

to·mo·de *UW psy.* zumute

to·mo·den *ZW psy.* zumuten

to·mü·ern *ZW tech.* zumauern

to·mü·ert, -e, -en [to·mü·erte] *EW tech.* zugemauert

to·nai·en *ZW tech.* zunähen

to·naigst *VW* zunächst

Tö·ne·bank, Tö·ne·bän·ke *w. tech.* Theke im Wirtshaus, Ruhebank

to·neen *UW* zusammen, beieinander

To·ni *VN* Antonia

to·niä·geln *ZW tech.* zunageln

to·nië·men *uZW* zunehmen, anwachsen; *med.* dicker werden

Tön·ne *VN* Anton, Antonius

Ton·wol·de *ON* Zumwalde

Toog, Tö·ge *m. bot.* Ast, Zweig

Toon, Tö·ne *m.* Laut, *mus.* Ton

Top, Töp·pe *m.* Spitze, Wipfel, Büschel

to·packen [to·pak·ken] *uZW* zupacken, zufassen

to·pas·se *EW* passend, gelegen, recht

Top·holt, Top·höl·ter *s. arch.* Firstfette

to·pig·gen *ZW tech.* mit einem Holznagel vernageln

to·plin·kern *ZW* zublinzeln

töp·pen *ZW* entspitzen, die Spitze entästen

to·puor·ten *ZW agr.* vollständig bepflanzen, zupflanzen

to·rächt·sät·ten *ZW* zurechtsetzen

to·ra·ken *ZW* zudecken, abdecken

to·rao·den *uZW psy.* anraten

to·riä·ken *ZW* zurechnen

to·ri·den *uZW spo.* zureiten

Tör·nüs·ter, -s *m. tech.* Tornister, Ranzen

To·roop, To·rö·pe *m.* Zuruf

to·ro·pen *uZW* zurufen

to·säg·gen *uZW* zusagen, bestätigen, versprechen; gefallen

to·sai·ens *UW* zusehends

to·sain *uZW* zusehen, zuschauen; nachsehen, kontrollieren

to·sam·men *UW* zusammen

to·sam·men·backen [to·sammen·bak·ken] *ZW* zusammenbacken

to·sam·men·bin·nen *uZW* zusammenbinden

to·sam·men·bi·ten *uZW* zusammenbeißen

to·sam·men·bli·wen *uZW* zusammenbleiben

to·sam·men·brän·gen *uZW* zusammenbringen

to·sam·men·briä·ken *uZW* zusammenbrechen, einstürzen; *med.* kollabieren

to·sam·men·doon *uZW* zusammenschließen, vereinigen

to·sam·men·hol·len *uZW* zusammenhalten

to·sam·men·kru·pen *uZW* zusammenkriechen

to·sam·men·kuë·men *uZW* zusammenkommen

To·sam·men·kunft, To·sammen·künf·te *w.* Zusammenkunft

to·sam·men·lä·gen *ZW* zusammenlegen

to·sam·men·ra·ken *ZW agr.* zusammenscharren, zusammenharken, zusammenraffen

to·sam·men·sät·ten *ZW* zusammensetzen

to·sam·men·schri·wen *uZW* zusammenschreiben

to·sam·men·sien *uZW* zusammensein

to·sam·men·slaon *uZW* zusammenschlagen

to·sam·men·slu·ten *uZW* zusammenschließen, kooperieren

to·sam·men·smi·ten *uZW* zusammenwerfen

to·sam·men·staon *uZW* zusammenstehen, zusammenhalten, solidarisch sein

To·sam·men·staon *s. o.Mz.* Solidarität

to·sam·men·stu·ken *uZW* zusammendrücken; *psy.* zurechtsetzen, zurechtweisen

to·sam·men·trecken [to·sam·men·trek·ken] *uZW* zusammenziehen

to·sam·men·wiär·ken *ZW* zusammenarbeiten

To·sat, To·siä·te *m. tech.* Zusatz, Additiv

to·sät·ten *ZW* einbüßen, verlieren, zusetzen; verstopfen; *psy.* bedrängen

to·schai·ten *uZW* zuschießen, dazugeben, *fin.* Verlust machen

to·schoos·tern *ZW* zuschustern, zuschieben, zustecken

to·schot·ten *uZW* verriegeln, abschließen, verbarrikadieren

to·schri·wen *uZW* zuschreiben

To·schriwt, -en [To·schriwten] *w.* Zuschrift

to·schru·wen *uZW tech.* zuschrauben

To·schüët, -e *m. fin.* Subvention, Zuschuss

to·schu·wen *uZW* zuschieben

to·sit·ten *uZW* zusitzen, verstopft sein

To·slag, To·sliä·ge *m.* Zuschlag, *agr.* zugeteiltes Stück Land einer Mark

to·slaon *uZW* zuschlagen

to·sli·ken *uZW* anschleichen

to·slu·ten *uZW* zuschließen

to·smiärn *ZW* zuschmieren

to·smi·ten *uZW* zuwerfen

To·snid, -·de *m.* Zuschnitt

to·sni·den *uZW tech.* zuschneiden

To·sni·der, -s *m. tech.* Zuschneider

to·snö·ern *ZW tech.* zuschnüren

to·snö·ert, -e, -en [to·snöer·te] *EW tech.* zugeschnürt

to·spië·len *ZW* zuspielen

To·spraok, -en [To·spraoken] *w. psy.* Zuspruch, Anteilnahme, Trost

to·spriä·ken *uZW* zusprechen, zuerkennen, zubilligen; *psy.* trösten

To·stand, To·stän·ne *m. med., psy., tech.* Verfassung, Zustand

to·stan·ne zustande

to·stan·ne·kuë·men *uZW* zustandekommen, entstehen

to·stän·nig, -e, -en [to·stänni·ge] *EW* zuständig, verantwortlich

To·stän·nig·kait, -en [To·stän·nig·kai·ten] *w.* Zuständigkeit, Verantwortlichkeit

to·staon *uZW* zustehen; *psy.* zugestehn, *jur.* erlauben, zulassen; **dat stait em to** *jur.* er hat ein Recht darauf

to·stau·ten *uZW* zustoßen

to·stem·men *ZW psy.* zustimmen, bestätigen

To·stem·mung, -en [To·stemmun·gen] *w. psy.* Zustimmung

to·stiä·ken *uZW* zustecken, *psy.* heimlich geben; heimlich mitteilen

to·stop·pen *ZW* zustopfen, verstopfen; *psy.* heimlich zustecken, geben

to·stü·ern *ZW* beisteuern, dazugeben; zusteuern

Tot *s. o.Mz.* verwickeltes Garn; Fetzen, Lumpe; Verlust; **in ~ gaon** *übertr.* kaputt gehen

to·ta·len *ZW fin.* zuzahlen

to·täl·len *ZW math.* zuzählen

to·ti·ten *UW tem.* manchmal, bisweilen

Töt·ken, Töt·kes *s. kul.* Gericht aus Herz, Lunge und Zunge vom Schwein

Tot·pot, Tot·pöt·te *m. kul.* Schlachttopf

to·trecken [to·trek·ken] *uZW* zuziehen (Vorhang); in einen Ort ziehen

to·trocken, -e, -en [to·trokke·ne] *EW* zugezogen

To·tru·en *s. o.Mz. psy.* Vertrauen, Zutrauen

to·tru·en *ZW psy.* zutrauen

to·tru·lik, to·tru·licke, -n [to·tru·lik·ken] *EW psy.* zutraulich

Töt·sel, -s *s.* verwickeltes Garn

Töt·te, -n *m. fin.* ziehender Kaufmann aus dem Tecklenburger Land

tot·ten *ZW trans.* schleppen, tragen

to·tü·nen *ZW tech.* umzäunen, einzäunen

to·viël, -e [to·vië·le] *UW* zuviel; **e·nen ~ häb·ben** *übertr. med.* zuviel Alkohol getrunken haben, betrunken sein

To·vö·laot *m. o.Mz.* Zuverlässigkeit

Tö·vö·sicht *w. o.Mz. psy.* Zuversicht, Mut

to·vüör *UW* zuvor, zunächst

to·vüör·derst *UW* hauptsächlich, *tem.* vorrangig, zuerst, zunächst

to·vüör·kuë·men *uZW* zuvorkommen

to·wän·nen *uZW* zuwenden

to·wan·nern *ZW* zuwandern, einwandern

to·wan·nert, -e, -en [to·wanner·te] *EW* zugewandert, eingewandert

To·wan·ne·rung, -en [To·wanne·run·gen] *w.* Zuwanderung, Einwanderung

to·wänsk, -e, -en [to·wänske] *EW* sich überall aufhaltend

To·was, To·wäs·se *m.* Zuwachs, Nachwuchs

to·was·sen 1. *uZW bot., biol.* zuwachsen; *med.* verheilen; 2. ~, **-e, -en** [to·was·sene] *EW bot., biol.* zugewachsen; *med.* verheilt

Tö·we·hüüs·ken, Tö·we·hüüskes *s. arch. trans.* Wartehäuschen

Tö·we·ka·mer, -n *w. arch.* Wartezimmer, Wartesaal

tö·wen *ZW psy.* warten, zögern

to·wiä·ge *UW* zuwege

to·wi·en *EW psy.* zuwider

to·win·nen *uZW* zugewinnen

to·wi·sen *uZW* zuweisen

to·woch·ten *ZW* abwarten

Tra·bant, -en [Tra·ban·ten] *m.* Diener

Tra·ban·ten *Mz.* Kinder

trächt, -e [träch·te] *UW* zurecht, bereit, fertig

träch·te·bai·gen *uZW tech.* zurechtbiegen

träch·te·häb·ben *uZW* fertig haben

träch·te·kri·gen *uZW* bewerkstelligen, fertigstellen

träch·te·kuë·men *uZW* zurechtkommen

träch·te·kü·ern *ZW psy.* durch Reden umstimmen

träch·te·lau·pen *uZW* in Ordnung kommen

träch·te·ma·ken *uZW* zurechtmachen, zubereiten; *tech.* reparieren

Träch·ter, -s *m. tech., geol.*

Trichter, Krater
träch·tern *ZW* trichtern
träch·te·sni·den *uZW* zurechtschneiden
träch·te·trecken [träch·te-
trek·ken] *uZW* zurechtziehen
Train·sul·daot, -en [Train-
sul·dao·ten] *m. mil.* ziehender Soldat
trak·te·ern *ZW psy.* traktieren, misshandeln, zusetzen;
bewirten *kul.* (*frz.* traiter)
Trak·te·ment, -s *s. kul.* Bewirtung
Tral·ge, -n *w. tech.* Gitterstab, Sprosse (*frz.* treillis)
**Tral·gen·bed·ken, Tral·gen-
bed·kes** *s. tech.* Gitterbettchen
tran·kiel, tran·ki·le, -n *EW
psy.* kregel, frech, hochfahrend (*frz.* tranquille)
**Tran·ki·le·täät, Tran·ki·le·tä-
ten** *w. psy.* Dreistigkeit,
Frechheit (*frz.* tranquillité)
tran·se·ne·ern *ZW psy.* jemd.
zusetzen, quälen (*frz.* être
dans ses transes)
trans·por·te·ern *ZW trans.*
transportieren, befördern
Trans·por·te·e·rer, -s *m.
trans.* Transporteur; *tech.
trans.* Transporter
Trant *m. o.Mz.* Schlendrian,
Gewohnheit, Trott
Traon, Träöns *m.* 1. *kul.*
Tran, Fett von Seetieren; 2.
trans. Wagenspur
traon·ai·gen *ZW* triefäugen
traon·aigsk, -e, -en [traon-
aigs·ke] *EW psy.* triefäugig; trübselig, weinerlich
traon·däö·sig, -e, -en [traon-
däö·si·ge] *EW psy.* be-
griffsstutzig, schwerfällig
Träö·ne, -n *w.* Träne
träö·nen *ZW* tränen, triefen
Traon·fun·sel, -n *w. tech.*
Tranfunzel; *übertr. psy.*
Schlafmütze
trao·nig, -e, -en [trao·ni·ge]
EW tranig
Träö·te, -n *w.* 1. *tech.* Hupe; 2. *tech. mus.* Blechblasinstrument
träö·ten *ZW* 1. *tech.* hupen;
2. *mus.* blasen
Trap, -·pen *w. arch.* Treppe
Trap·gaus, Trap·gai·se *w.
zool.* Trappe

Träp·ken, Träp·kes *s. arch.*
Treppchen, kleine Treppe
Trap·pen·drai, -s *m. arch.*
Podest
**Trap·pen·ge·lind, Trap·pen-
ge·lin·ner** *s. arch.* Trep-
pengeländer
Trap·pen·gië·wel, -s *m. arch.*
Treppengiebel
**Trap·pen·huus, Trap·pen-
hü·ser** *s. arch.* Treppen-
haus
**Trap·pen·taon, Trap·pen·täö-
ne** *m. arch.* Treppenturm
Trat, Trät·te *m.* Schritt, Tritt;
Trott
Trät·ken, Trät·kes *s.* Schritt-
chen
Trau·di *VN* Gertrud
Trecke, -n [Trek·ke] *w. tech.*
Lade, Schublade
Trecke·büül, -s [Trek·ke-
büül] *m. mus.* Bandoneon
Trecken [Trek·ken] *s. o.Mz.*
Ziehen
trecken [trek·ken] *uZW* zie-
hen, fortziehen, *trans.* trei-
deln; **et nich mä·er ~ küë-
nen** *übertr. med.* erschöpft
sein, mit den Kräften am
Ende sein
Trecker, -s [Trek·ker] *m.
trans. agr.* Traktor, Acker-
schlepper, Zugmaschine
Trecker·dri·wer, -s [Trek-
ker·dri·wer] *m. trans.* Traktor-
fahrer, Zugmaschinenfahrer
Trees·ken, Trees·kes *VN*
Theresia
Trek·brüg·ge, -n *w. tech.*
Zugbrücke
Trek·pat, Trek·pät·te *m. trans.*
Treidelweg
Trek·üör·gel, -s *s. mus.*
Ziehharmonika
**Trek·vi·ge·lien, Trek·vi·ge·li-
nen** *w. tech. mus.* Klampfe,
Zupfgeige
Tre·mien·kes kri·gen *übertr.
psy.* zuviel kriegen, sich är-
gern
Tre·mi·ne, -n *w. zool.* Amei-
se
Tre·se, -n *VN* Theresia
Tre·sen, -s *m. tech.* Laden-
tisch, Theke, *kul.* Schank-
tisch
Triä·sel, -s *s. biol.* Hahnen-
tritt im Eiweiß
Triä·te, -n *w. tech.* Pedal,
Trittbrett

triä·ten *uZW* treten; *med.*
begatten (Vögel)
triätsk, -e, -en [triäts·ke] *EW
med.* begattungsfreudig
(Vogel)
tri·be·le·ern *ZW psy.* belästigen, stören, plagen (*frz.*
tribulations)
Triëm·se, -n *w. bot.* Kornblume
Tries·hoon, Tries·hö·ner *s.
zool.* Feldhuhn, Rebhuhn
**Tries·höön·ken, Tries·höön-
kes** *s. zool.* Feldhühnchen,
Rebhühnchen
triet·sen *ZW psy.* reizen, ärgern
trim·me·rig, -e, -en [trim-
me·ri·ge] *EW psy.* gut zufrieden, gut gelaunt
Tri·ne *VN* Katharina, Kathrin
trip·peln *ZW spo.* spielen
mit Schlagstock und ge-
schlagenem Stock
Trip·peln *s. o.Mz. spo.* Kinderspiel mit Schlagstock
und geschlagenem Stok
**Trip·pel·stok, Trip·pel·stök-
ke** *m. tech.* ca. 15cm langer, an beiden Seiten an-
gespitzter Stock, der weg-
geschlagen wird
Tri·sel, -s *m. tech.* Kreisel
tri·seln *ZW* sich flatternd
bewegen
Trog, Trüö·ge *m. tech.* Trog
trol·len *ZW* trudeln, rollen
Troon, -s *m.* Thron
Trop, Tröp·pe *m.* Menge,
Schwarm, Gruppe, Schar,
Trupp; *mil.* Geschwader
Tröp·ken, Tröp·kes *s.* Trüppchen
trop·wies *UW* in Gruppen
trü, -e, -·en *EW psy.* treu,
anhänglich; getreu, zuverlässig
Tru·aol·taor, Tru·aol·täö·re
m. arch. rel. Traualtar
Tru·de *VN* Gertrud
Trü·e *w. o.Mz. psy.* Treue
tru·en *ZW psy.* trauen, wagen; Glauben schenken, vertrauen; verheiraten *jur., rel.*;
~ an *psy.* trauen auf
Tru·er *w. o.Mz. psy.* Trauer
Tru·er·fi·er, -n *w.* Trauerfeier
Tru·er·huus, Tru·er·hü·ser
s. Trauerhaus

tru·e·rig, -e, -en [tru·e·ri·ge]
EW psy. traurig, betrübt
Tru·e·rig·kait *w. o.Mz. psy.*
Traurigkeit
tru·er·kläö·mig, -e, -en [tru·er·kläö·mi·ge] *EW psy.* betrübt
Tru·er·kle·dung *w. o.Mz.*
Trauerkleidung
Tru·er·kleed, Tru·er·kle·der
s. Trauerkleid
tru·ern *ZW psy.* trauern
Tru·er·spiёl, -e [Tru·er·spiё·le] *s. mus., psy.* Trauerspiel,
Tragödie
Tru·er·swaon, Tru·er·swäö·ne *m. zool.* Trauerschwan
Tru·er·tiet, Tru·er·ti·ten *w. tem.* Trauerzeit
Tru·er·wiё·de, -n *w. bot.*
Trauerweide
Trüё·sel, -s *m. tech.* Kreisel
Trüё·sel·wind, Trüё·sel·win·ne *m. met.* Orkan
trüg, -·ge *UW* rückwärts,
zurück; ~ **sien** rückständig
sein
trüg·gas *UW* rückwärts
trüg·ge·bliё·wen, -e, -en
[trüg·ge·bliё·we·ne] *EW* zurückgeblieben
trüg·ge·bli·wen *uZW* zurückbleiben
trüg·ge·brän·gen *uZW* zurückbringen
trüg·ge·den·ken *uZW psy.*
zurückdenken, erinnern
trüg·ge·doon *uZW psy.* zurückstoßen, hinten anstehen lassen; zurückgeben,
wiedergeben
trüg·ge·fiä·dern *ZW tech.*
zurückfedern
Trüg·ge·fiä·den *s. tech.*
Rückfederung
trüg·ge·fin·nen *uZW* zurückfinden
trüg·ge·fö·ern *ZW trans.* zurückfahren
trüg·ge·gaon *uZW* zurückgehen, zurückweichen; verschlechtern, negativ entwicklen, rückwärtsgehen
trüg·ge·giё·wen *uZW* zurückgeben, wiedergeben; erwidern, antworten
trüg·ge·ha·len *uZW* zurückholen
Trüg·ge·hol·len *s. o.Mz. psy.*
Beherrschung

trüg·ge·hol·len *uZW* zurückhalten, reservieren; *psy.*
(sich) beherrschen
trüg·ge·ki·ken *uZW* zurücksehen
Trüg·ge·kuё·men *s. o.Mz.*
Rückkehr, Wiederkehr
trüg·ge·kuё·men *uZW* zurückkommen, heimkehren
trüg·ge·läg·gen *ZW* zurücklegen, reservieren
trüg·ge·lägt, -e, -en [trüg·ge·läg·te] *EW* reserviert
trüg·ge·lao·ten *uZW* zurücklassen
trüg·ge·lau·pen *uZW* zurücklaufen
trüg·ge·liё·nen *ZW* zurücklehnen
trüg·ge·niё·men *uZW* zurücknehmen, widerrufen
Trüg·ge·pat *m. trans.* Rückweg
trüg·ge·ri·ten *uZW* zurückreißen
trüg·ge·ro·pen *uZW* zurückrufen
trüg·ges *UW* rückwärts
trüg·ge·sät·ten *ZW* zurücksetzen
trüg·ge·schri·wen *uZW* zurückschreiben, antworten
(auf ein Schreiben)
Trüg·ge·slag, Trüg·ge·sliä·ge
m. Rückschlag, *tech.* Rückfederung
trüg·ge·slaon *uZW* zurückschlagen, rückfedern
trüg·ge·staon *uZW* zurückstehen; *psy.* benachteiligt
sein
trüg·ge·stau·ten *uZW* zurückstoßen; *übertr. psy.* benachteiligen
trüg·ge·stiä·ken *uZW* zurückstecken, nachgeben
trüg·ge·taalt, -e, -en [trüg·ge·taal·te] *EW fin.* zurückbezahlt; *psy.* heimgezahlt,
gerächt
trüg·ge·ta·len *ZW fin.* zurückzahlen; *übertr. psy.*
heimzahlen, rächen
trüg·ge·trecken [trüg·ge·trek·ken] *uZW* zurückziehen
trüg·ge·triä·ten *uZW* zurücktreten; abdanken
trüg·ge·trocken, -e, -en
[trüg·ge·trok·ken], [trüg·ge·trok·ke·ne] *EW* zurückgezogen

trüg·ge·vö·sät·ten *ZW* zurückversetzen
Trüg·ge·wäg, Trüg·ge·wiä·ge
m. trans. Rückweg
trüg·ge·was·sen *uZW biol.*
zurückwachsen, kleiner werden
trüg·ge·wi·ken *uZW* zurückweichen
trüg·ge·wi·sen *uZW* zurückweisen
Trüg·spai·gel, -s *m. tech.*
Rückspiegel
trüg·üö·wer *UW* nach hinten, zurück
trüg·uut *UW* rückwärts
trü·hiär·tig, -e, -en [trü·hiär·ti·ge] *EW psy.* treuherzig
trü·laus, -e, -en [trü·lau·se]
EW psy. treulos
trü·lik, trü·licke, -n [trü·lik·ke] *EW psy.* treulich
Trum, -·men *w. tech. mus.*
Trommel
Trum·ler, -s *m. mus.* Trommler
Trum·mel, -n *w.* 1. *tech. mus.*
Trommel; 2. *tech.* Radnabe
Trum·mel·fel, -le *s.* 1. *med.*
Trommelfell; 2. *tech. mus.*
Fell der Trommel
trum·meln *ZW tech.* rollen,
trommeln; *mus.* trommeln
Trum·mel·slag, Trum·mel·sliä·ge *m. mus.* Trommelschlag
Trum·mel·sliä·ger, -s *m.*
tech. mus. Trommelschläger; *mus.* Trommler
Trum·mel·stok, Trum·mel·stöcke [Trum·mel·stök·ke]
m. 1. *tech. mus.* Trommelstock; 2. *bot.* mittlerer Wegerich
trum·men *ZW mus.* trommeln
Trump, Trüm·pe *m.* Trumpf
Trum·pät·te, -n *w. tech. mus.*
Trompete
Trum·pät·ten *s. o.Mz. mus.*
Trompeten
trum·pät·ten *ZW mus.* trompeten
Trum·pät·ter, -s *m. mus.*
Trompeter
trum·pen *ZW* trumpfen
Trü·ring, -e [Trü·rin·ge] *m.*
tech. Trauring
Tru·ung, -en [Tru·un·gen] *w.*
jur., rel. Trauung
Tucht, Tuch·ten *w. psy.*

Zucht, Disziplin; *biol.* Züchtung
Tucht·bul·le, -n *m. zool. agr.* Zuchtbulle
tüch·ten *ZW biol.* züchten
Tüch·ter, -s *m. biol.* Züchter
Tucht·huus, Tucht·hü·ser *s. jur. arch.* Zuchthaus
Tücht·ling, -e [Tücht·lin·ge] *m. jur.* Zuchthäusler
Tucht·mes·ter, -s *m.* Zuchtmeister
Tüch·tung, -en [Tüch·tun·gen] *w. biol.* Züchtung
Tucht·ve *s. o.Mz. zool. agr.* Zuchtvleh
Tucke, -n [Tuk·ke] *w. psy.* Mädchen, Frau (abfällig)
Tücke·dik, -s [Tük·ke·dik] *m. zool.* Spottdrossel
tucken [tuk·ken] *ZW* zucken
Tucken [Tuk·ken] *s. o.Mz.* Zuckung
tücken [tük·ken] *ZW* berühren, angehen; **sik ~** sich bewegen; **dao kan he nich an ~** daran kann er sich nicht messen, nicht herankommen an etwas
Tücker, -s [Tük·ker] *m. zool.* Hänfling; **gri·se ~** Berghänfling *m. zool.*; **rau·de ~** *m. zool.* Hänfling
tuckern [tuk·kern] *ZW* pochen, klopfen; *trans.* langsam fahren
Tüd·del, -s *m.* Durcheinander
tüd·de·lig, -e, -en [tüd·de·li·ge] *EW psy., tech.* durcheinander; *psy.* vergesslich, verwirrt, zerstreut
tüd·dern *ZW* durcheinanderbringen
tü·de·lüt·ken *ZW* trällern
Tüë·gel, -s *m. tech.* Zügel
tüë·geln *ZW* zügeln
tü·en *ZW* ziehen
Tüëns *VN* Antonius, Anton
tüënsk, -e, -en [tüëns·ke] *EW psy.* zänkisch
Tu·er, -n *w.* Anfall (*frz.* tour)
Tü·er·lok, Tü·er·löcker [Tü·er·lök·ker] *s. tech.* Flugloch des Bienenkastens oder Bienenkorbes
tü·ern *ZW* zielen
Tü·er·wa·ter, Tü·er·wä·ters *s.* Zielwasser
tüët·ken *ZW* trödeln
tuf·feln *ZW trans.* gehen,

schlurfen
Tü·ge, -n *m. jur.* Zeuge
tü·gen *ZW jur.* zeugen, bezeugen
Tuk, Tücke [Tük·ke] *m.* Ruck, Schlag
Tüks·ken, Tüks·kes *s.* kleiner Ruck, kleiner Schlag
tüks·te·rig, -e, -en [tüks·te·ri·ge] *EW* schrumpelig, faltig
Tül, ~·le *m. tech.* Tüll, netzartiges Gewebe
Tül·müs·ken, Tül·müs·kes *s. tech.* Tüllmützchen
Tül·müs·se, -n *w. tech.* Tüllmütze
Tulp, -en [Tul·pen] *w. bot.* Tulpe
Tul·pen·baum, Tul·pen·bai·me *w. bot.* Magnolie
Tüm·mel·ken, Tüm·mel·kes *s. med.* Schwips
tün·deln (met) *ZW psy.* tändeln, zaudern, zögern
tü·nen *ZW tech.* zäunen, einzäunen; flechten (z.B. Weidenzweige)
Tü·ner, -s *m. tech.* Flechter
Tunft, Tünf·te *w.* Zunft
tünf·tig, -e, -en [tünf·ti·ge] *EW* zünftig, zur Zunft gehörend
Tun·ge, -n *w. med.* Zunge
tün·geln *ZW* zündeln
Tun·gen·briä·ker, -s *m.* Zungenbrecher
tun·gen·fien, tun·gen·fi·ne, -n *EW kul.* köstlich
Tun·gen·slag, Tun·gen·sliä·ge *m. kult.* Zungenschlag, Aussprache, Dialekt, Mundart
Tun·gen·tip, -·pen *m. med.* Zungenspitze
Tüngs·ken, Tüngs·kes *s. med.* Zünglein
Tün·ken, Tün·kes *s. tech.* Fässchen
tun·ken *ZW* schlagen, hauen; **~ stram** sehr hart aufgepumpt; *med.* stark betrunken
Tun·ne, -n *w. tech.* Tonne, Fass, Bottich
tün·nen *ZW agr.* Jauche ausfahren
Tun·nen·band, Tun·nen·bän·ner *s. tech.* Fassreifen
Tüns·hüüs·ken *ON* Tönnishäuschen
Tun·te, -n *w. psy.* Frau

(abfällig)
Tün·tel·pot, Tün·tel·pöt·te *m. tech.* Zundertopf am Herdfeuer
Tüö·del·bäänd, -s *m. trans.* Postillon
tuo·gig, -e, -en [tuo·gi·ge] *EW* zugig
tuor·keln *ZW med.* schwanken, torkeln
tuor·kelsk, -e, -en [tuor·kels·ke] *EW med.* schwankend, torkelig
Tuorw, Tüör·we *m.* Torf
Tuorw·buo·den, Tuorwbüö·den *m. geol.* Torfboden
tuor·wig, -e, -en [tuor·wi·ge] *EW geol.* torfhaltig
Tüörw·ken, Tüörw·kes *s.* Kleinkind, Säugling
Tuorw·lok, Tuorw·löcker [Tuorw·lök·ker] *s.* Torfloch, Abbaustelle für Torf
Tuorw·mos, -·se *s. bot.* Torfmoos
Tuorw·stiä·ken *s. o.Mz. tech.* Torfstechen
tuorw·stiä·ken *uZW tech.* torfstechen
Tuorw·stiä·ker, s *m. tech.* Torfstecher
Tüö·te, -n *m. fin.* ziehender Kaufmann aus dem Tecklenburger Land
Tür·re *w. o.Mz. psy.* Torheit
tür·rig, -e, -en [tür·ri·ge] *EW psy.* töricht
tüs·ken *VW* zwischen
Tüs·ken·buo·den, Tüs·kenbüö·den *m. tech., arch.* Zwischenboden
Tüs·ken·driä·ger, s *m. tech., arch.* Zwischenträger
tüs·ken·düör *UW* zwischendurch
Tüs·ken·fal, Tüs·ken·fiä·le *m.* Zwischenfall
Tüs·ken·han·nel *m. o.Mz. fin.* Zwischenhandel
tüs·ken·in *UW tem.* inzwischen
Tüs·ken·land, Tüs·ken·län·ner *s. agr.* Zwischenland
tüs·ken·lan·nen *ZW trans.* zwischenlanden
tüs·ken·lan·net, -e, -en [tüs·ken·lan·ne·te] *EW trans.* zwischengelandet
Tüs·ken·lan·nung, -en [Tüs·ken·lan·nun·gen] *w. trans.* Zwischenlandung

Tüs·ken·lao·gern *s. o.Mz.*
Zwischenlagerung
tüs·ken·lao·gern *ZW* zwischenlagern
Tüs·ken·spiël, -e [Tüs·ken·spië·le] *s. spo., mus.* Zwischenspiel, Episode
Tüs·ken·tiet, Tüs·ken·ti·ten *w. tem.* Zwischenzeit
tüs·ken·tiets *UW tem.* zwischenzeitlich, zwischendurch
tus·seln *ZW* zausen, zerzausen
Tüt *m. o.Mz.* Schwung, Elan
Tu·te, -n *w. tech.* Hupe, Signalhorn; Tüte
Tü·te, -n *w. zool.* großer Brachvogel
Tu·te·häön, -s *s. tech.* Signalhorn
tut·ke·waam, tut·ke·wa·me, -n *EW* mollig warm, wohlig warm
Tüüg, -s *s. o.Mz.* Zeug, Kleidung; Kram; bi't ~ staon·bli·wen nicht sonntäglich kleiden; dum ~ kü·ern *psy.* Unsinn reden; in't ~ läg·gen *übertr.* anstrengen
Tüüg·amt, Tüüg·iäm·ter *s.* Zeugamt
Tüüg·la·den, Tüüg·lä·den *m. arch. fin.* Bekleidungsgeschäft, Textilgeschäft
Tüüg·nis, -·se *s. jur.* Zeugnis, Attest, Bescheinigung
Tuun, Tü·ne *m. tech.* Zaun
Tuun·e·gel, -s *m. zool.* Zaunigel
Tüün·i·sen, -s *s. tech.* Wannenmachereisen (Werkzeug)
Tüün·ken, Tüün·kes *s. tech.* Zäunchen
Tuun·paol, Tuun·päö·le *m. tech.* Zaunpfahl
Tuun·sta·ken, -s *m. tech.* Zaunpfahl
Tüün·wië·de, -n *w. bot.* Flechtweide
Tüün·wies·ke, -n *w. agr.* Koppel
Tuur, Tu·ren *w.* Drehung; in e·ne ~ *tem.* ununterbrochen
Tuusk, Tüüs·ke *m.* Tausch
tuus·ken *ZW* tauschen, wechseln
tüüs·ken *ZW* täuschen
Tuusk·han·nel *m. o.Mz. fin.* Tauschhandel
Tüüt·ken, Tüüt·kes *s. tech.*

Tütchen, kleine Tüte
Tu·wer *m. o.Mz. psy.* Zauber
Tu·wer·flöök, Tu·wer·flö·ke *m. psy.* Bannspruch, Zauberfluch
Tu·wer·ri, -·en *w. psy.* Zauberei, Zauberei
tu·wern *ZW psy.* zaubern
Tu·wer·nuët, Tu·wer·nüë·te *w. bot.* Zaubernuss
Tu·wers·ke, -·n *w. psy.* Zauberin, Hexe
Tu·wer·waod, Tu·wer·wäö·der *s. psy.* Zauberwort, Zauberspruch
Twään *s. o.Mz. tech.* Zwirn
Twääns·faam, Twääns·fiäm *m. tech.* Zwirnsfaden
Twä·ne·ääs, Twä·ne·ä·se *s. psy.* Muttersöhnchen
twä·nen, -e, -en [twä·ne·ne] *EW tech.* zwirnen, aus Zwirn
Twä·ne·ri *w. o.Mz. psy.* Anstellerei
Twao·lecht, -er [Twao·lech·ter] *s.* Irrlicht
twe *ZaW* zwei
twe·beent, -e, -en [twe·been·te] *EW* zweibeinig
twe·bi·ten *uZW* durchbeißen, zerbeißen
twe·briä·ken *uZW* entzweibrechen, zerbrechen
twed·de, -n *ZaW* zweite
twed·de·best, -e, -en [twed·de·bes·te] *EW* zweitbeste
twed·de·lest, -e, -en [twed·de·les·te] *EW* zweitletzte
twed·dens *UW* zweitens
twe·deelt, -e, -en [twe·deel·te] *EW* zweigeteilt
twe·dub·belt, -e, -en [twe·dub·bel·te] *EW* doppelt, zweifach
twe·en 1. *ZW* entzweien, scheiden (Ehe); 2. to ~ *ZaW* zu zweit;
twe·flüë·ge·lig, -e, -en [twe·flüë·ge·li·ge] *EW* zweiflügelig
twe·hän·nig, -e, -en [twe·hän·ni·ge] *EW* zweihändig
twe·jäö·rig, -e, -en [twe·jäö·ri·ge] *EW tem.* zweijährig
Twe·jäö·ri·ge, -n *m., w. und s. tem.* Zweijährige(r)
twe·maol *ZaW* zweimal
twe·pün·nig, -e, -en [twe·pün·ni·ge] *EW* zweipfündig
twe·riä·drig, -e, -en [twe-

riä·dri·ge] *EW tech.* zweirädrig
twe·ri·gig, -e, -en [twe·ri·gi·ge] *EW* zweireihig
twe·si·tig, -e, -en [twe·si·ti·ge] *EW* zweiseitig
twe·slaip·rig, -e, -en [twe·slaip·ri·ge] *EW tech.* zweischläfrig (Bett für zwei Personen)
twe·slaon *uZW* zerschlagen, entzweischlagen
Twe·spän·ner, -s *m. trans.* Zweispänner
twe·spän·nig, -e, -en [twe·spän·ni·ge] *EW trans.* zweispännig
twe·sprao·kig, -e, -en [twe·sprao·ki·ge] *EW* zweisprachig
twe·spüö·rig, -e, -en [twe·spüö·ri·ge] *EW trans.* zweispurig, doppelspurig
twe·stem·mig, -e, -en [twe·stem·mi·ge] *EW mus.* zweistimmig
Twe·stok, Twe·stöcke [Twe·stök·ke] *m. arch.* Zweistock, zweistöckiges Gebäude
twe·stöckig, -e, -en [twe·stök·ki·ge] *EW arch.* zweistöckig
twe·stün·nig, -e, -en [twe·stün·ni·ge] *EW tem.* zweistündig
twe·tiä·nig, -e, -en [twe·tiä·ni·ge] *EW med., tech.* zweizähnig, zweizinkig
twe·töl·lig, -e, -en [twe·töl·li·ge] *EW tech.* zweizöllig, zwei Zoll lang
twiälw, -e [twiäl·we] *ZaW* zwölf
twiälw·jäö·rig, -e, -en [twiälw·jäö·ri·ge] *EW tem.* zwölfjährig
Twiälw·jäö·ri·ge, -n *m., w. und s. tem.* Zwölfjährige(r)
Twiälw·kant *m. tech.* Zwölfkant, Zwölfeck
twiälw·maol *ZaW* zwölfmal
twiälw·te, -n *ZaW* zwölfte
Twiälw·tel, -s *s. ZaW* Zwölftel
twiälw·tens *ZaW* zwölftens
Twi·bak, Twi·bäcke [Twie·bäk·ke] *m. kul.* Zwieback
Twickel, -s [Twik·kel] *m. tech.* Zwickel, dreieckiger Einsatz in Hosen und

Hemden
twicken [twik·ken] *ZW* zwikken, kneifen
Twicker, -s [Twik·ker] *m. tech. med.* Zwicker, Kneifer (Brille)
Twi·düüs·tern *s. o.Mz. met.* Dämmerung, Zwielicht
Twieg, Twi·ge *m.* Zweig
Twieg·baan, Twieg·ban·en *w. trans.* Zweigstrecke (Eisenbahn)
Twiël, -s *m. bot.* Astgabel, Zweig; *tech.* hölzerne Heugabel; *trans.* Gabelung
Twiël·biëk, -en [Twiël·bië·ken] *m. geol.* Bachgabelung, Bifurkation
twië·len *ZW* gabeln, teilen, abzweigen
twiëlig, -e, -en *EW* gabelförmig
Twiël·stiärt, -s *m. zool.* Gabelweihe, Rotmilan
Twië·sen *Mz.* Zwillinge
Twies·ken, Twies·kes *s.* junger Zwilling
Twië·wel, -s *m. psy.* Zweifel
Twië·we·ler, -s *m. psy.* Zweifler
twië·wel·haft, -e, -en [twiëwel·haf·te] *EW psy.* zweifelhaft
twië·wel·mö·dig, -e, -en [twië·wel·mö·di·ge] *EW psy.* wankelmütig, zweifelnd
twië·weln *ZW psy.* zweifeln
twi·gen *uZW* abzweigen
Twi·ge·spraök, -e [Twi·ge·spräö·ke] *s.* Zwiegespräch
Twik·müël, -en [Twik·müëlen] *w. tech., psy.* Zwickmühle, Klemme
Twi·lecht *s. o.Mz. met.* Zwielicht
Twil·le, -n *w. tech.* Fletsche, Zwille
Twil·ling, -e [Twil·lin·ge] *m.* Zwilling
Twil·lings·bro·er, Twil·lingsbrö·ers *m.* Zwillingsbruder
Twil·lings·süs·ter, -s *s.* Zwillingsschwester
twin·tig *ZaW* zwanzig
Twin·ti·ger, -s *m.* Zwanziger
twin·tig·jää·rig, -e, -en [twintig·jäö·ri·ge] *EW tem.* zwanzigjährig
Twin·tig·jää·ri·ge, -n *m., w. und s. tem.* Zwanzigjährige(r)
twin·tig·maol *ZaW* zwan-

zig Mal
Twin·tigs·te, -n *m., w. und s. ZaW* Zwanzigster
twin·tigs·te, -n *ZaW* zwanzigste
twin·tigs·tens *ZaW* zwanzigstens
twi·sam, -·me, -·men *EW psy.* eigenartig, seltsam
Twi·spraok, -en [Twi·spraoken] *w.* Zwiesprache, Zwiegespräch
Twit·ke·buk, Twit·ke·bücke [Twit·ke·bük·ke] *m. biol.* Zwitter (abfällig)
Twit·ter, -s *m. biol.* Zwitter

U

U, u U, u (Buchstabe)
Üb·be, -n *w. zool.* Mutterschaf
Ucht, -en [Uch·ten] *w. rel. tem.* Frühmette (Weihnachten, Ostern); *tem.* Morgenfrühe, Tagesanbruch
Ucht·wiärk, -en [Ucht·wiärken] *w.* Arbeit auf dem Hof in der Morgenfrühe
Üë·mel, -s *m.* kleines Wesen; *übertr. med.* Neugeborenes
Üë·mel·ken, Üë·mel·kes *s.* Winzling
üë·meln *ZW* leicht glühen, qualmen, schwelen
uë·se·een *UW* unsereins
üët·ken *ZW psy.* nörgeln; *psy. kul.* lustlos im Essen stochern
üë·wel, -e, -en [üë·we·le] *EW* übel, schlimm, schlecht; *psy.* böse
Üë·wel, -s *s.* Übel, Not
üë·wel·nië·men *uZW psy.* übelnehmen, verübeln
üë·wel·niëmsk, -e, -en [üëwel·niëms·ke] *EW psy.* übelnehmerisch, empfindlich, leicht kränkbar, schnell beleidigt
üë·wels *UW* sehr
Uf·feln *ON* Uffeln
Ü·le *ON* Oelde
U·len·flugt, U·len·flügt *w. tem.* Zeit der Abenddämmerung
U·len·lok, U·len·löcker [U·lenlök·ker] *s. arch.* Eulenloch, Fluloch für Eulen im Giebel

U·len·sna·wel, U·len·sniä·wel *m. med.* Eulenschnabel
U·len·spai·gel, -s *m. psy.* Eulenspiegel
Ülk, -e [Ül·ke] *m. zool.* Iltis
ül·men *ZW* qualmen, stark rauchen, stark nach Menschen riechen
üm *FW UW BW* um; ~ **dat** weil; ~ **so...,** ~ **so...** je..., desto...; **üm't** um das, ums
üm·än·nern *ZW* abändern, umändern
üm·än·nert, -e, -en [üm·änner·te] *EW* abgeändert, umgeändert
üm·bal·gen *uZW tech.* umbiegen
Üm·bau, -·ten *m. tech., arch.* Umbau
üm·bau·en *ZW agr.* umpflügen, *arch., tech.* umbauen
üm·bi *VW* gelegen an, gegen
üm·biä·den *ZW rel.* umbeten, durch Beten etwas ändern wollen (z.B. das Wetter)
üm·bil·len *ZW* umbilden
Üm·bil·lung, -en [Üm·bil·lungen] *w.* Umbildung
üm·bin·nen *ZW* umbinden
üm·bla·dern *ZW* umblättern
üm·blao·sen *uZW* umblasen
üm·bra·ken *ZW agr.* umbrechen, flaches Pflügen
üm·brän·gen *uZW* zurückbringen, umbringen; *med. jur.* töten, ermorden
üm·briä·ken *uZW* umbrechen, *agr.* pflügen
üm·bucken (sik) [üm·bukken] *ZW* umstellen (sich)
üm·bul·len *ZW med.* erneut brünstig werden (Kuh)
Üm·dook, Üm·dö·ker *s.* Umhang
üm·doon (sik) *uZW* umtun, *psy.* ändern (sich), verändern; umbinden
üm·dö·pen *ZW rel.* umtaufen
üm·drai·en *ZW* umdrehen, wenden, umkehren
Üm·drai·ung, -en [Üm·draiun·gen] *w.* Umdrehung
üm·fal·len *uZW* umfallen
Üm·fang, Üm·fän·ge *m.* Umfang
Üm·floot, Üm·flö·te *w. tech.* Umflut (bei Mühlen)
üm·fö·ern *uZW trans.* von einem Ort zum anderen fahren; einen Umweg fahren

üm·fö·ern *uZW trans.* etwas von einem Ort zum anderen fahren

Üm·frao·ge, -n *w.* Umfrage

Üm·gang, Üm·gän·ge *m. trans.* Umgang

Üm·gaon *s. o.Mz. psy.* Umgang (mit jemd.)

üm·gaon *uZW trans.* umgehen; *psy.* Umgang haben; *psy.* spuken; ~ **lao·ten** umgehen lassen, sich wechselseitig helfen

üm·ge·kat, -·te, -·ten *EW* umgekehrt

Üm·gië·gend, -en [Üm·giëgen·den] *w. geog.* Umgebung

üm·gië·wen *uZW* umgeben

Üm·gië·wung *w. o.Mz.* Umgebung

üm·häb·ben *uZW* umhaben

üm·hal·sen *uZW* umarmen, um den Hals fallen

üm·hän *UW* umhin

Üm·hang, Üm·hän·ge *m.* Umhang

üm·han·gen *uZW* umhängen

üm·han·neln *ZW* tauschen (evtl. mit Zuzahlung)

üm·hau·en *uZW* umschlagen, niederschlagen, fällen

üm·hiär *UW* umher, herum

üm·kiärn *ZW* umkehren, wenden

Üm·kiek, Üm·ki·ke *m.* Umschau

üm·ki·ken *uZW* umschauen, umsehen, informieren

üm·kip·pen *ZW* umkippen, umschütten; umfallen

Üm·klap *m. o.Mz. med.* Wechseljahre

üm·klap·pen *ZW* umfallen

üm·kuë·men *uZW* umkommen, *med.* sterben

üm·la·den *uZW* umladen

üm·lä·ern *ZW kult.* umlernen; *psy.* Gehirnwäsche machen

üm·lai·en *ZW* umleiten; zurückführen, ins Gegenteil verkehren

Üm·lai·per, -s *m.* Hausierer; jemd., der zu allem zu gebrauchen ist, Springer an der Arbeitsstelle

üm·la·ke·ern *ZW tech.* umlackieren, mit einer anderen Farbe lackieren

Üm·laup, Üm·lai·pe *m.* Um-lauf; in ~ sien kursieren

Üm·laup·pand, Üm·lauppän·ner *s. agr.* wechselnder Abschnitt bei der Kartoffelernte oder beim Binden von Garben

Üm·luut, Üm·lu·te *m.* Umlaut

üm·mer *UW tem.* immer, andauernd, permanent

Üm·mer·gröön *s. o.Mz. bot.* Immergrün

üm·mer·to *UW* immerzu

üm·me·to *UW* umzu, herum

üm·mol·ten, -e, -en [üm·molte·ne] *EW tech.* umgeschmolzen

üm·packen [üm·pak·ken] *uZW* umfassen, umschlingen; umpacken, versetzen

üm·plö·gen *ZW agr.* umpflügen

üm·puor·ten *ZW agr.* umpflanzen

üm·ra·ken *ZW* umwenden

üm·riä·ken *ZW math.* umrechnen

Üm·riäk·nung, -en [Üm·riäknun·gen] *w. math.* Umrechnung

üm·ri·ten *uZW* umreißen

üm·rö·ern *ZW* umrühren

üm·säg·gen *uZW* mündlich bekanntmachen, kundtun

Üm·säg·ger, -s *m.* Bekanntmacher, Bote

üm·sain *uZW* umsehen

Üm·sat, Üm·siä·te *m. fin., chem.* Umsatz

Üm·sat·stü·er, -n *w. fin.* Umsatzsteuer

üm·sät·ten *ZW* umsetzen

üm·schich·tig, -e, -en [üm·schich·ti·ge] *EW* abwechselnd

üm·scho·len *ZW kult.* umschulen

Üm·scho·lung, -en [Üm·scho·lun·gen] *w. kult.* Umschulung

üm·schri·wen *uZW* umschreiben

üm·schüt·ten *ZW* umschütten

üm·si·tig, -e, -en [üm·si·ti·ge] *EW* umseitig, auf der Rückseite

Üm·slag, Üm·sliä·ge *m.* Umschlag; Halstuch, Schultertuch; *tech. med.* Wundverband

üm·slaon *uZW* umschlagen

üm·slin·gen *ZW* umschlingen

üm·smel·ten *uZW tech.* umschmelzen

üm·smi·ten *uZW* umwerfen, umschmeißen

üm·snau·en *ZW psy.* schimpfen

Üm·span·wiärk, -e [Üm·spanwiär·ke] *m. tech.* Umspannwerk

üm·spit·ten *ZW agr.* umgraben (den Garten)

üm·sprän·gen *uZW psy.* umspringen, umgehen

üm·stal·len *ZW agr.* umstallen, in einen anderen Stall bringen

Üm·stand, Üm·stän·ne *m.* Umstand

üm·ständ·lik, üm·ständ·likke, -n *EW* umständlich

Üm·stands·kleed, Üm·standskle·der *s.* Umstandskleid

Üm·stands·waod, Üm·standswaö·der *s.* Umstandswort, Adverb

üm·staon *uZW* umstehen, herumstehen

Üm·staon·de, -n *m., w. und s.* Umherstehende(r), Herumstehende(r)

üm·stau·ten *uZW* umstoßen

üm·stem·men *ZW* umstimmen

üm·sti·gen *uZW* umsteigen

üm·stöckeln [üm·stök·keln] *ZW agr.* umsetzen (angebundenes weidendes Vieh)

üm·stöl·pen *ZW* umstülpen, umwenden, umkehren

üm·strië·den, -e, -en [üm·strië·de·ne] *EW* umstritten

üm·stüör·ten *ZW* umstürzen

üm·süs *UW* umsonst, vergebens, *EW fin.* gratis, kostenlos, unentgeltlich

Üm·swung, Üm·swün·ge *m.* Umschwung, Wende

Üm·tiet, Üm·ti·ten *w. tem.* Tagesanbruch; *kul.* erstes Frühstück

üm·tiets *UW tem.* morgens früh

üm·to *UW* umher

Üm·tog, Üm·tüö·ge *m.* Umzug, Festzug; Wohnungswechsel

üm·to·gaon *uZW* herumgehen, herumführen

üm·to·kü·ern *ZW psy.* drumherumreden

üm·to·lau·pen *uZW* drum-herumlaufen

üm·trecken [üm·trek·ken] *uZW* umziehen, umkleiden; umsiedeln

üm·trocken, -e, -en [üm·trok·ken], [üm·trok·ke·ne] *EW* umgezogen

Üm·tuusk, Üm·tüüs·ke *m.* Umtausch

üm·tuus·ken *ZW* umtauschen

Üm·wäg, Üm·wiä·ge *m. trans.* Umweg, Umleitung

üm·wäl·tern *ZW* umwälzen

üm·wan·neln *ZW* umwandeln

üm·wän·nen *uZW* umwenden

üm·wes·seln *ZW* umwechseln

un *BW* und

un·a·rig, -e, -en [un·a·ri·ge] *EW psy.* unartig, frech, ungezogen

un·ask, -e, -en [un·as·ke] *EW psy.* streitsüchtig, heftig

un·be·hölp·lik, un·be·hölp·licke, -n [un·be·hölp·lik·ke] *EW* unbehelflich, unbeholfen

un·be·laiwt, -e, -en [un·be·laiw·te] *EW psy.* unbeliebt

un·be·rö·ert, -e, -en [un·be·rö·er·te] *EW* unberührt

un·be·sai·ens *UW* unbesehen

un·be·schuuft, -e, -en [un·be·schuuf·te] *EW psy.* unbescheiden, anmaßend, dreist

un·be·suorgt, -e, -en [un·be·suorg·te] *EW psy.* unbesorgt

un·dags *UW tem.* zur Unzeit

Un·dier, -s *s. zool.* Untier, Ungeheuer, Bestie

Un·dogt, Un·dög·te *m. psy.* Taugenichts

un·dög·tig, -e, -en [un·dög·ti·ge] *EW psy.* nichtsnutzig

Un·düeg·te, -n *w. psy.* Untugend, Laster; toller Streich

un·düüd·lik, un·düüd·licke, -n [un·düüd·lik·ke] *EW* undeutlich, verschwommen, unklar

un·eens *EW psy.* uneins, zerstritten

un·e·gaol, -e, -en [un·e·gao·le] *EW* uneben, ungleichmäßig

Un·fal, Un·fiä·le *m.* Unfall

Un·friär *m. o.Mz. psy.* Unfrieden, Streit, Zank

Un·fri·e, -n *m. und w.* Leibeigene(r), Sklave

un·gään *UW* ungern, nicht gerne

un·ge·dül·lig, -e, -en [un·ge·dül·lige] *EW psy.* ungeduldig

un·ge·faör·lik, un·ge·faör·licke, -n [un·ge·faör·lik·ke] *EW* ungefährlich

un·ge·hai·er *EW psy.* ungeheuer

un·ge·hai·er·lik, un·ge·hai·er·licke, -n [un·ge·hai·er·lik·ke] *EW psy.* ungeheuerlich

Un·gel *s. o.Mz. med., kul., tech.* Talg, Rindertalg

un·ge·liä·gen, -e, -en [un·ge·liä·ge·ne] *EW* ungelegen, unpassend

Un·gel·kä·se, -n *w. tech.* Talgkerze

un·ge·wüen·lik, un·ge·wüen·licke, -n [un·ge·wüen·lik·ke] *EW* ungewöhnlich

un·ge·wüent, -e, -en [un·ge·wüen·te] *EW* ungewohnt

un·glaiwsk, -e, -en [un·glaiws·ke] *EW psy.* misstrauisch, *rel.* ungläubig

un·gliek, un·gli·ke, -n *EW* ungleich, verschieden

Un·glük, Un·glücke [Un·glük·ke] *s.* Unglück, Unheil

un·guët, -e, -en [un·guë·te] *EW* ungut, schlecht; **niks för ~** nichts für ungut

Un·heel *s. o.Mz.* Unheil

Uni·form, -s *w.* Uniform

Un·kaat, Un·ka·ten *w. spo.* Unkarte, Fehlkarte

un·klaor, -e, -en [un·klao·re] *EW* unklar

un·klook, un·klo·ke, -n *EW psy.* unklug, unvernünftig; dumm; *psy.* geistig behindert, verrückt

un·kom·mo·dig, -e, -en [un·kom·mo·di·ge] *EW psy.* unbequem

Un·land, Un·län·ner *s. agr.* unfruchtbarer Boden

un·ma·ne·er·lik, un·ma·ne·er·licke, -n [un·ma·ne·er·lik·ke] *EW psy.* unmanierlich, ungezogen

Un·maot *s. o.Mz. psy.* Maßlosigkeit

un·mao·ten, -e, -en [un·mao·te·ne] *EW* unmäßig

un·mäö·tig, -e, -en [un·mäö·ti·ge] *EW* unmäßig, *psy.* maßlos

Un·mensk, -en [Un·mens·ken] *s. psy.* Rohling, Unmensch

un·müëg·lik, un·müëg·licke, -n [un·müëg·lik·ke] *EW* unmöglich

Un·nao *ON* Unna

un·nen *UW* unten

un·nen·an *UW* untenan, von unten, von Grund auf

un·nen·düör *UW* untendurch; **~ sien** *psy.* ohne Ansehen sein

un·ner *VW* unter, *tem.* in, während; **~ dat Jaor** *tem.* in dem Jahr, während des Jahres; **~ de Wiärk** *tem.* in der Woche

un·ner·bai·den *uZW fin.* unterbieten

un·ner·bli̤·wen *uZW* unterbleiben

un·ner·brän·gen *uZW* unterbringen

un·ner·briä·ken *uZW* unterbrechen

Un·ner·büks, -en [Un·ner·bük·sen] *w.* Unterhose, Schlüpfer

Un·ner·büks·ken, Un·ner·büks·kes *s.* Unterhöschen

Un·ner·dak, Un·ner·diä·ker *s.* Obdach, Unterkunft, Zuflucht; *übertr. pol.* Asyl

Un·ner·deel, Un·ner·de·le *s. tech.* Unterteil

un·ner·du·ken *ZW* untertauchen, *übertr.* verstecken

un·ne·re, -n *EW VW* untere

un·ner·füünsk, -e, -en [un·ner·füüns·ke] *EW psy.* arglistig

Un·ner·gang, Un·ner·gän·ge *m.* Untergang

un·ner·gaon *uZW* untergehen; zugrunde gehen

Un·ner·grund, Un·ner·grün·ne *m.* Untergrund

Un·ner·händ·ler, -s *m.* Abgeordneter, Unterhändler

un·ner·halw *VW* unterhalb

Un·ner·hiëmd, -e [Un·ner·hiëm·de] *s.* Unterhemd

Un·ner·hiëmd·ken, Un·ner·hiëmd·kes *s.* Unterhemdchen

un·ner·hol·len *uZW* unter-

halten, instandhalten; miteinander sprechen
Un·ner·hol·lung, -en [Un·ner·hol·lun·gen] w. Unterhaltung
Un·ner·holt, Un·ner·höl·le 1. m. fin. Unterhalt, Alimente; 2. s. bot. Dickicht, Gestrüpp, Unterholz
Un·ner·huut, Un·ner·hü·te w. Unterhemd
Un·ner·jak, Un·ner·jacken [Un·ner·jak·ken] s. Unterjacke, Unterhemd
Un·ner·klas, -·sen w. Unterklasse
un·ner·kri·gen uZW überwältigen, unterdrücken
un·ner·kru·pen uZW Unterschlupf, Unterkunft finden
Un·ner·kuë·men s. o.Mz. Unterkommen, Unterkunft, Unterschlupf
un·ner·kuë·men uZW vorkommen, passieren
Un·ner·läg·sel, -s s. Unterlegte, Unterlage
Un·ner·lao·ge, -n w. Unterlage
un·ner·lao·ten uZW unterlassen
un·ner·lap·pen ZW tech. unterflicken
un·ner·lau·pen, -e, -en [un·ner·lau·pe·ne] EW med. unterlaufen
un·ner·liä·gen, -e, -en [un·ner·liä·ge·ne] EW unterlegen
Un·ner·liew, Un·ner·li·we s. med. Unterleib, Bauch
un·ner·ma·ken uZW unterarbeiten
un·ner·mao·len ZW untermalen
un·ner·mäö·tig, -e, -en [un·ner·mäö·ti·ge] EW zu klein
Un·ner·müëks·ken, Un·ner·müëks·kes s. zool. schwächliches Ferkel (auch Kind)
Un·ner·muul, Un·ner·mu·len s. med. Doppelkinn
Un·ner·müül·ken, Un·ner·müül·kes s. med. kleines Doppelkinn
un·ner·neen untereinander
Un·ner·nië·men, -s s. Unternehmen, Firma
un·ner·nië·men uZW unternehmen
Un·ner·nië·mer, -s m. Unternehmer
Un·ner·nië·mung, -en [Un-

ner·nië·mun·gen] w. Unternehmung
Un·ner·of·se·er, -s m. mil. Unteroffizier
Un·ner·pand, Un·ner·pän·ne s. Unterpfand
un·ner·plö·gen ZW agr. unterpflügen
Un·ner·richt, -e [Un·ner·rich·te] m. kult. Unterricht
un·ner·säg·gen uZW psy. untersagen, verbieten
un·ner·sät, -·te, -·ten EW tech., med. untersetzt
Un·ner·sat, Un·ner·siä·te m. Untersatz
un·ner·sät·ten ZW untersetzen
Un·ner·schaid, -e [Un·ner·schai·de] m. Unterschied, Differenz
un·ner·schai·den ZW unterscheiden, differenzieren
un·ner·schaid·lik, un·ner·schaid·licke, -n [un·ner·schaid·lik·ke] EW unterschiedlich
Un·ner·schäöl·ken, Un·ner·schäöl·kes s. tech. kul. Untertasse
un·ner·schri·wen uZW unterschreiben, abzeichnen
Un·ner·schriwt, -en [Un·ner·schriw·ten] w. Unterschrift
Un·ner·si·te, -n w. Unterseite
un·ner·slaon uZW doppelt legen (Tuch), unterschlagen
un·ner·slaon uZW fin. jur. unterschlagen, veruntreuen
un·ner·sö·ken uZW untersuchen, erforschen
Un·ner·sö·kung, -en [Un·ner·sö·kun·gen] w. Untersuchung
Ün·nerst m. o.Mz. tem. Mittagsruhe, med. Mittagsschlaf
un·nerst, -e, -en [un·ner·ste] EW UW unterst
un·ner·staon uZW unterstehen (jemd.); psy. wagen
un·ner·stri·ken uZW unterstreichen
Un·ner·stun, -·nen w. tem. Ruhestunde
un·ner·stüt·ten ZW unterstützen
Un·ner·stüt·tung, -en [Un·ner·stüt·tun·gen] w. Unterstützung

un·ner·teek·nen ZW unterzeichnen
Un·ner·teek·ner, -s m. Unterzeichner
Un·ner·teek·nung, -en [Un·ner·teek·nun·gen] w. Unterzeichnung
un·ner·to (van) (von) unten her
Un·ner·tüüg, -s s. o.Mz. Leibwäsche, Unterwäsche
un·ner·wäg·gens UW unterwegs
Un·ner·wams, Un·ner·wäm·se s. Unterwams, Unterjacke
Un·ner·wös·ke Mz. Leibwäsche, Unterwäsche
Un·ner·wiält w. o.Mz. jur. Unterwelt
un·ner·wi·sen uZW kult. unterweisen, lehren
Un·ner·wi·sung, -en [Un·ner·wi·sun·gen] w. kult. Unterweisung
Un·ne·wiär, -s s. o.Mz. met. Unwetter
Un·ob·lig·kait, -en [Un·ob·lig·kai·ten] w. Unfeinheit
un·päs·sig, -e, -en [un·päs·si·ge] EW unpassend, ungelegen
un·pat, -·te, -·ten EW ungerade
Un·raod m. o.Mz. Unrat, Müll
un·riep, un·ri·pe, -n EW biol. unreif, nicht ausgereift
un·rös·tig, -e, -en [un·rös·ti·ge] EW psy. rastlos
un·rü·ig, -e, -en [un·rü·i·ge] EW unruhig
un·sacht, -e, -en [un·sach·te] EW unsanft
un·scham·pe·ert EW ungehindert
Un·schül w. o.Mz. psy., jur. Unschuld
un·schül·lig, -e, -en [un·schül·li·ge] EW psy., jur. unschuldig
Un·sel s. o.Mz. hyg. Dreck, Schmutz
un·se·lik, un·se·licke, -n [un·se·lik·ke] EW trübe, hyg. schmutzig
Un·sel·kop, Un·sel·köp·pe m. hyg. Schmutzfink, Dreckspatz
un·seln ZW hyg. dreckig machen, schmutzig machen
un·siä·lig, -e, -en [un·siä·li-

ge] *EW* unselig
un·sië·ker, -e, -en [un·sië-
ke·re] *EW* unsicher, trügerisch, wage; ungewiss,
zweifelhaft
Un·stand, Un·stän·ne *m. tech.*
schlechter Zustand
Un·tiet, Un·ti·ten *w. tem.*
Unzeit
un·tiets *UW tem.* zu unge-
wohnter Zeit, ungelegen
un·tö·mig, -e, -en [un·tö·mi-
ge] *EW psy.* ausgelassen
Un·tüüg, -s *s. o.Mz. zool.*
Ungeziefer; *bot.* Unkraut
Un·tüüg·mal·en *s. o.Mz. agr.*
Unkraut mähen
un·üë·sel, -e, -en [un·üë·se-
le] *EW psy.* töricht, harmlos, übermäßig, unbedeu-
tend, unschuldig, unnütz,
ungeheuer; *UW* sehr
un·vö·än·nert, -e, -en [un-
vö·än·ner·te] *EW* unverändert
un·vö·sai·ens *UW tem.* unversehens, plötzlich
un·vö·schiämt, -e, -en [un-
vö·schiäm·te] *EW psy.* unverschämt, frech, maßlos
**un·vö·ständ·lik, un·vö·ständ-
licke, -n** [un·vö·ständ·lik·ke]
EW
un·vüör·sich·tig, -e, -en [un-
vüör·sich·ti·ge] *EW psy.* unvorsichtig
**un·waor·schien·lik, un·waor-
schien·licke, -n** [un·waor-
schien·lik·ke] *EW* unwahrscheinlich
un·wied, un·wi·de, -n *VW*
unweit, nah
un·wies, un·wi·se, -n *EW*
schrecklich, besonders; *psy.*
närrisch, töricht, unweise,
verrückt
Un·wië·sen, -s *s. psy.* Unwesen, unsinniges Treiben
un·wis, -·se, -·sen *EW* ungewiss
Uo·ben, Üö·ben *m. tech.* →
Uom Ofen
Üöl·ge *s. o.Mz. chem., biol.*
Öl
Üöl·ge·dook, Üöl·ge·dö·ker
s. tech. Öltuch
Üöl·ge·möl·ler, -s *w. tech.*
Müller der Ölmühle
Üöl·ge·müël, -en [Üöl·ge-
müë·len] *w. tech.* Ölmühle
Üöl·ge·si·ge, -n *w. tech.*

Ölfilter
Uo·lig *s. o.Mz. chem., biol.*
Öl, Petroleum
Uo·lig·lamp, -en [Uo·lig·lam-
pen] *w. tech.* Petroleumlampe
Uom, Üöms *m. tech.* Ofen;
äch·ter'n ~ sit·ten *übertr.*
sich absondern *psy., med.*
sich ausruhen
uo·me·lig, -e, -en [uo·me·li-
ge] *EW* ungepflegt
Uom·piep, Uom·pi·pen *w.
tech.* Ofenrohr
Uom·sät·ter, -s *m. tech.*
Ofensetzer, Ofenbauer
Uom·stiär, -n *w.* Ofenplatz
uo·pen, -e, -en [uo·pe·ne] *EW*
offen, unverschlossen; frei
uo·pen·baor, -e, -en [uo-
pen·bao·re] *EW* offenbar,
vor aller Augen
üör, -e, -en [üö·re] *FW* ihr,
ihre
Uor·der, Üör·ders *w.* Ordnung; Anweisung, Befehl,
Order, *jur.* Bescheid, Gesetz (frz. ordre); **~ gië·wen**
anweisen, Befehl geben,
befehlen
üö·res·gli·ken *UW* ihresgleichen
üö·ret·wiä·gen *UW* ihretwegen
Üör·gel, -n *s. tech. mus.* Orgel; **dat ~ up't vul·le Bru·sen
trecken** *mus.* alle Register
der Orgel ziehen
Üör·gel·büörn, -s *m. arch.*
Orgelbühne
Üör·gel·kun·särt, -e [Üör-
gel·kun·sär·te] *s. mus.* Orgelkonzert
Üör·gel·pi·pe, -n *w. tech.
mus.* Orgelpfeife
Üör·gel·sang, Üör·gel·sän·ge
m. mus. Orgelklang, Orgelspiel
Üör·gel·spië·ler, -s *m. mus.*
Orgelspieler
üör·kers·ken *ZW med.* röcheln
Üör·nern, -s *m. tem.* Nachmittag
üörn·lik, üörn·licke, -n [üörn-
lik·ke] *EW* ordentlich, geordnet; *psy.* anständig, sittsam, tugendhaft, züchtig; *jur.*
unbescholten; kräftig, groß,
reichlich, viel; **~ wat in'ne
Mau·en häb·ben** *übertr.*

sehr kräftig sein; **~ wat to
doon häb·ben** viel Arbeit
haben; **~ wat up·la·den**
reichlich bzw. viel aufladen;
üörn·licken Haup großer
Haufen
üörns *UW tem.* nachmittags
Uort, Üört *s. hyg.* Dreck;
Durcheinander; *psy.* Unsinn;
kü·er ki·nen ~ rede keinen
Unsinn
Uort·hook, Uort·hö·ke *m.
hyg.* Dreckecke
üört·ken *ZW* schwer arbeiten, quälen
üö·wer *VW* über; *EW* übrig; **~ sien** übrig sein; **e·nen
~ sien** jemd. überlegen sein
Üö·wer, -s *s. geol.* Ufer
üö·wer·aigsk, -e, -en [üö-
wer·aigs·ke] *EW med.* übermüdet
üö·wer·al *UW* überall
Üö·wer·bed·de, -n *s.* Überbett
Üö·wer·been, Üö·wer·be·ne
s. med. Überbein
üö·wer·blië·wen, -e, -en [üö-
wer·blië·we·ne] *EW übertr.*
ledig geblieben (sein), bleiben, unverheiratet geblieben (sein)
Üö·wer·bliew·sel, -s *s.* Rest,
Überbleibsel
üö·wer·bli·wen *uZW* übrigbleiben
üö·wer·bö·ten *uZW* überheizen
üö·wer·brän·gen *uZW* überbringen
Üö·wer·dak, Üö·wer·diä·ker
s. arch. Schutzdach
Üö·wer·dië·ke, -n *w. tech.*
Überdecke
Üö·wer·drag, Üö·wer·driä·ge
m. Übertrag
üö·wer·drai·en *ZW tech.* überdrehen, zu weit drehen;
übertr. psy. übertreiben
üö·wer·drait, -e, -en [üö·wer-
drai·te] *EW tech.* überdreht,
zu weit gedreht
üö·wer·driä·gen *uZW* übertragen
üö·wer·drië·wen, -e, -en [üö-
wer·drië·we·ne] *EW psy.*
übertrieben
üö·wer·dri·wen *uZW psy.*
übertreiben
Üö·wer·drük *m. o.Mz. tech.*

Überdruck
üö·wer·dü·weln ZW psy.
überlisten, übertölpeln
üö·wer·een UW übereinan-
der; einig sein; EW über-
einstimmend
üö·wer·een·kuë·men uZW
übereinkommen, einig wer-
den
üö·wer·een·stem·men ZW
übereinstimmen
Üö·wer·een·stem·mung, -en
[Üö·wer·een·stem·mun·gen]
w. Übereinstimmung
üö·wer·fal·len uZW jur.
überfallen
Üö·wer·fal, Üö·wer·fäl·le m.
jur. Überfall
üö·wer·flai·gen uZW über-
fliegen
üö·wer·flai·ten uZW über-
fließen, überlaufen
üö·wer·flai·tig, -e, -en [üö-
wer·flai·ti·ge] EW überflüssig
Üö·wer·flaut, Üö·wer·flai·te
m. Überfluss
üö·wer·flö·tig, -e, -en [üö-
wer·flö·ti·ge] EW überflüssig
üö·wer·fö·ern uZW trans.
überfahren
üö·wer·friä·ten uZW kul.
überfressen, zu viel essen
üö·wer·gai·ten uZW über-
gießen
Üö·wer·gang, Üö·wer·gän·ge
m. Übergang, trans. Brücke
üö·wer·gangs·tiet, Üö·wer-
gangs·ti·ten w. tem. Übergangszeit
üö·wer·gaon uZW überge-
hen
Üö·wer·ga·we, -n w. Über-
gabe
üö·wer·gië·wen uZW über-
geben, überantworten, übereignen; med. erbrechen
Üö·wer·glai·wen m. o.Mz.
rel. Aberglauben
üö·wer·glaiwsk, -e, -en [üö-
wer·glaiws·ke] EW rel.
abergläubisch
üö·wer·gri·pen uZW über-
greifen
üö·wer·guo·ten, -e, -en [üö-
wer·guo·te·ne] EW über-
gossen
üö·wer·haalt, -e, -en [üö·wer-
haal·te] EW trans. über-
holt, tech. ausgebessert
Üö·wer·hä·er, -ns m. Über-

mensch, der Stärkere
üö·wer·ha·len uZW mus.
kräftig singen, durchsingen;
trans. überholen; tech. ausbessern; trans. übersetzen
üö·wer·hand nië·men über-
hand nehmen
Üö·wer·han·dook, Üöwer-
han·dö·ker s. tech. Über-
handtuch
Üö·wer·hands·naod, Üö·wer-
hands·nääd·e w. tech. Kettelnaht
üö·wer·haups UW über-
haupt
üö·wer·hiär UW überher,
darüber
Üö·wer·hiëmd, -e [Üö·wer-
hiëm·de] s. Oberhemd
üö·wer·hol·len uZW übrig
behalten
üö·wer·i·len ZW übereilen
üö·wer·jäö·rig, -e, -en [üö-
wer·jäö·ri·ge] EW tem. überjährig, älter als ein Jahr
üö·wer·kan·di·delt, -e, -en [üö-
wer·kan·di·del·te] EW psy.
übergeschnappt
üö·wer·käpsk, -e, -en [üö-
wer·käps·ke] EW med.
schielend; psy. eingebildet,
albern
Üö·wer·ki·ken s. o.Mz. Übersicht, Überblick
üö·wer·ki·ken uZW überse-
hen, überschauen
Üö·wer·kleed, Üö·wer·kle-
der s. Überkleid
üö·wer·klook, üö·wer·klo·ke,
-n EW psy. altklug, ober-
schlau
üö·wer·kops UW über Kopf,
kopfüber
üö·wer·kuë·men uZW über-
kommen
üö·wer·kuo·ken ZW über-
kochen
Üö·wer·lag, Üö·wer·liä·ge m.
psy. Überlegung, Verstand
üö·wer·läg·gen ZW psy.
überlegen, nachdenken,
durchdenken, erwägen
Üö·wer·läg·gens·tiet w.
o.Mz. tem. Bedenkzeit, Zeit
zum Überlegen
Üö·wer·lai·per, -s m. mil.
Überläufer
Üö·wer·land·strip·pe, -n w.
tech. elektrische Überlandleitung
üö·wer·lao·ten uZW über-

lassen, übereignen, anvertrauen; übriglassen
üö·wer·lau·pen uZW über-
laufen, überfließen; mil. überwechseln
üö·wer·liä·gen, -e, -en [üö-
wer·liä·ge·ne] EW überlegen
Üö·wer·liär, -s s. tech. Oberleder
üö·wer·liä·wen ZW überle-
ben, durchstehen
Üö·wer·liä·wen·de, -n m.,
w. und s. Überlebende(r)
üö·wer·liäwt, -e, -en [üö-
wer·liäw·te] EW überlebt
üö·wer·lië·wern ZW über-
liefern
Üö·wer·lië·we·rung, -en [Üö-
wer·lië·we·run·gen] w. Überlieferung
üö·wer·lu·ern ZW psy. überlisten
üö·wer·mao·len ZW tech.,
mus. übermalen
üö·wer·maolt, -e, -en [üö·wer-
maol·te] EW tech., mus.
übermalt
Üö·wer·maot s. o.Mz. Übermaß
üö·wer·mää·tig, -e, -en [üö-
wer·mää·ti·ge] EW über-
mäßig; zu groß
üö·wer·muorn UW tem.
übermorgen
üö·wern VW übern, über den
Üö·wer·na·gel, Üö·wer·niä-
gel m. med. Übernagel
Üö·wer·nao·me, -n m. Spottname
üö·wer·neen UW überein-
ander
üö·wer·nië·men uZW über-
nehmen; med. überanstren-
gen
üö·wer·prööwt, -e, -en [üö-
wer·prööw·te] EW überprüft
üö·wer·prö·wen ZW über-
prüfen
üö·wer·riep, üö·wer·ri·pe, -n
EW biol. überreif
üö·wer·säg·gen uZW her-
sagen
üö·wer·sain uZW überse-
hen
üö·wer·sät, -·te, -·ten EW
trans., tech., kult. übersetzt
üö·wer·sät·ten ZW trans.,
tech., kult. übersetzen, hinübersetzen; kult. dolmet-
schen, auslegen
Üö·wer·sät·ter, -s m. kult.

Übersetzer, Dolmetscher
Üö·wer·sät·tung, -en [Üö·wer·sät·tun·gen] *w. trans., tech., kult.* Übersetzung
üö·wer·schiä·rig, -e, -en [üö·wer·schiä·ri·ge] *EW* überzählig, überflüssig, entbehrlich
Üö·wer·scho, --e *m. tech.* Überschuh
üö·wer·schri̱·wen *uZW* überschreiben, übereignen
Üö·wer·schriwt, -en [Üö·wer·schriw·ten] *w.* Titel, Überschrift
üö·wer·schü̱t·ten *ZW* überschütten
üö·wer·sich·tig, -e, -en [üö·wer·sich·ti·ge] *EW med.* weitsichtig
Üö·wer·slag, Üö·wer·sliä·ge *m.* Überschlag; Schätzung; *fin.* Kostenschätzung
üö·wer·sla̱·gen 1. *ZW* überschnappen; 2. **~, -e, -en** [üö·wer·sla·ge·ne] *EW psy.* übergeschnappt
üö·wer·sla̱on *uZW* überschlagen, *math.* abschätzen
üö·wer·sprä̱n·gen *uZW* überspringen
üö·wer·staon *uZW* überstehen, überleben, ertragen
üö·wer·staon *uZW* hinausragen, überstehen
üö·wer·stem·men *ZW* überstimmen
üö·wer·stra̱o·len *ZW* überstrahlen
üö·wer·stri̱·ken *uZW tech., mus.* überstreichen
üö·wer·stri̱·pen *uZW* überstreifen
Üö·wer·stun·ne, -n *w. tem.* Überstunde
üö·wer·stüö̱r·ten *ZW* überstürzen
üö·wer·swe̱m·men *uZW* überschwemmen
Üö·wer·swe̱m·mung, -en [Üö·wer·swem·mun·gen] *w. met.* Überschwemmung
üö·wer·swemt, -e, -en [üö·wer·swem·te] *EW* überschwemmt
üö·wert *VW* übers, über das
Üö·wer·taal *w. o.Mz.* Überzahl
Üö·wer·tas·ke, -n *w. zool.* Kröte

üö·wer·to̱ *UW* zwischenzeitlich dazu
Üö·wer·tog, Üö·wer·tüö̱·ge *m. tech.* Beschichtung, Überzug
üö·wer·trecken [üö·wer·trek·ken] *uZW* überziehen
Üö·wer·trecker, -s [Üö·wer·trek·ker] *m.* Gehrock
üö·wer·triä̱·ten *uZW* übertreten
üö·wer·tü̱·gen *ZW psy.* überzeugen
üö·wer·tü̱·gend, -e, -en [üö·wer·tü·gen·de] *EW psy.* überzeugend
Üö·wer·tü̱·gung, -en [Üö·wer·tü·gun·gen] *w. psy.* Überzeugung
üö·wer·vul, --le, --len *EW* übervoll, zu voll; überfüllt
üö·wer·wäg darüber hinweg
Üö·wer·wäg, Üö·wer·wiä̱·ge *m. trans.* Überweg, Zebrastreifen
üö·wer·wi̱n·nen *uZW* überwinden
Üö·wer·wi̱n·nung, -en [Üö·wer·win·nun·gen] *w. psy.* Überwindung
üö·wer·wi̱·sen *uZW* überweisen
Üöw·ken, Üöw·kes *s. tech.* Öfchen
üö·wrig, -e, -en [üö·wri·ge] *EW* übrig
up 1. *UW VW* auf; 2. aufgebraucht; **~ un daal** auf und nieder; **~ Siet gaon** zur Seite gehen; **~ sien** aufgebraucht sein, *übertr.* mit den Kräften am Ende sien
up·ä̱ö·men *ZW psy.* aufatmen
up·ar·bai·den *ZW* aufarbeiten, abarbeiten; restaurieren, wiederherstellen; recyceln
up·backen [up·bak·ken] *ZW kul.* aufbacken
up·bai·men *ZW psy.* aufbäumen
up·bau·en *ZW* aufbauen
up·blai·en *ZW bot.* aufblühen
up·bla̱o·sen *uZW* aufblasen, aufplustern
up·bli̱·wen *uZW* aufbleiben, nicht zu Bett gehen
up·böl·ken *ZW med.* rülpsen, stark aufstoßen

up·böm·meln *ZW* aufhängen
up·brä̱n·gen *uZW* aufbringen, einbringen
up·briä̱·ken *uZW* aufbrechen, gewaltsam öffnen
up·briä̱·nen *uZW* aufbrennen, verbrennen
up·bru̱·ken *uZW* aufbrauchen, verbrauchen
up·bruo·ken, -e, -en [up·bruo·ke·ne] *EW* aufgebrochen
up·bru̱·sen *ZW* aufbrausen, sprudeln
up·bru̱·send, -e, -en [up·bru·sen·de] *EW* aufbrausend, sprudelnd; *übertr. psy.* cholerisch
up·bucken [up·buk·ken] *ZW* aufbocken, auf Böcke stellen
up·büörn *ZW* aufheben, aufladen, aufbürden
up·dau·en *ZW* auftauen
Up·deel·ge, -n *w.* Aufteilung
up·deelt, -e, -en [up·deel·te] *EW* aufgeteilt, unterteilt
up·de·len *ZW* aufteilen
up·dis·ken *ZW kul.* auftischen
up·doon *uZW* aufdecken, entdecken; *kul.* auftragen, servieren (Essen)
Up·drag, Up·driä̱·ge *m.* Auftrag
up·driä̱·gen *uZW kul.* auftragen, servieren; beauftragen; *tech.* beschichten
Up·driä̱·ger, -s *m. kul.* Aufträger (für das Essen), Kellner, Servierer
up·dri̱·wen *uZW* auftreiben, besorgen
up·drö̱·seln *ZW* auseinanderzupfen, entwirren
up·dü̱·ken *ZW* auftauchen; *übertr.* wiedererscheinen
up·dun·nern *ZW* aufdonnern, übertrieben aufmachen
up·dun·nert, -e, -en [up·dun·ner·te] *EW* aufgedonnert, aufgetakelt, mit übertriebener Aufmachung
up·dü̱·weln *ZW psy.* aufzwingen
up·dwin·gen *uZW psy.* aufzwingen
up·dwun·gen, -e, -en [up·dwun·ge·ne] *EW psy.* aufgezwungen

up·e·neen aufeinander
Up·ent·holt, Up·ent·höl·le *m.*
Aufenthalt
up·fal·len *uZW* auffallen
up·fin·nen *uZW* herausfinden
up·flai·gen *uZW* auffliegen
up·flai·gend, -e, -en [up·flai-
gen·de] *EW* auffliegend
up·fo·ern *ZW kul.* auffüttern, großziehen
up·fö·ern *ZW* aufführen
Up·fol·ge, -n *w. tem.* Fol-
ge, Nachfolge
up·fol·gen *ZW tem.* folgen,
nachfolgen
up·fol·gend, -e, -en [up·fol-
gen·de] *EW tem.* nach-
folgend, folgend
Up·fol·ger, -s *m.* Nachfolger
up·föl·lig, -e, -en [up·föl·li·ge]
EW auffällig
up·friä·ten *uZW kul.* auffressen, verschlingen
up·gai·ten *uZW* aufgießen
Up·gang, Up·gän·ge *m. arch.*
Aufgang
up·gao·beln *ZW* aufgabeln,
übertr. finden
up·gaon *uZW* aufgehen, sich
öffnen; quellen; *biol.* keimen
Up·ga·we, -n *w.* Aufgabe
Up·ge·bod, -te *s.* Aufgebot
Up·geld, Up·gel·ler *s. fin.*
Aufschlag, Gebühr
Up·ge·sät·ten *m. o.Mz. kul.*
Aufgesetzter
up·giä·ten, -e, -en [up·giä·te-
ne] *EW kul.*
up·gië·wen *uZW* aufgeben,
kapitulieren; annoncieren
up·gi·sig, -e, -en [up·gi·si-
ge] *EW med.* aufgedun-
sen, aufgequollen (Gesicht,
Haut)
up·gri·pen *uZW* aufgreifen
Up·güët, -e [up·güë·te] *m.*
Aufguss
up·häb·ben *uZW* aufhaben
(auf dem Kopf); *kul.* aufgegessen haben
up·hai·pen *ZW* aufhäufen,
anhäufen
up·ha·len *uZW* ausholen
up·han·gen *uZW* aufhängen (an einem Seil), auf eine Leine hängen; (am Gal-
gen) hängen
Up·han·gens·wiär *s. met.*
o.Mz. Wetter, das schwer-

mütig macht, zum Selbst-
mord treibt
Up·häng·sel, -s *s. tech.* Aufhänger, Öse
up·häö·ern *ZW* aufhören,
beenden
up·hel·pen *uZW* aufhelfen,
beim Aufstehen helfen
up·his·ken *ZW psy.* aufhetzen
up·hol·len *uZW* aufhalten,
loshalten; verweilen
up·hü·len *ZW* aufheulen
up·huo·ben, -e, -en [up-
huo·be·ne] *EW* aufgehoben
up·hü·pen *ZW* aufhäufen
up·hü·sen *ZW* zu einem
Haus aufstellen, aufbauen
(z.B. Torfstücke zum Trocknen)
up·iä·ten *uZW kul.* aufessen,
verzehren
up·ja·gen *uZW* aufscheuchen, aufjagen
up·jun·gen *ZW biol.* aufwachsen
Up·kai·per, -s *m. fin.* Aufkäufer
Up·ka·mer, -n *w. arch.* Kammer über dem Keller
up·kau·pen *uZW fin.* aufkaufen
up·ki·ken *uZW* aufsehen,
aufschauen
Up·ki·ker, -s *m.* Aufseher
up·ki·men *ZW biol.* aufkeimen
up·klai·en *ZW* heraufklettern
up·klao·nen *ZW tech.* Holzschuhe mit Lederstücken
besohlen
up·kläö·ren *ZW met.* aufklaren; aufklären
up·klië·wen *ZW tech.* aufkleben
Up·klië·wer, -s *m. tech.* Aufkleber, Klebeschild
up·kniä·den *ZW* aufladen,
psy. aufzwingen
up·knüp·pen *ZW* aufhängen
(an einem Seil); aufknüp-
fen, aufknoten, losknüpfen;
erhängen
up·kra·nen *ZW psy.* aufblähen, prahlen
up·krem·pen *ZW* aufkrempeln
up·kri·gen *uZW* aufbekommen; aufheben; restlos aufessen; seelisch verarbeiten
up·kröp·pen (sik) *ZW psy.*

sich aufspielen, wichtig tun,
aufblasen
up·kuë·men *uZW* aufkommen
up·krü·sen *ZW* aufkreuzen;
unverhofft erscheinen
up·kuo·ken *ZW* aufkochen
up·la·den *uZW* aufladen
up·läg·gen *ZW* auflegen
Up·lan·ge, -n *w. arch.* kurzer Sparren des Futterbo-
dens über dem Stall
Uplaoge, -n *w.* Auflage
Up·laup, Up·lai·pe *m.* Auflauf
up·lau·pen *uZW* auflaufen
up·let·ten *ZW* aufhalten,
tem. verspäten
up·lich·ten *ZW* aufheben,
anheben
up·lië·nen *ZW* auflehnen,
aufstützen; *psy.* aufbegehren
Up·lig·ger, -s *m. tech.* Auflieger
up·lu·ern *ZW* auflauern
up·lus·tern *ZW* aufhorchen,
zuhören
up·ma·ken *uZW* aufmachen,
öffnen; auf den Weg machen
up·maol *UW* aufeinmal
up·mü·ern *ZW tech.* aufmauern
up·muk·sen *ZW psy.* aufmucken, auflehnen, aufbe-
gehren, protestieren
up·mün·tern *ZW psy.* aufmuntern, erheitern; ermuntern
up'n → **up dän** auf dem,
auf den
up·nai·en *ZW tech.* aufnähen
Up·nao·m, -en [Up·nao·men]
w. Aufnahme
up·nië·men *uZW* 1. aufnehmen, aufheben; 2. be-
herbergen; 3. ~ (sik) sich
aufbäumen
Up·nië·mer, -s *m. tech.*
Aufnehmer
up·packen [up·pak·ken] *uZW*
aufpacken, beladen
up·pas·sen *uZW* aufpassen,
behüten; achtgeben
Up·pas·ser, -s *m.* Aufpasser, Aufseher, Wächter
Up·pas·sung, -en [Up·pas-
sun·ge] *w.* Aufsicht, Pflege
up·pe auf der
up·pen·büörs·tig, -e, -en
[up·pen·büörs·ti·ge] *EW* mit
tiefem Dekolleté

üp·perst, -e, -en [üp·pers-te] *EW* höchste

Üp·pers·te, -n *m., w. und s.* Oberste(r)

up·pig·gen *ZW tech.* mit hölzernen Nägeln oder Stiften auf etwas befestigen

up·plüüs·tern (sik) *ZW zool.* aufplustern (sich); *psy.* prahlen

up·reegt, -e, -en [up·reeg-te] *EW psy.* aufgeregt

up·re·gen *ZW psy.* aufregen

Up·re·gung, -en [Up·re·gun-gen] *w. psy.* Aufregung

up·riä·ken *ZW math.* aufrechnen

up·rib·beln *ZW* auflösen (Gestricktes oder Gehäkeltes)

up·rië·ten, -e, -en [up·rië·te-ne] *EW* aufgerissen

up·ri·sen *ZW bot.* aufpfropfen, veredeln

up·ris·ken *ZW* aufrichten, aufrappeln

up·ri·ten *uZW* aufreißen

Up·ro·er *m. o.Mz.* Aufruhr

up·rög·gen *ZW psy.* aufregen, ereifern

up·rögsk, -e, -en [up·rögs-ke] *EW psy.* aufgeregt, ereifert

Up·roop, Up·rö·pe *m.* Aufruf, Bekanntmachung

up·ro·pen *uZW* aufrufen

up·rüg·gen *ZW* aufrücken, zur Seite rücken; *agr.* Land zur Mitte hin pflügen

up·rul·len *ZW* aufrollen

up·rü·men *ZW* aufräumen, Ordnung schaffen

Up·rüüm·vö·kaup, Up·rüüm·vö·kai·pe *m.* Ausverkauf, Schlussverkauf

up·säg·gen *uZW* aufsagen

Up·sain *s. o.Mz.* Aufsehen

up·sam·meln *uZW* aufsammeln

Up·sat, Up·siä·te *m.* Aufsatz, Aufbau; Schulaufsatz

up·sät·ten *ZW* aufsetzen, aufstellen; errichten; verfassen (Schriftstück)

up·schai·ten *uZW* aufschießen, *biol.* stark wachsen

up·schiern *ZW met.* aufhellen, aufklaren

up·schöp·pen *ZW* auftragen (Essen)

up·schri·wen *uZW* notieren, aufschreiben

Up·schriwt, -en [Up·schriw-ten] *w.* Niederschrift, Protokoll; Aufschrift

up·schüör·ten *ZW* aufschürzen

up·schuo·ten, -e, -en [up-schuo·te·ne] *EW* aufgeschossen, *biol.* hoch gewachsen

up·schüt·ten *ZW* aufschütten

up·schu·wen *uZW* aufschieben, verschieben

Up·sicht, Up·sich·ten *w.* Aufsicht

up·sit·ten *uZW* aufbleiben, wachen; aufsitzen

Up·slag, Up·sliä·ge *m.* Umschlag; Aufschlag, Anfangsschlag; *bot.* Aufgehen der Selbstaussaat

up·slaon *uZW* aufschlagen, umschlagen; *fin.* draufschlagen, erhöhen, hinzuschlagen; *psy.* angeben

up·sli·den *uZW tech.* aufschleißen, verschleißen

up·slu·ten *uZW* aufschließen, öffnen

up·smiärn *uZW* aufschmieren

up·smi·ten *uZW* aufwerfen, anhäufen; aufbringen, erbringen; **dat smit niks up** *fin., psy.* das lohnt sich nicht

up·snap·pen *ZW* aufschnappen

Up·snid *m. o.Mz. kul.* Aufschnitt, zu Scheiben geschnittene Wurst

up·sni·den *uZW* aufschneiden; *psy.* angeben

Up·sni·der, -s *m. psy.* Angeber, Aufschneider

up·sö·ken *uZW* aufsuchen

up·span·nen *ZW* aufspannen

up·spië·len *ZW mus., spo., psy.* aufspielen

up·sprän·gen *uZW* aufspringen

Up·stand, Up·stän·ne *m. pol.* Aufstand, Aufruhr, Revolution

up·stän·nig, -e, -en [up·stän-ni·ge] *EW pol.* aufständisch, aufrührerisch, revolutionär

Up·stän·ni·ge, -n *m. und w. pol.* Aufständische(r), Aufrührer(in), Revolutionär(in)

Up·staon *s. o.Mz.* Aufstehen, Auferstehung

up·staon *uZW* aufstehen, erheben (sich)

Up·staons·tiet, Up·staons·ti·ten *w. tem.* Weckzeit, Zeit zum Aufstehen

up·stau·ten *uZW* aufstoßen; *med.* rülpsen

up·stiä·ken *uZW* aufstechen

up·sti·gen *uZW* aufsteigen

Up·sti·gen *s. o.Mz. agr.* Aufstellen von Getreidehocken

up·stop·pen *ZW* ausstopfen

up·stri·ken *uZW* aufstreichen

up·stückern [up·stük·kern] *ZW psy.* aufhetzen, aufstacheln

up·stüg·gen *ZW* aufstauen

up·stuns *UW tem.* augenblicklich, jetzt, sofort

up·stüt·ten *ZW* aufstützen

up·su·gen *uZW* aufsaugen, absorbieren

up·sü·men *ZW* aufsäumen, anhäufen, ansammeln

Up·swung, Up·swün·ge *m.* Aufschwung

up·tai·men *ZW* aufzäumen, Zügel anlegen

up·täl·len *ZW* aufzählen

up·täö·nen *ZW* auftürmen

up·teekt, -e, -en [up·teek·te] *EW* aufgezeichnet

up·te·ken *ZW tech.* aufzeichnen

up·tiärn *ZW* aufzehren

Up·tog, Up·tüö·ge *m.* 1. *mus.* Akt, Aufzug (Theater); 2. *tech.* Fahrstuhl, Lift

Up·trät, Up·triä·te *m. mus.* Auftritt (Theater)

up·trecken [up·trek·ken] *uZW tech.* aufziehen, aufdrehen; *psy.* hochziehen; großziehen; hochnehmen, lächerlich machen, necken, verhöhnen

up·triä·ten *uZW* auftreten; sich zeigen

Up·tucht *w. o.Mz. bot., zool.* Aufzucht

up·wai·gen *uZW* aufwiegen

up·wa·ken *ZW med.* aufwachen, erwachen, wach werden

Up·wand, Up·wän·ne *m.* Aufwand

up·wän·nen *uZW* aufwenden

Up·wän·nung, -en [Up·wän-nun·gen] *w.* Aufwendung

Up·was, Up·wäs·se *m. bot.* Gewächs

Up·wask, Up·wös·ke *m. hyg.* Aufwasch, Abwasch

up·was·ken *ZW hyg.* aufwaschen, abwaschen, Geschirr reinigen

up·was·sen *uZW biol.* aufwachsen, groß werden

up·weekt, -e, -en [up·week·te] *EW* aufgeweicht

up·we·ken *ZW* aufweichen

up·wiä·men *ZW* aufwärmen, erwärmen

Up·wiä·men *s. o.MZ* Erwärmen, Erwärmung

up·win·nen *uZW tech.* aufwickeln

up·wi·sen *uZW* aufweisen, aufzeigen

up·wis·ken *ZW hyg.* aufwischen

up·wö·len *ZW* aufwühlen

Urd *m. o.Mz. psy.* Unsinn

Ur·deel, Ur·de·le *s. psy., jur.* Urteil, Entscheidung, *jur.* Richterspruch; ~ **af·giё·wen** *psy.* beurteilen

ur·de·len *ZW psy., jur.* urteilen, entscheiden

U·re *w. o.Mz. tem.* Uhrzeit, Stunde

Ur·kun·ne, -n *w. jur.* Urkunde

Ur·öl·lern *Mz.* Großeltern, Ureltern

ur·olt, ur·ol·le, -n *EW tem.* uralt

Ur·os·se, -n *m. zool.* Ur, Auerochse

Ur·saak, Ur·sa·ken *w.* Ursache, Grund, Anlass

us, -se, -sen *FW* uns, unser, unsere

Ü·se, -n *w. zool.* Kröte

Ü·sen·liä·der, -s *s. tech.* sehr zähes Leder

Us·se, -n *s.* Unsere

us·se·een *UW* unsereins

us·se·gli·ken *UW* unseresgleichen

us·se·lig, -e, -en [us·se·li·ge] *EW hyg.* schmuddelig, schmutzig

us·set·wiä·gen *UW* unseretwegen

u·ter *BW VW* außer

ü·terst *UW* äußerst; ~, **-e, -en** [ü·ters·te] *EW* äußerst

Ü·ters·te *s. o.Mz.* Äußerste; **bes in't** ~ bis ins Äu-

ßerste

Üt·ke·buk, Üt·ke·bücke [Üt·ke·bük·ke] *m. biol.* Zwitter

üt·ken *ZW psy.* nörgeln

Uul, U·le, -n *w. zool.* Eule

Üül·ken, Üül·kes *s. zool.* kleine Eule

Uur, U·ren *w. tech. tem.* Uhr

Uur·kiё·de, -n *w. tech.* Uhrkette

Uur·ma·ker, -s *m. tech.* Uhrmacher

uut *UW VW* aus; **van mi** ~ meinetwegen; ~ **sien** vergriffen sein, am Ende sein

uut·ai·ern *ZW med.* keine Eier mehr legen können

uut·äö·men *ZW med.* ausatmen

uut·äö·sen *ZW med.* Verdauung haben; *psy.* schlechte Laune auslassen

uut·ar·bai·den *ZW* ausarbeiten

uut·backen [uut·bak·ken] *uZW kul.* ausbacken, fertigbacken

uut·bain·ken *ZW* abstimmen (mit hellen und dunklen Bohnen); *übertr. psy.* ausschimpfen

Uut·bau *o.Mz* Ausbau, Erweiterung

uut·bau·en *ZW* ausbauen

uut·bel·len *ZW kult.* ausbilden

Uut·bel·lung, -en [Uut·bil·lun·gen] *w. kult.* Ausbildung

uut·be·ta·len *ZW fin.* ausbezahlen, auszahlen, abfinden

uut·biä·tern *ZW tech.* ausbessern, flicken, reparieren

uut·blao·sen *uZW* ausblasen, hinausposaunen; **e·nen dat Lecht** ~ *übertr. med. jur.* jemd. töten, jemd. ermorden

uut·bli·wen *uZW* ausbleiben; *med.* ersticken

uut·blö·den *uZW med.* ausbluten

uut·brän·gen *uZW* ausbringen, herausbringen

uut·briä·ken *uZW* ausbrechen, herausbrechen; sich befreien

Uut·briä·ker, -s *m.* Ausbrecher

uut·briä·nen *ZW* ausbrennen, verlöschen

uut·brö·den *ZW biol.* ausbrüten

uut·bud·deln *ZW* ausgraben, hervorwühlen

uut·bük·sen *ZW* ausreißen, davonlaufen

uut·bün·nig, -e, -en [uut·bün·ni·ge] *EW* ausbündig

uut·buorn *ZW tech.* ausbohren

uut·büör·seln *ZW* ausbürsten

uut·dai·nen *uZW* ausdienen

uut·dam·pen *ZW* ausdampfen

uut·dänt, -e, -en [uut·dän·te] *EW* ausgedient

uut·de·len *ZW* austeilen, verteilen

uut·döm·pen *ZW med.* erwürgen

uut·doon *uZW* ausgeben, *fin.* spendieren

uut·driä·gen *uZW* austragen, austeilen

uut·drin·ken *uZW kul.* austrinken

uut·dri·wen *uZW* austreiben

uut·drücken [uut·drük·ken] *ZW* ausdrucken

uut·drü·gen *ZW* austrocknen

Uut·drük, Uut·drücke [Uut·drük·ke] *m.* Ausdruck; Begriff

uut·drüügt, -e, -en [uut·drüüg·te] *EW* ausgetrocknet

Uut·du·er, -n *w.* Ausdauer

uut·du·ern *ZW* ausdauern

uut·düörs·ken *ZW agr.* ausdreschen

uut·e·nan·ner auseinander

uut·e·neen auseinander; ~ **sien** getrennt ein, geschieden sein

uut·e·neen·brän·gen *uZW* auseinanderbringen

uut·e·neen·briä·ken *uZW* auseinanderbrechen, zerbersten

uut·e·neen·dri·wen *uZW* auseinandertreiben

uut·e·neen·hol·len *uZW* auseinanderhalten, differenzieren, unterscheiden

uut·e·neen·kri·gen *uZW* auseinanderbekommen, trennen

uut·e·neen·lau·pen *uZW* auseinanderlaufen, sich trennen, sich scheiden lassen

uut·e·neen·niё·men *uZW tech.* auseinandernehmen, demontieren

uut·e·neen·sät·ten *ZW psy.*
auseinandersetzen
uut·e·neen·sprüts·ken *ZW*
auseinanderspritzen
uut·e·neen·stië·len *ZW tech.*
auseinanderbauen, zerlegen
Uut·fal, Uut·fiä·le *m.* Ausfall, Resultat
uut·fal·len *uZW* ausfallen;
med. schlüpfen (Küken aus dem Ei)
uut·fiä·gen *ZW* ausfegen
Uut·fiäg·sel *s. o.Mz.* Kehricht
uut·fig·ge·le·ern *ZW tech.*
ausprobieren, ausklügeln
uut·fi·len *ZW* ausfeilen
uut·fin·nen *uZW* herausfinden, erfinden
uut·fin·nig *EW* ausfindig
uut·flai·gen *uZW* ausfliegen
Uut·flug, Uut·flü·ge *m. trans.*
Ausflug, Ausflugsfahrt
Uut·flugt, Uut·flüg·te *w. psy.*
Ausrede
uut·fö·ern *uZW* ausführen;
trans. ausfahren
uut·för·lik, uut·för·licke, -n
[uut·för·lik·ke] *EW* ausführlich
uut·frao·gen *uZW psy., jur.*
ausfragen, verhören
uut·friä·ten *ZW jur.* ausfressen, Unfug machen; *kul.*
leerfressen
uut·füörs·ken *ZW* ausforschen, erforschen
uut·gai·ten *uZW* ausgießen
Uut·gang, Uut·gän·ge *m.*
Ausgang
uut·gangs *UW VW tem.*
ausgangs, anfänglich
uut·gaon *uZW* ausgehen,
zur Neige gehen; herausgehen; verlöschen; **de Plante is** ~ *biol.* die Pflanze ist abgestorben; **em is de Lucht** ~ *übertr. fin.* er ist in (Geld-)Not
Uut·ga·we, -n *w.* Ausgabe
uut·gië·wen *uZW* ausgeben, aushändigen; *fin.* spendieren
uut·gli·den *uZW* ausgleiten
Uut·gliek, Uut·gli·ke *m.* Ausgleich; Schadenersatz
uut·gli·ken *uZW* ausgleichen;
psy. schlichten
uut·gra·wen *uZW* ausgraben
Uut·gra·wung, -en [Uut·grawun·gen] *w. geol.* Ausgrabung
uut·ha·len *uZW* ausholen,

herausholen; abholen
Uut·hang, Uut·hän·ge *m.*
Aushang
uut·han·gen *uZW* aushängen
uut·han·neln *ZW* aushandeln
uut·hao·ren *ZW med.* aushaaren
uut·hau·en *ZW* herausschlagen; *med.* zerteilen (geschlachtetes Großtier)
uut·hel·pen *uZW* aushelfen
uut·hol·len *uZW psy.* aushalten, ertragen, *tech.* standhalten
Uut·höl·pe, -n *w.* Aushilfe
uut·ho·sen *ZW med.* aushusten
uut·hün·gern *ZW med.* aushungern
uut·hüö·len *ZW* aushöhlen
uut·hü·sig, -e, -en [uut·hüsi·ge] *EW* aushäusig, außer Haus
uut·kiärn *ZW hyg.* auskehren, ausfegen
Uut·kiär·sel *s. o.Mz. hyg.*
Kehricht
Uut·kiek, Uut·ki·ke *m.* Aussehen; Ausblick, Aussicht;
Ausguck
uut·ki·ken *uZW* aussuchen, (etwas) aussehen
uut·ki·len *ZW* ausreißen, fliehen; ausschlagen (Pferd)
uut·klai·en *ZW* ausgraben, ausbuddeln, auskratzen, *psy.* ausroden
uut·klai·wen *ZW* ausschmieren
uut·kla·mü·sern *ZW psy.*
durch Überlegung herausfinden
uut·klop·pen *ZW* ausklopfen, ausschlagen
uut·kni·pen *uZW* entfliehen, weglaufen
uut·krao·men *ZW* auskramen, herausholen, auspakken
uut·kri·gen *uZW* herausnehmen, herausholen
uut·kru·pen *uZW* herauskriechen; **nich** ~ **küë·nen**
psy. keine Argumente oder Ausreden mehr haben
Uut·kruup·sel, -s *s. kul.*
Herausgetretenes (Mett bei der Wurst)
Uut·kuë·men *s. o.Mz. fin.*

Auskommen, Lebensunterhalt
uut·kuë·men *uZW* offenbar werden; auskommen
uut·kü·ern *ZW* aussprechen
Uut·kunft, Uut·künf·te *w.*
Auskunft
uut·kuo·ken *ZW* auskochen;
biol. sterilisieren
uut·kwa·te·ern *ZW* ausquartieren
uut·la·chen *ZW psy.* auslachen, verlachen
uut·lä·ern *ZW kult.* auslernen, die Lehre, Ausbildung beenden
uut·läg·gen *ZW* auslegen, ausbreiten; interpretieren;
tech. berechnen, konstruieren
Uut·läg·ger, -s *m. tech.*
Ausleger
Uut·läg·gung, -en [Uut·läggun·gen] *w.* Auslegung, Interpretation
uut·lägt, -e, -en [uut·läg·te]
EW ausgelegt; interpretiert
Uut·lai·per, -s *m.* Ausläufer
Uut·land *s. o.Mz. geog., pol.*
Ausland
uut·ländsk, -e, -en [uutländs·ke] *EW pol.* ausländisch
Uut·län·ner, -s *m. pol.* Ausländer
Uut·lao·ge, -n *w.* Auslage, ausgelegte Ware; *fin.* ausgelegtes, ausgeliehenes Geld
uut·lao·ten 1. *uZW* ausfressen; auslassen, überspringen; 2. ~, **-e, -en** [uut·lao·te·ne] *EW* ausgelassen
Uut·laup, Uut·lai·pe *m.* Auslauf, *übertr.* Freiraum
uut·lau·pen *uZW* auslaufen, leerlaufen; hinauslaufen
uut·lau·pend, -e, -en [uutlau·pen·de] *EW* auslaufend, ausgehend
Uut·laups·tüüg, -s *s. o.Mz.*
Ausgehkleidung
uut·lau·sen *ZW* auslosen, verlosen
uut·le·nen *ZW* ausleihen, verleihen
uut·liä·wen *ZW psy.* ausleben, auskosten; *med.* am Lebensende sein
uut·lich·ten *ZW* ausästen
uut·lië·wern *ZW* ausliefern
Uut·lucht, Uut·lücht *w. arch.*

Erker

uut·lüm·meln *ZW psy.* ausschelten, ausschimpfen

uut·maakt, -e, -en [uutmaak·te] *EW* herausgemacht, ausgemacht; gelöscht; abgemacht

uut·ma·ken *uZW* ausmachen, herausmachen; *tech.* ausschalten; löschen; abmachen; **dat mäk mi niks uut** *psy.* das macht mir nichts aus, das stört mich nicht

uut·mao·len *ZW tech., mus.* ausmalen; *psy., mus.* blumenreich schildern

uut·mes·sen *ZW agr.* ausmisten

uut·miä·ten 1. *uZW tech.* ausmessen, vermessen; 2. **~, -e, -en** [uut·miä·te·ne] *EW tech.* ausgemessen, vermessen

uut·mü·ern *ZW tech.* ausmauern

uut·mü·ert, -e, -en [uut·mü·er·te] *EW tech.* ausgemauert

uut·müs·tern *ZW* ausmustern, verschrotten

uut·nai·en *ZW* ausreißen, davonlaufen, flüchten

Uut·naom, -en [Uut·nao·men] *w.* Ausnahme

uut·naoms·wies *UW* ausnahmsweise

uut·nië·men *uZW* ausnehmen, ausweiden; *übertr. fin.* übervorteilen

Uut·nië·mer, -s *m. jur.* Freibeuter

uut·nuo·men, -e, -en [uutnuo·me·ne] *EW* ausgenommen, entweidet; *übertr. fin.* übervorteilt

uut·nüt·ten *ZW* ausnutzen

uut·ös·seln *ZW met.* ausregnen; *übertr. psy.* das Herz ausschütten

uut·packen [uut·pak·ken] *uZW* auspacken, entpacken; *übertr.* ein Geständnis ablegen

uut·plö·gen *ZW agr.* auspflügen

uut·plün·nern *ZW* ausplündern

uut·pro·beern *ZW* ausprobieren, testen, versuchen

uut·prus·sen *ZW* heftig niesen; *übertr. psy.* ausplatzen vor Lachen

uut·puor·ten *ZW agr.* auspflanzen

uut·rai·kern *ZW* ausräuchern

uut·res·sen *ZW med.* ausruhen

uut·riä·ken *ZW math.* ausrechen; **sik ~ küë·nen** *psy.* voraussehen

uut·ri·den *uZW trans.* ausreiten, einen Ausritt machen

uut·rië·weln *ZW* Gewebe oder Gestricktes auflösen

uut·ri·ten *uZW* ausreißen, herausreißen

uut·ro·pen *uZW* ausrufen

uut·rü·men *ZW* ausräumen, entleeren

uut·ruo·ten *ZW* ausrotten

uut·ruts·ken *ZW* ausrutschen

Uut·säg·gen *s. o.Mz.* Aussage

uut·säg·gen *uZW jur.* aussagen, zeugen

uut·sä·gen *ZW tech.* aussägen

uut·sai·en *ZW agr.* aussäen

Uut·sain *s. o.Mz.* Aussehen

uut·sain *uZW* aussehen

Uut·saot, Uut·säö·te *w. agr.* Aussaat

Uut·sats *m. o.Mz. med.* Aussatz, Lepra

uut·sät·ten *ZW* aussetzen, heraussetzen

uut·schai·ten *uZW spo.* ausschießen (Wettkampf)

uut·schän·nen *ZW psy.* ausschelten, ausschimpfen, beschimpfen

uut·schim·pen *ZW psy.* ausschimpfen

uut·schrap·pen *ZW* auskratzen, ausschaben

uut·schri·wen *uZW* ausschreiben

uut·schüë·deln *ZW* ausschütteln

uut·schüörtsk, -e, -en [uutschüörts·ke] *EW* unordentlich angezogen

Uut·schus, Uut·schüs·se *m.* Ausschuss, Beratungsgremium, Komitee

uut·schüt·ten *ZW* ausschütten, ausgießen

uut·siän·gen *ZW rel.* aussegnen

Uut·sicht, -en [Uut·sich·ten] *w.* Aussicht, *übertr. psy.* Erwartung

uut·sit·ten *uZW* aussitzen, *biol.* ausbrüten

Uut·slag, Uut·sliä·ge *m.* Ausschlag, *med.* Hautausschlag

uut·slaon *uZW* ausschlagen, herausschlagen; austreten; *psy.* verwehren (z.B. Wunsch)

uut·slao·pen 1. *uZW med.* ausschlafen; 2. **~, -e, -en** [uut·slao·pe·ne] *EW med.* ausgeschlafen

uut·slickern [uut·slik·kern] *ZW kul.* ausschlecken, auslecken

uut·sli·den *uZW tech.* verschleißen, ausschleißen; *med.* verheilen

uut·slië·den, -e, -en [uutslië·de·ne] *EW tech.* ausgeschlissen, verschlissen; *med.* verheilt

uut·smacht, -e, -en [uutsmach·te] *EW med.* ausgehungert

uut·smach·ten *ZW med.* aushungern

uut·smiärn *ZW* ausschmieren

Uut·smiët, -e [Uut·smië·te] *m.* Auswurf, Ausgeworfenes

uut·smi·ten *uZW* auswerfen, ausschachten

Uut·snid, -·de *m.* Dekolleté, Ausschnitt

uut·sni·den *uZW* ausschneiden

uut·socht, -e, -en [uut·sochte] *EW* ausgewählt, ausgesucht; (das beste) herausgesucht

uut·sö·ken *uZW* aussuchen, auslesen, aussortieren, auswählen; wählen

Uut·span, Uut·spän·ne *m. trans.* Ausspann für Pferde, Rastplatz

uut·span·nen *ZW* ausspannen, abhalftern; entspannen; abspenstig machen

uut·spicke·le·ern [uut·spikke·le·ern] *ZW* erkunden, auskundschaften

uut·spië·len *ZW spo.* ausspielen, mit dem Spiel beginnen; *psy.* austricksen

uut·spi·gen *uZW* ausspeien, ausspucken

uut·spin·nen *uZW tech., psy.* ausspinnen

uut·splen·tern *ZW* ausspritt-

zen
uut·spö·len *uZW* ausspülen
uut·sprai·en *ZW* ausbreiten
Uut·sprao·ke, -n *w. pol., psy.* Aussprache, Debatte, Diskussion; *kult.* Aussprache
uut·spru·ten *ZW bot.* aufsprießen
uut·spüë·tern *ZW* ausspukken, ausspeien
uut·staf·fe·ern *ZW* ausstaffieren, ausstatten
uut·staf·fe·ert, -e, -en [uut·staf·fe·er·te] *EW* ausstaffiert, ausgestattet
Uut·stand, Uut·stän·ne *m.* Aufschub; Ausstand
uut·stän·nig, -e, -en [uut·stän·ni·ge] *EW* ausständig
uut·staon *uZW* ausstehen, überstehen; *psy.* ertragen
uut·stau·ten *uZW* ausstoßen, herausstoßen
uut·stel·len *ZW* ausstellen
Uut·stel·ler, -s *m.* Aussteller
Uut·stel·lung, -en [Uut·stel·lun·gen] *w.* Ausstellung, Schau
Uut·stel·lungs·ruum, Uut·stel·lungs·rü·me *m. arch.* Ausstellungsraum
uut·stiä·ken *uZW* ausstechen
uut·stiä·wen *uZW biol.* aussterben
uut·sti·gen *uZW* aussteigen
uut·stop·pen *ZW* ausstopfen
uut·stopt, -e, -en [uut·stopte] *EW* ausgestopft
uut·strai·en *ZW* ausstreuen
uut·strië·peln *ZW* ausstreifen, herausstreifen, aus einer Hülle drücken
uut·stri·ken *uZW* ausstreichen
uut·stri·pen *uZW* ausstreifen, herausstreifen, aus einer Hülle drücken
Uut·stü·er, -n *w. fin.* Aussteuer, Ausstattung, Mitgift
uut·stü·ern *ZW fin.* aussteuern, auszahlen
uut·stu·wen *uZW hyg.* ausstauben, entstauben
uut·su·gen *uZW* aussaugen
uut·su·pen *uZW kul.* aussaufen, austrinken (derb)
uut·tai·en *ZW* entkleiden
uut·täl·len *ZW* auszählen
uut·tap·pen *ZW* auszapfen
uut·ta·re·ern *ZW tech.* aus-

tarieren, das Nettogewicht feststellen; *übertr. psy.* abwägen
Uut·teek·nung, -en [Uut·teek·nun·gen] *w.* Auszeichnung
uut·te·ken *ZW* auszeichnen
uut·te·kent, -e, -en [uut·te·ken·te] *EW* ausgezeichnet
uut·tiärn *ZW med.* auszehren
Uut·tiä·rung, -en [Uut·tiä·run·gen] *w. med.* Auszehrung, Schwindsucht
uut·tif·teln *ZW psy.* herausfinden, erfinden
Uut·tog, Uut·tüö·ge *m. tech.* krummes Ziehmesser mit langem Stiel
uut·töp·pen *ZW* entspitzen, Zweige der Baumspitze entfernen
Uut·trecke·disk, -e [Uut·trek·ke·disk], [Uut·trek·ke·dis·ke] *m. tech.* Ausziehtisch
uut·trecken [uut·trek·ken] *uZW* ausziehen, herausziehen, auseinanderziehen; Wohnung räumen
uut·triä·ten *uZW* austreten, zur Seite schlagen; *med.* zur Toilette gehen
Uut·tuusk, Uut·tüüs·ke *m.* Austausch
uut·tuus·ken *ZW* austauschen
Uut·vö·kaup, Uut·vö·kai·pe *m. fin.* Ausverkauf, Räumungsverkauf, Schlussverkauf
uut·wääts *UW* auswärts
Uut·wäg, Uut·wiä·ge *m.* Ausweg
uut·wai·gen *uZW* auswiegen
Uut·wan·ne·rer, -s *m.* Auswanderer
uut·wan·nern *ZW* auswandern, emigrieren
uut·wän·nig *EW* auswendig
Uut·was·ke·fat, Uut·was·ke·fiä·ter *s. tech. hyg.* Waschfass
uut·was·ken *ZW hyg.* abwaschen, Geschirr spülen
uut·was·sen 1. *uZW biol.* auswachsen, erwachsen werden; 2. *biol.* keimen; 3. ~, -e, -en [uut·was·se·ne] *EW biol.* ausgewachsen, erwachsen
uut·wes·seln *ZW* auswechseln, austauschen

uut·wi·den *uZW* ausweiten, erweitern, expandieren
Uut·wies, Uut·wi·se *m. jur.* Ausweis, Kennkarte
uut·wi·ken *uZW* ausweichen, Platz machen
uut·win·tern *ZW* auswintern, überwintern
uut·wi·sen *uZW jur.* ausweisen, abschieben; legitimieren (sich)
Uut·wi·sen *s. o.Mz. jur.* Ausweisung
uut·wis·ken *ZW* auswischen

V

V, v V, v (Buchstabe)
Va *m. o.Mz.* Vater (Kurzform)
Vad·der, Väd·ders *m.* Gevatter, Pate, Patenonkel; ~ **staon** Pate sein
Vad·ders·ke, -n *w.* Patin, Patentante
Va·der, Vä·ers *m.* Vater
Va·der·dag, -e [Va·der·da·ge] *m. tem.* Vatertag
Va·der·huus, Va·der·hü·ser *s.* Vaterhaus
Va·der·land, Va·der·län·ner *s.* Vaterland
Va·drup *ON* Vadrup
Va·kans, -en [Va·kan·sen] *w. tem.* Ferien
Vä·lin·gen *ON* Vehlingen
van *VW* von; vom; ~ **buom daal** von oben herab
van·aomd *UW tem.* heute abend
van·da·ge *UW tem.* heute, heutzutage
van·doon *EW* nötig
van·muorn *UW tem.* heute morgen
van·nacht *UW tem.* heute nacht
van·nan·ner *UW* voneinander
van·nao·med·dag *UW tem.* heute nachmittag
van·neen, van·ne·ne *UW* voneinander
van·nüörn *UW tem.* heute nachmittag
van·to·wes *UW tem.* demnächst, allmählich, so langsam, endlich
Var·ding·holt *ON* Vardingholt
Vas·sem *ON* Versmold

Ve *s. o.Mz. zool. agr.* Vieh

Vecht *w. o.Mz. geol.* Vechte

Ve·daiw, -e [Ve·dai·we] *m. jur.* Viehdieb

Ved·der, -s *m.* Vetter

Ved·der·män·ken, Ved·der·män·kes *s.* Anrede bei Warnung oder Drohung

Ve·dok·ter, -s *m. med.* Tierarzt

Ve·dri·wer, -s *m. agr.* Viehtreiber, Hirt

ve·er, -e [ve·e·re] *ZaW* vier

ve·er·beent, -e, -en [ve·er·been·te] *EW* vierbeinig

veer·del *ZaW* viertel

Veer·del, -s *s.* Viertel

Veer·del·jaor, -e [Veer·del·jao·re] *s. tem.* Vierteljahr, Quartal

ve·er·deln *ZW* vierteln

Veer·del·stun, -·nen *w. tem.* Viertelstunde

Ve·er·hoch·ti·ten *Mz. rel. tem.* die vier höchsten kirchlichen Feiertage: Weihnachten, Ostern, Pfingsten und Mariä Himmelfahrt (15. August); *kult.* die vier höchsten weltlichen Feiertage: Karneval, Kirmes, Schützenfest und Rübenball

Ve·er·kant, Ve·er·kän·te *m. tech.* Vierkant, Viereck, Quadrat

Ve·er·kant·blok, Ve·er·kant·blöcke [Ve·er·kant·blök·ke] *m. tech.* Quader

ve·er·kän·tig, -e, -en [ve·er·kän·ti·ge] *EW* vierkantig, viereckig, quadratisch

ve·er·riä·drig, -e, -en [ve·er·riä·dri·ge] *EW tech.* vierrädrig

Ve·er·spän·ner, -s *m. trans.* Vierspänner

ve·er·stem·mig, -e, -en [ve·er·stem·mi·ge] *EW* vierstimmig

ve·ert, -e, -en [ve·er·te] *ZaW* vierte

Ve·er·wiär·kens·tiet, Ve·er·wiär·kens·ti·ten *w. tem.* Zeitraum von vier Wochen, ein Monat

Ve·fo·er *s. o.Mz. kul.* Viehfutter

Ve·han·nel *m. o.Mz. agr. fin.* Viehhandel

Ve·huus, Ve·hü·ser *m. agr. arch.* Viehhaus, Viehstall

Ve·küë·ke, -n *w. arch. kul.* Viehküche, Futterküche

Ve·len *ON* Velen

Vel·lern *ON* Vellern

ve·ne·ro·bel, -e, -en [ve·ne·ro·be·le] *EW psy.* ehrwürdig (frz. vénérable)

Vel·pe *ON* Velpe

Ver·ti·ko, -os *s. tech.* Vertiko, kleiner Zierschrank

ves·peln *ZW kul.* kaffeetrinken (nachmittags)

Ves·pel·tiet, Ves·pel·ti·ten *w. kul. tem.* Kaffeezeit (nachmittags)

Ve·täl·len *s. o.Mz.* Viehzählen

vet·tain, -e, -en [vet·tains·te] *ZaW* vierzehn

vet·tig *ZaW* vierzig

vet·tigs·te, -n *ZaW* vierzigste

Ve·tucht, -en [Ve·tuch·ten] *w. agr.* Viehzucht

Ve·tüch·ter, -s *m. zool. agr.* Viehzüchter

Ve·tüüg, -s *s. o.Mz. zool.* Viehzeug

Ve·up·kai·per, -s *m. fin. agr.* Viehhändler

Ve·wies·ke, -n *w. agr.* Viehweide, Viehwiese

Viärl *ON* Verl

vi·bre·ern *ZW* schwingen, vibrieren

Vi·bre·er·wel·len *s. o.Mz. tech.* Ultraschallschweißen

viël, -e, -en [vië·le] *EW* viel; **mä·er** mehr; **an miärs·ten** am meisten; **wu ~ Maol** wie oft

vië·len·deels *UW* vielfach

viël·mä·er *UW* vielmehr

viël·maols *UW* vielmals, oft

Viël·wiët, -e [Viël·wië·te] *m. psy.* Vielwisser, Besserwisser

viël·wiëtsk, -e, -en [viël·wiëts·ke] *EW psy.* naseweis

Viën *ON* Venne

Viën, -s *s. geol.* Sumpf, Moor, Venn

Viën·biä·ke, -n *w. bot.* Moorbirke

Viën·buo·den, Viën·büö·den *m. geol.* Moorboden

Viën·e·ke, -n *w.* Mooreiche

Viën·gië·gend, -en [Viën·gië·gen·den] *w. geol.* Moorgebiet, Sumpfgebiet

Viën·ken, Viën·kes *s. geol.* kleiner Sumpf, kleines Moor

Viën·krockel, -n [Viën·krok·kel] *w. bot.* Sumpfschachtelhalm

Viën·mo·er, Viën·mö·ers *w. psy.* Vennmutter (Spukgestalt im Emsdettener Venn)

Viën·pog·ge, -n *w. zool.* Moorfrosch

Viën·tü·te, -n *w. zool.* großer Brachvogel

Viën·uul, Viën·u·le, -n *w. zool.* Moorohreule

vi·ge·let, -·te, -·ten *EW* violett (frz. violet)

Vi·ge·let·te, -n *w. bot.* Veilchen (frz. violette)

Vi·ge·li·ne, -n *w. tech. mus.* Violine, Fidel, Geige

Vi·ge·li·nen·stri·ker, -s *m. mus.* Geiger, Streicher; *übertr. tech.* feiner Uhrmacher

Vi·kar·ges, -·se *m. rel.* Vikar

vil·licht, -e [vil·lich·te] *UW* vielleicht, möglicherweise

Vi·ööl·ken, Vi·ööl·kes *s. bot.* Veilchen

Vin·num *ON* Vinnum

Vi·si·te, -n *w.* Besuch, Visite (frz. visite)

vi·si·te·ern *ZW* besuchen, besichtigen; eine Visite abstatten (frz. visite)

Vi·ta·mien, Vi·ta·mi·ne *s. biol.*

vö·ä·ern *ZW psy.* verehren

Vö·ain, -e [Vö·ai·ne] *m.* Verein

Vö·än·ner, -s *s.* Veränderung

vö·än·nern *ZW* verändern, abändern

vö·än·nert, -e, -en [vö·än·ner·te] *EW* verändert

vö·öö·sen *ZW hyg.* verkommen lassen, beschmutzen

vö·äp·peln *ZW psy.* verulken, auf den Arm nehmen

vö·ar·bai·den *ZW* verarbeiten

vö·bai·den *uZW psy.* verbieten, untersagen

vö·bai·gen *uZW tech.* verbiegen

Vö·band, Vö·bän·ne *m. kult., fin.* Verband; *tech.* Verbindung, Zusammenschluss

vö·bar·ri·ka·de·ern *ZW* verbarrikadieren, verschanzen

vö·bast, -e, -en [vö·bas·te] *EW psy.* verwirrt

vö·biär·gen *ZW* verbergen, geheimhalten

vö·biä·sen *ZW med.* überanstrengen

vö·biä·tern *ZW* verbessern

vö·biä·tert, -e, -en [vö·biä·ter·te] *EW* verbessert

Vö·biä·te·rung, -en [Vö·biä·te·run·gen] *w.*

vö·bies·tern *ZW psy.* verwirren

vö·bies·tert, -e, -en [vö·bies·ter·te] *EW psy.* verwirrt, nicht klar im Kopf

vö·bië·ten, -e, -en [vö·bië·te·ne] *EW* verbissen, *psy.* beharrlich

vö·bin·nen *uZW* verbinden

Vö·bin·nung, -en [Vö·bin·nun·gen] *w.* Verbindung; kemiske ~ *chem.* chemische Verbindung, Molekül

Vö·bin·nungs·baan, Vö·bin·nungs·ba·nen *w. trans.* Verbindungsbahn

Vö·bin·nungs·of·se·er, -s *m. mil.* Verbindungsoffizier

vö·bis·sen *ZW psy.* erschrecken

vö·bist, -e, -en [vö·bis·te] *EW psy.* erschrocken

vö·blai·en *ZW bot.* verblühen

vö·blait, -e, -en [vö·blai·te] *EW bot.* verblüht

vö·ble·ken *ZW* verbleichen

vö·blië·ken, -e, -en [vö·blië·ke·ne] *EW* verblichen, blass

Vö·bliew, Vö·bli·we *m.* Verbleib

vö·bli·wen *uZW* verbleiben, übrigbleiben

vö·blod, -·te, -·ten *EW med.* verblutet

vö·blö·den *uZW med.* verbluten

Vö·bod, Vö·buo·de *s. jur., psy.* Verbot

vö·böst, -e, -en [vö·bös·te] *EW* verstopft, verschlossen, verriegelt; ausweglos, ohne Ausweg

vö·bot, -·te, -·ten *EW* verfeuert, verbrannt

vö·bö·ten *uZW* verbrennen, verfeuern

vö·bra·ken (sik) *ZW psy.* (sich) Stress machen

vö·brän·gen *uZW* verbringen

vö·brant, -e, -en [vö·bran·te] *EW* verbrannt

vö·brao·den *uZW kul.* verbraten, anbrennen

vö·bred·dern *ZW* verbreitern, breiter machen

Vö·briä·ken, -s *s. jur.* Verbrechen

vö·briä·ken *uZW jur.* verbrechen

Vö·briä·ker, -s *m. jur.* Verbrecher

vö·briä·nen *uZW* verbrennen; einäschern

Vö·briä·nung, -en [Vö·briä·nun·gen] *w.* Verbrennung; Einäscherung

vö·bru·ken *uZW* verbrauchen, konsumieren

Vö·bru·ker, -s *m.* Verbraucher, Konsument

Vö·bruuk, Vö·brü·ke *m.* Verbrauch

vö·bruukt, -e, -en [vö·bruuk·te] *EW* verbraucht

vö·brüüt sien *psy.* eigen sein

vö·bud·deln *ZW* vergraben, eingraben

vö·bum·meln *ZW* verlieren (durch Nachlässigkeit)

Vö·bund, Vö·bün·ne *m.* Verbund

vö·bun·nen, -e, -en [vö·bun·ne·ne] *EW* verbunden

Vö·bun·nen·hait *w. o.Mz.* Verbundenheit

vö·buo·den, -e, -en [vö·buo·de·ne] *EW* verboten

vö·büör·gen *ZW jur.* verbürgen

vö·buor·gen [vö·buor·ge·ne] *EW* verborgen

vö·büörn *ZW med.* verheben

vö·büört, -e, -en [vö·büör·te] *EW med.* verhoben

vö·dai·nen *uZW* verdienen

vö·dam·mig *UW* verdammt

vö·dam·pen *ZW* verdampfen

Vö·dänst, -e [Vö·däns·te] *m. fin., psy.* Gewinn, Lohn, Verdienst

vö·dänt, -e, -en [vö·dän·te] *EW fin., psy.* verdient

vö·dao·meln *ZW psy.* verwöhnen

vö·dat·ken *ZW* etwas verlegen, unauffindbar machen

vö·dat·tern *ZW psy.* überraschen, verblüffen, verdutzen, verstören

vö·dat·tert, -e, -en [vö·dat·ter·te] *EW psy.* überrascht, verblüfft, verdutzt, verstört

Vö·deel·ge *w. o.Mz.* Verteilung

vö·def·fen·de·ern *ZW psy.,* jur., mil. verteidigen (*frz.* défendre)

Vö·def·fen·de·e·rung, -en [Vö·def·fen·de·e·run·gen] *w. psy., jur., mil.* Verteitigung

vö·de·len *ZW* verteilen

Vö·de·lungs·slüe·del, -s *m.* Verteilungsschlüssel

vö·den·ken *ZW psy.* verdenken, verübeln; dao kan'k em nich in ~ das kann ich ihm nicht verübeln

vö·deu·belt, -e, -en [vö·deu·bel·te] *EW* verflixt, verteufelt

Vö·diäw, -e [Vö·diä·we] *s. psy.* Verderb

vö·diä·wen *uZW* verderben, *biol.* ungenießbar werden; *psy.* nehmen (Freude, Spaß usw.); Plan durchkreuzen

Vö·diä·wer, -s *m. psy.* Verderber

Vö·doon *s. o.Mz. psy.* Irrtum

vö·doon *uZW* vertun, verschwenden; *psy.* irren, *math.* verrechnen

vö·döp·ken *ZW fin.* vertun, verprassen

vö·dor·ri nao·maol! verdammt noch mal! verflucht noch mal! verflixt noch mal!

vödo·sam, -·me, -·men *EW psy.* verschwenderisch

Vö·drag, Vö·driä·ge *m. jur.* Vertrag, Abkommen, Kontrakt, Pakt, Übereinkommen

vö·drai·en *ZW* verdrehen

vö·drait, -e, -en [vö·drai·te] *EW tech.* verdreht; *psy.* ärgerlich

vö·drai·ten *uZW psy.* verärgern, verdrießen

vö·drait·lik, vö·drait·licke, -n [vö·drait·lik·ke] *EW psy.* verdrießlich, ägerlich; missgestimmt, unzufrieden

vö·draw·weln *ZW* vergessen (in der Eile)

vö·driä·gen *uZW psy.* vertragen, harmonieren; aushalten, ertragen; versöhnen

vö·driäg·lik, vö·driäg·licke, -n [vö·driäg·lik·ke] *EW* verträglich, *kul.* bekömmlich

vö·drië·wen, -e, -en [vö·drië·we·ne] *EW* vertrieben

Vö·drië·we·ne, -n *m. und w.* Vertriebene(r)

Vö·drië·we·nen·kind, Vö·drië·we·nen·kin·ner *s.* Vertriebenenkind

Vö·drië·we·nen·wicht, -er
[Vö·drië·we·nen·wich·ter] *s.*
Vertriebenenmädchen
vö·dri·wen *uZW* vertreiben,
verjagen
Vö·dri·wen *w.* Vertreibung
Vö·drot *m. o.Mz. psy.* Verdruss, Ärger; Kummer
vö·drüë·meln *ZW* vertändeln
vö·drü·gen *ZW biol.* verdörren, vertrocknen
vö·druo·ten, -e, -en [vö·druote·ne] *EW psy.* verdrossen,
demotiviert
vö·drüügt, -e, -en [vö·drüügte] *EW biol.* vertrocknet
vö·dub·beln *ZW* verdoppeln
vö·dü·ern *ZW fin.* verteuern
vö·dul·dö·wen *ZW psy.* für
dumm verkaufen, an der Nase herumführen, ins Bockshorn jagen
vö·dum·deu·beln *ZW psy.*
für dumm verkaufen, an der
Nase herumführen, ins
Bockshorn jagen
vö·duo·len, -e, -en [vö·duole·ne] *EW* verloren, verirrt
vö·düörs·ten *ZW med.* verdursten
vö·düörs·tet, -e, -en [vö·düörs·te·te] *EW med.* verdurstet
vö·duo·wen, -e, -en [vö·duowe·ne] *EW biol.* verdorben,
nicht mehr essbar, ungeniesbar; *psy.* schlecht, niederträchtig
vö·duts *EW psy.* stutzig
vö·düüs·tern *ZW* verdunkeln
vö·düüts·ken *ZW* verdeutschen, erklären
vö·dü·weln *ZW psy.* verteufeln, verdammen
vö·dü·welt, -e, -en [vö·düwel·te] *EW* verdammt; *UW*
sehr
vö·dwiä·len *ZW* verirren,
verlaufen
vö·dwiärs *UW* verkehrt, quer
vö·dwolt, -e, -en [vö·dwolte] *EW* verirrt, verlaufen
vö·en·kelt, -e, -en [vö·en·kel·te] *EW* vereinzelt
vö·en·selt, -e, -en [vö·en·sel·te] *EW* vereinzelt
vö·fä·ert, -e, -en [vö·fä·er·te]
EW psy. verlegen
vö·fal·len 1. *uZW* verfallen,
einfallen, zufallen; 2. ~, -e,

-en [vö·fal·le·ne] *EW* verfallen, eingefallen, zugefallen
Vö·fat, Vö·fiä·te *w. med.,
psy., tech.* Verfassung, Zustand; *jur.* Grundgesetz
vö·fe·ern *ZW psy.* verblüffen; **sik ~** *psy.* sich erschrecken, sich entsetzen
vö·fiä·gen *ZW psy.* verfegen, bevormunden
vö·fiär·wen *ZW* verfärben
vö·fiärwt, -e, -en [vö·fiärwte] *EW* verfärbt
vö·flai·gen *uZW* verfliegen;
verdunsten; verpuffen
vö·flai·ten *uZW* verfließen
vö·flö·ken *ZW psy.* verfluchen,
verdammen, verwünschen
vö·flöökt, -e, -en [vö·flöökte] *EW psy.* verflucht
vö·fluo·gen, -e, -en [vö·fluo·ge·ne] *EW* verflogen
vö·fo·ern *ZW kul.* verfüttern
vö·fö·ern *uZW trans.* verfahren
vö·fös·seln *ZW psy.* beherrschen (jemd.)
vö·frai·sen *uZW* erfrieren
vö·friä·ten, -e, -en [vö·friäte·ne] *EW kul.* verfressen,
gefräßig, *psy. kul.* gierig
vö·fu·len *ZW biol.* verfaulen
vö·fuo·men *ZW tech.* verformen, umformen
vö·fus·ken *ZW* verpfuschen
vö·fut·ken *ZW hyg.* mit Händen beschmutzen
vö·fut·ket, -e, -en [vö·fut·ke·te] *EW hyg.* beschmutzt
vö·gai·ten *uZW* vergießen
vö·ga·lo·pe·ern *ZW* vergaloppieren, verrennen
Vö·gang, Vö·gän·ge *m.* Vergänglichkeit, *tech.* Verschleiß; Schwund; *med.*
Ausgang (zwecks Erholung)
vö·gaon 1. *uZW* vergehen;
2. ~, -e, -en [vö·gao·ne] *EW*
vergangen
vö·gel·len *ZW psy.* vergelten, verzeihen, rächen
Vö·gel·len *s. o.Mz. psy.* Vergeltung, Verzeihung, Rache
vö·giä·ten *uZW psy.* vergessen; **sik ~** *psy.* sich vergessen, unbeherrscht sein;
nich ~ *psy.* nicht vergessen, berücksichtigen, beachten, bedenken
Vö·giät·mi·nich *s. o.Mz. bot.*
Vergissmeinnicht

vö·giät·sam, -·me, -·men
EW psy. vergesslich
Vö·giät·sam·kait *w. o.Mz.
psy.* Vergesslichkeit
vö·gië·wen 1. *uZW psy.* vergeben, verzeihen; *spo.* falsch
austeilen (beim Kartenspiel);
2. ~, -e, -en [vö·gië·we·ne]
EW vergeben
vö·gië·wens *UW* vergebens
vö·giëw·lik, vö·giëw·licke, -n
[vö·giëw·lik·ke] *EW* vergeblich
Vö·gië·wung *w. o.Mz. psy.*
Vergebung
vö·glai·en *ZW* verglühen
vö·gli·den *uZW* hinweggleiten
Vö·gliek, Vö·gli·ke *m.* Vergleich, Kompromiss
vö·glieks·wies, vö·glieks·wise *UW* vergleichsweise
vö·gli·ken *uZW* vergleichen
vö·gnat·tert, -e, -en [vö·gnat·ter·te] *EW psy.* verärgert, verdrießlich
Vö·gnö·gen, -s *s. psy.* Vergnügen, Vergnügung
vö·gnö·gen *ZW psy.* vergnügen, amüsieren
Vö·gnö·gens·stü·er, -n *w.
fin.* Vergnügungssteuer
vö·gnöögt, -e, -en [vö·gnöög·te] *EW psy.* lustig,
vergnügt, fröhlich
vö·grel·len *ZW psy.* verärgern, vergraulen, erzürnen
vö·grelt, -e, -en [vö·grel·te]
EW psy. verärgert, vergrault,
erzürnt, wütend
vö·griënt, -e, -en [vö·griën·te] *EW psy.* verweint
vö·grië·pen, -e, -en [vö·grië·pe·ne] *EW* vergriffen,
ausverkauft
vö·gri·pen (sik) *uZW* vergreifen (sich)
vö·gröt·tern *ZW* vergrößern
Vö·gröt·te·rung, -en [Vö·gröt·te·run·gen] *w.* Vergrößerung
Vö·gröt·te·rungs·glas, Vö·gröt·te·rungs·gliä·ser *s.
tech.* Vergrößerungsglas,
Lupe, Mikroskop; **e·lek·troons·ke ~** *s. tech.* Elektronenmikroskop
vö·gül·len *ZW tech.* vergolden
Vö·gül·lung, -en [Vö·gül·lun·gen] *w. tech.* Vergoldung

vö·gült, -e, -en [vö·gül·te] *EW tech.* vergoldet

vö·gün·nen *ZW psy.* vergönnen, gönnen, *jur.* erlauben

Vö·haal, Vö·ha·le *m.* Erholung; *med.* Kur

vö·hak·stücken [vö·hak·stükken] *ZW psy.* verhackstücken, bereden, ausbaldowern

vö·ha·len *ZW med.* erholen, ausruhen, neue Kräfte sammeln

Vö·ha·lung *w. o.Mz. med.* Erholung

vö·han·gen 1. *ZW* verhängen; 2. ~, -e, -en [vö·hange·ne] *EW* verhangen

vö·han·neln *ZW* verhandeln

vö·han·nelt, -e, -en [vö·hannel·te] *EW* verhandelt

Vö·han·ne·lung, -en [Vö·hanne·lun·gen] *w.* Verhandlung

vö·he·len *ZW med.* verheilen

vö·hel·pen *uZW* verhelfen (zu etwas)

vö·hin·nern *ZW* verhindern

vö·hin·nert, -e, -en [vö·hinner·te] *EW* verhindert

vö·hi·rao·den *uZW* verheiraten

Vö·hi·raod·te, -n *m. und w.* Verheiratete(r)

vö·hi·rod, -·te, -·ten *EW* verheiratet

vö·his·ken *ZW psy.* aufhetzen

vö·hö·den *ZW psy.* erwarten

Vö·hol·len *s. o.Mz.* Verhalten

vö·hol·len (sik) *uZW* sich verhalten

Vö·holt, Vö·höl·le *m.* Stabilität, Sitz

vö·ho·ne·pi·peln *ZW psy.* verspotten

vö·hot, -·te, -·ten *EW psy.* gefasst

vö·hü·ern *ZW fin.* vermieten, verpachten

vö·hü·sen *ZW* umziehen

Vö·hü·sung, -en *w.* Umzug

vö·hut·ken *ZW* verhätscheln

vö·hüült, -e, -en [vö·hüül·te] *EW psy.* verheult, verweint

vö·hüüst, -e, -en [vö·hüüste] *EW* umgezogen

vö·iär·gern *ZW psy.* verärgern, verdrießlich machen

vö·iär·gert, -e, -en [vö·iärger·te] *EW psy.* verärgert, wütend

vö·iär·wen *ZW fin., biol.* vererben, *fin.* vermachen

vö·iärwt, -e, -en [vö·iärw·te] *EW fin., biol.* vererbt

Vö·iär·wung, -en [Vö·iärwun·gen] *w. biol.* Vererbung

vö·ja·gen *uZW* fortjagen, verscheuchen, vertreiben; *psy.* erschrecken

vö·jagt, -e, -en [vö·jag·te] *EW psy.* erschreckt

vö·jüt·ken *ZW fin.* vergeuden

Vö·kä·er *m. o.Mz. trans.* Verkehr

Vö·kä·ers·dwad·del, Vö·kä·ers·dwäd·del *m. trans.* Verkehrschaos

Vö·kä·ers·mid·del, -s *s. trans.* Verkehrsmittel

Vö·kä·ers·net, -·te *s. trans.* Verkehrsnetz

Vö·kä·ers·sel·schup, -·pen *w. trans.* Verkehrsgesellschaft

Vö·kä·ers·wäg, Vö·kä·ers·wiä·ge *m. trans.* Verkehrsweg

vö·kä·ert, -e, -en [vö·kä·er·te] *EW* verkehrt, falsch; umgedreht

vö·kai·cheln *ZW* blenden, verblenden

Vö·kai·per, -s *m. fin.* Verkäufer

Vö·kai·pe·rin, -·nen *w. fin.* Verkäuferin

vö·kas·se·ma·tucken [vö·kas·se·ma·tuk·ken] *ZW* verprügeln, verhauen

vö·kat, -·te, -·ten *EW* verkehrt, falsch

Vö·kaup, Vö·kai·pe *m. fin.* Verkauf

vö·kau·pen *ZW fin.* veräußern, verkaufen; **niks to ~ häb·ben** nichts zu verkaufen haben; *übertr. psy.* nicht gut zurecht sein

Vö·kaups·pries, Vö·kaupspri·se *m. fin.* Verkaufspreis

vö·kiärn *ZW* umdrehen umkehren (z.B. die Innenseite eines Pullovers nach außen); umwandeln, verwandeln

vö·ki·ken *uZW psy.* versehen, (sich) täuschen, irren; verliebfen

vö·kläf·fen *ZW* verbellen; *psy.* verraten, verpetzen

vö·klai·en *ZW* verscharren

vö·klam·men *ZW* klamm werden

vö·kla·mü·sern *ZW* erklären

vö·kläö·ren *ZW* erklären, veranschaulichen, verdeutlichen

Vö·kläö·rung, -en [Vö·kläörun·gen] *w.* Erklärung

vö·kled, -·te, -·ten *EW* verkleidet

vö·kle·den *ZW* verkleiden, kostümieren

Vö·kle·dung, -en [Vö·kledun·gen] *w.* Verkleidung

vö·klen·nern *ZW* verkleinern

vö·klen·nert, -e, -en [vö·klen·ner·te] *EW* verkleinert

Vö·klen·ne·rung, -en [Vö·klen·ne·run·gen] *w.* Verkleinerung

vö·klich·ten *ZW med.* verstauchen

Vö·klich·tung, -en [Vö·klichtun·gen] *w. med.* Verstauchung

vö·klicken [vö·klik·ken] *ZW psy.* anschwärzen, verraten, verachten

vö·klickern [vö·klik·kern] *ZW* erklären, nahe bringen

vö·klië·wen *ZW tech.* verkleben

vö·kliëwt, -e, -en [vö·kliëw·te] *EW tech.* verklebt

Vö·klië·wung, -en [Vö·kliëwun·gen] *w. tech.* Verklebung

vö·klop·pen *ZW* verhauen, verprügeln

vö·klörn *ZW* Farbe wechseln

vö·klün·geln *ZW* verlieren, verloren machen

vö·knak·sen *ZW med.* verrenken, verstauchen

vö·kniä·tert, -e, -en [vö·kniä·ter·te] *EW psy.* verärgert

vö·knië·pen, -e, -en [vö·knië·pe·ne] *EW psy.* verkniffen

vö·kni·pen *uZW* verkneifen

vö·knül·len *ZW* zerknüllen, zerknitten

vö·knüp·pen *ZW* verknüpfen

Vö·knüp·pung, -en [Vö·knüppun·gen] *w.* Verknüpfung

vö·knüpt, -e, -en [vö·knüpte] *EW* verknüpft

vö·knu·sen *ZW psy.* vertragen, ertragen, verkraften; *med.* verdauen

vö·knu·wen *ZW med.* verdauen

vö·koft, -e, -en [vö·kof·te] *EW fin.* verkauft
vö·kö·len *ZW med.* erkälten
Vö·kö·lung, -en [Vö·kö·lun·gen] *w. med.* Erkältung
Vö·kö·lungs·fe·wer, -s *s. med.* Erkältungsfieber, fiebrige Erkältung
vö·kon·su·me·ern *ZW kul.* vertilgen; verbrauchen
vö·köölt, -e, -en [vö·kööl·te] *EW med.* erkältet
Vö·kop·lung, -en [Vö·kop·lun·gen] *w.* Verkupplung
vö·kop·peln *ZW psy.* verkuppeln
vö·krüë·meln *ZW* verkrümeln, zerbröseln; *übertr.* davonschleichen
vö·krüë·pelt, -e, -en [vö·krüë·pel·te] *EW* verkrüppelt
vö·kru·pen *uZW* verkriechen, verstecken
vö·küë·deln *ZW übertr.* verlieren (z.B. das Leben)
vö·kuë·men 1. *uZW* verkommen; verirren; **he vö·kümp dao in** *psy. übertr.* er ist überfordert; 2. **~, -e, -en** [vö·kuë·me·ne] *EW* verkommen, verwahrlost
vö·kü·ern *ZW* unterhalten, miteinander reden; versprechen
Vö·kü·e·rung, -en [Vö·kü·e·run·gen] *w.* Unterhaltung, mit jemd. sprechen
vö·kum·me·de·ern *ZW psy.* bevormunden
vö·kun·geln *ZW fin.* unter Wert tauschen, unter Wert verkaufen
vö·kün·ni·gen *ZW* verkündigen
vö·kün·nigt, -e, -en [vö·kün·nig·te] *EW* verkündigt
Vö·kün·ni·gung, -en [Vö·kün·ni·gun·gen] *w.* Verkündigung
vö·kuokt, -e, -en [vö·kuok·te] *EW* verkocht
vö·kuo·pern *ZW tech.* verkupfern
vö·kuo·pert, -e, -en [vö·kuo·per·te] *EW tech.* verkupfert
vö·küört, -e, -en [vö·küör·te] *EW* verkürzt, abgekürzt
vö·küör·ten *ZW* verkürzen, abkürzen
vö·kwät·ken *ZW* vertun, verschwenden

vö·kwië·nen 1. *ZW med.* krank werden, dahin siechen, verkümmern; 2. **~, -e, -en** [vö·kwië·ne·ne] *EW med.* verkümmert
vö·lä·ern *ZW* verlernen, nicht mehr können
vö·lä·ert, -e, -en [vö·lä·er·te] *EW* verlernt, vergessen
Vö·lag, Vö·liä·ge *m.* Verlag
vö·läg·gen *ZW* verlegen
Vö·läg·gung, -en [Vö·läg·gun·gen] *w.* Verlegung
vö·lägt, -e, -en [vö·läg·te] *EW* verlegt
Vö·laif, -e [Vö·lai·fe] *s.* Erlaubnis
vö·lai·sen *uZW* verlieren
vö·lai·wen *ZW psy.* verlieben
vö·laiwt, -e, -en [vö·laiw·te] *EW psy.* verliebt
Vö·laiw·te, -n *m. und w. psy.* Verliebte(r)
Vö·laiwt·sien *s. o.Mz. psy.* Verliebtsein
Vö·laot, Vö·läö·te *m.* Verlass
vö·lao·ten 1. *uZW* verlassen (sich); **vö·laot di to!** verlass dich drauf! 2. **~, -e, -en** [vö·lao·te·ne] *EW psy.* verlassen, allein gelassen, einsam
Vö·lauf, Vö·lai·fe *m.* Urlaub
Vö·laup, Vö·lai·pe *m.* Verlauf
vö·lau·pen *uZW* verlaufen
vö·lest, -e, -en [vö·les·te] *UW tem.* unlängst, zuletzt
vö·let, -·te, -·ten *EW tem.* verspätet
Vö·let, -·ten *s. tem.* Verspätung, Aufenthalt
vö·let·ten *ZW tem.* verspäten
vö·liä·gen, -e, -en [vö·liä·ge·ne] *EW psy.* verlegen, beschämt, schüchtern; **üm wat ~ sien** etwas benötigen
Vö·liä·gen·hait, -en [Vö·liä·gen·hai·ten] *w.* Verlegenheit
vö·liäwt, -e, -en [vö·liäw·te] *EW* verlebt
vö·licht *UW* vielleicht, möglicherweise
vö·lid·dern *ZW* verkommen
vö·lië·den, -e, -en [vö·lië·de·ne] *EW* vergangen; **~e Tiet** *tem.* Vergangenheit
Volk, Völ·ker *s.* Volk
Völks·ken, Völks·kes *s.* Völkchen
Volks·tru·er·dag, -e [Volks·tru·er·da·ge] *m. pol. tem.*

Volkstrauertag
vö·lod·dern *ZW* verkommen lassen
vö·lod·dert, -e, -en [vö·lod·der·te] *EW* heruntergekommen, verkommen
Vö·lööw, Vö·lö·we *s. jur.* Erlaubnis, Genehmigung, Einverständnis
vö·lö·wen *ZW jur.* erlauben, genehmigen
vö·luo·gen, -e, -en [vö·luo·ge·ne] *EW psy.* verlogen
Vö·luo·gen·hait *w. o.Mz. psy.* Verlogenheit
vö·luorn, -e, -en [vö·luor·ne] *EW* verloren
vö·luo·wen *ZW psy.* verloben
vö·luowt, -e, -en [vö·luow·te] *EW psy.* verlobt
Vö·luow·te, -n *m. und w.* Verlobte(r)
Vö·luo·wung, -en [Vö·luo·wun·gen] *w.* Verlobung
Vö·lüs, -·se *s.* Verlust
vö·lüs·sig, -e, -en [vö·lüs·si·ge] *EW* verloren
vö·lüs·sig·gaon *uZW* verlorengehen, in Verlust geraten
Vö·lüs·sig·gaon *s. o.Mz.* Verlust
vö·lus·te·ern (sik) *ZW psy.* sich vergnügen
vö·ma·ken *uZW fin.* vermachen, vererben
vö·mal·le·dait, -e, -en [vö·mal·le·dai·te] *EW* verdammt, verflucht
vö·ma·lö·ren *ZW* verunglücken
vö·mas·seln *ZW psy.* zunichte machen, verderben
vö·met, -·te, -·ten *EW fin.* vermietet
vö·met·ten *ZW fin.* vermieten
Vö·met·ter, -s *m. fin.* Vermieter
Vö·met·tung, -en [Vö·met·tun·gen] *w. fin.* Vermietung
Vö·miäk, -e [Vö·miä·ke] *m.* Vermerk
vö·miä·ken *ZW* vermerken
vö·miä·ten *uZW tech.* vermessen, falsch messen
Vö·miä·tung, -en [Vö·miä·tun·gen] *w. tech.* Vermessung, Einmessung
vö·mid·deln *ZW* vermitteln, ausgleichen
vö·min·nern *ZW* vermin-

dern, reduzieren
vö·mis·ken *ZW* vermischen
Vö·mis·kung, -en [Vö·mis·kun·gen] *w.* Vermischung
vö·mö·beln *ZW* verhauen
vö·mö·en *ZW psy.* vermuten, ahnen, annehmen, mutmaßen
Vö·müë·gen *s. o.Mz. fin.* Vermögen
vö·müë·gend, -e, -en [vö·müë·gen·de] *EW fin.* vermögend
Vö·müë·gens·stü·er, -n *w. fin.* Vermögenssteuer
vö·mü·ern *ZW tech.* vermauern, zumauern
vö·mukt, -e, -en [vö·muk·te] *EW* verflixt, vertrackt
vö·mün·tern *ZW psy.* munter machen, wecken; aufmuntern, ermuntern
vö·nai·en *ZW tech.* vernähen, zunähen
vö·nai·len *ZW* vernichten, zerstören, beschädigen, verwüsten
vö·nailt, -e, -en [vö·näil·te] *EW* beschädigt
vö·niä·geln *ZW tech.* vernageln
vö·niä·gelt, -e, -en [vö·niä·gel·te] *EW tech.* vernagelt
Vö·nië·men *s. o.Mz.* Vernehmen
vö·nië·men (sik) *uZW* vernehmen, klug werden, klar werden
Vö·nië·mung, -en [Vö·nië·mun·gen] *w. jur.* Vernehmung
Vö·niën *m. und s. o.Mz.* Gift; *psy.* Wut, Ärger, Zorn, Hartnäckigkeit, Starrsinn, Verbissenheit (*frz.* fenin)
vö·nië·nig, -e, -en [vö·niëni·ge] *EW* giftig; *psy.* ärgerlich, wütend, zornig, boshaft
Vö·nül *m. o.Mz. psy.* Vernunft, Verstand, Begabung
vö·ö·men *ZW psy.* verulken, an der Nase herumführen
vö·ös·seln *ZW* durcheinanderbringen, *hyg.* schmutzig, unordentlich machen
vö·pan·deln *ZW fin.* verkaufen (verächtlich)
vö·plääs·tern *ZW* schlagen, treffen
vö·pläm·pern *ZW* verschütten; *übertr. fin.* vergeuden,

verschwenden
vö·po·sa·men·te·ern *ZW psy.* auseinandersetzen
vö·püët·ken *ZW* verspielen, *psy.* (es mit jemd.) verderben
vö·puor·ten *ZW agr.* verpflanzen, umpflanzen
vö·ram·meln *ZW* verriegeln, verbarrikadieren
vö·rai·ni·gen *ZW hyg.* baden
Vö·raod, Vö·räö·de *m. psy.* Verrat
vö·rao·den *uZW psy.* verraten
Vö·räö·der, -s *m. psy.* Verräter
vö·riä·ken *ZW math.* verrechnen
vö·riän·gen *ZW met.* verregnen
vö·riängt, -e, -en [vö·riängte] *EW met.* verregnet
Vö·roop *m. o.Mz. psy.* Verruf
vö·ro·pen, -e, -en [vö·ro·pene] *EW psy.* verrufen
vö·ruot, -e, -en [vö·ruo·te] *EW biol.* verrottet, verfault, morsch, biologisch abgebaut
vö·ruo·ten *ZW biol.* verrotten, verfaulen, morsch werden, biologisch abbauen; **to ~** *biol.* biologisch abbaubar
vö·säg·gen *uZW* versagen, ablehnen; nicht funktionieren
vö·sägt, -e, -en [vö·säg·te] *EW* versagt, nicht funktionsfähig
Vö·sain *s. o.Mz.* Versehen, Irrtum; *rel.* letzte Ölung
vö·sain *uZW psy.* versehen, irren; *rel.* die letzte Ölung geben
vö·säört, -e, -en [vö·säör·te] *EW biol.* verdorrt, vertrocknet
vö·sät, -te, -ten *EW* versetzt
Vö·sat, Vö·siä·te *m.* Versatz
vö·sät·ten *ZW* versetzen; **sik ~** sich einsetzen
Vö·sät·tung, -en [Vö·sät·tun·gen] *w.* Versetzung
vö·schai·den, -e, -en [vö·schai·de·ne] *EW* verschieden, unterschiedlich; **~·maol** *UW* mehrmals, öfter, zum wiederholten Male
vö·schai·dens·te, -n [vö·schai·dens·te] *EW* verschiedenste, unterschiedlichste
vö·schai·ten *uZW* verschießen

vö·scham·pe·ern *ZW* verunstalten
vö·schan·neln *ZW* verunzieren, verschandeln
Vö·schiäl, -e [Vö·schiä·le] *s.* Schaden, Not, Verlust
vö·schiämt, -e, -en [vö·schiäm·te] *EW psy.* verschämt
vö·schräm·men *ZW* verkratzen
vö·schrecken [vö·schrek·ken] *uZW psy.* erschrecken
vö·schri·wen *uZW* verschreiben
vö·schrög·gen *ZW* versengen
vö·schrögt, -e, -en [vö·schrög·te] *EW* versengt
vö·schrum·peln *ZW* zusammenschrumpfen
vö·schrum·pelt, -e, -en [vö·schrum·pel·te] *EW* zusammengeschrumpft
vö·schül·len *ZW fin.* verschulden
vö·schült, -e, -en [vö·schül·te] *EW fin.* verschuldet
vö·schuo·ten, -e, -en [vö·schuo·te·ne] *EW* verschossen, verblichen
vö·schüt·gaon *uZW* verlorengehen
vö·schu·wen *uZW* verschieben, aufschieben
vö·siä·ten, -e, -en [vö·siä·te·ne] *EW psy.* versessen
vö·sië·kern *ZW fin.* versichern; *psy.* beteuern
vö·sië·kert, -e, -en [vö·sië·ker·te] *EW fin.* versichert
Vö·sië·ke·rung, -en [Vö·sië·ke·run·gen] *w. fin.* Versicherung
Vö·sië·ke·rungs·schien, Vö·sië·ke·rungs·schi·ne *m. fin.* Versicherungsschein
Vö·slag, Vö·sliä·ge *m.* Eignung, *psy.* Geschick
vö·sla·gen, -e, -en [vö·sla·ge·ne] *EW* abgekühlt; *psy.* niedergeschlagen, betroffen
vö·slaon 1. *uZW* verschlagen; 2. **~, -e, -en** [vö·slao·ne] *EW* verschlagen
vö·slao·pen *uZW med.* verschlafen
vö·slickern [vö·slik·kern] *ZW*
vö·sli·den *uZW tech.* verschleißen, abnutzen; **för dum ~** *psy.* für dumm verkau-

fen, als dumm ansehen
Vö·sliëd, -e [Vö·slië·de] *m.*
tech. Verschleiß
vö·slië·den, -e, -en [vö·slië-
de·ne] *EW tech.* verschlissen, abgenutzt
vö·slië·pen *ZW trans.* verschleppen
vö·sliëpt, -e, -en [vö·sliëp-
te] *EW* verschleppt
vö·slod·dern *ZW* verkommen lassen
vö·sluo·ten, -e, -en [vö-
sluo·te·ne] *EW* verschlossen
vö·slu·ten *uZW* verschließen
vö·smach·ten *ZW med.* verhungern
vö·smach·tet, -e, -en [vö-
smach·te·te] *EW med.* verhungert
Vö·smach·te·te, -n *m. und
w. med.* Verhungerte(r)
vö·smiärn *ZW* verschmieren
vö·smiärt, -e, -en [vö·smiär-
te] *EW* verschmiert
vö·smuë·len *ZW* verqualm-
men, verkohlen, unter Luftabschluss verschmoren
vö·smuëlt, -e, -en [vö·smuël-
te] *EW* verqualmt, verkohlt,
verschmort
vö·sni·den *uZW tech.* verschneiden
vö·snu·wen *uZW med.* verschnaufen
vö·söd·ken *ZW tech.* versotten
vö·söd·ket, -e, -en [vö·södk-
ke·te] *EW tech.* versottet
vö·sö·ken *uZW* versuchen,
ausprobieren, testen
Vö·sö·kung, -en [Vö·sö·kun-
gen] *w. psy.* Versuchung
vö·söl·ten 1. *ZW kul.* versalzen; 2. **~, -e, -en** [vö·sol-
te·ne] *EW kul.* versalzen
Vö·söök, Vö·sö·ke *m.* Versuch, Test
vö·sö·ten *ZW kul.* versüßen,
süßer machen; *übertr. fin.,
psy.* belohnen
vö·spië·len *ZW* verspielen
vö·spiëlt, -e, -en [vö·spiël-
te] *EW* verspielt
Vö·spriä·ken *s. o.Mz. psy.*
Versprechen, Zusicherung;
Verlobung
vö·spriä·ken *uZW psy.* versprechen, zusichern; verloben; falsch aussprechen
vö·spruo·ken, -e, -en [vö-

spruo·ke·ne] *EW psy.* versprochen
vö·spüörn *ZW med., psy.*
verspüren
Vö·stand, Vö·stän·ne *m. psy.*
Verstand, Vernunft; *med.*
Besinnung; **to ~ kuë·men**
med., psy. zur Besinnung
kommen
**vö·ständ·lik, vö·ständ·licke,
-n** [vö·ständ·lik·ke] *EW* verständlich
vö·stän·nig, -e, -en [vö·stän-
ni·ge] *EW psy.* verständig,
einsichtig, vernünftig
vö·stän·ni·gen *ZW* verständigen
Vö·stän·ni·gung, -en [Vö-
stän·ni·gun·gen] *w.* Verständigung
Vö·staon *s. o.Mz. psy.* Verstehen
vö·staon *uZW psy.* verstehen, begreifen
Vö·staut, Vö·stai·te *m. jur.,
rel.* Verstoß
vö·stau·ten *uZW* verstoßen
vö·stel·len *ZW* verstellen
vö·stem·men *ZW mus.* verstimmen
Vö·stem·mung, -en [Vö·stem-
mun·gen] *w. mus., psy.* Verstimmung
vö·stemt, -e, -en [vö·stem-
te] *EW mus.* verstimmt
vö·stiewt, -e, -en [vö·stiew-
te] *EW* versteift
vö·sti·wen *uZW* versteifen
Vö·sti·wung, -en [Vö·sti-
wun·gen] *w. tech.* Ver-
steifung, Aussteifung
vö·stop·pen *ZW* verstek-
ken, verbergen
Vö·stop·pen·spië·len *s. o.Mz.
spo.* Versteckspielen
vö·stopt, -e, -en [vö·stop·te]
EW versteckt
Vö·stot, Vö·stöt·te *m. jur.,
rel.* Verstoß, Vergehen
vö·strai·en *ZW* verstreuen,
zerstreuen
Vö·strait·hait, -en [Vö·strait-
hai·ten] *w. psy.* Zerstreutheit
vö·stri·ken *uZW* verstreichen
vö·stückert, -e, -en [vö·stük-
kert], [vö·stük·ker·te] *EW
psy.* verstört, durcheinander
vö·stü·ern *ZW fin.* versteuern
vö·stü·ert, -e, -en [vö·stü-
er·te] *EW fin.* versteuert
Vö·stü·e·rung, -en [Vö·stü·e-

run·gen] *w. fin.* Versteuerung
vö·stu·ken *uZW* 1. stauen;
2. *med.* verstauchen
vö·stüm·peln *ZW* verunzieren
vö·stuo·len, -e, -en [vö·stuo-
le·ne] *EW psy.* verstohlen
vö·stuot (up) *EW psy.* versessen (auf)
vö·stuo·wen, -e, -en [vö-
stuo·we·ne] *EW med.* verstorben, gestorben
vö·stuuwt, -e, -en [vö-
stuuw·te] *EW hyg.* verstaubt
vö·stu·wen *uZW hyg.* verstauben
Vö·stu·wer, -s *m. tech.* Zerstäuber
vö·stu·wern *ZW* zerstören
vö·stu·wert, -e, -en [vö·stu-
wer·te] *EW* zerstört
Vö·stu·wung, -en [Vö·stu-
wun·gen] *w.* Zerstörung
vö·su·ern *ZW* versauern,
psy. abstumpfen
vö·su·ert, -e, -en [vö·su·er·te]
EW versauert, *psy.* abgestumpft
vö·sül·wern *ZW* 1. *tech.*
versilbern, mit Silber überziehen; 2. *fin. übertr.* zu
Geld machen
vö·sü·men *ZW* versäumen
vö·sün·ni·gen *ZW rel.* versündigen
vö·suo·len *ZW tech.* versohlen, besohlen; verhauen
vö·suolt, -e, -en [vö·suol·te]
EW tech. versohlt, besohlt
vö·suo·pen, -e, -en [vö·suo-
pe·ne] *EW* versoffen; ertrunken
vö·suor·gen *ZW* versorgen
vö·suorgt, -e, -en [vö·suorg-
te] *EW* versorgt
Vö·suor·gung, -en [Vö·suor-
gun·gen] *w.* Versorgung
vö·su·pen *uZW* versaufen;
absaufen, ertrinken, untergehen, versinken; **he vö·süp
in de Büks** *übertr.* die Hose ist ihm viel zu groß
vö·süümt, -e, -en [vö·süüm-
te] *EW* versäumt
vö·swäö·gert, -e, -en [vö-
swäö·ger·te] *EW* verschwägert
vö·sweet, vö·sweet, ·te, -·ten
EW verschwitzt
vö·swe·ten *ZW* verschwitzen; vergessen

vö·swi̱·gen *uZW psy.* verschweigen

vö·swin·nen *uZW* schwinden, verschwinden

vö·swi̱t·ken *ZW fin.* Geld unnütz ausgeben

vö·tä̱l·len *ZW* erzählen, berichten

Vö·tä̱l·len *s. o.Mz.* Erzählen

Vö·tä̱l·ler, -s *m.* Erzähler

Vö·tä̱l·sel, -s *s. mus.* Erzählung, Anekdote, Kurzgeschichte

vö·tes·te·we̱·ern *ZW psy.* verwirren

Vö·tiär *m. o.Mz. kul.* Verzehr; Verbrauch

vö·tiärn *ZW kul.* verzehren, aufessen

vö·ti̱ch·ten *ZW* vernichten, zerstören

vö·tiet, vö·ti̱·te, -n *EW* gemieden (z.B. Nest von Vogeleltern, wenn Eier oder Junge von Menschenhand angefasst wurden)

vö·ti̱g·gen *ZW kul.* vertilgen, essen

vö·ti̱m·mern *ZW tech.* verzimmern

Vö·to̱g, Vö·tüö̱·ge *m. psy.* Verzug (Kind verwöhnen)

vö·to̱l·len *ZW fin.* verzollen

Vö·to̱l·lung, -en [Vö·tol·lun·gen] *w. fin.* Verzollung

vö·to̱lt, -e, -en [vö·tol·te] *EW fin.* verzollt

vö·tö̱·nen (sik) *ZW psy.* zerstreiten, verärgern

vö·tö̱önt, -e, -en [vö·töön·te] *EW psy.* zerstritten, verärgert

vö·to̱t·ten *ZW* verlegen, unauffindbar weglegen

vö·tra̱nst, -e, -en [vö·trans·te] *EW psy.* verkehrt, verstimmt

vö·trans·por·te̱·ern *ZW trans.* verfrachten

vö·tre̱cken [vö·trek·ken] *uZW psy.* verziehen, falsch erziehen; verschwinden; *tech.* unter Spannung verformen

vö·triä̱·ten *uZW* vertreten

Vö·triä̱·ter, -s *m.* Vertreter; **po·liets·ke ~** *m. pol.* Abgeordnete(r)

Vö·triä̱·tung, -en [Vö·triä·tun·gen] *w.* Vertretung

Vö·tru̱·en *s. o.Mz. psy.* Vertrauen

vö·tru̱·en *ZW psy.* vertrauen

vö·tru̱·lik, vö·tru̱·licke, -n [vö·tru·lik·ke] *EW psy.* vertraulich

vö·trüm·men *ZW* verhauen, verprügeln

vö·trümt, -e, -en [vö·trüm·te] *EW* verhauen, verprügelt

Vö·tru̱·te, Vö·trü̱·ten *m., w. und s. psy.* Vertraute(r)

vö·tru̱ut, vö·tru̱·te, -n *EW psy.* vertraut

vö·tü̱d·dern *ZW psy., tech.* durcheinandergeraten, verwirren

vö·tü̱·ern *ZW psy.* zerstreiten

vö·tü̱n·deln *ZW* vertändeln, vertrödeln, (Zeit) nicht nutzen

vö·tu̱us·ken *ZW* verwechseln, vertauschen

vö·tu̱uskt, -e, -en [vö·tuusk·te] *EW* vertauscht, verwechselt

vö·twä̱änt, -e, -en [vö·twään·te] *EW psy.* verwöhnt, verhätschelt

vö·twä̱·nen *ZW psy.* verwöhnen, verhätscheln

vö·twi̱ë·weln *ZW psy.* verzweifeln

Vö·twi̱ë·weln *s. o.Mz. psy.* Verzweiflung

vö·twi̱ë·welt, -e, -en [vö·twië·wel·te] *EW psy.* verzweifelt

vö·un·sche·ne̱·ern *ZW psy.* verderben (*frz.* ruiner)

vö·u̱r·deelt, -e, -en [vö·ur·deel·te] *EW psy., jur.* verurteilt

vö·u̱r·de·len *ZW psy., jur.* verurteilen, schuldig sprechen

vö·u̱ut·gië·wen *uZW med., fin.* verausgaben, alles hergeben

Vö·wa̱ar, Vö·wi̱ärs *s.* Verwahrung; *med.* Quarantäne; *übertr. jur.* Haft

vö·wa̱ch·ten *ZW* sich etwas zuziehen

vö·wa̱i·en *ZW* verwehen, fortwehen

vö·wä̱m·sen *ZW* verhauen, verprügeln

vö·wä̱n·nen *uZW* verwenden, benutzen

vö·wä̱nt, -e, -en [vö·wän·te] *EW psy.* ärgerlich, böse, störrisch, verdreht, schlecht gelaunt

vö·wa̱nt, -e, -en [vö·wan·te] *EW* verwandt

Vö·wa̱n·te, -n *m., w. und s.* Verwandte(r)

Vö·wa̱nt·schup *w. o.Mz.* Verwandtschaft

vö·wa̱·ren *ZW* verwahren, aufbewahren

vö·wa̱s·sen 1. *ZW biol.* verwachsen; 2. ~, -e, -en [vö·was·se·ne] *EW biol.* verwachsen

Vö·we̱·er, -s *s. psy.* Verwirrung

vö·we̱·ern *ZW psy.* verwirren

vö·we̱·ert, -e, -en [vö·we·er·te] *EW psy.* verwirrt

vö·we̱s·seln *ZW* verwechseln

vö·we̱s·selt, -e, -en [vö·wes·sel·te] *EW* verwechselt

Vö·we̱s·se·lung, -en [Vö·wes·se·lun·gen] *w.* Verwechslung

vö·wi̱ä·gen, -e, -en [vö·wiä·ge·ne] *EW psy.* verwegen, mutig

vö·wi̱ë·keln *ZW biol.* verwelken

vö·wi̱ë·kelt, -e, -en [vö·wië·kel·te] *EW biol.* verwelkt

vö·wi̱ë·ten *ZW psy.* jemd. etwas vorwerfen

vö·wi̱l·lern *ZW psy., bot.* verwildern

vö·wo̱ch·ten *ZW psy.* erwarten, gegenwärtig sein

vö·wo̱l·len *ZW* verwalten

Vö·wo̱l·ler, Vö·wö̱l·lers *m.* Verwalter

Vö·wo̱l·lung, -en [Vö·wol·lun·gen] *w.* Verwaltung

Vö·wo̱l·lungs·bi·am·te, -n *m.* Verwaltungsbeamte(r)

vö·wüö̱·nen *ZW psy.* verwöhnen

vö·wü̱n·ner·lik, vö·wü̱n·ner·licke, -n [vö·wün·ner·lik·ke] *EW psy.* verwunderlich

vö·wü̱n·nern *ZW psy.* verwundern, erstaunen

vö·wü̱n·nert, -e, -en [vö·wün·ner·te] *EW psy.* verwundert

Vö·wü̱n·ne·rung, -en [Vö·wün·ne·run·gen] *w. psy.* Verwunderung

Vre·ne *ON* Vreden

Vuë̱·gel, Vüö̱·gel *m. zool.* Vogel; *übertr. trans.* Flugzeug

Vuë̱·gel·biär, -n *w. bot.* Vogelbeere

Vuë̱·gel·fo·er *s. o.Mz. kul.*

Vogelfutter
Vüë·gel·ken, Vüë·gel·kes *s.*
zool. Vögelchen, kleiner Vogel
Vuë·gel·kuorw, Vuë·gel·küör-
we *m. tech.* Vogelbauer
vüë·geln *ZW med.* paaren
von Vögeln; *übertr. med.*
beschlafen
Vuë·gel·nöst, -er [Vuë·gel-
nös·ter] *s. zool.* Vogelnest
Vuë·gel·park, -s *m. zool.*
Vogelpark
Vuë·gel·schai·ten *s. o.Mz.*
Vogelschießen
Vuë·gel·sort, -en [Vuë·gel-
sor·ten] *w. zool.* Vogelart
Vuë·gel·stem, -·men *w.*
Vogelstimme
vul, -·le, -·len *EW* voll, gefüllt;
nich för ~ nië·men *übertr.*
psy. nicht ernst nehmen
Vul·baod, Vul·bäö·de *m.*
med. Vollbart
Vul·blood *s. o.Mz.* Vollblut
vul·friä·ten 1. *uZW kul.* vollfressen, vollessen 2. **~, -e,**
-en [vul·friä·te·ne] *EW kul.*
vollgefressen, vollgegessen
Vul·gas *s. o.Mz.* Vollgas
Vul·gum·mi, -es *s. tech.*
Vollgummi
Vul·hait *w. o.Mz.* Vollheit,
med. Völle
vul·jäö·rig, -e, -en [vul·jäö-
ri·ge] *EW jur.* volljährig,
großjährig
vul·kuëmen, -e, -en [vul·kuë-
me·ne] *EW* vollkommen
Vul·kuë·men·hait *w. o.Mz.*
Vollkommenheit
vül·lig, -e, -en [vül·li·ge] *EW*
völlig, ganz; *übertr. med.*
korpulent
vul·kri·gen *uZW* vollbekommen, gefüllt bekommen
Vül·le *m. o.Mz.* Fülle
vul·ma·ken *uZW* vollmachen, füllen
Vul·maon *m. o.Mz. astr.*
Vollmond
vul·pös·tig, -e, -en [vul·pös-
ti·ge] *EW* stark
vul·stän·nig, -e, -en [vul-
stän·ni·ge] *EW* vollständig
vul·stop·pen *ZW* vollstopfen
vul·stopt, -e, -en [vul·stop-
te] *EW* vollgestopft
vul·su·gen *uZW* vollsaugen
vul·su·pen *uZW kul. med.*
vollsaufen, betrinken

vul·up *UW* vollauf
vul·uut *UW* völlig, durchaus
vul·was·sen, -e, -en [vul-
was·se·ne] *EW med.* er-
wachsen
vüör *VW* vor; **~ un nao** nach
und nach
vüör·af *UW* vorab
Vüör·an·slag, Vüör·an·sliä-
ge *m. fin.* Voranschlag
Vüör·ar·baid, -en [Vüör·ar-
bai·den] *w.* Vorarbeit
vüör·ar·bai·den *ZW* vorarbeiten
Vüör·ar·bai·der, -s *m. tech.*
Vorarbeiter, Polier
vüör·bau·en *ZW tech.* vorbauen, davorbauen; *übertr.*
vorsorgen
Vüör·be·dacht *s. o.Mz. psy.*
Vorbedacht, Vorüberlegung
Vüör·be·driewt, -en [Vüör·be-
driew·ten] *w. psy.* Vorahnung, Vorgeschichte, zweites Gesicht
Vüör·beld, Vüör·bel·ler *s.*
psy. Vorbild
vüör·bi *UW* vorbei, vorüber;
daneben
vüör·biä·den *ZW rel.* Vorbeten
vüör·bi·brän·gen *uZW* vorbeibringen
Vüör·bi·gaon *s. o.Mz.* Vorbeigehen
vüör·bi·gaon *uZW* vorbeigehen, vorübergehen; **an**
de Niër·se ~ *übertr.* verpassen
vüör·bi·lau·pen *uZW* vorbeilaufen
vüör·brän·gen *uZW* vorbringen
Vüör·buorg, -en *w.* Vorburg
vüör·daal *EW* nach vorn gesenkt, nach vorn gebeugt,
vornübergesenkt, gebückt
vüör·dags *UW tem.* vortags
vüör·däm *UW tem.* vorher,
vordem
vüör·dän *EW* etwas wenig
vüör·dan·sen *ZW mus.* Vortanzen
Vüör·dän·ser, -s *m. mus.*
Vortänzer; *übertr.* (abfällig)
Vorgesetzter
Vüör·deel, Vüör·de·le *m.*
Vorteil, Gunst, Nutzen
vüör·der, -e, -en [vüör·de·re]
EW vordere
Vüör·der·as·se, -n *w. tech.*

Vorderachse
Vüör·der·been, Vüör·der·be-
ne *s. med.* Vorderbein
Vüör·der·deel, Vüör·der·de-
le *s.* Vorderteil
Vüör·der·flüë·gel, -s *m.*
tech., med. Vorderflügel
Vüör·der·kant, -en [Vüör·der-
kan·ten] *m.* Vorderkante
Vüör·der·lecht, -er [Vüör·
der·lech·ter] *s. tech.* Vorderlicht, Scheinwerfer vom
Fahrzeug
Vüör·der·rad, Vüör·der·riä-
der *s. tech.* Vorderrad
Vüör·der·siet, Vüör·der·si-
ten *w.* Vorderseite
vüör·des *UW tem.* vormals
Vüör·dook, Vüör·dö·ker *s.*
tech. Vortuch, Arbeitsschürze, *kul.* Serviette
Vüör·drag, Vüör·driä·ge *m.*
Vortrag
vüör·driä·gen *uZW* vortragen, eine Rede halten
Vüör·driä·ger, -s *m.* Vor-
tragender, Redner
Vüör·drük, Vüör·drücke
[Vüör·drük·ke] *m.* Formular,
Vordruck
vüör·druo·gen, -e, -en [vüör-
druo·ge·ne] *EW* vorgetragen
Vüö·rem *ON* Vorhelm
vüör·ent·hol·len *uZW* vorenthalten
Vüör·fal, Vüör·fiä·le *m.* Vorfall, Ereignis
Vüör·fi·er, -n *w.* Vorfeier
vüör·fin·nen *uZW* vorfinden
Vüör·floot, Vüör·flö·te *w.*
Vorflut
vüör·foots *UW* nacheinander
Vüör·gang, Vüör·gän·ge *m.*
Vorgang
Vüör·gän·ger, -s *m.* Vorgänger, Vorläufer
Vüör·gaon *s. o.Mz.* Vorgehen, Vorgehnsweise, Me-
thode
vüör·gaon *uZW* vorgehen,
vorangehen; geschehen
Vüör·gaorn, Vüör·gäörns *m.*
agr. Vorgarten
Vüör·ge·sät·te, -n *m. und*
w. Vorgesetzte(r)
Vüör·ge·schicht, -en [Vüör·
ge·schich·ten] *w.* Vorgeschichte
vüör·gis·ten *UW tem.* vorgestern
vüör·gri·pen *uZW* vorgreifen,

vorwegnehmen
vüörgt, -e, -en [vüörg·te] *EW* vorherig
Vüör·häb·ben, -s *s. psy.* Vorhaben, Absicht
vüör·häb·ben *uZW psy.* vorhaben, beabsichtigen, planen
Vüör·ha·mer, Vüör·hä·mers *m. tech.* Vorhammer, Vorschlaghammer
vüör·hand *UW* rechts von der Deichsel
Vüör·hang, Vüör·hän·ge *m. tech.* Vorhang
vüör·han·gen *uZW* vorhängen, davorhängen
Vüör·han·ge·sluot, Vüör·han·ge·slüö·ter *s. tech.* Vorhängeschloss
vüör·hiär *UW* vorher
Vüör·hiëmd, -e [Vüör·hiëm·de] *s.* Vorhemd
vüör·hol·len *uZW psy.* vorhalten, Vorwürfe machen, vorwerfen; *jur.* beschuldigen
vüör·iärst *UW tem.* vorerst
vüö·rig, -e, -en [vüö·ri·ge] *EW* vorherig
vüör·i·lig, -e, -en [vüör·i·li·ge] *EW* voreilig
Vüör·i·sen, -s *s. tech.* Vorschäler beim Pflug
Vüör·jaor, -e [Vüör·jao·re] *s. tem.* Vorjahr
vüör·ki·men *ZW biol.* vorkeimen
Vüör·kind, Vüör·kin·ner *s.* Vorkind, uneheliches Kind
vüör·knöp·pen *ZW psy.* vorknöpfen, zur Rede stellen
Vüör·kuë·men *s. o.Mz.* Vorkommnis, Ereignis
vüör·kuë·men *uZW* vorkommen, passieren, ereignen
vüör·kü·ern *ZW* vorsprechen, ein Anliegen vorbringen
vüör·läg·gen *ZW* vorlegen
Vüör·läg·ger, -s *m. tech.* Vorleger, Matte
vüör·lai·gen *uZW psy.* vorlügen, belügen
Vüör·lai·per, -s *m.* Vorläufer
vüör·lai·pig, -e, -en [vüör·lai·pi·ge] *EW* vorläufig
vüör·laiw *EW* vorlieb
vüör·lao·ten *uZW* vorlassen
vüör·lau·pen *uZW* vorlaufen
vüör·lest, -e, -en [vüör·les·te] *EW* vorletzt
vüör·les·ten *UW* letzthin

vüör·liä·sen *uZW* vorlesen
Vüör·liä·ser, -s *m.* Vorleser
Vüör·liä·sung, -en [Vüör·liä·sun·gen] *w. kult.* Vorlesung
vüör·ma·ken *uZW* vormachen, vorführen
Vüör·man, Vüör·lü·de *m.* Obmann
Vüör·med·dag, -e [Vüö·med·da·ge] *m. tem.* Vormittag
vüör·med·dags *UW tem.* vormittags
Vüör·mund, Vüör·mün·ner *m. jur.* Vormund
vüörn, -e [vüör·ne] *UW* vorn
vüör·naim, -e, -en [vüör·nai·me] *EW psy.* vornehm
Vüör·nai·me, -n *m., w. und s. psy.* Vornehme(r)
Vüör·nai·mig·kait, -en [Vüör·nai·mig·kai·ten] *w. psy.* Vornehmheit
Vüör·naom, -en [Vüör·nao·men] *m.* Vorname
vüör·neen *UW* voreinander
vüör·nië·men *uZW* vornehmen
vüörnst, -e, -en [vüörns·te] *EW* vorderst
vüörn·üö·wer *UW* vornüber
Vüör·öl·lern *Mz.* Voreltern, Ahnen
Vüör·paol, Vüör·päö·le *m. tech.* Stützpfahl, Vorpfahl; ~ **slaon** einen Pfahl vor etwas setzen
Vüör·ploog, Vüör·plö·ge *m. tech.* vorderer Teil des Pfluges (Räder usw.)
Vüör·rai·men, -s *m. tech.* Vorriemen (Teil der Peitsche)
vüör·ran *UW* voran
vüör·an·gaon *uZW* vorangehen, als erster gehen
vüör·riä·ken *ZW math.* vorrechnen
Vüör·rok, Vüör·röcke [Vüör·rök·ke] *m.* Schürze; **Vüör·röks·ken, Vüör·röks·kes** *s.* Schürzchen, kleine Schürze
Vüör·raod, Vüör·räö·de *m.* Vorrat
Vüör·ruum, Vüör·rü·me *m. arch.* Vorraum
vüör·ruut *UW* voraus
Vüör·ruut (in't) *s. o.Mz. tem.* Voraus (im)
vüör·ruut·lau·pen *uZW* vorauslaufen
vüör·säg·gen *uZW* vorsagen
vüör·sain *uZW* vorsehen

Vüör·sain *s. o.Mz.* Vorsehung
Vüör·sat, Vüör·siä·te *m. psy.* Absicht, *psy., tech.* Vorsatz
Vüör·schien *m. o.Mz.* Vorschein
Vüör·schöp·sel, -s *s. arch.* Vorraum (bei Tenne mit zurückverlegtem Einfahrtstor)
vüör·schri·wen *uZW* vorschreiben
Vüör·schriwt, -en [Vüör·schriw·ten] *w.* Vorschrift
vüör·schu·wen *uZW* vorschieben
Vüör·siä·ten *Mz.* Vorfahren
Vüör·sicht *w. o.Mz. psy.* Vorsicht
vüör·sich·tig, -e, -en [vüör·sich·ti·ge] *EW psy.* vorsichtig, bedächtig
Vüör·siet, Vüör·si·ten *w.* Vorderseite
vüör·sin·gen *uZW mus.* vorsingen
Vüör·sit, -·te *m.* Vorsitz
vüör·sit·ten *uZW* vorsitzen
Vüör·sit·ten·de, -n *m. und w.* Vorsitzende(r)
Vüör·sit·ter, -s *m.* Vorsitzender
Vüör·slag, Vüör·sliä·ge *m.* Vorschlag
Vüör·slag·ha·mer, Vüör·slag·hä·mers *m. tech.* Vorschlaghammer
vüör·slaon 1. *uZW* vorschlagen, anregen; im Takt den Anfangsschlag machen; 2. ~, **-e, -en** [vüör·slao·ne] *EW* vorgeschlagen
Vüör·sliä·ger, -s *m.* Vorschläger, Taktangebender
Vüör·smaak *m. o.Mz.* Vorgeschmack, Kostprobe
vüör·smi·ten *uZW psy.* vorwerfen, vorhalten; vor etwas werfen
Vüör·span, Vüör·spän·ne *m. trans.* Vorspann
vüör·span·nen *ZW trans.* vorspannen
Vüör·spiël, -e [Vüör·spië·le] *s. mus., spo.* Vorspiel
vüör·spië·len *ZW mus.* vorspielen
vüör·sprän·gen *uZW* vorspringen
vüör·spriä·ken *uZW* vorsprechen, Anliegen vorbringen
Vüör·sprüëk, -e [Vüör·sprüë-

ke] *m.* Vorspruch, Vorwort
Vüör·sprung, Vüör·sprün·ge
m. Vorsprung
Vüör·stand, Vüör·stän·ne *m.*
Vorstand; **in'n ~ sit·ten** Mitglied im Vorstand sein
vüör·staon *uZW* vorstehen,
leiten; vor Augen stehen;
hervorstehen, herausragen
vüör·stel·len *ZW* vorstellen
Vüör·stel·lung, -en [Vüör-
stel·lun·gen] *w.* Vorstellung
**Vüör·sum·mer, Vüör·süm-
mers** *m. tem.* Vorsommer
Vüör·suor·ge *w. o.Mz.* Vorsorge
vüör·suor·gen *ZW* vorsorgen
vüör·täl·len *ZW math.* vorzählen
vüör·tält, -e, -en [vüör·täl·te]
EW math. vorgezählt
Vüör·te·ken, -s *s.* Vorzeichen
vüör·te·ken *ZW tech.* vorzeichnen
Vüör·tiet, Vüör·ti·ten *w. his.*
Vorzeit, Urzeit
**vüör·tiet·lik, vüör·tiet·licke,
-n** [vüör·tiet·lik·ke] *EW tem.*
vorzeitlich
vüör·tiets *EW tem.* vorzeitig
Vüör·tog, Vüör·tüö·ge *m.*
trans. Vorzug
Vüör·trat, Vüör·triä·te *m.*
Vortritt
vüör·trecken [vüör·trek·ken]
uZW vorziehen
**Vüör·vö·kaup, Vüör·vö·kai-
pe** *m. fin.* Vorverkauf
vüör·vö·läg·gen *ZW* vorverlegen
vüör·wäg *UW* vorweg
vüör·wäg·nië·men *uZW* vorwegnehmen
Vüör·wand, Vüör·wän·ne *m.*
Vorwand, vorgeschobener
Grund
vüör·wes *UW* vorwärts
Vüör·wiär·ke, -n *w. tem.*
Vorwoche
vüör·wies·ma·ken *uZW psy.*
vorweismachen, vorschwindeln, etwas vormachen
vüör·wi·sen *uZW* vorweisen,
vorzeigen

W

W, w W, w (Buchstabe)
Wääd, Wä·de *m.* Wert
wääd, wä·de, -n *EW* wert,

psy. lieb
wääd·vul, -·le, -·len *EW* wertvoll, kostbar
Waak, Wa·ken *w.* Wache,
Wächter
Waal, Wa·le *m. zool.* Wal
waam, wa·me, -n *EW* warm;
~ wä·ern met e·nen *übertr.*
psy. anfreunden mit jemd.;
wiä·mer wärmer; **an wiäms-
ten** am wärmsten
Waam·be·er, -s *s. kul.* Buttermilchsuppe mit Bier
Waam·wa·ter *s. o.Mz.*
Warmwasser
waan, wa·ne *UW* sehr
Wään *ON* Werne
Waan·hait *w. o.Mz. psy.*
Vermessenheit
waan·kän·tig, -e, -en [waan-
kän·ti·ge] *EW* windschief
Waar·huus, Waar·hü·ser *s.*
arch. med. Pflegeheim
Wääs·ke *ON* Weseke
Wa·chel, -n *m. bot.* Wacholder
**Wa·chel·struuk, Wa·chel-
strü·ke** *m. bot.* Wacholderstrauch
Wacht, -en [Wach·ten] *w.*
arch. jur. Gefängnis
wacker, -e, -en [wak·ker],
[wak·ke·re] *EW* flink, behände; *psy.* wach, aufgeweckt; **~ wä·ern** wach werden, erwachen
wacker·ma·ken [wak·ker·ma-
ken] *uZW* wecken
Wacker·ma·ker, -s [Wak·ker-
ma·ker] *m. tech.* Wecker
wä·dig, -e, -en [wä·di·ge]
EW wertvoll
wä·ern 1. *uZW* werden; 2.
ZW währen
wäg *UW* weg, fort, hinweg;
~ sien abwesend sein; **wied
~ sien** *übertr. psy.* in Gedanken versunken sein
Wäg, Wiä·ge *m. trans.* Weg;
uut'n ~ gaon aus dem Weg
gehen, *übertr. psy.* meiden;
em stait niks in'n ~ *übertr.*
med. er ist schlank
wäg·ar·bai·den *ZW* wegarbeiten, abarbeiten
Wäg·bä·ern·blad *s. bot.* großer Wegerich
wäg·bain·ken *ZW psy.* wegekeln
wäg·biä·den *ZW rel.* wegbeten, Geister durch beten

verbannen
wäg·bli·wen *uZW* wegbleiben, fernbleiben
wäg·brän·gen *uZW* wegbringen
wäg·briä·ken *uZW* wegbrechen, abbrechen
wäg·doon *uZW* wegtun,
weggeben, verschenken;
wegwerfen
wäg·driä·gen *uZW* wegtragen, davontragen
Wa·gen, Wiä·gen *m. trans.*
Wagen
**Wa·gen·bräd, Wa·gen·briä-
der** *s. tech.* Seitenbrett des
Ackerwagens
**wa·gen·breed, wa·gen·bre-
de, -n** *EW* wagenbreit
Wa·gen·dri·wer, -s *m. trans.*
Furhmann, Kutscher
Wa·gen·piärd, -e [Wa·gen-
piär·de] *s. zool., trans.* Zugpferd, Kutschpferd
Wa·gen·rad, Wa·gen·riä·der
s. trans. Wagenrad
Wa·gen·schot, -s *s. tech.*
herausnehmbares Abschlussbrett des Kastenwagens
Wa·gen·schü·er, -s *w. arch.*
offener Wagenschuppen
Wa·gen·smiär, -en [Wa·gen-
smiä·ren] *s. tech.* Wagenschmiere
Wa·gen·stel, -s *s. tech.* Wagendeichsel für ein Pferd
Wa·gen·traon, Wa·gen·träön
m. trans. Wagenweg, Spuren (im Weg) für Wagen
wa·gen·wied *EW* sperrangelweit
wäg·flai·gen *uZW* wegfliegen
wäg·flai·ten *uZW* wegfließen
wäg·fö·ern *uZW trans.* wegfahren
wäg·gaon *uZW trans.* weggehen
Wäg·ge, -n *w. tech.* Rad
wäg·gen *ZW* bewegen
Wäg·gen *m. kul* Weißbrotgeschenk zur Kindtaufe
wäg·gië·wen *uZW* weggeben, abgeben
wäg·häb·ben *uZW* weghaben, etwas abbekommen
haben (schlechtes); **guët ~**
etwas Gutes abbekommen
haben
wäg·ha·len *uZW* wegholen;
sik wat ~ *med.* eine Krankheit bekommen

wäg·iä·ten *uZW kul.* wegessen
wäg·ja·gen *ZW* wegjagen,
verscheuchen, vertreiben,
verbannen
Wäg·jag·te, -n *m., w. und s.*
Verbannte, Verjagte, Vertriebene
wäg·ki·ken *uZW* wegsehen
wäg·kri·gen *uZW* wegbekommen
wäg·kuë·men *uZW* wegkommen, verlorengehen
wäg·läg·gen *ZW* weglegen,
ablegen
wäg·lao·ten *uZW* weglassen
wäg·lau·pen *uZW* weglaufen
wäg·ma·ken *uZW* wegmachen, beseitigen; *med.* abtreiben
wäg·müë·ten *uZW* wegmüssen
wäg·nië·men *uZW* wegnehmen, enteignen, entwenden
wäg·ra·ken *ZW agr.* wegharken
wäg·ri·den *uZW trans.* wegreiten
wäg·ri·ten *uZW* wegreißen
wäg·rul·len *ZW* wegrollen
wäg·rü·men *ZW* wegräumen
wäg·ruts·ken *ZW* wegrutschen
wäg·sacken *ZW* absacken
(Erdreich)
wäg·sät·ten *ZW* wegsetzen,
wegstellen
wäg·schu·wen *uZW* wegschieben, verschieben
wäg·slië·pen *ZW trans.* wegschleppen, wegschaffen
wäg·sli·pen *uZW tech.* wegschleifen
wäg·slu·ten *uZW* sichern,
wegschließen
wäg·smi·ten *uZW* wegwerfen; **wied ~** *übertr. psy.*
heftig abstreiten, heftig bestreiten, heftig leugnen, als
undenkbar (für sich) zu-
rückweisen
wäg·spö·len *uZW* wegspülen
wäg·stop·pen *ZW* wegstek-
ken, verstauen; verstecken
wäg·swem·men *uZW* wegschwimmen
Wäg·te, -n *w. tech.* Waage
wäg·trecken [wäg·trek·ken]
uZW wegziehen, fortziehen;

abziehen, den Wohnort
wechseln
wäg·triä·ten *uZW* wegtreten
Wäg·wi·ser, -s *m. trans.*
Wegweiser
wäg·wis·ken *ZW hyg.* wegwischen
Wai, -·en *w. agr.* Weide,
Wiese
wai·en *ZW* wehen, fächeln,
schwenken; *agr.* jäten
Waig, -e, -en [Wai·ge] *w.
tech.* Wiege
**Wai·ge·bed·ken, Wai·ge·bed-
kes** *s. tech.* Wiege
Wai·ge·mes·ter, -s *m. tech.*
Wägemeister
wai·gen *uZW tech.* wiegen,
verwiegen, wägen
wai·gen *ZW* wiegen (in
den Schlaf)
**Wai·gen·kind, Wai·gen·kin-
ner** *s.* Wiegenkind
Wai·gen·leed, Wai·gen·le·der
s. mus. Wiegenlied
wai·nig, -e, -en [wai·ni·ge]
EW wenig; **wai·ni·ger** we-
niger, *EW math.* minus; **an
wai·nigs·ten** am wenigsten
wai·nigs·tens *UW* wenigstens
Wait, -en [Wai·ten] *m. o.Mz.
bot.* Weizen
Wai·ten·kli·gen *m. o.Mz. bot.*
Weizenkleie
**Wai·ten·knap, Wai·ten·knäp-
pe** *m. agr.* Weizenfeld am
Hügel
Wai·ten·miäl, -e [Wai·ten·miä-
le] *s. kul.* Weizenmehl
**Wai·ten·pan·ko·ken, Wai-
ten·pan·kö·ken** *m. kul.* Wei-
zenpfannkuchen
Wai·ten·strau *s. o.Mz. agr.*
Weizenstroh
Wai·ten·stu·ten, -s *m. kul.*
Weizenbrot
Wa·ke, -n *w.* Wache
wa·ken *ZW* wachen
wal *BW* wohl
Wal·hië·ge, -n *w. bot.* Wall-
hecke
Walm·dak, Walm·diä·ker *s.
arch.* Walmdach
Wal·nuët, Wal·nüë·te *bot.*
Walnuss
Wäls·te *ON* Walstedde
Wäl·ter, -s *w. tech.* Walze
wäl·tern *ZW* walzen; wäl-
zen, rollen
Wam·ke, -n *w. med.* Wampe

beim Rindvieh
wam·pel·tüögsk, -e, -en
[wam·pel·tüögs·ke] *EW psy.*
wankelmütig
Wams, Wäm·se *s.* Rock,
Joppe
wäm·sen *ZW* prügeln; hau-
en, schlagen
Wäm·se·ri, -·en *w.* Schlägerei
wämsk, -e, -en [wäms·ke]
EW psy. unternehmungs-
lustig, tatendurstig
Wäms·ken, Wäms·kes *s.*
kleine Joppe
wan *BW* wenn
wän *UW FrW* wann
Wan, -·ne, -nen *w. tech.*
Wanne, Kornschwinge (lat.
vannum)
Wand, Wän·ne 1. *w. tech.,
arch.* Wand; 2. *s.* Gewand;
wul·len ~ *tech.* Wolldecke
Wand·klok, Wand·klocken
[Wand·klok·ken] *w. tech.
tem.* Wanduhr
Wand·luus, Wand·lü·se *w.
zool.* Wanze
wa·ne *UW* sehr, tüchtig
Wan·hood, Wan·hö·de *m.
tech.* breitkrempeliger Strohhut
Wän·ne, -n *w.* Wende
Wän·ne·hals, Wän·ne·häl·se
m. zool. Wendehals
Wan·nel *m.* Wandel
wan·neln *ZW* wandeln
Wan·ne·müël, -en [Wan·ne-
müë·len] *w. tech. agr.* Getreidereiniger, Gerät zur
Kornreinigung
wän·nen *uZW* wenden, umdrehen, umkehren
wan·nen *ZW agr.* reinigen
von Korn, Betätigen des Ge-
treidereinigers
Wan·nen·läp·per, -s *m. tech.*
Wannenflicker
Wan·nen·ma·ken *s. o.Mz.
tech.* Wannenherstellung
Wan·nen·ma·ker, -s *m. tech.*
Hersteller von Kornschwin-
gen
**Wan·nen·ma·ker·huus, Wan-
nen·ma·ker·hü·ser** *s. arch.*
Haus des Kornschwingen-
machers
Wan·nen·ma·ke·ri *w. o.Mz.
tech.* Wannenherstellung
Wan·ne·rer, -s *m.* Wanderer
wan·nern *ZW* wandern

Wan·ner·pries, Wan·ner·pri·se *m. spo.* Wanderpreis
wan·ners *UW* bald
Wan·ner·schup *w.* Wanderschaft
Wan·ner·stään, Wan·ner·stä·ne *m. astr.* Planet
Wan·ner·staw, Wan·ner·stiä·we *m. tech.* Wanderstab
Wan·ne·rung, -en [Wan·ne·run·gen] *w.* Wanderung
Wan·ne·rup, -s *m. zool.* Maulwurf
Wän·ne·su·se, -n *w. tech.* drehbarer Querbalken am offenen Kamin zum Schwenken von Kochtöpfen usw.
Wän·nung, -en [Wän·nun·gen] *w.* Wendung
wao *BW UW FrW* wo
wao·an *BW FrW* woran
wao·än·ners woanders
wao·bi *BW* wobei
Waod, Wäö·der *s.* Wort
Wäö·der·book, Wäö·der·bö·ker *s. kult.* Wörterbuch
Wäöd·ken, Wäöd·kes *s.* Wörtchen
wäöd·lik, wäöd·licke, -n [wäöd·lik·ke] *EW* wörtlich
Waod·ruo·ne, -n *w.* Wortstamm
Waod·wes·sel, -s *m.* Wortwechsel, Streitgespräch
Waof·fel, -n *w. kul.* Waffel
Waof·fel·i·sen, -s *s. tech. kul.* Waffeleisen
wao·för *BW FrW* wofür
Wao·ge, -n *w. tech.* Waage; **in'ne ~ sien** waagerecht sein, horizontral sein; *übertr.* im Gleichgewicht sein
Wao·ge·bal·ken, -s *m. tech.* Wägebalken
Wao·ge·mes·ter, -s *m. tech.* Wägemeister
wao·gen *ZW psy.* wagen, riskieren, versuchen
Wao·gen·knecht, -e [Wao·gen·knech·te] *m. tech.* Gehilfe des Wägemeisters, Wägeknecht
Waog·nis, -·se *s.* Wagnis
Waog·schao·le, -n *w. tech.* Waagschale
wao·hän *BW FrW* wohin
wao·hiär *BW FrW* woher
wao·met *UW FrW* womit
waor, -e, -en [wao·re] *EW* wahr
Waor·del, -n *w. med.* War-

ze, Zitze
Waor·draum, Waor·drai·me *m. rel.* Erscheinung, Offenbarung
Wao·re, -n *w.* Ware
wao·ren (sik) *ZW* wahren (sich)
Wao·ren·huus, Wao·ren·hü·ser *s. arch. fin.* Warenhaus
Wao·ren·lao·ger, Wao·ren·laö·gers *s. arch.* Warenlager
Wao·ren·vö·kä·er *m. o.Mz. trans.* Warenverkehr, Güterverkehr
Wao·ren·uut·tuusk, Wao·ren·uut·tüüs·ke *m. fin.* Warenaustausch, Handel
waor·haf·tig, -e, -en [waor·haf·ti·ge] *EW* wahrhaftig
Waor·hait, -en [Waor·hai·ten] *w. psy.* Wahrheit; sagenhafte Erzählung
waor·nië·men *uZW* wahrnehmen
waor·schien·lik, waor·schien·licke, -n [waor·schien·lik·ke] *EW* wahrscheinlich
Waor·schien·lik·kait, -en [Waor·schien·lik·kai·ten] *w.* Wahrscheinlichkeit
Waor·schien·lik·kaits·riäk·nung, -en [Waor·schien·lik·kaits·riäk·nun·gen] *w. math.* Wahrscheinlichkeitsrechnung
Waor·te·ken, -s *s.* Wahrzeichen
wao·rüm *FrW* warum
wao·to *FrW* wozu
wao·van *FrW* wovon
Wao·we, -n *w.* Wabe
Wao·wen·au·ge, Wao·wen·ai·gen *s. med.* Facettenauge (bei Insekten)
wa·ren *ZW* pflegen; **sik ~** *psy.* sich in acht nehmen, sich hüten, sich vorsehen; **waar di!** Hüte dich! Sieh dich vor!
Warft, -en [Warf·ten] *w. tech. naut.* Werft
Warn·duorp *ON* Warendorf
Wärs *w. geol.* Werse (Fluss)
war·schau·en *ZW psy.* warnen
Wärt, -e [Wär·te] *m. kul.* Wirt
Wärt·schup, -·pen *w. fin.* Wirtschaft; *kul. arch.* Gaststätte
Wärts·frau, -·en *w. kul.* Wirtin
Wärts·huus, Wärts·hü·ser *s.*

kul. arch. Wirtshaus, Gaststätte
Was, -·se 1. *s. bot., chem.* Wachs; 2. *m. biol.* Wuchs
Was·bain·ken, Was·bain·kes *s. bot.* Wachsbohne
Was·beld, Was·bel·ler *s.* Wachsbild
Was·dook, Was·dö·ker *s. tech.* Wachstuch, gewachstes Tuch
Was·doom *s. o.Mz. biol.* Wachstum
Was·dooms·wiär *s. o.Mz. met.* Wachstumswetter
Wä·sen *ON* Wersen
Wa·sen *m. o.Mz.* Dunst, Schwaden
was·giäl, -e, -en [was·giä·le] *EW* wachsgelb
Was·kä·se, -n *w. tech.* Wachskerze
was·ken *ZW hyg.* waschen
Wask·hook, Was·hö·ke *m. arch.* Waschecke, Spülkammer
Wask·ma·schien, Wask·ma·schi·nen *w. tech. hyg.* Waschmaschine
Wask·wa·ter, Wask·wä·ters *s. hyg.* Waschwasser
Wask·wiew, Wask·wi·wer *s. hyg.* Waschfrau
was·sen 1. *uZW biol.* wachsen, groß werden; *tech.* bohnern; 2. ~, **-e, -en** [was·se·ne] *EW biol.* gewachsen
wäst *EW* gewesen
wast, -e, -en [was·te] *EW tech.* gewachst
wat *FrW* was; *FW* etwas; welche (einige); **ne ~** circa; **~ is di dat** was ist das doch
wat·deels *UW* teilweise
Wa·ter, Wä·ters *s.* Wasser, *geol.* Gewässer, See; *übertr.* Flüssigkeit **af·lau·pend ~** *s. o.Mz.* Ebbe; **up·lau·pend ~** *s. o.Mz.* Flut; **dat grau·te ~** *geol.* Meer; **in't ~ gaon** *übertr.* sich ertränken
Wa·ter·blao·se, -n *w.* Wasserblase
Wa·ter·buuk, Wa·ter·bü·ke *m. med.* Wasserbauch
Wa·ter·damp, Wa·ter·däm·pe *m.* Wasserdampf
Wa·ter·dier, -s *s. zool.* Wasserlebewesen, Wassertier
Wa·ter·druo·pen, Wa·ter·drüö·pen *m.* Wassertrop-

fen; **Wa·ter·drüöp·ken, Wa·ter·drüöp·kes** *s.* Wassertröpfchen

Wa·ter·düörs·ken *s. o.Mz. psy.* Unsinniges machen, Belangloses diskutieren

wa·ter·düörs·ken *ZW psy.* Unsinniges machen, Belangloses diskutieren

Wa·ter·em·mer, -s *m. tech.* Wassereimer

Wa·ter·far·we, -n *w. tech.* Aquarellfarbe, Wasserfarbe

Wa·ter·far·wen·beld, Wa·ter·far·wen·bel·ler *s. kult.* Aquarell, Wasserbarbenbild

Wa·ter·fat, Wa·ter·fiä·ter *s. tech.* Wasserfass, Wasserbecken

Wa·ter·gra·wen, Wa·ter·griä·wen *m.* Wassergraben

Wa·ter·höön·ken, Wa·ter·höön·kes *s. zool.* Wasserhuhn

wa·te·rig, -e, -en [wa·te·ri·ge] *EW* wässrig, flüssig

Wa·ter·kant, -en [Wa·ter·kanten] *w. geol.* Küste, Ufer

Wä·ter·ken, Wä·ter·kes *s.* Wässerchen; *übertr. hyg.* Parfüm

Wa·ter·kop, Wa·ter·köp·pe *m.* 1. *med.* Wasserkopf; 2. *übertr. fin.* zu großer Verwaltungsapparat

Wa·ter·kraan, Wa·ter·krä·ne *m. tech.* Wasserhahn

Wa·ter·lok, Wa·ter·löcker [Wa·ter·lök·ker] *s. geol.* Wasserloch, Tümpel

Wa·ter·möl·ler, -s *m. tech.* Wassermüller, Betreiber einer Wassermühle

Wa·ter·müël, -en [Wa·ter·müë·len] *w. tech.* Wassermühle

Wa·ter·plan·te, -n *w. bot.* Wasserpflanze

Wa·ter·pool, Wa·ter·pö·le *m.* Wasserpfütze

Wa·ter·rächt, -e [Wa·ter·räch·te] *s. jur.* Wasserrecht

Wa·ter·rad, Wa·ter·riä·der *s. tech.* Wasserrad

Wa·ter·rau·se, -n *w. bot.* Wasserrose, Seerose

Wa·ter·rau·sen·blad, Wa·ter·rau·sen·bliä·der *s. bot.* Seerosenblatt, Wasserrosenblatt

wa·ter·schü, -e, -en *EW psy.* wasserscheu

Wa·ter·sluot, Wa·ter·slüö·ter *s. arch.* Wasserschloss, Wasserburg

Wa·ter·socht, Wa·ter·söch·te *w. med.* Wassersucht

Wa·ter·stiär, -n *w.* Tränke, Wasserstelle

Wa·ter·stof *m. o.Mz. chem.* Wasserstoff

Wa·ter·straol, -en [Wa·ter·strao·len] *m.* Wasserstrahl

Wa·ter·strao·te, -n [Wa·ter·strao·ten] *w. trans. naut.* Wasserstraße

Wa·ter·stri·pen, -s *m. kul.* Wasserstreifen (im gebakkenen Teig)

Wa·ter·taon, Wa·ter·täö·ne *m. tech.* Wasserturm

Wa·ter·te·ken, -s *s. tech.* Wasserzeichen

Wa·ter·tun·ne, -n *w. tech.* Wassertonne, Wasserfass

Wa·ter·tü·te, -n *w. zool.* Regenpfeifer

Wa·ter·üör·gel, -n *s. tech.* Wasserspiel

Wa·ter·vuë·gel, Wa·ter·vüë·gel *m. zool.* Wasservogel

Wa·ter·wäg, Wa·ter·wiä·ge *m. trans. naut.* Wasserweg

Wa·ter·wao·ge, -n *w. tech.* Wasserwaage

Wa·ter·wiärk, -e [Wa·ter·wiär·ke] *s. tech.* Wasserwerk

wat·ten; ne ~ einige

wat·ter·wäg·gen *UW* hier und da, an gewissen Orten, stellenweise

Waus·sel *ON* Wadersloh

we *FrW FW* wer (derjenige welcher)

wecke, -n [wek·ke] *FW* welche, einige

wecken [wek·ken] *FrW* wessen

Wed·de, -n *w.* Wette

wed·den *ZW* wetten

Wed·spiël, -e [Wed·spië·le] *s. spo.* Wettspiel, Wettkampf

Wed·stried, Wed·stri·de *m.* Quiz, *spo.* Wettstreit

week, we·ke, -n *EW* weich, nachgiebig; *psy.* milde; **we·ker** weicher; **an weeks·ten** am weichsten

week·lik, week·licke, -n [week·lik·ke] *EW* weichlich

Week·ma·ker, -s *m. chem.*

hyg. Weichmacher, Weichspüler

week·mö·dig, -e, -en [week·mö·di·ge] *EW psy.* empfindlich, weich; wehmütig; gutherzig, gutmütig, weichherzig, weichmütig

Weer·de *ON* 1. Werth, 2. Borkenwirthe

We·e·rį, -en *w.* Aufruhr, Unruhe; Betriebsamkeit, Durcheinander

we·e·rig, -e, -en [we·e·ri·ge] *EW psy.* nervös, zappelig; **~ Hiëmd** *übertr. pys.* nervöser Mensch

We·ern *Mz.* Wirren

we·ern *ZW psy.* unruhig sein, zappeln

We·er·paol, We·er·päö·le *m. psy.* unruhiger Mensch, Unruhegeist

Weig, -e [Wei·ge] *w. arch.* Wandflucht (längs) des Fachwerkhauses

weig, -e, -en [wei·ge] *EW* biegsam

We·ke, -n *w. tech.* Weiche

we·ken *ZW* weichen, weichmachen

wel *FrW, FW* wer; derjenige welcher

Wel, -s *s. tech.* Spinnrad

Wel·biär·gen *ON* Welbergen

Wel·le, -n *w. geol.* Quelle

Wel·le·hark, -en [Wel·le·harken] *w. tech. agr.* Holzharke zum Formen einer Garbe

wel·len *ZW tech.* schweißen

Wel·len *s. o.Mz. tech.* Schweißen

Wel·len·läng·te, -n *w. tech.* Wellenlänge

Wel·sand, Wel·sän·ne *m. geol.* Quellsand, ausgespülter Sand von Wasserquellen

Welsk·käörn *s. o.Mz. bot.* Mais

Wel·wa·ter, Wel·wä·ters *s. geol.* Quellwasser

We·mo·der, We·mö·ers *w. med.* Hebamme

Wenk, -e [Wen·ke] *m.* Wink

wen·ken *ZW* winken

Wen·ters *ON* Winterswijk

Wes·sel, -s *m. tech.* Wechsel; *fin.* Schuldschein

Wes·sel·fe·wer, -s *s. med.* Wechselfieber

wes·seln *ZW* wechseln, um-

tauschen; **nich mä·er ~ küë·
nen** *übertr. psy.* keine Ge-
genargumente mehr haben
wes·sel·si·tig, -e, -en [wes-
sel·si·ti·ge] *EW* wechselseitig
**wes·sel·wies, wes·sel·wi·
se, -n** *EW* wechselnd, abwechselnd
Wes·sen *m. geog.* Westen
Wes·sum *ON* Wessum
West·biä·wern *ON* Westbevern
West·fao·le, -n *m. o.Mz.*
Westfale
West·fao·len *geog.* Westfalen
west·fäölsk, -e, -en [west-
fäöls·ke] *EW* westfälisch
West·fäöls·ke Friä·den *m.
mil.* Westfälischer Frieden,
Ende des 30jährigen Krie-
ges in Münster und Osna-
brück im Jahr 1648
West·kiär·ken *ON* Westkirchen
west·lik, west·licke, -n [west-
lik·ke] *EW geog.* westlich
Wet·steen, Wet·ste·ne *m.
tech.* Wetzstein
wet·ten *ZW* wetzen, *tech.*
schärfen; *agr.* (Unkraut) jäten
wi *FW* wir
Wiä·ge·krüüs, Wiä·ge·krü·se
s. 1. *trans.* Wegkreuzung;
2. *rel.* Wegekreuz, Kreuz
am Weg;
Wiä·gel·ken, Wiä·gel·kes *s.
trans.* Wägelchen
wiä·gen *VW* wegen
Wiä·gen·ma·ker, s *m. tech.*
Wagenbauer, Wagenmacher
**Wiä·ges·beld, Wiä·ges·bel·
ler** *s. rel.* Wegesbild, Bildstock
Wiä·ge·snië·ge, -n *w. zool.*
Wegschnecke
**Wiä·ges·rand, Wiä·ges·rän·
ner** *m.* Wegesrand, Wegessaum
Wiä·ge·tol, Wiä·ge·töl·le *m.
fin. trans.* Wegezoll, Straßenbenutzungsgebühr
wiä·lig, -e, -en [wiä·li·ge] *EW
psy.* übermütig, ausgelassen
Wiäl·mood *m. o.Mz. psy.*
Übermut
Wiält, -en [Wiäl·ten] *w.* Welt;
he·le ~ *astr.* Kosmos
Wiält·briä·ker, -s *m. pol.*

Gewaltherrscher
Wiält·ge·schicht *w. o.Mz.
his.* Weltgeschichte
Wiält·han·nel *m. o.Mz. fin.*
Welthandel
Wiält·krieg, Wiält·kri·ge *m.
mil.* Weltkrieg
wiält·lik, wiält·licke, -n [wiält-
lik·ke] *EW* weltlich, profan
Wiält·mes·ter, -s *m. spo.*
Weltmeister
Wiält·mes·ter·schup, -·pen
w. spo. Weltmeister
Wiält·pol·tik *w. o.Mz. pol.*
Weltpolitik
Wiält·sprao·ke, -n *w. kult.*
Weltsprache
Wiält·stad, Wiält·stiä·den *w.
geog.* Weltstadt
Wiäm·de *m. o.Mz. met.* Wärme
wiä·men *ZW* wärmen
Wi·aol·taor, Wi·aol·täö·re *m.
arch. rel.* Weihaltar
Wiär *s. o.Mz. met.* Wetter,
Witterung; **äö·sig ~** *met.*
schlechtes Wetter
Wiär·del *ON* Werl
Wiär·haan, -s, Wiär·ha·nen
m. met. tech. Wetterhahn
Wiärk, -en [Wiär·ken] *w. tem.*
Woche; **een üm de an·ne·
re ~** *tem.* alle zwei Wochen,
vierzehntägig, zweiwöchent-
lich; **stil·le ~** *w. rel. tem.*
Karwoche, Woche vor Ostern
Wiärk, -s *s. o.Mz.* Werk,
Arbeit, Sache
Wiärk, -e [Wiär·ke] *s. tech.*
Werk, Fabrik
Wiärk·bank, Wiärk·bän·ke *w.
tech.* Werkbank, Arbeitstisch
Wiärk·doon *s. o.Mz.* Arbeit,
Arbeiten
Wiär·kel·dag, -e [Wiär·kel-
da·ge] *m. tem.* Werktag,
Alltag, Arbeitstag
wiär·kel·dags *UW tem.* werktags
wiär·keln *ZW tech.* basteln,
werkeln
wiär·ken *ZW* arbeiten, *tech.*
werken
**wiär·ken·olt, wiär·ken·ol·le,
-n** *EW tem.* wochenalt, eine Woche alt; **maon·dags
wät nich ~** was man mon-
tags beginnt, endet nicht
gut (Aberglaube)
Wiär·ken·bed·de *s. o.Mz.
med.* Wochenbett
Wiär·ken·blad, Wiär·ken·

bliä·der *s. kult.* Wochenzeitung
wiär·ken·lang, -e, -en [wiär-
ken·lan·ge] *EW tem.* wo-
chenlang
**Wiär·ken·markt, Wiär·ken·
miärk·te** *m. fin.* Wochenmarkt
Wiär·ker, -s *m.* Werker,
Arbeiter
**Wiär·ker·laun, Wiär·ker·lai·
ne** *m. fin.* Werkerlohn, Arbeitslohn
**Wiär·ker·school, Wiär·ker·
scho·le, -n** *w. kult.* Berufsschule
Wiärks *s. o.Mz. chem., med.*
Mittel, Stoff
Wiärk·stiär, -n *w. arch. tech.*
Arbeitsraum, Werkstatt
Wiärk·tüüg, Wiärk·tü·ge *s.
tech.* Werkzeug
Wiär·löch·ten *s. o.Mz. met.*
Wetterleuchten
Wiär·lo·ken *s. o.Mz. met.*
Wetterleuchten
wiär·lüünsk, -e, -en [wiär-
lüüns·ke] *EW met.* wetter-
wendisch, unbeständig
Wiär·ma·ke·ri *w. o.Mz. met.*
Wettermacherei
wiärn (sik) *ZW* wehren
wiär·pen *ZW* streuen, aus-
streuen
**Wiär·üm·slag, Wiär·ümslä·
ge** *m. met.* Wetterumschlag
wiär·wänsk, -e, -en [wiär-
wäns·ke] *EW met.* wetterwendisch, unbeständig
Wiär·wicker, -s [Wiär·wik-
ker] *m. met.* Meteorologe
Wiä·sen, -s *s. psy.* Wesen
Wiätk *m. o.Mz. kul.* Käsewasser
Wiä·trin·gen *ON* Wettringen
Wiä·wel, -s *m. met., med.*
Wirbel
wiä·wen *ZW tech.* weben;
psy. werben
Wiä·wen *s. o.Mz. tech.* Weben
Wiä·wer, -s *m. tech.* Weber; *psy.* Werber
Wiä·we·ri, -en *w. tech.* Weberei
**Wiä·wer·schip·ken, Wiä·wer·
schip·kes** *s. tech.* Weberschiffchen
**Wiä·wer·vuë·gel, Wiä·wer·
vüë·gel** *m. zool.* Webervogel

Wiäw·stool, Wiäw·stö·le *m.*
tech. Webstuhl
wiäwt, -e, -en [wiäw·te] *EW*
tech. gewebt
Wicht, -er [Wich·ter] *s.* Mädchen
Wich·ter·gek, -s *m. psy.*
Mädchennarr
Wich·ter·nao·me, -n *m.*
Mädchenname
Wich·ter·prüüm·ken, Wich-
ter·prüüm·kes *s. bot.* klei-
ne gelbe Pflaume
Wich·ter·school, Wich·ter-
scho·le, -n *w. kult.* Mädchenschule
Wich·ter·schüör·te, -n *w.*
Mädchenschürze
Wich·ter·stem, -·men *w.*
Mädchenstimme
Wicht·ken, Wicht·kes *s.*
kleines Mädchen
Wicken [Wik·ken] *Mz.*; in
de ~ gaon *übertr.* verlorengehen, zugrunde gehen
wicken [wik·ken] *ZW psy.*
prophezeisen, vorhersagen,
weissagen
Wicken·schau·ne, -n [Wik-
ken·schau·ne] *w. bot.* Wik-
kenschote
Wicker, -s [Wik·ker] *m. rel.*
Prophet
Wid·de·man, Wid·de·män-
ner *m.* Witwer
Wid·de·wiew, Wid·de·wi·wer
s. Witwe
Wi·de, -n *w. agr.* Weide
wi·den 1. *ZW kul.* weiden,
grasen; 2. *uZW* weiten, erweitern
wi·der, -s *UW* weiter (weiter nicht schlimm)
wi·der·brän·gen *uZW* weiterbringen, voranbringen
wi·der·driä·gen *uZW* weitertragen
wi·der·fö·ern *uZW trans.*
weiterfahren
wi·der·gaon *uZW* weiter-
gehen
wi·der·gië·wen *uZW* wei-
tergeben, weiterreichen
wi·der·hän *UW* fernhin
wi·der·hel·pen *uZW* weiterhelfen
wi·der·kuë·men *uZW* wei-
terkommen, vorankommen
wi·der·ma·ken *uZW* wei-
termachen, fortfahren
Wi·e, -n *w. rel.* Weihe

wied, wi·de, -n *EW* weit;
van wi·den von weitem; ~
un siet weit und breit; ~
van af, ~ wäg weit ent-
fernt, fern; wi·der weiter;
an wieds·ten am weitesten
wied·af *UW* weitab
Wied·a·si·en *o.Mz. geog.*
Fernasien, Hinterasien
Wië·de, -n *w. bot.* Weide
wië·den *EW* gewesen
wië·den, -e, -en [wië·de·ne]
EW aus Weide
Wië·den·es·pe, -n *w. bot.*
Zitterpappel
Wië·den·hip·pe, -n *w. tech.*
Messer zum Schneiden von
Weidenruten
Wië·den·holt *s. bot.* Wei-
denholz
Wië·den·kät·ken, Wië·den-
kät·kes *s. bot.* Weidekätzchen
Wië·den·kuorw, Wië·den-
küör·we *m. tech.* Weidenkorb
Wië·den·ro·de, -n *w. bot.*
Weidenrute
Wië·den·ruo·ne, -n *w. bot.*
Weidenstumpf
Wië·den·toog, Wië·den·tö-
ge *m. bot.* Weidenzweig
Wië·den·töp·per, -s *m. zool.*
Heckenbraunelle
wied·hän *UW* weithin
Wied·ki·ker, -s *m. tech.*
Fernglas, Fernrohr
wied·löf·tig, -e, -en [wied-
löf·ti·ge] *EW* weitläufig,
ausgedehnt; entfernt
wied·wa·gen *EW* sperran-
gelweit; ~ los sperrangelweit offen
wied·wäg·haalt, -e, -en [wied-
wäg·haal·te] *EW* weithergeholt
wied·wäg·ha·len *uZW* weit-
weghölen, weitherholen
Wiëk, -s *m. zool.* Erpel,
Enterich, männliche Ente
wië·ke·lig, -e, -en [wië·ke·li-
ge] *EW biol.* welk
Wiëk·fat, Wiëk·fiä·ter *s. tech.*
rel. Weihrauchfass
Wiel, Wi·le, -n *w. tem.* Weile, Zeitdauer
wiel·dat *VW* weil
Wiel·ken, Wiel·kes *s. tem.*
kurze Weile, kurze Zeit
wiel·moods *EW psy.* unru-
higen Gemütes sein; *psy.*

absichtlich
Wiem, -s *m. tech.* Gestänge in Rauchfang und Hüh-
nerhaus
Wiem·ge·möös *s. o.Mz. kul.*
übertr. Fleisch und Wurst
aus dem Rauchfang
Wien, Wi·ne *m.* 1. *kul.* Wein
(Getränk); 2. *bot.* Weinpflanze; tüch·te·te ~ *m. bot.*
gezüchteter Wein; wil·le ~
m. bot. wilder Wein
wi·en *ZW rel.* weihen
Wien·biärg, -e [Wien·biär·ge]
m. geol. agr. Weinberg
Wi·en·brüg·ge *ON* Wiedenbrück
Wien·bu·er, -n *m. agr.* Winzer, Weinbauer
Wien·dru·we, -n *w. bot.*
Weintraube (einzelne Beere)
wië·nen *ZW psy.* gewöhnen
Wien·fat, Wien·fiä·ter *s. tech.*
kul. Weinfass
Wien·fät·ken, Wien·fät·kes
s. tech. kul. Weinfässchen
Wien·gië·gend, -en [Wien·
gië·gen·den] *w. geog.* Weingegend
Wien·glas, Wien·gliä·ser *s.*
tech. kul. Weinglas
Wien·gläs·ken, Wien·gläs·
kes *s. tech. kul.* Wein-
gläschen
Wien·han·nel *m. o.Mz. fin.*
kul. Weinhandel
Wien·kel·ler, -s *m. arch.*
kul. Weinkeller
Wien·ken, Wien·kes *s. kul.*
kleines Glas Wein
Wien·kop, Wien·köp·pe *m.*
fin. Handgeld bei Verdingung
Wien·kwet·ker, -s *m. tech.*
kul. Kelter
Wien·lao·ger, Wien·läö·gers
s. kul. Weinlager
Wien·prol·le, -n *w. bot.* Wein-
trauben am Blütenstand
Wien·pül·ken, Wien·pül·kes
s. tech. kul. Weinfläschchen, kleine Weinflasche
Wien·pul·le, -n *w. tech. kul.*
Weinflasche
Wien·vö·kai·per, -s *m. fin.*
kul. Weinverkäufer
Wiëp, -s *s. tech.* Geflochtenes
wië·pe·lig, -e, -en [wië·pe·li-
ge] *EW psy.* unruhig, zappelig

wië·pen *ZW tech.* winden, flechten; verheddern
wi·er *UW tem.* wieder, wiederum, abermals; **aal~** *tem.* schon wieder; **~ äs maol** *tem.* wieder einmal; **de ~** wieder zurück; **VW** wider, gegen
wi·er·brän·gen *uZW* wiederbringen, zurückbringen
wi·er·büörs·tig, -e, -en [wi·er·büörs·ti·ge] *EW psy.* widerborstig, widerwillig, eigensinnig
wi·er·doon *uZW* wiederholen, noch einmal tun; wiedergeben, zurückgeben
wi·er·dööpt, -e, -en [wi·er·dööp·te] *EW rel.* wiedergetauft
wi·er·dö·pen *ZW rel.* wiedertaufen
Wi·er·dö·per, -s *m. rel.* Wiedertäufer
wi·er·fin·nen *uZW* wiederfinden
wi·er·gaon *uZW psy.* wiederkehren (arme Seelen als Geister)
wi·er·gië·wen *uZW* wiedergeben, zurückgeben; erstatten, zurückzahlen
Wi·er·guët·ma·ken *s. o.Mz.* Wiedergutmachung
wi·er·haalt, -e, -en [wi·er·haal·te] *EW* wiederholt
wi·er·häb·ben *uZW* wiederhaben, zurückhaben
wi·er·ha·len *uZW* wiederholen, zurückholen
wi·er·ha·len *uZW* wiederholen, noch einmal tun
Wi·er·ha·lung, -en [Wi·er·ha·lun·gen] *w.* Wiederholung
wi·er·hel·pen *uZW* gegenseitig helfen
Wi·er·hölp, -n [Wi·er·höl·pen] *w.* Gegenhilfe, gegenseitige Hilfe
wi·er·ken·nen *uZW* wiedererkennen
wi·er·ki·ken *uZW* umschauen, zurückblicken
wi·er·kräm·pen (sik) *ZW* sich wehren; sprungbereit kauern zum Angriff
wi·er·kri·gen *uZW* wiederbekommen, zurückbekommen, zurückerhalten, erstattet bekommen
wi·er·kuë·men *uZW* wieder-

kommen, zurückkommen, heimkehren
wi·er·la·chen *ZW psy.* zurücklachen
Wi·er·lä·er *w. o.Mz. med.* Alzheimersche Krankheit
wi·er·läg·gen *ZW* widerlegen
wi·er·lap·pen *ZW tech.* erneut ausbessern oder flicken
wi·er·lik, wi·er·licke, -n [wi·er·lik·ke] *EW psy.* widerlich, ekelhaft
Wi·er·roop, Wi·er·rö·pe *m.* Widerruf
Wi·er·sain *s. o.Mz.* Wiedersehen
wi·er·sain *uZW* wiedersehen
wi·er·sät·ten *ZW psy.* widersetzen
wi·er·schri·wen *uZW* wiederschreiben, zurückschreiben, schriftlich antworten
Wi·er·sin *m. o.Mz. psy.* Rückbesinnung, Erinnerung
wi·er·sin·nig, -e, -en [wi·er·sin·ni·ge] *EW* inkonsequent, widersinning
Wi·er·spiël, -e [Wi·er·spië·le] *s. psy.* Gegenspiel; **~ hol·len** jemd. entgegen sein, dagegen halten
wi·er·spië·len *ZW psy., pol.* opponieren
Wi·er·spië·ler, -s *m. psy.* Gegenspieler, Kontrahent
wi·er·spriä·ken *uZW psy.* widersprechen
Wi·er·stiëk, -e [Wi·er·stië·ke] *m.* Reflexion, Widerschein
Wi·er·strü·be, -n *w. med.* Haarwirbel, widerborstiges Haar; *übertr. psy.* widerborstiger Mensch
wi·er·vö·täl·len *ZW* wiedererzählen, noch einmal erzählen
Wi·er·waod, Wi·er·wäö·der *s. psy.* Widerwort
Wi·er·wil·len *m. o.Mz. psy.* Widerwillen
Wi·er·wind, Wi·er·win·ne *m. met.* Wirbelwind, Wirbelsturm
Wi·er·win·ne, -n *w. bot.* Zaunwinde
wies, wi·se, -n *EW psy.* gescheit, klug, vernünftig, weise; *psy.* geizig
Wiës·baum, Wiës·bai·me *m.*

tech. agr. Stange über dem Erntewagen zur Befestigung der Ladung
Wië·sen, -s *s. psy.* Art, Wesen
Wies·hait, -en [Wies·hai·ten] *w. psy.* Weisheit
Wies·ke, -n *w. agr.* Wiese
Wies·ken·am·pe, -n *w. zool.* Wiesenameise
Wies·ken·biëk, -en [Wies·ken·bië·ken] *w. geol.* Wiesenbach, Bach der durch eine Wiese fließt
Wies·ken·blo·me, -n *w. bot.* Wiesenblume
Wies·ken·fos·stiärt, -s *m. bot.* Wiesenfuchsschwanz
Wies·ken·krockel, -n [Wies·ken·krok·kel] *w. bot.* Wiesenschachtelhalm
Wies·ken·land, Wies·ken·län·ner *s. agr.* Wiesenland, Weideland
Wies·ken·mai·en *s. o.Mz. agr.* Mähen einer Wiese
Wies·ken·paol, Wies·ken·päö·le *m. tech. agr.* Wiesenpfahl
Wies·ken·sel·we, -n *w. bot.* Wiesensalbei
Wies·ken·sni·der, -s *m. zool.* Wiesenschnake
Wies·ken·tuun, Wies·ken·tü·ne *m. tech. agr.* Wiesenzaun, Weidezaun
wies·ma·ken *uZW psy.* vormachen, vorschwindeln, einreden
Wies·ma·ke·ri̩, -·en *w. psy.* Weismacherei, Vorgaukelei
Wies·mo·er, Wies·mö·ers *w. med.* Hebamme
Wies·mo·er·school, Wies·mo·er·scho·le, -n *w. med.* Hebammenschule
wies·niërst, -e, -en [wies·niërs·te] *EW psy.* naseweis, vorwitzig
Wies·snu·te, -n *w. psy.* Naseweis
wi·et, -e, -en [wi·e·te] *EW rel.* geweiht
Wië·ten *s. o.Mz.* Wissen, Erfahrung
wië·ten *uZW* wissen, kennen; **ik weet nich e·nen** ich kenne niemanden; **to ~ kri·gen** *psy.* erfahren, kennenlernen
wië·tend, -e, -en [wië·ten·de]

EW kult. gelehrt, wissend
Wië·ten·schup, -·pen *w. kult.*
Wissenschaft
Wië·ten·schup·ler, -s *m.*
kult. Wissenschaftler
Wiew, Wi·wer *s.* Frau, Gattin, Weib
Wiew·ken, Wiew·kes *s.*
Frauchen, Weibchen
wiewsk, -e, -en [wiews·ke]
EW weiblich
Wig·bold, -e [Wig·bol·de]
m. Ort mit minderen Stadtrechten
Wig·bold·räch·te *Mz. jur.*
Wigboldrechte, mindere
Stadtrechte
Wi·gel·wa·gel, -n *m. zool.*
Pirol; Goldamsel
Wigt, -e [Wig·te] *s.* Gewicht
wik → **wil ik** will ich
Wik, Wicken [Wik·ken] *w.*
bot. Wicke
wi·ken *uZW* weichen, zur
Seite gehen
wik·li·wik *UW* beinahe
Wik·se, -n *w. tech.* Wichse
wik·sen *ZW tech.* wichsen
Wik·spruëk, Wik·sprüë·ke *m.*
psy. Zauberspruch
Wik·wiew, Wik·wi·wer *s.*
psy. Wahrsagerin
Wild *s. o.Mz. zool.* Wild
wild, wil·le, -n *EW psy.*
bedenklich, kritisch, wild,
gefährlich, ungezähmt, munter, aufgebracht
Wild·daiw, -e [Wild·dai·we]
m. jur. Wilddieb, Wilderer
Wild·dai·wen *s. o.Mz. jur.*
Wildern, Wilddieberei
wild·dai·wen *ZW jur.* wildern
Wild·dai·we·ri, -·en *w. jur.*
Wilderei
wild·daiwt, -e, -en [wild·daiw·te] *EW jur.* gewildert
wil·des *VW* während
Wild·gaus, Wild·gai·se *w.*
zool. Wildgans
Wild·ka·nien, -s *s. zool.*
Wildkaninchen
Wild·liär, -s *s. tech.* Wildleder
Wild·swien, Wild·swi·ne *s.*
zool. Wildschwein
Wild·swien·bä·er, -n *m. zool.*
Eber des Wildschweins
Wild·was, Wild·wäs·se *m.*
biol. Wildwuchs; *med.* Wucherung im Fleisch, Krebs
Wi·le·wa·le, -n *w. zool.* Wach-

tel
Wil·kuë·men *s. o.Mz.* Willkommen
wil·kuë·men, -e, -en [wil·kuë·me·ne] *EW* willkommen
Wil·le, -n *m., w. und s.* Wilde(r), Eingeborene(r); *m.*
psy. Draufgänger, Grobian
Wil·le Rau·se *w. bot.* Hundsrose
Wil·len *m. o.Mz. psy.* Wille;
nich to ~ sien *psy.* sich
sträuben, unwillig sein, widerwillig sein
Wilm *VN* Wilhelm
wil·mo·ten *ZW psy.* willkürlich sein
Wi·mel, -s *m. tech.* Gestänge in Rauchfang und
Hühnerhaus
Wi·nach·ten *s. o.Mz. rel.*
tem. Weihnachten
Wi·nachts·aomd, -e [Wi·nachts·aom·de] *m. rel. tem.*
Weihnachtsabend
Wi·nachts·baum, Wi·nachts·bai·me *m. bot. rel.* Weihnachtsbaum
Wi·nachts·beld, Wi·nachts·bel·ler *s.* Weihnachtsbild
Wi·nachts·fi·er, -n *w.* Weihnachtsfeier
Wi·nachts·klocke, -n [Wi·nachts·klok·ke] *w. tech.*
Weihnachtsglocke
Wi·nachts·va·kans, -en [Wi·nachts·va·kan·sen] *w. tem.*
Weihnachtsferien
Wind, Win·ne *m. met.* Wind;
~ ma·ken *psy.* übertreiben
Wind·aom, Wind·ääms *m.*
met. Windhauch
wind·bü·lig, -e, -en [wind·bü·li·ge] *EW psy.* angeberisch, windbeutelig
Wind·büül, -s *m. psy.* Angeber, Windbeutel
Wind·fiä·der, -n *w. arch.*
Windfeder, Verbretterung
der Giebel-Dachkante
Wind·ies *s. o.Mz. met.* Eisschicht unter der sich Luft
befindet
Wind·ka·naol, Wind·ka·näö·le
m. tech. Windkanal
Wind·miä·ter, -s *m. met.*
tech. Windmesser
Wind·rad, Wind·riä·der *s.*
tech. Windrad
wind·scheew, wind·sche·we, -n *EW* windschief

Wind·schip, -·pe *s. trans.*
Luftschiff, *insbes.* Zeppelin
wi·nern *ZW tech., hyg.*
blankscheuern, polieren (mit
Wiener Kalk)
Win·kel, -s *m. fin.* Lebensmittelgeschäft, Kaufladen
Win·kel·wa·ren *Mz.* Waren
aus dem Kaufladen
Win·ne, -n *w. tech.* Winde
Win·ne·knüë·pel, -s *m.*
tech. umsteckbarer Hebel
zum Drehen von Winden
Win·nel, -n *w. tech. hyg.*
Windel
win·nel·week, win·nel·we·ke, -n *EW* windelweich
Win·ne·möl·ler, -s *m. tech.*
Müller der Windmühle
Win·ne·müël, -en [Win·ne·müë·len] *w. tech.* Windmühle
Win·ne·müë·len·flüë·gel, -s
m. tech. Windmühlenflügel
Win·ne·müëls·hüë·wel, -s *m.*
geol. Windmühlenhügel
win·nen *uZW fin., psy., spo.*
gewinnen, siegen; *tech.* winden, aufrollen
Win·ner, -s *m. fin., psy.,*
spo. Gewinner, Sieger
Win·ner·leed, Win·ner·le·der
s. mus. Siegerlied
Win·ner·te·ken, -s *s.* Siegeszeichen
win·nig, -e, -en [win·ni·ge]
EW met. windig
Win·nung, -en [Win·nun·gen]
w. Windung
winsk, -e, -en [wins·ke] *EW*
verdreht, verkehrt
Win·ter, -s *m. tem.* Winter, Winterzeit
Win·ter·aomd, -e [Win·ter·aom·de] *m. tem.* Winterabend
Win·ter·dag, -e [Win·ter·da·ge] *m. tem.* Wintertag
win·ter·dags *UW tem.* wintertags
Win·ter·gaorn, Win·ter·gäörns
m. arch. Wintergarten
Win·ter·giärst *w. bot.* Wintergerste
Win·ter·höl·pe, -n *w. fin.*
Winterhilfe
Win·ter·käörn *s. o.Mz. bot.*
Wintergetreide
Win·ter·krai, -·en *w. zool.*
Nebelkrähe
Win·ter·kwa·te·er, -s *s.* Win-

terquartier
win·ter·lik, win·ter·licke, -n
[win·ter·lik·ke] *EW met.* winterlich
Win·ter·lin·ne, -n *w. bot.*
Winterlinde
Win·ter·maond, -e [Win·termaon·de] *m. tem.* Wintermonat
Win·ter·saot, Win·ter·säö·te
w. agr. Wintersaat
Win·ter·slaop, Win·ter·slääpe *m. med.* Winterschlaf
Win·ter·slai·per, -s *m. zool.*
Winterschläfer
Win·ters·naud, Win·ters·naide *w.* Not durch die Winterzeit
Win·ter·tiet, Win·ter·ti·ten *w.
tem.* Winterzeit
Win·ter·tüüg, -s *s. o.Mz.*
Winterzeug, Winterkleidung
Win·ter·uut·vö·kaup, Winter·uut·vö·kai·pe *m. fin.*
Winterschlussverkauf
Win·ter·vuë·gel, Win·ter·vüëgel *m. zool.* Wintervogel
Win·ter·wiär *s. o.Mz. met.*
Winterwetter
wip·ken *ZW* wippen, hin
und her wiegen
Wip·stiärt, -s *m.* 1. *zool.*
Bachstelze; 2. *übertr. psy.*
zappeliges Kind (am Tisch)
Wip·stok, Wip·stöcke [Wipstök·ke] *m. tech.* Pleuelstange
Wip·up, -s 1. *s. tech.* Kesselgehänge am Herd; 2.
m. psy. Stehaufmännchen
Wi·rauk *m. bot.* Weihrauch
Wi·rauk·fat, Wi·rauk·fiä·ter
s. tech. rel. Weihrauchfass
wis, -·se *EW* gewiss, bestimmt; ~ **un wuol** sicher
geborgen
Wi·se, -n *w.* Weise, Art;
m., w. und s. psy. Weise
Wi·se·fin·ger, -s *m. med.*
Zeigefinger
wi·sen *uZW* zeigen, weisen, ausstellen, zur Schau
stellen; beweisen, beibringen, lehren; sich erweisen:
~, **wu et mot** anlernen,
einarbeiten, etwas erklären,
zeigen, wie es richtig gemacht wird; **e·nen ~, wao
et langs gait** *psy.* zurechtweisen

Wi·se·pin, -s *m. psy.* Besserwisser; *psy.* Geizhals
Wi·ser, -s *m.* Anweiser; *tech.
tem.* Uhrzeiger; *tech.* Zeiger, Anzeiger, Schild, Hinweisschild, Richtungsweiser; *trans.* Wegweiser
Wi·ser·blad, Wi·ser·bliä·der
s. tech. Zifferblatt
wis·hol·len *uZW* festhalten,
dokumentieren
Wi·si·us *VN* Aloisius
Wisk, -e [Wis·ke] *m.* Wisch,
Büschel
Wis·ke·dook, Wis·ke·dö·ker
s. tech. hyg. Wischtuch
Wis·ke·em·mer, -s *m. tech.
hyg.* Wischeimer
wis·ken *ZW hyg.* wischen,
putzen
Wis·ker, -s *m. tech. hyg.*
Wischer
wis·pel·tür·rig, -e, -en [wispel·tür·ri·ge] *EW psy.* launenhaft, *met.* wetterwendisch
wis·se·kü·ern *ZW psy.* behaupten
wis·se·wul *EW* ja gewiss
wist, -e, -en [wis·te] *EW tech.*
gewichst
wit, -·te, -·ten *EW* weiß,
blass; *übertr. hyg.* sauber,
gereinigt
Wit·böcke, -n [Wit·bök·ke]
w. bot. Weißbuche
Wit·böcken·hië·ge, -n [Witbök·ken·hië·ge] *w. bot.*
Hecke aus Weißbuchen
Wit·böcken·holt, Wit·bökken·höl·ter [Wit·bök·kenholt] *s. bot.* Holz der Weißbuche
Wit·böcken·toog, Wit·bökken·tö·ge [Wit·bök·kentoog] *m. bot.* Zweig der
Weißbuche
Wit·braud, Wit·brai·de *s. kul.*
Weißbrot
Wit·däön, -s *m. bot.* Weißdorn
wit·decket, -e, -en [wit·dekket], [wit·dek·ke·te] *EW*
weißgedeckt
wit·giäl, -e, -en [wit·giä·le]
EW weißgelb
Wit·kai·se *m. kul.* Quark
wit·kaist, -e, -en [wit·kais·te]
EW käseweiß
wit·köpsk, -e, -en [wit·köpske] *EW med.* weißhaarig,
grauhaarig

wit·lik, wit·licke, -n [wit·likke] *EW* weißlich
Wit·nais·ke, -n *w. tech.* Wäscheschneiderin, Weißnäherin
wit·si·den, -e, -en [wit·si·dene] *EW* weißseiden
wit·snu·tig, -e, -en [wit·snuti·ge] *EW* blass, bleich;
übertr. med. kränklich
Wit·tel·kwast, Wit·tel·kwässe *m. tech.* breiter Pinsel
zum Weißen
wit·teln *ZW tech.* weißen
Wit·wait, -en [Wit·wai·ten]
m. o.Mz. bot. Weißweizen,
Weizen
Wi·wa·ter *s. o.Mz. rel.* Weihwasser
Wi·wa·ter·fat, Wi·wa·ter·fiäter *s. rel.* Weihwasserbehälter
Wi·wa·ter·pöt·ken, Wi·wate·rpöt·kes *s. tech. rel.*
Weihwassernapf (in der
Kirche an den Eingängen)
Wi·wer·kraom *m. o.Mz.*
Frauensache, Weiberkram
Wocht, -en [Woch·ten] *w.*
Wache, Warten
woch·ten *ZW* warten
Woch·te·ri *w. o.Mz.* Warterei
Wol, Wöl·le *m.* Wall
Wol·bit·te, -n *w. bot.* Waldbeere
Wold, Wöl·ler *m. bot.* Wald
Wold·buo·den, Wold·büöden *m. biol.* Waldboden
Wold·gië·gend, -en [Woldgië·gen·den] *w. geog.* Waldgegend
Wold·kan·te, -n *w. bot.* Waldrand
Wold·ka·pel, -·len *w. arch.
rel.* Waldkapelle
Wöld·ken, Wöld·kes *s. bot.*
Wäldchen
Wold·man, Wold·män·ner *m.
zool.* Jagdhund
wö·len *ZW* wühlen
Wö·ler, -s *m.* Wühler
wol·len, -e, -en [wol·le·ne]
EW wallend
Wol·lung, -en [Wol·lun·gen]
w. Wallung
Wol·ter, -s *w. agr. tech.*
Ackerwalze
Wol·ter·ma·ker, -s *m. tech.*
Walzenmacher, Walzenhersteller
Wol·ter·müël, -en [Wol·ter-

müë·len] *w. tech.* Walzen-
mühle
wol·tern *ZW* walzen
Wööl·bra·ker, -s *m.* wild
Arbeitender
Wööl·wams, Wööl·wäm·se
s. Arbeitsjacke
wööst, -e, -en [wöös·te] *EW*
wüst; groß, stark; *psy.* rabiat; *UW* sehr, extrem
Wööst·bra·ken *s. o.Mz. psy.*
draufgängerisch etwas tun
wööst·bra·ken *ZW psy.*
draufgängerisch etwas tun
Wööst·bra·ker, -s *m. psy.*
Wüstling, Draufgänger, wild
arbeitender Mensch
Wöös·te, -n *w. geol.* Wüste; wüste Kraft
**Wöös·ten·sand, Wöös·ten·-
sän·ne** *m. geol.* Wüstensand
wööst·graut, -e, -en [wööst·
grau·te] *EW* sehr groß
Woot *w. o.Mz. psy.* Wut
Wop·pen, -s *s.* Wappen
wop·pen *ZW* wappnen
**Wop·pen·beld, Wop·pen·bel-
ler** *s.* Wappenbild
Wop·pen·dier, -s *s.* Wappentier
Wöp·se, -n *w. zool.* Wespe
Wöp·sen·nöst, -er [Wöp·sen·
nös·ter] *s. zool.* Wespen-
nest
Wöp·sen·stië·kel, -s *m. zool.*
Wespenstachel
Wös·ke *Mz.* Wäsche
**Wös·ke·bräd, Wös·ke·briä-
der** *s. tech. hyg.* Wasch-
brett, geriffeltes Brett zum
Wäschewaschen
Wös·ke·dag, -e [Wös·ke·da·
ge] *m. tem. hyg.* Waschtag
Wös·ke·fat, Wös·ke·fiä·ter
s. tech. hyg. Waschfass,
Zuber
Wös·ke·hook, Wös·ke·hö·ke
m. Waschecke
**Wös·ke·huus, Wös·ke·hü·-
ser** *s. arch. hyg.* Wasch-
haus
Wös·ke·kië·del, -s *m. tech.
hyg.* Waschkessel
Wös·ke·kniëp, -s *m. tech.*
Wäscheklammer
Wös·ke·küë·ke, -n *w. arch.
hyg.* Waschküche
**Wös·ke·kuorw, Wös·ke·küör·-
we** *m. tech.* Waschkorb
Wös·ke·li·ne, -n *w. tech.*

Wäscheleine
Wös·ke·ri, -·en *w. tech.
hyg.* Wäscherei
**Wös·ke·schap, Wös·ke·-
schiä·pe** *s. tech.* Wäscheschrank
Wös·ke·was·ken *s. o.Mz.
hyg.* Wäschewaschen
wös·sig, -e, -en [wös·si·ge]
EW biol. wüchsig, wach-
send, günstig für das Wachstum
wö·ten *ZW* wüten
wö·tig, -e, -en [wö·ti·ge] *EW
psy.* wütend
Wrak·war, -s *s.* beschädig-
tes Gut
wrök·hal·sen *ZW* würgen
wrun·se·lig, -e, -en [wrun·
se·li·ge] *EW* runzelig
wu *FrW* wie
wu·an *FrW* woran
wu·dan *FrW* wieso
wu·drin *FrW* worin
wu·düör *FrW* wodurch
Wuën·au·do, -os *s. trans.*
Wohnmobil
wüë·nen *ZW psy.* gewöhnen
wuë·nen *ZW* wohnen
wuën·haf·tig, -e, -en [wuën·
haf·ti·ge] *EW* wohnhaft
Wuën·huus, Wuën·hü·ser *s.
arch.* Wohnhaus
Wuën·küë·ke, -n *w. arch.*
Wohnküche
Wuën·stiär, -n *w. arch.*
Wohnstätte
Wuën·stuom, Wuën·stüöms
m. arch. Wohnzimmer
Wuë·nung, -en [Wuë·nun·
gen] *w. arch.* Wohnung,
Wohnsitz
**Wuë·nungs·naud, Wuë·-
nungs·nai·de** *w.* Woh-
nungsnot
Wuën·veer·del, -s *s. geog.*
Wohnviertel
Wuën·wa·gen, Wuën·wiä·gen
m. trans. Wohnwagen
wu·för *FrW* wofür
wu·hän *FrW* wohin
wu·hiär *FrW* woher
wul *BW* wohl, *UW* womög-
lich
Wul·biëk *ON* Wolbeck
Wul·dië·ke, -n *w.* Wolldek-
ke
Wul·dook, Wul·dö·ker *s.
tech.* Wolltuch
Wulf, Wül·fe *m. zool.* Wolf
Wul·fen *ON* Wulfen

Wulfs·buorg *ON* Wolfs-
burg
Wul·gaorn, Wul·gäörns *s.
tech.* Wollgarn
Wul·han·nel *m. o.Mz. fin.*
Wollhandel
wul·ka·ni·se·ern *ZW chem.*
vulkanisieren
Wul·ke, -n *w. met.* Wolke
Wul·ken·hië·mel *m. met.*
Wolkenhimmel
wul·kig, -e, -en [wul·ki·ge]
EW met. wolkig
Wul·kleed, Wul·kle·der *s.*
Wollkleid
Wülks·ken, Wülks·kes *s.
met.* Wölkchen
wul·lacken [wul·lak·ken] *ZW*
schuften, schwer arbeiten
Wul·lacker, -s [Wul·lak·ker]
m. Schwerstarbeiter
Wul·la·ken, -s *s.* wollenes
Laken
Wul·le, -n *w. tech.* Wolle;
in de ~ häb·ben *psy.* sich
streiten
Wül· len *ON* Wüllen
Wul· len *s. o.Mz. psy.* Wollen
wul·len 1. *uZW* wollen, wer-
den (Zukunft); 2. **~, -e, -en**
[wul·le·ne] *EW tech.* wollen, aus Wolle
Wul·len·spin·ner, -s *m. tech.*
Wollspinner
wul·lig, -e, -en [wul·li·ge] *EW
tech.* wollig
Wul·sak, Wul·siä·ke *m. tech.*
Wollsack
Wul·schaop, Wul·schäö·pe
s. zool. agr. Milchschaf
Wuls·klao·nen *Mz. bot.*
Keulenbärlapp (Lycopodium
clavatum)
Wul·spin·ner, -s *m. tech.*
Wollspinner
Wul·tüüg, -s *s. o.Mz.* Wollzeug, Wollkleidung
wul·wal jawohl
wul·wen *ZW* zusammenraffen
Wul·wiärk, -s *s. o.Mz.* Wollwaren
wu·met *FrW* womit
wüm·meln *ZW* wimmeln
wu·müëg·lik *UW* womöglich
wu·nao *FrW* wonach
Wund·dok·ter, -s *m. med.*
Chirurg
Wun·ne, -n *w. med.* Wunde
wun·nen, -·ne, -·nen *EW*
gewonnen

Wun·ner, -s *s. rel.* Wunder, Mirakel; **wat** ~ wen wundert es
wun·ner·baor, -e, -en [wunner·bao·re] *EW* wunderbar
Wun·ner·dier, -s *s. zool.* Wundertier
Wun·ner·hoon, Wun·ner·höner *s. zool.* Wunderhuhn
Wun·ner·kind, Wun·ner·kinner *s. psy.* Wunderkind, Überflieger (im Lernen)
Wun·ner·kruud, Wun·ner·krü·der *s. bot. med.* Wunderkraut
wun·ner·lik, wun·ner·licke, -n [wun·ner·lik·ke] *EW* seltsam, *psy.* eigenwillig
wün·nern *ZW psy.* wundern, staunen
wun·ners *UW* außergewöhnlich, besonders, hervorragend
Wun·ner·stään, Wun·ner·stä·ne *m. astr.* Komet
Wun·ner·te·ken, -s *s. rel.* Wunderzeichen
wun·ner·waar·ken *ZW psy.* überlegen, Kopf zerbrechen, sinnieren
wun·ner·wat *UW* etwas Besonderes
Wun·ner·wiärk, -e [Wun·ner·wiär·ke] *s.* Wunderwerk
Wuns·duorp *ON* Wunstorf
Wunsk, Wüns·ke *m.* Wunsch
wüns·ken *ZW psy.* wünschen
wuol *EW psy.* wohl (fühlen)
Wuol *s. o.Mz.* Wohl
Wuol·dat, -en [Wuol·da·ten] *w.* Wohltat
Wuol·ge·fööl *s. o.Mz. psy.* Wohlbehagen, Wohlgefühl
Wuol·rüëk, -e [Wuol·rüë·ke] *m. biol.* Wohlgeruch
wuol·vö·dänt, -e, -en [wuol·vö·dän·te] *EW* wohlverdient
Wüör·de, -n *w. psy.* Würde
Wuor·del, -n *w. bot.* Möhre, Wurzel
Wuor·del·ge·möös *s. o.Mz. kul.* Möhrengemüse
Wüör·del·ken, Wüör·del·kes *s. bot.* kleine Möhre,

kleine Wurzel
wuor·deln *ZW biol.* wurzeln, Wurzeln schlagen
Wuor·del·niër·se, -n *w. med.* Wurzelnase
Wuor·del·pe·ter·sil·ge *w. o.Mz. bot.* Wurzelpetersilie
Wuor·del·sü·ger, -s *m. zool.* Libelle
wüör·dig, -e, -en [wüör·di·ge] *EW psy.* würdig
wüör·di·gen *ZW psy.* würdigen
Wüör·di·gung, -en [Wüör·di·gun·gen] *w. psy.* Würdigung
wüör·gen *ZW* würgen
Wüör·ger, -s *m.* Würger
Wuorm, Wüör·mer *m. zool.* Wurm
Wuorm·faon, Wuorm·fäöns *m. bot.* wurmfarn
Wüörm·ken, Wüörm·kes *s. zool.* Würmchen; *übertr.* Kleinstkind
Wuorm·lok, Wuorm·löcker [Wuorm·lök·ker] *s.* Wurmloch
wuorm·stiëksk, -e, -en [wuorm·stiëks·ke] *EW* wurmstichig
Wüör·pel, -s *m. tech.* Würfel
wüör·peln *ZW spo.* würfeln
Wüör·pel·spiël, -e [Wüör·pel·spië·le] *s. spo.* Würfelspiel
Wuorst, Wüörs·te *w. kul.* Wurst
Wuors·te·braud, Wuors·te·brai·de *s. kul.* Wurstbrot, Möpkenbrot
Wuors·te·kië·del, -s *m. tech. kul.* Wurstkessel
Wuors·ten *s. o.Mz. kul.* Wursten
wuors·ten *ZW kul.* wursten
Wuors·te·pig·ge, -n *w. tech.* lange Dorne zum Verschließen des Wurstdarmes
Wuors·te·sop·pen, -s *m. kul.* Gemenge aus Wurstebrot und Milch
Wuorst·häön, -s *s. tech.* hornförmiges Blech zum Wurststopfen

Wuorst·müël, -en [Wuorst·müë·len] *w. tech.* Fleichwolf
wuot·ken *ZW* durch Morast waten, watscheln
Wüp·pe, -n *w. tech.* Wippe
wüp·pen *ZW* wippen, hin und herschaukeln; *mus.* anmutiges Tänzeln
wüps·te·rig, -e, -en [wüps·te·ri·ge] *EW psy.* leichtfertig, lustig; zappelig
Wüp·stiärt, -s *m. psy.* unruhiger Mensch
Wüp·stiärt·ken, Wüp·stiärt·kes *s. zool.* Bachstelze
wür·ken *ZW* wirken, weben
Wür·ke·stel, -s *s. tech.* Webstuhl
würk·lik, würk·licke, -n [würk·lik·ke] *EW* wirklich, real
Würk·lik·kait *w. o.Mz.* Wirklichkeit, Realität
Wür·kung, -en [Wür·kun·gen] *w.* Wirkung
Wür·sing *m. o.Mz. bot.* Wirsing
Wür·sing·ge·möös *s. o.Mz. kul.* Wirsinggemüse
wu·so *FrW* wieso
wu·to *FrW* wozu
wu·van *FrW* wovon
wu·viël, -e [wu·vië·le] *FrW* wieviel
wu·wied *FrW* wieweit

X

X, x X, x (Buchstabe); im Plattdeutschen nicht gebräuchlich; wird durch *ks* wiedergegeben

Y

Y, y Y, y (Buchstabe); im Plattdeutschen nicht gebräuchlich

Z

Z, z Z, z (Buchstabe); im Plattdeutschen nicht gebräuchlich; wird häufig durch ein stimmloses *s* bzw. *ts* ersetzt

Anhang

Maße und Gewichte

I. Raummaße

Hohlmaße

1 Aot = ¼ Liter
1 Mängel = ½ Liter
1 Kanne = 1 Liter
1 Litter = 1 Liter
1 Bullenkopp = 6 Liter
1 Achtel = ca. 15 Liter
1 Emmer = 68,7 Liter
1 Fat = 229 Liter

Kornmaße

1 Spint = ¼ Scheffel
1 Schiärpel = 23 bis 222 Liter (je nach Region)
1 Molter = 12 Schiärpels = 695,5 Liter (preußisch)

Holzmaße

1 Fastmeter = 1 Kubikmeter massives Holz
1 Ruummeter = 1 Kubikmeter gestapeltes Holz
1 Klafter = 3,34 Kubikmeter gestapeltes Holz

II. Längenmaße

1 Millimeter = 1/1000 Meter
1 Sentimeter = 10 Millimeter
1 Tol = 25,4 Millimeter
1 Foot = 28 Zentimeter
1 Iäle = 2 Föte = 56 Zentimeter
1 Meter = 100 Zentimeter
1 Rute = 3,766 Meter
1 Kilometer = 1000 Meter
1 Mile = 7.532,5 Meter (preußisch)

III. Flächenmaße

1 Kwadraotfoot = 0,092 Quadratmeter
1 Kwadraotrute = 13,37 Quadratmeter
1 Ar = 100 Quadratmeter
1 Spint = ¼ Schiärpelsaot = 250 Quadratmeter
1 Schiärpelsaot = 1.000 Quadratmeter
1 Muorgen = 2.500 Quadratmeter
1 Achtelstel = 1/8 Hufe = 9375 Quadratmeter
1 Moltersaot = 12 Schiärpelsäöte = 12.000 Quadratmeter
1 Nagel = Größe schwankt stark nach Region
1 Hufe = 30 Muorgen = 75.000 Quadratmeter
1 Kwadraotkilometer = 100 Hektar = 1.000.000 Qadratmeter

IV. Gewichte, Masseangaben

1 Gram = 1 Gramm
1 Lot = 14,6 Gramm
1 Pund = 1 Pfund, 500 Gramm

1 Kilo = 1000 Gramm = 1 Kilogramm
1 Sentner = 100 Pfund = 50 Kilogramm
1 Tunne = 1000 Kilogramm

Geld und Währungen

1 Penning = 1 Pfennig
1 Grosken =10 Pfennige
1 Kassmännken = 25 Pfennige
1 Mark = 100 Pfennige = 1 Mark
1 Haierman = 5 Mark

1 Sübbösken, Sülwerken = 50 (Silber)pfennige
1 Daler = 1 Taler (3 Mark)
1 Sent = 1,96 Pfennige
1 Euro = 100 Sents = 1,96 Mark (DM)

Zeit und Zeitangaben

Sekunne = Sekunde
Minuut = Minute
Stun = Stunde
Dag = Tag
Wiärk = Woche
Maond = Monat
Jaor = Jahr
Jaortaint = Jahrzehnt
Jaorhunnert = Jahrhundert
Jaordusend = Jahrtausend

Muorn = Morgen
Vüörmeddag = Vormittag
Meddag = Mittag
Naomeddag = Nachmittag
Aomd = Abend
Nacht = Nacht
Medernacht = Mitternacht

gisten = gestern
äergisten = vorgestern
vüörgisten = vorgestern
vandage = heute
muorn = morgen
üöwermuorn = übermorgen
muorns = morgens
vüörmeddags = vormittags
meddags, üörns = mittags
naomeddags = nachmittags
aoms = abends
nachens = nachts
medernachens = mitternachts

Klok acht = genau acht Uhr
veerdel vüör elwe = viertel vor elf
halw niëgen = halb neun
fiew vüör niëgen = fünf vor neun
ses nao niëgen = sechs nach neun
veerdel nao tain = viertel nach zehn
twintig vüör drai = zwanzig vor drei

Wochentage

Maondag = Montag
Dingsdag = Dienstag
Gunsdag = Mittwoch
Dunnerdag = Donnerstag
Fridag = Freitag
Saoterdag = Samstag
Sundag = Sonntag,

maondags = montags
dingsdags = dienstags
gunsdags = mittwochs
dunnerdags = donnerstags
fridags = freitags
saoterdags = samstags
sundags = sonntags

Monate

Harremaond, Snaimaond = Jannuar
Iesmaond, Lammermaond = Februar
Mäten = März
Prillen = April
Maimaond = Mai
Braokmaond, Juno = Juni

Haimaond = Juli
Aarntmaond, Austmaond = August
Hiärftmaond, September = September
Saotmaond, Oktower = Oktober
Niëwelmaond = November
Kristmaond, Desember = Dezember

Jahreszeiten

Fröjaor = Frühjahr
Summer = Sommer
Midsummer = Mittsommer
Fiämkessummer = Altweibersommer

Hiärfst = Herbst
Winter = Winter
Middewinter = Mittwinter

Feiertage

kirchliche Feiertage

Drai Küëninge = Heilige Drei Könige
Askedag = Aschermittwoch
Fassen = Fastenzeit
Palmsundag = Palmsonntag
Stillen Fridag = Karfreitag
Paoske = Ostern
Pinksten = Pfingsten
Fronlieknam = Fronleichnam
Allerhillgen = Allerheiligen
Allersiälen = Allerseelen
Sünte Klaos = Nikolaus
Hilligaomd = Heiligabend
Winachten = Weihnachten

weltliche Feiertage

Nijaor = Neujahr
Fastaomd (unwise) = Karneval
Kiärms = Kirmes
Schüttenbeer – Schützenfest
Daudensundag = Totensonntag
Sülwester = Silvester

Zahlwörter und Rechnen

I. Grundzahlen

0 = nul	24 = veerntwintig
1 = een	25 = fiwentwintig
2 = twe	30 = diärtig
3 = drai	31 = enendiärtig
4 = veer	40 = vettig
5 = fiew	50 = füwtig
6 = ses	60 = sestig
7 = siëben	70 = siëmtig
8 = acht	80 = achtig
9 = niëgen	90 = niëgentig
10 = tain	100 = hunnert
11 = elwe	101 = hunnerteen
12 = twiälw	110 = hunnerttain
13 = diärtain	200 = twehunnert
14 = vettain	365 = draihunnertfiewensestig
15 = füwtain	1000 = eendusend, dusend
16 = sestain	2000 = twedusend
17 = siëmtain	10 000 = taindusend
18 = achtain	100.000 = hunnertdusend
19 = niëgentain	1 000 000 = eenmiljaun / eenmiljoon
20 = twintig	2 000 000 = twemiljaunen / twemiljonen
21 = enentwintig	1 000 000 000 = eenmiljarde
22 = tweentwintig	1 000 000 000 000 = eenbiljoon
23 = draientwintig	

II. Ordungszahlen

1. = iärste	21. = enentwintigste
2. = twedde	22. = tweentwintigste
3. = diärde	30. = diärtigste
4. = veerte	40. = vettigste
5. = füwte	50. = füwtigste
6. = seste	60. = sestigste
7. = siëmte	70. = siëmtigste
8. = achte	80. = achtigste
9. = niëgte	90. = niëgtigste
10. = tainte	100. = (een) hunnertste
11. = elwte	101. = hunnertuniärste
12. = twiälwte	200. = twehunnertste
13. = diärtainste	1000. = (een) dusendste
14. = vettainste	1100. = dusenduneenhunnertste
15. = füwtainste	2000. = twedusendste
16. = sestainste	100 000. = hunnertdusendste
17. = siëmtainste	1000 000. = milljoonste
18. = achtainste	10 000 000. = tainmilljoonste
19. = niëgentainste	
20. = twintigste	

III. Bruchzahlen

1/2 = een halw	3/10 = drai taintel
1/3 = een diärdel	1/35 = een halfsiëmtaintel
2/3 = twe diärdel	1/100 = een hunnertste
1/4 = een veerdel	1/1000 = een dusendstel
3/4 = drai veerdel	1/1 000 000 = een milljoonstel
5/4 = fiew veerdel	2½ = twe un halwstel
1/5 = een füwtel	2 3/8 = twe draiachtel
1/6 = een sestel	1,5 = eenkommafiew

IV. Vervielfältigungszahlen

eenfak = einfach	fiewfak = fünffach
dubbelt = zweifach	sesfak = sechsfach
draifak = dreifach	hunnertfak = hundertfach
veerfak = vierfach	dusendfak = tausendfach

V. Rechnen

tosammentrecken = addieren	delen = dividieren
aftrecken = subtrahieren	Wuordeltrecken = Wurzelziehen
maolniëmen = multiplizieren	haugniëmen = potenzieren

Einfache Beispiele

1 + 2 = 3   een un twe mäk drai
9 - 5 = 4   niëgen wainiger fiew mäk veer
6 * 7 = 42   ses maol siëm mäk tween vet-
tig
8 : 4 = 2   acht düör veer mäk twe

3^3 = 27   drai haug drai mäk siëmtwintig
5^2 = 25   fiew to't Kwadraot mäk fi wen-
twintig
$\sqrt{16}$ = 4   de Wuordel van sestain mäk veer

Beugung der regelmäßigen und unregelmäßigen Zeitwörter

Regelmäßige Zeitwörter

Die Bildung der verschiedenen Zeitformen erfolgt im Plattdeutschen auf folgende Weise:

A. Gegenwart
* 1. Person Einzahl durch Weglassen der Endung *-en* der Grundform (bei vielen Zeitworten hat sich auch die im Hochdeutschen gebräuchliche Form mit der Beibehaltung des *-e* der Endung -en eingebürgert):
  Beispiele: Grundform: *küern* → *ik küer*; Grundform: *bauen* → *ik bau* oder auch *ik baue*
* 2. Person Einzahl durch Anhängen eines *-s* an die 1. Person Einzahl:
  Beispiele: 1. Person Einzahl: *ik küer* → *du küers*; 1. Person Einzahl: *ik bau* → *du baus*
* 3. Person Einzahl durch Anhängen eines *-t* an die 1. Person Einzahl:
  Beispiele: 1. Person Einzahl: *ik küer* → *he, se, et küert*; 1. Person Einzahl: *ik bau* → *he, se, et baut*
* Mehrzahl durch Anhängen des *-t* oder von *-et* an die 1. Person Einzahl:
  Beispiele: 1. Person Einzahl: *ik küer.* → *se küert*; 1. Person Einzahl: *ik bau* → *wi, gi, se bauet*

B. Vergangenheit
* 1. Person Einzahl durch Anhängen von *-de* an die 1. Person Einzahl:
  Beispiele: 1. Person Einzahl: *ik küer* → *ik küerde*; *ik bau* → *ik bau(e)de*
* 2. Person Einzahl durch Anhängen von *-des* an die 1. Person Einzahl:
  Beispiele: 1. Person Einzahl: *ik küer* → *du küerdes*; *ik bau* → *du bau(e)des*
* 3. Person Einzahl durch Anhängen von *-de* an die 1. Person Einzahl (wie bei der Vergangenheitsform der 1. Person Einzahl)
  Beispiele: 1. Person Einzahl: *ik küer* → *he küerde*; *ik bau* → *he bau(e)de*
* Mehrzahl durch Anhängen von *-den* an die 1. Person Einzahl:
  Beispiele: 1. Person Einzahl: *ik küer* → *wi, gi, se küerden*; *ik bau* → *wi, gi, se bau(e)den*

C. Vollendete Vergangenheit
* Mehrzahl der Gegenwart und Voranstellen der demtsprechenden Formen von *häbben* (haben) bzw. *sien* (sein):
  Beispiele: 1. Person Einzahl: *se küert* → *se häbt küert*; *se bau(e)t* → *se häbt bau(e)t*; *wi sakt* → *wi sint sakt*

Unregelmäßige Zeitwörter

Wegen der verschiedenartigen Beugungsformen sind die unregelmäßigen Zeitwörter in der nachfolgenden Tabelle aufgelistet.

Grund-form	Gegenwart				Vergangenheit			vollen-dete Vergan-genheit
	1. Person Einzahl	2. Person Einzahl	3. Person Einzahl	Mehr-zahl	1. und 3. Person Einzahl	2. Person Ein-zahl	Mehr-zahl	
backen	bak, backe	bäks	bäk	bakt	backe-de	backe-des	backe-den	bakt
baiden	baid(e)	böds	böd	baid	buod	buods	buoden	buoden
baigen	baige	bögs	bög	baigt	bog	bogs	boggen	buogen
binnen	bin	bins	bint	binnet	bun	buns	bunnen	bunnen
biten	biet, bite	bits	bit	biet	beet	beets	beten	biëten
blaosen	blaos(e)	blös	blös	blaost	blos	blosses	blos-sen	blost
bliwen	bliew	bliws	bliw	bliewt	bleew	bleews	blewen	bliëwen
blöden	blööd	blöds	blöd	blödet	blod	blods	blod-den	blod
böten	bööt, böte	böts	böt	bötet	bot	bots	botten	bot
brängen	bräng(e)	brängs	brängt	bränget	bragde	bragdes	brag-den	bragt
braoden	braod	bröds	bröd	braod	brod	brods	brod-den	braod
briäken	briäk(e)	bräks	bräk	briäkt	brak	braks	brak-ken	bruo-ken
briänen	briän(e)	briäns	briänt	briänet	bran	brans	bran-nen	brant
bruken	bruuk	brüks	brük	bruukt	bruke-de	bruke-des	bruke-den	bruukt
dainen	dain	däns	dänt	daint	dände	dändes	dänden	dänt
denken	denk	denks	denkt	denket	dacht	dachts	dach-ten	dacht
doon	do	dös	döt	doot	dai	dais	dain	daon
draimen	draim	dröms	drömt	draimt	draim-de	draim-des	draim-den	dromt
driägen	driäg(e)	drägs	dräg	driägt	drüög	drüögs	drüö-gen	druo-gen
driäpen	driäp(e)	dräps	dräp	driäpt	drap	draps	drap-pen	druo-pen
drinken	drink	drinks	drinkt	drinket	drünk	drünks	drün-ken	drun-ken
driwen	driew, driwe	driws	driw	driewt	dreew	dreews	drewen	driëwen
drüë-wen	draw	draws	draw	drüëwt	drow	drows	drow-wen	drowt
dwiälen	dwiäl	dwiäls	dwiält	dwiält	dwol	dwols	dwollen	dwolt
dwingen	dwing	dwings	dwingt	dwinget	dwung	dwungs	dwun-gen	dwun-gen
fallen	fal(le)	föls	fölt	falt	fol	fols	follen	fallen
fangen	fang(e)	fängs	fäng	fangt	fong	fongs	fongen	fangen
finnen	fin	fins	fint	finnet	fun	funs	funnen	funnen
flaigen	flaig	flögs	flög	flaigt	flog	flogs	floggen	fluogen

Grund-form	Gegenwart				Vergangenheit			vollen-dete Vergan-genheit
	1. Per-son Einzahl	2. Per-son Einzahl	3. Per-son Einzahl	Mehr-zahl	1. und 3. Per-son Einzahl	2. Per-son Ein-zahl	Mehr-zahl	
föern	föer	föers	föert	föert	fot	fots	fotten	föert
fölen	fööl, föle	föls	fölt	föölt	fol	fols	follen	folt
fraisen	frais(e)	frös	frös	fraist	fruor	fruors	fruorn	fruorn
fraogen	fraog(e)	frögs	frög	fraogt	frog	frogs	froggen	frogt
friäten	friät(e)	fräts	frät	friät	frat	frats	fratten	friäten
gaiten	gait(e)	göts	göt	gaitet	guot	guots	guoten	guoten
gaon	gao	gais	gait	gaot	göng	göngs	göngen	gaon
genai-ten	genait	genöts	genöt	genai-tet	genot	genots	genot-ten	ge-nuoten
giëwen	giëw(e)	giws	giw	giëwt	gaw	gaws	gaw-wen	giëwen
glaiwen	glaiw	glöws	glöw	glaiwt	glow	glows	glow-wen	glowt
gliden	glied glide	glids	glid	glied	gleed	gleeds	gleden	gliëden
gliken	gliek glike	gliks	glik	gliekt	gleek	gleeks	gleken	gliëken
glipen	gliep	glieps	gliept	gliept	gleep	gleeps	glepen	gliëpen
grawen	grawe	gräws	gräw	grawt	grawe-de	grawe-des	grawe-den	grawt
grinen	grien	griens	grint	grient	green	greens	grenen	griënen
gripen	griep, gripe	grips	grip	griept	greep	greeps	grepen	griëpen
häbben	häb	häs	häw	häbt	had	hasses	hadden	hat
haiten	hait(e)	häts	hät	haitet	haitede	haitedes	haite-den	haiten
halen	haal	höls	hölt	haalt	hol	hols	hollen	hollen
hangen	häng	hängs	häng	hangt	hong	hongs	hongen	hangen
hauen	hau(e)	haus	hait	haut	haide	haides	haiden	hauen
helpen	help(e)	helps	helpt	helpet	holp	holps	holpen	holpen
hirao-den	hiraode	hiröds	hiröd	hiraod	hirao-dede	hiraode-des	hiraode-den	hirod
hollen	hol(le)	höls	hölt	holt	hollede	holledes	holle-den	hollen
iäten	iät(e)	äts	ät	iätet	at	ats	atten	giäten
jagen	jage	jägs	jäg	jaagt	jagede	jagedes	jage-den	jagt
kaupen	kaupe	köfs	köf	kaupt	kof	kofs	koffen	koft
kennen	ken	kens	kent	kennet	kande	kandes	kanden	kant
kiken	kiek, kike	kiks	kik	kiekt	keek	keeks	keken	kiëken
klingen	kling	klings	klingt	kling	klüng	klüngs	klüngen	klungen
knipen	kniep	knips	knip	kniept	kneep	kneeps	knepen	kniëpen
krigen	krieg, krige	krigs	krig	kriegt	kreeg	kreegs	kregen	kriëgen
krupen	kruup	krüps	krüp	kruupt	kraip	kraips	kraipen	kruopen
kuëmen	kuëm(e)	küms	kümp	kuëmt	kam	kams	kam-men	kuëmen
küënen	kan	kaas	kan	küënt	kon	kons	konnen	kont
laden	lade	lääds	lääd	laad	ladede	ladedes	lade - den	laden

Grund-form	Gegenwart				Vergangenheit			vollen-endete Vergan-genheit
	1. Person Einzahl	2. Person Einzahl	3. Person Einzahl	Mehr-zahl	1. und 3. Person Einzahl	2. Person Ein-zahl	Mehr-zahl	
laigen	laig(e)	lügs	lüg	laigt	luog	luogs	luogen	luogen
laoten	laot	lös	löt	laotet	lait	lais	laiten	laoten
laupen	laup	löps	löp	laupt	laip	laips	laipen	laupen
liäsen	liäs	läs	läs	liäst	las	lasses	lassen	liäsen
liggen	lig	ligs	lig	ligt	lag	lags	laggen	liägen
maken	maak	mäks	mäk	maakt	mok	moks	mok-ken	maakt
mainen	main	mäns	mänt	maint	mände	mändes	män-den	mänt
miäten	miät	mäts	mät	miätet	miäte-de	miätedes	miäte-den	miäten
müëgen	mag	mags	mag	müëgt	mog	mogs	mog-gen	mogt
müëten	mot	mos	mot	müët	mosse	mosses	mos-sen	most
niden	nied	nieds	nidet	nidet	need	needs	neden	niëden
niëmen	niëm	nims	nimp	niëmt	nam	nams	nam-men	nuo-men
packen	pak	päks	päk	pakt	pok	poks	pocken	pakt
passen	pas(se)	päs	päs	past	pos	posses	possen	past
raoden	raod	röds	röd	raodet	raod-ede	raode-des	raode-den	raod
riden	ried	rids	rid	ridet	rieed	reeds	reden	riëden
riten	riet, rite	rits	rit	riet	reet	reets	reten	riëten
riwen	riew	riws	riw	riewt	reew	reews	rewen	riëwen
ropen	roop, rope	röps	röp	roopt	raip	raips	raipen	ropt
ruken	ruuk	rüks	rük	ruukt	rüök	rüöks	rüöken	ruoken
säggen	säg(ge)	sägs	säg	sägget	sag - siär	sags - siärs	saggen - siärn	sägt
sain	sai	süüs	süüt	sait	saoch	saochs	sao-chen	sain
schäern	schäer	schäers	schäert	schäert	schor	schors	schorn	schä-ern
schaiten	schait(e)	schöts	schöt	schaitet	schot	schots	schot-ten	schuo-ten
schen-ken	schenk	schenks	schenkt	schen-ket	schonk	schonks	schon-ken	schon-ken
schinen	schien	schins	schint	schient	scheen	scheens	schenen	schië-nen
schiten	schiet	schits	schit	schitet	scheet	scheets	sche-ten	schië-ten
schri-nen	-	-	schrint	-	schreen	-	-	schrië-nen
schri-wen	schriew	schriws	schriw	schriewt	schreew	schreews	schre-wen	schrië-wen
schru-wen	schruuw	schrüws	schrüw	schruwt	schru-wede	schruwe-des	schru-weden	schruo-wen
schu-wen	schuuw, schuwe	schüws	schüw	schuuwt	schauw	schauws	schau-wen	schuo-wen
sien	sin	büs	is	sint	was wüör	wasses wüörs	wassen wüörn	wäst wiëden
singen	sing(e)	sings	singt	singet	süng	süngs	süngen	sungen

Grund-form	Gegenwart				Vergangenheit			vollen-dete Vergan-genheit
	1. Person Einzahl	2. Person Einzahl	3. Person Einzahl	Mehr-zahl	1. und 3. Person Einzahl	2. Person Einzahl	Mehr-zahl	
sitten	sit(te)	sits	sit	sittet	sat	sats	satten	siäten
slaon	slao	slöts	slöt	slaot	släög	släögs	släögen	slaon
slaopen	slaop	slöps	slöp	slaopt	slaip	slaips	slaipen	slaopen
sliden	slied	slids	slid	slidet	sleed	sleeds	sleden	sliëden
sliken	slike	sliks	slik	sliekt	sleek	sleeks	sleken	sliëken
slipen	sliep, slipe	slips	slip	sliept	sleep	sleeps	slepen	sliëpen
sluten	sluut	slöts	slöt	slutet	slait - slot	slaits - slots	slaiten - slotten	sluoten
smaken	smaak	smäks	smäk	smaakt	smok	smoks	smok-ken	smaakt
smelten	smelt	smelts	smelt	smeltet	smolt	smoltes	smolten	smolten
smiten	smiet	smits	smit	smitet	smeet	smeets	smeten	smiëten
sniden	snied	snids	snid	snidet	sneed	sneeds	sneden	sniëden
snuten	snuut	snüts	snüt	snutet	snute-de	snutedes	snute-den	snutet
snuwen	snuuw	snüws	snüw	snuuwt	snuwe-de	snuwe-des	snuwe-den	snuuwt
söken	söök	söchs	söch	söökt	soch	sochs	sochen	socht
spigen	spieg	spigs	spig	spiegt	speeg	speegs	spegen	spiëgen
spinnen	spin(ne)	spins	spint	spinnet	spun	spuns	spun-nen	spun-nen
spliten	spliet splite	spliets	split	splitet	spleet	spleets	spleten	spliëten
spölen	spööl	spööls	spölt	spöölt	spol	spols	spollen	spolt
sprän-gen	spräng	sprängs	sprängt	sprän-get	sprüng	sprüngs	sprün-gen	sprun-gen
spriä-ken	spriäk	spräks	spräk	spriäkt	spruok	spruoks	spruo-ken	spruo-ken
staon	stao	stais	stait	staot	ston	stons	ston-nen	staon
stauten	staut(e)	stöts	stöt	stautet	stot	stots	stotten	stot
stiäken	stiäk	stäks	stäk	stiäkt	stuok	stuoks	stuoken	stuoken
stiälen	stiäl	stiäls	stiält	stiälet	stuol	stuols	stuolen	stuolen
stiäwen	stiäw	stäws	stäw	stiäwt	staw	staws	staw-wen	stuo-wen
stigen	stieg	stigs	stig	stiegt	steeg	steegs	stegen	stiëgen
stinken	stink	stinks	stinkt	stinket	stünk	stünks	stünken	stunken
stiwen	stiew	stiws	stiw	stiewt	stiëwe-de	stiëwe-des	stiëwed en	stiewt
striden	stried	strids	strid	striedet	streed	streeds	streden	striëden
striken	striek	striks	strik	striekt	streek	streeks	streken	striëken
stripen	striep	strips	strip	striept	streep	streeps	strepen	striëpem
stowen	stow	stöws	stöw	stowt	stowe-de	stowe-des	stowe-den	stowt
stripen	striep	strips	strip	striept	strep	streps	strepen	strië-pen
stuken	stuuk	stüks	stük	stuukt	stukede	stukedes	stuke-den	stuukt
stuwen	stuuw	stüws	stüw	stuuwt	stuow	stuows	stuowen	stuuwt
süëlen	sal	sas	sal	süëlt	sol	sosses	sollen	solt
sugen	suug	sügs	süg	suugt	sugede	sugedes	suge-den	suëgen

Grundform	Gegenwart				Vergangenheit			vollendete Vergangenheit
	1. Person Einzahl	2. Person Einzahl	3. Person Einzahl	Mehrzahl	1. und 3. Person Einzahl	2. Person Einzahl	Mehrzahl	
supen	suup	süps	süp	suupt	saip	saips	saipen	suopen
swemmen	swem	swems	swemt	swemt	swam	swams	swammen	swommen
swigen	swieg	swigs	swig	swiegt	sweeg	sweegs	swegen	swiëgen
swingen	swing	swings	swingt	swinget	swüng	swüngs	swüngen	swungen
swinnen	swin	swins	swint	swinnet	swun	swuns	swunnen	swunnen
trecken	trek	treks	trekt	trecket	trok	troks	trocken	trocken
triäten	triät(e)	träts	trät	triät	trat	trats	tratten	truoten
twigen	twige	twigs	twig	twiegt	tweeg	tweegs	twegen	twiëgen
vödiäwen	vödiäw	vödäws	vödäw	vödiäwt	vödaw	vödaws	vödawwen	vöduowen
vödraiten	vödrait	vödraits	vödrait	vödrait	vödrot	vödrots	vödrotten	vödrot
völaisen	völais	völüs	völüs	völaist	völüör	völüörs	völüörn	völuorn
vöschrekken	vöschrek	vöschreks	vöschrekt	vöschrekket	vöschrök	vöschröks	vöschrökken	vöschruoken
wäern	wäer	wäts	wät	wäert	wüör	wüörs	wüörn	wuorden
waigen	waige	wögs	wög	waigt	wog	wogs	woggen	wuogen
wännen	wän(ne)	wäns	wänt	wännet	wan	wans	wannen	wänt
wassen	was	wäs	wäs	wast	wos	wosses	wossen	wassen
widen	wide	wides	wied	widet	weed	weeds	weden	wiëden
wiëten	weet	wees	weet	wiët	wus	wusses	wussen	wust
wiken	wike	wieks	wiekt	wiket	week	weeks	weken	wiëken
winnen	win(ne)	wins	wint	winnet	wun	wuns	wunnen	wunnen
wisen	wies, wise	wiest	wiest	wiset	wees	weses	wesen	wiësen
wullen	wil	wis	wil	wilt	wol	wols	wollen	wolt

Fallbildung

A. Bestimmte Geschlechtswörter

Wortfolge: bestimmtes Geschlechtswort - Eigenschaftswort - Hauptwort		männlich	weiblich	sächlich
Einzahl	1. Fall	de swatte Rüen	de melke Ko	dat fette Swien
	2. Fall	van dän swatten Rüen	van de melke Ko	van dat fette Swien
	3./4. Fall	dän swatten Rüen	de melke Ko	dat fette Swien
Mehrzahl	1. Fall	de swatten Rüens	de melken Kö	de fetten Swine
	2. Fall	van de swatten Rüens	van de melken Kö	van de fetten Swine
	3./4. Fall	de swatten Rüens	de melken Kö	de fetten Swine

B. Unbestimmte Geschlechtswörter

Wortfolge: unbestimmtes Geschlechtswort - Eigenschaftswort - Hauptwort		männlich	weiblich	sächlich
Einzahl	1. Fall	een swatten Rüen	ene melke Ko	een fet Swien
	2. Fall	van enen swatten Rüen	van ene melke Ko	van een fet Swien
	3./4. Fall	enen swatten Rüen	ene melke Ko	een fet Swien
Mehrzahl	1. Fall	iälke swatte Rüens	iälke melke Kö	iälke fette Swine
	2. Fall	van iälke swatte Rüens	van iälke melke Kö	van iälke fette Swine
	3./4. Fall	iälke swatte Rüens	iälke melke Kö	iälke fette Swine

C. Persönliche Fürwörter

		1. Person	2. Person	3. Person		
				männlich	weiblich	sächlich
Einzahl	1. Fall	ik	du	he	se	et
	2. Fall	van mi	van di	van em	van üör	van et
	3. Fall	mi	di	em	üör	et
	4. Fall	mi	di	em	se	et
Mehrzahl	1. Fall	wi	gi, ji	se	se	se
	2. Fall	van us	van ju	van üör	van üör	van üör
	3. Fall	us	ju	üör	üör	üör
	4. Fall	us	ju	se	se	se

D. Besitzanzeigende Fürwörter

			männlich	weiblich	sächlich
Einzahl	1. Person		mien	mine	mien
	2. Person		dien	dine	dien
	3. Person	männlich	sien	sine	sien
		weiblich	üör	üöre	üör
		sächlich	sien	sine	sien
Mehrzahl	1. Person		usse	usse	usse
	2. Person		jue	jue	jue
	3. Person		üör	üöre	üör